全国体育单招文化课辅导教程

语　文

总 主 编　姜震松　王　晴

本册主编　刘哲剑　曲永毅
副 主 编　郭建飞　孙仲焘
　　　　　常宇光　李　莉

本书视频使用说明

第一步　刮开右侧【学习卡】涂层。

第二步　微信扫一扫右侧二维码。

第三步　绑定学习卡,观看视频。

注：本书【学习卡】只支持绑定一部手机，绑定后再次扫描右侧二维码可观看本书视频。

学习卡
扫码兑换
刮开涂层

微信扫码观看
【如何绑定学习卡】
教学视频

北京体育大学出版社

策划编辑　木　凡
责任编辑　李志诚
责任校对　春　芝
版式设计　李　鹤

图书在版编目（CIP）数据

全国体育单招文化课辅导教程·语文 / 姜震松，王晴主编. -- 北京：北京体育大学出版社，2011.9（2024.9重印）
ISBN 978-7-5644-0820-6

Ⅰ.①全… Ⅱ.①姜… ②王… Ⅲ.①中学语文课－高中－升学参考资料 Ⅳ.①G634

中国版本图书馆CIP数据核字（2011）第198189号

全国体育单招文化课辅导教程·语文　　姜震松　王　晴　总主编

出版发行：北京体育大学出版社
地　　址：北京市海淀区农大南路 1 号院 2 号楼 2 层办公 B-212
邮　　编：100084
网　　址：http://cbs.bsu.edu.cn
发 行 部：010-62989320
邮 购 部：北京体育大学出版社读者服务部 010-62989432
印　　刷：北京昌联印刷有限公司
开　　本：880mm × 1230mm　1/16
成品尺寸：210mm × 290mm
印　　张：16.25
字　　数：445千字
总 印 张：69
版　　次：2011年9月第1版
印　　次：2024年9月第29次印刷
定　　价：232.00元（共四册）

前　言

全国普通高等学校运动训练、武术与民族传统体育专业单独统一招生考试，是指经教育部、国家体育总局批准的部分院校可以对运动训练、武术与民族传统体育专业实行单独招生，主要实行以文化课考试和体育专项考试相结合的办法。文化课考试由教育部考试中心统一命题，并组织每年4月份的全国体育单招文化课统一考试，试卷由国家体育总局科教司组织评阅；体育专项考试由国家体育总局科教司负责统一组织，执行国家体育总局制定的统一考试办法和评分标准。

本书是在十多年体育单招文化课考前辅导经验的基础上，根据体育单招文化课大纲，结合相应题库及教学实践经验，为考生和辅导教师提供的教学和自学两相宜的优质辅导教材。

从内容和结构上来看，本书有以下特点。

1. 准确把握体育单招文化课考试大纲的要求，及时适应单招考试新变化。本书覆盖了大纲规定的全部考试要求、学习内容、练习题型，难度更加贴近实际单招考试，突出了针对性和实用性。

2. 紧紧把握单招文化课考试的特点，合理掌握难度。基础部分针对考生起点低的特点，适当结合体育内容用通俗易懂的实例加以说明。难点、重点部分摆脱传统高中教法，尽量采用科学、精简而实用的解题方法，使学生更易于接受，并辅之以少而精的例题和练习题。

3. 精选历年体育单招语文考试中的典型试题，有语文知识、现代文阅读、古诗文阅读和作文4种题型。让考生通过适量的练习掌握语文知识和解题技巧，提高应试能力和语文素养。这部分练习题也可用于课堂教学和测试。

4. 根据体育考生的特点，采用双栏式、习题化设计。将知识点设计成练习题，便于在练习中实现对所学的基本概念、基本知识的理解和记忆。

5. 注意吸收和借鉴基础教育改革的新成果，突出能力培养，更加有利于单招考生对学科知识内容和考试要求的理解，提高复习效率，达到事半功倍的效果。

6. 附2013—2022年体育单招语文考试真题，能使考生了解体育单招文化课考试的出题特点以及单招考试的最新变化。

在本书编写过程中，我们努力做到章章推敲、题题把关，历时数年，反复审校，但仍难免存在一些错误和疏漏，恳请读者批评指正。

目　录

第一部分　语文基本知识

第二部分　现代文阅读

第三部分　文言文阅读

第四部分　写　作

第五部分　考试真题

第六部分　真题答案

单招习题化
知识整合

第一部分 语文基本知识

新大纲（2009年）规定，本大题共10小题，每小题4分，满分为40分。主要考查语文基本知识，考题内容采分点多，覆盖面广，考生的思路往往跟不上题意的变化。这就要求考生重视字音、生词、语法基本功的训练。熟练了，就能做到反应快、思路清、判断准。为方便考生复习，本书根据新大纲编写字音和容易读错的常用字表为考生复习依托，使考生能更好地对知识点的识记、理解、分析和应用，并达到对字音、生词、语法知识的全面掌握。

[专题一 现代汉语普通话的字音]

本课题型为客观型单选试题，所选词语中加点的字，有形声字、多音多义字、同音字等。

形声字的声符，由于语音的历史变化，声符表音呈现出了复杂的情况，命题人就此设置迷惑点，以考查考生辨析的能力。一字多音多义是汉字的一个特点，命题人就此设置迷惑点，以考查考生就语境辨析多音多义字音随义变的能力。所选词语均为常见常用双音词和成语，在书面、口头交际中使用频率较高，表现力较强。生僻偶用的双音词和成语不予列入。

|知识点一|常用字音

对常用字的读音要注意积累，特别是对社会上使用频率高、出错率高的词语更应引起注意，加强积累，如“莅临”“乖戾”“苦心孤诣”等都是这种情况；注意当代社会中出现的新词的读音，也是积累的一个方面；成语中难读的字的读音也要引起重视，注意积累。

[例1] （2008.1）下列词语中加点的字的读音，完全正确的一项是（ ）

A. 妥（tuǒ）当　垂涎（xián）　相形见绌（chù）
B. 阴晦（huì）　自诩（yǔ）　情不自禁（jìn）
C. 提（tí）防　针灸（jiǔ）　目光凝滞（zhì）
D. 宛（wǎn）然　碑帖（tiě）　提纲挈（xié）领

[解析]判断正确的一项，前提是要找出错误项，再加以排除。B项的“诩”字注音应为xǔ，如果当成形声字认半边就错了。另外，B项的“情不自禁”、C项的“提防”、D项的“碑帖”三个字都是多音字，放到不同的语意中，读音就不同。在所给的词语中，它们分别读作jīn、dī和tiè。而D项的“提纲挈领”则是利用考生不辨形似的弱点，将形似字“挈”（qiè）与“絜”（xié）拿来混淆视听。选A项。

[答案] A

|知识点二|形近字

由于汉字大部分为形声字，所以形近字的辨别往往表现为形近的形声字的辨别。如“滇”“嗔”“缜”“填”“慎”几个字就都是形近的形声字。对形近字要注意区别字形的不同之处，以确定读音。对形声字，则更要注意声符的读音。由于音韵的变化，很多形声字的声符已不能表示该形声字的读音，因此对形声字要切防“秀才读半边”的情况出现。

互动训练

1. 下列词语中加点的字的读音，完全正确的一组是（ ）

A. 绵亘（gèng）　脉（mài）络　妍（yán）媸毕露
B. 荟萃（cuì）　绯（fēi）闻　醍（tí）醐灌顶
C. 点缀（zhuì）　辞呈（chéng）　残垣（huán）断壁
D. 沼（zhāo）泽　莅（lì）临　鳞次栉（zhì）比

2. 下列词中加点的字的读音，全都相同的一组是（ ）

A. 曲解　龋齿　趣味　是非曲直
B. 恰当　档案　荡漾　安步当车
C. 舍弃　摄取　赦免　退避三舍
D. 便宜　骈文　蹁跹　便宜行事

3. 下列词语中加点字的读音全都正确的一组是（ ）

A. 苗圃（pǔ）　卓（zhuó）越　狭隘（ài）　荫（yìn）庇
B. 忖（cǔn）度　暂（zhàn）行　怪癖（pǐ）　拟（nǐ）定
C. 斡（wò）旋　焚（fén）毁　结束（sù）　菲（fěi）薄
D. 摈（bìn）弃　炽（chì）热　掠（lüè）夺　冗（yǒng）长

“语文”的由来：1905年，清政府在废除科举制度以后，开始创办新学堂。当时的课程和教材都是从西方引进的，只有语文一科，教授的仍是文言文，当时称“国文”课。五四运动以后，提倡白话文，反对文言文，“国文”课受到了冲击，小学改设“国语”，中学仍称“国文”。1949年新中国成立后，叶圣陶建议：“前此中学称‘国文’，小学称‘国语’，至是乃统而一之。彼时同人之意，以为口头为‘语’，书面为‘文’，文本于语，不可偏指，故合言之。”这一建议被采纳，从此，“语文”成了中小学的一门主课。

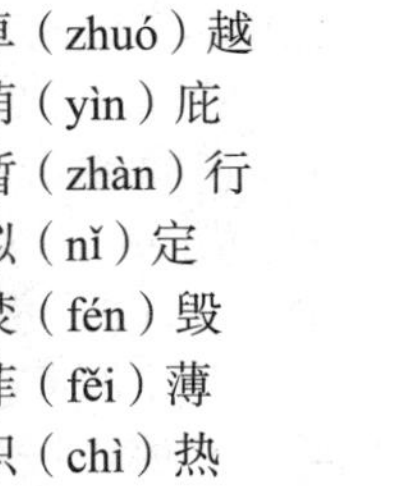

[例1] 下列各组词语中，加点字的读音全都不相同的一组是（ ）

A. 盐碱 箴言 呼喊 减员增效 感激涕零

B. 阐述 弹药 禅让 肆无忌惮 殚精竭虑

C. 束缚 薄荷 簿册 赤膊上阵 博大精深

D. 滇池 嗔怒 缜密 精卫填海 谨小慎微

[解析]本题考查形近字的读音的辨别能力。要将形近和形声结合起来考虑，选D。其中“滇”读音为“diān”；“嗔”读音为“chēn”；“缜”读音为“zhěn”；“填”读音为“tián”；“慎”读音为“shèn”。其余三组都包含有两个读音相同的字，如A组中“盐碱”的“碱”和“减员增效”的“减”；B组中“弹药”的“弹”和“肆无忌惮”的“惮”；C组中“赤膊上阵”的“膊”和“博大精深”的“博”。考生在确定读音时要考虑到字形和字义的因素。

[答案]D

｜知识点三｜多音多义字

多音多义字的读音确定的原则是以义定音，即依据字义来确定字的读音。由于不同的读音表示不同的含义，所以确定读音的关键是确定多音字在词语中的含义。

例如：“累”，取“连缀”义时读léi（果实累累），取“积累或牵连”义时读lěi（罪行累累），取“疲劳”义时读lèi（劳累）；“卡”，作为音译词语素时读kǎ（卡车、卡宾枪），取与“不通畅”有关的义时，读qiǎ（关卡、卡壳）。

方法一：区别书面语和口语。许多多音多义字的不同读音是由书面语和口语的差别造成的，注意到这一点，可以帮助正音。例如，翘，书面语读qiáo（翘首、翘楚），口语读qiào（翘尾巴、翘起来）；露，书面语读lù（暴露、露天），口语读lòu（露丑、露马脚）。

方法二：区别词性意义。许多字因其在不同词中所表示的词性意义不同而导致读音不同，因此区别其词性意义或其所在词的词性，也是辨析多音多义字的重要方法。例如，“扇”，表示名物义时读shàn（扇子），表示动作义时读shān（扇扇子）；“卷”，表示名物义时读juàn（试卷、卷帙浩繁），表示动作义时读juǎn（卷起、卷席）。

[例1] 下列词语中加点的字，读音全都相同的一组是（ ）

A. 累赘 连累 累积 危如累卵

B. 马厩 灵柩 内疚 咎由自取

C. 险峻 骏马 竣工 怙恶不悛

D. 休憩 收讫 栖身 锲而不舍

[解析]此题A项中“累”为多音字，依次读作léi、lèi、lěi、lěi；B项是同音字，全读jiù，为正确答案；C项包含有同音字和形似字，前3个读jùn，最后一个读quān；D项前两个同音读qì，后两个分别读qī、qiè，是读音有变化的形声字。要答好这种题，就要在不断地在比较中记识、积累。

[答案]B

[例2] 下面各组词语中，加点字的读音与所给注音全部相同的一组是（ ）

A. 数shǔ 数说 数伏 不可胜数 数典忘祖

B. 识shí 识别 识破 博闻强识 远见卓识

C. 横héng 纵横 横行 妙趣横生 专横跋扈

D. 模mó 模型 模具 模棱两可 装模作样

[解析]本题考查多音多义字的习惯性误读。B项“博闻强识”中的“识”读作“zhì”；C项“专横跋扈”中的“横”读作“hèng”；D项“模具”“装模作样”中的“模”均读作“mú”。考生要注意多音多义字在成语中的读音。

[答案]A

4. 下列词语中加点的字，读音全都相同的一组是（ ）

A. 螳臂当车 庇护 凋敝 筚路蓝缕

B. 蒙头转向 牛虻 懵懂 故态复萌

C. 欲盖弥彰 奢靡 静谧 风靡一时

D. 经年累月 蓓蕾 羸弱 光明磊落

5. 下列词语中加点字的注音全对的一组是（ ）

A. 押解（jiè） 复辟（pì） 大有裨（bì）益

B. 揣度（duó） 埋（mán）怨 横（hèng）行霸道

C. 稽（qǐ）首 肖（xiào）像 安步当（dàng）车

D. 倔强（jiàng） 着（zhāo）数 创（chuàng）巨痛深

6. 下列词语中加点字的读音完全相同的是（ ）

A. 解嘲 解数 善解人意 不求甚解

B. 和面 和缓 和衷共济 随声附和

C. 差池 差距 差额选举 差强人意

D. 标识 识破 博闻强识 远见卓识

7. 下列词语中加点的字，读音相同的一项是（ ）

A. 默不作声 磨坊 蓦然 墨守成规

B. 怦然心动 蓬勃 烹饪 朋比为奸

C. 摇唇鼓舌 遥望 造谣 杳无音信

D. 束手无策 宽恕 赎罪 述而不作

互动训练答案

1.B 2.B 3.A 4.A 5.C 6.C 7.A

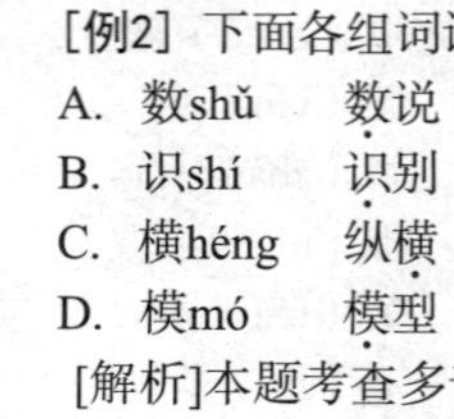

“教师节”的由来：国务院于1985年1月11日，向全国人民代表大会常务委员会提出关于确定每年9月10日为教师节的议案。同年1月21日举行的第六次全国人民代表大会，同意关于建立教师节的议案，决定9月10日为教师节。因为9月是新生入学伊始，开展尊师重教活动，可以给教师教好、学生学好创造良好的气氛。同时，9月份全国性节日少，便于各方面集中时间组织活动和突出宣传报道，促进在全国范围内形成尊师重教、尊重知识、尊重人才的良好社会风尚。

现代汉语普通话常用字的字音表

［考点一］形声字

形声字由于古今语音的演变等原因，大约有四分之三的形声字声旁和整个字音不完全相同，所以形声字并不能都根据声旁来推断读音。

常见形声字：

针砭（biān）　贬谪（biǎn）
彬彬有礼（bīn）　水杉（shān）
摒除（bìng）　屏除（bǐng）
谄媚（chǎn）　陷阱（xiàn）
徜徉（cháng）　倘若（tǎng）
驰骋（chěng）　招聘（pìn）
辍学（chuò）　点缀（zhuì）
堕落（duò）　坠落（zhuì）
讣告（fù）　扑朔（pū shuò）
盘桓（huán）　断壁残垣（yuán）
盲人（máng）　缉拿（jī）
编辑（jí）　即使（jí）
既然（jì）　犄角（jī）
掎角之势（jǐ）　戛然而止（jiá）
狷急（juàn）　捐躯（juān）
竣工（jùn）　逡巡（qūn）
羞赧（nǎn）　赦免（shè）
缫丝（sāo）　晌午（shǎng）
妊娠（shēn）　莘莘学子（shēn）
狩猎（shòu）　吮吸（shǔn）
塑造（sù）　懦弱（nuò）
蠕动（rú）　窍门（qiào）
侠义（xiá）　祛寒（qū）
胆怯（qiè）　鬼鬼祟祟（suì）
崇高（chóng）　蜷曲（quán）
缱绻（quǎn）　奇葩（pā）
抨击（pēng）　纰漏（pī）
毗邻（pí）　倾圮（pǐ）
饿殍遍野（piǎo）　嫔妃（pín）
白发皤然（pó）　罪愆（qiān）
悭吝（qiān）　锲而不舍（qiè）
黥字（qíng）　众擎易举（qíng）
杞人忧天（qǐ）　黢黑（qū）
阒无一人（qù）　面面相觑（qù）
商榷（què）　沁人心脾（qìn）
色厉内荏（rěn）　熟稔（rěn）
暴殄天物（tiǎn）　不分畛域（zhěn）
木柝（tuò）　干坼（chè）
膝盖（xī）　漆黑（qī）
狡黠（xiá）　诘问（jié）
揠苗助长（yà）　偃旗息鼓（yǎn）
赝品（yàn）　服膺（yīng）
泱泱大国（yāng）　肄业（yì）
恣肆（sì）　喑哑（yīn）
负隅顽抗（yú）　偶然（ǒu）
谮言（zèn）　僭越（jiàn）
瞻仰（zhān）　赡养（shàn）
饮鸩止渴（zhèn）　鸠占鹊巢（jiū）
摭拾（zhí）　遮掩（zhē）
恃才傲物（shì）　自出机杼（zhù）
抒情（shū）　濯足（zhuó）
编纂（zuǎn）　莎草（suō）
水獭（tǎ）　鞭挞（tà）
坍塌（tān）　丝绦（tāo）
孝悌（tì）　腼腆（miǎn tiǎn）
轻佻（tiāo）　悲恸（tòng）
逶迤（wēi yí）　蓊郁（wěng）
狎昵（xiá）　弓弦（xián）
垂涎三尺（xián）　霰弹（xiàn）
自诩（xǔ）　酗酒（xù）
徇私（xùn）　梦魇（yǎn）
笑靥（yè）　吊唁（yàn）
友谊（yì）　囿于成见（yòu）
迂腐（yū）　囹圄（yǔ）
令人咋舌（zé）　惊蛰（zhé）
箴言（zhēn）　缜密（zhěn）
诤友（zhèng）　牝鸡（pìn）
睚眦必报（zì）　酬酢（zuò）
症结（zhēng）　嗤笑（chī）
嫡亲（dí）　掂量（diān）
惦念（diàn）　扼要（è）
气氛（fēn）　敷衍（fū）
腹诽（fù）　针灸（jiǔ）
傀儡（lěi）　邂逅（xiè hòu）
不辨菽麦（shū）　诬陷（wū）

皇帝的由来：历史上把君主称为“皇帝”，是从秦始皇开始的。在此之前，中国的最高统治者称“王”或单称“皇”或“帝”。春秋战国时期，周王室衰微，诸侯争霸，一些国力强大的诸侯国的国君也自称为王。公元前221年，秦王嬴政灭掉六国，平定天下。李斯等人商议后报告秦王说，上古有天皇、地皇、泰皇，秦皇最贵，可改“王”为“秦皇”。秦王反复考虑，认为自己“德高三皇，功过五帝”，决定兼采“帝”号，称为“皇帝”，以显示自己的尊贵。

芜杂（wú）　　挪揄（yé yú）
逾越（yú）　　贮藏（zhù）

［考点二］ 同音字

读音相同的一组字叫同音字。同音字大致可以分为三种：（1）音同形异字；（2）音同形似字；（3）音同义近字。

常见同音字：

ǎi　欸乃 矮小 和蔼 烟霭 （癌症 ái 白雪皑皑 ái）
ài　妨碍 狭隘 暧昧 令嫒（爱） 方兴未艾（自怨自艾 yì）
ān　庵堂 谙练 鞍马 鹌鹑 氨水 （腌臜 ā）
ào　拗口 山坳 骄傲 桀骜 懊恼 澳大利亚 （凹凸不平 āo）
bào　刨刀 抱负 报答 爆炸 趵突泉 曝光 鲍鱼之肆
bèi　狼狈 悖谬 倍数 蓓蕾 关怀备至 泽被后世 英雄辈出
bǐ　彼此 秕谷 笔墨 匕首 鄙薄 如丧考妣 （譬如 pì 媲美 pì）
bì　货币 庇护 秘鲁 陛下 婢女 辅弼 麻痹 裨益 髀肉 复辟 蓬荜生辉 刚愎自用 （毗邻 pí）
biān　编织 蝙蝠 针砭时弊 鞭长莫及 （扁舟 piān）
bǐng　秉性 话柄 饼干 禀赋
bó　布帛 伯父 驳斥 停泊 蓬勃 脉搏 苇箔 单薄 （糟粕 pò 手帕 pà）
chà　树杈 岔道 古刹 诧异 差劲 姹紫嫣红 （叱咤风云 zhà 歃血为盟 shà）
chǎn　阐明 产地 谄媚 铲除（孱头 càn）
cháng　场院 肝肠 时常 长短 徜徉 尝试 偿还
chāo　钞票 超过 抄身 剿说 （缫丝 sāo）
chēng　称赞 饼铛 撑腰 噌吰 瞠目结舌
chī　鸱鸮 鞭笞 嗤笑 妍媸 痴人说梦 魑魅魍魉
chí　松弛 汤匙 踟蹰 维持 丹墀
chì　呵叱 整饬 炽热 敕封 不啻 翅膀
chú　刍议 锄奸 雏形 除夕 厨房 踌躇 （特殊 shū）
cù　催促 猝尔 簇拥 蹙额 醋意大发 一蹴而就
dài　岱宗 骀荡 带领 贷款 怠慢 粉黛 力有未逮 百战不殆
dàn　荒诞 淡泊 氮气 澹然（淡然） 菡萏 啖以重利 肆无忌惮
dí　启迪 的确 籴粮 荻花 牧笛 洗涤 嫡系 锋镝
diān　掂量 滇剧 颠倒 巅峰（碘酒 diǎn）
diàn　佃户 靛蓝 玷污 床垫 沉淀 惦记 奠基 宫殿 （臀部 tún）
dòng　栋梁 恫吓 胴体 洞烛其奸（崆峒 tóng）
fén　汾酒 焚烧 坟墓 治丝益棼
fú　幸福 匍匐 辐射 符合 拂晓 芙蓉 怫然 凫水
fǔ　抚摩 拊掌 俯瞰 果脯 腐烂 惊魂甫定 釜底抽薪
fù　负担 讣告 曲阜 赋予 馥郁 覆水难收 腹背受敌 作茧自缚 （敷衍fū）
gàn　干练 赣剧 宵衣旰食
gē　收割 搁笔 飞鸽 胳膊 疙瘩 戈壁 引吭高歌 （恪守不渝 kè）
gōng　恭敬 宫殿 股肱 功败垂成 巧夺天工 事必躬亲 觥筹交错（供认 gòng）
gū　无辜 铁箍 酤酒 鹧鸪 骨碌 孤单 估算 呱呱而泣
gǔ　蛊惑 汩没 股份 中鹄 余勇可贾 一鼓作气 （桎梏 gù）
guàn　连贯 冠军 浇灌 道观 鹳鹤 盥洗
guī　归还 圭臬 龟甲 规矩 闺房 瑰丽 皈依佛门
hé　和平 核实 干涸 上颌 荷花 隔阂 一丘之貉 阖家
hú　鸿鹄 茶壶 弧形 狐狸 蝴蝶 觳觫 醍醐灌顶 囫囵吞枣
huàn　幻灭 宦官 变换 浣洗 豢养 瘫痪 患得患失
huì　荟萃 污秽 恩惠 彗星 智慧 晦气 恚恨 汇合 教诲 贿赂 不容置喙 讳莫如深 （麾下 huī）
jiān　煎熬 缄默 渐染 信笺 监狱 鞍鞯 草菅人命
jiǎo　剿灭 缴获 脚步 皎洁 狡猾 侥幸 角落 矫健
jiào　校对 轿车 较量 教导 睡觉 地窖 发酵
jié　孑孓 攻讦 诘责 拮据 桀骜 捷报 枯竭 墓碣
jìn　缙绅 觐见 灰烬 进攻 干劲 妗母 噤若寒蝉 （汗涔涔 cén 饥馑 jǐn）
jīng　旌旗 荆棘 菁华 惊叹 粳米 蚕食鲸吞 兢兢业业
jìng　安静 边境 干净 劲爆 竟然 靓妆 靖边
jiū　纠正 研究 抓阄 揪住 啁啾 赳赳武夫
jiù　灵柩 马厩 乌桕 愧疚 舅父 秃鹫 咎由自取
jǔ　咀嚼 沮丧 矩形 莒国 龃龉 踽踽独行
jué　角色 玉玦 倔强 诡谲 矍铄 察觉 爵位
kē　苛刻 科学 沉疴 窠臼 磕头 蝌蚪
kè　客人 刻苦 课堂 恪守 溘然长逝
lí　狸猫 梨花 黄鹂 嫠妇 黎明 罹难 黧黑 淋漓尽致 管窥蠡测
lì　詈骂 霹雳 沙砾 战栗 伶俐 莅临 荔枝 暴戾 史无前例 呕心沥血 风声鹤唳
lù　陆地 录取 绿林 贿赂 渗漉 杀戮 白鹭 山麓

除夕，中国传统节日，指农历一年的最后一天。除夕中的“除”本义是“去”，引申为“易”，即交替。“夕”的本义是“日暮”，即夜晚的意思。远在先秦时代，古人就开始在新年的前一天，击鼓驱除鬼怪，以保新年的平安。古时候有一种怪物叫作“年”，经常残害人类。后来人们发现，这种怪物非常害怕红颜色、火光、响声。于是人们就在自家门上挂上红颜色的桃木板，门口烧火堆，夜里通宵不睡，敲敲打打。

露骨
mèi 联袂 媚俗 魅力 素昧平生 梦寐以求
mò 病殁 阡陌 蓦然 没齿不忘 厉兵秣马
粉墨登场 大漠孤烟
nì 亲昵 逆反 藏匿 细腻 溺水 泥古不化
（忸怩 ní）
nuò 许诺 搦战 懦弱 糯米
pí 脾气 枇杷 毗连 蚍蜉 啤酒 裨将 鼙鼓 熊罴
疲于奔命
píng 凭借 屏障 瓶颈 评头论足 暴虎冯河 萍水相逢
pú 奴仆 菩萨 璞玉 胸脯 （哺育 bǔ）
pǔ 朴素 苗圃 曲谱 蹼泳 （逮捕 bǔ）
qī 沏茶 凄凉 欺骗 油漆 蹊跷 栖息 休戚相关
期期艾艾
qì 收讫 放弃 哭泣 契约 堆砌 修葺 休憩 器重
亟来问讯（亟待解决 jí）
qiān 迁徙 牵挂 铅华 悭吝 谦虚 签订 愆期
qián 荨麻 虔诚 钳制 乾坤 掮客 潜伏 黔驴技穷
shān 草苫 衣衫 芟夷大难 姗姗来迟 春意阑珊
潸然泪下（栅栏 zhà 讪笑 shàn）
shè 建设 社会 赦免 摄影 威慑 拾级而上 涉笔成趣
shì 逝世 首饰 适应 谥号 吞噬 誓死不屈
（对峙 zhì）
shū 枢纽 美姝 倏忽 梳理 疏忽 运输 殊死搏斗
毁家纾难
shuò 闪烁 朔风 硕果 媒妁之言 众口铄金 数见不鲜
（追溯 sù 真知灼见 zhuó）
sù 夙愿 诉说 严肃 住宿 马谡 塑造 回溯 山肴野蔌
xī 分析 奚落 犀利 白皙 嬉闹 窸窣 一张一翕
熙熙攘攘
xiāo 枭雄 削面 逍遥 萧瑟 叫嚣 骁勇善战
（讥诮 qiào）
xié 叶韵 奸邪 威胁 和谐 采撷 白头偕老 扶老携幼
（解元 jiè）
xù 叙述 体恤 畜牧 酗酒 勖勉 含蓄 和煦 女婿
絮絮叨叨
yán 岩石 研究 盐水 阎王 筵席 房檐 妍媸
yàn 吊唁 厌弃 笔砚 实验 谚语 火焰 赝品 狼吞虎咽
（义愤填膺 yīng 哽咽 yè）
yù 浓郁 老妪 熨帖 富裕 抵御 手谕 驾驭 呼吁
痊愈 钟灵毓秀 卖官鬻爵 鹬蚌相争（龃龉 yǔ）
yùn 晕车 酝酿 愠色 韵律 运动 蕴蓄
zé 规则 责备 选择 床箦 舴艋 咋舌 啧啧称羡

zhàn 栈道 战争 站岗 破绽 湛蓝 颤栗 饱蘸
zhào 兆头 召开 诏书 笼罩 肇事 照亮 （泥淖 nào）
zhēn 珍惜 砧板 侦破 甄别 斟酌 箴言 装帧
渐臻佳境 （诊断 zhěn）
zhèn 深圳 阵地 赈济 震动 镇压 振聋发聩
zhí 盗跖 踯躅 增殖 职务 值班 植树
zhǐ 旨意 纸张 指点 咫尺天涯 趾高气扬 抵掌而谈
zhì 至于 虫豸 桎梏 真挚 秩序 投掷 窒息 痔疮
滞后 雉堞 幼稚 利令智昏 栉风沐雨 脍炙人口
独树一帜 卷帙浩繁
zhòu 诅咒 宇宙 绉纱 压轴 甲胄 昼夜 籀文
暴风骤雨 商纣王
zhuó 灼热 茁壮 浊世 酌情 着装 擢升 啄食
卓有成效
zī 咨询 资财 孳生 趑趄 髭须 龇牙咧嘴
孜孜不倦 訾（姓）
zǐ 姊妹 付梓 紫色 渣滓 訾议

[考点三] 多音字

A

阿 ā 阿姨 阿婆
ē 阿附 阿胶 阿谀
挨 āi 挨次 挨近
ái 挨打 挨整
熬 āo 熬豆腐
áo 熬煎 熬夜 熬粥

B

扒 bā 扒土 扒堤
pá 扒糕 扒手
把 bǎ 把柄 把持 把关
bà 缸子把儿 刀把儿
耙 bà 耙地
pá 耙子 钉耙
柏 bǎi 柏树 柏油
bó 柏林（bó lín）
剥 bāo 剥皮 剥花生
bō 剥削 剥夺
薄 báo 薄片 薄板
bó 薄弱 厚古薄今
bò 薄荷

除夕夜里，“年”闯进村庄，见到家家有红色和火光，听见震天的响声，吓得跑回深山，再也不敢出来。“年”逃走了，人们互相祝贺道喜，大家张灯结彩，饮酒摆宴，庆祝胜利。后来渐渐成为一种习俗，贴春联、贴红福、剪窗花、放鞭炮、挂灯笼、发“压岁钱”。

卜 bo 萝卜
bǔ 占卜 预卜
辟 bì 复辟
pì 开辟 辟谣
背 bēi 背东西 背包袱
bèi 脊背 背景 刀背
暴 bào 暴动 暴风骤雨
pù 一曝十寒
别 bié 分别 别致 别字
biè 别扭
奔 bēn 奔走 奔跑
bèn 奔头儿 投奔
膀 bǎng 膀子 肩膀 翅膀
páng 膀胱
便 biàn 方便 便利 随便
pián 便宜 大腹便便

C

参 cān 参加 参战
cēn 参差（cī）不齐
shēn 人参 海参
藏 cáng 埋藏 矿藏 捉迷藏
zàng 西藏 宝藏 藏青色
曾 céng 曾经 未曾
zēng 曾祖 曾孙
差 chā 差别 差异 差错
chà 差不多 差劲
chāi 差使 出差
cī 参差不齐
查 chá 调查 检查 查字典
zhā 姓查
场 cháng 打场 扬场 场院
chǎng 剧场 场次 场地
朝 cháo 朝代 朝见 朝廷
zhāo 朝夕 朝霞 朝气蓬勃
澄 chéng 澄清是非
dèng 澄清水
匙 chí 汤匙 饭匙
shi 钥匙
臭 chòu 臭气 臭味相投
xiù 乳臭未干
处 chǔ 处分 处理 处方
chù 处所 住处
畜 chù 家畜 畜牲
xù 畜牧 畜养 畜产品
撮 cuō 撮合
zuǒ 一撮毛

D

待 dài 等待 待遇
dāi 待会儿再走
担 dān 担保 担心 担负
dàn 担子 重担
弹 dàn 子弹 炮弹 弹弓
tán 弹琴 弹力 弹性
当 dāng 应当 当然
dàng 当真 恰当 得当
得 dé 得奖 得力 得胜
děi 得吃一点 得注意影响
de 好得很 这话说不得
的 dí 的确
dì 目的 有的放矢
de 我的 吃的 黑的
地 dì 土地 天地
de 好好地干 认真地学习
肚 dǔ 牛肚儿 羊肚儿
dù 肚子痛 腿肚子
囤 dūn 花生囤 粮囤
tún 囤积 囤粮

E

恶 è 恶棍 恶劣
ě 恶心
wù 可恶 厌恶 好逸恶劳

F

发 fā 发展 发达 发表
fà 理发 怒发冲冠
分 fēn 分别 分析 分子
fèn 水分 本分 过分 恰如其分
缝 féng 缝补 缝纫
fèng 缝隙 裂缝
服 fú 服装 服饰 服从
fù 一服药

吃元宵：“元宵”作为食品，在我国由来已久。宋代，民间流行一种元宵节吃的新奇食品。这种食品，最早叫“浮元子”，后称“元宵”，生意人还美其名曰“元宝”。元宵即“汤圆”，以白糖、玫瑰、芝麻、豆沙、黄桂、核、果仁、枣泥等为馅，用糯米粉包成圆形，可荤可素，风味各异。可汤煮、油炸、蒸食，有团圆美满之意。陕西的汤圆不是包的，而是在糯米粉中“滚”成的，或汤煮或油炸，热热火火，团团圆圆。

G

更 gēng 更新 自力更生
　gèng 更好 更上一层楼 更进一步
供 gōng 供给 供不应求 供应
　gòng 招供 供奉
冠 guān 鸡冠花 衣冠 冠冕堂皇
　guàn 冠军

H

哈 hā　哈哈大笑 哈密瓜
　hǎ　哈巴狗
还 hái 还是
　huán 归还 偿还
吭 háng 引吭高歌
　kēng 不吭气 吭哧
号 háo　哀号 怒号 号啕大哭
　hào 符号 口号 号码
喝 hē　喝水 喝酒 连吃带喝
　hè　喝彩 喝问
和 hé　和睦 和气
　hè　唱和 随声附和
　huó 和泥 和面
　huò 二和药 和稀泥
横 héng 横幅 横竖 横行
　hèng 蛮横 横暴
划 huá 划船 划火柴
　huà 策划 计划 划时代
混 hún 混蛋 混水摸鱼（浑水摸鱼）
　hùn 混进 混合物
豁 huō 豁出去 豁口
　huò 豁亮 豁然开朗

J

几 jī　几乎 茶几
　jǐ 几个 几何
夹 jiā 夹子 夹杂 夹生饭
　jiá 夹袄 夹被
　gā　夹肢窝
假 jiǎ 假造 假如 假借
　jià 假期 放假 请假
间 jiān 田间 中间
　jiàn 间谍 间接 离间
降 jiàng 降落 降生 下降
　xiáng 投降 一物降一物
教 jiāo 教书 教写字
　jiào 教条 教导 教师
角 jiǎo 牛角 号角 角落
　jué 主角 角色
结 jiē 结巴 结实 结果
　jié 结伴 结束 结构
禁 jīn 禁得起 禁不住
　jìn 禁止 禁区 监禁
尽 jǐn 尽管 尽快 尽量
　jìn 尽力 尽情 尽人皆知
劲 jìn 用劲 干劲 劲头
　jìng 劲敌 刚劲 疾风劲草
圈 juān 圈起来
　juàn 圈肥 圈养
　quān 圈点 圈套
卷 juǎn 一卷儿 卷起来
　juàn 试卷 卷宗 第一卷

K

卡 kǎ 卡车 卡片 卡介苗
　qiǎ 发卡 卡子
咳 ké 咳嗽
　hāi 咳，真想不到
空 kōng 空话 空想 空虚
　kòng 空白 钻空子 空闲

L

乐 lè 快乐 乐观 乐园
　yuè 音乐 乐曲 乐器
陆 lù 陆地 陆续
　liù “六”的大写
累 léi 累赘
　lěi 累积 累次 连篇累牍
　lèi 劳累 累活儿
俩 liǎ 你俩 他俩
　liǎng 伎（jì）俩
凉 liáng 凉快 凉菜 凉鞋
　liàng 让饭菜凉一凉
淋 lín 淋湿 淋巴腺
　lìn 淋盐
量 liáng 量杯 量程 量角器
　liàng 饭量 气量

“清明节”的由来：我国最早的太阳历以及《国礼》明确记述了“冬夏致日，春秋致月，以辨四时之叙”的天文历的最基本常数。两千多年前的秦汉时期已基本形成了二十四节气。二十四节气综合了天文学和气象学等方面的知识，编排了“春雨惊春清谷天，夏满芒夏暑相连。秋处露秋寒霜降，冬雪雪冬小大寒”的歌谣。其中清明被排在歌谣的第五位。此时，天气转暖，大地回春，万物复苏，一片生机盎然，家家门口插柳条，祭扫坟墓，郊外踏青。农谚中也有“清明忙种粟”的说法。《岁时百问》说：“万物生长此时，皆清洁而明净，故谓之清明。”

M

抹 mā 抹布 抹脸
mǒ 涂抹 抹药 抹杀
mò 抹灰 转弯抹角 抹不开
埋 mái 埋藏 埋没 埋伏
mán 埋怨
没 méi 没趣 没有
mò 淹没 沉没 没收
蒙 mēng 蒙骗 蒙人
méng 启蒙 蒙蔽 蒙眬
měng 蒙文 内蒙古
眯 mī 眯缝 眯着眼笑
mí 沙子眯了眼
磨 mó 磨炼 磨刀 折磨
mò 磨坊 电磨 磨叨
模 mó 模范 模型 楷模 模糊
mú 模样 模具 模子

N

难 nán 困难 难免 难道
nàn 灾难 责难 难民
宁 níng 安宁 宁静
nìng 宁死不屈 宁可 宁愿
弄 nòng 玩弄 戏弄 弄虚作假
lòng 里弄 弄堂

P

炮 páo 炮制
pào 炮兵 炮弹 炮火
bāo 炮羊肉 把湿衣服炮干
喷 pēn 喷出 喷水 喷泉
pèn 喷香
劈 pī 劈刀 劈面打来
pǐ 劈柴 劈成两半
漂 piāo 漂泊 漂荡 漂浮
piǎo 漂白 用水漂两次
piào 漂亮
撇 piē 撇开 撇油 撇弃
piě 撇嘴 一撇一捺
仆 pū 前仆后继
pú 仆从 仆人 风尘仆仆
铺 pū 铺轨 铺开 铺上柏油
pù 床铺 肉铺 铺板

Q

奇 qí 奇怪 奇迹 出奇制胜
jī 奇数
呛 qiāng 喝水喝呛了
qiàng 油烟呛人
强 qiáng 强壮 强大 强调
qiǎng 勉强 强词夺理
jiàng 倔强 强嘴
切 qiē 切开 用刀切 切除
qiè 一切 恳切 切中要害
曲 qū 弯曲 曲线
qǔ 歌曲 戏曲 进行曲
塞 sāi 塞住 塞子
sài 边塞 要塞
sè 闭塞 阻塞
散 sǎn 散漫 松散 散装
sàn 散会 散步 散发
丧 sāng 丧事 吊丧 丧钟
sàng 丧气 丧失 沮丧
扇 shān 扇煤炉子
shàn 扇子 电扇 羽毛扇
少 shǎo 多少 少数 少量
shào 少年 少将 少先队
舍 shě 舍弃 舍己为人
shè 宿舍 校舍
甚 shén 甚么（现写体“什么”）
shèn 甚至 甚而
省 shěng 省略 俭省
xǐng 反省 省悟 不省人事
盛 shèng 兴盛 茂盛 盛大
chéng 盛饭 盛东西
数 shǔ 数落 数来宝 数一数二
shù 数据 数字 算数
shuò 数见不鲜
宿 sù 宿舍 住宿
xiǔ 一宿 两宿
xiù 星宿 二十八宿

T

挑 tiāo 挑选 挑拣 挑担
tiǎo 挑拨 挑战 挑花儿
帖 tiē 服帖 俯首帖耳
tiě 请帖 喜帖

端午节和屈原：传说屈原死后，楚国百姓哀痛异常，纷纷涌到汨罗江边去凭吊屈原。渔夫们划起船只，在江上来回打捞他的真身。有位渔夫拿出为屈原准备的饭团、鸡蛋等食物，“扑通、扑通”地丢进江里，说是让鱼龙虾蟹吃饱了，就不会去咬屈原的身体了。一位老医师则拿来一坛雄黄酒倒进江里，说是要药晕蛟龙水兽，以免伤害屈原。后来害怕饭团为蛟龙所食，人们想出用楝树叶包饭，外缠彩丝，发展成粽子。以后，在每年的五月初五，就有了龙舟竞赛、吃粽子、喝雄黄酒的风俗。

tiè 碑帖 字帖

通 tōng 通车 通行 通知书

tòng 说他一通

拓 tuò 开拓 拓荒

tà 拓本 拓片

W

王 wáng 王妃 王府

wàng 王天下

为 wéi 为首 为难 作为

wèi 为了 因为 为什么

唯 wéi 唯物主义

wěi 唯唯诺诺

X

系 xì 系统 联系

jì 系带子 系扣儿

鲜 xiān 鲜鱼 鲜花 数见不鲜

xiǎn 朝鲜 鲜有

相 xiāng 相互 相当 相对

xiàng 相声 相貌 照相

校 xiào 学校 校友 校徽

jiào 校对 校勘 校订

兴 xīng 兴盛 兴旺 兴奋

xìng 兴高采烈 兴致勃勃

行 xíng 行车 行装 言行

háng 银行 内行 行距

hàng 树行子

héng 道行

吁 xū 气喘吁吁 长吁短叹

yù 呼吁 吁请

旋 xuán 旋转 旋涡 旋律

xuàn 旋风

Y

咽 yān 咽喉 咽部 咽头

yàn 咽下去 细嚼慢咽

yè 呜咽 哽咽

要 yāo 要求 要挟

yào 主要 必要 要害

饮 yǐn 饮食 冷饮 饮料

yìn 饮马 饮牛 饮牲口

应 yīng 应该 应允 应有尽有

yìng 应用 应声虫

与 yǔ 赠与 与其 我与他

yù 参与 与会

晕 yūn 头晕 晕头转向

yùn 晕车 晕船 日晕

Z

载 zǎi 记载 刊载 三年五载

zài 载重汽车 载重量 载歌载舞

脏 zāng 肮脏 脏东西

zàng 内脏 五脏六腑

扎 zhā 扎针 扎根 扎花儿

zhá 挣扎

zā 扎彩 扎裤脚

炸 zhá 炸鱼 炸糕 炸油条

zhà 爆炸 轰炸 炸弹

涨 zhǎng 涨潮 水涨船高 涨价

zhàng 脸涨得通红

着 zhāo 着数 出高着儿

zháo 着急 着慌 着火

zhuó 穿着 着手 着重

zhe 顺着 听着 说着

折 zhē 折跟头 折腾

zhé 骨折 折断 百折不挠

shé 折本儿 腿摔折了

只 zhī 只身 船只 两只手

zhǐ 只有 只要 只得

重 zhòng 重力 重要 重视

chóng 重复 重申 重演

拽 zhuāi 拽了一地纸 拽得很远

zhuài 拽不住 生拉硬拽

钻 zuān 钻研 钻空子

zuàn 钻头 钻石

作 zuō 作坊

zuò 工作 写作 自作自受

传 zhuàn 传记 《阿Q正传》

chuán 宣传 传播 传达

“中秋节”的由来：中秋节有悠久的历史，古代帝王有春天祭日、秋天祭月的礼制。早在《周礼》一书中，已有“中秋”一词的记载。后来贵族和文人学士也仿效起来，在中秋时节，对着天上又亮又圆的一轮皓月，观赏祭拜，寄托情怀，这种习俗就这样传到民间，形成一个传统的活动，一直到了唐代，祭月更为人们重视，中秋节才成为固定的节日，《唐书·太宗记》记载有“八月十五中秋节”。这个节日盛行于宋朝，后来成为我国的主要节日之一。

[专题二　现代汉语常用字的字形]

本课题型为客观型单选试题，所选词语都是由二字、三字、成语组成。所选成语均是考生在书面与口头交际中经常用到的，或阅读中随时遇到的，因此考试时只要静心思考，字的正误是不难判断的。复习范围以本课下面现代常用规范汉字表注释中的词语和容易写错的常用字表为复习依托，贵在辨析。

|知识点一|区分同音字

同音字是指读音相同而形义不同的字。同音字在汉语中大量存在，组词时如不精细选用，就会出现音对字错的现象。日常生活中人们常常把“副食”写成“付食”，“部署”写成“布署”，“舞会”写成“午会”，“诡计”写成“鬼计”，都是不注意区分同音字所致。同音字有三种类型：一是形声字与形声字同音，如：“蝼”与“髅”“据”与“拒”“俱”与“剧”；二是形声字与非形声字同音，如“刻”与“克”；三是非形声字与非形声字同音，如“友”与“酉”。

[例1]（2010.2）下列各组词语中，书写完全正确的一项是（　）

A. 艰苦卓绝　论字排辈　轻而易举　春寒料峭

B. 居功自傲　旷日持久　毛遂自荐　强弩之末

C. 入不敷出　集腋成裘　责无旁代　推心置腹

D. 名列前矛　截然不同　改弦易辙　虚怀若谷

[解析]A项“论字排辈” 应为“论资排辈”；“责无旁代”应为“责无旁贷”；“名列前矛” 应为“名列前茅”，故选B。

[答案]B

[例2]下列各组词语中，没有错别字的一组是（　）

A. 妆束　泻漏　林荫道　与时俱进

B. 赡养　篡改　绿茵场　如火如荼

C. 隐蔽　玷污　吓马威　反躬自省

D. 勾消　秸杆　照相机　不可理喻

[解析]本题主要考查考生识别因同音替代而出现错别字的能力。A项中的“泻漏”是“泄漏”之误，C项中的“吓马威”是“下马威”之误，D项中的“勾消”是“勾销”之误。只有B项中没有错别字，故选B。

[答案]B

|知识点二|记忆积累

平时注意积累一些容易写错的字词，把它们归纳在一起，既要读准字音，又要认准字形，还要理解字义，把握住汉字形音义相统一的特点，也即把握汉字构形的理据。理据明，汉字的用法就清楚了，什么词语中该用何字也就清楚了。遇到没有把握的汉字，要勤查字典、词典，切不可想当然地、无所依据地随意认读书写。

例如，鬼鬼祟祟（祟）、变本加利（厉）、仗义直（执）言、人不付（敷）出、轻歌慢（曼）舞、蛛丝蚂（马）迹、劈（披）荆斩棘、名门旺（望）族、计日成（程）功、怨天忧（尤）人、惹事（是）生非、步入正规（轨）、食不裹（果）腹、草管（菅）人命。

以上成语中加点的字都是别字。

互动训练

1. 下列各组词语中，没有错别字的一组是（　）

A. 思忖　赋予　人才辈出　食不裹腹

B. 装帧　向往　原形毕露　以逸代劳

C. 幅射　谜团　欲盖弥彰　察言观色

D. 臆测　奥秘　剑拔弩张　以德报怨

2. 下列各组词语中，没有错别字的一组是（　）

A. 装潢　决择　殚精竭虑　徇私舞弊

B. 融洽　流览　提纲挈领　寸草春晖

C. 赡养　诙谐　汪洋恣肆　史无前例

D. 严峻　部置　旁征博引　励精图治

3. 下列各组词语中，没有错别字的一项是（　）

A. 英雄倍出　哀声叹气　变本加厉

B. 别出心裁　军事布署　不假思索

C. 不名一文　步履维艰　兴高采烈

D. 残绝人寰　层见叠出　粲然一笑

4. 下列各组词语中没有错别字的一组是（　）

A. 勘察　市脍　长吁短叹　百折不饶

B. 含义　梗概　建言献策　妙手偶得

C. 荡涤　契机　磨肩接踵　别出新裁

D. 朗颂　惟恐　头昏脑胀　贻害无穷

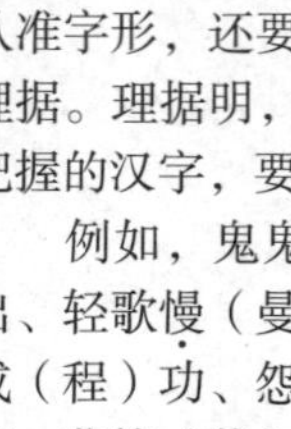

“母亲节”的由来：大多数国家把每年五月的第二个星期日定为母亲节。它是为歌颂世间伟大的母亲，纪念母亲的恩情，发扬孝敬母亲的精神而定立的。母亲节创始人是美国人安娜·查尔维斯女士，她生于1864年。安娜长得很漂亮，体格健美，并且是一位聪明、能干、坚强、贤惠、热诚的女性。她更是一个孝顺的女儿，深深地爱着自己的母亲。1905年，安娜·查尔维斯41岁时，她的母亲与世长辞，她十分悲痛，为了纪念母亲，她立志要实现母亲的遗愿——创立母亲节。

[例1]（2009.2）下列各组词语中，书写完全正确的一项是（　）

A. 梦寐以求　投笔从戎　兵慌马乱　兢兢业业
B. 响彻云宵　万籁俱寂　大张旗鼓　泾渭分明
C. 咫尺天涯　白璧无瑕　沧海一粟　良师益友
D. 孤注一掷　凭心而论　尔虞我诈　千里迢迢

[解析]此题中“兵慌马乱”“响彻云宵”和“凭心而论”三个词的加点字是错误的，应分别为“荒”“霄”和“平”。前两个用的就是义辨法．通过分析形旁来判定的；而后面的“平”，可以用形辨法，摆出同音字，分别放入语境中解析，“平”有“心情平和，不动感情”的意思，更合词义。故选C。

[答案] C

｜知识点三｜根据语法，判定词语搭配是否正确

词语的组合，有一定的语法关系。例如，“掂量”与“惦记”，“掂”与“惦”不能互换。“惦”的左边是“心”可知“挂念”的意思，“惦”与“量”无法组合在一起。再如，“仗义执言”与“仗义直言“，“仗义”是动宾结构，“执言”与之相配，结构相同，“直言”是偏正结构，与“仗义”结构不同，不能搭配。

[例1] 下列词语中没有错别字的一组是（　）

A. 修葺　赡养　针炙　如火如荼
B. 凋敝　浩瀚　焕发　以逸代劳
C. 浸渍　骁勇　惬意　精兵减政
D. 气概　对峙　纰漏　融会贯通

[解析]本题考查考生辨析错别字的能力。统观各项中的词语，没有错别字的是D项。因为A项中错将“针灸”写成了“针炙”了，“灸”为形声字，“炙”为会意字。B项中错将“以逸待劳”写成“以逸代劳”了，“待”是“等待”意，而不能以“代”替换，句意是说，养精蓄锐，等疲劳的敌军来犯时，给以迎头痛击。C项中的“精兵减政”是“精兵简政”之误，“简”乃简化之意，非“减少”之意，以“减”代“简”，是错误的。

[答案]D

｜知识点四｜正确分辨形似字

汉字中有些字的形体相似，正因为相似所以容易混用，如“天”与“夭”（字形不同）“冶”与“治”（笔画数不同）、“未”与“末”（笔画位置不同）、“冠”与“寇”（部首偏旁不同）。形似字分辨的主要方法是：一要平时写字时多注意形似字的细微差别；二是仔细辨析不同形旁的意义，如“赡养”的“赡”，形符为“贝”，表示赡养父母要用财物，而“瞻仰”的“瞻”，形符为“目”，表示用目看的意思，两字形虽似而义不同；三要留意掌握形似字所在的词语的确切含义，因为词义对进入该词的字有极严格的选择，只有字义与词义一致的字才能被词所接纳。

[例1] 下面词语中，没有错别字的一组是（　）

A. 篝火　立杆见影　沟壑　从中作梗
B. 媾和　觥筹交错　辜负　藏污纳诟
C. 蛊惑　瞠目咋之　禁锢　故作矜持
D. 鳏夫　义不容词　粗犷　相形见绌

[解析]A项中“立杆见影”应为“立竿见影”。B项中“藏污纳诟”应为“藏污纳垢”。C项全正确。D项中“义不容词”应为“义不容辞”。

[答案]C

5. 下列词语中，没有错别字的一组是（　）

A. 回光反照　嘉言懿行　金榜提名
B. 精兵减政　弱不禁风　坚壁清野
C. 以警效尤　举一反三　金壁辉煌
D. 拒谏饰非　开诚布公　戡平战乱

6. 下列成语中没有错别字的一组是（　）

A. 按部就班　买椟还珠　应接不暇
B. 变本加利　口蜜腹剑　掉以轻心
C. 水乳交融　损人利己　维妙维肖
D. 要言不烦　踌躇满志　居心叵测

7. 下列各组词语中，没有错别字的一组是（　）

A. 无耻滥言　宁缺毋滥　滥竽充数
B. 立竿见影　厉兵秣马　浏览报纸
C. 攻城略地　无与伦比　有地放矢
D. 名列前矛　贸然从事　貌和神离

8. 下列词语中加点字的字形全都正确的一组是（　）

A. 明察秋毫　急功近利　好高骛远
B. 炉火纯青　虚无缥缈　怨天忧人
C. 陈言务去　责无旁代　弱不禁风
D. 怙恶不悛　如丧考妣　扰攘纷争

9.下列各组词语中，没有错别字的一组是（　）

A. 摩崖石刻　莫衷一是　谋取暴利
B. 明察暗访　恼羞成怒　轻歌慢舞
C. 能屈能伸　披肝沥胆　出其不意
D. 迫不急待　鹊巢鸠占　盘根错节

“父亲节”：1909年，一位叫多伍德的女士在美国首都华盛顿特区宣传“母亲节”时，她想到了父亲。在她很小时，母亲离开了人世，父亲不得不艰难地独自担负起抚养孩子的家庭重担。过去的情景在她的脑海里浮现。多伍德女士深深地感到设立父亲节的必要。她向社会呼吁，引起了人们的积极响应，六月的第三个星期日被选定为“父亲节”。1910年6月，人们庆祝了第一个“父亲节”。当时凡是父亲还健在的人都在胸前佩戴一朵红玫瑰，以表达对父亲的敬意，而父亲已故去的人，则佩戴一朵白玫瑰，以此表达对父亲的无限怀念和哀思。

|知识点五|明确字义

明确字义，是辨识别字的根本方法。通过掌握的词语意义，或通过分析形声字的形旁推出字的含义，再放到词语中去判定是否正确。

方法一、利用形旁。汉字中的绝大多数字是形声字，许多字都有共同的声旁，区别只在于形旁，利用形旁进行分析，就能区别它们的含义，进而辨清它们的形体。例如，“燥”“躁”二字，前者形旁是“火”，组成词语就有“干燥”“燥热”等；后者形旁是“足”，组成词语就有“急躁”“躁动”等，辨清了形旁的意义，就不会将“焦躁”写成“焦燥”了。

方法二、联系语境。汉字具有独立性，单独一个汉字没有正误之分，但与别的汉字组合词语时，正误的区别可能就有了。例如，“青”和“清”本身都没有错，组成词语“青山绿水”和“山清水秀”也没有错，因为“青”是描述山的颜色，“清”是清幽的意思。所以若写成“清山绿水”和“山青水秀”就错了。

[例1]下列各组词语中，没有错别字的一项是（　）

A. 防范　兼收并蓄　流离失所　过尤不及

B. 配给　染眉之急　貌合神离　旗开得胜

C. 企盼　相机行事　手疾眼快　置若罔闻

D. 滞留　曲指可数　借古讽今　昭然若揭

[解析]本题考查考生辨析错别字的能力。比较各项中词语发现，A、B、D项中均有错别字，只有C项中各词语用字无误。A项中的“过尤不及”应是“过犹不及”。B项中的“染眉之急”应是“燃眉之急”。D项中的“曲指可数”应是“屈指可数”。

[答案]C

|知识点六|善用排除法

体育单招第二题一般要求：下列各组词语中，书写完全正确的一项选择项，看到题目后，首先要总览内容，比较选项，看是否有明显错误之处，只要找出一处错误，错误所在的组即可排除。看不出错误选项，再认真分析对比，正确项自然就能够选出来了。

[例1]（2012.2）下列各组词语中，书写完全正确的一项是（　）

A. 神秘　财物制度　同等学力

B. 嫁接　开源节流　烘云托月

C. 贮备　歌舞声平　天崖海角

D. 冠军　既往不究　渊远流长

[解析] 比较容易看出选项，A项“财物制度”应为“财务制度”。C项“歌舞声平”应为“歌舞升平”。“天崖海角”应为“天涯海角”。D项“既往不究”应为“既往不咎”。“渊远流长”应为“源远流长”， 只要找出一处错误，即可排除。故选B。

[答案]B

10. 下列各组词语中，没有错别字的一组是（　）

A. 迫不急待　水乳交融　大煞风景

B. 山青水秀　赏心悦目　青山绿水

C. 生死悠关　歌舞升平　拾人牙慧

D. 世外桃源　仗义执言　首屈一指

11. 下列各组词语中，没有错别字的一组是（　）

A. 水泄不通　耸人听闻　谈笑风声

B. 提纲挈领　通货膨涨　异曲同工

C. 醍醐灌顶　天经地义　通情达理

D. 走投无路　图穷匕现　图谋不规

12. 下列各组词语中，没有错别字的一组是（　）

A，意气用事　耳根清静　绿草如阴

B. 贻笑大方　以逸待劳　趾高气扬

C. 和颜悦色　察颜观色　淹没无闻

D. 严惩不待　泱泱大国　计日程功

互动训练答案

1. D　2. C　3. C　4. B　5. D　6. D
7. B　8. D　9. C　10. D　11. C　12. B

“诗仙”

李白（701—762年），字太白，号青莲居士，又号“谪仙人”，中国唐代伟大的浪漫主义诗人，李白的诗雄奇飘逸，艺术成就极高，有“诗仙”之称。

正确书写现代常用规范汉字表

［考点一］形近字（加点的字为易写错的字）

1. 暴发 2. 爆炸 3. 辨析
4. 洽商 5. 起讫 6. 玷辱
7. 仲裁 8. 雕砌 9. 陷阱
10. 辟谣 11. 梦魇 12. 蓦然
13. 募捐 14. 通缉 15. 开销
16. 厮杀 17. 弈棋 18. 疏浚
19. 吉祥 20. 肖像 21. 燥热
22. 赝品 23. 伫立 24. 皱纹
25. 羁縻 26. 怄气 27. 亵渎
28. 诙谐 29. 宣泄 30. 渲染
31. 延伸 32. 奢靡 33. 剽悍
34. 永诀 35. 抉择 36. 殴打
37. 坐落 38. 辐射 39. 煤炭
40. 编纂 41. 暴躁 42. 蛰居
43. 显像管 44. 暴发户 45. 修葺
46. 青睐 47. 座右铭 48. 痉挛
49. 针砭 50. 雄赳赳 51. 待价而沽
52. 稗官野史 53. 百炼成钢 54. 火山爆发
55. 和蔼可亲 56. 安分守己 57. 安居乐业
58. 黯然泪下 59. 暗无天日 60. 嗷嗷待哺
61. 飞扬跋扈 62. 山洪暴发 63. 白璧微瑕
64. 武装暴动 65. 五色斑斓 66. 百战不殆
67. 大有裨益 68. 膘肥体壮 69. 能言善辩
70. 兵荒马乱 71. 焕然一新 72. 屏气凝神
73. 病入膏肓 74. 不卑不亢 75. 不胫而走
76. 神采奕奕 77. 苍茫大海 78. 藏垢纳污
79. 恻隐之心 80. 层峦叠嶂 81. 插科打诨
82. 忧心忡忡 83. 出类拔萃 84. 虎视眈眈
85. 得不偿失 86. 地大物博 87. 独占鳌头
88. 两军对峙 89. 咄咄逼人 90. 繁文缛节
91. 成绩斐然 92. 缠绵悱恻 93. 纲纪废弛
94. 凤冠霞帔 95. 蜂拥而至 96. 釜底抽薪
97. 言简意赅 98. 功亏一篑 99. 甘之如饴
100. 鬼蜮伎俩 101. 昏聩无能 102. 祸国殃民
103. 集腋成裘 104. 济济一堂 105. 肆无忌惮
106. 矫揉造作 107. 跻身三强 108. 鸠形鹄面
109. 竣工验收 110. 精神矍铄 111. 开门揖盗
112. 味同嚼蜡 113. 意兴阑珊 114. 老奸巨猾
115. 其乐陶陶 116. 立功赎罪 117. 横征暴敛
118. 寥若晨星 119. 一鳞半爪 120. 戮力同心
121. 老态龙钟 122. 糜烂不堪 123. 望风披靡
124. 靡日不思 125. 靡靡之音 126. 沉湎往事
127. 缅怀先烈 128. 面面俱到 129. 虚无缥缈
130. 死不瞑目 131. 冥思苦想 132. 暮霭沉沉
133. 目不暇接 134. 令人目眩 135. 蓬头垢面
136. 泥沙俱下 137. 销声匿迹 138. 弄巧成拙
139. 旁征博引 140. 扑朔迷离 141. 文笔奇崛
142. 迄今为止 143. 千锤百炼 144. 锲而不舍
145. 罄竹难书 146. 穷兵黩武 147. 趋之若鹜
148. 孺子可教 149. 如火如荼 150. 耳濡目染
151. 煽动不满 152. 姗姗来迟 153. 三令五申
154. 稳操胜券 155. 拭目以待 156. 恃才傲物
157. 毁家纾难 158. 死心塌地 159. 追本溯源
160. 贪赃枉法 161. 袒胸露臂 162. 誊写文章
163. 铤而走险 164. 痛心疾首 165. 亭亭玉立
166. 脱颖而出 167. 完璧归赵 168. 万籁俱寂
169. 文恬武嬉 170. 坐地分赃 171. 赈济灾民
172. 口诛笔伐 173. 炙手可热 174. 中流砥柱
175. 明火执仗 176. 张皇失措 177. 不骄不躁
178. 栽赃陷害 179. 古今杂糅 180. 口干舌燥
181. 殒身不恤 182. 坐收渔利 183. 沽名钓誉
184. 优柔寡断 185. 一拥而入 186. 踊跃报名
187. 永葆青春 188. 雍容华贵 189. 庸庸碌碌
190. 饮鸩止渴 191. 学习肄业 192. 以一当十
193. 怡然自得 194. 一诺千金 195. 一笔勾销
196. 吊销执照 197. 弃甲曳兵 198. 眼花缭乱
199. 杳无音信 200. 演绎推理 201. 龙盘虎踞
202. 徇情枉法 203. 以身殉国 204. 雪中送炭
205. 栩栩如生 206. 前倨后恭 207. 心劳日拙
208. 心旷神怡 209. 直抒胸臆 210. 积毁销骨
211. 逍遥法外 212. 响彻云霄 213. 遐迩闻名
214. 相形见绌 215. 株连无辜 216. 民生凋敝
217. 英雄气概 218. 坂上走丸 219. 自暴自弃
220. 一张一弛 221. 欢度春节 222. 精神涣散
223. 性格粗犷 224. 颗粒归仓 225. 身体羸弱
226. 风声鹤唳 227. 火中取栗 228. 风靡一时
229. 呕心沥血 230. 怙恶不悛 231. 揠苗助长
232. 向隅而泣 233. 鬼鬼祟祟 234. 切磋琢磨
235. 无妄之灾 236. 震撼人心 237. 随声附和
238. 不落窠臼 239. 民生凋敝 240. 脍炙人口
241. 黄粱美梦 242. 美轮美奂 243. 死皮赖脸

李白代表名句

1. 长风破浪会有时，直挂云帆济沧海。《行路难》
2. 抽刀断水水更流，举杯消愁愁更愁。《宣州谢朓楼饯别校书叔云》
3. 燕山雪花大如席，片片吹落轩辕台。《北风行》
4. 两岸青山相对出，孤帆一片日边来。《望天门山》

244. 有恃无恐　245. 殚精竭虑　246. 鞠躬尽瘁
247. 黯然销魂　248. 羽扇纶巾　249. 脉搏微弱
250. 无礼谩骂　251. 心灰意懒　252. 观摩教学
253. 缄口不言　254. 竭泽而渔　255. 性格粗犷
256. 神态安详　257. 绵里藏针　258. 惴惴不安
259. 连篇累牍　260. 买椟还珠

［考点二］同音字（加点的字为易写错的字）

1. 爱戴　2. 报酬　3. 卑怯
4. 噩耗　5. 才华　6. 喝彩
7. 遨游　8. 娘俩　9. 更迭
10. 名片　11. 藐视　12. 杂沓
13. 肿胀　14. 描摹　15. 震撼
16. 毗邻　17. 拥戴　18. 按摩
19. 明珠暗投　20. 寻章摘句　21. 以身作则
22. 闲情逸致　23. 摇摇欲坠　24. 远大抱负
25. 良辰美景　26. 爱不释手　27. 爱屋及乌
28. 决不罢休　29. 英雄辈出　30. 半途而废
31. 唉声叹气　32. 百步穿杨　33. 百尺竿头
34. 罢黜百家　35. 森严壁垒　36. 鞭辟入里
37. 变本加厉　38. 变幻莫测　39. 彪炳千古
40. 别出心裁　41. 彬彬有礼　42. 并行不悖
43. 拨乱反正　44. 军事部署　45. 人所不齿
46. 不共戴天　47. 不寒而栗　48. 不计其数
49. 不即不离　50. 不假思索　51. 既往不咎
52. 不刊之论　53. 不可思议　54. 不名一文
55. 不求甚解　56. 宁死不屈　57. 麻木不仁
58. 步履维艰　59. 雄才大略　60. 才疏学浅
61. 才华横溢　62. 兴高采烈　63. 张灯结彩
64. 惨绝人寰　65. 粲然一笑　66. 层出不穷
67. 层见叠出　68. 蝉联冠军　69. 陈陈相因
70. 陈词滥调　71. 惩前毖后　72. 惩一儆百
73. 吃里爬外　74. 嗤之以鼻　75. 充耳不闻
76. 首当其冲　77. 山峦重叠　78. 重整旗鼓
79. 一筹莫展　80. 出其不意　81. 出奇制胜
82. 出人头地　83. 除旧布新　84. 处心积虑
85. 川流不息　86. 传诵一时　87. 吹毛求疵
88. 从长计议　89. 粗枝大叶　90. 粗制滥造
91. 厝火积薪　92. 措手不及　93. 大声疾呼
94. 大庭广众　95. 当仁不让　96. 倒打一耙
97. 得陇望蜀　98. 掂斤播两　99. 草木凋零
100. 掉以轻心　101. 调虎离山　102. 叠床架屋
103. 动辄得咎　104. 以毒攻毒　105. 独当一面
106. 独辟蹊径　107. 渡过难关　108. 嫉贤妒能
109. 杜绝浪费　110. 断章取义　111. 恶贯满盈
112. 振聋发聩　113. 令人发指　114. 要言不烦
115. 易如反掌　116. 防患未然　117. 蜚声文坛
118. 匪夷所思　119. 废寝忘食　120. 费尽心思
121. 分道扬镳　122. 分庭抗礼　123. 纷至沓来
124. 焚膏继晷　125. 愤懑不平　126. 奋笔疾书
127. 丰功伟绩　128. 幅员辽阔　129. 浮光掠影
130. 付诸东流　131. 甘拜下风　132. 改邪归正
133. 感恩戴德　134. 根深蒂固　135. 全神贯注
136. 鬼斧神工　137. 过犹未及　138. 噤若寒蝉
139. 含辛茹苦　140. 汗流浃背　141. 和盘托出
142. 和衷共济　143. 哄堂大笑　144. 后发制人
145. 画地为牢　146. 回光返照　147. 独具慧眼
148. 浑浑噩噩　149. 浑玉璞金　150. 豁然开朗
151. 激浊扬清　152. 疾恶如仇　153. 疾言厉色
154. 计日程功　155. 继往开来　156. 嘉言懿行
157. 坚壁清野　158. 坚不可摧　159. 历尽艰辛
160. 艰难困苦　161. 截长补短　161. 可资借鉴
162. 弱不禁风　164. 戴罪立功　165. 金碧辉煌
166. 浑浑噩噩　167. 绝无仅有　168. 精兵简政
169. 精诚所至　170. 心怀叵测　171. 以儆效尤
172. 纵观古今　173. 拒谏饰非　174. 一应俱全
175. 赞不绝口　176. 开诚布公　177. 开天辟地
178. 开源节流　179. 开宗明义　180. 戡平叛乱
181. 刻画人物　182. 克己奉公　183. 克勤克俭
184. 夸夸其谈　185. 困兽犹斗　186. 无耻谰言
187. 滥竽充数　188. 宁缺毋滥　189. 老成持重
190. 雷厉风行　191. 礼尚往来　192. 理屈词穷
193. 立竿见影　194. 励精图治　195. 厉兵秣马
196. 厉行节约　197. 历历在目　198. 藕断丝连
199. 连锁反应　200. 浏览报纸　201. 流连忘返
202. 炉火纯青　203. 崭露头角　204. 攻城略地
205. 无与伦比　206. 论功行赏　207. 慢条斯理
208. 漫不经心　209. 茫无头绪　210. 毛骨悚然
211. 名列前茅　212. 貌合神离　213. 贸然从事
214. 坚忍不拔　215. 门庭若市　216. 懵懂无知
217. 弥天大谎　218. 秘而不宣　219. 祖传秘方
220. 深明大义　221. 明察暗访　222. 明哲保身
223. 摩肩擦背　224. 摩崖石刻　225. 顶礼膜拜
226. 穷途末路　227. 莫衷一是　228. 没齿难忘
229. 牟取暴利　230. 恼羞成怒　231. 能屈能伸
232. 盘根错节　233. 判若鸿沟　234. 如法炮制
235. 披星戴月　236. 披肝沥胆　237. 披坚执锐
238. 披沙拣金　239. 磕磕绊绊　240. 曲高和寡

5. 君不见黄河之水天上来，奔流到海不复回；
君不见高堂明镜悲白发，朝如青丝暮成雪。《乐府·将进酒》
6. 天生我材必有用，千金散尽还复来。《乐府·将进酒》
7. 人生得意须尽欢，莫使金樽空对月。《乐府·将进酒》
8. 孤帆远影碧空尽，唯见长江天际流。《黄鹤楼送孟浩然之广陵》

241. 平心而论　242. 破釜沉舟　243. 迫不及待
244. 出其不意　245. 气喘吁吁　246. 气急败坏
247. 千古一恸　248. 前车之鉴　249. 深致歉意
250. 强词夺理　251. 敲诈勒索　252. 乔装打扮
253. 巧夺天工　254. 巧立名目　255. 沁人心脾
256. 轻歌曼舞　257. 茕茕孑立　258. 曲意逢迎
259. 屈打成招　260. 鹊巢鸠占　261. 欢呼雀跃
262. 惹是生非　263. 仁至义尽　264. 色厉内荏
265. 任劳任怨　266. 融会贯通　267. 其乐融融
268. 水乳交融　269. 春光融融　270. 月色溶溶
271. 如雷贯耳　272. 入情入理　273. 大煞风景
274. 脸色煞白　275. 煽风点火　276. 山清水秀
277. 青山绿水　278. 伤天害理　279. 赏心悦目
280. 少安毋躁　281. 惨无人道　282. 大显身手
283. 声东击西　284. 生杀予夺　285. 生死攸关
286. 歌舞升平　287. 盛况空前　288. 稍纵即逝
289. 拾人牙慧　290. 世外桃源　291. 势不两立
292. 势均力敌　293. 风尘仆仆　294. 适得其反
295. 收揽人心　296. 首屈一指　297. 眼疾手快
298. 束手待毙　299. 水力发电　300. 水泄不通
301. 各司其职　302. 司空见惯　303. 耸人听闻
304. 素昧平生　305. 随声附和　306. 谈笑风生
307. 昙花一现　308. 叹为观止　309. 长吁短叹
310. 富丽堂皇　311. 桃李满园　312. 醍醐灌顶
313. 提心吊胆　314. 提纲挈领　315. 天经地义
316. 天理难容　317. 通货膨胀　318. 通情达理
319. 异曲同工　320. 偷工减料　321. 头头是道
322. 走投无路　323. 图谋不轨　324. 图穷匕见
325. 荼毒生灵　326. 生灵涂炭　327. 推诚相见
328. 推崇备至　329. 推托生病　330. 推卸责任
331. 推心置腹　332. 蜕化变质　333. 囤积居奇
334. 歪风邪气　335. 歪门邪道　336. 玩世不恭
337. 万古长青　338. 万贯家财　339. 璀璨夺目
340. 枉费心机　341. 置若罔闻　342. 忘恩负义
343. 痴心妄想　344. 望而却步　345. 名门望族
346. 正襟危坐　347. 危言耸听　348. 危如累卵
349. 微言大义　350. 为富不仁　351. 运筹帷幄
352. 委曲求全　353. 委曲婉转　354. 尾大不掉
355. 不瘟不火　356. 文过饰非　357. 有条不紊
358. 胁从不问　359. 无人问津　360. 左右开弓
361. 做贼心虚　362. 坐享其成　363坐以待毙
364. 座无虚席　365. 暴戾恣睢　366. 自力更生
367. 自鸣得意　368. 自食其力　369. 自命不凡
370. 纵横捭阖　371. 钟灵毓秀　372. 谆谆告诫

373. 奋斗终生　374. 终身大事　375. 寡不敌众
376. 不孚众望　377. 关怀备至　378. 珠联璧合
379. 步入正轨　380. 知书达理　381. 直截了当
382. 标本兼治　383. 志大才疏　384. 至理名言
385. 专心致志　386. 振振有词　381. 振奋人心
388. 振笔疾书　389. 远见卓识　390. 真知灼见
391. 真相大白　392. 浅尝辄止　393. 重重叠叠
394. 作奸犯科　395. 照本宣科　396. 招惹是非
397. 仗义疏财　398. 战战兢兢　399. 斩钉截铁
400. 再接再厉　401. 芸芸众生　402. 缘木求鱼
403. 余勇可贾　404. 囿于成见　405. 有口皆碑
406. 耳根清净　407. 意气用事　408. 勇往直前
409. 壅塞不通　410. 心心相印　411. 引咎自责
412. 绿草如茵　413. 因地制宜　414. 义正词严
415. 词不达意　416. 倚仗权势　417. 倚老卖老
418. 贻笑大方　419. 贻害无穷　420. 以逸待劳
421. 蛛丝马迹　422. 不遗余力　423. 一视同仁
424. 一脉相承　425. 鼎力相助　426. 一蹴而就
427. 耀武扬威　428. 趾高气扬　429. 洋洋洒洒
430. 手疾眼快　431. 沿袭成规　432. 食不果腹
433. 严惩不贷　434. 和颜悦色　435. 一诺千金
436. 湮没无闻　437. 察言观色　438. 泱泱大国
439. 气度不凡　440. 轩然大波　441. 千头万绪
442. 自我吹嘘　443. 嘘寒问暖　444. 一泻千里
445. 沆瀣一气　446. 别出心裁　447. 惺惺作态
448. 凶相毕露　449. 热胀冷缩　450. 休养生息
451. 扶老携幼　452. 白头偕老　453. 一望无垠
454. 不拘小节　455. 安之若素　456. 下车伊始
457. 人情世故　458. 除恶务尽　459. 五体投地
460. 五彩斑斓　461. 无懈可击　462. 无所适从
463. 无所不至　464. 无济于事　465. 无稽之谈
466. 无耻之尤　467. 翻来覆去　468. 乌烟瘴气
469. 尚待商榷　470. 招摇撞骗　471. 头昏脑胀
472. 投机倒把　473. 称心如意　474. 墨守成规
475. 循规蹈矩　476. 三番五次　477. 入不敷出
478. 一鼓作气　479. 发扬光大　480. 行踪诡秘
481. 阴谋诡计　482. 大多雷同　483. 流连忘返
484. 真知灼见　485. 星罗棋布　486. 煞费苦心
487. 按部就班　488. 记忆犹新　489. 大伤元气
490. 改弦更张　491. 洗耳恭听　492. 天翻地覆
493. 万象更新　494. 毋庸讳言　495. 不省人事
496. 不言而喻　497. 老生常谈　498. 各行其是
499. 投鼠忌器　500. 声名鹊起

9. 飞流直下三千尺，疑是银河落九天。《望庐山瀑布》
10. 三山半落青天外，二水中分白鹭洲。《登金陵凤凰台》
11. 仰天大笑出门去，我辈岂是蓬蒿人。《南陵别儿童入京》
12. 清水出芙蓉，天然去雕饰。《经离乱后天恩流夜郎忆旧游书怀》
13. 醒时相交欢，醉后各分散。《月下独酌》

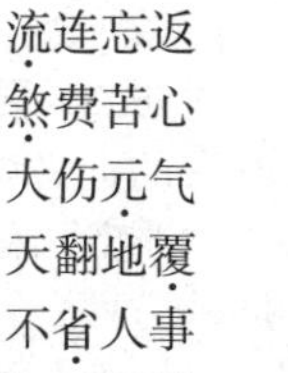

[专题三 词 语]

本课题型为客观型单选试题，以实词为主，虚词为辅。所示词语均为考生交际应用中容易用错的词语，或用法分辨不清的词语，如“以至”与“以致”“启事”与“启示”等。所考查的词语全在一定的语境中，让考生充分利用语境考查词语的意义和用法是否与语境一致。复习范围以下面现代常用规范实词、虚词表为复习依托，学习掌握近义词语辨析的方法，从词义上对近义词加以辨析。这部分的重点应放在近义词意义、用法和色彩等方面的辨析上。

|知识点一|分辨词语的词义

要确切地了解词语的意义，选词填空的实质是辨析词语的意义，这是一种非常重要的语文能力。例如，“亲密”“亲切”和“亲热”，它们有共同的语素“亲”，但“亲密”着重指关系，“亲切”着重指感情，而“亲热”是指亲切而热情。对这些词的含义了解了，知道它们的适用对象不同，就不会用错了。

方法一：要重视词语所指的对象

区分近义词的适用对象和使用范围。这是辨析近义词的基础。首先分清词语所指对象，可以直接区分词语的细微差别，再配合语境，就能较方便地选词了。“启用”与“起用” “启用”所指对象是物，重在开始使用，而“起用”所指对象是已退职或免职的人员，重在重新使用。此句语境适合“起用”。

[例1] 依次填入文中横线处的词语，恰当的一组是（ ）

①能源短缺，加上恶劣的自然条件，极大地________着这个小镇的经济发展。

②最近上演的表现当代戒毒工作的电视剧《红处方》________了众多观众。

③天山最高峰有常见不化的积雪，在阳光照射下，闪射出________的白光。

A. 限制 感染 剧烈　　B. 限制 感化 强烈

C. 制约 感染 强烈　　D. 制约 感化 剧烈

[解析]本题考查考生辨析同义词的能力。从所给语境看，①中所述“小镇经济的发展”是以能源丰富、自然条件优越为条件的，而如今能源短缺，自然条件又恶劣，小镇失去了经济发展的条件。“制约”一词的含义正好与语境一致，所以横线上应填“制约”，“限制”没有这一含义。②中所述电视剧《红处方》，由于现实性强，情节又感人，所以“极大地”感染了“众多观众”，因此横线上应填“感染”，不能填“感化”，因为“感化”的词义是使人受感动而使自己的思想、行为向好的方面发展，只适用于吸毒的人，众多观众不是吸毒者，即使有，也是极少数。③中所述积雪在阳光照射下反射白光，只能用“强烈”，不能用“剧烈”加以形容，因为“剧烈”的词义过重，有猛烈的意思，用来形容积雪反光不适合。所以，选C。

[答案] C

方法二：要区别词义的范围大小不同

有的近义词有不同使用范围和搭配习惯，在辨析和使用时也应特别注意。例如，“严密”和“周密”，“严密”是周到，没有疏漏，侧重于严格、紧密，多用于防范方面；“周密”是周到细致，侧重表示考虑周到，多用于思想、思考、计划、安排等方面。再如，“平凡”和“平庸”，都含有“一般，不突出”的意思，但“平庸”一般用于人，“平凡”除用于人外，还可用于物。对近义词语使用范围和搭配习惯的了解和掌握，有助于正确使用词语。

互动训练

1. 依次填入下列各句横线上的词语，最恰当的一组是（ ）

①形势的发展十分快，____使许多人出乎意料。

②我国政府制定了保障残疾人____的相应政策和规定。

③报考高等院校学习者需具备高中毕业或同等_____的文化程度。

④每次“全国人民代表大会”召开之前，中共中央都要与各民主党派负责人一起共商_____。

A. 以至 权益 学力 国是

B. 以至 权利 学力 国事

C. 以致 权益 学历 国是

D. 以致 权利 学历 国事

2. 依次填入下列句子横线处最恰当的一组词语是（ ）

①老先生溘然长逝，直到今天，我才勉强把心里想说的话陆陆续续理清楚，然后点点滴滴_____到纸上。

②据此间报纸_____，会谈是全封闭式的，只有在谈判休息时，才可看到有人在草地上漫步。

③中国交响乐团向海内外中国作曲家发出征集交响乐、管弦乐的____：作品题材、内容不限，只求风格、手法为更多的听众喜闻乐见。

A. 写 宣称 启事

B. 渗 宣称 启示

C. 写 披露 启示

D. 渗 披露 启事

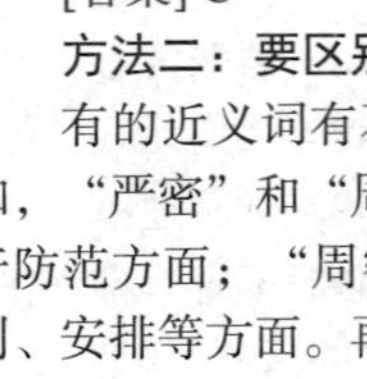

14. 浮云游子意，落日故人情。《送友人》
15. 山随平野尽，江入大荒流。《渡荆门送别》
16. 平林漠漠烟如织，寒山一带伤心碧。《菩萨蛮》
17. 我寄愁心与明月，随风直到夜郎西。《闻王昌龄左迁龙标遥有此寄》
18. 桃花潭水深千尺，不及汪伦送我情。《赠汪伦》

[例1] 依次填入横线的词，最恰当的一组是（　）

①近年来，全市对学校乱收费现象进行了专项治理，加大了查处力度，使之得到了有效________。

②北京的圆明园，自康熙四十八年起，先后________了一百五十多年，荟萃了中外盛景，被誉为“万园之园”。

③当地最大的煤矿公司忽视安全生产，________改变安全操作规程，以致酿成瓦斯爆炸的特大事故。

A. 遏制 建造 私自　　B. 遏制 营造 擅自

C. 遏止 营造 私自　　D. 遏止 建造 擅自

[解析]本题考查辨析同义词的能力。“遏制”与“遏止”为同义词，两词均有“用力阻止”意，但“遏制”多了“控制”的意思。①应填“遏制”，因为“进行了专项治理”，还“加大了查处力度”，这样“学校乱收费现象”不仅被阻止而且得到了有效控制。“营造”与“建造”为同义词，两词均有“建造”意，但“营造”多了“不断经营、不断设计使之完美”这层意思。②应填“营造”，方符合圆明园历史变化的事实。“私自”与“擅自”为同义词，两词均含自作主张而进行某种活动的意思，但“擅自”多了一层“对不在自己职权范围以内的事情自作主张”的意思，含有越权行事之意。就句意看，煤矿公司不经同意改变安全操作规程的行为，正是越权行事的严重表现，因此③句中应填“擅自”为妥。故选B。

[答案] B

方法三：要识别词义的轻重程度不同

注重从近义词词义轻重的不同进行辨析。词义轻重不同，直接影响到表达效果，该用词义较重的就不能用轻的，词义轻重要适当。这也是辨析近义词时应注意的一个方面。例如“放任”和“放纵”，都含有“不加管理，任其所为”的意思，但在表示的程度上，“放任”要比“放纵”轻。

[例1] 依次填入下列各句横线处的词语，恰当的一组是（　）

①虽然他尽了最大的努力，还是没能_____住对方凌厉的攻势，痛失奖杯。

②能源短缺，加上恶劣的自然条件，极大地_____着这个小镇经济的发展。

③那些见利忘义、损人利己的人，不仅为正人君子所_____，还可能滑向犯罪的深渊。

A. 遏制　限制　不耻　　B. 遏止　制约　不耻

C. 遏制　制约　不齿　　D. 遏止　限制　不齿

[解析]本题考查在语境中理解和选用词语的能力。“遏止”是“用力阻止”的意思，“遏制”是“制止、控制”的意思。“攻势”是不能“用力阻止”的，但可以说“控制”，所以①句应选“遏制”。“限制”是“规定范围，不许超越”的意思；“制约”，“甲事物本身的存在和变化以乙事物的存在和变化为条件，则甲事物为乙事物所制约”。②句中，“能源短缺”“恶劣的自然条件”不是规定“小镇经济的发展”范围，而是成为“小镇经济的发展”的制约，所以②句应选“制约”。“不齿”是“不愿提到，表示鄙视”的意思，“不耻”是“不以为可耻”的意思。显然③句应选“不齿”。

[答案] C

方法四：要看词语间的固定搭配，一个词语所依据的某种语法关系，往往有较固定的搭配方式，如果脱离这种搭配，则容易出错

例如，预算即使制订得再（正确　准确），在执行过程中也难免发生变化。（句中的搭配关系要根据前面的“预算”来决定，我们常说“预算准确”，而不说“预算正确”。再如“交换”和“交流”，前者往往与具体的物品或意见搭配，后者只能与抽象事物搭配，如经验、思想、文化等。还有“坚定”和“坚强”，前者往往与“立场”搭配。后者往往与“意志”搭配。）

3. 下列句中加点的词，可以用括号中的词替代而不影响原意表达的一句是（　）

A. 美俄两个大国在航天（航空）技术领域竞争十分激烈。

B. 中医研究院张院长医道高明，救治（诊治）了许多危重病人。

C. 市委书记向市民郑重承诺，贪污腐败一经查出，一定严加惩办（惩处）。

D. 连日来，旅美、旅日的中国侨胞（侨民）纷纷集会，对我国政府对台政策白皮书表示支持。

4. 填入下文横线处的关联词语正确的一项是（　）

一生中能有这样两个发现，该是很够了。____只能作出一个这样的发现，也已经是幸福了。_____马克思在他所研究的每一个领域，______在数学领域都有独到的发现。这样的领域是很多的，______其中任何一个领域他都不是肤浅地研究的。

A. 尽管　但是　甚至　而且

B. 甚至　可是　即使　况且

C. 尽管　可是　即使　而且

D. 即使　但是　甚至　而且

5. 下列各句中加点词语可以用括号内的词语替换的一句是（　）

A. 这粒扣子在草丛中偶然（偶尔）发现，为侦破工作提供了线索。

B. 由于精神过分（过度）紧张，他在比赛中失利了，没能实现捧杯的梦想。

C. 类似的事情不止（不只）一次地发生，难道不该引起我们的警惕吗？

D. 班长与团支书一起合计（核计）着春游的事儿，不知不觉天已经黑了。

19. 白发三千丈，缘愁似个长。《秋浦歌》
20. 何日平胡虏，良人罢远征。《子夜吴歌》
21. 举杯邀明月，对影成三人。《月下独酌》
22. 两岸猿声啼不住，轻舟已过万重山。《早发白帝城》
23. 举头望明月，低头思故乡。《静夜思》

[例1] （2010.3）依次填入下列语句横线处的词语，最恰当的一组是（　）

如今，越来越多的“文化创意产业园区”在政府主导下________，加上新锐建筑师有创意的________，一扫老工业园区萧瑟败落的景象，成为新的经济________模式。

A. 增长 改造 生成　　B. 改造 生成 增长

C. 生成 改造 增长　　D. 生成 增长 改造

[解析]读题会发现，在第一个空的前面有一个限制词“创意”，这个语境决定排除“增长”和“改造”，即A和B项。完成第二个空的选择，要看搭配，“有创意的”只能和“改造”搭配。正确答案为C。

[答案] C

｜知识点二｜词语的色彩

从近义词语的色彩角度辨析，这主要是指从近义词语的感情色彩和语体色彩两方面加以辨析。做题时要注意语境所涉及的人、事、景、物，选取最恰当的词语。使之合乎语境。

方法一：要分析近义词语的感情色彩及褒贬的不同，一定的句子给我们提供一定的语境，而这个语境，往往是作者所褒扬或贬斥的，所以在用词时就有所讲究：褒义语境一般不用贬义词，相反则不用褒义词。例如，“沟通”和“勾通” 前褒后贬。“顽强”与“顽固”，前褒后贬。

[例1] 依次填入下列各句横线处的词语，最恰当的一项是（　）

①每当心绪不佳的时候，我常常努力地____着，但末了总还是要发一通脾气。

②要查清国有企业目前的财政状况，防止个别企业和个人借改革之机大肆____国家财产。

③我们要让世界了解中关村，进一步____与各国IT业的交流渠道，以便取长补短。

A. 克制 侵蚀 开拓　　B. 克服 侵吞 拓宽

C. 克服 侵蚀 开拓　　D. 克制 侵吞 拓宽

[解析]本题考查依据语境辨析同义词的能力。①应填入“克制”，因为“心绪不宁”时，容易发脾气，属于情感范畴，用“克制”最准确，而“克服”的意思是用坚强的意志和力量战胜某个方面，或忍受某种困难，克服的对象多指缺点、错误、坏现象、不利条件等。②应填入“侵吞”，因为“侵吞”的含义之一是指“暗中非法占有”，就语境看，前面有“大肆”作状语，并非指“暗中一点一点地侵占”，因此用“侵吞”最贴切。③应填入“拓宽”，因为与“开拓”比，“拓宽”的含义范围宽，不仅指开拓的行为，而且指开拓的结果，交流渠道宽了，再与“进一步”相联系，说明是以往开拓的继续，使之加宽，更有利于互相交流。故选D。

[答案] D

[例2] 在下列各句横线处，依次填入的词语最恰当的一项是（　）

①外表大大咧咧的她，其实内心里深藏着不为人知的丰富又_______的感情。

②经过______深入的调查研究，这家公司最终选择上海作为进入中国市场的切入点。

③四大名绣之一的苏绣，向来以其工艺精湛、针法______而闻名世界。

A. 细密 细腻 细致　　B. 细腻 细致 细密

C. 细腻 细密 细致　　D. 细致 细密 细腻

[解析]本题考查近义词的辨析。“细腻”侧重指感情方面；“细致”有“仔细、精致”；“细密”侧重于密，表示“距离短、空隙小”。

[答案] B

6. 依次填入下面横线上的词语，最恰当的一组是（　）

有位作家说，要使自己生活的扁舟轻驶，务必要让它______的仅限于必不可少之物，不然轻则_______无以进，重则可能压沉自己的生活之舟。道理很明白，什么都舍不得撒手，往往______什么都不得不______。

A. 装载　徜徉　致使　割爱

B. 承载　徘徊　导致　舍弃

C. 装载　徘徊　致使　舍弃

D. 承载　徜徉　导致　割爱

7. 给下列句子的空白处填入合适的一组词语是（　）

①县人大常委会决定，本条例自公布之日起开始______。

②他思想僵化，满脑子的______，所以老是迈不出前进的步子。

③殖民主义者掠夺、扩张的野心是绝对没有______的。

④怪了，我的文具盒怎么突然不见了呢？难道会______！

A. 施行　清规戒律　界限　不翼而飞

B. 实行　清规戒律　界线　不翼而飞

C. 施行　金科玉律　界线　不胫而走

D. 实行　金科玉律　界限　不胫而走

24. 今人不见古时月，今月曾经照古人。《把酒问月》

25. 安能摧眉折腰事权贵，使我不得开心颜。《梦游天姥吟留别》

26. 床前明月光，疑是地上霜。《静夜思》

27. 郎骑竹马来，绕床弄青梅。同居长干里，两小无嫌猜。《长干行》

28. 半壁见海日，空中闻天鸡。《梦游天姥吟留别》

[例3]（2008.4）依次填入下列各句横线处的词语，最恰当的一组是（　）

①您的语言，您的故事，以及您深刻的思想使我深受______。

②他与廖先生等朝夕相处，更是以舍身救国为志互相______。

③如果灵魂缺失了，生活就不实在。所以，有的人虽然非常忙碌，却仍______感到空虚。

A. 感动　磨砺　不免 B. 触动　砥砺　未免

C. 感动　砥砺　不免 D. 触动　磨砺　未免

[解析]此题第一步根据语境①对"感动"与"触动"进行义项分析。二者都有感情受外界影响发生变化，"感动"侧重于激动，引起同情、羡慕，而"触动"却是因某种刺激引起感情变化、回忆。因此选A、C项。第二步依照语境②对"磨砺"与"砥砺"作义项分析。两个词都有磨炼的意思，而"砥砺"多了一层勉励的意思。所以"砥砺"更合语境，故选C。

[答案] C

方法二：近义词语的语体色彩。语体色彩是指词语适用于不同语体的风格色彩，主要是指口语语体和书面语语体。书面语还可以根据文体分为文学性、实用性等，这些都需要我们在实际运用过程中不断地总结和归纳，力求有个清晰的了解，以做到使用得体。

[例1] 除夕之夜，各国驻华使节携老婆观看了中央电视台主办的春节联欢晚会。

[解析]这句话中"老婆"是口语，用于外交辞令是很不得体的，宜改用"夫人"。

[例2] 我们______（A. 进 B. 进入）村的时候，看到一位中年农民正跟不少人在______（A. 商谈 B. 商量）第二天买化肥的______（A.问题 B. 事）。

[解析]这句话是记叙体，记叙的对象是农民，应选用口语化的词语，所以该句应依次选用"进""商量""事"。

｜知识点三｜从近义词语的语法功能方面加以辨析　这主要指从近义词语在词性和组句功能上存在的区别。如"聪明"和"智慧"，均含有智力发达的意思。但"聪明"是形容词，在句子中可做谓语、定语；而"智慧"是名词，在句子中主要充当主语、宾语

方法一：要准确把握词性，要重视词语的语法功能

实词的词性不同，其语法特点和语法功能也不同，只有把握准词性，才能做到准确使用。

从语法功能的角度，有时也能区别词义。

[例1] 依次填入下列各句横线处的词语，恰当的一项是（　）

①没有丰富的生活积累和深厚的艺术功底，是很难写出高________的作品来的。

②这座经历了数百年风雨________的古塔，随时都有倒塌的可能。

③任何人都可能被别人批评和议论，但必须是________的和实事求是的。

④恶劣的自然条件极大地________着这个边远小镇的经济发展。

A. 品位 侵蚀 善意 制约　　B. 品格 侵袭 善意 限定

C. 品格 侵蚀 诚意 限定　　D. 品位 侵袭 诚意 制约

[解析]本题考查考生正确运用词语的能力。研究四句话的意思及其间的有机联系，通过对选项中四对近义词的辨析，可以知道，空白处依次应填"品位""侵蚀""善意""制约"。"品位"与"品格"比较，就文艺作品而言，前者多指作品的品格和价值，后者多指作品风格的高下。从句意看，填"品位"最正确。"侵蚀"与"侵袭"比较，前者指逐渐侵入腐蚀使之变坏，后者指侵入并袭击，就句意看，主语"风雨"与宾语"古塔"之间，应用动词"侵蚀"。"善意"与"诚意"比较，前者指心意善良，后者指意愿真实，就句意看应是前者。"制约"，指牵制和约束，"限定"指限制数量、范围等不许超出。就句意看，应当用"制约"。

[答案] A

8. 依次填入下列横线上的词语，最恰当的一组是（　）

①山东石臼港的建设进行顺利，______九月中旬，已完成年施工计划的90%。

②为了迅速扭转连年亏损的局面，厂党委决定______精通业务、有决策能力的退休科技人员。

③她一连几次挑起话头，想和女儿谈谈，可是女儿的______却很冷淡。

④我们几天的______，证实了敌人兵力的部署情况。

A. 截止　启用　反应　侦查

B. 截至　起用　反应　侦察

C. 截止　起用　反映　侦查

D. 截至　启用　反映　侦察

9. 依次填入括号中的词语，正确的一组是（　）

①群众生活______的日用品的销价，要坚决保持稳定，某些______提价的，要给予消费者以适当补贴。

②他们把这些小布头拼起来做成手套和套袖，为国家______棉布5200多尺，______开支3500多元。

A. 必需　必须　节省　节约

B. 必需　必须　节约　节省

C. 必须　必需　节省　节约

D. 必须　必需　节约　节省

29. 众鸟高飞尽，孤云独去闲。《独坐敬亭山》
30. 黄河西来决昆仑，咆哮万里触龙门。《公无渡河》
30. 弃我去者，昨日之日不可留；
　　乱我心者，今日之日多烦忧。《宣州谢朓楼饯别校书叔云》
32. 三杯吐然诺，五岳倒为轻！《侠客行》

[例2] 依次填入下列句子横线处的词语，最恰当的一组是（　）

①这几个月，他一直深入矿区体验生活，终于写出了这部人人都____的好作品。

②经过努力，我国已完成SARS疫苗的研究，即将进入临床____。

③北京市西部和北部是连绵不断的群山，东南为一片____低缓的平原。

A. 夸耀　实验　逐步　　　B. 夸奖　试验　逐渐

C. 夸奖　实验　逐步　　　D. 夸耀　试验　逐渐

[解析]本题考查考生正确使用近义词的能力。之所以B项为正确选项，原因是："夸耀"与"夸奖"比较，应用"夸奖"，"夸耀"含有自我炫耀之意，这与句意不合。"实验"与"试验"比较，应用"试验"，因为并非实地验证，只是探索性验证。"逐步"与"逐渐"比较，应用"逐渐"，因为东南一片平原，其地势是渐渐"低缓"而成，是自然而然的变化所致，并非有意识有步骤而使之"低缓"的。

[答案] B

方法二：要分析句子的语境，具体的语境往往有区别语意的功能，我们在学习的过程中不能忽视语境，否则就会用词不当

[例1] 依次填入下列各句横线处的词语，恰当的一组是（　）。

①这位发言人______指出，美方对这次撞机事件必须承担全部责任，向中国人民作出交代，并防止类似事件再次发生。

②尽管这只是一次_______，但民警与保安的迅速出击，表明本市第一个进入校园的电子保安报警系统已经成功地开通了。

③用歪曲事实的历史教科书作为学校的教材，必然______日本年轻一代对本国历史的认识偏离事实。

A. 庄重　演练　引导　　　B. 郑重　演示　引导

C. 庄重　演示　导致　　　D. 郑重　演练　导致

[解析]此题考查对近义词的辨析能力。"庄重"形容言语、举止严肃端正、不轻浮。"郑重"是严肃认真之意。①句是要强调发言人态度严肃认真，而不涉及态度轻浮，所以①句用"郑重"。"演练"是演习、训练之意。"演示"是用实物、图表或实验把事物的发展变化过程显示出来。根据句子意义，②句的陈述对象是民警和保安，应当使用"演练"。"引导"是带领、启发、诱导之意；"导致"是引起、造成之意。③句是说使用歪曲事实的教材造成的后果，应该用"导致"。"庄重""郑重"是区分起来有难度的近义词语，要注意掌握。

[答案] D

[例2] 在下列诗句的空格中，依次填入最恰当的词语，使用恰当的一组是（　）

①无边___萧萧下，不尽长江滚滚来。

②___不是无情物，化作春泥更护花。

③细数___因坐久，缓寻芳草得归迟。

④归云堕碧粘僧屐，___飘红上客衫。

A. 落叶　落木　落红　落花　　　B. 落木　落红　落叶　落花

C. 落木　落红　落花　落叶　　　D. 落木　落花　落红　落叶

[解析]本题中，第①项是出自杜甫的《登高》，应为"无边落木萧萧下，不尽长江滚滚来。"第②项是出自龚自珍的《己亥杂诗》，应为"落红不是无情物，化作春泥更护花。"第③项是出白王安石的《北山》，应为"细数落花因坐久，缓寻芳草得归迟。"第④项是出自舒坦的《游云湖过香山偶成二首》，应为"归云堕碧粘僧屐，落叶飘红上客衫。"因此C项正确。

[答案] C

10. 填入横线上，最恰当的一组是（　）

①这样_____装这套设备，至少要花一个半月。

②这虽不算机_____文件，可的确是祖传的____本。

③建设现代化强国，是历史赋_____我们的重任。

④他一毕业就分配到这个省的水文考____队。

A. 按　秘　密　予　查

B. 安　密　秘　予　察

C. 安　秘　密　与　察

D. 按　密　秘　与　查

11. 下列句子中，加点的词语使用最恰当的一项是（　）

A. 一段时间以来，有些历史题材的影视作品，把历史当作一个任人装扮的小姑娘，涂脂抹粉，翻云覆雨，弄得面目全非。

B. 有些人外语讲不好怕人笑话，而讲普通话时南腔北调，词不达意，却不以为然。

C. 老人用那幸福的笑容和感激的泪水，向我们无言地诠释着十八年风雨不能泯灭的人间真情。

D. 电视剧《父子深情》通过曲折的情节、感人的画面，讲述了一对反目成仇的父子破镜重圆的故事。

互动训练答案

1. A　2. D　3. C　4. D　5. B　6. B

7. A　8. B　9. B　10. B　11. C

33. 剑阁峥嵘而崔嵬，一夫当关，万夫莫开。《蜀道难》

34. 秦王扫六合，视何雄哉。《古风其三》

35. 大鹏一日同风起，扶摇直上九万里。《上李邕》

36. 十步杀一人，千里不留行。《侠客行》

37. 呼儿将出换美酒，与尔同销万古愁。《乐府·将进酒》

现代常用规范实词、虚词表

[考点一]实 词

A

[爱护 爱戴] 适应对象不同，前者上（长辈）对下（晚辈），后者下（晚辈）对上（长辈）。

[安慰 慰问] 都有用话语使人心情安适的意思。"安慰"含有同情、关心的感情色彩。"慰问"有问候的意思，带有关怀、鼓励的感情色彩，多用于正式的场合。

[安置 安顿 安排] "安置"着重于"置"，使工作、生活、物品等有适当的位置，或指人或物的处置各得其所，又指安置亲属、行李、灾民等。"安顿"着重于"顿"，指妥当安排使有着落。"安排"着重于"排"，分轻重缓急，先后主次，有条不紊地处置人或事物，多指人事、任务等的处理。

[翱翔 遨游] 都与游动有关，但游动的方式有所不同。"翱翔"指在空中回旋地飞，如"自由翱翔"。"遨游"指漫游、游历，如"遨游太空"。

[哀怜 爱怜 爱恋] 三者读音大致相同，但意义和用法不同。"哀怜"指对别人的不幸遭遇表示同情，如"中华民族有哀怜弱者的传统"。"爱怜"指十分疼爱，多用于父母对子女，如"爱怜子女"。"爱恋"指热爱而难以分离，多用于男女之间，如"二十多年来，他俩一直相互爱恋着"。

[暗淡 黯淡] 都指不明朗。"暗淡"指光色昏暗，不光明，不鲜艳，如"光线暗淡"。"黯淡"：①指心理暗淡，如"心情黯淡"；②同"暗淡"。

[按语 暗语] 都与语言有关。"按语"也写作"案语"，指作者、编者对有关文章、词句所做的说明、提示或考证，如"这个文段，编者特地加了暗语"。"暗语"指彼此约定的秘密话，如"这些话纯是暗语，别人根本听不懂"。

B

[奔赴 奔向] "奔赴"侧重于将要走到、跑到、赶到。"奔向"侧重于朝某个方向奔，没有赶到之意。

[辨别 鉴别] "辨别"侧重于把事物区分开，"鉴别"侧重于审定真伪或好坏。

[保障 保证] "保障"指有效地保护人民财产、劳动、科研成果等使之不受侵犯和破坏。"保证"着重于用事实或行动担保做到。

[摆脱 解脱 挣脱] 都有力图离开不利的情况和境遇的意思。"摆脱"侧重于甩掉、抛掉不利的东西，一般用于自身以外的东西，如困难、厄运、穷困等。"解脱"侧重于解除束缚、约束或受折磨的状况，多指脱离所遭受的不幸、不愉快的事。"挣脱"侧重于用力挣扎、摆脱束缚，多用于绳子、锁链等。

[颁布 公布] 都有发布（法令、条例等）的意思。"颁布"强调自上而下发布政府机关的法令、条例。"公布"着重于公开发布让众人知道，使用范围广，可用于法令、条例，也可用于团体的通知事项等。

[保持 坚持 维持] 都有保持原状、不让改变的意思，但轻重程度和搭配习惯不同。"保持"侧重于不使事物因时间延续而消失或减弱受损，常用于水平、荣誉、作风、传统、联系、热情等。"坚持"侧重于不屈服于外力，在处境艰难的情况下，不放弃原来的思想和行动，常用于真理、立场、原则、学习、锻炼等。"维持"侧重于使事物在一定的时间和限度内不改变，并使继续存在下去，常用于现状、生活、秩序、状态、生命等。

[保卫 捍卫] 都有保护使不受侵犯的意思。"保卫"着重于防护，指用强大的力量护卫使免遭侵犯或损害，使用范围较广。"捍卫"着重于防御、抗击外来的侵略，对象多是重大的或比较抽象的事物，语意比"保卫"重。

[保修 维修] 都有保养、修理的意思。"保修"强调确保正常状态。"维修"强调、去除不良之处，使维持正常状态。

[本领 本事] "本领"着重于工作的技能，特殊的技巧。"本事"着重于活动的能力，指一般的能力，如"他有本事"。

[本质 实质] "本质"运用范围比"实质"广，"本质"指人或事物本身所固有的根本的属性，它可构成"本质特点"等词组。"实质"指内在的实际属性，跟表面的或虚假的东西相对，一般指抽象事物，如"精神实质"。

[把持 操纵] "把持"是独占、独揽的意思，往往是公开性的活动。"操纵"是支配、控制的意思，多是幕后行为。

C

[超出 超过 超越] 都有"高出……之上"的意思。"超出"指越出一定的范围或数量。"超过"指突破了一定范围的界限或领先于某个对象。"超越"语气更强，对象多为较抽象的事物，含褒义色彩。

[嘲笑 讥笑] 都指用言词挖苦、取笑对方，有时可通用。"嘲笑"着重指取笑他人的缺点、错误，语意比"讥笑"轻，中性词。"讥笑"语意比"嘲笑"重，带有明显的讽刺意味，多含贬义。

[彻底 透彻] 都有详细而深入的意思。"彻底"强调深而透，一直到底，使用范围广。"透彻"侧重于深入、详尽，多用于了解情况或分析事理。

"诗圣"

杜甫（712—770年），字子美，自号少陵野老，祖籍襄州襄阳（今湖北襄阳），一般认为出生于巩县（今河南巩义）。盛唐时期伟大的现实主义诗人。代表作有"三吏"（《新安吏》《石壕吏》《潼关吏》）、"三别"（《新婚别》《垂老别》《无家别》）等。他忧国忧民，人格高尚，一生写诗1500多首，诗艺精湛，被后世尊称为"诗圣"。

［沉静　寂静］都有安静、没有声音的意思。“沉静”除了形容环境安静外，还可形容人的性格、心情或神色的平静、稳重。“寂静”只能形容环境的安宁、平静，带有书面语色彩。

［沉默　静默］都有默不作声、无声无息的意思。“沉默”指不爱说话或有意不说话。“静默”表示没有人出声，也可表示肃立不作声。

［成果　成绩　成就］都可指收获。“成果”多指学习、工作、科研或事业上的收获，褒义词。“成绩”指一般的工作、学习或体育运动等方面所达到的程度，如“学习成绩”。“成就”一般指事业上获得的重大收获，褒义词，它常受“伟大、重要、巨大”等词修饰，“成就”有时兼作动词，表示完成。

［充斥　充满　充溢］“充斥”指到处都塞满，带厌恶色彩，贬义词。“充满”泛指填满或充分具有，可指具体事物。“充溢”指充满、流露，多指表情。

［才能　才干　才华　才智］“才能”表现在实践活动方面，如“办事才能”；又表现在思维活动方面，如“文艺创作才能”。“才干”指办事和实践活动能力，常用于较重要的实践活动方面，如“指挥才干”。“才华”指表现于外的才智和能力，如“才华横溢”，多用于艺术活动、科学文化等方面。“才智”多指创造、发明等才能，如“聪明才智”，多用于思维活动方面。

［出现　涌现］“出现”运用范围比“涌现”广，它可指人，如“出现好人好事”；也可以指抽象事物，如“出现好现象”。“涌现”指大量出现，多指具体的、好的、大量的，如“涌现大批积极分子”。

［采用　采取　采纳］“采用”着重于“用”，采其可用的。“采取”重在“取”，从许多可用的事物中，选择最合适的，运用范围比其他两词广。“采纳”着重于接受意见、建议、要求等。

［踌躇　犹豫　迟疑］“踌躇”指人的外部表情不果断。“犹豫”着重于人的内心活动，拿不定主意。“迟疑”指没有主见，行动迟缓，不果断。

［仓促　仓皇］“仓促”指时间匆促，行动忙乱。“仓皇”多指心里害怕，神色慌张，举止失措。

［草拟　起草］“草拟”指粗略地拟出草案，多指各种计划、工程设计、论文提纲的拟定。“起草”多指方针政策、规章等文件的拟稿。

［场面　局面］“场面”指在一定时间、地点所构成的情景，运用范围比“局面”广，可指在一定场合下的情况，如“热烈的场面”；也可指外观和排场；又可指戏剧或电影中的场面。“局面”指某时期内事情表现出来的形态，也指规模。

［筹备　准备］“筹备”指筹划、考虑，程度比“准备”更加周到，更加全面，多指慎重而重大的事情。“准备”多指一般行动，预先安排计划。

［筹划　计划］“筹划”对象多是新机构、新事业、新工程。“计划”指对某项工作或行动根据目的要求和具体条件拟定的具体内容和步骤，它还可以作名词。

［猖狂　疯狂］“猖狂”常形容敌人的进攻、反扑、反对等行动。“疯狂”除常形容行动以外，还形容报复、咒骂、诬陷等。

［铲除　根除］“铲除”的对象除抽象事物、旧思想、旧意识外，还可是具体事物。“根除”比“铲除”程度重，对象多是抽象的、有害的事物。

［篡改　窜改］“篡改”指用作伪的手段改动或曲解（经典、理论、政策等）。“窜改”指改动（成语、文件、古书等），如他将“望洋兴叹”篡改成“望山兴叹”。

［充分　充沛　充足］都可表示事物数量多或分量足。“充分”强调数量足且全面，多指抽象的事物。“充沛”表示数量多而且旺盛，多用于形容人的精力、感情等，也可用于雨水。“充足”形容数量多，能满足需要，适用范围较广。

［重叠　重复　反复］都有相重的意思。“重叠”着重表示（相同的东西）层层堆积。“重复”的含义：①指相同的事物再次出现；②再次做相同的事情。“反复”的含义：强调多次重复；②指重复出现。

［迟缓　缓慢］都有不迅速、不紧张的意思，多用于书面语。“迟缓”着重指动作拖拉，速度缓慢（使规定的或合适的时间推迟）。“缓慢”着重指行动或情况的进展速度慢。

［持续　连续］都有不间断的意思。“持续”强调某种情况或状态保持的时间长且没有大的起伏变化。“连续”强调（事物）一个接一个，接连不断。

［冲破　打破　突破］都有超出原有范围和限制的意思。“冲破”多指向前或向外猛力冲开，打破障碍、习惯势力、沉闷空气等。“打破”多指突破原有的记录、计划和局限等。“突破”指打破某种界限、限制，或集中力量向一点进攻，打开缺口。

［传达　传递］都有由一方传到另一方的意思。“传达”多指自上而下地传达命令、意图等较抽象的事物。“传递”强调一个接一个地传送过去，对象多为具体事物。

［出色　出众　杰出］都有不一般的、超出众人的意思，都含褒义。“出色”着重指超出一般的，使用范围较广，可修饰各种具体的事物，口语色彩浓。“出众”着重指超出众人的，一般用于修饰品貌才智。“杰出”着重指才能、成就非常突出，语意较重，前面一般不用程度副词，多用于书面语。

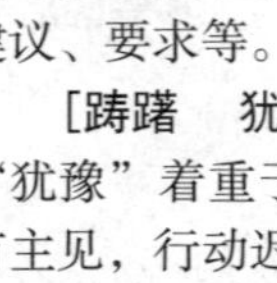

杜甫代表名句

1. 此曲只应天上有，人间能得几回闻？《赠花卿》
2. 读书破万卷，下笔如有神。《奉赠韦左丞丈二十二韵》
3. 李白一斗诗百篇，长安市上酒家眠。《饮中八仙歌》
4. 出师未捷身先死，长使英雄泪满襟。《蜀相》

［初步 初级 初期］ 都有刚开始的意思。“初步”表示刚开始，还不完备，还没定型。“初级”指刚开始的或最低的（阶段）。“初期”指发展过程中开始的一段时间。

［处罚 处分］ 都可表示对犯了错误或犯了罪的人进行惩罚。“处罚”强调让犯错误或犯罪的人受到应得的损失和痛苦（罚款、限制自由或活动等）。“处分”强调使用行政手段对犯错误的人进行处理，语意比“处罚”轻。

［储藏 储存］ 都有把暂时不用的东西积累并存放起来的意思。“储藏”着重于“藏”，表示保藏使之不易变质，多用于具体物品。“储存”着重于“存”，强调把金钱或物品保存起来，以防止损失。

D

［担当 担负 担任 负担］“担当”语意比“担负、担任”重，它的宾语多是责任、任务和艰巨的工作。“担负”着重于负责，它一般不与具体职务名词搭配。“担任”多指职务。“负担”意义跟“担负”相同，但它的宾语有些不同，除负担工作、责任外，还与生活费、培养费搭配，且它还有名词用法。

［断定 确定］“断定”指由推理判断而下结论。“确定”指毫不含糊地明确决定，它还有形容词用法，表示明确而肯定。

［典雅 高雅］“典雅”多指雕刻，塑造艺术形象和文词等雅致、优美不俗。“高雅”多指人的言谈、举止动作、作风以及处世态度与众不同。

［度过 渡过］“度过”用于与时间推移有关的情况。“渡过”专指从此岸到彼岸，也引申为“渡过难关”等。

［道路 途径］“道路”常用于口头语体和政论语体，它可指具体的路，也可指抽象的路，它的应用范围比“途径”广。“途径”一般指抽象的路，而且是指一种门路，包括达到一定目的采取的方法、方式、措施、手段等。

［耽搁 耽误］ 都可表示时间上的拖延、延迟。“耽搁”指拖延，也指停留，对象多为时间，有时也指事情。“耽误”强调因时间拖延而误事，对象多为时间、前途、学习等。

［当前 目前 眼前］ 都指离说话时很近的一段时间。“当前”强调包含说话的这一时刻，使用的范围较广。“目前”多用于书面语，指称社会、政治、军事、外交等方面的情况，多就整个局面上的情况而言。“眼前”多用于口语，使用范围不如“当前”“目前”广。

［导致 致使］ 都有因某种原因而引出不良后果的意思，常可互换。“导致”后面可以跟词与短语。“致使”后面必须跟带有兼语的短语，而且只用于书面语。

［抵抗 抵御 抵制］ 都有用力量阻挡、对付敌对势力的意思。“抵抗”着重于反抗或抗拒，对象常是敌人、侵略、疾病等。“抵御”着重于防御、阻止（以避免受伤害）。“抵制”着重于阻止、制止。

［叮咛 叮嘱 嘱咐］ 都有把自己的想法、意见告诉给别人，并希望照办的意思。“叮咛”强调反复告诉、吩咐，有不厌其烦的意思。“叮嘱”词义最重，强调语重心长、反复多次地告诉，多用于长辈对晚辈、上级对下级。“嘱咐”词义最轻，也多用于长辈对晚辈、上级对下级。

［答复 答应 回答］ 都可指对别人的问题或要求给予回应。“答复”常用于书面语，多在外交或正式交往中使用。“答应”着重指应允，对别人的要求表示同意，还可用于回应别人的呼唤。“回答”多用于口头的回应形式。

［打算 盘算］ 都有事先考虑、计划的意思。“打算”可用于各种大小行动的计划及安排，使用范围较广。“盘算”强调反复思考、筹划，多用于费脑筋、难以决定的事情。

［大力 极力］ 都有花很大力量（去做）的意思。“大力”的对象大多是具有积极意义的事情。“极力”强调用尽一切力量或想尽一切办法去做，多用于比较困难的事情。

［代理 代替］ 都可指一方为另一方起作用或行使职责。“代理”指暂时代人担任某个职务并处理相关的事务，多用于正式场合；还可指受当事人委托，代表当事人进行某种活动，常用于贸易、法律等方面。“代替”着重指一方取代另一方起作用，适用于各种场合。

E

［遏止 遏制］“遏止”的对象多是战争、暴动、洪流等来势凶猛且突然发生的重大事件。“遏制”的对象多是自己的情绪，有时也指敌人或某种力量。

［恩惠 恩赐］“恩惠”是名词，给予或得到的好处。“恩赐”是动词，泛指因怜悯而施舍。

F

［发挥 发扬］ 都有把人或事物内在的能力表现出来的意思。“发挥”着重指把人或事物内在的潜力表现出来，对象多为才能、作用、创造性等。“发扬”强调在表现的基础上进行发展和提倡，一般指优良作风、传统和精神等含有积极意义、比较抽象的事物。

［仿造 仿照］“仿造”着重指仿效制造，对象多是具体事物。“仿照”着重指仿效照用，对象多是抽象事物。

［浮躁 急躁］“浮躁”侧重于不踏实。“急躁”侧重于没耐性。

［富余 富裕］“富余”是动词，指把东西剩下来。“富裕”是形容词，指东西多，手头宽裕。

［繁重 沉重］“繁重”着重于事情多且责任重。“沉重”着重于量重，它的适用范围大，还可指分量重，程度深；还指关系重大；还可以引申为心情不畅，精神不愉快。

［愤怒 愤慨］“愤怒”着重于“怒”，生气、不满，激动到了极点，它也用于比喻，憎恶的感情更重。“愤慨”着重于气愤不平，多指重大事件。

5. 边庭流血成海水，武皇开边意未已。《兵车行》
6. 君不见青海头，古来白骨无人收，《兵车行》
7. 朱门酒肉臭，路有冻死骨。《自京赴奉先县咏怀五百字》
8. 感时花溅泪，恨别鸟惊心。烽火连三月，家书抵万金。《春望》
9. 正是江南好风景，落花时节又逢君。《江南逢李龟年》

[腐蚀　侵蚀　腐化] “腐蚀”本义指通过化学变化，使物体损坏；它的比喻义指腐朽的思想和恶劣的环境会使一个人逐渐变质，堕落。“侵蚀”本义指细菌等侵害人或物体，用于人的思想时强调指由外至内逐渐侵害；它还可指自然力对物体的侵害。“腐化”着重指变坏，可指抽象的思想意识，也指具体事物的腐烂。

[发表　发布] 都有公开宣布的意思。“发表”着重指向集体或社会公众表达（意见），宣布；也可指公开出版或在刊物上刊登（文章等）。“发布”着重指向外界正式宣布（命令、指示、新闻等），多用于官方或正式场合。

[发动　开动] 都有使机器开始运转的意思。“发动”语义着重于使机器运转起来，还有使（人们）行动起来的意思。“开动”着重于开始启动或运行，还可比喻打开思路。

[分化　分解　分裂] 都有使整体事物变成或分成几个部分的意思。“分化”着重表示性质相同的或统一的事物分成性质不同的几个部分。“分解”指一个整体分成各个组成部分。“分裂”指整体事物分开或分成两个或两个以上的部分。

[反射　折射] 都表示光线、声波在与物质接触时改变传播方向。“反射”指光线、声波从一种物体进入另一种物体时返回原物体的现象。“折射”指光线、声波从一种物体进入另一种物体时方向发生偏折。

[防护　防御] 都有防备的意思。“防护”强调在防备的基础上进行保护，使用范围较广。“防御”着重指抗击敌人的进攻或灾害的袭击。

[妨碍　阻碍　阻挡] 都有使事情不能顺利进行的意思。“妨碍”着重指造成障碍，使不能正常进行，对象多是工作、学习、交通、进步、活动等，语意较轻。“阻碍”强调阻挡通过或发展；语意较重，对象可以是道路、交通，也常用于事物的发展。“阻挡”重在阻止、挡住，使之停止通行或发展，语意较重。

[腐败　腐朽] 都有腐烂、变坏的意思，都是贬义词。“腐败”着重指东西变质败坏，还常用于形容思想、行为、社会、政治、制度等抽象的事物。“腐朽”指木头等由于长期的风吹、雨打或微生物的侵害而朽烂；还可比喻极端地陈腐、没落，语意更重，多用于形容思想意识、生活作风、社会、阶级、制度等。

[愤恨　愤激　愤怒] 都有因为不满意而情绪激动、生气发怒的意思。“愤恨”强调气愤痛恨，多表现为内心活动。“愤激”着重指气愤而激动，在情绪和态度上有明显表现，多用于书面语。“愤怒”着重指因生气、不满而发怒，程度较重。

[封闭　封锁] 都有封住使之不能通行的意思。“封闭”着重指严密盖住或关住，使之不能随便打开或通行。“封锁”可指采用军事措施不让通行，也可指强制使之跟外界断绝联系。

[锋利　锐利] 都可形容工具或武器的尖锐，也都可比喻言论、文笔的犀利、透彻，有时可通用。“锋利”指工具或武器的头很尖或刃很薄，易于刺人或切入。“锐利”强调工具或武器尖锐，易刺穿物体，还可用于形容人的目光具有洞察力、穿透力。

G

[广阔　宽阔　辽阔] “广阔”一般指土地面积大，如“广阔的田野”；又指较抽象的，如境界、前途等，如“生活多么广阔”。“宽阔”指土地范围广，宽敞，如“穿过宽阔的风门厅”；还可指其他事物，如“宽阔的胸怀”。“辽阔”着重指面积大而空旷的地方，如“辽阔的土地”。

[干涉　干预] “干涉”着重于强行参与，横加阻挠，多指用粗暴强硬手段过问或制止，迫使对方服从，如“互不干涉内政”。“干预”着重于过问别人的事，一般是给对方一定的压力和影响。

[过度　过渡] “过度”是形容词，形容超过了适当的限度。“过渡”是动词，陈述事物由一个阶段逐渐地转入另一个阶段。

[关心　关怀　关切] “关心”泛指常挂在心上，重视注意，对象较广，对人对物都可用。“关怀”不仅关心，而且爱抚，多用于上对下。“关切”比“关心”更进一层，含亲切意味，多用于别人对自己，有时也用于对事物。

[诡辩　狡辩] “诡辩”指常以欺诈的言辞迷惑人，以达到为自己辩解的目的。“狡辩”指理屈词穷，以强词夺理为自己进行辩解。

[贯串　贯穿] “贯串”着重于串通，一般用于抽象事物，如“贯串着革命精神”。“贯穿”着重于穿过、连接，对象可是抽象事物，也可是具体事物。

[竿子　杆子] “竿子”指竹竿，截取竹子的主干而成，如“钓竿”“百尺竿头”等。“杆子”指有一定用途的细长木头或类似的东西，如“电线杆子”。

[哽咽　呜咽] 都有因压抑着激动或悲伤而不能痛快出声地哭的意思。“哽咽”着重表示人们哭时不能顺畅、痛快地出声。“呜咽”着重指低声哭泣，可用于人，也可用于动物，还可形容风声、水声或某些乐器低沉悲凉的声音。

[功能　机能　性能] 都可指事物的能力与作用。“功能”多指事物的功用和效能。“机能”着重指生物器官或社会组织所起的作用和活动能力。“性能”着重指机械及电器产品所产生的达到设计要求的作用。

[攻克　攻破] 都有攻下的意思。“攻克”原指攻下敌人的据点，现多比喻克服学习、生产、科研等方面的困难。“攻破”含有击破、打破的意思，对象多为比较坚固的事物，中间可插入“不”或“得”。

[沟通　勾通] 两个词都有相通连的意思，但“勾通”是贬义词，指暗中串通、勾结。

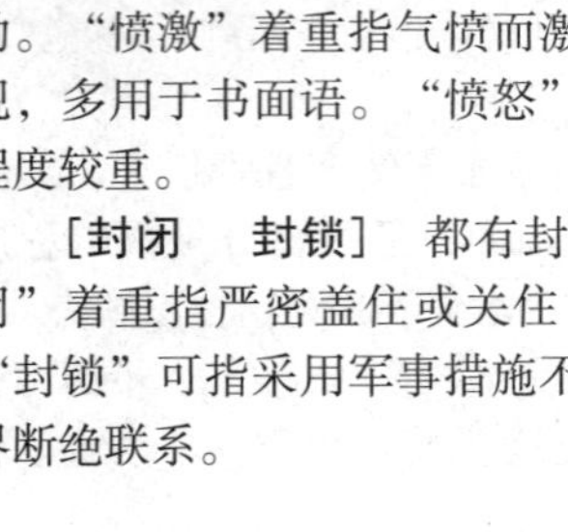

10. 昔闻洞庭水，今上岳阳楼。吴楚东南坼，乾坤日夜浮。《登岳阳楼》
11. 娟娟戏蝶过闲幔，片片轻鸥下急湍。《小寒食舟中作》
12. 无边落木萧萧下，不尽长江滚滚来。《登高》
13. 国破山河在，城春草木深。《春望》
14. 一去紫台连朔漠，独留青冢向黄昏。《咏怀古迹五首》

[供给 供应] 都指把物资提供给需要的人使用。“供给”着重指给予对方所需要的物资、钱财、资料等。“供应”指提供物资以满足对方的需要。

[估计 推测] 都有揣测、推断的意思。“估计”强调根据某些情况，对事物的性质、数量、变化等做出大致推断，重在预计。“推测”强调根据已经知道的事实来想象、推断未知的事情，对象一般是情况、变化等。

[孤单 孤独 孤立] 都有单独无靠的意思。“孤单”强调只身、单一，含有寂寞即意思，可以重叠。“孤独”强调独处，不能或不愿意与他人相处或交流，突出心灵上的封闭或孤寂的感受，语意比较重，不能重叠。“孤立”强调得不到别人的同情和援助，还有同其他事物不相联系的意思。

[感觉 感受] ①都可指人体接触客观事物时所产生的反应。“感觉”多指人的感官对外界现象所产生的反应。“感受”多指接触外界事物时所受到的影响或所得到的体会。②都可指人体对客观事物的反应。“感觉”强调人脑或人的感官对客观事物中所存在的某种特性产生反应。“感受”强调人体或人的思想受到外界事物的影响。

[感慨 感叹] 都指有所感触而喟叹。“感慨”强调内心因感触而慨叹，一般情绪较为激动，语意较重。“感叹”强调因感触而叹息，语意比“感慨”轻。

[改进 改良 改善] 都有改变、使情况变好的意思，都是褒义词。“改进”强调在原有的基础上适当更改，使有所进步，对象多是比较抽象的事物。“改良”着重指去掉事物的个别缺点，使它更好、更符合要求，对象多是具体的事物。“改善”强调改变原有的情况，使变好一些，对象多是比较抽象的事物。

[感动 激动] 都有因受外界刺激而引起情感波动的意思，有时可通用。“感动”着重指感情的共鸣、同情或敬佩，引起情感波动的外界事物多半是正面的、积极的。“激动”着重指在行动、言语、态度或表情上表现出的不平常的兴奋状态，可用于积极方面，也可用于消极方面。

[规划 计划] ①都可指预先制定的做事的内容、步骤、方法等。“规划”强调预先从全面、长远的角度制定的发展方向、工作内容或步骤等，多用于一些重大的事项，时间多半比较长。“计划”内容比较具体、详细，时间可长可短。②都有制定计划的意思。“规划”多指为重大的、长远的事情制定计划，常用于正式的场合或书面语。“计划”多指为具体的事情做打算。

[规矩 规则] 都指在一定的环境中人们应共同遵守的规定。“规矩”着重指人们在社会生活中所形成的一定的标准、法则或习惯，多用于口语。“规则”着重指人们在一定的社会活动中必须遵守的具体规定的办法、规章。

[观察 观测] “观察”指仔细察看客观事物或现象。“观测”指：①观察并测量（天文、地理、气象、方向等）；②观察并测度（情况），如“观测敌情”。

[管理 治理] 都有负责某项工作的意思。“管理”多指主管某项工作，使顺利进行，还有保管和料理事物的意思。“治理”强调采取有效的措施整治和管理，多指改善原有状态，使变得有秩序、不混乱。

[贯彻 实施] 都有实行、落实的意思。“贯彻”着重指彻底实现或体现，对象是方针、政策、精神等，含有从上至下的意思。“实施”着重指实际施行，含有按照一定的方法去做的意思，多用于法令、条例、政策、设计、计划等，多用于书面语。

[关注 关照] “关注”指关心、重视。“关照”指关心、照顾。

[灌注 贯注] “灌注”指用液体浇灌。“贯注”指精力集中，有贯穿下去的意思。

[光临 惠顾] “光临”是敬辞，称宾客的到来。“惠顾”是商店对顾客的敬辞。

[工夫 功夫] “工夫”一般用来指时间、时候。“功夫”指本领、造诣，主要指耗费的精力。

[给予 给以] “给予”是书面语。“给以”所带宾语只说所给的事物，不说接受的人，并且多为抽象事物。

[聒噪 鼓噪] “聒噪”是方言，指声音杂乱，吵闹。“鼓噪”古代指出战时擂鼓呐喊，以张声势，今泛指喧嚷。

[国事 国是] “国事”指国家大事。“国是”指国家大计，国家的大政方针。用“国是”的地方一般也可用“国事”，但反之却不一定，比如较具体的事务，就不能用“国是”。

[功效 工效] “功效”指作用、效果或功能。“工效”指工作的效率。

H

[化装 化妆] “化装”有两个意思：①假扮；②指演员为了适合所扮演的角色形象而修饰容貌。“化妆”的含义：①特指艺术范畴，适用对象是特定的表演者，有通过修饰、打扮而改变原来面貌的意思，该词义与“化装”是可以通用的；②指生活化妆，有用脂粉等妆饰品修饰容颜、使容貌美丽的意思。“化装”侧重于装扮，“化妆”侧重于打扮。

[含糊 模糊] “含糊”指：①不明确、不清晰；②不认真、马虎；③示弱（多用于否定）。“模糊”指：①不分明、不清楚；②混淆。

[痕迹 踪迹] “痕迹”指：①物体留下的印记；②残存的迹象。“踪迹”指行动所留下的痕迹，重在行动后留下的。

[合计 核计] “合计”指：①盘算，商量；②合在一起计算。“核计”指核算（成本）。

[焕发 激发] “焕发”指：①光彩四射；②振作。“激发”指刺激使兴奋。

[会晤 会面] “会晤”用于比较郑重的场面。“会面”适用范围广，亲戚朋友间的一般见面均可使用。

15. 会当凌绝顶，一览众山小。《望岳》
16. 丛菊两开他日泪，孤舟一系故园心。《秋兴八首》
17. 星垂平野阔，月涌大江流。《旅夜书怀》
18. 丹青不知老将至，富贵于我如浮云。《丹青引赠曹将军霸》
19. 两个黄鹂鸣翠柳，一行白鹭上青天。《绝句四首（其三）》

[荒芜　荒废] “荒芜”指（田地）因无人管理而长满野草。“荒废”指：①该耕种而没有耕种；②荒疏（学业等）；③不利用，浪费（时间）。

[欢迎　迎接] “欢迎”指很高兴地接待，也可指乐意接受。“迎接”的对象可以是具体的人物，也可以是抽象事物，如“迎接考验”等。从程度比较，具有特别隆重的场面，而且用特别欢欣的心情接待，用“欢迎”；一般的用“迎接”。

[忽略　忽视　轻视] 都有不注意的意思。“忽略”语意着重指因事物细小或不重要而不加注意或遗漏，多是无意的。“忽视”语意着重指疏忽、不重视，可以是有意的，也可以是无意的。“轻视”语意着重指看不起或不认真对待。

[宏伟　雄伟] 都有宏大、雄伟的意思，有时可通用。“宏伟”侧重于伟大，多用于形容规模宏大，还常形容规划、理想、目标、事业等抽象事物。“雄伟”侧重于雄壮，可以修饰建筑物、歌声、山峰、人体等具体的事物，但不能修饰理想、计划等抽象事物。

[后代　后裔] 都指子孙。“后代”着重指个人、家庭以及整个民族的后世子孙，使用范围较广。“后裔”着重指在血缘上有承接关系，但距前人年代久远的后人，多用于书面语。

J

[交流　交换] “交流”强调双方的共同参与。“交换”强调互换。另外搭配对象不同，交流（思想），交换（礼物）。

[矫正　改正　纠正] “矫正”的对象是某方面的。“改正”的对象是偏差或错误。“纠正”语气比“改正”重，带强制意味。

[技能　技巧] “技能”指一种基本能力，多用于实际操作方面。“技巧”指熟练的技艺，多用于艺术、体育等方面。

[坚苦　艰苦] “坚苦”指能够忍受，能够刻苦，常形容工作精神和工作作风。“艰苦”是艰难困苦的意思，常用来描述条件较差的客观情况。

[讲究　讲求] “讲究”着重指重视。“讲求”着重指追求。

[激烈　剧烈　猛烈] “激烈”着重指运动紧张或双方斗争尖锐，达到很高的程度，常形容争论、搏斗等。“剧烈”指急剧，变动或刺激厉害，常形容药性、疼痛等。“猛烈”着重指强而有力，也指程度高、浓度大，适用范围较广，能形容光线、色彩、对比等客观事物，也能形容欲望、感情等。

[精华　精粹] “精华”指事物最精美的部分，比“精粹”更精美些。“精粹”指去粗存精的事物，多，多指单一的事物，如“文章很精粹”。

[局面　场面] “局面”范围大，较抽象。“场面”范围小，较具体。

[眷恋　眷念] “眷恋”指（对自己喜爱的人或地方）深深地留恋，如“《涉江》流露出诗人对楚国的无限眷恋”。眷念。指想念，如“离别家乡多日，对亲友甚为眷念”。

[截止　截至] “截止”指（到一定时期）停止，如“报名已截止”。“截至”指截止到（某个时期）。

[界限　界线] “界限”着重于不同事物的分界，意义较抽象。“界线”着重于两个地区的分界线，意义较具体。

[精密　严密　周密] “精密”指准确精细，常形容仪器、机械、语言、测量、计算等。“严密”指客观事物间结合得毫无空隙，也指人们做事毫无疏漏，也形容组织、逻辑、结构等，又形容防卫性的行为，如封锁、防守、注视等。“周密”着重指处处照顾到，没有遗漏，不疏忽大意，常形容人的行为，如计划、部署、安排等。

[局部　部分] “局部”多指形势、战局、文章等的一部分。“部分”着重于全部的一部分，常用于物品、工具、任务、工作等。“局部”与“全局”相对，“部分”与“全部”相对。

[及时　即时] “及时”指：①正赶上时候，如“及时雨”；②不拖延，如“及时解决问题”。“即时”指立即，如“即时投入战斗”。

[交待　交代] “交待”指把错误或罪行坦白出来，如“请把问题交待清楚”。“交代”指移交、嘱咐，如“交代工作”。

[聚歼　歼灭] “聚歼”指把敌人包围起来彻底消灭，强调包围。“歼灭”指消灭敌人，属一般用法。

[汲取　吸取　吸收] 都有从外边摄取有益的东西的意思，有时可通用。“汲取”强调吸收而采取，多用于知识、力量等，一般用于书面语。“吸取”强调采纳、取得，常用于经验、教训、成果、精华等。“吸收”强调根据需要引进外部的事物或人员，多用于人或水、气、养分等具体事物。

[急剧　急速] 都有非常快的意思。“急剧”强调迅速而又剧烈，多指上升或下降的幅度大，可形容气温、心跳等，多用于人们不希望发生的情况。“急速”着重指速度非常快，适用于奔跑、快走、跳动等。

[急切　迫切] 都有非常着急的意思。“急切”强调心里着急，多用于个人的要求、希望等。“迫切”强调事情或情况紧急，要求或愿望强烈，语意比“急切”稍轻，还常用于期待。

[记录　记载] ①都有把事情写或记下来的意思。“记录”多指把听到的话或发生的事用文字记下来，可用于一般的事物。“记载”着重指把所发生的事用写书或文章的形式记下来，常用于一些重大的或比较有价值的事情，多用于书面语。②记录或记载下来的材料。“记录”多指当场记录下来的文字材料。“记载”主要指记载事情的文章或文字材料。

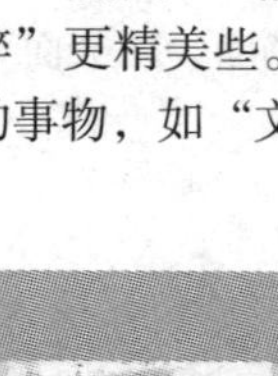

20. 迟日江山丽，春风花草香。《绝句二首（其一）》
21. 挽弓当挽强，用箭当用长。射人先射马，擒贼先擒王。《前出塞》
22. 白日放歌须纵酒，青春作伴好还乡。《闻官军收河南河北》
23. 尔曹身与名俱灭，不废江河万古流。《戏为六绝句》
24. 留连戏蝶时时舞，自在娇莺恰恰啼。《江畔独步寻花》

［技能　技巧　技术］都可指人所具有的本领。“技能”着重指掌握和运用专门技术的能力。“技巧”使用范围较窄，多指在艺术、工艺、体育等方面所需要的或所表现的精巧的技能。“技术”使用范围较广，多用于生产、科学、军事等方面。

［加剧　加重］都指加深程度。“加剧”强调事态发展更加剧烈或严重。“加重”着重指加深程度或增加分量。

［坚固，牢固］都有结实、不易被破坏的意思。“坚同”着重指结实或结合紧密，不易被分化或破坏。“牢同”着重指基础扎实，不易被移动或改变。

［借鉴　借助］都有依靠别的人或事物进行对照或帮助的意思。“借鉴”语意着重指跟别的人或事物相对照，以便取长补短或吸取经验教训。“借助”语意着重指依靠或利用他人或其他事物，以形成有利的条件。

［紧急　危急］都指情况急迫，必须马上采取行动。“紧急”强调必须立即行动的，不容许拖延的，“危急”强调情况不但紧急，而且危险，语意比较重。

［紧密　亲密］都有关系密切，难以分隔之意。“紧密”多指人或事物之间联系密切，不可分割，与“松散”相对；也可表示多而连续不断，与“稀疏”相对。“亲密”着重指人与人之间感情好，关系亲近、密切。

［谨慎　慎重　小心］都有做事认真、细心、不马虎的意思。“谨慎”着重指做事小心慎重，多用于书面语。“慎重”着重形容对事情的谨慎持重的态度。“小心”着重指做事留神、仔细、谨慎，使用范围广，多用于口语。

［检查　检讨］都有找出本人或本单位在思想、工作、生活等方面的缺点和错误并寻找原因的意思。“检查”着重指认真找出思想、下作、生活等方面的缺点和错误，并进行反省，语意比“检讨”轻，还有为了发现问题而仔细查看的意思。“检讨”强调对工作或生活上的缺点、错误加以分析，追究其根源。

［检验　考验］都有检查验证的意思。“检验”着重指检查验证事物是否达到标准或符合要求。“考验”着重指检查、验证人们的思想、立场、观点是否忠诚、坚定、正确。

［减低　降低］都表示（程度）减弱或降下来。“减低”强调在温度或量度方面减弱或减小，多用于产量、速度、损耗等。“降低”着重指南高至低，使用范围较广，可用于成本、费用、物价、温度、标准、要求等。

［简便　简陋　简易］都有简单的意思。“简便”着重指（方法、程序等）简单易行。“简陋”着重指（设备、房屋等）简单、粗糙、不完备。“简易”着重指（方法、过程、结构等）简单、容易。

［接收　接受］都有收受、接纳的意思。“接收”的对象一般是具体的，可以是人，也可以是财物、机关、企业或信息等。“接受”的对象可以是具体的，也可以是抽象的。“接受”可以带动词宾语，“接收”不能带动词宾语。

［揭穿　揭发　揭露］都指使隐蔽的、掩盖着的事物显露出来。“揭穿”强调完全、彻底地揭开被掩盖的真实情况。“揭发”着重指把他人隐蔽的错误或罪行公开。“揭露”着重指使隐蔽的事物显露出来，对象较广，可以是坏人坏事，也可以是一般的事物。

［解放　释放］都有解除束缚的意思。“解放”着重指解除束缚使得到自由或发展，也特指推翻反动统治，对象多为人或国家、民族、思想等有重大意义的抽象事物。“释放”语意着重指放出在押者，恢复其人身自由；还可指把蕴涵着的东西放出来。

［机会　时机］都可指具有时间性的、有利的客观条件。“机会”强调时间，着重指在恰好的时候出现的、难得的客观条件，大多是有利的，已存在的。“时机”着重指有利于人或事物发展的、具有时间性的外在条件，可以是已形成的，也可以是尚未形成的。

［机密　秘密］都可表示不公开的或不让人知道的。“机密”强调重要而秘密，多指重要文件、情报、技术资料等，语意比较重。“秘密”着重指隐蔽、不公开，不让人知道，使用范围广。

［激发　激化］都有刺激使之不能平静的意思。“激发”着重指使人激动而奋发。“激化”着重指使事物（多指矛盾）向激烈尖锐的方面发展。

［结合　勾结］词的感情色彩不同。“结合”指人或事物间发生密切的联系，中性词。“勾结”指为了进行不正当的活动而暗中互相串通、结合，贬义词。

［节余　结余］侧重点不同。“节余”是因节约而剩下。“结余”是结算后剩下。

［间接　简捷］“间接”指通过第三者发生关系，跟“直接”相对。“简捷”指直截了当。

［聚集　聚积］“聚集”指集合，凑在一起。“聚积”指一点一滴地凑集，着重指聚集的过程。

［鉴赏　欣赏］“鉴赏”指鉴定和欣赏（艺术品、文物等）。“欣赏”指享受美好的事物，领略其中的趣味。

［惊愕　惊骇　惊恐　惊吓　惊讶］“惊愕”是书面语，吃惊而发愣。“惊骇”是书面语，惊慌害怕。“惊恐”指惊慌恐惧。“惊吓”指因意外的刺激而害怕。“惊讶”指感到很奇怪，惊异。

［经历　阅历］“经历”指：①亲身见过、做过或遭遇过（的事），是动词；②经历过的事情。“阅历”指：①亲身见过、听过或做过；②由经历得来的知识，常用作名词。

［激动　感动］“激动”指①感情因受刺激而冲动；②使感情冲动；③激荡。“感动”指：①思想感情受外界事物的影响而激动，引起同情或羡慕；②使感动。

［景色　景象］都指事物所呈现出来的情景。“景色”一般指自然、人文的风景，比较具体。“景象”多指社会或国家的状况、现象等，比较抽象。

25. 安得广厦千万间，大庇天下寒士俱欢颜，风雨不动安如山。呜呼！何时眼前突兀见此屋，吾庐独破受冻死亦足！《茅屋为秋风所破歌》
26. 细雨鱼儿出，微风燕子斜。《水槛遣心二首（其一）》
27. 随风潜入夜，润物细无声。《春夜喜雨》
28. 自去自来梁上燕，相亲相近水中鸥。《江村》

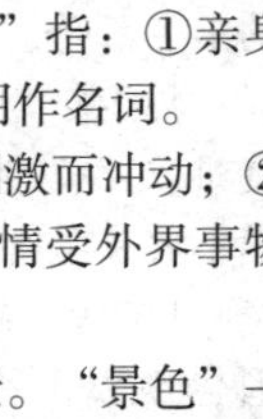

[节制　节支]　“节制”指：①指挥管辖；②限制或控制。“节支”指节约开支费用。

[警告　警戒]　都有严正告诫的意思。“警告”指可直接对有错误或不正当行为的个人、团体、国家提出告诫，所指的事情一般比较重大，常常带有斥责的语气。“警戒”着重指告诫他人，使注意改正错误。

[境地　境界]　都可指事物所达到的某种程度或表现出来的状况。“境地”着重指人们在生活或工作上所遭遇到的处境或事物所达到的某种程度，中性词，但多用于不好的方面。“境界”着重指事物所表现出来的状态或达到的高度，褒义词，多用于较抽象的事物。

K

[开辟　开拓]　“开辟”强调从无到有地打通、创建，如“开辟航线”。“开拓”是从小到大地发展、扩大，对象一般范围较大，如“开拓新局面”；它用于比喻义时，对象可指领域，也可指胸怀，如“开拓人的心胸”。

[夸耀　夸奖]　“夸耀”一般是炫耀自己，常含贬义。“夸奖”一般是称赞别人，不带褒贬色彩。

[恳切　殷切]　“恳切”指上下级、长幼及同志间的真诚希望。“殷切”多用于组织对成员、长辈对晚辈等。

[考察　考验]　都指通过某种方式对人或事物加以检验和观察。“考察”着重指在实际环境中进行深入细致的观察或调查来检验（是否合适、可行、正确等）。“考验”指通过具体事件、行动或困难的环境来检验（是否坚定、忠诚或正确）。

[考察　考查]　“考察”着重指实地观察了解，调查研究或细致深刻的观察。“考查”和“检查”差不多，强调用一定的标准来衡量（行动、行为）。

[克服　克复]　“克服”指用精神力量战胜或抑制什么。“克复”指把敌人占领的地方夺了回来。

[开采　开发]　都有开掘某种资源的意思。“开采”着重指把矿物挖掘出来。“开发”指以荒山、矿山、森林、水力等自然资源为对象进行开采、发掘和利用，使用范围广，还有发现、探索并利用的意思。

[宽广　宽阔]　都可指面积大，也都可形容心胸等开阔，一般可通用。“宽广”指面积或范围大，如“宽广的原野”。“宽阔”强调横向的距离大，还可用来形容人的身体的某一部分。

[困惑　迷惑]　都有疑惑的意思。“困惑”着重指感到疑难，不知所措。“迷惑”着重指心中迷乱，辨不清是非，摸不着头脑。

[扩大　扩展]　都指逐渐向外发展。“扩大”着重指范围、规模由小到大，可用于面积、生产、眼界、影响等。“扩展”强调向四处伸展，由狭到广，可用于势力、视野、范围等。

[宽慰　安慰]　“宽慰”指宽解、安慰。“安慰”指心情安适（或用作使动）。

[困苦　痛苦]　“困苦”指生活上艰难痛苦。“痛苦”指身体或精神感到非常难受。

L

[灵活　灵敏　灵巧]　都有机灵、反应快的意思。“灵活”语意着重指能迅速适应环境的变化，思维或行动敏捷、不死板，使用范围较广。“灵敏”着重指对外界的刺激反应快，多用于形容人或动物的感觉及反应，也可用于形容仪器。“灵巧”语意着重指灵活有技巧，常用于形容手艺、技术高超或制作的物品玲珑、精巧。

[领导　领袖]　都有率领者、指引者的意思。“领导”可指各种组织、机构或团体中担任重要职务的人，相对于一般工作人员而言，使用范围很广。此外，“领导”还有动词意义，表示率领、引导。“领袖”着重指国家、政治团体及大的群众组织的最高领导人，多用于书面语。

[流动　流通]　都有不停滞、不固定的意思。“流动”常用于液体或气体的移动，还有变换位置或改变状态的意思，常作定语。“流通”语意着重指畅通、没有阻碍或流动转移，多用于货币、商品、空气等。

[领会　领悟]　“领会”的对象多是抽象事物，如精神、意图、心情等。“领悟”指理解、弄明白，对象多是抽象事物，如含义、道理等。

[拉拢　笼络]　都是贬义词。“拉拢”着重于要手段使人家靠到自己这方面来，使自己得到利益。“笼络”指用不正当的方法拉拢人，使对方从思想上、感情上靠拢自己。

[冷淡　冷漠]　都有不热情的意思。“冷淡”强调对人对事不热情、不热心。此外，“冷淡”还有动词意义，含有怠慢的意思。“冷漠”强调不关心，语意更重，多用于书面语。

[力求　力争]　都有尽最大的努力或竭尽全力去做的意思，都含褒义。“力求”强调极力追求或谋求。“力争”强调极力争取，还有极力争辩的意思。

[临时　暂时]　都指时间不长。“临时”着重指短期的、非正式的，与“长期”“固定”相对。“暂时”着重指时间短暂，与“长远”“长久”相对。

[里程　历程]　“里程”指：①路程；②发展的过程。“历程”指经历的过程。

[连接　联结]　都是动词，但“连接”更有使动意义。从方式上看，“连接”着重于衔接，就是互相连接在一起，而且连接的方式具体、明确。“联结”着重于结合，由于某种因素的作用，使二者之间有了密切的联系。一般来说这种联系是比较抽象的。从涉及的对象上来看，“连接”的两个事物，一般都是具体可感的；而“联结”所涉及的事物，一般都是比较抽象笼统的。

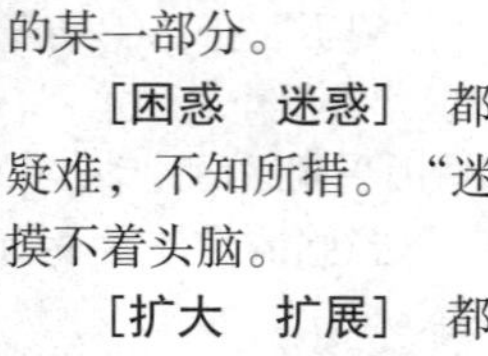

“诗佛”

王维生于701年，字摩诘，祖籍山西祁县，唐朝诗人，外号“诗佛”。开元九年（721年）中进士，任太乐丞。今存诗400余首。王维精通佛学，佛教有一部《维摩诘经》，是王维给弟子们讲学的书，这是王维名和字的由来。王维诗书画都很有名，非常多才多艺。音乐也很精通。受禅宗影响很大。

[零碎　零星]　都有细碎、不完整的意思，都可重叠。“零碎”语意着重指事物零散、不完整。“零星”着重指细碎的、少量的，还有零散、稀疏、不集中的意思，可重叠。

[流传　留传]“流传”指传下来或传播开。“留传”指遗留下来传给后代。

[流畅　流淌]　“流畅”指流利、通畅。“流淌”指液体流动。

[流逝　流泻]　“流逝”表示像流水一样迅速消逝，强调水平流动且一去不复返。“流泻”表示像水从高处向低处流淌一样，强调竖直方向的流动状态。

[滥用　乱用]　“滥用”指过多地使用，不必或不该用而用。“乱用”指该用这个，而用了那个。

[临近　邻近]　“临近”指时间靠近。“邻近”指地方靠近。

[列席　出席]　“列席”指参与会议而无发言权。“出席”指参加会议。

[黎明　拂晓]　“黎明”是一般用语。“拂晓”是特殊军事用语。

[力行　厉行]　“力行”指努力实践。“厉行”指严格实行。

[留恋　流连　流离]“留恋”指不忍舍弃或离开。“流连”指留恋不止，舍不得离去。“流离”<书>指由于灾荒战乱而流转离散。

[连续　持续]　“连续”指一个接一个。“持续”指延续不断，强调事物出现的绵延性。

[聆听　倾听　谛听]“聆听”<书>指听。“倾听”指细心地听取。“谛听”指仔细听。

[履行　执行]　“履行”指实践（自己答应做的或应该做的事）。“执行”指实施、实行（政策、法律、计划、命令、判决等中规定的事项）。

[利用　运用　应用　使用]“利用”指：①使事物或人发挥效能；②用手段使人或事物为自己服务。“运用”指根据事物的特性加以利用。“应用”指直接用于生活或生产。“使用”指使人员、器物、资金等为某种目的服务。

M

[名义　名誉]　“名义”指做某事时用来作为依据的名称或称号。“名誉”指个人或集体的名声，多指赠给的名义，含尊重意。

[描绘　描写]　都可指用语言文字把人物、事件、环境等形象地表现出来。“描绘”除了语言文字，还可指通过绘画、言语及想象等把事物的形象表现出来，多用于书面语，“描写”着重指用语言文字把事物的形象及发展过程细致地表现出来。

[漠视　忽视]　都有不注意的意思。“漠视”强调冷淡地对待。“忽视”强调不重视。

[谋取　牟取]　有感情色彩之别。“谋取”为中性词，指设法取得。“牟取”往往含贬义，指谋取（名利）。

[名誉　荣誉]　都指在社会上享有的评价或名声。“名誉”指个人或集体的名声，中性词，常使用于正式的场合，还指只是名义上的，不负担实际责任的。“荣誉”着重指好的、光荣的名声，褒义词，还可指名誉上的光荣头衔。

[明显　显著]　都可指事物的性状清楚地显露出来。“明显”强调显示得很明白，语意较轻，可以受程度副词修饰，并可单独提到句首。“显著”强调鲜明而突出地显露出来，语意较重。

[摸索　探索]　都有寻求、试探的意思。“摸索”原指在黑暗中试探着行进，现在多用于比喻边做边学，寻求具体的经验和办法。“探索”着重表示多方寻求深刻的道理或事物发展的规律、奥秘等。

[模式　模型]　都可指一定事物的外在形式。“模式”着重指事物的规范形式或可作为仿制的标准样式。“模型”着重指按照事物的形状和结构按比例制成的物品，可用于展览、实验或铸造机器的零件等。

[目的　目标]　都指人们想要达到的某种境地。“目的”着重指行为的意图和追求的结果，可受表示肯定意义或否定意义的词语修饰。“目标”着重指想要达到的境地的标准和要求，一般不受表示否定意义的词语修饰。

[陌生　生疏]　“陌生”的对象多是没有见过的人或物。“生疏”指的可能是见过的，但长期不接触了，如“业务生疏”。

[名气　名声　名望]　“名气”是褒义词，多用于口语。“名声”是中性词，口语和书面语都用。“名望”是褒义词，书面语。

[渺小　微小]　“渺小”指精神、思想、力量等。“微小”着重于形体、数量，常形容具体事物，也形容作用、数量等抽象事物。

[弥补　填补　添补]　都有把不够的部分填足的意思。“弥补”常与缺陷、损失、弱点搭配。“填补”常与空缺、亏空、缺额搭配。“添补”多是补充用具、衣物等。

[满意　满足]　都有因得到、获得而感到高兴的意思。“满意”着重指事物符合自己的愿望或心意，可用于工作、学习、讨论、会谈等方面。“满足”多着眼于需要的角度，指觉得足够或感到不缺什么，还可表示使满足。

[蔑视　鄙视　藐视]　都有轻视、小看之意，但程度一个比一个深。

N

[凝视　注视]　“凝视”多指较长时间地全神贯注，精神集中地看着，包括人或物。“注视”运用范围比“凝视”广，多指注意力集中在具体人或物的某一点上，它还可用在抽象事物上。

山居秋暝

唐 王维

空山新雨后，天气晚来秋。明月松间照，清泉石上流。
竹喧归浣女，莲动下渔舟。随意春芳歇，王孙自可留。

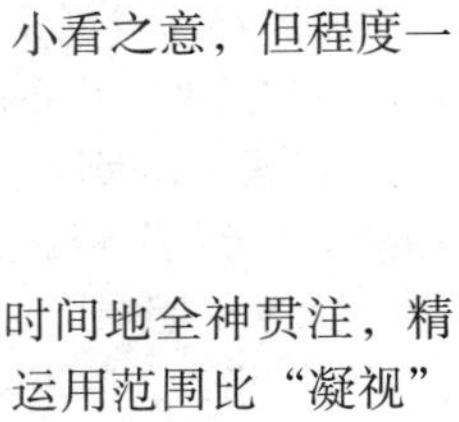

[年轻　年青]　跟年老相对，都是形容词，有年纪小的意思。“年轻”的含义：①年纪不大，多指10岁到20多岁之间；②与他人比较，年龄比他人小；③可引申为有精神，有活力；④指开创的时间不长（用于人或事物）。“年青”只用于人，①指处在青少年时期；②指人外表、长相不老。

[努力　竭力]　“努力”指把力量尽量使出来，词义轻。“竭力”指尽全力去做，词义重。

[捏造　伪造　假造]　“捏造”的对象常是不存在的事实、事情、证据等。“伪造”着重指暗中模仿真的，造出假的。“假造”着重指无中生有，捏造或模仿真的。

[年龄　年纪]　“年龄”指生存的年数，适用范围比“年纪”大，它常用于人，也可用于动、植物。“年纪”则一般只用于人。

[凝固　凝结]　都指物体从松散的、流动的、不周定的状态变成块状的、较为固定的状态。“凝固”表示物理现象时，指物体由液体变为固体，还可比喻固定不变、停滞不动。“凝结”表示物理现象时，着重指物体由气体变为液体或由液体变为固体，还可比喻人的思想、感想、追求等积累起来得到一定的结果。

O

[偶尔　偶然]　“偶尔”指间或、有时候，跟“经常”相对。“偶然”指事情发生意外，跟“必然”相对，它还有形容词用法。

[讴歌　歌颂]　“讴歌”指赞美。“歌颂”指颂扬功德。

P

[排斥　排除]　都有不能接受、不能相容的意思。“排斥”强调“斥”，设法使内部或外部不能相容的人和事离开自己这方面。“排除”强调“除”，去除原有不良的、所不希望的事物。

[排斥　排挤]　都指设法迫使不能相容的另一方离开。“排斥”着重指运用力量或手段使另一方离开自己或不能加入，使用范围较广，对象可以是内部的或外部的人或事物。“排挤”着重指凭借势力或不正当手段使不利于自己的人或组织失去原有的地位或利益，使用范围小，对象多是内部的人或事物，贬义词。

[批评　批判]　“批评”指：①指出优缺点；②专指对缺点和错误提出意见。词义轻。“批判”指对错误的思想、言论或行为做系统的分析，加以否定，词义重。

[赔偿　补偿]　“赔偿”指因自己的行为造成损失而给予补偿。“补偿”指抵消损耗，补足欠款。

[品尝　咀嚼]　“品尝”指仔细地辨别、尝试（滋味）。“咀嚼”指：①用牙齿磨碎食物；②比喻对事物反复体会。

[评价　评介]　“评价”指评定价值的高低。“评介”指评论、介绍。

[彷徨　徘徊]　“彷徨”指走来走去，犹豫不决，不知往哪个方向去。“徘徊”指：①在一个地方来回地走；②比喻犹豫不决；③比喻事物在某个范围内来回浮动、起伏。

[平定　评定]　“平定”指：①平稳安定；②平息叛乱等。“评定”指经过评判或审核来决定。

[培育　培养　培植]　“培育”多用于生物，尤其是幼小生物；也用于人。“培养”多用于人，常指培养人才、崇高思想、优良品德、良好习性；也用于万物。“培植”多用于植物，也还指权势、地位，含贬义，如“培植私人权势”。

[盘算　计算　打算]　“盘算”一般用于事情发生前。“计算”可用于事情发生后，也可用于事情发生前，含有“预先计划”的意思。“打算”多指对行动的方法或将办的事加以考虑。

[破除　解除　废除]　“破除”指除掉原来被人特别重视的信仰或蒙蔽人们的不合理的、不好的东西。“解除”的对象常是精神压力、思想顾虑或束缚人身心的东西，多是抽象的事物。“废除”的对象多是制度、法令、规章等不合理的或无用的东西。

[脾气　性格　性情]　都指在行为方式上和对人对事的态度上所表现出的心理特点。“脾气”着重指心理特点已形成的习性，也指容易发怒、容易急躁的性情，可用于人和动物。“性格”侧重于指人的心理特点及行为方式的外在表现风格，可用于人或拟人化的物。“性情”强调感情反应方面的特点，可用于人或动物，可以和“脾气”互换。

[品尝　品味]　都有尝试滋味的意思。“品尝”着重指尝试食物的滋味。“品味”着重指仔细地品尝、辨别滋味；此外，“品味”还有名词意义，指一个人对事物的定位和眼光。

[品德　品格　品质]　都可指人的言行、作风上表现出的精神面貌的本质和特点。“品德”着重指人的道德品质修养，多含褒义。“品格”着重指人的品质及其个性，多含褒义。“品质”强调从人的行为、作风所表现出来的精神面貌的本质，中性词。

[聘请　邀请]　都指以礼貌的、郑重的方式请人。“聘请”着重指请人担任某种职务并承担这种职务的工作。“邀请”着重指请人到某处去参加某种活动，常用于请人参加婚礼、会议、参观、约会等活动。

[平衡　平稳]　都有不倾斜、稳定的意思。“平衡”着重指对立的双方或多方在数量或力量上相当或相抵，还可指两个或两个以上的力作用于同一个物体，各个力互相抵消，使物体处于相对稳定的状态。“平稳”着重指没有波动或危险，平安稳定，可重叠。

Q

[切实　确实]　“切实”指事情本身符合实际，如“切实有效”。“确实”指事情真实可信，毫无疑问，如“确实可信”。

鸟鸣涧

人闲桂花落，夜静春山空。月出惊山鸟，时鸣春涧中。

竹里馆

独坐幽篁里，弹琴复长啸。深林人不知，明月来相照。

[气概　气魄]“气概”指豪迈态度，如“英雄气概”。“气魄”指不畏强暴、不怕困难、敢作敢为的办事魄力。

[强制　强迫]“强制”用于法律上也用于其他，“强制”的施动者是国家、政府、组织。“强迫”除“强制”用法外，还用于其他方面，“强迫”除组织、集体外，也可以是个人。

[起用　启用]“起用”多指退职、免职等人员的任用，支配的对象一般是某类人物。“启用”多指设备、设施的开始使用，陈述对象一般是某类事物。

[缺乏　缺少]“缺乏”强调少或没有，消极色彩浓。它可带抽象事物作宾语，如勇气、经验等；又可带集体概念作宾语，如书籍、布成、人员、弹药等；还可带行为动词作宾语，如调查、观察等。“缺少”指在数量上少一些，有时指没有，宾语是具体名词，如教师、用品等。

[轻率　草率]“轻率”常形容处理问题不认真、不严肃的态度。“草率”常形容办事的态度。

[清净　清静]“清净”指没有事物打扰，如“耳根清净”。“清静”指安静、不嘈杂，如“环境清静”。

[启事　启示]“启事”指公开声明某事的文字，名词，如“征稿启事”。“启示”指启发，既作动词，也作名词，如“文章给人很大的启示”（这里用作名词）。

[其他　其余]“其他”指另外的，既指人，又指事物。“其余”是剩余的意思。

[气候　天气]“气候”指一定地区多年概括的气象情况，它的比喻用法指动向、情势。“天气”着重于一定时间内的各种气象变化，多指每天、一旬等时间内大气中的各种气象变化。

[侵略　侵犯]“侵略”指侵入别国掠夺、奴役人民，手段是武力或政治、经济、文化渗透等，对象常是国家、主权、领土等。“侵犯”指侵入别国领域，非法干涉，损害其利益，对象常是权利、自由、领海等。

[欺负　欺侮　侮辱]都有无道理地侵犯、羞辱别人的意思，都含贬义色彩。“欺负”强调凭借自己比别人强大的力量来侵犯、压迫、打击别人。“欺侮”指欺压、侮辱，强调从人格、尊严上来侵犯对方，语意较重，多用于书面语。“侮辱”强调用语言或行动使对方蒙受耻辱。

[牵引　牵制]都有拖（拉）住、使受到制约的意思。“牵引”侧重于带动引导，主要用在使用机器或牲畜拉着东西（多是车辆、农具等）往前行进的情况。“牵制”侧重于受制约，使不能自如地活动，多用于军事方面。

[前程　前途]都表示未来的路程，比喻将来的光景。“前程”强调发展的途程和状况，常同“远大”“锦绣”“万里”组合，并喻指读书人在仕途上的功名、职位，书面语，含褒义。“前途”强调发展的道路和趋势，常同“有（没有）”“光明”“广阔”组合。

[前进　前往]都有向前行进的意思。“前进”着重于表示向前行进或发展，后面不带宾语，如果有明确的目的或方向，应用“向（朝）……前进”的格式，使用范围较广。“前往”指前去、到……去的意思，多指人的具体动作，一般带宾语，用于书面语。

[谴责　责备　指责]都有批评的意思，有时可通用。“谴责”侧重于严厉揭露、批驳错误或罪行，有书面语色彩，多用于较正式的场合。“责备”侧重于对言行的不满和批评，语意较轻，可用于别人对自己，也可用于自己对别人。“指责”强调针对错误批评，只用于对他人，语气比“责备”重，比“谴责”轻。

[强制　强迫　抑制]都有用强力使对方服从或控制对方的意思。“强制”强调用政治、经济或法律的力量强迫和制服对方，语意比“强迫”重。“强迫”强调施加压力迫使对方服从。“抑制”侧重于把某种状态、感觉压下去或控制、阻止出现或发展。

[奇妙　巧妙　美妙]都指事物好，高出一般水平。“奇妙”强调新鲜、少见、奇特，多用来形容让人感兴趣的事物。“巧妙”指做事的方法、技术、语言等的灵巧、出众。“美妙”多指听到或看到的事物，如音乐、图画等的美好、奇妙。

[启迪　启发　启示]都有通过开导使人有所领悟的意思。“启迪”侧重于精神、知识、人生等方面的开发、引导，多用于书面语。“启发”强调引起对方展开联想、开阔思路而有所领悟，适用范围较广。“启示”强调直接提示、揭示事物的内在道理，使人的认识得到提高，多用于书面语。

[气概　气魄　气势]都表示人或事物表现出来的某种不同寻常的风格与精神。“气概”侧重于指在重大问题中表现出来的正直、豪迈的行为、态度或气势，褒义词。“气魄”指气势和魄力，侧重于表现无所畏惧、果敢的精神和作风，褒义词。“气势”的宏大，有力量，中性词。

[情景　情境]“情景”指具体场合的景象，对象多是感人场面、动人景色等。“情境”指境地、境况，如“欢乐陶醉的情境”。

[情义　情意　情谊]意义相近，都指人的感情。比较而言，“情义”使用的范围最小，“情意”和“情谊”一般可以互换，只是“情谊”的使用范围要比“情意”大。“情义”多指亲属、同志、朋友之间的感情，所指的范围多限定在有一定感情基础的人之间，一般不用于单位和单位、国家和国家之间。“情意”指对人的感情，它所指的范围要比“情义”大，既可以指人与人之间有很深的感情，又可指人（个体）对国家的感情，还可以表示情分。“情谊”多指人与人、国与国之间相互关切、爱护、照顾、帮助的感情，彼此之间不一定非要认识；“情谊”也可以表示彼此之间有很深的感情。

使至塞上

唐 王维

单车欲问边，属国过居延。征蓬出汉塞，归雁入胡天。
大漠孤烟直，长河落日圆。萧关逢候骑，都护在燕然。

[前线　前沿]　都有交战地区的意思。“前线”指双方军队接近的地带，还用来比喻工作的第一线。“前沿”指防御阵地最前端的边沿地带。

[起初　起源]　都有最初、开始的意思。“起初”指最初或开始的时候，常表示过去的一段时间。“起源”指事情发生的根源，强调事物的发源及最初产生的情况。此外，“起源”还有动词意义，表示事物的最初产生。

[祈望　企望]　“祈望”指请求希望，有内心祈祷之意。“企望”指希望，强调恳切性。

[缺点　缺陷]“缺点”指欠缺或不完善的地方（侧重于有而不好）。“缺陷”指欠缺或不完备的地方（侧重于没有）。

[权利　权力]　“权利”与“权益”同，是伴随某种义务而来的，如公民权、人权、选举权都是“权利”。“权力”指政治上的强制力量或职责所具有的支配力量，如批准权、用人权等都是“权力”。

[取消　取缔]　“取消”指使原有的制度、规章、资格、权利失去效力。“取缔”指明令取消或禁止。

[旗帜　旗号]　“旗帜”指旗子，比喻榜样或模范，也指有代表性或号召力的某种思想、学术或政治力量等。“旗号”指旧时标明军队或将领姓氏的旗子，现用来比喻某种名义（多指借来做坏事）。

R

[软弱　懦弱]　“软弱”指缺乏力量，运用范围广，可形容人的性格、意志，也可形容集体的状态。“懦弱”指缺乏力量而又没有勇气，胆小怕事，一般形容人的意志，性格。

[认为　以为]　“认为”比较郑重，它指对某事物经过分析思考后作出慎重或正面的判断，对象可以是重大事物，也可以是一般事物。“以为”指作出一般的推断、估计或猜想，对象多是一般事物。

[溶解　融解]　“溶解”是科技语体，指物质的分子均匀地分散于溶剂中。“融解”多用于非科技语体，有消失、消散之意。

[溶化　熔化　融化]“溶化”的含义：①化学用语，指同体的溶解；②指冰雪等变成水。“熔化”是物理用语，指同体加热到一定程度后变成液体。“融化”与“溶化”的第二个意思相同。

[忍耐　忍受]　都有抑制、不表现出来的意思。“忍耐”侧重指把痛苦的感觉或某种情绪抑制住，不表现出来，重在耐得住、经受住。“忍受”强调勉强承受，语意比“忍耐”重，多指不幸或不顺的事。

[任性　任意]　都有不加限定、随意而为的意思。“任性”强调由着自己的心意、性格、习惯做事，不加约束和控制，一般指人的脾气，具有贬义色彩。“任意”强调对自己的言行不加限制，中性词，适用范围比“任性”宽。

[任务　使命]　“任务”指一般的工作。“使命”多指政府或历史赋予的重大任务，含有庄重色彩。

S

[实验　试验]　“实验”着重指实地验证。“试验”着重指试探观察。

[熟习　熟悉]　“熟习”着重指掌握得熟练。“熟悉”着重指了解得深透。

[顺序　顺叙]　“顺序”指排列的次序。“顺叙”是写作上的术语，指记事写人按照时间的先后顺序来记叙。

[商量　商榷　协商]　“商量”常用于口语，多指一般问题，可重叠成“商量商量”。“商榷”文言词，含有尊敬、客气色彩，常用于书面语，多指学术问题；也指其他需慎重研究的重大问题。“协商”着重指共同正式商讨，多指重大的，特别是具有社会性的或国际性的问题，一般有庄重色彩。

[授奖　受奖]　“授奖”指发奖，如“授奖仪式”。“受奖”指得奖，如“他立功受奖”。

[声明　申明]　“声明”的含义：①公开表示态度或说明立场，如“声明立场”；②声明的文告，如“发表声明”。“申明”指郑重说明，如“申明理由”。

[损害　伤害　危害]　“损害”指人民事业、群众利益、身体健康、个人或集体声誉蒙受损失，一般程度轻且是局部的受害。“伤害”的对象是人或有生命的东西，如身体健康、思想感情，包括自尊心、积极性，程度有轻有重。“危害”的对象常指国家、社会、革命等，也指人民群众、个人、集体等，一般程度重，有处于危险境地之意。三者有时用于人可通用。

[施行　实行]　都指用实际行动来达到目的。“施行”侧重指执行，为使规章、法令、措施等发生效力而做。“实行”侧重指实现，为使理论上的东西变为现实而做，常用于政策、计划、制度等。

[时代　时期]　都指某段时间。“时代”指历史上以政治、经济、文化来划分的、具有特别意义的阶段，或个人生命中具有重要意义的阶段，所指时间较长。“时期”多指具有某种特征的一段时间，时间可长可短，适用范围较窄。

[事变　事故　事件]　都指突然发生、有不好后果的事情。“事变”着重指突然发生，对历史、社会产生重要影响的变故，常用来指政治、军事上的重大事件。“事故”特指意外的损失或灾祸，多用于工作和生产。“事件”指社会生活中发生的不平常的大事，多用于书面语。

[适当　适合　适宜]　都有符合实际情况或客观要求的意思。“适当”侧重于合适、得当或妥当。“适合”侧重于符合，与实际情况或要求没有矛盾。“适宜”侧重于符合某种要求或环境，可与“适合”互换，但语意比“适合”重，书面语。

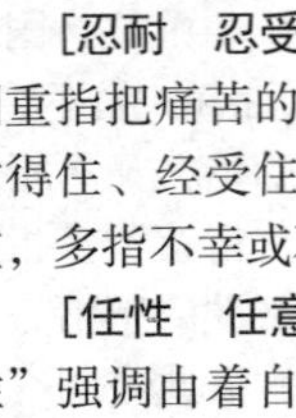

九月九日忆山东兄弟

唐 王维

独在异乡为异客，每逢佳节倍思亲。
遥知兄弟登高处，遍插茱萸少一人。

[唆使　指使]“唆使”指挑动别人去做事，含很强的贬义色彩。“指使”表示出主意叫别人去做某件事，语意较轻。

[思考　思索]“思考”侧重于考虑。“思索”侧重于用心探求。

[思考　思索　琢磨]都指认真、细致地想。“思考”侧重于较深刻、周到的考虑，多用于需要费心研究、考虑的事物，具有书面语色彩，可叠用。“思索”指思考和探索，着重于通过努力、认真地想来找出答案或解决问题的办法，多用于需要较长时间寻求或很费心寻求的事物，多用于书面语。“琢磨”侧重于指仔细地、慢慢地、一点一点地想，含慢慢弄明白、想出所以然的意味，多用于口语。

[散布　散发]都有分散到各处的意思。“散布”强调分布和传布，可用于人和物，常用于消息、尘埃、光色等，用于消息或言论时有贬义色彩。“散发”强调把东西分散地发送出去，常用来指气味和具体物品一类东西。

[山岭　山峦　山脉]都指连绵的山。“山岭”侧重于指连绵的高山，突出山的高起形状，具有书面语色彩。“山峦”指连绵的山，指的往往是远处的山，多用于书面语。“山脉”侧重于指向一定方向延伸的山岭系统，一般南几条或多条山岭组成，形成长条形走向，脉络分明。

[竖起　树起]“竖起”强调的是具体事物。“树起”强调的是抽象事物。

[奢侈　奢华]都表示在生活上超过必需的程度，花大量的钱财。“奢侈”侧重于指追求生活享受而挥霍浪费，可直接形容人，贬义词。“奢华”侧重于指在生活上过分铺张、讲究排场、豪华显摆，多用于形容衣食住行、家居陈设等生活情景，后面一般不直接跟人，具有贬义色彩，多用于书面语。

[设备　设施]都指成套的物质配备。“设备”侧重于生产或工作所必需的成套的器物。“设施”强调为工作或满足某种需要建立起来的成套的机构、系统、组织、建筑等。

[设立　设置]都有建立的意思。“设立”侧重于设置建立、成立，多用于组织、机构等方面。“设置”侧重于指建造、安放或安装，多用于项目、设施或器物等。

[申明　声明]都指说明情况，表明态度。“申明”强调郑重说明、详加申述，含解释、辩解的意味，常用于下级对上级、晚辈对长辈、个人对组织。“声明”强调公开表明正式宣布，多用于表示立场、态度、主张，或说明真相、事理，多用于政事方面。

[深奥　深邃]都可用来形容含义深刻。“深奥”强调道理、含义、理论等蕴涵其中，需要思考。“深邃”强调道理、含义、理论等深刻得不容易了解，多用于书面语。

[审订　审定]都有审阅、审查的意思。“审订”侧重于指经审查或审阅进行修改、订正，不强调是否最后决定，一般可以改变。“审定”侧重于指经审查、审阅作出决定。

[树立　竖立]“树立”指建立，多用于抽象的、好的事情。“竖立”指物体垂直立在地面，强调具体事物。

T

[体会　体验　体味]“体会”的对象多是文件、方针、政策等的思想内容，又常指别人所表达的思想感情，它还有名词用法。“体验”的对象常是生活、现实等。“体味”对象常是语言文字所包含的意味，人的情意、趣味等。

[统率　统帅]“统率”指统辖率领，动词，如“统率三军”。“统帅”指统领武装力量的最高领导人，名词，如“三军统帅”。

[统治　统制]“统治”指以政治手段来控制、管理，如“封建统治”。“统制”指统一控制，如“统制军用物资”。

[突然　猛然]“突然”是形容词，可作状语、谓语、定语。“猛然”是副词，作状语。

[体现　表现　呈现　呈献]“体现”指某种性质或现象在某一事物上具体表现出来。“表现”指：①行为或作风中表示出来的；②故意显示自己（含贬义）。“呈现”指显出、露出。“呈献”指把东西或意见等恭敬地送给集体或敬爱的人。

[提倡　提议]“提倡”的对象是对国家、集体、个人有利的事物。“提议”指在会上、报告里提出意见，供大家讨论或采纳。

[推辞　推却　推托　推脱　推卸]“推辞”泛指用言语表示拒绝。“推却”指用言语或行动拒绝，多指被要求做的某些事，如“他婉言推却了”。“推托”专指借故不接受，即婉言表示拒绝，后面带上托词或拒绝的原因，如“他推托身体不舒服，不肯上台表演”。“推脱”是企图推掉、脱卸，如“推脱责任”。“推卸”指不肯承担（责任）。

[停留　停顿　停滞]“停留”指暂时停止而不离开某地方。“停顿”指暂停，时间多半不长。“停滞”指长时间地停止，表示因受阻而不能顺利发展。

[特别　特殊]“特别”指人、脾气、利益、要求式样等与众不同。“特殊”指奇特的事物或情况，但“特殊”不可作状语。

[特点　特征　特色　特性]“特点”可指性质或内容，也指形式或外表，也可指抽象的或具体的。“特征”多指具体的，特别是外表的或形式上的，指抽象事物较少。“特色”专指独特的风格、格调、样子或情景等，是显而易见的特点，指具体的居多。“特性”专指内在的特殊性质，一般指物品的性能、性质。

[通信　通讯]都有传递消息、互通信息的意思，有时可通用。“通信”一般指以书信方式传递消息，中间可插入别的词语或短语。“通讯”侧重于指利用格信设备传递消息。

[调节　调解　斡旋]“调节”指从数量上或程度上调整，

送元二使安西

唐 王维

渭城朝雨浥轻尘，客舍青青柳色新。

劝君更尽一杯酒，西出阳关无故人。

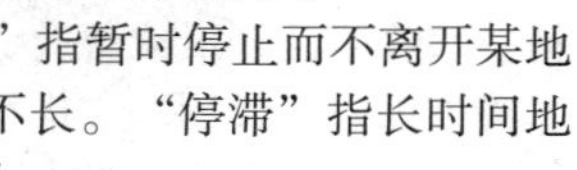

使适合要求。“调解”指劝说双方消除纠纷。“斡旋”是书面语（意思同上），不带宾语。

[调节　调整]　都有改变原来状况，以便适应的意思。“调节”强调从数量、程度上调整、限制或控制，使之适应，多用于具体事物。“调整”强调在原有状态的基础上，做适当的改变或重新安排，使之适应新的要求，可用于具体事物或抽象事物。

[挑拨　挑衅]　都有故意引起冲突的意思，都是贬义词。“挑拨”侧重于搬弄是非，挑动他人之间关系恶化或引起争斗，可用在个人之间，也可用于集体和国家之间，适用范围比“挑衅”大。“挑衅”着重在故意挑起事端，扩大事态，以引起冲突或战争，可用在个人之间，也可用在政治和军事上的敌对关系。

[探索　探讨]　都有寻求答案的意思。“探索”强调探求、摸索，以找到解决或解释问题的答案，多指事物的性质、规律、原因、根据等。“探讨”强调探求研究，侧重于对目前还未定论或有争议的问题进行探索，展开讨论，发表意见或尝试做一些事，多用于时事、学术方面，适用范围小，可叠用。

[特长　专长]　都指个人在某个方面有较高的知识、素养或技能。“特长”侧重于指特别的爱好、擅长、特点及技术等，含有与众不同或不一般的长处的意味。“专长”侧重于指有专门的职业性的技能，含有专门研究的意味，常用于学问、本事、技能。

[推动　推进]　都有用力使事物前进的意思。“推动”侧重于使事物从静止状态开始运动，可用于具体或抽象事物，使用范围广。“推进”侧重于使事物前进或使之加速前进，多用于抽象事物。

[推广　推行]　都有使某种东西扩大使用范围或在原有的范围内起作用的意思。“推广”侧重于使范围扩大，使事情、事物广泛开展或普及，多用在经验、成果、方法、新技术等方面，褒义词。“推行”侧重于使实行、使普遍开展或使用，多用在政策、制度、计划、方法等方面，具有书面语色彩，中性词。

[提炼　提取]　都有从物质中取得所要东西的意思，有时可互换。“提炼”侧重于通过炼制提取，使原来的东西浓度更纯，质量更好；又可用来比喻文章、艺术作品、生活经验的加工、提高。“提取”强调去粗取精，以获得某种具体物质，此时可和“提炼”互换，但很少有比喻用法。

[体现　展现]　都有从事物身上表现或显现出某种意义或现象的意思。“体现”侧重于方针、政策、思想、精神、性质、特点等在具体的人或事物上显示出来，常需要经过思考才能感受到。“展现”指清楚明显地表现出来，侧重于事物呈现出的情景或发展趋势，多用在景象、形势、希望、前途等方面，常通过视觉来感知。

[停泊　停留]　都有停留的意思。“停泊”只用来指船舶的停留和停靠。“停留”指暂时不再继续前进或继续进行，常用于人，也可用于事物，使用范围较广。

[停止　停滞]　“停止”指不再进行。“停滞”指因为受到阻碍，不能顺利地运动或发展。

W

[顽强　顽固]　“顽强”指坚强、强硬，表示赞许之意。“顽同”指：①思想保守，不愿意接受新鲜事物；②立场反动，不肯改变，多含贬义。

[委屈　委曲]　“委屈”指受冤屈，“委曲”指曲折。用“委曲求全”一词时，可能有受点委屈的意思在内，但不能写成“委曲求全”。

[威望　威信]　“威望”指声誉和名望（侧重名望）。“威信”指声威和信誉（侧重信誉）。

[完备　完善]　都指齐全、完整，褒义词。“完备”侧重于齐全、不缺少，强调应该有的都有了。“完善”强调不但齐全而且良好。

[妄图　妄想]　都有狂妄地打算的意思，都是贬义词，有时可通用。“妄图”侧重于谋划、谋求，狂妄图谋，语意比“妄想”重，常用于敌对者，多用于书面语。“妄想”侧重于非分地、不切实际地乱想，含想入非非的意味，可用于自己、别人、甚至敌人，使用范围较广。

[忘记　忘却]　都有不记得的意思，有时可通用。“忘记”侧重于指对经历的事物不记得或应该记、想记的事没记住，可以用于过去、现在、将来的人或事。“忘却”侧重于忘掉过去已经记住的较重要的事物，语意较重，多用于书面语。

[污蔑　诬蔑]　都有说别人坏话、恶意攻击他人、败坏他人名誉的意思，都是贬义词。“污蔑”侧重于硬使他人带上污点或显得卑污。“诬蔑”侧重于无中生有，捏造事实。

[物质　物资]　都指物品。“物质”特指生活、生产所必需的物品和金钱，与“精神”相对。“物资”指生产和生活上所需要的物质资料，不表示金钱。

X

[吓唬　恐吓]　“吓唬”多用于口语。“恐吓”多用于书面语。

[需要　须要]　“需要”指欲望、要求，或相当于“应当”，强调“不可少”。“须要”不用于表示欲望、要求，但比“不可少”的意味更重，是“不可不”的意思，如“他需要（须要）休息”，但“他有需要”就只能用“需要”。

[喧闹　喧嚷　喧扰　喧腾　喧嚣　喧哗]　“喧闹”指喧哗热闹。“喧嚷”指（好些人）大声地叫或说。“喧扰”指喧嚷扰乱。“喧腾”指喧闹沸腾。“喧嚣”指：①声音杂乱，不清静；②叫嚣，喧嚷。“喧哗”指声音大而杂乱。

“心事　心思　心绪”　“心事”指心里盘算的事，多指

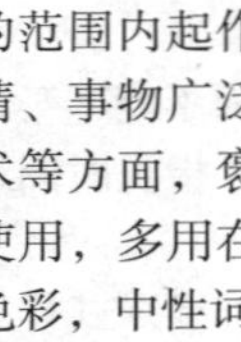

鹿柴

空山不见人，但闻人语响。返景入深林，复照青苔上。

相思

红豆生南国，春来发几枝？愿君多采撷，此物最相思。

感到为难的事。“心思”指想做某种事的心情、念头。“心绪”指心情，多就安定或紊乱而言。

[挟持　胁持]“挟持”指用威力强迫对方服从，重在用力量。“胁持”指威胁强迫对方，重在威胁。

[稀疏　稀少]“稀疏”指（物体、声音等）在空间或时间上的间隔远。“稀少”指事物出现得少。

[效率　效力]“效率”指单位时间内所完成的工作量。“效力”指事物所产生的有利的作用。

[限制　限止]“限制”指规定范围，使不超出。“限止”指限制、制止，重在制止。

[效仿　模仿　摹仿]“效仿”指仿效、效法。“模仿”指照某种现成的样子学着做。“摹仿”与“模仿”相同，但重在描摹书画等。

[想象　相像]“想象”对于不在眼前的事物想出它的具体形象，设想。“相像”指彼此有相同或共同点。

[显著　卓著　卓越]程度一个比一个深。“显著”指非常明显。“卓著”指突出．地好。“卓越”指非常优秀，超出一般。

[显赫　显贵　显达]“显赫”指权势等盛大。“显贵”指做大官、有身份的人。“显达”指在官场上地位高而有名声。

[贤德　贤明　贤能　贤良]“贤德”指善良的德行；贤惠。“贤明”指有才能、有见识。“贤能”指有道德、有才能。“贤良”是书面语，①道德品行好，才能出众；②指道德品行好、才能出众的人。

[显要　显耀]“显要”指官职高而权柄大，也指官职高而权柄大的人。“显耀”指以声誉、势力等著称。

[贤惠　贤淑]“贤惠”指妇女心地善良，通情达理，对人和蔼。“贤淑”是书面语，贤惠。

[心神　心声]“心神”指：①心思精力；②精神状态。“心声”指发自内心的声音，心里话。

[细心　悉心]“细心”指用心细密。“悉心”指用尽所有的精力（多指研究）。

[修订　修改　修正]都指对用文字表达的东西加以改动，以去掉其中的错误、缺点。“修订”侧重于修改订正，动作比较大，多用于计划、规章制度、法律、著作等。“修改”侧重于改正具有的错误或缺点，常用于文字上的改动和修饰，改动内容可多可少，使用范围广。“修正”侧重于把不正确的改为正确的，语意较重，做改动的一般是事物的主要部分，常用于理论、结论、错误、计划等方面。

[宣布　宣告]都自公开、正式地告诉大家的意思。“宣布”强调所告知的内容有约束性或强制性，可用于或大或小的事情，常用于纪律、法令、名单等。“宣告”强调郑重宣布，带有庄严的感情色彩，所告知的内容一般比较重大。

[宣传　宣扬]都表示把事情加以公开说明，使大家知道、了解。“宣传”强调要使很多人知道和相信，中性词。“宣扬”强调极力张扬，使事情广泛传布开。

[寻觅　寻求　寻找]都有想办法找的意思。“寻觅”侧重于仔细、认真地搜寻，具有书面语色彩。“寻求”强调寻找、追求，目标不太明确但行动却执着、积极，常用于知识、真理、友谊等方面，具有书面语色彩。“寻找”泛指一般的找，为了要见到或得到所需要的而努力地找，可用于大或小、具体或抽象的事物，使用范围广。

[心境　心情　心绪]都指心理、感情的状态。“心境”侧重于指心理的境况，含内心境界的意味，使用范围小，多用于书面语。“心情”侧重于指处于喜、愁、激动、失望、痛苦等感情状态，使用范围广。“心绪”侧重于指感情起伏或平静、烦躁或愉快的状态，多用于书面语。

[新鲜　新颖]都指刚出现的、罕见的。“新鲜”泛指刚出现的、罕见的，往往还强调它不是普遍的，使用范围广。“新颖”侧重于新奇别致、不落俗套，多用于文学艺术作品等方面，具有书面语色彩。

[信念　信心]都指不动摇的想法。“信念”指自己认为可以确信的看法，强调坚定不移的观念、信仰，多用于书面语。“信心”指相信自己的愿望或预料一定能够实现的内心把握，使用范围较广。

[兴趣　兴味　兴致]都指喜欢和爱好的情绪。“兴趣”泛指感觉有趣或有意思的情绪，一般用于事情，也可用于人，使用范围较广。“兴味”强调觉得很有滋味而流连、沉浸其中，只用于事物，多用于书面语。“兴致”强调有较浓的情趣和积极的情绪，意思比“兴趣”略重，常用于书面语。

[细心　细致]都有仔细、周密的意思。“细心”强调用心细密、周到，多用于观察事物或照料人。“细致”强调精细、周密，多用于人的活动、态度及情感等方面。

[狭隘　狭窄]都有宽度小的意思，多用来形容心胸、气量等不宽广，常可互换。“狭隘”多用于指气量、心胸、见识等抽象事物。“狭窄”多用于指空间位置等具体事物，口语色彩浓。

[下跌　下降]都有从高到低、从上到下的意思。“下跌”多指水位或价格往下降，“下降”多指物体从高到低或温度、物价等由高到低。

[现实　现状]都表示当前、现在的情况。“现实”强调实在性，指当前存在的客观事实或实际。“现状”侧重于指目前的状况、状态，使用范围较小，常用于书面语。

[限于　限制]都有限定在一定范围内的意思。“限于”侧重于指受某些条件或情形的制约，只能局限于某一范围之内，多用于介绍被限定的原因或所限定的范围、时间、数量等。“限制”侧重于规定范围，不许超过，带有强制性和约束力，多用于人的行为或事物的发展方向。

[虚假　虚伪]“虚假”指与实际不相符合，多形容人的言行或事物。“虚伪”形容弄虚作假，不诚实，多指人的言

终南别业

唐 王维

中岁颇好道，晚家南山陲。兴来每独往，胜事空自知。

行到水穷处，坐看云起时。偶然值林叟，谈笑无还期。

语、行为、作风、态度、品质等。

[兴建 兴起] 都指开始出现或着手做的意思。“兴建”指开始动工建设，多指规模较大的建筑物，具有书面语色彩。“兴起”强调开始出现并兴盛起来，常用于潮流、风气、思潮等抽象事物。

[消失 消逝 消释] “消失”表示从存在到不存在，强调过程。“消逝”包含有一个事物随时间的过去而不复存在的意思，强调结果。“消失”在变化中历时较短，而“消逝”变化时间可长可短，还要注意形容时间、声音、云雾等失去时要用“消逝”。“消释”多用于疑虑、嫌隙、痛苦等消失、解除，它还有消融的意思。

[修饰 粉饰 装饰] “修饰”指梳妆打扮或修整装点使外表整洁美好，它也可指使语言文字生动明确。“粉饰”常指装点门面，掩盖实际，带贬义。“装饰”指人、物或建筑物装点外貌，泛指点缀。

[雄伟 宏伟] “雄伟”指山峰或富有历史意义的大型建筑物，也指设想、乐曲、绘画等的雄壮。“宏伟”指大型建筑或计划等的宏大。

[形式 形势] “形式”指事物的形状、结构等，如“内容和形式”。“形势”指事物发展的状况，如“形势大好”。

Y

[云集 聚集] “云集”比喻许多人从四面八方聚集在一起，用的是比喻义。“聚集”指集合，凑在一起，一般用法。

[愚蠢 愚昧] “愚蠢”指人头脑迟钝，多指行动。“愚昧”指缺乏知识，多指文明程度。

[掩饰 掩盖] “掩饰”着重于虚伪手段，文过饰非，如“掩饰罪过”。“掩盖”指一般的遮盖，也指对错误、缺点的隐藏。“掩饰”是贬义词，“掩盖”是中性词。

[压迫 压制 镇压] 都有用强力压制的意思。“压迫”侧重于用权势强迫别人服从。“压制”侧重于竭力限制或制止。“镇压”侧重于用强力压制，多指统治者用暴力手段压制敌对势力或敌对活动，口语中特指对敌方的消灭、处决。

[延长 延伸] 都有向加长的方向发展的意思。“延长”侧重于线性的或持续性的加长，可用于道路、线路、队伍等，也可用于时间、寿命等，使用范围广。“延伸”侧重于向一端伸展，多用于线路、铁路、土地等具体事物。

[掩蔽 掩护 遮蔽] 都有掩盖、不使发现的意思。“掩蔽”侧重于遮盖、隐藏，含有不让看见的意味，用于人或具体的事物。“掩护”指采取某种方式暗中保护，不使暴露，含遮掩、保护的意味。此外，“掩蔽”和“掩护”都有名词意义。“掩蔽”指遮掩的东西。“掩护”指作战时遮护身体的工事、树木等。“遮蔽”侧重于指遮挡而不显露。

[映照 映衬] “映照”侧重于照射。“映衬”侧重于衬托。

[演变 演化] 都指事物的发展变化，且历时较久。“演变”可以指自然界，也可以指人类社会现象，使用范围较广。“演化”特指从低级向高级发展，多用于自然界，尤其是生物的进化。

[渊博 广博] “渊博”指掌握的学问深而广，如“学识渊博”。“广博”指所掌握的知识范围广，方面多，如“阅历广博”。

[勇气 勇敢] 词性和功能不同。“勇气”是名词，作主语或宾语。“勇敢”是形容词，作谓语或定语。

[原形 原型] “原形”指形状、面目。“原型”指类型、模型。

[引见 引荐] “引见”指引人相见，使彼此认识。“引荐”指推荐别人。

[义气 意气] “义气”指主持公道或忠于朋友、兄弟的感情，如“重义气、义气千秋”等。“意气”指志趣、性格、气概，也指偏激情绪，如“意气相投、意气用事、意气风发”等。

[应用 运用] 都有在具体活动中使用的意思。“应用”强调为了需要而把某种事物用到实际活动中，多指知识、原则、观点、理论、文章、成果等抽象事物。“运用”指按事物特性加以利用，多指立场、观点、方法、原则、规律、原理、思想等抽象事物。

[预测 预料] 都有预先推测的意思。“预测”侧重于根据已知的情况测定、测算未来的情况，强调有较强的科学依据，多用于比较大的场面或事情。“预料”侧重于主观预感、料想，没有“预测”那么强调依据，可用于大小事物。

[原因 缘故] 都指造成某种结果或引起其他事情发生的条件。“原因”使用范围广，可用于重大事物或一般事物，可用于具体因由之前或之后，一般可以用“缘故”的地方多可以用“原因”。“缘故”使用范围较小，常用于一般事物，用于具体因由之后，多用于口语。

[允许 容许] “允许”指许可。“容许”是书面语，也指许可，语义重。

[应付 周旋] “应付”指：①对人对事采取措施；②敷衍、将就（带宾语）。“周旋”指：①交际应酬；②与敌较量，相机而动；③回旋、盘旋。

[严格 严厉] “严格”指在掌握标准或遵守制度时认真、不放松。“严厉”指严肃而厉害（要求、态度方面）。

[谣言 流言] “谣言”指没有事实根据的消息。“流言”指没有根据的话（多指背后议论、诬蔑或挑拨的话）。

[臆测 臆度] “臆测”指主观地推断。“臆度”是书面语，指臆测猜度。

[约束 规范] “约束”指限制、使不超出范围。“规范”指使遵守约定俗成或明文规定的标准。

[依存 依附] “依存”指互相依附而存在。“依附”指附着、依赖、从属。

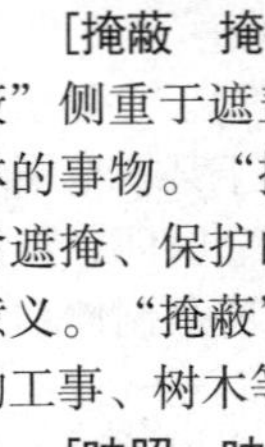

过香积寺

唐 王维

不知香积寺，数里入云峰。古木无人径，深山何处钟？
泉声咽危石，日色冷青松。薄暮空潭曲，安禅制毒龙。

Z

[注目　注视]　都指目光集中地、注意地看。“注目”强调把目光集中于某一点上，多用于具体事物或人，后面不能带“着”，不能带宾语。“注视”强调专注地看，可用于具体的或抽象的人和事物。

[转变　转化　转换]　都指事物发生了变化，与原来不同了。“转变”侧重于变成另外的情况或样子，常用于人的思想、感情、观点、立场、作风、风气等。“转化”侧重于性质或形态的变化，常用于性质、本质、矛盾、力量、思想等抽象事物。“转换”侧重于改变、改换，常用于方向、话题、行业等。

[追究　追问]　都有追查的意思。“追究”强调追查问题或事故的原因以分清责任，多用于责任、根由等，语气较重。“追问”强调追根究底地查问，多用于结果、下落等，语气较轻，使用范围较广。

[赞叹　赞扬]　“赞叹”只有称赞之意。“赞扬”既有称赞之意，又有表扬之意。

[侦察　侦查]　“侦察”指为了弄清敌情而进行的军事活动。“侦查”专指司法机关为了确认犯罪事实而进行的活动。

[追忆　追溯　追索]　“追忆”指回忆。“追溯、追索”指探索事物的由来。“追忆”确指，后跟无选择性的宾语。“追索”不确指，后跟有选择性的宾语。

[终止　中止]　“终止”指结束、停止，表示事情全部结束。“中止”指中途停止，侧重于事情未做完。

[增进　增强]　都有增加、提高的意思。“增进”侧重于增加、促进，常用于友谊、认识、了解等方面。“增强”侧重于加强，常用于勇气、观念、信心、团结、体质等方面。

[专程　专诚]　“专程”指专为某事而到某地。“专诚”指特地（心意诚恳）。

[指责　指摘]　“指责”指责问（可褒可贬）。“指摘”指挑出错误，加以批评。

[专长　特长]　“专长”指专门的学问、技能、特长。“特长”指特别擅长的技能或特有的工作经验。

[震动　振动]　“震动”指（重大的事情、消息等）使人心里不平静。“振动”指物体通过一个中心位置不断做往复运动。

[震荡　振荡]　“震荡”指外力引起的动荡，也指精神上受到重大影响，不能平静。“振荡”主要是物理学用语，指物体运动的一种形式或电流的周期性变化，不要把它和“振作、振奋”联系起来，如“山谷震荡、人心震荡”都不可写成“振荡”。

[责任　义务]　“责任”指分内该办的事，如“应尽责任”；也指应承担的过失，如“追究责任”。“义务”指法律上、道义上该负的责任，如“公民的义务”；也指不计报酬的，如“义务兵役制”。

[震慑　震撼]　“震慑”指震动得使人害怕。“震撼”指震动、摇撼。

[展开　开展]　“展开”指张开、铺开、伸展，也指大规模进行，如“展开地图”。“开展”指从小向大的发展，它的意义范围比“展开”广，如“开展新局面”。

[纵容　怂恿]　“纵容”指对别人干坏事故意不管，只用于贬义。“怂恿”是指使、撺掇别人干某件事，有时不带贬义。

[灾害　灾难]　都指给人带来的祸害。“灾害”侧重于自然现象给人造成的祸害。“灾难”侧重于天灾人祸造成的重大损失与磨难，可以用于人、国家、民族。

[展示　展现]　都指清楚、明显地表现出来让人看。“展示”强调展出示众，让人看到，可用于画面、书信、景观等具体事物，也可用于才能、前景、内心世界等抽象事物，使用范围广。“展现”侧重于事物本身呈现出的某种情景或发展趋势，强调显现出来，多用于景象、形势、希望等抽象事物，使用范围较小。

[占据　占领　占有]　都可表示以某种力量取得并保持。“占据”多指强行取得某一地域或场所，多含贬义。“占领”一般指用武力取得阵地、领土或用一定的手段占有某个领域。“占有”强调据为己有，多用于财产、土地和人。

[战略　战术]　都指打仗或解决问题的策略和方法。“战略”侧重于指导战争的总方针、总计划或解决问题的总策略。“战术”侧重于指进行战斗时比较具体的原则和方法。

[照旧　照例]　都有按一定的章程或习惯办事的意思。“照旧”侧重于依照过去的样子或办法，不加改变。“照例”侧重于依从惯例办事。

[振奋　振作]　都有精神高涨的意思。“振奋”侧重于精神兴奋、情绪昂扬，多用于书面语。“振作”侧重于提起精神或使精力旺盛。

[震动　震撼]　都可指（重大的事情或消息）激动人心。“震动”强调引起人的心灵的强烈反响，含有使人惊讶、意外的意味。“震撼”指强烈地打动人心，意思比“震动”重，多用于书面语。

[整顿　整理]　都有使整齐、有条理的意思。“整顿”侧重于使混乱的变为有序的，松散的变为紧凑的，不健全的变为健全的等，多用于较重大或较抽象的事物，语意比“整理”重。“整理”侧重于使凌乱的变为有条理的，使不够完善、不符合要求的变为完善、符合要求的，含收拾的意味，多用于具体的事物。

[战争　战斗　战事]　“战争”范围大，指民族、国家、阶级、集团之间的武装斗争。“战斗”范围小，一般指具体的武装冲突。“战事”指有关战争的各种活动。

[周到　周密]　“周到”着重在很全面，没有遗漏。“周密”着重在严密，没有疏忽。

金缕衣

唐 无名氏

劝君莫惜金缕衣，劝君惜取少年时。花开堪折直须折，莫待无花空折枝。

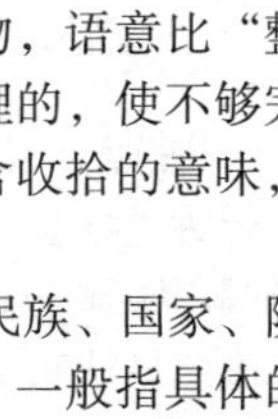

[证明　证实] 都表示用事实或材料表明或断定人或事物的真实性。“证明”指验证和说明，强调用事实或道理来说明事物的真伪、虚实和是非等。“证实”强调用事实说明以前的猜想和预言是正确的。

[资本　资产　资金] 都指资财。“资本”指用来生产或经营以求牟利的生产资料或钱财，强调本钱。“资产”侧重于财产和企业资金。“资金”指用于发展国民经济的物资、货币或指经营工商业的本钱，强调金钱。

[尊敬　尊重] 都表示用敬重、有礼貌的态度对待。“尊敬”强调恭敬，只用于人，多用于下对上、幼对长的关系中。“尊重”强调对人不轻慢、对事物不违拗，含敬重、重视、不随意的意思。可用于他人，也可用于自己；可用于人，也可用于抽象事物。

[遵守　遵循　遵照] 都指以某事物为依据，照着进行。“遵守”侧重于按规定做，不违反，常用于纪律、规则、制度、法律等。“遵循”侧重于沿袭已有的样子或做法去做，常用于规律、方向、原则、教导、理论等，多用于书面语。“遵照”侧重于依从，照章办事，不改变，常用于政策、指示、命令、嘱咐等。

[赞助　帮助] “赞助”多指对某项事业从物质上、行动上加以支持。“帮助”指从物质上、精神上鼓励支持，或出主意、出力量给以支援。

[阻碍　阻拦　阻止] “阻碍”指使不能顺利通过或发展，不一定是有意的，它还有名词用法。“阻拦”指拦截，不让人或物顺利通过。“阻止”指使不能前进，使停止，对象可是具体的事物，也可是抽象的事物。

[奏效　有效] “奏效”指见效。“有效”指有预期结果，多指方法、措施、工作等。

[自愿　志愿] “自愿”指没有丝毫勉强，不是被迫而是自己愿意。“志愿”指个人的意图、决心和愿望；也指出于自愿，与“自愿”相同。

[捉弄　玩弄] “捉弄”是中性词。“玩弄”是贬义词，也指施展手段。

[终身　终生] “终身”指一辈子，多就切身之事来说，如“终身大事”。“终生”指一生，多就事业来说，如“奋斗终生”。

［考点二］ 虚　词

[按照　依照　遵照] 都是介词。“按照”重在引进动作行为的凭借和根据，如“按照事实说话”。“依照”重在强调以某事为根据完全照办，法律条文使用“依照”多，如“依照刑法第X款第X条”。“遵照”多用于介绍行为依据的重要原则、指示和精神，如“遵照上级的指示办事”。

[必然　必定　一定] 都表示肯定，都含有“非……不可”之意，表示对判断、推理的肯定，都经常作状语。“必然”“必定”表示客观事物发展“肯定会这样”的趋势或结果，它们在一般情况下可以互换，而“必然”和“偶然”对举，“必然”是形容词，有时作名词用，表示客观事物的规律性；它还可以作定语，如“必然规律”。“必定”是副词，常用于主观的分析、肯定，如“他每次进城，必定来我这里坐坐”。“一定”可以表示对客观事物发展趋势的判断，也可以表示人们的意志和愿望，或表示一种命令的语气；还可以作形容词，表示特定或相当的意思，如“一定的文化是一定的政治和经济在观念形态上的反映”。

[必须　必需] “必须”是副词，用在动词之前，表示一定要。“必需”是动词，表示一定要有，可作谓语，如“阵地战也必需”；多作定语，如“必需的素质”。

[本来　原来] 都是副词。“本来”强调理应如此，一直如此，如“当天的作业，本来就应当天完成”。“原来”强调过去不知道或对情况有所认识，如“事情真相原来如此”。

[不止　不只] “不止”指：①指继续不停，如“他的一句笑话引得伙伴们大笑不止”；②指超出某个数目范围，如“他恐怕不止60岁了”。“不只”有“不但”之意，如“河水不只可以用来灌溉，还可以用来发电”。

[不至　不致] “不至”表示不会达到某种程度，如“作为一位受党教育多年的干部，不至于连这点道理都不懂吧！”“不致”表示不会引起某种后果，如“事前做好准备，就不致到时手忙脚乱”。

[曾经　已经] 都是副词。“曾经”表从前有过某种行为或情况，如“我曾经许下诺言，一定要到未名湖去读大学”。“已经”强调动作行为的完成或可能还在延续，如“我们的航船已经驶入了21世纪”。

[常常　往往　经常] 都是副词，都表示多次、多数、不断发生。“常常”除有多次、多数的意思外，还有时常、不断的意思。它既表示时间，又表示频率，在一般情况下，可以与“往往”互换，如“闹这类独立性的人，常常跟他们的个人第一主义分不开，他们在个人和党的关系问题上，往往是不正确的”；当它表示时间时，则不能与“往往”互换。“往往”除有多次、多数的意思外，还可以用来表现在一定条件或前提下将要出现的情况，如“我们有些同志理论上承认教育是有阶级性的，可是一遇到具体问题，往往就把这个基本观点忘掉了”。“经常”也表示“常常”“往往”的意思，但还有连续不断、经久常行的意思，可以构成“经常性、经常不断”等词组，如“人的思想也要经常检查，不断改造”。

[从而　进而　而后　尔后] “从而”重在表目的关系和因果关系，如“由于交通事业的迅速发展，从而为城乡物质交流提供了更为有利的条件”。“进而”重在表递进关系，如“先提出计划，进而提出实施措施”。“而后”重在然后，在某事情之后，在句中作状语。“尔后”重在指从此以后，

寻隐者不遇

唐 贾岛

松下问童子，言师采药去。只在此山中，云深不知处。

贾岛（779—843年），唐代诗人，字浪（阆）仙，唐朝河北道幽州范阳县人。早年出家为僧，号无本。自号“碣石山人”。

常作句首状语。

[大力　大举　大肆] 都是副词，都有在行动上采取大规模的方式的意思。“大力”侧重指尽最大的力量，适用范围较大，多用于积极方面，含有褒义，如“大力推广普通话”。“大举”侧重指大规模的行动，多用于军事行动方面。“大肆”侧重指不顾一切地任意妄为，一般用于消极方面，是贬义词，如“法轮功组织大肆吹嘘法轮功的‘神效’，致使许多不明真相的群众上当受骗”。

[但是　可是　然而　却　只是] 都是连词，用在两个分句之间，表示转折关系。只是转折的程度有所不同。“但是”转折的程度和语气重一些，为重转连词，其他的词转折的程度和语气较轻，为轻转连词。

[对　对于　关于] 都是介词。“对”和“对于”都表示动作行为所涉及的对象，在一般情况下，二者可以通用，凡能用“对于”的地方均能改为“对”，如“他对（对于）工作很负责”。但它们又有一些不同的地方：第一，当“对”含有对待、相等意味时，“对”不能换成“对于”；第二，当“对”用在助动词、副词之后时，“对”不能换成“对于”；第三，“对”多用于口语语体，“对于”的色彩庄重些，更适合书面语体。“关于”是限定、提示关联到的人或事物范围的介词，有时可跟“对于”互换，如“关于（对于）这个问题的处理，我完全同意”。但它们又有明显的区别：第一，指出明确的对象用“对于”不用“关于”，表示某种范围用“关于”不用“对于”；第二，“对于”可用在句首，也可以用在句中，而“关于”只用于句首，如“我对于这个问题很了解”，不能说成“我关于这个问题很了解”；第三，“关于”构成的介宾短语常作定语，常常单独作文章的标题，而“对于”构成的介宾短语多作状语，不能单独作文章的标题，只有当它与名词组成偏正短语时才能作为标题。

[不免　未免] 都是语气助词，作状语，用双重否定表示肯定。“不免”是免不了之意，用来加重句子的语气，有时还可以作谓语，如“老栓见这样子，不免皱了皱展开的眉心”。“未免”用来缓和句子的语气，不能作谓语，如“这封挂号信倘要遗失，未免可惜”。

[何曾　何尝] 都是副词。“何曾”用反问语气表示未曾发生，如“我何曾忘记过家乡的一草一木”。“何尝”用反问语气表示未曾或并非，如“我何尝不想去，只是没有时间罢了”。

[基于　鉴于] 都是介词。“基于”主要表依据、根据，如“基于上述理由，我不赞成他当班长”。“鉴于”含有觉察到、考虑到的意思，多指可以引以为戒或作为经验教训的事，如“鉴于上次比赛时各自为政的教训，我不赞成他当队长”。

[大概　大约　约莫] 都表示估计的意思，都是副词。“大概”侧重于表示不十分精确或不十分详尽，如“他们的话大概是真的，我就亲见他有一次上讲台没有打领结”。“大约”侧重于表示估计的数目不十分精确，如“从花开到果子成熟，大约得三个月，看来我是等不及在这儿吃鲜荔枝了”。“约莫”侧重于表示对数目或时间的估计，如“约莫一袋烟的工夫，老人又转了回来”。

[处处　到处] “处处”指各个地方，各个方面，如“教师处处关心学生”。“到处”指各个地方，如“到处都找不到他”。

[而且　并且] 都是连词，在句子中起关联作用，但是连接的句间关系不同。“而且”表示进一步，前面往往有“不但、不仅”等跟它呼应，它连接的是递进关系，如“我们不但战胜了各种灾害，而且获得了大丰收”。“并且”主要有两种用法：一是用在两个动词或动词性词组之间，表示两个动作同时或先后进行，如“会上大家热烈讨论并且一致通过了这个生产计划”；二是用在复合句后一半里，表示更进一层的意思，如“她被评为先进生产者，并且出席了全国劳模表彰大会”。

[赶快　连忙] 都有时间急迫的意思，都是副词。“赶快”形容急迫地要去完成一件事，多用于时间方面，如“这是封加急信件，得赶快送到他们那里去”。“连忙”则形容急迫的状态，一般用于动作方面，如“一见同学们走过来，王老师连忙打招呼”。

[格外　分外] 都有特别突出的意思，都是副词。“格外”是说程度高，超乎寻常，有特别的意思，如“他学习成绩格外好”。“分外”指本分之外，即一般范围之外，超出了平常，它和“格外”是等义词，不过“格外”更接近口语，“分外”多用于书面语，如“瀑布也似乎分外响了”。

[果然　居然　竟然] 都是副词，经常用作状语，都表明预想和结果的关系。“果然”表示结果和预想一致，含有真的、果真如此的意思，如“等到第二天早晨，山头上的云雾果然消散了”。“居然”表示结果和预想的相反，含有没有料到真会是这样的意思，如“现在居然有了一头牦牛，怎么不叫人高兴呢？”“竟然”表示结果和预期的相反，多用在不好的方面，指不应该这样而这样，常用于假设句，语气较重，如“为了种出不落桃的棉花，他竟然遭受到那么残酷的迫害，经历了那么严重的斗争”。总之，主观愿望与结果一致的用“果然”，主观愿望与结果不一致的用“居然”和“竟然”。

[毕竟　到底] “毕竟”表追根究底所得的结论，终归，如“旧历的年底毕竟最像年底”。“到底”表经过变化或曲折最后实现的情况，用在疑问句表追究。

[何必　何苦] 都是副词。“何必”用反问的语气来表示不必要，如“你何必跟他过不去”。“何苦”用反问的语气

登幽州台歌

唐 陈子昂

前不见古人，后不见来者。念天地之悠悠，独怆然而涕下！

陈子昂，唐代文学家，初唐诗文革新人物之一。字伯玉，梓州射洪人。光宅进士，因曾任右拾遗，后世称为陈拾遗。其存诗共100多首，其中最有代表性的是《感遇》《蓟丘览古赠卢居士藏用》。

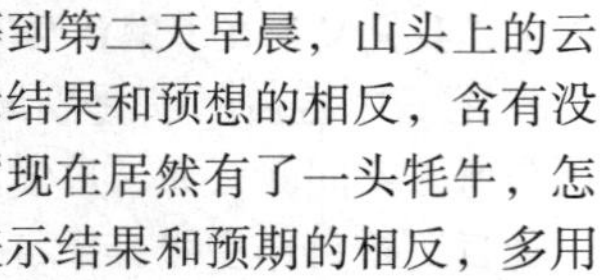

表示不值得，如“你何苦为他们愁这愁那，孩子大了，路让他们自己去走吧”。

［并　而　与　或］都是连词。“并”和“而”是连接动词、形容词或以动词、形容词为中心的词组的。“并”连接词、词组或分句，表递进关系，相当于“而且”，如“讨论并通过了工作报告”。“而”可以连接词、词组、分句甚至上下两段，它可以表示并列、转折、传承、偏正等各种关系。“与”和“或”能够连接各类词或各类词组。“与”语气色彩比较庄重，所表示的是并列关系，如“欲与天公试比高”。“或”所表示的是选择关系。

［忽然　突然　猛然］都作状语，位置可以在主语和谓语之间，也可以在句子前头，指动作变化快，出乎意料，有时可以互相替换。“忽然”指时间短促。“突然”有突如其来的意思，有时可以用程度副词修饰。“猛然”指来势凶猛、猛烈。

［绝然　决然］都是副词，可以用来修饰动词或形容词。“绝然”有断然、绝对的意思，如“第一个穿过三峡的人，绝然不是最后一个”。“决然”：①形容很坚决，如“决然返回”；②表示必然、一定的意思，如“东张西望，道听途说，决然得不到什么完全的知识”。

［或者　还是］都表示数（或二）者择一，都是连词。“或者”只表示选择，不表示疑问，如“包身工的身体是属于带工老板的，所以她们根本就没有‘做’或者‘不做’的自由”。“还是”含有疑问的口气，可用在问句中，也可以用在非问句中，往往表示作者已选定的语气，还可以指没有变化、照旧等语气，如“白杨在迎风呼号，那是为老汉在呜咽，还是为这不平在愤怒？”“不论是月白风清，还是九级风浪的夜里，他们都全神贯注地盯着宽阔的海域”。

［继而　既而］“继而”，状态副词，表发生的两事紧紧相接，如“我先是一惊，继而暗暗佩服他的才能”。“既而”，时间副词，表两事发生的时间相继不久，如“既而雨停了，我们又走在了攀登泰山的征途上”。

［径直　径自］都是副词。“径直”指直接向某处前进，不绕弯，不间断，如“放学后，他径直到文化广场去了”。“径自”指自作主张，擅自行动，多含贬义，如“他不听师长的劝告，径自离校出走，长达两个月的时间”。

［渐渐　慢慢］都是副词，都表示不迅速。“渐渐”表示程度或数量的逐步增减，如“过了清明节，天气渐渐暖和起来了”。“慢慢”重在表示速度的缓慢，如“别急，让我慢慢把话说完”。

［尽管　不管］都表示偏正关系，用于偏正复句的偏句中。“尽管”相当于“虽然”，表示转折关系，与“但是、可是、却”相呼应；“尽管”肯定的是一个特定情况，后面可以用指示代“这么、这样、如此”等，但不能用疑问代词；此外，“尽管”还可单独使用，相当于“只管”，如“他们的愿望尽管是好的，却是不可能实现的”。“不管”相当于“无论”表示（无）条件关系，与“都、总”呼应；“不管”是排除一切条件，后面用疑问代词“怎样、怎么、如何”等，但不能用指示代词，如“不管他从事的事业重要还是不重要，都不失为个值得赞扬的人物”。

［究竟　毕竟］都表示终于、到底，副词，在表示判断时，两者可以互换。“究竟”表示追根究底，常用于问句（疑问、设问、反问）中；有时还作名词，指实际情形，如“他想到门口看个究竟”。“毕竟”是终于、最后的意思，表示客观情况发展的必然趋势，常用于陈述句中，如“黎明的到来，毕竟是无法抗拒的”。

［虽然　固然］都是转折复句的连词，表示先承认原来的意思，接着又还归原意，或转到另一方面去，常跟“可是”“但是”“然而”“却”等连词配合，常可以互换。一个主谓词组加上了“虽然”，它的独立性就丧失了，如只说“他年纪虽然小”，意思就没有完，必须接着说“干劲可大了”，才能成为一个完整的句子。“虽然”有时还可单说“虽”。“固然”与“虽然”等义，可以互换，还可单用“固”，不与其他连词连用，加强肯定或否定语气，表示本来、当然的意思，如“血的应用，正如金钱一般，吝啬固然不行，浪费也大大失算”。

［何况　况且］都指在已经举出的理由之外，再追加或补充一层理由，相当于口语里的“再说”，都是连词。“何况”常用在反问句里，表示甲事物已是如此，乙事物当然更是如此，相当于口语里的“甭说、甭提”（但“甭说、甭提”没有反问语气）这一类用法，而“况且”没有这种用法，如“上海地方那么大，况且你又不知道他的地址，一下子怎么找到他呢？”“他连最基本的字都不认识，更何况写文章了”。“况且”，连词，连接分句，表示递进关系，如“路不算远，况且还是坐车，准能按时赶到”。

［偶尔　偶然］都是副词，都指不经常。“偶尔”是说次数极少，如“他常常写小说，偶尔也写诗”。“偶然”除了表示次数少之外，还有不是必然的意思，还可以构成偶然性，如“他偶然遇到了一个阔别多年的同学”。

［向　到］都可以介绍行动的处所，都是介词。“向”既可介绍动作行为的处所，又可介绍动作行为的对象，介绍的对象可以指人，所带的宾语常常是名词或代词，如“向雷锋同志学习”，“把手榴弹投向敌人”。“到”只介绍动作行为的处所，用于完成式句子时，可以加助词“了”，如“他滑到了与人民为敌的边缘”。

［岂但　不但］都是连词，都可表示递进关系。“岂但”多用于书面语，常带有反问语气，“岂但”常与“也”“还”“又”“更”等搭配使用，如“这本书要的人可多了，岂但你们几个”。“不但”书面语、口语都常用，不带反问语气，“不但”除能与“也”“还”“又”“更”

孟浩然，唐代诗人，汉族，襄州襄阳（今湖北襄阳）人，字浩然，世称“孟襄阳”，与另一位山水田园诗人王维合称为“王孟”。以写田园山水诗为主。因他未曾入仕，又称之为孟山人。襄阳南门外背山临江之涧南园有他的故居。曾隐居鹿门山。

副词搭配，还可与“而且”“反而”“反倒”等搭配使用，如“他不但有科研头脑，而且有实干精神”。

[仍旧　仍然] 都是情态副词，都指照旧，常可以互换，只是“仍然”语气略重一些。“仍旧”强调跟从前一样，如“他虽然遇到许多困难，可是意志仍旧那样坚强”“仍然”除有“仍旧”的意思外，还有原来的想法、做法不改变，即还是的意思，文言色彩较浓，如“掌柜的也仍然同平时一样，笑着对他说话”。

[几乎　简直] 都是副词，用在动词或形容词前面，作状语，表示强调。“几乎”表示相近、差不多的意思，强调两者相差甚微，如“在小村子里，一家的客，几乎也就是公共的”。“简直”还含有表面好像不是、实质上就是的意思，强调程度比“几乎”深，如“今日的洞庭湖，简直是一个用珍珠缀成的崭新世界！”

[已经　一经　曾经] 都是副词，但所表示的意义有所不同。“已经”用于表示动作发生的时间已过去或事情已完成，如“他参加工作已经30多年了”。“一经”表示一旦经过，下文说明就产生了相应的结果，如“马克思列宁主义的普遍真理一经和中国革命的具体实践相结合，就使中国革命的面目为之一新”。“曾经”表示过去发生过或经历过，不但说明事情发生在过去，同时还强调现在没有继续，所表示过去的时间长些远些，如“我年轻的时候，也曾经风光过”。

[通过　经过] 都是介词。“通过”指以人或事物为媒介或手段而达到某种目的，如“通过学习《公民道德建设纲要》，同学们提高了认识”。“经过”指引进某个过程，说明由于这个过程的完成使得其他情况发生变化，如“他经过长期的研究、试验，终于出色地掌握了果树嫁接技术”。

[向来　从来] 都是副词，表示某种行为、状态或情况从过去到现在都一样。“向来”是一向的意思，口语和书面语里都用，如“但他向来看得官场太高，以为文明至今，到他们才开始严酷”。“从来”表示从开始到现在都如此，强调的语气较重，用于肯定句或否定句都可以，含有绝对肯定或绝对否定的语气，如“他从来不把自己的利益看得高于一切”。

[尚且　姑且] 结构相似，但词性和语法功能不同。“尚且”是连词，表示提出程度更甚的事例作为衬托，下文常用“何况”等呼应，表示进一层之意，如“为了人民，流血尚且不惜，更别说流这点汗了”。“姑且”是副词，表示暂时，如“我这里有两间房闲着，你们姑且在这里住着”。

[甚　很　最　至　极] 都是程度副词，用法上有不少相同之处。“甚”和“很”意义相同，表示程度相当高，但未达到顶点，只是语体色彩不同。“甚”文言色彩浓，如“形势甚急”；“很”口语色彩浓，如“病情很严重”。“最”和“至”的意义相同，都表示达到了顶点，只是语体色彩不同。“最”口语色彩强，如“太阳最红”；“至”富有文言色彩，如“此问题至关重要”。“极”作副词时，表示最高的程度，如“极平常”“极少数”“好极了”等。

[业已　已经] 都是时间副词，都表示事情已经过去。“业已”是公文用语，书面语体色彩浓。“已经”可用于口语，也可用用于一般书面用语。

[一齐　一起] “一齐”指同时或全部，如“所有的机枪一齐扫射”。“一起”表示一块或同一处所，或表示同时，应用范围广，如“与人民大众站在一起”。

[一直　一向] 都是副词，都有表示重复或连续的作用，都可作状语，用来修饰或动词或形容词。“一直”表示动作、行为连续进行，中间没有停顿，着重指动作的连续性，如“自上小学以来，他一直是学校的三好学生”。“一向”表示某种行为习惯很久以来始终不变，着重指行为习惯的稳定性，与“一直”适用的对象不同，如“他一向十分好客”。

[以至　乃至　甚至] 都是连词，都能连接两个以上的词、词组或分句，表示层进，关系，指明范围由小到大，数量由少到多，程度由低到高，后面都可接上“于”。“以至”强调程度的加深，相当于“到、直到、一直到”的用法，还能承接上文，引出下文的结果。“乃至”比“以至”强调的程度重，多用于书面语，如“全中国乃至全世界人民都敬仰他”。“甚至”强调的程度跟“乃至”相同，其后面加“连”组成“甚至连”时，强调的意味比“乃至”重，“甚至”还可以作副词，如“他激动得甚至说不出话来”。

[因此　因而] 都是连词，表示因果关系，连接原因和结果。“因此”不只表示结果，还表示原因，意为“因为这个，所以……”作用是复指上文、承上启下，除了用于后一分句的开头，还可以用于后一分句的主语之后，如“月亮每个月绕地球一周，因此每月有一次朔和一次望”。“因而”不只表示结果，还表示推论，作用是连接上文，承上启下，它不连接句子，如“暗藏的敌人比公开的敌人更难识破，因而也更危险”。

[因为　由于] 都是连词兼介词，都可表示原因，作连词时，都可连接分句。“因为”常和“所以”搭配，不同“因此、因而”搭配；“由于”还可以同“因此、因而”搭配。“因为”可以用于后一分句，“由于”不能。作介词时，都可以和后面的词语组成介宾短语，放在主语的后面或前面，在口语里，“因为”比“由于”常用，如“他今天不能来上班，因为他病了”，“由于工作太忙，因而照顾不了孩子”。

[由于　自从] 都是介词。“由于”所表示的是与动作行为有关的原因，相当于“因为”，如“近来由于电子计算机的应用，又出现了计算机化学”。“自从”所表示的是与动作有关的时间，表示时间的起点，如“自从处死了这个大贪污犯后，其他贪赃枉法现象也减少了许多”。

春晓

唐 孟浩然

春眠不觉晓，处处闻啼鸟。夜来风雨声，花落知多少。

[尤　尤其] 都是副词，都含有比较的意味，都有强调作用，所强调的可以是整体中更为突出的某部分，或一般情况中更为特殊的情况，也可以是能够构成比较关系的几种事物，或几种情况中更为突出的事物和情况。它们只是词义色彩不同。“尤”只能用在动词、形容词前面，不能用在名词前面。“尤”用在双音节形容词前面时，常在后面跟一个“为”，如“不到半年，头发也花白起来了，记性尤其坏，甚而至于常常忘却了去淘米”，“这一点，对于各级领导来说，尤为重要”。“尤其”则不仅能用在动词前面，也可用在名词前面，不过此时常在后面跟一个“是”，说成“尤其是”。

[悠然　俨然] 在结构上相似，都以“然”为词缀，但所表达的意思不同。“悠然”指悠闲的样子，如“悠然自得”“悠然神往”。“俨然”可以形容庄严，如“四叔俨然地站着”；也可以形容齐整，如“屋舍俨然”；还可以形容很像，如“这孩子说出话来俨然是个大人”。

[与　和　跟　同　及　以及　并] 都是连词，但其具体用法和意味不完全相同。“与”是从文言里继承过来的，因此，口语中用得较少，但在文章的标题及书面语中较为常见。如“批评与自我批评”“《文学与出汗》”等。“和”“跟”“同”都是现代口语里的词，用法大致相同。“和”用法最普遍，文章里最常见。“跟”在北京话里用的次数比“和”更多。“同”流行在华中一带，书面上多作介词。“和”“跟”“与”除了作连词外，还可以作介词，一般说来，从两个方面来判定：一是前后两个部分可以对调，对调后基本意义不变的是连词，前后两个部分不能对调，对调后意义跟原来不同的是介词；二是如是介词，它的前边可以插入别的成分，如果是连词，它的前边就不能插入别的成分。“和”“跟”“同”“与”可以连接名词，也可以连接动词或形容词，连接的动词或形容词往往作宾语、主语、定语，不常作谓语。“及”“与”一样，也是口语里不常用，可二者的意味不同。“及”本来有“由此及彼”的意思，它所连接的两头显然有主要和次要或先和后之分，因此它所连接的两部分不能颠倒过来。“及”也不能用“与”来代替，常常跟“其”或“其他”连用。“以及”的作用相当于“和”，但又有区别，它和“及”一样，所连接的两边前一部分总是主要的。但“以及”的用处又比“及”广泛些，它不但能连接名词，也能连接动词、短语和句子。“并”专用来连接动词或以动词为中心的词组，有进一层之意。

[与其　宁可] 都有把两件事加以比较，衡量得失，选取其中的一件的意思，都是连词。“与其”用于取舍关系的复句中，常和“不如”一词相呼应，表示舍此取彼，如“与其这样提心吊胆地见着你，还不如不见你”。“宁可”相当于“宁愿”，有“宁愿”的意味，常和“决不”相呼应，表示取此舍彼，如“他宁可自己吃点亏，也不亏了广大人民群众”。

[暂且　姑且　权且] 都是副词。“暂且”有姑且、暂时的意思，表示发生这种情况是暂时的，重在强调时间短暂，稍稍带有让步的意味，如“主任不在，让小丁暂且顶一下，你看怎样”。“姑且”有先、不妨的意思，表示在不得已的情况下只好将就一下，以后再做结论，重在强调让步，如“姑且承认你说的都在理，但你无论如何也不应打人”。“权且”有暂时只能的意思，指在不得已的情况下只好这样，如“校长不在，会议权且由杨老师代替参加”。

[左右　上下] 都是助词，用在数词或者数量词后面，表示约数。“左右”“上下”前面的数目必须是确定的，不能是约数，同时数词或者数量词前面一般不用“约”“大约”等副词。但是“上下”不表示时间的约数，而“左右”可以，如“九点钟左右江津号颤抖着启航了”，“王大爷看上去也就是七十岁上下的年纪”。

[逐步　逐渐] 都表示渐进，指程度或数量依次慢慢地增减，都可以用于人或一切事物，都是副词。“逐步”指一步一步地发展，有很明显的阶段性，多用于人的有计划的努力，不能修饰形容词，如“他们决心统筹安排，因地制宜，逐步推进农村教育综合改革”。“逐渐”没有明显的阶段性，多用于事物变化，它可以修饰形容词，如“春天来了，天气逐渐暖和了”。

[于是　因此] “于是”重在表前后两事在时间上、顺序上的承接关系，如“大家一鼓励，我于是就有了信心”。“因此”重在表因果关系，可构成“由于……因此……”格式，如“月亮每个月绕地球一周，因此每月有一次朔和一次望”。

[单是　但是] “单是”即单纯是，单单是。“但是”作连词，连接转折关系；作副词，相当于“只是”。

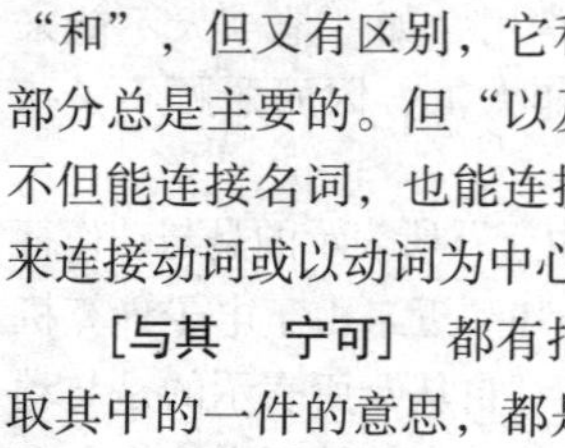

过故人庄

唐 孟浩然

故人具鸡黍，邀我至田家。绿树村边合，青山郭外斜。

开轩面场圃，把酒话桑麻。待到重阳日，还来就菊花。

［专题四　熟语使用］

熟语是定型的词组或句子；相当于一个语言单位。熟语源远流长，言简意赅，富于表现力。熟语主要包括成语、惯用语、谚语、格言、歇后语等。

｜知识点一｜　谚　语

谚语是流传在人民群众口头上的通俗而含义深刻的定型化的语句。谚语一般都能揭示一个客观规律或反映一个事理，使人从中受到启示。例如：

众人拾柴火焰高。

三百六十行，行行出状元。

只许州官放火，不许百姓点灯。

谚语通俗易懂，生动形象，结构整齐，音节匀称，音调和谐。

谚语与成语的区别：

1. 从结构上看，谚语一般是句子，成语大都是四个字的短语。

2. 从来源上看，谚语来自人民群众的口语，成语来自古代神话或历史故事等书面语言。

3. 从特点上看，谚语通俗易懂，成语文雅深刻。

一、注意色彩

1. 感情失当，褒贬误用。例如：“无微不至”和“无所不至”，一字之差，感情截然不同。

2. 修饰失当，语意重复。例如：“他忍俊不禁地笑了”。

[例1] 下列画线的熟语使用不恰当的一项是（　）

A. 俗话说，识时务者为俊杰。犯罪分子应该认清形势，悬崖勒马，悔过自新。

B. 善与恶，正与邪都是冰炭不相容的。这个工程很大，要分阶段进行，不可强求毕其功于一役。

C. 他这个人“口里蜜蜜甜，心里一把锯镰”，你初次和他交往，可一定要防着点。

D. 贾府虽然衰亡，但百足之虫，死而不僵，其气象究竟不同。

[解析]A项，识时务者为俊杰：能认清当前形势和潮流的人是杰出的人才。

[答案]A

[错因透视] 该题错在情感错位，误用褒贬。在长期的使用过程中成语已经有了具体的感情色彩，不能随意使用。犯罪分子识时务者为俊杰，显然是情感错位，误用褒贬。再如：齐白石画展在美术馆开幕了，国画研究院的画家竞相观摩，艺术爱好者也趋之若鹜。“趋之若鹜”多用来比喻许多人争着去追逐（不好的事物），用在这句中显然是贬词褒用了。

二、注意搭配对象

1. 错用对象，张冠李戴。例如：“万人空巷”“大相径庭”。

2. 轻重失度。例如：“文章让你们改来改去，改得不三不四”。“不三不四”是不正派、不像样。

互动训练

1. 按照要求请分别写出谚语。

（1）交友处世：________

（2）劝学：________

（3）民俗：________

2. 下列加点的熟语，使用有误的一项是（　）

A. 半岛电视台同西方唱对台戏。

B. 过去的生活条件与今天比起来真是不可同日而语。

C. 记得有一次我生病了，妈妈坚持要我背乘法表，背不出就不准我吃饭。妈妈唱白脸，爸爸就唱红脸，所以当时我喜欢爸爸多一点。

D. 尺有所短，寸有所长，我们只要做出了自己的主观努力，也就实现了自身的价值。

3. 下列加点的熟语，使用不正确的一项是（　）

A. 这些离退休的老同志发扬初生牛犊不怕虎的精神，在维护公共道德方面起到了巨大作用。

B. 得罪领导不是好事，他会让你吃不了兜着走。

C. 就业问题时常困扰着大家。没工作的人找工作，有工作的人又存在着随时被炒鱿鱼的危险。

D. 这本古代作弊书名为“春晓阁文存”，在书的封面上，用红笔着重写着“原为舟车览，请勿误携入场”，有点此地无银三百两的味道。

秋登万山寄张五

唐 孟浩然

北山白云里，隐者自怡悦。相望试登高，心随雁飞灭。
愁因薄暮起，兴是清秋发。时见归村人，平沙渡头歇。
天边树若荠，江畔洲如月。何当载酒来，共醉重阳节。

[例1]下列语句中熟语运用恰当的一项是（　）

A. 我不是笼统地反对在文学作品中使用方言，因为适当地使用方言，能够使人物形象鲜活，乡土气息浓郁；我只是反对不分青红皂白地在文学作品中滥用方言，因为方言过多在一定程度上会影响读者对作品的理解。

B. 昨天早晨，我和多年未曾联系的小刘在街上不期而遇，开始都觉得面熟，却不敢相认。“这可真是大水冲了龙王庙，一家人不认一家人啊！”当彼此叫出名字后，他笑着说。

C. 老王和老李曾非常要好，20多年前，两人产生了矛盾，一直互不理睬。退休后，一件偶然的事，消除了他们多年的隔阂，两人和好如初，白头如新，大家也为之高兴。

D. 他们常年在恶劣的环境中从事科学研究工作，尽管如此，他们从未退缩过，仍然艰苦卓绝地奋斗着，并乐此不疲。这种精神是值得我们学习的。

[解析]A项熟语是不分好坏的意思，用在此处不当。B项短语的意思是从没见过面的人发生误会、冲突，而文章中“我”与“小刘”以前是认识。C项成语“白头如新”指相交虽久却并不知己，像新知一样，与“和好如初”矛盾。

[答案]D

[错因透视] 成语（熟语）的含义有所侧重，适用对象范围也就不同。有的指个体，有的指群体，有的指人，有的指物，等等。如果对成语（熟语）所表达的习惯对象或范围缺乏了解，就会使陈述和被陈述对象之间出现张冠李戴的现象。

[例2]（2010.5）下列各句中加点的熟语使用正确的一句是（　）

A. 他没上过大学，但在学术研究上成就突出，这所大学破天荒开绿灯录取他读博士。

B. 锅里有，碗里才能有，只有人民群众先富裕了，国家的税收才有足够的保障。

C. 他一发不可收拾，再接再厉，先后三次在不同的比赛中夺得了这个项目的金牌。

D. 只要抱定这山望见那山高的勇气和决心，在前进的道路上就没有克服不了的困难。

[解析]这道题里既含有感情色彩，又包含前后语境的问题。C、D项为贬义，却用在褒奖的语境中。B项存在使用熟语的先后与语境表述先后的矛盾，合理顺序是国家富，人民才富。权衡四项，最符合的是A项。

[答案]A

知识点二　格　言

一、格言是简练而含义深刻并具有教育意义的警句

例如：

事实胜于雄辩。

学习如逆水行舟，不进则退。

虚心使人进步，骄傲使人落后。

谚语和格言的区别：

1. 来源不同。谚语来自人民群众；格言是名人语录，大都见于文献记载。

2. 意义色彩不同。谚语通俗，口语色彩鲜明；格言书面语色彩浓厚，有些必须加以解释才能理解其意义。

3. 格言比谚语的哲理性和教育意义更深刻，大都意味深长，促人警醒。

4. 下列加点的熟语，使用正确的一项是（　）

A. 昨天早晨，我和多年失去联系的小刘在街上不期而遇，开始都觉得面熟，却不敢相认。“这可真真是大水冲了龙王庙，一家人不认一家人啊！”当彼此叫出名字后，他笑着说。

B. 这样的企业，即使出现一些这样那样的战略失误，在市场竞争非常不充分的环境下，完全可以“东方不亮西方亮”，总能探索到一条发展的路径。

C. 当面鼓对面锣，宿州派出所无辜抓走海关警察。

D. 这真是大人不见小人怪，我犯了这点儿小错误，经理没有批评我，你倒挑起我的毛病来了。

5. 下列加点的熟语，使用不正确的一项是（　）

A. 你若真想“放长线，钓大鱼”的话，就该有足够的耐心和精力。

B. 赶鸭子上架自然没有好结果，他草草推出的新专辑，被批评得体无完肤。

C. 销售商当初承诺若有质量问题，双倍赔款，如今顾客找上门来，他们却打退堂鼓，死不认账。

D. 这家商店打着名牌专卖店的旗号，卖的却是假冒伪劣商品，对这种挂羊头卖狗肉的商业欺诈行为，必须予以坚决查处。

6. 按照要求请分别写出格言。

（1）有关成功的格言：____________

（2）有关尝试的格言：____________

“诗魔”和“诗王”

白居易（772—846年），字乐天，晚年又号香山居士，河南新郑（今郑州新郑）人，我国唐代伟大的现实主义诗人，中国文学史上负有盛名且影响深远的诗人和文学家。他的诗歌题材广泛，形式多样，语言平易通俗，有“诗魔”和“诗王”之称。官至翰林学士、左赞善大夫。有《白氏长庆集》传世，代表诗作有《长恨歌》《卖炭翁》《琵琶行》等。白居易故居纪念馆坐落于洛阳市郊。白园（白居易墓）坐落在洛阳城南香山的琵琶峰。

二、注意望文生义的词语

1. 望文生义。例如，“妈妈在那边大声喊小明过去，可是他却不以为然，仍旧在玩儿。”“不以为然”表示不同意，有轻蔑之意。

2. 形近词误用。像“不负众望”与“不孚众望”，“负”意为“辜负”，“孚”意为“信服”，这两个词似近实远。

[例1] 下列各句中加点的词语，使用恰当的一句是（ ）

A. “书山有路勤为径”，在知识爆炸的今天，我们更要努力攀登书山，而不能高山仰止。

B. 我们的某些规章制度还很不健全，有的“聪明人”便打起了擦边球，以此牟取私利。

C. 时下，网络文学蓬勃发展，痞子蔡就是屈指可数的网络写手之一。

D. 周末，我和同桌一起去攀岩，虽然崖壁陡峭，我们仍然摩肩接踵，奋力攀登。

[解析] A项望文生义。B项正确。C项成语和“蓬勃发展”相矛盾。D项也是望文生义，把成语的本意曲解为字面意义。

[答案] B

[错因透视] 成语理解切忌望文生义，曲解词语。本题A、D项就错在这里。再如：做任何工作都不能孤军奋战，必须团结合作。墙倒众人推，我们只要齐心协力，互相帮助，就一定能克服工作中的种种困难。“墙倒众人推”比喻在失势或倒霉时，备受欺负。用在句中犯望文生义的错误，导致褒贬失当。很多的时候，成语（熟语）字面的意思与它本来的意思是大不相同的，若按字面意思就会出错。常见易望文生义的成语有登堂入室、七月流火、空穴来风、不刊之论、万人空巷等。

｜知识点三｜ 歇后语

歇后语是由“前语”和“后语”组成的，并且只要说出“前语”就能让人猜到“后语”，意思的一种口头用语。根据前后两部分的构成情况，歇后语分为两类：

1. 喻意的。“前语”是一个比喻，“后语”是对“前语”的解释。例如，

水中捞月—— 一场空。

万年松树，十年芭蕉——粗枝大叶。

2. 谐音的。例如：

孔夫子搬家——尽是书（输）。

上鞋不用锥子——针（真）行。

歇后语不能滥用，要注意场合。歇后语的内容要健康。

[例1]（2007.8）下面四条歇后语中，特点与其他三条不同的一条是（ ）

A. 香山的卧佛——大手大脚　　B. 西山的秋叶——红得发紫

C. 前门楼上放风筝——出手不低　D. 嘉陵江水浪滔滔——川流不息

[解析]归纳表述的特点，可以发现这是一道感情色彩的判断题。A、B、C项均为贬义，D项为中性。答案为D。

[答案] D

[例2]（2006.9）对下列歇后语的表述，不正确的一项是（ ）

A. 大水冲了龙王庙——自家人不认自家人。

B. 骑毛驴看唱本——走着瞧。

C. 飞蛾扑火——无私奉献。

D. 泥菩萨过河——自身难保。

[解析]不正确选项C项“飞蛾扑火”给出的表述应是“自取灭亡”。因为望文生义，以为扑火就是奉献。

[答案] C

7. 下列加点的熟语，使用有误的一项是（ ）

A. 记者经过多次奔波，终于找到了营救小王燕的英雄；拔出萝卜带出泥，那位撞人后驾车逃逸的司机也露出了“庐山真面目”。

B. 这家昔日高朋满座，现在门可罗雀，真是彼一时，此一时。

C. 好多教师甚至成了教材和教学参考资料的传声筒，他们视教材为金科玉律，不敢越雷池一步，毫无遗漏、毫不越位地传授教材。

D. 不管白猫黑猫，捉住老鼠就是好猫，这是邓小平著名的“猫论”，是对生产力标准的一种形象化表述。

8. 请写出和下面成语意思相同的歇后语。

（1）一目了然：____________

（2）解甲归田：____________

（3）痴心妄想：____________

9. 下列句子中加点成语使用正确的一句是（ ）

A. 乔安山被诬陷、被误解的遭遇，只能说明社会风气有待净化，用人心惟危来概括，显然有失偏颇。

B. 他把这些年计算机发展的最新信息，一览无余地告诉了我。

C. 为了给心爱的儿子送大衣，母亲在风雪中已经茕茕孑立地等了一个小时。

D. 家庭温暖，事业有成，李容却突然皈依佛门，让人不可理喻。

草

唐 白居易

离离原上草，一岁一枯荣。野火烧不尽，春风吹又生。
远芳侵古道，晴翠接荒城。又送王孙去，萋萋满别情。

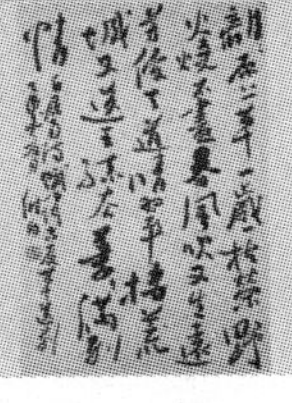

一、注意逻辑

（1）不合逻辑，词义不当。例如，“莘莘学子”的“莘莘”，形容众多，单指一人词语范围就错了。

（2）语法错误，功能混乱。例如，“他心中有了出奇制胜叛军的主意。”“出奇制胜”不能带宾语。

[例1]下列各句中，加点的成语使用恰当的一句是（　）

A. 他们到底扶持起了多少畜牧企业没有人记得清，只记得他们所到之处，大量畜牧企业脱颖而出。

B. 年轻的城市，更需要青春和活力，更需要丰富的想象力和摧枯拉朽的创造力，更需要不断超越的勇气。

C. 她扮演的众多角色尽管各不相同，但都有一种共同的东西，那就是舍我其谁的傲气和不达目的决不罢休的豪气。

D. 这次来美国参加国际会议，要积极参加活动，既能向各国的同行学习，又能走马观花地感受美国的生活。

[解析]A项“脱颖而出”是出类拔萃的意思，是少量的，不能用于大量。B项“摧枯拉朽”是指毁坏力，不是创造力。D项“走马观花”是动词性短语，不能修饰“感受”。

[答案] C

[错因透视] 有些成语（熟语）从意义上看符合句意，似乎没有错误，这时不妨从逻辑事理的角度来检查一下，成语（熟语）误用的“不合逻辑”主要表现是自相矛盾，违情悖理，不合逻辑。再如：来到公司的第一天，我好像什么都不懂，什么都不会做，忙得头昏眼花。已经过了下班的时间，我还在七手八脚地忙乎着。“七手八脚”指的是人多手杂，动作不一。而这里指的是“我”一个人，显然不合逻辑。

二、注意敬谦词语的使用

敬谦误用。例如，“我们的到来使你的敝舍蓬荜生辉”。本意是要敬别人，却变成贬别人夸自己。

[例1]下列各句中的加点成语使用不恰当的一项是（　）

A. 近些年旅居国外的华人日渐增多，但海外游子真正乐不思蜀的却寥寥无几，他们心中剪不断的是对故乡刻骨铭心的那份思念。

B. 华君武的这幅题目为“转败为胜”的漫画，把乌龟的那种自以为蛮有把握赛过兔子的心理状态刻画得入木三分。

C. 我们公司的灯光设计师，在室内灯光设计大赛中拿过一等奖，他的设计一定会让您的新居蓬荜生辉。

D. 中文方块汉字的意趣，是先进的拼音文字所不能望其项背的。

[解析] “蓬荜生辉”指别人光临自己家里，主人感到增辉，是谦辞。

[答案] C

[错因透视] 汉语中有很多谦辞和敬辞，是不能乱用的，如“抛砖引玉”就只能用在自己身上，“荣幸”也只能用在自己身上。

| 知识点四 | 成　语

准确使用成语历来是体育单招考试查的重点，因此正确识记和使用成语十分重要。使用成语时，要注意以下几点。

（1）弄懂意义。成语大多来源于古代寓言、历史故事和古典作品中的语句，年代久远整体性强，有的要弄懂各个语素的含义，有的要了解它的引申义和比喻义，有的则要了解它的来源，这样才能真正弄懂它的含义，正确使用。例如，

10. 下列加点成语的使用，正确的一项是（　）

A. 声名不论大小，都是靠诚实的劳动、创造的实绩获得的。实至名归，才能安之若素；以名砺志，才会不断进取。

B. 当时暴雨如注，满路泥泞，汽车已无法行走，抢险队员们只好安步当车，跋涉一个多小时赶到了大坝。

C. 我们办事是要讲情义，但前提是不能违反原则，如果因为是老战友，就爱屋及乌，包庇袒护，那会危害党的事业。

D. 面对这滚滚麦浪、袅袅炊烟，你能想象五十年前这里哀鸿遍野的情形吗？

11. 下列加点成语的使用，正确的一项是（　）

A. 在十四届亚运会女子100米蛙泳比赛中，名将罗雪娟不孚众望，以1分06秒84的成绩刷新了亚洲纪录，并且为中国队再添一金。

B. 齐白石画册里的一幅画上，一根枯枝横出，站立一只鸟，别无长物，但用笔的神妙，令人感到环绕这鸟的是一个无垠的空间真是一片“神境”。

C. 石景山区开办了北京第一家打工子弟学校，招收了126名新生，但这对8万多名打工子弟来说，实在是不足挂齿。

D. 胡同文化是封闭的文化，住在胡同里的居民大都安土重迁，不大愿意搬家。

钱塘湖春行

唐　白居易

孤山寺北贾亭西，水面初平云脚低。几处早莺争暖树，谁家新燕啄春泥。
乱花渐欲迷人眼，浅草才能没马蹄。最爱湖东行不足，绿杨阴里白沙堤。

栉风沐雨：栉，梳头发。沐，洗头。风梳发，雨洗头，形容人经常在外面辛苦奔波。不了解“栉”“沐”的含义，就无法理解整个成语。

大放厥词：厥，义同“其”，他的。原是指铺张词藻，或畅所欲言。现在则用来指大发议论，而且含贬义，这是在原义基础上的引申。

指鹿为马：源于《史记》，讲的是赵高想篡夺秦二世的帝位，又怕群臣不服，用指鹿为马的方法试验群臣的故事。以后多用此成语比喻故意颠倒事实，混淆是非。如果不了解这个成语的来源，就不能真正理解它的含义，正确使用它。

（2）辨明色彩。成语从它诞生的时刻起，往往就带上了鲜明的褒贬色彩，我们使用时要特别注意。例如：

褒义：德高望重、威武不屈、奋不顾身、丰功伟绩、高歌猛进、高瞻远瞩、奋不顾身、孜孜不倦。

贬义：低三下四、故作镇静、鬼哭狼嚎、粉墨登场、附庸风雅、刚愎自用、自食其果、挖空心思。

（3）明确对象。有些成语适用于什么场合、什么对象是固定的，不可错用。如“破镜重圆”这个成语的适用对象是固定的，只能是夫妻，不能是别的关系；又如“豆蔻年华”这个成语只适用于指少女，因为“豆蔻”是一种植物，其花鲜艳，常用以比喻少女。

（4）注重规范。成语有其自身的完整意义和结构形式，具有极强的稳定性，不能随意改变成语的读音、字形。

[例1]下列各句中加点的成语使用不正确的一项是（　）

A. 在党和政府的关怀下，养老院的老人们饱食终日，过着幸福的日子。

B. 汽车在神农架山区奔驰，只见奇峰异岭扑面而来，令人目不暇接。

C. 本来还不错的一篇文章，让你们这样改来改去，反而改得不三不四了。

D. 第28届奥运会女排决赛，失利后的俄罗斯队的姑娘们黯然神伤。

[解析]本题考查考生正确使用成语的能力。仔细推敲备选项所示句意，可知B、C、D项中成语“目不暇接”“不三不四”“黯然神伤”运用正确，充分表达了句子要表达的意思。而A项中“饱食终日”这个成语使用不当，有损老人们的形象，也不利于说明“在党和政府的关怀下”，老人们在养老院生活得幸福美好。此处本应用褒义成语如“乐享天年”之类，却用了贬义成语；说老人们吃饱饭混日子，当然错误。

[答案]A

[例2]下列句子中，加点的成语使用恰当的一句是（　）

A. 学校能评上全国示范高中的原因，我反躬自省，依靠集体的力量是最关键的一条。

B. 两国终于结为秦晋之好。

C. 这篇报道不足千字，却一波三折地把一个下岗女工的动人故事写得丝丝入扣。

D. 他躺在床上想得天花乱坠，仿佛已经征服了砖塔胡同和四牌楼一带的所有对手。

[解析]本题考查正确理解和使用成语的能力。题中加点的四个成语的意思依次是：反过来自我省察；两姓联姻所结成的婚配关系；比喻紧密合拍，毫无出入；形容说话有声有色，极其动听，多指夸张而不切实际，或用甜言蜜语骗人。用上述各成语的含义与各句句意相对照，就会知道，“反躬自省”“秦晋之好”“天花乱坠”均不合句意，只有“丝丝入扣”与句意相符，把文章反映下岗女工的动人故事的真实性、准确性表现出来了。

[答案]C

12. 下列加点成语的使用，正确的一项是（　）

A. “权钱交易”“权权交易”等时下的腐败病症，在文艺界虽不说样样俱全，但该领域遭受“感染”却是不容置喙的事实。

B. 这样的小错误对于整个题目的要求来说是无伤大雅，不足为训，我们决不能只纠缠于细枝末节而忘了根本的目标。

C. 某些不遵守交通规则的人，对于闯红灯总不以为然，认为只要不朝汽车撞，总会没事的。

D. 他对友人的劝告，表面上表示赞同，心底里却是很不以为意。

互动训练答案

1.（示例）（1）交友处世：积德招福，缺德惹祸；君子之交淡如水；浇花浇根，交人交心。

（2）劝学：活到老，学到老；书中自有黄金屋。

（3）民俗：五里不同俗，一地一乡风；入庙拜佛。

2. D　3. A　4. B　5. C

6. [答案]（示例）（1）成功呈概率分布，关键是你能不能坚持到成功开始呈现的那一刻。成功与不成功之间有时距离很短——只要后者再向前几步。

（2）与其临渊羡鱼，不如退而结网。自古成功在尝试。

7. A

8. [答案]（示例）

（1）单眼看花——一目了然。

（2）乌龟变黄鳝——解甲归田。

（3）癞蛤蟆想吃天鹅肉——痴心妄想。

9. A　10. D　11. D　12. D

暮江吟

唐　白居易

一道残阳铺水中，半江瑟瑟半江红。

可怜九月初三夜，露似真珠月似弓。

现代常用熟语表

［考点一］**常见成语**

A

哀鸿遍野：比喻呻吟呼号、流离失所的灾民到处都是。哀鸿，哀鸣的大雁，比喻悲哀呼号的灾民。

安步当车：古代称人能安贫守贱。现多用以表示不乘车而从容不迫地步行。安，安闲。

安土重迁：安于本乡本土，不愿轻易迁移。重，看得很重。

嗷嗷待哺：形容饥饿时急于求食的样子。嗷嗷，哀号声；哺，喂食。

爱莫能助：虽然同情，却限于条件无人帮助。爱，同情，怜悯（误作喜爱）；莫，没有什么。

爱屋及乌：因喜爱一个人连带喜爱他房屋上的乌鸦。比喻因为爱某人而对与某人有关的人或事物也产生好感。乌，乌鸦；及，到，涉及。

安之若素：指遇到不顺利情况或反常现象像平常一样对待，毫不在意。

B

筚路蓝缕：驾着柴车，穿着破旧的衣服去开辟山林。筚路，柴车；蓝缕，破衣服。形容创业的艰苦。

抱残守缺：形容保守，不知改进。

白驹过隙：比喻时间过得很快，就像骏马在细小的缝隙前飞快地越过一样。白驹，骏马。

杯弓蛇影：比喻疑神疑鬼，妄自惊慌。

杯水车薪：用一杯水去救一车着了火的柴。比喻无济于事。

别无长物：没有多余的东西。形容穷困或俭朴。

不足挂齿：不值得一提，是谦虚的说法。

不足为训：不值得作为效法的准则。训，准则。

不可理喻：没法跟他讲道理。形容蛮横或固执。理喻，使明白。

不胫而走：比喻消息传得很快。胫，小腿。

不孚众望：不能使群众信服。孚，使人信服。

不为已甚：指对人的责备或处罚适可而止。已甚，过分。

不即不离：不接近也不疏远。即，接近。

不稂不莠：比喻人不成才，没出息。稂、莠，田里的野草。

不落窠臼：比喻有独创风格，不落俗套。

不以为然：不认为是对的，含有轻视意。然，对，正确。

不刊之论：形容不能改动或不可磨灭的言论。刊，消除，修改。

不瘟不火：指戏曲不沉闷乏味，也不急促。瘟，戏曲沉闷乏味；火，比喻紧急、急促。

不虞之誉：没有预料到的赞扬。虞，预料；誉，称赞。

不经之谈：指荒唐的、没有根据的话。不经，不合常理。

便宜行事：指因时因地自行处理，不必请示。

C

侧目而视：斜着眼睛看人，不敢用正眼看。形容拘谨畏惧而又愤怒的样子。

出神入化：形容技艺达到了绝妙的境地。

城下之盟：敌军到了城下，抵抗不了，跟敌人订的盟约。泛指被迫签订的条约。

诚惶诚恐：惶恐不安。原是君主时代臣下给君主奏章中的套语。

曾几何时：时间没有过去多久。

蚕食鲸吞：用各种方式侵占吞并。蚕、鲸，名词作状语。

沧海一粟：比喻非常微小。粟，谷子。

从善如流：接受善意的规劝，如同水向下流那样迅速而自然。

曾经沧海：意思是见过大海的水，别的水就很难谈得上了。比喻曾经见过大世面，不把平常事物放在眼里。曾，曾经；经，经历；沧海，大海。

差强人意：现在表示大体上还能够使人满意。差，稍微，大致；强，振奋。

长篇累牍：篇幅很长，内容很多。多含贬义。

长袖善舞：长衣袖便于舞蹈。比喻做事的条件越好越容易成功。后多用来形容有财势、有手腕的人善于钻营取巧。善，擅长。

春秋笔法：指文笔曲折、意含褒贬的文字。

从长计议：放长时间商量考虑，即不急于作出决定。并非放远眼光。

惨淡经营：原指作画前苦心构思，安排画面。现指竭尽心力谋划并从事某件事情。惨淡，形容费尽心力。

沧海桑田：大海变为田地，田地变为大海。比喻世事变化巨大。

踌躇满志：对自己的现状或取得的成就非常得意。踌躇，得意的样子。

D

大快人心：坏人坏事受到惩罚或打击，使大家非常痛快。

大而无当：虽然大，但是不合用。

大智若愚：某些有才智有才能的人不露锋芒，表面看来好像很愚笨。多含褒义。

琵琶行（节选）
唐 白居易
浔阳江头夜送客，枫叶荻花秋瑟瑟。千呼万唤始出来，犹抱琵琶半遮面。
低眉信手续续弹，说尽心中无限事。嘈嘈切切错杂弹，大珠小珠落玉盘。
别有幽愁暗恨生，此时无声胜有声。同是天涯沦落人，相逢何必曾相识！

大器晚成：指能担当大事的人物要经过长期的锻炼，所以成就比较晚。后来也指年纪较大后才成才或成名。

当仁不让：遇到应该做的事就要勇于承担，不谦让，不推托。仁，正义，正义的事，引申为应该做的事。

得陇望蜀：比喻贪得无厌，含贬义。

登堂入室：比喻学识或技能由浅入深，循序渐进，逐步达到很高水平。

顶礼膜拜：比喻崇拜到极点，含贬义。

东山再起：东晋谢安退职后在东山做隐士，后来又出任要职。比喻失势之后，重新恢复地位。

豆蔻年华：指女子十三四岁的年纪。语出唐代杜牧诗。

对簿公堂：指公堂上受审。对簿，受审问。簿，文状起诉书之类。

多事之秋：事变很多的时期。

大放厥词：指大发议论，夸夸其谈，含贬义。厥，其。

箪食瓢饮：一箪的食物，一瓢的饮料。古代指贫困的生活。

党同伐异：和自己同派的就偏袒，不同派的就攻击。

得意忘言：原来是说，语言是达意的，已得其意，就不再需要语言了。后来用以表示彼此默契，心照不宣。

得鱼忘筌：比喻成功以后就忘了赖以成功的事物、条件。

灯红酒绿：形容寻欢作乐的腐化生活。也形容都市或娱乐场所夜晚的繁华景象。

等而下之：形容比某一事物更差。

待价而沽：等待好价格出售。比喻等待有人重用才肯出来做事。沽，卖。

等闲视之：按平常的事情看待，不加重视（多用于否定句）。等闲，平常。

E

耳濡目染：耳朵经常听到，眼睛经常看到，不知不觉地受到影响。濡，沾湿。

耳熟能详：听的次数多了，熟悉得都能够详尽地说出来。

耳提面命：不但当面告诉他，而且揪着耳朵叮嘱。形容恳切地教导。语出《诗经》。

F

繁文缛节：不必要的仪式或礼节繁多。也比喻多余琐碎的手续。文，礼节，仪式；缛，繁多，繁琐。

匪夷所思：指言谈行动超出常情，不是一般人所能想象的。夷，平常。

分庭抗礼：原指宾主相见，站在庭院的两边，相对行礼。现在用来比喻平起平坐，互相对立。

纷至沓来：纷纷到来，连续不断地到来。

粉墨登场：化妆上台演戏。今多比喻登上政治舞台（含讥讽意）。

俯拾皆是：只要弯下身子来捡，到处都是。形容地上的某一些东西、要找的某一类例证、文章中的错别字等很多。也说“俯拾即是”。

罚不当罪：处罚得不适合所犯的罪行，多指处罚得过重。

翻云覆雨：比喻反复无常或玩弄手段、权术。此词属贬义。

焚膏继晷：形容夜以继日地发愤读书或勤奋学习。

逢人说项：遇人便赞扬项斯，比喻到处赞扬某人或某事的好处，亦指为别人到处说情。“项”指唐代诗人项斯。

凤毛麟角：凤凰的毛，麒麟的角。比喻稀有、珍贵的人才或事物。凤，凤凰，传说中的鸟王；麟，麒麟，传说中的珍异动物。

奉为圭臬：把某些事物、言论奉为唯一的准则。圭臬，古代根据日影测定节气和时间的天文仪器，比喻事物的准则。

辅车相依：颊骨和牙床互相依靠，比喻两者关系密切，互相依存。辅，颊骨；车，牙床。

风靡一时：形容事物极为盛行，像风吹倒草木一样。风靡，顺风而倒。

风雨如晦：风雨交加犹如黑夜一样，比喻社会黑暗。晦，黑夜。

釜底抽薪：从锅底下抽去柴火，比喻从根本上解决问题。釜，锅；薪，柴火。

釜底游鱼：在锅底游的鱼，比喻处境极危险的人。

负隅顽抗：背靠险要的地势顽固抵抗，比喻依仗某种条件顽固抵抗（含贬义）。负，依靠；隅，山水弯曲处。

附庸风雅：指缺乏文化修养的人依附于文化人，装出自己很有修养的样子。附庸，依附；风雅，本指《诗经》中的《国风》和《大雅》《小雅》，后泛指文化。

G

感同身受：心里很感谢，如同亲身感受到恩惠一样。多用于代人向对方致谢。

高屋建瓴：形容居高临下，不可阻挡的形势。建，倾倒；瓴，水瓶。

革故鼎新：去掉旧的，建立新的。

各行其是：各自按照自己以为正确的一套做。是，对，正确。

狗尾续貂：比喻拿不好的东西接到好的东西后面，显得好坏不相称（多指文学作品）。

长恨歌
唐　白居易
在天愿作比翼鸟，在地愿为连理枝。
天长地久有时尽，此恨绵绵无绝期。

功亏一篑：比喻事情只差最后一点没有完成。亏，缺少；篑，土筐。

故步自封：比喻安于现状，不求进步。故步，走老步子；封，限制住。“故”也作“固”。

光怪陆离：形容奇形怪状，五颜六色。光怪，光彩奇异；陆离，色彩繁杂。

管窥蠡测：比喻对事物的观察和了解很狭窄，很片面。蠡，贝壳做的瓢。

鬼斧神工：形容建筑、雕塑等技艺的精巧。也说“神工鬼斧”。

过眼云烟：比喻很快就消失的事物。

改头换面：比喻仅仅改换形式，内容并未改变。

改弦更张：比喻改革制度，变更方法。改弦，调整乐器上的弦，使声音和谐。

改弦易辙：比喻改变方向、态度、计划或办法。

甘之如饴：认为它甜，就像吃饴糖一样。形容甘愿承受艰难、痛苦。饴，麦芽糖。

肝胆相照：指对人忠诚，以真心相见。

刚愎自用：指为人固执、任性，自以为是而又独断专行。

高山景行：比喻道德高尚，行为光明正大。景行，大路，比喻行为光明正大。

高山流水：比喻知己或知音，也比喻乐曲高妙。

高谈阔论：形容大发议论，后也用于贬义。

隔岸观火：比喻对别人的危难不加援救，而在一旁看热闹。对岸失火，隔河相望。

功败垂成：事情将要成功的时候，遭到了失败。含有惋惜的意思。

孤芳自赏：比喻自命清高，自我欣赏。也指脱离群众，自命不凡。

过江之鲫：形容赶时髦的人很多。

过犹不及：指做得过分和做得不够都一样不好。过，超过；犹，犹如；不及，不足。

管窥之见：从竹管的孔中窥视到的。比喻不全面、不高明的见解，多用作谦辞。

H

海市蜃楼：比喻人世繁华的虚幻，虚幻的事物。

邯郸学步：比喻模仿不到家，却把自己原来会的东西忘了，语出《庄子》。

沆瀣一气：比喻臭味相投的人结合在一起。

好为人师：喜欢以教育者自居，不谦虚。

怙恶不悛：坚持作恶，不肯悔改。怙，依靠，依仗；悛，悔改。

鹤发童颜：形容老年人气色好。

涣然冰释：形容疑虑、误会、隔阂等完全消除。涣然，消散的样子；冰释，像冰一样消融。

讳莫如深：隐瞒得再没有比它更深的了。

骇人听闻：使人听了非常吃惊。多指社会上发生的坏事。

涸辙之鲋：比喻处境十分困难的人。

囫囵吞枣：把枣儿整个吞下去，不加咀嚼，不辨滋味。比喻学习上通通接受，不加分析，不求充分理解。与“生吞活剥”有别。

汗牛充栋：用牛运书，牛要累出汗来；用屋子放书，要堆满屋子。形容藏书极多。

毫厘不爽：形容一点差错也没有。毫、厘，都是微小的计量单位。爽，差错。

毁家纾难：指拿出家产以救国难。纾，缓解、消除。

祸起萧墙：比喻祸害起于内部。萧墙，古代宫室内作为屏障的小墙，借指内部。

J

济济一堂：形容很多有才能的人聚在一起。济济，众多。

计日程功：可以数着日子计算进度。形容在较短期间就可以成功。程，计算。

间不容发：距离极近，中间不能放进一根头发。比喻情势危急到了极点。

见微知著：见到微小的迹象，就能察知发展的趋势。微，小，指刚显露出的苗头；著，明显。

江郎才尽：比喻才思枯竭。

江河日下：江河的水天天向下游流。比喻情况一天天坏下去。

胶柱鼓瑟：比喻拘泥固执，不知变通。柱，瑟上调弦的短木，被粘住，就不能调整音高。

金科玉律：必须遵守、不能改变的信条。多含贬义。

积重难返：多指恶习、弊端发展到难以革除的地步。

矫枉过正：指矫正弯曲的东西，超越了限度，反而又弯向另一面。比喻纠正错误和偏向却超过了限度。矫，使弯的变直；枉，弯曲。

竭泽而渔：比喻只图眼前利益，不考虑将来发展。竭泽，使湖泊池水枯竭；渔；捕鱼。

经天纬地：比喻治理国家。多用来形容人治国的才能极大；经纬，纺织物上的纵向和横向的线。

噤若寒蝉：形容不敢说话。噤，闭口不出声；寒蝉，指晚秋的蝉。

敬谢不敏：以自己能力不够为理由恭敬地推辞。谢，推辞；不敏，不聪明，没有才干。

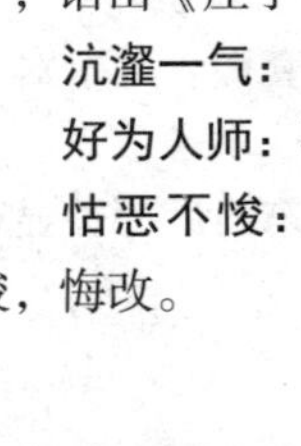

忆江南

唐 白居易

江南好，风景旧曾谙。日出江花红胜火，春来江水绿如蓝，能不忆江南？
江南忆，最忆是杭州。山寺月中寻桂子，郡亭枕上看潮头。何日更重游？
江南忆，其次忆吴宫。吴酒一杯春竹叶，吴娃双舞醉芙蓉。早晚复相逢？

集腋成裘：积少可以成多。

鸠占鹊巢：斑鸠夺了喜鹊的窝，比喻霸占他人的财物。鸠，斑鸠，不善筑巢。

久假不归：长久借用而不归还。假，借。

具体而微：主要内容或基本结构全都具备，只是形状或规模较小。

K

开门揖盗：比喻引进坏人，自招祸患。揖，作揖，表示欢迎。

空穴来风：有了洞穴才有风进来。比喻消息和传说不是完全没有原因的。现在多用来比喻消息和传说没有根据。

侃侃而谈：指谈话不慌不忙。侃侃，从容不迫的样子。

空中楼阁：比喻脱离实际的理论或虚构的事物。

口碑载道：满路都是称颂的声音。

脍炙人口：美味的食品人人都爱吃，比喻优秀文艺作品人人都赞美和传诵。脍，切细了的肉；炙，烤熟的肉。

狂犬吠日：疯狗对着太阳乱叫，比喻坏人诋毁好人。

L

励精图治：振作精神，想办法把国家治理好。

梁上君子：代称窃贼。语见《后汉书》。

两小无猜：男女小的时候在一起玩耍，天真烂漫，没有猜疑。

寥若晨星：稀少得好像早晨的星星。

林林总总：形容繁多。

鳞次栉比：像鱼鳞和梳子的齿一样，一个挨着一个地排列着，多用来形容房屋等密集。

令人发指：形容极度愤怒。发指，头发直竖起来。

炉火纯青：比喻学问、技术或办事达到了纯熟完美的地步。

屡试不爽：屡次试验都没有差错。爽，差错。

良莠不齐：比喻好人和坏人混在一起。

洛阳纸贵：指文章风行一时。

李代桃僵：李树代替桃树枯死，比喻兄弟互爱互助。后比喻以此代彼或代人受过。僵，枯干。

令行禁止：有令即马上执行，有禁则马上停止。形容执行法令雷厉风行。

M

买椟还珠：比喻没有眼光，取舍不当。椟，匣子。语出《韩非子》。

满目疮痍：形容受到严重破坏的景况。疮痍，创伤。

美轮美奂：形容房屋高大华丽。轮，形容高大；奂，鲜明盛大的样子。

莫逆之交：指彼此情投意合，友谊深厚。莫逆，没有抵触，形容思想感情一致。

目无全牛：比喻技艺到了极其纯熟的地步、得心应手的境界。不是指没有全局观念或“不见泰山”。出自“庖丁解牛”的故事。

目无下尘：形容为人骄傲，看不起群众。

满城风雨：城里到处刮风下雨。原指重阳节前的秋景，后比喻消息传遍各处，人们议论纷纷。

明火执仗：点着火把，拿着武器，公开抢劫。现多泛指毫无顾忌地干坏事。仗，古代兵器的统称。

明日黄花：黄花，菊花。指重阳节以后的菊花，即将枯萎，没有什么观赏价值了。后比喻已经过时的报道或失去现实意义的事物。

明修栈道，暗度陈仓：指以明显的行动掩人耳目，暗中又采取其他手段达到目的。“暗度陈仓”可以单用。

莫衷一是：不能决定哪一个是对的，指各有主张，不能统一。衷，决断；是，对、正确。

墨守成规：指思想保守，守着现成的规矩不肯改变（含贬义）。

沐猴而冠：猴子戴帽子，装成人的样子。比喻品质卑劣，只虚有其表。沐猴，猕猴。

每况愈下：指情况越来越坏。

P

蓬荜增辉：谦辞。表示由于别人到自己家里来或张挂别人给自己的题赠的字画等而使自己非常光荣。蓬荜，“蓬门荜户”的省略。也说“蓬荜生辉”。

披肝沥胆：比喻真心相见，倾吐心里话。披，揭开。

否极泰来：比喻情况从极坏转好。否，凶；泰，吉。

抛砖引玉：比喻自己先发表粗浅的意见或文章，以引出别人的高见或佳作。往往用于自谦。

评头品足：泛指对人对事说长道短，多方挑剔。含贬义。

扑朔迷离：比喻事物错综复杂，不易看清真相。

Q

期期艾艾：形容口吃。语见《史记》和《世说新语》。

七手八脚：形容大家一起动手，人多手杂的样子。

罄竹难书：把竹子用完了都写不完。比喻事实（多指罪恶）很多，难以说完。罄，尽。

七月流火：“流火”指火星西沉。是天气转凉之意，不是说天气炎热。

前无古人：从来没有人这样做过的，空前未有的。

巧言令色：形容花言巧语，假装和善的样子。

趋之若鹜：像野鸭一样，一群群跑过去。多指追逐不正当的事物。

强人所难：指硬要别人做他做不了的事。

“七绝圣手”和“诗家天子”

王昌龄，盛唐时期著名边塞诗人，有“七绝圣手”“诗家天子”之称。与李白、高适、王维、王之涣、岑参等交厚。官至秘书省校书郎，代表作有《出塞》《芙蓉楼送辛渐》等。

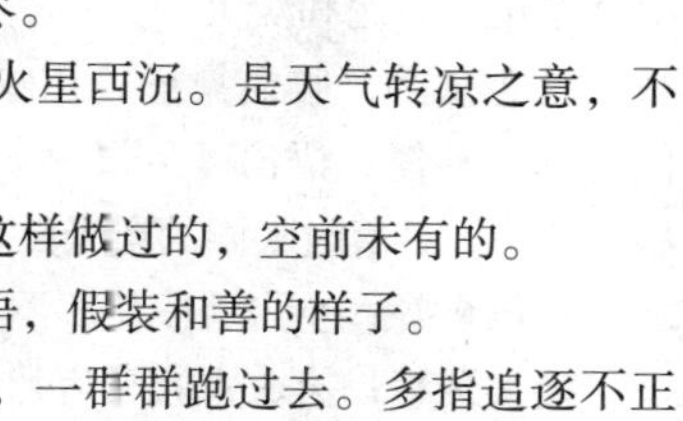

奇文共赏：原指新奇的文章共同欣赏；现多指内容荒谬的文章，大家共同批判。

曲突徙薪：指把烟囱改建成弯的，搬开灶旁的柴火，以避免发生火灾。比喻事先采取措施，防患于未然。曲，使弯曲；突，烟囱；徙，迁移；薪，柴。

曲高和寡：曲调高深，能跟着唱的人就少。原指知音难得；现比喻言论或作品不通俗，读懂的人很少。和，跟着别人唱。

R

忍痛割爱：忍受痛苦放弃自己心爱的东西。

如履薄冰：如同踩在薄冰上面一样。比喻做事非常小心谨慎，存有戒心。履，踩、踏。

如丧考妣：像死了父母一样伤心和着急，含贬义。考妣，（死去的）父亲和母亲。

如数家珍：比喻对所讲的事情十分熟悉。

忍俊不禁：忍不住要发笑。

日薄西山：太阳临近西山快要落下。比喻衰老的人、腐朽的事物就要死亡。薄，迫近。

如火如荼：原形容军容整齐、盛大。现形容气势旺盛，气氛热烈。荼，一种开白花的茅草。

如坐春风：好像置身于春风之中。比喻受到良好的教诲。

入木三分：原指写字的笔法强劲有力。现比喻思想议论或描写深刻有力。

S

三缄其口：形容说话过分谨慎，不敢或不肯开口。缄，闭。

三人成虎：比喻谣言或讹传一再反复，就有使人信以为真的可能。

色厉内荏：外表强硬，内心空虚。荏，软弱。

闪烁其词：指说话稍微露出一点想法，但不明确。也形容说话躲躲闪闪，吞吞吐吐。

身无长物：再没有别的东西。形容除此之外空无所有。长物，多余的东西。

身体力行：亲身体验，努力实行。

生灵涂炭：形容政治混乱时期人民处在极端困苦的环境中。涂炭，烂泥和炭火。

失之东隅，收之桑榆：比喻这个时候失败了，另一个时候得到了补偿，语出《后汉书》。东隅，东方日出处，指早晨；桑榆，日落时太阳的余光照在桑树、榆树之间，指傍晚。

尸位素餐：空占着职位，不做事而白吃饭。

拾人牙慧：拾取人家只言片语当作自己的话。

始作俑者：孔子反对用俑殉葬，他说，开始用俑殉葬的人，大概没有后嗣了吧。比喻恶劣风气的创始者。

石破天惊：多用来比喻文章、言论新奇惊人。

豕突狼奔：像野猪和狼那样逃跑。

矢志不移：发誓立志，永不改变。

首当其冲：比喻首先受到攻击或遭遇灾难。冲，要冲。

事倍功半：形容花费的气力大，收到的成效小。

适逢其会：恰巧碰到那个时机。

深藏若虚：深深地藏起来，看起来好像什么也没有。比喻有真才实学的人不在人前卖弄。

深孚众望：很能使众人信服。孚，使人信服。

生吞活剥：原指生硬搬用别人诗文的词句，现比喻生硬地接受或机械地搬用经验、理论等。

上行下效：上面的人怎么做，下面的人就学着怎么做（多含贬义）。行，做；效，模仿。

首屈一指：指扳指头计数时，首先弯下大拇指，表示位居第一。首，首先；屈，弯。

数典忘祖：比喻忘掉自己本来的情况或事物的本源。数，数说；典，典籍、史册。

述而不作：只阐述前人的学说，自己并不创作。述，阐述、讲述；作，创作。

T

弹冠相庆：指一人当了官或升了官，他的同伙也互相庆贺将有官可做。语出《汉书》。

韬光养晦：比喻隐藏才能，不使外露。韬，弓或剑的套子，比喻隐藏。

桃李不言，下自成蹊：比喻只要为人真诚、忠实，就能感动别人。蹊，路。

天网恢恢：天道像一个广阔的大网，作恶者逃不出这个网，也就是逃不出天道的惩罚。恢恢，形容非常广大。

醍醐灌顶：醍醐，旧指从牛奶中提炼出来的精华，佛教比喻最高的佛法。比喻灌输智慧，使人彻底醒悟。

投鼠忌器：想扔东西打老鼠，又怕打坏了东西。比喻欲除恶而有顾忌，不敢放手干。

谈笑风生：说笑之中风趣横生。风生，风趣横生。

螳臂当车：螳螂用前腿阻拦车子前进。比喻不自量力，去做办不到的事。螳臂，螳螂的前腿，呈镰刀状；当，阻挡。

天经地义：指天地间经久不变、不容置疑的法则和道理。经，长久不变的法则；义，公正的道理。

天衣无缝：传说中天仙的衣服没有缝隙。比喻事物自然完美，没有破绽；也比喻诗文浑然一体，没有雕琢的痕迹。

投桃报李：别人送给我桃子，我以李子回报。比喻友好往来，相互赠答。投，送给；报，回报。

退避三舍：比喻主动让步，不与人争。退避，退让回避；舍，古时行军三十里为一舍。

从军行

唐 王昌龄

青海长云暗雪山，孤城遥望玉门关。
黄沙百战穿金甲，不破楼兰终不还。

W

玩物丧志：只顾玩赏所喜好的东西，因而消磨掉志气。

万人空巷：家家户户的人都从巷子里出来了。用来形容庆祝、欢迎等盛况。

微言大义：精微的语言和深奥的道理。

为虎傅翼：替老虎加上翅膀。比喻帮助坏人，增加恶势力。傅，添加。

为渊驱鱼、为丛驱雀：水獭想捉鱼吃，却把鱼赶到深渊去了；鹞鹰想捉麻雀吃，却把麻雀赶到丛林中去了。后来比喻不善于团结人或笼络人，把可以依靠的力量赶到敌对方向去。

未雨绸缪：天还没下雨，就先修好门窗。比喻事先做好准备。

蔚为大观：丰富多彩，成为盛大的景象（多指文物等）。

文不加点：形容写文章很快，不用涂改就写成。点，涂上一点，表示删去。

五风十雨：五天刮一次风，十天下一次雨。形容风调雨顺。

瓦釜雷鸣：声音低沉的砂锅发出雷鸣般的响声。比喻庸人居于高位。

外圆内方：比喻人外表平易近人，能灵活应付，实际却很认真严肃。

危言危行：说正直的话，做正直的事。

望洋兴叹：原指看到人家的宏大而感到自己的渺小，现多比喻因力量或条件达不到而感到无可奈何。望洋，仰望的样子；兴，发出；叹，赞叹。

危言耸听：故意说些夸大吓人的话，使人听了震惊。危言，吓人的话；耸，惊动。

尾大不掉：尾巴太大不易摆动，比喻属下势力太大，难于指挥。掉，摆动。

无可非议：没有什么可以批评责难的，表示言行合情合理，并无错误。非议，批评、责难。

无可厚非：不能过分责备。表示虽有缺点，但是可以原谅。厚，重，过分；非，责难。

无人问津：没有人打听渡口，比喻无人过问或无人关心。津，渡口。

无所不为：没有不干的事（含贬义）。为，做、干。

无所不至：没有不到的地方。也指什么事都干得出来（含贬义）。至，到。

X

相濡以沫：泉水干涸，鱼靠在一起以唾沫相互湿润。语见《庄子》。后比喻同处困境，相互救助。

宵衣旰食：天不亮就穿衣起来，天黑了才吃饭。形容勤于政务。

相敬如宾：形容夫妻互相尊敬，像对待宾客一样。

胸无城府：比喻襟怀坦诚，没有什么隐藏。城府，城市和官府，比喻令人难于揣测的深远谋算。

煊赫一时：在一个时期内，名声威势很盛。煊赫，气势很盛。含贬义。

虚与委蛇：对人虚情假意，敷衍应酬。虚，假意；委蛇，敷衍。

洗心革面：比喻彻底悔改。洗心，洗涤污秽的心；革面，改变原来的面貌。

瑕瑜互见：比喻既有缺点，也有优点。瑕，玉上的斑点；瑜，玉的光彩。

喜结金兰：高兴地结拜为兄弟姐妹。

心照不宣：形容彼此心里都明白，不必明说。心照，不必对方明白说出而心中自然清楚；宣，公开说明。

休戚与共：欢乐和忧愁共同承担，形容彼此同甘共苦。休，欢乐；戚，忧愁。

休养生息：指在战乱或大变革之后，减轻人民负担，安定生活，发展生产。休养，休息调养；生息，人口繁殖。

下车伊始：下车指新官到任，旧指新官刚到任；现指刚到一个新地方或新工作岗位。

细大不捐：小的大的都不抛弃。

Y

一蹴而就：踏一步就成功。形容事情轻而易举，一下子就能完成。蹴，踏。

一傅众咻：一个人教，众多的人干扰，形容环境对人影响极大。傅，教导；咻，喧闹。

一鳞半爪：比喻零星片段的事物。

贻笑大方：让有见识的内行笑话。贻，遗留。

颐指气使：不说话而用面部表情来示意。指有权势的人随意支使人的傲慢神气。

以耳代目：把听来的当成亲见的。形容不亲自调查研究，专门听信别人的话。

以邻为壑：拿邻国当作排洪水的沟壑。比喻把自己的困难或灾害转嫁给别人。

意兴阑珊：形容兴致将尽。

洋洋大观：形容美好的事物丰富多彩。

养尊处优：处于尊贵的地位，过着优裕的生活。

仰事俯畜：对上侍奉父母，对下养活妻子儿女。泛指维持一家生活。

寅吃卯粮：寅年吃了卯年的粮。比喻入不敷出，预先借支。寅、卯，地支的第三、四位。

杳如黄鹤：比喻一去不见踪影。语出崔颢《黄鹤楼》。杳，见不到踪影。

出塞

唐 王昌龄

秦时明月汉时关，万里长征人未还。但使龙城飞将在，不教胡马度阴山。

饮鸩止渴：喝毒酒解渴。比喻采取极有害的方法来解决跟前困难，不顾后果。鸩，一种毒酒。

影影绰绰：模模糊糊，不真切。

余能可贾：还有力量没有用完。贾，卖。

越俎代庖：比喻超过自己的职务范围，去处理别人所管的事情。语见《庄子》。俎，祭器；庖，厨子。

言近旨远：话说得浅近，但含义很深远。

以儆效尤：用对一个坏人或一件坏事的处理来警告那些学着做坏事的人。以，用；儆，告诫；尤，过错；效尤，学坏样子。

言不由衷：话不是从内心发出的，形容心口不一。衷，内心。

阳春白雪：古代楚国的一种艺术性较高、难度较大的歌曲。比喻高雅的、不通俗的文艺作品。常跟“下里巴人”对举。

一筹莫展：没有一点计策能施展，形容束手无策，一点办法也没有。筹，古代用来计数和计算的竹签；引申为计策；展，施展。

鱼目混珠：用鱼眼睛冒充珍珠，比喻以假乱真，以次充好。混，冒充。

Z

在劫难逃：原指命中注定要遭受灾祸，想逃也逃不了。现在有时借指不可避免的灾害。劫，佛教把天灾人祸等厄运称为“劫”或“劫数”。

昭然若揭：真相全部暴露，一切都明明白白。昭，明显；揭，举。

振聋发聩：比喻用语言文字唤醒糊涂麻木的人，使人们清醒过来。聩，耳聋。

捉襟见肘：拉一下衣襟就露出胳膊肘。形容衣服破烂，也比喻顾此失彼，难以应付。

濯濯童山：光秃秃无树木的山。濯濯，光秃秃的样子；童，秃。

炙手可热：手一挨近就感觉到热。比喻气焰很盛，权势很大。

紫气东来：表示祥瑞，语出《列仙传》。紫气，祥瑞之气。

罪不容诛：判死刑还抵不了他的罪恶。形容罪大恶极。诛，判处死罪。

自怨自艾：原指悔恨自己的错误，自己改正。现在只指悔恨。艾，治理、改正。

自出机杼：比喻诗文、书画创作构思新颖。

栉风沐雨：用风梳头，用雨洗发。形容奔波劳碌，历尽艰辛。栉，梳发；沐，洗发。

崭露头角：突出地显露出才能和本领。崭，突出。

［考点二］惯用语

惯用语是口头上常用的习惯用语，如“钻空子”“吹牛皮”“扣帽子”等等。

惯用语同成语有相同之处，也具有简明、生动、形象的特点。

惯用语与成语的区别：

（1）惯用语通俗易懂，具有口语色彩；成语显得文雅，含义深，具有书面语特点。

（2）惯用语大都是三个音节的动宾短语；成语大都是四个音节，结构类型较复杂。

（3）惯用语大都能拆开，在动宾之间能插进其他成分；而成语一般不能随意拆开插进别的成分。例如，

打棍子——打了你一棍子。

敲竹杠——敲了他的竹杠。

A

哀莫大于心死——心死：指心像死灰的灰烬。指最可悲哀的事，莫过于思想顽钝，麻木不仁。

B

拔出萝卜带出泥——比喻一个犯罪分子的落网，带动了另一个犯罪分子的暴露。

彼一时，此一时——那是一个时候，现在又是一个时候。表示时间不同，情况有了变化。

不敢越雷池一步——越，跨过；雷池，湖名，在安徽省望江县南。原指不要越过雷池，后比喻不敢超越一定的范围和界限。

不管白猫黑猫，捉住老鼠就是好猫——一切从实际出发的形象化表述。

八字没有一撇——“八”字还没有写第一撇儿。比喻事情还没有一点眉目。

不可同日而语——不能放在同一时间谈论。形容不能相提并论，不能相比。

不以规矩，不能方圆——规，圆规；矩，曲尺。比喻做事要遵循一定的法则。

不以一眚掩大德——以，因；眚，过失、错误；掩，遮蔽、遮盖；德，德行。不因为一个人有个别的错误而抹杀他的大功绩。

C

唱白脸——比喻在解决矛盾冲突的过程中，充当严厉或令人讨厌的角色。白脸，京剧中的反派角色。

唱对台戏——比喻采取与对方相反的行动，或有意搞垮对方。

芙蓉楼送辛渐

唐　王昌龄

寒雨连江夜入吴，平明送客楚山孤。洛阳亲友如相问，一片冰心在玉壶。

炒鱿鱼——鱿鱼一炒就卷起来，像是卷铺盖，比喻被解雇、撤职。

陈芝麻烂谷子——比喻陈旧的无关紧要的话或事物。

尺有所短，寸有所长——短，不足；长，有余。比喻各有长处，也各有短处，彼此都有可取之处。

丑媳妇早晚要见公婆——比喻不好的东西迟早要让人知道。

成也萧何，败也萧何——萧何，汉高祖刘邦的丞相。成事由于萧何，败事也由于萧何。比喻事情的成功和失败都是由这一个人造成的。

吃不了兜着走——指出了问题，要承担一切后果。如：不可拿进园去，叫人知道了，我就吃不了兜着走了。

吃错药——比喻说话办事有违常理。

吃一堑，长一智——堑，壕沟，比喻困难、挫折。受一次挫折，增长一分见识。

初生牛犊不怕虎——犊，小牛。比喻青年人思想上很少有顾虑，敢作敢为。

此地无银三百两——比喻打出的幌子，正好暴露了所要掩饰的内容。

D

打开天窗说亮话——比喻毫无隐瞒地公开说出来。

打破沙（砂）锅问到底——比喻追究事情的根底。

大水冲了龙王庙——比喻本是自己人，因不相识而相互发生了冲突争端。

单丝不成线——一根丝绞不成线。比喻个人力量单薄，难把事情办成。“独木难成林”同此。

当局者迷，旁观者清——当局者，下棋的人；旁观者，看棋的人。当事人被碰到的事情搞糊涂了，旁观的人却看得很清楚。

当面鼓对面锣——比喻面对面地谈判或交换意见。

道高一尺，魔高一丈——原意是佛家得一定成就以后往往面临新的更大的困难。

东方不亮西方亮——表示尚有选择的空间。

打退堂鼓——比喻办事中途退缩。

F

放长线，钓大鱼——比喻做事从长远打算，虽然不能立刻收效，但将来能得到更大的好处。

放之四海而皆准——四海，古人认为中国四境有海环绕，故称全国为“四海”；准，准确。比喻具有普遍性的真理到处都适用。

风马牛不相及——风，雌雄相引诱。比喻两者完全不相干。

G

割鸡焉用牛刀——杀只鸡何必用宰牛的刀。比喻办小事情用不着花大气力。

赶鸭子上架——比喻强迫别人去做能力达不到的事情。

挂羊头卖狗肉——挂着羊头，卖的却是狗肉。比喻以好的名义做招牌，实际上兜售低劣的货色。

H

海水不可斗量——海水是不可以用斗去量的。比喻不可根据某人的现状就低估他的未来。

化干戈为玉帛——干戈，泛指兵器，比喻战争；玉帛，玉器和丝织品，指和好。比喻使战争转变为和平。

皇帝女儿不愁嫁——自恃某一外部条件优越而不思主观努力，用以批评一种因循守旧思想。

换汤不换药——比喻名称或形式虽然改变了，内容还是老一套。

J

即以其人之道，还治其人之身——用那个人对付别人的办法来对付那个人自己。

姜太公钓鱼，愿者上钩——比喻心甘情愿地上当。

解铃还须系铃人——比喻谁惹出来的麻烦，还得由谁去解决。

旧瓶装新酒——比喻用旧的形式表现新的内容。

K

可望而不可及——指虽然可以看到，却难以赶上。

可望而不可即——即：接近。能望见，但达不到或不能接近。形容看来可以实现而实际难以实现。

L

临时抱佛脚——原意为年老信佛，以求保佑，有临渴掘井之意。后指平时无准备而事急时仓促张罗。

林子大了，什么鸟都有——比喻世界很复杂，什么奇怪的人和事物都有。

留得青山在，不愁没柴烧——比喻只要基础或根本还存在，暂时遭受损失或挫折无伤大体。

雷声大，雨点小——比喻做起事来声势造得很大，实际行动却很少。

M

卖狗皮膏药——用漂亮的空话骗人。

麻雀虽小，五脏俱全——比喻事物体积或规模虽小，具备的内容却很齐全。

摸着石头过河——比喻在实践中摸索着前进。

谋事在人，成事在天——旧谚。意思是自己已经尽力而为，至于能否达到目的，那就要看时运如何了。

N

宁为玉碎，不为瓦全——宁做玉器被打碎，不做瓦器而保全。比喻宁愿为正义事业牺牲，不愿丧失气节，苟且偷生。

泥菩萨过江——表示连自己也保不住，更谈不上帮助别人。

李商隐，晚唐著名诗人。擅长骈文写作，诗作文学价值也很高，他和杜牧合称“小李杜”，与温庭筠合称为“温李”，因诗文与同时期的段成式、温庭筠风格相近，且三人都在家族里排行第十六，故并称为“三十六体”。其诗构思新奇，风格浓丽，尤其是一些爱情诗写得缠绵悱恻，为人传诵。但过于隐晦迷离，难于索解，至有“诗家总爱西昆好，独恨无人作郑笺”之说。因处于牛李党争的夹缝之中，一生很不得志。死后葬于家乡沁阳（今沁阳与博爱县交界之处）。作品收录为《李义山诗集》。

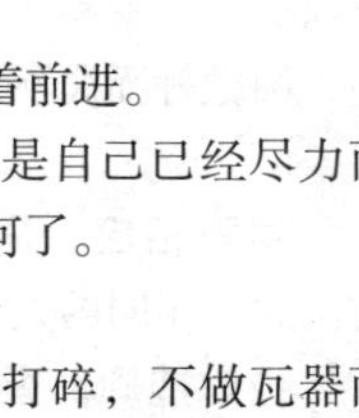

P

跑龙套——比喻在人手下做无关紧要的事，或专做跑腿、服务性工作；或起次要作用，充当配角。

捧着金饭碗要饭——比喻拥有良好的客观条件却不能解决生产、生活问题。

破天荒——指从来没有出现过的事。

Q

墙倒众人推——旧时比喻在一个人受挫折的时候，大家乘机打击他。

墙内开花墙外香——比喻有的人才在本单位本地不吃香而在外单位外地吃香的不正常现象，也引申为某事物在出产地不如在外地受欢迎。

敲门砖——敲门的砖石，门敲开后就被抛弃。比喻骗取名利的初步的工具。

庆父不死，鲁难未已——不杀掉庆父，鲁国的灾难不会停止。比喻不清除制造内乱的罪魁祸首，就得不到安宁。

R

人怕出名猪怕壮——人太出名了会招来麻烦，也指人为了保住名位而变得保守。

人无远虑，必有近忧——虑，考虑；忧，忧愁。人没有长远的考虑，一定会出现眼前的忧患。表示看事做事应该有远大的眼光，周密的考虑。

S

山不转水转——比喻情况总是在变化，一时不顺利也不必懊恼和悲观。

盛名之下，其实难副——盛，大；副，相称，符合。名望很大的人，实际的才德常常很难跟名声相符。指名声常常可能大于实际。用来表示谦虚或自我警诫。

三十六计（策），走为上计（策）——原指无力抵抗敌人，以逃走为上策。现指事情已经到了无可奈何的地步，没有别的好办法，只能出走。

三月不知肉味——三个月之内吃肉不觉得有味道。比喻集中注意力于某一事物而忘记了其他事情。也借用来形容几个月不吃肉。

山雨欲来风满楼——欲，将要。比喻局势将发生重大变化前夕的迹象和气氛。

树欲静而风不止——比喻客观情况与主观情况相违背。

T

同声相应，同气相求——同类的事物相互感应。指志趣、意见相同的人互相响应，自然地结合在一起。

螳螂捕蝉，黄雀在后——螳螂正要捉蝉，不知黄雀在它后面正要吃它。比喻只看见前面有利可图，不知道祸害就在后面。

听风便是雨——刚听到一点风声就信以为真。

W

挖墙脚——从竞争对手那里弄走人才或抢走生意。

万事俱备，只欠东风——切都准备好了，只差东风没有刮起来，不能点火。比喻什么都已准备好了，只差最后一个重要条件了。

卧榻之旁，岂容他人鼾睡——自己的床铺边，怎么能让别人呼呼睡大觉？比喻自己的势力范围或利益不容许别人侵占。

X

小巫见大巫——巫，旧时以装神弄鬼替人祈祷为职业的人。原意是小巫见到大巫，法术无法施展。后比喻相形之下，一个远远比不上另一个。

迅雷不及掩耳之势——雷声来得非常快，连捂耳朵都来不及。比喻来势凶猛，使人来不及防备。

下台阶——（设法）摆脱困境。

Y

一锤子买卖——一次性交易，多指不法商贩的行为，含贬义。

言必信，行必果——信，守信用；果，果断、坚决。说了就一定守信用，做事一定办到。

以其昏昏，使人昭昭——昏昏，模糊、糊涂；昭昭，明白。指自己还糊里糊涂，却要去教别人明白事理。

欲加之罪，何患无辞——欲，要；患，忧愁、担心；辞，言辞，指借口。要想加罪于人，不愁找不到罪名。指随心所欲地诬陷人。

月晕而风，础润而雨——月晕出现，将要刮风；础石湿润，就要下雨。比喻从某些征兆可以推知将会发生的事情。

Z

重足而立，侧目而视——重足，双脚并拢；侧目，斜着眼睛。形容畏惧而愤恨的样子。

执牛耳——古代诸侯订立盟约，要割牛耳歃血，由主盟国的代表拿着盛牛耳朵的盘子，故称主盟国为执牛耳。后泛指在某一方面居于最有权威的地位。

只见树木，不见森林——比喻只看到局部，看不到整体或全部。

智者见智，仁者见仁——指对待同一问题，其见解因人而异，各有道理。

坐山观虎斗——比喻对双方的斗争采取旁观的态度，等到双方都受到损伤，再从中捞取好处。

无题（其一）

唐 李商隐

昨夜星辰昨夜风，画楼西畔桂堂东。身无彩凤双飞翼，心有灵犀一点通。

隔座送钩春酒暖，分曹射覆蜡灯红。嗟余听鼓应官去，走马兰台类转蓬。

[专题五　正确使用标点符号]

复习范围：标点符号以点号为重点，主要考查以下几个方面：①问号；②引号以及引号与相关点号的位置关系；③用句号、冒号、分号、顿号显示文章层次；④省略号、括号以及括号与相关点号的位置。在掌握标点符号的基本用法的基础上，要注意标点符号的活用，要结合语境、语意、语气等来辨识、判断标点符号的使用是否正确。

｜知识点一｜　顿号（、）和逗号（，）的用法

顿号表示句中最小的停顿，一般用于并列词语间；不是并列词语之间不能用顿号。逗号表示一句话中间的停顿，比顿号停顿稍长些。逗号是人们使用范围最广的标点。

这两种点号表示的停顿的层次不同；有时句子中间各项有不同的层次区别，逗号和顿号的配合使用，可以显示出句子内部的不同的层次关系。

关于顿号和逗号的用法需要注意以下几点。

一、并列词语间可以省略顿号的情况：

1. 有的并列词语读起来并不停顿或停顿很小，并且不会产生歧义，中间就能省略顿号。例如，“中小学生”“中外记者”“送烟酒”等，其中“中小”“中外”“烟酒”等之间都不必用顿号。

2. 并列的成分如果完全是由带引号或带书名号的短语，那么并列的成分之间可以省略顿号。例如，

①《拿来主义》中的“大宅子”“鱼翅”“烟枪和烟灯”“姨太太”等，分别比喻什么?

②杜甫后期著名的律诗代表作有《阁夜》《旅夜书怀》《客至》《咏怀古迹（其三）》《登岳阳楼》等。

但是，如果在这类并列成分之中还有其他的词语，则仍需要使用顿号。如：

例如：司汤达的《红与黑》、巴尔扎克的《人间喜剧》、狄更斯的《双城记》、哈代的《德伯家的苔丝》等都是19世纪批判现实主义文学的代表作品。

3. 邻近的两个数字连用，表示概数时不用顿号。但是如果是数字省略语，且表示确指，则必须用顿号。例如，

①一二里 三四天 十五六岁 六七十种 十之八九

②全文共十部分，却有六七个部分意思含混不清。

“一二”“三四”“五六”“六七”“八九”等之间都不必用顿号。

③全文共十部分，其中第三、四部分意思含混不清。

前两种情况不能用顿号，但第三种情况则必须用顿号。

4. 并列短语中如果有连词“和”“与”“及”“或”等，就可以省略顿号。以上连词一般用在多项并列词语的最后两项之间。例如，我国科学、文化、艺术、卫生、教育和新闻出版等事业有了很大的发展。

二、并列词语间不用顿号，要用逗号的情况：

1. 名词加“呀”“啊”等就变成了句子，就不再用顿号，而改成逗号。例如，

超市中有很多种水果：梨呀，苹果呀，橘子呀，香蕉呀……

互动训练

1. 下列句子中，标点符号使用正确的一项是（　）

A. 各种事物都有它的极致。虎啸深山、鱼游潭底、驼走大漠、雁阵长空，这就是它们的极致。

B. 他们班人数有七、八十人。

C. 上海的越剧、沪剧、淮剧、安徽的黄梅戏，河南的豫剧，在这次汇演中都带来了新剧目。

D. 作者在文章中描写了飞瀑、祠庙、翠柏、古松、洞天云海。

2. 下列句子中，标点符号使用正确的一项是（　）

A. （场长）介绍给我们看董昆他们打的野物皮子：狐狸、貉子、水獭、野猫、獾……种类实在不少。

B. 他在长时间地等待，只为一睹她风采、或签上一个名。

C. 山啊、水啊、花啊、草啊、星星啊、月亮啊，常常是诗人歌咏的对象。

D. 现在国内有的大学二三年级虽都开有中文选修课，但每学年各只有25学时。

无题（其三）

唐 李商隐

相见时难别亦难，东风无力百花残。春蚕到死丝方尽，蜡炬成灰泪始干。

晓镜但愁云鬓改，夜吟应觉月光寒。蓬山此去无多路，青鸟殷勤为探看。

月季呀，玫瑰呀，米兰呀……五彩缤纷，争奇斗艳。（标点使用正确）

2. 如果把简短的并列短语加以强调，这些并列短语之间就不用顿号而用逗号。例如，去考试时，你必须带三样东西：钢笔，准考证，2B铅笔。

3. 如果并列短语之间还有并列短语，那么，大的并列短语之间用逗号，小的并列短语之间用顿号。例如，

为了方便群众“十一”乘车，日内将开辟红庙至动物园、前门、东大桥、丰台、北太平庄至颐和园、香山至卧佛寺六条游览线（这句话中，“丰台”“颐和园”之后的顿号应该换成逗号，因为这两处的“级别”大于“动物园、前门、东大桥、丰台”中几个并列词语的“级别”）。

参加会议的有教师，记者，电影、音乐、美术工作者。整个会场洋溢在欢乐的气氛中。（标点使用正确）

三、并列句子间不能用顿号，要用逗号：

1. 句子间的并列应该用逗号。例如：

太空游除了要求旅游者是18岁以上的独立责任行为人，身体健康外，还要求旅游者应该具备一定的经济实力和良好的道德品质。（标点使用正确）

今年春季，这个省的沿海地区要完成3700万土方的河堤加高和河口截流改道工程，任务重、工程难、规模大。（“任务重”“工程难”“规模大”是三个并列分句，它们之间都应用逗号）

2. 并列成分不属于同一层次，大的并列成分之间用逗号。例如：

参加会议的有教师，记者，电影、音乐、美术工作者。整个会场洋溢在欢乐的气氛中。（标点使用正确）

市第一中学的校长、主任、第三中学的校长、主任都来开会了。（此句混淆了并列词语的大小层次。第二个顿号应改为逗号）

四、非并列句子间不能用顿号，要用逗号：

1. 句子内部主语与谓语之间如需停顿，主语较长的，或需要强调主语，或主语后有语气词时，主谓之间应用逗号。例如，

北京，是我们伟大祖国的首都。（强调主语，主谓之间应用逗号）

你啊，还是那个老样子。（主语后有语气词，主谓之间应用逗号）

2. 谓语、宾语之间停顿较长或主谓短语作宾语时，应该使用逗号。例如，

我曾想，蝴蝶大概是云南所特有的自然环境的产物吧。（谓语、宾语之间停顿较长，且主谓短语作宾语，应该使用逗号）

我明白，你有很大的难处。（主谓短语作宾语，谓宾之间应该使用逗号）

3. 强调的成分（句首状语、主谓倒装、后置状语、后置定语等）和其他成分之间，如需要停顿都要用逗号。例如，

在一个明媚的早晨，我遇到了久违的朋友。（句首状语后应用逗号）

多么美丽，这一朵朵鲜花。（主谓倒装，主谓之间应用逗号）

她随手打了他一下，轻轻地。（后置状语，状语和中心词之间用逗号）

内中一个破碗，空的。（后置定语，定语和中心词之间用逗号）

[例1]下列各组句子中标点符号使用正确的一项是（　）

A. “文化大革命”开始时在震动全国的“三家村”大冤案中，惨遭迫害的邓拓、吴晗、廖沫沙三位同志写作的《三家村札记》同广大读者重新见面了。

B. 虽然汉语对外来语以意译为主，音译词——包括部分译音的，比重较小，但是数目也还是可观的。

C. 今年全公司要继续走“少投入、多产出；以实用技术服务于农”的路子，这样才能做到既促进本地农业的发展，又发展公司本身。

D. 春节前夕，省委负责同志向退居二、三线的老同志介绍了我省今年经济建

3. 下列句子中，标点符号使用错误的一项是（　）

A. 她，刘和珍君，那时是欣然前往的。

B. 我记得，她那时还是个不懂事的小姑娘。

C. 妈妈走到他跟前，生气地说：“你啊！真不争气。”

D. 荷塘四面，长着许多树，蓊蓊郁郁的。

4. 下列句子中，标点符号使用正确的一项是（　）

A. “起来！不愿做奴隶的人们！”他用浑厚的男中音领唱国歌。

B. 这种白内障冷冻摘除器，具有制冷、解冻迅速、操作方便、安全性能高的特点。

C. 大街上到处摆着水果摊，甜瓜啊西瓜啊、伊犁苹果啊、库尔勒香梨啊等，走到哪儿都能闻得见诱人的香味。

D. 解答此类试题，要吃透答案的内容要点，吃准表述的范围，用规范语言表达。

乐游原

唐 李商隐

向晚意不适，驱车登古原。夕阳无限好，只是近黄昏。

设的总体规划，老同志听了都深受鼓舞。

[解析]A项“大冤案中”后面的逗号删去，否则表意错误。B项中的破折号应删去。C项“产出”后面的分号应改为逗号。D项“退居二、三线” 表示退居二和三线，所以中间有个顿号。

[答案]D

[例2]选出顿号使用正确的一项（ ）

A. 可是更妙的是三、五月明之夜，天是那样蓝，几乎透明似的。

B. 我国科学、文化、卫生、和新闻出版事业都有了很大进步。

C. 那浩浩荡荡无边无际的伟大的力呀，那是自由、是跳舞、是音乐、是诗!

D. 她的对手包括老的、小的、男的、女的、强的、弱的，在不计其数的对局中，她逐渐形成了自己的风格。

[解析]A项，“三”“五”之间不用顿号。B项“卫生”后面的顿号误用，应删去。C项中的三个顿号都应改为逗号。

[答案]D

|知识点二|句末符号使用

一、句号（。）表示一句话说完的停顿，一般停顿较长。关于句号的用法如下。

1. 陈述句以及语气舒缓的祈使句末尾，用句号。主谓倒装的问句，问号应放在句末。例如：

还是让我来说一段故事吧。（语气舒缓的祈使句末尾用句号，正确）

当年，还是17岁少年的阿拉法特，毅然拿起了反抗暴力、争取民族解放的武器。（陈述句句末用句号，正确）

2.选择问句虽然包含两个以上的选项，但仍然是一个完整的句子，表达完整的意思，因而只在句末用一个问号，句中各项之间用逗号。

3. 如果一个句子中出现了“什么”“怎么”“谁”之类的疑问代词，或句末加有“呢”之类的助词，但不是真的发问和要求回答，表达的是陈述语气，也不应用问号。句末仍用句号。例如：

他是来问我去新江厦商城乘几路公共汽车呢。（句号使用正确）

我一定要坚定不移地走下去，虽然我不知道这条路是否能走通？（问号使用错误. 应改为句号）

二、叹号（!）的用法如下。

1. 叹号表示一句感情强烈的话结束后的停顿，有时语气较强的祈使句、反问句末尾也用叹号。例如，

“神舟”九号载人飞船发射取得圆满成功，这是多么振奋人心的消息!（感叹句末尾用叹号，正确）

你给我出去!（祈使句语气较强，末尾也用叹号，正确）

看你这记性，你怎么忘了呢!（反问句末尾，语气强烈，用叹号，正确）

2. 主谓倒装的句子，感叹号放在句末。例如，

出来吧，你们!（叹号使用正确）

多么鲜艳啊!这件衣服。（叹号使用错误，应将叹号改为逗号，句号改为叹号）

三、问号（?）的用法如下：

1. 问号是表示一句问话说完之后的停顿的点号，问号一般用在疑问句或反问句的末尾。例如，

5. 下列句子中，标点符号使用正确的一项是 （ ）

A. 对待同志要像春天般的温暖；对待工作要像夏天一样火热；对待个人主义要像秋风扫落叶一样；对待敌人要像严冬一样残酷无情。

B. 上级领导对我们提出了三项要求：一是学习“三个代表”，提高觉悟；二是坚持改革创新，走可持续发展之路；三是关心员工的思想和生活，确保内部的安定团结。

C. 湖北省江陵县一同志来信反映，人情风正在污染人们心灵。金钱的多少，表示着人情的轻重，礼品的贵贱，显示出关系的亲疏。

D. “朋友”这个词之所以让人轻松，是因为它可以组合，就像一套高档的组合家具，放在一起，有一种整体美；单独摆放，有一种独立美。

6. 下列句子中，标点符号使用错误的一项是 （ ）

A. 纺线有几种姿势：可以坐着蒲团纺，可以坐着矮凳纺，也可以把纺车垫得高高地站着纺。

B. “真不凑巧，店里已经坐满了。”老板娘带着歉意说：“真对不住啊”

C. 小王高兴地说：“这下我们可有盼头了。”

D. 我想：希望是本无所谓有，无所谓无的。

锦瑟

唐 李商隐

锦瑟无端五十弦，一弦一柱思华年。庄生晓梦迷蝴蝶，望帝春心托杜鹃。

沧海月明珠有泪，蓝田日暖玉生烟。此情可待成追忆，只是当时已惘然。

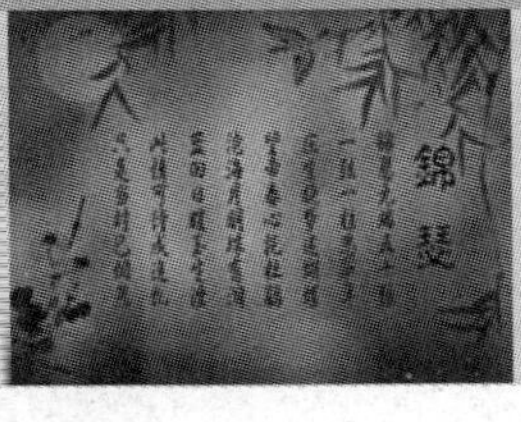

春节将至，很多贷款购房者都打算拿到年终奖后就交给银行，那么，这笔钱怎样交才能更节约利息？怎么支配才更合理？所以，我们有必要了解一下银行、保险公司有关的交易规则。（问号使用正确）

2. 选择疑问句中，不管有几个分句，只在最后一个分句末用问号，中间各项间用逗号。例如，

高科技的发展将导致艺术的沉沦，还是会迎来新时代的文艺复兴？（问号使用正确）

对这样的做法，我们是应该支持呢？还是应该指责呢？（问号使用错误，第一个问号改为逗号）

3. 如果要强调每个选择项的独立性，可以在每个选择项后都用问号。但这种情况一般不出现。例如，

是历来惯了，不以为是呢？还是丧了良心，明知故犯呢？（问号使用正确）

4. 不是选择问句，有几个问句就使用几个问号。例如：

除了他能去，谁还能去呢？你吗？你能去吗？（问号使用正确）

从年初延续至今的银、商刷卡手续费之争会不会因此画上句号？“拒绝刷卡”为哪般？（问号使用正确）

5. 只是句子的某一成分或部分有疑问，整个句子不表疑问的，句末不使用问号。例如，

我们应该研究一下，这件事究竟应该怎么办？（问号使用错误，改为句号）

最近多名官员因贪污受贿被判处死刑，人民群众无不拍手称快，但人们还在关注着检察机关对那些行贿者将如何处置。（标点使用正确）

6. 主谓倒装的问号，问号应该用在句末。例如，

“怎么了，你？”（问号使用正确）

“你就去吗？小栓的爹。”（应将问号改为逗号，句号改为问号）

[例1]（2008. 12）下列句子中，标点符号使用正确的一项是（　）

A. 俗话说“众人拾柴火焰高。”只要咱们齐心协力，没有克服不了的困难!

B. 均匀的蓝色染满了整个天：天上只有一片云彩——不知是在漂浮呢，还是在消散。

C. 今天下午是先复习语文呢？还是先复习数学呢？他边想边往教室里走去。

D. 人们常说：“一勤天下无难事”，我国唐代文学家韩愈也说“业精于勤”。

[解析]A句不是直接引用，引号部分的内容充当句子成分了，末尾不用其他标点（去掉句号）。C句“今天下午是先复习语文呢？还是先复习数学呢？”是选择复句。选择关系复句的疑问句连续问话，中间不用问号，仅用在句末，所以第一个问号要改作逗号。D句中人们常说：“一勤天下无难事”，属于非直接引用，非直接引用不用引号。我国唐代文学家韩愈也说“业精于勤”，引用的话是独立的，末尾句号应放在引号里面。正确答案为B项。

[答案] B

7.下列句子中，标点符号使用正确的一项是（　）

A. 毛泽东有两句诗：“独有英雄驱虎豹，更无豪杰怕熊罴”，我从中感受到了共产党人的大无畏精神。

B. 本市文坛三位女杰：王安忆、王小君、程乃珊在一起谈笑风生。

C. 为了充分利用这仅有的一点业余时间，他暗下决心：不看电视，不听音乐，不读小说，经过两个月的奋战，终于译完了这本书。

D. 会议刚开始，王校长大声宣布，今天有两个好消息告诉大家：一是我校德育工作受到省里表扬，二是……

8. 下列句子中，标点符号使用正确的一项是（　）

A. 中国足球的球迷们现在真的感到很迷惘，面对这片绿茵场，不知道是继续呐喊助威呢，还是干脆掉头而去？

B. 什么时候动身？从哪儿上车？我都打听好了。

C. 我们应该研究一下，这件事应该怎么办？

D. 发现的这具女尸无头，无手，没有办法从面部特征和指纹上查明死者是谁。

温庭筠（约812—870年），唐代诗人、词人。本名岐，字飞卿，汉族，太原祁（今山西祁县）人，是花间词派的重要作家之一。唐初宰相温彦博之后裔。《新唐书》与《旧唐书》均有传。年轻时苦心学文，才思敏捷。晚唐考试律赋，八韵一篇。据说他叉手一吟便成一韵，八叉八韵即告完稿，时人亦称为“温八叉”“温八吟”。诗词兼工，诗与李商隐齐名，并称“温李”；词与韦庄齐名，并称“温韦”。

｜知识点三｜　分号（；）的用法

分号的形式为“；”分号表示并列复句内部分句之间的停顿，停顿比逗号要长。关于分号的用法说明如下。

1.复句内部用分号的前提是前后已有逗号出现。只有一重关系的复句，分句间一般用逗号，不用分号。如果分句内部已用了逗号，并列分句之间必须用分号。例如，

人的一生，总是在不停地尝试，尝试拥有，尝试放弃；人的一生，又始终在不断地追求，追求自由，追求幸福。（标点使用正确）

张家界石峰林立，峭壁万仞；天子山居高临下，气势磅礴；索溪峪群峰环抱，幽深秀美。（标点使用正确）

2.非并列关系（如转折关系、因果关系等）的多重复句，第一层前后两部分之间也可用分号。例如，

我国年满十八周岁的公民，不分民族、种族、性别、职业、家庭出身、宗教信仰、教育程度、财产状况、居住期限，都有选举权和被选举权；但是依照法律被剥夺政治权利的人除外。（标点使用正确）

桥砖是深褐色的，表明它的历史的悠久；但都完好无缺，令人叹息于古昔工程的坚美。（标点使用正确）

3.分项列举的各项之间，也用分号。例如，

中华人民共和国的行政区域划分如下。

（1）全国分为省、自治区、直辖市；

（2）省、自治区分为自治州、县、自治县、市；

（3）县、自治县分为乡、民族乡、镇。

｜知识点四｜　冒号（：）的用法

关于冒号的用法说明如下。

1.冒号用在提示语的后面或总括语的前面，表示提示下文或总括上文。例如，

信息产业部电信管理局局长苏金生在9月1日举行的互联网大会上表示：政府已经意识到互联网地址资源不足的问题，将采取措施，突破资源约束，加强配置管理，促进可持续发展。（提示下文）

桃花开了，红得像火；梨花开了，白得像雪；郁金香也开了，黄色、紫色交相辉映：好一派万紫千红的灿烂春光。（总括上文）

2.直接引用别人的话时，一般使用冒号。间接转述别人的话一般不能用冒号。例如，

爱因斯坦说：“想象力比知识更重要，因为知识是有限的，而想象力概括着世界上的一切，推动着进步，并且是知识进化的源泉。”（冒号使用正确。直接引用，用冒号）

老师说，他今天不舒服，不来给同学们上课了。（标点使用正确。间接转述，用逗号）

3.将说话人的话分为两部分，说话人放在中间时，“某某说”之后不使用冒号。例如，

“还愣着干吗？”妈妈大声地训斥我，“还不快去把房间收拾收拾，等会儿老师来了，看你怎么办……”（标点使用正确）

“学习就怕‘认真’二字，”张老师说：“‘态度决定一切’，确实很有道理。”（冒号使用错误，改为逗号）

4.冒号提示下文一般提起到句号处。例如，

记者在一些家庭采访，不少家长反映：孩子作业多，作业时间长，有时做作业

9.下列句子中，标点符号使用正确的一项是　（　）

A.伟大祖国的壮丽山河啊！在落实“三个代表”重要思想的时期里，将焕发青春，变得更壮丽。

B.他喊了一声“跟我来！”就向前冲去。

C.我们的祖国正高速地向前跃进!沿着前进的道路。

D.祥林嫂！你放着吧。

10.下列句子中，标点符号使用正确的一项是　（　）

A.到底去还是不去？我的小姑奶奶。

B.要在城西建立交桥的消息传出后，许多人都关心这座桥将怎么建？那里的近千株树木将怎么办？

C.到底是生来就盲的人比半道才盲的人幸福呢？还是恰恰相反。

D.怎样保卫每一寸土地呢？怎样使每一寸土地都发挥它的巨大威力，一天天更加美好呢？

商山早行

唐　温庭筠

晨起动征铎，客行悲故乡。鸡声茅店月，人迹板桥霜。

槲叶落山路，枳花明驿墙。因思杜陵梦，凫雁满回塘。

到深夜，这些情况在全国多处学校都存在。（冒号只管到“做作业到深夜”，此处的逗号改为句号）

这种惊人的事实证明：人如果老想着钱，就会走入歧途，可见这些事实是可以作为活教材的。（句中冒号后提示到了“歧途”，不包括后边，所以“歧途”后的逗号用错了，应改为句号）

5. 一个句子中一般不使用两个冒号。例如，

晚上开大会，张书记宣布：厂里要实行两项改革措施：一是持证上岗，二是脱产培训。（“宣布”后面是冒号，“措施”后面又是冒号，这是不符合标点符号使用习惯的。在同一个句子中，冒号一般只能用一个，否则便会面目不清。两个冒号中应有一个改为逗号）

6. 没有比较大的停顿不用冒号。例如，

参加国庆献礼的优秀影片：《风暴》《青春之歌》《林则徐》等，也将在各大城市放映。（句中的冒号应该去掉）

[例1]下列句子中标点符号的使用正确的一组是（ ）

A. 伟大祖国的壮丽山河啊！在全面落实“三个代表”重要思想的时期里，将焕发青春，变得更壮丽。

B. 我急忙从车上跳下来，说了声：“王大爷再见！”就往家里走。

C. 随着市场经济的发展，农产品消费发展到了一个讲究品质和文化品位的新阶段，种什么，养什么，加工什么，关系到农民的切实利益。

D. 巴格达的一个钱庄老板说，联合国1441号决议的通过使伊拉克避免了战争，“因为伊拉克政府肯定会接受这个决议；没有了战争，第拉尔（伊拉克的货币）当然就值钱了。”

[解析]A项“伟大祖国的壮丽山河啊”是整个句子的主语，不能用句末点号。因此“啊”后的叹号应改为逗号。句末的句号应改为叹号。B项“说了声”与“王大爷再见”之间没有停顿，故冒号应删去。D项引号内的话非完整引用，句号应移到引号后。

[答案]C

|知识点五|省略号（……）的用法

省略号的形式为“……”，占两个字的位置，如果是整段文章或诗行的省略，可以使用十二个小圆点来表示。省略号用法说明如下：

1. 省略号一般表示引文等方面的省略。省略号前若是句意完整的句子，句号、叹号和问号应保留，否则不用任何标点；省略号后除了后引号与括号外，一般不用任何标点。例如，

她轻轻地哼起了《摇篮曲》：“月儿明，风儿静，树叶儿遮窗棂，啊……”（省略词语“啊”，省略号前不用任何标点）

总而言之：我将不能常到百草园了。Ade，我的蟋蟀们！Ade，我的覆盆子们和木莲们！……（省略号前是句意完整的句子，叹号应保留）

2. 省略号可以表示列举的省略，一般列举三项后才使用省略号。例如，

归隐是旧时文人理想中的一种闲散生活——躬耕、沽酒、题诗、作画、对弈……但说起来容易做起来难，古往今来很少有人情愿过这种生活。（表示列举的省略）

3. 省略号表示声音的断断续续或语言的中断。例如，

11. 下列句子中，标点符号使用正确的一项是（ ）

A. 写文章要做到“平字见奇，常字见险，陈字见新，朴字见色。”

B. 我联想到了唐朝贾岛的诗句：“只在此山中，云深不知处”。

C. 有几个“慈祥”的老板到菜场去收集一些菜叶，用盐一浸，这就是他们难得的佳肴。

D. （一位大娘）接着解释：“收豆子、红薯的时候，獾正肥哩。肉香、油多。俗话说“八斤獾肉七斤油”啊。”

12. 下列句子中，标点符号使用正确的一项是（ ）

A. 他读的哲学书籍大约有两类：第一类是马克思主义原著，第二类是中外哲学史家的著作。（包括介绍他们哲学思想的读物）

B. 倘必如实物之真，则人物只二三寸，就不真了，而没有和地球一样大小的纸张，地球就无法绘画（《鲁迅全集》第六卷，第23页）。

C. 我们在田间，可以看到有些瓜果、菜的叶子（如丝瓜、番茄）是平伸的，有些作物的叶子（如水稻、小麦）是直立的。

D. “激情”源于希腊语，原意是“上帝本色”，这里的上帝本色不是别的，而是指一种持久不变的爱心——恰当的自爱（自我接受）和由此延出的对别人的爱。

杜牧（803—约852年），字牧之，号樊川居士，京兆万年（今陕西西安）人，唐代诗人。杜牧人称“小杜”，以别于杜甫。与李商隐并称“小李杜”。因晚年居长安南樊川别墅，故后世称“杜樊川”，著有《樊川文集》。

“我……对不起……大家，我……没有……完成……任务。”（表示声音的断断续续）

“我并没有阔哩，我必须卖了这些，再去……”（表示语言的中断）

4. 省略号不能与“等”“等等”同时使用。例如，

前年年底，受虫害和寒流的影响，贵州省一些地区的果树死了不少，去年荔枝、龙眼、柑橘……的产量都受到了较大影响。（省略号不能与“等”同时使用，“柑橘”后面省略号应省去）

｜知识点六｜引号（“”）的用法

引号的形式为双引号（“”）和单引号（‘’）。引号是表文中引用等的标号，在文章中使用很普遍。关于引号的用法说明如下。

1. 直接、完全引用时，引号之前一般用冒号，点号放在引号内；间接、不完全引用时点号放在引号之外或不使用点号。例如，

中国网通董事长张春江在会上透露：“我们肯定能得到移动电话经营牌照，这只是时间问题。当我们得到牌照后，电讯盈科将是我们的优先合作对象。”（引号使用正确，直接引用，点号放在引号内）

沈建明昨天声称，新浪“不希望任何人或机构”通过公开市场使用这种“非正常手段”来获得公司控制权，并强调“无论盛大采取什么样的行动，新浪都有信心最大限度地保证新浪公司和新浪股东的利益”。（引号使用正确，间接引用，点号放在引号外）

引文末尾使用问号或叹号的句子，无论直接、间接引用，均应把问号、叹号放在引号内。例如，

墙上写有“只生一个好！”的标语。（标点使用正确，保留引文末的叹号）

2. 需要着重论述的对象，具有特殊含义的词语，也用引号标示。例如：

古人对于写文章有个基本要求，叫作“有物有序”。“有物”就是要有内容，“有序”就是要有条理。（强调“有物有序”，用引号）

从山脚向上望，只见火把排成许多“之”字形，一直达到天上，跟星光接起来，分不出是火把还是星星。（“之”字具有特殊含义，用引号）

3. 引号里面还要用引号时，外面一层用双引号，里面一层用单引号。例如，

他说：“争议岛屿位于韩国东岸郁陵岛以东90公里，韩国称之为‘独岛’，日本则称作‘竹岛’。”（单双引号共用正确）

4. 如果只把别人的话的大意说出，不照原样引述，不用引号。例如，

就一批涉嫌违法的电视烟草广告被北京市工商局叫停一事，一位负责人称，目前这些广告在对违规部分做了修改后，已经正常播放。（转述大意，不使用引号）

｜知识点七｜书名号（《》）的用法

书名号的形式为双书名号“《》”和单书名号“〈〉”。关于书名号的用法说明如下：

1. 书名号是用来标示书名、篇名、报纸名、刊物名、剧作名、歌曲名等名称的，不属于这些情况的不能使用书名号。例如，

2005年，克林特·伊斯特伍德执导的影片《百万美元宝贝》虽然获得了7项奥斯卡提名，但是有关一位主人公死亡的情景却引起了争议。（书名号使用正确）

本报获悉国际互联网工程任务组主席Brian E. Carpenter将于10月28日在由《网络世界》报社主办的《网络世界大会2005暨第四届以太网世界大会》上发表重要演讲。（会议名称不能使用书名号，把后面的书名号改为引号）

2. 书名与篇（章、卷）连用，先写书名，后写篇（章、卷）名，中间用间隔

13. 下列句子中，标点符号使用正确的一项是　（　）

A. 王三胜——沙子龙的大伙计——在土地庙拉开了场子，摆好了家伙。

B. 蝉的幼虫出现于地面后，就要寻找一个适当的去处——一棵小矮树，一片野草，或者一根灌木枝，以便脱掉它身上的皮。

C. 船上的人告诉他所经过的海槽——就是“中外之界”。

D. 有关专家指出，白开水是最符合人体需要的“天然饮料”。它既洁净，又能使硬度过大的水变得适中——（因为过多的矿物质煮沸会沉淀），还含有多种微量元素。

14. 下列句子中，标点符号使用错误的一项是　（　）

A. 就在那样不平凡的时刻，在那个可纪念的地方，我第一次听见唱：二月里来，好风光，家家户户种田忙。……

B. 他……直指着正北方向，“好，好同志……你……你指它带给……”

C. 刘胡兰、黄继光、邱少云、董存瑞……我一下子写不完那些光辉的名字。

D. 还有不少因素使铁容易生锈，如水中有盐，铁制品表现不干净，表面粗糙，铁中杂有其他金属……。

七绝·江南春

唐　杜牧

千里莺啼绿映红，水村山郭酒旗风。

南朝四百八十寺，多少楼台烟雨中。

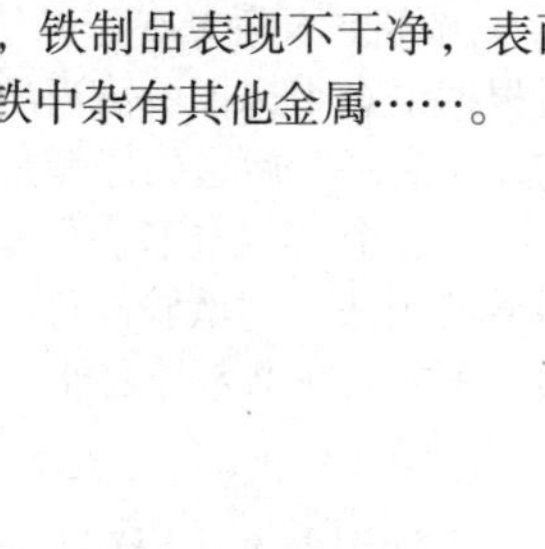

号，然后加上书名号。例如，

我刚刚读完《三国志·蜀志·诸葛亮传》。（书名号使用正确）

《荀子·劝学》中写道："青，取之于蓝，而青于蓝；冰，水为之，而寒于水。"（书名号使用正确）

3. 书名号里面还要用书名号时，外面一层用双书名号，里面一层用单书名号。例如：

《<第一财经日报>发刊词》发表于2004年11月15日。（书名号使用正确）

[例1]（2007.11）下列句子中，标点符号使用不正确的一句是（ ）

A. 在奥运会结束后，北京将在运动会组织、城市运行和服务、食品安全标准等方面留下一笔"遗产"。

B. "火箭是上天的天梯，载人太空计划的成功首先取决于火箭技术的进步。"黄春平委员说。

C. 今年是俄罗斯的《中国年》，俄罗斯将举办大约200项活动，内容非常丰富。

D. 在古代中国，儒、释、道三教平衡发展，此消彼长，儒者雅，释者肥，道者瘦。

[解析]在C项中《中国年》就是随意扩大书名号适用范围，应该用引号，表示特定称谓。

[答案] C

｜知识点八｜间隔号（·）的用法

间隔号用法说明如下。

1. 外国人和某些少数民族人名内各部分的分界，用间隔号标示。例如，

日前在潘家园溜达，一位半熟的书摊主说是上了好货，前去一看的确欢喜，是茨威格写的《罗曼·罗兰传》。

阿加莎·克里斯蒂这个名字对我国广大读者来说并不陌生，她的名字伴随着她的作品传遍了世界各地。

2. 书名与篇（章、卷）名之间的分界，用间隔号标示。例如：

《中国大百科全书·物理学》已经出版了。

[例1]下列各句中，标点符号使用完全正确的一句是（ ）

A. 记者了解到，"无息房贷"与普通按揭贷款不同的是：在未还清房款前，开发商不会协助购房人办理房产证。

B. 尽管森林的破坏会给人类社会造成极其严重的后果。但这一切在"文明"国家中又不是不可避免的。

C. 茅盾的《子夜》是别有深意的一部力作，该书以《子夜》为题是别有深意的。

D. 现在使用的这套语文教科书，是在《全日制普通高级中学教科书语文》（试验修订本·必修）的基础上修订而成的。

[解析] 本题考查正确使用标点符号的能力。首先，熟记常用标点的用法，然后根据语意来选择最恰当的标点符号。B项考查逗号用法，这句话是转折关系的复句，"后果"后边的停顿是复句内分句间的停顿，应改为逗号。C项考查书名的用法，第二个"《子夜》"指的仅是"子夜"这个标题本身，应改为引号。D项考查括号的用法，"试验修订本•必修"是对"中学教科书"的注解，应紧跟在它的后面，不能放在书名号之外。

[答案]A

｜知识点九｜ 括号（（ ））的用法

15. 下列句子中，标点符号使用正确的一是 （ ）

A. 杨绛的《记钱钟书与围城》，给我们详尽地介绍了《围城》这部令人拍案叫绝的杰作是如何创作出来的。

B. 以《健康秩序、健康生活》为主题的中央电视台2004年"3·15"电视宣传活动将由央视经济频道的11个栏目共同组织完成。

C. 我知道《人间指南》杂志社里有6位编辑。

D. 央视《星光大道》是广大电视观众非常喜爱的一个栏目。

16. 下列句子中顿号使用正确的一项是（ ）

A. 公司常年坚持节能管理的月考核、季评比、年结算制度、能耗预测制度和能源跟踪分析制度，做到节能工作常抓不懈。

B. 这种白内障冷冻摘除器，具有制冷、解冻迅速、操作方便、安全性能高等特点。

C. 有些企业由于规模小、技术、产品、管理水平落后，面临的竞争程度高，市场需求变化快，因而承担的风险往往要大于获得的利益。

D. 今天值日的是第一、二组的同学。

七绝·山行

唐 杜牧

远上寒山石径斜，白云生处有人家。停车坐爱枫林晚，霜叶红于二月花。

括号常用的形式是圆括号。括号用来表示文中注释、补充说明或插叙的词句，使这些词句不混同于正文。此外还有方括号、六角括号和方头括号。括号是对行文的注释，分句内括号和句外括号两种。括号用法说明如下。

1. 括号里的话如果是注释句子里某些词语的，这种括号叫作句内括号；括号紧贴在被注释词语之后，前半括号之前不用任何标点，后半括号前（除问号、感叹号外）不用任何标点。例如，

墙上挂着一幅画，画的题目取自宋朝临川（属江西）诗人谢无逸《千秋岁•咏夏景》中的“人散后，一钩新月天如水”。（句内括号使用正确）

2. 括号里的话如果是注释整个句子的，这种括号叫句外括号，句外括号要放在句末的标点之后。句外括号内的各种标点符号均可保留；句外括号内语句末尾可根据语句的内容、语气使用各种标点符号，如果不成句子，或仅仅是单句，不用标点符号也可以。例如，

写研究性文章跟文学创作不同，不能摊开稿纸搞“即兴”。（其实文学创作也要有素养才能有“即兴”）（句外括号，后括号前可使用句末点号，也可以不使用）

有人用氢气还原氧化铜制得5克铜，求有多少克氢气参加了反应，这些氢气在标准状况下占多大体积？（氢气的密度是0.09克／升）（句外括号，后括号前既可不使用句末点号，也可使用）

3. 如果引文独立成句，意思又完整，句末点号放在引号里面；引文不完整或者说引文作为自己话的一部分，句末点号（问号、感叹号除外）放在后引号的外面；如果只把别人的话的大意说出，不照原样引述，则不用引号。

｜知识点十｜其他一些符号使用

一、破折号（——）的用法如下。

1. 破折号表示行文中解释说明的部分。两个破折号表示句中夹注。例如：

我国的四大发明——火药、指南针、印刷术、造纸术对世界历史的发展有伟大的贡献。（解释说明）

灯光，不管是哪里的灯光，都可以给人——甚至像我这样一个异乡人——指路。（夹注）

2. 破折号可以表说话声音的中断和延长。例如，

“小林——，我来了！”他大喊着。（表说话声音的延长）

“那个时候在无锡的人，我倒问过，可是——”（表示说话中断）

3. 破折号可以表示转折或话题转换。例如：

“今天好热啊！——你什么时候去上海？”（转换话题）

4. 破折号可以表意思递进（紧承），这种情况下，通常能看出破折号前后在时间上的推移，在意思上的推进，在空间上的转移，在情节上的变化。例如：

团结——批评——团结（意思递进）

5. 表分项列举。例如，

根据研究对象不同，环境物理分为以下五个分支学科：

——环境声学；

——环境光学；

——环境热学；

——环境电磁学；

——环境空气动力学。

6. 另外，破折号还用于连接歇后语，标明文章副标题和词、诗、文的作者或出处等用法。例如，

17. 下列句子中标点符号使用不正确的一项是（　）

A. 新春伊始，“和谐社会”这一极具亲和力的温馨词汇迅速“升温”。

B. 美国总统布什3日罕见地谈及拉登，称阻止这名恐怖大亨再次进攻美国的图谋是“我们当前面临的最大挑战”。

C. 充满刀光剑影、奇幻色彩的金庸小说《天龙八部》如今也入选高二《语文读本》，并受到师生们的普遍接受和欢迎。

D. 在人们疑惑于“廉颇老矣，尚能饭否”之时？他带给世人的，是最震惊的答案。

18. 下列句子中，标点符号使用正确的一是（　）

A. 为什么孔子和孟子之间会有这样一段距离？为什么春秋阶段与战国阶段会有这样巨大的差别？

B. 请说说，你在台上装腔作势是出于内心需要？还是为了满足低档观众的需求？

C. “这次考试成绩很不理想，什么原因呢？同学们！”陈老师严肃地说。

D. 一段时间以来，中国足协成为国人关注的焦点；其实，谁来接掌足协，他所面临的最大问题都是如何以积极有效的措施来挽救中国足球？

七绝·赤壁

唐　杜牧

折戟沉沙铁未销，自将磨洗认前朝。东风不与周郎便，铜雀春深锁二乔。

下雨天出太阳——假晴（情）

少壮不努力，老大徒伤悲。

——《汉乐府，长歌行》

注：破折号和括号一般不能同时使用。

二、专名号（____）的用法

专名号用法说明如下，

1. 人名、地名、朝代名等专名下面，用专名号标示。例如，

司马相如者，汉蜀郡成都人也，字长卿。

2. 专名号只用在古籍或某些文史著作里面。为了跟专名号配合，这类著作里的书名号可以用浪线“﹏”。例如：

屈原放逐，乃赋离骚；左丘失明，厥有国语。

三、 连接号（—）的用法

连接号的形式为“—”，占一个字的位置。连接号还有另外三种形式，即长横“——”（占两个字的位置）、半字线“-”（占半个字的位置）和浪纹“~”（占一个字的位置）。连接号用法说明如下：

1. 两个相关的名词构成一个意义单位，中间用连接号。例如，

我国秦岭—淮河以北地区属于温带季风气候区，夏季高温多雨，冬季寒冷干燥。（连接地名）

任—洛二氏溶液（Ringer - Locke solution）即复方氯化钠注射液，用于医疗和哺乳动物生理学实验。（连接字母）

2. 相关的时间、地点或数目之间用连接号，表示起止。例如：

鲁迅（1881—1936），中国现代伟大的文学家、思想家和革命家。原名周树人，字豫才，浙江绍兴人。（连接年号表示生卒时间）

“北京—广州”直达快车马上就要开车了。（连接地名表示行车区间）

3. 相关的字母、阿拉伯数字等之间，用连接号，表示产品型号。例如：

在太平洋地区，除了已建成投入使用的HAW-4和TPC-3海底光缆之外，又有，TPC-4海底光缆投入运营。

4. 几个相关的项目表示递进式发展，中间用连接号。例如：

人类的发展可以分为古猿—猿人—古人—新人这四个阶段。

四、着重号（.）的用法

要求读者特别注意的字、词、句，用着重号标明。

事业是干出来的，不是吹出来的。

美国科学家认为，由于非典型性肺炎（SARS）病毒已经得到了有效控制，因此可以认为，除了在实验室存在以外，非典病毒在自然界已被彻底消灭。

19. 下列各句中，标点符号使用正确的一句是（ ）

A. 旅游景点大都承担着对广大群众进行历史文化教育的责任，景区门票由谁定、如何定、定多少？都需要充分的论证。

B. 李老师教导他们的学生说：“一定要采取实事求是的态度，知之为知之，不知为不知”。

C. 实践，要靠认识来指导；认识，要靠实践去检验：实践和认识是密切相关的。

D. 上海文艺出版社最近推出了《当代文坛大家文库》：《巴金七十年文选》《夏衍七十年文选》《施蛰存七十年文选》《柯灵七十年文选》，这些书都是留给子孙后代的精神财富。

互动训练答案

1.D 2.A 3.C 4.D 5.B 6.B 7.D 8.D 9.B 10.D 11.C 12.D 13.A 14.D 15.C 16.D 17.D 18.A 19.C

七绝·清明

唐 杜牧

清明时节雨纷纷，路上行人欲断魂。借问酒家何处有，牧童遥指杏花村。

[专题六　语句的连贯、衔接]

语言表达要准确、鲜明、生动，语言运用要简明、连贯、得体。本考点考查以连贯、得体为重点。语言运用问题在现代文阅读部分体现出来。

|知识点一|语言表达简明

“简明”是“简要”“明白”，“简要”就是用较少的文字，把主要的意思说出来，不重复，不啰啰，它反映了量的要求；“明白”就是要把意思表达清楚，使对方能够准确无误地理解，没有歧义费解之处。简明就是用尽可能少的语言，传递尽可能多的信息，达到尽可能高的准确度和可理解度。此点可以落实在病句中考，也常和语法的综合修改、修辞、连贯等一起考。要做到语言简明，要注意以下几点。

1. 围绕中心，抓住要点，即“简明扼要”。善于概括，善用指代。在表达中要把必要的叙述概括起来，同时，运用必要的复指成分，避免重复啰唆。

[例1]填入下面一段文字横线处，与下文衔接最恰当的一项是（　）

________。我想这样来比喻一下，一座大山有一堆乱石，并无损于大山的壮观；但如果一个小小园林中有一堆乱石，就很容易破坏园林之美。

A. 一部长篇，只要整体精彩，个别片段稍显沉闷，并不损害全书的价值。

B. 一切文学作品都是语言艺术，篇幅短的固然要讲究语言，篇幅长的也要讲究语言。

C. 一切文学作品都是语言艺术，篇幅长的要讲究语言艺术，篇幅短的要求更严格。

D. 一篇短文，其“败笔”之处容易显得十分刺眼；而一株大树有些枯枝，无损于它亭亭如盖的丰姿。

[解析]本题考查依据下文的意思选句填空的能力。从题干的比喻看，意在强调“小小园林”尤不应出现破坏园林之美的乱石，以此说明篇幅短的文章语言更应简练明净。以此认识去鉴别四个选项，很明显只有C项的内容与题旨相符，因而是正确的。A项内容单就“一部长篇”发论，与题意不符。B项内容强调的重点是“长篇”而置“短篇”于陪衬位置，与题意也不符。D项内容的前半节只是说“短文”的“败笔”容易显得刺眼，但并没强调尤应讲究语言艺术这个重点；后半部分，仍用比喻说明，与题干的比喻重复。因此ABD均是错误项。

[答案] C

2. 删除多余成分。

（1）并列短语各成分之间如有交叉关系、包含关系或意思重复的，要酌情删除。

（2）语段中混入冗余信息的，可根据句群中心，采用话题提取法，删除游离中心的词句。

3. 有歧义的，可采取以下几种方法予以纠正。

（1）换词法：主要用于由于多义词的词义、多音字的读音或兼类词词性不确定造成的歧义。

（2）调序法：有些修饰成分（包括一些数量词）无法界定其中心词，往往会

互动训练

1. 填入下面句子横线上最恰当的一项是（　）

每个夜幕深垂的晚上，山下亮起灿烂的万家灯火，山上闪出疏落的灯光。山下的灯把黑暗照亮了，山上的灯把黑暗照淡了______。

A. 树也缥缈，山也虚无，淡如烟，淡如雾

B. 淡如雾，山也虚无，淡如烟，树也缥缈

C. 山也虚无，淡如烟，树也缥缈，淡如雾

D. 淡如烟，淡如雾，山也虚无，树也缥缈

2. 把下面几个句子的顺序合理地调整过来的正确项是（　）

①冯家山是南山上的一个小村庄

②想不到一条线路居然能拉到高高的南山

③这条线路是从大王庄接过去的

④想不到小小的冯家山居然现在有了电灯，有了电动设备

⑤全长只有二十里

⑥一想到这些，徐国梁就激动得再也坐不住了

⑦线路虽短，意义却十分大

A. ③⑤⑦①②④⑥

B. ①⑤②⑦③④⑥

C. ①④②③⑤⑦⑥

D. ⑤⑦④⑥①②③

七绝·泊秦淮

唐　杜牧

烟笼寒水月笼沙，夜泊秦淮近酒家。商女不知亡国恨，隔江犹唱后庭花。

出现歧义，采用语序调整的方法便更可迎刃而解。

（3）添字法：有些语句缺乏必要的修饰限制，造成句子有歧义。对此，我们可以采用增添字词法来消除歧义。

[例1] 下列各句中，没有语病的一句是（　）

A. 县里通知说，让赵乡长本月15日前去汇报。

B. 局长嘱咐几个学校的领导，新学期的工作一定要有新的起色。

C. 大家对护林员揭发林业局带头偷运木料的问题，普遍感到非常气愤。

D. 这项研究表明，人类造成全球气候变暖的活动开始于8000年前的农业时代。

[解析] A是由于词义不明确而造成的歧义。我们只要把“前”字换成“前往”或“以前”就可以了，更换后句意就明确了。B是由于语义关系不明确造成的歧义。可以把“几个”调到“学校的”与“领导”之间，使“几个”限制“领导”，这样表意就清楚了。C可在“揭发”后面加个虚词“的”，歧义就消除了。故选D

[答案] D

（4）还有设境法、标点法、停顿法等。

知识点二｜语言表达连贯

“连贯” 是书面表达中句子排列组合的规则以及加强语言联系与衔接使之更为通畅的方法。检查是否衔接、通畅、连贯需要三个条件：（1）统一的话题；（2）合理的句子顺序；（3）语言衔接与呼应。这类题要多练，它是单招考试必考题型，要熟悉解题手法。应该做到以下几个方面。

一、围绕一个中心

话题一致，即“陈述对象一致”，是指在表述时尽量围绕中心，保持统一的话题。只有主语相同，话题一致，才能使整个文段连贯自然。语段中游离于中心，游离于话题的句子，是无连贯可言的。应极力避免随意更换主语和变换话题。

[例1] 填入句中横线处，与下文衔接最恰当的一项是（　）

_____，举兵反抗辽政权的民族压迫政策而推翻辽朝建立金朝的金太祖完颜阿骨打，结束了数百年分裂割据局面而统一了全中国的元世祖忽必烈，依照他们所做出的贡献，都应划入中华民族杰出人物的行列之中。

A. 统辖东北许多少数民族建立了辽政权而崛兴于东北的辽太祖耶律阿保机

B. 崛兴于东北的辽太祖耶律阿保机统辖东北许多少数民族建立了辽政权

C. 辽太祖崛兴于东北而又统辖东北许多少数民族建立了辽政权

D. 崛兴于东北而又统辖东北许多少数民族建立了辽政权的耶律阿保机

[解析]本题考查语言运用的连贯能力。关于题干中所给文字的语境特点要明确三点：一是先分述后总述；二是分述句是排比形式；三是历史人物为主语，其前部分是复杂定语。明确这三点后再去看选项，很明显，四项之中适应题境要求的只有D项，因为A项定语的顺序不合事物发展的规律，应该是“崛兴”在前“统辖”“建立”在后；B项虽然几个动词顺序正确，但并非定中结构而是主谓结构；C项与B项错误相同。

[答案] D

解题思路　要恰如其分地用语言写人、叙事、绘景、状物，说理，重要的是把握语言运用的三个标准，其次是正确排列语言顺序，最后才是运用行之有效的鉴别方法。

二、句子结构协调

协调句子结构，注意语言的衔接与呼应。这就要求在组织句子时，不仅保持句子与句子之间的结构协调，还要注意到句子内部的结构协调一致。要注意句子的句式要统一、前后要照应、衔接要紧密、情境要吻合等。

3. 依次填入下面一句横线处最恰当的一项是（　）

这就好比一个人远远而来，最初我们只看到____，然后又看清了____，然后又看清了____，最后，这才看清了____。

①他的眉眼乃至音容笑貌

②他是肥是瘦

③他是方脸还是圆脸

④他穿的是长衣或短裤

A. ②④①③　B. ③②④①

C. ④③①②　D. ④②③①

4. 下面各句依次排列能形成语意明确连贯的一段话的一项是（　）

①这一定是我心灵的灯

②忽然在前面田野里一片绿的蚕豆和黄的菜花中间，我仿佛又看见了一线光，一个亮。

③它永远给我指示我应该走的路

④这还是我常常看见的灯光

⑤这不会是爱尔克的灯里照出来的。

⑥我那个可怜的姐姐已经死去了。

A. ①②③④⑤⑥　B. ①③⑤②④⑥

C. ②④⑤⑥①③　D. ①③④⑤②⑥

七绝·过华清宫

唐　杜牧

长安回望绣成堆，山顶千门次第开。一骑红尘妃子笑，无人知是荔枝来。

[例1]填入下面横线处，表达效果最好的一项是（　）

中外古今的诗人，常喜欢将珍珠与眼泪相比。阿拉伯的诗人说，牡蛎在海滩上赏月，天使的一滴眼泪，刚巧滴落在它心上，____。

A. 就像一颗晶莹的珍珠　B. 变成了一颗晶莹的珍珠

C. 就是一颗晶莹的珍珠　D. 俨然是一颗晶莹的珍珠

[解析]本题考查考生语言表达的能力。从两句意思连贯的句意分析，“牡蛎在海滩上赏月，天使的一滴眼泪，刚巧滴落在它心上”，其结果怎样呢？用其结果“变成了一颗晶莹的珍珠”去回答是最准确的。如果没有“刚巧滴落在它心上”这一叙述语，让A、C、D项的几个比喻去描写是可以的；有此叙述语，就必须要求说出“眼泪”的变化结果，这样表达效果方好。

[答案]B

[例2]填入下面横线的句子，与上下文衔接最恰当的一组是（　）

去年夏天，我在杭州一所疗养院里休养。________江岸后面是起伏的山峦和绵延不断的树木。

①这儿的景色真是美极了！　　②那儿的景色真美！

③六和塔静静地矗立在钱塘江边。　　④六和塔在钱塘江边静静地矗立着。

⑤帆影点点的江面上碧波粼粼。　　⑥江面上帆影点点，碧波粼粼。

A. ②③⑥　B. ①④⑤　C. ②③⑤　D. ①④⑥

[解析] 选句应注意上下文连贯与照应。“去年夏天”表明“我”已离开，叙述时应选②；③句结尾“钱塘江边”与⑥句开头“江面上”及文中“江岸后面”上下衔接，构成一定空间顺序，故选③⑥。

[答案]A

三、语序要合理

语序在汉文学语言中极为重要。句序排列，一般要注意以下几点。

1. 通读各句，辨明文体。文体不同，语言顺序排列各有各的要求。

2. 抓住中心句，各个分句之间是否保持角度的一致，合理排列句子顺序。

3. 理清文脉，找准展开方式。是按时间推进、空间转移，还是按对照、总分等形式安排。

4. 抓住语言标志，如表时间的词语、表方位的词语、表地点的词语、表关联的词语等。

5. 小范围调整，大范围组合。

6. 无论是叙述还是议论，一个语段都要有一个陈述的角度，只有保持陈述角度的一致，语句之间才能连贯。

[例1]（2006.10）填入下面横线处的句子，与上下文衔接最恰当的一组是（　）

海面上长划的巨浪猛烈地撞击着岸边的岩石。它那愤怒的咆哮声，有时像大炮轰发，_______。海风狂卷，海涛怒立，冲激着灯塔下的石矶。

①有时又像远处人声嘈杂

②继而又像人长叹的声音，或者也像一种哽咽

③以至完全寂静

④再后来又是一阵猛烈的大声，惊心动魄

⑤像森林呼啸

A. ②⑤①④③　B.④⑤①③②　C.①⑤③④②　D.⑤①③②④

[解析]此题的完成依从的是语体风格和标志词两个标准。抓住“有时像大炮轰发”一句，再通过5个待排序句你会发现，描述的顺序是先猛、再缓，进而又急。哪个最猛？自然是⑤，并且D项顺序组合的语体风格也与所给语境相同。答案选D。

[答案]D

5. 填入句子横线处，与下文衔接最恰当的一项是（　）

“历史说”认为：____。明代王世贞认为地方志是古代“千乘之国”和“附庸之邦”所设的史官记载的时事内容。清代王志坚则更明确地说：“郡邑之有志，盖原本于列国之史。”章学诚更多强调说明“方志为古国史之遗”。

A. 方志是从古代的史官记述发展而来的

B. 方志和史书是互为影响，互为制约的

C. 方志的作者经历代研究证明是各朝史官

D. 方志和史书从来是一母所生的孪生兄弟

6. 填入下面横线上，搭配合理，与上下文意衔接恰当的一项是（　）

戏剧脸谱之妙，不在于那图案造型的精美诡异，而在于传神，尤为奇绝者，莫过于曹操的那张白脸。____、____、____、他有鲲鹏之志，又怀狐鼠之心。机智和狡猾，盛情和虚伪，慷慨和卑劣，豪爽和阴毒，这一切截然相反的东西，在他身上竟然难以找出明确的界线；曹操性格的色彩是那么复杂纷纭，深不可测，只有一张白脸，才能包容这无数色彩。

①他超人的宽容

②他的非凡气概

③他的天才谋略

a. 掩盖着绝顶的私心

b. 包裹着无比的猜忌

c. 伴随着无底的奸诈

A. ①与c搭配　②与b搭配　③与a搭配

B. ②与a搭配　①与c搭配　③与b搭配

C. ③与a搭配　②与c搭配　①与b搭配

D. ③与c搭配　①与b搭配　②与a搭配

七绝·题乌江亭

唐　杜牧

胜败兵家事不期，包羞忍耻是男儿。江东子弟多才俊，卷土重来未可知。

[例2]下面六个句子排成怎样的顺序才合适，选出恰当的一项（　）

①语言的变化，短时间内不容易觉察，日子长了就显出来了。

②不光是古老的话后世的人听不懂。

③久而久之也会这个地方的人听不懂那个地方的话，形成许许多多方言。

④同一种语言在不同的地方经历着不同的变化。

⑤世界上万事万物都永远在那儿运动、变化、发展，语言也是这样。

⑥比如宋朝的朱熹，他曾经给《论语》做过注解，可是假如当孔子正在跟颜回、子路他们谈话的时候，朱熹闯了进去，管保他们在讲什么，他是一句也听不懂的。

A. ②③①④⑤⑥　B. ①②③⑤④⑥

C. ⑤①⑥②④③　D. ⑤①⑥②③④

[解析]这是一个说明性语段，说明的中心是语言的变化，说明的顺序是先时间后空间，句子的结构关系是总分关系。经过几个层次的判断，不难看出，C项排列顺序是正确的。

[答案] C

四、成分要完整

如果句子成分残缺，就会导致句子之间出现前后脱节、表意不明的情况。在实际的语言运用过程中，主语、谓语、宾语、定语、状语和关联词都会出现残缺，从而造成句子的不连贯、不畅达。

[例1]（2007. 10）下列各句与上下文衔接得最好的一句是（　）

鸽子是这城市的精灵。________ 它们眼里，收进了多少秘密呢？

A. 它们是唯一的俯瞰这城市的活物，有谁看这城市有它们看得清晰和真切呢？每天早晨，有多少鸽子从波涛连绵的屋顶上飞向天空！

B. 每天早晨，有多少鸽子从波涛连绵的屋顶上飞向天空！它们是唯一的俯瞰这城市的活物，有谁看这城市有它们看得清晰和真切呢？

C. 它们是唯一的俯瞰这城市的活物，每天早晨，有多少鸽子从波涛连绵的屋顶上飞向天空！有谁看这城市有它们看得清晰和真切呢？

D. 每天早晨，有多少鸽子从波涛连绵的屋顶上飞向天空！有谁看这城市有它们看得清晰和真切呢？它们是唯一的俯瞰这城市的活物。

[解析]这是记叙抒情的语段，首先，依据先记叙后抒情议论，选择记叙在前的B、D项。其次，在这两者间看哪个句子与后面的暗示词"它们"，还有末句的语体风格更为衔接呢？答案选B项。

[答案] B

五、音节要和谐

汉语与其他的语种相比，更具节奏美、音韵美的特点，因而在语言运用的时候，必须要考虑到押韵问题。若各句的句末韵脚相同，那么读起来自然就会朗朗上口，便于吟诵，易于记忆。因此，音节是否和谐也是判别语言是否连贯的一个重要的方面。

[例1]依次填入下列两句中横线处的语句，与上下文语意连贯、音节和谐的一组是（　）

（1）每逢深秋时节，________松竹山茶，色彩绚丽，美景尽览。

（2）远眺群山环抱，________近看小河流水，茶园葱绿，松竹并茂。

①置身山顶，俯瞰槐榆丹枫，

②置身山顶俯瞰，槐榆丹枫，

③白云缭绕，层林叠翠；

④层林叠翠，白云缭绕：

A. ①③　B. ①④　C. ②③　D. ②④

7. 将①②③④填入下面句子的横线上，与上下文衔接最恰当的一项是（　）

要普及法律常识，增强民主法治观念，使人们懂得公民的权利和义务____，善于运用法律武器同违法犯罪行为作斗争。

①依法办事

②依法律己

③懂得与自己工作和生活有关的法律

④依法维护自身的合法权益

A. ①③④②　B. ③④①②

C. ③①②④　D. ①②④③

8. 填入下面句子中横线处的最恰当的文句是（　）

自从五四以来，翻译介绍先进国家的文化成果就成了中国人民的迫切要求____。

A. 这些翻译作品促进了中国学术文化的发展，同时也影响中国的书面语言。

B. 翻译作品日见其多，一方面这些作品提高了中国学术文化的素养，另一方面也促进了中国书面语言的发展。

C. 翻译作品日见其多，这些作品促进了中国学术文化的发展，同时也影响了中国的书面语言。

D. 这些翻译作品提高了中国学术文化的素养，同时也促进了中国书面语言的发展。

七绝·赠别

唐　杜牧

多情却似总无情，唯觉樽前笑不成。蜡烛有心还惜别，替人垂泪到天明。

[解析]：“（1）”用语感审读法，可知②比①要顺畅和谐，细做分析，“每逢深秋时节”与“置身山顶俯瞰”均为六字，应放在一起，而“槐榆丹枫”与“松竹山茶”也能构成对偶，这样的话，“瞰”与“览”还押韵，读起来朗朗上口；“（2）”的备选项③④，乍一看只是顺序不同，其实稍做分析便知，“群山环抱”与“层林叠翠”写的都是“山”之景，而“白云缭绕”则是：在“山”与“林”之上，况且，如注意到④句后的分号，“（2）”两个分句的最后一个字“绕”与“茂”是押韵的，读起来和谐顺畅。所以选D。

[答案] D

｜知识点三｜语言表达得体

“得体”之“体”，既不是指文体，也不是指语体，而是指在书面或口头交际中遣词造句用语，务必恰如其分地表达意思。程度的深浅，色彩的浓淡，范围的大小，语气的强弱等，均要做到分寸感强，与语境保持和谐一致。这是语言运用的最高标准，以此求得语言运用的最佳效果。要使语言得体，应该注意以下两个方面：

一、注意各种情景条件，即外部语境，这主要是指交际场合、交际对象、交际目的三个方面

1. 表达目的

在语言的实际运用中，根据表达目的的不同，选用的表达方式也应有所区别，做到有的放矢，准确得体。由于目的不同，对同一事物的说明也应有所不同。

2. 交际对象

要特别注意说话人和听话人的身份、性别、年龄、经历、身份、文化、地位和修养，发掘出不同的思维习惯和语言习惯，做到言为心声，因人而异。

3. 交际场合

是看交际的时间、地点、人物、氛围等，语言的表达与环境、气氛相协调就是得体的。

场合不同，表达用语也必须随之变化，因地制宜，讲究分寸，巧妙用语，以求达到最佳表达效果。

二、遣词造句时，应注意以下几个方面

1. 感情色彩

词语的感情色彩指的是褒义词、贬义词和中性词这三种情况，一定要辨清词语的感情色彩，并且还要结合所给的具体的语言环境，来确定正确的词语，以便所用词语与具体语境和谐一致。

[例1]指出下列说法中，表达不得体的一项（　）

A. 一代相声大师马三立先生与世长辞，噩耗传来，举国震悼。

B. 老人家，请问您高寿啊？

C. 我是真心实意地要送给你这件礼物的，敬请笑纳。

D. 每年国庆节期间，天安门广场花如海，人如潮，今年更因彩车的吸引，人们争相前往，趋之若鹜。

[解析]此题答案选择D。“趋之若鹜”意为像鸭子一样成群地跑过去，多比喻许多人争着去追逐不好的事情，很明显，这是一个贬义词，而句中的语境是“人们欢度国庆”，显然与语境不符，是不得体的，而其他三项均注意了感情色彩，切合语境，十分得体。

[答案] D

9. 依次填入下面一段文字中横线处的语句，与上下文衔接最恰当的一组是（　）

读书原为自己受用，多读不能算是荣誉，少读也不能算是羞耻。____，必能养成深思熟虑的习惯，以至于变化气质；____，譬如漫游“十里洋场”，虽珍奇满目，徒惹得眼花缭乱，空手而归。____，如暴发户炫耀家产，以多为贵。这在治学方面是自欺欺人，在做人方面趣味低劣。

（①多读如果彻底。②少读如果彻底。）

（③多读而不求甚解。④少读而不求甚解）

（⑤世间许多人读书只为装点门面。⑥世间许多读书人只为装点门面）

A. ②③⑤　B. ①③⑥

C. ②④⑤　D. ①④⑥

10. 向人借东西，应当语气委婉，措辞得当。下面的说法最好的一句是（　）

A. 请把圆规借给我用用。

B. 拿你的圆规给我用用。

C. 我用一下你的圆规怎么样？

D. 请把你的圆规借给我用用好吗？

张九龄（678—740年），唐开元尚书丞相，诗人。字子寿，一名博物，韶州曲江人。长安年间进士。官至中书侍郎同中书门下平章事。后罢相，为荆州长史。诗风清淡。有《曲江集》。他是一位有胆识、有远见的著名政治家、文学家、诗人、名相。他忠耿尽职，秉公守则，直言敢谏，选贤任能，不徇私枉法，不趋炎附势，敢与恶势力作斗争，为“开元之治”作出了积极贡献。他的五言古诗，以素练质朴的语言，寄托深远的人生概望，对扫除唐初所沿习的六朝绮靡诗风，贡献尤大。誉为“岭南第一人”。

2. 文体色彩

文体色彩有两大类，一类指的是口语类文体，主要包括演讲、辩论、广播稿等；一类指的是书面语类文体，主要包括科技文、文艺作品、政论文等。在实际运用语言的过程中，一定要注意各种文体的差别，按照文体要求使用语言，如果在口语性较强的表达中使用书面语会影响语言的表达效果，反之亦然。

3. 语体色彩

语体色彩包括口语和书面语两种情况，这就必须分清场合、对象、文体和具体语境，来确定是运用口语还是书面语。只有这样，才会使口语和书面语的选择运用恰到好处。

4. 请人转述

请人转述不同于当面陈述，叙述的角度变了，时间、地点、称谓都要随之发生变化，只有综合考虑各种因素才能恰当表情，准确达意。

5. 谦辞和敬辞

其是指对谦词和敬词的正确地理解和使用、尊重对方、讲话要有分寸等方面。是体育单招考查语言得体的重要内容，应积累、辨识、牢记一些常用的谦辞和敬辞，才能在运用的过程中得心应手，言随旨遣。

|知识点四|准确、鲜明、生动

“准确”是指在运用词语、选择句式、选择语气等方面能恰切地表达事物的特征和作者的思想感情；

“鲜明”指颜色明亮，分明而确定，一点也不含糊；

“生动”指在表达时应该达到如见其人、如闻其声、如临其境、如感其情的生动活泼的效果。

[例1] （2009. 7）下列选项中，依次填入横线上恰当的一项是 （ ）

每一个糊涂的人都____，每一个怯懦的人都____，每一个疲乏的人都____，而每一个反动者都战栗地倒下去！

①振作起来 ②清醒起来 ③勇敢起来

A. ①③② B. ②①③ C. ②③① D. ③①②

[解析]这道题是复位题，只要依据复位题的解题要领，寻找对应的词语即可解出。“糊涂”对应“清醒”，可以排除A、D项，再看“怯懦”对应“勇敢”，排除B项，最后用“疲乏“对应”“振作”检查答案。答案选C。

[答案] C

互动训练答案

1. D	2. A	3. D	4. C
5. A	6. A	7. C	8. C
9. A	10. D		

感遇（其一）

唐 张九龄

兰叶春葳蕤，桂华秋皎洁。欣欣此生意，自尔为佳节。

谁知林栖者，闻风坐相悦。草木有本心，何求美人折？

［专题七 关联词的辨析选择］

关联词的辨析选择是考查学生对复句的逻辑关系的理解。是最容易得分的题，体育单招考生多注意分句间的关系及关联词。靠语感就能做出。

｜知识点一｜关联词的分类

定义：把两个或两个以上在意义上有密切联系的句子组合在一起，叫复句，也叫关联句。复句通常用一些关联词语来连接。关联词语是复句中用来连接分句与分句，标明分句与分句之间的关系的词语。具体分类如下。

1. 转折关系：后面的分句不是顺着前面分句的意思说下去，而是转了一个弯，跟前面分句的意思相反，或对前面分句加以修改补充。

尽管……可是……；虽然……但是……；……却……；……然而……

2. 假设关系：一个分句提出假设，另一个分句说明假设的情况实现后出现的后果。

如果……就……；即使……也……；要是……那么……；倘若……就……；既然……就……

3. 条件关系：一个分句提出条件，另一个分句说明在这种条件下产生的结果。

只要……就……；只有……才……；无论……都……；不管……也……；即使……也……；除非……才……

4. 因果关系：一个分句说明原因，另一个分句说明这个原因所产生的结果。这个结果可以是事实也可以是说话人所作的论断。

因为……所以……；由于……因此……；既然……那么……；既然……就……；之所以……是因为……

5. 并列关系：几个分句或者陈述相关的几件事情，或者陈述同一事物的几个方面。分句间或者是并列关系，或者是对比关系。

不仅……而且……；一边……一边……；一方面……一方面……；有时……有时……；既……又……；不是……而是……；是……不是……

6. 承接关系：前后分句按照时间、空间或逻辑事理上的顺序说出连续的动作或相关的情况，分句之间有先后相承的关系。

一……就……；起先……后面……；首先……然后……；刚……就……

7. 递进关系：后一个分句所表达的意思比前一个分句语意上更进一层，或者范围更广，或者程度更深，或者情况更甚。

不但……而且……；不光……也……；不仅……还……；尚且……何况（更不用说）……

8. 选择关系：几个分句分别说出事情或几种情况，表示要从中选择一项。

不是……就是……；是……还是……；或者……或者……；要么……要么……；与其……不如……；宁可……也不……

解题指导：

（1）依据前后给出的语境初步确定其逻辑关系，选择相关的关联词。

（2）检查成对成套搭配的关联词是否合乎固定搭配习惯。

（3）注意关联词本身表述的关系是否与分句间关系相符合。

（4）学会运用排除法。

互动训练

1. 依次填入下列句子横线处的词语，最恰当的一组是（ ）

①这个丑小鸭变天鹅的故事，唤起了我们对老品牌的记忆，也唤起我们一起重温那些______美好的时尚记忆。

②张大叔明天进城，你______去吧。

③这个试验，从现在开始要______搞到月底才能完成。

④国家质检总局______派出调查组赴三鹿奶粉生产企业调查事故原因。

A. 已经 一起 一向 业已

B. 曾经 一齐 一向 已经

C. 已经 一齐 一直 业已

D. 曾经 一起 一直 已经

2. 依次填入下列句子横线处的词语，最恰当的一组是（ ）

①达赖______一次地在公开场合遮遮掩掩地宣传“藏独思想”或所谓的“中间路线”。

②中国日报网站消息：伊拉克什叶派反美武装派别领导人萨德尔的发言人8月13日说，萨德尔在圣城纳杰夫遭美军炮轰受伤，但伤势______威胁生命。

③那些以松散闲适为乐的人，______是事业心不强的人。

④“武汉舰”“海口舰”具有较强的综合作战能力，是国产新型导弹驱逐舰的代表，______多次执行重大战备演习任务。

A. 不只 不至 常常 已经

B. 不止 不致 往往 已经

C. 不止 不至 往往 曾经

D. 不只 不致 常常 曾经

望月怀远

唐 张九龄

海上生明月，天涯共此时。情人怨遥夜，竟夕起相思。

灭烛怜光满，披衣觉露滋。不堪盈手赠，还寝梦佳期。

[例1]（2006.5）依次填入下面一段文字横线处的虚词，最恰当的一组是（　）

①“九一八”事变是日本帝国主义者继发动中日甲午战争之后，以武力实施其大陆政策，____发动全面侵华战争，变中国为其殖民地的严重步骤。

②由于海峡阻隔，两兄弟分别半个多世纪，如今相见，恍如隔世，虽然都已是年逾古稀之人，也____百感交集，唏嘘不已。

③____眼前的困难有多大，课题组的同志们都毫不畏惧，以昂扬的斗志迎接一个个的挑战。

A. 从而　未免　尽管　B. 从而　难免　无论

C. 进而　未免　尽管　D. 进而　难免　无论

[解析]要先确定①句的分句间关系，初步确定为递进关系，再看4个选项的第一组，“从而”表顺接关系，“进而”表递进关系，排除A、B项。再看②句的分句间关系，为转折关系，“未免”和“难免”虽都可表此种关系，二者却有区别，“未免”有不免的意思，“难免”是不容易避免，放入语境检测，后者更恰当，因此，答案排除了C项，选D项。

[答案] D

[例2]依次填入下面一段文字横线处的词语，恰当的一项是（　）

不管是修缮____是重建，对于文化遗迹来说，要义在于保存。圆明园废墟是北京城最有历史感的文化遗迹之一，____把它完全铲平，造一座崭新的圆明园，多么得不偿失。何必要抹去昨夜的故事，去收拾前夜的残梦。更何况，收拾起来的____前夜的残梦，____今日的游戏。

A. 或 即使 仅是 不是　B. 还 如果 仅是 不是

C. 还 如果 不是 只是　D. 或 即使 不是 只是

[解析]本题考查考生正确使用关联词的能力。根据这段话的意思，“修缮”之后应填入“还”字，与前面的“不管”相关联，成为“不管是……还是”的形式。“把它完全铲平”前应填“如果”，因为此句与后面的句子是假设关系。“收拾起来的”之后应填入“不是”，“今日的游戏”之前应填“只是”，因为前句与后句是否定之后的肯定。所以选C。

[答案] C

｜知识点二｜关联词的使用

连词使用的常见错误主要有以下几种类型。

1. 关联词误用。例如，

①由于改编者没有很好地理解原作的精髓，任凭主观想象，加入了许多不恰当的情节，反而大大地减弱了原作的思想性。（“反而”应改为“因此”，关联词搭配不当）

②贪图小利的人往往只看到自己的小圈子，打自己的小算盘，进而忽视了集体和国家的利益。（去掉“进而”）

③尽管遇到多大困难，我也要完成任务。（“尽管”是转折连词，此分句间是条件关系，使用它不恰当,应改为“不管”）

④宁可千日无灾，也不可一日不防。（“宁可……也不……”是选择中表取舍关系的关联词，此分句间应是让步假设关系，此用它不能正确地显现分句间的关系，应改为“即使……也不……”）

⑤才能的大小，在很大程度上是由于实践的多少决定的。（“由于”误用，应改为“由”）

3. 依次填入下列句子横线处的词语，恰当的一组是（　）

①次贷危机演变为金融危机________向实体经济蔓延，全球集装箱运输需求放缓。

②明天再去寄信吧，邮局________关门了。

③日前，公安部、政治部发出通知要求，________宣传表彰抢险救灾先进典型，弘扬先进模范的崇高精神，不断激发广大民警的高昂斗志和工作热情。

A. 从而 大概 大肆

B. 进而 大约 大力

C. 进而 大概 大力

D. 从而 大约 大肆

4. 依次填入下列句子横线处的词语，最恰当的一组是（　）

①都说皇帝的女儿不愁嫁，应该不________财富和权力，还有那美丽的基因吧。

②尽管在接拍《浪迹天涯》前张含韵已经做好了很多准备工作，但是真正让她谈走过的这段拍摄时光，她用了一句“很辛苦，________很值得”作为开场白。

③德国电视台在其网站上发表声明，承认________中国西藏发生的暴力事件的报道存在失实问题。

A. 单是 但是 关于

B. 单是 但是 对于

C. 但是 可是 对于

D. 但是 可是 关于

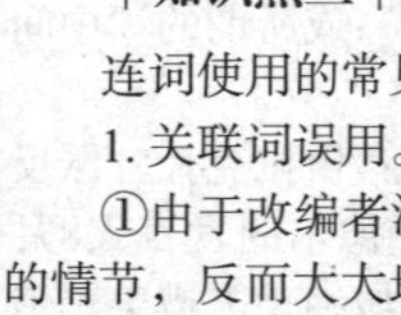

刘长卿（709—约786年），字文房，宣城（今属安徽）人，郡望河间（今属河北）。唐代著名诗人，擅五律，工五言。官至监察御史。与“诗仙”李白交厚，有《唐刘随州诗集》传世，其诗五卷入《全唐诗》。

⑥不久，我和妈妈及其几个朋友也被牵连进去了。（“及其”误用，造成句子歧义）

2. 关联词滥用。例如，

①要不是老师及时提醒我，否则我准会办错事。（“要不是”和“否则”不能搭配，应去掉一个）

②晚会上，广播艺术团的演员满腔热情地歌颂了辛勤劳动的环卫工人，他们的节目，无论从创作到演出，都受到观众的称赞。（去掉“无论”）

③一个人之所以会变坏的原因，除了受到坏的影响外……（“之所以”就表示“……的原因”此处与“的原因”重复，去掉“之所以”）

④这幅画我一直非常喜欢,可是对它的领悟，却是不久前的事。（“却”与“可是”重复，应删去“却”或“可是”）

⑤参加这次探险活动前他已写下遗嘱，万一探险活动中遇到不测，四个子女都能从他的巨额遗产中按月领取固定的生活费。（去掉“万一”，“万一”和“若”重复）

⑥有的同学由于对语文不感兴趣，所以对数学很喜欢。（“由于……所以……”表因果关系,而分句间没有因果关系，应去掉）

3. 关联词漏用。例如：

①由于《古文观止》具有特色，自问世以后近三百年来，广为流传，经久不衰，至今仍为一部有价值的选本。（此句明显有因果关系，故应在“自问世……”前加上“所以”）

②新加坡的竹节虫不仅体色几乎和竹子一样，体形在安静时完全像一根树枝。（此句应在“形体在……”前加上“而且”）

③新加坡的竹节虫不仅体色几乎和竹子一样,体形在安静时完全像一根树枝。（分句间是递进关系，前面已用“不仅”,而后一分句缺少与之相呼应的“而且”等，应在“体形”前加“而且”）

④这次学术会，收获很大,时间并不长。（此句两个分句明显是有转折关系，应加上“虽然……但是……”这一对关联词）

4. 关联词搭配不当。例如，

①只有好好听课,好好完成作业，学习成绩就能大幅度提高。（“只有”和“就”不是同套关联词,不能配搭使用，应将“就”改为“才”,不能将“只有”改为“只要”，因为分句间是必要条件关系而不是充分条件关系）

②这部电影无论在思想内容和艺术表现上，都存在着严重的缺陷。（“无论”应和“还是”搭配，此句应把“和”改为“还是在”）

③既然你来了,我也该走了。（“既然”和“也”不属同套关联词语，不能配套使用，应将“也”改为“就”）

5. 关联词位置不当。例如，

①不仅中药疗效好，而且价格低廉，无副作用。（应改为“中药不仅疗效好……”）

②过去，内地产品质量不是比沿海的低，就是成本比沿海的高。（应该把“不是”放在“质量”前面，）

③鸟的翅膀不管多么完美,如果不凭借空气，鸟就永远不能飞到高空。（“不管”应移到句首）

④小玉不但会唱歌,而且小李也会唱歌。（因两个分句的主语不同。“不但”应移至句首）

⑤农民一方面向化肥厂提出合理的要求和建议，另一方面化肥厂积极改进技术，提高质量，保证化肥的供应。（应将第一个“一方面”移至句首）

5. 依次填入下列句子横线处的词语，最恰当的一组是（　）

①当4月7日金晶接棒圣火在巴黎街头跑动时，此刻，19岁的小姑娘显得______美丽。

②一个小孩在钓鱼，怕来人惊动鱼。______摆手示意噤声。

③他小时候是个神童，两岁开始记事，______能大段大段唱样板戏。

A. 格外　连忙　并且

B. 分外　连忙　而且

C. 分外　赶快　而且

D. 格外　赶快　并且

6. 依次填入下列句子横线处的词语，最恰当的一组是（　）

①你们是好朋友，______为这件小事闹得不愉快呢?

②虽然我们不能像中国奥运选手一样登台竞技，但奥运精神又______不是体现在我们的日常工作中呢?

③他告诉我，这些污垢用点汽油就能洗掉。我回去一试，______很灵。

A. 何苦　何尝　居然

B. 何必　何曾　果然

C. 何必　何尝　果然

D. 何苦　何曾　居然

7. 依次填入下列句子横线处的词语，最恰当的一组是（　）

①蔚蓝的天空中飘着朵朵白云，近几年来这种天气对于北京人来说______就是奢望。

②全球经济危机的寒风______吹向俄罗斯，俄国房价终于开始下挫。

③所有的人出国，无论是小孩______成年人，都会有一个文化冲击的问题。

A. 几乎　猛然　或者

B. 简直　忽然　或者

C. 几乎　忽然　还是

D. 简直　猛然　还是

饯别王十一南游

唐　刘长卿

望君烟水阔，挥手泪沾巾。飞鸟没何处，青山空向人。
长江一帆远，落日五湖春。谁见汀洲上，相思愁白苹。

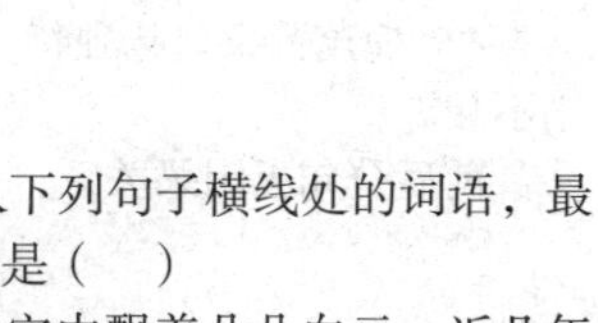

⑥不等大家到齐，就他一个干起来了。（两个分句主语相同,所以“就”应移到“他”与“一个”之间）

6. 关联词逻辑关系不当。例如，

①这篇文章，语言虽然平易近人，但却朴素无华。（“朴素无华”是褒义词，与“平易近人”无转折关系，把“虽然……但却……”改为“既……又……”）

②这本书已经出版好多年了，所以作者最近又做了较大修改。（本句前后无因果关系，应把“所以”改为“但”）

根据以上常见的六种错误类型，分别给出对策如下。

一看词义，防止误用；

二看使用习惯，防止滥用；

三看是否完整，防止漏用；

四看搭配习惯，防止搭配不当；

五看主语是否一致，防止位置不当；

六看逻辑是否合理，防止关系紊乱。

| 知识点三 | 关联词语

语病题大多是复句形式，关联词语应该是最先关注的。关联词语上易出现的语病主要是搭配不当、位置不当、不合逻辑、滥用词语。

1. 无论干部和群众，毫无例外，都必须遵守社会主义法制。

“无论……都……”是表示无条件的关联词语，“无论”后只能带有“还是”“或”组成的词语，而不能带并列短语，“干部和群众”应改为“干部还是群众”。

2. 美国政府如果对进口钢铁实施紧急限制措施，那么几乎所有国家的钢铁业都会成为打击对象。

两个分句主语不同时，第一分句的关联词语应放在主语前；主语相同时，第一分句的关联词语应放在主语后。该句两个分句主语不同，“如果”位置不当，应放在“美国政府”前。

3. 专家说，亲子鉴定不仅“鉴”出了社会世相，也“鉴”出了血肉亲情。

“不仅……也……”是表递进的关联词语，该句两个分句内容不合逻辑，应先说“血肉亲情”，后说“社会世相”。

4. 槐茂酱菜口味独特，深受百姓欢迎，距今已有300多年的历史，所以仍然畅销不衰。

前后分句无因果关系，“所以”多余，这是滥用关联词语。

8. 依次填入下列句子横线处的词语，最恰当的一组是（　）

①这次会谈取得的最大成果就是：布什听从了萨科齐的建议，允诺在近期召开一系列国际峰会来讨论起源于美国_______横扫全球的金融危机。

②齐达内不完美的谢幕，给这个夏天带来些许的惆怅，_______这是他的“世界杯”绝唱啊，我希望能有个圆满的结局。

③_______看电视和其他多样化的活动拉走了电影的部分观众，但高票价也是推波助澜驱赶观众的重要因素。

④恶与善不是_______对立、割裂的，归根到底，我们还是希望有一个美好的世界。

A. 既而 毕竟 不管 绝然

B. 既而 究竟 不管 决然

C. 继而 毕竟 尽管 决然

D. 继而 究竟 尽管 绝然

9. 依次填入下列句子横线处的词语，最恰当的一组是（　）

①今天的金牌绝不是_______取得的，因为在过去的几次世界杯的比赛中，我们的实力已经有所体现。

②_______喜爱足球？他样样都喜爱。

③眼见不一定为实，又_______道听途说呢！

④特侦组计划再给陈水扁2到3次出庭答辩的机会，如陈水扁_______无法提出合法说明，最快下月中旬，就会被依贪污罪追加起诉。

A. 偶然 岂但 况且 仍然

B. 偶尔 不但 况且 仍然

C. 偶尔 不但 何况 仍旧

D. 偶然 岂但 何况 仍旧

互动训练答案

1.D 2. C 3. C 4. B 5. B 6. C 7.D 8. C 9. D

秋日登吴公台上寺远眺

唐 刘长卿

古台摇落后，秋日望乡心。野寺来人少，云峰隔水深。

夕阳依旧垒，寒磬满空林。惆怅南朝事，长江独至今。

[专题八　辨析病句]

辨析语病是每年必考的一个考点，而且这一考点在通常情况下的得分率比较低的。体育单招要求选出没有语病的一句，所以比高考的简单，考生可以靠语感做题，语感又从何来？就如同医生给病人看病，首先要懂内外科各有哪些病症（考生要多做各类练习题），看多了感觉自然就有了。把词语组织成句子，要注意词语的意义，词语与词语的搭配、词语之间的顺序、句子的使用等，否则就会出现语病。

|知识点一|语序不当

语序不当　汉语由于缺乏形态变化，结构句子主要靠虚词与语序，因此语序不当，必然影响句意的表达效果。语序不当之病一般发生在多项定语、多项状语、并列词语作句子成分的运用过程中。

一、定语位置不当

多项定语与中心语的正确次序一般是：表领属性的或时间、处所的；指称或数量的短语；动词或动词短语；形容词或形容词短语；名词或名词短语。另外，带“的”的定语放在不带“的”的定语前。

例如，一位优秀的有30多年教学经验的国家队的篮球男教练。

正确次序：国家队的（领属性的）一位（数量）有20多年教学经验的（动词短语）优秀的（形容词）篮球（名词）男教练。

1. 下面是多项定语次序不当的例子

屋里陈列着各式各样的鲁迅过去所使用的东西和书籍。

（属运用多项定语造成的错误，应将“鲁迅过去所使用的”放到“各式各样”之前，因为多项定语的顺序一般是领属语在前，数量语在中，形容或描写语在后）

2. 下面是定语误放在状语位置的例子。

夜深人静，想起今天一连串发生的事情，我怎么也睡不着

（“一连串”应修饰“事情”）

3. 下面是定语和中心语位置颠倒的例子

我国煤炭的生产，基本供应国内。“煤炭的生产”应为“生产的煤炭”。

二、状语位置不当

多项状语次序比较复杂，要注意的是：先时间后处所；先介词结构后情态动词、形容词；表示对象的介词结构一般紧靠中心语；不要弄错修饰对象。例如，

每一个有志气的青年将来都希望自己成为一个对四化建设有贡献的人。（属运用多项状语造成的错误，应将“将来”放在“成为”之前，因为“将来”不是“希望”的修饰语；如果是就产生歧义了，“将来”“希望”就意味着现在不希望）

三、虚词位置不当

1. 介词短语位置不当

例如，“神舟”十号飞船返回舱于2013年6月26日晚08时07分在内蒙古四子王旗安全着陆。第二天，中国各大报纸关于这起震惊世界航天界的大事都做了详细的报道，（“关于这起震惊世界航天界的大事”这个介词短语不能放在主语后面，应移至“中国各大报纸”前，或将“关于”改为“对于”）

2. 副词“不”的位置不对

例如，我们如果把自己国家的事情不努力搞好，那么在国际上就很难有发言权

互动训练

1. 下列句子中没有语病的一句是（　）

A. 可不可以找到既能优化生态环境又能加快城市旅游建设的办法呢？我们的回答是肯定的。

B. 凡符合报考条件的考生三月中旬以前向柳巷区成人高考招生办公室办理报名手续。

C. 实现社会主义民主法制，任重道远，我们会遇到许多不熟悉的新问题、新经验、新情况。

D. 为解决“白色垃圾”堆积成山的问题，市环保局等有关部门正采取了多种措施，协力攻关，变废为利。

2. 下列句子没有语病的一句是　（　）

A. 为期一周的布鲁塞尔会议将就各国国际性犯罪活动以及国际之间的执法展开合作问题展开广泛的讨论。

B. 吴菲生性爱动，像个野小子似的，为此，她没少受妈妈的责骂。

C. 大批灾区儿童重新走进了宽敞明亮的教室，坐上了崭新的木制桌凳，广大家长对此十分满意。

D. 他从小就受唐诗宋词的熏陶，这有利于他准确、完全地把握肖邦的旋律所蕴含的诗境。

3. 下列各句中，没有语病的一句是（　）

送上人
唐　刘长卿
孤云将野鹤，岂向人间住。莫买沃洲山，时人已知处。

了。（“把”字句否定副词应该放在“把”字之前，把“不”放在“把”字前）

3. 关联词语位置不当

例如，不但他成绩好，而且思想也很好。（“不但”移到主语“他”后）

四、其他不当

1. 词序不当

（1）学生、领导和老师都参加了开学典礼。（主语的词序不当，应改为“领导、老师和学生”或“学生、老师和领导”）

（2）在工作中，我们应该注意培养自己解决、分析、观察问题的能力。（属运用并列词语作句子成分造成的错误，应将“观察”与“解决”易位，因为认识事物的过程是：通过观察，进而将观察到的内容加以分析，最后找到解决的办法）

2. 主客体颠倒

姚明这个名字，对中国球迷谁不熟悉。（主体与客体颠倒了，必须换位）

3. 分句位置不当

他不但能读书作文，而且会认字写字。（递进关系不当，“读书作文”与“认字写字”换位才对）

[例1]下列句子中，没有语病、句意明确的一句是（　）

A. 古今中外的无数事实都证明诚实守信是决定一个企业成功和失败的关键。

B. 虽已离休多年，但他总忘不了哥哥参军时对自己的评价：一个人道主义者。

C. 规范农贸市场，需要采取建立责任制和加强法制双管齐下，否则难有大的成效。

D. 广东省人大在战胜“非典”后，就不吃野生动物等热点问题举行了立法听证会。

[解析]本题考查正确识别病句的能力。A句病在对“诚实守信”的判断，诚实守信是决定一个企业成功的关键，怎么能说是失败的关键呢？B句病在有歧义，“总忘不了哥哥参军时对自己的评价”，有两种解释：一是指哥哥参军时，一是“他”参军时。C句病在动宾搭配不当，“采取”的宾语部分就句子看，是“建立责任制和加强法制双管齐下”，句意不明确，结构也混乱。如果删去“采取”，让“建立责任制和加强法制”充当“需要”的宾语，将成语“双管齐下”独立成句，句意就明确了，结构就清楚了。所以选D。

[答案]D

｜知识点二｜ 搭配不当

搭配不当　词按语序组成句子以后便形成了一个特定的言语环境，如前所述这个言语环境除了显示词义以外，对于进该语境的词有选择作用，什么样的词可以与什么样的词搭配是有条件的；如果乱点鸳鸯谱，胡乱搭配，就会造成错误，出现主谓、动宾、定中、关联词搭配不当的病象。特别是动宾搭配的错误，尤应引起考生注意。

一、主谓、主宾、主定搭配不当

1. 当我们赶到的时候，夜幕已经深沉了。（属于主谓搭配不当。主语“夜幕”的谓语应该是“降临”一类词；只有主语为“夜色”时，谓语方可用表程度的“深沉”）

2. 主宾搭配不当。例如，

政治稳定、团结的局面，是我国社会主义市场经济体制健全的先决条件。（属于主宾搭配不当。“局面”是“条件”不妥，应删去“的局面”）

3. 代表队精彩的表演和技术水平，给我们留下了深刻的印象。（属于定语与中心语搭配不当。定语“精彩”修饰“表演”则可，修饰“水平”则不可，如果去掉

A. 春节后，家电产品的价格战愈演愈烈，有的品牌的价格甚至下降了1～2倍。

B. 我们肩负着早日把中国建设成一个富强民主的现代化国家的重任。

C. 我们大家都被这种敲锣打鼓的热烈场面愣住了，啊，原来是他们在欢迎我们。

D. 当前，我们应该采取种种办法，提高和培养中小学教师尤其是青年教师的水平。

4. 下列句子中，没有语病的一句是（　）

A. 营造学术生态环境比建设自然生态环境要难得多，因此，也更需要全社会的精心培育。

B. 当前，科学技术迅猛发展，我们有必要广泛开展科普普及活动，以适应社会发展的需要。

C. 蓝天科研所刚研制出的能净化低标号柴油废气的过滤器，为提高首都空气质量作出了贡献。

D. 语言文字具有稳固性和发展性，如同车有两轮，鸟有双翅，缺一不可。

5. 下列句子中没有语病的一句是（　）

A. 中国共产党是拿起这个武器的宣传者、倡导者和组织者。

B. 是否实事求是，一切从实际出发，理论和实践相结合，这是毛泽东思想的根本观点。

C. 从义理、考据和辞章这三者中，义理应当是灵魂，是统帅。

D. 荷塘的四面，远远近近，高高低低都是树，而杨柳最多。

6. 下面句子中没有语病的一句是（　）

A. 为了防止这类交通事故不再发生，我们加强了交通安全的教育和管

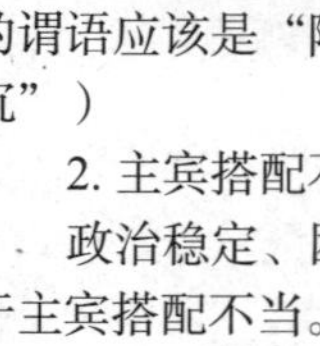

岑参（约715—770年），原籍南阳（今属河南新野），迁居江陵（今属湖北），唐代著名的边塞诗人。其诗歌富有浪漫主义的特色，气势雄伟，想象丰富，色彩瑰丽，热情奔放，尤其擅长七言歌行。

"和技术水平"，句子就通了）

二、关联词使用不当。

例如，虽然有时吹来一阵冷风，而且阳光晒到身上却很暖和。（属于关联词使用不当。现代汉语中关联词成对使用是有一定之规的，"虽然"只能与"但是"之类相配用，依据句意，应将"而且"改成"但是"）

三、动宾搭配不当。

例如，我们一定要努力实现改革开放的重大任务。（属于动宾搭配不当。动词谓语"实现"的宾语不应是"任务"；如果让"任务"充当宾语，动词谓语就应改为"完成"）

四、修饰语和中心语搭配不当。

例如，这次大会上，对工资问题交换了广泛的意见。（并不是"意见"广泛而是"交换"的范围广泛，应改为"广泛地交换了意见"。这一类搭配不当的语病常和语序不当有交叉的地方）

五、否定与肯定搭配不当。

例如，我们并不完全否认这首诗没有透露出希望，而是说希望是非常渺茫的。（"不完全否认"等于"部分承认"，基本上还是承认。因此这句话意思是说"我们承认这首诗没有透露出希望"，刚好和作者的本意相反。改法有两种"我们也承认这首诗透露了一些希望……"或"我们并不否认这首诗也透露了一些希望……"）

[例1]（2008. 9）下列各句中，没有语病的一句是（ ）

A. 我们的年终总结评比会开得既严肃认真，又生动活泼，气氛空前的热烈。

B. 在这次大规模地向雷锋同志学习的活动中，我校师生做了大量的好人好事。

C. 保证行车安全是衡量汽车质量的重要条件，不能只看车的动力大小。

D. 他是在去机场的途中才发现遗失在饭店房间里的手机和钱包的，非常着急。

[解析]这4个句子全是单句。凭语感可以看出A句"既严肃认真，又生动活泼，气氛空前地热烈"前后矛盾；B句有两处问题：一个是语序，"大规模"修饰"活动"，而不是修饰"向雷锋同志学习"，应把"向雷锋同志学习"提到"大规模"的前面；一个是搭配问题，"大量"这个词只能和"好事"搭配，却不能与"好人"搭配；D句也是语序问题，应该"发现"的是"手机和钱包遗失在饭店房间里"。正确答案为C项。

[答案] C

｜知识点三｜ 成分残缺或赘余

一、成分残缺

成分残缺或赘余　现代汉语的完全句应是主、谓、宾俱全的，如缺某种成分，句子就不完整了；相反，如果叠床架屋造成赘余，句子就不简洁了。在缺主语、缺谓语、缺宾语中，考生尤应注意主语。例如，

1. 从这个事实中，证实了党的正确领导。（属于主语残缺。由于有。"从"与"中"作怪，主语变没了；删去"从"与"中"，主语"这个事实"就凸显出来了。在现代汉语里"从……中"是介宾短语，只能作状语）

2. 他那光明磊落的情操，崇高无上的品质。（属于谓语残缺。句中由于"那"的存在，本来完整的句子一下子变成半截了，缺少了谓语；将"那"改成"有"，让"有"作谓语，句子就完整了，主语为"他"，宾语为"情操""品质"）

3. 青少年有一种积极向上，敢打敢冲。

（属于宾语残缺。句中谓语"有"的宾语应当是"精神"，"积极向上，敢打敢冲"只能作"精神"的定语）

理。

B. 他领导的科研小组研制出的新产品，为节能作出了重大贡献。

C. 有人不择手段仿造伪劣产品，对这种坑害顾客骗取钱财的不法行为，应给予严厉打击。

D. 不管气候条件和地理环境都极端不利，登山队员仍然克服困难，登上了顶峰。

7. 下列各句中没有语病、句意明确的一句是（ ）

A. 一对夫妇特意赶在结婚纪念日这天来到捐助中心，一人捐献了1000元钱。

B. 世界已进入21世纪，窗外的世界天天一个样，有着强烈求知欲的中学生们该如何呢？

C. 好的牛肉必须是专门饲养用作肉用的，牛肉也呈现出大理石花纹。

D. 调低保送生比例后，一些有体育、艺术特长的学生正为不能按原计划升入相关的大学而奔走。

8. 下列句子中表意明确，没有语病的一项是 （ ）

A. 他未按学生会的决定，把比赛日期告诉给对方，以致产生了误会。

B. 这场大动干戈的风波的起因，其实不过是小事一件。

C. 今年乘飞机到达洛杉矶观看比赛的人数现在就差点不到二十万零五千人，而去年一年到洛杉矶旅游观光的总人数仅为二十二万八千人。

D. 邓颖超此次率团访泰，受到泰国朝野和广大侨胞的热烈欢迎，这不仅仅因为她是已故周恩来的夫人，而是她本人对国家的卓越贡献。

9. 下列各句，没有语病、句意明确的一句是 （ ）

A. 县里的通知说，让赵乡长本月15日前去汇报。

白雪歌送武判官归京

唐 岑参

北风卷地白草折，胡天八月即飞雪。忽如一夜春风来，千树万树梨花开。散入珠帘湿罗幕，狐裘不暖锦衾薄。将军角弓不得控，都护铁衣冷难着。瀚海阑干百丈冰，愁云惨淡万里凝。中军置酒饮归客，胡琴琵琶与羌笛。纷纷暮雪下辕门，风掣红旗冻不翻。轮台东门送君去，去时雪满天山路。山回路转不见君，雪上空留马行处。

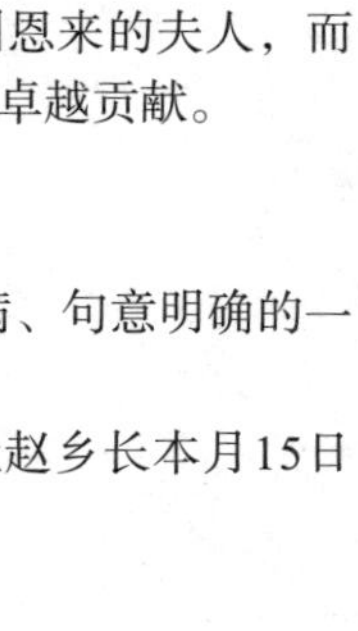

二、成分赘余

成分赘余主要表现为语义重复、词语堆砌和附加语赘余。

1. 语义重复。例如，昨天是转会截止日期，中国足协又接到25名球员递交的转会申请。〔“截止”的意思是（到一定期限）停止。“昨天是截止日期”即表示是最后一天，语义重复。〕

2. 附加语（定语、状语、补语）赘余。例如，

①只要我们有信心，任何一切困难都能克服。

（属于定语成分赘余。句中的“任何”“一切”意思完全一样，用其中一个就可以了。判断一个句子的成分是否多余，均应从各词的意思是否相似入手，两个或两个以上的近义词同时充当某种成分，其中一个必然是多余的）

②他平时总是沉默寡言，但只要一到学术会议上谈起他心爱的专业时，就变得分外活跃而健谈多了。

（短语“变得分外活跃而健谈多了”中“分外”“多了”意思重复，任意保留一个词即可。其中，“分外”是偏正短语“分外活跃”中的状语，“多”是动词性的并列短语“活跃而健谈”的补语）

三、其他赘余

1. 要考虑我国政治与文化环境的需要，发展我们的出版业。（堆砌。“环境”应省去）

2. 不知不觉就走了十里路左右。（可有可无。应删去“的距离”）

3. 出人意料的，今年三月，物价的下跌，后来慢慢稳定了。（“的”字多余。加了“的”，句子转为短语，意思也变了，不是“物价”稳定，而是“下跌”稳定了）

[例1]（2010.6）下列各句中，没有语病的一句（　）

A. 《食品广告发布暂行规定》指出，食品广告不得与药品混淆，以免让消费者产生误解。

B. 嫁接现代太阳能技术后，按各种比例仿制的太阳能长信宫灯已成为当地的馈赠佳品。

C. 凡年满16岁左右（不含在校学生）的农村居民，均可参加新型的农村社会养老保险。

D. 这样的观点不免带有文化决定论，过分注重传统文化的作用，因而令人难以信服。

[解析]解此题，先逐句读，A句在“食品广告不得与药品混淆”读不通，是成分残缺，“药品”后应加“广告”。C句读不通，是确数和约数混用，不搭配。D句读不明白，病因是主语指代不明，是“这样的观点”还是“文化决定论”呢？正确答案B。

[答案] B

B，睡眠三忌：一忌睡前不可恼怒，二忌睡前不可饱食，三忌卧处不可当风。

C. 文件对经济领域中的一些问题，从理论和政策上做了详细规定和深刻的说明。

D. 一个好的比喻，或为形似，或为神似，或为神形兼似，总是离不开相似这一根本特点。

10. 下列的句子中没有语病的一项是（　）

A. 刚刚跨入上海，这位从未出过县城的小伙子，便在灯红酒绿的强烈反差下，心中涌动着一种莫名其妙的自卑感。

B. 齐白石的画别具一格，在中国画的发展过程中的作用是出类拔萃的。

C. 我拿绿色来装饰我这简陋的房间，装饰我过于抑郁的心情。

D. 他的批评，措辞太尖锐，妨害了作家和出版机构的名誉和权益。

11. 下列句子中，没有语病的一项是（　）

A. 见到那么多久别的老友，对一个远方来客是一桩最快乐的事。

B. 他刚考上高中时的精神面貌和现在相比确实大不相同了。

C. 他们对这种电影的评论，见解犀利，剖析深刻。

D. 近来，这一带湖面上荷叶田田。一片片浅碧深绿之中，已有了数点嫣红。

12. 下列各句，没有语病、句意明确的一项是（　）

A. 把各种盐类加在一起，占死海全海海水的百分之二十三到二十五。

丘为（694—789年），苏州嘉兴（今属浙江）人。天宝初年，进士及第，累官至太子右庶子，与王维、刘长卿友善，时相唱和。80多岁辞官还，贞元间卒，年九十六。相传是唐代享寿最高的一位诗人。其诗大抵为五言，格调清幽淡逸，多写田园风物，为盛唐田园山水诗派作者之一。以《题农父庐舍》《寻西山隐者不遇》《左掖梨花》《泛若耶溪》等较著名。例如：“东风何时至，已绿湖上山”“冷艳全欺雪，余香乍入衣”，堪称佳句。

｜知识点四｜ 结构混乱

结构混乱　现代汉语不同类型的句子的结构形式是不同的，如果将两种不同的结构形式混用一起，就会造成混乱，表意便不明确。

一、简洁明了

作者时而要用这种结构，时而要用那种结构，结果两种结构都用了。例如，

1. 关键在于人生观起决定作用。（属于两句不同的话混用在一起而造成的结构混乱。分开说应是：“关键在于人生观”和“人生观起决定作用”。修改时，保留一句就可以了）

2. 多年来曾被计划经济思想束缚下的人们也觉悟起来。（应该在“曾被……束缚的……”和“在……束缚下的……”两种句式中选用一种）

二、融会贯通

1. 我们向政府提意见是人民的责任。

错误原因：一句话的结构已经完整，却把它的最后一部分用作另一句的开头。应把“我们向政府提意见”和“向政府提意见是人民的责任”凑在一块儿，应该删去“我们”。

2. 因此，当匪徒们偷袭游击队的时候，被游击队反包围，歼灭了无数匪军。

错误原因：是指把上半句主语以外的成分用来做下半句的主语，因此导致主语不清。“被游击队反包围”的主语是“匪军”，但“歼灭了无数匪军”的主语只能是游击队，作者却把它一气呵成，不加交代。应该把末一分句改作“歼灭了一大部分”，这样“歼灭”是接着“被游击队”下来的，就连贯了。

三、主动被动

例如，对于滥用方言的做法是应该受到批评的。（属于主动句与被动句的混用。如以主动句表达，应是：“应该批评滥用方言的做法”。如以被动句表达，应是：“滥用方言的做法应该受到批评。”原句由于“对于”的运用，句子便没有主语了）

四、结构含混

这样的句子可以有两种看法。例如，真人真事的创作方法，近几年来曾提倡过，而且产生了许多写真人真事的作品。（句中的“产生”可以算无主语，也可以拿“创作方法”作主语，作者的意思也许是第一种，那么上半句应该改作“近几年来曾提倡过真人真事的创作方法”）

[例1]下列句子有语病的一项是　(　　)

A. 建立健全义务教育学校老师和校长流动机制，是国家中长期教育改革的一个目标。

B. 近年来随着全国气候变暖，深藏于滇西群山中的程海湖的蒸发量也逐渐增大。

C. 我国将展开大规模的麻疹疫苗强化免疫，未来几年内可建成有效的免疫屏障。

D. 在雅典奥运会上扬我国威的体育健儿抵达首都机场后，受到各界人士的热烈欢迎。

[解析]经过筛查，从句意和语法结构两方面入手，再凭语感判定，可以知道，A、B、D三项的语言表述均无语病，只有C项读起来给人一种不顺畅的感觉。C项句子的后半节“未来几年内可建成有效的免疫屏障”，文从字顺，没有语病，有语病的地方在句子的前一部分，其中动词“展开”运用欠妥帖，应用“开展”为是。“展开”的意思是，张开、铺开、伸展；“开展”的意思是，使某项工作从小到大，由浅入深地发展。前者侧重于“展”（伸展、铺开），后者侧重于“开”（开始）。就句意看，以用“开展”为宜。

[答案] C

B. 可以说，他是一个真正地从内心深处意识到自己存在的人，忍受不了加在他身上的他不能承受的轻蔑。

C. 庄周这个古代思想家倒是个提倡丧事简办的始作俑者呢？

D. 他孜孜不倦地写作。用年轻人中流行的一句话说，他似乎活得很“累”。

13. 下列各句，没有语病的一句是　(　　)

A. 提起蜀汉亡国，有人认为是刘禅懦弱无能、庸碌昏聩所致——这也是过分苛求。

B. 把事件的结局先写出来，然后再按时间的顺序叙述事件发生、发展的经过叫倒叙。

C. 从某种意义上说，教师是一根拐棍，我们的目的是让学生丢掉拐杖自己走路，以达到叶圣陶先生所要求的——“教是为了不教”。

D. 我们这个大约50人左右的班级，已经有35个共青团员。

14. 下列各句，没有语病的一句是　(　　)

A. 青年男女不再以财产多寡和门第高低为条件，而以能劳动、有科学文化知识的标准去选择自己的伴侣。

B. 他无时无刻不把群众的疾苦放在心上。

C. 如何才能先富起来呢？关键在于知识起决定作用。知识的贫乏必然造成财富的贫乏，财富的充足是以知识的充实为前提的。

D，我校的教学成绩显著，多次受到市教委的表彰。

15. 下列各句，没有语病的一句是（　　）

A. 消协人士认为，消费者有权享受放

左掖梨花

唐 丘为

冷艳全欺雪，余香乍入衣。春风且莫定，吹向玉阶飞。

|知识点五| 表意不明

表意不明 遣词造句，目的在于明确表达某种意义；否则，会影响表达效果。一般指歧义句，在一定的语言环境里，除了运用双关修辞格以外，同一句话有两种或两种以上的理解。主要有四种类型：语音歧义、语义歧义、语法歧义和语境歧义。

一、语音歧义

语音歧义是指由于读音而造成语句有两种或两种以上的理解。

[例1]下列句子中，没有歧义的一句是（ ）

A. 只要你单位同意，报销差旅费，安排住处，领取出席证的问题可由我们解决。

B. 自从我省西部地区发生强烈地震以来，本市各界对震灾以后人民的生活十分关心，积极开展赈灾活动。

C. 你借他的书怎么还不还？

D. 中国有句老话说“书不尽言，言不尽意”。

[解析] A由于逗号停顿的位置不同，可有两种不同的意思，其一如“你单位同意报销差旅费”，那么“安排住处，领取出席证的问题可由我们解决”。其二如“你单位同意报销差旅费、安排住处”，那么“领取出席证的问题可由我们解决”。B这句话是从广播稿中节选的，广播稿必须做到通俗化，尽量避免用同音异义词，以免产生不同的理解，“震灾”和“赈灾”就是同音异义词，应避免歧义的产生。C用词产生歧义而造成表意不明。“借”的两种理解“借给”和“借来”：一是，你借给他的书，他怎么还不还？二是，你把他的书借来，你怎么还不还？修改时，依据需要，保留一种即可。D句语言清通，句意明确，没有语病。故选D。

[答案] D

二、语义歧义

如果句子中有一个词兼有两种或两种以上的意思，那么这个句子就很有可能有两种或两种以上的表意效果，从而造成歧义。例如，

[例1]下列句子中，没有歧义的一句是（ ）

A. 我要炒肉丝。

B. 大家热烈地欢迎英雄的母亲的到来。

C. 这本书是黄色的。

D. 如果仅仅只局限于语言文字，死抓住语言文字不放，那就成为死读书了。

[解析] A“要炒肉丝”有歧义，若把“要”看成是助动词，那么“炒肉丝”就是一个动宾结构的短语；若把“要”看成是动词，“炒肉丝”就是一道菜的名称，就是名词。B“英雄的母亲”有歧义，若把“英雄”看作名词，其意为“母亲”的儿子是“英雄”，到来的是已经成为英雄的那个人的母亲；若把“英雄”看成是形容词，其意为“母亲”本人是一位英雄。C“黄色”既可以理解为“书的封面是黄颜色的”，又能够理解为“书是淫秽的，思想不健康的”。D句语言清通，句意明确，没有语病。故选D。

[答案] D

三、语法歧义

如果一个句子中有两个或两个以上的定语，或者是用“和”连接的并列短语，或者句中用“对”指代对象，往往导致句子由于结构层次划分的不同而使句意迥异。

[例1]下列句子中，没有歧义的一句是（ ）

A. 局长嘱咐几个学校的领导，新学期的工作一定要有新的起色。

B. 他背着总经理和副总经理偷偷地把这笔钱分别存入了两家银行。

C. 美国对伊拉克的进攻是早有准备的。

D. 会读书的人能把死书读活，不会读书的人能把活书读死。

松且不受干扰的就餐环境。

B. 能不能既提高教学质量，又减轻学生的负担？我们的回答是肯定的。

C. 去年以来，由于日方在对历史问题的认识和钓鱼岛问题上接连采取错误的举措，使中日关系正常发展受到严重干扰。

D. 生长在含金量较多的土壤里的玉米或木绒草，将其根、茎烧成灰，每吨灰内竟可提取出10克黄金。

16. 下列各句，没有语病、句意明确的一句是（ ）

A. 在香山一带老百姓的传说里，一代文豪曹雪芹的足迹走遍了这里的沟沟壑壑。

B. 有些作家背离了大众欣赏的习惯，弄些非驴非马的东西，却自诩是在搞探索和实验。

C. 这次活动的宗旨是展现京剧艺术形成、发展的历史过程，并以此推动弘扬民族文化优秀传统和建设社会主义精神文明。

D. 我们兄弟手足情深，我怎能丢下残疾的哥哥和弟弟去观看精彩的演出呢？

17. 下列各句中，没有语病的一句是（ ）

A. 今天，诺华制药有限公司为27名“换肾人”进行讲座，帮助“换肾人”了解有关知识。

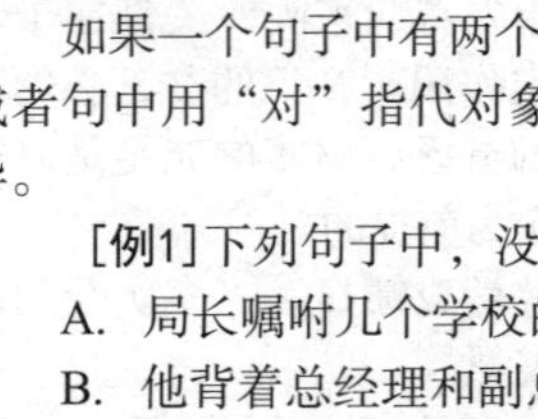

泛若耶溪

宋 释行肇

雾雨牵野情，孤舟遂兹赏。积水连远空，落日垂万象。

岸回云独随，山转泉更响。望望极寒源，犹言放轻桨。

[解析] A“几个学校的领导”有歧义，若“几个”修饰“学校”，其意为不同的几个学校的领导们被局长嘱咐；若“几个”修饰“领导”，其意为局长嘱咐的是同一所学校的几个领导。B“他背着总经理和副总经理”有歧义，可作两种解释，问题出在“和”上，若把“和”看成连词，其意为“他背着的是总经理和副总经理两个人，自己一人把钱分别存入了两家银行”；若把“和”看成介词，其意为“他背着的是总经理一个人，与同伙副总经理把钱分别存入了两家银行”。C介词“对”使得原句有两种理解：一是“美国进攻伊拉克，是早有准备的”，二是“伊拉克进攻美国，美国对此是早有准备的”。虽然我们都知道客观事实是第一种情况，但是从语法的角度，这句话确实是存在两种截然不同理解的歧义句。D句语言清通，句意明确，没有语病。故选D。

[答案] D

四、语境歧义

语境歧义指的是由于具体的语言环境而造成的歧义。一种情况是由于缺乏具体的语言环境而使句意不明；另一种情况是，在一句话中出现了两个或两个以上的代词、人物，常常因指代对象不明确、交代不清楚而导致意思上的差异。

[例1]下列句子中，没有歧义的一句是（ ）

A. 开刀的是他父亲。

B. 李明扶着一位老大娘走了过来，肩上背着一个包袱。

C. 孩子们很喜欢王大伯，一到这里就有说有笑，十分高兴。

D. 很久以来，我都有种感觉：同是那个太阳，落日比朝阳更富爱心。

[解析] A由于前后没有具体语境，就有两种不同的理解：一方面可以理解为“他父亲是病人，已经做开刀手术了”，另一方面也可理解为“他父亲是医生，为病人实施了开刀手术”。B“肩上背着一个包袱”一句表意不明，背着包袱的既可以理解为是李明，也可理解为是老大娘。C“一到这里就有说有笑，十分高兴”一句交代不清，一方面可理解为“孩子们一到王大伯这里就有说有笑，十分高兴”，另一方面也可理解为“王大伯一到孩子们这里就有说有笑，十分高兴”。D句语言清通，句意明确，没有语病。故选D。

[答案] D

解题方法：

消除歧义，必须根据歧义的病因对症下药，不同类型的歧义句应该采用不同的方法去消除歧义。但是，最主要的方法有两种：一是变更表达方式，主要包括更换词语、变换句式、调整语序、改变停顿位置等；二是联系具体语境，把歧义句放置到一定的语言环境中，结合上下文来理解，句子的歧义也就不存在了。

｜知识点六｜ 不合逻辑

不合逻辑 语言表达在一定程度上反映出思维水平的高低，思维的逻辑性制约着语言表达的准确性。用形式逻辑的方法来分析语病，能使我们对语病的病因有不同于语法角度的认识。病句的逻辑错误，主要表现在自相矛盾、主客颠倒、概念不清、否定失当等方面。例如，

一、自相矛盾

例如，我们要求稿件字数不得超过一千字左右。（属于自相矛盾。既然要求“不得超过”一千字，只能在千字以内，而“左右”是指既可写千字以上，又可写千字以下，这样就自相矛盾了，因此必须删掉“左右”）

B. 固体在液体里是沉还是浮，决定于浮力比固体的比重是大还是小。

C. 影片《生死抉择》着力于弘扬以李高为代表的当代共产党人的凛然正气，也体现了小说原作者和改编者的凛然正气。

D. 1945年，日本外相东乡亲访苏联驻日本大使马立克，表示日本已准备接受无条件投降。

18. 下列各句中，没有语病的一句是（ ）

A. 位于俄罗斯北高加索地区的一些中小城市，近来被可怕的爆炸事件搅得天翻地覆。

B. 我们在东北访问时，到处可以看到巍峨的雪山，这使美好的北国风光增添了几分肃穆之感。

C. 关税下降了，这对明年本市家电市场是喜是忧？经销商和消费者的回答都肯定的。

D. 过去我们曾不加分析地批判了他在文艺创作上的某些观点，现在看起来，当时的批判是失之偏颇和慎重的。

19.下列各句中，没有语病的一句是（ ）

A. 北京医院采用的这种治疗方法，具有疗程短，见效快，无副作用，从而达到标本兼治的目的。

李绅（772—846年），无锡人，字公垂。27岁考中进士，补国子助教。与元稹、白居易交游甚密，他一生最闪光的部分在于诗歌，他是在文学史上产生过巨大影响的新乐府运动的参与者。作有《乐府新题》20首，已佚。作品流传至今的有《追昔游诗》3卷、《杂诗》1卷，收录于《全唐诗》。另有《莺莺歌》，保存在《西厢记诸宫调》中。

二、概念并列不当

并列的概念，应该是按同一标准划分的。如果标准混乱，就会造成大小概念并列或不同类别的概念并列的错误。例如，

桌子上放着水壶、杯子、台灯等水具，很方便。

（属于概念不清。句中“台灯”并非“水具”，不能与“水壶”“杯子”并列置于“等水具”之前，或者改为“桌子上放着台灯和水壶、杯子等水具”，或者改为“桌子上放着水壶、杯子等水具和台灯”）

三、否定不当。

例如，谁也不能否定优异的成绩是不靠勤奋学习得来的。

（属于否定不当。句中有两个否定词“不”，双重否定就成为肯定了，句意变成“谁也否定优异的成绩是靠勤奋学习得来的”。这样，明显与所要表达的句意矛盾，因此，以去掉后一个“不”字为宜）

四、主客颠倒

例如，数学对我很感兴趣，成绩一直很好。

（属于主客颠倒。“数学”是“我”感兴趣的对象，非“我”是“数学”感兴趣的对象，因此“数学”与“我”应易位）

五、不合事理

例如，下午，一阵雷雨过后，在西边的天空中出现了一道美丽的彩虹。（彩虹出现的方向与太阳相对，下午的彩虹只能出现在东边）

[例1]下列各句中，没有语病的一句（　）

A. 凡是在科学和学问研究上有成就的人，不少是在客观物质条件十分艰难的情况下，经过顽强刻苦的努力才获得成功的。

B. 我去年的学习情绪和今年比较起来大不相同。

C. 谁也不能否认优异的学习成绩不是靠勤奋学习得来的。

D. 文化中心的嬗变和逆转是一个发人深思的话题。

[解析]解此题，先逐句读，A属于自相矛盾。“凡是”与“不少”矛盾。B属于主客颠倒。比较一先一后两件事，一般总是以后者为主体，所以应该说成：“我今年的学习情绪和去年……”C属于否定不当。有三重否定，全句表述的是否定的意思，和本意刚好相反。D句语言清通，句意明确，没有语病。故选D。

[答案] D

辨析病句要遵从“四步法”。

1. 多念两遍。“念”是凭语感扫描，一遍是读不懂的。

2. 分析句子成分。①单句采用紧缩法，先抓主干后理枝叶。②复句要先看关联词（关联词是否残缺、关联词的搭配和位置、关联词是否错用、滥用），然后以分句为单位，采用紧缩法去判断。特别注意主语一致，关联词在后；主语不同，关联词于前。

3. 成分结构没问题，就看逻辑关系是否得当。

4. 长句分段诊治，感觉有问题处要仔细分析不放过。

B. 经过几个世纪发展建立起来的古典芭蕾舞体系能够最大限度地体现舞蹈动作的技巧性、表现力和协调性。

C. 我国西昌卫星发射中心今日凌晨把一颗气象探测卫星用“长征三号”火箭准确送入预定轨道。

D. 用花木装点居室时，相对矮小的五针松、文竹、吊兰以及微型盆景等，最好放在茶几、案头或博古架处较合适。

20. 下列句中没有语病的一句是（　）

A. 铜、铅、锌被禁锢在火山岩凝固成的石头里，所以一般要发现它们是比较困难的。

B. 他们谩骂法院执行人员，殴打执行公务的干警，这实属是藐视国家法律尊严与权威的违法行为。

C. 目前一些学校成立的学生行为自律仲裁庭是一种不同于传统灌输式教育的、别开生面的教育手段。

D. 强调生活的教育意义，并不意味着可以用生活取代教育，因为生活毕竟带有零散性，并且还含有消极的东西。

互动训练答案

1. A　2. B　3. B　4. D　5. D　6. B　7. D　8. B　9. D　10. C　11. D　12. D　13. C　14. B　15. B　16. B　17. C　18. A　19. B　20. D

悯农诗

唐 李绅

锄禾日当午，汗滴禾下土。谁知盘中餐，粒粒皆辛苦！

[专题九　常见的修辞手法]

修辞格，也叫辞格，是为了使语言生动、形象、富有表现力而运用的一些特殊的修辞方法。复习修辞这一知识点，不要把精力单纯投到对各种修辞方法的辨析上，要在了解常见的八种修辞方法（比喻、比拟、夸张、借代、设问、反问、对偶、排比）的特点、形式、作用的前提下，着重在理解运用上下功夫。还有其他修辞格双关、反语和反复。

|知识点一|　比　喻

一、比　喻

就是“打比方”，一般由本体、喻体和比喻词构成。比喻的本体和喻体必须是不同的事物，但相互之间有相似点，便用一事物来比方另一事物的一种修辞格。运用比喻可以化平淡为生动、化深奥为浅显、化抽象为具体、化冗长为简洁。

二、构成比喻必须具备的条件

1. 甲和乙必须是本质不同的事物，否则不能构成比喻。

2. 甲、乙之间必须有相似点。比喻的生命是“相似点”，没有相似点，比喻就不能成立，相似点模糊不清就会造成费解。反过来说，理解一个比喻，关键在于抓准相似点。例如，“老樟树铺开枝叶，像一把撑开的雨伞”，其本体、喻体的相似点为“形状”。

3. 避免用生僻的事物设喻。也要注意感情色彩。比喻常常体现说话人的情感倾向，倾向错了，就影响比喻的效果。

三、常见的比喻有明喻、暗喻、借喻

1. 明喻通常用“好像、如同、像、似、仿佛、犹如”等比喻词将本体与喻体联结起来，有时后面还有“似的”“一样”等词语配合。明快，显豁，具有直接描写的作用。

明喻的典型形式是：甲像乙。例如，“手脚瘦得像芦柴棒一样。”（夏衍《包身工》）（明喻）

叶子出水很高，像亭亭的舞女的裙。

2. 暗喻是本体喻体同时并举，中间多用“是、当作、成了、变成”等判断词做比喻词，有时不用比喻词。因而能更直接、更形象、更深刻地表达本体的内容。

暗喻的典型形式是：甲是（成了）乙。例如，“说来说去，是小燕子累赘我……简直是我的绊脚石。”（李英儒《野火春风斗古城》）

更多的时候，乌云四合，层峦叠嶂都成了水墨山水。

除此之外，暗喻还有许多变体值得注意。

①本体和喻体是并列关系。例如，从喷泉里喷出来的都是水，从血管里流出来的都是血。

②本体和喻体是修饰关系。例如，我的思想感情的潮水在放纵奔流着。（这里“我的思想感情”是本体，“潮水”是喻体）

③本体和喻体是注释关系。例如，我爱北京——祖国的心脏。

④本体和喻体是复指关系。例如，让我们对土地倾注更强烈的感情吧！因为大地母亲的镣铐解除了……

互动训练

1. 下列各句使用的修辞手法分析正确的一项是（　）

①风，你咆哮吧！咆哮吧！尽力地咆哮吧！

②墙上芦苇，头重脚轻根底浅；
山间竹笋，嘴尖皮厚腹中空。

③这是怎样的哀痛者和幸福者？

④树缝里也漏着一两点路灯光，没精打采的。

A. 反复　对偶　设问　拟人

B. 反复　对偶　反问　拟人

C. 拟人　排比　反问　比喻

D. 拟人　排比　设问　比喻

2. 下列各句运用了比喻修辞方法的一句是（　）

A. 像今晚上，一个人在这苍茫的月下，什么都可以想，什么都可以不想，便觉是个自由人。

B. 这种车，巴黎只有夜间才看得见；白天它好像自惭形秽，不出来。

C. 路的左边都埋着死刑和瘐毙的人，右边是穷人的丛冢，两面都已埋到层层叠叠，宛然阔人家里祝寿时候的馒头。

D. 灯光，不管是哪个人家的灯光，都可以给行人——甚至像我这样一个异乡人——指路。

悯农诗
唐 李绅
春种一粒粟，秋收万颗子。四海无闲田，农夫犹饿死！

3. 借喻是本体和比喻词都不出现而由喻体直接代本体，因而更耐人思索寻味，对本体的认识也更为深刻，更为鲜明。借喻的典型形式为甲代乙。例如，“苏林教授一生桃李满天下。”（何为《第二次考试》）（借喻）以“桃李”借喻年轻而有才华的学生。

独有英雄驱虎豹，更无豪杰怕熊罴。

四、其　他

一个句子是不是比喻，不能单看有没有“喻词”，下列几种情况，虽有“像”“好像”之类的词语，但不是比喻。

1. 同类相比较。例如，她的性格很像母亲。

2. 表示猜度。例如，这天黑沉沉的，好像要下雨了。

3. 表示想象。例如，每当看到这条红领巾，我就仿佛置身于天真烂漫的少年时代。

4. 举例的引词。例如，社会主义的中国，在党的阳光照耀下，涌现出许多英雄人物，像雷锋、焦裕禄等。

[例1]下列句子在修辞运用上与其他三句不同的一句是（　）

A. 这几天跟过节一样热闹。

B. 那里的蔬菜跟水果一样贵。

C. 他的脸色跟纸一样白。

D. 这里的老鼠跟猫一样大。

[解析] 本题考查辨析修辞方法的能力。前面讲了，喻体与本体务必是性质不同的事物，构成比喻的基础是不同性质事物彼此的相似，可衡量四个备选项：A句是比喻，用过节的热闹景象、气氛来比喻平常的一天的热闹景象、气氛，“跟”有“如同”的意思；B句不是比喻，因为“水果”与“蔬菜”并无性质的不同，不能构成比喻，“跟”是“同”的意思；C句、D句皆是比喻，分别以“白纸”比“脸色”，以“猫”比“老鼠”，两个“跟”均是“如同”的意思：为喻词。因此与其他三句不同的一句是B。

[答案]B

|知识点二|比　拟

一、比　拟

包括拟人和拟物两类。拟人是把物当人来描写，赋予物以人的情感、意志、动作等；拟物是把人当物来描写，或把此物当彼物来描写。运用比拟，可使人或物色彩鲜明，描写生动，蕴含丰富。

二、比拟的两种形式

1. 拟人是把物当作人来描写，使物“人性化”。例如，

“毛竹年年绿，为的是等待亲人。”〔袁鹰《井冈翠竹》（拟人）“等待”原来用于写人，现在用来写物了。〕

女人坐在小院当中，手指上缠绞着柔滑修长的苇眉子。苇眉子又薄又细，在她怀里跳跃着。

2. 拟物是把人当作物来描写，或把此类物当作彼类物来描写，使人“物性化”。例如，

“看着这饲养小姑娘谋利的制度……”〔夏衍《包身工》（拟物）“饲养”原用于写动物，现在用来写人了。这就有力地表现了包身工制度下童工的非人地位。〕

指导员讲得真来劲儿，嘎子竖起耳朵听。

3. 对下列古诗句中加点部分解说不恰当的一项是（　）

A. 问君能有几多愁？恰似一江春水向东流。把无形的“愁”比作有形的东流“水”，具体生动地表现了愁苦之多。

B. 飞流直下三千尺，疑是银河落九天。“三千尺”“落九天”，夸张地写出了庐山瀑布的气势。

C. 世间何物催人老？半是鸡声半马蹄。用设问修辞手法具体生动地写出了旅人浪迹天涯的情景。

D. 两岸猿声啼不住，轻舟已过万重山。借强调猿啼声之长，夸张地写出了轻舟过万重山之快，表达了作者强烈的感情。

4. 从修辞上看，与其他三项不同的一项是（　）

A. 家有凯歌，幸福欢乐。（凯歌牌收录机广告）

B. 海鸥表，中国计时之宝。（海鸥牌手表广告）

C. 唯有牡丹真国色，花开时节动京城。（北京牡丹牌电视机广告）

D. 你喜欢露美吗？露美将使您容貌焕然一新。（露美牌化妆品广告）

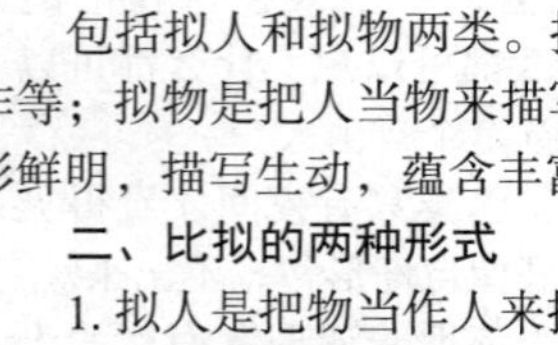

苦辛吟

于濆

垄上扶犁儿，手种腹长饥。窗下织梭女，手织身无衣。

我愿燕赵姝，化为嫫女姿。一笑不值钱，自然家国肥。

三、运用比拟时的注意事项

1. 拟人是把非人的事物当作人来写，在表达时要尽量合乎该事物本身的特点。

2. 比拟是感情激动时的一种语言表达方式，运用时要自然和谐，不要矫揉造作。例如，

鲁迅的《秋夜》："然而现在却非常之蓝，闪闪地眨着几十个星星的眼，冷眼。他的口角上现出微笑，似乎自以为大有深意，而将繁霜洒在我的园里的野花草上。"作者把天空人格化，似乎天空有"眼"，甚至是"冷眼"和"微笑"，颇带有不屑一顾的神态，寓意极为深刻。

四、比喻和比拟的区别

1. 比喻是用喻体比方本体，重点在喻；比拟是仿照"拟体"（被模拟的事物）的特征模拟本体，重点在"拟"，此其区别之一。

2. 比喻的本体和喻体有主、从之分，不管本体出现与否，喻体都必须出现；比拟中本体和拟体彼此交融，浑然一体，本体必须出现，拟体一般不出现；此其区别之二。例如，

①古老的神州是一只沉睡未醒的狮子，一旦觉醒，定会横空出世。

②桥下的睡莲正沉睡未醒。

例①是比喻，把"神州"喻为"狮子"，相似点是力量大而沉睡。例②则是比拟，此处是把物当作人来写，是拟人。

|知识点三| 对偶

一、对　偶

一般来说，上下两句字数相等、词性相对、结构相同、意义对称的一对短语或句子来表达两个相对或相近意思的修辞方式。

对偶可以使语句形式整齐，结构匀称，看起来醒目，读起来顺口，听起来悦耳，并能鲜明地揭示事物的内在联系，反映事物对立统一的辩证关系。文章中的对偶，一般说，形式比较灵活，但务求整齐匀称。例如，

鲁迅《我们现在怎样做父亲》："自己背着因袭的重担，肩住了黑暗的闸门，放他们到宽阔光明的地方去，此后幸福的度日，合理的做人。""背着因袭的重担"与"肩住黑暗的闸门"形成了对偶，尽管对句多了个"了"字。

二、对偶的种类

1. 正对。上下句意思相似、相近、相补、相衬的对偶形式。例如，墙上芦苇，头重脚轻根底浅；山间竹笋，嘴尖皮厚腹中空。

2. 反对。上下句意思相反或相对的对偶形式。例如，横眉冷对千夫指，俯首甘为孺子牛。

3. 串对（流水对）。上下句意思具有承接、递进、因果、假设、条件等关系的对偶形式。例如，才饮长沙水，又食武昌鱼。

根据上下句的形式又可以把对偶分为严式对偶和宽式对偶。严式对偶要求上下两句字数相等、词性相对称、结构相同、平仄相对、不重复用字。宽式对偶只要达到严式对偶五项要求的一部分就可以，不很严格。

三、对偶的结构

1. 成分对偶。

2. 句子对偶。例如，落霞与孤鹜齐飞，秋水共长天一色。

四、对偶的作用

利于吟诵，易于记忆；用于诗词，有音乐美；表意凝练，抒情酣畅。

5. 修辞方式与其他三句不同的一句是（　）

A. 在东湖的尽头，两道白色的堤坝犹如两扇门扉，挡住了一湖绿波荡漾的春水。

B. 嫩生生的芥菜，在微风中挥动它绿色的手掌，招呼我，欢迎我。

C. 杜鹃花和高山玫瑰微笑着向人们致意，她们五光十色，异香扑鼻，令人喜爱。

D. 有的松树自得其乐，显出一副潇洒的模样。

6. 阅读下面带"像""好像"的句子，选出全是比喻句的一项是（　）

①很多显得像朋友的人其实不是朋友，而很多是朋友的人却并不显得像朋友。

②早晨，在蓝得没有一丝尘埃的天空里，在绿得像清水一样的森林上，升起来了，我们哨所的雪白的军鸽。

③各种想法在她的脑子里像火花似的一个个爆发，然后又熄灭了。

④母亲觉得这人好像有些面熟。

⑤人需要真理，就像盲人需要明眼的引路人一样。

⑥这几分钟的动摇好像使她更坚定了。

⑦她觉得他的话好像重重地在她脸上打了两下。

⑧这个孩子长得多像他的父亲。

A. ①②③　　B. ④⑤⑦

C. ②③⑤　　D. ⑥⑦⑧

韩愈（768—824年），字退之，唐河内河阳（今河南孟州）人，自谓郡望昌黎，世称韩昌黎。唐代古文运动的倡导者，宋代苏轼称他"文起八代之衰"，明人推他为唐宋八大家之首，与柳宗元并称"韩柳"，有"文章巨公"和"百代文宗"之名，著有《韩昌黎集》四十卷，《外集》十卷，《师说》等。

五、对偶与对比的不同点

1. 对比的基本特点是“对立”，对偶的基本特点是“对称”。

2. 对偶主要是从结构形式上说的，它要求结构相称，字数相等；对比是从意义上说的，它要求意义相反或相近，而不管结构形式如何。

3. 对偶里的“反对”（如“横眉冷对千夫指，俯首甘为孺子牛”）就意义说是对比，就形式说是对偶，这是修辞手法的兼类现象。

[例1]（2008.11）下列四个句子中，能与“梨花院落溶溶月”组成对偶句的一句是（　）

A. 柳絮池塘淡淡风　　B. 榆荚临窗片片雪

C. 带水芙藻点点雨　　D. 丁香初绽悠悠云

[解析]（1）对偶句必须两两相对，词性相同。要通过切分词和判断词性解题。（2）检测答案要符合例句的意境，情感、旨趣保持一致。

解题步骤：

①对例句“梨花院落溶溶月”进行词的切分（也可以是平仄的划分）和词性判断：梨花（名）/院落（名）/溶溶（形）/月（名）。

②对所给的选项句做同样的切分和对应判断：

A. 柳絮（名）/池塘（名）/淡淡（形）/风（名）

B. 榆荚（名）/临窗（动）/片片（量）/雪（名）

C. 带水（动）/芙藻（名）/点点（量）/雨（名）

D. 丁香（名）/初绽（动）/悠悠（形）/云（名）

先排除带数量词“片片”“点点”的B、C两句。

③在A与D中选择，“初绽”为动词，所以排除D项，答案为A项。

④检查选项是否符合意境，情感、旨趣是否一致。

[答案] A

|知识点四|　排　比

一、排　比

由三个或三个以上结构相同或相似、内容相关、语气一致的短语或句子构成。其作用在加强语气、强调内容、加重感情。

二、排比的种类

1. 成分排比。即一个句子中的一些成分组成排比。例如，延安的歌声……它是黑夜的火把，雪天的煤炭，大旱的甘霖。

2. 分句排比。

3. 单句排比。例如，我们要进一步发展教育事业。我们要进一步美化城市环境。我们要进一步改善人民的生活。

4. 复句排比。

三、排比的作用

结构形式整齐匀称，音律节奏有力而铿锵，语言气势贯通酣畅。用以写景状物，可以使景物毕现，情景交融；用以写人，可以细致入微，使人物形神兼具；用以抒情，可以淋漓尽致，畅达奔放；用以议论，可以把道理阐述得全面深刻。

例如，徐志摩的散文《自剖》：“我恨的是这时代的病象，什么都是病象：猜忌、诡诈、小巧、倾轧、挑拨、残杀、互杀、自杀、忧愁、作伪、肮脏。我不是医生、不会治病，我就有一双手，趁它们活灵的时候，我想，或许可以替这时代打开几扇窗，多少让空气流通些，浊的毒性出去，清的洁净的进来。”（作者连用十几个词进行排比，将他极度憎恶的时代病象一一罗列出来，以此表现他要疗救病象的决心）

7. 选出下列比喻句中属于借喻的一项是（　）

A. 山色逐渐变得柔和，山形也逐渐变得柔和，很有一伸手就可以触摸到凝脂似的感觉。

B. 粉色荷花箭高高地挺出来，是监视白洋淀的哨兵吧。

C. 他的精神，现在只在一个包上，仿佛抱着一个十世单传的婴儿……

D. 要论中国人，必须不被搽在表面的自欺欺人的脂粉所诓骗。

8. 与“我们之间已经隔了一层可悲的厚障壁了”的修辞手法相同的一句是（　）

A. 鲁迅的骨头是最硬的。

B. 摸一摸衣袋，硬硬的还在。

C. 苍山如海，残阳如血。

D. 最可恨那些毒蛇猛兽，吃尽了我们的血肉。

传世名言

古之君子，其责己也重以周，其待人也轻以约。（《原毁》）

书山有路勤为径，学海无涯苦作舟。（韩愈治学名联）

云横秦岭家何在？雪拥蓝关马不前。（《左迁至蓝关示侄孙湘》）

昵昵儿女语，恩怨相尔汝。（《听颖师弹琴》）

四、排比与对偶的区别

1. 对称性与平列式。排比是三个以上语言单位的平列，在结构上要求大体相似，字数要求基本平衡；对偶是两个语言单位的对称，在结构上要求对称，字数要相等。

2. 排比经常以同一词语作为彼此的揭示语，使句子互相衔接，给人以紧凑、密集之感，不避重字；对偶的上下两句尽量避免同字重出。

3. 排比用字不计平仄对仗；对偶讲究平仄对仗的工稳。例如，

①泪是丰碑，泪是誓言，泪是动力，泪是火焰。

四句话并列，结构大体相似（主谓宾），“泪”“是”重复出现，用字不计平仄对仗，平仄声字搭配随意自由。

②横眉冷对千夫指，俯首甘为孺子牛。

两句对称，结构相似，词性相同，无重复出现的字，上下两句平仄对仗工稳。

｜知识点五｜　夸　张

一、夸　张

是为达到某种表达效果的需要，对事物的形象、特征、作用、程度等方面作合情合理的夸大或缩小的一种修辞方式。

二、夸张的种类

1. 所谓扩大，是指将人、事物的某些特征往大、多、长、高、深、强等方面进行描写。例如，

①“蜀道之难，难于上青天。”

②“肚子里一点油水也没有，馋的，连跑过去的猪都想啃一口”（张辛欣《我们这个年纪的梦》）（扩大夸张）人物馋劲之强烈被夸张渲染得无以复加，令人掩卷难忘。

2. 所谓缩小，是指将人、事物的某些特征往小、少、短、低、浅、弱等方面进行描写。例如，

①一个浑身黑色的人，站在老栓面前，眼光正像两把刀，刺得老栓缩小了一半。

②“生怕这气大了，吹倒了姓林的；气暖了，吹化了姓薛的。”（《红楼梦》）（缩小夸张，用“气大吹倒了”来夸张形容林黛玉的“弱不禁风”之态，用“气暖吹化了”来夸张形容薛宝钗肤色的洁白、细嫩、丰盈，不仅奇特，而且诙谐有趣）

3. 超前夸张。在时间上把后出现的事物提前一步的夸张形式。例如，

农民们都说：“看见这样鲜绿的苗，就嗅出白面包子的香味来了。”

三、夸张的作用

运用夸张可以极力表现特别强烈的感受和极为浓烈的感情，或突出强调人或事物某方面的特征，从而给人以深刻的印象，产生强烈共鸣。一般只适用于文学作品，不宜用于精确性、科学性很强的文体中。

当代作家沈虹光的小说《散失》中写道：“李杵头这人，盐水泡鹅卵石也能下酒，哪一顿桌上没酒眼睛就鼓起来了。”通过“盐水泡鹅卵石”的夸张、形象地突出了人物嗜酒如命的特征，给人留下的印象极深。

四、运用夸张时的注意事项

1. 夸张不是浮夸，而是故意地、合理地夸大，所以不能失去生活的基础和生活的根据。例如，同志们，你们看，我们力量大如天，脚下地球当球玩，大洋海水能喝干。这样的夸张就不合事理。

2. 夸张不能与事实距离太近，否则会分不清是说事实还是在夸张。

9. 对下面各句中所用修辞手法的辨识正确的一项是（　）

①看吧，狂风紧紧地抱起一层层巨浪，恶狠狠地将它们甩到悬崖上，把这大块的翡翠摔成尘雾和碎末。

②层层的叶子中间，零星地点缀着些白花，有袅娜地开着的，有羞涩地打着朵儿的；正如一粒粒明珠，又如碧天里的星星。

③沙漠于始出现了绿洲，不毛之地长出了庄稼，濯濯童山披上了锦裳，水库和运河像闪亮的镜子和一条衣带一样布满山谷和原野。

④要问白洋淀有多少苇地，不知道；每年出多少苇子，也不知道。只晓得每年芦花飘飞苇叶黄的时候，全淀的芦苇收割，垛起垛来，在白洋淀周围的广场上，就成了一条苇子的长城。

A. ①拟人　比喻　②拟人　比喻
　③排比　比喻　④排比　比喻

B. ①夸张　比喻　②对偶　比喻
　③反复　比喻　④排比　比喻

C. ①夸张　比喻　②对偶　比喻
　③反复　比喻　④设问　比喻

D. ①拟人　比喻　②拟人　比喻
　③排比　比喻　④夸张　比喻

天街小雨润如酥，草色遥看近却无。
最是一年春好处，绝胜烟柳满皇都。
（《早春呈水部张十八员外》）
亲之割之不断，疏者属之不坚。
大凡物不得其平则鸣。（《送孟东野序》）
少年乐相知，衰暮思故友。

3. 夸张要注意文体特征，如科技说明文、说理文章就很少用甚至不用夸张，以免歪曲事实。

|知识点六| 借 代

一、借代

用借体代本体。它不直接说出所要表述的人或物，而用与其相关的事物来代替，可用部分代整体，以特征代本体，以专名代泛称等。比喻要求本体与喻体有相似点，而借代则要求借体与本体有相同处。借代可使表达具体形象。

二、借代的种类

1. 特征代本体。例如，红眼睛原知道他家里只有一个老娘。

2. 具体代抽象。例如，枪杆子里面出政权。

3. 专名代泛称。例如，我们的时代需要千千万万个雷锋。

4. 形象代本体。例如，上面坐着两个老爷，东边的一个是马褂，西边的一个是西装。

5. 部分代整体。例如，不拿群众一针一线。

6. 结果代原因。例如，专弄文墨，为壮士捧腹。（“捧腹”是“笑”的结果）

7. 材料代本体。例如，五十年间万事空，懒将白发对青铜。

8. 标志代本体。例如，谁料竟会落在“三道头”之类的手里呢，这岂不冤枉！

9. 人名代著作。例如，我有三年没有读鲁迅了。

10. 绰号代本人。例如，“芦柴棒”着急地要将大锅里的稀饭烧滚。

三、借代的作用

运用借代能使语言更加鲜明生动，易于引起读者联想，加深感受。达到以简代繁；以实代虚；以凡代奇；以事代情。

四、运用借代时的注意事项

必须抓住事物的最典型特征，对于所借代的事物一般应在一定的语言环境交代。另外，借代的借体和本体事物不能同时出现。借代中的借体往往带有褒贬倾向，或憎或爱，或抑或扬，因此运用时应注意区别对象，掌握分寸。例如，

①叶圣陶小说《多收了三五斗》：“先生，给现洋，袁世凯，不行么？”

（“袁世凯”是指铸在民国初年流通的一种钱币上的标记——袁世凯的头像。如此称呼银币，是借用了它的特征，既生动形象，又新颖别致。）

五、借喻和借代的区别

1. 相同点：它们都用一事物代替另一事物，事物本体不出现。

2. 不同点：①借代的作用是“称代”，即直接把借体称为本体，只代不喻；借喻的作用是“比喻”，虽然也有代替的作用，但是喻中有代。

②借代建立在两事物“相关”的基础上，重在指称；借喻是建立在两事物“相似”的基础上，重在描绘。③借喻可改为明喻或暗喻，而借代不能。例如，

“沉舟侧畔千帆过，病树前头万木春。”

（刘禹锡《酬乐天扬州初逢席上见赠》。借“帆”代“船”，以部分代全体，因为“帆”是“船”的一部分，二者有相关性，不能换成明喻）

“牛马当了整五年，崔二爷没给过一个工钱。”

（李季《王贵与李香香》，以“牛马”借喻王贵过着牛马一样的生活，二者有相似性，可以换成明喻的形式：王贵过着像牛马一样的生活。）

[例1]（2009.15）下列句子在修辞方法的运用上，不同于其他三句的一项是（ ）

A. 落日比朝阳更富爱心

10. 下列句中没有用修辞方法的一句是（ ）

A. 有的（竹子）修直挺拔，好似当年山头的哨兵。

B. 那肥大的荷叶下面有一个人的脸，下半截身子长在水里。

C，北海亭面馆的顾客，也像是突然都失踪了似的。

D. 它只是树木中的一个小小的长方形土丘，上面开满鲜花——没有十字架，没有墓碑，没有墓志铭，连托尔斯泰这个名字也没有。

11. 对下列古诗句的解释，正确的一项是（ ）

A. “荡胸生层云”——人站在山上，云雾在人的腰际与胸际缭绕，极言泰山之高。

B. “禁御新栽荔枝丹”——往北方移栽荔枝皆未成功，言荔枝不宜在北方生长。

C. “亲戚或余悲，他人亦已歌”——亲属们余哀未尽，别的人已经唱起歌来，用意在于强调前者。

D. “采莲南塘秋，莲花过人头。低头弄莲子，莲子青如水”——原意是写女子的相思之苦，引来是为了表达作者淡淡的哀愁。

闻道有先后，术业有专攻。（《师说》）
师者，所以传道授业解惑者也。（《师说》）
人非生而知之，孰能无惑？惑而不从师，其为惑也，终不解矣。（《师说》）
无贵无贱，无长无少，道之所存，师之所存也。（《师说》）

B. 眼睁睁看它又带走一段岁月

C. 罗伞般的黄桷树成了它的托盘

D. 凡是她能给予我的，其他地方也能给予

[解析]先说明这道题是阅读题，D项中的“她”指“家园”。经过逐句判断，A、B、D项均为比拟，只有C项不同，是暗喻。

[答案] C

｜知识点七｜ 设 问

设问 常用语表示强调作用。为了强调某部分内容，首先提出疑问，或者光问不答，就是设问。运用设问可以引人注意，启发思考，增强语气，引出下文，并使文意和言语波澜起伏，跌宕有致。例如

郭小川的诗歌《出钢的时候》：“呵，那里喷出的仅仅是钢花吗？／不，那是伟大的思想的火花！／呵，那里闪耀的仅仅是火花吗？／不，那是豪情壮志所织成的彩霞！／呵，那里仅仅是钢水出炉吗？／不，那是无穷的生命力的迸发！”层层设问，层层作答，表达了对劳动创造现代工业文明的礼赞之情。

｜知识点八｜ 反 问

反问 用疑问的形式表达确定的意思，就是反问。反问用不着回答，答案已包含在问语中。运用反问可以表达强烈的感情，以加强语气，引起读者的深思或共鸣。常用肯定形式表示否定，用否定形式表示肯定。例如，

①闻一多的《最后一次讲演》：“历史上没有一个反人民的势力不被人民毁灭的！希特勒、墨索里尼不都在人民面前倒下去了吗？”一个反问句胜过直接宣告他们的败亡，雄辩有力，感情色彩极浓，给人们的感染极强。（用否定方式表示肯定的意思）

②就说蒋筑英吧，已经经过了这样长久的考验，难道他入党的志愿，也一定要等到死后省委追认才能满足么？（用肯定的形式表示否定）

｜知识点九｜ 反 复

一、反 复

就是为了强调某种意思，突出某种感情。特意重复使用某些词语、句式或段落。不仅能起到强调作者情感、充分表达作者思想的作用，还能增强文章的气势。

二、反复的种类

1. 连续反复

中间无其他词语间隔。例如，沉默啊，沉默，不在沉默中爆发，就在沉默中灭亡。

2. 间隔反复

中间有其他词语间隔。例如，等待着，等待着，载着你遗体的灵车，碾过我的心；等待着，等待着，把一个前方战士的崇敬献给你。

四次反复使用“等待着”，以表达亿万人民对周总理的无限崇敬和悲痛之情。

三、反复和排比的区别

反复只需两个词语或句子的出现，即可构成；排比必须是三个或三个以上的词语、句子，才能构成。

12. 下列各句依次所用修辞方法是（ ）

①他长着一副微黑透红的脸膛，高高的个儿，站在那儿，像秋天田野里一株红高粱那样淳朴可爱。

②就在这鸟儿勇敢的叫喊声里，乌云听出了欢乐。

③在一个孩子的眼里，他的老师是多么慈爱、多么公平、多么伟大的人啊！

④他的心眼比针鼻儿还小。

A. 比喻 拟人 排比 夸张

B. 拟人 比喻 夸张 排比

C. 拟人 比喻 排比 夸张

D. 比喻 拟人 夸张 排比

互动训练答案：

1. B 2. C 3. D 4. B 5. A 6. C
7. D 8. D 9. D 10. C 11. A 12. A

怠者不能修，而忌者畏人修。
业精于勤，荒于嬉；行成于思，毁于随。（《进学解》）
蚍蜉撼大树，可笑不自量。（《调张籍》）
不塞不流，不止不行。（《原道》）
事业无穷年。

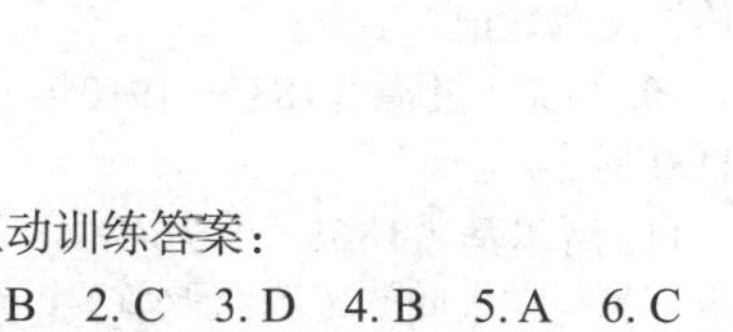

［专题十　文学常识］

文学常识考查重点是在文学史上举足轻重的著名作家，且古今中外有别：中国作家要记住其生活时代及代表作，外国作家要记住的是其国别、时代及代表作。对文学体裁而言，重点应是高中毕业生应该了解的一般文体知识。文化常识题的考查带有较强的综合性，常常把古今中外的作家作品、多种文体常识放在一起综合考查，复习时还要注意课文下面给出的文化常识及注释内容。

｜知识点一｜外国作者姓名、所处时代、出生地、评价、代表作品等等。

1. 莎士比亚（1564—1616年），英国，代表作有四大悲剧《哈姆雷特》《奥赛罗》《李尔王》《麦克白》；四大喜剧《第十二夜》《仲夏夜之梦》《威尼斯商人》《无事生非》。

2. 列夫·托尔斯泰（1828—1910年），俄罗斯，作品有《战争与和平》《安娜·卡列尼娜》。

3. 但丁（1265—1321年），文艺复兴时期，（意大利）《神曲》。

4. 雨果（1802—1885年），法国，作品有《悲惨世界》《巴黎圣母院》。

5. 荷马（约公元前9世纪—8世纪人），希腊，作品有《伊利亚特》和《奥德赛》。

6. 歌德（1749—1832年），德国，有剧本《葛兹·冯·伯里欣根》、中篇小说《少年维特之烦恼》、诗剧《浮士德》。

7. 安徒生（1805—1875年），丹麦，早期代表作有《打火匣》《小意达的花儿》《拇指姑娘》《海的女儿》《野天鹅》《丑小鸭》等。中期童话代表作有《卖火柴的小女孩》《影子》《一滴水》《母亲的故事》《演木偶戏的人》等。晚期童话代表作有《柳树下的梦》《她是一个废物》《单身汉的睡帽》《幸运的贝儿》等。

8. 普希金（1799—1837年），俄罗斯，有长篇小说《上尉的女儿》，历史纪实剧《普加乔夫史》，诗体小说《叶甫盖尼·奥涅金》，中篇小说《杜布罗夫斯基》《别尔金小说集》。

9. 狄更斯（1812—1870年），英国，代表有《匹克威克外传》《双城记》。

10. 马克·吐温（1835—1910年），美国，他的代表作是《百万英镑》。

11. 高尔基（1868—1936年），苏联，有自传体三部曲《童年》《在人间》《我的大学》；散文诗《海燕之歌》。

12. 海明威（1899—1961年），美国，有《战地钟声》《老人与海》《乞力马扎罗的雪—海明威短篇小说精选集》。

13. 卡夫卡（1883—1924年），奥地利，有《变形记》《美国》《审判》《中国长城的建造》。

14. 屠格涅夫（1818—1883年），俄罗斯，成名著《猎人笔记》；代表著作《父与子》。

15. 欧·亨利（1862—1910年），美国，代表作有小说集《白菜与国王》《四百万》《命运之路》等。

16. 契诃夫（1860—1904年），俄罗斯，代表作有《变色龙》《装在套子里的人》。

17. 拜伦（1788—1824年），英国，代表作品有《恰尔德·哈罗德游记》《唐璜》。

18. 伊索（公元前6世纪），古希腊，代表作有《伊索寓言》是世界上最早的寓言童话集之一。

19. 陀思妥耶夫斯基（1821—1881年），俄罗斯，代表作长篇小说《罪与罚》；书信体小说《穷人》。

20. 卢梭（1712—1778年），法国，有《忏悔录》《一个孤独的散步者的遐想》《山中书信》《公民的情感》。

21. 泰戈尔（1861—1941年），印度，重要诗作有诗集《故事诗集》《吉檀迦利》《新月集》《飞鸟集》《流萤集》《园丁集》《边缘集》《生辰集》；重要小说有短篇《还债》《弃绝》《素芭》《人是活着，还是死了？》《摩诃摩耶》《太阳与乌云》；中篇《四个人》；长篇《沉船》《戈拉》《家庭与世界》《两姐妹》；重要剧作有《顽固堡垒》《摩克多塔拉》《人红夹竹桃》；重要散文有《死亡的贸易》《中国的谈话》《俄罗斯书简》。

22. 川端康成（1899—1972年），日本，成名作小说《伊豆的舞女》，三部代表作《雪国》《千只鹤》《古都》。

23. 斯托夫人（19世纪），美国，有《汤姆叔叔的小屋：卑贱者的生活》，又译作《黑奴吁天录》《汤姆大伯的小屋》。

24. 莫泊桑（1850—1893年），法国，主要代表作是短篇小说《羊脂球》《项链》；中篇小说《一生》《俊友》；长篇代表性作品《漂亮朋友》。

25. 德莱塞（1871—1945年），美国，代表作长篇小说《美国的悲剧》。

26. 福楼拜（19世纪），法国，有《包法利夫人》。

27. 伏尔泰（1694—1778年），法国，著名的有史诗《亨利亚德》《奥尔良少女》；悲剧《欧第伯》；喜剧《放荡的

柳宗元（773—819年），唐朝著名的文学家，字子厚，世称“柳河东”，与唐代的韩愈、宋代的欧阳修、苏洵、苏轼、苏辙、王安石和曾巩，并称“唐宋八大家”。一生留诗文作品达600余篇，其文的成就大于诗。

儿子》；哲理小说《老实人》；历史著作《路易十四时代》《论各民族的风俗与精神》；哲学方面的代表作有《哲学辞典》《形而上学论》《牛顿哲学原理》。

28. 罗曼·罗兰（1866—1944年），法国，有《约翰·克利斯朵夫》。

29. 茨威格（1881—1942年），奥地利，代表作有小说《最初的经历》《马来狂人》《恐惧》《感觉的混乱》《人的命运转折点》（又译《人生转折点》）《一个陌生女人的来信》（又译《一个陌生女子的来信》）《象棋的故事》《一个女人一生中的24小时》《滑铁卢之战》《危险的怜悯》等；回忆录《昨日的世界》；传记《异端的权利》《麦哲伦航海纪》《断头王后》《人类群星闪耀的时刻》（又译有《人类的群星闪耀时》）《三位大师》《同精灵的斗争》《三个描摹自己生活的诗人》《三作家》。

30. 雪莱（1792—1822年），英国，有《西风颂》。

31. 小仲马（1824—1895年），法国，有《茶花女》。

32. 大仲马（1802—1870年），法国，有《基督山伯爵》又名《基督山恩仇记》《三个火枪手》旧译《三剑客》。

33. 培根（1561-1626年），英国，有《学术的进展》《新工具论》《论说文集》《亨利七世本纪》《论事物的本性》《迷宫的线索》《各家哲学的批判》《自然界的大事》《论人类的知识》《培根人生论》。

34. 奥斯特洛夫斯基（1904—1936年），苏联，有《钢铁是怎样炼成的》《暴风雨所诞生的》。

35. 巴尔扎克（1799—1850年），法国，有《高老头》《欧也妮·葛朗台》《幻灭》。

36. 约瑟夫·海勒（1923—1999年），美国，有《第二十二条军规》。

37. 爱默生（19世纪），美国，有《论文集》，此外还有《代表人物》《英国人的特性》《诗集》《五日节及其他诗》。

38. 莫里哀（17世纪），法国，有《伪君子》《唐·璜》（也译为《石宴》）《恨世者》（又译《愤世嫉俗》）《吝啬鬼》（又译《悭吝人》）和《乔治·唐丹》。

39. 笛福（1660—1731年），英国，有《鲁滨孙漂流记》。

40. 萧伯纳（1856—1950年），英国，有最著名的剧作有：《鳏夫的房产》《华伦夫人的职业》《武器与人》。

｜知识点二｜中国著名作家及作品

一、春秋时期

1.《诗经》本只称《诗》后又以"诗三百"为代称。著名篇目《关雎》《氓》《伐植》《硕鼠》《七月》。中国最早的诗歌总集。收录了从周初到春秋时期的诗歌305篇，分为“风”“雅”“颂”三大类。开创我国文学现实主义传统，列为“五经”之一。

2. 孔子，名丘，字仲尼，又称尼父、圣父，鲁国人，儒家创始人。书为孔子弟子及其再传弟子编成。主要作品为《论语 》20篇，各取篇中开头二字为篇名，如《学而》《为政》等。记录了孔子及其弟子的言行，代表了孔子的基本思想。诸子哲理散文，语录体，列为"四书"之一。

二、战国时期

1. 孟子，名轲，宇子舆，战国时儒家代表人物，世称亚圣。书由其弟子编辑。主要作品为《孟子》共7篇，各取篇中开头几字为篇名，如《梁惠王》《公孙丑》《告子》等。记载了孟子的思想和政治言论。诸子哲理散文，“四书”之一。孟子长于论辩，善用比喻，对后世议论性散文的发展影响较大。

2. 庄子，名周，世称南华真人，道家代表人物。主要作品为《庄子》，又名《南华经》现存33篇。诸子哲理散文，具有浓厚的浪漫色彩，对后世文学有很大影响。

3. 屈原，名平。我国第一个爱国主义、浪漫主义诗人，开创楚辞新诗体，被列为世界文化名人。主要作品为《离骚》《九歌》《天问》《九章》。西汉刘向编成《楚辞》一书，以屈作为主。因具有浓厚的楚国地方色彩，故称“楚辞”，后世因称这种诗体为“楚辞体”“骚体”。开创了我国诗歌浪漫主义传统《离骚》和《诗经》中的国风并称"风骚"，成为"文学"的代名词。

三、两 汉

1. 司马迁，字子长，别称太史公，简称史迁，西汉时期。与司马光并称“史界两司马”，与班固并称“班马”。主要作品为《史记》又名《太史公书》全书130篇，包括12本纪、8书、10表、30世家、70列传。《廉颇蔺相如列传》《鸿门宴》《毛遂自荐》《屈原列传》《信陵君窃符救赵》等出于此书。历史散文。我国第一部纪传体通史，开创本纪、世家、列传、表、书五种体例，被誉为“实录、信史”。“史家之绝唱，无韵之离骚”，史学“双璧”之一，“前三史”“四史”之首。

2. 班固，字孟坚，东汉时期，“班马”之一。主要作品为《汉书》（《苏武传》出于此）。开创断代的纪传体史书体例，“前三史”“四史”之一。

四、三国两晋

1. 曹操，小名阿瞒，字孟德，追尊为武帝，“三曹”之首。主要作品为《魏武帝集》。代表作有《苦寒行》《龟虽寿》《短歌行》《观沧海》等。开创“建安风骨”新风。鲁迅称他是“一个改造文章的祖师”。

2. 曹植，字子建，封陈王，谥思，后称陈思王，“三曹”之一。主要作品为《曹子建集》代表作有《野田黄雀行》《七步诗》《洛神赋》。

3. 诸葛亮，字孔明，别号卧龙，封武乡侯。有《诸葛亮集》，《出师表》出于此。

4. 陈寿，字承祚。主要作品为《三国志》《隆中对》出于此。

酬曹侍御过象县见寄

唐 柳宗元

破额山前碧玉流，骚人遥驻木兰舟。春风无限潇湘意，欲采苹花不自由。

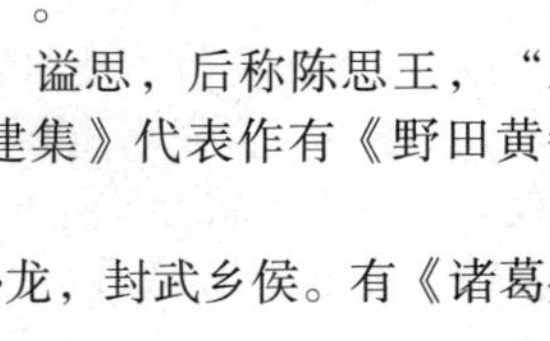

5. 陶渊明，字元亮，自号五柳先生，谥靖节先生，我国第一位杰出的田园诗人。有《陶渊明集》代表作有《桃花源记》《归去来兮辞》《归园田居》《饮酒》等。

五、唐　代

1. 王勃，字子安，“初唐四杰”之一（另三位是骆宾王、卢照邻、杨炯）。主要作品为《王子安集》其中《送杜少府之任蜀州》《滕王阁序》最有名。他在“四杰”中成就最高。

2. 贺知章，字季真，自号四明狂客。主要作品为《咏柳》《回乡偶书》。

3. 王之涣，字季陵。主要作品为《凉州词》《登鹳雀楼》。绝句《凉州词》被誉为“唐代绝句压卷之作”。属边塞诗派。

4. 孟浩然，襄阳人。唐代第一个大量写山水诗的人，与王维齐名，世称“王孟”。主要作品为《过故人庄》《春晓》等，结为《孟襄阳集》。

5. 王昌龄，字少伯，江宁人。曾任龙标尉，世称王龙标，七绝圣手。主要作品为《出塞》《从军行》后人辑有《王昌龄集》善边塞诗、宫怨诗。

6. 王维，字摩诘，官至尚书右丞，故称王右丞。诗人兼画家。与孟浩然同为盛唐田园山水派代表。主要作品为《送元二使安西》又名《阳关曲门飞鸟鸣涧》《相思》《观猎》《辋川闲居赠裴秀才迪》结为《王右巫集》苏轼赞为“诗中有画”“画中有诗”。

7. 高适，字达夫，曾任散骑常侍，世称高常侍。与岑参齐名，并称“高，岑”，同为盛唐边塞诗派的代表。主要作品为《燕歌行》《别董大》等，后人辑有《高常侍集》。

8. 李白，字太白，别号青莲居士，人称“诗仙”。与杜甫齐名，人称“李杜”。唐代三大诗人之一。主要作品为《梦游天姥吟留别》《蜀道难》《子夜吴歌》《望天门山》《秋浦歌》《秋登宣城谢跳北楼》等，结为《李太白集》属浪漫主义豪放派，古典诗歌艺术的高峰。韩愈称赞说：“李杜文章在，光焰万丈长。”

9. 杜甫，字子美，自称少陵野老，曾任左拾遗、检校工部员外郎，世称杜拾遗、杜工部。与李白齐名，人称“诗圣”。唐代三大诗人之一。主要作品为《兵车行》《春望》《茅屋为秋风所破歌》《闻官军收河南河北》、“三吏”（《新安吏》《石壕吏》《潼关吏》），“三别”（《新婚别》《垂老别》《无家别》）等，结为《杜工部集》。现实主义诗歌艺术的高峰，被称为“诗史”。

10. 岑参，曾任嘉州刺史，世称岑嘉州。边塞诗派的重要代表。主要作品为《白雪歌送武判官归京》《逢入京使》等，结为《岑嘉州诗集》。

11. 韩愈，字退之，官至吏部侍郎，溢文，世称韩吏部，韩文公，郡望昌黎，又称韩昌黎。唐代古文运动倡导者，唐宋八大家之首。与柳宗元并称“韩柳”。主要作品为《师说》《马说》《原毁》《进学解》《祭十二郎文》等，结为《昌黎先生集》。他主张恢复先秦两汉散文传统，摒弃南北朝以来的骄体文；主张文章内容的充实，并“唯陈言之务去”。在诗歌创作上主张“以文为诗”，力求新奇。

12. 刘禹锡，字梦得，曾任太子宾客，世称刘宾客。与柳宗元合称“刘柳”，与白居易合称“刘白”。主要作品为《陋室铭》《乌衣巷》《竹枝词》等，结为《刘宾客集》《刘梦得文集》。

13. 白居易，字乐天。号香山居士。中唐新乐府运动的主要倡导者，唐代三大诗人之一，与元稹合称“元白”。主要作品为《秦中吟》《新乐府》（包括《卖炭翁》等）《长恨歌》《琵琶行》等，自编为《白氏长庆集》后人又编为《白香山诗集》。他是现实主义传统的继承者，主张“文章合为时而著，歌诗合为事而作。”通俗派的代表，相传老妪可懂。

14. 柳宗元，字子厚，因系河东人，人称柳河东，曾任柳州刺史，又称柳柳州。唐代古文运动的领导者之一，与韩愈并称“韩柳”。“八大家”之一。主要作品为《捕蛇者说》《三戒》（包括《黔之驴》）、“永州八记”包括《小石潭记》《童区寄信》等散文，《渔翁》《江雪》等诗。结为《柳河东集》他是中国第一个把寓言正式写成独立的文学作品的作家，开拓了我国古代寓言文学发展的新阶段。

15. 李贺，字长吉。主要作品为《雁门太守行》《金铜仙人辞汉歌》等，结为《昌谷集》。其作品想象奇特，用词瑰丽，有浪漫主义色彩，风格独特。被称为李鬼才。

16. 杜牧，字牧之，别称小杜，与李商隐齐名，并称“小李杜”。晚年居樊川别墅，因号杜樊川。主要作品为《阿房宫赋》《江南春绝句》《清明》《泊秦淮》《秋夕》等。

17. 李商隐，字义山，号玉溪生，又号樊南生。主要作品为《行次西郊作一百韵》《乐游原》《锦瑟》《无题》等。结为《李义山诗集》另有《樊南文集》《行次》是一首长篇政治诗。《无题》诗多以爱情为题材，缠绵秀丽，对后代有很大的影响。

18. 李煜，字重光，五代时南唐国主，世称李后主。主要作品为《虞美人》《相见欢》《浪淘沙令》等，与其父李碾词合刻为《南唐二主词》王国维说:词至李后主而眼界始大，感慨遂深，遂变伶工之词而为士大夫之词。

六、宋　代

1. 范仲淹，字希文，谥文正。主要作品为《岳阳楼记》《渔家傲》等，结为《范文正公集》兼工诗词散文，属豪放派。

2. 柳永，原名三变，字耆卿，别称柳七，柳屯田。主要作品为《雨霖铃》《八声甘州》等，有《乐章集》传世。大量创制慢词（长调），扩充了词的体制容量，提高了词的表现能力。

3. 晏殊，字同叔，谥元献。主要作品为《浣溪沙》《蝶

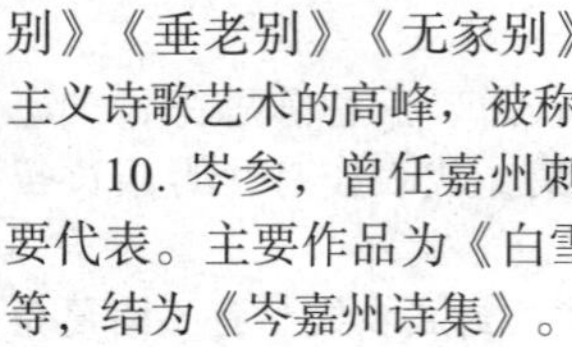

溪居

唐 柳宗元

久为簪组累，幸此南夷谪。闲依农圃邻，偶似山林客。

晓耕翻露草，夜榜响溪石。来往不逢人，长歌楚天碧。

恋花》等，存《珠玉词》《曼元献遗文》。尤擅小令，风调闲雅，气象富贵。

4. 欧阳修，字永叔，号醉翁，六一居士，谥文忠。北宋文坛领袖，“八大家”之一。主要作品为与宋祁合修《新唐书》，独撰《新五代史》（《伶官传序》出于此）。有《醉翁亭记》《秋声赋》《六一词》等，结为《欧阳文忠集》《六一诗话》是我国第一部诗话。

5. 苏洵，字明允，号老泉。“八大家”之一，与子轼、辙合称“三苏”。主要作品有《嘉右集》（《六国论》出于此）。作品以史论、政论为主。

6. 曾巩，字子固，谥文定。南丰人，又称南丰先生。“八大家”之一。主要作品为《元丰类稿》（以年号命名）。

7. 王安石，字介甫，号半山，封荆国公，谥文，世称王荆公、王文公。“八大家”之一。主要作品为《游褒禅山记》《伤仲永》《元日》《泊船瓜州》等，乡贯临川，集为《王临川集况》。

8. 苏轼，字子瞻，号东坡居士。谥文忠。“八大家”之一，在书法上与蔡囊、黄庭坚、米芾并称“宋四家”。主要作品为《赤壁赋》《石钟山记》《题西林壁》《水调歌头》《念奴娇》等，结为《东坡七集》。宋代最伟大的文人。能“出新意于法度之中，寄妙理于豪放之外”。开创了豪放词派。与韩愈并誉为“韩潮苏海”。

9. 苏辙，字子由，八大家之一。主要作品为《栾城集》。

10. 李清照，号易安居士。主要作品有《武陵春》《如梦令》《声声慢》等，结为《漱玉词》古代最重要的女诗人，宋代婉约词派中成就最高者。

11. 陆游，字务观，号放翁。人称“小李白”。主要作品为《书愤》《示儿》《钗头凤》等。结为《剑南诗稿》《渭南文集》《老学魔笔记》。中国古代最高产的诗人（有诗9000多首）。

12. 辛弃疾，字幼安，号稼轩，与苏轼并称“苏辛”。人称“词中之龙”。主要作品为《稼轩长短句》名篇有《摸色儿》《永遇乐》《清平乐》等。宋词中成就卓异者，继承并发展了苏轼的豪放词风，开拓了词的表现范围。

13. 文天祥，字宋瑞，履善，号文山，民族英雄。主要作品为《正气歌》《过零丁洋》《指南录后序》有《文山先生全集》。爱国情怀，激昂动人。

七、明　代

1. 施耐庵，主要作品为《忠义水浒传》简称《水浒》有百回本，百二十回本和七十回本。是我国第一部反映农民起义的长篇章回小说，对后世农民起义发生了巨大影响。

2. 罗贯中，名本，字贯中，号湖海散人，元末明初小说家、戏曲家。中国第一位全力创作通俗小说的作家。主要作品有《三国志通俗演义》（简称《三国演义》）《隋唐志传》《三遂平妖传》《三国》为我国第一部长篇历史章回小说。

3. 吴承恩，字汝忠，号射阳山人。主要作品为《西游记》是著名长篇章回神魔小说，是古典文学中最辉煌的神话作品，标志着浪漫主义文学的新高峰。

4. 汤显祖，字义仍，号若士，又号海若，临川人。主要作品为《牡丹亭》（又名《还魂记》）。

八、元　代

1. 关汉卿（字），名一斋，号已斋叟。与郑光祖、白朴、马致远并称"元曲四大家"。我国古代第一位伟大的戏剧家，世界文化名人。主要作品为《窦娥冤》《救风尘》《望江亭》《单刀会》等。

2. 王实甫，主要作品为《西厢记》元代剧本中最长的一部（21折），也是元剧中最成功的作品之一。

3. 马致远，字千里，号东篱。元曲"四大家"之一。主要作品为杂剧《汉宫秋》，散曲《天净沙·秋思》等，结为《东篱乐府》元散曲作者中成就最高者之一。

九、清　代

1. 蒲松龄，字留仙，号柳泉居士，世称聊斋先生。主要作品为《聊斋志异》，《促织》《狼》《席方平》《崂山道士》《画皮》等出于此。我国古代著名的文言短篇小说集。以谈鬼说狐方式反映现实。

2. 曹雪芹，名沾，字梦阮。号雪芹，芹圃，芹溪。主要作品《红楼梦》（高鹗续后40回），为最伟大的现实主义长篇古典小说，是中国古典小说发展的高峰。

3. 龚自珍，字瑟人，资产阶级启蒙运动先驱。主要作品为《病梅馆记》《已亥杂诗》。近代文学的开山作家。

4. 梁启超，字卓如，号任公，别称饮冰室主人。维新派代表人物之一。与康有为合称‘康梁”。主要作品为《谭嗣同》《少年中国说》等。有《饮冰室合集》，他是"新文体"的创造者。

十、近　代

1. 鲁迅，1918年5月写《狂人日记》时，开始以“鲁迅”为笔名。代表作有：《呐喊》（包括《狂人日记》《阿Q正传》《孔乙已》等）《彷徨》（包括《祝福》《伤逝》等）。散文集《朝花夕拾》（包括《藤野先生》《范爱农》等）。

2. 郭沫若，原名开贞，号尚武。杰出的作家、诗人和戏剧家，也是历史学家和古文字学家，是继鲁迅之后中国文化战线上的又一面旗帜。主要作品为1921年出版的诗集《女神》（包括《凤凰涅槃》《女神之再生》《炉中煤》等），历史剧作有《棠棣之花》《屈原》《虎符》《高渐离》《孔雀胆》《蔡文姬》《武则天》等。《女神》是一部杰出的浪漫主义诗集，是我国新文学史上第一部不朽的诗歌作品，开了一代新诗风。奠定了新诗运动的基础。

3. 叶圣陶，名绍钧。现代作家，教育家。主要作品为长篇小说《倪焕之》，短篇小说有《多收了三五斗》《夜》

江雪

唐 柳宗元

千山鸟飞绝，万径人踪灭。孤舟蓑笠翁，独钓寒江雪。

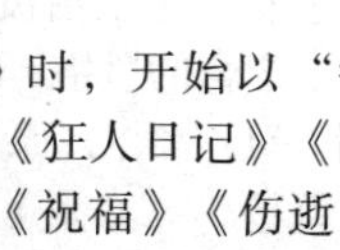

等，童话集有《稻草人》《古代英雄的石像》。他是中国现代文学史上最早写童话的作家。

4. 茅盾，原名沈德鸿，字雁冰，茅盾是笔名。现代杰出作家，“五四”新文学运动的先驱之一。主要作品为《蚀》，三部曲：《幻灭》《动摇》《追求》。《子夜》“农村三部曲”（《春蚕》《秋收》《残冬》），《林家铺子》，散文《风景谈》《白杨礼赞》，《子夜》是我国现代文学史上第一部现实主义长篇杰作，显示了“左翼”文学阵营的战斗实绩。

5. 郁达夫，现代作家。主要作品为《沉沦》《春风沉醉的晚上》《薄奠》等。

6. 徐志摩，现代诗人。主要作品为诗集《志摩的诗》《猛虎集》等，著名篇目有《再别康桥》《在病中》《沙扬娜拉》《偶然》等。是新月派主要诗人。

7. 田汉，著名戏剧家，我国革命戏剧的奠基人。主要剧作有《咖啡店之一夜》《名优之死》《丽人行》《关汉卿》《文成公主》另有京剧《白蛇传》《谢瑶环》等。他是五四以后 最有成就的剧作家之一。歌词《义勇军进行曲》经聂耳谱曲后广为流传，后定为国歌。

8. 朱自清，现代作家。主要作品为诗《踪迹》，散文集《背影》《欧游杂记》《你我》，学术著作《经典常谈》还有《背影》《绿》《荷塘月色》《桨声灯影里的秦淮河》《生命的价格—七毛钱》等。

9. 闻一多，著名爱国诗人、学者。主要作品为诗集《红烛》《死水》著名篇目有《太阳吟》《洗衣歌》《发现》《一句话》《死水》等，学术著作有《神话与诗》《古典新义》等。

10. 老舍，原名舒庆春，字舍予，满族人。1950年获“人民艺术家”称号。主要作品为长小说《骆驼祥子》《四世同堂》，剧本《茶馆》《龙须沟》《西望长安》等。浓郁的地方色彩，生动活泼的北京口语的运用，通俗而不乏幽默。形成了老舍的风格，也是“京味小说”的开创者。

11. 冰心，原名谢婉莹，著名女作家。主要作品为诗集《繁星》《春水》，散文集《寄小读者》《樱花赞》等。用格言式诗句咏唱母爱、童贞、大海。散文也表现“爱的哲学”，被誉为"美文"的代表。

12. 巴金，原名李尧棠。主要作品为长篇小说“激流三部曲”：《家》《春》《秋》。爱情三部曲：《雾》《雨》《电》。中篇小说《寒夜》《憩园》等，散文集《保卫和平的人们》《随想录》等。《家》等为我国现代文学史上描写封建家庭历史的最成功的作品。1982年获意大利“但丁国际奖”。

13. 赵树理，原名赵树礼，小说家。主要作品为小说《小二黑结婚》《李有才板话》《李家庄的变迁》等。《小》被誉为“解放区文艺的代表作之一”，《李》被誉为“走向民族形式的里程碑”。其民族化，大众化，是“山药蛋派”的代表作。

14. 曹禺，原名万家宝。戏剧家。主要作品为剧本《雷雨》《日出》《原野》《北京人》《明朗的天》《胆剑篇》《王昭君》等。

15. 艾青，原名蒋海澄，著名诗人。主要作品为《大堰河——我的保姆》《黎明的通知》《雪落在中国的土地上》《北方》《手推车》《光的赞歌》等。他的作品标志着“五四”以后自由体诗发展的一个重要阶段，又给以后的新诗创作带来很大影响。

16. 孙犁，原名孙树勋，主要作品为长篇小说《风云初记》，短篇小说《荷花淀》等。作品充满诗情画意，有“诗体小说”之称。白洋淀派创始人。

17. 钱锺书，原名仰先，字哲良，字默存，号槐聚，曾用笔名中书君，中国现代著名作家、文学研究家。代表作小说《围城》。

● 为了使考生更好地掌握考试中文学常识出题题型，特精选两道真题。

[例1]（2009.9）下列说法不正确的一项是（　）。

A. 《小石潭记》的作者是唐代的柳宗元，是柳宗元所写的系列游记“永州八记”之一。

B. 《醉翁亭记》是唐代欧阳修的散文名篇，“醉翁之意不在酒”一语就是出自本篇。

C. 孙犁是现当代小说家、散文家，《芦花荡》《荷花淀》是他小说创作的代表作品。

D. 雨果是19世纪法国著名作家，其长篇小说代表作有《巴黎圣母院》《悲惨世界》等。

[解析]说法不正确的为B项，其中“唐代欧阳修”应是“宋代”。

[答案] B。

[例2]（2008.14年）下列这副对联的类别和题写的对象，正确的一项是　（　）。

译书尚未成功，惊闻陨星，中国何人领呐喊。

先生已经作古，痛忆旧雨，文坛从此感彷徨。

A. 挽联 闻一多　　B. 寿联 鲁迅。

C. 挽联 鲁迅　　D. 寿联 闻一多。

[解析]《呐喊》《彷徨》是鲁迅的小说集，因此，排除A、D项；从“惊闻陨星”“痛忆旧雨”和“作古”这些语句看，文化常识帮助我们确认是挽联，答案为C。

[答案] C。

渔翁

唐 柳宗元

渔翁夜傍西岩宿，晓汲清湘燃楚竹。

烟销日出不见人，欸乃一声山水绿。

回看天际下中流，岩上无心云相逐。

单招习题化
知识整合

第二部分　现代文阅读

[专题十一　现代文阅读]

“现代文阅读”是单招语文考试第二部分，有8小个题，共32分。它也是单招考生重要得分的部分。为帮助考生更有效地进行复习备考，现根据考试大纲的要求，以2009—2011年的真题为例，对“现代文阅读”中的考点逐一进行解析，并归纳总结。

考点一：理解文中重要的词语和句子，并解释其含义。

● 考点解说及命题特点

（1）理解文中重要的词语。

所谓“重要词语”是指该词语在文章中的重要性而言的。这类词语往往对文中的某些内容有提示、诠释、限定的作用，是社会科学类和自然科学类文章考测中必然设定的题项。理解“文中首要词语”的含义，是读懂文的标志之一。

[例1]（2010.16）文中用“牙痛”来阐述自己的见解，理解错的一项是（　）

A. 类比论证　B. 举例论证　C. 比喻论证　D. 对比论证

[解析] 此题考查考生的语文基础知识。作者举“牙痛”这个例子是为了解释“概念对于具体事物来说，总不会完全合适，不过是一个大概轮廓而已”的意思，这是用了类比论证、举例论证和比喻论证。对比论证必须有比较的对象，至少是两个事物，文中并没有体现。

[答案] D

附文本有关文字。

在宋代写作平易之文已成为古文家的共识。在散文中本来就存在平易和奇崛两种文风，韩愈面对当时文坛提出的这个问题，从理论上回答说：“（文）无难易，唯其是尔。”但他实际的审美爱好，无疑更倾心于“奇崛”。

[例2]（2011.15）对宋代散文建立“平易”这一成熟的群体风格所起作用最重要，最直接的一项是（　）

A. 唐代韩愈发动古文运动的影响。

B. 宋代文风改革得到封建朝廷的公开支持。

C. 苏轼以形象透辟的语言道出了这一群体风格的特点。

D. 欧阳修利用知贡举的职权打击了“太学体”古文。

[解析] 此题旨在考查考生对文章中关键词语深层含义的理解能力。难度较大。解此题时，需将该词前后几句话反复阅读，仔细咀嚼、体会其中深层的含义，然后再根据选项，与原文做对比，得出正确答案。原文“欧阳修在嘉祐二年利用知贡举的职权以平易为衡文标准，将‘太学’的优秀学生刘几黜弃不取，而选拔苏轼，苏辙、曾巩等人，一时名士汇集，‘文格终以复古者，公之力也’”中最后一句古文的意思是文体风格最终变成复古风格，他（欧阳修）的功劳啊。再加上前面说欧阳修利用知贡举的职权以平易为衡文标准是文坛发生了很大的变化，所以综合考虑，选择D项。

[答案] D

互动训练

现代文阅读

[例1]

激情人生

黎　阳

前几天编辑杂志时，从桌上厚厚的一堆稿件中发现了一篇文章，写的是一个即将走出学校、步入社会的技校生的心语：‘我只是一个中技生，一没文凭，二没工作经验，谁会用我？往日的美好理想，变成了对现实的无奈，变成了每日的哀叹。我在大街上游荡，感觉像被社会抛弃的人……”

看罢，心中异常沉重。诚然，理想与现实是有差距的，这差距有时甚至是很大的。当心中美好的憧憬与愿望同现实的无情与残酷发生猛烈的撞击时，身心就变得那般无力，那般无奈，那般脆弱，那般不堪一击。昔日的理想如同明日黄花，往日的激情恍若流水，一去不复返了。于是，就逐渐颓唐、悲观、怨天尤人，抑或是安于现状、得过且过，再或是被生活与岁月磨得无棱无角，看惯了平庸，习惯了世俗。总之，那曾经拥有的热情与梦想、昂扬与纯真都变得无影无踪；再没有了对生活的激情，人就在这已经逝去和即将逝去的日子里迷失了自己的希望和方向。我想，这样的人，即便是作为再普通不过的一个平常人，他也只是在活着，而不是在生活。美好的生活需要有追求来支撑，真正的人生需要有激情来做伴。

人生，是一个存在的过程。

人生，是一个不以生为始，不以死为终的过程。

欧阳修（1007—1073年），字永叔，号醉翁，又号六一居士。吉安永丰人，自称庐陵。谥号文忠，世称欧阳文忠公，北宋卓越北宋时期政治家、文学家、史学家和诗人。千古文章四大家：韩、柳、欧、苏（唐代韩愈、柳宗元和北宋欧阳修、苏轼）

[例3]（2010.12）下列有关“书”的表述，不属于作者的认识的一项是（　）

A. 古今中外的书的总量相当多。

B. 并非所有书都是值得精读的。

C. 在判断书的价值时，古人与今人的观念有很大差异。

D. 一本书如果没有价值，往往难以流传并为后人所知。

[解析] 此题旨在考查考生对文章的细节的把握能力，难度不大，只要细心去寻找选项在原文中对应的内容即可得出正确答案。A选项见原文“古今中外，积累起来的书多极了”，B项见原文“怎样知道哪些书是值得精读的呢？”，D选项见原文“时间照着他们的推荐，把那些没有永久价值的书都刷下去，把那些有永久价值的书流传下来”。所以选C。

[答案] C

[例4]（2011.13）文章开头处“这与北宋古文运动的发展进程密切相关”一句中，“这”指的是（　）

A. 六朝以来淫靡浮泛的骈文占据文坛，改革的阻力甚大。

B. 古文写作也趋于艰涩怪僻，难以为继。

C. 宋代散文建立了一种成熟的群体风格。

D. 欧阳修打击僻涩怪诞的“太学体”古文。

[解析] 此题考查考生的阅读理解能力。“宋代散文的另一重要成就是建立了一种成熟的群体风格. 这与北宋古文运动的发展进程密切相关”，“这”是承接词，就是代指上文的这句话。所以选择C。

[答案] C

（2）理解文中重要的句子

所谓理解“重要的句子”是指该句子在文中的重要作用而言的。阅读的本质是传递信息，阅读中传递信息的基本单位是句子。因此，理解句子，特别是重要句子对阅读来说意义重大。

[例1]（2011.18）从文中看，结尾处“宋代散文群体风格的极旨”指的是（　）

A. 平易和奋崛两种文风　　B. 酷愤时文之弊，力振古道

C. 藻饰丰赡、典重华贵　　D. 写作平易自然之文

[解析] 此题考查考生对文中关键句的正确理解能力，难度较大。文章最后苏轼的一句话是解答本题的关键，只要读懂最后一句话，此题便可得出答案。“苏轼的‘如行云流水，初无定质，但常行于所当行，常止于所不可不止，文理自然，姿态横生’的描述，形象透辟地道出了宋代散文群体风格的极旨”，行云流水、文理自然等等都在表达一个意思，那就是文章要自然不要做作，所以选D。

[答案] D

[例2]（2009.14）下列对第⑨段中画线句子的理解，正确的一项是（　）

A. 家园的风景，因为大同小异而略少新意。

B. 家园的风景，因为难以描绘而更加单纯。

C. 家园的风景，因为永恒不变而更有魅力。

D. 家园的风景，因为简明单一而平常无奇。

[解析] 此题旨在考查考生对文章关键句在文中的正确理解能力。原文中已知在说家园的风景很美好，所以排除AD，B项迷惑性比较大，但原文“我曾经反复思索这种落日为什么特别丰富”中说到“特别丰富”，所以并不单纯，排除B。

[答案] C

曾经，我也觉得迷惘，也觉得无助。面对时光的飞逝，面对世事的纷纭，面对壮志的难酬，思绪万千，“实迷途其未远，觉今是而昨非”，问天地之苍茫，叹人世之多变。然而，人生亦就是在这理想与现实中辗转，在这入世与出世中徘徊，在这有缘与无缘间漂泊。活着的时间因为精神的富足才具有生命，逝去了之后灵魂的永驻才能延续生命。人活着累一点、苦一点并不是问题，但一个人活着没有劲就大大的有问题了。无论生活怎样平凡与苦闷，无论人生怎样失意与压抑，都不要轻言没有了希望，都不要轻易放弃了努力。没有了一生的执着，没有了一生的激情，纵然是活着，又有何滋味？

醉过方知酒浓，爱过方知情重，尝试过方知个中的酸甜苦痛。不经历风雨，怎么见彩虹？也许我们应当感激上苍给我们的种种不平，种种磨炼。它使我们更加成熟，更加理性，更加清醒，更加坚韧。对于我们来说，一时的不平与压抑又算得了什么？没有文凭就努力去拿，没有经验就努力去学，只要你心中还有梦，只要你还有对生活的激情。

有蓝天的呼唤，就不能让奋飞的翅膀在安逸中退化；有大海的呼唤，就不能让搏击的勇气在风浪前却步；有远方的呼唤，就不能让寻觅的信念在走不出的苦闷中消沉。

既然不相信宿命的发生，就要用实际行动去回答宿命；既然不相信命运的安排，就要敢于把命运发来的险球给它扣将回去；既然不相信自己注定平庸，就要试着把自己投入到铸就辉煌的惊心动魄之中。

把不满表达成上进，把委屈升华为不屈，把失意改写成冷峻。从一时的压抑中酝酿出一生的执着，从一时的失意中迸发出一生的激情。

生活，要有追求永支撑；人生，要有激情长相伴。

黄溪夜泊

宋代　欧阳修

楚人自古登临恨，暂到愁肠已九回。万树苍烟三峡暗，满川明月一猿哀。

殊乡况复惊残岁，慰客偏宜把酒杯。行见江山且吟咏，不因迁谪岂能来。

附文本有关文字：

⑨这个起伏的田野上的落日啊……我曾经反复思索这种落日为什么特别丰富——曲线？层次？人物活动？抑或角度的众多？最终承认：仅仅因为它是家园落日。家园！这个毫无新意的单纯的话题！

[例3]（2010.13）对“历代的群众，把他们认为有价值的书推荐给时间”的理解，不正确的一项是（　）

A. 经过时间的检验，书的价值就会真实地反映出来。

B. 群众所阅读的书，往往可以依靠时间来增长价值。

C. 每一个时代的书，都无例外地要接受时间的考验。

D. 一本书在各时代都有读者，才真正有较高的价值。

[解析] 此题旨在考查考生对文章关键句在文中的正确理解能力。“有价值的书推荐给时间”，时间对书的考验是判断一本书有没有价值的标准，但书的价值不会因时间的增加而增加。所以选B。

[答案] B

考点二：筛选并提取文中的信息。

● **考点解说及命题特点**

文章是信息的载体，筛选并提取文中信息是考测考生阅读能力的基本方法之一。所谓“信息”通常指的是文章中的关键性的知识、概念，以及对这些知识的解释与阐述等。当然，由于信息的不同性质，有时这些信息也可能是符号、数据或图表。

关于这类试题的考点，一般设在三个部位：一是文本中的基本概念和新知识所在部位；二是本中对重要知识和概念的解释和阐述部位；三是最能表达作者写作意图即文章中心思想的词句部位。

附文本有关文字：

中国有句老话说“书不尽言，言不尽意”。意思是说，一部书上所写的总要比写书人的话少，写书人说的话总比他内心的意思要少，“书不尽言”倒有办法克服，只要不怕啰嗦就可以了，无非是多费一点笔墨纸张……读书要注意字里行间，还说读诗要得其“弦外音，味外味”，都是说要在文字以外体会书的精神实质，也就是在“解其言”的基础上达到“知其意”的读书效果。如果仅仅只局限于语言文字，死抓住语言文字不放，那就成为死读书了。

[例1]（2010.15）对第三段文字的理解和分析，不正确的一项是（　）

A. 在作者看来，老话“书不尽言，言不尽意”是说所有书中都有不可避免的缺陷。

B. 牙痛的情况不是“牙痛”两字所能说清楚，表明了“言不尽意”的困难很难克服。

C. “字都认得了，话全懂了”的状态，表明阅读中的语言文字关已经为读者所攻破。

D. 这一段文字中，作者阐明了阅读中“解其言”和“知其意”之间紧密的内在联系。

[解析] 此题考查考生对文章的理解和把握能力，难度不大，一般在原文中就可找出答案。原文中“中国有句老话说‘书不尽言，言不尽意’。意思是说，一部书上所写的总要比写书人的话要少，写书人说的话总比他内心的意思要少”，很明显选项A错误。

[答案] A

[例1]

1. 这篇散文中，作者认为“活着”与“生活”的区别是什么？根据文意，简要回答。

2. 作者为什么认为“人生，是一个不以生为始，不以死为终的过程”？

3. 文章最后三段写了当一个人面对失意与压抑时，应该执着追求、迸发激情，用实际行动去回答宿命论。请你结合全文，分析这样写的作用和好处。

4. 下列对这篇散文的赏析，正确的两项是（　）

A. 本文以一位技校生对人生的困惑开篇，引出作者对人生的思考，以人生需要激情常相伴结篇，脉络清晰，表达了一种积极向上的人生态度。

B. “人生亦就是在这理想与现实中辗转，在这入世与出世中徘徊”，“入世”指人降生到这世上，“出世”则指人的逝去。

C. 第六段写人生中的种种不平、磨炼会使我们更加成熟，更加理性……我们没有理由不坦然接受它，没有理由不欢迎更多磨炼的到来。

D. 因为“人生，是一个存在的过程”，所以作者认为人在这一过程中应该不懈追求“精神的富足”“灵魂的永驻’，饱含激情地生活。

苏洵（1009—1066年），字明允，号老泉，眉州眉山（今属四川眉山人）。北宋文学家，与其子苏轼、苏辙合称“三苏”，均被列入“唐宋八大家”。苏洵长于散文，尤擅政论，议论明畅，笔势雄健，有《嘉祐集》传世。欧阳修很赞赏他的《权书》《衡论》《几策》等文章。

附文本有关文字：

当然，读书仅仅到“知其意”这一步还不行，还要明白其中的“理”，才不至于为前人的“意”所耽误。书中的“意”指的是写书人的主观的认识和判断，“理”指的是客观的道理。人总是人，不能全知全能，他的反映、体会和判断，和客观的道理总会有一定的差距，有或大或小的错误。只有能够明白其中道理，读者才能有自己的意，并将其与前人的意互相比较，互相补充，互相纠正。会读书的人能把死书读活，不会读书的人能把活书读死。能够用书而不为书所用，读书就算读到家了。

[例2]（2009.17）对于最后一段文字的理解和分析，正确的一项是（　）

A. 作者认为，前人书中的“意”往往会阻碍阅读者明白这些书中包含的“理”。

B. 书中的“意”，在一定意义上反映出写书人的认识水平与客观道理间的差距。

C. 明白书中道理的重要标志，就是阅读者在阅读后能够就“意”进行深入解释。

D. 是不是会读书，要看写书人的“意”与读者的认识和判断之间能否达成一致。

[解析] 此题考查考生对文章段落的整体理解和总结概括能力，难度较大，考生需反复理解文章，结合选项选出正确答案。A选项加重文中意思，原文只说可能会耽误，没有说阻碍读者。C D项是无中生有。

[答案] B

附文本有关文字：

⑦两只小狗在落日里追逐；老牛在落日里舐犊……有一天有一个老农夫在两匹马之间，在光滑的山脊上走进了太阳。老农因为老了，上坡时就抓着前面的马尾巴。后面的马看见了，就将自己的尾巴不停地摇着。

⑧我不禁热泪盈眶：一种无法描述的爱浸透全身。这个迟暮的老农！他随心所欲的自在旷达让我羞愧……我突然想到就人生而言，迟暮只有一瞬，长的只是对迟暮的忧虑而已。

[例3]（2009.13）下列对第⑦、⑧两段内容的理解，不正确的一项是（　）

A. 作者写小狗嬉戏、老牛舐犊，表现了农家落日自然背景中特有的风情。

B. 作者写老农和他的马，突出了老农的率直自然，以及马的顽皮可爱。

C. 作者“热泪盈眶”，因为老农的从容旷达让他感到惭愧并滋生敬意。

D. 作者认为人生的暮色虽然漫长，但难以忍受的痛苦只有短暂的瞬间。

[解析] 此题考查考生对文章的理解和把握能力，难度不大，一般在原文中就可找出答案。原文“我突然想到就人生而言，迟暮只有一瞬”说明人生的暮色只有一瞬，所以D选项错误。

[答案] D

考点三：归纳内容要点，概括中心思想。

● **考点解说及命题特点**

所谓归纳文章内容要点，就是通过分析，用简洁而准确的语言，将文章各部分最主要、最本质的内容加以概括和归纳总结。而概括文章中心思想，则需弄清作者的写作目的，即为什么写，写了什么，怎样写一系列问题，并在整体把握、理解文意的基础上，弄清文章的内容要点（即段意）及相互关系，这样才能准确把握文章的本质，精练、准确地概括出文章中心思想。

[例1]答案：

1. “生活”必须是有追求、有激情的，而“活着”没有。

2. 活着的时候因为精神的富足才具有生命，逝去了之后灵魂的永驻才能延续生命。

3. ①照应前文中技校生的困顿和“我”的心情的沉重；②深化文章主题，点明主旨。

4. B.“入世”指投身到社会中，“出世”指超脱人世。C.可以“坦然接受”“不平”“磨炼”，但是不必欢迎更多磨炼的到来。

答案：AD

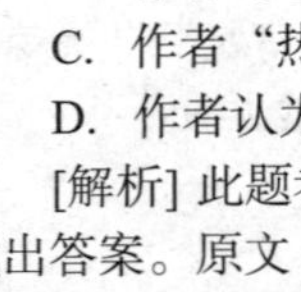

苏辙（1039-1112年），字子由，眉州眉山（今属四川）人。嘉佑二年（1057）与其兄苏轼同登进士科。神宗朝，为制置三司条例司属官。因反对王安石变法，出为河南推官。哲宗时，召为秘书省校书郎。元祐元年为右司谏，历官御史中丞、尚书右丞、门下侍郎因事忤哲宗及元丰诸臣，出知汝州、再谪雷州安置，移循州。徽宗立，徙永州、岳州复太中大夫，又降居许州，致仕。自号颍滨遗老。卒，谥文定。唐宋八大家之一，与父洵、兄轼齐名，合称“三苏”。

[例1]（2010.17）对本文的主题的理解，正确的一项是（ ）

A. 作者独抒性情，意在表明落日比朝阳更迷人。

B. 作者观察细腻，意在提醒人们欣赏落日之美。

C. 作者感受深刻，意在咏叹落日英雄迟暮般的悲壮。

D. 作者满怀激情，意在抒发对故乡落日风景的厚爱。

[解析] 此题考查考生对文章的理解能力和对主题的把握能力，难度较大，需要考生准确把握文章的中心和主题。A选项显然不是本文的主题，B选项作者只是赞叹落日的美丽，并没发出让人珍惜、欣赏落日的号召，C项中的悲壮有点言过其实，而且也谈不上深刻，只是作者见到美丽的落日后的感情爆发而已。综合起来，D项是最佳答案。

[答案] D

[例2]（2010.18）下列选文中的语句，最适合做本文题目的一项是（ ）

A. 那个太阳 B. 丘陵落日 C. 家园落日 D. 我的太阳

[解析] 此题旨在考查考生对文章的整体把握能力和概括能力。这篇文章的大半都在描述家乡的落日，所以提取中心词的话一定少不了“家园”和“落日”，我们看备选答案里，与“家园”有关的只有C选项。

[答案] C

[例3]（2011.17）对文章内容的分析不正确的一项是（ ）

A. 宋代古文运动并不否定骈文这种文体，而是否定骈文淫靡浮艳的文风。

B. 文章写宋代散文中各种流派的更替与发展情况，其目的是突出唐宋散文的群体风格。

C. 宋代古文家虽然也像唐代韩愈一样提倡古文，但文风与韩愈有所不同。

D. 文章先写唐代古文运动的情况，是为后文阐述宋代散文群体风格的形成作铺垫。

[解析] 此题考查考生对文中句意和文意的正确理解和概括能力。考生在解题时应仔细阅读，找出原文与选项相对应的内容，仔细推敲、辨别，然后得出正确答案。在文章第二行即提到“严格地说，唐文并没有形成一种群体风格”，很明显B项错误。A项可以在原文“宋代古文运动所要解决的问题也并不是打击骈文本身”中得出。

[答案] B

考点四：分析概括作者的观点态度。

● **考点解说及命题特点**

分析作者的观点态度是现代文阅读中高层次的阅读能力，它是在充分理解作品词语，筛选信息，理清思路，概括要点，归纳文章中心思想基础上，所进行的综合思维活动。

[例1]（2010.18）对于文章所谈到的读书经验，概括恰当的一项是（ ）

A. 讲价值，选专业，通语言，明事理

B. 要多读，要读通，要读懂，要读活

C. 精其选，解其言，知其意，明其理

D. 重经典，找问题，补缺陷，求高度

[解析] 此题考查考生对文章的整体阅读和归纳概括能力。我们可以在读完文章后先大致看一下选项，然后再推敲出最合适的选项。发现C项最具有文采也很工整，可以把C作为备选答案。回过头来看文章，文章第一段提出的问题便是该如何选择要读的书，最后一段讲要明白其中的“理”，跟C项正好完全对上。所以选C。

[答案] C

[例2]

古　藤

王剑冰

翻下来，腾挪上去，再翻下来，再腾挪上去，就像临产前的巨蟒，痛苦地不知如何摆放自己的身体。又似台风中的巨浪，狂躁不安地叠起万般花样。

这该是多少藤的纠缠啊！洋洋洒洒不知多少轮回。可主人说这只是一棵藤时，我吃惊了。怎么能是一棵藤呢？但它确实是一棵藤，一棵独立的藤，学名叫“白花鱼藤”，属稀有的物种。

好美的名字，有色有形，诗意盎然。

这棵藤距离何仙姑家庙不远。说它沾了何仙姑的仙气，或何仙姑沾了它的仙气也未可知。《仙佛奇踪》说：何仙姑为广州增城何泰的女儿，生时头顶有六条头发，经常在山谷之中健行如飞。传说武则天曾遣使召见她去宫中，入京的途中何仙姑突然失踪，之后白日生仙。这之后还有人为吕洞宾与何仙姑罩上了感情色彩，说何仙姑成仙返回家乡，在家庙的树林里乘凉，师傅吕洞宾欣然而往，匆忙间用神仙拐杖叉住了何仙姑的绿丝带，何仙姑掩面飞往天庭，吕洞宾丢掉拐杖去追何仙姑。于是，仙姑的绿丝带化作了盘龙古藤，吕洞宾的神仙拐杖也变成了支撑古藤的大树。当然这只是传说，但我仍然会在恍惚间把这藤想成是何仙姑长长的六条头发。

我敬慕地站立着，品读着这棵意象万千的古藤。

它一定受过无尽的苦痛。风雨剥蚀过它，雷电轰击过它，战火侵袭过它，它依附的大树，长大，长高，长老，直到一个夜晚轰然倒塌。那伤感的声音，把一棵藤的后半生弄得不知所措。现在那棵树只剩下一段冒出地表的枯树桩。藤，身子一半已朽，一些枝条乱于风中。

藤，要么死亡，要么活着。

没有依托就不再存有想法，就像失去娘的孩子，自己为自己做桩，自己为自己相绕，直立而起，倒下，再直立。

蚕妇

宋　张俞

昨日入城市，归来泪满巾。遍身罗绮者，不是养蚕人。

张俞（《宋史》作张愈），北宋文学家。字少愚，号白云先生，益州郫人。著有《白云集》，已佚。

[例2]（2011.16）宋代古文运动主要的目的是（　）

A. 继承“韩柳”的风格　　B. 反对淫靡浮泛的骈文

C. 力戒艰涩怪僻的古文　　D. 革新散文的文风

[解析] 此题旨在考查考生对文章的正确理解的能力。此题难度较大，不过认真阅读，通过细节把握整体是可以作对的。A项明显不对。再看B项，我们可以从原文“宋代古文运动所要解决的问题也并不是打击骈文本身”中得出B项不合题意。C项原文并没有提及。而D项是本文的中心，全篇处处可见，所以答案是D。

[答案] D

考点五：鉴赏文学作品的形象、语言和表现手法。

● **考点解说及命题特点**

鉴赏性阅读，是最高层次的阅读。在这种阅读中，往往渗透着读者的主体意识、情感体验与理性的评论或批判。众所周知，鉴赏的基础，是对作品的深刻理解，而鉴赏的核心则是审美。因此，读者对每一部文学作品得失优劣的品评，都是鉴赏阅读的结果。

“文学作品的形象”，是作家在文学作品中，所创造出的生动、具体能激发人们思想感情的某种生活图景、人物形象或情感世界。文学语言，则是经过作家经过艺术加工、提炼，具有准确、鲜明、生动，富于形象性和艺术感染力特点的语言。它是作家塑造艺术形象，表情达意的工具。表现手法在这里指的是作家进行艺术创作时，所运用的创作原则，创作规律，创作方法和创作技巧。

[例1]（2009.15）下列句子在修辞方法的运用上，不同于其他三句的一项是（　）

A. 落日比朝阳更富爱心　　B. 眼睁睁看它又带走一段岁月

C. 罗伞般的黄桷树成了它的托盘　D. 凡是她能给予我的，其他地方也能给予

[解析] 此题考查考生对修辞掌握能力。ABD项都是拟人修辞，C项是比喻修辞。所以选C。

[答案] C

考点六：其他的表达方法。

● **考点解说及命题特点**

（1）分析文章结构

所谓文章结构，即文章内部组织构造。有人把主题比做文章的灵魂，把材料比做文章的血液，把结构比做文章的骨骼。可见主题、材料、结构在文章中的相互关系和重要性，所以，要把握文章的思想内容，就必须把握文章的思路，正确地分析文章的结构。正确分析文章的基本方法，就是能正确地划分段落层次，划分段落的依据可分为外部依据和内部依据。外部依据即文章中能体现作者思路的重要语句。近几年没有考这方面内容。

[例1]（2011.14）下列不属于宋代文风革新的一项是（　）

A. 柳开、王禹偁等人首先对浮艳空洞的“五代体”发起攻击，提出复兴“古文”的要求。

B. 欧阳修、苏轼也倾向保留“四六”骈文的风格。

C. 孙复、石介、穆修、苏舜钦等人反对藻饰丰赡、典重华贵的时文。

D. 至欧阳修主持文坛，他的打击矛头主要是针对僻涩怪诞的“太学体”古文。

[解析] 此题考查考生的细节把握能力。选项中ACD项在原文中都能找到原话。而B项，原文只说了“欧、苏本人都是‘宋四六’的名家”，所以B项错误。

[答案] B

藤留下坚毅、痛苦、挣扎的过程。1300年的风霜雨雪，把它变成根，变成树，变成精。

藤，木的典范、水土的凝铸、生命的阐述。像不羁的狂草，有重笔有轻染，有淋漓的汁点。

因而也就想到，一位90高龄的书法家出席一个集会，有人上前搀扶说，您老气色不错啊。老人说，色没有了，气还有。而看这藤，乃真气色。据悉，藤依然6月开花如瑞雪，而后还结果，花开季节，芬芳遍地，香气袭人。那该是多么迷人的意境啊!

人其实同藤一样，从一点点爬起，活得不知有多艰难。要依靠亲人，依靠师长，依靠领导，依靠社会。要学着做人，学着生活，学着应付，学着面对。

见过一些社会底层的老人，这些人多是农家人，田间里辛劳一生，慢慢地累弯了腰，在墙角路边聊度余生，那腰也就更像一棵藤。我还在医院里看到一个老态女子，弯了的腰使头几乎垂于地面，走路时双手撑在脚上，脚挪手也挪，身子像个甲壳虫。如果不是住进了产房，你几乎忽略了她是一个女人。可她确确实实地生出了一个孩子，成为一个母亲，那是个大胖小子呢。这个枯藤一般瘦弱的女人，总是弯曲着身子，幸福地搂着她的白胖的儿子，那是她身上滋长出的嫩芽，是她生命的又一次接续。她不需要谁的同情与搀扶，她诠释了一个生命。

我们试图找到白花鱼藤的起点与终点。很多的人绕来绕去，终不得结论。它没有根吗?没有头吗?也许真的就找不到答案了，它不再靠根活着，不再靠头伸展，只要生命在体内一息尚存，就以藤的个性，滋生、蔓延、上升、翻腾。

很多人开始同这棵藤照相合影，但总是找不到合适的角度，它真不同于一棵树、一束花。有的干脆坐在了它弯曲的躯干上，于是又有一些人坐着或趴上去，我真担心它那枯老的身子会突然颓毁。但藤承受住了，为了我们的某种满足。

我们热热闹闹地走后，它还将留在

苏轼（1037—1101年），北宋文学家、书画家。字子瞻，号东坡居士。眉州眉山人。他在文学艺术方面堪称全才。其文汪洋恣肆，明白畅达，与欧阳修并称“欧苏”，为唐宋八大家之一；诗清新豪健，善用夸张比喻，在艺术表现方面独具风格，与黄庭坚并称“苏黄”；词开豪放一派，对后代很有影响，与辛弃疾并称“苏辛”；书法擅长行书、楷书，能自创新意，用笔丰腴跌宕，有天真烂漫之趣，与黄庭坚、米芾、蔡襄并称“宋四家”；画学文同，喜作枯木怪石，论画主张神似。诗文有《东坡七集》等，词有《东坡乐府》。

（2）掌握主要的表达方法。

所谓表达方法，是作者为了表现客观事物和主观意识而采用的一种写作手法。常见的有叙事、描写、抒情、议论、说明这五种。单招近年文章体裁侧重散文，兼顾杂文。

（3）2009年单招考试时间由两个小时减至一个半小时，题量由31题减至25题，语文知识面宽，所以要结合“现代文阅读”的文章里的内容考查字音、字形、词语解释、选词填空、标点使用等方面知识。

[例1]（2009.11）下列加点的字的读音，不正确的一项是（　）

A. 雾霭（ǎi）　B. 舐（shì）犊　C. 浸（jìn）透　D. 给（gěi）予

[解析] 此题旨在考查考生的语文基础知识。只要考生经常积累，此题是送分题。

[答案] D

附文本有关文字：

心里先有了这个数，我们就可随着自己的专业选定一些需要精读的书。________说，这些书都是用汉字写的，________只认识汉字恐怕还不行。________没有一些凭借，我们________看不懂古人用文言写的书，古人大概________看不懂现在的《人民日报》，这就是语言文字关。如果攻不破这道关，也就不能看懂那些值得精读的经典著作。当然，想要攻破这道关，许多工具如字典和辞典等工具书之类都能够发挥作用。

[例2]（2010.11）填入文章第二段中横线处的词语，最恰当的一项是（　）

A. 不仅　而且　虽然　却　就

B. 虽然　但是　倘若　就　也

C. 既然　那么　如果　也　就

D. 固然　但是　只要　就　也

[解析] 此题考查考生对关联词的正确使用，难度不大。只要考生认真分析句子前后关系并运用语言常识就能得出正确答案。第二空前后明显是转折关系，所以排除A C，第三空后说“没有一些凭借”显然是假设语气。综合选项选择B。

[答案] B

附文本有关文字：

⑤农舍顶上如缕的炊烟飘进去，化掉了；竹林在风中摇曳，有时也摇进去了……

⑦两只小狗在落日里追逐；老牛在落日里舐犊……有一天有一个老农夫在两匹马之间，在光滑的山脊上走进了太阳。

[例3]（2009. 16）下列对本文中省略号用法的解释，正确的一项是（　）

A. 第⑤段和第⑦段中的省略号用法相同，表示列举的省略和状态的延续。

B. 第⑤段和第⑧段中的省略号用法相同，表示列举的省略和状态的延续。

C. 第⑦段和第⑧段中的省略号用法相同，表示语意未尽和思维延伸。

D. 第⑦段和第⑨段中的省略号用法相同，表示语意未尽和思维的延伸。

[解析] 此题考查考生对语文基础知识的掌握程度。“农舍顶上如缕的炊烟飘进去，化掉了；竹林在风中摇曳，有时也摇进去了……”就是对炊烟状态的省略。而“两只小狗在落日里追逐；老牛在落日里舐犊……”中前半句与后半句是并列关系，两种不同的场景，省略号表示还有其他场景，但不一一列出了。

[答案] A

那里，守着它的岁月，守着它的孤独。当然也守着它倔强的形象，被人凝注，被人思索，被人景仰。

（选自《人民日报》2008.01.07第16版）

完成1—4题

1. 联系上下文，说说可主人说这只是一棵藤时，我“吃惊了”，“我”为什么“吃惊”？

2. 联系全文说说作者对“这棵意象万千的古藤”做了怎样的“品读”？

3. 文章叙述了何仙姑与吕洞宾的传说和年老女人生子的故事，有什么作用?

4. 本文三要采用了什么写法?表现了作者怎样的思想感情?

词句

1. 休言万事转头空，未转头时皆梦。《西江月》
2. 中秋谁与共孤光，把盏凄然北望。《西江月》
3. 高情已逐晓云空，不与梨花同梦。《西江月》
4. 世事一场大梦，人生几度秋凉。《西江月》

[例4]（2011.11）对下列词语的解释，不正确的一项是（　）

A. 寂寞：清静、寂静。　　B. 戒除：改掉。

C. 始作俑者：比喻恶劣风气的创始者。D. 奇崛：奇特突出。

[解析] 此题旨在考查考生对词语在句中的意思。我们可以联系上下文，再根据我们本身对这个词的认识综合理解，推敲出答案。如A选项原文“在颂扬中不免透露出他孤身奋战的寂寞”，前有“孤身奋战的寂寞”，可以推断出“寂寞”是孤单、孤独的意思。同理，可判断其他三项。

[答案] A

注：对于体育单招考试而言，现代文阅读题的出题侧重点和答题方式不同于高考。出题时单招考试没有高考对知识点要求得那样严格细致；答题时单招考试多为客观选择题，高考则多为主观题。

解题方法:

前面我们把考点解说及命题特点一一进行分析，那么考试时或做题时的具体解题方法步骤如下：

第一步：全文扫描，确定体裁（因为不同的文体有不同的阅读路径和要求）。

第二步：浏览问题，心中有数（省去重复阅读的时间，事半功倍）。

第三步：初步阅读，边读边画，整体把握（重点：作者和年代，重要的时间、数据、主要事实和典型形象；表现作者情感和文章的主旨句，即中心句；语言的特点和修辞的作用。尤其注意段首、段尾，这些词句往往就是回答问题时需要重点研读的）。

第四步：带题阅读，具体揣摩，寻找答案。

判断答题的范围和要求：

①认真读懂题干，利用好题干中相关的提示语。

②查语境。把命题所涉及的内容放回到原文中找准相关的信息区，然后搜索相关信息，之后上下扩展，看是否还有与之相关的语句、段落。

第五步：运用排除法选择答案。

对犹豫不决的答案，需要复位检查。

[例2] 参考答案：

1. 作者原以为许多棵藤的相互缠绕依附会有如此繁盛的生命景象；而当主人说只是一棵藤的生命景观时，作者难以置信，所以吃惊。（或因为一棵独立的藤没有依托“自己为自己做桩，自己为自己相绕，直立而起，倒下，再直立”顽强地生存了上千年）

2. ①受过无尽的苦痛，留下坚毅、痛苦、挣扎的过程，经历1300年风霜雨雪而直立不倒。②藤，是木的典范、水土的凝铸、生命的阐述，有真气色，历久弥新，枯枝仍孕育新生。③只要生命在体内一息尚存，藤就以藤的坚强、独立、不屈的个性，滋生、蔓延、上升、翻腾。

3. 叙述何仙姑与吕洞宾的传说为古藤罩上了一层神秘的色彩，增强了文章的可读性和趣味性，同时为下文表达作者对古藤的敬慕之情做了铺垫。年老的女人与古藤相互映衬阐述了只要生命一息尚存，就要孕育新生的哲理，突出了古藤的形象，深化了文章的中心。

4. 本文主要采用了托物言志的写法。借对古藤的描写表达了作者对生命的深刻思考和对坚强、独立，历尽苦难而不屈的生命的敬重之情。

5. 但愿人长久，千里共婵娟。《水调歌头》
6. 欹枕江南烟雨，杳杳没孤鸿。《水调歌头》
7. 人有悲欢离合，月有阴晴圆缺，此事古难全。《水调歌头》
8. 笑渐不闻声渐悄，多情却被无情恼。《蝶恋花》
9. 枝上柳绵吹又少，天涯何处无芳草？《蝶恋花》

春

朱自清

①盼望着，盼望着，东风来了，春天的脚步近了。

②一切都像刚睡醒的样子，欣欣然张开了眼。山朗润起来了，水涨起来了，太阳的脸红起来了。

③小草偷偷地从土里钻出来，嫩嫩的，绿绿的。园子里，田野里，瞧去，一大片一大片满是的。坐着，躺着，打两个滚，踢几脚球，赛几趟跑，捉几回迷藏。风轻悄悄的，草软绵绵的。

④桃树、杏树、梨树，你不让我，我不让你，都开满了花赶趟儿。红的像火，粉的像霞，白的像雪。花里带着甜味儿；闭了眼，树上仿佛已经满是桃儿、杏儿、梨儿。花下成千成百的蜜蜂嗡嗡地闹着，大小的蝴蝶飞来飞去。野花遍地是：杂样儿，有名字的，没名字的，散在草丛里，像眼睛，像星星，还眨呀眨的。

⑤“吹面不寒杨柳风”，不错的，像母亲的手抚摸着你。风里带来些新翻的泥土的气息，混着青草味儿，还有各种花的香，都在微微润湿的空气里酝酿。鸟儿将窠巢安在繁花嫩叶当中，高兴起来了，呼朋引伴地卖弄清脆的喉咙，唱出宛转的曲子，与轻风流水应和着。牛背上牧童的短笛，这时候也成天在嘹亮地响。

⑥雨是最寻常的，一下就是三两天。可别恼。看，像牛毛，像花针，像细丝，密密地斜织着，人家屋顶上全笼着一层薄烟。树叶子却绿得发亮，小草也青得逼你的眼。傍晚时候，上灯了，一点点黄晕的光，烘托出一片安静而和平的夜。乡下去，小路上，石桥边，有撑起伞慢慢走着的人；还有地里工作的农夫，披着蓑，戴着笠的。他们的草屋，稀稀疏疏的，在雨里静默着。

⑦天上风筝渐渐多了，地上孩子也多了。城里乡下，家家户户，老老小小，他们也赶趟儿似的，一个个都出来了。舒活舒活筋骨，抖擞抖擞精神，各做各的一份事去。“一年之计在于春”，刚起头儿，有的是工夫，有的是希望。

⑧春天像刚落地的娃娃，从头到脚都是新的，他生长着。

⑨春天像小姑娘，花枝招展的，笑着，走着。

⑩春天像健壮的青年，有铁一般的胳膊和腰脚，他领着我们上前去。

【课文分析】

一、主题思想

这是一篇诗意盎然的抒情散文。作者抓住春天的主要特征，用诗的笔调，描绘了大地回春、万物复苏、生机勃发、草木花卉竞相争荣的景象，抒写出作者热爱春天、憧憬未来的欣喜之情。

二、内容结构

全文围绕一个“春”字，分为“盼春”“绘春”“赞春”三个部分。这三部分的顺序和作者思想感情的发展是一致的。春天尚未来临，热切地盼望她的到来。“盼望着，盼望着”的反复吟咏，将那种渴望的心情抒写得淋漓尽致，也为全文定下清新活泼的基调和抒情的旋律。待到春天降临人间，作者则尽情地欣赏这大地回春的美好景象。最后则以赞美春天总结，三个比喻各自成段，热情洋溢地颂扬了富有创造力的春天，深化了文章的主旨。

第一部分（①）：总写盼春。表达出人们对春天的盼望和兴奋喜悦的心情。

第二部分（②~⑦）：具体绘春。把景物和感受结合，全面细致地描绘出春景图。

互动训练

1. 下列加点字的读音，不正确的一项是（ ）

A. 嫩叶（nèn）　B. 嘹亮（liào）

C. 撑起（chēng）　D. 窠巢（cháo）

2. 下列词语在文中意思的解释，不正确的一项是（ ）

A. 酝酿：本意是造酒的发酵过程，比喻做准备工作。

B. 呼朋引伴：意思是呼唤朋友，招引同伴。常用于鸟类招呼同伴。

C. 抖擞：振作；奋发。

D. 花枝招展：花朵和枝条招手展示。

3. 对“小草偷偷地从土里钻出来，嫩嫩的，绿绿的。”一句，理解和分析不正确的一项是（ ）

A. 拟人修辞格生动地描绘了春草萌发的景象。

B. “嫩嫩的”写出了小草葱绿鲜亮的质地。

C. “偷偷地”表现小草不知不觉生长迅速。

D. 表达了作者对春天里的春草的喜爱之情。

4. 对第6段中“人家屋顶上全笼着一层薄烟”这句话，理解和分析不正确的一项是（ ）

A. 蒙蒙细雨笼罩着屋顶，如烟似雾一般。

B. 表现春雨的细密、轻柔、飘渺的特点。

C. 居民们正在做晚饭，屋顶上炊烟袅袅。

D. 实际是作者用的比喻，并非指炊烟。

5. 对“春雨”“像牛毛、像花针、像细丝”理解和分析不正确的一项是（　　）

A. 花针形容雨细而尖锐。

B. 细丝形容雨细而连绵。

C. 牛毛形容雨细而密集。

D. 都是运用比喻修辞格。

6. 对“一年之计在于春”的理解和分析不正确的一项是（ ）

A. 春是一年的开始，应有全年计划。

B. 应把全年要做的事情及早安排好。

C. 希望人们抓紧大好春光做些事情。

D. 全年的工作应该放在春天来完成。

10. 十年生死两茫茫，不思量，自难忘。《江城子·乙卯正月二十夜记梦 》

11. 千里孤坟，无处话凄凉。《江城子·乙卯正月二十夜记梦 》

12. 相顾无言，惟有泪千行。《江城子·乙卯正月二十夜记梦 》

13. 大江东去，浪淘尽、千古风流人物。《念奴娇·赤壁怀古》

14. 人生如梦，一尊（通“樽”）还酹江月 。《念奴娇·赤壁怀古》

文中具体描绘了六幅春景图：

春醒图——自然醒——第2自然段。

春草图——草报春——第3自然段。

春花图——花争春——第4自然段。

春风图——风唱春——第5自然段。

春雨图——雨润春——第6自然段。

迎春图——人迎春——第7自然段。

第三部分（⑧~⑩）：总写颂春。赞美春天，点出了春天的特点：新、美、健。

作者用三个比喻总写春天。春天是新的，春天有旺盛的生命力：“春天像刚落地的娃娃，从头到脚都是新的，它生长着。”春天是美的，是活泼生动的：“春天像小姑娘，花枝招展的，笑着，走着。”春天是健壮有力的：“春天像健壮的青年，有铁一般的胳膊和腰脚，领着我们上前去。”从刚落地的娃娃，到小姑娘，到青年，文章描写的顺序也耐人寻味，写出了不同时段的不同景象。

三、艺术手法

1. 语言诗化又朴实通俗。

诗情与景物和谐地交融使文章具有了浓郁的诗歌抒情色调。

文章语言具有清新朴实、口语化的特点，使文章平易好懂。如写草“园子里，田野里，瞧去，一大片一大片满是的”，这些短句都是从口语中来，显得很浅显易懂。

2. 善用修辞。

（1）比喻手法增强形象美：

如：“雨是寻常的，像牛毛，像花针，像细丝……”野花“像眼睛，像星星……”运用了比喻中的博喻手法，不但形象生动，而且把初春时细雨的特点和春花的特点，从不同角度加以描绘，给人以春的气息和美的享受。

（2）拟人手法增强人情美：

如：“小草偷偷地从土里钻出来，嫩嫩的、绿绿的……”句中，“偷偷的”，使无情感的小草具有感情，蕴含着人情美。拟人手法给人以亲切感。

（3）排比手法增强气势美：

“春天，像刚落地的娃娃，从头到脚都是新的，它生长着；春天，像小姑娘，花枝招展的，笑着，走着；春天，像健壮的青年，有铁一般的胳膊和腰脚，领着我们向前去。”就用了三个比喻句构成的排比，表现出春天是新的，春天是美的，春天是健壮的美的特点。运用排比句，不但使读者的认识逐步加深，情感逐步强烈，事理变化有序，表现出一种清新美，而且富有气势，增强表达效果。

3. 大量使用叠音词

《春》中大量使用叠词，既能形象地刻画出事物特点，又富有节奏感；既使得全文行文活泼欢快、充满诗情画意，又能增加朗读时的韵律节奏。如：嫩嫩的，绿绿的。

7. 对“花下成千成百的蜜蜂嗡嗡地闹着”一句中“闹”字理解和分析不正确的一项是（ ）

A. “闹”字将蜜蜂人格化，同时突出了蜜蜂多。

B. “闹”字写出声音，渲染出百花争春的气氛。

C. 流露出作者看到这浓浓的春意时的震撼之情。

D. 化静为动，衬托出春的万紫千红，香味浓郁。

8. 下列选项中，最能恰当表达文章主旨的一项是（ ）

A. 描绘春的美丽。

B. 抒发作者热爱春天、憧憬未来的欣喜之情。

C. “盼春”“绘春”“赞春”。

D. 春天充满生机和力量。

【互动训练答案】

1. B，嘹亮（liáo）。

2. D，花枝招展：形容女性打扮得十分艳丽。

3. B，“嫩嫩的”写出了小草柔软而鲜亮的质地。

4. C，实际是作者用的比喻，并非指炊烟。

5. A，花针形容雨细而闪烁。

6. D，应是安排好全年要做的事情。

7. C，流露出作者看到这浓浓的春意时的欣喜之情。

8. B，A是文章的内容，C是文章的结构，D是春天的特点。

15. 会挽雕弓如满月，西北望，射天狼。《江城子·密州出猎》
16. 欲寄相思千点泪，流不到，楚江东。《江城子》
17. 天涯流落思无穷！既相逢，却匆匆。《江城子》
18. 小舟从此逝，江海寄余生。《临江仙》
19. 长恨此身非我有，何时忘却营营？《临江仙》

秋天的怀念

史铁生

①双腿瘫痪后，我的脾气变得暴怒无常。望着望着天上北归的雁阵，我会突然把面前的玻璃砸碎；听着听着李谷一甜美的歌声，我会猛地把手边的东西摔向四周的墙壁。母亲就悄悄地躲出去，在我看不见的地方偷偷地听着我的动静。当一切恢复沉寂，她又悄悄地进来，眼边红红的，看着我。“听说北海的花儿都开了，我推着你去走走。”她总是这么说。母亲喜欢花，可自从我的腿瘫痪后，她侍弄的那些花都死了。“不，我不去！”我狠命地捶打这两条可恨的腿，喊着：“我活着有什么劲！”母亲扑过来抓住我的手，忍住哭声说：“咱娘儿俩在一块儿，好好儿活，好好儿活……”

②可我却一直都不知道，她的病已经到了那步田地。后来妹妹告诉我，她常常肝疼得整宿整宿翻来覆去地睡不了觉。

③那天我又独自坐在屋里，看着窗外的树叶“唰唰啦啦”地飘落。母亲进来了，挡在窗前：“北海的菊花开了，我推着你去看看吧。”她憔悴的脸上现出央求般的神色。“什么时候？”“你要是愿意，就明天?”她说。我的回答已经让她喜出望外了。“好吧，就明天。”我说。她高兴得一会坐下，一会站起：“那就赶紧准备准备。”“唉呀，烦不烦？几步路，有什么好准备的！”她也笑了，坐在我身边，絮絮叨叨地说着：“看完菊花，咱们就去‘仿膳’，你小时候最爱吃那儿的豌豆黄儿。还记得那回我带你去北海吗？你偏说那杨树花是毛毛虫，跑着，一脚踩扁一个……”她忽然不说了。对于“跑”和“踩”一类的字眼儿。她比我还敏感。她又悄悄地出去了。

④她出去了。就再也没回来。

⑤邻居们把她抬上车时，她还在大口大口地吐着鲜血。我没想到她已经病成那样。看着三轮车远去，也绝没有想到那竟是永远的诀别。

⑥邻居的小伙子背着我去看她的时候，她正艰难地呼吸着，像她那一生艰难的生活。别人告诉我，她昏迷前的最后一句话是：“我那个有病的儿子和我那个还未成年的女儿……

⑦又是秋天，妹妹推我去北海看了菊花。黄色的花淡雅、白色的花高洁、紫红色的花热烈而深沉，泼泼洒洒，秋风中正开得烂漫。我懂得母亲没有说完的话。妹妹也懂。我俩在一块儿，要好好儿活……

【课文分析】

一、主题思想

《秋天的怀念》是一篇饱含深情的怀念母亲的散文，作者通过回忆自己双腿瘫痪后，怀着博大无私之爱的母亲是怎样痛苦与忍辱负重地照顾自己，从而表达对母亲的深深愧疚和怀念之情。

二、内容结构

全文大致可分为三个部分：

第一部分（①~②段）重病缠身的母亲安慰鼓励因双腿瘫痪而暴怒绝望的儿子好好儿活。

第二部分（②~⑥段）母亲为宽慰儿子，和儿子约定去北海看花，但未能实现，临终的母亲对子女无比牵挂。

第三部分（⑦段）在母亲去世后又一个秋天，作者与他的妹妹一起去北海看了菊花，表达了对母亲的无比怀念。

互动训练

1. 下列加点字的读音，不正确的一项是（　）

A. 捶打（chuí）　B. 瘫痪（huàn）

C. 整宿（sù）　D. 诀别（jué）

2. 下列词语在文中意思的解释，不正确的一项是（　）

A. 憔悴：形容人瘦弱，面色不好。

B. 翻来覆去：来回翻身或多次重复。

C. 仿膳：模仿膳食。

D. 絮絮叨叨：形容说话啰嗦，唠叨。

3. 第3段中“对于‘跑’和‘踩’一类的字眼儿，她比我还敏感。”，对其中“比我还敏感”理解和分析不正确的一项是（　）

A. 母亲内心比“我”更沉重。

B. 母亲怕勾起“我”的烦恼。

C. 母亲为自己的大意而后悔。

D. 反映母亲内心脆弱的一面。

4. 第3段中“母亲进来了，挡在窗前”，对“挡”字理解和分析正确的一项是（　）

A. “挡”的动作，写出母亲对儿子看到落叶会感到凄凉、悲怆和绝望的失望。

B. 母亲“挡”的动作虽然看起来微不足道，却表现了对儿子呵护得无微不至。

C. “我”正在看窗外衰败的景物，母亲进来时不小心无意挡住“我”的视线。

D. “挡”的动作反映母亲希望“我”能从因“瘫痪”而带来的无奈心境中走出。

5. 对‘咱娘儿俩在一块儿，好好活着……”理解和分析正确的一项是（　）

A. 鼓励自己为儿子而活，鼓励儿子为母亲活下去。

B. 鼓励儿子失去双腿后珍惜生命，坚强地活下去。

C. 相信自己的病和儿子的腿都能治愈，重燃希望。

D. 母子二人都身患重病，要互相搀扶，互相鼓励。

8. 下列选项中，最能恰当表达文章主旨的一项是（　）

A. 表达母亲对“我”的关怀。

B. 表达母亲对“我”的鼓励。

C. 表达对母亲的深深愧疚和怀念之情。

D. 表达重病的母亲对“我”的悉心照顾。

20. 有情风万里卷潮来，无情送潮归。《八声甘州》
21. 此生此夜不长好，明月明年何处看？《阳关曲》
22. 酒困路长惟欲睡，日高人渴漫思茶。《浣溪沙》
23. 细看来，不是杨花，点点是离人泪。《水龙吟》
24. 回首向来萧瑟处，归去，也无风雨也无晴。《定风波》

三、艺术手法

1. 细节描写

文章运用大量的细节描写来塑造母亲形象。如“我”发脾气时，母亲总是“悄悄地躲出去”。

2. 富有表现力的词语

如：踩、躲等。

3. 善用叠词

如“大口大口”“整宿整宿”等，给人一种无尽的折磨，感觉生命承受的苦难和母爱的伟大。

7. 文章提到了“母亲提议去北海看菊花”，对其意蕴的理解和分析不正确的一项是（ ）

A. 提议看菊花，是想让“我”从菊花傲雪凌霜的精神气质中得到启示。

B. 提议看菊花，母亲是想让我能够勇于面对人生挫折，顽强生活下去。

C. 母亲希望重游“我”童年的乐园——北海公园唤起我对生活的自信。

D. 提议看菊花，母亲是想让消沉的“我”能从生活的不幸中振作起来。

8. 对标题“秋天的怀念”中“秋天”的理解和分析不正确的一项是（ ）

A. 文中写景、叙事、记人，都与“秋天”有关。

B. 秋天”是课文故事发生发展的背景和“引子”。

C. “秋天”是“我”不幸遭遇、暗淡心情的写照。

D. “秋天”是“我”走出低谷、苦难生活的象征。

【互动训练答案】

1. C，整宿（xiǔ）

2. C，仿膳：为皇帝提供的饮食，称为御膳。清王朝垮后，皇宫里的御厨也流落到了民间，这些厨师开了饭馆，因为他们所做的菜式，是仿照原来清宫的御膳，因此称为“仿膳”。

3. D，反映了母亲内心的痛苦。

4. B，A“挡”的动作，写出母亲对儿子看到落叶会感到凄凉、悲怆和绝望的担心。C. 母亲有意挡住“我”的视线，不让窗外衰败的景物触发“我”伤感的情绪。D“挡”的动作反映母亲希望“我”能从因“瘫痪”而带来的痛苦心境中走出。

5. B，主要是鼓励儿子

6. C，重点表达的是作者对母亲的感情。

7. C，母亲希望重游“我”童年的乐园——北海公园以唤起“我”美好的记忆。

8. D，“秋天”是“我”走出低谷、乐观生活的象征。

诗句

1. 欲把西湖比西子，淡妆浓抹总相宜。《饮湖上初晴后雨》
2. 春宵一刻值千金，花有清香月有阴。《春宵》
3. 陌上花开蝴蝶飞，江山犹是昔人非。《陌上花》
4. 庐山烟雨浙江潮，未到千般恨不消。《庐山烟雨》

济南的冬天

老舍

①对于一个在北平住惯的人，像我，冬天要是不刮风，便觉得是奇迹；济南的冬天是没有风声的。对于一个刚由伦敦回来的人，像我，冬天要能看得见日光，便觉得是怪事；济南的冬天是响晴的。自然，在热带的地方，日光是永远那么毒，响亮的天气，反有点叫人害怕。可是，在北中国的冬天，而能有温晴的天气，济南真得算个宝地。

②设若单单是有阳光，那也算不了出奇。请闭上眼睛想：一个老城，有山有水，全在天底下晒着阳光，暖和安适地睡着，只等春风来把它们唤醒，这是不是个理想的境界？

③小山整把济南围了个圈儿，只有北边缺着点口儿。这一圈小山在冬天特别可爱，好像是把济南放在一个小摇篮里，它们安静不动地低声地说："你们放心吧，这儿准保暖和。"真的，济南的人们在冬天是面上含笑的。他们一看那些小山，心中便觉得有了着落，有了依靠。他们由天上看到山上，便不知不觉地想起："明天也许就是春天了吧？这样的温暖，今天夜里山草也许就绿起来了吧？"就是这点幻想不能一时实现，他们也并不着急，因为有这样慈善的冬天，干啥还希望别的呢！

④最妙的是下点小雪呀。看吧，山上的矮松越发的青黑，树尖上顶着一髻儿白花，好像日本看护妇。山尖全白了，给蓝天镶上一道银边。山坡上，有的地方雪厚点，有的地方草色还露着，这样，一道儿白，一道儿暗黄，给山们穿上一件带水纹的花衣；看着看着，这件花衣好像被风儿吹动，叫你希望看见一点更美的山的肌肤。等到快日落的时候，微黄的阳光斜射在山腰上，那点薄雪好像忽然害了羞，微微露出点粉色。就是下小雪吧，济南是受不住大雪的，那些小山太秀气！

⑤古老的济南，城里那么狭窄，城外又那么宽敞，山坡上卧着些小村庄，小村庄的房顶上卧着点雪，对，这是张小水墨画，也许是唐代的名手画的吧。

⑥那水呢，不但不结冰，倒反在绿萍上冒着点热气，水藻真绿，把终年贮蓄的绿色全拿出来了。天儿越晴，水藻越绿，就凭这些绿的精神，水也不忍得冻上，况且那些长枝的垂柳还要在水里照个影儿呢！看吧，由澄清的河水慢慢往上看吧，空中，半空中，天上，自上而下全是那么清亮，那么蓝汪汪的，整个的是块空灵的蓝水晶。这块水晶里，包着红屋顶，黄草山，像地毯上的小团花的灰色树影。

⑦这就是冬天的济南。

【课文分析】

一、主题思想

文章生动真切地写了冬天的济南气候温和、山青水绿、度冬如春、美丽如画的景色，抒发了作者对济南的冬天的赞美之情。

二、内容结构

第一部分（①段）写济南冬天的天气。

作者以自己的亲身感受，通过和北平、伦敦、热带的对比，写济南冬天无风声、无重雾、无毒日的"奇迹""怪事"，突出它的"温晴"，赞誉它是个"宝地"。

第二部分（②~⑥段）写济南冬天的山水景物。

②是个重要的过渡段，转到对冬天山水的描写。

③~⑤写冬天的山景，先写阳光朗照下的山，次写薄雪覆盖下的山，再写城

互动训练

1. 下列加点字的读音，不正确的一项是（　）
A. 一髻（jì）
B. 水藻（zào）
C. 镶上（xiāng）
D. 狭窄（zhǎi）

2. 下列词语在文中意思的解释，不正确的一项是（　）
A. 出奇：很奇怪。
B. 宽敞宽大、开阔、宽阔；
C. 贮蓄：储存，积聚，指储存的物品，把节约下来或暂时不用的钱存起来。多指存到银行里，或放在仓库里。也指积存的钱。
D. 澄清：杂质沉淀，液体变清；形容水清而透明。

3. 第1段中作者为什么说"济南真得算个宝地"？理解和分析正确的一项是（　）
A. 济南的天气温晴。
B. 济南的天气无风。
C. 济南的天气晴朗。
D. 济南的天气温热。

4. 第4段按空间方位，从上到下，写了四个层次的景物，按从上到下的顺序，理解和分析正确的一项是（　）
A. 山上——树尖——山坡——山腰。
B. 山上——山坡——山尖——山腰。
C. 山上——山尖——山坡——山腰。
D. 山上——山尖——树尖——山腰。

5. 对第4段"最妙的是下点小雪呀"的"妙"字的描述，理解和分析不正确的一项是（　）
A. 小雪使矮松越发青黑。
B. 给蓝天镶上一道银边。
C. 给山穿上带水纹花衣。
D. 那些薄雪忽然就害了羞。

6. "济南是受不住大雪的，那些小山太秀气"，对"秀气"一词理解和分析正确的一项是（　）
A. 美丽羞涩而柔弱。
B. 美丽羞涩而小气。
C. 斑驳羞涩而柔弱。
D. 美丽羞涩而脆弱。

5. 日啖荔枝三百颗，不辞长作岭南人。《惠州一绝》
6. 横看成岭侧成峰，远近高低各不同。《题西林壁》
7. 不识庐山真面目，只缘身在此山中。《题西林壁》
8. 竹外桃花三两枝，春江水暖鸭先知。《惠崇春江晓景》
9. 惆怅东栏一株雪，人生看得几清明。《东栏梨花》

外远山，勾画出一幅淡雅的水墨画。第6段写冬天的水色。作者极写水藻之绿，以衬托水之清澈、透明。又拓展想象，将天光、水色融为一体，描绘出鲜亮明丽的色彩。

第三部分（⑦）以简明有力、含义丰富的一句结束。

三、艺术手法

1. 文章运用比喻和拟人的写法，不但形似，而且神似，生动贴切。

比喻突出的例子，如：把济南比作“小摇篮”，把山坡上小村庄的雪景比作“小水墨画”。拟人的句子更多，个性化更明显，如把济南老城说成是“暖和安适地睡着，只等春风来把它们唤醒”；把济南周围的一圈小山写得很有温情，“它们安静不动地低声地说：‘你们放心吧，这儿准保暖和’”。

2. 情景交融。文章在描写济南的冬景时，处处流露出作者的赞美之情。

3. 从纷繁景物中，略去次要的部分，抓住主要景物的主要特征加以突出地表现。

这是山水画法。描绘济南的大地，老舍先生所用的正是“以大观小”的中国山水画的构图取景方法。作者展开想象的翅膀，飞上济南的云天俯瞰大地，然后对济南大地作了简笔的写意描绘。

7. “因为有这样慈善的冬天，干啥还希望别的呢”，对“慈善”一词，对其意蕴的理解和分析不正确的一项是（ ）

A. “慈善”用的是拟人手法，用来形容济南的冬天。

B. “慈善”用的是拟人手法，表现作者的喜爱之情。

C. “慈善”本是用来形容人的，这里用了拟人手法。

D. “慈善”本来就是形容人的，这里没用拟人手法。

8. 下列选项中，最能恰当表达文章主旨的一项是（ ）

A. 抒发了作者对济南的冬天的赞美之情。

B. 写冬天的济南气候温和

C. 描写济南冬天美丽如画的景色

D. 表现济南山美水美

【互动训练答案】

1. B，水藻（zǎo）

2. A，出奇：不同寻常。

3. A，原文“而能有温晴的天气，济南真得算个宝地。”

4. C，作者是从山的角度按从上向下的顺序写的。

5. D，薄雪还会露出点粉色。“忽然就害了羞”是拟人的修辞手法，不属于描写范畴。

6. A，希望看见一点更美的山的肌肤——美丽；那点薄雪好像忽然害了羞——羞涩；济南是受不住大雪的——柔弱。

7. D，用的是拟人手法，用来形容济南的冬天，表达作者的喜爱之情。

8. A，写景是手段，抒发的感情才是作者表达的中心和目的。

文句

1. 古之立大事者，不惟有超世之才，亦必有坚韧不拔之志。《晁错论》

2. 江流有声，断岸千尺，山高月小，水落石出。《后赤壁赋》

3. 寄蜉蝣于天地，渺沧海之一粟。哀吾生之须臾，羡长江之无穷。

挟飞仙以遨游，抱明月而长终。知不可乎骤得，托遗响于悲风。《（前）赤壁赋》

散步

莫怀戚

①我们在田野散步：我，我的母亲，我的妻子和儿子。

②母亲本不愿出来的。她老了，身体不好，走远一点就觉得很累。我说，正因为如此，才应该多走走。母亲信服地点点头，便去拿外套。她现在很听我的话，就像小时候我很听她的话一样。

③天气很好。今年的春天来的太迟，太迟了，有一些老人挺不住，在清明将到的时候死去了。但春天总算来了。我的母亲又熬过了一个严冬。

④这南方初春的田野，大块小块的新绿随意地铺着，有的浓，有的淡；树上的绿芽也密了；田野里的冬水也咕咕地起着水泡。这一切使人想起一样东西——生命。

⑤我和母亲走在前面，我的妻子和儿子走在后面。小家伙突然叫起来："前面也是妈妈和儿子，后面也是妈妈和儿子。"我们都笑了。

⑥后来发生了分歧：母亲要走大路，大路平顺；我的儿子要走小路，小路有意思。不过，一切都取决于我。我的母亲老了，她早已习惯听从她强壮的儿子；我的儿子还小，他还习惯听从他高大的父亲；妻子呢，在外边，她总是听我的。一霎时我感到了责任的重大。我想一个两全的办法，找不出；我想拆散一家人，分成两路，各得其所，终不愿意。我决定委屈儿子，因为我伴同他的时日还长。我说："走大路。"

⑦但是母亲摸摸孙儿的小脑瓜，变了主意："还是走小路吧。"她的眼随小路望去：那里有金色的菜花，两行整齐的桑树，尽头一口水波粼粼的鱼塘。"我走不过去的地方，你就背着我。"母亲对我说。

⑧这样，我们在阳光下，向着那菜花、桑树和鱼塘走去。到了一处，我蹲下来，背起了母亲；妻子也蹲下来，背起了儿子。我的母亲虽然高大，然而很瘦，自然不算重；儿子虽然很胖，毕竟幼小，自然也轻：但我和妻子都是慢慢地，稳稳地，走得很仔细，好像我背上的同她背上的加起来，就是整个世界。

【课文分析】

一、主题思想

本文主要写了祖孙三代人在一起散步的平凡小事。表现出一家人之间的互敬互爱的真挚感情，体现了中华民族尊老爱幼的传统美德。

二、内容结构

全文可分为两大部分。

第一部分（①）：总起，交代了散步的地点和有关人物。

第二部分（②~⑧）：重点写散步的过程。

这一部分又可根据内容分为三层。

第1层（②）交代母亲对这次散步态度的转变。

第2层（③~⑤）写田野的春色以及一家人散步的乐趣。

第3层（⑥~⑧）写产生散步路线的分歧以及解决办法。

互动训练

1. 下列加点字的读音，不正确的一项是（ ）

A. 熬过（áo）　B. 桑树（sāng）

C. 霎时（chà）　D. 粼粼（lín）

2. 下列词语在文中意思的解释，不正确的一项是（ ）

A. 平顺：平稳顺畅；没有波折。

B. 分歧：（思想、意见、记载等）不一致；有差别。

C. 取决：取消决定。

D. 毕竟：到底；究竟；终归。

3. 对文中我说："走大路。""母亲摸摸孙儿的小脑瓜，变了主意：'还是走小路吧。'"理解和分析正确的一项是（ ）

A. 晚辈孝敬老人；长辈爱惜小孙子。体现尊老爱幼的品质。

B. "我'经过思考，认为母亲说大路平顺对，愿意走大路。

C. 母亲经过思考，认为孙子说小路有意思对，愿意走小路。

D. 母亲摸摸孙儿的小脑瓜，是想和孙子一起走小路看风景。

4. 对第3段中"今年的春天来的太迟，太迟了，有一些老人挺不住，在清明将到的时候死去了"这句话，理解和分析不正确的一项是（ ）

A. "太迟，太迟了"表达了"我"对春天久盼不至的渴望之情。

B. 表达出老人经不住严冬的折磨在清明将到时死去的怅恨之情。

C. 表达出对春天到来，"我"和母亲出去散步的渴望之情。

D. 这句话同时还交织着对自己母亲身体的担忧和焦虑之情。

5. 对第6段中散步时家庭发生的分歧，理解和分析不正确的一项是（ ）

A. 母亲要走大路，大路平顺；儿子要走小路，小路有意思。

B. "我"找不出两全的办法，最后决定委屈儿子，走大路。

C. "我"的母亲已经日渐老去，"我"伴同儿子的时日还长。

D. "我"的母亲已经日渐老去，伴随母亲的日子，已很短了。

王安石（1021—1086年），字介甫，号半山，封荆国公。临川人（今江西省抚州市东乡区上池村人），北宋杰出的政治家、思想家、文学家、改革家，唐宋八大家之一。有《王临川集》《临川集拾遗》等存世。官至宰相，主张改革变法。诗作《元日》《梅花》等最为著名。

三、艺术手法

1. 语言平易朴实，但内涵丰富，耐人寻味。

2. 哲思若隐若显于字里行间。轻描淡写中充满了浓郁的诗情画意和深刻的哲理。

3. 用以小见大的写作手法。通过一家四口祖孙三代一起散步这一生活片段的叙述，展现了中华民族尊老爱幼的传统美德。

【互动训练答案】

1.C 霎时（shà）

2.C取决：由某方面或某种情况决定（后面多跟有“于”字）。

3.A “我”听从母亲走大路，是孝敬母亲；母亲爱抚孙子，改变主意同意走小路，是疼爱小孙子。体现出尊老爱幼的和谐情景。

4.C 盼望春天是因为老人在寒冬容易挺不住，不是盼望和母亲一起散步。

5.D “伴随母亲的日子，已很短了”文中没有此内容。

6.B “儿子不愿顺从母亲”不恰当，从“母亲要走大路……我说：‘走大路。’”的内容即可否定“儿子不愿顺从母亲”。

7.C “我们都感觉到生活让人窒息的沉重感”错。

8.C 赏春是文中的一件小事，作者以小见大，表现一家人之间的互敬互爱的真挚感情，体现了中华民族尊老爱幼的传统美德。B 中年人肩上的担子是老人和孩子，既要尊敬孝顺老人，又要爱护孩子，是为表现主题服务的。D项只体现尊老，没提及爱幼。

6. 作者在第2段谈到“她现在很听我的话，就像小时候我很听她的话一样。”，对“像”理解和分析不正确的一项是（ ）

A. 母亲现在听从儿子的话，儿子小时候也很听母亲的话，是个乖孩子。

B. 母亲现在老了，十分尊重、顺从正当中年的儿子，儿子不愿顺从母亲。

C. 忆昔看今，写出了母子间几十年来相处和谐的关系，充满骨肉亲情。

D. “像”字使母子亲情关系今昔比较：昔日母慈子从，今天儿孝母顺。

7. 文章结尾“但我和妻子都是慢慢地，稳稳地，走得很仔细，好像我背上的同她背上的加起来，就是整个世界。”，对其意蕴的理解和分析不正确的一项是（ ）

A. 形容词用得很准确，“慢慢地”指速度慢，“很仔细”指走路很留神。

B. “稳稳地”说明脚步沉重而有分寸，“我”和妻子都感到自身的使命。

C. 走路的动作反映出我们的内心，我们都感觉到生活让人窒息的沉重感。

D. “母亲”代表过去，“儿子”代表未来，“我”和妻子肩负着承前启后的重任。

8. 下列选项中，最能恰当表达文章主旨的一项是（ ）

A. 散步赏春。

B. 中年人肩上担子重。

C. 表现一家人之间的互敬互爱的真挚感情，体现了中华民族尊老爱幼的传统美德。

D. 表现对母亲的尊敬和孝敬。

滁州西涧

唐 韦应物

独怜幽草涧边生，上有黄鹂深树鸣。

春潮带雨晚来急，野渡无人舟自横。

海燕

高尔基

①在苍茫的大海上，狂风卷集着乌云。在乌云和大海之间，海燕像黑色的闪电，在高傲地飞翔。

②一会儿翅膀碰着波浪，一会儿箭一般地直冲向乌云，它叫喊着，——就在这鸟儿勇敢的叫喊声里，乌云听出了欢乐。

③在这叫喊声里——充满着对暴风雨的渴望！在这叫喊声里，乌云听出了愤怒的力量、热情的火焰和胜利的信心。

④海鸥在暴风雨来临之前呻吟着，——呻吟着，它们在大海上飞窜，想把自己对暴风雨的恐惧，掩藏到大海深处。

⑤海鸭也在呻吟着，——它们这些海鸭啊，享受不了生活的战斗的欢乐：轰隆隆的雷声就把它们吓坏了。

⑥蠢笨的企鹅，胆怯地把肥胖的身体躲藏到悬崖底下……只有那高傲的海燕，勇敢地，自由自在地，在泛起白沫的大海上飞翔！

⑦乌云越来越暗，越来越低，向海面直压下来，而波浪一边歌唱，一边冲向高空，去迎接那雷声。

⑧雷声轰响。波浪在愤怒的飞沫中呼叫，跟狂风争鸣。看吧，狂风紧紧抱起一层层巨浪，恶狠狠地把它们甩到悬崖上，把这些大块的翡翠摔成尘雾和碎末。

⑨海燕叫喊着，飞翔着，像黑色的闪电，箭一般地穿过乌云，翅膀掠起波浪的飞沫。

⑩看吧，它飞舞着，像个精灵，——高傲的、黑色的暴风雨的精灵，——它在大笑，它又在号叫……它笑那些乌云，它因为欢乐而号叫！

⑪这个敏感的精灵，——它从雷声的震怒里，早就听出了困乏，它深信，乌云遮不住太阳，——是的，遮不住的！

⑫狂风吼叫……雷声轰响……

⑬一堆堆乌云，像青色的火焰，在无底的大海上燃烧。大海抓住闪电的箭光，把它们熄灭在自己的深渊里。这些闪电的影子，活像一条条火蛇，在大海里蜿蜒游动，一晃就消失了。

⑭——暴风雨！暴风雨就要来啦！

⑮这是勇敢的海燕，在怒吼的大海上，在闪电中间，高傲地飞翔；这是胜利的预言家在叫喊：

⑯——让暴风雨来得更猛烈些吧！

【课文分析】

一、主题思想

本文通过对海燕在暴风雨来临之际勇敢欢乐的形象的描写，深刻反映了1905年俄国革命前夕急剧发展的革命形势，热情歌颂了俄国无产阶级革命先驱者坚强无畏的战斗精神，预言沙皇的黑暗统治必将崩溃，预示无产阶级革命即将到来并必将取得胜利的前景。并且号召广大劳动人民积极行动起来，迎接伟大的革命斗争。

二、内容结构

根据描写的顺序和海面景象的变化，可分三个部分。

第一部分（①~⑥）：写暴风雨孕育之际，海燕高傲地飞翔，以乐观的激情和

互动训练

1. 下列加点字的读音，不正确的一项是（ ）

A. 号叫（hào） B. 火焰（yàn）
C. 飞窜（cuàn） D. 翡翠（fěi）

2. 下列词语在文中意思的解释，不正确的一项是（ ）

A. 蜿蜒：蛇类爬行的样子。比喻（山脉、河流、道路等）曲折延伸。
B. 掠起：撩起，提起，掀起。
C. 呻吟：病痛时的低哼声。
D. 苍茫：迷茫。

3. 对“海燕”的象征意义理解和分析不正确的一项是（ ）

A. 勇敢无畏地飞翔在乌云和大海之间的海燕，是暴风雨的预言家。
B. 文中的描写，表现出海燕无畏、坚强、乐观，充满战斗的豪情。
C. 象征俄国革命即将暴发时，勇猛刚强、大智大勇的革命先驱者。
D. 海燕是一只爱自我表现的鸟，象征脱离群众个人孤军奋战的人。

4. 对“暴风雨”“大海”“乌云”“海鸥”“海鸭”“企鹅”的象征意义，理解和分析不正确的一项是（ ）

A. “暴风雨”象征日益迫近的革命风暴。
B. “大海”象征广大人民群众的力量。
C. 乌云象征沙皇专制制度的黑暗反动势力。
D. “海鸥、海鸭、企鹅”象征胆怯软弱的人。

5. 关于作者对海鸥、海鸭和企鹅的描写，理解和分析不正确的一项是（ ）

A. 通过声音（呻吟）、动作（躲藏）、外形（肥胖）、心理（恐惧）等方面来描写。
B. 作者通过这些描写，将海上海鸥、海鸭等群鸟害怕暴风雨的各种丑态揭露无遗。
C. 作者通过海鸥、海鸭和企鹅对待暴风雨的不同态度，突出了海燕的英雄形象。
D. 描写这些海鸟，是因为作者认为它们可爱。比如憨态可掬的“蠢笨的企鹅”。

6. 对“海燕像黑色的闪电，在高傲地飞

竹枝词（选一）

唐 刘禹锡

杨柳青青江水平，闻郎江上唱歌声。
东边日出西边雨，道是无晴却有晴。

胜利的信心渴望着暴风雨的到来。这部分可分两层：

第1层（①~③）：写风卷云集，海燕高翔。

第2层（④~⑥）：写其他的海鸟吓得惊慌失措。

第二部分（⑦~⑪）：写暴风雨逼近之时，海燕勇敢地搏击风浪，积极战斗，反复呼唤，以必胜的信心迎接暴风雨的到来。可分两层：

第1层（⑦~⑧）：写乌云浓暗，狂风肆虐。

第2层（⑨~⑪）：写海燕搏击乌云。

第三部分（⑫~⑯）：写暴风雨即将来临之时，海燕以胜利的预言家的姿态热情呼唤暴风雨。可分两层：

第1层（⑫~⑬）：写大海熄灭闪电。

第2层（⑭~⑯）：写海燕呼唤暴风雨的到来。

三、艺术手法

1. 象征手法

海燕象征英勇善战的无产阶级革命的先驱者，大海象征俄国广大的人民群众的力量，暴风雨象征革命浪潮，乌云、雷电、狂风象征沙皇统治的反动势力，海鸥、海鸭、企鹅象征害怕革命的俄国资产阶级中形形色色的政客，也就是那些害怕革命要破坏他们的安乐窝的形形色色的假革命和不革命者。

2. 正面描写与侧面烘托

有直接描写海燕勇敢、乐观、自信、坚强、高傲的形象的，也有通过海鸥、海鸭、企鹅来侧面烘托海燕形象的。

3. 比喻、拟人和反复

"在乌云和大海之间，海燕像黑色的闪电，在高傲地飞翔"运用了比喻和拟人修辞格，"黑色的闪电"准确传神地展现了海燕矫健、勇猛的雄姿。"高傲"赋予海燕以人的性格，用拟人的手法形象地写出了海燕藐视一切反动势力的精神风貌。

"暴风雨！暴风雨就要来啦！"运用了反复修辞格。

翔"的含义理解和分析不正确的一项是（ ）

A. "黑色"写其色彩，"闪电"喻其敏捷。

B. "高傲"一词表示海燕蔑视黑暗势力。

C. 敏捷的海燕因为它勇敢而高傲、骄傲。

D. 此句生动地描绘了战斗者海燕的雄姿。

7. 对文章结尾"——让暴风雨来得更猛烈些吧！"的含义理解和分析不正确的一项是（ ）

A. 这是胜利的预言家海燕向人民发出的革命号召。

B. 表达无产阶级埋葬旧世界创造新世界的强烈愿望。

C. 显示了革命战士不畏强暴、顽强战斗的高贵品质。

D. 作者渴望暴风雨洗涤污垢，冲刷出一个干净的世界。

8. 下列选项中，最能恰当表达文章主旨的一项是（ ）

A. 赞美海燕。

B. 批判海鸥、海鸭和企鹅等。

C. 呼唤暴风雨。

D. 热情歌颂了俄国无产阶级革命先驱者坚强无畏的战斗精神，预言沙皇的黑暗统治必将崩溃，预示无产阶级革命即将到来并必将取得胜利的前景。

【互动训练答案】

1. A，号叫（háo）.

2. D，苍茫：空阔辽远；没有边际。

3. D，文中无此意。

4. D，"海鸥、海鸭、企鹅"象征革命暴风雨来临前害怕革命、反对革命的俄国资产阶级各阶层的代表。

5. D，作者是揭露这些海鸟畏惧暴风雨的丑态。

6. C，作者对海燕是赞扬的，C项感情色彩与原文不符。

7. D，于文无据。

8. D，本文用的是象征手法，需挖掘文中形象的象征意。再联系课文内容分析。

乌衣巷

唐　刘禹锡

朱雀桥边野草花，乌衣巷口夕阳斜。

旧时王谢堂前燕，飞入寻常百姓家。

背影

朱自清

①我与父亲不相见已二年余了，我最不能忘记的是他的背影。

②那年冬天，祖母死了，父亲的差使也交卸了，正是祸不单行的日子。我从北京到徐州，打算跟着父亲奔丧回家。到徐州见着父亲，看见满院狼藉的东西，又想起祖母，不禁簌簌地流下眼泪。父亲说，“事已如此，不必难过，好在天无绝人之路！”

③回家变卖典质，父亲还了亏空；又借钱办了丧事。这些日子，家中光景很是惨淡，一半为了丧事，一半为了父亲赋闲。丧事完毕，父亲要到南京谋事，我也要回北京念书，我们便同行。

④到南京时，有朋友约去游逛，勾留了一日；第二日上午便须渡江到浦口，下午上车北去。父亲因为事忙，本已说定不送我，叫旅馆里一个熟识的茶房陪我同去。他再三嘱咐茶房，甚是仔细。但他终于不放心，怕茶房不妥帖；然后他颠颇踌躇了一会。其实我那年已二十岁，北京已来往过两三次，是没有什么要紧的了。他踌躇了一会，终于决定还是自己送我去。我再三回劝他不必去；他只说，“不要紧，他们去不好！”

⑤我们过了江，进了车站。我买票，他忙着照看行李。行李太多了，得向脚夫行些小费才可过去。他便又忙着和他们讲价钱。我那时真是聪明过分，总觉他说话不大漂亮，非自己插嘴不可，但他终于讲定了价钱；就送我上车。他给我拣定了靠车门的一张椅子；我将他给我做的紫毛大衣铺好座位。他嘱我路上小心，夜里要警醒些，不要受凉。又嘱托茶房好好照应我。我心里暗笑他的迂；他们只认得钱，托他们只是白托！而且我这样大年纪的人，难道还不能料理自己么？唉，我现在想想，那时真是太聪明了！

⑥我说道，“爸爸，你走吧。”他往车外看了看说，“我买几个橘子去。你就在此地，不要走动。”我看那边月台的栅栏外有几个卖东西的等着顾客。走到那边月台，须穿过铁道，须跳下去又爬上去。父亲是一个胖子，走过去自然要费事些。我本来要去的，他不肯，只好让他去。我看见他戴着黑布小帽，穿着黑布大马褂，深青布棉袍，蹒跚地走到铁道边，慢慢探身下去，尚不大难。可是他穿过铁道，要爬上那边月台，就不容易了。他用两手攀着上面，两脚再向上缩；他肥胖的身子向左微倾，显出努力的样子。这时我看见他的背影，我的泪很快地流下来了。我赶紧拭干了泪。怕他看见，也怕别人看见。我再向外看时，他已抱了朱红的橘子往回走了。过铁道时，他先将橘子散放在地上，自己慢慢爬下，再抱起橘子走。到这边时，我赶紧去搀他。他和我走到车上，将橘子一股脑儿放在我的皮大衣上。于是扑扑衣上的泥土，心里很轻松似的。过一会儿说，“我走了，到那边来信！”我望着他走出去。他走了几步，回过头看见我，说，“进去吧，里边没人。”等他的背影混入来来往往的人里，再找不着了，我便进来坐下，我的眼泪又来了。

⑦近几年来，父亲和我都是东奔西走，家中光景是一日不如一日。他少年出外谋生，独力支持，做了许多大事。哪知老境却如此颓唐！他触目伤怀，自然情不能自已。情郁于中，自然要发之于外；家庭琐屑便往往触他之怒。他待我渐渐不同往日。但最近两年不见，他终于忘却我的不好，只是惦记着我，惦记着我的儿子。我北来后，他写了一信给我，信中说道：“我身体平安，唯膀子疼痛厉害，举箸提笔，诸多不便，大约大去之期不远矣。”我读到此处，在晶莹的泪光中，又看见那肥胖的、青布棉袍黑布马褂的背影。唉！我不知何时再能与他相见！

互动训练

1. 下列加点字的读音，不正确的一项是（ ）

A. 簌簌（sù） B. 蹒跚（pán）

C. 狼藉（jí） D. 琐屑（xiāo）

2. 对下列词语在文中意思的解释，不正确的一项是（ ）

A. 颓唐：精神萎靡不振。

B. 大去之期：大致离开的日期。

C. 踌躇：指犹豫不决，拿不定主意。

D. 祸不单行：是指不幸的事往往接二连三而来。

3. 对第4段中“他再三嘱咐茶房，甚是仔细。但他终于不放心，怕茶房不妥帖。”一句，理解和分析正确的一项是（ ）

A. 父亲反复嘱咐已是很周到，但还是不放心，表现父亲对儿子深切的爱。

B. 父亲反复嘱咐已是很周到，但还是不放心，表现父亲对儿子不太信任。

C. 父亲反复嘱咐已是很周到，但还是不放心，表现父亲觉得儿子不自立。

D. 父亲反复嘱咐已是很周到，但还是不放心，表现父亲对儿子啰啰嗦嗦。

4. 对第7段中“哪知老境如此颓唐”这句话中“颓唐”理解和分析正确的一项是（ ）

A. 衰颓败落。

B. 精神委靡。

C. 消极衰退。

D. 面露难色。

5. 对第5段“他往车外看了看说：‘我买几个橘子去。你就在此地，不要走动。’”这句话，理解和分析不正确的一项是（ ）

A. 买橘，可见父亲为儿子想得周到。父亲怕儿子在旅程中辛苦，口渴。

B. “就在此地，不要走动”的嘱咐，表明父亲放心不下，生怕儿子有什么闪失。

C. “就在此地，不要走动”的嘱咐，表明父亲放心不下，儿子缺乏独立能力。

D. “就在此地，不要走动”的嘱咐，简短的话语体现了父亲对儿子深挚的爱。

大林寺桃花

唐 白居易

人间四月芳菲尽，山寺桃花始盛开。

长恨春归无觅处，不知转入此中来。

【课文分析】

一、主题思想

这篇散文叙述的是作者离开南京到北京大学，父亲送他到浦口火车站，照料他上车，并替他买橘子的情形。在作者脑海里印象最深刻的，是他父亲替他买橘子时在月台爬上攀下时的背影。作者用朴素的文字，把父亲对儿女的爱，表达得深刻细腻，真挚感人，从平凡的事件中，呈现出父亲的关怀和爱护，刻画了一个感人至深的慈父形象，表达出真挚深沉的父子之情，抒发了作者对父亲深切的思念之情。

二、内容结构

《背影》无论记人、叙事、抒情都十分平实，在平实当中蕴藏着极为精巧的构思。全文可分为三部分。

第一部分（①~③）：交代人物，叙述跟父亲奔丧回家的有关情节，为描写父亲的背影作好铺垫。

第二部分（④~⑥）：写父亲为"我"送行的情景，重点描写父亲的背影，表现父子间的真挚感情。

第三部分（⑦）：写对父亲的想念。作者在描写了父亲的背影之后，于深沉的怀念之中，又想起了父亲的一生。

三、课文小结

从全文来看，父亲处境凄凉艰难，内心悲痛难过，苦不堪言。但仍沉着平稳，还劝慰儿子不必难过。到车站送儿子，他体笨蹒跚，样样事情还要自己干。心甘情愿为儿子做一些琐屑之事，老境颓唐却惦念儿孙。作者起初对父亲缺少理解，抱怨并暗笑他有点迂，后来才转变到对父亲的理解，认识到父亲对自己的疼爱，进而抒发了对父亲的真挚感情。

四、艺术手法

1.语言特色

这篇散文的语言非常忠实朴素，又非常典雅文质。

2.白描手法

全文集中描写的，是父亲在特定场合下使作者极为感动的那一个背影。作者写了当时父亲的体态、穿着打扮，更主要地写了买橘子时穿过铁路的情形。并不借助于什么修饰、陪衬之类，只把当时的情景再现于眼前。

3.抓住人物形象的特征"背影"命题立意，在叙事中抒发父子深情

"背影"在文章中出现了四次，每次的情况有所不同，而思想感情却是一脉相承。第一次开篇点出"背影"，有一种浓厚的感情气氛笼罩全文。第二次车站送别，作者对父亲的"背影"做了具体的描绘。第三次是父亲和儿子告别后，儿子眼望着父亲的"背影"在人群中消逝，离情别绪，催人泪下。第四次在文章的结尾，儿子读着父亲的来信，在泪光中再次浮现了父亲的"背影"，思念之情不能自已，与文章开头呼应，把父子之间的真挚感情表现得淋漓尽致。

6. 对第6段"过了一会说：'我走了，到那边来信！'""'进去吧，里边没人。'"理解和分析不正确的一项是（ ）

A."我走了，到那边来信！"，是父亲急于忙事情，匆匆离去。

B."我走了，到那边来信！"，临别嘱咐，惦念儿子旅途的平安。

C."进去吧，里边没人"，是细心地关照，怕儿子的行李丢失。

D. 以上这些话语无不表现了"我"的父亲对"我"的深挚的爱。

7. 仔细品味读第2段中的话："父亲说，'事已如此，不必难过，好在天无绝人之路！'"，对其意蕴的理解和分析不正确的一项是（ ）

A. 祖母去世，父亲失业，父亲强抑悲苦，反过来劝慰儿子。

B. 表现父亲对儿子的体贴，表现了父亲对儿子深挚的爱。

C. 父亲想让儿子化悲痛为力量，面对逆境，要学会坚强。

D. 面对家中颓境，父亲应是悲苦的，"我"心里也难过。

8. 下列选项中，最能恰当表达文章主旨的一项是（ ）

A. 表达真挚深沉的父子之情及对父亲深切的思念之情。

B. 重点描写父亲的背影。

C. 表现父亲对"我"的关心。

D. 表现父亲的迂。

【互动训练答案】

1. D 琐屑（xiè）

2. B 大去之期：意为与世长辞，一去不返的时间。

3. A 表现的是父子深情。

4. A 和"他少年出外谋生，独力支持，做了许多大事"相对比。叙述他老境衰颓败落。

5. C"儿子缺乏独立能力"错。

6. A 表现的是父亲对儿子的爱。

7. C 文中无此意。

8. A 文章主要是借对父亲的背影的描写，表达真挚深沉的父子之情及对父亲深切的思念之情。

春日

宋　朱熹

胜日寻芳泗水滨，无边光景一时新。

等闲识得东风面，万紫千红总是春。

荔枝蜜

杨朔

①花鸟草虫，凡是上得画的，那原物往往也叫人喜爱。蜜蜂是画家的爱物，我却总不大喜欢。说起来可笑。孩子时候，有一回上树掐海棠花，不想叫蜜蜂蜇了一下，痛得我差点儿跌下来。大人告诉我说：蜜蜂轻易不蜇人，准是误以为你要伤害它，才蜇；一蜇，它自己耗尽生命，也活不久了。我听了，觉得那蜜蜂可怜，原谅它了。可是从此以后，每逢看见蜜蜂，感情上疙疙瘩瘩的，总不怎么舒服。

②今年四月，我到广东从化温泉小住了几天。四围是山，怀里抱着一潭春水，那又浓又翠的景色，简直是一幅青绿山水画。刚去的当晚，是个阴天，偶尔倚着楼窗一望，奇怪啊，怎么楼前凭空涌起那么多黑黝黝的小山，一重一重的，起伏不断？记得楼前是一片比较平坦的园林，不是山。这到底是什么幻景呢？赶到天明一看，忍不住笑了。原来是满野的荔枝树，一棵连一棵，每棵的叶子都密得不透缝，黑夜看去，可不就像小山似的！

③荔枝也许是世上最鲜最美的水果。苏东坡写过这样的诗句：“日啖荔枝三百颗，不辞长作岭南人”，可见荔枝的妙处。偏偏我来的不是时候，满树刚开着浅黄色的小花，并不出众。新发的嫩叶，颜色淡红，比花倒还中看些。从开花到果子成熟，大约得三个月，看来我是等不及吃鲜荔枝了。

④吃鲜荔枝蜜，倒是时候。有人也许没听说这稀罕物儿吧？从化的荔枝树多得像汪洋大海，开花时节，那蜜蜂满野嘤嘤嗡嗡，忙得忘记早晚，有时还趁着月色采花酿蜜。荔枝蜜的特点是成色纯，养分多。住在温泉的人多半喜欢吃这种蜜，滋养精神。热心肠的同志为我也弄到两瓶。一开瓶子塞儿，就是那么一股甜香；调上半杯一喝，甜香里带着股清气，很有点鲜荔枝味儿。喝着这样的好蜜，你会觉得生活都是甜的呢。

⑤我不觉动了情，想去看看自己一向不大喜欢的蜜蜂。

⑥荔枝林深处，隐隐露出一角白屋，那是温泉公社的养蜂场，却起了个有趣的名儿，叫“养蜂大厦”。正当十分春色，花开得正闹。一走近“大厦”，只见成群结队的蜜蜂出出进进，飞去飞来，那沸沸扬扬的情景，会使你想：说不定蜜蜂也在赶着建设什么新生活呢。

⑦养蜂员老梁领我走进“大厦”。叫他老梁，其实是个青年人，举动很稳重。大概是老梁想叫我深入一下蜜蜂的生活，小心翼翼地揭开一个木头蜂箱，箱里隔着一排板，每块板上满是蜜蜂，蠕蠕地爬着。蜂王是黑褐色的，身量特别细长，每只蜜蜂都愿意用采来的花粉供养它。

⑧老梁叹息似的轻轻说：“你瞧这群小东西，多听话。”

⑨我就问道：“像这样一窝蜂，一年能割多少蜜？”

⑩老梁说：“能割几十斤。蜜蜂这物件，最爱劳动。广东天气好，花又多，蜜蜂一年四季都不闲着。酿的蜜多，自己吃的可有限。每回割蜜，留下一点点，够它们吃的就行了。它们从来不争，也不计较什么，还是继续劳动、继续酿蜜，整日整月不辞辛苦……”

⑪我又问道：“这样好蜜，不怕什么东西来糟蹋么？”

⑫老梁说：“怎么不怕？你得提防虫子爬进来，还得提防大黄蜂。大黄蜂这贼最恶，常常落在蜜蜂窝洞口。专干坏事。”

⑬我不觉笑道：“噢！自然界也有侵略者。该怎么对付大黄蜂呢？”

⑭老梁说：“赶！赶不走就打死它。要让它待在那儿，会咬死蜜蜂的。”

⑮我想起一个问题，就问：“一只蜜蜂能活多久？”

⑯老梁说：“蜂王可以活三年，一只工蜂最多能活六个月。”

⑰我的心不禁一颤：多可爱的小生灵啊！对人无所求，给人的却是极好的东

互动训练

1. 下列加点字的读音，不正确的一项是（ ）

A. 蜇人（zhé）

B. 嘤嘤嗡嗡（wēng）

C. 酿造（niàng）

D. 疙疙瘩瘩（gē）

2. 下列词语在文中意思的解释，不正确的一项是（ ）

A滋养：供给养分；补养。

B. 沸沸扬扬：形容雪下得很大。

C. 糟蹋：指不珍惜，不爱惜，玷污。形容随便丢弃或毁坏，损坏。

D. 小心翼翼：谨慎小心，一点不敢疏忽的样子。

3. 对“日啖荔枝三百颗，不辞长作岭南人”一句的出处，理解和分析正确的一项是（ ）

A. 出自苏轼《题西林壁》。

B. 出自苏轼《惠州一绝 ·食荔枝》。

C. 出自苏轼《卜算子·黄州定慧院寓居作》。

D. 出自苏轼《阳关曲·中秋月》。

4.《荔枝蜜》一文以作者对蜜蜂感情的变化为线索，下列是饱含作者对蜜蜂感情的句子，不正确的一项是（ ）

A. 参观养蜂大厦，作者觉得蜜蜂也在赶着建设什么新生活。

B. 听老梁介绍后，作者的心不禁一颤：多可爱的小生灵啊。

C. 文末作者夜里做了个奇怪的梦，梦见自己变成一只蜜蜂。

D. 文章开头，写自己曾被蜜蜂蜇过，表达对蜜蜂的厌恶之情。

5. 对第1段“蜜蜂是画家的爱物，我却总不大喜欢”这句话中的“大”字，理解和分析不正确的一项是（ ）

A. “大”字用词准确，能准确表达作者对蜜蜂的感情。

B. 蜜蜂是画家的爱物，“我”因为被蜇所以不大喜欢。

C. 体现了作者用词的严谨，这和完全不喜欢又不一样。

D. 不大喜欢就是不喜欢，作者完全没必要加“大”字。

夏日山中

唐 李白

懒摇白羽扇，裸袒青林中。

脱巾挂石壁，露顶洒松风。

西。蜜蜂是在酿蜜，又是在酿造生活；不是为自己，而是在为人类酿造最甜的生活。蜜蜂是渺小的；蜜蜂却又多么高尚啊！

⑱透过荔枝树林，我望着远远的田野，那儿正有农民立在水田里，辛勤地分秧插秧。他们正用劳动建设自己的生活，实际也是在酿蜜——为自己，为别人，也为后世子孙酿造着生活的蜜。

⑲这天夜里，我做了个奇怪的梦，梦见自己变成一只小蜜蜂。

【课文分析】

一、主题思想

文章的题目叫“荔枝蜜”，但是，荔枝蜜并不是本文着重描写的对象。作者从此生发开来，立意在赞颂酿造这荔枝蜜的蜜蜂。文章通过对采访从化温泉养蜂场的记叙，借赞美荔枝蜜的香甜和蜜蜂的无私奉献，热情讴歌了社会主义新生活，讴歌为之付出辛勤劳动的普通劳动者，表达了作者愿意成为一名为新生活献身的普通劳动者的愿望。

二、内容结构

全文可分为四部分:

第一部分（①）：从蜜蜂写起，先交代出“ 我 ”对蜜蜂的感受和印象：由于小时候被蜜蜂蜇过，所以不大喜欢它。作者最终是赞颂蜜蜂、但开始时却表示自己不喜欢蜜蜂，这一开端是出人意料的。

第二部分（②~⑤）：文章的背景是从化温泉，在这里出现的是“黑黝黝的小山似的”荔枝树。写荔枝树的密，是为下文蜜蜂忙得“忘记早晚”作衬。在这一部分中，作者对蜜蜂的感情有了初步的转变，由“总不大喜欢”到“动了情”，由“总不怎么舒服”到“想去看看”。仔细品味，这段看似离题很远的文字其实是紧紧扣题的——吃蜜赞蜂，顺理成章。

第三部分（⑥~⑱）：写荔枝林中访蜂场，是全文的主体部分。“我”由吃蜜动了情，进而要去看看蜜蜂。这既是作者感情的推进 ，也是文章结构上的一个过渡。深入蜜蜂生活，谈论蜜蜂的劳动，抒写自己对这小小生灵的情思。

第四部分（⑲）照应开头，新颖别致，深化主题，言有尽而意无穷。

三、艺术手法

1. 欲扬先抑的写作手法

文章开头写我不喜欢蜜蜂，随后在行文中，叙述了我在了解蜜蜂后对蜜蜂的赞叹，从而赞扬辛勤的劳动人民。

2. 选字用词贴切、准确，表现力强。

作者描写对蜜蜂的感情变化十分注意用词的分寸感。例如文章开头写“我”儿时对蜜蜂的感情是“不大喜欢”“不怎么舒服”，在表现对蜜蜂不喜欢的感情上，程度要比“讨厌、憎恨”轻一些，使后面写的感情转变显得更加自然可信。

3. 句式的灵活多变

如文中几个直接赞美蜜蜂的句式，极尽变化之微妙。如：“喝着这样的好蜜，你会觉得生活都是甜的呢。”“会觉得”这是直接肯定的语气；“说不定蜜蜂也在赶着建设什么新生活呢。”这是推测。

4. 借助联想，托物抒情

本文出现了三次联想：一是由荔枝蜜的甜美想到生活的甜美；二是由蜜蜂沸沸扬扬的情景想到建设新生活；三是由荔枝蜜的酿造者蜜蜂想到幸福生活的建造者劳动人民。蜜蜂辛勤酿蜜，对人无所求，给人的却是极好的东西；农民辛勤耕耘，为自己，为别人，也为后世子孙。他们的共同特点是辛勤劳动，无私奉献。文章借助联想、托物抒情，赞美了劳动人民，歌颂了奉献精神。

6. “这天夜里，我做了个奇怪的梦，梦见自己变成一只小蜜蜂”，对此句理解和分析不正确的一项是（ ）

A. 表达作者愿意像蜜蜂一样辛勤劳作，无私奉献。

B. 像蜜蜂一样同劳动人民一起建设社会主义新生活。

C做梦变成小蜜蜂表达出作者对小蜜蜂的喜爱之情。

D. 做梦变成小蜜蜂是虚幻的，没必要在意这个细节。

7. 文中写到了农民，和蜜蜂有什么关系呢？理解和分析不正确的一项是（ ）

A. 运用了联想的手法，农民和蜜蜂有相似之处。

B. 农民像小蜜蜂一样辛勤劳动，无私奉献。

C. 农民像蜜蜂一样为人类生活酿造最好的“蜜”。

D. 农民养蜂酿蜜，为人类酿造最好的生活。

8. 下列选项中，最能恰当表达文章主旨的一项是（ ）

A. 赞从化蜂蜜香甜。

B. 赞美勤劳的小蜜蜂。

C. 赞美蜜蜂勤劳。

D. 借赞美蜜蜂，讴歌付出辛勤劳动的普通劳动者。

【互动训练答案】

1. A，蜇人（zhē）

2. B，沸沸扬扬：形容议论纷纷，好像水沸腾后气泡、热气蒸腾翻滚一样。

3. B

4. D，“厌恶之情 ”错。

5. D，“大”字体现作者用字的严谨和准确，不是完全不喜欢。

6. D，文中的语句和作者的情感有关，注意分析。

7. D，“农民养蜂酿蜜”于文无据。

8. D，作者赞美小蜜蜂，目的是赞美辛勤劳动的普通劳动者。

村居

清　高鼎

草长莺飞二月天，拂堤杨柳醉春归。
儿童散学归来早，忙趁东风放纸鸢。

雨的四季

刘湛秋

①我喜欢雨，无论什么季节的雨，我都喜欢。她给我的形象和记忆，永远是美的。

②春天，树叶开始闪出黄青，花苞轻轻地在风中摆动，似乎还带着一种冬天的昏黄。可是只要经过一场春雨的洗淋，那种颜色和神态是难以想象的。每一棵树仿佛都睁开特别明亮的眼睛。树枝的手臂也顿时柔软了，而那萌发的叶子，简直就像起伏着一层绿茵茵的波浪。水珠子从花苞里滴下来，比少女的眼泪还娇媚。半空中似乎总挂着透明的水雾的丝帘，牵动着阳光的彩棱镜。这时，整个大地是美丽的。小草似乎像复苏的蚯蚓一样翻动，发出一种春天才能听到的沙沙声。呼吸变得畅快，空气里像有无数芳甜的果子，在诱惑着鼻子和嘴唇。真的，只有这一场雨，才完全驱走了冬天，才使世界改变了姿容。

③而夏天，就更是别有一番风情了。夏天的雨也有夏天的性格，热烈而又粗犷。天上聚集几朵乌云，有时连一点雷的预告也没有，当你还来不及思索，豆粒的雨点就打来了。可这时雨也并不可怕，因为你浑身的毛孔都热得张开了嘴，巴望着那清凉的甘露。打伞，戴斗笠，固然能保持住身上的干净，可当头浇，洗个雨澡却更有滋味，只是淋湿的头发、额头、睫毛滴着水，挡着眼睛的视线，耳朵也有些痒嗦嗦的。这时，你会更喜欢一切。如果说，春雨给大地披上美丽的衣裳，而经过几场夏天的透雨的浇灌，大地就以自己的丰满而展示它全部的诱惑了。一切都毫不掩饰地敞开了。花朵怒放着，树叶鼓着浆汁，数不清的杂草争先恐后地成长，暑气被一片绿的海绵吸收着。而荷叶铺满了河面，迫不及待地等待着雨点，和远方的蝉声、近处的蛙鼓一起奏起了夏天的雨的交响曲。

④当田野上染上一层金黄，各种各样的果实摇着铃铛的时候，雨，似乎也像出嫁生了孩子的母亲，显得端庄而又沉静了。这时候，雨不大出门。田野上几乎总是金黄的太阳。也许，人们都忘记了雨。成熟的庄稼地等待收割，金灿灿的种子需要晒干，甚至红透了的山果也希望最后晒甜。忽然，在一个夜晚，窗玻璃上发出了响声，那是雨，是使人静谧、使人怀想、使人动情的秋雨啊！天空是暗的，但雨却闪着光；田野是静的，但雨在倾诉着。顿时，你会产生一脉悠远的情思。也许，在人们劳累了一个春夏，收获已经在大门口的时候，多么需要安静和沉思啊！雨变得更轻、也更深情了，水声在屋檐下，水花在窗玻璃上，会陪伴着你的夜梦。如果你怀着那种快乐感的话，那白天的秋雨也不会使人厌烦。你只会感到更高邈、深远，并让凄冷的雨滴，去纯净你的灵魂，而且一定会遥望到在一场秋雨后将出现一个更净美、开阔的大地。

⑤也许，到冬天来临，人们会讨厌雨吧！但这时候，雨已经化妆了，它经常变成美丽的雪花，飘然莅临人间。但在南国，雨仍然偶尔造访大地，但它变得更吝啬了。它既不倾盆瓢泼，又不绵绵如丝，或淅淅沥沥，它显出一种自然、平静。在冬日灰蒙蒙的天空中，雨变得透明，甚至有些干巴，几乎不像春、夏、秋那样富有色彩。但是，在人们受够了冷冽的风的刺激，讨厌那干涩而苦的气息。当雨在头顶上飘落的时候，似乎又降临了一种特殊的温暖，仿佛从那湿润中又漾出花和树叶的气息。那种清冷是柔和的，没有北风那样咄咄逼人。远远地望过去，收割过的田野变得很亮，没有叶的枝干，淋着雨的草垛，对着瓷色的天空，像一幅干净利落的木刻画。而近处池畦里的油菜，经这冬雨一洗，甚至忘记了严冬。忽然到了晚间，水银柱降下来，黎明提前敲着窗户，你睁眼一看，屋顶，树枝，街道，都已经盖上柔软的雪被，地上的光亮比天上还亮。这雨的精灵，雨的公主，给南国城市和田野带来异常的谧静，是它送给人们一年中最后的一份礼物。

互动训练

1. 下列加点字的读音，不正确的一项是（ ）

A. 漾出（yàng）

B. 粗犷（guǎng）

C. 莅临（wèi）

D. 高邈（miǎo）

2. 下列词语在文中意思的解释，不正确的一项是（ ）

A. 静谧：安静。

B. 淅淅沥沥：连续不断的样子。

C. 吝啬：过分爱惜自己的财物，当用不用。

D. 咄咄逼人：气势汹汹，使人惊惧。

3. 对贯穿本文的感情线索理解和分析正确的一项是（ ）

A. 对雨的爱恋以及对未来的美好想象。

B. 对雨的爱恋及对往日生活无限留恋。

C. 对雨的爱恋及对自然对生活的热爱。

D. 对雨的爱恋以及对个人生活的回忆。

4. 对第6段中“只有在雨中，我才真正感到这世界是活的，是有欢乐和泪水的”这句话，理解和分析不正确的一项是（ ）

A. 人生境遇不同，听雨的感受也就各异，有欢乐也有泪水。

B. 作者在雨的四季中看到的是一种生命中激动人心的美丽。

C. 作者拥有一颗永远年轻的心，他的心中欢乐永远多于泪水。

D. 雨是大自然神奇的杰作，也是我们生活中不能缺少的精灵。

5. 对文中描绘的四季的雨的不同特点，概括不正确的一项是（ ）

A. 春雨的特点：美丽而温柔。

B. 夏雨的特点：热烈而粗犷。

C. 秋雨的特点：端庄而沉思。

D. 冬雨的特点：自然而平静。

6. 下列选项中，最能恰当表达文章主旨的一项是（ ）

A. 描写了春夏秋冬雨的特点。

B. 表达作者对生活的热爱。

C. 表达作者对雨的爱恋和对生活的热爱。

D. 展现了鱼的美丽。

晴景

唐　王驾

雨前初现花间蕊，雨后全无叶底花。

蜂蝶纷纷过墙去，疑是春色在邻家。

⑥啊，雨，我爱恋的雨啊，你一年四季常在我的眼前流动，你给我的生命带来活力，你给我的感情带来滋润，你给我的思想带来流动。只有在雨中，我才真正感到这世界是活的，是有欢乐和泪水的。但在北方干燥的都市，我们的相逢是多么稀少！只希望日益增多的绿色，能把你请回我们的生活之中。

⑦啊，总是美丽而使人爱恋的雨啊！

【课文分析】

一、主题思想

本文通过细致描写雨的景象、雨的声音、雨的气息，表现出了雨的趣味、雨的性格、雨的情义，体现了作者对雨的爱恋和对生活的热爱。

二、内容结构

文章可分为三部分。

第一部分（①）表达作者对雨的欢喜之情，点明雨是美丽的。

第二部分（②~⑤）是文章的主体部分。生动细致地描绘了四季雨的特点及对雨的喜爱之情。

春雨：清新而美丽。

夏雨：热烈而粗犷。

秋雨：端庄而沉思。

冬雨：自然而平静。

第三部分（⑥~⑦）作者直抒胸臆，表达对四季雨的赞美、喜爱之情。

三、艺术手法

1. 总分总的结构形式。先总写对雨的感受，再具体描绘不同季节雨的特点，最后抒发对雨的爱恋之情。

2. 比喻、拟人、排比等修辞手法。如：“半空中似乎总挂着透明的水雾的丝帘，牵动着阳光的彩棱镜。”用了比喻的修辞，把小水珠比喻成丝帘、阳光的彩棱镜，既生动形象，又给读者留下了画面感，激发读者想象。而“你给我的生命带来活跃，你给我的感情带来滋润，你给我的思想带来流动。”则用了排比的修辞，加强了语气，增强了感情，表现了作者对雨的情有独钟，很好地抒发了爱雨之情。

3. 首尾呼应，结构严谨完整。

7. 文章第1段“我喜欢雨，无论什么季节的雨，我都喜欢”，对其意蕴的理解和分析不正确的一项是（ ）

A. 雨给作者的形象和记忆，永远都是美丽的。

B. 雨给作者的生命带来活力，感情带来滋润。

C. 在作者心目中，雨总是美丽而使人爱恋的。

D. 雨给作者的思想带来流动，梦幻雨的四季。

8. 作者在第5段写到“但这时候，雨已经化妆了，它经常变成美丽的雪花，飘然莅临人间。”，对此理解和分析不正确的一项是（ ）

A.“化妆了”写出了春雨的美丽与妩媚。

B. 此句运用比喻手法来表现景物特征。

C. 此句表达出了作者对冬雨的喜爱之情。

D. “飘然莅临人间”写出了雪花降临的动态美。

【互动训练答案】

1. C莅临（lì）

2. B，淅淅沥沥：形容轻微的风声、雨声、落叶声等。

3. C，文中描写的是雨的四季的美丽及对自然和生活的热爱之情。

4. C，“他的心中欢乐永远多于泪水”错，文中没有这些内容。

5. A，春雨的特点：清新而美丽。

6. C，描写雨的特点和美丽是手段，表达作者对雨的爱恋和对生活的热爱才是写作的目的。B项表达不全面。

7. D，“梦幻雨的四季”错。

8. B，此句运用拟人手法来表现景物特征。

约客

南宋　赵师秀

黄梅时节家家雨，青草池塘处处蛙。

有约不来过夜半，闲敲棋子落灯花。

荷塘月色

朱自清

①这几天心里颇不宁静。今晚在院子里坐着乘凉，忽然想起日日走过的荷塘，在这满月的光里，总该另有一番样子吧。月亮渐渐地升高了，墙外马路上孩子们的欢笑，已经听不见了；妻在屋里拍着闰儿，迷迷糊糊地哼着眠歌。我悄悄地披了大衫，带上门出去。

②沿着荷塘，是一条曲折的小煤屑路。这是一条幽僻的路;白天也少人走，夜晚更加寂寞。荷塘四面，长着许多树，蓊蓊郁郁的。路的一旁，是些杨柳，和一些不知道名字的树。没有月光的晚上，这路上阴森森的，有些怕人。今晚却很好，虽然月光也还是淡淡的。

③路上只我一个人，背着手踱着。这一片天地好像是我的;我也像超出了平常的自己，到了另一世界里。我爱热闹，也爱冷静；爱群居，也爱独处。像今晚上，一个人在这苍茫的月下，什么都可以想，什么都可以不想，便觉是个自由的人。白天里一定要做的事，一定要说的话，现在都可不理。这是独处的妙处，我且受用这无边的荷香月色好了。

④曲曲折折的荷塘上面，弥望的是田田的叶子。叶子出水很高，像亭亭的舞女的裙。层层的叶子中间，零星地点缀着些白花，有袅娜地开着的，有羞涩地打着朵儿的；正如一粒粒的明珠，又如碧天里的星星，又如刚出浴的美人。微风过处，送来缕缕清香，仿佛远处高楼上渺茫的歌声似的。这时候叶子与花也有一丝的颤动，像闪电般，霎时传过荷塘的那边去了。叶子本是肩并肩密密地挨着，这便宛然有了一道凝碧的波痕。叶子底下是脉脉的流水，遮住了，不能见一些颜色；而叶子却更见风致了。

⑤月光如流水一般，静静地泻在这一片叶子和花上。薄薄的青雾浮起在荷塘里。叶子和花仿佛在牛乳中洗过一样；又像笼着轻纱的梦。虽然是满月，天上却有一层淡淡的`云，所以不能朗照；但我以为这恰是到了好处——酣眠固不可少，小睡也别有风味的。月光是隔了树照过来的，高处丛生的灌木，落下参差的斑驳的黑影，峭楞楞如鬼一般；弯弯的杨柳的稀疏的倩影，却又像是画在荷叶上。塘中的月色并不均匀；但光与影有着和谐的旋律，如梵婀玲上奏着的名曲。

⑥荷塘的四面，远远近近，高高低低都是树，而杨柳最多。这些树将一片荷塘重重围住；只在小路一旁，漏着几段空隙，像是特为月光留下的。树色一例是阴阴的，乍看像一团烟雾；但杨柳的丰姿，便在烟雾里也辨得出。树梢上隐隐约约的是一带远山，只有些大意罢了。树缝里也漏着一两点路灯光，没精打采的，是渴睡人的眼。这时候最热闹的，要数树上的蝉声与水里的蛙声；但热闹是它们的，我什么也没有。

⑦忽然想起采莲的事情来了。采莲是江南的旧俗，似乎很早就有，而六朝时为盛；从诗歌里可以约略知道。采莲的是少年的女子，她们是荡着小船，唱着艳歌去的。采莲人不用说很多，还有看采莲的人。那是一个热闹的季节，也是一个风流的季节。梁元帝《采莲赋》里说得好：

于是妖童媛女，荡舟心许；鹢首徐回，兼传羽杯；棹将移而藻挂，船欲动而萍开。尔其纤腰束素，迁延顾步；夏始春余，叶嫩花初，恐沾裳而浅笑，畏倾船而敛裾。

⑧可见当时嬉游的光景了。这真是有趣的事，可惜我们现在早已无福消受了。

于是又记起《西洲曲》里的句子：

互动训练

1. 下列加点字的读音，不正确的一项是（　）

A. 媛女（yuàn）　B. 敛裾（jū）

C. 鹢首（yì）　D. 踱着（dù）

2. 下列词语在文中意思的解释，不正确的一项是（　）

A. 弥望：充满视野。

B. 蓊蓊郁郁：形容草木稠密朦胧的样子。

C. 袅娜：形容女子姿态优美。

D. 没精打采：形容不高兴，不振作。

3. 下列各句，没用通感手法的一项是（　）

A. 叶子出水很高，像亭亭的舞女的裙。

B. 远处小楼上传出来的婉转动人的乐曲散发着诱人的芳香。

C. 微风过处，送来缕缕清香，仿佛远处高楼上渺茫的歌声似的。

D. 塘中的月色并不均匀；但光与影有着和谐的旋律，如梵婀玲上奏着的名曲。

4. 对第5段中“但我以为这恰是到了好处”中的“这”，理解和分析正确的一项是（　）

A. “这”指“满月”。

B. “这”指“朗照”。

C. “这”指“不能朗照”。

D. “这”指“一层淡淡的`云”。

5. 对第3段“这是独处的妙处，我且受用这无边的荷香月色好了。”这句话，理解和分析不正确的一项是　）

A. 作者来到了荷塘边，心情开始变得宁静。

B. 作者的心情融入了荷塘月色的美景之中。

C. 独处使我暂得超脱，欣赏无边荷塘月色。

D. 作者忘记一切，沉醉于荷塘的美景之中。

6. 作者在第6段写道“但热闹是他们的，我什么也没有。”，对此理解和分析不正确的一项是（　）

A. 作者虽然享受了独处的片刻逍遥，但他也盼望群居的热闹欢乐。

B. 作者盼望的欢乐只属于青蛙，只属于大自然，自己什么也没有。

C. 那热闹是属于青蛙和大自然的，作者却什么也没有，一贫如洗。

D. 作者内心的孤独感激起了怀古之幽思，弓 出对六朝盛事的描写。

春夜洛城闻笛

唐　李白

谁家玉笛暗飞声，散入春风满洛城。

此夜曲中闻折柳，何人不起故园情。

采莲南塘秋，莲花过人头；低头弄莲子，莲子清如水。

⑨今晚若有采莲人，这儿的莲花也算得“过人头”了；只不见一些流水的影子，是不行的。这令我到底惦着江南了。——这样想着，猛一抬头，不觉已是自己的门前；轻轻地推门进去，什么声息也没有，妻已睡熟好久了。

【课文分析】

一、主题思想

文章写了荷塘月色美丽的景象，流露出淡淡的喜悦和忧愁，含蓄而又委婉地抒发了作者不满现实，渴望自由，想超脱现实而又不能的复杂的思想感情。

二、内容结构

全文可以分为四个部分。

第一部分（①）想荷塘，点明游荷塘的缘由。开头就说出这几天“颇不宁静”的内心状态。此句是这篇文章的文眼。“颇”字是对不宁静心情的强调。下文作者思绪翻飞，神驰万里，或行或止，或喜或愁，都和这“颇不宁静”的心情有着紧密的联系。它以强烈的直接抒情开始，将淡淡的哀愁流露在字里行间，为全文定下了感情基调。

第二部分（②~③）去荷塘。写去荷塘路上的所见所感。小路是幽僻的，作者的心中笼罩着淡淡的哀愁，但因获得片刻的自由而喜悦。

第三部分（④~⑥）赏荷塘。集中描绘月光下的荷塘和荷塘上的月色，主要表达作者因荷塘月色的美景而暂时超脱现实的“淡淡喜悦之情”。

第四部分（⑦~⑩）离荷塘。作者触景生情，由眼前的荷塘联想到六朝采莲的热闹场面和江南故乡采莲的情景，进一步表现了作者不满现实和渴望摆脱内心苦闷的心情。

三、艺术手法

1. 本文有“文眼”

“这几天心里颇不宁静”是全文的文眼。下文中作者思绪翻飞，神驰万里，或行或止，或喜或愁，都和这“颇不宁静”的心情有着紧密的联系。

2. 叠音词的运用

如“蓊蓊郁郁”“曲曲折折”“田田”，读起来和谐悦耳，有音乐性和韵律美。“远远近近”“高高低低”写出了荷塘四周树的范围广和数量多。

3. 运用了通感、比喻、拟人的修辞格

如：“微风过处，送来缕缕清香，仿佛远处高楼上渺茫的歌声似的。”中，“缕缕清香”写嗅觉，“渺茫的歌声”写听觉，借远处高楼上歌声的隐隐约约、幽远飘渺来表现荷香的若有若无、清香淡雅。把听觉和嗅觉两种感觉沟通起来。

7. 对文章第1段“这几天心里颇不宁静”理解和分析不正确的一项是（ ）

A. 此句是全文的文眼，是文章的切入点，是重点句。

B. 心情的“不宁静”，反映了作者与现实的不调和。

C. 这一句引起下文，作者幻想从自然中去寻求解脱。

D. 作者“心里颇不宁静”是因为家中的妻儿太喧闹。

8. 下列选项中，最适合做文章标题的一项是（ ）

A. 月色荷塘

B. 荷塘月色

C. 月下的荷塘

D. 荷塘上的月色

【互动训练答案】

1. D，踱着（duó）

2. B，蓊蓊郁郁：形容草木蓬勃茂盛的样子。

3. A，用的是比喻修辞格。

4. C，分析时要结合上下文，前文有“虽然是满月，天上却有一层淡淡的云，所以不能朗照”，紧接着是“但我以为这恰是到了好处”，“这”指“不能朗照”。

5. D，“作者忘记一切，沉醉于荷塘的美景之中”。景物描写之中，有作者感情的变化。

6. C，“一贫如洗”错，这里说的不是物质上的缺乏。

7. D，“因为家中的妻儿太喧闹”错，根据课文内容和文章写作背景来了解。

8. B，荷塘月色在这里应是并列短语，作者先写月下的荷塘，再写荷塘上的月色，“荷塘月色”更适合做文章标题。

春游湖

宋 徐俯

双飞燕子几时回？夹岸桃花蘸水开。
春雨断桥人不度，小舟撑出柳阴来。

故都的秋

郁达夫

①秋天，无论在什么地方的秋天，总是好的；可是啊，北国的秋，却特别地来得清，来得静，来得悲凉。我的不远千里，要从杭州赶上青岛，更要从青岛赶上北平来的理由，也不过想饱尝一尝这“秋”，这故都的秋味。

②江南，秋当然也是有的，但草木凋得慢，空气来得润，天的颜色显得淡，并且又时常多雨而少风；一个人夹在苏州上海杭州，或厦门香港广州的市民中间，混混沌沌地过去，只能感到一点点清凉，秋的味，秋的色，秋的意境与姿态，总看不饱，尝不透，赏玩不到十足。秋并不是名花，也并不是美酒，那一种半开、半醉的状态，在领略秋的过程上，是不合适的。

③不逢北国之秋，已将近十余年了。在南方每年到了秋天，总要想起陶然亭的芦花，钓鱼台的柳影，西山的虫唱，玉泉的夜月，潭柘寺的钟声。在北平即使不出门去吧，就是在皇城人海之中，租人家一椽破屋来住着，早晨起来，泡一碗浓茶，向院子一坐，你也能看得到很高很高的碧绿的天色，听得到青天下驯鸽的飞声。从槐树叶底，朝东细数着一丝一丝漏下来的日光，或在破壁腰中，静对着像喇叭似的牵牛花的蓝朵，自然而然地也能够感觉到十分的秋意。说到了牵牛花，我以为以蓝色或白色者为佳，紫黑色次之，淡红色最下。最好，还要在牵牛花底，叫长着几根疏疏落落的尖细且长的秋草，使作陪衬。

④北国的槐树，也是一种能使人联想起秋来的点缀。像花而又不是花的那一种落蕊，早晨起来，会铺得满地。脚踏上去，声音也没有，气味也没有，只能感出一点点极微细极柔软的触觉。扫街的在树影下一阵扫后，灰土上留下来的一条条扫帚的丝纹，看起来既觉得细腻，又觉得清闲，潜意识下并且还觉得有点儿落寞，古人所说的梧桐一叶而天下知秋的遥想，大约也就在这些深沉的地方。

⑤秋蝉的衰弱的残声，更是北国的特产，因为北平处处全长着树，屋子又低，所以无论在什么地方，都听得见它们的啼唱。在南方是非要上郊外或山上去才听得到的。这秋蝉的嘶叫，在北方可和蟋蟀耗子一样，简直像是家家户户都养在家里的家虫。

⑥还有秋雨哩，北方的秋雨，也似乎比南方的下得奇，下得有味，下得更像样。

⑦在灰沉沉的天底下，忽而来一阵凉风，便息列索落地下起雨来了。一层雨过，云渐渐地卷向了西去，天又晴了，太阳又露出脸来了，着着很厚的青布单衣或夹袄的都市闲人，咬着烟管，在雨后的斜桥影里，上桥头树底下去一立，遇见熟人，便会用了缓慢悠闲的声调，微叹着互答着地说：

⑧“唉，天可真凉了——”（这了字念得很高，拖得很长。）

⑨“可不是吗？一层秋雨一层凉了！”

⑩北方人念阵字，总老像是层字，平平仄仄起来，这念错的歧韵，倒来得正好。

⑪北方的果树，到秋天，也是一种奇景。第一是枣子树，屋角，墙头，茅房边上，灶房门口，它都会一株株地长大起来。像橄榄又像鸽蛋似的这枣子颗儿，在小椭圆形的细叶中间，显出淡绿微黄的颜色的时候，正是秋的全盛时期，等枣树叶落，枣子红完，西北风就要起来了，北方便是沙尘灰土的世界，只有这枣子、柿子、葡萄，成熟到八九分的七八月之交，是北国的清秋的佳日，是一年之中最好也没有的Golden Days。

⑫有些批评家说，中国的文人学士，尤其是诗人，都带着很浓厚的颓废的色

互动训练

1. 下列加点字的读音，不正确的一项是（　）

A. 廿四（niàn）

B. 落蕊（ruì）

C. 橄榄（gǎn）

D. 椭圆（tuǒ）

2. 下列词语在文中意思的解释，不正确的一项是（　）

A. 颓废：废弃。

B. 疏疏落落：形容稀疏零落的样子

C. 落寞：寂寞；冷落。

D. 混混沌沌：意思是迷糊不清的样子，模糊一片，不分明。

3. 对第3段中“青天下驯鸽的飞声”一句，理解和分析正确的一项是（　）

A. 声音的描写，很好地写出北国秋天景色的多样性，有动有静。

B. 只是普通声音描写，其实没有什么可探究的，只是写实而已。

C. 以声写静，更能让读者感受到了北国秋天的“清、静、悲凉”。

D. 声音的描写，以此告诉读者，北国的秋天也有生机勃勃的一面。

4. 对故都的秋的特点理解和分析正确的一项是（　）

A. 清、静、丰盛。

B. 清、静、悲凉。

C. 清、静、落寞。

D. 寂静兼有悲凉。

5. 对第3段“说到了牵牛花，我以为以蓝色或白色者为佳，紫黑色次之，淡红色最下。”这句话，理解和分析不正确的一项是（　）

A. 作者将自己的情感寓于对颜色的选择中，是一种以景显情的写法。

B. 蓝色、白色是冷色，冷色调切合悲情，表现作者当时落寞的情怀。

C. 作者选择了牵牛花的冷暖色调入文，这表现了作者独特的审美观。

D. 蓝色白色属冷色，能表现故都之秋“清、静、悲凉”的景物特点。

怅诗

唐　杜牧

自是寻春去校迟，不须惆怅怨芳时。
狂风落尽深红色，绿叶成阴子满枝。

彩，所以中国的诗文里，赞颂秋的文字的特别的多。但外国的诗人，又何尝不然？我虽则外国诗文念的不多，也不想开出帐来，做一篇秋的诗歌散文钞，但你若去一翻英德法意等诗人的集子，或各国的诗文的Anthology来，总能够看到许多关于秋的歌颂和悲啼。各著名的大诗人的长篇田园诗或四季诗里，也总以关于秋的部分，写得最出色而最有味。足见有感觉的动物，有情趣的人类，对于秋，总是一样地特别能引起深沉，幽远，严厉，萧索的感触来的。不单是诗人，就是被关闭在牢狱里的囚犯，到了秋天，我想也一定能感到一种不能自已的深情，秋之于人，何尝有国别，更何尝有人种阶级的区别呢？不过在中国，文字里有一个“秋士”的成语，读本里又有着很普遍的欧阳子的《秋声》与苏东坡的《赤壁赋》等，就觉得中国的文人，与秋的关系特别深了，可是这秋的深味，尤其是中国的秋的深味，非要在北方，才感受得到底。

⑬南国之秋，当然也是有它的特异的地方的，比如廿四桥的明月，钱塘江的秋潮，普陀山的凉雾，荔枝湾的残荷等等，可是色彩不浓，回味不永。比起北国的秋来，正像是黄酒之与白干，稀饭之与馍馍，鲈鱼之与大蟹，黄犬之与骆驼。

⑭秋天，这北国的秋天，若留得住的话，我愿把寿命的三分之二折去，换得一个三分之一的零头。

【课文分析】

一、主题思想

《故都的秋》蕴含深沉的故都之恋、故国之爱，唤起人们对美的追求，对祖国的热爱。本文将悲秋与颂秋结合起来，秋中有情的眷恋，情中有秋的落寞——这情是故乡情、爱国情；这落寞之秋是作者当时心境的写照，是对国运衰微的喟叹。

二、内容结构

全文课分为三部分。

第一部分（①~②）总起，以北国之秋和南国之秋的对比，表达对北国之秋的向往之情。

第二部分（③~⑫）主体部分，按照“清”“静”“悲凉”的特点，逐一描绘北国的清秋景色。共五幅图画：秋晨静观、街头落蕊、秋蝉残鸣、秋雨话凉、秋日秋果，接着进一步赞颂北国之秋。

第三部分（⑬~⑭）总括全文，再次强调南国之秋的秋味不及北国之秋的秋味。

三、艺术手法

1. 摹绘写情

“摹绘”，是指“采用语言形式把事物的外在形貌特征（包括声音、色彩、气味等）生动形象地形容出来的一种修辞方式”。

《故都的秋》，作为写景抒情的散文，其主体部分是摹绘故都的秋景。文章采用“横式结构”，从故都“秋晨之景”“秋槐之景”“秋蝉之景”“秋雨之景”“秋果之景”五个方面，紧扣“故都”和“秋”两个词语，表现了“故都之秋”的“清、静、悲凉”的特点。

2. 对比托情

在《故都的秋》中，郁达夫起句即以“北国的秋，却特别地来得清，来得静，来得悲凉”奠定文章的情感基调，接着以江南的秋作比较，指出江南的秋“草木凋得慢，空气来得润，天的颜色显得淡，并且又时常多雨而少风”，“只能感到一点点清凉”，因此，“秋的味，秋的色，秋的意境与姿态”，只有在北方才“看得

6. 作者在第12段谈到“不单是诗人，就是被关闭在牢狱里的囚犯，到了秋天，我想也一定能感到一种不能自已的深情”，对“不能自已”理解和分析不正确的一项是（ ）

A. “已”即“停止”，“不能自已”即不能控制自己感情。

B. 表明作者在秋天来临时特别激动，难以控制欢快的感情。

C. 表明了对于秋天的热爱，是不能以自己的感情为转移的。

D. 表明作者对秋天的喜爱，是一种由不得自己的喜爱之情。

7. 文章第3—11段，描绘了五幅秋的图画，对其概括和分析不正确的一项是（ ）

A. 秋晨静观—街头落蕊—秋蝉残鸣—秋雨话凉—秋日秋果。

B. 破屋秋色—秋槐落蕊—秋蝉残鸣—秋雨话凉—秋日枣子。

C. 庭院清秋—街头落蕊—秋蝉残鸣—秋雨话凉—秋日盛果。

D. 秋晨静观—街头落蕊—秋蝉残鸣—秋雨话凉—秋日秋果。

8. 下列选项中，最能恰当表达文章主旨的一项是（ ）

A. 表达对故都的秋的眷恋和热爱之情。

B. 表达对南国的秋的眷恋和热爱之情。

C. 表达对秋天的无限眷恋和热爱之情。

D. 表达对北京的秋的眷恋和热爱之情。

霜月

唐　李商隐

初闻征雁已无蝉，百尺楼高水接天。
青女素娥俱耐冷，月中霜里斗婵娟。

饱，尝得透，赏玩得十足”。这就是对比，通过对比突出对北国之秋的向往和热爱。

3、旁逸衬情

“旁逸”，是指“说话或写文章时，有意离开主题而加以风趣幽默的插说、注释或补充，这些插说或注释看似画蛇添足、无关痛痒，但却能增强语言的情趣的一种修辞方式”。在本文中，作者用一整段文字来写古今中外文人诗人对“秋”的厚爱，认为秋在这些人的诗文中“都带着很浓厚的颓废色彩”，“总是一样的能特别引起深沉，幽远，严厉，萧索的感触来”。“可是这秋的深味，尤其是中国的秋的深味，非要在北方，才感受得到底。”采用旁逸衬情的方法，不仅为作品情感的抒发垫上了一层台阶，使作品的情感站得更高，而且也为读者增加了对古今中外文人诗人对“秋”的一些共同感情的了解，“增加了语言的情趣”。

4、设誓显情

“设誓”，指提出无法实现的条件来表达坚定的信念和决心的一种修辞方式。郁达夫为了表达这种对“故都的秋”喜爱的强烈情感，在结尾处就采用了这一方法。“秋天，这北国的秋天，若留得住的话，我愿意把寿命的三分之二折去，换得一个三分之一的零头。”这一设誓，采用假言推理作为逻辑背景，以这种不可能的方式偏离现实，表达了作者喜爱“故都之秋”的浓烈情感。

【互动训练答案】

1. B，落蕊（ruǐ）
2. A，颓废：意志消沉，精神萎靡。
3. C，用“以声写静”的手法突出故都的秋“清、静、悲凉”的特点。
4. B，参照文章第1自然段。
5. C，分析脱离了原文的语境。
6. B，“欢快的感情”错，应是热爱或喜爱之情。
7. B，“秋日枣子”概括得狭窄，因为还写到了其他秋果。
8. AB错得很明显；“对秋天的无限眷恋和热爱之情”范围太广，应是“故都的秋”，否定C；郁达夫写本文时，北京叫北平，否定D。

终南望余雪

唐　祖咏

终南阴岭秀，积雪浮云端。
林表明霁色，城中增暮寒。

单招习题化
知识整合

第三部分　文言文阅读

［专题十二　文言文阅读］

古诗文阅读和鉴赏是2009年修订《体育单招考试大纲》时就规定了的内容；它要求考生能阅读浅易的文言文，还要求具备初步鉴赏古代诗文的能力。对文言文的考查设六道客观选择题，每小题3分，共18分。复习以初一到高一的文言文课文为主。结合所学文章，掌握以下知识点：

1. 掌握简单的实词：①通假字；②古今异义；③一词多义；④词类活用。

2. 掌握虚词在文中的用法。《考纲》规定的“而、何、乎、乃、其、且、若、所、为、焉、也、以、因、于、与、吟、者、之”18个虚词和教材中常见的17个文言虚词：安、但、耳、夫、盖、故、或、即、既、然、虽、遂、惟、已、矣、犹、哉。

3. 特殊句式及用法：判断句、省略句、被动句、倒装句（谓语前置、宾语前置、定语后置、介词结构后置）。

（一）在单招古诗文阅读中，常见的四种解题方法：

1. 常见实词的理解题：将给出的词义带进原文，通顺就对，不通就错。

[例1]（2019.20）下列依次对句中“师”字的解释，正确的一项是（　）

①从师而问焉　　②或师焉，或不焉

③不齿相师　　④彼童子之师

A. 学习　老师　从师　老师　　B. 老师　老师　学习　从师

C. 老师　从师　学习　老师　　D. 学习　从师　老师　老师

[解析]这是一道考察文言文“一词多义”语法现象的题，在不同的句子里“师”的解释不同。①中的解释为“老师”，带入句中译为“向老师请教”并确认正确，排除AD项。依此方法，故选C项。

[答案] C

2. 古今异义题：古代多单音节词，所以看到类似于现代汉语双音节的词，古义尽可能分开理解，而分开解释的含义放在具体的语言环境中，要与上下文保持一致。将该词语的今义带进原文，通则对，不通则错。古今异义近三年没考过，但不意味着不考，所以我们仍需注意古今异义这个考点。

[例1]（2017.21）下列句中加点词语，与现代汉语的意思不同的一项是（　）

A. 缘溪行，忘路之远近　　B. 仿佛若有光

C. 阡陌交通，鸡犬相闻　　D. 乃不知有汉，无论魏晋

[解析]掌握古今异义的知识，前提是要熟悉原文内容，“无论”是“（更）不必说”的意思。与今义“表示在任何条件下结果都不会改变”不同，将今义带入后译文不通顺。故选D。

[答案] D

互动训练

2021年体育单招语文文言文

明主者有三惧，一曰处尊位而恐不闻其过，二曰得意而恐骄，三曰闻天下之至言而恐不能行，何以识其然也？昔者越王勾践与吴人战，大败之，兼有九夷，当是时也，南面而立，近臣三，远臣五，令群臣曰：“闻吾过而不告者其罪刑。”此处尊位而恐不闻其过者也。昔者晋文公与楚人战，大胜之，烧其军，火三日不灭，文公退而有忧色，侍者曰：“君大胜楚，今有忧色，何也？”文公曰：“吾闻能以战胜而安者，其唯圣人乎！若夫诈胜之徒，未尝不危也，吾是以忧。”此得意而恐骄也。昔者齐桓公得管仲隰朋，辩其言，说其义，正月之朝，令具太牢进之先祖，桓公西面而立，管仲隰朋东面而立，桓公赞曰：“自吾得听二子之言，吾目加明，耳加聪，不敢独擅，愿荐之先祖。”此闻天下之至言而恐不能行者也。

19. 下列对文中加点字的注音，不正确的一项是（　）

A. 处（chǔ）　　B. 夷（yí）

C. 桓（bēng）　　D.说（yuè）

【答案】C 解析：桓huán

泊船瓜洲

宋 王安石

京口瓜洲一水间，钟山只隔数重山。春风又绿江南岸，明月何时照我还。

[例2]（2010.21）下列句中加点词语在文中的意思与它们在现代汉语中的意思不相同的一个是（　）

A. 因以为号焉　B. 每有会意　C. 便欣然忘食　D. 忘怀得失

解析：此题考查考生对古今异义词的掌握程度。“宅边有五柳树，因以为号焉”意思是宅边有五柳树，因此以五柳作为自己的号。古义“以为”就是“以…作为…”。今义“以为”是认为。B、C、D古今词义相同，故选A。

[答案]A

3. 虚词题：把这个文言虚词翻译成现代汉语进行比较，看是否翻译成同一个词。先理解翻译所学课文中的虚词，再比较文段中的虚词。联系文句的整体意义和上下文的意义，注意辨明上下文的关系。借助语句的结构，看两句中该虚词词性和所做的成分是否相同。近来真题对虚词的考查形式上有些变化，我们可以与以前对虚词的考查形式做一下比较。

[例]（2021.21）下列对文中“之”字用法的判断，正确的一项是（ ）

A.“天下之至言”与“诈胜之徒”，“之”字用法相同。

B.“天下之至言”与“大胜之”，“之”字用法相同。

C.“大胜之”与“二子之言”，“之”字用法相同。

D.“大胜之”与“诈胜之徒”，“之”字用法相同。

【答案】A 解析：“天下之至言”“诈胜之徒”“二子之言”中的“之”是“的”的意思，“大胜之”中的“之”是代词，指他们。

4. 理解翻译题：要能掌握句子中的知识点，先检查对重点词和特殊句式的理解翻译是否正确（不能离开语境），再查看译文有无遗失，是否通畅。

[例1]（2021.22）下列对文中画线句子“闻吾过而不告者其罪刑”的翻译，正确的一项是（ ）

A.谁知道我路过，却不向我请安，按罪刑法。

B.谁知道我的错误，却不告诉我，按罪刑罚。

C.谁知道我的错误，却为我隐瞒，按罪刑法。

D.谁知道我路过，却不向我汇报，按罪刑法。

[解析] 原句翻译为:谁知道我的错误，却不告诉我，按罪刑罚。关键是对重点词语意思的理解，过：过错；告：告诉；刑：刑罚。

[答案]B

[例2]（2020.21）下列对文中“岂徒风朝月夕为耳目之资者哉？”一句的翻译，正确的一项是（　）

A. 难道只是在早晨晚上欣赏风景作为视听的凭借吗？

B. 难道只有在早晨晚上才有闲暇有心情欣赏风景吗？

C. 难道人们在早晨有风晚上有月时不能欣赏风景吗？

D. 难道人们在有风有月之夜没有欣赏风景的凭借吗？

解析：此题考查考生对文中重点句的翻译能力。徒：只是；为：作为；耳目：视听。对照ABCD四个选项，可推知选择A。

[答案]A

文言文解题要从对内容的理解上入手。

1. 读三遍。

2. 明大意（知人明事：人物之间的关系、事件经过、几个时间、几个地点、发生发展的原因）。

3. 通词句（结合语境）。

4. 能辨析（事、理、情、手法）。

20. 下列对文中画线词语的解释，不正确的一项是（ ）

A. 得意：称心如意

B. 诈胜：突然取胜

C. 太牢：牛羊猪齐备

D. 独擅：独自做主

【答案】B 解析：诈胜，以阴谋诡计得胜。

23.下列对文中有关内容的理解，正确的一项是（ ）

A.“南面而立”有“称王”的意思。

B.“西面而立”有“称霸”的意思。

C.“东面而立”有“称臣”的意思。

D.“南面”“西面”“东面”皆无寓意。

【答案】A 解析：“南面而立”有“称王”的意思，面朝南背朝北,为尊位。

24.下列有关这篇短文体裁和主旨的阐释，正确的一项是（ ）

A.这是一则史传，讲述了春秋时代三个君王的故事。

B.这是一则政论，论证了“明主者有三惧”的观点。

C.这是一则颂赞，歌颂了春秋时代三个君王的美德。

D.这是一则寓言，说明了君王“居安思危”的道理。

【答案】B 明主有三惧是针对当时政治问题发表的评论，应是政论；文章开头“明主者有三惧”点明观点，以下内容照应这个观点。

元日

宋 王安石

爆竹声中一岁除，春风送暖入屠苏。千门万户瞳瞳日，总把新桃换旧符。

（二）我们选了古文11篇，供考生复习使用。

◆初中文言文（夯实基础）

鱼我所欲也[①]

孟 轲

鱼，我所欲也；熊掌[②]，亦我所欲也。二者不可得兼，舍鱼而取熊掌者也。生，亦我所欲也；义，亦我所欲也。二者不可得兼，舍生而取义者也。生亦我所欲，所欲有甚于生者，故不为苟得[③]也。死亦我所恶，所恶有甚于死者，故患有所不辟也。如使[④]人之所欲莫甚于生，则凡可以得生者何不用也[⑤]？使人之所恶莫甚于死者，则凡可以辟患者何不为也？由是则生而有不用也，由是则可以辟患而有不为也。是故所欲有甚于生者，所恶有甚于死者。非独贤者有是心也，人皆有之，贤者能勿丧[⑥]耳。

一箪[⑦]食，一豆[⑧]羹，得之则生，弗得则死。呼尔而与之[⑨]，行道之人弗受；蹴[⑩]尔而与之，乞人不屑[⑪]也。万钟[⑫]则不辩礼义而受之，万钟于我何加[⑬]焉！为宫室之美，妻妾之奉，所识穷乏者得我[⑭]与？乡为[⑮]身死而不受，今为宫室之美为之；乡为身死而不受，今为妻妾之奉为之；乡为身死而不受，今为所识穷乏者得我而为之：是亦不可以已[⑯]乎？此之谓失其本心。

[字词解释]

① 选自《孟子·告子上》。
② [熊掌]熊的脚掌，是珍贵的食品。
③ [苟得]苟且取得。这里是“苟且偷生”的意思。
④ [如使]如果，假使，下文“使”同义。
⑤ [何不用也]什么手段不用呢？
⑥ [丧]丧失。
⑦ [箪（dān）]古代盛饭的圆竹器。
⑧ [豆]古代盛肉或其他食品的器皿。
⑨ [呼尔而与之]（轻蔑地）呼喝着给他（吃）。尔：助词。
⑩ [蹴（cù）]用脚踢。
⑪ [不屑]瞧不起。这里是不愿意接受的意思。屑：顾，理会。
⑫ [万钟]很厚的俸禄。六斛四斗为一钟。
⑬ [何加]（有）什么益处？
⑭ [得我]得于我，感激我的恩德。得通“德”，动词。
⑮ [向为]原先为了义（羞恶之心）宁愿身死而不受“呼尔”“蹴尔”的施舍。向：原先，从前。为：为了，后省“之”。
⑯ [已]止。这里是“止而不为”的意思。

阅读提示：

《孟子》是战国时期的思想家、教育家孟子（格孟轲）的言行实录，是孟子辞世后，由门人整理而成的。全书共7篇261章。孟子是雄辩的政论家，其文明畅犀利、哲理精深、纵横捭阖、妙趣横生。本课所选能较好地体现孟子的行文风格。

[思想内容]

该篇通过比喻引起论述，论证了怎样对待生与死、义与利的问题，阐明了中心论点“舍生取义是人的本心”这个道理。

[段落层次]

该篇分两部分。第一部分（第一、第二自然段）：从正面论述舍生取义是人的本心。其中可分4层。第一层从比喻入手引出中心论点“舍生而取义”；第二层以生虽为所欲但不为苟得、死虽为所恶但患有所不避来进一步论证舍生取义是人的本心；第三层以“如”字发端，提出假设，继续证明自己的论点；第四层以行人宁死不吃“呼尔”之食，乞人不受“蹴尔”之食为例，再进一步论证舍生取义是人所共有的本心，同时开启下文，导出下文的“失其本心”。第二部分（第二自然段）：从反面立论，论述含义取利就是丧失本心。其中又可分两层：第一层以“万钟”与上文照应，说明不辨礼义接受它没有什么益处；第二层以“向”与“今”比较，指出见利忘义是失其本心。

[写作特点]

孟子的文章雄辩有力。他善于借题发挥，因势利导，掌握谈话主动权，把话题引入预先构想的范围，顺理成章地得出结论。

该篇的特点：（1）善用比喻，以鱼与熊掌喻生与义，使“舍生取义”的道理浅显易懂；又以“行道之人弗受”“乞人不屑”来比喻守义不辱，非常形象生动。（2）巧对比，第一段鱼与熊掌、生与死对比，第二段以“向”与“今”对比，突出了所要说明的问题。

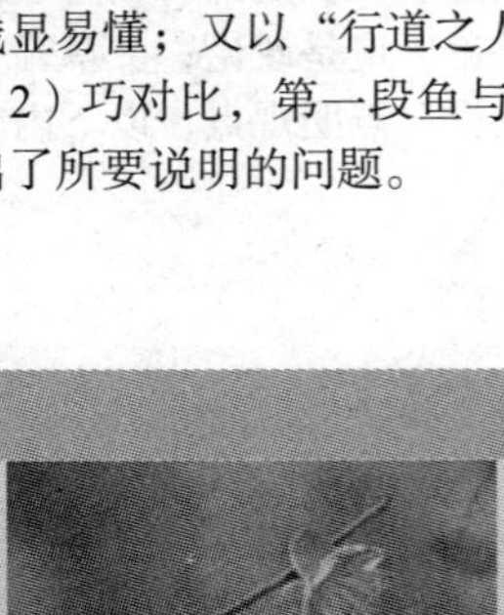

梅花

宋 王安石

墙角数枝梅，凌寒独自开。遥知不是雪，为有暗香来。

桃花源记

陶渊明

晋太元[1]中，武陵[2]人捕鱼为业[3]。缘[4]溪行[5]，忘路之远近[6]。忽逢[7]桃花林，夹岸[8]数百步，中无杂[9]树，芳草鲜美[10]，落英[11]缤纷[12]，渔人甚异之[13]，复[14]前[15]行，欲[16]穷[17]其林。

林尽水源[18]，便[19]得[20]一山，山有小口，仿佛[21]若[22]有光。便舍[23]船，从口入。初[24]极狭，才[25]通人。复行[26]数十步，豁然开朗[27]。土地平[28]旷[29]，屋舍[30]俨然[31]，有良田、美池、桑竹之[32]属[33]。阡陌交通[34]，鸡犬相闻[35]。其中往来种作[36]，男女衣着[37]，悉[38]如外人[39]。黄发垂髫[40]，并[41]怡然[42]自乐。

见渔人，乃大惊[43]，问所从来[44]。具[45]答之[46]。便要[47]还家，设酒杀鸡作食。村中闻有此人，咸[48]来问讯[49]。自云[50]先世[51]避秦时乱，率[52]妻子[53]邑人[54]来此绝境[55]，不复[56]出焉[57]，遂[58]与外人间隔[59]。问今是何世[60]，乃[61]不知有汉，无论[62]魏晋。此人一一为[63]具言[64]所闻[65]，皆叹惋[66]。余[67]人各复延至[68]其家，皆出酒食。停数日，辞去[69]。此中人语[70]云："不足[71]为[72]外人道也。"

既出[73]，得其船，便扶向路[74]，处处志之[75]。及郡下[76]，诣[77]太守，说如此[78]。太守即遣人随其往，寻向所志[79]，遂[80]迷，不复得[81]路。

南阳刘子骥，高尚[82]士[83]也[84]，闻之，欣然[85]规[86]往。未果[87]，寻[88]病终[89]。后遂无问津者。

【译文】

东晋太元（公元376—396）年间，武陵有个人以捕鱼为生。（有一天他）沿着溪水划船而行，忘记了路有多远。忽然遇到一片桃花林，在小溪两岸的几百步之内，中间没有其他树木，花草新鲜美好，落花繁多，渔人对此感到非常诧异。他继续往前走，想要走到林子的尽头。

桃花林在溪水发源的地方就到头了，（渔人）于是便发现了一座小山，山上有个小洞口，洞子里面隐隐约约好像透着点光亮。渔人便下了船，从洞口走了进去。开始非常狭窄，只能容得下一人通过，又行走了几十步，（突然变得）明亮开阔了。（渔人眼前这片）土地平坦宽广，房屋排列得非常整齐，还有肥沃的田地、美丽的池塘，以及桑树、竹子这类的植物。田间小路四通八达，（村落间）能互相听到鸡鸣狗叫的声音。人们在田间来来往往耕种劳动，男女的穿戴全都与桃花源以外的人一样。老年人和小孩儿，都安适愉快、自得其乐。

（这里的人）看见了渔人，于是感觉非常惊讶，问他是从哪里来的。渔人详细地做了回答。（这里的人）便邀请（他）到家里去，摆酒、杀鸡做饭来款待他。村里面的其他人听说来了这么一个人，全都来打听消息。他们自己说他们的祖先是为了躲避秦朝时期的战乱，率领妻子儿女和乡邻们来到这个与世隔绝的地方，不再从这里出去了，于是和外面的人隔绝了一切往来。（村里的人）问（渔人）现如今是什么朝代，他们竟然不知道有汉朝，更不用说魏、晋两朝了。渔人把自己知道的所有事都一一说了出来，村民们听了都感叹惋惜。其余的人各自又把渔人邀请到自己的家中，都拿出自己的美酒佳肴来款待他。渔人停留了几日后，就向村里的人告辞离开。村里的人告诉他："这里的情况不值得对外面的人说啊。"

渔人出来之后，找到了自己的船，就沿着来时的路回去，处处都做了记号。他到了郡城武陵，就去拜见太守，说了自己的这番经历。太守立即派遣人员跟随他前往，寻找渔人先前做的记号，最终迷路了，再也找不到通往桃花源的路了。

[字词解释]

①太元：东晋孝武帝的年号（376—396年）。
②武陵：郡名，今湖南常德一带。
③为业：把……作为职业，以……为生。为，作为。
④缘：顺着、沿着。
⑤行：行走，这里指划船。
⑥远近：偏义复词，仅指远。
⑦忽逢：忽然遇到。逢，遇见。
⑧夹岸：两岸。
⑨杂：别的，其他的。
⑩鲜美：新鲜美好。
⑪落英：落花。一说，初开的花。
⑫缤纷：繁多的样子。
⑬异之：以之为异，即对此感到诧异。异，意动用法，形作动，以……为异，对……感到诧异，认为……是奇异的。之，代词，指见到的景象。
⑭复：又，再。
⑮前：名词活用为状语，向前。
⑯欲：想要。
⑰穷：尽，形容词用做动词，这里是"走到……的尽头"的意思。
⑱林尽水源：林尽于水源，桃花林在溪水发源的地方就没有了。尽，完，没有了。
⑲便：于是，就。
⑳得：看到。
㉑仿佛：隐隐约约，形容看不真切。
㉒若：好像。
㉓舍：舍弃，丢弃，
㉔初：起初，刚开始。
㉕才通人：仅容一人通过。才，副词，只。
㉖行：行走。
㉗豁然开朗：形容由狭窄幽暗突然变得宽阔明亮。然，……的样子。豁然，形容开阔明亮的样子；开朗，开阔明亮。
㉘平：平坦。
㉙旷：空阔；宽阔。
㉚屋舍　房屋。
㉛俨（yǎn）然：整齐的样子。
㉜之：这。

登飞来峰

宋 王安石

飞来山上千寻塔，闻说鸡鸣见日升。不畏浮云遮望眼，自缘身在最高层。

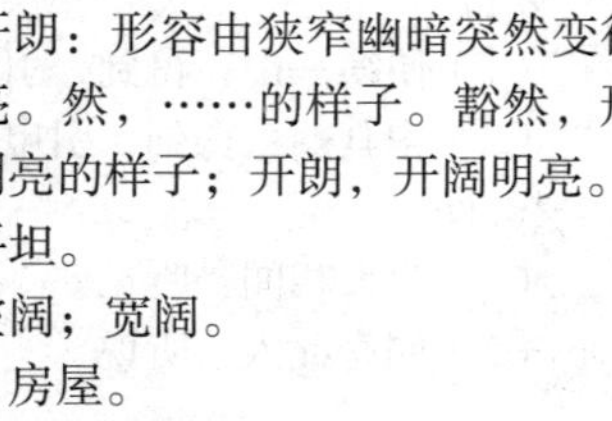

南阳有个叫刘子骥的人，是一个品德高尚的人士，他听到了这个消息，非常愉快地计划着前往桃花源。但没有实现，不久病死了，后来就没有探访桃花源的人了。

【知识清单】

一、一词多义

1. 出
（1）不复**出**焉：出去。
（2）皆**出**酒食：拿出。
2. 寻
（1）**寻**向所志：动词，寻找。
（2）**寻**病终：副词“不久”。
3. 舍
（1）便**舍**（shě）船：离开。
（2）屋**舍**（shè）俨然：名词，房屋，客舍。
4. 中
（1）**中**无杂树：“中间”。
（2）晋太元**中**：“年间”。
（3）其**中**往来种作：“里面”。
5. 志
（1）处处**志**之：名词活用为动词，“做标志”。
（2）寻向所**志**：志，独字译为做标记。与所连用，译为：所做的标记。
6. 之
（1）忘路**之**远近：助词，用在定语和中心词之间，可译为“的”。
（2）闻**之**，欣然规往：代词，“这件事”。
（3）处处志**之**：语气助词，不译。
（4）渔人甚异**之**：代词，“这种景况”。
（5）有良田美池桑竹**之**属：这。
（6）具答**之**：代词，代指桃花源人。
7. 为
（1）武陵人捕鱼**为**（wéi）业：动词，作为。
（2）不足**为**（wèi）外人道也：介词，对，向。
（3）此人一一**为**（wéi）具言所闻：读wéi，介词，对、向。
8. 遂
（1）**遂**与外人间隔：“于是”。
（2）**遂**迷：“终于”。
（3）后**遂**无问津者：“就”。
9. 得
（1）便**得**一山：得到，引申为看见。
（2）**得**其船：得到，引申为找到。
10. 闻
（1）鸡犬相**闻**：听见。
（2）**闻**有此人：听说。

㉝属：类。
㉞阡陌交通：田间小路交错相通。阡陌，田间小路，南北走向的叫阡，东西走向的叫陌。交通，交错相通。阡陌，田间小路。
㉟鸡犬相闻：（村落间）能相互听见鸡鸣狗叫的声音。相闻，可以互相听到。
㊱种作：耕种劳作。
㊲衣着：穿着打扮，穿戴。
㊳悉：全，都。
㊴外人：桃花源以外的世人，下同。
㊵黄发垂髫（tiáo）：老人和小孩。黄发，旧说是长寿的象征，用以指老人。垂髫，垂下来的头发，用来指小孩子。
㊶并：都。
㊷怡然：愉快、高兴的样子。
㊸乃大惊：于是很惊讶。乃，于是、就。大，很，非常。
㊹从来：从……地方来。
㊺具：通“俱”，全，详细。
㊻之：代词，指代桃源人所问问题。
㊼要：通“邀”，邀请。
㊽咸：副词，都，全。
㊾问讯：询问消息，打听消息。
㊿云：说。
51先世：祖先。
52率：率领。
53妻子：指妻子儿女，“妻”“子”是两个词。妻：指男子配偶。子：指子女。
54邑人：同乡。邑，古代区域单位。《周礼·地官·小司徒》：“九夫为井，四井为邑。”
55绝境：与人世隔绝的地方。绝，绝处。
56复：再，又。
57焉：兼词，相当于“于之”，“于此”，从这里。
58遂：于是、就。
59间隔：隔断，不同音讯。
60世：朝代。
61乃：竟，竟然。
62无论：不要说，（更）不必说。“无”“论”是两个词，不同于现代汉语里的“无论”。
63为：对，向。

曾巩（1019—1083年），字子固，世称“南丰先生”。建昌南丰（今属江西）人。后居临川（今江西抚州市西）。曾致尧之孙，曾易占之子。嘉祐二年（1057）进士。北宋政治家，文学家，散文家，“唐宋八大家”之一。世称“南丰七曾”（曾巩、曾肇、曾布、曾纡、曾纮、曾协、曾敦）。在学术思想和文学事业上贡献卓越。

二、古今异义

穷。古义：穷尽；今义：贫穷。

从来。古义：从哪里来；今义：向来。

无论。古义：不要说，（更）不必说；今义：多为连词，表示条件不同而结果不变，不管。

妻子。古义：妻子和儿女；今义：成年男子的配偶。

绝境。古义：与外界隔绝的地方；今义：没有出路的境地。

水源。古义：溪水发源的地方；今义：指人们饮用的水的来源。

鲜美。古义：新鲜美好；今义：指食物新鲜美味。

芳。古义：花；今义：气味芬芳。

交通。古义：交错相通；今义：各种运输和邮电通信的总称。

不足。古义：不值得；今义：不够。

间隔。古义：间离隔绝；今义：空间或时间上的隔绝。

缘。古义：沿着；今义：缘故，缘分。

外人。古义：特指桃花源外的人；今义：指没有血缘关系或亲戚朋友关系的人。

如此。古义：像这样；今义：这样。

仿佛。古义：隐隐约约，形容看得不真切的样子；今义：似乎，好像。

开朗。古义：土地开阔；今义：乐观，畅快 多形容性格。

扶。古义：沿、顺着；今义：搀扶，用手按着或把持着。

志。古义：做标记；今义：志气，志向。

延。古义：邀请；今义：延伸，延长。

悉。古义：全，都；今义：熟悉。

咸。古义：全，都；今义：一种味道。

既。古义：已经；今义：关系连词，既然。

寻。古义：随即，不久；今义：寻找。

向。古义：以前的，旧的；今义：方向，对……。

果。古义：实现；今义：果实，结果。

要。古义：邀请；今义：表示意愿。

三、词类活用

尽（林尽水源）：形容词用作动词，消失。

异（渔人甚异之）：形容词用为动词的意动用法，对……感到诧异。

前（复前行）：方位名词作状语，向前。

穷（欲穷其林）：形容词用作动词，（穷尽，走到尽头。）

焉（不复出焉）：兼词，“于之”，即“从这里”。

志（处处志之）：名词做动词，做标记。

果（未果）：名词做动词，实现。

语（此中人语（yù））云：名词作动词，告诉

黄发（黄发垂髫）：借代手法，代指老人

垂髫（黄发垂髫）：借代手法，代指小孩

四、通假字

要：通“邀”，邀请。

具：通“俱”，完全、详尽。

(64)具言：详细地说出。

(65)所闻：指渔人所知道的世事。闻，知道，听说。

(66)叹惋：感叹、惋惜。惋，惊讶，惊奇。

(67)余：其余，剩余。

(68)延至：邀请到。延，邀请。至，到。

(69)去：离开。

(70)语：告诉。

(71)不足：不必，不值得。

(72)为：介词，向、对。

(73)既：已经。

(74)便扶向路：就顺着旧的路（回去）。扶：沿着、顺着。向，从前的、旧的。

(75)处处志之：处处都做了标记。志，动词，做标记。处处，到处。

(76)及郡下：到了郡城。及，到达。郡，太守所在地，指武陵郡。

(77)诣（yì）：到。特指到尊长那里去。

(78)如此：像这样，指在桃花源的见闻。

(79)寻向所志：寻找以前所做的标记。寻，寻找。向，先前。志，名词，标记。

(80)遂：终于。

(81)得：取得，获得，文中是找到的意思。

(82)高尚：品德高尚。

(83)士：人士。

(84)也：表判断。

(85)欣然：高兴的样子。

(86)规：计划。

(87)未果　没有实现。果，实现。

(88)寻：随即，不久。

(89)终：死亡。

互动训练

1. 下列句子中加点的字的读音，完全正确的一项是（　）

①忽逢桃花林，夹岸数百步

②便要还家，设酒杀鸡作食

③此中人语云

A.①jiá　②yāo　③yǔ

B. ①jiā　②yào　③yǔ

C. ①jiā　②yào　③yù

D. ①jiā　②yāo　③yù

春

1. 春眠不觉晓，处处闻啼鸟。（孟浩然）

2. 谁言寸草心，报得三春晖。（孟郊）

3. 红豆生南国，春来发几枝？（王维）

五、特殊句式

1. 判断句

例：南阳刘子骥，高尚士也。（“也”表判断。句意：南阳刘子骥是品德高尚的名士。）

2. 省略句

见渔人，乃大惊，问所从来。具答之。便要还家，设酒杀鸡作食。〔是“（村人）见渔人，乃大惊，问（渔人）所从来。（渔人）具答之。（村人）便要（渔人）还家，设酒杀鸡作食”的省略。句意：（村人）看见了渔人，都非常惊讶，问他是从哪儿来的。（渔人）详细地回答（村人），于是邀请他到自己家里去，摆了酒，杀了鸡准备食物款待他。〕

省主语：

例一：山有小口，仿佛若有光。〔是“（小口）仿佛若有光”的省略。句意：山上有一个小洞口，（小口里面）隐隐约约好像有些光亮。〕

例二：便舍船，从口入。〔是“（渔人）便舍船，从口入”的省略。句意：（渔人）就舍弃船，从洞口进去。〕

本文省略主语有多处，如：“（小口）初极狭，才通人。”“（武陵人）复行数十步，豁然开朗。”“其中，（人们）往来种作，男女衣着，悉如外人。”“（村中人）见渔人，乃大惊，问（渔人）所从来。（渔人）具答之。（村中人）便要（渔人）还家，设酒杀鸡作食（招待渔人）。”“此人一一为具言所闻，（村中人）皆叹惋。”翻译时一并补出。

省宾语：

例一：问所从来。〔是“问之所从来”的省略。“之”代“渔人”。句意：问（渔人）从哪里来。〕

省介词：

例二：林尽水源。（是“林尽于水源”的省略。）

六、四个“然”

（1）豁然开朗（豁然）：开阔的样子。
（2）屋舍俨然（俨然）：整齐的样子。
（3）怡然自乐（怡然）：愉快的样子。
（4）欣然规往（欣然）：高兴的样子。

七、出自本文的词语（今义）

世外桃源：不受外界影响的地方或幻想中的美好世界。
豁然开朗：比喻顿时明白或领悟过来。
怡然自乐：形容高兴而满足。
与世隔绝：与社会上的人们隔离，断绝往来。
无人问津：比喻没有人来探问、尝试或购买。

2. 对下列句子中的加点字的解释，不正确的一项是（ ）
A. 复前行，欲穷其林
穷：走到……的尽头
B. 男女衣着，悉如外人
悉：全，都
C. 便扶向路，处处志之
扶：沿，顺着
D. 未果，寻病终
寻：寻找的过程中

3. 下列选项中没有古今异义的一项是（ ）
A. 芳草鲜美，落英缤纷
B. 阡陌交通，鸡犬相闻
C. 男女衣着，悉如外人
D. 乃不知有汉，无论魏晋

4. 选文中“黄发垂髫”运用的修辞手法是（ ）
A. 比喻　　B. 拟人
C. 借代　　D. 夸张

5. 下列各项中“之”字用法与其他三项不同的是（ ）
A. 有良田美池桑竹之属
B. 渔人甚异之
C. 闻之，欣然规往
D. 具答之

6. 渔人离开桃花源，便再也没有人找到过桃花源。作者这样写的目的是（ ）
A. 暗示桃花源是作者虚构的产物。
B. 暗示通往桃源的路曲折而遥远。
C. 暗示庸俗的人是无法进入美好的境界的。
D. 暗示桃花源已经绝迹了，无法寻觅。

【互动训练参考答案】

1.D　2.D　3.C　4.C　5.A　6.A

4. 好雨知时节，当春乃发生。（杜甫）
5. 野火烧不尽，春风吹又生。（白居易）
6. 春种一粒粟，秋收万颗子。（李绅）
7. 国破山河在，城春草木深。（杜甫）
8. 落红不是无情物，化作春泥更护花。（龚自珍）

五柳先生传①

陶渊明

先生不知何许②人也，亦不详③其姓字，宅边有五柳树，因以为号焉④。闲静少言，不慕荣利⑤。好读书，不求甚解⑥；每有会意⑦，便欣然忘食。性⑧嗜⑨酒，家贫不能常得。亲旧⑩知其如此⑪，或⑫置酒⑬而招之⑭；造饮辄尽⑮，期在必醉⑯。既⑰醉而退，曾不吝情去留⑱。环堵萧然⑲，不蔽风日；短褐穿结⑳，箪瓢屡空㉑，晏如㉒也。常著文章自娱㉓，颇㉔示己志。忘怀㉕得失，以㉖此自终㉗。

赞㉘曰：黔娄㉙之妻有言："不戚戚㉚于贫贱，不汲汲㉛于富贵。"其㉜言兹㉝若人㉞之俦㉟乎？衔觞㊱赋诗，以乐其志㊲，无怀氏㊳之民欤？葛天氏之民欤？

【译文】

不知道五柳先生是什么地方的人，也不能详细地知道他的姓字。住宅旁边有五棵柳树，因而用它作为自己的号。他安安静静，很少说话，也不羡慕荣华利禄。他喜欢读书，不在一字一句的解释上过分深究；每当对书中的内容有所领会的时候，就会高兴得连饭也忘了吃。他生性喜爱喝酒，家里穷不能经常得到酒。亲戚朋友知道他这种境况，有时摆了酒席叫他去喝。他去喝酒就喝个尽兴，希望一定喝醉；喝醉后就回家，说来就来，说走就走。简陋的居室里空空荡荡，遮挡不住寒风和烈日，粗布短衣上打满了补丁，盛饭的篮子和饮水的水瓢里经常是空的，可是他还是安然自得。常常写文章来自娱自乐，充分显示出他的志趣。他从不把得失放在心上，凭借这过完自己的一生。

赞语说：黔娄的妻子曾经说过："不为贫贱而忧愁，不热衷于发财做官。"从这话来看，她应该是五柳先生一类人吧？一边喝酒一边作诗，来使自己的情志得到欢乐。不知道他是无怀氏时代的人呢？还是葛天氏时代的人呢？

【知识清单】

一、古今异义

1. 每有会意。古：指对书中的内容有所领会；今：指领会别人没有明白的意思。
2. 亲旧知其如此。古：旧交，旧友；今：过去的，过时的。
3. 好读书，不求甚解。古：读书只求领会要旨，不在一字一句地在解释上过分深究；今：只求懂个大概，不求深刻了解（含贬义）
4. 造饮辄尽。古：到，往；今：制造。
5. 或置酒而招之。古：有时，有的人；今：或者。
6. 因以为号焉。古：以之为，把（它）当作；今：认为，作为。
7. 赞曰：黔（qián）娄之妻有言。古：传记结尾的评论性文字；今：夸奖，夸赞。

二、一词多义

1. 以：①因以为号焉（介词，把、用）。
　　②以此自终（凭借 或连词，不翻译）。
2. 之：①或置酒而招之（代词，他）。
　　②葛天氏之民欤（助词，的）。

[字词解释]

①选自《陶渊明集》
②何许：什么地方。许、处所。
③不详：不能详细地知道。详：清楚地知道。
④因以为号焉：因而用它作为自己的号。因，所以。以，用。以为，以之为。焉，语气助词，无意。号，别号。
⑤不慕荣利：不羡慕功名利禄（慕，羡慕；荣利，功名利禄）。
⑥不求甚解：这里指读书只求领会要旨，不在一字一句地在解释上过分下功夫。今指只求知道个大概，不求彻底了解。这里指读书只求领会要旨。
⑦会意：指对书中的意旨有独到的体会。会，体会、领会。意：书中的意旨。
⑧性：生性，生来就。
⑨嗜：特别喜欢，酷爱。
⑩亲旧：亲戚朋友。亲，亲戚。旧，这里指旧交、旧友。
⑪如此：指上文所说的"性嗜酒，家贫，不能常得"。
⑫或：有时。
⑬置酒：置办酒席。
⑭招之：邀请他。
⑮造饮辄尽：到（别人家）去喝酒就喝个尽兴。造，往，到。辄，就；尽，指喝完。
⑯期在必醉：希望一定喝醉。期，期望，希望。
⑰既：……之后。
⑱曾不吝情去留：意思是五柳先生态度率真，并不装模作样，说来就来，说走就走。曾不，不曾。吝情，挂心、在意。吝，吝惜。
⑲环堵（dǔ）萧然：简陋的居室里冷冷清清的。环堵，周围环着四堵墙，形容居室简陋。萧然：凄凉冷落。
⑳短（duǎn）褐（hè）穿结：粗布短衣上打上了补丁。短褐，用粗麻布衣做成的短上衣。穿结，穿孔后加以缝补，也就是打补丁。
㉑箪（dān）瓢屡空：箪，古代盛饭用

9. 不知细叶谁裁出，二月春风似剪刀。（贺知章）
10. 春色满园关不住，一枝红杏出墙来。（叶绍翁）

3. 言：①闲静少言（说，说话）。
②黔娄之妻有言（言语，话）。
4. 如：①晏如也（......的样子）。
②亲旧知其如此（像）。
5. 许：①先生不知何许人也（处所、地方）。
②自富阳至桐庐一百许里（表示约数，左右）。
6. 志：①以乐其志（志趣，志向）。
②处处志之（做标记）。

三、词类活用

1. 亦不详其姓字：形容词用作动词，详细地知道。
2. 亲旧知其如此：形容词用作名词，亲戚朋友。
3. 以乐其志：为动用法，为……感到快乐.
4. 性嗜酒：名词用作动词，喝酒

四、特殊句式

1. 省略句
（1）好读书，不求甚解。（省略主语，应为五柳先生好读书，不求甚解）
译文：先生喜欢读书，但不刻意追求字句的解释。
（2）因以为号焉。（介词“以”后省略宾语“之”，应为：因以之为号焉）
译文：因而用它作为自己的号。
（3）性嗜酒，家贫不能常得。（缺少主语，应为“（先生）性嗜酒，家贫不能常得”。
译文：先生生性喜欢喝酒，家中贫穷不能经常有酒喝。
（4）缺少主语：造饮辄尽，期在必醉。既醉而退，曾不吝情去留。常著文章自娱，颇示己志。忘怀得失，以此自终。
2. 倒装句：
不戚戚于贫贱，不汲汲于富贵。（状语“于贫贱”“于富贵”后置，应是：不于贫贱戚戚，不于富贵汲汲）
先生不知何许人也。（应为“不知先生何许人也”译文：不知道这位先生是什么地方的人。）
3. 疑问句
无怀氏之民欤？（一般疑问式）
4. 判断句式
先生不知何许人也。（“也”表判断。意思是：五柳先生不知道是什么地方的人。）

的圆形竹器。瓢，舀水器。屡空，经常是空的。屡，经常。箪和瓢时常是空的，形容生活非常贫困。
㉒晏（yàn）如：安然自若的样子。晏，平静、安逸。如，……的样子。
㉓自娱：自娱自乐 娱：使…欢娱（意动用法）。
㉔颇：稍微。
㉕忘怀：不放在心上，忘记。
㉖以：凭借。
㉗自终：过完了自己的一生。终，终了，结束。
㉘赞：传记结尾的评论性文字。
㉙黔娄（qián lóu）：战国时齐国的隐士。他死后，曾子前去吊丧，黔娄的妻子称赞黔娄“甘天下之淡味，安天下之卑位，不戚戚于贫贱，不汲汲于富贵。求仁而得仁，求义而得义。”
㉚戚戚：忧愁的样子。
㉛汲汲：心情急切的样子。
㉜其：大概，表推测。
㉝兹：（代）这。
㉞若人：此人，指五柳先生。
㉟俦（chóu）：辈，同类。
㊱衔觞（shāng）：喝酒。觞，酒杯，一说作“衔觞”，一说作“酣觞自得，赋诗乐志”。
㊲以乐其志：来使自己的情志得到欢乐。乐，使……快乐。志，心意，志向。
㊳无怀氏：跟下文的“葛天氏”都是传说中的上古帝王。据说在那个时代，人民生活安乐，恬淡自足，社会风气淳厚朴实。

夏
1. 人皆苦炎热，我爱夏日长。（李昂）
2. 仲夏苦夜短，开轩纳微凉。（杜甫）

醉翁亭记

欧阳修

环滁[①]皆[②]山也。其[③]西南诸峰，林壑[④]尤[⑤]美，望之蔚然而深秀者[⑥]，琅琊也。山[⑦]行六七里，渐闻水声潺潺[⑧]而[⑨]泻出于两峰之间者，酿泉[⑩]也。峰回路转[⑪]，有亭翼然[⑫]临[⑬]于[⑭]泉上者，醉翁亭也。作[⑮]亭者谁？山之僧智仙也。名[⑯]之者谁？太守自谓[⑰]也。太守与客来饮于此，饮少辄[⑱]醉，而年又最高[⑲]，故自号[⑳]曰[㉑]醉翁也。醉翁之意[㉒]不在酒，在乎[㉓]山水之间也。山水之乐，得[㉔]之心而寓[㉕]之酒也。

若夫日出而林霏[㉖]开[㉗]，云归[㉘]而岩穴暝[㉙]，晦明[㉚]变化者，山间之朝暮也。野芳[㉛]发[㉜]而幽香，佳木秀而繁阴[㉝]，风霜高洁[㉞]，水落而石出者，山间之四时也。朝而往，暮而归，四时之景不同，而乐亦无穷也。

至于[㉟]负者[㊱]歌于途，行者休于树[㊲]，前者呼，后者应，伛偻[㊳]提携[㊴]，往来而不绝者，滁人游也。临[㊵]溪而渔[㊶]，溪深而鱼肥。酿泉[㊷]为酒，泉香而酒洌[㊸]；山肴[㊹]野蔌[㊺]，杂然[㊻]而前陈[㊼]者，太守宴也。宴酣[㊽]之乐，非丝非竹[㊾]，射[㊿]者中，弈[51]者胜，觥筹交错[52]，起坐而喧哗者，众宾欢也。苍颜[53]白发，颓然乎其间[54]者，太守醉也。

已而[55]夕阳在山，人影散乱，太守归[56]而宾客从也。树林阴翳[57]，鸣声上下[58]，游人去而禽鸟乐也。然而禽鸟知山林之乐，而不知人之乐；人知从太守游而乐，而不知太守之乐其乐[59]也。醉能同其乐[60]，醒能述以文者，太守也。太守谓[61]谁？庐陵[62]欧阳修也。

【译文】

环绕滁州的都是山。它西南的许多山峰，树林和山谷尤其优美。远远望过去树木茂盛，又幽深又秀丽的，是琅琊山。沿着山路走六七里，渐渐听到潺潺的流水声，有一股水流从两峰之间飞泻而下，是酿泉。山势回环，路也跟着拐弯，有一座亭子像飞鸟展翅似的高踞在泉上，那就是醉翁亭。建造这亭子的人是谁呢？是山上的和尚智仙。给它取名的是谁呢？太守用自己的别号（醉翁）来命名。太守和他的宾客们在这儿饮酒，只喝一点儿就醉了；而且年纪又最大，所以自号叫醉翁。醉翁的情趣不在于喝酒，而在欣赏山水的美景。欣赏山水美景的乐趣，领会在心里，寄托在酒上。

至于太阳升起，山林里的雾气散了，烟云聚拢来，山谷就显得昏暗了，朝则自暗而明，暮则自明而暗，这就是山中的朝暮。野花开了，有一股清幽的香味，好的树木枝繁叶茂，形成一片浓密的绿荫，风高霜洁，水落石出，是山中的四季。早晨进山，傍晚回城，四季的景色不同，乐趣也是无穷无尽的。

至于背着东西的人在路上欢唱，走路的人在树下休息，前面的人呼喊，后面的人应答，老人弯着腰走，小孩子由大人领着走，来来往往不断的行人，是滁州的游客。到溪边捕鱼，溪水深并且鱼肉肥美，用酿泉造酒，泉水清香并且酒也清，野味野菜，杂七杂八的摆放在面前的，那是太守主办的宴席。宴会上尽情喝酒的乐趣，不在于弹琴奏乐，投壶的人中了，下棋的赢了，酒杯和酒筹交互错杂，时起时坐大声喧闹的人，是欢乐的宾客们。一个脸色苍老头发花白的老人，醉醺醺地坐在众人中间，是太守喝醉了。

不久，太阳下山了，人影散乱，宾客们跟随太守回去了。树林里的枝叶茂密成荫，鸟儿到处叫，是游人离开后禽鸟欢乐。但是鸟儿只知道山林中的快乐，却不知道人们的快乐。而人们只知道跟随太守游玩的快乐，却不知道太守以游人的快乐为快乐啊。醉了能够和大家一起欢乐，醒来能够用文章记叙这乐事的人，是太守。太守是谁呢？是庐陵欧阳修。

[字词解释]

①环滁　环绕着滁州城。环：环绕。滁：滁州，今安徽省滁州市琅琊区。
②皆：副词，都。
③其：代词，它，指滁州城。
④壑：山谷。
⑤尤：格外，特别。
⑥蔚然而深秀者，琅琊也：树木茂盛，又幽深又秀丽的，是琅琊山。蔚然：草木茂盛的样子。而：表并列。
⑦山：名词作状语，沿着山路。
⑧潺潺：流水声。
⑨而：表承接。
⑩酿泉　泉的名字。因水清可以酿酒，故名。
⑪峰回路转：山势回环，路也跟着拐弯。比喻事情经历挫折失败后，出现新的转机。回：回环，曲折环绕。
⑫翼然：像鸟张开翅膀一样。然：……的样子。
⑬临：靠近。
⑭于：在。
⑮作：建造。
⑯名：名词作动词，命名。
⑰自谓：自称，用自己的别号来命名。
⑱辄：就
⑲年又最高：年纪又是最大的。
⑳号：名词作动词，取别号。
㉑曰：叫作。
㉒意：这里指情趣。“醉翁之意不在酒”，后来用以比喻本意不在此而另有目的。
㉓乎：相当于“于”。
㉔得：领会。
㉕寓：寄托。
㉖林霏：树林中的雾气。霏，原指雨、雾纷飞，此处指雾气。
㉗开：消散，散开。
㉘归：聚拢。
㉙暝：昏暗。
㉚晦明：指天气阴晴明暗。晦：阴暗。
㉛芳：香花。
㉜发：开放。
㉝佳木秀而繁阴，好的树木枝繁叶茂，

秋

1. 解落三秋叶，能开二月花。（李峤）
2. 春种一粒粟，秋收万颗子。（李绅）
3. 窗含西岭千秋雪，门泊东吴万里船。（杜甫）
4. 春花秋月何时了，往事知多少。（李煜）

【知识清单】

一、虚词“之”用法：

1. 望之蔚然而深秀者：助词，不译。
2. 泻出于两峰之间者：助词，的。
3. 名之者谁　：代词，指醉翁亭。
4. 醉翁之意不在酒：助词，的。
5. 山水之乐　：助词，的。
6. 得之心而寓之酒也：代词，指代“山水之乐”。
7. 山间之朝暮也：助词，的。
8. 宴酣之乐　：助词，的。
9. 而不知太守之乐其乐也：主谓之间，取消句子独立性，不译。

二、词类活用

1. 山行六七里。山：沿着山谷，名词作状语
2. 有亭翼然临于泉上者。翼然：像鸟儿的翅膀张开一样，名词作状语。
3. 名之者谁。名：命名，取名，名词用作动词。
4. 自号曰醉翁也。号：取名，名词用作动词。
5. 而不知太守之乐其乐也　（前）乐：以……为乐，意动用法；（后）乐：乐趣，名词。
6. 至于负者歌于途。歌：唱歌，名词用作动词。
7. 杂然而前陈者。前：在前面，名词作状语。
8. 太守宴也。宴：设宴，名词作动词。

三、古今异义词

非丝非竹。	古义：管乐器；今义：竹子。
四时之景不同。	古义：季节；今义：时间。
野芳发而幽香。	古义：开放；今义：散发。
醉翁之意不在酒。	古义：情趣；今义：意思，心愿。
林霏开。	古义：消散；今义：打开。
颓然乎其间者。	古义：醉醺醺的样子；今义：颓废的样子。

四、一词多义

1. 归
太守归而宾客从：回去。
云归而岩穴暝：聚拢。
暮而归：回来。
2. 谓
太守谓谁：为，是。
太守自谓也：命名。
3. 临
有亭翼然临于泉上者：居高向下。
临溪而渔：靠近。
4. 秀
望之蔚然而深秀者：秀丽。
佳木秀而繁阴：滋长、茂盛。

形成一片浓密的绿荫。秀：茂盛，繁茂。繁阴：一片浓密的树荫。
㉞风霜高洁：就是风高霜洁。天高气爽，霜色洁白。
㉟至于：连词，于句首，表示两段的过渡，提起另事。
㊱负者：背着东西的人。
㊲休于树：在树下休息。
㊳伛偻：腰弯背曲的样子，这里指老年人。
㊴提携：指搀扶着走的小孩子。
㊵临：靠近，这里是“……旁”的意思。
㊶渔：捕鱼。
㊷酿泉：一座泉水的名字，原名玻璃泉，在琅琊山醉翁亭下。
㊸洌：水（酒）清。
㊹山肴：野味。
㊺野蔌：野菜。蔌，菜蔬。
㊻杂然：众多而杂乱的样子。
㊼陈：摆放，摆设。
㊽酣：尽情地喝酒。
㊾非丝非竹：不在于音乐。丝：琴、瑟之类的弦乐器。竹：箫、笛之类的管乐器。
㊿射：这里指投壶，宴饮时的一种游戏，把箭向壶里投，投中多的为胜，负者照规定的杯数喝酒。
(51)弈：下棋。
(52)觥筹交错：酒杯和酒筹交互错杂。形容喝酒尽欢的样子。觥：酒杯。筹：酒筹，用来计算饮酒数量的签子。
(53)苍颜：脸色苍老。
(54)颓然乎其间：醉醺醺地坐在众人中间。颓然，原意是精神不振的样子，这里形容醉态。
(55)已而：不久。
(56)归：回家。
(57)阴翳：形容枝叶茂密成荫。翳：遮盖。
(58)鸣声上下：意思是鸟到处叫。上下，指高处和低处的树林。
(59)乐①其乐②：以游人的快乐为快乐。乐①：意动用法，以…为乐。乐②：快乐。
(60)醉能同其乐，醒能述以文者：醉了能

冬
隆冬到来时，百花迹已绝？（陈毅）

5. 乐

山水之乐：乐趣。

人知从太守游而乐：欢乐。

而不知太守之乐其乐也：对……感到快乐（第一个“乐”）；快乐（第二个“乐”）。

6. 而

溪深而鱼肥：表并列。

饮少辄醉，而年又最高：表递进。

杂然而前陈者：表修饰。

若夫日出而林霏开：表承接。

五、特殊句式

1. 倒装句

至于负者歌于途，行者休于树，前者呼，后者应，伛偻提携，往来而不绝者，滁人游也。（正常语序应为“于途歌”“于树休”。状语后置句）

醒能述以文者，太守也。（述以文：述之以文，以文述之，既是省略句，又是倒装句，属状语后置句。）

2. 判断句

环滁皆山也。（“也”表示判断语气。）

望之蔚然而深秀者，琅琊也。（“……者，……也”判断句式的标志。）

有亭翼然临于泉上者，醉翁亭也。（“……者，……也”判断句式的标志。）

晦明变化者，山间之朝暮也。（“……者，……也”判断句式的标志。）

水落石出者，山间之四时也。（“……者，……也”判断句式的标志。）

往来而不绝者，滁人游也。（“……者，……也”判断句式的标志。）

杂然而前陈者，太守宴也。（“……者，……也”判断句式的标志。）

起坐而喧哗者，众宾欢也。（“……者，……也”判断句式的标志。）

颓然乎其间者，太守醉也。（“……者，……也”判断句式的标志。）

醉能同其乐，醒能述以文者，太守也。（“……者，……也”判断句式的标志。）

庐陵欧阳修也。（“也”表示判断语气。）

3. 省略句

得之心而寓之酒也。

（“心”和“酒”前面都省略了介词“于”，应为“得之于心而寓之于酒也。”）

够同大家一起欢乐，醒了能够用文章记述这乐事的人。

㊱谓：为，是。

㊲庐陵：庐陵郡，就是吉州。今江西省吉安市。

互动训练

1. 下列句子中加点的字的读音，完全正确的一项是（　）

①渐闻水声潺潺

②饮少辄醉

③晦明变化者

A. ① chán ② zhé ③ huì

B. ① chan ② zhuó ③ huǐ

C. ① gǔ ② zhuó ③ huì

D. ① gǔ ② zhé ③ huǐ

2. 对下列句子中的加点字的解释，不正确的一项是（　）

A. 林壑尤美　尤：格外，特别

B. 临于泉上者　临：靠近

C. 得之心而寓之酒也　寓：放置

D. 佳木秀而繁阴　秀：茂盛，繁茂

3. 下列选项中，加点词意思相同的一项是（　）

A. 而年又最高　得之心而寓之酒也

B. 若夫日出而林霏开　若夫淫雨霏霏

C. 望之蔚然而深秀者　有亭翼然临于泉上者

D. 泻出于两峰之间者　有亭翼然临于泉上者

4. 下列选项中与例句句式相同的一项是（　）

例句：名之者谁？太守自谓也。

A. 此则岳阳楼之大观也。

B. 臣诚恐见欺于王而负赵。

C. 微斯人，吾谁与归？

D. 蚓无爪牙之利，筋骨之强。

5.下列不属于选文写到的“乐”的一项是（　）

A. 游宴之乐　　B. 饮酒之乐

C. 山水之乐　　D. 朝暮四时之乐

【互动训练参考答案】

1. A　2. C　3. C　4. A　5. A

诗中山

1. 千山鸟飞绝，万径人踪灭。（柳宗元）

2. 白日依山尽，黄河入海流。（王之涣）

3. 会当凌绝顶，一览众山小。（杜甫）

4. 国破山河在，城春草木深。（杜甫）

出师表

诸葛亮

先帝[1]创[2]业未半而中道[3]崩殂[4]，今[5]天下三分[6]，益州疲弊[7]，此诚危急存亡之秋也[8]。然侍卫之臣不懈于内[9]，忠志之士忘身[10]于外者，盖追先帝之殊遇[11]，欲报之于陛下也。诚[12]宜开张圣听[13]，以光[14]先帝遗德，恢弘[15]志士之气，不宜妄自菲薄[16]，引喻失义[17]，以[18]塞忠谏之路也。

宫[19]中府中，俱为一体，陟罚臧否[20]，不宜异同。若有作奸犯科[21]及[22]为忠善者，宜付有司[23]论其刑[24]赏，以昭[25]陛下平明之理，不宜偏私[26]，使内外异法[27]也。

侍中、侍郎郭攸之、费祎、董允等，此皆良实，志虑忠纯[28]，是以先帝简拔[29]以遗陛下。愚以为宫中之事，事无大小，悉以咨之[30]，然后施行，必能裨补阙漏[31]，有所广益[32]。

将军向宠，性行淑均[33]，晓畅[34]军事，试用[35]于昔日，先帝称之曰能，是以众议举宠为督[36]。愚以为营[37]中之事，悉以咨之，必能使行阵[38]和睦，优劣得所[39]。

亲贤臣，远小人[40]，此先汉所以兴隆也；亲小人，远贤臣，此后汉所以倾颓[41]也。先帝在时，每与臣论此事，未尝不叹息痛恨[42]于桓、灵也。侍中、尚书、长史、参军，此悉贞良死节[43]之臣，愿陛下亲之信之，则汉室之隆[44]，可计日[45]而待也。

臣本布衣[46]，躬[47]耕于南阳[48]，苟[49]全性命于乱世，不求闻达[50]于诸侯。先帝不以臣卑鄙[51]，猥[52]自枉屈，三顾[53]臣于草庐之中，咨臣以当世之事，由是感激[54]，遂许[55]先帝以驱驰。后值倾覆，受任于败军之际，奉命于危难之间，尔来二十有[56]一年矣。

先帝知臣谨慎，故临崩寄臣以大事[57]也。受命以来，夙夜忧叹[58]，恐托付不效，以伤先帝之明，故五月渡泸[59]，深入不毛[60]。今南方已定，兵[61]甲已足，当奖率[62]三军，北定中原，庶竭驽钝[63]，攘除奸凶[64]，兴复汉室，还于[65]旧都。此臣所以报先帝而忠陛下之职分[66]也。至于斟酌损益[67]，进尽忠言，则攸之、祎、允之任也。

愿陛下托臣以讨贼兴复之效[68]，不效，则治臣之罪[69]，以告[70]先帝之灵。若无兴德之言[71]，则责攸之、祎、允等之慢[72]，以彰其咎[73]；陛下亦宜自谋，以咨诹善道[74]，察纳雅言[75]，深追[76]先帝遗诏，臣不胜受恩感激。

今当[77]远离，临表涕零[78]，不知所言[79]。

【译文】

先帝开创的大业未完成一半却中途去世了。现在天下分为三国，蜀汉国力薄弱，处境艰难。这确实是国家危急存亡的时期啊。不过宫廷里侍从护卫的官员在朝廷内不懈怠，忠诚有志的将士们在疆场奋不顾身，大概是他们追念先帝对他们的特殊恩遇，想在您的身上进行报答。（陛下）你实在应该扩大圣明的听闻，来发扬光大帝遗留下来的美德，发扬光大有远大志向的人的志气，不应当随便看轻自己，说不恰当的话，以至于堵塞人们忠心地进行规劝的言路。

皇宫中和朝廷里的大臣，都是一个整体，奖惩功过、好坏，不应有所不同。如有做奸邪事情、犯科条法令的，或行为忠善的人，应该交给主管官吏评定对他们的奖惩，以显示陛下公正严明的治理，不应当有偏袒和私心，使宫内和朝廷执法不同。

侍中、侍郎郭攸之、费祎、董允等人，都是忠良诚实的人，他们的志向和心思忠诚无二。因此先帝选拔他们留给陛下。我认为宫中之事，无论事情大小，都拿来询问他们，这样以后再去实施，一定能够弥补缺点和疏漏之处，有所启发和帮助。

[字词解释]

①先帝：指汉昭烈帝刘备。先，尊称死去的人。

②创：开创，创立；业：统一天下的大业。

③中道：中途。

④崩殂（cú）：死。崩，古时指皇帝死亡。殂，死亡。

⑤今：现在。

⑥三分：天下分为孙权、曹操、刘备三大势力。

⑦益州疲弊：益州：汉代行政区域十三刺史部之一，包括今四川省和陕西省一带，这里指蜀汉。疲弊（pí bì）：人力缺乏，物力缺无，民生凋敝。

⑧此诚危急存亡之秋也：此，这；诚，的确，实在；之，的；秋，时，时候，这里指关键时期，一般多指不好的。

⑨然侍卫之臣不懈于内：然，然而；侍，侍奉；卫，护卫；懈，松懈，懈怠；于，在；内，皇宫中。

⑩忘身：舍身忘死，奋不顾身。

⑪盖追先帝之殊遇：盖，原来；追，追念；殊遇，优待，厚遇。

⑫诚：的确，确实；宜：应该。

⑬开张圣听：扩大圣明的听闻，意思是要后主广泛地听取别人的意见；开张，扩大。

⑭光：发扬光大，用作动词；遗德：留下的美德。

⑮恢弘：扩大发扬，用作动词。恢，大。弘，大，宽，这里是动词，也做“恢宏”；气：志气。

⑯妄自菲薄：过于看轻自己；妄：过分；菲薄：小看，轻视。

⑰引喻失义：讲话不恰当。引喻：称引、譬喻；喻：比如；义：适宜、恰当。

⑱以：以致（与以伤先帝之明的以用法相同：以致）；塞：阻塞；谏：劝谏。

⑲宫：指皇宫；府：指丞相府；俱：全，都。

⑳陟（zhì）：提升，奖励；罚：惩罚；

5. 空山不见人，但闻人语响。（王维）
6. 种豆南山下，草盛豆苗稀。（陶渊明）
7. 青山遮不住，毕竟东流去。（辛弃疾）
8. 不识庐山真面目，只缘身在此山中。（苏轼）

将军向宠，性格和品行善良公正，精通军事，从前任用时，先帝称赞他很有才能，因此众人商议推举他做中部督。我认为禁军营中的事，都拿来咨询他，一定能使军队团结一心，不同才能的人各得其所。

亲近贤臣，疏远小人，这是前汉兴盛的原因；亲近小人，疏远贤臣，这是后汉衰败的原因。先帝在世的时候，每逢跟我谈论这些事情，没有一次不叹息痛心和遗憾桓帝、灵帝（时期的腐败）。侍中、尚书、长史、参军，这些人都是忠贞善良、能够以死报国的大臣，望陛下亲近他们，信任他们，那么汉朝的复兴，就指日可待了。

我本来是平民，在南阳亲自耕田，在乱世中苟且保全性命，不奢求在诸侯之中闻名显达。先帝不因为我身份卑微见识短浅，屈尊下驾来看我，三次去我的茅庐拜访我，征询我对时局大事的意见，我因此感动、激奋，就答应为先帝奔走效劳。后来遇到兵败，在兵败的时候接受任务，在形势危急之时奉行使命，那时以来二十一年了。

先帝知道我做事小心谨慎，所以临终时把国家大事托付给我。接受遗命以来，我日夜忧虑叹息，恐怕先帝托付给我的大任不能实现，以致损伤先帝的知人之明，所以我五月渡过泸水，深入到人烟稀少的地方。现在南方已经平定，武器装备已经充足，应当奖励率领军队，平定中原，希望用尽我平庸的才能，铲除奸邪凶恶的敌人，兴复汉室，返还旧都。这是我用以报答先帝尽忠陛下的职责。至于处理事务，斟酌情理，毫无保留地进献忠言，那是郭攸之、费祎、董允的责任。

希望陛下能够把讨伐曹魏，兴复汉室的任务托付给我，若不能完成，就治我的罪，（从而）用来告慰先帝的在天之灵。如果没有振兴圣德的建议，那就责备郭攸之、费祎、董允等人的怠慢，来显示他们的过失；陛下也应自行谋划，询问治国的好道理，考察并采纳正确的言论，深切追念先帝临终留下的教诲，我感激不尽。

今天（我）将要告别陛下远行了，面对这份奏表禁不住热泪纵横，也不知说了些什么。

【知识清单】

一、虚词的意义和用法

1. 以

以光先帝遗德（用来）；以塞忠谏之路 以伤陛下平明之理（以致）；悉以咨之（拿）//先帝不以臣卑鄙（因为）；是以众议举宠为督（因为）；以昭陛下平明之理（来） 临崩寄臣以大事（把）； 遂许先帝以驱驰 （助词，无实义，可不译）；以告先帝之灵（用来）；以彰其咎（用来）。

2. 于

忠志之士忘身于外者（在）； 欲报之于陛下也（向，对）//躬耕于南阳（在）未尝不叹息痛恨于桓、灵也（对）；受任于败军之际（在）；还于旧都（到）。

二、通假字

阙：通“缺”，缺点。简：通“拣”。挑选 有：通“又”。

三、古今异义

开张圣听。古：扩大。今：表示商店开始营业。

先帝不以臣**卑鄙**。古：身份低微，见识短浅。今：言行恶劣不道德。

由是**感激**。古：感动、激奋。今：感谢。

未尝不叹息**痛恨**于桓、灵也。古：痛心遗憾。今：极为憎恨。

臧否（pǐ）：善恶，这里用作动词，意思是评论人物好坏。

㉑作奸犯科：做奸邪事情，触犯科条法令。作奸：做了奸邪的事情；科：科条，法令。

㉒及：以及；为：做。

㉓有司：职有专司，就是专门管理某种事情的官吏。

㉔刑：罚。

㉕昭：显示，表明；平：公平；明：严明；理：治理。

㉖偏私：偏袒，有私心。

㉗内外异法：宫内和朝廷刑赏之法不同。内外，指宫内和朝廷。异法，刑赏之法不同。

㉘志：志向；虑：思想，心思；忠纯：忠诚纯正。

㉙简：选择；一说通“拣”，挑选；拔：选拔；遗（wèi）：给予。

㉚悉以咨之：都拿来询问他们。悉，全部；咨：询问，商议，征求意见；之，指郭攸之等人。

㉛必能裨补阙漏：一定能够弥补缺点和疏漏之处；裨（bì）：补；阙（quē），通“缺”，缺点，疏漏。

㉜有所广益：有所启发和帮助。广益：增益；益，好处。

㉝性行（xíng）淑均：性情善良品德端正。淑 善；均，平。

㉞晓畅：精通。

㉟试用：任用。

㊱督：武职，向宠曾为中部督（禁卫军统帅）。

㊲营：军营、军队。

㊳行（háng）阵：指部队。

㊴优劣得所：好的差的各得其所。

㊵小人：晚辈，下人，这里指宦官。

㊶倾颓：倾覆衰败。

㊷痛恨：痛惜，遗憾。

㊸死节：为国而死的气节，能够以死报国。

㊹隆：兴盛。

㊺计日：计算着天数，指时日不远。

㊻布衣：平民；百姓。

㊼躬：亲自；耕：耕种。

㊽南阳：当时南阳郡治南阳城，今河南

诗中水

1. 所谓伊人，在水一方。（诗经·秦风）
2. 白毛浮绿水，红掌拨清波。（骆宾王）
3. 天门中断楚江开，碧水东流至此回。（李白）
4. 山重水复疑无路，柳暗花明又一村。（陆游）

晓畅军事。古：精通、熟练。今：（语言）流畅、明白

临表涕零。古：眼泪。今：鼻涕。

四、一字多义

是以先帝简拔以遗（wèi）陛下：给予。

深追先帝遗（yí）诏：遗留。

恐托付不效：成效。

托臣以讨贼兴复之效：任务。

此臣所以报先帝而忠陛下之职分也：用来……的事。

此后汉所以倾颓也：……的原因。

俱为一体：是。

作奸犯科及为忠善者：做，行。

南阳。

㊾苟：苟且；全：保全。

㊿闻达：显达扬名，扬名显贵。

51卑鄙：地位、身份低微，见识短浅。卑：身份低微；鄙：地处偏远，与今义不同。

52猥（wěi）：辱，这里有降低身份的意思；枉屈：枉驾屈就。

53顾：探望。

54感激：有所感而情绪激动。

55许：答应；驱驰：奔走效劳。

56有：通“又”，跟在数词后面表示约数。

57临崩寄臣以大事：刘备在临死的时候，把国家大事托付给诸葛亮，并且对刘禅说：“汝与丞相从事，事之如父。”临：将要，临近。

58夙夜忧叹：早晚忧愁叹息。

59泸：水名，即如今的金沙江。

60不毛：不长草木，这里指人烟稀少的地方。毛，庄稼，苗。

61兵：武器；甲：装备。

62奖率：奖赏率领。

63庶：希望；竭：竭尽；驽（nú）钝：比喻才能平庸，这是诸葛亮自谦的话；驽：劣马，走不快的马，指才能低劣。钝：刀刃不锋利。

64攘（rǎng）除：排除，铲除；奸凶：奸邪凶恶之人，此指曹魏政权。

65还：回；于：到；旧都：指东汉都城洛阳。

66此臣所以报先帝而忠陛下之职分也：这是我用来报答先帝，效忠陛下的职责本分。所以：用来……的。

67斟酌损益（zhēn zhuó sǔn yì）：斟情酌理、有所兴办。比喻做事要掌握分寸，（处理事务）斟酌情理，有所兴革。损：除去；益：兴办，增加。

68托臣以讨贼兴复之效：把讨伐曹魏复兴汉室的任务交付给我。托：托付，交付；效：效命的任务。

69不效则治臣之罪：没有成效就治我的罪。

70告：告慰，告祭。

71兴德之言：发扬陛下恩德的忠言。

72慢：怠慢，疏忽，指不尽职。

73彰其咎：揭示他们的过失。彰：表明，显扬；咎：过失，罪。

74咨诹（zōu）善道：询问（治国的）良策。诹（zōu），询问，咨询。

75察纳：识别采纳。察：明察；雅言：正确的言论，正言，合理的意见。

76深追：深刻追念；先帝遗诏：刘备给后主的遗诏，见《三国志·蜀志·先主传》注引《诸葛亮集》，诏中说：“勿以恶小而为之，勿以善小而不为。惟贤惟德，能服于人。”遗诏：皇帝在临终时所发的诏令。

77当：在……时候。

78临：面对；涕：眼泪；零：落下。

79不知所言：不知道说了些什么。

5. 桃花潭水深千尺，不及汪伦送我情。（李白）
6. 杨柳青青江水平，闻郎江上唱歌声。（刘禹锡）
7. 日出江花红胜火，春来江水绿如蓝。（白居易）
8. 泉眼无声惜细流，树阴照水爱晴柔，（杨万里）
9. 竹外桃花三两枝，春江水暖鸭先知。（苏轼）

◆高中文言文

劝学

荀子

君子[①]曰：学不可以已[②]。

青，取之于蓝[③]，而青于蓝[④]；冰，水为之，而寒于水。木直中绳[⑤]，輮以为轮[⑥]，其曲中规[⑦]。虽有槁暴[⑧]，不复挺[⑨]者，輮使之然也。故木受绳[⑩]则直，金[⑪]就砺[⑫]则利，君子博学而日参省乎己，则知明而行无过矣[⑬]。

吾尝终日而思矣[⑭]，不如须臾[⑮]之所学也。吾尝跂[⑯]而望矣，不如登高之博见[⑰]也。登高而招，臂非加长也，而见者远[⑱]；顺风而呼，声非加疾[⑲]也，而闻者彰[⑳]。假[㉑]舆马者，非利足[㉒]也，而致千里；假舟楫者，非能水[㉓]也，而绝[㉔]江河。君子生非异[㉕]也，善假于物也[㉖]。

积土成山，风雨兴[㉗]焉[㉘]；积水成渊[㉙]，蛟[㉚]龙生焉；积善成德，而神明自得，圣心备焉[㉛]。故不积跬[㉜]步，无以[㉝]至千里；不积小流，无以成江海。骐骥[㉞]一跃，不能十步；驽马十驾[㉟]，功在不舍[㊱]。锲[㊲]而舍之，朽木不折；锲而不舍，金石可镂[㊳]。蚓无爪牙之利，筋骨之强，上食埃土，下饮黄泉，用心一也[㊴]。蟹六跪[㊵]而二螯[㊶]，非蛇鳝之穴无可寄托者，用心躁[㊷]也。

【译文】

君子说：学习是不可以停止的。

靛青，是从蓝草里提取的，然而却比蓝草的颜色更青；冰，是水凝结而成的，然而却比水更寒冷。木材笔直，合乎墨线，但是（用火烤）使它弯曲成车轮，（那么）木材的弯度（就）合乎圆规（画的一般的标准了），即使又被晒干了，（木材）也不会再挺直，用火烤使它成为这样。所以木材经墨线比量过就变得笔直，金属制的刀剑拿到磨刀石上去磨就能变得锋利，君子广博地学习，并且每天检验反省自己，那么他就会智慧明达并且行为没有过错了。

我曾经一天到晚地思考，（却）比不上片刻学到的知识（收获大）；我曾经踮起脚后跟向远处望，（却）不如登到高处见得广。登到高处招手，手臂并没有加长，可是远处的人却能看见；顺着风喊，声音并没有加大，可是听的人却能听得清楚。借助车马的人，并不是脚走得快，却可以到达千里，借助舟船的人，并不善于游泳，却可以横渡长江黄河。君子的资质秉性跟一般人没什么不同，（只是君子）善于借助外物罢了。

堆积土石成了高山，风雨就从这里兴起了；汇积水流成为深渊，蛟龙就从这里产生了；积累善行养成高尚的品德，自然会心智澄明，也就具有了圣人的精神境界。所以不积累一步半步的行程，就没有办法达到千里之远；不积累细小的流水，就没有办法汇成江河大海。骏马一跨越，也不足十步远；劣马拉车走十天（也能到达），它的成绩来源于走个不停。（如果）刻几下就停下来了，（那么）腐烂的木头也刻不断。（如果）不停地刻下去，（那么）金石也能雕刻成功。蚯蚓没有锐利的爪子和牙齿，强健的筋骨，却能向上吃到泥土，向下喝到土壤里的水，这是它用心专一（的缘故）啊。螃蟹有六条腿，两个蟹钳，（但是）如果没有蛇、鳝的洞穴它就无处存身，这是因为它用心浮躁（的缘故）啊。

[字词解释]

①君子：指有学问、有修养的人。
②学不可以已：学习不能停止。
③青取之于蓝：靛青，从蓝草中取得。青，靛青，一种染料。蓝，蓼蓝，叶子可做染料。于：从
④青于蓝：比蓼蓝（更）深。于：比。
⑤中绳：（木材）合乎拉直的墨线。木工用拉直的墨线来取直。
⑥輮以为轮：輮通“煣”，用火烤使木条弯曲（一种手工艺）。以：把。为：当作。
⑦规：圆规，测圆的工具。
⑧虽有槁暴：即使又被晒干了。有，通“又”。槁，枯。暴，同“曝”，晒。槁暴，晒干。
⑨挺：直。
⑩受绳：经墨线比量过。
⑪金：指金属制的刀剑等。
⑫就砺：拿到磨刀石上去磨。砺，磨刀石。就，动词，接近，靠近。
⑬君子博学而日参省乎己，则知明而行无过矣：参省乎己：对自己检查、省察。参，一译：检验，检查；二译：同“叁”，多次。省，省察。乎，介词，于。博学：广泛地学习。日：每天。知：通“智”，智慧。明：明达。行无过：行动没有过错。
⑭吾尝终日而思矣：而，表修饰
⑮须臾：片刻，一会儿。
⑯跂：踮起脚后跟。
⑰博见：看见的范围广，见得广。
⑱而见者远：意思是远处的人也能看见。而，表转折。
⑲疾：快，速，这里引申为“洪亮”，指声音洪大。
⑳彰：清楚。
㉑假：借助，利用。舆：车。
㉒利足：脚走得快。致：到达。
㉓水：指游泳。名词，用作动词。
㉔绝：横渡。
㉕生非异：本性（同一般人）没有差别。生，通“性”天赋，资质。

诗中日
1. 日出东南隅，照我秦氏楼。
2. 白日依山尽，黄河入海流。（王之涣）
3. 迟日江山丽，春风花草香。（杜甫）

阅读提示：

《劝学》是《荀子》中的第一篇，原文共十五段，课文节选了其中的第一、第三段和第六段的前一部分。劝学，是勉励学习的意思。劝：劝勉，鼓励。

[思想内容]

文章开宗明义，用“君子”的话，提出了全文的中心论点“学不可以已”，随后从学习的重要性、学习的作用、学习的方法和态度几个方面阐述了中心论点。荀子认为，人可以通过后天学习改变先天所具有的“人性恶”的本质，从而具备“圣心”，成为君子。这虽是按封建社会上层阶级的道德标准提出的要求，但所说的有关学习的意义、规律、态度方面的道理，仍可作为今人的借鉴。

[段落层次]

全文三个自然段可以看作三个部分。第一部分：在中心论点之后论述了学习的重要性。第二部分阐明了学习的作用。第三部分有两个层次：从开始到“无以成江海”，强调一个“积”字，说明了学习的方法；从“骐骥一跃”到结尾，强调的是“恒”“专”，说明了学习应取的态度。

[写作特点]

文章围绕中心论点分段论证，尽管是节选，仍给人以条理清楚、贯通一气的感觉。句式骈散间用，既整齐又错落，节奏感极强。文中最突出的特点是善于用譬喻以阐明深刻的道理，把深奥的变得浅显了，抽象的变得具体了。设喻时形式灵活多变，有时用同类事物设喻，反复阐明一个观点；有时将相反的两种情况组织在一起，在鲜明的对照中突出作者的观点。设喻方法也正反交错，或先反后正，或先正后反，读来毫无板滞的感觉。

【知识清单】

一、文言虚词

1. 而（连词）

（1）表修饰关系。《劝学》：“吾尝终日而思矣。”

（2）表示递进关系。《劝学》：“君子博学而日参省乎己。”

（3）表假设关系。《劝学》：“锲而不舍，金 石可镂。锲而舍之，朽木不折。”

2. 焉

兼词，相当于“于是”“于之”。《劝学》：“积土成山，风雨兴焉。”

3. 于

（介词）介绍比较的对象，可译为“比”。《劝学》：“冰，水为之，而寒于水。”

4. 也

（助词）语气助词，用于句中

表陈述或解释。《劝学》：“君子生非异也，善假于物也。”

5. 乎

（介词）相当于“于”。《劝学》：“君子博学而日参省乎己。”

6. 之

（助词）定语后置的标志。《劝学》：“蚓无爪牙之利。”

㉖善假于物也：于：向。物：外物，指各种客观条件。

㉗兴：起。

㉘焉：于之，从（在）那里。

㉙渊：深水。

㉚蛟：古代传说中一种能发洪水的龙。

㉛积善成德，而神明自得，圣心备焉：积累善行而养成高尚的品德，达到很高的境界，通明的思想（也就）具备了。得，获得。

㉜跬：古代的半步。古代称跨出一脚为“跬”，跨两脚为“步”。

㉝无以：没有用来……的（办法）

㉞骐骥：骏马，千里马。

㉟驽马十驾：劣马拉车走十天，（也能走得很远。）驽马，劣马。驾，马拉车一天所走的路程叫“一驾”。

㊱功在不舍：（它的）成功在于不停止。舍，停。

㊲锲：刻。

㊳金石可镂：金：金属。石：石头。镂：雕刻。

㊴用心一也：（这是）用心专一（的缘故）。

㊵六跪：六条腿，蟹实际上是八条腿。跪，蟹腿。

㊶螯：蟹钳。

㊷躁：浮躁，不专心。

互动训练

一、从下边加点词的几种解释中，选出正确的答案。

1. 积土成山，风雨兴焉。（ ）

A. 于此，于是；

B. 语气词；

C. 怎么，那里

2. 故木受绳则直，金就砺则利。（ ）

A. 利益，好处；

B. 顺利；

C. 使……快；

D. 锐利，锋利

3. 顺风而呼，声非加疾也，而闻者彰。（ ）

A．病；　B. 强大；　C. 急

4. 日暮苍山远，天寒白屋贫。（刘长卿）

5. 大漠孤烟直，长河落日圆。（王维）

6. 清晨入古寺，初日照高林。（常建）

7. 日出江花红胜火，春来江水绿如蓝。（白居易）

8. 千门万户曈曈日，总把新桃换旧符。（王安石）

二、通假字

輮以为轮，其曲中规："輮"通"煣"，用火烘木使弯曲。
生非异：生，通"性"，资质、天赋。
虽有槁暴，不复挺者："有"通"又"。暴，同"曝"，晒。
则知明而行无过矣："知"通"智"，智慧。

三、古今异义

1. 博学。古义：广博地学习，广泛地学习。例：君子博学而日参省乎己。
今义：知识、学识的渊博。
2. 参。古义：检验。例：君子博学而日参省乎己。
今义：加入。
3. 假。古义：凭借，借助。例：假舆马者。
今义：与"真"相对。
4. 金。古义：金属制的刀剑。例：金就砺则利。
今义：金子，黄金。
5. 爪牙。古义：爪子和牙齿。例：蚓无爪牙之利。
今义：坏人的党羽、帮凶。
6. 绳。古义：墨线。例：木受绳则直。
今义：绳子，绳索。
7. 跪。古义：蟹腿。例：蟹六跪而二螯。
今义：跪下。
8. 疾。古义：疾劲，强，大，这里指声音洪大。例：声非加疾也
今义：疾病。
9. 致。古义：达到（而致千里）。
今义：赠送，给予。
10. 寄托。古义：这里指藏身（非蛇鳝之穴无可寄托者）。
今义：大致指心灵、精神的某种依靠。

四、词类活用

1. 名词做状语
（1）君子博学而日参省乎己。日：名作状，每天。
（2）上食埃土，下饮黄泉。上、下：名作状，向上、向下。
2. 名词作动词
假舟楫者，非能水也。水：名词用作动词，游水輮。
3. 动词的使动用法
木直中绳，輮以为轮。輮：动词的使动用法，使……弯曲。
4. 形容词作名词
（1）其曲中规。曲：形作名，曲度，弧度。
（2）登高而招，臂非加长也。高：形作名，高处。
（3）积善成德。善：形作名，善行。
5. 形容词用作动词
故木受绳则直。直：变直，形容词用作动词。
6. 形容词作使动
假舆马者，非利足也。利：形容词的使动用法，使……快，走得快。
7. 数词作形容词

4. 假舟楫者，非能水也，而绝江河。（　）
A. 借；
B. 凭借　借助；
C. 如果　假如
5.下边字的注音错误的一组是（　　）
A. 輮（róu）以为轮
B. 虽有槁暴（bào）
C. 跬（kuǐ）步
D. 骐骥（jì）
6. 下列句中加粗词释错误的一项是（　）
A. 輮以为轮 为：成为
B. 木直中绳 中：符合
C. 学不可以已 已：完毕
D. 金就砺则利 就：接近
7. 对下列句中加粗词用法及词意判断正确的一项是（　）
①而寒于水 ③取之于蓝，而青于蓝
②取之于蓝　④君子博学而日参省乎己。
A. ①②不同，③④不同
B. ①②不同，③④相同
C. ①②相同，③④不同
D. ①②相同，③④相同
8.下面句子翻译正确的一项是（　　）
虽有槁暴，不复挺者，輮使之然也
A. 虽然有的枯干了，也不再挺直，这是使它弯曲成这样的缘故。
B. 即使又枯干了，也不再重新挺直，这是使它弯曲成了这个样子。
C. 虽然有的枯干了，不再挺直，这是火的熏烤使它变成了这样。
D. 即使又枯干了，也不再重新挺直，这是火的熏烤使它变成了这样。
9. 对文意理解不正确的一项是（　　）
A. 学习是"善假于物"的行为，可以提升智慧和修养。
B. 文章运用比喻论证方法，来阐述"善假于物"的重要意义。
C. 只要把思考和向他人请教结合起来，就能取得好成绩，这就是本文论述的道理。
D "终日而思"之所以不如"须臾之所学"收获大，是因为没有很好地利用外在的人或物。

9. 接天莲叶无穷碧，映日荷花别样红。（杨万里）
10. 两岸青山相对出，孤帆一片日边来。（李白）

用心一也。一：数词用作形容词，专一。

8. 动词作名词

不积小流，无以成江海。流：流水。

五、一词多义

1. 于

（1）寒于水：比。

（2）善假于物也：介词，不译。引进作用。

（3）取之于蓝：从。

2. 而

（1）君子博学而日参省乎己：递进关系，并且。

（2）则知明而行无过矣：并列关系，而且。

（3）终日而思矣：表修饰。

（4）而见者远：表转折。

（5）锲而舍之：表假设或承接。

（6）积善成德，而神明自得：表承接。

（7）青，取之于蓝而青于蓝：连词，表转折关系，却。

（8）锲而不舍：表假设，如果。

（9）蟹六跪而二螯：连词，表并列。

3. 者

（1）假舟楫者：代词，指……的人。

（2）不复挺者：……的原因。

4. 焉

（1）风雨兴焉：兼词，“于之”，意为在这里。

（2）圣心备焉：语气词。

5. 利

（1）金就砺则利：形容词作动词，变锋利。

（2）非利足也：形容词的使动用法，使……快，走得快。

6. 之

（1）不如须臾之所学也：音节助词。

（2）青取之于蓝，而青于蓝：代词代青。

六、特殊句式与固定格式

1. 虽有槁暴，不复挺者，輮使之然也。（判断句，“……者，……也”表判断，可译为“……的原因”）

2. 蟹六跪而二螯，非蛇鳝之穴无可寄托者，用心躁也。（判断句，“……者，……也”表判断）。

3. 善假于物也。（状语后置）

4. 蚓无爪牙之利，筋骨之强。（定语后置）

5. 青，取之于蓝，而青于蓝；冰，水为之，而寒于水。（状语后置，介词结构“于水”，表示比较）

6. 輮以为轮。（省略句：輮（之）以（之）为轮。）

7. 輮使之然也。（省略句：輮（之）使之然也。）

8. 无以至千里。（固定句式，“无以……”意为“没有用来……的办法”。）

9. 金石可镂。（被动句）

二、给下列句中加点的词注音。

1. 其曲中规

2. 虽有槁暴，不复挺者

3. 君子博学而日参省乎已

4. 锲而不舍，金石可镂

5. 吾尝跂而望矣

【互动训练参考答案】

一、

1. A

2. D

3. B

4. B

5. B 暴 pù

6. C 已，停止。

7. A ①于，介词，用在形容词后，表比较；②于，介词，引出动作发生的处所；③而，连词，表转折关系；④而，连词，表递进关系。

8. D。虽，即使；“有”通“又”；輮，通“煣”，用火烤使木条弯曲。

9. C。说法太绝对。

二、

1. 中zhòng

2. 有（yòu）槁暴（gǎo pù）

3. 参省（cān xǐng）

4. 锲（qiè）镂（lòu）

5. 跂（qì）

诗中月

1. 床前明月光，疑是地上霜。（李白）

2. 举头望明月，低头思故乡。（李白）

3. 野旷天低树，江清月近人。（孟浩然）

4. 明月松间照，清泉石上流。（王维）

烛之武退秦师

左丘明

晋侯、秦伯[1]围郑，以其无礼于晋[2]，且贰于楚[3]也。晋军函陵[4]，秦军氾南[5]。

佚之狐[6]言于郑伯曰[7]："国危矣，若[8]使烛之武见秦君，师必退。"公从之。辞[9]曰："臣之壮也[10]，犹[11]不如人；今老矣，无能为也已[12]。"公曰："吾不能早用[13]子[14]，今急而求子，是寡人之过也[15]。然[16]郑亡，子亦有不利焉。"许之[17]。

夜缒[18]而出，见秦伯，曰："秦、晋围郑，郑既[19]知亡矣。若亡郑而有益于君，敢以烦执事[20]。越国以鄙远[21]，君知其难也。焉用亡郑以陪邻[22]？邻之厚，君之薄也[23]。若舍郑以为东道主[24]，行李[25]之往来，共其乏困[26]，君亦无所害。且君尝为晋君赐矣[27]，许君焦、瑕[28]，朝济而夕设版焉[29]，君之所知也。夫晋，何厌之有？既东封郑[30]，又欲肆其西封[31]，若不阙秦[32]，将焉取之[33]？阙秦以利晋，唯君图之[34]。"秦伯说[35]，与郑人盟。使杞子、逢孙、杨孙戍之[36]，乃还[37]。

子犯请击之[38]，公曰："不可。微夫人之力不及此[39]。因人之力而敝之，不仁[40]；失其所与，不知[41]；以乱易整，不武[42]。吾其还也[43]。"亦去之[44]。

【译文】

晋文公、秦穆公出兵围攻郑国，因为郑国曾对晋文公无礼，并且郑国同时依附于楚国与晋国。晋军驻扎在函陵，秦军驻扎在氾水的南面。

郑国大夫佚之狐对郑文公说："国家很危险了！如果派烛之武去见秦国的国君，秦国的军队必定撤退。"郑伯同意了。烛之武推辞说："我在壮年的时候，尚且不如别人；现在老了，不能干什么了。"郑伯说："我不能早早任用你，现在情况危急而求您，这是我的过错。然而郑国灭亡了，你也有所不利啊！"（烛之武）就答应了这件事。

深夜，烛之武被用绳子拴着从城墙上放下去，他见到秦穆公，说：秦国与晋国围攻郑国，郑国已明白自己将会灭亡。假如灭掉郑国对您有好处，怎敢冒昧地拿这件事情来麻烦您。越过邻国把远方的郑国作为（秦国的）边邑，您知道这是困难的。（您）为什么要灭掉郑国而给邻邦晋国增加土地呢？邻国越雄厚，您就越薄弱。如果您放弃围攻郑国，而把它作为东方道路上的主人，出使的人来来往往，（郑国可以随时）供给他们缺少的东西，对您也没有什么害处。而且您曾经给予晋惠公恩惠，（晋惠公）答应把焦、瑕两地给您。可是，晋惠公早晨渡过黄河，晚上就修筑防御工事，这是您所知道的。晋国，有什么满足呢？（现在它）已经在东边使郑国成为它的边境，又想扩大它西部的边界。如果不使秦国土地亏损，将从哪里得到（它所奢求的土地）呢？削弱秦国对晋国有利，希望您考虑这件事！"秦穆公高兴了，与郑国签订了盟约。派杞子、逢孙、扬孙守卫郑国，就回去了。

晋大夫子犯请求出兵攻击秦军，晋文公说："不行。假如没有那个人的力量，我是不会到这个地步的。依靠别人的力量，又返回来损害他，这是不仁道的；失掉自己的同盟者，这是不明智的；用混乱相攻取代联合一致，是不符合武德的。我们还是回去吧！"晋军也就离开了郑国。

[字词解释]

①晋侯、秦伯：指晋文公和秦穆公。春秋时期有公、侯、伯、子、男五等爵位。
②以其无礼于晋：指晋文公出亡过郑国时，郑国没有以应有的礼遇接待他。以，因为。
③贰于楚：依附于晋的同时又依附于楚。
④晋军函陵：晋军驻扎在函陵。军，驻军。函陵，郑国地名，在现在河南新郑北。
⑤氾（fán）南：氾水的南面，也属郑地。
⑥佚（yì）之狐：郑国大夫。
⑦言于郑伯曰：于，对
⑧若：假如。
⑨子：古代对男子的尊称。
⑩辞：推辞。
⑪臣之壮也：我壮年的时候。
⑫犹：尚且。
⑬无能为也已：不能干什么了。已，同"矣"。
⑭用：任用。
⑮是寡人之过也：这是我的过错。寡人，诸侯谦称，寡德之人。过，过错。
⑯然：然而。
⑰许之：答应了这件事。许，答应。
⑱缒（zhuì）：用绳子拴着人（或物）从上往下送。
⑲既：已经。
⑳敢以烦执事：怎敢这件事来麻烦您。这是客气的说法。执事，办事的官吏，这里是对对方的敬称。
㉑越国以鄙远：越过别国而把远地当做边邑。鄙，边邑。这里用作动词。远，指郑国。
㉒焉用亡郑以陪邻：为什么要灭掉郑国而给邻国增加土地呢？焉：何。用，介词，表原因。陪，增加。邻，邻国，指晋国。
㉓邻之厚，君之薄也：邻国的势力雄厚了，您秦国的势力也就相对削弱了。

5. 小时不识月，呼作白玉盘。（李白）
6. 月出惊山鸟，时鸣春涧中；（王维）
7. 人有悲欢离合，月有阴晴圆缺。（苏轼）
8. 秦时明月汉时关，万里长征人未还。（王昌龄）

【知识清单】

一、虚词

1.以

（1）以其无礼于晋：因为，连词。

（2）敢以烦执事：拿，用，介词。

（3）越国以鄙远：表顺承，连词。

（4）焉用亡郑以陪邻：表目的，连词。

（5）若舍郑以为东道主：把，介词。

2.而

（1）今急而求子：才，连词，表顺承。

（2）夜缒而出：表方式或状态，连词。

（3）若亡郑而有利于君：表顺承，连词。

（4）朝济而夕设版焉：表转折，连词。

3.焉

（1）子亦有不利焉：啊，句末语气词，表感叹。

（2）焉用亡郑以陪邻：疑问代词，为什么。

（3）若不阙秦，将焉取之：疑问代词，哪里。

（4）朝济而夕设版焉：兼词，于此。

4.其

（1）行李之往来，共其乏困：代词，指代“行李”。

（2）越国以鄙远，君知其难也：代词，指代“那件事”。

（3）失其所与，不知：代词，自己的。

（4）吾其还也：语气词，还是，表商量。

5. 之

（1）子犯请击之：代词，他们，指秦军。

（2）是寡人之过也：结构助词，的。

（3）臣之壮也：主谓间助词，取消句子独立性，不译。

（4）夫晋，何厌之有：宾语前置的标志，不译。

二、通假字

1. 今老矣，无能为也已：已，通“矣”，语气词，了。

2. 共其乏困：共，通“供”，供给。

3. 夫晋，何厌之有：厌，通“餍”，满足。）

4. 若不阙秦，将焉取之：阙，通“缺”，侵损，削减。

5. 秦伯说，与郑人盟：说，通“悦”，高兴。

6. 失其所与，不知：知，通“智”，明智。

三、古今异义

1. **贰**于楚也。古义：从属二主，动词；今义：“二”的大写，数词。

2. 若舍郑以为**东道主**。古义：东方道路上的主人；今义：泛指设宴请客的主人。

3. **行李**之往来，共其乏困。古义：使者，出使的人；今义：出门时所带的包裹。

4. 微**夫人**之力不及此 。古义：那个人；今义：尊称一般人的妻子。

㉔若舍郑以为东道主：如果您放弃围攻郑国而把它作为东方道路上（招待过客）的主人。舍，放弃（围郑）。

㉕行李：出使的人。

㉖共（gōng）其乏困：供给他们缺少（的东西）。共，通“供”，供给。其，代指使者。

㉗尝为晋君赐矣：曾经给予晋君恩惠。尝，曾经。为，给予。赐，恩惠。这里指秦穆公曾派兵护送晋惠公回国的事。

㉘许君焦、瑕：（晋惠公）曾经答应给您焦、瑕这两座城池。

㉙朝济而夕设版焉：指晋惠公早上渡过黄河回国，晚上就修筑防御工事。济，渡河。设版，修筑防御工事。版，筑土墙用的夹板。

㉚乃还：于是秦国就撤军了。

㉛东封郑：在东边使郑国成为它的边境。封，疆界。这里作用动词。

㉜肆其西封：扩展它（晋国）西边的疆界。意思是晋国灭了郑国以后，必将灭秦。肆，延伸，扩张。

㉝阙（quē）秦：使秦国土地减少。阙，侵损，削减。

㉞将焉取之：将从哪里取得它所贪求的土地呢？焉，哪里。之，指代土地。

㉟唯君图之：希望您考虑这件事。唯，句首语气词，表希望。之，指阙秦以利晋这件事。

㊱杞（qǐ）子、逢（páng）孙、杨孙戍之：杞子等三人都是秦国大夫。戍，戍守，即守卫郑国。

㊲说：通“悦”。

㊳子犯请击之：子犯请求袭击秦军，子犯，晋国大夫狐偃（晋文公的舅舅）的字。之，指秦军。

㊴微夫人之力不及此：假如没有那个人的力量，我是不会到这个地步的。晋文公曾在外流亡19年，得到秦穆公的帮助，才回到晋国做了国君。微：没有。夫人，远指代词，那人，指秦穆公。

㊵因人之力而敝之，不仁：依靠别人的力量，又返回来损害他，这是不仁道的。因：依靠。敝，损害。

㊶失其所与，不知：失掉自己的同盟者，这是不明智的。与，结交，亲附。

诗中风

1. 夜来风雨声，花落知多少。（孟浩然）
2. 风劲角弓鸣，将军猎渭城。（王维）
3. 林暗草惊风，将军夜引弓。（卢纶）
4. 野火烧不尽，春风吹又生。（白居易）

四、词类活用

1. 名词活用

（1）名词作状语。

①夜缒而出。（夜：表时间，在晚上。）

②朝济而夕设版焉。（朝：表时间，在早上。）

③既东封郑。（东：表处所，在东边。）

（2）名词作动词。

①晋军函陵 / 秦军氾南。（军：名词用作动词，驻扎。）

②与郑人盟 。（名词作动词，结盟、订立同盟。）

（3）名词的使动与意动 。

①既东封郑。（封：疆界。名作使动，使……成为疆界。）

②阙秦以利晋。（利：利益、好处。名词作使动，使……得利。）

③越国以鄙远。（鄙：边邑。名词作意动，把……当作边邑。）

2. 动词的活用

（1）动词作名词。

且君尝为晋君赐矣。（赐，动词作名词，恩惠。）

（2）动词的使动。

①若不阙秦。（阙：使动用法，使……削减。）

②若亡郑而有益于君。（亡：使动，使……灭亡。）

③烛之武退秦师。［退：使动，使……退却（撤兵）。］

3. 形容词的活用

（1）形容词作名词。

①越国以鄙远。（远：远地。）

②臣之壮也。（壮：壮年。）

③共其乏困。（乏困：缺少的东西。）

（2）形容词作动词。

因人之力而敝之，不仁。（敝：形容词作动词，损害。）

邻之厚，君之薄也。（厚：变雄厚；薄：变薄弱。）

4. 数词活用

且贰于楚也。（数词“贰”活用为动词，从属二主。）

五、特殊句式

1. 判断句

（1）是寡人之过也。（用“也”表判断。）

（2）因人之力而敝之，不仁 / 失其所与，不知 / 以乱易整，不武。（通过语意直接表判断。）

2. 倒装句

（1）宾语前置句。

夫晋，何厌之有。（“之”作宾语前置的标志，正常语序：有何厌。）

（2）状语后置（介词结构后置）。

① 以其无礼于晋。

② 若亡郑而有益于君。

③ 佚之狐言于郑伯。

知：通“智”。

㊷以乱易整，不武：用混乱相攻取代联合一致，是不符合武德的。易，代替。武，指使用武力是所应遵守的道义准则。不武，不符合武德。整，指一致的步调。

㊸吾其还也：我们还是回去吧。其，表商量或希望的语气，还是。

㊹去之：离开郑国。之，指代郑国。

互动训练

1. 下列加粗字的注音有误的一项是（　　）

A.夜**缒**（chuì）而出

B.**共**（gōng）其乏困

C.朝**济**（jì）而夕设版焉

D.使杞子、**逢**（páng）孙、杨孙戍之

2. 对下列各句中加粗词的解释，不正确的一项是（　　）

A. 何**厌**之有　　厌：讨厌

B. **肆**其西封　　肆：延伸、扩张

C. 若不**阙**秦　　阙：侵损、削减

D. 失其所**与**　　与：结交，亲附

3. 下面“之”字用法不同于其他的一项是（　　）

A. 行李之往来，共其乏困

B. 夫晋，何厌之有

C. 邻之厚，君之薄也

D. 臣之壮也，犹不如人

4. 对下列句子的理解正确的一项是（　　）

A. 以其无礼于晋，且贰于楚也

“其”指秦国，“贰于楚”是说郑对晋怀有二心，同楚亲近。

B. “焉用亡郑以陪邻?”

“以陪邻”的意思是：而给邻国（指晋国）扩大土地。

C. “君之所知也”“所知”的内容是“晋军早晨渡河回国，晚上就筑墙将焦、瑕两地划给秦国了。”

D. “阙秦以利晋，唯君图之”

“唯君图之”意思是：希望秦君考虑损晋利秦这件事。

5. 柴门闻犬吠，风雪夜归人。（刘长卿）
6. 随风潜入夜，润物细无声。《杜甫》
7. 相见时难别亦难，东风无力百花残。（李商隐）
8. 天苍苍，野茫茫，风吹草低见牛羊。

3. 省略句

（1）省主语。

①（晋惠公）许君焦、瑕。

②（烛之武）辞曰："臣之壮也，犹不如人；……"

③（烛之武）夜缒而出。

④（烛之武）许之。

⑤（秦伯）使杞子、逢孙、扬孙戍之。

（2）省宾语。

① 敢以（之）烦执事。（省略介词宾语，指灭郑之事或退兵之事。）

② 若舍郑以（之）为东道主。（之：指郑国。）

（3）省介词。

晋军（于）函陵，秦军（于）氾南。（省略介词"于"。）

5. 下列叙述不符合文意的一句是（ ）

A. 烛之武"夜缒而出"，说明当时郑国的情况十分危急。

B. 从烛之武对形势的分析可知，晋国的实力与秦国不相上下。

C. 晋惠公为了报答秦伯，曾经答应过给秦国两座城池。

D. 烛之武的劝说，使秦伯撤走了围郑的军队，还派部队帮助晋国防守。

6. 文学常识错误的一项是（ ）

A. 《左传》相传为春秋末期鲁国史官左丘明为注解鲁国编年史《春秋》所作。

B. 《左传》是解释《春秋》这部史书的，与《公羊传》《穀梁传》合称为"春秋三传"。

C. "秦晋之好"是一个汉语成语，意为春秋时秦晋两国世为婚姻，后泛指两家联姻。

D. 春秋时按顺序有公、伯、侯、子、男五等爵位。

【互动训练参考答案】

1. A zhuì

2. A 厌，满足。

3. B宾语前置的标志。其他为主谓之间，无实义。

4. B A"其"指郑国；C"将焦、瑕两地划给秦国了"错；D"损晋利秦"错。

5. D"帮助晋国防守"错。

6. D春秋时有公、侯、伯、子、男五等爵位。

诗中花

1. 待到重阳日，还来就菊花。（孟浩然）

2. 花间一壶酒，独酌无相亲。（李白）

3. 夜来风雨声，花落知多少。（孟浩然）

4. 感时花溅泪，恨别鸟惊心。（杜甫）

廉颇蔺相如列传（节选）

司马迁

秦王坐章台[1]见相如，相如奉璧奏[2]秦王。秦王大喜，传以示美人[3]及左右，左右皆呼万岁。相如视秦王无意偿赵城[4]，乃前曰："璧有瑕[5]，请指示王。"王授璧，相如因持璧却立[6]，倚柱，怒发上冲冠[7]，谓秦王曰："大王欲得璧，使人发书至赵王，赵王悉召群臣议，皆曰'秦贪，负[8]其强，以空言求璧，偿城恐不可得'。议不欲予秦璧。臣以为布衣之交[9]尚不相欺，况大国乎！且以一璧之故逆[10]强秦之欢，不可。于是赵王乃斋戒[11]五日，使臣奉璧，拜送书[12]于庭[13]。何者？严[14]大国之威以修敬[15]也。今臣至，大王见臣列观[16]，礼节甚倨；得璧，传之美人，以戏弄臣。臣观大王无意偿赵王城邑，故臣复取璧。大王必欲急[17]臣，臣头今与璧俱碎于柱矣！"

相如持其璧睨[18]柱，欲以击柱。秦王恐其破璧，乃辞谢[19]，固请[20]，召有司[21]案图[22]，指从此以往十五都[23]予赵。

【译文】

秦王坐在章台宫接见蔺相如，蔺相如捧璧呈献给秦王。秦王非常高兴，把和氏璧传着给妃嫔和左右侍从看，侍从都高呼万岁。蔺相如看出秦王没有补偿赵国城池的意思，就走上前去说："大王，这璧上有个小斑点，请让我指给大王看。"秦王把璧交给他，蔺相如于是手持璧玉退后几步站住，靠在柱子上，愤怒的头发向上竖起，顶起帽子，对秦王说："大王想得到和氏璧，派人送信给赵王，赵王召集全体大臣商议，大家都说：'秦国贪得无厌，倚仗它的强大，用空话得到和氏璧，给我们的城邑恐怕不能得到。'商议的结果是不想把和氏璧给秦国。我认为平民百姓之间的交往尚且互相不欺骗，更何况是大国之间呢！况且因为一块和氏璧的缘故而触伤强大的秦国（对我们的）友好感情，不可以。于是赵王就斋戒了五天，派我捧着和氏璧，在朝廷上将国书交给我。为什么呢？是尊重大国的威望以整饰礼仪表示敬意呀。如今我来到（贵国），大王在一般的宫殿上接见我，礼节十分傲慢；得到和氏璧后，传给妃嫔们观看，来戏弄我。我观察大王没有给赵王十五城的诚意，所以我又取回和氏璧。大王如果一定要逼我，我的头今天就同和氏璧一起在柱子上撞碎！"

蔺相如手持和氏璧，斜视庭柱，要把和氏璧砸到柱子上。秦王怕他把和氏璧撞碎，就向他婉言道歉，坚决请求他不要如此，并召来有司查看地图，指明从某地到某地的十五座城邑都给赵国。

【知识清单】

一、通假字

1. 拜送书于庭。"庭"通"廷"，朝廷，国君听政的朝堂。
2. 召有司案图。"案"通"按"，审查、察看。

二、古今异义

1. 请指示王。指示，古义：指给……看；今义：指上对下指导、命令）
2. 布衣之交。布衣，古义：指平民；今义：指布衣服）

[字词解释]

①章台：秦宫名，旧址在今陕西长安故城西南角。
②奏：呈献、进献。
③美人：指妃嫔。
④偿赵城：把十五城补偿给赵国。
⑤瑕：玉上的斑点。
⑥却立：倒退几步立定。
⑦怒发上冲冠：愤怒得头发直竖，顶起了冠。形容极其愤怒。
⑧负：倚仗。
⑨布衣之交：平民间的交往。古代平民只穿麻衣、葛布，故称布衣。
⑩逆：违背，触犯。
⑪斋戒：古人祭祀或行大礼之前，洁身清心，以示虔诚。
⑫书：国书，指赵王的复信。
⑬庭：同"廷"，朝堂。
⑭严：尊重，敬畏。
⑮修敬：整饬礼仪表敬意。
⑯列观（guàn）：一般的宫殿，指章台。不在朝堂接见，说明秦对赵使的不尊重。
⑰急：逼迫。
⑱睨（nì）：斜视。
⑲辞谢：婉言道歉。
⑳固请：坚决请求（相如不要以璧击柱）
㉑有司：职有专司的官吏。
㉒案图：察看地图。案，同"按"，审察、察看。
㉓都：城。

互动训练

1. 下列句中加点字的读音，不正确的一项是（　）

A. 璧有瑕　　瑕，念xiá

B. 礼节甚倨　　倨，念jū

C. 臣观大王无意偿赵王城邑　　邑，念yì

D. 相如持其璧睨柱　　睨，念nì

5. 晓看红湿处，花重锦官城。（杜甫）
6. 竹径通幽处，禅房花木深。（常建）
7. 黄四娘家花满蹊，千朵万朵压枝低。（杜甫）
8. 无可奈何花落去，似曾相识燕归来。（晏殊）

3. 传以示美人及左右。美人，古义：妃嫔；今义：美女）
4. 指从此以往十五都予赵。以往：古义：从这里到那里；今义：指以前）

三、词类活用

1. 怒发上冲冠。上：名词作状语，向上。
2. 秦王恐其破璧。破：使动用法，使……破碎。
3. 大王必欲急臣。急：形容词作动词，逼迫，使……急。
4. 严大国之威以修敬也。严：形容词用作动词，尊重。

四、特殊句式

1. 判断句
何者？严大国之威以修敬也。
2. 省略句
传（之）以（之）示美人及左右。

2. 对下列句中加点词的解释，不正确的一项是（　）
A. 相如奉璧奏秦王　　奏：呈上
B. 相如因持璧却立　　却：退后
C. 使人发书至赵王　　书：书信
D. 秦贪，负其强　　负：违背

3. 下列句中加粗的词语在文中的意思，与现代汉语不同的一项是（　）
A. 左右皆呼万岁
B. 相如视秦王无意偿赵城
C. 臣以为布衣之交尚不相欺
D. 秦王恐其破璧，乃辞谢

4. 下列语句，不属于动作描写的一项是（　）
A. 乃向前
B. 王授璧
C. 倚柱，怒发上冲冠
D. 臣头今与璧俱碎于柱矣

5. 对下列语句的翻译，不正确的一项是（　）
A. 璧有瑕，请指示王。
璧上有瑕疵，让我指给您看。
B. 且以一璧之故逆强秦之欢，不可。
而且因为一块璧出了问题来迎合强大的秦国的欢心，不应该。
C. 何者？严大国之威以修敬也。
为什么呢？尊重大国的威严来整饬礼仪表示敬意啊。
D. 召有司案图，指从此以往十五都予赵。
叫有关部门的人察看地图，指出从此地过去十五座城给赵国。

【互动训练参考答案】

1. B 倨 念jù 。
2. D 依仗。
3. A 左右：古—身边侍从；今—左面和右面。
4. D 属语言描写。
5. B 正确的翻译：况且因为一块和氏璧的缘故而触伤强大的秦国（对我们的）友好感情，不可以。

9. 西塞山前白鹭飞，桃花流水鳜鱼肥。（张志和）
10. 借问酒家何处有，牧童遥指杏花村。（杜牧）

寡人之于国也

孟子

梁惠王①曰："寡人②之于国也，尽心焉耳矣③。河内④凶⑤，则移其民于河东⑥，移其粟⑦于河内；河东凶亦然⑧。察邻国之政，无如⑨寡人之用心者。邻国之民不加少⑩，寡人之民不加多，何也？"

孟子对曰："王好战⑪，请以战喻⑫。填⑬然鼓之⑭，兵刃既接⑮，弃甲曳兵⑯而走⑰。或⑱百步而后止，或五十步而后止。以⑲五十步笑⑳百步，则何如？"

曰："不可，直㉑不百步耳，是㉒亦走也。"

曰："王如知此，则无㉓望民之多于邻国也。"

"不违农时㉔，谷㉕不可胜食㉖也；数罟不入洿池㉗，鱼鳖㉘不可胜食也；斧斤㉙以时㉚入山林，材木不可胜用也。谷与鱼鳖不可胜食，材木不可胜用，是使民养生㉛丧死㉜无憾㉝也。养生丧死无憾，王道㉞之始也。"

"五亩㉟之宅，树㊱之以桑，五十者可以衣帛㊲矣；鸡豚㊳狗彘㊴之畜㊵，无㊶失其时，七十者可以食肉矣；百亩之田㊷，勿夺㊸其时，数口之家，可以无饥矣。谨㊹庠序㊺之教㊻，申㊼之以孝悌㊽之义㊾，颁白㊿者不负戴[51]于道路矣。七十者衣帛食肉，黎民[52]不饥不寒，然而不王[53]者，未之有[54]也。"

"狗彘食人食[55]而不知检[56]，涂[57]有饿莩[58]而不知发[59]，人死，则曰：'非我也，岁[60]也。'是何异于刺人而杀之，曰：'非我也，兵也'？王无罪[61]岁，斯[62]天下之民至焉。"

【译文】

梁惠王说："我对于国家，很尽心竭力了啊！河内遇到饥荒，就把那里的老百姓迁移到河东去，把粮食运到河内。当河东发生灾荒的时候，也这样。看看邻国君主的政事，没有像我这样尽心尽力的。邻国的百姓不更少，我的百姓不更多，为什么呢？"

孟子回答说："大王喜欢打仗，请允许我用打仗来打比方吧。战鼓咚咚敲响，两军兵器已经接触，（战败的士兵）丢盔弃甲拖着武器逃跑，有的跑了百步然后停下，有的跑了五十步然后停下。凭自己逃跑了五十步而耻笑别人逃跑了一百步，那怎么样呢？"

梁惠王说："不行。（他）只不过没有逃跑一百步罢了，这也是逃跑呀！"

孟子说："大王如果懂得这个道理，就不要期望您的国家的民众比邻国增多啦。

"不违背农业生产的季节，粮食就吃不完；细网不进池塘，鱼鳖就吃不完；砍伐树木要按一定的季节，木材便用不尽。粮食和鱼类吃不完，木材用不尽，这样便使老百姓能够供养活着的人，葬送死者而无遗憾了。老百姓养生送死没有遗憾，是王道的开始。"

"在五亩大的住宅，田旁种上桑树，上了五十岁的人就可以穿丝绸衣服了；鸡猪狗的蓄养，不要错过繁殖的时节，上了七十岁的人就可以吃到肉食了。百亩的田地，不要耽误它的耕作时节，几口的人家，可以不受饥饿了。认真地兴办学校教育，把孝悌的道理反复讲给百姓听，头发花白的老人就不会在道路上肩挑头顶东西了，上了七十岁的人能穿上丝绸、吃上肉，老百姓不挨饿受冻，做到了这些却不称王于天下，没有这种情况。"

"狗猪吃人吃的食物却不知道制止，路上有饿死的人却不知道打开粮仓，赈济

【字词解释】

①梁惠王：战国时期魏国的国君，姓魏，名罃（yīng）。魏国都城在大梁（今河南省开封市西北），所以魏惠王又称梁惠王。

②寡人：寡德之人．是古代国君对自己的谦称。

③焉耳矣：焉、耳、矣都是句末助词，重叠使用，加重语气。

④河内：今河南境内黄河以北的地方。

⑤凶：谷物收成不好，荒年。

⑥河东：黄河以东的地方。在今山西西南部。黄河流经山西省境，自北而南，故称山西境内黄河以东的地区为河东。

⑦粟：谷子，脱壳后称为小米，也泛指谷类。

⑧亦然：也是这样。

⑨无如：没有像……。

⑩加少：更少。下文"加多"，更多。加，副词，更。

⑪好战：喜欢打仗。战国时期各国诸侯热衷于互相攻打和兼并。

⑫请以战喻：让我用打仗来做比喻。请，有"请允许我"的意思。

⑬填：拟声词，模拟鼓声。

⑭鼓之：敲起鼓来，发动进攻。古人击鼓进攻，鸣锣退兵。鼓，动词。之，没有实在意义的衬字。

⑮兵刃既接：两军的兵器已经接触，指战斗已开始。兵，兵器、武器。既，已经。接，接触，交锋。

⑯弃甲曳兵：抛弃铠甲，拖着兵器。曳，yè，拖着。

⑰走：跑，这里指逃跑。

⑱或：有的人。

⑲以：凭着，借口。

⑳笑：耻笑，讥笑。

㉑直：只是、不过。

㉒是：代词，这，指代上文"五十步而后止"。

㉓无：通"毋"，不要。

㉔不违农时：不耽误农业生产的季节，指农忙时不要征调百姓服役。违，违背、违反　这里指耽误。

㉕谷：粮食的统称。

诗中含花名
1. 待到重阳日，还来就菊花。
2. 借问酒家何处有，牧童遥指杏花村。
3. 墙角数枝梅，凌寒独自开。
4. 采菊东篱下，悠然见南山。

饥民，百姓死了，就说：‘杀死人的不是我，是年岁不好’，这种说法与刺人把人杀死后，说：“杀死人的不是我，是兵器”有什么不同呢？大王不归罪于年成，这样，普天下的百姓便会涌向您这儿来了。”

【知识清单】

一、通假字

1. 直不百步耳：直，通“只”，不过。
2. 王如知此，则无望民之多于邻国也：无，通“毋”，不要。
3. 颁白者不负戴于道路也：颁，通“斑”，斑白。
4. 涂有饿莩而不知发：涂，通“途”，道路。

二、古今异义

1. 寡人之于国也：寡人，古代国君称自己的谦词。今用于形影孤单的人。
2. 河内凶：河，黄河，今泛指河流。凶，谷物收成不好，今常指人暴躁，心肠狠。
3. 请以战喻：请，请允许我。今敬辞，用于希望对方做某事。
4. 七十者可以食肉矣：可以，“可”是“可以”，“以”是凭借。今常连用，表示同意，认可。
5. 弃甲曳兵而走：走，跑，这里指逃跑。今常指一般的行走。
6. 是使民养生丧死无憾也：养生，供养活着的人；今常用义是保养身体。
7. 王无罪岁：无罪，不要归咎；今常用义是没有犯罪。

三、词类活用

1. 名词的活用
（1）名词作动词。
①填然鼓之：鼓，名词用作动词，“敲起鼓”“击鼓”。
②树之以桑：树，名词用作动词，“种植”。
③五十者可以衣帛矣：衣，名词用作动词，“穿上”。
④王无罪岁：罪，名词用作动词，“归罪”。
⑤然而不王者：王，名词用作动词，“为王”“称王”“统一天下”。
（2）名词的为动用法。
是使民养生丧死无憾也：丧，名词的为动用法，“为……办丧事”。
2. 动词的活用
（1）动词作名词。
是使民养生丧死无憾也：生：活着的人；死：死去的人。
（2）动词的使动用法。
则移其民于河东，移其粟于河内：移，使……迁移，使动用法。
3. 形容词的活用
形容词作动词。
谨庠序之教：谨，形容词作动词，“认真从事”“认真办好”。

四、一词多义

1. 数
（1）数口之家，可以无饥矣　：数词，几、若干。
（2）数罟不入洿池　：形容词，cù，密、细密。

㉖不可胜食：吃不完。胜，尽。
㉗数罟不入洿池：细网不进池塘（防止破坏鱼的生长和繁殖）。数（cù）：密。罟（gǔ）：网。洿（wū）：深。
㉘鳖（biē）：甲鱼或团鱼。
㉙斤：锛子。与斧相似，比斧小而刃横。
㉚时：时令季节。砍伐树木宜于在草木凋落，生长季节过后的秋冬时节进行。
㉛养生：供养活着的人。
㉜丧死：为死了的人办丧事。
㉝憾：遗憾。
㉞王道：以仁义治天下，这是儒家的政治主张。与当时诸侯奉行的以武力统一天下的“霸道”相对。
㉟五亩：先秦时五亩约合现在的一亩二分多。
㊱树：种植。
㊲衣帛：穿上丝织品的衣服。衣，用作动词，穿。
㊳豚（tún）：小猪。
㊴彘（zhì）：猪。
㊵畜（xù）：畜养，饲养。
㊶无：通“毋”，不要。
㊷百亩之田：古代实行井田制，一个男劳动力可分得耕田一百亩。
㊸夺：失，违背。
㊹谨：谨慎，这里指认真从事。
㊺庠序：周代学校叫庠（xiáng）；商（殷）代学校叫序。
㊻教：教化。
㊼申：反复陈述。
㊽孝悌：孝，孝顺父母；悌（tì），敬爱兄长。
㊾义：道理。
㊿颁白：头发花白。颁，通“斑”。
51负戴：负，背负着东西。戴，头顶着东西。
52黎民：百姓。
53王：这里用作动词，为王，称王，也就是使天下百姓归顺。
54未之有：未有之。之，指代“七十者衣帛食肉，黎民不饥不寒，然而不王者”。
55食人食：前一个“食”，动词，吃；后一个“食”，名词，指食物。

5. 忽如一夜春风来，千树万树梨花开。
6. 桃花潭水深千尺，不及汪伦送我情。
7. 春色满园关不住，一枝红杏出墙来。

2. 直
（1）中通外直，不蔓不枝：形容词，与“曲”相对，不弯曲。
（2）直不百步耳，是亦走也：副词，仅、只。
3. 发
（1）百发百中：动词，发射。
（2）野芳发而幽香：动词，花开。
③涂有饿莩而不知发：动词，打开粮仓，赈济灾民。
4. 于
（1）则无望民之多于邻国也：介词，比。
（2）寡人之于国也：介词，对。
（3）颁白者不负戴于道路：介词，在。
（4）移其民于河东：介词，到。
（5）是何异于刺人而杀之：介词，与，和。
5. 王
（1）然而不王者：动词，为王，读“wàng”。
（2）梁惠王曰：名词，君王，读“wáng”。
6. 则
（1）则移其民于河东：顺接连词，就、那么。
（2）人死，则曰：“非我也，兵也”。：转折连词，却。

五、特殊句式

1. 判断句
（1）非我也，岁也：……也，表判断。
（2）非我也，兵也：……也，表判断。
（3）是亦走也：……也，表判断。
（4）是使民养生丧死无憾也：……也，表判断。
（5）养生丧死无憾，王道之始也：……也，表判断。
2. 倒装句
（1）宾语前置句。
①未之有也：宾语前置，应为“未有之也”。
②鸡豚狗彘之畜：宾语前置，应为“畜鸡豚狗彘”。
（2）介宾结构后置：状语后置句。
①树之以桑：“以桑”为介宾结构。
②颁白者不负戴于道路矣：“于道路”为介宾结构。
③是何异于刺人而杀之……：“于刺人而杀之……”为介宾结构。
④申之以孝悌之义：“以孝悌之义”为介宾结构。
3. 省略句
① 可以无饥矣：“以”后省略宾语“之”。
② 弃甲曳兵而走：省主语“将士”。
4. 特殊结构
（1）“或……或”（有的人……，有的人……）
或百步而后止，或五十步而后止。
（2）“直……耳，是……也”（只是……罢了，这也是……啊）
直不百步耳，是亦走也。
（3）“是何异于……”（这跟……有什么不同呢）
是何异于刺人而杀之，曰“非我也，兵也”？

㊻检：制止、约束。
㊼涂：通“途”，道路。
㊽饿莩：饿死的人。莩（piǎo）：同“殍”，饿死的人。
㊾发：指打开粮仓，赈济百姓。
㊿岁：年岁、年成。
(61)罪：归咎，归罪。
(62)斯：则、那么。

【互动训练】

1. 下列字注音有误的一项是（　　）
A. 数罟（cù）　B. 狗彘（zhì）
C. 庠序（yǎng）　D. 饿莩（piǎo）
2. 下面加粗词语解释不正确的是（　　）
A. 弃甲**曳**（拖着）兵而走
B. 五亩之宅，树之以**桑**（种植）
C. 填然**鼓**之（代词，代“鼓”）
D. 斧斤以**时**入山林（按照季节）
3. 下列句中“之”字用法与其他项不同的一项是（　　）
A. 寡人之民不加多
B. 谨庠序之教
C. 是寡人之过也
D. 然而不王者，未之有也
4. 下列译句错误的一项是（　　）
A. 或百步而后止，或五十步而后止。
译：有的人逃跑一百步然后停下来，有的人逃跑五十步然后停下来。
B. 直不百步耳
译：只是没有逃跑一百步罢了。
C. 是亦走也
译：这也是逃跑啊。
D. 是何异于刺人而杀之
译：这怎么能对刺伤人于死地感到惊异呢?

【互动训练参考答案】

1. C，庠xiáng
2. C，“鼓”，名词用作动词，击鼓。
3. D，A、B、C三句中的“之”都作助词，用在定语和中心词之间；D中“之”是宾语前置的标志。
4. D，应译为：这种说法与刺人把人杀死后，说：“杀死人的不是我，是兵器”有什么不同呢？

诗中雨
1. 夜来风雨声，花落知多少。（孟浩然）
2. 空山新雨后，天气晚来秋。（王维）
3. 好雨知时节，当春乃发生。（杜甫）
4. 山路元无雨，空翠湿人衣。（王维）

师说

韩愈

古之学者①必有师。师者②，所以传道受业解惑也。人非生而知之者③，孰能无惑？惑而不从师，其为惑也④，终不解矣。生乎吾前⑤，其闻⑥道也固先乎吾，吾从而师之⑦；生乎吾后，其闻道也亦先乎吾，吾从而师之。吾师道也⑧，夫庸知其年之先后生于吾乎⑨？是故⑩无贵无贱，无长无少，道之所存，师之所存也⑪。

嗟乎！师道⑫之不传也久矣！欲人之无惑也难矣！古之圣人，其出人⑬也远矣，犹且⑭从师而问焉；今之众人⑮，其下⑯圣人也亦远矣，而耻学于师⑰。是故圣益圣，愚益愚⑱。圣人之所以为圣，愚人之所以为愚，其皆出于此乎？爱其子，择师而教之；于其身⑲也，则耻师焉，惑矣⑳。彼童子之师㉑，授之书而习其句读㉒者，非吾所谓传其道解其惑者也。句读之不知㉓，惑之不解，或师焉，或不焉㉔，小学而大遗㉕，吾未见其明也。巫医㉖乐师百工之人，不耻相师㉗。士大夫之族㉘，曰师曰弟子云者㉙，则群聚而笑之。问之，则曰："彼与彼年相若㉚也，道相似也。位卑则足羞，官盛则近谀㉛。呜呼！师道之不复㉜，可知矣。巫医乐师百工之人，君子㉝不齿，今其智乃㉞反不能及，其可怪也欤㉟！

圣人无常师㊱。孔子师郯子㊲、苌弘、师襄、老聃。郯子之徒㊳，其贤不及孔子。孔子曰：三人行，则必有我师㊴。是故弟子不必㊵不如师，师不必贤于弟子，闻道有先后，术业有专攻㊶，如是而已。

李氏子蟠㊷，年十七，好古文，六艺经传皆通习之㊸，不拘于时㊹，学于余。余嘉其能行古道㊺，作《师说》以贻㊻之。

【译文】

古代求学的人一定有老师。老师，是（可以）用来传授道理、教授学业、解答疑难问题的人。人不是生下来就懂得道理的，谁能没有疑惑？（有了）疑惑，如果不跟从老师（学习），那些成为疑难问题的，最终不能解决了。生在我前面，他懂得道理本来就早于我，我（应该）跟从（他）把他当作老师；生在我后面，（如果）他懂得的道理也早于我，我（也应该）跟从（他）把他当作老师。我（是向他）学习道理的，哪管他的年龄比我大还是比我小呢？因此，无论地位高低贵贱，无论年纪大小，道理存在的地方，就是老师存在的地方。

唉！（古代）从师（学习）的风尚不流传已经很久了！想要人没有疑惑难啊！古代的圣人，他们超出一般人很远，尚且跟从老师而请教；现在的一般人，他们（的才智）低于圣人很远，却以向老师学习为耻。因此圣人更加圣明，愚人更加愚昧。圣人之所以能成为圣人，愚人之所以能成为愚人，大概都出于这个（原因）吧？（人们）爱他们的孩子，选择老师来教他；（但是）对于他自己呢，却以跟从老师（学习）为可耻，糊涂啊。那些孩子们的老师，教他们读书，（帮助他们）学习断句的，不是我所说的能传授那些道理，解答那些疑难问题的人。不通晓句读，不能解决疑惑，有的从师，有的不从师，小的方面倒要学习，大的方面反而放弃（不学），我没看出那种人高明的地方。巫医乐师和各种工匠这些人，不以拜别人为师为耻。士大夫这类人，（听到）称"老师"称"弟子"的，就成群聚在一起讥笑人家。问他们（为什么讥笑），就说："他和他年龄差不多，道德学问也差不多，（以）地位低（的人为师）就觉得羞耻，（以）官职高（的人为师）就近乎谄媚。唉!（古代那种）跟从老师学习的风尚不能恢复，（从这些话里就）可以明白了。巫医乐师和各种工匠这些人，君子们不屑与之同列，现在他们的见识竟反而赶

[字词解释]

①学者：求学的人。

②师者，所以传道受业解惑也：老师，是用来传授道理、交给学业、解释疑难问题的人。所以，用来……的。受，通"授"，传授。惑，疑难问题。

③人非生而知之者：人不是生下来就懂得道理。知，懂得。之，指知识和道理。《论语•季氏》："生而知之者，上也；学而知之者，次也；困而学之，又其次之；困而不学，民斯为下矣。"

④其为惑也：他所存在的疑惑。

⑤生乎吾前：即生乎吾前者。乎：相当于"于"，与下文"先乎吾"的"乎"相同。

⑥闻：听见，引申为知道，懂得。

⑦从而师之：跟从（他），拜他为老师。师，意动用法，以……为师。师之，就是"以之为师"。

⑧吾师道也：我（是向他）学习道理。师，用做动词。

⑨夫庸知其年之先后生于吾乎：哪管他的年龄比我大还是比我小呢？庸，岂、哪。知，了解、知道。之，取独。

⑩是故：因此，所以。无：无论、不分。

⑪道之所存，师之所存也：道理存在（的地方），就是老师存在（的地方）。

⑫师道：从师的风尚。道，这里有风尚的意思。

⑬出人：超出（一般的）人。

⑭犹且：尚且，还。

⑮众人：普通人，一般人。

⑯下：低于，名作动。

⑰耻学于师：以向老师学习为耻。耻，以……为耻

⑱是故圣益圣，愚益愚：因此圣人更加圣明，愚人更加愚昧。益，更加、越发。

⑲于其身：对于他自己。身，自身、自己。

⑳惑矣：（真是）糊涂啊！

5. 青箬笠，绿蓑衣，斜风细雨不须归。（张志和）
6. 夜阑卧听风吹雨，铁马冰河入梦来。（陆游）
7. 清明时节雨纷纷，路上行人欲断魂。（杜牧）
8. 寒雨连江夜入吴，平明送客楚山孤。（王昌龄）

不上（这些人），真是令人奇怪啊！

圣人没有固定的老师。孔子曾以郯子、苌弘、师襄、老聃为师。郯子这些人，他们的贤能比不上孔子。孔子说：几个人一起走，（其中）一定有（可以当）我的老师（的人）。因此学生不一定不如老师，老师不一定比学生贤能，懂得道理有早有晚，学问和技艺上（各）有（各的）专门研究，如此罢了。

李家的孩子蟠，年龄十七岁，喜欢古文，六经的经文和传文都普遍地学习了，不受时俗的拘束，向我学习。我赞许他能够遵行古人从师之道，写这篇《师说》来赠送他。

【知识清单】

一、通假字

（1）师者，所以传道受业解惑也。受：通“授”，传授，讲授

（2）或师焉，或不焉。不：通“否”，表否定

二、一词多义

1. 师

（1）古之学者必有师：名词，老师。

（2）巫医乐师百工之人：名词，擅长某种技术的人。

（3）吾师道也：名词做动词，学习。

（4）师道之不传也久矣：名词作动词，从师。

（5）吾从而师之：意动用法，以……为师。

（6）则耻师焉：动词，拜师。

（7）师者，所以传道受业解惑也：名词 老师。者也判断句。

2. 其

（1）生乎吾前，其闻道也固先乎吾：人称代词，他。

（2）惑而不从师，其为惑也，终不解矣；授之书而习其句读者；非吾所谓传其道解其惑者也：指示代词，那些。

（3）古之圣人，其出人也远矣：人称代词，他们。

（4）夫庸知其年之先后生于吾乎：人称代词，他们的。

（5）圣人之所以为圣……其皆出于此乎：语气副词，表猜测，大概。

（6）今其智乃反不能及：人称代词，他们的。

（7）其可怪也欤：语气副词，表揣测。

3. 惑

（1）师者，所以传道受业解惑也：名词，疑难问题。

（2）于其身也，则耻师焉，惑矣：形容词，糊涂。

4. 道

（1）师者，所以传道受业解惑也：名词，道理。

（2）师道之不传也久矣：名词，风尚。

（3）吾师道也：名词，道理。

（4）道相似也：名词，道德学问。

5. 乎

（1）其皆出于此乎？语气助词，表推测，吧。

（2）生乎吾前：介词，表时间，在。

（3）固先乎吾：介词，表比较，比。

㉑彼童子之师：那些小孩子的（启蒙）老师。

㉒授之书而习其句读（dòu）：教给他书，（帮助他）学习其中的文句。之，指童子。习，使……学习。其，指书。句读，也叫句逗，古人指文辞休止和停顿处。文辞意尽处为句，语意未尽而须停顿处为读（逗）。古代书籍上没有标点，老师教学童读书时要进行句读（逗）的教学。

㉓句读之不知：句读不明。与下文“惑之不解”结构相同。之，提宾标志。

㉔或师焉，或不焉：有的（指“句读之不知”这样的小事）从师，有的（指“惑之不解”这样的大事）不从师。不，通“否”。

㉕小学而大遗：小的方面倒要学习，大的方面（却）放弃了。遗，丢弃，放弃。

㉖巫医：古时巫、医不分。巫的职业以祝祷、占卜为主，也用药物等为人治病。百工：各种工匠。

㉗相师：拜别人为师。

㉘族：类。

㉙曰师曰弟子云者：称“老师”称“弟子”等等。

㉚年相若：年龄差不多。

㉛位卑则足羞，官盛则近谀：（以）地位低（的人为师）就感到羞耻，（以）官职高（的人为师）就近乎谄媚。盛，高大。谀，阿谀、奉承。

㉜复：恢复。

㉝君子：即上文的“士大夫之族”。不齿：不屑与之同列，即看不起。齿，并列、排列。

㉞乃：竟，竟然。

㉟其可怪也欤：难道值得奇怪吗。其，难道，表反问。欤，语气词，表感叹。

㊱圣人无常师：圣人没有固定的老师。常，固定的。

㊲郯（tán）子：春秋时郯国（今山东省郯城县境）的国君，相传孔子曾向他请教官职的名称。苌（cháng）弘：周敬王时候的大夫，相传孔子曾向他请教过音乐的事。师襄：春秋时鲁国的乐官，名襄，相传孔子曾向他学过弹琴。老聃

9. 渭城朝雨浥轻尘，客舍青青柳色新。（王维）

10. 水光潋滟晴方好，山色空蒙雨亦奇。（苏轼）

6. 传
（1）所以传道受业解惑也：动词，传授。
（2）师道之不传也久矣：动词，流传。
（3）六艺经传：名词，传文：古代解释经书的著作。
7. 无
（1）孰能无惑：没有。
（2）是故无贵无贱，无长无少：无论。
8. 焉
（1）则耻师焉：他们。
（2）或师焉或不焉：助词：不译。
（3）犹且从师而问焉：兼词：于之。

三、词类活用

1. 名词的活用
（1）名词作状语。
则（群）聚而笑之。（群，表动作的情态，成群。）
（2）名词作动词。
① 吾（师）道也。（名词作动词，学习。）
② 其（下）圣人也亦远矣。（名词作动词，低于。）
（3）名词的意动用法
① 吾从而（师）之。（名词的意动用法，以……为师。）
② 孔子（师）郯子。（名词意动用法，以……为师。）
2. 形容词的活用
（1）形容词作名词。
①（小）学而（大）遗。（形容词作名词，小的方面、大的方面。）
②吾未见其（明）也。（形容词作名词，高明的地方。）
③是故（圣）益圣，（愚）益愚（形容词作名词，圣明的人、愚昧的人。）
④师者，所以传道受业解（惑）也。（形容词作名词，疑惑的问题、糊涂的问题。）
⑤位（卑）则足羞，官（盛）则近谀。（形容词作名词，卑：卑贱的人、低下的人 盛：势盛位高的人。）
（2）形容词作动词。
惑而不从师：惑，形容词作动词，遇到疑难问题。
（3）形容词的意动用法。
而耻学于师：耻，形容词的意动用法，以……为耻。
3. 动词的使动用法
授之书而习其句读者：习，使……学习。

四、古今异义

1.古之（学者）必有师
古义：求学的人。
今义：在学术上有所成就的人。
2.师者，（所以）传道受业解惑也
古义：用来……的。
今义：表示因果关系的连词。
3. 吾（从而）师之
古义：跟随并且。

（dān）：即老子，姓李名耳，春秋末期人，思想家，道家学派创始人。相传孔子曾向他问礼。聃是老子的字。
㊳之徒：这些人。
㊴三人行，则必有我师：三人同行，其中必定有我的老师。《论语•述而》原话：“子曰：‘三人行，必有我师焉。择其善者而从之，其不善者而改之。’”
㊵不必：不一定。
㊶术业有专攻：学问和技艺上（各）有（各的）专门研究。攻，学习、研究。
㊷李氏子蟠（pán）：李家的孩子叫蟠的。李蟠，韩愈的弟子，唐德宗贞元十九年（803年）进士。
㊸六艺经传（zhuàn）皆通习之：六艺的经文和传文都普遍地学习了。六艺，指六经，即《诗》《书》《礼》《乐》《易》《春秋》六部儒家经典。《乐》久已失传，此为古说。传，古称解释经书的著作。通，普遍。
㊹不拘于时：不受时俗的限制。时，时俗，指当时士大夫中耻于从师的不良风气。于，被。
㊺余嘉其能行古道：我赞许他能遵行古人从师学习的风尚。嘉：赞许，嘉奖。
㊻贻：赠送，赠予。

互动训练

1. 下列各句中加点字的读音，不正确的一项是（　）
A. 授之书而习其句读者　读：dòu
B. 郯子之徒，其贤不及孔子　郯：tán
C. 李氏子蟠，年十七　蟠：pān
D. 六艺经传皆通习之　传：zhuàn
2. 下列句子中加点字解释不正确的一项是（　）
A. 其闻道也固先乎吾　固：本来
B. 夫庸知其年之先后生于吾乎　庸：岂，哪
C. 士大夫之族　族：类、辈
D. 余嘉其能行古道　嘉：默许

诗中雪
1. 草枯鹰眼疾，雪尽马蹄轻。（王维）
2. 欲将轻骑逐，大雪满弓刀。（卢纶）
3. 遥知不是雪，为有暗香来。（王安石）
4. 孤舟蓑笠翁，独钓寒江雪。（柳宗元）

今义：表目的或结果，是连词。
4.（无）贵无贱
古义：不论；不分。
今义：没有。
5. 师（道）之不传也久矣
古义：风气。
今义：道理。
6.（句读）之不知
古义：句子中间需要停顿的地方，读dòu。
今义：看着文字发出声音，读dú。
7.圣人无（常）师
古义：永久的，固定的。
今义：平常的。
8. 是故弟子（不必）不如师，师不必贤于弟子
古义：不一定。
今义：用不着、不需要。
9. 年十七，好（古文）
古义：秦汉的散文。
今义：五·四之前的文言文的统称。
10.（小学）而大遗
古义：小的方面学习了。
今义：对儿童、少年实施初等教育的学校。

五、特殊句式：

1. 宾语前置
句读之不知，惑之不解。
2. 介词结构后置（状语后置）
（1）学于余。
（2）耻学于师。
（3）师不必贤于弟子。
3. 判断句
（1）师者，所以传道受业解惑也。
（2）人非生而知之者。
（3）非吾所谓传其道解其惑者也。
（4）道之所存，师之所存也
4. 被动句
不拘于时。
5. 省略句
（1）今其智乃反不能及（之）（省宾语）。
（2）吾从（之）而师之（省宾语）。
（3）（其，指士大夫之族）群聚而笑之（省主语）。
（4）（师）位卑（者）则足羞，（师）官盛（者）则近谀（省略谓语动词）。
（5）或师焉，或否（师）焉（“否”后省“师”）。
（6）生乎吾前（者）。

3. 下列句子中，加点字含义相同的一项是（　）
A. 师道之不传也久矣　　六艺经传皆通习之
B. 道之所存，师之所存也 圣人无常师
C. 作《师说》以贻之　　贻笑大方
D. 其为惑也，终不解矣　于其身也，则耻氏焉，惑矣
4. 下列句子中加点字用法不同于其他三项的是（　）
A. 师道之不传也久矣
B. 巫医乐师百工之人，君子不齿
C. 是故圣益圣，愚益愚
D. 假舟楫者，非能水也
5. 下列各句与例句句式相同的一项是
例句：句读之不知，惑之不解（　）
A. 其下圣人也亦远矣，而耻学于师
B. 不拘于时，学于余
C. 余嘉其能行古道
D. 蚓无爪牙之利，筋骨之强
6. 下列对本文内容的理解和分析中，不正确的一项是（　）
A. 本文第2段运用了三组对比，批判了“士大夫之族”的“耻学于师”的恶劣风气。
B. 本文用“古之圣人”对比“今之众人”，得出“圣益圣，愚益愚”的结论。
C. 本文用择师教子与自身“耻师焉”作对比，得出“小学而大遗”的结论。
D. 本文通过分析巫医乐师百工的学习态度，得出结论：君子的智力不如巫医乐师百二。

【互动训练参考答案】

1. C 2. D 3. B 4. C 5. D 6. D

5. 柴门闻犬吠，风雪夜归人。（刘长卿）
6. 青海长云暗雪山，孤城遥望玉门关。（王昌龄）
7. 欲渡黄河冰塞川，将登太行雪满山。（李白）
8. 千里黄云白日曛，北风吹雁雪纷纷。（高适）

六国论

苏洵

六国[1]破灭，非兵不利，战不善[2]，弊在赂秦[3]。赂秦而力亏，破灭之道也。或曰[4]：六国互丧，率[5]赂秦耶？曰：不赂者以赂者丧，盖[6]失强援，不能独完[7]。故曰：弊在赂秦也。

秦以攻取[8]之外，小[9]则获邑，大则得城。较秦之所得，与战胜而得者，其实[10]百倍；诸侯之所亡，与战败而亡者，其实亦百倍。则秦之所大欲[11]，诸侯之所大患，固不在战矣。思厥先祖父[12]，暴霜露[13]，斩荆棘，以有尺寸之地。子孙视[14]之不甚惜，举以予人[15]，如弃草芥。今日割五城，明日割十城，然后得一夕安寝。起视四境，而秦兵又至矣。然则[16]诸侯之地有限，暴秦之欲无厌[17]，奉之弥繁，侵之愈急[18]。故不战而强弱胜负已判[19]矣。至于[20]颠覆[21]，理固宜然[22]。古人云："以地事[23]秦，犹抱薪救火，薪不尽，火不灭。"此言得之[24]。

齐人未尝赂秦，终[25]继[26]五国迁灭[27]，何哉？与嬴[28]而不助五国也。五国既[29]丧，齐亦不免[30]矣。燕赵之君，始有远略[31]，能守其土，义[32]不赂秦。是故燕虽小国而后亡，斯[33]用兵之效也。至丹以荆卿为计，始[34]速[35]祸焉。赵尝五战于秦，二败而三胜。后秦击赵者再[36]，李牧连却之[37]。洎[38]牧以[39]谗诛，邯郸为郡[40]，惜其用武而不终也。且燕赵处秦革灭殆尽之际[41]，可谓智力[42]孤危，战败而亡，诚不得已。向使[43]三国各爱其地，齐人勿附于秦，刺客不行，良将犹在，则胜负之数[44]，存亡之理，当[45]与秦相较，或未易量[46]。

呜呼！以赂秦之地，封天下之谋臣[47]，以事秦之心，礼[48]天下之奇才，并力西向，则吾恐秦人食之不得下咽也[49]。悲夫！有如此之势[50]，而为秦人积威之所劫[51]，日削月割，以趋于亡[52]。为国者无使为积威之所劫哉[53]！

夫六国与秦皆诸侯，其势弱于秦[54]，而犹有可以不赂而胜之之势[55]。苟以天下之大[56]，下[57]而从[58]六国破亡之故事[59]，是又在六国下矣。

【译文】

六国灭亡，不是（因为他们的）武器不锋利，仗打得不好，弊端在于（用土地）贿赂秦国。（拿土地）贿赂秦国亏损了自己的力量，（这就）是灭亡的原因。有人问："六国相继灭亡，全部是因为贿赂秦国吗？"（回答）说："不贿赂秦国的国家因为有贿赂秦国的国家而灭亡。（不贿赂秦国的国家）失掉了强有力的外援，不能独自保全。所以说：弊病在于贿赂秦国。"

秦国除了用攻战夺取土地以外，（还受到诸侯的贿赂），小的就获得邑镇，大的就获得城池。比较秦国受贿赂所得到的土地与战胜别国所得到的土地，（前者）实际（是后者的）百倍。六国诸侯（贿赂秦国）所丧失的土地，与战败所丧失的土地相比，（前者）实际也（是后者的）百倍。那么秦国最想要的，与六国诸侯最担心的，本来就不在于战争。想到他们的祖辈和父辈，暴露在霜露之中，披荆斩棘，才有了很少的一点土地。子孙对待那些土地却不很爱惜，全都拿来送给别人，就像扔掉小草一样。今天割掉五座城，明天割掉十座城，这样之后才能睡一夜安稳觉。明天起床一看四周边境，秦国的军队又到了。既然这样，那么诸侯的土地有限，强暴的秦国的欲望永远不会满足，（诸侯）送给他的越多，他侵犯得就越急迫。所以用不着战争，谁强谁弱，谁胜谁负就已经确定了。到了覆灭的地步，道理本来就是这样。古人说："用土地侍奉秦国，就好像抱柴救火，柴不烧完，火就不会灭。"这话很正确。

[字词解释]

①六国：齐、楚、燕、赵、韩、魏。世家：《史记》记述诸侯王的传记称为世家（农民起义领袖陈涉、儒家创始人孔丘也被列入世家，此属例外）。"六国世家"，即六国诸侯王的传记。

②善：好。

③弊在赂秦：弊病在于贿赂秦国。赂，贿赂。这里指向秦割地求和。

④或曰：有人说。这是设问。下句的"曰"是对该设问的回答。

⑤率：全都，一概。

⑥盖：承接上文，表示原因，有"因为"的意思。

⑦完：保全。

⑧以攻取：用攻战（的办法）而夺取。以，用、凭。

⑨小：形容词作名词，小的地方。

⑩其实：它的实际数目。

⑪所大欲：所最想要的（东西），大，最。

⑫厥先祖父：他（或者他们）的祖辈父辈。厥，其。先，对去世的尊长的敬称。祖父，泛指祖辈、父辈.

⑬暴霜露：暴露在霜露之中。意思是冒着霜露。和下文的"斩荆棘，以有尺寸之地"，都是形容创业的艰苦。

⑭视：对待

⑮举以予人：拿它（土地）来送给别人。实际是举之以予人，省略了之，代土地。

⑯然则：既然这样，那么。

⑰厌：同"餍"，满足。

⑱奉之弥繁，侵之愈急：（诸侯）送给秦的土地越多，（秦国）侵略诸侯也越急。奉：奉送。弥、愈：都是"更加"的意思。繁：多。

⑲判：确定、断定。

⑳至于：以至于。

㉑颠覆：灭亡。

㉒理固宜然：（按照）道理本来就应该这样。

㉓事：侍奉。"以地事秦……火不灭"：语见《史记·魏世家》和《战国策·魏策》。

9. 窗含西岭千秋雪，门泊东吴万里船。（杜甫）
10. 北风卷地白草折，胡天八月即飞雪。（岑参）

齐国不曾贿赂秦国，（可是）最终也随着五国灭亡了，为什么呢？（是因为齐国）亲附秦国而不帮助其他五国。五国已经灭亡了，齐国也就不能幸免了。燕国和赵国的国君，起初有长远的谋略，能够守住他们的国土，坚持正义，不贿赂秦国。因此燕虽然是个小国，却后来才灭亡，这是用兵抗秦的效果。等到燕太子丹用派遣荆轲刺杀秦王作为对付秦国的计策，才招致了（灭亡的）祸患。赵国曾经与秦国交战五次，打了两次败仗，三次胜仗。后来秦国两次攻打赵国。（赵国大将）李牧接连打退秦国的进攻。等到李牧因受谗言而被杀死，（赵国都城）邯郸变成（秦国的一个）郡，可惜赵国用武力抗秦而没能坚持到底。况且燕赵两国正处在秦国把其他国家快要消灭干净的时候，可以说是智谋穷竭，国势孤立危急，战败了而亡国，确实是不得已的事。假使韩、魏、楚三国各自爱惜他们的国土，齐国不依附秦国。（燕国的）刺客不去（刺秦王），（赵国的）良将李牧还活着，那么胜败存亡的命运，倘若与秦国相抗衡，也许不能轻易判定。

唉！（如果六国诸侯）用贿赂秦国的土地来封赏天下的谋臣，用侍奉秦国的心来礼遇天下的奇才，齐心合力地向西（对付秦国），那么，我恐怕秦国人吃饭不能向下咽到咽喉。可悲啊！有这样的有利形势，却被秦国积久的威势所胁迫，天天割地，月月割地，以至于走向灭亡。治理国家的人不要被积久的威势所胁迫啊！

六国和秦国都是诸侯国，他们的势力比秦国弱，却还有可以不贿赂秦国而战胜它的优势。如果凭借偌大国家，在六国之后却追随六国灭亡的先例，这就又在六国之下了。

【知识清单】

一、通假字

1. 暴（通“曝”，暴露，冒着）霜露，斩荆棘。
2. 暴秦之欲无厌（通“餍，满足）。
3. 为国者，无（通“毋”，不要）使为积威之所劫哉！
4. 当（通“倘”，如果）与秦相较。

二、古今异义

1. 诸侯之所亡，与战败而亡者，其实（它的实际数目）亦百倍。
2. 思厥先祖父（祖辈和父辈）。
3. 今日割五城，明日割十城，然后（这样以后）得一夕安寝。
4. 至于（以致、以至于）颠覆，理固宜然。
5. 且燕赵处秦革灭殆尽之际，可谓智力（智谋和力量）孤危。
6. 苟以天下之大，下而从六国破亡之故事（旧事，先例），是又在六国下矣。
7. 而犹有可以（可以凭借）不赂而胜之之势。
8. 后秦击赵者再（两次）。

三、词类活用

1. 赂秦而力亏（使……亏损，使动用法），破灭之道也。
2. 盖失强援，不能独完（形作动，保全）。
3. 小（形作名，小的地盘）则获邑，大（形作名，大的地盘）则得城。
4. 至于颠覆，理（名作状，按道理）固宜然。
5. 燕赵之君，始有远略，能守其土，义（名作动，坚持正义）不赂秦。
6. 是故燕虽小国而后（方位名词作状语，在……之后）亡。

㉔此言得之：这话对了。得，适宜、得当。之，指上面说的道理。
㉕终：最后。
㉖继：跟着。
㉗迁灭：灭亡。古代灭人国家，同时迁其国宝、重器，故说“迁灭”。
㉘与嬴：亲附秦国。与，亲附。嬴，秦王的姓，此借指秦国。
㉙既：已经。
㉚免：幸免。
㉛始有远略：起初有长远的谋略。
㉜义：名词作动词，坚持正义。
㉝斯：这
㉞始：才
㉟速：招致。
㊱再：两次。
㊲连却之：却，使...退却（动词的使动用法）
㊳洎：及，等到。
㊴以：因为。谗：小人的坏话。
㊵邯郸为郡：秦灭赵之后，把赵国改为秦国的邯郸郡。邯郸，赵国的都城。
㊶且燕、赵处秦革灭殆尽之际：燕赵两国正处在秦国把其他国家快要消灭干净的时候。革，改变，除去。殆，几乎，将要。
㊷智力：智谋和力量（国力）。
㊸向使：假如。
㊹胜负之数，存亡之理：胜负存亡的命运。数，天数。理，理数。皆指命运。
㊺当：同“倘”，如果。
㊻易量：轻易判断。
㊼以赂秦之地封天下之谋臣：以，用。
㊽礼：礼待。名作动。
㊾食之不得下咽也：吃饭不能向下咽到咽喉。指寝食不安，内心惶恐。下：向下，名作动。咽：吞咽。
㊿势：优势。
51 而为秦人积威之所劫：而，却。积威：积久而成的威势。劫，胁迫，劫持。
52 日削月割，以趋于亡：日，每天，名作状。月，每月，名作状。以，而。
53 为国者无使为积威之所劫哉：治理国家的人不要被积久的威势胁迫啊！
54 势弱于秦。于：比。

诗中草
1. 天苍苍，野茫茫，风吹草低见牛羊。
2. 离离原上草，一岁一枯荣。（白居易）
3. 国破山河在，城春草木深。（杜甫）
4. 谁言寸草心，报得三春晖。（孟郊）

7. 后秦击赵者再，李牧连却（使动，使……退却，击退）之。

8. 惜其用武而不终（形作动，坚持到底）也。

9. 以事（名作动，侍奉）秦之心，礼（名作动，礼待）天下之奇才，并力西（名词作状语，向西）向。

10. 日（名作状，一天天）削月（名作状，一月月）割，以趋于亡。

四、一词多义

1. 为

（1）至丹以荆卿为（作为）计，始速（招致）祸焉。

（2）洎牧以谗诛，邯郸为（成为）郡。

（3）有如此之势，而为（介词，被）秦人积威之所劫。

（4）为（治理）国者，无使为（介词，被）积威之所劫哉！

2. 以

（1）不赂者以（介词，因为）赂者丧。

（2）秦以（介词，用）攻战之外，小则获邑，大则得城。

（3）思厥先祖父，暴霜露，斩荆棘，以（连词，才，表结果）有尺寸之地。

（4）古人云："以（介词，拿）地事秦，犹抱薪救火，薪不尽火不灭。"

（5）洎牧以（因为，介词）谗诛，邯郸为郡。

（6）以（介词，把）赂秦之地封天下之谋臣，以（介词，用）事（侍奉）秦之心，礼天下之奇才。

（7）日削月割，以（表结果连词，相当于"而"，以致）趋于亡。

（8）苟以（介词，凭着）天下之大，而从六国破亡之故事，是又在六国下矣。

3. 而

（1）赂秦而（因而，连词）力亏，破灭之道也。

（2）战败而（因果连词）亡，诚不得已。

（3）起视四境，而（转折连词，但是）秦兵又至矣。

（4）故不战而（转折连词，但是）强弱胜负已判矣。

（5）是故燕虽小国而（转折连词，却）后亡，斯用兵之效也。

㊺而犹有可以不赂而胜之之势。可以：可以凭借。

㊻苟以天下之大：苟，如果。以，凭着。

㊼下：指在六国之后。

㊽从：跟随。

㊾故事：旧事，先例。

互动训练

1.下列各句中加点字的读音，不正确的一项是（　）

A. 日削月割　　削：xiāo

B. 思厥先祖父　　厥：jué

C. 弊在赂秦　　赂：lù

D. 如弃草芥　　芥：jiè

2. 对下列句子中加点字的解释，不正确的一项是（　）

A. 盖失强援，不能独完　完：保全

B. 暴秦之欲无厌　厌：通"餍"，满足

C. 六国破灭，非兵不利　兵：士兵

D. 六国互丧，率赂秦耶？　率：全都，一概

3. 下列加点词语意义与现代汉语意义一样的是（　）

A. 至于颠覆，理固宜然

B. 与战胜而得者，其实百倍

C. 下而从六国破亡之故事

D. 洎牧以谗诛

4. 下列各句中加点字用法和例句相同的一项是（　）

例句：以事秦之心，礼天下之奇才

A. 盖失强援，不能独完

B. 能守其土，义不赂秦

C. 并力西向

D. 日削月割，以趋于亡

5. 下列各句的句式，与其他三项不同的是（　）

A. 赵尝五战于秦，二败而三胜

B. 有如此之势，而为秦人积威之所劫

C. 六艺经传皆通习之，不拘于时

D. 不者，若属皆且为所虏

【互动训练参考答案】

1.A 2.C 3.D 4.B 5.A

5. 林暗草惊风，将军夜引弓。（卢纶）
6. 种豆南山下，草盛豆苗稀。（陶渊明）
7. 道狭草木长，夕露沾我衣。（陶渊明）
8. 独怜幽草涧边生，上有黄鹂深树鸣。（韦应物）
9. 乱花渐欲迷人眼，浅草才能没马蹄。（白居易）

《考纲》规定的19个文言虚词的用法表

1. 而

（1）连词。可连接词、短语和分句，表示多种关系。

①表示并列关系。一般不译，有时可译为“又”。

蟹六跪而二螯。（《劝学》）

②表示递进关系。可译为“并且”或“而且”。

君子博学而日参省乎己。（《劝学》）

③表示承接关系。可译为“就”“接着”或不译。

余方心动欲还，而大声发于水上。（《石钟山记》）

④表示转折关系。可译为“但是”或“却”。

青，取之于蓝，而青于蓝。（《劝学》）

⑤表示假设关系。可译为“如果”“假如”。

诸君而有意，瞻予马首可也。（《冯婉贞》）

⑥表因果关系。相当于“因而”。

表恶其能而不用也。（《赤壁之战》）

⑦表示修饰关系。即连接状语和中心语，可不译。

吾尝终日而思矣……（《劝学》）

吾恂恂而起。（《捕蛇者说》）

（2）代词。第二人称，一般作定语，译为“你的”，偶尔也作主语，译为“你”。

某所，而母立于兹。（《项脊轩志》）

2. 乎

（1）语气助词。

①表疑问语气，可译为“吗”“呢”。

儿寒乎？欲食乎？（《项脊轩志》）

欲安所归乎？（《赤壁之战》）

②表测度语气，可译为“吧”。

王之好乐甚，则齐其庶几乎？（《庄暴见孟子》）

③用于感叹句，可译为“啊”“呀”等。

呜呼！孰知赋敛之毒有甚是蛇者乎！（《捕蛇者说》）

④用在句中的停顿处。

胡为乎遑遑欲何之？（《归去来兮辞》）

（2）介词。相当于“于”。

①在。

出，跳梁乎井干之上。（《秋水》）

②对、对于。

吾尝疑乎是。（《捕蛇者说》）

③比。

其闻道也固先乎吾，吾从而师之。（《师说》）

（3）“乎”还可作词尾。

浩浩乎如冯虚御风。（《赤壁赋》）

3. 其

（1）代词。又分几种情况：

①第三人称代词。可代人、代事物，用在名词之前，领属性定语，可译为“他的”“它的”（包括复数）。

臣从其计，大王亦幸赦臣。（《廉颇蔺相如列传》）

②第三人称代词。一般代人，用在动词或形容词之前，作主谓短语中的小主语（整个主谓短语，在句中作主语、宾语或修饰语），应译为“他”“它”，不能加“的”。

秦王恐其破璧。（“其破璧”作宾语）（《廉颇蔺相如列传》）

其闻道也固先乎吾。（“其闻道”作主语）（《师说》）

③活用为第一人称。可用作定语或小主语，视句可意译为“我的”或“我（自己）的”。

今肃迎操，操当以肃还付乡党，品其名位，犹不失下曹从事。（《赤壁之战》）

而余亦悔其随之而不得极夫游之乐也。（《游褒禅山记》）

④指示代词，表远指。作定语，可译为“那”“那个”“那些”“那里”。

则或咎其欲出者。（《游褒禅山记》）

今操得荆州，奄有其地。（《赤壁之战》）

⑤指示代词，表示“其中的”，后面多为数词。

于乱石间择其一二扣之。（《石钟山记》）

（2）副词。放在句首或句中，表示测度、反诘、婉伤、期望等语气，常和放在句末的语气助词配合。视情况可译为“大概”“难道”“还要”“希望”等或省去。

其皆出于此乎？（表测度）（《师说》）

其孰能讥之乎？（表示反诘）（《游褒禅山记》）

汝其勿悲！（表婉伤）（《与妻书》）

尔其无忘乃父之志！（表期望）（《伶官传序》）

（3）连词。作连词用时，通常放在句首，表假设，可译为“如果”；表选择，可译为“还是”。

其业有不精，德有不成者，非天质之卑，则心不若余之专耳，岂他人之过哉？（表假设）（《送东阳马生序》）

（4）助词。起调节音节的作用，可不译。

路漫漫其修远兮，吾将上下而求索。（《离骚》）

4. 且

（1）连词。

①表示递进关系。

彼所将中国人不过十五六万，且已久疲。（《赤壁之战》）

且将军大势可以拒操者，长江也。（《赤壁之战》）

②表并列关系。

河水清且涟漪。（《伐檀》）

③表让步关系。相当于“尚且”。

臣死且不避，卮酒安足辞！（《鸿门宴》）

古之圣人，……犹且从师而问焉。（《师说》）

（2）副词。相当于“将”“将要”“暂且”“姑且”。

不出，火且尽。（《游褒禅山记》）

驴一鸣，虎大骇，远遁，以为且噬己也，甚恐。（《黔

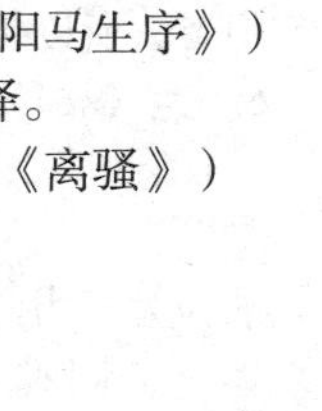

范仲淹（989—1052年），字希文，苏州吴县人。唐宰相范履冰之后。北宋著名的政治家、思想家、军事家和文学家，祖籍邠州（今陕西省彬县），后迁居苏州吴县。他为政清廉，体恤民情，刚直不阿，力主改革，屡遭奸佞诬谤，数度被贬。1052年（皇佑四年）五月二十日病逝于徐州，终年64岁。是年十二月葬于河南洛阳东南万安山，谥文正，封楚国公、魏国公。有《范文正公集》传世，通行有《四部丛刊》影明本，附《年谱》及《言行拾遗事录》等。

之驴》）

存者且偷生，死者长已矣。（《石壕吏》）

卿但暂还家，吾今且报府。（《孔雀东南飞》）

5. 所

（1）助词。

①经常放在动词前，同动词结合，组成“所”字结构。“所”字结构是名词性短语，表示“所……的人”，“所……的事物”，“所……的情况”等。

于众人广坐之中，不宜有所过，今公子故过之。（《信陵君窃符救赵》）

故余虽愚，卒获有所闻。（《送东阳马生序》）

余在患难中，间以诗记所遭。（《<指南录>后序》）

②“所”和动词结合，后面再有名词性结构，则“所”字结构起定语的作用。

夜则以兵围所寓舍。（《<指南录>后序》）

臣所过屠者朱亥，此子贤者，世莫能知，故隐屠间耳。（《信陵君窃符救赵》）

（2）在有些句子中，“为”和“所”呼应，组成“为……所……”的格式，表示被动。

贾家庄几为巡徼所陵迫死。（《<指南录>后序》）

嬴闻如姬父为人所杀。（《信陵君窃符救赵》）

（3）复音虚词“所以”。“所”和“以”连用，文言文中也常见。

用法主要有两种：

一种表示原因，翻译成“…的原因”。

亲贤臣，远小人，此先汉所以兴隆也；亲小人，远贤臣，此后汉所以倾颓也。（《出师表》）

一种表示手段或凭借，译成“用来…人/东西”

吾所以待侯生者备矣……（《信陵君窃符救赵》）

师者，所以传道受业解惑也。（《师说》）

6. 为（wéi）

（1）动词。

①做。

谁为大王为此计者？（《鸿门宴》）

为之，则难者亦易矣；不为，则易者亦难矣。（《为学》）

②成为。

吾令人望其气，皆为龙虎，成五采。（《鸿门宴》）

③担任。

陈胜、吴广皆次当行，为屯长。（《陈涉世家》）

④是，算是。

如今人方为刀俎，我为鱼肉。（《鸿门宴》）

⑤认为。

孔子不能决也，两小儿笑曰：“孰为汝多知乎！”（《两小儿辩日》）

（2）语气词。位于句尾，表疑问、感叹、反诘，可译为“呢”。

何故怀瑾握瑜，而自令见放为？（《屈原列传》）

何辞为？（《鸿门宴》）

（3）连词。如果，如。

秦为知之，必不救也。（《战国策·秦策四》）

（4）助词。用于句中帮助宾语前置。

其一人专心致志，惟弈秋之为听。（《孟子·告子上》）

7. 为（wèi）

介词。

①给，替。读“wèi”

庖丁为文惠君解牛。（《庖丁解牛》）

旦日飨士卒，为击破沛公军！（《鸿门宴》）

此人一一为具言所闻。（介词后面省略宾语“之”，“为之具言所闻”即给桃花源中的人详细地说出所听说的事情）（《桃花源记》）

②向，对。读作“wèi”

如姬为公子泣。（《信陵君窃符救赵》）

媪之送燕后也，持其踵为之泣。（《触龙说赵太后》）

③因为。读作“wèi”

百姓之不见保，为不用恩焉。（《齐桓晋文之事》）

盘庚不为怨者故改其度。（《答司马谏议书》）

④表被动。读作“wèi”，常和“所”组合

吾属今为之虏矣。（《鸿门宴》）

身客死于秦，为天下笑。（《屈原列传》）

焦仲卿妻刘氏，为仲卿母所遣。（《孔雀东南飞》）

⑤表目的，为了读作“wèi”

慎勿为妇死，贵贱情何薄。（《孔雀东南飞》）

8. 焉

（1）语气助词。常用在句末，一般可不译出。

于是余有叹焉。（《游褒禅山记》）

有时用于反诘语气，可译为“呢”。

万钟于我何加焉！（《鱼我所欲也》）

用在形容词或副词后，有词尾的作用，相当于“然”。

硿硿焉，余固笑而不信也。（《石钟山记》）

（2）兼词。于之，于此。

永之人争奔走焉。（《捕蛇者说》）

（3）代词。

①表他称。他、他们、它、它们。

以俟夫观人风者得焉。（《捕蛇者说》）

②表疑问。哪里、什么、怎么。

且焉置土石？（《愚公移山》）

9. 也

语气助词。经常用在句末，表示各种语气。

①表示判断语气。

死生，昼夜事也。（《<指南录>后序》）

②表示肯定语气。

《岳阳楼记》是一篇为重修岳阳楼写的记。由北宋文学家范仲淹应好友巴陵郡守滕子京之请，于北宋庆历六年（1046年）九月十五日所作。其中的诗句“先天下之忧而忧，后天下之乐而乐”“不以物喜，不以己悲”是较为出名和引用较多的句子。《岳阳楼记》能够成为传世名篇并非因为其对岳阳楼风景的描述，而是范仲淹借《岳阳楼记》一文抒发先忧后乐、忧国忧民的情怀。

昔人云：“将以有为也。”（《<指南录>后序》）

③表示疑问语气。

吾王庶几无疾病与，何以能鼓乐也？（《庄暴见孟子》）

公子畏死邪？何泣也？（《信陵君窃符救赵》）

④表示感叹语气。

君美甚，徐公何能及君也！（《邹忌讽齐王纳谏》）

“也”表示疑问语气和感叹语气，句中一般要用疑问代词。

⑤用在句中，表示停顿，以舒缓语气。

当余之从师也，负箧曳屣，行深山巨谷中……（《送东阳马生序》）

师道之不传也久矣。（《师说》）

10. 以

（1）介词。

①表动作、行为所用或所凭借的工具、方法及其他。可译为“用、拿、凭、依据、按照、用（凭）……身份”等。

以故法为其国与此同。（《察今》）

愿以十五城请易璧。（《廉颇蔺相如列传》）

乃入见。问：“何以战？”（《曹刿论战》）

余船以次俱进。（《赤壁之战》）

是时以大中丞抚吴者为魏之私人……（《五人墓碑记》）

②起提宾作用，译为“把”。

秦亦不以城予赵，赵亦终不予秦璧。（《廉颇蔺相如列传》）

③表示动作、行为产生的原因，可译为“因”“由于”。

且以一璧之故逆强秦之欢，不可。（《廉颇蔺相如列传》）

时操军兼以饥疫，死者大半。（《赤壁之战》）

④表示动作、行为发生的时间和处所，用法同“于”，可译为“在”“从”。

余以乾隆三十九年十二月，自京师乘风雪……至于泰安。（《登泰山记》）

⑤表示动作、行为的对象，用法同“与”，可译为“和”“跟”；有时可译为“率领”。

（公子）欲以客往赴秦军，与赵俱死。（《信陵君窃符救赵》）

（2）连词。用法和“而”有较多的相同点，只是不能用于转折关系。

①表示并列或递进关系，常用来连接动词、形容词（包括以动词、形容词为中心的短语），可译为“而”“又”“而且”“并且”等，或者省去。

夫夷以近，则游者众……（《游褒禅山记》）

②表示承接关系，“以”前的动作行为，往往是后一动作行为的手段或方式，可译为“而”或省去。

余与四人拥火以入。（《游褒禅山记》）

③表示目的关系，“以”后的动作行为，往往是前一动作行为的目的或结果，可译为“而”“来”“用来”“以致”等。

作《师说》以贻之。（《师说》）

不宜妄自菲薄……以塞忠谏之路也。（《出师表》）

④表示因果关系，常用在表原因的分句前，可译为“因为”。

诸侯以公子贤，多客，不敢加兵谋魏十余年。（《信陵君窃符救赵》）

古人……以其求思之深而无不在也。（《游褒禅山记》）

⑤表示修饰关系，连接状语和中心语，可译为“而”或省去。

木欣欣以向荣，泉涓涓而始流。（《归去来兮辞》）

（3）副词。通“已”，已经。

得鱼腹中书，固以怪之矣。（《陈涉世家》）

（4）复音虚词“以是”“是以”，相当于“因此”，引出事理发展或推断的结果。

以是人多以书假余……（《送东阳马生序》）

余是以记之，盖叹郦元之简，而笑李渤之陋也。（《石钟山记》）

是以十九年而刀刃若新发于硎。（《庖丁解牛》）

11. 因

（1）介词。介绍动作、行为发生的原因、依据、方式，可分别译为“因为”“趁着”“凭借”“经过”“通过”。

振声激扬，伺者因此觉知。（《后汉书·张衡传》）

因宾客至蔺相如门谢罪……（《廉颇蔺相如列传》）

因击沛公于坐。（《鸿门宴》）

（2）连词。

①表示顺接上文，可译为“于是”“便”。

因拔刀斫前奏案……（《赤壁之战》）

相如因持璧却立……（《廉颇蔺相如列传》）

②表因果。相当于“因为”“由于”。

恩所加，则思无因喜以谬赏。（《谏太宗十思疏》）

12. 于

（1）介词。总是跟名词、代词或短语结合，构成介宾短语去修饰动词、形容词，表示多种组合关系。

①引进动作的时间、处所、范围、对象、方面、原因等，视情况可译为“在”“在……方面”“在……中”“向”“到”“自”“从”“跟”“同”“对”“对于”“给”“由于”等。

得复见将军于此。（《鸿门宴》）

荆国有余于地而不足于民。（《公输》）

苟全性命于乱世，不求闻达于诸侯。（《出师表》）

请奉命求救于孙将军。（《赤壁之战》）

江上渔者

宋　范仲淹

江上往来人，但爱鲈鱼美。君看一叶舟，出没风波里！

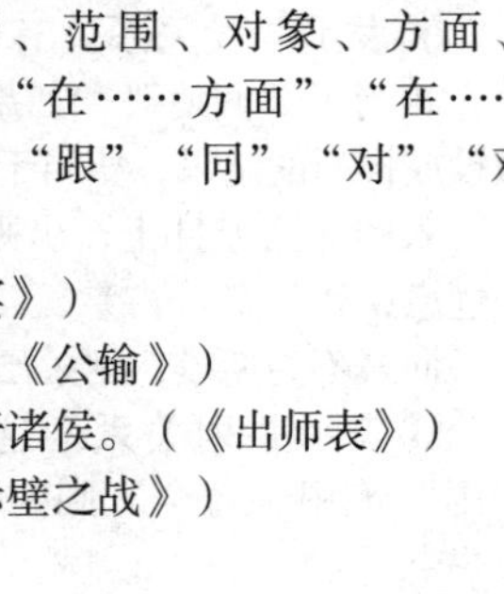

权起更衣，肃追于宇下。（《赤壁之战》）

故燕王欲结于君。（《廉颇蔺相如列传》）

于其身也，则耻师焉……（《师说》）

昔先皇颁僧保所货西洋珠于侍臣……（《记王忠肃公翱事》）

②放在形容词之后，表示比较，一般可译为“比”，有时可译为“胜过”。

良曰：“长于臣。”（《鸿门宴》）

冰，水为之，而寒于水。（《劝学》）

有时则只表示对象的性质和状态，可不译。

非常之谋难于猝发……（《五人墓碑记》）

③放在动词之后，引进行为的主动者，可译为“被”，有时动词前还有“见”“受”等字和它相应。

或脱身以逃，不能容于远近……（《五人墓碑记》）

臣诚恐见欺于王而负赵……（《廉颇蔺相如列传》）

吾不能举全吴之地，十万之众，受制于人……（《赤壁之战》）

（2）复音虚词“于是”。用法与现代汉语的“于是”不完全相同。

①放在句子开头。表前后句的承接或因果关系，与现在的承接连词或因果连词相同。现代汉语也这样用。

于是秦王不怿，为一击缶。（《廉颇蔺相如列传》）

吴之民方痛心焉，于是乘其厉声以呵，则噪而相逐。（《五人墓碑记》）

②放在谓语之前或谓语之后，“于是”属介宾短语作状语或补语。可根据“于”的不同用法，分别相当于“在这”“从这”等。

吾祖死于是，吾父死于是（在这职业上）。（《捕蛇者说》）

13. 则

（1）连词。可表示多种关系。

①表示承接关系。一般用来连接两个分句或紧缩复句中的前后两层意思，表示两件事情在时间上、事理上的紧密联系。可译为“就”“便”，或译为“原来是”“已经是”。

项王曰：“壮士！赐之卮酒。”则与斗卮酒。（《鸿门宴》）

故木受绳则直，金就砺则利。（《劝学》）

徐而察之，则山下皆石穴罅。（《石钟山记》）

②表示假设关系。有的用在前一分句，引出假设的情况，相当于“假使”“如果”；有的用于后面的分句，表示假设或推断的结果，相当于“那么”“就”。

入则无法家拂士，出则无敌国外患者，国恒亡。（《生于忧患，死于安乐》）

向吾不为斯役，则久已病矣。（《捕蛇者说》）

③表示并列关系。这种用法都是两个或两个以上的“则”连用，每个“则”字都用在意思相对、结构相似的一个分句里，表示两个（或两个以上）分句之间是并列关系（不是表示两个词之间）。可译为“就”或不译。

位卑则足羞，官盛则近谀。（《师说》）

入则孝，出则悌。（《论语·学而》）

④表示转折、让步关系。表示意思有转折时，“则”字用在后一个分句，可译为“可是”“却”；表示姑且承认一件事，预备下句转入正意时，“则”字用在前一分句。可译为“虽然”“倒是”。

于其身也，则耻师焉，惑矣。（《师说》）

其室则迩，其人甚远。（《诗经·东门之禅》）

（2）副词。用在判断句中，起强调和确认作用，可译作“是”“就是”。

此则岳阳楼之大观也。（《岳阳楼记》）

非死则徙尔。（《捕蛇者说》）

14. 者

助词。

①附在别的词或短语之后，组成名词性短语。

将藏之于家，使来者读之，悲予志焉。（《<指南录>后序》）

②放在一个词或一组词后边，起提顿作用，先用“……者”提出要说明的事物，稍微停顿一下，然后说明或论断。

大阉之乱，缙绅而能不易其志者，四海之大，有几人欤？（《五人墓碑记》）

③“者”有时放在时间副词之后，起气助词作用，可不译。

今者项庄拔剑舞，其意常在沛公也。（《鸿门宴》）

④“者”有时放在数词后边，可译为“个”“样”之类。

此数者用兵之患也，而操皆冒行之。（《赤壁之战》）

⑤……者……也，构成判断句式。

亚父者，范增也。（《鸿门宴》）

⑥前面有“若”“似”“如”等词，译为“像……的样子”“……似的”。

言之，貌若甚戚者。（《捕蛇者说》）

15. 之

（1）代词。分以下几种情况：

①可以代人、代物、代事。代人多是第三人称，译为“他”（他们）、“它”（它们），作宾语或兼语，不作主语。

作《师说》以贻之。（代人，作宾语）（《师说》）

輮使之然也。（代物，作兼语）（《劝学》）

人非生而知之者。（代事理，作宾语）（《师说》）

②指示代词，表近指。可译为“这”，通常作复指性定语。

均之二策。（“之”和“二”同是策的定语）（《廉颇蔺相如列传》）

③活用作第一人称或第二人称，相当于“我”“你”。

陆游（1125—1210年），字务观，号放翁，越州山阴人。南宋诗人。孝宗时赐进士出身。中年入蜀，投身军旅生活，官至宝章阁待制。晚年退居家乡，但收复中原信念始终不渝。创作诗歌很多，今存九千多首，内容极为丰富。抒发政治抱负，反映人民疾苦，风格雄浑豪放；抒写日常生活，也多清新之作。词作量不如诗篇巨大，但和诗同样贯穿了气吞残虏的爱国主义精神。杨慎谓其词纤丽处似秦观，雄慨处似苏轼。著有《剑南诗稿》《渭南文集》《南唐书》《老学庵笔记》。

鄙贱之人，不知将军宽之至此也！（《廉颇蔺相如列传》）

（2）助词。也分几种情况：

①结构助词，定语的标志。用在定语和中心语（名词）之间，可译为“的”，有的可不译。

若能以吴、越之众与中国抗衡。（《赤壁之战》）

②结构助词，补语的标志。用在中心语（动词、形容词）和补语之间，可译为“得”。

古人之观于天地、山川、草木、虫鱼、鸟兽，往往有得，以其求思之深而无不在也。（《游褒禅山记》）

③结构助词，宾语前置的标志。用在被提前的宾语之后，动词谓语或介词之前，译时应省去。

宋何罪之有？（即“宋有何罪”）（《公输》）

④结构助词。当主谓短语在句中作为主语、宾语或一个分句时，“之”用在主语和谓语之间，起取消句子独立性的作用，可不译。

师道之不传也久矣！欲人之无惑也难矣！（《师说》）

悍吏之来吾乡，叫嚣乎东西。（《捕蛇者说》）

孤之有孔明，犹鱼之有水也。（《隆中对》）

⑤音节助词。用在形容词、副词或某些动词的末尾，或用在三个字之间，使之凑成四个字，只起调整音节的作用，无义，译时应省去。

顷之，烟炎张天。（《赤壁之战》）

⑥用在表时间的分句中作状语，常与“也”字呼应，相当于“……的时候”。

臣之壮也，犹不如人。（《烛之武退秦师》）

16. 与

（1）介词。

①相当于“和”“同”“跟”。

竖子不足与谋。（《鸿门宴》）

秦伯说，与郑人盟。（《烛之武退秦师》）

②有时可译作“被”。

（夫差）遂与勾践禽。（《战国策》）

（2）连词，表并列关系，“和”。

所以遣将守关者，备他盗之出入与非常也。（《鸿门宴》）

（3）助词。

①通“欤”，可表反诘。

无乃尔是过与？（《季氏将伐颛臾》）

②表疑问。

王之所大欲，可得闻与。（《齐桓晋文之事》）

（4）动词。

①可译为“给”。

则与斗卮酒。（《鸿门宴》）

②可译为“结交”“亲附”。

失其所与，不知。（《烛之武退秦师》）

17. 何

（1）疑问代词。

①单独作谓语，后面常有语气助词“哉”“也”，可译为“为什么”“什么原因”。

何者？严大国之威以修敬也。（《廉颇蔺相如列传》）

予尝求古仁人之心，或异二者之为，何哉？（《岳阳楼记》）

齐人未尝赂秦，终继五国迁灭，何哉？（《六国论》）

②作动词或介词的宾语，可译为“哪里”“什么”。译时，“何”要后置。

豫州今欲何至？（《赤壁之战》）

大王来何操？（《鸿门宴》）

一旦山陵崩，长安君何以自托于赵？（《触龙说赵太后》）

③作定语，可译为“什么”。

其间旦暮闻何物，杜鹃啼血猿哀鸣。（《琵琶行》）

然则何时而乐耶？（《岳阳楼记》）

（2）疑问副词。

①用在句首或动词前，常表示反问，可译为“为什么”“怎么”。

何不按兵束甲，北面而事之？（《赤壁之战》）

徐公何能及君也？（《邹忌讽齐王纳谏》）

②用在形容词前，表示程度深，可译为“怎么”“多么”“怎么这样”。

至于誓天断发，泣下沾襟，何其衰也！（《伶官传序》）

（3）何等。

新妇车在后，隐隐何甸甸。（《孔雀东南飞》）

（4）何：通“呵”，喝问。

信臣精卒陈利兵而谁何。（谁何：喝问他是谁。意思是检查盘问）（《过秦论》）

[何如][奈何][若何]表示疑问或反问，译为“怎么样”“怎么办”“为什么”。

以五十步笑百步，则何如？（《寡人之于国也》）

其辱人贱行，视五人之死，轻重固何如哉？（《五人墓碑记》）

沛公大惊，曰：“为之奈何？”（《鸿门宴》）

奈何取之尽锱铢，用之如泥沙。（《阿房宫赋》）

[何以]即“以何”，介宾短语，用于疑问句中作状语，根据“以”的不同用法，分别相当于“什么”“凭什么”等。

一旦山陵崩，长安君何以自托于赵。（《触龙说赵太后》）

不为者与不能者之形何以异。（《齐桓晋文之事》）

吾王庶几无疾病与，何以能鼓乐也。（《庄暴见孟子》）

[无何]译为“不久”“没多久”。

1. 山重水复疑无路，柳暗花明又一村。《游山西村》
2. 纸上得来终觉浅，绝知此事要躬行。《冬夜读书示子聿》
3. 楼船夜雪瓜洲渡，铁马秋风大散关。《书愤》
4. 出师一表真名世，千载谁堪伯仲间？《书愤》

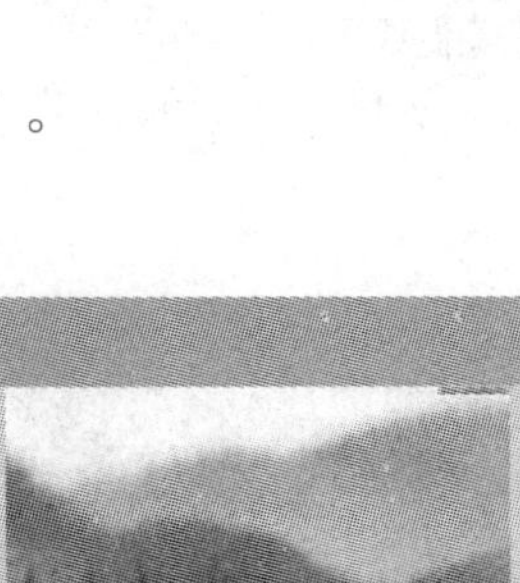

抚军不忘所自，无何，宰以卓异闻，宰悦，免成役。（《促织》）

[何乃]译为“怎能”。

阿母谓府吏：何乃太区区。（《孔雀东南飞》）

18. 乃

（1）副词。

①表示前后两事在情理上的顺承或时间上的紧接，可译为“才”“这才”“就”等。

设九宾于廷，臣乃敢上璧。（《廉颇蔺相如列传》）

悉使羸兵负草填之，骑乃得过。（《赤壁之战》）

度我至军中，公乃入。（《鸿门宴》）

②强调某一行为出乎意料或违背常理，可译为“却”“竟（然）”“反而”等。

问今是何世，乃不知有汉。（《桃花源记》）

今其智乃反不能及。（《师说》）

而陋者乃以斧斤考击而求之。（《石钟山记》）

夫赵强而燕弱，而君幸于赵王，故燕王欲结于君。今君乃亡赵走燕。（《廉颇蔺相如列传》）

③可表示对事物范围的一种限制，可译为“只”“仅”等。

项王乃复引兵而东，至东城，乃有二十八骑。（《项羽本纪》）

④用在判断句中，起确认作用，可译为“是”“就是”等。

若事之不济，此乃天也。（《赤壁之战》）

嬴乃夷门抱关者也。（《信陵君窃符救赵》）

（2）代词。

①用作第二人称，常作定语，译为“你的”；也作主语，译为“你”。不能作宾语。

王师北定中原日，家祭无忘告乃翁。（陆游《示儿》）

②用作指示代词，译为“这样”。

夫我乃行之，反而求之，不得吾心。（《齐桓晋文之事》）

[无乃]表猜测，译为“恐怕……”。

今君王既栖于会稽之上，然后乃求谋臣，无乃后乎？（《勾践灭吴》）

无乃尔是过与？（《季氏将伐颛臾》）

今少卿乃教以推贤进士，无乃与仆私心刺谬乎。（《报任安书》）

[乃尔]译为“这样”。

府吏再拜还，长叹空房中，作计乃尔立。（《孔雀东南飞》）

19. 若

（1）动词，像，好像。

视之，形若土狗，梅花翅，方首，长胫，意似良。（《促织》）

吾不忍其觳觫，若无罪而就死地。（《齐桓晋文之事》）

其若是，孰能御之。（《孟子见梁襄王》）

（2）代词。

①表人称，相当于“你”“你们”；作定语时则译为“你的”。

若入前为寿，寿毕，请以剑舞。（《鸿门宴》）

不者，若属皆且为所虏。（《鸿门宴》）

更若役，复若赋……（《捕蛇者说》）

②表近指，相当于“这”“这样”“如此”。

以若所为求若所欲，犹缘木而求鱼也。（《齐桓晋文之事》）

（3）连词。

①表假设，相当于“如果”“假设”等。

若据而有之，此帝王之资也。（《赤壁之战》）

若备与彼协心，上下齐同，则宜抚安，与结盟好。（《赤壁之战》）

若不能，何不按兵束甲，北面而事之！（《赤壁之战》）

②表选择，相当于“或”“或者”。

以万人若一郡降者，封万户。（《汉书·高帝纪》）

③至，至于。

若民，则无恒产，因无恒心。（《齐桓晋文之事》）

[若夫]是用在一段话的开头，引起论述的词。近似“要说那”“像那”的意思。

若夫淫雨霏霏，连月不开。（《岳阳楼记》）

若夫乘天地之正，而御六气之辩，以游无穷者，彼且恶乎待哉。（《逍遥游》）

[若定]心中有数，从容不迫。

指挥若定。（《赤壁之战》）

[若何]怎么样。

以闲敝邑，若何？（《崤之战》）

[若干]约计之词，相当于“几许”“多少”。

车后若干递送夫。（《般涉调·哨遍·高祖还乡》）

常见文言实词表

1. 爱

①喜爱：爱其子，择师而教之。（《师说》）

②吝惜，舍不得：不爱珍器重宝肥饶之地。（《过秦论》）

③珍惜：向使三国各爱其地。（《六国论》）

④爱护：使六国各爱其人。（《阿房宫赋》）

⑤通“薆”，隐蔽，躲藏：爱而不见，搔首踟蹰。（《诗经·静女》）

2. 安

①安抚：若备与彼协心，上下齐同，则宜抚安。（《赤

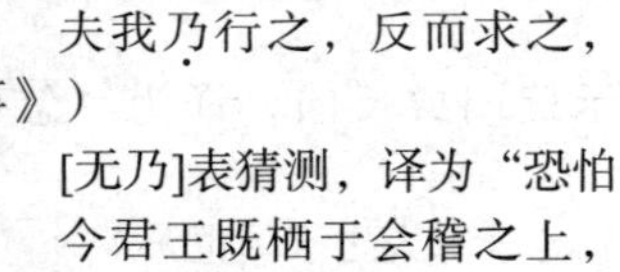

5. 小楼一夜听春雨，深巷明朝卖杏花。《临安春雨初霁》
6. 素衣莫起风尘叹，犹及清明可到家。《临安春雨初霁》
7. 出师一表通今古，夜半挑灯更细看。《病起书怀》
8. 此身合是诗人未？细雨骑驴入剑门。《剑门道中遇微雨》
9. 夜阑卧听风吹雨，铁马冰河入梦来。《十一月四日风雨大作》

壁之战》）

②安定：不患贫而患不安。（《季氏将伐颛臾》）

③养生：衣食所安，弗敢专也。（《曹刿论战》）

④安稳：风雨不动安如山。（《茅屋为秋风所破歌》）

⑤怎么：君安与项伯有故。（《鸿门宴》）

⑥哪里：将军迎曹，欲安所归乎。（《赤壁之战》）

3. 被

①被子，盖布被：翡翠珠被。（《招魂》）

②覆盖：闻妻言，如被冰雪。（《促织》）

③遭受，遇到：秦王复击轲，被八创。（《荆轲刺秦王》）

④介词，表被动：妆成每被秋娘妒。（《琵琶行》）

⑤通“披”：同舍生皆被绮绣。（《送东阳马生序》）

⑥披散，披着：屈原至于江滨；被发行吟泽畔。（《屈原列传》）

⑦穿在身上或披在身上：将军身被坚执锐。（《陈涉世家》）

4. 倍

①通“背”，背叛：愿伯具言臣之不敢倍德也。（《鸿门宴》）

②更加，越发，倍加：独在异乡为异客，每逢佳节倍思亲。（《九月九日忆山东兄弟》）

③倍：通“背”，背靠：右倍山陵，前左水泽。（《淮阴侯列传》）

5. 本

①草木的茎或根：臣闻求木之长者，必固其根本。（《谏太宗十思疏》）

②底稿：今存其本，不忍废。（《<指南录>后序》）

③根本：父母者，人之本也。（《屈原列传》）

④版本：以后典籍皆为板本。（《活板》）

⑤推究：抑本其成败之迹，而皆自于人欤。（《伶官传序》）

⑥本来：本在冀州之南。（《愚公移山》）

6. 鄙

①偏远的地方：人之立志，顾不如蜀鄙之僧哉。（《为学》）

②见识浅薄：鄙贱之人，不知将军宽之至此也。（《廉颇蔺相如列传》）

③看不起，轻视：管仲……孔子鄙其小器。（《训俭示康》）

7. 兵

①兵士：夜则以兵围所寓舍。（《<指南录>后序》）

②兵器：收天下之兵，聚之咸阳。（《过秦论》）

③战争：废池乔木，犹厌言兵。（《扬州慢》）

8. 病

①疾病：君之病在肠胃。（《扁鹊见蔡桓公》）

②疲劳：今日病矣，予助苗长矣。（《揠苗助长》）

③以……痛苦：仅凿斗大一池……又时病其漏。（《芙蕖》）

④使成病态：以夭梅、病梅为业以求钱也。（《病梅馆记》）

⑤诋毁：今人乃以俭相诟病，异哉。（《训俭示康》）

⑥困苦：向吾不为斯役，则久已病矣。（《捕蛇者说》）

9. 察

①观察：徐而察之，则山下皆石穴罅。（《石钟山记》）

②清白、洁白的样子：人又谁能以身之察察，受物之汶汶者乎。（《屈原列传》）

③明晓、了解：小大之狱，虽不能察，必以情。（《曹刿论战》）

④考察后加以推荐：察臣孝廉。（《陈情表》）

10. 朝

①朝廷：强国请服，弱国入朝。（《过秦论》）

②早晨：朝服衣冠，窥镜。（《邹忌讽齐王纳谏》）

③上朝：相如每朝时，常称病。（《廉颇蔺相如列传》）

④对，向：坐南朝北

11. 乘

①辆：乃请宾客，约车骑百余乘。（《信陵君窃符救赵》）

②四：以乘韦先，牛十二犒师。（《崤之战》）

③战车：致万乘之势。（《过秦论》）

④乘机：因利乘便，宰割天下。（《过秦论》）

⑤乘坐：独与迈乘小舟至绝壁下。（《石钟山记》）

⑥冒着：余以乾隆三十九年十二月，自京师乘风雪……至于泰安。（《登泰山记》）

⑦驾驭：我欲乘风归去，又恐琼楼玉宇，高处不胜寒。（《水调歌头》）

12. 除

①被授官：寻蒙国恩，除臣洗马。（《陈情表》）

②治、整理：除魏阉废祠之址以葬之。（《五人墓碑记》）

③台阶：扶辇下除，触柱折辕。（《苏武传》）

④去掉，除去：除残去秽。（《赤壁之战》）

13. 辞

①言辞：初至北营，抗辞慷慨。（《<指南录>后序》）

②命令：近者奉辞伐罪。（《赤壁之战》）

③推辞：如姬之欲为公子死，无所辞，顾未有路耳。（《信陵君窃符救赵》）

④托辞、借口：君子疾夫舍曰“欲之”而必为之辞。（《季氏将伐颛臾》）

⑤拒绝：公辞焉，召孟明……使出师于东门之外。（《崤之战》）

⑥致辞：使皇武子辞焉。（《崤之战》）

⑦辞别：辞楼下殿，辇来于秦。（《阿房宫赋》）

⑧道歉：乃辞谢固请。（《廉颇蔺相如列传》）

⑨辞去：于是辞相印不拜。（《<指南录>后序》）

⑩一种文体：《归去来兮辞》。（《归去来兮辞》）

李清照（1084—1155年），济南章丘人，号易安居士。宋代女词人，婉约词派代表。所作词，前期多写其悠闲生活，后期多悲叹身世，情调感伤，也流露出对中原的怀念。形式上善用白描手法，自辟途径，语言清丽。论词强调协律，崇尚典雅，提出词“别是一家”之说，反对以作诗文之法作词。能诗，留存不多，部分篇章感时咏史，情辞慷慨，与其词风不同。有《易安居士文集》《易安词》，已散佚。后人有《漱玉词》辑本。今有《李清照集校注》。

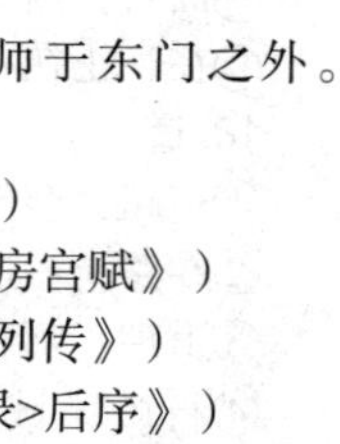

14. 从

①跟从：公子勉之矣！老臣不能从。（《信陵君窃符救赵》）

②听从：公子从其计，请如姬。（《信陵君窃符救赵》）

③跟随：苟以天下之大，而从六国破亡之故事。（《六国论》）

④依从、顺从：臣从其计。（《廉颇蔺相如列传》）

⑤依傍、紧挨着：樊哙从良坐。（《鸿门宴》）

⑥由、从：见渔人，乃大惊，问所从来。（《桃花源记》）

⑦合纵：于是从散约败，争割地而赂秦。（《过秦论》）

⑧同宗：升死，其印为余群从所得。（《活板》）

15. 殆 通“众”，次于最案的亲属

①大概：郦元之所见闻，殆与余同。（《石钟山记》）

②几乎、近于：且燕赵处秦革灭殆尽之际。（《六国论》）

③危险：知已知彼，百战不殆。（《孙子兵法》）

16. 怠

①松懈：有志与力，而又不随以怠。（《游褒禅山记》）

②轻慢：二人怠慢军法，吾故斩之。（《群英会蒋干中计》）

17. 当

①应当：臣知欺大王之罪当诛。（《廉颇蔺相如列传》）

②抵挡：料大王士卒足以当项王乎。（《鸿门宴》）

③将：操当以肃还付乡党。（《赤壁之战》）

④处在：有大石当中流。（《石钟山记》）

⑤适合、符合：惴惴恐不当意。（《促织》）

⑥占据、把守：一夫当关，万夫莫开。（《蜀道难》）

⑦判罪：吏当广所失亡多。（《李将军列传》）

⑧主持、操纵：北邀当国者相见。（《<指南录>后序》）

⑨顶替：以一仪而当汉中地，臣请往如楚。（《屈原列传》）

⑩当做：安步以当车。（《战国策》）

⑪面对：当窗理云鬓，对镜贴花黄。（《木兰辞》）

⑫在，正在：当是时也，商君佐之。（《过秦论》）

18. 道

①道路：会天大雨，道不通。（《陈涉世家》）

②在路上：道中手自抄录。（《<指南录>》后序）

③道理：师者，所以传道受业解惑也。（《师说》）

④行政区域：公以凤庐道奉檄守御。（《左忠毅公逸事》）

⑤学说、主张：既加冠，益慕圣贤之道。（《送东阳马生序》）

⑥政策：于是废先王之道。（《过秦论》）

⑦方法、原则：深谋远虑，行军用兵之道。（《过秦论》）

⑧原因：赂秦而力亏，破灭之道也。（《六国论》）

⑨规律、自然规律：臣之所好者，道也。（《庖丁解牛》）

⑩方向：中有都柱，傍行八道。（《张衡传》）

⑪说，讲：何可胜道也哉。（《游褒禅山记》）

⑫风尚：师道之不传也久矣。（《师说》）

19. 得

①获得：欲予秦，秦城恐不可得。（《廉颇蔺相如列传》）

②找到：求人可使报秦者，未得。（《廉颇蔺相如列传》）

③可以，能够：君不如肉袒伏斧质请罪，则幸得脱矣。（《廉颇蔺相如列传》）

④心得、收获：古人之观于天地、山川……往往有得。（《游褒禅山记》）

⑤融洽：某亦守法，与公甚相得。（《记王忠肃公翱事》）

⑥恰当：此言得之。（《六国论》）

⑦必须、应当：吾得兄事之。（《鸿门宴》）

⑧通“德”，感激：为宫室之美，妻妾之奉，所识穷乏者得我欤？（《鱼我所欲也》）

20. 度

①估计：度我至军中，公乃入。（《鸿门宴》）

②考虑：而死固已付之度外矣。（《<指南录>后序》）

③越过、渡过：关山度若飞。（《木兰诗》）

④度量：试使山东之国与陈涉度长絜大，比权量力。（《过秦论》）

⑤常态、气度：群臣惊愕，卒起不意，尽失其度。（《荆轲刺秦王》）

⑥法度：内立法度，务耕织，修守战之具。（《过秦论》）

⑦计量长短的标准：吾忘持度。（《郑人买履》）

21. 复

①再：不复顾利害。（《<指南录>后序》）

②又：故臣复取璧。（《廉颇蔺相如列传》）

③通“覆”，盖：复之以掌，虚若无物。（《促织》）

④恢复：师道之不复可知矣。（《师说》）

⑤繁复，重复：山重水复疑无路，柳暗花明又一村。（《游山西村》）

⑥夹层的，双层的：红罗复斗帐。（《孔雀东南飞》）

22. 负

①承受：使负栋之柱，多于南亩之农夫。（《阿房宫赋》）

②使……承担：宁许以负秦曲。（《廉颇蔺相如列传》）

③违背：秦王虽斋，决负约不偿城。（《廉颇蔺相如列传》）

④依仗：秦贪，负其强，以空言求璧。（《廉颇蔺相如

乌江

宋 李清照

生当作人杰，死亦为鬼雄。至今思项羽，不肯过江东！

列传》）

⑤背：命夸娥氏二子负二山。（《愚公移山》）

⑥辜负：臣诚恐见欺于王而负赵。（《廉颇蔺相如列传》）

⑦享有：久负盛名

⑧覆盖：苍山负雪，明烛天南。（《登泰山记》）

⑨失败：不知彼而知己，一胜一负。（《孙子兵法·谋攻》）

⑩担子：如释重负

23. 故

①缘故：且以一璧之故逆强秦之欢，不可。（《廉颇蔺相如列传》）

②旧交：君安与项伯有故？（《鸿门宴》）

③以前的：先生在兵间，审知故扬州阁部史公果死耶，抑未死耶？（《梅花岭记》）

④旧：温故而知新。（《论语》）

⑤特意：故遣将守关者，备他盗之出入与非常也。（《鸿门宴》）

⑥所以：英雄无用武之地，故刘豫州遁逃至此。（《赤壁之战》）

⑦故意：故久立与其客语。（《信陵君窃符救赵》）

⑧仍旧：累官故不失州郡也。（《赤壁之战》）

⑨本来：此物故非西产。（《促织》）

24. 固

①险要的地势：秦孝公据崤函之固。（《过秦论》）

②坚决：乃辞谢，固请。（《廉颇蔺相如列传》）

③顽固：独夫之心，日益骄固。（《阿房宫赋》）

④牢固的：君臣固守以窥周室。（《过秦论》）

⑤坚持的：且迁我如振落叶耳，而固吝者何？（《记王忠肃公翱事》）

⑥固执：人皆嗤吾固陋，吾不以为病。（《训俭示康》）

⑦本来：其闻道也固先乎吾。（《师说》）

⑧固然：人固有一死，或重于泰山，或轻于鸿毛。（《报任安书》）

⑨确实、实在：斯固百世之遇也。（《五人墓碑记》）

25. 顾

①回头：相如顾召赵御史。（《廉颇蔺相如列传》）

②拜访：三顾臣于草庐之中。（《出师表》）

③顾及：子布、元表各顾妻子。（《赤壁之战》）

④反而：人之立志，顾不如蜀鄙之僧哉。（《为学》）

⑤但是：顾吾念之，强秦之所以不敢加兵于赵者，徒以吾两人在也。（《廉颇蔺相如列传》）

26. 归

①女子出嫁：后五年，吾妻来归。（《项脊轩志》）

②回：一屠晚归。（《狼》）

③返回：将军百战死，壮士十年归。（《木兰诗》）

④归附、归属：樊将军以穷困来归丹。（《荆轲刺秦王》）

⑤归还：完璧归赵。（《廉颇蔺相如列传》）

⑥集中：则津泽皆归其根。（《采草药》）

27. 国

①京城：去国怀乡。（《岳阳楼记》）

②诸侯国：六国破灭，非兵不利。（《六国论》）

③地区、地域：逝将去女，适彼乐国。（《诗经，硕鼠》）

④国事：死国可乎。（《陈涉世家》）

28. 过

①犯错，有过错：人恒过，然后能改。（《生于忧患，死于安乐》）

②经过：行过夷门，见侯生。（《信陵君窃符救赵》）

③超过：一出门，裘马过世家焉。（《促织》）

④责备：闻大王有意督过之。（《鸿门宴》）

⑤拜访：臣有客在市屠中，愿枉车骑过之。（《信陵君窃符救赵》）

⑥过分、过于：以其境过清，不可久居。（《小石潭记》）

29. 恨

①遗憾：以是知公子恨之复返也。（《信陵君窃符救赵》）

②愤恨到极点：恨恨那可论。（《孔雀东南飞》）

③仇恨：禄厚者民怨之，位尊者君恨之。（《荀子·尧问》）

④怨恨：天长地久有时尽，此恨绵绵无绝期。（《长恨歌》）

30. 患

①忌讳：此数者，用兵之患也。（《赤壁之战》）

②祸患：“人之患在于好为人师。（《孟子》）

③担心：欲勿与，即患秦兵之来。（《廉颇蔺相如列传》）

④患难：予在患难中，间以诗记所遭，今存其本不忍废。（《<指南录>后序》）

31. 疾

①小病：不习水土，必生疾病。（《赤壁之战》）

②大、强：声非加疾也，而闻者彰。（《劝学》）

③速，捷：虽乘奔御风，不以疾也。（《三峡》）

④恨：嫉恶如仇

32. 及

①到：及滑，郑商人弦高将市于周。（《肴之战》）

②遭到：卒不去，故及于难。（《谭嗣同》）

③接近：予之及于死者不知其几矣。（《<指南录>后序》）

④涉及、牵连：一人飞升，仙及鸡犬。（《促织》）

⑤等到：及左公下厂狱。（《左忠毅公逸事》）

⑥来得及：战、守、迁皆不及施。（《<指南录>后序》）

⑦比得上：今其智乃反不能及。（《师说》）

⑧和：传以示美人及左右。（《廉颇蔺相如列传》）

⑨以及、并且：谨斩樊于期之头，及献燕督亢地图。（《荆轲刺秦王》）

杨万里（1127—1206年），字廷秀，号诚斋。吉州吉水（今江西省吉水县）人。南宋杰出的诗人。一生力主抗金，与范成大、陆游等合称南宋“中兴四大诗人”。

33. 假

①借：以是人多以书假余。（《送东阳马生序》）

②借助、利用：假舟楫者，非能水也。（《劝学》）

③宽恕、宽容：愿大王少假借之。（《荆轲刺秦王》）

④假装：乃悟前狼假寐，盖以诱敌。（《狼》）

⑤非正式的，代理的：乃以吴叔为假王，监诸将以西击荥阳。（《陈涉世家》）

⑥如果、假如：假令仆伏法受诛，若九牛亡一毛，与蝼蚁何以异。（《报任安书》）

⑦假期：府吏闻此变，因求假暂归。（《孔雀东南飞》）

34. 间

（1）jiān

①中间：于乱石间择其一二扣之。（《石钟山记》）

②期间：奉命于危难之间。（《出师表》）

③一会儿：扁鹊见蔡桓公，立有间。（《扁鹊见蔡桓公》）

④量词，房屋的最小单位：宫阙万间都做了土。（《山坡羊·潼关怀古》）

⑤一带：驱中国士众远涉江湖之间。（《赤壁之战》）

（2）jiàn

①缝隙：彼节者有间，而刀刃者无厚。（《庖丁解牛》）

②机会：得间奔真州。（《<指南录>后序》）

③离间：竭忠尽智，以事其君，谗人间之，可谓穷矣。（《屈原列传》）

④参与：肉食者谋之，又何间焉。（《曹刿论战》）

⑤夹杂：中间力拉崩倒之声。（《口技》）

⑥间或，有时：数月之后，时时而间进。（《邹忌讽齐王纳谏》）

⑦从小路：故令人持璧归，间至赵矣。（《廉颇蔺相如列传》）

⑧悄悄地：侯生乃屏人间语。（《信陵君窃符救赵》）

35. 见

（1）jiàn

①看见：吾见相如必辱之。（《廉颇蔺相如列传》）

②会见：项伯即入见沛公。（《鸿门宴》）

③拜见：亮见权于柴桑。（《赤壁之战》）

④接见：秦王坐章台见相如。（《廉颇蔺相如列传》）

⑥见识、见解：真知灼见

⑦见到的景象：其进愈难，而其见愈奇。（《游褒禅山记》）

⑧代词，放在动词之前，有称代作用，等于前置的“我”：君既若见录，不久望君来。（《孔雀东南飞》）

⑨介词，表被动，相当于“被”：秦城恐不可得，徒见欺。（《廉颇蔺相如列传》）

（2）xiàn

①出现：发图，图穷而匕首见。（《荆轲刺秦王》）

②现成的：军无见粮。（《史记，项羽本纪》）

36. 解

（1）jiě

①解决：师者，所以传道受业解惑也。（《师说》）

②分割：庖丁为文惠君解牛。（《庖丁解牛》）

③解除：今有一言，可以解燕国之患。（《荆轲刺秦王》）

④分开：少年大骇，急解令休止。（《促织》）

⑤理解：惑而不从师，其为惑也，终不解矣。（《师说》）

⑥消散、离散：秦军解去，遂救邯郸，存赵。（《信陵君窃符救赵》）

（2）xiè

松懈、懈怠：胡虏益解。（《史记·李将军列传》）

37. 就

①靠近、受：臣请就汤镬。（《廉颇蔺相如列传》）

②磨：金就砺则利。（《劝学》）

③成就：然嬴欲就公子之名。（《信陵君窃符救赵》）

④就任：举孝廉不行，连辟公府不就。（《张衡传》）

⑤成功：轲自知事不就，倚柱而笑。（《荆轲刺秦王》）

⑥登上：乃谢客就车。（《信陵君窃符救赵》）

⑦趋、赴：此人可就见，不可屈致也。（《隆中对》）

38. 举

①拿：子孙视之不甚惜，举以予人，如弃草芥。（《六国论》）

②举出，提出：举类迩而见义远。（《屈原列传》）

③举起：举所佩玉玦以示者三。（《鸿门宴》）

④挂起：中江举帆。（《赤壁之战》）

⑤进攻：约以连兵大举。（《<指南录>后序》）

⑥攻取：南取汉中，西举巴蜀。（《过秦论》）

⑦列举：聊举数人以训汝。（《训俭示康》）

⑧举荐：举孝廉不行，连辟公府不就。（《张衡传》）

⑨举行，施行：今亡亦死，举大计亦死。（《陈涉世家》）

⑩尽：杀人如不能举。（《鸿门宴》）

⑪全：大喜，笼归，举家庆贺。（《促织》）

39. 绝

①断：秦王惊，自引而起，绝袖。（《荆轲刺秦王》）

②死：因而化怒为悲，抢呼欲绝。（《促织》）

③断绝：以一璧之故而绝秦赵之欢。（《廉颇蔺相如列传》）

④渡过：假舟楫者，非能水也，而绝江河。（《劝学》）

⑤无路可走，陡峭的：独与迈乘小舟至绝壁下。（《石钟山记》）

⑥与世隔绝的：率妻子邑人来此绝境。（《桃花源记》）

⑦很，非常：佛印绝类弥勒。（《核舟记》）

⑧全然：而心目耳力俱穷，绝无踪响。（《促织》）

40. 克

①战胜：既克，公问其故。（《曹刿论战》）

②克制：克己奉公。（《后汉书》）

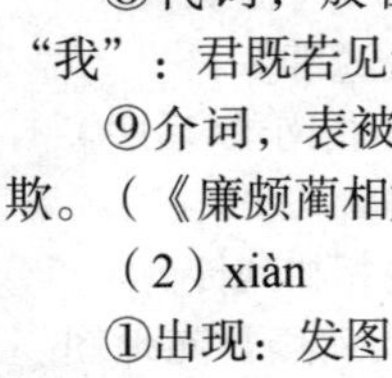

宿新市徐公店

宋 杨万里

篱落疏疏一径深，树头花落未成阴。

儿童急走追黄蝶，飞入菜花无处寻。

③能够：如其克谐，天下可定也。（《赤壁之战》）

41. 类

①像、似：佛印绝类弥勒。（《核舟记》）

②种类：物各从其类也。（《劝学》）

③大都、大致：走卒类士服，农夫蹑丝履。（《训俭示康》）

42. 怜

①可爱：可怜体无比，阿母为汝求。（《孔雀东南飞》）

②值得同情：可怜身上衣正单，心忧炭贱愿天寒。（《卖炭翁》）

③可惜：戍卒叫，函谷举，楚人一炬，可怜焦土。（《阿房宫赋》）

④爱惜、疼爱：丈夫亦爱怜其少子乎。（《触龙说赵太后》）

43. 内

①里面：少间，帘内掷一纸出。（《促织》）

②在内部：内立法度，务耕织，修守战之具，外连横而斗诸侯。（《过秦论》）

③内心：内怀犹豫之计。（《赤壁之战》）

④旧指妻妾：齐侯好内。（《左传》）

⑤纳、让……进：距关，毋内诸侯。（《鸿门宴》）

⑥接纳、收容：亡走赵，赵不内。（《屈原列传》）

⑦交纳：百姓内粟千石，拜爵一级。（《史记》）

44. 期

①日期：业根，死期至矣。（《促织》）

②期望：良剑期乎断。（《察今》）

③一周年，一整年：期年之后，虽欲言，无可进者。（《邹忌讽齐王纳谏》）

45. 奇

①少有的、罕见的：其进愈难，而其见愈奇。（《游褒禅山记》）

②不平常的：以事秦之心礼天下之奇才。（《六国论》）

③珍贵的：奇货可居。

④奇妙：世之奇伟、瑰怪、非常之观，常在于险远。（《游褒禅山记》）

⑤多：船首尾长八分有奇。（《核舟记》）

⑥好、佳、宜：今日违情义，恐此事非奇。（《孔雀东南飞》）

⑦奇怪，感到奇怪：信数与萧何语，何奇之。（《淮阴侯列传》）

46. 迁

①调动：迁我京职，则汝朝夕侍母。（《记王忠肃公翱事》）

②迁都：战、守、迁皆不及施。（《<指南录>后序》）

③升职：再迁为大史令。（《张衡传》）

④调动官职，也指降职：感斯人言，是夕始觉有迁谪意。（《琵琶行》）

⑤迁灭、灭亡：齐人未尝赂秦，终继五国迁灭，何哉？（《六国论》）

47. 穷

①尽：发图，图穷匕首见。（《荆轲刺秦王》）

②困厄、失意：竭忠尽智，以事其君，谗人间之，可谓穷矣。（《屈原列传》）

③尽、走到头：则其好游者不能穷也。（《游褒禅山记》）

④贫困：为宫室之美，妻妾之奉，所识穷乏者得我欤？（《鱼我所欲也》）

⑤僻、荒：穷山恶水

48. 去

①离开：欲呼张良与俱去。（《鸿门宴》）

②除掉：为汉家除残去秽。（《赤壁之战》）

③距离：项王军在鸿门下，沛公军在霸上，相去四十里。（《鸿门宴》）

④前往、到……去，表动作趋向：公然抱茅入竹去。（《茅屋为秋风所破歌》）

⑤过去的：我从去年辞帝京，谪居卧病浔阳城。（《琵琶行》）

⑥走了以后：去来江口守空船，绕船月明江水寒。（《琵琶行》）

49. 劝

①劝勉，勉励：劝学。（《劝学》）

②受到鼓励：夫有功者必赏，则爵禄厚而愈劝。（《韩非子·显学》）

③劝说，劝告：怀王稚子子兰劝王行。（《屈原列传》）

50. 却

①后退：因持璧却立。（《廉颇蔺相如列传》）

②使……退，击退：北救赵而西却秦。（《信陵君窃符救赵》）

③退回（原处）：却坐促弦弦转急。（《琵琶行》）

④还、再：何当共剪西窗烛，却话巴山夜雨时。（《夜雨寄北》）

⑤去掉：医得眼前疮，剜却心头肉。（《伤田家》）

⑥但是，可是（表转折）：逢人渐觉乡音异，却恨莺声似故山。（《漫书》）

51. 如

①往，到……去：坐须臾，沛公走如厕。（《鸿门宴》）

②顺：邂逅不如意，便还就孤。（《赤壁之战》）

③似，像：如弃草芥。（《六国论》）

④及，指比得上：固不如也。（《鸿门宴》）

⑤奈，对付或处置之意：其如土石何。（《愚公移山》）

52. 善

①好的，善良的：咨诹善道，察纳雅言。（《出师

晓出净慈寺送林子方

宋 杨万里

毕竟西湖六月中，风光不与四时同。

接天莲叶无穷碧，映日荷花别样红。

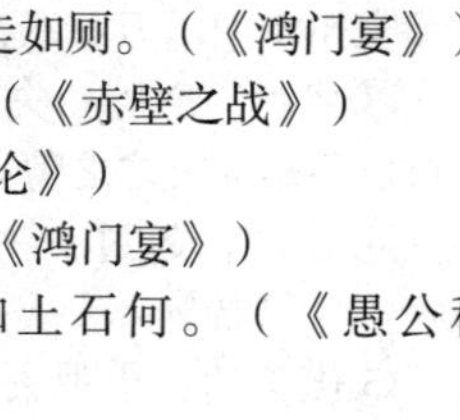

表》）

②好：晋鄙听，大善；不听，可使击之。（《信陵君窃符救赵》）

③好人：禁奸举善。（《后汉书》）

④好事：为善最乐。（《后汉书》）

⑤好的行为，好的办法：积善成德，而神明自得，圣心备焉。（《劝学》）

⑥优点，长处：采儒墨之善，撮明法之要。（《史记》）

⑦交好，亲善：楚左尹项伯者，项羽季父也，素善留侯张良。（《鸿门宴》）

⑧长于，善于：京中有善口技者。（《口技》）

⑨做好，处理好：工欲善其事，必先利其器。（《论语·卫灵公》）

⑩喜欢，羡慕：善万物之得时，感吾生之行休。（《归去来兮辞》）

⑪通“缮”，修治，引申为擦拭：善刀而藏之。（《庖丁解牛》）

53. 舍

（1）shè

①客舍，旅舍：至舍，四支（肢）僵劲不能动。（《送东阳马生序》）

②房屋，住所：屋舍俨然。（《桃花源记》）

③谦称自己的家：寒舍 / 敝舍，也用作称自己卑幼亲属的谦辞：舍弟 / 舍侄

④指军队在一处停留一宿：凡师，一宿为舍。（《左传》）

⑤住宿：舍相如广成传舍。（《廉颇蔺相如列传》）

⑥筑屋定居：唐浮图慧褒始舍于其址，而卒葬之。（《游褒禅山记》）

⑦休息：定（止留）舍以待其劳。

（2）shě

①放弃：二者不可得兼，舍鱼而取熊掌者也。（《鱼我所欲也》）

②停止：锲而不舍，金石可镂。（《劝学》）

③发射：不失其驰，舍矢如破。（《诗经》）

54. 胜

①胜利：此五者，知胜之道也。（《谋攻》）

②优美的山水或古迹：见怪石特出，度其下必有殊胜。（《永州崔中丞万石亭记》）

③战胜，取胜：夫六国与秦皆诸侯，其势弱于秦，而犹有可以不赂而胜之之势。（《六国论》）

④胜过，超过：一人之智力，不能胜天下欲得之者之众。（《原君》）

⑤优美的：予观夫巴陵胜状，在洞庭一湖。（《岳阳楼记》）

⑥盛大的：童予何知，躬逢胜饯。（《滕王阁序》）

55. 使

①命令，派遣：桓侯故使人问之。（《扁鹊见蔡桓公》）

②叫，让：安能摧眉折腰事权贵，使我不得开心颜。（《梦游天姥吟留别》）

③主使：是时以大中丞抚吴者为魏之私人，周公之逮所由使也。（《五人墓碑记》）

④使唤：人皆得以隶使之。（《五人墓碑记》）

⑤纵任：灌夫为人刚直使酒，不好面谀。（《史记·魏其武安侯列传》）

⑥出使：王必无人，臣愿奉璧往使。（《廉颇蔺相如列传》）

⑦使命：时周瑜受使至番阳。（《赤壁之战》）

⑧古代官名：予除右丞相兼枢密使。（《<指南录>后序》）

⑨使者：且秦强而赵弱，大王遣一介之使至赵，赵立奉璧来。（《廉颇蔺相如列传》）

56. 是

①是，表判断：（吴）巨是凡人，偏在远郡，行将为人所并。（《赤壁之战》）

②以……为是，认为……正确：是己而非人，俗之同病。（《问说》）

③正确：实迷途其未远，觉今是而昨非。（《归去来兮辞》）

57. 适

①往，到：余自齐安舟行适临汝。（《石钟山记》）

②女子出嫁：贫贱有此女，始适还家门。（《孔雀东南飞》）

③顺从，适合：处分适兄意，那得自任专。（《孔雀东南飞》）

④适应，顺应：少无适俗韵，性本爱丘山。（《归园田居》）

⑤满足，畅快：向晚意不适，驱车登古原。（《乐游原》）

58. 书

①书写，记载：乃丹书帛曰“陈胜王”，置人所罾鱼腹中。（《陈涉世家》）

②文字，书帛：卒买鱼烹食，得鱼腹中书。（《陈涉世家》）

③书信：烽火连三月，家书抵万金。（《春望》）

④文书：昼断狱，夜理书。（《汉书》）

⑤名册：军书十二卷，卷卷有爷名。（《木兰诗》）

⑥书籍：家贫，无以致书以观。（《送东阳马生序》）

⑦书法，字体：举世唯知其书，翻（反）以能自蔽也。（《颜氏家训·杂艺》）

⑧奏章：上书谏寡人者，受中赏。（《邹忌讽齐王纳谏》）

⑨《尚书》的简称：《书》曰：“满招损，谦受益。”。（《伶官传序》）

59. 属

（1）shǔ

①类：忠之属也，可以一战。（《曹刿论战》）

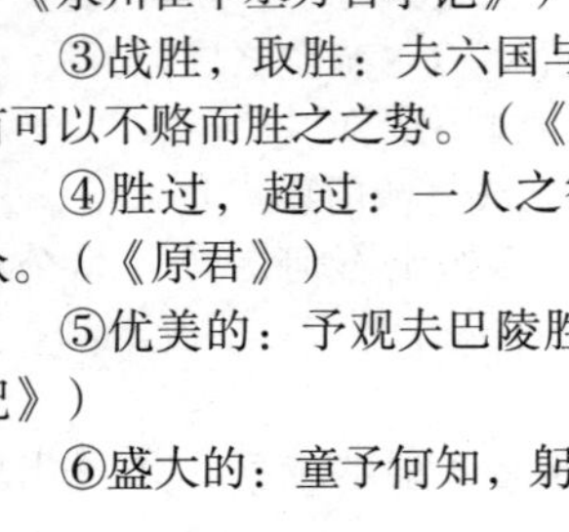

小池

宋 杨万里

泉眼无声惜细流，树阴照水爱晴柔。

小荷才露尖尖角，早有蜻蜓立上头。

②等，辈：不者，若属皆且为所虏。（《鸿门宴》）

③隶属：十三学得琵琶成，名属教坊第一部。（《琵琶行》）

④管属：在骨髓，司命之所属，无奈何也。（《琵琶行》）

⑤附属：龙举而景云属。（《淮南子》）

⑥系，是：查明属实

（2）zhǔ

①接连：常有高猿长啸，属引凄异。（《三峡》）

②跟随：项王渡淮，骑能属者百余人耳。（《史记》）

③缀辑，撰写：衡少善属文。（《张衡传》）

④通“嘱”，嘱托：属予作文以记之。（《岳阳楼记》）

⑤委托，交付：以兵属蒙恬。（《史记》）

60. 数

（1）shù

①数目，数量：众数虽多，甚未足畏。（《赤壁之战》）

②算术：三曰六艺，礼、乐、射、御、书、数。（《周礼》）

③法则，规律：天有常道矣，地有常数矣。（《天论》）

④命运：则胜负之数，存亡之理，当与秦相较，或未易量。（《六国论》）

⑤技艺、方术：今夫弈之为数，小数也，不专心致志，则不得也。（《学弈》）

⑥几，表示不确定的数目：骑千余，卒数万人。（《陈涉世家》）

（2）shǔ

①点数，计算：刘表治水军，蒙冲斗舰乃以千数。（《赤壁之战》）

②列举罪状，加以斥责：数吕师孟叔侄为逆。（《<指南录>后序》）

（3）shuò

多次、屡次：范增数目项王。（《鸿门宴》）

61. 率

（1）shuài

①主将：将率不能（才能）则兵弱。（《荀子》）

②率领，带领：遂率子孙荷担者三夫。（《愚公移山》）

③顺着，由着：此吾所以敢率性就死不顾汝也。（《与妻书》）

④表约略或测度，大约、大概、大都、大体，有时“大率”连用：大率用根者，若取宿根，须取无茎叶时采，则津泽皆归其根。（《采草药》）

⑤表范围，一律、都、全：“六国互丧，率赂秦耶？”。（《六国论》）

（2）lǜ

①规格，标准：有军功者，各以率受上爵。（《史记·商君列传》）

②频率，比率：建始以来，日食地震，以率言之，三倍春秋。（《汉书》）

62. 说

（1）shuō

①说明，解释：欲遍布之，恐不可户说。（《甘薯疏序》）

②讲，谈：说尽心中无限事。（《琵琶行》）

③告诉：使人说于子胥。（《国语》）

④说法，言论：而听细说，欲诛有功之人。（《鸿门宴》）

⑤文体的一种。侧重议论，多用于说明事物，讲述道理：故为之说，以俟夫观人风者得焉。（《捕蛇者说》）

（2）shuì

劝说，说服：范增说项羽曰。（《鸿门宴》）

（3）yuè

通“悦”，喜欢，高兴：学而时习之，不亦说乎。（《论语》）

63. 私

①私人的，自己的：吾所以为此者，以先国家之急而后私仇也。（《廉颇蔺相如列传》）

②不公开的：私娼 / 私贩

③私交，秘密的活动：项王疑范增与汉有私，稍夺其权。（《范增论》）

④偏爱：吾妻之美我者，私我也。（《邹忌讽齐王纳谏》）

64. 素

①白色的生绢：十三能织素，十四学裁衣。（《孔雀东南飞》）

②真情，本心：披心腹，见情素。（《狱中上梁王书》）

③白色的：素湍绿潭，回清倒影。（《三峡》）

④朴素的，不加修饰的：可以调素琴，阅金经。（《陋室铭》）

⑤颜色单纯，没有花纹：秦伯素服郊次，乡师而哭。（《崤之战》）

65. 汤

（1）tāng

①热水：媵人持汤沃灌。（《送东阳马生序》）

②食物加水煮熟后的汁液：参汤 / 米汤，也指水多菜少的菜肴：三日入厨下，洗手作羹汤。（《新嫁娘》）

③中药汤剂：其疗疾，合汤不过数种。（《三国志》）

④殷商的建立者：近古之世，桀纣暴乱，而汤武征伐。

辛弃疾（1140—1207年），南宋词人。原字坦夫，改字幼安，别号稼轩，历城人。21岁参加抗金义军，不久归南宋。历任湖北、江西、湖南、福建、浙东安抚使等职。一生力主抗金。曾上《美芹十论》与《九议》，条陈战守之策，显示其卓越军事才能与爱国热忱。其词抒写力图恢复国家统一的爱国热情，倾诉壮志难酬的悲愤，对当时执政者的屈辱求和颇多谴责；也有不少吟咏祖国河山的作品。题材广阔又善化用前人典故入词，风格沉雄豪迈又不乏细腻柔媚之处。作品集有《稼轩长短句》，今人辑有《辛稼轩诗文钞存》。

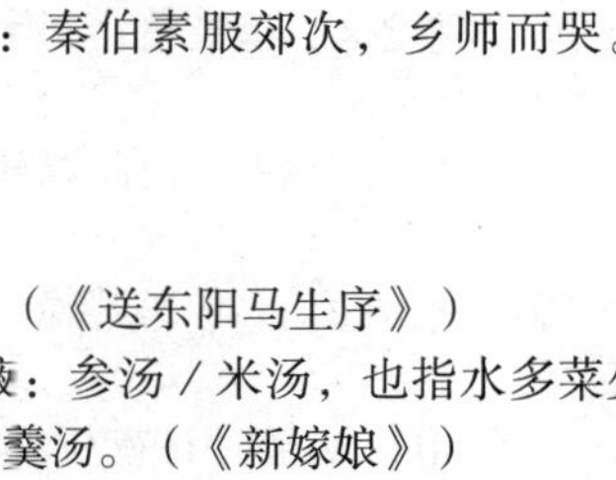

（《五蠹》）

（2）shāng

复合词，汤汤，水大流急的样子：衔远山，吞长江，浩浩汤汤，横无际涯。（《岳阳楼记》）

66. 涕

①眼泪：蒋氏大戚，汪然出涕。（《捕蛇者说》）

②鼻涕：目泪下，涕与泪垂四。（《寄皇甫湜》）

③流眼泪，哭泣：儿涕而去。（《促织》）

67. 徒

①步行：自京师徒步入华山为黄冠。（《复庵记》）

②步兵：帅徒以往。（《左传》）

③门人，弟子：仲尼之徒无道桓文之事者，是以后世无传焉。（《齐桓晋文之事》）

④同伙，同一类人：郯子之徒，其贤不及孔子。（《师说》）

⑤空，光：布衣之怒，亦免冠徒跣（脚），以头抢地耳。（《唐雎不辱使命》）

⑥白白地，徒然：秦城恐不可得，徒见欺。（《廉颇蔺相如列传》）

⑦只，仅又：徒以吾两人在也。（《廉颇蔺相如列传》）

68. 亡

（1）wáng

①逃亡，逃跑：今亡亦死，举大计亦死；等（同样是）死，死国可乎。（《陈涉世家》）

特指逃亡国外：今君乃亡赵走燕。（《廉颇蔺相如列传》）

②出外，不在：孔子时（伺）其亡也而往拜之。（《论语·阳货》）

③失去，丢失：亡羊补牢

④死亡：今刘表新亡。（《赤壁之战》）

⑤灭亡：山东豪俊，遂并起而亡秦族矣。（《过秦论》）

⑥消亡：天行有常，不为尧存，不为桀亡。（《荀子，天论》）

⑦逃亡在外的：诱天下亡人，谋作乱。（《史记》）

⑧死去的：亡儿

⑨逃跑之人：追亡逐北，伏尸百万。（《过秦论》）

（2）wú

通“无”，没有：河曲智叟亡以应。（《愚公移山》）

69. 望

①向远处看：下视其辙，登轼而望之。（《曹刿论战》）

②盼望，期望：日夜望将军至，岂敢反乎。（《鸿门宴》）

③临近：并、汾乔木，望秋先陨。（《采草药》）

④观察：吾令人望其气，皆为龙虎，成五采，此天子气也。（《鸿门宴》）

⑤指望：以我应他人，君还何所望。（《孔雀东南飞》）

⑥希望：三十日不还，则请立太子为王，以绝秦望。（《廉颇蔺相如列传》）

⑦名望，声望：先达德隆望尊。（《送东阳马生序》）

⑧农历十五日左右，太阳西下时月亮正从东方升起，遥遥相望。因此，称农历的每月十五日为望日或望：壬戌之秋，七月既望。（《赤壁赋》）

70. 悉

①尽其所有，总计：料大王之卒，悉之不过三十万。（《战国策·韩策》）

②详尽地叙述：书不能悉意，略陈固陋。（《报任安书》）

③详尽地了解或知道：丞相其悉朕意。（《三国志·蜀书，诸葛亮传》）

④详尽，全面：古之治天下，至孅至悉也。（《论积贮疏》）

71. 相

①相貌：儿已薄禄相，幸复得此妇。（《孔雀东南飞》）

②官名，指宰相、丞相：王侯将相宁有种乎。（《陈涉世家》）

③古代主持礼仪的官：宗庙之事，如会同，端章甫，愿为小相焉。（《子路、曾皙、冉有、公西华侍坐》）

④观察，审察：伯乐学相马。（《订鬼》）

⑤辅助：幽暗昏惑而无物以相之。（《游褒禅山记》）

72. 谢

①推辞，谢绝：阿母谢媒人。（《孔雀东南飞》）

②道歉，请罪：秦王恐其破璧，乃辞谢。（《廉颇蔺相如列传》）

③辞去，辞别：谢家来贵门。（《孔雀东南飞》）

④感谢：哙拜谢，起，立而饮之。（《鸿门宴》）

⑤告诉，劝告：多谢后世人，戒之慎勿忘。（《孔雀东南飞》）

⑥问：使君谢罗敷：“宁可共载否？”。（《陌上桑》）

⑦凋谢，衰亡：及花之既谢，亦可告无回于主人矣。（《芙渠》）

73. 信

①言语真实：信言不美，美言不信。（《老子》）

引申为诚实：牺牲玉帛，弗敢加也，必以信。（《曹刿论战》）

②可靠的：良将劲弩守要害之处，信臣精卒陈利兵而谁何。（《过秦论》）

西江月·夜行黄沙道中

宋 辛弃疾

明月别枝惊鹊，清风半夜鸣蝉。稻花香里说丰年，听取蛙声一片。
七八个星天外，两三点雨山前。旧时茅店社林边，路转溪头忽见。

③信用：将军既帝室之胄，信义（道义）着于四海。（《隆中对》）

④信物，凭据：今行而无信，则秦未可亲也。（《荆轲刺秦王》）

⑤使者：司空郑冲驰遣信就阮籍求文。（《世说新语·文学》）

特指媒人：自可断来信，徐徐更谓之。（《孔雀东南飞》）

⑥音讯，消息：雁来音信无凭，路遥归梦难成。（《清平乐》）

⑦相信：宁信度，无自信也。（《郑人买履》）

也指可信：今以蒋氏观之，犹信。（《捕蛇者说》）

⑧信任：愿陛下亲之信之。（《出师表》）

⑨守信用：言必信，行必果。（《论语·子路》）

74. 兴

（1）xīng

①起，起来：夙（早）兴夜寐。（《诗经》）

②兴起，发生：积土成山，风雨兴焉。（《劝学》）

③兴办，举办：政通人和，百废俱兴。（《岳阳楼记》）

④发动：怀王怒，大兴师伐秦。（《史记，屈原列传》）

⑤复兴：大楚兴，陈胜王。（《陈涉世家》）

也指使之兴盛：其存君兴国而欲反复之，一篇之中三致志焉。（《史记·屈原列传》）

⑥复兴：中兴机会，庶几在此。（《指南录》后序）

（2）xìng

①兴趣，兴致：遇游僧澄源至，兴甚勇。（《游黄山记》）

②诗歌的一种表现手法：赋、比、兴

③喜欢：不兴其艺，不能乐学。（《礼记·学记》）

75. 行

①步（慢步），趋（快走）：三人行，必有我师焉。（《论语》）

②运行：天行有常。（《天论》）

③经，历：行年七十，而犹有婴儿之色。（《庄子》）

④离去，前往：赵王畏秦，欲毋行。（《廉颇蔺相如列传》）

⑤实行，施行：余嘉其能行古道，作《师说》以贻之。（《师说》）

⑥行酒，给客人斟酒：客至未尝不置酒，或三行五行，多不过七行。（《训俭示康》）

⑦兼代（官职）。唐宋官制，小官代大官的事叫守某官，大官兼管小官的事叫行某官：观文殿学士、特进、行兵部尚书。（《泷冈阡表》）

⑧流行，流通：言之无文，行而不远。（《左传》）

⑨古诗的一种体裁：《琵琶行》《兵车行》。

⑩行为，品行：君子博学而日参省乎己，则知（智）明而行无过矣。（《劝学》）

⑪动作：大行不顾细谨。（《史记·项羽本纪》）

76. 修

①修建，修造：乃重修岳阳楼。（《岳阳楼记》）

②修理：修守战之具。（《过秦论》）

③治理：外结好孙权，内修政理。（《隆中对》）

④修养：臣修身洁行数十年。（《信陵君窃符救赵》）

⑤修订，修改：议法度而修之于朝廷。（《答司马谏议书》）

⑥编纂，编写：孙子膑脚，兵法修列。（《报任安书》）

⑦整饬：黜陟有序，众职修理，公卿多称其位。（《汉书·魏相丙吉传》）

⑧善，美好：其修士不能以货赂事人。（《韩非子·孤愤》）

⑨长，高：盖简（挑选）桃核修狭者为之。（《核舟记》）

77. 许

①应允，听从：均之二策，宁许以负秦曲。（《廉颇蔺相如列传》）

②赞同，赞成：杂然相许。（《愚公移山》）

③期望：塞上长城空自许。（《书愤》）

④地方，处所：先生不知何许人也。（《五柳先生传》）

⑤不定数词，表示“左右”“上下”：高可二黍许。（《核舟记》）

78. 阳

①山的南面，水的北面：本在冀州之南，河阳之北。（《愚公移山》）

②太阳：斜阳草树。（《永遇乐·京口北固亭怀古》）

③阴的对立面：故审堂下之阴，而知日月之行，阴阳之变。（《察今》）

④温暖：阳春布德泽，万物生光辉。（《长歌行》）

⑤明亮，鲜明：载玄载黄 我朱孔阳。（《诗经·豳风，七月》）

⑥凸出的，外露的：周秦古玺，多作阳文。（《说金》）

⑦假装，通“佯”：儋阳为缚其奴。（《汉书》）

79. 要

（1）yāo

①通“腰”：昔者先君灵王好小要，楚士约食。（《战国策》）

柳永（约987—约1053年），字耆卿，崇安（今福建武夷山）人，北宋词人，婉约派最具代表性的人物之一，代表作《雨霖铃》。原名三变，字景庄。后改名永，字耆卿。排行第七，又称柳七。宋仁宗朝进士，官至屯田员外郎，故世称柳屯田。他自称“奉旨填词柳三变”，以毕生精力作词，并以“白衣卿相”自许。

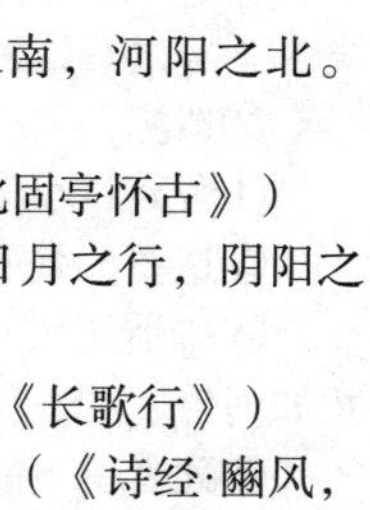

②邀请：张良出，要项伯。（《鸿门宴》）

③相约：虽与府吏要，渠会永无缘。（《孔雀东南飞》）

④缔结：以要晋国之成（和）。（《国语》）

⑤求，取：仁者不违义以要功。（《后汉书·窦融传》）

⑥要挟：惟大辟无可要，然犹质其首。（《狱中杂记》）

⑦约束、控制：然地亦穷险，唯京师要其道。（《史记·货殖列传》）

（2）yào

①重要：北收要害之郡。（《过秦论》）

②险要：筑石寨土堡于要隘，树帜曰“谢庄团练冯”。（《冯婉贞》）

③简要，切要：可谓要言不烦也。（《三国志·管辂传》）

④要点，关键：要在安国家，利人民。（《盐铁论》）

⑤希望：若要人不知，除非己莫为

⑥符合，适合：凡先王之法，有要于时也。（《察今》）

⑦总括、概括：要之，治平之久，天地不能不生人。（《治平篇》）

80. 宜

①应该，应当：将军禽操，宜在今日。（《赤壁之战》）

②适宜，合适：淡妆浓抹总相宜。（《饮湖上初晴后雨》）

81. 遗

（1）yí

①遗失之物：高祖取楚如拾遗。（《汉书》）

②遗失，丢失：秦无亡矢遗镞之费，而天下诸侯已困矣。（《过秦论》）

③遗漏，忽略：昭明好恶，不遗微细。（《典引》）

④舍弃：小学而大遗。（《师说》）

⑤遗留，剩下：此所谓养虎自遗患也。（《史记》）

⑥排泄（大小便）：顷之三遗失（屎）矣。（《廉颇蔺相如列传》）

⑦死者留下的：深追先帝遗诏。（《出师表》）

⑧剩余的：地有遗利，民有遗力。（《论贵粟疏》）

（2）wèi

①送给，给予：是时曹操遗权书。（《赤壁之战》）

是以先帝简拔以遗陛下。（《出师表》）

②赠予：客从远方来，遗我双鲤鱼。（《饮马长城窟行》）

③送给的东西：父母岁有裘葛之遗。（《送东阳马生序》）

82. 贻

①赠送：尝贻余核舟一，盖大苏泛赤壁云。（《核舟记》）

②遗留：我之怀矣，自贻伊戚。（《左传·宣公二年》）

③造成：老父之罪，不能鉴听，坐贻聋瞽，使闺窗孺弱，远罹构害。（《柳毅传》）

83. 阴

①山的北面，水的南面：达于汉（汉水）阴。（《愚公移山》）

②阴天：秋不得避阴雨。（《论贵粟疏》）

③光阴，时光：一寸光阴一寸金。

④阴暗：朝晖夕阴，气象万千。（《岳阳楼记》）

⑤阴冷：阴风怒号，浊浪排空。（《岳阳楼记》）

⑥属于死人的：阴宅／阴火。

⑦凹入的：惟汉印多用阴文。（《说金》）

⑧阴险：性阴密，忍诛杀，不见喜怒。（《新唐书·李林甫传》）

84. 右

①右边：然视其左右，来而记之者已少。（《游褒禅山记》）

②古代以右为尊，因而指较高的地位：以相如功大，拜为上卿，位在廉颇之右。（《廉颇蔺相如列传》）

引申为上：一切异状遍试之，无出其右者。（《促织》）

③古称世家大族为“右族”“右姓”，也简称为“右”：又多豪右，共为不轨。（《张衡传》）

④古代战车上坐在右边负责警卫并防止车身倾侧的力士称“车右”，也简称为“右”：梁弘御戎，莱驹为右。（《崤之战》）

⑤右臂（手）：袒右，称大楚。（《陈涉世家》）

⑥尊重，重视：守咸尚文，遭遇右武。（《史记·平津侯主父列传》）

⑦亲近，袒护：右韩而左魏。（《战国策·魏策二》）

85. 造

①制作：复造候风地动仪。（《张衡传》）

②建造：因造玉清宫。（《雁荡山》）

③制定：怀王使屈原造为宪令。（《屈原列传》）

④往，到：径造庐访成，视成所蓄。（《促织》）

⑤时代：满清末造。（《（黄花岗七十二烈士事略）序》）

⑥成就：肆成人有德，小子有造。（《诗经》）

86. 知

（1）zhī

①知觉：手等有痛痒之知。（《神灭论》）

②知识：“孰为（谓）汝多知乎！”。（《两小儿辩日》）

雨霖铃·寒蝉凄切

宋 柳永

寒蝉凄切，对长亭晚，骤雨初歇。都门帐饮无绪，留恋处、兰舟催发。执手相看泪眼，竟无语凝噎。念去去千里烟波，暮霭沉沉楚天阔。自古多情伤离别，更那堪冷落清秋节。今宵酒醒何处，杨柳岸，晓风残月，此去经年，应是良辰好景虚设。便纵有千种风情，更与何人说？

③灵魂：其无知，悲不几时。（《祭十二郎文》）

④知己，朋友：悲歌辞旧爱，衔泪觅新知（鲍照《咏双燕》）

⑤交情：绝宾客之知。（《报任安书》）

⑥知道，知晓：呜呼！孰知赋敛之毒有甚是蛇者乎。（《捕蛇者说》）

⑦主持，管理：吾与之共知越国之政。（《勾践灭吴》）

⑧了解：君何以知燕王。（《廉颇蔺相如列传》）

知己知彼，百战不殆。（《孙子兵法·谋攻》）

⑨识别：其真无马邪？其真不知马也。（《马说》）

⑩感到：以中有足乐者，不知口体之奉不若人也。（《送东阳马生序》）

（2）zhì

通"智"，智慧：君子博学而日参省乎己，则知明（明达）而行无过矣。（《劝学》）

87. 致

①意态，情趣：是我于花之未开，先享无穷逸致矣。（《芙蕖》）

②送达：宁南南下，皖帅欲结欢宁南，致敬亭于幕府。（《柳敬亭传》）

③表达：其存君兴国而欲反复之，一篇之中三致志焉。（《屈原列传》）

④招来：致食客三千人。（《信陵君窃符救赵》）

⑤取得，得到：家贫，无从致书以观。（《送东阳马生序》）

⑥到，达到：然秦以区区之地，致万乘之势。（《过秦论》）

⑦使，致使，导致：女行无偏斜，何意致不厚。（《孔雀东南飞》）

⑧用：衡善机巧，尤致思于天文、阴阳、历算。（《张衡传》）

88. 质

①典当，抵押：为长安君约车百乘，质于齐。（《触龙说赵太后》）

也指用以作为抵押：惟大辟无可要（要挟），然犹质其首。（《狱中杂记》）

②询问：援疑质理。（《送东阳马生序》）

③抵押品，指作为保证的人或物：必以长安君为质，兵乃出。（《触龙说赵太后》）

④信物，通"贽"：乃令张仪佯去秦，厚币委（呈献）质事楚。（《屈原列传》）

也指初次见面执以为礼的物品：出疆必载质。（《孟子》）

⑤本质，实体：形者神之质。（《神灭论》）

⑥资质：非天质之卑，则心不若余之专耳。（《送东阳马生序》）

⑦质地，底子：永州之野产异蛇，黑质而白章。（《捕蛇者说》）

⑧通"锧"，刑具，杀人时作垫用的砧板：君不如肉袒伏斧质请罪，则幸得脱矣。（《廉颇蔺相如列传》）

⑨质朴：质胜文则野。（《论语》）

89. 治

①治理，管理：治国无法则乱。（《察今》）

②整训：今治水军八十万众，方与将军会猎于吴。（《赤壁之战》）

③整理：于是约车治装（行装），载券契而行。（《冯谖客孟尝君》）

④医治：君有疾在腠理，不治将恐深。（《扁鹊见蔡桓公》）

⑤对付，抵御：同心一意，共治曹操。（《赤壁之战》）

⑥惩处，处置：不效则治臣之罪，以告先帝之灵。（《出师表》）

⑦修治：民治渠少烦苦，不欲也。（《西门豹治邺》）

⑧太平，安定：明于治乱，娴于辞令。（《屈原列传》）

90. 贼

①祸患，祸害：淫侈之俗日日以长，是天下之大贼也。（《论积贮疏》）

②刺客：燕王昏乱，其太子丹乃阴令荆轲为贼。（《史记·秦始皇本纪》）

③强盗：贼二人得我，我幸皆杀之矣。（《童区寄传》）

④作乱叛国的人：操虽托名汉相，其实汉贼也。（《赤壁之战》）

⑤敌人：坐桂公塘土围中，骑数千过其门，几落贼手死。（《<指南录>后序》）

⑥害：是贼天下之人者也。（《墨子·非儒》）

⑦杀害：二人相憎而欲相贼也。（《韩非子·内储说下》）

⑧狠毒：董卓狼戾（凶狠）贼忍（残忍）。（《三国志·董二袁刘传》）

91. 族

①家族，指同姓的亲属：山东豪俊遂并起而亡秦族矣。（《过秦论》）

②种族，民族：我黄帝子孙，聚族而居。（《少年中国说》）

③姓：丈人度之，绝江，问其名族，则不肯告。（《吕氏春秋·异宝》）

④类：士大夫之族。（《师说》）

⑤（筋骨）聚结之处：每至于族，吾见其难为。（《庖丁解牛》）

黄庭坚（1045—1105年），字鲁直，自号山谷道人，晚号涪翁，又称豫章黄先生，洪州分宁（今江西修水）人。北宋诗人、词人、书法家，为盛极一时的江西诗派开山之祖。英宗治平四年（1067）进士。历官叶县尉、北京国子监教授、校书郎、著作佐郎、秘书丞、涪州别驾、黔州安置等。

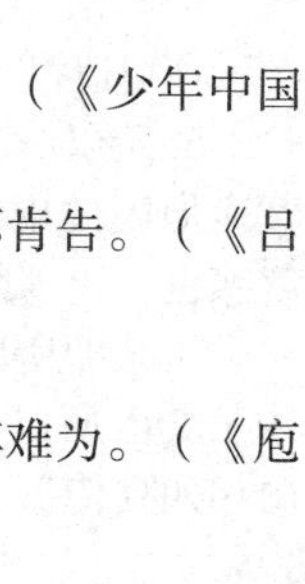

⑥灭族：族秦者秦也，非天下也。（《阿房宫赋》）

⑦聚，集：云气不待族而雨。（《庄子》）

⑧众：族庖月更刀，折也。（《庖丁解牛》）

92. 卒

①差役：禁卒居中央。（《狱中杂记》）

②步兵：骑千余，卒数万人。（《陈涉世家》）

泛指士兵：夫以疲病之卒御狐疑之众。（《赤壁之战》）

③古代军队编制。百人为卒。一说二百人为卒：全卒为上，破卒次之。（《谋攻》）

④死亡。古代大夫死称卒，年老寿终也称卒，后为死的通称：年六十二，永和四年卒。（《张衡传》）

⑤完毕，结束；到……止：语卒，而单于大怒。（《史记·匈奴列传》）

93. 走

①古代指疾行，即跑：双兔傍地走，安能辨我是雄雌。（《木兰诗》）

②逃跑：老翁逾墙走，老妇出门看。（《石壕吏》）

③使之逃跑：操军方连船舰，首尾相接，可烧而走也。（《赤壁之战》）

④奔向，趋附：窃计欲亡走燕。（《廉颇蔺相如列传》）

⑤走向：骊山北构而西折，直走咸阳。（《阿房宫赋》）

⑥仆人：太史公牛马走司马迁再拜言。（《报任安书》）

⑦快：豫备走舸，系于其尾。（《赤壁之战》）

古今异义双音节词语80例

1. **亲戚** 今义：常指外亲，即跟自己有婚姻关系的家庭或成员。古义：内亲和外戚。

臣所以去亲戚而事君者，徒慕君之高义也。（《史记·廉颇蔺相如列传》）

2. **妻子** 今义：爱人（女方）。古义：妻和子女。

子布、元表诸人各顾妻子……。（《赤壁之战》）

3. **中国** 今义：中华人民共和国。古义：中原地区。

若能以吴越之众与中国抗衡，不如早与之绝。（《赤壁之战》）

4. **非常** 今义：很、大。古义：意外事故。

所以遣将守关者，备他盗之出入与非常也。（《鸿门宴》）

5. **所以** 今义：表示因果关系的关联词。古义：①缘故。②表原因的虚词，③用来，靠它来。③师者，所以传道受业解惑也。（《师说》）

①余叩所以。（《狱中杂记》）

②臣所以去亲戚而事君者，徒慕君之高义也。（《廉颇蔺相如列传》）

①例：余叩…

6. **绝境** 今义：没有出路的境地。古义：与外界隔绝之地。

先世避秦时乱，率妻子邑人来此绝境，不复出焉。（《桃花源记》）

7. **无论** 今义：表条件关系的关联词。古义：更不必说。

问今是何世，乃不知有汉，无论魏晋。（《桃花源记》）

8. **稍稍** 今义：稍微。古义：渐渐地、慢慢地。

宾客意少舒，稍稍正坐。（《口技》）

9. **更衣** 今义：换衣服。古义：上厕所。

权起更衣，肃追于宇下。（《赤壁之战》）

10. **无日** 今义：不知还有多少时候，很久。古义：不久。

事急而不断，祸至无日矣！。（《赤壁之战》）

11. **殷勤** 今义：热情、周到。古义：关切、问候。

肃奉权旨，论天下事势，致殷勤之意。（《赤壁之战》）

12. **唧唧** 今义：低声交谈，也可指虫的叫声。古义：①织布机声。（《木兰诗》），②叹息声。（《琵琶行》）。

①例：唧唧复唧唧，木兰当户织。

②例：我闻琵琶已叹息，又闻此语重唧唧。

13. **豪杰** 今义：才能出众的人。古义：①有声望、有地位的人。例：号令召三老、豪杰与皆来会计事。（《陈涉世家》）②英雄人物。例：山东豪杰遂并起……。（《过秦论》）

14. **往往** 今义：常常。古义：处处。

旦日卒中往往语……。（《陈涉世家》）

15. **何苦** 今义：不值得做，犯不着。古义：哪怕，怕什么，怎怕。

而山不加增，何苦而不平！。（《愚公移山》）

16. **鱼肉** 今义：鱼的肉。古义：鱼和肉，意为被欺凌的对象。

如今人方为刀俎，我为鱼肉。（《鸿门宴》）

17. **卑鄙** 今义：品质恶劣。古义：卑，指出身低微；鄙，指为人粗野。常用作谦辞。

先帝不以臣卑鄙，猥自枉屈，三顾臣于草庐之中。（《出师表》）

18. **不过** 今义：转折连词。古义：不超过。

今以实校之，彼所将中国人，不过十五六万，且已久疲。（《赤壁之战》）

19. **其实** 今义：实际上。古义：①它的果实。（《晏子使楚》）。②那实际情况。（《李固与黄琼书》）

①例：叶徒相似，其实味不同。

②例：盛名之下，其实难副。

20. **春秋** 今义：①春季、秋季，②时代名称。古义：①年龄；②一年；③书名。

①天子春秋鼎盛。（《治安策》）

②蟪蛄不知春秋。（《庄子·逍遥游》）

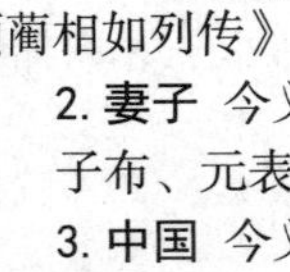

游园不值

宋 叶绍翁

应怜屐齿印苍苔，小扣柴扉久不开。春色满园关不住，一枝红杏出墙来。

③孔子成《春秋》而乱臣贼子惧。（《孟子·滕文公》）

21. **左右** 今义：①大致范围，②控制。古义：侍卫人员。

王顾左右而言他。（《孟子》）

22. **结束** 今义：事情做完，一个过程的完结。古义：整装。

婉贞于是率诸少年结束而出。（《冯婉贞》）

23. **大风** 今义：大的风。古义：麻风病。

可以已大风。（《捕蛇者说》）

24. **一切** 今义：所有的。古义：一律、一概、任何。

岂可一切拘以定月哉。（《梦溪笔谈》）

25. **宣言** 今义：指政府的公告。古义：公开扬言。

宣言曰："我见相如，必辱之。"。（《廉颇蔺相如列传》）

26. **烈士** 今义：为革命而牺牲的人。古义：烈，有节操，有抱负；士，一般指男子。

烈士暮年，壮心不已。（《龟虽寿》）

27. **牺牲** 今义：为正义而死。古义：作祭礼的牲畜。

牺牲玉帛，弗敢加也。（《曹刿论战》）

28. **交通** 今义：来往和运输。古义：①勾结，②互相通连。

①因其富厚，交通王侯。（《论贵粟疏》）

②枝枝相覆盖，叶叶相交通。（《孔雀东南飞》）

29. **扶老** 今义：扶着老人。古义：拐杖。

策扶老以流憩。（《归去来兮辞》）

30. **秋天** 今义：秋季。古义：秋季的天空。

秋天漠漠向昏黑。（《茅屋为秋风所破歌》）

31. **可恨** 今义：令人憎恨。古义：痛惜。

用人不当其才，闻贤不试以事，良可恨也。（《马钧传》）

32. **留意** 今义：当心、注意。古义：考虑。

先生可留意矣。（《中山狼传》）

33. **举手** 今义：表赞同，或要求发言时的动作。古义：①动手，②告别时的动作。

①先生举手出狼。（《中山狼传》）

②举手长劳劳，二情同依依。（《孔雀东南飞》）

34. **老子** 今义：①父亲，②自我的粗俗称谓。古义：老人。

遥望老子杖藜而来。（《中山狼传》）

35. **鞠躬** 今义：行礼。古义：①弯着身子，②恭敬地、谨慎地。

①我鞠躬不敢息。（《中山狼传》）

②鞠躬尽瘁，死而后已。（《后出师表》）

36. **怠慢** 今义：冷淡，待人不够殷勤。古义：松懈、轻忽。

怠慢忘身，祸灾乃作。（《劝学》）

37. **口舌** 今义：由说话引起的是非、争吵。古义：口和舌，指说话。

国事如此，予不得爱身，意北亦尚可以口舌动也。（《<指南录>后序》）

38. **丈人** 今义：岳父。古义：①老人，②长辈。

①汉天子，我丈人行也。（《苏武传》）

②乞丈人一言而生。（《中山狼传》）

39. **风流** 今义：生活浪漫放荡；男女关系不正当。古义：①杰出、英俊，②繁华的景象，流风余韵，③学问才华，雍容的风度。

①大江东去，浪淘尽，千古风流人物。（《念奴娇·赤壁怀古》）

②风流总被雨打风吹去。（《永遇乐·京口北固亭怀古》）

③摇落深知宋玉悲，风流儒雅亦吾师。（《咏怀古迹》）

40. **操持** 今义：料理、筹划。古义：拿着。

杖汉节牧羊，卧起操持，节旄尽落。（《苏武传》）

41. **开张** 今义：店铺开业。古义：扩大。

诚宜开张圣听，以光先帝遗德。（《出师表》）

42. **学者** 今义：有专门学问的人。古义：求学的人，读书人。

古之学者必有师。（《师说》）

43. **地方** 今义：①泛指空间的一部分；②民间；③地区。古义：①当地的事；②土地方圆；③大地的形状是方的。

①在外监司牧守，亦皆贪鄙成风，不以地方为意。（《方腊起义》）

②江东虽小，地方千里。（《项羽本纪》）

③天圆地方。（《淮南子·天文训》）

44. **山东** 今义：山东省。古义：①指战国时秦国崤山、函谷关以东之楚、赵、韩、魏、燕、齐六国，②泛指太行山以东地区。

①山东豪俊遂并起而亡秦族矣。（《过秦论》）

②晋兵先下山东。（《史记·晋世家》）

45. **不避** 今义：不躲开。古义：不亚于、不次于。

今海内为一，土地人民之众，不避汤禹。（《论贵粟疏》）

46. **县官** 今义：知县、县令。古义：朝廷。

今募天下入粟县官，得以拜爵，得以除罪。（《论贵粟疏》）

47. **致意** 今义：表示问候。古义：抒发心情。

其存君兴国而欲反复之，一篇之中三致意焉。（《屈原列传》）

48. **反复** 今义：重复。古义：①扭转形势，②书信往返。

①其存君兴国而欲反复之，一篇之中三致意焉。（《屈原列传》）

②重念蒙君实视遇厚，于反复不宜卤莽，故今具道所以。（《答司马谏议书》）

49. **从容** 今义：不慌忙。古义：①言语、举动适度得体；②举动。

①然皆祖屈原之从容辞令，终莫敢直谏。（《屈原列传》）

②从容中道。（《中庸》）

50. **慷慨** 今义：大方。古义：理直气壮，意气激昂。

初至北营，抗辞慷慨，上下颇惊动。（《<指南录>后序》）

韦应物（737—792年），唐代诗人，长安（今陕西西安）人。今传有10卷本《韦江州集》、两卷本《韦苏州诗集》、10卷本《韦苏州集》。散文仅存一篇。因做过苏州刺史，世称"韦苏州"。诗风恬淡高远，以善于写景和描写隐逸生活著称。

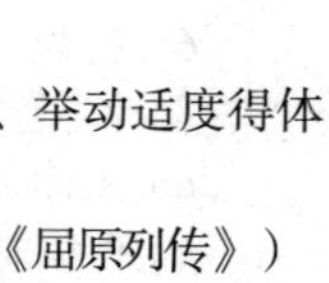

51. **无赖** 今义：流氓，刁钻泼辣、无理取闹。古义：①胡作非为，②活泼好玩。

①王子晞为尚书，领行营节度使，寓军邠州，纵士卒无赖。（《段太尉逸事状》）

②最喜小儿无赖，溪头卧剥莲蓬。（《清平乐》）

52. **故事** 今义：真实的或虚构的有人物有情节的事情。古义：先例、旧事。

苟以天下之大，而从六国破亡之故事，是又在六国下矣。（《六国论》）

53. **南面** 今义：南边。古义：面南而坐，即称帝。

不然，擅齐之强，得一士焉，宜可以南面而制秦。（《读孟尝君传》）

54. **老大** 今义：长兄，长子，船老大。古义：年龄大。

门前冷落鞍马稀，老大嫁作商人妇。（《琵琶行》）

55. **可怜** 今义：值得怜悯。古义：①可爱，②值得同情。

①可怜体无比，阿母为汝求。（《孔雀东南飞》）

②可怜身上衣正单，心忧炭贱愿天寒。（《卖炭翁》）

56. **小子** 今义：①北方人称男孩，②对青年人的鄙称。古义：小孩子（有贬义）。

小子无所畏，何敢助妇语！。（《孔雀东南飞》）

57. **逢迎** 今义：奉承、拍马。古义：迎接。

新妇识马声，蹑履相逢迎。（《孔雀东南飞》）

58. **斗争** 今义：泛指对抗性行为。古义：吵闹、打架。

群鸡正乱叫，客至鸡斗争。（《羌村三首》）

59. **同志** 今义：革命群众的互称。古义：志同道合的人。

同志者或不远千里而致。（《甘薯疏序》）

60. **于是** 今义：承接连词。古义：在此。

吾祖死于是，吾父死于是。（《捕蛇者说》）

61. **中心** 今义：①文章的主旨，②主要场合或指挥机构，③事物的重心。古义：心里。

中心藏之，何日忘之？（《叶公好龙》）

62. **中间** 今义：当中。古义：中，当中；间，夹杂着。

中间力拉崩倒之声。（《口技》）

63. **束手** 今义：没办法。古义：投降。

近者奉辞伐罪，旌麾南指，刘琮束手。（《赤壁之战》）

64. **指示** 今义：为指导工作而发出的口头或书面意见。古义：指出，给人看。

璧有瑕，请指示王。（《廉颇蔺相如列传》）

65. **行为** 今义：举动。古义：行，品行；为，做。

吾社之行为士先者，为之声义。（《五人墓碑记》）

66. **从而** 今义：连词。古义：从，跟随；而，而且。

生乎吾前，其闻道也固先乎吾，吾从而师之。（《师说》）

67. **至于** 今义：表示另提一事的连词。古义：终于达到某种程度。

至于颠覆，理固宜然。（《六国论》）

68. **初一** 今义：农历每月的第一天。古义：刚刚开始。

初一交战，操军不利。（《赤壁之战》）

69. **祖父** 今义：父亲的父亲。古义：祖辈和父辈。

思厥先祖父，暴霜露，斩荆棘，以有尺寸之地。（《六国论》）

70. **会计** 今义：管理财务的人。古义：会，聚会；计，商议。

号令召三老、豪杰与皆来会计事。（《陈涉世家》）

71. **不必** 今义：用不着，不需要。古义：不一定。

是故弟子不必不如师，师不必贤于弟子。（《师说》）

72. **作文** 今义：语文课里写文章的练习。古义：写文章。

属予作文以记之。（《岳阳楼记》）

73. **以往** 今义：从前。古义：从这里开始，向那里……

召有司案图，指从此以往十五都予赵。（《廉颇蔺相如列传》）

74. **感激** 今义：深深地感谢。古义：感，感动；激，奋激。

由是感激，遂许先帝以驱驰。（《出师表》）

75. **因而** 今义：表示结果的连词。古义：趁此。

不如因而厚遇之，使归赵。（《廉颇蔺相如列传》）

76. **具体** 今义：明确，不抽象，细致。古义：具，具备；体，形体。

亦雁荡具体而微者。（《雁荡山》）

77. **智力** 今义：理解事物的能力。古义：智，智谋；力，力量。

且燕赵处秦革灭殆尽之际，可谓智力孤危，战败而亡，诚不得已。（《六国论》）

78. **前进** 今义：向前行进，思想进步。古义：前，走上前去；进，进献。

相如前进缶，因跪请秦王。（《廉颇蔺相如列传》）

79. **或者** 今义：选择连词或副词。古义：有的人，有些人。

或者曰：夏商周汉封建而延，秦郡邑而促。（《封建论》）

80. **即使** 今义：表假设性让步连词。古义：即，就；使，让，叫。

即使吏卒共抱大巫妪投之河中。（《西门豹治邺》）

寄李儋元锡

唐 韦应物

去年花里逢君别，今日花开又一年。世事茫茫难自料，春愁黯黯独成眠。

身多疾病思田里，邑有流亡愧俸钱。闻道欲来相问讯，西楼望月几回圆？

单招习题化知识整合

第四部分　写　作

[专题十三　作　文]

作文在体育单招语文测试中占有很大的比重（60分），作文成功与否，在很大程度上决定着考生录取与否的命运。所以体育考生要提高写作水平。同时体育考生在写作前要选择自己擅长的文体，扬长避短。它要求考生具备大纲所规定的写作知识与相应的写作能力，有丰富的生活积累和对生活的感悟能力，有熟练运用语言文字的能力，有较丰富的科学文化知识和思想认识能力。本专题只对体育单招作文中应注意的几个问题进行探讨，希望有助于考生复习应考。

一、备考总结

1. 近年来全国体育单招考试作文的出题模式包括：话题作文、材料作文、命题作文。从题目看，离不开与体育有关的事情，主要体现为运动员意志品质、荣誉等方面考题。

例如：2006年作文题目《一枚最有意义的奖牌》，要求考生在对待荣誉、看待输赢上做文章

2007年作文题目《一次最精彩的配合》是围绕合作精神做文章；

2009年作文题目《挑战自己的毅力》，要求考生在挑战自我，超越自我，超越极限的毅力培养方面做文章。所以，考生不妨选择这类话题进行训练。

2010年作文题目《一次难忘的超越》在挑战自我，超越自我后，考生的感受。

2011年作文题目《广州亚运会的记忆》难忘记忆（广州亚运会中的一幕），对考生的感触，要写积极的。

2. 体育单招考生比高考考生的社会实践要丰富很多，体育单招考生在运动训练、体育比赛中有很多精彩的真人、真事、真感悟，这都是最好的素材，我们要记忆保存。在考试中，我们记叙其中最感动自己的人和事，议论我们经常思考和反复探讨的话题，这应当是我们的优势。因此，面对写作题目，去搜索最感动自己的素材，最强烈撞击自身的感受，并将其写入文章，相信生活的真实会助我们一臂之力。

3. 依照标准规范写作。比赛有规则，写作有标准。标准检查规范着我们的写作，同时也是衡量写作优劣的尺子，我们要在写作过程中要把评分标准牢记在心。切合题意，中心突出，内容充实，感情真挚，结构严谨，语言流畅，符合文体要求。

4. 从近几年体育单招的情况看，作文考试都是"给定题目，立意自定，文体自选"的考测形式。作文自选文体，但不等于"不要文体"，而是要考生选择自己擅长的文体。因此在平时训练中仍然不能放弃"文体写作训练"这个基础，并加强平时的有针对性的写作训练，提高考生的写作水平和能力。

互动训练

人生需要拼搏

容国团有句名言"人生能有几回搏"。是的，人生短暂，而路途坎坷，每前进一步都需要付出艰苦的拼搏。

人生在世总要有所追求，总要有自己的志向。既然是水，就应该成波浪；既然是土，就要垒成大山。我渴望得到事业的成功，渴望感受生活的温馨，渴望为社会、为人类作出一份贡献。但如何使愿望不像肥皂泡那样破灭呢？唯有一搏，唯有在人生的旅途中，以自己坚实的身躯去拼搏、去奋斗，才有可能实现自己的理想，使泥土成为大山，容国团驰骋乒坛，居里夫人探索科学的奥秘，革命先辈浴血奋战，他们的成功不都是建立在一个"搏"字上吗？

也许你会说，即使去拼搏，也不一定能成功呀。是的，人生一世有成功就有失败。失败了并不可怕，跌倒了爬起来再干。即使一生未能实现自己的理想也无妨。重要的是我已经搏了，已经为自己的理想而奋斗了。当我们走向生命的尽头时，我们可以问心无愧地对自己说："我是生活的强者，我没有虚度此生。"相反，那些害怕失败不敢拼搏的人，也许他们一生平平安安，不会遇到大风大浪和较大的挫折，但他们只能庸庸碌碌，不能体味奋斗的快乐，也无法感受生命存在的意义。当他们走向死亡的时候，只能充满了空虚和惶惑，根本不知道自己来到世上是为了什么。

一些人不敢拼搏，因为拼搏是痛苦的。为了实现自己的理想，我们要付

贺知章（659—744年），字季真，号四明狂客，唐越州会稽永兴（今浙江杭州市萧山区）人。贺知章诗文以绝句见长，除祭神乐章、应制诗外，其写景、抒怀之作风格独特，清新潇洒，著名的《咏柳》《回乡偶书》两首脍炙人口，千古传诵，今尚存录入《全唐诗》共19首。

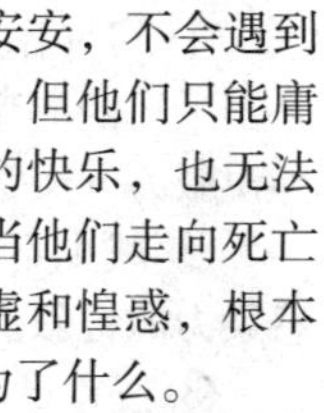

二、把握体育单招作文的特征，练好体育单招作文

1. “体育单招作文的命题特点”的综合分析：按题目的限定（主要是内容、字数等），在单位时间内必须完成的作文。可以清晰地看到这种作文的外部特征：（1）写作时间的限制性；（2）写作内容的限制性；（3）文章构成因素的规范性。要在这种限制下写出优秀之作，自然须力争作文的“短、真、精”。

“短”，是受其时间限制与字数限制的必然结果。“真”，是指其内容必是考生的真思想、真认识，真情感和真实的经历、实践，这是写文章的基本要求。“精”，是指文章中心明确，结构合理（符合特征文体）；层次清楚，语言简明、精练、流畅，文气贯通。这是为评分内容和评分标准所限定的。

“短”不是“简”，而是“精”。对于一篇优秀作文来说，“短”和“精”的关系是相辅相成和互为辩证的，我们应该把两者联系起来研究。具体到一篇文章来说，篇幅长、短，是与内容结构密不可分的。不管什么文体的文章，都有开头、结尾和中间展开部分（主体），其中，还少不了过渡、照应、衔接这类文章要素。对于平时作文来说，处理这些结构问题，写好文章，还是可以做到的，但由于体育单招作文有时间和字数的严格限制，要把文章写得“短”而“精巧”（系评分内容与标准要求），没有较强的写作能力就显得力不从心了。

考生们首先要从思想上解决一个认识问题，即“短”不是“简”或“减”（简单行事，删减内容），而是“精”，精练的语言、精巧的结构、精练的内容。只有这样才能把文章写得短而精。

2. 精练的内容，精巧的结构又离不开精练的语言，因此，现就精练语言、精练结构、精练内容谈些具体做法。

（1）精练语言。要使语言精练，首先要养成熟读精品“千字文”的习惯，从中体验、品味先哲和名家是怎样用精练的语言来表达他们精深的思想、细腻而真实的情感以及严密的逻辑辩论。其次，要养成用简明、准确、形象的语言写日记、写因情而动、因事而发的短文的习惯，力求使自己的表达言简意赅。为了做到这点，必须注意锤炼语言，即根据语境引用名诗、名言、警句、成语并恰当地利用句型、句式的变化和各种修辞手法（排比、对偶、顶针、比喻，都是简化语言，深化内容的有效手段）。还要勤于修改，修改也是使语言精练的一个好办法。叶圣陶先生说过：“文章是改出来的。”

（2）精炼结构。结构文章的关键是删减段落层次中的多余成分，其具体办法是：

① 能用独句段开头的，不用多句段；能用单段开头的，不用多段的组合段，以使文章的开头更简明、更醒目、更精练、更富吸引力。

② 在文章的过渡处，能用过渡词的，不用过渡句；能用过渡句的，不用过渡段，以使文章更严谨，更连贯。

③ 在结尾时，能用独句段的，不用多句段。尽量巧用格言、警句结尾、以深化主题，激发读者情感。

（3）精练内容。内容精练的关键是材料和文字的精练。

① 写好作文的一个秘诀是“选材要严”。在材料和论据的选择上，要选“以一当十”的典型材料或论据，力求以最少但又必需的材料、论据，写出最有感染力和说服力的文章。

② 减少不必要的叙述、描写和旁征博引，最好能用传神的白描手法来写富有感染力的记叙文；用典型例证的逻辑推理来说服读者，以减少字数。

③ 按鲁迅的写作经验，修改文章时尽量将可有可无的字“删、删、删”。

要把文章写得“短”和“精”还不仅是形式与技巧的问题，它还有一个内在的文化素养、思想认识水平和鉴赏能力的问题。这些全靠考生在平时，尤其在备考过

出巨大的代价。当你看到你周围的人们过着安闲舒适的生活，而你为了理想而长期艰苦奋斗时，当你看到鲜花向你招手而你不得不放弃它时，当你忍受了巨大的痛苦而必须还要继续忍受时，你是否还能坚持继续拼搏？你是否愿意付出你的一切？多少科学家、艺术家、普通人，几十年如一日默默无闻地工作，汗水和泪水汇成了事业的成功。我们的先烈，为了理想甚至以生命的代价去拼搏。

拼搏还要经受一次次失败的无情折磨。失败可以使人半途而废，但真正的强者会从失败中汲取力量，站在新的高度开始新的拼搏。孟德尔研究遗传规律用了8年时间；农药“666”发明者作了666次实验；马克思用毕生精力写出《资本论》，这一切需要他们经历多少失败的折磨：但是勇于拼搏的人不会被吓倒，理想会产生力量，激励他们继续在人生征途中奋进。

拼搏是痛苦的，但也充满了欢乐。与天奋斗，其乐无穷；与艰难困苦奋斗，其乐无穷；与己奋斗，其乐无穷。在拼搏中，我们磨炼意志，体味人生，享受成功，这是多么幸福啊！

年轻的朋友们，在人生征途中努力拼搏吧！

点 评

本文紧紧围绕“人生需要拼搏”这个话题谈了自己对“拼搏”的认识、感受。文章以容国团名言“人生能有几回搏”统领全文，谈了拼搏的意义，谈了拼搏与理想的关系，谈了拼搏与失败的关系。文章主题鲜明，所论辩证，例证典型，有较强的说服力。特别值得一提的是结尾那段总结性的文字，把拼搏的意义与乐趣升华到了哲理的境地。最后笔者还满怀激情地用呼吁的手法，召唤人们“在人生征途中努力拼搏”，真是激情外溢、振奋人心。

咏柳

唐 贺知章

碧玉妆成一树高，万条垂下绿丝绦。不知细叶谁裁出，二月春风似剪刀。

程中着意培养。很难设想一个胸无点墨、对生活缺乏热情的人，能写出精美、深刻的文章。

（4）“真”，这是针对文章的内容而言的。

① 一篇好的文学作品能打动人、感染人，是因为它充满真情；一篇好的哲理文能说服人、启迪人，是因为它讲的是真理。这就是人们常说的“真情实感”“真知灼见”。考试作文，为考测考生用语言文字表述自己对生活的认识、体验、感受的能力，也十分强调作文内容的真实性。

② 然而，总有一些考生，考记叙文时，编故事；考议论文时，说大话，说假话，说空话。为什么会出现这种现象呢？追根溯源，不外两种原因：一是受不良文风和考风（猜题）的影响，一是考生缺乏生活积累或虽有些积累但缺乏生活感悟力。要解决这个问题，首先就要端正文风和考风。考生于平时写文章时要杜绝那种无病呻吟，编故事，说假话的坏文风。

③ 备考时要改掉把希望放在“押题”上的坏习惯。至于缺乏生活积累和感悟力的考生则要跳出个人生活的小圈子，投身到改革的洪流中，将自己的心与祖国、人民、事业融为一体。只有这样，才会感受到生活中的“酸、甜、苦、辣”，才会感到生活对你的强烈冲击力，才会产生激情，才有自己对生活的独到认识、感受和激情。这样，写起文章来才会文思如泉涌，才不至文思枯竭，无话可说，无文可做，而挖空心思编故事，说假话。

综上可以看到，要写好一篇应考作文，并非易事。考生必须在把握这种作文的本质特征的基础上，按照其“短、真、精”的内在规律和要求，在备考中狠练内功，反复实践，悉心体会，不断积累，不断升华，这样在考试时才能应付自如。

三、写作要领

依据行文的顺序简单地将写作过程中的操作要领给予一个说明。

1. 审题

（1）审材料（明寓意）；（2）审提示（定范围）；（3）审类型（选角度）。根据命题意图和体式（关系型或概念型）确立写作中心，避免跑题、偏题。

2. 立意

要积极健康，要尽可能以一句话来表达（此句内容要紧扣材料，表达要有哲理，切入的角度及焦点要贴近时代，最好是能对人生有启迪）。

3. 拟题

考场作文的拟题原则为：确切、精练、生动、新颖、有意蕴。符合主旨，紧扣文体，要有文学色彩，忌大忌泛，要吸引人。

4. 文体选择

“文体不限”并不代表不讲文体，选定文体就是要按照文体的要求写作。对考生而言文体的选择要本着扬长避短的原则。

5. 内容结构

健康而丰富充实的内容决定文章的成败。“内容决定形式，形式服务于内容。”因此，考生要做到模式在胸。

6. 开头

直接切题，单刀直入（可造悬念，提问题，明情况，交背景），忌入题慢或大头小身子。

7. 结尾

归纳升华，简洁、明快、干净利落。具体讲可以首尾呼应，凸显主旨；巧妙发问，引人深思；抒情议论，气势不凡；景物烘托，情景合一。

奋斗，是生活给予的最高报酬

上海 庞文娟

英国著名的科学家法拉第在刚进入英国皇家学院工作时，戴维爵士曾提醒他说，科学需要付出艰苦的劳动，并且报酬微薄。法拉第却说这工作本身就是很高的报酬。因为在艰苦的科学研究工作中，他已经获得了无穷的乐趣，并且在逐步实现自己的理想，这就是他索取的报酬。

我们是否能意识到，能够不懈地奋斗，是生活给予我们的最高报酬呢？尽管奋斗有时就意味着艰难和曲折。

有人或许会产生疑问，勤奋工作的目的，不就是要获得声望和财富，它本身不就是一种付出吗？怎么会等同于索取呢？提出这种疑问的人，他不知道在奋斗过程中的所获所得是金钱无法衡量的。当我们在奋斗中遇到讥讽嘲笑而不为之所动时，我们获得的是忍耐和自信；当我们在奋斗中屡败屡战时，我们获得的是坚定的信念和“行到水穷处，坐看云起时”的豁然心态；当我们在奋斗中面临各种引诱而能“富贵浮云”时，我们获得的是一份完善的人格。只有在奋斗中，我们才能体验到生命的躁动和灵魂的升华，才能够书写自己辉煌灿烂的人生。

奋斗，既是改造主观世界的活动，也是改造客观世界的活动。法拉第奋斗的结果，不是把人类从“蒸汽时代”推进到“电气时代”，推动了社会的进步吗？奋斗，能够使我们获得造福人类的机会，这难道不是最大的报酬吗？当医生看见病人重现笑容，当老师看到学生们茁壮成长，当战士们看到人民安居乐业，他们能不欣喜于自己不懈的奋斗吗？造福人民，造福社会，是我们最高的理想。只有动机不纯，才会把奋斗看成是苦不堪言的事。在高尚的人看来，奋斗是他人生的唯一动机，是实现理想的必经阶段。

“生命不息，奋斗不已”，这不仅仅是一句豪言壮语，它要求我们要讲究方法，切切实实地从小事做起。我们要

回乡偶书

唐 贺知章

少小离家老大回，乡音无改鬓毛衰。儿童相见不相识，笑问客从何处来。

8. 字数

对于不少于700字的要求，全文正负不超过50字为好。并且要安排好顺序结构，700字至少分四段。

9. 书写

书写要认真工整，不写草字不涂改，注意书面整洁。还要记住行首不能写标点。

四、文章体裁

为帮助考生复习记叙文、议论文、散文有关知识，掌握读、写的基本要领，现根据修订《大纲》的要求，分别说明在读、写中应该注意的问题。建议体育单招考生应以记叙文作为考试主要文体。

★ 记叙文

记叙文是以记叙、描写为主要表达方式，通过写人、记事、写景、状物来反映作者对现实生活的认识和感受的文体。

因此，它具有以下特点：

1. 在记叙文中，作者的观点、思想、感情是通过对具体的人、事、物、景的记叙、描写来表现的。因而它具有形象生动、以情动人的特点。

2. 记叙文反映现实生活有相对的“完整性”。因而它具有包含时间、地点、人物、事件、起因、结果在内的“六要素”的特点。

3. 记叙文反映现实生活要求选择恰当的记叙角度，即记叙人称，因而它具有运用人称进行写作的特点。

记叙文在日常生活和工作中，应用极广，文类也多。常见的有：新闻、通讯、报告文学、参观记、访问记、游记、回忆录，以及一部分书信、日记。由此可见，学习记叙文不仅是生活的必需，也是工作的必需。另外，记叙还是议论、说明的基础，学好记叙文，对于全面提高人们的写作水平也是至关重要的。所以在中等学校的语文教学中，记叙文的读、写教学，始终是个重点。

我们按写人、记事、写景抒情等方面，将它分为三类，分别说明在读、写中应该注意的问题。

一、以写人为主的记叙文

以写人为主的记叙文，是以人为主要记叙对象的。它通过人物在现实生活环境中的行为、活动或生活片段的叙述，反映人物的思想性格，表现文章的主题。因此，阅读这类文章，必须注意分析人物活动的典型环境（包括自然环境、生活环境、社会环境），以及人物在这个环境中的具体活动，即他在做什么，怎样做的，为什么要这样做等等。而分析这一切，又要通过对人物的语言、行动、心理以及肖像的描写来进行。只有这样，才能把握人物活动的意义，把握文章的主题。写作这类文章，则应注意选择好表现人物的方法。在记叙文中，从写作角度看，表现人物的方法大体有以下几种：

1. 在矛盾冲突中表现人物。俗话说，“烈火炼真金”。在复杂的环境和尖锐的冲突中，最容易看出人物的思想品格，揭示他们的内心世界。如《记念刘和珍君》就是通过3个女学生在敌人的枪林弹雨中英勇斗争、互相救助来表现人物的。写这类文章，应该注意在尖锐复杂的斗争中，选取能体现人物思想性格特点的语言、动作以及心理来表现人物。

2. 在具有典型意义的平凡的生活中揭示人物的高贵品德。“伟大出自平凡”，在平凡的生活小事中，往往蕴涵着光辉的思想。因此，以小事显示人物的光辉思

记住古人“一屋不扫，何以扫天下”的教导，踏踏实实地学习，踏踏实实地工作，在奋斗中实现自己的人生价值。

畏惧艰苦，碌碌无为是最大的罪过。不懈奋斗，才是生活给予我们的最高报酬。

点　评

本文以英国著名科学家法拉第关于“工作本身就是很高的报酬的名誉”引入话题，十分自然巧妙。文章从奋斗对自身在精神的获取和奋斗对人类事业的贡献以及奋斗需要“生命不息，奋斗不已”精神三方面论述了“奋斗，是生活给予的最高报酬”这个话题。为突出自己的观点，笔者以反诘句设问，用排比句作答，使论述的问题更显突出鲜明而富有气势，极大地增强了文章的信度和力度。一篇短文能写得如此自如，确属不易。

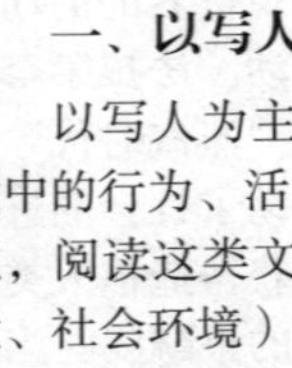

王之涣（688—742年），盛唐时期的诗人，字季凌，并州（山西太原）人。祖籍晋阳（今山西太原），其高祖迁今山西绛县。豪放不羁，常击剑悲歌，其诗多被当时乐工制曲歌唱。名动一时，常与高适、王昌龄等相唱和，以善于描写边塞风光著称。

想，能做到真实可信、亲切感人。如《琐忆》，就是通过几件生活琐事，来揭示鲁迅先生“横眉冷对千夫指，俯首甘为孺子牛”的伟大品格的。写这种文章（一般多是回忆、悼念之文），要求作者有较高的思想水平，并且熟悉人物，了解人物，对描写的人物怀有深厚的感情。否则，不可能通过几件小事，把人物写得光芒四射。另外，写这类文章，还要注意选取能体现人物思想性格特征的典型情节和细节。《琐忆》如果没有鲁迅先生替青年补鞋的情节和模拟戴着防毒面具比画的细节，他那爱憎分明的性格就不会如此鲜明，文章的艺术感染力也不会这样强烈。

3. 用对照和映衬的手法表现人物。这样写可使人物彼此之间互相辉映。不过用这种方法写人，应该注意以下几点：（1）所写的几个人，既有共性，也有个性；（2）几个人之间应有内在联系；（3）写时要分主次详略，切忌平均使用笔墨。

4. 从作者感情的变化上表现人物，如《记念刘和珍君》《合欢树》。以这种方法表现人物的文章，带有强烈的抒情性，一般多是纪念性的回忆录。

二、以记事为主的记叙文

以记事为主的记叙文，是以事来反映现实生活，表现主题的。而现实生活中的事又是复杂、纷繁、富于变化的。因此阅读这类文章，首先要弄清事物的来龙去脉，然后要认真分析事物转化的原因和意义，这样才能把握文章的本质。写这类文章则应注意以下几点：

1. 要把时间、地点、人物、事件、起因、结果（即六要素）交代清楚，使读者对事情的全貌有一个基本的认识。

2. 选取恰当的线索，把复杂的事件、纷繁的材料围绕一个中心串联在一起，使文章散而不乱。这种以线索结构篇章的方法，在记人、记事或写景抒情的记叙文中被普遍使用。

3. 要选择合理的记叙顺序。在记叙文写作中，记叙顺序决定了文章的基本结构。而合理的顺序，则能体现事物内部的自然联系。

4. 处理好写人与记事的关系。以记事为主的记叙文，同样需要写人。因为人是一切社会活动的中心，“事在人为”；在特殊环境中写好人，本身就是在记事。不注意这个问题，“见事不见人”，结果事无所依，就会缺乏感染力。

三、以写景抒情为主的记叙文

以写景抒情为主的记叙文，是把景物作为作者记叙、描写的主要对象。在这类文章中，作者要对景物作细致生动的描写，还要借助景物描写抒发感情。阅读时，要认真分析作者在景物描写中所表现或流露出来的思想感情。只有这样，才能较好地把握文章主题。写作这类文章，除了注意一般记叙文写作要求外，还应当在写景和抒情上下功夫。

写景为主的记叙文对“写景”的要求是：

1. 要善于观察景物，抓住景物特点。如《荷塘月色》就是通过对月色中荷塘那宁静充满诗意的景物的描绘来表现诗人求得片刻安宁的心情。

2. 要善于变换手法，写出景物变化。自然景物不是绝对静止的，改变观察点，以静显动，可使景物描写变化无穷，如《雨中登泰山》《都江堰》。

写景常常是为抒情创造条件。通过写景来抒情，是写景散文的根本特点。常见的抒情方式有：

1. 直抒胸臆。即作者在一段景物描写后，通过议论，直接抒发自己的思想情感。

2. 寓情于景。这是一种把作者感情融于具体景物描写之中的手法。

3. 寓理于景。这是把作者的意识巧妙地引入客观景物的一种手法。

一次最精彩的配合

风和云精彩的配合，交织出一片美丽的天空；鱼和水精彩的配合，交织出一片蔚蓝的大海；人和人精彩的配合，交织出一片胜利的景象。放眼望去，天地之间无处不演绎着精彩的配合。就像那花与草、山与水、光与影的配合，大自然都有着默契的配合，人与人之间也同样充满着精彩的配合。精彩的配合，是钟子期与俞伯牙在《高山流水》的映像中心与心无隙的相对，是梁山伯与祝英台纵使天人相隔却依然双双化蝶的情意相通，是绿茵场上队友无须言语便可会意的默契，更是生活中朋友给予的勉励与帮助。

在韩国江陵举办的2009年女子冰壶世锦赛今日落下帷幕。在最为紧张激烈的金牌争夺战中，中国队与瑞典队经过10局激战，最终中国队以8：6的比分击败瑞典队，首次获得世界女子冰壶锦标赛的冠军。在昨日进行的两场比赛中，以循环赛第四的身份晋级第二轮的瑞典队先是以5-4击败上届冠军加拿大队，又在半决赛中以7-6击败丹麦队闯入决赛。瑞典队曾是2006年冬奥会冠军得主。而前不久中国队刚刚获得第24届世界大学生冬季运动会女子冰壶金牌。这样两支世界顶尖队伍在决赛中相遇，让比赛结果更具悬念。中国队在近十天的比赛中取得了12胜1负的佳绩。由于不熟悉场地等原因，她们首战以5-11负于加拿大队。此后，她们开始了自己完美的表演　战胜循环赛剩余的所有对手。

比赛一开始，场上就充斥着浓重的火药味。第一局中，瑞典队利用配合控分成功，让拥有首个后手机会的中国队只拿到1分。第二局中国队同样以先手控分成功，双方1-1战平。虽然第三局中国队没能穿越瑞典队的防线得分，但在第四局里中国队凭借四垒王冰玉出色的发挥拿下2分。随后瑞典队在第五局以后手扳回1分。中国队以3-2带着1分领先优势进入下半场。在下半场比赛中，中国队依然拥有第六局的后手投掷权。在面对瑞典队打出双飞破坏战术的情况下，四垒王冰玉旋壶成功，并最终

登鹳雀楼

唐 王之涣

白日依山尽，黄河入海流。欲穷千里目，更上一层楼。

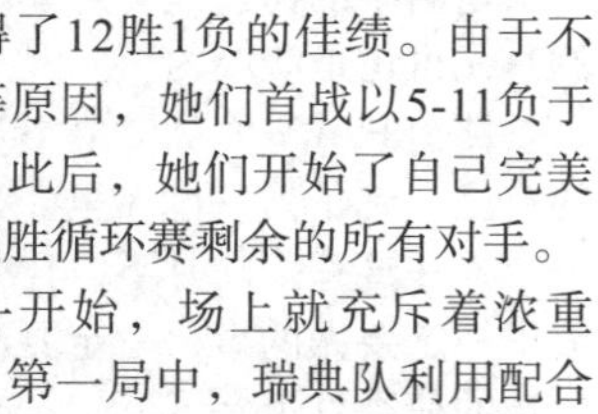

★ 议论文

如何写作议论文——观点明确、论据有力、论证结构严谨、思路清晰。

1. 围绕中心论点展开论述，文章不要散。

2. 议论文语言以议为主（基本把握三分之二），夹叙夹议。

3. 摆事实讲道理步骤：

摆例子：选例要典型，叙例要有倾向性、层进性。

析例子：可先摆再析也可边摆边析。

析　理：摆析之后，用有力而概括的语言把摆与析的理性归结点明确点示出来，使之呼应论点，最后完成该段的论说任务。

一定要克服“以摆代论”的问题。

4. 分析问题要有正确的思想方法：学会辩证的分析、发展的观点、联系的观点、一分为二的观点等；学习形式逻辑的推理方法：归纳推理、演绎推理。

5. 议论文的思路和框架结构：

议论文的整体思路是：提出问题（是什么）、分析问题（为什么）、解决问题（怎么办）。

论证常见的结构方式：并列式（论证的段落层次之间是平行的）；对照式（其关系是正反对比、同类比较，是为突出一个层次段落的正确性）；层进式（其关系是层层深入，步步推进）；总分式（总—分—总关系）。

荷塘月色[1]

朱自清

这几天心里颇不宁静。今晚在院子里坐着乘凉，忽然想起日日走过的荷塘，在这满月[2]的光里，总该另有一番样子吧。月亮渐渐地升高了，墙外马路上孩子们的欢笑，已经听不见了；妻在屋里拍着润儿[3]，迷迷糊糊地哼着眠歌。我悄悄地披了大衫，带上门出去。

沿着荷塘，是一条曲折的小煤屑[4]路。这是一条幽僻[5]的路；白天也少人走，夜晚更加寂寞。荷塘四面，长着许多树，蓊蓊郁郁[6]的。路的一旁，是些杨柳和一些不知道名字的树。没有月光的晚上，这路上阴森森的，有些怕人。今晚却很好，虽然月光也还是淡淡的。

路上只我一个人，背着手踱[7]着。这一片天地好像是我的；我也像超出了平常的自己，到了另一世界里。我爱热闹，也爱冷静；爱群居，也爱独处。像今晚上，一个人在这苍茫的月下，什么都可以想，什么都可以不想，便觉是个自由的人。白天里一定要做的事，一定要说的话，现在都可不理。这是独处的妙处，我且受用这无边的荷香月色好了。

曲曲折折的荷塘上面，弥望[8]的是田田[9]的叶子。叶子出水很高，像亭亭的舞女的裙。层层的叶子中间，零星地点缀着些白花，有袅娜[10]地开着的，有羞涩地打着朵儿的；正如一粒粒的明珠，又如碧天里的星星，又如刚出浴的美人。微风过处，送来缕缕清香，仿佛远处高楼上渺茫的歌声似的。这时候叶子与花也有一丝的颤动，像闪电般，霎时传过荷塘的那边去了。叶子本是肩并肩密密地挨着，这便宛然有了一道凝碧的波痕。叶子底下是脉脉的流水，遮住了，不能见一些颜色；而叶子却更见风致了。

月光如流水一般，静静地泻在这一片叶子和花上，薄薄的轻雾浮起在荷塘里。叶子和花仿佛在牛乳中洗过一样；又像笼着轻纱的梦。虽然是满月，天上却有一层淡淡的云，所以不能朗照；但我以为这恰是到了好处——酣眠固不可少，小睡也别

取下2分。第七局瑞典队又顽强地追回2分。第八局中双方相继出现失误，但王冰玉最后一投不但让自己的壶留在了营垒内，还废掉了瑞典队的一个有效壶，在此局又拿下2分。第九局双方开始了粘球大战，瑞典队发挥稳定拿下2分。第十局中瑞典队不断放置障碍壶，以中区占位封锁中国队进营路线。中国队利用精准的投掷扫清了所有障碍后，王冰玉最后一投打出双飞将自己的壶稳稳留在营垒，拿下本届世锦赛最后1分。中国队就以8-6击败瑞典队登上世界冰壶运动的最高领奖台。

精彩的配合不需要演练，也不是表面上的华丽，而是一种心灵间的配合。正因为这样的精彩的配合才会使我们的生活充满阳光，让我们的人生更加有意义。我们是一只只飞翔于蓝天的大雁，我们有千里鸿志，唯有在雁阵中靠众人一同挥动双翼形成气流，才有我们不朽的飞翔，唯有大家精彩的配合，才有我们抵达的喜悦！

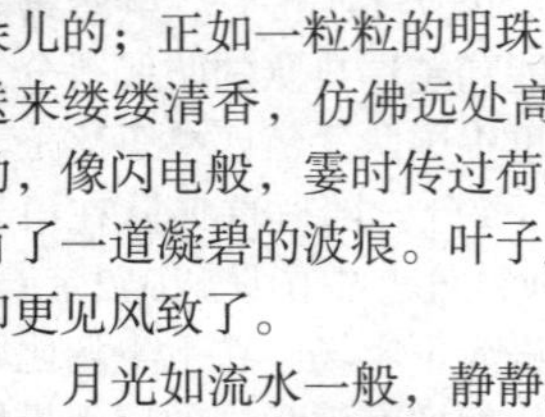

凉州词

唐 王之涣

黄河远上白云间，一片孤城万仞山。羌笛何须怨杨柳，春风不度玉门关。

有风味的。月光是隔了树照过来的，高处丛生的灌木，落下参差的斑驳的黑影，峭楞楞如鬼一般；弯弯的杨柳的稀疏的倩影，却又像是画在荷叶上。塘中的月色并不均匀；但光与影有着和谐的旋律，如梵婀玲上奏着的名曲。

荷塘的四面，远远近近，高高低低都是树，而杨柳最多。这些树将一片荷塘重重围住；只在小路一旁，漏着几段空隙，像是特为月光留下的。树色一例是阴阴的，乍看像一团烟雾；但杨柳的丰姿，便在烟雾里也辨得出。树梢上隐隐约约的是一带远山，只有些大意罢了。树缝里也漏着一两点路灯光，没精打采的，是渴睡人的眼。这时候最热闹的，要数树上的蝉声与水里的蛙声；但热闹是它们的，我什么也没有。

忽然想起采莲的事情来了。采莲是江南的旧俗，似乎很早就有，而六朝时为盛；从诗歌里可以约略知道。采莲的是少年的女子，她们荡着小船，唱着艳歌去的。采莲人不用说很多，还有看采莲的人。那是一个热闹的季节，也是一个风流的季节。梁元帝《采莲赋》里说得好：

于是妖童媛女，荡舟心许，鹢首徐回，兼传羽杯；棹将移而藻挂，船欲动而萍开。尔其纤腰束素，迁延顾步；夏始春余，叶嫩花初，恐沾裳而浅笑，畏倾船而敛裾。

可见当时嬉游的光景了。这真是有趣的事，可惜我们现在早已无福消受了。于是又记起《西洲曲》里的句子：

采莲南塘秋，莲花过人头；低头弄莲子，莲子清如水。

今晚若有采莲人，这儿的莲花也算得“过人头”了，只不见一些流水的影子是不行的，这令我到底惦着江南了。——这样想着，猛一抬头，不觉已是自己的门前；轻轻地推门进去，什么声息也没有，妻已睡熟好久了。

阅读提示：

[题解]

《荷塘月色》写于1927年7月。此时，正值“四·一二”蒋介石背叛革命之时。曾参加过五四运动的爱国知识分子朱自清，面对这一黑暗现实，他悲愤、不满而又陷入对现实无法理解的苦闷与彷徨之中。怀着这种孤独苦闷的心情，朱自清先生写下了《荷塘月色》这篇文章。

[思想内容]

《荷塘月色》是现代抒情散文的名篇。文章借对“荷塘月色”的细腻描绘，含蓄而又委婉地抒发了作者不满现实，渴望自由，想超脱现实而又不能的复杂的思想感情，为我们留下了旧中国正直的知识分子在苦难中徘徊前进的足迹。

[段落层次]

本文可分为三部分。

第一部分（第1自然段）交代夜游荷塘的缘起。第二部分（第2—6自然段）写夜游荷塘的心绪，并细腻地描绘了荷塘的朦胧月色。这部分又可分为三层。第一层（第2—3自然段）写荷塘四周的环境和作者漫步荷塘时所产生的淡淡的喜悦和哀愁的矛盾心情。第二层（第4—5自然段）写月下的荷塘和荷塘上的月色。字里行间流露出作者难得片刻淡淡的喜悦之情。第三层（第6自然段）写荷塘四周的月色。由于“热闹是他们的，我什么也没有”，淡淡的哀愁又袭上作者心头。第三部分（第7—8自然段）写夜游荷塘产生的联想，并以美景不能排遣哀愁与开篇的“心里颇不宁静”呼应，结束全篇。

[写作特点]

一、构思精巧，结构自然天成。文章由“这几天心里颇不宁静”破题，写夜游荷塘的缘起。接着以作者游踪为线索，写荷塘的小路、荷塘的外部、荷塘的内部、荷塘的静景、荷塘的动景，然后由荷塘而转写月色——由月光写到月影，从荷塘中的月色写到荷塘四周的月色。在写尽荷塘月色之后，神笔轻轻一荡，忽而联想一千多年前江南采莲的风俗，思接千载；忽而又以“今晚若有采莲人”拉回现实，引出一缕怀古思乡的幽情，“这令我到底惦着江南了”，一种淡淡的哀愁又袭上心来。赏月既然不能排解心中苦闷，于是只好“推门”回家。这样便形成了为排解“不宁静”的心情，“带上门出去”夜游荷塘而又带着哀愁“推门”回家的，自然天成的完美的艺术构思与和谐自然的整体艺术结构。

二、善于抓住景物特征并能从多角度对景物进行描绘。荷塘月色是本文描绘的重点，其中荷叶、荷花又是其描绘的中心。写荷叶，从其“田田”的外形、“亭亭”的美姿，“舞女的裙”般的美的情态进行描绘；写荷花则从其“色”“形”“味”不同角度进行描绘。不仅如此，在写荷叶和荷花时，作者除了作静态的描写外，也作动态的描写，正因如此，作者笔下的荷叶荷花，才有那样妩媚多姿、馨香迷人、出神入化、妙不可言的艺术魅力。

三、语言生动优美。本文作者十分讲究炼字，因此，一些平凡的字词，在笔者匠心的安排下，常常产生一种神奇的美感和韵味。如“月光如流水一般，静静地泻在这一片叶子和花上”，这个“泻”字，就将无形的月光化为有形之物，将静态的光，化为流动之光。又如写杨柳的倩影，“像是画在荷叶上”的“画”字就用得出神入化。它既突出了倩影的美，也巧妙地流露了作者的喜悦之情。

此外，巧用比喻和通感手法使本文语言更富生动性、形象性和艺术感染力，也是本文语言表现手法的一大特点。

王勃（649或650—676或675年），唐代诗人，字子安。绛州龙门（今山西河津）人。王勃与杨炯、卢照邻、骆宾王齐名，齐称“初唐四杰”。

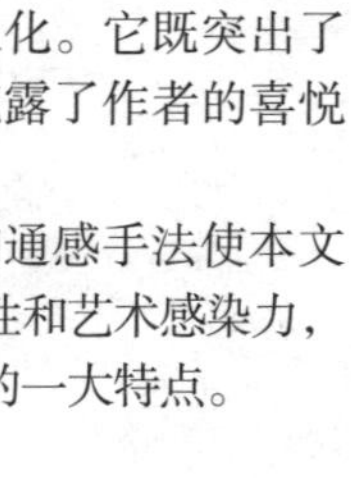

① 选自《朱自清文集》，略有删节。
② [满月]圆月。
③ [闰儿]作者的次子朱闰生。
④ [小煤屑（xiè色）路]用细碎的煤渣铺成的小路。
⑤ [幽僻]幽静，偏僻。
⑥ [蓊蓊（wěngwěng）郁郁]树木茂盛的样子。
⑦ [踱（duó]慢步行走。
⑧ [弥望]满眼。弥，满。
⑨ [田田]形容荷叶相连的样子。汉乐府《江南》中有“莲叶何田田”的句子。
⑩ [袅娜（niǎonuó）]柔美的样子。

能力训练：

一、辨析下列词的含义：

1. 弥望　遥望　2. 脉脉　默默　3. 风致　丰姿

二、《荷塘月色》中用了不少叠词，请从课文中选出一些例子，并说明使用叠词有何作用。

三、引用课文说明《荷塘月色》的开头和结尾有哪些照应的语言？写荷塘环境时有哪些语言为下文描写荷塘与月光做了铺垫，它们又是怎样照应的？

四、“像今晚上，一个人在这苍茫的月下，什么都可以想，什么都可以不想，便觉是个自由的人”，这里自由的人指的是什么？

A. 什么事情都可以不做的人；
B. 从“颇不宁静”的心绪中暂时解脱的人；
C. 摆脱了压迫和欺凌的人；
D. 享受到独处妙处的人。

参考答案：

一、

1. 弥望：满眼，充满视野。
遥望：向远处看。

2. 脉脉：默默地用眼神表情达意。默默：沉默无声。

3. 风致：美的姿态。
丰姿：风度、仪态。

二、渐渐　悄悄　淡淡
迷迷糊糊　蓊蓊郁郁
田田　缕缕　脉脉
曲曲折折　远远近近
静静　重重　轻轻
高高低低　隐隐约约

作用：①在写景状物中传情；
②在行文中调整节奏；
③增强文章的乐感。

三、本文结构严谨，在语言上的表现是照应周全。如第一段写“我悄悄地披了大衫，带上门出去”。而结尾时却以“轻轻地推门进去”相呼应。又如第一段写“妻在屋里拍着闰儿，迷迷糊糊地哼着眠歌”，结尾又应之以“妻已睡熟好久了”。又如“荷塘四面，长着许多树……路的一旁是些杨柳”，与第五段“月光是隔了树照过来的，高处丛生的灌木，落下参差的斑驳的黑影；弯弯的杨柳的稀疏的倩影，却又像是画在荷叶上”相照应。而第六段又写“荷塘的四面，远远近近，高高低低都是树，而杨柳最多”。可见本文开头结尾的语言和写荷塘环境的语言在全文中起了来回穿梭，勾连全文的作用。

四、B

送杜少府之任蜀州

唐 王勃

城阙辅三秦，风烟望五津。与君离别意，同是宦游人。
海内存知己，天涯若比邻。无为在歧路，儿女共沾巾。

体育精神方面经典段落：

1. 输赢只是最终的结果，诚然结果很重要，但贯穿于整个过程中的体育精神才是一个运动员所应追求的目标，只有将更高、更快、更强的竞技精神时刻牢记，才能让自己在每一场比赛中赢得球风、赢得球品，展现出最具魅力的运动风采。

2.现代奥运会，是以“和平•友谊•进步”为宗旨的竞技体育盛会，其中“竞技”目的彰显的是人类“征服自我”极限的一种精神，而这种“征服自我”极限精神的表彰方法则是用金、银、铜牌的方式予以确定的。不以成败论英雄，是奥运会的最高思想境界。

3.体育精神指的是一名运动员身上拼搏、进取，坚持到底，永不放弃的精神；指的是“友谊第一、比赛第二”的精神；指的是在运动场上所体现出的宽容、谦让、和谐的竞技精神在任何一场竞技体育比赛中，体育精神都是至关重要的，尤其是在国际比赛中，体育精神不仅体现出了个人的素养，也代表了一个国家的形象和国民的素质。

4.永不服输的精神， 风车总是勇敢地面对挑战，从没因风大而胆怯。我们平时的学习生活，我们的人生也学要这种精神。更高更快更强，永不服输的精神是我们人类发展的基石，没有这种精神，人类早已灭绝，没有这种精神，我们也不会发展壮大。什么是真正的奥运精神——奥运精神就是更高、更快、更强的不断追求，就是人类在不断挑战自我、超越自我的过程中所表现出来的永不服输的精神风貌！

5.“自信、自强、自尊”，这既是奥运精神的原动力，更是奥运精神的境界升华。我们要学习的，正是这种“自信、自强、自尊”的精神。虽然成绩湮没无存，但他的光荣是掩盖不住的，他就是奥运精神的化身。奥运精神就是勇于挑战，鲜花与掌声不仅属于胜利者，而且也是给所有勇于挑战极限的人们，奥运精神不仅是体育精神，更是一种坚强、勇敢、努力生活的精神。

6.参加奥运会最重要的目的是参与，而并非赢得冠军；就像生活最重要的是奋斗，而不是成功；最本质的事情不是征服，而是战斗不息。奥运精神，就是永不服输！胜败是常有的事，弘扬奥运精神才是我们开展体育竞技的根本。我与奥林匹克精神　奥运的体育精神为更高，更快，更强，追求卓越与超越，它应该辐射人类的整个精神面貌的卓越与超越。

7.只要你从奖台走下的一瞬间，“一切从零开始”，这一句是邓亚萍说的，她是世界上最成功的乒乓球手，基本没有人能破她的纪录。经过自己的一分一秒努力，才能永永远远一次一次屹立顶峰。成功是没有极限的，只要你肯努力，不断进取成功就有机会永远伴随着你。

8.奥林匹克运动的目的是使人得到全面发展，成为高尚、公正、自由、坚强、智慧、健美的人，不仅拥有健康的身体和清新的生命，又具有清醒的头脑和坚强的意志，成为现代社会需要的人才。奥林匹克不断超越、进取、顽强拼搏的精神正激励一代又一代的中国人发奋图强为国增光。我们正处在长身体、长知识的时期，我们是祖国的未来 。对于我们来讲，无论在学习上还是在体育锻炼中，我们都要向体育健儿学习，发扬顽强拼搏的精神，勤奋学习刻苦锻炼。

9. 李宁带伤比赛夺金牌　在奥运会上连夺3块金牌的李宁是带伤参加比赛的。

我最崇拜的运动员

当看到那些体育明星站在最高领奖台上，仰望国旗升起，自己的心情也是百倍激动，对他们的成功万分感佩，为祖国感到无限荣耀。每当这个时候，又会想到那些已经鲜为人知的老一代的体育明星，相比之下，觉得他们更具人格魅力，更聪明绝顶，更多才多艺。

我最崇拜的乒乓球运动员就是张燮林。与其说崇拜他的成绩，还不如说崇拜他的聪明与拼搏。乒乓球对他而言，完全是自学，没有任何人指导。小时候拿两块上海的大号洗衣板一拼，放在便道上就是球台，两块砖头架上竹竿就是球网。一直从天亮打到天黑。买不起球拍，把旧相框后面的三合板自己锯成球拍状，沾上块海棉参加比赛。在西安气象干部学校一心只想学习，长时间没打过球，一次因为和同学打赌，到俱乐部一人“打遍天下无敌”，惊动校长，之后又打赢了省队教练，从此走上职业乒乓之路。为中国队两次获得男团世界冠军立下赫赫战功，担任教练培养了众多世界冠军。

而且他从小就极聪明，迷上什么，很快就会在这方面显露出超人的才华。写作文，被老师认为有写作才能，应该向文学方面发展。迷上象棋，到了初中就能下盲棋了。喜欢书法，写信一直用蝇头小楷。就是养蟋蟀都比其他人养得出色。并不是当冠军的人就能成为优秀的教练。张燮林在这些文学和艺术方面的修养才奠定了他独到的思维和眼光。当邓亚萍刚进国家队的时候，其他教练都不要，认为邓亚萍个子矮，手臂短，没有前途。可是张燮林独具慧眼，力排众议，坚决留下邓亚萍，以后的事实证明“老帅”的判断和决定是英明的。

梁伯熙，童年在广州荔枝湾自己学会游泳，15岁获得广州少年游泳冠军。为了给朋友壮胆，陪朋友一起报名参加跳水比赛，后来发现，规定的8个动作，有6个不会。就是凭借不服输的劲头，自己练了一个暑假。自己拿着一本

崔颢（704—754年），唐朝汴州人氏，唐玄宗开元十一年（公元723年）进士。他才思敏捷，擅于写诗，系盛唐诗人，《旧唐书·文苑传》把他和王昌龄、高适、孟浩然并提，但他宦海浮沉，终不得志。历史上对他的记述不多，故里汴州也很少有关他的传说和故事流传下来，旧《唐书·崔颢传》也非常简略。作品激昂豪放、气势宏伟。

1984年5月，严重的伤痛使他放弃了在南昌举行的全国体操赛。奥运会临近，伤痛稍有好转，他就参加训练，去洛杉矶后，有一天做双杠后滚翻直倒立拉臂时，一使劲，胸肌拉伤了，肩背也受伤，痛得他痉挛抽搐，攥紧拳头。可他瞒着教练，暗暗发誓：“拼吧，就是比赛后肩膀断了，我也认了！”就这样，李宁不仅靠他的体力、技术，还靠他的坚强意志夺得了3块金牌。

分析：金牌是重要的，比金牌更重要的是精神。体育场上最感动人们的，就是这种拼搏精神。

油印的比赛规则，自己琢磨、实践，一次次摔在水面上，拍得鼻青脸肿。比赛之后，获得广州跳水冠军，16岁轰动广州跳水界。而且他学习也是相当优秀，考上医学院没问题，但是体院教练多次邀请，于是报考了体院。同样也是爱好广泛，书法、音乐、戏剧、舞蹈、体操、摄影、美术无所不好。多重的艺术修养促进了跳水技艺的日趋精湛，动作娴熟完美，节奏铿锵。9次获得全国冠军，在柬埔寨举行的国际大赛中，力压群雄，获两项冠军。担任教练，培养了陈肖霞、李宏平等世界著名运动员。

一次电视体育节目中，提到体育界的一位领导叫吴数德，说他提笔写诗作画，令周围人感到惊讶，认为搞体育的人还能有这样的技艺，上电视进行宣传。其实，这位吴数德和张燮林、梁伯熙是一样的人物。小的时候一次过马路，敏捷的反应被公车上的教练发现，从此练上了举重。他9岁就做全家的饭，因为练举重，平时一天只吃三两左右的饭菜，比赛前两天就不吃不喝了。饿得难受就拉小提琴，画画，看他在画板前的姿态，俨然是美院的学生。

总之，像张燮林、梁伯熙、吴数德这样的老一代的体育明星，他们不仅职业成绩斐然，而且很多都是自学成才后，才进一步被正规培养的。他们提及自己在其他方面的超常才华之时，完全没有丝毫的炫耀之意。对自己童年的艰苦生活没有任何抱怨，始终是非常乐观开朗，积极向上。而且他们又为国家培养了大批的优秀人才，为祖国的体育事业奠定了坚实的基础。

《黄鹤楼》

唐 崔颢

昔人已乘黄鹤去，此地空余黄鹤楼。黄鹤一去不复返，白云千载空悠悠。

晴川历历汉阳树，芳草萋萋鹦鹉洲。日暮乡关何处是？烟波江上使人愁。

单招习题化
知识整合

第五部分　考试真题

2013—2022年全国普通高等学校运动训练、武术与民族传统体育专业单独统一招生考试语文

2013年全国普通高等学校运动训练、武术与民族传统体育专业单独统一招生考试

语　文

题　号	一	二	三	四	总　分
分　数					

得分	评卷人

一、语文知识：本大题共10小题，每小题4分，共40分。在每小题给出的四个选项中，只有一项是符合题目要求的。

1. 下列各组词语中加点的字，读音全都相同的一项是　（　）

A. 供应　提供　供认不讳

B. 搪塞　边塞　敷衍塞责

C. 积累　累及　罪行累累

D. 桂冠　冠军　沐猴而冠

2. 下列各组词语中，书写完全正确的一项是　（　）

A. 恰谈　明查秋毫　法网恢恢

B. 赡养　直言不讳　高屋建瓴

C. 凋蔽　一蹶不振　返朴归真

D. 布署　破釜沉舟　锋芒必露

3. 依次填入下列横线处的词语，最恰当的一项是　（　）

世界各国体育发展水平之间的不平衡，_______表现为一种经济差距和技术差距，同时也表现为一种知识差距和教育差距，_______两者之间日趋表现出互为因果的关系。缩小和消灭经济差距和技术差距，_______需要从经济本身着眼，_______需要有长远的目光，从消灭知识差距和教育差距入手。

A. 既　并且　不仅　更

B. 不但　而且　所以　也

C. 既　而且　因此　更

D. 不但　并且　不但　也

4. 下列各句中加点熟语的使用，不正确的一项是 （ ）

A. 面对这一次训练事故，教练一边安慰大家好好养伤尽快投入训练，一边强调不要好了伤疤忘了痛。

B. 局领导在动员大会上特别指出，开始全新的训练项目时，总得有一些摸着石头过河的勇气与作为。

C. 总教练提醒运动队加强常规训练，目的在于引导大家适度推进训练计划，不能指望毕其功于一役。

D. 俗话说丑媳妇早晚要见公婆，因此没有必要遮遮掩掩我们突出的训练效果，我们应该大胆去宣传。

5. 下列各句中加点成语的使用，不恰当的一项是 （ ）

A. 教练说，面对纷至沓来的训练报告，要善于寻找其间的联系，这样才能帮助我们形成有针对性的训练对策。

B. 一经开幕式上的同场亮相环节，我立刻就意识到，那原以为能够力压群雄的参赛作品真的是相形见绌了。

C. 尽管我们队在全国排球联赛中已经连续两次获得冠军，但是正所谓欲壑难填，我们希望还能够获得第三次胜利。

D. 面对省队全新的训练环境和训练难度，我一度觉得迷迷糊糊的；有了主教练及时引导，我才豁然开朗起来。

6. 下列句子中，没有语病的一项是 （ ）

A. 海洋资源的开发利用，无疑是人类走出人口剧增、资源枯竭、环境恶化困境以及未来发展的重要出路。

B. 由于他并不明了对方底细，所以感觉总是游移不定：觉得那人时而高明，时而又觉得那人有些名不副实。

C. 高校能够自主决定是否预留少量机动指标的招生举措，可以缓解甚至解决招生中各地上线生源不平衡。

D. 有些运动员在比赛前出现失眠、烦躁等异常现象，往往是因为过于看重训练成绩、过于看重奖牌。

7. 在横线处填入下列句子或短语，顺序最恰当的一项是 （ ）

____，____，____，____，____，我回到四叔的书房里时，瓦楞上已经雪白，房里也映得较光明，极分明的显出壁上挂着的朱拓的大“寿”字，陈抟老祖写的；一边的对联已经脱落，松松的卷了放在长桌上，一边的还在，道是“事理通达心气和平”。

①雪花大的有梅花那么大 ②天色愈阴暗了 ③下午竟下起雪来

④夹着烟霭和忙碌的气色 ⑤将鲁镇乱成一团糟 ⑥满天飞舞

A. ③②①④⑥⑤ B. ②③⑥①④⑤

C. ③①⑥④⑤② D. ②③①⑥④⑤

8. 下面各句中，没有使用比喻修辞手法的一项是 （ ）

A. 那瀑布从上面冲下，仿佛已被扯成大小的几绺；不复是一幅整齐而平滑的布。

B. 就像大家看见的，他经常呆坐在自己家门口，简直就是一个木偶人。

C. 空气中有一些微微的火药香，这鞭炮响声也让我们意识到，新的一年要到了。

D. 塘中的荷叶肩并肩密密地挨在一起，这便宛然有了一道凝碧的波痕。

9. 下列句子中标点符号的使用，不正确的一项是　（　）

A. 如果有人问："谁是历史中真正最可敬的人？"我会回答说："当推孔夫子"。

B. 以香草美人设喻，在艺术手法上是以物比德，而在精神上强调树立人格风标。

C. 宝玉娶谁才会有真正的幸福？读完《红楼梦》，让人禁不住要生出这样的疑问。

D. 清代书法鄙弃遵奉二王（王羲之父子）的"帖学"，开始以摹写古碑为风尚。

10. 下列有关作家作品的表述，不正确的一项是　（　）

A.《战国策》主要记载战国时期谋臣策士的谋议辞说以及他们纵横捭阖的外交活动。

B.《警察与赞美诗》的作者马克．吐温，曾经被评论界誉为美国现代短篇小说之父。

C.《悲惨世界》是十九世纪法国批判现实主义的代表作品，小说的主人公是冉阿让。

D.《家》《春》《秋》合起来被称为《激流三部曲》，都是著名作家巴金的代表作品。

得分	评卷人

二、现代文阅读：本大题共8小题，每小题4分，共32分。在每小题给出的四个选项中，只有一项是符合题目要求的。

阅读下文，完成11～18题。

那天，父亲从地里挑回一担山芋。倒到地上，正挑起空筐要走，我跑过去一屁股坐到一只筐里，要他挑我到地里。父亲捏捏我的小脸蛋，从门口搬来两块土坯，放进另一只筐里，挑起来……于是我在颤悠悠的箩筐里，和着父亲哼哼唧唧的小调，张开翅膀飞了起来。

我老远就站在筐里向母亲炫耀，我是想让母亲来分享我的快乐。不料母亲却阴下脸，骂我不懂事，太不像话："你爹都挑了一天了，不累？"我疑惑地看父亲，父亲向我撇撇嘴、斜斜眼，又笑了笑，摇摇头——哦！他不累呢！我白了母亲一眼，就跑向一边捉蚂蚱去了。

回来的路上，扁担在山芋的重压下，发出沉闷的"吱呀""吱呀"声。我挥着山芋藤在父亲身后"驾""驾"地学着父亲犁田时赶牛的动作大叫着，一会儿又跑到父亲面前做着鬼脸。我想到母亲刚才骂我的话，又求证似地问："爹，你是不累吧……"扁担下的父亲乜了我一眼，挤出一丝笑意："不……不累！"我一听，感觉还是我比母亲更懂父亲。

我跑去向一位小伙伴传达我坐在箩筐里让爹挑着的美妙感觉，当然，我没忘了极力向他炫耀我爹不累。小伙伴终归抵挡不住快乐的诱惑，以保证以后不再欺负我为条件，请求我答应让他也坐坐我爹的箩筐。

父亲正站在水缸边用大瓢咕噜咕噜地喝着井水。我坐进一只筐里，示意小伙伴坐。小伙伴瑟瑟地不敢坐，我怂恿他："不要紧，我爹不累……"父亲走过来，瞪了我一眼，我噘嘴乜着父亲："不是呀？你刚才说了，你不累的，你不累的……"父亲呲了呲嘴："嗯，不累！"就擦擦额头的汗，挑起担子，在纷飞的石子雨中（我和小伙伴在筐里打着"石子仗"），又走进了夕阳的余晖里……

到了地里，母亲走过来就给了我两个耳刮子，骂父亲："牛啊？累死倒也罢了……"父亲擦着汗憨憨地说："娃子乐呢，不累！"

晚上，我蜷缩在父亲的怀里，享受着他蒲扇挥舞下的那一块无蚊区的安全与宁静。但偶尔，父亲许是偷懒了——蒲扇高高地举起，到了空中却慢慢地静住了。蚊子就抓住这个机会，偷袭了我。迷迷糊糊中的我就在父亲的怀里拳打脚踢起来，嘴里咕咕噜噜地哭着："你不累，还不打蚊子……"这时，父亲就触电般"哦……"一声，蒲扇就跟着夸张地舞动起来。我又模模糊糊地听母亲说："累了，我来吧……"父亲喃喃地说："不累……"

如今，我也成了父亲。整日奔波在外，回到家常常连饭碗都懒得端，但还必须耐心、虔诚地面对儿子无休止的各种问题和游戏。多少次，我精疲力竭，腰酸背痛，但面对儿子可爱的样子，我立时又不觉得累，趴到地上，撑起两手。撅着屁股，儿子耀武扬威地跨在我的背上，挥着鞭子，"驾！""驾！"地驰向战场……

一天，妻子对儿子说："宝宝，爸爸累了，歇会儿吧……"儿子这才像是想起了什么，斜过头，像将军对良马的爱抚，用小手揪起我的一只耳朵："爸爸，你累了？"

我侧起头，见他满脸的失望和沮丧，连声说："不……不累！"儿子一听，对他母亲鄙夷地乜一眼说："哼，爸爸不累呢……"就"驾"的一声，冲锋陷阵去了……

这时我才明白：男人做了父亲，就不再累了。

11. 下列词语中加点的字的读音，不正确的一项是（ ）

A. 土坯（pēi） B. 炫耀（xuàn） C. 噘嘴（juē） D. 沮丧（jǔ）

12. 下列对文中词语的解释，不正确的一项是（ ）

A. 诱惑：吸引，招引。 B. 怂恿：鼓动别人做坏事。

C. 蜷缩：蜷曲而收缩。 D. 鄙夷：轻视，看不起。

13. 下列对第1段画线句子的理解和分析，不正确的一项是（ ）

A. "张开翅膀"刻画了坐在箩筐里的"我"快乐的情形。

B. "飞了起来"传递了"我"内心的惬意与甜蜜的感受。

C. 这句话的意思是说，"我"在父亲的疼爱中处在一种飘飘然的幸福之中。

D. 这句话表明，"我"把自己的快乐建立在父亲的痛苦上，却又浑然不觉。

14. 下列对第3段中一些词句含意的理解，不正确的一项是（ ）

A. 扁担"发出沉闷的'吱呀、吱呀'声"，表明父亲肩上的负担之重。

B. 面对父亲，"我"学着"赶牛的动作"，刻画了"我"在当时的无知。

C. "又求证似地问"，表明当时的"我"对负担的单纯而又幼稚的理解。

D. "挤出一丝笑意"，表达了父亲对于不懂事的儿子的爱恨交加的感情。

15. 下列对第4、5、6段有关内容的理解和分析，正确的一项是（ ）

A. "我"在父亲箩筐里的美妙感觉引起了小伙伴的嫉妒，以至于"我"被欺负。

B. "我"怂恿小伙伴坐进了箩筐，目的就是要向他炫耀自己的父亲有多么强大。

C. 看到"我"和小伙伴都已经坐到箩筐里，父亲虽然不高兴但是也没有拒绝。

D. 父母对待"我"的态度截然不同，显示出他们在教育孩子上有着巨大分歧。

16. 下列各句中，没有使用辞格修辞的一项是（ ）

A. 在纷飞的石子雨中，又走进了夕阳的余晖里……

B. 晚上，我蜷缩在父亲的怀里。

C. 蚊子就抓住这个机会，偷袭了我。

D. 父亲就触电般“哦……”一声。

17. 下列对文章内容的理解和分析，不正确的一项是 （ ）

A. 父亲说自己“不累”的话语，曾经让年少的“我”信以为真，并引以为骄傲。

B. 年少的“我”不能完全体味父母的爱，尽管无时无刻不在享受这种爱的庇护。

C. 直到自己也为人父时，“我”才意识到父亲的“不累”其实是一个真实的谎言。

D. 整篇文章将“我”与父亲对比来写，突出了社会中真正高大与可敬的父亲形象。

18. 下列各组短语，最适合做文章标题的一项是 （ ）

A. 父亲不会说累　　B. 我和我的父亲

C. 累不垮的父亲　　D. 回忆我的父亲

得分	评卷人

三、古诗文阅读：本大题共6小题，每小题3分，共18分。在每小题给出的四个选项中，只有一项是符合题目要求的。

阅读下文，完成19～24题。

佚之狐言于郑伯曰：“国危矣，若使烛之武见秦君，师必退。”公从之。辞曰：“臣之壮也，犹不如人；今老矣，无能为也已。”公曰：“吾不能早用子，今急而求子，是寡人之过也。然郑亡，子亦有不利焉。”许之。夜缒而出，见秦伯，曰：“秦、晋围郑，郑既知亡矣。若亡郑而有益于君，敢以烦执事。越国以鄙远，君知其难也。焉用亡郑以陪邻？邻之厚，君之薄也。若舍郑以为东道主，行李之往来，共其乏困，君亦无所害。且君尝为晋君赐矣，许君焦、瑕，朝济而夕设版焉，君之所知也。夫晋，何厌之有？既东封郑，又欲肆其西封，若不阙秦，将焉取之？阙秦以利晋，唯君图之。”秦伯说，与郑人盟。使杞子、逢孙、杨孙戍之，乃还。

19. 下列句中加点字的读音，不正确的一项是 （ ）

A. 夜缒而出　　缒，念zhuì

B. 若舍郑以为东道主　　舍，念shè

C. 阙秦以利晋　　阙，念quē

D. 使杞子、逢孙、杨孙戍之　　戍，念shù

20. 下列句中加点词的解释，不正确的一项是 （ ）

A. 若使烛之武见秦君　使：派遣。

B. 然郑亡，子亦有不利焉　然：然而。

C. 许君焦、瑕，朝济而夕设版焉　许：答应。

D. 阙秦以利晋，唯君图之　图：版图。

21. 下列句中加点词语在文中的意思，与现代汉语相同的一项是 （ ）

若舍郑以为东道主，行李之往来，共其乏困，君亦无所害。

A. 以为　B. 东道主　C. 行李　D. 往来

22. 下列文句的翻译，不正确的一项是 （ ）

A. 臣之壮也，犹不如人. 我在自己壮年时，就比不上很多人

B. 越国以鄙远，君知其难也跨过一国而看不起遥远的国家，这有多难呀

C. 夫晋，何厌之有晋国这个国家，有什么可以让它满足呢

D. 若不阙秦，将焉取之如果不损害秦国利益，又将要从哪里去得到这些呢

23. 下列对于所选文段内容的理解和分析，不正确的一项是 （ ）

A. 郑伯不计前嫌，勇于承担责任，终于说服烛之武临危受命出使秦国。

B. 烛之武了解秦、晋、郑三国之间的形势，为说服秦君做了充分的准备。

C. 秦君听从亡郑有害、舍郑有利的分析，不仅退兵，还帮助郑国防御晋国。

D. 文段用对话推动情势发展，刻画了烛之武智勇双全能言善辩的策士形象。

24. 下列含有“之”字的句子，属于宾语前置的一项是 （ ）

A. 臣之壮也，犹不如人

B. 邻之厚，君之薄也

C. 朝济而夕设版焉，君之所知也

D. 夫晋，何厌之有

得分	评卷人

四、作文（60分）

25. 请以“再前进一步”为题，写一篇不少于700字的文章。立意自定，文体自选。

2014年全国普通高等学校运动训练、武术与民族传统体育专业单独统一招生考试

语　文

题　号	一	二	三	四	总　分
分　数					

得分	评卷人

一、语文知识：本大题共10小题，每小题4分，共40分。在每小题给出的四个选项中，只有一项是符合题目要求的。

1. 下列各组词语中加点的字，读音全都相同的一项是　（　）
   A. 禁锢　禁受　忍俊不禁　　B. 假象　假托　不假思索
   C. 罪恶　憎恶　恶语伤人　　D. 斗室　斗志　气冲牛斗
2. 下列各组词语中，书写完全正确的一项是　（　）
   A. 伶仃　临危不惧　淋漓尽至　　B. 竟聘　良师益友　心旷神怡
   C. 沉浸　绝一死战　紧锣密鼓　　D. 感触　苦思冥想　临渊羡鱼
3. 依次填入下列横线处的词语，最恰当的一项是　（　）

   古希腊体育的审美理想在文艺复兴时期得以____，进而工业社会____了现代体育。工业社会机器生产对于劳动力的素质提出了新的要求，体育在劳动力再生产中起到了重要作用，是提高劳动力质量必不可少的条件。反思体育的人文精神，让我们在____中找到了体育未来的方向。现代社会的体育是人类追求健康、追求快乐的体育，是以审美理想为核心的体育。

   A. 清醒　催眠　迷信　　B. 提醒　催促　迷恋
   C. 唤醒　催生　迷惘　　D. 觉醒　发生　迷漫
4. 下列各句中加点熟语的使用，不正确的一项是　（　）
   A. 强劲的对手激发了他的斗志。他不管三七二十一，占上一条跑道就开始进行热身活动。
   B. 当局者迷，旁观者清，比赛失利了，我们应该向在场观战的同行请教，更好地总结经验。
   C. 赢得比赛要靠所有队员的共同努力，所谓“千军易得，一将难求”，说的就是这个道理。
   D. 他深刻地指出，一个巴掌拍不响，在这一球队换帅风波中，教练、球员都有一定的责任。

5. 下列各句中加点成语的使用，不恰当的一项是 （ ）

A. 中国女子足球队近年来战绩不佳，想要重整旗鼓、再创辉煌，尚需坚持不懈地努力。

B. 这次双打比赛，他俩第一次搭档。由于彼此想法不同，心照不宣，在配合上失误颇多。

C. 在领先两个进球之后，主队的攻防更加从容，更加游加游刃有余，他们最终以大比分获胜。

D. 他认为，改造现有设计，减缓小火箭的降落速度，就一定能在这次比赛中稳操胜券。

6. 下列句子中，没有语病的一项是 （ ）

A. 经过36年的空间旅行，“旅行者1号”已到达距离地球约190亿千米的星际空间，此前从未有人造探测器到过那里。

B. 环境污染治理要避免不能陷入“污染—治理—再污染”的恶性循环中，一定要有长期的规划，持之以恒的决心和措施。

C. 我国的粮食生产创造了稳步增长的奇迹，在国内水灾旱灾多发、国际市场尖锐挑战的背景下，基本做到了自给自足。

D. 由于受国际金价走高的影响，近日国内黄金市场价格再度上扬，有的商场千足金价格已经上调到321—315元。

7. 在横线处填入下列句子，顺序最恰当的一项是 （ ）

“公无渡河，公竟渡河！渡河而死，其奈公何！”这四句十六字，___，___，活画出一出悲剧，其中有起承转合，有情节，__，有人物，__。我在听先生这篇讲演后二十余年，偶然获得机缘在茅津渡候船渡河。但见黄沙弥漫，___，景象苍茫，___，顿时忆起先生讲的这首古诗。

①有情感　②有背景　③黄流滚滚

④再经他一解释　⑤经他一朗诵　⑥不禁哀从中来

A. ②①⑤④⑥③　B. ⑤④②①③⑥

C. ②①④⑤③⑥　D. ⑤④①②⑥③

8. 下面各句中，没有使用拟人修辞手法的一项是 （ ）

A. 当大陆相互分离时，每一个大陆都携带着自己的恐龙而去。

B. 白蚁开始骚动、激奋，然后就像艺术家一样开始工作。

C. 老头子浑身没有多少肉，干瘦得像老了的鱼鹰。

D. 这里居然阳光明媚温暖，一行行白杨树婆娑起舞。

9. 下列句子中标点符号的使用，不正确的一项是 （ ）

A. 藏羚羊，被称为“可可西里的骄傲”，已被列入“华盛顿公约”中濒危动物的行列。

B. 一霎时，气温突然下降，狂风，骤雨，闪电，响雷，跟着都来了，还可能夹着冰雹。

C. 意境是山水画的灵魂。什么是意境？我认为，意境是景与情的结合，写景就是写情。

D. 其实何止爱情？世间许多奥妙，世人许多灵感，都难以言传。一经道破，索然无味。

10. 下列有关作家作品的表述，不正确的一项是 （ ）

A. 陶渊明的《归去来兮辞》是一篇诀别官场的宣言，表现了作者归隐田园的决心和乐趣。

B. 柳永是北宋婉约派词人，他的代表作《雨霖铃》（寒蝉凄切）写离别之情，哀婉动人。

C. 明代戏曲家关汉卿的剧作《窦娥冤》通过写窦娥的悲惨命运，揭露了当时社会的黑暗。

D.《老人与海》是美国作家海明威的代表作品，桑地亚哥是这篇小说中的主人公。

得分	评卷人

二、现代文阅读：本大题共8小题，每小题4分，共32分。在每小题给出的四个选项中，只有一项是符合题目要求的。

阅读下文，完成11～18题。

我总觉得自己是一个流浪者，几十年来，漂泊无定，浪迹天涯.我走过田野，穿过城市，到过许多许多地方。我从哪里来？哪儿是我的故园我的家乡？

十九岁那年我离开了杭州城。水光潋滟、山色空濛的西子湖畔是我的出生地。离杭州100里水路的江南小镇洛舍是我的外婆家。然而，我只是杭州的一个过客，我的祖籍在广东新会。我长到三十岁时，才同我的父母一起回过广东老家。老家有翡翠般的小河、密密的甘蔗林和神秘幽静的榕树岛，夕阳西下时，大翅长脖的白鹳灰鹳急急盘旋回巢，巨大的榕树林遮天蔽日，鸟声盈盈。小河碧绿的水波上，一串串细长的小船满载清香弥漫的葵叶，沉甸甸贴水而行，悠悠远去……

但老家于我，却已无故园的感觉。我甚至说不出一句完整地道的家乡方言。我在陌生的乡音里，茫然寻找辨别着这块土地残留给自己的根性。

梦中常常出现的是江南的荷池莲塘，春天嫩绿的桑树地里透紫酸甜的桑葚儿，秋天金黄的柚子，冬天过年时挂满厅堂的酱肉粽子、鱼干，还有一锅喷香的煮芋艿……　　暑假寒假，坐小火轮去洛舍镇外婆家。镇东头有一座大石桥，夏天时许多光屁股的孩子，从桥墩上往河里跳水，那河连着烟波浩渺的洛舍洋。我曾经在桥下淘米，竹编的淘箩湿淋淋从水里拎起，珍珠般的白米上扑扑蹦跳着一条小鱼儿……

听说洛舍是因早年此地曾有一支移民来自洛阳，洛阳人之舍，谓之洛舍。由此看来，外婆外公的祖籍也难以考证，我魂牵梦萦的江南小镇，又何为我的故乡？

所以对于我从小出生长大的杭州城，便有了一种隐隐的隔膜和猜疑。自然，我喜欢西湖的柔和淡泊，喜欢植物园的绿草地，喜欢冬天时满山的翠竹和苍郁的香樟树。但他们只是我摇篮上的饰带和点缀，我欣赏它们赞美它们，但它们不属于我。每次我回杭州探望父母，在嘈杂喧闹的街巷里，自己身上那种从遥远的异地带来的“生人味”，总使我觉得同这里的温馨和湿润格格不入……

更多的时候，我会凝神默想着那遥远的冰雪之地，想起笼罩在雾霭中的幽蓝色的小兴安岭群山。踏着没膝深的雪进山去。灌木林里尚未封冻的山泉一路叮咚欢歌，山里无风的日子，静谧的柞树林中轻轻漫漫地飘着小雪，落在头巾上不化，一会儿就亮晶晶地披了一肩。如果闭上眼睛，能听见雪花亲吻着树叶的声音。那是我21岁的生命中，第一次发现原来落雪有声，如桑蚕啜叶、婴儿吮乳，声声有情。那时住帐篷，山林里的早晨宁静而妩媚。门前的白雪地上，印上了夜里悄悄来过的不知名的小动物一条条丝带般的脚印儿，细细辨认，如梅花如柳梢亦如一个个问号，清晰又杂乱地蜿蜒于雪原，消失于密林深处……

我十九岁便离开了我的出生地杭州，走向遥远而寒冷的北大荒。那时我曾日夜思念我的西湖，我的故园在温暖的地方。但现在我知道，我已没有了故乡。我们总是在走，一边走一边播撒着全世界都能生长的种子。我们随遇而安，落地生根，四海为家。我们像一群新时代的游牧民族，一群永无归宿的流浪移民。也许我走过了太多的地方，我已有了太多的第二故乡。

11. 下列词语中加点的字的读音，不正确的一项是 （　）

A. 点缀（zhuì）　B. 温馨（xīn）

C. 雾霭（mái）　D. 静谧（mì）

12. 下列对文中词语的解释，不正确的一项是 （　）

A. 烟波浩渺：形容水面深不可测。

B. 魂牵梦萦：形容思念之情非常深切。

C. 格格不入：有抵触，不投合。

D. 随遇而安：适应遇到的各种环境，感到满足。

13. 下列对第2段画线句子的理解和分析，不正确的一项是 （　）

A. 这句话承前，意指我离开故乡杭州太早。

B. 这句话启后，意指我的祖籍也不在杭州。

C. “过客”一词，充满了无限的伤感。

D. “过客”一词，有强烈的自嘲意味。

14. 下列对第7段画线句子内容的理解，不正确的一项是 （　）

A. “隐隐的隔膜和猜疑”，表现了作者由于长期漂泊在外而对故乡产生的一种冷漠情怀。

B. “摇篮上的饰带和点缀”，表明作者对故乡的喜爱出自童年记忆，而不是现在的观感。

C. “遥远的异地带来的‘生人味，’表明作者的生活习惯、精神面貌都发生了很大变化。

D. “格格不入”是一种情绪化的表述，表明作者面对陌生的故乡而滋长的一种落寞情怀。

15. 下列对文章中使用省略号的分析，正确的一项是 （　）

A. 都表示说话断断续续。　B. 都表示沉默或者思考。

C. 都表示语音延长。　D. 都表示语意未尽。

16. 下列各句中，没有使用辞格修辞的一项是 （　）

A. 老家有翡翠般的小河　B. 一串串细长的小船满载清香弥漫的葵叶

C. 能听见雪花亲吻着树叶的声音　D. 如梅花如柳梢亦如一个个问号

17. 下列对全文内容的理解和分析，不正确的一项是 （　）

A. 作者认为，“自己是一个流浪者”，有许多第二故乡，一定要从思乡之情中超脱出来。

B. 作者认为，人生注定要浪迹天涯、四海为家，所以对故乡不必魂牵梦萦，念念不忘。

C. 作者认为，要宽泛理解“故乡”的含义，长期安居乐业的地方也可以当作“故乡”。

D. 作者从今昔对比、情感变化角度思考“我的故园我的家乡”这一主题，引人深思。

18. 下列语句，最适合做文章标题的一项是 （　）

A. 故乡在梦里　B. 故乡在心里

C. 故乡在何方　D. 故乡在远方

得分	评卷人

三、古诗文阅读：本大题共6小题，每小题3分，共18分。在每小题给出的四个选项中，只有一项是符合题目要求的。

阅读下文，完成19～24题。

秦王坐章台见相如。相如奉璧奏秦王。秦王大喜，传以示美人及左右，左右皆呼万岁。相如视秦王无意偿赵城，乃前曰："璧有瑕，请指示王。"王授璧。相如因持璧却立，倚柱，怒发上冲冠，谓秦王曰："大王欲得璧，使人发书至赵王，赵王悉召群臣议，皆曰：'秦贪，负其强，以空言求璧，偿城恐不可得。'议不欲予秦璧。臣以为布衣之交尚不可欺，况大国乎？且以一璧之故逆强秦之欢，不可。于是赵王乃斋戒五日，使臣奉璧，拜送书于庭，何者？严大国之威以修敬也。今臣至，大王见臣列观，礼节甚倨，得璧，传之美人，以戏弄臣。臣观大王无意偿赵王城邑，故臣复取璧。大王必欲急臣，臣头今与璧俱碎于柱矣！"相如持其，璧睨柱，欲以击柱。秦王恐其破璧，乃辞谢，固请，召有司案图，指从此以往十五都予赵。

19. 下列句中加点字的读音，不正确的一项是　（　）

A. 璧有瑕　　　　瑕，念xiá

B. 礼节甚倨　　　　倨，念j ū

C. 臣观大王无意偿赵王城邑　　　　邑，念yì

D. 相如持其璧睨柱　　　　睨，念nì

20. 对下列句中加点词的解释，不正确的一项是　（　）

A. 相如奉璧奏秦王　　　　奏：呈上。

B. 相如因持璧却立　　　　却：退后。

C. 使人发书至赵王　　　　书：书信。

D. 秦贪，负其强　　　　负：违背。

21. 下列句中加点词语在文中的意思，与现代汉语不同的一项是　（　）

A. 左右皆呼万岁　　　　B. 相如视秦王无意偿赵城

C. 臣以为布衣之交尚不相欺　　　　D. 秦王恐其破璧，乃辞谢

22. 下列语句，不属于动作描写的一项是　（　）

A. 乃前曰　　　　B. 王授璧

C. 倚柱，怒发上冲冠　　　　D. 臣头今与璧俱碎于柱矣

23. 对下列语句的翻译，不正确的一项是　（　）

A. 璧有瑕，请指示王。

璧上有瑕疵，让我指给您看。

B. 且以一璧之故逆强秦之欢，不可。

而且因为一块璧出了问题来迎合强大的秦国的欢心，不应该。

C. 何者？严大国之威以修敬也。

为什么呢？尊重大国的威严来整饰礼仪表示敬意啊。

D. 召有司案图，指从此以往十五都予赵。

叫有关部门的人察看地图，指出从此地过去十五座城给赵国。

24. 下列对于所选文段内容的理解和分析，不正确的一项是 （　）

A. 相如出使秦国，不卑不亢，据理争辩，让秦国“空言求璧”的梦想难以实现。

B. 秦王居高临下，大喜过望，始终不把相如放在眼里，缺乏庄重的外交风度。

C. 秦国君臣嬉戏的态度，轻浮的举动，让相如丢掉幻想，为保护玉璧而作抗争。

D. 以“布衣之交”对比大国外交，以赵的“修敬”对比秦的倨傲，相如说理有力。

得分	评卷人

四、作文（60分）

25. 请以“追求，永无止境”为题，写一篇不少于700字的文章。立意自定，文体自选。

2015年全国普通高等学校运动训练、武术与民族传统体育专业单独统一招生考试

语　文

题　号	一	二	三	四	总　分
分　数					

得分	评卷人

一、语文知识：本大题共10小题，每小题4分，共40分。在每小题给出的四个选项中，只有一项是符合题目要求的。

1. 下列各组词语中加点的字，读音全都相同的一项是　（　　）

A. 藩篱　樊笼　翻天覆地

B. 几案　肌理　反唇相讥

C. 揭露　露底　风餐露宿

D. 结实　结余　结党营私

2. 下列各组词语中，书写完全正确的一项是　（　　）

A. 温馨　墨许　渺无人烟

B. 启蒙　冥想　矫往过正

C. 鹅黄　雀跃　闻鸡起舞

D. 藐视　扼腕　花拳秀腿

3. 依次填入下列横线处的词语，最恰当的一项是　（　　）

个体社会化，就是通过社会生活实践的不断_____，使个体从“生物人”成长为“社会人”。现代社会对人的社会化要求越来越高。一个人不仅要有强健的_____，丰富的知识，要学会与他人交往、合作，还要学会竞争，并且敢于竞争，善于竞争。体育游戏和竞赛具有使个体社会化的_____，对培养青少年的集体观念、规则意识、公平竞争理念具有重要的作用。

A. 调试　体貌　功能　　B.调适　体貌　功绩

C. 调试　体魄　功绩　　D.调适　体魄　功能

4. 下列各句中加点熟语的使用，不正确的一项是　（　　）

A. 在国际市场竞争中，虽说“胳膊拧不过大腿”，但这家小厂却凭借产品更新赢得了发展。

B. “墙倒众人推”，只要我们团结一致，充分发挥集体的智慧和力量，就一定能战胜困难。

C. 割鸡焉用牛刀？对付这样的弱队，我们主力队员不上场也完全能取胜，这个自信应该有。

D. 对于这次比赛事故，他的辩解驴唇不对马嘴，不仅偏离事实，而且自相矛盾，难以服人。

5.下列各句中加点成语的使用，不恰当的一项是 （　　）

A. 毋庸置疑，“四肢发达就是体育”的陈旧观念，还难以在社会上和学校里彻底消除。

B. 成功体验与竞争意识相辅相成，安排比赛要考虑学生在体能、技术方面存在的差异。

C. 除了传球，他还不断突破，急停跳投，接二连三撕开对方防线，为比分反超立下大功。

D. 快到终点时，他的速度越来越快，强弩之末，势如破竹，终于毫无悬念地夺得了冠军。

6.下列句子中，没有语病的一项是 （　　）

A. 预计今年电影产业会继续保持高速发展，院线银幕数量的增加、在线选座等预约服务将使电影呈现扩张态势。

B. 这家颇负盛名的书店宣布24 小时运营，引来读者无数的“点赞”，因为它引领了一种热爱阅读的生活方式。

C. 近期，国内鲜奶价格不断上涨。然而受到疫情、养殖成本增加等影响，养殖户不但到了被迫卖牛的境地，甚至没有受益。

D. 这里自晚唐五代以来就成为中国非常重要的瓷器生产核心，元代初年设计的瓷器，加强了朝廷对瓷器制造的监督和管理。

7.在横线处填入下列句子，顺序最恰当的一项是 （　　）

在清晨和黄昏，不光是鸟，森林里所有的动物都在__________。各唱各的曲子，各用各的乐器；__________，__________。燕雀和莺用清脆、纯净的声音唱着，甲虫和蚱蜢吱吱嘎嘎地__________，啄木鸟__________，黄鸟尖声尖气地吹着笛子。青蛙咕噜咕噜地吵一阵，又__________叫一阵。没有好嗓子的动物，也不觉得难为情。它们个个都会按照自己的爱好来选择乐器。

①打着鼓 ②拉着提琴 ③唱歌奏乐

④呱呱呱地⑤各有各的奏法⑥各有各的唱法

A. ①⑤⑥②③④　　B. ③⑤⑥④②①

C. ①⑥⑤③②④　　D. ③⑥⑤②①④

8.下列各句中，没有使用反问修辞手法的一项是 （　　）

A. 没有了商品交换的社会，岂不要退回到自给自足的原始状态了吗？

B. 用汉字写的国语，是否来用地方音读呢？不行！那就不是国语了。

C. 我们已经长大成人，可是所有的大人不都是从孩童时代走来的吗？

D. 哲学家倘若不能从心灵中汲取大部分的快乐，他算什么哲学家呢？

9.下列句子中标点符号的使用，不正确的一项是 （　　）

A. 人们常会以为—体育么？就是身体活动，是“简单的”体力活动，不需要动脑筋。

B. “唯分数论”观念不变，体育轰动仍将是“讲起来重要，做起来次要，忙起来不要”。

C. 一竿在手，钓趣无穷。有晨曦，有落日，有斜风，有细雨，有天光云影、鸢飞鸟啼。

D. 忽然“咔嚓”一声响，断裂的冰块漂移而去……憋闷了一个冬天的大鱼跳出水面。

10.下列有关作家作品的表述，不正确的一项是 （　　）

A. 唐代诗人李商隐的《锦瑟》，意象朦胧，意境凄迷，情思缠绵，是脍炙人口的佳作。

B. 巴金的散文《包身工》，表现了上世纪40年代中国女工在日本纱厂被奴役的黑暗现实。

C. 《装在套子里的人》作者是俄国作家契诃夫，别里科夫是这篇小说中的主要人物。

D. 《我有一个梦想》是美国黑人民权运动领袖马丁·路德·金在一次集会上的演讲。

得分	评卷人

二、现代文阅读：本大题共8小题，每小题4分，共32分。在每小题给出的四个选项中，只有一项是符合题目要求的。

阅读下文，完成11～18题。

许多"一无所有"的年轻人，对房子、汽车望眼欲穿，几乎不惜一切牺牲一切。我则想说：如果你大学毕业时的裤子以后不能穿了，这条裤子就不再属于你。怎么没有人担心自己对这条裤子能拥有多久？我这么说，是觉得人们越来越只用一把尺子衡量生活：买了什么牌子的汽车？买了多大的房子？人家有了，我有了没有？但大家都忘了另外一把尺子：你为了得到，究竟是去了什么？

单一的价值观对我们的生活具有很强大的塑造力。20多年前，我曾写过一篇随笔，讲新婚之后我们夫妻二人的生活状态。在我看来，当你买一家自己不真正需要的东西时，就开始受这个东西的奴役。比如，我要买一双时髦的旅游鞋，立即会在家庭财政上戳个窟窿。为了补这个窟窿，就得抽出时间去挣钱，哪怕是干不相干的事情。这等于拿自己生命的一部分去换这双鞋，所以，我必须想一想：这双鞋究竟有多重要？

这就是我们当时的生活状况。当时我们俩只有我有工作，拿200多块的死工资，无房无奖金，两人很难在北京过下去。妻子则英文、日文俱佳，当时正赶上外企大举进军北京，机会多多。记得有一次，一家工厂的日本专家找不到翻译，无法工作，请她去帮了三天忙，一天100块。在那年月，这算是挺吓人的报酬了。可她从不多干。我们有自己的理由：不把自己的青春减价出售。我们结婚是一无所有，但都知道自己还很年轻，要用青春追求新的生活。

大概是留学很难，而我的英语几乎要从头开始学。所以，我们很清楚，要尽可能把青春投入到事业的发展中。20年后，如果我们有所成就，回收今天的艰辛，当是人生最为美好的时刻。难道就为了100块一天给卖了？不卖，坚决不卖！

当然，生活要维持，必要的工作还是要干的。但是，如果我们除了食物外基本不消费，穿旧衣服，那么就能最大限度地把青春留给自己。就这样，我们闷头发奋四年，妻子先考取了耶鲁大学的博士；缺乏英语才能的我，得以混了个家属的资格跟去。因为在旁听时小有表现，也成了那里的学生想。想都是多亏没有贱卖青春，留着给自己长了点本事。

到耶鲁后，我先是家属，后来读硕士课程，免学费但无奖学金。那时妻子拿的全额奖学金，其实比当地的最低生活线还少几百块。那时也有些校内打工的机会，我们没有办法时也干过一点儿。但只要生活能维持，就不会干。还是那个道理：青春不减价拍卖。

在美国的头几年，我的衣服几乎全是在街上邻居搬家清理旧货时买的，比如10美分一条勉强凑合穿的牛仔裤。但那时却是我们求知生涯中最珍贵的，那时一无所有的状态，其实是最为富足的。如今年过半百，回想起来，有颇为庆幸之处：青春有价，没有贱卖。当然，我们从来没有忘了锻炼身体，对裤子的所有绝不肯放弃。

11. 下列词语中加点的字的读音，不正确的一项是　　（　　）

A. 衡量(liáng)　　B. 塑（shù）造

C. 时髦（máo）　　D. 勉强（qiǎng）

12. 下列对文中词语的解释，不正确的一项是　　（　　）

A. 望眼欲穿：形容盼望急切。

B. 价值观：对社会事务持有总的看法。

C. 大举：重大的举动。

D. 闷头：不声不响地。

13. 下列对文中语句的理解，不正确的一项是 （　　）

A. “受这个东西的奴役”，意思是人要为所买的商品付出艰辛劳动。

B. “在家庭财政上戳个窟窿”，意思是使家庭财政超支，出现亏空。

C. “挺吓人的报酬”，意思是意外的收入，令人惶恐不安。

D. “小有表现”，意思是在听课时略微表现出一些才能来。

14. 本文三次用“一无所有”一词，对此的分析，正确的一项是 （　　）

A. 第一段中的“一无所有”，形容现在的年轻人非常贫困，给予了怜悯和同情。

B. 第三段中的“一无所有”，形容“我们结婚”时非常贫困，有自我嘲讽意味。

C. 第七段中的“一无所有”，提醒自己不忘过去的贫困，珍惜苦尽甘来的幸福。

D. 本文三次用“一无所有”，都引发了如何对待年轻时生活贫困的话题和议论。

15. 下列对第四段画线的部分的理解，不正确的一项是 （　　）

A. 作者坚信，只要发奋图强，青年时代甘于贫困一定会有回报的。

B. 作者认为，事业有成之后，回首青年时代的艰辛，会有幸福感。

C. “难道就为了100块一天给卖了？”表现出作者对报酬不太满意。

D. “不卖！坚决不卖！”以斩钉截铁的短句表明了作者坚定的态度。

16. 下列对文本内容的理解，不正确的一项是 （　　）

A. 作者讲述自己的经历，说明如何对待青春贫困与事业发展的矛盾，可谓现身说法。

B. 作者认为，青春贫困并不可怕，可怕的是为了追逐物质享受而毁灭了青春的前途。

C. “最大限度地把青春留给自己”，意为要做自己喜欢做的事，要工作，更要休闲娱乐。

D. 文章结尾说“对裤子的所有权绝不放弃”，照应开头，幽默诙谐，寓意丰富深刻。

17. 下列句中冒号用法与其他三项不同的一项是 （　　）

A. 所以，我必须想一想：这双鞋究竟有多重要？

B. 我们有自己的理由：不把自己的青春减价出售。

C. 还是那个道理：青春不减价拍卖。

D. 有颇为庆幸之处：青春有价，没有贱卖。

18. 下列语句，最适合做文章标题的一项是 （　　）

A. 青春代价　　B. 青春定价

C. 青春无价　　D. 青春有价

得分	评卷人

三、古诗文阅读：本大题共6小题，每小题3分，共18分。在每小题给出的四个选项中，只有一项是符合题目要求的。

阅读下文，完成19～24题。

若夫日出而林霏开，云归二岩穴暝，晦暝变化者，山间之朝暮也。野芳发而幽香，佳木秀而繁阴，风霜高洁，水落而石出者，山间之四时也。朝而往，暮而归，四时之景不同，而乐亦无穷也。

至于负者歌于途，行者休于树，前者呼，后者应，伛偻提携，往来而不绝者，滁人游也。临溪而渔，溪深而鱼肥；酿泉为酒，泉香而酒洌。山肴野蔌，杂然而前陈者，太守宴也。宴酣之乐，非丝非竹，射者中，弈者胜，觥筹交错，起坐而喧哗者，众宾欢也。苍颜白发，颓然乎其间者，太守醉也。

已而夕阳在山，人影散乱，太守归而宾客从也。树林阴翳，鸣声上下，游人去而禽鸟乐也。然而禽鸟知山林之乐，而不知人知乐；人知从太守游而乐，而不知太守之乐其乐也。醉能同其乐，醒能述以文者，太守也。太守谓谁？庐陵欧阳修也。

19. 下列句中加点的字的读音，不正确一项的是　（　　）

A. 酿泉为酒　　酿，念niàng

B. 山肴野蔌　　肴，念xiáo

C. 宴酣之乐　　酣，念hān

D. 树林阴翳　　翳，念yì

20. 对下列句中加点词的解释，不正确的一项是　（　　）

A. 云归而岩穴暝　　暝：昏暗

B. 杂然而前陈者　　陈：摆放

C. 太守归而宾客从也　　从：服从

D. 游人去而禽鸟乐业　　去：离开

21. 下列语句，不属于景物描写的一项是　（　　）

A. 日出而林霏开　　B. 野芳发而幽香

C. 佳木秀而繁阴　　D. 四时之景不同

22. 下列语句，描写宴会场面的一项是　（　　）

A. 溪深而鱼肥　　B. 泉香而酒洌

C. 射者中，弈者胜　　D. 人影散乱

23. 对“负者歌于途，行者休于树”的翻译，正确的一项是　（　　）

A. 自负的人在路上唱歌，僧人在树下休息。

B. 自负的人在路上唱歌，走路的人在树下休息。

C. 背着东西的人在路上唱歌，僧人在树下休息。

D. 背着东西的人在路上唱歌，走路的人在树下休息。

24. 下列对于所选文段内容的理解和分析，不正确的一项是　（　　）

A. 第一段，先写山中早晚光线的明暗变化，再写四季景物的变换，突出了赏景之乐。

B. 第二段，写滁人游山，太守饮宴，突出了宾客喧哗、无的放矢、不醉不休的情景。

C. 第三段，写游山晚归，突出了太守与民同乐的自得情怀，以及传诸文字的自豪感。

D. 三段文字，分别以“若夫”“至于”“而已”开头提示内容转换，有异曲同工之妙。

得分	评卷人

四、作文。（60分）

25. 请以“情系赛场”为题，写一篇不少于700字的文章。立意自定，文体自选。

2016年全国普通高等学校运动训练、武术与民族传统体育专业单独统一招生考试

语　文

题　号	一	二	三	四	总　分
分　数					

得分	评卷人

一、语文知识：本大题共10小题，每小题4分，共40分。在每小题给出的四个选项中，只有一项是符合题目要求的。

1. 下列各组词语中加点的字，读音全都相同的一项是　（　　）

A. 与其　参与　与日俱增　　B. 奢靡　靡费　望风披靡

C. 勉强　强迫　强词夺理　　D. 空闲　空虚　空中楼阁

2. 下列各组词语中，书写完全正确的一项是　（　　）

A. 伎两　殊不知　删删来迟　　B. 期待　全天候　入不敷出

C. 寻觅　流览器　按步就班　　D. 偶像　坐谈会　关怀倍至

3. 依次填入下面一段文字横线处的词语，最恰当的一项是　（　　）

为了更好地普及群众体育运动，相关主管部门决定________大学生为群众体育运动录像并免费发放，以实现群众体育运动与时尚流行元素的________，________达到推广群众体育运动的目的。

A. 调动　接合　从而　　B. 发动　结合　从而

C. 调动　结合　因而　　D. 发动　接合　因而

4. 下列各句中加点熟语的使用，不正确的一项是　（　　）

A. 作为曾经的世界冠军，王教练坚信自己的弟子能青出于蓝而胜于蓝。

B. 如果把自己获胜的希望寄托在对手的松懈上，必然是竹篮打水一场空。

C. 他反应迅速，听风就是雨，教练一个手势，他立刻心领神会。

D. 是骡子是马，拉出来遛遛，对嘴把式而言，这应该是最有效的检验。

5. 下列各句中加点成语的使用，恰当的一项是　（　　）

A. 这篇有关比赛的通讯虽然写得相当不错，但由于报道不及时，已是面目全非了。

B. 兄弟队频繁地发起肆无忌惮的挑战，这是我们队成员必须面对的严峻事实。

C. 今天李义所反映的情况与教练组的观察完全一致，不容置喙，你应该认真面对。

D. 很显然，他这一次投出去的标枪歪得太离谱，连裁判都哑然失笑了。

6. 下列句子中，有语病的一项是　（　　）

A. 能不能参加这一次的国家队集训，还要看他自己的训练效果够不够好。

B．教练反复交代要就比赛时间、地点及可能出现的问题做好相应的准备。

C．他沉痛地非常宣布，此次外出决赛计划又因为安全因素的影响而搁浅。

D．没有人会在这样困难的时刻再提出一些让训练计划难以为继的要求。

7. 在横线处填入下列句子和短语，顺序最恰当的一项是　（　　）

在面对团队胜利的时候，什么是运动员的“自知”？自知不是为自己评功摆好，________。从这种意义上说，自知这件事说说容易，做起来难。

①并且不是那种自然的短处

②从而谦虚地学习别人

③因此它更多的是指向对自己短处的认知

④而是知道什么是自己所不具备的

⑤哪些是自己所承受不起的赞誉

⑥从而主动地避让

A．③①⑤⑥④②　B．③①④②⑤⑥　C．④②⑤⑥③①　D．④②③①⑤⑥

8. 下面各句中，没有使用修辞手法的一项是　（　　）

A．三月的春风，拂动了那湖畔羞涩的杨柳。

B．近看那缀满草尖的水珠，仿佛是数不清的金刚钻。

C．海湾沿岸的灯光，远看去就像蜿蜒在天边的星星。

D．态度端正是实现这次训练目标的关键。

9. 下列句子中标点符号的使用，不正确的一项是　（　　）

A．体校斜对面二三十米处有一家小饭馆，学员们经常在那里招待家人。

B．大家都很关心你是选择继续服役提高成绩？还是离开运动队另谋发展？

C．刚刚结束比赛的魏翔一回到运动队，就接到爸爸“有空去看看奶奶”的口信。

D．我们坚持认为：只有真正全身心地投入训练，才能收获满意的成绩。

10. 下列有关作家作品的表述，不正确的一项是　（　　）

A．《论语》主要记录了孔子及其弟子的言行。

B．《诗经》是我国第一部诗歌总集。

C．《聊斋志异》的作者是明代文学家蒲松龄。

D．《高老头》的作者是法国作家巴尔扎克。

得分	评卷人

二、现代文阅读：本大题共8小题，每小题4分，共32分。在每小题给出的四个选项中，只有一项是符合题目要求的。

有一年夏天，在青岛崂山附近一处无名的海滩，我第一次被石头的美丽所震慑：它们密密麻麻铺满海滩，浸润在阳光下微微动荡的海水里，拦截了我眺望大海的目光。

水光中轮转着石头们含蓄而神秘的色彩，有的莹绿如玉，有的深红似霞，有的暗黄如金，有的粉白如雪。这些石头多得数也数不清，坦坦荡荡气度不凡地占据了海滩，简直像是散发着灵异之光的宝藏，我深深地被诱惑了，赤足涉入清澈的水中，左一块右一块，我挑着拣着，犹如贪婪的盗墓者，手里捧不下了，我就把第一批收获排放在岸边，转身又去掏摸。我决心要带一批石头回去——它们的美勾起了我的占有欲。那些海水中的石头，几乎每一块都有独特的形状和花纹，点点滴滴，丝丝缕缕，令人沉醉。

不知过了多久，我捧着又一批宝贝回到岸上，眼前的景象令我大吃一惊。我手中的美石劈劈啪啪落下去，险些砸痛我自己的脚。那些“首批选中”的石头呢？它们怎么都消失了，我只迷惑了两秒钟，就发现它们依然不动待在原处；只是，岸上的石头不再美丽，我看见一些普通的石头别扭地排成整齐的一列，灰头灰脑，怪模怪样，有的带点儿灰乎乎的红或绿，有的干脆灰不溜秋或色如沙土。我不敢相信它们就是令我一见倾心的宝贝。呆视之间，我的胸中竟跳出那样一个字眼：死亡。

比起海中的美态，这些石头分明全死了。死去的原因，只是来了我——一个倾慕者，对之爱不释手，想把它们带回家去，占为己有。就是这点小小的贪婪，应该无可厚非的欲望，令它们离开长久熟稔而亲密的海水，孤独地承受夏天的烈日，而奇妙的大自然，早已让它们与大海之间此呼彼应，难舍难分。

——面对倾心或喜爱的东西，我们多么容易犯傻。

我把石头放回海里，在海滩盘桓良久，我竟想到一个时空远隔的人——“昆虫之父”法布尔。这位一生在清贫中与虫交谈的科学家，在晚年得到一小片废墟——“一块偏僻的不毛之地，被太阳烤得滚烫。但却是刺菊科植物和膜翅目昆虫的好去处。”法布尔把它称作“钟情宝地”。与有些昆虫学家不同的是，别人剖开昆虫的肚子，把它们制成标本，他却是活着研究它们，“在蓝天之下，听着蝉鸣音乐从事观察”。法布尔把这块“宝地”命名为“荒石园”，听来凄冷，但荒石园的故事却充满了尊重和温暖的感情，每块石头、每只虫子，都有自己的地方，自然自在，荒得其所。

比照我们习惯的一些方式，这才是真正令人肃然起敬的爱。

11. 下列词语中加点的字的读音，不正确的一项是（　　）

A. 含蓄（xù）　B. 宝藏（cáng）　C. 倾慕（qīng）　D. 贪婪（lán）

12. 下列词语在文中意思的解释，不正确的一项是（　　）

A. 震慑：震动恐惧。　B. 无可厚非：不可过分指摘。

C. 盘桓：走来走去。　D. 肃然起敬：内心表现出恭敬。

13. 下列对第1段画线句子的理解和分析，不正确的一项是（　　）

A. “拦截”突出了海水中石头对“我”的巨大吸引力。

B. 这句话诙谐地写出了作者未能极目远眺时的失望。

C. 这句话包含着无名海滩带给作者内心的某种惊喜。

D. 这句话写出了作者当时的心境，并自然引出下文。

14. 下列对第2段中一些词句含意的理解，不正确的一项是（　　）

A. 从“有的……有的……”这些语句中，可见海水中石头色彩的多样性。

B. “气度不凡地占据了海滩”，写出了水中的石头带给作者的心理冲击。

C. “犹如贪婪的盗墓者”，写出了作者对于自己破坏环境的行为的自责。

D. 从文意来看，“那些海水中的石头”中的“那些海水中的”是不可缺少的。

15. 下列对第3、4、5段有关内容的理解和分析，不正确的一项是（　　）

A. “又一批宝贝”带给作者的感受迥异于那些被“首批选中”的石头。

B. “不再美丽”“灰头灰脑”“死亡”是作者对离开大海的石头的感受。

C. 作者前后感受不同的原因，主要就在于这些石头所处的环境不同。

D. 作者在自己的莽撞中发现，有时候喜爱也会给失误造成“伤害”。

16. 文中提到科学家法布尔，下列作品属于法布尔作品的一项是 （ ）

A. 《物种起源》 B. 《昆虫记》 C. 《海底两万里》 D. 《自然史》

17. 下列对文章的理解和分析，不正确的一项是 （ ）

A. 文章借石头“生”与“死”的对比，突出了“我”认识上的转变。

B. 文章批评了那种因为爱或喜欢就想占有的心理习惯及行为方式。

C. 让园子里的石头像那海中的石头一样存在，是法布尔建立荒石园的原因。

D. 作者在文中也委婉提出，人类应该尊重事物的自然存在状态。

18. 下列选项中，最适合做文章标题的一项是 （ ）

A. 海边荒石 B. 那海滩的石头 C. 海边石头 D. 我的石头记忆

得分	评卷人

三、古诗文阅读：本大题共6小题，每小题3分，共18分。在每小题给出的四个选项中，只有一项是符合题目要求的。

陈胜者，阳城人也，字涉。吴广者，阳夏人也，字叔。陈涉少时，尝与人佣耕，辍耕之垄上，怅恨久之，曰：“苟富贵，无相忘。”佣者笑而应曰：“若为佣耕，何富贵也？”陈涉太息曰：“嗟乎，燕雀安知鸿鹄之志哉！”

二世元年七月，发闾左適戍渔阳，九百人屯大泽乡。陈胜、吴广皆次当行，为屯长。会天大雨，道不通，度已失期。失期，法皆斩。陈胜、吴广乃谋曰：“今亡亦死，举大计亦死，等死，死国可乎？”陈胜曰：“天下苦秦久矣。吾闻二世少子也，不当立，当立者乃公子扶苏。扶苏以数谏故，上使外将兵。今或闻无罪，二世杀之。百姓多闻其贤，未知其死也。项燕为楚将，数有功，爱士卒，楚人怜之。或以为死，或以为亡。今诚以吾众诈自称公子扶苏、项燕，为天下唱，宜多应者。”吴广以为然。

19. 下列各句中加点字的读音，不正确的一项是 （ ）

A. 辍耕之陇上 辍：chuò

B. 燕雀安知鸿鹄之志哉 鹄：hú

C. 道不通，度已失期 度：duó

D. 今诚以吾众诈自称公子扶苏 诈：zuò

20. 下列各句中，加点的字是通假字的一项是 （ ）

A. 尝与人佣耕 B. 九百人屯大泽乡 C. 扶苏以数谏故 D. 为天下唱，宜多应者

21. 下列句中加点词的解释，不正确的一项是 （ ）

A. 苟富贵，无相忘 苟：如果。

B. 会天大雨，道不通 会：适逢。

C. 爱士卒，楚人怜之 怜：爱戴。

D. 或以为死，或以为亡 亡：死亡。

22. 下列句子中，是判断句的一项是　　（　　）

A. 陈胜者，阳城人也。

B. 等死，死国可乎？

C. 上使外将兵。

D. 百姓多闻其贤，未知其死也。

23. 下列文句的翻译，不正确的一项是　　（　　）

A. 若为佣耕，何富贵也

——你是一个替人耕田的人，怎么会富贵起来呢

B. 发闾左适戍渔阳

——征发贫苦人民去驻守渔阳

C. 天下苦秦久矣

——天下百姓生活艰苦，秦统治者知道这一点已很久了

D. 吴广以为然

——吴广认为（这个见解）很正确

24. 下列对所选文段内容的理解和分析，不正确的一项是　　（　　）

A. 第一段主要介绍陈胜年轻时的情况，“尝与人佣耕”显示了他当时的境况。

B. “燕雀安知鸿鹄之志”表明了陈胜、吴广两人年轻时就有远大的抱负。

C. 陈胜、吴广起义的地点是“大泽乡”，“失期，法皆斩”是起义的导火线。

D. “诈自称公子扶苏、项燕”的策略，显示出陈胜在决策时的过人胆识。

得分	评卷人

四、作文（60分）

25. 请以“运动场上的温暖回忆”为题，写一篇不少于700字的文章。立意自定，文体自选。

2017年全国普通高等学校运动训练、武术与民族传统体育专业单独统一招生考试

语　文

题　号	一	二	三	四	总　分
分　数					

得分	评卷人

一、语文知识：本大题共10小题，每小题4分，共40分。在每小题给出的四个选项中，只有一项是符合题目要求的。

1. 下列各组词语中加点的字，读音全部相同的一项是 （　）

A. 埋伏　埋怨　埋头苦干　B. 着落　落魄　丢三落四

C. 折叠　折扣　令人折服　D. 宿舍　星宿　体坛宿将

2. 下列各组词语中，书写完全正确的一项是 （　）

A. 座落　虚荣心　目不交捷

B. 漫骂　随大流　义气用事

C. 融恰　算总账　直言不诲

D. 蕴藏　烂摊子　辗转反侧

3. 下面文段中加点的词语，能够用括号中词语替代的一项是 （　）

“度”是指事物保持质的稳定性的数量界限。在这一界限内，量的增减不会改变事物的本质。一旦（如果）量的变化超出这种界限，原来的“度”就（也）被破坏，事物就（才）会发生质的改变，从而（所以）转化为另一种事物。

A. 一旦（如果）　B. 就（也）　C. 就（才）　D. 从而（所以）

4. 下列各句中加点熟语的使用，不正确的一项是 （　）

A. 拜仁慕尼黑足球队来访，北京球迷近水楼台先得月，有机会到现场看比赛。

B. 这两支球队曾有20次比赛记录，结果是两队各赢10场，真可谓旗鼓相当。

C. 针对他的新年微博秀，一些网友认为他应该专心训练，而不是急着唱高调。

D. 他在省队训练的时间不长，有人就认为他在那里不过是一个泡蘑菇的角色。

5. 下列各句中加点成语的使用，恰当的一项是 （　）

A. 假如每个人都能见贤思齐，以人之长补己之短，那么我们每天都会有进步。

B. 不管他自己怎么认为，对于职业联赛而言，他都只是个不名一文的小人物。

C. 遵照相关法律和要求，各行各业中上行下效，社会风气就会逐步好转起来。

D. 联赛环境得以改善，地方政府也推波助澜，成就了这一次主场的巨大胜利。

6. 下列句子中，有语病的一项是 （ ）

A. 到底需要不需要重新比赛，取决于仲裁机构最后作出什么样的裁决。

B. 他一声不吭，赶紧递过去一块毛巾，心里暗暗期待队友能够坚持下去。

C. 对运动员而言，汗水、比赛服以及比赛场地，全都是值得回忆的美好事物。

D. 从教练组出来时，我们看得出来，他已经摆脱完全从前的那种精神面貌了。

7. 在横线处填入下列句子或短语，顺序最恰当的一项是 （ ）

经过多年的研究和实验，中国运动员体能训练的最新标准即将问世。据透露，在过去的十几年时间里，__________，完全有可能首先掌握体能训练的最优科学理论。

①但是进展很快 ②都在研究体能训练的标准与最佳策略 ③虽然中国起步稍晚

④英美等发达国家不断加大投入 ⑤实际训练效果非常突出

A. ④③②⑤① B. ③①④⑤②

C. ④②③①⑤ D. ③⑤④①②

8. 下列各句中，没有使用修辞手法的一项是 （ ）

A. 谁都明白，教练就是教练，绝对不能搞得不像个教练。

B. 白发三千丈，缘愁似个长。不知明镜里，何处得秋霜。

C. 大家正犹豫，就看见有一个红领巾跑上前去扶起了她。

D. 发令枪刚一响，各位选手就像离弦的箭一样冲了出去。

9. 下列各句中标点符号的使用，不正确的一项是 （ ）

A. 小时候我就在村里的小学上学，学校离家不过二三里地，还是很方便的。

B. 我们面对的问题是，有些运动员不想付出努力，整天就等着天上掉馅饼?

C. 离开训练队很久了，但是“要做就做出个样子来”的声音仿佛还在耳边。

D. 这一次比赛我们又大获全胜：乒乓球各项目的冠军再一次为我们包揽了。

10. 下列有关作家的表述，不正确的一项是 （ ）

A. 《爱莲说》的作者是周敦颐。

B. 《三国演义》的作者是罗贯中。

C. 《平凡的世界》的作者是路遥。

D. 《项链》的作者是法国福楼拜。

得分	评卷人

二、现代文阅读：本大题共8小题，每小题4分，共32分。在每小题给出的四个选项中，只有一项是符合题目要求的。

阅读下文，完成11～18题。

“坐忘”，是《庄子》里的一个词，与“坐驰”相对。

我很欣赏“坐忘”这个词，如果用成语来解释一下，“坐忘”大致相当于“心无旁骛”。而与此相对，“坐驰”大致相当于“魂不守舍”。人的精神，有自己的家舍。人守不住自己的精神，经常让它在外面游荡，不知归家，这样的人生，就是“坐驰”。

《世说新语》里讲管宁和华歆是同学。两个人在园子里锄草，同时看到一块金子，管宁挥锄无异，就像什么都没有看到；华歆却停下来，先是捡起金子，然后才“掷去之”。

又一次，两人一起读书，外面有一辆华丽的车马经过，大约是个高官的车马，管宁照旧读书，华歆却抛开书，出门观望。管宁于是把自己与华歆同坐的席子割开，从此与华歆绝交。这个故事，耐人寻味。推敲起来，管宁是“坐忘”，而华歆是“坐驰”。毫无疑问，管宁有定力，华歆太浮躁。二人的分野，判若云泥。

成就大事的人，大都有一种“坐忘”的功夫。《庄子》里讲了许多有关“凝神”的故事，“佝偻承蜩”就是其中之一。故事中写一个身材佝偻的老人，用竹竿捕蝉，就像用手拾取一枚落叶一样轻而易举。为什么能够这样轻松呢？老人说，我是经过刻苦训练的。我在竹竿上叠加一些小泥丸，先是叠加两颗，接着三颗，最后五颗。当伸出竹竿捕蝉时，竹竿头上的五颗泥丸一颗也不掉下来，说明我的稳定性已经绝佳。到那时候，再用竹竿捕蝉，就好像是用手去捡一样，万无一失。而且，我的身子站定在那，就像没有知觉的断木桩子；我举着的手臂，就像枯树枝；即使天地再大，物类繁盛，可我只知道有蝉翼在眼前。我不回头不侧身，不因万物而改变对蝉翼的注意，还有什么蝉捕不到？庄子用这个故事，告诉了我们“用志不分，乃凝于神”的道理。

“坐忘”是一种崇高的人生境界，人生苦短，应该把主要精力用在有价值的事情上，不要受一些外在事物的干扰。不要在外在的名利上过于计较，做一件事，只要觉得它于世道人心有价值，就应该专心去做，至于结果如何，自己能不能从这件事上得到什么好处，那都不是自己该考量的。有了这样坦然的心态，为人就不会患得患失，做事就可以善始善终，倘若真能够百折不回，也就有可能做出一些大事来。

“坐忘”的精神，就是要执着一念，滴水穿石。光阴不是用来消磨的，光阴是用来开花结果的。“坐忘”的人，就是用心浇灌光阴这棵美丽的树，等到树上开花结果。如果无视光阴这棵美丽的树，不去经营它，任凭它枯萎掉，那样的人生，该是多么失败！

11. 下列词语中加点的字的读音，不正确的一项是　（　）

A. 浮躁（zào）　　B. 干扰（rǎo）

C. 执着（zháo）　　D. 枯萎（wěi）

12. 下列词语中加点字的解释，不正确的一项是　（　）

A. 心无旁骛（追求）　　B. 掷去之（抛投）

C. 佝偻承蜩（拾取）　　D. 凝于神（盯着）

13. 下列词语在文中的意思，解释不正确的一项是　（　）

A. 魂不守舍：指做事情时精神不能集中。

B. 判若云泥：形容高低差异很难去判断。

C. 轻而易举：形容做事情很容易就成功。

D. 患得患失：一般指为人处世顾虑重重。

14. 阅读文章第三段，下列理解或分析不正确的一项是　（　）

A. 这一段在讲管宁和华歆的交往时，提到了他们生活中的两个小故事。

B. 从本文介绍看，“金子”和“车马”对管宁和华歆的影响截然不同。

C. 管宁选择与华歆割席绝交，是因为他不愿意接受华歆的财物和身份。

D. 管宁和华歆的区别，其实在于能不能够专心对待自己正在做的事情。

15. 阅读文章第四段，下列理解或分析正确的一项是 （ ）

A. 文章这一段写的是成就大事的人，与第三段写管宁华歆的生活小事不相同。

B. 佝偻老人捕蝉可以万无一失，原因就在于他用刻苦训练弥补了身体的缺陷。

C. 文章写佝偻老人的捕蝉训练过程，表明技艺进步永远都没有止境这个道理。

D. 佝偻老人的成功，既在于有技术，也在于他有一种忘我的精神境界与追求。

16. 文中提到《庄子》和《世说新语》，相关常识表述有误的一项是 （ ）

A. 《庄子》是道家学派的重要作品。

B. 《庄子》的作者是战国时期的庄周。

C. 《世说新语》是西汉时期刘向的作品集。

D. 《世说新语》主要记录名士的逸闻轶事。

17. 下列对文章的理解和分析，不正确的一项是 （ ）

A. 文章借《庄子》的“坐忘”起笔，明确自己对“坐忘”的不同看法。

B. 文章对比解释“坐忘”“坐驰”，并引《世说新语》中的故事来说明。

C. 文章用“佝偻承蜩”老人的超凡技能，来突出“坐忘”的崇高境界。

D. 文章希望大家都能够有“坐忘”这样的境界，去做一些有价值的事。

18. 下列词语中，最适合做文章标题的一项是 （ ）

A. “坐忘”小议　　B. 坐忘

C. “坐忘”与“坐驰”　　D. 凝神

得分	评卷人

三、古诗文阅读：本大题共6小题，每小题3分，共18分。在每小题给出的四个选项中，只有一项是符合题目要求的。

阅读下文，完成19～24题。

晋太元中，武陵人捕鱼为业。缘溪行，忘路之远近。忽逢桃花林，夹岸数百步，中无杂树，芳草鲜美，落英缤纷。渔人甚异之。复前行，欲穷其林。

林尽水源，便得一山，山有小口，仿佛若有光。便舍船，从口入。初极狭，才通人。复行数十步，豁然开朗。土地平旷，屋舍俨然，有良田美池桑竹之属。阡陌交通，鸡犬相闻。其中往来种作，男女衣着，悉如外人。黄发垂髫，并怡然自乐。

见渔人，乃大惊，问所从来。具答之。便要还家，设酒杀鸡作食。村中闻有此人，咸来问讯。自云先世避秦时乱，率妻子邑人来此绝境，不复出焉，遂与外人间隔。问今是何世，乃不知有汉，无论魏晋。此人一一为具言所闻，皆叹惋。余人各复延至其家，皆出酒食。停数日，辞去。此中人语云：“不足为外人道也。”

既出，得其船，便扶向路，处处志之。及郡下，诣太守，说如此。太守即遣人随其往，寻向所志，遂迷，不复得路。

南阳刘子骥，高尚士也，闻之，欣然规往。未果，寻病终，后遂无问津者。

19. 下列各句中加点字的读音，不正确的一项是

A. 初极狭，才通人　　狭：jiá

B. 土地平旷，屋舍俨然　　俨：yǎn

C. 便要还家，设酒杀鸡作食　　要：yāo

D. 率妻子邑人来此绝境　　率：shuài

20. 下列句子中加点词的解释，不正确的一项是 ( )

A. 复前行，欲穷其林　　穷：走到头。

B. 有良田美池桑竹之属　　属：一类。

C. 余人各复延至其家　　延：拖延。

D. 便扶向路，处处志之　　志：做标记。

21. 下列句中加点的词语，与现代汉语意思不同的一项是 ( )

A. 缘溪行，忘路之远近

B. 仿佛若有光

C. 阡陌交通，鸡犬相闻

D. 乃不知有汉，无论魏晋

22. 下列选项中，全都是成语的一项是 ( )

①落英缤纷 ②豁然开朗 ③黄发垂髫 ④怡然自乐 ⑤处处志之

A. ①②③④　B. ①②③⑤　C. ①②④⑤　D. ②③④⑤

23. 下列文句的翻译，不正确的一项是 ( )

A. 渔人甚异之——渔人觉得非常奇异

B. 便舍船，从口入——于是停下船，从山上的小口进入

C. 不复出焉，遂与外人间隔——不再从这里出去，就和人间分隔开来

D. 不足为外人道也——不值得向外面的人说（在这里的情况）

24. 下列对所选文段内容的理解和分析，不正确的一项是 ( )

A. 桃花源的发现得益于一个渔人一次偶然的发现和探寻。

B. 桃花源的环境非常美好，人们在这里过着幸福的生活。

C. 桃花源人以耕作为业，对还有渔人这样的人感到吃惊。

D. 桃花源中的居民，并不希望自己平静的生活被人打扰。

得分	评卷人

四、作文（60分）

25. 请以“我的训练，我的成长”为题，写一篇不少于700字的文章。立意自定，文体自选。

2018年全国普通高等学校运动训练、武术与民族传统体育专业单独统一招生考试

语　文

题　号	一	二	三	四	总　分
分　数					

得分	评卷人

一、语文知识：本大题共10小题，每小题4分，共40分。在每小题给出的四个选项中，只有一项是符合题目要求的。

1. 下列各组词语中加点的字，读音全部正确的一项是（　）

A. 假话　假设　假公济私　　B. 计划　划船　划清界限

C. 凶恶　恶心　深恶痛绝　　D. 内蒙古　蒙骗　蒙头转向

2. 下列各组成语中，书写完全正确的一项是（　）

A. 等候　坐上客　鞠躬尽瘁 B. 奢华　牛角尖　轻重缓急

C. 少许　历程碑　居安思危　　D. 稍息　居留权　礼上往来

3. 依次填入下面一段文字横线处的词语，最恰当的一项是（　）

"春困秋乏"，这些随季节 ______ 的生理性的身体变化，看起来是很正常的。______，有些疾病的表现也是犯困，______ 将生理和病理混淆，很可能耽误疾病的诊断和治疗。

A. 表现　然而　即使　　B. 表现　那么　如果

C. 出现　但是　如果　　D. 出现　不过　即使

4. 下列各句中加点成语的使用，不正确的一项是（　）

A. 她边走边笑道："你贵人多忘事，哪里还记得我们这些小百姓呢。"

B. 果然是人靠衣裳马靠鞍，她这么一打扮，简直跟换了个人似的。

C. 这件事八字没一撇呢，你先别着急啊，咱们有的是时间来应付。

D. 他们俩不打不相识，自此变成了仇人，互相争斗怨恨了一辈子。

5. 下列各句加点成语的使用，恰当的一项是（　）

A. 五月的黄山是最美的，风景如画，气候宜人，前来旅游的人不绝于缕。

B. 谈起黄梅戏，这个年仅九岁的孩子竟然说得头头是道，让人惊叹不已。

C. 对孩子进行爱国教育不仅是学校的工作，更是每个家长任劳任怨的责任。

D. 这次物理竞赛，以前成绩平平的小明竟然得了一等奖，真让人另眼相看。

6. 下列句子中，没有语病的一项是 （ ）

A. 不管天气极其炎热，环卫工人为了大家有个干净舒适的环境，仍然坚持工作。

B. 参观了这次科技展以后，使我们了解到了我们国家科技发展取得的巨大成就。

C. 我们要努力构建体育宣传新格局，为体育事业改革发展营造良好的舆论氛围。

D. 兴办孔子学院让世界不仅更加了解中国，而且激发了外国友人学汉语的热情。

7. 在横线处填入下列句子或短语，顺序最恰当的是 （ ）

钟鼓楼是中国古代用来报时的公共性楼阁建筑，__________，但每到年节，依然能听到浑厚有力的钟鼓声，成为京城著名的一景。

①北京钟鼓楼是全国重点文物保护单位

②气势雄伟，巍峨壮观

③由钟楼和鼓楼组成

④坐落在北京南北中轴线北端

⑤钟鼓楼在元、明、清代都是报时中心

⑥如今的钟鼓楼虽已失去报时的作用

A. ③①⑤⑥④② B. ③①④②⑤⑥

C. ④②⑤⑥③① D. ④②③①⑤⑥

8. 下列各句中，没有使用修辞手法的一项是 （ ）

A. 小屋的出现，点破了山的寂寞，增加了风景的内容。

B. 雌凤碟背上，是两对绣着黄色花纹的黑绒似的翅膀。

C. 她每晚在楼上挂一盏明灯，为前来相会的爱人引路。

D. 月光如流水一般，静静地泻在这一片叶子和花上。

9. 下列句子中标点符号的使用，不正确的一项是 （ ）

A. 亚洲地跨寒、温、热三带，又因各地地形和距离海洋远近不同，气候复杂多样。

B. 张华考上了北京大学，在化学系学习；李萍考进中等技术学校，读机械制造专业。

C. 现代画家徐悲鸿笔下的马，正如有的评论家所说的那样，“神形兼备，充满生机”。

D. 读完课文，他站起来走到老师面前问道：“老师，‘有条不紊’的紊是什么意思？”。

10. 下列有关作家作品的名称，不正确的一项是 （ ）

A. 《兰亭集序》是唐代著名书法家王羲之所作。

B. 《孟子》记载了战国时期思想家孟轲的言行。

C. 《荷塘月色》是朱自清写的一篇抒情性散文。

D. 《巴黎圣母院》是法国作家雨果的长篇小说。

得分	评卷人

二、现代文阅读：本大题共8小题，每小题4分，共32分。在每小题给出的四个选项中，只有一项是符合题目要求的。

阅读下文，完成11～18题。

返乡的时候，我的长裤因脱线裂开了，妈妈说：“来，我帮你车一车。”我随妈妈走进房间，她把小桌上的红绒布掀开，一台裁缝机赫然呈现在我的眼前，这个景象震慑了我，这不是三十多年前的那台裁缝机吗?怎么现在还在用?而且看起来像新的一样?“妈?这是从前那台裁缝机吗?”妈妈说：“当然是从前那台了。”妈妈熟练地坐在缝纫机前，把裤脚翻过来，开始专心地车我裂开的裤子，我看着妈妈专注的神情，忍不住摩挲着缝纫机上优美的木质纹理，那个画面突然与时空交叠，回到童年的三合院。

当时，这一台缝纫机摆在老家东厢房的侧门边，门外就是爸爸种的一大片枣子园，妈妈忙过了养猪、耕田、晒谷、洗衣等粗重的工作后，就会坐在缝纫机前车衣服，一边监看在果园里玩耍的我们。善于女红的妈妈，其实没有什么衣料可以做衣服，她做的是把面粉袋、肥料袋车成简单的服装，以及把太大的衣服改小，把太小的衣服放大。妈妈做衣服的工作是极其重要的，使我们______生活贫苦，______穿破衣去上学。不车衣服的时候，我们就会抢着在缝纫机上写功课，那是因为孩子太多而桌子太少了。抢不到缝纫机的孩子，只好拿一块木板垫膝盖，坐在门槛上写字。有一次，我和哥哥抢缝纫机，不小心跌倒，撞在缝纫机的铁脚上，在我的耳后留下一条几厘米的疤痕，至今还清晰可见。

我喜欢爬上枣子树，回头看妈妈坐在厢房门边车衣服，一边吃着清脆香甜的枣子。那时的妈妈青春正盛，有一种秀气而坚毅的美。妈妈在生活中表现得非常坚强，使得童年我虽然生活贫乏素朴，心里还是无所畏惧的。如果是星期天，我们都会赶透早去采枣子，因为清晨刚熟的枣子最是清香。妈妈是从来没有假日的，但是星期天不必准备中午的便当，她总是透早就坐在缝纫机前车衣服。

东边的太阳刚刚出来,坐在枣子树上，顺着太阳的光望过去，正好看见妈妈温柔的侧脸，色彩非常印象派，线条却如一座立体派的浮雕。这时我会无比的感动，想着要把刚刚采摘的最好吃的枣子献给妈妈。我跳下枣子树，把口袋里最好吃的枣子拿去给妈妈，她就会停下手边的工作，摸摸我的头说：“真乖。”然后拉开缝纫机右边的抽屉放进枣子，我瞥见抽屉里满满都是枣子，原来，哥哥弟弟早就采枣子献给妈妈了。这使我在冬日的星期天，总是透早就去采枣子，希望第一个把枣子送给妈妈。有时觉得能坐在枣子树上看妈妈车衣服，生命里就有无边的幸福了。

“车好了，你穿穿看。”妈妈的声音使我从回忆中回过神来，我看着妈妈,依然温柔的侧脸，头发却都花白了，刚刚那一失神，时光竟匆匆流过三十几年了。

11. 下列词语中加点字的读音，不正确的一项是　（　）

A. 震惊（zhèn）　B. 摩挲（suō）

C. 抽屉（shì）　D. 门槛（kǎn）

12. 下列对文中词语的解释，不正确的一项是　（　）

A. 瞥见：长久注视。　B. 赫然：引人关注。

C. 交叠：交错重合。　D. 素朴：简单朴素。

13. 下列对第1段和第2段有关内容的理解和分析，不正确的一项是　（　）

A. 作者感到震惊的原因是他没想到缝纫机与三十多年前一样新。

B. 母亲专注车裤子的神情让作者回忆起了童年的点点滴滴。

C. 第2段起作者开始回忆童年，并借此展现了母亲的勤劳。

D. 作者通过对写功课这一事件的描述，写出了贫苦生活的乐趣。

14. 下列对第2段和第3段中一些句子含意的理解，不正确的一项是　(　)

A. “门外就是爸爸种的一大片枣子园”自然带出下文给母亲摘枣子的内容。

B. “她做的是把面粉袋、肥料袋车成简单的服装”，表现了母亲的心灵手巧。

C. “疤痕，如今还清晰可见”，写出了作者对哥哥仍然颇有微词。

D. “心里却是无所畏惧的”，表现出母亲在生活中的坚强感染到了作者。

15. 下列对第4段有关内容的理解和分析，不正确的一项是　(　)

A. 每天早上，太阳出来以后，母亲就开始准备工作了。

B. 光线打在母亲侧脸上显现出的色彩与线条，让作者的印象尤为深刻。

C. 家中的孩子们对母亲的辛劳都看在眼中，并争相摘枣子敬献给母亲。

D. 母亲用自己的辛勤劳作让孩子们从贫苦的生活中感受到无边的幸福。

16. 文中第2段画线处的词语，填写恰当的一项是　(　)

A. 由于　因此　　B. 虽然　也不至于

C. 虽然　尚未　　D. 即使　但不曾有

17. 下列对文章的理解与分析，不正确的一项是　(　)

A. 文章借助缝纫机这一实物，由现在推及过去，表现了母亲的辛勤劳作。

B. 文章的语言简单、质朴辞藻虽不华美，情感却令人动容。

C. 作者运用细节描写来追忆童年生活，凸显了“母爱”这一主题。

D. 文章的结尾用寥寥数语表现出作者对母亲衰老、时光易逝的感慨。

18. 下列各组短语，最适合做文章标题的一项是　(　)

A. 妈妈的回忆　　B. 透早的枣子园

C. 缝纫机轶事　　D. 我童年的回忆

得分	评卷人

三、古诗文阅读：本大题共6小题，每小题3分，共18分。在每小题给出的四个选项中，只有一项是符合题目要求的。

阅读下文，完成19～24题。

晋侯、秦伯围郑，以其无礼于晋，且贰于楚也。晋军函陵，秦军氾南。

佚之狐言于郑伯曰：“国危矣，若使烛之武见秦君，师必退。”公从之。辞曰：“臣之壮也，犹不如人；今老矣，无能为也已。”公曰：“吾不能早用子，今急而求子，是寡人之过也。然郑亡，子亦有不利焉！”许之。

夜缒而出，见秦伯，曰：“秦、晋围郑，郑既知亡矣。若亡郑而有益于君，敢以烦执事。越国以鄙远，君知其难也，焉用亡郑以陪邻？邻之厚，君之薄也。若舍郑以为东道主，行李之往来，共其乏困，君亦无所害。且君尝为晋君赐矣，许君焦、瑕，朝济而夕设版焉，君之所知也。夫晋，何厌之有？既东封郑，又欲肆其西封，若不阙秦，将焉取之？阙秦以利晋，唯君图之。”秦伯说，与郑人盟。使杞子、逢孙、杨孙戍之，乃还。

19. 下列各句中加点字的注音，不正确的一项是 （ ）

A. 秦军氾南　　　　氾：fàn

B. 夜缒而出　　　　缒：zhuì

C. 许君焦、瑕　　　瑕：xiá

D. 杨孙戍之　　　　戍：xū

20. 下列句子中加点词的解释，不正确的一项是 （ ）

A. 晋军函陵　　　　军：驻扎

B. 犹不如人　　　　犹：尚且

C. 郑既知亡矣　　　既：已经

D. 又欲肆其西封　　肆：放肆

21. 下列句子中，“以”字的意义不同于其他三句的一项是 （ ）

A. 以其无礼于晋　　B. 越国以鄙远

C. 焉用亡郑以陪邻 D. 阙秦以利晋

22. 下列文句的翻译，不正确的一项是 （ ）

A. 贰于楚也——从属于晋的同时又从属于楚

B. 无能为也已——不能干什么了

C. 尝为晋君赐矣——曾经被晋国国君赏赐

D. 将焉取之——将从哪里取得他所贪求的土地呢

23. 下列对所选文段内容的理解和分析，不正确的一项是 （ ）

A. 第1段交代秦晋两国攻打郑国的原因。

B. 在烛之武壮年时，郑伯就曾请他参政议政。

C. 晋国曾经答应给秦国土地，却没有兑现。

D. 最终，秦国单方面与郑国联盟，撤军而回。

24. 下列对文章画波浪线部分的断句，正确的一项的 （ ）

A. 吾不能早用/子今急而求子/是寡人之过也/然郑亡/子亦有不利焉

B. 吾不能早用子/今急而求子/是寡人之过也/然郑亡子/亦有不利焉

C. 吾不能早用/子今急而求子/是寡人之过也然郑亡/子亦有不利焉

D. 吾不能早用子/今急而求子/是寡人之过也/然郑亡/子亦有不利焉

得分	评卷人

四、作文（60分）

25. 阅读下面材料，写一篇不少于700字的文章。立意自定，文体自选，题目自拟。

我们为冠军喝彩的同时，更要懂得欣赏人类竞技的极限和体育的魅力。透过运动员的泪水和汗水，体验“更快、更高、更强”的精神风貌，才能理解奥林匹克运动的宗旨和意义。

2019年全国普通高等学校运动训练、武术与民族传统体育专业单独统一招生考试

语　文

题　号	一	二	三	四	总　分
分　数					

得分	评卷人

一、语文知识：本大题共10小题，每小题4分，共40分。在每小题给出的四个选项中，只有一项是符合题目要求的。

1. 下列各组词语中加点的字，读音全都相同的一项是（　）

A. 卷曲　席卷　开卷有益　　B. 数秒　历数　数九寒天

C. 度重　弧度　审时度势　　D. 难堪　责难　难能可贵

2. 下列各组词语中，书写完全正确的一项是（　）

A. 荣膺　凝聚力　再接再厉　　B. 精湛　充其量　耐人询味

C. 俯瞰　抱冷门　空谷足音　　D. 酬划　抚恤金　墨守成规

3. 依次填入下面一段文字横线处的词语，最恰当的一项是（　）

开展阳光体育运动，要广泛_______健康理念，建立评比_______制度，以唤起全社会对学生体质健康的关注，_______吸引家庭和社会力量共同支持阳光体育运动的开展。

A. 传达　表扬　反而　　B. 传播　表彰　反而

C. 传播　表彰　进而　　D. 传达　表扬　进而

4. 下列各句中加点熟语的使用，不正确的一项是（　）

A. 彼一时，此一时，现在训练条件好了，我们更应珍惜每一次训练，提高成绩。

B. 如果训练出了问题，我们一定要抓住机会，头痛医头，脚痛医脚，及时解决。

C. 他高考成绩没有预期的好，这让他在填报志愿时高不成，低不就，左右为难。

D. 摩托车赛手在比赛中摔倒，虽然有惊无险，但当时还是让观众为他捏一把汗。

5. 下列各句中加点成语的使用，不正确的一项是（　）

A. 如果在训练时不刻苦不认真，心猿意马，那么在正式比赛中就很难取得好的成绩。

B. 有关部门统筹了各方面的调研实践，集思广益，最终制定了这项运动的指导纲要。

C. 现阶段，体育产业进入了高速发展时期，群众对体育产品的接受度可谓甚嚣尘上。

D. 竞技体育、学校体育与群众体育，三者应该相互协调、相辅相成，不能有所偏颇。

6. 下列句子中，有语病的一项是 （ ）

A. 赛会申办能否成功，主要取决于申办城市基础设施的建设是不是完善。

B. 作为鄂温克族最具特色的传统体育项目，“抢枢”运动已有千年历史。

C. 完善而又强有力的冰雪运动管理体制是冰雪运动健康发展的有力保证。

D. 从长远看，全国青少年校园足球活动是一个需要常抓不懈，不能放松。

7. 在横线处填入下列句子或短语，顺序最恰当的一项是硝烟散去，蜿蜒蛇行于高山深谷之间的滇缅公路上依然有车辆在奔忙，______，从澜沧江对岸过来的行人唱着断断续续的山野小调。 （ ）

①车辙不再那么沉重

②但是数重不再那么密集

③边关的松林里羊群隐现

④茶马古道上悠然行走着赶马的人

⑤博南山也重新回归它原有的沉寂

⑥潺潺流淌的溪水里映照着古老的核桃树的影子

A. ①②⑤③⑥④　　B. ②①③④⑥⑤

C. ②①⑤④③⑥　　D. ①②④③⑤⑥

8. 下面各句中使用的修辞手法，与其他三项不同的一项是 （ ）

A. 这株高大的冬樱花，一到新年，便盛放如一蓬温柔的火焰。

B. 河水一段儿清泠泠，一段儿喧哗不已，在向我们大声吵嚷。

C. 到了黄昏时分，麦草已经像小山一样地堆在静寂的麦场上。

D. 初秋，蒲公英的花絮飞满天空，就像一朵朵洁白的降落伞。

9. 下列句子中标点符号的使用，不正确的一项是 （ ）

A. “南国书城”《天一阁》，是我国现存最早的一座私家藏书楼。

B. 一个骑着摩托车的年轻人在我身边停下，问我：你要找哪家?

C. 两三丈外，只见一片烟云——仍遮抹一切，只不是雾样罢了。

D. 推开窗。雨，密密匝匝地在树上响作一团，一滴滴敲响树叶。

10. 下列有关作家作品的表述，不正确的一项是 （ ）

A. 《离骚》是战国时代楚国屈原的抒情诗。

B. 《西厢记》的作者是明代戏剧家王实甫。

C. 《边城》是中国现代作家沈从文的小说。

D. 《老人与海》的作者是美国作家海明威。

得分	评卷人

二、现代文阅读：本大题共8小题，每小题4分，共32分。在每小题给出的四个选项中，只有一项是符合题目要求的。

阅读下文，完成11～18题。

我喜欢粮食。经过超市粮摊的时候，总忍不住停下脚步，对那些堆放在木格子里的各种粮食打量一番，有时候也忍不住用大勺子把粮食抄起来又撒下，内心忍不住发出一两声赞叹：这是粮食啊！

粮食在超市里是最便宜的售卖品了，消费者脚步匆忙地奔向花花绿绿的货架，没几个人愿意在买粮食时多花几分钟享受这个过程。粮食买回家，用电饭煲做熟了端上桌，孩子不爱吃。自己把碗端过来，装作很饥饿的样子扒拉几口，也产生了疑惑：怎么不再是童年吃的粮食的味道了？粮食的那种独特的气息怎么消失了？原来承载的那些由香味、自然、情感等元素构成的滋味为何不见了？

我的记忆里，储存着粮食的味道。童年时一个大家庭用一口大铁锅做饭，半锅的水抓一把大米扔进去，煮沸腾就是大一锅稀粥。那碗稀粥滋味已经是不错，但粥锅里的布袋捞出来，才是真正的美味。因为布袋里可是货真价实的米团，用小钢勺挖一小口放进嘴里，大米的香味直冲鼻腔，经历过柴火的熬煮，米团的糯软通过舌尖一直传递到内心深处……可惜，这样的米团只有家里最小的孩子才能吃到，我好像只吃过几次就失去了资格。

一直觉得，粮食不简单地只是粮食，它们是有生命的。在田里劳动的时候，我经常可以感受到粮食的生命韵律。比如割麦子的时候，凝目观察这些麦粒，总觉得它们像是要急不可耐地逃离"家园"，想要在太阳的照射下晒一个肆意的阳光浴，要在滚烫的麦场上开心地打几个滚。过去品尝粮食，麦子也好，水稻也好，玉米也好，都能尝出它们的成长经历，觉察到它们是如何在暗夜中随着"母体"摇曳的，当风暴来临时，它们又是怎样紧紧挨在一起相互扶持的。

母亲总是能把各种各样的粮食，做出令人感到温暖与幸福的味道。小时候总爱闻远远飘来的炊烟，那炊烟里总是带着粮食的香气，比如我家的炊烟，就时常掺杂莜面馒头的味道。有时候母亲着急下地干活，来不及熬米粥或者做馒头，就会从锅里煮的地瓜里挑几个好看的给我们当食物。要知道，这些地瓜通常是喂猪的，可我每次都吃得心满意足。从超市里买来的地瓜，在粥里煮熟之后，入口一点儿味道也没有。它不是经历过日月风雨洗礼的地瓜，不是在土壤里做过美梦的地瓜，也不是母亲栽种的、收获的、煮熟的地瓜。

也有可能是，粮食本身的味道并没有太大变化，而是我们的味蕾变了，因为品尝到世间太多的美味，而失去了对粮食的感受力。我们已经不用再闭上眼睛，去体会粮食在舌尖上打转的滋味。我们对包括粮食在内的诸多事物，也不再有那份小心翼翼地珍惜。在这样的状况下，粮食的味道能不变吗？

11. 下列词语中加点的字的读音，不正确的一项是 （ ）

A. 承载（zài） B. 储存（zhù）

C. 摇曳（yè） D. 掺杂（chān）

12. 对下列词语在文中意思的解释，不正确的一项是 （ ）

A. 融合：合为一体。 B. 货真价实：货不假，价实在。

C. 肆意：竭尽全力。 D. 小心翼翼：举动谨慎，不敢疏忽。

13. 下列对第1段三个"忍不住"语意指向的理解，不正确的一项是 （ ）

A. 第一个"忍不住"表现了超市里粮食对作者的吸引力。

B. 第二个"忍不住"表现了作者亲近粮食的热望和行为。

C. 第三个"忍不住"表现了作者面对粮食产生无尽感慨。

D. 三个"忍不住"都表现出作者对人们漠视粮食的伤感。

14. 下列对第2段中画线句子的理解和分析，正确的一项是 （　）

A. “花花绿绿”，是指超市里面那些吸引消费者的好看而又抢眼的商品。

B. “这个过程”，是指粮食从生产、加工、运输到进入超市的整个过程。

C. 这两句表明，人们购物匆匆，没有时间辨析比较粮食的品质与价格。

D. 这两句表明，超市信誉较好，粮食价格又便宜，不用挑选就可以买。

15. 下列对文中有关内容的理解和分析，正确的一项是 （　）

A. “装作很饥饿的样子”，是因为“我”要给孩子做出榜样，让他们热爱粮食。

B. “只吃过几次就失去了资格”，言外之意是家里边又有了更小的弟弟或妹妹。

C. “那炊烟里总是带着粮食的香气”，写出作者在那个饥饿年代对米饭的渴望。

D. 母亲“挑几个好看的”地瓜给我们当饭吃，是为了让我们忘记地瓜是猪食。

16. 下列对粮食变味原因的理解，不正确的一项是 （　）

A. 现在人们生活水平提高了，品尝到的美味多了。

B. 现在人们生活节奏加快了，对事物麻木不仁了。

C. 现在的粮食缺少自然洗礼、亲人的劳动和情感。

D. 现在的粮食从超市里买来，商品化气息太浓厚。

17. 下列对文意的理解和分析，不正确的一项是 （　）

A. 文章主体部分回忆了粮食曾经有过的色香味及生命韵律，充满眷恋之情。

B. 文章从今昔对比的角度分析问题，因而更加突显了反思精神和失落情怀。

C. 文章在议论、抒情中穿插叙述、描写，使得议论和抒情都显得有的放矢。

D. 文章的首尾两段遥相呼应，都从珍惜的角度融入思考，从而深化了主题。

18. 下列选项中，最适合做文章标题的一项是 （　）

A. 粮食的滋味　　B. 粮食的味道

C. 粮食的气息　　D. 粮食的韵律

得分	评卷人

三、古诗文阅读：本大题共6小题，每小题3分，共18分。在每小题给出的四个选项中，只有一项是符合题目要求的。

阅读下文，完成19～24题。

古之圣人，其出人也远矣，犹且从师而问焉；今之众人，其下圣人也亦远矣，而耻学于师。是故圣亦圣，愚亦愚。圣人之所以为圣，愚人之所以为愚，其皆出于此乎？爱其子，择师而教之；于其身也，则耻师焉，惑矣。彼童子之师，授之书而习其句读者，非吾所谓传其道解其惑者也。句读之不知，惑之不解，或师焉，或不焉，小学而大遗，吾未见其明也。巫医乐师百工之人，不耻相师。士大夫之族，曰师曰弟子云者，则群聚而笑之。问之，则曰：“彼与彼年相若也，道相似也，位卑则足羞，官盛则尽谀。”呜呼！师道之不复，可知矣。

19. 下列句子中加点的字的读音，完全正确的一项是 （　）

①授之书而习其句读者

②句读之不知，惑之不解，或师焉，或不焉

③位卑则足羞，官盛则尽谀

A. ① dú ② bù ③ yú B. ① dú ② fǒu ③ chàn

C. ① dòu ② bù ③ chàn D. ① dòu ② fǒu ③ yú

20. 下列依次对句子中的“师”字的解释，正确的一项是 ( )

①从师而问焉

②或师焉，或不焉

③不耻相师

④彼童子之师

A. 学习 老师 从师 老师 B. 老师 老师 学习 从师

C. 老师 从师 学习 老师 D. 学习 从师 老师 老师

21. 下列句中加点的字，与“于其身也，则耻师焉”中的“耻”字，用法不相同的一项是 ( )

A. 成以其小，劣之 B. 登泰山而小天下

C. 吾妻之美我者，私我也 D. 焚百家之言，以愚黔首

22. 下列每组人物，在从师态度上没有形成对比的一项是 ( )

A. 圣人与众人 B. 圣人与愚人

C. 巫医乐师百工与士大夫 D. 童子之师与传道解惑者

23. 对文中所说的“传其道解其惑”中的“道”，理解正确的一项是 ( )

A. 一般人都应该懂得的大道理 B. 主要指封建社会的道德标准

C. 儒家经典中体现出来的儒家学说 D. 古人对宇宙运行规律的一种认识

24. 下列对文段内容的理解和分析，不正确的一项是 ( )

A. 文段连用对比，突出了要改变社会中耻于相师这一风气的紧迫性。

B. 文段通过多个例证，反映了社会中耻于从师这一现象的普遍住。

C. 文段中的道理和现实表明，最难解决的问题是找不到合适的老师。

D. 文段陈述了师道不复的不良风气，进而表达了自己的不满和担忧。

得分	评卷人

四、作文（60分）

25. 请以“赛场拼搏的原动力”为题，写一篇不少于700字的文章。立意自定，文体自选。

2020年全国普通高等学校运动训练、武术与民族传统体育专业单独统一招生考试

语 文

题 号	一	二	三	四	总 分
分 数					

得分	评卷人

一、语文知识：本大题共10小题，每小题4分，共40分。在每小题给出的四个选项中，只有一项是符合题目要求的。

1. 下列各组词语中加点的字，读音全都相同的一项是 （ ）

A. 竞相 相左 相提并论

B. 几许 茶几 几次三番

C. 角逐 角色 勾心斗角

D. 供职 供养 供不应求

2. 下列各组词语，书写完全正确的一项是 （ ）

A. 请缨 赶时髦 火中取粟　　B. 疲蔽 连轴转 管中窥豹

C. 集锦 合订本 凤毛麟角　　D. 誊清 大杂会 老骥伏枥

3. 依次填入下面一段文字横线处的词语，最恰当的一项是 （ ）

体育比赛中，技术是完成战术配合的 ______，而战术的不断 ______ 和发展又对技术提出更 高要求。______ 竞技体育的快速发展，体育比赛会给人们带来更大的视觉震撼。

A. 基准 演示 随着　　B. 基础 演变 随着

C. 基准 演变 随同　　D. 基础 演示 随同

4. 下列各句中加点熟语的使用，不正确的一项是 （ ）

A. 在游艺比赛中，体育生占尽优势，不费吹灰之力，迅速闯关，率先到达终点。

B. 作为一代拳王，他在巅峰时期号称“不败王者”，三下五除二就击倒了对手。

C. 记者获悉，这家俱乐部引进外籍球员的事还在报价阶段，加盟八字没一撇呢。

D. 为了保证比赛的公平性，八分之一决赛唱对台戏，四个队两场比赛同时进行。

5. 下列各句中加点成语的使用，不正确的一项是 （ ）

A. 这支球队新赛季主力阵容终于亮相，未来成绩如何，众说纷纭，见仁见智。

B. 发令枪一响，运动员们就像离弦的箭一样飞快冲出去，竞争场面触目惊心。

C. 在农民趣味运动会中，“赶着大鹅奔小康”的比赛别开生面，格外引人注目。

D. 体育营销要以心理效应为主，长期努力才能实现各种收益，不能一蹴而就。

6. 下列句子中，有语病的一项是 (　　)

A. 他表示，将在隔离的 14 天里进行室内训练，然后回到球场，打好每一场比赛。

B. 英超联赛如果跟随政府的防疫思路，本赛季、甚至下个赛季的比赛都会受影响。

C. 为期三天的展会，将展演各种有地方特色的传统体育活动，展现传统体育魅力。

D. 体育所包含的价值观念、精神状态以及文化认知等，一定都会随着时代的变化。

7. 在横线处填入下列句子或短语，顺序最恰当的一项是 (　　)

一只小鸟向小帆船飞了过来，是一只刺嘴莺。它在海面飞得很低。老头看得出来，它很累了。________，这样更舒服些。

①栖息在上面

②然后它飞起来

③那鸟儿飞到船尾

④最后它栖息在钓索上

⑤绕着老头儿的脑袋转圈儿

A. ⑤②③①④　　B. ⑤③①④②

C. ③①②⑤④　　D. ③②①④⑤

8. 下面各句中使用的修辞手法，与其他三项不同的一项是 (　　)

A. 洱海，这面光洁的梳妆镜，南北长百里，东西宽十余里。

B. 香溪如歌如泣地前行，越看越感到亲切并喜欢它的风格。

C. 远远地看见一座高塔耸立在山坡上，许多绿树拥抱着它。

D. 车在奔驰，风在欢笑，成熟的晚稻，沉沉地压在大地上。

9. 下列句子中标点符号的使用，不正确的一项是 (　　)

A. 孔子的学生把他的遗物——衣、冠、琴、车、书——保存在他的故居，作为“庙”。

B. 加缪说：“人们可以在几种意义上阅读《鼠疫》，它最明显的意义就是抵抗纳粹。”

C. “牛最喜欢吃这些茅草，你留着反正也是没有用的……”他喃喃地说，赶牛走了。

D. 你本该属于蓝天，却亿万年躺在地上，被苦涩腌渍。我该向你说什么？青海湖？

10. 下列有关作家作品的表述，不正确的一项是 (　　)

A. 《桃花源记》是汉末陶渊明的散文。

B. 《醉翁亭记》是北宋欧阳修的散文。

C. 《女神》是现代作家郭沫若的诗集。

D. 《复活》的作者是列夫·托尔斯泰。

得分	评卷人

二、现代文阅读：本大题共8小题，每小题4分，共32分。在每小题给出的四个选项中，只有一项是符合题目要求的。

阅读下文，完成 11 ~ 18 题。

月在哪？在天上，在水里，在梦中。

练潭的月或许最为特别，要不“练潭秋月”何以成为引人入胜的风景，而让古往今来的文人墨客留下了许多脍炙人口的吟咏？

我很小的时候，曾经举家迁居罗家岭。居二年有余，不知何故又迁回老家蔡店。其间往返多次，练潭是必经之地。在我的印象里，那是个极为繁华的小镇。明清风格的老街，房舍鳞次栉比，多为两层，上为楼阁，下为店面。街道不宽，却很长，中间横铺着整齐的麻条石。偶尔有穿木屐者从街心走过，便发出很好听的“呱嗒呱嗒”的响声。

有一回，大概是赶路晚了，父母亲便带着我在镇上的一家客栈住店。是楼上的一个房间，四围是薄薄的板壁，靠外沿有一扇很小的木窗。我偶然地从那小窗里看见了一弯月，一弯奶黄色的上弦月，便喊出声来：“喔，月亮！”父亲忽然想起什么似的，立即拉着我下楼，说：“走，到下街头看月亮。”

小镇的尽头是一片月光下滢滢的湖水，远处有淡淡的浅山的影子，近处是一片芦苇和野荷，水漾苇动，风送荷香，最是宜人。往前走是一个巨大的回水弯，那就是练潭的“潭”了。正是秋天，水深而静，呈宝石蓝的颜色。父亲让我看天上的月，也看那宝石蓝的水面上的月。我才发现天空也是宝石蓝的，水中的月也与天上的一般无二。父亲说这就是练潭秋月，桐城八景之一。那练潭秋月最不同凡响，是由三重含意组成的。一是天上那月，一是水中那月，另外则是那弯月形宝石蓝的深而静的潭了。我看得竟有些发呆，似乎在想些什么。大概是想着那三种不同形态的月吧。练潭之月就这样嵌进我的童年，深深的，再也淡忘不了，擦抹不掉。那时候，我当然不知道练潭的历史和它五百年乃至更加久远的繁华。练潭乃是古驿，南北通衢，水陆要津。

后来，大约是十多年以后的一个晴朗的秋日，我又一次来到练潭，是刻意来的，寻童年那月。还是那家客栈，或许也还是那个有着小小的木窗的房间，窗外的那月竟也还在。而小镇好像冷落了些。到下街头，大片的湖水已经消失，找那弯宝石蓝的潭，竟也只剩不大的一方池塘了。远山似乎还是浅浅的影，而我与远山之间，不见滢滢的湖水，却是一片围湖造田之后的水稻田。月在天上，依然旧时模样；月在水里，却是分不清的浑浊了。沧海桑田，竟磨灭了那月的灵性。

我再次漫步练潭老街，又是十多年以后了。铺街的麻条石依旧整齐地排列，而那客栈，那联袂的店铺和昔日的繁华已不存在。省会从安庆迁到合肥，公路、高速公路、铁路代替了古老的驿道。古驿练潭现在只是一个村的所在地。但我惊奇地发现，那条曾经携带着无限繁华的老街还顽强地存在着，旧貌依然，一个完好无损的明清古镇。

在下街头那曾经有月的地方，在那片长着杂树和苇草的曾经是宝石蓝的寒潭秋月的地方，在古人忘情、陶醉和情不自禁吟咏的地方，我想应该有那月的影子，而我们能不能唤回它呢？

11. 下列词语中加点的字的读音，不正确的一项是　　（　　）

A. 木屐（jī）　　B. 脍炙人口（zhì）

C. 嵌进（qiàn）　　D. 鳞次栉比（jié）

12. 对下列词语在文中意思的解释，不正确的一项是　　（　　）

A. 通衢：四通八达的道路。　　B. 引人入胜：让人引以为豪。

C. 联袂：这里是“相连”之意。　　D. 沧海桑田：形容世事巨变。

13. 第4段写到父亲决定带我去街上看月。下列有关理解和分析，不正确的一项是（　　）

A. “我”的喊声引发父亲看月的好奇心，唤醒他美好的记忆。

B. “我”的喊声让父亲突然想起下街头才是看月的绝佳之地。

C. 父亲“忽然想起什么似的”，表明他是临时决定去看月的。

D. 父亲“立即拉着我下楼”，表现出他亲切果决的性格特点。

14. 下列对第5段中“那练潭秋月最不同凡响”的理解和分析，正确的一项是（　　）

A. “练潭秋月”，远处有山影，近处有苇、荷，风景宜人，所以不同凡响。

B. “练潭秋月”，为“桐城八景”之一，因为与父亲同游，所以不同凡响。

C. “练潭秋月”，有天上月，水中月，还有弯月形的水潭，所以不同凡响。

D. “练潭秋月”，让我痴迷留恋，生出如真似幻般的感觉，所以不同凡响。

15. 下列对第6段中“竟磨灭了那月的灵性”的理解，正确的一项是（　　）

A. “那月”，指天上的月亮；“磨灭灵性”，指云遮雾掩。

B. “那月”，指水中的月亮；“磨灭灵性”，指模糊不清。

C. “那月”，指心中的月亮，“磨灭灵性”，指记忆淡薄。

D. “那月”，指潭水的形状，“磨灭灵性”，指湖水变窄。

16. 文中写“我”三次到练潭，下列有关概括分析，不正确的一项是（　　）

A. 童年时代到练潭，老街繁华，月色美好，湖水清澈，铭刻在记忆里永远不忘怀。

B. 青年时代到练潭，小镇清冷，月色依旧，湖水萎缩，大有寻梦不遇的失落之感。

C. 中年时代到练潭，古镇衰落，老街残破，感叹铁路公路的出现破坏了古老文明。

D. “我”第一次到练潭是十分偶然的，后两次去则是“寻梦之旅”，寄寓颇多感慨。

17. 对文章首尾两段的理解和分析，不正确的一项是（　　）

A. 首段指出月的三种存在形式，尾段回忆这三种月的状态，遥相呼应。

B. 首段没有提及练潭，尾段处处追述练潭，首尾虚实互见，相映生辉。

C. 首段凌空起笔，格调高昂，节奏明快，浓烈的诗意和情韵溢于言表。

D. 尾段徐徐落笔，格调低沉，节奏舒缓，浓重的忧愁和焦虑表露无遗。

18. 下列选项中，最适合做文章标题的一项（　　）

A. 练潭观月　　B. 练潭对月

C. 练潭寻月　　D. 练潭梦月

得分	评卷人

三、古诗文阅读：本大题共6小题，每小题3分，共18分。在每小题给出的四个选项中，只有一项是符合题目要求的。

阅读下文，完成19～24题。

尧舜受命于天，松柏受命于地，则物之有松柏，犹人之有尧舜也。是故圣人观有心而制礼，体后凋以辨义。吾家西斋仅百载，二松对植，扶疏在轩，灵根不孤，本枝相茂，卓然有立，俨乎若思。霜霰交零，莫能屈其性；丝桐间发，莫能拟其声。不出户庭，如在林壑。某少长北地，近还平江。美先人之故庐，有君子之嘉树。清荫大庇，期于千年，岂徒风朝月夕为耳目之资者哉？因命其西斋曰“岁寒堂”，松曰“君子树”。树之侧有阁焉，曰“松风阁”。持松之清，远耻辱矣；执松之劲，无柔邪矣；禀松之色，义不变矣；扬松之声，名彰闻矣；有松之心，德可长矣。子子孙孙，勿剪勿伐。惟吾家之旧物，在岁寒而后知。天地怜其材，而况于人乎！作诗纪之，以永长也。

（节选自范仲淹《岁寒堂三题序》）

19. 下列对文中加点字的注音，不正确的一项是 （　　）

A. 霰（xiàn）　B. 壑（hè）

C. 庇（bì）　D. 禀（lǐn）

20. 下列对文中画线词语的解释，不正确的一项是 （　　）

A. 扶疏：枝叶茂盛错落。B. 卓然：高直的样子。

C. 交零：交替着落下来。D. 彰闻：广泛地传闻。

21. 下列对文中“岂徒风朝月夕为耳目之资者哉？”一句的翻译，正确的一项是 （　　）

A. 难道只是在早晨晚上欣赏风景作为视听的凭借吗？

B. 难道只有在早晨晚上才有闲暇有心情欣赏风景吗？

C. 难道人们在早晨有风晚上有月时不能欣赏风景吗？

D. 难道人们在有风有月之夜没有欣赏风景的凭借吗？

22. 下列对“丝桐间发，莫能拟其声”一句话的理解，正确的一项是 （　　）

A. “丝桐间发”，指桐树发出声音；“莫能拟其声”，指不能模仿松树的声音。

B. “丝桐间发”，指桐树发出声音；“莫能拟其声”，指不能比拟松树的品格。

C. “丝桐间发”，指琴弦发出声音；“莫能拟其声”，指不能模仿松树的声音。

D. “丝桐间发”，指琴弦发出声音；“莫能拟其声”，指不能表现松树的品格。

23. 下列对本文内容和修辞手法的理解，不正确的一项是 （　　）

A. 作者将松树比作圣贤，赋予它种种美德，认为它可以启发帝王制定礼法。

B. 作者认为参悟松树可以修身养性，使人清廉有节，正直不阿，彰明令德。

C. 全篇多用对偶句，前呼后应，抑扬顿挫，具有整齐凝练、声韵和谐之美。

D. 全篇多用排比句，气势充沛，感情强烈，具有节奏明快、意脉融贯之美。

24. 下列有关”岁寒堂”命意由来的判断，正确的一项是 （　　）

A. 出自《庄子·让王》：“孔子曰：‘天寒既至，霜雪既降，吾是以知松柏之茂也。’”

B. 出自《荀子·大略》：“岁不寒无以知松柏，事不难无以知君子。”

C. 出自《淮南子·俶真训》：“夫大寒至，霜雪降，然后知松柏之茂也。”

D. 出自《论语·子罕》：“子曰：‘岁寒，然后知松柏之后凋也。’”

得分	评卷人

四、作文（60分）

25. 请以“体育文化的魅力”为题，写一篇不少于700字的文章。立意自定，文体自选。

2021年全国普通高等学校运动训练、武术与民族传统体育专业单独统一招生考试

语 文

题 号	一	二	三	四	总 分
分 数					

得分	评卷人

一、语文知识：本大题共10小题，每小题4分，共40分。在每小题给出的四个选项中，只有一项是符合题目要求的。

1. 下列各组词语中加点的字，读音全都相同的一项是 (　　)

A. 兴致　兴奋　云兴霞蔚　　B. 范畴　酬劳　运筹帷幄

C. 更迭　更加　改弦更张　　D. 弊端　瞥视　敝帚自珍

2. 下列各组词语，书写完全正确的一项是 (　　)

A. 问鼎　逆时针　雷霆万钧　　B. 荣膺　间奏曲　戮力同心

C. 请樱　殊不知　甚嚣尘上　　D. 抛锚　书券气　旁征博引

3. 依次填入下面一段文字横线处的词语，最恰当的一项是 (　　)

在新时代背景下，明确竞技体育的未来发展________和改良策略，实现竞技体育发展理念和发展方式的________，是竞技体育发展亟待________的重要议题。

A. 导向　转移　解决　　B. 导向　转变　解释

C. 方向　转移　解释　　D. 方向　转变　解决

4. 下列各句中加点熟语的使用，不正确的一项是 (　　)

A. 在决赛前的恳谈会上，队员们打开天窗说亮话，总结了技战术方面的一些弱点。

B. 赛事营销要放长线，钓大鱼，一份长期稳定的合约无疑能给双方带来更多好处。

C. 对方谈判代表总是闪烁其词，当面锣，对面鼓，让人捉摸不透他们的真实意图。

D. 羊毛出在羊身上，这些球星通过一些商业活动，很快赚回俱乐部高昂的转会费。

5. 下列各句中加点成语的使用，不正确的一项是 (　　)

A. 精神追求与身体实践的兼容并蓄，蕴含着中国博大精深的传统体育文化理念。

B. 昔日活跃于街头巷尾的传统体育项目在城市化的进程中销声匿迹，令人担忧。

C. 在今天的足球比赛中，他是第一个进球的始作俑者，突显出名将的迷人风采。

D. 最终，她凭着坚定的意志和自信心，力挽狂澜，为全队夺冠立下了汗马功劳。

6. 下列句子中，有语病的一项是 （ ）

A. 如何运用人工智能技术发展体育事业，是每个体育工作者必须思考的大问题。

B. 你知不知道，体育比赛不仅关乎个人，而更多的是关乎团队甚至国家民族吗？

C. 马拉松赛的仪式除了具备一般体育赛事的组织特征，还具有自己的文化特点．

D. 赛会的发展，明星的效应，品牌的塑造，都因体育传播产生巨大的商业价值。

7. 在横线处填入下列句子，顺序最恰当的一项是 （ ）

象是诗之貌。想要动人以情，想要晓人以理，在诗中就得示人以象。________象呢？仅仅是一列运载情理的车皮吗？不是。作为诗的要素之一，象与情与理鼎足三分，共同构成了诗的本质。

①理能喻人，好诗便有理趣

②情能感人，好诗便有情趣

③但它们都不是看得见的

④情能感人，理能喻人

⑤看得见的是象

A. ②①③⑤④

B. ⑤④③②①

C. ①②③⑤④

D. ④③⑤②①

8. 下列各句中使用的修辞手法，与其他三项不同的一项是 （ ）

A. 罗布泊像钟摆一样一次次地位移，逐水而居的罗布人总是在搬迁。

B. 雪水使河道很快恢复了昔日的样子，在阳光中如一条起伏的丝带。

C. 每天傍晚，夕阳看我的目光虽然不再锐利，但却有着期待与鼓舞。

D. 草地变成了明镜似的湖泊，昔日的湖底又形成了奇形怪状的石山。

9. 下列句子中标点符号的使用，不正确的一项是 （ ）

A. 亭侧的巨石上，刻着篆书的《醉翁亭》三个大字，碑石斜卧，似呈醉态。

B. 哦，好一座威武庄严的雄关！山海关，这号称“天下第一关”的山海关！

C. 仰头看吧！天都峰，果然像过去的旅行家所描写的那样——“卓绝云际”。

D. 是的，如果没有了园，那还叫江南吗？我的心里，一阵孤独，一阵复杂。

10. 下列有关作家作品的表述，不正确的一项是 （ ）

A.《师说》是唐代文学家韩愈的一篇散文。

B.《钱塘湖春行》是北宋苏轼的一首七律诗。

C.《故乡》是鲁迅小说集《呐喊》中的一篇。

D.《飞鸟集》是印度诗人泰戈尔的代表作品。

得分	评卷人

二、现代文阅读：本大题共8小题，每小题4分，共32分。在每小题给出的四个选项中，只有一项是符合题目要求的。

阅读下文，完成11 ~ 18题。

我家是养过蚕的，那时只觉得累，一种刻骨铭心的累。这种感觉贯穿了我的整个少 年时代，一直绵延到今天，成为记忆的底色。蚕吃老食的日子，需要我们天天耗在桑地里摘桑叶，母亲提前备好一天的饭，饿了就在桑地里胡乱吃点。桑叶是需要一片一片采摘的，我们把自制的顶针式刀片戴在手指上，像机器一样摘桑叶，从天亮忙到天黑，才能勉强摘够当晚的蚕食。母亲一遍遍地把桑叶撒到蚕匾上，房间里像是下起了小雨，沙沙作响。

父母起初并不懂得养茧，村里号召养蚕致富，他们就积极响应了。买了一块桑田， 种上桑树，边养边学，渐渐摸索出了一点门道。记得蚕种是论“张”的，母亲小心翼翼地把蚕种放到炕头上，不让我们凑近看，不许我们大声说话，怕吵了蚕种。炕头的温度也是试了又试，要热，又不能太热。等到出蚕苗了，看上去就像一群蠢蠢欲动的小蚂蚁，让人心里又好奇又激动。我屏住呼吸，不敢喘气，生怕嘴里呼出的气流把蚕苗给吹飞了。

蚕吃七天，就眠一次。睡眠以后，就不吃食了。醒来再吃，七天以后再眠。如此循环，大约三次，三眠之后蚕就开始吃老食了。“老食”是村人的说法，是指最后的吃食，也指食量很大。一层来桑叶撒到蚕匾上，很快就吃空了。这时候母亲喜忧参半，喜的是终于快要忙到头了，忧的是蚕的食量太大，全家人都耗在桑地里摘桑叶，也摘不够蚕的。现在回想那段时光，现实越苦闷，内心的阳光和梦想就越是强烈。就像我的老实巴交的父母，无论生活多么贫苦，从怀疑和放弃劳动。他们相信，唯有劳动才可能让日子过得好一点。

吃过老食，蚕渐渐就不再吃了，开始结茧。对“作茧自缚”这个词，我一直是不理解的。怎么说是自缚呢？即使撇开“春蚕到死丝方尽”之类的意义，那也是成长的一个过程，是作为蚕的最后归宿。是我们太放任自己了，缺少“束缚”的意识。那些成大事者，都是勇于“自缚”的，对自己的所为与所取，有所限定，才不至于过度分散精力，才可能集聚心力，成就大事。

我只是在放假和放学的时候帮忙摘桑叶，并没有参与养蚕的整个过程，所以也就没 有父母那样的收获感，难以真正体味父母当时的心境。我只觉得如释重负，终于可以歇一歇了。“遍身罗绮者，不是养蚕人”，这句诗可以说从小就烂熟于心，我却从没意识到它也与我自己的生活有关。以至于人到中年，当我写这篇文章的时候，才恍然意识到这一点。我们都是养蚕人。我们陪伴蚕有了一个叫作茧的小小的家，就送走了它们。养蚕的经历，教给我如何看待生活，如何看待生活中的我自己。对丝绸的审美，在我这里是有养蚕经历作为底色的，这个底色被汗水浸渍，让我更多看到的是美的来之不易，是美的背后所承载的那些负重。我对丝绸制品的理解，总是与艰辛的劳动紧密相连的。

11. 下列词语中加点字的读音，不正确的一项是 （ ）

A. 屏住（píng） B. 小心翼翼（yì）

C. 参半（cān） D. 作茧自缚（fù）

12. 对下列词语在文中意思的解释，不正确的一项是 （ ）

A. 蠢蠢欲动：形容蠢笨乱作一团的样子。 B. 归宿：最终的着落。

C. 如释重负：形容解除压力的轻松愉快。 D. 浸波：用液体泡着。

13. 对第 1 段中“房间里像是下起了小雨，沙沙作响”一句，理解和分析正确的一项是 ( )

A. 母亲撒桑叶的声音，像下起小雨，沙沙作响。

B. 母亲不停地撒着桑叶，挥汗如雨，沙沙作响。

C. 蚕贪婪地啃食着桑叶，声音急促，沙沙作响。

D. 蚕因争食互相打斗，像下起小雨，沙沙作响。

14. 对第 2 段中“记得蚕种是论‘张’的”这句话，理解和分析正确的一项是 ( )

A. “记得”表示不能确定，“张”是表示蚕种单位的量词。

B. “记得”表示没有忘记，“张”是表示蚕种单位的量词。

C. “记得”表示不能确定，“张”是表示蚕种状态的动词。

D. “记得”表示没有忘记，“张”是表示蚕种状态的动词。

15. 对第3段“现实越苦闷，内心的阳光和梦想就越是强烈”这句话，理解和分析不正确的一项是 ( )

A. 现实的苦闷，强烈刺激了自尊心，让老实巴交的农民开始思考致富之路.

B. 现实的苦闷，激发了内心的憧憬与追求，让农民坚信劳动可以改变生活。

C. 这句话表现了那个时代农民不甘贫困、吃苦耐劳、愈挫愈奋的可贵精神。

D. 这句话是作者回想、反思过去时光的结论，表现出些许的慨叹和沧桑感。

16. 作者在第 4 段谈到“束缚’意识”，对此的理解和分析不正确的一项是 ( )

A. 人们通常所说的“作茧自缚”其实是一种基于比喻的偏见。

B. “自缚”是蚕生命历程中的自然归宿，而不是它的生存困境。

C. “自缚”是一种有积极意义的限制，可以让人集中精力做事。

D. 越是“勇于‘自缚’的人生，就越能发挥人的潜能和价值。

17. 文章首尾两段都提到了“底色”一词，对其意蕴的理解和分析不正确的一项是 ( )

A. 养蚕的经历，已成为“我”记忆深处挥之不去的印象。

B. 养蚕的经历，让“我”学会看待生活和生活中的自己。

C. 养蚕的经历，让“我”领悟到美来自劳动创造的道理。

D. 养蚕的经历，让“我”珍惜像“茧”一样的小小家庭。

18. 下列选项中，最适合做文章标题的一项是 ( )

A. 蚕啊蚕　　B. 茧啊茧　　C. 蚕与茧　　D. 茧与蚕

得分	评卷人

三、古文阅读：本大题共6小题，每小题3分，共18分.在每小题给出的四个选项中，只有一项是符合题目要求的。

阅读下文，完成 19 ~ 24 题。

明主者有三惧：一曰处尊位而恐不闻其过；二曰得意而恐骄；三曰闻天下之至言而恐不能行。何以识其然也？越王勾践与吴人战，大败之，兼有九夷，当是时也，南面而立，近臣三，远臣五，令群臣曰：“闻吾过而不告者其罪刑。”此处尊位而恐不闻其过者也。昔者，晋文公与楚人战，大胜之，烧其军，火三日不灭。文公退而有忧色，侍者曰：“君大胜楚，今有忧色，何也？”文公曰：“吾闻能以战胜而安者，其唯圣人乎！若夫诈胜之徒，未尝不危也，吾是以忧。”此得意而恐骄也。

昔齐桓公得管仲、隰朋，辩其言，说其义，正月之朝，令具太牢，进之先祖，桓公西面而立，管仲、隰朋东面而立， 桓公赞曰："自吾得听二子之言，吾目加明，耳加聪，不敢独擅，愿荐之先祖。"此闻天 下之至言而恐不能行者也。

（选自刘向《说苑·君道》）

19. 下列对文中加点字的注音，不正确的一项是 （ ）

A. 处（chǔ） B. 夷（yí） C. 桓（héng） D. 说（yuè）

20. 下列对文中画线词语的解释，不正确的一项是 （ ）

A. 得意：称心如意。 B. 诈胜：突然取胜。

C. 太牢：牛羊猪齐备。 D. 独擅：独自做主。

21. 下列对文中"之"字用法的判断，正确的一项是 （ ）

A. "天下之至言"与"诈胜之徒"，"之"字用法相同。

B. "天下之至言"与"大胜之"，"之"字用法相同。

C. "大胜之"与"二子之言"，"之"字用法相同。

D. "大胜之"与"诈胜之徒"，"之"字用法相同。

22. 下列对文中画线句子的翻译，正确的一项是 （ ）

A. 谁知道我路过，却不向我请安，按罪刑罚。

B. 谁知道我的错误，却不告诉我，按罪刑罚。

C. 谁知道我的错误，却为我隐瞒，按罪刑罚。

D. 谁知道我路过，却不向我汇报，按罪刑罚。

23. 下列对文中有关内容的理解，正确的一项是 （ ）

A. "南面而立"，有"称王"的意思。

B. "西面而立"，有"称霸"的意思。

C. "东面而立"，有"称臣"的意思。

D. "南门""西面""东面"皆无寓意。

24. 下列有关这篇短文体裁和主旨的阐释，正确的一项是 （ ）

A. 这是一则史传，讲述了春秋时代三个君王的故事。

B. 这是一则政论，论证了 "明主者有三惧"的观点。

C. 这是一则颂赞，歌颂了春秋时代三个君王的美德。

D. 这是一则寓言，说明了君王"居安思危"的道理。

得分	评卷人

四、作文（60分）

25. 请以"强身与强国"为题，写一篇不少于700字的文章。立意自定，文体自选。

2022年全国普通高等学校运动训练、武术与民族传统体育专业单独统一招生考试

语 文

题 号	一	二	三	四	总 分
分 数					

得分	评卷人

一、语文知识：本大题共10小题，每小题4分，共40分。在每小题给出的四个选项中只有一项是符合题目要求的。请将所选答案的字母在答题卡上涂黑。

1. 下列各组词语中加点的字，读音全部都相同的一项是 （ ）
   A. 哈欠 哈达 点头哈腰 B. 花苞 孢子 明碉暗堡
   C. 好转 好歹 好逸恶劳 D. 巅峰 掂量 黑白颠倒
2. 下列各组词语，书写完全正确的一项是 （ ）
   A. 编纂 闷葫芦 世外桃园 B. 辐射 微循环 偃旗息鼓
   C. 表彰 峰窝煤 雷厉风行 D. 临摹 绊脚石 炙手可热
3. 依次填入下面一段文字横线处的词语，最恰当的一项是 （ ）
   据介绍，在冬奥会筹办过程中，冰雪旅游、体育赛事、教育培训等多领域协同发展，为社会________了更多的就业和发展机会。财政投入与改善民生、城市品质________相融合，________了城市运行水平的提高 （ ）
   A. 创造 提升 促进 B. 打造 提升 促进
   C. 打造 提高 促成 D. 创造 提高 促成
4. 下列各句中加点熟语的使用，不正确的一项是 （ ）
   A. 这是我每天回家的路，太熟悉了，闭着眼睛捉麻雀，天再黑也不会走错。
   B. 冰冻三尺非一日之寒，看这姿势就知道，他练习滑雪已不是一天两天了。
   C. 妈妈回来一看妹妹正坐在地上嚎啕大哭，不分青红皂白就把我说了一顿。
   D. 我们三个人呢，怎么可能辩不过他一个？你不要长他人志气灭自家威风！

5 下列各句中加点成语的使用，不正确的一项是 （ ）
   A. 冰墩墩在冬奥会上可谓名副其实的“社交利器”，获得全世界的关注和喜爱。
   B. 北京冬残奥会即将开幕，中国体育代表团近百名运动员厉兵秣马，整装待发。
   C. “开学第一课”上，同学们观看了女足亚洲杯夺冠的视频片段，纷纷拍手称快。
   D. 最近这部热播剧的片尾音乐如泣如诉，温情而深沉，听得人禁不住热泪盈眶。

6. 下列句子中，有语病的一项是　（　　）

A. 冬奥原创交响组曲《冰雪相约》，构思巧妙，气势磅礴，听起来令人心潮澎湃。

B. 这部电影展示了不少既精彩又惊险的滑雪场面，比如 U 形池比赛、障碍追逐等。

C. 奥林匹克运动诞生伊始，就承载着人类对“和平、团结、进步”的美好追求。

D 奥运场馆中那些以奉献成就精彩的志愿者，成为普通民众参与奥运的重要形式。

7. 在横线处填入下列句子或短语，顺序最恰当的一项是　（　　）

为了治理空气污染，2013 年，________________。2018 年，中国政府又印发了《打赢蓝天保卫战三年行动计划》，进一步提高了空气污染治理的目标，如今，中国各大城市的空气质量已经有了大幅改善。

①要求到 2017 年

②中国颁布了《大气污染防治行动计划》

③全国地级及以上城市 PM10 浓度比 2012 年下降 10%以上

④这些目标在 2017 年已全部实现

⑤人口稠密的京津冀 PM2.5 浓度下降 25%以上

A. ②①③⑤④　　B. ⑤④③②①　　C. ①②③⑤④　　D. ④③⑤②①

8. 下列各句中使用的修辞手法，与其他三项不同的一项是　（　　）

A. 那点儿薄薄的雪在阳光下突然害了羞，微微露出些粉色。

B. 船头飞溅的浪花，和划船的小伙儿一起唱着欢乐的歌曲。

C. 桃树，杏树，梨树，你不让我，我不让你，都开满了花。

D. 蜿蜒流淌的小河如一条碧绿的丝带，环绕着美丽的村庄。

9. 下列句子中标点符号的使用，不正确的一项是　（　　）

A. “哥们儿，你到底去不去？”他又说，“你再拿不定主意我可要先走了。”

B. 今天我主要讲两个问题——即晚自习的纪律管理和假期安全教育问题。

C. 《离骚》、《天问》和《九歌》是我国伟大的浪漫主义诗人屈原的代表作品。

D. 在以后的岁月里，我经常会想起那个瘦弱的少年，想起他那精彩的演出。

10. 下列有关作家作品的表述，不正确的一项是　（　　）

A. 姚鼐的《登泰山记》是古代写景抒情的名篇。

B.《荷塘月色》和《背影》都是朱自清的作品。

C.《拿来主义》选自鲁迅的散文集《朝花夕拾》。

D. 李清照的《声声慢》中用很多叠字表达感情。

得分	评卷人

二、现代文阅读：本大题共8小题，每小题4分，共32分。在每小题给出的四个选项中，只有一项是符合题目要求的。请将所选答案的字母在答题卡上涂黑。

阅读下文，完成 11 ~ 18 题。

织棉布，得纺线。写到纺线，就想到外祖母。

冬天，天黑得早，吃过晚饭，洗刷完毕，外祖母就在卧室靠窗放着的那架纺车前坐下，开始纺线。

我呢，就在被窝里躺着，还不困，只是有点无聊。正对着床头，有个巨大的桐木箱子，黑漆已经驳落。箱子角上放一盏小煤油灯，一灯如豆，却把屋里杂物的影子，映得十分庞大。那些影子，虚虚的，静静的，一动不动，像凝神屏气似的。不过，我已经习惯了它们，并不感到奇怪和害怕。

"嗡嗡嗡""嗡嗡嗡"，纺车一圈一圈地转，细细的棉线绵绵不绝地扯出来。这种纺线的声音和节奏，很少变化，简直形成一种习惯性的固定模式。有时我想，就算黑灯瞎火，外祖母照样能丝毫不差地纺出线来。灯光昏暗，时间也发生了奇异的变化，昼和夜的边界仿佛模糊了，消失了，只是浑浑浊浊地流逝着，缓缓的，沉沉的，无声无息，也不翻起任何波澜。时间从黑暗的无涯际的远方来，到黑暗的无涯际的远方去，只是恰好经过了这座房子，经过了这盏灯。纺车声是超越于时间之外的另一种独立的东西，仿佛和时间没有任何关系，仿佛就算时间停止了流逝，这种声音还会自己响自己的，坚韧，固执，永恒。迷迷糊糊中，我就在这种声音里慢慢进入了梦乡。

一个椭圆形的白色的线缍一点点成型，果子一样成熟，然后被拿下来。接着继续纺下一个…

就这样，一个漫长的冬天，外祖母能纺出好多个线缍。一个个，码得整整齐齐，放在簸箩里。

线纺好了，得经染色，然后才能织。

豆子收割完毕，种上麦子，天气慢慢凉了。屋子后面有片空地，正好可以经线。这个时候，母亲就会请来邻家婶子过来帮忙。两人小声商量着，在空地上插四个不高不矮的小木棍，插成一个规规矩矩的长方形或正方形。这几个小木棍往往是从旁边的槐树或椿树上砍下来的，散发出淡淡的好闻的木香。午后，阳光明亮而安静，悄然洒下，仿佛永远也不会离开这儿似的。树木的叶子黄了，落了。树叶飘落的时候，轻轻的，也很安静。天空辽阔高远，但它的深蓝色清澈如水，盈盈欲滴，不用抬头看它，也能感受到它在静静映照着整个尘世。几只灰喜鹊飞来，又飞去了，轻轻叫了几声。一切是那么安然，绝对，肯定。仿佛一个简简单单的世界，从古至今，就应该是这样的。

母亲和婶子拿着线缍，围绕着小木棍，一圈圈走动，把线散开。那么长的线，牵扯不完，无穷无尽似的，但母亲和婶子倒是从容不迫，不急不慌。她们边忙活边说些闲话，家长里短啦，庄稼收成啦，这些世间琐事，对于经纬天下的人来说，不值一提，但对母亲和婶子她们这样的人来说，却也是世间大事。并且，话又说回来，经纬天下的目的，难道不就是让天下普普通通的人，能够从容安稳地去过他们自己愿意过的日子吗？所有对世俗生活空间的硬性规划，都让人怀疑其动机不纯。太阳快落了，天空慢慢暗下来，正好线也经完了。

儿时，村子里几乎家家都有一台织布机的。织布机使用的时候，可以随时组装，用好了，可以拆卸收起。

从秋天开始，母亲每年都要织几匹棉布。我记得我家的织布机就在堂屋靠东墙那儿放着。织布时手脚并用，协调配合，有条不紊，没经验的人会手忙脚乱，是织不好的。一只梭子，如一条鱼儿，穿过条条密密麻麻的纬线，从右手瞬间抵达左手，脚踩下面一个踏板，打纬刀"啪"的一响，接着又从左手瞬间抵达右手，一套动作的完成，需要干脆流利，不能拖泥带水，所谓"往来如梭"，即是指此。如此循环往复，周而复始，直至一匹布慢慢织成。新棉布似乎还隐隐有一种新棉花的原生味道，摸上去质朴厚实。千丝万缕，理顺整齐，经纬交织，绵绵为布。近代改良派人物张之洞，任两湖总督时，致力于现代工业的发展，创办武汉织布局，题联道："经纶天下，衣被苍生"。我极喜欢这个对联。一个工厂企业，若唯利是图，就算做得再强再大，其精神还是狭隘。若有深厚情怀，即便做小事情，也照样有大境界。

棉布织好了，做新衣。新棉袄，新棉裤，新棉鞋，上下一新，新天新地。新新的，暖暖的，等着过个新年。

11. 下列词语中加点的字的读音，不正确的一项是 （ ）

A. 驳落（bó） B. 波澜（lán） C. 悄然（qiāo） D. 梭子（suō）

12. 对下列词语在文中意思的解释，不正确的一项是 （ ）

A. 凝神屏气：指小心翼翼，极度紧张。 B. 浑浑浊浊：模模糊糊，丝毫都不清晰。

C. 从容不迫：非常镇静、不慌不忙的样子。 D. 有条不紊：有条理，有次序，一点儿不乱。

13. 根据文意，对“纺车声”特点总结不正确的一项是 （ ）

A. 坚韧 B. 固执 C. 永恒 D. 独特

14. 对文中“果子一样成熟”理解不正确的一项是 （ ）

A. 将线绳比喻成“果子”，饱含了作者的喜爱。 B. 外祖母机械地纺出一个个线绳。

C. 作者期待着线绳一点点成型、完成。 D. 作者赞美外祖母的辛勤纺线。

15. 对文中的“世间琐事”的理解不正确的是 （ ）

A. 也能成为世间大事 B. 经纬天下的人也应重视

C. 就是母亲和婶子边忙活边说的闲话 D. 从古至今，无穷无尽

16. 作者认为，一个好的工厂企业应该具备的素质是 （ ）

A. 做强做大 B. 做小事情 C. 做大事情 D. 衣被苍生

17. 根据内容分析，与文章思想不相符的一项是 （ ）

A. 文章从外祖母早年纺线写起，写出了整个时代的辛酸。

B. 文章写妈妈和婶子经线，怀旧之中有一种温暖的自豪。

C. 文章描写织布中的梭子往来，表达了小事情中也可以出大境界的思想。

D. 文章在新农新年以及布衣难得的感慨，流露出传统不再的复杂情感。

18. 下列选项中，最适合做文章标题的一项是 （ ）

A. 纺线 B. 织布 C 棉布 D. 布衣

得分	评卷人

三、古诗文阅读：本大题共6小题，每小题3分，共18分。在每小题给出的四个选项中，只有一项是符合题目要求的。请将所选答案的字母在答题卡上涂黑。

阅读下文，完成19~24题。

景公问晏子曰：“古之盛君，其行何如？”晏子对曰：“薄于身而厚于民，约于身而广于世：其处上也，足以明政行教，不以威天下；其取财也，权有无，均贫富，不以养嗜欲；诛不避贵，赏不遗贱；不淫于乐，不遁于哀；尽智导民，而不伐焉，劳力岁事，而不责焉；为政尚相利，故下不以相害，行教尚相爱，故民不以相恶为名；刑罚中于法，废罪顺于民。是以贤者处上而不华，不肖者处下而不怨，四海之内，社稷之中，粒食之民，一意同欲。若夫私家之政，生有遗教，此盛君之行也。”公不图。晏子曰：“臣闻问道者更正，闻道者更容。今君税敛重，故民心离；市买悖，故

商旅绝；玩好充，故家货殚。积邪在于上，蓄怨藏于民，嗜欲备于侧，毁非满于国，而公不图。”公曰：“善。”

19. 下列句子中加点的字的读音，不正确的一项是 ( )

A. 薄于身而厚于民（bó） B. 不以养嗜欲（shì）

C. 不肖者处下而不怨（xiāo） D. 故家货殚（dān）

20. 下列对文中加点词的解释，不正确的一项是 ( )

A. 约于身而广于世 约：约束。

B. 贫不遗贱 遗：遗漏。

C. 刑罚中于法 中：合乎。

D. 故民心离 故：故意。

21. 对下列句子中加点词的解说，不正确的一项是 ( )

A. “足以明政行教”，“以”是介词，表示凭借。

B. “废罪顺于民”，“于”是介词，引进“顺”的对象。

C. “是以贤者处上而不华”，“而”是连词，表示意思的递进。

D. “粒食之民”，“之”放在定语和中心语之间，相当于助词“的”。

22. “为政尚相利，故下不以相害”这个复句的类型是 ( )

A. 选择复句 B. 转折复句 C. 递进复句 D. 因果复句

23. 下列对文中画线句子的翻译，正确的一项是 ( )

A. 竭尽智慧引导民众，但不会在这事上夸耀。

B. 尽量用智慧引导民众，而不是去讨伐他们。

C. 竭尽智慧引导民众，也就不会去讨伐他们。

D. 尽量用智慧引导民众，但不会去借此夸耀。

24. 下列对文中有关内容的理解，不正确的一项是 ( )

A. 景公向晏子请教古代盛君的问题，是想知道自己怎么做才比较好。

B. 晏子从多个角度告诉景公古代盛君的特点，希望能够影响到景公。

C. 景公听了晏子的回答之后，虽然心里明白可是他没有作任何反应。

D. 晏子不得已之下只好直接指出了国君的问题，景公这才明白过来。

得分	评卷人

四、作文（60分）

25. 请以“从训练场到赛场”为题，写一篇不少于700字的文章。立意自定，文体自选。

单招习题化
知识整合

第六部分 真题答案

2013—2022年全国普通高等学校运动训练、武术与民族传统体育专业单独统一招生考试语文参考答案和评分标准

2013年全国普通高等学校运动训练、武术与民族传统体育专业单独统一招生考试
语文参考答案和评分标准

一、语文知识

1. C　2. B　3. A　4. D　5. C

6. D　7. D　8. C　9. A　10. B

二、现代文阅读

11. A　12. B　13. D　14. D

15. C　16. B　17. D　18. A

三、古诗文阅读

19. B　20. D　21. D　22. B　23. A　24. D

四、作文

25. 略

2014年全国普通高等学校运动训练、武术与民族传统体育专业
单独统一招生考试
语文参考答案和评分标准

一、语文知识

1. B　2. D　3. C　4. C　5. B

6. A　7. B　8. C　9. D　10. C

二、现代文阅读

11. C　12. A　13. D　14. A　15. B　16. B　17. B　18. D

三、古诗文阅读

19. B　20. D　21. D　22. D　23. B　24. C

四、作文

25. 略

2015年全国普通高等学校运动训练、武术与民族传统体育专业单独统一招生考试
语文参考答案和评分标准

一、语文知识

1. B　2. C　3. D　4. B　5. D

6. B　7. D　8. B　9. A　10. B

二、现代文阅读

11. B　12. C　13. C　14. D

15. C　16. C　17. A　18. D

三、古诗文阅读

19. B　20. C　21. D　22. C　23. D　24. B

四、作文

25. 略

2016年全国普通高等学校运动训练、武术与民族传统体育专业单独统一招生考试
语文参考答案和评分标准

一、语文知识

1. C　2. B　3. C　4. C　5. D

6. C　7. C　8. D　9. B　10. C

二、现代文阅读

11. B　12. A　13. B　14. C　15. C　16. B　17. C　18. A

三、古诗文阅读

19. D　20. D　21. D　22. A　23. C　24. D

四、作文

略

2017年全国普通高等学校运动训练、武术与民族传统体育专业
单独统一招生考试
语文参考答案和评分标准

一、语文知识

1.C　2.D　3.A　4.D　5.A

6.D　7.C　8.A　9.B　10.D

二、现代文阅读

11.C　12.D　13.B　14.C　15.D

16.C　17.A　18.B

三、古诗文阅读

19.A　20.C　21.D　22.A　23.C

24.C

四、作文

25.评分标准：

一类卷（51～60分）

切合题意，中心突出，内容充实，感情真挚，结构严谨，语言流畅，符合文体要求。

二类卷（36～50分）

符合题意，中心明确，内容较充实，感情真实，结构完整，语言通顺，字体端正，大体符合文体要求。

三类卷（21～35分）

基本符合题意，中心基本明确，内容单薄，结构基本完整，语言基本通顺，字体清楚，基本符合文体要求。

四类卷（20分以下）

偏离题意，中心不明确，没有什么内容，结构混乱，语言不通顺，语病多，字迹难辨，不符合文体要求。

说明：①每类卷评分时以中间分为基准分，视语言水平高低上下浮动。

②三个错别字扣1分，标点三处错误扣1分，扣满5分为止。

③不足700字，每少50字扣1分。

2018年全国普通高等学校运动训练、武术与民族传统体育专业
单独统一招生考试
语文参考答案和评分标准

一、语文知识

1.A 2.B 3.C 4.D 5.B

6.C 7.B 8.C 9.D 10.A

二、现代文阅读

11.C 12.A 13.A 14.C 15.A

16.B 17.C 18.B

三、古诗文阅读

19.D 20.D 21.A 22.C 23.B

24.D

四、作文

25.评分标准:

一类卷（51～60分）

切合题意，中心突出，内容充实，感情真挚，结构严谨，语言流畅，符合文体要求。

二类卷（36～50分）

符合题意，中心明确，内容较充实，感情真实，结构完整，语言通顺，字体端正，大体符合文体要求。

三类卷（21～35分）

基本符合题意，中心基本明确，内容单薄，结构基本完整，语言基本通顺，字体清楚，基本符合文体要求。

四类卷（20分以下）

偏离题意，中心不明确，没有什么内容，结构混乱，语言不通顺，语病多，字迹难辨，不符合文体要求。

说明:①每类卷评分时以中间分为基准分，视语言水平高低上下浮动。

②三个错别字扣1分，标点三处错误扣1分，扣满5分为止。

③不足700字，每少50字扣1分。

2019年全国普通高等学校运动训练、武术与民族传统体育专业单独统一招生考试
语文参考答案和评分标准

一、语文知识

1. B　2. A　3. C　4. B　5. C

6. D　7. C　8. B　9. A　10. B

二、现代文阅读

11. B　12. C　13. D　14. A　15. B

16. D　17. C　18. B

三、古诗文阅读

19. D　20. C　21. D　22. D　23. C

24. C

四、作文

25.评分标准：

一类卷（51 ~ 60分）

切合题意，中心突出，内容充实，感情真挚，结构严谨，语言流畅，符合文体要求。

二类卷（36 ~ 50分）

符合题意，中心明确，内容较充实，感情真实，结构完整，语言通顺，字体端正，大体符合文体要求。

三类卷（21 ~ 35分）

基本符合题意，中心基本明确，内容单薄，结构基本完整，语言基本通顺，字体清楚，基本符合文体要求。

四类卷（20分以下）

偏离题意，中心不明确，没有什么内容，结构混乱，语言不通顺，语病多，字迹难辨，不符合文体要求。

说明：①每类卷评分时以中间分为基准分，视语言水平高低上下浮动。

②三个错别字扣1分，标点三处错误扣1分，扣满5分为止。

③不足700字，每少50字扣1分。

2020年全国普通高等学校运动训练、武术与民族传统体育专业
单独统一招生考试
语文参考答案和评分标准

一、语文知识

1. A　2. C　3．B　4. D　5. B

6. D　7. C　8．A　9. D　10. A

二、现代文阅读

11. D　12. B　13．A　14. C　15．B

16. C　17. D　18．C

三、古诗文阅读

19. D　20. C　21. A　22. C　23. A　24. D

四、作文

25. 评分标准：

一类卷（51 ~ 60 分）

切合题意，中心突出，内容充实，感情真挚，结构严谨，语言流畅，符合文体要求。

二类卷（36 ~ 50 分）

符合题意，中心明确，内容较充实，感情真实，结构完整，语言通顺，字体端正，大体符合文体要求。

三类卷（21 ~ 35 分）

基本符合题意，中心基本明确，内容单薄，结构基本完整，语言基本通顺，字体清楚，基本符合文体要求。

四类卷（20 分以下）

偏离题意，中心不明确，没有什么内容，结构混乱，语言不通顺，语病多，字迹难辨，不符合文体要求。

说明：①每类卷评分时以中间分为基准分，视语言水平高低上下浮动。

②三个错别字扣 1 分，标点三处错误扣 1 分，扣满 5 分为止。

③不足 700 字，每少 50 字扣 1 分。

2021年全国普通高等学校运动训练、武术与民族传统体育专业单独统一招生考试
语文参考答案和评分标准

一、语文知识

1.B　2.A　3.D　4.C　5.C

6.B　7.D　8.C　9.A　10.B

二、现代文阅读

11.A　12.A　13.C　14.B　15.A

16.D　17.D　18.C

三、古诗文阅读

19.C　20.D　21.A　22.B　23.A　24.D

四、作文

25.评分标准：

一类卷（51 ~ 60分）

切合题意，中心突出，内容充实，感情真挚，结构严谨，语言流畅，符合文体要求。

二类卷（36 ~ 50分）

符合题意，中心明确，内容较充实，感情真实，结构完整，语言通顺，字体端正，大体符合文体要求。

三类卷（21 ~ 35分）

基本符合题意，中心基本明确，内容单薄，结构基本完整，语言基本通顺，字体清楚，基本符合文体要求。

四类卷（20分以下）

偏离题意，中心不明确，没有什么内容，结构混乱，语言不通顺，语病多，字迹难辨，不符合文体要求。

说明：①每类卷评分时以中间分为基准分，视语言水平高低上下浮动。

②三个错别字扣1分，标点三处错误扣1分，扣满5分为止。

③不足700字，每少50字扣1分。

2022年全国普通高等学校运动训练、武术与民族传统体育专业
单独统一招生考试
语文参考答案和评分标准

一、语文知识（每小题4分，共40分）

1. D【解析】A项读音为hā，hǎ，hā；B项读音为bāo，bāo，bǎo；C项的读音为hǎo，hǎo，hào；D项读音均为diān。

2. B【解析】A“编篡”应为“编纂”，“世外桃园”应为“世外桃源”；C“峰窝煤”应为“蜂窝煤”；D“灸手可热”应为“炙手可热”。

3. A【解析】创造就是把以前没有的事物给产生出或者造出来，打造指的是在原有的基础上，做的更好，把细节雕琢得更好。第一空属于固定搭配，创造就业和发展机会。提升、提高侧重点不同，提高是侧重于质量及数量方面，提升包括精神品质方面。“促成”侧重于使之成功，常带名词性宾语，“促进”侧重于使之发展，常带谓词性宾语。

4. A【解析】闭着眼睛捉麻雀：比喻盲目地进行工作，与A项语境不符。

5. C【解析】拍手称快：拍着手说痛快，多用来形容正义伸张、公愤消除时大家高兴满意的样子。与C句语境不符。

6. D【解析】主宾不搭配，主语“志愿者”并不能成为宾语“重要形式”，应将主语改为“志愿者模式”。

7. A【解析】首先理解全段含义，“为了治理空气污染”这个目的，2013和2018分别颁布了两部法律方案。所以首先选择②，然后详细讲解计划内容，顺序为①③⑤，最后表明结果④，承接2018年需要颁布新的法律条例。

8. D【解析】ABC均为拟人，D项为比喻。

9. B【解析】“——”和“即”都表示解释说明，用一个即可，不可同时连用。

10. C【解析】《拿来主义》是一篇杂文，被收入鲁迅的杂文集《且介亭杂文》，而《朝花夕拾》是鲁迅的散文集。

二、现代文阅读（每小题4分，共32分）

11. C【解析】悄然的拼音为qiǎo。

12. A【解析】凝神屏气，意思是形容注意力高度集中。

13. D【解析】根据第3段“这种声音（纺车声）还会自己响自己的，坚韧，固执，永恒”，可知没有写到的为“独特”。所以选择D项。

14. B【解析】“果子一样成熟”这个比喻写出了作者像期待果实丰收一样，对线绖一点点成型、完成充满了喜悦，对外祖母辛勤劳作的赞美。纺线是充满了作者的感情与外祖

母辛劳的工作，饱含对劳动成果的喜爱，所以并不是“机械”的。

15. C【解析】“世间琐事”包含了“母亲和婶子边忙活边说的闲话”，但并不仅仅只有这些，它更是指全天下普普通通的人所经历的琐屑平凡的幸福。

16. D【解析】作者认为“一个工厂企业，若唯利是图，就算做得再强再大，其精神还是狭隘。若有深厚情怀，即便做小事情，也照样有大境界。”好的企业应该有深厚情怀，有大境界，即使做小事情，即使织布做衣，也应该让百姓都能穿上，广施恩惠于苍生。

17. D【解析】文中没有“流露出传统不再的复杂情感”。

18. C【解析】全文从“纺线”写起，再到“经线”最后“织布”，写出了织棉布的过程。由小见大，突出“即便做小事情，也照样有大境界”的主题，层层深入。其余选项均不全面，文章开头部分“织棉布，得纺线”，与结尾“棉布织好了，做新衣”首尾呼应，点明主题。

三、古诗文阅读（每小题3分，共18分）

译文：

景公问晏子说：“古代的圣明之君，他们的德行怎样？”晏子回答说：“自身节俭而厚待百姓，对自身严格而对世人宽容；他们身居君位，足能用清明的政治教化百姓，而不威迫天下。他们取用财物，权衡有无，均衡贫富，而不用来满足自己的嗜好与欲望。诛责不回避权贵，奖赏不遗弃贫贱。不过度欢乐，也不沉溺于哀伤。竭尽自己的智慧引导人民，而不夸功；勤于政事，而不责求于民。治理国家崇尚相互有利，所以百姓不以利相互伤害；施行教化崇尚相互爱护，所以百姓不以相互怨恨为荣。刑罚合于法律，废置顺于民心。所以，贤德之人身处高位而不得意喧哗，平庸的人身处下位而没有怨言，四海之内，社稷之中，全国民众，同心同意，好像是自家的家务一样。活着的时候对百姓施以厚利，死去的时候，留下遗教，这就是圣明之君的德行。”景公不放在心上。晏子说：“我听说，问道的人更正行为，听道的人更改容色。现在君王赋税沉重，所以民心背离；买卖不公平，所以商人绝迹；玩乐的物品多，所以生活用品少。邪僻聚结于上，积怨藏于民心，一切的嗜好欲望都备办在身边，毁谤充满了国家，而您不放在心上。”景公说：“好。”

19. C【解析】肖读音为xiào。

20. D【解析】故：所以。

21. C【解析】“而”是连词，表示转折。这句话的翻译为“所以，贤德之人身处高位

得意喧哗”。

D【解析】“故”的意思为因此，有明显的因果关系连词，所以是因果复句。

A【解析】根据上下文语境翻译，这句话的意思为“竭尽自己的智慧引导人民，而

所以选择A项。

解析】文中“公不图”表明景公并不想考虑图谋，没有放在心上，并不是没有

同时文章结尾景公说“善”表明他听进了晏子的话，最后也认同了他的观点。

四、作文（60 分）

25. 评分标准：

一类卷（51～60 分）

切合题意，中心突出，内容充实，感情真挚，结构严谨，语言流畅，符合文体要求。

二类卷（36～50 分）

符合题意，中心明确，内容较充实，感情真实，结构完整，语言通顺，字体端正，大体符合体要求。

三类卷（21～35 分）

基本符合题意，中心基本明确，内容单薄，结构基本完整，语言基本通顺，字体清楚，基本符合文体要求。

四类卷（20 分以下）

偏离题意，中心不明确，没有什么内容，结构混乱，语言不通顺，语病多，字迹难辨，不符合文体要求。

说明：①每类卷评分时以中间分为基准分视语言水平高低上下浮动。

②三个错别字扣 1 分，标点三处错误扣 1 分，扣满 5 分为止。

③不足 700 字，每少 50 字扣 1 分。

全国体育单招文化课辅导教程

英　语

总 主 编　姜震松　王　晴

本册主编　解　烨　陈煜廷

副 主 编　吴年华　赵　擎

王晓冬　黄　剑

本书视频使用说明

第一步　刮开右侧【学习卡】涂层。

第二步　微信扫一扫右侧二维码。

第三步　绑定学习卡，观看视频。

注：本书【学习卡】只支持绑定一部手机，绑定后再次扫描右侧二维码可观看本书视频。

学习卡

扫码兑换

刮开涂层

微信扫码观看

【如何绑定学习卡】

教学视频

北京体育大学出版社

策划编辑　木　凡
责任编辑　李志诚
责任校对　春　芝
版式设计　李　鹤

图书在版编目（CIP）数据

全国体育单招文化课辅导教程 · 英语 / 姜震松, 王晴主编. -- 北京 : 北京体育大学出版社，2011.9（2024.9重印）
ISBN 978-7-5644-0820-6

Ⅰ. ①全… Ⅱ. ①姜… ②王… Ⅲ. ①英语课 – 高中 – 升学参考资料 Ⅳ. ①G634

中国版本图书馆CIP数据核字（2011）第198194号

全国体育单招文化课辅导教程 · 英语　　姜震松　王　晴　总主编

出版发行：北京体育大学出版社
地　　址：北京市海淀区农大南路 1 号院 2 号楼 2 层办公 B–212
邮　　编：100084
网　　址：http://cbs.bsu.edu.cn
发 行 部：010-62989320
邮 购 部：北京体育大学出版社读者服务部 010-62989432
印　　刷：北京昌联印刷有限公司
开　　本：880mm × 1230mm　　1/16
成品尺寸：210mm × 290mm
印　　张：15.5
字　　数：426千字
总 印 张：69
版　　次：2011年9月第1版
印　　次：2024年9月第29次印刷
定　　价：232.00元（共四册）

前　言

全国普通高等学校运动训练、武术与民族传统体育专业单独统一招生考试，是指经教育部、国家体育总局批准的部分院校可以对运动训练、武术与民族传统体育专业实行单独招生，主要实行以文化课考试和体育专项考试相结合的办法。文化课考试由教育部考试中心统一命题，并组织每年4月份的全国体育单招文化课统一考试，试卷由国家体育总局科教司组织评阅；体育专项考试由国家体育总局科教司负责统一组织，执行国家体育总局制定的统一考试办法和评分标准。

本书的编写是在十多年体育单招文化课考前辅导经验的基础上，根据体育单招文化课大纲，结合相应题库及教学实践经验，为考生和辅导教师提供的教学和自学两相宜的优质辅导教材。

从内容和结构上来看，本书有以下特点：

1. 准确把握体育单招文化课考试大纲的要求，及时适应体育单招考试新变化。本书覆盖了大纲规定的全部考试内容、学习内容、练习题型，难度更加贴近实际单招考试，突出了针对性和实用性。

2. 紧紧把握体育单招文化课考试的特点，合理掌握难度。基础部分针对考生起点低的特点，适当结合体育内容用通俗易懂的实例加以说明。难点、重点部分摆脱传统高中教法，尽量采用科学、精简而实用的解题方法，使学生更易于接受，并辅之以少而精的例题和练习题。

3. 精选历年体育单招英语考试中的典型试题，有单项选择、完形填空、阅读理解、单词拼写、书面表达5种题型。让考生通过适量的练习掌握英语知识和解题技巧，提高应试能力和英语素养。这部分练习题也可用于课堂教学和测试。

4. 根据体育考生的特点，采用双栏式、习题化设计。将知识点设计成练习题，便于在练习中实现对所学的基本概念、基本知识的理解和记忆。

5. 注意吸收和借鉴基础教育改革的新成果，突出能力培养，更加有利于体育单招考生对学科知识内容和考试要求的理解，提高复习效率，达到事半功倍的效果。

6. 附2013—2022年单招英语考试真题，能使考生了解体育单招文化课考试的出题特点，以及体育单招考试的最新变化。

在本书编写过程中，我们努力做到章章推敲、题题把关，历时数年，反复审校，但仍难免存在一些错误和疏漏，恳请读者批评指正。

目 录

第一部分 词法知识讲解和练习

第二部分 句法知识讲解和练习

第三部分 解题指导与能力训练

第四部分 附 录

第五部分　考试真题

第六部分　真题答案

单招习题化
知识整合

第一部分 词法知识讲解和练习

[一、名 词]

考试考点

1. 名词的类别

总体说来，名词分为专有名词和普通名词两大类。

（1）专有名词：表示个人、国家、地方或机构等专有的名称。专有名词的实词第一个字母要大写，例如：Japan 日本、Jane 简 、the Summer Palace 颐和园。

（2）普通名词：表示一类人或事物所共有的名称，或是物质和抽象概念的名称。

普通名词又可分为：

①个体名词：表示人或事物的个体。例如：

boy 男孩 bag 包 teacher 老师 actress 女演员

②集体名词：表示一群人或一些事物的总体。例如：

class 班级 family 家庭 team 团队，组 people 人 cattle 牛群

③物质名词：表示无法分为个体的物质。例如：

air 空气 rice 米饭 snow 雪 bread 面包

④抽象名词：表示动作、状态、品质等抽象概念。例如：

education 教育 health 健康 fun 趣味 luck 幸运，运气 future 未来

典例精析：

【例1】（2006.1）— What does the person look like?

— A tall young lady, wearing a long black dress made of some silky _______.

A. color B. clothes C. material D. model

解析：选C。make of 由…组成，通常指材料。一个高挑年轻的女士穿一件由光滑的材料制成的黑色长裙。

【例2】（2005.5）He always takes the ________ in response to the government's call.

A. chance B. blame C. lead D. place

解析：选C。考查名词辨析。take the chance 冒风险，碰运气；take the blame 承担责任；take the lead 带头，领先；take the place of 代替。根据题意选C。句意：他总是带头响应政府号召。

【例3】（2005.9）Letters pour in complaining about ______ on the show, for many children will imitate to fight.

A. kindness B. violence C. influence D. encouragement

解析：选B。考查名词辨析。A善良；B暴力；C影响；D鼓舞。根据题意选B。句意：抱怨这个节目中的暴力情节的信件蜂拥而至，因为许多孩子会模仿着去打架。

互动训练

1. — What would you like, sir?

—I'd like _______ apples.

A. two box

B. two boxes

C. two box of

D. two boxes of

2. What you need is just a computer, because you can easily get _______ on Internet.

A. many useful informations

B. much useful information

C. some useful informations

D. a lot of useful informations

3. Sandy and Bob are moving to a new house. They have ordered some new _______.

A. furniture

B. pieces of furniture

C. furnitures

D. piece of furniture

问候（一）

Good morning. 早上好。

Good afternoon. 下午好。

Good evening. 晚上好。

How are you this morning?

你今天早晨好吗?

Fine, thank you. 或Not bad, thanks.

我很好，谢谢。或 不错，谢谢。

2.可数名词与不可数名词

名词按其所表示的事物的性质分为可数名词和不可数名词。表示可以直接以数字计算的事物的名词，称为可数名词。例如：book（书），table（桌子），newspaper（报纸）。表示不可以直接以数字计算的事物的名词，称为不可数名词。例如：water（水），work（工作）bread（面包）。英语中不可数名词，不论是具体的，还是抽象的，都没有复数。如果要表达不可数名词的数量，就得在数词和不可数名词之间加上“量词+of”，例如：a glass of water（一杯水），a piece of paper（一张纸）。一般说来，个体名词和集体名词是可数名词，物质名词和抽象名词是不可数名词。

典例精析：

【例1】（2005.7） An ______ is a group of words with a particular meaning.

A. explanation　B. instruction　C. expression　D. advice

解析：选C。一个短语是一组有特殊意义的单词。expression 有短语的意思；explanation 解释，注释；instruction 命令，指示，教诲，说明书；advice 通知，建议。

【例2】（2005.14） The police have started an ____into the cause of the fire which broke out in the hotel last night.

A. appreciation　B. investigation　C. operation　D. extension

解析：选B。考查名词。investigation 是“调查”的意思。题干意思是“警察对失火原因进行调查”。appreciation 感激，欣赏；operation 手术；extension 延长，扩充，均不合题意。

3.名词的数

（1） 可数名词有单数和复数两种形式。复数形式是通常在单数形式后面加“s”或“es”构成，其规则如下。

① 一般情况下在词尾加s。例如：

book－books　书　chair－chairs　椅子　girl－girls　女孩

② 以 s、x、sh、ch等结尾的词在词尾加es。例如：

class－classes　班级　church－churches　教堂

box－boxes　盒子　fish－fishes　鱼类

③ 以辅音字母加y 结尾的词变y为i再加es。例如：

story－stories　故事　city－cities　城市

（2）以“o”结尾的词，构成复数时，表示有生命的词加“es”，无生命的词加“s”。例如：

hero－heroes　英雄　potato－potatoes　马铃薯

tomato－tomatoes　番茄　photo－photos　照片

piano－pianos　钢琴　radio－radios　收音机

（3） 以“f”或“fe”结尾的名词，一般要把“f”或“fe”变为“v”，再加“es”。例如：

life－lives　生命　leaf－leaves　树叶

wife－wives　妻子　shelf－shelves　架子，搁板

但是特别提示个别名词直接加“s”。例如：

roof－roofs　房顶　belief－beliefs　信念

（4）少数名词的复数形式是不规则的：

① 改变单数名词中的元音字母。例如：

4. I like taking ________. Wherever I visit, I bring my camera with me.

A. photos B. photoes

C. photo　D. photo's

5. There are ten ________ in our class. They all speak Chinese, but only three of them can write in Chinese.

A. Germen　B. Germans

C. German　D. German's

6. Two ________ were seriously injured in the car accident yesterday. They were still in the hospital.

A. woman drivers

B. woman driver

C. women drivers

D. women driver

7. Have you got _______? I want to leave a message for Mary.

A. papers　B. a paper

C. any papers　D. any paper

8. I don't have any _______ in learning English grammar, but I often make spelling mistakes.

A. difficulty　B. troubles

C. difficulties　D. problems

问候（二）

How do you do?
你好。
Nice to meet you.
很高兴认识你。

Please remember me to sb.
请代我向某人问候。
Say hello to sb.
向某人问好。

Glad to meet you here again.
很高兴又在这里见到你
Welcome to our school.
欢迎到我们学校来。

man－men 男人　　foot－feet 脚
tooth－teeth 牙齿　　mouse－mice 老鼠
②有两个名词是在词尾上加-en或-ren变成复数：
ox－oxen 公牛　　child－children 孩子
③单、复数形式相同。例如：
a sheep－two sheep 羊　　a deer－three deer 鹿
fish的复数形式常常仍用fish，在表示不同种类的鱼时,也可以加“es”。例如：
There are lots of fishes in the sea. 海里有许多种鱼。
（5）表示民族的名词，单、复数形式因习惯不同而不同。例如：
①单、复数形式相同：
a Chinese－four Chinese 中国人　　a Japanese－two Japanese 日本人
②词尾加“s”：
an American－three Americans 美国人　　a German－six Germans 德国人
③变-man为-men：
an Englishman－four Englishmen 英国人　　a Frenchman－five Frenchmen 法国人
（6）复合名词构成复数的方法。
①通常是把-s加在名词短语的中心词上。例如：
daughter-in-law（儿媳妇）－daughters-in-law
looker-on（旁观者）－lookers-on
②把-s加在第二个组成部分上。例如：
girl -friend－girl-friends 女朋友 tooth-brush－tooth-brushes 牙刷
③两个组成部分都变成复数。例如：
man doctor－men doctors 男博士 woman driver－women drivers 女司机
（7）不可数名词可用of结构表示。of前面表示数量的名词，根据情况用单数或复数。of后面如是可数名词，用复数；如是不可数名词，则用原形。例如：
a cup of tea 一杯茶　　two glasses of milk 两杯牛奶
three pieces of bread 三片面包　　five pieces of chalk 五支粉笔
three baskets of apples 三篮苹果　　one box of eggs 一箱鸡蛋

典例精析：

【例1】（2007. 14） We can't afford to let the situation get worse. We must take_______to put it right.

A. directions　B. steps　C. sides　D. decisions

解析：选B。根据句意，take steps 采取步骤或措施。填写时要注意名词数的变化。

【例2】（2009.10） This is the third international _______ that they've played in a week.

A. season　B. team　C. place　D. match

解析：选D。match比赛，竞赛。这是他们在一周内参与的第三场国际性比赛。season 赛季，place 地点，team 团队。

【例3】（2008. 9） Why don't you call the travel service? They will provide you with ________ about the area.

A. time　B. information　C. report　D. notice

解析：选B。根据句意：他们能提供关于那个地区的信息，所以选information. provide sb with sth.提供某人某物；time时间；information信息，report报告；notice通知。

9. Oh, there _______ some _______ on the grassland. Let's go and see.

A. is; sheep　B. are; sheep
C. is; sheeps　D. are; sheeps

写出下列名词的复数形式：
1. Bus
2. fox
3. watch
4. tomato
5. wolf
6. deer
7. woman doctor
8. son-in-law

10. —Is your office far away from your home?
—No. It's just ______ walk from my home to my office.

A. ten minute's
B. ten minutes
C. ten-minutes'
D. ten minutes'

11. The new _________ library has been set up. Do you know how big it is?

A. student's　B. students'
C. furniture's　D. student'

12. Look! This is my new room, and that's ____________.

A. John and his brother's
B. John's and his brother's
C. John and her brother
D. John's and his

介绍（一）

What's your name, please?
你的名字是什么？
My name is…
我的名字是…

Your name, please?
你叫什么名字？
I'm…
我名叫…

This is Miss/ Mr. / Mrs. …
这位是…小姐/先生/女士。
This is my friend.
这是我的朋友。

4.名词所有格

（1）英语中有些名词，特别是表示有生命的东西的名词可以加“'s”表示所属关系“谁的”，名词的这种形式称为名词所有格。名词所有格一般是在名词后加“'s”构成。在以s结尾的名词（包括以s结尾的复数名词）后面，只加“'”。例如：

Jane's mother（Jane的妈妈）　　Thomas'friend（Thomas的朋友）

a teachers' college　一所教师学院

特别提示：如果一样东西为两人或两人以上所共有，只在后一个名词的末尾加“'s”。例如：

Marry and Jane's father　玛丽和简的爸爸

John, Jack and Jane's books　约翰、杰克和简的书

（2）英语名词所有格所修饰的词，如果在前面已提到，可以省略，以免重复。例如：

This is not my father's shirt, but my brother's.

这不是我父亲的衬衫，（而）是我哥哥的。

That is Jack's brother, not Jane's.

那是杰克的弟弟，不是简的。

（3）在表示店铺、某人的家时，名词所有格后面一般省掉它所修饰的名词。例如：

the Brown's　布朗家　　the tailor's　裁缝店

（4）有些指时间、距离、国家、城镇的名词，也可以加“'s”构成所有格。例如：

today's newspaper　今天的报纸　　ten minutes'walk　十分钟的步行

two miles'drive　两英里的车程　　China's capital　中国首都

（5）表示无生命东西的名词一般与of构成短语，表示所有关系。例如：

the leg of the table　桌子的腿　　the cover of the book　书的封面

（6）上面所讲的两种所有格的形式可以结合起来（即：of 短语+名词所有格），构成双重所有格。例如：

a friend of my mother's　我妈妈的一位朋友

典例精析：

【例1】The girl talking to Mary is a friend of ________.

A. Mary's sister　　B. Mary sister's

C. Mary's sister's　　D. Sister of Mary's

解析：选C。那个女孩是玛莉的姐姐的朋友。Mary与sister之间是所有关系要用所有格，a friend of sb's。

【例2】The woman over there is ______ mother.

A. Julia and Shelley's　　B. Julia's and Shelley's

C. Julia and Shelley　　D. Julia's and Shelley

解析：选A。那个妇女是单数，是一个人，应该是朱莉娅和谢莉两人共同的母亲。

13. I'm too tired. Let's have a few _______ rest.

A. minutes　　B. minute's

C. minutes'　　D. minute

14. Mrs Brown's house had been stolen. The ________ were searching for the two ________.

A. policemen; thiefs

B. policeman; thieves

C. police; thief

D. police; thieves

15. — ________ does the farmer have, do you know?

—I don't know. Let's go and ask him.

A. How much cattle

B. How many cattles

C. How many heads of cattles

D. How many cattle

16. — I can't repair these until tomorrow, I'm afraid.

—That's OK, there's _______.

A. no problem　　B. no wonder

C. no doubt　　D. no hurry

互动训练答案：

1.D	2.B	3.AB	4.A
5.B	6.C	7.D	8.A
9.B	10.D	11.B	12.A
13.C	14.D	15. D	16.D

介绍（二）

Come and meet my friends.　过来见见我的朋友们。

Who are they?　他们是谁？

Their names are…　他们的名字是…

How old is he?

他多大了？

He is five years old.

他五岁了。

[二、代　词]

考试考点：重点提示、归纳

代词是代替名词的一种词类。大多数代词具有名词和形容词的功能。英语中的代词，按其意义、特征及在句中的作用分为人称代词、物主代词、指示代词、反身代词、相互代词、疑问代词、关系代词、连接代词和不定代词九种。

1、人称代词

人称代词是表示"我""你""他""她""它""我们""你们""他们"的词。人称代词有人称、数和格的变化，见下表：

人称	单数		复数	
	主格	宾格	主格	宾格
第一人称	I	me	we	us
第二人称	you	you	you	you
第三人称	he	him	they	them
	she	her		
	it	it		

人称代词作主语时用主格形式，作宾语时用宾格形式。

eg: She teaches **them** Chinese．她教他们汉语。

人称代词作表语时，在口语中常用宾格形式。

eg :Who's that? It's **me**. 是谁？是我。

典例精析：

【例1】____ , _____ and _____ should return on time.（你，我和他）

答案：You, he, I

解析：此题考察的是并列人称代词的排列顺序:

（1）单数人称代词并列作主语时，其顺序为：第二人称 → 第三人称 → 第一人称，即：

you → he / she / it → I.

（2）复数人称代词作主语时，其顺序为：第一人称 → 第二人称 → 第三人称，即：

we → you → They

特别提示：在下列情况中，第一人称放在前面。

① 在承认错误，承担责任时。例如：

It was I and John that made her angry. 是我和约翰惹她生气了。

②在长辈对晚辈，长官对下属说话时，长辈和长官为第一人称，例如：

I and you try to finish it. 我和你努力完成它。

互动训练

1. I'm talking to you, Linda. Please listen to ____ carefully.

A. me　B. mine　C.you　D.yours

2. Mrs.smith is our English teacher._____ all like her very much.

A. Our　B.Us　C. We　D. Ours

3. -Who's your Chinese teacher?

-Miss Zhang. She has taught_____ Chinese for two years.

A. our　B. us　C. ours　D.we

4. I love music, and _____ father often takes me to the concert.

A. I　B. me　C. my　D. mine

5,-Are these books_____, Dad?

-Yes. I'm looking for them. Thank you.

A. yours　B. his　C. hers　D. theirs

致谢（一）

Thank you.

谢谢。

You're welcome.

不用谢。

It's very kind of you （to help me）.

您真是太好了（帮了我的忙）。

Not at all.

不用谢或不客气。

Thanks very much.

非常感谢

It's （That's） all right.

没关系。

2．物主代词

（1）物主代词表示所有关系的代词，也可叫作代词所有格。物主代词分形容性物主代词和名词性物主代词两种，其人称和数的变化见下表。

形容词性物主代词	my	your	his	her	its	our	your	Their
名词性物主代词	mine	yours	his	hers	its	ours	yours	theirs
汉语	我的	你的	他的	她的	它的	我们的	你们的	他们的

（2）物主代词的用法

①形容性物主代词：其性质就类似于形容词，作定语的成分，也就是说它后面必须要有被修饰的名词。

my friends 我的朋友们　**his** pants 他的裤子　**her** book 她的书

our house 我们的房子　**their** Chinese teacher 他们的汉语老师

②名词性物主代词：其性质就类似于名词，可作主语、宾语和表语，后面不需要再跟被修饰的词语。

His brother is a doctor, **mine** is a soldier and **hers** is a cook.

他哥哥是医生，我哥是军人，她哥是厨师。（名词性物主代词作主语）

These bikes are not **theirs**. They are **ours.**

这些自行车不是他们的，而是我们的。（名词性物主代词作表语）

Something is wrong with my watch, may I use **yours?**

我的手表出毛病了，我可以用你的吗？（名词性物主代词作宾语）

典例精析：

【例1】用括号内所给词的适当形式填空。

I forgot to bring _____（I）dictionary. Could I use______（you）?

解析：my, yours 。此题考察的是形容词性物主代词和名词性物主代词的用法。第一空后面有名词，故此空应作定语成分，所以填形容词性物主代词my ；而第二空后没有名词，所以填名词性物主代词yours，此句中的yours=your dictionary。

【例2】（2012.12）—Is your camera like Bill's or Ann's?

—No, but it's almost the same as _______.

A. theirs　B. yours　C. mine　D. hers

解析：选B。此题考查名词性物主代词的用法。此句缺少宾语，所以要用名词性物主代词，yours=your camera。

3．指示代词

指示代词表示“那个”“这个”“这些”“那些”等指示概念的代词。指示代词有this（这个），that（那个），these（这些），those（那些）等。指示代词在句中可以作主语、宾语、表语或定语。例如：

This is a piano.　这是个钢琴。（作主语）

I like **this**, but he likes **that**.　我喜欢这个，但是他喜欢那个。（作宾语）

My idea is **this**.　我的主意就是这个。（作表语）

This room is smaller than **that** one.　这个屋子比那个小。（作定语）

6. The Blacks are new here.___ come from Canada.

A. They　B. Them　C. Their　D. Theirs

7. -The pet dog is very nice. Is it_____?

-Yes.

A. you　B. your　C. yours　D. mine

8. -Tom ,is this your dictionary?

-No, it's not____. It's David's.

A. yours　B. his　C. mine　D. hers

9. I'm afraid I can't help you. You'd better ask____.

A. anyone else　B. else anyone

C. else someone　D. someone else

10. -Which dress do you prefer, the blue one or the white one?

-_____.I can give one to my sister.

A. None　B. Some　C. Both　D. All

致歉（一）

I'm sorry.
对不起。
That's all right.
没关系。

Sorry, I don't know.
对不起，我不知道。
It doesn't matter. 或That's nothing.
不要紧。或没有什么。

Excuse me.
对不起，打扰一下。
It's my pleasure.
很高兴帮助你。

典例精析：

【例1】________ two girls are Mary and Linda.

A. This　　B. They　　C. That　　D. Those

解析：选D。此题考察的是指示代词的使用，因所填选项后有名词，故此空是作定语成分，所以排除答案B，又因为选项后的名词是复数形式，所以排除A和C两个选项，正确答案选择D。

【例2】We really hate ________ if you don't look up to the old.

A. that　　B. this　　C. it　　D. which

解析：选C。考查代词的用法，it指代从句提到的情况，作形式宾语，look up to ... "尊重……"。

4．不定代词

（1）不定代词分类

不指明代替任何特定名词的代词叫作不定代词。可分为普通不定代词、个体不定代词和数量不定代词。

①普通不定代词

some（一些）　any（任何）　no（没有）

somebody（某人）　nobody（没人）　anybody（任何人）

someone（某人）　anyone（任何人）　no one（没人）

something（某事）　anything（任何事）　nothing（没事）　one（一个）

②个体不定代词

all（所有）　every（每一）　each（每一）　other（其他）

another（另一个）　either（或者，任何一个）　neither（两者都不…）

both（两者都……）　everybody（每个人）　everyone（每个人）

everything（每件事）

③数量不定代词

many（好多）　much（好多）　few（几乎没有）　a few（有一点）

little（几乎没有）　a little（有一些）　a lot of（许多）　lots of（许多）

（2）代词辨析

单招试卷中考查不定代词主要是代词的辨析，要明确掌握各个代词的用法，方能应付各种代词题型。

①some和any 一些

a. **some**一般用于肯定句，当预期对方作肯定回答时也用于疑问句。例如：

Some of us come from Australia.　我们中的一些人来自澳大利亚。

Could you give me **some** information about it?　你能给我一些关于它的信息吗？

b. **any**用于否定句及含有否定意义词（hardly, never, no）的句子及疑问句中。例如：

Has **any** of you ever seen Mr. Wang?　你们谁见过王先生？

I don't like **any** of these presents.　这些礼物我一个也不喜欢。

c. **some**和**any**作定语时可以修饰可数名词，也可以修饰不可数名词。例如：

I have **some** French books, but I don't have **any** Japanese ones.

我有几本法语书，可是没有日语书。

He has **some** paper，but he doesn't have **any** ink.　他有纸，可是没有墨水。

②no和none 没有

no=not any（没有），通常只用作定语，可以修饰可数名词（单数或复数）和不可数名词。

11. Excuse me, sir. I bought the shoes yesterday, but they are in different sizes. One is size 37,_____ is size 38.

A. other　B. another　C. the other　D. others

12. Sorry, we don't understand you. _______ of us can speak German.

A. A little　　B. A few

C. Little　　D. Few

13. I have a brother and a sister. They are _______ living in Australia.

A. either　　B. both

C. neither　　D. all

14. ______ of them can be trusted, because they are not honest at all.

A. Both　　B. Either

C. Neither　　D. All

15. Long long ago there were very ______ people in this place, but now it has become a town with a population of 500,000.

A. few　　B. little

C. a few　　D. a little

问路（一）

Excuse me, where's the cinema?

请问，电影院在哪？

It's over there, near the Bank of China.

就在那儿，中国银行的旁边。

Can you show me the way to the bank, please?

你能告诉我去银行的路怎么走吗？

Sorry, I don't know. You may go and ask him.

对不起，我不知道。你可以去问他。

none相当于名词，在句中一般作主语或宾语。none代替不可数名词作主语时，谓语动词用单数形式；代替可数名词作主语时，谓语动词可以是单数，也可以是复数，在非正式文体中更常用复数形式。例如：

There is **no**（not any） food in the fridge.　冰箱里没有食物。

She has **no** sister（s）, but she has cousins.　她没有姐妹，但她有堂姐妹。

None of them know（s） Japanese.　他们没有（一个）人懂日语。

None of us are/is afraid of wolves.　我们（当中）没有一个人怕狼。

特别提示：none表示"三个或三个以上都不……"，如果把汉语"我的朋友都不抽烟"译成英语，必须说：None of my friends smoke. 不能说: All my friends do not smoke.（我的朋友并不是都抽烟。）

典例精析：

【例1】—How many people are there in the hall？　—________.

A Nobody　　B Nothing　　C None　　D No one

解析：选**C**。**no one**，**nobody**表示没有人，nothing 指没有什么事物，none 兼指人和物。none 着眼于数量概念，"特指的人或物一个也没有，一点儿也没有"。根据以上各词的特点，此题应选C。回答who提问的特殊疑问句时用no one; 回答how many 时则用none.

③ many和 much 许多

many用来修饰或代替可数名词；much用来修饰或代替不可数名词。例如：

There are **many** mountains in China.　中国有许多山脉。

Many of the students study Chinese well.　许多学生语文学得好。

There is not **much** water in the glass.　杯子里的水不多了。

She has **much** to do every day.　她每天有许多事要做。

④few（ a few） 和 little（a little） 很少

few表示"很少几个"，表示否定，a few表示"有几个"，用来修饰或代替可数名词。

little表示"不多，很少"，表示否定，a little表示"有一点，有一些"，用来修饰或代替不可数名词。

few和a few，little和a little所指数量的含义只是相对而言，并无具体的标准，不能根据它们的汉语意思去判断多少，而要根据说话人的或事物的不同情况去体会它们在句中的含义。

一般说来，few和little有否定的意思，a few和a little表示肯定的意思。如:

A few of us know Chinese.　我们当中有几个人懂汉语。

Few of us know Chinese.　我们当中很少有人懂汉语。

I know **a few** of the tourists.　游客当中我认识几个。

I know **few** of the tourists.　游客当中我认识的人很少。

There is **a little** juice in the cup. You may drink it.

杯子里还有点果汁。你可以喝了它。

There is **little** time left. Be quick!　剩下的时间不多。快点吧！

⑤ both, either和 neither

both表示"两者都……"，在句中可用作主语、宾语、定语或同位语。

either指"两个中的任何一个"，neither表示"两者都不"，在句中可用作主语、宾语或定语。例如：

Both of them are fond of boating.　他们俩都喜欢划船。

These two books are very interesting. I like **both.**　这两本书都很有趣，（两本）我都喜欢。

16. There was very ______ water for them to drink during their journey across the desert.

A. little　　B. few

C. a little　　D. a few

17. You'd better wear warmer clothes. It is _______ colder than yesterday.

A. little　　B. a little

C. few　　D. a few

18. Our factory gave _______ worker a bonus (奖金) of ￥20,000 at the end of the year to praise their hard-working.

A. either　　B. every

C. all　　D. both

19. We like traveling. This summer my family are _______ going to Qingdao for holidays.

A. each　　B. Every

C. both　　D. all

20. During the exam no one is allowed to ask _______ questions.

A. some　　B. any

C. all　　D. a few

时间（一）

What is the date today?

今天几号?

It's November 9th.

今天九月九日。

What day is today?

今天星期几?

Monday.

星期一。

She's eaten **both** bananas. 她把两个香蕉都吃了。

I've invited you **both**. 我邀请了你们俩。

Either is OK. 随便哪个都行。

Here are two newspapers. You may take **either** of them.

这儿有两张报纸，你拿哪张都行。

Neither of them studies English. **Both** of them study French.

他们俩都不学英语，他们都学法语。

Neither is right. 两个都不对。

· 注意下面三个句子的不同：

Both brothers are here. 兄弟俩都在这。

Both brothers are not here. 并不是兄弟俩都在这里。

Neither of brothers is here. 兄弟俩都不在这。

特别提示：all, both与not连用表示部分否定，意思为"并不都"，neither和none表示全部否定，意思为"都不"。

典例精析：

【例1】—Have you seen Tom and Mary?

—I haven' t seen _____ of them.

A. neither B. any C. either D. all

解析：选C。前一句只提到两个人。neither，either，both仅用于表述两者的情况，而any，all表述多者的情况，故排除B和D，且I haven't seen either of them相当于I have seen neither of them，所以此题应选C。

【例2】（2010.14）The police questioned all the students, but ________ of them had seen the thief.

A. none B. neither C. either D. any

解析：选A。none三者及三者以上都不，常和of连用；neither of两个都不…；either of两个的其中一个…；any of任意，任何。

⑥ another, the other, the others

a. another表示"另一个；又一个；再一个"，是泛指的另外一个。例如：

Would you like to have **another** glass of milk? 再来杯茶好吗？

b. the other表示"两者中的另外一个"。常构成词组："one...the other..."如：

He has two sisters. **One** is a teacher, **the other** is a worker.

他有两个姐姐。一个是教师，另一个是工人。

c. the others表示"其余的（几个；一些）"。例如：

This composition is better than **the others**. 这篇作文比其他的都好。

典例精析：

【例1】The new TV tower is higher than________ building in the city.

A. other B. the other C. all other D. any other

解析：选D。other"其余的"后的名词应用复数形式，故排除A；the other与one搭配，指"一个……另一个……"，所以排除B；all other后应用复数形式，故排除C；any other"其余的任何一个"，后接可数名词的单数形式，故此题选D。

⑦ each, every 每一，每个

each和every都表示"每个"的意思，但each强调"个别"，every强调"全体"。every只能作定语，each可作主语、宾语、定语和同位语。例如：

He gave **every** patient the same advice. 他给所有病人同样的建议。

Each of them tried his best. 他们每一个人都尽了最大的努力。

21. The notice said that ____ students and their parents should come to school this afternoon.

A. each B. every
C. all D. both

22. —Would you lend me _______ of your money?

—Sure. How much do you need?

A. any B. some
C. a lot D. a few

23. Go along North Street, and you can find a tower at _______ end of the bridge.

A. both B. every
C. either D. any

24. Hurry up! We have only _______ time left.

A. a little B. a few
C. few D. little

25. Tone does not know _______ of them. She only knows a few of them.

A. all B. none
C. both D. any

What time is it now? 或 What's the time?

现在几点？或几点了？

It's half past three.

三点半。

It's time to get up.

到了起床的时候了。

It's time for lunch.

到了吃午饭的时候了。

They **each** got a present from their teacher . 他们每个人都得到了老师的礼物。

⑧ all 所有

all表示"所有""一切"的意思。在句中可作主语、宾语、表语、定语和同位语。例如：

All children need encouragement. 所有的孩子都需要鼓励。

He's forgotten **all** about it. 他全给忘了。

We **all** agree to stay at home. 我们都同意待在家里。

特别提示：表示"都……"时，all表示"三者以上的都……"，而both表示"两者都……"

典例精析：

【例1】After paying 1,000 dollars_____, you'll all become full members of our club.

A. each B. all C. every D. both

解析：选A。every 只可作定语成分，故排除C；both适用于两者都，而后半句中出现all ,说明范围是三者或三者以上，故排除D；根据句意，得知此题强调的是"个体"中的每一个，故答案应为A。full member，正式会员。

⑨ one，it，that

a. one可用来代替前面出现过的可数名词，以免重复，表示与前面名词同类中的任何一个。有复数形式ones。one还可作 "任何一个人"解，并且有所有格的形式one's和反身代词oneself。例如：

I don't have a pen, can you lend me **one**? 我没有钢笔，你借给我一支好吗？

You should see her photos, she's taken some very beautiful **ones.**

你该看看她的照片，她照了一些非常漂亮的照片。

b. it代替前面提到的同一个事物或代替某一件事,复数形式为they或them。例如：

—Do you like these photos?

— Yes, they are very beautiful and I like **them** very much.

你喜欢这些照片吗？

是的，它们非常漂亮，我非常喜欢它们。

—Are you still using your old car?

—No, I sold **it** the other day.

你还用你的旧车吗？

不，我前几天卖掉它啦。

c. that用来指前文中确定的非同一事物，常用来替代与定冠词或形容词性物主代词连用的单数可数名词或不可数名词，相当于"the+名词"，常用在比较语句中，其复数形式为those。例如：

The population of Sichuan Province is larger than **that** of any province in China.

四川的人口比中国其他省份的都要多。

My seat is next to **that** of my teacher. 我的座位就在我老师旁边。

⑩ some, any, no和every可以与one, body, thing构成合成代词：

somebody someone	anybody anyone	nobody no one	everybody everyone
某人	任何人	没有人	每人，人人
something	anything	nothing	everything
某事（物）	任何事（物）	没有东西（事）	事事；一切东西

这些代词都作单数看待，在句中可以作主语、宾语或表语。

26. When the teacher asked the two boys, they _______ offered a solution for the problem.

A. every B. each

C. none D. all

27. Helen is older than _______ of the other girls in her class. She is not the oldest.

A. some B. any

C. no D. either

28. Betty called on her mother almost _______month and each time she brought her a lot of good things.

A. each B. once

C. any D. every

29. —What do you usually do after dinner?

—I usually listen to _______ music.

A. little B. few

C. a few D. a little

30. A lot of people have tried, but ______ have succeeded.

A. many B. few

C. some D. a few

提建议（一）

What about going fishing? 或 How about going fishing?

去钓鱼怎么样？

That's a good idea.

是个好主意。

I suggest that he （should） start at once.

我建议他立刻出发。

It's a good idea that he starts at once.

他马上出发是个好主意。

典例精析：

【例1】I can't find my hat. I think I must buy _____.（一个）

答案：one

解析：此题考察的是不定代词的用法，one表示泛指，而it则表示特指。结合句意：我找不到我的帽子了，我想我必须要买一顶。很显然，是泛指买一顶，而不是特指买某一顶帽子，故此题应填one。

【例2】—Brenda just bought a new dictionary.

—Oh, really? How I wish I could get ________ as well!

A. it B. that C. one D. another

解析：选C。考查代词。one表示泛指，不是指具体的某一本。

5. 疑问代词

疑问代词“who”“whom”“whose”“what”和“which”都是用来构成特殊疑问句的。

（1）who和whom都是“谁”的意思。Who通常作主语和表语；whom作宾语。例如：

Who broke the window? 谁打碎的窗户？

By **whom** was the film directed? 这部电影是谁导演的？

在口语中常用who代替whom。例如：

Who are you looking for? 你们在找谁？

（2）what, whose和which 可以作主语、宾语、表语或定语。例如：

What would you like to eat? 你想吃点什么？

Which do you like best?你最喜欢哪一个？

Whose is this book? 这本书是谁的？

Whose book is this? 这是谁的书？

典例精析：

【例1】— Hello, Kate. _______ advice do you take to answer the questions?

— Mike's.

A. Whose B. Whom C. What D. Where

解析：选A。此题应根据答句确定答案，答句回答说是“迈克的”，显然问句中应问“谁的”。take advice 采纳意见。

6. 关系代词

关系代词有：who（whom，whose），which，that等，用来引导定语从句。它一面修饰主句中的一个名词或代词（叫作先行词），一面又在从句中用作主语、宾语、表语或定语。关系代词没有数和性的变化。它们的使用情况如下表所示：

	主格	宾格	所有格
指人	who, that	whom, that	whose
指物	which, that	which, what	whose, of which

（1） who，whom一般用来指人。例如：

He is the teacher **who** taught us Japanese. 他就是教我们日语的老师。（主语）

The boy **who** gave you the postcard is my brother.

31. —________ is your car ?

—The red one in front of the tree.

A. What B. Which

C. Where D. Whose

32. The statue of liberty ______ was built in France was given to America as a gift.

A. / B. which

C. who D. whom

33. —Do you want tea or coffee?

—_______, I really don' t mind.

A. None B. Neither

C. Either D. None

34. This physics problem is too difficult. can you show me ______, wang Lin?

A. what to work it out

B. what to work out it

C. how to work it out

D. how to work out it

提建议（二）

Why not play basketball?
为什么不打篮球呢？
Great, let's go.
棒极了，走吧。

Let's play a game today.
今天我们来做个游戏。
That sounds good.
听起来不错。

You'd better （not） go there.
你最好（别）去那儿。
No. I don't think so.
不，我认为不是这样的。

交给你明信片的那个男孩是我弟弟（哥哥）。（主语）

That's the soldier（**whom**）I often see.

那就是我经常看到的那位士兵。（宾语）

Who is the girl **who**（m）you spoke to?

跟你讲话的那个女孩是谁？（介词宾语）

They are the girls with **whom** I went shopping.

她们是和我一同购物的女孩子。（介词宾语）

（2）which只能用来指事物或动物。例如：

I like the story **which** tells about the youth. 我喜欢有关青春的故事。

The novel（**which**）she is reading is very interesting. 她在读的这本小说很有趣。

I don't like the movie（**which**）you were talking about yesterday.

我不喜欢你们昨天谈论的那部电影。

The bike **which** was lost last week has been found.

上星期丢失的那辆自行车找到了。

This is the dictionary of **which** she was speaking. 这就是她所说的那部词典。

· 有时which的先行词不是一个名词，而是整个句子。例如：

She said she had lost her watch, **which** was not true.

她说她把手表弄丢了，这不是真的。

She came to see her friend off, **which** was very kind of her.

她来给朋友送行，真是太友好了。

（3）that，whose可以指人，也可以指事物；that可以用作主格或宾格，单数或复数。whose作定语。例如：

The woman **that** wanted to see you has come here.

想要看望你的那个女人到这儿来了。

They're the men（**that**）I knew in a shop. 他们是我在一个商店里认识的人。

Those passages（**that**）I translated were very difficult. 我翻译的那些短文很难。

The desk **that** stands at the window was damaged. 窗户旁边的那张桌子是坏的。

This is the girl **whose** sister is our headmaster.

这就是那个女孩，她姐姐是我们的校长。（定语）

The students **whose** names are on this list have been chosen to perform a play.

这张名单上有名字的学生，已经被选去表演节目了。（定语）

特别提示：（1）在形容词最高级、序数词和大部分不定代词（all, much, little, any, anything, anybody, something, somebody, nobody, no one, everything等）以及only等词的后面，必须使用关系代词that。例如：

He is **the most careful boy**（**that**）I know. 他是我所知道的最细心的男孩。

Everything that can be done must be done. 能够做到的事，一定要做到。

This is the **best movie**（**that**）I have ever seen.

这是我所看到的最好的一部电影。

The first girl that came to school was Li Ping. 第一个到校的女孩是李萍。

He'll give me **all**（**that**）he has. 他要把他所有的都给我。

She was **the only student that** didn't pass the exam.

她是唯一考试没有及格的学生。

（2）当先行词既有人又有物时，要用that。例如：

The characters and events that are described in this play are taken from history.

这个剧的人物和故事都取材于历史。

35. —Which of the two computer games did you prefer?

—Actually I didn't like ________.

A. both of them

B. either of them

C. none of them

D. neither of them

36. Jim sold most of his things. He has hardly ________left in the house.

A. something

B. anything

C. nothing

D. everything

37. —I need something for cutting the paper.

—Oh, you want a knife ? OK, I'll get ________ for you.

A. it　　B. that

C. this　　D. one

38. There is ________ wrong with this computer. It doesn't work well.

A. something　　B. anything

C. everything　　D. nothing

提建议（三）

Shall we go now?

我们现在可以走了吗？

Yes, let's go to school.

让我们去学校吧。

Would you like to try?

你想试一试吗？

Please don't.

请不要。

7. 相互代词

相互代词就是表示相互关系的代词。它与它所指代的名词或代词是一种互指关系，英语中的相互代词只有两个，即each other和one another（都是互相的意思）。

（1）相互代词只有each other和one another两个词组。他们表示句中动词所叙述的动作或感觉在涉及的各个对象之间是相互存在的，例如：

They helped **each other** in study.　他们在学习上互相帮助。

（2）相互代词的句法功能：

①作动词宾语：

We often help **each other** in our lessons.　我们经常在功课上互相帮助。

They see **one another** every day.　他们每天见面

We should respect **one another** to make a harmonious society.

我们要互相尊重来创建一个和谐社会。

②作介词宾语：

He put all the books beside **one another.**　他把所有书并列摆放起来。

Usually these small groups are independent of **each other.**　这些小团体通常是相互独立的。

③作定语时须用所有格：

The students borrowed **each other's** notes.　学生们互借笔记。

典例精析：

【例1】Many years ago we knew _____ very well.

A. each other　B. the other　C. another　D. the others

解析：选A。本题考查相互代词作宾语的用法，根据句意可知应选A。句意：许多年前我们很熟。know sb very well "对……很熟"。

8. 反身代词

（1）英语中用来表示"我自己""你自己""他自己""我们自己""你们自己"等意义的代词称为反身代词，也有人称之为自身代词，其形式如下表所示。

数	一（我）	二（你）	三（他、它、她）
单数	myself	yourself	himself、itself、herself
复数	ourselves	yourselves	themselves

（2）反身代词用法。

①与某些动词构成短语。例如：

We enjoyed **ourselves** very much last night.　我们昨晚玩得很开心。

Please help **yourself** to some fish.　请你随便吃点鱼。

②作表语、同位语。例如：

I am not myself today.　我今天不舒服。

The thing **itself** is not important.　事情本身并不重要。

③第二人称作宾语，强调时要用反身代词。例如：

You should be proud of **yourself.**　你应为自己感到骄傲。

39. New Zealand has two islands. One is North Island and _______ is South Island.

A. another　B. the other

C. other　D. the others

40. An old friend of my sister's always helps my brother and _______ with _______ English.

A. I; our

B. me; ourselves

C. I; my

D. me; our

41. The teacher has already told me but I'm still not clear _______ to do next.

A. how　B. what

C. why　D. whether

互动训练答案：

1.A　2.C　3.B　4.C
5.A　6.A　7.C　8.C
9.D　10.C　11.C　12.D
13.B　14.C　15.A　16.A
17.B　18.B　19.D　20.B
21.C　22.B　23.C　24.A
25.A　26.B　27.A　28.D
29.D　30.B　31.B　32.B
33.C　34.C　35.B　36.B
37.D　38.A　39.B　40.D
41.B

告别（一）

Good bye! 或Bye-bye!或Bye!
再见!
See you later（tomorrow）.
回头见（或:明天见）。

I'm afraid I have to go now.
恐怕我得走了。
See you.
回见。

典例精析：

【例1】Children can usually dress _____by the age of five.

A. themselves B. them C. selves D. ones

解析：选A。本题考查了反身代词与动词构成固定短语的用法。dress oneself “…穿衣服”。例如：My sister is too young to dress herself.我的妹妹年纪太小而不能自己穿衣服。此题句意为：孩子们通常在五岁就可以自己穿衣服了。

9. 连接代词

（1）连接代词分类

疑问代词在引起从句时，都称为连接代词，包括who, whom, whose, what, which, whoever, whomever, whichever, whatever一共九个，即除了whose后不能加“-ever”后缀，其余都行。

（2）用法

① 主语从句

It hasn't been announced **who** won the prizes. 还没宣布谁获奖。

It is clear enough **what** she meant. 她是什么意思很清楚。

② 宾语从句

I don't care **what** they think. 他们怎么想我不关心。

Ask her **which** she wants. 问她要哪一个。

③ 表语从句

The question is **who**（**m**）we should trust. 问题是我们应当相信谁。

What I want to know is **which** road we should take. 我想知道的是我们应走哪条路。

④ 状语从句

Wherever you go, **whatever** you do, I will be right here waiting for you.

无论你去哪里，无论你做了什么，我都会在这里等你。

⑤ 连接代词还可引起不定式，都用作动词的宾语或介词的宾语：

Tell him **what** to do. 告诉他怎样做。

Lucy can't decide **which** to choose. 露西不能决定选哪个好。

They exchanged views on the question of **whom** to elect. 他们就该选谁的问题交换了意见。

典例精析：

【例1】All the students don't know _____ to deal with the problem.

A. what B. how C. which D. who

解析：选B。此处考查连接代词，how to deal with sth 意为“怎样解决……”，固定搭配，另外还有what to do with “怎样解决……”。

爱憎（一）

I like English very much.

我非常喜欢英语。

I love singing.

我热爱唱歌。

I don't like asking for help.

我不愿求人帮助。

I hate him.

我恨他。

[三、冠 词]

考试考点：重点提示、归纳

冠词是一种虚词，不能独立使用，通常放在名词的前面，帮助说明该名词的含义。冠词分为不定冠词和定冠词两种。

1．不定冠词的用法

不定冠词有a和an两种形式，a用在以辅音音素开头的词前，an 用在以元音音素开头的词前。例如：

a boy 一个男孩 **an** engineer 一个工程师

a pen 一支钢笔 **an** hour 一小时

a university 一所大学 **an** unknown place 一个不为人所知的地方

（1）用于可数名词的单数形式前，表示种类：

① 指某一类人或事物中的一个。例如：

There is **a** car on the road. 路上有辆车。

His father is **an** engineer. 他的父亲是个工程师。

② 代表某一类人或事物，相当于any。例如：

Even **a** child can answer this question. 连小孩也能回答这个问题。

A horse is a useful animal. 马是有用的动物。

（2）用来表示“一”这个数量，相当于one。例如：

Rome was not built in **a** day. 罗马非一日建成。

He is **a** friend of mine. 他是我的一个朋友。

典例精析：

【例1】（2008.3）The man I was talking to on _______ bus was _______ friend of mine.

A. / …the B. a…the C. the… a D. / …a

解析：选C。on the bus在公车上，为固定搭配。a friend of mine我的一个朋友。

（3）用来表示“某个”“任何一个”“每一”的意思。例如：

A friend from China came to see you yesterday.

一位从中国来的朋友昨天来看你。

He went swimming in the lake once **a** week. 他每星期去湖里游泳一次。

（4）用于某些固定词语中。例如：

a few 一点 a little 一点 a lot of 大量 a bit一点

典例精析：

【例1】（2009.1）All of _______ sudden, everyone started shouting and singing, which gave us _______ great surprise.

A. a, / B. the, / C. the, the D. a, a

解析：选D。考查冠词。all of a sudden突然，是固定搭配；此处surprise是抽象名词具体化，意为：可惊的事情，意外的事情，故用不定冠词。

互动训练

1. I am reading _______ story. It is _______ interesting story.

A. a; an B. a; a

C. the; the D. /; an

2. English is _______ language. It is _______ important tool.

A. a; an B. a; a

C. the; the D. a; /

3. Britain is _______ European country and China is _______ Asian country.

A. an; an B. a; a

C. a; an D. an; a

4. _______ should care for their patients.

A. The doctors and the nurses

B. Doctors and nurses

C. The doctors and nurses

D. Doctors and the nurses

A Dog and a Wolf 狗和狼（一）

A wolf was almost dead with hunger.

一只狼快要饿死了。

A house-dog saw him, and asked, “Friend, your irregular life will soon ruin you.”

一只狗看见后问他：“你现在的无规律的生活一定会毁掉你。”

2．定冠词的用法

定冠词the有两种读音：在辅音音素开头的词前读[ðə]；在元音音素开头的词前读[ði]。定冠词有“这”“那”“这些”“那些”等意思。

（1）特指某个或某些人或事物，或指谈话双方都知道的人或事物，或复述上文提过的人或事物。例如：

Do you know **the** girl standing at the gate of school?

你认识那个站在校门口的女孩儿吗？

Have you got **the** letters I sent you? 我寄给你的信收到了吗？

There was a chair by **the** window, on **the** chair sat a young woman with a baby in her arms.

窗户旁有把椅子，一位年轻的妇女坐在椅子上，抱着一个孩子。

（2）指世界上独一无二的事物。例如：

The earth moves round **the** sun. 地球绕着太阳转。

We have friends all over **the** world. 我们的朋友遍天下。

（3）表示机构、学校、建筑物。例如：

the University of Cambridge 剑桥大学

the British Museum 英国博物馆

（4）用在单数可数名词之前，表示某一类人或事物。例如：

The lion is fiercer than **the** wolf. 狮子比狼更凶猛。

The computer is a wonderful machine. 计算机是一种奇妙的机器。

（5）常用在乐器的名称之前。例如：

I'd like to learn **the** piano. 我想学弹钢琴。

（6）用在序数词和形容词及副词的最高级之前。例如：

Is this **the** first time you visit China? 这是你第一次访问中国吗？

Of all **the** stars the sun is **the** nearest to **the** earth.

所有的恒星当中太阳离地球最近。

（7）和某些形容词连用，表示某一类人。例如：

the rich 富人 **the** poor 穷人 **the** blind 盲人

the wounded 伤员 **the** dead 死者

（8）用在某些专有名词前：

①在江河、山脉、海洋、湖泊、群岛的名称前。例如：

the Yellow River 黄河 **the** Pacific Ocean 太平洋

the Red Sea 红海 **the** Dead Sea 死海

②在含有普通名词的专有名词前。例如：

the People's Republic of China 中华人民共和国

the Silk Road 丝绸之路 **the** Great Wall 长城

③在姓氏的复数形式前，指一家人。例如：

The Smiths are sitting at the table. 史密斯一家正在吃饭。

（9）用在许多习惯用语中。例如：

in **the** morning/afternoon/evening 在早上/下午/晚上

on **the** left/right 在左边/右边

on **the** other hand 另一方面 at **the** beginning 在开始 at **the** end 在末尾

（10）用在逢十的复数数词前，指某个世纪的几十年代。

例如：

in **the** 1970s 在20世纪70年代。

5. _______ water is _______ liquid.

A. The; a B. A; a

C. /; / D. /; a

6. _______ China is _______ old country with _______ long history.

A. The; an; a B. The; a; a

C. /; an; the D. /; an; a

7. January is _______ first month of the year.

A. a B. /.

C. an D. the

8. You should pay attention to _______ pronunciation of _______ word.

A. the; / B. the; the

C. /; the D. the; a

9. Beijing is one of _______ most beautiful cities in _______ world.

A. /; the B. /; /

C. a; a D. the; the

A Dog and a Wolf 狗和狼（二）

“Why don't you work steadily as I do, and get your food regularly?”

“为什么不像我一样稳定地干活并有规律地获得食物呢？”

“I would have no objection,” said the wolf, “if I could only get a place.”

狼说：“如果我有个地方住，我没有意见。”

典例精析：

【例1】（2007.5）I managed to make myself understood with ______ help of ______ phrase book.

A. /…a　B. a…the　C. the…a　D. by

解析：选C。with the help of，在…的帮助下，a表示泛指。

【例2】In ___ 1970s, ____ highway was built to link up the city with my hometown.

A. / … the　B. a … the

C. the …a　D. / … a

解析：选C。in the 1970s 表示20世纪70年代，a highway 一条高速公路。

3．零冠词的用法

（1）在大多数专有名词、泛指的抽象名词和物质名词前。例如：

This sweater is made of **wool**.　这件运动衫是羊毛的。

We love **science**.　我们热爱科学。

Human Beings get **heat** and **light** from the sun.　人类从太阳中获取光和热。

She is fond of **music**.　她喜欢音乐。

（2）名词前已有this, that, my, your, some, any, no等代词作定语时。例如:

There are **no** students in the classroom.　教室里没有学生。

He has lived in **this** room for five years.　他在这间屋子里住了5年。

I must make good use of **my** time.　我必须充分利用我的时间。

（3）在表示某一类人或事物的复数名词前。例如：

She likes to read **books**.　她喜欢读书。

Desks and **chairs** are usually made of wood.　课桌和椅子通常是木制的。

典例精析：

【例1】（2005.1）I prefer writing ________ letters to talking on ________ phone.

A. the; a　B. /; the　C. the; the　D. /; a

解析：选B。考查冠词。letters是复数形式，前面不用加冠词。writing letters写信。talk on the phone在电话上谈话。the phone表类别。我比较喜欢写信，不喜欢在电话里谈。

（4）在星期、月份、季节或节假日等名词前。例如：

National Day 国庆节　**New Year's Day** 元旦　**Mid-autumn Day** 中秋节

Today is **Sunday**.　今天是星期天。

December 25th is **Christmas Day**.　12月25日是圣诞节。

It is cold in **winter**.　冬天很冷。

（5）在称呼语、表示头衔或职务的名词前。例如：

What's wrong with you, **Uncle**?　叔叔，你怎么了？

This is Kate, **chairman** of the Students' Union.　这就是学生会主席，凯特。

He reported this to Mr. Black, **headmaster** of the school.

他把这件事报告给校长布莱克先生。

（6）在三餐饭和球类运动的名称的名词前。例如：

He went to school after **breakfast.**　吃过早餐他上学去了。

Do you play **basketball?**　你打篮球吗？

（7）在某些固定词组里的名词前。例如：

10. It took me ______ hour and ______ half to finish ______ work.

A. a; a; a　B. an; a; a

C. an; a; the　D. an; a; /

11. We often go to ______ playground to play______ football in ______ afternoon..

A. a; the; the　B. the; /; the

C. /; /; an　D. the; the; an

12. ______ doctor told me to take ______ medicine three times ______ day, stay in ______ bed, and then I would be better soon.

A. /; a; a; the

B. A; the; the; /

C. The; the; a; /

D. A; /; a /

13. She likes ______ music. She can play______ violin very well.

A. /; /　B. /; the

C. the; the　D. the; a

14. There is ______ picture on ______ wall, I like ______ picture very much.

A. a; the; the

B. a; the; a

C. the; a; a

D. a; an; the

A Dog and a Wolf　狗和狼（三）

"I will help you," said the dog. "Come with me to my master, and you shall share my work."

狗回答说："跟我到主人那里去，我们一起工作。"

So the wolf and the dog went to the town together.

于是狼和狗一起回到了村子。

go to **school/bed** 去学校/上床睡觉
at **night/noon/midnight** 在晚上/中午/午夜
by **bus/train/plane/bike** 坐公交/火车/飞机/自行车
face to **face** 面对面的
at **home/school** 在家/学校
day by **day** 一天天地
on **foot** 步行
hand in **hand** 手拉手的

典例精析：

【例1】（2005.6） No matter where they are, my parents go to ________ every Sunday morning.

A. church　B. the church　C. a church　D. churches

解析：选A。go to church 做礼拜，go to the church 去教堂。又如in hospital 生病住院，in the hospital 在医院里。

【例2】（2009.15）The Chinese New Year is ______ excellent time to be with your family and have ______ fun.

A. /…the　B. an…/　C. the…a　D. an…the

解析：选B。中国新年是一个和家人团聚开心的绝佳时期，excellent 为元音因素开头，所以第一空填an，have fun玩得高兴，固定搭配，fun 不可数名词。

15. We always have ______ rice for ______ lunch.

A. /; /　B. the; /
C. /; a　D. the; the

16. I enjoy playing ______ guitar because it is very interesting.

A. a　B. an
C. the　D. /

互动训练答案：

1.A	2.A	3.C	4.B
5.D	6.D	7.D	8.D
9.D	10.C	11.B	12.C
13.B	14.A	15.A	16.C

A Dog and a Wolf 狗和狼（四）

On the way the wolf saw that there was no hair around the dog's neck.
在路上，狼注意到狗的脖子上有一圈没有毛。
He felt quite surprised, and asked him why it was like that?
他很奇怪地问为什么会那样。

[四、数 词]

◎ 考试考点：重点提示、归纳

表示“数量”和“第几”的词叫作数词。前者称作基数词，后者称作序数词。

1．基数词

①基数词1～12：

one, two, three, four, five, six, seven, eight, nine, ten, eleven, twelve.

②基数词13～19都是以-teen结尾：

thirteen, fourteen, fifteen, sixteen, seventeen, eighteen, nineteen.

③数词20, 30, 40等都是以-ty结尾：

twenty, thirty, forty, fifty, sixty, seventy, eighty, ninety.

④基数词21～99是由“几十”和“几”合起来构成，中间加连字符。例如：

twenty-two, thirty-one, fifty-three.

⑤汉语中有“百、千、万、亿”等单位，而英语中有hundred（百），thousand（千），million（百万）等，但没有表示万和亿的专门单词，要用十进位的方法推算出来。例如：

thousand	千	ten thousand	万
hundred thousand	十万	million	百万
ten million	千万	hundred million	亿（万万）

1, 000 以上数字的读法举例如下：

1234 – one thousand two hundred and thirty-four

666,135 – six hundred and sixty-six thousand one hundred and thirty-five

典例精析：

【例1】The number of the students in our school adds up to _____.

A. two thousand and three hundred and thirty-two

B. two thousand three hundred and thirty-two

C. two thousand three hundred thirty-two

D. two thousand and three hundred thirty-two

解析：选B。表示1000以上的数字时应用and 连接最后的个位十位数。

2．序数词

（1）序数词第一、第二和第三分别为first, second和third，其他序数词的构成是在基数词后加-th。例如：fourth, sixth, seventeenth

注意：

① fifth（第五）、eighth（第八）、ninth（第九）和twelfth（第十二）在拼法上的变化。

②二十、三十等以y结尾的基数词变为序数词时，要把y变成ie再加-th。例如：

twenty → twentieth 第二十 forty → fortieth 第四十

③ 基数词“几十几”变成序数词时，表示“几十”的数词不变，只把表示“几”的基数词变成序数词。例如：

◎ 互动训练

完成下列句子：

1. I was born ____（1973年2月17日）.

2. This story happened in Shanghai ____（1947年11月）.

3. I'll go to attend a meeting ______（8点50分）tomorrow morning.

4. The post office often opens _____（九点半）.

5. He'll go to the railway station to meet his uncle _____（两点一刻）this afternoon.

6. It didn't stop raining until about ______（11点）last night.

7. Dick often gets up ______（6点 20分）and goes to school ______（7点一刻）.

8. We are going to Taishan ______（7月17日，星期五）.

9. ______（三月八日）is International Women's Day.

10. Mr. Smith came to China for the first

Have Pretty 拥有美丽（一）

A child said: “Mother you pretty well today.”

有个小孩对母亲说：“妈妈你今天好漂亮。”

The mother replied: “Why.”

母亲回答：“为什么。”

thirty-one→thirty-first 第三十一　twenty-five→twenty-fifth 第二十五

（2）序数词的缩略形式是由阿拉伯数字加序数词的最后两个字母构成的。例如：1st, 2nd, 3rd, 4th, 31st, 42nd, 50th

典例精析：

【例1】It's my _____ time to see such a beautiful girl.

A. the first　B. first　C. one　D. the one

解析：选B。首先根据句意确定应用序数词“第一次”，排除C、D，再注意到形容词性物主代词后不加任何冠词，则可排除A，所以B正确。句意：这是我第一次见到这么美丽的女孩。

3. 数词的用法

数词在句子里可以作主语、宾语、表语、定语和同位语。

（1）主　语

Two are enough for us.　两个对我们来说就足够了。

Two of the girls came here. **The second** is my sister.

两个女孩来到了这儿。第二个是我的姐姐。

（2）宾　语

—How many books would you like？　你想要几本书？

—I would like two.　我要2本。

（3）表　语

He was already **fifty** when he began to study Russian.

他开始学俄语时已经五十岁了。

Seven minus two is **five**.　7减2等于5。

（4）定　语

There are **five** chapters in this book. I've read only the **first** one.

这本书有五章。我只读了第一章。

（5）同位语

You **two** will go swimming with us. 你们俩和我们游泳去。

注意：

（1）2以上的基数词表示计量时，它所修饰的名词要用复数形式。例如：

He's **six feet** eight inches tall.　他身高六英尺八英寸。

The room is about **five meters** wide.　这房间约有五米宽。

（2）带有数词的名词用作定语时，一般用单数形式。例如：

a **ten-minute walk** 十分钟的路程

a **six-month baby** 一个六个月的婴儿

典例精析：

【例1】The teacher asked each student to write an _____ composition in Chinese.

A. eight-hundred-words　B. eight-hundreds-word

C. eight-hundreds-words　D. eight-hundred-word

解析：选D。考查数词短语作定语的用法，应用单数名词，而A、B、C中皆有复数名词，故选D。句意：老师让每个同学写一篇八百字的作文。

4. 编　号

①编号既可用序数词，也可用基数词。例如：

the **first** lesson 或lesson **one** 第一课

time ______（1978年7月）.

11. Every day my wife goes to work by ______（101公共汽车）.

12. Do you know where ______（25中）is?

13. Now please turn to ______（第 126 页）and read after me.

14. We have learned ______（大约1500个单词）by now.

15. The river is _____（55米宽）.

16. We'll have a meeting _____（在508号房间）this afternoon.

17. Tomorrow we'll begin to study ____（第十二课）.

18. Linda has never come back since she left home _____（三年以前）.

19. John said this was _____（他第二次）to go to Japan.

20. —What's the date today?

—It's _____（5月6日）.

21. The Great Wall is _____（大约6,700公里长）.

22. The Himalayas is about _____（8,848

Have Pretty 拥有美丽（二）

The child said: “Since Mother is not angry today.”

小孩说：“因为妈妈今天都没有生气。”

That is pretty easy to have, as long as you can not be angry.

原来要拥有漂亮很简单，只要不生气就可以了。

the **fifth** page 或page **five** 第五页

②有的编号习惯上常用基数词。例如：

Room 322（读作three two two）322号房间

Tel. No. 5401358〔读作 Telephone number: five four o（zero） one three five eight〕

电话号码5401358

这和汉语中有时不用“第几”而用基数词表示序数的用法相同。例如：

story three 三楼　　　number one hundred and twenty two 一百二十二号

典例精析：

【例1】We are going to have a basketball match with _____.

A. Class First　　　B. Class One

C. First Class　D. Class the First

解析：选B。考查数词编号用法，表示第一课时，用“Class One ”或“the First Class”，故B正确。句意：我们将和一班有一场篮球比赛。

5. 其　他

（1）日期的表示法

①年用基数词，日用序数词。例如：

1999年5月1日可以写作：

a. May 1st , 1999（读作：May the first, nineteen ninety-nine）

b. 1st May, 1999 （读作：the first of May, nineteen ninety-nine）

特别提示：表示年代用“in the+数词复数”。例如：

in the 1930s 在20世纪30年代

典例精析：

【例1】He went to live in the countryside in _____ and learned a lot from the peasants.

A. the 1980s　　B. the 1980　　C. 1980s　　D. 1980′s

解析：选A。考查年代的表示方法，应为“in the +基数词复数”，A正确。

② 英语年份读法：一般先读前两位数，再读后两位数。例如：

1983 nineteen eighty-three

（2）时刻的表示法

表示时刻有两种说法：

① 先说分钟，后说钟点。

a.“几点过几分”，分钟不超过三十分钟时用past。例如：

It′s six past seven.　现在是七点（过）六分。

b.“几点差几分”或“差几分几点”，差的分钟数不超过二十九分钟时，用to。例如：

It′s twenty-six to five.　差二十六分到五点。

It′s a quarter to five.　差一刻到五点。

② 先说钟点，后说分钟。在日常生活中，为了简便，常用这种说法。例如：

It′s five thirty.　五点三十分。

（3）加、减、乘、除运算表示

a.“＝”读作equal;“+”读作plus或and。例如：

Two plus three equals（或 is） five.　　　二加三等于五。

One plus two is（或are） three.　　　一加二等于三。

米高）.

23. I don′t believe that _____（一个8岁的小姑娘）can draw so well.

24. _____（一座20层的饭店）will be built near our school.

单选题

1. In our school ,_______middle school students want to work as a teacher in the future.

A. thousand　　B. thousand of

C. thousands of　D. two thousand of

2. Come and see me in______.

A. two or three days′

B. two or three day′s time

C. two or three days′ time

3. There are more than two_____ languages spoken in Nigeria.

A. hundreds　B. hundreds of

C, hundred　　D. hundred of

4. Bill said they would have a ______ holiday.

A. two-month　B. two months

C. two-months　D. two month′s

5. Although I failed four times, my father encouraged me to have a _____ try.

A. second　B. five　C. third　D. fifth

6. Kimi lived in_____, Cindy was next to

Money and friend　钱和朋友（一）

A：Which do you find more important, money or friends?

A：你认为钱和朋友哪一个更重要？

B：Friends, of course.

B：当然是朋友。

Four and five make nine. 四加五等于九。

b. “－”读作minus。例如：

Eight minus two equals（或 is） six. 八减二是六。

c. “×”读作times或multiplied by。例如：

Six times seven equals（或 is） forty-two. 六乘七等于四十二。

Six multiplied by seven is forty-two. 六乘七等于四十二。

Six sevens are forty-two. 六乘七等于四十二。

d. “÷”读作divided by。例如：

Eight divided by two equals（或is） four. 二除八等于四。

Two into eight equals（或is） four. 二除八等于四。

（4）倍数的表示法

①A +谓语+倍数 / 分数+形容词 / 副词比较级+ than B表示“ A比B大（长、宽、高等）多少倍”。例如：

The number of students in our school is **three times larger than** that in theirs.

我们学校的学生人数比他们学校的学生人数多三倍。

The train runs **twice faster than** the bus. 火车比公共汽车跑得快两倍。

② A+谓语+倍数 / 分数+ as +形容词 / 副词的原级+ as B表示“ A 正好是 B 的多少倍”。例如：

Asia is **four times as large** as Europe. 亚洲是欧洲的四倍大。

③ A +谓语+倍数 / 分数+ the size（amount，length，weight，height，width，depth, speed …）of B表示“A 正好是 B 的多少倍”。例如：

This box is **twice the size of** that wooden one. 这个箱子是那个木箱子的两倍大。

This river is **three times the length of** that one. 这条河流是那条河流长度的三倍。

典例精析：

【例1】It is said that this river is _____ the one in our hometown.

A. three times as long as B. as three times long as

C. the three times long as D. as long as three times

解析：选A。考查“A+谓语+倍数 / 分数+ as +形容词 / 副词的原级+ as B”表示倍数用法，A正确。

（5）分数、小数和百分数表示法

①分数的分子以基数词表示，分母以序数词表示，当分子大于1时，序数词要用复数，其写法与读法如下。

1/2 — a/one half 1/3 — a/one third

1/4 — a/one fourth; a/one quarter 2/5 — two fifths

②百分数是由基数词或小数加百分号组成，百分号（%）读作percent，例如：

5% — five percent 100% — one hundred percent

③小数是以基数词加小数点表示，小数点前面的数按基数词的规则读，小数点用point（点）表示，小数点后面的数按个位基数词依次读出。例如：

0.5 — zero point five

典例精析：

【例1】It is reported that _____ of the population in these areas are farmers.

A. two three B. two third

C. two thirds D. second third

解析：选C。考查数词表示分数用法，2/3应为“two thirds” ,C正确。句意：据报道这个地区三分之二的人口都是农民。

his.

A. the room five B. Room Five

C. five room

7. She is _____, but she looks young.

A. in her fifty B. at her fifty

C. in her fifties D. at her fifties

互动训练答案：

1. on February 17, 1973
2. in November, 1947
3. at 8:50 （at ten to nine）
4. at 9:30 （at half past nine）
5. at 2:15 （at a quarter past two）
6. 11:00 （eleven o'clock）
7. at 6:20 （at twenty past six）；
   at 7:15 （at a quarter past seven）
8. on Friday, July 17th
9. March 8th
10. in July, 1978
11. Bus No. 101
12. the No. 25 Middle School
13. page 126 （page one hundred and twenty-six）
14. about 1,500 words
    （about one thousand five hundred words）
15. 55 meters wide
16. in Room 508
17. Lesson 12 / the 12th lesson
18. three years ago
19. his second time
20. May 6th
21. about 6,700 kilometers long
22. 8,844,43 meters high
23. an eight-year-old girl
24. A twenty-storey hotel/restaurant

单选题答案

1. C 2. C 3. C 4. A 5. D 6. B
7. C

Money and friend 钱和朋友（二）

A：Why?

A：为什么？

B：I can always borrow money from friends.

B：我总可以从朋友那儿借到钱。

［五、形容词　副　词］

考试考点

1.形容词

（1）形容词的用法

形容词可以作定语、表语和宾语补足语。

①作定语

This is an **interesting** book, I want to buy it.

这是本很有意思的书，我想买一本。

We had a **pleasant** time yesterday.　我们昨天玩儿得很痛快。

典例精析：

（2005.5）We had ______views on the matter: he agreed at once, but I said "No".

A. practical　B. general　C. opposite　D. similar

解析：选C。根据句意我们在这个问题上有相反的观点，所以选C。practical实际的；general大体上的；similar相似的。

②作表语

This house is too **expensive**. I can't afford it.　这座房子太贵了，我买不起。

What you said is not **true.**　你所说的话不是真的。

典例精析：

【例1】（2008.6）The little girl would feel _________ if you left her _________.

A. lonely . . . lonely　B. alone . . . lonely

C. lonely . . . alone　D. alone . . . alone

解析：选C。lonely指内心中感到孤独，表语形容词，有感情色彩，而alone指独自一个，没有感情色彩。feel lonely"感到孤独"，leave alone"让…独自待着"。

【例2】（2012.2）The fish tastes good. I mean it's _________.

A. available　B. delicious　C. warm　D. cheap

解析：选B。考查形容词。句意：这鱼尝起来不错。我的意思是它美味可口。delicious 美味的，可口的；available 可得到的，可利用的；warm 温暖的；cheap 便宜的。

③作主/宾语补足语

The classroom is kept **tidy.**　教室保持得很整洁。

I find the book very **interesting.**　我发现这本书很有趣。

特别提示：一般的形容词既可作定语，也可作表语。但是有些形容词只能作定语，不能作表语。例如：wooden（木制的），daily（每日的）等。

另外有些形容词只能作表语，不能作定语，例如：

afraid（害怕），alone（单独的），awake（醒着的）等等。

互动训练

1. His hair turns grey, but he is two years _________ than my father.

A. smaller　B. less

C. elder　D. younger

2. He is the most famous physicist _________.

A. live　B. alive

C. living　D. lively

3. We still do not understand what will happen, so we have to wait for the _________ notice.

A. further　B. farther

C. far　D. farer

4. It is dark, but he is _________in the office.

A. already　B. yet

C. still　D. also

5. The road is not _________ for three trucks to pass side by side.

A. enough　B. wide enough

C. so wide　D. wide

6. John plays tennis badly. Tom does even _________.

A. badly　B. more badly

C. worse　D. more worse

I Have His Ear in My Pocket　他的耳朵在我衣兜里（一）

Ivan came home with a bloody nose and his mother asked, "What happened?"

伊凡鼻子流着血回到家里。他妈妈问，"发生了什么事？"

"A kid bit me," replied Ivan.

"一个男孩咬了我一口，"伊凡说。

（2）形容词的位置

①形容词通常放在它所修饰的名词前面。例如：

This is a **dangerous** road.　这是条险路。

Shanghai is a **big** city in China.　上海是中国的一座大城市。

典例精析：

【例1】（2005.11）This heating system has a（n）________ temperature control. All can be done by itself.

A. automobile　　B. essential　　C. available　　D. automatic

解析：选D。考查形容词词义辨析。A汽车，是名词；B基本的；C可获得的；D自动的。根据题意选D。

②与something，everything，anything，nothing等词连用时，放在这些词的后面。例如：

I have something **important** to say.　我有重要的事情要说。

③在量度表达法中，形容词放在量度名词之后。例如：

seven meters **tall** 七米高　　five years **old** 五岁

（3）形容词的比较级和最高级

大多数形容词有三个等级：

a. 原级，即原形，例如small（小）。

b. 比较级，表示"较……"或"更……一些"的意思，例如smaller（较小；小一些）；

c. 最高级，表示"最……"的意思，例如smallest（最小）。

①形容词比较级和最高级的构成

a. 规则变化　单音节词和少数双音节词在词尾加-er和-est；多音节词和部分双音节词在词前加more和most。举例如下。

构成方法		原级	比较级	最高级
单音节词和少数双音节词	一般在词尾加-er[ə]和-est [ist]	high long	higher longer	highest longest
	以字母"e"结尾的词，只加-r和-st	brave fine	braver finer	bravest finest
	重读闭音节词尾只有一个辅音字母，应先双写辅音字母，再加-er和-est	big thin hot	bigger thinner hotter	biggest thinnest hottest
	以"辅音字母+y"结尾的双音节词，先改"y"为"i"再加-er和-est	ugly early happy heavy	uglier earlier happier heavier	ugliest earliest happiest heaviest
	以-er，-ow，结尾的双音节词，在词尾加-er和-est	clever narrow	cleverer narrower	cleverest narrowest
	以-ble，-ple结尾的双音节词，在词尾加-r和-st	able simple	abler simpler	ablest simplest
双音节和部分多音节词	在词前加more和most	beautiful interesting	more beautiful more interesting	most beautiful most interesting

7. Kelly works harder in English than _______ in her class. She is the best student in Eng1ish.

A. all the students

B. anyone else

C. any student

D. any students

8. ________ you work, ________ you will learn.

A. Harder; more

B. Hard; much

C. The hard; the much

D. The harder; the more

9. The teacher said to Ted, "I hope you will do your homework _______ next time."

A. much more carefully

B. much carefully

C. a bit carefully

D. a bit more carefully

10. Among the three pictures, this one is the ________ beautiful.

A. least　　B. more

C. less　　D. very

11. I am astonished that she spends so much money on books, because I know how ________ she earns.

A. little　　B. many

C. less　　D. few

12. My mother always gets up ________ in my family.

A. early　　B. more earlier

C. earliest　　D. earlier

I Have His Ear in My Pocket　他的耳朵在我衣兜里（二）

"Would you recognize him if you saw him again?" asked his mother.

"再见到他你能认出来吗？"妈妈问。

"I'd know him any where," said Ivan. "I have his ear in my pocket."

"他走到哪里我都能认出他，"伊凡说。"他的耳朵还在我衣兜里呢。"

b.不规则变化：少数形容词的比较级和最高级的变化是不规则的。例如：

原级	比较级	最高级
good	better	best
well	better	best
bad	worse	worst
many	more	most
much	more	most
little	less	least
far	farther（further）	farthest（furthest）

②形容词的比较级和最高级的用法

a. 两个人或两种事物比较时，用比较级。例如：

He is **taller than** his father.　他比他父亲要高。

Lesson one is **more interesting than** Lesson two.　第一课比第二课更有趣。

b. 三个或三个以上的人或事物比较，其中有一个在某一方面超过其他几个时，用最高级。最高级的前面要加定冠词the，后面可带of（in）短语来说明比较范围。例如：

Jone is **the tallest** in his team.　约翰是球队当中最高的。

His elder brother is **the best** student in the school.　他哥哥学校里最好的学生。

This question is **the most difficult** of the three.　这道题是三道题中最难的。

c. 表示双方程度相等时，用“as…as…”（“……和……一样”）；表示双方程度不相等时，用“not so / as…as…”〔“……和……不一样”或“……不如（没有）……”〕。例如：

Jane is **as tall as** I.　简和我一样高。

Our room is **as large as** theirs.　我们的房间和他们的房间一样大。

Jane is **not so/as tall as** I.　简没有我这么高。

He is **not so/as young as** my brother.　他没有我哥哥那么年轻

d.“The+比较级…，the+比较级…”该结构意为“越……越……”。例如：

The more difficult the questions are, **the less** likely he is able to answer them.

问题越难，他回答出来的可能性就越小。

e. 比较级+ and +比较级——表示程度越来越强，可译为“越来越……”。

例如：

He is getting **older and older.**　他正变得越来越老。

典例精析：

【例1】By and by, ________ students in our class came to like English.

A. more and more　　B. much and much

C. many and many　　D. less and less

解析：选A。表示越来越多应用more and more，A正确，句意为：不久，我们班里就有越来越多的同学开始喜欢英语。by and by “不久，逐渐”。

【例2】（2005.20）There will be a ___ broadcast about the two concerts in a minute.

A. live　　B. alive　　C. living　　D. lively

解析：选A。考查形容词。live意为“实况的，非录音的，直播的”。alive意为“尚在人世的，活着的”，通常作表语或后置定语。living意为“活着的”，作前置定语或表语，常用来修饰“人”。lively意为“有精神的，活泼的，有生气的”。live也可译为“活着的”，常置于名词前。

13. In last night's singing competition, the girl in red sang _______ of all.

A. good　　B. best

C. better　　D. well

14. If you don't practice _____, you won't speak _________ English.

A. much; well　　B. many; good

C. better; more　　D. more; better

15. There will be a dancing party tomorrow afternoon. _____________ are busy preparing for it.

A. There students

B. The students there

C. There the students

D. The there students

16. The boy's mother took him to the store to buy him a birthday present. Of all the toys, he chose _________.

A. the less expensive one

B. the least expensive one

C. most expensive one

D. the most expensive

17. —How are you feeling today?

—I am feeling __________.

A. good　　B. very good

C. much better　　D. much nicer

18. Don't bother your father. He is __________ busy.

A. quite　　B. much

C. more　　D. less

In A Second 过一秒钟（一）

A man goes to church and starts talking to God.

一男子进入教堂和上帝对话。

He says: “God, what is a million dollars to you?”

他问：“主啊，一百万美元对你意味着多少?”

特别提示：如果有两个或两个以上的形容词修饰一个名词，请记住以下口诀："美小圆旧黄，法国木书房"，美小圆旧黄法国木书都是用来修饰"房"，形容词以这样的顺序排列在名词之前。

例如：一只大的、胖的、黑色的美国猫。按照口诀顺序，大对应的是小，胖对应的是圆，黑色对应的是黄，美国对应的是法国，因此此句应写为：

a big fat black American cat.

2.副　词

（1）副词的种类

副词可以分为以下几类。

①普通副词：说明动作的时间、地点、方式或程度等。

a. 时间副词。例如：

today（今天）now（现在）then（然后）ago（前）soon（不久）before（以前）

b. 地点副词。例如：

here（这里） there（那里） ahead（向前） away（远离） near（附近）

c. 频度副词。例如：

often（经常）always（一直，总是）seldom（很少）once（曾经）ever（以往）

d. 程度副词。例如：

very（非常） fairly（相当） too（太） much（很多）

e. 方式副词。例如：

happily（高兴地） slowly（缓慢地） well（好地） widely（宽阔地）

②疑问副词：用来引导特殊疑问句，有when（何时），where（何地），how（如何），why（为什么）。例如：

When do you go to school?　　你什么时候上学?

Where is he living?　　他住在什么方?

How do you feel today? 今天你感觉怎么样?

Why did she leave?　　她是为什么走的?

③连接副词：用来引导主语从句、宾语从句或表语从句，有how, when, where, why。例如：

When she'll arrive depends on the traffic.

她什么时候到取决于交通状况。（主语从句）

I don't know **where** he works.　　我不知道他在哪儿工作。（宾语从句）

That was **why** she lost the game.　　这就是她比赛失败的原因。（表语从句）

④关系副词：用来引导定语从句，有where, when, why。例如:

That's the point **where** he disagrees.　那就是他不同意之处。

That happened in the year **when** I came here.

那（件事）发生在我来这儿的那一年。

That is the reason **why** I didn't say a word at the meeting.

这就是我在会上一言未发的原因。

（2）副词的用法

①作状语：副词主要在句中作状语，用来修饰动词、形容词、副词或整个句子。

a .修饰动词。例如：

I work hard.　我工作很努力。

19. Everybody likes her. She always speaks in a _______ way.

A. friendship　B. friend

C. friendly　D. friends

20. Tom and Tony are twin brothers. Tony is _______ of the two.

A. the taller　B. taller

C. tallest　D. the tallest

21. —_______ do you hear from your family?

—Twice a month.

A. How often　B. How long

C. How soon　D. How much

22. The weather of Guilin is just _______ that of Kunming.

A. as well as　B. so good as

C. so well as　D. as good as

23. This film is _______ the one we saw last week.

A. less more interesting

B. not so interesting as

C. less interesting as

D. fewer interesting than

24. Millions of other stars look smaller than the sun because they are _______ away.

A. more far

B. much far

C. much farther

D. more farther

In A Second 过一秒钟（二）

And God says: "A penny".

上帝回答："一便士。"

Then the man says: "God, what is a million years to you?"

男子又问："上帝，一百万年对你来说算什么？"

典例精析：

【例1】（2005.7）In order to finish the task on time, we'd better be divided ________ into three groups.

A. efficiently B. previously C. roughly D. enormously

解析：选C。考查副词辨析。题意：为了按时完成这项任务，我们最好大致分为三组。A有效率地；B先前的；C大致地；D巨大的，庞大地。故选C。

【例2】（2005.17）She knows she must not show the slightest feelings or she will give herself ________.

A. away B. off C. out D. in

解析：选A。考查副词。give away泄露，出卖；give off发出（蒸汽、光等）；give out分发；give in屈服，让步。句意：她知道她不能表现出任何细小的感情，否则她就泄露了自己的真实感受。

b. 修饰形容词。例如：

She is a very beautiful teacher. 她是一个漂亮的老师。

典例精析：

【例1】（2005.2）It is already April, and the day is ____ becoming longer and longer.

A. gradually B. frequently C. suddenly D. immediately

解析：选A。本题考查的是副词修饰动词的用法，根据句意“已经是四月了，白昼渐渐地变得越来越长了。”可知应选A才符合题意。gradually渐渐地；frequently频繁地；suddenly突然地；immediately立刻马上。

c. 修饰另一个副词。例如：

She speaks Chinese **quite** well. 她汉语讲得相当好。

d. 修饰介词短语。例如：

The school is **just** around the corner. 学校就在拐角的地方。

②作表语。例如：

I will be **back** in a day or two. 我过一两天就回来。

How long will you be **here**? 你在这里待多久？

③作定语。例如：

This air **here** is fresh. 这里的空气很新鲜。

The pictures **below** were taken in China. 下面的这些照片是在中国拍的。

（3）副词的位置

①修饰形容词和其他副词时，一般放在被修饰的词之前。例如：

You are **completely** wrong. 你完全错了。

Computer works **much** faster than before. 计算机速度比原来快多了。

但enough要放在形容词和副词的后面。例如：

The book is easy **enough** for me. 这本书对我来说足够容易。

Jane couldn't run fast **enough**. 简跑得不够快。

②表示确定时间的副词通常放在句末，但也可放在句首。例如：

I will be back **soon**. 我很快就回来。

Yesterday I saw him. 昨天我看见了他。

③表示不确定时间的副词，如always, often, usually, never等，要放在被修饰的动词之前。例如：

He **usually** gets up at six. 他经常六点起床。

I **always** laughed at a good joke. 我听到好的笑话，总是要笑的。

25. Alice is in her bedroom. It is ________.

A. to upstairs B. upstairs
C. upstair D. to upstair

26. Harry is leaving. He has been here since a month ________.

A. before B. later
C. ago D. ahead

27. Tourism has become ______ industry in this ancient city.

A. the second largest
B. the two largest
C. second largest
D. two largest

28. The white building used to be ________ in the city.

A. the tallest B. tallest
C. the taller D. the most tallest

29. Look! What a ________ tower! The birds can't fly that ________.

A. highly; high B. highly; highly
C. high; high D. high ; highly

30. Salt is _______ color _______ snow.

A. same; as B. as; as
C. the same; like D. the same; as

In A Second 过一秒钟（三）

And God says: “a second”.

上帝说：“一秒钟。”

Then the man says: “God, can I have a penny?”

最后男子请求道：“上帝,我能得到一便士吗？”

I **often** take a walk after school. 我常常放学后散步。

特别提示：如果谓语动词是be或者带有助动词或情态动词时，副词就要放在be、助动词或情态动词之后。例如：

I am **always** ready to help others. 我总是乐于助人。

I have **never** been to Japan. 我从未去过日本。

典例精析：

【例1】（2008.11）She had ________ any time to do shopping after work.

A. hardly B. indeed C. nearly D. especially

解析：选A。考察副词用法，hardly 否定副词，几乎不；indeed确实；nearly几乎；especially 尤其，特别。

④表示地点的副词通常放在句末。如果时间副词和地点副词同时出现，一般是地点副词在前，时间副词在后。例如：

I came here yesterday. 我昨天来过这里。

⑤ 方式副词常放在句末，特别是当副词被强调的时候，也可放在句中或句首。例如：

He **usually** drives very carefully. 他通常开车很小心 。

Suddenly I had a good idea. 忽然我有了一个好主意。

典例精析：

【例1】（2010.8）—Is she going to send the book back?

—________ not. I think she will keep it.

A. Naturally B. Really C. Probably D. Necessarily

解析：选C。probably大概，表示可能。

【例2】（2010.18）I came here with your mother ________ to see you.

A. specially B. special C. especially D. especial

解析：选A。考查副词。此处应选择副词，排除B和D; especially是副词，意为“尤其”“特别”，通常用来对前面所述的事件进行进一步的说明或补充；specially也是副词，意为“专门的，特地”，表示“不是为了别的，而只是为了……”，强调唯一目的。根据句意选A。

（4）副词的比较级和最高级

副词和形容词一样，也有原级、比较级和最高级三个等级。

① 副词比较级和最高级的构成

a. 规则变化和形容词的变化一样。例如：

hard harder hardest

late later latest

carefully more carefully most carefully

b. 少数不规则副词变化如下：

well better best

badly worse worst

副词much，little与far和形容词的变化完全一样。

② 副词比较级和最高级的用法

副词比较级和最高级的用法和形容词相似。在副词最高级前可以不加定冠词the。例如：

Would you like to stay **a little** longer? 多待一会儿好吗？

He works **much harder than** his wife. 他工作比他的妻子努力多。

Who swims（**the**） **best** in your class? 你们班谁游泳游得最好？

31. Which subject do you like ________, physics or chemistry?

A. best B. better

C. the best D. the better

32. You must look after the patient carefully. He is getting ________ day by day.

A. ill B. bad

C. worst D. worse

33. China is one of ________ tea-growing countries in the world.

A. the largest B. largest

C. larger D. the larger

34. Hold the book ________ please, for I can't see the words in it clearly.

A. more closer B. closer

C. more closely D. closely

答案：

1.D	2.B	3.A	4.C
5.B	6.C	7.B	8.D
9.D	10.A	11.A	12.C
13.B	14.D	15.B	16.B
17.C	18.A	19.C	20.A
21.A	22.D	23.B	24.C
25.B	26.C	27.A	28.A
29.C	30.D	31.B	32.D
33.A	34.B		

In A Second 过一秒钟（四）

And God says: “In a second”

上帝回答：“过一秒钟。”

[六、动　词]

考试考点：重点提示、归纳

1．动词的种类

动词是表示动作或状态的词，按其词义和在句中的作用可分为下列四类：

（1）行为动词（又称实义动词）：表示动作和状态，能独立作谓语。例如：

I **read** books every day.　我每天读书。

She **studies** Chinese very hard.　她学汉语很刻苦。

行为动词又可分为及物动词和不及物动词。

① 及物动词：后面必须跟宾语，意义才完整。例如：

She often **does some washing** at weekends.　她常在周末洗衣服。

Her husband often **checks** emails before work.　她丈夫常在工作前查收电子邮件。

② 不及物动词：本身词义完整，后面不要求跟宾语。例如：

We often **come** early.　我们常常来得早。

但是，同一动词，由于使用的场合不同，有时用作及物动词，有时用作不及物动词。而且，有时词义不变，有时词义也有变化。例如：

Who's **running** this company?　谁在主管这个公司？（及物）

She was **running** quickly.　她在飞跑。（不及物）

（2）连系动词：不能独立作谓语，必须和表语一起构成谓语。最常用的连系动词是be（是），另外还有look（显得；看起来），get（变得），become（变得；成为），seem（似乎；好像），turn（变成），grow（变得）等。例如：

My father **is** a doctor.　我爸爸是医生。

She **looks** very well.　她的气色很不错。

My brother **has become** a soldier.　我哥哥当了士兵。

（3）助动词：一般没有词义，不能单独作谓语，只能和主要动词一起构成各种时态、语态和语气等动词形式，以及帮助主要动词构成疑问式和否定式。常用的助动词有be, do, have, shall, will, should, would等。例如：Those foreigners **don't** speak Chinese.　那些外国人不说汉语。（否定句）

What time **do** you want to come to our company?

你想什么时间到我们公司里来？（疑问句）

He **is** getting up now.　他正在起床。（现在进行时）

This kind of computer **is** made in Japan.

这种计算机是日本造的。（被动语态）

特别提示：关于助动词，详见“助动词和情态动词”部分。

（4）情态动词：情态动词表示说话人对某一动作或状态的态度，认为“可能”“应当”或“必要”等。情态动词本身词义不完全，不能单独作谓语动词，必须和不带to的动词不定式连用（ought除外）。它没有人称和数的变化。例如：

I **can** speak a little French now.　我现在能说一点法语了。（表示能力）

She **cannot** be so foolish.　她不可能这样傻。（表示可能性）

May I use your watch?　我可以用一下你的手表吗？（征询对方许可）

互动训练

1. It was raining heavily when I ________ early this morning.

A. woke up　　B. looked up

C. made up　　D. sent up

2. Another communication satellite（通信卫星）was ________ last year.

A. made up　　B. sent up

C. seen off　　D. put up

3. My son will go abroad to study this afternoon. I'll go to the airport to ________ him ________.

A. put...off　　B. drive...off

C. set...off　　D. see...off

4. I wondered what had happened to her. I haven't ________ her for a long time.

A. heard of　　B. heard from

C. thought of　　D. listened to

5. It is impossible for most children not to ________ their parents for food and clothes.

A. turn on　　B. get on

C. depend on　　D. carry on

6. I didn't do well in the examination. When the teacher was ________ the examination papers, I felt very nervous.

A. giving in　　B. giving off

C. giving out　　D. giving back

What's the biggest in the world　世界上什么最大（一）

Peter dozed off while his teacher was talking.

老师正在讲课，彼得打起瞌睡来了。

Teacher: Peter!　Tell us, what's the biggest in the world?

老师：彼得！你说说，世界上什么最大？

The work **must** be finished as soon as possible. 这项工作必须尽快完成。（表示“必须”）

特别提示：关于情态动词，详见“助动词和情态动词”部分。

2. 最常用的短语动词

有些动词常和其他词类（如副词、介词、名词、形容词）一起构成固定词组，称为短语动词，其作用和一个单独的动词一样。短语动词也有及物的和不及物的两种。为了便于记忆和掌握，应把这类动词看作一个整体，像一个简单的行为动词来使用。

What are you **looking for**? 你在找什么？

He was **listening to** the song. 他在听歌。

We **get up** at seven o'clock in the morning. 我们早晨七点钟起床。

I'm **getting off** at the next station. 我下一站下车。

特别提示：如果动词短语的宾语为代词则将代词置于动词短语中间。例如：

Here is your coat; you'd better **put it on** against the cold.

这是你的上衣，你最好穿上它抵御寒冷。

Will you **take part in** the birthday party? 你参加生日聚会吗？

Nobody **paid** any **attention to** what you said. 谁也没注意你说些什么

He ran faster and faster and I could not **catch up with** him.

他跑得越来越快，我赶不上他。

They are **looking forward to** the holidays. 他们期待着假期的到来。

We must **be good at** learning from the others. 我们要善于向别人学习。

He was very **interested in** math. 他对数学很感兴趣。

典例精析：

【例1】When I first met her, “I'm Nancy,” she said, ________ her hand.

A. held out B. held back C. holding out D. holding back

解析：选C。考查动词短语辨析及分词。hold out伸出；hold back退缩，隐瞒。根据句意，排除B和D；而此处是现在分词作伴随状语，故选C。

【例2】（2010.16）I tried phoning her office, but I couldn't ________.

A. get up B. get through C. get off D. get along

解析：选B。考查动词短语辨析。get through打通；get up起床；get off下车；get along相处。

3. 动词的基本形式

大多数动词都有四种基本形式：现在式、过去式、过去分词和现在分词。按照动词各种形式的构成方法，动词可以分为规则动词和不规则动词两类。

（1）规则动词的基本形式

规则动词的过去形式和过去分词一般在动词原形后面加词尾ed构成；现在分词则加词尾ing构成。现将规则动词的四种基本形式及其构成规则如表所示：

7. It's time for the TV play. Would you please ________ the TV?

A. turn off B. turn on

C. turn into D. turn over

8. As soon as he entered the room, he ________ his cap and sat down.

A. took off B. took out

C. took away D. took down

9. Her parents have gone out. She has to stay at home ________ her younger brother.

A. caring for

B. taking care of

C. taking care

D. caring of

10. The teacher asks the class to ________ their hands if they have any questions.

A. put away B. put on

C. put down D. put up

11. He didn't give up the plan though he ________ many times.

A. has failed B. had failed

C. was failing D. would fail

12. The flowers his friend gave him will die unless he ________ them every day.

A. water B. waters

C. to water D. watering

13. The young man was often seen ________ by the lake.

A. to draw B. to drawing

C. draw D. drew

14. She ________ have left school, for her bike is still here.

A. can't B. wouldn't

What's the biggest in the world 世界上什么最大（二）

Peter: Well, well...eyelids...

彼得：嗯……嗯……眼皮……

Teacher: What? Eyelids?

老师：什么？眼皮？

构成规则	动词原形	过去式	过去分词	现在分词
一般动词过去式和过去分词加ed;现在分词加ing	look play visit	looked played visited	looked played visited	looking playing visiting
结尾是"e"的动词，过去式和过去分词，直接加"d";现在分词去"e"加"ing"	live hope use	lived hoped used	lived hoped used	living hoping using
末尾只有一个辅音字母的重读闭音节词，先双写这个辅音字母，再加ed或ing	stop plan fit	stopped planned fitted	stopped planned fitted	stopping planning fitting
结尾是"辅音字母+y"的动词，过去式和过去分词先变"y"为"i"，再加ed；现在分词直接加ing	study carry try	studied carried tried	studied carried tried	studying carrying trying

（2）不规则动词的基本形式

不规则动词的构成情况比较复杂。从形式上看，有的三种形式各不相同，有的只有过去式和过去分词相同，有的三种形式相同。从构成方法上看，又有各种不同情况：有的是改变词中的元音，有的是改变词尾，有的是在词尾加"t"。因此，在学习时最好分别单独记忆。举例如下（详见不规则动词表）：

现在式	过去式	过去分词	特点
begin do give	began did gave	begun done given	三种不同，改变词中的元音
dig find sit	dug found sat	dug found sat	两种相同，改变元音
build have make	built had made	built had made	两种相同，改变词尾
burn mean	burnt meant	burnt meant	两种相同，词尾加"t"
feel keep leave	felt kept left	felt kept left	两种相同，改变元音，词尾加"t"
cut put shut	cut put shut	cut put shut	三种相同

4．动词的时态

在英语中，不同时间里以不同方式发生的动作或存在的状态，要用不同的动词形式来表示。动词的这种不同形式称为动词的时态。英语动词的时态从时间上划分，可分为四大类：（1）现在时；（2）过去时；（3）将来时；（4）过去将来时。从行为方式上划分，每一类又可分为四种形式：（1）一般式；（2）进行式；（3）完成式；（4）完成进行式。这样，英语动词合起来总共有十六种时态。这里仅说明最常用的八种时态，即一般现在时、一般过去时、一般将来时、现在进行时、现在完成时、过去进行时、过去完成时和过去将来时。现在分别叙述如下。

C. shouldn't　　D. needn't

15. He is a student at Oxford University, ________ for a degree in computer science.

A. study

B. studying

C. to have studied

D. to be studying

16. I don't ________ rock roll. It's much too noisy for my taste.

A. go in for　　B. go away

C. go out　　D. go after

17. Please ________ the soup to see whether I have put enough salt in it.

A. smell.　　B. feel

C. eat　　D. taste

18. —Where is Mrs. Smith?

—She is not here. She ______ to England.

A. has gone　　B. has been

C. went　　D. go

19. Go along the street. The museum is just on your right. You can't ________ it.

A. make　　B. find

C. miss　　D. fail

20. The telephone ________ four times in the last hour, and each time it ________ for my roommate.

A. has rung; was

B. was ringing; is

C. had rung; was

D. rang; has be

答案：

1. A　2. B　3. D　4.B　5.C　6.C

7. B　8. A　9. B　10. D　11.B　12.B

13.A　14.A　15.B　16.A　17.D　18.A

19.C　20. A

What's the biggest in the world　世界上什么最大（三）

Peter: Yes, sir. Because as soon as I shut my eyes, the eyelids cover everything of the world.

彼得：是的，老师。因为我眼睛一闭，眼皮就把世界上所有的东西都遮住了。

（1）一般现在时

①一般现在时的构成

现将动词be和have及一般动词（以work为例）的一般现在时肯定式、否定式和疑问式的构成。列表如下。

动词	肯定式	否定式
be	I am… He/She/It is… We/You/They are…	I am not… He/She/It is not … We/You/They are not …
have	I have … He/She/It has … We/You/They have …	I have not … He/She/It has not … We/You/They have not …
work	I work. He/She/It works. We/You/They work.	I do not work. He/She/It does not work. We/You/They do not work.

疑问式和简略答语

		第一人称	第二人称	第三人称
be	单数	Am I…? Yes, you are. No, you are not.	Are you …? Yes, I am. No, I am not.	Is he/she/it … ? Yes, he/she/it is. No, he/she/it is not.
	复数	Are we…? Yes, we/you are. No, we/you are not.	Are you … ? Yes, we are. No, we are not.	Are they … ? Yes, they are. No, they are not.
have	单数	Have I…? Yes, you have. No, you have not.	Have you …? Yes, I have. No, I have not.	Has he/she/it …? Yes, he/she/it has. No, he/she/it has not.
	复数	Have we …? Yes, we/you have. No, we/you have not.	Have you …? Yes, we have. No, we have not.	Have they …? Yes, they have. No, they have not.
work	单数	Do I work? Yes, you do. No, you do not.	Do you work? Yes, I do. No, I do not.	Does he/she/it work? Yes, he/she/it does. No, he/she/it does not.
	复数	Do we work? Yes, we/you do. No, we/you do not.	Do you work? Yes, we do. No, we do not.	Do they work? Yes, they do. No, they do not.

动词一般现在时第三人称单数词尾加-s或 -es的规则列表如下。

规则	动词原形	第三人称单数形式
一般动词在词尾加-s	read like play	reads likes plays
以字母s，x，ch，sh 或o结尾的动词加 -es	pass teach wash do	passes teaches washes does
以“辅音字母+y”结尾的动词，先变y为i，再加-es	carry fly	carries flies

一般现在时

1. The river ________ to the west. It is the longest river in the country.

A. runs　　B. run

C. is running　　D. ran

2. I hope Lily will come to see me before she __________.

A. leave　　B. left

C. leaves　　D. will leave

3. I come from England. Where ________ from?

A. do you come

B. are you coming

C. did you come

D. will you come

4. My grandparents ________ to the park to have a walk every day.

A. goes　　B. has gone

C. are going　　D. go

5. Look, here ________ the famous football player. Let's go and take a picture with him.

A. come　　B. comes

C. came　　D. has come

6. Mr. Taylor ________ her very well. They were introduced by an old friend ten Years ago.

A. knows　　B. knew

C. had known　　D. is knowing

7. —________ English?

—Only a little. But I can speak Japanese very well.

A. Are you speaking

B. Do you speak

C. Have you spoken

D. Did you speak

Three Turtles　三只乌龟（一）

Three turtles decided to have a cup of coffee.

三只乌龟决定去喝咖啡。

Just as they got into the cafe, it started to rain.

它们刚到咖啡店的门口，就下起雨来。

②一般现在时的用法

a. 表示经常的或习惯性的动作或现在的状态。例如：

I **go** to work by bus every morning. 我每天早晨坐公共汽车上班。

He **lives** in Guangdong. 他住在广东。

She **is** twenty years old. 她二十岁。

b. 表示主语具备的性格、特征和能力等。例如：

She **likes** pop music. 她喜欢流行音乐。

Lucy **has** long hair. 露茜有一头长发。

He **speaks** French as well as he speaks his own language. 他法语说得和母语一样好。

c. 表示客观事实和普遍真理。例如：

The earth **goes** round the sun. 地球绕太阳转。

Our teacher told us light travels faster than sound.

典例精析：

【例1】（2009.3）—I can't believe everyone knows that Howard has been fired.

—Well, you know what they say: bad news ________ fast.

A. has traveled B. travels C. traveled D. will travel

解析：选B。Bad news travels fast，“坏事传千里”是一句谚语，且客观事实通常用一般现在时表示。

d. 表示按规定或计划要发生的将来的动作，只限于go（去），come（来），start（出发），leave（离开），stay（停留），arrive（到达），return（返回），begin（开始），be（成为）等动作，常带有表示将来时间的状语。例如：

The bus **starts** at six o'clock tomorrow morning. 公共汽车将于明天早上六点钟开出。

When **does** the train arrive? 火车什么时候到？

School **begins** tomorrow. 学校明天开学。

The shop **closes** at 9 in the evening. 这个商店晚上9点关门。

典例精析：

【例1】（2008. 14）—Is there any news about the experiment?

—Not yet. But I _______ for the worst.

A. preparing B. prepared C. am prepared D. had prepared

解析：选C。表示目前的状态。be prepared for 表示准备做某事。

e. 在时间、条件状语从句中表示将来的动作。例如：

When he **arrives**, he'll tell you about it. 他到来时，会把这件事的所有情况告诉你们。

If he **runs**, he'll get to school in time. 他如果跑去，就可以及时到校。

典例精析：

【例1】（2008.10）The students won't leave the classroom unless their teacher ________ them to.

A. allowed B. will allow C. has allowed D. allows

解析：选D。unless引导条件状语从句，表示将来的动作时常用一般现在时代替一般将来时。

f. 表示时间短暂的动作。例如：

Here **comes** the bus. 公共汽车来了。

8. Once he ________ to do something, no one can hold him back.

A. will make up his mind

B. is making up his mind

C. made up his mind

D. makes up his mind

9. I don't know what's wrong with her. She often ________ the same question.

A. asked B. is asking

C. has asked D. asks

10. I used to drink a lot of coffee but these days I ________ tea.

A. prefer B. am preferring

C. preferred D. have preferred

11. You'd better come here earlier. The shop ________ at 5 o'clock every day.

A. closes B. is closed

C. is closing D. will be closed

12. These kinds of clothes ____well, so the store has decided to lower their prices.

A. don't sell

B. are not sold

C. won't be sold

D. were not sold

13. The number of students in our school ________ 2,000.

A. have added up to

B. adds up to

C. has been added up to

D. is added up to

14. Whenever she ________ these days, the old woman always carries an umbrella with her.

A. will go out B. is going out

C. goes out D. would go out

Three Turtles 三只乌龟（二）

The biggest turtle said to the smallest one, “Go home and get the umbrella.”

于是最大的那只乌龟对最小的乌龟说，“回家去取伞吧。”

The little turtle replied, “I will, if you don't drink my coffee.”

最小的乌龟说，“如果你们不把我的咖啡喝了，我就去。”

There **goes** the bell. 铃响了。

I **declare** the meeting open. 现在我宣布开会。

（2）一般过去时

①一般过去时的构成

现将动词be, have和work的一般过去时肯定式、否定式和疑问式的构成列表如下。

动词	肯定式	否定式
be	I was … He/She/It was… We/You/They were …	I was not … He/She/It was not … We/You/They were not …
have	I /You/He/She/It/We/You/They had…	I/You/He/She/It/We/You/They had not…
work	I/You/He/She/It/We/You/They worked.	I/You/He/She/It/We/You/They did not work.

疑问式和简略答语				
动词		第一人称	第二人称	第三人称
be	单数	Was I …? Yes, you were. No, you were not.	Were you … ? Yes, I was. No, I was not.	Was he/she/it … ? Yes, he/she/it was. No, he/she/it was not.
be	复数	Were we …? Yes, we/you were. No, we/you were not.	Were you …? Yes, we were. No, we were not.	Were they …? Yes, they were. No, they were not.
have	单数	Had I …? Yes, you had. No, you had not.	I Had you …? Yes， I had. No, I had not.	Had he/she/it …? Yes, he/she/it had. No, he/she/it had not.
have	复数	Had we …? Yes, we/you had. No, we/you had not.	Had you …? Yes, we had. No, we had not.	Had they … ? Yes, they had. No, they had not.
work	单数	Did I work? Yes, you did. No, you did not.	Did you work? Yes, I did. No , I did not	Did he/she/it work? Yes, he/she/it did. No, he/she/it did not.
work	复数	Did we work? Yes, we/you did. No, we/you did not.	Did you work? Yes, we did. No, we did not.	Did they work? Yes, they did. No, they did not.

②一般过去时的用法

a. 表示在过去某个时间发生的动作或存在的状态，常和yesterday（昨天），yesterday afternoon（昨天下午），last year（去年），in 2005（在2005年），a moment ago（一会儿）等表示过去时间的状语连用。例如：

We **began to** learn Japanese five years ago. 我们五年以前开始学日语。

Where **were** you last night? 昨天晚上你在哪儿？

Did you **watch** TV yesterday evening? 昨天晚上你看电视了吗？

He **did not come** here the day before yesterday. 前天他没有来这儿。

15. He always ________ notes while he is listening to our head's talking.

A. will take B. took

C. takes D. is taking

16. Would you please give me a hand? Otherwise I cannot finish the work ________.

A. before he comes

B. by the time he had come

C. when he comes

D. until he has come

17. The teacher told the students that the earth ________ round the sun.

A. went B. goes

C. would go D. has gone

18. The street lights ________ on when night falls.

A. will be B. have been

C. would be D. are

19. Twelve inches ________ one foot.

A. make B. makes

C. is making D. will make

20. —Can I help you, sir?

—Yes, I bought the VCD machine here yesterday, but it ________.

A. didn't work

B. won't work

C. can't work

D. doesn't work

一般过去时

21. The meeting _____at half past eight yesterday morning, but he ____ at nine.

A. begun; comes

B. began; came

C. begins; comes

D. begin; came

Three Turtles 三只乌龟（三）

"We won't," the other two promised.

"我们不喝，"另外两只乌龟答应说。

Two years later the big turtle said to the middle turtle, "Well, I guess he isn't coming back, so we might as well drink his coffee."

两年后，大乌龟对中乌龟说，"好吧，我猜他肯定不回来了，我们可以把它的咖啡喝掉了。"

典例精析：

【例1】（2010.1）In those days, everybody in the village ________ to church every Sunday.

A. went B. has gone C. go D. will go

解析：选A。 In those days 表明是在过去是时间里，every Sunday是习惯性的动作，因此用一般过去时态。

b. 表示过去常常或反复发生的动作.例如：

While my brother was in the army, I **wrote** to him **twice a week**.

当我哥哥在部队时，我一周给他写两次信。

He **always went** to work by subway. 他过去常常乘地铁去上班。

When we **lived** there, we **went to** see him **every week**.

我们在那儿住的时候，每周都去看他。

特别提示：表示过去常常或反复发生的动作，也可以用“used to+动词原形”或用“would十动词原形”。例如：

He **used to smoke**，but he's stopped now. 他过去抽烟，但现在不抽了。

He **would talk** to himself for hours. 他过去常常自言自语好几个钟头。

典例精析：

【例1】When it became clear, she ________ the wet clothes on the grass to dry them in the sun.

A. spread B. opened C. dropped D. hung

解析：选A。考查动词。根据句意B和C容易排除；spread展开，铺；hang悬挂。因为是要把湿衣服晒干，而且后半句中提到“on the grass”，很显然是要把衣服展开晾在草地上，故答案应选A。

【例2】It is said that the novel Henry had devoted so many years to _____published last week.

A. get B. gets C. got D. getting

解析：选C。考查动词时态。主句是the novel got published last week，the novel后面的Henry had devoted so many years to是定语从句，省略了关系代词which/that，做后面介词to的宾语。

【例3】（2008.8）I haven't heard from my brother for a long time. What __ to him?

A. happened B. to happen C. was happened D. happening

解析：选A。what作主语，整个句子缺少谓语动词，且时态为过去时，排除B、D；happen 意为“发生”，无被动形式，排除C，故选A，sth happen to sb “……发生了……”。

（3）一般将来时

①一般将来时的构成

一般将来时由“助动词will+动词原形”构成。在书面语中，主语为第一人称（I和we）时，常用“助动词shall+动词原形”。现将一般将来时的肯定式、否定式和疑问式列表如下。

22. —What time ________ you back last night?

—I ________ back around twelve o'clock.

A. are; am B. was; was

C. were; was D. is; was

23. —Where ________ Susan and Linda?

—Sorry I don't know. They ________ here about half an hour ago.

A. is; are B. are; are

C. are; were D. were; are

24. —Do you have his telephone number?

—He ________ me his telephone number but I' m afraid I ________ it.

A. gives; lost

B. gave; have lost

C. had given; lost

D. has given; have lost

25. —Hello, I ________ you ________ in America. How long have you been here?

—About one year.

A. don't know; are

B. haven't known; are

C. hadn't known; are

D. didn't know; were

26. —Look! Somebody has broken a glass.

—Well, it ________ me. I ________ that.

A. wasn't; didn't do

B. isn't ; haven't done

C. wasn't; hadn't done

D. isn't; didn't do

27. When I _______, my granny ______.

A, was reading; was falling asleep

B. read; fell asleep

C. was reading; fell asleep

D. read; was falling asleep

Three Turtles 三只乌龟（四）

Just then a voice called from outside the door, “If you do, I won't go.”

正在这时，一个声音从门外传来，“你们要是喝了，我就不去。”

人称	肯定式	否定式	疑问式
第一人称	I /We will /shall work.	I /We will /shall not work.	Shall I /we work?
第二人称	You will work.	You will not work.	Will you work?
第三人称	He/She/It/They will work.	He /She/It/They will not work.	Will he /she/it/they work?

②一般将来时的用法

a. 表示将来某个时间要发生的动作或存在的状态，常与表示将来的时间状语连用, 例如：tomorrow（明天）, the day after tomorrow（后天）, next week（下周）, next year（明年）等。

He'**ll return** to his hometown in a few days. 过几天他要回他的家乡去。

He **will be** twenty next year. 明年他就20岁了。

They **will not be** there tomorrow. 他们明天不去那里。

b. 表示将来经常或反复发生的动作。例如：

We **will come** to see your aunt every Sunday.

每个星期天我们都会来看你的姑姑。

They **will go** to the cinema twice a month. 他们每月将看两次电影。

③一般将来时的其他表示法

a. "be going to+动词原形" 表示即将发生的事，或打算、计划、决定要做的事，或可能要发生的事。例如：

I'**m going to tell** you a secret. 我将要告诉你们一个秘密。（表示即将发生）

He'**s going to spend** his summer holidays at the seaside next year.

明年他打算到海滨过暑假。（表示打算或计划）

There'**s going to** be a film today. 今天有电影。（表示计划或决定）

Look at the dark clouds, it'**s going to** rain. 要下雨了。（表示可能要发生的事或说话人的看法）

b. 有些表示位置移动的动词，如come，go，start，arrive ，leave，return等，可用现在进行时表示按计划或安排即将要进行的动作。例如：

He **is coming** to see you on Friday. 他星期五要来看你。

She **is flying** to Shanghai tomorrow. 她明天坐飞机去上海。

c. 某些动词（如come, go, start, leave等）的一般现在时可表示按计划或时刻表要发生的动作（参见一般现在时的用法d项）。例如：

The train **leaves** at 7：30. 火车七点半开车。

Mr. Smith **starts** for France tomorrow. 史密斯先生明天动身去法国。

d. "be+动词不定式" 表示安排了要在将来做的事。例如：

Premier Blair **is to visit** China next year. 英国首相布莱尔将在明年访问中国。

He **is to speak** on TV tomorrow. 他明天将在电视上讲话。

典例精析：

【例1】—How long ________ you ________ in Singapore?

—For just the weekend. I'll be back next Monday morning.

A. have; stayed B. will; stay C. did; stay D. do; stay

28. The film ________ for ten minutes. You are a little late.

A. has been on B. began
C. begins D. had begun

29. —Where ________ my glasses? I can't find them.

—I ________ them on the table, but they aren' t there.

A. you put; put
B. you have put; have put
C. have you put; put
D. did you put; have put

30. She ________ me waiting for a long time last night. I ________ very angry with her.

A. keep; am
B. kept; was
C. keeps; am
D. keeps; was

31. He ________ to the airport to meet us but he didn't see us.

A. goes B. has gone
C. went D. would go

32. When I was at college, I ________ to the national library every week.

A. had gone B. went
C. was going D. has gone

33. The film star lived in New York until he ________ to university.

A. was sent B. had been sent
C. was sending D. has sent

34. The May 4th Movement ________ in 1919.

A. took place
B. was taken place
C. was taking place
D. had taken place

英语谚语

Deeds are fruits; words are but leaves.

行动是果实，言语只是树叶而已。

注释：①deed:行动； ②but：只是； ③leaves：树叶，leaf的复数。

解析：选B。考查动词的时态。根据“I'll be back next Monday morning”可知上句是询问将要发生的事。这里只有will+动词原形表示将来，故选B。

（4）现在进行时

① 现在进行时的构成

现在进行时由“助动词be的现在式（am, is, are）+现在分词”构成。现在以动词work为例，将现在进行时的肯定式、否定式和疑问式列表如下。

	肯定式	否定式
单数	I am working. You are working. He/She/It is working.	I am not working. You are not working. He/She/It is not working.
复数	We/You/They are working.	We/You/They are not working.
疑问式和简略答语		
人　称		
第一人称	Am I working?	Yes, you are. /No, you aren't.
第二人称	Are you working?	Yes，I am. / No, I am not.
第三人称	Are they working ?	Yes, they are. / No, they aren't

② 现在进行时的用法

a. 表示现在（说话时）正在进行或发生的动作。例如：

I **am waiting** for a friend from England.　我在等一位英国朋友。

Is he **listening** to the weather report?　他在听天气预报吗？

b. 表示当前一段时期内的活动或现阶段正在进行（说话时不一定在进行）的动作。例如：

They **are planting** trees these days.　　这几天他们在种树。

—what **are** you **doing** here in Nanjing?

—你在南京干什么？

—I'**m showing** some foreign guests round the city.

—我在陪几位外宾参观这个城市。

c. 有时可以表示将来的动作（参看一般将来时的其他表示法a项）。例如：

He **is leaving** for Beijing this evening.　他今晚动身去北京。

I **am seeing** a Japanese film tonight.　我今晚去看日本电影。

典例精析：

【例1】—Who are you calling?

—Bill. The phone ________，but there's no answer.

A. rings　B. has rung　C. will ring　D. is ringing

解析：选D。电话一直在响，故该句应使用现在进行时。

（5）现在完成时

① 现在完成时的构成

现在完成时由助动词“have+过去分词”构成。现在以动词work为例，将现在完成时的肯定式、否定式和疑问式列表如下。

35. What he said at the meeting yesterday ________ true.

A. proves　B. is proved

C. proved　D. was proved

36. Two of the boys _______ while riding bicycles.

A. hurt　B. were hurting

C. got hurt　D. had been hurt

37. He didn't give up the plan though he ________ many times.

A. has failed　B. had failed

C. was failing　D. Would fail

38. I ____________ he had finished his homework at this time.

A. am thinking　B. think

C. have thought　D. thought

39. It was not until midnight that I ________ to sleep last night.

A. had gone　B. was going

C. went　D. would go

40. I ________ in the chair. My dog sat beside me.

A. sat　B. had sat

C. has sat　D. was sitting

一般将来时

41. —________ New York?

—Yes. And I will come back next week.

A. Have you left

B. Do you leave

C. Are you leaving

D. Did you leave

42. —Can I join your club, Dad?

—You can when you ________ bit older.

A. are　B. were

C. will be　D. being

A bad beginning makes a bad ending.

不善始者不善终。

	肯定式	否定式
单数	I have worked. You have worked. He/She/It has worked.	I have not worked. You have not worked. He/She/It has not worked.
复数	We/You/They have worked.	We/You/They have not worked.

疑问式和简略答语		
人称	单数	复数
第一人称	Have I worked? Yes, you have. No, you have not.	Have we worked? Yes, we/you have. No, we/you have not.
第二人称	Have you worked? Yes, I have. No, I have not.	Have you worked? Yes, we have. No, we have not.
第三人称	Has he/she/it worked? Yes, he/she/it has. No, he/she/it has not.	Have they worked? Yes, they have. No, they have not.

② 现在完成时的用法

a. 表示过去发生的某一动作对现在造成的影响或结果。例如：

My sister **has** just **come** back from Beijing.　我姐姐刚从北京回来。

（“回来”是过去发生的动作，对现在造成的结果是“我姐姐现在在这里”。）

She **has gone** to Beijing.　她到北京去了。

（“去”是过去发生的动作，对现在造成的结果是“他现在不在这里”。）

Have been to 表示去过了某个地方

Have gone to 表示去了某地

I **have read** the interesting book.　我读过这本有趣的书。

（“读”是过去发生的动作，对现在造成的结果是“我知道这本书的内容”。）

b. 表示过去已经开始，持续到现在的动作或状态，往往和表示一段时间的状语连用。例如：

we **have studied** English **for** ten years.　我们已学了十年英语。

He **has lived** in Harbin **since** 1990.　他从1990年起就住在哈尔滨。

I **haven't written** to you **for** weeks.　我好几周没有给你写信了。

He **has been** very busy **since** he came back from abroad.

他从国外回来以后一直很忙。

特别提示：只有表示延续的动作或状态的动词才能这样用，如study（学习），live（居住），work（工作），teach（教）等。come（来），become（成为），join（参加），get up（起床）等动词只表示一个短暂的动作，不能这样用，这时需要用be来表示延续的状态。例如：

He **has been** here for two years.

他来这里两年了。（不能说He has come here for two years. ）

His father **has been** a Party member for thirty years.

他父亲入党三十年了。（不能说“His father has joined the Party for thirty years.”也不能说“His father has become a Party member for thirty years.”）

Her brother **has been** a Party member for four years.

她哥哥入党四年了。（不能说“Her brother has joined Party for years.”）

43. I heard that Rose ________ here this weekend. Do you know when she ________?

A. will come; would arrive

B. would come; will arrive

C. has come; comes

D. had come; came

44. Don't worry. She ________ all about the matter before long.

A. will forget　B. would forget

C. forgets　D. forgot

45. I have to ring him up first. Can you wait a few minutes? It ________ long.

A. won't be taking

B. isn't taking

C. doesn't take

D. won't take

46. —Don't forget to come to my birthday party tomorrow.

—No, I ________.

A. won't　B. don't

C. can't　D. haven't

现在进行时

47. —Where is my mom, Dad?

—She ________ in the kitchen.

A. cooks

B. is cooking

C. is going to cook

D. was cooking

48. —Where are the children?

—They ________ on the Playground.

A. are playing　B. play

C. have played　D. played

49. —Where is Professor Li?

—He ________ a meeting in Room 206.

A. is having　B. has

C. had　D. was having

This moment will nap, you will have a dream; But this moment study, you will reach a dream。

此刻打盹，你将做梦；而此刻学习，你将圆梦。

注释：①nap：小憩，打盹；②reach a dream：实现梦想。

③ 和现在完成时连用的时间状语

a. 和表示不确定的时间状语连用,如already（已经），never（从不），ever（曾经），Just（刚刚），yet（还，已经）等。例如：

We **have already finished** the work. 我们已经完成了这项工作。

—**Have** you **ever seen** a UFO? 你见过不明飞行物吗？

—No，I've **never seen** one. 不，我从来没有见过。

—**Has** your father **come** back **yet**?你爸爸已经回来了吗？

—Yes，he **has just come** back. 是的，他刚回来。

b. 和包括现在在内的时间状语连用：

现在完成时可以和包括现在在内（到说话时仍未结束）的表示一段时间的状语连用。例如：today（今天），this morning/afternoon/evening/week/month/year, these days（这些天），since...（自从……），for a long time（很久）等。例如：

Have you **seen** Li Lei **these days**? 这几天你看见过李雷吗？

We **have lived** in that street **for three years**. 我们在那条街上住了三年了。

They **have visited** the Summer Palace before. 他们以前就已经游览了颐和园。

特别提示：有少数时间状语，可以用于过去时态，也可以用于现在完成时态。例如：

I've seen your sister **this morning**. 今天上午我已经看见你妹妹了。（说话时在上午）

I **saw** your sister **this morning**. 今天上午我看见你妹妹了。（说话时在下午）

④ 现在完成时和一般过去时的区别

现在完成时和一般过去时都表示在过去完成的动作，但现在完成时是表示过去发生的动作对现在造成的影响或结果，强调的是现在的情况，所以它不能和表示过去时间的状语连用，而一般过去时只单纯表示过去的动作或状态，和现在不发生关系，它可以和表示过去时间的状语连用。例如：

He **has lived** here **since** 1990. 1990年以来他一直住在这里。
（他现在还在这里住。）

He **lived** here **in** 1990. 1990年他住在这里。
（不涉及他现在是否还住在这里。）

My grandpa **has been** ill **for** three days. 我爷爷已病了三天了。
（现在他还病着。）

My grandpa **was** ill **for** three days. 他病了三天。
（他现在病好了。）

⑤ "have/has been"和"have/has gone"的区别

表示"曾到过某地"要用"have（has）been"，也就是说话的时候人已经回来;不能用"have（has）gone"。

比较下面的句子：

Where **has** she **been?** 她刚才到哪儿去了？（他已回来。）

Where **has** she **gone?** 她上哪儿去了？（他现在不在这里。）

She **has been** to Beijing. 她去过北京。（她现在已不在北京了。）

She **has gone** to Beijing.

她到北京去了。（她可能在去北京的路上，或者已到北京，现在不在这里。）

典例精析：

【例1】Since he arrived in New York City, Peter ________ five jobs.

A. has changed B. change C. will change D. changes

50. —What's the matter?

—The shoes don't fit properly. They ________ my feet.

A. are hurt B. will hurt

C. have hurt D. are hurting

51. Be quiet! I'm trying to hear what the man ________.

A. says B. is saying

C. said D. has said

▶ 现在完成时

52. I know him very well because we ________ friends for ages.

A. are B. were

C. had been D. have been

53. —How is your grandfather?

—my grandfather ________ for two years.

A. died B. has died

C. has been died D. has been dead

54. She ________ Hangzhou for three times, but she still wants to go there.

A. have gone to B. have been to

C. has gone to D. has been to

55. She ________ Robert for two years. They live a happy life.

A. married

B. married with

C. has got married

D. has been married to

56. I ________ Jenny for three years. She changed a lot.

A. have seen B. haven't seen

C. am seeing D. hadn't seen

57. More than 20 people ________ in traffic accidents over the past few months.

A. were killed B. have been killed

C. are killed D. killed

A friend in need is a friend indeed.
患难见真情。
注释：indeed：确实的。

解析：选A。根据句意：自从Peter到纽约城后，他已经换了五份工作了。since是现在完成时的标志词，故此题应选A。

【例2】— Mom, can I go out and play now?

— No. Not until you _______ your homework.

A. do　B. have done　C. are doing　D. will do

解析：选B。根据句意：你在完成作业之后才能去玩，所以用完成时。

【例3】（2009.13）Look at the man in the picture. His face is one of the ugliest I ____.

A. have ever seen　B. see　C. had ever seen　D. saw

解析：选A。根据句意他的脸是我所见过最丑的，表示我以前见过的所有人当中他是最丑的。所以用现在完成时。have/has ever done 表示"所/曾……"

（6）过去进行时

① 过去进行时的构成

过去进行时由"was/were+现在分词"构成。现在以动词work为例，将过去进行时的肯定式、否定式和疑问式列表如下。

	肯定式	否定式
单数	I/He/She/It was working.	I/He/She/It was not working.
复数	We/You/They were working.	We/You/They were not working.

疑问式	简略答语
Were you working?	Yes, I was. No, I was not.
Was he/she/it working?	Yes, he/she/it was. No, he/she/it was not.
Were they working?	Yes, they were. No, they were not.

② 过去进行时的用法

表示在过去某一时刻或某一段时间正在进行的动作。这一过去特定的时间，除有上下文暗示以外，一般用时间状语来表示。例如：

A: What were you doing **at eight this morning?**　今天早上八点钟你在干什么？

B: I was listening to the radio.　我在听无线电广播。

We were having a basketball match **from four to five yesterday afternoon.**

昨天下午四至五时我们在进行篮球比赛。

They were cleaning the classroom **when I left.**

我离开的时候，他们在打扫教室。

典例精析：

【例1】—You were out when I dropped in at your house.

—Oh, I ________ for a friend from England at the airport.

A. was waiting　B. had waited　C. am waiting　D. has waited

解析：选 A。句意是：（你来我家时）我正在机场等候一位从英格兰来的朋友。表示在过去某一时刻或在过去某一段时间内正在发生的事，用过去进行时，所以选A。

58. After I ________ writing the composition, I shall show it to you.

A. shall finish　B. could finish

C. had finished　D. have finished

过去进行时

59. When you called me this morning, I ________ the newspaper.

A. read　B. was reading

C. reads　D. have read

60. The wind ________ hard when I came back home this afternoon.

A. was blowing　B. blew

C. has blown　D. blows

61. Jim ________ with his boss when I last ________ him.

A. talked; saw　B. was talking; saw

C. talks; see　D. has talked; saw

62. When World War Ⅱ ________, he ________ in France.

A. started; lived

B. was starting; lived

C. started; was living

D. was starting; was living

63. —What ________ from eight to ten last night?

—I was watching TV at home.

A. were you doing　B. do you do

C. had you done　D. have you done

64. While Tom ________ a football match, his wife was reading in the bedroom.

A. had watched　B. watches

C. was watching　D. has watched

65. He ________ the street when he was hit by a car.

A. was just crossing

B. had just crossed

C. just crossed

D. was just crossed

No matter of the today will drag tomorrow。

勿将今日之事拖到明日。

注释：①matter：事情；②drag：拖，拽。

（7）过去完成时

①过去完成时的构成

过去完成时由“助动词had（用于各种人称和数）+过去分词”构成。现在以动词work为例，将过去完成时的肯定式、否定式和疑问式列表如下。

肯定式	否定式
I/You/He/She/It/We/They had worked.	I/You/He/She/It/We/They had not worked.
疑问式	简略答语
Had I/we worked?	Yes, you/we had. No, you/we had not.
Had you worked?	Yes, I had. No, I had not.
Had he/she/it worked?	Yes, he/she/it had. No, he/she/it had not.
Had they worked?	Yes, they had. No, they had not.

②过去完成时的用法

a. 过去完成时表示在过去某一时间或动作之前已经发生或完成了的动作。这一过去时间常用下列两种方式来表示。

（a）用by, at, before等构成的短语。例如：

How many English words had you learned **by the end of this term?**

到这学期末你们已经学了多少英语单词？

At the age of six she had learned to play the violin.

她六岁时就已经学会了拉小提琴。

We had got to the station **before nine o'clock**. 九点以前我们到达了车站。

（b）用when，before等引导的从句。例如：

The train had left **before we reached the station**.

在我们到达车站以前，火车已经开走了。

The film had already begun **when they got to the cinema**.

他们到达电影院时，电影已经开始了。

b. 过去完成时还可以表示从过去某一时间开始，并持续到过去另一时间的动作或状态。往往和由for或since引导的、表示一段时间的短语或从句连用。例如：

He had studied English **for seven years** before he came here.

他在来这里以前已经学了七年英语。

I saw my sister yesterday. We had not seen each other **since she left home**.

我昨天见到了我姐姐。自她离开家起我们就没有见过面。

My father had worked in that hospital **for ten years** by the end of last week.

到上周末为止，我父亲已在那个医院工作十年了。

典例精析：

【例1】（2010.4）I ran into Ted yesterday. I ______ him since graduation.

A. hadn't seen B. don't see C. won't see D. didn't see

解析：选A。后半句的句意是：自从毕业后我就没见过他。“毕业”本身就是“过去”的事儿，因此本句属于“过去的过去”，故应使用过去完成时。

过去完成时

66. The telephone ______ four times in the last hour, and each time it ______ for my roommate.

A. has rung; was

B. was ringing; is

C. had rung; was

D. rang; has been

67. —Did you tell him where she ______?

—Yes. And I also told him she ______ until the next month.

A. had gone; wouldn't come back

B. has gone; won't come back

C. had been; wouldn't come back

D. went didn't come back

68. From the 1910s to the 1950s Holly wood ______ the film centre of the world.

A. has been B. was

C. had been D. is

69. Mr. Jackson ______ himself physics by the time he was ten years old.

A. taught B. has taught

C. was taught D. had taught

70. He was interested in that book that he ______ for two hours before he went to bed last night.

A. had read B. read

C. was reading D. would read

71. By the end of last month she ______ over five hundred letters of congratulation from different parts of the world.

A. received B. has received

C. had received D. would receive

Everything is good in its season.

万物逢时皆美好。

注释：season：季节。

（8）过去将来时

①过去将来时的构成

过去将来时由“助动词would（should）+动词原形”构成。现在以动词work为例，将过去将来时的肯定式和否定式及疑问句式列表如下。

肯定式	否定式
I/We should work.	We should not work.
He/She/It/You/They would work.	He/She/It/You/They would not work.
疑问式	简略答语
Should I/we work?	Yes, you/we should. No, you/we had not.
Would he/she/it/you/they work?	Yes, he/she/it/you/they would. No, he/she/it/you/they would not.

Would常简略为'd，如I'd，You'd，He'd等；would not常简略为wouldn't 。

②过去将来时的用法

表示从过去某一时间看将要发生的动作或存在的状态。过去将来时常用在宾语从句中。例如：

I said that I **should/would go** to see my uncle **the next day**.

我说了我第二天要去看我的叔叔。

He told me the meeting **would begin at half past nine**.

他告诉我会议九点半开始。

They said there **would be** a basketball match **this afternoon**.

他们说今天下午有篮球比赛。

过去将来时也可以用“was/were going to+动词原形”来表示。例如：

She said she **was going to visit** an exhibition **next Sunday.**

她说她下星期日去参观一个展览会。

My mother said there **was going to be** a concert **this evening**. 我妈妈说今晚有音乐会。

典例精析：

【例1】—What did he tell you just now?

— He said that ________ tomorrow morning.

A. he will buy some new clothes　　B. will he buy some new clothes

C. he would buy some new clothes　　D. would he buy some new clothes

解析：选C。根据答句He said that... 是一个过去时的句子，而后面的时间状语却是将来的时间，所以可得知，是从过去的角度看将要做一件事，又因为从句中应用陈述句语序，因此应该选择C选项，过去将来时态。

5．动词的语态

语态是动词的一种形式，用来表示主语和谓语之间的关系。英语动词有两种语态，即主动语态和被动语态。主动语态表示主语是动作的执行者，被动语态表示主语是动作的承受者。例如：

We hold our class meeting once a week.　我们每周开一次班会。（主动语态）

Our class meeting is held once a week.　我们的班会每周开一次。（被动语态）

72. When the doctors arrived, the old man ________.

A. is dying

B. was dead

C. had been dead

D. has been dead

73. By the time the police arrived, the thieves ________, leaving two knives on the floor.

A. have run away

B. ran away

C. had run away

D. were running away

74. Jane was caught in a traffic jam and by the time she arrived at the airport her mother's plane ________.

A. took off

B. had already taken off

C. was taken off

D. had already been taken off

75. Bob ________ his keys in the office, so he had to wait until his wife ________.

A. has left; come

B. left; had come

C. had left; came

D. had left; would come

过去将来时

76. We had hoped our basketball team ________ the game, but the other team played very well.

A. win　　B. will win

C. won　　D. would win

77. At first we were not sure whether we ________, but we tried our best to complete the work.

A. have succeeded

B. will succeed

C. were succeeded

D. would succeed

Danger is next neighbor to security.

危险是安全的近邻。

注释：①danger：危险；②neighbor：邻居；③security：安全保证。

（1）被动语态的构成

被动语态由“助动词be+及物动词的过去分词”构成。助动词be有人称、数和时态的变化，它的变化规则和be作连系动词时完全一样。

“被动语态不要慌，万事都跟be算账。”即被动语态的各种变化都是把be作相应的变化。现以动词tell为例，将一般现在时、一般过去时、一般将来时和现在完成时四种时态的被动语态形式列表如下。

一般现在时	I am told... He/She is told... We/You/They are told...
一般过去时	I/He/She was told... We/You/They were told...
一般将来时	I/We will/shall be told... You/He/She/They will be told...
现在完成时	I/We/You/They have been told... He/She has been told...

① 一般现在时。例如：

Japanese is taught in that school.　那个学校教日语。

The Great Wall of China is known all over the world.　中国长城闻名全世界。

② 一般过去时。例如：

The bridge was built in 1974.　这座桥是1974年建成的。

③ 一般将来时。例如：

The matter will be discussed at the next meeting.　这件事将在下次会上讨论。

The book will be brought the day after tomorrow.　这本书后天带来。

④ 现在完成时。例如：

The name has never been heard of.　这个名字从来没有听说过。

The money has all been spent by his son.　钱都被他的儿子用光了。

被动语态的否定形式是在助动词或第一个助动词后加not，疑问形式是把助动词或第一个动词移到主语前面。例如：

This kind of car is not made in Japan.　这种小汽车不是日本制造的。

Is this kind of car made in Japan?　这种小汽车是日本制造的吗？

Will the work be finished the day after tomorrow?　这项工作后天可以完成吗？

（2）主动语态变为被动语态的方法

主动结构变为被动结构时，要做如下变动。

The doctor **saved** the child. 医生救活了这个孩子。

→ The child **was saved** by the doctor. 这个孩子被医生救活了。

The workers **built** this factory in 1974. 工人们在1974年建造的这个工厂。

→This factory **was built**（by the workers）in 1974.

这个工厂在1974年被（工人们）建造。

（3）几种不同类型的被动语态

① 含有直接宾语和间接宾语的主动结构，变为被动结构时，可以将其中一个宾语变为主语，另一个保留不动。一般是主动结构的间接宾语变为被动结构的主语。例如：

My mother **gave** me a watch.　妈妈给了我一块手表。

→**I was given** a watch by my mother.　我被妈妈给了一块手表。

78. They told us that they ______ us to overcome any difficulties we would meet.

A. helped　B. will help

C. help　D. were going to help

79. —My mother will come here tomorrow.

—Oh, I thought she ________ today.

A. comes　B. was coming

C. has come　D. had come

80. He said he ______ an exhibition the next Tuesday.

A. will visit　B. visited

C. was visiting　D. would visit

81. —Have you ever heard of our city?

—No, this is the first time that I ______ here.

A. have been　B. was

C. came　D. am coming

82. Michael __________ here to see you and he _________ a note on your table.

A. has come; has left

B. has been; has left

C. has come; left

D. has been; left

83. —I'm sorry to keep you waiting.

—Oh, not at all, I ____ here only a few minutes.

A. have been　B. had been

C. was　D. will be

84. —Your phone number again? I ____ quite catch it.

—It's 68679256.

A. didn't　B. couldn't

C. don't　D. can't

85. —Who's taken away my English dictionary?

—_________.

A. He has　B. He did

C. He took it　D. Him

Studies this matter, lacks the time, but lacks diligence。

学习这件事，不是缺乏时间，而是缺乏努力。

注释：①lack：缺乏；②diligence：努力，勤奋。

或A watch **was given** to me by my mother.　一块手表被妈妈给了我。

② 含有复合宾语的主动结构，变为被动结构时，可将宾语变为主语，宾语补足语保留不动。例如：

They **call** her Mrs. Li.　他们叫她李夫人。

→She **is called** Mrs. Li.　她被称为李夫人。

He **told** me to wait for my mother.　他让我等着我妈妈。

→I **was told** to wait for my mother.　我被告知等着我妈妈。

特别提示：在主动语态的句子中，用动词不定式作谓语动词make的宾语补足语时，动词不定式不带to，而在被动语态的句子中，则需要带to。例如：

They **made** him leave.　他们迫使他离开了。

→He **was made** to leave.　他是被迫离开的。

③ 含有情态动词的被动语态，"情态动词+be+及物动词的过去分词"构成。例如：

You must not **put** your bike here.　你不许把自行车放在这里。

→Your bike must not **be put** here.　这里不许放自行车。

You may **do** that a little later.　你可以晚一点儿做那个。

→That may **be done** a little later.　那个可以晚一点儿做。

Can you **finish** it in three hours?　你能在三个小时内把它完成吗？

→Can it **be finished** in three hours?　它能在三个小时内完成吗？

④ 短语动词的被动语态：有些短语动词相当于及物动词，可以有被动语态。但应注意，动词短语是一个不可分割的词组，在变为被动语态时，不可丢掉末尾的介词或副词。例如：

They **took good care of** the baby.　他们很好地照顾这个婴儿。

→The baby **was taken good care of**.　这个婴儿受到很好的照顾。

They **laughed at** little boy.　他们嘲笑了那个小男孩。

→The little boy **was laughed at**.　那个小男孩受到了嘲笑。

You must **hand in** the exercise-books the day after tomorrow.

你们后天必须把练习本交来。

→The exercise-books must **be handed in** the day after tomorrow.

练习本必须后天交来。

（4）被动语态和系表结构（连系动词be+作表语用的过去分词）的区别

"be+过去分词"可以是被动语态，也可以是系表结构。二者主要的区别是：被动语态表示动作，句子的主语是动作的对象，而系表结构则表示主语的特征或所处的状态，其中的过去分词相当于形容词。例如：

That window was broken by a little boy.

那个窗户是一个小男孩打破的。（被动语态）

That window **is broken**.　那个窗户破了。（系表结构）

The door **was closed** at nine o'clock.　这门是九点钟关的。（被动语态）

The door **is closed**.　这门是关着的。（系表结构）

（5）被动语态的用法

被动语态常用于下列情况：

① 不知道谁是动作的执行者，或者没有必要指出谁是动作的执行者时。例如：

This kind of air conditioner **is made in** Shanghai.　这种空调是上海制造的。

A lot of tall buildings **have been put up** in the country in the last few years.

最近几年在乡下也建起了很多高楼。

86. He got up early this morning, but he sometimes ________ in bed until lunch time.

A. stay　B. stays

C. is staying　D. staying

87. Look at these clouds. ________.

A. It'll rain　B. It's going to rain

C. It rains　D. It is raining

88. I slept very late last night. It ________ me a long time to do the homework.

A. has taken　B. takes

C. had taken　D. took

答案：

1.A　2.C　3.A　4.D　5.B　6.A　7.B
8.D　9.D　10.A　11.A　12.A　13.B　14.C
15.C　16.A　17.B　18.A　19.B　20.D　21.B
22.C　23.C　24.B　25.D　26.D　27.C　28.A
29.C　30.B　31.C　32.B　33.A　34.A　35.C
36.C　37.B　38.D　39.C　40.A　41.C　42.A
43.B　44.A　45.D　46.A　47.B　48.A　49.A
50.D　51.B　52.D　53.D　54.D　55.D　56.B
57.B　58.D　59.B　60.A　61.B　62.C　63.A
64.C　65.A　66.A　67.A　68.B　69.D　70.A
71.C　72.C　73.C　74.B　75.C　76.D　77.D
78.D　79.B　80.D　81.A　82.D　83.A　84.A
85.A　86.B　87.B　88.D

被动语态

1. The Great Wall ________ all over the world. It attracts lots of tourists from abroad each year.

A. are known　B. is knowing

C. is known　D. were known

2. English is a useful language. It ________ more widely today.

A. is used　B. is using

C. have been used　D. was used

For man is man and master of his fate.

人就是人，是自己命运的主人。

注释：①master：主人；②fate：命运。

②需要强调动作的承受者时。例如：

Another bridge will **be built** across the river this year.

今年这条河上将再建一座桥。

This question **was discussed** at today's meeting.

这个问题在今天的会议上讨论过。

（6）主动语态表被动意义

1. open, lock, write, read, sell, clean, wash, drive等词作不及物动词时，它们的主语为物，可用主动语态表被动意义。

例如，This kind of pen writes well.

This kind of shirt sells well.

2. look, sound, taste, smell 等系动词主动表被动。

例如，The mooncake tastes delicious.

典例精析：

【例1】Five lucky winners will each receive a signed book, and their names _______ in a week.

A. will announce B. will be announced

C. have announced D. are announced

解析：选B。根据前半句可得知本题是将要发生的事，应使用一般将来时，根据后半句的句意可推出此句应使用一般将来时的被动语态。故答案应选B。

【例2】You don't have to pay for your flights, they _______ in the price of your holiday.

A. are included B. have included C. include D. will include

解析：选A。根据句意："你不必再支付你的机票，它们都包含在你度假的消费中。"从句中的时态可判断出为一般现在时的被动语态。

6. 助动词和情态动词

（1）助动词

助动词本身没有词义，不能单独作谓语，只能和主要动词一起构成各种时态、语态和语气的动词形式，以及帮助主要动词构成否定式和疑问式。常用的助动词有be,have, do, does, did, shall, will, should, would等。

①助动词be的主要用法

a. be+现在分词构成进行时态。例如：

She **is playing** computer games. 她在玩电子游戏。

What **was** he **doing** this time yesterday afternoon?

昨天下午这个时候他在干什么？

b. be+过去分词构成被动语态。例如：

Mike **is invited** to the party. 迈克得到邀请参加这次聚会。

The letter **was received** yesterday morning. 这信是昨天上午收到的。

c. be+动词不定式表示计划好了的将来动作。例如：

The meeting **is to take place** on Friday. 会议将在星期五举行。

②助动词have的主要用法"have / has / had +过去分词"构成完成时态。例如：

I have finished my homework. 我已写完作业了。

I had written the letter before you arrived. 在你到之前我已写好了信。

③助动词do的主要用法

a. 帮助主要动词构成疑问式和否定式。例如：

Does he do morning exercises every day? 他每天做早操吗？

3. When water ________, it will be changed into vapor.

A. heats B. is heated

C. is heating D. will be heated

4. This house looks old, but actually it ________ just five years ago.

A. is built B. was built

C. has been built D. were built

5. No people ________ to cut down trees when they are not big enough.

A. allow B. is allowed

C. are allowed D. are allowing

6. The woman is seriously ill. She ________ to hospital at once.

A. is sent B. must be sent

C. will be sent D. may be sent

7. When it rains heavily, the soil ________ easily.

A. will wash away

B. will be washed away

C. has washed away

D. is washing away

8. The cows ________ away from the trees so that they do not knock them down.

A. keep B. are keeping

C. are kept D. were kept

9. A new car factory ________ in our town and it will be completed by 2005.

A. will be built B. has been built

C. was built D. is built

Don't cry out before you are hurt.

还没受苦，就别叫苦。

注释：①cry out：喊出来；②hurt：受伤。

She **didn't** come the day before yesterday.　她前天没来。

b. 构成否定祈使句。例如：

Don't open the window.　不要打开窗户。

Don't worry about your mother.　不要为你妈妈担心。

c. 加强陈述句和祈使句的语气。例如：

I **do** study hard.　我的确是努力学习的。

Do be quiet!　一定要安静！

d. 用于避免主要动词的重复出现。例如：

Does he smoke? Yes, he **does**.　他抽烟吗？是的。

I went to the movie yesterday. So **did** she.　我昨天去看电影了。她也去了。

e. 构成倒装句。例如：

Never **did** he go to his uncle's again.　他再也没有去过他叔叔家。

Only then **did** I understand what my teacher meant.

只是到那时，我才懂得我的老师所说的话是什么意思。

典例精析：

【例1】Henry got hurt in the football match this afternoon, ________? I hope it was not serious.

A. was he　B. has he　C. does he　D. did he

解析：选D。考查反义疑问句。题干中第一句中提到的是Henry got hurt，表示疑问时应该用助动词did。

④ 助动词shall和will的主要用法

"shall/will+动词原形"构成将来时态。shall用于第一人称（I, we），will用于第二、三人称，也可用于第一人称。例如：

I **shall/will** arrive the day after tomorrow.　我将于后天到达。

We **shall/will** be glad to see you and your friends.

我们将很高兴见到你和你的朋友。

He **will** be twenty-two next year.　他到明年就22岁了。

They **will** leave for Australia tonight.　他们今晚动身去澳大利亚。

⑤ 助动词should和would的用法：

should是shall的过去式，would是will的过去式。"should/would+动词原形"构成过去将来时。should用于第一人称（I, we），would用于第二、三人称，也可用于第一人称。例如：

He told us where we **should/would** have the football match.

他告诉我们将在什么地方举行足球比赛。

I was sure we **would** win.　我肯定我们会赢。

（2）情态动词

情态动词表示说话人对某一动作或状态的态度，认为"可能""应当"或"必要"等。情态动词本身有一定的意义，但不能单独作谓语，必须和不带to的不定式连用（ought除外）。它没有人称和数的变化。情态动词有can（could），may（might），must，ought to，have to，need，dare，shall（should），will（would）。

特别提示：情态动词表推测的用法比较常用，其推测程度强弱如下：

must（一定）>can（可能）>could（可能）>may（或许）>might（也许）

其中must, may, might经常用在肯定推测中。而can则通常用在否定推测中。例如：

It **must** have rained heavily last night.　昨晚肯定下了一场大雨。

You **may** have left your book in the classroom.　你或许把书落在教室了。

10. The World Trade Centre in New York ________ by terrorist attacks on September 11, 2001.

A. is destroyed

B. has been destroyed

C. was destroyed

D. destroyed

11. By the time you came back, all the letters ________.

A. have been typed out

B. had been typed out

C. was typed out

D. were typed out

12. This work is very urgent. It ________ today.

A. must be finished

B. can be finished

C. will be finished

D. is finished

13. The window ________ a moment ago. No one knew who had done it.

A. had been broken

B. was broken

C. has been broken

D. broke

14. According to the rule, no food or drink ________ into the concert hall.

A. is taken

B. will be taken

C. are taken

D. can be taken

15. I' m sorry. Smoking ________ here.

A. is allowed

B. is not allowed

C. will be allowed

D. will not allow

Faith will move mountains.

精诚所至，金石为开。

注释：①faith：信念；②mountain：山脉。

He **can't** be home now.　他现在不可能在家。

① can和could（could是can的过去式）

a. 表示"能力""许可""可能性""惊异"等。在口语中，can可以代替may表示许可，而may 比较正式。例如：

Some of us **can** use the computer well now. But we **couldn't** a few years ago.

现在我们有些人能很好地使用计算机了，但是几年前我们都不能。（表示能力）

You **can** go there now.　你现在可以去那了。（表示许可）

He said I **could** borrow his dictionary.　他说我可以借用他的字典。（表示许可）

At that time he thought the story **could** not be true.

那时他认为这故事可能是不真实的。（表示推测）

What on earth **can** that mean?　那究竟是什么意思呢？（表示惊异）

b. could可以代替can，表示语气较为婉转。

Could you wait a few days for the money?　这笔钱你能等几天吗？

Could you be here at seven o'clock tomorrow morning?

明天早上七点你能到这里来吗？

c. can和be able to都可以表示能力，意思上没有太大区别，但can只有现在式和过去式could，而be able to则有更多的形式。例如：

Nobody **is able to** do it. /Nobody **can** do it.　谁也不能做这件事。

We **shall be able to** finish the task next week.　我们下星期能完成这项任务。

I **haven't been able to** find the dictionary.　我没能找到那本字典。

② may和might（might是may的过去式）

a. 表示允许和征询对方许可，有"可以"的意思。用作此意时，它的否定形式可用may not，但在表示"不可以""禁止""阻止"等意思时，常用must not / mustn't代替may not。例如：

You **may** go back now.　你现在可以回去了。

He said that I **might** borrow his MP3.　他说我可以借他的MP3。

May I play computer games after supper?　我可以晚饭后打电脑游戏吗？

No, you **mustn't**.　不可以。（或 No, you**'d better not.** 最好不要）。

在请求对方许可时，可用"**Might** I …？"代替"**May** I…？"表示更礼貌一些。例如：

Might I use your telephone?　我可以借用您的电话吗？

b. 表示可能性，有"或许""可能"的意思。may或might+不带to的动词不定式，都表示可能性。用might则语气更加不肯定。例如：

She **may** be right.　她可能是对的。

I hear there **may** be a few books left.　我听说或许还剩有几本书。

She **may** come today/tomorrow.　她可能今天 / 明天来。

She **might** come today/ tomorrow.　说不定她今天 / 明天会来。

She **might** have a headache.　她也许头疼。

典例精析：

【例1】—Is John coming by train?

—He should, but he ________ not. He likes driving his car.

A. must　B. can　C. need　D. may

解析：选D。考查情态动词。一约翰会乘火车来吗？一应该是，但他可能不会（坐火车），他喜欢开车。根据语境，应表示否定的不确定的推测，故选may。must not 表示禁止，而can't的意思是"不可能"，语气相当肯定。

答案：

1.C　2.A　3.B　4.B

5.C　6.B　7.B　8.C

9.A　10.C　11.B　12.A

13.B　14.D　15.B

助动词和情态动词

1. Although he tried, he ________ not make it.

A. should　B. would

C. might　D. could

2. The last bus has left. We ________ walk home.

A. must　B. could

C. have to　D. can

3. —________ I have a word with your mother?

—Sure.

A. Need　B. Must

C. May　D. Should

4. I ________ speak a little English when I was four.

A. can　B. could

C. may　D. must

5. I think I ________ speak English very well when I finish my lessons.

A. could　B. shall be able to

C. am able to　D. can

6. If he started at seven, he ________ be here now.

A. can　B. may

C. ought to　D. could

Don't keep all your eggs in one basket.

勿孤注一掷（不要把所有鸡蛋放入一个篮子）。

注释：①egg：鸡蛋；②basket：篮子。

【例2】（2009.11）The children at the camp are going to hang their food in a tree at night, because there ______ be tigers around.

A. should　B. may　C. need　D. must

解析：选B。may表示可能的推测。

③ must, have to和 ought to

a. must表示"必须""应该"。否定式must not/mustn't表示"不应该""不许可""不准""禁止"等意思。例如：

Everybody **must** obey the traffic rules.　人人都要遵守交通规则。

The task **must** be finished as soon as possible.　这项任务必须尽快完成。

You **mustn't** lend the book to others.　你不得把书借给别人。

You **mustn't** speak like that to your teacher.　你不应该那样对你的老师说话。

· 在回答带有"must"的问句时，否定式常用need not（needn't）或 don't have to表示"不必"，而不用must not，因为must not表示"不准，禁止"。例如：

Must I be home before eight o'clock?　我必须在八点以前回家吗？

Yes, you **must**.　对，必须这样。

No, you **needn't**. 或No, you **don't have to**. 不，不必。

b. must表示推测，只用在肯定句中。"must+动词原形"表示对现在事情的推测。例如：

You **must** be tired after the long walk.　你走了这么远的路，一定累了。

The Chinese language **must** have the largest number of speakers now.

现在说汉语的人数一定最多。

· "must + have + 过去分词"表示对过去事情的推测。例如：

She **must have arrived** by now.　她现在一定已经到了。

典例精析：

【例1】（2006.13）— What's that noise?

—There ________ be something wrong with the wheel.

A. would　B. will　C. can　D. must

解析：选D。must表肯定推测。

【例2】（2007.11）I can't start my car. There_______be something wrong with the engine.

A. can　B. will　C. must　D. has to

解析：选C。must表示肯定推测。

c. have to表示"必须""不得不"，在这个意义上与must很接近，但must表示的是说话人的主观看法，而have to表示的却是客观需要。have to 比must有更多的形式。例如：

It's getting late. I **must** go home now.

时间不早了，我现在得回家了。（主观看法）

I **have to** go now. My sister is at home alone.

我现在必须走了。我的妹妹一个人在家呢。（客观需要）

You **don't have to** worry about him.　你不必为他担心。

He **had to** spend his childhood in hard work, helping his uncle on their small farm.

他童年时代不得不帮助他的叔叔在他们那小小的农场上干苦活儿。

d. ought to表示应该做某事（和should差不多，只是语气稍重一些）。例如：

You **ought to** follow your mother's advice.　你应该听取你母亲的劝告。

He said that you **ought to** pay more attention to your pronunciation.

7. You ________ return the book today. You can keep it till next week if you like.

A. needn't　B. mustn't

C. cannot　D. may not

8. ________ you please tell me how to get to the railway station?

A. Shall　B. Should

C.Will　D. May

9. —Where is your ruler?

—I ________ it.

A. might lose

B. would have lost

C. should have lost

D. must have lost

10. He ought ________ have done so even if possible.

A. not to　B. to not

C. not　D. never

11. —Must I go to see you at 8:00 this evening?

—No. You ________.

A. mustn't　B. can't

C. needn't　D. haven't

12. I want to go to see the doctor, but you ________ with me.

A. need not go

B. need not to go

C. do not need go

D. need go not

13. It was so dark outside that he ________ go out alone.

A. dared not to　B. dared not

C. dares not　D. doesn't dare to

Example is better than precept.

言教不如身教。

注释：①example：榜样，例子；②precept：箴言，训导。

他说你对你的发音应更加重视。

· “ought to + have + 过去分词”表示过去应该做但还没有做的事情。例如：

I ought to have phoned Henry this morning, but I forgot.

我本该今天上午给亨利打电话，但是我忘了。

④ need和dare

两者都既可作行为动词又可做情态动词。

情态动词，need do

实义动词，need to do

a. 作为情态动词：

（a）need表示“需要”“必须”，通常用在否定句和疑问句中。例如：

She **needn't** do that. 她不必做那件事。

Need you take a physical check-up? 你必须检查身体吗？

Yes, I **must**. 对，我必须检查。

No, I **needn't**. 不，我不必现在检查。

（b）dare表示“敢”，通常用于否定句和疑问句中。例如：

How **dare** you say she's unfair? 你怎么敢说她不公平？

He **dare not** do so. 他不敢这样做。

b. 作为行为动词，其变化与一般动词相同。例如：

They **need** to think it over. 他们需要把这件事仔细考虑一下。

He didn't **need** to know it. 他不必知道这件事。

I don't **dare** to ask her about that. 我不敢问她那件事。

⑤ shall和 should

a. shall作为情态动词，用于第二、三人称，表示说话人的意愿，有“命令”“警告”“威胁”“强制”“允诺”等意思。其否定形式简写为shan't。例如：

You **shall** do as he says. 你要照他说的做。

Tell him that he **shall** have the book the day after tomorrow.

告诉他书后天给他。

b. 在疑问句中，shall用来征询对方的意见或请求指示，用于第一、三人称。例如：

Where **shall** I wait for her? 我到什么地方等她？

Shall we start the class meeting now? 我们要不要现在开始开班会？

c. should作为情态动词，表示“劝告”“建议”时，可译为“应该”。

We **should** be strict in all our work. 我们一切工作都应该从严。

I told her that she **should** be more careful. 我告诉她应当更细心些。

· “should + have + 过去分词”表示某事本应该在过去做但没有做。例如：

It's nine o'clock. She **should have arrived** in her office by now.

九点钟了，现在她本应该到达办公室了。

典例精析：

【例1】—Excuse me, but I want to read the book you are reading.

—You ________ have the book if you don't take care of it.

A. shan't　　B. might not　　C. needn't　　D. shouldn't

解析：选A。考查情态动词。shall用于陈述句中的第二、第三人称，可表示说话人的意图、允诺、警告、命令、决心等，此处表示警告。故选A。

⑥ will和 would

14. Post the letter for me, ________ you?

A. don't　　B. shall

C. will　　D. do

15. After her son's death, the old lady ____ often sit at the window, deep in thought.

A. would　　B. should

C. could　　D. might

16. Since the ground is wet, it ________ last night.

A. should have rained

B. has rained

C. must rain

D. must have rained

17. Would you like to see the play tonight? I ___ meet you at the gate of our school.

A. will　　B. may

C. must　　D. ought to

18. I ________ get this done immediately or it will be too late.

A. can　　B. shall

C. may　　D. must

19. A computer ________ think for itself. It must be told what to do.

A. can't　　B. couldn't

C. may not　　D. might not

20. She walked fast in order that she __________with the others.

A. may catch up

B. might catch up

C. could have caught up

D. might have caught up

Don't throw out your dirty water before you get in fresh.

清水未打来，脏水莫倒掉。

注释：①throw out：倒掉；②dirty：肮脏的；③fresh：新鲜的，洁净的。

a. will

（a）will表示“意志”“意愿”，可用于各种人称。否定形式简写为won't。例如：

I will tell him all about it.　我愿意把有关这件事的一切情况都告诉他。

We' **ll** help him if he asks us（to）.　如果他提出要求，我们会帮助他的。

（b）will在疑问句中用于第二人称时，表示询问对方的意愿或向对方提出请求。例如：

I'm going shopping after work. **Will** you go with me?

我下班后去商店。你愿意跟我一道去吗?

（c）表示习惯性动作，有“总是”“惯于”的意思。例如：

Fish **will** die out of water.　鱼离开水就会死。

She' **ll** talk for hours if you give her the chance.

要是你给她机会，她总是一连说上好几个小时。

b. would

（a）would是will的过去式，表示过去时间的“意志”“愿望”，用于各种人称。例如：

He said that he **would** help us.　他们说他愿意帮助我们。

I promised that I **would** try my best.　我答应我会尽我最大的努力。

（b）表示说话人的意愿或向对方提出请求，语气比will委婉。指的是现在时间。例如：

Would you like some apples?　你要来点苹果吗?

I' **d** like to see your new house if you are free.

如果你有时间我想看看你们的新房子。

Would you like to go to a movie?　你想去看电影吗?

Yes，I' **d** like to.　是的，想看。

Thanks. I'm afraid I **won't** be able to.　谢谢。我恐怕不能去。

注：在口语中，I would like to和I should like to都表示“想要……”。例如：

I would like to的简略式为I' d like to。

典例精析：

【例1】（2010.11）I kept telling you about it, but you ________ listen.

A. couldn't　B. shouldn't　C. needn't　D. wouldn't

解析：选D。will过去式would，有意愿的意思。

（c）表示过去的习惯动作。

He **would** sit like that for hours.　他总是一连几个钟头那么坐着。

Every day my mother **would** get up at six o'clock and prepare the breakfast.

每天我妈妈总是六点钟起床，然后准备早餐。

7．动词不定式

（1）动词不定式的构成和特征

动词不定式的基本形式是“to + 动词原形”，有时可以不带to。动词不定式没有人称和数的变化，在句中不能作谓语，在句中可以作主语、表语、宾语、宾语补足语、定语和状语；同时，它还保留有动词的特征，因此它可以有自己的宾语和状语。动词不定式和它的宾语或状语构成不定式短语。例如：

to read the newspaper（读报纸） to put on a cap（戴上帽子）

（2）动词不定式的用法

① 作主语。例如：

答案：

1.D　2.C　3.C　4.B　5.B　6.C　7.A　8.C　9.D　10.A　11.C　12.A　13.B　14.C　15.A　16.D　17.A　18.D　19.A　20.B

动词不定式、动名词及分词

1. ________ a language required time and effort, so we should work hard.

A. Learn　B. Learning

C. To learn　D. Being learned

2. How ________ the problem will be discussed at tomorrow's meeting.

A. to solve　B. to be solved

C. being solved　D. solving

3. It was polite for the young ________ their seats to the old.

A. giving up　B. to give up

C. being given up　D. to be given up

4. It is no use ________ anything with Thomas because he will never change his mind.

A. to discuss

B. being discussed

C. discussing

D. to be discussed

5. It is no good ________ .You should give it up.

A. to smoke

B. to be smoked

C. being smoked

D. smoking

Forgive others but not yourself.

待人宽，对己严。

注释：①forgive：原谅；②but：而不是。

To say something is one thing; **To do** it is another.

说是一回事儿，做又是另一回事儿。

To answer the question was not difficult.　回答这个问题不难。

· 用动词不定式作主语时，可以用"it"作形式主语，而将真正主语动词不定式放在后边，以保持句子平衡。例如：

It's one thing **to say** something. It's another **to do** it.

It's not difficult **to answer** the question.

② 作表语。例如：

His wish was **to become** a doctor.　他的志愿是当一名医生。

③ 作宾语。在有些动词后用不定式作宾语，常见的有decide, want, learn,hope, refuse等，例如：

I want **to have** a glass of juice.　我想喝一杯果汁。

He is learning **to swim**.　他在学游泳。

④ 作宾语补足语。

a. 作tell, ask, want, order, like, warn等动词的宾语补足语时，动词不定式带"to"。例如：

They asked me **to wait** a moment. 他们要我稍等一会儿。

Please tell him **to go** there.　请叫他到那里去。

b. 作let, make, see, hear, watch, feel, have等动词的宾语补足语时，动词不定式不带"to"。例如：

Let me **help** you.　我来帮助你吧。

I saw him **leave** there.　我看见他离开那儿了。

We often hear him **sing**.　我们常听见他唱歌。

典例精析：

【例1】Though he had often made his little sister _____, today he was made _____ by his little sister.

A. cry; to cry　B. crying; crying　C. cry; cry　D. to cry; cry

解析：选A。考查短语：make sb do sth 使某人做某事， 但用于被动结构后，则要用不定式符号to连接。

c. 作动词help的宾语补足语时，动词不定式可以带"to"或省略。例如：

Will you help me （to） **find** my watch?　请你帮我找一找手表好吗？

【例2】Mrs. Smith warned her daughter ________ after drinking.

A. never to drive　B. to never drive

C. never driving　D. never drive

解析：选A。考查短语warn sb not to do sth. 此处用never替代not。

【例3】（2007.10）Just a minute. I'll have Hudson__________you to your room.

A. showing　B. show　C. to show　D. showed

解析：选B。have sb do sth让某人做某事。

⑤ 作定语。例如：

Do you have any questions **to ask**?　你有什么问题要问吗？

He was the last **to arrive**.　他是最后一个到的。

There is nothing **to worry about**.　没有什么可担心的。

⑥作状语。例如：

He came **to borrow** my DVD.　他来借我的DVD。（目的状语）

6. I like _________ very much, but I don't like ________ this morning.

A. swimming; swimming

B. to swim; to swim

C. swimming; to swim

D. to swim; swimming

7. The murderer was brought in, with his hand ___behind his back..

A being tied　B having tied

C to be tied　D tied

8. I'm sorry I forget _________ the eraser. Could you lend me yours?

A. taking　B. to take

C. bringing　D. to bring

9. If you keep ________ English, you can learn English well.

A. practicing speak

B. practicing speaking

C. practicing to speak

D. to practice to speak

10. The bird was lucky that it just missed ________.

A. catching

B. to be caught

C. being caught

D. to catch

11. She didn't _____ it until she had been explained how.

A. mange to have done

B. managed to do

C. manage doing

D. manage to do

Drive your business; do not let it drive you.

要推动事业，不要让事业来推动你。

注释：business：事务，事业。

He is too young **to go** to school. 他年龄太小了，不能上学。（结果状语）

（3）动词不定式的否定形式

动词不定式的否定形式由“not + 动词不定式”构成。例如：

Tell him **not to be** late. 叫他不要迟到。

I told him **not to shut** the door. 我告诉他不要关门。

（4）动词不定式和疑问词连用

动词不定式可以和疑问词who, what, which, whether, when, how, where（why除外）等连用，构成动词不定式短语，在句中作主语、宾语、表语等。例如：

How to get there is a question. 怎样去那里是个问题。（主语）

I really don't know **what to do**. 我真不知道怎么办好。（宾语）

I wonder **who to invite**. 我不知道该邀请谁。（宾语）

Tell me **when to pay**. 告诉我什么时候付钱。（宾语）

He can't decide **whether to answer** her letter. 他不能决定是否该回她的信。（宾语）

It's difficult to decide **which to choose**. 很难决定选哪一个好。（宾语）

The question is **where to get** the ticket. 问题是到哪里去弄到票。（表语）

典例精析：

【例1】（2007.3）No matter how wonderful a trip is, it's always good _____ back home.

A. get B. at getting C. for getting D. to get

解析：选D。it's + 形容词/名词等+for sb to do sth，固定句式。no matter how...无论怎样…

【例2】（2009.16）Good evening. It's a great pleasure for me ______ here.

A. have spoken B. having spoken C. be speaking D. to speak

解析：选D。固定句式：It's + 形容词/名词等 + for sb to do sth.

8．动名词

（1）动名词的形式和特征

动名词由动词原形词尾加ing构成，与现在分词的形式相同。动名词兼有名词和动词的特征。它可以起名词的作用，在句中作主语和宾语等；同时，它可以有自己的宾语和状语。

（2）动名词的用法

① 作主语。例如：

Reading aloud is very important for the students in learning a foreign language.

对于学生来说,在学习外语时朗读非常重要。

Talking is easier than **doing**. 说比做容易。

下面句型中，it是形式主语，动名词短语是真正主语。

It's no use **talking about it**. 谈论这件事没有用。

I don't think it's much good **writing to her**. 我认为给她写信没多大用处。

② 作宾语。例如：

I remember **seeing** him in the factory. 我记得在工厂里看到过他。

Please stop **talking**. I can't hear what she is speaking.

请不要说话。我听不见她在讲什么。

Stop to do,停下来去做另一件事

Stop doing. 停止正在做的事。

12. When he got off the bus, it happened ________.

A. to rain B. to be raining

C. raining D. to raining

13. He decided ________ volleyball because he was tired of it.

A. to give playing up

B. giving up playing

C. to give up playing

D. giving playing up

14. He is an experienced driver and he is used ________ on all kinds of roads.

A. to driving B. to drive

C. for driving D. to have driven

15. she is looking forward to ______ her uncle.

A, meet B. to meet

C. meeting D. met

16. I don't want to speak to you, but I ________.

A. have to speak B. must speak

C. have to D. must have to

17. Walking along the river, he heard someone ________ for help.

A. shouting B. shout

C. shouted D. having shouted

18. Mrs. Green warned her son ________ after drinking.

A. never to drive B. to never drive

C. never driving D. never drive

Please enjoy the pain which is unable to avoid。

请享受无法回避的痛苦。

注释：①pain：痛苦，苦难；②avoid：避免。

I must **stop smoking**.

我得戒烟了。（stop是及物动词，smoking是宾语，表示停下经常做的事。）

I **stopped to rest** for a while.

我停下来休息了一会儿。（stop是不及物动词，to rest是目的状语，表示中断手头的事，以便做另一件事。）

③ 作表语。例如：

My job is **teaching** you Chinese.　我的工作是教你们汉语。

④ 作定语。例如：

There is a **swimming** pool in our school.　我们学校里有一个游泳池。

Where is the **dining**-car?　餐车在哪里？

典例精析：

【例1】（2012.13）Peter found a note on the door, ____ him to go to the teacher's office immediately.

A. tell　B. told　C. telling　D. to tell

解析：选C。考查动名词作定语。现在分词telling及句子作后置定语用来修饰note。此处tell意为“告知，告诉，讲述某事”。句意：彼得在桌上发现一张告知他立刻去教师办公室的便条。

（3）动名词的否定形式

动名词的否定形式由not+动名词构成。例如：

Would you mind **not smoking**?　请不要吸烟好吗？

（4）动名词的完成式和被动式

a. 动名词的完成式由“having+过去分词”构成，表示动作发生在谓语动词所表示的动作之前。例如：

He doesn't remember **having** ever **promised** me that.

他不记得曾经答应过我这件事。

She regretted **having missed** the film.　她很遗憾没有看到这个电影。

典例精析：

【例1】（2009.12）______ the math exercises, Tom went out to play football with his classmates.

A. Having finished　B. To have finished

C. Finishing　D. To finish

解析：选A。做完数学练习后，时态为完成时态，动名词形式作原因状语，所以要用 having done形式。

b. 动名词的被动式由 “being＋过去分词” 构成。例如：

I remember **being taken** to Qingdao when I was a child.

我记得我小时候被带到青岛去的情景。

She came in without **being invited**.　没有谁请她,她就进来了。

（5）动名词的复合结构

物主代词或名词所有格与动名词连用，构成动名词复合结构。可以理解为动名词前加物主代词或者名词所有格。

Her going there won't help much.　她去那里帮助不大。

I remember **Wang Ping's coming** here.　我记得王平来过这里。

在口语和不太正式的英语中，这种结构如果不在句子开头，常用人称代词宾格代替物主代词，用名词普通格代替所有格。例如：

He doesn't like **me borrowing** his bike.　他不愿意我借他的自行车。

19. ________ from the moon, the earth with water ________ seventy percent of its surface, appears as “a blue ball”.

A. Seen; covered

B. Seeing; covering

C. Seen; covering

D. To see; to cover

20. ________ for several weeks, the small town was short of food and clothing.

A. As having flooded

B. As flooding

C. Having been flooded

D. To flood

21. ________ , I don' t like the book she wrote.

A. Telling the truth

B. Having been told the truth

C. To tell the truth

D. To be told the truth

22. We walked as fast as we could, _____ to get there on time.

A. hoping　B. to hope

C. hoped　D. being hoped

23. The man managed to make himself ________ with his ________Chinese.

A. understood; breaking

B. understand; broken

C. understand; breaking

D. understood; broken

24. They knew him very well. They had seen him ________ up from childhood.

A. grow　B. grew

C. was growing　D. to grow

Drop by drop the oceans are filled; stone by stone the walls are built.

滴水汇大海，垒石筑高墙。

注释：①drop：一滴水；②ocean：大海；③stone：石头；④wall：墙。

I don't remember **your mother going** there. 我不记得你妈妈去过那里。

（6）动名词和不定式作宾语的比较

① 动词remember, forget 之后可以跟动名词，也可以跟动词不定式，但意义不同。跟动名词是指动作发生在"记得"的动作之前，跟不定式指动作发生在"记得""忘记"的动作之后。例如：

a. remember **doing** sth "记得做过某事"；remember **to do** sth "记得要去做某事"。例如：

I shall always remember **meeting** you for the first time.

我将永远记得初次同你会面的情景。（表示记得已经做了的事）

Remember to **go to** the bank. 记住要到银行去。（表示要记住需要做的事）

b. forget **doing** sth "忘记做过某事"； forget **to do** sth "忘记去做某事"。例如：

I shall never forget **seeing** your mother.

我永远不会忘记见到你妈妈的情景。（表示不忘记已发生的事）

Don't forget **to write** to Uncle Li. 不要忘了给李叔叔写信。（表示不忘记需要做的事）

② 动词stop之后可以跟动名词，也可以跟动词不定式，但意义不同。跟动名词表示停止做某事，跟不定式表示停下来去做另一件事。例如：

I must **stop smoking**.

我得戒烟了。

I **stopped to rest** for a while.

我停下来休息了一会儿。

③ 及物动词 enjoy, finish, mind, suggest, miss, practice， consider，forgive等后面只能接动名词，不能接不定式作宾语。例如：

He **enjoys traveling**. 我喜欢旅行。

Please return the book in time after you **finish reading** it.

请你看完后及时把书还回来。

Do you **mind turning** off the air conditioner? It's too cold.

关掉空调好吗？太冷了。

I **suggested going to** the Summer Palace. 我建议去颐和园。

I'm sorry **I missed seeing** her. 我很遗憾没有看到他。

I began to **practice jumping** in the morning. 我开始在早上练习跳跃。

典例精析：

【例1】（2006.14）I kept ________her not to eat so much ice cream, but she wouldn't listen!

A. telling B. to tell C. told D. tell

解析：选A。keep doing sth持续做某事。

【例2】How about the two of us ________ a walk down the garden?

A. to take B. take C. taking D. to be taking

解析：选C。此题考查动名词的复合结构one's doing。如果动名词的复合结构作宾语时,可以用普通格代替所有格，故此题选C。how/what about doing sth 做……怎么样。

【例3】One learns a language by making mistakes and ________ them.

A. correct B. correcting C. corrects D. to correct

解析：选B。两个并列的动名词做by的宾语。前面是making，后面则用correcting。make mistakes "犯错误"。

25. When she reached the top of the mountain, she stopped ________ on a big rock.

A. to have rested B. resting

C. rest D. to rest

26. Frank, have you had your car ________ yet? I can't wait to use it.

A. to repair B. repairing

C. repaired D. repair

27. The people promise d her daughter ________ to her birthday party were her old friends.

A. invited B. to invite

C. being invited D. inviting

28. —Do you smell anything unusual?

—Yes, I can smell something ________ .

A. burning B. is burning

C. having burnt D. burn

29. The examination was so difficult that almost everybody failed ________ it.

A. in passing B. to pass

C. to have passed D. passing

30. You didn't hear us come back last night because we tried ________ noisy.

A. not to be B. to be not

C. not being D. being no

31.—Was the question difficult?

—Not at all. I found ________ .

A. it very easy for answering

B. it is very easy to answer it

C. very easy to answer it

D. it very easy to answer

Nobody can casually succeed, it comes from the thorough self-control and the will。

谁也不能随随便便成功，它来自彻底的自我管理和毅力。

注释：①succeed：成功； ②thorough：完全地，彻底的。

9. 分 词

分词有两种：现在分词和过去分词。分词兼有动词、副词和形容词的特征，可以有宾语或状语。分词和宾语或状语一起构成分词短语。

（1）分词的构成

现在分词由动词原形加词尾-ing构成。规则动词的过去分词由动词原形加词尾-ed构成，不规则动词的过去分词没有统一的构成规则。

（2）分词的用法

① 作定语：作定语用的分词如果是单词，一般放在名词的前面。如果是分词短语，则放在名词的后面，它的功用相当于定语从句。例如：

The man **standing there** is our headmaster. 站在那里的那个人是我们的校长。

A **broken** pen is lying on the ground. 地上有一只破钢笔。

This is a factory **built** in 1950s. 这是一座20世纪50年代建的工厂。

② 作表语

The story sounds **moving**. 这个故事听起来很动人。

The basketball match we watched was very **exciting**.

我们看的那场篮球比赛太激动人心了。

This cup is **broken**, can I have a new one?

这只杯子是破的，给我一个新的好吗？

She was **terrified** at seeing this. 她看见这个吓了一跳。

③ 作宾语补足语

可以带这种宾语补足语的动词有: see, watch, hear, feel, find, get, keep等。例如：

I found the girl **changed**. 我发现这姑娘变样了。

I saw him **taking** the book away. 我看到他把书拿走了。

I must get my phone **repaired**. 我得去把手机修一下。

Mike is going to have his hair **cut**. 迈克要去理发。

特别提示：在see, hear, watch, feel等动词后面，可用现在分词（或短语），也可用动词不定式（或短语）作宾语补足语，但意义有差别。用现在分词时，表示动作正在进行，用不定式时，表示动作已经发生了，即动词的全部过程结束了。例如：

I saw him **coming in**. 我看见他正走进来。

I saw him **come in**. 我看见他进来了。

④ 作状语

根据动作和句子主语的关系来确定用现在分词还是过去分词。主动关系用现在分词，被动关系用过去分词。例如：

Hearing a noise，they stopped talking.

他们听到了喧闹声，便停止了谈话。（时间）注意：是他们听到。

Being ill，he didn't come. 他病了，没有来。（原因）

Tired with waiting，we went home. 等累了，我们便回家去了。（原因）

She sat there **reading a newspaper**. 她坐在那里读报。（伴随）

Mrs. White walked into the house, **followed by her children**.

怀特夫人走进房子，后面跟着她的孩子。（伴随情况或方式）

He cut off the electricity quickly, **preventing an accident**.

他迅速切断电流，防止了一场事故的发生。（结果）

特别提示：当分词或分词短语作状语时，它的逻辑主语必须和主句的主语一致。例如：

Hoping to surprise him, **I** opened the door very quietly.

我想使他吃惊，便轻轻地打开了门。（hoping的逻辑主语是I）

32. You'd better run faster, or you are going ________.

A. to catch up with
B. to be caught up with
C. to keep up with
D. to be kept up

33. China is a ________ country, but with quite a long history.

A. development
B. developing
C. developed
D. develop

34. ________ into many languages, the book is well known to all.

A. Being translated
B. Having translated
C. To be translated
D. Having been translated

35. Traveling is ________, but we usually feel ________ when we are back home from travel.

A. interesting; tired
B. interested; tiring
C. interesting; tiring
D. interested; tired

36. The glass of water is too hot. I prefer some cold ________ water.

A. boiling　B. boiled
C. having boiled　D. to boil

37. It's so cold. Would you mind closing the window so as to ________?

A. stop the wind to come in
B. prevent the wind coming in
C. prevent the wind to come in
D. keep the wind coming in

Confidence of success is almost success.
对成功抱有信心，就近乎成功。
注释：①confidence：信心； ②success：成功；③almost：几乎，近乎。

Arriving at the airport，**she** found her plane had taken off.
她到达机场时，发现她要坐的飞机已经起飞了。（arriving的逻辑主语是she）

典例精析:

【例1】（2010.12）I was at the office all weekend ___ care of important business.

A. taken B. to take C. taking D. take

解析：选C。taking care of important business作整个句子的状语，动词作状语的时候主动用ing形式，被动用ed形式。take care of 照顾。

【例2】（2008.18）She then went to Chicago, _____ late Wednesday night.

A. arrived B. to arrive C. having arrived D. arriving

解析：选D。"arriving late Wednesday night" 作整个句子的结果状语。通常动词作状语，主动用ing形式，被动用-ed形式。

【例3】（2008. 16）______ with our small flat, Bill's house seems like a palace.

A. Be compared B. To compare C. Comparing D. Compared

解析：选D。这句话的主语为Bill's house，因此应用compared表示被动。

（3）分词的否定形式

分词的否定形式由not + 分词构成。例如：

Not knowing how to do it, we asked him for help.
我们不知道这件事该怎么办，便请他帮忙。

Not understanding the word, he asked the teacher to explain it to him once more.
由于不懂这个词的意思，他请老师给他再讲一遍。

（4）现在分词与过去分词的区别

①语态上不同：现在分词表示主动，而及物动词的过去分词则表示被动。例如：

Who is the girl **sitting** at the window? 坐在窗户边的那个女孩子是谁?

What are the languages **spoken in** Canada? 加拿大说什么语言?

② 时间关系上不同：现在分词往往表示正在进行的动作，过去分词往往表示已经完成的动作。例如：

boiled water 已开过的水（可能是凉开水）
developing countries 发展中国家
developed countries 发达国家

（5）现在分词的时态和语态

现在分词的时态有一般式和完成式，及物动词的现在分词有主动语态和被动语态。其形式如下。

时态 \ 语态	及物动词（draw）主动语态	及物动词（draw）被动语态	不及物动词（come）主动语态
一般式	drawing	being drawn	coming
完成式	having drawn	having been drawn	having come

① 现在分词的时态

现在分词一般式所表示的动作与谓语动词所表示的动作一般同时发生；完成式所表示的动作发生在谓语动词所表示的动作之前。例如：

He hurried home, **looking** behind him as he went.
他急忙赶回家去，一边走一边往后看。（hurried与looking同时发生）

Having finished their housework，they took a rest.

38. ___ anything about the accident, he went to work as usual.

A Don't know B not to know
C not knowing D not to be knowing

39. She is writing a letter to her friends and relatives, ________ them to attend her wedding.

A. invited B. to invite
C. inviting D. having invited

40. The little boy insisted on ________ the toy though his mother did id not agree.

A. to buy B. buying
C. to have bought D. being bought

41. ________ for many years, nobody could recognize him.

A. Put in prison
B. The man putting in prison
C. The man having been put in prison
D. The man being put in prison

42. There was an ________ look on her face when the actor appeared.

A. excited B. excite
C. exciting D. excitedly

43. ________ pollution is the key to ________ the country a comfortable and clean place to live in.

A. To control; keep
B. To control; keeping
C. Control; keeping
D. Controlling; keep

44. I regret ________ that I can't stay here any longer, but I'll come back soon.

A. telling you B. having told you
C. to tell you D. to have told you

The time is passing。
时间在流逝。

他们干完活以后休息了一下。（ finished发生在took a rest之前）

② 现在分词的被动语态

现在分词的被动语态有一般式和完成式两种形式。例如：

The large building **being built**（=which is being built） over there will be a library. 正在建设中的那栋大楼是个图书馆。

Having been shown the factories（= After having been shown the factories）, we were taken to see the library.　我们被带领参观了工厂以后，又去参观了图书馆。

典例精析：

【例1】（2005.1） Many of those _______in the street said that they would give full support to the decision of the government.

A. were questioned　　B. questioned

C. to be questioned　　D. have been questioned

解析：选B。分词做定语，主动用ing形式，被动用ed形式。根据句意得知“街上被提问的人”，所以应使用“questioned”。

【例2】（2005.9） The first classroom building of the school, ________ as Catherine Hall, was built at the beginning of the nineteenth century.

A. to be known　　B. knowing　　C. known　　D. having known

解析：选C。“___ as Catherine Hall”做前面classroom的状语，动词作状语，主动用现在分词形式，被动用过去分词的形式。at the beginning of... 在……的开始。

【例3】（2005.20） When I came in, I saw him _______in a chair deep in thought.

A. sat　　B. seated　　C. seating　　D. being seated

解析：选B。考查非谓语动词。seated是形容词，作主补，宾补，表语。此处作宾补。see sb seated...= see sb sitting... 看到某人坐在……sb be seated,某人入座

45. The little girl pretended ___________ when her mother came into her room.

A. to be sleeping

B. to sleep

C. sleeping

D. to have been sleeping

46. The next morning she found the man __in bed, dead.

A lying　B lie C lay　D laying

47. She is a well-known writer and speaker. She devoted all her life ________

A. to write and lecturing

B. to writing and lecturing

C. to write and lecture

D. writing and lecturing

48. The boy was so late for school today that he was afraid __________ .

A. of scolding　　B. of being scolded

C. to scold　　D. to be scolded

49. The doctors did everything they _________ save the ________ old woman but failed.

A. could; dead　　B. could to; dead

C. could; dying　　D. could to; dying

答案：

1. B　2.A　3.B　4.C　5.D　6.C　7.D
8. D　9.B　10.C　11.D　12.B　13.C
14.A　15.c　16.C　17.A　18.A　19.C
20.C　21.C　22.A　23.D　24.A　25.D
26.C　27.A　28.A　29.B　30.A　31.D
32.B　33.B　34.D　35.A　36.B　37.B
38.C　39.C　40.B　41.C　42.A　43.B
44.C　45.A　46.A　47.B　48.B　49.D

The friendless is the dead.
没有朋友者，等于是死人。
注释：①friendless：无朋友的；②dead：死的。

[七、介 词]

介词一般用于名词或代词（或相当于名词的其他词类、短语或从句）前，表示该词与句子其他成分的关系。

1. 介词的种类

（1）简单介词：例如：at（在……），in（在……里面），on（在……上），to（对于），for（为了……），about（关于），among（在……之中），by（到……为止）等。

（2）合成介词：例如：nearby （在附近），onto（到……上），inside（在……之内，在……里面），outside（在[向]……的外边），within（在……内，在……里面）等。

（3）短语介词：例如：according to（根据），because of（因为），on behalf of（代表），in spite of（不管，不顾），instead of（代替，而不是）等。

2. 介词的位置

介词一般用在它的宾语之前，但在定语从句和疑问句里，介词可以后置，特别是在非正式英语里。例如：

Which drawer did you keep the key **in**? 你把钥匙放在哪个抽屉里了？

The hotel **at** which you stayed is a four-star hotel. 你待的旅馆是四星级旅馆。

3. 介词与其他词类的固定搭配

介词和动词、形容词、名词等常常构成固定的搭配，也就是说，在这些词类的后面，常常要求用一定的介词。这一点在学习时要特别注意。现在分别举例如下：

（1）动词和介词

look at 看	look after 照顾
depend on /upon 依靠	believe in 信任
think of 想起，想出	go on with 继续
take care of 关心	worry about 为……担心
recover from 从……中恢复	increase by/to 增长了/增长到
pay by 按……计酬	prefer... to... 与……相比更喜欢……

典例精析：

【例1】（2006.6）If a shop sells _______ something, it has no more of that particular thing left to sell.

A. into　B. out of　C. on top of　D. up

解析：选B。sell out of卖空，卖光。out of有“用完、用尽”的意思。

【例2】（2007.2）He's in hospital recovering _________ an operation.

A. in　B. for　C. from　D. by

解析：选C。recover form从…中恢复过来。

互动训练

1. —where do the Smith live?

—They live ________ the other side of the road.

A. in　B. on　C. for　D. by

2. I am preparing ________ a trip to the United States. I'm going there to see my husband.

A. to　B. with　C. of　D. for

3. Mr. White has warned his son to be careful ________ the danger, but his son didn't listen to him.

A. of　B. on　C. with　D. for

4. Please give me a hand. I find it impossible to work out this problem ________ your help.

A. with　B. without

C. for　D. under

5. —Will you take a message ________ Li Ping?

—Sure. Go ahead.

A. for　B. towards

C. with　D. about

6. Let me introduce the old worker ________ you. His name is Li Min, and he is a model worker in the factory.

A. with　B. to　C. for　D. about

7. I have learned English for three years. I can write letters ________ English now.

A. on　B. of　C. in　D. at

Behind bad luck comes good luck.
塞翁失马，焉知非福。
注释：behind：在……之后。

【例3】（2008.19）Last year, sales of computers increased ______ 23%.

A. by　B. for　C. with　D. to

解析：选A。increase by涨了多少。by通常表示变化了多少，而to通常表示变化到某个程度。

【例4】（2009.17）George prefers pop music ______ country music.

A. against　B. as　C. over　D. to

解析：选D。prefer…to…，表示比起…更喜欢…

【例5】（2009.12）He told me he got a new job and would be paid ______ the month.

A. by　B. in　C. for　D. with

解析：选A。考查介词。pay by the month表示按月付钱。

（2）形容词、过去分词和介词

be afraid of 为……感到害怕　　be covered with 盖满 被……覆盖

be sure of 深信，确信　　be interested in 对……有兴趣

be good at 在……方面（做得）好

（3）名词和介词

marriage to… 和……的婚姻　love for … 对……的热爱

典例精析：

【例1】（2007.13）__________ parents, we feel that more should be done to help the school.

A. About　B. As　C. For　D. To

解析：选B。as表示作为。句意：作为父母，我们认为应做更多工作，以帮助学校。显然只有B符合语境。

4. 介词短语在句中的作用

介词后面的名词，或相当于名词的其他词类、短语或从句，称为介词宾语。介词不能单独充当句子成分，必须和介词宾语一起构成介词短语，才能充当句子成分。介词短语在句中主要用法如下：

（1）定 语

The man **next to** me is my husband.　挨着我的男人是我丈夫。

I'm a student **of this college**.　我是这所大学的学生。

典例精析：

【例1】（2009.2）—Where are the students from?

—The one ________ a white skirt is from China.

A. in　B. with　C. on　D. of

解析：选A。in后面直接加颜色或衣服表示穿着。

（2）状 语

We can go to the hotel **by bus**.　我们可以坐公交车去宾馆。

There are many restaurants **in the university**. 这个大学里有很多餐馆。

特别提示：in，on，at在句中作时间状语的用法区别。In,on，at是常见的时间介词

①in表示较长时间，如世纪、朝代、时代、年、季节、月及一般（非特指）的早、中、晚等。例如：

in the 20th century　在20世纪　　in the 1950s　在20世纪50年代

in 1989　在1989年　　in summer　在夏天

in January　在1月　　in the morning　在早上

8. My maths was poor. He promised that he would help me ________ it.

A. with　B. in　C. for　D. at

9. When somebody makes mistakes, we should not laugh ________ him.

A. to　B. for　C. on　D. at

10. There are two huge trees ________ the building. They have been standing there for almost fifty years.

A. in the front of

B. on the front of

C. in front of

D. on front of

11. I know she is very bright. She is quick ________ understanding.

A. for　B. of　C. at　D. about

12. I'm very fond ________ dancing, and I want to be a famous dancer.

A. for　B. of　C. at　D. about

13. Great changes have taken place in the city. It seems quite different ________ what it was three months ago.

A. with　B. of　C. from　D. for

14. He said he was sorry _________ what he did, so you need not get angry ________ him.

A. of; with　B. for; with

C. about; from　D. for; about

15. I've never been good ________ singing, but I like to listen to it.

A. at　B. of

C. for　D. about

16. I'm not sure ________ the exact date, but I think he came here in 2004.

A. at　B. of　C. for　D. with

Be slow to promise and quick to perform.

不轻诺，诺必果。

注释：①slow：慢的；②promise：许诺；③quick：快的；④perform：履行，实行。

in one's life 在某人一生中　　in one's thirties 在某人三十多岁时
②on表示具体某一天及其早、中、晚。特指的早中晚，例如：
on May 1st 在五月一日 on Monday 在周一
on New Year's Day 在新年那天　on a fine morning 在一个晴朗的早上
on Sunday afternoon 在周日的下午
on a cold night in January 在一月的一个寒冷的晚上
③at表示某一时刻或较短暂的时间，或泛指圣诞节，复活节等。例如：
at 3: 20 在三点二十　　at the beginning of... 在……的开始
at the end of... 在……的末尾　　at the age of... 在……岁时
at Christmas 在圣诞节　　at night 在晚上
at noon 在中午　　at this moment 在此刻
特别提示：在last, next, this, that, some, every 等词之前一律不用介词。例如：
We meet every day. 我们每天见面。

典例精析：

【例1】（2010.3）The next meeting will take place ________ Tuesday morning.
A. at　B. by　C. in　D. on
解析：选D。在具体的某天早晨用介词on。
【例2】（2009.18）The jacket is too small ________ me.
A. of　B. for　C. to　D. in
解析：选B。考查介词。for表示"对……来说"。
【例3】（2006.12）"What do you want?" said the manager, without ________ her.
A. watching　B. seeing　C. looking at　D. attending to
解析：选C。"你想要什么"，主管说，并且没有看她。look at强调动作；see强调结果；watch 看（比赛）；attend to 处理照顾。
（3）表语
They are **of the same age**.　他们同龄。
We are **like brothers and sisters**.　我们就像兄弟姐妹。

典例精析：

【例1】（2005.18）The cost of living in the downtown area was so expensive that it was ________ the reach of ordinary people.
A. within　B. under　C. beyond　D. above
解析：选C。beyond the reach of超出…的范围，within the reach of 在…范围内。
【例2】（2012.9）You're standing ________. Would you mind moving aside?
A. by the way　B. on the way　C. in the way　D. off the way
解析：选C。考查介词短语。by the way顺便说一下；on the way在途中，即将到来；in the way挡道；off the way远离正道。
五.表示地点的常用介词有：In, on ,at,over,on,above,below, under,etc
Eg; Taiwan is in the southeast of China.
Japan is to the east of China.
Korea is on the east of China.
表示时间的常用介词有：in, on , at, since, from,for,after,during,etc

17. Tom is very proud ________ his new house. It is a large beautiful house with a garden in front of it.
A. about　B. for
C. of　D. at

18. She was afraid ________ missing such a chance, so she decided to go there.
A. of　B. for　C. about　D. with

19. He is not satisfied ________ the results. He has decided to do it again.
A. at　B. of　C. with　D. for

20. You must take good care of yourself. She is very much worried ________ your health.
A. with　B. of　C. about　D. for

21, Great changes have taken place in Shanghai ______ 1992.
A. since　B. after　C. during
D. until

22,The bank opens every day _____ Sunday.
A. during　B. on　C. except
D. from

23, My uncle arrived at the airport ________ the morning of May 3rd.
A,at　B. in　C. on　D. to
24,Water can turn _____ ice when the temperature is below zero.
A. in　B. into　C. by　D. until

互动训练答案：

1.B	2.D	3.A	4.B
5.A	6.B	7.C	8.A
9.D	10.C	11.C	12.B
13.C	14.B	15.A	16.B
17.C	18.A	19.C	20.C
21.A	22.C	23.C	24.B

Where there is a will, there is a way.
有志者事竟成。
注释：①will：意志，意愿；②way：道路。

[八、连　词]

连词在句中的作用是把词与词、短语与短语、句子与句子连接起来。它不能在句中单独作句子成分。

1. 连词的种类

按照连词本身的含义和它所连接的成分的性质，可分为并列连词和从属连词。

（1）并列连词

用来把平行的词和词、短语和短语、分句和分句连接起来的连词叫作并列连词。它表示添加（如and，both...and, as well as, not only...but also）、选择（如or, either...or, neither...nor）、转折（如but, yet）和因果（如for, therefore, so）等意义。并列连词连接的成分必须是同种性质的词、短语或句子。例如：

They sat down **and** talked about something.　他们坐下来讨论了一些事情。

（2）从属连词

用来把从句和主句连接起来的连词，叫作从属连词。连接主语从句、表语从句和宾语从句的从属连词有that, if, whether 等。连接状语从句的连词可以表示时间（如：when在……时候, while在……时候, before在……之前, after在……之后）、地点（如where哪里, wherever无论哪里）、让步（如though虽然, although虽然）、原因（如as因为, because因为, since既然）、目的（如that以便, so that以便, in order that为了，in case以防）、结果（如such…that如此……以至于, so that以至于）和比较（如as像……一样, than比……）等意义。

2. 常用连词用法举例

（1）并列连词

①and 和。例如：

We are dancing and singing.　我们正在跳舞唱歌。

They started to dance and sing.　他们开始跳舞唱歌。（此处省略sing前面的to）

It's always you who make me lucky, happy and healthy.　是你总能使我幸运，幸福和健康。

典例精析：

【例1】（2010.9）The news spread quickly ________ soon everybody knew what had happened.

A. for　B. but　C. or　D. and

解析：选D。根据前后两个句子的句意，是顺承的，没有转折或表示原因，且是肯定句，所以用and连接。

②but 但是。例如：

He is Chinese but he lives in England.　他是中国人，但住在英国。

John is clever, but I am not.　约翰聪明，但我不聪明。

典例精析：

互动训练

1. He looked in all directions, ________ he saw nobody. He had to solve the problem by himself.

A. though　B. if　C. when　D. but

2. I could not answer the questions, ________ I had not reviewed lessons well.

A. or　B. for　C. since　D. but

3. He knows two languages. He can speak ________ English ________ French.

A. not only; but also　B. so; that

C. such; that　D. either; or

4. Be careful, ________ you'll fall from the mountain.

A. or　B. for　C. but　D. if

Better a little fire to warm us, than a great one to burn us.

适量的火好取暖，熊熊烈火能焚身。

注释：①better：更好；②fire：火；③warm：温暖；④burn：焚烧。

【例1】（2009.9）I know you are really busy. _______could you just take a quick look at my writing, please?

A. For B. Or C. So D. But

解析：选D。but连接两个并列句，表示转折。

③or 有三种含义：

a. 或。例如：

Would you like coffee or orange? 你喜欢咖啡还是橙汁？

You can leave or stay. 你可以去，也可以留。

They can come today or tomorrow. 他们可以今天或明天来。

b.否则。例如：

Hurry or you'll be late. 快点，否则你就迟到了。

Put on more clothes, or you'll catch cold. 多穿点衣服，否则你会着凉。

c. 和。and通常用在肯定句中，or用在否定句和疑问句中。例如：

I like chicken and fish. 我喜欢鸡肉和鱼肉。

I do not like chicken or fish. 我不喜欢鸡肉和鱼肉。

④ both A and B... A和B都……例如：

Both you and I must study hard. 你我两人都必须努力学习。

I can both sing and dance. 我会唱歌又会跳舞。

⑤ as well as 既……又（也）……；不仅……而且……例如：

He can sing as well as dance. 他既会跳舞又会唱歌。

We can't expect her to do the housework as well as look after the children.

我们不能要求她既看孩子又做家务。

⑥ not only...but also 不但……而且。例如：

She is not only a writer, but also a teacher.

她不但是一位作家，而且是一位教师。

John not only made a promise，but he also kept it.

约翰不但做出诺言，而且履行诺言。

特别提示：not only...but also 关联两个分句时，一个分句因有否定词not 而必须倒装。

Not only does he like reading stories, but also he can even write some.

他不仅喜欢阅读故事，而且还会写故事。

⑦ either...or... 或者……或者……；不是……就是……例如：

Either his parents or his uncle is going to China.

不是他的父母就是他的叔叔要去中国。

⑧ neither...nor 既不……也不……例如：

Neither you nor I am right. 你和我都不正确。

特别提示：⑦⑧中谓语动词采用就近原则，与or或nor后的词保持一致。

⑨ so 所以。例如：

The water here is polluted, so the crops are dying.

这里的水被污染了，所以庄稼要死了。

⑩ yet 然而；但是。例如：

He studied hard, yet he failed. 他学习很努力，但是失败了。

I have corrected him very often, yet he still makes the same mistakes.

我屡次纠正他，而他仍然犯同样的错误。

⑪ for 因为，由于。例如：

5. It was ________ a long journey ________ we felt very tired when we arrived there.

A. so; that B. so; as

C. such; that D. such; as

6. He didn't catch the flight. He reached the airport shortly ________ the plane took off.

A. after B. before

C. where D. as

7. You may do it yourself, ________ ask somebody else to help you do it.

A. and B. or C. so D. yet

8. I want to buy the dress, ________ I don't have enough money with me.

A. for B. but C. so D. or

One day, has not been able again to come.

一天过完，不会再来。

注释：again：再。

She went to bed, for she was tired. 她去睡觉了，因为她累了。

It must be late, for I have been here a long time.

一定很晚了，因为我在这里已待了很长时间。

特别提示：for和because都有“因为”的意思。for是并列连词，用来补充说明理由或者表示推断的原因，语气比because轻得多，只能放在主句的后面。because表示直接的原因，它所引导的从句是全句的重心所在。在回答why的时候，只能用because。试比较：

We can't go, for it's raining. 我们不能去，因为天在下雨。（补充说明理由）

Mr. Wang must be ill, for he is absent today.

王先生想必是病了，因为他今天没有来。（表示推断的原因）

Because I am late, I have to hurry.

因为我迟了，所以我得快点。（表示直接的原因）

典例精析：

【例1】（2008.2）I didn't say anything ________ I didn't want to hurt her feeling.

A. until B. although C. before D. because

解析：选D。我什么也没，说因为我不想伤害她的感情。because表示原因。

【例2】（2009.4）Barbara wouldn't wash the dishes last Sunday ________ it was Alison's turn.

A. if B. till C. whether D. because

解析：选D。Barbara上周日没有洗碗是因为轮到Alison洗了。because表示原因。

【例3】（2006.2）You really don't need to buy another computer ________ you have already got one.

A. while B. before C. though D. when

解析：选D。考查连词。when在这儿表示原因，相当于since，意思是“既然”。

（2）从属连词

① that

a. 无意义，用来引导主语从句、宾语从句和表语从句。例如：

That he left early is wise. 他早离开了是明智的。

We saw that he was happy. 我们看得出他是高兴的。

My hope is that she will soon be back. 我希望她很快回来。

b. 以便（so that, in order that）。例如：

They set out an hour earlier so that they might get there in time.

他们早一个钟头动身，以便能及时到达那里。

典例精析：

【例1】（2009.19）Sally worked late in the evening to finish her report ________ her boss could read it next morning.

A. so that B. because C. before D. or else

解析：选A。考查连词。so that在此处引导句子作目的状语，意为“以便……”

【例2】（2006.11）_____understand how the human body works, you need to have some knowledge of chemistry.

9. She is a nurse, ________ she is a dancer as well.

A. but B. or C. nor D. and

10. Be sure to finish the work on time, but please remember that we want ________ high speed ________ quality.

A. both and B. either; or

C. neither; nor D. not; but also

11. ________ should a man have courage, ________ he should have wisdom and knowledge.

A. Neither; nor B. Both; and

C. Either; or D. Not only; but

12. I'll meet you at the gate of the cinema. Can you tell me ________ the film will begin?

A. what B. whether

C. when D. where

Even if the present, the match does not stop changes the page.

即使现在，对手也不停地翻动书页。

注释：①present：现在，当前；②match：对手，敌手； ③stop：停下来。

A. In order to　B. Having to　C. Ought to　D. So as to

解析：选A。In order to为了；have to不得不；ought to应该；so as to以便，以致。

② whether/if 是否。例如：

I wonder whether/if my daughter will like the present.

我不知道我女儿是否喜欢那份礼物。

Whether he will be able to come remains a question.

他能不能来，还是个问题。

特别提示：引导主语从句和表语从句要用whether，不能用if。

③ when 当……时。例如：

I was out when he called me.　他打电话的时候，我出去了。

He will telephone you when he comes back.　当他回来后就会给你打电话。

特别提示：when也可用作并列连词，意思是"and then"（就在那个时候），它的前面一般要用逗号隔开。例如：

We were playing football, when it began to rain.

我们正在踢足球，这时天下起雨来了。

1 was playing games, when Tom came into my room.

我正在打游戏，这时汤姆进来了。

④ while

a. 在……的时候，和……同时。例如：

While I was reading, my mother was washing.　我在读书，妈妈在洗衣服。

b. 而，却。例如：

I like tea while she likes orange.　我喜欢喝茶，而她喜欢喝橙汁。

典例精析：

【例1】（2006.19）________ I like the color of the hat; I do not like its shape.

A. While　B. Since　C. As　D. If

解析：选A。考查连词。while意思是"虽然"，句意：虽然我喜欢这顶帽子的颜色，但我不喜欢它的形状。

⑤before 在……之前　。例如：

It will be a long time before we meet again.　很久我们才能再见面

典例精析：

【例1】（2007.19）I need to know more about the job________ I decide whether to apply for it.

A. so　B. unless　C. or　D. before

解析：选D。before引导时间状语从句，在…之前。这句话的意思为：在我决定是否应聘这份工作之前我需要了解更多的情况。

【例2】（2010.5）Jane went away ________ I could say goodbye to her.

A. when　B. before　C. until　D. that.

解析：选 B。还没等我来得及和简说再见她就离开了。

⑥ after 在……之后。例如：

After you finish your homework, come to my office.　你完成工作后，来我的办公室。

⑦ since。

a. 从……以来，以后。例如：

13. ________ surprised me was ________ he could speak English so well.

A. What; how　B. What; that

C. That; that　D. Whom; that

14. Mr. and Mrs. Brown spent the weekend in the country ________ they didn't have to go to work on Saturday.

A. why　B. because

C. until　D. unless

15. Please help me look after the children ________ I am out.

A. though　B. so that

C. that　D. while

16. I like the spring here. It is ________ hot ________ cold.

A. both; and　B. either; or

C. neither; nor　D. not only; but

17. We have studied English for only one year, ________ we can perform English short plays already.

A. and　B. for　C. or　D. yet

18. Trust me. I am sure ________ he said is true.

A. what　B. that

C. which　D. who

Perhaps happiness does not arrange the position, but success must arrange the position.

幸福或许不排名次，但成功必排名次。

注释：①perhaps：也许；　②arrange：安排。

It's a long time since we met last. 好久不见。

b. 因为，既然。例如：

Since you've realized your mistake, I forgive you.

既然你意识到了错误，我原谅你。

⑧ because 因为。例如：

Because it is late, I have to leave. 因为太晚了，我不得不离开。

典例精析：

【例1】（2008.2）I didn't say anything ________ I didn't want to hurt her feeling.

A. until B. although C. before D. because

解析：选D。我什么也没说因为我不想伤害她的感情。because表示因果关系。

⑨ if 如果，要是。例如：

If you come，I'll tell you. 如果你来，我会告诉你。

If I knew, I would tell you. 我要是知道，我就告诉你。

典例精析：

【例1】（2006.17）Taste the soup and add some salt and pepper ________ necessary.

A. though B. how C. since D. if

解析：选D。根据句意：尝尝汤，如果需要的话加点盐和胡椒。

⑩unless 如果不，除非。例如：

You'll miss the match unless you hurry. 你如果不快一些，就赶不上比赛了。

⑪ so that 以便。例如：

Speak loudly, so that I can hear clearly. 说大声点，这样我才能听清楚。

His parents call him every day so that he won't miss them too much.

他父母每天打电话给他，为的是让他不那么想家。

⑫ so...that 如此……以致。例如：

He was so careless that he forgot the time. 他如此粗心以至于忘记了时间。

⑬ in order that 以便，为了。例如：

I shouted at the top of my voice in order that I might be heard.

我尽力大声喊，好让别人能听得见。

⑭ although/though 虽然。例如：

Although/Though he is a child, he can tell white from black..

虽然他还是孩子，但是他能明辨是非。

⑮ as if/as though 好像，仿佛。例如：

He talks as if/as though he understood everything. 他说话的样子好像他什么都懂。

典例精析：

【例1】（2010.15）________ everybody knows, the farming industry is in serious difficulties.

A. What B. That C. As D. Which

解析：选C。as sb know，正如某人知道的那样。

⑯ as...as 和……一样。例如：

She is as tall as her mother. 她和她妈妈一样高。

I' m not as /so brave as you. 我没有你那么勇敢。

19. ________ we'll go hiking tomorrow depends on the weather,

A. If B. Whether

C. That D. Where

20. In my family there is a rule that anybody ________ comes first cooks the dinner for the whole family.

A. that B. who

C. what D. why

21. Stand over there ________ you'll be able to see the oil painting better.

A. but B. till C. or D. and

22. In some places women are expected to earn money ________ men work at home and raise their children.

A. where B. while

C. because D. though

23. I can't tell whether the book is worth reading ________ I haven't read it myself.

A. but B. so C. for D. or

24. Start out right away, ________ you'll miss the first train.

A. but B. while C. or D. and

All things in their being are good for something.

天生我材必有用。

⑰ than 比。例如：

I'm taller than you. 我比你高。

She runs faster than I. 她跑得比我快。

⑱ where 在/去……的地方。例如：

Please stay where you are. 请待在你现在待的地方。

典例精析：

【例1】（2005.8）The main events today are ________. First, the president's speech, secondly, the secretary's reply and thirdly, the chairman's summing up.

A. as far as　B. as for　C. as though　D. as follows

解析：选D。考查短语辨析。as far as远至，到……程度；as for至于；as though好像；as follows如下。根据题意选D。

【例2】（2005.13）It was what the headmaster meant _______ what he said.

A. but　B. instead　C. rather than　D. not as

解析：选C。rather than而不是，根据句意：这是校长所表达的意思，而不是他说的。

【例3】（2008.7）I should buy the house because it is near a beautiful park. _______ it's not far from my parents' home.

A. As a result　B. In the end　C. What's more　D. As usual

解析：选C。what's more此外；as a result结果；in the end最后；as usual像往常一样。

【例4】（2012.19）In this city, the prices of vegetables are _______ than those of meat.

A. higher　B. highest　C. the highest　D. high

解析：选A。考查形容词的比较级。句中有than，因此使用比较级。句意：在城市里，蔬菜的价格要比肉的价格高。

注意：1. 不能同时出现在一个句子里的连词

Because ,so 不能同时出现一个句子中。

Although , but 不能同时出现在一个句子里。

2. if的不同意思：

如果，If it rains tomorrow, we'll put off the sports meeting.

是否，I don't know if it will rain .

25. There are many kinds of sports, ________ my favorite is swimming.

A. but　B. so　C. as　D. then

26, _______ he's old, he can still carry this heavy bag.

A. Though　B. Since　C. For　D. So

27. Do you know if he _______ to play basket ball with us?

I think he will come if he ______ free tomorrow.

A. comes; is　B. comes; will be

C. will come; is　D. will come; will be

28, I was late for class yesterday _______ there was something wrong with my bike.

A. when　B. that　C. until　D. because

互动训练答案：

1.D	2.B	3.A	4.A
5.C	6.A	7.B	8.B
9.D	10.A	11.D	12.C
13.B	14.B	15.D	16.C
17.D	18.A	19.B	20.B
21.D	22.B	23.C	24.C
25.A	26.A	27.C	28.D

Friendship cannot stand always on one side.

来而不往非礼也。

注释：①friendship：友谊；②side：边。

[九、构词法知识]

英语主要有以下几种构词法。

1. 合成法或复合法

把两个或两个以上独立的词结合在一起，构成新词，这种方法叫作合成法或复合法构成。其构成的词，叫合成词或复合词。例如：

book-shelf　书架　　workmate　同事　　head-teacher　班主任
black-board　黑板　　football　足球　　reading-room　阅读室

2. 转化法

不改变词的形态，只是使词从一种词类转化为另一种词类，从而使该词具有新的意义和作用，成为一个新词。这种构词的方法叫作词类转化法，简称转化法。例如：

dream n.　梦→dream vt.　做梦
empty adj.　空的→empty vt.　倒空

3. 派生法

用派生词缀和词根结合构成单词的方法，叫作派生法。用派生法构成的词叫作派生词。

	后缀	例词
名词	-er（人；动作者） -ese（人；语言） -ian（人） -ist（人） -ness（性质） -or（人；动作者） -tion（行为；状态）	reader读者　teacher老师　worker工人 Chinese中国人　Japanese 日本人　musician音乐家 Russian俄罗斯人　artist艺术家　pianist钢琴家 scientist科学家　carelessness粗心　illness疾病 darkness黑暗　visitor游客　professor教授 preparation准备　operation 手术
形容词	-al -ful（充满……的） -less -y	national国家的　political政治的　useful有用的 careful小心的　helpful有帮助的　helpless无助的 useless无用的　careless粗心的　happy高兴的 sunny晴朗的　dirty脏的
动词	-ize	apologize道歉　organize组织
副词	-ly	badly糟糕地　happily高兴地　truly真实地
数词	-teen -ty -th	fourteen十四　eighteen十八　forty四十 fifty五十　ninth第九　twelfth第十二 twentieth第二十
	前缀	例词
	a- dis-（否定） un-（不）	awake醒着的　ahead在……之前 aloud大声地　dishonest不诚实的 disagree不同意　unbelievable难以置信的 unfair不公平的

互动训练

1. That man was ________ enough not to tell the manager that he would not do the job.
A. care　B. careful
C. careless　D. carelessness

2. The soldier died for saving the child, so his ________ is heavier than Mount Tai.
A. die　B. dead
C. died　D. death

3. The child looked ________ at his brother who was badly wounded.
A. sadly　B. sadness
C. sadder　D. sad

4. He is an expert at chemistry. We all call him a ________.
A. chemistry　B. chemical
C. chemist　D. physician

5. The three ________ chair isn't suitable for a young child. He may fall off.
A. legging　B. legged
C. legs　D. leged

6. Stephenson became the ________ railway engineer in the world.
A. lead　B. leader
C. leading　D. leadership

7. When the teacher praised him for working out the math problem, Jack looked ________ at his classmates.
A. proud　B. proudly
C. pride　D. pridely

互动训练答案：
1.B　2.D　3.A　4.C　5.B　6.C　7.B

Better be alone than in bad company.
交损友不如无友。
注释：①alone：单独的；②company：陪伴。

单招习题化 知识整合

第二部分 句法知识讲解和练习

[一、句子的分类]

1. 英语句子按照使用目的可分为四类：陈述句、疑问句、祈使句和感叹句

（1）陈述句：用来说明事实或说话人的看法的句子，叫作陈述句。陈述句末尾用句号，全句通常用降调。陈述句有肯定式和否定式两种形式。例如：

She has gone to Yunnan. 她到云南去了。

You mustn't smoke in the library. 图书馆里不许吸烟。

（2）疑问句：用来提出问题的句子，叫作疑问句。英语中有四种疑问句：一般疑问句、特殊疑问句、选择疑问句、反义疑问句。例如：

Are you from Shanghai? 你是上海人吗？

How long have you stayed here? 你在这儿多久了？

Does he work in the hospital or in the university? 他是在医院还是在大学工作？

She has finished the book，hasn't she? 她读过这本书，是不是？

典例精析：

【例1】（2010. 2）—Don't forget to lock the door!

—________.

A. No, I'm not B. Yes, I have C. No, I won't D. Yes, I'm sure

解析：选C。在一般疑问句的回答中，根据整个句意，肯定的回答即用yes，后面也统一用肯定式；如果是否定的回答即用no，后面部分也用否定式。Don't forget的否定回答是won't。句意：请不要忘了锁门。是，我不会的。

（3）祈使句：用来表示命令、请求的句子称为祈使句。例如：

Open the window，please! 请打窗户！

Don't be afraid! The dog is friendly. 别害怕！这条狗比较友好。

（4）感叹句：表示喜、怒、哀、乐等强烈感情的句子叫作感叹句。例如：

How beautiful the flower looks! 这花多美啊！

What a beautiful watch it is! 多好看的表啊！

2. 英语句子按照结构可分为三类：简单句、并列句和复合句

（1）简单句

只包含一个主谓结构的句子，并且句子各成分都只由单词或短语构成的独立句子或分句，称为简单句。简单句分为五大基本句型：主谓，主谓宾，主系表，主谓宾宾补，主谓间宾直宾，例如：

①主语+谓语

The watch doesn't work . 表不走了。

②主语+谓语+宾语

All the students study English in classroom. 所有同学都在教室里学英语。

互动训练

1. There ________ a lot of orange juice in the bottle. Would you like some?

A. is B. are

C. am D. be

2. —Do you often play basketball?

—Yes, usually ________ Saturday afternoon.

A. in B. on

C. at D. over

3. —Where is Peter, do you know?

—He ________ Aunt Ying look after the baby.

A. helps B. helped

C. was helping D. is helping

4. —Who was not here yesterday ?

—The headmaster. ________ she was ill and had to go to hospital.

A. Because B. If

C. Though D. When

Difficult circumstances serve as a textbook of life for people.

困难坎坷是人们的生活教科书。

注释：①circumstance：环境； ②serve as：充当；③life：生活。

③主语+连系动词+表语

The flowers are white . 这些花是白色的。

④主语+谓语+宾语+宾补

We call him Jim. 我们叫他吉姆。

⑤主语+谓语+间接宾语+直接宾语

My brother gave me a watch as my birthday gift.

我弟弟送给我一块手表当做生日礼物。

注意：有时两个或更多的并列主语拥有一个共同的谓语，甚至并列有两个主语和两个谓语，这样的句子仍然是简单句。例如：

Mr.Wang and I often work together and help each other.

王先生和我常在一起工作互相帮助。

（2）并列句

两个或两个以上互相关联而又相互独立的简单句用并列连词（and, but, while, so，or等）或分号（；）连接，构成并列句。例如：

We can read newspapers and magazines there, **but** we can't take any of them out.

我们可以在那里看报纸杂志，但是不能带走。

They took the thief to the judge, **and** the peasant got his horse back.

他们把那个贼带到法官那里，于是那个农民收回了自己的马。

They asked me to go, **so** I went.　他们要我去,所以我就去了。

The children can go with us, **or** they can stay at home.

孩子们或是跟我们走，或是留在家里。

Hurry up, **or** you can't catch the bus.　快点儿，否则你就赶不上车了。

见并列连词部分。

We fished all day**;** we didn't catch a fish.　我们钓了一天的鱼,一条鱼也没钓到。

（3）复合句

如果句子的主语、宾语、定语或状语等部分是一个分句（即一个主谓结构）时，全句就称为复合句。主句是句子的主体，从句只用作句子的一个成分。从句在主句中做什么成分就叫什么从句。例如，从句作宾语就叫宾语从句；作状语就叫状语从句。例如：

When we borrow books we must obey the library rules.

我们借书时，必须遵守图书馆的规则。（状语从句）

I wish I **could fly to the moon in a spaceship some day**.

我希望有一天我能乘宇宙飞船飞到月球上去。（宾语从句）

典例精析：

【例1】The traveler was ___ tired that she couldn't walk on.

A. so　　B. very　　C. too　　D. quite

解析：选A。考查并列句，so...that... 表示“太……导致……”“如此……以至于……”，固定搭配。句意：这个游客太累了而不能再走了。

【例2】He didn't go home ___ he finished the work.

A. since　　B. if　　C. because　　D. until

解析：选D。考查状语从句，此处not...until...意为“直到……才……”，句意为他直到完成了工作才回家。

5. —What ________ good weather!

—Let's have a game in the yard.

A. an　　B. a

C. the　　D. /

6. —Where do you live in Melbourne?

—Let me ________ you on the map.

A. give　　B. teach

C. bring　　D. show

7. Is this the factory ________ you visited the other day?

A. that B. where C. in which D. the one

互动训练答案：

1.A　2.B　3.D　4. A　5.D　6.D　7.A

Failure is the mother of success.

失败乃成功之母。

注释：failure：失败。

[二、句子的成分]

一个句子的各个组成部分叫作句子的成分。句子的组成部分包括主语、谓语、宾语、定语、状语、表语、同位语、补语八种。主语和谓语是英语句子的主干，是句子的核心。除少数句子（如祈使句和感叹句等）外，一句话必须同时具有主语和谓语，所表达的意思才能完整。

1. 主　语

表示句子所说的是谁或是什么。它是一个句子的主体，一般由名词、代词或相当于名词的词、短语、从句等充当。例如：

Fred is an American boy.　弗雷德是个美国男孩。

We study in No.1 Middle School.　我们在一中学习。

典例精析：

【例1】________ will leave for Beijing.

A. Now there the man　B. The man here now

C. The man who is here now　D. The man is here now

解析：选C。“谁要离开北京”，这里显然缺一主语，“who is here now”作定语修饰主语。而一个句子中不能出现两个谓语，所以选C。

【例2】_______ were all very tired, but none of _______ would stop to take a rest.

A. We, us　B. Us, we　C. We, our　D. We, we

解析：选A。考查句子主语的充当成分，第一个空应填主格形式，排除B；第二个空是介宾短语作主语，应填宾格形式，排除C、D，所以选A。

2. 谓　语

说明主语的动作、状态或特征。一般由“动词、系表结构、助动词+实义动词”等表示。例如：

They **work** hard.　他们努力工作。

I **like** football.　我喜欢足球。

My shirt **is** white.　我的衬衫是白的。

典例精析：

【例1】例1，We _____ to the park yesterday.

A, go B,will go C,went D,have gone

解析：昨天的事情，所以用一般过去时，故选C

【例2】The actor ________ at the age of 70.

A. dead　B. died　C. dyed　D. deaded

解析：选B。由句意可知，句子缺少谓语，die的过去式为died，所以选B。A是形容词形式，C、D不存在。

3. 宾　语

宾语是谓语动作所涉及的对象，它是动作的承受者。一般由“名词、代词（宾

互动训练

1. ________ is not true.

A. what said he

B. He said what

C. what he said

D. He said

2. The flowers ________.

A. white and red

B. are white and red

C. not white and red

D. was white and red

3. The apple tasted ________.

A. sweets　B. sweetly

C. nicely　D. sweet

God helps those who help themselves.

自助者天助之。

注释：①help：帮助；② those：那些。

格）或相当于名词的词、短语、从句”等来充当。例如：

My sister often helps **me**. 我姐姐常常帮助我。

We study **English** at school. 我们在学校学英语。

4. 表 语

表语是用来说明主语的性质,身份,特征和状态。表语须和连系动词一起构成句子的复合谓语。表语一般放在系动词之后。一般由“名词、形容词、短语、从句”等来表示。例如：

Mr. Li is **a teacher**. 李先生是教师。

The sky is **blue**. 天空是蓝的。

The book is **on the table**. 书在桌上。

典例精析：

【例1】The apple tasted ________.

A. sweets B. sweetly C. nicely D. sweet

解析：选D。考查形容词作表语，只有D是形容词。句意：这个苹果尝起来很甜。注意taste是系动词。

5. 定 语

用于描述名词、代词、短语或从句的性质、特征范围等情况的词叫作定语。如果定语是单个词放在被修饰词的前面；如果是词组,放在被修饰词的后面。定语常由“形容词、代词、数词、名词、介词短语、从句”等来表示。例如：

That is a **green** jeep. 那是一辆绿色的吉普车。

We have **four** lessons in the morning. 我们上午上四节课。

6. 状 语

（1）说明事物发生的时间、地点、原因、目的、结果方式、条件或伴随情况、程度等情况的词叫状语。

（2）状语的功用：状语说明地点、时间、原因、目的、结果、条件、方向、程度、方式和伴随状况等。

（3）状语一般由副词、介词短语、分词和分词短语、不定式或相当于副词的词或短语来担当。其位置一般放在句末，但也可放在句首或句中，用来修饰动词、形容词或副词。例如：

Li Ming speaks English **very well**. 李明的英语说得很好。

We have sports **in the afternoon**. 我们下午进行体育活动。

The virus of SARS can **quickly** spread **among people**.

非典病毒能在人群中迅速传播。

典例精析：

【例1】He got up ________ yesterday morning.

A. lately B. late C. latest D. latter

解析：选B。根据句意（他昨天早上起晚了）可判断选B。副词作状语，lately最近，late晚，latest最近的，latter后者。

7. 同位语

当两个指同一事物的句子成分放在同等位置时，一个句子成分可被用来说明

4. He got up ________ yesterday morning.

A. lately B. late

C. latest D. latter

5. The actor ________ at the age of 70.

A. dead B. died

C. dyed D. deaded

6. ________ were all very tired, but none of ________ would stop to take a rest.

A. We, us B. Us, we

C. We, our D. We, we

7. He found the street much ________.

A. crowd B. crowding

C. crowded D. crowdedly

A candle lights others and consumes itself.

蜡烛照亮别人毁灭了自己。

注释：①candle：蜡烛； ②light：照亮；③consume：毁灭，消灭。

或解释另一个句子成分，后者就叫作前者的同位语。这两个句子成分多由名词（代词）担任，同位语通常放在其说明的名词（代词）之后。例如：

This is Miss Chen, our English teacher. 这是陈小姐，我们的英语老师。

My parents both are teachers. 我父母俩都是老师。

We all like sports. 我们都喜欢运动。

典例精析：

【例1】The president has put forward a plan_______ more graduates should go to work in the country.

A. when B. that C. whether D. how

解析：选B。考查同位语从句，that引导的同位语从句是plan的内容，作其同位语。句意：一个计划已经被提出，计划是让更多的毕业生应该去农村工作。

【例2】Children in this town ________ can get a gift on Christmas.

A. each B. every C. everyone D. both

解析：选A。考查同位语的使用。选项中只有A、D能做同位语，D是两者都有，所以选A。

特别提示：英语中为了完整表达意思，还引进了一种成分——补语。下面予以讲解：

英语中补语的作用对象是主语和宾语,具有鲜明的定语性描写或限制性功能,在句法上是不可或缺的。补语是起补充说明作用的成分。最常见的是宾语补足语。名词、动名词、形容词、副词、不定式、现在分词、过去分词都可以在句子中作宾补。例如：

Father will not allow us to play on the street. 父亲不让我们在街上玩耍。（不定式做宾补）

At the meeting we elected him monitor. 在会议上，我们选举他做班长。（名词做宾补）

What you said made Xiao Wang angry. 你所说的话使小王生气了。（形容词做宾补）

Please call the students back at once. 请立刻召回所有的学生。（副词做宾补）

We hear him singing in the hall. 我们听见他在大厅里唱歌。（现在分词作宾补）

He saw his face reflected in the water.

他看到自己的脸倒影在水中。（过去分词做宾补）

8. I think _____ necessary to learn English well.

A. its B. it

C. that D. that is

9. The dog ____ mad.

A. looks B. is looked

C. is being looked D. was looked

10. I will never forget the day ______ I joined the army.

A. that B. when

C. in which D. where

互动训练答案：

1.C 2.B 3.D 4.B 5.B 6.A 7.C 8.B 9.A 10.B

Actions speak louder than words.

事实胜于雄辩。

注释：①action：行动；②words：话语。

[三、简单句]

1. 简单句的结构

英语句子有长有短，有简有繁。但是，按照结构特征及句中主要成分之间的关系，可以归纳为五种基本句型。

基本句型一：主语+连系动词+表语。例如：

He is a teacher.　他是教师。

The jeep is green.　这辆吉普车是绿的。

The map is on the wall.　地图在墙上。

He looks young.　他看上去很年轻。

基本句型二：主语+谓语。例如：

We play every day.　我们每天都玩。

They work hard.　他们努力工作。

He gets up at six every day.　他每天六点钟起床。

这里谓语动词是不及物动词，不带宾语。

基本句型三：主语+谓语+宾语。例如：

We study English.　我们学英语。

基本句型四：主语+谓语+间接宾语+直接宾语

有些及物动词，例如give（给），tell（告诉），teach（教）等，可以有两个宾语。一般说来，这两个宾语一个指物，一个指人；指物的叫作直接宾语，指人的叫作间接宾语，间接宾语一般放在直接宾语之前。例如：

He gave the little boy a toy gun.　他给了这个小男孩一支玩具枪。

I bought her a new MP3.　我给她买了一个新的MP3。

基本句型五：主语+谓语+宾语+宾语补足语

英语中有些及物动词的直接宾语后面需要加个补足语，句子的意思才算完整。宾语和它的补足语在逻辑上有主谓关系，合在一起叫复合宾语。可带复合宾语的动词有ask（让；要），tell（告诉），see（看见），make（使），want（要），call（叫作）等。常用作宾语补足语的有名词、形容词、动词不定式等。例如：

I wanted him to come.　我要他来。

I'll tell her to wait for you.　我会告诉她等你。

We saw him go out.　我们看见他出去了。

We'll make our country more beautiful.　我们将使我们的国家更美丽。

They call him little Tom.　他们叫他小汤姆。

2. 陈述句

（1）陈述句的语序

陈述句的语序一般是主语在前，谓语在后。在某些类型的句子中常用倒装语序。例如：

We came here last night.　我们是昨夜来到这儿的。

They haven't come yet.　他们还没有来。

Here is a letter for you.　这儿有你一封信。（倒装）

There comes the bus!　公共汽车来了！（倒装）

互动训练

1. Isaac ________ coffee at all. He ________ tea.

A. doesn't like; prefers

B. likes; doesn't prefer

C. would like; not prefer

D. prefers; is not fond of

2. In Britain tea ________ with milk or sugar in it.

A. usually drinks

B. is usually drunk

C. usually is drunk

D. drunk usually

3. His parents ________ in the country. Now they ________ in the city.

A. used to live; live

B. used to living; live

C. use to live; is living

D. was used to live; live

Better be the head of a dog than the tail of a lion.

宁为犬首，不为狮尾。

注释：①head：头。②tail：尾巴；③lion：狮子。

典例精析：

【例1】—What did your father say just now?

—Sorry, I don't know. I ________ on the phone.

A. am talking　　B. talk　　C. was talking　　D. have talked

解析：选C。由题意可知是在爸爸说话的一段时间内正在进行的动作，故应用过去进行时。句意：你的爸爸刚才说了什么？对不起，我不知道。刚才我在打电话。

（2）陈述句的否定形式

① 如果句子的谓语动词是be或have时，在它们的后面加not。例如：

He is not an English teacher.　他不是英语教师。

I have not any brothers.　我没有兄弟。

② 如果谓语动词中有助动词或情态动词，在它们的后面加not。例如：

I will not / won't go to the park with you.　我不能和你去公园。

You must not / mustn't smoke here.　你不得在此地抽烟。

They have not / haven't been to Hangzhou.　他们没有去过杭州。

We cannot / can't live without air.　没有空气，我们不能生存。

③ 如果句子的谓语动词是行为动词，而句中又没有助动词或情态动词，就要在谓语动词之前加do not（第三人称单数现在时用does not，过去时各人称都用did not）。例如：

He does not / doesn't know Russian.　他不懂俄语。

They do not / don't like football.　他们不喜欢足球。

She did not / didn't come to see us last week.　她上星期没来看我们。

④ no，never等含有否定含义的词也可构成陈述句的否定形式。例如：

They have no time.　他们没有时间。

We are never afraid of difficulties.　我们从不害怕困难。

3. 疑问句

（1）一般疑问句

对某一情况是不是事实提出疑问，通常用yes或no来回答的问句，称为一般疑问句。它相当于汉语中以"吗"结尾的是非问句。一般疑问句通常用升调。例如：

Is Mr. Zhang your teacher?　张先生是你的老师吗？

Does he work in the factory?　他在工厂工作吗？

英语一般疑问句的两种语序：

① Be / Have +主语...？例如：

Is he a professor?　他是教授吗？

典例精析：

【例1】______he finished his new story by now?

A. Did　　B. Will　　C. Has　　D. Does

解析：选C。到现在为止他完成他的新小说了吗？by now 是现在完成时的标志。

② 助动词（情态动词）+主语+行为动词……例如：

Did you go to the park yesterday? 你昨天去公园了吗？

Will you come tomorrow?　你明天来吗？

Can he answer this question?　他能回答这个问题吗？

Have they finished the work?　他们干完了那件工作吗？

4. —Can she drive a car?

—________.

A. Yes and Alice can't, too

B. Yes, but Alice can't

C. No, but Alice can, too

D. No, but Alice can't, too

5. —Do you want a ruler or a pen?

—________.

A. Yes, I do　　B. I want a pen

C. No, I don't　　D. Yes, it is

6. They had a good time last weekend, ________?

A. do they　　B. had they

C. didn't they　　D. hadn't they

A fall in a pit, a gain in your wit.

吃一堑，长一智。

注释：①fall：落下，跌落；②pit：坑，陷阱；③gain：增长，增加；④wit：智慧，头脑。

（2）特殊疑问句

用"who"（谁），"what"（什么），"where"（何地），"when"（何时），"how"（怎样），"why"（为什么）等提问，不能用yes或no来回答的问句，称为特殊疑问句。特殊疑问句均以特殊疑问词开头，一般用降调。特殊疑问句的语序一般有两种情况：

① 疑问词+一般疑问句的语序（疑问词作宾语、表语、定语或状语时）。例如：

What's your name?　你叫什么名字？
Where are you from?　你是哪里人？
What are you looking for?　你在寻找什么？
Where did he go yesterday?　他昨天上哪儿去了？

典例精析：

【例1】They are very tired. Why ________ have a rest?

A. not they　B. do not they　C. don't they　D. not to

解析:选C。疑问句的否定式用缩略式，why don't 表示"为何不……"。

【例2】—You look rather tired. ________ stopping to have a rest?

—All right.

A. Why not　B. How about　C. Why not to　D. why don't

解析：选B。你看起来相当疲惫，停下休息一下怎么样？ how about / what about + doing 表示"做……怎么样"；why not / why don't sb + do sth 表示"为什么不……"

② 疑问词作主语或主语的定语时，用陈述句语序。例如：

Who is your group leader?　你们的组长是谁？
Who are talking in the next room? 谁在隔壁房间说话？
What makes him so angry?　什么事情使他这么生气？
Whose room is the cleanest?　谁的房间最清洁？

典例精析：

【例1】—________ is the woman standing over there?

—She is an English teacher.

A. How　B. What　C. Who　D. Which

解析：选B。What is she? "她是做什么的?"问别人的职业可用这个句型。

【例2】—________ is your brother?

—He is much better now. Thank you.

A. What　B. How　C. Who　D. Which

解析：选B。How is he? 他怎样了?问他人身体状况可用这个句型。

【例3】—What made her so worried?

—________.

A. Because she lost her money　B. As she lost her money
C. Losing her money　D. For she lost much money

解析：选C。由语境可判断所选的答案充当问句中what所起的作用，即作句中的主语，四个选项中只有C能做主语，其他都是从句。

【例4】—________ did they hold the meeting?

—To elect the monitor of the class.

A. How　B. Where　C. When　D. Why

解析：选D。从答语To elect the monitor of the class（去选出班长）这一目的状语可判断问的是开会原因，故选D项。

7. I am going to see you off. ________ me again before leaving.

A. Calling　B. To call
C. Call　D. Do calling

8. Mike and Tom know a little Russian, ________?

A. does he　B. doesn't he
C. do they　D. don't they

9. ________ fine day today! Let's go out to play.

A. What　B. What a
C. How　D. How a

Habit is second nature.
习惯成自然。
注释：①habit：习惯；②nature：自然。

【例5】— ________ did they come here?

—By taxi.

A. When　B. How　C. Why　D. Where

解析：选B。根据答语By taxi这一方式状语可判断出选B项。how表示方式。

【例6】— ________ is the capital of the States?

—Washington.

A. Where　B. What　C. When　D. Who

解析：选B。若回答在哪，可用where提问。但答语是 Washington, 是个地点名词故用what提问。

【例7】________ is the population of your country?

A. How many　B. How much　C. What　D. Which

解析：选C。问人口是多少，用what。

【例8】— ________ do you go to the movie?

—Once a month.

A. How many　B. How far

C. How soon　D. How often

解析：选D。how often 多长时间做一次（表示频率）。

【例9】— ________ will you be back?

—In three weeks.

A. How often　B. How soon

C. How far　D. How much

解析：选B。how soon多快，过多久能……，how far多远。

【例10】________ is the weather?

A. What　B. How　C. Which　D. Where

解析：选B。 What is...like? 或 How is...? 问"……怎样？"

【例11】—________ of the writers do you like best?

—Mark Twain.

A. Who　B. Which　C. What　D. Whom

解析：选B。第一句意为"这些作家中你最喜欢哪一位?"应用which提问。

【例12】—________ have you been away from home?

—I have been away from home for five months.

A. How much　B. How long　C. What time　D. When

解析：选B。How long 多久。

（3）反义疑问句

①反义疑问句的构成

反义疑问句表示提问者有一定的主见，但没有把握，希望对方来证实。反义疑问句由两部分组成，前一部分是对事物的陈述，后一部分是简短的提问。如果前一部分用肯定形式，后一部分一般用否定形式；前一部分用否定形式，后部分就用肯定形式。即"前肯后否，前否后肯。"两部分的人称和时态要一致。反义疑问句陈述部分用降调，后半部分可升可降。例如：

You are a teacher, aren't you?　你是教师，是不是？

She is doing some washing, isn't she?　她在洗衣服，是吗？

Zhang Han walks to work every day, doesn't he?

张晗每天走路去上班，是吗？

You don't go to your factory on Sundays, do you?

你星期日不去你们工厂，是吧？

10. ________ the hare ran! The tortoise couldn't catch up with it.

A. How fast　B. How quickly

C. What a slow　D. What quick

11. Listen! ________ she sings! She is the best singer in our class.

A. What beautiful

B. How beautiful

C. What beautifully

D. How beautifully

12. —It's very cold today, ________?

—Yes. I have to wear warm clothes.

A. isn't it　B. was it

C. doesn't' it　D. did it

By other's faults, wise men correct their own.

他山之石，可以攻玉。

注释：①fault：错误； ②wise：英明的；③correct：改正。

You went to your office this morning, didn't you?

你今天上午去你办公室了，对不对?

②反义疑问句的回答

反义疑问句答语和一般问句的答语形式相同。如果答语本身是肯定的，前面要用yes；如果答语是否定的，前面要用no。但若反义疑问句的第一部分是否定句，回答时，如果客观事实是肯定的，就用Yes;如果客观事实是否定的，则用No。例如：

You don't study French, do you？ 你没学法语，是不是?

Yes, I do. 不，我学了。（事实是我学了，用Yes.）

She isn't in the room, is she? 她没在房间里，是吗?

No, she isn't. 对，她没在。（事实是她没在，故用No.）

You haven't seen Mr. Zhang, have you? 你没见到张先生，是吗?

Yes, I have. 不，见到了。（事实是我见到了，所以用Yes.）

特别提示：祈使句的反义疑问句一般用will you;但在 Let's…句型中要用shall we.

典例精析：

【例1】John, read the text for us, ________?

A. does he B. will he C. do you D. will you

解析：选D。此处为祈使句的反义疑问句，所以用will you ?句意：约翰，为我们读课文，好吗?

【例2】Let's do it at once, ________ ?

A. shall we B. will you C. do we D. do you

解析：选A。让我们立刻做这件事吧，好吗？let's 表示包括说话人在内，是在向自己人询问，用shall we。

【例3】Let us do it at once, ________ ?

A. shall we B. will you C. do we D. do you

解析：选B。let us 表示不包括说话人，是在向对方询问，相当于祈使句，要用will you。

【例4】—Don't forget to lock the door!

—________.

A. No, I'm not B. Yes, I have C. No, I won't D. Yes, I'm sure

解析：选C。请不要忘了锁门。 好，我不会的。在一般疑问句的回答中，根据整个句意，肯定的回答即用yes，后面也统一用肯定式；如果是否定的回答，即用no，后面部分也用否定式。此处客观事实是我不会忘记，所以用No, I won't.祈使句用will或won't进行反问。

（4）选择疑问句

选择疑问句在形式上与一般疑问句相似，但里面包含有两个答案，用“or”连接起来，由回答人选择。“or”前面部分用升调后面部分用降调。回答这类问题时，不能用yes 或no。例如：

—Are you from the south or from the north? 你是南方人还是北方人?

—I'm from the south. 我是南方人。

—Shall we have the meeting this week or next week?

我们是在本周开会还是在下周?

—Next week, I think. 我想是在下周。

—Did you go to the cinema or stay at home yesterday evening?

13. You won't tell anyone the bad news, ________?

A. will you B. would you

C. don't you D. aren't you

14. —________ do you like the new pair of shoes?

—Very much.

A. What B. How

C. Why D. Which

15. —Where ________ from?

—I come from Italy.

A. are you come B. do you come

C. did you come D. are you coming

Happiness consists in contentment.

知足常乐。

注释：①consistent：存在；②contentment：满足。

昨天晚上你去看电影了还是待在家里?

—I stayed at home. 我待在家里。

4．祈使句

祈使句用以表达命令、要求、请求、劝告等。

祈使句有两种类型，一种是以动词原形开头或在动词原形之前加do（但只限于省略第二人称主语的句子）；第二种祈使句以let开头。

（1）祈使句的肯定式：

祈使句的主语通常是第二人称（you），习惯上常常省去，谓语动词用原形表示。例如：

Be quick! We'll be late. 快点！我们要迟到了。

Read after me, please. 请跟我读。

Please say it again. 请再说一遍。

典例精析：

【例1】Tom, ________ to be here at 8 o'clock

A. is sure B. is sure that C. will be sure D .be sure

解析：选D。汤姆，8点务必到这儿。

【例2】________ when you cross the road.

A. Do care B. Care C. Do be careful D. To be careful

解析：选C。当你穿过马路时，一定要小心。用do表示强调。

（2）祈使句的否定形式

在谓语动词前加do not（don't）或never。有些简略形式前加NO。例如：

Don't take pictures! It's not allowed here. 不要拍照！这里不允许。

Don' talk loudly! 别这么大声说话！（小声点！）

Don't be late for the meeting! 开会不要迟到！

NO smoking！（禁止吸烟）

典例精析：

【例1】________ him the secret, will you?

A. Don't tell B. Not to tell C. Not telling D. No telling

解析：选A。不要告诉他这个秘密，好吗?

【例2】________ tell a lie.

A. Hardly B. Not C. No D. Never

解析：选D。用never否定。

（3）以let引起的句子也是祈使句，常用于第一和第三人称，表示建议。宾语后面的不定式必须省去to。例如：

Let me try. 我来试一试吧。

Let her sing a song. 让她唱支歌吧。

Let's hurry, Time is up. 咱们赶快。时间已经到了。

Let's not waste time. 咱们不要浪费时间了。

典例精析：

【例1】Please ________ look outside. Look at the blackboard.

A. not B. don't C. aren't D. can't

解析：选B。Please don't go away. Please don't leave me. 这是习惯用法。

16. —________ times has he visited the Great Wall?

—Twice.

A. How many B. How much

C. How often D. How long

17. —________ is the temperature today?

—It's 14 degrees below zero.

A. What B. Which

C. How hot D. what high

A father is a treasure, a brother is a comfort, but a friend is both.

父亲是财富，兄弟是安慰，朋友兼而有之。

注释：①treasure：财富；②comfort：安慰。

5.感叹句

感叹句多用how或what 引导，表示赞美、惊叹、喜悦等感情。how或what与所修饰的词放在句首，其他部分用陈述句语序。

（1）how 作状语，修饰形容词、副词或动词。例如：

How beautiful the garden is! 这个花园真美呀！

How hard he works! 他工作多么努力呀！

How I wanted to see you! 我多么想见到你呀！

（how修饰动词时，动词不提前）

（2）what作定语，修饰名词。名词前可有其他定语，单数可数名词前要加不定冠词a（an）。例如：

What a beautiful picture this is! 多漂亮的一幅画呀！

比较：How beautiful this picture is！ 这幅画真漂亮！

What a clever boy he is! 多聪明的孩子呀！

What wonderful news！ 多好的消息啊！

What an interesting book! 多有趣的书呀！

（3）what / how + 感叹词，例如：what beautiful！ How beautiful!

典例精析：

【例1】________ strange clothes he is wearing!

A. What a B. What C. How a D. how

解析：选B。他穿着多么奇特的衣服啊！因为中心词是复数名词clothes，所以用what作定语。

【例2】________ foggy it was yesterday!

A. What B. What a C. How D. How a

解析：选C。昨天雾蒙蒙的！how修饰形容词foggy。

【例3】________ careless a boy you are!

A. How B. What a C. What D. How a

解析：选A。你是多么粗心的一个男孩啊！how + 形容词 + a（an） + 名词单数；或者what + a（an） + 形容词 + 名词单数，用what表达应是What a careless boy you are!

6．There be 句型

（1）英语中表示“在某一地点（或时间）有（存在着） 某人或某物”这样一个概念时，常用There be 句型。“在某一地点（或时间）”常用介词短语来表示。例如：

There is a map on the wall. 墙上有一幅地图。

There are sixty minutes in an hour. 一小时有六十分钟。

这里主语分别是a map和sixty minutes。

谓语动词be由主语的数来决定，主语是单数用is，复数用are。当有多个主语时，则根据就近原则来确定be的数。表示地点或时间的介词短语一般放在句末。例如：

There were 1,000 students in our school last year. 去年我校有1,000名学生。

There are twelve months in a year. 一年有十二个月。

特别提示：如果there之后的主语是并列主语，而靠近be的又是单数名词时，口语中常用“There's...”。例如:

There's a book and some notebooks on the desk.

18. Shall we stay at home or ________ out to play football?

A. to go B. go C. going D. went

19. —Would you mind my opening the door?

—________.

A. No, I wouldn't

B. No, I won't

C. No, I would

D. Yes, I could

All roads lead to Rome.

条条大路通罗马。

注释：lead：领导，引导，通到，导致。

课桌上有一本书和几个笔记本。

（2）否定式

There be 句型的否定形式是在be 后加not。如果 be之前有助动词或情态动词，就在助动词或情态动词之后加not。例如：

There are not any people in the room. 房间里没有人。

There was not a school in our village in the past. 从前我们村里没有学校。

There won't be a film tomorrow evening. 明天晚上没有电影。

（3）疑问式

① 一般疑问式的语序是：Be+there+主语... 有时为了强调问话的语气，可在主语前加any。例如：

Is there（any） water in the glass? 杯子里有水吗?

Were there any buildings here last year? 去年这里有建筑物吗?

含有助动词或情态动词时，语序则为：助动词或情态动词+there +be+主语... 例如：

Will there be a meeting next week? 下周有会吗?

Is there going to be a report this afternoon? 今天下午有报告吗?

② 特殊疑问句的语序是：疑问词（+ 名词）+ be + there... 例如：

How many minutes are there in an hour? 一小时有多少分钟?

What books are there on the desk? 桌子上有什么书?

典例精析：

【例1】There is ________ food. You needn't buy any.

A. any　B. some　C. no　D. little

解析：选B。根据语境可判断还有食物。表肯定的陈述句，故选B。

【例2】 ________ a reading lamp on the table.

A. There is　B. There has　C. It is　D. It has

解析：选A 。考查there be句型。

20. —That pound note belongs to her, doesn't it?

—________ .

A. Yes, it belongs

B. No, it doesn't

C. Yes, it is

D. No, it isn't

互动训练答案：

1.A	2.B	3.A	4.B
5.B	6.C	7.C	8.D
9.B	10.A	11.D	12.A
13.A	14.B	15.B	16.A
17.A	18.B	19.A	20.B

A life without a friend is a life without a sun.

人生在世无朋友，犹如生活无太阳。

注释：①without：没有……；②sun：太阳。

[四、并列句]

并列句是由简单句+并列连词+简单句构成，根据常用的并列连词的词性分为以下四类：

1. 表示并列关系的有and, both, as well as , not only … but（also）

例如：He helps her **and** she helps him. 他帮助她，她帮助他。

Mary has laid the table **and** dinner is ready. 玛丽摆好了桌子，晚饭准备好了。

He **not only** said it **but also** did it. 他不仅说了,而且做了。

典例精析：

【例1】— Didn't you give roses to your father on Father's Day?

— Oh, not only my father, ____ my grandpa got red roses.

A. or B. and C. but D. until

解析：选C。 not only…but（also）…表并列，also可省略。

【例2】Take exercise every day, ____ you will become stronger and stronger.

A. or B. and C. but D. while

解析：选B。这是一个表承接关系的并列句，and译为“那样”。

2. 表示转折关系的与but , however , while（然而）, still , yet 连用。

例如：The film is not perfect, still it is good.电影不完美，但也不错。

I have written to him several times **but** he hasn't replied.

我给他写了好几次信，但他没有回信.

He is very old，**but** he is in good health. 他年纪很大了，但身体很健康。

典例精析：

【例1】The war was over about three months ago, _____the American soldiers in Iraq are still having a lot of trouble to deal with.

A. or B. and C. but D. so

解析：选C。本题的前后意思带有转折关系。

【例2】He likes eating apples_____his sister likes orange.

A. while B. or C. until D. still

解析：选A。前后意思是对比转折。while然而，表对比。

3. 表示选择关系的与or , either...or , not...but , or else（否则）连用。

例如：Take the chance , or else you will regret it. 抓住机会，否则你会后悔的。

We must hurry up, **or** we'll be late. 我们得赶快走，否则就会晚了。

You should help her with her lessons，**or** she'll fall behind.

你应当在功课上帮助她，要不然她就会落后了。

Either you did not speak clearly **or** I did not hear well.

不是你没说清楚，就是我没听明白。

典例精析：

【例1】You must work hard, ________ you will fall behind.

A. and B. but C. so D. or

解析：选D。这是一个表示选择关系的并列句，or翻译成“否则、要不然”。

互动训练

1. — How do you like the two pairs of shoes?

— They don't fit me well. They are ________ too big ________ too small.

A. not only; but also

B. both; and

C. neither; nor

D. either; or

2. Work hard, ________ you will pass the test.

A. or B. but

C. because D. and

3. Stop cutting trees, ________ the earth will become worse and worse.

A. and B. then

C but D. or

4. They bought Granny a present _______ she liked it very much.

A. and B. so

C. but D. or

5. They all went to the cinema, _______ I didn't.

A. get B. or

C. but D. so

A little leak will sink a great ship.

千丈之堤溃于蚁穴。

注释：①leak：漏洞，缝隙；②sink：沉没； ③ship：船。

【例2】 “Are you going to eat here ________ take it away?” asked the waiter.

A. and B. so C. or D .but

解析：选C。根据语境，表示选择关系。

【例3】____ Lily ____ Lucy may go with you because one of them must stay at home.

A. Not only; but also B. Neither; nor C. Both; and D. Either; or

解析：选D。两者中择其一，故用 either… or.

4. 表示因果关系与for, so, therefore连用。

例如：I would better take an umbrella , for it is going to rain.

我最好带把伞，因为快下雨了。

Tom is poor, **so** he cannot go to school. 汤姆很穷，因此他不能上学。

It's raining, **so** we'll stay at home. 天下雨，所以我们将待在家里。

I went to see them, **for** I had something to tell them.

我去看他们，因为我有点事情要告诉他们。

典例精析：

【例1】Mr. Brown knows little Japanese, ____ he can't understand the instructions on the bottle of the pills.

A. so B. or C. but D. for

解析：选A 。布朗先生不懂日语是他看不懂药瓶上说明的原因。本题的关键是根据逻辑意思作出正确的判断。注意little的否定意思。

【例2】We have classes all day, _____ I can't go out with you.

A. therefore B. because C. but D. or

解析：选A。由句意可知前半句是原因，后半句是结果，故选表结果的A选项。

6. —Hello, Mr. Huang!

—I'm sorry, ________ I don't think I know you.

A. and B. or C. but D. because

7. The little boy is very young, _______ he can look after himself well.

A. So B. but C. if D. or

8. Bill put his hands behind his back, ________ nobody could see his hands.

A. so B. and C. or D. but

9. Neither you nor I _________ from Canada. We are from Australia.

A. is B. are C. am D. be

10. —We get knowledge _________ from books _________ from life.

—Yes, both are important.

A. either; or B. not only; but also

C neither; nor D. not; but

互动训练答案：

1.D 2.D 3.D 4.A 5.C

6.C 7.B 8.A 9.C 10.B

It's never too old to learn.

活到老，学到老。

注释：①never：从不；②learn：学习。

[五、复合句]

1. 名词性从句

名词性从句包括主语从句、表语从句、宾语从句及同位语从句。

（1）主语从句

主语从句在复合句中作主句的主语，它的作用相当于名词。引导主语从句的词有连词that, whether;连接代词who, what, which;连接副词when, where, how, why等。

例如：

That she will go is certain. 她去是肯定无疑的。

Whether he is coming or not doesn't matter too much. 他来不来无关紧要。

Who will go makes no difference. 谁去都一样。

What we need is more time. 我们需要的是更多的时间。

Which team will win the match is still unknown.

这场比赛哪一队能赢还不清楚。

When they will start has not been decided yet. 他们什么时候动身还没有确定。

Where she has gone is not known yet. 她到哪里去了还不知道。

How he became a great scientist is known to all.

大家都知道他是怎样成为一位伟大的科学家的。

Why he did it wasn't quite clear. 他为什么干这件事不太清楚。

Is what you told me really true? 你告诉我的话的确是真的吗？

主语从句通常不放在句首，一般是把它移到句子后面，前面用引导词"it"来作形式主语。

It is strange **that he didn't come yesterday**. 他昨天没有来，真奇怪。

It is not known yet **whether they will return today**.

他们今天回不回来，还不知道。

典例精析：

【例1】（2006.15）— We should tell him that we'll be back quite late.

— That's easy. ________ we'll do is to leave a note for him.

A. How B. That C. What D. When

解析：选C。主句中缺少主语，此时what引导一个主语从句，在从句中做do的宾语。

【例2】（2007.6）________ worries me is the way he keeps changing his mind.

A. It B. What C. That D. This

解析：选B。主句中缺少主语，what此时引导主语从句，在从句中做主语。

（2）表语从句

表语从句在复合句中作主句的表语，它的作用相当于名词。引导表语从句的词有连词that, whether, as if；连接代词who, what, which；连接副词when, where, how, why等。例如：

That's **what we are worrying about**. 那正是我们所担心的。

The question is not **who will go**, but **who will stay**. 问题不是谁去而是谁留。

The question is **whether it is worth doing**. 问题是这值不值得干。

It looked **as if it was going to snow**. 看样子好像要下雪。

互动训练

1. ________ we'll have the final examination next week has not been decided yet.

A. Whenever B. If

C. Whether D. That

2. I'm anxious to know the result. ________ knows it, please tell me.

A. Who that B. That

C. Whoever D. That who

3. ________ will take part in the English Speaking Competition will be announced at tomorrow's meeting.

A. Who B. Whom

C. That D. Which

4. Galileo concluded that heavy objects and light objects ________ at the same speed.

A. falling B. fall

C. are fallen D. fell

5. She did ________ she could ________ the lost child. He found his parents with the help of the police.

A. that; take care of

B. and; take care of

C. what; to take care of

D. what; take care of

A man alone is either a saint or a devil.

孤身独处的人可以为圣哲，也可为恶魔。

注释：①saint：圣人；②devil：恶魔。

The trouble is **that I have forgotten her address**. 麻烦的是我忘记了地址。

This is **how he did it**. 他就是这样做的。

Now is **when I need her most** 现在是我最需要她的时候。

That is **why she was late**. 那就是她迟到的原因。

That is **where he was born**. 那就是他出生的地方。

典例精析：

【例1】The school is no longer _______ it was 20 years ago.

A. that B. what C. when D. which

解析：选B。what 引导表语从句同时在从句中作表语。句意：这所学校已经不是20年前的样子了。

【例2】See the flags on the top of the building? That was _______ we did this morning.

A. when B. which C. where D. what

解析：选D。 what引导表语从句同时在从句中做did的宾语。句意：那就是今天早晨我们所做的。

（3）宾语从句

当句子的宾语是一个主谓结构（即一个分句）时，这个分句就称为宾语从句，全句则是一个包含宾语从句的复合句。宾语从句可以作及物动词或介词的宾语，常由下面一些连词引导：

① 由连词that引导

That 在从句中不充当任何句子成分，只起连接主句和从句的作用。That 在这里没有意义，把全句译成汉语的时候，不需要译出来，在口语和非正式的文体中常常省略。例如：

I hope（**that**）**you can come tomorrow**. 我希望你明天能来。

I think（**that**）**he'll be back in an hour**. 我想一个小时后他就会回来。

How dare you say（**that**）**it's unfair**? 你怎么敢说这不公平？

特别提示：如果and 连接两个宾语从句，第一个that可以省略，但第二个 **that**不可省。例如：He said（that）he liked the works by the writer and that he would buy 3 more books by her. 他说他喜欢那位作家的作品，而且他还要买3本由她写的书。

② 由连词whether或if引导

Whether和if在从句中不充当任何句子成分，只起连接作用，但不能省略。它们有词汇意义，意思都是"是否"，在把句子译成汉语时需要译出来。例如：

He asked me **whether/if I knew Zhang Hua**.

他问我认不认识张华（是否认识张华）。

I don't know **whether he'll come back soon or not**.

我不知道他是否很快就会回来。（从句中有or not 时，不可用if只能用whether.）

③ 由连接代词who, whom, whose, which, what 或连接副词when, where, how, why引导。

连接代词或连接副词位于从句的前面，起主句和从句的连接作用，从句用陈述句语序。它们在从句中充当一个成分，并保留原有的疑问含义，把句子译成汉语时，需要译出。例如：

I don't know **who is there**. 我不知道谁在那儿。

He saw a pen on the ground and picked it up. He doesn't know **whose pen it was**.

他看到地上有支钢笔，便捡了起来。他不知道这是谁的笔。

6. He met an old friend yesterday. They talked for an hour of things and people _________ they remembered in the middle school.

A. which B. that

C. who D. whom

7. Can you lend me the book ________ the other day? My mother wants to read it.

A. that you talked

B. you talked about it

C. which you talked with

D. you talked about

8. They lost their way in the mountain, and ________ made matter worse was that night was coming.

A. that B. it C. what D. which

9. —Excuse me, could you tell me ________ the nearest post office?

—Of course.

A. where is

B. where is the way to

C. where to go

D. how to get to

10. The reason why he failed in the examination is ________ he had not worked hard.

A. because B. that

C. for D. because of

If there were no clouds, we should enjoy the sun.

吃得苦中苦，方知甜中甜。

注释：①cloud：云；②enjoy：欣赏。

He asked me **which man I had seen the night before.**
他问我头天晚上看见了哪个人。
Tell me **what he said.**　　告诉我他说了些什么。
Do you know **when he came back**?　你知道他是什么时候回来的吗？
He told me **where they would have the volleyball match.**
他告诉我他们将要在什么地方举行排球比赛。
I'm interested in **how he did it.**　　我感兴趣的是他是怎么做的。
Tell us **how many books you have read.**　告诉我们你看了多少书。
We don't know **why they haven't come yet.**
我们不知道他们为什么还没有来。

典例精析：

【例1】（2007.20） I don't know what you should do about that problem. Do _______ seems best to you.

A. whichever　B. whenever　C. whatever　D. however

解析：选C。whatever译为"无论什么"，引导宾语从句，在从句中做主语。这句话的意思为：做你认为最适合你的。

【例2】These shoes look very good. I wonder _______.

A. how much cost they are　B. how much do they cost
C. how much they cost　D. how much are they cost

解析：选 C。 wonder后面的从句是疑问句，应用陈述语序，即：特殊疑问词+主语+谓语动词。句意：我想知道这双鞋花了多少钱。

（4）同位语从句

用作同位语的从句，叫同位语从句。它一般跟在名词（例如：fact事实，idea主意，news新闻，promise许诺）的后面，用以说明或解释前面的名词。引导同位语从句的词有连词that；连接副词how, when, where, why等。

The fact **that he had not said anything** surprised everybody.
他什么话也没有说，这件事使大家很吃惊。
I have no idea when he will be back.　我不知道他什么时候回来。
What troubles him is the thought **that so many people have been killed in traffic accidents since last year.**
使他不安的是想到去年以来有那么多的人死于交通事故。
We heard the news **that our team had won.**　我们听说了我们队赢了的消息。
You have no idea **how worried I was**!　你不知道我是多么担心（着急）！
During the first hundred years of my stay in the sea, I made a promise **that if anyone set me free I would make him very rich.**
在我待在海里头一个百年的时候，我许下诺言：谁把我放了，我就让他很富有。

典例精析：

【例1】（2008.13）Do you think there's any hope _______ things will get better?

A. which　B. what　C. that　D. when

解析：选C。that引导同位语从句。That在句子中不做成分，只起连接词的作用。

【例2】The suggestion ____ more samples（样本） be included in the experiment will be carefully considered.

A. what　B. which　C. that　D. as

解析：选C。suggestion后面跟的是同位语从句，表示suggestion的内容，这句话的谓语是will be carefully considered。

11. The notice says ________ we will have our sports meeting next Wednesday.

A. that　B. if
C. when　D. whether

12. The woman will never forget the day _______ they first met.

A. that　B. on which
C. on that　D. which

13. In the dark street, there wasn't a single person ________ she could turn for help.

A. that　B. who
C. from whom　D. to whom

14. ________, my father came back home.

A. While I was reading the book
B. When reading the book
C. Having read the book
D. Reading the book

15. —Where will you plan to go this Sunday?
—I will take my little daughter to the park if it ________ fine.

A. is　B. will be
C. would be　D. is going to be

16. Although ________ in America, ________ the writer is famous for his stories about China.

A. living /　B. born; yet
C. brought up; but　D. arrived; yet

It is the first step that costs.
万事开头难。
注释：①step：步骤；②cost：付出代价。

2. 定语从句

在复合句中，修饰某一名词或代词的从句，叫作定语从句。例如：

Do you know the man **who gave the talk this afternoon**?

你认识今天下午作报告的那位男士吗？

I'll never forget the day **when I first went to the capital**.

我永远忘不了第一次去首都的那一天。

上面两句中，以who和when引导的定语从句，分别修饰名词man和day。这种定语从句所修饰的词叫作先行词，定语从句放在先行词的后面。引导定语从句的词，叫作关系词，如who，when等。关系词放在先行词和定语从句之间，起连接作用，同时又是定语从句的一个成分。这种关系词有两类：一类是关系代词who（宾格whom，所有格whose），which, that；一类是关系副词when, where, why。现在将关系代词和关系副词的用法分别叙述如下：

（1）关系代词的用法

① who，whom，whose指人，在定语从句中分别作主语、宾语和定语。

This is the man **who wants to see you**. 这就是那位要看你的先生。

Who is the man（**whom**）**you just talked to**? 刚才跟你谈话的那个人是谁？

Is this the girl **whose mother is a singer**? 这就是妈妈是歌唱家的那个女孩吗？

典例精析：

【例1】（2006.20）An old couple, _____ names are kept secret, will get a prize of 25,000 dollars.

A. whose B. their C. those D. which

解析：选A。此句为非限定性定语从句。whose names are kept secret作an old couple的定语，whose作names的定语。

【例2】Teachers, _____ work is rather hard, are being better paid than before.

A. who B. that C. which D. whose

解析：选D。非限定性定语从句"_____ work is rather hard"修饰先行词teachers, 空格处与从句中的work是从属关系，故关系词用whose。

② which指物，在定语从句中作主语或宾语。可以引导限制和非限制定语从句

A plane is a machine **which can fly**. 飞机是能飞行的机器。

The story（**which**）**we heard over the radio** was very interesting.

我们从收音机里听到的那个故事非常有趣。

The film（**which**）**we saw last night** was wonderful.

我们昨天晚上看的那部电影非常精彩。

③ that指物，有时也指人，在句中作主语，宾语或表语。

A dictionary is a book **that gives the meanings of words**. 词典是解释词义的书。

Who is the man **that is reading the newspaper over there**?

在那边读报的那个人是谁？

Rose is not the girl **that she used to be**.

罗斯不是过去的那个女孩了。

The letter（**that**）**I received yesterday** was from my mother.

昨天我收到的那封信是我妈寄来的。

特别提示：

在口语和非正式文体里，that, which在从句中作宾语时经常省略（作主语时，不能省略）。Whom也常省略。

17. She didn't manage to solve the problem ________ you had explained how.

A. unless B. until

C. when D. before

18. You will be late ________ you go there by car, for the theatre is too far away from here.

A. as though B. as if

C. even if D. now that

19. It must be snowing heavily, ________ it is so bright outside.

A. for B. because

C. since D. due to

20. Have you seen George recently? I wonder ________ with his studies.

A. how is he getting along

B. what he gets along well

C. what he is getting along

D. if he is getting along well

21. It is the Suez Chanel _________ separates Asia ________ Africa.

A. which; to B. where; from

C. that; from D. that; with

Rome was not built in a day.

冰冻三尺非一日之寒。

that与which的区别。

①只能用that的情况。

A. 先行词中含有不定代词、最高级、序数词。

I've read all the books that you lent me.　我已经阅读了所有你借给我的书。

Hamburg is the most beautiful city that I've ever seen.

汉堡是我见过的最美丽的城市。

The first museum that he visited in China was the History Museum.

他在中国参观的第一个博物馆是历史博物馆。

B. 先行词本身为any, some, no, much, few, little, every, all, very, only, last等不定代词.

Do you have anything that you don't understand?　你有什么不懂的吗?

C. 先行词中既有人又有物的.

The scene and the people in Beijing that I have visited are very wonderful.

我在北京的所见所闻太美妙了。

D. Who作先行词时，引导定语从句用that.

Who that you are talking to is the young fellow?　你正在交谈的年轻人是谁?

②不用that，而用which，who，whom的情况

A. 在非限制性定语从句中，指事物用which，指人用who或whom。

典例精析：

【例1】Friendship is needed by all, _____ plays an important role in people's lives.

A. which　B. that　C. who　D. it

解析：选A。"_____ plays an important role in people's lives"为非限定性定语从句，修饰先行词Friendship，故用which连接定语从句，在从句中作主语。

【例2】(2006.10) One of her classmates kept laughing at her, _____made Jane very angry.

A. thus　B. and　C. which　D. so

解析：选C。此句是非限定性定语从句，which在从句中作主语，指代前面的整句话。

B. 在介词后面，指事物用which，指人用whom。

典例精析：

【例1】Uncle Li _____ I worked three years ago has retired now.

A. who　B. whom　C. with whom　D. to whom

解析：选C。"_____ I worked three years ago"作定语从句修饰先行词Uncle Li，从句完整的表达是：I worked with Uncle Li three years ago. 所以关系词前应加上介词with。

【例2】Her father received college education in a city nearby, after ______ he began to work in a telephone company.

A. which　B. this　C. then　D. it

解析：选A。after为介词，which指代上句中的全部内容同时引导定语从句，且要在从句中做after的宾语。

C. 名词 / 代词 / 数词+ of +which/whom

The book contains 50 poems, most of which was written in 1930s.

这本书包含了50首诗，大多数是在20世纪30年代写的。

(2) 关系副词的用法

① when指时间，在定语从句中作时间状语。

I'll never forget the day **when I joined the Party**.

我永远忘不了我入党的那一天。

22. He will go to see you the moment he ________ his writing.

A. will finish　B. finished

C. has finished　D. had finished

23. I felt very tired for a long walk. Do you mind ________?

A. if I sit here for a moment

B. if my sitting here for a moment

C. if I will sit here for a moment

D. I sitting here for a moment

24. All living things, ________, couldn't live without air or water.

A. no matter what the animals or plants

B. even if animals and plants

C. whether they are animals or plants

D. not only animals but also plants

25. ________ I know, Mr. Wang will teach us English next term. He is a very good teacher.

A. So far as　B. So far

C. So long as　D. As to

26. He came here to help us with the work ________ he himself had a lot of work to do.

A. as　B. while

C. although　D. whenever

An hour in the morning is worth two in the evening.

一日之计在于晨。

注释：①worth：值……

Summer is the season **when many people often go swimming.**
夏天是许多人常去游泳的季节。

典例精析：

【例1】（2007.9）She remembered the day _____ Paula had first walked into her office.

A. that　　B. which　　C. where　　D. when

解析：选D。 when Paula had first walked into her office作day的定语，when在从句中作时间状语。

② where指地点，在定语从句中作地点状语。

This is the house **where we lived for ten years.**
这就是我们曾经住过十年的那栋房子。

The factory **where he works** is in the south of the city.　他工作的厂子在城南。

典例精析：

【例1】（2009.6）Is this the factory ________ you worked ten years ago?

A. where　　B. that　　C. when　　D. what

解析：选A。 where you worked ten years ago作the factory的定语，where在定语从句中作地点状语。

③ why指原因，在定语从句中作原因状语。

Tell me the reason **why you went there.**
告诉我你去那儿的理由。

I don't know the reason **why they have not been here yet.**
我不知道他们还没有到这儿的原因。

典例精析：

【例1】The reason ________ he didn't come was ________ he was ill.

A. why; that　　B. that; why　　C. for that; that　　D. for which; what

解析：选A。第一空修饰先行词reason在定语从句中充当原因状语；第二空引导表语从句，不充当成分没有含义，故用that。

【例2】Is this the reason ________ at the meeting for his carelessness in his work ?

A. he explained　　B. what he explained

C. how he explained　　D. why he explained

解析：选A。定语从句“________ at the meeting for his carelessness in his work”修饰先行词the reason意思是他在会上就他工作中的粗心做解释的原因。选项省略引导词which/that,先行词在从句中作explained宾语。

特别提示：

区别where的用法：若定语从句缺主语或宾语，用which或that引导定语从句，缺地点状语才能用where。

① The library which / that you visited yesterday was built in 1990.
你昨天参观的图书馆是在1990年建造的。

② The library where students often study was on fire last night.
昨晚同学们经常在里面学习的图书馆起火了。

解析：在句①which/that指代library，在从句中做visited的宾语。句②中where相当于in which，在从句中做地点状语。

区别when的用法，若定语从句缺主语或宾语，用which或that引导定语从句，缺

27. We are going to spend the Spring Festival in Hainan, ________ my parents live.

A. which　　B. that

C. who　　D. where

28. The problem is ________ we do not have enough time to finish it in time.

A. what　　B. that

C. how　　D. why

29. It is possible ________ he misunderstood ________ she said.

A. that; that　　B. what; what

C. what; that　　D. that; what

30. She likes to play the piano while her brother ________ to music.

A. listens　　B. listen

C. is listening　　D. likes listening

31. Follow your doctor's advice, ____ your cough will get worse.

A. or　　B. and　　C. then　　D. so

Art is long, but life is short.
人生有涯，而学无涯。
注释：①long：长的；②short：短的。

时间状语才能用when。

① I'll never forget the day when we first met in the park.

我永远不会忘记我们第一次在公园相遇的日子

② I'll never forget the day which / that we spent together.

我永远不会忘记我们一起度过的日子。

解析：在句①中when引导定语从句，相当于on which，在从句中做时间状语。在句②中which/that引导定语从句，在从句中做spent的宾语。

3. 状语从句

在复合句中起状语作用的从句叫状语从句。状语从句可以用来表示时间、地点、原因、结果、目的、条件、比较、方式、让步等。

（1）时间状语从句常用when（当……的时候），as（一边……），while（当……的时候），after（在……之后），before（在……之前），since（自从），as soon as（一……就……），until（直到……）等连词引导。例如：

I was reading the newspaper **when** he came in. 他进来的时候我正在看报纸。

As they walked along, the students sang happily.

学生们一边走一边高兴地唱着歌。

I didn't know any English **before** I came here. 我来这儿以前一点英语也不懂。

After he left school, he went to Tibet. 他离开学校后到西藏去了。

It is twenty years **since** he joined the army. 他参军二十年了。

As soon as she came to the classroom, she began to read English.

她一进教室就开始读英语。

They didn't come back **until** it was dark. 他们直到天黑才回来。

Tom watched TV **while** he ate his supper. 汤姆边吃晚饭边看电视。

典例精析：

【例1】Jane went away ________ I could say goodbye to her.

A. when B. before C. until D. that

解析：选B。before引导时间状语从句，在……之前。

（2）地点状语从句常由where（在……地方），wherever（无论在哪里）等连词引导。例如：

We'll go **where** we are most needed by the country.

我们要到祖国最需要的地方去。

Sit down wherever you like. 你喜欢坐哪儿就坐哪儿。

Anywhere she goes, he goes too. 不论她去哪儿，他也去哪儿。

典例精析：

【例1】We'd better leave the magazines ________ they were.

A. so B. what C. where D. that

解析：选C。where引导地点状语从句。句意：我们最好把杂志放到它们该放的地方。

（3）原因状语从句常由because（因为），as（由于），since（既然）等连词引导。例如：

He didn't come yesterday **because** he wasn't well. 昨天他因为不舒服，没有来。

As we were tired，we took a rest. 由于我们累了，我们休息了一下。

Since he can't answer the question, let's ask someone else.

既然他不能回答这个问题，我们问别人吧。

32. The Science Museum, ________ we visited during a recent trip to Britain, is one of London's tourist attractions.

A. what B. where
C. which D. that

33. In some places women are expected to earn money ________ men work at home and raise their children.

A. where B. while
C. because D. though

34. ________ matters most in learning English is enough practice.

A. What B. Why
C. As D. Which

35. Look out! Don't get too close to the house________ roof is under repair.

A. whose B. which
C. that D. where

36. The kids didn't start to fly kites on the playground ________ the rain stopped.

A. if B. whenever
C. until D. since

A still tongue makes a wise head.

智者寡言。

注释：①still：静止的；②tongue：舌头。

（4）条件状语从句常由if（假设；如果），unless（除非）等连词引导。例如：

We'll go to the Great Wall **if** it is fine tomorrow.　如果明天天气好，我们就去长城。

I'll come here on Sunday **unless** you tell me not to.

我星期天会来这里，除非你叫我别来。

典例精析：

【例1】（2012.18）If anyone ________ when I am away, just tell him that I'll be back before five o'clock.

A. called　B. calls　C. will call　D. has called

解析：选B。考查动词的时态。条件状语从句用一般现在时表示将来。

（5）目的状语从句由（so） that（以便），in order that（以便；为了）等引导。例如：

They got up early（**so**） **that** they might catch the first bus.

他们很早就起来了，以便赶上头班公共汽车。

He died **in order that** the others could be saved.　他死是为了别的人能够得救。

（6）结果状语从句常由so that（结果），so...that，such...that（如此……以致……）等引导。so后面接形容词或副词，such后面接名词。例如：

He didn't take his raincoat **so that** he got wet all over.

他没有带雨衣，结果全身都湿透了。

The Dead Sea is **so** salty **that** fish can't live in it.

死海里的水含盐分很高，鱼都无法生存。

It is **such** a big box **that** nobody can move it.　这个箱子太大了，没人能搬动它。

（7）比较状语从句常由than，as…as，not as （so）…as等连词引导。例如：

The sun is bigger **than** the earth.　太阳比地球大。

It is **not so** easy **as** you think.　它不像你想象得那么容易。

He is older **than** he looks.　他的年龄比看上去要大。

I get up **as** early **as** you do.　我起床和你一样早。

（8）方式状语从句常由as，as if/as though等连词引导。例如：

Do **as** I do.　照我的样儿做。

He spoke **as if /as though** he knew the matter very well.

从他说话的神气看，好像他对此事非常了解。

（9）让步状语从句常由though / although，even if，no matter what（when, how, where...），whatever/whenever/wherever等连词引导。例如：

Although the place is quite pleasant, I don't think we should go there all the time.

虽然那个地方挺不错，但是我觉得不要老是去那儿。

There were few people in the streets **though /although** it was only ten o'clock.

虽然才十点钟，但街上几乎没有什么人了。

1 won' t mind even **if** he doesn't come.　他就是不来，我也不在乎。

Wherever you are, you should work for the people heart and soul.

无论你在哪里，你都应该全心全意为人民服务。

典例精析：

【例1】________ difficult it may be, we are sure to stick to our principle.

A. How　B. No matter how　C. What　D. No matter what

解析：选B。本题考查引导让步状语从句的引导词，how和what不可引导让步状语，排除A、C两项；由于引导词修饰形容词difficult，故选B。

37. The first thing ________ we can do is to put all things onto the truck.

A. when　B. where

C. which　D. that

38. ________ I explained on the phone, you should put off your debts first.

A. When　B. That

C. As　D. Which

39. They will fly to Washington, ________ they plan to stay for two or three days.

A. when　B. where

C. which　D. there

40. ________ you know, the earthquake destroyed all the houses.

A. What　B. That

C. As　D. Which

答案：

1.C	2.C	3.A	4.B
5.C	6.B	7.D	8.C
9.D	10.B	11.A	12.B
13.D	14.A	15.A	16.A
17.B	18.C	19.A	20.D
21.C	22.C	23.A	24.C
25.A	26.C	27.D	28.B
29.D	30.D	31.A	32.C
33.B	34.A	35.A	36.C
37.D	38.C	39.B	40.C

Living without an aim is like sailing without a compass.
生活而无目标，犹如航海之无指南针。
注释：①aim：目标；②compass：罗盘，指南针。

[六、it的用法]

1. 指一般动物和无生命的东西。例如：

The cat is in the garden，isn't **it**? 猫在花园里，是吗？

Where is my pencil? I can't find **it**. 我的铅笔在哪里？我找不着。

The moon is a satellite. **It**' s the nearest neighbor of the earth.

月亮是卫星，它是地球最近的邻居。

2. 指说话时还不知是男是女的对象，或无法判定某人的身份。例如：

Someone was walking in the distance. **It** was a policeman.

远处有人在走动，是个警察。

· 如不考虑性别，it也可指婴儿或很小的小孩（因为不易辨别男女）。例如：

The baby cried because **it** was hungry. 婴儿哭了是因为饿了。

The child lost **its** way. 这孩子迷路了。

典例精析：

【例1】—Who is knocking at the door?

—______ is me.

A. It B That C This D I

解析：选A。无法判定身份。（通常是在电话中或敲门时的用语）

3. 起指示代词的作用（ = this/that）。例如：

Who is that? **It**'s my son. 那是谁？那是我儿子。

What is that? **It**'s my wallet. 那是什么？那是我的钱包。

It is simply a question of time. 那不过是时间的问题。

4. 指上文已提到的或下文将要提到的事物。例如：

—I've lost my dictionary. 我弄丢了我的字典。

—You haven't found **it**? You'd better buy one in the bookstore as soon as possible.

你还没找到？你最好尽快在书店再买一本。

Could I speak to you for a moment? Yes, what is **it**?

我可以和你说一会儿话吗？可以，什么事呀？

Although we cannot see **it**, there is air all round us.

虽然我们看不见空气，但它就在我们周围。

It would be nice if you could come with us.

如果你能跟我们一块儿去，那就太好了。

典例精析：

【例1】The employment rate has continued to rise in big cities thanks to the efforts of the local governments to increase ___.

A. them B. those C. it D. that

解析：选C。此处it 指代前文提到的“the employment rate（就业率）”。

互动训练

1. It was at the gate _____ he told me the news.

A. that B. what

C. which D. when

2. Is ____ necessary to tell his father everything?

A. it B. that C. what D. he

3. Was it in this palace _____ the last emperor died?

A. that B. in which

C. in where D. which

4. Is ____ possible to fly to the moon in a spaceship?

A. now B. man C. that D. it

5. Was it during the Second World War ____ he died?

A. that B. while

C. in which D. then

Time flies.

光阴似箭。

5. 表示自然现象、时间、距离等。例如：

Look at the dark clouds. **It** is going to rain. 瞧那乌云，要下雨了。

It is rather cold today. 今天相当冷。

What time is **it**? **It**'s eight o' clock. 现在几点钟？八点了。

What's the date? **It**'s the fifth of June. 几号了？6月5日。

It's time for dinner. 是吃饭的时候了。

It's a long way to the beach. 离海滩很远。

It's about half an hour's walk from here to the hospital.

从这里到医院需要走半个小时的路程。

6. 作形式主语或形式宾语，代替由不定式、动名词或从句所表示的真正主语或宾语。例如：

It is wrong to do so. 这样做是不对的。

It is no use crying over spilt milk. 覆水难收。

It is certain that he will succeed. 他一定会成功的。

He feels **it** his duty to help others. 他觉得帮助别人是他的责任。

All the people thought **it** no use talking to him about **it**.

所有人都认为和他谈这事没用。

They want to make **it** clear to the public that they do an important and necessary job. 他们想要向公众表明他们做的是重要而不可缺少的工作。

典例精析：

【例1】We really hate ________ if you don't look up to the old.

A. that B. this C. it D. which

解析：选C。考查it的用法。it作形式宾语,代指后面的宾语从句 if you don't look up to the old.

【例2】The two girls are so alike that strangers find ______ difficult to tell one from the other.

A. it B. them C. her D. that

解析：选A。考查it作形式宾语的用法，it代指 to tell one from the other.

【例3】_______ is known to us all that China is a great country with a long history.

A. That B. As C. It D. Which

解析：选C。it为形式主语，代指that 引导的主语从句。

7. 用在强调结构中。

（1）为了强调句子的某一成分（通常是主语、宾语或状语），常用强调结构"It is（was）+被强调成分+that（或who）..."。

可用强调结构来分别强调句中的主语、宾语、地点状语和时间状语。例如：

It was **I** who/that met your sister at the station yesterday.

是我昨天在车站遇见你姐姐的。

It was **your sister** that I met at the station yesterday.

昨天我在车站遇见的是你姐姐。

It was **at the station** that I met your sister yesterday.

我昨天是在车站遇见你姐姐的。

It was **yesterday** that I met your sister at the station.

我是昨天在车站遇见你姐姐的。

（2）It is/was the first time（that）+从句。也属强调句型，意为某人第几次做

6. Is ____ necessary to complete the design before National Day?

A. this B. that C. it D. he

7. I don't think ____ possible to master a foreign language without much memory work.

A. this B. that C. its D. it

8. Does ____ matter if he can't finish the job on time?

A. this B. that C. he D. it

9. It was not ___ she took off her dark glasses ____ I realized she was a famous film star.

A when, that B. until, that

C until, when D. when, then

10. Tom's mother kept telling him that he should work harder, but ___ didn't help.

A. he B. which C. she D. it

11. ____ is a fact that English is being accepted as an international language.

A. There B. This C. That D. It

There are two sides to every question.

问题皆有两面。

注释：question：问题。

某事。用法：主句是一般时态，从句一般用对应时态的完成时态。例如：

It is the first time（that） she has joined the dance party.

这是她第一次参加舞会。

It was the second time（that） Mr. Tomas had visited China.

这是托马斯先生第二次访问中国。

注意：①此句型中it可以用this/that代替，序数词first可根据句意改变，time也可换相应名词。

②此句型不一定都用完成时，可根据情况使用其他时态。例如：

This was the first time I cared about another person since my baby died.

自从我的孩子夭折，这是我第一次照顾（关心）他人。

典例精析：

【例1】（2012.4）This is the third prize she _____ this year.

A. wins B. won C. is winning D. has won

解析：选D。考查动词的时态。固定句型"it/This is the first/second…time sb. has done sth. 是某人第几次干某事"主句是is从句就用have/has done sth。

【例2】—Who is making so much noise in the garden?

—______the children.

A. It is B. They are C. That is D. There are

解析：选A。此处是强调句的省略，完整形式为It is the children that are making so much noise in the garden.就是这些孩子们在花园里制造了这么多噪音。

【例3】Was it when you were talking with a friend under the tree ________ your bike was gone?

A. that B. where C. which D. while

解析：选A。考查强调句型。强调句的基本结构是：it was/is…that…此处强调时间状语从句 when you were talking with a friend under the tree.

【例4】Mary believed it was just the license number that she had chosen ______ brought her good luck.

A. that B. which C. when D. where

解析：选A。考查强调句型。其中的that she had chosen是定语从句。这是定语从句与强调句的综合题目，要明确判定出哪个是强调句，哪个是定语从句，再选出正确答案。此句意为：玛丽相信就是她所选的车牌号码给她带来了好运。

12. —I wonder if I could use your telephone.

—_____.

A.I wonder how

B.I don't wonder

C. Sorry, it's out of order

D. No wonder, here it is

13. It was about 600 years ago ___the first clock with a face and an hour hand was made.

A. that B. until

C. before D. when

14. It was ___ I reached there ____ I began to know something about the matter.

A. until, when

B. until that

C. not until; that

D. not when; that

15. Let's get through the work quickly. ____seems to be little time left now.

A. It B. That C. There D. We

互动训练答案：

1.A 2.A 3.A 4.D 5.A 6.C 7.D 8.D 9.B 10.D 11.D 12.C 13.A 14.C 15.A

Napoleon himself was once a crying baby.

即使是拿破仑，过去也是啼哭的婴孩。

注释：①once：曾经；②baby：小孩。

[七、倒　装]

英语句子通常有两种语序：一种是主语放在谓语的前面，叫作自然（或陈述句）语序；另一种是把谓语放在主语的前面，叫作倒装语序。把谓语全部移到主语之前，称为完全倒装；如果只是把谓语动词的一部分（通常是助动词，情态动词）放在主语之前，则称为部分倒装。倒装的原因有两个：一是语法结构上的需要，二是为了强调。

She is a nice girl. 她是一个好女孩。（正常语序）
Is it still raining? 还在下雨吗？（部分倒装）
Have you seen the new book? 你看过这部新书吗？（部分倒装）
Can you skate? 你会滑冰吗？（部分倒装）
Here comes our bus! 我们的车来了！（完全倒装）
In came the teacher! 老师进来了！（完全倒装）

典例精析：

【例1】Here ______ you want to see.

A. the manager comes　　B. comes the manager
C. comes a manager　　D. is coming a manager

解析：选B。本题掺进了定语从句“you want to see”来修饰主语，所以主语为特指的，用定冠词the修饰，排除C、D，又此处为倒装语序，排除A，所以B正确。

1. 完全倒装

（1）在there be结构里（be还可以换成live，lie，stand等表示状态的动词），表示“有，存在”。例如：

There is a picture of Mona Lisa on the wall. 墙上有一幅画着蒙娜·丽莎的画。
There are many foreign friends who visit our factory.
有许多外国朋友参观我们的工厂。
There must be something wrong. 一定有什么东西弄错了。
Long long ago, there lived a king. 很久很久以前，有一位国王。

（2）在以 here（这里），there（那里），out（外面），in（里面），up（上面），down（下面），away（离开），now（现在），then（那时）等词开头的句子里，谓语动词常为be，come，go等。例如：

Here is a letter for you. 这是你的信。
There goes the ring bell. 电话铃响了。
Out rushed the students from the room. 学生们忽地从房间里冲了出来。
The door opened and in came an old man. 门开了，进来一位老人。
Up went the arrow into the air. 嗖的一声箭射上了天空。
The gun fired and down fell the bird. 枪响了，鸟儿应声跌落。
Away went the little boy to the school. 小男孩到学校里去了。
Now comes your turn. 现在轮到你了。
Then came a new problem. 然后产生了一个新的问题。

注：主语是人称代词时，主语和谓语的语序不变。

互动训练

1. —I can't tell a Frenchman from a German.
—__________.
A.So can he
B. Neither can he
C. Either can't he
D. So can't he

2. Not only ________, but also a famous speaker in the world.
A. was Mark Twain a great writer
B. was a great writer Mark Twain
C. a great writer was Mark Twain
D. Mark Twain was a great writer

3. Look! _________.
A. Here comes the taxi
B. The taxi comes here
C. Here the taxi comes
D. Here does the taxi come

4. The door opened and ________, followed by several other doctors.
A. entered a doctor
B. there entered a doctor
C. did a doctor enter
D. then did a doctor enter

Nothing is impossible to a willing heart.
心之所愿，无事不成。
注释：①impossible：不可能的；②heart：心。

Here they are. 它们在这儿。

Away he went. 他走了。

典例精析：

【例1】________ our bus, we'll have to wait for the next.

A. Does there go B. It goes C. There goes D. Does it

解析：选C。因为以here, there, up, down, in, out, now, then, away, off等副词开头时，常用完全倒装，所以C正确。句意是：我们要坐的公共汽车走了，我们将不得不等下一辆。

【例2】What a naughty boy he was! ________ .

A. Down jumped he from the desk B. From the desk jumped he down

C. He down jumped from the desk D. Down he jumped from the desk

解析：选D。句子以副词down开头，本来应该要用完全倒装，但由于主语为代词，所以不用完全倒装，D正确。

（3）直接引语的全部或一部分放在句首时。例如：

"What shall we do?" said Mary. "我们怎么办呢？"玛丽说。

"Mr. Crossett," said my father, "will you permit an old pupil to shake hands with you?"

"克罗塞特先生，"我父亲说，"请您允许从前的一个学生跟您握握手，好吗？"

特别提示：主语为代词时，则不用倒装。

"Either you are mad, or I am." he declared.

他断定说："不是你疯了，就是我疯了。"

"Have you lost one of your cows?" he asked them.

他问他们："你们丢了一只牛吗？"

（4）地点状语位于句首，强调地点时，句子要倒装。例如：

On the top of the hill stands a temple where the old man once lived.

一个老人曾住在山顶的庙里。

In a lecture hall of a university in England sat a professor.

一个教授坐在英国一所大学的演讲厅里！

典例精析：

【例1】On the opposite wall ________ one map ________ dozens of pictures.

A. hang; including B. are hung; together with

C. is hanged; with D. is hanging; as well as

解析：选D。因为以作状语的介词短语开头，句子要用完全倒装；又hang作"（某物）悬挂在"解时是不及物动词，不用于被动语态，排除B和C；又因one map与dozens of pictures没有包含关系，排除A，所以D正确。

（5）形容词、分词作表语提到句首时，为了描述生动或平衡句子结构时，要倒装。例如：

Standing beside the window was a boy aged about 6.

一个六岁的小男孩站在窗子旁。

特别提示：完全倒装中句子谓语常为不及物动词或be动词，时态为一般现在时，且不是代词作主语。

Seated in the first line are some advanced workers.

坐在第一排的是一些先进工作者。

5. The little girl is afraid to visit her uncle because ________ a big dog at the gate.

A. lies there B. lays there

C. there lies D. there lays

6. ________ tell me ________?

A. Can you; how can I go to the nearest bank

B. Could you; how I can go to the nearest bank

C. If you can; how I can go to the nearest bank

D. Whether you could; how can I go to the nearest bank

7. Seeing the owner of the house away ________.

A. the naughty boys ran

B. did the naughty boys ran

C. the naughty boys run

D. ran the naughty boys

8. —Where are my keys, Mum?

—________ .

A. There are they

B. There they are

C. There are

D. Here are

9. ________, she worked till midnight.

A. As she was tired

B. As tired she was

C. Tired as she was

D. Tired though she was

Where there is life, there is hope.

有生命必有希望。

2. 部分倒装

（1）在疑问句中。例如：

Are you Chinese? 你是中国人吗?

How are you getting along with your study?你学习怎么样?

Does she go to work on foot? 她是步行上班吗?

When did he come? 他什么时候来的?

（2）only所修饰的副词、介词短语或状语从句放在句首时。例如：

Only then did I realize that he is right. 只是到那时我才认识到他是对的。

Only in this way can you learn from your mistakes.

只有这样你才能从错误中学习。

Only when the war was over in 1921 was he able to get happily back to work.

只是到1921年战争结束时，他才能愉快地重新投身于工作。

典例精析：

【例1】Only in this way ________ succeed.

A. you will　B. you have　C. can you　D. you are

解析：选C。以only所修饰的短语在句首时，应用部分倒装结构，只有C是部分倒装。句意：只有用这种方法你才能成功。

（3）含有否定意义的副词、短语或连词，如hardly（几乎不），never（从不），not（不），not only（不仅），seldom（几乎不），little（几乎没有），at no time（绝不），in no case（任何情况下都不），not only...but also...（不仅……而且……），hardly...when（一……就……），no sooner…than（一……就……）等放在句首时。例如：

Never shall I forget it. 我永远不会忘记这件事。

Not a single mistake did he make. 他一个错也没犯。

Hardly had the bell rung when the teacher came in.

铃一响，老师就进来了。

Not only is the film interesting, but also its English will help us in writing.

这个电影不但有趣，而且英文文字对我们的写作也有帮助。

Little does he care about what others think. 他很少计较别人的想法。

典例精析：

【例1】Never before ________ buying a computer, but now it seems a necessity in my everyday life.

A. did I think of　B. have I thought of

C. I thought of　D. I have thought of

解析：选B。考查倒装句。Never或者never before在句首时，用不完全倒装句，句子的助动词置于主语之前。

【例2】—Why can't I smoke here?

—At no time___ in the meeting-room

A. is smoking permitted B. smoking is permitted

C. smoking is it permitted　D. does smoking permit

解析：选A。这是一个倒装语句。当否定词语置于句首以表示强调时，需用倒装结构。这些否定词包括no, little, hardly, seldom, never, not only, not until等。本题的正常语序是 Smoking is permitted in the meeting-room at no time. “任何时候都不允许在会议室里抽烟。”

10. He knows little French, and ________.

A. neither am I

B. I know little, too

C. neither don't I

D. I know little, either

11. Never ________ forget the day when ________.

A. shall I; did we get married

B. I shall; did we get married

C. I shall; we got married

D. shall I; we got married

12. It wasn't until quite recently ________ any idea what a strong man is like.

A. that I had

B. when did I have

C. did I have

D. didn't I have

13. So loudly ________ that even the people next door could hear her.

A. does the baby cry

B. cried the baby

C. the baby cried

D. did the baby cry

14. Only in this way ________ solve the problem at once.

A. we are sure to　B. can we

C. that we can　D. that can we

15. Next door to ours ________, who likes singing and dancing very much.

A. that lives a lovely little girl

B. does a lovely little girl live

C. lives a lovely little girl

D. where lives a lovely little girl

The mouth of a wise man is in his heart; the heart of a fool is in his mouth.

聪明人的嘴在心里，蠢人的心在嘴上。

注释：①mouth：嘴；②fool：傻瓜。

（4）把副词so放在句首，表示前面所说的情况也适用于另一人（或物）。其句型是：so + be / have/助动词/情态动词 + 主语。例如：

He is an engineer, so is his father.　他是工程师，他父亲也是。

You can drive a car , so can I.　你会开小汽车，我也会。

She has been to London , so have I.　她去过伦敦，我也去过。

I saw the new play last week, so did my wife.

上星期我看了这个新剧，我妻子也看了。

典例精析：

【例1】—“John won first prize in the contest.” —“_____.”

A. So he did　B. So did he　C. So he did, too　D. So did

解析：选A。通过该题,可学会区别“so +倒装语序”与“so +陈述语序”的不同。“so +陈述语序”表示认可前面提到的内容或观点。此题用So he did表示John确实在比赛中赢得了一等奖。

特别提示：若两个动词的形式不一样时，就得用 so it is with…, it is the same with…或 so it is the case with….如：

—Jane is a good student and works hard.　简是一个好学生，学习很努力。

—So it is with Tom.　汤姆也是一样。

（5）把neither, nor放在句首，表示前面否定的内容也适用于另一人（或物）。其句型是：neither/nor + be/have/助动词/情态动词 + 主语。例如：

I have never been to America, neither has he.

我从来没有去过美国，他也没有去过。

The first one isn't good, neither is the second.　第一个不好，第二个也不好。

If you won't go to the concert tonight, nor/neither will I.

如果你不参加今晚的音乐会，我也不去。

典例精析：

【例1】（2005.12）—We didn't believe a word she said. —________ did the police.

A. Neither　B. So　C. shouldn't　D. mustn't

解析：选A。neither引导的倒装句，表示“…也不…”，用于表示前面否定的内容，适用于另一人，肯定句中用so。

（6）so（such）...that（如此…以致）

So clearly does he speak that we all understand what he says.

他说得如此清楚，我们都明白了。

So angry was he that he couldn't speak.　他如此生气以至于说不出话来。

Such a moving film was it that they were all lost in thought after it was over.

这是如此感人的一部电影，看过之后大家都陷入了沉思。

典例精析：

【例1】So _____ that no fish can live in it.

A. the lake is shallow　B. shallow the lake is

C. shallow is the lake　D. is the lake shallow

解析：选C。由so...that 引出的结果状语从句在将 “So + adj/adv ” 提到句首时，主句的谓语部分采用部分倒装形式。

16. Such a loud noise ________ that I couldn't go to sleep.

A. in the room there was

B. there is in the room

C. was there in the room

D. is there in the room

17. Not only _______ a car, but ________ it.

A. can drive he; can repair he

B. can he drive; he can repair

C. he can drive; he can repair

D. he can drive; can he repair

18. So badly ________ in the accident that he had to stay in the hospital for a month.

A. did he injure

B. he did injure

C. was he injured

D. were he injured

19. Hardly _______ back home, when the telephone rang.

A. had I come　B. I had come

C. did I have come　D. had come I

20. Albert Einstein cared little for money. ________ Professor Green.

A. Either did　B. So was

C. So did　D. Neither did

I feel strongly that I can make it.

我坚信我一定能成功。

注释：①strongly：强烈地；②make it：做成功。

（7）动词/名词/形容词/副词/代词 + as/ though + 主语 + 谓语是让步状语从句的倒装（其中名词前零冠词）。例如：

Object as/though you may, I will go.

尽管你反对，我还是要去。

Hard as/though she had worked, she failed the exam.

尽管她学习很努力，但还是没通过考试。

Poor as he is, he lives a happy life. 尽管他穷，他却过着幸福的生活。

Much as I told you, you wouldn't listen.

尽管我告诉了你那么多，你就是不听。

典例精析：

【例1】________, he knows a lot.

A. Child as he is　　B. A child as he is

C. As he is child　　D. As child he is a

解析：选A。本题考查“名词+as+主语+谓语”表示让步的用法，由此排除C、D；再有名词前是零冠词，排除B，所以A正确。

（8）以 often, always, now and then, many a time, every other day, once 等表示频率的时间状语开头的句子。例如：

Many a time have they done that experiment. 他们多次做那个试验。

Now and then does his brother go to the concert. 他哥哥时不时就去音乐会。

（9）用于某些表示祝愿的句子。例如：

May you succeed! 祝你成功！

Long live China! 中国万岁！

（10）省略if 的虚拟条件句中含有were, had 或should,可把它们放在句首，省去连词if，就用倒装句。例如：

Were I （= If I were） you, I would go there with him.

如果我是你，我就和他一起去那儿。

Had they （= If they had） come here earlier, we would have finished the work already.

如果他那时早点来，我们就会早完成这份工作了。

Should she （= If she should） help us again, we would be able to finish the work earlier.

她如果帮我们，我们就能早点把工作做完。

典例精析：

【例1】I didn't know his telephone number. ____ it，I ____ then.

A. Had I known; would ring him up

B. Should I know; would have rung him up

C. If I knew; would ring him up

D. Had I known; would have rung him up

解析：选D。这是考查虚拟语气与倒装结合的题目，由语境可知这是过去时态，主句应为“would have done ”，所以排除A、C；对过去的虚拟，从句应用had作助动词，所以选D。

21. Look, here ________ the famous basketball player. Let's go and take a picture with him.

A. come　　B. comes

C. will come　　D. would come

22. —My room gets very cold at night.

—________.

A. So is mine　　B. So mine is

C. So does mine　　D. So mine does

答案：

1.B	2. A	3. A	4. B
5. C	6. B	7. D	8. B
9.C	10. D	11. D	12. A
13. D	14. B	15. C	16. C
17. B	18.C	19.A	20.D
21. B	22.C		

Better to light one candle than to curse the darkness.

与其诅咒黑暗，不如燃起蜡烛。

注释：①curse：咒骂；②darkness：黑暗。

[八、主谓一致]

主谓一致是指谓语动词要与主语的人称和数一致。例如：

I am a teacher.　我是老师。

She is a doctor.　她是医生。

They are workers.　他们是工人。

He gets up at five o'clock every morning.　他每天早晨五点钟起床。

They have not come yet.　他们还没有来。

We go to school every day.　我们每天上学。

My brother has worked in that hospital for five years.

我哥哥在那个医院已经工作五年了。

1．谓语动词用单数形式的情况

（1）and所连接的两个名词或短语指的是同一个人、同一件事或同一个概念时，谓语动词要用单数。例如：

The worker and composer has composed a new production.

这位工人兼作曲家谱出了一个新曲。

A knife and fork is on the table.　一副刀叉在桌子上。

（2）如果被every，each，no，many a，more than one所修饰时，即使有连接并列主语，谓语动词也要用单数形式。例如：

No man and no animal is to be found on the moon.　月球上没有生物。

Each child has an English name.　每个孩子都有一个英文名字。

典例精析：

【例1】Every boy and every girl _____ to attend the evening party.

A. like　B. is like　C. wish　D. wishes

解析：选D。“every… and… every…”为并列主语，并列的名词后谓语动词用单数。

（3）表示时间、距离、量度、价值的复数名词作主语时，这些复数名词，如表示抽象概念，且被视为一个整体时，谓语动词用单数。例如：

Five pounds is enough.　五镑就够了。

Fifty kilometers is quite a distance.　五十公里是一个相当长的距离。

Five minutes is not enough.　五分钟不够。

典例精析：

【例1】Ten thousand dollars _____quite a large sum.

A. are　B. is　C. were　D. have

解析：选B。主语是“一万美元”表示价值，谓语应用单数，所以选B。

（4）表示书名、报名、剧名、国名等的名词作主语时，只指一本书，一个报纸名，一个剧名，一个国家时，谓语动词用单数。例如：“Readers” is very well received in China.　读者这本刊物在中国很受欢迎。

（5）一些名词如trousers，pants，shorts，glasses，scissors等作主语时前用a（the）pair of修饰时，谓语动词用单数。

互动训练

1. You'd better go to that shop to buy vegetables. The vegetables there ________ usually very fresh.

A. is　B. are　C. were　D. was

2. He and I ________ classmates when we were in middle school.

A. am　B. was　C. are　D. were

3. Both my brother and sister ________ gone to the United States to study.

A. has　B. have　C. had　D. are

4. Mathematics ________ a very important subject in high school. You must work hard at it.

A. are　B. is　C. was　D. were

Truth is the daughter of time.

真理是时间的女儿。

注释：truth：真理。

典例精析：

【例1】（2006. 7） It is likely that a new pair of shoes _______ more happiness to a child than a new car to an adult.

A. brings B. bring C. to bring D. bringing

解析：选A。根据主谓一致的原则，当a pair of等词作主语时，谓语动词根据pair确定单复数。

（6）不定代词either, neither, each, another, somebody, anyone, everyone, nobody等作主语时或修饰主语时，谓语动词用单数。例如：

Is anybody in? 屋里有人吗？

Is there **anything** on the shelf? 架子上有什么东西吗？

Someone（**Somebody**） is knocking at the door. 有人在敲门。

Everything is ready. Let's go. 一切都准备好了。我们出发吧。

There **is nothing** under the table. 桌子下面没有东西。

Nobody knows what animal it is. 没有人知道这个是什么动物。

典例精析：

【例1】John has two brothers, but one ____out of work now.

A. are B. is C. has D. have

解析：选B。one是单数，所以谓语应用单数形式，排除A、D；再根据语义来看，此处缺系动词，所以B正确，句意：约翰有两个兄弟，但是现在他们有一个失业了。

（7）有些名词如news, maths, physics, politics虽带有词尾"s"，但在意义上是单数，故谓语动词要用单数。例如：

The **news is** wonderful. 这条新闻妙极了。

Physics is an interesting subject. 物理是一门有趣的科目。

（8）主语由"more than+单数名词"或"many a + 单数名词"充当，其谓语动词用单数。例如：

More than one teacher has made the suggestion.

不止一个教师提过这个建议。

More than one pupil hasn't passed the exam.

没有通过这次考试的学生不止一个。

典例精析：

【例1】Many a man _____ come to help us.

A. have B. has C. is D. are

解析：选B。由主谓一致原则可知此处应用单数谓语，排除A、D，come使用原型又根据句意（许多人来帮我们）可知应选助动词has，所以B正确。

2. 谓语动词用复数形式的情况

（1）and所连接的两个名词或短语指的不是同一个人、同一件事或同一个概念时，谓语动词要用复数。例如：

Mary and Jane were here a moment ago. 玛丽和简刚才曾在这里。

Tom and Smith are cousins. 汤姆和史密斯是表兄弟。

My brother and I have seen the book. 我哥哥（弟弟）和我已看过这本书。

（2）群岛、山脉、瀑布等专有名词作主语时，例如：the Alps阿尔卑斯山脉，the Philippines菲律宾群岛，谓语动词用复数形式。例如：

5. Ten minutes ________ an hour when one is waiting for a phone call.

A. is B. is like

C. seems D. are

6. The Chinese people ______ hard-working and friendly.

A. are B. has been

C. was D. were

7. My family ________ not a big one, but my father's family ________ very big.

A. is; is B. are; is

C. was; was D. were; are

8. Her family ________ traveling very much. _________ go to visit some places every summer.

A. likes; They B. like; It

C. liked; They D. like; They

Each man is the architect of his own fate.

命运掌握在自己手中。

注释：architect：建筑师，设计师。

The Himalayas extend along the border of India and China.

喜马拉雅山脉延伸在中国和印度的边境上。

（3）在“one of + 复数名词 + 定语从句”的结构中，谓语动词用复数。例如：

He is one of the teachers in our school who **know** Japanese.

他是我们学校懂日语的老师中的一个。

特别提示：在“the only one of + 复数名词+定语从句”结构中，定语从句的谓语应为单数。例如：

He is the only one of the teachers in our school who **knows** Japanese.

他是我们学校唯一懂日语的老师。

典例精析：

【例1】He is one of the students who _______ praised by the headmaster at the meeting.

A is　　B are　　C has　　D have

解析：选B。句型 “one of + 复数名词+定语从句”的结构中谓语动词用复数。此句须用被动语态。例如：

（4）集体名词people（人们），police（警察），youth（青年人），cattle（牛群）等作主语时，谓语动词用复数。例如：

There **are many people** in the hall.　大厅里有很多人。

The police are looking for the murderer.　公安人员在搜寻那个杀人犯。

The cattle were grazing at the foot of the hill.　牛群在山脚下吃草。

典例精析：

【例1】The police ____ the murderer everywhere when he suddenly appeared in a theatre.

A. is searching for　　B. were searching for

C. are searching for　　D. were searching

解析：选Ｂ。主语为集体名词，谓语应为复数，排除A，又根据从句可知为过去时态，排除C，“search for”为固定短语，意为“寻找”，排除D，所以B正确。句意：警察正在到处追寻那个杀人犯，突然他在剧院里出现了。

特别提示：people作“民族”解时，可以有复数形式。例如：

Different **peoples have** different cultures.　不同民族有不同的文化。

3．就近一致原则

（1）当一个句子有两个主语时，而它们又是由either...or...，neither...nor...，not only...but also...，not...but...，or等连接时，谓语通常和最邻近的主语一致。例如：

Either the boys or **the girl has** no difficulty.　男孩们或那个女孩都没有困难。

Neither she nor **I have** done it.　她和我都没有做。

Not only you but also **I am** going to pick her up.不仅你还有我都去接她。

Not the teachers but **Wei Fang** is coming.　不是老师们而是魏芳来了。

典例精析：

【例1】Neither he nor I _______ physics. Both of us ______ English.

A like; likes　　B like; like　　C likes; likes　　D likes; like

解析：选B。neither...nor... 采取就近一致原则，所以用复数like；both of us 是复数，故谓语用复数。

（2）如果一个句子由here和there引起，而主语又不止一个，谓语通常与最邻

9. Both of us are free tomorrow. Either you or I _________ able to attend the meeting.

A. is　　B. am

C. has been　　D. are to be

10. Class One wins the first prize. The whole class _________ jumping with joy.

A. is　　B. has been

C. were　　D. are

11. Neither Sandy nor her brother ____ the concert

A. is going to　　B. are going to

C. is going to go to　　D. is to go

When all else is lost the future still remains.

就是失去了一切别的，也还有未来。

注释：①else：其他的；②remain：还有。

近的那个主语一致。例如：

There **is a glass**, a pen and some books on the desk.

桌子上有一只杯子、一支钢笔和几本书。

There were two students and a professor in the office.

办公室里有两名同学和一名教授。

4．其他情况。

（1）主语后面跟有with（和……一起），together with（和……一起），along with（和……一起），as well as（也）， in addition to（除此之外，还有）， but（除了……），besides（除……之外，还有），except（除……之外，还有）等构成的短语，其谓语动词只需和前面的主语保持一致。例如：

A woman with two children is sitting at the gate of the hospital.

一位妇女和两个孩子正坐在医院的大门口。

Three workers as well as the factory director **were** present at the meeting.

三位工人和厂长出席了会议。

典例精析：

【例1】He as well as I ______ well in English.

A does　　B do　　C are doing　　D have done

解析：选A。as well as 连接并列主语，谓语动词只需和前面的主语即 he 保持一致。

（2）集体名词group（组），class（班级），family（家庭），audience（观众），crew（船员），committee（委员会）等作主语时，如果视为整体，谓语动词就用单数，视为个体（各个成员），就用复数。例如：

My family is large.　　我家是大家庭。

The family are watching TV.　　家里人都在看电视。

Class One is having a meeting.　　一班正在开会。

Our study group are reading newspapers.　　我们学习小组的人在读报。

（3）数词作主语时，动词用单、复数都可以。例如：一些数学等式：

3 + 4=7　　Three and four is/are seven.

或 Three plus four equals/equal Seven.

或 Three and four makes/make seven.

4 × 5=20　　Four times five is twenty.

（4）有些名词,如variety（种类）， number（数量），population（人口），majority（大多数）等有时看作单数,有时看作复数。例如：

“A number of + 名词复数+复数动词”表示“有许多……”

“The number of + 名词单数 + 单数动词”表示“……的数量是……”

The number of teachers is 100.　　教师的数量为100。

A number of teachers go to that room.　　许多教师去了那间房间。

典例精析：

【例1】The number of tigers in the world ______ decreasing sharply.

A. is　　B. are　　C. was　　D. were

解析：选A。考查主谓一致的用法，以及时态把握。本题是在描述一种事实，故用现在时态，排除C、D；又因为主语为“the number”，所以谓语用单数，排除B，所以A正确。

12. Mr. Jackson, together with his wife and children, ______ to arrive here this evening.

A. are　　B. are going
C. is　　D. will be

13. Alan, along with his parents, ______ to Toronto.

A. have moved
B. has moved
C. are moving
D. have been moving

14. We have to go to the store to buy some food. Both meat and fish ______ running out.

A. is　　B. will　　C. are　　D. has

15. Ten thousand dollars ______ a large sum.

A. is　　B. have been
C. has been　　D. are

互动训练答案：

1. B　2.D　3.B　4.B　5.C　6.A　7.A　8.D　9.B　10.D　11.A　12.C　13.B　14.C　15.A

Victory won't come to me unless I go to it.

胜利是不会向我走来的，我必须自己走向胜利。

注释：①victory：胜利；②unless：除非。

[九、虚拟语气]

虚拟语气用来表示说话人的主观愿望或假想，而不表示客观存在的事实，所说的是一个条件，不一定是事实，或与事实相反。

1. 虚拟语气结构

以下表格是虚拟语气用于条件状语从句中时，主句和从句中谓语动词的形式。

	条件状语从句	主句
与过去事实相反	had done	would/should/could/might + have done
与现在事实相反	did（be动词用were）	would/should/could/might + do
与将来事实相反	did were to do should do （be动词用were）	would/should/could/might + do

If he **had taken** my advice, he **would have succeeded** in the competition.
如果他那时听从了我的建议，在比赛中他就会赢。

If I **were** a boy, I **would join** the army.　如果我是男孩，我就参军。

If it **were to** rain tomorrow, the football match **would be** put off.
如果明天下雨，足球赛就会推迟。

典例精析：

【例1】If they ____ earlier than expected, they ____ here。

A. had started，would be　　B. started，might be

C. had started，would have been　　D. will start，might have been

解析：选C。由语境可判断为虚拟语气句，而且是对过去的虚拟，从句用“had done”，主句用“would/should/could/might + have done”，符合此结构的只有C选项。

2. 特殊用法

（1）错综虚拟语气。主从句时间状语不一致，一个发生在过去，一个发生在现在。应随其本身的时间状语选定其谓语动词的形式。例如：

If you **had taken** the doctor's advice **last week**, you **would be able to take part in** the competition held **next Wednesday.**

如果你上周听从了医生的建议，你将能够参加下周三举办的竞赛。

（2）wish 引导的宾语从句要虚拟，宾语从句的时态要倒退。例如：

I wish it **were** spring all the year round.　我希望一年到头都是春天。

I wish I **had known** the answer.　我希望知道答案。

I wish I **could fly** like a bird.　我希望我能像鸟一样飞。

典例精析：

互动训练

1. The teacher demanded that the exam _____ before eleven.
A. must finish　B. would be finished
C. be finished　D. must be finished

2. She made the demand that the journalists _____ at once _____ Iraq.
A. leave; for　B. leave; to
C. left; to　D. to be left; for

3. He is talking so much about America as if he _____ there.
A. had been　B. has been
C. was　D. has gone

4. The young man insisted that he _____ nothing wrong and _____ free.
A. did; set
B. had done; should be set
C. should do; be set
D. had done; must be set

5. I suggested there ____ be a kind of language all could understand and use ____.
A. can; it　B. /; /
C. would; it　D. may; /

A great man is always willing to be little.
伟大的人物总是愿意当小人物的。

【例1】I'm shorter than you. How I wish I ________ as tall as you!

A. am　　B. will be　　C. were　　D. have been

解析：选C。考查虚拟语气。根据第一句，是与现在事实相反的，因此wish后的从句用一般过去时。在虚拟语气中，be的一般过去式的虚拟语气多用were。

（3）在表建议、要求、命令等的动词suggest（建议），advise（建议），propose（建议），demand（要求），require（要求，请求），insist（坚持），request（请求），command（命令，指挥），order（命令）等后的宾语从句中，谓语动词用should＋动词原形（should可省）。例如：

She suggested we （**should**） **leave** here at once. 她建议我们立刻离开这儿。

The doctor ordered she （**should**） **be operated**. 医生要求她立刻接受手术。

典例精析：

【例1】（2006. 8） I suggested that she ________ carefully before she made the final decision.

A. thought　　B. thinks　　C. would think　　D. think

解析：选D。suggest在表示建议时，后面所跟从句中的动词用"should＋动词原形"，其中should可以省略。

【例2】（2008.12.） I suggest you ________ carefully before coming to a decision.

A. thought　　B. will think　　C. would think　　D. think

解析：选D。原因同上。

特别提示：当**suggest** 作"暗示，表明"时，**insist**作"坚持说，声称"时，不虚拟。例如：

His face suggests that he **is** angry. 从他的脸上可看出他生气了。

He insisted that he **was** innocent. 他坚称他是无辜的。

（4）在表建议、要求、命令等的名词 advice（建议），order（命令），demand（需求），proposal（申请，建议），suggestion（建议），request（要求）等的表语从句和同位语从句中，谓语动词用should＋动词原形（should可省）。例如：

His suggestion that we（**should**） **go** to Shanghai is wonderful.

他提出的我们去上海的这个建议妙极了。

His demand is that we（**should**） **set out** at once.

他的命令是要我们立刻出发。

典例精析：

【例1】He made a suggestion that the English test________ until next Wednesday.

A. will be put off　　B. be put off　　C. will put off　　D. put off

解析：选B。suggestion 后接同位语从句，故从句用虚拟语气"should＋be put off（should可省）"，故B正确。

（5）在含有形式主语 it 中的主语从句中，谓语动词的虚拟语气用should+动词原形（should可省），表示惊奇、不相信、理应如此等。例如：

It is necessary（important, natural, strange） that we（**should**） **clean** the room every day. 每天打扫房间是必要的（重要的，自然而然的，奇怪的）。

It was a pity（a shame, no wonder, etc） that you（**should**） **be** so careless.

真遗憾（丢人，难怪）你是如此粗心大意。

It will be desired（suggested, ordered, requested） that she（**should**） **finish** her homework this afternoon.

真希望（她被建议，命令，要求）下午就完成她的作业。

6. The suggestion has been made ______ the basketball game ______ put off.

A. for; to

B. that; be

C. which; should be

D. to; being

7. The order came that the medical supplies ______ to Beijing for the Sars soon.

A. would be sent　　B. should send

C. be sent　　D. must be sent

8. It is important that we ______ wild animals.

A. will protect　　B. should protect

C. shall protect　　D. are protecting

9. Had you listened to the doctor, you ______ all right now.

A. are

B. were

C. would be

D. would have been

10. ______ any change about the date, please tell me immediately.

A. Will there be

B. Should there be

C. There will be

D. There should be

11. ______ today, he would get there by Friday.

A. Would he leave

B. Was he leaving

C. Were he to leave

D. If he leave

世界名人名言集锦

All for one, one for all.

人人为我，我为人人。——大仲马

典例精析：

【例1】It is important that we ________.

A. shall close the window before we leave

B. will close the window before we leave

C. must close the window before we leave

D. close the window before we leave

解析：选D。此处表示理应如此，所以用虚拟结构，从句应是“should + 动词原形”，而A、B、C皆不符合，只有D为省略should的结构，所以选D。句意：在走前关住窗子是很重要的。

（6）特殊句型“It is（high） time（that）...”（“是…… 的时候啦”）中，从句谓语动词用过去式，偶尔也会用到should+动词原形（但should不省略）。例如：

It's time that I **picked up** my daughter. 是时候该接我女儿了。

It's high time we **went.** 是我们出发的时间了。

典例精析：

【例1】It is high time we ________ home.

A. will go B. would go C. have gone D. went

解析：选D。虚拟语气的特殊句型，“It is（high） time（that）...”从句中应用虚拟结构，谓语用过去式，所以D正确。句意：是时候回家了。

（7）If only（要是……就好了）中谓语动词时态倒退。例如：

If only I **were** a bird. 要是我是一只鸟该多好呀！

If only I **had taken** his advice. 要是我听他建议就好了。

特别提示：比较if only与only if

only if表示“只有，唯一的条件是……”；if only则表示“如果……就好了”。If only 从句在大多数情况下用作虚拟条件句，但是偶尔也有用在真实条件句的情况。

例如：

I told him he would succeed only if he tried hard.

我告诉他，只有努力才能成功。（表示“只有”）

If only she could have lived a little longer.

要是她能活得再长一些，那该多好啊！（用于虚拟语气表示强烈的愿望）

He will succeed if only he does his best.

只要他竭尽全力，他就会成功。（用于陈述句中表示一种条件）

典例精析：

【例1】Look at the trouble I am in! If only I ________ your advice.

A followed B would follow C had followed D should follow

解析：选C。if only 为“但愿，要是...就好了”。此处表与过去事实相反的虚拟，故谓语动词用过去完成时。

【例2】He failed in the final examination. I told him only if he ________ hard would he get a high score.

A. worked B. had worked C. should work D. would work

解析：选A。only if 表示只有。此处是对过去现实的陈述，不需要用虚拟语气，用一般过去时，故选A。

（8）as if / though中谓语动词时态倒退（但如果种种迹象表明该动作可能发

12. Should it rain, the crops ______ .

A. would be saved

B. would have been saved

C. will be saved

D. had been saved

13. You ______ come earlier. The bus left a moment ago.

A. would B. should have

C. may D. have

14. He treated me as though ______ his own son.

A. I am B. I would be

C. I was D. I were

15. I ______ you some money, but I hadn't any on me then.

A. would lend B. would have lent

C. could lend D. may have lent

16. A few minutes earlier and we ______ the train.

A. have caught

B. had caught

C. could have caught

D. were to catch

17. —“Have you ever been to Beijing?”

—“No, but I wish I ______”

A. have B. will

C. do D. had

A man may lead a horse to the water, but he cannot make it drink.

一个人可以把马带到河边，但他不能令它饮水。——希伍德

注释：①horse：马；②drink：喝水。

生，不虚拟）。例如：

He talks as if he **knew** everything. 他说起话来好像他了解一切。

He remained calm as if nothing **had happened**. 他平静得好像什么也没发生。

When a pencil is partly in a glass of water, it looks as if it **were broken**.

当铅笔的一部分放在水中，它看起来好像是折了。

特别提示：The dark clouds seems as if it **is going to rain**.

乌云密布，看来要下雨了。（此处现实就是要下雨了，不用虚拟。）

（9）在would rather 后的宾语从句中，也虚拟，动词用一般过去时表示对现在或将来的虚拟；用过去完成时表示对过去的虚拟。例如：

I **would rather** they **didn't** hear of the news. 我希望他们没听到这个消息。

I **would rather** they **came tomorrow**. 我宁愿他们明天来。

I **would rather** they **had come yesterday**. 我宁愿他们昨天已经来过了。

典例精析：

【例1】I was bored last night. I would rather I ______ to the party with you then.

A. had gone B. went C. should go D. would go

解析：选A。would rather后用过去完成时表示对过去的虚拟。有last night，故选 had gone。

【例2】I'd rather that you ________ home.

A. went B. have gone C. will go D. go

解析：选A。would rather 后应用过去的相应时态表示虚拟，只有A是过去式，所以选A。

18. I'm glad I went over all my notes; otherwise ________.

A. I may have failed

B. I'd fail

C. I'd have failed

D. I'll have failed

19. — "What will you do during the summer holiday?"

— "I don't know, but it's high time ________ something."

A. I'm deciding

B. I'll decide

C. I decided

D. I decide

20. What should we do if it ________ tomorrow?

A. should snow B. would snow

C. snow D. will snow

互动训练答案：

1.C 2.A 3.A 4.B 5.B 6.B 7.C 8.B 9.C 10.B 11.C 12.A 13.B 14.D 15.B 16.C 17.D 18.C 19.C 20.A

Time is money.

时间就是金钱。——富兰克林

单招习题化 知识整合

第三部分 解题指导与能力训练

[一、词汇与语法知识解题指导]

新大纲（2009年）规定，词汇与语法知识大题的考查形式为选择题，本大题共20小题，每小题2分，满分为40分。主要考查的是词汇与语法知识点，其次包含几道情景对话和辨析词义的题型。在情景对话中一定要区分中英文的语言说话方式，选择英文的方式回答题目。一般每小题考查一个独立的语言点，有个别小题还不止考查一个语言点。它采分点多，覆盖面广，考生的思路往往跟不上题意的变化。这就要求考生重视词汇、语法基本功的训练。熟练了，就能做到反应快、思路清、判断准。词汇的重点是动词，每年体育单招词汇、语法知识题中考查动词的题目共有14个小题左右。语法重点是从句，从句中的难点是定语从句、状语从句。题目虽不多，但难度较大，判断起来易出现失误。考生平时复习时，要特别注意对这些语言点的识记、理解、分析和应用，以此来带动对词汇、语法知识的全面掌握。

1．词汇与语法知识的命题依据

体育单招英语新大纲就检测考生掌握词汇与语法知识的水平方面提出了明确要求：能记住本大纲规定的语法知识；能记住单词的拼写、读音、基本语义及主要用法；能记住规定的短语和习惯用语的意思和主要用法；能正确使用语音、语法和日常交际用语知识。

根据对近几年体育单招英语试题的分析，词汇与语法知识主要从四个方面考查考生的英语实际水平。

（1）考查对词汇知识和基础语法知识的识记能力以及在通常语境中的应用能力。

【例1】We walked _________ whole day that day, however, by 5:30 we had only covered_________ quarter of the distance.

A. the; a　　B. a; the　　C. the; the　　D. a; a

【例2】Just as I turned round the corner, I saw a car _________ towards me at a high speed.

A. to come　　B. come　　C. coming　　D. came

【例3】David helps his mother with her housework every Saturday for about _________.

A. one and half hours　　B. a half and an hour

C. an hour and half　　D. one and a half hours

【例4】Have you ever been to the square _________ was built last year?

A. which　　B. where　　C. when　　D. what

答案：A；C；D；A。

提示：通过对这些试题的解答，我们可以看出，在四个备选答案中，只有一个符合句子中的词义或语法结构要求。这种考题主要考查考生的知识面，在本大题题量中所占比例很大。

互动练习

1. —Have you ever seen Peter recently?
—Yes. He _____ me to ask you how you _____ along with your new job these days.
A. has asked; have been getting
B. asked ;were getting
C. often asks; are getting
D. asked; are getting

2. The managers discussed the plan that they would like to see ______ the next year.
A. carry out　　B. carrying out
C. carried out　　D. to carry out

3. —I'll help you whenever you need me.
—I would love _______.
A. you helping
B. that you'll help
C. you to help
D. that you help

4. I hope _____ the job she's applied for.
A. she's going to get
B. she'll get
C. she is to get
D. she decides to get

5. Mrs Green wants to buy that kind of cloth because she ____ that the cloth ____ very well.
A. has been told; washes
B. is told; is washed
C. has been told ;is washed
D. is told ;is washed

When work is a pleasure, life is joy! When work is duty, life is slavery.
工作是一种乐趣时，生活是一种享受！工作是一种义务时，生活则是一种苦役。
——高尔基注释：①pleasure：乐趣；　②duty：责任；　③slavery：苦役。

（2）考查在特定语境中灵活运用词汇和语法知识的能力

【例1】—Why isn't John in class?

—He ________ be sick, or he'd have been here already.

A. should　　B. may　　C. must　　D. will

【例2】I've got some new records. If you like, you can take ________ of them for the weekend.

A. none　　B. both　　C. any　　D. either

【例3】— Shall I tell Ann the test result?

—No, you ________. She's already got the report.

A. wouldn't　　B. needn't　　C. mustn't　　D. shouldn't

答案：C；C；B。

提示：以上试题考查考生对词汇与语法知识的灵活运用的能力。考生必须对四个选项有正确的理解，能够掌握其基本的用法，同时，还必须弄明白题干中的语境对答题的制约。在不考虑题干中的语境制约的情况下，可能有多个选项都是可以接受的。但全面考虑语境后就会发现只有一个选项在语法上和意义上都正确。这样的试题往往是通过对话来提供一个情景，或者由or，and, but甚至一个分号引起的句子及if等从属连词引起的从句，创设一个语境。考生答题时要特别小心。

（3）考查对词语的辨析能力。

【例1】—Can I help you?

—Well, I'm afraid the box is too heavy for you, ________ thank you all the same.

A. and　　B. so　　C. or　　D. but

【例2】If you drink too much, your health will get even ________.

A. bad　　B. poor　　C. worse　　D. not well

答案：D；C。

提示：解答这类试题时，首先要明确题干英语句子的意思。其次，必须全面深刻地掌握备选答案中的词语的语义。对于近义词语要注意它们之间的差别。这类试题主要考查考生的词语辨析能力。

（4）考查记忆、理解和灵活使用某些固定搭配的能力

【例1】________ the teacher's suggestion, Tom finally found a way to settle the problem.

A. Following　　B. Considering　　C. Thinking　　D. Asking for

【例2】He took the machine to pieces to find out how it ________.

A. progressed　　B. operated　　C. equipped　　D. managed

答案：A；B。

提示：做这类试题，理解题干语境条件是首要的。这要求考生掌握英语中的某些固定搭配。像“表示道歉”用make an apology，“保持联系”用keep in touch，这是习惯表达。

2．词汇和语法知识的解题思路

弄清了本大题的命题依据与考查要求后，考生应该认识到，此大题是基础题，多数题属于较容易题，中等难度题次之，较难题即便有，所占比例也很小。考生可以按下面几种方法做词汇与语法知识题：

（1）直接选答法

四个选项中只有一个最佳答案，其余为“干扰项”。干扰程度不大时，可采用直接选答法，快速便捷。

6. Let us not waste_____ time we have left.

A. the little　　B. little

C. a little　　D. a little more

7. After the accident, he was not able to walk by himself. In the sentence, “by himself” can be replaced by_____.

A. by his own　　B. of his own

C. for himself　　D. on his own

8. ______ , we'll come to see you again.

A. If time will permit

B. Time permits

C. Time permitting

D. Time permitted

9. —Nancy is not coming tonight.

—But she ______!

A. promises　　B. promised

C. will promise　　D. had promised

10. All the football fans are ________ to watching the World Cup Final.

A. fantastic　　B. keep

C. interested　　D. looking forward

11. —Paul, I'd like to have a talk with you at tea break.

— ______ Have what with me?

A. Yes, please.　　B. Sorry?

C. Thanks.　　D. You're welcome.

12. If you _____ stop smoking, you can only expect to have a bad cough.

A. won't　　B. would not

C. do not　　D. can not

13. He's unlucky, and he's always suffering _____ luck one after another.

A. a sick　　B. an ill

C. sick　　D. ill

Cowards die many times before their deaths.

懦夫在未死之前，已身历多次死亡的恐怖了。——凯撒

注释：①coward：懦夫；②death：死亡。

（2）同类排除法

有时，几个选项中会出现除一个选项外，其余均为同一类型。这时应把注意力放在不同类型的那个选项上，根据题目提供的信息，即可选定答案。

【例1】When Jack arrived he learned Mary __________ for almost an hour.

A. had gone B. had set off C. had left D. had been away

解析：选D。该题选项A、B、C均为表示短暂动作的动词，属于一个类型，只有D项为表示状态的动词；又根据题干中for almost an hour这个表示连续时间的短语所提供的信息，可以断定D为正确答案。

（3）成分分析法

英语句子有如一棵参天大树，盘根错节，枝蔓横生。对此，我们需要用“分析”这把手术刀层层剖析，弄清其层次，明确其结构，落实每个词语在句子中所作的成分。

【例1】He is leaving for Hefei on Sunday, _______ happens to be his birthday.

A. which B. when C. as D. where

解析：选A。先行词Sunday在非限制性定语从句中作状语，用which指代前面的那件事。

【例2】Please tell me the way you thought of ______ the garden。

A. take care of B. to take care of

C. taking care of D. how to take care of

解析：选B。在way, time, reason, chance等词后常用不定式作定语，此题的复杂之处是后面多了一个定语从句you thought of修饰。

（4）意义分析法

有时有些短语、惯用法或情态动词表示特定的意义，需要对此仔细分辨。

例如：

【例1】John, look at the time. ______ you play the piano at such a late hour?

A. Must B. Can C. May D. Need

解析：选A。由句意“约翰，瞧瞧都什么时间了，你为何偏偏在这么晚的时候弹钢琴呢？”must的特殊用法，有责备的意思。故应选A。

【例2】It is ______work of art that everyone wants to have a look at it.

A. so unusual B. a so unusual C. such unusual D. such an unusual

解析：选D。由句意“这是一件非同寻常的工艺品，大家都想看一看”可知应选D。work作“工作”讲是不可数名词，但作“作品，著作”讲是可数名词。记住“so + 形容词”“such + a/an + 形容词+可数名词”的固定形式。

（5）逻辑推理法

有时，所有选项从语法角度上看并没有错，但结合句子情景，意思上说不通，不符合逻辑。这时，应根据推理排除干扰项。

【例1】I can hardly hear the news report. Would you please _________?

A. turn it on B. turn it down C. turn it up D. turn it off

解析：选C。从语法及搭配的角度上，题干第二句对四个选项都是可以接受的。但根据第一句句意就能判断此题，唯有C才是正确的选项。“我几乎听不见报道，你能把它（报道）调大声点吗？”。

（6）确定考点法。

本大题中一般每小题侧重考查一个语言点，通过对题干的理解，明确考查对象，可以迅速排除干扰项。

14. The news about the terrible flood there greatly discouraged _____ there for a sight seeing.

A. us from going B. us to go

C. our going D. our to go

15. If I had _____ , I'd visit Europe, stopping at all the small interesting places.

A. a long enough holiday

B. an enough long holiday

C. a holiday enough long

D. a long holiday enough

16. Nobody noticed the thief slip into the house because the lights happened to______.

A. put up B. give in

C. be turned on D. go out

17. Besides Tom, ______ Crosettes have two other sons, _______ of whom are all interested in making model planes.

A. 不填; two

B. 不填; the two

C. the, three

D. the, the three

18. Mr. Zhang will give textbooks to all the pupils, except ____ who had already taken them.

A. these B. those

C. the one D. the others

19. ______ professional violinist practices for several hours a day, but ___________ violinist has his own way of playing the Beethoven concert.

A. Each, every B. Every, each

C. One, a D. All, each

Goals determine what you are going to be.

目标决定你将成为为什么样的人。——欧文

注释：①goal：目标；②determine：决定。

【例1】__________ is a fact that English is being accepted as an international language.

A. There　B. This　C. That　D. It

解析：选D。本题的考点是it作形式主语的用法。故答案是D。

（7）细心谨慎，克服思维定式

细心地研读题目，克服那种只按常规匆忙填入所选答案，而忽视题目中的重要信息造成误选的毛病。

【例1】—I stayed at a hotel while in New York.

—Oh, did you? You ________ with Barbara.

A. could have stayed　B. could stay

C. would stay　D. must have stayed

解析：选A。绝大部分人都误选了D，忽视了题中的重要信息"Oh, did you?"。实际上，该题考查了"could + 完成时"表示"本可以……而没有……"，具有责备和婉转批评之意的用法，而不是"must + 完成时"表示"对过去发生的行为的推测"。做错的原因在于受了定势思维的影响。

3．备考建议

（1）明确已考点和未考点。

（2）夯实基本功。"知识在书内，试题在书外"。通过核查我们可知，绝大部分考题可从教材中找到"影子"。因此，我们应该立足课本又必须高于课本，注重基础，侧重能力，加强素质的培养。

（3）单招试题是最好的练习题，是考试导向的具体体现。纵观历届单招考试卷，相似考点很多。

（4）重视工具书的辅助作用。

处处留心皆学问。善于积累，勤于思考，才是提高成绩的最佳途径。

20. —Who has taken my pen away?

—_______. He was here a moment ago.

A. It must be Li Ping

B. It is Li Ping take

C. Li Ping is

D. Li Ping must take

21. My dictionary ______. I have looked for it everywhere but still ______ it.

A. has lost; do not find

B. is missing; do not find

C. has lost; have not found

D. is missing; have not found

22. Shortly after the accident, two ______ police were sent to the spot to keep order.

A. dozens of　B. dozens

C. dozen of　D. dozen

23. —May I have another chocolate?

—Yes, of course. _______.

A. Take it yourself

B. Eat it, please

C. Help yourself

D. Have it yourself

24. We will take ______ wants to go there for a sight-seeing.

A. whoever　B. who

C. anybody　D. all that

25. I caught the last bus from town, but Harry came home _______ that night.

A. very late　B. even later

C. the same late　D. the last one

互动训练答案：

1.D	2.C	3.C	4.B	5.A
6.A	7.D	8.C	9.B	10.D
11.B	12.C	13.D	14.A	15.A
16.D	17.D	18.BC	19.B	20.A
21.D	22.D	23.C	24.A	25.B

It is not enough to be industrious, so are the ants. What are you industrious for?

光勤劳是不够的，蚂蚁也是勤劳的。要看你为什么而勤劳。——梭罗

注释：①enough：足够的；　②industrious：勤劳的；③ant：蚂蚁。

[二、完形填空解题指导]

1．完形填空的命题依据

体育单招英语新大纲明确要求考生：能正确使用语音、语法和日常交际用语知识、能够恰当理解使用中的各种语言现象；能够读懂英语的连贯表达。

体育单招英语试题中的完形填空是为检测考生是否达到这一能力的目标而设置的重要测试题之一。它既可以考查考生的语言知识水平，又能检验考生的分析判断能力。体育单招英语新大纲规定：完形填空题的题型为选择题。通常向考生提供一篇约200个词的短文，留出其中若干个空白，文后为每个空白给出四个选项。要求考生在通读全文领会大意的基础上，根据已经掌握的词汇、语法知识并结合自己的常识进行分析判断，从四个选择项中选出最佳选项，使全篇成为内容连贯、没有语法错误的通顺文章。本大题共编拟10个小题，每小题2分，满分为20分。

（1）完形填空题基于上述命题依据和考查要求，形成了下列基本命题原则：

①文章的长度相对稳定，200个词左右，设空平均间隔10个词，最小间距为5~6个单词。一般说来，间隔越小，题目越难。

②首句一般不设空，给出完整的信息，便于阅读理解。

③选择项一般为一个单词；考查实词多于虚词。

④选择项一般不出现生词，包括加注汉语的生词。

⑤单纯地考查语法结构的题目较少；重点是通过上下文"顺藤摸瓜"找出正确选项。

（2）要做好完形填空题，考生必须具备下列基础知识和语言能力：

①熟练、扎实的词汇和语法知识；

②快速阅读并捕捉主题句和相关信息点的阅读能力；

③正确理顺文章脉络，找出主旨大意的理解分析能力；

④经过"信息处理"，将文中被破坏的信息准确"复位"的推理判断能力。

⑤应具有良好的心理素质。短文因被破坏的信息较多，考生阅读起来会觉得很困难，于是急躁、气馁的情绪交替出现。因此，考生在具备以上知识和能力的同时，应具有良好的心态。

2．完形填空的解题思路

（1）通读全文，领会大意

通读全文时，要集中注意力，从头至尾，跳过空格，细心地快读下去，一遍不行，可再读第二遍，切忌看一句，填一空。通过通读全文，达到对文章的整体内容有个基本了解，能抓住最能体现主旨大意的主题句、关键词，弄清人物、时间、地点、事由、原因等，并悟出短文作者的观点、意向、态度等。语句表达一定符合中国人的逻辑表达方式，注意单词最基本的中文含义。

（2）完形填空高分技巧

①运用逻辑关系解题

每篇文章都有其发展脉络，完形填空的文章也不例外，其各段、各句之间都有逻辑上的必然关联。通过把握文章的逻辑关系，不仅可以准确掌握段与段、句与句之间的关系，正确解答逻辑衔接类题目，而且可以迅速确定文章的中心和基本结构，从而准确理解上下文语义，提高整体答题速度和质量。具体说来，完形填空中涉及的逻辑关系主要有以下几种：

互动训练

1. I am interested in animals, so I ____ every Sunday working in an animal hospital.

A. pay B. get C. take D. spend

2. We are very sad and angry to hear that the bad milk powder ____ the deaths of over 30 babies.

A. caused B. made
C. brought D. did

3. —How about the young lady?
—It's hard to say, but her voice ____ beautiful.

A. hears B. sings
C. sounds D. listens

4. —Did you win the basketball match?
—Bad luck. Our team ____ in the final one.

A. won B. was beaten
C. beat D. was won

5. The earth is our home. We must ___ it clean.

A. change B. build
C. sweep D. keep

You have to believe in yourself. That's the secret of success.
人必须相信自己，这是成功的秘诀。——卓别林
注释：①believe：相信； ②secret：秘密。

- 转折关系：but, however, though, whereas, nevertheless等
- 因果关系：so, therefore, thus, because, for, since, as等
- 顺序关系：before, after, first, second, in addition, then, next, finally等
- 让步关系：though, although, despite, in spite of等
- 条件关系：if, unless, once, provided that等
- 解释关系：that is to say, in other words等
- 并列关系：and, while等

【例1】Most people can tolerate these pressures pretty_______, but passengers with heart disease may experience chest pains as a result of the reduced amount of oxygen flowing through their blood。

A. harshly　B. reluctantly　C. easily　D. casually

解析：句中出现了转折连词but，but之后句子的大意是有心脏病的乘客可能会有胸口疼的感觉，由此可知but之前应指大部分人能够轻易地忍受这些压力，easily意为“容易地”，符合题意，故选C。

② 运用上下文解题

完形填空要求在理解全文的基础上作答，因为完形填空的文章是一个意义相关联的语篇，围绕某个特定的话题展开，因此在同一语篇中各种相关词汇必会同时出现或反复出现。利用这一特点，考生在解题时应联系上下文，寻找相关线索。

同样，熟悉语境也有助于最终确定答案。广义的语境指段落之间、句子之间、词语之间所有的上下文，狭义的语境则指句子内部的词语之间在语义上的联系：但由于在做题时时间有限不能重复阅读文章，因此要培养捕捉信息的能力。

【例1】...and to read widely to broaden their understanding in many fields of study...He should be prepared to make sacrifices to study his chosen _______ in depth.

A. field　B. target　C. scope　D. goal

解析：上文提到了学习的很多领域（in many fields of study），此处意为“学生应该准备好对所选择的知识领域进行更深层次的学习”，field意为“领域”，符合题意，故选A。target意为“目标，对象”；scope意为“（活动）范围”；goal意为“目标”。

③运用主旨句解题

完形填空的文章内容完整，全篇都是围绕一个特定的主题展开的，因此考生应首先树立语篇观念，抓住文章的中心思想，完形填空文章的首句通常是完整的，有可能是文章的主题句，或者能为考生理解文章的主题和主要内容提供必要的线索。而且，篇章的主旨决定了所有的细节，换句话说，一切细节都是为主题服务的，这给考生答题，尤其是篇章逻辑题中的语境理解类题目，提供了很多依据。

判断一下所选定的选择项是否有逻辑上的错误，以确保全文通顺，答案准确。在进行这一步骤时，可把选定的答案用铅笔做下记号；一时不能确定答案的小题，可暂时不填，先做后面的；待基本做完后，再针对那些没有把握的小题跳读相关语段，这时或许已能找出答案。同时，在某些个别题里，可以通过上下文提示来作答，这也是完形填空题型的一个窍门所在。

【例1】（2007.完形填空A）“All you have to do is go to the __24__ every day and learn the operations…” The son in law __25__, “I hate factories...”

A. hospital　B. factory　C. shop　D. school

24.此句中第24题就可从下文的句子I hate factories中直接得出选项。遇到词汇辨析的题，主要从几个角度思量，第一个角度就是看到我们常用的语境，第二就是要符合中国人的逻辑表达，第三就是借助前后句子的逻辑关系。

④ 运用排除法解题

6. Since there was no need to hurry, we ____ our time leaving.

A. took　B. spent　C. saved　D. used

7. You'll catch cold if you don't ____.

A. look after　B. look up

C. look out　D. look around

8. —You must ____ your handwriting. I can't read your homework.

—OK. I'll take your advice.

A. raise　B. notice

C. make up　D. improve

9. Do you think money can always ____ happiness?

A. take place　B. take the place of

C. instead of　D. take place of

10. He doesn't want to join us on holiday. He can't ____ to spend money the way we do.

A. afford　B. allow

C. manage　D. permit

There is no such thing as a great talent without great will-power.

没有伟大的意志力，便没有雄才大略。——巴尔扎克

注释：①such：如此；②talent：天才；③will-power：意志力。

做完形填空题时，需要考生认真地阅读、理解、推理和判断，需要对所给选项仔细地辨别、分析，从而得出正确答案。当考生对某个题目所给选项的含义、用法不太清楚，但其他三个选项明显不合适时，可以尝试用排除法。运用排除法可逐项检查、验证，发现干扰项立即排除。随着可选范围的缩小，得出正确答案的概率就会增大，合理、恰当地使用排除法，可以很好地节省考生的时间和精力，达到理想的效果。

【例1】The emphasis given to each of these functions_______from university to university, according to the views of the people in control and according to the resources available。

A. turns　　B. moves　　C. ranges　　D. varies

解析：本题考查动词和介词的搭配。首先可排除turns，因为不存在turn from...to的搭配；再根据句子的含义，即强调大学之间的不同，可排除move from...to...（从……搬家到……）和range from...to...（范围从……到……）。vary from...to... 意为“从……到……都各不相同”，符合题意，故选D。

⑤运用固定搭配或习惯用法解题

完形填空中有相当一部分题涉及固定搭配和习惯用法，这是英语学习的重点和难点，需要考生平时多下功夫积累，特别是那些无法从字面推测出含义的搭配以及形近的短语。

【例1】Camps that_______health care, food and shelter for 150,000 survivors have begun to close as they were never intended to be permanent.

A. strengthened　　B. aided　　C. transferred　　D. provided

解析：本题考查动词和介词的搭配。所给的四个选项中只有provide和for搭配，句意为“那些提供医疗、食物和住所的营地”。strengthen意为“加强”；transfer意为“转移”；aid意为“救助”，均不能与for构成固定搭配。故选D。

⑥运用常识解题

完形填空部分的考查目的是测试考生综合运用语言的能力，即理解篇章和使用词汇和语法的能力。完形填空是一篇独立的文章，涉及的内容方方面面，但相关的背景知识可对解答题目起到重要的辅助作用。当文章中所提供的信息不够时，考生可调动自己熟知的文化背景知识和生活常识判断正确答案。

（3）复读全文，全面验证

初步确定各小题的答案后，可进行第三步，再通读全文，在进一步理解文章内容的同时，要从语义、词法、句法、习惯用法、逻辑关系等方面，全面验证所选答案。此次通读全文时，应把所选取的答案放入其中，以求完整、流畅、顺达地默读全文，便于发现错漏，及时纠正。

注意：对于模棱两可的题，相信第一感觉，不要轻易纠正。正确的解题思路与解题技巧有利于提高做完形填空题的速度与质量。

现举下面的实例做示范。

Mrs. White was a wealthy lady. She lived__1__in a large comfortable house where her children and grandchildren came to visit her frequently. However, she was__2__. She spent a lot of time thinking about her old age and about her dead husband. Her children__3__about her and asked Dr. Green to see her.

Dr. Green was an experienced doctor. She knew old people became set in their ways and don't like to be__4__what to do. She decided to get to know Mrs. White before she said anything. During the visit, Dr. Green asked Mrs. White to give her a tour of the house. Mrs. White was__5__her house and happily agreed. As they walked from room to room, Dr. Green__6__that there were a lot of violets（紫罗兰） in every window. She asked,

11. She is unfit for the job, which_____patience and creativeness.

A. calls on　　B. calls off

C. calls for　　D. calls up

12. Sea water_____lots of salt.

A. includes　　B. holds

C. consists　　D. contains

13. —Smoking isn't good for your health.

—Yes, I know. But I simply can't_____.

A. give it away　　B. give it up

C. give it out　　D. give it in

14. Before going out at night, you will have to_____your parents' permission.

A. follow　　B. ask for

C. receive　　D. get from

15. —It's a good idea. But who's going to_____the plan?

—I think Michael and Dave will.

A. set aside　　B. take in

C. carry out　　D. get through

Try not to become a man of success but rather try to become a man of value.
不要为成功而努力，要为做一个有价值的人而努力。——爱因斯坦
注释：①try：试一试；②value：价值。

"Why do you have so many violets?" Mrs. White replied, "I love these__7__and they grow so fast that I have more and more." When the tour of the house was over, Dr. Green said, "I have one suggestion to make. Whenever you__8__a friend or a neighbor that is ill in bed or getting married, give__9__ one of your violets."

Mrs. White said__10__about the doctor's advice and for a few months__11__the visit, she didn't give away any of her violets. Then one day she was invited to the__12__of her neighbor's daughter. She put a ribbon （丝带） on one of her potted plants and took it to the party. Later one of her friends was sick so she took a violet plant to him in the hospital. __13__she began to give more and more of her potted violets to her neighbors. Over the years she__14__so many that she became known as the__15__lady.

1. A. well B. alone C. quietly D. happily
2. A. unhappy B. delighted C. disappointed D. cheerful
3. A. talked B. thought C. worried D. learned
4. A. invited B. told C. ordered D. wanted
5. A. familiar with B. interested in C. anxious about D. proud of
6. A. watched B. noticed C. showed D. looked
7. A. flowers B. rooms C. windows D. children
8. A. hear B. get C. want D. ask
9. A. it B. them C. you D. me
10. A. nothing B. anything C. everything D. something
11. A. during B. after C. before D. until
12. A. celebration B. lecture C. graduation D. wedding
13. A. Usually B. Continuously C. Gradually D. Regularly
14. A. sold out B. gave away C. grew up D. kept on
15. A. violet B. rich C. old D. famous

第一步通读全文，领会大意，可知短文第一段中Mrs. White was a wealthy lady. However, she was unhappy. Her children worried about her and asked Dr. Green to see her. 便是文章的主旨背景。故事就由此开始。最后一句结束语则是Mrs. White心理健康的升华，也是人生的升华。

第二步细读选项，试选答案。在把握文章主旨大意后，可按故事情节的发展与题目顺序，逐一思考如下：

1. 解析：选B。从下文得知，Mrs. White的丈夫已去世，孩子们常来看她，所以，她现在独自一人生活。答案显然是B。

2. 解析：选A。however表示转折，意为"然而，她并不快活"。故选A符合逻辑及意义上的要求。

3. 解析：选C。对于Mrs. White这种情况，她的孩子们很是担心，所以请来了医生。

4. 解析：选B。老年人已经习惯自己做事的方法，不愿意让别人来告诉他们该做什么，所以选择told。A和D意思不对，ordered太强硬了。

5. 解析：选D。从下文看，Mrs. White很高兴，同意并且领她转了转，所以此处应理解为她为自己的家引以为荣。所以应选D。

6. 解析：选B。Dr. Green此时注意到每个窗户上都有紫罗兰花，用noticed。watch为观察的意思，look为不及物动词，后面不能带宾语，show不符合题意。

7. 解析：选A。此句接着上一句的问题，Mrs White说她爱这些花（指的是violets）。

8. 解析：选A。听说朋友或邻居……，用hear；用ask，语法上对，意义不对；

16. That girl______swimming better than horse-riding.

A. prefers B. likes
C. would rather D. prefers to

17. The money he spent______no more than 150 yuan.

A. added up B. added
C. added up to D. add to

18. Something must be done to______ factories______waste water into the river before it is cleaned.

A. stop; pouring B. prevent; to pour
C. keep; pouring D. stop; to pour

19. I will______it if you can come to my birthday party.

A. thank B. appreciate
C. mind D. enjoy

20. They didn't plan their art exhibition like that but it ______very well.

A. worked out B. tried out
C. went on D. carried on

The unexamined life is not worth living.
浑浑噩噩的生活不值得过。——苏格拉底
注释：unexamined:未经考验的。

至于B、C，意思不通，语法上get与want后不能接从句。

9. 解析：选B。them指的是前面提过的friend或neighbor。

10. 解析：选A。起初，对于医生的建议，Mrs. White什么也没说，然后呢，故选nothing符合逻辑和语义的要求。

11. 解析：选B。从文中我们得知，此句应为医生来访后的几个月里……，所以用after。

12. 解析：选D。Mrs. White被邀请参加邻居女儿的婚礼……，与前面提到的getting married相呼应，故D是正确答案。

13. 解析：选C。她把紫罗兰花送给了邻居家的女儿，又送给了生病的朋友。后来，渐渐地，她把越来越多的花送给了周围的邻居。在这里，强调了一个渐变的过程，所以，gradually为最佳选项。

14. 解析：选B。give away的意思是"赠送"，选B项，语义正确，只是这个词语，可能有的考生不知其含义。

15. 解析：选A。根据文章结尾，Mrs. White常常把花送给他人，所以她就有了紫罗兰太太（violet lady）的美称了，合情、合理、合乎语法。

第三步再通读全文，如确认故事流畅、内容连贯、语法正确、逻辑通达，所选答案一定都是正确的。

（2010. II）完形填空（共10小题；每小题2分，满分20分）

阅读下面的短文，掌握其大意，然后从21至30各题所给的A、B、C、D四个选项中，选出一个最佳答案。

In ancient Egypt（古埃及）, people believed that the cat was a god. When a __21__ died its owners showed their sadness by the strange habit of shaving their eyebrows off! In the 19th century, the famous English writer Charles Dickens had a cat who was very __22__ of him. The cat didn't like to __23__ Dickens working too hard. At night, when the cat wanted to say "__24__ writing!" to his master, he often __25__ Dickens's candle with his paw（脚爪）!

When animals become pets, the result, after a number of generations, is a smaller animal with a smaller brain. Rabbits（兔子）, __26__, which live as pets in a garden, are less intelligent than their __27__ cousins. Of course, man doesn't always keep __28__ for pleasure. Many animals have to work for their masters.

There was __29__ a farm in Namibia, Africa, which had 80 goats. A mother monkey took the goats to the hills every day and brought them back at night. She __30__ knew exactly which goats were hers, which is more than many humans could do.

21. A. cat	B. monkey	C. rabbit	D. goat
22. A. sure	B. fond	C. afraid	D. proud
23. A. make	B. help	C. see	D. force
24. A. Stop	B. Start	C. Enjoy	D. Keep
25. A. held on	B. looked for	C. put out	D. picked up
26. A. finally	B. of course	C. however	D. for example
27. A. happy	B. wild	C. famous	D. small
28. A. animals	B. gardens	C. cousins	D. candles
29. A. again	B. soon	C. often	D. once
30. A. never	B. sometimes	C. seldom	D. always

内容解析：首先，通读全文后发现此文是关于古埃及是猫的故事的。"people believe that the cat was a God"是第一段主旨，表明了那时候人们对猫的喜爱和重

21. The picture of the park_____memories of our class trip last autumn.

A. called up　　B. reminded
C. turned up　　D. came up

22. —What a heavy snow!

—The farmers must be very happy about it. The snow_____another good harvest next year.

A. hopes　　B. wishes
C. wants　　D. promises

23. —Mark told me he would _____ computer studies.

—Really? I'll try my best to ask him to_____such foolish ideas.

A. give up; put away
B. give up; pick up
C. pick up; give up
D. put away; give up

24. We bought the big house with the saving we had_____for several years.

A. put off　　B. put aside
C. put down　　D. put in

All happy families are like one another; each unhappy family is unhappy in its own way.
所有幸福的家庭都相似，而每个不幸的家庭各不同。——托尔斯泰

视。第二段是关于野生动物和宠物的区别。最后文章用一个小故事升华了文章主题"more than many humans could do"（是很多人类所不及的），通过几种动物的描写表达人在有些方面比动物落后的感慨。明白了文章的主要内容和大意后就可以细读全文进行解题了。

21. 解析：选A。首句说，人们相信猫是神，而空后又说人们很悲伤，空出应该是猫死了人们很悲伤。

22. 解析：选B。be fond of译为猫很喜欢他，be afraid of害怕，be proud of以…为骄傲，根据下文不想让他太劳累而把他的蜡烛熄灭了这件事，猫是很喜欢他的。

23. 解析：选C。猫不想看到他工作太辛苦，其他均不符合文意。

24. 解析：选A。猫不想让他太辛苦，想让他休息，所以为stop。

25. 解析：选C。猫用爪子把蜡烛熄灭，A 坚持 B 查找 C 扑灭 D 拾起。

26. 解析：选D。上一句是定义性的叙述，下一句说兔子，应是举例，所以选D

27. 解析：选B。作为宠物养在花园里的兔子比那些野外的兔子智力低。

28. 解析：选A。下一句说很多动物不得不为他们的主人工作，所以上一句说的是人们不总是为了娱乐而养动物。

29. 解析：选D。这段是新讲一个故事，曾经有一个田地。

30. 解析：选D。下一句说比很多人做得都好，所以应该是他总能准确地知道。

（2009. II）完形填空（共10小题；每小题2分，满分20分）

阅读下面的短文，掌握其大意，然后从21至30各题所给的A、B、C、D四个选项中，选出一个最佳答案。

Alan Tong was the worst driver in town. He had an accident of some kind almost every week. Most of Alan's accidents were caused by his__21__. He drove through red lights. He turned left or drove at night without __22__lights. In short, there wasn't a traffic rule Alan had not broken. But__23__, he had never hurt anyone in his accidents.

Although Alan wasn't popular with the__24__, he was very popular with his lawyer, Mr.Tsui. He had__25__a lot of money from Alan's cases.

One day Alan was working in the garage painting his car when his mother__26__. His mother asked, "Why are you painting one side of the car red and the other side blue?" Alan replied, "Because __27__time I have to go to court（法庭）, there are always two witnesses（证人）. 'What color was the car?' the judge always asks, and the two witnesses always give the __28__ answer. Well, in the future, one witness will say it was red and the other will say it was__29__. Mr. Tsui will then say to the judge, 'Your honor, the witnesses cannot even__30__ the color of the car.' And the judge will have to dismiss（撤销）the case against me."

21. A. carelessness B. illness C. laziness D. kindness
22. A. gentle B. bright C. green D. proper
23. A. surely B. naturally C. luckily D. suddenly
24. A. police B. driver C. doctor D. traveler
25. A. owed B. earned C. paid D. saved
26. A. jumped up B. ran away C. walked in D. got up
27. A. one B. some C. any D. every
28. A. wrong B. foolish C. same D. honest
29. A. new B. red C. pretty D. blue
30. A. agree on B. satisfy with C. give up D. look at

25. The fire hasn't been__. It__during the night only because the candle wasn't___.
A. put out; broke out; gone out
B. put off; broke out; put out
C. put out; happened; put out
D. put off; happened; gone out

26. Mother_____us stories when we were young.
A. was used to tell
B. is used to telling
C. used to tell
D. used to telling

27. Mary pretended_____me when I passed by.
A. not seeing B. to not see
C. having not seen D. not to see

28. John was made_____the truck for a week as a punishment.
A. to wash B. washing
C. wash D. to be washing

If you don't learn to think when you are young, you may never learn.
如果你年轻时没有学会思考，那就永远学不会思考。——爱迪生
注释：young：年轻。

内容概括：先通读全文，读懂文章想要讲什么，说什么，明白大致意思和主题思想后就比较容易做了。这篇文章是一篇小故事，讲述了Alan开车闯红灯引起交通事故后想毁灭证据，把车的两面图成不同颜色以让证人自相矛盾的可笑做法。文章意思一旦明白，对每空稍加分析就可以迅速解答了。

21. 解析：选A。空后说他开车闯红灯，所以交通事故应该是由于他的不小心引起的，其他选项均不符合文意。

22. 解析：选D。他在拐弯或在夜里开车时都没有正确地打灯，才引起了交通事故，所以选D。

23. 解析：选C。虽然他触犯了很多交规，但幸运的是，在交通事故中他没伤过人，所以选C。

24. 解析：选A。这句话的意思是，虽然Alan在警察那不受欢迎，但是他在他的律师那很受欢迎。

25. 解析：选B。下文讲了律师怎么帮Alan打赢官司，所以这里说的应该是律师在Alan那赚了不少钱。

26. 解析：选C。下文他妈妈问他话了，所以这里应该是，当Alan给他的车喷漆时，他妈妈过来了，A 跳起来 B 逃跑 C 进来 D 起来，所以应选C。

27. 解析：选D。下一句说总有两个人，这句的意思为，每次他去法庭时，所以选D。

28. 解析：选C。well表转折，将来目击者看到车的颜色，一个红一个蓝，所以以前目击者看到车的颜色应该是一样的，所以选C。

29. 解析：选D。他把车喷成了一半红一半蓝，所以选D。

30. 解析：选A。 意思是说，目击者连车的颜色都不能达成统一，A 达成统一，B 满意，C 放弃，D 看。

（2008. II）完形填空（共 20小题；每小题1.5分，满分30分）

阅读下面的短文，掌握其大意，然后从21至40各题所给的A、B、C、D四个选项中，选出一个最佳答案，并在答题卡上将该项涂黑。

A

Electricity is one thing we waste most. Lights, fans, and __21__ are kept on even when no one is using them. I make it a point to turn them __22__ when I do not need them. It takes less than a second to press the button but to some people even this seems a__23__ task.

The other thing is water. Fresh water is precious（宝贵的）, __24__ it is not to be wasted. It is only a simple matter of shutting off a tap after use. I make sure I do this.

__25__ big waste is food. My mother __26__ to cook so much food that much of it was simply __27__. She knows better now. I pointed out to her about how we wasted food. She __28__ it and now cooks only what we can eat.

It is surely better not to be wasteful. I discover there is a simple __29__ of not wasting things, which is to use only what we __30__. Do not touch what we do not need. In this way we can stop being wasteful.

21. A. books B. clocks C. rooms D. radios
22. A. off B. around C. over D. up
23. A. pleasant B. daily C. dangerous D. difficult
24. A. but B. then C. so D. or
25. A. Another B. Few C. One D. Each
26. A. had B. used C. wanted D. started

29. The speaker raised his voice but still couldn't make himself_____.
A. hear B. to hear
C. hearing D. heard

30. _____in thought, he almost ran into the car in front of him.
A. Losing B. Having lost
C. Lost D. To lose

31. ______more attention, the tree could have grown better.
A. To give B. Giving
C. Given D. Having given

32. —I don't like hamburgs_____potato chips.
—I don't like hamburgs, ____I like potato chips very much.
A. and; and B. and; but
C. or; and D. or; but

33. —I hear that Sang Lan can____walk____run till now.
—But she is trying to do everything she can.
A. either; or
B. neither; nor
C. not only; but also
D. both; and

It takes a lot of thought and effort and downright determination to be agreeable.
要做到与人融洽相处，需要仔细地思考，认真地努力和痛下决心。——爱默生
注释：①thought：想法； ②effort：努力；③downright：完全的； ④determination：决心； ⑤agreeable：会处人的。

27. A. eaten up B. sold out C. brought in D. thrown away
28. A. bought B. found C. realized D. heard
29. A. matter B. method C. reason D. answer
30. A. carry B. need C. order D. give

这是一篇简短的文章，所选题材电浪费，水浪费，和食物浪费是我们熟悉的，所以在做题时可以根据常识和逻辑推理，基础知识来作答。

21. 解析：选D。电是我们浪费最多中的一个，灯，电扇都是电器。ABCD中只有D是电器类，所以选D。

22. 解析：选A。我们不需要的时候，就要把他们关掉，turn off为关掉的意思。

23. 解析：选D。它仅仅花不掉一秒的时间，但对于有些人来说很困难，A高兴地，B 每天，C 危险。

24. 解析：选C。 新鲜的水是很宝贵的，所以不要浪费。

25. 解析：选A。上边已经举出了两个例子，这里是说另一个很浪费的是食物。

26. 解析：选B。后边说当我指出来之后，她就改善了，所以这里应该是过去常常做太多食物。

27. 解析：选D。过去做很多食物以至于吃不完就扔了，A 吃光 B 卖光 C 引进 D 扔掉，所以选D。

28. 解析：选C。 在我指出我们有多浪费食物后，她就意识到了这点，做我们能吃完的量，所以选C。

29. 解析：选B。 我发现有一种不浪费东西的方法，所以选B。

30. 解析：选B。空的后边说，不要触碰我们不需要的东西，所以空处应该是只用我们需要的，所以选B。

（2011. Ⅱ）完形填空（共10小题；每小题2分，满分20分）

阅读下面的短文，掌握其大意，然后从21至30各题所给的A. B. C. D四个选项中，选出一个最佳答案。

Fire can help people in many ways. Fire can heat water, 21 your house, give light and cook food. But fire can burn things too. Nobody knows22 people began to use fire. One story from Australia 23 a man very long time ago. He went up to the sun by a rope and brought fire down.

Today people know how to 24 a fire with matches or lighters. Children sometimes like to play with them. But matches and lighters can be very 25 . Fire kills people every year. So you must be careful 26 matches and lighters. You should also learn to 27 fires. Fires need oxygen（氧气）. Without oxygen they die. There is oxygen in the 28 . Cover a fire with water. If you don't have them around, you could use your 29 or a blanket. This keeps the air from a fire.

Be careful with fire, and it will help you. Be careless with fire, and it might 30 you.

21. A. beautify B. brighten C. warm D. clean
22. A. where B. why C. what D. how
23. A. looks after B. tells about C. turns to D. laughs at
24. A. carry B. fix C. make D. catch
25. A. important B. special C. small D. dangerous
26. A. to B. about C. on D. after
27. A. put out . B. turn over C. use up D. take away
28. A. match B. lighter C. air D. fire
29. A. match B. rope C. coat D. sand

34. —_____all your things, Tom! I hate them here and there.
—OK, Mom.
A. Put up B. To put away
C. Putting up D. Put away

35. ____me the truth,_____I'm not going to leave the room.
A. Telling; or B. To tell; and
C. Tell; or D. If you tell; and

36. —_____can I do with such a situation?
—Take_____measure you consider best.
A. How; whichever
B, How; whatever
C. What; whatever
D. What; whichever

37. Isn't it very kind _____ your parents to do that for us?
A. for B. to
C. about D. of

38. There is a ______ of 1000 dollars for the return of the lost wallet.
A. reward B. prize
C. thank D. praise

It is no use doing what you like; you have got to like what you do.
不能爱哪行才干哪行，要干哪行爱哪行。——丘吉尔
注释：use：用处。

30. A. hurt　　B. break　　C. frighten　　D. spoil

第一步通读全文，领会大意，可知此篇小短文是关于火的。“火”是大家比较熟悉的东西，所以做起来应该相对比较容易。第一段首句“Fire can help people in many ways”可知是讲火对人们的帮助。第二段是讲火的潜在危害和灭火方法，并让人们小心火。第三段两句话总结：谨慎对待，火对人们大有益处；粗心大意，火就可能会伤害到你。

第二步细读选项，试选答案。根据生活常识，这些选项的解答如下：

21. 解析：选C。根据常识，火的作用是烧水，取暖，发光。只有C项warm（使暖和）符合实际。

22. 解析：选D。根据下一句句意，这个故事是讲火是如何开始使用的。故前边应该是没有人知道古人是怎么使用火的。其他三个选项代入空缺后不符合上下文。故选how表示如何。

23. 解析：选B。这个故事讲的是什么，故选B。look after照顾；turn to翻到；laugh at嘲笑，tell about讲关于……

24. 解析：选C。取火，固定表达make fire。

25. 解析：选D。but表示转折后，此句讲的应该是不利的内容。从下文看火每年都杀过人，可知火是危险的。故选D。

26. 解析：选B。be careful about/with something是固定搭配，表示对……小心谨慎。最后一段又出现了这一词组。

27. 解析：选A。此题考短语辨析。put out熄灭，扑灭；turn over翻转；use up用光；take away拿走，带走。根据意思学会灭火，故选A。

28. 解析：选C。根据常识，氧气存在于空气中，故选air。

29. 解析：选C。如果没有水，你可以用你的____和一个毯子来灭火，故和毯子性质相似，且你能够得到利用的就是coat了。

30. 解析：选A。根据句意，谨慎对待，火对人们大有益处；粗心大意，火就可能会伤害到你。hurt伤害；break破碎；frighten恐吓；spoil溺爱。

第三步，带入答案通读全文。根据逻辑和常识确认故事流畅，内容连贯，意思完整，语法正确，符合实际，那么答案一定是正确的。

39. A man does not know the difficulty of anything______ he does it personally.

A. although　　B. if

C. because　　D. unless

40. I don't remember______ to the airport that year

A. to be taken　　B. being taken

C. having　　D. to take

互动训练答案：

1.D　2.A　3.C　4.B　5.D　6.A　7.C　8.D　9.B　10.A　11.C　12.D　13.B　14.B　15.C　16.B　17.C　18.A　19.B　20.A　21.A　22.D　23.A　24.B　25.C　26.C　27.D　28.A　29.D　30.C　31.C　32.D　33.B　34.D　35.C　36.C　37.D　38.A　39.D　40.B

Anything one man can imagine, other men can make it real.
但凡人能想象到的事物，必定有人能将它实现。——凡尔纳
注释：imagine：想象。

［三、阅读理解解题指导］

1. 阅读理解的命题依据

体育单招英语新大纲在阐述检测考生掌握英语的水平时提出了“记忆、理解、综合应用”三个能力目标层次。大纲明确指出，“综合应用”就是要能够使用大纲规定的各类语言知识，整体理解不同形式的语篇。显然，阅读理解是考查考生综合应用能力的主要测试题。根据大纲规定，阅读理解题的题型为选择题，是通过向考生提供总词汇量不少于1000个词的短文四篇，让考生做短文后面的选择题，共15个题，每题4分，满分为60分。此大题是体育单招英语试题中计分比例最大的一个题型。为了全面考查考生的阅读理解能力，试卷所给的短文一是题材广泛，既包括日常生活、史地、文化，又含科技常识、人物传记等；二是体裁多样，有记叙文、说明文、应用文等。同时，新大纲对阅读理解能力的考查要求也做了如下规定：考生应能通过阅读掌握每篇短文的主旨大意、主要事实、有关细节以及上下文的逻辑关系等；既能看懂短文的字面意思，又能推论出短文的隐含意思；既能回答就文章局部细节提出的问题，又能回答有关文章总体内容的问题。

根据上述要求，体育单招英语阅读理解题目的设计大体分为以下五种题型。

（1）主旨大意题

常见的问题形式如下。

①The best title for this passage is_______.

这篇文章最好的题目是——

②The main idea of the passage is________.

这篇文章的主旨是——

③The passage is mainly about/ concerned with ________.

这篇文章主要集中讲——

④The author mainly discusses________.

作者主要讨论了——

⑤The title that best expresses the main idea is _________.

最能表达主题的题目是——

⑥The author's purpose in writing this passage is _________.

作者写这篇文章的目的是——

⑦What is the main topic of the passage?

这篇文章的主题是——

⑧What would be the most appropriate title for this passage?

哪个最适合做这篇文章的题目？

⑨Which sentence can best summarize the article?

哪句话最能总结这篇文章？

（2）具体细节题

常见的问题形式如下。

①具体事实：

a. What do we know about...?　关于……我们知道什么？

b. Why is...?　……是为什么？

c. How many...in this article?　这篇文章中有几个……？

互动训练

1. He offered to drive us to the railway station, but, rather than accept his kind offer, we_____to walk.

A. liked　　B. offered

C. preferred　　D. hoped

2. Students should_____everything important that their teachers give in class.

A. set down　　B. set up

C. set aside　　D. set out

3. The teacher told us light_____much faster than sound.

A. travel　　B. travels

C. traveled　　D. had traveled

4. We're going to play basketball. Would you like to_____?

A. join　　B. join in

C. attend to　　D. take part in

5. I saw Mike_____a football on the playground. Let's go and ask him back.

A. to play　　B. playing

C. to play with　　D. playing with

He that will not allow his friend to share the prize must not expect him to share the danger.

不肯让朋友共享果实的人，不要指望朋友与他共患难。——伊索

注释：①allow：允许；②share：分享；③prize：奖品；④expect：希望；⑤danger：危险。

d. In what year...? 在哪一年……？

e. According to the passage, who...? 根据文章，谁……？

f. According to the author, the techniques can be used to ________.

根据作者，这项技术能被用来——。

②列举题：

a. Which of the following statements is（not）true?

下面的观点哪个是（不）正确的。

b. The author mentions all of the items listed below except...

下面列出的选项哪项是作者没提到的？

a. What does the example...tell us?

这个例子告诉我们什么？

b. The story/example of...demonstrates ________.

这个故事/例子证明了——

（3）词汇题

常见的问题形式如下。

① Which is the possible meaning of the word: "..." in line...?

下面哪一个最可能是划线词的意思？

② Which of the following is nearest/closest in meaning to...?

下面哪项最接近……的意思？

③ In line..., the word "this/that, these/those/it/them" stand for....

划线句子中，单词this/that, these/those/it/them代表什么？

（4）推断，预测和引申题

常见的问题形式如下。

① It can be inferred from the passage that _________.

② The next paragraph would most probably deal with _____.

③ The paragraph preceding this one may discuss _________.

④ Which of the following can be inferred from the article?

（5）作者态度题

常见的问题形式如下。

① Which of the following the author is most likely to agree with?

下面哪项作者最可能同意？

② The author's attitude towards ... might be best summarized as...

作者对于……的态度最好可以被总结为……

③ What is the tone of the author...?

作者的语调（文章基调）是什么？

2．解题策略

掌握了这些基本题型之后，则需明确各个题型的解题策略：

（1）主旨大意题

解这类题应注意以下几点。

① 读首句抓大意。说明文（包括科研报告，新闻报道等）、议论文等文章的主题句多放在文章开头，抓住了主题句就抓住了文章的中心，因此要寻找这类文章的主旨大意就需要研究文章的首句。

② 读尾句抓大意。有时文章的主题句安排在文章的结尾，作为对全篇的总结。

③ 读首尾抓大意。有些文章或段落的开头和结尾部分都有主题句，这种结构是为了突出主题思想而使用的两次点题的写作方法。通常前后表述主题的句子不是

6. I don't like these stories. They ______ me so much. Do you find they are_____?

A. boring; bored B. bored; bored

C. bore; boring D. bore; bored

7. Young girls and boys have grown _____about rock music and pop songs.

A. crazy B. worried

C. anxious D. interested

8. Let Harry play with your toys as well, Clare—you must learn to_____

A. support B. care C. spare D. share

9. I have a_____that something terrible is about to happen.

A. thought B. feeling

C. idea D. meaning

10. —How are you managing to do your work without an assistant?

—Well. I_____somehow.

A. come on B. set off

C. get along D. watch out

11. I wondered how he_____that to the teacher.

A. dared say B. dare saying

C. not dare say D. dare to say

12. She opened the door quietly only_____ a stranger face_____ face with her.

A. finding; to B. to find; to

C. finding; with D. to find; with

The time of life is short; to spend that shortness basely, it would be too long.

人生苦短，若虚度年华，则短暂的人生就太长了。——莎士比亚

注释：①spend：花费，度过；②basely：低下的。

简单的重复，后面的点题是进一步的总结，是引申，是发展。

④ 从段落中抓大意。有些文章或段落的主题句居中，这种文章或段落往往以一句或几句话引出要表达的主题，在主题句出现以后，再举例子陈述细节或继续论证。

⑤ 归纳分析抓大意。有些文章或段落无明显的主题句，但字里行间无不体现主题。这就要求考生在阅读过程中根据文中所叙述的事实或提供的线索来概括总结主旨大意。

Doctors believe that second-hand smoke may cause lung cancer in people who do not smoke. Nonsmokers often breathe in the smoke from other people's cigarettes. This is second-hand smoke. The U. S. Environmental Protection Agency reports that about fifty-three thousand people die in the United States each year as a result of exposure to second-hand smoke.

It is harder for children to avoid second-hand smoke. In the United States, nine million children under the age of five live in homes with at least one smoker. Research shows that these children are sick more often than children who live in homes where no one smokes. The damaging effects of second-hand smoke on children also continue as they grow up. The children of smokers are more than twice as likely to develop lung cancer when they are adults as children of nonsmokers. The risk is even higher for children who live in homes where both parents smoke.

People are becoming very aware of the danger of second-hand smoke. As a result, they have passed laws that prohibit people from smoking in many public places. Currently, 45 states in the United States have laws that restrict, or limit smoking. The most well-known law doesn't allow people to smoke on short native airline flights, i.e. flights within the country.

Q：This passage is mainly about______.

A. how people get cancer

B. who can get cancer easily

C. what should be done with smoking in public

D. whether second-hand smoking can be harmful

解析：选D。本文是说明文。第一段的第一句已经阐明了主旨，主要是关于二手烟的危害。

（2）具体细节题

① 具体事实

在做这种类型的题目时，只需找准句子中的关键词，在原文定位并精读该部分，找出所需查找的具体事实信息即可。

② 列举题

需要注意什么样的句子之后会进行列举：There are several ways to improve one's spoken English. 在该句中，several 就可说明此后会进行列举，可对下文出现的信息进行标注，标出1，2，3，4……这样有助于在选择项中找出正确答案；

③ 例子题

这种题目一般会问该事例或故事等说明了什么，答案一般就是该事例前的理论，事例后表述的目的或该段的主题句。例如：

A giant dam was built many years ago to control the Colorado River in the U.S. This dam was built to protect the land and houses around the river.

This huge dam is in the Black Canyon. It is possible to drive a car from one side of the river to the other on a road， which is on the top of the dam. This dam is so big that

13. While______in the countryside, he made many friends with the native there.

A. worked　B. he works

C. he is working　D. working

14. —Which lifestyle do you think is the best?

—The one______.

A. is your favorite

B. worth enjoying it

C. you find worth enjoying

D. you talked about it

15. Having checked the doors were closed, and______all the lights were off， the boy opened the door to his bedroom.

A. why　B. that　C. when　D. where

16. —He said to me, "I wrote to my father yesterday."

—He told me he had written to his father______

A. the yesterday　B. before today

C. the day before　D. the next day

17. —What's wrong with him?

—He's______a bad cold.

A. suffering from　B. catching

C. having on　D. keeping on

18. Two______of textbooks will have been tried in these two provinces in the next three years.

A. sery　B. set　C. copy　D. series

Behavior is a mirror in which every one shows his image.

行为是一面镜子，每个人都把自己的形象显现于其中。——歌德

注释：①behavior：行为；②mirror：镜子；③image：形象。

there is an elevator inside. The elevator goes down forty-four stories from the road to the bottom. There is enough concrete in this dam to build a highway from New York to San Francisco. Thousands of people worked on this dam for five years.

This huge dam was called Boulder Dam when it was finished in 1936. Later it was renamed Hoover Dam in honor of a president of the United States. Hoover Dam, one of the highest dams in the world, is situated between the states of Arizona and Nevada.

Q：Hoover Dam lies ______.

A. between Arizona and Nevada

B. in the Black Canyon

C. between New York and San Francisco

D. both A and B

解析：选D。由第二段的第一句话和最后一段的最后一句话可得出正确答案。

（3）词汇题

一般有两种类型：

一种是考察某个单词、短语在上下文中的意思，可通过以下步骤解决：

①根据构词法来猜测词义；

②到上下文中判断词义，可利用同义词、反义词；解释或定义（in other words, that is, which is..., which means...）；举例（for example/for instance），句式（如因果关系句，递进句式等）。

③ 代入法——把选项代入，从词义和语法的层面来判断是否正确。

另一种是考察this/that/these/those/it/which 等在原文中指代的内容，需根据上下文来判断。例如：

Many people who work in London prefer to live outside it, and to go in to their offices or schools every day by train, car or bus, even though this means they have to get up early in the morning and reach home late in the evening.

One advantage of living outside London is that houses are cheaper. Even a small flat in London without a garden costs quite a lot to rent. With the same money, one can get a little house in the country with a garden of one's own.

Then, in the country one can really get away from the noise and hurry of busy working lives. Even though one has to get up earlier and spend more time in trains or buses, one can sleep better at night and during weekends and on summer evenings, one can enjoy the fresh, clean air of the country. If one likes gardens, one can spend one's free time digging, planting, watering and doing the jobs which are needed in a garden. Then, when the flowers and vegetables come up, one has got the reward together with those who have shared the secret of nature.

Some people, however, taken on interest in country things: for them, happiness lives in the town, with its cinemas and theatres, beautiful shops and busy streets, dance-halls and restaurants. Such people would feel that their life was not worth living if they had to live it outside London. An occasional walk in one of the parks and a fortnight's（two weeks） visit to the sea every summer is all the country they want: the rest they are quite prepared to leave to those who are glad to get away from London every night.

Q：The underlined phrase get away from in the 3rd paragraph refers to ______.

A. deal with B. do away with C. escape from D. prevent from

解析：选C。根据语境推断，在乡村的情况应是远离噪音与繁忙的工作的。

（4）推理、推断题

在推理判断时要牢记以下几点。

19. Have you seen Tom recently?
I wonder____with his studies.

A. how is he getting along

B. if he is getting along well

C. what he is getting along

D. that he gets along well

20. I would prefer____to taking____bus, for it is not a long way to go there.

A. walking; crowded

B. walking; crowding

C. to walk; crowding

D. walk; crowd

21. You can do it if you want to, but in my opinion it's not worth the____it involves.

A. try B. attempt C. effort D. strength

22. You can hardly imagine what the old lady had to____in the war.

A. go over B. go through

C. go on D. go with

23. She devoted herself___to her research and it earned her a good reputation in her field.

A. strongly B. extremely

C. freely D. entirely

24. We can communicate____people in every part of the world_____the Internet.

A. with; through

B. through; with

C. through; through

D. with; with

Follow your own course, and let people talk.

走自己的路，让人家去说吧。——但丁

注释：①follow：跟随；②course：路线。

① 严格按照阅读材料中所提供的信息进行推理，千万不要掺杂自己的主观想法或经验；

② 如果某选项中的内容是阅读材料的简单重复，那它就不是推论，也就不是正确答案；

③ 如果某选项所表达的内容与经验相吻合，文中却没有涉及，那它属于主观臆断的结论，也不是正确答案；

④ 如果某个选项表达的内容虽在文中提到，但很片面或很不完整，那也不是正确答案；

⑤ 文中的虚拟语气和情态动词（should, must, may, etc.）往往能流露出作者的弦外之音，这有助于我们确定正确答案；

⑥ 注意作者在文章中的措辞，比如作者在形容词前用了too, excessively, rather则常带有否定的口气；

⑦ 某些过渡词（例如：however, but, on the contrary, what's more）后面所表达的内容往往能反映作者的观点和态度。例如：

One day a man walked into a pet shop and said to the shop assistant, "I need two small mice and about five dozen roaches and two spiders."

"What do you need these things for?" the shop assistant was very surprised.

"Well" replied the man, "I'm moving out of my apartment and the landlord insists that I should leave the house in exactly the same condition as I found it."

Q：The passage suggests that when the writer moved into the house, it was ____.

A. very clean

B. just cleaned by the landlord

C. tidy and comfortable

D. dirty and full of insects

解析：选D。要恢复原样须买些老鼠和蟑螂等昆虫，因此推出答案为D。

（5）作者的观点、态度题

这个题目在很大程度上等于问全文的中心是什么。例如：

Some people are never right. They never have good luck. They usually do the wrong thing and say the wrong thing. And even if what they say or do is OK. they as a rule say it or do it at the wrong time. So these people always have problems. They often break dishes. They sometimes miss buses and airplanes.

Mr. Neff is different. He is always right. He is never wrong. He usually has good luck. He seldom has problems. He never breaks dishes. He never misses buses or airplanes. Even if he does miss them, it is always the fault of the buses or air planes. Mr. Neff knows almost everything. He doesn't ask questions; he answers questions. He never says, "I don't know."

Q：Which of the following best describes the writer's attitude towards Mr. Neff ?

A. He finds Mr. Neff hard to understand

B. He thinks Mr. Neff wonderful

C. He feels pity for Mr. Neff

D. He does not like Mr. Neff

解析：选D。本文中写到Even if he does miss them, it is always the fault of the buses or the airplanes.故暗示他对Mr. Neff的讨厌之情。

3. 阅读过程中应注意的事项

在弄清了阅读理解题的命题依据、目的要求及考查形式后，我们来分析一下阅

25. Peter is always forgetting____the set when he stops____TV.

A. to turn off; to watch

B. turning off; to watch

C. to switch off; watching

D. switching off; to watch

26. Emergency line operations must always ____calm and make sure that they get all the information they need to send help.

A. grow B. stay C. appear D. become

27. —Sorry, Joe, I didn't mean to….

—Don't call me Joe. I am Mr Baker to you. And____you forget it.

A. don't B. did C. do D. didn't

28. —Did you give your brother____?

—Yes, I had advised he____smoke.

A. an advice; should giving up

B. any advice; giving up

C. a piece of advice; to give up

D. any advice; give up

29. We shouldn't spend our money testing so many people, most of____are healthy.

A. that B. what C. whom D. which

30. —I've studied growing plants as one of my interests. Could I make some suggestions?

—____.

A. You will make it

B. Go right ahead

C. Don't mention it

D. Take it easy

If you would have a thing well done, you must do it yourself.
如果要将事情做好，就得亲自动手。——朗费罗

读理解题的解题思路。我们所探讨的解题思路应是短文原作者的写作思路、题目编制者的设计思路与考生的答题思路的最佳结合。基于这一认识，考生在做阅读理解题时可分下列步骤进行：

第一步：略读全文。即快速浏览全文，抓住文章话题，找出主旨大意。

第二步：解读题目。在浏览全文的基础上，依次将题目读一遍。读题时，遇到最表层题和表层题时，则根据记忆，迅速地对选项作出选择；如遇到浅深层题或深层题，则留到后面，分别通过跳读与细读来解决。

第三步：跳读语句。根据题目要求，对文章的有关细节、事实再进行“扫瞄”，同时经过分析、综合，对浅深层的问题作出判断。

第四步：细读片段。这是用于解决深层次题的一种阅读技巧。对于深层次的问题，要逐字逐句地精读有关语段，把握上下文的逻辑关系，甚至于连一个标点也不轻易放过，以排除干扰选项的干扰，理清脉络，让“隐含”的意思露出“庐山真面目”。

在运作上述解题步骤时要注意以下几个问题：

（1）略读是做阅读理解题的基础。略读全文时，考生注意力要高度集中，速度要快，重点要锁定在关键词、主题句上，即使遇到了生词，也不要停下来。这是略读（skimming）这一快速阅读技巧的要求。有的考生喜欢先读题目，后读短文，这种方法至少对于中上等以下的考生可取。离开了短文，题目就如无本之木，无源之水，只会造成时间的浪费甚至会让考生产生畏惧感。

（2）略读全文时要注意准确抓住短文的话题。话题是短文的灵魂，也是做阅读理解题的主线。抓住了话题这根主线，考生就能较容易地获取主旨大意、了解细节、猜测词义、明确推断的方向，并据此层次分明地解读题目。

（3）上述四个步骤反映了解阅读理解题的基本规律，但实际操作时，像跳读、细读，常有交替出现的情况，这要根据题目的具体内容与答题的需要灵活运用。在略读、跳读、细读短文及解读题目时，可用铅笔将关键词、主题句、重要语句划上横线；若是答案的出处则可用铅笔标上相应的题号。这样，复查时便于检索，避免走弯路。如时间许可,最后可再将全文（包括题目）整体浏览一遍，以起到复查核对的作用，效果当然更佳。

下面请根据几个典型文体体会一下做题技巧。

【例1】

SHEFFIELD
LINCOLN COLLEGE OF ENGLISH

Classes for foreign students at all levels
3 months, 6 months, 9 months and one year course
Open all year
Small class ［maximum（最大限度） 12 students］
Library, language laboratory and listening center
Accommodation（膳食供应） with selected families
25 minutes from London
Course fees（费用） for English for one year are £1, 380
with reduction for shorter periods of study.

1. Lincoln College of English ______.
A. is at the centre of London
B. lies far away from London
C. takes in foreign students, from beginners to the advanced
D. accepts students only at the beginning of the year

31. New York speech is ____ that of Chicago.
A. differently from　　B. different from
C. difference from　　D. different with

32. —Good morning. Can I help you?
—I'd like to have this package____, madam.
A. weighed　　B. to weigh
C. be weighed　　D. to be weighed

33. Christopher Reeve was famous____an actor____his Superman films.
A. for; as　　B. for; for
C. to; for　　D. as; for

34. When the police arrived, the crowd ran away_____all directions.
A. to　B. from　C. in　D. under

35. It is believed that _____you work,____ result you'll get.
A. the more hard; the more better
B. the harder; the better
C. the harder; the less
D. more harder; more less

36. _____the new policy, we are now having a happy life.
A. Because　　B. For
C. Thank for　　D. Thanks to

When a man is wrapped up in himself he makes a pretty little package.
一个只顾自己的人不足以成大器。——罗斯金
注释：①wrap up in:爱着……；②package：包裹。

2. While you stay there, ______will take care of you.

A. the school where you study

B. the family you have chosen

C. your classmates

D. your own parents

3. If you go there for a one-term course, you will pay ______for it.

A. ￡1, 380　　B. over ￡1, 380

C. much less than ￡1, 380　　D. nothing

这是一篇应用文，做此类文体最好就是严格的原文对照，再注意一些细节问题，即可做好。

1. 解析：选C。原文对照，由“25 minutes from London”（离伦敦25分钟路程），可知AB都不对，根据“Classes for foreign students at all levels”（课程针对外国所有水平的学生）可知C正确，D错误。

2. 解析：选B。理解“Accommodation（膳食供应） with selected families”（和被选中的家庭一起吃饭）的含义可知B正确。

3. 解析：选C。由文章最后一句“Course fees（费用） for English for one year are ￡1, 380with reduction for shorter periods of study.”（一年学费￡1, 380，并且短期学习学费会降低）可知，一学期的学费少于￡1, 380。所以选C。

【例2】

Jesse Owens is recognized as a hero not just because he is fast. Some people might say that they know him for just that reason. However, there are lots of fast people who are not known. Jesse Owens is known because Chancellor Adolf Hitler did not shake the hand of Jesse Owens or even recognize his feat of winning four gold medals, because Owens was an African American.

Jesse Owens owed much of his success to his coach Charles Riley, who probably was the most important one making him have the career that he did. Owens came from a background that required him to work after school in a shoe shop. He couldn't attend the regularly scheduled track practices organized by his school. However, Charles Riley saw the boy had both a passion（热情）and a talent for running, and so arranged for him to be able to practice before school instead.

Jesse Owens achieved this success despite his racial background, which at the time was a huge limitation to him. He could only eat in certain restaurants and sleep in certain hotels, as could all African Americans of the time. He was also never offered a scholarship for school despite setting records for NCAA（美国大学生体育协会）championships.

The Berlin Olympics in 1936 is where his star rose as high as it would ever be able to. These Olympics were during the height of Hitler's rule. It took courage to race in front of Hitler and many other racists（种族主义者）. It took time, determination, and perseverance（坚持不懈）to race like him. He won four gold medals at those Olympics. It would take almost fifty years for someone else to walk away from the Olympics with four gold medals. He passed away at the age of 66 from lung cancer.

1. We know from Paragraph 2 that Jesse Owens ______.

A. did not need to work after school

B. took part in the regular track practices

C. didn't get along well with his coach

D. was arranged to practice before school

37. The Great Wall winds its way______ mountains____valleys and____deserts to the east.

A. over; through; across

B. over; in; through

C. on; in; across

D. in; in; through

38. The army officer____his men to fire as soon as the enemies came up.

A. requested　　B. begged

C. commanded　　D. suggested

39. Her sister has____valuable jewels while she has____valuable ones.

A. so many; so many

B. no such; not such

C. many such; many such

D. so many; no such

40. There were so many people in the street watching the fire that the fire fighters could not get____to the building on fire as soon as possible.

A. closely　B. close　C. around　D. in

41.____there is a snowstorm or some other bad weather, the mail always comes on time.

A. Unless　　B. If

C. When　　D. Because

The secret of being miserable is to have leisure to bother about whether you are happy or not.
痛苦的秘密在于有闲工夫担心自己是否幸福。——萧伯纳
注释：miserable：痛苦的；②leisure：悠闲，空闲；③bother：担心。

2. Jesse Owens was well-known around the world mainly because he ______.
A. set records for NCAA championships
B. was brave enough to race in front of Adolf Hitler
C. didn't want to shake hands with Hitler
D. was the first African American to eat and sleep like whites in America
3. According to the passage, which of the following about Jesse Owens is TRUE?
A. He won a scholarship for his setting records for NCAA championships.
B. He was never looked down upon as a running star.
C. Just like Hitler, he was also a racist.
D. He died from cancer in his sixties.
4. What is the best title for this passage?
A. Sports hero- Jesse Owens B. The Berlin Olympics in 1936
C. Charles Riley-Jesse Owens's coach D. Jesse Owens's childhood

首先通读全文，了解文章大意，可以得出这是一篇人物介绍文章，介绍了著名奥运冠军杰西欧文斯的事迹。作为一名黑人田径运动员，杰西勇于冲破禁锢，不畏独裁者希特勒的强权，在柏林奥运会上勇夺四枚金牌，从而成为人们心中崇敬的英雄。

1. 选D。这是一道细节理解题型，要严格按照原文对照原则来一一排除，从而选出正确答案；有原文第二段第一句可排除C（杰西和教练相处不好）选项；再由第三句可知道杰西不能参加正常的田径训练，因为他必须去鞋店工作，由此排除B（杰西能参加正常的田径训练）选项；又由第二句可知杰西课下要工作，排除A（杰西不必课下去工作）选项；从最后一句“...so arranged for him to be able to practice before school instead.”可知教练给他提前安排了训练。D正确。

2. 选B。这是一道推理判断题型，题干是“杰西举世闻名的原因主要是什么”，要抓住主要原因，排除次要原因.有原文最后一段前三句可知道杰西闻名世界的原因是他不畏种族主义者们的重压，敢于在希特勒等狂热分子面前展示自己的实力，从而夺得四枚金牌。所以B最符合题干。

3. 选D。细节题；由第三段末句可知A错误，由第三那段前两句可得出B错误，由末段可知希特勒是种族主义者，杰西因此受到歧视，而杰西并非种族主义者，C错误；由最后一段最后一句可知D正确。

4. 选A。对于标题归纳题型，要把握文章所讲的主要内容，分辨出哪些是支干，哪些是主干；全文主要讲的是杰西从上大学到在柏林奥运会上夺金的事迹，由此可得出只有A选项最适合本文题目。

【例3】

In 2016, athletes from around the world will compete for gold medals in the summer Olympics. Even though the games are seven years away. Brazil's residents（居民）already feel like winners.

The nation was recently named to host this important sporting event. It will be the first Olympics held in South America.

The games will take place in Rio de Janeiro. The city beat out three other sites, Madrid, Tokyo and Chicago, to host the event. When the International Olympic Committee chose Rio de Janeiro, cheering people flooded the city's streets. “This is huge for Rio and for the whole country,” says resident Sueli Ferreira.

The Olympics are expected to attract tens of thousands of people. Brazilian officials have already started to prepare for the crowds. “We know what we need to do,” explains Brazil's president, Luiz Inacio Lula da Silva. “The words from now on are work, work

42. Though they hadn't met for many years, they ____each other at first sight.
A. realized B. knew
C. regretted D. recognized

43. Middle school students should learn from real heroes, ______, Yang Liwei and Hong Zhanhui,and try to make contributions to country in the future.
A. for example B. for instance
C. such as D. as follows

44. It is so nice to hear from her.____, we last met more than twenty years ago.
A. What's more B. Believe it or not
C. In other words D. That is to say

45. —Excuse me, could you tell me the way to the British Museum?
—Sorry. I'm a stranger here.
—____.
A. Thanks, anyway B. It doesn't matter
C. Never mind D. No problem

46. The boy wanted to ride his bicycle in the street, but his mother told him____.
A. not to B. not to do
C. not do it D. do not to

47. Please sit down by the fire and____ yourself at home.
A. to make B. do make
C. not to make D. making

I find life an exciting business—and most exciting when it is lived for others.
我发现生活是令人激动的事情，尤其是为别人活着时。——海伦•凯勒
注释：exciting：令人激动的。

and work."

Officials want to fix up local sports centers before Rio de Janeiro steps into the spotlight. They also want to reduce the amount of crime.

They hope hosting the games will improve life in Brazil. About 30 percent of people there live in poverty, or poor conditions. Tourism during the Olympics is expected to create more than 2 million jobs.

"It's going to be good for the economy, good for the people," Ferreira says. "This gives us hope that things will be better here."

1. According to the passage, the 2016 Olympics will be held in _____.

A. Europe B. Asia C. North America D. South America

2. The feeling of Brazilians can be described as _____.

A. proud B. surprised C. worried D. nervous

3. The underlined word "flooded" in Para. 3 means _____.

A. crossed B. filled C. visited D. cleaned

4. We can learn from the last two paragraphs that _____.

A. Brazilians' life will be better because of the Olympics

B. not all Brazilians are interested in the Olympics

C. most Brazilians are now living in poor conditions

D. Brazilians worry about losing jobs during the Olympics

本文可以看作是一篇时事新闻类的文章，通过通读全文，可以大致了解到本文在介绍巴西人民在得知2016年奥运会将在巴西里约热内卢举办的消息后的各界反映情况。讲了人民欢呼、举国欢庆、总统发言以及奥运会对巴西将产生的重大影响这几个内容。

1. 解析：选D。细节理解题，根据原文对照原则，由第二段"It will be the first Olympics held in South America."（这是南美洲首次举办奥运会）可轻易选出D来。

2. 解析：选A。细节推理题，须根据文中的描述来选出正确答案，首先要辨别各个选项的汉语意思，A"自豪的"；B"惊讶的"；C"担心的"；D"紧张的"。再根据原文合理推断，可知人民应该是自豪的，A正确。

3. 解析：选B。词义猜测题，要细读划线词的上下文来寻找线索，由上文"当奥委会宣布选中里约热内卢时，激动地人们……到街头。"可判断应该是涌向，即挤满街头的意思，只有B "fill"（充满）符合题意。

4. 解析：选A。推理判断题，B（不是所有巴西人对奥运会感兴趣）原文没涉及；由About 30 percent of people there live in poverty, or poor conditions.（百分之三十的人们生活在贫困中）可知C不对；由Tourism during the Olympics is expected to create more than 2 million jobs.（ ）旅游业将有望创造200多万的就业职位，可知D（巴西人会在奥运期间担心失业）错误；根据原文中They hope hosting the games will improve life in Brazil.（他们希望举办奥运会能改善巴西的人民生活），可知A（因为奥运会，巴西人民的生活将会更好）正确。

48. The lawyer was expected to _____ some proposals after reading all those documents.

A. put up with B，come up

C. keep up with D. come up with

49. Don't respond to any e-mails_____ personal information, no matter how official they look.

A. searching B. asking

C. requesting D. questioning

50. We were more surprised____. We had never expected such a foolish man as he could get the prize.

A. than excited

B. than exciting

C. rather than exciting

D. instead of excited

互动训练答案：

1.C 2.A 3.B 4.B 5.D 6.C 7.A 8.D 9.B 10.C 11.A 12.B 13.D 14.C 15.B 16.C 17.A 18.D 19.B 20.A 21.C 22.B 23.D 24.A 25.C 26.B 27.A 28.D 29.C 30.B 31.B 32.A 33.D 34.C 35.B 36.D 37.A 38.C 39.D 40.B 41.A 42.D 43.C 44.B 45.A 46.A 47.B 48.D 49.C 50.A

I don't wait for moods. You accomplish nothing if you do that. Your mind must know it has got down to work.

我从不等待情绪的来临。如果你一味等待，就将一事无成。你必须牢记，只有动手才能有所得。——赛珍珠

注释：①mood：情绪；②accomplish：完成；③get down to：着手做。

[四、单词拼写解题指导]

1. 体育单招英语新大纲，主观填空题只有单词拼写（共10个空；每个空2分，满分20分）。

为强化对词汇、语法知识的检测，大纲专为体育单招设置了一个考查题型，它的考查形式为填空题，每小题都是一个留有空白的不完整的英语句子，根据所给汉语，考生翻译出可以填入句中空白处的正确或最佳的单词。单词拼写所考单词比较简单，比较常见。本书所编的单词表基本能涵盖单词拼写内容。

2. 根据对近几年体育单招英语试题的分析，单词拼写主要从五个方面考查。

（1）考查对词汇知识和基础语法知识的识记能力以及在通常语境中的应用能力。例如：

【例1】John threw the ball, and the dog _______ （接住） it in his mouth.

解析：此处为狗主动地去接，应为动词catch，而整个句子为过去时，应填caught。

（2）考查在特定语境中灵活运用词汇和语法知识的能力。例如：

【例1】I would have been here an hour _______ （之前）,but unfortunately I missed the train.

解析：时间加ago表示多长时间之前，而before后加句子，所以此处填ago。

【例2】I _______ （借） my bike to Dave and I haven't got it back.

解析：根据句意为借出，而lend to为固定搭配，借出。我过去自行车借给他，他到现在还没还，应用过去时，所以填lent。

【例3】Tom started to _______ （收集） stamps when he was five.

解析：start to do，收集邮票为collect stamps。

（3）考查对词语的辨析能力。例如：

【例1】I'm going to ask _______ （每一个）of you to speak for three minutes.

解析：此处意为你们中的每一个，为each of而不是every.

【例2】They gave me a gift, but I didn't _______ （接受） it.

解析：主观上的接受为accept, receive为客观上的收到，根据句意，我没有接受那份礼物为主观上，而助动词后用动词原形，应填accept。

【例3】 I have first-hand _______ （经验）of running a school.

解析：动词have后加名词，经验为experience，而不用experiment。

（4）考查记忆、理解和灵活使用某些固定搭配的能力。例如：

【例1】It seems that the spread of the disease is now under _______ （控制）.

解析：under为介词后跟名词，under control为固定搭配，在控制下。

【例2】The day _______ （在……之间）Tuesday and Thursday is Wednesday.

解析：在……之间为between...and为固定搭配。

（5）考查英语情景交际能力。例如：

【例1】I'd like to _______ （介绍） you to my friend Martin.

解析：would like to do；introduce sb to sb译为把某人介绍给某人认识。

互动训练

1. She always____（抱怨）about their service.

2. She seems to____（更喜欢，宁愿）cats to dogs.

3. We all know knowledge is__（力量）.

4. He made____（道歉）to me yesterday.

5. With the_____（鼓励）of my friends, I overcame the difficulty,

6. ____（多数）of people seem to prefer watching games to playing games.

7. ____（二分之一）of the workers are men.

8. We could hardly see any trees here two years ago, but now____（三分之二）of this area is covered by young trees.

9. Helen has been here for____（一年半）.

10. ____（按照）my watch , the time is half past eleven.

11. _____（没有）the sun. nothing could grow in the earth.

12. Our respected Premier Wen often worked____（通过）the night.

13. Susan worked for her father____（贯穿，从头至尾）her holidays and she saved up a lot of money.

Experience is the child of thought, and thought is the child of action. We cannot learn men from books.
经验是思想之子，思想是行动之子，了解他人不可以书本为据。——狄斯雷利
注释：child：孩子。

【例2】The doctor says it may be _______ （必要的）for me to have an operation.

解析：be加形容词，必要的为necessary。

【例3】If you are going to come, please let me know in _______ （提前）.

解析：此处in advance为固定介词词组搭配。

3. 单词拼写试题还要注意以下几点：

（1）注意词性：指分清楚所要填的是动词、名词、形容词还是副词。在填写动词时需要注意时态的要求，判断好句子的时态。例如：

【例1】The plans should be put in order of their_______（重要性）。

解析：此题的要求填的是重要性，那就是名词应为importance，千万不要误填为它的形容词important.

【例2】The police _______（收到）a call from the house at 4：50 am.

解析：判断需要填的词为动词，就要注意句子的时态，通过at 4：50 am，可以判断此句时态为一般过去时，所以应填received.

（2）如果是填名词需要注意单复数的形式要求。例如：

【例1】 Is all the_______ （家具） in this room new?

解析：家具这个词在英文中是个不可数名词，因此应为单数furniture。

【例2】Some families in this area grow their own _______（谷作物）in their own gardens.

解析：crops表示农作物的总称,种他们自己的食物，所以为crops。

【例3】The two _______（乘客）are both from the United States.

解析：乘客为名词，注意其单复数形式，前面有数词two应为复数，填passengers。

（3）区分形容词和副词。形容词的中文表述为“……的”，副词的中文表述为“……地”。例如：

【例1】With a_______（沉重的）heart, she turned to wave goodbye.

解析：根据中文意思可知为沉重的心情，应填heavy。

【例2】If you get _______（饿了）, have a piece of bread.

解析：此处get相当于系动词，后跟形容词，应为hungry,不要误填为副词形式hungrily。

【例3】We should all follow the traffic rules and drive _______ （安全地）.

解析：drive为动词,修饰动词用副词，应填safely。

［注意］：单词拼写题型中，单词比较简单，本书后附录中的单词全背下，会有很大帮助；考生还要重视词汇、语法基本功的训练。熟练了，就能做到反应快、思路清、判断准。

14. If you can't finish your homework ____（准时），how do you say to your teacher about it?

15. “____（换句话说），every action and movement in Beijing Opera is very important”, says Professor Shang.

16. ____（尽管）she smiled, she was very upset.

17. He wants me to take the job. I'm afraid,____（然而），that I am not fit for it.

18. I am happy to go to the party____（只要）you come with me.

互动训练答案：

1. complains　　2. prefer

3. power. power作“力量”解时，为不可数名词。

4. an apology. apology用作名词，为可数名词，且其为元音音素开头的词。

5. encouragement. with the…of…表示“在……的……下”是固定搭配，其中the后应用名词，故填encourage的名词形式encouragement。

6. The/A majority　a/the majority of表示“多数……”是固定用法。

7. One second/One half

8. two thirds

9. one and a half years

10. By

11. Without

12. through. through the night表示“通宵”的意思

13. throughout

14. on time

15. In other words

16. Although/Though

17. however

18. as long as

Money is a good servant and a bad master.

金钱是善仆，也是恶主。——培根.

注释：①servant：仆人；②master：主人。

[五、英语作文解题指导]

作文一直是体育类学生的弱项。所以，在写作文时尽量能写一句是一句，用简单的句子表达意思。另外，要注意人称的搭配，时态的安排，全文要保持时态统一。如果不善于组织文章，就将提示的中文翻译成英文写下来。提示：一般书信格式的文体较多，此时基本人称都是第一人称，根据所给的中文提示判断时态。作文大多都采用一般现在时态；若是介绍还未发生的事情，则用一般将来时。

1. 书面表达解题指导

体育单招英语新大纲在关于检测考生英语综合应用能力方面提出了明确的目标，考生要能够在特定的语境中比较得体地表达自己的连贯意思。

书面表达正是考查考生这一能力的最佳方式。为此，新大纲把“书面表达”作为英语体育单招试题中一种特定测试模式，并具体地规定：书面表达的题型为写作题，考生要根据所给情景，用英语写一篇100个单词左右的短文。情景包括目的、对象、时间、地点、内容等。大纲中书面表达题的满分为10分。

这种题型的功能与目标是通过测试考生的英语书面表达能力，看其是否能够运用学过的英语知识和掌握的技能进行书面交际。语言是交际的工具，有工具而不会使用，等于没有。无疑，书面表达题的设置，目的就是考查考生输出信息的能力，考查考生的书面表达能力，它必将为强化考生重视语言能力的全面发展起到积极的推动作用。

书面表达虽然采用写作题形式，但它不同于命题作文，是一种有指导性的写作（guide writing）。其特点如下。

（1）给情景。所给情景要求你表达什么，你就写什么，把情景中提供的主要信息说清楚就行了，无须自拟主题、杜撰情节、立论发挥。

（2）重表达。这种表达的要求不是高层次的，仅是语言要比较得体，基本符合英语的表达习惯就可以，多表达自己的思想，即用自己熟悉的表达方式，而不是逐句对照翻译。这就给表达带来了很大的灵活空间；意思要连贯，即按照图画、图表、提纲等所提供的时间顺序或情节发展的次序来写。可见，书面表达，重要的是清楚、明白的表达。

2. 书面表达的解题思路

基于书面表达的上述命题依据与题型特点，考生要做好书面表达题，可按这样的解题思路与步骤进行。

（1）认真审题。考生要舍得花几分钟时间耐心读题，包括说明、提示、图画、图表、提纲，甚至于连“注意”也不要放过一字。要切实弄清楚写作体裁、主要内容以及写作要求等。

（2）列出要点。根据所给情景，确定要点若干条，要点应是主要脉络。可用汉语将要点写在草稿纸上。

（3）组句成文。按照要点，先用自己熟悉的表达方式逐一写出句子。可加上恰当的连接成分，以使各句连起来结构紧凑，成为一个有机的整体。

（4）仔细检查。细心通读自己所写的短文。通读时，结合对照自己所列要点，看是否有遗漏；并再次细读一下题目，看自己所写的短文是否已满足了说明、提纲及“注意”等所提供的“已知条件”。

互动训练

互动题一：
在体育圈内，令人注目的称号只有一个，那就是——冠军。作为一名运动员，你的身边有着许多冠军偶像；作为一名运动员，你也有冠军之梦。请你以“My Dream of Champion”为题，写一篇作文。

内容要点：1.你有一个冠军梦，但运动训练中的伤病和疲惫之苦，曾让你产生过动摇。

2. 奥运冠军XXX的事迹让你深受感动。
3. 你决心克服一切困难，刻苦训练，争取早日实现自己的冠军梦。

注意：

1. 词数为100词左右。
2. 文中不要出现自己的真实姓名和学校名称。

Happiness lies not in the mere possession of money; it lies in the joy of achievement, in the thrill of creative effort.
幸福不在于拥有金钱，而在于获得成就时的喜悦以及产生创造力的激情。——罗斯福
注释：①possession：拥有； ②achievement：成就。

3．做书面表达题时，应请注意以下几个方面的问题

（1）格式正确。审题时，首先要弄清楚要求考生写什么样体裁的短文。不同的体裁，往往就有不同的格式。体裁包括记叙文、说明文、应用文等，高考中常见的是应用文、记叙文；应用文中又以通知、日记、书信居多。口头通知开头要有称呼语，结尾要有表示谢意的话语（如：Thank you./Thank you for your attention.）。日记通常是用第一人称叙述，多用过去时态和现在完成时态，日记的前面先写上日期和星期几。写书信时，信笺的右上方先写发信人地址，后写写信日期。地名由小到大，顺序是第一行写牌号、街道，第二行写区、市/县、省名，第三行是国名。

（2）内容完整。“书面表达”内容要覆盖情景所提供的全部内容要点。通常，内容要点为六个左右。每个要点是一个相对独立的、意思较为完整的短句或短语。每漏掉一两个要点，评分就可能降一个档次。当然，过多的发挥，加上失误，也会影响成绩。

（3）表达得体。这就需要符合英语表达习惯，基本没有语法结构和词汇的错误。这里要注意两头，一头是鼓励优秀考生努力展示自己较强的语言应用能力，评分标准制定时对因此而产生的些许语言错误一般予以宽容，扣分有限；另一头是程度中等的考生，从应试技巧上看，与其说不清，说错了，倒不如多用一些简单句，把内容要点一个一个地表述清楚，这才是上策。

（4）词和句子要富于变化。在写作中表达同一个意思，不一定总要用同一个词，要避免太多重复，尽量用其他适当的词来代替。

（5）书写规范。书写工整，给人的第一印象就是一种好感，潦草的书写会影响交际。“评分原则”对此毫不客气地规定，“将分数降低一个档次”。规范的书写还包括正确使用大小写和标点符号。

（6）长度适当。“书面表达”过短固然不好，过长也会影响实际得分。体育单招规定书面表达的词数为80 ~ 100。“评分原则”上通常明确写着：“词数少于80和多于120的，从总分中减去2分。”

4．为提高书面表达题的质量，这里向考生提几条原则性的建议

（1）常用词汇和五个基本句型（主系表结构、主谓结构、主谓宾结构、双宾语结构、复合宾语结构）是书面表达的基础。首先要刻苦练好这方面的基本功。还要注意语句的节奏，要长句与短句相间。

（2）加强阅读是提高书面表达能力的捷径。由易到难，读一篇，理解一篇，好的句子要多读几遍，直至熟背，这不仅能提高自己的阅读理解能力，也为书面表达储备了有用的语言材料。

（3）学会用英语思维

中国人学英语往往习惯用汉语思维，在听和读时，总要在脑子里把英语翻译成汉语；在说和写时，又先想汉语，然后将汉语翻译成英语。要学会用英语思维，也需要一个过程。它需要英语学习者真正掌握一定程度的英语语言知识，并对其进行自发的应用。用英语思维就可避免由于汉英语言的完全对应关系而出现的中国式英语。

（4）练习短话长说

好多学生在写作过程中往往无法根据所给要点进行适当的拓展，从而导致所写句子短小干枯，可尝试着用附加成分做解释说明。例如：

① 表示不同原因的概括语：

The reasons are as follows　原因如下。

The reason why...is that...　……的原因就是……

There are several reasons for this.　这有几点原因。

互动题一参考答案：

My Dream of Champion

As an athlete, I have a dream of being a champion. But training everyday is so boring and tiring. Especially when I get wounded seriously, I even want to escape from the training field.

On the evening of last Saturday, Zhang Guozheng, the former Olympic gold medal owner in weight lifting, gave us a talk. He told us how he conquered all the difficulties coming from training and daily life. He said that his success mostly came from persistence.

I was moved to tears by Zhang's deeds. I made up my mind to persist in my training and overcome all the physical and mental difficulties. I believe that my dream of being a champion will come true.

Most folks are about as happy as they make up their minds to be.

对于大多数人来说，他们认定自己有多幸福，就有多幸福。——林肯

注释：make up one's mind to：下定决心做……

② 表示无须说明的事实的概括语。例如：

It goes without saying that... ……无须说明

It is needless to say that... ……没必要说

It is obvious that... ……是明显的

③ 添加与所给信息有关的前因后果以及条件,目的等内容。例如：

【例1】这样更方便照顾父母.（拓展:因为父母越来越年迈）（原因）

It will be much more convenient to look after your parents, as they are getting older and older.

【例2】因广告过多,影片放映晚点.（拓展:这导致观众不耐烦甚至恼火.）（后果）

There are so many advertisements that they delayed the time of showing the film, which made audience impatient and some of them even annoyed.

【例3】对中学生假期通讯方式进行了一项调查.（拓展:为了了解中学生假期通讯方式）（目的）

In order to learn how our high school students communicate with each other during the holiday, I did a survey with the help of my classmates.

（5）背谚语

例如：锻炼对学生有好处。

As the famous saying goes, "All work and no play make Jack a dull boy." It is good for us students to take exercise.

（6）用英语写日记，是练习英语书面表达的好形式。可先多用一些简单句，日记也可长短不拘，一开始，三四十字的也行，贵在每天坚持。

（7）多做一些针对性较强的英语书面表达练习。

此类练习一定要先自己做，后看参考答案，并找出自己出错的原因何在。好的书面表达可按体裁与题材的类别，分别选一篇为范文，不妨背下来。多做多练，熟能生巧，这样一定会有助于提高书面表达的水平。

下面以两篇书面表达为例，具体分析一下解题思路。

【示例1】

假设你是王力，你的美国朋友麦克将于本月底到北京作短暂停留，请你帮他安排一天的活动，并以书信的形式告诉他。活动计划请根据图中所示并对各景点做简单的介绍。信的开头已经给出。

生词：图书城 Book Town

Dear Mike,

I'm glad to hear you are coming soon. I've planned a one-day trip for you in Beijing.

通过审题我们知道这是一篇应用文，要求考生用书信的形式为其美国朋友的北京之行安排一天的活动，而且活动计划已经以图示的形式给出。

首先考生要熟悉英文书信体的格式，信的开头已经给出，只要注意英文书信结尾落款的写法就可以了。

再有题目要求为美国朋友安排"一天"的活动，根据图示，我们了解到活动很多，因而要注意安排的合理性。有的考生审题不仔细，在文中这样写道：When you arrived at the hotel, I will take you to visit some places of interest，不符合常理。因为美国到中国存在时差问题，不应当一下飞机就去活动。题目要求实际上是让你为他安排某一天的活动。

然后根据图示安排去某地的具体时间和要做的事情，列出以下要点。

互动题二：

为了使运动员学生与人交往时举止文雅、改善运动员学生在人们心目中的形象，你校正在举办以"As an Athlete, How to Behave Well"为主题的英语征文比赛，请你写一篇短文，发表见解。

内容要点：1. 运动员应守时、守信，礼貌待人，热心助人；

2. 运动员应遵守交通规则；在公共场所不喧哗，不乱扔垃圾；

3. 运动员应学好文化课，提高自身修养，不说脏话，不动手打人。

注意：1. 词数为100词左右。

2. 文章开头已给出，不计入总词数。

The supreme happiness of life is the conviction that we are loved.

生活中最大的幸福是坚信有人爱我们。——雨果

注释：conviction：坚信。

（1）上午去颐和园照相、划船、爬山等。
（2）中午吃饭，中国饭菜，如烤鸭、饺子等。
（3）下午先去著名的北京大学参观。
（4）然后去图书城。

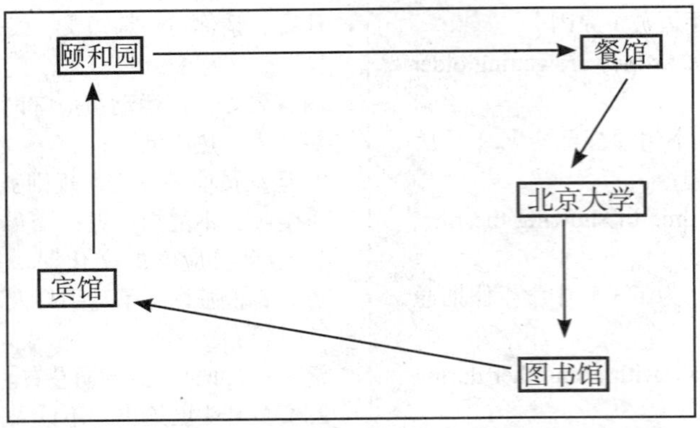

根据题目要求确定本文应使用一般现在时态或一般将来时态。按照图示顺序，用较流畅的英语将一天的安排介绍清楚。最后通读全文，检查错误。

参考范文：

Dear Mike,

I'm glad to hear you are coming soon. I've planned a one-day trip for you in Beijing. In the morning you can first go to the Summer Palace, which is one of the most beautiful parks in Beijing. There you can go boating and climbing. It's also a nice place for taking pictures. Then in the middle of the day you can enjoy a Chinese lunch in a restaurant. In the afternoon, I suggest you visit Beijing University. As you know, it is famous both in China and in the world. Before you go back to your hotel, you can drop in at the Book town. There are not only different kinds of books but also many Chinese paintings. I hope you will have a good time.

Yours,
Wang Li

【示例2】

假定你叫王芳，4月28日你在《北京晚报》上看到一则招聘广告：四通公司（Stone Company）招聘10名电脑工程师。你想去应聘，根据下列提示写一封应聘信，可适当增加内容。

（1）出生日期：1980年5月；性别：女；
（2）学历：北京工业大学计算机系毕业；
（3）资历：学校软件设计大赛一等奖；英语比赛二等奖；
（4）特长：英语、音乐、体育等；
（5）联系电话：62622005

通过审题我们知道这是一封求职信，因此格式和用词都应当比较正规。

互动题二参考答案：

As an Athlete, How to Behave Well

Behaving well is the secret of getting well with others. As an athlete, you should keep promise. If you have an appointment, you should be on time. Don't keep others waiting too long. If others are in trouble, you should give them a hand. Generally speaking, athletes are generous but lack of consideration, so politeness is very important for athletes.

As an athlete, you have many chances to be shown before the public, so you should keep the public rules, such as traffic rules. Speaking aloud and littering are bad manners, so don't do those in public places.

In the common sense, athletes are rudeness and lack of knowledge. So we should do our best to change the impression of athlete. If we study our literature lesson well and never quarrel and fight with others, we athlete will get more friendship from the society.

To really understand a man we must judge him in misfortune.
要真正了解一个人，需在不幸中考察他。——拿破仑
注释：①understand：了解；②judge：考查，评价；③misfortune：不幸。

求职信的内容大体分为三部分：

（1）写信的目的；（2）自我介绍；（3）联系方式。

写信的目的应在信的开始就直截了当地提出来。例如，“在《北京晚报》招聘广告中得知您单位招聘电脑工程师，我认为自己合适做这项工作，我愿意应聘。”等等。

自我介绍：主要介绍自己的学历、工作经历、解决问题的能力等。行文、用词上要表现出自信、恳切的态度，语言简洁，突出自己的优点、特长和有利条件；还要紧扣用人单位的需求。

最后应提出进一步联系的时间、地点和联系方式，如电话等。求职信主要用第一人称和现在时态。

注意此题中文提示较多，要把内容按照一定逻辑顺序写出来，千万不要逐句翻译；根据文章内容需要做适当的调整。另外注意汉英表达上的差异，英语中要把主要的内容放在前面，而汉语不总是这样。通读全文，检查错误。

参考范文：

Dear Sir,

My name is Wang Fang. I have read your advertisement in Beijing Evening. I think l am fit for the job.

I am a graduate from Computer Department of Beijing Industry University. When I was at university, I got the first place in the competition of computer software design and the second place in English competition. I'm 22, female, and in good health. And I have many hobbies, such as sports, music and so on. What's more, I always get on well with people. I know Stone Company is very famous and successful and if I'm given a chance to work there, I'm sure I can do it well. My phone number is 62622005. I'm looking forward to your reply .

Yours sincerely,

Wang Fang

Ordinary people merely think how they shall spend their time; a man of talent tries to use it.

普通人只想到如何度过时间，有才能的人设法利用时间。——叔本华

注释：①ordinary：普通的；②merely：仅仅。

单招习题化
知识整合

第四部分 附 录

[附录一 英语单词]

★ 必考重点

a [ei, ə]art. 1. 一（个，件，……）
2.（表示同类事物中的）一个
3.（表示非特指的任何）一个
an [æn, ən] 修饰以元音音素开头的词。
able ['eibl] adj. 有能力的，能够
be able to do sth. 能够（有能力）做某事
about [ə'baut] prep. 关于；在……的周围；在……的各处
adv. 大约；周围；到处
after ['a:ftə] prep. & conj. 在……之后
adv. 在后；后来
after all 毕竟；终究
age [eidʒ]n. 年龄 **at the age of**在……岁时
all [ɔ:l] adv. 都；全部地
adj. 1.（修饰单数名词）全；总；整
2.（修饰复数名词）全部；所有的
pron. 全部；全体
all over 到处；结束
not at all（用来加强not的语气）一点也不；不用谢
also ['ɔ:lsəu] adv. 也
and [ænd, ənd] conj. 和；又；而且
any ['eni] adj. 1.（用于疑问句、否定句等）一些；什么
2.任何的
anyhow ['enihau] adv. 总之；无论如何
anybody ['enibɔdi]，anyone ['eniwʌn] pron. 任何人
anything ['eniθiŋ] pron. 任何事（物）；什么事（物）
anywhere ['eniwεə] adv. 任何地方
as [æz, əz] adv. 同样地
conj. 像……一样；当……的时候；因为；由于
prep. 作为；当作
as…as 与……一样；像；如同
not as / so…as 与……不一样；不像；不如
as if / as though 好像；好似
ask [a:sk] vt. & vi. 问；请；要求；请求
ask for sth. 向……要东西；请求
ask sb. for sth. 请某人给某物
at [æt，ət] prep.
1.（表示地点、位置）在……
2.（表示时间）在……时（刻）
3.（表示动作的目标和方向）
bad [bæd] adj. 坏的；不正确的；使人不愉快的；严重的
badly ['bædli] adv. 坏；恶劣地；有害地；拙劣地；严重地
ball [bɔ:l] n. 球
be [bi:]（am, is, are; was, were; been）
vi. 是；成为
because [bi'kɔ:z] conj. 因为
before [bi'fɔ:] prep., conj. & adv. 在……以前；以前
begin [bi'gin]（began, begun） vi. & vt. 开始；着手
best [best] adj. & n. 最好的（人或物）
do one's best 尽最大的努力
all the best 一切顺利
better ['betə] adj. 更好的；较好的；（健康状况）有所好转的
big [big] adj. 大的；重要的
book [buk] n. 书；本子
both [bəuθ] pron. 两者；两人；双方
adj. 两；双
both…and… ……和……两者都；既……又……
boy [bɔi] n. 男孩
but [bʌt] conj. 但是
by [bai] prep. 在……旁；靠近；
can [kæn, kən]（could） v. aux. 能够；可以；可能；会
n. 罐头
car [ka:] n. 汽车；小汽车
China ['tʃainə] n. 中国
china n. 陶瓷；陶器
Christmas ['kristməs] n. 圣诞节
class [kla:s] n. （学校里的）班；课；年级
have classes 上课

The golden age is before us, not behind us.
黄金时代在我们面前而不在我们背后。——马克 · 吐温
注释：golden：黄金的。

after class 课后
classroom ['kla:srum] n. 教室
come [kʌm]（came, come） vi. 来；来到
come back 回来；想起来
come down 下来；落
come in 进来
come from 出生（于）；来（自）
come on 跟上；快；来吧
come out 出来
day [dei] n. 天；日；白天
by day 日间；白天里
day after day 日复一日地
day and night 日日夜夜
one day 有一天；（过去或将来）某一天
the day after tomorrow 后天
the day before yesterday 前天
the other day 前几天
difference ['difrəns] n. 不同；差异
different ['difrənt] adj. 不同的；差异的
do [du:]（did, done [dʌn] vt. 做
v. aux.（构成疑问句及否定句用的助动词，无词义）
do some cleaning 做（些）清洁工作
do some cooking 做饭（菜）
do some shopping 买东西
do well in=be good at 在……干得好
each [i:tʃ] pron. 各个；每个
adj. 各个；每一
each other 彼此；互相
easy ['i:zi]adj. 容易的;不费力的
take it easy 别着急；不用紧张
eat [i:t]（ate [eit]，eaten ['i:tn]）vt. & vi. 吃
eat up 吃光；吃完
either ['aiðə] pron. 两者之一
adj. 任何一个
adv.（用于否定句或否定词组后加强语气）也
either…or…或者……或者……
English ['iŋgliʃ] n. 英语
adj. 英国的；英国人的；英语的
in English 用英语
Englishman（pl. Englishmen）n. 英国人；英国男人
every ['evri] adj. 每一；每个的
everybody ['evriˌbɔdi],**everyone** ['evriwʌn]
pron. 每人；人人
everyday ['evridei] adj. 每日的；日常的
everything ['evriθiŋ] pron，每件事；事事
everywhere ['evriwεə] adv. 到处
face [feis] n. 脸；面孔
face to face 面对面
make a face 做鬼脸；做苦脸
few [fju:] adj. 少数的；不多的
n.（表示否定）很少数；几乎没有
a few 有一些；少数几个
for [fɔ:, fə] prep.
1.（表示方向）往；向
2.（表示所属）的
3.（表示时间、距离）计；达
4.（说明目的或用途）为……
from [frɔm,frəm] prep.
1.（表示起点）从；自
2.（表示开始的时候）从……起
3.（表示距离）距；离
4.（表示来源）来自
from now/then on 从现在／那时起
from…to… 从……到……
front [frʌnt] n. 前面；前部
adj. 前面的
in front of 在……前面
get [get]（got, got） v.
1. 成为；变得
2. 得到；收到
3.（用于have got短语中）具有
4. 到达
5. 使得
get along（事情）进展；（和人）和睦相处
get away 离开；逃脱
get back 把……取回来；返回
get down 降下；
get in 进入；收集
get off 下车；脱下（衣服等）
get on 上（车）
get on with sb. 与某人相处
get through 通过；打通（电话）
get together 相聚；聚集
get up 起床
girl [gə:l] n. 女孩
give [giv]（gave, given ['givn]） vt. 给;递给；给予；付出
give back 归还；送回
give out 分发
give up 放弃
go [gəu]（went [wənt], gone [gɔn] ） v.
1. 去；走；驶
2. 变为；成为
3. 通到；达到
go back 回去

If winter comes, can spring be far behind?
冬天来了，春天还会远吗？——雪莱

go by（时间）过去；经过（地点）
go fishing/skating/swimming/shopping 去钓鱼 / 滑冰 / 游泳 / 购物
go for a walk 出去散步
go on 继续；继续向前走
go on doing sth. 继续做某事
go on with one's work 继续自己的工作
go out（灯，火）熄灭
go over复习；检查
good [gud] adj. 好的
be good at善于……
good-bye 再见；再会
goods [gudz] n. 商品；货物
grade [greid] n. 年级；等级
have [hæv,həv]（had, had）vt.有；吃；喝;进行；经受；使
have got to（口语形式）=have to
have sth. on 穿着；戴着
have to 不得不；必须
help [help] vt. &n. 帮助；帮忙
help oneself to 自取；随便吃
help sb. with sth. 帮助某人做某事
helpful ['helpful] adj. 有帮助的；有益的
here [hiə] adv. 这儿；在这里；向这里
there [ðεə] adv. 在那儿；往那儿；（作引导词）
there be 表示“存在”
how [hau] adv.
1.（表示方法、手段、状态）怎样；如何
2.（表示程度、数量、价钱）多少
3.（表示感叹）多少
how far 多远
how long 多久，多长
how many 多少（可数名词）
how much 多少（不可数名词）
how old 几岁
if [if] conj.
1.（用于连接状语从句）如果；假使
2.（用于连接宾语从句）是否；是不是
in [in] prep.
1.（表示位置）在……内；在……里面；在……中
2. 在……（时间）
3. 在……（情况；状况）中
4. 以……（方式）；使用……（语言）
5. 穿戴
adv. 1. 在家
2. 在内；向内
into ['i ntu] prep.
1.（表示动作的方向）到……内；向内
2.（表示情况和结果的变化）变成
just [dʒʌst] adv. 正好；恰好；刚才；仅；不过
just now 刚才；不久以前
just then 正在那时
know [nəu]（knew [nju:], known [nəun]
vt. 知道；懂得；认识；了解
life [laif] n. 生命；生活；一生
（pl.） **lives** [laivz]
like [laik] vt. 喜欢；喜爱；想要
prep. 像；跟……一样
be like 像
long [lɔŋ] adj.
1.（指距离）长；远
2.（指时间）长
adv. 长久
before long 不久以后；很快
long ago 很久以前
long before 很久以前
no longer 不再
not any longer 不再
lot [lot] n. 许多
a lot of 许多；很多；大量
lots of = a lot of
make [meik]（made, made） vt. 造 ;制作 使……
be made from 由……制造；用……为原料制造……
be made in（China）（中国）制造
be made of 由……制 / 构成
man [mæn] n. 男人；人；人类
（pl.） men [men]
may [mei] v. aux. 可以；也许；可能
money ['mʌni] n. 钱；货币
many ['meni] adj. 许多的；多的
pron. 许多人（或物）
a good/great many 很多的；许多的
much [mʌtʃ] adj.（more，most）
（修饰不可数名词）；多；大量的
adv. 1.（修饰动词）非常
2.（加强比较级）更
n. 许多；大量；多少
more [mɔ:] adj.（much或many的比较级）
更多的；更大的
adv.（much的比较级）更；更大的程度
pron. 更多；更大
more or less 或多或少；多少有点
no more 不再

Genius only means hard-working all one's life.
天才只意味着终身不懈的努力。——门捷列耶夫

not…any more 不再
once more 再一次
most [məust]n.（much或many的最高级）大多数；大部分
must [mʌst，məst] v. aux. 必须；需要
（表示揣测）一定是；必定是
need [ni:d] vt. & v. aux. ,n. 需要；必要
in need of 需要
new [nju:] adj. 新的；新鲜的
no [nəu] adv. 不；不是
adj. 没有
not [nʌt] adv. 不；没……
not only…but also …不但……而且……
now [nau] adv. 现在
now and then 时而；不时
of [əv,ɔv] prep.（表示所属关系、数量和其中）……的
old [əuld] adj. 旧的；年老的；古老的
on [ɔn] prep. 在……上；关于；在……的时刻
adv. 1.（穿、戴、放……）上
2.（电灯、水管等）接通
3. 进行下去；继续下去
and so on 等等；诸如此类
on and on 不停地；一直进行着
only ['əunli] adv. 仅仅；只有；才
adj. 唯一的；仅有的
or [ɔ:, ə] conj. 或者；还是
or so大约……；……左右
other ['ʌðə] adj. 别的；其他的
out [aut] adv. 在外；离开；向外
out of 向……外；从……当中
over ['əuvə] prep. 1. 在……上方（以上）
2. 越过
3. 遍及
adv. 1. 在上
2. 越过；超过
over and over 反复；再三
over there 在那边（指较远处）
passage ['pæsidʒ] n. 通过；航行；通道；走廊；过道；（文章、乐曲等的）一段；一节
person ['pə:sn] n.人
people ['pi:pl] n. 人；人们
plan [plæn] n. & vt. 计划
play [plei] vt. 玩；打（球）；做游戏
n. 戏剧；玩耍
probably ['prʌbəbli] adv. 很可能；大概；或许
put [put]（put, put） vi. & vt. 放；摆
put away 放好；把……收起来
put on 穿上（衣服）；戴上（帽子等）；上演
put sth. down 把某物放下来
put up 挂起；举起
read [ri:d]（read [red], read） vi. & vt. 读；朗读
remember [ri'membə] vt. 记得；想起
remember me to … 请向……致意
right [rait] adv. 正好；恰恰
adj. 对的；正确的
n. 右；右边
adj. 右；右边的
all right 行了；好吧；（病）好了
on the right 在右边
right away 立刻；马上
right now 立刻；马上
say [sei]（said [sed], said） vt. & vi. 说；讲
school [sku:l] n. 学校
after school 放学后；下课后
at school 在学校
go to school 上学
shall [ʃæl, ʃəl] n. aux.（我，我们）将要
should [ʃud] v. aux.（shall的过去时）将；应该；会
ship [ʃip] n. 轮船
show [ʃəu]（showed [ʃəud], shown [ʃəun]或showed）
vt. 给……看；出示；显示；表明；显出
n. 展览会
on show展览
so [səu] adv. 1.（表示程度）那么；如此
2.（表示强调）非常；很
3. 也；同样
conj. 因此；所以
so…that 如此……以至
so that 以便；以致；结果是
some [sʌm] adj. 一些；若干；几个；有些；一部分；某人（或物）
pron. 若干；一些
space [speis] n. 空间；太空；空地；间隙；间隔
in space 在空间
such [sʌtʃ] adv. 那么；非常
adj. 这样／种的；那样的
pron. 这样的人／事物
such as 例如
take [teik]（took, taken ['teikən]） vt.
1. 拿；取
2. 拿走；带走；带去
3. 做（和名词连用；表示与该名词意义相关的动作）
4. 花费（时间）

Our destiny offers not the cup of despair, but the chalice of opportunity.
命运给予我们的不是失望之酒，而是机会之杯。——尼克松
注释：①destiny：命运； ②despair：失望；③opportunity：机会。

5. 吃；喝；服用
6. 乘车（船）
take a walk/rest 散步 / 休息
take away 拿走
take down 拿下
take off 脱下（衣帽、鞋等）；拿掉
take out 把……拿出来；取出
take food/medicine 吃食物 / 药
take the train/a boat/a bus 坐火车 / 船 / 公共汽车
taxi ['tæksi] n. 出租汽车
tell [tel]（told [təuld], told] vt. 告诉；讲述；吩咐
text [tekst] n. 课文；课本
than [ðæn, ðən] conj. 比
that [ðæt] pron. & adj，那；那个
conj.（引导宾语从句等）
this [ðis] pron. & adj. 这；这个
the [ðə, ði:,ði] art.
1.（指特定的人或物）这（那）个；这（那）些
2.（用在序数词、最高级的形容词和副词的前面）
3.（用在某些专有名词之前）
4.（用在世界上独——无二的事物前）
then [ðen] adv. 那么；然后；那时
these [ði:z] pron. & adj. 这些
those [ðəuz] pron. & adj. 那些
thick [θɪk] adj. 厚的；浓的；粗的
thing [θiŋ] n. 事件；事情；东西（pl.）（个人的）物品；用品
think [θiŋk]（thought [θɔ:t], thought）vi. & vt. 想；思考；认为；考虑
think about 考虑（是否去做）
think of 想起；想出
though [ðəu] conj. 虽然
time [taim] n. 时间；一段时间；时期；时刻；钟点；次；回
too [tu:] adv. 也；太；过分
too…to… 太……而不能
university [ju:ni'və:siti] n. 综合性大学
up [ʌp] prep. 向上；在上；起立；起来；向（在）……上面
very ['veri] adv. 很；非常
want [wɔnt] vt. 要；想要；需要
water ['wɔ:tə] n. 水
well [wel] adv. 好；令人满意地；完全地；充分地
adj. 健康的
what [wɔt] pron.
1.（表示疑问）什么（人；事；物等）
2.（表示建议）怎么样
adj.
1.（表示感叹）多么；何等
2.（表示疑问）什么
when [wen] adv. 什么时候；何时
conj. 当……时
where [wεə] adv. 在（往）哪里
why [wai] adv. 为什么
who [hu:] pron. 谁
which [wi:tʃ] adj. & pron. 哪一个；哪些
pron. 这个；那个
wife [waif] n. 妻子
husband ['hʌzbənd] n. 丈夫
whole [həul] adj. 整个的
will [wil]（would）v. aux.
1.（表示将来）将；会
2.（表示同意、允诺）愿意；要
3.（客气提问）是否愿意；……好吗?
would [wud,wəd] v. aux.（will的过去时）
1.（表示推测）大概
2.（婉转语气）愿意
while [wail] n. 一段时间；一会儿
conj. 当……的时候；和……同时
after a while 过了一会儿；不久
in a short while 不久
once in a while 偶尔；间或；有时
win [win]（won [wʌn], won）vi. 获胜
vt. 赢得
with [wið] prep.
1.（表示具有）带有；具有
2.（表示手段或方法）以……；用……
3.（表示伴随）与……一道；跟……一起
within [wi'ðin] prep. 在……里面；在……范围以内；不超过
adv. 在里面；在内部
without [wi'ðaut] prep. 无；没有；不
word [wə:d] n. 词；单词；话；言词
have a word with sb. 和某人说句话
in a word 简而言之；总之
in other words 也就是说；换句话说
work [wə:k] vi. 工作；干活；运转
n. 工作；劳动；
（pl.）著作；作品
at work 在工作
out of work 失业
work hard at 努力学习

Only those who have the patience to do simple things perfectly ever acquire the skill to do difficult things easily.
只有有耐心圆满完成简单工作的人，才能够轻而易举地完成困难的事。
——席勒
注释：①patience：耐心； ②simple：简单的； ③skill：能力； ④difficult：困难的。

work out 算出；制订出
world [wə:ld] n. 世界
young [jʌŋ] adj. 年轻的；年幼的
youth [ju:θ] n. 青年；青年时期

高频常见单词

above [ə'bʌv] adv. 在上面
across [ə'krɔs] prep. & adv.
1. 穿过
2. 在另一边；在对面
active ['æktiv] adj. 积极的
advice [əd'vais] n. 忠告；建议
afraid [ə'freid] adj. （用作表语）怕；害怕；担心
be afraid（of） 害怕
again [ə'gen] adv. 又；再；再一次
again and again 再三地；反复地
once again 再一次
against [ə'geinst] prep. 反对；对着；靠着；不同意
ago [ə'gəu] adv. 以前
agree [ə'gri:] vt. & vi. 同意；应允
aim [eim] n. 瞄准；目标；目的
vi. & vt. 瞄准；对准
air [εə] n. 空气；大气
by air 乘飞机
allow [ə'lau] vt. 允许；许可
almost ['ɔ:lməust] adv. 几乎；差不多
already [ɔ:l'redi] adv. 已经
although [ɔ:l'ðəu] conj. 虽然
always ['ɔ:lweiz] adv. 总是；永远
America [ə'merikə] n. 美国；美洲
among [ə'mʌŋ] prep. 在……当中；
在（三者或三者以上）之间
angry ['æŋgri] adj. 发怒的；生气的
be angry with sb 生某人的气
animal ['æniməl] n. 动物；牲畜
answer ['a:nsə] vt. & n. 回答；答复；回信；答案
appear [ə'piə] vi. 出现；显得；好像
apple ['æpl] n. 苹果
argue ['a:gju:] v. 辩论；表明
arrive [ə'raiv] vi. 到达；来到
arrive at/in a place 到达某地
attend [ə'tend] vt. 出席；参加
attract [ə'trækt] vt. 吸引；引起
attention [ə'tenʃən] n. 注意
pay attention（to） 注意

awake [ə'weik]（awoke [ə'wəuk]，awoken 或awaked）
vt. 唤醒；使醒
vi. 醒
adj. 醒着的
away [ə'wei] adv. 离开；远离
back [bæk] n. 后面；背部；背脊
adv. 回（原处）；向后
basketball ['bʌ:skitbɔ:l] n 篮球
volleyball ['vɔ:li:bɔ:l] n. 排球
badminton ['bædmintən] n. 羽毛球
table tennis [teibəl tenis] 乒乓球
baseball ['beisbɔ:l] n. 棒球
football ['futbɔ:l]/soccer ['sɔ:kə] n. 足球
tennis ['tenis] n. 网球
become [bi'kʌm]（became [bi'keim], become）
vi. 变得；成为
behind [bi'haind] prep. 在……后面
adv. 在后面
believe [bi'li:v] vt. & vi. 相信；认为
between [bi'twi:n] prep. 在（两者）之间；在……中间
bird [bə:d] n. 鸟
birthday ['bə:θdi] n. 生日
birthplace ['bə:θpleis] n. 出生地
body ['bɔ:di] n. 身体；躯体
born [bə:n]（动词bear的过去分词）出生
be born出生于……
borrow ['bɔ:rəu] vt. & vi. （向别人）借；借用
box [bɔks] n. 盒子；箱子
vi. 拳击
brain [brein] n. 脑子
bread [bred] n. 面包
breath [breθ] n. 呼吸；气息
hold one's breath 屏住气；（由于激动、害怕等）
不出气
out of breath 上气不接下气
breathe [bri:ð] vi. & vt, 呼吸
bring [briŋ]（brought [braut], brought） vt. 带来；拿来
brother ['brʌðə] 兄，兄；弟
build [bild]（built [bilt], built）
vt. & vi. 建设；建立；建造
building ['bıldıŋ] n. 建筑物；房屋
bus [bʌs] n. 公共汽车
busy ['bizi] adj. 忙的；繁忙的
be busy doing sth. 忙于做某事
be busy with sth. 忙于做某事
buy [bai]（bought [bɔ:t], bought） vt. 买

All the splendor in the world is not worth a good friend.
人世间所有的荣华富贵不如一个好朋友。——伏尔泰
注释：splendor：华丽，富贵。

card [ka:d] n. 卡片；名片
care [kεə] n. 小心；谨慎；注意
vi. & vt. 关心；介意
care for 喜欢；想要
take care of 照料；照顾
careful ['kεəful] ad. 小心的；仔细的；谨慎的
carry ['kæri] vt. 运送；搬运；携带
carry on 继续；开展
carry out 实现；执行；贯彻
case [keis] n. 情形；讼案；病例
cat [kæt] n. 猫
catch [kætʃ]（caught [kɔ:t], caught）
vt. 捉住；抓住；接住；赶上（车辆）；
患（传染病等）
catch up with 赶上（或超过）
cause [kɔ:z] vt. 使发生；引起；促使
n. 原因；理由；事业
century ['sentʃuri] n. 世纪；百年
chairman ['tʃεəmæn] n.主席（pl.） chairmen ['tʃεəmən]
chance [tʃa:ns] n. 机会；可能性
change [tʃeindʒ] vt. & vi.
改换；改变；兑换；找零钱
n .变化；零钱
change…into… 把……变成……
child [tʃaild]n. 小孩；儿童（pl. ） children [' tʃildrən]
city ['siti] n. 城市
clear [kliə] adj. 清楚的；清晰的；明亮的
close [kləuz] vt. 关闭
clothes [kləuðz]（pl. ） n. 衣服
cold [kəuld] adj. 冷的；寒冷的
college ['kɔlidʒ] n. （综合大学中的）学院；高等专科学校
go to college 上大学
colo（u）r ['kʌlə] n. 颜色
company ['kʌmpəni] n. 公司
composition ['kɔmpə'ziʃən] n. 作文；写作
computer [kəm'pju:tə] n. 计算机；电子计算机
crazy ['kreizi] adj. 疯狂的；热衷的
cut [kʌt]（cut, cut） vt. 割；砍；切；剪；削
custom ['kʌstəm] 刀，习惯；习俗；风俗
customer ['kʌstəmə] n. 顾客
daughter ['dɔ:tə] n. 女儿
dear [diə] adj. 亲爱的；昂贵的；高价的
decide [di'said] vi. & vt，下决心；决定
decision [di'siʒən] n. 决定；决议
describe [dis'kraib] v. 描写；叙述
dictionary ['dikʃənəri] n. 词典；字典
difficult ['difikəult] adj. 难的；困难的
desire [di'zaiə] v. & n. 希望；要求
dog [dɔg] n. 狗
down [daun] adv. 向下
dream [dri:m]（dreamed [dri:md],
dreamed / dreamt [dremt] ）
vt. & vi. 做梦；向往；
n. 梦想；愿望
during ['djuəriŋ] prep. 在……的期间；在……过程中
earth [ə:θ] n. 地球
egg [eg] n. 蛋
else [els] adj. 别的；其他的
encourage [in'kʌridʒ] vt. 鼓励
end [end] n. 末梢；终点；结束
in the end 最后；终于
enjoy [in'dʒɔi] vt. 喜欢
enjoy oneself 过得快乐
enjoyable [in'dʒɔiəbəl] adj. 使人愉快的
enough [i'nʌf] adj. 足够的；充分的
adv. 足够地；充分地
n. 足够；充分
even ['i:vən] adv. 甚至；连（……都）；更
even if/though 即使……也；纵然
ever ['evə] adv. 曾经；无论何时
ever since 从那时起一直到现在
for ever 永远
exactly [ig'zæktli] adv. 确切地；恰恰正是
experience [iks'piəriəns] n. 经验；体验
explain [iks'plein] vt. & vi. 解释；说明
express [iks'pres] vt. 表示；表达
eye [ai] n. 眼睛
face [feis] n. 脸；面孔
familiar [fə'miljə] adj. 熟悉的；常见的；惯用的
family ['fæmili] n. 家；家庭
famous ['feiməs] adj. 著名的；有名的
far [fa:] adj. 远的（farther, farthest [fa:ðist];
further，furthest）
adv. 远地
so far 到目前为止
far away 遥远，
far from 远不；完全不；远离
farther ['fa:ðə] adv. & adj. （far的比较级）较远；更远
farm [fa:m] n. 农场；农庄
fast [fa:st] adv. 快地；迅速地
adj. 快的；迅速的
favo（u）rite ['feivərit] adj. 特别喜爱的；中意的

Sincere, very sensible life of friendship is priceless.
真诚的、十分理智的友谊是人生的无价之宝。——马克思
注释：①sincere：真诚的； ②sensible：理智的；③priceless：无价的。

favo（u）r ['feivə] n. 好意；帮助；恩惠
feel [fi:l]（felt [felt]，felt）vi. 感觉；摸；触
feel like doing 觉得想做……
feeling ['fi:liŋ] n. 感情
few [fju:] adj. 少数的；不多的
n.（表示否定）很少数；几乎没有
a few 有一些；少数几个
field [fi:ld] n. 田地；牧场；场（地）
fight [fait]（fought [fɔ:t], fought）
vi. & vt. 打仗 / 架；与……打仗 / 架
n. 战斗；斗争
film [film] n. 影片；电影；胶卷
find [faind]（found [faund], found）
vt. & vi. 找到；发现；发觉；感到
find out 找出；发现；查出（真相等）；了解
finish ['finiʃ] vi. & vt. 完成；结束
fix [fiks] vt. 修理；安装
food [fu:d] n. 食物；食品
forget [fə'get]（forgot [fə'gɔt], forgotten [fə'gɔt n]
vt. & vi. 忘记；忘掉
form [fɔ:m] vt.（使）组成；建立；形成
found [faund] vt. 成立；建立
free [fri:] adj. 空闲的；自由的；免费的
set free 释放；使自由
friend [frend] n. 朋友
make friends 交朋友
friendly ['frendli] adj. 友好的
full [ful] adj. 满的；充满的；完全的
be full of 充满……的
game [geim] n. 游戏；运动；比赛
gift [gift] n. 赠品；礼物；天资
graduate ['grædjueit] v.（学完一学位课程）毕业；授予学位
n. ['grædjuit] 大学毕业生
great [greit] adj. 伟大的；重大的；大量的；很多的
greatly ['greitli] adv. 大大地；非常
group [gru:p] 组；团体；群
grow [grəu]（grew [gru:], grown [grəun]）
vi. 生长；渐渐变得；发育
vt. 种植
grow up 成长；长大
half [ha:f] n. & adj. 半；一半
hand [hænd] n. 手；（钟表）指针
vt. 传递；交给
hand in 交进来；交纳
hand out 分发

hang [hæŋ]（hung [hʌŋ], hung）
vi. & vt. 吊着；悬挂
（hanged，hanged）vt. 绞死；吊死
happen ['hæpən] vi.（偶然）发生；碰巧
happy ['hæpi] adj. 高兴的；幸福的
hard [ha:d] adv. 努力地；（下雨，下雪等）猛烈地；剧烈地
adj. 困难的；硬的
hate [heit] vt. 憎恨；不愿；不喜欢
high [hai] adj. 高的
history ['histəri] n. 历史；历史学
holiday ['hɔlədi] n. 假日；假期；节日
on holiday 在度假
home [həum] n. 家 adv. 回家；在家；到家
at home 在家（里）
go home 回家
hope [həup] vt. & n. 希望
hospital ['hɔspitl] n. 医院
house [haus] n. 房子
immediately [i'mi:djətli] adv. 立即
important [im'pɔtənt] adj. 重要的
importance [im'pɔ:təns] n. 重要；重大；显要
include [in'klu:d] vt. 包括
income ['inkʌm] n. 所得；收入
infer [in'fɔ:] v. 推论；猜想；指出；暗示
information [infə'meiʃən] n. 通知；情报；信息
instead [in'sted] adv. 代替；顶替
instead of 代替；而不是……
interest ['intrist] vt. 使发生兴趣
n. 兴趣；趣味
a place of interest名胜
interesting ['intristiŋ] adj. 有趣味的；引起兴趣的；有意思的；引人入胜的
international ['intə'næʃənl] adj. 国际的；世界的
island ['ailənd] n. 岛
job [dʒɔb] n. 工作
joy [dʒɔi] n. 欢乐；高兴
key [ki:] n. 钥匙；答案
lack [læk] n. 没有（某事物）；缺乏；不足
lady ['leidi] n. 女士；夫人；小姐
lake [leik] n. 湖
land [lænd] n. 陆地；土地
last [la:st] adj. 最后的；刚过去的
vi. 持续；耐久
n. 最后的人 / 东西
adv. 最后

Time is a bird forever on the wing.
时间是一只永远在飞翔的鸟。——罗伯逊
注释：①bird：鸟；②forever：永远；③wing：翅膀，飞翔。

at last 最后，终于
late [leit] adv. & adj. 迟（的）；晚（的）
be late for（school） 迟到（校）
lately ['leitli] adv. 近来；不久前
law [lɔ:] n. 法律；法令
lawyer ['lɔ:jə] n. 律师；法学家
lay [lei]（laid [leid], laid） vt. & vi. 放；搁；下（蛋）；产（卵）
lead [li:d]（led [led]，led） vt. 领导 vi. 引向；导致
learn [lə:n]（learnt [lə:nt], learnt或learned, learned）
vt. 学习；听说；获悉
leave [li:v]（left [left], left） vt. 离开；剩下；留下
left [left] n. 左；左边
adj.左；左边的
on the left 在左边
let [let]（let, let） vt. 让
let in 让进来
let out 放出；发出；泄露
letter ['let ə] n. 信；字母
list [list] n. 一览表；名单；目录
little ['litl] adj. 小的；少的
adv.（less [les]，least [li:st]） 很少地
n. 没有多少；一点
a little 一点儿；少量
less [les] adj. 更小（或更少）的；较少的
adv. 更少（或更小）地；较少地
least [li:st] adj. 最小的；最少的
n. 最小；最少
live [liv] vi. 居住；活着；生存；生活
living ['liviŋ] adj. 活的；活着的n. 生活；谋生
living-room n. 起居室
lively ['laivli] adj. 生动的；活泼的
love [lʌv] vt. 爱；喜欢；热爱
lovely ['lʌvli] adj. 可爱的；好看的；使人愉快的
mail [meil] n. 邮政；邮件 vt. 邮寄 E-mail电子邮件
main [mein] adj. 主要的；最重要的
market ['ma:kit] n. 集市；市场
supermarket 超级市场 超市
match [mætʃ] n. 火柴；比赛；竞赛
have a match 举行 / 进行一场比赛
matter ['mætə] n. 事情；问题（与the连用）
vi. 要紧；有关系
maybe ['meibi:] adv. 或许；大概
mean [mi:n]（meant [ment], meant） v. 意思是
meaning ['mi:niŋ] n. 意思；含意
memory ['meməri] n. 回忆；记忆力；存储器
might [mait] v. aux. 可能；也许
million ['miljən] num. & n. 百万；百万个（人或物）
millions of 成百万的；许许多多的
billion ['biljən] num. [法、美]十亿； [英、德]万亿；兆
thousand ['θauzənd] num. 千
thousands of 成千上万的
hundred ['hʌndrəd] num. 百
mind [maind] vi. & vt. 介意；关心
n. 想法；思想
make up one's mind 下决心；决定
never mind 没有关系；不必顾虑
hour ['auə] 小时
minute ['minit] n. 分（钟）；一会；瞬间
in a minute 一会儿；立刻
just a minute 等一下
month [mʌnθ] n. 月；月份
year [jə:] n. 年；年岁
day [dei] n. 天
week [wi:k] n. 一周；一星期
weekend ['wi:kend] n. 周末
mother ['mʌðə] n. 母亲
father [['fɑ:ðər]] n. 父亲
name [neim] n. 名字；姓名；名称
national ['næʃənl] adj. 国家的；民族的
nationality [næʃnæliti] n. 国籍；（构成国家一部分的）民族群体
never ['nevə] adv. 从来没有；决不
news [nju:z] n. 新闻；消息
newspaper ['nju:speipə] n. 报纸
next [nekst] adj.
1.（距离）最近的；紧挨着的；隔壁的
2.（时间）下一次
adv. 随后；然后；下一步
note [nəut] n. 便条；笔记；注释；纸币
number ['nʌmbə] n. 数，数字；数量；号码
a number of许多；一些
off [ɔf] adv.（表示中断）（电、自来水）停了
prep.（表示脱离）离开
office ['ɔfis] n. 办公室
often ['ɔfn] adv. 常常；经常
open ['əupən] vt. 打开；张开
adj. 开着的；开口的
order ['ɔ:də] vt. 命令
n. 命令；顺序；目的；意向；订货；订单；规则；秩序
in order 整齐；程序井然

The smart person the reason that cannot succeed is because they lack the tenacious will.
聪明人之所以不会成功，是由于他们缺乏坚韧的毅力。——牛顿
注释：①smart：聪明的； ②lack：缺乏。

in order that 为了；以便
in order to 为了；以便
part [pa:t] n. 部分
take part in 参加
past [pa:st] prep. 1.（指时间）过……
2. 走过某处
n. 过去；昔日；往事
adj. 过去的；从前的；刚过去的
pay [pei]（paid [peid], paid]
vt. & vi. 给……报酬；付款
n. 工资；报酬
pay for sth. 付钱；支付；付出代价
pay off 偿清（债务）
plant [pla:nt] vt. 种植；播种
n. 植物
play [plei] vt. 玩；打（球）；做游戏
n. 戏剧；玩耍
please [pli:z] vi. & vt. 请；使人高兴；使人满意
possibly ['pɔsəbli] adv. 可能地；也许
possible ['pɔsəbl] adj. 可能的；可能发生的
present ['preznt] n. 礼物；现在；目前
adj. 现在的；出场的
at present 目前；现在
prize [praiz] n. 奖品；奖金
problem ['prɔbləm] n. 问题；习题；难题
produce [prə'dju:s] vt. & vi. 产生；生产；制造
production [prə'dʌkʃən] n. 制造；生产（尤指大批量）；产量
professor [prə'fesə] n. 教授
quiet ['kwaiət] adj. 安静的；平静的
quite [kwait] adv. 很；十分；完全
rather ['ra:ðə] adv. 宁可；宁愿；相当
rather than 倒不如说；是……而不……
reach [ri:tʃ] vt. & vi. 到达；达到
really ['riəli] adv. 确实；真正地
reply [ri'plai] vt. 回答；答复
research [ri'sə:tʃ] n. 调查；研究
return [ri'tə:n] vt. 回来；归来；送回
rich [ritʃ] adj. 有钱的；富裕的；丰富的
poor [puə] adj. 可怜的；贫穷的；不好的
rise [raiz]（rose [rəus], risen ['rizn]）
vi. 上升；升起；起床；起立
row [rəu]n.（一）排；（一）行
room [ru:m] n. 房间；地位；空间；余地
run [rʌn]（ran, run） vi. 跑；奔跑
run away 逃跑；逃脱
safe [seif] adj. 安全的；平安的
same [seim] adj. 同一的；同样的
pron. 同样的事
all the same 仍然；（虽然……）还是
science ['saiəns] n. 科学；自然科学
see [si:]（saw [sɔ:], seen]
vt. 看；瞧；理解；领会
see sb off 送（某人）启行；为某人送行
meet sb 接某人
set [set]（set，set） v. 放；搁；卷（头发）；（日、月等）落
n.（一）套；（一）副；装置；设备
a set of… 一套……
set off 出发；动身
set out 出发；开始；着手
set up 建立；创立；竖立
settle ['setl] vt，安排；解决
vi. 安家；停留
shop [ʃɔp] n. 商店；店铺
vi. 到商店去买东西
shopping [ʃɔpiŋ]n. 买东西
similar ['similə] adj. 相似的；类似的
situation [sitju'eiʃən] n. 位置；形势；情况
size [saiz] n. 尺寸；大小
small [smɔ:l]adj. 小的；少的
song [sɔŋ] n. 歌曲；歌唱
soon [su:n] adv. 不久；很快
as soon as 一……就……
sooner or later 迟早
sorry ['sɔri] adj . 难过的；对不起的
special ['speʃəl] adj . 特别的
stand [stænd]（stood, stood） vi. 站；站起
stop [stɔp] vi. 停止；阻止
stop doing sth. 停止做（某事）
stop sb from doing sth. 阻止某人做某事
stop to do sth. 停止某事而去做另一件事
street [stri:t] n. 街道；街
strong [strɔŋ] adj.（身体）强壮的；坚强的；
坚固的；强有力的
study [' stʌdi] vt. & vi. 学习；研究
n. 学习；研究
student ['stju:dənt] n. 学生
sure [ʃuə] adj. 肯定；确信
be sure to do sth. 一定要做某事
make sure 务必；务请
table ['teibl] n. 桌子

Nest and Hair. 鸟窝与头发（一）
My sister, a primary school teacher, was informed by one of her pupils that a bird had built its nest in the tree outside the classroom.
我姐姐是一位小学老师。一次一个学生告诉她说一只鸟儿在教室外的树上垒了个窝。

talk [tɔ:k] vi. 说话；谈话
n. 演讲；谈话；讲话；聊天
television ['teliviʒn] n. 电视机；电视
thank [θæŋk] vt. 谢谢
thought [θɔ:t] n. 想法；思想；思考
through [θru:] prep. 通过；穿过；从开始到结束
adv. 自始至终；全部；穿过；通过
title ['taitl] n. 标题；书名；头衔
today [tə'dei] adv. & n. 今天；现在；当前
together [tə'geðə] adv. 一起
train [trein] n. 火车
tree [tri:] n. 树
trip [trip] n. 旅行；旅程
trouble ['trʌbl] n. 问题；困难；麻烦；烦恼
vt. 麻烦；使烦恼
in trouble 处于困境 / 苦恼中
turn [tə:n] n. 1. 旋转；转动
2. 翻转
3. 转变
turn…into 把……变成；变得
turn on/off 开 / 关；旋开 / 关（电灯，自来水，收音机等）
turn…over 把……翻过来；翻到；翻身；翻（书页）
turn to 转向；翻到；求助于；求救于
under ['ʌndə] prep. & adv. 在……下面；向下面
understand [ʌndə'stænd]（understood [ʌndə'stud]，understood）vt. 懂得；理解；明白
until [ən'til] conj. &prep. 直到……为止
not…until 直到……才；在……之前
use [ju:z] n. & vt. 使用；用途
make use of 利用；借用
used [ju:st]（动词use的过去式）
be used to sth. / doing sth. 习惯于某事 / 习惯于做某事
used to 过去常常
useful ['ju:sful] adj. 有用的；有益的
usual ['ju:ʒuəl] adj. 平常的；通常的
as usual 跟往常一样；像平常一样
usually ['ju:ʒuəli] adv. 通常；经常
unusual [ʌn'ju:ʒuəl] adj. 异常的；独特的
visit ['vizit] vt. & n. 访问；参观；拜访
walk [wɔ:k] vi. &”. 走；散步；步行
have a walk 散步
watch [wɔtʃ] n. 手表；怀表
way [wei] n. 路线；道路；路途；方法；手段
by the way 顺便说；顺便问一下
on one′s way to 去……的路上
on the way 在途中；在路上
wing [wiŋ] n. 翅膀
wonder ['wʌndə] vi. & vt. 对……感到疑惑；想知道
n. 奇迹
wonderful ['wʌndəful] adj. 极好的；精彩的
write [rait]（wrote [rəut], written ['ritn]）
vi. & vt. 写
write down 写下；记下
write to 写信给……
wrong [rɔŋ] adj. 坏；邪恶的；不对的；错误的
be wrong with 出了毛病；有毛病

低频词汇

accept [ək'sept] vt. & vi. 承认；接受；答应
accident ['æksidənt] n. 事故
act [ækt] vi. 行动；做；表演
vt. 扮演（角色）
n. 行为；动作
actual ['æktʃuəl] adj. 实际的；现实的
actually ['æktʃuəli] adv. 实际上
afford [ə'fɔ:d] vt. 负担得起……的费用；买得起
ahead [ə'hed] adv. 在前面；在前头
airport ['ɛəpɔ:t] n. 航空站；飞机场
alive [ə'laiv] adj. 活着的
alone [ə'ləun] adj.（只作表语）单独的
adv. 单独地；独自
along [ə'lɔŋ] adv. 一道；一起；向前
prep. 沿着；顺着
aloud [ə'laud] adv. 出声地；大声地
anger ['æŋgə] n. 怒；愤怒
anxious ['æŋkʃəs] adj. 渴望的；忧虑的；焦急的
apologize [ə'pɔlədʒaiz] vi. 道歉
around [ə'raund] prep. 在……周围；环绕着
art [a:t] n. 艺术；技艺；艺术品
asleep [ə'sli:p] adj. 睡着的
bank [bæŋk] n. 银行
base [beis] n. 基础；基地；根据地
beat [bi:t]（beat, beaten ['bi:tn]）
vi. （心脏等）跳动
vi. & vt，敲打；打胜；打赢
beautiful ['bju:təful] adj. 美丽的
bed [bed] n. 床
go to bed 睡觉
make the bed 整理床铺
beside [bi′said] prep. 在……旁边；靠近

Nest and Hair. 鸟窝与头发（二）
“What kind of bird?” my sister asked.
“是什么鸟呢？”我姐姐问她。
“I didn′t see the bird, ma′ am, only the nest,” replied the child.
“我没看到鸟儿，老师，只看到鸟窝。”那孩子回答说。

beyond [bi'jɔnd] adv. 在远处；在……那边
bit [bit] n. 一点儿；一些
a bit（of） 有点儿
blood [blʌd] n. 血
bottom ['bɔtəm] n. 底；末端
brave [breiv] adj. 勇敢的
breath [breθ] n. 呼吸；气息
hold one's breath 屏住气；（由于激动、害怕等）不出气
out of breath 上气不接下气
breathe [bri:ð] vi. & vt.呼吸
business ['biznis] n. 商业；生意；营业
call [kɔ:l] n. 叫声；喊声
vt. 喊；叫；称呼；打电话给……；取名
call for 请求；去接（人）；去取（东西）
camera ['kæmərə] n. 照相机
camp [kæmp] n. 野营；宿营地
vi.宿营
cap [kæp] n. 帽子；（管，瓶等的）盖
celebrate ['selibreit] vt. 庆祝；歌颂
cheap [tʃi:p] adj. 廉价的；便宜的
check [tʃek] vt. & n. 检查；核对
choice [tʃɔis] n. 选择；挑选
cinema ['sinimə] n. 电影院；电影
go to the cinema 去看电影
circle ['sə:kl] vt. 环绕；盘旋
n. 圆；圈子；集团
clean [kli:n] vt. 擦干净；把……弄干净
clever ['klevə] adj. 机灵的；聪明的
climb [klaim] vt. & vi. 爬；攀登 n. 攀登
cloud [klaud] n. 云
collect [kə'lekt] vt，收集；搜集
vi.聚集
common ['kɔmən] adj. 普通的；一般的；共同的
comfortable ['kʌmfətəbl] adj. 舒适的
complete [kəm'pli:t] adj. 完全的；彻底的；完结的
vt. 完成；结束
congratulation [kənˌgrætju'leiʃən] n. 祝贺；庆贺
connect [kə'nekt] vt. & vi. 连接；相通；衔接
consider [kən'sidə] vt，考虑；把……看作；认为
be considered as（把某人）看作……；（被）认为
construction [kən'strʌkʃən] n. 建造；建筑；建设
control [kən'trəul] vt，& n. 控制；支配
cook [kuk] vt. & vi. 烹调；煮；烧
n. 厨师；炊事员
copy ['kɔpi] vt. 抄写；誊写
correct [kə'rekt] adj. 正确的；对的
couple ['kʌpl] n. 一对；夫妇
course [kɔ:s] n. 过程；经过；道路
of course 当然；自然
cream [kri:m] n. 乳脂；奶油；膏状物
crop [krɔp] n. 庄稼；收成；一次收获（量）
cry [krai] vi. & vt. 哭；叫喊
n. 喊声；叫喊
curious ['kjuəriəs] adj. 稀奇的；奇妙的
custom ['kʌstəm] n. 习惯；习俗；风俗
dangerous ['deindʒərəs] adj. 危险的
deal [di:l] n. 量；数额
vi.（dealt [delt], dealt）处理；应付
a great/good deal（of） 大量；非常多
deal with 处理；对付；涉及
deep [di:p] adj. & adv. 深
degree [di'gri:] n. 度数；学位；程度
destroy [dis'trɔi] vt，破坏；毁坏
develop [di'veləp] vt. & vi. 发展；开发
development [di'veləpmənt] n. 发展；开发
diary ['daiəri] n. 日记；日记簿
direct [di'rekt] adj. 直接的；直率的
direction [di'rekʃən] n. 方向；方面；指导
dirty ['də:ti] adj. 脏的
discovery [dis'kʌvəri] n. 发现
discuss [dis'kʌs] vt. 讨论；议论
discussion [dis'kʌʃən] n. 讨论；议论
distance ['distəns] n. 距离；远处
divide [di'vaid] vt. & vi. 分开；分裂；除
dress [dres] n. 女服；服装；童装
v. 穿衣；穿着
drink [driŋk]（drank [dræŋk], drunk [drʌŋk]）
vt. & vi. 喝
n. 饮料；喝酒
drive [draiv]（drove [drəuv], driven ['drivn]）
vt. & vi. 驱赶；驾驶（马车、汽车等）
dry [drai] vt. 使干
vt. 变干
adj. 干的；干燥的
duty ['dju:ti] n. 责任；职责
early ['ə:li] adv. & adj. 早地（的）；初期（的）
effect [i'fekt] n. 结果；效果 影响；实行；实施
vt. 招致；引起；实现
effort ['efət]n. 努力；尝试；努力的结果；成就
employ [im'plɔi] vt. 用；使用；雇用；使从事
empty ['empti] vi. 倒空

Nest and Hair. 鸟窝与头发（三）

"Then, can you give us a description of the nest?" my sister encouraged her.
"那么，你能给我们描述一下这个鸟巢吗？"我姐姐鼓励她道。
"Well, ma'am, it just resembles your hair."
"哦，老师，就像你的头发一样。"

adj. 空的
energy ['enədʒi] n. 能；能量；活力；精力
enter ['entə] vt. 进入
equal ['i:kwəl] adj. 相等的
n. 同等的人或事物
vt. 等于
escape [is'keip]vi. 逃走；避免
n. 脱险；逃亡
example [ig'za:mpl] n. 例子；榜样
except [ik'sept] prep. 除……之外
excite [ik'sait] vt. 使兴奋；使激动；引起
exciting [ik'saitiŋ] adj. 令人兴奋的；使人激动的
exercise ['eksəsaiz] n. 练习；做操；运动；习题
expect [iks'pekt] vt. 期望；预期；（口语）以为
expression [iks'preʃən] n. 表达；词句；表情
fact [fækt] n. 事实；实际
as a matter of fact 事实上
in fact 实际上
fail [feil] vi. 失败；不及格
final ['fainl] adj. 最后的；最终的
fine [fain] adj. 美好的；（天气）晴朗的；（身体）很好
fit [fit] vt. & vz. （使）适合；（使）符合
adj. 适合的
be fit for 适合；胜任
flood [flʌd] n. 洪水；水灾
flower ['flauə] n. 花
fly [flai]（flew [flu:], flown [fləun]）
vi. 飞；飞行；乘飞机旅行
follow ['fɔləu] vt. 跟随；（表示时间、次序等）接着
fond [fɔnd] adj. 喜爱的；爱好的
be fond of 喜欢；爱好
foreign ['fɔrin] adj. 外国的
forever [fə'revə] adv. 永远；常常
forward ['fɔ:wəd] adv. 向前；前进
friendship ['frendʃip] n. 友谊；友好
fruit [fru:t] n. 水果；果实
fun [fʌn] n. 有趣的事；玩笑；娱乐
future ['fju:trə] n. 将来；未来
garden ['ga:dn] n. 花（果，菜）园
gift [gift] n. 赠品；礼物；天资
glad [glæd] adj. 高兴的；乐意的
graduate ['grædjueit] v. 毕业；授予学位
hall [hɔ:l] n. 会堂；大厅；礼堂
harvest ['ha:vist] n.收成
hat [hæt] n. 帽子（一般指有边的帽子）
headmaster ['hed'ma:stə] n. （英）中小学校长
health [helθ] n. 健康；卫生
healthy ['helθi] adj. 健康的；健壮的
hear [hiə]（heard, heard） vt. & vi. 听见;听；听说；得知
hear from 收到……的来信
hear of 听说
heavy ['hevi] adj. 重的
hill [hil] n. 小山
hot [hɔt] adj. 热的
hot dog（口）红肠（面包）；热狗
housework ['hauswə:k] n. 家务
huge [hju:dʒ] adj. 巨大的
hungry ['hʌŋgri] adj. 饥饿的
hurt [hə:t]（hurt, hurt） vt. & vi. 伤害；使受伤；疼痛
ill [il] adj. 病的；不健康的
imagine [i'mædʒin] vt. & vz. 想象；设想
impossible [im'pɔsəbl] adj. 不可能的
improve [im'pru:v] vt. 改善；提高
increase [in'kri:s] vi. & vt，增加；增长
indeed [in'di:d] adv. 的确；真正地
industry ['indəstri] n. 工业；产业
inside ['in'said] prep. 在……的里面；在……之内
adv. 在里面；在内部
n. 内部
instruction [in'strʌkʃən] n. 教导；指令
introduce [intrə'dju:s] vt. 介绍
invite [in'vait] vt. 邀请
join [dʒɔin] vt. 加入；连接
join in 参加
join up 连接起来
journey ['dʒə:ni] n. 旅行；路程；旅程；历程
keep [ki:p]（kept [kept]，kept）
vt. 保存；保持；保持（某种状态）；继续不断
keep on（doing） 继续（做某事）
kill [kil] vt. & vi. 杀死
kind [kaind] n. 种类；adj.友好的；和善的
a kind of 一种；一类
all kinds of 各种各样的
knife [naif] n. （有柄）小刀（pl. knives）
knowledge ['nɔlidʒ] n. 知识；学问
lecture ['lektʃə] n. 演讲；讲课
lesson ['lesn] n. 课；功课
level ['levl] n. 水平；标准
library ['laibrəri] n. 图书馆
line [lain] n. 线；排；行
listen ['lisn] vi. 仔细听；倾听
listen to 听……（讲话）

I'm Trying to Stop It 我正尽力阻止它（一）
"Boy, why have you got cotton-wool in your ear? Is it infected?"
"孩子，你为什么用棉花塞住耳朵？它感染了吗？"

major ['meidʒə] adj. 较大的；较重要的；较多的；主要的
manager ['mænidʒə] n. 经理；管理人
march [ma:tʃ] vi. & vt. 使前进；（使）进军
n. 行进；进军
marriage ['mæridʒ] n. 结婚；婚姻；婚礼
master ['ma:stə] n. （男）主人；雇主
vt. 精通；掌握
material [mə'tiəriəl] n. 原料；材料
measure ['meʒə] vt. 量
meat [mi:t] n. 肉
medical ['medikəl] adj. 医学的；医疗的
medicine ['medsin] n. （内服）药
have / take some medicine 吃（些）药
meet [mi:t]（met [met], met）
vt. & vi. 遇见；碰见
n. 会；集会
have a meeting 开会
hold a meeting 举行会议
merely ['miəli] adv. 单；只
message ['mesidʒ] n. 消息；信息
take a message for 给……捎个信儿
method ['meθəd] n. 方法；办法
milk [milk] n. 奶；牛奶
model ['mɔdl] n. 模型；式样
modern ['mɔdən] adj. 现代的
mountain ['mauntin] n. 山；（复）山脉
mouth [mauθ] n. 嘴
move [mu:v] vt. & vi. 移动；搬动；搬家
movement ['mu:vmənt] n. 运动；活动
museum [mju:'ziəm] n. 博物馆
natural ['nætʃərəl] adj. 自然界的；天然的；生来的
nature ['neitʃə] n. 大自然；自然界
near [niə] prep. 在……附近
adj. 近的；接近的
adv. 附近；邻近
necessary ['nesisəri] adj. 必需的；必要的
nervous ['nə:vəs] adj. 神经的；紧张不安的
nice [nais] adj. 令人愉快的；美好的
noise [nɔiz] n. 响声；声音；噪声
make a noise 吵闹
noisy ['nɔizi] adj. 吵闹的；喧嚷的
none [nʌn] pron. 一个人也没（= no one）；
没有任何东西或人
normal ['nɔ:məl] adj. 正常的；正规的；标准的
nurse [nə:s] n. 护士；保育员
occur [ə'kə:] vi. 发生；想起；存在；出现

opposite ['ɔpəzit] adj. 对面的；相对的；相反的
organize/organise ['ɔ:gənaiz] vt. 组织
vi. 组织起来；建立组织
ought [ɔ:t] v. aux. 应当；应该；总应该
ought to 应当；应该；总应该
outside ['aut'said] prep. 在……外；向……外
adv. 向外面；在外面；向室外；在室外
n. 外部；外面
owner ['əunə] n. 物主；所有人
page [peidʒ] n. 页；页码
pain [pein] n. 疼；疼痛
pair [pɛə] n. 一对；一双
a pair of 一对；一双；一幅
palace ['pælis] n. 宫；宫殿
pardon ['pa:dn] n. & vt. 原谅；宽恕
particular [pə'tikjulə] adj. 特殊的；特别的；独特的
party ['pa:ti] n. 政党；党派；聚会
Party member 党员
pass [pa:s] vt. 经过；路过；传递；通过
pass by 经过
passer-by 路人
passenger ['pæsindʒə] n. 乘客；旅客；过路人
pause [pɔ:z] n. 中止；暂停 vi. 停顿
percent [pə'sent] n. 百分之……
perhaps [pə'hæps] adv. 也许；可能
period ['piəriəd] n. 时期；期间
pet [pet] n. 宠物；宠儿；宝贝
pick [pik] vt. & vi. 掘；摘；挑选；扒窃
pick out 选出；拣出
pick up 拾起
picture ['piktʃə] n. 图画；照片；图片
piece [pi:s] n. 张（片，块 ……）
a piece of 一张（片，块，……）
plane [plein] n. 飞机
player ['pleiə] n. 游戏的人；选手；演员；唱机
pleasant ['pleznt] adj. 令人愉快的；舒适的
plenty ['plenti] n. 充足；大量
plenty of 充足的；相当多的
pocket ['pɔkit] n. 衣袋
point [pɔint] vi. 指；指向；面向
n. 尖端
point out 指出；说及
point to 指着……
police [pə'li:s] n. 警察当局；警察
policeman [pə'li:smən] n. 警察（pL.） policemen
polite [pə'lait] adj. 有礼貌的；有教养的

I'm Trying to Stop It 我正尽力阻止它（二）

"No, sir, but you said yesterday that everything you told me went in one ear and out the other, so I am trying to stop it."
"没有，老师。可是你昨天说你告诉我的知识都是一个耳朵里进，一个耳朵里出，所以我要把它堵在里面。"

politics ['pɔlitiks] n. 政治
political [pə'litikəl] adj. 政治的
popular ['pɔpjulə] adj. 大众的；流行的；受欢迎的
population ['pɔpjuleiʃən] n. 人口；人数
powerful ['pauəful] adj. 有力的；强大的
practical ['præktikəl] adj. 实际的；应用的
precious ['preʃəs] adj. 珍贵的；贵重的；
press [pres] n. 按；压；印刷机
vt. 按；压
pretty ['priti] adj. 漂亮的；美丽的
price [prais] n. 价格；价钱；代价
programme [美] program ['prəugræm] n. 节目；程序
progress ['prəugres] n. 前进；进展；进步
protect [prə'tekt] vt. 保护
proud [praud] adj. 骄傲的；自豪的
be proud of 为……感到自豪
prove [pru:v] vt. 证明；证实
provide [prə'vaid] v. 供给；提供；供应
purpose ['pə:pəs] n. 目的；意图；意志；毅力；决心
question ['kwestʃən] n. 问题
vt. 对……提出疑问
railway ['reilwei] n. 铁路
rain [rein] vi. 下雨
n. 雨；雨水
ready ['redi] adj. 准备好的；有准备的
be/get ready（for）（为……）准备好
real [riəl] adj. 真的
realize/realise ['riəlaiz] v. 了解到；认识到
reason ['ri:zn] n. 理由；原因
receive [ri'si:v] vt. 收到；接到；得到
recent ['ri:snt] adj. 新近的；近来的
refuse [ri'fju:z] vt. & vi. 拒绝
regard [ri'ga:d] vt. 看待；当作
regard…as… 把……当作……
remind [rimaind] vt. 使想起；使记起；提醒
remove [ri'mu:v] vt. 拿走；去掉；移开
request ['kwest] n. & vt. 请求；要求；需要；邀请
restaurant ['restərɔ:ŋ,'restərənt] n. 饭馆
result [ri'zʌlt] n. 结果；效果
as a result由于；因此
ring [riŋ]（rang [ræŋ]，rung [rʌŋ]）
vi. & vt.（钟，铃等）响；摇铃
n. 环；戒指；打电话
ring back 回电话
ring off 挂断电话
ring up 给（某人 [某处]）打电话
rule [ru:l] n. 规则；规定；统治
vi. & vt. 统治
sale [seil] n. 卖；销售
salt [sɔ:lt] n. 盐
satisfy ['sætisfai] vt. 使满意；使满足
be satisfied with 对…… 感到满意
satisfaction [sætɪs'fækʃn] n. 满足；满意
sea [si:] n. 海洋；海
by sea 乘船
search [sə:tʃ] vt. & vi. 搜查；探索
secret ['si:krit] adj. 秘密的；隐蔽的
n. 秘密
send [send]（sent，sent）vt. 送；派遣；打发；寄出
send for 派人去叫 / 请
send up 把…… 往上送；发射
sentence ['sentəns] n. 句子
vt. 判决；宣判
make sentences with 用……造句
sentence sb. to death 宣判某人死刑
serious ['siəriəs] adj. 严重的；严肃的；认真的
service ['sə:vis] n. 服务；服侍；贡献
several ['sevrəl] adj. & pron. 几个；数个（至少三个）
shake [ʃeik]（shook [ʃuk], shaken ['ʃeikən] vt. & vi. 摇动；震动
shame [ʃeim] n. 羞愧；遗憾的事
sharp [ʃa:p] adj. 锋利的；尖的；清楚的；明显的
shelf [ʃelf] n. 架；架子
shoe [ʃu:] n. 鞋
shoot [ʃu:t]（shot [ʃɔt], shot）
vt. 射击；射中；射死；投掷；抛出
vi. 射击
short [ʃɔ:t] adj. 短的；矮的
shut [ʃʌt]（shut, shut）vt. & vi. 关闭；关门；禁闭
side [said] n. 边；面；旁边；侧面
by the side of 在……旁边
side by side 肩并肩地
since [sins] conj. prep. & adv. 从……以来；……以后；从那时以来
conj. 由于；既然
single ['siŋgəl]adj. 单一的；单个的
sleep [sli:p]（slept, slept）vi. & n. 睡觉
go to sleep 入睡；睡着
slightly ['slaitli] adv. 轻微地；
sound [saund] n. 音；声音

The lowest grade 最低分，
"Professor, I did the best I could on this test. I really don't think I deserve a zero."
学生："教授先生，我这次考试已经竭尽全力了。我真的觉得我不应该得零分。"
"Neither do I. But that's the lowest grade I'm allowed to give."
老师："我也是。但是这已经是我能给的最低分了！"

soup [su:p] n. 汤

speak [spi:k]（spoke, spoken ['spEukEn]）

vt. 说话；讲话；讲；说（某种语言）

speed [spi:d] n. 速度；速率；迅速

spend [spend]（spent [spent], spent）

vt. 度过；花费（金钱，时间等）

sport [spɔ:t] n. 运动；锻炼；（pl.）运动会

have sports 进行体育活动

start [sta:t] vt. 开始；着手

vi. 出发

start doing sth. 开始做

start to do sth. 开始做

station ['steiʃən] n.（火车、汽车等）站；电台

step [step] n. 脚步；脚步声

store [stɔ:] vt. 存贮；储藏

n.（美）商店；大百货商店

strange [streindʒ] adj. 奇怪的；陌生的

strength [streŋθ] n. 力量；力气

strict [strikt] adj. 严格的

be strict with 对…… 要求严格

suddenly [sʌdnli] adv. 突然地

suggest [sə'dʒest] vt. 建议；暗示

support [sə'pɔ:t] vt. 支撑；支持；维持；赡养

surprise [sə'praiz] vt. 使惊奇；使诧异

n. 惊奇；诧异

in surprise 惊奇地

sweet [swi:t] adj. 甜的 n. 糖果

swim [swim]（swam [swæm], swum） vi. & n. 游泳

tall [tɔ:l] adj. 高的

taste [teist] vi. & vt. 有……味道；尝味；滋味

teacher ['ti:tʃə] n. 教师

team [ti:m] n. 队；组

tear [tiə] n.（常用复数）眼泪；泪珠

tear [tɛə]（tore [tɔ:], torn [tɔ:n]）

vt. 扯开；撕裂

technical ['teknikəl] adj. 技术的；技能的；工艺的

phone [fəun] n. 电话；电话机 v. 打电话

telephone ['telifəun] n. 电话；电话机

throw [θrəu]（threw [θru]，thrown [θrəun]）

vi. & vt. 投掷；扔

throw away 扔掉

ticket ['tikit] n. 票；券

tired ['taiəd] adj. 疲劳的；累的

tool [tu:l] n. 工具；器具

touch [tʌtʃ] vt. 触摸；接触

keep in touch with 与……保持联系

travel ['trævl] vi. & n.（长途）旅行

truth [truθ] n. 真理；真相

try [trai] vt. & vi. 试；努力；试图

try on 试穿（衣服）；试试看

try one's best 竭尽所能

type [taip] n. 类型；样式

ugly ['ʌgli] adj. 难看的；丑陋的

unit ['ju:nit] n. 单位；单元；个体；一套

value ['vælju:] n. 价值；重要性；益处

various ['vɛəriəs] adj. 各种各样的；种种的；不同的

wait [weit] vi. & vi. 等；等候

wait for 等候；等待

weigh [wei] vi. 重（若干）

weight [weit] n. 重；重量；分量

welcome ['welkəm]vt. & n. 欢迎

wheel [wi:l] n. 轮；车轮；机轮；轮状物

whenever [wen'evə] conj. & adv. 无论什么时候；随时

wherever [wɛər'evə] adv. 无论在 / 到哪里

wind [wind] n. 风

window ['windəu] n. 窗

wish [wiʃ] vt. & n. 希望；愿望；祝愿；想要

worry ['wʌri]n. 忧虑；担心；烦恼事

v. 烦恼；担心；发愁；困扰；烦人

yet [jet] adv. 仍然；还；到目前为止

conj. 然而

He Won 他赢了（一）

Tommy: How is your little brother, Johnny?

汤姆：约翰尼，你小弟弟好吗？

Johnny: He is ill in bed. He hurt himself.

约翰尼：他害病卧床了。他受了伤。

1. 数字 Number

基数词:**one** [wʌn] 1
序数词：**first** [fə:st] 第一
two [tu:] 2
second ['sekənd] 第二
three [θri:] 3
third [θə:d] 第三
four [fɔ:] 4
fourth [fɔ:θ] 第四
five [faiv] 5
fifth [fifθ] 第五
six [siks] 6
sixth [siksθ] 第六
seven [sevən] 7
seventh ['sevənθ] 第七
eight [eit] 8
eighth [eiθ] 第八
nine [nain] 9
ninth [nainθ] 第九
ten [ten] 10
tenth [tenθ] 第十
eleven [i'levən] 11
eleventh [i'levənθ] 第十一
twelve [twelv] 12
twelfth [twelfθ] 第十二
thirteen [θə:ti:n] 13
thirteenth [θə:tinθ] 第十三
fourteen ['fɔ:'ti:n] 14
twentieth ['twentiθ] 第二十
fifteen ['fifti:n] 15
sixteen [siks'ti:n] 16
seventeen [sevən' ti:n] 17
eighteen [ei 'ti:n] 18
nineteen [nain'ti:n] 19
twenty ['twenti] 20
thirty ['θə:ti] 30
forty ['fɔ:ti] 40
fifty ['fifti] 50
sixty ['siksti] 60
seventy ['sevənti] 70
eighty ['eiti] 80
ninety ['nainti] 90
hundred ['hʌndrəd] 百
thousand ['θauzənd] 千
million ['miljən] 百万
billion ['biljən] 十亿

2. 时间 Time

day [dei] 天
morning ['mɔ:niŋ] 早上
afternoon [' ɑ :ftə'nu:n] 下午
evening ['i:vniŋ] 晚上
tonight [tə'nait] 今晚
year [jiə] 年
tomorrow [tə'mɔ:rəu] 明天
today [tə'dei] 今天
hour ['auə] 小时
minute ['minit] 分钟
second ['sekənd] 秒
yesterday ['jestədi] 昨天
weekend ['wi:k'end] 周末
o'clock [əklɔk] 时钟
night [nait] 晚上
break [breik] 课间休息
sometimes ['sʌmtaimz] 有时
holiday ['hɔlədi] 假日
someday ['sʌmdei] 有一天
week [wi:k] 星期
Monday ['mʌndei] 星期一
Tuesday ['tju:zdi] 星期二
Wednesday ['wenzdi] 星期三
Thursday ['θə:zdi] 星期四
Friday ['fraidi] 星期五
Saturday ['sætədi] 星期六
Sunday ['sʌndi] 星期日
month [mʌnθ] 月份
January ['dʒænjueri] 一月
February ['februəri] 二月
March [m ɑ :tʃ] 三月
April ['eiprəl] 四月
May [mei] 五月
June [dʒu:n] 六月
July [dʒu:'lai] 七月
August ['ɔ:gəst] 八月
September [səp'tembə] 九月
October [ɔk'təubə] 十月
November [nəu'vembə] 十一月
December [di'sembə] 十二月

3. 教室 Classroom

bag [bæg] 书包
book [buk] 书
paper ['peipə] 纸

He Won 他赢了（二）
Tommy: That's too bad. How did that happen?
汤姆：真糟糕，怎么回事儿？
Johnny: We played who could lean furthest out of the window, and he won.
约翰尼：我们做游戏，看谁能把身子探出窗外最远，他赢了。

pen [pen] 钢笔
pencil ['pensl] 铅笔
ruler ['ru:lə] 尺子
chair [tʃɛə] 椅子
desk [desk] 书桌
homework ['həumwə:k] 作业
pencil-box [bɔks] 铅笔盒
word [wə:d] 单词
dictionary ['dikʃəneri] 字典
library card ['laibrəri kɑ:d] 图书卡
school [sku:l] 学校
middle school ['midlsku:l] 中学
primary school ['praiməri] 小学
university [ˌju:ni'və:siti] 大学;综合性大学
Chinese ['tʃai'ni:z] 语文
Maths [mæθs] 数学
Science ['saiəns] 科技课
Music ['mju:zik] 音乐课
English ['iŋgliʃ] 英语
Physics ['fiziks] 物理
Chemistry ['kemistri] 化学
Geography [dʒi'ɔgrəfi] 地理
Politics ['pɔlitiks] 政治学;

4. 运动类 Sport

ball [bɔ:l] 球
basketball ['bʌ:skitbɔ:l] 篮球
baseball ['beisbɔ:l] n. 棒球
football ['futbɔ:l]/soccer ['sɔ:kə] 足球
table-tennis 乒乓球
tennis ['tenis] n. 网球
badminton ['bædmintən] 羽毛球
volleyball ['vɔlibɔ:l] 排球
swimming ['swimiŋ] 游泳
cycling ['saikliŋ] 骑自行车
long jump [lɔŋ dʒʌmp] 跳远
high jump [hai dʒʌmp] 跳高
morning exercises 早操
race [reis] 比赛

5. 动物 Animal

bird [bə:d] 鸟
fish [fiʃ] 鱼
panda ['pændə] 大熊猫
snake [sneik] 蛇
cat [kæt] 猫
lion ['laiən] 狮子
dog [dɔg] 狗
parrot ['pærət] 鹦鹉
dragon ['drægən] 龙
tiger ['taigə] 老虎
monkey ['mʌŋkɪ] 猴子
elephant ['elifənt] 大象
chicken ['tʃikin] 鸡
owl [aul] 猫头鹰
duck [dʌk] 鸭子

6. 食物 Food [fu:d]

meat [mi:t] 肉
noodles ['nu:dls] 面条
bread [bred] 面包
rice [rais] 米饭
sweets [swi:ts] 糖果
peanut ['pi:nʌt] n. 花生
soup [su:p] 汤
juice [dʒu:s] 果汁
cake [keik] 蛋糕
wine [wain] 酒
milk [milk] 牛奶
fish [fiʃ] 鱼肉
ice-cream [ais kri:m] 冰激凌
fast food [fɑ:st fu:d] 快餐
chocolate ['tʃɔkəlit] 巧克力
cheese [tʃi:z] 奶酪
egg [eg] 鸡蛋
hot dog [hɔt] [dɔg] 热狗
sausages ['sɒsɪdʒiz] 香肠
tea [ti:] 茶
chips [tʃip] 薯条
moon cake [mu:n keik] 月饼
cola ['kəulə] 可乐
apple ['æpl] 苹果
pear [pɛə] 梨子
mango ['mæŋgəu] 芒果
orange ['ɔ:rindʒ] 橙子
banana [bə'nɑ:nə] 香蕉
watermelon ['wɔ:tə,melən] 西瓜
hamburger ['hæmbə:gə] 汉堡

7. 称呼

friend [frend] 朋友
children ['tʃildrən] 孩子们
child [tʃaild] 孩子（单数）
boy [bɔi] 男孩

Drunk 醉酒（一）
One day, a father and his little son were going home.
一天，父亲与小儿子一道回家。
At this age, the boy was interested in all kinds of things and was always asking questions.
这个孩子正处于那种对什么事都很感兴趣的年龄，老是有提不完的问题。

girl [gə:l] 女孩
men [men] 男人（复数）
women ['wimin] 女人（复数）
Dad [dæd] 爸爸
father ['fɑ:ðə] 父亲
mum [mʌm] 妈妈
mother ['mʌðə] 母亲
grandpa ['grændpɑ:] 祖父
grandma ['grændmɑ:] 祖母
grandparent ['grænd,pɛərənt] 祖父母
cousin ['kʌzn] 堂兄弟
sister ['sistə] 姐妹
son [sʌn] 儿子
daughter ['dɔ:tə] 女儿
parent ['pɛərənt] 父母
brother ['brʌðə] 兄弟

8. 职业 Profession

teacher ['ti:tʃə] 老师
doctor ['dɔktə] 医生
driver ['draivə] 司机
nurse [nə:s] 护士
farmer ['fɑ:mə] 农民
student ['stju:dənt] 学生
pupil ['pju:pl] 小学生
worker ['wə:kə] 工人
clown [klaun] 小丑
goalkeeper ['gəul,ki:pə] 守门员
fireman ['faiəmən] 消防员
acrobat ['ækrəbæt] 杂技演员
painter ['peintə] 画家
postman ['pəustmən] 邮递员
policeman [pə'li:smən] 警察
pilot ['pailət] 飞行员
astronaut ['æstrənɔ:t] 宇航员
model ['mɔdl] 模范

9. 家居类

window ['windəu] 窗户
hammer ['hæmə] 锤子
floor [flɔ:] 地板
light [lait] 灯
chopsticks ['tʃɔpstiks] 筷子
house [haus] 房屋
shelf [ʃelf] 架子
room [ru:m] 房间
newspaper ['nju:z,peipə] 报纸
sofa ['səufə] 沙发
vase [vɑ:z] 花瓶
bed [bed] 床
toothbrush ['tu:θbrʌʃ] 牙刷
fork [fɔ:k] 叉子
knife [naif] 餐刀
lantern ['læntən] 灯笼
stamp [stæmp] 邮票
cup [kʌp] 茶杯
door [dɔ:] 门
photo ['fəutəu] 相片
picture ['piktʃə] 图片
cooker ['kukə] 炊具
box [bɔks] 盒子
doorbell ['dɔ:bel] 门铃
stairs [stɛəs] 楼梯

10. 感觉 Feeling ['fi:liŋ]

sad [sæd] 悲伤的
hungry ['hʌŋgri] 饿的
thirsty ['θə:sti] 渴的
tired ['taiəd] 累的
shy [ʃai] 害羞的
exciting [ik'saitiŋ] 令人兴奋的
happy ['hæpi] 高兴的
angry ['æŋgri] 生气的
bored [bɔ:d] 无聊的
excited [ik'saitid] 兴奋的
nervous ['nə:vəs] 紧张的
normal ['nɔ:məl] 正常的
pleased [pli:zd] 高兴的

11. 形　态

fat [fæt] 胖的
thin [θin] 瘦的
tall [tɔ:l] 高的
short [ʃɔ:t] 矮的
long [lɔŋ] 长的
small [smɔ:l] 小的
big [big] 大的
old [əuld] 老的
young [jʌŋ] 年轻的
little ['litl] 年幼的
strong [strɔŋ] 强壮的
large [lɑ:dʒ] 大的
light [lait] 轻的

Drunk 醉酒（二）
Now, he asked, “What's the meaning of the word ‘Drunk', dad?”
他向父亲发问道：“爸爸，‘醉'字是什么意思？”
“Well, my son,” his father replied, “look, there are standing two policemen.”
“唔，孩子，”父亲回答说，“你瞧那儿站着两个警察。

12. 颜色 Color

red [red] 红色
orange [ɔ:rəndʒ] 橙色
yellow [jeləu] 黄色
green [gri:n] 绿色
blue [blu:] 蓝色
purple [pə:pəl] 紫色
grey [grei] 灰色
white [wait] 白色
black [blæk] 黑色
pink [piŋk] 粉红

人称代词主、宾格及反身代词

我：**I**（主格）
me [mi:]（宾格）
my [mai]（形容词性物主代词）
mine [main]（名词性物主代词）
myself [mai'self]（反身代词）
my own [mai əun]（反身物主代词）

你：**you** [ju:]（主格、宾格）
your [juə]（形容词性物主代词）
yours [juəz]（名词性物主代词）
yourself [juə'self]（反身代词）
your own（反身物主代词）

他：**he** [hi:]（主格）
him [him]（宾格）
his [hiz]（形容词性物主代词、名词性物主代词）
himself [him'self]（反身代词）
his own（反身物主代词）

她：**she** [ʃi:]（主格）
her [hə:]（宾格、形容词性物主代词）
hers [hə:z]（名词性物主代词）
herself [hə:'self]（反身代词）
her own（反身物主代词）

它：**it** [it]（主格、宾格）
its [its]（形容词性物主代词、名词性物主代词）
itself [it'self]（反身代词）
its own（反身物主代词）

我们：**we** [wi:]（主格）
us [ʌs]（宾格）
our ['auə]（形容词性物主代词）
ours ['auəz]（名词性物主代词）
ourselves [,auə'selvz]（反身代词）
our own（反身物主代词）

你们：**you**（主格、宾格）
your（形容词性物主代词）
yours（名词性物主代词）
yourselves（反身代词）
your own（反身物主代词）

他们（她们、它们）：**they** [ðei]（主格）
them [ðem]（宾格）
their [ðɛə]（形容词性物主代词）
theirs [ðɛəz]（名词性物主代词）
themselves [ðəm'selvz]（反身代词）
their own（反身物主代词）

Drunk 醉酒（三）
If I regard the two policemen as four then I am drunk..”
如果我把他们看成了四个，那么我就算醉了。”
“But, dad,” the boy said, “there's only ONE policeman!”
“可是，爸爸，”孩子说，“那儿只有一个警察!”

[附录二　不规则动词表]

动词原形	动词过去式	动词过去分词
awake	awoke	awoken
be(am, is, are)	was, were	been
beat	beat	beaten
become	became	become
begin	began	begun
bend	bent	bent
bite	bit	bitten
blow	blew	blown
break	broke	broken
bring	brought	brought
broadcast	broadcast	broadcast
build	built	built
burn	burnt, burned	burnt , burned
burst	burst	burst
buy	bought	bought
catch	caught	caught
choose	chose	chosen
come	came	come
cost	cost	cost
cut	cut	cut
deal	dealt	dealt
dig	dug	dug
do	did	done
draw	drew	drawn
drink	drank	drunk
drive	drove	driven
eat	ate	eaten
fall	fell	fallen
feed	fed	fed
feel	felt	felt
fight	fought	fought
find	found	found
flee	fled	fled
fly	flew	flown
forget	forgot	forgotten

A Good Boy 好孩子（一）

Little Robert asked his mother for two cents.

小罗伯特向妈妈要两分钱。

"What did you do with the money I gave you yesterday?"

"昨天给你的钱干什么了？"

续表

动词原形	动词过去式	动词过去分词
freeze	froze	frozen
get	got	got
give	gave	given
go	went	gone
grow	grew	grown
hang	hung, hanged	hung, hanged
have (has)	had	had
hear	heard	heard
hide	hid	hidden
hit	hit	hit
hold	held	held
hurt	hurt	hurt
keep	kept	kept
know	knew	known
lay	laid	laid
lead	led	led
learn	learnt, learned	learnt, learned
leave	left	left
lend	lent	lent
let	let	let
lie	lay	lain
light	lit, lighted	lit, lighted
lose	lost	lost
make	made	made
mean	meant	meant
meet	met	met
pay	paid	paid
put	put	put
read	read	read
rid	rid	rid
ride	rode	ridden
ring	rang	rung
rise	rose	risen
run	ran	run
say	said	said
see	saw	seen
sell	sold	sold
send	sent	sent

A Good Boy 好孩子（二）

"I gave it to a poor old woman," he answered.

"我给了一个可怜的老太婆，"他回答说。

"You're a good boy," said the mother proudly.

"你真是个好孩子，"妈妈骄傲地说。

续表

动词原形	动词过去式	动词过去分词
set	set	set
sew	sewed	sewn
shake	shook	shaken
shine	shone	shone，shined
shoot	shot	shot
show	showed	shown, showed
shut	shut	shut
sing	sang	sung
sink	sank	sunk
sit	sat	sat
sleep	slept	slept
smell	smelt, smelled	smelt, smelled
speak	spoke	spoken
spend	spent	spent
spit	spat, spit	spat, spit
spread	spread	spread
steal	stole	stolen
stick	stuck	stuck
strike	struck	struck, stricken
sweep	swept	swept
swim	swam	swum
take	took	taken
teach	taught	taught
tear	tore	torn
tell	told	told
think	thought	thought
throw	threw	thrown
understand	understood	understood
wake	woke	woken
wear	wore	worn
weep	wept	wept
win	won	won
wind	wound	wound
write	wrote	written

A Good Boy 好孩子（三）

"Here are two cents more. But why are you so interested in the old woman?"

"再给你两分钱。可你为什么对那位老太太那么感兴趣呢？"

"She is the one who sells the candy."

"她是个卖糖果的。"

单招习题化
知识整合

第五部分 考试真题

2013—2022年全国普通高等学校运动训练、武术与民族传统体育专业单独统一招生考试英语

2013年全国普通高等学校运动训练、武术与民族传统体育专业单独统一招生考试

英 语

题 号	Ⅰ	Ⅱ	Ⅲ	Ⅳ	Ⅴ	总 分
分 数						

注意事项：

1. 本试卷分为第一、第二两卷。第一卷三大题，满分120分；第二卷两大题，满分30分。共150分。
2. 答卷前将密封线内的项目填写清楚。

第一卷（三大题，共120分）

得分	评卷人

Ⅰ. 单项选择。（共20小题；每小题2分，满分40分）

从A、B、C、D四个选项中选出可以填入空白处的最佳答案。

1. If you _____ hard, you may get a good job.

A. study　B. studied　C. will study　D. have studied

2. She is a _____ writer known by millions of people in the country.

A. particular　B. familiar　C. popular　D. similar

3. Would you mind telling me what you were doing _____ Friday, March 13?

A. during　B. on　C. at　D. in

4. You did well in the math exam; you _____ have done a good job of preparing for it.

A. will　B. should　C. would　D. must

5. Even in winter days Jane likes to have the window _____ .

A. to open　B. opening　C. opens　D. open

6. A successful man is one who had a chance and _____ it.

A. put B. gave C. took D. brought

7. When the heavy storm started, John and his family _____ the area.

A. had left B. leave C. have left D. will leave

8. Mary has got herself into a situation _____ she can turn to nobody for help.

A. why B. where C. while D. which

9. At the telephone table he paused, _____ whether to ring the police station.

A. wondering B. to wonder C. wondered D. wonder

10. This is the only shirt we have now. If you don't want to take _____ , you may come and have a look round tomorrow.

A. another B. any C. it D. one

11. Nearly all of _____ young people interviewed believed that hard work was _____ key to success.

A. 不填 ; the B. 不填 ; a C. a ; 不填 D. the ; the

12. He was about to unlock the door _____ he found someone had broken it.

A. since B. after C. when D. until

13. —Could you take care of my dog while I'm out of town?

— _____ .

A. Never mind B. I think so C. No problem D. You're welcome

14. Michael used to look hurt and surprised when _____ in the classroom.

A. scolding B. scolded C. being to scold D. to be scolded

15. Luckily, I had seen the play before, _____ I knew what it was about.

A. even B. just C. for D. so

16. While Helen _____ out the forms, she found that her passport was missing.

A. was filling B. would fill C. had filled D. filled

17. The information you need _____ in the handbook.

A. contain B. contains C. contained D. is contained

18. He has such a big dog _____ no one dares to go near his house.

A. which B. that C. as D. so

19. —Shall I give you a ride as you live so far away?

—Thank you. _____ .

A. It couldn't be better B. Of course you can

C. I'd love to D. My pleasure

20. The meeting has been _____ until Friday morning.

A. put away B. put off C. put on D. put up

得分	评卷人

II．完形填空：本大题共10小题，每小题2分，共20分。

在每小题给出的四个选项中，只有一项是符合题目要求的，请将所选答案的字母在答题卡上涂黑。

When it comes to running marathons (马拉松) , 8 hours, 25 minutes anc 16 seconds is not a world record.

This was the time it took Fauja Singh to_21_the Toronto Waterfront Marathon on Sunday.

But Singh, born in India, is no spring chicken—100 years old and his recent_22_has made him the world's oldest marathon runner.

As a runner, Singh was a_23_starter. In his late 80s, after the deaths of his wife and son, he decided to_24_running.

For Singh, being 100 is just a_25_. There aren't many centenarians (百岁老人) in Quite such rude health,_26_they are on the increase. Life expectancy (预期寿命), in the UK today is around 80 but a total of 12,640 men and women are now centenarians_27_just 2,500 in 1980. Public services have to make improvement so as to deal with this_28_society.

Why do some people live to such a ripe old age? Scientists in Amsterdam may have come a little closer to_29_the secret to long life.

Of course, they could just ask Fauja Singh_30_his secret is. The old boy puts his long life down to tea and"being happy".

21. A. win	B. celebrate	C. complete	D. prepare
22. A. skill	B. deed	C. decision	D. progress
23. A. late	B. lonely	C. fortunate	D. normal
24. A. give up	B. bring up	C. set up	D. take up
25. A. number	B. credit	C. sign	D. dream
26. A. or	B. but	C. because	D. unless
27. A. referred to	B. shared with	C. compared with	D. limited to
28. A. aging	B. growing	C. living	D. competing
29. A. following	B. considering	C. linking	D. discovering
30. A. how	B. why	C. what	D. where

得分	评卷人

III．阅读理解：本大题共15小题，每小题4分，共60分。

在每小题给出的四个选项中，只有一项是符合题目要求的，请将所选答案的字母在答题卡上涂黑。

A

Sequoia trees are one of the largest and oldest of living things. Some of these trees are three thousand years old. The great sequoia tree grows along the western part of the Sierra Nevada mountain range. Sequoias can grow to be almost 32 feet tall.

Another type of tree, called bonsai, grows in a pot in homes. A bonsai is a miniature (微型) form of a tree as it might be found in nature. Some bonsai trees have lived for more than 200 years.

To begin a bonsai garden you plant a very small tree in a small pot. As it grows, you cut back the roots to keep the tree small. Branches are also cut back or forced to turn in order to form them into a special shape. In this way the branches can be kept from growing too long.

A bonsai tree doesn't grow to be more than 2 feet. Compare this with the largest living sequoia known, the General Sherman Tree in Sequoia National Park, which measures 275 feet tall and 103 feet around. Nobody ever cut its roots!

Because sequoias have been around for millions of years, dinosaurs (恐龙) may have even rested beneath them. Bonsai trees were first created about one thousand years ago in China and were introduced into Japan two hundred years later.

Would a sequoia make a good bonsai tree? Probably not. Unless, of course, you had a few thousand years to take care of it!

31. What is mentioned in this text about the sequoia tree?

A. It is popular in the world. B. It can be over thirty feet tall.

C. It was found in coastal areas. D. It lived a thousand years ago.

32. In what way is a bonsai tree different from a sequoia?

A. It is a pot plant. B. It is found in nature.

C. It is kept in the shade. D. It is a plant without roots.

33. What is the feature that both a sequoia and a bonsai tree have?

A. They look similar in shape. B. They grow in the mountain.

C. They can live for many years. D. They grow well in warm weather.

34. Which of the following would be the most suitable title for the text?

A. Turn a Sequoia into a Bonsai Tree B. The Largest Living Things on Earth

C. Trees in National Parks D. Great Sequoias and Bonsai Trees

B

Everyone should care about their eyes. However, there are certain people that should especially wear sunglasses. This is for their safety, and the safety of others.

Drivers should always have sunglasses handy. Whether you are driving your own car or a bus full of people, the sun can be your enemy. The sun rays could cause you not to see the traffic that stopped 50 feet in front of you. Accidents like this can be avoided by always having sunglasses in your car.

It is very important that parents teach their children from an early age to wear sunglasses. In addition, you are protecting very delicate (柔弱的) eyes as well. Children, especially the very young, are growing and developing in every way. Protecting their eyes with sunglasses from the start will reduce the damage they will pay for later in life.

Even babies can wear sunglasses. A child begins their life by being able to focus on objects only less than the inches from their face. A pair of baby sunglasses will keep harmful rays out of your baby's young, delicate eyes.

Anyone who spends long time in the sun should know the advantages of sunglasses. If you are extremely interested in water sports and spend a lot of time at the beach or on a lake, you could be at greater risk. Water sportsmen like water-skiers know how protective sunglasses will save a lifetime of hardship. The sun reflecting-off (反射) of the water into your eyes can increase the damage. So do find a good pair of water sunglasses while you ride the waves.

35. What does the writer want to tell the reader?

A. The importance of wearing sunglasses.

B. The best time of wearing sunglasses.

C. The tradition of wearing sunglasses.

D. The fashion of wearing sunglasses.

36. It is suggested in the text that children should___.

A. put sunglasses in a safe place

B. form the habit of wearing sunglasses

C. have sunglasses designed by doctors

D. avoid wearing sunglasses for too long

37. Who should wear sunglasses not only for his own good but also for other people's good?

A. Water-skiers. B. Parents. C. Babies D. Divers.

C

Are men better drivers than women? The answer is yes...and no.

Men take more risks (风险) . In studies, men as a whole are less careful than women, such as driving at higher speeds and closer to other cars, and not wearing seat belts. They even make riskier turns and take less time when parking.

BUT...how someone drives doesn't necessarily equal how well he drives. Men do seem to be better then women at certain driving tasks. However, this slight <u>edge</u> in ability doesn't translate into better driving records. The kinds of accidents men get into are generally the result of their riskier driving. According to one study, men are more than three times as likely to be ticketed for"risky driving"than women, and more than 25 percent as likely to be at fault in an accident.

The ability to make good judgment is a powerful thing. Despite the research, scientists point out that it's difficult to determine whether men are truly born to be better drivers than women, or if they're simply more confident in their driving because they're thought to be better, and thus show better skills. Similarly, the traditional view that women are weaker drivers may unfavorably affect (影响) their performance behind the wheel.

Women are catching up...which isn't necessarily good news. Men may be responsible for more accidents than women, but the gap (差距) is getting smaller. Today, more women drive than ever before, which has the unfortunate increase in speeding, risky driving, and even death among women.

The take-home: Learn from the strengths of both sexes. Drive confidently and carefully. And don't forget to wear your seat belt.

38. Which of the following is a risk mentioned in Paragraph 2?

A. Driving with careless women.　　B. Driving in another person's car.

C. Driving without seat belts.　　D. Driving in a parking lot.

39. What does the word "edge" in Paragraph 3 mean?

A. Improvement.　B. Advantage.　C. Problem.　D. Change.

40. The writer seems to suggest in Paragraph 4 that women are weaker drivers because___.

A. they are less responsible　　B. they are poorer in judgment

C. they are born weaker persons　　D. they are considered less confident

41. In Paragraph 5 the writer expresses his concern about___.

A. women's driving safety　　B. women's slow response

C. the age difference among women　　D. the proper speed for women drivers

D

Leonardo da Vinci was one of the greatest artists the world has ever known. He was also an inventor, an architect (建筑师), an astronomer (天文学家), and a scientist. Leonardo was a very clever person, and his imagination was great. He is considered one of the greatest minds in history.

Leonardo was born in Italy in 1452. When he was fourteen years old, he moved to the city of Florence to study painting. People could see that he was a great artist, and he quickly became known throughout Italy. However, he had other interests, too. One of them was city planning and architecture. He designed several churches and was hired as an engineer to help repair others.

Later in his life, Leonardo became a teacher. When he was in his forties, he invented a flying machine which one of his young students tried to fly. Unluckily, it didn't work. So Leonardo made another flying machine. Another of his students tested it by jumping with it from a tall tower. The one didn't work either. Luckily, the student wasn't hurt. Leonardo made many machine like this.

Leonardo was all impatient man, and his mind was always coming up with new ideas. As a result, he didn't always manage to complete one invention before moving on to the next. This was also true of his art. Leonardo created a great statue (雕像) of a man on a horse, but he never finished it. He had probably thought of something new to try and lost interest in the Statue.

However, Leonardo did complete many of his works. He painted one of the most famous paintings in the world, the Mona Lisa. He also made discoveries about the stars in the sky. In many ways, he was a man ahead of his time.

42. Which is an example to show that Leonardo was an inventor?

A. He was involved in city planning.

B. He designed and built a flying machine.

C. He completed the painting, the Mona Lisa.

D. He created a great statue of a man on a horse.

43. When did Leonardo begin to show his gift for painting?

A. When he studied in Florence.　B. When he was in his forties.

C. When he travelled throughout Italy.　D. When he challenged some great artists.

44. What do we know about Leonardo as an architect?

A. He built an art school.　B. He planned the city of Florence.

C. He once designed some churches.　D. He repaired old churches with new paintings.

45. Which of the following statements is true about Leonardo?

A. He was afraid of flying high.

B. He preferred engineering to painting.

C. He was more than a great painter.

D. He was impatient when teaching students.

第二卷（两大题，共30分）

得分	评卷人

Ⅳ.单词拼写（共10小题；每小题2分，满分20分）

根据下列句子及所给汉语注释，写出空缺处各单词的正确形式。（每个空只写一词）

46. Everybody wants to ___ (练习) their English with me.
47. Many people ___ (成功) in losing weight by doing exercises.
48. I don't think it's ___ (健康的) for her to spend so much time alone.
49. I am having ___ (医学的) treatment now and can't go to work today.
50. Doctors are unable to ___ (解释) why the disease spread so quickly.
51. The situation was far more ___ (危险的) than John had realized.
52. She left with a ___ (承诺) that she would finish the report before Friday.
53. Do you play any other sports besides football and ___ (篮球)?
54. A small sail will be light in weight, making it ___ (容易的) to pull up.
55. He failed to reach the ___ (标准) , and did not qualify for the race.

得分	评卷人

Ⅴ. 书面表达（满分10分）

假设你是李华，你的朋友Thomas将到北京旅游，回信告知你为他所做的安排：

1. 机场接机；
2. 酒店靠近市中心，房价合理；
3. 游览长城、颐和园等景点；

4. 朋友聚会、购物。

注意：词数应为100左右。

Dear Thomas,

____

____

____

____

Yours,

Li Hua

2014年全国普通高等学校运动训练、武术与民族传统体育专业单独统一招生考试

英　语

题　号	Ⅰ	Ⅱ	Ⅲ	Ⅳ	Ⅴ	总　分
分　数						

注意事项：

1. 本试卷分为第一、第二两卷。第一卷三大题，满分120分；第二卷两大题，满分30分。共150分。
2. 答卷前将密封线内的项目填写清楚。

第一卷（三大题，共120分）

得分	评卷人

Ⅰ. 单项选择（共20小题；每小题2分，满分40分）

从A、B、C、D四个选项中选出可以填入空白处的最佳答案。

1. If Penny does the washing, her sister ___ the table.
   A. has cleared　B. cleared　C. is clearing　D. will clear
2. The air was filled with the ___ of flowers.
   A. color　B. smell　C. sense　D. sight
3. They had two daughters; one a baby, ___ a girl of 12.
   A. other　B. the other　C. one other　D. another
4. We had hardly left our school ___ it began to rain.
   A. since　B. while　C. after　D. when
5. "It's warm in here," said Michael, ___ off his jacket.
   A. taking　B. to take　C. taken　D. took
6. If he had really been there, I ___ have seen him.
   A. will　B. shall　C. should　D. can
7. Mr. White treated the girl ___ his own daughter.
   A. with　B. for　C. as　D. of

8. —How ___ do you visit your parents?

—Twice a year.

A. much B. long C. often D. many

9. The food is surely ___. It tastes very good and I enjoy eating it.

A. expensive B. enough C. strong D. delicious

10. When we were young, we___to stay out after 11 o'clock.

A. hadn't allowed B. didn't allow

C. weren't allowed D. wouldn't allow

11. ___ in the rain, he was wet to the skin.

A. Caught B. Catching C. Having caught D. To be caught

12. *Gone with the wind* is a great movie, ___ it is a bit too long.

A. and B. but C. for D. so

13. Her father was an artist who sometimes ___ as a tour guide.

A. works B. worked C. has worked D. must work

14. Don't ___ more responsibilities than you can manage.

A. turn B. bring C. work D. take

15. This is a simple and inexpensive process. ___, there are dangers.

A. However B. Besides C. Therefore D. Thus

16. Education is ___ lifelong experience that starts long before ___ start of school.

A. the; the B. the; a C. a; a D. a; the

17. We stayed up all night, talking about ___ had happened in the last few months.

A. what B. which C. that D. why

18. School days are said ___ the happiest days in one's lifetime.

A. being B. to be C. have been D. are

19. I ___ in Shanghai for over a year, so I have a big advantage.

A. have lived B. will live C. am living D. live

20. —May I get you something to drink?

—______.

A. If you like B. Well, as you wish

C. Yes, I'm fine D. Yes, water, please

得分	评卷人

Ⅱ. 完形填空（共10小题；每小题2分，满分20分）

阅读下面的短文，掌握其大意，然后从21至30各题所给的A、B、C、D四个选项中，选出一个最佳答案。

An 80-year-old man was sitting on the sofa in his house along with his 45-year-old highly educated son. __21__ a crow sat on their window. The father asked, "What is this?" The son __22__, "It is a crow." After a few minutes, the father asked his son the second time, "What is this?"

The son said, "Father, I have __23__ told you 'It's a crow.'" When the old father asked his son the third time, some __24__ of irritation（急躁）was felt in the son's reply "It's a crow, a crow." Soon afterward when the father asked his son the fourth time, the son __25__ at his father, "Why do you keep asking me the same question again and again?"

A little later, the father went to his room and came back with an old __26__, which he had kept since his son was __27__. On opening a page, the son read the __28__ words:

"Today my little son aged three was sitting with me on the sofa __29__ a crow was sitting on the window. My son asked me 23 times what it was, and I replied to him all 23 times that it was a crow. I hugged（拥抱）him lovingly each time he asked me the same question, again and again. I did not at all __30__ irritated. I rather felt affection（疼爱）for my trusting child."

21. A. Gradually	B. Frequently	C. Suddenly	D. Certainly
22. A. replied	B. explained	C. added	D. pointed
23. A. of course	B. just now	C. at once	D. once again
24. A. idea	B. action	C. expression	D. form
25. A. waved	B. laughed	C. nodded	D. shouted
26. A. diary	B. picture	C. magazine	D. box
27. A. old	B. married	C. born	D. ill
28. A. secret	B. following	C. repeated	D. familiar
29. A. when	B. before	C. until	D. because
30. A .keep	B. pretend	C. remain	D. feel

得分	评卷人

III．阅读理解（共15小题；每小题4分，满分60分）

阅读下列短文，然后从各题所给的A、B、C、D四个选项中，选出一个最佳答案。

A

A classical guitarist（吉他手）was excited to hear from New York City police that his valuable guitar had been found. He lost it almost a year ago when he got out of a taxi and forgot to take the guitar with him. Laurence Lennon, 44, said he was running late that day. He was talking to his manager on his phone when he got out of the taxi in a hurry. He said that he gave the driver $60 and told him to keep the change. He walked through the front doors of the concert hall still talking on the phone.

Upon discovering his loss, Lennon called the police. The policewoman asked him for the name of the taxi company, the number of the taxi, and the name of the driver. She told Lennon that he could write a missing items report at the police station or online. Lennon asked for the online address. It was *www.nypd.gov/toprotectandtoserve/haveaniceday.* She told him that finding the guitar might take a couple of years—finding guitars was not as important as finding murderers and drug dealers. Then she told him to have a nice day.

"This year has been depressing（沮丧）," said Lennon. "I had to put off the recording of two new CDs. I've been using borrowed guitars. And I was losing hope of ever recovering my guitar."

Lennon was reunited with his $100,000 guitar yesterday. The case and the guitar had been discovered in the corner of a coffeehouse only two blocks from where Lennon had lost it in the first place. Lennon had offered a $10,000 reward（奖赏）for its return. He said he would give the reward to the coffeehouse owner, who had told the police.

31. When did Lennon lose his guitar?

A. When he had a coffee.

B. After he left the concert.

C. When he got off the taxi.

D. After he met with his manager.

32. The policewoman asked Lennon to ____.

A. describe what the driver looked like

B. write a report to the police

C. give her his online address

D. go to the taxi company

33. How did Lennon feel when he learned the news about his lost guitar?

A. Depressed.

B. Nervous.

C. Calm.

D. Excited.

B

Many of the people you meet often have some strange mind, hobby or interest—but that is one of the reasons why getting to know people is so much fun!

When mentioning hobbies, many people find that they enjoy making collections of special items and it is through these collections that some of their most unusual tastes can be told. Some people just collect the most unusual things! As well as the people who enjoy making collections of stamps, first edition literature, DVDs and valuable artwork, there are also people who have made it their life-long job to collect items that would make others more than a little surprised. So what are some of the stranger things people have been known to collect?

Barbed wire, for instance, is the star of one particular collection for one California man. Jesse James has been collecting things with sharp end since 1957 and he has even written a book about his specimens（收藏）.

There are records of people collecting banana labels, tea bags, nails（that's the metal kind, not the other sort!）, toothpaste and even, unbelievably, dreams. Wisconsin's Elizabeth Lowe has been recording dreams for many years and has over 2,500 dreams in her collection.

Collections, no matter what kind, have one thing in common for their owners: value. Even if you're collecting items that are "worthless" in other ways, they are valuable to you—which is why you'll often meet people who are very protective of their collections and ensure they look after them well.

34. What is this text mainly about?

A. Hobbies and interests.

B. Strange collections.

C. Reasons for collection.

D. The value of special items.

35. According to the writer, which is considered to be a more popular collection item?

A. Artwork. B. Tea bags.

C. Toothpaste. D. Nails.

36. "*Barbed wire*" is used as an example to show that collectors' specimens can be very___.

A. difficult B. unexpected

C. expensive D. practical

37. What can we learn from the last paragraph?

A. Personal preference is the true value.

B. Collection can make people rich.

C. Some collections are worthless.

D. Hobbies can be expensive.

C

A group of graduates got together to visit their old university professor.

The conversation soon turned into complaints about stress in work and life. Offering his guests coffee, the professor went to the kitchen and returned with a large pot of coffee and a variety of cups—some plain-looking, some expensive and some beautifully designed—telling them to help themselves to the coffee.

When all the students had a cup of coffee in hand, the professor said, "If you have noticed, all the nice-looking expensive cups have been taken up, leaving behind the plain and cheap ones. While it is normal for you to want only the best for yourselves, that is the source of your problems and stress."

"The cup itself adds no quality to the coffee. What all of you really want is coffee, not the cup, but you still would like to go for the best cups... And then you began eyeing each other's cups."

"Now consider this: Life is the coffee; jobs, money and position in society are the cups. They are just tools to hold and contain life, and the type of cup we have does not define（界定）, nor change the quality of life we live. Sometimes, by focusing only on the cup, we fail to enjoy the coffee. Taste the coffee, not the cups! Don't let the cups drive you... enjoy the coffee instead."

38. What did the students complain about at the professor's home?

A. Life on campus.

B. The taste of coffee.

C. The pressure in work.

D. The look of various cups.

39. What cups did the students prefer choosing?

A. Plain ones.

B. Large ones.

C. Cheap ones.

D. Pleasant ones.

40. What did the professor compare coffee to?

A. Jobs. B. Money.

C. Life. D. Position.

41. What did the professor try to tell his students?

A. A positive attitude towards life is important.

B. Tasty coffee is more expensive than beautiful cups.

C. Social position determines the quality of life.

D. Cups improve the quality of coffee.

D

Here's something to think about the next time you ask your teacher for help: Struggling with schoolwork on your own can help you learn. According to a recent study, the more you struggle while you are learning new information, the better you can remember it later.

This theory might surprise you. When teachers are presenting new information, they often give students lots of help. But a new study shows this may not be the best way to support learning "Don't be too quick to get help when learning something new," Professor Manu Kapur said. "Try to work on it yourself even if it means trying different ways."

Kapur tested his idea out on students in Singapore. He separated students into two groups. In the first group, the students were asked to solve math problems with the teacher's help. In the second group, the students were asked to solve the same problems by helping one another, instead of getting help from the teacher. With the teacher's help, the students in the first group were able to find the correct answers. The students in the second group did not solve the problems correctly. But they did come up with a lot of good ideas.

The students were then tested on what they had learned. The group without any help from a teacher scored much higher than the group who had help. Kapur said working to find the answers helped students understand the process, not just the solution（答案）.

Kapur's advice for children is to put a lot of effort into learning something new rather than going to the teacher for help. "Simply doing a little work or nothing at all won't work," says Kapur. "The struggle needs to be an attempt to figure out or solve a problem in as many ways as possible."

42. What did Kapur find out in his recent study?
   A. Ways to solve math problems quickly.
   B. Types of information students need most.
   C. The best way to support learning.
   D. The benefit of a teacher's help.
43. How did the students in the first group perform when solving math problems?
   A. They solved the problems correctly.
   B. They developed many good ideas.
   C. They failed to find correct answers.
   D. They found the solutions on their own.
44. What was the result of Kapur's test on students in Singapore?
   A. The first group had higher scores.
   B. The second group had higher scores.
   C. The two groups almost scored the same.
   D. No clear conclusion could be drawn.
45. Which of the following would be the best title of the text?
   A. Ready for School   B. Help on the Way
   C. Thank You Teacher   D. Exercise Your Mind

第二卷（两大题，共30分）

得分	评卷人

Ⅳ. 单词拼写（共10小题；每小题2分，满分20分）

根据下列句子及所给汉语注释，写出空缺处各单词的正确形式。（每个空只写一词）

46. The old couple received a ______ (礼物) from their neighbors.
47. The doctor says it is _____(必要的) for me to have an operation.
48. However cold it was, he went on swimming in the ____ (河).
49. Without their support, the project would not have been _____ (成功的).
50. _____ (记住) to bring your passport with you.
51. Whatever difficulties you may meet with, keep working hard until you _____ (实现) your dream.
52. It is ____ (危险的) to drive drunk.
53. The project will cost _____ (在……之间) eight and ten million dollars.
54. It's bad manners to smoke in ____ (公共的)places.
55. The bed he bought last week is not so______ (舒适).

得分	评卷人

Ⅴ. 书面表达（满分10分）

假设你是李华，你的英国笔友写信了解你如何度过课余时间。请按图表提示用英文写封回信。

时间	活动
平日	运动、聊天、上网、看书
周末	聚会、去公园

注意：词数应为100左右。

Dear Jack,

I hope you are doing fine. ______________________________

____

____

____

Yours,

Li Hua

2015年全国普通高等学校运动训练、武术与民族传统体育专业单独统一招生考试

英 语

题 号	Ⅰ	Ⅱ	Ⅲ	Ⅳ	Ⅴ	总 分
分 数						

注意事项:

1. 本试卷分为第一、第二两卷。第一卷三大题,满分120分;第二卷两大题,满分30分。共150分。
2. 答卷前将密封线内的项目填写清楚。

第一卷(三大题,共120分)

得分	评卷人

Ⅰ.单项选择(共20小题;每小题2分,满分40分)

从A、B、C、D四个选项中选出可以填入空白处的最佳答案。

1. This computer isn't working as it_____.
A. should B. will C. must D. can
2. By the time you get this letter, I_____the country.
A will leave B will have left C. would leave D. am leaving
3. We won't be late because there is often _____ traffic early in the morning.
A. little B. a little C. few D. a few
4. I wish Peter _____act nicer. He's rude to the workers.
A .can B. will C. may D. would
5. I'd rather have a quiet cup of coffee at home than_____in the noisy office.
A. to sit B.sit C. sitting D. sat
6. When people talk about the cities of the UK, the first_____comes into mind is London.
A .Which B. what C. that D. When
7. If you make a promise, you should_____it.
A .have B .know C. keep D. take
8. I had warned them, but no one_____took my messages.
A .willingly B. directly C. luckily D. seriously
9. The names of the winners of the game_____tomorrow.
A .will announce B. have announced C. will be announced D. have been announced

10. The company has set up a free telephone number_____people can call with any questions about its products.

A. so that B. even if C. as if D. in case

11. He_____that his plan would be hard to carry out.

A.permits B.adopts C.accepts D.admits.

12. The guests_____to wear formal evening dresses,but John insisted on wearing jeans.

A .expected B. were expected C. were expecting D. had expected

13. Despite seirous illness,the patient is fighting bravely_____his life.

A. in B. for C. against D. with

14. —What's that terrible noise?

—The neighbors_____for a party.

A. prepare B .have prepared C. are preparing D. will preare

15. The green watch is ＄199 and the red one is ＄195.There s not much_____in price.

A. opinion B change C..decision D. difference

16. Be careful,_____when the floor is still wet.

A. possibly B. extremely C. certainly D. especially

17. The small house is really not_____for a large family.

A. suitable B. beautiful C. modern D .narrow

18. I clearly remember_____her at a party five weeks ago.

A. to meet B. has met C. meeting D. meet

19. —Is there anything wrong with your stomach?

—_____.

A. Nothing serious B. Be careful C. Don't mind D. Keep clam

20. —How often do you visit your grandparents?

—_____. Usually once a week.

A. Of course not B. Well, it depends C. Certainly, we do D. Go ahead

得分	评卷人

II.完形填空（共10 小题；每小题2 分，满分20 分）

阅读下面的短文，掌握其大意，然后从21 至30 各题所给的A、B、C、D 四个选项中，选出一个最佳答案。

One evening, Mother returned home after shopping for groceries(垃圾食品) at the supermarket. I __21__ her to sort out the groceries and put them into the refrigerator. grandmother saw that the rubbish bin （垃圾箱）was __22__ ,so she took a big black garbage bag (垃圾) bag and emptied the rubbish bin. While Mother was preparing dinner , Grandmother asked me if I would like to take a walk with her. At the same time, we would __23__ at the rubbish collection point __24__ . I happily agreed.

We took the lift and got to the ground floor. We walked over to the rubbish collection point when we saw a man at the corner of our block __25__ on his motorcycle. We did not take much notice of __26__ and continued walking. Grandmother and I were talking about the recent events that were taking place in the world when we heard the sound of a motorcycle coming towards us from behind. __27__ the motorcycle rode past us, the motorcyclist took a quick __28__ of the garbage bag which Grandmother was carrying. Grandmother was in shock for a second and then Shouted __29__. "Help!" My first reaction was to run after him. Then it Dawned on me that the thief had taken our bag of rubbish! I burst out laughing. Grandmother also __30__ when she realized that her purse was still with her. The motorcyclist had made a silly mistake!

21.	A. helped	B. allowed	C. arranged	D. invited
22.	A. ugly	B. dirty	C. broken	D. full
23.	A. avoid	B. clean	C. throw	D. move
24.	A. everywhere	B. inside	C. downstairs	D. outdoors
25.	A. checking	B. acting	C. painting	D. knocking
26.	A. them	B. him	C. it	D. us
27.	A. Not until	B. Long before	C. Soon after	D. As soon as
28.	A. hold	B. place	C. part	D. look
29.	A. slowly	B. loudly	C. noisily	D. firmly
30.	A. found out	B. sat down	C. joined in	D. looked up

得分	评卷人

Ⅲ. 阅读理解（共15 小题；每小题4 分，满分60 分）

阅读下列短文，然后从各题所给的A、B、C、D 四个选项中，选出一个最佳答案。

A

Do you know how blueberries (蓝莓) grow? They grow on bushes. Each blueberry is small and round. Many blueberries can grow on one bush. At first, the blueberries are green. The green berries are not ready to eat yet. They need a lot of sun and rain to help them become fat and sweet. When the berries turn blue, they are ripe and ready to be picked.

Farmers grow blueberries in big fields. The people who live nearby can earn money by helping to pick the blueberries. Each one takes a pail (桶) out to the field and fills it with blueberries. They work fast so that they can fill many pails. They want to the juice of the berries!

After the blueberries are picked, they are put into boxes and sent to stores. People buy the blueberries and take them home to eat. Some people like to wash the berries and eat then one by one. Other people like to cook with blueberries. They make blueberry cakes.

NO matter how you eat them, blueberries taste great!

31. What color are the blueberries before they are ripe to be picked?

A. Green B. Blue C. Red D. black

32. Where do the blueberry pickers work?

A. In the mountains. B. In a greenhouse .
C. In the forest. D. In the field.

33. Where are the blueberries sent immediately after they are picked?

A. To the food shop. B. To the farm house.
C. To the restaurant. D. To the kitchen.

34. What would be the best title for this passage?

A. Cooking with Blueberries.　B. Things about Blueberries.

C. The Taste of Blueberries.　D. Growing Blueberries.

B

The dogsled (狗拉雪橇) race was about to begin. Julie's team of dogs was lined up at the starting gate. Julie stood behind them. The air was so cold that see her breath. Other teams were lined up, too, and the dogs were excited. Julie kept her eyes on the clock. At exactly ten o 'clock, she and the other racers shouted, "Mush!" The dogs knew that meant "Go" They jumped forward and the race began!

Julie had trained months for this race, and she hoped she and her dogs would win. Hour after hour, day after day, Julie's dogs pulled the sled in order to get in shape for the race. Now, they ran over snowy hills and down into frozen valleys. They stopped only to rest and eat. They wanted to stay ahead of other teams. The racers had to go a thousand miles across Alaska. The dogs thick fur coats helped keep them warm in the cold wind and weather. In many places along the way, the snow was deep. Pieces of ice were as sharp as a knife. The ice could cut the dog's feet. To keep that from happening, Julie had put special booties (短靴) on their feet.

At first, the dogs seemed to pull the sled very slowly. They were still getting used to the race. But on the third day out, they began to pull more quickly. They worked as a team and passed many other racers. Once, one of the sled's runners slid into a hole and the sled was broken. Julie could have given up then, but she didn't. She fixed it and they kept going. When they reached the finish line, they found out that they had come in first place! It was a great day for Julie and her dogs.

35. What does the passage tell us about the race?

A. It was a single—day race.　B. It was a race for children.

C. It was a race of a thousand miles.　D. The racers came from different countries.

36. How were Julie's dogs prepared for the race?

A. They were fed enough food.　B. They wore warm clothes.

C. They were put on special shoes.　D. They were trained to get up early.

37. How did Julie and her dogs perform in the race?

A. They were the first to reach the finish line.　B. They had an accident and gave up.

C. They ran slowly and lost the race.　D. They ran faster at the beginning.

38. What would be the best title for the passage?

A. A Girl and Her Dogs.　B. Winter Sports in Alaska.

C. Training for a Dogsled Race.　D. The Story of a Dogsled Race.

C

The Rockford police chief and some city officials want to put video cameras in all 100 police cars. They think this will reduce the number of lawsuits (诉讼) filed against the city. In the last five years, Rockford has paid out more than five million dollars to settle about 40 lawsuits.

The chief said, "If cameras had been in those cars, we wouldn't have had to pay any money

.We're always pulling over drunks or drug users who try to fight the police officers or shoot them. Then they always say that the police started beating them first or started shooting at them first."

The cost of fixing cameras will be about $ 500 per car. The city council (市政厅) will make a final decision on the proposal (提议) next Monday. Ten of the 13 council members, when asked about the proposal, said that they liked the idea. One member said that it is money –saving and it makes common sense. If this is agreed, cameras can be fixed in all the cars within six weeks.

The police officers fully support camera use. One officer said that too many people think the police are liars; cameras would show citizens that police tell the truth. "The money we ′ ve been spending on lawsuits will be better spent on more cameras, " said one officer.

Citizen response to the idea of police car cameras is mixed. One person said that the police should have started doing this years ago when video cameras were invented (发明) . But an elderly man said that cameras might be misused. "These police are trying to stick their nose into everything," he said. He was going to attend the council meeting to stop the proposal. He hoped that other citizens would join him.

39. What is the purpose of fixing video cameras in cars?

A. To help settle about 40 lawsuits. B. To reduce the number of crimes.

C. To please officials of the city council. D. To collect evidence in favor of the police

40. What is the city councils opinion about the proposal of fixing cameras?

A. The council will turn it down. B. Most council members support it.

C. Ten council members question it. D. The council will tell the truth about it.

41. What does the elderly man think of the proposal?

A. He makes no comment. B. He is strongly against it.

C. He thinks it needs to be improved. D. He doubts whether it is practical.

D

The origins of this website, Tasmanian—tiger .com, go back to 1978 when we , Buck and Joan Emberg, saw two Tasmanian tigers. We called the Department of Parks and Wildlife people and were told not to tell anyone. They said everyone would then be going through the bush tiger—hunting (猎虎) . We accepted what they said. Then we found what we thought might be tiger droppings near our house. Excitedly we took them to Hobart, our capital city, and presented our "prize" to an official. He took the droppings and threw it carelessly into a drawer. The result of that action, of course, was the destruction (破坏) of any scientific evidence. This is where we began to feel that something was wrong. Did they really care about saving the animal……If it existed? In short , we and people like us were told to keep it quiet.

Later, we thought we found some tiger prints. The local newspaper published the story and, like most people who admitted they saw a tiger in the wild, we received no respect. That's why we began to set up the website. Now we can use technologies and are hopeful in proving the animal's existence before the animal's home is threatened.

42. Who set up the Tasmanian—tiger.com website?

A. The city of Hobart. B. The local newspaper.

C. The Department of parks and Wildlife.　　D. Buck and Joan Emberg.

43. What did Buck and Joan Emberg believe to have found near their house?

A. Two living tigers.　　B. Tiger footprints.

C. Tiger droppings.　　D. Tiger hunters.

44. How did Buck and Joan Emberg feel when they took what they had found to a city official?

A. Excited　　B. Unhappy　　C. Satisfied　　D. Afraid

45. What is the purpose of the Tasmanian –tiger.com website?

A. To persuade the government to drive away tigers.

B. To prove the existence of Tasmanian tigers.

C. To stop people from hunting Tasmanian tigers.

D. To find a new place for Tasmanian tigers.

第二卷（两大题，共30 分）

得分	评卷人

IV. 单词拼写（共10 小题；每小题2 分，满分20 分）

46. After_____ (早餐) we went for a walk on the beach.

47. It's very _____(危险的) for the children to play in the street.

48. He has to drive a long _____(距离) to work every day.

49. You cannot _____(判断) a book by its cover.

50. New discoveries have been made to support this_____(理论)

51. This is the_____(理由) why he was not interested in the project.

52. People have a right to _____(决定) how to spend their own money.

53. I thought he'd been drinking, _____(尽管) I wasn't completely sure.

54. We need to give more _____ (关注) to the needs of elderly people.

55. Frank is gaining valuable_____ (经验) working for his father's firm.

得分	评卷人

V. 书面表达（满分10 分）

假设你是李华，一名游泳运动员。去年在当地的游泳比赛中获得第二名。请你给著名教练Smith 先生写一封信，表示希望前往其训练中心，在其指导下进行为期三个月的游泳训练，同时了解费用等相关情况。

注意：字数应为100个左右。

Dear Mr. Smith,

I'm Li Hua a member of a swimming team in Shanghai.____________________

____

____

Best regards,

Li Hua

2016年全国普通高等学校运动训练、武术与民族传统体育专业单独统一招生考试

英　语

题　号	I	II	III	IV	V	总　分
分　数						

第一卷（三大题，共120分）

得分	评卷人

Ⅰ.单项选择（共20小题；每小题2分，满分40分）

从A、B、C、D四个选项中选出可以填入空白处的最佳答案。

1. Jackie is ill ＿＿＿＿＿ he cannot go travelling with us next week.

A.because　B.but　C.so　D.yet

2 .I had to interrupt meal ＿＿＿＿＿ the phone.

A.answer　B.to answer　C.answering　D.answered

3. The paint on the outside walls ＿＿＿＿＿badly by the weather.

A.is damaging　B.damaged

C. has been damaged D.has damaged

4. My teacher says that this article is worth ＿＿＿＿＿.

A.reading　B.to read　C.read　D.to be read

5. I don't mind ＿＿＿＿＿someone else organize the school picnic.

A.have　B.having　C.to have　D.being had

6. —Look at that poster! There's going to be a final concert of the season tomorrow.

—Let's ＿＿＿＿＿ some tickets!

A.take　B.show　C.check　D.get

7. I met the neighbour＿＿＿＿＿ had called the police when we had a party at home last week.

A.who　B.whom　C.which　D.whose

8. Children find it difficult to sit ＿＿＿＿＿ for very long.

A. tired　B.free　C.comfortable　D.still

9.Will it be okey if I give you the book tomorrow?

Sure,＿＿＿＿＿.

A.whoever B.however C.whatever D.whenever

10. —Who helped you ________ after the big party the other night?

—Bob did.

A.save up B.look up C.clean up D.put up

11. Schools in cities tend to be better equipped, _____those in the country are relatively poor .

A.while B.if C.then D.unless

12. I'm not very good at English,but I can make myself ________.

A.understand B.understood C.to understand D.to be understood

13. He said his car had broken down,but it was only an ______ for not coming here to see me .

A.expression B.advice C.excuse D.information

14. In recent years much more emphasis has been put ________developing students' productive kills.

A.over B.nonstop C.on D.onto

15. Let me see the map,or we'll be driving round here ________.

A.therefore B.ever C.otherwise D.forever

16. The ________ weight of my baby at birth was 3.24kg.

A.natural B.rough C.basic D.exact

17. Everybody liked her .They ________ her for her beauty.

A.admired B.believed C.realized D.recognized

18. I wish I ________ ten years younger.

A.can B.were C.will D.would

19. —Daniel, ________,but your TV is going too loud.

—Oh,I'm terribly sorry,I'll turn it down right now.

A.I hate to say this B.I need your help

C.I beg your pardon D.I'm really angry with it

20. —There is still an hour to go ,shall we sit somewhere and have a drink?

—________.

A.Wait a minute B.Good idea

C. That's right D.Let's have a try

得分	评卷人

Ⅱ. 完形填空（共10小题；每小题2分，满分20分）

阅读下面的短文，掌握其大意，然后从21至30各题所给的A、B、C、D四个选项中，选出一个最佳答案。

In Britain every town has a public library and there are branch libraries in many villages. Anyone _21_ borrow books, and it costs nothing to borrow them.In some places you can borrow as many books as you_22_ but in others you are limited to a certain _23_ of books including some novels. You may keep the books for several weeks __24__ you can have enough time to __25__ all the books you've borrowed.

The latest novels are always in great __26__, and non-fiction books, such as books on history, science and gardening,are well-loved,too.

If the books you need are out, you may ask for them to be kept for you when they are __27__,and if you pay the cost of sending a postcard,the __28__ will let you know when the books are back and are __29__ for you.

Most public libraries also have a reading-room and a reference library.In the reading-room you can sit and read the daily newspapers and magazines.In the reference library there are dictionaries,books of maps and other useful books.But you can __30__ use these books there.You cannot take them out.

21.A.should	B.must	C.will	D.may
22.A.want	B.save	C.offer	D.imagine
23.A.box	B.set	C.number	D.price
24.A.once again	B.as if	C.so that	D.in case
25.A.carry	B.write	C.pick	D.finish
26.A.color	B.need	C.place	D.name
27.A.shared	B.printed	C.found	D.returned
28.A.librarian	B.publisher	C.postman	D.manager
29.A.fit	B.ready	C.prepared	D.fair
30.A.also	B.only	C.never	D.seldom

得分	评卷人

III．阅读理解（共15小题；每小题4分，满分60分）

阅读下列短文，然后从各题所给的A、B、C、D四个选项中，选出一个最佳答案。

A

Once upon a time two brothers had a bitter quarrel.It began with a small misunderstanding and it grew into a serious fight of words followed by weeks of silence.

One morning there was a knock on the older brother's door. He opened it and saw a man with a carpenter's（木匠的）tool box.

"I'm looking for a few day's work." said the carpenter. "Perhaps you would have a few small jobs here and there I could help with?"

"Yes," said the older brother . "I do have a job for you.Look across the creek（小溪）at that farm. That's my neighbor , in fact, it's my younger brother. I want you to build me a fence so I won't need to see his place or his face anymore."

The older brother had to go to town, so he helped the carpenter get the materials ready and then he was off for the day. The carpenter worked hard all that day. About sunset when the farmer returned, the carpenter had just finished his job.

The farmer's eyes opened wide. There was no fence at all. It was a bridge—a bridge reaching from one side of the creek to the other! A fine piece of work, and the neighbor, his younger brother, was coming toward them, opening his arms— "You are quite a fellow to build this bridge after all I've said and done."

The two brothers stood at each of the bridge, and then they met in the middle, taking each other's hand.

They turned to see the carpenter put his toolbox onto his shoulder. "No, wait! Stay a few days. I have a lot of other projects for you," said the older brother.

"I'd love to stay on," the carpenter said, "but I have many more bridges to build."

31. What have we learned from Paragraph I about the two brothers?

A. They refused to speak to each other after a quarrel.

B. They quarreled with their neighbors every day.

C. They tried to clear up misunderstandings.

D. They had never met each other before.

32. What did the older brother ask the carpenter to build?

A. A bridge. B. A house.

C. A fence. D.A. door.

33. How did the older brother feel when he saw what had been build?

A. Surprised. B. Satisfied.

C. Nervous. D. Ashamed.

34. What happened to the two brother at last?

A. They lived together again.

B. They had good relations as before.

C. They kept on quarreling with each other.

D. They stopped fighting, but were cold to each other.

B

Tem heard a noise and stopped to listen. When he heard it again, he ran towards the noise, and saw an old man lying among the wildflowers. It looked as though he'd been bitten by a wolf or a bear. "Are you all right" he asked, raising the man's head.

The old man coughed. "My arms and legs.The wolves. Attacked. Help me." he cried and then passed out. The man was bleeding heavily from many bites. Tem tore some strips（布条）from his shirt and tied them around the wounds.He didn't dare move him, for fear the wolves would come back and finish him off.

He could hear the wolves howling（嚎叫）again. He stayed with the man all night. When the sun came up in the morning the old man opened his eyes. "Who are you?" he asked. Tem woke up. "I'm Tem. I'm from the Roma camp, over the hill. I found you last night."

"Ah,boy.I am Roma too. I was on my way to another camp to play my violin（小提琴）when three wolves came. I am lucky to be alive. My name is Garridan." The old man attempted a smile and held Tem's hand. "Where is my violin?" he asked.

"Violin? I didn't see one." Tem answered. He stood up and walked around in the grass and flowers. Looking for it "Here it is." He carried it to Garridan. "It's beautiful. It's much heavier than my papa's."

"It belonged to my grandfather, and his grandfather before him.It's priceless, and its music, ah··· there is none more beautiful. " Garridan said.

"I think you should come to our camp. My mama and papa will be waking up soon. When they find me gone. They will worry. They'll take care of your wounds. Come," Tem said, urging（催促）the man to stand up. Tem could tell that the man was in pain, but he managed to get to his feet. He put Garridan's arm around his shoulder and they slowly walked back to the camp.

35. What did Tem find when he ran towards the noise?

A.A wounded man　B.A dead wolf

C.A big bear　D.A broken violin

36. What happened to the old man?

A.He found it hard to open his eyes.

B.He fell and broke his legs.

C.He was attacked by wolves.

D.He lost his way to the camp.

37. What does the phrase "pass out" in paragraph 2 mean?

A.To shout loudly

B.To fall asleep

C.To remain silent

D.To become senseless

38. What would Tem and the old man most probably do next?

A.Go back to the Roma camp.

B.Watch a violin performance.

C.Go to see a doctor in the hospital.

D.Look for the lost violin.

C

How many things can you see in the night sky?A lot! On a clear night you might see the Moon, some planets, and thousands of shining stars. You can see even more with a telescope（望远镜）.

But scientists believe there are some things in the sky that we will never see. We won't see them with the biggest telescope in the world, on the clearest night of the year.They're deadstars called black holes.

You might find it hard to imagine that stars die. After all, our Sun is a star. Year after year we see it up in the sky, burning brightly, giving us heat and light. The Sun certainly doesn't seem to be getting old or weak. But stars do burn out and die after billions of years.

As a star's gases burn, they give off light and heat. But when the gas runs out, the star stops burning and begins to die.

As the star cools, the outer parts of the star pull in toward the center. The star squashes（挤压） into a smaller and smaller ball. If the star was very small, it ends up as a cold, dark ball . If the star was very big, it keeps squashing inward until it's packed together tighter than anything in the universe.

Imagine if the Earth were crushed until it was the size of a tiny stone. That's how tightly this dead star, a black hole, is packed. What pulls the star in toward its center with such power? It's the same force that pulls you down when you jump--the force called gravity（引力）. A black hole is so tightly packed that its gravity pulls in everything--even light. The light from a black hole can never come back to your eyes. That's why you see nothing but blackness.

So the next time you stare up at the night sky, remember. There's more in the sky than meets the eye!

39. When will a star begin to die?

A.When it burns brightly.

B.When it becomes too hot.

C.When it runs out of its gases.

D.When it gives off light and heat.

40. What do we know about black holes?

A.They are nice to watch at night.

B.They have strong pulling force.

C.They are heavier than the sun.

D.They form the outer parts of sun.

41. What will happen when a star cools?

A.It has a hole inside.

B.It grows heavier.

C.It loses its gravity.

D.It grows smaller.

D

The oldest flute（笛子）ever discovered may be the so-called Divje. Babe flute, found in Slovenia in 1995. It is not certain whether the object is truly a musical instrument or simply a bone.

In 2008, scientists discovered a bone flute in a cave in Germany. The five-holed flute has a V-shaped mouthpiece and is made from a wing bone. The researchers involved in the discovery officially published their findings in Nature, in June 2009, The discovery is also the oldest confirmed（确认的） find of any musical instrument in history. Other flutes were also found in the cave .

The oldest known wooden pipes were discovered near Greystones, Ireland, in 2004. A large wood-lined hole in the ground contained a group of six flutes made from wood, between 30 and 50 cm long, narrowed at one end, but without any finger holes.

In 1986 several bone flutes were found in Jiahu in Henan Province, China. They date back to about 6,000 BC.They have between 5 and 8 holes each and were made from the hollow（空心的）bones of a bird. At the time of the discovery, one was found to be still playable.

42. What have we learned from passage about the Divje Babe flute?

A.It is simply a musical instrument.

B.It is an object that looks like a tool.

C.It is the oldest confirmed flute in Slovenia.

D.It is uncertain whether it is really a flute.

43. When did the scientists publish their report about the flute found in Germany?

A.In 1995.

B.In 2004.

C.In 2008.

D.In 2009

44. Which of these is a fact about the flute found in Ireland?

A.It is made from wood.

B.It has six finger holes.

C.It is the oldest known flute.

D.It looks like a pie.

45. Where did scientists find an ancient flute that could still be used?

A.In Slovenia.

B.In China.

C.In Germany.

D.In Ireland.

第二卷（两大题，共30分）

得分	评卷人

Ⅳ. 单词拼写（共10小题；每小题2分，满分20分）

根据下列句子及所给汉语注释，写出空缺处各单词的正确形式。（每个空只写一词）

46. The notes are given at the bottom of the _______（页）.

47. The church was rebuilt in the seventeenth_______（世纪）.

48. The students were asked to write a _______（作文）about the river.

49. There should be some cleaner ways of producing _______ （电）.

50. —May I _______ （介绍） myself? My name is John Smith.

—Nice to meet you, Mr.Smith.

51. To cut the amount of _______ （脂肪） in your diet, you should avoid eating red meat.

52. Please don't go _______ （楼上）. The baby is sleeping.

53. You must go and see a _______ （医生） if the pain returns.

54. Don't _______ （担心）. I'll be sending the material you require by e-mail.

55. The _______ （服务） there is perfect and umbrellas are lent free of charge.

得分	评卷人

V．书面表达（满分10分）

请你以"Effective Ways to Prevent Air Pollution"为题，用英语简要地谈谈改善空气污染状况的有效方法，内容包括：

1. 减少工厂排污；
2. 改善出行方式；
3. 植树造林。

注意：词数应为100个左右。

Dear Editor,

____

____

____

____

____

____

______________________________.

Sincerely yours,

Li Hua

Some big cities in China are facing the serious problem of air pollution.

2017年全国普通高等学校运动训练、武术与民族传统体育专业单独统一招生考试

英 语

题 号	I	II	III	IV	V	总 分
分 数						

注意事项：

1. 答卷前，考生务必将自己的姓名、准考证号填写在答题卡上。
2. 将答案涂写在答题卡上，写在本试卷上无效。

第一卷（三大题，共120分）

得分	评卷人

Ⅰ. 单项选择（共20小题；每小题2分，满分40分）

从A、B、C、D四个选项中选出可以填入空白处的最佳答案。

1. This is an expensive ______very useful book.

   A. but　　B. so　　C. and　　D. or

2. I'm sure if you talk to your boss about the matter, he ______.

   A. is understanding　　B. will understand

   C. has understood　　D. understood

3. The book is about Columbus's voyages,_______ his landings in America.

   A. includes　　B. to include　　C. including　　D. included

4.It took us seven hours______ home in the snowstorm.

   A. drive　　B. drove　　C. driving　　D. to drive

5. The speaker,______ for his splendid speeches, was warmly received by the students.

   A. being known　　B. known　　C. having known　　D. knowing

6. Have you ever been to the city______ they visited a year ago?

   A. when　　B. where　　C. that　　D. what

7. She didn't tell me whether James was still______ at the time.

   A. lively　　B. living　　C. alive　　D. live

8. I have always neglected______ harder at school.

A. studying B. study C. to study D. having studied

9. —We have to talk about the details.

—Yes. I couldn't agree______.

A. much B. any C. more D. all

10. You'd better _____the word in a dictionary.

A. look up B. look for C. look after D. look out

11. Anna eats at home every day. She______ goes to a restaurant.

A. seldom B. probably C. usually D. already

12. Oil was flowing into the river when a pipeline______.

A. damaged B. burst C. disturbed D. met

13. Seattle _______as the city for next year's car exhibition.

A. chose B. has chosen C. chooses D. has been chosen

14. For this job you will need a good knowledge of______ English and French.

A. some B. all C. both D. few

15. —Where is he now?

—I only wish I______.

A. know B. have known C. had known D. knew

16. ______in poor health, the eighty-year-old engineer continued to carry out his work.

A. Unless B. Since C. Whatever D. Although

17. Medicines should be kept out of children's______.

A. reach B. touch C. watch D. care

18. What are you doing here, Mary? You're______ to be in school.

A. known B. supposed C. believed D. considered

19. —Can I see him tonight?

—______.

A. You can, of course B.I don't mind

C. I'm afraid you don't D.I guess he can

20. —Sorry, I didn't catch the last part.

—______?

A. Can I help you B. Shall I repeat it

C. What else, please D.Is that OK

得分	评卷人

Ⅱ. 完形填空（共10小题；每小题2分，满分20分）

阅读下面的短文，掌握其大意，然后从21至30各题所给的A、B、C、D四个选项中，选出一个最佳答案。

Sound is often a major part of what makes a place special. Think about places you are __21__, such as a bus stop, or a neighborhood park. What are some of the distinctive(独特的)sounds in those places? Would a bus stop sound like a bus stop without the sound of the __22__ mixed with the whoosh(呼呼声)of the doors opening? Would the park sound like a park without the sound of children __23__?

Close your eyes and listen to the sounds that are __24__ you right now. They might be natural or made by humans.

Think about the sounds that clearly show the sense of place of your home. Which sounds are natural? Which sounds are made by humans? __25__, think about how humans and the environment influence each other in your community. Make a __26__ of these sounds. Finally, take a walk in and __27__ your home, focusing on all of the sounds that you __28__ .Add to the list as you walk and hear new sounds. Then try to choose the one __29__ sound that helps explain your home's sense of place.

Once you have a final list, use a recorder to record those sounds. __30__ them with family members that live in other places and see if they can help others develop a sense of place about your home.

21.	A. crazy about	B. familiar with	C. close to	D. favorite for
22.	A. engine	B. wind	C. music	D. tourists
23.	A. greeting	B. calling	C. playing	D. moving
24.	A. supporting	B. controlling	C. surrounding	D. bothering
25.	A. Maybe	B. Always	C. Hardly	D. Then
26.	A. meaning	B. note	C. guess	D. look
27.	A. for	B. ahead	C. at	D. around
28.	A. hear	B. make	C. try	D. strike
29.	A. pleasing	B. special	C. sweet	D. ugly
30.	A. Supply	B. Share	C. Help	D. Tell

得分	评卷人

Ⅲ. 阅读理解（共15小题；每小题4分，满分60分）

阅读下面的短文，然后从所给的A、B、C、D四个选项中，选出一个最佳答案。

A

My name is Nick Vujicic. I was born without limbs（四肢）, and doctors have no medical explanation. As you can imagine, I was faced with many difficulties. My father thought I wouldn't live for very long, but tests proved that I was a healthy baby boy just with limbs missing.

Understandably, my parents had strong fears of what kind of life I'd be able to lead. The law in Australia didn't allow me to study in a main-stream（主流）school because of my physical disability（身体缺陷）. However, my mother fought for the law to be changed, I was one of the first disabled students to go into a main-stream school.

I liked going to school, and just try to live life like everyone else, but it was in my early years of school where I had uncomfortable times of feeling not being accepted because of my physical difference. It was very hard for me to get used to, but with the support of my parents, I started to develop attitudes（态度）and values which helped me go through these difficult times. I knew that I was different but on the inside I was just like everyone else. There were many times when I felt so low that I wouldn't go to school. I was encouraged by my parents and tried starting to make friends by just talking with some children. Soon the students realized that I was just like them.

I am now twenty-three years old and have completed my university study. I am also a speaker and love to go out and share my story wherever possible. I have developed talks to encourage students to face their problems. Writing several best-selling books has been one of my dreams and I hope to finish writing my first by the end of the year. It will be called "No Arms, No Legs, No Worries!"

31. How was Nick when he was born?

A. He had neither arms nor legs.

B. He had had an accident.

C. He was very ill.

D. He was dying.

32. Where did Nick get support when he was feeling sad at school?

A. From his classmates.

B. From his best friends.

C. From his parents.

D. From his brothers.

33. What is one of Nick's dreams?

A. To give a talk to the disabled.

B. To finish his university study.

C. To travel to as many places as possible.

D. To encourage people with his books.

B

Jackie Evancho, born April 9, 2000, is an American Classical crossover（跨界）singer who became well-known at an early age. Between 2008 and 2010, Evancho entered several talent competitions（达人赛）singing mostly in Pennsylvania. At the age of ten, she gained wider popularity with her performances in the fifth season of the America's Got Talent competition, finishing in second place.

Evancho's parents are Lisa and Michael Evancho. Her father operated a video security（视频监控）business until 2010. She and her family live in a suburb of Pittsburgh, Pennsylvania. Evancho began her schooling in a public school, but in late 2010, because of her touring the country performing songs, she changed to study by the Internet. Beginning in January 2014, however, she returned to public schools. Evancho's interests include playing the piano, sewing, swimming, playing with her pets and drawing.

Evancho showed great interest in singing after she saw the musical *The Phantom of the Opera* in a movie theatre. Her mother bought the DVD before her 8th birthday, and Evancho began singing the songs around the family home. Her parents have said that they did not recognize that her voice was unusual until her first talent competition. In March-April 2008, Evancho competed in Kean Idol, a local talent competition, finishing in second place to a 20-year-old opera singer. She began taking voice lessons after her success in the competition, and her parents began receiving requests for her to sing at various events, churches and nursing homes, mostly in Pennsylvania.

34. What is this passage mainly about?

A. A music-loving family.

B. A gifted girl.

C. A talent competition.

D. A famous opera singer.

35. Why did Evancho leave the public school in 2010?

A. She had to travel a lot.

B. She had to support her family.

C. She felt bored with her study.

D. Her home was far away from school.

36. When did Evancho begin to take voice lessons?

A. In late 2010.

B. Before her 8th birthday.

C. After her first competition.

D. At the age of 20.

37. What can we infer from the passage about Evancho's father?

A. He has helped to manage her performances.

B. He is one of the competition's organizers.

C. His business has become more successful.

D. He has produced lots of videos .

C

Jazz is a type of music that was invented（首创）around 1900 in New Orleans in the south of the USA. There were many black musicians living there who played a style of music called blues music. Influenced by African music, blues music was a music that was played by singing, using the harmonica（口琴）, or the acoustic guitar（原声吉他）. Many blues songs were about sad feelings or sad experiences, such as losing a job, a family member dying, or having to go to prison.

Jazz music mixed blues music with European music. Some black composers such as Scott Joplin were writing music called ragtime, which is very different from standard European music, but used notes that were similar to some European music. Ragtime had a big influence on early jazz. The players of jazz make up the music as they play. Even though jazz musicians are making up the music, jazz music still has rules.

Jazz influenced other types of music like the Western art music from the 1920s and 1930s. Art music composers such as George Gershwin wrote music that was influenced by jazz. Jazz music influenced pop music songs. In the 1930s and 1940s, many pop music songs began borrowing things from jazz songs. One of the best known jazz musicians was Louis Armstrong（1900-1971）.

38. What can we learn about New Orleans from the passage?

A. It is the birthplace of jazz.

B. It is the center of American music.

C. It is home to black Americans.

D. It is the place where musicians gather.

39. What did the blues singers want to express through their songs?

A. Their changes in the US.

B. Their hopes for the future.

C. Their sadness in life.

D. Their love for music.

40. What does the word "ragtime" in the second paragraph refer to?

A. A black composer living in New Orleans.

B. European music popular among Americans.

C. The name of s song written by Scott Joplin.

D. A type of music developed by black musicians.

41.Who is Louis Armstrong?

A. A founder of jazz music.

B. An art music composer.

C. A fan of traditional music.

D. A famous jazz musician.

D

Bryan Jaycox and his wife opened The Build Shop LLC in Los Angeles two years ago. The store is filled with all kinds of working tools like a laser cutter, an industrial sewing machine and 3D printers. The Jaycoxs offer 3D printing classes and services for anyone who is interested.

People can buy 3D printing services. The UPS Store is a nationwide retailer（零售商）that provides shipping, copying and other services. The UPS Store recently put 3D printers in three of its independently–owned（独立拥有的）stores. Burke Jones owns one of the stores in San Diego. “The demand has been amazing. It's been much more than I would have expected”. The UPS Store plans to add 3D printers in three more stores.

An office supply company, Staples is selling 3D printers on its website for as low as about ＄1,300. A cartridge（墨盒） of color plastic costs ＄50.As with any technology-experts expect the printing speed and price to improve.

Bryan Jaycox requires ＄15 an hour to print an object. He also charges a fee depending on the size of the object and up to ＄50 an hour for design and labor services.

At The UPS Store, the cost of the object depends on the amount of materials used. The store charges up to ＄95 an hour to design the object with computer software that makes a digital file to guide the printer.

Mr. Jaycox says that within five years, 3D printing technology could become more user friendly.

42. What is Bryan Jaycox?

A. A designer.

B. An engineer.

C. A shop owner.

D. A computer producer.

43. The example of the UPS Store introducing 3D printers shows that______.

A. the UPS is the first to use 3D printers

B. selling 3D printers can make big money

C.UPS workers can use 3D printers skillfully

D. the demand for 3D printing is growing

44. What of the 3D printers needs to be improved according to experts?

A. The speed of printing.

B. The size of the object.

C. The printers' design.

D. The amount of materials.

45. What's the hourly pay for the design of a 3D-printed object at the UPS Store?

A. Up to ＄50.　　B. Up to ＄95.

C. About ＄15　　D. About ＄1,300.

第二卷（两大题，共30分）

得分	评卷人

Ⅳ．单词拼写（共10小题；每小题2分，满分20分）

根据下列句子及所给汉语注释，写出空缺处各单词的正确形式。（每个空只写一词）

46. I don't think he will________（轻易地）change his mind.
47. If you touch a ______（火）, you get burned.
48. Ann placed the vase______（小心地）on the shelf.
49. He often______（警告）his son not to drive so fast.
50. Paul will buy the suit if it has been tailored by______（星期一）
51. The French usually drink_______（酒）with their main meal.
52. It is no doubt that only those who face up to challenges are more likely to______（成功）.
53. England's woolen sweaters are famous for their______（质量）.
54. Please make an______（额外的）key for our front door.
55. Share your______（进步）and failures with the people around you, and you'll find help from them.

得分	评卷人

Ⅴ．书面表达（满分10分）

假设你是李华，即将去国外学习。请你写封信给你的朋友Thomas,告诉他你已被伦敦大学录取。内容要点如下：

1. 告知这个消息；
2. 感谢他长期以来的帮助和鼓励；
3. 了解相关事宜。

注意：词数应为100左右。

Dear Thomas,

I'm very glad to tell you that____

____

____

____

____

____

____

____

____

Best wishes,

Li Hua

2018年全国普通高等学校运动训练、武术与民族传统体育专业单独统一招生考试

英 语

题 号	I	II	III	IV	V	总 分
分 数						

注意事项：

1. 答卷前，考生务必将自己的姓名、准考证号填写在答题卡上。
2. 将答案涂写在答题卡上，写在本试卷上无效。

第一卷（三大题，共120分）

得分	评卷人

Ⅰ.单项选择（共20小题；每小题2分，满分40分）

从A、B、C、D四个选项中选出可以填入空白处的最佳答案。

1. Losing their way, they got out of the car and ______ the map.

   A. studying　B. studied　C. to study　D. study

2. I'll try to get back in time, but I'm not ______ any promises.

   A. saying　B. telling　C. making　D. doing

3. Presidents are no different from ______ else; they are human beings.

   A. anybody　B. somebody　C. nobody　D. everybody

4. Anna is very thoughtful. She always thinks about ______ other people want.

   A. how　B. when　C. where　D. what

5. I was so interested in digging that I did not notice things ______ around me.

   A. to happen　B. happening　C. happened　D. happen

6. — Do we have to take off shoes before entering?

   —No, you ______ .

   A. can't　B. mustn't　C. needn't　D. shouldn't

7. Our aim is to allow student teachers to become familiar ______ the courses.

   A. with　B. to　C. for　D. of

8. —Thanks for calling, Charles.

—______ .

A. No thanks B. No problem C. I'd love to D. My pleasure

9. The fact that he's eating more is a ______ that he's feeling better.

A. mark B. sign C. proof D. notice

10. She lived in Rome for a couple of years, ______ she taught English.

A. why B. Which C. where D. that

11. It is really bad luck. Susan had her car ______ last week.

A. stolen B. steal C. stealing D. to steal

12. — What do you think about the book?

—It's OK, ______ the first part is a little dull.

A. and B. but C. so D. or

13. Whenever the team ______ , they feel sad for the rest of the week.

A. loses B. lost C. will lose D. is losing

14. We only had a couple of hours to ______ the signs before the exhibition opened.

A. break out B. watch for C. set up D. carry out

15. I missed the last flight, and ______ I decided to stay at the airport.

A. however B. otherwise C. rather D. so

16. I am not going to wear this brown sweater ______ . I don't like the color.

A. no more B. much more C. ever more D. any more

17. Which year was it ______ Italy won the World Cup?

A. that B. where C. when D. how

18. Do you feel like ______ to the people's Park now?

A. to walk B. walking C. having walked D. walk

19. Up till now, the equipment ______ the lives of a number of new born babies.

A. saves B. saved C. has saved D. would save

20. More than 3, 000 local workers ______ in the tourism industry.

A. employed B. are employing C. have employed D. are employed

得分	评卷人

Ⅱ. 完形填空（共10小题；每小题2分，满分20分）

阅读下面的短文，掌握其大意，然后从21至30各题所给的A、B、C、D四个选项中，选出一个最佳答案。

On **craigslist.com**, a "Sheldon" wrote that he was moving. "I'm starting a new life, and I don't want anything that 21 me of my old life." He gave his address on the website and invited everyone to visit his flat on April 19 from 8 to noon:" Take whatever you want, it's all 22 ."

When the real Sheldon returned home that day, he was 23 to find his flat door unlocked. He was shocked to find his flat was __24__ . "I've been robbed(抢劫)," he thought. He knocked on his neighbor's door.

Virgil told Sheldon that he had seen __25__ coming and going that morning. When Virgil asked them what was going on, one said that Sheldon was __26__ all his things in the room away. "I wish you had told me." Virgil said.

Sheldon __27__ that he hadn't told Virgil about the giveaway because he hadn't known about it himself. Virgil said that he saw Pamela inside the flat; she seemed to be __28__ things. "Pamela?" Sheldon asked. "My angry ex-girlfriend(前女友) Pamela?"

"Ex? When did you two break up?" Virgil asked.

They had dated for two years. Pamela __29__ him recently because she had seen Sheldon kissing a girl in the parking lot. Sheldon said that she was his coworker, who had __30__ asked him to smell her breath to be sure her breath smelled okay. She had eaten garlic (大蒜) bread at lunch. Hearing this, Pamela stormed away.

21. A. tells	B. reminds	C. remembers	D. warns
22. A. free	B. cheap	C. personal	D. similar
23. A. nervous	B. afraid	C. surprised	D. sorry
24. A. dusty	B. bright	C. empty	D. clear
25.A. strangers	B. neighbors	C. friends	D. children
26. A. taking	B. throwing	C. carrying	D. giving
27. A. insisted	B. explained	C. suggested	D. mentioned
28. A. in charge of	B. careful with	C. in need of	D. angry with
29. A. forgave	B. left	C. believed	D. followed
30. A. probably	B. hardly	C. nearly	D. simply

得分	评卷人

Ⅲ. 阅读理解（共15小题；每小题4分，满分60分）

阅读下面的短文，然后从所给的A、B、C、D四个选项中，选出一个最佳答案。

A

A straight-A student got a C in cooking class and didn't like the grace. She didn't like it so much that her dad sued(起诉)the school about it. He said that the teacher, who was white, discriminated(歧视)against his daughter, who was black. He sought to have her grade changed from a C to an A and asked for some damages.

Catherine Lennon was in the ninth grade at a famous local high school. Since her first year in school, she hadn't ask for leave for a single day and all her grades had been A's. Catherine's father said her heart was broken when she got the C.

"She cried the whole weekend," he said. "She wouldn't come out of her room. Her eyes were red. My little girl has never been this sad since her cat got run over by a truck when she was six years old."

Catherine is a model student. She's a member of the Student Council. She's on the swim team, the volleyball team, and the football team.

The home economics teacher was 28-year-old Diana Smith. This was her first year teaching. Ms. Smith said, "Some of my best friends are African-Americans. This isn't a black and white problem. Everybody in America wants to sue everybody else. I'm going to sue them for defamation of character(毁损名誉)and whatever else my lawyer comes up with."

The head of the school, who grew up in India, said that he supported Ms. Smith 100 percent. He said that Catherine was an excellent student who would have no problem getting into the best universities even with a C in cooking. "She won't have any difficulty finding a great university, but she might have problems finding a husband," he laughed. "She'd better look for a man who liked to eat out a lot."

31. In which class did Catherine get a C?

A. In cooking class.

B. In economics class.

C. In swimming class.

D. In football class.

32. What happened when Catherine got a C?

A. She had her grade changed from C to A.

B. Her teacher insisted it was a problem of races.

C. She was encouraged by the head of the school.

D. Her father sued the school about it.

33. Why did Catherine cry the whole weekend according to her father?

A. Her cat was killed by a car.

B. She thought her grade was too low.

C. She could never find a husband.

D. Her eyes hurt so much.

34. What can we learn from the text?

A. Schools always support their teachers.

B. Blacks are often discriminated against.

C. Americans like to sue each other.

D. American students get A's easily.

B

Anthropology is a biological and historical social science that helps us learn how groups of people are the same, and how they are different in all parts of the world. Anthropologists do research in many places and study how people live now and how they may have lived in the past. The research in modern cities, small villages, tribes, and in the countryside.

Applied anthropology is a type of anthropology that puts anthropological theories into practice. One recent use of applied anthropology is the return of ancient ways of successful farming to people living in South America. Another use of applied anthropology is the learning of languages close to dying out and the teaching of young people the language of their ancestors.

The four big kinds of anthropology are:

· Archaeology —The study of how people lived in the past.

· Physical anthropology —The study of human biology, including how people adapt to where they live and how bodies changed over time.

· Linguistic anthropology— The study of how people speak and the words they use and how their language developed. Linguistic anthropology also studies how language changes.

· Cultural anthropology —The study of how people live their lives now and how they may have lived in the past, including the tools they used and the food they obtained and ate. It is also related to sociology and social psychology.

35. What do anthropologists study according to the text?

A. Human beings and their societies.

B. Differences in all parts of the world.

C. Places suitable for people to live in.

D. Modern cities and countryside.

36. What does applied anthropology deal with?

A. Ancient ways of farming.

B. Learning foreign languages.

C. Studying how to improve tools.

D. Putting anthropological theories into practice.

37. Which of the following studies how the human body developed?

A. Archaeology.

B. Physical anthropology.

C. Linguistic anthropology.

D. Cultural anthropology.

C

The arrival of the Spanish adventurers caused the Aztec empire(阿兹特克帝国) to lose its power over the countries. Although **their number** was small, they were cruel, armed with guns and rode on horses; the native Americans had never seen either before. The Spaniards had heard of the treasure collected by the Aztec emperor and were determined to take it.

In 1519, a group of 500 Spanish soldiers under Hernando Cortez(1485–1547) arrived from the Caribbean Sea and attacked the Aztec capital of Tenochtitlan. The Aztec emperor Montezuma II (1466-1520) was waiting for the return of the god-king Quetzalcoatl and thought that the Spaniards were gods because of their strange clothes. He thought Cortez himself was Quetzalcoatl.

Montezuma showered the visiting gods with gifts and willingly stepped aside to allow Cortez to rule in his place. The Aztec people themselves fought against Cortez, who was driven back to the coast before returning to destroy Tenochtitlan in 1521. After conquering (征服) the Aztecs. Cortez returned to Spain, where he died in poverty(贫穷).

38. The text says that the Spanish came to the Aztec for the purpose of ______.

A. setting up a new empire

B. destroying the city of Tenochtitlan

C. setting down in one of the countries

D. taking away the emperor's treasure

39. What does "**their number**" (Paragraph 1) refer to?

A. The Aztec empire and the countries.

B. The Spanish adventurers.

C. The native Americans.

D. Guns and horse.

40. How did the Aztec people react to the arrival of the Spaniards?

A. They took them as gods.

B. They rose up against them.

C. They gave them a lot of gifts.

D. They defeated them in Tenochtitlan.

41. From the text we learn that Cortez was______.

A. the king sent by God

B. the person who ruled Spain

C. the head of the adventurers

D. the emperor of the Aztec empire

D

There are a lot of things you can buy to make your home or office a safer place. If you live or work in a place that is a high crime area, you will certainly want to look into things like an alarm system and additional locks for the doors. A locksmith can help you out with finding the right kinds of locks as well as properly putting them into position.

Some other things you can buy to keep your home or office safer are protective lighting and window bars. Protective lighting doesn't have to **break the bank**. A few floodlights(泛光灯) can be easily fixed on the outside of your home and these should be on anytime you are away after dark so that you can see all around your house when you arrive back home. Window bars are fairly inexpensive when bought separately, but can be costly if you have to buy them for a lot of windows. Windows bars are put on the inside of your windows to keep them from opening either from the inside or the outside.

A safe in the home or office is essential (重要的)to keep your valuables from being stolen, or even in the case of a flood or fire. You will want to keep things in your safe like important papers, cash, expensive jewelry, and family valuable objects. The combination type of safe seems to be highly suggested. If you forget the combination, a locksmith can get you in and change the lock for you.

42. What kind of help does the writer suggest getting from a locksmith?

A. Checking on the house regularly

B. Selecting locks and having them fitted.

C. Looking into things like an alarm system.

D. Keeping people away from high crime areas.

43. What does "**break the bank**"(Paragraph2)mean?

A. Work for long.

B. Look the same.

C. Cost too much.

D Depend on power.

44. What does the text say about the window bars?

A. They cost a lot if there are many windows.

B. They are placed outside the windows.

C. They suit different kinds of windows.

D. They are used more at homes than in offices.

45. What is the purpose of the text?

A. To sell a valuable safe.

B. To introduce a new house.

C. To explain a new job.

D. To suggest a few safety measures.

第二卷（两大题，共30分）

得分	评卷人

Ⅳ．单词拼写（共10小题；每小题2分，满分20分）

根据下列句子及所给汉语注释，写出空缺处各单词的正确形式。（每个空只写一词）

46. Our football team feels _______ (自豪的) that we have won all the matches this year.

47. The train runs _______ (每个) night of the week except Saturdays.

48. She's worried that she might not be _______ (能够)to find another job.

49. Peter could hear beautiful _______ (音乐)coming through an open door.

50. Warm _______ (天气) attracted a lot of tourists to the countryside for a picnic.

51. The drive to my office _______ (通常)takes 15 to 20 minutes.

52. Take my _______ (忠告) and study something practical.

53. Can you _______ (解释) how the medicine works?

54. A government spokesman will announce the new _______ (决定) this afternoon.

55. I hope you will soon _______ (忘记) the bad experience you had today.

得分	评卷人

Ⅴ.书面表达(满分10分)

假设你叫李华，是一名中学生，不久前你在《中学生英语报》上看到有关农村儿童辍学的报道。请你用英文给编辑写一封邮件，谈谈辍学的主要原因和你的建议。

原因：1.家庭贫困，需帮父母挣钱；2.学校离家太远。

建议：多建农村学校，捐款。

注意：词数应为100左右。

Dear Editor,

Children in the countryside are leaving school at an early age for various reasons. _________

____

____

____

____

____

____

____

____

Yours sincerely,

Li Hua

2019年全国普通高等学校运动训练、武术与民族传统体育专业单独统一招生考试

英　语

题　号	I	II	III	IV	V	总　分
分　数						

注意事项：

1. 答卷前，考生务必将自己的姓名、准考证号填写在答题卡上。
2. 将答案涂写在答题卡上，写在本试卷上无效。

第一卷（三大题，共120分）

得分	评卷人

Ⅰ. 单项选择（共20小题；每小题2分，满分40分）

从A、B、C、D四个选项中选出可以填入空白处的最佳答案。

1.My car__ five people, but I only have four seat belts.

A. is taking　B. took　C. has taken　D. will have taken

2. As a patient, you should listen to the doctor's __ and act on it.

A. notice　B. talk　C. advice　D. solution

3. I'll have a look for some clothes at the shops, but I'm not promsing __.

A. nothing　B. everything　C.something　D. anything

4. She walked home by herself in the evening, __ she knew that it was dangerous.

A. however　B. if　C. as　D. although

5. It was nice to have someone __ to when you are in trouble.

A. talks　B. to talk　C. talking　D. talked

6. Julia felt tired when she got up. She __ have stayed up late last night.

A. should　B. Will　C. must　D. can

7. Your shoes are similar __ mine though they are not exactly the same.

A.to　B.in　C. with　D. for

8. —I wonder if you'd do me a favor?

—______.

A.Yes, I do.　B, Yes, of course.　C. If you like　D. It's up to you

9. She left Beijing twelve years ago, and I haven't seen her ____.

A. then　B. either　C. since　D. ever

10. "Do__ you are told and don't argue with me," Mom said angrily.

A. how B. that C. which D.what

11. The bridge ____ now is two kilometers long.

A. built B. being built C. to be built D. building

12. She came in for a coffee, __ told me about her friend Shona.

A. but B.so C.and D.or

13. Every student ___ to test each item for himself using special techniques.

A. invites B.has invited C.will be invited D.would have invited

14. We have to ___ the meeting for the time being.

A. put off B.take off C.break down D.turn off

15. —I suppose you've made up your mind to buy the roses?

—NO, not __.

A. simply B.surprisingly C.nearly D.necessarily

16. Are there ___ people we should speak to before we make the decision?

A. the other B. each other C. every other D. any other

17. I have no doubt ___ he'll turn up tonight.

A. that B.if C.whether D.what

18. The speaker, __ for his splendid speeches, was warmly received by the students.

A. known B. being known C.having known D.knowing

19. Her first novel __ into 51 languages by the end of 2010.

A. is translated B. has been translated C. had been translated D. was translated

20. —How ____ have you been living in this town?

—Erm let me see. It's about four years now.

A. often B. long C. fast D. many

得分	评卷人

Ⅱ. 完形填空（共10小题；每小题2分，满分20分）

阅读下面的短文，掌握其大意，然后从21至30各题所给的A、B、C、D四个选项中，选出一个最佳答案。

My sister and I were alone at home. My parents had gone shopping and left me in charge. I was doing my homework while my younger sister was playing with her toys. __21__ the doorbell rang, My younger sister rushed to the door and opened it.

Outside, stood a tall man __22__ a black coat and black leather shoes. He said he was a __23__ and asked politely if our mother or father was at home. Without thinking, my sister said, "No." He asked if we would like to buy some picture books. I quickly __24__ that we were not supposed to buy anything. Then, as I was about to close the door, he __25__ his way into our house. He took out a knife and told me to tie up my sister's hands. I tied up her hands but I tied it in a __26__ way so she could untie herself. The man then tied my hands up and locked both of us in the kitchen.

Soon, he went upstairs to search the bedroom for valuables. I __27__ to teach my sister to untie the rope (绳子) on her hands. She then untied me. I rushed to the __28__ to call the police, but the line was dead. Luckily, the robber (劫匪) forgot to lock the kitchen window. My sister got out of the house through the window and went to the neighborhood police station for __29__ .

My sister brought the police to our house and the robber was __30__. Both my sister and I learnt a lesson on safety.

21. A. Unusually	B. Suddenly	C. Strangely	D. Gradually
22. A. wearing	B. bringing	C. cleaning	D. delivering
23. A. neighbor	B. doctor	C. salesman	D.visitor
24. A. suggested	B. complained	C.explained	D. discussed
25. A. pulled	B. drove	C.struggled	D. forced
26. A. foolish	B. special	C. regular	D.tight
27. A. pretended	B. learned	C. expected	D.managed
28. A. telephone	B. window	C. door	D. computer
29. A. reply	B. help	C. advice	D. information
30. A. locked	B. hurt	C.found	D. caught

得分	评卷人

Ⅲ. 阅读理解（共15小题；每小题4分，满分60分）

阅读下面的短文，然后从所给的A、B、C、D四个选项中，选出一个最佳答案。

A

Before I started my first job as a security guard at the Convention Inn South in Edmonton, my father told me, "Do your job like you're the owner of the company." That way, if I made a mistake, my bosses wouldn't fault me because I had their best interests at heart.

I was 18, a year out of high school, and worked from midnight to 8 a.m. As I walked around the 237-room hotel on my rounds, I would pick up any litter (垃圾) I saw on the floor, wipe dirt off windows and do anything I could to make the hotel more attractive to guests. These duties weren't in my job description, but I did them anyway.

After several months, the hotel's owners asked me if I would be interested in being the hotel's management trainee. I was amazed and excited. "You know why we're giving you this promotion?" the company's president asked as he sat behind his huge desk. "we saw you picking up litter as you did your rounds, and we said, 'There's a guy who cares about our hotel.' You stood out from the crowd."

Twenty-seven years later, I am with the same company. The owners put me through university and offend me the chance to hold a variety of jobs at the company level and to oversee (监管) some 750 employees. Whenever I get the chance, I give employees the same advice my father gave me.

And yes, when I walk around I still pick up litter.

31. What was the writer's duty when he started working at the hotel?

A. Protecting the hotel.

B. Cleaning the windows.

C. Decorating the rooms.

D. Sweeping the floors.

32. The writer got a higher position several months later because he ________.

A. had a sharp mind

B. had a sense of responsibility

C. was good at making decisions

D. was willing to work overtime

33. What can we learn about the writer now?

A. He has started his own company

B, He is one of the company s owners

C. He plays a leading role in the company

D. He has retired from the company

B

Every society has its own dances. We have records of dances from several thousand years ago, in Egypt and Greece.

Sachs divides early dances into "imageless dances" and "image dances". By "imageless dances", he means dances which have no set form, but aim at getting the dancers into a state of extreme happiness and excitement. In this state the dancers are often thought of as being "possessed by spirits". These dances are done on certain occasaons: marriage, war, illness or death, and so on. They are found in all early societies.

The "image dances", accordmg to Sachs, are to do with the world outside the dancer. By imitating (模仿) animals, the dancer believes he can gain a power and make it useful. To dance in imitation of the animal which is going to be hunted is to become one with them. Sachs points out that societies of this kind do not really understand the connection between cause and effect. They really believe the image dances work.

Coming to more recent times, the first dance school we know about was opened in 1661 in Paris, France. Only men were accepted until 1681. After 1681, women were accepted, too.

Until the 20th century most ballroom (舞厅) dances were sequence dances. The way people moved was planned in set formation. These formations were usually lines or squares. Everyone moved at the same time, and finished at the same time. The music played for a set time, and then stopped. Around 1800, another style of dancing called the waltz (华尔兹) was invented. In the waltx, and later dances, people danced in couples, but they did so separately. They did not dance in formation but moved round the room as they pleased. Now, once again, new dance styles have arrived. Some people dance as individuals, separately as they please. Street dance is like that. But all these types of dances have music.

34. According to Sachs, the imageless dance is a kind of dances performed ________.

A. in the ballroom B. without a set form

C. in a state of sadness D. without music

35. What does the dancer do in performing "image dances"?

A. He copies animals' actions.

B. He dances around animals.

C. He kills an animal before dancing.

D He dances together with animals.

36. When did it become acceptable for women to go to a dance school?

A Before 1661. B. After 1681.

C. Around 1800. D. In 2oth century.

37. What do we learn about sequence dances?

A. People dance freely as they please.

B. People dance in couples for a set time.

C. People dance in lines and squares.

D. People dance with powerful movement.

C

"Grown-ups have taken complete control of childhood in a way we haven't seen before in history," says author Carl Honoré. It is happening all over the world, in middle class families in particular. "Now, everything is planned and watched. I think parents particularly want a single recipe (良方) for raising a straight-A child, and there's a lot of pressure," he says.

Here are some reasons why children are over-programmed. First, double income families have more money variable for extra activities. Second, longer working hours force parents to turn to extracurricular activitties (课外活动). Third, many young parents just don't know how to play with their children.

The ideas of doing everything as perfectly as possible have affected (影响) our ways of rarsing children, too. Some families are so heavily focused on the children that they become the parents' project. There are even university programs developed to give children an advantage. However, the fact has shown that our children are less able to work in teams, and less hungry to learn in their future work.

In terms of children's health, there are problems as well: cases of overweight children and heart diseases are on the rise. Self-harm, eating disorders, anxiety are more commonly seen.

Today children end up missing out on the things that give meaning to human life. The freedom to be oneself is missing—and children know it. Parents should think carefully what it means to be a child in the 21st century. They should back off and allow children to be themselves, says Honoré.

38. What does Honoré intend to say about a straight-A child?

A. He is hard to find in the world now.

B. He usually comes from a poor family.

C. He may be over-controlled by his parents.

D. He will surely be successful in future.

39. Why do parents choose to send children to many programs?

A. Children enjoyed longer school hours.

B. Children have fewer games at home.

C. Parents are in poor health.

D. Parents are busy with their work.

40. What does the writer think of university program for children?

A. An early start to achieve success. B. A danger of killing the desire to team.

C. A perfect way of raising children. D. A tough task for parents.

41. What advice is given to parents in the last paragraph?

A. They should pay more attention to children.

B. They Should give more money to children.

C. They should plan children's life carefully.

D. They should give more freedom to children.

D

Chicago is the largest city in Illinois, USA. It is the third largest city in the U.S., although it used to be the second largest. In 2000, almost 2,900,000 people lived there, with six million more people living nearby. Chicago has a very well-known culture. Some of the many things Chicago is famous for are: Chicago-style hot dogs, Chicago-style pizza, Maxwell Street Polish Sausage and Jazz music. Chicago is also known for many museums and many sports fans.

There are many museums in Chicago. These include:

· Adler Planetarium — built in 1930, it is the oldest planetarium in the world.

· Art Institute of Chicago — has a large collection of American and Impressionist art.

· Museum of Science and Industry — has many exhibits including a real Boeing 727 jet plane which was given to the museum by United Airlines.

· Polish Museum of America — museum haunted by famous piano player lgnace Paderewski, has large collection of Polish art outside of Poland.

· Shedd Aquarium — at one time the world's largest aquarium, has 19 million liters (5 million gallons) of water and 22,000 fish.

Sports are a big part of the cultural life in Chicago. Chicago's National Basketball Association (NBA) team is the Chicago Bulls. At American football, Cincago is the home of the Cincago Bears and the Chicago Rush. Chicago has two ice hockey (冰球) teams, the Chicago Blackhawks and the Chicago Wolves. Chicago also has a Major League Soccer team, the Chicago Fire.

Chicago has a complex network of trains and buses. Chicago's commuter train system is called the Metro. It runs within the city and also into the suburbs (郊区) that are around Chicago. The Chicago Transit Authority (CTA) is a system of buses and elevated trains (called the "L") that run inside the city. O'Hare International Airport, one of the busiest airports in the world, is a major center for air travel. Chicago has another airport called Midway Airport.

42. What have you learned from the text about Chicago?

A. It has a population of about six million.

B. It used to be the 2nd largest city in the U.S.

C. It is best known for country muslc.

D. It is famous for Chicago-style sandwiches.

43. Which museum would you visit if you are interested in fish?

A. Shedd Aquarium. B. Art Institute of Chicago.

C Adler Planetarium. D. Polish Museum of America.

44. What kind of sports does the Chicago Fire play?

A. Football. B. lce hockey.

C. Soccer. D. Basketball.

45. What does the text say about public transport in Chicago?

A. The city has two airports.

B. The Metro runs only inside the city.

C. CTA is the name of a bus company.

D. The "L" refers to trains runing between cities.

第二卷（两大题，共30分）

得分	评卷人

Ⅳ. 单词拼写（共10小题；每小题2分，满分20分）

根据下列句子及所给汉语注释，写出空缺处各单词的正确形式。（每个空只写一词）

46. She still remembered part of the _______（故事）.

47. He _______（有时）plays the piano together with his son.

48. People _______（改变）their mind for one reason or another.

49. He was excited that his_______（最喜欢的）team had won the game.

50. The _______（总的）cost was just as what we had expected.

51. If you _______（比较）the prices, you'll find they are about the same.

52. I respect the president, but I do not _______（同意）with his decision.

53. l have just finished washing all my _______（脏的）clothes.

54. Professor Wang didn't _______（提及）his new argument In the article.

55. Jack was a _______（安静的）and gentle man who liked sports and enjoyed life.

得分	评卷人

V. 书面表达（满分 10 分）

假设你是李华，一名中学生。请根据下面的表格提示用英文给你的美国朋友 Peter 写一封信，告诉他你是如何度过五一假期的。

5 月 1 日	看望祖父、祖母，参观美术馆
5 月 2 日	同学聚会
5 月 3 日	运动、写作业

注意：词数应为100左右。

Dear Peter,

I had a busy but happy May Day holiday. ______________________

____

____

____

____

____

Yours,

Li Hua

2020年全国普通高等学校运动训练、武术与民族传统体育专业单独统一招生考试

英　语

题　号	I	II	III	IV	V	总　分
分　数						

注意事项：

1. 答卷前，考生务必将自己的姓名、准考证号填写在答题卡上。
2. 将答案涂写在答题卡上，写在本试卷上无效。

第一卷（三大题，共120分）

Ⅰ. 单项选择（共20小题；每小题2分，满分40分）

得分	评卷人

从A、B、C、D四个选项中选出可以填入空白处的最佳答案。

1. —Jack, I can't play ping-pong at all. I wonder if you could teach me.

— _______. Just name the day.

A. With pleasure　B. Go ahead　C. Never mind　D. As you like

2. How _______ is it from the airport to the downtown area?

A. often　B. far　C.soon　D. near

3. The playground is _______ to children between six and twelve years of age.

A. new　B. open　C. clear　D. general

4. My neighbours were having a loud party. So I had a terrible time getting _______ last night.

A.slept　B. sleeping　C. sleep　D. to sleep

5. It's _______ my belief to borrow money from other people.

A. towards　B. beyond　C. under　D. against

6. You look well after the summer holiday. You have _______ some weight.

A.put up　B. put on　C. put down　D. put out

7. I have never been to Australia before, _______ I know a lot about Sydney Opera House.

A. and　B. for　C. so　D. but

8. Eric didn't even have _______ common sense to send for _______doctor.

A. the...a　B. a.../　C. /.../　D. a...the

9. By the time I got to the office, the engineer and his assistant _______ .

A. will leave　B. have left　C. left　D. had left

10. It was in 1969 ______ Armstrong succeeded in landing on the moon.

A. which B.when C. that D.what

11. There was a big hole in the road which ______ the traffic.

A.broke up B.kept up C.held up D.took up

12.Make a mark on the report ______ you have a question.

A. which B. that C. when D.what

13.Jason noticed a woman in a black dress ______ across from him.

A.sitting B.sit C.to sit D.having sat

14. Tom was so sleepy that he could ______ open his eyes in the afternoon class.

A.really B.slightly C.hardly D.nearly

15.No one ______ this experiment before.

A.has attempted B.attempted C.attempts D. is attempting

16.The teacher insisted that everyone ______ to the party.

A.coming B.comes C.came D. come

17.You ______ be tired after all your hard work.

A.can B.must C.need D.would

18. ______ surprised me most was that she didn't care about it at all.

A. What B. That C. Which D. It

19. Not ______ to smoke inside the building, the smokers have to go out.

A.allow B.to allow C.allowing D.allowed

20. Many of the exhibits were damaged in the fire, and ______ were totally destroyed.

A.all B.nothing C.any D.some

得分	评卷人

Ⅱ.完形填空（共10小题；每小题2分，满分20分）

阅读下面的短文，掌握其大意，然后从21至30各题所给的A、B、C、D四个选项中，选出一个最佳答案。

Henry saw an advertisement (广告) for salesmen in the newspaper. He went into the building and spoke to the __21__ . "I'm the best salesman in the world," he said, "and I want the job."

The manager said, "You must __22__ you are the best." Then, he took a box of candy __23__ his desk and said, "Last week I bought a thousand boxes of this candy. __24__ you can sell them all before the end of the week, you can have the job."

Henry thought it was __25__ , so he took a box of candy and left the office.

Every day and all day he went from shop to shop trying to __26__ the boxes of candy. He couldn't sell one. The candy was so __27__ that he couldn't even give it away.

At the end of the week he went back to the manager. "I'm __28__ , sir," he said, " I was wrong about myself. I'm not the best salesman in the world, __29__ I know who is."

"Oh," said the manager. " __30__ ?"

"The person who sold you a thousand boxes of this candy," Henry said.

21. A. officer	B. salesman	C. manager	D. person
22. A. prove	B. say	C. think	D. understand
23. A. instead of	B. all over	C. full of	D. out of
24. A. If	B. While	C. As	D. After
25. A. fun	B. dangerous	C. crazy	D. easy
26. A. find	B. eat	C. sell	D. show
27. A. cheap	B. sweet	C. bad	D. heavy
28. A. fine	B. sorry	C. late	D. glad
29. A. so	B. because	C. until	D. but
30. A. Who	B. When	C. Where	D. What

得分	评卷人

Ⅲ. 阅读理解（共 15 小题；每小题 4 分，满分 60 分）

阅读下列短文，然后从各题所给的A、B、C、D四个选项中，选出一个最佳答案。

A

It has been two years since I last went to school. Now I'm ready to apply (申请) for a school and start again. I was totally different in junior high school. I used to be a good student. I was in the top class and had quite high scores in the exams. But all of that changed after I graduated from grade 9. I got into a bad group of friends and started drinking and taking drugs. I was soon kicked out of school.

For the following six months I was in and out of drug rehab (戒毒所/ before I decided I was ready to start again at a new school. But, I didn't stay there long. I found it hard to concentrate (集中精力) on anything. I kept thinking about things that really had nothing to do with school. At first I missed classes once or twice a week. Then it was nearly every day. Finally they asked me to leave and not to come back.

I haven't been studying for the past two years, but I started up an Internet business and I now earn enough money to support my family. However, I have forgotten about life as a normal student at school. I am worried that I won't be able to sit down and study in a class like any other normal student of my age.

Really it is not exactly a normal school that I am going to apply for now It allows people to organize himself to go to class and study once a week, either in the evenings or at the weekends. I think I could manage that!

From now on, I am going to take my education seriously, I'll work towards a degree. Some people might say that they don't care about a piece of paper. But I know it :s important to get a degree. I believe that education is the most important thing in life and that it will lead to success.

31. What did the author use to be like before grade 9?

A. He studied well in school. B. He often drank with friends.

C. He became interested in drugs. D. He helped friends pass exams.

32.Thinking about going back to school, the author worried about how to ______ .

A. support his family B. study in a classroom

C. start up an Internet business D. get used to normal student life

33. What's so special about the school that the author is applying for?

A. He can study at home.

B. He can work in the school.

C. He can choose his own class time.

D. He can write papers instead of taking exams.

34. How does the author feel about going back to school again?

A. Surprised. B. Serious. C. Lucky. D. Hopeless.

B

The first capitol building (议会大厦) of Illinois was in Kaskaskia. It was a simple two-story brick building that cost $4 per day.

Vandalia became the second capital of Illinois in 1820, and it had three capitol buildings. Vandalia's first capitol was a simple two-story building, which was destroyed by fire in 1824. Vandalia's second capitol was built to replace the burnt building for $15,000.

Soon after the third capitol building was built, many Illinoisans suggested that the capital should be moved to a more central place in the state. In 1833, the General Assembly decided to give Illinoisans the right to choose their capital city. This worried the people of Vandalia, who did not want to lose the capital.

Therefore, in 1836, without authorization (授权) from the General Assembly, the city tore down the third capitol building and replaced it with the fourth, a brick state house, costing $16,000. Even though the forth capitol was rebuilt, Illinois voters (选民) selected Springfield as the new state capital city in 1839.

Illinois's fifth capitol was built in Springfield in 1853 at a cost of $260,000.

Construction on the sixth and present capitol was begun in 1868. The building took twenty years to complete at a cost of $4.5 million.

35. The second capitol building in Vandalia was built because the first one ______ .

A. was not authorized B. was destroyed in a fire

C. was low and very simple D. was not in the downtown

36. What was the cost for the construction of the second capitol building of Illinois?

A. $15,000. B. $16,000. C. $260,000. D. $ 4,500,000.

37. What was the probable reason for choosing Springfield as the capital city of Illinois?

A. It is located in central America. B. It has a newly-built capitol building.

C. It is in the middle part of the state. D. It is close to Vandalia and Kaskaskia.

38. What can we learn from the text?

A. Now we can see six capitol buildings in the state of Illinois.

B. Illinois moved its capital from Kaskaskia directly to Springfield.

C. The construction of the last state capitol was completed in 1888.

D. The General Assembly built a new capitol to replace the old one.

C

Most dogs just live with their families, but some dogs have very special jobs to do. Some help police find criminals (罪犯). Other dogs help people who are blind, deaf (聋), or have trouble getting around. Dogs that help their owners are called "Assistance Dogs".

A very special group of dogs are known as "Therapy (治疗) Dogs". They are family pets with special training. The training allows them to go into public buildings and comfort people in need. Loud noises and unfamiliar places don't frighten them. They enjoy spending time with people.

Some therapy dogs go into places such as hospitals and nursing homes. The patients are cheered up when being visited by the dogs. Therapy dogs can improve people's health as well. Studies show that petting animals is good for people's blood and heart.

Other therapy dogs work in schools and libraries. They serve as warm and caring friends to children, and they even do more. In one town in California, therapy dogs have become children's reading friends. The local library is trying to encourage school children to enjoy reading more. The dogs make great listeners. They don't judge a child who cannot read well, they just listen calmly. The children can read at their own speed. And they find it less frightening than reading in front of their class. The library and the teachers are very happy with the program.

39. What does the text say about Assistance Dogs?

A. They provide help to people. B. They are trained by the police.

C. They make trouble in people's home. D. They make loud noises and frighten people.

40. Where can people often find therapy dogs?

A. In a zoo. B. In a hospital.

C. At a police station. D. In teachers' office.

41. Children like reading to dogs probably because ______.

A. dogs are afraid of children B. dogs like children's soft voice

C. dogs make children less nervous D. dogs can understand children better

42. What does the text mainly talk about?

A. Family pets. B. Special dogs.

C. Public health. D. School children.

D

Millions of people all over the world use the word OK. In fact, some people say the word is used more often than any other word in the world. OK means all right or acceptable. It expresses agreement. You might ask your brother, "Is it okay if I use your computer?", Or if someone asks you to do something, you might say, "Okay, I will." Still, language experts (专家) do not agree about where the word came from.

Some people say it came from the Native American Indian tribe (部落) known as the Choctaw. The Choctaw word "okeh" means the same as the American word okay. Experts say early explorers (探险者) in the American West spoke the Choctaw language in the nineteenth century and the language spread across the country.

But many people do not accept this. Language expert Allen Walker Read talked about the word OK in reports published in 1960s. He said the word began being used in 1830s. It was a short way of writing a different spelling of the words "all correct". Some foreign-born people wrote "all correct" as "o-l-l k-o-r-r-e-c-t", and used the letters O.K. Other people say a railroad worker named Obadiah Kelly invented the word long ago. They said he put the first letters of his names - O and K - on each object people gave him to send on the train. Not everyone agrees with this explanation, either. But experts do agree that the word is purely American. And it has spread to almost every country on Earth.

43. The text is mainly about ______ .

A. where OK came from　　B. when OK became widespread

C. how OK is used in different places　　D. why OK is favoured by language experts

44. According to Allen Walker Read, the word OK was first used ______ .

A. by people born abroad　　B. in the Choctaw language

C. as a short form of "all correct"　　D. by a man named "Obadiah Kelly"

45. What do experts feel certain about the word OK?

A. It's all American.　　B.It was made up in 1830s.

C. It was once used in railway stations.　　D.It is understood differently in the world.

第二卷（两大题，共30分）

得分	评卷人

Ⅳ. 单词拼写（共10小题；每小题2分，满分20分）

根据下列句子及所给汉语注释，写出空缺处各单词的正确形式。（每个空只写一词）

46. Would you ______ (借给) me your car tomorrow morning?
47. We should all remember the ______ (重要性) of keeping the traffic rules.
48. The chairman entered the room with his secretary following ______ (在后面) .
49. A dictionary like this is ______ (值) 200 *yuan*.
50. The moment I opened this novel, the story drew my ______(注意力) .
51. Nowadays people ______ (依赖) more and more on Internet.
52. Stephen had to ______ (准备) dinner for the whole family.
53. His suitcases were taken to Madrid by ______ (错误) .
54. The classroom is full of ______ (吵闹的) children.
55. We have saved some money, but it is not nearly ______ (足够) .

得分	评卷人

Ⅴ. 书面表达（满分10分）

假设你是李华，请给你所在足球队新来的教练（coach）Brown先生写封邮件。内容要点如下：

· 对Brown先生的到来表示欢迎；
· 邀请Brown先生到你家吃晚餐；
· 晚餐时间：本周五晚上7点；
· 告知你家地址和电话。

注意：字数应为100左右。

Dear Mr. Brown,

____

____

____

____

____

Best wishes,

Li Hua

2021年全国普通高等学校运动训练、武术与民族传统体育专业单独统一招生考试

英 语

题 号	I	II	III	IV	V	总 分
分 数						

注意事项：

1. 答卷前，考生务必将自己的姓名、准考证号填写在答题卡上。
2. 将答案涂写在答题卡上，写在本试卷上无效。

第一卷（三大题，共120分）

Ⅰ. 单项选择（共20小题；每小题2分，满分40分）

从A、B、C、D四个选项中选出可以填入空白处的最佳答案。

1. —Would you mind taking care of my little cat while I'm away?

— _______ . I'd be happy to.

A. Not at all B. First of all C. Above all D. After all

2. Be careful, _______ you'll fall into the river.

A. And B. but C. or D. so

3. This kind of bird can _______ be found on this small island.

A. really B. already C. ever D. only

4. You will succeed sooner or later _______ you go on trying.

A. as Iong as B. as soon as C. as much as D. as well as

5.1 suggested that we _______ a few days before we made any decision.

A. waited B. had waited C. wait D. will wait

6. _______ , I went to the railway station to see my friends off.

A. After my quickly eating dinner B. After eating my dinner quickly

C. After eating quickly my dinner D. After eating my quickly dinner

7. Lily _______ four langguages including English.

A. tells B. speaks C.says D.talks

8.If you can make it Friday, we won't invite _______ else.

A. nobody B. somebody C.everybody D. anybody

9.Peter was recognized as _______ a gift for playing piano.

A. have B. having C. to have D. had

10.Did Jane return your money?

She said She _______ , but she didn't.

A. could B. would C. must D.should

11.My grandfather is in hospital, _______ from a heart attack.

A.to recover B.recovers C.recovered D.recovering

12.Actually it was not until midnight _______ the plane arrived there.

A.before B.when C.which D.that

13. This house is not fit _______ a family with small children.

A.for B. to C.of D.on

14.The money will be used _______ the school with new computer equipment.

A. provided B. providing C. to provide D. provide

15.1 can't bear the coldness of the winter _______ .

A. any longer B. much more C. no longer D. no more

16. John was working quietly, all his attention _______ on the task.

A. fastened B.to fasten C. fastening D. has fastened

17.Before every concert, the singer worries about how well she _______.

A. was performing B. performed C. will perform D.has performed

18.Lee was about to knock at the door _______ a woman appeared from around the side of the house.

A. When B. while C. after D. since

19.Wendy _______ her job and started playing football.

A. gave back B. gave up C. gave in D. gave out

20.I _______ that my brother was rather quiet during dinner.

A. will notice B. am noticing C. notice D. noticed

Ⅱ.完形填空（共10小题；每小题2分，满分20分）

阅读下面的短文，掌握其大意，然后从21至30各题所给的A、B、C、D四个选项中，选出一个最佳答案。

My son is an international magician （魔术师）.When he was younger, he was a 21 meat-eater. One Christmas season we were busy 22 from place to place giving Christmas shows. One Sunday, he finished one 23 and was getting hungry so we stopped at a convenience store which 24 quick take-out food. He loved the meat pie 25 he picked up and ordered. Then we hit the road. Very soon my son started feeling 26 . We had to stop along the road so he could empty the food in his 27 which had caused him great discomfort and pain. He managed to complete his two remaining shows that evening and was sick 28 on our way home. He described it as the most painful thing he had ever 29 - food poisoning （中毒）and that was the 30 meat product he ever had. He stopped eating meat ever since and persuaded me not to eat it either.

21. A. big B. brave C. cold D. hungry

22. A. enjoying B. serving C. singing D. travelling

23. A. show B. dinner C. exercise D. event

24. A. collected B. held C. introduced D. offered

25. A. but B. so C because D. after

26. A. ill B. sleepy C. tired D. lazy

27. A. hand B. pocket C. stomach D. bowl
28. A. only B. again C. once D. too
29. A. experienced B.seen C. heard D. told
30. A. whole B. last C. simple D. foreign

Ⅲ. 阅读理解（共15小题；每小题4分，满分60分）

阅读下列短文，然后从各题所给的A、B、C、D四个选项中，选出一个最佳答案。

A

Tim Burton makes strange and creative（有创造性的）films. Some of his most famous films include "Beetlejuice", "Edward Scissorhands", "Mars Attacks!" and "Corpse Bride". Visitors to New York City can see more of Tim Burton's artistic works at an exhibit at the Museum of Modern Art.

Tim Burton is best known for his dark and creative films. But he began his career（职业）as an artist. The Museum of Modern Art has gathered over seven hundred of his drawings, paintings and other works.

Visitors to the exhibit can see the many drawing books he made in his early times. He tried facial expressions, body types and stories. And they can see the development of his artistic style that has a dark playfulness.

His drawings show how he created the characters（人物）in his films. These include the Red Queen from "Alice in Wonderland" which opens in the United States this week.

Several art professors say the drawings in the show are not nearly as interesting and skilful as Tim Burton's films. But visitors seem to think <u>otherwise</u>. Thousands of people a day have seen the exhibit. The tickets are often soon sold out.

31. Tim Burton is best known for _______ .
A. his gift in painting B. his books on drawing
C. his dark and creative films D. his growing experience as an artist
32. What is the most recent film that shows Burton's skilful drawings?
A. "Mars Attacks!" B. "Corpse Bride"
C. "Alice in Wonderland" D. "Edward Scissorhands"
33. The underlined word "otherwise" in the last paragraph is close in meaning to______.
A. exactly B. directly C. correctly D. differently

B

Many young parents worry about the future success of their children, and may wonder at what age to have their children attend school. A good early childhood education allows the child to better deal with regular grades and help the child learn basic information required for school life. They could get a good start to learn to be more comfortable with other children.

Early childhood education helps them have a strong learning ability they will need for future study. It makes them surer of themselves in school, which will finally show in their grades and their dreams.

Different early childhood education programs start at different times. Some allow your children to start at three years old with beginners classes. They are around other children of their age and learn ideas such as sharing and being fair. Other programs start at ages four and five, where the child learns the skills needed to make the transition （过渡）to kindergarten and to the first grade. These programs allow the child to be prepared for the school life, while other children get a head start at reading, writing, art and maths.

34. What does the text mainly talk about?

A. A good school life.　　B. Future success of a child.

C. Early childhood education.　　D. The importance of education.

35. What is more important for children to learn at an early age?

A. How to get along with others.　　B. How to be free from worries.

C. How to get good grades.　　D. How to be comfortable with teachers.

36. Early education helps children ______.

A. grow stronger　　B. learn things faster

C. get more knowledge　　D. become more confident

37. A five-year-old child in the program may learn how to ______.

A. read with other children　　B. play some school games

C. get prepared for school life　　D. become the head of the class

C

Culture（文化）shock happens to all people who travel abroad. Usually, there are five phases（or stages） of culture shock.

During the first few days of a person's stay in a new country, everything usually goes fairly smoothly. The newcomer is excited about being in a new place. This first stage of culture shock is called the "honeymoon phase". Unfortunately, this often comes to an end fairly soon.

The second stage of culture shock is known as the "rejection（排斥）phase". The newcomer starts to reject the foreign country, complaining about and noticing only the bad things. At this stage the newcomer either gets stronger and stays, or gets weaker and goes home.

If you don't get through stage two successfully, you may find yourself moving into stage three: the "regression phase". The word "regression" means moving backward. In this phase, you spend much time speaking your own language, watching DVD from your home country, eating food from home.

If you get through the third stage successfully (or miss it completely) you will move into the fourth stage of culture shock: "recovery phase." In this stage you become more comfortable with the language and the customs of the foreign country.

Much later, you may find yourself entering the fifth phase. It is called "return culture shock" and occurs when you return home. You have been away for a long time and may find that you are no longer completely comfortable in your home country.

Remember to be kind to yourself all the time when you are in a foreign country, and when you get home.

38. The first phase of culture shock is known as ______ .

A. the honeymoon stage B. the rejection stage

C. the regression stage D. the recovery stage

39. If a person has difficulty getting through the first two stages, he may ______ .

A.travel to another country B. return to his home country

C. choose to watch TV a lot at home D. speak more in his own language

40. A person in the recovery stage will ______ .

A.complain about being at home B. feel comfortable being at home

C. become more used to the foreign country D. worry about moving to his home country

41. You may experience "return culture shock"when you ______ .

A. go on vacation B. arrive in a foreign country

C. go back to your home country D. miss the first few stages of culture shock

D

Jaguar（美洲豹）numbers have dropped very fast in the last hundred years. The main cause for this drop is people.

Jaguars once lived from lexns. Arizona, and New Mexico all the way to southern Argentina. Since 1900, the amount of land suitable for jaguars to live in has dropped by more than half. Today, wild jaguar families no longer live anywhere in the United States.

Gunshot wounds are the main causes of jaguar deaths. Jaguars sometimes kill cattle（牛）. As a result, farmers shoot jaguars to protect their animals.

In the 1960s, people shot more than 15,000 jaguars a year in Brazil. Many farmers worry that steps to protect jaguars will lead to more jaguars killing cattle.

Studies show that people often blame jaguars for killing cattle. If there is enough wild prey, jaguars seem to prefer to eat wild animals, such as deer, according to the Wildlife Conservation Society.

Jaguars are also in danger because people cut down trees for farms, cities, and towns. This action has destroyed more than one and a half billion acres（202,300,000 hectares）of jaguar habitat（栖息地）.That's nearly two-thirds the size of the United States!

Scientists believe that the key for jaguars to remain alive is to find ways for jaguars and people to live together peacefully.

42. It is stated in the text that a hundred years ago ______ .

A. 15,000 Jaguars were killed a year B. there were much more wild jaguars

C. Jaguars were more dangerous D. Jaguars preferred to eat cattle

43. From the text we know that ______ .

A. gunshot wounds caused more deaths of the cattle

B. no wild jaguar families remain in the United States

C. the land in North America is not suitable for jaguars

D. farmmers are trying to shoot jaguars to protect their land

44. The underlined word "prey" in Paragraph 5 refers to ______ .

A. food that cattle eat

B. animals that jaguars hunt for food

C. disease caused by wild animals

D. deer raised by famers

45. Which of the following causes the dropping of jaguar numbers?

A. The reducing of farm animals.

B. Thousands of trees cut in cities.

C. The fight between jaguars and people.

D. The change of jaguar habitat.

第二卷（两大题，共30分）

Ⅳ. 单词拼写（共10小题；每小题2分，满分20分）

根据下列句子及所给汉语注释，写出空缺处各单词的正确形式。（每个空只写一词）

46. This box is so heavy that I can hardly ______ （想象）what you put in it.

47. A teacher is more than a person who passes ______ （知识）to his students.

48. I don't think Tom has the ______ （必要的）skills for the job.

49. He first broke the world ______ （记录）when he was 18.

50. It's reported that watching too much TV does no ______ （好处）to children.

51. She is tall enough to ______ （清洁）the windows without standing on a chair.

52. It's polite of the child to give up his seat to the ______ （上了年纪的）woman.

53. My brother regretted missing a ______ （讲座）given by professor Wang.

54. It started to rain ______ （突然地）.

55. The air is filled with the pleasant ______ （味道）of flowers.

Ⅴ. 书面表达（满分10分）

假设你是李华，原定在你校举办的"中美学生友谊杯"篮球赛因故改期。请你给对方的领队Smith先生写一封邮件。内容要点如下：

1. 主题：告知比赛时间变更并致歉；

2. 时间：原定本周三下午两点，变更至本周四下午两点；

3. 变更原因：市政府通知周三停电（a power cut）；

4. 接待安排：周四下午1:30有大巴去酒店接送。

注意：词数应为100左右。

Dear Mr. Smith,

____

____

____

Yours,

Li Hua

2022年全国普通高等学校运动训练、武术与民族传统体育专业单独统一招生考试

英　语

题　号	I	II	III	IV	V	总　分
分　数						

注意事项：

1. 答卷前，考生务必将自己的姓名、准考证号填写在答题卡上。
2. 将答案涂写在答题卡上，写在本试卷上无效。

第一卷（三大题，共120分）

Ⅰ. 单项选择（共20小题；每小题2分，满分40分）

从A、B、C、D四个选项中选出可以填入空白处的最佳答案。

1. — How much is the desk?

— It______ ninety-nine pounds.

A.costs　B.pays　C.spends　D.takes

2. I am afraid I won't be able to keep in touch ______ him.

A.to　B.for　C.with　D.by

3. When Ken came home his mother______in the kitchen.

A.was cooking　B.cooked　C.had cooked　D.would cook

4. He jumped into the cold water ______ we could stop him.

A.as　B.before　C.until　D.after

5. The teacher went out of the reading room, ______ by his students.

A.following　B.to be followed

C.followed　D.to have followed

6. Have you ever been to the factory ______ they talked about the other day?

A.what　B.where　C.that　D.how

7. — Can you send text messages with sound and pictures to me?

— I should be able to. I just ______ how to do it yet.

A.don't work out　B.didn't work out　C.haven't worked out　D.can't work out

8. — Are you a singer as well as an actress?

— No, I'm not a singer______.

A.at all　B.after all　C.in all　D.for all

9. We spent half an hour waiting for the bus. ______ finally we went home on foot.

A.for　B.or　C.so　D.but

10. Every moning my little dog is the first ______ up at my bed and gently wake me up.

A.tuns B.to tun C.tum D.tuning

11. — I introduce myself?My name is Meg Johnson.

— Nice to meet you.Mr.Johnson.

A.Must B.Should C.Need D.May

12. She has a bad back and can't do any ______ lifting.

A.heavy B.heavier C.heaviest D.much heavy

13. I just bought new shirt and some new shoes.The shirt was quite expensive But ______ ,shoes weren't.

A.at B.from C.in D.on

14. It was such a tiny village that it wasn't ______ on the map.

A.the/ B.a...the C.the../ D.a../

15. You can get there by train or bus-in______case it'll take an hour.

A.only B.neither C.both D.either

16. — Excuse me,I am looking for a copy machine.

— Go upstairs and it's in the room ______ your left.

A.any B.just C.even D.already

17. I told Mary that you'd be late ______ she wouldn't start worrying.

A.so that B.because C.even if D.unless

18. We thought there must be something because we hadn't heard from you for quite a long time.

A.right B.wrongn C.good D.bad

19. Jenny has learned a great deal of country music since ______ in Nashville.

A.arrives B.arriving C.arrived D.had arrived

20. She had completed the work all by herself, ______ surprised all of us.

A.it B.she C.that D.which

Ⅱ.完形填空（共10小题；每小题2分，满分20分）

阅读下面的短文，掌握其大意，然后从21至30各题所给的A、B、C、D四个选项中，选出一个最佳答案。

Everyone needs to know how to prevent a fire. It is also important to know what to do when it __21__ out. Every year, over11, 000 people are killed or injured (受伤) in house fires. These __22__ could have been stopped. Smokers who are careless __23__ about 200 deaths and over6, 000 fires. More than half of those who die in fires are killed by smoke. You need to realize how quickly a spark (火花) canbecome deadly. It can take away the air you need to __24__ It can make so much smoke that it can kill someone in seconds, faster than the fire itself. If fire breaks out, do not attempt to fight the fire unless it is small. __25__ putting out a small fire with water. If the fire has spread, shut the door onit. Warn everyone else in the building and __26__ them to get out. You should leave and call 119 for the fire department. Before going into a room, __27__ the door. If the handle (把手) is hot, do not open it!Put clothing or a wet towel at the bottom of it to __28__ smoke out. If the door is not hot. open it slowly. If there's a rush of smoke or heat, __29__ it again and shout to warn others inside. Now open the window and shout "Fire!"See whether you can drop safely to the __30__ . If you are not on ground level, lower yourself at arm's length before dropping. Once outside, stay outside and make sure the fire department is called.

21.A.runs	B.breaks	C.sends	D.works
22.A.fires	B.attempts	C.people	D.damages
23.A.see	B.give	C.save	D.cause
24.A.have	B.store	C.breathe	D.blow
25.A.Stop	B.Try	C.Enjoy	D.Finish
26.A.tell	B.invite	C.allow	D.push
27.A.repair	B.lock	C.check	D.shut
28.A.cover	B.fill	C.find	D.keep
29.A.leave	B.throw	C.close	D.drop
30.A.ground	B.field	C.soil	D.street

Ⅲ. 阅读理解（共 15 小题；每小题 4 分，满分 60 分）

阅读下列短文，然后从各题所给的A、B、C、D四个选项中，选出一个最佳答案。

A

I travel a lot in my work and one of the things I dislike about this part of my job is eating alone.It always makes me feel lonely to see others laughing and talking.

After having room service three nights in a row at a Wyndham Hotel in Houston, I needed to get out. Although the restaurant opened at 6:30. I arrived at 6:25.The maitre d' (领班) met me and commented on my "really being there early." I explained my dislike of eating alone in restaurants.He then seated me at a lovely table and handed me the menu."You know,"he said,"People don't usually start coming to our restaurant until after seven o'clock. I wondered if you'd mind if I sat down with you for a while."

I was delighted! He sat and talked with me about his hobbies. After about 15 minutes. he spotted some customers at the front desk and excused himself. I noticed that before he went to the front,he stopped in the kitchen for a moment.

As my new friend went on to seat the arriving party,one of the waiters came out of the kitchen and over to my table."My station is way in the back this evening.and I'm sure no one will be seated there for a while."he said."Do you mind if I sit down with you for a while?"We had a wonderful chat. After he left,out came one of the young busboys (收盘工).We had great fun talking about his experiences.Before I left that night,even the chef had come out of the kitchen and sat with me!

When I asked for my check,they all came over in a big group to my table and presented me with a red rose and said,"This was the nicest night we've ever had in our restaurant."And I cried! What had begun as a lonely night ended as a beautiful experience-for both employees and customer.

31. Why did the author go to the restaurant before its opening time?

A.She was very hungry. B.She didn't like waiting long for tables.

C.She wanted to talk to the waiters. D.She didn't want to eat by herself.

32. What does the"new friend"underlined in Paragraph 4 refer to?

A.The waiter. B.The maitre d' C.The busboy. D.The new customer.

33. When the author was presented with a rose she was

A.annoyed B.embarrassed n C.moved D.sad

34. What might be the best title for the text?

A.Traveling Alone B.Not on the Menu

C.Out of Service D.A Lovely Rose

B

It was 5:00 am and the first call came."Good morning.Nancy,"the Red Cross operator said."We have a fire for you"Six dogs were homeless after they and their owners were displaced (失去家园) by a fire in North Philly. The situation was exactly why Nancy Leary had founded Red Paw Emergency Relief Team.a nonprofit that rescues and takes care of pets and reunites them with families after fires,gas leaks,and other disasters.Red Paw started at midnight on July 25,2011;it took barely five hours for Nancy to receive her first call.

As a fire fighter for seven years and a volunteer Red Cross responder for nine years,Nancy was disturbed by how animals were lost or forgotten after a disaster."I've always been the person who sees a problem and ways to fix it.People had to leave their pets in a burned house,take them to a shelter,or let them go on the street."she says.After the flames of disaster die down,she always tries her best to find the pets and makes sure that no one is left behind.

Nancy retired from the fire department in 2014 to devote herself to Red Paw,which has helped save over 2,000 pets.She initially keeps many of them at home with her five cats.and two dogs.Her 500 volunteers include transporters and care providers."I remember vividly how happy the family and the dogs were to be back together,"Nancy says,thinking back to Red Paw's first rescue."It's what makes this job meaningful."

35.What is the first paragraph mainly about?

A.The rescue of homeless dogs. B.How Red Cross operates.

C.The cause of a fire in North Philly D.Why Red Paw was founded.

36.What does Nancy think of herself?

A.She is quick to find and fix problems. B.She is very good at training animals.

C. She is an able and skillful fire fighter. D. She is an active Red Cross responder.

37.How long did Nancy work as a fire fighter?

A.3 years. B.7 years. C.9 years. D.25 years.

38.Why does Nancy think that her job is meaningful?

A. It helps get pets back to their owners.

B. It works to prevent huge disasters.

C. It makes donations for needy families.

D. It offers assistance to fire fighters.

C

Tears can ruin make-up, bring conversation to a stop, and give you a runny nose.They make you uncomfortable. Still, crying is a fact of life, and your tears are very useful. Even when you're not crying. they make a film (薄膜) over the eye's surface. This film protects your eyes.

When tears fall. they can make people feel less stressed or anxious; but we tend to fight them for all sorts of reasons. "People worry about showing their emotions (情绪), afraid that once they lose control they'll never get it back," explains Doctor Dorothy Rowe." As children we might have been punished for dropping tears or expressing anger; as grown-ups we still fear for showing emotions. The fact is, no emotion lasts forever." After we cry, the feelings that caused the tears often disappear.

Almost any emotion-good or bad, happy or sad-can bring on tears. Crying is an escape mechanism (机制) for built-up emotions.Tears help you when you feel you are ready to explode because of very strong feelings. How many times have you laughed until you cried? That is an example of how tears express feelings. This may explain why men,who are usually afraid to cry, suffer more heart attacks than women. Women cry. Men explode.

39. The author tries to tell that tears are good for people's

A.face B.nose C.eyes D.mouth

40. Many people try to hold back their tears because they are afraid of

A.being seen by their children B.showing their true feelings

C.feeling sad and falling ill D.becoming too excited

41. In fact,crying can make people feel

A.less worried B.more helpless

C.less confident D.more frightened

42. The best title for this text would be

A.Why People Cry B.The Value of Tears

C.Feeling and Emotion D.Women Cry More than Men

D

Welcome to the San Francisco Museum of Modem Art (SFMOMA).We have built a website (网站) that we hope you will find easy to use (informative) and beautiful.

As one of the world's most famous museums of modern art,SFMOMA has had an active web presence for ten years.During this period we have redesigned our site twice, always with the idea that a museum such as ours should continually try to improve the ways in which it serves a variety of public.

We have all become comfortable with the idea that the physical museum space and the virtual (虚拟的) space of the internet go very well together.Like many who have spent time exploring the web,we also know that there are some programs that make more sense in physical space while others exist better in this extraordinary virtual world.

We bring works from the white walls of our galleries to online visitors through our searchable online collection and the programs produced by our Interactive Educational Technologies team.Our program Making Sense of Modem Art addresses many of the questions that we know are asked by visitors as they meet key artworks in SFMOMA's collection.

We hope you enjoy your online visit and look forward to welcoming you at the Museum as well.

43.SFMOMA is the short form of the name of

A.a web site　　B.a computer program

C.a virtual world　　D.a museum

44.What can we leam about the museum?

A.It was built ten years ago.　　B.Its address has changed twice.

C.It can be visited on the intemet.　　D.It is also called the physical space museum.

45.Where can we find answers to many of the visitors' questions?

A.Online Collection website.　　B.Educational Technology exhibition.

C.Making Sense of Modern Art program.　　D.Interactive Educational Technologies team.

第二卷（两大题, 共30分）

Ⅳ. 单词拼写（共 10 小题；每小题 2 分，满分 20 分）

根据下列句子及所给汉语注释, 写出空缺处各单词的正确形式。（每个空只写一词）

46. Lucy went to the supermarket to get the food for the

47. The main ______ (理由)l don't like him is his selfishness.

48. The new restaurant serves ______ (健康的)food

49. This small country is working hard to ______ (发展)its milk industry.

50. Some new shopping centers are being built ______ (在附近)my house.

51. He did not ______ (提到)anything about the party but I believed that he would go.

52. She will write to the manager and ______ (建议) a meeting.

53. He has to finish the report by 9 o'clock ______ (今晚)

54. Spring is the planting ______ (s节)

55. I'd like to thank all those who are here to ______ (支持)me.

Ⅴ. **书面表达(满分10分)**

假设你是李华，你的英国朋友Mary给你发来一封电子邮件，询问有关春节(the Spring Festival)的风俗和习惯。请你给她回复一封邮件。内容包括：

1.节前大扫除、购物；

2.吃年夜饭、放鞭炮(light firecrackers)；

3.走亲访友。

注意：词数应为100左右。

Dear Mary,

The Spring Festival begins from the last day of the Chinese calendar.

____

____

____

____

Yours,

Li Hua

单招习题化知识整合

第六部分　真题答案

2013—2022年全国普通高等学校运动训练、武术与民族传统体育专业单独统一招生考试英语参考答案和评分标准

2013年全国普通高等学校运动训练、武术与民族传统体育专业单独统一招生考试 英语参考答案和评分标准

I、II、III(Key to 1 ~ 45)

1. A	2. C	3. B	4. D	5. D	6. C	7. A	8. B	9. A	10. C
11. D	12. C	13. C	14. B	15. D	16. A	17. D	18. B	19. A	20. B
21. C	22. B	23. A	24. D	25. A	26. B	27. C	28. A	29. D	30. C
31. B	32. A	33. C	34. D	35. A	36. B	37. D	38. C	39. B	40. D
41. A	42. B	43. A	44. C	45. C					

IV.

46. practice	47. succeed	48. healthy	49. medical
50. explain	51. dangerous	52. promise	53. basketball
54. easy	55. standard		

V.

One possible version :

Dear Thomas,

Welcome to Beijing. I have made all the arrangements for your visit. I am going to meet you at the airport when you arrive. The hotel is quite close to the downtown area and the price is quite reasonable. During your stay here, I plan to take you to the Great Wall, the Summer Palace and many other historic places during the day time. In the evenings, I will hold a party and let you meet some of my friends. I'll also take you to a few shopping centers. I am sure you will enjoy your stay in Beijing.

Looking forward to your coming to Beijing.

Yours,

Li Hua.

2014年全国普通高等学校运动训练、武术与民族传统体育专业单独统一招生考试 英语参考答案和评分标准

I、II、III(Key to 1 ~ 45)

1. D	2. B	3. B	4. D	5. A	6. C	7. C	8. C	9. D	10. C
11. A	12. B	13. B	14. D	15. A	16. D	17. A	18. B	19. A	20. D
21. C	22. A	23. B	24. C	25. D	26. A	27. C	28. B	29. A	30. D
31. C	32. B	33. D	34. B	35. A	36. B	37. A	38. C	39. D	40. C
41. A	42. C	43. A	44. B	45. D					

IV.

46. gift	47.necessary	48. river	49. successful	50. Remember
51. achieve	52. dangerous	53. between	54. public	55. comfortable

V.

Dear Jack,

I hope you are doing fine. I got from your letter that you would like to know how I spend my free time. Now I'm very glad to tell you something about that. On weekdays I spend my free time on some things that I feel like doing. Doing sports is my first choice. I usually play tennis with my classmates after school every day. If I've finished my homework before 20:00 , I will chat with my friends on line or watch movies. And I certainly like search for useful information on the internet. In addition sometimes I pick a book from my bookshelf to read. You know reading is one of my hobbies. As for weekends, I often attend parties held by my friends. It's also a good idea to go to park with my parents, especially those theme parks. In a word, I think my spare time is colorful and I will value it. How about your free time? I hope to get it.

Best wishes.

Yours,

Li Hua.

2015年全国普通高等学校运动训练、武术与民族传统体育专业
单独统一招生考试
英语参考答案和评分标准

I.

1.A 2.B 3.A 4.D 5.B 6.C 7.C 8.D 9.C 10.A

11.D 12.B 13.B 14.C 15.D 16.D 17.A 18.C 19.A 20.B

II.

21.A 22.D 23.C 24.C 25.A 26.B 27.D 28.A 29.B 30.C

III.

31.A 32.D 33.A 34.B 35.C 36.C 37.A 38.D 39.D 40.B

41.B 42.D 43.C 44.A 45.B

IV.

46. breakfast 47. dangerous 48. distance 49. judge 50. theory

51. reason 52. decide 53. though/although 54. attention 55. experience

V.

Dear. Mr. Smith,

I'm Li Hua, a member of a swimming team in ShangHai. I have been practicing swimming for over six years and won a second place at the local sports meet last year.

I hear that you are an experienced swimming instructor and your swimming training center is one of the best in the world. Is it possible for me to go to your swimming center for a three---month training this year? I hope to improve my swimming skill under your instruct.on. How will be the cost?

Do you have any other requirements? I would be very grateful if you could help me carry out my training pian.

Yours,

Li Hua

2016年全国普通高等学校运动训练、武术与民族传统体育专业单独统一招生考试
英语参考答案和评分标准

Ⅰ.

1. C　2. B　3. C　4 . A　5. B　6. D　7. A　8. D　9. D　10. C

11. A　12. B　13. C　14. C　15. D　16 . D　17. A　18. B　19. A　20. B

Ⅱ.

21.D　22 .A　23.C　24.C　25.D　26. B　27.D　28.A　29.B　30.B

Ⅲ.

A篇，31.A　32. C　33.A　34.B

B篇，35. A　36.C　37.D　38.A

C篇，39 .C　40.B　41.D

D篇，42.D　43.D　44.A　45.B

Ⅳ.

46. page　47. century　48. composition　49. power　50. introduce

51. fat　52. upstairs　53. doctor　54. worry　55. service

V.

Effective Ways to Prevent Air PollutionSome big cities in China are facing the serious problem of air pollution. In order to improve the air in those cities, we should take effective measures to give people fresh air to breathe.

First of all, some factories are pouring a lot of waste water into rivers, which causes not only water polluted but also air quality worsen. In some area you can even smell stinky odor. As for this, these factories should reduce the waste water pouring by improving the production technology or by purifying wasted water to a certain standard. Secondly, the number of cars in the street is increasing day by day, which is one of the main factors that lead to air pollution. As a citizen in a big city, one should go out by buses or by bike if not too far. Less driving cars, more fresh air. Thirdly, planting trees is a good way to protect environment because trees give us much clear air. If you stand by trees you will feel it comfortable to breath. Let's plant more trees on the mountains or around us for our generation and next.

All in all, the air pollution must be controlled and the air quality should be improved. I hope those mentioned above can be effective ways, and we should do what we can do to protect our environment.

2017年全国普通高等学校运动训练、武术与民族传统体育专业单独统一招生考试
英语参考答案和评分标准

Ⅰ.

1.A 2.B 3.C 4.D 5.B 6.C 7.C 8.D 9.C 10.A
11.A 12.B 13.D 14.C 15.D 16.D 17.A 18.B 19.A 20.B

Ⅱ.

21.B 22.A 23.C 24.C 25.D 26.B 27.D 28.A 29.B 30.B

Ⅲ.

31.A 32.C 33.D 34.B 35.A 36.C 37.A 38.A 39.C 40.D
41.D 42.C 43.D 44.A 45.B

Ⅳ.

46.easily 47.fire 48.carefully 49.warns 50.Monday 51.wine 52.succeed
53.quality 54.extra 55.progress

Ⅴ.

一、内容要点：

1.告知这个消息；

2.感谢他长期以来的帮助和鼓励；

3.了解相关事宜。

二、One possible version:

Dear Thomas,

I'm very glad to tell you that I have received an offer from London University. I'm very excited about it as that university is the one that I've dreamed of for a long time.

I'd like to thank you a lot for what you have done for me. I'm especially grateful for the advice and encouragement you gave me.

I plan to go to the university in August. Although I've got some infcrmation from the Internet,there are still many things I need to know. I wonder whether you cculd give me some advice on how to live and study there.Thank you for your kind help.

Best wishes,

Li Hua

2018年全国普通高等学校运动训练、武术与民族传统体育专业单独统一招生考试
英语参考答案和评分标准

Ⅰ.

1. B 2. C 3. A 4. D 5. B 6. C 7. A 8. D 9. B 10. C
11. A 12. B 13. A 14. C 15. D 16. D 17. C 18. B 19. C 20. D

Ⅱ.

21.B 22.A 23.C 24.C 25.A
26.D 27.B 28.A 29.B 30.D

Ⅲ.

31.A 32.D 33.B 34.B 35.A
36.A 37.B 38.D 39.B 40.D
41.C 42.C 43.C 44.A 45.D

Ⅳ.

46. proud 47. every 48. able 49. music 50. weather
51. usually 52. advice 53. explain 54. decision 55. forget

Ⅴ.

一、内容要点:

1.家庭贫困,需帮父母挣钱;

2.学校离家太远;

3.建议多建农村学校,捐款。

二、One possible version:

Dear Editor,

Children in the countryside are leaving school at an early age for various reasons. First, some children come from poor families. They have to work in the fields to help their parents to earn money. Therefore, they choose to stop learning at school. Second, some children live far away from school. They have to travel a long way every day and it is hard for them to live at school.

I think more schools should be built in the countryside and more money should go to poor areas, I would like to give my pocket money to help some of those children to go back to school. I hope more people will care about them.

Yours sincerely,

Li Hua

2019年全国普通高等学校运动训练、武术与民族传统体育专业
单独统一招生考试
英语参考答案和评分标准

Ⅰ.

1. A　2. C　3. D　4. D　5. B　6. C　7. A　8. B　9. C　10. D
11. B　12. C　13. C　14. A　15. D　16. D　17. A　18. A　19. C　20. B

Ⅱ.

21.B　22.A　23.C　24.C　25.D　26.B　27.D　28.A　29.B　30.D

Ⅲ.

31.A　32.B　33.C　34.B　35.A　36.B　37.C　38.C　39.D　40.B
41.D　42.B　43.A　44.C　45.A

Ⅳ.

46. story　47. sometimes　48. change　49. favo(u)rite　50. tctal
51. compare　52. agree　53. dirty　54. mention　55. quiet

Ⅴ.

一、内容要点：

1. 看望祖父、祖母，参观美术馆；2. 同学聚会；3. 运动、写作业。

二、One possible version:

Dear Peter,

I had a busy but happy May Day holiday. On May 1, I visited my grandparents and brought them some gifts as usual. They were happy to see me and said l hac grown taller. In the afternoon, I visited the art museum. There I saw some good paintings and took some notes for my art class. On May 2, I had a party with my classmates. We talked a lot about our study and our future. On the third day, l decided to do sports. I went swimming in a pool near my home. In the evening, I finished all my schoolwork and got everything ready fcr my study after the holiday.

Yours,

Li Hua

2020年全国普通高等学校运动训练、武术与民族传统体育专业单独统一招生考试
英语参考答案和评分标准

Ⅰ、Ⅱ、Ⅲ (key to 1～45)

1.A	2. B	3.B	4.D	5.D	6. B	7.D	8. A	9.D	10. C
11.C	12. C	13.A	14. C	15.A	16. D	17. B	18.A	19. D	20. D
21.C	22. A	23. D	24. A	25. D	26. C	27. C	28. B	29. D	30. A
31. A	32. D	33. C	34. B	35. B	36. A	37. C	38. C	39. A	40. B
41. C	42. B	43. A	44. C	45. A					

Ⅳ.

46. lend	47. importance	48. behind	49. worth	50. attention
51. depend; rely	52. prepare	53. mistake	54. noisy	55. enough

Ⅴ.

一、内容要点：

1. 对Brown先生的到来表示欢迎；
2. 邀请Brown先生到你家吃晚餐；
3. 晚餐时间：本周五晚上7点；
4. 告知你家地址和电话。

二、One possible version:

Dear Mr. Brown,

I'm writing to let you know that we are very happy to learn that you would be the new coach of our team. My wife and I would like to invite you to dinner at our home. The dinner starts at 7 o'clock this Friday evening. My home address is A-401, 8 Victory Road. I hope you will be able to come. I am sure it will be an unforgettable experience for all of us. Would you please call us sometime tomorrow, and tell us whether you can come or nor? Our phone number is 8727 4418.

Best wishes,

Li Hua

2021年全国普通高等学校运动训练、武术与民族传统体育专业单独统一招生考试
英语参考答案和评分标准

I.单项选择

1.A	2.C	3.D	4.A	5.C
6.B	7.B	8.D	9.B	10.B
11.D	12.D	13.A	14.C	15.A
16.A	17.C	18.A	19.B	20.D

II.完形填空

21.A	22.D	23.A	24.D	25.B
26.A	27.C	28.B	29.A	30.B

III.阅读理解

31.C	32.C	33.D	34.C	35.A
36.D	37.C	38.A	39.D	40.C
41.C	42.B	43.B	44.B	45.D

IV.单词拼写

46.imagine	47.knowledge	48.necessary	49.record	50.good
51.clean	52.elderly/old	53.lecture	54.suddenly	55.smell

V.书面表达

1.主题：告知比赛时间变更并致歉；

2.时间：原定本周三下午两点,变更至本周四下午两点。

3.变更原因：市政府通知周三停电(a power cut)；

4.接待安排：周四下午1：30有大巴去酒店接送。

作答示例：

Dear Mr.Smith,

I'm writing to tell you about the change of the "China-America Students Friendship Cup" basketball match.We got a sudden notice from the city government that there's going io be a power cut this Wednesday.Therefore, the match, which was planned to be held in our school sports centre at 2 pm this Wednesday, will have to be changed to 2 pm this Thursday.We are very sorry about the change.We will arrange for a bus to pick you up at the hotel on Thursday at 1:30 pm.Please let me know if you have any questions.

Yours,

Li Hua

2022年全国普通高等学校运动训练、武术与民族传统体育专业单独统一招生考试
英语参考答案和评分标准

I.单项选择

1.A	2.C	3.A	4.B	5.C
6.C	7.C	8.A	9.D	10.B
11.D	12.B	13.B	14.C	15.D
16.D	17.A	18.B	19.C	20.D

II.完形填空

21.B	22.D	23.D	24.C	25.B
26.A	27.C	28.D	29.C	30.A

III.阅读理解

A篇: 31. D 32. B 33. C 34. B

B篇: 35. D 36. A 37. B 38. A

C篇: 39. C 40. B 41. A 42. B

D篇: 43. D 44. C 45. C

IV.单词拼写

46.special	47.reason	48.healthy	49.develop	50.near around
51.mention	52.suggest	53.tonight	54.season	55.support

V.书面表达

Dear Mary,

The Spring Festival begins from the last day of the Chinese calendar. Since you have showed great interest in Spring Festival, I am going to tell you something about it.

First of all, Spring Festival is the date when all the family members come back for reunion. If given an example, maybe the Spring Festival can be compared with the Christmas on the aspect of importance. Further more,a lot of activities will be done to celebrate this traditional but essential date, including sweeping the house, going shopping,lighting frecrackers, eating dinner with families, as well as visiting relatives and friends. Last but not least, as one of your best friends, I sincerely invite you to come to China to experience this grand festival with us, through which you can better understand Spring Festival.

If there is something more you want to know, please do not hesitate to contact me. Looking forward to your reply.

Yours,

Li Hua

全国体育单招文化课辅导教程

政　治

总 主 编　姜震松　王　晴

本册主编　姜震松　吴晓华

副 主 编　齐宝龙　王慧丽

　　　　　郭建飞　胡丹枫

本书视频使用说明

第一步　刮开右侧【学习卡】涂层。

第二步　微信扫一扫右侧二维码。

第三步　绑定学习卡，观看视频。

注：本书【学习卡】只支持绑定一部手机，绑定后再次扫描右侧二维码可观看本书视频。

微信扫码观看

【如何绑定学习卡】

教学视频

北京体育大学出版社

策划编辑　木　凡
责任编辑　李志诚
责任校对　春　芝
版式设计　李　鹤

图书在版编目（CIP）数据

全国体育单招文化课辅导教程·政治 / 姜震松，王晴主编. -- 北京 ：北京体育大学出版社，2011.9（2024.9重印）
ISBN 978-7-5644-0820-6

Ⅰ.①全… Ⅱ.①姜… ②王… Ⅲ.①政治课－高中－升学参考资料 Ⅳ.①G634

中国版本图书馆CIP数据核字（2011）第198387号

全国体育单招文化课辅导教程·政治　　姜震松　王　晴　总主编

出版发行：北京体育大学出版社
地　　址：北京市海淀区农大南路 1 号院 2 号楼 2 层办公 B-212
邮　　编：100084
网　　址：http://cbs.bsu.edu.cn
发 行 部：010-62989320
邮 购 部：北京体育大学出版社读者服务部 010-62989432
印　　刷：北京昌联印刷有限公司
开　　本：880mm × 1230mm　1/16
成品尺寸：210mm × 290mm
印　　张：22.25
字　　数：650千字
总 印 张：69
版　　次：2011年9月第1版
印　　次：2024年9月第29次印刷
定　　价：232.00元（共四册）

前　言

全国普通高等学校运动训练、武术与民族传统体育专业单独统一招生考试，是指经教育部、国家体育总局批准的部分院校可以对运动训练、武术与民族传统体育专业实行单独招生，主要实行以文化课考试和体育专项考试相结合的办法。文化课考试由教育部考试中心统一命题，并组织每年4月份的全国体育单招文化课统一考试，试卷由国家体育总局科教司组织评阅；体育专项考试由国家体育总局科教司负责统一组织，执行国家体育总局制定的统一考试办法和评分标准。

本书是在十多年体育单招文化课考前辅导经验的基础上，根据国家体育总局科教司2021版体育单招文化课考试大纲，结合相应题库及教学实践经验，为考生和辅导教师提供的教学和自学两相宜的优质辅导教材。

从内容和结构上来看，本书有以下特点。

1. 准确把握体育单招文化课考试大纲的要求，及时适应体育单招考试新变化。本书覆盖了大纲规定的全部考试要求、学习内容、练习题型，难度更加贴近实际单招考试，突出了针对性和实用性。

2. 紧紧把握体育单招文化课考试的特点，合理掌握难度。基础部分针对考生起点低的特点，适当结合体育内容用通俗易懂的实例加以说明。难点重点部分摆脱传统高中教法，尽量采用科学、精简而实用的解题方法，使学生更易于接受，并辅之以少而精的例题和练习题。

3. 精选历年体育单招政治考试中的典型试题，有单选题、多选题、时事题、论述题4种题型。让考生通过适量的练习掌握政治知识和解题技巧，提高应试能力和政治素养。这部分练习题也可用于课堂教学和测试。

4. 根据体育考生的特点，采用双栏式、习题化设计。将知识点设计成练习题，便于在练习中实现对所学的基本概念、基本知识的理解和记忆。

5. 注意吸收和借鉴基础教育改革的新成果，突出能力培养，更加有利于体育单招考生对学科知识内容和考试要求的理解，提高复习效率，达到事半功倍的效果。

6. 附2022年体育单招政治考试真题，能使考生了解体育单招文化课考试的出题特点，以及体育单招考试的最新变化。

在本书编写过程中，我们努力做到章章推敲、题题把关，历时数年，反复审校，但仍难免存在一些错误和疏漏，恳请读者批评指正。

目　录

第一部分　中国特色社会主义

第二部分　经济与社会

第三部分　政治与法治

第四部分　哲学与文化

第五部分　考试真题

第六部分　真题答案

单招习题化知识整合

第一部分 中国特色社会主义

[第一课 社会主义从空想到科学、从理论到实践的发展]

第一节 原始社会的解体和阶级社会的演进

本课修订

新教材第一部分是新增加的，分四课展开：社会主义从空想到科学、从理论到实践的发展；只有社会主义才能救中国；只有中国特色社会主义才能发展中国；只有坚持和发展中国特色社会主义才能实现中华民族伟大复兴。

·知识整合·

【知识点一】原始社会

1.原始社会的概念

原始社会亦称“原始公社”“原始共产主义社会”，是人类历史上第一个社会形态。人类产生的过程也就是原始社会形成的过程。它存在了二三百万年，是截至目前人类历史上最长的一个社会发展阶段。

2.原始社会生产力的发展阶段

（1）旧石器时代：社会生产力的主要标志是使用石器工具。人们以采集天然食物为主。

（2）新石器时代：距今约一万年前，人们发明了陶器，标志着新石器时代的开端。这个时代产生了农业和畜牧业，磨光石器流行。人们从食物的采集者变为生产者。那些得益于畜牧业农耕而使人类实现了定居的地方，大都成为人类文明的摇篮。

3.原始社会的生产关系特点

原始社会是人类社会发展的第一阶段，人类出现，原始社会也就产生了。当时人类生产力水平很低，生产资料都是公有制的。在生产中结成平等互助的关系，平均分配劳动产品。

4.原始社会的发展阶段

原始社会经历了原始人群和氏族公社两个时期。氏族公社又经历了母系氏族公社和父系氏族公社两个阶段。按照人类体质发展，人类分为正在形成中的人和完全形成的人，即从猿人、古人到新人。中国的原始社会，起自大约170万年前的元谋人，止于公元前21世纪夏王朝的建立。

互动训练

1. 原始社会实行平均分配的根本原因（　）

A. 生产力低下

B. 人们共同占有生产资料

C. 劳动过程中形成的平等互助关系

D. 为实现分配公平

2.恩格斯指出：“（原始社会）没有军队、宪兵和警察，没有贵族、国王、总督、地方官和法官，没有监狱，没有诉讼，而一切都是有条有理的，在大多数情况下，历来的习俗就把一切调整好了。”这段话能够反映出在原始社会（　）

A. 已经出现了不可调和的阶级矛盾

B. 城市是原始人共同生活的基本单位

C. 一切大事都由氏族成年人共同讨论决定

D. 氏族长和军事首领以世代承袭的方式交接

旧石器时代

旧石器时代，以使用打制石器为标志的人类物质文明发展阶段，从距今约300万年前开始 延续到距今1万年左右止。所谓石器时代，并不代表那个时候的人类只会使用石器。例如：有巢氏时代“巢居”人居生活方式就处于旧石器时代中早期，那时期的人类已经可以使用工具搭建简单的“巢居”。

氏族公社

①组成：人们以血缘关系联结起来为特征的共同生产和生活的基本经济单位。

②作用：在氏族制度下，人们通过氏族议事会管理集体事务，一切大事都在议事会上由全氏族成年人共同讨论决定。

③部落联盟的形成：到了原始社会末期，一些近亲的氏族构成部落，有的部落联合起来组成部落联盟。

5.原始社会解体的原因

随着生产力的发展，产品出现了剩余，集体劳动逐渐被个体劳动所取代，由此产生了私有制，随之也出现了阶级。氏族中出现了贵族阶层和平民阶层。

【知识点二】人类社会发展的第二阶段国家产生

1.国家的产生

国家是阶级矛盾不可调和的产物。国家不是从来就有的，而是社会发展到一定阶段的产物。国家的产生是和阶级对立的出现紧密联系在一起的。

2.国家的含义

国家是经济上占统治地位的阶级进行阶级统治的工具。

3.国家的构成要素

人口、领土、政权、主权。人口、领土是国家存在的前提，主权是国家的灵魂，是国家存在的最重要的要素。

4.国家属性

主权属性、社会属性、阶级性。

5.国家的本质

在国家中，经济上占统治地位的阶级在政治上也必然处于统治地位，成为统治阶级。统治阶级运用手中所掌握的国家机器，对被统治阶级实行统治，以建立有利于统治阶级的社会秩序，维护统治阶级的政治和经济利益。因此，阶级性是国家的根本属性。

【知识点三】奴隶社会

1.奴隶社会的概念

一个人类社会中，如果大部分物质生产领域劳动者是奴隶，这样的社会即为奴隶社会。奴隶主占有生产资料并完全占有奴隶，奴隶可以买卖，奴隶主可强迫奴隶工作，劳力活动须以奴隶为主，奴隶无报酬，且无人身自由。

2.奴隶社会的阶级

原始社会瓦解后出现的人剥削人的社会。在奴隶社会中，以奴隶主占有奴隶的人身、实行超经济奴役为主要特征。奴隶主在经济和上层

3. 社会历史上第一次形成的两大对立阶级是（　）

A. 氏族长和氏族成员

B. 奴隶主阶级和奴隶阶级

C. 地主阶级和农民阶级

D. 氏族贵族和战俘

4.私有制确立的标志（　）

A. 生产工具的私有化

B. 劳动对象的私有化

C. 牲畜的私有化

D. 土地的私有化

5.奴隶社会的主要矛盾是（　）

A. 地主阶级和农民阶级之间的矛盾

B. 奴隶阶级和奴隶主阶级的矛盾

C. 工人阶级和资产阶级的矛盾

D. 地主阶级和人民大众之间的矛盾

新石器时代

新石器时代，学者特别强调农业起源是新石器时代的主要特征，发明了陶器是新石器时代的主要特征，磨光石器流行是新石器时代的主要特征，并不是3个特征齐备才能称新石器时代。

建筑居于主导地位，奴隶占有制生产方式决定着整个社会的基本发展方向。逐渐形成两大地位不同的集团——奴隶主阶级和奴隶阶级。奴隶主阶级和奴隶阶级之间的矛盾，是奴隶社会的主要矛盾。

3.奴隶制国家的产生

国家是阶级矛盾不可调和的产物，是阶级统治的工具。奴隶主的残酷剥削和压迫，必然遭到奴隶的反抗。奴隶主为了维护本阶级的利益，建立了军队、法庭、监狱等暴力机关。这样，人类历史上最早的国家——奴隶制国家产生了。

4.奴隶制生产关系的特点

奴隶主占有生产资料并完全占有奴隶；奴隶主和奴隶是赤裸裸的剥削和被剥削的关系，奴隶毫无人身自由，完全在奴隶主的强制下劳动；奴隶劳动创造的产品全部归奴隶主占有和支配，奴隶主只给奴隶最低限度的生活资料。

5.奴隶社会发展的成就

奴隶社会代替原始社会后，金属工具的广泛使用、城市的出现、文字的发明和应用、脑力劳动和体力劳动的分工等，促进了生产力的发展，使人类摆脱蒙昧野蛮的状态，迈入了文明时代的门槛，这是历史的进步。

【知识点四】封建社会

1.封建社会的概念

封建社会是由马克思定义的，指的是以地主阶级剥削农民为经济基础的社会形态，马克思的历史唯物主义观将生产力作为社会发展的决定因素，从而将封建社会看作是生产力发展的必然结果，是取代奴隶社会、孕育资本主义社会的必然阶段。

2.封建社会的阶级

地主阶级和农民阶级之间的矛盾，是封建社会的主要矛盾。

面对地主阶级的经济剥削和政治压迫，农民阶级的反抗斗争从来都没有停止过。这种斗争，常常由分散的小规模的抗租抗税运动，发展成大规模的农民起义或农民战争。

3.封建制生产关系

在封建社会，封建土地所有制是地主阶级剥削农民的基础。封建地主阶级正是凭借对土地的占有，使农民不得不依附于地主，屈从于地主阶级的奴役。收取地租是地主阶级剥削农民的主要方式，包括劳役地租、实物地租和货币地租。此外，地主阶级还利用高利贷、强迫农民缴纳苛捐杂税、从事各种徭役来剥削农民。

4.封建社会生产力的发展

（1）铁制农具得到广泛的使用和推广，耕作技术有了显著进步，如

6.我国古籍记载，禹的儿子启在讨伐有扈氏时，强迫被俘虏的有扈氏氏族成员做放牧的奴隶，称为“牧竖”。此记载中呈现出两大地位不同的集团——奴隶主阶级和奴隶阶级，对于阶级，下面理解不正确的有（　）

A. 是阶级矛盾不可调和的产物，是阶级统治的工具

B. 生产发展到一定阶段的产物

C. 一定生产关系中处于不同地位的集团

D. 私有制的出现是阶级形成的重要前提

7.在封建社会，地主剥削农民的主要方式（　）

A. 收取地租　B. 劳役地租

C. 实物地租　D. 货币地租

8.封建制国家的显著特征是（　）

A. 封建土地所有制

B. 君主专制、等级森严

C. 苛捐杂税

D. 君权神授

母系氏族公社

母系氏族公社是以母亲的血缘关系结成的原始社会的基本单位。它是在血缘家族进一步发展、逐步形成氏族的基础上产生的，是世界各民族普遍经历的阶段。母系氏族公社大约产生于旧石器时代晚期，到新石器时代达到繁盛，并开始逐步为父系氏族公社所取代。

采用休耕、轮作、选种等技术。

（2）水利事业有了较大的发展。

（3）手工业有了进一步的发展，冶铁成为最重要的手工业部门。

（4）商业和城市也逐渐发展起来，唐朝的长安、阿拉伯帝国的巴格达、拜占庭帝国的君士坦丁堡被誉为封建时代的三大世界名城。

中国封建社会的基本特点：

①在经济上，私人土地所有制占主导地位；

②在政治文化上，实行高度中央集权专制制度；

③在文化上，以儒家思想为核心；

④在社会结构上，是族权与政权相结合的宗法等级制度。

【知识点五】资本主义社会

1.资本主义社会的概念

资本主义社会是人类社会历程中的一个阶段。资本主义（capitalism）就是资本归个人私有。资本主义社会是以资本家拥有资本和雇佣劳动为基础的社会制度。资本家通过雇佣关系赚取生产要素创造的利润。

2.资本主义社会发展的影响

新兴资产阶级和他们的思想家提出了"自由、平等、博爱"等口号，利用劳动人民的力量，发动了向封建地主阶级夺取政权的革命。资产阶级革命的胜利，标志着资本主义社会的开始，人类社会进入了一个新的历史阶段。

①积极意义：资本主义制度的确立，工业革命的发生和完成，带来了资本主义社会生产力的巨大飞跃，促进了人类思想的解放，使科学、教育、文化的发展达到了前所未有的高度。

②消极影响：资本主义经济危机是资本主义无法克服的痼疾。

3.资本主义生产关系

（1）产生原因。

封建社会后期，随着社会生产力和商品经济的发展，资本主义生产关系在封建社会内部萌生出来。

（2）资本主义生产关系的特点。

资本家占有一切生产资料，失去生产资料的劳动者不得不出卖自己的劳动力，受雇于资本家，成为雇佣工人，资本家在生产过程中占有工人创造的剩余价值。

※特别提醒：

剩余价值：资本家在商品市场上购买的只是工人的劳动力，而劳动力的使用即雇佣劳动所创造的价值，远远超过资本家购买劳动力所付给工人的工资，超过的部分就是工人创造的剩余价值，它被资本家无偿占有，成为资本家各种利润的来源。这表明，资本家无偿占有了雇佣工人

9."春种一粒粟，秋收万颗子。四海无闲田，农夫犹饿死。"此诗出自唐代诗人李绅的《悯农》。诗中反映的农民生存状况的根源是（　）

A. 封建君主专制制度的建立

B. 封建土地所有制

C. 封建等级制度的确立

D. 封建迷信思想的散布

10.封建社会代替奴隶社会、资本主义社会代替封建社会都没有改变其生产关系的本质。从根本上说是因为（　）

A. 没有改变剥削的实质

B. 没有改变社会的主要矛盾

C. 没有改变社会的基本矛盾

D. 没有改变生产资料私人占有制

11.马克思说："资本来到世间，从头到脚，每个毛孔都滴着血和肮脏的东西。"资本主义生产关系的建立，必须具备的两个条件是（　）

A. 奴隶贸易和圈地运动

B. 劳动价值和剩余劳动价值

C. 能够自由出卖劳动力的人和大量资本

D. 资产阶级革命和工业革命

父系氏族公社

从距今5000年前后的新石器时代晚期起至距今4000多年的夏王朝诞生前后的金石并用时代止，母系氏族公社向父系氏族公社的蜕变是社会生产力发展的必然结果，是原始农业、畜牧业和手工业等出现分工后男子逐渐占据生产主导地位的必然结果。

的剩余劳动，但这种占有隐藏在生产过程中是隐蔽的。

4.资本主义经济危机

（1）基本特征：资本主义发展到一定阶段，就会发生以生产过剩为基本特征的经济危机。

※特别提醒：生产过剩是相对过剩，即相对劳动人民有支付能力的需求来说，社会生产的商品显得过剩，而不是与劳动人民的实际需求相比的绝对过剩。

（2）主要表现：大量商品卖不出去，大量生产资料被闲置；大批生产企业、银行破产；大批工人失业，生产迅速下降；信用关系被破坏，整个社会生活陷入混乱。

（3）直接原因：生产无限扩大的趋势与劳动人民有支付能力的需求相对缩小之间的矛盾；个别企业内部生产的有组织性与整个社会生产的无政府状态之间的矛盾。

（4）根本原因：资本主义社会基本矛盾——生产社会化和资本主义生产资料私有制之间的矛盾。

5.资本主义社会基本矛盾

资本主义社会基本矛盾是资本主义社会一切矛盾和冲突的总根源，贯穿于资本主义社会的始终，决定着资本主义命运。资本主义社会基本矛盾尖锐化不可避免，资本主义终究要被社会主义所取代，是历史发展的必然趋势。

·考点解析·

【例1】（多选）达尔文在环球考察中记述过这样一件事：一个欧洲人来到美洲的火地岛，送给岛上的居民一条被子。不料接受赠物的居民把被子撕成一块块的布片，分给了当地的每一个人。好端端的被子，顷刻间变成了用处不大的碎片，这个欧洲人对此大惑不解。其实，这样的举动反映了当地居民仍然保持着平均分配的原始习俗。这些原始习俗的形成，从根本上说是由于（ ）

A. 氏族长的强制

B. 当时人们的觉悟高，因此平均分配劳动产品

C. 生产力水平低下

D. 人们不得不共同劳动，共同占有生产资料

【解析】氏族长的强制不是根本原因，排除A。“当时人们的觉悟高”的表述与事实不符，排除B。原始社会低下的生产力发展水平使人们不得不共同劳动，共同占有生产资料，在生产中结成平等互助的关系，平均分配劳动产品，CD正确。故选CD。

【答案】CD

12.资本主义经济危机难以治愈的根本原因（ ）

A. 生产的无限扩大的趋势与劳动人民有支付能力的需求相对缩小之间的矛盾

B. 个别企业内部生产的有组织性和整个社会生产的无政府状态之间的矛盾

C. 生产社会化和资本主义生产资料私有制之间的矛盾

D. 政府调控不力

13.资本主义经济危机的实质（ ）

A. 生产的相对过剩

B. 生产的绝对过剩

C. 人民的需求缩小

D. 人民的需求扩大

14.马克思说：“手推磨产生的是封建主的社会，蒸汽磨产生的是工业资本家的社会。”这句话说明（ ）

A. 生产力的状况决定生产关系的性质

B. 生产关系对生产力有反作用

C. 生产力是最革命、最活跃的因素

D. 生产关系的总和构成社会的经济基础

夏朝

夏朝是禹的儿子启建立的国家。夏朝（约公元前20世纪-约公元前16世纪），中国史书记载的第一个世袭王朝。中国马克思主义史学将夏朝定性为中国第一个奴隶制国家。

【例2】阶级是在一定生产关系中处于不同地位的集团。人类社会最早形成的两大对立阶级是（ ）

A. 氏族长 氏族成员 B. 奴隶主阶级 奴隶阶级

C. 地主阶级 农民阶级 D. 资产阶级 农民阶级

【解析】ACD三项均错误，排除。所谓阶级，就是在一定的生产关系中处于不同地位的各种集团，人类社会第一次分裂为两大对立阶级是奴隶主阶级和奴隶阶级，B选项正确。故选B。

【答案】B

【例3】（多选）在原始社会氏族内部，氏族长同大家一起劳动，没有任何特权，从没有人压迫人的现象；而据甲骨文记载，商朝奴隶主用于祭祀的奴隶，最多的一次杀了2656人。对此，下列观点正确的是（ ）

A. 原始社会没有剥削压迫，是理想的人类社会

B. 奴隶社会存在阶级压迫，但人类社会进步了

C. 原始社会相比奴隶社会，物质充盈精神文明

D. 奴隶社会代替原始社会，符合社会发展规律

【解析】原始社会是一种没有剥削和压迫的社会，但生产力水平却极端低下。人们的物质生活和精神生活都很匮乏，原始社会还没有摆脱蒙昧野蛮的状态，并不是人类的理想社会，排除A。奴隶社会代替原始社会后，金属工具的广泛使用、城市的出现、文字的发明和应用、脑力劳动和体力劳动的分工等，促进了生产力的发展，使人类摆脱蒙昧野蛮的状态，迈入了文明时代的门槛，奴隶社会代替原始社会，符合社会历史规律，这是历史的进步，BD正确。物质充盈精神文明的表述与事实不符，排除C。故选BD。

【答案】BD

【例4】（多选）奴隶社会后期，当生产力发展到新的水平时，出现了封建制生产关系。这种新的生产关系又促进了生产力的发展。下列符合封建社会生产关系状况的是（ ）

A. 冶铁业成为最重要的手工业部门 B. 农民能够比较自主地劳动

C. 地主只能通过收取地租剥削农民 D. 农民有了自己的劳动工具

【解析】战国时期，冶铁业成为最重要的手工业部门，不是对整个封建社会而言的，排除A。封建制生产关系的特点是，地主占有绝大部分土地，通过地租等方式，占有农民大部分劳动成果，相对于奴隶，拥有一定的人身自由，有自己的劳动工具甚至少量土地，劳动成果除缴纳地租外，还能留下一部分归自己支配。农民能够比较自主地劳动，有了生产积极性，促进了社会生产的发展，BD正确。收取地租是地主阶级剥削农民的主要方式，该选项表述不当，排除C。故选BD。

【答案】BD

15.资本主义经济危机的表现是（ ）

A. 大量商品卖不出去、大批工厂和银行倒闭

B. 经济繁荣，人民富足

C. 供不应求

D. 供过于求

16. 圈地运动是西欧新兴资产阶级和新贵族地主使用暴力大规模侵占农民土地的活动。13—14 世纪时，就有一些领主开始强制围圈农民的公有土地为私有的牧羊场。从15世纪最后30多年开始，掀起了大规模的圈地运动。圈地运动为资本主义制度的建立创造的条件是（ ）

A. 获取大量的货币资本

B. 获取大量的自由劳动力

C. 推翻封建君主专制制度

D. 促进商品经济的繁荣

17.奴隶社会是人类迈入文明时代的门槛，奴隶社会取代原始社会是人类文明时代取代野蛮时代的一个历史性飞跃。下列分析正确的是（ ）

A. 根本原因在于奴隶制生产关系适应并且推动了生产力的发展

B. 监狱、法庭、军队的建立

C. 形成了剥削阶级和被剥削阶级的阶级对立

D. 脑力劳动取代体力劳动

商朝

商朝（公元前1600年-公元前1046年）处于奴隶制鼎盛时期，是中国历史上的第二个朝代，是中国第一个有直接的同时期的文字记载的王朝。甲骨文和金文的记载是目前已经发现的中国最早的成系统的文字符号。

【例5】人类社会由原始社会发展到奴隶社会，再由奴隶社会发展到封建社会，以至在封建社会内部产生资本主义生产关系的萌芽，归根到底是（　）

A. 生产力发展的结果　　B. 生产关系演变的结果

C. 科技文化不断进步的结果　　D. 阶级和阶级矛盾激化的结果

【解析】本题审题要抓住“归根到底”四个字。生产力决定生产关系，生产力是根本的决定因素。故选A。

【答案】A

【例6】（多选）佃农通常是指封建地主制经济下租种地主土地的农民。在中国，不同时期又有田客、佃客、地客、庄户、佃户等称谓。西欧封建领主制经济下承租份地的农民也称佃农。这表明，在封建社会（　）

A. 劳动者完全失去土地，靠出卖劳动力为生

B. 地主阶级通过对土地的占有来剥削劳动者

C. 收取地租成为地主剥削农民的主要方式

D. 农民的劳动成果全部归地主阶级所有

【解析】本题考查封建制生产关系。封建社会中劳动者占有一部分土地，排除A；农民除了缴纳地租外，剩余的劳动成果归自己支配，排除D；农民租种地主的土地，可见地主通过对土地的占有而剥削农民，B正确；农民租种地主土地，需要交纳地租，C正确。故选BC。

【答案】BC

【例7】资本主义经济危机爆发的根本原因是（　）

A. 资本主义社会的基本矛盾

B. 无产阶级与资产阶级的矛盾

C. 生产无限扩大的趋势与劳动人民有支付能力的需求相对缩小之间的矛盾

D. 个别企业内部生产的有组织性与整个社会生产的无政府状态之间的矛盾

【解析】A正确，资本主义经济危机爆发的根本原因是资本主义社会的基本矛盾，即生产社会化和资本主义生产资料私有制之间的矛盾。BCD错误，都不是资本主义经济危机爆发的根本原因。故选A。

【答案】A

18.地主阶级利用封建迷信、封建道德，宣扬“君权神授”，扶植教会势力，对劳动人民进行精神统治。其目的是（　）

A. 维护封建剥削制度

B. 提高劳动人民的道德水平

C. 维护劳动人民的利益

D. 促进社会历史的发展

19.马克思说：“罗马的奴隶是由锁链，雇佣工人是由看不见的线系在自己的所有者手里。”马克思所说的“看不见的线”指的是（　）

A. 资本主义生产资料私有制

B. 资产阶级掌握的国家政权

C. 雇佣工人和资本家订立的契约（合同）

D. 雇佣工人创造的剩余价值

互动训练答案

1.A　2.C　3.B　4.D　5.B

6.A　7.A　8.B　9.B　10.D

11.C　12.C　13.A　14.A　15.A

16.B　17.A　18.A　19.A

秦朝

中国第一个封建王朝是秦朝。公元前221年，秦王嬴政灭齐，至此秦灭六国，一统天下，至此结束了中国历史上长期分裂割据的局面，建立起了一个强大的以汉民族为主体的、多民族的封建大帝国，中国第一个专制主义的封建王朝诞生。

第二节 科学社会主义的理论与实践

·知识整合·

【知识点一】科学社会主义产生的历史条件

1. 空想社会主义是科学社会主义的思想来源

（1）空想社会主义的产生。

伴随着资本主义形成和发展过程中日益显现的激烈矛盾，社会主义思想得以产生和发展。在资本主义到来之时，一些先进分子看到了资本主义的弊端，纷纷对资本主义进行揭露和批判，同时表达对未来理想社会的诉求，从而形成了空想社会主义。

（2）空想社会主义的局限性。

空想社会主义之所以是空想，就在于空想社会主义者仅从理性、正义等原则出发，揭露资本主义的弊端，设计未来社会的美好蓝图。他们主张阶级调和，反对阶级斗争，看不到广大人民群众特别是无产阶级的力量，没有找到消灭资本主义社会和建立新社会的强大力量，也没有找到进行社会变革的正确途径。

2.资本主义的发展和工人运动的兴起是科学社会主义产生的历史前提

（1）工人运动的发展。

十九世纪三四十年代，资本主义世界前后爆发了法国里昂工人起义、英国宪章运动、德意志西里西亚纺织工人起义。以三大工人运动的发生为标志，工人阶级开始作为独立的政治力量登上历史舞台，开始联合起来反抗资产阶级的统治，将斗争的矛头指向整个资产阶级和资本主义制度。

（2）资本主义的发展和工人运动的意义。

资本主义的发展和工人运动的兴起，是科学社会主义产生的一个历史前提。无产阶级的斗争迫切需要科学理论的指导，科学社会主义应运而生。

（3）无产阶级反对资产阶级的阶级斗争的三种基本形式：经济斗争、政治斗争和思想理论斗争。其中政治斗争是无产阶级反对资产阶级最重要的、最有决定性作用的斗争形式。

互动训练

1.空想社会主义者圣西门认为："讨论、证明、说服，是工业者所用的唯一方法，他们应该用这种方法去取消贵族、军人、法官、富人等对于社会产业的管理。"这种观点的空想性体现在（ ）

A. 没有选择正确的阶级斗争的对象

B. 工人运动有了无产阶级政党的领导

C. 没有意识到工人阶级要夺取政权

D. 离开阶级斗争来实现社会主义

2.19世纪初圣西门认为，资本主义社会是一切罪恶的渊薮，社会进步的动力是人的理性，应由"实业家"等有产者承担社会改造的任务，建立一种"人人参加劳动，人人平等地拿取自己报酬"的新社会。据此可知，圣西门思想的重要缺陷是（ ）

A. 尚未认清无产阶级的历史使命

B. 缺乏与资本主义社会斗争的勇气

C. 缺乏社会主义理想蓝图的构建

D. 对资本主义社会的批判不够彻底

空想社会主义

空想社会主义是现代社会主义思想的来源之一，准确的译法为乌托邦社会主义，19世纪早期，出现了空想社会主义著名代表人物，他们是法国的圣西门（空想社会主义的创始人）、傅里叶（空想社会主义的领导者）和英国的欧文。他们深刻揭露了资本主义的罪恶，对未来的理想社会提出许多美妙的天才设想。他们企图建立"人人平等，个个幸福"的新社会。

【知识点二】科学社会主义的创立

1.创立条件

经济条件：资本主义经济的发展。

阶级条件：工人运动兴起，工人阶级开始作为独立的政治力量登上历史舞台。

思想来源：空想社会主义、德国古典哲学、英国古典政治经济学。

理论基石：唯物史观和剩余价值学说。

2.创立者

马克思、恩格斯。

3.唯物史观与剩余价值学说（理论基石）

（1）唯物史观（发现社会历史规律）：批判地吸收了德国古典哲学的合理成分，彻底摆脱了唯心主义思想的影响，创立了唯物史观。唯物史观揭示了人类社会发展的一般规律，揭示了人民群众的历史主体作用，揭示了阶级斗争在阶级社会发展中的巨大作用，把人们对美好社会的追求建立在科学认识、社会发展客观规律的基础上。

（2）剩余价值学说（揭露资本主义社会弊端）：批判地继承了英国古典政治经济学的思想成果，创立了剩余价值学说。剩余价值学说从经济学角度揭示了剩余价值的来源，揭示了资本家剥削工人、占有工人剩余劳动的秘密，揭示了无产阶级与资产阶级利益的根本对立，找到了变革资本主义社会的坚定力量，为无产阶级的斗争指明了方向。

4. 唯物史观和剩余价值学说的作用

唯物史观和剩余价值学说揭示了人类社会发展的一般规律，揭示了资本主义运行的特殊规律，为科学社会主义的创立奠定了理论基石，使社会主义实现了由空想到科学的伟大飞跃。

5.科学社会主义的诞生

（1）科学社会主义诞生的标志：1848年2月，《共产党宣言》发表，标志着科学社会主义的诞生。

（2）《共产党宣言》的主要内容：

①《共产党宣言》分析了资本主义生产方式的内在矛盾与人类社会的发展规律，科学论证了资本主义必然灭亡和社会主义必然胜利的历史必然性。《共产党宣言》宣告，资产阶级的灭亡和无产阶级的胜利是同样不可避免的。

②《共产党宣言》总结了工人运动的经验和教训，第一次系统论述了无产阶级政党的性质、特点、任务和策略原则，阐明了建立无产阶级政党的必要性。共产党是代表无产阶级的政党，是无产阶级中最有觉悟、最有战斗力的先进部队，是无产阶级先锋队。共产党除了代表整个无产阶级的根本利益以外，没有自己的特殊利益。无产阶级只有在共产

3.“与中国的大同社会、陶渊明的桃花源、柏拉图的理想国等相类似……它是一种批判现实的思想力量，是人们的理想寄托，有助于推动人们改变现实不合理的社会。”这种描述最有可能是（　）

A. 空想社会主义

B. 科学社会主义

C. 进化理论

D. 启蒙思想

4.欧文把自己创立的“新和谐公社”的生产目的同资本主义的生产目的做了对比，发现资本主义的生产是为了资本家的利润，公社的生产则是直接为了满足公社全体成员和社会的物质生活和文化生活的需要。这说明（　）

A. 空想社会主义具有局限性

B. 欧文对理想社会进行了新的探索

C. 社会主义社会满足了人们的需求

D. 国际工人运动得到迅速发展

5.科学社会主义之所以“科学”，主要在于它（　）

A. 揭示了资本主义社会的基本矛盾

B. 揭示了剩余价值规律

C. 揭示了社会发展的客观规律

D. 揭示了资本主义制度的腐朽性

法国里昂工人起义

法国里昂工人起义，从1831年11月21日到1834年4月13日的两次里昂丝织工人起义，起义虽然失败，但是它表明无产阶级已经从资产阶级革命运动中分离出来，开始作为一支独立的政治力量登上历史舞台。

党的领导下，才能有组织地进行斗争，团结绝大多数人，推翻资产阶级的统治，建立无产阶级政权，继续发展社会生产力，使全体社会成员全面发展，从而为建立共产主义新社会创造必要条件。

③《共产党宣言》阐述了未来共产主义社会的理想目标。《共产党宣言》指出："代替那存在着阶级和阶级对立的资产阶级旧社会的，将是这样一个联合体，在那里，每个人的自由发展是一切人的自由发展的条件。"正是这一理想目标所蕴含的强大动力，激励着人们不断为实现共产主义而奋斗。

【知识点三】社会主义从一国到多国的实践

1.社会主义生产关系的确立

1917 年，俄国爆发了十月革命。在以列宁为代表的俄国布尔什维克党的领导下，俄国无产阶级通过革命斗争，推翻了资产阶级的统治，建立了无产阶级政权，确立了社会主义生产关系。

2.社会主义生产关系的特点

（1）劳动者共同占有生产资料。

（2）消灭了人剥削人的制度，人们在生产过程中建立起互助合作的关系。

（3）个人消费品实行按劳分配原则。

3.社会主义国家的建立与发展

（1）从理论到现实的历史性飞跃。

十月革命建立了世界上第一个社会主义国家，将马克思主义关于无产阶级革命的理论变为现实，实现了科学社会主义从理论到现实的历史性飞跃，开启了人类历史的新纪元。

（2）从一国实践到多国实践的历史性飞跃。

第二次世界大战后，社会主义在世界范围内获得大发展，实现了从一国实践到多国实践的历史性飞跃。例如中国、越南、朝鲜等国家。

4.世界社会主义运动在曲折中前行

（1）20 世纪末期，随着东欧剧变、苏联解体，世界社会主义运动的发展出现严重曲折。

（2）中国特色社会主义的强大生命力。从人类社会发展的进程看，社会主义终将代替资本主义是不可逆转的；从人类社会发展的趋势看，共产主义一定要实现的信念是不可动摇的。中国特色社会主义是科学社会主义在中国的实践与发展。面对风云变幻的当今世界，只要把目光投向中国特色社会主义的伟大实践，就不难看到科学社会主义在 21 世纪焕发出了何等强大的生命力。

6.马克思曾指出，人们自己创造自己的历史，但是他们并不是随心所欲地创造，并不是在他们自己选定的条件下创造，而是在直接碰到的、既定的、从过去承继下来的条件下创造。这反映出人民群众作用的（ ）

A. 历史创造性

B. 历史继承性

C. 历史制约性

D. 历史决定性

7.《共产党宣言》提出："工人变成赤贫者，贫困比人口和财富增长得还要快。""在当前同资产阶级对立的一切阶级中，只有无产阶级是真正革命的阶级。""共产党人的目的只有用暴力推翻全部现存的社会制度才能达到。"以上言论（ ）

A. 促进了早期工人运动的兴起

B. 揭示了无产阶级的历史使命

C. 属于空想社会主义的思潮

D. 揭露资本家剥削工人的秘密

《乌托邦》

《乌托邦》一书是欧洲第一本空想社会主义著作，它第一次完整地描述了空想社会主义的图景。在社会主义思想史上，首次批判了资本原始积累的罪恶，提出了以组织生产、普遍劳动为基础的公有制和平等的原则，奠定了空想社会主义的根基，为以后科学社会主义的发展提供了可贵的思想材料。

·考点解析·

【例1】（多选）19 世纪初，圣西门的理想是要建立“实业制度”，傅里叶心目中的理想社会是“和谐制度”，欧文进行了“新和谐公社”的共产主义新村实验。这些都表达了空想社会主义者对未来理想社会的诉求，但他们建设美好社会的努力都以失败告终。究其原因是（　）

A. 他们主张阶级调和，没有看到广大无产阶级群众的力量

B. 他们的理论比马克思、恩格斯创立的科学社会主义要早

C. 工人阶级还没有成长壮大

D. 当时资本主义社会发展还不充分，资本主义的内在矛盾还未充分暴露

【解析】空想社会主义之所以是空想，就在于空想社会主义者仅从理性、正义等原则出发，揭露资本主义的弊端和设计未来社会的美好蓝图，当时资本主义社会发展还不充分，资本主义的内在矛盾还未充分暴露，他们未看到资本主义制度的本质，主张阶级调和，反对阶级斗争与社会革命，因而也就看不到人民群众特别是广大无产阶级群众的力量，AD正确。B选项表述的不是题目中的原因，排除B。C与事实不符，排除C。故选AD。

【答案】AD

【例2】（多选）1516 年，英国人托马斯·莫尔发表了《乌托邦》一书，标志着空想社会主义的诞生。1848 年，《共产党宣言》的发表，标志着科学社会主义的诞生，社会主义实现了从空想到科学的历史性飞跃。科学社会主义超越空想社会主义之处在于（　）

A. 揭示了资本主义必然灭亡的经济根源

B. 对未来社会进行了细致的描绘

C. 找到了实现理想社会的现实道路

D. 对资本主义进行了无情的批判

【解析】AC正确，与科学社会主义相比，空想社会主义的局限性在于空想社会主义者憧憬取代资本主义的理想社会，却找不到通往理想社会的现实道路；只看到了资本主义必然灭亡的命运，却未能揭示资本主义必然灭亡的经济根源。B错误，科学社会主义在揭示人类社会发展一般规律的基础上指明社会发展的方向，但并没有对未来社会进行细致的描绘。D错误，空想社会主义和科学社会主义都对资本主义进行了无情的批判。故选AC。

【答案】AC

8.“资产阶级的生产关系和交换关系，资产阶级的所有制关系，这个曾经仿佛用法术创造了如此庞大的生产资料和交换手段的现代资产阶级社会，现在像一个魔法师一样不能再支配自己用法术呼唤出来的魔鬼了。”《共产党宣言》的这一段文字主要蕴含了（　）

A. 社会发展学说

B. 阶级斗争学说

C. 资产阶级革命学说

D. 无产阶级斗争学说

9.“乌托邦”一词出自16世纪的英国空想社会主义者托马斯·莫尔的著作。它表示一种相信在不久的将来可以建立的理想的意识形态社会。它是（　）

A. 科学社会主义的理论来源

B. 马克思主义哲学的理论来源

C. 历史唯物主义的理论来源

D. 马克思主义政治经济学的理论来源

10.“压迫者和被压迫者，始终处于相互对立的地位，进行不断的、有时隐蔽有时公开的斗争，而每一次斗争的结局都是整个社会受到革命改造或者斗争的各阶级同归于尽。”《共产党宣言》的这一论述主要说明了（　）

A. 阶级斗争学说

B. 无产阶级专政思想

C. 社会发展规律

D. 无产阶级政党理论

俄国十月革命

俄国十月革命，又称红色十月、十月起义、彼得格勒武装起义或布尔什维克革命，获胜的苏联红军一方称之为“伟大的十月社会主义革命”，是俄国工人阶级在布尔什维克党领导下联合贫农所完成的伟大的社会主义革命，是1917年俄国革命中第二个、也是最后的重要阶段。因发生在俄国历法（儒略历）1917年10月25日（公元1917年11月7日），故称“十月革命”。

【例3】有这样一部著作，它的发现标志着科学社会主义的诞生，它分析了资本主义生产方式的内在矛盾与人类社会的发展规律，科学论证了资本主义必然灭亡和社会主义必然胜利的历史必然性。该著作是（　）

A.《乌托邦》　　B.《太阳城》

C.《资本论》　　D.《共产党宣言》

【解析】《共产党宣言》分析了资本主义生产方式的内在矛盾与人类社会的发展规律，科学论证了资本主义必然灭亡和社会主义必然胜利的历史必然性，D正确。故选D。

【答案】D

【例4】（多选）科学社会主义产生的历史条件是（　）

A. 空想社会主义的形成

B. 资本主义的发展和工人运动的兴起

C. 无产阶级政党的建立

D. 总结工人运动的经验和教训

【解析】空想社会主义是科学社会主义产生的思想来源，资本主义的发展和工人运动的兴起是科学社会主义产生的历史前提，AB正确。《共产党宣言》总结了工人运动的经验和教训，第一次系统论证了无产阶级政党的性质、特点、任务和策略原则，阐明了建立无产阶级政党的必要性。故无产阶级政党的建立以及总结工人运动的经验和教训均不是科学社会主义产生的历史条件，CD选项排除。故选AB。

【答案】AB

【例5】（多选）十月革命的胜利使俄国确立了社会主义生产关系。社会主义生产关系的特点是（　）

A. 劳动者共同占有生产资料

B. 消灭了人与人之间的差别

C. 个人消费品实行按需分配

D. 人们在生产过程中建立起互助合作的关系

【解析】1917年，俄国爆发了十月革命，在以列宁为代表的俄国布尔什维克党领导下，俄国无产阶级通过革命斗争推翻了资产阶级统治，建立了无产阶级政权，确立了社会主义生产关系。社会生产关系的特点是：劳动者共同占有生产资料；消灭了人剥削人的制度，人们在生产过程中建立起互助合作的关系；个人消费品实行按劳分配原则，AD正确。消灭了人剥削人的制度，不是消灭了人与人之间的差别，排除B。社会主义生产关系中个人消费品实行按劳分配原则，C错误。故选AD。

【答案】AD

11.1848年2月，马克思和恩格斯合著的《共产党宣言》在伦敦正式出版，《共产党宣言》的核心思想有两个：一是唯物史观，二是共产主义。当时还不到30岁的两个年轻人可能想不到，这本书会对整个世界的面貌和格局产生持续而深远的影响。这一“影响”表现在（　）

A. 资本主义政治体制动摇

B. 开创人类社会发展新模式

C. 剩余价值规律由此发现

D. 巴黎公社革命由此开始

12. 2018年5月，习近平总书记《在纪念马克思诞辰200周年大会上的讲话》中说：“许多西方著名学者纷纷表示，要探索人类社会发展前景，必须向马克思求教，人类社会至今仍然生活在马克思所阐明的发展规律之中。”这表明马克思主义（　）

A. 提出了和平夺取政权的策略

B. 得到了世界上大多数国家的认可

C. 阐明了社会发展的客观规律

D. 推动了国际共产主义运动的发展

《资本论》

《资本论》（全称《资本论：政治经济学批判》）是德国思想家卡尔·马克思创作的政治经济学著作，首版出版于1867年9月14日的德国汉堡。全书共三卷，以剩余价值为中心，对资本主义进行了彻底的批判。

【例6】（多选）从十月革命建立了世界上第一个社会主义国家，开启了人类历史的新纪元，到第二次世界大战后，社会主义在世界范围内获得发展，实现了从一国实践到多国实践的历史性飞跃，再到 20 世纪 80 年代末 90 年代初，随着东欧剧变、苏联解体，世界社会主义运动的发展出现严重曲折。这说明（　）

A. 社会主义终将代替资本主义是每个国家发展的必经阶段

B. 资本主义某种暂时的复辟是难以完全避免的规律性现象

C. 社会主义成熟强大后资产阶级才能自动等待历史的判决

D. 任何事物的发展壮大都不可能是一帆风顺、一蹴而就的

【解析】从人类社会发展的进程来看，社会主义终将代替资本主义是不可逆转的趋势，但不能说社会主义终将代替资本主义是每个国家发展的必经阶段，A表述不当，应排除。十月革命建立了世界上第一个社会主义国家，开启了人类历史的新纪元，尤其是第二次世界大战后，社会主义在世界范围内获得大发展，但随着东欧剧变、苏联解体，世界社会主义运动的发展出现严重曲折，这说明资本主义某种暂时的复辟是难以完全避免的规律性现象，任何事物的发展壮大都不可能是一帆风顺、一蹴而就的，BD正确。资产阶级不会自动等待历史的判决，C表述不当，应排除。故选BD。

【答案】BD

13.“19世纪中叶，在资本主义促进生产力迅猛发展的同时，无产阶级和资产阶级的矛盾也逐渐加剧。无产阶级作为一支独立的政治力量登上历史舞台，而蓬勃发展的工人运动迫切需要科学理论的指导。”上述材料意在说明马克思主义（　）

A. 揭露了社会弊端

B. 解决了社会矛盾

C. 因时代需求而产生

D. 引发了工人运动

14.《共产党宣言》阐明了社会历史发展的客观规律，充分肯定了资本主义制度取代封建制度的进步作用，同时指出，随着生产力的发展，资本主义制度已经不能适应社会化大生产的需求，因此（　）

A. 经济危机必然周期性发生

B. 无产阶级无需进行暴力革命

C. 全世界无产阶级必须联合起来

D. 资本主义必将被社会主义取代

互动训练答案

1.D　2.B　3.A　4.B　5.C　6.A　7.B　8.A　9.B　10.A　11.B　12.C　13.C　14.D

《资本论》

第一卷研究了资本的生产过程，分析了剩余价值的生产问题。第二卷在资本生产过程的基础上研究了资本的流通过程，分析了剩余价值的实现问题。第三卷讲述了资本主义生产的总过程，分别研究了资本和剩余价值的具体形式。这一卷讲述的内容达到了资本的生产过程、流通过程和分配过程的高度统一，分析了剩余价值的分配问题。

第二课 只有社会主义才能救中国

第一节 新民主主义革命的胜利

知识整合

【知识点一】悲怆的历程——近代中国探索复兴之路

1.近代中国的社会性质和主要矛盾

（1）近代中国的社会性质：1840年，鸦片战争后，中国逐步沦为半殖民地半封建社会，陷入内忧外患的黑暗境地。

（2）近代中国的主要矛盾：帝国主义和中华民族的矛盾；封建主义和人民大众的矛盾是近代中国的主要矛盾。中国近代社会的两对主要矛盾是互相交织在一起的，而帝国主义和中华民族的矛盾，是最主要的矛盾。

2.中华民族复兴面临的两大历史任务

（1）推翻帝国主义，争得民族独立和人民解放。

（2）推翻封建主义压迫，实现国家的富强和人民的富裕。

争得民族的独立和人民解放，才能为实现国家富强和人民富裕创造前提，开辟道路。

3. 资本主义道路行不通的原因

走资本主义道路之所以行不通，是由近代中国的基本国情决定的。

（1）帝国主义不允许中国通过走资本主义道路强大起来。

帝国主义侵略中国的目的是要把中国变成它们的殖民地或半殖民地，决不允许中国通过走资本主义道路强大起来，成为其竞争对手。

（2）中国的封建势力严重阻碍着资本主义的发展。

中国的封建势力有两千多年的统治经验，并同帝国主义相勾结，力量异常强大，严重阻碍了民族资本主义经济的发展。

（3）中国的民族资产阶级不能担当起领导民主革命取得胜利的重任。中国民族资产阶级的力量十分弱小，并且与封建主义和外国资本主义有着千丝万缕的联系，所以具有软弱性和妥协性的特点，不能承担起领导中国人民完成反帝反封建的民主革命的使命。

总之，在半殖民地半封建的近代中国，资本主义道路走不通。为了实现民族独立、人民解放，为了实现国家富强、人民幸福，必须另辟新路。

互动训练

1.实现（　）是中华民族近代以来最伟大的梦想。

A. 四个现代化

B. 中华民族伟大复兴

C. 全面坚持小康社会

D. 共同富裕

2.下列关于近代以后，摆在中国人民面前的两大历史任务的说法正确的是（　）

A. 改变半殖民地半封建的社会制度，建立独立自主的资本主义国家

B. 改变中国经济技术的落后面貌，实现同步富裕

C. 争取民族独立和人民解放

D. 进行社会主义改造

3.中国革命分为两个阶段，即旧民主主义革命和新民主主义革命。中国新民主主义革命开始的标志是（　）

A. 鸦片战争

B. 辛亥革命

C. 中国共产党成立

D. 五四运动

《太阳城》

康帕内拉一生在思索改造社会的计划，寻找拯救人类的出路，幻想建立幸福的社会。于1622年在狱中写成的《太阳城》一书，是具有深远影响的空想社会主义著作。他在书中采用对话体裁，描绘出在这个社会里，没有剥削，没有私有财产；人人劳动，产品按需分配；他的著作还有《论最好的国家》《感官哲学》《论基督王国》《神学》《诗集》等。

【知识点二】胜利的征程——新民主主义革命

1.新民主主义革命

（1）近代中国革命以1919年五四运动为开端，进入新民主主义革命阶段，为中国共产党的成立做了思想上和组织上的准备。

（2）1921年，在马克思主义同中国工人运动的结合过程中，中国共产党诞生。从此，中国人民谋求民族独立、人民解放和国家富强、人民幸福的斗争就有了主心骨。

（3）中国共产党在领导新民主主义革命实践中，逐步探索出一条先在农村建立革命根据地，实行武装割据，然后由农村包围城市、武装夺取全国政权的新民主主义革命道路。经过 28 年浴血奋战和顽强奋斗，中国共产党领导中国各族人民，在经历了北伐战争、土地革命战争、抗日战争和解放战争这四个阶段后，终于在 1949 年夺取了新民主主义革命的伟大胜利，成立了中华人民共和国。

（4）新民主主义革命是无产阶级领导的，人民大众的，反对帝国主义、封建主义和官僚资本主义的民主革命。新民主主义革命三大法宝是统一战线、武装斗争和党的建设。

（5）中国革命两步走：

①这是由中国半殖民地半封建社会的基本国情决定的。

②两个步骤：

第一步，改变半殖民地半封建的社会形态，使中国社会变成一个独立的民主主义的社会。

第二步，使革命向前发展，建立社会主义的社会。

关系：新民主主义革命是社会主义革命的必要准备，社会主义革命是新民主主义革命的必然趋势。只有完成前一个革命才能完成后一个革命，这两个革命阶段必须互相衔接。

（6）新民主主义革命理论是以毛泽东为主要代表的中国共产党人，把马克思主义与中国革命的具体实际相结合，不断地进行理论创新，形成的具有独创性的关于中国革命的理论。

2.中华人民共和国成立的意义

（1）对中国的意义：

①中华人民共和国的成立，实现了中国从几千年封建专制政治向人民民主的伟大飞跃，彻底结束了旧中国半殖民地半封建社会的历史，使中华民族以崭新的姿态自立于世界民族之林。

②中华人民共和国的成立，为实现新民主主义向社会主义的过渡创造了前提条件，从根本上改变了中国社会的发展方向，为实现国家富强、民族复兴展示了美好前景和现实道路。

（2）对世界的意义：新中国的诞生，是20世纪的伟大历史事件，它

4.五四运动的性质属于（　）

A. 无产阶级领导的社会主义革命

B. 亚洲觉醒中的民族解放运动

C. 资产阶级民主革命

D. 世界无产阶级革命

5.1921年，在马克思列宁主义同中国工人运动的结合过程中，中国共产党应运而生，经过28年的浴血奋战和顽强奋斗，中国共产党领导各族人民终于在1949年夺取了新民主主义革命的伟大胜利。其中先后经历的阶段，表述和排序均正确的是（　）

A. 五四运动、辛亥革命、抗日战争、解放战争

B. 辛亥革命、土地革命战争、抗日战争、解放战争

C. 北伐战争、土地革命战争、抗日战争、解放战争

D. 北伐战争、辛亥革命，抗日战争、解放战争

6.新民主主义革命的性质是（　）

A. 农民革命

B. 资产阶级革命

C. 无产阶级领导的民主革命

D. 社会主义革命

苏联解体

1991年12月25日，戈尔巴乔夫宣布辞去苏联总统职务。12月26日，苏联最高苏维埃共和国院举行最后一次会议，宣布苏联停止存在，苏联正式解体，苏联解体分裂成15个国家。俄罗斯联邦成为苏联的唯一继承国 。原苏联在海外的一切财产、存款、外交机构、使领馆等由俄罗斯接收。

冲破了帝国主义的东方战线，极大地改变了世界政治力量的对比，鼓舞和推动了世界被压迫民族和被压迫人民争取解放的斗争。

·考点解析·

【例1】陈旭麓在《近代中国社会的新陈代谢》一书中说："对于中国人来说，这场战争是一块界碑。它铭刻着中世纪古老的社会在炮口逼迫下赶往近代的最初的一步。"材料中的"这场战争"指（　）

A. 鸦片战争　　B. 第二次鸦片战争

C. 甲午中日战争　　D. 八国联军侵华战争

【解析】审题时要抓住"它铭刻着中世纪古老的社会在炮口逼迫下赶往近代的最初的一步"这句话。这场"战争"是指鸦片战争，A选项符合题意；第二次鸦片战争爆发于1856年，它使近代中国半殖民地半封建化进一步加深；甲午中日战争爆发于1894年，它使近代中国半殖民地半封建化大大加深；八国联军侵华战争爆发于1900年，它使近代中国半殖民地半封建社会完全形成；BCD与"最初的一步"不符。故选A。

【答案】A

【例2】（多选）习近平明确指出："近代以后，由于西方列强的入侵，由于封建统治的腐败，中国逐渐成为半殖民地半封建社会，山河破碎，生灵涂炭，中华民族遭受了前所未有的苦难。"这一状况决定了近代中国人民必须完成的两大历史任务是（　）

A. 争得民族自觉和人民自省，实现社会主义

B. 彻底改变贫穷落后的面貌，实现国家富强和人民富裕

C. 开辟中国特色社会主义道路，形成中国特色社会主义理论体系

D. 推翻帝国主义和封建主义的统治，实现民族独立和人民解放

【解析】近代中国人民必须完成的两大历史任务是推翻帝国主义和封建主义的统治，实现民族独立和人民解放，彻底改变贫穷落后的面貌，实现国家富强和人民富裕，BD正确。A是干扰项，C项是中国共产党在十一届三中全会后的理论成果，AC排除。故选BD。

【答案】BD

【例3】由毛泽东主席撰文、周恩来总理题写的人民英雄纪念碑碑文中写道："三十年以来，在人民解放战争和人民革命中牺牲的人民英雄们永垂不朽！"其中"三十年以来"所指的历史阶段是（　）

A. 旧民主主义革命时期　　B. 新民主主义革命时期

C. 抗日战争时期　　D. 解放战争时期

【解析】1949年人民英雄纪念碑建立。三十年以来所指的时间是1919—1949年，即新民主主义革命时期。故选B。

【答案】B

7.新民主主义革命的三大法宝是（　）

A. 实事求是、群众路线、独立自主

B. 武装斗争、土地革命、根据地建设

C. 统一战线、武装斗争、党的建设

D. 理论联系实际、密切联系群众、批评与自我批评

8.人民英雄纪念碑文："三十年以来，在人民解放战争和人民革命中牺牲的人民英雄们永垂不朽!"文中的"人民革命"是指（　）

A. 旧民主主义革命

B. 辛亥革命

C. 新民主主义革命

D. 国民革命

9.新民主主义革命和社会主义革命的关系是（　）

A. 新民主主义革命是社会主义革命的必然趋势

B. 社会主义革命是新民主主义革命的必要准备

C. 只有完成社会主义革命才能完成新民主主义革命

D. 这两个革命阶段必须互相衔接

《共产党宣言》

《共产党宣言》最初是"共产主义者宣言"的意思，它运用辩证唯物主义和历史唯物主义分析生产力与生产关系、经济基础与上层建筑的矛盾，分析阶级和阶级斗争，特别是资本主义社会阶级斗争的产生、发展过程，论证资本主义必然灭亡和社会主义必然胜利的客观规律，作为资本主义掘墓人的无产阶级肩负的世界历史使命。

【例4】（多选）近代中国，无数仁人志士前仆后继，进行了各式各样的尝试，但终究没能改变旧中国的贫穷落后。走资本主义道路在近代中国行不通，其原因有（　）

A. 民族资产阶级具有软弱性和妥协性，不能承担起领导人民进行反帝反封建的民主革命斗争

B. 帝国主义列强不可能允许中国成为一个独立、富强的资本主义国家

C. 中国封建势力与帝国主义勾结，严重阻碍了民族资本主义的发展

D. 农民阶级是中国民主革命的领导力量

【解析】资本主义道路在中国走不通，是由近代中国的基本国情决定的。外因：帝国主义不允许中国通过走资本主义道路强大起来，成为自己的竞争对手。内因：中国封建势力同帝国主义相勾结，严重阻碍了民族资本主义经济的发展；中国民族资产阶级具有软弱性和妥协性特点，不能承担起领导中国人民反帝反封建的民主革命的使命，ABC说法正确，D观点错误。故选ABC。

【答案】ABC

【例5】（多选）经过28年浴血奋战和顽强奋斗，中国共产党领导中国各族人民，在经历了北伐战争、土地革命战争、抗日战争和解放战争这四个阶段后，终于在1949年夺取了新民主主义革命的伟大胜利，成立了中华人民共和国。关于新民主主义革命说法正确的是（　）

A. 开始的标志是1919年五四运动

B. 领导阶级是普通人民大众和广大的工人阶级

C. 革命前途是建立社会主义社会

D. 三大法宝是统一战线、武装斗争、土地革命

【解析】新民主主义革命开始的标志是五四运动，其革命的前途是建立社会主义社会，AC正确。B错误，领导阶级是工人阶级。D错误，三大法宝是统一战线、武装斗争和党的建设。故选AC。

【答案】AC

【例6】（多选）关于中华人民共和国成立的重大意义，下列说法正确的是（　）

A. 彻底结束了旧中国半殖民地半封建社会的历史

B. 标志着社会主义革命已经取得了伟大的胜利

C. 为实现由新民主主义向社会主义的过渡创造了前提条件

D. 中国人民从此站立起来，成了社会主义国家的主人

【解析】根据所学知识，中华人民共和国的成立彻底结束了旧中国半殖民地半封建社会的历史，实现了新民主主义革命的胜利，为实现由新民主主义向社会主义的过渡创造了前提条件，AC符合题意。中国是1956年进入社会主义社会，BD错。故选AC。

【答案】AC

10.某首歌曲唱道：“我们唱着东方红，当家作主站起来，我们唱着春天的故事，改革开放富起来……”中国人民“当家作主站起来”开始于（　）

A. “中华民国”成立

B. 中国共产党成立

C. 中华人民共和国成立

D. 改革开放

11.关于中华人民共和国成立的意义，认识不正确的是（　）

A. 结束了一百多年来被侵略被奴役的屈辱历史，真正成为独立自主的国家

B. 中国人民从此站起来了，成了国家的主人

C. 极大地改变了世界政治力量的对比

D. 开始进入社会主义初级阶段

12.毛泽东思想是在长期革命斗争的实践中逐渐形成的，确立了毛泽东思想在全党指导地位的会议是（　）

A. 党的一大　B. 党的二大

C. 遵义会议　D. 党的七大

13.中国大地上举起科学社会主义旗帜的第一人是（　）

A. 陈独秀　B. 李大钊

C. 毛泽东　D. 董必武

互动训练答案

1.B 2.C 3.D 4.A 5.C 6.C 7.C 8.C 9.D 10.C 11.D 12.D 13.B

旧民主主义革命

旧民主主义革命，1840年起至1919年，中国人民同外国侵略者、同本国剥削者进行了艰苦的革命斗争。第一阶段（1840-1901）是以太平天国和义和团运动为代表的农民革命；第二阶段（1901-1919）是由资产阶级领导的旧民主主义革命时期。这期间先后出现了六次较大的运动，代表着历史的发展方向，勾画出这一历史时期的主要脉络，形成这一时期的主旋律。

第二节 社会主义制度在中国的确立

·知识整合·

【知识点一】最深刻最伟大的社会变革

1.过渡时期总路线

（1）过渡时期的划定：从1949年新中国成立到1956年社会主义改造完成，是新民主主义社会向社会主义社会过渡的时期，具有新旧社会交替时期的特征。

（2）过渡时期总路线的基本内容，简言之，是“一化三改”“一体两翼”的总路线。“一化”即逐步实现国家的社会主义工业化，这是主体；“三改”，即逐步实现国家对农业、手工业和资本主义工商业的社会主义改造，这是“两翼”。该内容体现了发展生产力和变革生产关系的有机统一，说明这是一条社会主义建设和社会主义改造同时并举的总路线。

过渡时期的实质及提出总路线的目的就是解决生产资料私有制的社会主义改造问题。

（3）新民主主义向社会主义过渡的历史必然性。

新民主主义革命是社会主义革命的必要准备，社会主义革命是新民主主义革命的必然趋势。

民主革命胜利后，工人阶级同资产阶级的矛盾上升为主要矛盾，必须通过社会主义革命来解决。

①社会主义国营经济迅速发展，逐步成为社会经济中的主导性因素。

②国家积累了利用、限制和管理私营工商业的经验，不同程度地开始了对它们初步的社会主义改造。

③对个体农业进行社会主义改造，是保证工业发展、实现国家工业化的一个必要条件。

④当时的国际条件，也促使中国选择社会主义。

2.社会主义制度的确立

（1）进入社会主义的标志：1956 年生产资料所有制的社会主义改造取得了决定性的胜利，标志着我国实现了从新民主主义向社会主义的转变，进入了社会主义社会。

（2）重要意义：顺利实现了对生产资料私有制的社会主义改造，在中国建立起社会主义制度，完成了中华民族有史以来最深刻最伟大的社会变革。

互动训练

1.1956年全国高考的作文题是《我生活在幸福的年代里》，下列事件不可能发生在这个“幸福的年代里”的是（ ）

A. 我国进入社会主义社会

B. 中国特色社会主义成功开启

C. 社会主义制度基本确立

D. 社会主义三大改造仍在进行

2.新时代，我国社会主要矛盾发生了重大变化，但并这没有改变我国处于社会主义初级阶段的基本国情。我国进入社会主义社会的起点是（ ）

A. 国营经济成为主导因素

B. 中华人民共和国成立

C. 社会主义改造的基本完成

D. 过渡时期的开始

3.关于中国革命的两个阶段，毛泽东指出：中国革命有“两篇文章，上篇和下篇，只有上篇做好，下篇才能做好”。对此，表述正确的是（ ）

A. 新民主主义革命和社会主义革命的任务相同

B. 新民主主义革命是社会主义革命的必然趋势

C. 新民主主义革命是社会主义革命的物质准备

D. 新民主主义革命是社会主义革命的必要准备

社会主义革命

中国社会主义革命指从新中国成立的1949年到三大改造基本完成的1956年。三大改造的基本完成，标志着中国人民完成了社会主义革命，确立了社会主义基本制度。

社会主义革命亦称“无产阶级革命”“无产阶级社会主义革命”。无产阶级（中国共产党）领导劳动人民推翻资产阶级统治和资本主义制度，建立无产阶级专政和社会主义制度的革命。

【知识点二】在艰辛探索中前进

1.新的历史课题

社会主义基本制度确立后，如何在中国建设社会主义、如何巩固和发展社会主义，是崭新的历史课题，没有现成的答案可以遵循。

2.社会的主要矛盾和主要任务

中国共产党第八次全国代表大会对社会主义改造基本完成后国内的主要矛盾和主要任务作出了规定，为社会主义事业的发展指明了方向。

（1）主要矛盾：是人民对于建立先进的工业国的要求同落后的农业国的现实之间的矛盾，是人民对于经济文化迅速发展的需要同当前经济文化不能满足人民需要的状况之间的矛盾。

（2）主要任务：党和全国人民的主要任务是集中力量发展社会生产力，尽快把我国由落后的农业国变为先进的工业国。

3. 只有社会主义才能救中国

（1）社会主义制度确立后，我国建立起独立的比较完整的工业体系和国民经济体系，农业方面初步满足了占世界四分之一人口的基本生活需求，建筑、交通运输等基础设施建设获得较快发展，教育医疗事业得到长足进步，人们的精神面貌得到了极大的改变，科技发展取得了重要突破，我国成为在世界上有重要影响的大国。

（2）新民主主义革命的胜利、中华人民共和国的诞生、社会主义基本制度的确立和社会主义建设的全面展开，实现了中华民族的伟大飞跃。

（3）我国社会主义建设的探索过程中，虽然经历了严重曲折，发生了“文化大革命”，但党在社会主义革命和建设中取得了独创性理论成果和巨大成就，为在新的历史时期开创中国特色社会主义提供了宝贵经验、理论准备和物质基础。

考点解析

【例1】（多选）1953 年，党中央提出了过渡时期总路线，其主要内容（ ）

A. 逐步实现国家的社会主义工业化

B. 优先发展工商业

C. 对农业、手工业、资本主义工商业进行社会主义改造

D. 处理好农业、轻工业、重工业之间的比例关系

【解析】党中央提出的过渡时期总路线，可以概括为“一化三改”，即要在一个相当长的时期内，逐步实现国家的工业化，并逐步实现国家对农业、手工业和资本主义工商业的社会主义改造，故选AC。

【答案】AC

4.党在过渡时期总路线和总任务的主要内容，概括来说是“一化三改”。“一化三改”中的“三改”是指（ ）

A. 对传统农业、对工业和服务业的社会主义改造

B. 对手工业、对采矿业和对服务业的社会主义改造

C. 对农业、对手工业和对资本主义工商业的社会主义改造

D. 对农业、对服务业和对资本主义工商业的社会主义改造

5.党的八大是探索社会主义建设道路的一个良好开端，其依据是党的八大（ ）

A. 确立毛泽东思想为指导思想

B. 颁布了第一部社会主义宪法

C. 正确分析了社会主要矛盾的变化

D. 确立了实行改革开放的政策

6.1954年第一届全国人民代表大会第一次会议召开，我国第一部社会主义宪法颁布，这是我国在民主政治建设方面取得的新成就。到1956年年底，我国社会主义改造基本完成，社会经济结构发生了根本变化，生产资料公有制已成为我国社会的经济基础，这标志着社会主义基本制度在我国初步确立，这为我国逐步走向国家富强、人民幸福，为当代中国的一切发展进步奠定了根本政治前提和__________。（ ）

A. 环境基础 B. 文化基础

C. 产业基础 D. 制度基础

第一届全国人民代表大会

1954年9月15日至28日，第一届全国人民代表大会第一次会议在北京中南海怀仁堂举行。本次全国人大代表来自各行各业，分布十分广泛，各民族、各阶层都有与其地位相当的代表。这次会议通过了新中国第一部宪法，以及全国人民代表大会组织法、国务院组织法、人民法院组织法、人民检察院组织法、地方各级人民代表大会和地方各级人民委员会组织法五部法律，以无记名投票方式选举出国家领导人，国家领导机构全面建立起来。

【例2】（多选）2020 年 7 月 30 日，中央政治局召开会议，决定 2020 年 10 月在北京召开中国共产党十九届五次会议，研究关于制定国民经济和社会发展第十四个五年规划。而中国第一个五年计划始于 1953 年，这是我国经济史上的一个重要分水岭。关于1953 这一时期的说法正确的是（　）

A. “一化三改”正在进行

B. 明确了社会的主要矛盾，确立主要任务是发展生产

C. 建立了社会主义公有制生产关系

D. 我国仍处在新民主主义向社会主义社会的过渡时期

【解析】中国第一个五年计划始于1953年，1953年“一化三改”正在进行，我国仍处在新民主主义向社会主义社会的过渡时期，AD正确。1956年党的八大明确了社会的主要矛盾，确立主要任务是发展生产，B错误。1956 年社会主义改造完成，建立了社会主义公有制生产关系，C错误。故选AD。

【答案】AD

【例3】（多选）我国经济社会的发展存在着历史必然性，从新民主主义向社会主义过渡的历史必然性有（　）

A. 国家资本主义迅速发展，逐步成为社会经济中的主导因素

B. 国家积累了利用、限制和管理私营工商业的经验，不同程度地开始对它们进行彻底改造

C. 个体农业经济难以适应国家工业化的新形势，迫切需要组织起来

D. 国际形势有利于中国加快向社会主义阵营的转变

【解析】社会主义国营经济迅速发展，逐步成为社会经济中的主导因素，A错误。国家积累了利用、限制和管理私营工商业的经验，不同程度地开始对它们进行初步的社会主义改造，B错误。个体农业经济难以适应国家工业化的新形势，迫切需要组织起来；国际形势有利于中国加快向社会主义阵营的转变，CD正确。故选CD。

【答案】CD

【例4】20世纪50年代，我国三大改造的实质是（　）

A. 实现社会主义工业化

B. 恢复和发展国民经济

C. 变革生产资料私有制

D. 建立社会主义基本制度

【解析】三大改造的实质就是变革生产资料私有制，确立社会主义公有制的绝对优势地位，奠定建立社会主义基本制度的经济基础，故选C。

【答案】C

7.我们通常说的过渡时期总路线中的“一化三改”中的“一化”是指（　）

A. 从五四运动到新中国成立实现社会主义现代化

B. 从七届二中全会到党的八大的召开实现社会主义工业化

C. 从新中国成立到社会主义改造基本完成实现社会主义工业化

D. 从党的成立到新中国的成立实现社会主义工业化

8.毛泽东在党的八大的开幕词中提到：“我们这次大会的任务是：总结从七次大会以来的经验，团结全党，团结国内外一切可能团结的力量，为了建设一个伟大的社会主义的中国而奋斗。”下列事件属于党的八大召开背景的是（　）

A. 三大改造基本完成

B. 中华人民共和国的成立

C. 1954年宪法的颁布

D. 新民主主义革命的胜利

9. 我们通常所说的“过渡时期总路线”中“过渡时期”是指（　）

A. 从解放战争爆发到中华人民共和国成立

B. 从七届二中全会召开到中华人民共和国成立

C. 从中华人民共和国成立到社会主义改造基本完成

D. 从中华人民共和国成立到《中华人民共和国宪法》通过

《共同纲领》

《共同纲领》特指《中国人民政治协商会议共同纲领》。这个纲领是在中国共产党领导下，中国人民政治协商会议于1949年9月通过的。它是《中华人民共和国宪法》制定以前的纲领，起了临时宪法的作用。

【例5】（多选）以史为鉴，可以兴党国。在党的历次代表大会中，党的八大尤其值得我们回顾，这是中国共产党作为执政党举行的首次代表大会。历史证明，中国共产党第八次全国代表大会的成果对于党的事业发展有长远的重要意义。党的八大（　）

A. 正确分析了社会基本矛盾的变化，为社会主义事业发展指明了方向

B. 指出主要任务是集中力量发展社会生产力，尽快把我国变成先进的工业国

C. 指出社会主义改造完成后社会主义社会将不再有矛盾

D. 指出主要矛盾是人民对于建立先进的工业国的要求同落后的农业国的现实之间的矛盾

【解析】党的八大对三大改造基本完成后中国社会的主要矛盾和主要任务作出了规定，为社会主义事业的发展指明了方向，指出我们的主要任务是集中力量发展社会生产力，尽快把我国变成先进的工业国，指出我国社会的主要矛盾是人民对于建立先进的工业国的要求同落后的农业国的现实之间的矛盾，BD应选。A说法错误，党的八大正确分析了社会主要矛盾的变化，为社会主义事业发展指明了方向。C说法错误，社会主义改造完成后社会主义社会仍然有矛盾。故选BD。

【答案】BD

【例6】（多选）社会主义基本制度确立后，我们面临的崭新的历史课题是（　）

A. 如何在中国建设社会主义

B. 如何巩固和发展社会主义

C. 如何把生产资料私有制改造成社会主义公有制

D. 如何建设中国特色社会主义

【解析】社会主义基本制度确立后，如何在中国建设社会主义、如何巩固和发展社会主义，这是崭新的历史课题，并没有现成的答案可以遵循，AB正确。把生产资料私有制改造成社会主义公有制是过渡时期的任务，C错误。党的十一届三中全会以后我国开始走中国特色社会主义道路，D排除。故选AB。

【答案】AB

10.党的八大指出的当时国内的主要矛盾是（　）

A. 无产阶级和资产阶级的矛盾

B. 中华民族和帝国主义的矛盾

C. 发展重工业和发展轻工业的矛盾

D. 人民对于经济文化迅速发展的需要同当前经济文化不能满足人民需要的状况之间的矛盾

11.中华人民共和国的成立标志着我国开始（　）

A. 由旧民主主义革命向新民主主义革命过渡

B. 由新民主主义向社会主义过渡

C. 结束几千年的封建君主专制统治

D. 正式确立了人民代表大会制度

互动训练答案

1.B　2.C　3.D　4.C　5.C　6.D　7.C　8.A　9.C　10.D　11.B

《中华人民共和国宪法》

新中国成立初期，我国人民在中国共产党的领导下，认真贯彻执行了《共同纲领》，经过艰苦努力，革命和建设使用蓬勃发展，取得了非凡的成就。1953年1月13日，成立了以毛泽东为首的中华人民共和国宪法起草委员会，负责宪法的起草工作。1954年6月14日，中央人民政府委员会一致通过了《中华人民共和国宪法草案》，9月20日一致通过了《中华人民共和国宪法》并公布实施。这是我国第一部社会主义类型的宪法。

[第三课 只有中国特色社会主义才能发展中国]

第一节 伟大的改革开放

·知识整合·

【知识点一】改革开放的进程

1. 改革开放

1978年12月召开的党的十一届三中全会重新确立了马克思主义的思想路线、政治路线和组织路线，确定把党和国家工作的重点转移到社会主义现代化建设上来，作出实行改革开放的重大决策。

2.党的十一届三中全会以来我国改革开放的进程

第一阶段：全方位、多层次、宽领域的对外开放格局基本形成

（1）党的十一届三中全会后，农村改革率先取得突破，家庭联产承包责任制得以推行，乡镇企业迅速发展。

（2）党的十二届三中全会召开，标志着中国改革重点从农村转向城市，企业改革迈出重要步伐。

（3）1980年，深圳、珠海、汕头、厦门四个经济特区（特殊的经济体制），标志着我国对外开放迈出关键步伐。

（4）1984年，开放了大连、青岛等14个沿海港口城市。

（5）1988年，设立海南省，并把海南开辟为经济特区。

（6）1990年，开发开放上海浦东。

我国的对外开放经历了经济特区——沿海开放城市——沿海经济开放区——内地的过程，形成对外开放新格局。

第二阶段：改革开放进入一个新的阶段

（1）标志——1992年邓小平南方谈话和党的十四大明确建立社会主义市场经济体制目标。

（2）1993年，党的十四届三中全会就建立社会主义市场经济体制进行部署。此后改革重点围绕着社会主义市场经济体制的建立和完善展开。

（3）2001年，我国成功加入世界贸易组织，标志着我国对外开放达到新的水平。

（4）2003年召开的党的十六届三中全会围绕完善社会主义市场经济体制进行了部署。

第三阶段：改革开放进入新时代

（1）2013年召开的党的十八届三中全会作出全面深化改革的重要部署，提出要使市场在资源配置中起决定性作用和更好地发挥政府作用，

互动训练

1.庆祝改革开放40周年大会隆重表彰了100名改革先锋，其中就有农村改革的先行者——小岗村“大包干”带头人。这些带头人的红手印（ ）

A. 催生了大包干

B. 催生了改革开放

C. 催生了家庭联产承包责任制

D. 使承包权和使用权相分离

2. 改革开放以来，中国共产党坚持把马克思主义基本原理同当代中国实际和时代特点相结合，成功开创、坚持和发展了中国特色社会主义。改革开放以来，中国共产党所有理论创新和实践创新围绕的主题都是（ ）

A. 加强党的建设理论

B. 社会主义主要矛盾

C. 如何实现科学发展

D. 中国特色社会主义

计划经济和市场经济

计划经济和市场经济不是划分社会制度的标志，计划经济不等于社会主义，市场经济也不等于资本主义；计划和市场都是经济手段，对经济活动的调节各有优势和长处，社会主义实行市场经济要把两者结合起来；市场经济作为资源配置的一种方式本身不具有制度属性，可以和不同的社会制度结合，是社会主义市场经济的特色所在。

全面深化改革取得重大突破。

（2）2013年设立中国（上海）自由贸易试验区。

（3）2017年，党的十九大提出形成全面对外开放新格局。

3.改革开放的目的和性质

改革开放的目的：

（1）就是要解放和发展社会生产力，实现国家现代化，让中国人民富裕起来，振兴伟大的中华民族；

（2）就是要推动我国社会主义制度自我完善和发展，赋予社会主义新的生机活力，建设和发展中国特色社会主义；

（3）就是要在引领当代中国发展进步中加强和改进党的建设，保持和发展党的先进性，确保党始终走在时代前列。

改革开放的性质：

改革开放既是我们党领导的一场新的伟大革命，又是社会主义制度的自我完善和发展。

4.坚持改革开放的原因

（1）生产力决定生产关系，改革开放是社会主义生产力发展的必然要求，是顺应生产社会化、提高我国经济竞争力的必然举措。

（2）生产关系反作用生产力，改革开放促进了我国经济体制的全面改革，促进了生产力的发展。

5.如何理解"改革开放永无止境"

（1）改革开放是关键一招。

实践充分证明，改革开放是党和人民大踏步赶上时代的重要法宝，是坚持和发展中国特色社会主义的必由之路，是决定当代中国命运的关键一招，也是决定实现"两个一百年"奋斗目标、实现中华民族伟大复兴的关键一招。

（2）改革开放没有完成时。

①实践发展永无止境，解放思想永无止境，改革开放永无止境，停顿和倒退没有出路。

②对外开放是中国的基本国策。当今世界是开放的世界，开放带来进步，封闭必然落后。改革开放只有进行时，没有完成时。

【知识点二】改革开放的意义

（1）"四个面貌"：改革开放极大改变了中国、中华民族、中国人民、中国共产党的面貌。

（2）"三个飞跃"：中华民族迎来了从站起来、富起来到强起来的伟大飞跃，中国特色社会主义迎来了从创立、发展到完善的伟大飞跃，中国人民迎来了从温饱不足到小康富裕的伟大飞跃。

（3）改革开放是党和人民大踏步赶上时代的重要法宝，是坚持和发

3. 歌曲《春天的故事》歌颂了邓小平同志的丰功伟绩。歌词中一句"一九七九年那是一个春天，有一位老人在中国的南海边画了一个圈"这句歌词指的是（　）

A. 在深圳、珠海等地搞经济特区试点

B. 开放沿海港口城市

C. 把海南开辟为经济特区

D. 开发开放上海浦东

4.1993年4月1日起，按照国务院发布的《关于加快粮食流通体制改革的通知》精神，取消了粮票和油票，实行粮油商品敞开供应。这象征着一个新时代的来临。"新时代"是指（　）

A. 向社会主义过渡时代

B. 人民公社化时代

C. 社会主义计划经济时代

D. 社会主义市场经济时代

5. "会议揭开了我国改革开放的序幕，实现了中华人民共和国成立以来党的历史上具有深远意义的伟大转折，使我国进入了改革开放和社会主义现代化建设为主要任务的历史新时期。"该会议是（　）

A. 十一届三中全会

B. 遵义会议

C. 十四届一中全会

D. 中共七大

社会主义本质的科学内涵

解放生产力，发展生产力，消灭剥削，消除两极分化，最终达到共同富裕。

基本内涵包括两个方面：第一，把解放和发展生产力纳入社会主义本质；第二，突出强调消灭剥削，消除两极分化，最终达到共同富裕。

展中国特色社会主义的必由之路，是决定当代中国命运的关键一招，是决定实现“两个一百年”奋斗目标、实现中华民族伟大复兴的关键一招。

· 考点解析 ·

【例1】（多选）在中国共产党领导下的改革开放，中国人民凭着一股逢山开路、遇水架桥的闯劲，成功走出一条中国特色社会主义道路。下列对改革开放认识正确的有（　）

A. 改革开放改变了社会主义基本制度，解放和发展了生产力

B. 改革开放需要加强和改进党的建设，确保党始终走在时代前列

C. 改革开放目的是进一步解放和发展社会生产力，实现中华民族的伟大复兴

D. 改革开放的实质是推动社会主义制度的自我完善，建设和发展中国特色社会主义

【解析】改革开放解放和发展了生产力，但是并没有改变社会主义基本制度，A错误。根据题意与所学知识可知，BCD正确。故选BCD。

【答案】BCD

【例2】“我们唱着东方红，当家作主站起来，我们讲着春天的故事，改革开放富起来……”歌词中所颂扬的带领中国人民“站起来”和“富起来”的事件分别是（　）

A. 三大改造、改革开放　B. 新中国成立、改革开放

C. 改革开放、新中国成立 D. 三大改造、新中国成立

【解析】中华人民共和国成立，标志着新民主主义革命已经取得伟大胜利，标志着中国人民从此站起来了，成为新国家、新社会的主人。1978 年，党的十一届三中全会在北京召开，我国从此走上改革开放、建设中国特色社会主义的正确道路。所以带领中国人民“站起来”和“富起来”的事件分别是新中国成立和改革开放。故选B。

【答案】B

【例3】改革开放后，我国逐步形成了全方位、宽领域、多层次的对外开放格局，对此格局表述正确的是（　）

A. 经济特区——沿海开放城市——经济三角洲——沿海经济开放区

B. 经济特区——沿海开放城市——沿海经济开放区——内地

C. 沿海开放城市——经济特区——沿海经济开放区——内地

D. 经济三角洲——经济特区——沿海经济开放区——内地

【解析】我国的对外开放经历了经济特区——沿海开放城市——沿海经济开放区——内地的过程，逐步形成了全方位、宽领域、多层次的对外开放格局，故选B。

【答案】B

6.《春天的故事》里唱道：“1979年，那是一个春天，有一位老人在中国的南海边画了一个圈，神话般地崛起座座城，奇迹般地聚起座座金山……”这里“画了一个圈”是指（　）

A. 建立深圳等经济特区

B. 建立环渤海经济开放区

C. 开发上海浦东新区

D. 开发河北雄安新区

7.1990年4月18日，党中央、国务院宣布开发开放浦东，提出了“开发浦东，振兴上海，服务全国，面向世界”的方针。开发开放浦东成为20世纪90年代初（　）

A. 党的十四大精神鼓舞下的科学决策

B. 中国加入世界贸易组织的重大成果

C. 邓小平南方谈话的重大成果

D. 国家经济发展的重大战略步骤

8.从1986年开始，历时15载，中国“复关”和“入世”谈判经历风雨坎坷。2001年，我国终于成功加入世界贸易组织。这标志着（　）

A. 我国对外开放迈出关键步伐

B. 我国实现了从新民主主义到社会主义的转变

C. 我国对外开放达到新的水平

D. 我国全方位、多层次、宽领域的对外开放格局基本形成

小岗村“大包干”

1978年是一个时代的新的起点，正是在这一年的年底，在安徽省凤阳县的小岗村，这个曾经以花鼓闻名世界的地方，18户农民秘密按下手印，签下了一户分田到户的生死契约，他们没有意识到，他们的行动无意间拉开了中国农村改革的大幕。

【例4】1992 年邓小平南方谈话和党的十四大明确建立社会主义市场经济体制目标，标志着（ ）

A. 我国对外开放迈出关键步伐

B. 中国改革重点由农村转向城市

C. 改革开放和社会主义现代化建设进入一个新阶段

D. 对外开放达到新水平

【解析】设立深圳、珠海、汕头、厦门四个经济特区，标志着我国对外开放迈出关键步伐，A错。1984年党的十二届三中全会召开标志着中国改革重点由农村转向城市，B错。我国成功加入世界贸易组织，标志着我国对外开放达到新的水平，D错。以1992年邓小平南方谈话和党的十四大明确建立社会主义市场经济体制目标为标志，改革开放和社会主义现代化建设进入一个新的阶段。故选C。

【答案】C

【例5】1991年3—4月，上海《解放日报》接连发表多篇署名文章，呼吁进一步解放思想，“改革开放要有新思路”，认为“如果我们仍然囿于‘姓社还是姓资’的诘难，那就只能坐失良机”。“新思路”是指（ ）

A. 形成对外开放新格局 B. 推行农业生产责任制

C. 完善计划经济体制 D. 发展市场经济

【解析】“四个全面”是习近平总书记提出的，A选项排除。推行农业生产责任制是在1978年后，B选项错误。完善计划经济体制应该是在改革开放之前，C选项错误。根据材料中呼吁进一步解放思想，“改革开放要有新思路”，认为“如果我们仍然囿于‘姓社还是姓资’的诘难，那就只能坐失良机”可以看出实际上是在由计划经济向市场经济转变，发展市场经济。故选D。

【答案】D

【例6】（多选）习近平总书记在庆祝改革开放40周年大会上发表的重要讲话提出，“改革开放是我们党的一次伟大觉醒”“改革开放是中国人民和中华民族发展史上一次伟大革命”。改革开放之所以具有伟大意义，是因为（ ）

A. 改革开放极大改变了中国的面貌、中华民族的面貌

B. 改革开放是坚持和发展中国特色社会主义的必由之路

C. 改革开放是实现中华民族伟大复兴的关键一招

D. 改革开放只有进行时，没有完成时

【解析】改革开放具有伟大意义，改革开放极大改变了中国的面貌、中华民族的面貌，改革开放是坚持和发展中国特色社会主义的必由之路，改革开放是实现中华民族伟大复兴的关键一招，ABC符合题意。改革开放只有进行时，没有完成时，启示我们要把改革开放坚持到底，是给我们的启示，不是改革开放具有伟大意义的具体原因，D不符合题意。故选ABC。

【答案】ABC

9. 党的十四大召开后不久，有外电评论道：“这是一次加速和外国接轨的会议。中国必然会进一步影响世界。”此评论主要着眼于这次会议（ ）

A. 阐明了20世纪90年代中国的外交方针和政策

B. 形成了中国共产党第三代领导集体

C. 提出了建立社会主义市场经济体制的新目标

D. 评价了邓小平对改革开放的重大贡献

10. 改革开放40多年来，我们党带领全国各族人民风雨同舟、披荆斩棘、砥砺奋进，绘就了一幅波澜壮阔、气势恢宏的历史画卷，中国人民迎来了（ ）

A. 从计划经济到市场经济的伟大飞跃

B. 从创立、发展到完善的伟大飞跃

C. 从温饱不足到小康富裕的伟大飞跃

D. 从站起来、富起来到强起来的伟大飞跃

互动训练答案

1.C 2.D 3.A 4.D 5.A 6.A 7.D 8.C 9.C 10.C

党的十一届三中全会

党的十一届三中全会1978年12月在北京召开。①重新确立了解放思想、实事求是的马克思主义思想路线。②抛弃了“以阶级斗争为纲”的“左”倾错误方针。③作出把党和国家工作的重点转移到社会主义现代化建设上来的战略决策。④确定今后党和国家的工作要以经济建设为中心。党的十一届三中全会是新中国历史上的重大转折，成为实行改革开放和开辟中国特色社会主义道路的起点。

第二节　中国特色社会主义的创立、发展和完善

·知识整合·

【知识点一】坚持和发展中国特色社会主义

1.中国特色社会主义

1982 年在党的十二大开幕会上，邓小平明确提出了“走自己的路，建设有中国特色的社会主义”这一鲜明主题。从此，中国共产党所有的理论创新和实践创新都是紧紧围绕着这个主题展开的。

2.理论创新成果

邓小平理论：

（1）形成：党的十一届三中全会以后，以邓小平同志为主要代表的中国共产党人团结带领全党各国各族人民，继承和发展了马克思列宁主义、毛泽东思想，深刻总结我国社会主义建设正反两方面的经验，借鉴世界社会主义历史经验，创立了邓小平理论。

（2）内容：作出把党和国家工作中心转移到经济建设上来、实行改革开放的历史性决策，深刻揭示社会主义本质，确立社会主义初级阶段基本路线，明确提出走自己的道路、建设中国特色社会主义，制定了到21世纪中叶分三步走、基本实现社会主义现代化的发展战略。

（3）主题：阐明了在中国建设、巩固和发展社会主义的基本问题，科学回答了建设中国特色社会主义的一系列基本问题。

（4）地位：实行社会主义改革开放，成功开创了中国特色社会主义。

“三个代表”重要思想：

（1）形成：党的十三届四中全会以后，以江泽民同志为主要代表的中国共产党人团结带领全党全国各族人民，坚持党的基本理论、基本路线，积累了治党治国新的宝贵经验，形成了“三个代表”重要思想。

“中国共产党必须始终代表中国先进生产力的发展要求，代表中国先进文化的前进方向，代表中国最广大人民的根本利益”。

（2）主题：加深了对什么是社会主义、怎样建设社会主义和建设什么样的党、怎样建设党的认识。

（3）作用：成功捍卫了中国特色社会主义，确立了社会主义市场经济体制的改革目标和基本框架，确立了社会主义初级阶段的基本经济制度和分配制度，开创全面改革开放新局面，推进党的建设新的伟大工程。

（4）地位：成功把中国特色社会主义推向21世纪。

互动训练

1.实现社会主义现代化，创造人民美好生活的必由之路是（　）

A. 中国特色社会主义道路

B. 中国特色社会主义理论体系

C. 中国特色社会主义制度

D. 中国特色社会主义文化

2.邓小平理论是马克思主义同中国实际相结合的第二次历史性飞跃的成果。邓小平理论的主题是（　）

A. 什么是解放思想，怎样坚持解放思想

B. 什么是实事求是，怎样坚持实事求是

C. 什么是改革开放，怎样实施改革开放

D. 什么是社会主义，怎样建设社会主义

3.以1992年邓小平南方谈话和党的十四大明确建立社会主义市场经济体制目标为标志，我国（　）

A. 改革重点从农村转向城市

B. 对外开放达到了新的水平

C. 改革开放和社会主义现代化建设进入一个新的阶段

D. 全方位、多层次、宽领域的对外开放格局基本形成

改革开放没有完成时

实践发展永无止境，解放思想永无止境，改革开放永无止境，停顿和倒退没有出路。

对外开放是中国的基本国策。当今世界是开放的世界，开放带来进步，封闭必然落后。改革开放只有进行时，没有完成时。

科学发展观：

（1）形成：党的十六大以后，以胡锦涛同志为主要代表的中国共产党人团结带领全党全国各族人民，坚持以邓小平理论和“三个代表”重要思想为指导，形成了科学发展观。

（2）主题：根据新的发展要求，深刻认识和回答了新形势下实现什么样的发展，怎样发展等重大问题。

（3）内容：在全面建设小康社会进程中推进实践创新、理论创新、制度创新，强调坚持以人为本，全面协调可持续发展，形成中国特色社会主义事业总体布局，着力保障和改善民生，促进社会公平正义，推动建设和谐世界，推进党的执政能力建设和先进性建设。

（4）地位：成功在新的历史起点上坚持和发展了中国特色社会主义。

习近平新时代中国特色社会主义思想：

（1）形成：党的十八大以来，以习近平同志为核心的党中央团结带领全党全国各族人民，全面审视国际国内新的形势，通过总结实践、展望未来，创立了习近平新时代中国特色社会主义思想。

（2）主题：深刻回答了新时代坚持和发展什么样的中国特色社会主义、怎样坚持和发展中国特色社会主义这个重大时代课题。

（3）内容：坚持统筹推进“五位一体”总体布局，协调推进“四个全面”战略布局，坚持稳中求进工作总基调，对党和国家各方面工作提出一系列新理念新思想新战略。

（4）地位：推动党和国家事业取得历史性成就、发生历史性变革，中国特色社会主义进入新时代。

【知识点二】中国特色社会主义道路、理论、制度、文化

1.改革开放以来取得一切成绩和进步的根本原因

中国共产党带领全国人民，开辟了中国特色社会主义道路，形成了中国特色社会主义理论体系，确立了中国特色社会主义制度，发展了中国特色社会主义文化。

2.中国特色社会主义道路、理论体系、制度、文化的内容

（1）中国特色社会主义道路。

在中国共产党领导下，立足基本国情，以经济建设为中心，坚持四项基本原则，坚持改革开放，解放和发展社会生产力，建设社会主义市场经济、社会主义民主政治、社会主义先进文化、社会主义和谐社会、社会主义生态文明，促进人的全面发展，逐步实现全体人民共同富裕，建设富强民主文明和谐美丽的社会主义现代化强国。

（2）中国特色社会主义理论体系。

中国特色社会主义理论体系就是包括邓小平理论、“三个代表”重

4.自1978年以来，粮票、布票、油票等品种繁多的购物票证相继被取消。这些票证退出历史舞台的主要原因是（　）

A. 人们的消费观念发生了变化

B. 人们的生活方式发生了变化

C. 人们的购物方式发生了变化

D. 改革开放促进了社会经济发展

5.中国特色社会主义包含道路、理论、制度、文化不可或缺的内容。改革开放以来，我们取得一切成绩和进步的根本原因，归结起来就是：开辟了中国特色社会主义道路，形成了中国特色社会主义理论体系，确立了中国特色社会主义制度，发展了中国特色社会主义文化。其中，中国特色社会主义制度是中国特色社会主义的（　）

A. 行动指南

B. 实现途径

C. 根本任务

D. 根本保障

6.马克思主义中国化的最新理论成果是（　）

A. 毛泽东思想

B. 邓小平理论

C. “三个代表”重要思想

D. 中国特色社会主义理论体系

一个中心，两个基本点

“一个中心，两个基本点”是党的基本路线的核心内容。一个中心，指以经济建设为中心；两个基本点，指坚持四项基本原则，坚持改革开放。1987年中国共产党第十三次全国代表大会作出这一概括。四项基本原则是立国之本，为现代化建设提供政治保证；改革开放是中国式现代化建设的必经之路，为现代化建设提供动力。

要思想、科学发展观、习近平新时代中国特色社会主义思想在内的科学理论体系。

（3）中国特色社会主义制度。

人民代表大会制度这一根本政治制度，中国共产党领导的多党合作和政治协商制度、民族区域自治制度以及基层群众自治制度等基本政治制度，中国特色社会主义法律体系，公有制为主体、多种所有制经济共同发展的基本经济制度，以及建立在这些制度基础上的经济体制、政治体制、文化体制、社会体制等各项具体制度。

（4）中国特色社会主义文化。

源自中华民族五千多年文明历史所孕育的中华优秀传统文化，熔铸于党领导人民在革命建设、改革中创造的革命文化和社会主义先进文化，植根于中国特色社会主义伟大实践。发展中国特色社会主义文化，就是以马克思主义为指导，坚守中华文化立场，立足当代中国现实，结合当今时代条件，发展面向现代化、面向世界、面向未来的，民族的科学的大众的社会主义文化，推动社会主义精神文明和物质文明协调发展。要坚持为人民服务、为社会主义服务，坚持百花齐放、百家争鸣，坚持创造性转化、创新性发展，不断铸就中华文化新辉煌。

3.中国特色社会主义道路、理论、制度、文化的地位和作用

（1）中国特色社会主义道路是实现社会主义现代化、创造人民美好生活的必由之路。

（2）中国特色社会主义理论体系是指导党和人民实现中华民族伟大复兴的正确理论。

（3）中国特色社会主义制度是当代中国发展进步的根本制度保障。

（4）中国特色社会主义文化是激励全党全国各族人民奋勇前进的强大精神力量。

4.中国特色社会主义道路、理论、制度、文化的关系

中国特色社会主义道路、理论、制度、文化相互联系、相互作用，统一于中国特色社会主义伟大实践。

·考点解析·

【例1】1982 年党的十二大以后，中国共产党所有的理论创新和实践创新都是紧紧围绕着那个主题展开的（　）

A. 建设中国特色社会主义 B. 发展社会主义市场经济

C. 坚持以经济建设为中心 D. 以中国特色社会主义理论体系为指导

【解析】1982年，在党的十二大上，邓小平明确提出了“走自己的路，建设中国特色社会主义”这一鲜明主题。从此以后，中国共产党的理论创新和实践创新都是紧紧围绕这个主题展开的。故选A。

【答案】A

7.党的十八大以来，以习近平同志为核心的党中央，顺应时代发展，从理论和实践结合上系统回答了新时代坚持和发展什么样的中国特色社会主义、怎样坚持和发展中国特色社会主义这个重大时代课题，创立了（　）

A. 习近平新时代中国特色社会主义理论

B. 习近平新时代中国特色社会主义思想

C. 中国特色社会主义思想

D. 中国特色社会主义新时代思想

8.邓小平同志在1992年南方谈话中指出，“计划经济不等于社会主义”“市场经济不等于资本主义”。这一论断提出的重大意义是（　）

A. 是对全面深化改革的重大突破

B. 正式确立了建立社会主义市场经济体制的目标

C. 为建立社会主义市场经济体制奠定了基础

D. 标志着我国对外开放达到了新的水平

四项基本原则

四项基本原则指中国共产党在社会主义初级阶段基本路线的两个基本点之一，指坚持社会主义道路，坚持人民民主专政，坚持中国共产党的领导，坚持马克思列宁主义、毛泽东思想。

四项基本原则是中国共产党和全国各族人民根本利益和意志的体现，是进行社会主义现代化建设和改革开放必须遵循的根本原则，是兴国之本，是党和国家生存发展的政治基石。坚持中国共产党的领导是坚持四项基本原则的核心。

【例2】（多选）关于邓小平理论的基本内容是（　）

A. 把全党和国家工作中心转移到经济建设上来

B. 确立社会主义初级阶段基本路线

C. 明确提出建设中国特色社会主义

D. 明确提出不忘初心、牢记使命

【解析】习近平总书记明确提出不忘初心、牢记使命，D排除。ABC是邓小平理论的基本内容。故选ABC。

【答案】ABC

【例3】伟大的时代产生伟大的理论。中国共产党坚持从中国实际出发，围绕一系列重大时代课题，在带领中国人民不断回答时代之问、实践之问、人民之问的过程中，开创并发展了中国特色社会主义。下列时代课题按时间先后排列正确的是（　）

①新时代坚持和发展什么样的中国特色社会主义、怎样坚持和发展中国特色社会主义

②实现什么样的发展、怎样发展

③明确提出走自己的路、建设有中国特色的社会主义

④建设什么样的党、怎样建设党

A. ③—①—④—②

B. ③—④—②—①

C. ④—③—②—①

D. ①—④—②—③

【解析】习近平新时代中国特色社会主义思想：深刻回答了新时代坚持和发展什么样的中国特色社会主义、怎样坚持和发展中国特色社会主义这个重大时代课题，①排尾位。科学发展观根据新的发展要求，深刻认识和回答了新形势下实现什么样的发展、怎样发展等重大问题，②排④后。以邓小平同志为主要代表的中国共产党人，明确提出走自己的路、建设中国特色社会主义，科学回答了建设中国特色社会主义的一系列基本问题，制定了到21世纪中叶分三步走、基本实现社会主义现代化的发展战略，成功开创了中国特色社会主义，③排首位。“三个代表”重要思想，坚持党的基本理论、基本路线，加深了对什么是社会主义、怎样建设社会主义和建设什么样的党、怎样建设党的认识，积累了治党治国新的宝贵经验，④排③后。故选B。

【答案】B

9.新中国成立后，我们党逐步完成了社会主义三大改造，建立起了社会主义制度，为当代中国一切发展进步奠定了根本政治前提和制度基础。中国特色社会主义制度是中国特色社会主义的（　）

A. 行动指南

B. 实现途径

C. 根本任务

D. 根本保障

10.进入20世纪90年代，我国对外开放基本形成了_____的开放格局。（　）

A. 全方位、多形式、多层次

B. 全方位、多渠道、多层次

C. 全方位、多层次、宽领域

D. 全方位、多形式、宽领域

11.无数的“中国奇迹”“神舟”飞天、“嫦娥”驻月、“蛟龙”入海、天眼、悟空、国产大飞机、北京即将成为唯一举办冬夏两次奥运会城市等。这一系列的巨大成就充分说明（　）

A. 只有社会主义才能救中国

B. 只有中国特色社会主义才能够发展中国

C. 我国已经进入发达国家行列

D. 没有共产党就没有新中国

社会主要矛盾

中国特色社会主义进入新时代，我国社会主要矛盾已经由“人民日益增长的物质文化需要同落后的社会生产之间的矛盾”转化为“人民日益增长的美好生活需要和不平衡不充分的发展之间的矛盾”。

【例4】中国共产党成立之初就郑重地把马列主义写在了自己的旗帜上，党的七大又郑重地把毛泽东思想写在自己的旗帜上，后来，邓小平理论、“三个代表”重要思想、科学发展观、习近平新时代中国特色社会主义思想又相继被写在党的旗帜上。可见（　）

A. 马列主义是我国社会发展的决定性力量

B. 马列主义是指导中国革命和建设走向成功的永恒不变的真理

C. 马列主义为我们解决实际问题提供了具体的方法指导

D. 马克思主义在中国革命、建设和改革实践中不断发展

【解析】科学理论起指导作用，A错。“不变真理”否认了马克思主义的发展性，B错。马克思主义提供科学的思想指导，不提供解决问题的“具体方法”，C错。D正确，故选D。

【答案】D

【例5】激励全党全国各族人民奋勇前进的强大精神力量是（　）

A. 中国特色社会主义道路

B. 中国特色社会主义理论体系

C. 中国特色社会主义制度

D. 中国特色社会主义文化

【解析】中国特色社会主义道路是必由之路，中国特色社会主义理论体系是正确理论，中国特色社会主义制度是根本制度保障，中国特色社会主义文化是强大精神力量，故选D。

【答案】D

【例6】中国特色社会主义制度是当代中国发展进步的根本制度保障。我国的根本政治制度是（　）

A. 中国共产党领导的多党合作和政治协商制度

B. 民族区域自治制度

C. 基层群众自治制度

D. 人民代表大会制度

【解析】我国的根本政治制度是人民代表大会制度，故选D。

【答案】D

【例7】（多选）关于中国特色社会主义道路的说法正确的是（　）

A. 是实现社会主义现代化必由之路

B. 是指导党和人民实现中国梦的正确理论

C. 是创造人民美好生活的必由之路

D. 是实现中华民族伟大复兴的必由之路

【解析】中国特色社会主义道路是实现社会主义现代化、创造人民美好生活、实现中华民族伟大复兴的必由之路。故选ACD。

【答案】ACD

12.美国前总统乔治·布什说：“中国改革开放以来发生的巨变在很大程度上要归功于邓小平，邓小平在中国和世界历史中具有非常重要的地位。”之所以这样评价是因为邓小平（　）

A. 为中华人民共和国的成立作出了巨大的贡献

B. 为中国军队的现代化建设作出重要贡献

C. 为中国的外交事业作出的贡献

D. 实行改革开放，实现了中国经济的快速发展

13.“习近平新时代中国特色社会主义思想”被确立为中国共产党必须长期坚持的指导思想是在哪次会议上（　）

A. 党的十六大

B. 党的十七大

C. 党的十八大

D. 党的十九大

“五位一体”

“五位一体”是十八大报告的“新提法”之一。经济建设、政治建设、文化建设、社会建设、生态文明建设——着眼于全面建成小康社会、实现社会主义现代化和中华民族伟大复兴，党的十八大报告对推进中国特色社会主义事业作出“五位一体”总体布局。

【例8】十九大新修改的党章把习近平新时代中国特色社会主义思想确立为党的指导思想。对这一指导思理解正确的是（ ）

A. 深刻回答了什么是社会主义、怎样发展社会主义的时代课题

B. 深刻回答了新形势下实现什么样的发展、怎样发展重大问题

C. 深刻回答了坚持和发展什么样的中国特色社会主义、怎样坚持和发展中国特色社会主义

D. 在党和国家历史上第一次实现了马克思主义基本原理与中国时代特征相结合

【解析】习近平新时代中国特色社会主义思想是回答时代之问的科学理论，深刻回答了坚持和发展什么样的中国特色社会主义、怎样坚持和发展中国特色社会主义这个重大时代课题。故选C。

【答案】C

【例9】国内外形势正在发生深刻复杂变化，我国发展仍处于重要战略机遇期，前景十分光明，挑战也十分严峻。当代中国对前景的信心和战胜挑战的决心从根本上说来自（ ）

A. 中国特色社会主义道路自信、理论自信、制度自信、文化自信

B. 中华民族绵延不绝的历史

C. 改革开放取得的巨大成就

D. 新时代的历史定位

【解析】改革开放以来，中国取得一切成绩和进步的根本原因是：中国共产党带领全国人民开辟了中国特色社会主义道路，形成了中国特色社会主义理论体系，建立了中国特色社会主义制度，发展了中国特色社会主义文化。这是中国自信、民族自信的根本所在，A选项正确且最符合题意，其他选项排除。故选A。

【答案】A

【例10】中国特色社会主义道路、理论、制度、文化相互联系、相互作用统一于（ ）

A. 马克思主义基本原理

B. 中国特色社会主义伟大实践

C. 中华民族复兴之路的探索和尝试

D. 我国社会主义初级阶段基本国情

【解析】中国特色社会主义包含中国特色社会主义道路、中国特色社会主义理论体系、中国特色社会主义制度和中国特色社会主义文化，它们之间相互联系、相互作用，统一于中国特色社会主义伟大实践。B选项正确且符合题意，其他选项均不符合题意。故选B。

【答案】B

14.“三个代表”重要思想是江泽民同志2000年2月25日在广东省考察工作时首次提出的。其具体内容不包括（ ）

A. 必须始终代表中国先进生产力的发展要求

B. 代表中国先进文化的前进方向

C. 代表中国最广大人民的根本利益代表

D. 改革开放进入一个新的阶段

15.中国共产党探索选举民主、协商民主、社会民主、基层民主、公民民主等在内的全过程人民民主，这是党坚持和完善中国特色社会主义的制度体系的主要内容，彰显着（ ）

A. 文化自信 B. 理论自信

C. 道路自信 D. 制度自信

互动训练答案

1.A 2.D 3.C 4.D 5.D 6.D 7.B 8.C 9.D 10.C 11.B 12.D 13.D 14. D 15.D

“四个全面”

“四个全面”战略布局指的是全面建设社会主义现代化国家、全面深化改革、全面依法治国、全面从严治党。协调推进“四个全面”战略布局，对于坚持和发展中国特色社会主义、实现中华民族伟大复兴的中国梦具有重大现实意义和深远历史意义。

[第四课　只有坚持和发展中国特色社会主义才能实现中华民族伟大复兴]

第一节　中国特色社会主义进入新时代

·知识整合·

【知识点一】新时代的科学内涵

习近平总书记在十九大报告中对中国特色社会主义新时代的本质内涵作了高度凝练和科学概括：

（1）新时代是承前启后、继往开来、在新的历史条件下继续夺取中国特色社会主义伟大胜利的时代。

（2）新时代是决胜全面建成小康社会、进而全面建设社会主义现代化强国的时代。

（3）新时代是全国各族人民团结奋斗、不断创造美好生活、逐步实现全体人民共同富裕的时代。

（4）新时代是全体中华儿女勠力同心、奋力实现中华民族伟大复兴中国梦的时代。

（5）新时代是我国日益走近世界舞台中央、不断为人类作出更大贡献的时代。

【知识点二】中国特色社会主义新时代的意义

党的十九大报告深刻阐明了中国特色社会主义进入新时代的“三个意味着”：

（1）历史意义：意味着近代以来久经磨难的中华民族迎来了从站起来、富起来到强起来的伟大飞跃，迎来了实现中华民族伟大复兴的光明前景；

（2）政治意义：意味着科学社会主义在21世纪的中国焕发出强大生机活力，在世界上高高举起了中国特色社会主义伟大旗帜；

（3）世界意义：意味着中国特色社会主义道路、理论、制度、文化不断发展，拓展了发展中国家走向现代化的途径，给世界上那些既希望加快发展又希望保持自身独立性的国家和民族提供了全新选择，为解决人类问题贡献了中国智慧和中国方案。

【知识点三】新时代我国社会主要矛盾

（1）党的十九大报告中鲜明提出了“中国特色社会主义进入新时代，我国社会主要矛盾已经转化为人民日益增长的美好生活需要和不平衡不充分的发展之间的矛盾”的重大判断。

（2）党的十九大报告指出，“我国社会主要矛盾的变化，没有改变

互动训练

1.新时代产生新课题，新课题催生新思想。习近平新时代中国特色社会主义思想正是在从理论和实践结合上系统回答重大时代课题的过程中形成的，并成为党的创新理论最新成果、21世纪中国马克思主义的理论结晶。这个重大时代课题是（　）

A. 新时代坚持和发展什么样的中国特色社会主义、怎样坚持和发展中国特色社会主义

B. 建设什么样的党、怎样建设党

C. 社会主义的本质和社会主义初级阶段基本路线

D. 实现什么样的发展、怎样发展

2.我国社会主要矛盾已经转化为人民日益增长的美好生活需要和不平衡不充分的发展之间的矛盾。下列现象能体现当前我国社会主要矛盾的有（　）

A. 在落后地区，老百姓看病难、看病贵问题还比较突出

B. 受俄乌冲突影响，国际油价上涨

C. 中国实施新冠疫苗全民免费接种

D. 受新冠肺炎疫情影响，某地蔬菜出口受到严重影响

四个自信

党的十九大报告强调，“全党要更加自觉地增强中国特色社会主义道路自信、理论自信、制度自信、文化自信，既不走封闭僵化的老路，也不走改旗易帜的邪路，保持政治定力，坚持实干兴邦，始终坚持和发展中国特色社会主义”。

我们对我国社会主义所处历史阶段的判断，我国仍处于并将长期处于社会主义初级阶段的基本国情没有变，我国是世界最大发展中国家的国际地位没有变”，必须“牢牢坚持党的基本路线这个党和国家的生命线、人民的幸福线”，始终把解放和发展社会生产力放到首位，坚持以经济建设为中心，坚持四项基本原则，坚持改革开放，坚持发展是硬道理，坚持把发展作为“第一要务”。

（3）中国共产党在社会主义初级阶段的基本路线是：领导和团结全国各族人民，以经济建设为中心，坚持四项基本原则，坚持改革开放，自力更生，艰苦创业，为把我国建设成为富强民主文明和谐美丽的社会主义现代化强国而奋斗。

【知识点四】新时代坚持和发展中国特色社会主义要一以贯之

1.新时代为什么要一以贯之坚持和发展中国特色社会主义

（1）中国共产党的历史，就是一部党领导人民持续进行伟大社会革命的历史。

（2）坚持好、发展好中国特色社会主义，是无比崇高的事业。

2.新时代怎样一以贯之坚持和发展中国特色社会主义

（1）新时代中国特色社会主义是中国共产党领导人民进行伟大社会革命的成果，也是党领导人民进行伟大社会革命的继续，必须一以贯之进行下去。

（2）坚持好、发展好中国特色社会主义，是无比崇高的事业，需要一代又一代中国共产党人带领人民接续奋斗。当代中国共产党人的任务，就是要把新时代坚持和发展中国特色社会主义这场伟大社会革命进行好，在实践中不断丰富中国特色社会主义的实践特色、理论特色、民族特色、时代特色，在新的历史条件下把党和国家各项事业继续推向前进。

（3）新时代是奋斗者的时代。新时代属于每一个人，每一个人都是新时代的见证者、开创者、建设者。今天，我们实现了从“赶上时代”到“引领时代”的伟大跨越。要不忘初心、牢记使命，以永不懈怠的精神状态和一往无前的奋斗姿态，一以贯之坚持和发展中国特色社会主义，一以贯之推进党的建设新的伟大工程，一以贯之增强忧患意识、防范风险挑战，开新局于伟大的社会革命，强体魄于伟大的自我革命，在广袤国土上继续书写近十四亿中国人民伟大奋斗的历史新篇章。

3. 习近平新时代中国特色社会主义思想，明确中国特色社会主义最本质的特征是（　）

A. 坚持以人民为中心

B. 建设中国特色社会主义法治体系

C. 公有制和共同富裕

D. 中国共产党领导

4.如果说当年是社会主义救了中国，那么今天则可以说，是中国特色社会主义的实践和成就验证了社会主义的科学性、真理性，丰富和发展了马克思主义。中国特色社会主义正成为21世纪科学社会主义发展的旗帜，成为振兴世界社会主义的中流砥柱。所以我们应该（　）

A. 坚持和发展中国特色社会主义要一以贯之

B. 推进党的建设新的伟大工程要一以贯之

C. 增强忧患意识、防范风险挑战要一以贯之

D. 贯彻政治学习要一以贯之

两个一百年

“两个一百年”奋斗目标，党的十九大报告清晰擘画全面建成社会主义现代化强国的时间表、路线图。第一个一百年，是到中国共产党成立100年时（2021年）全面建成小康社会、实现奋斗目标的基础上，再奋斗15年，在2035年基本实现社会主义现代化。从2035年到本世纪中叶，在基本实现现代化的基础上，再奋斗15年，第二个一百年，是到新中国成立100年时（2049年）建成富强民主文明和谐美丽的社会主义现代化强国。

·考点解析·

【例1】我国现在发展新的历史方位是（　）

A. 我国已经全面建成小康社会

B. 我国仍处于并将长期处于社会主义初级阶段

C. 我国成为世界第二大经济体

D. 中国特色社会主义进入新时代

【解析】经过长期努力，中国特色社会主义进入新时代，这是我国发展新的历史方位，D符合题意；A、B、C均与题意不符。故选D。

【答案】D

【例2】（多选）2017年10月18日，在中国共产党第十九次全国代表大会上，习近平总书记首次提出“新时代中国特色社会主义思想”。习近平新时代中国特色社会主义思想（　）

A. 是马克思主义中国化最新成果

B. 为发展中国家走向现代化提供了具体方案

C. 体现了中国制度自信，是中国制度优越性的重要保障

D. 是党和国家必须长期坚持和发展的指导思想

【解析】习近平新时代中国特色社会主义思想作为马克思主义中国化的最新成果，是党和国家必须长期坚持和发展的指导思想，AD正确。B错误，习近平新时代中国特色社会主义思想提供世界观与方法论的指导，而不是提供“具体方案”。C的表述夸大了习近平新时代中国特色社会主义思想的作用，排除。故选AD。

【答案】AD

【例3】（多选）中国特色社会主义进入新时代意味着（　）

A. 中华民族迎来了实现伟大复兴的光明前景

B. 科学社会主义在21世纪的中国焕发出强大生机活力

C. 我国社会主义所处的历史阶段发生变化

D. 中国特色社会主义道路、理论、制度、文化不断发展，为解决人类问题贡献了中国智慧和中国方案

【解析】中国特色社会主义进入新时代意味着近代以来久经磨难的中华民族迎来了从站起来、富起来到强起来的伟大飞跃，迎来了实现中华民族伟大复兴的光明前景，意味着科学社会主义在 21世纪的中国焕发出强大生机活力，意味着中国特色社会主义道路、理论、制度、文化不断发展，为解决人类问题贡献了中国智慧和中国方案，ABD正确。我国社会主义所处的历史阶段没有改变，我国仍处于社会主义初级阶段，C观点错误，应排除。故选ABD。

【答案】ABD

5.党的十九大报告高举旗帜、立论定向、把握大势、总揽全局，作出了“中国特色社会主义进入新时代”的重大判断。对这一重大判断认识错误的是（　）

A. 明确了我国发展新的历史方位

B. 赋予了我们党新的历史使命和目标任务

C. 改革开放以来我国社会发展进步的必然结果

D. 不具有深厚的思想内涵

6.2019年10月1日在天安门广场举行的国庆70周年阅兵中首次设立维和部队方队。从新时代的科学内涵来看，在阅兵队伍中出现维和部队方队主要表明我们这个新时代（　）

A. 是决胜全面建成小康社会、进而全面建设社会主义现代化强国的时代

B. 是全国各族人民团结奋斗、不断创造美好生活、逐步实现全体人民共同富裕的时代

C. 是全体中华儿女勠力同心、奋力实现中华民族伟大复兴中国梦的时代

D. 是我国日益走近世界舞台中央、不断为人类作出更大贡献的时代

社会保障制度

社会保障制度包括社会保险、社会救助、社会福利、社会优抚和社会互助等保障形式。其中，社会保险是社会保障制度的核心部分。党中央指出，当前和今后一个时期，社会保障体系建设的工作重点是：由近及远，首先完善和规范“三条保障线”，即完善和规范社会基本养老保险制度、下岗职工基本生活保障和失业保险制度、城市居民最低生活保障制度。

【例4】（多选）党的十九大报告高举旗帜、立论定向，把握大势、总揽全局，作出了“中国特色社会主义进入新时代”的重大判断，提出了具有全局性、战略性、前瞻性的行动纲领，具有划时代的里程碑意义。下列关于“新时代”的表达正确的是（　）

A. 中国特色社会主义进入新时代意味着科学社会主义在21世纪的中国焕发出强大生机活力

B. 社会主要矛盾转变为人民日益增长的美好生活需要和不平衡不充分的发展之间的矛盾

C. 意味着中国特色社会主义道路、理论、制度、文化不断发展，拓展了发展中国家走向现代化的途径

D. 中国特色社会主义进入新时代，中华民族迎来了实现独立和解放的光明前景

【解析】新时代意味着科学社会主义在21世纪的中国焕发出强大生机活力，社会主要矛盾转变为人民日益增长的美好生活需要和不平衡不充分的发展之间的矛盾，中国特色社会主义道路、理论、制度、文化不断发展，拓展了发展中国家走向现代化的途径，ABC说法正确。中华民族迎来了实现独立和解放的光明前景指的是新民主主义革命的胜利，D说法错误。故选ABC。

【答案】ABC

【例5】（多选）中国特色社会主义进入新时代，我国社会主要矛盾已经由“人民日益增长的物质文化需要同落后的社会生产之间的矛盾”转化为“人民日益增长的美好生活需要和不平衡不充分的发展之间的矛盾”。我国社会主要矛盾的变化意味着（　）

A. 我国未来对社会发展质量会更加重视

B. 我国社会发展呈现出新的阶段性特征

C. 制约我国社会发展的主要矛盾已解决

D. 我国应更加重视经济社会发展的速度

【解析】我国社会主要矛盾的变化，意味着矛盾具有了新特点，使得我国社会发展呈现出新的阶段性特征，为了解决这个矛盾，我国必须更加重视社会发展质量，AB符合题意。新时代我国社会主要矛盾的变化，并不意味着制约我国社会发展的主要矛盾已经解决，C说法错误。解决新时代我国社会主要矛盾，要强调发展质量而不是一味强调发展速度，D错误。故选AB。

【答案】AB

7.《关于新形势下党内政治生活的若干准则》明确指出，“党在社会主义初级阶段的基本路线是党和国家的生命线、人民的幸福线”。坚持党的基本路线不动摇，要求我们（　）

A. 把以经济建设为中心同四项基本原则、改革开放这两个基本点统一于中国特色社会主义伟大实践

B. 坚持以经济建设为中心，把全部工作都转移到经济建设上来

C. 坚持改革开放是一切工作的中心

D. 坚持四项基本原则，坚持改革开放，经济建设放后面

8.世界怎么了，我们怎么办？时代之问，中国作答。面对当今世界经济、国际安全、国际治理等一系列重大问题，习近平新时代中国特色社会主义思想贡献了中国智慧、中国方案。这说明习近平新时代中国特色社会主义思想（　）

A. 是在科学社会主义的曲折中奋起的

B. 对共产党执政规律的认识达到了新高度

C. 是在应对全球共同挑战中不断丰富发展的

D. 对社会主义建设规律的认识达到了新高度

伟大梦想

伟大梦想是实现中国梦，是于2017年10月18日在党的十九大报告中提出的治国理政方针理论中的一部分。中国梦是历史的、现实的，也是未来的，既承担着中华民族的历史使命，又承担着当代中国的使命，也承担着未来中国发展走向的使命。中国梦的孕育昭示近代中国为实现民族独立、人民解放和国家富强、人民富裕两大历史任务作出的不懈努力。

【例6】（多选）中国特色社会主义进入新时代，我国社会主要矛盾已经转化为人民日益增长的美好生活需要和不平衡不充分的发展之间的矛盾。下列对这一科学论断理解正确的是（ ）

A. 这一论断正确把握了我国仍处于并将长期处于社会主义初级阶段的基本国情

B. 我国社会生产力水平总体上显著提高，人民对物质文化生活的需求逐步减少

C. 新时代的社会主要矛盾关键是要提高对外开放水平，开拓合作共赢的新局面

D. 破解经济社会发展不平衡、不充分的难题，必须牢固树立并贯彻新发展理念

【解析】我国社会主要矛盾的变化，没有改变我国仍处于并将长期处于社会主义初级阶段的基本国情。我们要在继续推动发展的基础上，着力解决好发展不平衡不充分问题，大力提升发展质量和效益，更好满足人民日益增长的需要，更好推动人的全面发展、社会全面进步，AD符合题意。题意中没有体现人民对物质文化生活的需求逐步减少，排除B。提高对外开放水平，开拓合作共赢的新局面有利于解决社会的主要矛盾，但不是关键因素，排除C。故选AD。

【答案】AD

【例7】新中国成立至今，特别是改革开放以来，我国发生了翻天覆地的变化，经济实力大幅增长，人民生活水平显著提高。坚持和发展中国特色社会主义伟大实践的经验，集中到一点，就是（ ）

A. 把我国建成富强民主文明和谐美丽的社会主义国家

B. 毫不动摇地坚持党在社会主义初级阶段的基本路线

C. 坚持以经济建设为中心，大力发展生产力

D. 自力更生，艰苦创业

【解析】本题考查学生对社会主义初级阶段基本路线的掌握程度。A、C、D都是基本路线的具体内容，而且都只表达了其中一个方面。相比之下，B选项更恰当。故选B。

【答案】B

【例8】（多选）坚持好、发展好中国特色社会主义，需要（ ）

A. 一代又一代的中国共产党人始终带领人民接续奋斗

B. 新时代的奋斗者不忘初心、牢记使命

C. 一以贯之地增强忧患意识、消除风险挑战

D. 一以贯之地推进党的建设新的伟大工程

【解析】根据题意，我们需要一以贯之地增强忧患意识、防范风险挑战，C中的“消除”说法不妥。ABD均正确，故选ABD。

【答案】ABD

9.党的十九大报告指出，经过长期努力，中国特色社会主义进入新时代。作出这个重大政治判断的原因是（ ）

A. 我国社会主义发展到了新的历史阶段

B. 我国当前面临的基本矛盾已根本转变

C. 我国的世情国情党情发生了根本变化

D. 我国社会主义现代化建设取得辉煌成就

10. 一般来说，历史方位不一样，提出的历史任务、奋斗目标往往也会不一样。当前，我国发展新的历史方位是（ ）

A. 我国全面建成小康社会

B. 我国已经走到世界舞台的中央

C. 建成社会主义现代化强国

D. 中国特色社会主义进入新时代

互动训练答案

1.A 2.A 3.D 4.A 5.D

6.D 7.A 8.C 9.D 10.D

伟大梦想

中国梦的核心目标也可以概括为“两个一百年”的目标，即到2021年中国共产党成立100周年和2049年中华人民共和国成立100周年时，逐步并最终顺利实现中华民族的伟大复兴，具体表现是国家富强、民族振兴、人民幸福，实现途径是走中国特色的社会主义道路、坚持中国特色社会主义理论体系、弘扬民族精神、凝聚中国力量，实施手段是政治、经济、文化、社会、生态文明“五位一体”建设。

第二节　实现中华民族伟大复兴的中国梦

·知识整合·

【知识点一】中国梦的本质是国家富强、民族振兴、人民幸福

1. 中国梦的本质

实现中华民族伟大复兴的中国梦，就是要实现国家富强、民族振兴、人民幸福。

2. 中国梦的理解

国家富强是中国梦的实现基础

——全面建成小康社会，并在此基础上建设富强民主文明和谐美丽的社会主义现代化强国。

民族振兴是中国梦的核心内容

——要使中华民族更加坚强有力地自立于世界民族之林，为人类作出新的更大的贡献。

人民幸福是中国梦的奋斗目标

——坚持以人民为中心，增进人民福祉，促进人的全面发展，朝着共同富裕方向稳步前进。

3. 实现中国梦的伟大意义

中国梦把国家的追求、民族的向往、人民的期盼融为一体，体现了中华民族和中国人民的整体利益，表达了每一个中华儿女的共同愿景，已成为激荡在近14亿人心中的高昂旋律，已成为中华民族近14亿人团结奋斗的共同目标。

4. 实现中国梦的要求

（1）中国梦归根到底是人民的梦，中国梦必须紧紧依靠人民来实现，必须不断为人民造福。人民是中国梦的主体，是中国梦的创造者和享有者。

（2）中国梦是国家的梦、民族的梦，也是每一个中华儿女的梦，每个人都要把人生理想融入国家和民族的伟大梦想之中，汇聚成实现中国梦的强大力量。

（3）中国梦是中国人民追求幸福的梦，也同世界人民的梦想息息相通，中国将同国际社会一道，推动实现持久和平、共同繁荣的世界梦。

【知识点二】新时代中国共产党的历史使命

1. 中国共产党人的初心和使命

中国共产党人的初心和使命，就是为中国人民谋幸福，为中华民族

互动训练

1.（多选）下列各项中属于中国梦的本质的是（　）

A. 国家富强

B. 民族振兴

C. 社会进步

D. 人民幸福

2.中华民族最伟大的梦想是（　）

A. 建成社会主义现代化强国

B. 全面建成小康社会

C. 实现中华民族的伟大复兴

D. 实现社会主义现代化

3.中国共产党人的初心和使命，就是为中国人民__________，为中华民族__________。这个初心和使命是激励中国共产党人不断前进的根本动力。（　）

A. 谋幸福　谋未来

B. 谋生活　谋复兴

C. 谋幸福　谋复兴

D. 谋生活　谋未来

新时代中国共产党的历史使命

中国共产党人的初心和使命，就是为中国人民谋幸福，为中华民族谋复兴。这个初心和使命是激励中国共产党人不断前进的根本动力。

谋复兴。这个初心和使命是激励中国共产党人不断前进的根本动力。

2.如何实现中国梦

实现中华民族伟大复兴的历史使命，必须进行伟大斗争、建设伟大工程、推进伟大事业。

（1）实现伟大梦想，必须进行伟大斗争。要充分认识伟大斗争的长期性、复杂性、艰巨性，发扬斗争精神，提高斗争本领，不断夺取伟大斗争新胜利。

（2）实现伟大梦想，必须深入推进党的建设新的伟大工程。中国共产党要不断增强政治领导力、思想引领力、群众组织力、社会号召力，以永葆旺盛生命力和顽强生命力。始终成为执政党，自身必须始终过硬。

（3）实现伟大梦想，必须推进中国特色社会主义伟大事业。要更加自觉地增强道路自信、理论自信、制度自信、文化自信，保持政治定力，始终坚持和发展中国特色社会主义。

3.“四个伟大”相互贯通、相互作用，构成一个整体和系统

伟大梦想是目标，指引前进方向；伟大斗争是手段，激发前进动力；

伟大工程是保障，提供前进保证；伟大事业是主题，开辟前进道路。

伟大斗争、伟大工程和伟大事业在这个历史新阶段，必须统一于伟大梦想，其中起决定性作用的是党的建设新的伟大工程。

4.“四个伟大”中起决定性作用的是党的建设新的伟大工程

（1）办好中国的事情，关键在党，关键在坚持党要管党、全面从严治党。中国共产党的领导是中国特色社会主义最本质的特征和最大优势。

（2）历史已经并将继续证明，没有中国共产党的领导，民族复兴必然是空想。中国共产党要始终成为时代先锋、民族脊梁，始终成为马克思主义执政党，自身必须始终过硬。

（3）中国共产党始终走在时代前列，始终成为全国人民的主心骨，始终成为坚强领导核心。

【知识点三】分两步走建成社会主义现代化强国

1.新时代中国特色社会主义发展的战略安排

实现建设社会主义现代化强国的宏伟目标，党的十九大明确了新时代中国特色社会主义发展的战略安排。从2020年到本世纪中叶，分两个阶段来安排：

第一个阶段，从2020年到2035年，在全面建成小康社会的基础上，再奋斗十五年，基本实现社会主义现代化。

第二个阶段，从2035年到本世纪中叶，在基本实现现代化的基础上，再奋斗十五年，把我国建设成富强民主文明和谐美丽的社会主义现

4.青年是整个社会力量中最积极、最有生气的力量。在国家创新驱动发展战略的引领和“揭榜挂帅”“赛马”等制度的激励推动下，青年科技人才脱颖而出；在国家持续出台创业扶持政策的大背景下，青年积极投身大众创业，用智慧才干开创自己的事业。如果给以上内容拟定一个标题，最合适的是（　）

A. 个人梦与中国梦交相辉映

B. 大众创业时代的多彩梦想

C. 引领社会文明建设的时代新风

D. 坚定向美向上向善的价值追求

5.党的十九届五中全会审议通过了《中共中央关于制定国民经济和社会发展第十四个五年规划和二〇三五年远景目标的建议》。下列属于二〇三五年远景目标的是（　）

A. 建成社会主义现代化强国

B. 全体人民共同富裕基本实现

C. 基本实现社会主义现代化

D. 实现国家治理体系和治理能力现代化

四个伟大

“四个伟大”相互贯通、相互作用，构成一个整体和系统。

伟大斗争、伟大工程和伟大事业在这个历史新阶段，必须统一于伟大梦想，其中起决定性作用的是党的建设新的伟大工程。

代化强国。

2. 为实现新时代中国特色社会主义发展的战略安排

（1）要贯彻新发展理念，建设现代化经济体系；

（2）健全人民当家作主制度体系，发展社会主义民主政治；

（3）坚定文化自信，推动社会主义文化繁荣兴盛；

（4）提高保障和改善民生水平，加强和创新社会治理；

（5）加快生态文明体制改革，建设美丽中国；

（6）坚持走中国特色强军之路，全面推进国防和军队现代化；

（7）坚持“一国两制”，推进祖国统一；

（8）坚持和平发展道路，推动构建人类命运共同体；

（9）坚定不移全面从严治党，不断提高党的执政能力和领导水平。

3. 新时代我国社会发展面临的机遇

新时代历史机遇期，是中华民族强起来、实现伟大复兴的机遇；是中国特色社会主义道路、理论、制度、文化更加成熟、更具引领力感召力的机遇；是中国人民创造美好生活、走向共同富裕的机遇；是中国共产党从建党百年迈向执政百年、进而铸就千秋伟业的机遇。

4. 我国青年在习近平新时代中国特色社会主义建设事业中的担当

广大青年要坚定理想信念，志存高远，脚踏实地，勇做时代的弄潮儿，在实现中国梦的生动实践中放飞青春梦想，在为人民利益不懈奋斗中书写人生华章。

·考点解析·

【考点一】怎样实现中华民族伟大复兴的伟大梦想?

（1）实现伟大梦想，必须进行伟大斗争；

（2）实现伟大梦想，必须深入推进党的建设新的伟大工程；

（3）实现伟大梦想，必须推进中国特色社会主义伟大事业。

【例1】实现中华民族伟大复兴的中国梦就是要实现国家富强、民族振兴、人民幸福。以下属于描述人民幸福的是（　）

A. 全面建成小康社会

B. 中华民族更加坚强有力地自立于世界民族之林

C. 建设富强民主文明和谐美丽的社会主义现代化强国

D. 朝着共同富裕方向稳步前进

【解析】人民幸福就是坚持以人民为中心，增进人民福祉，促进人的全面发展，朝着共同富裕方向稳步前进，D符合题意。AC属于国家的中国梦，B属于民族的中国梦。故选D。

【答案】D

6.因为过度垦荒放牧，宁夏西海固曾经陷入“越穷越垦、越垦越穷”的循环。在党的领导下，渴望过上幸福生活的西海固人民艰苦奋斗，治山、治水、治穷一起发力。10年后，山坡绿了，村庄美了，老百姓的日子也红火了。从西海固人民梦想成真可以看出，中国梦（　）

A. 归根到底是中国人民的梦

B. 是中国人民奉献世界的梦

C. 是每个中国人梦想的总和

D. 需要更为完善的制度保障其实现

7.中国共产党第十九次全国代表大会的主题是：不忘初心、牢记使命，高举中国特色社会主义伟大旗帜，决胜全面建成小康社会，夺取新时代中国特色社会主义伟大胜利，为实现中华民族伟大复兴的中国梦不懈奋斗。中国共产党人的初心和使命是（　）

A. 艰苦奋斗，全面建成小康社会

B. 为中国人民谋幸福，为中华民族谋复兴

C. 不懈努力，实现社会主义现代化

D. 以人民为中心，建设中国特色社会主义

伟大斗争

习近平总书记在党的十九大报告中指出，实现伟大梦想，必须进行伟大斗争。社会是在矛盾运动中前进的，有矛盾就会有斗争。我们党要团结带领人民有效应对重大挑战、抵御重大风险、克服重大阻力、解决重大矛盾，必须进行具有许多新的历史特点的伟大斗争。

新的伟大斗争的主要形式：争夺资源；货币战争；争夺市场；意识形态斗争。

【例2】（多选）2012 年 11 月 29 日，习近平总书记在参观《复兴之路》展览讲话时首次提出“中国梦”。此后，习近平总书记在多个场合、多次提及“中国梦”。中国梦（　）

A. 是国家的梦、民族的梦，是每个中华儿女的梦

B. 是中国人民追求幸福的梦

C. 是世界各国的梦

D. 本质就是国家富强

【解析】中国梦是国家的梦、民族的梦，也是每个中华儿女的梦，是中国人民追求幸福的梦，要紧紧依靠人民才能实现，AB正确。中国梦也是造福世界各国人民的梦，同世界人民的梦想息息相通，但不是世界各国的梦，C错。中国梦的本质是国家富强、民族振兴、人民幸福，D错。故选AB。

【答案】AB

【例3】（多选）近代历史上，中华民族的苦难和抗争孕育了中国共产党人的初心和使命。中国共产党人的初心和使命是（　）

A. 实现共产主义

B. 为中国人民谋幸福

C. 坚持和发展中国特色社会主义

D. 为中华民族谋复兴

【解析】实现共产主义是党的最高理想，A排除。实现中华民族伟大复兴的中国梦要始终坚持和发展中国特色社会主义，C排除。中国共产党人的初心和使命是为中国人民谋幸福，为中华民族谋复兴，BD正确。故选BD。

【答案】BD

【例4】（多选）党的十九大报告提出了伟大斗争、伟大工程、伟大事业和伟大梦想“四个伟大”。以下关于“四个伟大”表述正确的是（　）

A. 伟大斗争指的是思想斗争

B. 伟大工程指的是党的建设新的伟大工程

C. 伟大事业指的是推进中国特色社会主义伟大事业

D. 伟大梦想指的是实现中华民族伟大复兴

【解析】伟大梦想指的是实现中华民族伟大复兴，伟大工程指的是我们党为实现伟大梦想正在深入推进的党的建设新的伟大工程，伟大事业指的是中国特色社会主义事业，BCD表述正确。伟大斗争指应对重大挑战、抵御重大风险、克服重大阻力、解决重大矛盾，A表述错误，应排除。故选BCD。

【答案】BCD

8.伟大斗争、伟大工程、伟大事业、伟大梦想，紧密联系、相互贯通、相互作用，其中起决定性作用的是（　）

A. 伟大斗争

B. 伟大工程

C. 伟大事业

D. 伟大梦想

9.中国特色社会主义走过了“雄关漫道真如铁”的昨天，走到了“人间正道是沧桑”的今天，也必将走向“长风破浪会有时”的美好明天。无论是昨天、今天还是明天，党和国家的生命线与人民的幸福线都是（　）

A. 党的基本路线

B. 自力更生

C. 坚持人民民主专政

D. 发挥人民的主体作用

10.在2020年全面建成小康社会的基础上，从2020年到本世纪中叶分两个阶段来安排。下列关于第一个阶段的描述不正确的是（　）

A. 社会文明程度达到新的高度

B. 人民生活更为宽裕，中等收入群体比例明显提高

C. 现代社会治理格局基本形成

D. 环境更加美丽，发展难题彻底消除

伟大工程

伟大工程是指党的建设，党的建设关系重大、牵动全局。党的建设总体布局是全面推进党的政治建设、思想建设、组织建设、作风建设、纪律建设，把制度建设贯穿其中，深入推进反腐败斗争。

【例5】（多选）实现伟大梦想，必须建设伟大工程。历史已经并将继续证明，没有中国共产党的领导，民族复兴必然是空想。对伟大工程认识正确的是（　）

A. 这个伟大工程就是党的建设新的伟大工程

B. 党要不断增强政治领导力、思想引领力、群众组织力、社会号召力

C. 要更加自觉地坚定“四个自信”

D. 要充分认识斗争的长期性、复杂性、艰巨性

【解析】这个伟大工程就是党的建设新的伟大工程，党要不断增强政治领导力、思想引领力、群众组织力、社会号召力，AB正确。C属于推进伟大事业的要求，D是进行伟大斗争的要求，均排除。故选AB。

【答案】AB

【例6】（多选）历史已经并将继续证明，没有中国共产党的领导，民族复兴必然是空想。打铁必须自身硬，党要团结带领人民进行伟大斗争、推进伟大事业、实现伟大梦想，必须深入推进党的建设新的伟大工程。推进党的建设新的伟大工程，要求中国共产党（　）

A. 在应对国内外各种风险和考验的历史进程中确立自身的执政地位

B. 发扬斗争精神，提高斗争本领

C. 要不断增强政治领导力、思想引领力、群众组织力、社会号召力

D. 结合伟大斗争、伟大事业、伟大梦想的实践来推进伟大工程

【解析】中国共产党的执政地位早就已经确立，A错误。B选项中内容是伟大斗争的总体要求，不符合题干要求。实行伟大梦想，必须深入推进党的建设的新的伟大工程，为此中国共产党要不断增强政治领导力、思想引领力、群众组织力、社会号召力，以永葆旺盛的生命力和强大的战斗力，也要结合伟大斗争、伟大事业、伟大梦想的实践来推进伟大工程，确保党在世界形势深刻的历史进程中始终走在时代前列，CD正确。故选CD。

【答案】CD

【考点二】习近平总书记指出，中国共产党人的初心和使命，就是为中国人民谋幸福，为中华民族谋复兴。实现中华民族伟大复兴为国家带来富强、民族带来振兴、人民带来幸福，为世界带来和平与发展、合作与共赢。中国特色社会主义新时代是全体中华儿女勠力同心、奋力实现中华民族伟大复兴的时代，是最有机会、最有希望实现中华民族伟大复兴的时代。抓住大有可为的历史机遇期，全体中华儿女凝心聚力，劲往一处使，一定能实现近代以来中华民族最伟大的梦想。

11.综合分析国际国内形势和我国发展条件，从2020年到本世纪中叶可以分两个阶段来安排。第二个阶段，从________到________，在基本实现现代化的基础上，再奋斗十五年，把我国建成富强民主文明和谐美丽的社会主义现代化强国。（　）

A. 2020年　2035年

B. 2035年　2050年

C. 2030年　2045年

D. 2035年　本世纪中叶

12.中国共产党要始终成为时代先锋、民族脊梁，自身必须过硬，要不断增强政治领导力、思想引领力、群众组织力、社会号召力，以永葆旺盛生命力和强大（　）

A. 凝聚力　　B. 向心力

C. 战斗力　　D. 影响力

13.新形势下以习近平同志为核心的党中央提出了治国理政的战略布局，这是实现中华民族伟大复兴的中国梦重要遵循。这一战略布局是（　）

A. “两个一百年”

B. “四个全面”

C. “五位一体”

D. 改革开放

实现中华民族伟大复兴，起着统领和决定性作用的是党的建设新的伟大工程。

（一）推进党的建设新的伟大工程是中国特色社会主义进入新时代的必然要求。

（二）推进党的建设新的伟大工程是建设社会主义现代化强国的基本保障。

（三）推进党的建设新的伟大工程是习近平新时代中国特色社会主义思想的重要内容。

（四）推进党的建设新的伟大工程是厚植执政之基的有力举措。

【例1】（多选）习近平指出，伟大斗争、伟大工程、伟大事业、伟大梦想，紧密联系、相互贯通、相互作用，其中起决定性作用的是党的建设新的伟大工程。我国重视党的建设是基于（　）

A. 只要加强党的建设，就可以实现中华民族伟大复兴的中国梦

B. 人民立场是党的根本政治立场，要依靠人民创造历史伟业

C. 党是最高政治领导力量，要始终成为中国特色社会主义事业的坚强领导核心

D. 中国共产党要始终成为时代先锋，自身必须始终过硬

【解析】办好中国的事情，关键在党。历史已经证明，没有共产党就没有新中国，中国共产党是中国特色社会主义事业的领导核心，是最高政治领导力量。中国共产党要始终成为时代先锋，自身必须始终过硬，必须要加强自身建设，CD正确。故选CD。

【答案】CD

【例2】（多选）习近平总书记指出，中国特色社会主义进入新时代，要开启全面建设社会主义现代化国家新征程。下列对新征程的说法正确的是（　）

A. 从现在到新中国成立一百年时，在我国全面建成小康社会

B. 从2020年到2035年，在我国基本实现社会主义现代化

C. 从2035年到本世纪中叶，把我国建成社会主义现代化强国

D. 到建党一百年时，把我国建设成为社会主义现代化国家

【解析】2035年基本实现社会主义现代化，到本世纪中叶把我国建设成富强民主文明和谐美丽的社会主义现代化强国。故选BC。

【答案】BC

【例3】（多选）“中国梦是历史的、现实的，也是未来的；是我们这一代的，更是青年一代的。”习近平总书记对青年寄予厚望。他说，中华民族伟大复兴的中国梦，终将在一代代青年的接力奋斗中变为现实。为此，新时代青年要（　）

A. 抓住大有可为的历史机遇期，锐意进取，埋头苦干

B. 加强和创新社会管理

C. 坚定理想信念，志存高远，脚踏实地，勇做时代的弄潮儿

D. 推动构建人类命运共同体

【解析】实现中国梦新时代青年要抓住大有可为的历史机遇期，坚定理想信念，志存高远，脚踏实地，勇做时代的弄潮儿，AC正确。BD不是对青年的要求，排除。故选AC。

【答案】AC

14.习近平总书记在“不忘初心、牢记使命”主题教育总结大会上号召，全党要以这次主题教育为新的起点，不断深化党的自我革命，持续推动全党不忘初心、牢记使命。这表明实现伟大梦想必须（　）

A.进行伟大斗争

B. 深入推进党的建设新的伟大工程

C. 重塑革命目标

D. 推进中国特色社会主义伟大事业

15.中国有句古训：“得民心者得天下。”那么我们中国共产党人靠什么来得民心呢？靠的就是廉洁奉公，全心全意为人民服务。这是一条真理。在习近平总书记看来，共产党人就要时刻不忘自己的初心和使命。中国共产党人的初心和使命是（　）

A. 摆脱贫困落后，实现富强繁荣

B. 为中国人民谋幸福，为中华民族谋复兴

C. 分“两步走”战略，实现现代化强国

D. 建设世界强国，实现人类命运共同体

互动训练答案

1.ABD　2.C　3.C　4.A　5.C　6.A　7.B　8.B　9.A　10.D　11.D　12.C　13.B　14.B　15.B

伟大工程基本内涵

（一）推进党的建设新的伟大工程必须毫不动摇坚持党对一切工作的领导。

党政军民学，东西南北中，党是领导一切的。中国共产党领导是中国特色社会主义最本质的特征，是中国特色社会主义制度的最大优势。

（二）推进党的建设新的伟大工程必须坚持用习近平新时代中国特色社会主义思想武装全党思想建党，是我们党的光荣

第三节　习近平新时代中国特色社会主义思想

·知识整合·

【知识点一】习近平新时代中国特色社会主义思想时代背景

（1）当今世界正在经历百年未有之大变局。习近平新时代中国特色社会主义思想，正是在把握世界发展大势、应对全球共同挑战、维护人类共同利益的过程中创立并不断丰富发展的。

（2）当代中国正处于近代以来最好的发展时期。习近平新时代中国特色社会主义思想正是在中华民族迎来从站起来、富起来到强起来的伟大飞跃中创立并不断丰富发展的。

（3）中国共产党在革命性锻造中坚定走在时代前列。习近平新时代中国特色社会主义思想，正是在不断推进党的自我革命，实现党的自我净化、自我完善、自我革新、自我提高的过程中创立并不断丰富发展的。

（4）科学社会主义在21世纪的中国焕发出强大生机活力。习近平新时代中国特色社会主义思想，正是在对科学社会主义理论与实践的深邃思考、深刻总结，对坚持和发展中国特色社会主义的不懈探索、砥砺前行中创立并不断丰富发展的。

【知识点二】习近平新时代中国特色社会主义思想的核心内容

习近平新时代中国特色社会主义思想，坚持马克思主义立场观点方法，坚持科学社会主义基本原则，科学总结世界社会主义运动经验教训，根据时代和实践发展变化，以崭新的思想内容丰富和发展了马克思主义，形成了系统科学的理论体系。

1.理论概括的“八个明确”

第一，明确坚持和发展中国特色社会主义，总任务是实现社会主义现代化和中华民族伟大复兴，在全面建成小康社会的基础上，分两步走在本世纪中叶建成富强民主文明和谐美丽的社会主义现代化强国。

第二，明确新时代我国社会主要矛盾是人民日益增长的美好生活需要和不平衡不充分的发展之间的矛盾，必须坚持以人民为中心的发展思想，不断促进人的全面发展、全体人民共同富裕。

第三，明确中国特色社会主义事业总体布局是“五位一体”、战略布局是“四个全面”，强调坚定道路自信、理论自信、制度自信、文化自信。

第四，明确全面深化改革总目标是完善和发展中国特色社会主义制

互动训练

1.（多选）习近平新时代中国特色社会主义思想是在新的时代背景和实践条件下创立并不断发展的，也正是由于这一思想的真理力量和实践伟力，开启和引领了中国特色社会主义的新时代、新发展。习近平新时代中国特色社会主义思想是（　）

A. 马克思主义中国化的最新成果

B. 新时代中国精神的时代精华

C. 引领中国人民实现民族复兴的基础

D. 以习近平同志为核心的党中央集体智慧的结晶

2.习近平新时代中国特色社会主义思想内容十分丰富，涵盖改革发展稳定、内政、外交、国防、治党、治国、治军等各个领域各个方面，构成了一个系统完整、逻辑严密、相互贯通的思想理论体系。习近平新时代中国特色社会主义思想的核心内容是（　）

A. 推进马克思主义中国化时代化大众化

B. “十个明确”和“十四个坚持”

C. 坚持“五位一体”建设社会主义强国

D. 细分两步实现社会主义现代化

伟大工程基本内涵

传统和政治优势，是我们党的建设的基本经验。

（三）推进党的建设新的伟大工程必须坚持把党的政治建设摆在首位。

政治属性是政党第一位的属性，政治建设是政党建设的内在要求。党的十九大报告首次把党的政治建设纳入党的建设总体布局，强调“以党的政治建设为统领”“把党的政治建设摆在首位”，突出了党的政治建设在新时代的极端重要性。

度、推进国家治理体系和治理能力现代化、建设社会主义法治国家。

第五，明确全面推进依法治国总目标是建设中国特色社会主义法治体系、建设社会主义法治国家。

第六，明确党在新时代的强军目标是建设一支听党指挥、能打胜仗、作风优良的人民军队，把人民军队建设成为世界一流军队。

第七，明确中国特色大国外交要推动构建新型国际关系，推动构建人类命运共同体。

第八、明确中国特色社会主义最本质的特征是中国共产党领导，中国特色社会主义制度的最大优势是中国共产党领导，党是最高政治领导力量，提出新时代党的建设总要求，突出政治建设在党的建设中的重要地位。

“八个明确”是习近平新时代中国特色社会主义思想最为核心关键的组成部分，是支撑习近平新时代中国特色社会主义思想的“四梁八柱”。“八个明确”中的每一个“明确” 都是具有原创性的新思想新观点，集中反映着我们党对科学社会主义在当今时代的理论思考和理论贡献。

2. 实践指南：“十四个坚持 ”

第一，坚持党对一切工作的领导（讲的是领导力量问题）。

第二，坚持以人民为中心（讲的是政治立场问题）。

第三，坚持全面深化改革（讲的是发展动力问题）。

第四，坚持新发展理念（讲的是发展导向问题）。

第五，坚持人民当家作主（讲的是依靠力量问题）。

第六，坚持全面依法治国（讲的是法治保障问题）。

第七，坚持社会主义核心价值体系（讲的是精神力量问题）。

第八，坚持在发展中保障和改善民生（讲的是发展目的问题）。

第九，坚持人与自然和谐共生（讲的是人与自然关系问题）。

第十，坚持总体国家安全观（讲的是国家安全问题）。

第十一，坚持党对人民军队的绝对领导（讲的是国防和军队建设问题）。

第十二，坚持“一国两制”和推进祖国统一（讲的是国家统一问题）。

第十三，坚持推动构建人类命运共同体（讲的是中国和世界关系问题）。

第十四，坚持全面从严治党（讲的是党的自身建设问题）。

“十四个坚持”的基本方略，是对党的治国理政重大方针、原则的最新概括，是实现 “两个一百年”奋斗目标、实现中华民族伟大复兴中国梦的“路线图”和“方法论”。

3.自“学习强国”学习平台上线后，迅速掀起学习热潮。它以学习宣传习近平新时代中国特色社会主义思想为主要内容。其“有组织、有管理、有指导、有服务”的学习满足了互联网条件下广大党员干部和人民群众多样化、便捷化的学习需求，也为建设马克思主义学习型政党、推动建设学习大国作出贡献。学习习近平新时代中国特色社会主义思想（ ）

A. 根本目的是提高党员干部的科学文化素养

B. 能为我国治国理政、管党治党提供行动指南

C. 是实现中华民族伟大复兴的根本动力

D. 是激励全党全国各族人民奋勇前进的强大精神力量

4.中国特色社会主义道路、理论、制度、文化不断发展，拓展了发展中国家走向现代化的途径，给世界上既希望加快发展又希望保持自身独立性的国家和民族提供了全新选择。习近平提出了全球治理观、新安全观、新发展观、全球观等一系列新理念新主张，得到国际社会广泛认同和普遍赞誉。这体现了中国（ ）

A. 决定世界的发展

B. 发展进入新时代

C. 为世界贡献了中国方案

D. 解决了世界发展难题

伟大工程建设要求

党的十九大报告与时俱进提出新时代党的建设总要求，明确提出八个方面的重点任务，为推进党的建设新的伟大工程作出顶层设计和战略部署，深刻回答了“建设什么样的党、怎样建设党”这个重大问题，是引领开展伟大工程的旗帜。深刻领会总要求的精神实质，新时代党的建设根本原则是“坚持和加强党的全面领导”；

【知识点三】习近平新时代中国特色社会主义思想重要意义

（1）习近平新时代中国特色社会主义思想深入回答时代之问，不断引领时代前进，是新时代精神的精华。

（2）习近平新时代中国特色社会主义思想深化对共产党执政规律）社会主义建设规律）人类社会发展规律的认识，开辟了马克思主义中国化新境界。

（3）习近平新时代中国特色社会主义思想植根于坚持和发展中国特色社会主义新的伟大实践，在指导实践）推动实践发展中展现出强大真理力量和独特思想魅力。

（4）习近平新时代中国特色社会主义思想推动构建新型国际关系和人类命运共同体，为世界和平与发展作出重大贡献。

·考点解析·

【考点一】从1921年成立共产党，到1949年成立新中国，到1978年开启改革开放大幕，再到新时代实现新飞跃，中国共产党带领人民走出了一条中国特色社会主义道路，创造了人类社会发展史上的东方奇迹。“没有中国共产党就没有新中国”“办好中国的事情关键在党”“坚持和完善党的领导是党和国家的根本所在、命脉所在”这些结论，充分说明了坚持和加强党的全面领导的历史必然性。中国共产党领导是中国特色社会主义最本质的特征，是中国特色社会主义制度的最大优势。中国共产党是中国特色社会主义事业的坚强领导核心，坚持党的领导是党和国家的根本所在、命脉所在，是全国各族人民的利益所系、幸福所系。

【例1】（多选）习近平新时代中国特色社会主义思想，内容十分丰富，涵盖了经济、政治、文化等各个领域，党的建设是其中的重要内容。习近平新时代中国特色社会主义思想关于党的论述正确的是（　）

A. 党的领导是中国特色社会主义的本质特征，是最大的制度优势

B. 党是最高政治领导力量

C. 全党的工作重心要转移到经济建设上来

D. 党始终是最广大人民利益的代表、是先进生产力的代表

【解析】党的领导是中国特色社会主义的本质特征，是最大的制度优势，党是最高政治领导力量，AB正确且符合题意；C属于邓小平理论的内容，D属于“三个代表”重要思想的内容，均排除。故选AB。

【答案】AB

5. 党的十八大以来，以习近平同志为主要代表的中国共产党人，团结带领全国各族人民，全面审视国际国内新的形势，通过总结实践、展望未来，深刻回答了新时代坚持和发展什么样的中国特色社会主义、怎样坚持和发展中国特色社会主义这个重大时代课题，创立了习近平新时代中国特色社会主义思想。习近平新时代中国特色社会主义思想是（　）

A. 马克思主义中国化的全部理论成果

B. 对马克思主义理论的继承和发展

C. 指导中国革命取得胜利的正确理论

D. 指导社会主义改造胜利完成的正确理论

6.习近平新时代中国特色社会主义思想是马克思主义中国化的最新成果，是21世纪的马克思主义。其核心要义是（　）

A. 坚持和发展中国特色社会主义

B. “八个明确”“十四个坚持”

C. 解放思想、实事求是、与时俱进

D. 为人民谋幸福，为民族谋复兴，为世界谋大同

伟大工程建设要求

指导方针是“坚持党要管党、全面从严治党”；
主线是“加强党的长期执政能力建设、先进性和纯洁性建设”；
统领是“党的政治建设”；根基是“坚定理想信念”；
着力点是“调动全党积极性、主动性、创造性”；

【例2】党的十九大报告中提出的习近平新时代中国特色社会主义思想，是马克思主义中国化最新成果，是中国特色社会主义理论体系的重要组成部分，是全党全国人民为实现中华民族伟大复兴而奋斗的行动指南，必须长期坚持并不断发展。这说明（　）

A. 马克思主义是随着时代、实践和科学的发展而不断发展的开放的理论体系

B. 习近平新时代中国特色社会主义思想已经达到了马克思主义真理的顶峰

C. 中国共产党走在了时代的前列，把马克思主义中国化发展到了最高峰

D. 新时代孕育的习近平新时代中国特色社会主义思想放之四海而皆准

【解析】习近平新时代中国特色社会主义思想，是马克思主义中国化最新成果，是中国特色社会主义理论体系的重要组成部分，说明马克思主义是随着时代、实践和科学的发展而不断发展的开放的理论体系，A正确。习近平新时代中国特色社会主义思想并没有达到了马克思主义真理的顶峰，B选项错误。中国共产党走在了时代的前列，马克思主义中国化并没有发展到最高峰，C选项错误。“四海而皆准”说法错误，新时代孕育的习近平新时代中国特色社会主义思想适用于新时代的中国特色社会主义，D选项错误。故选A。

【答案】A

【考点二】“十四个坚持”涵盖“五位一体”总体布局和“四个全面”战略布局

党的十八大以来，我们党形成并积极推进经济建设、政治建设、文化建设、社会建设、生态文明建设“五位一体”总体布局，形成并积极推进建设社会主义现代化国家、全面深化改革、全面依法治国、全面从严治党“四个全面”战略布局。“五位一体”和“四个全面”相互促进、统筹联动，深化了我们党对社会主义建设规律的认识，是事关党和国家长远发展的总战略。“十四个坚持”涵盖了这些内容，也深刻说明，坚持和发展中国特色社会主义，必须统筹推进“五位一体”总体布局和协调推进“四个全面”战略布局。

【例1】（多选）习近平新时代中国特色社会主义思想的核心内容是（　）

A. 人民立场　　B. “八个明确”

C. “十四个坚持”　　D. 坚持党对一切工作的领导

【解析】习近平新时代中国特色社会主义思想的核心内容是“八个明确”和“十四个坚持”。故选BC。

【答案】BC

7. 新形势下以习近平同志为核心的党中央提出了治国理政的战略布局，这是实现中华民族伟大复兴的中国梦重要遵循。这一战略布局是（　）

A. “两个一百年”奋斗目标

B. “四个全面”战略布局

C. 改革开放

D. “一带一路”建设

8. 百年来，党团结带领全国各族人民绘就了人类发展史上的壮美画卷。党的十八大以来的这十年，以习近平同志为核心的党中央，解决了许多长期想解决而没有解决的难题，办成了许多过去想办而没有办成的大事，推动党和国家事业取得历史性成就、发生历史性变革。下列认识正确的是（　）

A. 历史性成就的取得表明我国已进入社会主义高级阶段

B. “十四个坚持”是习近平新时代中国特色社会主义思想最为核心关键的组成部分

C. 全面建成小康社会是改革开放以来党的全部理论和实践的主题

D. 实践证明了新时代党的一系列原创性的治国理政新理念新思想新战略的科学性

伟大工程建设要求

目标是“不断提高党的建设质量，把党建设成为始终走在时代前列、人民衷心拥护、勇于自我革命、经得起各种风浪考验、朝气蓬勃的马克思主义政党”。我们要结合具体工作实际，贯彻落实好总要求和中央决策部署。（一）牢固树立“四个意识”，坚定维护以习近平同志为核心的党中央权威和集中统一领导；（二）推动全面从严治党向纵深发展；（三）切实抓好学习教育；（四）聚焦主业作出贡献。

【例2】习近平新时代中国特色社会主义思想最为核心关键的组成部分、支撑习近平新时代中国特色社会主义思想的"四梁八柱"指的是（　）

A. "五位一体"　　B. "四个全面"

C. "十四个坚持"　　D. "八个明确"

【解析】"五位一体"指社会主义事业总体布局，"四个全面"是社会主义事业的战略布局，"八个明确"是支撑习近平新时代中国特色社会主义思想"四梁八柱""十四个坚持"是实现"两个一百年"奋斗目标、实现中华民族伟大复兴的"路线图"和"方法论"，是新时代坚持和发展中国特色社会主义的基本方略。A、B、C均不符合题意，排除。故选D。

【答案】D

【例3】（多选）新型冠状病毒感染疫情发生以来，党中央高度重视，始终把人民群众生命安全和身体健康放在第一位。中央政治局常委会召开会议进行专题研究，党中央印发《关于加强党的领导、为打赢疫情防控阻击战提供坚强政治保证的通知》，习近平总书记亲自部署，亲自指挥，作出明确指示，提出明确要求，取得了显著成就，这表明（　）

A. 中国共产党坚持以人民为中心

B. 疫情发生后，我国社会的主要矛盾已经发生变化

C. 中国特色社会主义最本质的特征是中国共产党领导

D. 必须一以贯之推进党的建设伟大工程

【解析】"始终把人民群众生命安全和身体健康放在第一位"表明中国共产党坚持以人民为中心，A正确切题。疫情发生后，我国社会的主要矛盾没有发生变化，B错误。"加强党的领导、为打赢疫情防控阻击战提供坚强政治保证""习近平总书记亲自部署，亲自指挥，作出明确指示，提出明确要求，取得了显著成就"，这说明中国特色社会主义最本质的特征是中国共产党领导，C正确切题。材料反映的是党的领导，未涉及推进党的建设，D排除。故选AC。

【答案】AC

9.习近平新时代中国特色社会主义思想内容十分丰富，涵盖改革发展稳定、内政外交国防、治党治国治军等各个领域、各个方面。习近平新时代中国特色社会主义思想活的灵魂是（　）

A. 中国智慧、中国方案、中国理念

B. 解放思想、实事求是、与时俱进

C. 天下为公、求同存异、和合共生

D. 人民立场、立党为公、执政为民

10.《关于新形势下党内政治生活的若干准则》是党的十八届六中全会制定的一部新形势下党内政治生活的准则。《关于新形势下党内政治生活的若干准则》指出：党在社会主义初级阶段的基本路线是党和国家的生命线、人民的幸福线，也是党内政治生活正常开展的根本保证。党的基本路线的核心内容是（　）

A. 以阶级斗争为纲，警惕资本主义复辟

B. 将党的工作重心转移到社会主义建设上来

C. 以经济建设为中心，坚持四项基本原则，坚持改革开放

D. 把我国建成富强民主文明和谐美丽的社会主义强国

互动训练答案

1.AB　2.E　3.B　4.C

5.B　6.A　7.B　8.D

9.B　10.C

1999年明确非公有制经济是社会主义市场经济的重要组成部分

1997年党的十五大报告第一次提出"非公有制经济是社会主义市场经济的重要组成部分"。

1999年3月5日－15日，第九届全国人民代表大会第二次会议在北京举行。会议通过了《中华人民共和国宪法修正案》，明确非公有制经济是我国社会主义市场经济的重要组成部分，大大促进了社会生产力的发展。

单招习题化知识整合

第二部分　经济与社会

［第一课　我国的基本经济制度］

第一节　公有制为主体、多种所有制经济共同发展

·知识整合·

【知识点一】我国的生产资料所有制

（1）人类要生存和发展，就要满足衣食住行等基本生活需要，就必须进行物质资料生产。物质资料生产离不开人的劳动和生产资料。劳动是物质财富的源泉，也是价值的唯一源泉；生产资料是创造物质财富和价值的条件。

生产资料所有制在生产关系中起着决定性作用，是生产关系的核心，是经济制度的基础。不同社会的生产资料所有制不同，同一个社会可以有不同形式的生产资料所有制，其中，占支配地位的生产资料所有制决定着一个社会的基本性质和发展方向。

（2）我国基本的经济制度：公有制为主体、多种所有制经济共同发展；按劳分配为主体、多种分配方式并存；社会主义市场经济体制等。

（3）我国的生产资料所有制是公有制为主体、多种所有制经济共同发展。

地位：是中国特色社会主义制度的重要支柱，也是社会主义市场经济体制的根基。

意义：体现了中国特色社会主义制度的优越性。中国特色社会主义进入新时代，我国经济发展也进入新时代，必须以习近平新时代中国特色社会主义经济思想为科学指引，在坚持社会主义各项基本经济制度的基础上，推动经济高质量发展。

【知识点二】公有制主体地位及其体现

（1）公有制为主体、多种所有制经济共同发展是我国的生产资料所有制。公有制经济和非公有制经济都是社会主义市场经济的重要组成部分，都是我国经济社会发展的重要基础。

互动训练

1. 在生产关系中起着决定性作用的是（　）

A. 生产资料所有制

B. 劳动和生产资料

C. 生产资料公有制

D. 人们在生产中的地位

2. 中央全面深化改革委员会第十四次会议审议通过《国企改革三年行动方案（2020—2022年）》。我国将以实施国企改革三年行动为契机，再次吹响改革的冲锋号。实施国企改革是因为国有经济（　）

A. 是我国国民经济的唯一支柱

B. 是社会主义初级阶段经济制度的根本特征

C. 控制我国国民经济命脉

D. 适应多层次生产力发展水平

古希腊城邦政治

古希腊的政治是城邦政治。年满20岁的（不包括妇女、奴隶和外邦人）都参与城邦的管理和统治工作。在古希腊人看来，人是具有德性的，人生活的意义在于实践自己的德性。人是天生的政治动物，因此人也就是天生有德性的动物。人们在公共活动中充分展现他的德性。“政治的目的是追求至善。”城邦公民之间的矛盾通过说服来达到政治目的。肯尼斯·米诺格认为，在古希腊，人与人之间在政治关系上是完全平等的，大家都只是服从自己制定的法律，并轮流做统治者和被统治者。

（2）公有制经济包括国有经济、集体经济以及混合所有制经济中的国有成分和集体成分。列表说明：

经济形式	含义	地位	作用
国有经济	社会全体劳动者共同占有生产资料	国民经济的支柱，掌握着国家的经济命脉，在国民经济中起主导作用	是壮大国家综合实力、保障人民共同利益的重要力量，为中国经济社会发展、科技进步、国防建设、民生改善作出了重大贡献
集体经济	部分劳动者共同占有生产资料	社会主义公有制经济重要组成部分，是我国农村的主要经济形式	广泛吸收社会资金，缓解就业压力，增加公共积累和国家税收，对实现共同富裕具有重要作用
混合所有制经济	不同所有制经济按照一定原则实行联合生产或经营	混合所有制经济中的国有成分、集体成分，是公有制经济的重要组成部分	有利于国有资本增强控制力、提高竞争力，有利于各种所有制资本取长补短、相互促进、共同发展

（3）公有制的主体地位主要体现在以下两个方面：

①公有资产（注意：不是国有资产）在社会总资产中占优势；公有资产占优势要有量的优势，更要注重质的提高。

②国有经济（注意：不是公有制经济）控制国民经济命脉，对经济发展起主导作用。国有资产是全体人民的共同财富，国有企业特别是中央管理企业，在关系国家安全、国民经济命脉的主要行业和关键领域占据支配地位。

（4）全面认识公有制为主体：

①以公有制为主体是社会主义初级阶段经济制度的根本特征。我国的社会主义性质和初级阶段的国情决定了生产资料所有制必然以公有制为主体，必须毫不动摇地巩固和发展公有制经济。

②以公有制为主体是促进生产力发展的根本要求。生产资料公有制适应社会化大生产要求，是社会主义国家对社会生产和经济发展进行宏观调控的制度基础，有利于推动经济持续健康发展。

③以公有制为主体是实现共同富裕的基本前提。生产决定分配，不同的生产资料所有制决定不同的分配制度。生产资料公有制决定了社会主义国家必须采取按劳分配制度，体现了人们在生产资料占有上的平等关系，能防止两极分化，有利于人民共享发展成果，实现共同富裕。

（5）国有企业的重要性：

①国有企业是国有经济最主要的实现形式；

②国有企业是中国特色社会主义的重要物质基础和政治基础；

③国有企业是推进国家现代化、保障人民共同利益的重要力量；

④国有企业是我们党执政兴国的重要支柱和依靠力量。

3. 毫不动摇巩固和发展公有制经济，必须发展壮大国有经济。毫不动摇巩固和发展公有制经济，必须发展壮大（　）

A. 公有制经济

B. 民营经济

C. 混合所有制经济

D. 国有经济和集体经济

4. 随着网络技术的完善与发展，不少年轻人在网上开店、卖产品，方便消费者的同时自身也取得了不错的经济效益。年轻人开的网店属于（　）

A. 个体经济

B. 混合所有制经济

C. 外资经济

D. 集体经济

5.在我国，国有经济控制国民经济命脉，对经济发展所起的作用为（　）

A. 主导作用

B. 主体作用

C. 根本动力

D. 基础作用

中国女排“五连冠”

1981年11月，中国女排首次夺冠，中国女排以七战全胜的成绩，夺得第三届世界杯女子排球赛的冠军。这是中国在世界篮、排、足三大球比赛中第一次获得世界冠军。从此，中国女排屡战屡胜，取得“五连冠”的辉煌成就。

【知识点三】多种所有制经济共同发展

（1）非公有制经济是社会主义市场经济的重要组成部分，是我国经济社会发展的重要基础。

（2）在我国现阶段，非公有制经济包括个体经济、私营经济、外资经济以及混合所有制经济中的非公有制成分。

①个体经济是指由劳动者个人或家庭占有生产资料，从事个体劳动和经营的经济。

②私营经济是指以生产资料私有和雇佣劳动为基础的经济以及混合所有制经济中的私人成分。

③外资经济是指外国投资者根据我国法律法规在我国境内设立的独资企业以及中外共同设立的企业的外商投资部分。港澳投资者在内地投资参照外商投资法和《条例》执行；台湾地区投资者在大陆投资，适用台湾同胞投资保护法及其实施细则规定，未规定的事项参照外商投资法和《条例》执行。发展外资经济，有利于引进境外的资金和先进技术，学习境外的先进管理经验；有利于扩大就业，扩大出口，增加财政收入。

（3）改革开放以来，非公有制经济不断发展壮大，成为稳定经济增长和改善民生的重要力量、创业就业的主要领域、技术创新的重要主体、国家税收的重要来源，为我国社会主义市场经济发展、政府职能转变、农村富余劳动力转移、国际市场开拓等发挥了重要作用。

【知识点四】在社会主义初级阶段，公有制经济与非公有制经济之间的关系

（1）在社会主义初级阶段，公有制经济与非公有制经济不是相互排斥、相互抵消的，而是相辅相成、相得益彰、共同发展，统一于社会主义现代化建设进程之中。

（2）多种所有制经济共同发展，有利于发挥各种所有制的长处，调动不同经济主体的积极性和创造性，有效利用各方面的资源，取长补短，激发社会主义市场经济的活力，推动经济持续健康发展。

·考点解析·

【考点一】公有制经济的主体地位与国有经济的主导作用关系

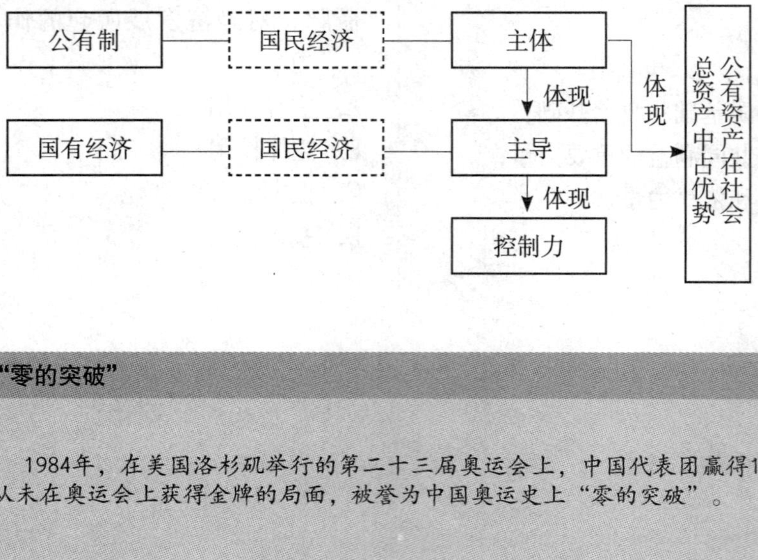

6.某国有企业在改制后成为股份有限公司，该公司的全部股份中，国有成分占45%，集体成分占25%，外资成分占20%，私人成分占10%。可见，该公司属于（　）

A. 国有经济

B. 集体经济

C. 外资经济

D. 混合所有制经济

7.公有制经济和非公有制经济，犹如中国经济的两翼，缺一不可，但两者地位不同。我国公有制经济的地位是（　）

A. 在市场经济中起主导作用

B. 在各行各业中居支配地位

C. 在国民经济中居主体地位

D. 在经济命脉中居优势地位

8.2020年，世界500强榜单中，中国大陆（含香港）公司上榜数量达124家，其中，国务院国资委监管的中央企业有92家。这些国企分布在投资大、收益薄、周期长的基础设施以及国防科技和民生改善等领域。这表明我国的国有经济（　）

A. 在国民经济中处于主体地位

B. 必须在各个领域占支配地位

C. 在国民经济中发挥主导作用

D. 是以雇佣劳动为基础的经济形式

"零的突破"

1984年，在美国洛杉矶举行的第二十三届奥运会上，中国代表团赢得15枚金牌、8枚银牌、9枚铜牌。这一成绩打破了中国从未在奥运会上获得金牌的局面，被誉为中国奥运史上"零的突破"。

【例1】一个社会可以有不同形式的生产资料所有制，其中，决定着一个社会的基本性质和发展方向的是（　）

A. 占支配地位的生产资料所有制

B. 不同性质所有制经济状况

C. 当时的社会生产力的发展状况

D. 生产资料所有制和分配制度

【解析】一个社会可以有不同形式的生产资料所有制，其中，占支配地位的生产资料所有制决定着一个社会的基本性质和发展方向，故选A。

【答案】A

【例2】（多选）在改革开放40年不断推进的理论与实践创新中，确立和完善社会主义初级阶段基本经济制度无疑是一项重大成就。我国的基本经济制度是（　）

A. 我国经济社会发展的重要基础

B. 社会主义市场经济体制的根基

C. 中国特色社会主义制度的重要支柱

D. 社会主义经济制度的基础

【解析】本题考查基本经济制度的相关知识。选项B中我国基本经济制度是社会主义市场经济体制的根基说法正确；选项C中，中国特色社会主义制度的重要支柱说法正确。公有制经济和非公有制经济是我国经济社会发展的重要基础，排除选项A；公有制是社会主义经济制度的基础，排除选项D。故选BC。

【答案】BC

【例3】某村以集体经济组织的农民家庭为生产单位，从事粮食、蔬菜种植或生猪养殖等生产活动，还发展了不少野味馆、茶庄等，吸引了不少游客，也带来了不错的经济效益。这种农业经营模式（　）

A. 改变了农村集体经济的性质

B. 丰富和发展了公有制的实现形式

C. 发挥了个体经济和私营经济的优势

D. 创造了平等公平的竞争环境

【解析】农业集体经济的性质没有改变，A错误。某村以集体经济组织的农民家庭为生产单位，生产活动，还发展了不少野味馆、茶庄等，丰富和发展了公有制的实现形式，B正确。题干涉及的是集体经济，未涉及发挥了个体经济和私营经济的优势，C不选。材料内容不涉及平等公平的竞争环境的创造，D不选。故选B。

【答案】B

9.改革开放以来，公有制经济和非公有制经济、国有企业和民营企业已经形成优势互补、相互支撑的格局。公有制经济和非公有制经济（　）

A. 都是社会主义经济制度的基础

B. 都是中国特色社会主义制度的重要支柱

C. 在国民经济中具有同等的地位

D. 都是我国经济社会发展的重要基础

10.国务院印发的《关于推进国有资本投资、运营公司改革试点的实施意见》强调，在国有资本投资、运营公司改革试点的过程中要坚持强化监督，防止国有资产流失。这是因为（　）

A. 国有经济是我国经济制度的基础

B. 国有经济是社会主义的根本经济特征

C. 国有经济控制着全社会的资本

D. 国有经济控制着我国国民经济的命脉

1990年第十一届亚运会

第十一届亚运会是由中国举办的第一次综合性国际体育大赛，1990年9-10月在北京举行。中国体育代表团以得金牌183枚、银牌107枚、铜牌51枚，奖牌总数341枚占据榜首。

【例4】改革开放以来，我国不断完善以公有制为主体、多种所有制经济共同发展的基本经济制度，极大地促进了社会生产力的发展。这一事实表明（ ）

A. 公有制与各种生产力水平相适应

B. 生产关系对生产力有巨大反作用

C. 非公有制是社会主义制度的支柱

D. 各种所有制相互融合，界限消失

【解析】公有制为主体、多种所有制经济共同发展的基本经济制度，适合社会主义初级阶段生产力发展不平衡、多层次的状况，符合社会主义的本质要求。国有经济同较高的生产力水平相适应，A错误。我国不断完善以公有制为主体、多种所有制经济共同发展的基本经济制度，极大地促进了社会生产力的发展。这一事实表明生产关系对生产力有巨大反作用，B符合题意。公有制为主体、多种所有制经济共同发展的基本经济制度是社会主义制度的支柱，C错误。坚持和完善这一基本经济制度，毫不动摇地巩固和发展公有制经济，毫不动摇地鼓励、支持、引导非公有制经济发展。各种所有制相互融合，但仍有界限，D错误。故选B。

【答案】B

【考点二】国有经济在国民经济中起主导作用

第一，对关系国民经济命脉的重要行业和关键领域，国有经济必须占支配地位。第二，国有经济要提高自己的整体质量和竞争力，引导和影响其他所有制经济的发展，并在国内外竞争中不断壮大。国有经济是我国国民经济的支柱，掌握国家的经济命脉，对于发挥社会主义制度的优越性，增强我国的经济实力、国防实力和民族凝聚力，提高我国的国际地位具有关键性作用。

【例1】（多选）公有制为主体、多种所有制经济共同发展是我国社会主义初级阶段的生产资料所有制。公有制主体地位表现在（ ）

A. 国有资产在社会总资产中占优势

B. 公有资产在社会总资产中占优势

C. 公有制在各个地方都必须保持量和质的优势

D. 国有经济对经济发展起主导作用

【解析】公有制主体地位表现在公有资产在社会总资产中占优势，A错误，B符合；既要有量的优势，又要注重质的提高；国有经济控制国民经济命脉，对经济发展起主导作用，C错误，D符合。故选BD。

【答案】BD

11.随着社会主义市场经济制度的不断完善，非公有制经济在复杂性形势的严峻挑战面前展现出蓬勃生机，为我国经济社会发展作出了突出贡献。这表明非公有制经济是（ ）

A. 推动我国生产力发展的重要力量

B. 国民经济的支柱和主导力量

C. 社会主义市场经济的根本标志

D. 我国社会主义经济制度的基础

12.中国桥、中国路、中国车、中国港、中国网，一个个奇迹般的工程，正在托举起中华民族伟大复兴的中国梦。这些大国工程的背后，彰显了我国科技创新发展成就，闪耀着国有企业改革创新的身影。材料体现（ ）

A. 自主创新是当今国际竞争的实质

B. 公有制是我国经济制度的基础

C. 国有资产在社会总资产中占优势

D. 国有经济控制国民经济命脉

2010年广州第十六届亚运会

广州第十六届亚运会于2010年11月12日至27日在中国广州进行，广州是中国第二个取得亚运会主办权的城市。中国体育代表团以199金、119银、98铜，奖牌总数416枚占据榜首。

【例2】（多选）2020年4月22日，习近平总书记在陕西实地考察时指出，国有大型企业要发挥主力军作用，在抓好常态化疫情防控的前提下，积极推进重大项目、重点工程开工复产，带动上下游产业和中小企业全面复工复产。这是基于（ ）

A. 国有经济是社会主义经济制度的基础

B. 国有企业是党执政兴国的重要支柱和依靠力量

C. 国有经济在国民经济中居于主体地位

D. 国有经济掌握着国家的经济命脉，起主导作用

【解析】国有大型企业要发挥主力军作用，在抓好常态化疫情防控的前提下，积极推进重大项目、重点工程开工复产，带动上下游产业和中小企业全面复工复产，反映出国有企业是党执政兴国的重要支柱和依靠力量，掌握着国家的经济命脉，起主导作用BD正确且符合题意；公有制经济是社会主义经济制度的基础，A错误；公有制经济在国民经济中居于主体地位，C错误。故选BD。

【答案】BD

【例3】（多选）某家国有企业集团进行混合所有制改革，向上下游知名民营企业出让29.8%的股权和部分董事席位，吸纳资金33.6亿元。这有利于该企业（ ）

A. 改善治理结构，提高企业管理水平

B. 控制上下游企业，实现一体化经营

C. 调整资本结构，降低企业经营风险

D. 激发企业活力，促进资本保值增值

【解析】本题考查国有企业混合所有制改革的相关知识，考查学生获取和解读信息、调动和运用知识、描述和阐释事物的能力。该国有企业进行混合所有制改革，转让部分股权和董事席位，这有利于该企业改善治理结构，提高企业管理水平，A正确切题；该企业改革后，吸纳资金33.6亿元，这有利于激发企业活力，促进资本保值增值，D正确切题。该国有企业向上下游企业转让部分股权和董事席位，有利于扩大公有资本的支配范围，但不能控制上下游企业，实现一体化经营，B说法错误；转让股权后，该企业的资本结构发生变化，但不会降低该企业的经营风险，企业经营的风险是市场竞争的结果，C说法错误。故选AD。

【答案】AD

13. 2021年6月1日，《中华人民共和国乡村振兴促进法》开始施行，为农村宅基地制度改革提供法治保障。进一步深化农村宅基地所有权、资格权、使用权“三权分置”为重点的改革，是乡村振兴中最为敏感，也是最为关键的一步。“三权分置”有利于（ ）

A. 实现农村宅基地所有权流转，助力乡村振兴

B. 创新集体经济发展模式，激发农村发展潜力

C. 保障农民宅基地使用权，增加其财产性收入

D. 调整上层建筑适应经济基础，发展农村经济

14.据统计，全国共有民营文艺表演团体近7000家，中外合资、合作或外商投资图书报刊发行企业40多家，以公有制为主体、多种所有制共同发展的文化产业格局正在形成。我国吸引非公有资本进入文化产业领域，这意味着（ ）

A. 非公有制经济成了社会主义经济的重要组成部分

B. 非公有制经济有利于增强国有经济活力、控制力和影响力

C. 在市场竞争中，非公有制经济和公有制经济具有平等的市场地位

D. 公有制经济的主体地位主要体现在国有经济在社会总资产中占优势

社会听证

社会听证和公示已逐渐成为各级政府在作出决策时经常采用的方法。《中华人民共和国立法法》《中华人民共和国价格法》《中华人民共和国行政许可法》《收费公路管理条例》等法律法规对举行听证作出了明确规定，一些地方政府也就行政决策的听证制定了政府规章。

【考点三】全面认识多种所有制经济共同发展

	含义	特点	作用
个体经济	个人	规模小、投资少、经营灵活	支撑经济增长、促进创新、扩大就业、增加税收等方面具有重要作用
私营经济	个人	规模较大、设备较先进、劳动生产率较高	
外资经济	外资		
社会主义市场经济的重要组成部分，我国经济社会发展的重要基础			

【例1】一对夫妇筹资开了一个火锅店，夫妻俩既当店主又当服务员。随着生意的红火，他俩开起了火锅连锁店并雇工经营，自己当老板。火锅连锁店属于（　）

A. 公有制经济　B. 集体经济

C. 个体经济　D. 私营经济

【解析】私营经济，以生产资料私有和雇佣劳动为基础。材料中的夫妻二人开了火锅连锁店并雇工经营，表明火锅连锁店属于私营经济，D正确。故选D。

【答案】D

【例2】（多选）2021年《政府工作报告》提出，按照竞争中性原则，在要素获取、准入许可、经营运行、政府采购和招投标等方面，对各类所有制企业平等对待。实行竞争中性原则（　）

A. 表明国有企业已真正成为独立的市场经济主体

B. 旨在营造各类所有制企业公平竞争的市场秩序

C. 有利于更好地发挥市场在资源配置中的决定性作用

D. 意味着政府强化政策扶持以增强小微企业竞争优势

【解析】国有企业早已真正成为独立的市场经济主体，竞争中性原则与国有企业真正成为独立的市场经济主体无关，A排除。在要素获取、准入许可、经营运行、政府采购和招投标等方面，对各类所有制企业平等对待。这意味着实行竞争中性原则旨在营造各类所有制企业公平竞争的市场秩序，有利于更好地发挥市场在资源配置中的决定性作用，BC符合题意。竞争中性原则说明政府在诸多方面对各类所有制企业平等对待，未体现政府强化政策扶持以增强小微企业竞争优势，D不符合题意。故BC。

【答案】BC

15.我们党在坚持生产资料所有制上的观点是明确的、一贯的，从来没有动摇。我国的公有制经济是在长期以来我国发展历程中形成的，积累了大量的财富，这是全体人民的共同财富，必须保管好、使用好、发展好。要确保公有制的主体地位，就必须（　）

A. 使公有资产的绝对数量增加

B. 使公有制经济控制国民经济命脉，对经济发展起决定作用

C. 使国有资产在社会总资产中占优势

D. 使公有资产在社会总资产中占优势，国有经济控制国民经济命脉

16.某市属国企在混合所有制改革前由该市国资委持股100%，2019年3月引入战略投资者以后，国资委仅持股45%。2020年1月，该企业营业收入同比增长20%，利润增长超过40%。由此可见，混合所有制改革能（　）

A. 强化对我国国有资产的监管

B. 完善我国多层次资本市场体系

C. 促进我国收入分配制度完善

D. 实现多种所有制资本优势互补

2011年8月20日，为适应证券公司融资融券业务由试点转入常规的需要，中国证监会近日起草了《关于修改〈证券公司融资融券业务试点管理办法〉的决定（草案）》和《关于修改〈证券公司融资融券业务试点内部控制指引〉的决定（草案）》，并向社会公开征求意见。

【例3】（多选）改革开放以来，我国民营经济从小到大、从弱到强，不断发展壮大。概括起来说，民营经济具有"五六七八九"的特征，即贡献了50%以上的税收，60%以上的国内生产总值，70%以上的技术创新成果，80%以上的城镇劳动就业，90%以上的企业数量。由此可见（　）

A. 民营经济是技术创新的重要主体

B. 民营经济是社会主义经济不可或缺的重要组成部分

C. 民营经济是我国经济社会发展的重要基础

D. 民营经济是我国经济发展的决定性力量

【解析】改革开放以来，我国民营经济从小到大、从弱到强，不断发展壮大。从民营经济具有"五六七八九"的特征，可以看出民营经济是技术创新的重要主体，是我国经济社会发展的重要基础，AC符合题意。民营经济是社会主义市场经济不可或缺的重要组成部分，不是社会主义经济不可或缺的重要组成部分，B说法错误。国有经济是我国经济发展的决定性力量，D说法错误。故选AC。

【答案】AC

【例4】（多选）在推进"一带一路"建设过程中，具有强大科研能力及雄厚资金的某国有制造企业与具有丰富经营经验及灵活决策机制的某私营企业合作"走出去"，产生"1+1>2"的共赢效应。这从一个侧面表明（　）

A. 国有经济与非公有制经济在经济发展中相互促进，共同发挥主导作用

B. 各种所有制企业充分发挥比较优势，有利于提高企业的国际竞争力

C. 各种所有制取长补短，共同发展，坚持和完善社会主义基本经济制度

D. 公有制经济与非公有制经济都是社会主义经济的重要组成部分

【解析】在推进"一带一路"建设过程中，实力雄厚的某国有企业与具有丰富经营经验及灵活决策机制的某私营企业合作"走出去"，产生了"1+1>2"的共赢效应，从一个侧面表明各种所有制企业充分发挥比较优势，取长补短，共同发展，有利于提高企业的国际竞争力，有利于坚持和完善社会主义基本经济制度，BC符合题意；在我国国民经济中，国有经济发挥主导作用，A说法错误；公有制经济与非公有制经济都是社会主义市场经济的重要组成部分，而不是社会主义经济的重要组成部分，D说法错误。故选BC。

【答案】BC

17.2019年，世界500强中国企业上榜数量129家，其中，国务院国资委监管的中央企业有48家。这些国企分布在投资大、收益薄、周期长的基础设施、国防科技和民生改善等领域。这表明我国的国有经济（　）

A. 在国民经济中发挥主导作用

B. 必须在各个领域占支配地位

C. 在国民经济中处于主体地位

D. 是我国市场经济体制的根基

18.作为国有五大商业银行之一的交通银行，正探索引入民营资本、高管和员工持股。这一改革措施将有利于（　）

A. 使公有资本和非公有资本取长补短、相互促进、共同发展

B. 保障国有经济和非公有制经济在国民经济中具有相同地位

C. 推进股份制改革，完善治理机制，激发银行活力

D. 调动员工积极性，提高银行利率水平和营利能力

互动训练答案

1.A　2.C　3.D　4.A　5.A

6. D　7.C　8. C　9.D　10.D

11.A　12.D　13.C　14. C

15.D　16.D　17.A　18.AC

恢复高考

1977年，高考制度恢复。这年的高考在冬天举行。据说有570万到1000万人报名。最后在全国录取了27.3万人。

第二节 坚持“两个毫不动摇”

·知识整合·

习近平总书记强调，必须坚持和完善我国社会主义基本经济制度，毫不动摇地巩固和发展公有制经济，毫不动摇地鼓励、支持、引导非公有制经济发展。“两个毫不动摇”是我们党对多年来坚持和发展基本经济制度成功经验的高度概括。正是在坚持“两个毫不动摇”中，我们创造了改革开放和社会主义现代化建设的伟大时代奇迹。“两个毫不动摇”也必将为实现“两个一百年”奋斗目标和中华民族伟大复兴的中国梦发挥新的更大作用。

【知识点一】毫不动摇地巩固和发展公有制经济

1.毫不动摇地巩固和发展公有制经济，发展壮大国有经济

（1）从发展原则来看：

①发展壮大国有经济，要以解放和发展社会生产力为标准；

②以提高国有资本效率、增强国有企业活力为中心；

③全面推进依法治企，加强和改进党对国有企业的领导（措施）；做强做优做大国有企业，不断增强国有经济竞争力、创新力、控制力、影响力、抗风险能力（目的）。

（2）从发展方向来看：要推动国有布局优化和结构调整。推动国有资本更多投向关系国计民生和关系国民经济命脉、科技、国防安全等领域，服务于国家战略目标，重点提供公共服务、发展重要前瞻性战略性产业、保护生态环境、支持科技进步、保障国家安全。

（3）从发展方式来看：要探索公有制多种实现形式。发展国有资本、集体资本、非公有资本等交叉持股、相互融合的混合所有制经济，积极稳妥推进国有企业混合所有制改革，规范有序发展混合所有制经济。

2.毫不动摇地巩固和发展公有制经济，必须发展壮大农村集体经济

（1）发展壮大农村经济，要深化农村土地制度和集体产权制度改革，保障农民财产权益。

（2）要完善农村基本经营制度，培育新型农业经营主体，健全农业社会化服务体系，建立符合市场经济要求的集体经济运行机制。

互动训练

1.毫不动摇地巩固和发展公有制经济，必须发展壮大（　）

A. 公有制经济

B. 国有经济和集体经济

C. 混合所有制经济

D. 民营经济

2.我们在生活中消费的各种产品和服务，都是由各行各业的劳动者生产和提供的。劳动者从事生产、提供服务离不开一定的生产资料所有制。我国的生产资料所有制是（　）

A. 社会主义公有制

B. 国有经济和集体经济

C. 按劳分配为主体，多种分配方式并存

D. 公有制为主体，多种所有制经济共同发展

3.发展壮大国有经济的目的是（　）

A. 提高国有经济的比重

B. 扩大国有企业的规模

C. 巩固国有经济的主体地位

D. 增强国有经济竞争力、控制力、影响力、抗风险能力

中共海南省委群众工作部2011年6月15日正式成立，这是全国第一个省级层面的群众工作部，标志着海南省用群众工作统揽信访工作进入全新阶段。同日，海南省信访局升格为正厅级，作为主管全省信访工作的省政府工作部门，与中共海南省委群众工作部合署办公，履行党的群众工作和信访工作双重职责。

【知识点二】毫不动摇地鼓励、支持、引导非公有制经济发展

改革开放以来，我国非公有制经济是在坚持公有制主体地位和发挥国有经济主导作用的前提下，在党和国家方针政策的鼓励和支持下发展起来的，是推动经济社会发展的重要力量。因此，必须毫不动摇地鼓励、支持、引导非公有制经济发展。

1. 政府政策角度

（1）要培育更多充满活力的市场主体，营造支持非公有制经济高质量发展的制度环境；

（2）营造各种所有制主体依法平等使用资源要素、公开公平公正参与竞争、同等受到法律保护的市场环境；

（3）要健全支持非公有制经济发展的法治环境，贯彻落实包括市场准入、企业融资等在内的促进非公有制经济健康发展的各项政策措施，形成促进非公有制经济发展的良好环境和社会氛围。

2. 企业经营角度

支持和帮助非公有制企业提高企业管理水平，完善管理体制机制，提高生产技术水平和研发能力，从而不断提高企业的效率和市场竞争力。

3. 企业家角度

（1）国家：要促进非公有制经济人士健康成长，推动非公有制经济人士做合格的中国特色社会主义事业建设者。

（2）本人：非公有制经济人士要坚持爱国敬业，坚持守法经营、诚信经营，构建亲清政商关系，坚持回报社会、积极承担社会责任，树立企业的良好社会形象。

考点解析

【考点一】毫不动摇地巩固和发展公有制经济

1.国有企业进行混改对我国经济的发展有什么好处

有利于国有资本增强控制力、提高竞争力；有利于发挥各种所有制的长处，有效利用各方面的资源，取长补短，共同发展。

2.股份制公司

有限责任公司和股份有限公司两种形式。公司的组织机构一般由三个部分组成：决策机构、执行机构和监督机构。公司制的优点：独立法人、有限责任、科学管理。

3.完善农村基本经营制度有何意义

明确土地产权关系，经营主体多元发展；促进土地资源合理利用，农业生产规模化、市场化；发展现代农业，增加农民财产性收入。

4.发展壮大国有经济（ ）

A. 要以解放和发展社会生产力为中心

B. 要以提高国有资本效事、增强国有企业活力为标准

C. 要服务于国家战略目标，扩大国有资本支配范围

D. 要加强和改进党对国有企业的领导，依法治企

5.全国各地频繁举行国有企业混改项目招商推介会，国务院更是用更大力度、更深层次来形容下一步的国有企业混改方向。下列对国有企业混改的认识正确的是（ ）

A. 巩固了非公有制经济的地位

B. 国有企业混改能使国有资本的控制力增强

C. 改变了我国国有企业的性质

D. 提高了国有企业的影响力和抗风险能力

6.各级政府要围绕生产经营、产品销售、企业管理、贷款融资、人才引进、权益保护等方面的困难，积极出主意、想办法，帮助小微企业解决实际问题，体现了（ ）

A. 毫不动摇巩固发展公有制经济

B. 毫不动摇支持鼓励、引导非公有制经济发展

C. 为企业制定合理的经营战略

D. 积极推进混合所有制改革

中国互联网络信息中心（CNNIC）于2011年7月19日在北京发布了《第28次中国互联网络发展状况统计报告》，报告显示，截至2011年6月，中国网民规模达4.85亿，较2010年年底增加2770万人；互联网普及率攀升至36.2%，较2010年提高1.9个百分点。我国手机网民规模为3.18亿，较2010年年底增加了1494万人。手机网民在总体网民中的比例达65.5%，成为中国网民的重要组成部分。

【例1】（多选）我国中央企业80%以上的国有资产集中在军工、能源、交通、重大装备制造、重要矿产资源开发领域，承担着我国几乎全部的原油、天然气和乙烯生产，提供了全部的基础（　）

A. 国有经济控制国民经济命脉

B. 国有经济是国民经济的主体

C. 国有经济在国民经济中起主导作用

D. 禁止民营经济进入能源、交通等行业

【解析】央企集中在关系国民经济命脉的重要领域，有利于控制国民经济命脉、发挥国有经济的主导作用，AC符合题意；B混淆了国有经济的主导作用与公有制经济的主体地位；能源、交通不是禁止民营经济进入的行业和领域，排除D。故选 AC。

【答案】AC

【例2】我国大力实施乡村振兴战略、完善农村承包地“三权”分置制度。保持土地承包关系稳定并长久不变，第二轮土地承包到期后再延长三十年。这有利于（　）

A. 保障农民土地所有权　B. 促进城乡工农互惠

C. 发展和壮大集体经济　D. 增加农村土地供给

【解析】A错误，农村土地所有权归集体，不归农民；B不符合题意，材料没有涉及城乡工农关系；C符合题意，深化农村土地制度改革，有利于盘活农村土地资源，发展和壮大集体经济；D不符合题意，保持土地承包关系稳定并不能增加农村土地供给。故选C。

【答案】C

【例3】（多选）党的十八届三中全会作出了实行农村集体产权制度改革的决定。截止到2020年8月，全国已有43.8万个行政村完成了集体产权制度改革，进一步明晰了各类产权归属，赋予农民更多财产权利。该项改革有利于（　）

A. 筑牢现代农业发展的基础，促进传统农业转型升级

B. 激活农村各类生产要素潜能，多渠道增加农民收入

C. 增强集体经济控制力，助推乡村振兴战略发展

D. 壮大农村集体经济，巩固公有制经济主体地位

【解析】要用创新筑牢现代农业发展的基点，促进传统农业转型升级，集体产权制度改革跟筑牢农业发展基点没关系，A不符合题意。农村集体产权制度改革进一步明晰了各类产权归属，赋予农民更多财产权利，这有利于激活农村各类生产要素潜能，多渠道增加农民收入；壮大农村集体经济，巩固公有制经济主体地位，BD符合题意。我们要增强国有经济的控制力，C错误。故选BD。

【答案】BD

7.（多选）习近平总书记多次强调，必须毫不动摇地巩固和发展公有制经济。这是因为生产资料公有制（　）

A. 是社会主义的根本经济特征

B. 是社会主义经济制度的基础

C. 是社会主义初级阶段的生产资料所有制

D. 是解决我国一切问题的关键

8.（多选）我国积极推进各种措施，鼓励民营企业依法进入更多领域，引入非国有资本参与国有企业改革，鼓励有条件的私营企业建立现代企业制度。其目的在于（　）

A. 激发非公有制经济活力和创造力

B. 保证各种所有制经济的平等地位

C. 推动多种所有制经济共同发展

D. 使非公有制企业承担更多经济责任

9.我们要毫不动摇地鼓励、支持、引导非公有制经济发展，保证各种所有制经济依法平等使用资源要素、公开公平公正参与竞争、同等受到法律保护。这意味着非公有制经济（　）

A. 在社会总资产中占优势

B. 是同社会化大生产相适应的

C. 是社会主义经济制度的基础

D. 受国家支持，平等参与竞争

“蛟龙入海”

2011年7月26日，中国载人深潜5000米级海试现场传来捷报，“蛟龙”号在第二次下潜试验中成功突破5000米水深大关，并成功回收至“向阳红09”船。经确认，此次下潜试验完成了既定目标，最大下潜深度达到5057米，创造了中国载人深潜新的历史。

【例4】（多选）2020年，国有资本加快市场化改革步伐，先后入主A股上市公司数十家。如今已有数十家上市公司拟引入国有资本作为战略投资者。国有资本入主上市公司（ ）

A. 能够实现不同所有制经济在国民经济中地位平等

B. 增强了国有经济在市场竞争中的主导地位

C. 能扩大其影响力，优化上市公司的资本结构

D. 旨在通过国有资本的重组降低国有资本的占比

【解析】各类所有制经济在市场竞争中的地位平等，但在国民经济中的地位不一样，A错误。依据题意，国有资本入主上市公司能扩大其影响力，优化上市公司的资本结构；增强了国有经济在市场竞争中的主导地位，BC符合题意。“降低国有资本的占比”说法错误，国有资本入主上市公司的目的不是通过国有资本的重组降低国有资本的占比，而是有利于提高国有资本配置和运行效率，优化国有经济布局，D错误。故选BC。

【答案】BC

【例5】（多选）改革开放以来，我国社会主义公有制的主体地位日益巩固，国有企业改革取得巨大成就，资产规模不断扩大，国有经济成为社会主义现代化建设的中坚力量。下列观点中有利于增强公有制经济主体地位的有（ ）

A. 巩固和完善农村基本经营制度，保障农民财产权益，壮大集体经济

B. 保证公有资产在全国各地方各行业社会总资产中均占优势

C. 完善国有资产管理体制，推动国有资本做强做优做大

D. 增强国有经济的主体作用，增强控制力

【解析】集体经济属于公有制经济的一部分，通过巩固和完善农村基本经营制度，保障农民财产权益，壮大集体经济，有利于增强公有制经济主体地位；国有经济在国民经济中起主导作用，完善国有资产管理体制，推动国有资本做强做优做大，有利于增强公有制经济主体地位，AC正确。公有资产在社会总资产中占优势，这是对全国而言，有的地方，有的产业可以有所差别，B错误。公有制为主体，国有经济在国民经济中起主导作用，D错误。故选AC。

【答案】AC

4.一个成功的公司应该怎样经营和发展

（1）公司要制定正确的经营战略。

（2）公司要提高自主创新能力，依靠技术进步、科学管理等手段，形成自己的竞争优势。

（3）公司要诚信经营，树立良好的信誉和企业形象。

（4）还必须建立现代企业制度，实行强强联合和企业兼并，提高经营者的素质。

10.2022年是“国企改革三年行动”收官之年，央企所属企业中的混合所有制企业户数占比超过75%。推进国有企业混合所有制改革旨在（ ）

A. 探索公有制多种实现形式

B. 实现非公有制经济国有化

C. 控制国有资本的发展规模

D. 提高非公有制经济的比重

11.在“一带一路”建设中，具有强大科研能力的国有制造企业与灵活决策机制的私营企业合作“走出去”，产生了“1+1>2”的共赢效应。这表明公有制经济与非公有制经济（ ）

A. 发挥各自长处，有利于提高国际竞争力

B. 相辅相成，共同发挥了主导作用

C. 都是社会主义经济的重要组成部分

D. 在国民经济中地位平等，共同参与竞争

2011年6月4日晚，李娜以2：0战胜意大利选手斯齐亚沃尼，夺得法国网球公开赛女子单打冠军，象征着网坛最高荣誉的苏珊·朗格伦杯第一次刻上了亚洲选手的名字。

【例6】（多选）自从2020年7月11日第一批部队进驻江西、安徽等地执行抗洪任务，官兵们每天扛沙袋、堵渗漏，衣服和鞋子破损严重，其中有多支部队从演训场直奔任务地，衣物携带不足，急需配发补充，保障部门采取超常举措，解难帮困，军地联手共同抗洪，通过中国邮政及时寄递物资。中国邮政在这次抗洪中的优秀表现说明（　）

A. 国有经济对于发挥社会主义优越性起着关键作用

B. 国有经济在国民经济中发挥主导作用

C. 不同所有制经济平等参与市场竞争

D. 作为社会主义经济制度基础的国有经济作用不可替代

【解析】中国邮政的性质是国有企业，代表国有经济。中国邮政在抗洪中积极发挥作用，显示出社会主义制度的优越性，进一步说明国有经济在国民经济中的主导作用，AB符合题意。材料中没有说到不同的所有制经济，不同所有制经济平等参与市场竞争不符合题意，C不符合题意。作为社会主义经济制度基础的不是国有经济，而是公有制经济，D错误。故选AB。

【答案】AB

【例7】（多选）为抢占新能源科技创新制高点，某大型国有企业按照中央和北京市委市政府的部署，成立“北创中心”，将混合所有制改革和科技创新有机结合起来：一方面，吸引多方伙伴参与，增资扩股，容纳更多产业参与者；另一方面，跨领域、跨行业协同和开放创新，建立开放融合的创新机制和利益共享机制。这种改革将（　）

A. 完善产学研深度融合的技术创新体系，加快科技成果转化

B. 促进混合所有制经济发展，改变公有制经济的主体地位

C. 优化资源配置，发挥非公有制经济在国民经济中的主导作用

D. 放大国有资本的功能，增强国有经济控制力和影响力

【解析】材料讲述某大型国有企业成立“北创中心”，将混合所有制改革和科技创新有机结合起来，AD符合题意。这一举措不仅不会改变公有制经济的主体地位，反而利于国企做优做强，增强公有制经济的主体地位，B排除。国有经济在国民经济中起主导作用，C说法错误。故选AD。

【答案】AD

12.国务院印发的《关于推进国有资本投资、运营公司改革试点的实施意见》强调，在国有资本投资、运营公司改革试点的过程中要坚持强化监督，防止国有资产流失，这是因为（　）

A. 国有经济是我国经济制度的基础

B. 国有经济是社会主义的根本经济特征

C. 国有经济控制着全社会的资本

D. 国有经济是我国国民经济的支柱

13.（多选）京能集团作为首都国企，肩负着为首都提供绿色能源、实现清洁低碳发展的任务。在“新建”和“并购”的双轮驱动下，不断扩大国有资本控制力，主动作为，强基固本，闯出一条综合能源投资发展之路，推进国企改革（　）

A. 有利于优化国有资本布局，增强其控制力

B. 优化所有制结构，巩固国企主体地位

C. 有利于提高国企运行效率，增强其竞争力

D. 能缓解就业压力，实现全体人民共同富裕

2011年5月26日，国家国防科技工业局在京组织举行风云三号B气象卫星在轨交付仪式，卫星由研制部门中国航天科技集团公司正式交付给用户中国气象局。作为我国自主研制的新一代太阳同步轨道气象卫星，风云三号B星正式投入使用，标志着我国极轨气象卫星真正实现了升级换代，也标志着我国气象卫星跨越发展、达到了世界先进水平。2010年11月5日，风云三号B星在太原卫星发射中心由长征四号丙遥七运载火箭发射入轨。

【考点二】区分各种所有制经济国民经济地位和社会主义市场经济地位

公有制经济和非公有制经济在国民经济中的地位是不平等的，公有制经济在国民经济中居于主体地位。公有制经济和非公有制经济在社会主义市场经济地位是平等的，公有制经济和非公有制经济都是社会主义市场经济的重要组成部分，都是我国经济社会发展的重要基础。

【例1】（多选）农村多年的发展实践证明了，一个村庄发展能否有持续动力、村民是否富裕，关键在于有无可持续发展的产业和强大的集体经济。发展壮大农村集体经济需要（　）

A. 巩固农村基本经营制度，深化农村土地制度和集体产权制度改革，保障农民财产权益

B. 切实保障农民对土地的所有权，充分调动农民生产的积极性

C. 发展多种形式适度规模经营培育新型农业经营主体，健全农业社会化服务体系

D. 发展重要前瞻性战略性产业，增强对国民经济的控制

【解析】本题主要考查发展壮大农村集体经济。我们要坚持农村土地集体所有制，农民对土地拥有承包权和经营权，但没有所有权，B前半句说法错误；D讲的是发展壮大国有经济的措施，与题意不符；AC的举措均有利于发展壮大农村集体经济。故选AC。

【答案】AC

【例2】（多选）习近平在武汉市主持召开部分省市负责人座谈会时强调，进一步增强经济发展活力，要坚持和完善基本经济制度，增强公有制经济特别是国有经济发展活力，鼓励、支持、引导非公有制经济发展。从上述材料中我们可以得出的合理结论是（　）

A. 我国形成了以公有制为主体、多种所有制经济共同发展的格局

B. 坚持和完善基本经济制度可以为增强经济发展活力提供制度保障

C. 非公有制经济在国民经济中与公有制经济地位平等

D. 非公有制经济成为我国社会主义经济的重要组成部分

【解析】进一步增强经济发展活力，要坚持和完善基本经济制度，增强公有制经济特别是国有经济发展活力，鼓励、支持、引导非公有制经济发展，这说明我国形成了以公有制为主体、多种所有制经济共同发展的格局，同时还表明坚持和完善基本经济制度可以为增强经济发展活力提供制度保障，AB正确。公有制和非公有制在我国国民经济中的地位是不是平等的，公有制是主体地位，非公有制是社会主义市场经济的重要组成部分，C错误。非公有制是我国社会主义市场经济的重要组成部分，D错误。故选AB。

【答案】AB

14.新时代坚持和发展中国特色社会主义，必须毫不动摇地巩固和发展公有制经济，毫不动摇地鼓励、支持、引导非公有制经济发展。这表明非公有制经济与公有制经济（　）

A. 在国民经济中的地位和作用相同

B. 在国民经济的各领域都可以发展

C. 都是社会主义经济的重要组成部分

D. 都有利于推动社会生产力的发展

15.著名科学家牛顿养了两只猫，一只大猫，一只小猫。他在墙上开了两个洞，一个大洞，一个小洞。有人笑话他说，你还是大科学家呢，开一个洞就够了，小猫也可以走大洞嘛。牛顿说不对，如果两个猫同时要出去，那大洞肯定被大猫占住了，小猫就无路可走。“让大猫小猫都有路走”，对于推动各种所有制经济发展来说（　）

A. 要毫不动摇巩固和发展非公有制经济

B. 要保证各种所有制经济地位的完全平等

C. 要使各种所有制经济互不影响、各行其道

D. 要促进各种所有制经济公平竞争、共同发展

2011年5月30日，中共中央政治局召开会议，研究加强和创新社会管理问题。特别是改革开放以来，根据国内外形势发展变化，党和国家不断就加强和改进社会管理制定方针政策、作出工作部署，有力推进社会管理改革创新。经过长期探索和实践，我国建立了社会管理工作领导体系，构建了社会管理组织网络，制定了社会管理基本法律法规，初步形成党委领导、政府负责、社会协同、公众参与的社会管理格局。

【例3】（多选）党的十九大报告指出，要构建“亲”“清”新型政商关系，促进非公有制经济健康发展和非公有制经济人士健康成长。这样做的依据有（ ）

A. 非公有制经济在国民经济中居于主体地位

B. 我国鼓励、支持、引导非公有制经济发展

C. 非公有制经济发展有利于促进创新、增加就业

D. 非公有制经济人士的素质影响我国经济发展的质量

【解析】促进非公有制经济健康发展和非公有制经济人士健康成长的依据主要应从二者的地位和作用角度分析，CD表述正确且符合题意。公有制经济在国民经济中居于主体地位，A错误。材料中的做法体现了B，但B不是依据，排除。故选CD。

【答案】CD

【考点三】坚持“两个毫不动摇”

习近平总书记强调，必须坚持和完善我国社会主义基本经济制度，毫不动摇地巩固和发展公有制经济，毫不动摇地鼓励、支持、引导非公有制经济发展。

【例1】我们要毫不动摇地鼓励、支持、引导非公有制经济发展，保证各种所有制经济依法平等使用资源要素、公开公平公正参与竞争、同等受到法律保护。这意味着非公有制经济（ ）

A. 在社会总资产中占优势　　B. 是同社会化大生产相适应的

C. 是社会主义经济制度的基础　　D. 受国家支持，平等参与竞争

【解析】非公有制经济是我国社会主义市场经济的重要组成部分，受国家支持，平等参与竞争，D符合题意；A、B、C都是公有制经济的特征，不符合题意。故选D。

【答案】D

【例2】（多选）当前，我国企业总数中的90%以上，城镇就业的80%以上，工业增加值的70%以上，投资总量的60%以上，税收的50%以上都是民营经济贡献的。据此推断民营经济（ ）

A. 已经成为我国社会主义市场经济的重要组成部分

B. 与国有经济一样都是我国经济社会发展的重要基础

C. 在社会主义初级阶段已成为公有制的重要实现形式

D. 在我国经济运行整体态势上已经开始发挥主导作用

【解析】公有制的重要实现形式是股份制，不是民营经济，故C错；在我国经济运行整体态势上发挥主导作用的是国有经济，不是民营经济，故D错；民营经济已经成为我国社会主义市场经济的重要组成部分，与国有经济一样都是我国经济社会发展的重要基础，故AB正确。

【答案】AB

16.改革开放40多年以来，我国民营经济从小到大、由弱变强，在稳定增长、促进创新、增加就业、改善民生等方面发挥了重要作用，这表明民营经济（ ）

A. 成为推动我国经济社会发展的重要力量

B. 在我国国民经济中起着主导作用

C. 是我国社会主义经济的重要组成部分

D. 在社会总资产中逐步占优势地位

17.习近平总书记在民营企业座谈会上说：“公有制经济、非公有制经济应该相辅相成、相得益彰,而不是相互排斥、相互抵消。”下列对公有制经济和非公有制经济理解正确的是（ ）

A. 公有制经济和非公有制经济都是社会主义经济的重要组成部分

B. 公有制经济和非公有制经济在基本经济制度中地位是平等的

C. 公有制经济和非公有制经济都是推动我国经济社会发展的重要力量

D. 发展非公有制经济是为了更好地发挥公有制经济的主导作用

政务公开

实行政务公开，一是公开行政机关及其工作人员的职能、职责；二是公开工作纪律；三是公开办事规则、程序、时限和结果；四是用人、财务、分配，凡涉及群众切身利益的事项应予公开。政务公开不仅能够转变机关工作作风，促进执法行政，廉洁高效，“给群众一个明白，还干部一个清白”，而且对于发展社会主义民主政治、建立社会主义市场经济体制都具有重要作用。

【例3】（多选）必须毫不动摇地巩固和发展公有制经济，坚持公有制主体地位，发挥国有经济主导作用，不断增强国有经济竞争力、创新力、控制力、影响力、抗风险能力。必须毫不动摇地鼓励、支持、引导非公有制经济发展，激发非公有制经济活力和创造力。“两个毫不动摇”表明在社会主义市场经济中各种所有制经济（ ）

A. 依法平等使用资源要素

B. 都是我国经济社会发展的重要基础

C. 同等受到法律保护，地位相同

D. 交叉持股，取长补短，共同发展

【解析】“两个毫不动摇”表明在社会主义市场经济中各种所有制经济都是我国经济社会发展的重要基础，依法平等使用资源要素，AB正确。在市场经济中各种所有制经济的地位是平等的，在国民经济中，公有制经济占主体地位，各种所有制经济地位并非相同，C错误。混合所有制经济有利于各种所有制资本交叉持股，取长补短，共同发展，D不符合题意。故选AB。

【答案】AB

【例4】（多选）当前，我国既要毫不动摇地巩固和发展公有制经济，又要贯彻落实包括市场准入、企业融资等在内的促进非公有制经济健康发展的各项政策措施。这样做有利于（ ）

A. 形成不同所有制经济共同发展的良好环境

B. 保证各种经济成分在国民经济中的平等地位

C. .推进国有企业改革，巩固国有经济的主体地位

D. 促进各种所有制经济公开公平公正参与竞争

【解析】既要毫不动摇地巩固和发展公有制经济，又要促进非公有制经济健康发展，有利于形成不同所有制经济共同发展的良好环境，促进各种所有制经济公开公平公正参与竞争，AD正确；各种经济成分在国民经济中的地位是不平等的，公有制经济在国民经济中处于主体地位，BC错误。故选AD。

【答案】AD

18.稳市场主体是稳住经济大盘的关键。当前，政府采购要更多地向民营企业及中小企业倾斜，降低中小企业投标门槛。充分发挥央企和国企的支撑和带动作用，鼓励央企和国企通过投资合作、项目合作、资金支持等方式与中小企业开展合作，加快构建相互依存、相互促进的发展生态体系，辐射带动中小企业共同发展。此举意在（ ）

A. 提升非公有制经济在国民经济中的地位和竞争力

B. 实现投资主体多元化，探索公有制多种实现形式

C. 缩减市场准入负面清单，确保企业盈利能力提升

D. 形成促进非公有制经济发展的良好环境和社会氛围

互动训练答案

1.B 2.D 3.D 4.D 5.B
6.B 7.AE 8.AC 9.D 10.A
11.A 12.D 13.AC 14.D
15.D 16.A 17.C 18.D

中国全面免除城市义务教育阶段学生学杂费

国务院决定，从2008年秋季学期开始，在全国范围内全部免除城市义务教育阶段学生学杂费。对享受城市居民最低生活保障政策家庭的义务教育阶段学生，继续免费提供教科书，对家庭经济困难的寄宿学生补助生活费。这是继农村义务教育经费保障机制改革后，国务院决定实施的又一重大决策，是推动义务教育均衡发展、促进教育公平的具体体现，是我国教育史上又一座里程碑。

[第二课　我国的社会主义市场经济体制]

第一节　市场在资源配置中起决定性作用

知识整合

【知识点一】市场调节

1. 资源配置及其必要性

（1）资源配置指人们为了满足自己多方面的需要，对社会可以利用的有限资源进行一定的安排。

（2）资源需要合理配置是由资源的有限性和人的需求的无限性这一矛盾决定的。人的需要是多种多样、永无止境的，但在一定时期和范围内，社会能够加以利用的资源总是有限的。为了尽量满足多方面的需要，社会必须合理配置有限的资源。

2. 资源配置的手段

计划和市场是资源配置的两种基本手段。

【知识点二】市场配置资源的优点和机制

（1）市场在资源配置中起决定性作用的经济就是市场经济。

（2）市场决定资源配置是市场经济的一般规律。在市场经济中，生产什么、如何生产、产品如何分配，主要通过价格、供求、竞争等机制来调节。市场机制就像一只“看不见的手”，引导和调节着资源在全社会的配置。

（3）市场配置资源的优点：在瞬息万变的经济生活中，市场价格及其波动，能够反映供求状况及其变化，市场供求的变化也会影响市场价格。市场竞争能够引导资源流向效率高的领域和企业，推动科学技术和经营管理进步，实现优胜劣汰。

（4）市场配置资源的缺点：

①市场调节具有自发性、盲目性和滞后性的弊端。

②市场调节不是万能的。国防、治安、消防等公共物品的供给不能由市场来调节，枪支、弹药、爆炸物等特殊物品的制造和流通也不能由市场来调节；教育、医疗等与民生息息相关的重要服务不能完全由市场来调节，否则就不能保障国家安全、人民生命财产安全和人民生活，严重影响社会安定。

【知识点三】市场体系与宏观调控

建立统一开放、竞争有序的市场体系，是使市场在资源配置中起决定性作用的基础。要加快形成企业自主经营、公平竞争，消费者自由选

互动训练

1.有媒体评论，中国社会仿佛迈入了“限时代”：汽车“限”号、“限”行；国内楼市“限”价、“限”购；温室气体“限”排……这一系列“限”表明（　）

A. 有限资源与无限需求之间的矛盾无法解决

B. 有限的资源需要合理配置

C. 必须限制人们的消费需求

D. 计划与市场是配置资源的两种基本手段

2.我国社会主义市场经济体制已经初步建立，要继续朝着加快完善社会主义市场经济体制的目标努力，着力健全使_____在资源配置中起决定性作用和更好发挥_____作用的制度体系。（　）

A. 政府　市场　B. 市场　政府

C. 社会　政府　D. 市场　人民

3.古典经济学家亚当·斯密认为，每个人在追求个人的利益时，有一只“看不见的手”引导他去实现一种目标，而这种目标绝不是他所追求的东西。在这里，“看不见的手”发挥作用的机制是（　）

A. 政府调控机制

B. 价格、供求、竞争等机制

C. 市场准入机制

D. 利益分配机制

环保机构变革

1978年，我国成立国务院环境保护领导小组办公室，设在国家建委之下。1982年，机构改革，调整为城乡建设环境保护部下属的一个保护局。1984年，考虑到在国际上工作的不方便，改名为国家环保局，还隶属于建设部。1987年，再次机构改革，改为独立的国家环境保护局，直属国务院管理的副部级单位。1998年，改名为国家环境保护总局，正部级单位。2008年，国家环保总局升级为环境保护部，显示了环境保护部工作在我国经济和社会发展中的重要性进一步提升。2018年4月16日，生态环境部正式揭牌。

择、自主消费，商品和要素自由流动、平等交换的现代市场体系，提高资源配置效率和公平性。为此需要：

（1）建立公平开放透明的市场规则（准入规则、竞争规则、交易规则）。要完善公平竞争制度，强化竞争政策基础地位，落实公平竞争审查制度，加强和改进反垄断和反不正当竞争执法；要建立健全社会征信体系，褒扬诚信，惩戒失信；要健全优胜劣汰市场化退出机制，从而实现市场准入畅通、市场开放有序、市场竞争充分、市场秩序规范。

（2）要完善主要由市场决定价格的机制。凡是能由市场形成价格的都交给市场，政府不进行不当干预。政府定价主要限定在重要公用事业、公益性服务、网络型自然垄断环节等方面。政府定价要提高透明度，接受社会监督。

·考点解析·

【考点一】市场配置资源的优点和机制

（1）资源配置的原因：资源有限性和人们需求无限性的矛盾。

（2）资源配置的两种手段：市场与计划。

（3）市场经济体制：市场在资源配置中起决定性作用。

（4）市场调节。

①调节方式：价格、供求与竞争三大机制。

②市场优点：引导调节资源配置、实现优胜劣汰。

③市场决定资源配置是市场经济的一般规律。

【例1】（多选）人类必须对资源配置进行优化组合的原因是（　）

A. 人的需要是多种多样的、永无止境的

B. 在一定时期和范围内，人类能够加以利用的资源是有限的

C. 配置的方式有计划和市场两种手段

D. 为了解决资源短缺和人类的需要之间的矛盾

【解析】在一定时期和范围内，人类能够加以利用的资源是有限的，而人的需要是多种多样的、永无止境的，为了解决资源短缺和人类的需要之间的矛盾，因此人类必须对资源配置进行优化组合，ABD符合题意；选项C是方法而不是原因，排除。故选ABD。

【答案】ABD

【例2】（多选）在市场经济条件下，实现资源合理配置的基本方式有计划和市场两种，对资源配置起决定性作用的是（　）

A. 市场　B. 计划　C. 无形的手　D. 有形的手

【解析】AC正确，BD错误，市场通过价格、供求、竞争（市场信号）等在市场经济中发挥决定性作用，引导人们的经济活动，调节人、财、物在全社会的配置，是无形的手。故选AC。

【答案】AC

4.完善社会主义市场经济体制，要求政府找准自己的位置，既不能“缺位”，也不能“错位”和“越位”。为此要（　）

A. 创新和完善宏观调控

B. 激发各类市场主体活力

C. 实现要素市场化配置

D. 加快完善现代市场体系

5.羊群是一个很散乱的群体，许多羊平时在一起也是盲目地左冲右撞，但只要有一只头羊动起来，其他的羊也会不假思索地一哄而上，全然不顾前面可能有狼或者不远处有更好的草。在市场经济中，这种“羊群效应”表现为市场调节的（　）

A. 自发性　　B. 盲目性

C. 滞后性　　D. 随机性

6.网络购物在给我们带来很多便利的同时，也存在着以次充好、虚假打折等诸多问题，这些问题体现了市场调节具有（　）

A. 自发性　　B. 盲目性

C. 滞后性　　D. 竞争性

“基层群众自治制度”纳入中国特色的政治制度

党的十七大报告指出，要坚持中国特色社会主义政治发展道路，坚持党的领导、人民当家作主、依法治国有机统一，坚持和完善人民代表大会制度、中国共产党领导的多党合作和政治协商制度、民族区域自治制度以及基层群众自治制度。人们注意到，“基层群众自治制度”是首次纳入中国特色政治制度范畴。这是我们党不断推进社会主义政治制度自我完善和发展的生动体现。

【例3】（多选）计划和市场是配置资源的两种基本手段。下列选项中属于市场配置资源的是（　）

A. 联想收购IBM的个人电脑业务

B. 浦发银行收购上海信托97.33%的股权

C. 政府向农户发放农资综合补贴、良种补贴

D. 某省政府对全日制大学生提供物价补贴

【解析】设问要求是市场配置资源，联想收购IBM的个人电脑业务和浦发银行收购上海信托97.33%的股权，均属于市场配置资源，AB符合题意。政府向农户发放农资综合补贴、良种补贴和某省政府对全日制大学生提供物价补贴，均属于计划配置资源，CD不符合题意。故选AB。

【答案】AB

【考点二】市场配置资源的缺点

（1）市场调节不是万能的。

（2）影响：经济波动、资源浪费、损害公平、两极分化。

（3）市场调节的局限性对比：自发性、盲目性、滞后性。

		自发性	盲目性	滞后性
区别	引起原因	生产者和经营者都是在价值规律的自发调节下为了谋求自身的眼前利益或者不正当利益	生产经营者不可能完全掌握市场各方面的信息，也无法控制经济变化的趋势，因而其决策会带有一定的盲目性	市场调节是一种事后调节，从价格形成、价格信号传递到商品生产的调整有一定的时间差
	后果	出现不利于经济和社会健康发展的现象	造成经济波动和资源浪费	导致经济波动和资源浪费，对农林及大型项目建设影响更明显
联系		会导致资源配置效率低下，资源浪费；社会经济不稳定，发生经济波动和混乱；收入分配不公平，收入差距拉大，甚至导致严重的两极分化		

【例1】党的十八届三中全会指出，要紧紧围绕使市场在资源配置中起决定性作用，深化经济体制改革。在市场经济中，市场主体主要是通过________信号来配置资源的。（　）

A. 宏观经济政策　　B. 行政命令

C. 价格、供求与竞争　　D. 价值与使用价值

【解析】宏观经济政策是国家进行宏观调控的经济手段，A不符合题意。行政命令是国家进行宏观调控的行政手段，B不符合题意。市场调节资源的方式是通过价格涨落供求变化引导生产者调节资源配置，C符合题意。价值与使用价值是商品的两个基本属性，价值决定价格，使用价值影响商品价值的实现，D不符合题意。故选C。

【答案】C

7.经济学中的蛛网模型解释了某些生产周期较长商品的产量和价格波动情况。该模型认为，造成产量和价格波动的主要原因是生产者总是根据上一期的价格来决定下一期的产量，这常常会导致实际的产量过剩或不足。这反映出（　）

A. 市场调节具有滞后性

B. 市场调节具有自发性

C. 市场调节的资源配置效率通常不高

D. 市场规律在生产周期较长的商品领域失灵

8.唐代诗人白居易说：“天育物有时，地生财有限，而人之欲无极。”这句话给我们的经济学启示是（　）

A. 供求关系影响商品的价格

B. 必须实现资源的合理配置

C. 必须用计划手段分配资源

D. 要实行统一的市场准入制度

中央一号文件创纪录连续6次关注“三农”

2009年的中央一号文件再次关注“三农”。这是中央从2004年以来连续六年将一号文件的落脚点锁定于“三农”领域，也是中华人民共和国成立以来决策层对“三农”的最长关注周期。本次文件一共提出了28点措施促进农业稳定发展与农民持续增收，其中包括进一步增加农业农村投入、加大幅度增加农业补贴、保持农产品价格合理水平、增强农村金融服务能力等。

【例2】（多选）市场经济是指市场在资源配置中起决定性作用的经济，市场决定资源配置是市场经济的一般规律，市场调节资源的优点主要表现在（　）

A. 市场像一只“看得见的手”引导着资源的流向，实现资源配置

B. 市场通过价值规律的作用维护市场的公平竞争

C. 通过市场竞争，引导生产者、经营者调整生产经营活动，促进资源有效利用

D. 通过价格涨落比较及时、准确、灵敏地反映供求关系变化

【解析】商品生产者、经营者在利益杠杆的作用下，积极调整生产经营活动，推动科学技术和经营管理的进步，促进劳动生产率的提高和资源的有效利用，C正确。市场能通过价格涨落及时、准确、灵活地反映市场供求的变化、传递供求信息，实现资源配置，D正确。市场是无形的手，政府的宏观调控是“看得见的手”，A错。市场通过价值规律起作用，但自身具有弊端，并不能维护市场的公平竞争，B错。故选CD。

【答案】CD

【例3】（多选）国务院决定，从2020年1月1日起取消煤电价格联动机制，将现行标杆上网电价机制改为“基准价+上下浮动”的机制。浮动范围为上浮不超过10%，下浮原则上不超过15%，具体电价由发电企业、售电公司、电力用户等通过协商或竞价确定。这一变动意在（　）

A. 充分发挥市场作用，促进资源合理配置

B. 放开电力价格，增强发电企业的盈利能力

C. 降低电力价格，增加电力销售量

D. 运用价格杠杆，引导发电企业的经营活动

【解析】实行“基准价+上下浮动”的机制，具体电价由发电企业、售电公司、电力用户等通过协商或竞价确定。这一变动意在充分发挥市场作用，运用价格杠杆，引导发电企业的经营活动，促进资源合理配置，AD符合题意。放开电力价格，让电价随市场上下波动，不等于就能增强发电企业的盈利能力，B错误。实行“基准价+上下浮动”的机制，目的是通过充分发挥市场作用，引导发电企业的经营活动，促进资源合理配置，而不是为了降低电力价格和增加电力销售量，C错误。故选AD。

【答案】AD

【例4】（多选）在国家大力鼓励支持租赁市场发展的背景下，我国房地产中介市场中出现了很多不良中介，他们为了牟取暴利，发布虚假房源信息、乱收费、隐瞒房屋真实情况等。针对房地产中介的种种违规现象，住建部颁布整顿措施，房地产中介遭遇史上最严的“冷冬”。这表明（　）

A. 市场调节不是万能的，它存在自发性

B. 宏观调控是社会主义市场经济所特有的

9.《汽车销售管理办法》实施以来，卖汽车不再必须由汽车品牌商授权；买汽车不必非去4S店。汽车超市、汽车卖场、汽车电商等新的汽车销售模式出现，更多社会资本进入汽车销售领域。这一政策的出台有利于（　）

A. 实行统一的市场监管制度

B. 反对地方保护和不正当竞争

C. 建立和完善社会信用制度

D. 打破垄断，促进市场公平竞争

10.英国经济学家、哲学家亚当·斯密（Adam Smith）曾深刻地写道：“关于可以把资源用在什么种类的国内产业上，其生产能力有最大价值这一问题，每一个人处在他当时的地位，显然对其经济利益能判断得比政治家或立法者好得多。”对该观点理解正确的是（　）

A. 政府的宏观调控最终是不利于资源的优化配置的

B. 实现资源的合理利用，需要发挥市场的决定作用

C. 提高资源利用效率需要有效市场与有为政府相结合

D. 政府科学有效的治理是发挥市场决定作用的基础

2011年7月27日，国务院总理温家宝主持召开国务院常务会议，对“7·23”甬温线特别重大铁路交通事故遇难者表示深切哀悼，对受伤人员和伤亡人员家属表示亲切慰问，决定采取坚决措施，以交通、煤矿、建筑施工、危险化学品等行业领域为重点，全面加强安全生产。

C. 市场经济的健康发展离不开国家的宏观调控

D. 要继续发挥市场调节资源的决定性作用

【解析】房地产中介市场出现的不法行为，这一现象反映了市场调节的自发性，A正确。资本主义市场经济也有宏观调控，B错误。针对房地产中介市场出现的不法行为，住建部颁布整顿措施，体现了市场经济的健康发展离不开国家的宏观调控，C正确。材料强调通过国家的宏观调控弥补市场调节的不足，没有强调要继续发挥市场调节资源的决定性作用，D不选。故选AC。

【答案】AC

【考点三】建立统一开放、竞争有序的市场体系

地位：是使市场在资源配置中起决定性作用的基础。

如何：规则、机制、诚信、道德法律。

【例1】（多选）在科技成果转化中，无论是围绕某一核心技术成果开发产品，还是将技术用于改进、提升产品或服务的特定性能，都不是单一的技术问题，而是一个涉及需求、定价、开发、设计、推广等多要素的复杂系统。这说明，形成科技成果转化的良性循环需要（　）

A. 建立统一开放、竞争有序的市场体系

B. 发挥政府在科研投入中的决定性作用

C. 保持微观经济活动各个环节的畅通

D. 推进科技成果在生产生活中的应用

【解析】科技成果转化涉及需求、价格、设计研发、推广应用等各个环节，这就需要建立统一开放、竞争有序的市场体系，发挥市场机制的作用，畅通研、产、销各个环节，AC正确。在市场经济条件下，市场在资源配置中起决定性作用，B错误。“推进科技成果在生产生活中的应用”是推进科技成果转化的结果，不是措施，D不符合题意。故选AC。

【答案】AC

【例2】（多选）大力推进改革开放，加快建立统一开放、竞争有序的现代市场体系。为此，需要（　）

A. 建立公平开放透明的市场规则 B. 完善主要由政府决定价格的机制

C. 注重发挥市场形成价格的作用 D. 毫不动摇地坚持发展民营企业

【解析】大力推进改革开放，加快建立统一开放、竞争有序的现代市场体系。为此，需要建立公平开放透明的市场规则，注重发挥市场形成价格的作用，AC入选。价格由价值决定，市场形成，而不是主要由政府决定，B错误。材料不涉及毫不动摇地坚持发展民营企业，D不合题意。故选AC。

【答案】AC

11.中国特色社会主义最本质的特征和中国特色社会主义制度的最大优势是（　）

A. 以共同富裕为根本目标

B. 以基本经济制度为根基

C. 坚持中国共产党的领导

D. 有完善的国家治理体系

12.当前我们必须要用最严格的监管、最严厉的处罚、最严肃的问责，切实保障“舌尖上的安全”。要保障“舌尖上的安全”，企业必须（　）

A. 加强市场监管，规范市场秩序

B. 根据市场价格开展生产经营活动

C. 以获得最大的经济利益为目的

D. 守法经营、公平竞争、诚信守约

13.某加拿大籍艺人在2019年至2020年期间，偷逃税款0.95亿元，其他少缴税款0.84亿元。2022年11月25日，北京市税务局依法对其追缴税款、加收滞纳金并处罚款，共计6亿元。该艺人的上述行为，表明市场调节存在（　）

A. 自发性　　B. 盲目性

C. 滞后性　　D. 波动性

全国城镇居民社会养老保险试点工作部署暨新型农村社会养老保险试点经验交流会议2011年6月20日上午在京召开。温家宝指出，国务院决定在全国范围启动城镇居民社会养老保险制度试点，并加快新农保试点进度，在本届政府任期内基本实现制度全覆盖，这是党和政府的重大惠民政策，是健全我国社会保障体系的重大制度建设。

【例3】（多选）习近平说，发展社会主义市场经济，我们既要遵循市场规律、善用市场机制解决问题，又要让政府勇担责任、干好自己该干的事，充分发挥市场和政府的作用。这两种作用（ ）

A. 在功能上可以相互取长补短 B. 在地位上必须保证并驾齐驱

C. 在手段上可以相互取代使用 D. 在效果上可以实现相同目的

【解析】“发展社会主义市场经济，我们既要遵循市场规律、善用市场机制解决问题，又要让政府勇担责任、干好自己该干的事”，说明理想的政府和市场的关系应该是在功能上可以取长补短，在作用上是共生互补的，AD说法正确。市场在经济中起决定作用，因此政府和市场在地位上不是并驾齐驱的，B说法错误。政府和市场在手段上是不可相互替代的，C说法错误。故选AD。

【答案】AD

【例4】反垄断是高水平社会主义市场经济体制的内在要求，也是我国改革进程中的一项重点任务。2020年12月中央经济工作会议明确指出，要加强规制，提升监管能力，坚决反对垄断和不正当竞争行为。反垄断对经济高质量发展的作用传导正确的是（ ）

①完善平台企业垄断认定 ②现代市场经济健康发展

③提高平台企业经济效益 ④运用法律加强监管反垄断

⑤切实维护市场公平竞争

A. ⑤→④→①→② B. ①→④→⑤→③

C. ①→④→⑤→② D. ④→⑤→③→②

【解析】材料要求正确体现反垄断对经济高质量发展作用的传导路径。备选项中逻辑推导题的逻辑起点是反垄断即由①完善平台企业垄断认定到④运用法律加强监管反垄断，落脚点是经济高质量发展即②现代市场经济健康发展，中间链接环节是⑤切实维护市场公平竞争。③提高平台企业经济效益与之没有直接联系。故选C。

【答案】C

14.为加强能源供应保障，推进高质量发展，国务院关税税则委员会按程序决定，自2022年5月1日至2023年3月31日，对煤炭实施率为零的进口暂定税率，此举（ ）

A. 有利于完善煤炭政府定价机制，稳定煤炭市场价格

B. 是国家运用货币政策对煤炭业进行宏观调控

C. 有利于发挥宏观调控在资源配置中的决定性作用

D. 是国家运用财政政策对经济进行宏观调控

15.党的十八大以来，我国价格改革取得重大突破性进展：全部的农产品、80%的电、50%的天然气、90%的民航旅客运输价格由市场形成，全社会商品和服务价格市场化程度已达97.5%，中央定价项目累计缩减约85%，地方定价项目缩减约70%。这说明（ ）

A. 市场在社会资源配置中起着决定性作用

B. 我国已经全面完成全国统一大市场建设

C. 我国形成统一开放、竞争有序的市场体系

D. 政府不断简政放权、价格全部由市场决定

互动训练答案

1.B 2.B 3.B 4.A 5.B

6.A 7.A 8.B 9.D 10.B 11.C

12.D 13.A 14.D 15.A

北京时间2011年7月27日5时44分，中国在西昌卫星发射中心用“长征三号甲”运载火箭，将第九颗北斗导航卫星成功送入太空预定转移轨道，这是中国北斗导航系统组网的第四颗倾斜地球同步轨道卫星。第九颗北斗导航卫星成功发射，标志着中国北斗区域卫星导航系统建设又迈出坚实一步。

第二节 更好发挥政府作用

·知识整合·

【知识点一】社会主义市场经济体制的基本特征

1.社会主义市场经济的重要特征

党的领导是中国特色社会主义的最本质特征和中国特色社会主义制度的最大优势。坚持党的领导，发挥党总揽全局、协调各方的领导核心作用，是我国社会主义市场经济体制的一个重要特征。

2.社会主义市场经济体制

根基：公有制为主体、多种所有制经济共同发展的基本经济制度。

根本目标：促进全体人民共同富裕。

内在要求：科学的宏观调控、有效的政府治理。

社会主义市场经济除了具有市场经济的共性以外，还有社会主义的个性，它是同社会主义基本制度结合在一起的。它既具有社会主义基本经济制度的优势，又发挥了市场的决定性作用，既考虑了我们的当前利益和局部利益，又兼顾了我们的长远利益与整体利益，这“两结合”和“两发挥”就是社会主义市场经济的独特优势。

【知识点二】我国政府的经济职能和作用

（1）通过实施国家重大发展战略和中长期经济社会发展规划制度，实现经济社会发展目标；

（2）通过实施宏观经济政策，保持宏观经济稳定；

（3）通过实施产业政策，促进产业结构不断优化升级，增强国民经济竞争力；

（4）通过实施区域政策和环境政策，推动区域经济协调发展和可持续发展；

（5）通过市场监管、质量监管、安全监管，规范市场秩序，保障公平竞争，弥补市场缺陷；

（6）通过加强和优化公共服务，保障社会公平正义，促进共同富裕，更好满足人民日益增长的美好生活需要。

【知识点三】科学的宏观调控

1.宏观调控的含义和主要目标

含义：是指国家综合运用各种手段对经济总量进行调节和控制。

主要目标：促进经济增长，增加就业，稳定物价，保持国际收支

互动训练

1.我国社会主义市场经济体制的最本质的特征是（ ）

A. 坚持共同富裕

B. 党的领导

C. 坚持公有制为主体

D. 政府科学宏观调控

2.有经济学家曾经说：“政府一直试图代替这只看不见的手，想当上帝，那是不合时宜的角色。”“不合时宜”是因为（ ）

A. 政府必须尊重市场配置资源的决定性作用

B. 政府不应该干预经济

C. 计划与市场应该结合

D. 计划是主体，市场为补充

中央国家机关厉行节约工作会议2011年5月31日在京召开。国务院总理温家宝作出重要批示，指出建设一个廉洁、节俭的政府是我们的目标。中央国家机关要带头厉行节约，特别要从严控制和压缩因公出国出境、公务用车购置及运行、公务接待三项经费支出。这项工作要注重制度改革和建设，加强监督检查，务求实效，不搞形式主义，不走过场。

平衡。

2.宏观调控的主要任务

保持经济总量平衡，促进重大经济结构协调和生产力布局优化，减缓经济周期波动影响，防范区域性、系统性风险，稳定市场预期，实现经济持续健康发展。

3.宏观调控的主要手段

（1）宏观调控以经济手段和法律手段为主，辅之以必要的行政手段。

（2）财政政策和货币政策是宏观调控最常用的经济手段。国家通过财政收入与支出政策，通过公开市场业务、存款准备金、中央银行贷款等货币政策工具，调节社会总需求，实现国民经济平稳运行。财政政策和货币政策按照政策力度的不同，可以分为不同的类型。在不同的经济形势下，政府可选择财政政策和货币政策的不同组合，实现宏观调控目标。

4.市场调节与宏观调控相结合

加快完善社会主义市场经济体制，充分发挥市场在资源配置中的决定性作用，更好发挥政府作用，激发各类市场主体活力，为经济高质量发展提供体制保障。

5.财政政策和货币政策的区别

（1）制定者不同：财政政策由国家制定，必须经全国人大或其常委会通过。货币政策由中央银行直接指定。

（2）含义不同：财政政策是指政府通过对财政收入和支出总量的调节来影响总需求，使之与总供给相适应的经济政策。它包括财政收入政策和财政支出政策。货币政策是指一国中央银行（货币当局）为实现一定的宏观经济目标而对货币供应量和信贷量进行调节和控制所采取的指导方针及其相应的政策措施。

（3）内容不同：凡是有关财政收入和财政支出的政策，如税收的变动，发行国库券，国家规定按较高的保护价收购粮食，政府的公共工程或商品与劳务的投资的多少等都属于财政政策。货币政策是和银行有关的一系列政策，如利率的调整则属于货币政策。

6.市场调节和宏观调控的区别

（1）地位：市场调节起决定性作用。宏观调控是弥补市场机制不足，实现资源合理配置的重要方式。

（2）优势：市场调节的优势是价格及时反映供求关系的变化，市场信息灵敏，生产要素自由，流动生产率高。宏观调控具有自觉性、主动性和预见性，可以弥补市场调节的不足。

（3）手段：市场调节主要通过价格、供求、竞争等来进行。宏观调控以经济手段和法律手段为主，辅之以必要的行政手段。

3.下列关于我国社会主义市场经济体制说法错误的是（ ）

A. 集中力量办大事是社会主义市场经济体制最本质的特征

B. 促进全体人民的共同富裕是社会主义市场经济体制的根本目标

C. 社会主义市场经济体制能把社会主义制度和市场经济有机结合起来

D. 科学的宏观调控，有效的政府治理是社会主义市场经济体制的内在要求

4.针对经济运行中发展速度放缓的情况，我国把稳增长放在更加重要的位置，加强和改善宏观调控，及时出台相关政策措施。这说明我国宏观调控的目标是（ ）

A. 促进经济增长

B. 增加就业

C. 稳定物价

D. 保持国际收支平衡

首届中非民间论坛

2011年8月29日，来自中国和近20个非洲国家的上百个非政府组织的逾200名代表29日齐聚肯尼亚首都内罗毕，参加在这里举行的首届中非民间论坛。中非民间论坛由中国民间组织国际交流促进会和肯尼亚非政府组织协调委员会共同倡议主办，主题是“发展伙伴关系，共促中非友好”。

（4）局限性：市场调节不是万能的，存在自发性、盲目性、滞后性等固有的弊端，单一市场调节会导致资源配置效率低下，资源浪费，社会经济不稳定，发生经济波动和混乱，收入分配不公平，收入差距拉大，甚至导致严重的两极分化。宏观调控是一种主观行为，可能因为决策失误或过度干预，破坏市场机制的正常运行。

·考点解析·

【考点一】社会主义市场经济体制的基本特征

（1）坚持党的领导，发挥党总揽全局、协调各方的领导核心作用，是我国社会主义市场经济体制的一个重要特征。

（2）根基：公有制为主体、多种所有制经济共同发展的基本经济制度。

（3）根本目标：促进全体人民共同富裕。

（4）内在要求：科学的宏观调控、有效的政府治理。

【例1】（多选）社会主义市场经济体制既具有市场经济的共性，又具有自己鲜明的特征。下列属于其基本特征的是（　）

A. 坚持党的领导

B. 以促进全体人民共同富裕为根本目标

C. 国家对经济实行宏观调控

D. 市场对资源配置起决定性作用

【解析】CD属于市场经济的共性，不属于社会主义市场经济体制的基本特征，故选AB。

【答案】AB

【例2】（多选）社会主义市场经济是同社会主义基本制度结合在一起的，具有自己鲜明的特征。下列属于我国社会主义市场经济鲜明特征的是（　）

A. 通过市场与政府的结合来配置资源

B. 坚持公有制经济的主体地位

C. 以实现共同富裕为根本目标

D. 允许不同性质的经济共同发展

【解析】社会主义市场经济的鲜明特征是坚持公有制经济的主体地位，以实现共同富裕为根本目标和科学的宏观调控，BC应选。AD两个选项的说法并不是社会主义市场经济的基本特征，AD排除。故选BC。

【答案】BC

5.2023年，我国继续实施积极的财政政策和稳健的货币政策，以达到预期目标。下列调控政策、具体措施、调控目标三者对应恰当的有（　）

A. 积极的财政政策——下调金融机构一年期存贷款基准利率——调结构

B. 稳健的货币政策——严控对高耗能、高污染行业的贷款——控物价

C. 积极的财政政策——减轻服务业和小微型企业税收负担——稳增长

D. 稳健的货币政策——加大对战略性新兴产业财政支持力度——惠民生

6.2019年9月30日，北京大兴国际机场正式投入使用，被誉为“新世界七大奇迹之首”，这表明社会主义市场经济（　）

A. 以共同富裕为根本目标

B. 发挥市场的决定性作用

C. 坚持公有制的主体地位

D. 能够集中力量办大事

2011年深圳大运会

2011年深圳大运会即第二十六届世界大学生夏季运动会于2011年8月12日开幕，8月23日闭幕，本届大运会的口号为“从这里开始”（Start Here），主办城市是中国深圳。参赛国家及地区152个，参赛运动员7865人，设306项（24个大项）比赛项目。2011年8月23日第二十六届大运会圆满落幕，中国夺75金创造新纪录，获得145枚奖牌的优异成绩，居金牌榜和奖牌榜首位。

【例3】社会主义市场经济是同社会主义基本制度结合在一起的，既具有市场经济的共性，又具有自己鲜明的特征。______是社会主义市场经济的根本目标。（　）

A. 以经济建设为中心　B. 坚持公有制的主体地位

C. 共同富裕　D. 实行科学的宏观调控

【解析】由课本知识可知，社会主义市场经济以共同富裕为根本目标，是中国特色社会主义的根本原则，C项符合题意。以经济建设为中心是社会主义建设的重要措施，不是社会主义市场经济的根本目标，A项不符合题意。坚持公有制的主体地位，是社会主义市场经济的基本标志，而不是根本目标，B项不符合题意。社会主义市场经济能够实行科学的宏观调控，但这不是社会主义市场经济的根本目标，D项不符合题意，故选C。

【答案】C

【例4】（多选）“历览前贤国与家，成由勤俭破由奢”，艰苦奋斗是永不过时的“传家宝”。我们要端牢中国饭碗，让人间烟火气更有幸福味道。治理“舌尖上的浪费”，下列措施合理的是（　）

A. “有形手”和“无形手”协同助力“光盘行动”

B. 餐饮企业推行小份餐品，不再以营利为目的

C. 政府加强市场监管，参与制定企业的经营战略

D. 消费者按需点餐，树立适度、健康、责任的消费理念

【解析】要想治理“舌尖上的浪费”，要充分发挥政府“有形手”和市场“无形手”协同合作，对于消费者来说要按需点餐，树立适度、健康、责任的消费理念，AD应选。B说法错误，企业以营利为目的，B不选。C说法错误，企业自主制定企业的经营战略，政府不能参与，C不选。故选AD。

【答案】AD

【例5】（多选）当前，简政放权成为我国破解改革核心问题的当头炮。让市场与政府各归其位，“看不见的手”越发“看得见”“看得见的手”不再“闲不住”。可见，我国社会主义市场经济能够（　）

A. 发挥社会主义制度的优越性

B. 把人民当前利益和长远利益相结合

C. 正确处理好政府和市场的关系

D. 既发挥市场作用又更好地发挥政府作用

【解析】材料主要说明，我国通过简政放权正确处理好政府和市场的关系，CD符合题意。AB并未涉及政府和市场的关系，与题意不符。故选CD。

【答案】CD

7.大数据技术在给人们带来诸多便利的同时，也带来了一些负面影响，“大数据杀熟”便是其中之一。例如，在线旅游经营者滥用大数据分析手段，针对不同消费特征的旅游者，对同一产品或服务在相同条件下设置差异化的价格，造成老客户吃亏。“大数据杀熟”（　）

A. 表明市场定价存在缺陷，需要完善三要由政府决定价格的机制

B. 利用信息不对称对老客户实施价格歧视，需要政府加强市场监管

C. 利用了消费者的消费习惯进行精准溢价，是信息时代精准营销的正常结果

D. 是市场调节具有盲目性的体现，需要通过不断完善现代化市场体系来解决

8.马克思、恩格斯没有设想社会主义条件下可以搞市场经济，列宁、斯大林领导的苏联基本上没有遇到大规模资本问题。社会主义市场经济中必然会产生各种形态的资本，资本主义社会的资本和社会主义社会的资本固然有很多不同，但资本都是要追逐利润的，“合天下之众者财，理天下之财者法”，要为资本设置“红绿灯”。这表明（　）

A. 各种形态资本的客观存在是对科学社会主义理论真理性的挑战

B. 为资本设置“红绿灯”是社会主义市场经济的显著特征

C. 为资本设置“红绿灯”符合人类社会历史发展的普遍规律

D. 科学社会主义理论只能在科学社会主义的伟大实践中形成

据国家国防科技工业局消息，2011年6月9日17时10分，在北京航天飞行控制中心的精确控制下，我国第二颗月球探测卫星嫦娥二号正式飞离月球，奔向距地球150万公里的深空。据介绍，这是嫦娥二号卫星在2010年10月1日成功发射，至2011年4月1日半年设计寿命期满，圆满完成了各项工程目标和科学探测任务后，开展的拓展性试验任务。

【考点二】我国政府的经济职能和作用

（1）坚持稳中求进工作总基调，着力创新和完善宏观调控，经济运行保持在合理区间、实现稳中向好。

（2）坚持以供给侧结构性改革为主线，着力培育壮大新动能，经济结构加快优化升级。

（3）坚持依法全面履行政府职能，着力加强和创新社会治理，社会保持和谐稳定。

【例1】2020年7月23日，我国首个火星探测器天问一号由长征五号运载火箭成功发射。火星探测任务由国家航天局组织实施，包括中国航天科技集团有限公司、中国空间技术研究院和上海航天技术研究院等全国多个研究机构积极参与研制过程。天问一号的成功发射彰显了我国社会主义市场经济能（　）

A. 充分处理好政府和市场的关系

B. 优化市场环境，打破市场隐性壁垒

C. 发挥国家集中力量办大事的优势

D. 把公有制和市场经济有机结合起来

【解析】火星探测任务是由国家航天局组织实施，这就说明天问一号的成功发射彰显了我国社会主义市场经济能发挥国家集中力量办大事的优势，C符合题意。材料的主旨不是阐释“充分处理好政府和市场的关系”“优化市场环境，打破市场隐性壁垒”，也不是反映是否“把公有制和市场经济有机结合起来”的问题，A、B、D不符合题意。故选C。

【答案】C

【例2】（多选）自2020年11月1日起，江苏执行第三批由国家确定质量标准的药品集中采购的结果，这次涵盖抗肿瘤、精神类药品等。实施药品集中采购，完善招采机制，解决招采领域不规范行为，促进行业健康发展。这一举措表明了（　）

A. 企业以价换量，降低居民用药费用

B. 政府确定药价，规范医药市场秩序

C. 国家确定标准，激励企业增加研发投入

D. 取消流通环节，增加医疗机构利润

【解析】市场在资源配置中发挥决定性作用，政府不能确定药价；不可能通过取消流通环节，增加医疗机构利润，BD错误。实施药品集中采购，企业以价换量，有利于降低居民用药费用；江苏执行第三批由国家确定质量标准的药品集中采购，体现国家确定标准，激励企业增加研发投入，AC正确。故选AC。

【答案】AC

9.对金融机构向小型企业、微利企业和个体工商户发放小额贷款取得的利息收入，免征增值税。该税收政策发挥作用的路径是（　）

①激发小微企业的经营活力

②缓解小微企业的融资困难

③引导金融机构对小微企业放贷

④改变金融企业税收负担预期

⑤降低金融机构的贷款利率

A. ①→②→④→③

B. ④→③→②→①

C. ②→③→①→⑤

D. ⑤→③→②→①

10.为调控房地产市场过热、抑制房价过快增长，央行调整个人住房贷款政策，而且效果明显。这说明（　）

A. 国家的宏观调控政策能够对资源配置起决定性作用

B. 市场调节有局限，像房地产这种关系民生的市场只能依靠国家的宏观调控

C. 国家运用货币政策对房地产市场实行科学的宏观调控

D. 国家运用财政政策规范房地产市场，维护房地产开发商的利益

京沪高铁

举世瞩目的京沪高速铁路2011年6月30日下午正式通车运营。温家宝在北京南站出席京沪高速铁路通车运营仪式，并乘坐首发列车G1次考察运营情况。他代表党中央、国务院慰问广大铁路工作者，向京沪高铁参建单位和广大建设者致以崇高的敬意和衷心的感谢。京沪高速铁路自北京南站至上海虹桥站，途经北京、天津、河北、山东、安徽、江苏、上海7省市，沿途24个站，最短旅行时间为4小时48分钟。京沪高速铁路全长1318公里，是世界上一次建成线路最长、标准最高的高速铁路。

【例3】（多选）实现我国经济持续健康发展，宏观调控这只“看得见的手”功不可没。下列属于国家在宏观调控中最常用的经济手段是（　）

A. 财政政策、行政命令　　B. 货币政策、产业政策

C. 货币政策、价格政策　　D. 财政政策、货币政策

【解析】试题限定的是经济手段，“行政命令”属于行政手段，不属于经济手段，A排除。试题限定的是宏观调控中最常用经济手段，“产业政策”“价格政策”不属于最常用的经济手段，BC排除。财政政策、货币政策属于宏观调控中最常用的经济手段，D符合题意。故选D。

【答案】D

【例4】2021年3月5日，国务院总理李克强在《政府工作报告》中指出，积极的财政政策要提质增效、更可持续。考虑到疫情得到有效控制和经济逐步恢复，2021年赤字率拟按3.2%左右安排、比2020年有所下调，不再发行抗疫特别国债。下列举措体现积极的财政政策的是（　）

A. 中央银行下调存贷款基准利率和存款准备金率

B. 财政部、国家税务总局降低劳动密集型产品等商品增值税出口退税率

C. 运用财政补贴支持“家电下乡”，启动农村消费

D. 铁路部门决定春运旅客列车票价不上浮

【解析】积极的财政政策是指增加财政支出，C符合要求；A是货币政策；B是紧缩性财政政策；D不是财政政策。故选C。

【答案】C

【考点三】用列表对比的方法理解科学的宏观调控的手段

	经济手段	法律手段	行政手段
含义	国家运用经济政策和计划，通过对经济利益的调整来影响和调节经济活动的措施	国家通过制定和运用经济法规来调节经济活动的手段	国家通过行政机构，采取带强制性的行政命令、指示、规定等措施，来调节和管理经济的手段
依据不同	依据国家的经济政策和经济计划来实施	依据经济法规来调节	依据国家政权的力量，采取强制措施来实施
内容	税收、信贷、利率、汇率、产业等政策	经济立法和司法	命令、指示、指标、规定、指令等行政措施
特点	间接性	强制、统一、权威	直接、迅速
相互关系	国家宏观调控的手段各有所长，各具特色，它们相互联系，相互补充，共同构成了宏观调控手段的体系。但在运用过程中，应该以经济手段和法律手段为主，发挥宏观调控手段的总体功能		

11.近年来，随着“放管服”改革的深化，政府管理的价格已不足3%，中央层面核准项目数量累计减少90%以上，告知性备案项目占企业投资项目的比重超过90%。这些改革举措有利于（　）

A. 加强政府宏观调控

B. 激发民间投资的活力

C. 缩小政府财政赤字

D. 增强民营企业竞争力

12.2022年12月31日，我国政府正式终止持续13年的新能源汽车购置补贴政策。这一政策调整的原因可能是（　）

A. 政府不再实施财政政策支持新能源汽车

B. 补贴政策对新能源汽车的发展效果甚微

C. 平衡有为市场和有效政府二者关系的需要

D. 新能源车和燃油车已形成相对充分的竞争

西气东输

中国石油天然气集团公司2011年6月13日宣布，随着位于江西省遂川县的遂川江顶管隧道完成管道焊接，西气东输二线干线工程由此全线贯通，并计划于6月底实现干线工程全面建成投产。西气东输二线工程是我国第一条引进境外天然气资源的大型管道工程，由一条干线八条支线组成，管线全长8653公里，起于新疆霍尔果斯首站，横穿我国15个省区市及特别行政区，止于香港。其中，霍尔果斯至广州段为干线，全长4865公里。

【例1】“西电东送”“西气东输”是我国实施西部大开发战略的重大举措，发挥了国家集中人力、物力、财力办大事的优势。这说明社会主义市场经济（　）

A. 坚持公有制的主体地位　B. 以共同富裕为根本目标

C. 能够实行科学的宏观调控 D. 能正确地处理好政府与市场的关系

【解析】ABD三项表述均与题意不符，排除。社会主义市场经济是同社会主义基本制度结合在一起的，市场在国家宏观调控下对资源配置起决定性作用。材料中，我国实施西部大开发战略的重大举措，发挥了国家集中人力、物力、财力办大事的优势。这说明社会主义市场经济能够实行科学的宏观调控，C正确。故选C。

【答案】C

【例2】（多选）2020年2月1日，国家市场监督管理总局发布了《关于新型冠状病毒感染肺炎疫情防控期间查处哄抬价格违法行为的指导意见》，对疫情防控期间的哄抬价格违法行为及其相关处罚进行了规范。各地采取了雷厉风行的价格执法行动，体现了政府对于维护疫情期间正常市场价格秩序、确保社会公众能够及时防护的决心和魄力。材料表明（　）

A. 疫情期间，政府应该在资源配置中起决定性作用

B. 市场调节具有自发性，市场调节导致资源配置效率低

C. 政府应完善市场规则，构建竞争有序的现代市场体系

D. 运用了宏观调控的法律手段

【解析】我国实行社会主义市场经济，市场在资源配置中起决定性作用，A说法错误；市场竞争是一把双刃剑，一方面可以引导资源的优化配置，另一方面缺少市场规则的竞争却会导致经济波动和资源的浪费，不能片面地否认市场竞争的积极作用，B不选；形成公平、公正的市场秩序和统一开放、竞争有序的现代市场体系，市场才能合理配置资源，才能维护消费者的合法权益，才能保证国民经济健康有序地发展，C正确；“开展价格执法行动”体现了宏观调控的法律手段中的通过经济司法，D正确。故选CD。

【答案】CD

【例3】（多选）宏观调控是指国家综合运用各种手段对国民经济进行调节和控制。下列选项中，属于我国宏观调控目标的是（　）

A. 增加就业　　B. 促进经济增长

C. 稳定物价　　D. 发展对外友好关系

【解析】本题考查我国宏观调控目标。宏观调控的主要目标是促进经济增长，增加就业，稳定物价，保持国际收支平衡，ABC正确。宏观调控是指国家综合运用各种手段对国民经济进行调节和控制发展，“对外友好关系”不属于宏观调控，D排除。故选ABC。

【答案】ABC

13.我国持续加大对“三农”的扶持力度，对农产品实行最低保护价格，完善农村医疗保障系统，加大农业基础设施建设，加强水利设施和设备的利用及投入，使农民增产又增收，城乡发展一体化进程不断推进。这主要反映了我国市场经济的特征是（　）

A. 坚持公有制的主体地位

B. 以共同富裕为根本目标

C. 能处理好政府和市场的关系

D. 以宏观调控作为资源配置的基本手段

14.完善社会主义市场经济体制，迫切要求政府从“越位”的地方“退位”，在“缺位”的地方“补位”，把不该管的事交给市场，把该管的事不折不扣地管好。这说明（　）

A. 市场经济应该完全由市场自由调节

B. 市场经济应弱化政府的宏观调控

C. 宏观调控对资源配置具有决定性作用

D. 市场调节与宏观调控应有机结合

杭州西湖文化景观成为世界遗产

法国巴黎当地时间2011年6月24日晚，第三十五届世界遗产委员会会议同意中国杭州西湖文化景观成为世界遗产。这是我国第41处世界遗产。“杭州西湖文化景观”位于浙江省杭州市，总面积为3322.88公顷，由西湖自然山水、“三面云山一面城”的城湖空间特征、“两堤三岛”景观格局、“西湖十景”题名景观、西湖文化史迹和西湖特色植物6大要素组成。该项目遗产区和缓冲区划界合理，具备完善的法律保障和管理体系，采取了有效的保护措施和充分的监测手段。

【例4】2020年3月，中国人民银行决定实施普惠金融定向降准，共释放长期资金5500亿元，以市场化改革疏通货币政策传导。这一措施属于国家宏观调控手段中的（　）

A. 经济手段　B. 法律手段　C. 行政手段　D. 道德手段

【解析】中国人民银行实施普惠金融定向降准，这一措施属于货币政策，属于国家宏观调控手段中的经济手段，A符合题意。材料体现的是经济手段，未涉及法律和行政手段，BC不符合题意。宏观调控的手段中无道德这一手段，D不符合题意。故选A。

【答案】A

【例5】（多选）为切实降低企业负担，促进我市外经贸发展，德州出入境检验检疫局全面下调检验检疫收费。对此认识正确的是（　）

A. 运用了财政政策　B. 实施了货币政策

C. 旨在促进国际收支平衡　D. 利于增强经济发展后劲

【解析】下调检验检疫收费属于财政政策，而不属于货币政策，A符合题意，B不符合题意。材料未涉及国际收支，也就未体现促进国际收支平衡，C不符合题意。全面下调检验检疫收费，有利于促进外经贸发展，增强经济发展后劲，D符合题意。故选AD。

【答案】AD

【例6】（多选）2020年我国继续实施积极的财政政策和稳健的货币政策，这是自2011年以来中国连续第十年实施这一政策组合。积极的财政政策和稳健的货币政策要同消费、投资、就业、产业区域等政策协同发力、形成合力。以下政策传导路径正确的是（　）

A. 大规模减税降费→减轻企业负担→固定资产投资规模扩大

B. 提高最低工资标准→缩小收入差距→提高社会总体消费水平

C. 普惠金融定向降准→保持流动性合理充裕→支持实体经济发展

D. 降低增值税起征点→企业税负减轻→加大研发投入提高创新能力

【解析】国家实施积极的财政政策，减税降费有利于降低企业制度性成本，减轻企业负担，进而固定资产投资规模扩大，A正确。提高最低工资标准会加大企业负担，不符合“积极的财政政策和稳健的货币政策”设问角度，B不符合题意。普惠金融定向降准属于稳健的货币政策，有利于保持流动性合理充裕，支持实体经济发展，C符合题意。降低增值税起征点，会使企业税负加重，不属于积极的财政政策，D不符合题意。故选AC。

【答案】AC

15.央行逆回购是公开市场操作的重要方式之一，简而言之，就是央行主动向券商贷出资金，获取有价证券质押的交易。2023年1月29日，中国人民银行以利率招标方式开展了新一轮总额为1280亿元的逆回购操作。这一操作对市场所起的作用最有可能的是（　）

A. 市场流动性回笼→扩大社会总需求→促进实体经济发展→稳定经济增长

B. 市场流动性增加→扩大资金供给→市场利率水平降低→缓解“融资贵”难题

C. 市场流动性回笼→削减信贷规模→降低金融机构违约风险→实现经济平稳运行

D. 市场流动性增加→下调基准利率→缓解市场融资压力→推动实体经济健康发展

互动训练答案

1.B　2.A　3.A　4.A　5.C　6.D　7.B　8.C　9.B　10.C　11.B　12.D　13.B　14.D　15.B

改革开放是邓小平理论的重要组成部分，是中国特色社会主义建设的一项根本方针。改革，包括经济体制改革，即把高度集中的计划经济体制改革成为社会主义市场经济体制；政治体制改革，包括发展民主，加强法制，实现政企分开、精简机构，完善民主监督制度，维护安定团结。开放，主要指对外开放，在广泛意义上还包括对内开放。改革开放是中国共产党在社会主义初级阶段基本路线的基本点之一，是我国走向富强的必经之路，对中国的经济发展有着巨大影响。

第三课　我国的经济发展

第一节 坚持新发展理念

· 知识整合 ·

【知识点一】以人民为中心的发展思想

1.以人民为中心

把实现人民幸福作为发展的目的和归宿，做到发展为了人民、发展依靠人民、发展成果由人民共享。

（1）发展为了人民，就是要从人民群众的根本利益出发谋发展、促发展，不断满足人民对美好生活的需要，努力促进人的全面发展。（目的）

（2）发展依靠人民，就是要把人民作为发展的力量源泉，充分尊重人民主体地位和人民群众的首创精神，不断从人民群众中汲取智慧和力量，依靠人民创造历史伟业。（动力）

（3）发展成果由人民共享，就是要使发展成果惠及全体人民，逐步实现共同富裕。（趋向）

2.有何意义

坚持以人民为中心的发展思想，反映了坚持人民主体地位的内在要求；彰显了人民至上的价值取向；确立了新发展理念必须始终坚持的基本原则。

【知识点二】贯彻新发展理念

1.创新、协调、绿色、开放、共享的发展理念

（1）新发展理念是习近平新时代中国特色社会主义经济思想的主要内容。创新、协调、绿色、开放、共享的发展理念，相互贯通、相互促进，是具有内在联系的集合体，要统一贯彻，不能顾此失彼，也不能相互替代。

（2）要增强贯彻落实的全面性、系统性，不断开拓发展新境界。

2.我们为什么要坚持新发展理念

（1）新时代，也有新问题。发展不平衡不充分的一些突出问题尚未解决，发展的质量和效益还不高，创新能力不够强，实体经济水平有待提高，生态环境保护任重道远。

（2）民生领域还有不少短板，脱贫攻坚任务艰巨，城乡区域发展和收入分配差距依然较大，群众在就业、教育、医疗、居住、养老等方面面临不少难题。（我国的主要矛盾：人民日益增长的美好生活需要同不

互动训练

1.（多选）《中国教育现代化2035》指出，要坚持以人民为中心的发展思想，顺应人民期盼，让教育发展成果更多、更公平地惠及全民。这主要体现了（　）

A. 发展为了人民

B. 发展依靠人民

C. 发展成果由人民共享

D. 自觉拜人民为师

2.（多选）2020年3月20日，国务院办公厅印发《关于应对新冠肺炎疫情影响强化稳就业举措的实施意见》，此政策（　）

A. 体现政府安排就业

B. 说明企业应保障劳动者合法权益

C. 表明政府坚持就业优先政策

D. 落实了以人民为中心的发展思想

3.（多选）选项中，新发展理念是针对当前我国发展面临的______问题提出的。（　）

A. 发展不平衡不充分的一些突出问题尚未解决

B. 创新能力不够强

C. 生产力依然落后

D. 民生领域还有不少短板

一个国家的政党制度是由该国特定的社会历史条件和现实条件决定的。首先，它取决于国内各阶级、阶层和集团之间力量的对比，以及各政党的状况。其次，它同国家政权的组织形式直接相关。再次，各国的选举制度对政党制度起着促成和巩固作用。由于国家的性质不同，政党制度也有不同的类型，主要有资本主义国家的政党制度和社会主义国家的政党制度两大基本类型。

平衡不充分发展之间的矛盾。）

（3）发展理念是发展实践的先导，在引领发展实践。要解决发展不平衡不充分问题，就需要以新发展理念为指导，破解发展难题，增强发展动力，厚植发展优势，来满足人民美好生活需要。

3.坚决贯彻新发展理念

（1）创新发展注重的是解决发展动力问题。（解决问题）发展动力决定发展速度、效能、可持续性，创新是引领发展的第一动力。（原因）坚持创新发展，要把创新摆在国家发展全局的核心位置，不断推进理论创新、制度创新、科技创新、文化创新等各方面创新，让创新贯穿党和国家一切工作，让创新在全社会蔚然成风。（实践要求）

（2）协调发展注重的是解决发展不平衡问题。（解决问题）协调发展是持续健康发展的内在要求，是发展平衡和不平衡的统一。（原因）坚持协调发展，要正确处理发展中的重大关系，重点促进城乡区域协调发展，促进经济社会协调发展，促进新型工业化、信息化、城镇化、农业现代化同步发展，不断增强发展的整体性。（实践要求）

（3）绿色发展注重的是解决人与自然和谐共生问题。（解决问题）绿色发展是永续发展的必要条件和人民对美好生活追求的重要体现，生态文明建设是关系中华民族永续发展的千年大计。（原因）坚持绿色发展，要坚持节约资源和保护环境的基本国策，坚持可持续发展，坚定走生产发展、生活富裕、生态良好的文明发展道路，建设美丽中国，形成节约资源和保护环境的空间格局、产业结构、生产方式、生活方式，建设人与自然和谐共生的现代化。（实践要求）

（4）开放发展注重的是解决发展内外联动问题。（解决问题）开放带来进步，封闭必然落后，开放是国家繁荣发展的必由之路。（原因）坚持开放发展，要顺应我国经济深度融入世界经济的趋势，奉行互利共赢的开放战略，遵循共商共建共享原则，发展更高层次的开放型经济，推动构建人类命运共同体。（实践要求）

（5）共享发展注重的是解决社会公平正义问题。（解决问题）广大人民群众共享改革发展成果，是社会主义的本质要求。共享发展是我们党坚持全心全意为人民服务根本宗旨的重要体现。（原因）坚持共享发展，要作出更有效的制度安排，坚持全民共享、全面共享、共建共享、渐进共享，使全体人民有更多获得感、幸福感、安全感，朝着共同富裕方向稳步前进。（实践要求）

4.近两年，山西省一煤独大的产业格局正在改变，经济转型的“含金量”“含新量”“含绿量”不断提升。该省经济呈现结构优化、动能增强的良好态势，是基于（　）

A. 坚持总体国家安全观

B. 坚持全面从严治党

C. 坚持新发展理念

D. 坚持人民当家作主

5.天津市全面布局智能科技产业，推动其成为产业转型升级、高质量发展的核心驱动力。这说明天津市坚持的新发展理念是（　）

A. 共享发展　B. 创新发展

C. 开放发展　D. 绿色发展

6.大自然对人类的馈赠是丰厚的，但并非取之不尽、用之不竭。正确处理发展经济与资源利用的关系，要求我们（　）

A. 贯彻绿色发展理念

B. 采用新技术，增强能源开发的能力

C. 制定政策和法规，限制资源开采

D. 先保护资源，后发展经济

中国共产党在民主革命的长期斗争中，同各民主党派结成人民民主统一战线。在中国共产党的领导下，终于取得了民主革命的胜利。1949年中华人民共和国成立后，一直坚持共产党领导的多党合作制。1956年社会主义改造基本完成之时，毛泽东进而提出共产党同各民主党派“长期共存，互相监督”的方针。

·考点解析·

【考点一】人民至上

2019年3月22日下午，习近平主席的目光沉静而充满力量，他说："这么大一个国家，责任非常重、工作非常艰巨。我将无我，不负人民。我愿意做到一个'无我'的状态，为中国的发展奉献自己。"

经济发展与改善民生相互促进、有机统一。改善民生、增进人民福祉是推动经济发展的根本目的，解决好民生问题，发展的动力才能更强劲、更持续，高质量的发展才有保障。因此，把实现人民幸福作为发展的目的和归宿。

【例1】（多选）"人民"二字，在习近平总书记心里分量最重、牵挂最多。近年来，全体人民在共建共享发展中的获得感、幸福感、安全感不断增强，稳定地走上了富裕安康的广阔道路。坚持共享发展（　）

A. 是社会主义的本质要求

B. 必须摆在国家发展的核心位置

C. 必须注重社会公平正义，促进全体人民共同富裕

D. 是社会主义市场经济根本目标的充分体现

【解析】共享是社会主义的本质要求，是新发展理念的重要内涵之一，共享理念的实质是坚持以人民为中心的发展思想，体现的是逐步实现共同富裕的要求，AD正确。摆在国家发展核心位置的是创新发展，B说法错误。坚持共享发展，必须注重社会公平正义，促进全体人民共同富裕，C说法错误。故选AD。

【答案】AD

【例2】（多选）以习近平同志为核心的党中央坚持以人民为中心的发展思想，围绕改善人民生活、增进人民福祉谋发展，回应人民期待、解答人民关切，新发展理念和发展成果符合广大人民群众意愿、得到广大人民群众的衷心拥护。能够恰当体现以人民为中心的发展思想合理性的是（　）

A. 苟利国家生死以，岂因祸福避趋之

B. 民惟邦本，本固邦宁

C. 王侯将相，宁有种乎

D. 乐民之乐者，民亦乐其乐；忧民之忧者，民亦忧其忧

【解析】A体现的是爱国思想，不符合题意；C体现的是一种不甘压迫、奋起反抗的精神，与以人民为中心的发展思想无关，不符合题意；BD体现以人民为中心的发展思想，符合题意。故选BD。

【答案】BD

7.（多选）扶贫开发直接关系到中国数千万人民的福祉，关系到2020年全面建成小康社会的目标的实现。打赢脱贫攻坚战就要找对"穷根"，精准扶贫，这有助于（　）

A. 坚持以人民为中心的发展，使发展成果由人民共享

B. 缩小收入差距，提高人民生活水平

C. 从根本上解决社会矛盾，推动城乡发展

D. 全面建成小康社会，实现平均分配

8.长江经济带覆盖中国11个省份，以近20%的国土面积撑起了中国45%的经济总量。这条经济带上，不仅有富饶的长三角地区，也有乌蒙山区等集中连片的特困地区，一次长江经济带的发展要打破自家"一亩三分地"的思维定式。材料表明长江经济带的发展必须坚持的新发展理念是（　）

A. 创新发展　B. 共享发展

C. 绿色发展　D. 协调发展

9.我国经济发展已进入新时代，必须贯彻落实创新、协调、绿色、开放、共享新发展理念。下列属于践行共享发展理念的是（　）

A. 推进以人为核心的新型城镇化

B. 发展网络经济，实施国家大数据战略

C. 加快实施区域协调发展战略

D. 建立更公平更可持续的社会保障制度

中国的政党制度的基本点是坚持共产主义政党的长期稳定领导，同时发挥多党合作的作用。由于共产主义政党是无产阶级先进的有纪律的部队，以马克思主义、科学共产主义为指导，理论联系实际，密切联系群众，全心全意为人民服务，不谋私利，掌握自我批评武器，善于听取批评意见，所以它必须而且能够领导好社会主义建设事业。同时共产党又需要各民主党派的合作与监督。

【例3】以人民为中心的发展思想是坚持人民主体地位这一根本原则在发展理论上的创造性运用，其思想内涵十分丰富，发展依靠人民（ ）

A. 是对发展目的问题的回答
B. 是在发展动力问题上的主张
C. 是对发展趋向问题的阐释
D. 是对引领发展的动力问题的阐释

【解析】发展为了人民，就是要从人民群众的根本利益出发谋发展、促发展，是对发展目的问题的回答，A排除。发展依靠人民就是要把人民作为发展的力量源泉，因此发展依靠人民是在发展动力问题上的主张，B正确。发展成果由人民共享，就是要使发展成果惠及全体人民，逐步实现共同富裕，这是对发展趋向问题的阐释，C不选。创新是引领发展的第一动力，发展依靠人民不是对引领发展的动力问题的阐释，D排除。故选B。

【答案】B

【例4】（多选）坚持以人民为中心的发展思想就是要（ ）

A. 消除人民收入差距
B. 把实现人民幸福作为发展的目的和归宿
C. 满足人民群众的各种利益诉求
D. 做到发展为了人民、发展依靠人民、发展成果由人民共享

【解析】本题考查坚持以人民为中心的发展思想。A错在“消除”，A排除。坚持以人民为中心的发展思想就是要把实现人民幸福作为发展的目的和归宿，做到发展为了人民、发展依靠人民、发展成果由人民共享，BD符合题意。“满足人民群众的各种利益诉求”说法明显错误，应该是满足人民群众的正当的、合理的、根本的利益诉求，C排除。故选BD。

【答案】BD

【点睛】本题属于组合选择题，可采用以下方法解答：①排除法。就是对照题干的规定性，先找出错项，再找出与题意不符或者与题意无关的选项，依次排除错项、与题意不符或者与题意无关的选项的方法，本题可排除AC。②代入法。就是在弄清题干要求的前提下，先从参与组合次数最多的选项入手，对其正误进行分析判断，然后代入，从而排除错误选项的方法。③组合法。即以题干的要求为标准，先审视所列的各项，判断出很有把握的正确选项，然后将正确选项组合，再到题支中寻觅答案的方法。

10.（多选）党的十九届五中全会于2020年10月26日至29日在北京举行，全会提出，坚持创新在我国现代化建设全局中的核心地位，把科技自立自强作为国家发展的战略支撑。为此，我国必须（ ）

A. 尽量多引进外国的机器和设备
B. 建设企业为主的产业创新体系
C. 坚持创新发展，将其作为一切工作的中心
D. 实施创新驱动发展战略，将创新作为发展的基点

11.（多选）我国跨省异地就医直接结算工作顺利推进，已全面联通所有统筹地区，覆盖城乡居民各类医保制度，服务异地安置退休等4类跨省就医人群。此举旨在（ ）

A. 提高医疗技术水平
B. 促进基本公共服务均等化
C. 贯彻共享发展的理念
D. 体现社会主义制度优越性

12.坚持创新发展，必须把创新摆在国家发展全局的核心位置，让创新贯穿党和国家一切工作，让创新在全社会蔚然成风。创新发展注重的是解决（ ）

A. 发展动力问题
B. 发展不平衡问题
C. 发展内外联动问题
D. 社会公平正义问题

共产主义政党对国家政权的领导包括政治领导、思想领导和组织领导。政治领导主要是提出社会发展战略和重大方针政策；思想领导主要是提高马克思主义水平，加强对国家公职人员和人民群众的社会主义、共产主义思想教育；组织领导主要是推荐各级政权机关领导人人选，由人民政权机关选举或任命。

【例5】（多选）2020年4月，江苏省正式启动《划转部分国有资本充实社保基金实施方案》。方案明确，国有及国有控股大中型企业、金融机构纳入划转范围。划转部分国有资本充实社保基金（　）

A. 发挥了国有经济在国民经济中的主体地位作用

B. 表明我国公有制经济和非公有制经济共同发展

C. 是贯彻共享发展理念，解民生之忧的重要举措

D. 体现国有企业全民所有，发展成果由人民共享

【解析】题目划转部分国有资本充实社保基金体现以人民为中心的发展思想和共享发展理念，CD符合题意入选。公有制是国民经济的主体，A说法错误。材料没有涉及我国公有制经济和非公有制经济共同发展，B排异。故选CD。

【答案】CD

【例6】（多选）“乡村振兴领航计划”是川东发展的一项创新之举，统筹推进川东乡村的产业振兴、人才振兴、文化振兴、生态振兴、组织振兴，从而加快补齐农村发展和民生短板。实施该计划能够（　）

A. 加快推进农业农村现代化　　B. 促进城乡同步发展

C. 提升农民获得感、幸福感　　D. 确立农业基础地位

【解析】题目川东通过“乡村振兴领航计划”加快补齐农村发展和民生短板体现以人民为中心的发展思想和协调、共享、绿色等新发展理念，AC符合题意入选。B城乡“同步”发展说法错误。D“确立”农业基础地位说法错误。故选AC。

【答案】AC

【考点二】坚持新发展理念知识构架图

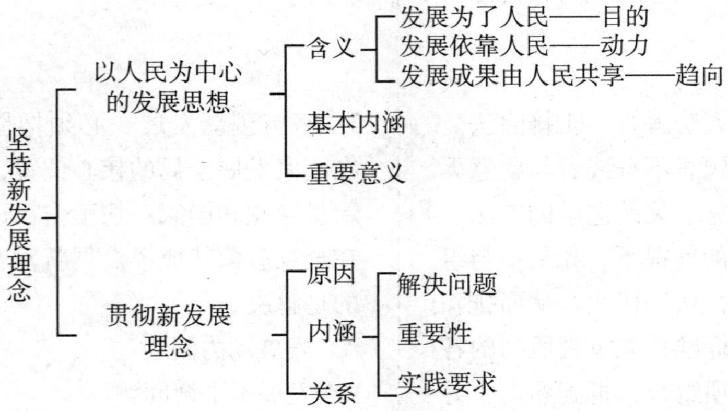

13.中国传统文化博大精深，影响深远，对当下中国发展具有借鉴意义。比如《吕氏春秋》中说：“竭泽而渔，岂不获得？而明年无鱼；焚薮而田，岂不获得？而明年无兽。”与这一思想相符合的新发展理念有（　）

A. 创新　　B. 协调

C. 绿色　　D. 共享

14.（多选）“人民”二字，在习近平总书记心里分量最重、牵挂最多。近年来，全体人民在共建共享发展中的获得感、幸福感、安全感不断增强，稳定地走上了富裕安康的广阔道路。坚持共享发展（　）

A. 是社会主义的本质要求

B. 必须摆在国家发展的核心位置

C. 必须注重社会公平正义，促进全体人民共同富裕

D. 是社会主义市场经济根本目标的充分体现

15.（多选）人的行为在一定程度上是人的理念表达。当你每天徒步上下班时，就是在践行绿色发展理念；当你骑自行车穿梭在大街小巷时，就是在为节能减排做着贡献；当你将垃圾放到分类垃圾箱时，就体现了生态环保的思维。下列选项与材料表达的理念相一致的是（　）

A. 量入为出，适度消费

B. 避免盲从，理性消费

C. 分类回收，循环再生

D. 节约资源，减少污染

共产主义政党不仅要领导国家政权，而且还要对社会实行全面的领导。为了克服以往存在以党代政、党政不分的弊病，在社会主义改革中逐步实现党政分开，既坚持加强党的领导，又改进、完善党的领导。党对国家事务主要实行政治领导，充分发挥国家机关的作用，党经过法定程序使自己的主张变为国家意志，同时通过党组织的活动和党员的模范作用带动广大人民群众，实现党的路线、方针、政策。

【例1】新时代的新征程，需要贯彻新发展理念。为此，我们必须牢固树立并切实贯彻（ ）

A. 创新、协调、绿色、开放、共享的发展理念

B. 创新、公平、绿色、开放、共赢的发展理念

C. 开放、协调、绿色、共建、共享的发展理念

D. 共商、共建、共享、开放、绿色的发展理念

【解析】新发展理念是创新、协调、绿色、开放、共享的发展理念，A正确。新发展理念中没有所谓的公平、共赢、共商、共建的发展理念，BCD错误。故选A。

【答案】A

【例2】（多选）习近平主席在首届中国国际进口博览会演讲中用“大海”妙喻中国经济。中国经济是一片大海而不是小池塘，大海有风平浪静，也有狂风骤雨。狂风骤雨可以掀翻小池塘，但不能掀翻大海。坚持新发展理念，推动全球经济合作应该（ ）

A. 贯彻创新发展理念，坚持立足全局，促进城乡统筹发展

B. 贯彻共享发展理念，坚持包容普惠，推动各国共同发展

C. 贯彻开放发展理念，坚持互利融通，建构内外联动格局

D. 贯彻协调发展理念，坚持持续均衡，确保人与自然和谐

【解析】习近平主席把中国经济比作大海，说明中国经济发展坚持共享发展理念，推动各国共同发展，B入选。中国举办国际进口博览会，说明中国经济发展坚持开放发展理念，互利融通，建构内外联动格局，C入选。坚持立足全局，促进城乡统筹发展，体现了贯彻协调发展理念，题中没有涉及创新问题，A排除。坚持持续均衡，确保人与自然和谐是贯彻绿色发展理念的体现，D排除。故选BC。

【答案】BC

【例3】（多选）2020年5月17日，中共中央、国务院印发《关于新时代推进西部大开发形成新格局的指导意见》，从六个方面对加快形成西部大开发新格局，推动西部地区高质量发展作出部署。新时代继续做好西部大开发工作有利于（ ）

A. 促进贫困人口脱贫致富，消除东西部地区的发展差距

B. 坚持共享发展，让改革成果更多更公平惠及全体人民

C. 促进区域协调发展，实现决胜全面建成小康社会目标

D. 到2020年底西部地区基本实现社会主义现代化

【解析】应该是缩小东西部地区的发展差距，而不是“消除”，A错。新时代继续做好西部大开发工作有利于缩小东西部地区的发展差距，促进区域协调发展，实现决胜全面建成小康社会目标，有利于坚持共享发展，让改革成果更多更公平惠及全体人民，BC正确。到2035年，我国基本实现社会主义现代化，D错。故选BC。

【答案】BC

16.（多选）2021年中央经济工作会议指出，我国要做好碳达峰、碳中和工作，力争2030年前二氧化碳排放达到峰值，力争2060年前实现碳中和。这就需要我们（ ）

A. 推动新能源产业全面替代高耗能产业

B. 加快转变发展方式，提高能源利用率

C. 倡导简约适度、绿色低碳的生活方式

D. 坚持创新发展，杜绝排放二氧化碳

17.在发展经济的过程中，党和政府注重促进城乡协调发展、区域协调发展、经济社会协调发展、人与自然和谐发展。这表明我们应该（ ）

A. 坚持改革为第一要义

B. 坚持以人为本

C. 坚持全面协调可持续

D. 全面深化改革

1978年以前的安徽省凤阳县小岗村，是全县有名的“吃粮靠返销，用钱靠救济、生产靠贷款”的“三靠村”，每年秋收后几乎家家外出讨饭。1978年11月24日，小岗村18户农民以敢为天下先的胆识，按下了18个手印，搞起生产责任制，揭开了中国农村改革的序幕。也许是历史的巧合——就在这些农民按下手印的不久，党的十一届三中全会在北京人民大会堂隆重开幕。在关系国家命运和前途的严峻历史关头，以邓小平为代表的中国最高层的政治家和最底层的农民们，共同翻开了历史新的一页。小岗村从而成为中国农村改革的发源地。

【例4】某市牢固树立“绿水青山就是金山银山”理念，先后成为国家生态文明先行示范区、国家生态市、国家低碳试点城市。该市的发展告诉我们要坚持（ ）

A. 国内国际均衡发展　B. 区域经济协调发展

C. 中央地方共同发展　D. 人与自然和谐发展

【解析】国内国际均衡发展的说法过于夸张，A错误；材料未涉及区域经济协调发展、中央地方共同发展，B、C不选；题干中该市的发展告诉我们要坚持人与自然和谐发展，D正确。故选D。

【答案】D

【例5】（多选）中国特色社会主义进入新时代，我国经济发展进入新时代，必须牢固树立并切实贯彻新发展理念。下列说法正确的是（ ）

A. 创新发展注重的是解决发展动力问题

B. 协调发展注重的是解决人与自然和谐共生问题

C. 开放发展注重的是解决内外联动问题

D. 共享发展注重的是解决发展不平衡问题

【解析】创新发展注重的是解决发展动力问题，创新是引领发展的第一动力，A正确。协调发展注重的是解决发展不平衡问题，而不是人与自然和谐共生问题，B错。开放发展注重的是解决发展内外联动问题，C正确。共享发展注重的是解决社会公平正义问题，D错。故选AC。

【答案】AC

【例6】（多选）2020年11月4日，第三届中国国际进口博览会开幕式在上海举行。第三届进博会充分展示了我国抗击新型冠状病毒感染疫情斗争取得的重大战略成果和坚定不移全面扩大开放的决心，推动形成以国内大循环为主体、国内国际双循环相互促进的新发展格局。材料表明（ ）

A. 我国切实贯彻开放共享的发展理念

B. 我国积极对外开放市场，促进经济发展

C. 我国经济发展成就巨大，贸易顺差不断缩小

D. 我国对外贸易坚持“引进来”与“走出去”并重

【解析】材料讲述第三届进博会充分展示了我国坚定不移全面扩大开放的决心，推动形成以国内大循环为主体、国内国际双循环相互促进的新发展格局，AB符合题意。材料讲的是进口，没有涉及进出口差额问题，而且我国经济发展成就巨大，贸易顺差稳中有升，C不符合题意和事实。材料没有涉及走出去，D不符合题意。故选AB。

【答案】AB

18.（多选）2020年10月9日，国务院总理李克强主持召开国务院常务会议，会议上通过了《新能源汽车产业发展规划》，明确充分发挥市场在资源配置中的决定性作用，更好发挥政府在标准法规制定、质量安全监管等方面作用。推动新能源产业发展（ ）

A. 适应了产业升级趋势和绿色消费新需求

B. 有利于生态文明制度体系的加快形成

C. 能推动本世纪中叶美丽中国目标的实现

D. 要将市场调节与国家宏观调控相结合

互动训练答案

1.AC　2.CD　3.ABD　4.C　5.B　6.A　7.AB　8.D　9.D　10.BD　11.BC　12.A　13.C　14.AD　15.CD　16.BC　17.C　18.AD

为尽快提升经济发展速度，邓小平与党内的开明派开始逐一解决这些问题，并试图改变人民心目中对中国共产党和社会主义根深蒂固的形象，这场改革运动的目的是以维持社会主义制度为前提，改变生产中不适应生产发展的管理体制和政策，并建立社会主义下的市场经济。这场改革的经济方面在农村取得了率先突破，并随之迅速在全国各经济领域内推行改革。改革开放的实质是解放和发展社会生产力，进一步解放人民思想，建设有中国特色的社会主义。

第二节 建设现代化经济体系

· 知识整合 ·

【知识点一】国家强，经济体系必须强

1.为什么要建设现代化经济体系（为什么）

（1）我国经济发展（主要集中在生产领域）存在问题。

（2）我国经济已由高速增长阶段转向高质量发展阶段，正处在转变发展方式、优化经济结构、转换增长动力的攻关期，建设现代化经济体系是跨越关口的迫切要求和我国发展的战略目标。

（3）符合中国国情、具有中国特色的现代化经济体系，才能更好顺应现代化发展潮流，赢得国际竞争主动，为其他领域现代化提供有力支撑，为实现人民对美好生活的向往打下坚实而强大的物质基础。

2.现代化经济体系的内涵及其内容

（1）内涵：现代化经济体系是由社会经济活动各个环节、各个层面、各个领域的相互关系和内在联系构成的一个有机整体。

（2）内容：

①创新引领、协同发展的产业体系，

②统一开放、竞争有序的市场体系，

③体现效率、促进公平的收入分配体系，

④彰显优势、协调联动的城乡区域发展体系，

⑤资源节约、环境友好的绿色发展体系，

⑥多元平衡、安全高效的全面开放体系，

⑦充分发挥市场作用、更好发挥政府作用的经济体制。

（3）建设现代化经济体系的要求：现代化经济体系包括的几个体系是统一整体，要一体建设、一体推进。要借鉴发达国家有益做法，更要符合中国国情、具有中国特色。

【知识点二】推动我国经济高质量发展（如何构建现代化经济体系）

1.原因

随着我国经济发展进入新时代，我国经济已由高速增长阶段转向高质量发展阶段。

2.要求

推动经济高质量发展，必须建设好现代化经济体系。

（1）建设创新引领、协同发展的产业体系。

互动训练

1.在工业化初期，制造业产品一般不会包含相应的服务。但随着技术进步、产业发展，产品中“制造”和“服务”的边界越来越模糊。目前，服务业与制造业的投入融合已经进入新的发展阶段，服务要素对制造业竞争力的影响也更加显著。这对我国建设现代产业体系的启示是（　）

A. 体现效率、促进公平

B. 创新引领、协同发展

C. 多元平衡、安全高效

D. 资源节约环境友好

2.（多选）“从大国到强国，实体经济发展至关重要，任何时候都不能脱实向虚。”习近平总书记赴广东考察调研时又一次给“实体经济”撑腰打气。我国强调发展实体经济的原因在于（　）

A. 实体经济是一国经济的立身之本

B. 实体经济是建设现代化经济的战略支撑

C. 实体经济是财富创造的根本源泉

D. 实体经济是关系国计民生的根本性问题

庆祝中国共产党成立90周年大会

中共中央总书记胡锦涛强调，全党同志要牢记历史使命，永远保持谦虚、谨慎、不骄、不躁的作风，永远保持艰苦奋斗的作风，勇于变革、勇于创新，永不僵化、永不停滞，不动摇、不懈怠、不折腾，不为任何风险所惧，不被任何干扰所惑，坚定不移沿着中国特色社会主义道路奋勇前进，更加奋发有为地团结带领全国各族人民创造自己的幸福生活和中华民族的美好未来。

①目标：实现实体经济、科技创新、现代金融、人力资源协同发展，使科技创新在实体经济发展中的贡献份额不断提高，现代金融服务实体经济的能力不断增强，人力资源支撑实体经济发展的作用不断优化。

②要求：大力发展实体经济必须深化供给侧结构性改革，加快发展先进制造业，推动互联网、大数据、人工智能同实体经济深度融合，营造脚踏实地、勤劳创业、实业致富的发展环境和社会氛围。

③地位：实体经济是一国经济的立身之本，是国家强盛的重要支柱。要把发展经济的着力点放在实体经济上，筑牢现代化经济体系的根基。

（2）建设彰显优势、协调联动的城乡区域发展体系。

①目标：实现区域良性互动、城乡融合发展、陆海统筹整体优化，培育和发挥区域比较优势，加强区域优势互补，塑造区域协调发展新格局。

②要求：实施乡村振兴战略；实施区域协调发展战略。

③具体要求：

实施乡村振兴战略	地位	农业农村农民问题是关系国计民生的根本性问题
	措施	必须始终把解决好“三农”问题作为全党工作重中之重。要坚持农业农村优先发展，按照产业兴旺、生态宜居、乡风文明、治理有效、生活富裕的总要求，建立健全城乡融合发展体制机制和政策体系，加快推进农业农村现代化
实施区域协调发展战略	措施	加大力度支持革命老区、民族地区、边疆地区、贫困地区加快发展，强化举措推进西部大开发形成新格局，深化改革加快东北等老工业基地振兴，发挥优势推动中部地区崛起，创新引领率先实现东部地区优先发展，建立更加有效的区域协调发展新机制

（3）建设更高水平开放型经济新体制。

①目标：发展更高层次开放型经济，推动开放朝着优化结构、拓展深度、提高效益方向转变。

②要求：要更好利用全球资源和市场，继续积极推进“一带一路”框架下的国际交流合作，形成陆海内外联动、东西双向互济的开放格局，共同推动经济全球化朝着更加开放、包容、普惠、平衡、共赢的方向发展。

总结：推动经济高质量发展、必须坚持社会主义基本经济体制，充分发挥市场在资源配置中的决定作用，更好发挥政府作用，全面贯彻新发展理念，坚持以供给侧结构性改革为主线，加快建设现代化经济体系。

3.（多选）供给侧结构性改革是一种寻求经济新增长新动力的思路，主要强调通过优化生产要素配置，提高使用效率，来提升经济增长的质量和数量。下列做法符合供给侧结构性改革思路的是（　　）

A. 转变外贸发展方式，扩大高质量产品进口

B. 推动个人所得税改革，减轻居民税负

C. 坚持创新驱动，促进制造业转型升级

D. 弘扬工匠精神，走以质取胜的发展道路

4.（多选）近年来，“新国货”强势回归，国货自我价值升级，以智能、品质、品牌为标签，开启民族品牌全球崛起之路。材料表明，“新国货”的崛起（　　）

A. 提升自主品牌价值，为消费创造巨大动力

B. 打造强大的国内市场，增强居民消费能力

C. 优化产品供给结构，推动制造业品质革命

D. 深化生产分工与协作，延伸商品的价值链

科学发展观写入党章

2007年，科学发展观写入党章，其内涵是全面、协调、可持续的发展观，是对党的三代中央领导集体关于发展的重要思想的继承和发展，是马克思主义关于发展的世界观和方法论的集中体现，是同马克思列宁主义、毛泽东思想、邓小平理论和“三个代表”重要思想既一脉相承又与时俱进的科学理论，是我国经济社会发展的重要指导方针，是发展中国特色社会主义必须坚持和贯彻的重大战略思想。

考点解析

【考点一】经济发展方式

经济发展方式是一个国家或地区的经济实现总量增长、质量提高的途径和方法，是落实发展理念、实现发展进步的具体途径。

经济发展的途径和方式并不是单一的，而是多种多样。从总需求方面看，消费、投资、出口是拉动经济增长的“三驾马车”。

从总供给方面看，推动经济发展的基本途径有两条：一是增加生产要素的投入数量，二是提高生产要素的质量、效率和推动技术进步。经济发展方式并非一成不变，要根据发展理念和发展阶段的变化，及时转变经济发展路径。

我国正处于转变经济发展方式的关键时期，要促进经济发展由主要依靠投资、出口拉动向依靠消费、投资、出口协调拉动转变，由主要依靠第二产业带动向第一、第二、第三产业协同带动转变，由主要依靠增加物质资源消耗，向主要依靠科技进步、劳动者素质提高转变。

【例1】（多选）建设现代化经济体系是顺应中国特色社会主义进入新时代的新要求。国家强，经济体系必须强。现代化经济体系，是由社会经济活动各个环节、各个层面、各个领域的相互关系和内在联系构成的一个有机整体。下列对现代化经济体系的组成部分表述正确的有（　）

A. 要建设统一开放、竞争有序的市场体系

B. 要建设效率优先、兼顾公平的收入分配体系

C. 要建设资源节约、环境友好的绿色发展体系

D. 要建设以乡带城、协调联动的城乡区域发展体系

【解析】要建设现代化经济体系，必须要建设统一开放、竞争有序的市场体系，要建设资源节约、环境友好的绿色发展体系，AC符合题意；要建设体现效率、促进公平的收入分配体系，B不选；要建设彰显优势、协调联动的城乡区域发展体系，D不选。故选AC。

【答案】AC

【例2】（多选）“无废城市”是以新发展理念为引领，通过推动形成绿色发展方式和生活方式，持续推进固体废物源头减量和资源化利用，最大限度减少填埋量，将固体废物对环境的影响降至最低的城市发展模式。“无废城市”的建设有利于（　）

A. 维护绿色产业的市场秩序，优化资源配置

B. 促进区域协调发展，建设现代化经济体系

C. 转变经济发展方式，推进新旧动能的转化

D. 形成节约资源和保护环境的空间格局

【解析】本题考查新发展理念、建设现代化经济体系。材料未体现维护绿色产业的市场秩序，A不符合题意。依题意，“无废城市”的建

5.（多选）习近平总书记在讲话中指出，要贯彻新发展理念，加快建设现代化经济体系，努力实现更高质量、更有效率、更加公平、更可持续的发展。建设现代化经济体系要（　）

A. 大力发展实体经济

B. 实施乡村振兴战略

C. 实施区域协调发展战略

D. 重质量效益，不再追求增长速度

6.供给侧结构性改革重点是解放和发展社会生产力。深化供给侧结构性改革，加快发展先进制造业，推动互联网、大数据、人工智能同______深度融合。（　）

A. 国有经济　B. 集体经济

C. 实体经济　D. 混合所有制经济

7.（多选）2021年以来，化肥、柴油等农资价格明显上涨，中央财政拟安排200亿元左右资金，对种粮农民一次性发放补贴。该做法（　）

A. 有利于保护农民种粮积极性，维护农民利益

B. 有利于稳定粮食价格，能确保国家粮食安全

C. 是政府运用财政政策进行宏观调控的体现

D. 是实施乡村振兴战略的关键

第三届海峡论坛

2011年6月11日，第三届海峡论坛在福建厦门国际会展中心开幕。中共中央政治局常委、全国政协主席贾庆林出席开幕式，并宣布第三届海峡论坛开幕。本届论坛围绕“聚焦基层、共享成果”的主议题，规划了5大板块、13大项活动；内容更加贴近“草根”需求，包括百个家庭联谊、亲子阅读交流、烹饪大赛、体育竞技、影视展映展播等基层民众喜闻乐见的活动。

设未涉及区域协调发展，B不符合题意。“无废城市”的建设强调的是变废为宝，这有利于转变经济发展方式，推进新旧动能的转化，形成节约资源和保护环境的空间格局，CD符合题意。故选CD。

【答案】CD

【例3】集成电路产业和软件产业作为信息产业的核心，是引领新一轮科技革命和产业变革的关键力量。2020年8月，国务院发布《新时期促进集成电路产业和软件产业高质量发展若干政策》，明确提出国家鼓励的重点集成电路设计和软件企业自获利年度起，享受免征或减半征收企业所得税等政策。这政策对我国信息产业发展将发挥重要作用，其传导路径是（　）

①减轻相关企业负担，激发企业生产活力

②刺激国产芯片消费需求，增加企业收入

③提高企业科技创新能力，增强核心竞争力

④提升信息产业自主能力，助推国家信息安全

A. ①→②→④　B. ①→③→④

C. ②→③→④　D. ③→①→④

【解析】依据题意，国家实施的税收优惠政策可以减轻相关企业负担，激发企业生产活力，①排在第一位。减轻相关企业负担，激发企业生产活力，可以提高企业科技创新能力，增强核心竞争力，③排在第二位。提高企业科技创新能力，增强核心竞争力，有利于提升信息产业自主能力，助推国家信息安全，④排在第三位。材料强调是政策对我国信息产业发展的影响，而不是对消费需求的影响，②不合题意。因此，材料所述政策的传导路径是①→③→④。故选B。

【答案】B

【例4】中国经济的韧性来自巨大的市场优势，14亿人口的庞大市场、4亿多中等收入群体的强大购买力，是任何国家都无法比拟的。巨大的市场优势发挥作用的路径是（　）

①将释放源源不断的消费潜力　②支撑中国经济的高质量发展

③倒逼深化供给侧结构性改革　④促进产品质量提升产业转型

A. ①→②→③→④　B. ①→④→③→②

C. ①→③→②→④　D. ①→③→④→②

【解析】14亿人口的庞大市场、4亿多中等收入群体的强大购买力，是任何国家都无法比拟的，这些强调的是消费，因此巨大的市场优势发挥作用将释放源源不断的消费潜力，①排首位。中国所做的努力，让巨大的市场优势发挥作用，目的是支撑中国经济的高质量发展，②排尾位。巨大的市场优势发挥作用，释放源源不断的消费潜力，这会倒逼深化供给侧结构性改革，③排①后，深化供给侧结构性改革，会促进产品质量提升产业转型，④排③后。故选D。

【答案】D

8.（多选）习近平总书记指出，必须始终高度重视发展壮大实体经济，抓实体经济一定要抓好制造业。我国制造业要从“数量追赶”转向“质量追赶”，从“规模扩张”转向“结构升级”，从“要素驱动”转向“创新驱动”，就必须（　）

A. 淘汰传统产品，生产高科技产品

B. 提高科技创新在制造业中的贡献份额

C. 增加投入通过规模优势增强竞争力

D. 推动大数据、人工智能同制造业深度融合

9.（多选）某地出台规定，留乡就业的外出务工人员可以获得就业补贴，创业农民还可享受优待政策，不少人通过云视频、直播直销等新业态创业，成为服务农业、扎根乡村的创新创业群体。此举的真正意义在于（　）

A. 确保国家粮食安全

B. 为乡村振兴注入内生动力

C. 促进农村一二三产业融合发展

D. 加快农村城镇化进程

10.上海推进农业农村高质量发展、全面实施乡村振兴战略的进展，并透露2019年共核定1.26万户农民相对集中居住。下列不属于实施乡村振兴战略内容的是（　）

A. 坚持农业农村要优先发展

B. 把解决好“三农”问题作为全党工作重中之重

C. 加快推进农业农村现代化

D. 实施区域协调发展战略

第三届海峡论坛作为迄今为止两岸规模最大、参与人数最多、参与界别最广泛、涉及范围最广的民间交流盛会，海峡论坛的“民间性、草根性、广泛性”定位，获得两岸基层民众的广泛认同。本届海峡论坛将聚焦民生议题，安排的活动项目更加贴近民众。

【考点二】必须大力发展实体经济

实体经济是一国经济的立身之本，是国家强盛的重要支柱。

产业支撑	建设创新引领、协同发展的产业体系，实现实体经济、科技创新、现代金融、人力资源协同发展，使科技创新在实体经济发展中的贡献份额不断提高，现代金融服务实体经济的能力不断增强，人力资源支撑实体经济发展的作用不断优化	
发展重点	要把发展经济的着力点放在实体经济上，筑牢现代化经济体系的根基	
必须深化供给侧结构性改革	工业	加快发展先进制造业
	智能	推动互联网、大数据、人工智能同实体经济深度融合
	政策	营造脚踏实地、勤劳勇敢、实业致富的发展环境和社会氛围
	重点	解放和发展社会生产力，用改革的办法推进结构调整，减少无效和低端供给，扩大有效和中高端供给
	根本	使我国供给能力更好满足广大人民日益增长的美好生活需要，从而实现社会主义生产目的
	要求	要从生产端入手，重点是促进产能过剩有效化解，促进产业优化重组，降低企业成本，发展战略性新兴产业和现代服务业，增加公共产品和服务供给，增强供给结构对需求变化的适应性和灵活性

【例1】（多选）一个国家要想保持长久的经济竞争力，必须夯实实体经济，因为实体经济是（　）

A. 现代化建设政治保证　B. 一国经济的立身之本

C. 国家强盛的重要支柱　D. 我国发展的战略目标

【解析】一个国家要想保持长久的经济竞争力，必须夯实实体经济，因为实体经济是一国经济的立身之本，是国家强盛的重要支柱，BC符合题意；坚持人民民主专政是现代化建设的政治保证，A错误；实体经济是我国发展的坚实基础，而不是战略目标，D错误。故选BC。

【答案】BC

【例2】（多选）党的十九大提出要建设现代化经济体系。对此，我们必须做到（　）

A. 坚持质量第一、效益优先

B. 大力发展实体经济，深化供给侧结构性改革

C. 推动经济发展速度变革、效率变革、社会变革

D. 构建宏观调控有活力的经济体制

【解析】AB是对建设现代化经济体系提出的要求；C说法错误，推动经济发展质量变革、效率变革、动力变革；D说法错误，构建市场机制有效、微观主体有活力、宏观调控有度的经济体制。故选AB。

【答案】AB

11.建设现代化经济体系要实施区域协调发展战略，除了加大力度支持革命老区、民族地区外，还包括（　）

A. 西部地区、边疆地区

B. 边疆地区、贫困地区

C. 东北等老工业基地

D. 中部地区

12.（多选）2021年2月21日发布的《中共中央国务院关于全面推进乡村振兴加快农业农村现代化的意见》提出要构建现代乡村产业体系。构建现代乡村产业体系（　）

A. 必须把农业产业链全部留在县城

B. 可以让农民更多分享产业增值收益

C. 必须推进农村一二三产业融合发展

D. 要农靠工业龙头企业复制城市全产业链

13.（多选）到2035年，乡村振兴取得决定性进展；到2050年，乡村全面振兴，农业强、农村美、农民富全面实现。实施乡村振兴战略要（　）

A. 坚持农业农村优先发展

B. 推动城乡融合发展

C. 实施农业反哺工业方针

D. 实施扶贫同步富裕

首都各界纪念西藏和平解放60周年座谈会于2011年5月23日上午在人民大会堂举行。1951年5月23日，中央人民政府代表和原西藏地方政府代表在北京签订了“十七条协议”，实现了西藏的和平解放。西藏的和平解放，彻底驱逐了帝国主义势力，捍卫了祖国主权和领土完整；沉重打击了各种分裂势力，维护了国家统一和民族团结；为改变西藏政教合一的封建农奴制创造了条件，开辟了百万农奴翻身解放的道路；开启了西藏繁荣进步的光明前程，极大地促进了西藏各项事业的发展。

【例3】（多选）进入新时代后，中央把振兴实体经济摆在了更加重要的位置，这让实业从业者振奋。我们要真正把实体经济当作压舱石，加速转型升级，发展强而优的实业，促进实体经济转型升级。这需要（　）

A. 以供给侧结构性改革为主线，理顺政府与市场的关系

B. 加大财政扶持力度，增强银行业服务实体经济的能力

C. 营造优越的人才环境，为实体经济转型提供人才支撑

D. 以科技为引领，突出政府在实体经济转型中的主体地位

【解析】“加速转型升级，发展强而优的实业，促进实体经济转型升级”需要以供给侧结构性改革为主线，理顺政府与市场的关系；营造优越的人才环境，为实体经济转型提供人才支撑，AC举措符合题意。把增强银行业服务实体经济的能力理解为加大财政扶持力度说法错误，前者金融手段，后者财政政策，B错误。D突出政府在实体经济转型中的主体地位说法错误，应该是企业。故选AC。

【答案】AC

【考点三】乡村振兴战略

提出：乡村振兴战略是2017年10月18日十九大报告中提出的战略。

重要性：农业农村农民问题是关系国计民生的根本性问题，必须始终把解决好“三农”问题作为全党工作重中之重。

要求：要坚持农业农村优先发展，按照产业兴旺、生态宜居、乡风文明、治理有效、生活富裕的总要求，建立健全城乡融合发展体制机制和政策体系，加快推进农业农村现代化。

意义：实施乡村振兴战略是建设现代化经济体系的重要基础，实施乡村振兴战略是建设美丽中国的关键举措，实施乡村振兴战略是传承中华优秀传统文化的有效途径，实施乡村振兴战略是健全现代社会治理格局的固本之策，实施乡村振兴战略是实现全体人民共同富裕的必然选择。

【例1】2020年全国百强县排行榜发布，在前10名中，江苏占6席，且包揽前4名。从区域排行看，南方强过北方，东部远超西部。这表明建设现代化经济体系要实施（　）

A. 城乡协调发展战略　　B. 乡村振兴战略

C. 创新驱动发展战略　　D. 区域协调发展战略

【解析】从2020年全国百强县排行榜的情况可以看出，建设现代化经济体系要实施区域协调发展战略，缩小区域发展差距，D符合题意；A、B、C在材料中均没有体现。故选D。

【答案】D

14.（多选）智能农机田间走，“耕牛”转身变“铁牛”。脚不沾泥、手不碰水就把田种了，打开手机就能设定耕作深度，查看数据就知道农作物生长状况……智慧农业将现代信息技术与农业生产、经营、管理和服务全产业链融合，为传统农业提质增效提供了现代化解决方案。智慧农业（　）

A. 提升了农业科技水平，提高农业供给质量

B. 改进了农业生产工具，提高农业产品价格

C. 增强了农业综合竞争力，助力乡村振兴

D. 调整了农村生产关系，消除城乡发展差异

15.（多选）实体经济是我国发展的根基，要以创新引领实体经济转型升级作为今年经济工作的重点任务。下列属于通过创新引领实体经济转型升级的是（　）

A. 深化人才发展体制改革

B. 降低实体经济企业成本

C. 加快新技术研发和转化

D. 引导员工发扬奉献精神

中国佛教主要节日

（1）佛诞节（俗称浴佛节、泼水节、花节），是纪念释迦牟尼诞生的节日，汉族定于每年农历四月初八举行，傣族定在清明节后十天举行。（2）佛圆满节，是纪念释迦牟尼逝世的节日，每年五月中的月圆日（农历四月十五日）举行。（3）成道节，是纪念释迦牟尼成道的节日，每年农历十二月初八举行。汉族地区的僧尼在十二月初八皆要以米和果物煮粥供佛，俗称腊八节。（4）观音的纪念日，在中国主要有三个：农历二月十九为观音诞生；农历六月十九为观音成道；农历九月十九为观音出家。

【例2】国务院总理李克强于2021年3月5日在政府工作报告中提出，全面实施乡村振兴战略，促进农业稳定发展和农民增收。实施这一战略要（　）

A. 把解决好“三农”问题作为我国一切工作的中心

B. 坚持城乡一体化，工业反哺农业、农村支持城市

C. 坚持农业农村优先发展，加快推进农业农村现代化

D. 把发展乡村旅游当成解决当前全党工作的重中之重

【解析】要把解决好“三农”问题作为党和国家工作的重中之重，我国一切工作的中心是经济建设，A、D错误；要坚持城乡一体化，工业反哺农业、城市支持农村，B错误；实施乡村振兴战略，要坚持农业农村优先发展，加快推进农业农村现代化，C正确。故选C。

【答案】C

【例3】（多选）中央乡村振兴战略提出，促进小农户和现代农业发展有机衔接，提升小农户组织化程度，注重发挥新型农业经营主体的带动作用，帮助小农户对接市场，扶持小农户发展生态农业、体验农业、订制农业。面对新机遇，小农户应（　）

A. 树立市场意识，参与竞争合作

B. 提升文化素养，建设乡风文明

C. 发挥带动作用，做大现代农业

D. 提高自身技能，发展特色农业

【解析】新型农业经营体系是指大力培育发展新型农业经营主体，逐步形成以家庭承包经营为基础，专业大户、家庭农场、农民合作社、农业产业化龙头企业为骨干，其他组织形式为补充的新型农业经营体系，因此面对新机遇，小农户应树立市场意识，发展特色农业，AD正确；B与题意不符；发挥带动作用，做大现代农业的主体应该是企业，而不是小农户，C错误。故选AD。

【答案】AD

【考点四】建设现代化经济体系知识构架图

- 建设现代化经济体系
  - 国家强经济体系必须强
    - 1. 建设现代化经济体系的原因
    - 2. 现代化经济体系的内涵
    - 3. 现代化经济体系的内容
  - 推动经济高质量发展
    - 1. 建设创新引领，协同发展的产业系统
    - 2. 建设彰显优势，协调联动的城乡区域发展体系
    - 3. 建设更高水平开放型经济新体制

16.（多选）李克强总理在关于“十四五”时期主要目标任务中指出，要全面推进乡村振兴。这是因为（　）

A. 解决好“三农”问题是全党工作的重中之重

B. 推进乡村振兴是全面深化改革的重点

C. “三农”问题是关系国计民生的根本性问题

D. 乡村振兴是筑牢现代化经济体系的坚实基础

17.（多选）2020年9月30日，习近平主席在联合国生物多样性峰会上指出，新冠肺炎疫情对全球经济社会发展造成全面冲击，我们要着眼长远，保持定力，坚持绿色、包容、可持续发展。我们要以自然之道，养万物之生，实现生态环境保护和经济高质量发展双高，这旨在强调（　）

A. 促进城乡区域协调发展，不断增强发展的整体性

B. 贯彻新发展理念，把生态文明建设放在突出地位

C. 坚持绿色发展，建设人与自然和谐共生的现代化

D. 做理智的消费者，践行勤俭节约、艰苦奋斗原则

四川尼众佛学院

诞生于1984年秋天的四川尼众佛学院是我国唯一一所汉语系高级尼众佛学院。“文化大革命”后，中国政府贯彻《中华人民共和国宪法》对于“宗教信仰自由”的规定，宗教事业得到了广泛的保护与迅速的发展。

【例1】2021年我国继续把“一带一路”建设与区域开发开放相结合，并将“一带一路”倡议列为构筑全方位对外开放新格局的重要支柱。这一决策的经济意义是（　）

A. 发挥市场的决定性作用，提升经济发展的质量

B. 协调经济社会发展，建设安全高效的开放体系

C. 形成区域协调发展机制，实现区域间同步发展

D. 发展更高层次开放型经济，培育经济发展新动力

【解析】把“一带一路”建设与区域开发开放相结合，将“一带一路”倡议列为构筑全方位对外开放新格局的重要支柱，有利于发展更高层次开放型经济，培育我国经济发展新动力，D符合题意；A、B与题意不符；C说法错误。故选D。

【答案】D

【例2】（多选）2020年11月4日，国家主席习近平在第三届中国国际进口博览会开幕式上发表主旨演讲指出，经过3年发展，进博会让展品变商品、让展商变投资商，交流创意和理念，联通中国和世界，成为国际采购、投资促进、人文交流、开放合作的四大平台，成为全球共享的国际公共产品。举办进博会（　）

A. 表明我国践行开放发展理念，把内外联动作为发展的根本基点

B. 旨在全面开放市场，强化竞争机制，培育中国经济发展新优势

C. 体现了我国坚持对外开放的基本国策，全面提高开放型经济水平

D. 有利于推动国内消费升级，满足人民日益增长的美好生活需要

【解析】本题以国家主席习近平在第三届中国国际进口博览会开幕式上发表的主旨演讲为背景，综合考查新发展理念、对外开放的有关知识。举办进博会，体现了我国坚持对外开放的基本国策，有利于推动国内消费升级，满足人民日益增长的美好生活需要，CD正确；我国把独立自主、自力更生作为自己发展的根本基点，A错误；举办进博会旨在主动扩大进口，加强对外合作，坚定不移奉行互利共赢的开放战略，而不是为了全面开放市场，强化竞争机制，B不符合题意。故选CD。

【答案】CD

18.（多选）习近平总书记在十九大报告中指出，我国经济已由高速增长阶段转向高质量发展阶段，必须坚持质量第一、效益优先，以供给侧结构性改革为主线，推动经济发展质量变革、效率变革、动力变革，提高全要素生产率。下列有利于推进供给侧结构性改革的措施有（　）

A. 大力推进结构性减税，降低有关企业的成本

B. 培育新的消费热点，加快消费结构升级

C. 促进产业优化重组，有效化解过剩产能

D. 转变外贸出口方式，刺激出口增速提升

19.（多选）振兴实体经济，事关我国经济社会发展全局。近年来，习近平总书记在多个重要场合反复强调，我国是个大国，必须发展实体经济，不断推进工业现代化、提高制造业水平，不能“脱实向虚”。重视实体经济主要是基于（　）

A. 实体经济是社会主义市场经济体制的根基

B. 实体经济是筑牢现代化经济体系的坚实基础

C. 深化供给侧结构性改革，加快发展先进制造业的需要

D. 实体经济是一国经济的立身之本，是国家强盛的重要支柱

布达拉宫

布达拉宫位于西藏自治区首府拉萨市西北郊区约两千米处的一座小山上。在当地信仰藏传佛教的人民心中，这座小山犹如观音菩萨居住的普陀山，因而用藏语称此为布达拉（普陀之意）。布达拉宫重重叠叠，迂回曲折，同山体融合在一起，高高耸立，壮观巍峨。宫墙红白相间，宫顶金碧辉煌，具有强烈的艺术感染力。它是拉萨城的标志，也是西藏人民巨大创造力的象征，是西藏建筑艺术的财富，也是独一无二的雪域高原上的人类瑰宝。

【例3】（多选）2020年9月21日，国务院印发《关于北京、湖南、安徽自由贸易试验区总体方案及浙江自由贸易试验区扩展区域方案的通知》，至此，中国的自由贸易试验区数量增至21个。4个新设自由贸易试验区或者扩展区，围绕着服务贸易、先进制造业、科技创新和数字经济等新领域新业态，提出了特色鲜明的差别化试点任务，打造各具特色的改革开放新高地，促进经济的高质量发展。据此，下列传导路径正确的有（ ）

A. 优化营商环境→促进贸易投资自由化→发展更高层次的开放型经济

B. 全面开放市场→强化竞争机制→培育中国经济新优势

C. 打造新的外向型产业集群→加快“走出去”步伐→防范与化解市场风险

D. 开展差别化探索→完善社会主义市场经济体制→促进经济的高质量发展

【解析】优化营商环境，有利于促进贸易投资自由化，发展更高层次的开放型经济，A传导正确。我国逐步形成了全方位、宽领域、多层次的对外开放格局和开放型经济体系，但不是全面开放市场，B错误。材料强调我国通过自由贸易区建设打造各具特色的改革开放新高地，促进经济的高质量发展，不体现打造新的外向型产业集群和加快“走出去”步伐，且加快“走出去”步伐并不能防范与化解市场风险，C错误。在建设自由贸易区问题上开展差别化探索，有利于完善社会主义市场经济体制，促进经济的高质量发展，D传导正确。故选AD。

【答案】AD

【例4】中国拥有超大规模的消费市场、人口最多的中等收入群体、超过100万亿元的经济总量以及完整的生产产业链，已经具备形成内部大循环的条件，这是我国构建以国内经济大循环为主体的新发展格局的底气所在。促进国内大循环发展的传导路径是（ ）

①推动供给侧结构性改革

②提升供给体系对国内需求的适配性

③促进国民经济高质量发展

④形成需求牵引供给、供给创造需求的动态平衡

A. ①→②→③→④　　B. ①→③→②→④

C. ①→④→②→③　　D. ①→②→④→③

【解析】D我国拥有完整的生产产业链，推动供给侧结构性改革，加之中国拥有超大规模的消费市场、人口最多的中等收入群体、超过100万亿元的经济总量，有利于提升供给体系对国内需求的适配性，从而形成需求牵引供给、供给创造需求的动态平衡，最终能够促进国民经济高质量发展，D正确。ABC此三项的顺序排列有误，ABC排除。故选D。

【答案】D

20.自2020年1月新版“禁塑令”出台后，省级“禁塑”政策出台明显加快，多个省份地区也陆续发布了当地的“禁塑令”。在如今越来越严格的环保监督体系之下，高污染的传统塑料袋将逐渐退出历史舞台，此时正是推广使用可降解环保塑料袋的最佳时机。不考虑其他因素，这一政策出台带来的影响路径是（ ）

①可降解环保塑料袋需求增加

②有助于推动乡村振兴

③生物降解材料产品需求增加

④作为主物降解原材料玉米需求增加

A. ①→④→②→③

B. ①→③→④→②

C. ③→②→④→①

D. ③→①→④→②

互动训练答案

1.B　2.AC　3.CD　4.AD　5.ABC　6.C　7.AC　8.BD　9.BC　10.D　11.B　12.BC　13.AB　14.AC　15.AC　16.AC　17.BC　18.AC　19.BD　20.B

中华民族园

中华民族园坐落在北京中轴线北京亚运村西南，是集中国少数民族的传统建筑、民俗风情、歌舞表演、工艺制作以及民族美食为一体的大型民族文化基地。该园建设旨在展示民族文化传统，增强国民爱我中华的民族意识，促进青少年对民族文化的认知，同时，也在首都为各民族提供一个面向全国和世界的永久性窗口。全园占地约45公顷，分为南北两园。

[第四课　我国个人收入分配和社会保障]

第一节　我国的个人收入分配

·知识整合·

【知识点一】我国的个人收入分配制度

1.内容

按劳分配为主体、多种分配方式并存。

2.原因

生产资料所有制决定分配方式。在社会主义初级阶段，我国实行公有制为主体、多种所有制经济共同发展的基本经济制度，决定了我国现阶段必须实行按劳分配为主体、多种分配方式并存的分配制度。

【知识点二】按劳分配的基本内容和要求

1.性质

社会主义的分配原则。（在公有制经济中）

2.内容和要求

有劳动能力的社会成员必须参加劳动；在做了必要的扣除后，以劳动者提供的劳动（包括劳动数量和质量）为尺度对个人进行分配，多劳多得，少劳少得。

3.具体形式

（1）在国家机关，公有制事业单位和公有制企业中的职工工资、奖金、津贴；

（2）公有制控股的股份制企业中的职工工资、奖金、津贴；

（3）农村经济中的承包集体土地获得的收益。

4.必然性

生产资料公有制是实行按劳分配的前提；社会主义公有制条件下的生产力发展水平，是实行按劳分配的物质基础；社会主义条件下人们劳动的性质和特点是实行按劳分配的直接原因。

5.意义

（1）提高效率：有助于充分调动劳动者的积极性和创造性，激励劳动者努力学习科学技术、提高劳动技能，促进社会生产的发展。

（2）促进公平：实行按劳分配是对人类以往几千年来不劳而获的剥削制度的根本否定，体现了劳动者共同劳动、平等分配的社会地位。

互动训练

1.我国现阶段实行按劳分配为主体、多种分配方式并存的分配制度。形成这种分配制度的原因很多，但根本原因是（　）

A. 我国的基本经济制度

B. 我国生产力发展的水平和特点

C. 社会主义的根本任务

D. 我国社会主义市场经济的发展

2.（多选）2020年11月，在王某、张某、李某、赵某获得的工资、奖金中属于按劳分配的是（　）

A. 进城打工的农民王某的工资

B. 公务员张某的工资

C. 外资企业员工李某的奖金

D. 国企员工赵某的奖金

十一世班禅

1996年1月12日，江泽民主席接受了第十一世班禅和扎什伦布寺致谢团的拜见。第十一世班禅向江泽民主席敬献了哈达。在十世班禅大师圆寂之后，依据藏传佛教的习俗，中央成立班禅转世灵童寻访小组，寻找十一世班禅。1995年11月29日早晨，在大昭寺释迦牟尼像前，进行了金瓶掣签，认定坚赞诺布是第十一世班禅额尔德尼，并于上午举行册立典礼。12月8日，在日喀则扎什伦布寺举行坐床典礼。

【知识点三】多种分配方式（按生产要素分配）

1.原因

多种所有制经济存在决定多种分配方式。

2.方式

劳动要素：在个体经济、私营企业和外资企业中，劳动者的工资、奖金、津贴。

资本要素：私营企业主生产经营取得的税后利润，债权人取得的利息收入、股息分红，债券、股票交易收入，等等。

技术要素：技术入股，专利转让的收入。

管理要素：企业的管理人才凭借其管理才能在生产经营中的贡献而参与分配的方式。

土地要素：房屋的租金，土地的使用金。

信息要素：提供价格、供求等信息获得的收入。

3.意义

有利于让一切要素的活力竞相迸发，让一切创造社会财富的源泉充分涌流，推动资源优化配置，促进经济发展。

4.个人获得收入的途径

（1）主要包括劳动性收入和财产性收入。

劳动性收入：是指通过劳动所获得的收入，包括工资、奖金、津贴等。

财产性收入：是指通过自己所拥有的各类财产获得的收入，包括银行存款所得的利息、房屋出租所得的租金等。

（2）其他收入途径：经营性收入和转移性收入。

经营性收入：是指通过生产经营活动所获得的收入。

转移性收入：是指国家、单位、社会团体对住户的各种经常性转移支付和住户之间的经常性收入转移，包括养老金、社会救助和补助、政策性生产补贴、政策性生活补贴、救灾款等。

5.关于劳动观

（1）重要性：劳动是财富的源泉，我们获取的任何收入归根结底都来自劳动创造。

（2）个人获取收入的要求：弘扬劳动精神，崇尚劳动、尊重劳动；牢固树立劳动最光荣、劳动最崇高、劳动最伟大、劳动最美丽的观念；要鼓励全体劳动者通过辛勤劳动、诚实劳动、创造性劳动致富。

【知识点四】完善个人收入分配

1.为什么完善个人收入分配制度

收入分配是民生之源，是改善民生，实现发展成果由人民共享最重要、最直接的方式。

3.在我国农村，农民通过承包村集体土地经营所得的收益属于（　）

A. 按土地要素分配

B. 按技术要素分配

C. 按劳分配

D. 按个体劳动者的劳动成果分配

4.（多选）小王将土地转包给小张，小张又聘请小王为其种植蔬菜。小王因此得到的收入属于（　）

A. 按劳分配所得

B. 按劳动要素分配所得

C. 合法的劳动收入

D. 再分配的转移性收入

“大三通”

“大三通”是实现海峡两岸直接“通邮、通航、通商”的简称，最早在1979年全国人大常委会《告台湾同胞书》中提出，它反映了两岸人民的迫切要求。开辟两岸直达邮路、直达电路、可以满足民众需求，节省经营费用，提高各类邮电服务质量；两岸直接航行，可以为两岸民众提供安全、便捷、经济的交通运输条件，可以进一步扩大人员来往与两岸经济合作，共同发展，共同繁荣。

2.如何完善个人收入分配

（1）理顺国家、企业和个人的关系，健全体现效率、促进公平的收入分配制度。

（2）要坚持在经济增长的同时实现居民收入同步增长、在提高劳动生产率的同时实现劳动报酬同步提高。（两个同步）

（3）在初次分配方面，要坚持多劳多得，保护劳动所得，增加劳动者特别是一线劳动者劳动报酬，提高劳动报酬在初次分配中的比重；健全各生产要素由市场评价贡献、按贡献决定报酬的机制。

（4）在再分配方面，要健全以税收、社会保障、转移支付等为主要手段的再分配调节机制，强化税收调节。

（5）要重视发挥第三次分配作用，发展慈善等社会公益事业。

（6）要规范收入分配秩序，鼓励勤劳致富，保护合法收入，增加低收入者收入，扩大中等收入群体，调节过高收入，清理规范隐性收入，取缔非法收入。

（7）必须坚持消除贫困，保障发展成果更多更公平惠及全体人民，实现共同富裕。

·考点解析·

【考点一】按劳分配、按个体劳动者成果分配与按生产要素分配比较

		按劳分配	按个体劳动者劳动成果分配	按生产要素分配
区别	所有制基础	社会主义生产资料公有制	生产资料个体所有制	生产资料私有制
	分配主体	社会主义公有制范围内的劳动者	个体劳动者	私营和外企中的劳动者
	劳动在生产中的地位	劳动者是生产资料的主人	既是劳动者又是经营者、投资者	劳动者不占有生产资料，在生产中处于被雇佣地位
	体现的关系	劳动者是平等互助合作的关系，体现社会主义生产关系	非公有制生产关系	私有制
	在我国分配制度中的地位	在所有分配方式中占主体地位	是我国社会主义初级阶段的分配方式之一	是我国分配制度的重要组成部分
联系	劳动者都要靠自己的体力和智力劳动来获得收入，合法收入受到国家保护。坚持按劳分配与按生产要素分配相结合是由我国社会主义初级阶段的国情及客观经济条件决定的。按劳分配与按生产要素分配相结合，是发展社会主义市场经济的客观要求			

5.劳动、资本、技术、知识等生产要素是社会生产不可或缺的因素。在我国社会主义初级阶段，实行按要素分配的根据是（　）

A. 生产要素可以转化为生产力

B. 按要素分配是按劳分配原则的内在要求

C. 生产要素是社会财富的源泉

D. 社会主义市场经济中存在着多种所有制经济

6.一般而言，企业在年底都会给员工或股东发放年终奖或者进行分红。从分配角度看，奖金和分红获得分别属于（　）

A. 劳动所得、资本所得

B. 技术所得、资本所得

C. 知识所得、技术所得

D. 劳动所得、技术所得

“三通”基本实现，两岸关系迎来新局面：根据海协会与海基会台北会谈达成的协议，两岸海运直航、空运直航、直接通邮于2008年12月15日全面启动，宣告两岸“三通”时代来临。这是两岸关系发展史上具有里程碑意义的大事，掀开了中华民族历史浓墨重彩的一页。历经近三十年磋商与努力，大陆与台湾通邮、通商、通航的直接三通构想由此基本实现，两岸关系掀开新的一页。

【例1】实行按劳分配是由我国现实的经济条件决定的，其直接原因是（　）

A. 我国生产发展不平衡　B. 我国的公有制有多种实现形式

C. 社会主义的本质要求　D. 现阶段人们劳动的性质和特点

【解析】社会主义条件下人们劳动的性质和特点是实行按劳分配的直接原因，D符合题意。故选D。

【答案】D

【例2】我国实行公有制为主体、多种所有制经济共同发展的基本经济制度决定了我国现阶段实行按劳分配为主体、多种分配方式并存的分配制度。这表明（　）

A. 劳动是财富的源泉

B. 收入分配是民生之源

C. 生产资料所有制决定分配方式

D. 个人收入高低与社会生产力无关

【解析】材料表明个人收入分配方式是由生产资料所有制决定的，C符合题意。AB与题意无关。个人收入分配制度是由生产资料所有制结构决定的，生产力发展水平是最终的决定因素，它决定着所有制结构，故个人收入高低与社会生产力有关，D说法错误。故选C。

【答案】C

【例3】我国实行按劳分配的物质基础是（　）

A. 生产资料公有制在国民经济中占主体

B. 劳动者向社会提供的劳动数量和质量

C. 社会主义条件下人们劳动的性质和特点

D. 社会主义公有制条件下生产力的发展水平

【解析】生产资料公有制是实行按劳分配的前提，A错。劳动者向社会提供的劳动数量和质量是按劳分配的尺度，B错。社会主义条件下人们劳动的性质和特点是实行按劳分配的直接原因，C错。社会主义公有制条件下生产力的发展水平是实行按劳分配的物质基础，D符合题意。故选D。

【答案】D

【例4】促进全体人民共同富裕是社会主义市场经济体制的根本目标。下列选项中，有利于在初次分配中促进社会公平的是（　）

A. 提高最低工资标准　B. 提高最低社会补助标准

C. 提高个人所得税起征点 D. 发展慈善等社会公益事业

【解析】题干强调初次分配中促进社会公平，工资是劳动者劳动报酬的一部分，提高最低工资标准，有利于促进社会公平，A符合题意。社会补助、个人所得税属于再分配，不是初次分配，BC不符合题意。慈善等社会公益事业属于第三次分配，D不符合题意。故选A。

【答案】A

7.（多选）小吴的妈妈在一家国有企业做财务工作，月月有工资。小吴的妈妈的工资收入属于（　）

A. 按劳分配

B. 按生产要素分配

C. 劳动收入

D. 非劳动收入

8.2021年5月12日，深圳市民政局、深圳市财政局联合发布《关于2021年居民最低生活保障标准的通知》，决定提高2021年居民最低生活保障及相关社会救助标准。其中，将居民最低生活保障标准从每人每月1250元提高至每人每月1300元。居民获得的保障性收入属于（　）

A. 劳动性收入

B. 财产性收入

C. 经营性收入

D. 转移性收入

拉萨至贡嘎机场高速公路通车典礼2011年7月17日下午举行。拉萨至贡嘎机场高速公路是西藏第一条高速公路，2009年4月28日开工，路线全长37.8公里，工程概算总投资15.9亿元，将拉萨市区到贡嘎机场的行车时间缩短了半个小时。

【考点二】坚持按劳分配为主体、多种分配方式并存

坚持多劳多得，着重保护劳动所得，增加劳动者特别是一线劳动者劳动报酬，提高劳动报酬在初次分配中的比重。健全劳动、资本、土地、知识、技术、管理、数据等生产要素由市场评价贡献、按贡献决定报酬的机制。健全以税收、社会保障、转移支付等为主要手段的再分配调节机制，强化税收调节，完善直接税制度并逐步提高其比重。完善相关制度和政策，合理调节城乡、区域、不同群体间分配关系。重视发挥第三次分配作用，发展慈善等社会公益事业。鼓励勤劳致富，保护合法收入，增加低收入者收入，扩大中等收入群体，调节过高收入，清理规范隐性收入，取缔非法收入。

类别	对应形式	是否属于劳动收入
按资本要素分配	储蓄存款利息、股息或股票转让所得、债券的利息、私营企业主的税后利润	否
按土地要素分配	土地、房屋的租金和转让金	
按管理要素分配	企业管理人才凭借管理才能和在生产经营中的贡献而参与分配的方式	是
按劳动要素分配	在私营、外资企业中劳动者获得的工资、奖金、津贴收入	
按信息要素分配	提供市场信息、管理方案的收入	
按技术要素分配	技术入股、专利使用、技术转让的收入	要具体分析

【例1】王某是国有控股企业工程师，去年工资收入是52000元，奖金18000元，津贴2000元；其妻开一家个体杂货店，年收入15000元，并且承包了集体土地种植蔬菜，收入5000元；家里有房出租，年收入6000元。去年王某一家按劳分配收入、按要素分配收入、劳动性收入分别是（　）

A. 70000元、15000元、11100元

B. 72000元、20000元、77000元

C. 72000元、26000元、92000元

D. 77000元、21000元、92000元

【解析】王某一家按劳分配收入包括：王某作为国企工程师的工资、奖金、津贴收入，其妻承包集体土地收入，即52000+18000+2000+5000=72000（元）。王某一家的按要素分配收入包括：其妻的个体杂货店收入、房屋出租收入，即15000+6000=21000（元）。王某一家的劳动性收入包括：王某作为国企工程师的工资、奖金、津贴收入，其妻开个体杂货店收入以及承包集体土地收入，即52000+18000+2000+15000+5000=92000（元）。D正确。ABC计算错误。故选D。

【答案】D

9.我国运动员在体育赛事中所获得的比赛奖金和出场费，从收入性质角度看，它们分别属于（　）

A. 偶然所得、劳务所得

B. 劳务所得、工资

C. 工资、劳务所得

D. 偶然所得、工资

10.（多选）如今，财产性收入已成为居民收入的重要组成部分。2020年下半年，王先生的家庭收入共13万元，其中属于财产性收入的是（　）

A. 购买基金获利8000元

B. 出租房屋获得租金2万元

C. 大儿子在外资企业工作工资10万元

D. 大女儿领取失业保险金2000元

美国政坛的传奇人物：奥巴马

奥巴马于1961年8月4日生于美国，父亲是来自肯尼亚的黑人，母亲是美国白人。他曾就读于纽约哥伦比亚大学，并获得哈佛大学法学博士学位。1996年，奥巴马从芝加哥当选为国会参议员并在之后3年中连任；2000年，在竞选美国众议院议员失败后，奥巴马将主要精力投入伊利诺伊州的参议工作中。2004年7月，奥巴马在民主党全国会议上一鸣惊人，而后闪耀政坛。2008年11月，奥巴马当选美国总统，成为美国历史上第一任黑人总统。

【例2】（多选）农民张某一家预计在2020年总收入为23000元，其中承包耕地可获得收入15200元，入股村办企业分红收入4000元，农闲时到私营企业打零工收入3000元，种粮补贴、医疗报销等转移性收入800元。材料中张某一家的收入分配方式分别是（ ）

A. 承包耕地所获得的收入属于按劳分配

B. 入股村办企业分红收入属于按劳分配

C. 打零工收入属于按要素分配

D. 种粮补贴、医疗报销等转移性收入属于初次分配

【解析】农村经济属于集体经济，承包耕地所获得的收入是属于按劳分配；打零工收入属于按劳动要素分配，AC正确。入股村办企业分红收入属于按资本要素分配，不属于按劳分配，B错误。种粮补贴、医疗报销等转移性收入属于再分配，D错误。故选AC。

【答案】AC

【例3】小李在一家国有企业工作，年薪4万元，岗位津贴1万元；他还利用业余时间搞一些技术发明，一年的技术转让所得为1万元；在这期间炒股获得收益2万元。小李上述收入中，按劳分配和按资本要素分配取得的收入分别为（ ）

A. 4万元；3万元 B. 5万元；3万元

C. 4万元；2万元 D. 5万元；2万元

【解析】按劳分配，主要包括在公有制经济中获得的工资、奖金及津贴等；生产要素按贡献参与分配，就是按照它们在创造产品过程中地位、作用的大小进行分配，包括劳动、资本、技术和管理等要素。小李按劳分配收入是年薪4万元，岗位津贴1万元，一共5万元；按资本要素分配获得的收入是炒股获得收益2万元，D符合题意。其他三项计算均不正确，ABC排除。故选D。

【答案】D

【例4】某公司从农民手中流转到2万余亩土地，实行车间式管理，由16个大队分片管理农田，每个大队雇佣8对夫妻负责。2020年，每对夫妻平均年收入14.7万元，年底还发年终奖，最高能拿到二三十万元。对此理解正确的是（ ）

A. 集体土地流转改变了土地所有权

B. 实行按劳分配有利于调动劳动者创造性

C. 土地流转是农村的主要经济形式

D. 生产要素参与分配有利于增加农民收入

【解析】集体土地流转没有改变土地所有权，A错误；农民受雇于公司取得的收入属于按生产要素分配，B错误；土地流转不是农村的主要经济形式，C错误；题干中农民从土地流转中获得收入，属于生产要素参与分配，有利于增加农民收入，D正确。故选D。

【答案】D

11.（多选）2020年12月30日，李克强主持召开国务院常务会议，听取保障农民工工资支付情况汇报，要求强化落实，确保农民工按时足额拿到报酬。该要求（ ）

A. 能够增加居民收入，提高消费水平

B. 保护劳动者的合法权益，维护主人翁地位

C. 通过再分配，维护了社会公平正义

D. 有利于化解社会矛盾，促进社会和谐稳定

12.（多选）数据是一种新型生产要素。重视发挥数据要素资源的作用，让其参与分配和进行交易的前提是数据确权。让数据参与分配（ ）

A. 要不断完善国民收入再分配机制

B. 有利于创造社会财富的源泉充分涌流

C. 要对数据所有权合理性合法性进行确认

D. 有利于通过共享数据来实现社会公平

美国参议院于2011年7月27日一致通过美国商务部部长骆家辉担任美国驻华大使的提名。美国总统奥巴马于2011年3月9日正式提名骆家辉出任美国驻华大使，接替时任大使洪博培。骆家辉将成为美国历史上首位华裔驻华大使。

【例5】（多选）劳动是财富的源泉，也是幸福的源泉，必须坚持崇尚劳动、造福劳动者。全社会都要维护和发展劳动者的利益，保障劳动者的权利。必须坚持崇尚劳动、造福劳动者，这是因为（　）

A. 劳动者在生产力发展过程中起决定作用

B. 劳动是人类文明进步发展的源泉

C. 劳动者为现代化建设作出了贡献

D. 我国的劳动者分工相同、地位平等

【解析】A中“决定”说法错误，排除。我国劳动者分工不同、地位平等，D错误。我国必须坚持崇尚劳动、造福劳动者，是因为劳动是人类文明进步发展的源泉，劳动者为现代化建设作出了贡献，BC正确。故选BC。

【答案】BC

【例6】宅基地关系到住有所居，关系到农民的切身利益，关系到获得感。我国将探索宅基地所有权、资格权、使用权“三权”分置，激活农村沉睡的土地资产，增加农民财产性收入。如图农民所得属于（　）

A. 按管理要素分配

B. 按知识要素分配

C. 按资本要素分配

D. 按土地要素分配

【解析】农村的土地属于集体所有，因此土地经营收入属于按劳分配收入，但是土地流转费用属于按要素分配中的按土地要素分配取得的收入，D正确。A、B、C与题意不符。故选D。

【答案】D

【考点三】怎么完善个人收入分配制度

措施1，提高劳动报酬两个同步：要坚持在经济增长的同时实现居民收入同步增长、在提高劳动生产率的同时实现劳动报酬同步提高。

措施2，初次分配：坚持多劳多得，保护劳动所得，增加劳动者特别是一线劳动者劳动报酬，提高劳动报酬在初次分配中的比重。健全各生产要素由市场评价贡献、按贡献决定报酬的机制。

措施3，再分配：健全以税收、社会保障、转移支付等为主要手段的再分配调节机制，强化税收调节。

措施4，第三次分配：要重视发挥第三次分配作用，发展慈善等社会公益事业。

措施5，扩大中等收入群体的分配政策：规范收入分配秩序，保护合法收入，增加低收入者收入，扩大中等群体，调节过高收入，清理规范隐性收入，取缔非法收入。

措施6，共同富裕：坚持消除贫困，保障发展成果由人民共享和惠及全体人民。

13.为缓解新冠疫情冲击下低收入者的就业困难，中国多个城市放宽对“地摊经济”的管制，允许流动商贩在不占用盲道、消防通道，符合防疫要求等前提下临时占道经营。这一举措（　）

A. 增加了经营者的转移性收入

B. 落实了按劳分配的原则

C. 彰显了人民至上的价值取向

D. 健全了再分配调节机制

14.（多选）十九届五中全会指出，要发挥第三次分配作用，发展慈善事业，改善收入和财富分配格局。发挥第三次分配作用，需要（　）

A. 公民坚持效率优先，增强对社会责任感

B. 慈善组织严格自律，实现收入分配均等

C. 政府积极推动引导，促进人民共享发展成果

D. 社会优化慈善环境，培育积极健康的财富观

千年发展目标

2000年9月，千年首脑会议在联合国总部举行。189个国家的代表，其中包括中国在内的150多个国家的元首或政府首脑，出席了会议。与会的各国领导人通过了联合国千年宣言，协商产生了千年发展目标。千年发展目标的八个方面是：消除极端贫穷和饥饿，普及初等教育，促进性别平等和提高妇女权利，降低儿童死亡率，改善产妇保健，与艾滋病、疟疾和其他疾病作斗争，确保环境的可持续能力，全球合作促进发展。

【例1】“十四五”规划指出，要坚持居民收入增长和经济增长基本同步、劳动报酬提高和劳动生产率提高基本同步。这有利于（ ）

A. 消除收入差距 B. 发展成果由人民共享

C. 实现同步富裕 D. 扩大按劳分配的范围

【解析】A中“消除”说法错误；“十四五”规划指出，要坚持居民收入增长和经济增长基本同步、劳动报酬提高和劳动生产率提高基本同步，有利于缩小收入差距，促进社会公平，使发展成果由人民共享，B入选；C中“同步富裕”表述错误；按劳分配只存在于公有制经济中，范围没有扩大，D错误。故选B。

【答案】B

【例2】（多选）某市农村加大土地流转进度，通过规模化经营、集约化生产，组建专业合作社，促进了农业结构调整，实现了农业增产、农民增收。农民流转土地获得的租金收入和加入专业合作社的工作所得，分别属于（ ）

A. 合法的非劳动性收入，合法的劳动性收入

B. 按劳分配，按要素分配

C. 按土地要素分配，按资本要素分配

D. 按要素分配，按劳分配

【解析】农民流转土地获得的租金收入属于按土地要素分配所得，是合法的非劳动性收入；加入专业合作社的工作所得属公有制范围内的劳动所得，属按劳分配所得，是合法的劳动性收入，AD当选。故选AD。

【答案】AD

【例3】（多选）在国有企业中，科技成果可以参与股权和分红激励，对作出贡献的各类科技人员和经营管理人员实施多种方式的股权和分红激励。这一做法最大限度地调动了技术和管理人员的积极性和创造性。这说明（ ）

A. 分配关系的调整有利于推动生产力的发展

B. 按要素分配有利于缩小收入差距

C. 国家对劳动、知识、人才、创造的尊重

D. 技术和管理人员的收入属于按劳分配

【解析】股权和分红激励属于分配关系的调整，能够最大限度地调动技术和管理人员的积极性和创造性，从而推动生产力的发展，体现了国家对劳动、知识、人才、创造的尊重，AC符合题意；按要素分配会引起收入差距进一步扩大，B应排除；技术和管理人员的收入属于什么分配要视情况分析，不一定是按劳分配，D排除。故选AC。

【答案】AC

15.（多选）2020年，全面建成小康社会取得伟大历史性成就，决战脱贫攻坚取得决定性胜利。习近平总书记强调，我们还要咬定青山不放松，脚踏实地加油干，努力绘就乡村振兴的壮美画卷，朝着共同富裕的目标稳步前行。要实现贫困人口增收，缩小收入差距，促进社会公平，可以采取的措施有（ ）

A. 加大政策扶持力度，拓宽低收入群体收入渠道

B. 发挥财税的调控作用，促进社会公平

C. 健全社会保障制度，推动基本公共服务平均化

D. 全面免除税收，真正让利于民

16.“让贫困人口和贫困地区同全国一道进入全面小康社会”是中国共产党向全国人民作出的庄严承诺。“脱贫减贫”彰显了社会主义制度的优越性，体现了社会主义市场经济的根本目标是（ ）

A. 消除贫富差别

B. 实际平均分配

C. 实现同步富裕

D. 实现共同富裕

上海合作组织

上海合作组织是中华人民共和国、哈萨克斯坦共和国、吉尔吉斯斯坦共和国、俄罗斯联邦、塔吉克斯坦共和国、乌兹别克斯坦共和国于2001年6月15日在中国上海宣布成立的永久性政府间国际组织。它的前身是“上海五国”机制。其宗旨是：加强各成员国之间的相互信任与睦邻友好；鼓励成员国在政治、经贸、科技、文化、教育、能源、交通、旅游、环保及其他领域的有效合作；共同致力于维护和保障地区的和平、安全与稳定；推动建立民主、公正、合理的国际政治经济新秩序。

【例4】（多选）中共十九届四中全会首次提出要“重视发挥第三次分配作用，发展慈善等社会公益事业”。这有利于（ ）

A. 激发生产要素创造财富的活力

B. 实现分配的平均化

C. 实现更合理的收入分配

D. 树立“用之有益”的金钱观

【解析】中共十九届四中全会首次提出要“重视发挥第三次分配作用，发展慈善等社会公益事业”。这是对初次分配和再分配的有益补充，有利于引导人们树立“用之有益”的金钱观，实现更合理的收入分配，进一步缩小社会差距，努力实现社会公平，CD符合。第三次分配强调的是社会力量自愿通过民间捐赠、慈善事业、自愿行动等方式济困扶弱的行为，与激发生产要素活力之间没有直接关系，A错。第三次分配有利于实现社会公平，而不是实现分配的平均化，B错。故选CD。

【答案】CD

【例5】共同富裕是中国特色社会主义的根本原则，要让发展成果更多更公平惠及全体人民，朝着共同富裕方向稳步前进。为此要（ ）

A. 完善分配制度，形成合理分配格局

B. 提高财政收入在国民收入中的比重

C. 消除收入分配差别，坚持同步富裕

D. 规范收入分配秩序，加大再分配调节力度

【解析】C中“消除收入分配差别，坚持同步富裕”的表述错误；提高居民收入在国民收入中的比重，而不是提高财政收入在国民收入中的比重，B错误；AD表述正确且符合题意要求。故选AD。

【答案】AD

17.加大廉租房建设的力度，让那些买不起房或者进城打工的农民工能够租得起房、住得上房。这表明政府通过财政可以（ ）

A. 维护社会公平

B. 促进经济发展

C. 实现经济监督

D. 巩固国家政权

18.2019年春节刚过，大批民工南下求工，与“求工难”相反的是纺织行业存在着“招工难”的现象，原因是其工作时间长、待遇低，从而导致企业开工不足。这说明（ ）

A. 公平是提高效率的保证

B. 效率是公平的物质前提

C. 要贯彻“效率优先，兼顾公平”的原则

D. 初次分配和再分配都要注重公平

互动训练答案

1.B 2.BD 3.C 4.BC 5.D 6.A 7.AC 8.D 9.A 10.AB 11.BD 12. BC 13.C 14.CD 15.AB 16.D 17.A 18.A

上海合作组织成员国元首理事会第十一次会议2011年6月15日在哈萨克斯坦首都阿斯塔纳举行，今年是上海合作组织成立10周年。这次峰会的主题是回顾过去、展望未来、凝聚共识、巩固团结。会议主要回顾总结上海合作组织10年来取得的成就和发展经验，深入分析国际和地区形势发展，对该组织未来发展方向作出战略规划。胡锦涛在会上发表题为《和平发展 世代友好》的重要讲话。

第二节 我国的社会保障

·知识整合·

【知识点一】完善社会保障的必要性

1.社会保障的必要性

面对现实生活中人们可能遇到的疾病、失业、养老、灾害、生活、贫困等各种问题，国家必须依法建立起由政府和社会承担主要责任的社会保障“安全网”，保障社会成员的基本生活需求。

2.社会保障的功能

（1）减震器：通过防范和化解社会成员的生存危机，保障他们的基本生活权利，能够有效维护社会生活秩序的稳定。

（2）平衡器：通过国民收入再分配，能够调节不同社会群体之间的利益关系，化解社会矛盾和冲突，促进社会公平正义。

（3）助推器：通过风险分摊与责任共担，充分发挥社会互助功能，同时通过社会成员的自助与他助，推动社会持续健康发展。

【知识点二】社会保障体系的构成和内容

1.社会保障体系的构成

社会保险、社会救助、社会福利、社会优抚。

2.社会保障体系的内容

（1）社会保险。

①地位：我国社会保障体系的核心，包括基本养老保险、基本医疗保险、工伤保险、失业保险、生育保险等。

②方式：政府、单位、个人三方共同筹集资金。

③作用：保障公民在年老、疾病、工伤、失业、生育等情况下依法从国家和社会获得物质帮助。

（2）社会救助。

①特点：是最先形成的、历史最悠久的社会保障形式。

②方式：政府通过国民收入再分配，对因自然灾害或其他经济社会原因而无法维持最低生活水平的公民给予无偿帮助。

③目的：保障其最低生活水平。

④作用：是保障社会成员生活安全与生存权利的“最后一道防线”。

（3）社会福利。

①方式：政府和社会向老年人、残疾人、妇女、儿童和其他社会成

互动训练

1.（多选）社会保障是维护百姓切身利益的“托底”机制，被认为是社会的“稳定器”、收入分配的“调节器”和经济发展的“减震器”。这里所说的社会保障（　）

A. 是居民规避生活中风险的投资方式

B. 是国家财政中非常重要的民生支出

C. 通过初次分配实现成员间的互助

D. 有利于居民防范和化解生存危机

2.（多选）社会保障制度牵动千家万户，涉及每个劳动者的切身利益，建立与社会主义市场经济相适应的社会保障制度具有重要意义。我国新型社会保障制度的建立有利于（　）

A. 深化企业改革，增强企业活力

B. 实现社会安定

C. 劳动者爱岗敬业

D. 保障民权、关注民生、解除民忧

东盟（ASEAN）

东盟是东南亚国家联盟的简称，英文名称为Association of Southeast East Asian Nations，简称ASEAN。1967年8月7日-8日，印尼、泰国、新加坡、菲律宾四国外长和马来西亚副总理在曼谷举行会议，发表了《曼谷宣言》，正式宣告东南亚国家联盟成立。

员提供的社会化服务、实物供给或者福利津贴。

②目的：满足社会成员的生活需要并促使其生活质量不断得到改善和提高。

③特点：是最高层次的社会保障。

（4）社会优抚。

①地位：褒扬性、补偿性、优待性、综合性的特殊社会保障。

②内容：物质照顾、生活和工作安置、精神抚慰。

③方式：政府实施。

④对象：现军人、复员退伍军人、军烈属等优抚对象。

【知识点三】怎样完善我国社会保障体系，织牢“安全网”

（1）完善社会保障体系，要公平对待每个公民并确保其享受相应的社会保障权益。要建立起覆盖全民、城乡统筹的社会保障体系，形成没有漏洞的“安全网”，同时，要更多地维护好弱势群体的利益，缩小贫富差距，促进社会和谐发展。

（2）完善社会保障体系既要尽力而为，又要量力而行，要坚持社会保障水平与经济社会发展相适应。随着经济社会的发展，人民对生活安全保障的要求越来越高。（要尽力而为）同时，经济发展是社会保障的基础。如果没有相应的经济实力作支撑，社会保障即使建立起来也无法维持下去。（要量力而行）只有建立起与经济发展水平相适应、保障适度的社会保障体系，才能使社会保障持续发展。（相适应）

（3）完善社会保障体系要做到权责清晰。享受社会保障，是社会成员的一项法定权利，也是现代社会文明进步的重要标志，同时，社会保障资金的筹集，涉及政府、企业、个人和其他单位的经济利益，需要各方合理分担责任，完善社会保障体系，必须明确各方的权利与责任，严格依法监管。

（4）总体要求：完善覆盖全民的社会保障体系，要坚持应保尽保原则，健全统筹城乡、可持续的基本养老保险制度、基本医疗保险制度，稳步提高保障水平，全面建成覆盖全民、城乡统筹、权责清晰、保障适度、可持续的多层次社会保障体系。

·考点解析·

【考点一】社会保障的重要意义

（1）没有社会的安定，就没有社会的发展；没有社会保障，就没有社会的安定。社会保障作为精巧的“社会减震器”，通过防范和化解社会成员的生存危机，保障他们的基本生活权利，能够有效维护社会生活秩序的稳定。

3.社会保障主要由社会保险、社会救助、社会福利、社会优抚组成。其中核心部分是（　）

A. 社会救助　B. 社会保险

C. 社会福利　D. 社会优抚

4.我国已有许多城市规定了市民最低生活费标准线，对生活费收入低于标准线的居民予以适当的补贴。城市居民最低生活保障制度属于社会保障制度中的（　）

A. 社会保险的内容

B. 社会救助的内容

C. 社会福利的内容

D. 社会优抚的内容

5.目前我国正在研究建立退役金、抚恤金、优待金等动态增长机制，使广大退役军人更好地分享改革发展成果。这属于社会保障制度中的（　）

A. 社会保险　B. 社会救助

C. 社会福利　D. 社会优抚

中美战略经济对话

中美战略经济对话是2006年9月由中国国家主席胡锦涛和美国总统布什发起设立的，始于2006年12月，每年两次，轮流在北京和华盛顿举行，是中美现有20多个磋商机制中级别最高的一个。2008年12月4日上午，第五次中美战略经济对话在北京钓鱼台国宾馆开幕。中国国务院副总理王岐山和美国财政部部长鲍尔森，分别作为中美两国元首的特别代表共同主持本次对话，两国政府相关部门的高级官员出席。中美都表示希望通过此次对话进一步推动两国在经贸领域的合作。

（2）社会保障通过收入再分配，能够调节不同社会群体之间的利益关系，化解社会矛盾和冲突，促进社会公平正义。保障和改善民生要抓住人民最关心最直接最现实的利益问题，一件事情接着一件事情办，一年接着一年干。坚持人人尽责、人人享有，坚持底线……完善公共服务体系，保障群众基本生活，不断满足人民日益增长的美好生活需要，不断促进社会公平正义……使人民获得感、幸福感、安全感更加充实、更有保障、更可持续。

（3）社会保障通过营造良好的社会环境，能够促进经济社会的发展，同时，通过保障劳动力再生产，有利于提高劳动者素质和劳动生产率，推动劳动力资源优化配置。

（4）社会保障通过风险分摊与责任共担，充分发挥社会互助功能，同时发挥社会成员的自助与他助，推动社会和社会保障本身的持续健康发展。

【例1】李克强总理说，有人遇到困难，掉下来了，要有一个安全网兜着他，要通过完善低保、大病救助等制度，兜住特困群体的基本生活。“安全网”喻指（　）

A. 社会保障制度　B. 商业保险制度

C. 国家税收制度　D. 个人消费品分配制度

【解析】现实生活中人们面临着疾病、失业、养老、灾害、生活贫困等各种问题，国家依法建立起由政府和社会承担主要责任的社会保障“安全网”，A正确。故选A。

【答案】A

【例2】（多选）社保可以说是当今非常重要的强制性保险了，主要的目的就是保障参保人员的基本权益和待遇；社保当中最重要的无非就是养老保险这一险种了，其存在的意义就是实现退休人员能够老有所养。养老金可以说是很多退休人员晚年生活的根本，失去劳动能力和经济来源的生活只能依靠它。材料中提到的养老保险（　）

A. 由国家经办

B. 是市场交易活动

C. 保障社会成员的基本生活需求

D. 满足被保险人的较高层次的保险需求

【解析】本题考查社会保险与商业保险的区别。材料中的养老保险属于社会保险，是国家经办的，用来保障退休人员老年基本生活，AC正确；BD属于商业保险的经营方式与保障水平，不属于社会保险的内容。故选AC。

【答案】AC

6.（多选）社会保障是民生安全网、社会稳定器，与人民幸福安康息息相关，关系国家长治久安。十九届四中全会中指出，要完善覆盖全民的社会保障体系。完善社会保障体系（　）

A. 要做到权责清晰

B. 要以维护企业利益为主要目标

C. 要更好地维护弱势群体的利益　消除贫富差距

D. 要坚持社会保障水平与经济社会发展相适应

7.（多选）新中国成立70年来，社会保障制度经历了全面而深刻的制度变革　实现了从部分覆盖走向全民福祉的发展目标。但我国目前社会保障制度仍存在一些问题，进一步完善社会保障制度需要（　）

A. 大幅提高社会保障给付水平

B. 维护好弱势群体的利益，缩小差距

C. 通过社会慈善捐款，增加社保基金

D. 做到权责清晰，明确各方权利责任

里约集团

里约集团成立于1986年12月16日。1986年12月16日—17日，孔塔多拉集团4国（哥伦比亚、墨西哥、委内瑞拉、巴拿马）和利马集团4国（秘鲁、乌拉圭、巴西和阿根廷）的外长在巴西里约热内卢举行会议，决定建立“政治磋商和协调常设机构”，即八国集团。1990年3月，八国集团改称里约集团。里约集团2008年11月13日在墨西哥举行第27次部长级会议，决定接纳古巴为新成员。

【例3】（多选）经济学家辜胜阻教授在接受记者采访时表示，社会保障是维护百姓切身利益的“托底”机制，被认为是社会的“稳定器”、收入分配的“调节器”和经济发展的“减震器"。他所说的社会保障（ ）

A. 是居民规避风险的投资方式

B. 是通过再收入促进社会公平正义

C. 包括社会保险、社会救助等形式

D. 社会保障程度越高越好

【解析】商业保险是居民规避风险的投资方式，A错误。社会保障能够调节不同社会群体之间的利益关系，化解社会矛盾和冲突，促进社会公平正义，B正确。社会保障包括社会保险、社会救助、社会福利、社会优抚等形式，C正确。社会保障既要尽力而为，又要量力而行，要坚持社会保障水平与经济社会发展相适应，而不是“程度越高越好”，D错误。故选BC。

【答案】BC

【例4】（多选）习近平总书记在党的十九大报告中明确提出，要按照兜底线、织密网、建机制的要求，全面建成覆盖全民、城乡统筹、权责清晰、保障适度、可持续的多层次社会保障体系。这是基于（ ）

A. 社会保障是民生安全网、社会稳定器，关系国家长治久安

B. 社会保障水平越高越好

C. 社会保障对我国经济社会的发展起着决定性作用

D. 社会保障有利于促进社会公平正义

【解析】本题主要考查社会保障的功能。根据材料中“保障适度”这一信息可知，社会保障水平并非越高越好，社会保障水平应当与经济发展水平相适应，B说法错误；社会保障通过营造良好的社会环境，促进经济社会的发展，但对我国经济社会的发展不起决定性作用，C夸大了社会保障的作用：AD均正确且符合题意。故选AD。

【答案】AD

【例5】社会建设要加快完善社会保障体系的步伐，基本建立覆盖城乡居民的社会保障体系。建立覆盖城乡居民的社会保障体系（ ）

A. 是提高居民收入、缩小收入差距的根本措施

B. 体现效率优先，促进收入分配秩序公平合理

C. 能够保障社会成员基本生活，维护社会安定

D. 有利于形成热爱劳动、尊重劳动的良好风尚

【解析】没有社会保障，就没有社会的安定。社会保障通过防范和化解社会成员的生存危机，保障他们的基本生活权利，能够有效维护社会生活秩序的稳定，C正确，A、B、D不选。故选C。

【答案】C

8. （多选）我国完善社会保障体系需要（ ）

A. 确保每个公民享有完全一样的社会保障权益

B. 坚持社会保障水平与经济社会发展相适应

C. 搞好慈善活动

D. 做到权责分明

9.（多选）为解决百姓看病难看病贵问题，北京市政府继建立城镇职工基本医疗保险制度和新型农村合作医疗制度后，如今又建立城乡“一老一小”医疗保险制度。建立医疗保险制度的经济意义是（ ）

A. 能够提高人口素质和稳定人民生活

B. 可使老百姓在疾病时依法获得帮助

C. 满足被保险人的较高层次的保险需求

D. 有利于发挥社会保障制度的优越性

黑瞎子岛举行中俄界桩揭幕仪式

中俄双方于2008年10月14日在黑瞎子岛举行了“中华人民共和国与俄罗斯联邦国界东段界桩揭幕仪式”。中国外交部大使赵希迪和俄罗斯外交部第一亚洲局副局长马雷舍夫共同为中俄界桩揭幕。两国外交、国防、公安等部门及地方代表共同出席了仪式。同日，中国外交部和俄罗斯外交部通过换文确定《中华人民共和国政府和俄罗斯联邦政府关于中俄国界线东段补充叙述议定书》及其附件正式生效。两国边防部队已开始按双方勘定的国界线履行防务。

【考点二】社会保障体系的构成：四个方面的区别

区别	社会保险	社会救助	社会福利	社会优抚
对象	公民	无法维持最低生活水平的公民	弱势群体	现军人、复员退伍军人、军烈属
方式	依法从国家和社会获得物质帮助	政府通过国民收入再分配	政府实施	政府实施
内容	养老保险、医疗保险、失业保险、工伤保险、生育保险	保障最低的生活水平	社会化服务、实物供给、福利津贴	物质照顾、生活和工作安置、精神抚慰的褒扬性、补偿性、优待性、综合性特殊社会保障
地位	核心地位	是历史最悠久的社会保障形式	最高层次的保障	特殊的社会保障

【例1】（多选）社会保障是种国民收入再分配形式，在我国的社会保障体系中，主要形式有（ ）

A. 社会福利 B. 社会救助 C. 社会保险 D. 体育彩票

【解析】本题考查社会保障体系。社会保障作为一种国民收入再分配形式是通过一定的制度实现的。一般来说，社会保障由社会保险、社会救助、社会福利、社会优抚等组成，ABC符合题意。故选ABC。

【答案】ABC

【例2】建设社会保障体系是建立和完善社会主义市场经济体制的一项重要内容。在今后一个时期，我国社会保障体系建设的重点是：搞好城镇职工基本养老保险、基本医疗保险、失业保险和城市居民最低生活保障制度的建设。城市居民最低生活保障制度是（ ）

A. 社会福利 B. 社会保险 C. 社会救助 D. 社会互助

【解析】城市居民最低生活保障制度，是国家为解决城市居民的生活困难而建立的一种社会救助制度，是目前条件下有中国特色社会保障体系的一项重要内容。故选C。

【答案】C

【例3】由于军人在从军期间保家卫国，承担着作战及其他急难险重任务，作出了常人难以作出的贡献，需要国家给予特殊保障。我国将现役军人、复员退伍军人以及军烈属等作为对象的保障制度称为（ ）

A. 社会保险 B. 社会福利 C. 社会优抚 D. 社会救助

【解析】社会优抚是国家和社会依法对现役军人、复员退伍军人以及军烈属等优抚对象实行物质照顾、生活和工作安置、精神抚慰的褒扬性、补偿性、优待性、综合性的特殊社会保障，由此可知，C正确切题，A、B、D均不符合题意。故选C。

【答案】C

10.下列不属于社会保障体系的是（ ）

A. 城乡居民基本医疗补贴标准提高

B. 提高居民最低消费水平

C. 民间公益事业团体组织慈善救助活动

D. 建设廉租房、经济适用房

11.2020年，全国城乡居民领取养老金人数超过1.6亿人。国家年支付养老金3000多亿元，为3014万贫困老人按月发放养老金。养老金属于（ ）

A. 社会优抚 B. 社会救助

C. 社会福利 D. 社会保险

博鳌亚洲论坛

博鳌亚洲论坛是一个非政府、非营利的国际组织，目前已成为亚洲以及其他大洲有关国家政府、工商界和学术界领袖就亚洲以及全球重要事务进行对话的高层次平台。博鳌亚洲论坛致力于通过区域经济的进一步整合，推进亚洲国家实现发展目标。博鳌亚洲论坛由菲律宾前总统拉莫斯、澳大利亚前总理霍克以及日本前首相细川护熙于1998年发起。2001年2月，博鳌亚洲论坛正式宣告成立。从2002年开始，论坛每年定期在中国海南博鳌召开年会。

【例4】（多选）全国共2004万建档立卡贫困人口纳入低保或特困人员救助供养范围。未来，还将逐步取消社会救助的户籍地申请限制。完善社会救助制度（　）

A. 是我国社会保障体系的核心

B. 是最高层次的社会保障

C. 尊重保障人权，促进社会稳定

D. 有利于提升为人民服务的水平

【解析】材料中全国共2004万建档立卡贫困人口纳入低保或特困人员救助供养范围，完善社会救助制度有利于提升为人民服务的水平，有利于尊重保障人权，促进社会稳定，CD符合题意。社会保险是我国社会保障体系的核心，A与题意无关。社会福利是最高层次的社会保障，B与题意无关。故选CD。

【答案】CD

【例5】（多选）某班就“我身边的社会保障”进行讨论，有同学介绍，自己的爷爷78岁，每个月领退休金，每年免费体检一次，免费乘坐公交车，多个公园免费游览。这些待遇表明（　）

A. 退休金属于养老保险　B. 免费体检、坐公交属于社会优抚

C. 是国民收入再分配　　D. 都属于社会福利

【解析】中国社会保障制度主要包括社会保险、社会救助、社会福利和社会优抚等内容。而社会保险的主要项目包括养老保险、医疗保险、失业保险、工伤保险、生育保险。可见，材料中的待遇表明退休金属于养老保险，是国民收入再分配，AC入选。免费体检、坐公交属于社会福利，B不选。上述待遇并不都属于社会福利，D不选。故选AC。

【答案】AC

【考点三】完善社会保障体系具体措施

（1）要公平对待每个公民并确保其享受相应的社会保障权益。要建立起覆盖全民、城乡统筹的社会保障体系，形成没有漏洞的“安全网”。要更多地维护好弱势群体的利益，缩小贫富差距，促进社会和谐发展。

（2）既要尽力而为，又要量力而行，要坚持社会保障水平与经济社会发展相适应。

①通过加强社会保障体系建设，不断满足人民的社会保障需求。

②经济发展是社会保障的基础，建立起与经济发展水平相适应、保障适度的社会保障体系，才能使社会保障持续发展。

（3）要做到权责清晰。必须明确各方的权利与责任，严格依法监管。

（4）要按照兜底线、织密网、建机制的要求，全面建成覆盖全民、城乡统筹、权责清晰、保障适度、可持续的多层次社会保障体系。

12.（多选）中国正在步入老龄化社会。北京卫视热播的《老有所依》展现了“老无所依”的养老困局，也给出了养老的多种可能性。你认为解决养老问题应该（　）

A. 完善社会保障制度

B. 鼓励商业保险参与

C. 调整投资消费关系

D. 消除居民收入差距

13.（多选）社会救助是国家和社会对于难以维持最低生活水平的社会成员给予无偿形式为主的物质帮助。目前我国大部分城市均已实施社会救助制度，下列属于社会救助范畴的是（　）

A. 上下班交通补贴

B. 失业保险金

C. 城乡最低生活保障

D. 廉租住房

非盟（AU）

非洲联盟（African Union，AU，简称“非盟”）成立于2002年7月，总部设在埃塞俄比亚首都亚的斯亚贝巴，是继欧盟之后成立的第二个重要的国家间联盟，是集政治、军事、经济等为一体的全州性政治实体。非盟的主要任务是维护和促进非洲大陆的和平与稳定，推行改革和减贫战略，实现非洲的发展与复兴。

【例1】社会保障的基本出发点和归宿是（ ）

A. 统筹城乡的发展

B. 维护社会公平

C. 完善基本养老保险

D. 经济发展水平

【解析】维护社会公平是社会保障的基本出发点和归宿，B正确；统筹城乡的发展和完善基本养老保险是建设社会保障体系的措施，A和C与题意不符；建设社会保障体系要与经济发展水平相适应，D不符合题意。故选B。

【答案】B

【例2】如果一个社会10个人中只有4个人就业，另外6个人失业，社会保障体系就要用4个人的收入支持另外6个人的保障；如果一个社会10个人中有9个人就业，只有1个人失业，那么，社会保障体系就能很容易而且高质量地建立起来。这说明（ ）

A. 健全社会保障制度是维护劳动者合法权益的重要依据

B. 社会保障体系的完善需要经济发展为其奠定物质基础

C. 就业是民生之本，我们要实施积极的就业政策

D. 坚持权利与义务相统一是每个劳动者的正确选择

【解析】依法签订劳动合同是维护劳动者合法权益的重要依据，A错误。试题指向建立高质量的社会保障体系与经济发展的关系，强调了社会保障体系的完善需要经济发展为其奠定物质基础，B符合题意。试题指向建立高质量的社会保障体系与经济发展的关系，不是强调就业是民生之本，我们要实施积极的就业政策，C排除。试题没有体现坚持权利与义务相统一是每个劳动者的正确选择，D不符合题意。故选B。

【答案】B

【例3】（多选）建设社会主义和谐社会，应健全与经济发展水平相适应的社会保障体系。下列选项中属于健全我国社会保障体系措施的是（ ）

A. 健全失业保险制度，实现国有企业下岗职工基本生活保障向失业保险并轨

B. 强化社会保险基金征缴，扩大征缴覆盖面，规范基金监管，确保基金安全

C. 农村养老保障以社区保障为主，同国家救助相结合

D. 完善城市居民最低生活保障制度，合理确定保障标准和方式

【解析】ABD符合健全我国社会保障体系的措施；C说法错误，农村养老保障以家庭为主，同社区保障、国家救助相结合。故选ABD。

【答案】ABD

14.下列不属于社会救助的对象的是（ ）

A. 无依无靠无生活来源的人

B. 城市贫困者

C. 失业的人

D. 各种自然灾害造成生活暂时困难的人

15.《国务院关于开展新型农村社会养老保险试点的指导意见》提出，2020年之前基本实现对农村适龄居民的全覆盖。开展新型农村社会养老保险制度（ ）

A. 属于社会保障中的社会救助

B. 有利于解决农村剩余劳动力的就业问题

C. 有利于维护社会公平

D. 是农民基本的生活来源

16.（多选）下列属于社会保障体系的核心内容的有（ ）

A. 新型农村合作医疗保险

B. 城乡居民最低生活保障制度

C. 给予生育女职工的生育保险

D. 城镇职工最低工资标准

据巴基斯坦媒体报道，巴情报官员2011年5月2日证实，本·拉登于当地时间2日清晨在伊斯兰堡附近被击毙。2001年9月11日，纽约世界贸易中心和华盛顿五角大楼等地遭到恐怖袭击后，美国认定本·拉登是“9·11”事件的头号犯罪嫌疑人。

【例4】（多选）随着新业态、新经济的蓬勃发展，目前我国灵活就业人数已超过2亿，这个群体的权益保障已成为政府工作的重点。2021年7月7日的国务院常务会议确定，放开灵活就业人员在就业地参加基本养老、基本医疗保险的户籍限制。此举有利（　）

A. 发挥我国社会保险对所有公民的保障作用

B. 给予我国灵活就业人员较高的保障水平

C. 维护劳动者的合法权益，促进灵活就业

D. 促进劳动力的自由流动、发挥市场配置资源的决定性作用

【解析】“放开灵活就业人员在就业地参加基本养老、基本医疗保险的户籍限制”直接保障了灵活就业人员的合法权益，促进了劳动力资源自由流动，体现了市场对资源配置的决定性作用，CD正确。我国基本养老和基本医疗保险属于社会保险，其保障对象是我国的劳动者而非所有公民，A错误。我国的社会保险对劳动者提供的是基本生活保障，而非给予较高保障水平，B错误。故选CD。

【答案】CD

【例5】（多选）2021年政府工作报告提出，提高退休人员基本养老金，推进养老保险全国统筹，规范发展第三支柱养老保险。据悉，自2021年起已有10余地宣布上调养老金。上调养老金有利于（　）

A. 缩小收入差距，夯实发展基点

B. 理顺分配关系，实现社会和谐

C. 提高劳动报酬，实现共同富裕

D. 坚持共享发展，促进社会公平

【解析】创新是发展的基点，材料没有涉及创新，A不符合题意。提高退休人员基本养老金，推进养老保险全国统筹，规范发展第三支柱养老保险，有利于理顺分配关系，实现社会和谐，实现共享发展，促进社会公平，BD符合题意。养老金不属于劳动报酬，C错误。故选BD。

【答案】BD

【例6】党和国家不断贯彻以人民为中心的发展思想，人民群众的获得感不断增强。以下举措有助于促进居民提升获得感的是（　）

A. 深化供给侧结构性改革，提供更多高质高价商品

B. 生活必需品的价格持续上涨，生活成本上升

C. 医疗水平提高，经济增速放缓

D. 政府积极扩大就业、减贫脱贫，完善社会保障制度

【解析】政府积极扩大就业、减贫脱贫，完善社会保障制度有助于促进居民提升获得感，D正确且符合题意；其他选项都不利于促进居民提升获得感，均应排除。故选D。

【答案】D

17.（多选）过高的社会保障水平会造成政府负担过重，不利于社会生产发展；过低的社会保障水平则会损害劳动者的积极性，因此，我国的社会保障必须（　）

A. 与我国的国情相适应

B. 建立在生产力充分发展的基础上

C. 与经济发展水平相适应

D. 提高广大人民的生活水平

互动训练答案

1.BD　2.ABD　3.B　4.B　5.D　6.AD　7.BD　8.BD　9.BD　10.B　11.D　12.AB　13.CD　14.C　15.C　16.AC　17AC

第六十五届联合国大会于2011年7月14日就是否批准南苏丹加入联合国举行全会讨论，并对有关南苏丹加入联合国的决议草案进行审议表决，结果以鼓掌方式一致通过决议，接纳南苏丹共和国为联合国第193个会员国。

单招习题化
知识整合

第三部分 政治与法治

[第一课 历史和人民的选择]

·知识整合·

【知识点一】没有共产党就没有新中国

1. 近代中国的基本国情和主要矛盾

（1）近代中国的基本国情。

① 原因：帝国主义的入侵，打断了中国从封建社会向资本主义社会发展的正常进程。

② 国情：中国逐渐成为半殖民地半封建社会。

（2）近代中国的主要矛盾。

① 根源：半殖民地半封建社会的基本国情决定了近代中国有多重矛盾，它们相互交织。

② 主要矛盾：帝国主义和中华民族、封建主义和人民大众的矛盾。

（3）近代中国的历史任务。

① 决定因素：近代中国的基本国情和主要矛盾。

②历史任务：推翻帝国主义和封建主义的统治，争取民族独立和人民解放；彻底改变贫穷落后的面貌，实现国家富强和人民幸福。

2. 各种政治力量解决中国问题的方案

（1）三种建国方案。

	代表	政治主张	实践结果
第一种	先后以北洋军阀和国民党统治集团为代表	极力维护地主阶级和买办资产阶级统治，让中国继续走半殖民地半封建的道路	被中国人民抛弃了，其代表者的统治也被推翻了
第二种	以某些中间派或中间人士为代表	幻想建立资产阶级共和国，走独立发展资本主义的道路	没有得到人民群众认可，它的多数代表者后来也承认这个方案在中国无法实现
第三种	以中国共产党为代表	主张建立工人阶级领导的、以工农联盟为基础的人民共和国，经过新民主主义走向社会主义	最终赢得包括民族资产阶级在内的最广大人民群众的拥护

（2）中国共产党的成立。

① 中国共产党成立于1921年7月。

②中国共产党初心和使命：为中国人民谋幸福，为中华民族谋复兴。

互动训练

1.鸦片战争成为中国近代史的起点，这是因为随着西方列强的入侵，中国（　）

A. 逐渐成为半殖民地半封建国家

B. 社会主要矛盾发生变化

C. 逐渐开始了反帝反封建的资产阶级民主革命

D. 革命属于世界无产阶级革命的组成部分

2.（多选）近代中国面临着两大历史任务，一是推翻帝国主义和封建主义的统治，实现民族独立和人民解放；二是彻底改变贫穷落后的面貌，实现国家富强和人民富裕。两大历史任务的决定因素是（　）

A. 半殖民地半封建社会的国情

B. 帝国主义掀起瓜分中国的狂潮

C. 帝国主义和中华民族、封建主义和人民大众的矛盾

D. 封建帝制的没落和资产阶级革命的兴起

驴子与蝉

驴子听见蝉唱歌，被美妙动听的歌声打动，自己也想能发出同样悦耳动听的声音，便羡慕地问他们吃些什么，才能发出如此美妙的声音来。蝉答道："吃露水。"驴子便也只吃露水，没多久就饿死了。

这个故事告诉人们不要企望非分之物。

③ 意义：中国人民在斗争中就有了主心骨，看到了解决中国问题的出路和希望。

④ 前景：中国共产党的方案在历史和人民的检验中脱颖而出，最终成为唯一正确的选择。

3. 没有共产党就没有新中国

（1）中国共产党的成立与担当。

① 成立条件：1917年俄国十月革命一声炮响，给中国送来了马克思列宁主义。1919年五四运动后，工人阶级成为反帝反封建的新民主主义革命的领导力量。

② 目标：把实现共产主义作为党的最高理想和最终目标。

③ 使命：义无反顾地肩负起实现中华民族伟大复兴的历史使命。

④ 任务：实现中华民族伟大复兴，必须推翻压在中国人民头上的帝国主义、封建主义、官僚资本主义三座大山，实现民族独立、人民解放。

（2）成就

①推翻了三座大山。

②取得了新民主主义革命的伟大胜利，于1949年10月1日成立中华人民共和国。

③实现了中国从几千年封建专制政治向人民民主的伟大飞跃。

④中国人民掌握了国家的权力，成为国家和自己命运的主人。

（3）结论：没有共产党就没有新中国，是近代以来中国人民斗争经验的历史总结，是中国人民在长期探索、艰苦奋斗的基础上共同确认的历史真理。

【知识点二】中国共产党领导人民站起来、富起来、强起来

1. 成立新中国，中国人民站起来

（1）中华人民共和国的成立：为实现由新民主主义向社会主义的过渡，并在社会主义道路上实现中华民族的伟大复兴创造了政治前提。

（2）我国革命和建设历程：

1956 年，社会主义改造基本完成，这标志着社会主义基本制度在我国确立，为我国逐步走向国家富强、人民幸福，为当代中国的一切发展进步奠定了制度基础。在社会主义建设的初步实践中，我国基本上建立了独立的、比较完整的工业体系和国民经济体系，教育、科学、文化、国防等事业有了很大的发展，国际地位逐步提高。

2. 实行改革开放，走向民富国强

（1）1978年12月，党的十一届三中全会开启了改革开放的历史时期。改革开放是决定当代中国命运的关键抉择，极大地解放和发展了社会生产力，增强了社会发展活力，激发了广大人民群众的创造性，使人民生活显著改善，综合国力显著增强，国际地位显著提高，这是中国共

3.（多选）2021年7月1日是中国共产党建党100周年纪念日。中国共产党成立背景内容，下列选项有（　）

A. 十月革命的影响

B. 近代中国社会阶级结构的变化

C. 鸦片战争的爆发

D. 五四运动的影响

4.1939年5月，毛泽东为中共中央机关报《解放》撰写纪念五四运动二十周年的文章。文章说：“二十年前的五四运动，表明中国反帝反封建的资产阶级民主革命已经发展到了一个新阶段。”下列关于“新阶段”的表述正确的是（　）

A. 无产阶级开展社会主义革命

B. 中国共产党开始领导中国革命

C. 中国工人阶级登上政治舞台

D. 彻底否定旧民主主义革命

5.1949年10月1日，在开国大典上，随着五星红旗冉冉升起，乐队奏起《义勇军进行曲》，54门礼炮齐鸣28响。礼炮齐鸣28响的寓意是（　）

A. 中国共产党领导人民英勇奋斗28年

B. 人民解放军有28个方阵经过天安门广场

C. 有28个民族参加了开国大典

D. 有28个民族参加了第一届中国人民政治协商会议

狼与逃进神庙的小羊

一只小羊被狼追赶，逃进了一个神庙里。狼对小羊说：“如不赶快出来，祭司会抓住你，把你献给神。”小羊回答说：“我宁愿献给神，也比被你吃掉好。”

这故事说明，对要死的人来说，应选择有价值的死。

产党对中华民族和中国人民作出的伟大历史贡献。

（2）实行改革开放，就是要进一步解放和发展社会生产力，实现中华民族伟大复兴；就是要推动我国社会主义制度的自我完善；就是要加强和改进党的建设，保持和发展党的先进性。

3. 进入新时代，踏上新征程

（1）使我国发展站在新的历史方位上。

（2）进入新时代意义：

①意味着中华民族迎来了从站起来、富起来到强起来的伟大飞跃，迎来了实现中华民族伟大复兴的光明前景。

②意味着科学社会主义在21世纪的中国焕发出强大生机活力。

③意味着中国特色社会主义道路、理论、制度、文化不断发展，为解决人类问题贡献了中国智慧和中国方案。

·考点解析·

【考点一】认识中国近代史及其社会主要矛盾

（1）从1840年鸦片战争开始至1949年中华人民共和国成立为止。1840年爆发的鸦片战争为中国由封建社会变为半殖民地半封建社会的历史转折点，是中国近代史的开端。

（2）在此后的近一百年间，以1919年五四运动为界标，分为前后两个时期：前期为旧民主主义革命时期，后期为新民主主义革命时期，但都属于资产阶级革命的范畴。

（3）在整个半殖民地半封建社会中，中国的社会性质决定了中国社会主要矛盾、革命对象和任务性质。近代中国社会的性质和主要矛盾决定了近代以来中华民族始终面临着两大历史任务：一是争取民族独立和人民解放；二是实现国家富强和人民幸福。

【例1】近代中国成为半殖民地半封建社会的根本原因是（ ）

A. 帝国主义的侵略　　B. 中国民族资产阶级的软弱

C. 封建主义的腐朽　　D. 反动势力的联合

【解析】鸦片战争后，帝国主义的不断侵略，使中国成为半殖民地半封建社会，A符合题意，排除B、C、D。故选A。

【答案】A

6.（多选）没有共产党就没有新中国。中国共产党的领导和执政地位的确立（ ）

A. 是与生俱来和一劳永逸的

B. 是中国社会历史发展的必然结果

C. 是中国人民经过长期实践作出的历史性选择

D. 集中体现在开创中国特色社会主义的历程中

7.（多选）中国共产党是我国的执政党，是中国特色社会主义事业的领导核心，其领导和执政地位（ ）

A. 是中国社会历史发展的必然结果

B. 不是自封的，而是与生俱来的

C. 是由中国共产党的性质和宗旨决定的

D. 由多党合作和政治协商制度来保障

8.我国进入社会主义初级阶段的标志是（ ）

A. 中华人民共和国宣告成立

B. 中华人民共和国宪法的制定

C. 第一个五年计划开始

D. 社会主义改造基本完成

非洲三方自由贸易区

第二届东南非共同市场、东非共同体和南部非洲发展共同体成员国首脑会议2011年6月12日在南非约翰内斯堡举行。与会国家签署宣言，宣布覆盖非洲26个国家的三方自由贸易区谈判正式启动。这将是非洲最大的自由贸易区，标志着非洲向酝酿已久的经济共同体目标迈进了一大步。规划中的三方自由贸易区将创造一个包括近7亿人口、国内生产总值总和为6250亿美元的自由市场，占非洲国内生产总值的58%。

【例2】社会性质不同，主要矛盾就会不同，面临的任务也就有所差异。下列对应正确的是（ ）

A. 半殖民地→中外矛盾→推翻帝国主义→推翻地主统治

B. 半殖民地→阶级矛盾→推翻帝国主义→争取民族独立

C. 半封建→阶级矛盾→推翻封建主义→争取人民解放

D. 半封建→中外矛盾→推翻封建主义→实现人民幸福

【解析】半封建社会涉及阶级矛盾，需要推翻封建主义、争取人民解放，C正确；半封建强调阶级矛盾，D错误；半殖民地社会强调民族矛盾，要求推翻帝国主义、争取民族独立，排除A、B。故选C。

【答案】C

【考点二】人民和历史选择中国共产党的根本原因是什么

中国共产党人的初心和使命，就是为中国人民谋幸福，为中华民族谋复兴。这个初心和使命，是激励中国共产党人不断前进的根本动力，也是人民和历史选择中国共产党的根本原因。

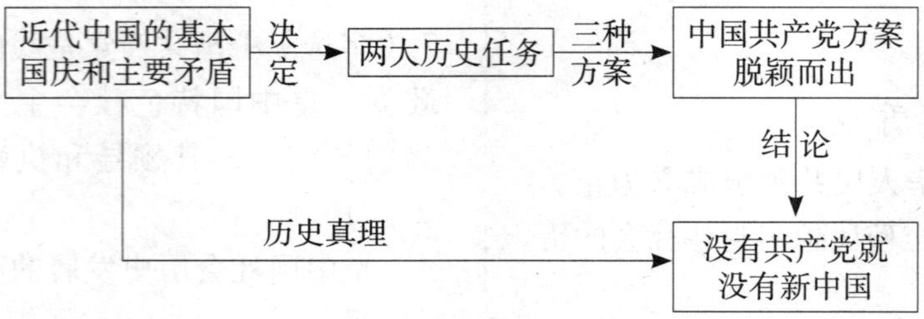

【例1】《近代中国社会的新陈代谢》中写道："五四运动以后，新的宇宙观、人生观一齐涌来，新的一代改革者科学地认识和阐明了下层群众在社会进步中的作用。"这里的"下层群众"主要是指（ ）

A. 农民阶级 B. 市民阶级 C. 工人阶级 D. 民族资产阶级

【解析】五四运动以后，一些具有初步共产主义思想的知识分子开始走上同工人相结合的道路，把马克思主义传播到工人中去，所以这里的"下层群众"主要是指工人阶级，C正确。故选C。

【答案】C

【例2】中国共产党成立于1921年7月23日。中国共产党的诞生（ ）

A. 在社会上起了思想启蒙的作用

B. 是中国历史上开天辟地的大事

C. 开启了中国近代工业发展的历程

D. 使民主共和的观念深入人心

【解析】中国共产党的诞生是中国历史上开天辟地的大事，使中国的革命面貌焕然一新，B符合题意。故选B。

【答案】B

9.中共中央政治局召开会议，决定从2019年6月开始，在全党自上而下分两批开展"不忘初心、牢记使命"主题教育。中国共产党的初心和使命是（ ）

A. 全心全意为人民服务

B. 从群众中来到群众中去

C. 为中国人民谋幸福，为中华民族谋复兴

D. 实现民族独立和人民解放

10.中国共产党100年的历史，是一部团结带领全国各族人民进行革命、建设和改革并不断取得辉煌成就的历史。关于中国共产党成立至今的历史贡献，下列说法错误的是（ ）

A. 实现民族独立和人民解放，建立了人民当家作主的新中国

B. 推动社会主义现代化建设取得举世瞩目的伟大成就

C. 完成了社会主义革命，确立了社会主义基本制度

D. 实现了社会主义现代化的宏伟目标

1988年提出"科学技术是第一生产力"

1988年9月5日，邓小平在会见捷克斯洛伐克总统胡萨克时，提出了"科学技术是第一生产力"的著名论断。1985年3月13日，中共中央作出《关于科学技术体制改革的决定》（以下简称《决定》）。《决定》指出，现代科学技术是新的社会生产力中最活跃和决定性的因素，全党必须高度重视并充分发挥科学技术的巨大作用，同时规定了当前科学技术体制改革的主要任务。

【例3】（多选）1921年7月，中国共产党第一次全国代表大会在上海召开（最后一天转移至浙江嘉兴南湖举行）。这次大会（　）

A. 是中国传播马克思主义的开始

B. 中国人民的斗争有了主心骨

C. 宣告中国共产党的诞生

D. 是新民主主义革命的开端

【解析】中国共产党第一次全国代表大会宣告中国共产党的诞生，中国人民的斗争有了主心骨，BC正确。故选BC。

【答案】BC

【例4】2019年6月6日，“核心价值观百场讲坛”走进河南济源，宣讲共产党人的初心和使命。中国共产党人的使命是（　）

A. 实现共同富裕　　B. 为中华民族谋复兴

C. 以经济建设为中心　　D. 建设世界第一强国

【解析】中国共产党立党的使命是为中华民族谋复兴，B正确；实现共同富裕是社会主义本质的体现，排除A；经济建设是现阶段的中心工作，是解决当前社会主要矛盾的根本途径，排除C；到中华人民共和国成立一百年，把我国建成富强民主文明和谐美丽的社会主义现代化强国，D错误。故选B。

【答案】B

【考点三】没有共产党就没有新中国

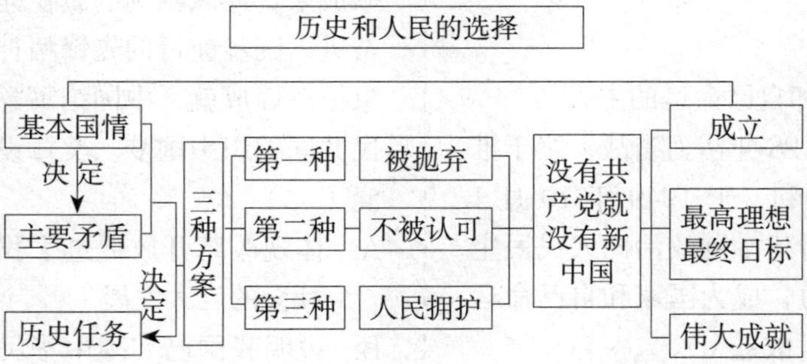

【例1】1949 年 9 月，在中国人民政治协商会议第一届全体会议上，毛泽东说：“占人类总数四分之一的中国人从此站起来了。”“中国人从此站起来”是指中国实现了（　）

A. 全境解放 B. 社会主义 C. 国家富强 D. 民族独立

【解析】1949年10月1日，新中国的成立开辟了中国历史的新纪元，从此，中国结束了一百多年来被侵略被奴役的屈辱历史，真正成为独立自主的国家，中国人民站起来了，成为国家的主人。“中国人从此站起来”是指中国实现了民族独立。故选D。

【答案】D

11.习近平总书记提出“时代是出卷人，我们是答卷人，人民是阅卷人”的精辟论述突出说明（　）

A. 党的领导地位是由党自身性质决定的

B. 中国共产党能执政是时代发展的结果

C. 中国共产党的领导是人民的正确选择

D. 中国共产党治国理政坚持对人民负责

12.（多选）1978年12月，党的十一届三中全会开启了改革开放的历史新时期。改革开放是决定当代中国命运的关键抉择。我国改革开放的目的是（　）

A. 进一步解放和发展社会生产力

B. 为实现中华民族的伟大复兴创造了政治前提

C. 从根本上改变社会主义制度

D. 推动我国社会主义制度的自我完善

1992年社会主义市场经济体制改革目标确立

1992年10月12日—18日，中国共产党第十四次全国代表大会在北京举行。江泽民作《加快改革开放和现代化建设步伐，夺取事业的更大胜利》的报告。报告决定抓住机遇，加快发展；确定我国经济体制改革的目标是建立社会主义市场经济体制；提出用邓小平同志建设理论武装全党。大会通过将建设的理论和党的基本路线写进党章。党的历史上第一次明确提出了建立社会主义市场经济体制的目标模式。

【例2】（多选）没有共产党就没有新中国。中国共产党的领导和执政地位的确立（ ）

A. 是与生俱来和一劳永逸的

B. 是中国社会历史发展的必然结果

C. 是中国人民经过长期实践作出的正确选择

D. 标志着全面建成小康社会奋斗目标的实现

【解析】中国共产党的领导和执政地位的确立是中国社会历史发展的必然结果，是中国人民经过长期实践作出的正确选择，BC符合题意。中国共产党的领导和执政地位并不是与生俱来和一劳永逸的，是历史和人民的选择，A说法有误。2020 年我国全面建成小康社会，中国共产党的领导和执政地位的确立不是建成小康社会的标志，D不符合题意。故选BC。

【答案】BC

【例3】（多选）从北京城往西一百多千米，顺着一条奔流的小溪，可以到达一个群山环抱的小山村——堂上村。1943 年，歌曲《没有共产党就没有新中国》就诞生在这里，并从这里传遍大江南北，经久不衰。歌曲原名为《没有共产党就没有中国》，后来，毛泽东做了修改，在“中国”前面添加了“新”字。为什么毛泽东在“中国”前面添加了“新”字，因为中国共产党建立的新中国（ ）

A. 实现了中国从几千年封建专制政治向人民民主的伟大飞跃

B. 推翻帝国主义的统治

C. 推翻封建主义的统治

D. 中国人民掌握了国家的权力，成为国家和自己命运的主人

【解析】中国共产党领导中国各族人民经过 28 年浴血奋战，终于推翻了三座大山，取得了新民主主义革命的伟大胜利，于 1949 年 10 月 1 日成立中华人民共和国，实现了中国从几千年封建专制政治向人民民主的伟大飞跃。从此，中国人民掌握了国家的权力，成为国家和自己命运的主人，AD正确。BC两个选项说法片面，排除。故选AD。

【答案】AD

【考点四】为什么没有共产党就没有新中国

（1）中国共产党成立之时就以为中国人民谋幸福、为中华民族谋复兴为初心和使命，把实现共产主义作为党的最高理想和最终目标，对“为什么革命、怎样革命”的根本问题给出了正确的答案。

（2）中国共产党领导人民推翻了帝国主义、封建主义、官僚资本主义三座大山，取得了新民主主义革命的伟大胜利，成立中华人民共和国，实现了中国从几千年封建专制政治向人民民主的伟大飞跃，实现了民族独立和人民解放。

（3）在中国特色社会主义进入新时代，党领导中国人民踏上了基本

13.（多选）改革开放是决定当代中国命运的关键抉择，具有重大的历史意义。我国实行改革开放的重要意义在于（ ）

A. 极大地解放和发展了社会生产力

B. 确立了社会主义制度

C. 开辟了社会主义道路

D. 增强了中国的综合国力和国际地位

14.（多选）“改革先锋奖章”上的累累硕果象征改革开放40年的丰硕成果，迎风飘扬的旗帜诠释砥砺奋进、阔步前行的先锋精神，丰碑象征辉煌成就，中国结寓意全国人民共同编织中国梦。奖章设计的内涵（ ）

A. 体现改革开放促进了我国经济社会的巨大发展

B. 说明我国已实现中华民族伟大复兴

C. 表示我国要继续坚持改革开放的强国之路

D. 标志着中国人民从此站起来了

2004年保护私有财产入宪

2004年3月14日，十届全国人大二次会议审议通过了第四次宪法修正案，“公民的合法的私有财产不受侵犯”“国家尊重和保护人权”等内容写入宪法。它适应了保护私有财产的客观需要，扩大了私有财产的保护范围，进一步完善了私有财产保护制度。加强对公民的合法的私有财产的保护，有利于坚持和完善基本经济制度，促进非公有制经济发展；有利于保障公民权利的实现，推进依法治国；有利于调动广大人民群众的积极性和创造性，全面建设小康社会。

实现社会主义现代化、全面建设现代化强国的新征程，实践证明，由中国共产党领导中华民族实现伟大复兴是历史和人民的正确选择。

【例1】习近平指出："改革开放是决定当代中国命运的关键一招，也是决定实现'两个一百年'奋斗目标，实现中华民族伟大复兴的关键一招。"这说明（　）

A. 社会主义现代化建设必须以改革开放为中心

B. 改革开放是兴国之要

C. 改革开放是强国富民之路

D. 社会主义的根本任务是进一步改革开放

【解析】本题考查改革开放的意义。改革开放是强国富民之路，是我们党和国家发展进步的活力源泉，C选项符合题意。现代化建设必须以经济建设为中心，A选项错误。经济建设是兴国之要，B选项错误。社会主义的根本任务是解放生产力和发展生产力，D选项错误。故选C。

【答案】C

【例2】（多选）习近平总书记强调，中国特色社会主义进入新时代，我们党一定要有新气象新作为，最关键是党的建设新的伟大工程要开创新局面。之所以强调推进党的建设是因为（　）

A. 党政军民学，东西南北中，党是领导一切的

B. 推进党的建设，有利于我们坚持和发展好中国特色社会主义

C. 党的建设能解决社会发展的一切问题

D. 党的建设能使党更好行使国家权力

【解析】之所以强调推进党的建设是因为党是领导一切的，推进党的建设，有利于我们坚持和发展好中国特色社会主义，AB符合题意。党不能解决一切问题，C说法错误。人大行使国家权力，中国共产党不行使国家权力，D说法错误。故选AB。

【答案】AB

【例3】中国共产党第十九次全国代表大会，是在全面建成小康社会决胜阶段、中国特色社会主义进入（　）的关键时期召开的一次十分重要的大会。

A. 新时期　B. 新阶段　C. 新征程　D. 新时代

【解析】2017年10月18日，中国共产党第十九次全国代表大会胜利开幕，这是在全面建成小康社会决胜阶段、中国特色社会主义进入新时代的关键时期召开的一次十分重要的大会。十九大的主题是：不忘初心、牢记使命，高举中国特色社会主义伟大旗帜，决胜全面建成小康社会，夺取新时代中国特色社会主义伟大胜利，为实现中华民族伟大复兴的中国梦不懈奋斗，D选项正确。故选D。

【答案】D

15.（多选）习近平总书记在党的十九大报告中指出，中国特色社会主义进入新时代。这是对我国发展新的历史方位的科学判断。"中国特色社会主义新时代"是（　）

A. 继续夺取中国特色社会主义伟大胜利的时代

B. 建立独立的比较完整的国民经济体系的时代

C. 开辟中国特色社会主义道路理论制度的时代

D. 奋力实现中华民族伟大复兴中国梦的时代

16.中国特色社会主义进入新时代，意味着中国特色社会主义道路、理论、制度、文化不断发展，拓展了发展中国家走向现代化的途径，给世界上那些既希望加快发展又希望保持自身独立性的国家和民族提供了全新选择，为解决人类问题贡献了（　）。

A. 中国道路和中国模式

B. 中国智慧和中国模式

C. 中国智慧和中国方案

D. 中国模式和中国方案

互动训练答案

1.A　2.AC　3.AD　4.C　5.A
6.BC　7.AC　8.D　9.C　10.D
11.D　12.AD　13.AD　14.AC　15. AD
16.C

城镇廉租住房

城镇廉租住房是指政府在住房领域实施社会保障职能，向具有城镇常住居民户口的低收入家庭提供的租金相对低廉的普通住房。廉租住房的保障范围最初只包括城镇最低收入家庭。2007年8月13日，《国务院关于解决城市低收入家庭住房困难的若干意见》发布，明确提出以城市低收入家庭为对象，进一步建立健全城市廉租住房制度。"十一五"期末，全国廉租住房制度保障范围要由城市最低收入住房困难家庭扩大到低收入住房困难家庭。

[第二课　中国共产党的先进性]

· 知识整合 ·

【知识点一】始终坚持以人民为中心

1. 党的性质和宗旨

中国共产党的性质：中国共产党是中国工人阶级的先锋队，同时是中国人民和中华民族的先锋队。

中国共产党的根本立场：人民立场。

中国共产党的根本宗旨：全心全意为人民服务。

中国共产党的初心和使命：为中国人民谋幸福，为中华民族谋复兴。

中国共产党的要求：坚持权为民所用、情为民所系、利为民所谋。

2. 党的执政理念——立党为公、执政为民

（1）立党为公、执政为民的内涵（是什么）。

① 立党为公：就是党的路线、方针、政策都要代表中国先进生产力的发展要求、中国先进文化的前进方向、中国最广大人民的根本利益，都要体现国家和民族的共同利益、全体人民的共同理想。

② 执政为民：就是党的全部工作必须以中国最广大人民的根本利益与幸福为根本出发点和落脚点。

（2）立党为公、执政为民的依据（为什么）。

① 由党的性质和宗旨决定的。

② 人民是历史的创造者，是决定党和国家前途命运的根本力量。

③ 中国共产党始终坚持人民主体地位，坚持以人民为中心。

④ 人民对美好生活的向往就是我们党的奋斗目标。

（3）立党为公、执政为民的要求。

① 宗旨：践行全心全意为人民服务的宗旨，坚持群众路线，坚持为人民执好政，用好权。

② 立场：坚持人民立场和人民主体地位---相信人民，依靠人民。

③ 路线：坚持党在社会主义初级阶段的基本路线。领导和团结全国各族人民，以经济建设为中心，坚持四项基本原则，坚持改革开放，自力更生，艰苦创业，为把我国建设成为富强民主文明和谐美丽的社会主义现代化强国而奋斗。

互动训练

1.习近平总书记提出“时代是出卷人，我们是答卷人，人民是阅卷人”的精辟论述突出说明（　）

A. 党的领导地位是由党自身性质决定的

B. 中国共产党治国理政坚持对人民负责

C. 中国共产党的领导是人民的正确选择

D. 中国共产党能执政是时代发展的结果

2.（多选）随着党风廉政建设的推进，某些干部感叹春节过得有些“乏味”：年礼没人送，不敢开公车走亲访友，有人宴请也不敢答应。于是他们感慨“为官不易”“当官没意思”。对这一观念进行批驳，可运用的理论有（　）

A. 坚持和健全民主集中制，发展党内民主

B. 权力是把双刃剑，用好权力需接受监督

C. 中国共产党坚持立党为公、执政为民的理念

D. 政府应为人民服务，坚持依法执政

社会救助

社会救助是指国家和社会对因各种原因无法维持最低生活水平的公民给予无偿救助的一项社会保障制度。救助的对象有三类：一是无依无靠，没有劳动能力，又没有生活来源的人，主要包括孤儿、残疾人以及没有参加社会保险且无子女的老人；二是有收入来源，但生活水平低于法定最低标准的人；三是有劳动能力、有收入来源，但由于意外的自然灾害或社会灾害，而使生活一时无法维持的人。

【知识点二】始终走在时代前列

1. 理论优势——指导思想，与时俱进

（1）中国共产党始终走在时代前列，就在于它以持续推进的马克思主义中国化创新理论作为行动指南。

（2）中国共产党的指导思想：

① 毛泽东思想，是马克思列宁主义在中国的运用和发展，是被实践证明了的关于中国革命和建设的正确的理论原则和经验总结，是中国共产党集体智慧的结晶。

② 邓小平理论，1978年党的十一届三中全会提出：什么是社会主义、怎样建设社会主义的问题，它科学地回答了建设中国特色社会主义一系列的问题，解放思想，实事求是，实现全党工作中心向经济建设的转移，实行改革开放，开辟了社会主义事业发展的新时期。

③ “三个代表”重要思想，十三届四中全会提出：加深了对什么是社会主义、怎样建设社会主义和建设什么样的党、怎样建设党的认识。始终做到代表中国先进生产力的发展要求，代表中国先进文化的前进方向，代表中国最广大人民的根本利益，这是我们党的立党之本、执政之基、力量之源。

④ 科学发展观，党的十六大提出：深刻认识和回答了新形势下实现什么样的发展、怎样发展等重大问题，形成了以人为本、全面协调可持续发展的科学发展观。

⑤ 习近平新时代中国特色社会主义思想，党的十八大提出：新时代坚持和发展什么样的中国特色社会主义、怎样坚持和发展中国特色社会主义这个重大时代课题。

⑥ 马克思列宁主义、毛泽东思想、邓小平理论、“三个代表”重要思想、科学发展观、习近平新时代中国特色社会主义思想既一脉相承又与时俱进。

2. 路线优势——四大法宝，确保胜利

（1）坚持解放思想、实事求是、与时俱进、求真务实是中国共产党始终走在时代前列、永葆生机活力的四大法宝。

（2）含义：

① 解放思想：就是在马克思主义指导下打破习惯势力和主观偏见的束缚，研究新情况，解决新问题。

② 实事求是：就是要从实际出发，探求事物的客观规律，用以作为我们行动的向导。实事求是是马克思主义的根本观点，是中国共产党人认识世界、改造世界的根本要求，是我们党的基本思想方法、工作方法和领导方法。

③ 与时俱进：就是党的全部理论和实际工作要体现时代性，把握规

3.习近平总书记在庆祝改革开放40周年大会上的重要讲话中指出：“我们要着力解决人民群众所需所急所盼，让人民共享经济、政治、文化、社会、生态等各方面发展成果，有更多、更直接、更实在的获得感、幸福感、安全感，不断促进人的全面发展、全体人民共同富裕。”下列最能体现上述要求的是（ ）

A. 统筹兼顾、创新发展

B. 立党为公、执政为民

C. 人民立场、科学发展

D. 总揽全局、协调各方

4.（多选）2020年全面建成小康社会变成现实，是我们党实现第一个百年奋斗目标，向人民、向历史作出的庄严承诺，是中华民族发展史、人类社会进步史上的一座重要里程碑。它见证了我们党（ ）

A. 初心使命、性质宗旨、理想信念

B. 执政能力、执政实质、执政水平

C. 核心地位、全面领导、制度安排

D. 历史方位、管理水平、奋斗目标

社会保障体系

社会保障体系搞好城镇职工基本养老保险、基本医疗保险、失业保险和城市居民最低生活保障制度的建设。农村实行家庭承包责任制，承包到户的土地是农民的基本生产资料，也是农村居民基本生活的重要保障。农民养老以家庭保障为主，与社区扶持相结合。有条件的地方，根据农民自愿，也可以实行以个人储蓄为基础的商业养老保险。建立统一、规范和完善的社会保障体系的总的目标是，建立独立于企业事业单位之外、资金来源多元化、保障制度规范化、管理服务社会化的中国特色社会主义保障体系。

律性，富于创造性，不断开创中国特色社会主义事业新局面。

④ 求真务实：就是要求人们在实际工作中既正确认识事物的本来面目，探求事物发展变化的客观规律，又脚踏实地、实事求是地按照客观规律行事。

3. 带头模范——先锋模范，发挥作用

（1）发挥党员的先锋模范作用，是指共产党员要坚定马克思主义科学信仰，践行全心全意为人民服务的根本宗旨，通过自己的骨干、带头和桥梁作用，影响和带动身边群众共同贯彻党的基本理论、基本路线、基本方略。

（2）依据（为什么）：①是由中国共产党的先锋队性质所决定的，也是中国共产党的先进性的直接而具体的体现。②使党始终成为时代先锋、民族脊梁，永葆创造力、凝聚力和战斗力的源泉，是党不断取得胜利的坚强保证。

（3）党员的先锋模范作用，在不同的历史时期有着不同的内容。

在艰苦的革命战争年代，无数共产党员前仆后继、顽强战斗、英勇牺牲；在社会主义建设和改革开放的实践中，广大党员不图名利、辛勤劳动，艰苦奋斗、开拓进取，树立了共产党员的光辉形象。

时代要求：

在新征程上更加珍惜工人阶级先锋队战士的光荣称号，承担起自己的责任和使命：

做学习模范，

做贯彻执行党的路线、方针、政策的模范，

做克己奉公、无私奉献的模范，

做服从组织、严守纪律的模范，

做维护党的团结和统一的模范，

做坚持真理、修正错误的模范，

做密切联系群众的模范，

做培育和践行社会主义核心价值观的模范。

·考点解析·

【考点一】中国共产党的先进性

新时代坚持立党为公、执政为民，必须坚持新时代中国特色社会主义思想，必须坚持以人民为中心的发展思想，使人民获得感、幸福感、安全感更加充实、更有保障、更可持续。坚持和发展中国特色社会主义，就必须坚持人民主体地位，践行全心全意为人民服务的根本宗旨，把党的群众路线贯彻到治国理政全部活动之中，把人民对美好生活的向往作为奋斗目标，依靠人民创造历史伟业。

5.（多选）黄大年同志秉持科技报国的理想，把为祖国富强、民族振兴、人民幸福贡献力量作为毕生追求；“全国优秀县委书记”廖俊波心系群众、忘我工作、无私奉献、因公殉职；时代楷模钟扬援藏16年，率领团队在青藏高原为国家种质库收集了数千万颗植物种子。这些优秀共产党员用自己的实际行动（　）

A. 维护了中国最广大人民的利益
B. 促进了发展成果由全体人民共享
C. 践行着党为人民谋幸福的根本宗旨
D. 发挥了共产党员的先锋模范作用

6. 打赢脱贫攻坚战、实现养老保险全国统筹，全面取消以药养医、缩小收入差距、让人民群众在每一个司法案件中都能感受到公平正义……十九大报告高度关注民生和社会公平，表明中国共产党（　）

A. 坚持发展依靠人民，尊重人民群众的首创精神
B. 不忘初心、牢记使命，坚持以人民为中心的立场
C. 加强自身建设，坚持求真务实的工作方法
D. 维护公民权利平等，推动我国人权事业不断进步

新《中华人民共和国耕地占用税暂行条例》

自2008年1月1日起修订的《中华人民共和国耕地占用税暂行条例》（以下简称《条例》）开始实施。新《条例》共16条。《条例》的施行，旨在合理利用土地资源，加强土地管理，保护耕地。《条例》提高了税额标准，统一了内外资企耕地占用税税收负担，取消了对铁路线路、飞机场跑道、停机坪、炸药库占地免税的规定，加强了征收管理。《条例》所称耕地，是指用于种植农作物的土地。

【例1】（多选）中国共产党的全部工作以中国最广大人民的利益与幸福为根本出发点和落脚点。“人民对美好生活的向往，就是我们的奋斗目标。”这体现了中国共产党（ ）

A. 始终把公民的需要作为工作目标

B. 坚持全心全意为人民服务的宗旨

C. 坚持立党为公、执政为民的执政理念

D. 自身的特殊利益

【解析】A中“公民”的表述有误。“人民对美好生活的向往，就是我们的奋斗目标”符合党的宗旨，B符合题意。“人民对美好生活的向往，就是我们的奋斗目标”体现坚持立党为公、执政为民的执政理念，C符合题意。党只有人民的利益，没有自身的特殊利益，D说法错误。故选BC。

【答案】BC

【例2】（多选）2020 年 2 月 5 日，21 世纪以来第 17 个指导“三农”工作的中央一号文件由新华社受权发布。文件指出，2020 年是全面建成小康社会目标实现之年，是全面打赢脱贫攻坚战收官之年。党中央认为，完成上述两大目标任务，脱贫攻坚最后堡垒必须攻克，全面小康“三农”领域突出短板必须补上。这说明中国共产党（ ）

A. 以为人民谋幸福为根本使命

B. 履行组织社会主义经济建设的职能

C. 坚持为人民服务的根本宗旨

D. 把精神文明建设作为农村工作中心

【解析】党中央认为，完成两大目标任务，脱贫攻坚最后堡垒必须攻克，全面小康“三农”领域突出短板必须补上。这说明中国共产党以为人民谋幸福为根本使命，坚持为人民服务的根本宗旨，AC入选。党不是国家机关，不能履行国家职能，组织社会主义经济建设是政府的职能，B不选。始终把经济建设作为农村工作中心，D不选。故选AC。

【答案】AC

【例3】党的十九大报告指出，要坚持以人民为中心。必须坚持________，坚持立党为公、执政为民，践行全心全意为人民服务的根本宗旨。（ ）

A. 国家主体地位　　B. 公民主体地位

C. 人民主体地位　　D. 党的主体地位

【解析】党的十九大报告指出，要坚持以人民为中心。必须坚持人民主体地位，坚持立党为公、执政为民，践行全心全意为人民服务的根本宗旨，因此C正确；A、B、D三项错误，故选C。

【答案】C

7.（多选）“百姓谁不爱好官？把泪焦桐成雨……路漫漫其修远矣，两袖清风来去。为官一任，造福一方，遂了平生意。”习近平总书记的《念奴娇·追思焦裕禄》颂扬了党的好干部焦裕禄的赤子情怀，道出了人民公仆的初心本色。焦裕禄的事迹体现了（ ）

A. 人民立场是中国共产党的根本立场

B. 为人民谋幸福是中国共产党的根本使命

C. 中国共产党是中国特色社会主义事业的领导核心

D. 中国共产党坚持改革开放、关注民生

8.坚决打赢疫情防控的人民战争——习近平总书记在北京调研指导新冠肺炎疫情防控工作时的重要讲话引发热烈反响，这表明（ ）

A. 人民立场是中国共产党的根本立场

B. 中国共产党始终坚持以中国特色社会主义理论为指导

C. 中国共产党始终是执政党，坚持立党为公、执政为民

D. 中国共产党始终坚持全面建成小康社会的奋斗目标

中央水利工作会议于2011年7月8日-9日在北京举行。胡锦涛强调，加快水利改革发展的主要目标是，力争通过5年到10年努力，从根本上扭转水利建设明显滞后局面。到2020年，基本建成防洪抗旱减灾体系、水资源合理配置和高效利用体系、水资源保护和河湖健康保障体系、有利于水利科学发展的体制机制和制度体系。要坚持民生优先、统筹兼顾、人水和谐、政府主导、改革创新的原则。

【考点二】以人民为中心

以习近平同志为核心的党中央始终秉持以人民为中心的发展思想，以造福人民为最大政绩，从群众最关心的问题入手，把民生疾苦放在心头，把改革发展责任扛在肩上，一大批惠民举措落地实施，推动发展成果更多更公平惠及全体人民；始终把人民利益摆在至高无上的地位，顺应我国社会主要矛盾已经发生历史性变化的实践要求，着力解决我国发展不平衡不充分的问题，在更高水平上不断满足人民日益增长的美好生活需要。

【例1】（多选）2020 年12月的中央经济工作会议强调，在统筹国内国际两个大局、统筹疫情防控和经济社会发展的实践中，我们深化了对在严峻挑战下做好经济工作的规律性认识：人民至上是作出正确抉择的根本前提。坚持人民至上的要求是（　）

A. 始终把人民利益放在最高位置

B. 坚持从群众中来到群众中去的思想路线

C. 把人民高兴不高兴满意不满意答应不答应作为检验工作的标准

D. 坚持为人民服务的工作作风

【解析】坚持人民至上的要求是始终把人民利益放在最高位置，把人民高兴不高兴满意不满意答应不答应作为检验工作的标准，AC入选。党的思想路线是一切从实际出发，理论联系实际，实事求是，在实践中检验真理和发展真理。“从群众中来，到群众中去”是中国共产党的群众路线的领导方法和工作方法，B错误。为人民服务是工作态度，求真务实才是工作作风，D错误。故选AC。

【答案】AC

【例2】（多选）习近平总书记在《念奴娇·追思焦裕禄》中写道，“生也沙丘，死也沙丘，……路漫漫其修远矣，两袖清风来去。为官一任，造福一方，遂了平生意”。材料意在告诫广大党员干部（　）

A. 应坚持人民立场，为人民谋利益

B. 应牺牲自我，放弃个人利益

C. 应始终把人民的利益放在首位

D. 要用科学的理论武装自己

【解析】题干强调为官一任，造福一方，意在告诫广大党员干部，应坚持人民立场，为人民谋利益，同时应始终把人民的利益放在首位，AC符合题意。题中习近平总书记的观点意在告诫广大党员干部要为人民谋利益，但并不是要牺牲自我，放弃个人利益，B说法错误。题中习近平总书记的观点并没有强调要用科学理论武装自己，D排除。故选AC。

【答案】AC

9.（多选）在任何时候，中国共产党都应把人民利益放在第一位，同人民同甘共苦，坚持权为民所用、情为民所系、利为民所谋，不允许任何党员脱离群众，更不允许任何党员凌驾于群众之上。这一要求体现了（　）。

A. 人民立场是中国共产党的根本性质

B. 全心全意为人民服务是党的根本宗旨

C. 党除了工人阶级和最广大人民的根本利益，没有自己的利益

D. 党是中国工人阶级的先锋队，是中国人民和中华民族的先锋队

10.（多选）“中国共产党同各种消极腐败现象是水火不相容的。”“反腐败斗争永远在路上。”这表明党（　）

A. 根本宗旨是全心全意为人民服务

B. 是中国特色社会主义事业的领导核心

C. 是中国工人阶级、中国人民和中华民族的先锋队

D. 要为全人类的解放而奋斗

2011年6月1日，国务院总理温家宝主持召开国务院常务会议，决定启动城镇居民社会养老保险试点，研究部署加强地质灾害防治工作。会议决定，自2011年7月1日起，启动城镇居民社会养老保险试点工作，今年试点范围覆盖全国60%的地区，明年基本实现全覆盖。

【例3】党的一切工作，必须以（　）为最高标准。

A. 民族利益　　B. 国家利益

C. 群众利益　　D. 最广大人民根本利益

【解析】习近平总书记指出："党的一切工作，必须以最广大人民根本利益为最高标准。""我们要不断解决人民最关心最直接最现实的利益问题，满足人民日益增长的美好生活需要。"民族利益、国家利益、群众利益均不是最高标准，故排除。故选D。

【答案】D

【例4】（多选）习近平新时代中国特色社会主义思想（　）

A. 是马克思主义中国化最新成果

B. 是党和人民实践经验和集体智慧的结晶

C. 是中国特色社会主义理论体系的重要组成部分

D. 是全党全国人民为实现中华民族伟大复兴而奋斗的行动指南

【解析】习近平新时代中国特色社会主义思想是对马克思列宁主义、毛泽东思想、邓小平理论、"三个代表"重要思想、科学发展观的继承和发展，是马克思主义中国化最新成果，是党和人民实践经验和集体智慧的结晶，是中国特色社会主义理论体系的重要组成部分，是全党全国人民为实现中华民族伟大复兴而奋斗的行动指南。ABCD均正确。故选ABCD。

【答案】ABCD

【考点三】中国共产党始终走在时代前列的原因

（1）中国共产党以接续推进的马克思主义中国化创新理论作为行动指南。

（2）中国共产党始终走在时代前列、永葆生机活力的法宝是坚持解放思想、实事求是、与时俱进、求真务实。

（3）发挥共产党员的先锋模范作用。

【例1】中国共产党始终走在时代前列、永葆生机活力的法宝是（　）

A. 以接续推进的马克思主义中国化创新理论作为行动指南

B. 坚持以习近平新时代中国特色社会主义思想为行动指南

C. 坚持解放思想、实事求是、与时俱进、求真务实

D. 在马克思主义指导下打破习惯势力和主观偏见的束缚

【解析】坚持解放思想、实事求是、与时俱进、求真务实是被实践证明了的中国共产党始终走在时代前列、永葆生机活力的法宝、C当选；A、B、D不合题意。故选C。

【答案】C

11.我们深刻认识到，党的先进性和党的执政地位都不是一劳永逸、一成不变的，过去先进不等于现在先进，现在先进不等于永远先进；过去拥有不等于现在拥有，现在拥有不等于永远拥有。这告诉我们（　）

A. 党的先进性和党的执政地位在不断改变

B. 党的历史使命要求必须加强自身建设

C. 我们要不断调整和改变我国的政党制度

D. 我们党能够代表最广大人民的根本利益

12.被推翻的法国国王路易十六曾经哀叹：是伏尔泰和卢梭毁灭了法国。这从一个侧面反映（　）

A. 哲学可以通过对社会弊端的批判，更新人的观念，解放人的思想，指导社会变革

B. 哲学对社会变革具有决定作用

C. 启蒙运动使欧洲文化发展到了顶峰，为资本主义发展开辟了道路

D. 哲学为社会发展奠定了物质基础

世界经济论坛

世界经济论坛（World Economic Forum，WEF）是一个独立的国际性非官方组织，总部设在瑞士日内瓦。因为每年1月都在瑞士东部小镇达沃斯举行年会，也被称为"达沃斯论坛"。其参与者主要包括各国的高层政治和经济界领导人、企业首脑及著名专家学者。达沃斯论坛被誉为"非官方的国际经济最高级论坛"，其组织成员囊括了全球1000强企业，这些跨国企业控制着全球85%以上的财富。

【例2】（多选）2021年，中国共产党走过了100个年头，党由小到大、由弱到强，始终勇立时代潮头、走在时代前列。党始终走在时代前列是因为（　）

A. 以接续推进的马克思主义中国化创新理论为行动指南

B. 党的领导是中国特色社会主义最本质的特征

C. 始终坚持解放思想、实事求是、与时俱进、求真务实

D. 共产党员的先锋模范作用保证创造力、凝聚力和战斗力

【解析】中国共产党之所以能始终走在时代前列，就是因为能不断地把自己的指导思想与时俱进，把马克思主义理论中国化并不断创新，A正确。题干材料强调中国共产党能始终保持先进性的原因，并未涉及中国特色社会主义最本质的特征，B不符合题意。中国共产党能够不断取得胜利的一个主要原因就是始终坚持解放思想、实事求是、与时俱进、求真务实，马克思主义理论不断中国化、时代化、创新化，C正确。中国共产党能始终走在时代前列，主要是靠党加强领导，加强组织建设，发挥党员的先锋模范作用，增强党的吸引力、凝聚力和战斗力来完成的，D正确。故选ACD。

【答案】ACD

【例3】（多选）中国共产党从最初的 50 多名党员，发展到如今的 9000 多万名党员，成为目前世界第一大执政党。中国共产党团结和带领中国人民夺取革命、建设、改革的一个又一个伟大胜利，创造了人类社会发展史上惊天动地的奇迹。作为百年大党，中国共产党永葆生机活力的法宝是（　）

A. 始终坚持以人为本的执政理念

B. 坚持与时俱进、求真务实

C. 始终坚持毛泽东思想的指导地位

D. 坚持解放思想、实事求是

【解析】中国共产党要想永葆生机活力，其法宝在于坚持解放思想、实事求是，同时在于坚持与时俱进、求真务实，只有坚持解放思想、实事求是，与时俱进、求真务实才能紧跟时代步伐，保持生机与活力，BD符合题意。中国共产党要始终坚持以人为本的执政理念，但这并不是中国共产党永葆生机活力的法宝，A排除。中国共产党要始终坚持毛泽东思想的指导地位，但这并不是中国共产党永葆生机活力的法宝，C排除。故选BD。

【答案】BD

13.“马克思主义哲学是人类智慧的结晶，是伟大的认识工具。”这就是说（　）

A. 马克思主义哲学放之四海而皆准，能解决一切问题

B. 马克思主义哲学对实践有指导作用

C. 马克思主义哲学指导我们在实践中不犯错误

D. 马克思主义哲学包括了人类的全部智慧

14.哲学与时代的关系是（　）

A. 哲学超越时代

B. 哲学不受时代的制约

C. 时代依赖于哲学

D. 任何哲学只不过是思想上反映出来的时代内容

15.在《自然辩证法》一文中，恩格斯指出，文艺复兴驱散了“中世纪的睦灵”，推动了人们的思想解放，“是一次人类从来没有经历过的最伟大的、进步的变革”。西方学者在论及文艺复兴的意义时，普遍将它作为西方社会近代化的开端。这就是说（　）

A. 哲学思想的变化是社会变革的先导

B. 社会变革推动了人类思想的解放

C. 现代化发端和发达于欧洲是人类历史的必然

D. 哲学革命是西方资本主义经济发展的推动力

外贸依存度

外贸依存度，亦称“外贸依存率”“外贸系数”。一国对贸易的依赖程度，一般用对外贸易额进出口总值在国内生产总值或国内生产总值中所占比重来表示，即外贸依存度=对外贸易总额/国内生产总值。比重的变化意味着对外贸易在国民经济中所处地位的变化。外贸依存度还可以用贸易总额在国民收入中所占比重来表示。外贸依存度=贸易总额/国民收入总额。外贸依存度分为出口依存度和进口依存度。出口依存度=出口总额/国内生产总值；进口依存度=进口总额/国内生产总值。

【例4】（多选）发挥共产党员的先锋模范作用，使党始终成为时代先锋、民族脊梁，永葆创造力、凝聚力和战斗力是党不断取得胜利的坚强保证。共产党员的先锋模范作用（　）

A. 在不同的历史时期有着相同的具体内容

B. 指共产党员的骨干、带头和桥梁作用

C. 在不同的历史时期有着完全不同的要求

D. 是中国共产党的先进性的直接而具体的体现

【解析】共产党员的先锋模范作用指共产党员的骨干、带头和桥梁作用，是中国共产党的先进性的直接而具体的体现，BD符合题意。共产党员的先锋模范作用在不同的历史时期有着不同（而不是相同）的具体内容，A错误。在不同的历史时期既有不同的要求，也有着相同的要求，C观点错误。故选BD。

【答案】BD

【例5】（多选）“百姓啊需要你，人民啊记得你，你是永远的樵夫顶天立地……”歌曲《永远的樵夫》，再现了苦干实干、无私奉献的好干部廖俊波同志的先进事迹，也唱出了老百姓对这位“全国优秀共产党员”的怀念和赞美。廖俊波同志的先进事迹启示广大共产党员要（　）

A. 践行党的宗旨，发挥共产党员的先锋模范作用

B. 坚持立党为公，依法行政

C. 把实现好、维护好、发展好最广大人民的根本利益作为一切工作的出发点和落脚点

D. 坚持人民主体地位，发挥人民首创精神

【解析】“百姓啊需要你，人民啊记得你，你是永远的樵夫顶天立地……”“苦干实干、无私奉献”，这表明共产党员要践行党的宗旨，发挥共产党员的先锋模范作用，把实现好、维护好、发展好最广大人民的根本利益作为一切工作的出发点和落脚点，AC符合题意。中国共产党坚持立党为公、依法执政，政府坚持依法行政，B错误。材料强调的是共产党员自身的作为，“坚持人民主体地位，发挥人民首创精神”不符合题意，D排除。故选AC。

【答案】AC

16.马克思主义哲学的直接理论来源是（　）

A. 古希腊哲学

B. 德国古典哲学

C. 法国的唯物主义思潮

D. 中世纪经院哲学

17.毛泽东思想的精髓是（　）

A. 与时俱进　B. 解放思想

C. 实事求是　D. 中体西用

互动训练答案

1.B　2.BC　3.B　4.AB　5.AD

6.C　7.AB　8.A　9.BD　10.BD

11.B　12.A　13.B　14.D

15.A　16.B　17.C

2011年7月13日，在国务院新闻办举办的发布会上，国家统计局新闻发言人表示，上半年，面对复杂多变的国际形势和国内经济运行出现的新情况、新问题，党中央、国务院实施积极的财政政策和稳健的货币政策，不断加强和改善宏观调控，经济运行总体良好，继续朝着宏观调控的预期方向发展。据初步测算，上半年国内生产总值204459亿元，按可比价格计算，同比增长9.6%。

[第三课　坚持和加强党的全面领导]

·知识整合·

【知识点一】坚持党的领导

1. 党的政治领导、思想领导、组织领导

中国共产党的领导是中国特色社会主义最本质的特征和中国特色社会主义制度的最大优势。坚持党的领导，是中国革命、建设和改革事业不断取得胜利的根本保证。

党的领导是全面的、系统的、整体的，主要包括政治领导、思想领导、组织领导等

（1）政治领导。

①党在政治立场、政治方向、政治道路、政治原则方面的领导。主要体现党的路线、方针、政策的领导。

②基本要求：确保党和国家的事业沿着正确方向前进，最重要的是，必须增强政治意识、大局意识、核心意识、看齐意识，坚决维护党中央权威和集中统一领导，确保党在世界形势深刻变化的历史进程中始终走在时代前列，在应对国内外各种风险和考验的历史进程中始终成为全国人民的主心骨，在坚持和发展中国特色社会主义的历史进程中始终成为坚强领导核心。

（2）思想领导。

①党在思想理论和意识形态上的领导。

坚持马克思主义在意识形态领域中的指导地位，用马克思列宁主义、毛泽东思想、中国特色社会主义理论体系武装全党、教育人民，巩固全党全国各族人民团结奋进的共同思想基础。

②基本要求：坚持党的思想领导，要统一思想、集中智慧、凝聚力量，最重要的就是以习近平新时代中国特色社会主义思想为行动指南，培育和践行社会主义核心价值观，培养社会主义现代化强国建设者，培养担当中华民族伟大复兴大任的时代新人。

（3）组织领导。

①党在组织体系和组织工作方面的领导。主要体现为党的各级组织、党的干部、广大党员组织和带领人民群众为实现党的任务和主张而奋斗。

贯彻执行：保证党的路线、方针、政策和重大工作部署得到贯彻执行。

互动训练

1.新时代，全国人民应对国内外各种风险和考验的主心骨是（　）

A. 科学发展观

B. 中国特色社会主义理论

C. 中国共产党

D. 马克思列宁主义

2.（多选）中国共产党对国家和社会生活的领导主要是政治领导、思想领导、组织领导，下列活动中能体现党的领导的是（　）

A. 中共中央向全国人大推荐新一届国家机构领导人选建议名单

B. 县政府决定任命一名德才兼备的研究生担任某乡乡长

C. 中共中央办公厅印发了《2019—2023年全国党员教育培训工作规划》

D. 国务院作出反腐败斗争近期抓好几项工作的决定

亚太经济合作组织（APEC）

亚太经济合作组织（Asia-Pacific Economic Cooperation，简称APEC）是亚太地区最具影响的经济合作官方论坛，成立于1989年。1989年11月5日至7日，澳大利亚、美国、加拿大、日本、韩国、新西兰和东南亚国家联盟6国在澳大利亚首都堪培拉举行亚太经济合作会议首届部长级会议，这标志着亚太经济合作会议的成立。1993年6月改名为亚太经济合作组织。

②基本要求：要保证党的路线、方针、政策和重大工作部署得到贯彻执行，最重要的就是坚持党管干部原则，以组织体系建设为重点，着力培养忠诚干净担当的高素质干部，着力集聚爱国奉献的各方面优秀人才，坚持德才兼备、以德为先、任人唯贤，为坚持和加强党的全面领导、坚持和发展中国特色社会主义提供坚强组织保证。

（4）目标：坚持党的全面领导，就要不断增强党的政治领导力、思想引领力、群众组织力、社会号召力，从而确保党永葆旺盛生命力和强大战斗力。

2. 新时代坚持和加强党的全面领导

（1）实质：在中国特色社会主义新时代，坚持和加强党的全面领导，就是要确保党始终处于领导核心地位，始终发挥党总揽全局、协调各方的作用，健全党的领导制度体系。

（2）要求：

①在我国政治生活中，党是居于领导地位的；加强党的集中统一领导；支持人大、政府、政协、监察委员会、法院、检察院依法依章程履行职能、开展工作、发挥作用；坚持和完善党对人民军队的绝对领导。

②坚持和加强党的全面领导还具体体现在经济建设、政治建设、文化建设、社会建设、生态文明建设各个领域，体现在党和国家工作的各个方面、各个环节。

（3）意义：

①对经济社会：真正落实以人民为中心的发展思想，建设现代化经济体系，健全人民当家作主的制度体系，推动社会主义文化繁荣兴盛，保障和改善民生，加强和创新社会治理，加快生态文明体制改革，正确认识和应对复杂的国际局势。

②对改革发展：协调推进全面建设社会主义现代化国家、全面深化改革、全面依法治国、全面从严治党，为改革发展提供强大动力和可靠保障。

【知识点二】巩固党的执政地位

1. 坚持全面从严治党

（1）在新形势下，党面临的执政考验、改革开放考验、市场经济考验、外部环境考验是长期的、复杂的、严峻的，精神懈怠危险、能力不足危险、脱离群众危险、消极腐败危险更加尖锐地摆在全党面前。

（2）全面从严治党是推进党的建设新的伟大工程的必然要求。

（3）中国特色社会主义进入新时代，加强党的建设，推动全面从严治党向纵深发展。

（4）坚持党要管党、全面从严治党，这是党的建设的一贯方针和要求。关系党的先进性、纯洁性，关系人心向背，关系国家和民族的兴

3.《半月谈》报道，革命老区江苏盐城党委把“群众是否满意”当作选拔、使用干部的首要标准。“让群众公论来赢得公正”也随之成为这个市干部人事制度改革追求的目标。地方党委在选拔、使用干部方面所发挥的作用体现了（　）

A. 党坚持与时俱进

B. 党的政治领导

C. 党的思想领导

D. 党的组织领导

4.（多选）党章总纲规定，党的领导主要是政治、思想和组织的领导。这是我们党总结领导革命、建设和改革的历史经验特别是在长期执政实践中得出的基本结论。中国共产党对国家的领导方式是统一的、不可分割的。实行党的正确领导的任何一个方面都不可偏废。其中（　）

A. 政治领导是根本

B. 思想领导是灵魂

C. 组织领导是保证

D. 行政领导是关键

5.党的十九届四中全会《决定》提出健全总揽全局、协调各方的党的领导制度体系。坚持党的领导，最根本的是（　）

A. 坚定中国特色社会主义制度自信

B. 坚决维护党中央权威和集中统一领导

C. 坚持全心全意为人民服务

D. 坚持以人民为中心的发展

2001年中国正式成为世贸组织成员

2001年11月11日，在卡塔尔多哈举行的世界贸易组织（WTO）第四届部长级会议通过了中国加入世贸组织法律文件，它标志着经过15年的艰苦努力，我国终于成为世贸组织新成员，标志着我国的对外开放进入了一个新阶段。

衰，关系党的生死存亡。

（5）全面从严治党，核心是加强党的领导，基础在全面，关键在严，要害在治。

（6）总之，坚持和完善党的领导，保持和巩固党的执政地位，必须毫不动摇把党建设得更加坚强有力。

2. 坚持科学执政、民主执政、依法执政

（1）科学执政，就是坚持以马克思主义为指导，不断探索和遵循共产党执政规律、社会主义建设规律、人类社会发展规律。全面增强执政本领，提高长期执政能力，并按照客观规律执好政、掌好权。

（2）民主执政，就是坚持为了人民执政，依靠人民执政。民主执政强调人民群众的历史主体地位。这就要求发展中国特色社会主义民主政治，以民主的制度、民主的形式、民主的手段，保证在国家政治生活的各个方面，坚持人民当家作主。团结一切可以团结的力量，调动一切积极因素，实现好、维护好、发展好最广大人民的根本利益，从而巩固和扩大党长期执政的群众基础。

（3）依法执政，是中国共产党执政的基本方式。党必须在宪法和法律的范围内活动，支持人民代表大会依法履行职能，使党的主张通过法定程序上升为国家意志，是党依法执政的重要体现。

（4）三种执政方式是有机统一的，其中科学执政是基本前提，民主执政是本质所在，依法执政是基本途径。

6.基层培养，能人回乡，公开选配，有了好班子，村子像样子。选好“领头雁”配强“当家人”，决定了农民口袋鼓不鼓、农村环境美不美。为了确保党对基层工作的绝对领导，真正带领农民致富奔小康。在天津村级组织换届中，蓟州949个行政村，全部实现村党组织书记、村委会主任“一肩挑”，这体现了（　）

A. 坚持村民自治，落实保障人民当家作主

B. 党践行为人民服务的宗旨

C. 坚持和加强党的全面领导，促进农村经济发展

D. 党实行专制，领导一切

·考点解析·

【考点一】党的政治领导、思想领导、组织领导

我国宪法规定，社会主义制度是中华人民共和国的根本制度，中国共产党领导是中国特色社会主义最本质的特征。坚持党的领导是中国革命建设和改革事业不断取得胜利的根本政治保证，具有重要意义。党的领导是全面的、系统的、整体的，主要包括政治领导、思想领导、组织领导等。

【例1】新型冠状病毒感染疫情暴发，各党支部和全体共产党员要深入贯彻落实习近平总书记的重要指示精神，根据会议精神指导各村认真开展党规党纪。学习活动。这表明中国共产党在加强（　）

A. 政治领导　B. 组织领导　C. 思想领导　D. 文化领导

【解析】题中材料体现了党的思想领导，C符合题意，AB不选。党的领导方式包括政治领导、思想领导、组织领导，不包括文化领导，D不选。故选C。

【答案】C

7.（多选）改革开放40多年，围绕初心和使命，中国共产党人励精图治，进行理论创新、制度创新、实践创新，带领全国各族人民锐意进取，奋发图强，用勤劳、智慧、勇气创造了美好生活。这说明（　）

A. 中国共产党坚持和加强党的全面领导

B. 中国共产党执政地位是中国革命实践发展的结果

C. 中国共产党具有历史赋予的执政资格

D. 中国共产党具有旺盛生命力和强大战斗力

1987年提出“一个中心、两个基本点”基本路线

1987年10月25日－11月1日，中国共产党第十三次全国代表大会举行。《沿着有中国特色的社会主义道路前进》。报告阐述了社会主义初级阶段理论，提出了党在社会主义初级阶段“一个中心、两个基本点”的基本路线：以经济建设为中心，以四项基本原则为立国之本，以改革开放为强国之路。制定了到下世纪中叶分三步走、实现现代化的发展战略，并提出了政治体制改革的任务。

【例2】（多选）在新时代，我们必须坚持和加强党的全面领导，进一步巩固党的领导地位。党的领导是全面的、系统的、整体的，主要包括政治领导、思想领导和组织领导。下列属于党的组织领导的是（　）

A. 培养德才兼备、忠诚干净担当的高素质干部

B. 中共中央发布《长江三角洲区域一体化发展规划纲要》

C. 开展革命传统教育，发展中国特色社会主义文化

D. 规范基层党组织选举，增强基层党组织的政治功能

【解析】党的组织领导，就是党在组织体系和组织工作方面的领导，主要体现为党的各级组织、党的干部、广大党员组织带领人民群众为实现党的任务和主张而奋斗，AD符合题意。B体现的是政治领导，不选B。C属于党的思想领导，不选C。故选AD。

【答案】AD

【考点二】新时代如何坚持党的政治领导呢？

在中国特色社会主义新时代，坚持党的政治领导，就是要确保党和国家的事业沿着正确方向前进，最重要的是必须增强政治意识、大局意识、核心意识、看齐意识，坚决维护党中央权威和集中统一领导，确保党在世界形势深刻变化的历史进程中，始终走在时代前列，在应对国内外各种风险和考验的历史进程中，始终成为全国人民的主心骨，在坚持和发展中国特色社会主义的历史进程中，始终成为坚强领导核心。

【例1】（多选）党的政治领导，就是党在政治立场、政治方向、政治道路、政治原则方面的领导，主要体现为党的路线、方针、政策的领导。在中国特色社会主义新时代，坚持党的政治领导最重要的是（　）

A. 必须增强政治意识、大局意识、核心意识、看齐意识

B. 以马克思主义为指导，培育和践行社会主义核心价值观

C. 坚决维护党中央权威和集中统一领导

D. 坚持党管干部原则，着力培养忠诚干净担当的高素质干部

【解析】在中国特色社会主义新时代，坚持党的政治领导最重要的是必须增强政治意识、大局意识、核心意识、看齐意识，坚决维护党中央权威和集中统一领导，坚决维护习近平总书记党中央的核心、全党的核心地位，AC正确。“以马克思主义为指导，培育和践行社会主义核心价值观”属于思想领导，B排除。“坚持党管干部原则，着力培养忠诚干净担当的高素质干部”属于组织领导，D排除。故选AC。

【答案】AC

8.（多选）党中央对疫情防控工作统一领导、统一指挥、统一行动，形成了全面动员、全面部署、全面加强疫情防控的战略格局。防疫工作，必须加强党的领导是基于（　）

A. 党是最高政治领导力量，是领导一切的

B. 中国特色社会主义最本质的特征是党的领导

C. 党的领导是中国社会历史发展的必然结果

D. 思想领导是党治国理政的最好的方式

9.（多选）改革开放以来，经济社会的每次重大发展和变革都伴随着思想的解放和理念的更新。下列关于解放思想的说法正确的有（　）

A. 解放思想就要打破马克思主义的束缚

B. 解放思想就是在马克思主义的指导下破旧立新

C. 解放思想即研究新情况，解决新问题

D. 解放思想就是完全摆脱束缚，想怎么做就怎么做

至今，黄金依然被视为一种“准货币”，为国际所接受。类似于外汇、国债，黄金储备在各国财政储备中均有重要地位。一方面是出于对本国汇率的保障，另一方面则是据此对冲由美元贬值带来的损失。而在流动性市场上，黄金依然有着广泛的需求，依然被视为储藏财富的一种方式。

【例2】贯彻党的十九大和十九届二中、三中、四中全会精神，十三届全国人大三次会议审议通过了《全国人民代表大会关于建立健全香港特别行政区维护国家安全的法律制度和执行机制的决定》。这说明（ ）

A. 党的领导是全面的、系统的、整体的

B. 中国共产党进行政治领导

C. 党在思想理论和意识上实施领导

D. 中国共产党坚持为人民执政、靠人民执政

【解析】党的路线、方针、政策通过法定程序上升为国家意志，坚持了政治领导，B符合题意；A、C、D不符合题意。故选B。

【答案】B

【考点三】两个“五位一体”的不同

（1）党的十八大报告指出，建设中国特色社会主义，总依据是社会主义初级阶段，总布局是“五位一体”，总任务是实现社会主义现代化和中华民族伟大复兴。这里的“五位一体”指的是全面落实经济建设、政治建设、文化建设、社会建设、生态文明建设“五位一体”总体布局，在十七大“四位一体”的基础上增加了生态文明建设。

（2）党的十八大报告指出，坚持党要管党、全面从严治党，全面加强党的思想建设、组织建设、作风建设、反腐倡廉建设、制度建设，增强自我净化、自我完善、自我革新、自我提高能力，建设学习型、服务型、创新型的马克思主义执政党，确保党始终成为中国特色社会主义事业的坚强领导核心。这里的“五位一体”是相对于党建工作提出的。

（3）两个“五位一体”都具有净化功能：第一个“五位一体”总体布局中的生态文明，体现着自然界的净化；第二个“五位一体”总体布局中的反腐倡廉建设，体现的是中国共产党的自我净化。

【例1】（多选）作风建设是全面从严治党的内在要求和重要内容。党的作风建设永远在路上、永远没有休止符，必须抓常、抓细、抓长，持续努力、久久为功。加强作风建设，全面从严治党旨在（ ）

A. 进一步净化党内政治生态，保持党的先进性和纯洁性

B. 巩固党的执政地位，扩大党的领导权力

C. 改变党的执政理念，提高党的执政水平

D. 完善全面从严治党制度，提高党的执政能力

【解析】全面从严治党旨在进一步净化党内政治生态，保持党的先进性和纯洁性，完善全面从严治党制度，提高党的执政能力，AD正确。中国共产党是中国特色社会主义事业的领导核心，选项中扩大党的领导权力说法错误，B错误。党的执政理念是立党为公、执政为民。全面从严治党并没有改变党的执政理念，C错误。故选AD。

【答案】AD

10.（多选）2020年4月22日，市房产信息管理中心党支部获评“2019年度连云港市学习型党组织建设先进单位”荣誉。中心将以此为契机，持续加大学习力度，不断增强党组织活力，推动学习型、服务型、创新型党组织建设，为住建信息化建设努力奋斗。建设学习型、服务型、创新型政党有利于（ ）

A. 履行党的政府职能，提升党的执政能力

B. 体现党的性质、宗旨，践行党的执政理念

C. 赋予党执政资格，促进党科学执政

D. 发挥党的领导作用，巩固党的领导地位

11.党政军学民，东西南北中，党是领导一切的，必须增强政治意识、大局意识、核心意识、看齐意识，坚决维护党中央权威和集中统一领导。坚持党对一切工作的领导（ ）

A. 体现在党和国家工作的各个方面、各个环节

B. 意味着党要全面履行国家职能

C. 就是指党要包揽一切具体事务

D. 旨在以党内民主带动人民民主

12.中国共产党是我国的执政党，其执政的基本方式是（ ）

A. 科学执政

B. 依法执政

C. 民主执政

D. 共同执政

中华人民共和国成立后，人民币成为国家的法定货币，金银等贵金属体现于货币领域是从1979年发行第一套金银纪念币开始，至今已大大丰富了人民币币种，现已成为社会公众喜爱的、用于艺术收藏和投资理财的货币品种，同时也成为中、外文化和工艺技术交流的重要载体。

【例2】（多选）治国必先治党，治党务必从严。中国共产党历来重视自身建设，全面加强党的思想建设、组织建设、作风建设、反腐倡廉建设、制度建设。新的形势下中国共产党要继续加强和改进党的建设。加强和改进党的建设（　）

A. 体现了中国共产党具有与时俱进的能力和品质

B. 有利于牢记宗旨不忘初心，永葆先锋队性质

C. 提高了党治国理政的能力，更好地履行管理国家的职能

D. 确立了中国共产党成为社会主义现代化建设领导核心的地位

【解析】依题意知，中国共产党历来重视自身建设，新的形势下中国共产党要继续加强和改进党的建设。说明了中国共产党能够与时俱进，牢记宗旨不忘初心，永葆先锋队性质，AB正确。履行管理国家的职能的主体是政府，不是中国共产党，C错误。中国共产党是社会主义现代化建设领导核心的地位是人民和历史的选择，D错误。故选AB。

【答案】AB

【例3】（多选）2020年4月9日，《人民日报》文章《在制度建设中牢牢把握“四个坚持”》中提到：“历史和现实反复告诉我们，坚持和完善党的领导，是党和国家的根本所在、命脉所在，是全国各族人民的利益所在、幸福所在。”这说明，只有坚持和加强党的全面领导，才能（　）

A. 统筹推进“五位一体”总体布局

B. 真正落实以经济为中心的发展思想

C. 协调推进“四个全面”战略布局

D. 主宰国际局势的变动

【解析】只有坚持和加强党的全面领导，才能统筹推进“五位一体”总体布局，协调推进“四个全面”战略布局，为改革发展提供强大动力和可靠保障，AC正确；坚持和完善党的领导，是全国各族人民的利益所在、幸福所在，体现了以人民为中心的发展思想，B错误；坚持和加强党的全面领导，能正确认识和应对复杂的国际局势，D排除。故选AC。

【答案】AC

【考点四】巩固党的执政地位

（1）坚持和加强党的全面领导，是为了不断增强党的创造力、凝聚力、战斗力，更好凝聚起同心共筑中国梦的磅礴力量，开创中华民族更加美好的未来。

（2）依法执政就是坚持依法治国，建设社会主义法治国家领导立法，保证执法，支持司法，带头守法，不断推进国家经济建设、政治建设、文化建设、社会建设、生态文明建设的法治化、规范化，以法治的理念、法治的体制、法制的程序保障党领导人民有效治国理政。

13.（多选）习近平在《求是》杂志上发表的关于党的建设的重要文章指出，泰山半腰有一段平路叫“快活三里”，一些人爬累了，喜欢在此歇脚。然而，挑山工一般不在此久留，因为休息时间长了，腿就会“发懒”，再上“十八盘”就更困难了。这意在说明加强党的建设（　）

A. 要发挥党员的先锋模范作用

B. 要提高党员的自律意识

C. 要不断健全党的组织体系

D. 要始终抓紧抓好党的作风

14.中国革命、建设和改革事业不断取得胜利的根本政治保证是（　）

A. 毛泽东思想

B. 中国共产党领导

C. 邓小平理论

D. “三个代表”重要思想

15.尽管我们党执政已经70多年，但为谁执政、靠谁执政、怎样执政——这是中国共产党始终面临、不断探索并努力回答的一个重大课题。党的十九届四中全会提出鲜明观点：“健全为人民执政、靠人民执政各项制度。”这一观点体现了（　）

A. 党要完善民主执政，发展社会主义民主政治

B. 党面临各种执政考验

C. 中国共产党按规律执政

D. 党领导立法、保证执法

乌龟与兔

乌龟与兔为他们俩谁跑得快而争论不休。于是，他们定好了比赛的时间和地点。比赛一开始，兔觉得自己是天生的飞毛腿，跑得快，对比赛掉以轻心，躺在路旁睡着了。乌龟深知自己走得慢，毫不气馁，不停地朝前奔跑。结果，乌龟超过了睡熟了的兔子，夺得了胜利的奖品。

这故事说明，奋发图强的弱者也能战胜骄傲自满的强者。

【例1】（多选）从弱小到强大，从九死一生到蓬勃兴旺，中国共产党永葆生机、屹立不倒的动力源泉是不忘初心、牢记使命；从站起来到富起来，再到强起来，中华民族实现伟大飞跃的关键密钥是不忘初心、牢记使命。为此（ ）

A. 中国共产党应以反腐斗争这个中心工作为契机，继续加强党的先进性、纯洁性建设

B. 中国共产党应坚持和加强党的全面领导，确保党的领导核心地位

C. 中国共产党应坚持全心全意为人民服务的执政理念，筑牢长期执政的最可靠的阶级基础和群众基础

D. 广大党员干部应自觉践行党的根本宗旨，筑牢信仰之基，把稳思想之舵

【解析】党的中心工作是经济建设，A说法错误。中华民族的伟大复兴离不开党全面领导，要确保党的领导核心地位，B观点符合题意。党的执政理念是立党为公、执政为民，全心全意为人民服务是党的宗旨，C说法错误。中华民族实现伟大飞跃的关键密钥是不忘初心、牢记使命，广大党员干部应自觉践行党的根本宗旨，筑牢信仰之基、把稳思想之舵，D观点符合题意。故选BD。

【答案】BD

【例2】全国人民代表大会是国家最高权力机关，宪法是国家的根本大法，推进我国社会主义民主法制的建设，中国共产党必须坚持依法执政，这是因为（ ）

A. 中国共产党是社会主义现代化建设的领导核心

B. 宪法和法律是在党的领导下制定的

C. 宪法和法律是党的主张和人民意志相统一的体现

D. 任何组织和个人都不允许有超越宪法和法律的特权

【解析】宪法是国家的根本大法，任何组织和个人都不允许有超越宪法和法律的特权，因此中国共产党必须坚持依法执政，做到领导立法、带头守法。故选D。

【答案】D

【例3】（多选）今天，我们比历史上任何时期都更接近、更有信心和能力实现中华民族伟大复兴的目标。这个伟大梦想，是已经看得见桅杆尖头的航船，是已见光芒四射、喷薄欲出的朝日。越是接近目标就越需要再接再厉。实现中华民族伟大复兴，加快推进社会主义现代化，关键在党的领导。这是因为（ ）

A. 中国共产党是中国特色社会主义事业的领导核心

B. 党是各项政策的制定者和执行者

C. 坚持党的领导有利于调动一切积极因素

16.在新时代，中国共产党在探索社会主义建设规律、人类社会发展规律的进程中取得新突破，党的执政理念日趋成熟和完善。这给我们的信号是（ ）

A. 党的执政方式将更民主

B. 党的依法执政方式将更完善

C. 党的执政方式将更科学

D. 党的民主作风会更优良

17.加强党的建设，要坚持的一贯方针和要求是（ ）

A. 坚持以经济建设为中心

B. 坚持全心全意为人民服务

C. 坚持立党为公、执政为民

D. 坚持党要管党、全面从严治党

18.改革开放以来，中国共产党遵循社会主义建设规律，以科学的思想、制度和方法领导中国特色社会主义事业。这表明中国共产党坚持（ ）

A. 科学执政

B. 民主执政

C. 依法执政

D. 文明执政

全面建设小康社会

2002年，中国共产党第十六次全国代表大会确定全面建设小康社会的奋斗目标：党的十六大立足于我国已经解决温饱、人民生活总体达到小康水平的基础，进一步提出了全面建设小康社会的构想，即在21世纪头20年，集中力量，全面建设惠及十几亿人口的更高水平的小康社会，使经济更加发展、民主更加健全、科教更加进步、文化更加繁荣、社会更加和谐、人民生活更加殷实。这次会议把“三个代表”重要思想作为党的指导思想写入了党章。

D. 坚持党的领导有利于为社会主义现代化建设创造良好的环境

【解析】实现中华民族伟大复兴，加快推进社会主义现代化，关键在党的领导，其原因是中国共产党是中国最高政治领导力量，是中国特色社会主义事业的领导核心，坚持党的领导有利于调动一切积极因素，为社会主义现代化建设创造良好的环境，ACD正确。党不是政策的执行者，政府及相关国家机关才是各项政策的具体执行者，B错误。故选ACD。

【答案】ACD

【例4】（多选）陕西省委全面依法治省委员会发布2020年工作要点，紧紧围绕加强党对全面依法治国的集中统一领导，推进科学立法、民主立法、依法立法，推进法治政府建设。加强党对全面依法治国的领导是基于（　）

A. 中国共产党能确保全面依法治国正确方向

B. 全面依法治国是中国特色社会主义的重要保障

C. 中国共产党是社会主义民主政治的本质和核心

D. 中国特色社会主义最本质的特征是中国共产党领导

【解析】党政军民学，东西南北中，党是领导一切的，依法治国必须坚持党的全面领导，这是基于中国特色社会主义最本质的特征是中国共产党领导，中国共产党能保证依法治国的方向，AD正确且符合题意；B正确但不是设问的原因；人民当家作主是社会主义民主政治的本质和核心，C错误。故选AD。

【答案】AD

19. 坚持民主执政的根本目的是（　）

A. 巩固党的执政地位

B. 支持和保障人民当家作主

C. 坚持和完善人民民主专政

D. 发展壮大最广泛的爱国统一战线

20.（多选）2019年1月6日，新华社受权发布了中共中央办公厅印发的《中国共产党纪律检查机关监督执纪工作规则》。党中央对纪律监察工作高度重视，根据新形势新任务对原规则进行了完善，并上升为中央党内法规。这一举措（　）

A. 将党的主张上升为国家意志

B. 是党领导立法、带头守法的体现

C. 有助于党增强依法执政本领

D. 推动了全面从严治党向纵深发展

互动训练答案

1.C　2.AC　3.D　4.ABC　5.B
6.C　7.AD　8.AB　9.BC
10.BD　11.A　12.B　13. BD
14.B　15.A　16.C　17. D　18. A
19. B　20.CD

货币税

“实物税”的对称，是以纳税手段是实物还是货币为标准对税种进行的一种分类。货币税是指纳税人以货币形式缴纳的税收。货币税由于缴纳货币，对国家税收管理和纳税人纳税均方便易行，避免了可能产生的各种弊端，有利于顺利组织财政收入；同时还能充分发挥国家税收对社会和经济生活的调节职能和作用。在现代社会中，货币税是一种较为先进的税收形式。目前，世界各国实行的所有税种均为货币税。在中国现行税制中，除牧业税（无统一立法）外，亦均属货币税。

[第四课　人民民主专政的社会主义国家]

第一节　人民民主专政的本质：人民当家作主

·知识整合·

【知识点一】我国的国体

1.我国国体

（1）国体：中华人民共和国是工人阶级领导的、以工农联盟为基础的人民民主专政的社会主义国家。

（2）地位：人民民主专政是我国的国体，在社会主义制度中具有根本性意义。它明确规定了社会各阶级在国家中的地位，庄严宣示了我国国家政权的人民性质。

2.特点

（1）领导阶级——工人阶级。我国的国家政权坚持以工人阶级为领导。

（2）阶级基础——工农联盟。工农联盟不仅是夺取新民主主义革命胜利的重要保证，也是社会主义事业发展的重要保证。

（3）群众基础——爱国统一战线。我国的国家政权坚持团结一切可以团结的力量，最大限度地调动一切积极因素。在长期的革命、建设、改革过程中，已经结成由中国共产党领导的，有各民主党派和各人民团体参加的，包括全体社会主义劳动者、社会主义事业的建设者、拥护社会主义的爱国者、维护祖国统一和致力于中华民族伟大复兴的爱国者的广泛的爱国统一战线。

【知识点二】最广泛、最真实、最管用的民主

1.民主的含义

民主作为国家制度，是指在统治阶级范围内，按平等的原则和少数服从多数的原则来共同管理国家事务。

2.社会主义民主

社会主义民主是一种新型民主，是维护人民根本利益的最广泛、最真实、最管用的民主。

3.最广泛的民主

（1）表现：不仅表现在人民享有广泛的民主权利，而且表现在民主主体的广泛性。人民依照法律规定，通过各种途径和形式，管理国家事务，管理经济和文化事业，管理社会事务。

（2）要求：社会主义国家人民当家作主的本质属性，要求不断健全社会主义民主制度，丰富社会主义民主形式，将人民的民主权利推行到

互动训练

1.2020年9月7日，北京市人民政府人民建征集办公室发布公开信，向市民征集2021年重要民生实事项目线索，北京市市政府关注民生，从根本上说，是因为（　）

A. 我国是人民民主专政的社会主义国家

B. 人民享有广泛的民主权利

C. 国家要维护人民群众的民主权利

D. 北京市人大常委会已作出了相关决定

2.2020年5月8日上午，大祥区总工会在大祥区西苑公园开展“工人阶级宣传月”。宣传中，对我国工人阶级的定位正确的是（　）

A. 阶级基础　B. 坚强柱石

C. 领导阶级　D. 政治保证

3.随着时代的发展，取信于民逐渐成了我国各级各届政府追求的目标。从根本上说，这是因为（　）

A. 公民享有最广泛、最真实的民主权利

B. 我国是无产阶级专政的国家

C. 人民直接行使国家权力

D. 我国是人民当家作主的国家

按劳分配必须借助于商品货币形式来实现。马克思当时设想的按劳分配，是通过劳动券实现的。但在社会主义市场经济中，按劳分配只能借助于商品货币关系才能实现，劳动者先以货币工资形式取得劳动报酬，再用货币工资到商品市场上购买个人消费品。这样，按劳分配的最终实现还要受商品价格和商品供应量的影响。

政治、经济和社会生活等各个领域，逐步实现政治生活的民主化、经济管理的民主化和社会生活的民主化。

（3）“最广泛”体现在“国家一切权力属于人民”和“人民当家作主”。发展社会主义民主政治就是要体现人民意志。人民是国家权力的主体，人民当家作主是社会主义民主政治的本质和核心。

4.最真实的民主

（1）从政治保证上看——中国共产党的坚强领导，是在国家生活中实现人民民主的根本政治保证。

（2）从制度和法律保障上看——我国已建立了一系列切实体现和有效维护人民民主的制度，制定了从多方面保障公民权利和自由的法律。这些制度和法律的建立与完善，在实践中保障了人民民主的有效落实。

（3）从实现方式上看——我国不仅在国家权力机关和人民政府的组织等方面实行民主选举，还在国家和社会治理中实行多层次、多渠道的民主协商。

（4）“最真实”体现在“坚持党的领导、人民当家作主、依法治国有机统一”。发展社会主义民主政治就是要保障人民权益。

5.最管用的民主

（1）我国建立了一整套保障人民当家作主的制度体系。

（2）这套制度体系体现了人民意志，保障了人民权益，激发了人民的创造活力。

（3）“最管用”体现在“中国特色社会主义政治制度”。发展社会主义民主政治就是要激发人民创造活力，民主政治成为调动人民积极性主动性为实现国家现代化而奋斗的重要政治机制。“民主不是装饰品，不是用来做摆设的，而是要用来解决人们要解决的问题的。”

6.人民民主的作用

改革开放以来中国特色社会主义现代化建设所显现的旺盛活力，就是最广泛、最真实、最管用的人民民主的生动写照。

【知识点三】我国公民的政治参与

1.公民的政治权利和自由的含义

公民依法参与国家政治生活、管理国家事务和社会事务、表达意愿的权利和自由。

（1）选举权和被选举权是公民基本的民主权利，行使这个权利是公民参与管理国家和管理社会的基础和标志。

（2）政治自由。

我国宪法规定，中华人民共和国公民有言论、出版、集会、结社、游行、示威的自由。人民参与国家政治生活，充分表达自己的意愿，这是人民行使当家作主权利的重要方式，是社会主义民主的具体表现。国家制定相应的法律，创造各种条件，保障公民真正享有和行使政治自由。

4.（多选）近年来，从覆盖城乡的社会保障体系到基本医疗卫生服务体系，从九年义务教育全面实现到农村地区免费午餐的推行，从公民的有序政治参与到中国特色社会主义法律体系形成，公民的权利保障基础在不断夯实，个体全面发展空间得到不断拓展。这体现了（　）

A. 我国人民民主具有广泛性
B. 我国人民民主具有真实性
C. 我国政府尊重和保障人权
D. 我国公民的权利在不断扩大

5.我们坚持以人民为中心的人权理念，已经将促进和保护人权写入了《中国共产党章程》《中华人民共和国宪法》，协调增进全体人民的政治、经济、文化、环境权利。从材料中可以看出（　）

A. 我国人民民主有法律保障
B. 我国民主主体具有广泛性
C. 社会主义国家具有阶级性
D. 社会主义民主具有全民性

钥匙

一把坚实的大锁挂在大门上，一根铁杆费了九牛二虎之力，还是无法将它撬开。钥匙来了，他瘦小的身子钻进锁孔，只轻轻一转，大锁就啪的一声打开了。铁杆奇怪地问：“为什么我费了那么大力气也打不开，而你却轻而易举地就把它打开了呢？”钥匙说：“因为我最了解他的心。”

每个人的心，都像上了锁的大门，任你再粗的铁棒也撬不开。唯有关怀，才能把自己变成一把细腻的钥匙，进入别人的心中，了解别人。

（3）监督权。

监督权是指公民有监督一切国家机关和国家工作人员的权利。它包括批评权、建议权、检举权、申诉权和控告权。

2.公民必须履行的义务

公民必须履行的政治性义务，即公民对国家、社会应承担的责任。

（1）维护国家统一和民族团结。

（2）遵守宪法和法律。

（3）维护国家安全、荣誉和利益。

（4）服兵役和参加民兵组织。

3.公民参与政治生活应遵循的基本原则

（1）坚持公民在法律面前一律平等的原则。

（2）坚持权利与义务统一的原则。

（3）坚持个人利益与国家利益相结合的原则。

·考点解析·

【考点一】中国共产党领导

我国的国家政权坚持以工人阶级为领导。工农联盟不仅是夺取新民主主义革命胜利的重要保证，也是社会主义事业发展的重要保证。我国的国家政权坚持团结一切可以团结的力量，最大限度地调动一切积极因素。在长期的革命、建设、改革过程中，已经结成由中国共产党领导的，有各民主党派和各人民团体参加的，包括全体社会主义劳动者、社会主义事业的建设者、拥护社会主义的爱国者、拥护祖国统一和致力于中华民族伟大复兴的爱国者的最广泛的爱国统一战线。

【例1】习近平主席指出，中国梦归根到底是人民的梦，必须紧紧依靠人民来实现，必须不断为人民造福。“中国梦归根到底是人民的梦”根本原因在于（　）

A. 我国公民是国家的主人

B. 我国是社会主义国家，必须为全民谋福利

C. 我国是人民民主专政的社会主义国家

D. 人民民主最广泛，是全民的民主

【解析】人民民主专政是我国的国体，人民民主专政的本质是人民当家作主，故中国梦归根到底是人民的梦，C符合题意；我国人民是国家的主人，A错误；B中“为全民谋福利”说法错误，排除；人民民主最广泛，但不是全民的民主，我国对极少数敌对分子实行专政，D错误。故选C。

【答案】C

6.与西方国家常见的空头许诺和相互掣肘相比，我国建立的一整套保障人民当家作主的制度体系，保证了人民当家作主的途径畅通、合理高效，保障了人民权益。这主要体现了（　）

A. 我国是公民当家作主的社会主义国家

B. 社会主义民主是最真实的民主

C. 社会主义民主是最广泛的民主

D. 社会主义民主是最管用的民主

7.（多选）《管子·牧民》提出：“政之所兴，在顺民心；政之所废，在逆民心。”《尚书·大禹谟》提出：“德惟善政，政在养民。”这些传统观点对于我们今天发展中国特色社会主义的价值在于（　）

A. 倡导正确的权力观和政绩观

B. 将获得人民群众的拥护和支持作为目的

C. 坚持以人民为中心的治国理念

D. 以满足人民一切意愿与诉求为根本

人民民主是社会主义的生命

“民主”一词在党的十七大报告中出现了60多次，“人民民主是社会主义的生命”，意味着我们党对民主与社会主义有机联系的认识已经提高到生命相依的高度。这既是对人民民主价值和发展规律的深刻揭示，也是对社会主义价值和发展规律的深刻揭示。民主价值的提升，显示的是人民主体地位的突出和强化，它与社会主义事业是人民的事业，在本质上相通，民主愈发展，社会主义就愈是有生命力，而社会主义愈发展，民主的水平也就愈能够得到提升，这就是规律所在。

【例2】“做好疫情防控工作，直接关系人民生命安全和身体健康”，必须“始终把人民群众生命安全和身体健康放在第一位”。生命重于泰山！人民利益高于一切！这说明（　）

A. 人民是我们国家的主人

B. 人民民主最广泛

C. 我国公民当家作主

D. 民主与专政二者是统一的

【解析】“始终把人民群众生命安全和身体健康放在第一位”“人民利益高于一切”，说明人民是我们国家的主人，A符合题意；C混淆了人民和公民的概念；B、D不符合题意。故选A。

【答案】A

【例3】“十四五”时期是我国在全面建成小康社会、实现第一个百年奋斗目标之后，乘势而上开启全面建设社会主义现代化国家新征程、向第二个百年奋斗目标进军的第一个五年意义重大。2020年8月16日至29日，“十四五”规划编制工作开展网上征求意见。广大人民群众踊跃参与，留言100多万条，有关方面从中整理出1000余条建议。“十四五”规划广泛征求群众意见（　）

A. 尊重我国公民的知情权、表达权和监督权

B. 体现了群众在国家决策中的决定性地位

C. 体现了人民民主最广泛、最真实、最管用的特点

D. 是公民通过重大事项社会公示制度参与民主管理的表现

【解析】材料中未体现监督权，排除A；群众可以通过民主决策参与到国家决策中，但并不是决定性地位，排除B；材料体现的是民主决策，并不是民主管理，排除D。故选C。

【答案】C

【考点二】最管用的政治制度

中国特色社会主义政治制度使社会主义民主具有更旺盛的生命力。人民代表大会制度是坚持党的领导、人民当家作主、依法治国有机统一的根本政治制度安排。协商民主制度是我国社会主义民主政治的特有形式和独特优势，通过增进共识，找到最大公约数，保证人民广泛持续深入参与日常政治生活。基层民主制度则保障人民享有更多更切实的民主权利。爱国统一战线的巩固和发展是中国人民凝心聚力实现社会主义现代化的重要法宝。中国特色社会主义政治发展道路是符合中国国情、保证人民当家作主的正确道路。

8.习近平在民营企业座谈会上强调，要不断为民营经济营造更好发展环境，帮助民营经济解决发展中的困难，支持民营企业改革发展。这是因为，民营企业家也是我国政权的（　）

A. 阶级基础

B. 社会基础

C. 领导阶级

D. 中坚力量

9.（多选）中共中央办公厅、国务院办公厅下发的《关于健全和完善村务公开和民主管理制度的意见》，对落实农民群众的知情权、决策权、参与权、监督权（“四权”）提出了许多新的明确的政策措施，为农民群众依法维护自己的民主权利提供了依据和保障。这表明（　）

A. 我国是人民民主专政的国家

B. 广大人民群众是国家的主人

C. 人民民主是有法律保障的

D. 我国的民主必须维护公民利益

改革开放

改革开放（the reform and opening-up policy）是20世纪70年代末中国开始实行的改革经济政策、对外开放的政策。改革开放包括对内改革和对外开放。中国的对内改革首先从农村开始，安徽省凤阳县小岗村开始实行“家庭联产土地承包责任制”，拉开了我国对内改革的大幕；对外开放是中国的一项基本国策，中国的强国之路，是社会主义事业发展的强大动力。

【例1】（多选）民主一词源于希腊语“demos”，意为人民。下列关于民主的说法，正确的是（　）

A. 民主是一种国家制度

B. 民主的主体是全体人民

C. 只在统治阶级范围内实行

D. 在社会中坚持少数服从多数的原则

【解析】民主是一种国家制度，是指统治阶级范围内，按照平等的原则和少数服从多数原则来共同管理国家事务，AC正确。民主的主体是统治阶级，B错误。民主是在统治阶级范围内坚持少数服从多数的原则，D错误。故选AC。

【答案】AC

【例2】（多选）社会主义民主是“最管用”的民主，表现为（　）

A. 使亿万人民真正成为国家和社会的主人

B. 建立了一整套保障人民当家作主的制度体系

C. 有效防止了人民形式上有权、实际上无权的现象

D. 广大人民的政治、经济、文化等各方面利益得到日益充分的实现

【解析】从新中国成立我国人民就是国家和社会的主人，A错误；社会主义民主是“最管用”的民主，表现在我国建立了一整套保障人民当家作主的制度体系，这套制度体系体现了人民意志，保障了人民权益，激发了人民的创造活力，能够有效杜绝西方国家常见的选举时漫天许诺，选举后无人过问的开“空头支票”问题，防止出现人民形式上有权、实际上无权的现象，避免相互掣肘而导致内耗严重、效率低下的弊端，BC正确；D体现的是我国人民民主是最广泛的民主，与材料无关。故选BC。

【答案】BC

【例3】（多选）习近平总书记指出：“人民是否享有民主权利，要看人民是否在选举时有投票的权利，也要看人民在日常政治生活中是否有持续参与的权利；要看人民有没有进行民主选举的权利，也要看人民有没有进行民主决策、民主管理、民主监督的权利。”这说明人民民主（　）

A. 是一种全过程的民主　B. 是一种全民性的民主

C. 是一种最真实的民主　D. 是一种最直接的民主

【解析】材料中的“四看”说明人民民主是一种最真实的民主，是一种全过程的民主，AC正确切题。民主具有阶级性，没有所谓的全民的民主，B错误。在我国，人民不能直接行使国家权力，人民民主不是一种最直接的民主，D错误。故选AC。

【答案】AC

10.党的十九大以来，我国人民生活不断改善，一大批惠民举措落地实施，人们获得感显著增强。城乡居民收入增速超过经济增速，覆盖城乡居民的社会保障体系基本建立。这表明（　）

A. 人民民主专政的本质是公民当家作主

B. 民主主体具有最广泛的特点

C. 社会主义民主具有法律保障

D. 我国人民民主是最真实的民主

11.（多选）《中华人民共和国药品管理法》第一条就强调制定该法旨在保障公众用药安全和合法权益，保护和促进公众健康。这表明（　）

A. 我国的民主是最广泛的民主

B. 我国的民主是最真实的民主

C. 我国的民主是最管用的民主

D. 我国是公民当家作主的国家

12.“这次疫情防控工作就是在践行总书记强调的‘坚持人民至上’。只要有一线希望，就不放弃一个生命。党在任何时候都把群众利益放在第一位。”重视人民生命与健康的根本原因是（　）

A. 我国是人民民主专政的社会主义国家

B. 公民是国家的主人

C. 人民群众具有政治自由

D. 人民民主是最真实的

社会保险

社会保险是指国家通过立法，多渠道筹集资金，对劳动者在因年老、失业、患病、工伤、生育而减少劳动收入时给予经济补偿，使他们能够享有基本生活保障的一项社会保障制度。社会保险主要包括养老保险、失业保险、医疗保险、工伤保险和生育保险等项目，其对象是全体劳动者。

【例4】2021年1月9日国家卫生健康委员会副主任、国务院联防联控机制科研攻关组疫苗研发专班负责人曾益新强调，将全面有序地推进高感染风险人群、高危人群和普通人群的接种工作，并实施全民免费接种。从中可以看到我国社会主义民主是（　）

A. 最广泛的　B. 最真实的　C. 最管用的　D. 最有效的

【解析】我国将全面有序地推进高感染风险人群、高危人群和普通人群的接种工作，并实施全民免费接种。这是为了维护人民的生命健康与安全。从中可以看到我国社会主义民主是最真实的民主，B符合题意。题干反映了国家维护人民的根本利益，强调我国社会主义民主是最真实的民主，没有体现我国社会主义民主是最广泛、最管用的民主，AC与题意不符。有效性不是我国社会主义民主的特征，D排除。故选B。

【答案】B

【例5】（多选）2020年新型冠状病毒感染疫情暴发后，我国各级党委和政府把人民群众生命安全和身体健康放在第一位，我国新冠肺炎患者的治疗费用经医保报销后，剩余部分由政府补助。这体现了（　）

A. 国家尊重和保障人权

B. 我国公民享有广泛的政治权利和自由

C. 社会主义民主是最真实的民主

D. 人民当家作主的权利有制度保障

【解析】我国各级党委和政府把人民群众生命安全和身体健康放在第一位，这体现了国家尊重和保障人权；我国新冠肺炎患者的治疗费用经医保报销后，剩余部分由政府补助，这体现了社会主义民主是最真实的民主，AC正确。“我国公民享有广泛的政治权利和自由”强调了公民的政治权利，材料未涉及，B排除。“人民当家作主的权利有制度保障”强调了制度保障，与材料无关，D排除。故选AC。

【答案】AC

【例6】2020年5月11日，财政部发布通知，《国有金融资本管理条例（征求意见稿）》向社会公开征求意见。广大工人、农民、知识分子、干部、解放军指战员、武警部队官兵、公安民警，各民主党派和无党派人士、各人民团体和各界爱国人士均可提出意见和建议。这表明在我国（　）

A. 民主主体具有广泛性　B. 人民当家作主有制度保障

C. 民主权利具有广泛性　D. 人民当家作主有法律保障

【解析】工人、农民、知识分子……均可提出意见和建议，体现了民主主体的广泛性，A符合题意；B、C、D不符合题意。故选A。

【答案】A

13.下列关于国体的理解，正确的是（　）

A. 国体是指国家的各种制度、体制

B. 我国的国体是人民代表大会制度

C. 统治阶级的性质决定着国体

D. 国体是指占统治地位的阶级

14.（多选）全国人大常委会通过决定，全面禁止非法野生动物交易、革除滥食野生动物陋习，用更严格的立法保障人民群众生命健康安全。这体现了（　）

A. 人民民主最广泛

B. 人民民主最真实

C. 人民民主有制度保障

D. 我国尊重和保障人权

月亮和她妈妈

有一次，月亮要妈妈给她做一件斗篷。妈妈回答说：“我怎么能给你做一件合身的斗篷呢？你现在是新月，然后又是满月；再接着既不是新月，又不是满月了。”

这说是，事物总在不断变化，不可能一劳永逸。

【例7】（多选）党的十八大确立的“社会主义协商民主制度”的概念具有里程碑的意义。社会主义协商民主制度把中国特色选举民主同社会主义协商民主相结合，成为我国人民民主的重要形式。这一制度有利于（　）

A. 保障人民直接行使管理国家和社会事务的权利

B. 扩大了公民的民主权利，保障人民当家作主

C. 健全我国的民主制度，丰富了我国的民主形式

D. 体现了社会主义民主政治的特色和优势

【解析】本题考查发展社会主义民主政治。我国发展社会主义协商民主制度，有利于健全我国的民主制度，丰富了我国的民主形式，体现了社会主义民主政治的特色和优势，CD正确；A不选，因为我国广大人民群众是通过人民代表大会行使国家权力的，不是直接行使管理国家和社会事务的权利；B不选，公民的民主权利是法定的，不是随意扩大的。故选CD。

【答案】CD

【考点三】公民直接参与民主决策的多种方式

	内容	方式	依据	意义
社情民意反映制度	公民向决策机关反映意见、提出建议	电话、信函、传真、电子邮件、新闻媒体	拓宽民意反映渠道，是决策机关科学决策的重要前提	使决策广泛反映社情民意，提高公民参与决策的积极性
专家咨询制度	专家学者对专业性、技术性较强的重大事项进行分析论证	论证会、座谈会	专家学者的专业知识、相关信息	提高决策的科学性、可行性
社会公示制度	决策机关将涉及公共利益的各项决策进行公示，让公民在了解后发表意见、提出建议	公示	公民享有对涉及公共利益的决策的知情权，这是公民参与民主决策的前提和基础	有利于提高决策的透明度和公民的参与度
社会听证制度	在听证会上公民充分发表意见、提出建议	听证会	决策机关拟定的方案可能存在不足	听证的目的是决策利民

【例1】（多选）某市人民代表大会经多年探索，创立了人大代表接待站和专职的人大代表联络员制度，每天至少有一位人大代表在现场听取民众反映情况。这一制度的创新从一个侧面表明（　）

A. 基层民主活力不断增强　　B. 公民的政治表达渠道不断拓宽

C. 公民政治参与的热情空前高涨　　D. 基层群众自治制度逐渐形成

【解析】C在材料中没有体现；D与题无关。两项制度的创新可有效拓宽公民政治表达渠道，提高公民的政治参与热情并使基层活力增强，所以AB正确。故选AB。

【答案】AB

15.（多选）面对疫情冲击，国家在过去一年始终坚持最大程度保障人民生活，对因疫情遇困群众及时给予救助，新纳入低保、特困供养近600万人，实施临时救助超过800万人次。这体现了国家（　）

A. 强化责任意识，保障基本民主权利

B. 全面履行职能，建设法治政府

C. 完善公共服务，提升为民服务水平

D. 尊重保障人权，促进社会和谐

16.（多选）备受关注的《中华人民共和国民法典（草案）》在第十三届全国人大常委会第十五次会议上整体亮相并将向全社会公开征求意见。提交大会的草案审议稿在现有《中华人民共和国物权法》基础增设了“居住权”制度。这说明（　）

A. 我国民主是最真实的民主

B. 公民的民事权利将进一步扩大

C. 公民在法律面前一律平等

D. 公民通过参与民主决策行使决策权

17.我国公民享有广泛的政治权利。在这广泛的政治权利中，最基本的政治权利是（　）

A. 选举权和被选举权

B. 言论、出版、结社自由权

C. 人身自由权

D. 对国家机关和国家工作人员的监督权

党的十七大报告指出，改革开放是党在新的时代条件下带领人民进行的新的伟大革命，目的就是要解放和发展社会生产力，实现国家现代化，让中国人民富裕起来，振兴伟大的中华民族；就是要推动我国社会主义制度自我完善和发展，赋予社会主义新的生机活力，建设和发展中国特色社会主义；就是要在引领当代中国发展进步中加强和改进党的建设，保持和发展党的先进性，确保党始终走在时代前列。

【例2】一市民发现，当地税务机关的个别工作人员没有切实履行税务监管职责，于是打电话给该部门反映问题并提出建议。该市民行使监督权的方式是（ ）

A. 社情民意反映制度　　B. 舆论监督制度

C. 社会听证制度　　D. 信访举报制度

【解析】此题主要考查学生对公民参与民主监督方式的理解。社情民意反映制度和社会听证制度是公民参与民主决策的方式，不是监督方式，排除AC。舆论监督制度是依法在新闻媒体上公开发表意见，B和题意不符。该市民通过打电话向政府部门反映问题并提出建议，是通过信访举报制度行使监督权。故选D。

【答案】D

【例3】青年学生要增强政治参与意识，提高政治参与能力。我们的政治参与应当是有序的，所谓“有序”即指（ ）

A. 直接　B. 全面　C. 依法　D. 集体

【解析】有序参与政治是指按照法律的规定依法行使政治权利和自由。故选C。

【答案】C

【考点四】公民实行民主监督的合法渠道

<table>
<tr><th colspan="2">民主监督的方式</th><th>信访举报制度</th><th>人大代表联系群众制度</th><th>舆论监督制度</th><th>新形式、新方法</th></tr>
<tr><td rowspan="3">区别</td><td>含义</td><td>公民通过给国家机关写信、打电话或当面向有关人员反映自己的意见，提出批评、建议</td><td>公民将自己的意见、建议和要求反映给人大代表，形成人大代表议案，上传到国家权力机关</td><td>公民依法在新闻媒体上公开发表意见</td><td rowspan="3">监督听证会、民主评议会、网上评议政府等活动</td></tr>
<tr><td>特点</td><td>是公民提出批评、建议、申诉、控告和检举权利的重要途径之一</td><td>好比一条纽带，一头连着国家权力机关，一头连着广大人民群众</td><td>透明度高、威力大、时效快、影响广</td></tr>
<tr><td>作用</td><td>为公民行使监督权提供了有力的保障</td><td>能够使公民行使监督权、参与民主监督得以落实和保障</td><td>在监督中发挥着独特的作用</td></tr>
<tr><td colspan="2">相同点</td><td colspan="4">①都是实行民主监督的方式，在民主监督中发挥着重要作用
②不论哪种方式，都要遵守法律，依照规则和程序办事</td></tr>
</table>

【例1】“你对国家的热爱更高于你对职业薪水的追求。”这是某媒体对姚明回国参加奥运会的高度评价。姚明的行为体现了我国公民（ ）

A. 积极履行公民义务，维护国家荣誉和利益

B. 坚持个人利益与国家利益相一致的原则

C. 坚持享受权利与履行义务对等的原则

D. 把个人命运与国家荣誉紧密联系在一起

【解析】“你对国家的热爱更高于你对职业和薪水的追求”这句话

18.某地公民发现当地公安局副局长有贪污受贿行为，于是通过书信的方式向当地检察院反映情况，检察机关立案侦查，最终牵出了一连串的行贿受贿案。这是公民通过______行使自己的监督权。（ ）

A. 信访举报制度

B. 舆论监督制度

C. 民主评议会

D. 监督听证会

19.（多选）下列属于公民参与民主决策行为的是（ ）

A. 用电子邮件发表对当地环境污染的看法

B. 向市长打热线举报电话，举报热力公司暖气不暖的问题

C. 运用自己的专业知识向市政府陈述城区规划意见

D. 要求政府决策必须符合自己本人的利益

1984年提出“有计划的商品经济”

1984年10月20日，中国共产党十二届三中全会在北京举行。会议一致通过《中共中央关于经济体制改革的决定》，明确提出：进一步贯彻执行对内搞活经济、对外实行开放的方针，加快以城市为重点的整个经济体制改革的步伐，是当前我国形势发展的迫切需要。改革的基本任务是建立起具有中国特色的、充满生机和活力的社会主义经济体制，促进社会生产力的发展。

强调了个人对国家的义务，A符合题意。B和D均体现的是个人利益与国家利益的统一，不符合题意，C本身表达错误。故选A。

【答案】A

【例2】房地产业作为我国国民经济的支柱产业，对一些城市的财政收入作出了贡献。近来房价上涨过快，影响了社会经济的平稳发展和群众的切身利益。为此，国务院采取调整房贷政策、对投机炒房所得收入征税等措施，使房价增幅出现回落。这体现了政府力求实现（ ）

A. 国家利益与个人利益的统一　B. 整体利益与局部利益的统一

C. 公民权利与公民义务的统一　D. 中央与地方的国家权力的统一

【解析】本题考查公民与国家关系的有关知识，考查学生的理解能力和分析能力。本题应注意题干中明确指出的房价上涨过快影响社会经济的平稳发展和群众的切身利益，既涉及国家利益，又涉及个人利益。故选A。

【答案】A

【例3】在我国，公民参与政治生活的方式和渠道是多种多样的。下列属于公民参与民主监督的是（ ）

A. 某公民通过市长热线向市长提出城市规划的建议

B. 某教师因对教育局给予自己的行政处理不服而向上级有关部门提出申诉

C. 某市众多网民对市政府即将出台的公交车票价格调整方案提出建议

D. 某村民在村民大会上对本村的河道整治工程方案提出自己的建议

【解析】民主决策一般是在决策前听取各方意见，民主监督一般是在决策的实施过程中或实施后提建议和意见。ACD属于公民参与民主决策，建言献策，而非民主监督。故选B。

【答案】B

【例4】某市民发现，当地有关行政部门的个别工作人员没有切实履行食品安全监管职责，于是打电话给该部门反映问题并提出建议。该市民行使监督权的方式是（ ）

A. 社情民意反映制度　B. 舆论监督制度

C. 社会听证制度　D. 信访举报制度

【解析】此题主要考查学生对公民参与民主监督方式的理解。社情民意反映制度和社会听证制度是公民参与民主决策的方式，不是监督方式，排除AC。舆论监督制度是依法在新闻媒体上公开发表意见，B和题意不符。该市民通过打电话向政府部门反映问题并提出建议，是通过信访举报制度行使监督权。故选D。

【答案】D

20.《关于进一步加强新时期信访工作的意见》要求，各级政府不得限制和干涉群众正常信访活动。这是保护公民依法行使（ ）

A. 民主监督的权利

B. 民主决策的权利

C. 民主选举的权利

D. 民主管理的权利

21.在我国，产生全国人大代表的选举方式是（ ）

A. 间接选举差额选举

B. 直接选举差额选举

C. 间接选举等额选举

D. 直接选举等额选举

互动训练答案

1.A　2.C　3.D　4.BC　5.A　6.D　7.AC　8.B　9.AB　10.D　11.BC　12.A　13.C　14.BD　15.CD　16.AB　17.A　18.A　19.ABC　20.A　21.A

《京都议定书》

《京都议定书》是《联合国气候变化框架公约京都议定书》的简称，是就1992年达成的联合国《气候变化框架公约》所作出的具体实施规划。2005年2月16日《京都议定书》正式生效。作为世界上第一个带有法律约束能力的国际环保协议，它的宗旨就是要通过国际社会的密切合作，保护环境，降低大气中的温室气体含量。为此，《京都议定书》对温室气体的减排任务作了具体规定，并制定了实现这些减排目标的操作机制，即国际排放贸易、联合履行机制、清洁发展机制。

第二节 坚持人民民主专政

·知识整合·

【知识点一】坚持民主与专政的统一

1. 发扬人民民主

（1）决定因素：人民民主专政的本质是人民当家作主。

（2）现实意义：只有充分发扬社会主义民主，保证人民依法享有广泛的权利和自由，尊重和保障人权，才能调动亿万人民群众投身于社会主义现代化建设的积极性，使社会主义各项事业保持蓬勃的生机。

2. 坚持专政职能

（1）原因：人民民主专政包含对广大人民实行民主和对极少数敌人实行专政两个方面。在我国，社会主义制度建立之后，剥削阶级作为一个阶级已被消灭，阶级矛盾已不是社会的主要矛盾。

（2）任务：人民民主专政的国家政权担负着对极少数敌对分子实行专政，维护国内正常社会秩序，抵御国外敌对势力侵略和颠覆活动的历史任务。

【知识点二】社会主义现代化建设的可靠保障

1. 国家性质决定国家职能

在现实政治生活中，国家的性质决定着国家的职能。我国的国家职能与人民民主专政的国体相适应，为社会主义现代化建设提供可靠保障。

2. 国家职能的表现

（1）对内职能主要是维护国家稳定，促进社会发展。

①维护国家稳定。依法打击危害社会主义制度的各种破坏活动，打击危害国家安全和统一的各种颠覆破坏活动、暴力恐怖活动、民族分裂活动、宗教极端活动，打击危害人民群众生命财产安全的各种犯罪活动，有效维护国家安全和公共秩序。

②促进社会发展。在中国共产党的领导下，制定和执行正确的路线、方针、政策，组织开展社会主义经济建设、政治建设、文化建设、社会建设和生态文明建设，把我国建成富强民主文明和谐美丽的社会主义现代化强国，实现中华民族的伟大复兴。

（2）对外职能主要是防御外来侵略，保卫国家安全。坚定维护国家的独立和主权，坚定维护国家的领土完整，坚定维护国家的各项安全和

互动训练

1.毛泽东的《论人民民主专政》一文指出，“对人民内部的民主方面和对反动派的专政方面，互相结合起来，就是人民民主专政。”下列关于民主与专政的关系正确的是（　）

A. 民主是专政的基础，专政是民主的保障

B. 民主与专政完全统一

C. 有专政就有民主

D. 没有民主就没有专政

2.人民民主专政是我国的国体。人民民主专政的本质是（　）

A. 一切权力属于公民

B. 对敌对分子实行专政

C. 人民当家作主

D. 民主和专政的统一

3.2020年5月22日，李克强总理向全国人大作报告说，支持社会组织、人道救助、志愿服务、慈善事业等健康发展。这是政府在积极组织（　）

A. 经济建设　B. 政治建设

C. 文化建设　D. 社会建设

1986年全民所有制企业改革启动

1986年12月5日，国务院作出《关于深化企业改革增强企业活力的若干规定》。《规定》提出全民所有制小型企业可积极试行租赁、承包经营。全民所有制大中型企业要实行多种形式的经营责任制。各地可以选择少数有条件的全民所有制大中型企业进行股份制试点。

发展利益，坚定维护国家的尊严，为我国的社会主义现代化建设提供有利的国际环境。

【知识点三】我国政府的性质和职能

1. 我国政府性质

我国政府是国家权力机关的执行机关，是国家行政机关，是人民意旨的执行者和人民利益的捍卫者。

2. 我国政府对内职能

（1）政治职能：保障人民民主和维护国家长治久安的职能。

（2）经济职能：组织社会主义经济建设的职能。

（3）文化职能：组织社会主义文化建设的职能。

（4）社会建设职能：政府加快健全基本公共服务体系，保证人民幼有所育、学有所教、劳有所得、病有所医、老有所养、住有所居、弱有所扶。

（5）生态文明建设职能：政府要坚持节约资源和保护环境的基本国策，为人民创造良好的生产、生活环境。

3. 我国政府对外职能

（1）保卫职能：防御外敌入侵，捍卫国家的主权和领土的完整。

（2）交往职能：发展国际的交流和合作，创造有利的国际环境。

（3）维护职能：维护世界和平，促进经济发展。

4. 我国的对内对外职能体现了我国是人民民主专政的国家

我国正在深化机构改革和行政体制改革，转变政府职能，深化简政放权，创新监管方式，增强政府公信力和执行力，建设人民满意的服务型政府。

5. 我国政府的宗旨是为人民服务

坚持对人民负责原则就要：

（1）坚持为人民服务的工作态度。

（2）树立求真务实的工作作风。

（3）坚持从群众中来到群众中去的工作方法。

·考点解析·

【考点一】人民民主专政

人民民主专政包含对广大人民实行民主和对极少数敌人实行专政两个方面。由于国内的因素和国际的影响，阶级斗争还在一定范围内长期存在，在某种条件下还有可能激化。人民民主专政的国家政权担负着对极少数敌对分子实行专政，维护国内正常社会秩序，抵御国外敌对势力侵略和颠覆活动的历史任务。

4.（多选）我国在抗击疫情保障人民生命健康的同时，还要求各地各类企业复工复产，在保障医疗救援物资有效供给的同时，还要保障居民的正常生活。党中央要求各地省长管好“米袋子”、市长管好“菜篮子”。这表明（　）

A. 我国是人民民主专政的社会主义国家

B. 人民民主是全民的民主

C. 社会主义民主是最真实的民主

D. 人民当家作主的权利有制度保障

5.（多选）2020年6月15日晚，印度一线边防部队公然违背双方达成的共识，出尔反尔，再次越过实控线向中方蓄意挑衅。中国边防部队果断采取自卫措施，对印方暴力行径予以坚决回击，有效捍卫了国家主权和领土完整。中国边防部队的自卫措施（　）

A. 有利于维护国家稳定和公共秩序

B. 有利于对国内极少数敌对分子实行专政

C. 是履行防御外敌入侵，保卫国家安全的职能

D. 为我国社会主义现代化建设提供有利国际环境

GDP折算指数（GDP Deflator）

GDP折算指数（GDP Deflator）又称GDP缩减指数，是指没有剔除物价变动前的GDP（现价GDP）增长与剔除了物价变动后的GDP（即不变价GDP，constant-price GDP，也称实质GDP）增长之商。该指数也用来计算GDP的组成部分，如个人消费开支。它的计算基础比CPI更广泛，涉及全部商品和服务，除消费外，还包括生产资料和资本、进出口商品和劳务等。因此，这一指数能够更加准确地反映一般物价水平走向，是对价格水平最宏观的测量。

【例1】（多选）“让人民生命安全和健康获得保障既是个人的基本权利，也是国家的根本任务。发展决不能以牺牲人的生命为代价，这必须作为一条不可逾越的红线。党和政府一定会继续努力，切实保障人民生命财产安全、保障人民生活改善、保障人民身体健康。”这一要求是基于（　）

A. 保障人民生命财产安全是人民民主专政的本质

B. 民主是专政的基础，专政是民主的保障

C. 我国是人民当家作主的国家

D. 维护人民生命安全和健康是人民民主专政应有之义

【解析】我国人民民主专政的本质是人民当家作主，A错误；材料不涉及民主与专政的关系，B排除；党和政府一定会继续努力，切实保障人民生命财产安全、保障人民生活改善、保障人民身体健康，这是因为在我国人民是国家的主人，维护人民生命安全和健康是人民民主专政的应有之义，CD入选。故选CD。

【答案】CD

【例2】（多选）我国必须坚持人民民主专政，这是因为（　）

A. 人民民主专政是民主与专政的统一

B. 人民民主专政有利于保障人民当家作主

C. 坚持人民民主专政作为四项基本原则之一，是我国的立国之本，已被写入宪法

D. 坚持人民民主专政是社会主义现代化建设的政治保证

【解析】A选项是人民民主专政的特点，不是坚持人民民主专政的原因，A不选。我国必须坚持人民民主专政，有利于保障人民当家作主，坚持人民民主专政作为四项基本原则之一，是我国的立国之本，已被写入宪法，是社会主义现代化建设的政治保证，BCD正确。故选BCD。

【答案】BCD

【例3】（多选）无论何种民主制国家，民主与专政都是占统治地位的阶级的国家政权所具有的两种主要政治职能。由于阶级基础和社会基础不同，即使是实行民主制的国家，在民主是谁的、为了谁，专政由谁、针对谁等一系列问题上，不仅存在差异、本质不同，甚至严重对立。这表明（　）

A. 不同的民主之间是完全对立的

B. 社会主义民主是最真实的民主

C. 任何民主都具有鲜明的阶级性

D. 民主与专政都是治理国家的手段

【解析】不同民主之间是既对立又统一的，A表述错误；材料主旨

6.2019年6月，国务院新闻办公室发表《关于中美经贸磋商的中方立场》白皮书指出，中美合则两利，斗则俱伤，合作是双方唯一的正确选择。对于两国经贸分歧和摩擦，中国愿意采取合作的方式加以解决，推动达成互利双赢的协议。但合作是有原则的，磋商是有底线的，在重大原则问题上中国决不让步。这说明我国在处理对内对外事务中坚决（　）

A. 维护国家主权

B. 维护合作共赢

C. 维护和平大局

D. 维护双方共同利益

7.（多选）2020年9月，全国打击整治网售仿真枪违法犯罪专项行动视频部署会强调，要提升政治站位，强化底线思维，迅速开展专项打击行动，增强人民群众安全感。这体现了（　）

A. 坚持专政才能保障人民民主

B. 国家坚持专政职能，维护社会治安和社会秩序

C. 坚持专政是社会主义的生命

D. 任何国家都是民主与专政的统一

2008年8月21日，财政部、发展改革委、国家工商总局联合发布了《关于停收个体工商户管理费和集贸市场管理费有关问题的通知》，规定自2008年9月1日起，对全国工商行政管理系统停止征收“两费”工作进行督查。

强调民主的阶级性，而不强调社会主义民主的特点，B不符合题意；材料“民主与专政都是占统治地位的阶级的国家政权所具有的两种主要政治职能”，既强调了民主与专政的关系，又突出了民主的阶级性，CD入选。故选CD。

【答案】CD

【例4】（多选）国家发改委、人民银行、国家知识产权局等38个部门和单位联合签署的《关于对知识产权（专利）领域严重失信主体开展联合惩戒的合作备忘录》对外公布，明确重复专利侵权行为等知识产权领域严重失信行为将面临33项惩戒措施。这样做体现了（ ）

A. 社会主义民主是最广泛的民主

B. 社会主义国家不能使用专政手段

C. 国家保护国家、集体和公民的合法权益不受侵犯

D. 坚持人民民主专政是社会主义现代化建设的政治保证

【解析】对知识产权（专利）领域严重失信主体开展联合惩戒，体现了国家保护国家、集体和公民的合法权益不受侵犯，C符合题意；坚持人民民主专政是社会主义现代化建设的政治保证，D符合题意；材料体现的是人民民主是最真实的民主，A不符合题意；人民民主专政也具有专政职能，也能使用专政手段，B错误。故选CD。

【答案】CD

【例5】（多选）习近平在党的十九大报告中再次强调，我国是工人阶级领导的、以工农联盟为基础的人民民主专政的社会主义国家，国家一切权力属于人民。这意味着（ ）

A. 我国社会主义民主是维护人民根本利益的最广泛、最真实、最管用的民主

B. 发展社会主义民主政治就体现全体公民的意志

C. 人民民主专政包括人民当家作主和对极少数敌人实行专政

D. 人民民主专政作为新型的民主与新型的专政改变了国家的本质

【解析】我国是人民民主专政的社会主义国家，人民是国家的主人，对极少数敌人实行专政，C符合题意。我国的民主是最广泛、最真实、最管用的民主，A符合题意。发展社会主义民主政治就要体现全体人民的意志，而不是全体公民，B错误。人民民主专政作为新型的民主与新型的专政并没有改变国家的本质，D错误。故选AC。

【答案】AC

8.（多选）坚持人民民主专政是社会主义现代化建设的政治保证。从专政职能角度看，其政治保证作用主要体现在（ ）

A. 依法打击极少数敌对分子的破坏活动

B. 保证人民依法享有广泛的权利和自由

C. 保护国家和公民的一切权益不受侵犯

D. 打击犯罪活动，维护社会治安和秩序

9.（多选）推动“十四五”时期经济社会发展，要坚持以人民为中心。落实以人民为中心的发展思想，重在聚焦人民群众的“急难愁盼”问题，一件接着一件办，确保干一件成一件，努力让人民群众的获得感成色更足。这表明（ ）

A. 我国的国体是人民民主专政

B. 坚持专政职能，才能保障人民民主

C. 我国坚持公民至上的发展理念

D. 我国国体的本质是人民当家作主

10.（多选）近年来，中央反腐败协调小组国际追逃追赃工作协调机制充分发挥作用，国家监察委员会依法履行组织协调职责，推动追逃追赃工作取得重要成果。这体现了（ ）

A. 国家依法对腐败分子履行专政职能

B. 公民在法律面前一律平等

C. 对极少数敌对分子实行专政是我国政权的本质

D. 国家监察委员会依法行使检察权

燃油税

什么是燃油税？燃油税就是将现有的养路费转换成燃油税，实行“捆绑”收费。这种燃油税制实质上是通过将养路费“捆绑”到油价上，将每辆汽车要交的养路费转换成税费，在道路等公共设施日益成为一种稀缺资源的大背景下，更多地体现了“多用多缴，少用少缴”的公平原则。它利用税收杠杆引导燃油消费者节能减排，达到环境保护的目的，于国于民显然是利大于弊的好事情。

【考点二】社会主义现代化建设的可靠保障

我国的国家职能与人民民主专政的国体相适应，为社会主义现代化建设提供可靠保障。在对外方面，我国的社会主义现代化建设需要一个有利的国际环境。在对内方面，我国的社会主义现代化建设需要一个稳定有序的政治环境。

【例1】2020年5月9日，中国人民银行副行长陈雨露介绍，考虑到疫情冲击的影响，中国人民银行全面加大了对中小微企业的支持力度，包括安排3000亿元的专项再贷款，5000亿元的再贷款、再贴现额度，5500亿元的普惠金融定向降准释放流动性，以及基于中小微企业贷款临时性的延期还本付息安排，等等。中国人民银行履行的职能是（　）

A. 保障人民民主和维护国家长治久安　B. 组织社会主义经济建设

C. 组织社会主义文化建设　D. 加强社会建设

【解析】中国人民银行加大对中小微企业的支持力度相关措施，是政府宏观调控的体现，是组织社会主义经济建设的内容，B符合题意，A、C、D不符合题意。故选B。

【答案】B

【例2】2017年 8月由环保部（现生态环境部）牵头成立，中纪委、中组部参加的环保督察组，已实现对全国各省（区、市）督查全覆盖。督察组通过信访受理群众环境诉求，转办督办群众举报的环境问题，问责党政领导，整改环保问题。开展环保督察有利于（　）

A. 发挥多方主体参与基层治理的作用

B. 政府进一步坚持科学执政、依法执政

C. 集民意、汇民智，实现决策的科学性

D. 强化环保主体责任，推进生态文明建设

【解析】开展环保督察有利于强化各级党政领导的责任意识，更好地推进我国生态文明建设，D符合题意；A中“基层治理”表述错误；中国共产党“执政”，B排除；C与材料无关。故选D。

【答案】D

【例3】各省把返乡农民工纳入中等职业学校招生范围，并根据劳动力市场需求和返乡农民工的学习特点灵活开设专业和课程。这表明（　）

A. 政府积极履行组织社会主义经济建设的职能

B. 农民工受教育的权利开始得到政府关注

C. 接受中等职业教育是提高我国文化竞争力的关键

D. 政府切实履行组织社会主义文化建设的职能

【解析】把返乡农民工纳入中等职业学校招生范围，即政府组织和发展教育事业，体现了政府履行组织社会主义文化建设的职能，D符合题意。A不符合题意，B、C观点错误，故排除。故选D。

【答案】D

11.（多选）“民主不是装饰品，不是用来做摆设的，而是用来解决人民要解决的问题的”“在中国特色社会主义制度下，有事好商量，众人的事情由众人商量，找到全社会意愿和要求的最大公约数，是人民民主的真谛”。这说明（　）

A. 民主要反映全体公民的意愿和呼声

B. 协商民主是我国民主政治的重要形式

C. 社会主义民主政治的本质和核心是人民当家作主

D. 决策权是公民政治参与的基础

12.（多选）2020年，扫黑除恶专项斗争继续深入开展，各有关部门积极作为，一个个曾经为非作歹、欺行霸市、横行乡里的“保护伞”“地头蛇”“黑老大”纷纷落网，为广大人民群众“扫”出风清气正、国泰民安。这体现了（　）

A. 国家作为阶级统治的工具，具有专政职能

B. 人民民主专政就是民主和专政的对立

C. 人民民主是最广泛、最真实的民主

D. 坚持人民民主专政是社会主义现代化建设的政治保证

证券交易印花税

证券交易印花税是从普通印花税中发展而来的，属于行为税类，根据一笔股票交易成交金额对买卖双方同时计征，A股基本税率为0.1%且单向征收，基金和债券不征收印花税。股票交易印花税是从普通印花税发展而来的，是专门针对股票交易发生额征收的一种税。我国税法规定，对证券市场上买卖、继承、赠予所确立的股权转让依据，按确立时实际市场价格计算的金额征收印花税。

【例4】（多选）2020年4月3日，最高人民检察院、公安部联合发布依法惩治涉境外输入型疫情防控的3起典型案例。其中，疫情期间到欧洲游玩多日，回国后隐瞒出境史，还去单位上班，最终确诊新冠肺炎，引发社会广泛批评的郭某妨害传染病防治案在列。法院经审理，采纳检察机关量刑建议，判处郭某有期徒刑一年零六个月。这表明（　）

A. 人民民主专政是我国的根本制度

B. 人民民主专政具有专政职能

C. 人民民主专政就是民主与专政的对立

D. 坚持人民民主专政是构建社会主义和谐社会的重要保障

【解析】材料表明人民民主专政具有专政职能，坚持人民民主专政是构建社会主义和谐社会的重要保障，BD符合题意。社会主义制度是我国的根本制度，A错误。人民民主专政中民主与专政既对立又统一，C错误。故选BD。

【答案】BD

【例5】（多选）2020年5月22日，李克强总理在十三届全国人大三次会议上强调，推动教育公平发展和质量提升，有序组织中小学教育教学和中高考工作。这说明国家（　）

A. 保证适龄公民依法享有受教育权　B. 积极维护国家稳定

C. 组织开展社会主义经济建设　D. 组织开展社会主义文化建设

【解析】推动教育公平发展和质量提升，有序组织中小学教育教学和中高考工作，保证了公民的受教育权，履行了文化建设职能，AD符合题意；材料没有涉及国家稳定、经济建设，排除BC。故选AD。

【答案】AD

【例6】（多选）党的十九届五中全会指出，统筹发展和安全，建设更高水平的平安中国。坚持总体国家安全观，实施国家安全战略，维护和塑造国家安全，统筹传统安全和非传统安全，把安全发展贯穿国家发展各领域和全过程，防范和化解影响我国现代化进程的各种风险，筑牢国家安全屏障。这有利于（　）

A. 体现我国社会主义民主是最管用的民主

B. 维护社会和谐稳定，巩固国家政权

C. 保障人权，提升我国人民群众的政治地位

D. 为全面建设社会主义现代化提供可靠保障

【解析】平安中国的建设有利于维护人民利益，巩固国家政权，防范和化解各种风险，为社会主义现代化建设提供可靠保障，BD符合题意；材料强调安全的重要性，不涉及我国民主的特点，A不合题意；人民当家作主，C表述错误。故选BD。

【答案】BD

13.（多选）2021年5月，中共中央办公厅、国务院办公厅印发了《关于常态化开展扫黑除恶专项斗争巩固专项斗争成果的意见》，这一《意见》对于推进扫黑除恶专项斗争常态化机制化、建设更高水平的平安中国有着重大意义。我国开展扫黑除恶专项斗争（　）

A. 是人民民主权利得以实现的基础

B. 其根本目的是履行国家的专政职能

C. 事关人心向背和国家政权的巩固

D. 有利于维护法律尊严，捍卫公平正义

互动训练答案

1.A　2.C　3.D　4.AC　5.CD

6.A　7.AB　8.AD　9.AD　10.AB

11.BC　12.AD　13.CD

增值税

增值税是以商品和劳务为课税对象，以增值额为税基的新型商品和劳务税。按照“进项税额”的扣除方式，增值税可分为两种类型：一是只允许扣除购入的原材料等所含的税金，不允许扣除外购固定资产所含的税金；二是所有外购项目包括原材料、固定资产在内，所含税金都允许扣除。通常前者称为“生产型增值税”，后者称为“消费型增值税”。我国现在实行的是“生产型增值税”。增值税转型就是将生产型增值税转为消费型增值税。

[第五课　我国的根本政治制度]

第一节　人民代表大会：我国的国家权力机关

·知识整合·

【知识点一】人民行使国家权力的机关

1. 人民行使国家权力的方式

（1）我国是人民当家作主的社会主义国家，一切权力属于人民。人民行使国家权力的机关是全国人民代表大会和地方各级人民代表大会。

（2）在我国，人民通过民主选举选出自己的代表，组成各级人民代表大会。各级人民代表大会都对人民负责，受人民监督，代表人民统一行使国家权力，决定全国和各级地方的一切重大事务。人民代表大会代表人民的意志，根据人民的利益行使权力。

2. 全国人民代表大会

（1）地位：全国人民代表大会是我国最高国家权力机关。全国人民代表大会在我国国家机关组织体系中居于最高地位，国家行政机关、监察机关、审判机关、检察机关都由全国人民代表大会产生，对它负责，受它监督。

（2）职权：国家最高的立法权、决定权、任免权和监督权都由全国人民代表大会行使。

（3）组成：作为我国最高国家权力机关，全国人民代表大会由省、自治区、直辖市、军队和特别行政区选出的代表组成。各少数民族都应当有适当名额的代表。

（4）常设机关：全国人民代表大会常务委员会，是全国人民代表大会的常设机关，是最高国家权力机关的组成部分。它由全国人民代表大会选举产生，对全国人民代表大会负责并报告工作。全国人民代表大会常务委员会行使宪法规定的立法权、决定权、任免权、监督权，以及全国人民代表大会授予的其他职权。

（5）各专门委员会：为了更好地开展经常性工作，全国人民代表大会设立各专门委员会。在全国人民代表大会闭会期间，各专门委员会受全国人民代表大会常务委员会的领导。

互动训练

1.我国宪法规定：“中华人民共和国的一切权力属于人民。”人民行使国家权力的机关是（　）

A. 全国人民代表大会

B. 地方各级人民代表大会

C. 人民代表大会

D. 各级人民政府

2.十三届全国人大三次会议听取了国务院总理李克强所作的《政府工作报告》。全国人大听取和审议总理李克强所作的《政府工作报告》，说明全国人大与国务院之间是（　）

A. 上级与下级的关系

B. 相互制衡的关系

C. 相互监督的关系

D. 监督与被监督的关系

个人所得税率

个人所得税是以个人（自然人）取得的应税所得为征税对象而征收的一种税。1980年9月，《中华人民共和国个人所得税法》正式颁布，征税对象包括中国公民和中国境内的外籍人员。但由于规定的免征额较高（每月或每次800元），而国内居民工资收入普遍很低，因此绝大多数国内居民不在征税范围之内。2006年1月1日起把个人所得税的起征点调整到了1600元。2008年3月1日起调高为2000元。2011年9月1日起把个人所得税的起征点调整到了3500元。2019年1月1日起把个人所得税的起征点调整到了5000元。

【知识点二】肩负人民重托的人大代表

1. 人大代表的产生

（1）我国各级人民代表大会的代表，由民主选举产生。

（2）基于我国的国情，人大代表的产生采取直接选举与间接选举相结合的办法。

2. 人大代表的地位

（1）全国人民代表大会的代表是最高国家权力机关的组成人员。

（2）地方各级人民代表大会的代表是地方各级国家权力机关的组成人员。

3. 人大代表的权利

（1）依照宪法和法律规定，各级人大代表享有广泛的职权。

（2）在人民代表大会会议期间，人大代表的权利包括提案权、表决权、审议权、质询权。

4. 人大代表的义务

（1）在人民代表大会闭会期间，各级人大代表应与人民群众保持密切联系，采取多种方式经常听取意见和要求，回答询问，帮助所在地方的人民政府推进工作。要进一步健全代表联络机制，更好发挥人大代表作用。

（2）人大代表是人民利益的代言人。他们来自人民，肩负人民的重托，应模范遵守宪法和法律，努力为人民服务，并自觉接受人民的监督。

·考点解析·

【考点一】区分人民代表大会的四项权力

职权	内容	关键词句
立法权	制定法律。全国人大及其常委会行使国家立法权，省、自治区、直辖市等的人大及其常委会制定地方性法规	关于法律的立、废、改的决定
决定权	各级人大和县级以上各级人大常委会依照法定程序决定国家和社会或本行政区域内重大事项	关于国家大政方针、规划的通过（不能简单地根据文字表述中有无“决定”两个字而判断是否在行使决定权）
任免权	选举、任命、罢免相关国家机关领导人员及其他组成人员	关于国家机关干部任免的决定
监督权	监督宪法和法律的实施，监督政府、监察委员会、法院和检察院的工作	审议通过上年度的政府工作报告，监督法律的落实，监督行政机关、司法机关、监察机关工作

3.十三届全国人大三次会议审议并通过了《中华人民共和国民法典》，这对促进经济社会和谐发展注入了新的动力。这体现了全国人大行使的职权是（ ）

A. 提案权　B. 立法权

C. 任免权　D. 表决权

4.（多选）全国人大代表、湖南佳惠集团董事长李小红2020年全国两会议案建议重点关注了活禽运输、水果水产品流通环节增值税、就业扶贫等方面。这说明人大代表（ ）

A. 由选民直接选举产生

B. 在国家权力机关参加行使国家权力

C. 享有提案权

D. 肩负人民的重托，努力为人民服务

5.（多选）目前，地方各级人大已建成20多万个代表联络站和代表之家，有效拉近了代表与群众之间的距离。人大代表（ ）

A. 是国家权力机关的组成人员

B. 都由选民直接选举产生

C. 要对人民负责，受人民监督

D. 联系群众要多渠道、常态化

个人所得税率

在税率方面，根据应税所得项目的不同特点和征管要求，我国个人所得税设置了超额累进税率和比例税率两种。目前，我国工资、薪金所得适用3%~45%的九级超额累进税率；个体工商户的生产、经营所得，对企事业单位的承包经营、承租经营所得，个人独资企业和合伙企业投资者的生产、经营所得，适用5%～35%的五级超额累进税率；稿酬所得，财产租赁所得，特许权使用费所得，利息、股息、红利所得，财产租赁所得，财产转让所得，偶然所得和其他所得等均适用20%的比例税率。

【特别提醒】权利≠权力

（1）公民直接行使权利，国家保障公民依法行使权利。

（2）人民间接行使国家权力，包括人大在内的国家机关直接行使国家权力。

【例1】《中华人民共和国宪法》规定：“中华人民共和国的一切权力属于人民。人民行使国家权力的机关是全国人民代表大会和地方各级人民代表大会。”下列能正确反映人民行使国家权力的路径是（　）

①具体行使管理国家和社会的职权

②决定全国和各级地方一切重大事务

③人民通过民主选举选出各级人大代表

④权力机关产生行政、监察、审判、检察等机关

⑤组成国家权力机关

⑥代表人民统一行使国家权力

A. ③→⑤→⑥→④→②→①　　B. ③→⑤→⑥→②→④→①

C. ④→⑥→②→③→⑤→①　　D. ④→①→⑥→③→⑤→②

【解析】本题考查人民行使国家权力的相关知识。我国是人民民主专政的社会主义国家，本质是人民当家作主。我国人民行使国家权力的路径是：首先由人民通过民主选举选出各级人大代表，组成国家权力机关，代表人民统一行使国家权力，决定全国和各级地方一切重大事务，然后再由国家权力机关产生行政、监察、审判、检察等机关，具体行使管理国家和社会的职权。故选B。

【答案】B

【例2】（多选）2020年5月22日，十三届全国人民代表大会第三次会议在人民大会堂召开。大会批准政府工作报告、“两院”工作报告、全国人大常委会工作报告等。每年两会期间，全国人大都要听取国务院、最高人民法院、最高人民检察院的工作报 明（　）

A. 全国人大是最高国家权力机关

B. 全国人大行使立法权

C. 行政机关、司法机关是人大的职能部门，必须向人大负责并报告工作

D. 全国人大行使监督权

【解析】每年两会期间，全国人大都要听取国务院、最高人民法院、最高人民检察院的工作报告，这表明全国人大是最高国家权力机关，这是其行使监督权的具体体现，AD正确；题目中体现的是全国人大行使监督权，不体现立法权，排除B；行政机关、司法机关由同级人大产生，但不是其职能部门，排除C。故选AD。

【答案】AD

6.（多选）居民张山向市人大代表老王反映了所在住宅区停车难、出行难的问题，老王和其他人大代表深入实地考察后，向市人大提交了“解决城市住宅区停车难”的议案。这表明，人大代表（　）

A. 努力为人民服务

B. 接受人民群众监督

C. 享有并行使提案权

D. 享有并行使质询权

7.（多选）针对广场舞、露天演唱噪音扰民等公众比较关注的问题，绍兴市人大制定的《绍兴市文明行为促进条例》对此作出明确的禁止性规定，并设定了相应的罚则。这表明（　）

A. 绍兴市人大行使了立法权

B. 绍兴市人大行使了监督权

C. 人大切实维护人民的根本利益

D. 人大具有社会管理的功能

按劳分配还不能以每个劳动者的劳动时间为尺度，而只能以商品交换实现的价值量所曲折反映的劳动量为尺度。马克思设想在商品货币关系消亡的情况下，劳动者的劳动直接表现为社会劳动，按劳分配直接以劳动者的劳动时间为尺度。但在社会主义市场经济条件下，劳动者的个人劳动不能直接表现为社会劳动，劳动者只能通过各自所在的企业向社会提供劳动，每个企业的集体劳动也只是局部劳动，其社会劳动的性质只能通过商品的市场交换才能得到实现和转化。

【例3】（多选）习近平总书记指出："改革和法治如鸟之两翼、车之两轮。"改革开放40多年，一条基本经验是，改革与法治唯有携手并进，才能降低改革的风险和成本，让社会主义法治建设在改革中不断完善。在新时代深化改革的过程中，为使改革与法治这两翼、两轮良性互动，全国人大及其常委会必须（ ）

A. 把立法决策与改革决策统一起来、衔接起来

B. 以立法权规范决定权，以决定权保障立法权

C. 切实行使监督权，加强自身立法、决策审查

D. 以完善立法引领改革，应改革需要完善立法

【解析】B错误，全国人大及其常委会拥有立法权与决定权，其职权的范围是不同的，不能用其中一项权力规范另一项权力；材料强调改革与法治的关系，C与题意不符；改革与法治唯有携手并进，才能降低改革的风险和成本，作为全国人大及其常委会必须把立法决策与改革决策统一起来、衔接起来，以完善立法引领改革，应改革需要完善立法，AD正确。故选AD。

【答案】AD

【例4】（多选）习近平指出，社会主义民主是全过程民主。十三届全国人大四次会议表决通过了关于修改全国人大组织法的决定、关于修改全国人大议事规则的决定，将全国人大及其常委会"坚持全过程民主"写入法律。"全过程民主"入法所彰显的时代价值在于（ ）

A. 发展社会主义民主，保障公民的基本民主权利

B. 体现人民意志，用制度体系保障人民当家作主

C. 坚持科学立法，为人民当家作主确立法律依据

D. 有效回应人民的现实诉求，坚持以人民为中心

【解析】将"坚持全过程民主"写入法律，体现了全国人大及其常委会同人民保持密切联系，有效回应人民的现实诉求，始终坚持以人民为中心，体现人民意志，保障人民权益，用制度体系保障人民当家作主，BD符合题意。选举权和被选举权是公民的基本民主权利，材料没有涉及，A排除。我国宪法明确规定了"人民当家作主"的地位，C排除。故选BD。

【答案】BD

【考点二】人民的人大代表

依照宪法和法律规定，各级人大代表享有广泛的职权。在人民代表大会会议期间，人大代表的职权包括提案权、表决权、审议权、质询权。

（应用示例：用于分析人大代表的权利）

8.（多选）朱国萍既是小区居委会干部，每天面对着鸡毛蒜皮的小事；又是全国人大代表，在庄严的人民大会堂讨论决定国家大政方针。她说："谷穗为什么一直躬下腰身，这是对养育它的土地深深感恩；雨伞为什么被人们高举过头，因为雨伞能为人们遮风挡雨。"这表明（ ）

A. 人大代表密切联系群众才能更好地为人民服务

B. 来自基层的人大代表才能真实表达人民的心声

C. 人大代表忠实履职才能发挥人大的领导核心作用

D. 人大代表对人民负责才能得到人民的信任和尊重

9.在十三届全国人大会议上，85后快递小哥柴闪闪当选为我国全国人大代表。至此，我国300万快递员在政治生活中有了更多的话语权。这体现了（ ）

A. 我国公民直接行使国家权力

B. 我国政府体察民情，尊重民意

C. 人大代表的决定权

D. 我国社会主义民主的广泛性和真实性

"财政"一词的来源

"财政"是西方语言的舶来品。在我国历史上，关于财政同类语义表述，曾经有"国用""国计""度支""理财"等多种名词。据考证，首次使用财政一词，是在清朝光绪二十四年，即1898年。当时维新派为学习西洋文化从日本引进了财政概念，并在戊戌变法诏书中写进了"改革财政，实行国家预算"的条文。但追根溯源，日本使用的财政概念则是从英语"public finance"翻译而来。

【例1】连续三届当选全国人大代表的郭新志，15年共提交了500多件有针对性的意见建议，部分建议还被纳入相关法律。她说："当选全国人大代表，我既深感荣幸，也知道这份责任的分量。我要积极发挥代表作用，真正做到'民有所呼，我有所应'。"由此可见（　）

A. 全国人大代表的提案权和立法权得到有效行使

B. 人大代表维护选民利益，对选举单位和选民负责

C. 人大代表反映群众意见和要求，坚持为民作主

D. 当选人大代表不仅是荣誉，更要对人民负责任

【解析】"当选全国人大代表，我既深感荣幸，也知道这份责任的分量。"由此可见，当选人大代表不仅是荣誉，更要对人民负责任，D正确；A错误，全国人大代表没有立法权；B、C说法有误。故选D。

【答案】D

【例2】（多选）《"健康中国2030"规划纲要》指出，全民健康是建设健康中国的根本目的。作为人大代表，在推动全民健康方面应（　）

A. 行使提案权，向人大提交推进全民健康的议案

B. 行使决定权，制定出促进全民健康的有效措施

C. 行使立法权，制定相关法律保障推进全民健康

D. 行使质询权，对政府推进全民健康工作提出质问

【解析】AD符合题意，人大代表由人民选举产生，作为人大代表，在推动全民健康方面应行使提案权，向人大提交推进全民健康的议案，也可以行使质询权，对政府推进全民健康工作提出质问；BC说法错误，立法权、决定权的行使主体是人大，不是人大代表。故选AD。

【答案】AD

【例3】（多选）人大代表来自人民，人大代表履职好不好，不是代表自己说了算，也不是领导说了算，而是由选民说了算。近年来，某县人大常委会采取代表向选民述职等方式，积极探索出一条行之有效的促进代表履职之路。这一做法（　）

A. 强化了代表与选民的联系，提高代表履职能力

B. 创新监督方式，让选民真正能够监督代表履职

C. 体现了人大代表由选民直接选举产生

D. 便于选民行使质询权，督促人大代表行使权力

【解析】"代表向选民述职"强化了代表与选民的联系，创新监督方式，让选民真正能够监督代表履职，有利于提高代表履职能力，AB符合；县及县以下人大代表由选民直接选举产生，而县以上各级人大代表由间接选举产生，C错；质询权是人大代表的权利，选民没有质询权，人大代表依法行使权利、履行义务，区分权力与权利，D错。故选AB。

【答案】AB

10.习近平总书记在学习贯彻党的十九大精神研讨班开班式上指出，"时代是出卷人，我们是答卷人，人民是阅卷人。"从政治生活角度看，"人民是阅卷人"的根本原因在于（　）

A. 在我国，公民是国家的主人

B. 我国人民民主最广泛、最真实

C. 我国是人民民主专政的社会主义国家

D. 我国人民拥有直接管理国家事务的权力

11.2021年全国人大会议通过的《中华人民共和国国民经济和社会发展第十四个五年规划和2035年远景目标纲要》中，民生福祉类指标在经济社会发展主要指标中超过三分之一，占比为历次五年规划中最高，传递着发展的民生温度。从根本上讲，这是因为（　）

A. 人民权益日益得到实现

B. 人民是国家和社会的主人

C. 人民直接行使国家权力

D. 国家保障个人的合法权益

转移支付

转移支付（transfer payment），又称无偿支出，它主要是指各级政府之间为解决财政失衡而通过一定的形式和途径转移财政资金的活动，是用以补充公共物品而提供的一种无偿支出，是政府财政资金的单方面的无偿转移，体现的是非市场性的分配关系，是二级分配的一种手段。

【例4】老百姓希望人大代表要发挥“一盏灯”的作用，敢于照亮自己，也乐于照亮别人；会当经济发展的参谋员，勇当经济发展的监督员，善当经济发展的推动员。这就要求人大代表（ ）

A. 积极行使立法权，完善我国法律体系

B. 发挥好先锋模范作用，做到执政为民

C. 切实履行职责，为经济发展建言献策

D. 积极行使决定权，制定方针、政策

【解析】根据题意，这需要人大代表充分行使提案权等相关权利，切实履行好其职责，为经济发展建言献策，C观点符合题意。立法权是人大的职权，不是人大代表的权利，A说法错误。共产党员要发挥好先锋模范作用，中国共产党要做到执政为民，B说法错误。人大积极行使决定权，制定方针、政策，不是人大代表，D说法错误。故选C。

【答案】C

【例5】（多选）2021年全国人大会议期间，全国人大代表共提出建议8993件。按照全国人大组织法和代表法的有关规定，这些建议交由194家承办单位研究办理。由此可见（ ）

A. 人大代表享有质询权　B. 承办单位接受人大代表的领导

C. 人大代表享有提案权　D. 人大代表是国家权力的行使者

【解析】全国人大代表共提出建议8993件，可见人大代表享有提案权，也表明人大代表是国家权力的行使者，CD应选。A与题意不符，材料未涉及人大代表的质询权，A不选。B说法错误，承办单位接受中国共产党的领导，B不选。故选CD。

【答案】CD

【例6】（多选）十三届全国人大常委会高度重视全国人大代表学习培训。2019年，全国人大常委会办公厅围绕“预算审查监督”“完善中国特色社会主义法律体系”“脱贫攻坚与乡村振兴战略”“保障和改善民生”组织4个专题学习班。组织全国人大代表学习培训有利于（ ）

A. 提高人大代表履职的能力和水平

B. 增强人大代表决定重大事务的责任意识

C. 更好地发挥国家权力机关的作用

D. 提高权力机关执行政府决策的自觉性

【解析】组织全国人大代表学习培训有利于提高人大代表履职的能力和水平，更好地发挥国家权力机关的作用，AC符合题意；决定重大事务是人民代表大会的职权，不是人大代表的权利，B错误；在我国，权力机关产生行政机关，政府应执行人大的决定，D错误。故选AC。

【答案】AC

12.2021年3月11日，第十三届全国人民代表大会第四次会议批准通过了《中华人民共和国国民经济和社会发展第十四个五年规划和2035年远景目标纲要》，在这里，全国人大行使的职权是（ ）

A. 立法权　B. 审议权

C. 决定权　D. 提案权

13.2021年6月至7月上旬，全国人大常委会启动畜牧法执法检查。各检查小组将分别赴内蒙古、吉林、湖南、四川、云南、青海等6省（区）开展实地检查，同时委托黑龙江、山东、河南、湖北、广东、重庆、宁夏、新疆等8省（区、市）人大常委会对本行政区内畜牧法实施情况进行检查。这表明（ ）

A. 全国人大代表行使了质询权

B. 全国人大常委会行使了立法权

C. 全国人大常委会行使了监督权

D. 全国人大常委会是国家法律监督机关

等量劳动领取等量消费品的原则，还不可能在全社会的公有制经济范围内按统一标准实现。现阶段的公有制企业是自主经营、自负盈亏的商品生产者和经营者，存在着各自的经济利益。因此，按劳分配还不可能在全社会的公有制经济范围内按统一标准实现。只能先根据各个企业提供给社会的有效的联合劳动量，在各企业之间进行分配。然后再由各个企业根据等量劳动领取等量报酬的原则对劳动者进行分配。在这种情况下，劳动者的个人收入不仅取决于自己的劳动贡献，而且还取决于所在企业的生产经营成果。

【例7】（多选）在全国人大常委会的主持下，全国35个选举单位共选举产生了2980名十三届全国人大代表，参加十三届全国人民代表大会，审议“一府一委两院”的工作报告等。材料中包含的人民代表大会制度的基本内容有（ ）

A. 国家的一切权力属于人民

B. 人大在党的领导下开展工作

C. 人大代表是国家权力机关的组成人员

D. 人民代表大会制度是根本政治制度

【解析】材料没有出现党，也没有体现出人民代表大会制度是我国的根本政治制度，BD与题意无关，排除。AC正确切题，选AC。

【答案】AC

【例8】（多选）全国人大常委会重视代表建议办理工作，每年都听取办公厅和有关方面关于代表建议办理情况的报告，推动解决了一批人大代表关注、人民群众关心的重点问题。这表明全国人大常委会（ ）

A. 增强服务意识，切实提高行政服务效率

B. 支持代表依法履职，坚持务实工作作风

C. 坚持以人民为中心，切实维护人民群众利益

D. 作为国家权力机关，依法领导其他国家机关

【解析】全国人大常委会重视代表建议办理工作表明全国人大常委会支持代表依法履职，坚持务实工作作风，B符合题意；推动解决了一批人大代表关注、人民群众关心的重点问题，这表明全国人大常委会坚持以人民为中心，切实维护人民群众利益，C符合题意；A是对政府的要求，与题意不符；其他中央国家机关对全国人大负责，受其监督，但二者不是领导与被领导的关系，D错误。故选BC。

【答案】BC

14.（多选）某市建立人大代表社区联络站，人大代表更好地做到了“关心民生、反映民情、解决民困”，为广大群众营造了良好的工作生活环境，让人们切实感受到“以前在报纸上、电视里的人大代表，现在就在身边”。建立人大代表社区联络站旨在（ ）

A. 使社区群众能够直接参与民主决策

B. 为人大代表履职尽责提供平台

C. 使社区群众能够直接参与民主管理

D. 密切人大代表与基层群众联系

15.（多选）十三届全国人大四次会议上，全国人大听取和审议最高人民法院工作报告和最高人民检察院工作报告。这主要体现了（ ）

A. 人民代表大会是我国的最高国家权力机关

B. 全国人大依法行使监督权和决定权

C. 我国人民的民主权利得到充分实现

D. 全国人大和最高人民法院、最高人民检察院是监督与被监督的关系

互动训练答案

1.C 2.D 3.B 4.CD 5.ACD
6.AC 7.AC 8.AD 9.D 10.C
11.B 12.C 13.C 14.BD 15.BD

正确区分分配制度、分配原则、分配政策和分配方式

分配制度是按劳分配为主体、多种分配方式并存，把按劳分配与按生产要素分配结合起来；分配原则是效率优先、兼顾公平；分配政策是允许和鼓励部分先富，倡导先富帮后富，同时政府要对收入分配加以调节，取缔非法收入，整顿不合理收入，调节过高收入，保障低收入者的基本生活。分配方式：按劳分配、按个体劳动者劳动成果分配、按生产要素分配。

第二节 人民代表大会制度：我国的根本政治制度

· 知识整合 ·

【知识点一】我国的政权组织形式

1. 人民代表大会制度的内涵

（1）组织活动原则：民主集中制原则。

（2）组成：由人民定期选出自己的代表组成各级人民代表大会。

（3）作用：作为人民行使国家权力的机关。

（4）组织：由人民代表大会组织其他国家机关。

（5）目的：实现人民民主专政历史任务。

（6）实质：政权组织形式。

2. 实行人民代表大会制度的原因

人民代表大会制度是由我国人民当家作主的社会主义国家性质决定的。中国共产党是我国社会主义事业的领导核心，代表着最广大人民的根本利益。人民代表大会制度的一项基本功能，就是把体现广大人民群众根本利益的党的路线、方针、政策依照法律程序转化为国家意志，并使之成为全体公民共同遵守的法律规范。

3. 人民代表大会制度的地位

（1）地位：人民代表大会制度是我国的根本政治制度。

（2）原因：

①人民代表大会制度在国家政治生活中体现人民当家作主，突出强调权为民所赋，最充分地体现了社会主义国家的本质要求。

②人民代表大会制度在我国政治制度体系中居于核心地位，国家的其他制度，包括行政制度、监察制度、司法制度等，都是由人民代表大会通过立法创制出来的，都要受其统领和制约。

【知识点二】人民代表大会制度的优势

1. 人民代表大会制度优越性的表现

（1）人民代表大会制度保障了人民当家作主。

（2）人民代表大会制度动员了全体人民以国家主人翁的姿态投身于社会主义建设。

（3）人民代表大会制度保证了国家机关协调高效运转。

（4）人民代表大会制度维护了国家统一和民族团结。

互动训练

1.（多选）第十三届全国人民代表大会第一次会议表决通过《中华人民共和国宪法修正案》，选举产生国家监察委员会。这表明（　）

A. 全国人大是我国国家权力机关

B. 人大行使立法权和审议权

C. 国家监察委员会是我国监察机关

D. 我国坚持民主集中制原则

2.（多选）人民代表大会制度是我国的根本政治制度。坚持和完善人民代表大会制度必须（　）

A. 毫不动摇地坚持共产党的领导

B. 坚持保证和发展人民当家作主

C. 借鉴和模仿西方议会民主制度

D. 全面推进政治制度的根本变革

马克思当时设想的按劳分配，是在社会统一占有生产资料和不存在商品货币关系的条件下实行的。但在社会主义初级阶段，公有制还不可能在全社会范围内实现，公有制还有多种经济形式和多种实现形式，社会主义经济是公有制基础上的商品经济，实行社会主义市场经济体制。所以，我们实行的按劳分配原则，同马克思的设想有很多不同。

2. 坚持完善人民代表大会制度

人民代表大会制度是坚持党的领导、人民当家作主、依法治国有机统一的根本政治制度安排，体现了中国特色社会主义的制度优势，必须长期坚持，不断完善。

·考点解析·

【考点一】表格分析

1. 人民民主专政与人民代表大会制度的关系

	人民民主专政	人民代表大会制度
区别	我国的国体	我国的政体
联系	人民代表大会制度是由我国人民民主专政的社会主义国家性质决定的。这一制度以人民当家作主为宗旨，真正保障了人民群众参与国家管理，充分体现了人民的意志和利益，显示了我国社会主义民主政治鲜明的特点	

2. 人民代表大会与人民代表大会制度的关系

	人民代表大会	人民代表大会制度
区别	是我国人民行使国家权力的机关	是适合我国国情的根本政治制度，是我国的政体
联系	人民代表大会制度是以人民代表大会作为国家权力机关统一领导国家事务的根本政治制度，人民代表大会是人民代表大会制度的基石	

【例1】（多选）2019年6月29日，十三届全国人大常委会第十一次会议在北京人民大会堂闭幕。会议表决通过了全国人大常委会关于在中华人民共和国成立七十周年之际对部分服刑罪犯予以特赦的决定，表决通过疫苗管理法，听取审议了财政部部长关于上年度中央决算报告和审计工作报告等。这表明（　）

A. 全国人大常委会行使了最高决定权、立法权和监督权

B. 人大统一行使国家权力监督其他国家机关的工作

C. 我国的政体是实行民主集中制的人民代表大会制度

D. 国务院协助全国人大常委会推动经济社会和谐发展

【解析】全国人大行使最高决定权、立法权和监督权，全国人大常委会没有最高决定权、立法权和监督权，排除A；会议表决通过对部分服刑罪犯予以特赦的决定，表决通过疫苗管理法，听取审议财政部部长中央决算报告和审计工作报告等，这表明人大统一行使国家权力监督其他国家机关的工作，我国的政体是实行民主集中制的人民代表大会制度，BC符合题意；人大决定全国和地方的一切重大事务，其他机关具体行使管理国家和社会事务的权力，推动经济社会和谐发展的事务应该主要由政府负责，排除D。故选BC。

【答案】BC

3.（多选）人民代表大会制度作为我国的政体，显示出了强大的生命力和无比优越性，它（　）

A. 维护了国家统一和民族团结

B. 保证了国家机关协调高效运转

C. 决定了人民民主专政的国家性质

D. 保障了人民依法直接行使民主权利

4.（多选）我国人民民主专政的国体和人民代表大会制度的政体，是中国人民奋斗的成果和历史的选择，是适合我国国情的好制度。下列关于人民代表大会制度的基本内容表述正确的是（　）

A. 国家的一切权力属于公民

B. 人民通过直接选举选出代表，组成各级人民代表大会

C. 由国家权力机关产生其他国家机关，依法行使各自的职权

D. 实行民主集中制的组织和活动原则

欧洲中央银行

欧洲中央银行（European Central Bank，ECB），其前身是设在法兰克福的欧洲货币局，简称欧洲央行，是根据1992年《马斯特里赫特约》的规定于1998年7月1日正式成立的，拥有27个欧盟国家，既是为了适应欧元发行流通而设立的金融机构，也是欧洲经济一体化的产物。欧洲央行的职能是“维护货币的稳定”，管理主导利率、货币的储备和发行以及制定欧洲货币政策；其职责和结构以德国联邦银行为模式，独立于欧盟机构和各国政府之外。总部位于德国金融中心法兰克福，现任行长为特里谢。

【例2】（多选）人民代表大会制度是我国的根本政治制度，必须长期坚持，不断完善。人民代表大会制度的基本内容包括（ ）

A. 国家的一切权力属于人民

B. 人大代表都是等额选举产生的

C. 人民代表大会是最高国家权力机关

D. 实行民主集中制的组织和活动原则

【解析】AD是人民代表大会制度的内容；B错在“等额”；C混淆了人民代表大会和全国人民代表大会。故选AD。

【答案】AD

【例3】（多选）在全国人大常委会的主持下，全国35个选举单位共选举产生了2980名十三届全国人大代表，参加十三届全国人民代表大会，审议“一府一委两院”的工作报告等。材料中包含的人民代表大会制度的基本内容有（ ）

A. 国家的一切权力属于人民

B. 人大在党的领导下开展工作

C. 人大代表是国家权力机关的组成人员

D. 人民代表大会制度是根本政治制度

【解析】材料没有出现党，也没有体现出人民代表大会制度是我国的根本政治制度，BD与题意无关，排除。AC正确切题，故选AC。

【答案】AC

【例4】（多选）第十三届全国人民代表大会第一次会议表决通过的《中华人民共和国监察法》规定：中央和地方各级监察委员会是行使国家监察职能的专责机关，监察机关依照本法对行使公权力的公职人员进行监察，调查职务违法和职务犯罪。这有利于（ ）

A. 监察委员会与人民代表大会相互监督，防止滥用权力

B. 有效惩治和防范腐败，使公权力更好地服务人民

C. 健全监督体系，推进国家治理体系和治理能力现代化

D. 实施体制机制创新，强化公民民主监督

【解析】监察委员会与人民代表大会不是相互监督的关系，A不选；中央和地方各级监察委员会行使国家监察职能，这有利于有效惩治和防范腐败，使公权力更好地服务人民，B正确；监察委员会的设立有利于健全监督体系，推进国家治理体系和治理能力现代化，C正确；监察委员会的监督不属于公民的民主监督，D错误。故选BC。

【答案】BC

5.（多选）第十三届全国人民代表大会第一次会议以2958票赞成，2票反对，3票弃权的表决结果，顺利通过宪法修改议案。这表明全国人大（ ）

A. 行使立法权

B. 行使决定权

C. 坚持依法行政

D. 坚持民主集中制原则

6.（多选）2020年4月29日，福州市第十五届人大常委会第二十七次会议审议并高票表决通过了福州市中级人民法院有关人事事项。这说明（ ）

A. 人民代表大会有决定权

B. 人民代表大会有任免权

C. 人民代表大会有表决权

D. 人民代表大会实行民主集中制原则

财产性收入

党的十七大报告中首次提出“创造条件让更多群众拥有财产性收入”。“财产性收入”一般是指家庭拥有的动产（如银行存款、有价证券等）、不动产（如房屋、车辆、土地、收藏品等）所获得的收入。它包括出让财产使用权所获得的利息、租金、专利收入等；财产营运所获得的红利收入、财产增值收益等。“创造条件让更多群众拥有财产性收入”，即国家要采取各种措施，让老百姓运用手中的财富获得更多的收入。

【考点二】人民代表大会制度与党的领导之间的关系

（1）我国的人民代表大会制度是党领导人民组织建立起来的。

（2）党的意志要变成国家意志，必须通过人大行使职权来实现。

（3）要在中国共产党的领导下，支持和保证人民通过人民代表大会行使国家权力。发挥人大及其常委会、人大代表的作用。

【例1】（多选）全国人大常委会根据中共中央的建议，向十三届全国人大一次会议提出了宪法修正案议案。十三届全国人大一次会议审议并高票通过了《中华人民共和国宪法修正案》，使党的主张上升为国家意志。这表明（　）

A. 全国人民代表大会行使最高立法权和监督权

B. 党的领导、人民当家作主、依法治国是有机统一的

C. 人民代表大会制度坚持民主集中制原则

D. 依法治国是中国共产党的基本执政方式

【解析】十三届全国人大一次会议审议并高票通过了《中华人民共和国宪法修正案》，使党的主张上升为国家意志。这表明全国人民代表大会行使最高立法权，人民代表大会制度坚持民主集中制原则，党的领导、人民当家作主、依法治国是有机统一的，BC符合题意，排除A；依法执政是中国共产党的基本执政方式，D错误。故选BC。

【答案】BC

【例2】（多选）中国共产党第十九届中央委员会第二次全体会议审议通过了《中共中央关于修改宪法部分内容的建议》，对现行宪法作出关于国家指导思想、国家机构设置和职权等21条修改。其后，向全国人民代表大会常务委员会提出修宪建议。十三届全国人大一次会议第三次全体会议经投票表决，通过了《中华人民共和国宪法修正案》。对以上内容理解正确的是（　）

A. 中国特色社会主义最本质特征是中国共产党的领导

B. 我国人民代表大会制度实行民主集中制原则

C. 中国共产党和全国人大相互协作，共同行使立法权

D. 党作为国家机构体系的核心，坚持依法执政

【解析】立法权属于全国人大及其常委会，C不选；国家权力机关在整个国家机构体系中处于核心地位，D错误；根据党委会议的精神人大投票表决通过修宪建议，说明人大坚持党的领导，民主集中制是人大的组织活动原则，AB正确且符合题意。故选AB。

【答案】AB

7.（多选）我国各级人民代表大会的代表由人民民主选举产生，对人民负责，受人民监督；其他国家机关都由人民代表大会产生，对人民代表大会负责，并受其监督。这说明（　）

A. 我国的一切权力属于人民

B. 我国人民直接行使国家最高权力

C. 我国的人民代表大会制度实行民主集中制原则

D. 我国人民代表大会制度保障了人民当家作主

8.（多选）某县人大常委会推出工作评议制度，任期内完成了对县政府各部门的评议，有力推进了环卫改革创新、学前教育资源投入等方面的工作。县人大对政府工作进行评议（　）

A. 强化了县人大的监督工作

B. 行使了人大对县域事务的决定权

C. 改变了县人大的职权范围

D. 体现了国家机关民主集中制原则

储蓄存款利息自2008年10月9日起暂免征个税

根据个人所得税有关规定，国务院决定自2008年10月9日起，对储蓄存款利息所得暂免征收个人所得税。我国自1999年11月1日对储蓄存款利息所得恢复征收个人所得税以来，在鼓励消费和投资、合理调节个人收入、增加财政收入等方面发挥了积极作用。针对当前我国社会经济面临的新情况，对储蓄存款利息所得暂免征收个人所得税，有利于增加个人储蓄存款收益，符合国家宏观调控的需要。

【例3】（多选）习近平总书记强调，中国特色社会主义政治制度之所以行得通、有生命力、有效率，就是因为它是从中国的社会土壤中生长起来的。中国特色社会主义政治制度过去和现在一直生长在中国的社会土壤之中，未来要继续茁壮成长，也必须深深扎根于中国的社会土壤。这说明（　）

A. 中国特色社会主义政治制度是适合我国国情的好制度

B. 要坚持制度自信，固守人民代表大会制度不动摇

C. 发展社会主义民主政治绝不能照搬西方的政治制度

D. 要立足中国国情，使人大和政府的相互监督落到实处

【解析】“中国特色社会主义政治制度之所以行得通、有生命力、有效率，就是因为它是从中国的社会土壤中生长起来的”，说明中国特色社会主义政治制度是适合我国国情的好制度，A正确；中国特色社会主义政治制度必须深深扎根于中国的社会土壤，说明发展社会主义民主政治绝不能照搬西方的政治制度，C正确；坚持完善人民代表大会制度不动摇，而不是固守，同时材料强调的是政治制度，而不仅仅强调人大制度，排除B；人大和政府是监督与被监督的关系，D错误。故选AC。

【答案】AC

【考点三】人民代表大会制度的优势

习近平总书记指出，人民代表大会制度是中国特色社会主义制度的重要组成部分，也是支撑中国国家治理体系和治理能力的根本政治制度；是坚持党的领导、人民当家作主、依法治国有机统一的根本政治制度安排，必须长期坚持、不断完善。改革开放40年来，在党中央坚强领导下，人民代表大会制度与时俱进、完善发展，焕发出蓬勃生机和活力，在中国特色社会主义的伟大实践中展现出巨大优势和功效，积累了宝贵经验。

【例1】（多选）2022年是全国人民代表大会成立68周年，68年风雨历程，人民代表大会制度为实现最广泛的人民民主，为实现国家富强、民族振兴、人民幸福，奠定了坚实的制度基础，确立了正确的前进方向。这一制度（　）

A. 保障了人民当家作主

B. 是人民民主的物质保障

C. 是人民管理国家事务的权力机关

D. 维护了我国的国家统一和民族团结

【解析】人民代表大会制度保障了人民当家作主，这一制度坚持民主集中制原则，维护了我国的国家统一和民族团结，AD正确且符合题意。人民代表大会制度是人民民主的制度保障，不是物质保障，排除B。人民代表大会制度是我国的根本政治制度，不是权力机关，排除C。故选AD。

【答案】AD

9.第十三届全国人民代表大会第一次会议高票通过了关于政府工作报告的决议《中华人民共和国民法典（草案）》。这表明（　）

A. 全国人大行使最高立法权、表决权

B. 人民代表大会制度实行民主集中制

C. 我国政府接受全国人大的统一领导

D. 人民代表大会是我国根本政治制度

10.（多选）2019年年初，全国人大环境与资源保护委员会委托中国工程院开展了水污染防治法实施情况评估研究工作，并把评估结果运用到执法检查中，这是全国人大常委会首次在执法检查中引入第三方评估。全国人大常委会引入第三方评估（　）

A. 保障了第三方参与执法检查的权利

B. 增强了人大监督工作的科学性

C. 促使人大的决定权得以真正的实现

D. 创新了人大执法检查工作方法

美国联邦储备系统

美国联邦储备系统（Federal Reserve System，简称Fed）负责履行美国的中央银行的职责，这个系统是根据《联邦储备法》（Federal Reserve Act）于1913年成立的。这个系统主要由联邦储备委员会、联邦储备银行及联邦公开市场委员会等组成。美国联邦储备系统是由美国国会在通过欧文-格拉斯法案（Owen-Glass Act，又称联邦储备法案）的基础上建立的，由伍德罗·威尔逊总统于1913年12月23日签字。

【例2】（多选）十三届全国人大三次会议在北京召开。国务院总理李克强向人大作政府工作报告。报告含“金”量很高，除了有关民生的数字指标“抓人眼球”外，更是作出了一系列包含“务必”“一定”“必须”等表述的“硬承诺”。与西方议会制相比，我国的人大制度（　）

A. 是适合我国国情的好制度

B. 实行权力分立和制衡的原则

C. 保障了人民当家作主

D. 是集中基础上的民主，民主指导下的集中

【解析】与西方议会制相比，我国的人大制度是适合我国国情的好制度，保障了人民当家作主，AC正确；我国人民代表大会制度的组织和活动原则是民主集中制，B错误；民主集中制是民主基础上的集中和集中指导下的民主相结合的制度，D错误。故选AC。

【答案】AC

【例3】（多选）中国改革开放以来作出许多重大改革，使得中国飞速发展，成长为世界第二大经济体，这充分证明了中国治理体制的高效和成功。“中国之治”成为中国一张最亮丽的名片，“‘中国之治’对世界意味着什么”也成为一个世界性的话题。“中国之治”得益于中国制度科学管用，具有合实际、合规律、合目的的制度逻辑。对“中国之治”成功的原因及其对世界的影响理解正确的是（　）

A. 科学管用——中国制度超越意识形态，包容智慧启迪各国治理

B. 合乎实际——中国制度符合本国国情，独立自主提供道路借鉴

C. 合乎规律——中国制度顺应历史潮流，深化改革引领世人思考

D. 合乎目的——中国制度谋求人民利益，重建秩序带领全球航向

【解析】任何制度都不能超越意识形态。A错误；B符合题意，中国制度合乎实际，符合本国国情，独立自主提供道路借鉴；C符合题意，中国制度合乎规律，顺应历史潮流，深化改革引领世人思考；D表述错误，中国没有重建国际秩序，中国是国际秩序的维护者，与世界各国共同维护以联合国宪章宗旨原则为核心的国际秩序和国际体系。故选BC。

【答案】BC

11.（多选）改革开放以来，在党中央坚强领导下，人民代表大会制度不断完善发展，焕发出蓬勃生机和活力，在中国特色社会主义的伟大实践中展现出巨大优势和功效。下列对人民代表大会制度的巨大优势理解正确的是（　）

A. 它是我国最高国家权力机关

B. 它赋予人大代表治理国家的权力

C. 它动员了全体人民以国家主人翁的姿态投身于社会主义建设

D. 它保证了国家机关协调高效运转

12.（多选）2020年5月22日，第十三届全国人民代表大会第三次会议审议并高票表决通过了最高人民法院有关人事事项。这说明（　）

A. 人民代表大会有决定权

B. 人民代表大会有任免权

C. 人民代表大会有表决权

D. 人民代表大会实行民主集中制原则

小额贷款公司的性质

小额贷款公司是由自然人、企业法人与其他社会组织投资设立，不吸引公众存款，经营小额贷款业务的有限责任公司或股份有限公司。小额贷款公司是企业法人，有独立的法人财产，享有法人财产权，以全部财产对其债务承担民事责任。小额贷款公司应执行国家金融方针和政策，在法律法规规定的范围内开展业务，自主经营，自负盈亏，自我约束，自担风险，其合法的经营活动受法律保护，不受任何单位和个人的干涉。

【例4】（多选）2020年10月30日，中共全国人大常委会党组举行会议，传达学习习近平总书记重要讲话和五中全会精神，明确做好十三届全国人大四次会议审查批准“十四五”规划纲要的各项工作。这体现（　）

A. 坚持和完善人民代表大会制度必须坚持党的领导

B. 人民代表大会是人民代表大会制度的基石

C. 人民代表大会是我国的根本政治制度，有效地推进了国家权力的制约和平衡

D. 人民代表大会拥有决定权和监督权

【解析】中共全国人大常委会党组学习习近平总书记讲话和五中全会精神，说明人大坚持党的领导，坚持完善人民代表大会制度也要坚持党的领导，A符合题意；“十三届全国人大四次会议审查批准‘十四五’规划纲要的各项工作”强调了全国人民代表大会的重要性，B符合题意；人民代表大会制度是我国的根本政治制度，其组织和活动原则是民主集中制，西方国家的三权分立制度主张国家权力的制约和平衡，C错误；“审查批准‘十四五’规划纲要”体现人大的决定权，不体现监督权，D错误。故选AB。

【答案】AB

【例5】（多选）人民代表大会制度是符合中国国情和实际、体现社会主义国家性质、保证人民当家作主、保障实现中华民族伟大复兴的好制度。这是因为人民代表大会制度（　）

A. 决定了我国人民民主专政的社会主义国家性质

B. 体现了中国特色社会主义民主政治的特点和优势

C. 作为国家权力机关，促进了国家统一和民族团结

D. 坚持了党的领导、人民当家作主、依法治国的有机统一

【解析】本题考查人民代表大会制度的优越性。国体决定政体，我国人民民主专政的社会主义国家性质决定了我国实行人民代表大会制度，A错误。“人民代表大会制度是符合中国国情和实际、体现社会主义国家性质、保证人民当家作主、保障实现中华民族伟大复兴的好制度”，这是因为人民代表大会制度体现了中国特色社会主义民主政治的特点和优势，坚持了党的领导、人民当家作主、依法治国的有机统一，BD正确。人民代表大会是我国的国家权力机关，人民代表大会制度是我国的根本政治制度，C错误。故选BD。

【答案】BD

13.（多选）中国共产党第十九届中央委员会第二次全体会议审议通过了《中共中央关于修改宪法部分内容的建议》，对现行宪法作出关于国家指导思想、国家机构设置和职权等21条修改。其后，向全国人民代表大会常务委员会提出修宪建议。十三届全国人大一次会议第三次全体会议经投票表决，通过了《中华人民共和国宪法修正案》。对以上内容理解正确的是（　）

A. 中国特色社会主义最本质的特征是中国共产党的领导

B. 我国人民代表大会制度实行民主集中制原则

C. 中国共产党和全国人大相互协作，共同行使立法权

D. 党作为国家机构体系的核心，坚持依法执政

互动训练答案

1.AD　2.AB　3.AB　4.CD　5.AD　6.BD　7.ACD　8.AD　9.B　10.BD　11.CD　12.BD　13.AB

存款准备金率

存款准备金是指金融机构为保证客户提取存款和资金清算需要而准备的在中央银行的存款。中央银行要求的存款准备金占其存款总额的比例就是存款准备金率。中央银行通过调整存款准备金率，可以影响金融机构的信贷扩张能力，从而间接调控货币供应量。通俗点说，如果存款准备金率为10%，就意味着金融机构每吸引1000万元存款，就要向中央银行缴存100万的存款准备金，用于发放贷款的资金为900万元。倘若将存款准备金率提高到20%，那么金融机构可贷资金将减少到800万元。

[第六课　我国的基本政治制度]

第一节　中国共产党领导的多党合作和政治协商制度

知识整合

【知识点一】中国特色社会主义政党制度

1. 我国政党制度

（1）鲜明的特色：中国共产党领导的多党合作和政治协商制度，是一项具有鲜明中国特色的政党制度。

（2）形成与发展：这一制度在新民主主义革命时期孕育，在中华人民共和国的建国过程中确立，在社会主义现代化建设时期得到发展。

2. 我国民主党派

（1）发展：在革命、建设和改革事业中，各民主党派同中国共产党一道前进。

（2）性质：现已成为各自所联系的一部分社会主义劳动者、社会主义事业建设者、拥护社会主义的爱国者、拥护祖国统一和致力于中华民族伟大复兴的爱国者的政治联盟。

3. 我国政党制度的地位和内容

（1）地位：中国共产党领导的多党合作和政治协商制度，是我国的一项基本政治制度。

（2）内容：

基本方针	中国共产党和各民主党派奉行长期共存、互相监督、肝胆相照、荣辱与共的方针，是通力合作、共同致力于社会主义事业的亲密友党
前提保证	中国共产党的领导是多党合作和政治协商的首要前提与根本保证。在政党之间的关系上，中国共产党对民主党派的领导是政治领导，主要是政治方向、政治原则和重大方针政策的领导
政治地位	在国家政治生活中，中国共产党是执政党，各民主党派是参政党。各民主党派具有法律赋予的参政权，包括参加国家政权，参与国家大政方针和国家领导人人选的协商，参与国家事务的管理，参与国家方针政策、法律法规的制定和执行，等等
活动准则	各政党包括执政党都必须以宪法为根本的活动准则

4. 新型的政党关系与政党制度形式

（1）政党关系：

①中国共产党同各民主党派既亲密合作又互相监督，而不是互相反对。

②中国共产党依法执政，各民主党派依法参政，而不是轮流执政。

（2）优越性：这一制度与人民代表大会制度相适应，有利于发展社

互动训练

1. 实行社会主义协商民主，必须坚持和完善中国共产党领导的多党合作和政治协商制度，充分发挥人民政协作为协商民主重要渠道的作用。在我国政治协商制度中，各民主党派本质上是（　）

A. 资产阶级政党

B. 无产阶级政党

C. 带有阶级联盟性质的政党

D. 部分社会主义建设者和爱国者的政治联盟

2.（多选）目前，全国各级人大代表和政协委员中有党外人士 50 余万人，担任县处级以上领导职务的党外人士有 3.2 万人，越来越多的民主党派或无党派人士走上了各级国家机关的领导岗位。这表明（　）

A. 民主党派在国家政治生活中发挥着重要作用

B. 民主党派的参政议政功能正得到有效发挥

C. 社会主义民主政治已趋于完善

D. 各民主党派是参政党

增值税转型

增值税转型，就是将中国现行的生产型增值税转为消费型增值税，也称作增值税改革或增值税转型改革。在现行的生产型增值税税制下，企业所购买的固定资产所包含的增值税税金，不允许税前扣除；而如果实行消费型增值税，则意味着这部分税金可以在税前抵扣。世界上采用增值税税制的绝大多数市场经济国家实行的都是消费型增值税，因为它有利于企业进行设备更新改造，因而颇受企业的欢迎。

会主义民主，有利于推进中国特色社会主义建设，有利于推进祖国和平统一大业，展现出强大的生命力和显著的优越性。

【知识点二】中国人民政治协商会议

性质	中国人民爱国统一战线的组织，是中国共产党领导的多党合作和政治协商的重要机构，是我国政治生活中发扬社会主义民主的重要形式，是国家治理体系的重要组成部分，是具有中国特色的制度安排
组成	全国委员会由中国共产党、各民主党派、无党派人士、人民团体、各少数民族和各界的代表、香港特别行政区同胞、澳门特别行政区同胞、台湾同胞和归国侨胞的代表以及特别邀请的人士组成
主题	团结和民主
职能	履行政治协商、民主监督和参政议政的职能
作用	社会主义协商民主的重要渠道和专门协商机构
要求	在中国特色社会主义新时代，人民政协工作要聚焦党和国家中心任务，把协商民主贯穿政治协商、民主监督、参政议政全过程，丰富协商议政内容和形式，着力增进共识、促进团结
	加强人民政协民主监督职能，重点监督党和国家重大方针政策、重要决策部署的贯彻落实

·考点解析·

【例1】（多选）中国共产党领导的多党合作和政治协商制度是我国社会主义民主政治的重要组成部分。下列对这一制度认识正确的是（　）

A. 各民主党派具有法律赋予的参政权

B. 各民主党派接受中国共产党的全面领导

C. 该制度创立了新型的政党关系，是多党联合执政制度

D. 该制度是我国的一项基本政治制度

【解析】中国共产党领导的多党合作和政治协商制度，是中国特色的政党制度，是我国的一项基本政治制度，各民主党派是参政党，具有法律赋予的参政权，AD符合题意。在政党关系上，中国共产党对各民主党派的领导是政治领导，B错误。我国的政党制度不是多党联合执政制度，C错误。故选AD。

【答案】AD

3.（多选）2021年2月1日，习近平总书记同各民主党派中央、全国工商联负责人和无党派人士代表欢聚一堂，共迎佳节。习近平希望各民主党派借鉴脱贫攻坚民主监督的好经验好做法，谋划部署好新的专项民主监督工作。民主党派的专项民主监督（　）

A. 是多党合作的首要前提和具体实践

B. 是法律赋予民主党派的职权

C. 具有法律效力政府必须贯彻落实

D. 能发挥协商民主的价值和优势

4.（多选）人民政协围绕团结和民主两大主题，履行政治协商、民主监督和参政议政的职能，对社会主义政治、经济、文化、和谐社会的构建发挥着不可替代的作用。这是因为人民政协（　）

A. 能总揽全局，协调各方

B. 是多党合作的重要组织形式

C. 有权质询、监督政府的工作

D. 是具有广泛代表性的爱国统一战线组织

病鹿

有只生病的鹿躺在草地上。众多野兽前去看望他，并吃光了那附近的草。鹿病好后，因找不到草，缺少食物而体弱至死。这故事告诉我们，过多地结交毫无益处的朋友是有害无益的。

【例2】（多选）每遇重大决策或召开重要会议，党和政府都要召集以民主党派为主体的党外人士进行座谈，广泛征求党外人士的意见和建议。民主党派能够受邀参政议政，主要是因为民主党派（ ）

A. 以党的领导作为根本活动准则

B. 可以参加国家政权，是国家政策的制定者

C. 是爱国统一战线的重要组成部分

D. 具有人才密集、联系广泛的优势

【解析】中国共产党的领导是多党合作和政治协商的首要前提与根本保证，各政党包括执政党以宪法为根本活动准则，A表述错误。民主党派可以参加国家政权，B中"是国家政策的制定者"说法错误，排除。民主党派能够受邀参政议政，主要是因为民主党派是爱国统一战线的重要组成部分，具有人才密集、联系广泛的优势，CD符合题意，故选CD。

【答案】CD

【例3】（多选）我国政党制度具有鲜明的中国特色，这种特色表现为（ ）

A. 中国共产党领导、多党派合作 B. 中国共产党立法、多党派守法

C. 中国共产党执政、多党派参政 D. 中国共产党监督、多党派协商

【解析】多党合作和政治协商的首要前提与根本保证是中国共产党的领导，中国共产党是执政党，各民主党派是参政党，中国共产党同各民主党派是通力合作、共同致力于社会主义事业的亲密友党，AC符合题意。中国共产党没有立法权，B表述错误。多党合作的基本方针是长期共存、互相监督、肝胆相照、荣辱与共，D表述错误。故选AC。

【答案】AC

【例4】（多选）在改革开放的伟大进程中，中国民主同盟各级组织和广大盟员适应形势要求，在中国共产党的领导下，秉承"奔走国是、关注民生"的优良传统，"出主意、想办法，做好事、做实事"，积极投身伟大实践，为实现"两个一百年"奋斗目标而努力奋斗。这体现出（ ）

A. 中国共产党和民主党派的亲密友党关系

B. 多党合作的首要前提和根本保证

C. 多党合作的根本活动准则

D. 多党合作的基本方针

【解析】在改革开放的伟大进程中，民主党派在中国共产党的领导下，"出主意、想办法，做好事、做实事"，体现出中国共产党和民主党派是通力合作、共同致力于社会主义事业的亲密友党，中国共产党的领导是多党合作和政治协商的首要前提与根本保证，AB符合题意；宪法是多党合作的根本活动准则，长期共存、互相监督、肝胆相照、荣辱与共是多党合作的基本方针，CD不符合题意。故选AB。

【答案】AB

5.2022年1月14日，上海市政协副主席黄震受中国人民政治协商会议上海市第十三届委员会常务委员会的委托，向大会报告提案工作情况。他指出，截至2021年12月31日，共提交提案1001件，其中大会期间提案841件，闭会期间提案160件。这是人民政协在履行（ ）

A. 参政议政职能

B. 经济建设职能

C. 社会治理职能

D. 生态建设职能

6.（多选）某省政协从政协委员提交的772件提案中评选出《关于高质量推进乡村振兴的建议》等30件优秀提案，并予以表彰。政协这样做，是在（ ）

A. 履行政治协商职能

B. 加强自身建设，提高履职能力体

C. 激发委员们的责任感和使命感当

D. 鼓励委员们行使国家政策决定权

7.（多选）2021年1月召开的全国政协主席会议传达学习了党中央近期关于人民政协工作的重要指示精神，审议通过了政协全国委员会常务委员会工作报告（草案）等，引导广大委员为实现"十四五"良好开局，开启全面建设社会主义现代化国家新征程贡献智慧和力量。由此可见，人民政协（ ）

A. 自觉接受中国共产党的领导

B. 是建设社会主义的政治联盟

C. 是国家治理体系的组成部分

D. 对重大事项行使审议表决权

霸王条款

所谓霸王条款，就是一些经营者单方面制定的逃避法定责任、减免自身责任的不平等格式合同、通知、声明和店堂告示或者行业惯例等，限制消费者权利，严重侵害群众利益。霸王条款之所以遭到广大消费者的痛恨，是因为个别商家利用信息不对称、供求关系不平衡，将不平等的消费条款强加给消费者。很多时候，由于消费者是以个人形式面对集体形式的商家，存在心理弱势，往往不得不自认倒霉，花了冤枉钱还得受窝囊气。

【例5】（多选）作为新型政党制度，中国共产党领导的多党合作和政治协商制度，不仅找到了全社会意愿和要求的最大公约数，而且有效避免了旧式政党制度囿于党派利益、阶级利益、区域和集团利益决策施政导致社会撕裂的弊端。这是因为这一新型政党制度（　）

A. 能够通过协商民主、权力制衡推动决策科学化和民主化

B. 能够为民主党派参与执政提供根本制度和路径保证

C. 能够通过协商民主把各个政党、无党派人士紧密团结起来

D. 能够真实、广泛、持久代表和实现人民群众根本利益

【解析】中国共产党领导的多党合作和政治协商制度是新型政党制度，它通过协商民主把各个政党、无党派人士紧密团结起来，能够真实、广泛、持久代表和实现人民群众根本利益，CD符合题意。A中“权力制衡”说法错误；政党制度是我国的一项基本政治制度，不是根本制度，且“民主党派参与执政”的说法也有误，B不选。故选CD。

【答案】CD

【例6】（多选）习近平总书记在看望参加政协会议的文艺界社科界委员时强调，实现“两个一百年”奋斗目标、实现中华民族伟大复兴的中国梦，需要汇聚全民族的智慧和力量。希望各位政协委员不断提高自身素质和能力，在方方面面都发挥带头作用，做到不负重托、不辱使命。政协委员做到不辱使命，就要（　）

A. 懂政协，准确把握人民政协的定位、制度规范和履职方式

B. 会协商，聚焦国家中心任务履职尽责、执政为民、建言利民

C. 善议政，使协商议政真正成为政协管理国家事务的重要环节

D. 懂政治，增强政治意识、大局意识、核心意识、看齐意识

【解析】政协委员做到不负重托、不辱使命，必须懂政协，准确把握人民政协的定位、制度规范和履职方式，还要增强政治意识、大局意识、核心意识、看齐意识，AD正确；中国共产党是执政党，各民主党派是参政党，B中的“执政为民”说法错误；政协不是国家机关，不能管理国家事务，C中“政协管理国家事务”说法错误。故选AD。

【答案】AD

8.（多选）2021年5月7日下午，通辽市召开各民主党派工作座谈会，各民主党派负责人及秘书长参加会议，市委统战部常务副部长王宏华主持会议并讲话。这说明（　）

A. 民主党派正在成为爱国者的政治联盟

B. 共产党执政，民主党派参政

C. 中国共产党与民主党派通力合作

D. 人民政协坚持中国共产党的领导

互动训练答案

1.D　2.ABD　3.BD　4. BD　5.A　6.BC　7.AC　8.BC

《中华人民共和国反垄断法》自2008年8月1日起正式实施

自2008年8月1日起，有“经济宪法”之称的《中华人民共和国反垄断法》正式实施。《中华人民共和国反垄断法》是一部规范国家经济秩序和市场秩序的基本法律制度。《中华人民共和国反垄断法》的实施，对中国有着特别重要的意义，是标志中国经济体制改革成就的一个里程碑，标志着中国经济已经从计划经济走向市场经济，将对我国经济生活和各个经济领域产生重要影响，将打破原有的行政垄断，多形成一些良性的竞争，从而提高资源配置效率，形成更为完善的市场经济体制。

第二节　民族区域自治制度

·知识整合·

【知识点一】我国是统一的多民族国家

1. 我国民族格局的特点

（1）特点：作为统一的多民族国家，多元一体是我国民族格局的最重要特点。

（2）表现：一方面，各民族有自己的历史和文化；另一方面，各民族又都凝聚在一个统一的命运共同体中。

2. 统一的多民族国家

（1）历史：我国各族人民共同开拓了我们伟大祖国的疆域，共同创造了灿烂的中华文化。

（2）宪法：中华人民共和国是全国各族人民共同缔造的统一的多民族国家。

3. 我国的结构形式

（1）民主：我国行政区域的类型包括一般行政地方、民族自治地方和特别行政区。民族自治地方比一般行政地方拥有更多处理本区域经济社会文化发展事务的自治权。

（2）集中：中国的主权统一和领土完整不可分割。中华人民共和国只有一部宪法、一个中央政府。一般行政地方、民族自治地方和特别行政区都必须接受中央政府统辖。

【知识点二】符合国情的民族区域自治

1. 新型民族关系

（1）原因：新中国成立后，全国各族人民成为国家和社会的主人，真正掌握了自己的命运，实现了各族人民在根本利益上的一致，为建设和发展平等团结互助和谐的社会主义民族关系奠定了坚实基础。

（2）措施：我国始终坚持民族平等、民族团结和各民族共同繁荣的方针，促进各民族和睦相处、和衷共济、和谐发展。

（3）三原则是实施民族区域自治制度的目标和指导，民族区域自治制度是贯彻三原则的措施之一。其他措施还有脱贫攻坚、少数民族生育和升学相关政策等。

2. 民族区域自治制度

（1）原因：根据统一的多民族国家的历史传统，“大杂居、小聚

互动训练

1.（多选）铸牢中华民族共同体意识，在民族认同层面要处理好“多元”与“一体”的关系，既尊重“多元’，即56个民族，更强调“一体’，即由56个民族所构成的中华民族，以增强各民族群众对中华民族“多元一体”之“一体”的认同。为此必须（　）

A. 扩大少数民族自治权利，优先促进少数民族发展

B. 深化民族团结进步教育，铸牢中华民族共同体意识

C. “一体”包括“多元”，“多元”组成“一体”，二者是不可分割的

D. 弘扬新时代爱国主义精神，坚决反对民族分裂主义

物价上涨

一般地说，通货膨胀必然引起物价上涨，但不能说凡是物价上涨都是通货膨胀。影响物价上涨的因素是多方面的：①纸币的发行量必须以流通中所需要的数量为限度，如果纸币发行过多，引起纸币贬值，物价就会上涨；②商品价格与商品价值成正比，商品价值量增加，商品的价格就会上涨；③价格受供求关系影响，商品供不应求时，价格就会上涨；④政策性调整，理顺价格关系会引起上涨；⑤商品流通不畅，市场管理不善，乱收费、乱罚款，也会引起商品价格的上涨。可见，只有在物价上涨是因纸币发行过多而引起的情况下，才是通货膨胀。

居、相互交错”的民族分布特点，以及各民族在长期奋斗中形成的相互依存的民族关系，我国实行民族区域自治制度。

（2）含义：民族区域自治制度是在国家统一领导下，在各少数民族聚居的地方设立自治机关，依法行使自治权的制度。

（3）自治：

①级别：我国的民族自治地方分为自治区、自治州、自治县三级。

②机关：自治机关是民族自治地方的人民代表大会和人民政府。

③权限：在行使一般行政地方国家机关职权的同时，依法行使自治权。

（4）特点：

①我国的民族区域自治制度以国家统一为前提和基础，是国家的集中统一领导与民族区域自治的有机结合。

②各民族自治地方都是中华人民共和国不可分离的部分。

③国家保障各少数民族的合法的权利和利益，维护和发展各民族的平等团结互助和谐关系。

④国家根据各少数民族的特点和需要，帮助各少数民族地区加速经济和文化的发展。

（5）地位：民族区域自治制度是我国的一项基本政治制度。

（6）作用：民族区域自治制度是中国共产党团结带领各族人民建设中国特色社会主义、实现中华民族伟大复兴的重要保证。它增强了中华民族的凝聚力，使各族人民特别是少数民族人民把热爱本民族与热爱祖国的深厚感情结合起来，更加自觉地担负起捍卫祖国统一、保卫边疆的光荣职责。

（7）要求：坚持和完善民族区域自治制度，坚定不移走中国特色解决民族问题的正确道路。

①要充分保证民族自治地方依法行使自治权，切实尊重和保障少数民族的合法权益，因地制宜采取措施，积极推动民族自治地方的经济社会文化发展。

②必须坚定不移地维护国家尊严，依法妥善处理影响民族关系的各种矛盾和问题，依法打击民族分裂势力及其活动，坚决反对和有力回击境内外敌对势力利用民族问题进行的渗透、破坏活动。

③必须深化民族团结进步教育，加强各民族交往交流交融，不断增进各族群众对伟大祖国、中华民族、中华文化、中国共产党、中国特色社会主义的认同，铸牢中华民族共同体意识，促进各民族像石榴籽一样紧紧抱在一起，共同团结奋斗、共同繁荣发展。

【知识点三】我国的宗教政策与法律

1. 原因

我国有多种宗教，妥善处理宗教问题，对维护国家的统一和稳定具

2.（多选）第三次中央新疆工作座谈会以来，经过各方面艰辛努力，新疆工作取得了重大成效。新疆经济社会发展和民生改善取得了前所未有的成就，经济发展持续向好，人民生活明显改善，脱贫攻坚取得决定性成就。这些成绩的取得主要得益于（　）

A. 党中央的坚强领导和新疆各族儿女的共同奋斗

B. 我国坚持民族平等、民族团结和各民族共同繁荣的原则

C. 国家充分保障自治区少数民族群众依法行使自治权

D. 国家坚持把少数民族的特殊利益置于国家整体利益之上

3.（多选）2022年8月8日，内蒙古自治区成立75周年庆祝大会隆重举行。特别是改革开放以来，内蒙古各项事业跨越发展，取得了举世瞩目的成就，充分彰显了我国民族区域自治制度的优越性。实行民族区域自治制度（　）

A. 有利于维护国家统一和安全

B. 有利于保证国家机关的高效运转

C. 有利于促进社会主义现代化建设事业蓬勃发展

D. 有利于发展平等团结互助和谐的社会主义民族关系

现代企业制度

现代企业制度是指以完善的企业法人制度为基础，以有限责任制度为保证，以公司企业为主要形式，以产权清晰、权责明确、政企分开、管理科学为条件的新型企业制度。其主要内容包括：企业法人制度、企业自负盈亏制度、出资者有限责任制度、科学的领导体制与组织管理制度。建立现代企业制度，是发展社会化大生产和市场经济的必要需求，是我国国有企业改革的方向。

有重要意义。

2. 内容

（1）宗教信仰自由政策。

①宪法规定：中华人民共和国公民有宗教信仰自由。

②四个自由：公民有信仰宗教的自由，也有不信仰宗教的自由；有信仰这种宗教的自由，也有信仰那种宗教的自由；在同一宗教里，有信仰这个教派的自由，也有信仰那个教派的自由；有过去不信教而现在信教的自由，也有过去信教而现在不信教的自由。

（2）依法管理宗教事务。

①权义统一：宗教信仰自由不等于宗教活动可以不受任何约束。宗教界人士和信教群众首先是中华人民共和国的公民，在享有宗教信仰自由的同时，必须履行法律规定的义务。

②遵守法律：宗教活动必须在宪法和法律允许的范围内进行。

③依法管理：任何宗教都没有超越宪法和法律的特权，都不能干预国家行政和司法。我国坚持教育与宗教相分离，任何组织和个人不得利用宗教进行妨碍国家教育制度的活动。我国的宗教事务管理坚持"保护合法、制止非法、遏制极端、抵御渗透、打击犯罪"的原则。

（3）坚持独立自主自办的原则。

①宗教团体和宗教事务不受外国势力的支配。

②任何境外组织和个人不得干预我国的宗教事务。

③我国政府支持宗教界在平等友好的基础上开展对外交往，严格禁止境外宗教的渗透和发展，坚决打击宗教极端思想的传播，严密防范宗教极端行为的发生。

（4）积极引导宗教与社会主义社会相适应。

①含义：用社会主义核心价值观引领宗教，用中华优秀文化浸润宗教，不断推进我国宗教的中国化。

②要求：积极引导宗教与社会主义社会相适应，不是要求宗教界人士和信教群众放弃宗教信仰，而是要求他们热爱祖国、拥护社会主义制度、拥护中国共产党的领导，遵守国家的法律、法规和方针政策；要求他们从事宗教活动要服从和服务于国家的最高利益与中华民族的整体利益；支持他们努力对宗教教义作出符合社会进步要求的阐释；支持他们与各族人民一道反对一切利用宗教进行危害社会主义祖国和人民利益的非法活动，为民族团结、经济发展、社会和谐和祖国统一多做贡献。

4.（多选）改革开放40多年来，我国少数民族地区，无论是农村还是城市，无论是经济水平还是民生工程，无论是基础设施建设还是对外开放的步伐，都实现了翻天覆地的变化，实现了由贫穷到温饱，再到总体小康的跨越式发展。这主要得益于我国（　）

A. 赋予民族自治地方高度的自治权，调动其积极性

B. 巩固发展了平等团结互助和谐的社会主义民族关系

C. 坚持和完善民族区域自治制度并充分发挥其优越性

D. 少数民族地区人民的幸福感和获得感不断增强

5.（多选）下列关于我国宗教的说法正确的是（　）

A. 我国坚持教育与宗教相分离

B. 我国政府支持宗教界在平等友好的基础上开展对外交往

C. 宗教信仰自由不等于宗教活动可以不受任何约束

D. 我国积极引导宗教与社会主义社会相适应

生产管理

生产管理（Production Management）是对企业生产系统的设置和运行的各项管理工作的总称，又称生产控制。其内容包括：①生产组织工作，即选择厂址，布置工厂，组织生产线，实行劳动定额和劳动组织，设置生产管理系统等；②生产计划工作，即编制生产计划、生产技术准备计划和生产作业计划等；③生产控制工作，即控制生产进度、生产库存、生产质量和生产成本等。

·考点解析·

【考点一】我国的民族关系

（1）明确新中国成立前后民族关系的区别：新中国成立前，剥削制度、阶级压迫和剥削体现在民族关系上的体现是民族压迫和民族剥削，存在大汉族主义和地方民族主义；新中国成立后，形成的是平等团结互助和谐的新型民族关系。

（2）新型民族关系形成的原因：新中国的成立，社会主义制度的确立，铲除了民族压迫和民族歧视的阶级根源。

【例1】（多选）截至2020年，我国共建立了155个民族自治地方。55个少数民族中，有44个建立了自治地方，实行民族区域自治的少数民族人口占少数民族总人口的71%，民族自治地方面积约占全境面积的64%。关于民族自治地方，下列说法正确的是（　）

A. 民族自治地方必须接受中央政府统一领导

B. 少数民族居住的地方都可以实行区域自治

C. 民族自治地方的自治机关依法行使自治权

D. 民族自治机关包括当地人民政府、人民代表大会和地方党委

【解析】民族区域自治制度，是指在国家统一领导下，各少数民族聚居的地方实行区域自治，设立自治机关，行使自治权的制度，AC正确。在少数民族聚居的地方实行区域自治，而不是少数民族居住的地方，B说法错误。民族自治机关包括当地人民政府、人民代表大会，不包括地方党委，D说法错误。故选AC。

【答案】AC

【例2】（多选）2021年2月3日至5日，习近平总书记在贵州考察时指出，中华民族是个大家庭，五十六个民族五十六朵花。全面建成小康社会，一个民族不能落下；全面建设社会主义现代化，一个民族也不能落下。这是因为（　）

A. 我国实行民族区域自治制度的政权组织形式

B. 实现各民族共同繁荣是社会主义的本质要求

C. 我们伟大的祖国是全国各族人民共同缔造的

D. 我国已经形成民族平等、民族团结的社会主义新型民族关系

【解析】人民代表大会制度是我国的政权组织形式，A错误。我们伟大的祖国是全国各族人民共同缔造的，我们要坚持各民族共同繁荣，这是由社会主义的本质决定的，因此全面建成小康社会，一个民族不能落下；全面建设社会主义现代化，一个民族也不能落下，BC符合题意。民族平等、民族团结和各民族共同繁荣是处理民族关系的基本原则，我国社会主义新型民族关系是平等团结互助和谐，D错误。故选BC。

【答案】BC

6.（多选）新形势下，我们要全面贯彻党的宗教工作基本方针，分析我国宗教工作形势，研究我国宗教工作面临的新情况新问题，全面提高宗教工作水平，更好地组织和凝聚广大信教群众同全国人民一道，为实现“两个一百年”奋斗目标，实现中华民族伟大复兴的中国梦而奋斗。材料体现了（　）

A. 开展各种宗教活动有利于促进社会发展

B. 我国积极引导宗教与社会主义社会相适应

C. 我国的宗教性质已经发生了根本性的变化

D. 我国宗教界成为统一战线的重要组成部分

7.（多选）我们党和国家把加快少数民族和民族地区发展摆在更加突出的位置，制定和出台了一系列重大政策，实现了少数民族和民族地区经济社会新发展。这样做是基于（　）

A. 各民族共同繁荣是民族平等、民族团结的物质保证

B. 领土完整、国家统一是民族区域自治的前提和基础

C. 平等是解决少数民族地区所有问题的基础和关键

D. 巩固和发展平等团结互助和谐的社会主义民族关系

信息化

随着信息化技术的发展及管理水平的不断提升，信息化生产管理成为制造企业生产管理的重要手段，通过信息化技术可以掌握生产环节，掌握生产速度、质量及生产工人的工作绩效，大大提升制造企业的生产管理水平。在生产现场应用更多的自动化设备，可以大大提升生产效率、降低生产成本及保证产品质量稳定方面。

【例3】（多选）2020年11月20日，广西壮族自治区政府批准融水、三江、那坡等8个深度贫困县退出贫困县序列。至此，广西106个有扶贫开发工作任务的县（市、区）全部脱贫，广西这个全国少数民族人口最多的省份，告别了延续千百年的绝对贫困。这得益于（　）

A. 保障了自治区少数民族人民的自治权

B. 各民族铸牢中华民族共同体意识

C. 国家坚持以共同富裕为目标，坚持各民族共同繁荣原则

D. 把推进广西地区经济社会发展作为最高利益

【解析】广西壮族自治区政府批准融水、三江、那坡等8个深度贫困县退出贫困县序列，广西这个全国少数民族人口最多的省份，告别了延续千百年的绝对贫困，这得益于国家坚持以共同富裕为目标，坚持各民族共同繁荣原则，也得益于各民族铸牢中华民族共同体意识，BC正确。我国实施民族区域自治制度，保障自治区各族人民的自治权，并不仅仅是保障自治区少数民族的自治权，A说法错误。中华民族的最高利益是加强民族团结，维护祖国统一，推进广西地区经济社会发展不是我国的最高利益所在。D说法错误。故选BC。

【答案】BC

【例4】（多选）某市在民族团结进步创建活动中，把民族团结教育纳入国民教育、社会教育和职业教育的全过程，在颁金节、古尔邦节等民族节日期间举行多民族的联谊活动，把少数民族风俗、民情等融入舞蹈、声乐剧目之中，创建活动取得显著成效。上述做法（　）

A. 促进了各民族的和睦共处

B. 有利于增强中华民族的共同体意识

C. 开创了经济文化融合发展的新局面

D. 是民族自治地方自主管理教育文化事业的体现

【解析】AB符合，某市民族团结进步创建活动有利于促进各民族和睦相处，增强中华民族的共同体意识；CD排除，材料没有强调经济文化融合发展，也没有强调民族自治地方自主管理教育文化事业。故选AB。

【答案】AB

【考点二】巩固社会主义民主关系的要求

（1）总的要求：十分珍惜、不断巩固和发展新型的社会主义民族关系。

（2）具体要求：

①必须坚持党的领导。

②坚持民族平等、民族团结和各民族共同繁荣的原则，坚持和完善民族区域自治制度。

③贯彻党的宗教工作基本方针，尊重少数民族的风俗习惯和宗教信仰。

④每个公民要增强中华民族共同体的意识，自觉履行维护国家统一

8.（多选）2020年11月，云南省扶贫办发布消息称，怒族、傈僳族实现整族脱贫。至此，云南独龙族、德昂族、基诺族、怒族、布朗族、景颇族、傈僳族、拉祜族、佤族等11个“直过民族”和人口较少民族历史性告别绝对贫困，实现整族脱贫。推进怒族、傈僳族等实现整族脱贫有利于（　）

A. 提升各少数民族人民的政治地位和社会地位

B. 促进各民族共同繁荣，巩固民族大团结局面

C. 落实民族区域自治制度，保障少数民族的自治权

D. 巩固和发展平等团结互助和谐的社会主义民族关系

9.（多选）藏族谚语说：“相亲相爱，犹如茶与盐巴；汉藏团结，犹如茶与盐巴。”要像爱护自己的眼睛一样珍视民族团结，像爱护自己的生命一样维护社会稳定。这是因为（　）

A. 民族团结是社会稳定的前提

B. 民族团结是国家统一的基础

C. 民族团结是实现民族平等的政治基础

D. 民族团结是增强综合国力的基础

中国废止食品质量免检制度

中国国务院办公厅2008年9月18日发出关于废止食品质量免检制度的通知。通知说，为了保证食品质量安全，维护人民群众身体健康，国务院决定废止1999年12月5日发布的《国务院关于进一步加强产品质量工作若干问题的决定》中有关食品质量免检制度的内容。通知要求各地区、各部门一定要切实加强领导，狠抓落实，严格履行职责，按照有关食品质量安全的法律法规加强对食品质量安全的检验和监督检查，确保食品质量安全。

和民族团结的义务，同破坏民族团结和国家统一的言行作斗争。

【例1】独龙族是个人口只有6900多人的少数民族，在新中国成立以前生活在原始状态里。新中国成立后，在党和政府的关心下，独龙族从原始社会迈入社会主义，实现了第一次跨越。21世纪以来，他们又有了第二次跨越：同各族人民共同迈向小康。独龙族的沧桑巨变（　）

A. 说明我国已全面消除了各民族间经济发展不平衡的状况

B. 表明我国充分保障了少数民族在国家政治生活中的特殊地位

C. 说明我国坚持民族平等、民族团结和各民族共同繁荣的原则

D. 证明了独龙族比其他民族更为优异

【解析】A错在“全面消除”，该选项的说法太绝对，A排除。在我国，各民族一律平等，“少数民族在国家政治生活中的特殊地位”“独龙族比其他民族更为优异”的说法错误，BD排除。独龙族的沧桑巨变说明我国坚持民族平等、民族团结和各民族共同繁荣的原则，C正确切题。故选C。

【答案】C

【例2】（多选）2021年7月27日，习近平总书记《在庆祝中国共产党成立100周年大会上的讲话》少数民族文字单行本已由中国民族语文翻译局翻译，民族出版社出版，面向全国公开发行。该单行本的发行（　）

A. 体现了民族区域自治地区拥有自治权

B. 坚持了各民族一律平等原则

C. 有利于巩固党在少数民族地区的群众基础

D. 促进了各少数民族地区共同繁荣

【解析】发行少数民族文字单行本与少数民族自治权无关，A不选；发行少数民族文字单行本，是对各少数民族语言文字的尊重，体现了各民族一律平等原则，有利于加强少数民族地区人民对党的认识了解，巩固党在民族地区的群众基础，BC正确。发行少数民族文字单行本体现的是民族平等，与各民族共同繁荣没有直接关系，且选项表述夸大了发行单行本的作用，D不选。故选BC。

【答案】BC

10.近几年，中央在政策、财政和金融支持等方面不断向西藏发出“大礼包”，对加快西藏发展、稳定西藏局势起到了巨大推动作用。中央向西藏发出“大礼包”旨在（　）

A. 巩固民族团结，促进共同繁荣

B. 扩展公民权利，维护国家统一

C. 加强民族关系，促进同步发展

D. 消除民族矛盾，实现民族平等

11.（多选）“历史告诉我们，在多民族国家，只有民族团结才能实现民族解放，才能建设好国家，才能有幸福生活。”这说明，民族团结是（　）

A. 社会稳定的前提

B. 民族区域自治制度的核心内容

C. 民族平等的基础

D. 经济发展和社会进步的保证

期货

所谓期货，一般指期货合约，就是指由期货交易所统一制定的、规定在将来某一特定的时间和地点交割一定数量标的物的标准化合约。这个标的物，又叫基础资产，对期货合约所对应的现货，可以是某种商品（如铜、原油），也可以是某个金融工具（如外汇、债券），还可以是某个金融指标，如三个月同业拆借利率或股票指数。期货交易是市场经济发展到一定阶段的必然产物。

【例3】（多选）为帮扶民族地区加快脱贫步伐，湖北省实施“616”对口帮扶工程（即由1名省委省政府领导带领省直6个单位，每年至少为对口支援的恩施土家族苗族自治州相关县市办6件实事）。据统计，以“616”为主体的对口支援工程实施以来，湖北省相关部门共支援民族地区各类项目4000余个，落实资金近500亿元，助推民族地区跑出发展“加速度”。湖北省的做法（ ）

A. 是促进少数民族地区脱贫的根本动力

B. 落实了各民族共同繁荣原则

C. 为实现民族平等、团结提供物质保障

D. 确立了少数民族人民当家作主的地位

【解析】该选项的说法夸大了湖北省的做法的作用，A排除。为帮扶民族地区加快脱贫步伐，湖北省实施“616”对口帮扶工程，助推民族地区跑出发展“加速度”，这说明，湖北省的做法落实了各民族共同繁荣原则，为实现民族平等、团结提供物质保障，BC正确。少数民族人民当家作主的地位早已确立，D错误。故选BC。

【答案】BC

【例4】2021年5月26日，广西壮族自治区十三届人大常委会第二十三次会议闭会。会议表决通过了自治区中医药条例、自治区劳动人事争议调解仲裁条例、自治区预防未成年人犯罪条例等多项法律法规。对此，下列认识正确的是（ ）

A. 人大常委会行使表决权、立法权

B. 我国民族自治地方依法行使自治权

C. 我国对少数民族地区实行区域自治

D. 民族区域自治权对内具有至高无上性

【解析】表决权属于人大代表，A错误。广西壮族自治区十三届人大常委会第二十三次会议表决通过了多项法律法规，这表明我国民族自治地方依法行使自治权，B正确。我国在各少数民族聚居的地方实行区域自治，而不是对少数民族地区实行区域自治，C排除。国家主权对内具有至高无上性，排除D。故选B。

【答案】B

【例5】（多选）宁夏回族自治区利用国家扶贫政策，充分发挥自治优势，大力发展本地特色产业，使330万人口脱贫。如今，红色的枸杞产业、紫色的葡萄产业、白色的云计算产业等，为“塞上江南”增添了更加多彩的风光。这表明（ ）

A. 国家精准扶贫政策是民族地区经济发展的根本保障

B. 根据当地实际发展特色产业是振兴民族地区经济的重要途径

C. 自治权是民族自治的核心，保障了民族地区人民的生存发展

12.（多选）“没有民族地区的全面小康和现代化，就没有全国的全面小康和现代化。”各级党委和政府要把各族人民对美好生活的向往作为奋斗目标，确保少数民族和民族地区同全国一道实现全面小康和现代化。实现少数民族和民族地区的全面小康和现代化（ ）

A. 坚持党的领导是重要的政治保证

B. 国家的支持和各地的帮助是关键

C. 党的民族政策有利于激发地方的积极性

D. 有助于建立社会主义新型民族关系

13.（多选）H省J县红毛镇什寒村是黎苗混居的村庄，曾经是极度贫困的村庄。J县委、县政府认真落实富美乡村建设，以旅游带动民族地区经济发展，实现了“党建实、百姓富、产业强、生态美”，使什寒村成为琼中生态旅游脱贫的成功典范。什寒村的成功在于（ ）

A. 坚持了各民族共同繁荣的原则

B. 党和政府履行推进生态文明建设职能

C. 把民族地区的优势和国家政策相结合

D. 充分挖掘了民族文化的价值

14.（多选）近年来，西藏自治区

餐饮业属于服务业，需要交纳营业税（包括餐饮内销商品），同时依据营业税额交纳城建及教育附加，另外还有所得税、车船税、残疾人保障金等一些规费。

D. 民族区域自治制度符合国情，能提升民族地区人民的获得感和幸福感

【解析】A错误，国家的扶贫政策不是根本保障；C错误，过于夸大了自治权的作用；宁夏回族自治区利用国家扶贫政策，充分发挥自治优势，大力发展本地特色产业，使330万人口脱贫，这表明了根据当地实际发展特色产业是振兴民族地区经济的重要途径，也说明了民族区域自治制度符合国情，能提升民族地区人民的获得感和幸福感，BD入选。

【答案】BD

【考点三】我国的宗教政策与法律

政策	注意点
实行宗教信仰自由政策	①实行宗教信仰自由政策并非鼓励公民信教，实质是使宗教信仰成为公民个人的自由选择 ②国家既保护信仰宗教的自由，又保护不信仰宗教的自由 ③国家保护正常的宗教活动，这里的“正常”是指在宪法、法律和政策所允许的范围内进行的活动 ④宗教不能干预国家行政、教育、司法等 ⑤中共党员、共青团员不能信教
依法管理宗教事务	①依法管理宗教事务并不是要限制公民的宗教信仰自由，而是为了保护公民的这项权利 ②不法分子利用宗教进行违法犯罪活动和境外势力利用宗教进行渗透，国家有必要对宗教事务依法进行管理
坚持独立自主自办的原则	我国的宗教坚持独立自主自办的原则并不是要阻止宗教界开展正常的对外交往，我国支持宗教界在平等友好的基础上开展对外交往
积极引导宗教与社会主义社会相适应	①积极引导宗教与社会主义社会相适应，不是要求宗教界人士和信教群众放弃宗教信仰，而是对他们进行“两个要求”“两个支持” ②也不是说宗教已经不存在消极作用，而是通过对宗教进行引导，限制其消极作用，发挥其积极作用

【例1】（多选）国家主席习近平强调，宗教问题始终是我们党治国理政必须处理好的重大问题，宗教工作在党和国家工作全局中具有特殊重要性，关系中国特色社会主义事业发展，关系党同人民群众的血肉联系，关系社会和谐、民族团结，关系国家安全和祖国统一。为此，我们要（ ）

A. 积极引导宗教与社会主义相适应，积极团结信教群众

B. 全面贯彻宗教信仰自由政策，保护正常的宗教活动

C. 坚持独立自主自办原则，禁止宗教界开展对外交往

D. 依法管理宗教事务，打击利用宗教进行违法犯罪活动

【解析】宗教工作的重要性要求我们要全面贯彻宗教信仰自由政

落实惠寺利僧政策，全区僧尼普遍享有医疗保险、养老保险和最低生活保障，各寺庙实现通水通电通路，改善佛事活动条件。各大寺庙也号召僧众“出家不忘爱国、修行不忘济世”，积极响应党的号召。这说明（ ）

A. 我国保护一切宗教活动

B. 宗教应为社会主义社会服务

C. 我国贯彻落实宗教信仰自由政策

D. 僧侣也是社会主义民主的主体

15.（多选）中国政府7月14日发表《新疆各民族平等权利的保障》白皮书，运用翔实资料和丰富数据，全面立体地展现了新疆各族民众依法享有公民权利、政治权利、经济权利、文化权利、宗教信仰自由权利等情况。新疆人权事业的进步得益于（ ）

A. 中国共产党和中国政府坚持“以人民为中心”的人权理念

B. 处理民族关系坚持平等、团结、互助、和谐的方针

C. 运用专制手段，严厉打击各类暴恐活动

D. 新疆民族文化和宗教信仰自由得到保护与发展

16.（多选）2020年5月30日，全国

2011年5月16日，国家主席胡锦涛在人民大会堂与来华进行正式访问的欧洲理事会主席范龙佩会谈。胡锦涛说，建交30多年来，中欧关系经受住了国际风云变幻的考验，取得了长足发展。中欧关系的发展促进了各自的发展与繁荣，对国际关系格局产生了深远影响。中方始终从时代发展和战略高度看待中欧关系，我们愿与欧方一道，进一步规划和把握好中欧关系发展大局，把中欧全面战略伙伴关系提高到新的水平。

策，保护正常的宗教活动，依法管理宗教事务，打击利用宗教进行违法犯罪活动，BD正确；积极引导宗教与社会主义社会相适应，A错误；坚持独立自主自办原则，但并不反对宗教界开展正常的对外交往，C错误。故选BD。

【答案】BD

【例2】（多选）2021年5月28日，甘南州委统战部深入合作市那吾镇曲宗红教寺院、卡加曼寺院宣讲政策法规，督查寺庙管理、政策法规学习、宗教三级网络建设等工作推进情况。甘南州委统战部的举措旨在（　）

A. 增强信教群众遵守法律法规的自觉性

B. 提升寺庙依法管理水平

C. 积极引导宗教与社会主义相适应

D. 引导信教群众树立科学的世界观

【解析】甘南州委统战部在合作市那吾镇各大宗教寺院、寺庙进行宣讲和学习国家政策法规活动，主要目的是增强信教群众遵守法律法规的自觉性，有利于提升寺庙依法管理水平，AB正确。积极引导宗教与社会主义社会相适应，C错误。宗教的本质是一种唯心主义世界观，是不科学的世界观，且我国实行的是宗教信仰自由政策。因此，材料中的做法目的并不在于引导信教群众树立科学的世界观，而是加强对宗教的依法管理，D不选。故选AB。

【答案】AB

【例3】全国政协十三届一次会议召开前夕，全国政协委员十一世班禅额尔德尼·确吉杰布前往青海、西藏八个地市州调研，通过和农牧民接触，细致调查，结合数据和实例为参加政协会议准备提案。十一世班禅的做法（　）

A. 说明佛教能够与社会主义相适应

B. 表明宗教信仰自由是公民的基本权利

C. 行使了政协委员对国家大事的决定权

D. 表明爱国宗教人士是国家建设的积极力量

【解析】十一世班禅进行调研，并为政协准备提案，说明爱国宗教人士是国家建设的积极力量，要积极引导宗教与社会主义社会相适应，D正确，A错误；B说法错误，公民的基本权利是选举权和被选举权；C说法错误，决定权是人大的职权。故选D。

【答案】D

性宗教团体联席会议以视频形式召开第十三次会议。会议的主题是：坚决贯彻党中央决策部署，持续抓好常态化疫情防控，切实维护宗教领域和谐稳定，以实际行动践行新时代爱国精神，为夺取疫情防控和经济社会发展“双胜利”作出积极贡献。由此可见，我国宗教（　）

A. 坚持中国化方向

B. 与社会主义社会相适应

C. 决定经济社会发展

D. 性质已发生了根本改变

17.（多选）十多年来，我们党和国家把加快少数民族和民族地区发展摆在更加突出的位置，制定和出台了一系列重大政策，实现了少数民族和民族地区经济社会新发展。这样做是基于（　）

A. 各民族共同繁荣是民族平等、民族团结的物质保证

B. 领土完整、国家统一是民族区域自治的前提和基础

C. 平等是解决少数民族地区所有问题的基础和关键

D. 巩固和发展平等团结互助和谐的社会主义民族关系

18.（多选）2020年8月，某市宗教

消费者物价指数（CPI）

消费者物价指数，又称居民消费价格指数，是反映与居民生活有关的商品及劳务价格统计出来的物价变动指标，通常作为观察通货膨胀水平的重要指标。消费者物价指数是对一个固定的消费品篮子价格的衡量，主要反映消费者支付商品和劳务的价格变化情况，以百分比变化为表达形式。CPI的计算公式是CPI=（一组固定商品按当期价格计算的价值/一组固定商品按基期价格计算的价值）×100%。一般说来，当CPI>3%的增幅时，可称为通货膨胀（Inflation）；当CPI>5%的增幅时，称为严重的通货膨胀（Serious Inflation）。

【例4】（多选）《宗教教职人员管理办法》自2021年5月1日起施行。《办法》规定宗教教职人员的权利和义务，规范宗教教职人员行为，对于规范宗教教职人员管理，保护宗教教职人员的合法权益，推进我国宗教中国化，具有重要意义。《办法》的施行有利于（　）

A. 坚持宗教中国化方向，引导宗教社会主义社会相适应

B. 弘扬科学精神，提升宗教界人士和信教群众的文化素养

C. 规范和保护各种宗教活动，更好保障公民宗教信仰自由

D. 保护宗教界的合法权益，使其积极投身于社会主义现代化建设

【解析】《宗教教职人员管理办法》的施行有利于坚持宗教中国化方向，引导宗教与社会主义社会相适应，有利于保护宗教界的合法权益，使其积极投身于社会主义现代化建设，AD入选。《办法》的施行与弘扬科学精神无关，我国保护正常的宗教活动，BC不选。故选AD。

【答案】AD

【例5】（多选）宁夏是我国五个民族自治区之一，民族、宗教与各方面事务紧密交织，扎实推进宁夏地区的民族宗教工作，维护宁夏社会大局的和谐稳定，是全面贯彻党的民族政策和宗教工作基本方针的必然要求。为此，需要（　）

A. 高举民族团结的旗帜，坚定不移地走中国特色解决民族问题的正确道路

B. 坚持民族区域自治这一根本政治制度，充分保障民族自治地方的自治权

C. 积极培育中华民族共同体意识，优先维护民族地区人民的政治经济权利

D. 坚持宗教中国化方向，通过依法管理宗教事务构建积极健康的宗教关系

【解析】扎实推进宁夏地区的民族宗教工作，需要高举民族团结的旗帜，坚持民族平等、民族团结、各民族共同繁荣，坚定不移地走中国特色解决民族问题的正确道路，A符合题意；人民代表大会制度是我国的根本政治制度，B错误；我国各民族一律平等，“优先维护民族地区人民的政治经济权利”错误，C排除；扎实推进宁夏地区的民族宗教工作，需要坚持宗教中国化方向，通过依法管理宗教事务构建积极健康的宗教关系，D正确。故选AD。

【答案】AD

界“金秋助学”捐助仪式如期举行，共发放助学金21.2万元，惠及贫困学子106名。近些年来，该市宗教界人士积极响应号召，扶危助困、捐资助学，通过大力开展“金秋助学”活动，助力解决贫困家庭学生上学难问题。这表明（　）

A. 我国宗教能够为社会进步作贡献

B. 我国宗教可以从事教育相关活动

C. 我国宗教坚持独立自主自办原则

D. 我国宗教能与社会主义社会相适应

互动训练答案

1.BD　2.AB　3.ACD　4.BC　5.ABCD　6.BD　7.AD　8.BD　9.AB　10.A　11. AD　12.AC　13.AC　14.BC　15.AD　16.AB　17.AD　18.AD

恩格尔系数

恩格尔是19世纪德国统计学家，他在研究人们的消费结构变化时就发现了一条规律，即一个家庭收入越少，这个家庭用来购买食物的支出所占的比例就越大，反过来也是一样。而这个家庭的用以购买食物的支出与这个家庭的总收入之比，就是恩格尔系数。由此可以得出结论，对于一个国家而言，这个国家越穷，其恩格尔系数就越高；反之，这个国家越富，其恩格尔系数就越低，这就是世界经济学界所公认的恩格尔定律。

第三节　基层群众自治制度

·知识整合·

【知识点一】我国基层群众自治的组织形式

1. 基层群众自治的含义

主体	人民群众
领导	在城乡基层党组织领导下
依托	依托基层群众自治组织
行为	依法直接行使民主权利，实行自我管理、自我教育、自我服务、自我监督
实质	民主制度和治理模式

2. 村民委员会（村委会）

（1）性质：按照《中华人民共和国村民委员会组织法》，村民委员会是农村基层群众性自治组织。

（2）职能：其主要职能是办理本村的公共事务和公益事业，调解民间纠纷，协助维护社会治安，向人民政府反映村民的意见、要求和提出建议等。

（3）产生：村民委员会成员由村民选举产生，向村民会议、村民代表会议负责并报告工作。

（4）管理：在农村基层治理实践中，制定村民自治章程或村规民约，是村民规范自己和村干部的行为，运用民主的办法来管理本村的日常事务，实现自己的事情自己办，自己的难题自己解的有效途径。

3. 居民委员会（居委会）

（1）性质：按照《中华人民共和国城市居民委员会组织法》，居民委员会是城市基层群众性自治组织。

（2）职能：其任务是维护居民的合法权益，办理本居住地区居民的公共事务和公益事业，调解民间纠纷，协助维护社会治安，向人民政府反映居民的意见、要求和提出建议等。

（3）产生：居民委员会成员由居民选举产生，向居民会议负责并报告工作。

（4）意义：居委会成员居民选，社区大事居民定，日常事务居民管。这大大调动了广大居民参与社区建设的积极性，也有效提高了居民参与政治生活的素质和能力。

互动训练

1.（多选）发展基层民主，实行村民自治和城市居民自治（　）

A. 是社会主义民主广泛而深刻的实践

B. 扩大了公民的政治权利

C. 是公民当家作主最有效的途径

D. 是发展社会主义民主政治的基础性工程

2.（多选）下列属于城市居民委员会任务的是（　）

A. 调解民间纠纷

B. 基层群众性自治组织

C. 办理本居住地区居民的户口业务

D. 维护居民的合法权益

3.某社区居民委员会开展生活垃圾分类宣传活动，如果将此活动写成一则简讯，最合适的标题是（　）

A. 完善社会治理，共建美丽家园

B. 充分发扬民主，扩大公民权利

C. 推进基层建设，树立政府威信

D. 倡导公民参与，实行民主监督

国内生产总值的计算方法

国内生产总值的计算方法有三种：（1）生产法（或称部门法），是从各部门的总产值（收入）中减去中间产品和劳务消耗，得出增加值。各部门增加值的总和就是国民生产总值；（2）支出法（或称最终产品法），即个人消费支出+政府消费支出+国内资产形成总额（包括固定资产形成和库存净增或净减）+出口与进口的差额；（3）收入法（或称分配法），是将国内生产总值看作各种生产要素（资本、土地、劳动）所创造的增加值总额。

【知识点二】人民群众直接行使民主权利的生动实践

1. 发展基层民主

（1）原因：发展基层民主，保障人民群众享有更多更切实的民主权利，是我国社会主义民主政治建设的重要内容。

（2）实践：在我国农村和城市，广大人民群众开展了丰富多彩的基层民主实践。

2. 直接行使民主权利的途径

（1）民主选举。

作为基层群众自治组织，农村的村民委员会和城市的居民委员会，按法律规定均由本居住地的村民或居民选举产生。

①农村：在农村，村委会主任、副主任和委员的产生采取村民直接选举的办法，实行无记名投票、公开计票，选举结果当场公布。

②城市：在城市，社区居委会正从过去的居民代表选举，向更高比例的居民直接选举发展，选举程序更加规范，给城市基层治理带来显著变化。

（2）民主协商。

①原因：城乡基层的公共事务千头万绪，应该也必须由众人商量着办。只有本着有序参与的原则，让居民或村民合理表达意见和建议，求同存异，才能找出解决问题的好方案，促成基层社会的和谐。

②开展：我国城乡的基层民主协商，在街道或乡镇、社区或建制村以及企事业单位等不同的层次展开，也贯穿于基层治理的全过程。

（3）民主决策。

①原因：城乡基层的公共决策与每家每户的利益直接相关。

②要求：按民主决策要求，在农村，凡关系村民公共利益的事项都要由村民以直接或间接参与的方式集体作出决定。在城市，社区公共事务的民主决策通过召开居民会议进行。

（4）民主管理。

①原因：依法制定自治章程和议事规则，推动日常管理工作的制度化、规范化和程序化，是做好基层民主管理工作的关键。

②要求：在法律上，基层公共事务的管理属于本村的全体村民或本区的全体居民；在现实运作中，一般要通过一定的程序，授权给基层群众自治组织来进行。

（5）民主监督。

①原因：负责城乡基层公共事务管理的居委会和村委会，事实上都掌握一定的权力。要防止以权谋私，尽可能避免管理工作的失误，必须实行民主监督。

②要求：凡是与基层群众利益密切相关和需要让基层群众知晓的事

4.“村党支部换届选举”和“村民委员会换届选举”，俗称村“两委”换届选举，它们一般是同时进行的。参加“两委”换届选举，是公民在参与（ ）

A. 基层民主

B. 民主监督

C. 民主决策

D. 民主协商

5.（多选）近年来，某地积极推进社区共治和居民自治工作，取得了一定成效。社区各种利益相关者通过民主协商合作处理社区公共事务，实现了居民代表、居委会、业委会、物业公司及“自治工作团组”人员共同讨论，互助共赢，走出了一条社会治理的新路径。该实践探索（ ）

A. 丰富了社区自治的基本内容

B. 拉近了基层政府与群众的距离

C. 创新了基层民主自治的形式

D. 提升了居民的归属感和参与度

6.某社区居民委员会的一名成员提出一个事关居民利益的方案，建议在社区活动中心内设立日间照料室，以帮助老年人解决生活困难。该方案应该（ ）

A. 由居民委员会主任决定

B. 由居民委员会讨论决定

C. 提请居民会议讨论决定

D. 报请有关行政部门批准

国际货币体系

第二次世界大战后，建立了以美元为中心的国际货币体系，这实际上是一种金汇兑本位制，美国国内不流通金币，但允许其他国家政府以美元向其兑换黄金，美元是其他国家的主要储备资产。但其后受美元危机的影响，该制度也逐渐开始动摇，至1971年8月美国政府停止美元兑换黄金，并先后两次将美元贬值后，这个残缺不全的金汇兑本位制也崩溃了。

项都应公开，让每个居民或村民了解，还应对基层自治组织的实际管理工作进行评议。

3. 基层群众自治制度

（1）地位：基层群众自治制度是我国的一项基本政治制度。

（2）要求：扩大基层民主是社会主义民主广泛而深刻的实践，应该将其作为发展社会主义民主的基础性工程加以推进。

·考点解析·

【考点一】基层群众自治制度

我国的基层群众自治指的是人民群众在城乡基层党组织领导下，在居住地范围内，依托基层群众自治组织，依法直接行使民主权利，实行自我管理、自我教育、自我服务、自我监督的民主制度和治理模式。基层群众自治制度是我国的一项基本政治制度。

【例1】（多选）学校拟带领学生到基层群众性自治组织中开展社会调查。下列最适宜作为调查对象的是（ ）

A. 居民委员会　　B. 业主委员会

C. 村民委员会　　D. 街道办事处

【解析】居民委员会和村民委员会是基层群众性的自治组织，AC正确。业主委员会是属于民间组织，B排除。街道办事处是我国乡级行政区街道的管理机构，D排除。故选AC。

【答案】AC

【例2】武汉以居委会为单位，组织社区居民共同抗疫。除了普及知识、加强消毒，居委会还对每户居民的身体状况进行地毯式摸排。这体现了（ ）

A. 涉及居民切身利益的重要事务，要提请居委会讨论决定

B. 居委会是居民自我管理、自我教育、自我服务的基层群众性自治组织

C. 只要参与民主管理，就能实现自身的利益

D. 武汉对居委会的组织形式进行了重大创新

【解析】涉及居民切身利益的重要事务，要提请居民会议讨论决定，A错误。武汉以居委会为单位，组织社区居民共同抗疫。除了普及知识、加强消毒，居委会还对每户居民的身体状况进行地毯式摸排。这体现了居委会是居民自我管理、自我教育、自我服务的基层群众性自治组织，B正确。参与民主管理有利于自身的合法、合理利益的实现，C表述不当。居委会的组织形式没有创新，D错误。故选B。

【答案】B

7.（多选）“千村示范、万村整治”工程是浙江省“绿水青山就是金山银山”理念的成功实践。自实施以来，调动广大村民积极性，通过村庄的净化、绿化、亮化、美化，带动农家乐民宿、农村电商、乡村文创、康养旅游等多种特色经济发展，使美丽乡村走向美丽经济。这一模式（ ）

A. 创新了基层政权机关社会治理的方式

B. 发挥了村民在自我管理中的主体作用

C. 能够调动村民参与民主管理的积极性

D. 扩大了村民管理本村事务的民主权利

8.（多选）为了让村民及时了解本村的财务开支、自治事务、意见征询与反馈等情况，广西一村民委员会设立了“明白墙”。随着时间的推移，“明白墙”上的明白事越来越多。设立“明白墙”（ ）

A. 便于村民直接行使民主权利

B. 便于村民有效监督村民委员会的工作

C. 使村民自治的组织形式得以完善

D. 使村民参与本村公共事务的范围得以扩大

卡特尔（cartel）

卡特尔（cartel）是由一系列生产类似产品的独立企业所构成的组织，是集体行动的生产者，其目的是提高该类产品价格和控制其产量。根据美国反托拉斯法，卡特尔属于非法。卡特尔是垄断组织形式之一，是生产或销售某一同类商品的企业，为垄断市场，获取高额利润，通过在商品价格、产量和销售等方面订立协定而形成的同盟。参加这一同盟的成员在生产、商业和法律上仍然保持独立性。

【例3】“政社互动”全称是“政府行政管理与基层群众自治有效衔接和良性互动”。其内核是“凡村（居）自治事务，放手其自主管理”“政府部门行政事务不得随意下派”。这表明 （ ）

A. 政府与基层群众自治组织是上下级关系

B. 基层群众自治组织对产生它的政府负责

C. 政社良性互动有利于促进基层民主发展

D. 政府与基层群众自治组织各司其职互不干预

【解析】政府与基层群众自治组织并不是上下级关系，故A错。基层群众自治组织由人民选举产生，而不是由政府产生，对人民负责，而不是对政府负责，故B错。“政社互动”，有利于促进基层民主发展，故C入选。基层群众自治组织并不是国家机关，并不能各司其职，政府与基层群众自治组织之间也不是互不干涉，D错误。故选C。

【答案】C

【考点二】人民当家作主

我们在不断深化基层居民自治，推进社区治理创新中，坚持民主选举、民主协商、民主决策、民主管理、民主监督，坚持以人民为中心的发展思想等方面，逐步形成共建共治共享的基层社会治理新格局，建设平安中国、法治中国。

【例1】（多选）某乡镇在实践中探索村民自治的新思路，开通了微信公众号，打造出了村民自己的网上智慧村庄，成为村民知事办事议事的“掌中宝”。该做法（ ）

A. 有利于村民直接行使民主权利　B. 扩大了村民享有的政治权利

C. 推动了基层政权组织形式改革　D. 有利于共建文明祥和新农村

【解析】村民知事办事议事的“掌中宝”是某乡镇探索村民自治的新思路，有利于村民直接行使民主权利，共建文明祥和新农村，AD符合；公民的政治权利由法律规定，不会因某一政治实践而随意扩大，B错；村民自治是村民和村委会的事情，村委会不是政权组织，C错。故选AD。

【答案】AD

【例2】2020年6月12日，湖南省十三届人大常委会第十八次会议经过表决，决定湖南省第十一次村民委员会、第十次城市居民委员会换届选举时间统一调整为2021年上半年。这将涉及（ ）

A. 直接投票选举村委会成员或民主选举居委会成员

B. 通过村民、居民会议等形式，参与公共事务和公益事业的决策与管理

C. 制定村（居）民自治章程或村（居）规民约

D. 居委会或村委会履行国家职能

【解析】换届选举涉及直接投票选举村委会成员或民主选举居委会成员，A符合题意，BCD与题意不符。故选A。

【答案】A

9.（多选）中组部、民政部等六部委对全国18县（市、区）的24个村作为村民自治试点单位进行视察。试点村通过选举组建村民理事会，探索出民事民办、民事民治、民事民管的乡村治理新路径。村民理事会的建立和发展（ ）

A. 明确了村民参与公共事务管理的义务

B. 调动了村民参与乡村治理的积极性

C. 创新了政府社会治理的方式

D. 是村民通过基层群众自治制度参与民主管理的表现

10.（多选）50多年前，浙江诸暨枫桥干部群众创造了“发动和依靠群众，坚持矛盾不上交，就地解决，实现捕人少、治安好”的“枫桥经验”。而今“枫桥经验”被不断创新，产生了以自治为基础、法治为保障、德治为先导的“三治融合”基层社会治理体系。这一治理体系（ ）

A. 确立了村民在自治中的主体地位

B. 维护了基层群众的切身利益

C. 扩大了公民享有的权利和自由

D. 创新了基层治理的实践形式

国民生产总值

国民生产总值是指一个国家（地区）所有常住机构单位在一定时期内（年或季）收入初次分配的最终成果（简称GNP）。它等于国内生产总值加上来自国外的劳动报酬和财产收入减去支付给国外的劳动者报酬和财产收入。国民生产总值反映一个国家的经济水平。

【例3】（多选）废弃厂房到底拆不拆？公共停车场应该建在哪？文化广场又该如何利用好？在肥西县柿树岗乡的新街社区，但凡村子里的重大事项，都通过村事民定议事会进行协商决定，极大地缓和了村里的矛盾，也提高了村务的决策效率。这表明（ ）

A. 村事民定议事会代行了村民委员会的部分职权
B. 基层群众性自治组织的管理力度得到不断加强
C. 我国社会主义民主政治的基础性工程不断推进
D. 协商民主能够助推乡村治理能力和水平的提高

【解析】村委会是自我管理、自我教育、自我服务、自我监督的基层自治组织，村事民定议事会不能代行村民委员会的部分职权，A排除；农村的基层群众性自治组织是村委会，而材料强调的是村事民定议事会，没体现村委会，B排除；材料中，通过村事民定议事会进行协商决定村子里的重大事项，这极大地缓和了村里的矛盾，也提高了村务的决策效率，可见协商民主能够助推乡村治理能力和水平的提高，我国社会主义民主政治的基础性工程不断推进，CD正确。故选CD。

【答案】CD

【例4】（多选）河北省固安县在村街推行“两员一会”监督机制，乡镇选任驻村纪检督察员，村党支部设立纪检委员，村街成立村民监督委员会。村“两委”重大事务决策和村务公开等工作，都要在“两员一会”监督下进行。有了“两员一会”，乡镇驻村监督、村级党组织监督、群众监督拧成一股绳，有效遏制了基层“微腐败”。“两员一会”监督机制（ ）

A. 优化了农村基层群众性自治组织的内部结构
B. 有助于行政系统内、外部监督共同发挥作用
C. 保障了村民依法直接行使基层民主权利
D. 通过创新监督机制把权力关进了制度的笼子

【解析】“两员一会”监督机制通过创新监督机制把权力关进了制度的笼子，保障了村民依法直接行使基层民主权利，有效遏制了基层“微腐败”，CD符合题意；“两员一会”监督机制并没有改变农村基层群众性自治组织的内部结构，A说法错误；村委会不属于行政机关，“两员一会”监督机制不属于行政系统内、外部监督，B与题意不符。故选CD。

【答案】CD

11.福州市晋安区公开选聘40名专职和兼职村务工作者。选聘范围包括应往届高校毕业生、退伍士官和士兵、在外乡贤能人、退休老干部等10类人才。公开选聘村务工作者（ ）

A. 创新了基层民主组织形式
B. 保障了公民直接行使民主权利
C. 提高了村民自治的科学化水平
D. 落实了党对基层事务的管理权

12.山东省滕州市对社区治理工作中出现的重大问题、涉及居民群众切身利益的重要事项，通过社区党组织提议、“两委”商议、联席会议审议等方式，进行广泛的民情调查、民意恳谈、民事协商，研究解决措施。涉及居民群众切身利益的重要事项应该（ ）

A. 由社区党组织最终决定
B. 由居民委员会讨论决定
C. 提请居民会议讨论决定
D. 报请有关行政部门批准

互动训练答案

1.AD 2.AD 3.A 4.A 5.CD
6.C 7.BC 8.AB 9.BD 10.BD
11.C 12.C

新民主主义革命

中国的新民主主义革命是从1919年五四运动开始的，在此之前的近代以来的资产阶级民主革命为中国的旧民主主义革命。新民主主义革命是无产阶级领导的，人民大众的，反对帝国主义、封建主义、官僚资本主义的革命。它的目标是无产阶级（通过中国共产党）牢牢掌握革命领导权，彻底完成革命的任务，并及时实现由新民主主义向社会主义的过渡。1949年中华人民共和国的成立标志着我国新民主主义革命的基本结束和社会主义革命的开始。

[第七课 治国理政的基本方式]

·知识整合·

【知识点一】我国法治建设的历程

1. 我国法律发展的历史

法律是人类社会发展到一定历史阶段的产物。本质上法律体现着统治阶级的意志，是实现国家职能的工具。它既维护公共管理秩序，也保障正常的社会生活。

2. 我国古代法制发展史

（1）原始社会末期以祭祀祖先仪式为核心的“礼”由习惯逐渐演变为法。夏朝国家形成伊始，法制尚处草创阶段，大抵是启及其后继者根据氏族晚期习俗陆续积累的习惯法。

（2）春秋战国时期，郑国执政子产，“铸刑书于鼎，以为国之常法”，这是我国古代第一次正式公布成文法典。

（3）商鞅入秦国主持变法革新时，携《法经》入秦，并在变法过程中将《法经》改编为秦律，儒家思想成为政治生活的主导思想，强调礼法结合。

（4）唐朝时期，唐朝以“德礼为政教之本，刑罚为政教之用”为法制指导思想，将封建立法推向高峰，民事、行政、刑事立法空前完备。

（5）《大清律例》是中国历史上最后一部封建法典。其详细记载了清朝从开国到光绪朝各级行政机关的执掌、事例和活动原则，是中国封建时代最完备的行政法规，也是中国封建时代行政立法的总汇。

（6）1840 年鸦片战争后，国家的危亡使得一些有识之士挺身而出，提出学习西方先进的科学技术和法律成果。通过对西方法律学说的学习和引进，促进了我国法律制度向近代化发展。

3. 马克思主义法律思想

（1）法的内涵。

法是人类社会发展到一定历史阶段，随着私有制、阶级和国家的出现而逐步产生的。在阶级社会中，法所反映的是该社会中在经济上、政治上居于统治地位的阶级的根本利益和共同意志。法所反映的统治阶级意志的内容最终是由社会物质生活条件决定的。

（2）法的历史类型。

奴隶制法、封建制法、资本主义法和社会主义法。

互动训练

1.（多选）从古到今，许多思想家、法学家对法的起源问题进行了探讨，提出了关于法的起源的各种学说。下列关于法的起源，认识正确的是（ ）

A. 人法服从神法，是从神法派生出来的

B. 法是基于合理性管理的需要而发展起来的

C. 法是人类社会发展到一定历史阶段才出现的社会现象

D. 法是随着生产力的发展，私有制、阶级、国家的出现而产生的

2.马克思说：“你们的观念本身是资产阶级的生产关系和所有制关系的产物，正像你们的法不过是被奉为法律的你们这个阶级的意志一样，而这种意志的内容是由你们这个阶级的物质生活条件来决定的。”这体现法的本质是（ ）

A. 统治阶级的共同意志和根本利益

B. 维持社会秩序的社会规范

C. 社会发展的决定性因素

D. 协调社会关系的社会规范

中华法系

中华法系又称律令法系，是以周礼、法家、唐律为基础发展起来的东亚法律体系，以法家思想为理论基础，以礼法结合、德主刑辅为基本特征。中华法系发展的传导历程是：①制定成文法并通过铸刑鼎、书竹简等方式传布法律；②儒家思想成为政治生活的主导思想，强调礼法结合；③形成具有代表性的封建法典《唐律疏议》，并为历代所传承；④成为世界上独树一帜的法律文明，为人类法治发展作出了出了重要贡献。

（3）法的特征。

① 法是维持社会秩序、调整社会关系的一种社会规范。

② 法是由国家制定或认可的社会规范。

③ 法是由国家强制力保证实施的具有普遍约束力的社会规范。

（4）法的职能。

法在国家治理中既执行政治职能，又执行社会职能。

4. 新中国法治建设的成就

新中国成立以后，在党的领导下，中国的法治建设所取得的巨大成就，形成了以宪法为核心的中国特色社会主义法律体系，依法行政和公正司法水平不断提高，人权的法治保障取得巨大成就，中国人民正在全面落实依法治国基本方略，加快建设社会主义法治国家。

【知识点二】全面依法治国的总目标与原则

1.全面依法治国的总目标

（1）全面推进依法治国，总目标是建设中国特色社会主义法治体系，建设社会主义法治国家。

（2）在中国共产党领导下，坚持中国特色社会主义制度，贯彻中国特色社会主义法治理论，形成完备的法律规范体系、高效的法治实施体系、严密的法治监督体系、有力的法治保障体系，形成完善的党内法规体系，坚持依法治国、依法执政、依法行政共同推进，坚持法治国家、法治政府、法治社会一体建设，实现科学立法、严格执法、公正司法、全民守法，促进国家治理体系和治理能力现代化。

2.全面依法治国的原则

（1）坚持中国共产党的领导。党的领导是中国特色社会主义最本质的特征，是社会主义法治最根本的保证。

（2）坚持人民主体地位。人民是依法治国的主体和力量源泉，人民代表大会制度是保证人民当家作主的根本政治制度。

（3）坚持法律面前人人平等。平等是社会主义法律的基本属性。任何组织和个人都必须尊重宪法法律权威，都必须在宪法法律范围内活动，都必须依照宪法法律行使权力或权利、履行职责或义务，都不得有超越宪法法律的特权。

（4）坚持依法治国和以德治国相结合。国家和社会治理需要法律和道德共同发挥作用。

（5）坚持从中国实际出发。中国特色社会主义道路、理论、制度、文化是全面推进依法治国的根本遵循。

3.（多选）北宋王安石《周公》有云：“立善法于天下，则天下治；立善法于一国，则一国治。”这句话告诉我们（　）

A. 中国自古就是一个法治国家

B. 法律是社会治理的最高准则

C. 公民的权利应得到法律尊重

D. 只有良法才能最大程度发挥法律效力

4.（多选）走什么样的法治道路、建设什么样的法治体系，是由一个国家的基本国情决定的。“为国也，观俗立法则治，察国事本则宜。不观时俗，不察国本，则其法立而民乱，事剧而功寡。”这说明（　）

A. 坚持从我国实际出发，关起门来搞法治

B. 挖掘和传承中华法律文化精华，汲取营养、择善而用

C. 要突出中国特色、实践特色、时代特色

D. 同推进国家治理体系和治理能力现代化相适应

5.（多选）习近平新时代中国特色社会主义思想作为马克思主义中国化的最新成果，是继承性、创新性、时代性的统一。这一理论成果（　）

A. 是中国特色社会主义理论体系的重要组成部分

B. 对新时代推动科学发展作出了具体的部署

C. 开辟了当代中国马克思主义发展的新境界

D. 是建立中国特色社会主义制度的理论基础

中华法系

中国的封建法律和亚洲一些仿效这种法律的国家法律的总称。法制史上的一个概念，是世界上五大法系之一，其他四个分别是：大陆法系、英美法系、伊斯兰法系、印度法系，其中印度法系和中华法系已经解体，现存的共三大法系。中华法系在历史上不但影响了中国古代社会，而且对古代日本、朝鲜和越南的法制也产生了重要影响。

·考点解析·

【考点一】我国法治建设历程

古代的辉煌中华法系是中华民族数千年法律实践的结晶，自原始社会末期至近代，源远流长，独树一帜。以中国传统思想为理论基础，糅合了法家、道家、阴阳家学说的精华，为人类法治文明作出了巨大的贡献。古代中国国力长期居于东亚甚至世界前列，形成了以中国为核心的东亚儒家文明圈。中国的法律制度自然而然地影响到周边国家，作为中华法系的代表作，唐律超越国界，对亚洲诸国产生了重大影响。

【例1】中华法系又称“律令体系”，是以周礼、法家、唐律为基础发展起来的东亚法律体系，以法家思想为理论基础，以礼法结合、德主刑辅为基本特征。下列中华法系发展的传导历程正确的是（　）

①形成具有代表性的封建法典《唐律疏议》，并为历代所传承

②成为世界上独树一帜的法律文明，为人类法治发展作出了出了重要贡献

③制定成文法并通过铸刑鼎、书竹简等方式传布法律

④儒家思想成为政治生活的主导思想，强调礼法结合

A. ③→④→①→②　　B. ④→①→②→③

C. ①→②→④→③　　D. ②→①→③→④

【解析】春秋战国时期，我国开始制定成文法，并铸刑鼎、书竹简等方式传布法律，③排第一位。西汉时期，儒家思想成为政治生活的主导思想，强调礼法结合，④排在第二位。唐朝时期，我国形成具有代表性的封建法典《唐律疏议》，并为历代所传承，①排第三位。经过上述中华法系的发展，中华法系成为世界上独树一帜的法律文明，为人类法治发展作出了重要贡献，②排在第四位。正确的排序为③→④→①→②。故选A。

【答案】A

【例2】我国是世界最大的发展中国家和社会主义国家。历史和现实都表明，西方国家的法治模式不适合我国，我们必须按照本国的国情和发展需要，走出一条适合自己、行之有效的法治道路。这条道路是（　）

A. 中国特色社会主义道路　　B. 建设社会主义法治国家

C. 完善中国特色社会主义法律体系　　D. 回归中华法系的道路

【解析】我们按照本国的国情和发展需要，逐步走上了建设社会主义法治国家的道路，B符合题意。“中国特色社会主义道路”不仅仅是法治道路，A不符合题意。“完善中国特色社会主义法律体系”是法治建设的任务和成就，C不符合题意。在世界五大法系中，中华法系和印度法系已经解体，“回归中华法系”是错误的，D排除。故选B。

【答案】B

6.任何组织和个人都不能“逍遥法外”，不得凌驾于“法律”之上，搞特权；任何人违反法律，都必依法予以追究，绝不允许任何人以任何借口任何形式以言代法、以权压法、徇私枉法。这说明，全面依法治国要（　）

A. 坚持法律面前人人平等

B. 坚持人民的主体地位

C. 坚持法治与德治相结合

D. 把平等原则落实到日常生活中

7.（多选）“法者，治之端也”。全面推进依法治国，要求全社会都要树立法治思想。下列表述符合法治思想的是（　）

A. 奉法者强则国强，奉法者弱则国弱

B. 民为贵，社稷次之，君为轻

C. 官不私亲，法不遗爱，上下无事，唯法所在

D. 治国之道，唯在举贤

8.（多选）在第五个国家宪法日到来之际，习近平主席作出重要指示，强调坚持依法治国首先要依宪治国，坚持依法执政首先要依宪执政。之所以坚持依宪治国、依宪执政，是因为我国的宪法（　）

A. 是国家的基本法

B. 体现全体公民的意志

C. 具有最高的法律地位

D. 是治国安邦的总章程

《中国人民政治协商会议共同纲领》

《中国人民政治协商会议共同纲领》是中华人民共和国重要的纲领，在新中国成立初期，它一直起着临时宪法的重要作用，其初稿是由周恩来同志起草，毛泽东同志参与修改的《新民主主义纲领》。1949年颁布的《中国人民政治协商会议共同纲领》开启了法治建设的新纪元。

【例3】（多选）马克思认为，法的关系正像国家的形式一样，既不能从它们本身来理解，也不能从所谓人类精神的一般发展来理解，相反，它们根源于物质的生活关系。以下对法治的认识正确的有（ ）

A. 法是超阶级的“全民意志”的体现

B. 法是超历史的，永恒存在的

C. 法治是人类社会发展到一定历史阶段的产物

D. 法是统治阶级意志的体现，是为统治阶级的利益服务的

【解析】马克思主义法学认为，法并不是超阶级的，它是由阶级社会中居于统治地位的阶级通过国家制定或认可的行为规则，是为统治阶级的利益服务的，A错误。马克思主义法学认为，法并不是超历史的，它既不是永恒存在的，也不是永久不变的。法是人类社会发展到一定历史阶段的产物，随着私有制、阶级和国家的出现而出现，也会随之灭亡而灭亡，B错误。法是人类社会发展到一定历史阶段的产物，它是随着私有制、阶级和国家的出现而出现，C正确。法是由阶级社会中居于统治地位的阶级通过国家制定或认可的行为规则，是为统治阶级的利益服务的，D正确。故选CD。

【答案】CD

【例4】（多选）1840 年鸦片战争后，中国逐渐沦为半殖民地半封建社会。为了改变国家和民族的苦难命运，一些仁人志士试图将近代西方国家的法治模式移植到中国，以实现变法图强的梦想。但由于各种历史原因，他们的努力最终归于失败。材料表明（ ）

A. 西方法治模式不适合我国国情，不值得借鉴

B. 中华法系独树一帜，应全盘继承和吸收

C. 政治制度不能脱离特定的社会政治条件和历史文化传统

D. 一国的法治是由一国的国情和社会制度决定并与其相适应

【解析】政治制度不能脱离特定社会政治条件和历史文化传统，不能生搬硬套外国政治制度模式。走什么样的法治道路、建设什么样的法治体系，是由一个国家的基本国情决定的，CD符合题意。我国法治建设要学习借鉴世界上优秀的法治文明成果，应挖掘和传承中华法律文化精华，汲取营养、择善而用。“不值得借鉴”“应全盘继承和吸收”等观点均错误，排除AB。故选CD。

【答案】CD

【考点二】全面推进依法治国总目标

（1）总目标：建设中国特色社会主义法治体系，建设社会主义法治国家。

（2）全面依法治国要坚持原则：①坚持中国共产党的领导；②坚持人民主体地位；③坚持法律面前人人平等；④坚持依法治国和以德治国

9.2019年4月10日晚间，全球6地同步召开发布会，公布了由“事件视界望远镜”（EHT）项目历时2年绘制而成的全球首张黑洞“标准像”。而视觉中国却“冒天下之大不韪”，把属于全人类的黑洞照片在网上公开叫卖，还明码标价，下列观点错误的是（ ）

A. 网络活动要遵守法律底线

B. 网络信息要学会甄别，不得随意转发

C. 网络资源要合理利用

D. 网络平台可以任意创建和使用

10.（多选）党的十八大以来，以习近平同志为核心的党中央统筹发展和安全两件大事，在伟大斗争实践中创造性提出总体国家安全观，坚持人民安全、政治安全、国家利益至上的有机统一。维护我国的国家安全（ ）

A. 与维护人民的根本利益是一致的

B. 是公民的根本行为准则

C. 是社会主义现代化建设的政治保证

D. 是中国共产党治国理政的重要内容

五四宪法

中华人民共和国第一部宪法于1954年9月20日经第一届全国人民代表大会第一次会议全票通过。因其在1954年颁布，故称其为“五四宪法”。

相结合；⑤坚持从中国实际出发。

（3）在中国共产党领导下，坚持中国特色社会主义制度，贯彻中国特色社会主义法治理论，形成完备的法律规范体系、高效的法治实施体系、严密的法治监督体系、有力的法治保障体系，形成完善的党内法规体系，坚持依法治国、依法执政、依法行政共同推进，坚持法治国家、法治政府、发展社会一体建设，实现科学立法、严格执法、公正司法、全民守法，促进国家治理体系和治理能力现代化。

【例1】（多选）新中国成立后，中国的民主法治建设迈出重大步伐。以下关于新中国法治建设成就的表述正确的是（　）

A. 1954年颁布的《中华人民共和国宪法》，开启了法治建设新纪元

B. 1982年颁布的《中华人民共和国宪法》，奠定了依法治国的基础

C. 1999年将“依法治国，建设社会主义法治国家”写入宪法，法治建设揭开了新篇章

D. 2004年将“国家尊重和保障人权”写入宪法，对法治建设作出了全面部署

【解析】1949年颁布的《中国人民政治协商会议共同纲领》开启了法治建设的新纪元，A错误。1982年颁布的《中华人民共和国宪法》奠定了依法治国的基础，1999年将“依法治国，建设社会主义法治国家”写入宪法，我国法治建设揭开了新篇章，BC符合题意。2014年党的十八届四中全会提出全面推进依法治国（而不是2004年将“国家尊重和保障人权”写入宪法），对法治建设作出了全面部署，D排除。故选BC。

【答案】BC

【例2】从“五四宪法”到2018年新修订的宪法；从“社会主义法制”到“社会主义法治”，从“有法可依、有法必依、执法必严、违法必究”到“科学立法、严格执法、公正司法、全民守法”，我们党越来越深刻认识到，治国理政须臾离不开法治。这是因为（　）

A. 依法治国是中国特色社会主义最本质的特征

B. 法治是国家治理体系和治理能力的重要依托

C. 依法治国是中国共产党的领导最根本的保证

D. 法治是保证人民当家作主的根本政治制度

【解析】中国共产党的领导是中国特色社会主义最本质的特征，A错。治国理政须臾离不开法治，是因为法治是国家治理体系和治理能力的重要依托，B符合。党的领导是社会主义法治最根本的保证，C错。人民代表大会制度是保证人民当家作主的根本政治制度，D错。故选B。

【答案】B

11.徒法不能以自行，如果德治不举，人心不稳，法治就会千疮百孔；而法治松弛，惩恶不力，德治也会破堤而溃。这段话表明（　）

A. 以德治国比依法治国更重要

B. 依法治国比以德治国更重要

C. 依法治国和以德治国是紧密相连的

D. 法治是德治的基础，德治是法治的保证

12.民法典的画卷上，立法者们秉持“______”理念，确保党的主张通过法定程序成为国家意志。保障人民权利，在“民”与“法”之间彰显为民情怀。伴随着民法典表决通过，这部“社会生活百科全书”即将走进你我生活，在社会方方面面发挥基础性和全局性作用。（　）

A. 生命至上　B. 人民至上

C. 国家至上　D. 法律至上

13.（多选）11月14日，国家市场监督管理总局其中点名批评抖音在搜狗搜索投放的广告中含有“邱少云被火烧的笑话”，违反了《中华人民共和国英雄烈士保护法》和《中华人民共和国广告法》，两者分别罚款100万元。对恶搞英烈乱象进行严厉处罚（　）

A. 是以法治正义捍卫英烈尊严，深化依法治国实践的具体体现

B. 有利于形成惩恶正风，形成崇尚英雄、敬畏英烈的社会氛围

C. 有利于完善权力制约和监督机制

D. 有利于保障全体公民的所有权益

《中华人民共和国宪法》

《中华人民共和国宪法》是中华人民共和国的根本大法，规定拥有最高法律效力。中华人民共和国成立后，曾于1954年9月20日、1975年1月17日、1978年3月5日和1982年12月4日通过四个宪法，现行宪法为1982年宪法，奠定了依法治国的基础，并历经1988年、1993年、1999年、2004年、2018年五次修订。

【例3】（多选）新中国成立以来，中国共产党团结带领人民开创了社会主义法治新纪元，中国特色社会主义法治道路越走越宽广。下列选项是新中国法治建设取得的成就的是（　）

A. 形成了以宪法为核心的中国特色社会主义法律体系

B. 人权的法治保障取得巨大成就

C. 把依法执政确立为中国共产党领导人民治理国家的基本方略

D. 将近代西方国家的法治模式成功移植到了中国

【解析】我国在现行宪法的基础上制定并完善了一大批法律法规，使国家的各方面建设实现了有法可依，A正确。国家在通过经济社会发展保障人民生存权和发展权的同时，将人权保障贯穿法治建设的各个环节，使人权法治保障水平达到了新的高度，B正确。依法治国是中国共产党领导人民治理国家的基本方略，C错。中国共产党带领人民开创了中国特色社会主义法治道路，没有移植西方的法治模式，D错。故选AB。

【答案】AB

【例4】（多选）万山磅礴必有主峰，龙衮九章但挈一领。回顾历史可以看到，党的领导是社会主义法治最根本的保证。这启示我们必须（　）

A. 坚持中国共产党在推进全面依法治国中的领导地位

B. 正确地处理党的领导和社会主义法治的关系

C. 把依法治国确立为党领导人民治理国家的基本方略

D. 坚持宪法法律至上，切实尊重宪法法律权威

【解析】建设社会主义法治国家是一场由中国共产党领导的、全体中国人民共同参与的史无前例的伟大社会实践，因此推进全面依法治国、社会主义法治建设都必须坚持中国共产党的领导，AB正确。材料体现党的领导的重要性，没有涉及依法治国，C不选。材料体现党的领导的重要性，没有涉及宪法法律至上，D不选。故选AB。

【答案】AB

【例5】（多选）2020年11月16日至17日，党的历史上首次召开中央全面依法治国工作会议。会议中习近平总书记强调，要坚持依法治国、依法执政、依法行政共同推进，法治国家、法治政府、法治社会一体建设。全面依法治国的总目标是（　）

A. 建设中国特色社会主义法治体系

B. 建设社会主义法治国家

C. 科学立法、严格执法、公正司法、全民守法

D. 推动实现国家治理现代化

【解析】习近平总书记的重要讲话可知，全面依法治国的总目标为建设中国特色社会主义法治体系，建设社会主义法治国家，AB应选。CD这两项均不是全面依法治国的总目标，CD不选。故选AB。

【答案】AB

14.（多选）法律是准绳，任何时候都必须遵循；道德是基石，任何时候都不可忽视。法律是成文的道德，道德是内心的法律。在国家和社会治理中法律和道德的关系是（　）

A. 以道德滋养法治精神、强化道德对法治文化的支撑作用

B. 要实现法律和道德相辅相成、法治和德治相得益彰

C. 既重视道德的规范作用，又重视法律的教化作用

D. 大力弘扬社会主义核心价值观，弘扬中华传统美德

15.《韩非子·有度》："法不阿贵，绳不挠曲。法之所加，智者弗能辞，勇者弗敢争。刑过不避大臣，赏善不遗匹夫。"这就是法治精神的真谛。这启示我们要（　）

A. 坚持人民主体地位

B. 坚持依法治国和以德治国

C. 坚持法律面前人人平等

D. 坚持从中国实际出发

16.（多选）习近平总书记指出，改革开放以来，我们走出了一条中国特色社会主义法治道路。这条道路的一个鲜明特点，就是坚持依法治国和以德治国相结合。这告诉我们（　）

A. 道德为法治创造良好人文环境

B. 任何法律都有一定的道德属性

C. 必须深刻把握法治与德治的辩证关系

D. 要把法治建设和德治建设更加紧密地结合起来

《中华人民共和国宪法修正案》

我国于1988年、1993年、1999年、2004年和2018年五次公布了《中华人民共和国宪法修正案》，对《中华人民共和国宪法》进行修改。修改内容涉及序言、总纲、公民基本权利、国家机构、国歌等内容。2018年3月11日，第十三届全国人民代表大会第一次会议经投票表决，通过了《中华人民共和国宪法修正案》。

【考点三】法治与德治的关系

区别：法治以法律的权威性和强制性规范社会成员的行为；德治则以道德的说服力和感召力提高社会成员的思想认识和道德觉悟。

联系：从国家的治理来说，法治与德治是相辅相成、相互促进的。我国是人民当家作主的社会主义国家，法律是人民意志的集中体现，道德以是否符合人民群众的利益为评判善恶、荣辱的根本标准。全面提高公民道德素质，应坚持依法治国和以德治国结合。

【例1】（多选）2020年12月，中共中央印发了《法治社会建设实施纲要（2020—2025年）》。《实施纲要》要求加快建立健全社会领域法律制度，完善多层次多领域社会规范，强化道德规范建设，深入推进诚信建设制度化，以良法促进社会建设、保障社会善治。《实施纲要》的印发和实施（　）

A. 旨在推进依法治国，初步建立起中国特色社会主义法律体系

B. 推动法治与德治的内在融合，开拓良法善治新境界

C. 是促进国家治理体系和治理能力现代化的重大举措

D. 彰显了党的领导是社会主义民主政治的本质和核心

【解析】加强法治社会建设是为了推进全面依法治国，基本建成法治社会，而不是初步建立中国特色社会主义法律体系，A错误。加强法治社会建设是实现国家治理体系和治理能力现代化的战略举措，推动法治与德治的内在融合，BC符合题意。人民当家作主是社会主义民主政治的本质和核心，D错误。故选BC。

【答案】BC

【例2】（多选）习近平总书记指出，中国特色社会主义法治道路的一个鲜明特点，就是坚持依法治国和以德治国相结合，强调法治和德治两手抓、两手都要硬。这既是历史经验的总结，也是对治国理政规律的深刻把握。国家和社会治理需要法律和道德共同发挥作用。下列属于抓德治的是（　）

A. 大力弘扬社会主义核心价值观

B. 弘扬中华传统道德

C. 强化法律对人的规范作用

D. 培育社会公德、职业道德、家庭美德、个人品德

【解析】大力弘扬社会主义核心价值观，培育社会公德、职业道德、家庭美德、个人品德，这些都属于抓德治，AD正确。我们要弘扬中华传统美德，B错误。强化法律对人的规范作用不属于抓德治，而是抓法治，排除C。故选AD。

【答案】AD

17.习近平总书记指出，中国社会治理应合理借鉴中国传统文化中的“礼法合治、德主刑辅”理念，即要坚持依法治国和以德治国相结合。对法治与德治关系表述正确的是（　）

A. 国家治理需要法律和道德形成合力

B. 法治比德治更具有感召力和劝导力

C. 法治重教化作用，德治重规范作用

D. 德治比法治更具有权威性和强制性

互动训练答案

1.CD 2.A 3.BD 4.BCD 5.AC 6.A 7.AC 8.CD 9.D 10.AD 11.C 12.B 13.AB 14.AB 15.C 16.CD 17.A

宪法修正主要内容

1988年“国家允许私营经济在法律规定的范围内存在和发展。私营经济是社会主义公有制经济的补充。国家保护私营经济的合法权利和利益，对私营经济实行引导、监督和管理。”

1993年“国家实行社会主义市场经济。”“国家加强经济立法，完善宏观调控。”“国家依法禁止任何组织或者个人扰乱社会经济秩序。”

[第八课　法治中国建设]

·知识整合·

【知识点一】法治国家

1. 法治国家的内涵与特征

（1）法治国家内涵。

法治国家就是实行依法治国、依宪治国、依法执政、依宪执政的国家。在现代社会，法治国家意味着国家权力依法行使，国家各项工作依法开展。

（2）法治国家的特征。

① 坚持宪法法律至上。宪法法律至上是法治的首要内容，即宪法法律是社会治理的最高准则，任何个人和组织都不享有法律之外的特权。

② 坚持良法之治。一方面，良法应内容合理；另一方面，良法应体系完备、规范系统、类别齐全、协调统一，能够涵盖社会生活的各个方面。推进科学立法、民主立法、依法立法，方可制定出良法，良法之下才有法治国家。

③ 尊重和保障公民权利。保护公民的各项权利是法治的主要功能。在法治国家，公民的权利和尊严应得到法律的确认，并通过执法和司法加以保障。

④ 规范国家权力的运行。为了规范权力的运行，就需要通过完善的法律制度，加强对权力运行的制约和监督，把权力关进制度的“笼子”里，形成不敢腐的惩戒机制、不能腐的防范机制、不易腐的保障机制。

2. 建设法治国家

（1）建设法治国家的措施。

① 推进宪法实施。依法治国首先要坚持依宪治国，依法执政首先要坚持依宪执政。加强宪法实施和监督，落实宪法解释程序机制，推进合宪性审查工作，加强备案审查制度和能力建设，依法撤销和纠正违宪违法的规范性文件。

② 建立完备的法律体系。完备的法律体系是法治国家的制度前提。在宪法之下，要不断建立和完善各项法律制度，形成一个部门齐全、层次分明、结构协调、体例科学的社会主义法律体系，实现国家治理有法可依。

③ 完善法律实施机制。已经制定的法律需要得到有效实施。政府部门依法履行法定职责，为社会提供优良的公共服务；社会公众自觉遵守

互动训练

1.法治的首要内容是（　）

A. 统治阶级的领导

B. 维护民众利益

C. 宪法法律至上

D. 制定良法

2.我国宪法规定：中华人民共和国实行依法治国，建设社会主义法治国家。依法治国的前提是（　）

A. 建立完备的法律体系

B. 国家行政机关依法行政

C. 司法机关公正司法、严格执法

D. 加强法治教育，增强法治观念

3.（多选）在宪法之下，要不断建立和完善各项法律制度，形成一个______、______的社会主义法律体系，实现国家治理有法可依。（　）

A. 部门齐全、层次分明

B. 结构合理、体例统一

C. 结构协调、体例科学

D. 体系完备、规范系统

宪法修正主要内容

1999年将“依法治国，建设社会主义法治国家”写入宪法，我国法治建设揭开了新篇章。
2004年将“国家尊重和保障人权”写入宪法。
2018年新修订的宪法，从“社会主义法制”到“社会主义法治”；增加监察机关、选举国家监察委员会主任。

法律，依法行使权利、履行义务；司法机关严格公正司法，以事实为依据，以法律为准绳，定分止争，惩罚犯罪，化解矛盾，努力让人民群众感受到公平正义。

（2）建设法治国家的意义。

通过建设法治国家，能够有效规范权力运行，保障公民合法权益；能够推动实现国家治理现代化，实现长治久安；能够促进国家各项事业有序发展，推动中华民族伟大复兴。

【知识点二】法治政府

1. 法治政府的内涵

法治政府就是职能科学、权责法定、执法严明、公开公正、廉洁高效、守法诚信的政府。

（1）职能科学的政府。

政府部门之间、上下级政府之间关系的配置必须科学合理。宏观调控、市场监管、社会管理、公共服务、环境保护等都是法治政府必须承担的基本职能。

（2）权责法定的政府。

如果政府权力没有严格的法律界定，就会出现权力行使的错位、缺位和越位等现象。因此，需要完善行政组织和行政程序法律制定，推进机构、职能、权限、程序、责任法定化。

（3）执法严明的政府。

执法严明重在有法必依、执法必严、违法必究，要求行政机关依照法定程序和方式从事执法活动。只有执法严明，才能保证政府有效履行职能，服务社会公众，确保宪法和法律的实施。

（4）公开公正的政府。

全面推进政务公开，让权力在阳光下运行。通过公开公正执法，能够增强政府公信力和执行力，有效保障人民群众的知情权、参与权、表达权和监督权。

（5）廉洁高效的政府。

政府必须清廉，不得利用权力谋求私人或团体利益；政府必须高效运行，通过优化流程、运用现代科技手段，不断提高行政效率和水平。

（6）守法诚信的政府

政府要带头遵守法律、严格依法办事，做到诚实守信，要建立健全守信践诺机制。

2. 建设法治政府

（1）建设法治政府措施。

坚持权责法定，政府及其工作人员必须依法行政。（坚持有法必依、执法必严、违法必究，严格规范公正文明执法，规范执法自由裁量

4.（多选）习近平总书记指出："如果法治的堤坝被冲破了，权力的滥用就会像洪水一样成灾。"这句话说明（ ）

A. 良法反映最广大人民群众的利益和意志

B. 良法能实现公共利益的最大化

C. 良法体系完备、规范系统、类别齐全、协调统一

D. 良法能维护公民的所有权益

5.（多选）在现代社会，法治国家意味着国家权力依法行使，国家各项工作依法开展。下列行为与之一致的是（ ）

A. 人民——国家权力的直接行使者

B. 中国共产党——坚持依法执政

C. 监察委——坚持科学民主依法立法

D. 法院——推进公正司法维护正义

6.（多选）党的十八大以来，全面依法治国蹄疾步稳，中国特色社会主义法治体系日臻完善，社会主义法治国家建设顺利推进。在现代社会，法治国家意味着（ ）

A. 国家权力依法行使

B. 公民享有同样权利，履行同样义务

C. 国家各项工作依法开展

D. "特事特办"成为解决社会特殊难题的方式

法治国家

法治国家或法治国（Rechtsstaat）是德语中最先使用的一个概念。早期的法治国是指中世纪欧洲的某种国家形式，尤其是德意志帝国，当时被认为是"和平与法律秩序的守卫者"现代意义上的法治国家，是德国资产阶级宪政运用的晨雾，其基本含义是国家权力，特别是行政权力必须依照法律行使，所以，法治国家有时又称法治政府。

权。)

(2)建设法治政府意义。

通过建设法治政府，能够督促政府更好地行使权力，积极履行职责，提高行政服务水平，实现善政；能够更好地促进政府和公民、社会组织的沟通，形成互信互助的新型关系。

【知识点三】法治社会

1. 法治社会的内涵

(1)内涵。

法律得到普遍公认和遵从、社会治理依法开展、公共生活和谐有序的社会。

(2)特点。

① 全社会对法治普遍信仰，实施法治成为全社会的一致追求。

② 宪法和法律得到有效实施和普遍遵守，社会各个领域依法运行。

③ 社会纠纷依法得到解决，公平正义得到切实维护和实现。

2. 建设法治社会

(1)要求。

① 深入开展法治宣传教育，推动全社会树立法治意识。

② 提高社会治理法治化水平。

③ 建设完备的法律服务体系。

④ 健全社会矛盾纠纷预防化解机制。

(2)建设法治社会的意义。

① 能够更好地形成全社会学法、信法、用法的氛围，增进社会共识，维护社会秩序。

② 能够更好地协调各方利益关系，有效化解社会矛盾，实现社会和谐。

·考点解析·

【考点一】良法之治

法律是治国之重器，良法是善治之前提。建设中国特色社会主义法治体系，必须坚持立法先行，发挥立法的引领和推动作用，抓住提高立法质量这个关键，才能实现良法之治。这要求立法部门：(1)在制定法律过程中应广泛听取各方意见，使立法符合社会和人民的需要，符合社会公平正义的理念；(2)应推进科学立法、民主立法、依法立法，使立法做到体系完备、规范系统、类别齐全、协调统一，能够涵盖社会生活的各个方面。

7.(多选)只有执法严明，才能保证政府有效履行职能，服务社会公众，确保宪法和法律的实施。执法严明要求行政机关依照____和____从事执法活动。( )

A. 民主程序 B. 科学方式

C. 法定程序 D. 法定方式

8.全面推进政务公开，让权力在阳光下运行。这意在强调建设( )

A. 执法严明的政府

B. 廉洁高效的政府

C. 职能科学的政府

D. 公开公正的政府

9.(多选)政府必须高效运行，通过________、________，不断提高行政效率和水平。( )

A. 简化办事手续

B. 优化流程

C. 运用人力资源

D. 运用现代科技手段

10.(多选)“天下之事，不难于立法，而难于法之必行。”法律的生命力在于实施，法律的权威也在于实施，守法是法律实施和实现的基本途径。这启示政府要( )

A. 维护宪法的权威

B. 严格依法全面履行政府职能

C. 领导立法、保证执法、支持司法、带头守法

D. 运用法治思维和法治方式解决社会问题

法治政府

依法行政，建设法治政府，是全面落实依法治国基本方略的重要内容，成为中国政府施政的基本准则。多年来，中国政府采取一系列措施切实推进依法行政，建设法治政府。继1999年颁布《关于全面推进依法行政的决定》后，2004年颁布《全面推进依法行政实施纲要》，明确了建设法治政府的目标，提出了此后10年全面推进依法行政的指导思想和具体目标、基本原则和要求、主要任务和措施。

【例1】（多选）我国现行法律共有240部，行政法规706件，地方性法规超过8600件，形成了以宪法为核心的中国特色社会主义法律体系，法治建设成就举世瞩目。这表明（　）

A. 完善立法是依法治国的核心

B. 有法可依是依法治国的前提

C. 我国完善法律实施机制，彰显公平正义

D. 我国坚持良法之治，逐步健全法律体系

【解析】依宪治国是依法治国的核心，A错误。目前我国形成了以宪法为核心的中国特色社会主义法律体系，做到了有法可依，B正确。材料只表明我国形成了法律体系，并不涉及完善法律实施机制，C与题意不符。D是题中应有之义。故选BD。

【答案】BD

【例2】坚持宪法法律至上，是基于（　）

A. 我国宪法是党的主张和公民意志相统一的体现

B. 合宪性审查是社会主义现代化建设的政治保证

C. 我国宪法是国家的根本法，具有最高的法律地位

D. 全国人大宪法和法律委员会是最高国家权力机关

【解析】我国宪法是党的主张和人民意志相统一的体现，A错误；坚持人民民主专政是社会主义现代化建设的政治保证，B错误。坚持宪法法律至上是因为我国宪法是国家的根本法，具有最高的法律地位，C正确。全国人大是最高国家权力机关，全国人大宪法和法律委员会是全国人大的专门委员会之一，D错误。故选C。

【答案】C

【例3】（多选）法律是治国之重器，良法是善治之前提。建设中国特色社会主义法治体系，必须坚持立法先行，发挥立法的引领和推动作用。抓住提高立法质量这个关键。这要求立法部门（　）

A. 在制定法律过程中应广泛听取各方意见

B. 要推进科学立法、民主立法、依法立法

C. 制定法律应符合社会机会均等的理念

D. 立法应体系完备、规范系统、类别齐全、完全统一

【解析】抓住提高立法质量这个关键，才能实现良法之治，这要求立法部门一方面在制定法律过程中应广泛听取各方意见，使立法符合社会和人民的需要，符合社会公平正义的理念；另一方面应推进科学立法、民主立法、依法立法，使立法做到体系完备、规范系统、类别齐全、协调统一，能够涵盖社会生活的各个方面。AB说法正确，CD说法不准确。故选AB。

【答案】AB

11.建设法治政府，就要把政府工作全面纳入法治轨道，让政府用法治思维和法治方式履行职责，确保行政权在法治框架内运行。这主要说明（　）

A. 政府的宗旨是为人民服务

B. 我国政府全面推进政务公开

C. 建设法治政府，必须依法行政

D. 人民群众通过各种途径管理国家和社会事务

12.（多选）法治政府的核心内涵是依法行政，确保权力行使不能恣意、任性。这要求政府（　）

A. 职权法定，厘清权力边界

B. 转变职能，提高为人民服务的能力

C. 有法必依，规范司法

D. 法定职责必须为，法无授权不可为

13.在法治社会建设中，所有人都应遵守的基本规范是（　）

A. 普遍认可法律

B. 普遍认可道德

C. 普遍接受法律援助

D. 普遍履行义务

法治社会

法治社会是和人治社会相对而言的；它是指国家权力和社会关系按照明确的法律秩序运行，并且按照严格公正的司法程序协调人与人之间的关系解决社会纠纷。在法律面前人人平等，而不是依照执政者的个人喜好以及亲疏关系来决定政治、经济和社会等方面的公共事务。一个成熟的法治社会，具备精神和制度两方面的因素，即具有法治的精神和反映法治精神的制度。

【例4】（多选）法治国家强调依法治理，只有良法才能最大限度地得到民众的认同，才能最大限度地发挥法律的效力。下列对良法的认识正确的是（ ）

A. 良法反映最广大人民群众的利益和意志

B. 良法能实现公共利益的最大化

C. 良法体系完备、规范系统、类别齐全、协调统一

D. 良法能维护公民的所有权益

【解析】良法应当反映最广大人民群众的意志和利益，反映社会的发展规律，程序正当，符合公平正义的理念，维护个人的基本权利，促进人与社会的共同发展，最大限度地维护社会秩序、增进人民福祉，同时良法应体系完备、规范系统、类别齐全、协调统一。AC符合题意，BD观点错误。故选AC。

【答案】AC

【考点二】深刻认识和准确把握坚持“三个一体建设”的辩证统一关系

党的十九大报告指出，全面依法治国是中国特色社会主义的本质要求和重要保障，必须坚定不移走中国特色社会主义法治道路，在法治中国建设“三位一体”的工作格局中，法治国家、法治政府、法治社会相互联系、相互支撑、相辅相成，是法治中国建设的三根支柱。法治国家是目标，法治政府是主体，法治社会是基础，三者本质一致、目标一体、成效相关，缺少任何一个方面，法治中国建设都难以有效推进。

【例1】在我国，通过设立律师、公正和法律援助等制度，在公民和有关组织发生争议时，便于更好地查清事实和证据，保证争议遵循程序和依法处理，促进社会法治和司法公正，对此下列观点不正确的是（ ）

A. 发生了民事纠纷，可以聘请律师协助解决纠纷或者代理仲裁、诉讼

B. 我国宪法和法律规定“以事实为根据，以法律为准绳”的司法准则

C. 实施公证制度能够杜绝纠纷，维护公民的合法权益

D. 平等地获得法律援助，是法律赋予每一个公民的基本权利

【解析】当公民与他人发生了民事纠纷，可以聘请律师协助解决纠纷或者代理仲裁、诉讼，以维护自身合法权益，A正确。我国坚持司法独立原则，我国宪法和法律规定“以事实为根据，以法律为准绳”的司法准则，B正确。实行公证制度，并不能杜绝纠纷，这一说法太绝对，C错误。我国公民在法律面前人人平等，平等地获得法律援助是法律赋予每一个公民的基本权利，D正确。故选C。

【答案】C

14.（多选）宪法和法律得到有效实施和普遍遵守，社会各个领域依法运行。这说明，在法治社会中，无论是在私人生活领域，还是在公共生活领域（ ）

A. 法律的要求得到一定的遵守

B. 权利得以实现

C. 义务得到履行

D. 没有违法犯罪行为

15.（多选）在法治社会中，在纠纷发生后，人们普遍依据法律主张自己的权利，通过_____、_____等方式有效处理纠纷，矛盾得以化解，公平正义得到实现。（ ）

A. 和解　B. 调停

C. 仲裁　D. 公诉

法治中国建设

法治中国建设要求更加重视以法治方式维护最广大人民根本利益。中国共产党领导人民全面建成小康社会、进行改革开放和社会主义现代化建设，根本目的就是要促进人的全面发展。生存权、发展权是基本的民生权利，从这个意义上讲，民生问题的实质是一个法治问题。维护人民权益，法治是必由之路，也是根本保障。

【例2】建设法治政府是依法治国的重要内容，下列不属于对法治政府的要求的是（　）

A. 职能科学、权责法定　B. 执法严明、公开公正

C. 廉洁高效、守法诚信　D. 科学立法、公正司法

【解析】法治政府是职能科学、权责法定、执法严明、公开公正、廉洁高效、守法诚信的政府。ABC是对法治政府的要求。科学立法是对立法机关的要求，公正司法是对司法机关的要求，D符合题意。故选D。

【答案】D

【例3】（多选）党的十八大以来，以习近平同志为核心的党中央把依法治国提到全新的政治高度，坚持把推进依法行政、全面建设法治政府作为依法治国的重要内容，并明确将法治政府基本建成列入2020年全面建成小康社会的重要目标之一。法治政府建设（　）

A. 要以法治国家和法治社会建设为前提

B. 是贯彻依法治国方略、提高行政管理水平的基本要求

C. 是建设法治社会和法治国家的重要基础

D. 必须坚持法定职责必须为、法无授权不可为

【解析】法治社会是法治国家、法治政府建设的重要基础和前提，AC错误。法治政府建设是贯彻依法治国方略、提高行政管理水平的基本要求，B正确。法治政府建设要求政府依法行政，必须坚持法定职责必须为、法无授权不可为，D正确。故选BD。

【答案】BD

【考点三】法治社会建设

法治社会建设在全面推进依法治国中具有重要地位和作用。在法治中国建设“三位一体”工作格局中，法治社会是法治国家、法治政府建设的重要基础和基本前提，法治国家、法治政府是法治社会建设的重要保障。只有实现全社会对法治的普遍信仰，才能为全面推进依法治国提供坚实的思想基础。只有不断打造整个社会尊法、信法、守法、用法的法治环境，才能为全面推进依法治国提供广泛的社会基础。只有公平正义得到切实维护，公民权利得到有效保障，广大群众才会发自内心地崇尚和拥护法治，才能为全面推进依法治国打牢群众基础。

16.建设法治社会，要建设完备的法律服务体系，推进覆盖城乡居民的____法律服务体系建设。（　）

A. 公众　B. 公共

C. 全面　D. 私人

17.（多选）保护公民的各项权利是法治的主要功能，公民依法享有广泛的权利，包括_____、知情权、参与权、_____等。（　）

A. 人身权、财产权

B. 政治协商权、参政议政权

C. 表达权、监督权

D. 提案权、表决权

法治的基本原则

法治的基本原则就是“三个共同推进、三个一体建设”的原则，即“坚持依法治国、依法执政、依法行政共同推进，坚持法治国家、法治政府、法治社会一体建设”。

【例1】（多选）党的十九大报告把“法治社会基本建成”纳入2035年基本实现社会主义现代化的奋斗目标。法治社会意味着（ ）

A. 法律得到普遍公认和遵从

B. 宪法和法律已经成为全社会唯一的行为规范

C. 社会纠纷已经不再发生

D. 社会治理依法开展，公共生活和谐有序

【解析】法治社会是法律得到普遍公认和遵从，社会治理依法开展，公共生活和谐有序的社会，AD正确。法治社会意味着社会纠纷依法得到解决，并非已经不再发生，C错误。法治社会还有法律之外的其他行为规范存在，B说法错误。故选AD。

【答案】AD

【例2】（多选）在建设法治中国的过程中，不仅要建设法治政府，还要建设法治社会。法治社会意味着（ ）

A. 法律在全社会得到普遍公认和遵从

B. 全社会对法治普遍信仰

C. 宪法和法律得到有效实施和普遍遵守

D. 所有社会纠纷都能得到依法解决

【解析】法治社会意味着法律在全社会得到普遍公认和遵从，全社会对法治普遍信仰，宪法和法律得到有效实施和普遍遵守，ABC说法正确。D说法过于绝对。故选ABC。

【答案】ABC

【例3】在法治中国建设“三位一体”的工作格局中，关于法治国家、法治政府、法治社会的关系说法正确的是（ ）

A. 法治国家是法治政府、法治社会建设的重要基础和基本前提

B. 法治政府是法治国家、法治社会建设的重要基础和基本前提

C. 法治社会是法治国家、法治政府建设的重要基础和基本前提

D. 法治国家、法治政府、法治社会互为前提和基础

【解析】建设法治社会是建设法治国家、法治政府的重要基础和基本前提，可知ABD错误，C说法正确。故选C。

【答案】C

18.（多选）建设法治国家（ ）

A. 能够有效规范权力运行，保障公民当家作主

B. 目的是纠正一些党政领导干部以言代法、以权压法、徇私枉法

C. 能够推动实现国家治理现代化，实现长治久安

D. 需要有完备的法律体系和法律的严格实施

互动训练答案

1.C 2.A 3.AC 4.BD 5.BD
6.AC 7.CD 8.D 9.BD
10.BD 11.C 12.AD 13.A 14.BC
15.AC 16.B 17.AC 18.CD

法治

法治作为一种治国的基本规则，要求法律成为社会主体的普遍原则，不仅要求公民依法办事，更重要的在于制约和规范政治权力。法律是否至上，特别是权力的运行有没有纳入法律设定的轨道，是区分法治与非法治的主要标志。要实现法治，立法机关就要依法立法，行政机关就要依法行政，司法机关就要依法审判，执政党就要依法执政。

[第九课　全面依法治国的基本要求]

· 知识整合 ·

【知识点一】科学立法

1. 科学立法的内涵与标准

（1）科学立法的内涵。

科学立法是尊重和体现社会发展的客观规律，不断提高法律的质量。

（2）科学立法的标准。

① 科学立法体现我国社会主义国家性质，顺应时代发展要求，推动国家发展进步，保障人民各项权利。立法要符合中国的政治制度和历史传统，要与新时代中国特色社会主义伟大进程相适应，制定出适合中国的良法。

② 科学立法符合国情和实际。要立良善之法，立管用之法，完善立法体制机制，使每项立法都能科学合理地规范国家机关的权力与责任，规范公民、法人和其他组织的权利与义务，使法律符合社会发展的需求。

③ 立法必须遵循法律体系的内在逻辑和立法工作规律。遵循立法程序，注重立法技术，努力实现立法过程的科学化。要明确划分不同法律关系的调整对象和界限，形成符合国家发展目标的法律体系。

2. 推进科学立法

（1）要依法立法。

在法治的轨道上制定合法有效的规范性文件。在我国，宪法和立法是国家机关制定和修改法律最基本的法律依据。所有享有立法权的国家机关，都应当按照法定职权、依据法定程序开展立法工作。

（2）要民主立法。

充分发扬民主、民主立法。广开言路，集思广益。健全立法机关和社会公众沟通机制，开展立法协商，充分发挥社会各界在立法协商中的作用，拓宽公民有序参与立法途径，广泛凝聚社会共识。

（3）要合理立法。

合理设定权利与义务、权力与责任。客观认识、确认和保护现实生活中的各种利益，做到权利与义务相统一、相对应。科学合理地配置权力与责任，明确权力行使不当应承担的法律责任。

互动训练

1.实现全面依法治国的目标，必须做到（　）

A. 科学立法 严格执法　公正司法　依法执政

B. 科学立法 严格执法　公正司法　全民守法

C. 依法执政 严格执法　公正司法　全民守法

D. 依法执政　科学立法　严格执法　公正司法

2.拥有制定和修改国家法律的国家机关有（　）

A. 全国人大及其常委会

B. 各级人大和国务院

C. 全国人大及其常委会 国务院

D. 全国人大和地方各级人大

3.（　）是国家机关制定和修改法律的最基本的法律依据。

A. 宪法和法律

B. 宪法

C. 宪法和立法法

D. 立法法

法治

法治强调的是“法律至上”的思想。法治思想的根源是民主，人民主权，是人民通过立法创造了法，法律旨在保护公民的自由。依法治国要求：一是对国家法不允许即为禁止，强调国家必须依法履行职能；二是对公民法不禁止即为允许，强调是保护公民的自由。法治强调法在调整各种关系中的正当性。

【知识点二】严格执法

1. 严格执法的内涵、主体、意义

（1）严格执法的内涵。

严格执法是执法机关在执法过程中严格依法办事。

（2）严格执法的主体。

在法律实施体系中，行政机关是执法最重要的主体。行政机关要带头严格执法，依法全面履行职能。

（3）严格执法的意义。

① 有助于捍卫法律的权威和尊严。政府必须带头严格执法，才能带动全社会尊崇和敬畏法律。

②有助于实现社会公平正义。政府只有坚持严格执法，惩处违法违规行为，维护群众正当权益，才能彰显公平，伸张正义。

③ 有助于推进建设法治政府。只有不断推进各级政府依法行政、严格执法，才能实现建设法治政府的任务和目标。

2. 推进严格执法

（1）政府依法全面履行职能，行政机关要坚持法定职责必须为、法无授权不可为，勇于负责、敢于担当，坚决纠正不作为、乱作为，坚决克服懒政、怠政，坚决惩处失职、渎职。

（2）坚持规范执法，严密的执法程序是规范执法的重要前提，也是执法公开公正的重要保障。完善执法程序，建立执法全过程记录制度。明确具体操作流程，重点规范行政许可、行政处罚等执法行为。

（3）坚持公正执法，行政执法要坚持公正，同等情况平等对待，不同情况差别对待。要恰当地行使自由裁量权，不得违背法律的精神和原则。要有效杜绝执法不公、随意执法，不断提升执法机关的公信力。

（4）坚持文明执法，执法部门要改进执法方式，做到语言、行为规范，融法、理、情于一体，坚持以法为据、以理服人、以情感人，争取当事人的理解和支持，力求实现执法效果最大化。

【知识点三】公正司法

1. 公正司法的内涵和要求

（1）公正司法的内涵。

公正司法是要在司法活动的过程和结果中坚持和体现公平正义。具体就法院的审判而言，公正司法既要求法院的审判过程做到平等和正当，也要求法院的审判结果体现公平和正义。

（2）公正司法的要求。

① 司法的程序要公正。

② 司法的结果要公正。

4.（多选）科学立法应当（　）

A. 体现国家性质，顺应时代发展要求

B. 要符合国情和实际

C. 遵循法律体系的内在逻辑

D. 遵循立法程序、注重立法技术

5.2020年5月28日十三届人大三次会议审议通过了《中华人民共和国民法典》，在民法典编纂过程中，广大专家学者、人民群众广泛参与、建言献策。参与面之广，举办的各类座谈会、研讨会、论坛之多，收到的修改建议内容之丰富，为我国立法史上所罕见。可见，民法典在编纂过程中做到了（　）

A. 坚持民主立法

B. 合理设定权利与义务、权力与责任

C. 依法立法，在法治轨道上制定

D. 顺应了时代发展要求

科学立法

我们坚持党的领导、人民当家作主、依法治国有机统一，紧紧围绕党和国家工作大局，有计划、有重点、有步骤地开展立法工作，形成了中国特色社会主义法律体系，立法任务之重世所罕见，克服困难之多前所未有，成绩来之不易，经验弥足珍贵。最重要的经验有五条：坚持党的领导；坚持正确的指导思想；从中国国情和实际出发；坚持以人为本、立法为民；坚持社会主义法制统一。

2. 推进公正司法

（1）必须确保审判权和检察权依法独立行使。

①各级党政机关和领导干部要支持法院、检察院依法独立公正行使职权。

②任何党政机关和领导干部都不得让司法机关做违反法定职责、有碍司法公正的事情，任何司法机关都不得执行党政机关和领导干部违法干预司法活动的要求。

（2）必须坚持以事实为根据、以法律为准绳，做到事实认定符合客观真相、办案结果公正、办案程序公正。

（3）必须坚持人民司法为人民。

①依靠人民推进公正司法，通过公正司法维护人民权益。

②构建开放、动态、透明、便民的阳光司法机制，推进审判公开、检务公开，依法及时公开司法依据、程序、流程、结果和生效法律文书，杜绝暗箱操作。

（4）必须加强人权司法保障。保护诉讼参与人的知情权、陈述权、辩护辩论权，健全落实罪行法定、疑罪从无、非法证据排除等法律原则的法律制度。

①强化诉讼过程中当事人和其他诉讼参与人的知情权、陈述权、辩护辩论权等的制度保障。

②健全落实罪刑法定、疑罪从无、非法证据排除等法律原则的法律制度。

【知识点四】全民守法

1. 全民守法的内涵和要求

（1）全民守法的内涵。

全民守法是所有社会成员普遍尊重和信仰法律、依法行使权利和履行义务的状态。

（2）全民守法的要求。

① 全民守法要求依法行使权利。公民在行使自由和权利的时候，不得损害国家的、社会的、集体的利益和其他公民的合法的自由和权利。

② 全民守法要求依法履行义务。在享有权利的同时，公民也负有各种义务。只有所有的人都依法履行自己的义务，才能维护公共安全和社会秩序。

③ 全民守法意味着依法维护自己的正当权益。

2. 如何推进全民守法

（1）开展法治宣传教育和普法活动，着力增强全民法治观念，营造遵法、学法、守法、用法的氛围。

（2）严格规范自身行为，自觉依法行使权利、履行义务，依法维护

6.《中华人民共和国民法典》在编纂过程中，先行制定的民法总则提交十二届全国人大五次会议审议表决通过。2018年8月，十三届全国人大常委会第五次会议对民法典各分编草案进行初次审议。之后，全国人大常委会对各分编草案进行拆分审议，可见，民法典在编纂过程中做到了（　）

A. 坚持民主立法

B. 合理设定权利与义务、权力与责任

C. 依法立法，在法治轨道上制定

D. 顺应了时代发展要求

7.在法律实施体系中，（　）是执法的最重要主体。

A. 立法机关　B. 行政机关

C. 司法机关　D. 中国共产党

8.（多选）全面履行政府职能，要求行政机关要（　）

A. 坚持法定职责必须为、法无授权不可为

B. 勇于负责、敢于担当

C. 坚决纠正不作为、乱作为

D. 坚决克服懒政、怠政

良法

实质上的良法是指法作为一种规范体系本身必须具有正义性，即包含有保障人身和财产安全、维护平等、保证自由、促进效率等四个方面的作用。

自身合法权益。

（3）加强公民道德建设，提高公民道德修养，弘扬传统文化，倡导契约精神，弘扬公序良俗，自觉履行法定义务、社会责任、家庭责任，让守法成为自己的自觉行为。

·考点解析·

【考点一】科学立法的意义

（1）坚持科学立法，有利于产生良法，建设社会主义法治国家。

——法律自身的角度

（2）有利于尊重立法规律、克服立法中的主观随意性，减少失误，降低成本，提高立法效益。

——法律的角度

（3）有利于形成遵纪守法的氛围，依法化解社会矛盾、维护社会秩序，实现社会和谐。

——社会的角度

（4）有利于维护公民的合法权益，体现人民当家作主的主体地位。

——公民的角度

（5）有利于提高政府的行政效率，建设法治政府，形成政府和公民良性互动的社会氛围。

——政府的角度

注意：在我国，宪法和立法法是国家机关制定和修改法律的最基本的法律依据。

【例1】（多选）我国宪法的最近一次修订经历了从党中央提出建议，到十二届全国人大常委会决定将宪法修正案草案提请十三届全国人大审议，再到大会期间审议、补充完善、投票表决通过这样一个过程。这充分表明（　）

A. 我国修改宪法的职权属于全国人大及其常委会

B. 我国修改宪法需由全国人大行使审议权并表决通过

C. 宪法的修改程序遵循民主立法、科学立法、依法立法的原则

D. 宪法的修改要坚持党的领导、人民当家作主、依法治国有机统一

【解析】材料表明宪法的修改程序遵循民主立法、科学立法、依法立法的原则，宪法修改坚持党的领导、人民当家作主、依法治国有机统一，CD正确。我国修改宪法的职权属于全国人大，全国人大常委会没有修宪权，A错误。审议权是人大代表的权利，不是人大的权力，B错误。故选CD。

【答案】CD

9.（　）是规范执法重要前提，要建立执法全过程记录制度。

A. 严密的执法程序

B. 完善立法

C. 公正执法

D. 文明执法

10.执法部门要改进执法方式，做到语言行为规范，融法、理、情于一体，这体现了行政机关要（　）

A. 完善执法程序

B. 完善立法

C. 公正执法

D. 文明执法

11.行政机关要恰当地行使自由裁量权，不得违背法律的精神和原则。要杜绝执法不公、随意执法等行为，这要求行政机关要（　）

A. 完善执法程序

B. 完善立法

C. 公正执法

D. 文明执法

《中华人民共和国民法典》

2020年5月28日，在第十三届全国人民代表大会第三次会议表决通过了《中华人民共和国民法典》，民法典共7编，依次为总则编、物权编、合同编、人格权编、婚姻家庭编、继承编、侵权责任编，以及附则，共1260条。自2021年1月1日起施行。

【例2】（多选）为加强对电子商务的规范和监管，《中华人民共和国电子商务法》历时近五年，经全国人大常委会四次审议、三次向社会公开征求意见，在2018年8月31日出台，于次年1月1日起施行。电子商务法的出台过程说明（　）

A. 全国人大常委会科学立法要坚持民主立法、广开言路

B. 全国人大常委会坚持对人民负责，制定和执行法律法规

C. 全国人大常委会行使立法权、决定权和审议权

D. 全国人大常委会科学立法要遵循立法工作规律和立法程序

【解析】《中华人民共和国电子商务法》历时近五年，经全国人大常委会四次审议、三次向社会公开征求意见，在2018年8月31日出台，说明全国人大常委会科学立法要坚持民主立法、广开言路，要遵循立法工作规律和立法程序，AD符合题意。全国人大常委会制定但不执行法律法规，B说法错误。审议权是人大代表的权利，全国人大常委会不能行使审议权，C说法错误。故选AD项。

【答案】AD

【例3】（多选）《中华人民共和国民法典》草案制定过程中，仅中国人大网公开征求到的意见建议数量就达到破纪录的 102 万多条。让公众参与《中华人民共和国民法典》草案制定（　）

A. 从根本上说是由我国人民民主专政的国家性质决定的

B. 是保障人民生命健康安全的体现

C. 有利于制定符合国情和实际、凝聚社会共识的良善之法、管用之法

D. 是公民行使立法权，直接参与管理国家事务的体现

【解析】让公众参与民法典草案制定从根本上说是由我国人民民主专政的国家性质决定的，AC符合题意。民法典被誉为社会生活的百科全书，调整的生活领域包括市场经济领域、其他社会领域、婚姻家庭领域、私人生活领域等，B说法片面。公民没有立法权，人大代表直接参与管理国家事务，D说法错误。故选AC项。

【答案】AC

【考点二】严格执法

广义的执法指国家机关（行政机关和司法机关）执行法律的活动。

狭义的执法仅指国家行政机关运用法律管理社会的活动。

一般所说的执法是指狭义的执法。

12.公正司法要求（　）的审判过程和结果体现公平正义。

A. 法院　B. 检察院

C. 司法机关　D. 监察机关

13.为构建开放、动态、透明、便民的阳光司法程序，司法机关应及时公开司法（　）

A. 依据、程序、流程、结果和生效法律文书

B. 依据、程序、流程、结果和法律文书

C. 依据、程序、流程、结果和司法人员简历

D. 依据、程序、流程、结果和辩护人简历

14.（　）是维护社会公平正义的最后一道防线。

A. 科学立法　B. 严格执法

C. 公正司法　D. 全民守法

15.推进司法公正，必须坚持以_____为根据，以_____为准绳，做到办案程序和_____公正。（　）

A. 法律 事实 结果

B. 事实 法律 结果

C. 事实 法律 过程

D. 法律 事实 过程

公正司法

公正司法，或曰司法公正，其基本内涵就是要在司法活动的过程和结果中坚持和体现公平与正义的原则。在这里，司法主要指法院的审判活动；公正的含义则包括公平、平等、正当、正义等。司法公正既要求法院的审判过程遵循平等和正当的原则，也要求法院的审判结果体现公平和正义的精神。

【例1】（多选）严格执法是全面依法治国的重要一环，需要执法机关在执法过程中严格依法办事，作为最重要执法主体的行政机关，要带头严格执法，应坚持（　）

A. 法定职责必须为　B. 法无禁止即可为

C. 法无授权不可为　D. 严格执法，公正司法

【解析】政府要坚持法定职责必须为，法无授权不可为，勇于负责、敢于担当，坚决纠正不作为、乱作为，坚决克服懒政、怠政，坚决惩处失职、渎职，AC符合题意。法无禁止即可为是指政府以外的公民、组织等，B与题意不符。公正司法不是对政府的要求，D与题意不符。故选AC。

【答案】AC

【例2】（多选）博大精深的中华传统文化中，蕴含着丰富的思想精华和深邃的治国理政智慧。全面推进依法治国，可以向中华优秀传统文化要智慧，在古人的经验与训诫中发掘"宝藏"。下列古语中，强调严格执法重要性的是（　）

A. 天下之事，不难于立法，而难于法之必行

B. 为政以德，譬如北辰，居其所而众星拱之

C. 立善法于天下，则天下治；立善法于一国，则一国治

D. 国无常强，无常弱。奉法者强则国强，奉法者弱则国弱

【解析】"天下之事，不难于立法，而难于法之必行"与"国无常强，无常弱。奉法者强则国强，奉法者弱则国弱"均强调了执法的重要性，AD正确。"为政以德，譬如北辰，居其所而众星拱之"强调的是以德治国，B不选。"立善法于天下，则天下治；立善法于一国，则一国治"强调的是立法的重要性，C不选。故选AD。

【答案】AD

【考点三】公正司法

（1）司法的程序要公正。程序的公正意味着当事人诉讼地位平等、司法过程严格依据诉讼法进行。通过程序公正，可以最大化实现结果公正，有效保护公民的程序权利，从而使得审判结果可以更好地得到人们的认可和尊重。

（2）司法的结果要公正。结果的公正意味着法律适用准确、案件事实清楚、裁判结果合法合理。只有结果公正，才能有效解决案件纠纷，惩罚违法者，救济受害者。法律的公平正义正是通过一个又一个公正的判决而得以实现的。

16.公正司法过程中，只有通过（　）才可以最大化实现结果公正。

A. 程序公开　B. 权限公开

C. 时限公开　D. 程序公正

17.全面落实依法治国方略要求（　）

A. 各级人大要行使好立法权

B. 中国共产党要依法执政、公正司法

C. 政府要加强行政执法

D. 公民应该学会依法维护自己的各项权益

18.公民在享有权利的同时，也负有相应的义务，以下对于权利和义务的关系说法正确的是（　）

A. 权利与义务是一致的

B. 权利与义务是对等的

C. 公民的权利和义务是一样的

D. 公民只有履行好义务才能维护公共安全和秩序

习近平谈全面推进依法治国

我们说不存在"党大还是法大"的问题，是把党作为一个执政整体而言的，是指党的执政地位和领导地位而言的，具体到每个党政组织、每个领导干部，就必须服从和遵守宪法法律，就不能以党自居，就不能把党的领导作为个人以言代法、以权压法、徇私枉法的挡箭牌。这个界线一定要划分清楚。

【例1】（多选）2019年10月，最高人民法院印发了《进一步加强最高人民法院审判监督管理工作的意见（试行）》，就进一步落实司法责任制，加强审判监督管理工作，完善审判监督管理机制，切实规范案件办理流程，推进公正廉洁司法，提出了具体要求。下列措施符合上述要求的是（　）

A. 人民法院的审判过程要做到平等和正当，审判结果要体现公平和正义

B. 侦查机关及其工作人员禁止刑讯逼供和非法取证

C. 人民法院要科学立法，切实保障公民的合法权益

D. 人民法院对刑法条文没有明文规定为犯罪的行为不得定罪处罚

【解析】A从公正司法的内涵角度说明了人民法院要做到公正司法，D是加强人权司法保障的措施，坚持疑罪从无原则，均符合题意。B是在刑事诉讼中对侦查机关及其工作人员提出的要求，不符合题意。人民法院不是立法机关，没有立法权，C错误。故选AD项。

【答案】AD

【例2】全面推进依法治国，要保障人民群众参与司法，在司法调解、司法听证、涉诉信访等司法活动中保障人民群众参与，完善人民陪审员制度和人民监督员制度。这表明（　）

A. 司法机关行使职权时必须坚持民主集中制原则

B. 司法机关更好地行使法律监督权

C. 公正司法，才能更好地保障民主

D. 社会主义民主是社会主义法治的基础

【解析】材料没有体现坚持民主集中制原则，A不符合题意。法院是我国的审判机关，检察院是法律监督机关，B不符合题意。司法活动中保障人民群众参与，完善人民陪审员制度和人民监督员制度。这表明社会主义法治是社会主义民主的保障，C符合题意。本题强调法治对民主的作用，不是民主是法治的基础，排除D。故选C。

【答案】C

19.当自己的合法权益受到侵害时，我们要学会理性维权，通过（　）方式解决争议、化解矛盾。

A. 和解　调解　仲裁　诉讼

B. 和解　调解　仲裁　投诉

C. 和解　调解　信访　投诉

D. 调解　仲裁　诉讼　信访

20.在实现中华民族伟大复兴过程中，我们要坚持以习近平新时代中国特色社会主义思想为指导，加大全民普法力度，在全社会弘扬法治精神，建设社会主义法治文化。我国坚持把全民普法和守法作为依法治国的（　）工作。

A. 关键　　B. 前提

C. 基础　　D. 重点

21.推进全民守法，要不断加强对公民道德建设，弘扬（　），增加法治的道德底蕴。

A. 中华传统文化

B. 中华优秀传统文化

C. 宪法法律至上

D. 法律面前人人平等

中国特色社会主义法律体系的形成

中国特色社会主义法律体系的形成，是我国社会主义民主法制建设史上的重要里程碑，具有重大的现实意义和深远的历史意义。第一，中国特色社会主义法律体系是中国特色社会主义永葆本色的法制根基。第二，中国特色社会主义法律体系是中国特色社会主义创新实践的法制体现。第三，中国特色社会主义法律体系是中国特色社会主义兴旺发达的法治保障。

【考点四】全民守法的原因

建设法治中国，必须推动全民守法，增强全社会厉行法治的积极性和主动性，形成守法光荣、违法可耻的社会氛围，使全体人民都成为社会主义法治的忠实崇尚者、自觉遵守者、坚定捍卫者。

【例1】（多选）全面推进依法治国，要求全民守法，使全体人民都成为社会主义法治的忠实崇尚者、自觉遵守者、坚定捍卫者。这意味着（　）

A. 公民要增强法律意识，自觉遵法守法

B. 公民的任何权利都受到法律的保护

C. 公民要坚持法律面前人人平等的理念

D. 法律要代表公民的意志，体现民意

【解析】公民的合法权利要受到保护，B表述错误。D观点混淆了公民与人民的区别，D表述错误。题目中，全面推进依法治国，要求全民守法，使全体人民都成为社会主义法治的忠实崇尚者、自觉遵守者、坚定捍卫者。这意味着公民要增强法律意识，自觉遵法守法，公民要坚持在法律面前人人平等的理念。故选AC。

【答案】AC

【例2】（多选）全面依法治国是国家治理的一场深刻革命，必须坚持厉行法治，推进科学立法、严格执法、公正司法、全民守法。为深化依法治国实践，我国成立了中央全面依法治国领导小组，加强对法治中国建设的统一领导。全面推进依法治国（　）

A. 是实现国家治理体系和治理能力现代化的必然要求

B. 总目标是纠正一些党政领导干部以言代法、以权压法、徇私枉法的做法

C. 需要发挥人民在依法治国过程中的主体作用

D. 是治国理政最大的规矩，事关党和国家的长治久安

【解析】全面推进依法治国是实现国家治理体系和治理能力现代化的必然要求，需要发挥人民在依法治国过程中的主体作用，AC正确。全面依法治国的总目标是建设中国特色社会主义法治体系，建设社会主义法治国家，B错误。法律是治国理政最大最重要的规矩，D错误。故选AC。

【答案】AC

22.（多选）全面推进依法治国要求（　）

A. 中国共产党领导立法、带头守法、保证执法

B. 司法机关科学立法、公正司法

C. 行政机关严格执法、依法行政

D. 全民守法、科学立法

互动训练答案

1.B　2.A　3.C　4.ABCD　5.A　6.C　7.B　8.ABCD　9.A　10.D　11.C　12.C　13.A　14.C　15.B　16.A　17.C　18.A　19.A　20.C　21.B　22.AC

中国特色社会主义法律体系

中国特色社会主义法律体系大体由在宪法统领下的宪法及宪法相关法、民法商法、行政法、经济法、社会法、刑法、诉讼与非诉讼程序法等七个部分构成，包括法律、行政法规、地方性法规三个层次。宪法是国家的根本大法。宪法相关法是与宪法配套、直接保障宪法实施的宪法性法律规范的总和。

单招习题化
知识整合

第四部分 哲学与文化

[第一课 时代精神的精华]

第一节 追求智慧的学问

本课修订

本课增加内容：马克思主义哲学的历史使命；实践观点是马克思主义哲学的核心观点；习近平新时代中国特色社会主义思想是当代中国马克思主义、21世纪马克思主义原创性贡献。

·知识整合·

【知识点一】哲学的起源

（1）哲学是一门给人智慧、使人聪明的学问。在古希腊文和英文中，哲学的本义是爱智慧或追求智慧。这汉语中，哲就是智慧，哲学就是智慧之学或追求智慧之学，即爱智慧之学。正如马克思所说，哲学是现世的智慧，是“文化的活的灵魂”。

（2）哲学起源于人们在生活实践中对宇宙、人生的追问和思考。哲学的智慧产生于人类的实践活动。哲学是人们在认识世界和改造世界的过程中，在处理人与外部世界关系的实践中形成和发展起来的。

（3）哲学指导人们的生活和实践。哲学总是直接或间接地影响着我们的学习、工作和生活，有助于指导人们正确地认识世界和改造世界。

【知识点二】哲学是系统化理论化的世界观

（1）世界观是人们对整个世界以及人与世界关系的根本观点和根本看法。每个人都要接触周围的事物，都会通过实践活动获得对事物的认识，这种认识积累多了，就会形成对世界的一定看法。世界观所涉及的问题，是关于整个世界的最普遍、最一般的问题。

（2）哲学是关于世界观的学问，是系统化理论化的世界观。哲学是哲学家依据一定的自然知识、社会知识和思维知识，把不自觉的、不系统的世界观加以系统化、理论化而形成的思想体系。世界观人人都有，但一般人自发形成的世界观还不等于哲学。哲学以世界观为内容，世界观以哲学为最高表现。

（3）哲学是世界观和方法论的统一。哲学既是世界观，又是方法论。方法论是人们用指导方法去认识世界和改造世界的根本原则和根本

互动训练

1.（多选）下列关于哲学与生活关系的表述，正确的是（　）

A. 哲学来源于生活

B. 哲学就是生活经验

C. 哲学可以指导人们生活得更好

D. 哲学可以解决人们生活中遇到的一切问题

2.哲学的任务是（　）

A. 满足人们的好奇心

B. 直接帮助改善人们的物质生活

C. 帮助人们在辩论中获胜

D. 指导人们正确地认识世界和改造世界

3.下列关于哲学的说法正确的是（　）

A. 哲学是世界观的学说，世界观就是哲学

B. 哲学是人们对整个世界的总的看法和根本观点

C. 哲学是人们零散的、自发形成的世界观的集合

D. 哲学是系统化、理论化的世界观

柏拉图式爱情

柏拉图，古希腊著名哲学家，苏格拉底的学生，亚里士多德的老师。其哲学思想对唯心主义在西方的发展影响极大，代表作有《理想国》《法律》等。他主张人的绝对精神，而忽视肉体感受。“柏拉图式爱情”即没有肉体性欲，只是绝对精神的男女爱恋。

方法。世界观决定方法论，方法论体现着世界观，有什么样的世界观就有什么样的方法论。不存在脱离世界观的方法论，也不存在脱离方法论的世界观。

【知识点三】哲学是对自然、社会和思维知识的概括和总结

（1）人类在实践中形成的三类具体科学知识：

①自然科学知识（认识和改造自然的知识，如物理、化学、生物等）。

②社会科学知识（认识和改造社会的知识，如经济、政治、法学、历史等）。

③思维科学知识（关于人的认识和思维的知识，如心理学、逻辑学等）。

（2）具体科学揭示的是自然、社会和思维某一具体领域的规律和奥秘，哲学则对其进行新的概括和升华，从中抽象出最一般的本质和最普通的规律。

（3）具体科学是哲学的基础，具体科学的进步推动着哲学的发展。哲学之所以富有生机和活力，能够存在和发展，就在于它以不断丰富的具体科学知识为基础，从中概括出最一般的结论。离开具体科学知识，哲学就会干涸和枯萎。那种把哲学看作凌驾于一切具体科学之上的“科学之科学”，认为哲学可以取代具体科学的看法是错误的。

（4）哲学为具体科学研究提供世界观和方法论的指导。爱因斯坦说，哲学要是不同科学接触，就会变成空架子；科学要是没有哲学，就是原始混乱的东西。哲学和具体科学互相作用，相辅相成。

【知识点四】哲学与我们的生活

1.哲学是我们生活的一种智慧

人们认识世界、改造世界以及人们对问题的高明认识、解决问题的巧妙方法，都和一定的哲学智慧联系在一起。哲学的智慧不是从人们的头脑中凭空产生的，而是人们在认识世界和改造世界的活动中，在处理人与外部世界关系的实践中逐步形成和发展起来的。

2.哲学源于我们生活中的实践

哲学智慧产生于人类的实践活动，人们会自觉或不自觉地思考世界，思考周围的人和事，并用自己在思考中形成的观念来指导自己的生活和实践。在这些思考中，会触及这样或那样的具有哲学性质的问题。在这一意义上，哲学源于人们对实践的追问和对世界的思考。

3.哲学寓于我们生活之中

哲学是指导人们生活得更好的艺术，哲学是现世的智慧，哲学为生活和实践提供积极有益的指导，指导人们正确地认识世界和改造世界。哲学并不是高高地悬浮于空中的思想楼阁，只要用心思考，就会发现它

4.“我是谁？”“世界从何而来？”“生命的意义是什么？”对这些问题的追问（　）

A. 是毫无意义的

B. 不会有任何结果

C. 只能由自然科学来回答

D. 已经开始进入哲学思考

5.下列关于“哲学起源于惊异”的看法，不正确的是（　）

A. 这旦的“惊异”是指被事物新奇的外表所吸引

B. 这旦的“惊异”是指对事物深层次奥秘的困惑

C. “惊异”推动人们的追问和思考

D. “惊异”要求我们不能以“想当然”的态度对待生活

6.下列关于世界观的说法，正确的是（　）

A. 世界观是人们对整个自然界的总的看法和根本观点

B. 世界观是人们对整个世界以及人与世界关系的总的看法和根本观点

C. 世界观是人们对整个世界以及人与世界关系的正确看法

D. 有的人有世界观，有的人没有世界观

优秀是一种习惯

“优秀是一种习惯”，这句话是古希腊哲学家亚里士多德说的。如果说优秀是一种习惯，那么懒惰也是一种习惯。人出生的时候，除了脾气会因为天性而有所不同，其他的东西基本是后天形成的，是家庭影响和教育的结果。所以，我们的一言一行都是日积月累养成的习惯。有的人形成了很好的习惯，有的人形成了很坏的习惯。所以我们应从现在起去习惯性地认真做事情，对别人友好。

与我们的生活、与我们置身其中的自然和社会密切相关，它总是自觉或不自觉地影响着我们的学习、工作和生活。

· 考点解析 ·

【考点一】全面理解哲学的概念

（1）从本义看：哲学是一门爱智慧或追求智慧的学问；哲学是现世的智慧，是“文化的活的灵魂”。

（2）从本质看：哲学是关于世界观的学问，是系统化、理论化的世界观。

（3）从产生看：哲学是对自然、社会和思维知识的概括和总结。

（4）从特点看：哲学既是世界观又是方法论，哲学是世界观和方法论的统一，它有科学与非科学之分。

（5）从作用看：哲学以具体科学为基础，并指导具体科学，指导人们认识世界和改造世界。

（6）从起源看：哲学起源于人们在生活实践中对宇宙、人生的追问和思考。

【例1】哲学是理论化系统化的世界观。以下属于哲学层面的意识现象是（　）

A. 民间的“实惠”思想　　B. 《老子》的思想

C. 欧几里得《几何原本》的思想　D. 《本草纲目》的思想

【解析】民间的“实惠”思想不是理论化系统化的世界观，A不选；欧几里得《几何原本》的思想和《本草纲目》的思想不属于哲学层面的意识现象，CD不选。故选B。

【答案】B

【考点二】如何正确深入理解哲学与具体科学的关系

1. 具体科学知识的分类

具体知识 ↗ 自然科学知识→物理学、化学、生物学等

具体知识 → 社会科学知识→文艺学、伦理学、政治学等

具体知识 ↘ 思维科学知识→心理学、逻辑学等

2. 哲学与具体科学的关系

从哲学与具体科学的关系看，哲学是对自然、社会和思维知识的概括和总结。哲学和具体科学的关系是共性和个性、一般和个别的关系，而不是多数和少数、整体和部分的关系。二者既有区别，又有联系。

7.从哲学上看，之所以要掌握科学的世界观和方法论是因为（　）

A. 世界观是人们对整个世界以及人与世界关系的总的看法和根本观点

B. 方法论是人们认识世界和改造世界的根本方法

C. 科学的世界观和方法论是人们正确认识世界和改造世界的伟大认识工具

D. 只要掌握了科学的世界观和方法论，办事情就能取得成功

8.哲学、世界观、方法论三者之间的相互关系是（　）

A. 哲学是世界观和方法论的统一

B. 世界观决定方法论，方法论体现着世界观

C. 哲学是系统化、理论化的世界观哲学

D. 世界观和方法论是同一问题的两方面，世界观就是方法论

9.哲学与具体科学的关系是（　）

A. 哲学是“科学之科学”，可以取代具体科学

B. 某些科学家的研究活动可以不受哲学的指导

C. 哲学以具体科学为基础，对具体科学有指导作用

D. 哲学与具体科学有共同的研究对象

悟性如光

弟子问佛祖：您所说的极乐世界，我看不见，怎么能相信呢？佛祖把弟子带进一间漆黑的屋子里，告诉他：墙角有一把锤子。弟子不管瞪大了眼睛还是眯成小眼，仍然伸手不见五指，只好说我看不见。佛祖点燃了一支蜡烛，墙角果然有一把锤子。你看不见，就不存在吗？

【例1】哲学和各门具体科学的区别在于（ ）

A. 哲学是世界观，各门具体科学是方法论

B. 哲学是关于自然界、人类社会和思维发展的一般规律的学问，各门具体科学则是关于世界某一特定领域的特殊规律的科学

C. 哲学是主观的，各门具体科学是客观的

D. 哲学的发展是无条件的，各门具体科学的发展是有条件的

【解析】本题考查哲学与具体科学的区别。哲学是关于世界观的学问，是揭示某具体领域的规律和奥秘的科学，A错误；哲学与具体科学属意识范畴，在形式上是主观的，C错误；哲学与具体科学的发展都是有条件的，D错误。故选B。

【答案】B

【例2】爱因斯坦说："认识要是不同科学接触，就会成为空架子。科学要是没有认识论——要是这真是可以设想的——就是原始的混乱的东西。"下列对此理解正确的是（ ）

A. 改造世界是人们认识世界的目的和归宿

B. 真理只有在一定条件下才是科学的认识

C. 哲学是世界观，具体科学是方法论

D. 哲学以具体科学为基础，具体科学以哲学为指导

【解析】本题以爱因斯坦的观点为背景，考查学生对哲学与具体科学的关系的识记和理解。A与题干无关。BC观点错误。D正确揭示了哲学与具体科学的关系，符合题干要求。故选D。

【答案】D

【例3】"几十年的经验使我深刻体会到，学点哲学的确可以使人做事情少犯错误，做研究少走弯路。"下列观点与"国家最高科学技术奖"获得者李振声的上述感悟相一致的是（ ）

A. 哲学是各门具体科学的基础

B. 哲学是人类对某一具体领域规律的概括

C. 哲学是科学的世界观和方法论

D. 哲学具有指导人们认识世界和改造世界的功能

【解析】本题以"国家最高科学技术奖"获得者李振声的话为背景，引导学生对"什么是哲学""哲学与具体科学""哲学与世界观、方法论"，以及哲学的任务进行理解和把握，重在测试大家分辨事物、把握本质的能力。哲学是对具体科学的概括和总结，具体科学是哲学的基础，具体科学的发展推动哲学的发展，哲学为具体科学研究提供世界观和方法论的指导，AB错误；哲学是世界观与方法论的统一，但哲学有正确与错误之分，并非所有哲学都是科学的，C错误；哲学的根本任务就是指导人们正确地认识世界和改造世界。故选D。

【答案】D

10.哲学的本义是（ ）

A. 智慧　　B. 追求智慧

C. 聪明　　D. 真理

11."哲学开始于仰望天穹"。这句话生动形象地说明（ ）

A. 哲学是高高悬浮于空中的思想楼阁

B. 认识世界和改造世界从哲学开始

C. 哲学源于人类对世界的追问和思考

D. 哲学是指导人们生活得更好的艺术

12.（多选）真正的哲学（ ）

A. 可以使我们正确地看待自然、社会和人生

B. 可以使我们正确地看待生活与实践

C. 为生活提供有益的指导

D. 可以使我们正确地对待得与失、名与利

互动训练答案

1.AC　2.D　3.D　4.D　5.A　6.B　7.C　8.A　9.C　10.B　11.C　12.ABCD

水桶的故事

从前人们使用木水桶打井水。一天，一位老兄家用的水桶烂掉几块板，而暂时又找不到合适的木板。他就随便找来几块长度不一的木板，重新匝好水桶。但是当他从水井里打起一桶水后，发现桶里盛的水比以前少，他心里很纳闷，这是怎么回事？经过检查，他发现新换上的木板中有一块特别短．桶里的水都从那个地方淌出来，而那些长出的木板并不起作用。一个系统的效率，不是取决于系统中某个体的最高点，而是取决于它的最低点。

第二节 哲学的基本问题

本课修订

本课删除内容：哲学对社会变革的先导；哲学上的两个对子的关系（从属）。降级内容：哲学与时代的关系相关链接；唯物主义的三种基本形态；唯心主义的两种基本形态。简化内容：哲学的基本问题表述；邓小平理论、“三个代表”重要思想和科学发展观合并一段；马哲产生的条件。

·知识整合·

【知识点一】哲学的基本问题

（1）哲学的基本问题：思维和存在的关系问题，即意识和物质的关系问题。

（2）哲学的基本问题包括两方面的内容。

① 思维和存在何者为本原的问题。对这个问题的不同回答，是划分唯物主义和唯心主义的唯一标准。凡认为存在决定思维的，就是唯物主义；凡认为思维决定存在的，就是唯心主义。哲学家们对这个问题的不同回答，分属于唯物主义和唯心主义两大阵营。

② 思维和存在有没有同一性的问题，即思维能否正确认识存在的问题。如认为思维能正确认识存在，就是认为二者有同一性，这种观点被称为可知论，如否认认识世界的可能性，或者认为不能彻底认识世界，就是认为思维与存在二者不具有同一性，这种观点被称为不可知论。

【知识点二】唯物主义

（1）唯物主义的根本观点：世界的本质是物质，意识是派生的，先有物质后有意识，物质决定意识；唯物主义和唯心主义的分歧，是围绕物质和意识谁是本原的问题展开的。唯心主义认为，意识是本原的，物质依赖于意识，不是物质决定意识，而是意识决定物质。

（2）唯物主义在其历史发展中形成了三种基本形态，即古代朴素唯物主义、近代形而上学唯物主义、辩证唯物主义和历史唯物主义。

（3）古代朴素唯物主义，否认世界是神创造的，认为世界是物质的，坚持了唯物主义的根本方向，本质上是正确的。但是，没有科学依据，这些观点只是一种可贵的猜测；它把物质归结为具体的物质形态，如水、火、气、土等，这就是把复杂的问题简单化了。

互动训练

1.哲学的基本问题是（　）

A. 思维和存在的关系问题

B. 意识和物质的辩证关系

C. 物质决定意识，意识对物质有能动作用

D. 思维决定存在还是存在决定思维

2.（多选）下列各项属于哲学基本问题内容的是（　）

A. 思维和存在何者为第一性

B. 思维能否产生理论

C. 思维和存在是否有同一性

D. 思维能否正确地反映存在

3.划分唯物主义和唯心主义的标准是（　）

A. 是否承认意识能正确反映物质

B. 是否承认存在决定思维

C. 承认世界是可以认识的

D. 是否承认物质和意识的辩证关系

荆人涉楚

荆人欲袭楚，使人先表雍水。雍水暴益，荆人弗知，循表而夜涉。溺死者千余人，军惊而坏都舍。向其先表之时可导也，今水已变而益多矣；荆人尚犹循表而导之，此其所以败也。这个故事告诉人们：社会的情况是不断变化的，处理事情也要随着情况的变化而变化，如果把事情看成静止不变的，不去适应新的情况，不采用新的措施，结果极有可能失败。

（4）近代形而上学唯物主义，承认世界是物质的，认为原子是世界的本质，坚持了唯物主义正确方向，在总结自然科学成就的基础上，丰富和发展了唯物主义。但它把物质归结为自然科学意义上的原子，认为原子是世界的本原，原子的属性就是物质的属性，具有机械性、形而上学性和历史观上的唯心主义等局限性。

（5）辩证唯物主义和历史唯物主义的基本观点：物质决定意识，意识对物质具有能动反作用。它正确揭示了物质世界的基本规律，反映了社会历史发展的客观要求，反映了最广大人民群众的根本利益。它是现时代的思想智慧，是无产阶级的科学的世界观和方法论，是我们认识世界和改造世界的伟大思想武器。

【知识点三】唯心主义

（1）唯心主义的根本观点：世界的本质是意识，先有意识后有物质，意识决定物质，但由于对意识有不同的理解，形成了两种基本形态：主观唯心主义和客观唯心主义。

（2）主观唯心主义：把人的主观精神（如人的目的、意志、感觉、经验、心灵等）夸大为唯一存在的世界的本质，认为客观事物以至整个世界，都依赖于人的主观精神。代表思想：陆九渊“宇宙便是吾心，吾心便是宇宙”，王守仁“我的灵明是天地鬼神的主宰”，慧能“不是风动，不是幡动，仁者心动”，贝克莱“存在就是被感知”“物是观念的集合”。

（3）客观唯心主义：把客观精神（如上帝、理念、绝对精神等）看作世界的主宰和本原，认为现实的客观世界只是这些客观精神的外化和表现。代表思想：朱熹“理生万物”“理在气先”，黑格尔“自然界和人类世界是绝对精神的异化”，宗教中上帝、佛、神等观念。

（4）纵观哲学发展的历史，我们除了看到唯物主义和唯心主义的斗争外，还可以看到辩证法和形而上学的对立。在哲学史上，辩证法和形而上学要么与唯物主义结合，要么同唯心主义结合。因此，哲学史上存在着唯物主义和唯心主义、辩证法和形而上学“两个对子”，但从基本派别来看，则只有唯物主义和唯心主义两大阵营，而不是四军对垒。

（5）关于什么是世界本原的问题，除了唯物主义和唯心主义两种回答外，还有一种二元论的观点，即把物质和精神看作两个彼此独立的本原。二元论如同一人骑二马，是非常危险的。在物质和意识谁是本原的回答上，或者是唯物主义的，或者是唯心主义的，二者必居其一，不存在第三个基本派别。

4.“世界上没有不可认识的事物，只有尚未被认识的事物。”这种观点属于（ ）

A. 怀疑论 B. 可知论

C. 不可知论 D. 唯心主义

5.自有人类以来，思想领域内的斗争就一刻也没有停止过，而哲学上的斗争是最高形式的斗争。这里说的哲学上的斗争，最根本的是（ ）

A. 物质和意识的斗争

B. 可知论和不可知论的斗争

C. 唯物主义和唯心主义的斗争

D. 辩证法与形而上学的斗争

6.我国南北朝时期的范缜说：“形存则神存，形谢则神灭。”英国哲学家贝克莱认为：“存在即被感知”“物是观念的集合”。从哲学上看，上述两种观点（ ）

A. 都肯定了世界是客观存在的物质世界。

B. 都肯定了意识是世界的本原。

C. 前者肯定了物质决定意识，属于唯物主义；后者认为意识决定物质，属于唯心主义。

D. 前者属于唯心主义，后者属于唯物主义。

鲁少儒

庄子见鲁哀公，哀公说：“鲁国有许多儒士，学习先生的道家学说的人却很少。”庄子说：“鲁国很少儒士。”哀公说：“整个鲁国的人都穿着儒士的服装，怎么说鲁国少儒士呢？”庄子说：“有学问的人不一定穿着儒士服；穿着儒士服的人不一定有学问。”这个故事告诉人们：一是看人看问题不要被表面现象所迷惑，要看实质。二是研究学问，不能只求形式，弄虚作假，而要注重实际，注重真才实学。

·考点解析·

【考点一】哲学的基本问题

哲学的基本问题是思维和存在的关系问题，简单地说，就是意识和物质关系问题，它包括两个方面。

（1）思维和存在何者为第一性的问题，这是哲学基本问题最重要的方面。对这个问题的不同回答，是划分唯物主义和唯心主义的唯一标准。凡认为存在决定思维的，就是唯物主义；凡认为思维决定存在的，就是唯心主义。各种哲学由于对这个问题的不同回答，分属于唯物主义和唯心主义两大阵营。

（2）思维和存在有没有同一性的问题，即思维能否正确认识存在的问题。它是哲学基本问题的第二个方面，对这个方面的不同回答形成了哲学上的可知论与不可知论。可知论认为思维和存在具有同一性，思维能够正确反映存在，人能够认识世界。不可知论是一种否认认识世界的可能性或者否认彻底认识世界的可能性的哲学理论。马克思主义者主张世界是可知的，世界上没有不可认识的事物，只有尚未被认识的事物。

【例1】（多选）思维和存在的关系问题是哲学的基本问题，也是划分哲学派别的标准，下列属于唯物主义的命题有（　）

A. 形存则神存，形谢则神谢　　B. 万事皆备于我

C. 心外无物　　D. 人们的社会存在决定社会意识

【解析】本题考查的是唯物主义知识点。唯物主义认为世界的本质是物质的，物质是第一性，意识是第二性的，物质决定意识。“万事皆备于我”“心外无物”是主观唯心主义，BC和题意不相符。故选AD。

【答案】AD

【例2】下列观点属于唯物主义的是（　）

A. 心外无物　　B. 形存则神存，形谢则神灭

C. 理在气先　　D. 存在就是被感知

【解析】本题主要考查历史上不同哲学派别的观点。AD是主观唯心主义的观点，B是唯物主义的观点，C是客观唯心主义的观点。故选B。

【答案】B

7.下列说法中体现物质决定意识的是（　）

A. 拍脑袋决策

B. 吾心便是宇宙，宇宙便是吾心

C. 没有调查就没有发言权

D. 存在即被感知

8.（多选）下列观点属于主观唯心主义的是（　）

A. 物是观念的集合

B. 上帝支配着地球上的万事万物

C. 心外无物

D. 存在即被感知

9.孔子认为“生死有命，富贵在天”，孟子认为“万物皆备于我”。两种观点的主要区别在于（　）

A. 前者强调客观条件，后者强调主观条件

B. 前者是客观唯心主义，后者是主观唯心主义

C. 前者属于唯物主义的观点，后者属于唯心主义的观点

D. 前者是封建迷信，后者强调意识反映物质

犯戒

老和尚携小和尚游历，途遇一条大河；见一女子正想过河，却又不敢过。老和尚便主动背该女子蹚过了河，然后放下女子，与小和尚继续赶路。小和尚不禁一路嘀咕：师傅怎么了？竟敢背一女子过河？一路走，一路想，最后终于忍不住了，说：师父，你犯戒了，怎么背女人？老和尚叹道：我早已放下，你却还放不下！君子坦荡荡，小人长戚戚；心胸宽广，思想开朗，遇事拿得起、放得下，才能永远保持一种健康的心态。

【考点二】列表理解主观唯心和客观唯心的区别和联系

基本形态	区别	代表人物及其观点	联系
主观唯心主义	主观唯心主义把人的主观精神（如人的目的、意志、感觉、经验、心灵等）夸大为唯一的实在，当成第一性的东西，认为客观事物以至整个世界，都依赖于人的主观精神	①孟子“万物皆备于我” ②陆九洲“吾心便是宇宙，宇宙便是吾心” ③王阳明“心者，天地万物之主”“心即是天”“心外无物，心外无事，心外无理” ④贝克莱“存在即被感知”“物是观念的集合” ⑤笛卡儿“我思故我在” ⑥康德“人的理性为自然界立法” ⑦普罗泰戈拉“人是万物的尺度”	二者在根本观点上是一致的，都认为意识是世界的本原，物质依赖于意识，不是物质决定意识，而是意识决定物质
客观唯心主义	客观唯心主义把客观精神（如上帝、理念、绝对精神等）看作世界主宰和本原，认为现实的物质世界只是这些客观精神的外化和表现	①朱熹“理在事先”“理生万物”“未有此气，已有此理”“未有这事，先有这理” ②柏拉图认为现实世界是由“理念世界”创造的，理念是世界的本原 ③黑格尔认为世界的本质是独立存在的“绝对精神”，自然界和人类社会是“绝对精神”的外化 ④上帝创造世界	

【例1】中国古代思想家孟子说：万事皆备于我。这是一种（ ）

A. 机械唯心主义特点　　B. 客观唯心主义特点

C. 唯心主义辩证法的特点　　D. 主观唯心主义观点

【解析】本题考查的是主观唯心主义知识点。主观唯心主义认为人的精神、意志、态度、目的、感觉、理念等是这个世界的本质。“万事皆备于我”这句话表明人就是这个世界的主宰和本质，是主观唯心主义思想。ABC不符合题意。故选D。

【答案】D

【例2】在实际生活中常常有这样的一种情况出现，即人们对某种事物的存在与否感到难以预料，心中无底时，往往就认为“信则有，不信则无”。这种观点从哲学上说，是认为（ ）

A. 世界不是由神创造的，而是由人创造的

B. 存在决定思维

C. 思维是世界的本原，思维决定存在

D. 世界观不同，对事物的看法就不同

【解析】本题主要考查学生对唯物主义和唯心主义基本观点的理解。信则有，不信则无，是主观唯心主义观点，ABD与题不符。故选C。

【答案】C

10.辩证法与形而上学的斗争（ ）

A. 是哲学的基本问题

B. 从属于唯物主义与唯心主义的斗争，并同这种斗争交织在一起

C. 是唯物主义与唯心主义斗争的表现形式

D. 高于唯物主义与唯心主义的斗争

11.（多选）孔子关于“民无信不立”“和而不同”等思想精华，对于今天建设和谐社会、增强民族凝聚力、实现中华民族伟大复兴具有十分重要的现实意义。这一论述（ ）

A. 属于唯心主义的观点

B. 坚持了辩证唯物主义的观点

C. 强调了意识的能动性

D. 体现了意识的决定作用

打开思路

一位著名诗人最近思路打不开，怎么也冲不出思想的牢笼，于是想到外面寻找灵感。这一天，他到乡间野外散步，阳光下，忽然远远看见一块牌子掩映在树林里，上书四个大字特别醒目：“阳光不锈”，诗人当场呆住，心想，这是多么有寓意的词语，绝对不是一般人能够想到的。于是，他非常想拜访一下书写这个精辟之极的词语的高人。等他走近这块牌子，发现被树丛挡住的那部分牌子写着“钢制品厂”。

【考点三】深入理解“两个对子”

（1）唯物主义与唯心主义回答的是世界“是什么”的问题，两者的分歧是围绕着物质和意识谁是世界的本原问题展开的。而辩证法与形而上学回答的则是世界是“怎么样”以及用什么样的思维方法来把握世界的问题。辩证法与形而上学的思想分别从属于唯物主义与唯心主义的哲学体系。

（2）理解唯物主义与唯心主义和辩证法与形而上学这“两个对子”的关系。

①唯物主义与唯心主义的区别：

两大派别	基本观点	分歧	根本分歧
唯物主义	物质是世界的本原，先有物质后有意识，物质决定意识	是围绕物质和意识谁是本原的问题展开的	是否承认世界的本原是物质
唯心主义	意识是世界的本原，物质依赖于意识，不是物质决定意识，而是意识决定物质		

②辩证法与形而上学的区别：

两大派别	基本观点	分歧	根本分歧
辩证法	用联系的、发展的、全面的观点看问题	围绕世界是“怎么样”以及用“什么样”的思维方法把握世界的问题展开	是否承认矛盾，是否承认事物的内部矛盾是事物发展的源泉
形而上学	用孤立的、静止的、片面的观点看问题		

【例1】（多选）哲学史上的“两个对子”是（　）

A. 可知论和不可知论　　B. 一元论和二元论

C. 唯物主义和唯心主义　D. 辩证法和形而上学

【解析】本题考查对教材基本理论的准确把握。所谓哲学上的“两个对子”，一个是指唯物主义与唯心主义的对立，一个是指辩证法与形而上学的对立，要准确记忆这一知识点，便不难作出判断。故选CD。

【答案】CD

【例2】下列选项与“我思故我在”观点相一致的是（　）

A. 未有这事，先有这理　B. 吾心即宇宙，宇宙即吾心

C. 死生有命，富贵在天　D. 世界的本质是“绝对精神”

【解析】“我思故我在”属于主观唯心主义观点，ACD三项均为客观唯心主义。“吾心即宇宙，宇宙即吾心”是主观唯心主义。故选B。

【答案】B

12.中国古代的“五行学说”把世界的本原归结为“五行”，认为宇宙万物都由木、火、土、金、水五种基本物质的运行（运动）和变化所构成。这种观点（　）

A. 坚持了唯物主义的基本方向，但只是一种可贵的猜测，缺乏科学依据

B. 具有机械性、形而上学性和历史观上的唯心主义等局限性

C. 正确地揭示了物质世界的基本规律，是科学的世界观和方法论

D. 是游离于唯物主义和唯心主义之外的独立的哲学派别

13.唯物主义和唯心主义是哲学上的两大阵营。划分唯物主义和唯心主义标准是（　）

A. 物质和意识的关系问题

B. 重视物质生活还是重视精神生活

C. 对物质和意识哪个是世界本原的不同回答

D. 承认物质的决定作用，又承认意识的能动作用

14.下列说法中属于唯物主义观点的是（　）

A. 存在就是被感知

B. 理生万物

C. 物是观念的集合

D. 天地合而万物生

马与驴子

驴子看到主人精心照料马，并给它丰富的饲料，想到自己连糠麸都不够吃，还要做十分繁重的工作，便悲伤地对马说：“你真幸福！”当战事爆发时全副武装的战士骑着马奔驰于战场，不顾枪林弹雨，冲锋陷阵。马不幸受伤倒下，驴子见到后，不再觉得马比自己幸福，反而觉得马比自己更可怜。这故事说明，不要随便羡慕别人，每个人都有自己的生活，都有自己的幸福与不幸。

【例3】列宁说，唯心主义是人类认识这棵活树上开出的不结果实的花。这一方面表明了唯心主义哲学在一定历史时期对人们认识的发展有借鉴的意义，另一方面也揭示了唯心主义在认识上的片面性，即（ ）

A. 把物质看作是感觉或概念的本原

B. 夸大了运动变化，否定了相对静止

C. 夸大了感性认识，否定了理性认识

D. 把感觉或概念夸大为脱离物质并且派生物质的本原

【解析】本题考查的是唯心主义认识知识点。认识过程中的理性因素，包括理性直观、理性思维等，是主导因素；认识过程中的非理性因素，则包括两类：一类是情感、意志、感觉，包括欲望、动机、信仰、习惯、本能等，一类是认识中不能被逻辑思维所包含的主体心理形式，如幻想、想象、直觉、灵感等。列宁的“唯心主义是人类认识这棵活树上开出的不结果实的花”意思就是说唯心主义把非理性因素扩大化，即把感觉或概念夸大为脱离物质并且派生物质的本原。ABC和题意不相符，排除。故选D。

【答案】D

【考点四】一元论和二元论的区别

（1）一元论承认世界的统一性，认为世界上的万物有一个共同本质或本原。一元论有两种：唯心主义一元论和唯物主义一元论，前者认为世界的本质或本原是意识；后者认为世界的本质或本原是物质。

（2）二元论否认世界的统一性，认为世界上的万物有物质和精神两个相互平行、各自独立的本原。

（3）辩证唯物主义是彻底的唯物主义一元论，其基本特点是：①承认世界的统一性，坚持一元论，反对二元论。②认为世界统一于物质，坚持唯物主义一元论，反对唯心主义一元论。③认为世界是运动发展的无限多样性的统一，克服了机械唯物主义把世界的本原归结为某一种或某几种具体的物质形态的局限性。

【例1】与“存在即被感知”最接近的命题是（ ）

A. 物是观念的集合　　B. 物是标志客观存在的哲学范畴

C. 物是各种实物的集合　　D. 物是可以认识的

【解析】本题考查的是主观唯心主义知识点。主观唯心主义把人的主观精神（如人的目的、意志、感觉、经验、心灵等）夸大为唯一的实在，当成本原的东西，认为客观事物以至整个世界，都依赖于人的主观精神。“存在即被感知”是典型的主观唯心主义观点。“物是标志客观存在的哲学范畴”是唯物主义观点。“物是各种实物的集合”是形而上学唯物主义观点。“物是可以认识的”是辩证唯物主义观点。BCD和题意不相符。故选A。

【答案】A

15.（多选）下列包含辩证法思想的是（ ）

A. 水至清则无鱼，人至察则无徒

B. 一尺之棰，日取其半，万世不竭

C. 等价交换原则存在于无数次的不等价交换之中

D. 物是观念的集合

16.历史唯物主义和历史唯心主义的根本区别在于（ ）

A. 是否承认社会存在决定社会意识

B. 是否承认社会意识具有相对独立性

C. 是否承认社会发展有规律性

D. 是否承认阶级和阶级斗争

互动训练答案

1.A 2.ACD 3.B 4.B 5.C 6.C 7.C 8.ACD 9.B 10.B 11.BC 12.A 13.C 14.D 15.ABC 16.A

青蛙邻居

两只青蛙相邻而居。一只住在远离大路的深水池塘里，另一只住在大路上的小水坑中。住在池塘里的青蛙友好地劝住水坑的邻居搬到他那里去，说那儿将会生活得更好、更安全。可是邻居却说舍不得离开习惯了的地方，不想搬来搬去。结果，它被过路的车子轧死了。这故事是说，习惯于环境不图变迁，不但过不上好日子，还会为旧习环境所困扰，有生命之忧。

第三节 科学的世界观和方法论

· 知识整合 ·

【知识点一】马克思主义哲学的历史使命

（1）马克思主义哲学产生的历史条件。

①阶级基础：无产阶级的产生和发展。马克思主义哲学是无产阶级反对资产阶级、争取自由解放斗争的必然产物。

②直接理论来源：德国古典哲学，其中主要是黑格尔的辩证法和费尔巴哈的唯物主义。

③自然科学前提：细胞学说、能量守恒和转化定律、生物进化论。自然科学的发展使人们用联系和发展的眼光看待周围世界成为可能。

④社会科学前提：英国古典政治经济学、英法空想社会主义学说

（2）马克思主义的重要性：马克思主义是科学的理论、人民的理论。它创造性地揭示了人类社会发展规律，第一次站在人民的立场探求人类自由解放的道路，为最终建立一个没有压迫、没有剥削、人人平等、人人自由的理想社会指明了方向。

（3）马克思主义哲学的历史使命：实现无产阶级和全人类的解放。

【知识点二】马克思主义哲学的基本特征

1.马克思主义哲学的核心观点：实践观点

实践的观点是马克思主义哲学中的首要的和基本的观点，是区别于其他哲学的本质特征。

2.马克思主义哲学的基本特征

（1）第一次在科学的基础上实现了唯物主义与辩证法的有机结合，实现了唯物辩证的自然观与历史观的统一。

（2）实现了实践基础上的科学性和革命性的统一。

马克思主义哲学之所以是科学的，就在于它正确揭示了世界的本质和运动规律，它的全部理论都来自实践，又经过实践的反复检验。

马克思主义哲学之所以是革命的，就在于它是改变世界的科学、指导人类解放的科学，是无产阶级的科学的世界观和方法论。

（3）与时俱进是马克思主义哲学独特的理论品质。

【知识点三】马克思主义中国化的重大理论成果

中国共产党把马克思列宁主义的基本原理同中国具体实际结合起来，在推进马克思主义中国化的进程中产生了毛泽东思想、邓小平理

互动训练

1.19世纪欧洲工人运动的发展需要一个科学理论的指导，从1845年开始，马克思、恩格斯在深入工人运动的基础上，进行了大量的创作活动，先后撰写了《关于费尔巴哈的纲领》《德意志意识形态》和《共产党宣言》等光辉著作。据此回答：材料所体现的马克思主义哲学的基本特征是（ ）

A. 第一次实现了唯物主义与辩证法的有机统一

B. 实现了实践基础上的科学性和革命性的统一

C. 第一次实现了唯物辩证法的自然观与唯物辩证法的历史观的有机统一

D. 坚持群众路线

2.从马克思、恩格斯创立学说的缘由可看出（ ）

A. 哲学都可以成为这一时代社会变革的先导，推动时代的步伐，指导社会的变革

B. 哲学都是在批判神学的宗教思想中产生的

C. 真正的哲学在于它正确地反映了时代的任务和要求

D. 哲学就是反映社会生活的各个方面的内容

引婴投江

有过江上者，见人方引婴儿而欲投之江中，婴儿啼。人问其故。曰：“此其父善游。”其父虽善游，其子其遽善游哉？此任物，亦必悖矣。这个故事告诉人们：一是本领的获得要靠自己，而不能靠先天的遗传。二是处理事情要从实际出发，对象不同，处理的方法也要有所不同。

论、“三个代表”重要思想、科学发展观、习近平新时代中国特色社会主义思想。

1.毛泽东思想

（1）主要代表：毛泽东。

（2）来源时代：运用马克思列宁主义基本原理研究和概括中国革命和建设经验的成果。

（3）精髓：实事求是。

（4）基本立场、观点和方法（活的灵魂）：实事求是、群众路线、独立自主。

（5）毛泽东哲学思想的主要内容：《实践论》《矛盾论》《论持久战》《关于正确处理人民内部矛盾的问题》《人的正确思想是从哪里来的？》等著作。

2.邓小平理论、“三个代表”重要思想和科学发展观

（1）来源时代：马克思列宁主义的基本原理同改革开放不同时期中国实践和时代特征相结合的产物。

（2）作用：是对马克思列宁主义、毛泽东思想的坚持和发展。

3.习近平新时代中国特色社会主义思想

（1）地位：马克思主义中国化的最新理论成果，是当代中国马克思主义、21世纪马克思主义。

（2）作用：为发展当代中国的马克思主义哲学作出了原创性贡献。

4.中国特色社会主义理论体系

包括：①邓小平理论。②“三个代表”重要思想。③科学发展观。④习近平新时代中国特色社会主义思想。

·考点解析·

【考点一】什么是马克思主义

（1）马克思主义是马克思、恩格斯在19世纪工人运动实践基础上而创立的理论体系。马克思主义主要以唯物主义角度所编写而成。马克思主义理论体系包括三部分，即马克思主义哲学、马克思主义政治经济学、科学社会主义，分别是马克思、恩格斯受德国古典哲学、英国古典政治经济学、法国空想社会主义影响，并在此基础上创立的。

（2）全面把握马克思主义中国化的理论成果，就是把马克思主义基本原理同中国的具体实际相结合，走自己的路，坚持和发展马克思主义。中国共产党近百年来领导革命、建设和改革的历史，就是不断推进马克思主义中国化的历史。

3.马克思主义哲学具有与时俱进的品格，根本原因在于（ ）

A. 它是科学理论

B. 它是以实践为基础的哲学

C. 它是无产阶级的世界观和方法论

D. 它是建立在辩证法基础之上的哲学

4.习近平总书记在主持中央政治局集体学习时强调，要实现“两个一百年”奋斗目标和中华民族伟大复兴中国梦，必须不断接受马克思主义哲学智慧的滋养。这是因为马克思主义哲学（ ）

A. 是世界观和方法论的统一

B. 是中国特色社会主义理论体系的重要内容

C. 随着实践的发展而发展

D. 实现了实践基础上的科学性和革命性的统一

5.（多选）马克思主义哲学之所以是我们这个时代“真正的哲学”，是时代精神的精华，是因为（ ）

A. 它正确揭示了社会主义取代资本主义的历史必然性．真正把握住了时代的潮流

B. 它以实践为基础，是我们行动的指南

C. 它是当今时代最需要的哲学

D. 它批判地继承了以往哲学发展的优秀成果，推进了哲学的发展

揠苗助长

宋人有悯其苗之不长而揠之者，茫茫然归，谓其人曰：“今日病矣！予助苗长矣！”其子趋而往视之，苗则槁矣。天下之不助苗长者寡矣。以为无益而舍之者，不耘苗者也。助之长者，揠苗者也。非徒无益，而又害之。这个故事告诉人们：任何事情都有自己的发展规律。我们办任何事情都不能只凭主观愿望，不顾客观规律，否则．“欲速则不达”，甚至弄巧成拙。

【例1】马克思主义哲学是科学的世界观，是因为（ ）

A. 马克思主义哲学是对以往哲学的否定

B. 它是世界观的看法，是唯物论和辩证法的统一

C. 马克思主义哲学完全继承了德国古典哲学

D. 马克思主义哲学是科学之科学

【解析】本题考查的是马克思主义哲学的基本特征知识点。马克思主义哲学是科学的世界观是因为马克思主义哲学是唯物主义与辩证法、唯物论的自然观与唯物辩证法的历史观高度统一的科学理论，ACD说法错误。故选B。

【答案】B

【例2】（多选）马克思主义哲学的产生实现了哲学史上的伟大变革。它第一次实现了（ ）

A. 唯物主义与辩证法的有机统一

B. 唯物辩证的自然观与唯物辩证的历史观的有机统一

C. 世界观和方法论的统一

D. 实践基础上的科学性和革命性的统一

【解析】哲学是世界观和方法论的统一，马克思主义哲学属于哲学，但不等于哲学，排除C。故选ABD。

【答案】ABD

【考点二】理解马克思主义哲学与哲学的关系

	区别			联系
	含义	科学性	发展阶段	
哲学	哲学是关于世界观的学问，是对具体科学知识的概括与总结，是世界观与方法论的统一	哲学有科学非科学之分	哲学有许多门类、派别，经历了从低级到高级的许多发展阶段	马克思主义哲学是对历史上优秀哲学思想的继承和发展，没有哲学就没有马克思主义哲学；也正是因为哲学发展到了马克思主义哲学这个新阶段，才成为科学的世界观与方法论，才使哲学重新焕发了生机，有了强大的生命力
马克思主义哲学	马克思主义哲学是科学的世界观和方法论的统一，是关于整个世界的最一般规律的科学，是人类智慧的结晶，是认识世界和改造世界的强有力的工具	马克思主义哲学是无产阶级的科学的世界观和方法论	马克思主义哲学既包括辩证唯物主义又包括历史唯物主义，它以唯物主义和辩证法、唯物辩证的自然观和历史观高度统一的完整体系，代替了历史上的唯心主义和形而上学，是人类哲学思想发展的新阶段	

6.“科学越是毫无顾忌和大公无私，它就越符合工人的利益和愿望。”恩格斯的这句话表明（ ）

A. 无产阶级的利益同社会发展规律、历史前进的方向是一致的

B. 哲学的阶级性和科学性是不一致的

C. 哲学的科学性决定它的阶级性

D. 无产阶级的哲学是没有阶级性的，是全人类的哲学

7.马克思说：“没有哲学我就不能前进。”这句话主要是强调（ ）

A. 马克思是研究哲学的哲学家

B. 哲学与生活是不可分割的

C. 哲学能指导人们正确地认识世界和改造世界

D. 不懂哲学的人就不能进步

8.毛泽东说：“马克思主义必须和我国的具体特点相结合并通过一定的民族形式才能实现，马克思主义的伟大力量，就在于它是和各个国家具体的革命实践相联系的。”毛泽东的这一论断说明（ ）

A. 马克思主义哲学是社会变革的先导

B. 马克思主义哲学的最基本特征是实践性

C. 马克思主义要随着社会实践的发展而发展

D. 马克思主义必须中国化

别人的话

一只狼出去找食物，找了半天都没有收获。偶然经过一户人家，听见房中孩子哭闹，接着传来一位老太婆的声音：“别哭啦，再不听话，就把你扔出去喂狼吃。”狼一听此言，心中大喜，便蹲在不远的地方等起来。太阳落山了，也没见老太婆把孩子扔出来。晚上，狼已经等得不耐烦了，转到房前想伺机而入，却又听老太婆说：“快睡吧，别怕，狼来了，咱们就把它杀死煮了吃。”狼听了，吓得一溜烟跑回老窝。同伴问它收获如何，它说：“别提啦，老太婆说话不算数，害得我饿了一天，不过幸好后来我跑得快。”

【例1】马克思主义哲学实现了科学性和革命性的统一，是因为（　）

A. 马克思主义哲学是科学的哲学

B. 马克思主义哲学吸取了黑格尔辩证法和费尔巴哈唯物主义的合理内核

C. 马克思主义哲学是建立在实践基础上的

D. 马克思主义哲学是指导无产阶级解放全人类的强大思想武器

【解析】本题考查学生对马克思主义哲学的理解能力。马克思主义哲学之所以能够实现科学性和革命性的统一，就是因为它建立在实践的基础上。故选C。

【答案】C

【例2】马克思主义在中国传播和发展的过程就是马克思主义中国化的过程。马克思主义中国化的最新理论成果是（　）

A. 毛泽东思想　　B. 邓小平理论

C. “三个代表”重要思想　D. 中国特色社会主义理论体系

【解析】本题主要考查学生对马克思主义中国化，知识的识记能力。A不符合题意，BC均是中国特色社会主义理论的组成部分。故选D。

【答案】D

【例3】邓小平同志有两句名言：一句是“摸着石头过河”，一句是“看准了的，就大胆地试，大胆地闯”。也就是说，要具备理论创新的巨大勇气，敢于走前人没有走过的道路，大胆地向前闯，大胆地去实践。这体现了马克思主义哲学是（　）

A. 科学性和革命性的统一

B. 辩证的自然观和历史观的统一

C. 继承性和发展性的统一

D. 客观性和主观性的统一

【解析】本题以邓小平的名言为背景材料，考查学生对马克思主义哲学基本特征的识记和理解能力。马克思主义哲学第一次实现了唯物主义与辩证法的有机统一，实现了实践基础上的科学性与革命性的统一。“摸着石头过河”主要强调了尊重实践，体现了马克思主义哲学的科学性；“大胆地试，大胆地闯”，体现了马克思主义哲学的革命性。故选A。

【答案】A

9.下列对“真正的哲学都是自己时代的精神上的精华”的理解，不正确的是（　）

A. 哲学具有时代性

B. 哲学都是自己时代在精神上的反映

C. 任何哲学都是精神上的精华

D. 哲学属于思想文化的范畴

10.在马克思的墓碑上刻着标志马克思主义哲学基本特征的两行字：“以往的哲学家只是解释世界，而问题在于改造世界。”这主要说明马克思主义哲学的（　）

A. 阶级性　B. 革命性

C. 实践性　D. 科学性

11.（多选）马克思主义哲学是（　）

A. 对以往一切旧哲学的彻底否定

B. 科学的唯物论和辩证法的统一

C. 科学的世界观和方法论的统一

D. 唯物辩证的自然观和历史观的统一

互动训练答案

1.B　2.C　3.B　4.D　5.ABD

6.A　7.C　8.B　9.C　10.C

11.BCD

博士买驴

从前，有位熟读经书的博士，自以为学问高深，喜欢到处卖弄。一天他去集市上买驴。按当时习惯，卖主应写一张券据给博士。但那个驴贩子不识字，这正好给了博士一个卖弄的机会。他铺开纸，蘸饱墨，摇头晃脑地边念边写起来。谁知一连写了三大张，还没写到一个“驴”字，净是废话。驴贩子不耐烦地说：“你只要简简单单地把我卖驴子的时间、地点和价钱写上不就行了嘛！”根据这个故事，人们概括了成语“博士买驴”。博士买驴比喻写文章废话连篇，不得要领。

[第二课 探究世界的本质]

第一节 世界的物质性

本课修订

本课增加内容：尊重客观规律和发挥主观能动性的关系；物质世界处于永恒运动、变化、发展的过程中。删除内容：规律客观性、普遍性方法论；运动与静止的辩证关系。简化内容：正确发挥主观能动性。

·知识整合·

【知识点一】自然界的物质性

1.辩证唯物主义的物质概念

（1）物质是不依赖于人的意识，并能为人的意识所反映的客观实在。

（2）物质概念是马克思主义哲学最基本的概念，是马克思主义哲学的基石。可以从以下三个方面把握物质的概念。

①所谓“不依赖于人的意识”，就是说，物质具有客观实在性，无论人们是否感觉到或是否承认它的存在，它都客观地存在着，不以人的意志为转移。

②所谓“能为人的意识所反映”，就是说物质具有可知性，能被人们所反映、所认识。但不是所有事物都会被人们马上认识，这需要一个过程。

③物质的唯一特性是“客观实在性”，这一性质也是划分物质和意识的唯一标准。因而，物质的唯一特性“客观实在性”是相对于意识而言的。

（3）要明确物质和物质的具体形态的关系。

①区别：哲学上的物质是指各种物质具体形态的共性——客观实在性；物质具体形态则是物质的具体表现，它不仅具有共同的唯一特性——客观实在性，还具有自己的个别特性。

哲学上的物质不能被创造、改变和消灭，而物质的具体形态则可以被创造、改变和消灭。

②联系：哲学上的物质概括了宇宙间客观存在着的一切事物和现象的共同本质，而不是指一种具体的物质形态。二者的关系是一般与个别、共性与个性、普遍性与特殊性的关系。

互动训练

1.由“嫦娥一号”卫星拍摄的月面图像覆盖区域属于月球高地，长约460公里，宽约280公里，分布有不同大小、形态、结构和形成年代的撞击坑。从唯物论的观点看，这幅图像佐证了（ ）

A. 神话的产生是缺乏客观根据的

B. 月球与地球具有相同的物质结构

C. 各种唯物主义物质观的科学性

D. 世界物质统一性原理的正确性

2.有一种观点认为，社会生活的变迁、社会的发展是由人的愿望、目的、动机决定的。这种观点（ ）

A. 肯定了社会发展的客观性

B. 承认了劳动是人和人类社会产生的基础

C. 否认了人类社会的客观物质性

D. 肯定了物质资料的生产方式是人类社会存在的首要条件

秀才过沟

从前，有一位秀才上京赶考，途中有一条水沟挡住去路。行至沟旁，他的仆人把肩上的行李背稳，一跃而过。可是这位秀才没有过沟的本领，呆立沟旁，十分焦急。仆人看见，就大声喊道：“相公，把胆子放大点，跳！”于是，这位秀才就两腿并齐，用力一跳。但他没有跳过沟，却“扑通”一声，掉到水里，成了个“落汤鸡”。仆人埋怨他说：“哎呀，相公！你怎么把两腿并在一起跳呢？”秀才答道：“跳者，乃双脚并用也。”弄得仆人哭笑不得。

2.自然界的物质性原理

（1）自然界中的事物是按照自身所固有的规律形成和发展的，都有自己的起源和发展史，都是统一的物质世界的组成部分。物质性是“万事万物”的共同属性和本质特征。宇宙间根本不存在上帝和诸神创造世界的活动。

（2）承认自然界的客观性是人类有意识地处理人与自然关系的基本前提。我们在利用自然、改造自然的时候，务必要尊重自然、顺应自然、保护自然，学会与自然和谐相处。

【知识点二】人类社会的物质性原理

（1）人类社会是物质世界长期发展的产物。人类不是从来就有的，而是由古猿发展而来的特殊的生物种群。在从古猿到人的演化过程中，劳动起了决定性的作用。劳动改变了生理结构，形成了手脚分工；劳动使猿脑变成了人脑，形成了语言和意识；劳动使人结社会联系，形成了社会关系。因此，劳动创造了人和人类社会，没有劳动就没有人，就没有人类社会。

（2）人类社会在本质上是一个客观的物质体系，构成社会物质生活条件的基本要素：地理环境、人口因素和生产方式（生产力和生产关系）。这三者都是客观的物质的要素，这些要素的客观性，集中体现了人类社会的物质性。

（3）反对把人们的主观动机或某种神秘的力量看成是社会发展的最终决定力量，反对否定人民群众创造历史的英雄史观。

【知识点三】意识是物质世界长期发展的产物

1. 意识是自然界长期发展的产物

意识不是从来就有的，它是自然界长期发展的产物。从一切物质都具有的反应特性，到低等生物的刺激感应，到动物的感觉和心理，再到人类意识的产生，是一个漫长的过程。

2. 意识是人类社会发展的产物

（1）人的意识不仅是自然界长期发展的产物，而且是社会发展的产物。劳动和社会交往促进了意识的物质器官即人脑的生成，促进了意识的表达手段即语言的产生和发展，提供和丰富了意识的内容。

（2）要形成意识，不仅需要人脑，还必须有被反映的客观存在。意识是客观存在的主观现象，意识的内容是客观的，形式是主观的。意识是物质的反映，但不等于事物本身，两者是有差距的，同时这种反映是一种能动的反映。

3.物质是不依赖于人的意识并能为人的意识所反映的客观实在。其中“客观实在”是从（ ）

A. 自然界中抽象概括出来的共同属性

B. 社会事物中抽象概括出来的共同属性

C. 万事万物中抽象出来的共同属性

D. 万事万物的总和

4.古希腊哲学家赫拉克利特说过：“人不能两次踏进同一条河流”。他的学生克拉底鲁则说“人甚至一次也不能踏进同一条河流”。上述观点（ ）

A. 都是正确的，因为它们正确地说明了物质和运动的关系

B. 都是错误的，因为它们都夸大了事物的运动而否认了相对静止

C. 前考正确，它说明物质都是运动的；后者错误，它否认了事物的相对静止

D. 前者错误，它夸大了物质的运动；后者正确，它正确地说明了运动和静止的关系

5.“万物都在运动”但只是在概念中运动。这种观点属于（ ）

A. 唯物主义的运动观

B. 形而上学的运动观

C. 唯心主义的运动观

D. 唯物辩证法的运动观

上帝不是万能的

中世纪，西方神学家宣传：上帝是无所不在、无所不知、无所不能的。一个智者问一个神学家：“上帝能否创造一块他自己也举不起来的石头呢？”神学家说：“能。”“那么，既然上帝不能举起这石头，他就不是万能的。”“如果这样，那上帝是创造不出这块石头的。”“上帝创造不出石头，怎能说是万能的呢？”

【知识点四】世界的物质性原理及方法论

（1）自然界在本质上是物质的；人类社会的产生、存在、发展及其构成要素，都具有客观的物质性；人的意识本身就根源于物质。

（2）物质是本原，意识是物质的派生物，物质决定意识。因而，世界是物质的世界，世界的真正统一性就在于它的物质性。

（3）我们要自觉坚持辩证唯物主义的物质统一性原则，坚持科学无神论立场，反对一切有神论。

·考点解析·

【考点一】物质的根本属性与物质的根本特性

1.物质的根本属性与物质的根本特性是两个不同概念

（1）物质的根本特性是客观实在性，它揭示了物质的本质，是相对于意识而言的特性。它概括了一切物质具体形态的共性，是物质绝对的、不变的唯一特性。

（2）物质的根本属性是运动，它揭示了物质的存在方式，是相对于物质的其他属性，如可知性、无限性等而言的根本属性。因为物质只有在运动中才能存在，所以运动属性是物质其他属性存在的前提和基础，因而才说运动是物质的根本属性。

2.客观实在与客观存在

（1）区别：①“客观实在”是指不依赖于人的意识而存在的特性。它是对宇宙一切事物和现象共同特性的抽象和概括，相对于意识来说，它是第一性的东西，不包括精神、意识现象。②“客观存在”是相对于主观而言的，既可以指物质具体形态，也可以指具体的思想。客观存在的东西除了物质现象之外，还有精神、意识现象。

（2）联系：客观实在是一种客观存在。客观存在不仅包括具有客观实在性的物质现象，还包括不具有客观实在性的精神、意识现象。

【例1】马克思主义哲学认为，物质是不依赖于人们的意识而存在，又能为人们的意识所反映的客观实在。下列属于“物质”的是（　）

①磁场　②“一国两制”的政策　③爱岗敬业精神

④辩证唯物主义　⑤原子　⑥光

A. ①②③　B. ②④⑥　C. ③⑤⑥　D. ①⑤⑥

【解析】磁场、原子、光都是物质的具体形态，具有物质性，①⑤⑥正确。②③④分别是政策、精神、思想，均是意识，不符合题意。故选D。

【答案】D

恩格斯说："没有运动的物质和没有物质的运动一样，是不可想象的。"回答6~7题。

6.哲学上讲的运动是指（　）

A. 自然界的变化和发展

B. 人类社会的变化和发展

C. 客观事物上升的、向前的、进步的变化趋向

D. 宇宙中一切事物的变化和过程

7.（多选）恩格斯的上述论断蕴含的哲学道理是（　）

A. 运动是物质的存在方式和根本属性

B. 运动是物质的唯一特性

C. 运动是物质的派生物

D. 任何运动都有自己的物质承担者

战国时期杰出的思想家荀子说：“天有常道矣，地有常数矣，君子有常体矣。”回答8~9题。

8.从哲学上看“天有常道”是指（　）

A. 物质是世界的本原

B. 物质是运动的主体

C. 一切事物的运动变化和发展都是有规律的

D. 运动是绝对的，静止是相对的

制度创新经典小故事

老张和老李一人出一百块钱买了一个蛋糕，老张说我来切，老李怕他切得不公平，就找了三个朋友，第一个朋友是搞思想政治工作的，他对老张说，你要提高你的道德素质，不可以权谋私。第二个朋友是搞技术的：老李，你好好把这个面积测定一下，再考虑这个蛋糕的均匀度，好好算好，通过优化计算，选择切入的面。第三个朋友是搞制度经济学的：不用费事，老张你切，切完以后，老李先挑，保证他会尽量切得公平。制度创新是技术创新和管理创新的基础。所以我们现在特别注意制度创新。

【例2】（多选）当布鲁诺因传播“日心说”而被处死的时候，熊熊烈火中的他仍不停地高呼：“就在这一时刻，地球还在转动啊！”地球还在转动，这说明（ ）

A. 世界的本质是物质

B. 自然界是客观存在的

C. 人类社会的存在和发展是客观的

D. 物质是不依赖于人的意识而客观存在的

【解析】地球还在转动，这说明地球的转动是不依赖于人的意识的，由此可以得出ABD是正确的。地球的转动是自然现象，不属于人类社会的范畴，C与材料无关，应排除。故选ABD。

【答案】ABD

【例3】（多选）中国科学家借助“玉兔二号”月球车，首次研究发现了月球背面地下40米地质分层结构，该研究可帮助人们了解月球撞击和火山活动历史。这说明（ ）

A. 思维与存在有同一性

B. 思维是对存在的正确反映

C. 世界的本质是物质的

D. 人类社会是意识的产物

【解析】中国科学家借助“玉兔二号”月球车传来的信息，帮助人们了解月球撞击和火山活动历史。这说明思维能正确反映存在，体现思维与存在有同一性，也说明世界的本质是物质的，AC符合题意。思维有正确和错误之分，并不都是对存在的正确反映，B错误。人类社会是物质世界长期发展的产物，D错误。故选AC。

【答案】AC

【例4】（多选）山西太钢不锈钢精密带钢有限公司组建了以轧制为核心的攻关团队进行超薄“手撕钢”的专项攻关。随后，0.015毫米“手撕钢”成功面世。宽幅超薄“手撕钢”广泛应用于航空航天、石油化工、高端电子、汽车、计算机等支柱行业和关键领域。该公司研发出的新材料“手撕钢”（ ）

A. 属于具体的物质形态

B. 是客观存在的，具有可知性

C. 是从万事万物的共有属性中概括出来的

D. 其唯一特性是客观实在性

【解析】“手撕钢”属于具体的物质形态，是客观存在的，具有可知性，AB符合题意。哲学上的物质是从万事万物的共有属性中概括出来的，C错误。物质的唯一特性是客观实在性，而“手撕钢”属于具体的物质形态，D错误。故选AB。

【答案】AB

9.荀子的上述观点蕴涵的哲学原理是（ ）

A. 规律的存在和发生作用是有条件的

B. 规律的存在和发生作用不以人的意志为转移

C. 规律是永恒不变的

D. 人们在客观规律面前是无能为力的

10.（多选）下面属于运动和静止辩证关系原理的观点有（ ）

A. 动中有静，静中有动

B. 坐地日行八万里

C. 人不能两次踏进同一条河流

D. 静就是动，动就是静

11.（多选）动中有静，静中有动。其中的“静”是指（ ）

A. 事物的相对静止状态

B. 事物绝对不动，一点不变

C. 事物根本性质的稳定性和事物之间的空间位置保持不变

D. 事物运动的特殊状态

12.（多选）下列属于规律的是（ ）

A. 苹果落地，水往低处流

B. 生产关系一定要适应生产力的状况

C. 价格围绕价值上下波动

D. 元素序号越大. 它的半衰期就越短

鲁侯养鸟

从前鲁侯养了一只海鸟，每天向它献酒，演奏乐曲，设牛、羊、猪三牲供奉。但海鸟却犹豫不食，三天就死了。这个故事告诉人们：办事情要看对象，不同的对象应采用不同的方法来对待，不可千篇一律，强求一致。如果单凭主观愿望办事，不看具体对象，就会把事情搞砸。

【例5】（多选）随着全球气候变暖和人类活动的增多，近年来极端天气频繁出现，自然灾害爆发的不确定性、不可预知性明显增多且往往破坏性极大、给经济社会发展和人民群众生命财产安全带来极大威胁。这提醒我们必须认识自然、尊重自然。其哲学依据是（　）

A. 自然界的存在和发展是客观的　　B. 自然界在本质上是物质的

C. 自然灾害是由人类活动造成的　　D. 要战胜自然必须认识自然

【解析】根据题意，确定自然界在本质上是物质的，自然界的存在和发展是客观的，是不以人的意志为转移。我们必须认识自然、尊重自然。可以在认识和把握自然规律的基础上，减少损失，AB符合题意。自然灾害未必都与人类活动有关，该说法过于绝对，C排除。该选项是同义反复，不是题干的哲学依据，D排除。故选A。

【答案】AB

【考点二】物质决定意识

（1）先有物质，后有意识，物质不依赖于意识，但意识依赖于物质。物质决定意识，意识不能决定物质。

（2）意识有正确和错误之分。正确的意识是正确反映客观事物及其规律的意识，错误的意识是歪曲反映客观事物及其规律的意识。但两种意识都是对客观事物的反映，都根源于物质。

【例1】（多选）针对自动驾驶技术，不少人对其在不同场合的适用性持怀疑态度，他们认为人工智能不可能完全取代人脑。这是基于（　）

A. 人脑是高度发达的物质系统

B. 人脑是产生意识的生理基础

C. 人脑决定意识的内容和形式

D. 意识的产生来源于人的大脑

【解析】针对自动驾驶技术，不少人对其在不同场合的适用性持怀疑态度，他们认为人工智能不可能完全取代人脑。这是基于人脑是高度发达的物质系统，人脑是产生意识的生理基础，AB入选。人脑是产生意识的生理基础，并不决定意识的内容和形式，意识的内容是客观的，C错误。意识的产生来源于客观存在，而不是人的大脑，D错误。故选AB。

【答案】AB

13.康德在其撰写的《宇宙发展史概论》中指出，“给我物质，我就用它造出一个宇宙来”。这一观点（　）

A. 承认了世界的本质是物质，世界统一于物质

B. 否认了意识现象的存在，陷入了“一元论”的泥潭

C. 认为意识能够创造物质，是典型的客观唯心主义

D. 否认了自然界的物质性，把宇宙看成是意识的产物

14.毛泽东诗曰：“坐地日行八万里，巡天遥看一千河。”这句诗体现的哲理是（　）

A. 事物是普遍联系的

B. 相对静止是不存在的

C. 事物运动是永恒的、无条件的

D. 事物运动是有规律的

15.（多选）绿色是永续发展的必要条件和人民对美好生活追求的重要体现。人类对自然的伤害最终会伤及人类自身，要形成节约资源和保护环境的生活方式，还自然以宁静、和谐、美丽。这表明（　）

A. 人类改造自然必然造成对自然的破坏

B. 人类应与自然和谐相处

C. 人类应该在尊重客观规律的基础上发挥主观能动性

D. 认识自然规律，才能实现对自然的征服

不龟手之药

宋国有个人擅长配制使手不冻裂的药，他家世代以漂洗丝绵为业。有人听说这事，愿出百金购买这个秘方。宋国人想：我世代漂洗丝绵，收入不过几金，现在一下子就可得百金，还是卖给他吧。那人买了秘方后，就去游说吴王。恰好吴国与越国打仗，冬天，吴国士兵涂了那药，打败了越军。吴王就给那人封赏了土地。这个故事告诉人们：同一物品在不同的场合使用，它所发挥的作用往往是不同的。

【例2】（多选）广大医学科研工作者在对新型冠状病毒进行深入研究后，发现了其致病原理。这表明（　）

A. 意识活动具有主动创造性　　B. 意识能创造出理想的世界

C. 意识活动具有自觉目的性　　D. 世界上没有不可认识之物

【解析】广大医学科研工作者在对新型冠状病毒进行深入研究后，发现了其致病原理。这表明意识活动具有主动创造性，世界上没有不可认识之物，AD入选。材料并未涉及意识能创造出理想的世界和意识活动具有自觉目的性，BC不选。故选AD。

【答案】AD

【例3】（多选）"坚持真理、坚守理想，践行初心、担当使命，不怕牺牲、英勇斗争，对党忠诚、不负人民"的伟大建党精神，是中国共产党的精神之源，是激励9500多万名党员、14亿多中国人民继往开来、砥砺奋进的磅礴力量。大力弘扬伟大建党精神的哲学依据是（　）

A. 意识推动事物发展　B. 精神可以变成物质

C. 意识不依赖于物质　D. 意识反作用于物质

【解析】只有正确思维意识推动事物发展，A错误。大力弘扬伟大建党精神，因为精神可以变成物质，意识反作用于物质，BD正确。物质决定意识，意识依赖于物质，C错误。故选BD。

【答案】BD

【例4】（多选）党的十八大把解决好"三农"问题作为全党工作重中之重，全面深化农村改革，农业农村发展取得了历史性成就。2021年，中共中央、国务院对全面推进乡村振兴、加快农业农村现代化作出的重大决策部署，广大农村又迎来了难得的发展机遇。这说明正确的决策（　）

A. 有利于创造条件促进社会发展

B. 取决于意识能动性的发挥程度

C. 符合客观事物变化发展的要求

D. 是对客观存在全面地、如实地反映

【解析】正确的决策有利于创造条件促进社会发展，正确的决策符合客观事物变化发展的要求，AC正确。意识能动性的发挥程度对决策有一定影响，但是能动性的发挥程度并非决定性因素，B错误。意识是对客观存在能动的反映，并不是"全面地、如实地反映"，D错误。故选AC。

【答案】AC

16.（多选）分享经济平台能够解决生产的供需信息不对称的问题，以设备、产品等闲置生产能力的共享实现协作生产，不仅降低了使用成本，还提高了资源利用率。分享经济（　）

A. 是人们发挥主观能动性、促进资源优化配置的有效方案

B. 在认识和改造市场规律的基础上实现人与资源的和谐统一

C. 成功与否取决于人们对资源配置规律的正确把握程度

D. 是依据资源配置规律而提出的重要理念

互动训练答案

1.D　2.C　3.C　4.C　5.C　6.D
7.AD　8.C　9.B　10.ABC
11.ACD　12.BC　13.A　14.C
15.BC　16.AD

卖糖哲学

一个小孩到商店里买糖，总喜欢找同一个售货员。因为别的售货员都是先抓一大把，拿去称，再把多了的糖一颗一颗拿走。但那个比较可爱的售货员，则每次都抓得不同重量，然后再一颗一颗往上加。虽然最后拿到的糖在数量上并没有什么差别，但小孩就是喜欢后者。这一"卖糖哲学"告诉人们：生活中，同样的付出，仅仅因为方法不同，其效果往往是不一样的。

第二节 运动的规律性

本课小结

本课是单招考试重点课，主要考点物质与意识的辩证关系原理，尊重客观规律和发挥人的主观能动性。每年在单招考试中占2～20分，其考试题型为选择题，同时物质与意识的辩证关系原理和尊重客观规律和发挥人的主观能动性这两个考点都有可能出论述题。要求学生全面掌握本课各项知识点。

·知识整合·

【知识点一】规律是客观的

1. 运动是指宇宙间一切事物、现象的变化和过程

运动是物质的根本属性和存在方式。运动是绝对的、无条件的、永恒的。

2. 物质和运动的关系

（1）物质是运动的物质，世界上没有不运动的物质，运动是物质的固有根本属性和存在方式。世界上一切事物都处于运动和变化之中。任何具体的物质形态只有在运动中才能保持自己的存在，世界上不存在脱离运动的物质。

（2）运动是物质的运动，物质是运动的承担者。宏观物体是机械运动的载体，原子、离子等是化学运动的载体，生命有机体是生物运动的载体，生产方式是社会运动的载体，人脑是思维或精神运动的载体。总之，我们要承认物质是运动的，同时承认运动的主体是物质。物质世界处于永恒运动、变化、发展的过程中。

3. 物质运动是有规律的

（1）规律就是事物运动过程中固有的、本质的、必然的、稳定的联系。

（2）规律的客观性和普遍性原理。

①规律具有普遍性，自然界、人类社会和人的思维，其运动、变化和发展过程都有其固有的规律。没有规律的物质运动是不存在的，没有规律的世界是不可思议的。

②规律是客观的，是不以人的意志为转移的，既不能被创造，也不能被消灭。因此我们必须遵循规律，按照客观规律办事，我们就能够体会到规律对于我们意义。

互动训练

1.对意识的认识是多角度的，下列属于从意识的本质角度看的是（　）

A. 意识的形式是主观的

B. 意识是人脑特有的机能

C. 意识是物质世界发展到一定阶段的产物

D. 意识是客观存在在人脑中的反映

2.就其根源讲，意识是（　）

A. 人脑的机能，来源于人脑

B. 物质的反映，来源于物质

C. 自然界的产物，来源于自然界

D. 社会的产物，来源于社会

对牛弹琴

有一天，著名古琴演奏家公明仪对着一头老牛弹琴。他先奏了一首名曲——高雅的古琴曲“清角”。尽管公明仪自己觉得弹得十分精彩，但是，老牛就像没有听见一样，只顾埋头吃草。公明仪又用古琴模仿蚊虻嗡嗡的叫声，还模仿离群的小牛犊发出的哀鸣声。那头老牛立刻停止吃草，抬起头，竖起耳朵，摇着尾巴，来回踏着小步，注意地听着。这则寓言告诉我们，看清对象，有的放矢，从实际需要出发，是做好一件事情的前提。

③规律是具有可认识、可利用的特性，在客观规律面前，人并不是无能为力的。人可以在认识和把握规律的基础上，根据规律发生作用的条件和形式、利用规律，改造客观世界，造福于人类。

【知识点二】正确发挥主观能动性（自觉能动性）

1.人能够能动地认识世界

（1）意识活动具有目的性、自觉选择性和能动创造性。

（2）它不仅可以认识事物的外部现象，而且能够把握深藏于事物内部的本质和规律。

（3）世界上只有尚未认识之物，没有不可认识之物。

2.人能够能动地改造世界

（1）意识不仅能够能动地反映客观世界，而且可以能动地指导人们改造世界，即通过实践把观念的东西变成现实的东西，创造出符合人的目的的客观事物。

（2）正确的意识指导人们的实践活动，对客观事物的发展起推动作用；错误的意识指导人们的实践活动，往往起阻碍作用。

（3）实践是主观见之于客观的活动。

3.尊重客观规律和发挥主观能动性的辩证关系原理

（1）尊重客观规律是正确发挥主观能动性的前提条件。

（2）意识的能动性受客观规律的制约。只有符合客观规律的正确意识，才能有效发挥能动作用，正确指导人们的实践，实现改造世界的预期目的；违背客观规律的错误意识，会导致实践的失败，会对事物的发展产生阻碍作用。

（3）要求我们充分发挥主观能动性，以求真务实的精神探求事物的本质和规律，用科学的理论武装头脑、指导实践。（片面地强调发挥主观能动性，无视客观规律和客观条件的制约，属于唯心主义；只强调尊重客观规律和客观条件，否认人的主观能动性，是机械唯物主义。）

【知识点三】一切从实际出发，实事求是

1.什么是一切从实际出发，实事求是

我们做事情要尊重物质运动的客观规律，从客观存在的事物出发，经过调查研究，找出事物本身固有的，而不是臆造的规律性，以此作为我们行动的依据。（一切从实际出发，实事求是，是我们想问题、办事情的根本立足点。）

2.哲学依据

物质与意识的辩证关系。尊重客观规律与发挥主观能动性的关系。

3.如何做到一切从实际出发，实事求是？

（1）一切从实际出发，实事求是，要求我们充分发挥主观能动性，不断解放思想，与时俱进，以求真务实的精神探求事物的本质和规律，

3.意识的反映对象是（　）

A. 客观存在

B. 人脑

C. 语言和文字

D. 劳动和社会交往

4.到目前为止，人们已经发现三十多个由各种兽类哺育成长的婴孩，其中狼孩最多。他们虽然为人所生，但是由于生活在动物群体中，长期脱离社会实践，不可能参加任何社会活动，所以虽然客观存在作用于他们的头脑，但是并没有形成人的意识。上述事实充分表明（　）

A. 人脑并非产生意识的生理基础

B. 意识并非客观存在的反映

C. 只有正常的大脑才能产生意识

D. 意识是人类社会实践的产物

窗

有个太太多年来不断抱怨对面的太太很懒惰：“那个女人的衣服永远洗不干净，看，她晾在院子里的衣服，总是有斑点，我真的不知道，她怎么连洗衣服都洗成那个样子……”直到有一天，有个明察秋毫的朋友到她家，才发现不是对面的太太衣服洗不干净。细心的朋友拿了一块抹布，把这个太太的窗户上的灰渍抹掉，说：“看，这不就干净了吗？”原来是自己家的窗户脏了。

用科学的理论武装头脑、指导实践。

（2）一切从实际出发要注意从变化的、整体的、全面的实际出发，就是要做到主观和客观具体的历史的统一。它要求我们不断解放思想，与时俱进，以求真务实的精神探索事物的本质和规律，在实践中检验和发展真理。

（3）一切从实际出发，实事求是，要求我们把发挥主观能动性和尊重客观规律结合起来，把高度的革命热情同严谨踏实的科学态度结合起来。

（4）既要反对夸大意识能动作用的唯意志主义，又要反对片面强调客观条件，安于现状、因循守旧、无所作为的思想。

【知识点四】物质与意识的辩证关系原理及方法论（重点）

1. 物质和意识辩证关系的原理内容

（1）物质是本原，意识是物质的派生物，物质决定意识，意识是人脑对客观存在的反映。

（2）意识具有能动作用。意识不仅能够能动地认识世界，而且可以能动地指导人们改造世界。符合客观规律的正确意识，能正确指导人们的实践，实现改造世界的预期目标；违背规律的错误意识对事物发展产生阻碍作用。

2.方法论

物质和意识辩证关系的原理，要求我们在实际工作中：

（1）要坚持一切从实际出发，实事求是，使主观和客观相符合。

（2）要充分重视和发挥意识的能动作用，重视精神的力量；自觉树立正确的思想意识，克服错误的思想意识。

· 考点解析 ·

【考点一】规律的概念

意识是物质的产物、物质的机能、物质的反映，物质是本原的，意识是派生的，物质决定意识。意识的内容是客观的，但形式具有主观性。

规律的概念：规律是事物运动过程中固有的本质的、必然的、稳定的联系。

正确理解规律

是	固有的	本质的	必然的	稳定的
不是	臆造的	现象的	偶然的	异变的
举例	喜鹊叫喜	苹果落地	守株待兔	价格升降

5.（多选）当前，在移动互联网、大数据、超级计算、传感网、脑科学等新理论以及经济社会发展强烈需求的共同驱动下，人工智能加速发展，部分企业大量使用工业机器人。但从根本上说，工业机器人不可能代替人类。这是基于（　）

A. 工业机器人只是一种物质工具，与人的意识有本质差异

B. 意识具有超越时代的特性，工业机器人不具备这一特性

C. 工业机器人不具备产生意识的物质器官，无法跨越到意识领域

D. 工业机器人是具有独立意识的制造物，不具有反应特性

6.意识不仅能反映事物的外部现象，而且能够把握事物的本质和规律。这体现了意识活动具有（　）

A. 目的性

B. 自觉选择性

C. 主动创造性

D. 计划性

自相矛盾

楚国有个人到大街上去卖长矛和盾牌。为了招徕顾客，他举起盾牌夸耀说：“我的盾牌非常坚固，无论什么武器都刺不穿它！”他放下盾牌，又举起长矛吹嘘说：“我的长矛锋利无比，无论什么东西一刺就穿。”这时，有个人问他：“如用你的长矛来刺你的盾牌，那结果是什么样呢？”那个楚国人一句话也答不上来。

寓意：脱离实际地夸大某种东西的长处，往往会闹出自相矛盾的笑话。

①规律是联系，但并非所有的联系都是规律，只有同时满足四个条件的联系才是规律。

②规律不等于现象，凡是能够借助感官直接感知的均为现象而非规律，上表的举例均不属于规律，如“苹果落地”属于自然现象，但其中蕴含的“万有引力”则属于规律。

③不能把哲学上讲的规律混同于具体规律，二者是共性与个性、一般与个别的关系。

④规律是客观的、不能被创造、改变和消灭；规则是主观的，可以制定、修改或废除。

⑤唯心主义同样承认规律的存在，但是却否认规律的客观性。

⑥规律本身没有好坏之分。规律可以给人带来积极的作用，也可以带来消极的作用。

⑦对规律的认识和利用，并不意味着改变或创造规律。

⑧规律具有稳定性，但不是不变的，是随着客观的变化发展而不断变化的。

总结：世界是物质的、物质是运动的、运动是有规律的、规律是客观的。客观是不以人的意志为转移的，我们做事情要尊重物质运动的客观规律，按照客观规律办事。把事物本身固有的规律作为我们行动的依据。

【例1】中国古代思想家董仲舒认为，自然灾害是上天对于帝王错误行为的警告，这种说法违背了下列哪一条原理（ ）

A. 主客观之间的统一 B. 社会存在决定社会意识

C. 矛盾是事物发展的原因 D. 客观规律是不以人的意志为转移的

【解析】本题考查的是规律的客观性知识点。规律是客观的，是不以人的意识为转移的。“自然灾害是上天对于帝王错误行为的警告”这句话错误地认为自然界的灾害是上帝对人类的惩罚，忽略了自然界的客观规律性。ABC不符合题意。故选D。

【答案】D

【例2】事物运动有其客观规律，体育运动也包含着自身的规律。下列符合这一观点的是（ ）

A. 熟悉比赛的规则才能取得比赛的胜利

B. 比赛规则是人制定的，因而规律是人创造的

C. 在人们有意识的活动中也有规律可循

D. 体育活动是人发明的，其中的规律带有人为性

【解析】本题主要考查学生对按客观规律办事的理解，规则是依据规律制定的，所以A属于客观规律办事，但比较绝对，不选。人可以将按客观规律办事和发挥主观能动性结合起来，C正确。BD违背了规律的客观性。故选C。

【答案】C

7.（多选）“正能量”指的是一种健康乐观、积极向上的精神动力和情感因素。对生活压力，有人积极倡导这样的励志正能量：生活是一面镜子，你对它笑，它就对你笑；你对它哭，它也对你哭。倡导“正能量”是因为它（ ）

A. 具有创造性，能够创造出独立于物质之外的精神

B. 具有选择性，能在特定条件下控制人的精神

C. 具有能动性，能够改变人的精神并给人以信心

D. 具有反作用，能够调节和控制人体生理活动

8.（多选）打赢脱贫攻坚这场硬仗，必须既“治愚”又“扶智”，激发贫困群众脱贫致富的信心，引导困难群众学技术、找门路，自己摘掉贫困帽。从哲学上看，这是因为（ ）

A. 意识是人脑的特有机能

B. 意识对人体生理活动具有调控作用

C. 意识是对客观存在的反映

D. 意识对改造客观世界具有指导作用

下金蛋的鸡

有天早晨，吃惊不已的老婆婆大喊大叫：“老爷！老爷！不得了！我们家的母鸡生下金色耀眼的蛋呀！”从此，母鸡每天都生下一个金蛋，并且卖很高的价钱。原本很穷的他们，一下子变得很富有。然而，他们还想拥有更多的鸡蛋。“鸡每天都生下一个金蛋，那么它的肚子里一定有很多金子吧！”于是，老爷爷就把母鸡杀了，可是却找不到金子。“糟糕啦！如果让它活着，每天还能生金蛋……现在惨了。”

【例3】“少年安得长少年，海波尚变为桑田。”唐代诗人李贺的这一诗句体现了（ ）

A. 运动是永恒的、绝对的和有条件的　B. 运动是物质的唯一特性

C. 运动是物质的固有属性和存在方式　D. 运动是静止的特殊状态

【解析】从题干李贺的诗句中“安得”“尚变为”可以看出诗句主要强调运动。“运动是有条件的”说法错误，排除A；物质的唯一特性是客观实在性，B错误；静止是运动的特殊状态，D不正确。故选C。

【答案】C

【例4】揠苗助长，事与愿违。庖丁解牛，事半功倍，这两则寓言故事反映的同一哲理是（ ）

A. 立场不同，对事物的看法也不同

B. 人的认识能力是有限的

C. 要尊重客观规律，按客观规律办事

D. 事物是普遍联系，又是变化发展的

【解析】本题考查的是客观规律知识点。“揠苗助长，事与愿违。庖丁解牛，事半功倍”体现规律的客观性，我们想问题做事情一定按客观规律办事。ABD不符合题意。故选C。

【答案】C

【例5】（多选）2020年5月27日珠峰测量队登顶珠穆朗玛峰，通过北斗卫星进行高精度定位测量，使用雪深雷达探测仪探测峰顶雪深，获取珠峰高程测量数据。对珠峰的高度进行测量，从哲学角度看，以下说法正确的是（ ）

A. 珠峰的高度变化体现了物质是运动的物质

B. 珠峰运动是物质的唯一特性

C. 测量队发挥了主观能动性的决定作用

D. 珠峰在运动变化中受其内在的规律支配

【解析】2020年5月27日珠峰测量队登顶珠穆朗玛峰，通过北斗卫星进行高精度定位测量，使用雪深雷达探测仪探测峰顶雪深，获取珠峰高程测量数据。对珠峰的高度进行测量，从哲学角度看珠峰的高度变化体现了物质是运动的物质，珠峰在运动变化中受其内在的规律支配，AD符合题意。客观实在性是物质的唯一特性，B错误。主观能动性不起决定作用，C错误。故选AD。

【答案】AD

9.英国著名作家迪斯雷利曾经说过：“为小事生气的人，生命是短暂的。”这句话从一侧面表明（ ）

A. 意识活动具有自觉选择性和主动创造性

B. 意识对改造客观世界具有指导作用

C. 意识对人的生理活动具有调节和控制

D. 意识活动具有目的性，要知足常乐

10.被誉为“咫尺之内再造乾坤”的苏州园林，其设计源自江南风景中的曲径流水、雕窗匾额、楹联书画……置身于其中，“风载书声出藕花”的江南情思油然而生。材料蕴含的哲理是（ ）

A. 意识能够能动地改造客观世界

B. 意识是沟通主客观世界的桥梁

C. 意识是客观事物在人脑中的反映

D. 意识对人的生理活动具有调节作用

11.（多选）中国画要求“意存笔先，画尽意在”，强调融化物我，创制意境，达到以形写神，形神兼备，气韵生动。国画的“写意”，能将万千山水收于尺幅，这正是中国画的奇妙之处。国画创作的这种特点表明（ ）

A. 画家的意识直接改造了物质世界

B. 画家的意识具有主动创造性

C. 物质与意识相互依赖，不可分割

D. 意识的形式与内容有机统一

不受欢迎的乌鸦

有一只乌鸦打算飞往东方，途中遇到一只鸽子，双方停在一棵树上休息。鸽子见乌鸦一副飞得很辛苦的样子，关心地问：你要飞到哪里去？乌鸦愤愤不平地说：其实我不想离开，可是这个地方的居民都嫌我的叫声不好听，所以我只好飞到别的地方去。鸽子好心地告诉乌鸦：别白费力气了，如果你不改你的声音，飞到哪里都不会受欢迎的。如果你无法改变环境，唯一的方法就是改变你自己。

【考点二】正确理解客观规律与主观能动性

（1）规律是客观的，主观能动性受客观规律的制约，尊重客观规律是正确发挥主观能动性的基础和前提；客观规律的制约恰恰要求人们发挥主观能动性。只有发挥主观能动性，才能认识、利用规律。因此，我们要把发挥主观能动性同尊重客观规律有机结合起来。

（2）只强调发挥主观能动性，无视客观规律和条件，是唯心主义的观点。

（3）片面强调尊重客观规律，无视人的主观能动性，是形而上学唯物主义的观点。

（4）不能认为规律和主观能动性相互制约。人们能够改变规律发生作用的条件却不能改变规律本身，同时，规律的客观性始终制约着人的主观能动性，是否按规律办事决定着是否能够取得积极效果，按规律办事的程度决定着取得积极效果的程度。

【例1】（多选）十九大报告指出，要巩固和完善农村基本经营制度，深化农村土地制度改革，完善承包地“三权”分置制度。保持土地承包关系稳定并长久不变，第二轮土地承包到期后再延长三十年。这表明（　）

A. 运动是物质固有的根本属性和存在方式

B. 物质世界是相对运动和绝对静止的统一

C. 必须按客观规律办事，不能违背规律

D. 主观能动性和客观规律相互影响、互为前提

【解析】对农村土地制度进行改革，体现了运动是物质固有的根本属性和存在方式，并且改革是为了使生产关系适应生产力的发展，是符合社会发展规律的，AC符合题意。物质世界是绝对运动和相对静止的统一，B错误。客观规律制约着主观能动性的发挥，客观规律的存在和发挥作用不受主观能动性的影响，也不以主观能动性为前提，D错误。故选AC。

【答案】AC

【例2】（多选）让孩子“赢在起跑线”是家长对教育焦虑的最真实的体现。幼儿园“小学化”，逐渐变成了普遍的社会现象。对此，家长应该从实际出发，转变自己的“抢跑”观念。强调家长要转变观念，是因为正确的观念（　）

A. 具有直接现实性，能够将人们的美好愿望直接转化为现实

B. 具有主动创造性，人能够通过认识和改变规律为自己服务

C. 对改造客观世界具有指导作用，促进人们以自己的行动改变世界

D. 能够正确地指导人们把发挥主观能动性和尊重客观规律结合起来

【解析】实践具有直接现实性，能够将人们的美好愿望直接转化为现实，意识活动不具有直接现实性，A错误。规律具有客观性，改变规

12.（多选）冷调降温是现代家居装饰的一个重要技巧，如在厨房装饰中大面积使用深色时，人们待在里面，会觉得温度下降，身体产生一丝凉意。这一现象主要说的是（　）

A. 空间温度可以随着人的感觉而变动

B. 人的思维活动具有主观选择性

C. 人们的错觉不是对客观事物的反映

D. 意识可以调控人体的生理活动

13.毛泽东同志对“实事求是”做过科学的解释，其中“是”是指事物的（　）

A. 客观性　　B. 物质性

C. 规律性　　D. 可知性

14.（多选）泰戈尔曾说：“世界以痛吻我，我要报之以歌。”同样戴着眼镜观世界、看生活，有人越擦越亮，有人却越抹越黑，关键取决于“在路上”的态度、“在路口”的抉择。这表明（　）

A. 意识活动依赖于人体生理活动

B. 人们的认识活动可以能动地改造客观世界

C. 意识对人们认识世界具有指导作用

D. 发挥意识的自觉选择性是调节自身的重要条件

楚人学齐语

孟子对宋国大臣戴不胜说：“如果有个楚国的大夫，想让他的儿子学说齐国的语言，那么是让齐国人教他呢，还是让楚国人教他呢？”戴不胜回答：“当然是让齐国人教他。”孟子说：“一个齐国人教他，但却有许多楚国人在干扰他，跟他说楚语，那么，虽然天天鞭打他，逼他学齐语，也是不可能的；如果把他领到齐国国都临淄城内最繁华的街市，让他在那里住上几年，那么，尽管天天责打他，要他讲楚语，那也做不到了。”

律的说法错误，B排除。幼儿园“小学化”，逐渐变成了普遍的社会现象。对此，家长应该从实际出发，转变自己的“抢跑”观念。强调家长要转变观念，是因为正确的观念对改造客观世界具有指导作用，促进人们以自己的行动改变世界；正确的观念能够正确地指导人们把发挥主观能动性和尊重客观规律结合起来，CD观点符合题意。故选CD。

【答案】CD

【例3】（多选）20世纪科学技术的发展，使19世纪法国作家埃勒·凡尔纳在其小说中描述很多的科学幻想成为现实，如电视机、直升飞机、潜水艇和人类登月等，很多发明家承认他们从凡尔纳的科学幻想中受到启发，甚至有人说：“现代科学只不过是将凡尔纳的语言付诸实践的过程而已”，作为人类意识花朵的科学幻想的付诸实现，表明（ ）

A. 意识不仅反映世界，而且能够通过实践改造世界

B. 意识怎样幻想世界，世界就会发生怎样的变化

C. 意识因其创造性，而具有直接现实性

D. 意识因其能动性，而可以成为实践的先导

【解析】根据题意，“现代科学只不过是将凡尔纳的语言付诸实践的过程而已”，作为人类意识花朵的科学幻想的付诸实现。这表明意识具有主动创造性，不仅能够能动地反映世界，而且能够通过实践改造世界，AD符合题意。B选项夸大了意识的作用，这是主观唯心主义的表现，排除B。意识的能动作用必须通过实践转化为物质力量，C说法错误。故选AD。

【答案】AD

【例4】（多选）经过40年改革开放，深圳创造了举世瞩目的世界奇迹。作为深圳的精神图腾，“拓荒牛”低头拱背、奋力向前，有一股不服输的倔劲。就是这头“牛”，牵引着深圳用40年时间从一个小渔村变身为世界级城市，它也成为每个在深圳的奋斗者的写照。这启示我们（ ）

A. 解放思想勇于创新是人们做好各项工作的出发点

B. 发挥主观能动性是改造客观世界的必要条件

C. 人们可以根据规律发生作用的条件改变现状和规律

D. 要将革命热情与科学态度相结合，反对安于现状

【解析】一切从实际出发是人们做好各项工作的出发点，A错误。深圳人民弘扬“拓荒牛”的精神，把深圳从一个小渔村变身为世界级城市，说明发挥主观能动性是改造客观世界的必要条件，要将革命热情与科学态度相结合，反对安于现状，BD正确。规律是客观的，是不以人的意识为转移的，人们可以根据规律发生作用的条件去利用规律，但不可以改变规律、创造规律，C错误。故选BD。

【答案】BD

15.（多选）建设和谐宜居、富有活力、各具特色的现代化城市，要立足国情，尊重自然、顺应自然、保护自然，改善城市生态环境，把好山好水好风光融入城市；要留住城市特有的地域环境、文化特色、建筑风格等“基因”。这是基于（ ）

A. 规律是客观的，要尊重和利用自然规律

B. 发挥主观能动性，实现人对自然的征服

C. 物质决定意识，要坚持一切从实际出发

D. 顺应社会发展规律，实现人与自然和谐

互动训练答案

1.D 2.B 3.A 4.D 5.AC 6.C 7.CD 8.BD 9.C 10.C 11.BD 12.BD 13.C 14.CD 15.AC

火鸡

一只火鸡和一头牛闲聊，火鸡说：“我希望能飞到树顶，可我没有勇气。”牛说：“为什么不吃一点点我的牛粪呢，它们很有营养。”火鸡吃了一点牛粪，发现确实给了它足够的力量飞到第一根树杈。第二天，火鸡又吃了更多的牛粪，飞到第二根树枝。两个星期后，火鸡骄傲地飞到了树顶。但不久，农夫看到了它，迅速把它从树上射了下来。

牛屎运让你达到顶峰，但不能让你留在那里。

【例5】（多选）天文预报显示，2020年11月11日是2020年6次水星大距中较好的观测时机，届时，如果天气晴好，我国公众有望在大距前后几天早晨，一睹平日里难得一见的水星“芳容”。2020年，水星共发生6次大距，东大距和西大距各3次。每次水星大距，科学家都能准确预测并告知公众最佳观测时间和地点。天文学家的预测体现了（ ）

A. 思维和存在的同一性

B. 意识活动的主动创造性

C. 静止的相对性和暂时性

D. 规律的客观性和多样性

【解析】天文学家能够准确预测天象，是认识天体运行规律的结果，说明思维可以正确反映存在，即思维和存在具有同一性，意识活动具有主动创造性，AB符合题意。天文学家的预测没有体现静止的相对性和暂时性，也没有涉及规律的多样性，CD排除。故选AB。

【答案】AB

【知识点三】正确区分一切从实际出发与实事求是

（1）二者具有一致性：都是正确认识和处理问题的根本方法，都是辩证唯物主义的基本要求，都把客观存在作为观察处理问题的根本出发点，都要求主观符合客观，主客观达到具体的历史的统一，一切从实际出发是实事求是的前提和基础。实事求是是对一切从实际出发的深化和拓展。两者都说明要从客观实际出发。

（2）二者有着明显的区别：前者强调从客观存在的实际出发，着重于物质第一性，后者包含前者的内容，强调按规律办事，着重于规律的客观性。前者的哲学原理依据是世界是物质的、物质决定意识，后者的哲学原理依据是物质运动是有规律的，规律是客观的。

【例1】（多选）“你最好接受自己的长相。你是骆驼，就不要去唱苍鹰的歌，骆驼照样充满魅力。”这段话告诉我们（ ）

A. 要敢于承认客观事实

B. 要从实际出发，不能脱离自身的实际去机械地效仿别人

C. 要接受命运的安排，不能痴心妄想

D. 要安分守己，不能越位

【解析】“你是骆驼，就不要去唱苍鹰的歌，骆驼照样充满魅力。”这段话告诉我们要敢于承认客观事实，要从实际出发，不能脱离自身的实际去机械地效仿别人，AB入选。人具有主观能动性，可以在尊重客观规律的基础上充分发挥自己的主观能动性，而不是接受命运的安排，安分守己，CD不选。故选AB。

【答案】AB

议论题

理清社会主要矛盾，是党和国家制定正确路线方针政策的基础，是确立发展理念和发展战略的依据。党的八大明确指出：“国内的主要矛盾，已经是人民对于建立先进的工业国的要求同落后的农业国的现实之间的矛盾，已经是人民对于经济文化迅速发展的需要同当前经济文化不能满足人民需要的状况之间的矛盾。”

党的十一届六中全会提出：“我国社会的主要矛盾是人民日益增长的物质文化需要同落后的社会生产之间的矛盾。”

党的十九大报告指出：“中国特色社会主义进入新时代，我国社会主要矛盾已经转化为人民日益增长的美好生活需要和不平衡不充分的发展之间的矛盾。”

结合材料，（1）运用一切从实际出发、实事求是的知识，说明党是如何认识和把握我国主要矛盾的。（2）如何运用唯物论的知识分析问题？

指鹿为马

赵高野心勃勃想作乱，日夜盘算着要篡夺皇位，但他恐怕群臣不听他的，于是他先做了一个实验，牵着一头鹿献给二世，说：“这是马。”二世笑着说：“丞相说错了吧？为何说鹿是马。”赵高问身边的人，身边的人有的奉承顺从赵高说是马，有的说是鹿。赵高于是就暗中用刑法陷害说鹿的人。此后大臣都怕赵高。

【例2】（多选）习近平指出，要准确把握新发展阶段，深入贯彻新发展理念，加快构建新发展格局，推动“十四五”时期高质量发展。把握新发展阶段是贯彻新发展理念、构建新发展格局的现实依据，贯彻新发展理念为把握新发展阶段、构建新发展格局提供了行动指南，构建新发展格局则是应对新发展阶段机遇和挑战、贯彻新发展理念的战略选择。上述论断蕴含的哲学道理是（　　）

A. 一切从实际出发是把握规律、做好工作的前提

B. 只有把握事物之间的本质联系才能推动实践发展

C. 发挥主观能动性，就能把握事物的本质和规律

D. 社会历史中的事物的联系是人有意识地建构的

【解析】把握新发展阶段是贯彻新发展理念、构建新发展格局的现实依据，表明一切从实际出发是把握规律、做好工作的前提，A符合题意。贯彻新发展理念为把握新发展阶段、构建新发展格局提供了行动指南，构建新发展格局则是应对新发展阶段机遇和挑战、贯彻新发展理念的战略选择，推动“十四五”时期高质量发展，表明只有把握事物之间的本质联系才能推动实践发展，B符合题意。只有在尊重客观规律的基础上正确发挥主观能动性，才能把握事物的本质和规律，C说法错误。联系具有客观性，社会历史中的事物的联系是客观的，不以人的意志为转移，D说法错误。故选AB。

【答案】AB

【例3】（多选）近年来，《中国共产党农村基层组织工作条例》等既有规范得到修订，《中国共产党农村工作条例》等一批制度性文件相继印发。中国共产党直面问题、因时而动、自我加压、不断进化，这正是党能够百尺竿头步步为进，以伟大自我革命引领伟大社会革命的内在逻辑。由此可见，党不断取得成绩的奥秘在于（　　）

A. 不断把物质的东西和意识的东西融为一体

B. 以实践中总结的符合时代的经验作为工作的出发点

C. 始终做到坚持一切从实际出发，实事求是

D. 充分发挥主观能动性，在变化发展的实际中把握规律

【解析】材料未体现物质的东西和意识的东西融为一体，A排除。党始终把实现好发展好维护好最广大人民的根本利益作为一切工作的出发点和落脚点，B说法错误。不断修订规范，直面问题，因时而动，说明党始终做到坚持一切从实际出发，实事求是，C符合题意。党的文件蕴含了党工作的规律，不断修订规范，不断进化说明在变化发展中把握规律，D符合题意。故选CD。

【答案】CD

议论题参考答案

（1）①从客观存在的事物出发。党准确把握各个历史时期生产力发展和人民生活需要的实际状况，对我国社会主要矛盾作出了科学判断。

②解放思想，与时俱进，全面把握变化发展的实际。随着我国经济社会的发展，人民美好生活需要日益广泛、全面，党与时俱进地对我国的主要矛盾作出科学判断。

③随着社会历史条件的变化，中国共产党把革命的精神和科学的态度结合起来，把尊重规律与发挥主观能动性结合起来。党充分发挥主观能动性，科学把握社会发展规律、执政规律，准确认识和把握社会主要矛盾的变化。

（2）①物质决定意识，意识是物质的反映，要求我们一切从实际出发，实事求是+材料分析。

②意识对改造客观世界具有指导作用。正确的意识能够促进客观事物的发展，错误的意识对事物的发展起阻碍作用。要求我们自觉树立正确的思想意识，克服错误的思想意识+材料分析。

③规律具有客观性，它的存在和发生作用是不以人的意志为转移的，要求我们必须遵循规律，按客观规律办事。尊重规律是正确发挥主观能动性的前提，发挥主观能动性是认识和利用规律的条件，要求我们把尊重客观规律和发挥主观能动性结合起来+材料分析。

缺角的圆

有一个圆，被切去了好大一块儿的三角楔，想自己恢复完整，没有任何残缺，因此四处寻找失去的部分。因为它残缺不全，只能慢慢滚动，所以能在路上欣赏花草树木，还和毛毛虫聊天，享受阳光。有一天，这个残缺不全的圆找到一个非常适合的碎片，他很开心地把那碎片拼上了，开始滚动。现在它是完整的圆了，能滚得很快，快得使它注意不到路边的花草树木，也不能和毛毛虫聊天了。

[第三课 把握世界的规律]

第一节 世界是普遍联系的

本课修订

原书第七课 唯物辩证法的联系观中①整体从数量上看它是“一”；部分从数量看是“多”；②关键部分的功能及其变化甚至对整体的功能起决定作用是被删除内容。并把③整体和部分的辩证关系方法论、系统优化的方法论整合。修订后为第一节 世界是普遍联系的。

·知识整合·

【知识点一】联系的普遍性、客观性与多样性

（1）联系是指事物之间以及事物内部各要素之间的相互影响、相互制约和相互作用。联系具有普遍性、客观性、多样性的特点。

①联系的普遍性。世界上的一切事物都与周围其他事物互相联系的。但不是说任何两个事物之间都存在联系。

②从宏观天体到微观粒子，从无机界到有机界，从自然到人类社会和人的思维，任何事物都处在联系之中。任何事物内部的各个部分、要素之间都是相互联系的。整个世界是一个普遍联系的统一整体，是一幅由种种联系交织起来的丰富多彩的画面，其中没有一个事物是孤立存在的。

（2）联系的客观性。

①联系是客观的。联系是事物本身固有的，不以人的意志为转移。

②事物的联系就其与实践的关系来说，可以分为自然事物的联系和人为事物的联系。自然事物中的种种联系在人类产生以前就存在了，它们当然不以人的意志为转移；人为事物的联系是人类实践的产物，尽管它们呈现着“人化”的特点，但仍然是客观的，不以人的意志为转移。因为人为事物的联系只有通过实践这一客观的物质活动才能够形成，形成之后便独立于人的意识之外。

③联系的客观性要求我们，要从事物固有的联系中把握事物，切忌主观随意性。离开事物的真实联系，抓住事物表面的相似之处，主观臆造并不存在的联系，是诡辩论的一个重要特征。

④联系是客观的，并不意味着人对事物的联系无能为力。人们可以根据事物固有的联系，改变事物的状态，调整原有的联系，建立新的联系。

互动训练

1.（多选）“蝴蝶效应”由气象学家洛伦兹于1963年提出，其大意是：南美洲亚马孙河流域热带雨林中的一只蝴蝶，偶尔扇动几下翅膀，可能在两周后引起美国得克萨斯的一场龙卷风。“蝴蝶效应”不仅体现了惊人的想象力和迷人的美学魅力，更蕴涵着深刻的哲学内涵。它揭示了（ ）

A. 世界上万事万物无不处于相互影响、相互制约的关系之中

B. 世界上所有重大事件的发生都是偶然因素相互作用的结果

C. 世界上万事万物的普遍联系都是大胆想象和合理推论的结果

D. 某个微小因素的变化在一定条件下会对系统产生决定性影响

2.4×100m接力赛取得好成绩的重要因素在于充分发挥每个队员的优势。在4名队员组成不变的情况下，排列顺序的优化是取得成功的重要条件。这说明（ ）

A. 量变比质变更重要

B. 要重视量的积累

C. 数量上的增减能引起事物的质变

D. 要注重系统内部结构的优化趋向

偏枯之药

鲁人有公孙绰者，告曰：“我能起死人。”人问其故，对曰：“我固能治偏枯（半身不遂），今吾倍所以为偏枯之药，则可以起死人矣。”物固有可以为小，不可以为大；可以为半，不可以为全者也。这个故事告诉人们：事物有质与量的差别，我们不能混淆两者的界线。事物的用途有大有小，我们要恰如其分地使用它，决不能无限度地乱用，机械地只从量的大小上类推，就会闹笑话，犯错误。

（3）联系的多样性。

①世界上的事物千差万别，事物的联系也是多种多样的，有直接联系和间接联系、内部联系和外部联系、本质联系和非本质联系、必然联系和偶然联系。

②在实际生活中，人们容易看到的是那些直接的、表面的和眼前的联系，而往往忽视那些间接的、本质的和长远的联系，忽视事物之间相互联系的中间环节。因此，把握联系的多样性，对于我们正确认识事物具有重要意义。

③联系的多样性要求我们注意分析和把握事物存在和发展的各种条件。一切事物的存在和发展都是有条件的，即使人们改变条件、创造条件，也是有条件的。因此，我们在认识世界和改造世界的过程中，既要注意客观条件，又要恰当运用自身的主观条件；既要把握事物的内部条件，又要关注事物的外部条件；既要认识事物的有利条件，又要重视事物的不利条件。总之，一切以时间、地点和条件为转移。

【知识点二】用联系的观点看问题

1.为什么用联系的观点看问题

物质世界的普遍联系要求我们用联系的观点看问题

2.要正确认识和处理整体与部分的辩证关系

（1）整体是事物的全局或发展的全过程，部分是事物的局部或发展的各个阶段。整体居于主导地位，整体统率着部分，具有部分所不具备的功能；部分在事物的存在和发展过程中处于被支配的地位，部分服从和服务于整体。

（2）整体与部分又是相互联系、密不可分的。①整体是由部分构成的，离开了部分，整体就不复存在。部分的功能及其变化会影响整体的功能。②部分是整体中的部分，离开了整体，部分就不成其为部分。整体的功能、状态及其变化也会影响部分。

【知识点三】坚持整体与部分的统一

（1）整体与部分的关系，在一定意义上就是系统与要素的关系。

（2）系统是由相互联系和相互作用的诸要素构成的统一整体。

（3）系统的基本特征：整体性、有序性和内部结构的优化趋向。

【知识点四】掌握系统优化的方法

（1）我们应当树立全局观念，掌握系统优化的方法，用综合的思维方法认识事物。要立足整体，把各个部分、各个要素联系起来考察，优化组合，选择最佳方案，实现整体的最优目标，从而达到整体功能大于部分功能之和的理想效果。

（2）同时必须重视部分的作用，用局部的发展推动整体的发展。

3.（多选）联系的观点是唯物辩证法的一个总特征。下面属于辩证法的联系观的是（ ）

A. 世界上的一切事物都和周围事物存在着直接联系

B. 整个世界是一个普遍联系的有机整体

C. 联系是事物本身固有的，不以人的意志为转移

D. 事物的联系是多种多样的

4.（多选）有关资料显示，若将废旧电池混入生活垃圾一起填埋，或者随手丢弃，渗出的汞等重金属物质就会渗进土壤，污染地下水，进而影响到和人类息息相关的动物和植物，破坏人类的生存环境，并最终危及人类的健康。这表明（ ）

A. 事物的联系是多种多样的

B. 孤立存在的事物是不存在的

C. 联系的存在是不以人的意志为转移的

D. 联系有主观联系和客观联系之分

5.“十三五”期间，城镇化将是带动经济增长、抵御国际经济不稳定、改变国内不平衡发展现状的重要动力。这说明（ ）

A. 联系具有普遍性

B. 任何事物之间都是相互联系的

C. 事物之间相互联系必然促进事物发展

D. 事物之间的客观联系不容否定

钓竿

有个老人在河边钓鱼，一个小孩走过去看他钓鱼，老人技巧纯熟，所以没多久就钓上了满篓的鱼。老人见小孩很可爱，要将整篓的鱼送给他，小孩摇摇头，老人惊异地问道：你为何不要？小孩回答：我想要你手里的钓竿。老人问：你要钓竿做什么？小孩说：这篓鱼没多久就吃完了，要是我有钓竿，我就可以自己钓，一辈子也吃不完。我想你一定会说好聪明的小孩。错了。因为钓鱼重要的不在钓竿，而在钓技。

【特别提醒】

①整体具有部分根本没有的功能。

②部分优化组合形成整体时，才能实现整体的最优目标。

③部分以无序的结构形成整体时，整体功能无法达到理想效果。

·考点解析·

【考点一】　联系的多样性

世界上的事物千差万别，事物的联系也是多种多样的。联系的多样性要求我们注意分析和把握事物存在和发展的各种条件。一切事物的存在和发展都是有条件的，即使人们改变条件、创造条件，也是有条件的。总之，一切联系以时间、地点和条件为转移。

【例1】皑皑白雪在中国东北地区，是众多滑雪基地得以开办的自然条件，而在南方地区，连续的降雪低温却造成了损失巨大的灾害。这表明，同一现象在不同条件下，就会有截然不同的作用和影响。这启发我们注意（　）

A. 联系的普遍性和统一性　B. 联系的客观性和主观性

C. 联系的多样性和条件性　D. 联系的绝对性和相对性

【解析】本题考查的是联系的多样性和条件性知识点。“同一现象在不同条件下，就会有截然不同的作用和影响”正是体现了联系的多样性和条件性。ABD和题意不相符。故选C。

【答案】C

【例2】乒乓球比赛中擦边球的出现带有偶然性，很多运动员遇到稍微多一些的擦边球出现在自己球台上都会觉得自己的运气不好，并且放弃去抢救出现的擦边球。一位世界冠军告诉队员，其实接回擦边球也有一定的偶然性，但积极挽救擦边球的努力，却可以逐渐提高接回擦边球的概率。这表明（　）

A. 偶然性背后隐藏着必然性　B. 必然性表现为偶然性

C. 偶然性转化为必然性　D. 必然性转化为偶然性

【解析】必然性隐藏在偶然性之中，这就要求我们善于从偶然之中发现必然，把握必然。我们要善于观察一切偶然现象，使它们成为我们认识必然、把握必然的契机。抓住接回擦边球的偶然性，隐藏着提高接球概率的必然性。故选A。

【答案】A

6.（多选）“一带一路”倡议提出以来不仅发力于经济建设，还激发了“一带一路”建设参与国居民的旅游热情，深化了“一带一路”文化合作和教育合作，给人们带来出游、文化、留学新体验。这表明（　）

A. 世界是普遍联系的有机整体，要用联系的观点看问题

B. 事物的联系是多种多样的，要把握联系的多样性

C. 人为事物的联系受人们意识活动的支配

D. 正确认识事物之间的联系是推动事物发展的根本动力

7.在系统论看来，要素的功能好，系统的功能未必好；要素的功能不好，系统的功能未必不好。这是什么缘故呢？因为决定系统功能与行为的主要东西，不是构成系统的要素，而是系统的结构。材料表明（　）

A. 要素在系统中并不占有重要地位

B. 系统和要素既有联系也有区别

C. 要素的功能和系统的功能互不相干

D. 系统具有每一个要素都不具有的功能

调羹

麦克走进餐馆，点了一份汤，服务员马上给他端了上来。服务员刚走开，麦克就嚷嚷起来：“对不起，这汤我没法喝。”服务员重新给他上了一份汤，他还是说：“对不起，这汤我没法喝。”服务员只好叫来经理。经理毕恭毕敬地朝麦克点点头，说：“先生，这道菜是本店最拿手的，深受顾客欢迎，难道您……”“我是说，调羹在哪里呢？”有错就改，当然是件好事。但我们却常常改掉正确的，留下错误的，结果是错上加错。

【例3】气象学家洛伦兹提出，一只南美洲亚马孙河流域热带雨林中的蝴蝶，偶尔扇动几下翅膀，导致其身边空气系统发生变化，引起四周其他系统的相应变化，可能两周后在美国的得克萨斯引起一场龙卷风。“蝴蝶效应”表明（ ）

A. 事物的联系具有必然性 B. 事物的联系具有直接性

C. 事物的联系具有普遍性 D. 事物的联系具有客观性

【解析】本题重在考查联系的普遍性特点。“蝴蝶效应”说明整个世界是一个相互联系的统一整体。这都是联系普遍性的具体体现，C项正确。而“蝴蝶效应”是一事物对其他一系列事物所产生的直接或间接、必然或可能的影响，AB项与材料不一致。联系的客观性是指联系是事物本身所固有的，不以人的意志为转移，D项与材料无关。故选C。

【答案】C

【例4】为满足北京冬奥会期间各国运动员对蔬菜种类与营养的不同需求，中国农艺师引进了多种新品种洋菜，根据北京地区及周边省市的海拔高度来确定各种蔬菜种植与运输方案，使洋菜“本土化”，打破了“橘生淮南则为橘，橘生淮北则为枳”的观念。据此回答下题。农艺师能使洋菜“本土化”，是因为（ ）

A. 主观联系是对客观联系的反映

B. 客观联系是主观联系的外在表现

C. 发挥主观能动性，能够改变事物固有的联系

D. 发挥主观能动性，能够建立事物新的具体联系

【解析】联系具有客观性，不能把主观联系强加给事物，不能用虚伪的主观联系去代替事物的真实联系，AB错误。联系是事物本身所固有的，是不能随意改变的，C错误。事物的联系是客观的，并不是说人们对事物的联系无法改变，人们可以根据事物的固有联系改变事物的状态，建立新的具体联系。故选D。

【答案】D

【考点二】**科学把握“联系的客观性”，还应注意把握以下方面。**

（1）联系的客观性的内涵：联系是客观事物本身所固有的，不以人的意志为转移。它不是外部力量强加给事物的或主观的。

（2）联系的客观性的根本原因在于客观世界的物质统一性，而不是思维的结构和某种神秘力量的产物。

（3）人应该承认并利用联系的客观性，否认联系的客观性就会陷入唯心主义。

（4）联系的客观性要求我们，要从事物固有的联系中把握事物，切忌主观随意性。离开事物的真实联系，抓住事物的表面相似之处，主观臆造并不存在的联系，是诡辩论的一个重要特征。

8.（多选）收音机的功用在收音，这种功用显然不是电阻器、电容器、电感器、变压器和喇叭等元件的功能的机械相加。这表明（ ）

A. 整体具有部分所不具备的功能

B. 在任何情况下，整体功能都大于部分之和

C. 系统具有整体性特征

D. 系统内部各要素的结合使整体功能具有了趋向强化的特征

9.4×100m接力赛取得好成绩的重要因素在于能否充分发挥每个队员的优势。只有将个人优势转化为集体优势，才能够取得好成绩。这是因为（ ）

A. 整体与部分相互区别

B. 整体具有部分根本没有的功能

C. 整体功能决定部分功能

D. 整体的功能是部分功能的总和

10.（多选）一百年前，一个外国人带了60只欧洲椋鸟到美国放生。椋鸟到了美国之后，开始迅速繁衍，迄今为止，椋鸟已经繁衍了2亿多只。这些鸟儿成群结队地袭击庄稼，每年农业损失高达8亿美金。这一实例佐证（ ）

A. 联系的主观性使得人们可以建立事物的新联系

B. 任何事物都与周围其他事物存在着普遍的联系

C. 认识世界、改造世界要把握事物联系的多样性

D. 一定要正确认识和处理整体与部分的辩证关系

放大你的优点

一个穷困潦倒的青年，流浪到巴黎，期望父亲的朋友能帮助自己找到一份谋生的差事。“数学精通吗？”父亲的朋友问他。青年摇摇头。“历史、地理怎样？”青年还是摇摇头。“那法律呢？”青年窘迫地垂下头。父亲的朋友接连发问，青年只能摇头告诉对方——自己连丝毫的优点也找不出来。“那你先把住址写下来吧。”青年写了自己的住址，转身要走，被父亲的朋友一把拉住了。你的名字写得很漂亮嘛，这就是你的优点啊，你不该只满足找一份糊口的工作。数年后，青年果然写出享誉世界的经典作品。

【例1】农历丁亥年是60年一遇的“金猪年”，不少青年夫妇把孩子的出生时间锁定在该年，认为这一年出生的“金猪宝宝”有福气。从哲学上讲，将个人命运同生肖属相联系在一起是不足取的，其依据是（　）

A. 想象的联系代替不了事物固有的联系

B. 基于主观目的的行为不会产生客观的联系

C. 非本质的联系掩盖不了本质的联系

D. 联系是客观的，与人的活动无关

【解析】联系具有客观性，事物的联系是固有的、不以人的意志为转移，不能主观臆造联系，人可以根据事物固有的联系建立新的联系，“金猪宝宝”有福气是人主观臆造联系。由此可知BD错误。假象的存在就是非本质的联系掩盖本质的联系，C错误。故选A。

【答案】A

【考点三】　整体与部分的辩证统一关系

关系		整体	部分
区别	含义	整体是事物的全局和发展的全过程，从数量上看它是一	部分是事物的局部和发展的各个阶段，从数量上看它是多
	地位和功能	整体居于主导地位，整体统率着部分，具有部分所不具备的功能	部分在事物的存在和发展过程中处于被支配的地位，部分服从和服务于整体
联系		①二者相互依赖。整体由部分构成，它只有对于组成它的部分而言，才是一个确定的整体。部分是整体中的部分，没有整体也无所谓部分 ②二者相互影响。整体的变化影响部分，部分也会影响整体。部分的功能及其变化会影响整体的功能。 ③二者相互转化。整体与部分还是相互作用的，且在一定条件下相互转化。整体相对于比它更大的场合，它就成了部分；部分相对于比它更小的场合，它就成了整体	

【例1】“只有在集体中，个人才能获得全面发展其才能的手段，也就是说，只有在集体中才可能有个人自由。”很多成功的运动员在自己的运动生涯中，逐渐体会出马克思和恩格斯这句话的深刻哲理，这就是（　）

A. 部分离不开整体，部分在整体中才有其存在的意义

B. 部分组成了整体，所以让部分感觉自由的整体才是好的整体

C. 集体是个人的自我实现的阶梯和基础

D. 真正的集体正是自由的个人的联合体

【解析】本题考查整体和部分的辩证关系。部分是整体中的部分，离开了整体，就不能称其为部分。题中个人才能只有在集体中才能获得发展，体现了这一点。故选A。

【答案】A

11.2020年以来，新型冠状病毒感染疫情严重，专家建议：减少与患者的接触，避免去人员密集场所，勤洗手　室内保持通风，这也是预防流感的重要措施。这说明（　）

A. 不同事物的本质属性都是相同的

B. 联系具有普遍性和客观性

C. 事物的联系是需要一定条件的

D. 复杂事物的本质是不可捉摸的

12.在下列名言中，最能体现整体和部分关系的是（　）

A. 一着不慎，满盘皆输

B. 勿以恶小而为之，勿以善小而不为

C. 生于忧患，死于安乐

D. 纸上得来终觉浅，绝知此事要躬行

13.（多选）假定一条鳄鱼咬住你的脚，如果你试图用手去帮助你的脚，鳄鱼便会同时咬住你的手脚，你越挣扎就被咬得越厉害，所以万一鳄鱼咬住了你的脚，你的最佳选择就是牺牲这只脚，只有这样才有可能保住生命。这个经济学上的“鳄鱼法则”告诉我们（　）

A. 部分要服从并服务于整体

B. 关键时候要勇敢放弃次要矛盾

C. 要着眼整体，寻求最优目标

D. 整体与部分是相互对立的

蜘蛛

雨后，一只蜘蛛艰难地向墙上已经支离破碎的网爬去，由于墙壁潮湿，它爬到一定的高度，就会掉下，它一次次地向上爬，一次次地掉下来……第一个人看到了，他叹了一口气，自言自语：“我的一生不正如这只蜘蛛吗？忙忙碌碌而无所得。”于是，他日渐消沉。第二个人看到了，他说：这只蜘蛛真愚蠢，为什么不从旁边干燥的地方绕一下爬上去？我以后可不能像它那样愚蠢。于是，他变得聪明起来。第三个人看到了，他立刻被蜘蛛屡败屡战的精神感动了。于是，他变得坚强起来。

【例2】在足球、篮球和排球三大球等集体项目中，个人技术与团队配合都非常重要，良好的团队配合可以在一定程度上弥补个人技术的不足，其哲学道理是（ ）

A. 整体功能是由部分相加而成

B. 整体功能不以部分为基础

C. 整体功能是部分功能的基础

D. 整体功能不等于部分功能的简单相加

【解析】本题考查整体和部分的关系。整体和部分又是相互联系、密不可分的；部分的功能及其变化会影响整体的功能，关键部分的功能及其变化甚至对整体的功能起决定作用；部分是整体中的部分，离开了整体，部分就不成其为部分。整体的功能状态及其变化也会影响到部分。“个人技术与团队配合都非常重要，良好的团队配合可以在一定程度上弥补个人技术的不足”体现整体的功能远远大于简单的部分相加，整体的功能大于部分的功能。ABC和题意不相符。选D。

【答案】D

【例3】在创建卫生城市活动中，某小区居民全员参与共建文明小区。居民举止与社区文明的关系体现的哲学原理是（ ）

A. 部分依赖整体　　B. 部分影响整体

C. 部分与整体相互转化　　D. 部分与整体同等重要、不可分割

【解析】本题考查整体与部分的辩证关系。社区文明是一个整体，居民举止仅是其部分，社区文明还表现在环境等方面，部分影响整体，整体由部分构成，所以A错。C与题意不合。整体居于主导地位，部分是从属地位，D不选。故选B。

【答案】B

【例4】“走不以手，缚手不能疾；飞不以尾，屈尾不能远。”与上述语句体现的哲理相一致的是（ ）

A. 花在枝则生，离枝则亡；鸟在林则乐，离群则悲

B. 断章取义

C. 世异则事异，事异则备变

D. 智者千虑，必有一失

【解析】《淮南子·说山训》里的这句话的意思是，（人）走路不靠手，但手被绑住后就走不快了；（鸟）飞行不用尾巴，但把它的尾巴弯曲后就飞不远了，这体现了事物是普遍联系的，部分影响整体。A体现了事物的部分离不开整体。B割裂了整体与部分之间的关系，孤立地看问题。C说明了世界上一切事物都是运动变化和发展的，要用发展的观点看问题。D说明了矛盾具有普遍性，事物都是一分为二的。故选A。

【答案】A

14.港珠澳大桥的建成，打破了陆地交通制约该地区经济发展短板，促进了该地区经济一体化建设。这表明（ ）

A. 整体居于主导地位

B. 部分影响着整体

C. 部分离不开整体

D. 整体影响着部分

15.（多选）某地区在治理大气污染中，将燃煤、工业排污、机动车、扬尘、露天烧烤及重污染天气应急预警等全部纳入监管范围，取得了明显效果。该区做法（ ）

A. 运用了综合思维方法解决问题

B. 强调了关键部分对整体的决定作用

C. 创造了事物间多种多样的联系

D. 把握了事物存在和变化的客观条件

互动训练答案

1.AD　2.D　3.BCD　4.ABC　5.A　6.AB　7.D　8.ACD　9. B　10.BC　11.C　12.A　13.AC　14.B　15.AD

人与宙斯

传说神最先创造的是动物，并赏赐给它们的有的是力量，有的是速度，有的是翅膀。而在创造人时，人却裸露着身体一无所有。人对神说：“你就不给我一点什么赏赐吗？”宙斯说：“你难道没见到赐予你的礼物？那才是最大的礼物。因为你有思想，思想不论赋予神或人都是有力的，而且将比所有力量更强、比最快的速度更快呢。”人这才感觉到神赐予自己的礼物是最珍贵的，并向神表示敬意，很感激地走去。这是说，思想是神给人最大的赏赐、最特别的礼物，思想也是人有别于动物的最显著的标志。

【考点四】列出表格准确把握系统优化的方法

含义	系统是由相互联系和相互作用的诸要素构成的统一整体，要素是组成一个整体的相互作用着的部分	
系统的基本特征	整体性	整体性原则是系统优化方法的核心。系统作为一个整体具有它的每一个要素都不能单独具有的功能；它要求人们对事物属性的认识进入到“整体性”的认识，从而开拓了对事物整体性研究的新领域
	有序性	有序性原则认为系统内部诸要素之间的相关性有一定的规则，而不是杂乱无章的，系统内部都具有层次等级式的结构，系统的各要素总是按照一定的顺序和方向发生作用
	内部结构的优化趋向	系统内部各要素的结合使整体的功能具有了趋向强化的特征，整体的功能不是部分的简单相加，整体大于部分之和，从而为人们的认识和实践提供各种优化的方案
要素的基本特征	个别性局部性	要素是整体中的一个个别部分，或者是一个个别因素、个体
	多样性差别性	一个系统中诸多要素有着不同的地位，起着不同的作用，它们相互之间有着这样那样的区别
	不可分割性	要素作为系统构成的单元，相对于该系统来说，它是不可分割的
	不确定性	与整体的结构相比，要素相对不稳定
方法论要求	系统优化的方法要求我们用综合的思维方式来认识事物。要着眼于事物的整体，从整体出发，把各个部分、各个要素联系起来考察，统筹考虑，优化组合，形成关于这一事物的完整准确的认识	

【例1】（多选）要以坚持党的集中统一领导为统领，以强化政府主导作用为关键，以深化企业主体作用为根本，以更好动员社会组织和公众共同参与为支撑，为建设生态文明和美丽中国提供有力制度保障。上述论断包含的辩证法思想是（　）

A. 系统具有有序性，要坚持统筹考虑、优化组合

B. 系统具有客观性，要发挥要素对系统的决定作用

C. 系统具有整体性，要坚持用综合思维的方式看问题

D. 系统具有能动性，要注重系统内部结构的优化趋向

【解析】由题意，体现了系统的整体性和有序性，要坚持统筹考虑、注重整体优化组合，AC正确。系统决定和支配要素，只有关键要素才能对系统起决定作用，B错。系统是客观的，系统本身不具有能动性，D错。故选AC。

【答案】AC

议论题

肆虐世界的新型冠状病毒感染的肺炎疫情持续蔓延。截至2020年5月12日15时，全世界累计报告新型冠状病毒肺炎病例确诊2 183 730人，累计死亡284 645人。国家卫健委表示，当前全世界持续蔓延的新型冠状病毒肺炎疫情已经构成国际关注的突发公共卫生事件。党和政府要求全国各地高度重视并进一步加强疫情的防控工作，防止疫情向国内反扑。

结合材料，运用整体与部分的辩证关系，说明应如何更好地应对疫情。

答案

①整体处于主导地位，统率着部分，整体的功能及其变化会影响到部分。要求树立全局观念，立足整体，统筹全局，选择最佳方案，实现整体的最优目标。各国应从世界大局出发，服从世卫组织的统一协调，搞好疫情防控工作。

②整体由部分构成，部分的功能及其变化会影响整体的功能，部分的功能及其变化会影响整体的功能，要求重视部分的作用，搞好局部，用局部的发展推动整体的发展。各国应采取各种措施，加强本国疫情的防控工作，并积极承担国际责任，对欧美疫情泛滥地区加强援助。

青蛙庸医

一只青蛙从洼地里潮湿的家蹦了出来，大声对所有的野兽宣称：“我是一个医术高明、能治百病、博学多才的医生！”一只狐狸问他：“你连自己跛足的姿势和起皱的皮都不能治，怎么还吹牛说能给别人治病呢？”这故事是说，判断人们的知识和才能需要听其言，观其行，不要被他的花言巧语所迷惑。

第二节　世界是永恒发展的

本课修订

原书第十课　创新意识与社会进步中删除内容是①辩证法的革命批判精神与创新意识；②创新是引领发展的第一动力；剩余③辩证否定观部分简化内容后放入本节知识点前进性与曲折性的辩证关系原理，原书第十课　创新意识与社会进步全部删除。

· 知识整合 ·

【知识点一】唯物辩证法的发展观

1.发展的普遍性：物质世界处于永恒运动、变化、发展的过程中

（1）自然界总是处在由低级到高级、由简单到复杂的发展过程中。

（2）人类经历了原始社会、奴隶社会、封建社会、资本主义社会，一些国家进入了社会主义社会，人类还将进入共产主义社会，而共产主义社会仍将继续发展。

（3）每个人的认识都经历着由不知到知、由知之不多到知之较多的过程，认识没有终点，科学没有顶峰。

2.发展的实质

唯物辩证法认为，发展的实质是事物的前进和上升，是新事物的产生和旧事物的灭亡。

3.新事物

（1）新事物是符合客观规律、具有强大的生命力和远大的发展前途的事物。

（2）为什么新事物具有旧事物不可比拟的优越性？

新事物是符合客观规律、具有强大的生命力和远大的发展前途的事物，它在旧事物的母体中孕育产生，克服了旧事物中消极的、过时的、腐朽的东西，汲取了其中积极的、合理的因素，并增添了为旧事物所不能容纳的新内容，因而具有旧事物所不可比拟的优越性。

（3）旧事物违背事物发展的必然趋势，因而最终会走向灭亡。

4.新事物必然战胜旧事物是宇宙间不可抗拒的规律

（1）新事物符合客观规律、具有强大的生命力和远大的发展前途；新事物具有旧事物不可比拟的优越性。

（2）在社会历史领域中，新事物符合历史发展的必然趋势，反映了社会进步的基本要求，符合人民群众的根本利益和要求，得到人民群众

互动训练

1.“人事有代谢，往来成古今。”唐代诗人孟浩然这句诗体现的哲理是（　）

A. 自然界是客观的

B. 人类社会是客观的

C. 事物的联系是普遍的

D. 一切事物都是变化发展的

2.“野火烧不尽，春风吹又生。”这一诗句蕴含的哲理是（　）

A. 事物的联系是有条件的

B. 物质是不长久的

C. 新事物是不可战胜的

D. 规律是客观的

3.事物变化与发展的区别在于（　）

A. 变化是看得见的，发展是看不见的

B. 变化是发展，发展不一定是变化

C. 变化是倒退向下的变化，发展则是前进上升的变化

D. 变化既有前进的也有倒退的，而发展是前进上升的变化

一朵不结果的桃花

春天，桃花盛开。蜜蜂飞到花丛里，忙碌地采蜜授粉。桃花都张开笑脸，欢迎蜜蜂的光临，并且把自己最好的花蜜送给蜜蜂，作为对它们授粉的酬谢。只有一朵桃花，非常自私，舍不得给蜜蜂一点儿花蜜。当蜜蜂飞到它的花蕊中来时，它便大骂大叫：“去，去，去！你们这些讨厌的家伙，别想从这儿得到一点好处！”同时拼命摇动花枝，把蜜蜂赶跑了。后来，其他的桃花都结成了硕大的桃子，只有这朵桃花可怜地凋谢了，没有结果。自私和吝啬不仅让人失去朋友，也毁掉了自己。

的支持和拥护。

（3）因此，新事物必然战胜旧事物是宇宙间不可抗拒的规律。

【知识点二】用发展的观点看问题

1.事物发展的形式或状态：量变和质变

（1）量变是事物数量的增减或场所的变更，是一种渐进的、不显著的变化。人们在生活中看到的统一、相持、平衡和静止等，都是事物在量变过程中呈现的状态。

（2）质变是事物根本性质的变化，是事物由一种质态向另一种质态的转变，是一种根本的、显著的变化。量变引起质变有两种情形，一是数量的增减或场所的变更引起质变，二是事物总量不变，构成成分在结构和排列次序的变化引起质变。

2.量变、质变的辩证关系原理及方法论

（1）量变和质变的辩证关系原理。

事物的发展总是从量变开始，量变是质变的必要准备，量变到一定程度必然引起质变，质变是量变的必然结果；质变又为新的量变开辟道路，使事物在新质的基础上开始新的量变。如此循环往复，不断前进。

（2）量变和质变辩证关系原理的方法论要求。

我们做任何事情都要从一点一滴的小事做起，脚踏实地，埋头苦干，重视量的积累，为实现事物的质变创造条件；在量变已经达到一定程度、只有改变事物原有的性质才能向前发展时，要果断地抓住时机，促成质变，实现事物的飞跃。无论一个人还是一个国家，善于抓住机遇，才能赢得主动和优势，加快发展。

（3）实现事物的飞跃和发展。

①要注重量的积累； ②要坚持适度原则；③要学会优化结构； ④要抓住时机，促成质变。

事物发展的道路是曲折的。新事物的发展总要经历一个由小到大、由不完善到比较完善的过程。新事物不可避免地存在着弱点和不完善的地方，人们对新事物的认识也有一个过程。旧事物在开始时往往比较强大，总是顽强抵抗和极力扼杀新事物。新事物战胜旧事物不可能一蹴而就，必然经历曲折的过程。

3.前进性与曲折性的辩证关系原理

（1）事物发展的前途是光明的。

①事物发展的过程：任何事物都要经历肯定、否定，再到否定之否定的辩证发展过程。

②辩证否定的实质：是扬弃，通过克服旧事物中过时的、消极的内容，保留其中积极合理的因素，自己否定自己，自己发展自己。

③辩证否定的地位：辩证的否定是联系和发展的环节。

4.（多选）近年来，网约车行业因顺应了时代发展的潮流，给人们出行带来便利而快速发展；但同时也暴露出安全事故频发等问题。对此，大多数民众认为应加强对其监管，网约车行业要规范不要掉头。下列理由中能支持这一观点的是（ ）

A. 网约车行业是新出现的事物，应该得到人民的支持

B. 新事物的发展总要经历逐渐完善的过程

C. 新事物发展的前途是光明的，我们要悉心保护

D. 事物的发展是前进性与曲折性的统一，失败难以避免

5.（多选）党的十九大胜利召开，习近平总书记提出全面从严治党永远在路上，不断提高党的建设质量。“不矜细行，终累大德，党风建设使党员干部不公不敢沾染歪风邪气，而且不能、不想沾染歪风邪气，使党的作风全面清洁起来。下列与“不矜细行，终累大德”寓意相同的是（ ）

A. 路遥知马力，日久见人心

B. 欲穷千里目，更上一层楼

C. 奢靡之始，危亡之渐

D. 一趾之疾，丧七尺之躯

野猪、马与猎人

从前，野猪和马常常同在一处吃草，野猪时常使坏，不是践踏青草，就是把水搅浑。马十分恼怒，一心想要报复野猪，便跑去请求猎人帮忙。猎人说除非马愿套上辔头让他骑，他才肯帮助马惩治野猪。马报复心切，便答应了猎人的要求。于是，猎人骑在马上打败了野猪，随后又把马牵回去，拴在马槽边。马悲叹道：“我真傻！为了一点小事不能容忍他人，现在却招致终身被奴役。”这故事是说，人们在生活中一定要对他人宽容，不要因为小事就想去报复他人，否则会给自己带来不幸。

（2）事物发展的道路是曲折的。（为什么）

①新事物的发展总要经历一个由小到大，由不完善到比较完善的过程。新事物不可避免地存在着弱点和不完善的地方。

②人们对新事物的认识也有一个过程。

③旧事物在开始时比较强大，总是顽强抵抗和极力扼杀新事物。

④新事物战胜旧事物不可能一蹴而就，必然经历曲折的过程。

（3）事物发展的途径：前进性与曲折性的统一。（前进性与曲折性的辩证关系原理及方法论）

原理内容：

①事物发展的方向是前进的、上升的。

②事物发展的道路是曲折的、迂回的。

方法论：

①我们要对未来从满信心，热情支持和悉心保护新事物，促使其成长、壮大。

②我们要做好充分的思想准备，不断克服前进道路上的困难，勇敢地面对挫折与考验。

③反对两种错误倾向：既要反对把事物的发展看成是一帆风顺的盲目乐观主义；又要反对看不到光明前途的悲观失望思想。

·考点解析·

【考点一】唯物辩证法的发展观

（1）发展是一种运动变化，但并非任何运动变化都是发展。只有那些上升的、前进的运动变化才是发展。

（2）唯物辩证法的发展概念揭示了万事万物运动、变化的总趋势是前进和上升的。

（3）判断一个事物是新事物还是旧事物的标准，不是看形式的新与旧，不是看出现的时间顺序的先与后，也不是看一时力量的强与弱，其根本标志在于是否同事物发展的必然趋势相符合。

【例1】（多选）马克思说：“我的观点是：经济社会形态的发展是一种自然史的过程。”其根据是（　）

A. 社会的发展与自然界的发展有着同样的规律

B. 社会的发展像自然界一样有客观规律

C. 社会发展的基础——物质生产是客观的

D. 社会发展的目标是顺应和保护自然界

6.中国的诗词歌赋、名言警句常常蕴含着丰富的哲理。下列组合选项中，两者都蕴含量变引起质变哲理的是（　）

A. 千淘万漉虽辛苦，吹尽狂沙始到金；锲而不舍，金石可镂

B. 两句三年得，一吟双泪流；浮云游子意，落日故人情

C. 文章千古事，得失寸心知；读书破万卷，下笔如有神

D. 乱花渐欲迷人眼，浅草才能没马蹄；读书百遍，其义自见

7.（多选）下列诗句中蕴含新事物必然战胜旧事物这一哲学道理的是（　）

A. 沉舟侧畔千帆过，病树前头万木春

B. 近水楼台先得月，向阳花木易为春

C. 芳林新叶催陈叶，流水前波让后波

D. 山重水复疑无路，柳暗花明又一村

8.我国著名数学家华罗庚说：“科学上没有平坦的大道，真理长河中有无数礁石和险滩，只有不畏攀登的采药者，只有不怕巨浪的弄潮儿，才能登上高峰采得仙草，深入水底觅得骊珠。”这段话包含的哲理是（　）

A. 想问题办事情要从正确的思想出发

B. 只要发挥主观能动性就能把事情办成功

C. 真理不只有一个，真理面前人人平等

D. 事物的发展是前进性和曲折性的统一

职场中的宽容

有一位部门经理，在一次外出时，手提包被盗，里面除了常用的钱物外，还有公章。当她又内疚又担心地站在总经理面前讲述所发生的事后，总经理笑着说：“我再送你一只手袋好吗？你前段的工作一直非常出色，公司早就想对你有所表示，但一直没有机会，现在机会终于来了。”那位总经理没有暴跳如雷，用宽容的态度处理了这件事，使部门经理心怀感激，后来任凭其他公司有多么优厚的待遇聘请她，她都不为之所动。这就是宽容的力量。

【解析】本题主要考察发展的基本观点。马克思把经济社会的发展比喻为自然史的过程，就意味着经济社会发展也如同自然史一样，符合客观规律，是客观的。AD自身的说法有误。故选BC。

【答案】BC

【例2】2008年北京奥运会上有38项世界纪录被刷新，体现了奥运会更快、更强、更高的追求。从哲学上讲，世界纪录之所以能够不断被打破，主要是因为（　）

A. 人类的原始本能的潜力离最后的极限还有相当大的距离

B. 科技进步和社会发展推动着人类潜能挖掘更快达到极限

C. 在科技进步和社会发展的推动下人类体育能力的发展是无限的

D. 交往的普遍化使体育拔尖人才的选拔更加充分

【解析】本题考查的是发展观点知识点。自然界是发展的，人类社会是发展的，人的认识也是不断发展的。在一些因素的推动下，事物会不断地发展。“世界纪录之所以能够不断被打破”就是因为在科技进步和社会发展的推动下人类体育能力的发展是无限的。ABD和题意不相符。故选C。

【答案】C

【考点二】量变和质变的辩证关系

<table>
<tr><th colspan="2"></th><th>量变</th><th>质变</th></tr>
<tr><td rowspan="3">区别</td><td>含义</td><td>事物数量的增减和场所的变更，是一种渐进的、不显著的变化</td><td>事物根本性质的变化是事物由一种质态向另一种质态的飞跃，是一种根本的、显著的变化</td></tr>
<tr><td>呈现状态</td><td>统一、相持、平衡和静止等</td><td>统一物的分解、平衡和静止的破坏等</td></tr>
<tr><td>对事物发展的意义</td><td>事物的根本性质没有改变，仍然是这个事物</td><td>是事物的根本性质的改变，是由一种性质的事物向另一种性质的事物的根本转变</td></tr>
<tr><td>联系</td><td colspan="3">①世界上任何事物的变化，都是量变和质变的统一。量变和质变是事物变化发展的两种状态。②量变是质变的前提和必要准备，质变是量变的必然结果。一切事物的变化发展，都是首先从量变开始的。没有量变做准备，就不会有质变发生。事物的量变达到一定程度时，又必然会引起质变。事物的发展最终是通过质变实现的，没有质变就没有发展。③质变又为新的量变开辟道路，使事物在新质的基础上开始新的量变。事物发展就是由量变到质变，又在新质的基础上开始新的量变，循环往复，不断前进</td></tr>
<tr><td>方法论</td><td colspan="3">①积极做好量的积累，为实现事物的质变创造条件
②要果断地抓住时机，促成质变，实现事物的飞跃和发展
③反对两个极端：急于求成和优柔寡断</td></tr>
</table>

9.（多选）《红岩》的作者，在一次次查阅有关档案、走访烈士的战友、搜集先烈们感人事迹的基础上，成功塑造了江姐等典型人物形象。这启示我们要（　）

A. 坚持调查研究的工作方法

B. 正确发挥主观能动性

C. 坚持主观与客观相统一

D. 重视做好量的积累

10.（多选）幸福都是奋斗出来的！建成富强民主文明和谐美丽的社会主义现代化强国需要每个人去奋斗、去拼搏。这是因为（　）

A. 整体是由部分构成的

B. 量变是质变的必要准备

C. 部分是整体中的部分

D. 质变为量变开辟新道路

11.新能源汽车使用成本低，更加低碳环保，且没有限行限号。整个行业近几年展现出良好的发展势头，但也因充电不方便等原因尚未完全被人们所接纳。由此新能源汽车的推广使用，要有一个渐进的过程。这说明（　）

A. 事物量的积累到一定程度必然会引起事物的质变和飞跃

B. 新事物的成长是一个从被拒绝到被接受的过程

C. 事物发展的前途是光明的，道路是曲折的

D. 发展就是新事物的产生和旧事物的灭亡

生命赐予我们的礼遇

有一个年轻人得罪了国王，国王判他死刑。他是个大孝子，在牢狱中，他提出要看老母最后一眼。国王同意了，但必须由人代替他。没有人愿意，除了他的好友银之外。银代替他坐了牢，可他没有回来。行刑的那天，银坐在囚车里，天下着大雨。大家正要行刑时，他回来了。国王被这真挚的友谊感染了，下令放了他和银，并赏万两黄金。不管是古人高山流水的佳话还是管鲍之交的美谈，友谊始终是人世间所无法逾越的屏障。

【例1】“集腋成裘，聚沙成塔”与“骐骥一跃，不能十步；驽马十驾，功在不舍”共同蕴涵的哲理是（　）

A. 抓住时机，促成质变　B. 要重视事物的质变

C. 量变是渐进的、不显著的变化　D. 要重视量的积累

【解析】本题考查学生对量变和质变关系的识记和理解。量变是质变的必要准备，质变是量变的必然结果，当量的积累达到一定程度时必然引起质变，这要求我们要重视量的积累。材料中的“集”“聚”“十步”“十驾”“不舍”，都是这一哲理的具体展示。故选D。

【答案】D

【例2】《老子》说：九层之台，起于累土，千里之行。始于足下。这话的哲学道理是（　）

A. 量变是质变的基础　B. 质变是量变的结果

C. 量是质的基础　D. 质是量的基础

【解析】本题考查的是量变和质变关系知识点。量变是质变的基础，质变是量变的结果。“九层之台，起于累土，千里之行。始于足下”这句话体现了，任何事情都要从量变开始，只有不断积累量变，最后才能达到质的飞跃，即量变是质变的基础。BCD和题意不相符。故选A。

【答案】A

【例3】中国第一个乒乓球世界冠军容国团“人生能有几回搏”的壮语，不仅激励了几代体育健儿奋力拼搏、为国争光，而且对全国人民都有着极大的激励作用。从辩证法的角度看，这句话主要体现了事物发展的状态是（　）

A. 为质变做准备和积累的量变状态

B. 在量变基础上实现事物飞跃的质变状态

C. 新质基础上的新的量变状态

D. 量变与质变高度统一的状态

【解析】本题考查的是质变和量变的关系知识点。量变是质变的基础和准备，事物的质变都是在量变基础上实现事物飞跃的。ACD和题意不相符。故选B。

【答案】B

【例4】很多优秀的运动员、教练员知道，体育比赛的胜负不仅取决于平时的训练和赛前的准备，临场经验多少也起着一定的作用。而这种经验的取得，唯有在多次参加比赛中获得和积累。下列与这个道理类似的选项是（　）

A. 会当凌绝顶，一览众山小　B. 秀才不出门，全知天下事

C. 只要功夫深，铁杵磨成针　D. 纸上得来浅，绝知要躬行

12.（多选）“九层之台，起于累土，要把中共十九大描绘的美好蓝图变为现实，必须不驰于空想、不骛于虚声，一步一个脚印，踏踏实实干好工作。”习近平这一论述的依据是（　）

A. 实践具有能动性的特征

B. 抓住时机能实现事物的飞跃

C. 实践具有直接现实性的品格

D. 量变能为质变的实现创造条件

13.（多选）近代以来，我们的国家经历了从落后挨打到新中国成立“站起来”、改革开放“富起来”，再到“强起来”。如今，我们正站在新的历史起点，向着实现民族伟大复兴的目标不断迈进。这一科学论断的哲学依据是（　）

A. 量变是质变的开始，必然引起质变

B. 质变是量变的必然结果，为新的量变开辟道路

C. 量变达到一定程度后要抓住时机促成质变

D. 事物发展过程中质变比量变更重要

生命中的五个球

几年前，在一所大学的开幕典礼中，可口可乐总裁布莱恩·迪森谈到与工作的关系：想象生命是一场不停丢掷五个球于空中的游戏。这五个球分别为工作、家庭、健康、朋方和心灵。而且你很努力地掷着这五个球，不让它们落地。很快你会了解工作是一个橡皮球。如果你不幸失手落下它，它还会弹回来。但是家庭、健康、朋友和心灵这四个球是用玻璃做成的。一旦你失手落下，它们可能会少了一角，留下无法挽回的记号、刻痕、损坏或甚至碎落一地。它们将永远不会跟以前一样。

【解析】本题主要考察发展观点中的量变知识。事物的发展总是从量变开始的，量变是质变的前提和必要准备。题中所述这种经验唯有在多次参加比赛中获得，体现了只有经过一定的量变才能形成质的飞跃。C选项体现了这一点。故选C。

【答案】C

【例5】“爱情无须死去活来，温馨就行；朋友无须如胶似漆，知心就行；金钱无须取之不尽，够用就行；身体无须长命百岁，健康就行。”这段话体现的哲理是（ ）

A. 重视量的积累　　B. 抓住时机促成质变
C. 把握适度原则　　D. 抓住机遇赢得主动

【解析】“温馨就行”“知心就行”“够用就行”“健康就行”均强调适度原则的重要性，ABD不符合材料要求。故选C。

【答案】C

【考点三】区分几个概念，正确理解事物发展是前进性与曲折性的统一

1. 区分事物发展的总趋势、道路、途径

（1）事物发展的总趋势是前进的，这是指事物发展的全过程的总体方向，不是指事物发展的各个阶段的方向，更不是指每一步的方向。事物向前发展的总趋势是任何力量也变不了的。

（2）事物发展的道路是迂回曲折的。事物发展中各个具体阶段和每一步的方向，可能是前进的，也可能是停滞的甚至是倒退的，这正说明事物发展的道路不可能是一帆风顺的，只能是螺旋式或波浪式的，有曲折、有起伏。

（3）一切新事物发展的途径都是在前进中有曲折，在曲折中有前进。任何事物的发展都是前进性和曲折性的统一，是螺旋式上升、波浪式前进。

2. 正确理解事物发展是前进性与曲折性的统一

（1）事物发展的前途是光明的。因为新事物是符合客观规律、具有强大生命力和远大前途的事物，它在旧事物的母体中孕育产生，克服了旧事物中消极的、过时的和腐朽的东西，汲取了其中积极的、合理的因素，并增添了为旧事物所不能容纳的新内容，因而具有旧事物所无可比拟的优越性。旧事物违背事物发展的必然趋势，因而最终会走向灭亡。

判定一个事物究竟是新事物还是旧事物的根本标志在于它们是否同事物发展的必然趋势相符合。

（2）事物发展的道路是曲折的。新事物的发展总要经历一个由小到大、由不完善到比较完善的过程。在这一过程中，新事物本身不可避免地存在着弱点和不完善的地方，人们对新事物的认可也有一个过程。旧

14.“贵上极则反贱，贱下极则反贵。”《史记·货殖列传》这句话体现的哲学道理是（ ）

A. 矛盾双方必然相互转化
B. 量变到一定程度必然会引起质变
C. 事物发展是内因与外因的统一
D. 事物是在曲折中发展的

15.在下列成语中，能够体现量变和质变辩证关系的是（ ）

A. 庖丁解牛，游刃有余
B. 绳锯木断，水滴石穿
C. 一叶障目，不见森林
D. 失之东隅，收之桑榆

互动训练答案

1.D　2.C　3.D　4.BC　5.CD　6.A　7.AC　8.D　9.ABCD　10.AB　11.C　12.CD　13.BC　14.B　15.B

人生要学会遗忘

人生在世，忧虑与烦恼有时也会伴随着欢笑与快乐。正如失败伴随着成功，如果一个人的脑子里整天胡思乱想，把没有价值的东西也记存在头脑中，那他或她总会感到前途渺茫，人生有很多的不如意。所以，我们很有必要对头脑中储存的东西，给予及时清理，把该保留的保留下来，把不该保留的予以抛弃。那些给人带来诸多不利的因素，实在没有必要保留，过了若干年还回味或耿耿于怀。这样，人才能过得快乐洒脱一点。

事物在开始时往往比较强大，因而总是顽强抵抗和极力扼杀新事物。新事物战胜旧事物不可能一蹴而就，必然经历一个漫长而曲折的过程。

3. 事物发展前进性与曲折性统一的原理、方法论总结

（1）原理：事物发展的方向是前进的、上升的，事物前进的道路是曲折的、迂回的。

（2）方法论：①要看到前途是光明的，对未来充满信心，热情支持和悉心保护新事物的幼芽，促使其成长壮大。②要准备走曲折的路，不断克服前进道路上的困难，勇敢地接受挫折与考验。

【例1】犹太人有句名言：没有卖不出去的豆子。卖豆子的农民如果没卖出豆子，可以加水让它发芽，几天后就可以卖豆芽；如果豆芽卖不动，干脆让它长大些卖豆苗；如果豆苗卖不动，可以移植到花盆卖盆景；如果盆景卖不动，那么就把它移植到泥土里，几个月后，它就会结出许多豆子。上述材料给我们的启示是（　）

A. 遭遇人生挫折是偶然的　　B. 要正视前进道路的曲折性

C. 把握人生机遇是必然的　　D. 要正视社会环境的复杂性

【解析】本题考查学生解读信息、运用知识分析问题、解决问题的能力。事物发展的趋势是前进性和曲折性的统一，在人生道路上遇到挫折是难免的，A不正确。想抓住机遇必须具备捕捉和利用机遇的能力，没有能力即使机遇就在身边也难以把握，C不选。D与材料的指向无关。材料中显示豆子一次次卖不出去，就像前进道路上遇到的挫折，但要坚信豆子可以卖出去，相信前途光明。故选B。

【答案】B

议论题

人们对病毒的认识和斗争是不断前进的。最早暴发新型冠状病毒肺炎疫情时人们不知道病毒的来源和传播方式，因此没有有效防控手段导致疫情蔓延；后来随着研究的深入，发现主要通过人与人接触传播，因此防止疫情蔓延的主要办法是把患者隔离，切断传染源，控制疫情；目前尚无有效治疗药物，防止疫情暴发也无有效办法，人类对该病毒的认识防控还是一个相当长期艰巨的任务。随着研究的不断深入，相信人类与病毒的斗争会在不远的将来最终取得成功。请用发展的观点分析上述材料？

答案

①发展具有普遍性，一切事物都处于发展过程中，人类认识战胜新型冠状病毒的过程也是不断向前发展的。

②发展的实质是前进的上升的运动，人们战胜新型冠状病毒的过程是不断取得成就的过程。

③事物的发展是量变和质变的统一，人们对新型冠状病毒战胜的过程也是逐步实现的过程，要经过认识由少到多的积累，实践经验不断积累才能完成。

④事物发展是前进性和曲折性的统一，任何事物发展都不可能一帆风顺，人们战胜疫情过程中，一定会有挫折失败，但在挫折中不断取得经验教训，最终会取得胜利。

新事物代替旧事物的诗句

1. 沉舟侧畔千帆过，病树前头万木春。 2. 桐花万里丹山路，雏凤清于老凤声。
3. 长江后浪推前浪，浮事新人换旧人。 4. 千门万户曈曈日，总把新桃换旧符。
5. 江山代有才人出，各领风骚数百年。 6. 芳林新叶催陈叶，流水前波让后波。
7. 海日生残夜，江春入旧年。 8. 大漠孤烟直，长河落日圆。 9. 野火烧不尽，春风吹又生。

第三节　唯物辩证法的实质与核心

本课小结

世界是物质的，也是普遍联系和永恒发展的，联系的观点和发展的观点是唯物辩证法的总特征。矛盾的观点是唯物辩证法的根本观点，对立统一规律是唯物辩证法的实质和核心。我们要自觉地坚持唯物辩证法，反对形而上学，坚持矛盾分析的方法，学会用联系、发展、全面的观点看问题，反对用孤立、静止、片面的观点看问题。

· 知识整合 ·

【知识点一】事物发展的源泉和动力

1.矛盾的含义：矛盾即对立统一

世界上的一切事物都包含着既相互对立又相互统一的两个方面，矛盾就是对立统一。矛盾的两种基本属性。矛盾的对立属性是斗争性，矛盾的统一属性是同一性，它们是矛盾所固有的相反相成的两种基本属性。

（1）矛盾的同一性是指矛盾双方共处于一个统一体中，相互依赖，相互贯通，在一定条件下可以相互转化。比如因祸得福、乐极生悲、变废为宝、虚心使人进步、骄傲使人落后等等，就是在一定条件下相互转化的。

（2）矛盾的斗争性是矛盾双方相互排斥、相互对立的属性，体现双方相互分离的倾向和趋势。

（3）同一性与斗争性的关系。

①矛盾双方既有斗争性又有同一性。

②同一性以斗争性为前提，斗争性寓于同一性之中，相互依存、相互制约。

③矛盾双方的对立统一，由此推动事物的运动、变化和发展，由此构成事物发展的源泉和动力。

2.内因和外因在事物发展过程中的地位和作用

（1）内因和外因的含义。内因是指事物自身所包含的诸要素的对立统一，即内部矛盾。外因是指一事物和其他事物对立统一，即外部矛盾。

（2）内因和外因的辩证关系。①内因是事物发展的根据，它是第一位的，它决定着事物发展的基本趋向。②外因是事物发展的外部条件，它是第二位的，它对事物的发展起着加速或延缓的作用。③ 外因必须通

互动训练

1.哲学上讲的“一分为二”与“合二而一”，体现了事物矛盾双方（　）

A. 在一定条件下相互依存

B．一定条件下相互转化

C．既对立又统一的关系

D．既相互区别又相互排斥

2.“生活中和自己联系最多、关系最密切的亲人和朋友，往往也是同自己发生矛盾最多的人。”这句话体现的哲理是（　）

A. 矛盾双方互相吸引、相互联结

B. 斗争性寓于同一性之中

C. 矛盾双方相互排斥、相互对立

D. 矛盾双方在一定条件下向相反的方向转化

钓鱼的秘诀

老人和年轻人坐在一块石头上钓鱼. 老人钓到很多鱼，而年轻人却一无所获。年轻人说：“我们两人的钓饵相同，钓鱼的地方也一样，为什么结果却不同？”老人回答：“我钓鱼的时候，只知道有我，不知道有鱼，眼睛不眨，神态不变，以致鱼忘了我的存在，所以我能轻易钓到鱼。而你就不同，心里总想到鱼，眼睛直盯着鱼，神情不断变化，心情也烦躁不安，鱼早就吓走了，怎么可能钓到鱼呢？”年轻人恍然大悟。得失心太重，会带来精神上的烦躁。以平常心来处世，反而能产生大智慧和大聪明。

过内因而起作用。

（3）怎样坚持内因和外因相结合？

① 要认识理解内因和外因的辩证关系，坚持内因和外因相结合原则。

② 要重视内因的第一位作用，同时不能忽视外因的第二位作用。

【知识点二】矛盾问题的精髓

1. 普遍性

（1）矛盾的普遍性是指矛盾存在于一切事物中，不包含矛盾的事物是不存在的，即事事有矛盾；矛盾贯穿于每一事物发展过程的始终，每一事物从产生到灭亡都存在着自始至终的矛盾运动，即时时有矛盾。

（2）矛盾的普遍性原理。

①承认矛盾的普遍性是坚持唯物辩证法的前提。

②我们要敢于承认矛盾，勇于直面矛盾，善于分析矛盾，积极寻找正确方法解决矛盾。

③坚持用一分为二的观点看问题。

2. 特殊性

（1）矛盾的特殊性是指矛盾着的事物及其每一个侧面各有其特点。它主要有三种情形。

①不同事物有不同的矛盾，这些不同的矛盾构成了一事物区别于其他事物的特殊本质。

②同一事物在发展的不同过程和阶段上有不同的矛盾，这些不同的矛盾形成了事物发展的不同过程和不同阶段。

③同一事物中的不同矛盾、同一矛盾的两个不同方面也各有其特殊性。

（2）矛盾的特殊性原理：了解矛盾具有的特殊性，我们在认识事物和解决问题时，必须坚持具体问题具体分析。例如，因材施教，量体裁衣，一把钥匙开一把锁，都体现了这一原理。

3.矛盾的普遍性和特殊性的辩证关系原理及方法论

（1）矛盾问题的精髓：矛盾的普遍性和特殊性的关系。也就是矛盾的共性和个性、绝对和相对的关系，这一共性个性、绝对相对的道理是关于事物矛盾问题的精髓，不懂得它，就等于抛弃了辩证法。

（2）矛盾的普遍性和特殊性相互联结。

①普遍性寓于特殊性之中，并通过特殊性表现出来，没有特殊性就没有普遍性。

②特殊性离不开普遍性。任何事物都是普遍性与特殊性的对立统一，世界上的事物无论怎样特殊，它总是在特殊性中包含着普遍性，不包含普遍性的事物是没有的。

3.“英雄模范们用行动再次证明，伟大出自平凡，平凡造就伟大。只要有坚定的理想信念、不懈的奋斗精神，脚踏实地把每件平凡的事做好，一切平凡的人都可以获得不平凡的人生，一切平凡的工作都可以创造不平凡的成就。”这集中说明了（　）

A. 矛盾的斗争性

B. 矛盾的同一性

C. 矛盾的普遍性

D. 矛盾的特殊性

4.（多选）“我们唱着东方红，当家作主站起来；我们讲着春天的故事，改革开放富起来；继往开来的领路人，带领我们走进了新时代，高举旗帜开创未来。”上述各处体现的哲理有（　）

A. 正确意识对事物发展有促进作用

B. 矛盾双方在一定条件下互相转化

C. 发展是前进的运动和变化

D. 事物的矛盾在不同的发展阶段有不同的特点

教诲

一只母老鼠带着几只小老鼠在草地里漫步，突然来了一只猫，小老鼠吓得全都躲了起来，只有母老鼠沉着冷静，没有躲开。眼看猫越走越近，小老鼠们非常害怕，就在这时，母老鼠学了一声狗叫，猫不知其中有诈，掉头跑了。等猫跑远了，小老鼠一个个胆战心惊地走出来，望着它们的妈妈，等所有的小老鼠都齐了，母老鼠才语重心长地教导小老鼠：“孩子们，掌握一门外语是多么地重要啊！”

（3）矛盾的普遍性和特殊性在不同的场合下可以相互转化。由于事物范围的极其广大和发展的无限性，在一定场合为普遍性的东西，在另一场合则是特殊性。反之，在一定场合是特殊性的东西，在另一场合则是普遍性。

（4）方法论意义。

①矛盾的普遍性和特殊性辩证关系原理，要求我们从中国国情出发，把马克思主义的普遍原理同中国具体实际相结合。

②发展中国特色社会主义过程，是一个以马克思主义基本原理为指导，探索中国特色社会主义建设和改革特殊规律的过程，它体现了矛盾的普遍性与特殊性、共性与个性具体的历史的统一。

【知识点三】用对立统一的观点看问题

1. 用对立统一的观点看问题

（1）主次矛盾辩证关系原理。

复杂事物中		主要矛盾	次要矛盾
区别	含义	在事物发展过程中处于支配地位、对事物发展起决定作用的矛盾就是主要矛盾	其他处于从属地位、对事物发展不起决定作用的矛盾则是次要矛盾
	地位	处于支配地位	处于从属地位
	作用	对事物的发展起决定作用，决定事物的发展方向	对事物发展不起决定作用
联系		主要矛盾与次要矛盾相互依赖、相互影响，并在一定条件下可以相互转化	
方法论		办事情要抓重点，集中力量解决主要矛盾；要统筹兼顾，恰当地处理好次要矛盾；坚持两点论与重点论的统一	

（2）矛盾主要方面和次要方面的辩证关系原理。

单一矛盾中		矛盾主要方面	矛盾次要方面
区别	含义	是指在某一矛盾中，居于支配地位、起主导作用的矛盾方面	是指在某一矛盾中，处被支配地位、不起主导作用的矛盾方面
	地位	处于支配地位	处于被支配地位
	作用	起主导作用。事物的性质主要是由矛盾的主要方面决定的	不起主导作用
联系		①二者相互区别、相互排斥 ②矛盾主、次方面相互依存、相互依赖，并在一定条件下相互转化	
方法论		看问题要全面，要分清主流、支流，着重抓主流；不能忽视次要方面、忽视支流；坚持两点论与重点论的统一	

（3）坚持两点论与重点论的统一。

①哲学依据：主要矛盾和次要矛盾、矛盾主要方面和矛盾次要方面辩证关系。

②坚持两点论，就是在认识复杂事物的发展过程时，既要看到主要

5.阶级矛盾对于整个人类社会发展来说，是矛盾的特殊性，但对于阶级社会来说，则是矛盾的普遍性。这说明了（ ）

A. 普遍性和特殊性是一致的

B. 矛盾的普遍性和特殊性在一定场合可以相互转化

C. 普遍性是特殊性的总和

D. 普遍性寓于特殊性之中，特殊性离不开普遍性

6.（多选）“我们既要绿水青山，也要金山银山，绿水青山就是金山银山。”习近平总书记用绿水青山就是金山银山的比喻生动诠释了我党建设生态文明的核心理念。这一理念体现的哲学道理有（ ）

A. 要在对立中把握统一

B. 要在统一中把握对立

C. 事物的性质主要是由主要矛盾的主要方面决定的

D. 矛盾双方在一定条件下可以相互转化

放弃是一种智慧

当你拥有六个苹果的时候，千万不要把它们都吃掉，因为你把六个苹果全部吃掉，你也只吃到了六个苹果，只吃到了一种味道，那就是苹果的味道。如果你把六个苹果中的五个拿出来给别人吃，尽管表面上你丢了五个苹果，但实际上你却得到了其他五个人的友情和好感。以后你还能得到更多，当别人有了别的水果的时候，也一定会和你分享，你会从这个人手里得到一个橘子，那个人手里得到一个梨，最后你可能就得到了六种不同的味道，六种不同的颜色，六个人的友谊。

矛盾，又要看到次要矛盾；在认识某一矛盾时，既要看到矛盾的主要方面，又要看到矛盾的次要方面。

③坚持重点论，就是在认识复杂事物的发展过程时，要着重把握主要矛盾；在认识某一矛盾时，要着重把握矛盾的主要方面，抓住主流。

④两点论与重点论是密切联系的。辩证法的两点论是有重点的两点论，而不是均衡论；重点论是看到两点中的重点，而不是一点论。我们要坚持两点论与重点论相结合的方法，反对形而上学的一点论和均衡论。

2.坚持具体问题具体分析——矛盾分析方法的精髓

（1）具体问题具体分析是指在矛盾普遍性原理的指导下，具体分析矛盾的特殊性，并找出解决矛盾的正确方法。具体问题具体分析是马克思主义的一个重要原则和活的灵魂。

（2）具体问题具体分析是我们正确认识事物的基础。世界上一切事物之所以千差万别，就是因为各种事物内部矛盾各有其特殊性，这种特殊矛盾规定了一事物区别于其他事物的特殊本质。只有从实际出发，具体地分析矛盾的特殊性，才能把不同质的事物区别开来。如果离开了对矛盾特殊性的具体分析，就无法区分事物，就不能正确地认识事物。

（3）具体问题具体分析是我们正确解决矛盾的关键。事物的矛盾各不相同，决定了解决矛盾的方法也不同。只有对具体问题做具体分析，把握事物矛盾的特殊性，才能找到解决矛盾的正确方法。“对症下药”“一把钥匙开一把锁”，就是指针对不同的问题，采取不同的措施。

【知识点四】坚持对具体问题做具体分析

1.唯物辩证法的基本观点：主张用联系、发展、全面的观点看问题

（1）对立统一规律（或矛盾）是唯物辩证法的实质与核心。矛盾的观点是唯物辩证法的根本观点。（矛盾是联系的内容；矛盾是发展的动力）

（2）用联系的观点分析问题。既要看到事物之间的联系，不能只看到一个个孤立的事物，也要看到事物的现状与过去和将来之间的联系。

（3）用发展的观点看问题。

发展的形式或状态：量变和质变。既要看到事物位置的移动或数量的增减（量变），也要看到事物根本性质的变化和发展（质变）。

发展的原因：矛盾。既要抓住事物发展的内部矛盾（内因是根本原因）又不能忽视事物发展的外表矛盾（外因）。

发展的实质：事物的前进和上升，新事物产生、旧事物灭亡。

发展的方向：前进的、上升的。

发展的道路：曲折的、迂回的。

发展的过程：经历肯定、否定，再到否定之否定的辩证发展过程。

发展的途径：事物发展的前途是光明的，道路是曲折的。

7.（多选）为防止精准扶贫“穿新鞋走老路”，安徽省坚持因地制宜，靶向治疗，做到一户一本台账，因人施策，因贫困原因施策，因贫困类型施策，务求扶贫对象精准识别，扶贫资源精准配置，扶贫措施精准安排。下列对安徽省的做法认识正确的有（ ）

A. 承认矛盾普遍性，努力探寻指导脱贫的共性做法

B. 分析矛盾特殊性，针对不同对象采用不同脱贫办法

C. 立足客观实际以求真务实的精神解决贫困问题

D. 坚持联系的观点，以综合的思维方法认识精准扶贫

8.鼓励、支持和引导非公有制经济的发展，不会改变我国的社会主义性质，这是因为（ ）

A. 主要矛盾在事物发展中处于支配地位

B. 矛盾的主要方面规定着事物的性质

C. 事物发展的总趋势是前进的

D. 社会的存在和发展是客观的

心存希望

美国作家欧·亨利在他的小说《最后一片叶子》里讲了一个故事：病房里，一个生命垂危的病人从房间里看见窗外的一棵树，树叶在秋风中一片片地掉落下来。病人望着眼前的萧萧落叶，身体也随之每况愈下，一天不如一天。她说：“当树叶全部掉光时，我也就要死了。”一位老画家得知后，用彩笔画了一片叶脉青翠的树叶挂在树枝上。最后一片叶子始终没掉下来。只因为生命中的这片绿，病人竟奇迹般地活了下来。

人生可以没有很多东西，却唯独不能没有希望。

2.形而上学的基本观点：主张用孤立、静止、片面的观点看问题

（1）用孤立的观点看问题：只看到一个个孤立的事物，看不到事物之间的相互联系和相互作用。只看到事物的现状，看不到事物的过去和未来。

（2）用静止的观点看问题：只看到事物的数量变化和场所变更，看不到事物根本性质的变化。

（3）用片面的观点看问题：只看到事物某一方面，看不到事物的整体；只看到事物发展的外部条件，看不到事物发展的内在根据。

3.唯物辩证法与形而上学对立的焦点和根本分歧在于：是否承认矛盾，是否承认矛盾是事物发展的源泉和动力

（1）矛盾分析法是认识事物的根本方法。

矛盾分析法的内容包括：①坚持一分为二的观点看问题；②坚持具体问题具体分析；③坚持两点论与重点论相统一；④坚持矛盾的普遍性与特殊性相结合。

（2）具体问题具体分析是马克思主义的活的灵魂，是正确认识事物的基础和正确解决矛盾的关键。

4.唯物辩证法

（1）唯物辩证法的总特征是联系的观点、发展的观点，也是唯物辩证法的基本观点。

（2）对立统一规律（或矛盾）是唯物辩证法的实质与核心。矛盾的观点是唯物辩证法的根本观点。（矛盾是联系的内容；矛盾是发展的动力）

（3）唯物辩证法的联系、发展、全面的观点和对立统一规律，要求我们统筹推进“五位一体”总体布局，协调推进“四个全面”战略布局。（现实方法论意义）。

·考点解析·

【考点一】 中国传统哲学中的矛盾观及其现代意义

在中国传统哲学的辩证思想中，关于矛盾的观点十分丰富。中国思想家很早就提出了“一阴一阳之谓道”“物生有两”“一分为二”“相对相生”“相反相成”等涉及矛盾观点的命题。此外“祸兮福所倚，福兮祸所伏”“物壮则老”“物极必反”“至相反，盛则衰”等命题，也包含了矛盾普遍存在的思想。

中国传统哲学中的矛盾观，对于我国社会主义现代化建设及其现代生活，有着十分重要的启示。对于这笔精神财富，我们应当批判地继承。

9.（多选）联系、发展、矛盾三者的关系是（ ）

A. 普遍联系的本质内容就是矛盾双方的联系

B. 联系是指事物内部和事物之间矛盾双方的联系

C. 矛盾双方相互作用、相互影响，才能构成事物的运动、变化和发展

D. 事物的联系，引起事物的性质和状态的改变，从而构成事物的运动和发展

10.（多选）以下成语、俗语中，属于形而上学的有（ ）

A. 滴水穿石　B. 刻舟求剑

C. 断章取义　D. 墨守成规

11.（多选）教育要培养创新精神和创新人才，就必须全面实施素质教育，转变教育观念，改进教育方法，减轻学生的课业负担，给学生更多自由支配空间，让学生发挥各自特长，培养创新精神和实践能力。这种做法（ ）

A. 尊重了教育教学的客观规律

B. 做到了具体问题具体分析

C. 正确处理了主要矛盾和次要矛盾的关系

D. 坚持了任何事物都是共性和个性统一的思想

船上鼠

一只船在海上航行，船舱里藏着一只老鼠。老鼠偷吃船夫的粮食，咬坏船夫的衣物。船夫恨透了它，想捉住它。老鼠有老鼠的办法，它使出看家本领，在船底打洞，它要躲到洞里去，而且还要把船夫的粮食也搬到洞里藏起来。老鼠没想到，它在船底打洞，不仅毁了船，也毁了自己。

【例1】中华文化博大精深，处处闪烁着辩证法思想的光辉。“千里之行，始于足下”“祸兮福所倚，福兮祸所伏”“因地制宜，因材施教”“金无足赤，人无完人”所蕴含的哲学道理依次是（ ）

①矛盾双方对立统一，在一定条件下相互转化

②量变是质变的必要准备，质变是量变的必然结果

③事物的性质是由主要矛盾的主要方面决定的，看问题要一分为二

④矛盾具有特殊性，要具体问题具体分析

A. ①②③④ B. ③①②④ C. ②④①③ D. ②①④③

【解析】本题主要考查唯物辩证法原理的具体运用。“千里之行，始于足下”体现了量变与质变的辩证关系；“祸兮福所倚，福兮祸所伏”体现了矛盾双方在一定条件下相互转化的原理；“因地制宜，因材施教”体现了矛盾具有特殊性，要具体问题具体分析；“金无足赤，人无完人”体现了矛盾双方对立统一，看问题要一分为二，坚持全面的观点。故选D。

【答案】D

【例2】中国古代有很多充满哲学智慧的寓言故事，下列体现辩证法矛盾同一性思想的寓言故事是（ ）

A. 揠苗助长 B. 郑人买履 C. 刻舟求剑 D. 塞翁失马

【解析】本题考查的是矛盾同一性知识点。矛盾的同一性，是矛盾双方相互吸引、相互联结的属性和趋势。它有两方面的含义：一是矛盾双方相互依赖，一方的存在以另一方的存在为前提，双方共处于一个统一体中；二是矛盾双方相互贯通，即相互渗透、相互包含，在一定条件下可以相互转化。A体现的是违背客观规律的知识点，BC体现的是用静止的观点看问题。ABC和题意不相符。故选D。

【答案】D

【例3】“激湍之下，必有深潭；高丘之下，必有浚谷”蕴含的哲理是（ ）

A. 对立统一的关系 B. 质量互变的关系

C. 肯定与否定的关系 D. 矛盾的普遍性与特殊性的关系

【解析】本题主要考查学生对矛盾概念的理解。“激湍之下，必有深潭”意指一种巨大的高低落差而带来的激荡湍流，“高丘之下，必有浚谷”也是指一种高低之间的对立与统一关系。BCD均与题意无关。故选A。

【答案】A

12.（多选）孔子曰：三人行，必有我师焉，择其善者而从之，其不善者而改之。孔子对知识的态度体现的哲学观点是（ ）

A. 一分为二

B. 具体问题具体分析

C. 辩证否定即“扬弃”

D. 谦虚好学，不耻下问

13.香港城市大学校长张信刚在第三届中外大学校长论坛指出，条条大路通罗马，培养学生得有多样化的思维方式。我国家长常强调“小孩要乖”。乖，意味着对现有秩序的默认。而创新则是要打破惯性思维，锻炼学生多样化的思维模式。“乖小孩”一般情况下会缺乏（ ）

A. 对权威和书本知识的尊重

B. 批判精神和怀疑精神

C. 吃苦耐劳、脚踏实地的作风

D. 对困难和挫折的承受力

做个善良的人

“人之初，性本善。”善良是人性光辉中最温暖、最美丽、最让人感动的一缕。不一定人人都很成功，不一定人人都能成为英雄豪杰，但人一定要善良仁慈。善良是和谐、美好之道，心中充满慈悲、善良，才能感动、温暖人间。没有善良，就不可能有内心的和平，就不可能有世界的祥和与美好。有了善良的品性，就有真心爱父母、爱他人、爱自己的基础和可能。一个善良的人，就像一盏明灯，既照亮了周遭的人，也温暖了自己。所以，做人不一定要顶天立地，轰轰烈烈，但一定要善良真诚。

【例4】“喜怒哀乐之未发，谓之中；发而皆中节，谓之和。中也者，天下之大本也；和也者，天下之达道也。致中和，天地位焉，万物育焉。”这说明（　）

A. 矛盾的普遍性寓于矛盾的特殊性之中

B. 矛盾的斗争性寓于矛盾的同一性之中

C. 矛盾的斗争性决定矛盾的同一性

D. 矛盾的特殊性离不开矛盾的普遍性

【解析】本题主要考查矛盾普遍性与特殊性的辩证关系。依据这段引文的含义，喜与怒、哀与乐属于对立着的矛盾双方，只有在“中和”这种同一性即双方的统一中，才能推动事物发展，说明了事物之间的对立统一关系。C说法错误，AD不符合题意。故选B。

【答案】B

【考点二】正确理解矛盾普遍性与特殊性

		矛盾的普遍性	矛盾的特殊性
区别	含义	矛盾存在于一切事物中，并且贯穿于每一事物发展过程的始终	矛盾着的事物及其每一个侧面各有其特点
	特征	同类事物的共性	每一个事物的个性
联系		二者是辩证统一的关系，是不可分割的。第一，矛盾的普遍性和特殊性是相互联结的。一方面，普遍性寓于特殊性之中，并通过特殊性表现出来，没有特殊性就没有普遍性；另一方面，特殊性离不开普遍性。世界上的事物无论怎样特殊，它总是和同类事物中的其他事物有共同之处，不包含普遍性的事物是没有的。第二，矛盾的普遍性和特殊性不是凝固不变的，在不同的场合又是可以相互转化的	

【例1】战国时期，公孙龙所说的“白马非马”的命题之所以是错误的，在于割裂了（　）

A. 整体和部分的联系　　B. 思维和存在的联系

C. 矛盾统一性和斗争性的联系　　D. 矛盾普遍性和特殊性的联系

【解析】本题考查的是矛盾的普遍性和特殊性的联系知识点。矛盾的普遍性和特殊性的关系，也就是矛盾的共性和个性、一般和个别的关系。矛盾的普遍性和特殊性相互联结。一方面，普遍性寓于特殊性之中，并通过特殊性表现出来，没有特殊性就没有普遍性；另一方面，特殊性离不开普遍性。“白马非马”命题是一个典型的割裂矛盾普遍性和特殊性的联系的错误命题。ABC和题意不相符。故选D。

【答案】D

14.（多选）习近平指出，中国特色社会主义进入新时代，我国社会主要矛盾发生了变化，但我国仍处于并将长期处于社会主义初级阶段的基本国情没有变。这一判断坚持了（　）

A. 矛盾普遍性与特殊性的统一

B. 绝对运动与相对静止的统一

C. 前进性与曲折性的统一

D. 整体与部分的辩证统一

15.老子曰：“有无相生，难易相成。”下列诗句中与老子这一思想蕴涵相同哲理的是（　）

A. 黄金无足赤，白璧有微瑕

B. 欲穷千里目，更上一层楼

C. 生当作人杰，死亦为鬼雄

D. 蝉噪林愈静，鸟鸣山更幽

16.（多选）人工智能作为新一轮产业变革的核心驱动力，已成为经济发展的新引擎，但也可能带来改变就业结构、侵犯个人隐私等问题，必须加强前瞻预防。这表明（　）

A. 任何事物之间都存在联系

B. 事物的联系具有多样性

C. 矛盾双方既对立又统一

D. 主次矛盾转化是有条件的

诱惑

某大公司准备以高薪雇用一名小车司机，经过层层筛选和考试之后，只剩下三名技术最优良的竞争者。主考者问他们：“悬崖边有块金子，你们开着车去拿，觉得能距离悬崖多近而又不至于掉落呢？”“一米。”第一位说。“半米。”第二位很有把握地说。“我会尽量远离悬崖，愈远愈好。”第三位说。结果这家公司录取了第三位。不要和诱惑较劲，而应离得越远越好。

【例2】辛弃疾和李清照都有关于"愁"的词句，"少年不识愁滋味""而今识尽愁滋味，却道天凉好个秋"。这里说明的哲学原理是（ ）

A. 矛盾的普遍性蕴于矛盾的特殊性之中

B. 矛盾的特殊性寓于矛盾的普遍性之中

C. 特殊性比普遍性更丰富

D. 普遍性比特殊性更丰富

【解析】本题主要考查学生对矛盾特殊性知识的理解。矛盾的特殊性是指矛盾着的事物及其每一个侧面各有其特点。题目中两个愁字，虽然字相同，但却有不同的内涵，代表不同的情愫，表明事物矛盾的特殊性。故选C。

【答案】C

【例3】（多选）党的十七大报告提出：中国特色社会主义理论体系是马克思主义中国化最新成果，是党最宝贵的政治和精神财富，在当代中国，坚持中国特色社会主义理论体系，就是真正坚持马克思主义。这一论断的哲学根据是（ ）

A. 认识和实践具体的历史的辩证统一

B. 矛盾普遍性与矛盾特殊性辩证统一

C. 内部矛盾和外部矛盾的辩证统一

D. 肯定方面与否定方面的辩证统一

【解析】本题考察矛盾普遍性与特殊性辩证关系原理的知识。马克思主义是对社会发展问题的普遍认识，是社会发展的共性。而中国特色社会主义是关于中国社会发展的个性问题，选B。而马克思主义中国化的过程就是用马克思主义指导中国社会发展的实践过程，在这个实践中丰富和发展了马克思主义，并结合中国的实际建立了适合中国发展的中国特色社会主义，A正确。题意并未涉及内部矛盾和外部矛盾的问题，CD不选。故选AB。

【答案】AB

【例4】女子短道速滑项目是我国奥运战略重点项目，经过几代人的持续努力拼搏，终于在2010年温哥华冬奥会上取得了包揽四金的巨大战果，为我国冬季奥运项目的整体改观，打开了突破口。有侧重地抓有条件上的项目，体现的辩证法思想是（ ）

A. 在矛盾群体中抓住主要矛盾　　B. 在矛盾中抓住矛盾主要方面

C. 在矛盾过程中抓住基本矛盾　　D. 在矛盾关系中抓住内部矛盾

【解析】本题主要考察矛盾主要方面的知识点，"有侧重地"即体现了抓矛盾主要方面的原理。故选B。

【答案】B

17.矛盾普遍性和矛盾特殊性的关系是（ ）

A. 整体与部分的关系

B. 多数与少数的关系

C. 原因与结果的关系

D. 一般与个别的关系

18.（多选）头孢曲松钠是一种常见的抗生素，临床应用十分广泛。但如果把它和某些药物一起服用，就会导致药效减弱、副作用增强，对人体造成损害。这种现象在医学上称为配伍禁忌。对一种药物及其配伍禁忌的认识，体现出认识（ ）

A. 是一个永远不能达到真理的过程

B. 是一个追求终极真理的过程

C. 是一个永远无止境的无限发展过程

D. 是一个包含矛盾的辩证发展过程

19.下列表述中，体现矛盾特殊性原理的是（ ）

A. 对症下药，量体裁衣

B. 欲擒故纵，声东击西

C. 物极必反，相辅相成

D. 头疼医头，脚疼医脚

三个和尚水多多

一庙离水源较远，庙里的用水靠三个和尚全程挑，水常不够用。方丈提出了激励的办法：谁挑的水多，吃饭时给谁加一道菜，谁挑得最少则不能吃菜。后来这三个和尚用山上的竹子做了个管道，把水源引到庙里，并且三个人做了分工，一个提水，一个往竹管内倒水，另一个在庙内水缸边接水，这样他们很快就能把水缸装满，还有富余。此故事启示人们在做事时要善于合作和创新。

【考点三】比较主要矛盾和矛盾主要方面的关系

关系		主要矛盾	矛盾主要方面
区别	外延	主要矛盾是就复杂事物中所包含的“许多矛盾”相互比较而言的，主要矛盾一般只有一个，次要矛盾则可以有多个	矛盾的主要方面则是就“同一矛盾”的矛盾双方相比较而言的。矛盾的主要方面只有一方，而次要方面也只有一方
	内涵	主次矛盾讲的是“矛盾体”，可以称为“一个”或“一种”。正因为主次矛盾都是“矛盾体”，其内部都包含着矛盾的双方，所以主次矛盾都有各自的矛盾的主次方面	矛盾的主次方面讲的是“矛盾侧面”，所以，只能叫“一方”或“方面”
	作用	主要矛盾决定事物发展的进程，其原因是主要矛盾处于支配地位，起着决定作用	矛盾的主要方面决定事物的性质，其原因是矛盾的主要方面在力量上超过矛盾的次要方面，在地位上支配着矛盾的次要方面
	方法论意义	主次矛盾关系的原理，要求我们做工作要集中力量找出主要矛盾，从而找到解决复杂问题的关键	矛盾主次方面关系的原理要求我们在认识事物时，必须把握矛盾的主要方面，这样才能正确认识事物的主流和性质
	侧重	主要矛盾侧重强调重要，不求比重上的多，而求分量上的精	矛盾主要方面与次要方面是多数与少数的关系
	材料信息	如果材料中的文字主要反映的是人们应该如何“办事情”，即“怎么办”等具体要求和做法的，这些都与主要矛盾有关，动作词汇多为“抓”“坚持”“做到”等	如果材料中的文字仅仅反映的是人们对某事物或某人物的评价或看法，只是“看问题”而没有论及“怎么办”，则意味着材料与矛盾的主次方面有关。动作词汇多为“分清”“认识”“评价”等
	关键词	主要矛盾多用“重点、关键、中心、主导、重中之重、第一要务、主题”等词汇	矛盾主要方面多用“主流、主体、性质、实质、方向、本质、多数、总的看、利弊、优劣、大局”等词汇
联系		①都是讲矛盾发展的不平衡性问题，都是矛盾特殊性的两种情形 ②都是重点论所要把握的重点 ③主要矛盾当中也存在矛盾的主要方面，两者是整体与部分的关系，而事物的性质是由主要矛盾的主要方面决定	

特别提醒：（1）首先解决的矛盾并不一定是主要矛盾，对此要做具体分析。区分主次矛盾，只能从性质、地位和作用来判断，而不能根据解决的先后顺序来决定。在特定的环境和条件下，往往首先解决好次要矛盾，才能最终解决好主要矛盾。（2）在解决矛盾时，要着重解决主要矛盾，善于抓中心，抓关键，只有这样，才能顺利地解决其他矛盾。但也不能忽视次要矛盾的解决。次要矛盾解决得好坏，对主要矛盾的解决也会发生影响。人们既要用主要力量抓住和解决主要矛盾，又要用适当力量去处理次要矛盾，做到统筹兼顾，适当安排，学会“弹钢琴”的工作方法，既要防止主次不分，又要防止“单打一”。

20.猫和老鼠有着天然的关系：老鼠会“装死”，猫则会“假眠”；老鼠昼伏夜出，猫眼可以随光线的明暗而改变瞳孔的大小，夜间仍可看见东西。由此可见，矛盾双方（　）

A. 对立是绝对的、有条件的

B. 统一是绝对的、不变的

C. 就是相互排斥、相互对立的关系

D. 相对应而存在，相斗争而发

21.（多选）贯彻新发展理念，要求实施乡村振兴战略，必须认识到农业农村农民问题关系国计民生的根本性问题，必须始终把解决好“三农”问题作为全党工作重中之重。要坚持农业农村优先发展，建立健全城乡融合发展体制机制和政策体系，加快推进农业农村现代化。用矛盾的观点分析，这是因为（　）

A. 矛盾的同一性和斗争性在一定条件下相互转化

B. 主要矛盾对事物发展起决定作用，要集中力量解决主要矛盾

C. 主要矛盾的主要方面决定事物的性质，要分清主流和支流

D. 矛盾具有特殊性，要求具体问题具体分析

努力

数百年前，一位聪明的老国王召集了聪明的臣子，交代了一个任务：编一本《各时代的智慧录》留给子孙。聪明的臣子工作了很长一段时间，完成了一本十二卷巨著。国王看后，认为书太厚，要求臣子把它浓缩一下。几经删减，完成了一卷书，国王还认为太长。聪明的臣子把一本浓缩为一章，把一章浓缩为一页；又浓缩为一段，最后浓缩为一句。国王看了这句话，十分满意，说：“这真是各时代智慧的结晶。”这句千锤百炼的话是：“天下没有免费的午餐。”

【例1】中国互联网大会在北京开幕，本届大会倡导弘扬绿色网络文化，营造和谐健康的网络环境，共建人人受益的互联网。对计算机网络的使用，国家要加强规范性管理，趋利避害，青少年要自觉文明上网，不能因网络的负面影响而否定网络的先进性。这是因为（　）

A. 矛盾具有斗争性

B. 矛盾具有特殊性

C. 主要矛盾决定事物的性质

D. 对待事物要着重把握矛盾的主要方面，要抓主流

【解析】解答本题的关键是正确认识到“网络的负面影响与网络的先进性”是一对矛盾，我们既要看到负面影响又要看到其先进性，同时要看到主流是好的，D正确。AB不符合题意，C说法不正确，应是主要矛盾的主要方面决定事物的性质。故选D。

【答案】D

【例2】（多选）“思所以危则安，思所以乱则治，思所以亡则存。”在这句古训中体现的矛盾辩证法思想是（　）

A. 认识“危”“乱”“亡”的根源，是实现“安”“治”“存”的必要前提

B. 认识“危”“乱”“亡”的根源，就是事物朝好的方面的转化

C. 认识“危”“乱”“亡”的根源，则必然能够实现“安”“治”“存”

D. 安危、治乱、存亡是相互依存的、相互贯通的

【解析】本题考查的是辩证思维知识点。“思所以危则安，思所以乱则治，思所以亡则存。”认识到“危”“乱”“亡”的根源，是实现“安”“治”“存”的必要前提，安危、治乱、存亡是相互依存的、相互贯通的。BC和题意不相符。故选AD。

【答案】AD

【例3】古有一父，为解决家中鼠患，买了一只猫。猫抓老鼠的同时，却也偷吃鸡，其子甚怨。父道：“宁无鸡也不能无猫，因无鸡不会挨冻受饿，而无猫，则会挨冻受饿。”遂其子不再怨。这个故事启示我们在处理和解决问题时要注意（　）

A. 整体与部分的辩证关系　　B. 两点论和重点论的统一

C. 量变与质变的辩证关系　　D. 矛盾的同一性和斗争性

【解析】材料中父亲的观点既看到猫抓老鼠，又看到猫也偷吃鸡，但注重的是猫抓老鼠，因此得出“宁无鸡也不能无猫”。这个故事启示我们在处理和解决问题时要注意坚持两点论和重点论的统一，B正确。AC不符合题意。D说法只看到了猫抓老鼠又偷吃鸡，而没有看到材料中父亲更注重猫抓老鼠。故选B。

【答案】B

22.培根说：“读史使人明智，读诗使人聪慧，数学使人精密，哲学使人深刻，伦理学使人有修养，逻辑学使人善辩。”不同学科对人产生的不同影响，这说明（　）

A. 矛盾是普遍存在的

B. 事物都是一分为二的

C. 矛盾具有特殊性

D. 矛盾的特殊性寓于普遍性中

23.下列名言中与“一把钥匙开一把锁”蕴涵相同哲理的是（　）

A. 不入虎穴，焉得虎子

B. 城门失火，殃及池鱼

C. 因地制宜，对症下药

D. 君子和而不同，小人同而不和

24.每天，我们都有很多的学习任务，这常常让我们手忙脚乱。如果将学习任务进行管理，并按一定的顺序完成任务，就会大大提高学习效率。这种做法主要体现了（　）

A. 矛盾普遍性

B. 主要矛盾与次要矛盾的辩证关系

C. 矛盾主要方面与次要方面的辩证关系

D. 矛盾普遍性与特殊性的辩证关系

成功的秘密

有人问一位智者：“请问，怎样才能成功呢？”智者笑笑，递给他一颗花生：“用力捏捏它。”那人用力一捏，花生壳碎了，只留下花生仁。“再搓搓它。”智者说。那人又照着做了，红色的种皮被搓掉了，只留下白的果实。“再用手捏它。”智者说。那人用力捏着，却怎么也没法把它毁坏。“再用手搓搓它。”智者说。当然，什么也搓不下来。“虽然屡遭挫折，却有一颗坚强的、百折不挠的心，这就是成功的秘密。”智者说。

【考点四】坚持对具体问题做具体分析

		具体问题具体分析	一切从实际出发	实事求是
区别	含义	是指在矛盾普遍性原理的指导下，具体分析矛盾的特殊性，并找出解决矛盾的正确方法	就是我们想问题、办事情要把客观存在的实际事物作为根本出发点	就是从客观实际出发，从中引出其固有的规律性，作为我们行动的向导，做到按客观规律办事
	侧重	侧重于在认识和解决问题时，注重抓住事物的本质特征，反对"一刀切"	侧重于主观与客观的相符合，反对主观主义	侧重于按客观规律办事，反对违背客观规律
	角度	从辩证法角度指出了正确认识和解决问题的渠道和途径	从唯物论角度指出了正确认识和解决问题的渠道和途径	
	原理	矛盾特殊性原理	物质决定意识的原理	规律客观性原理
联系		①都突出强调了想问题、办事情必须坚持主观与客观的统一，根据不同的时间、地点和条件，去认识事物的不同性质 ②一切从实际出发、实事求是是具体问题具体分析的前提和基础，具体问题具体分析是从实际出发的深入体现和必然结果。在现实生活中二者是融为一体的		

【例1】不同的人或同一人在不同时期，思想问题是不完全一样的，不能企图用一种方式，一个办法，如开一次会或者谈一次话，就能把情绪都理顺，把积极性都调动起来，事情没有那么简单，这话说明了（　）

A. 要具体问题具体分析　B. 要分清矛盾的主要方面和次要方面

C. 要分清内因和外因　D. 事物的发展是曲折的

【解析】本题主要考察矛盾特殊性的知识点。不同的人，或同一个人的不同时期，都属于矛盾的特殊阶段，不能用同一方法，而应该根据不同情况想不同的办法，就是做到了具体问题具体分析。故选A。

【答案】A

【例2】在欢庆胜利的时候，我们既要肯定成绩，也要看到差距和不足，保持清醒的头脑，这要求我们（　）

A. 要用发展的眼光看问题

B. 要用联系的眼光看问题

C. 要用全面的观点看问题

D. 要坚持两点论和重点论的统一

【解析】本题考查的是辩证法的知识点，辩证法要求我们要用全面的、发展的、联系的观点去看问题。"我们既要肯定成绩，也要看到差距和不足"充分表明，要用全面的观点看问题，ABD和题意不相符。故选C。

【答案】C

25.（多选）古丈县曾被授予"中国名茶之乡"称号，古丈毛尖在湖南省内外小有名气。龙献文凭借此前多年经商的独特眼光，抓住村里种植茶叶这个特色，打造"一村一品"，摘掉"贫困帽"。材料中该村的做法体现的矛盾分析方法（　）

A. 坚持两点论与重点论相统一

B. 坚持矛盾普遍性与特殊性相结合

C. 树立创新意识

D. 坚持具体问题具体分析

互动训练答案

1.C　2.B　3.B　4.ACD　5.B

6.AD　7.BC　8.B　9.ABCD

10.BCD　11.ABC　12.ABC　13.B

14.AB　15.D　16.BC　17.D

18.CD　19.A　20.D　21.BD

22.C　23.C　24.B　25.BD

多理性行事，少意气用事

做事不能只凭自己的感情，更不能只凭自己的感觉，意气用事必有麻烦。有时自己的直觉是错的，事情并不是想象的这般简单，表象总是容易迷惑人心。理性做事不至于反复折腾，理性做事不会出现大的差错，理性做事才不会使自己后悔莫及。

凡事都不能太冲动，不能只跟着感觉走，多思考才能不后悔。

[第四课　探索认识的奥秘]

第一节　人的认识从何而来

·知识整合·

【知识点一】认识和实践

1.认识

（1）含义：认识是主体对客体的能动反映。

（2）形式或阶段：感性认识和理性认识。

①感性认识：感性认识是人们在实践基础上由感觉器官直接感受到的关于事物的现象、事物的外部联系、事物的各个方面的认识，包括感觉、知觉和表象三种形式。

②理性认识：理性认识是人们借助抽象思维在概括、整理大量感性材料的基础上达到关于事物的本质、全体、内部联系和事物自身规律性的认识，包括概念、判断和推理三种形式。

（3）感性认识与理性认识的关系。

①感性认识是认识的初级阶段，理性认识是认识的高级阶段。

②感性认识有待于发展、深化为理性认识，理性认识依赖于感性认识，二者相互渗透、相互包含，具有辩证统一关系。

2.实践

（1）含义：实践是人们改造客观世界的物质性活动。

①实践是一种直接现实性活动，可以把人们头脑中观念的存在变为现实的存在。

②不能扩大实践的外延，如不能认为“实践是人们认识世界和改造世界的活动”或“实践是人们改造整个世界的活动”；也不能缩小实践的外延，如不能认为“实践是人们改造自然界的活动”或“实践是人们改造社会的活动”。

（2）实践活动的基本形式：改造自然的生产实践、变革社会的实践、探索世界规律的科学实验。

（3）特点：①实践具有客观物质性。原因：实践的基本要素包括实践的主体（人）、实践的对象（客观事物）和实践的手段（工具设备）。都是客观的。制约实践活动的客观事物及其规律也具有客观性。②实践具有主观能动性。原因：实践是人有目的、有意识的活动。人将在实践中形成的认识用于指导实践。③实践具有社会历史性。原因：实践不是单个人的孤立的活动，而是处在一定社会关系中的人的活动。实践活动的内容、形式、规模和水平受到一定历史条件的制约，是一定历

互动训练

1.下列对实践活动的理解，正确的是（　）

A. 实践是人们的一切活动

B. 实践是人们改造客观世界的一切活动

C. 实践是人们改造自然的活动

D. 实践是人们改造世界观、人生观和价值观的活动

2.我国通过制定“十三五”规划来指导今后五年的社会主义现代化建设，这体现了实践是（　）

A. 改造客观世界的一切活动

B. 主观与客观相一致的活动

C. 客观物质性的活动

D. 有意识、有目的的能动性活动

3.（多选）认识具有反复性是因为（　）

A. 认识受到具体的实践水平的限制

B. 认识受到不同的立场、观点、方法、知识水平、思维能力等条件的限制

C. 事物本质的暴露和展现有一个过程

D. 认识是无限发展的

弯腰

我们所走的人生路是一条曲折的路，要拐许多的弯、兜许多的圈子，时常我们觉得背向着目标，其实，我们总是越来越接近目标。弯腰走路，你会发现行动的脚步不能过急；弯腰走路，你会穿越人生奋斗历程中的一道一道门槛；弯腰走路，你还可能有运气采摘一朵开在路边的清雅兰花。弯腰是一种处事态度；弯腰是一种交际策略；弯腰是一种迂回生存之道。总而言之，弯腰是一种人生哲学。

史条件的产物，是历史地发展着的。

【知识点二】实践是认识的基础

1.实践是认识的来源

在实践活动中，人们借助一定的手段同客观物质对象发生关系，从而获得对客观事物的认识。

（1）认识的来源只有一个就是实践。

（2）获取知识的途径可以是书本、网络等间接经验；也可以是实践中得到的直接经验。

2.实践是认识发展的动力

（1）认识产生于实践的需要。

（2）实践的发展为人们提供日益完备的认识工具，这些工具延伸了人类的认识器官，促进人类认识的发展。

（3）实践锻炼和提高了人的认识能力。

3.实践是检验认识真理性的唯一标准

（1）实践处在主观和客观的交汇点上。

（2）通过实践，人们可以把自己头脑中的观念的存在变为现实的存在。

（3）人们把指导自己实践的认识和实践所产生的结果加以对照，从而检验认识是否正确地反映了客观事物。

4.实践是认识的目的

认识从实践中来，最终还要回到实践中去，指导实践，为实践服务。认识本身不是目的，改造世界才是认识的目的。否则就失去了它的实际意义。

【知识点三】实践与认识的辩证关系原理及方法论★

1.原理内容

（1）实践是认识的基础。实践是认识的来源和发展的动力，是检验认识真理性的唯一标准，实践是认识的目的。

（2）认识对实践具有反作用。科学理论对实践具有推动作用。

2.方法论要求

（1）在实践中认识和发现真理，在实践中检验和发展真理。

（2）我们要重视科学理论的指导作用，坚持了主观与客观、理论与实践的具体的历史的统一。

4. （多选）下列关于实践的说法正确的是（　）

A. 实践是一种客观物质性活动

B. 实践是一种主观能动性活动

C. 实践是一种社会历史性活动

D. 实践是一种适应环境的本能性活动

5.（多选）“想要知道梨子的滋味，就要亲口尝一尝。”这一观点说明（　）

A. 实践是认识的基础

B. 实践是认识的动力

C. 实践是认识的目的

D. 实践是认识的来源

6.毛泽东说：“精通的目的全在于应用。”这句话主要说明（　）

A. 认识是在实践的过程中产生的

B. 实践的需要推动了认识发展

C. 认识正确与否只有通过实践来检验

D. 实践是认识的目的和归宿

不可改变的真理

有一年，著名的美国哈佛大学，曾有一名教授给刚入学的新生出了一道测试题：一加一等于几？学生们一阵大笑之后想：这么简单的题，连三岁小孩都会，看来其中必有其他深意。教授公布了最后答案：“二！”然后意味深长地说：“真理，不能也不会因为外界因素的改变而改变。”

·考点解析·

【考点一】正确区分实践的三个特点

特点	区别	解读	点睛之词
客观物质性	这是实践活动与人的认识活动的区别所在，坚持这点，在实践观点上就坚持了唯物主义	强调实践的基本构成要素（主体、对象和手段）、实践的过程及其结果的客观性，强调受客观因素的影响	“主体”“对象”“手段”“结果”
主观能动性	这是实践活动与动物本能活动的区别所在。坚持这点，在实践问题上坚持了辩证法	强调实践是人有目的、有意识地改造客观世界的活动，制定“计划”“方案”“规划”等受主观因素的影响	“计划”“方案”“规划”
社会历史性	这是实践活动与孤立的个人活动的区别所在	强调实践是处在一定社会关系中的人的活动，在不同的历史发展阶段上，实践的内容、形式、规模和水平有所差异	强调“合作”等，受横向因素的影响——社会性
			强调历史过程，受纵向因素的影响——历史性

【特别提示】

（1）实践的第一、二个特点并不矛盾，主体的客观性渗透着能动性，意识能动性以客观性为基础。

（2）夸大客观物质性否定主观能动性，会导致机械唯物主义；夸大主观能动性否定客观物质性，会导致唯心主义。

【例1】（多选）2020年12月17日凌晨，嫦娥五号返回器携带月球样品按照预定目标成功着陆，标志着我国探月工程“绕、落、回”三步走规划完美收官，为我国未来月球与行星探测奠定了坚实基础。这表明（　）

A. 实践是检验真理的唯一标准

B. 思维能够正确反映存在

C. 认识的不断深化使意识活动具有自觉选择性

D. 有意识有目的的实践活动能够把计划变成现实

【解析】嫦娥五号返回器携带月球样品按照预定目标成功着陆，标志着我国探月工程“绕、落、回”三步走规划完美收官，为我国未来月球与行星探测奠定了坚实基础，体现了思维能够正确反映存在，同时也体现了有意识有目的的实践活动能够把计划变成现实，BD符合题意。材料主旨强调的是实践是有意识有目的的能动性活动，人的思维能够正确反映存在，没有涉及真理的检验问题，A不符合题意。意识活动本身具有自觉选择性，而不是认识的不断深化使意识活动具有自觉选择性，C错误。故选BD。

【答案】BD

7.（多选）下列符合实践是认识基础的观点有（　）

A. 不登高山，不知天之高也，不临深溪，不知地之厚也

B. 乱生于治，怯生于勇，弱生于强

C. 问渠那得清如许，为有源头活水来

D. 不入虎穴，焉得虎子

8.“学而不用，等于不学。”这句话体现的哲理是（　）

A. 没有服务于实践的认识是毫无价值的

B. 认识世界的目的是改造世界

C. 认识与实践同等重要

D. 参加实践和看书学习是人们获得知识的基本途径

篱笆与葡萄园

一个愚蠢的年轻人继承了父亲的家业。他砍掉葡萄园四周所有的篱笆，因为篱笆不能结葡萄。篱笆砍掉以后，人和野兽都能随意侵入葡萄园。没过多久，所有的葡萄树都被毁坏了。那蠢家伙见到如此情景，才恍然大悟：虽然篱笆结不出一颗葡萄，但它们能保护葡萄园，它和葡萄树同等重要。这故事是说，红花虽好，还要绿叶扶持。

【例2】中国深潜勇士不断向洋底最深处进军，2020年11月10日，我国“奋斗者”号载人潜水器在马里亚纳海沟成功坐底，深度达10909米，创造了中国载人深潜的新纪录。这进一步佐证了（　）

A. 实践具有能动性和社会历史性

B. 认识是绝对性和相对性的统一

C. 科学理论具有反复性和无限性

D. 真理是科学性与价值性的统一

【解析】中国深潜勇士不断向洋底最深处进军，2020年11月10日，我国“奋斗者”号载人潜水器在马里亚纳海沟成功坐底，深度达10909米，创造了中国载人深潜的新纪录。这进一步佐证了实践具有能动性和社会历史性，A符合题意。真理是绝对性和相对性的统一，B错误。认识具有反复性和无限性，C错误。材料强调的是实践活动，未涉及真理是科学性与价值性的统一，D不符合题意。故选A。

【答案】A

【例3】2021年4月29日11时23分，中国空间站天和核心舱发射升空，准确进入预定轨道。天和核心舱发射成功，标志着我国空间站建造进入全面实施阶段，为后续任务展开奠定了坚实基础。中国空间站由天和核心船、问天实验舱、梦天实验舱三个舱段构成。根据任务安排，空间站计划于2022年完成在轨建造，具备长期开展近地空间有人参与科学实验、技术实验和综合开发利用太空资源能力，转入应用与发展阶段。由此可见（　）

A. 实践的发展不是一帆风顺的

B. 人的实践活动是历史的发展着的

C. 认识工具决定人的认识水平

D. 科学实验是一种探索世界规律的思维活动

【解析】天和核心舱发射成功，标志着我国空间站建造进入全面实施阶段，为后续任务展开奠定了坚实基础。中国空间站由天和核心舱、问天实验舱、梦天实验舱三个舱段构成。根据任务安排，空间站计划于2022年完成在轨建造，转入应用与发展阶段，由此可见，人的实践活动是历史的发展着的，B符合题意。材料中强调的是我国空间站建造的发展，无涉及建造过程经历的曲折历程，A不符合题意。日益完备的认识工具延伸了人的认识器官，促进人类认识的发展，但不能决定人的认识水平，实践决定认识，C错误。科学实验是一种探索世界规律的实践活动，而非思维活动，D错误。故选B。

【答案】B

9.荀子说：“不闻不若闻之，闻之不若见之，见之不若知之，知之不若行之。学至于行而止矣。行之，明也。”这句话的哲学寓意是（　）

A. 实践比认识重要

B. 实践是获得知识的唯一途径

C. 实践出真知

D. 认识对实践有反作用

10.“行是知之始，知是行之成。”从哲学上看陶行知这句话说明了（　）

A. 物质和意识的关系

B. 主观与客观的关系

C. 实践和认识的关系

D. 共性与个性的关系

齐人有好猎者

齐人有好猎者，旷日持久，而不得兽。入则愧其家室，出则愧其知友州里，唯其所以不得之，则狗恶也。欲得良狗，则家贫无以。于是还疾耕，疾耕则家富，家富则有以求良狗，狗良则数得兽矣。田猎之获常过人矣。非独猎也，百事也尽然。这个故事告诉人们：在办任何事情时，不要一味蛮干，要考虑事物之间的相互联系，找出关键所在，再想方设法加以解决。关键问题解决了，事情就可以办好。

【例4】“中国好人”、最具爱心慈善楷模吴锦泉老人常说：“刀不磨会生锈，人的思想不去磨炼，也会生锈，甚至变坏。刀越磨越亮，越磨越显光。”在即将跨进90岁高龄之际，他仍然“磨刀不止、捐款不停、奉献不息”。这表明，价值选择（ ）

A. 反映主体从认识向实践转化的自觉能动性

B. 是一种从复杂、规范和导向作用的认知活动

C. 是对事物属性及发展规律作出的事实判断

D. 实践是实现人生价值的必由之路

【解析】人们对事物能否满足主体的需要以及满足的程度作出判断，就称为价值判断。在价值判断的基础上进一步作出的选择，就称为价值选择。在即将跨进90岁高龄之际，他仍然“磨刀不止、捐款不停、奉献不息”。这表明，价值选择反映主体从认识向实践转化的自觉能动性，A符合题意。价值选择并不是认知活动，B说法错误。价值选择也不是事实判断，C说法错误。故选A。

【答案】A

【考点二】区分实践是认识的来源、动力、检验标准、根本目的

来源	实践是认识的“来源”强调的是认识在实践基础上“从无到有”
动力	实践是认识的“动力”强调的是认识在实践基础上的“深化和发展”。关键点“实践有新的需要”“新的认识工具出现”“人的认识能力和水平提高”
检验标准	认识回到实践中去，指导实践。没有谈到指导的结果如何
目的	认识指导实践成功了或者失败了，谈到了指导实践的结果

▲标志性关键词法。

理论	关键词
实践是认识的基础	针对、立足、基于、按照、根据……（问题、现状、特点、情况、形势、影响），提出、制定、出台、调整、颁布……（理论、方针、政策、规划、措施、方案）
认识对实践的反作用	在……（主题、路线、方针、措施、制度）下，促进……（事业、活动、实践、活动）取得（成就、胜利、发展、前进、成功）等

【误区】①实践是人们改造世界的一切活动。②实践是适应环境的本能活动。③实践是一种客观活动，又是一种主观活动。④实践是社会性活动，单个人的实践活动是不存在的。⑤实践是有意识、有目的的活动，盲目的实践是不存在的。⑥实践是人的活动，人的一切活动都是实践活动。⑦实践是认识发展的唯一动力。⑧真理永远是正确的。

11.英国哲人培根说过：“真理是时间的女儿，不是权威的女儿。”他主张打破“偶像”，铲除各种偏见和幻想。这表明（ ）

A. 真理与权威是相互排斥的

B. 真理要靠科学理论来检验

C. 只有服从真理，才能具有权威

D. 真理面前人人平等

12.当1916年爱因斯坦发表广义相对论时，曾经激怒了一直把牛顿力学理论奉为绝对真理的100名世界著名教授，他们联合声明：爱因斯坦错了。但爱因斯坦却幽默地说：如果我错了，只要一个证明就足够了，何须100 个呢？材料告诉我们（ ）

A. 人们难以完全正确地反映客观事物

B. 人类的认识能力是有限的

C. 人们对事物的认识具有反复性

D. 认识具有无限性、反复性的特点

农夫与他的儿子们

有个农夫快要辞别人世时，想要把自己耕作的经验传给儿子，便叫来他们说：“孩子，我即将离开这个世界了，你们都去寻找我埋藏在葡萄园里的东西，把它们统统都找出来吧！”儿子们以为那里埋藏了金银财宝。父亲去世之后，他们把那葡萄园的地全都翻了一遍，什么宝物都没找到，却使葡萄园的地很好地耕作了一番，所以这年比以往结了更多的葡萄。这故事说明，劳动是最好的宝物。

【例1】造烛为照明，求知为运用。学而不用，如同耕地不播种，终无所获。这一论断强调（ ）

A. 实践是认识的来源

B. 实践是认识发展的动力

C. 实践是检验认识真理性的唯一标准

D. 实践是认识的目的

【解析】“造烛为照明，求知为运用。学而不用，如同耕地不播种，终无所获”，这一论断强调学习要为实践服务，表明实践是认识的目的和归宿，D符合题意。题干强调认识要回到实践中去指导实践，没有体现实践是认识的来源、发展的动力、检验认识真理性的唯一标准，ABC说法正确，但都不符合题意。故选D。

【答案】D

【例2】（多选）习近平总书记指出，“两学一做”（学党章党规、学系列讲话，做合格党员）学习教育，基础在学，关键在做。广大党员要坚持学做结合、以学促做，“学”得深入，“做”得扎实。从认识论的角度看，材料中“学”和“做”的关系是（ ）

A“做”是“学”的基础 B“学”是“做”的根本动力

C“做”是“学”的目的 D“学”是“做”的根本依据

【解析】从认识论的角度看，“学”是指认识，“做”指实践，实践是认识的基础，实践是认识的来源、实践是认识发展的动力、实践是检验认识真理性的唯一标准、实践是认识的目的与归宿，AC说法正确，BD说法错误。故选AC。

【答案】AC

【例3】中国科学院、中国工程院组织专家就城镇化问题进行调查研究，形成了对城镇化问题的初步认识成果，主要体现了（ ）

A. 认识是实践发展的动力

B. 实践是认识的来源

C. 实践是检验认识的真理性的唯一标准

D. 实践是认识的最终目的

【解析】实践是认识发展的动力，A错误。通过深入调查研究，形成了对城镇化问题的初步认识成果，主要体现了实践是认识的来源，B符合题意。材料不能体现实践是检验认识的真理性的唯一标准、实践是认识的最终目的，CD不符合题意。故选B。

【答案】B

13.过去，民间流行“天狗吃日”的说法，现在人们都知道日食是太阳、地球，月球三者运行造成的现象，这体现了（ ）

A. 每个人的认识都是无限发展的

B. 人类认识是无限发展的

C. 人类的认识具有反复性

D. 社会实践是无限发展的

14.为了缓解旱情，利用一切有利条件开展人工增雨作业，取得了明显的成效。这说明（ ）

A. 人的理性为自然界立法

B. 人能够认识和创造规律，为人类造福

C. 办事情能否成功取决于主观能动性发挥的程度

D. 意识能够能动地认识和改造世界

强者

五岁的汉克和爸爸妈妈哥哥一起到森林干活，突然间下起雨来，可是他们只带了一块雨披。爸爸将雨披给了妈妈，妈妈给了哥哥，哥哥又给了汉克。汉克问道：“为什么爸爸给了妈妈，妈妈给了哥哥，哥哥又给了我呢？”爸爸回答道：“因为爸爸比妈妈强大，妈妈比哥哥强大，哥哥又比你强大呀。我们都会保护比较弱小的人。”汉克左右看了看，跑过去将雨披撑开挡在了一朵风雨中飘摇的娇弱小花上面。真正的强者不一定是多有力，或者多有钱，而是他对别人多有帮助。

【例4】（多选）载人航天工程“三步走”发展战略立项以来，神舟飞船通过一次次验证与发射，不断积累经验和技术，经过守正创新，神舟十三号集齐了全任务全模式天地往返所需的全部技能点，对我国未来宇宙探索具有里程碑式意义。这表明（　）

A. 正确认识是在实践的多次反复中完成的

B. 搞好工作规划就能达到预期目标

C. 科技进步以实践创新为基础和先导

D. 量变积累到一定程度就能实现质的飞跃

【解析】载人航天工程“三步走”发展战略立项以来，神舟飞船通过一次次验证与发射，不断积累经验和技术，经过守正创新，神舟十三号集齐了全任务全模式天地往返所需的全部技能点，对我国未来宇宙探索具有里程碑式意义。这表明正确认识是在实践的多次反复中完成的，量变积累到一定程度就能实现质的飞跃，AD正确。“搞好工作规划就能达到预期目标”说法太绝对，是错误的，B排除。实践基础上的理论创新是社会变革的先导，基础研究是科技进步的先导，C错误。故选AD。

【答案】AD

【例5】（多选）2021年6月17日，神舟十二号载人飞船成功发射，进入预定轨道，并完成太阳翼展开。这是中国载人航天史上由中国人书写的又一壮举，标志着中国空间站建造任务再次向前迈出了一大步。按照预定计划，航天员乘组在轨开展两次出舱活动及舱外作业，开展空间科学实验和技术实验等。这不仅是太空技术的突破，也是行星科学领域的突破，更是人类活动空间的拓展。材料表明（　）

A. 世界上只有尚未认识之物，没有不可认识之物

B. 航天人的意识可以探索世界奥妙、能动地改造世界

C. 航天员只有认识和突破万有引力规律方能完成出舱活动

D. 思维和存在的关系问题是认识活动和实践活动的基本问题

【解析】依据题意，神舟十二号载人飞船完成太阳翼展开，中国空间站建造任务再次向前迈出了一大步。航天员乘组在轨开展两次出舱活动及舱外作业，开展空间科学实验和技术实验等。这不仅是太空技术的突破，也是行星科学领域的突破，更是人类活动空间的拓展。这表明世界上只有尚未认识之物，没有不可认识之物，思维和存在的关系问题是认识活动和实践活动的基本问题，AD入选。该选项的说法夸大了意识的作用，B不选。规律具有客观性，人不能突破规律，应按客观规律办事，C不选。故选AD。

【答案】AD

15.在平面内，若直线a垂直于c，直线b垂直于c，则直线a平行直线b；在空间，若直线a垂直于c，直线b垂直于c，则直线a与直线b不一定平行。从哲学上看，这说明（　）

A. 任何真理都有自己适用的条件和范围

B. 真理和谬误是一对矛盾

C. 真理有时不是客观的

D. 人们的认识能力不同，水平认识就不同

16.科学史上有许多重大的天文学和物理学发现是利用日全食的机会得出的。最著名的例子是1919年的一次日全食，证实了爱因斯坦广义相对论的正确性。英国天文学家艾丁顿的观测结果与爱因斯坦事先计算的结果十分吻合，从此相对论得到世人的承认。材料体现了（　）

A. 实践是认识的来源

B. 实践是认识的动力

C. 实践是检验认识真理性的唯一标准

D. 实践是认识的目的和归宿

改革开放进入新时代

2013年召开的党的十八届三中全会作出全面深化改革的重要部署，提出要使市场在资源配置中起决定性作用和更好地发挥政府作用，全面深化改革取得重大突破。改革开放既是我们党领导的一场新的伟大革命，又是社会主义制度的自我完善和发展。赋予社会主义新的生机活力，建设和发展中国特色社会主义。

第二节　在实践中追求和发展真理

本课修订

本课增加内容：认识的含义、两个阶段含义、形式、关系；实践的主观能动性：人将在实践中形成的认识用于指导实践；实践的社会历史性：都受到一定历史条件的制约，是一定历史条件的产物；社会生活在本质上是实践的（劳动、实践）；升级内容：实践活动的形式。

·知识整合·

【知识点一】真理是客观的（真理具有绝对性）（真理不能等同于客观实在）

（1）真理的含义：标志主观同客观相符合的哲学范畴，是人们对客观事物及其规律的正确反映。

（2）真理最基本的属性是：客观性。

真理的客观性表现在两个方面：

①真理的内容客观，对客观事物的本质和规律的正确揭示。

②检验真理的标准是客观，实践是检验真理的唯一标准。凡是能够经得起实践的检验、得到实践的证实、主观同客观相符合，这种认识就是真理。

（3）真理面前人人平等。

由于人们的立场、观点和方法不同，每个人的知识结构、认识能力和认识水平不同，对同一个确定的对象会产生多种不同的认识，但是，在同一条件下人们对同一对象的真理性认识只有一个。

【知识点二】真理是具体的有条件的（真理具有相对性）

1.真理都是有条件的

任何真理都有自己适用的条件和范围，如果超出了这个条件和范围，真理就会变成谬误。

2.真理都是具体的

任何真理都是相对于特定的过程和历史条件的来说的，都是主观与客观、理论与实践的具体的历史的统一。

3.方法论（真理是绝对性与相对性的统一）

真理的条件性和具体性表明，真理与谬误往往是相伴而行的，不切合实际，真理就会转化为谬误。关键是要正确认识和及时改正错误。

17.（多选）中国特色社会主义进入新时代，我国社会主要矛盾已经转化为人民日益增长的美好生活需要和不平衡不充分的发展之间的矛盾。从认识论的角度看，党对我国社会主要矛盾的判断表明（　）

A. 对真理的追求是一个永无止境的过程

B. 真理在不断推翻自身的过程中向前发展

C. 真理与谬误在一定条件下相互转化

D. 任何真理都是主观与客观具体的历史的统一

18.（多选）田径比赛中，4×100m接力赛取得好成绩的重要因素在于充分发挥每个队员的优势。第1棒要求反应速度快、爆发力强；第2、3棒要求奔跑速度快、耐力强；第4棒要求心理素质好、冲刺能力强。4×100米接力赛的布阵理念告诉我们，在改造世界的活动中要获得成功，必须做到（　）

A. 正确发挥主观能动性

B. 研究并改进规律

C. 按客观规律办事

D. 从客观实际出发

剑客

一名剑客去拜访一位武林泰斗，请教他是如何练就非凡武艺的。武林泰斗拿出一把只有一尺长的剑，说："多亏了它，才让我有了今天的成就。"剑客大为不解，问："别人的剑都是三尺三寸长的，而你的剑为什么只有一尺长呢？兵器谱上说：剑短一分，险增三分。拿着这么短的剑无疑是处于一种劣势，你怎么还说这剑好呢？"武林泰斗说："就因为在兵器上我处于劣势，所以我才会时时刻刻想到如要与别人对阵，我会是多么地危险，所以我只有勤练剑招，以剑招之长补兵器之短，这样一来，我的剑招不断进步，劣势就转化为优势了。"

【知识点三】追求真理是一个过程

（1）认识具有反复性：由于受各种条件的限制，认识具有反复性。

①从认识的主体看，人们对客观事物的认识总要受到具体的实践水平的限制，总要受到不同的立场、观点、方法、知识水平、思维能力、心理素质等条件的限制。

②从认识的客体看，客观事物是复杂的、变化着的，其本质的暴露和展现也有一个过程。

③这就决定了人们对一个事物的正确认识往往要经过从实践到认识，再从认识到实践的多次反复才能完成。

（2）认识具有无限性。

①认识的对象是无限的、变化着的物质世界。

②作为认识主体的人类是世代延续的，作为认识基础的社会实践是不断发展的。

③人类的认识是无限发展的，追求真理是一个永无止境的过程。

（3）认识的发展具有上升性。

①认识的反复性和无限性表明，从实践到认识、从认识到实践的循环是一种波浪式前进或螺旋式上升的过程，真理在发展中不断地超越自身。（认识不是直线前进，也不是循环运动）

②但是，那些经过实践反复检验的、已经确定的真理并没有被推翻，而是不断地向前发展。

（4）方法论：真理的反复性和无限性要求我们要与时俱进，开拓创新，在实践中认识和发展真理，在实践中检验和发展真理。

·考点解析·

【考点一】全面理解真理

含义	特点	解读	方法论
标志主观同客观相符合的哲学范畴，是人们对客观事物及其规律的正确反映	客观性	①真理的形式是主观的 ②客观性是真理最基本的属性：内容客观，真理的内容来自物质世界的客观事物及规律；检验真理的标准是客观的——社会实践 ③对同一个确定的对象的真理性认识只能有一个	承认真理的客观性，就应当坚持“真理面前人人平等”
	条件性	任何真理都有自己适用的条件和范围，如果超出了这个条件和范围，真理就会变成谬误	真理与谬误往往是相伴而行的，这要求要正确对待谬误（真理和谬误在一定条件下可以相互转化）
	具体性	任何真理都是相对于特定的过程来说的，都是主观与客观、理论与实践的具体的历史的统一。真理需要不断丰富、发展和完善	

19.（多选）从“法制”到“法治”，再从建设“法治国家”到建设“法治中国”，中国共产党在探索和推进依法治国的道路上，实现了两次重大飞跃。这两次重大飞跃印证了（　）

A. 人类认识是无限发展的

B. 对真理的追求是一个永无止境的过程

C. 参加实践就能获得真理

D. 认识是主观与客观具体的历史的统一

20.美国记者萨拉带领全家经历了一年不买中国产品的历险，为此写了《没有中国制造的一年》，感叹道：在美国不靠中国产品过日子，太难了。表明（　）

A. 认识对实践有反作用

B. 实践是认识的动力

C. 实践是认识的目的

D. 实践是认识的来源

养金鱼的辩证法

无论是懒惰者还是勤勉者，往往都能养好金鱼。勤勉者可以每天换水，懒惰者尽可一月一换。只是如果突然改变换水习惯，变一天为一月，或变一月为一天，则金鱼都会莫名其妙地死亡。勤勉者据此得出经验是，金鱼必须一天一换水；而懒惰者的深刻体会却完全相反，金鱼只能一月一换水。生活必须改变，固守是危险的；传统必须承袭，撕裂同样是危险的。

【例1】在现实社会中有一种说法："当真理还在穿鞋，谣言已经走遍天下，于是人们便以为谣言是真理。"但谣言说了千遍也不可能是真理，从哲学上看，这是因为真理是（ ）

A. 客观的 B. 具体的 C. 因人而异的 D. 有条件的

【解析】材料中谣言说了千遍也不可能是真理，因为真理是客观的，真理和谬误的界限不容混淆，A符合题意。材料中主要强调的是真理的客观性，没有涉及真理是具体的，有条件的，BD不符合题意。不同的人对同一个确定的对象会产生多种不同的认识，因人而异，但其中只能有一种正确的认识，真理只有一个，C不符合题意。故选A。

【答案】A

【例2】"任何真理都是相对它所处的时代而言的"这一观点的合理之处在于（ ）

A. 真理在不断推翻自身中向前发展

B. 真理是具体的

C. 真理的正确性是由其所处的时代检验的

D. 真理与谬误是相互包含的

【解析】真理是在不断超越（而不是推翻）自身中向前发展的，A说法错误。"任何真理都是相对它所处的时代而言的"，说明真理是具体的，B符合题意。实践是检验认识真理性的唯一标准，C说法错误。真理是对事物及其规律的正确反映，谬误是对事物及其规律的歪曲反映，二者有严格的界限，不能相互包含，D说法错误。故选B。

【答案】B

【例3】（多选）"吃就吃新鲜的"，这是人们经常挂在嘴边的一句话。在通常情况下，对大多数食品而言，越新鲜，其味道越好，营养价值也越高；但对黄花菜、海蜇、木耳等食品而言，"新鲜"往往意味着可能存在食物中毒的隐患。由此可见（ ）

A. 事物的复杂性导致其性质的不确定性

B. 认识的真理性是具体的、有条件的

C. 真理与谬误在一定条件下可以相互转化

D. 真理在发展的过程中不断地否定自身

【解析】从材料中可以看到，"新鲜"并不意味着好，不同事物的新鲜有着不同表现，说明了认识的真理性是具体的、有条件的；对黄花菜、海蜇、木耳等食品而言，"新鲜"往往意味着可能存在食物中毒的隐患，但是不新鲜反而会消减隐患，说明了真理与谬误在一定条件下可以相互转化，BC正确。事物的性质具有相对稳定性，在一定条件下是确定的，A错误。真理在发展的过程中不断地超越自身，D错。故选BC。

【答案】BC

21.古往今来，中国人爱牛、敬牛、颂牛，或咏之、或绘之、或塑之。在唐朝诗人柳宗元看来，牛是"日耕百亩"的勤劳符号；在现代诗人臧克家笔下，牛具有"深耕细作走东西"的开拓品格。体悟牛的品格，像牛一样耕耘奋发，是中国人精气神的具体体现。这种对牛的认识（ ）

A. 来源于对牛的主观感受

B. 是客观物质性活动

C. 体现了意识活动的能动性

D. 是对牛形象的直观反映

22.（多选）冰壶被人们喻为"冰上国际象棋"，是2022年北京冬奥会的比赛项目。作为一种以队为单位、在冰上进行的投掷性竞赛项目，它要求队员融为一体，机智应对，不仅考验参与者的体能，展现动静之韵，更考验参与者的智慧，展现取舍之道。由冰壶运动之美可折射出的哲学之思是（ ）

A. 只有尊重规律才能认识和利用规律

B. 部分的功能及其变化影响整体的功能

C. 人的自主选择是实践取得成功的基础

D. 实践水平的提高取决于认识水平的提高

鞋带

有一位表演大师上场前，他的弟子告诉他鞋带松了，大师点头致谢，蹲下来仔细系好。等到弟子转身后，又蹲下来将鞋带解松。有个旁观者看到了这一切。不解地问："大师，你为什么又要将鞋带解松呢？"大师回答道："因为我饰演的是一位劳累的旅者，长途跋涉让他的鞋带松开，可以通过这细节表现他的劳累憔悴。""那你为什么不直接告诉你的弟子呢？""他能细心地发现我的鞋带松了，并且热心地告诉我，我一定要保护他这种热情的积极性。至于为什么要将鞋带解开，将来会有更多的机会教他表演，可以下一次再说啊。"

【例4】列宁说，真理哪怕是向前迈出一小步，都会变成谬误。它体现的哲理是（　）

A. 真理是有条件的　　B. 真理是客观的

C. 真理是普遍的　　D. 真理是偶然的

【解析】列宁说，真理哪怕是向前迈出一小步，都会变成谬误。它体现了真理是有条件的，任何真理都有自己的适用条件和范围，A符合题意。真理是客观的，不以人的意志为转移，B说法正确但没有体现，排除B。题干材料没有体现真理是普通的，C不合题意。真理是标志主观同客观相符合的哲学范畴，是人们对客观事物及其规律的正确反映。真理不是偶然的，排除D。故选A。

【答案】A

【例5】（多选）“真理是客观的，因而是不变的”这种观点（　）

A. 只讲真理的相对性，不讲真理的绝对性

B. 只讲真理的客观性，不讲真理的条件性，具体性

C. 只讲真理与谬误的转化，不讲真理与谬误的对立

D. 只讲真理的绝对性，不讲真理的相对性

【解析】“真理是客观的，因而是不变的”，看到了真理的客观性，是绝对的，是正确的；但认为其是不变的又没有看到真理的具体性和条件性，否认其相对性，是错误的。A不符合题意，BD符合题意。材料中没有涉及真理与谬误转化问题，C不符合题意。故选BD。

【答案】BD

【考点二】意识、认识、真理、科学理论的区别和联系

（1）联系：内容是客观的，形式是主观的。真理是主观与客观的统一。

（2）区别。

①意识是人脑对客观存在的反映，属于唯物论。

②认识是人脑对客观对象的反映，属于认识论。

③真理是人们对客观事物及其规律的正确反映。

④真理的系统化、理论化，就是科学理论。

⑤意识、认知、理论都有正确和错误之分；真理和科学理论都是正确的。

（3）真理。

①真理作为正确认识，对人们的实践有积极的促进作用，所以是有用的。但不能说有用的认识就是真理，因为它否定了真理的判断标准。

②“仁者见仁，智者见智”表明承认人的认识上的主观性和差别性，并不等于否定客观真理。

③真理都是客观与主观、实践与理论的具体的历史的统一的观点是错误的。真理都是主观与客观、理论与实践的具体的历史的统一。

23.（多选）8848.86米！2020年12月，珠穆朗玛峰最新“身高”正式公布。北斗卫星导航系统以及雪深探测雷达、重力仪等一大批国产现代设备纷纷亮相，为精准获得珠峰高度提供了有力保障。这表明（　）

A. 认识受实践水平限制

B. 认识工具进步促进认识发展

C. 认识的目的是改造世界

D. 认识产生于实践需要

24.（多选）实践对认识具有决定作用，下列选项能体现这一观点的有（　）

A. 近水知鱼性，近山识鸟音

B. 冰冻三尺，非一日之寒

C. 没有调查就没有发言权

D. 不积小流无以成江海

25.（多选）抗击疫情所需要的疫苗、药品等研发，要调动高校、科研院所、企业等各方面的积极性，注重科研攻关和临床、防控实践相结合，在保证科学性基础上加快进度。由此可见（　）

A. 实践是主体对客体能动的反映

B. 认识具有直接现实性的特点

C. 人的实践活动具有客观物质性

D. 人的实践活动具有社会历史性

利令智昏

利令智昏：齐国有个人一心想得到金子。一天，他清早起来，穿好衣，戴好帽，一直走到卖金子的地方，看见有人拿着金子，伸手就夺。官吏把他捆绑起来，问道：“这么多人都在这儿，你为什么公然抢人家的金子？”他回答说：“我根本就没有看到人，眼睛里只有金子。”

利欲熏心的人往往会丧失理智，做出愚蠢的事情来。

④不能认为被超越的真理中包含错误的内容。那些经过实践反复检验已经确定的真理，在它的适用条件和范围下，永远是真理。

【例1】（多选）由于长期片面追求经济发展速度，很少考虑资源环境的承载能力，经济发展和资源环境之间的矛盾日益凸显，使人们逐渐认识到“既要金山银山，也要绿水青山”；保护环境带来了源源不断的经济收益，人们又进一步认识到了“绿水青山就是金山银山”。这蕴含的哲学道理有（　）

A. 实践是认识的来源和发展动力

B. 认识和改造世界是相互联系的两个过程

C. 真理是客观的，与谬误有严格界限

D. 真理是主观同客观具体的历史的统一

【解析】由于长期片面追求经济发展速度，很少考虑资源环境的承载能力，经济发展和资源环境之间的矛盾日益凸显，使人们逐渐认识到“既要金山银山，也要绿水青山”，这体现了实践是认识的来源和发展动力，A正确。保护环境带来了源源不断的经济收益，人们又进步认识到了“绿水青山就是金山银山”，这体现了真理是主观与客观具体的历史的统一，D正确。BC在材料中未体现，排除。故选AD。

【答案】AD

【例2】（多选）习近平在哲学社会科学工作座谈会上讲话指出，无论时代如何变迁、科学如何进步，马克思主义依然显示出科学思想的伟力，依然占据着真理和道义的制高点。这是因为马克思主义（　）

A. 坚持“实践第一”的基本观点，在实践中永续发展，不断超越自身

B. 既唯物又辩证地考察和把握世界，实现了科学性和革命性的统一

C. 是人类各个时代的精神上的精华

D. 具有直接现实性，是改造世界的强大精神力量

【解析】真理是具体的、有条件的。马克思主义哲学作为真理，正因为坚持以实践为基础，在发展中不断超越自身，才能做到既唯物又辩证地考察和把握世界，实现科学性和革命性的统一，成为人类追求和实现自身发展进步的强大思想武器和正确行动指南，在新的时代条件下，依然显示出科学思想的伟力，依然占据着真理和道义的制高点，AB正确。任何哲学都是一定社会和时代的精神生活的构成部分，真正的哲学都是自己时代的精神上的精华，C错误。马克思主义哲学是科学理论，属于认识范畴，不具有直接现实性，D错误。故选AB。

【答案】AB

26.（多选）2020年8月16日，由军事科学院军事医学研究院陈薇院士团队申报的预防新冠病毒的疫苗专利申请已被授予专利权，该疫苗在国内和国际分别进入Ⅰ期、Ⅱ期临床试验，验证了疫苗的安全性和免疫原性。由此可见（　）

A. 认识是主体对客体的正确反映

B. 认识产生于实践的需要

C. 科学实验是最基本的实践活动

D. 实践是联系主观与客观的桥梁

27.（多选）自新型冠状病毒感染疫情发生以后，全国各地的医务工作者纷纷驰援疫区，成为最美逆行者。最美逆行者们勇敢冲锋在抗击疫情的最前线，经过无数个日夜的奋战，疫情控制取得实效。这表明（　）

A. 实践是人们有意识有目的的能动性活动

B. 实践是认识的基础

C. 实践是按照人的意愿去规定和改造世界的

D. 获得真理是实践的目的

拾葚异器

蔡顺，汉代汝南（今属河南）人，少年丧父，侍母甚孝。当时正值王莽之乱，又遇饥荒，柴米昂贵，只得拾桑葚母子充饥。一天，巧遇赤眉军，义军士兵厉声问道：“为什么把红色的桑葚和黑色的桑葚分开装在两个篓子里？”蔡顺回答说：“黑色的桑葚供老母食用，红色的桑葚留给自己吃。”赤眉军怜悯他的孝心，送给他三斗白米、一头牛，带回去供奉他的母亲，以示敬意。

【例3】（多选）人们普遍认为，物理材料中的原子只能以固态、液态或气态这三种状态之中的一种存在。但科学家发现了一种新的物质形态：链融态，其中原子可同时以固态和液态存在。同时，研究人员仍需进一步确定新发现的结构究竟仅代表一种独特的物质状态，还是代表两种状态之间的过渡状态。这说明（　）

A. 科学发现是认识不断深化的根本动力

B. 认识只有不断超越历史条件才能成为真理

C. 真理性认识是主观与客观具体的统一

D. 客观事物的复杂性决定认识的反复性

【解析】实践是认识发展的根本动力，A错误，排除。既有的真理性认识会在实践中不断完善和发展，不断超越自身，而不是不断被推翻，B错误，排除。人们普遍认为，物理材料中的原子只能以固态、液态或气态这三种状态之中的一种存在，但科学家发现了一种新的物质形态，这体现了认识具有反复性，客观事物的复杂性决定认识的反复性，同时也表明真理性认识是主观与客观具体的统一，CD符合题意。故选CD。

【答案】CD

【例4】（多选）关于主观与客观的关系，毛泽东说："真理只有一个，而究竟谁发现了真理，不依靠主观的夸张，而依靠客观的实践。只有千百万人民的革命实践，才是检验真理的尺度。"下列对这句话理解正确的是（　）

A. 不存在反映同一对象的相互矛盾的不同的真理

B. 错误的认识、不科学的理论会把实践引向歧途

C. 只有在实践中达到预想的结果的认识才是真理

D. 真理对千百万人民的革命实践是非常有用的

【解析】真理具有客观性，对于同一个确定的对象，真理只有一个，不存在反映同一对象的相互矛盾的不同的真理，A符合题意。只有千百万人民的革命实践，才是检验真理的尺度；体现了实践是检验认识真理性的唯一标准，只有在实践中达到预想的结果的认识才是真理，C符合题意。毛泽东的话强调真理的客观性以及实践是检验认识真理性的唯一标准；没有涉及认识对实践的反作用和真理对革命实践人大作用，BD不符合题意。故选AC。

【答案】AC

28.（多选）2021年4月29日，我国制造的最大航天器"天和核心舱"进驻太空。太空"筑巢"的梦想通过"三步走"终于化为现实，看似水到渠成的每一步，背后则是一个个追求与勇气交织的故事。这表明（　）

A. 实践是人有目的有意识的活动

B. 认识为实践提供了完备的工具

C. 实践的目的是获得真理性认识

D. 认识受到具体实践水平的限制

互动训练答案

1.B 2.D 3.ABC 4.ABC 5.AD 6.D 7.ACD 8.B 9.C 10.C 11.D 12.D 13.B 14.D 15.A 16.C 17.AD 18.ACD 19.AB 20.D 21.C 22.AB 23.AB 24.AC 25.CD 26.BD 27.AB 28.AD

牛顿定律和万有引力孰先孰后?

万有引力原本就是客观存在，牛顿是通过自己的刻苦钻研，发现了万有引力，并通过自己的主观思想将它命名为万有引力定律（即牛顿定律），实践也证明，这一定律是经得起检验的真理。实践是检验真理的唯一标准。凡是能够经得起实践的检验、得到实践的证实、主观同客观相符合，这种认识就是真理。

[第五课　寻觅社会的真谛]

第一节　社会历史的本质

本课修订

本课增加内容：历史唯物主义和历史唯心主义；生产力和生产关系的含义和基本要素；坚持群众观点和群众路线……也是推动改革开放不断取得成功的重要保证；升级内容：社会存在和社会意识的含义。

·知识整合·

【知识点一】社会生活在本质上是实践的

1.劳动是社会历史的起点

（1）劳动创造了人，劳动推动了人类社会的产生和发展。

（2）劳动发展史是理解所有社会历史奥秘的"钥匙"。

2.全部社会生活在本质上是实践的

（1）人类进行物质生产的实践构成了社会生活的经济领域。

（2）人类调整、改革社会关系的实践构成了社会生活的政治领域。

（3）人类创造科学文化的实践构成了社会生活的精神文化领域。

全部社会生活在本质上是实践的，也就是把社会生活"当做实践去理解"。实践生成了社会生活的全部领域，形成了全部社会关系，推动着人类社会的发展。

【知识点二】社会存在与社会意识

1.全部社会生活领域由社会存在和社会意识两部分构成

（1）社会存在是指社会的物质生活过程，主要指物质资料的生产方式，还包括地理环境、人口等社会生活的物质方面。

（2）社会意识是指社会的精神生活过程，既包括社会意识的各种形式，即政治、法律、哲学、道德、艺术、宗教等观点，也包括社会心理和自发形成的风俗、习惯。

2.历史观的基本问题

社会存在与社会意识的关系问题

3.划分历史唯物主义和历史唯心主义的唯一标准

对社会存在与社会意识何者为第一性的不同回答，形成了历史唯物主义和历史唯心主义两种基本的历史观。

4.社会存在与社会意识的辩证关系原理（历史唯物主义的根本观点）

（1）社会存在决定社会意识。社会意识是对社会存在的反映。

①性质上：有什么样的社会存在，就有什么样的社会意识。（"性

互动训练

1."昼出耘田夜绩麻，村庄儿女各当家；童孙未解供耕织，也傍桑阴学种瓜。"这首诗蕴含的哲理是（　）

A. 社会意识与社会存在无关

B. 社会存在决定社会意识

C. 人的意识与自然环境无关

D. 自然环境决定人的意识

2."人民是土壤，它含有一切事物发展必需的生命汁液，而个人则是土壤的花朵和果实。"对这段话的正确理解是（　）

A. 人民群众是社会变革的决定力量

B. 任何个人的成果都包含着人民群众的创造性劳动

C. 人民群众是社会实践的主体

D. 必须走与人民群众的实践相结合的道路

华佗奇招治病

东汉末年有个太守得了不能进食的重病，就请华佗来治病。华佗给太守切脉之后，既没有开药方，又没有用针灸，就不声不响地走了。太守以为招待不周，赶忙送去财礼。华佗见礼就收；但就是不开药方。一晃10多天过去了，太守让儿子去问华佗，而华佗却带着钱财走了，留下了一封信。信中骂道："无耻太守，枉活人间！"太守看了信后，又急又怒，气喘吁吁，大声咳嗽，吐了一大摊黑血。吐过之后，太守觉得轻松多了。第二天，华佗回来，将财礼退还主人，并告诉他："你的病已经根除了。"原来，这是华佗为了让太守吐出淤血而采用的一种方法。

质”决定“性质”）

②过程上：社会存在的变化、发展决定社会意识的变化、发展。（“变化”决定“变化”）

（2）社会意识具有相对独立性。

①时间上：社会意识有时落后于社会存在，有时又会先于社会存在而变化发展。（社会存在与社会意识的变化、发展不完全同步）

②性质上：落后的社会意识对社会的发展起阻碍作用，先进的社会意识可以正确地预见社会发展的方向和趋势，对社会发展起积极的推动作用。（社会意识对社会存在具有能动的反作用）

·考点解析·

【考点一】劳动是社会历史的起点

劳动是人类产生的决定因素，是人类的第一个历史活动，以制造工具为特征的劳动，是人类形成的标志。生产劳动对人类生存的意义还在于它贯穿于人类社会的始终。生产劳动不断创造人们所需的生产资料和生活资料，提供人类生存和发展的物质条件。没有生产劳动就没有人类的延续和发展。生产劳动是人的生命存在的基础，人类的产生、存在和发展都离不开劳动，离不开物质资料的生产。

【例1】社会生活在本质上是实践的。下列与此有关的认识正确的是（　）

A. 人类进行物质生产的实践构成了社会生活的政治领域

B. 针对调整改革社会关系的实践构成了社会生活的经济领域

C. 对社会存在与社会意识何者为第一性的不同回答，形成了历史唯心主义和历史唯物主义

D. 实践形成了全部社会关系，推动着人类社会的发展

【解析】经济领域是人类进行物质生产的实践构成的社会生活领域，政治领域是人类调整、改革社会关系的实践构成的社会生活领域，AB错误。“对社会存在与社会意识何者为第一性的不同回答，形成了历史唯心主义和历史唯物主义”属于关于划分历史唯物主义和历史唯心主义的唯一标准，并不是关于社会生活在本质上是实践的说明，C排除。社会生活在本质上是实践的，实践形成了全部社会关系，推动着人类社会的发展，D正确。故选D。

【答案】D

【考点二】社会存在与社会意识的关系

（1）不同性质的社会意识对社会存在的能动作用是不同的，并且社会意识对社会存在的能动作用只有通过人的实践才能实现。

3.社会生活的本质是（　）

A. 社会意识

B. 社会存在

C. 人的思维和人的行为的组合

D. 实践

4.随着社会主义市场经济的发展，我们对非公有制经济的认识提高到一个新的层次。非公有制经济是社会主义市场经济的重要组成部分，国家鼓励、支持和引导非公有制经济的发展。这体现的唯物史观道理是（　）

A. 一切从实际出发

B. 物质决定意识

C. 生产关系一定要适合生产力状况的规律

D. 发展的观点

傻瓜

有一次，林肯总统正在演讲，突然一个青年递给他一张纸条。林肯打开一看，上面只有两个字“傻瓜”。林肯脸上掠过一丝阴云，随即镇定地说了一番话，就有力地反驳了这一污蔑。试问，林肯是怎么说的呢？林肯说：“本总统收到过许多匿名信，全部只有正文，不见署名，而今天正好相反，刚才这位先生只署上自己的名字，却忘了给我写信。”

（2）社会意识具有相对独立性，不是说社会意识是不依赖于社会存在的，相对独立性是指社会意识与社会存在具有不完全同步性。

（3）区别物质与意识的关系和社会存在与社会意识的关系。

<table>
<tr><td colspan="2"></td><td>物质与意识的关系</td><td>社会存在与社会意识的关系</td></tr>
<tr><td rowspan="2">区别</td><td>地位</td><td>哲学的基本问题</td><td>历史观的基本问题</td></tr>
<tr><td>作用</td><td>对二者何者为第一性的不同回答，是划分唯物主义和唯心主义的基本依据</td><td>对二者何者为第一性的不同回答，是划分历史唯物主义和历史唯心主义的基本依据。</td></tr>
<tr><td colspan="2">联系</td><td colspan="2">社会存在与社会意识的关系问题是物质与意识的关系问题在历史领域的具体表现</td></tr>
</table>

【例1】（多选）流行语都是社会现实的写照。“学习强国”“最美奋斗者”“我太南了”等成为2019年度流行语，集中反映了当年的社会状况。由此可以看出（ ）

A. 社会存在决定社会意识　B. 社会意识反映社会存在

C. 社会意识反作用于社会存在　D. 社会意识具有相对独立性

【解析】2019年度流行语集中反映了当年的社会状况，这表明社会存在决定社会意识，社会意识反映社会存在，AB切题正确。材料强调社会存在决定社会意识，不涉及社会意识反作用于社会存在，也不涉及社会意识具有相对独立性，CD排除。故选AB。

【答案】AB

【例2】（多选）降低刑事责任年龄是顺应民意，顺应时代的。近年来，未成年人犯罪低龄化趋势明显。针对原刑法规定未满14周岁的未成年人无需承担任何刑事责任，从2021年3月1日起施行的《刑法修正案（十一）》规定，已满12周岁不满14周岁的人，犯故意杀人、故意伤害罪，致人死亡或者以特别残忍手段致人重伤造成严重残疾，情节恶劣，最高人民检察院核准追诉的，应当负刑事责任。修正案有限下调刑事责任年龄体现的哲理有（ ）

A. 价值判断与价值选择具有主体差异性

B. 社会存在的变化决定社会意识的变化

C. 调整和变革上层建筑必然促进社会发展

D. 社会意识具有相对独立性，先进的社会意识促进社会发展

【解析】顺应时代发展要求，修正案有限下调刑事责任年龄，体现了社会存在的变化决定社会意识的变化，有利于约束未成年人犯罪低龄化社会现象，维护社会稳定，体现了社会意识具有相对独立性，先进的社会意识促进社会发展，BD符合题意。不体现价值判断与价值选择具有主体差异性，不选A。C太“绝对”，只有当上层建筑的调整适应先进经济基础时才能促进社会发展，C错误。故选BD。

【答案】BD

5.（多选）下列各项属于生产关系内容的有（ ）

A. 人与各种自然资源的关系

B. 生产资料所有制形式

C. 产品的分配制度

D. 人与人之间的政治关系

6.党和国家坚持立党为公、执政为民，关注民生问题。从哲学上看，这是（ ）

A. 落实全心全意为人民服务的宗旨

B. 贯彻“三个代表”重要思想

C. 相信群众，依靠群众，走群众路线的体现

D. 把民生问题作为当前工作的主要任务

把线变短

一天，国王阿克巴在纸上用笔画了一条线，然后对比尔巴说：“不许把这条线截断，但是你要把这条线变短，请吧！”这可是个难题，却难不倒聪明机智的比尔巴，他毫不费力地就解决了这个难题。试问，他是怎样解决的呢？（比尔巴立刻在那条线下面画了一条更长的线，说：“陛下请看，现在您的一条线比这条线短了。”阿克巴看后无言以对，因为比尔巴的回答是符合国王提出的要求的。）

【例3】（多选）党的十九届五中全会通过的《中共中央关于制定国民经济和社会发展第十四个五年规划和二〇三五年远景目标的建议》，明确提出了建立现代财税体制的目标要求、主要任务和实现路径。这是以习近平同志为核心的党中央深刻把握国内外形势发展变化以及党和国家事业发展需要，从战略和全局高度作出的重大部署。这说明（　）

A. 意识具有目的性和主动创造性

B. 社会意识是对社会存在的正确反映

C. 社会意识随着社会存在的变化而变化

D. 社会生活的本质是实践的

【解析】《规划建议》明确提出了建立现代财税体制的目标要求、主要任务和实现路径，说明了意识具有目的性和主动创造性，材料中说明了社会意识随着社会存在的变化而变化，AC正确。社会意识是对社会存在的反映，但并不一定都是正确反映，B错误。D与材料无直接的关系，D排除。故选AC。

【答案】AC

【例4】（多选）2020年，基于对国内外形势的综合研判，中央对情前考虑的发展预期目标作了适当调整，没有再提全年经济增速具体目标，但是强调要集中精力抓好“六稳”“六保”，尤其要优先稳就业保民生，坚决打赢脱贫攻坚战，努力实现全面建成小康社会目标。这说明（　）

A. 价值判断以价值选择为基础　　B. 上层建筑决定经济基础

C. 社会存在决定社会意识　　D. 党中央坚持以人民为中心

【解析】中央基于对国内外形势的综合研判，没有再提出全面经济增速具体目标，这是社会存在决定社会意识的体现，C应选。中央强调要集中精力抓好“六稳”“六保”，尤其是要优先稳就业保民生，坚决打赢脱贫攻坚战，这是党中央坚持以人民为中心的体现，D应选。A说法错误，价值选择以价值判断为基础，A不选。B说法错误，经济基础决定上层建筑，B不选。故选CD。

【答案】CD

【例5】（多选）推进供给侧结构性改革，是解决当前中国经济转型升级、提质增效问题的关键所在，是中央全面判断经济形势后选择的经济治理良方，是实现由低水平供需平衡向高水平供需平衡跃升的必由之路，为金融业未来发展指明了前进方向、开辟了广阔空间。这说明（　）

A. 认识在实践的基础上不断发展

B. 追求真理是一个永无止境的过程

C. 事物之间总是相互联系的

D. 社会意识随着社会存在的变化发展而变化发展

7.历史观的基本问题是（　）

A. 是否承认阶级和阶级斗争的问题

B. 经济基础与上层建筑的关系问题

C. 生产力与生产关系的关系问题

D. 社会存在与社会意识的关系问题

8.（多选）下列对人民群众的认识正确的是（　）

A. 广大劳动群众

B. 一切对社会历史起推动作用的人们

C. 在不同的国家范围不同

D. 在同一国家不同历史时期范围不同

杨布打狗

杨布穿着白褂子出去。天下雨了，他脱下外衣，只穿着黑衣衫回家。他的狗以为是陌生人，汪汪乱叫。杨布火了，就要打狗。哥哥杨朱走出来，拉住弟弟说：“别打别打，你怎么能怪狗呢？要是让狗出去时一身白毛，回来时变成一身黑毛，恐怕你也一下子认不出来吧。”

【解析】为解决当前中国经济转型升级、提质增效问题，中央全面判断经济形势后选择推进供给侧结构性改革，这说明认识在实践的基础上不断发展，也说明社会意识随着社会存在的变化发展而变化发展，AD正确切题。材料并不是在反映“追求真理是一个永无止境的过程”，B排除。联系具有普遍性，但这并不意味着事物之间总是相互联系的，因为联系也是有条件的，C错误。故选AD。

【答案】AD

【例6】（多选）《红色印记——百件革命文物的声音档案》从2021年3月22日起在总台中国之声开播。节目选取建党历程中的一百件代表性革命文物，通过百名优秀声音工作者的深情讲述，让听众感受文物所承载的革命精神。新时代大力弘扬革命精神是因为（　）

A. 革命精神是对中国近百年历程的能动的反映

B. 意识对人们改造客观世界具有指导作用

C. 社会意识的相对独立性能引领社会发展方向

D. 先进的社会意识对社会发展起推动作用

【解析】《红色印记——百件革命文物的声音档案》节目选取建党历程中的一百件代表性革命文物，通过百名优秀声音工作者的深情讲述，让听众感受文物所承载的革命精神。新时代大力弘扬革命精神是因为意识对人们改造客观世界具有指导作用，先进的社会意识对社会发展起推动作用，BD符合题意。革命精神是中国革命伟大实践的精神结晶和价值体现，能够能动反映中国近代的革命历程，但不能全面反映中国近百年历程，A排除。先进的社会意识能引领社会发展方向，故C说法错误。故选BD。

【答案】BD

【例7】（多选）新修订的《中华人民共和国香港特别行政区基本法》附件一和附件二首次明确要求特区政府“当采取措施，依法规管操纵、破坏选举的行为”，以彻底封杀政治“揽炒派”搞非法变相公投活动，确保“一国两制”实践行稳致远，维护香港长治久安。这体现了（ ）

A. 社会存在和社会意识有同一性　B. 思维和存在有同一性

C. 存在是世界的本原　D. 上层建筑反作用于社会发展

【解析】“《中华人民共和国香港特别行政区基本法》附件一和附件二首次明确要求”意味着两文件反映香港的实际情况，体现思维和存在有同一性，体现社会存在和社会意识有同一性，AB正确切题。材料不体现存在是世界的本原的问题，C排除。法律制度的调整属于上层建筑的调整，“确保‘一国两制’实践行稳致远，维护香港长治久安”说明上层建筑反作用于社会发展，D正确切题。故选ABD。

【答案】ABD

9.“不同的社会制度，不同国家的法律，尽管在具体条文和形式上可能千差万别，但在本质上却只是表明和记载经济关系的要求而已。”这句话表明（　）

A. 社会意识是社会存在的反映

B. 社会意识具有相对独立性

C. 社会存在的性质由社会意识的性质决定

D. 社会存在是不断变化的

10.（多选）韩愈说：“有圣人者立，然后教之相生养之道。”“如古之无圣人，人之类灭久矣。”（《原道》）。韩愈的观点（　）

A. 承认人民群众是历史的主体

B. 属于历史唯物主义的观点

C. 夸大了圣人在历史发展中的作用

D. 否认了人民群众是历史的创造者

杀龙妙技

有个叫朱评漫的人，前去拜支离益为老师，潜心学习杀龙的本领。他耗尽了千金家产，苦心花费了3年时间，终于学成回来。然而，他寻来找去连龙的影子也没见到。他花费了昂贵代价学来的本领，竟没有丝毫用处。

第二节 社会历史的发展

本课修订

本课增加内容：群众观点是无产阶级政党的根本立场和根本观点，是党制定路线、方针、政策的根本出发点；群众路线是无产阶级政党的根本领导方法和工作方法…… 党的根基在人民、血脉在人民、力量在人民；必须坚持以人民为中心……实现好、维护好、发展好最广大人民的根本利益。

·知识整合·

【知识点一】社会历史发展的规律

1.物质生活资料的生产活动是人类社会存在和发展的基础

（1）人类历史是由人的社会实践活动构成的历史，研究人类历史的规律，也就是研究人的社会实践活动的运动规律。

（2）人们在生产活动中形成的生产方式决定着社会的性质和面貌，生产方式的变革决定着社会形态的更替。

2.生产方式：包括人与自然的关系（生产力）和人与人之间的关系（生产关系）

（1）生产力。

①含义：人类改造自然使其适应社会需要的客观物质力量。

②基本要素：包括劳动者、劳动对象和劳动资料

（2）生产关系。

①含义：人们在物质资料生产过程中形成的不以人的意志为转移的社会关系。

②包括：生产资料所有制关系、生产中人与人的关系和产品分配关系。

3.生产力与生产关系的辩证关系

（1）生产力决定生产关系。生产力是生产方式中最革命、最活跃的因素，生产力的状态决定生产关系的性质，生产力的变化、发展，迟早要引起生产关系的变革。

（2）生产关系对生产力具有反作用。当生产关系适应生产力发展状况时，它对生产力的发展起推动作用；当生产关系不适合生产力发展状况时，它对生产力发展起阻碍作用。

11.我国社会主义初级阶段实行以公有制为主体，多种所有制经济共同发展的基本经济制度，促进了生产力的发展，说明实行这种制度遵循了（ ）

A. 社会存在决定社会意识的原理

B. 经济基础决定上层建筑的原理

C. 生产力决定生产关系的原理

D. 经济制度决定生产力状况的原理

12.（多选）人类社会发展的基本规律包括（ ）

A. 社会存在决定社会意识的规律

B. 人民群众创造历史的规律

C. 生产关系一定要适合生产力状况的规律

D. 上层建筑一定要适合经济基础状况的规律

牛和蛙

一头牛到水潭边去喝水，踩着了一群小蛙，并踩死了其中一只。小蛙妈妈回来后，见到少了一个儿子，便问他的兄弟们，他到哪里去了。一只小蛙说：“亲爱的妈妈，他死了。刚才有一头巨大的四足兽来到潭边，用他的蹄子踩死了我们的兄弟。”蛙妈妈一边尽力鼓气，一边问道：“那野兽是不是这个样子，这般大小呢？”小蛙说：“妈妈，您别再鼓气了。我想您不可能和那怪物一样大小，再鼓气就会把肚子胀破。”

寓意：渺小无论如何也不能与伟大相比。

4.经济基础与上层建筑

（1）经济基础：是指由一定社会发展阶段的生产力决定的占统治地位的生产关系的总和。

（2）上层建筑：是建立在一定经济基础之上的意识形态以及相应的制度、组织和设施。

（3）二者的辩证关系：①经济基础决定上层建筑。②上层建筑对经济基础具有反作用。当上层建筑适合经济基础状况时，它就促进经济基础的巩固和完善；当上层建筑不适合经济基础状况时，它就阻碍经济基础的发展和变革。③当上层建筑为先进的经济基础服务时，它就促进生产力的发展，推动社会的进步；当它为落后的经济基础服务时，则束缚生产力的发展，阻碍社会前进。（上层建筑反作用于生产力）

5.社会历史发展的规律

（1）生产关系一定要适合生产力状况的规律。（生产力与生产关系的相互作用及其矛盾运动，表明了生产力与生产关系之间内在的、本质的、必然的联系）

（2）上层建筑一定要适合经济基础状况的规律。（经济基础与上层建筑的相互作用及其矛盾运动，体现了两者之间内在的、本质的、必然的联系）

6.人类社会的基本矛盾

生产力与生产关系的矛盾、经济基础与上层建筑的矛盾，是贯穿人类社会始终的基本矛盾。生产关系一定要适合生产力状况，上层建筑一定要适合经济基础状况，是在任何社会中都起作用的普遍规律。这一普遍规律的发现，使人类第一次解开了社会历史领域之谜，使关于社会历史的理论第一次真正成为科学。

【知识点二】社会历史发展的趋势

1.社会发展的总趋势和过程

社会发展的总趋势是前进的、上升的，发展的过程是曲折的。

2.社会发展的实现途径（社会基本矛盾是如何推动社会历史发展的？）

（1）社会发展是在生产力和生产关系、经济基础和上层建筑的矛盾运动中，即社会基本矛盾的不断产生、发展和解决中实现的。（社会发展的根本动力）

（2）在阶级社会里，社会基本矛盾的解决，主要是通过阶级斗争实现的，阶级斗争是推动阶级社会发展的直接动力。

（3）社会主义社会的基本矛盾是非对抗性的，只能通过社会主义的自我发展、自我完善加以解决。（通过改革解决）

①改革：是社会主义制度的自我完善和发展，是社会主义社会发展

13.社会历史观的基本问题是（ ）

A. 经济基础和上层建筑的关系问题

B. 生产力和生产关系之间的关系问题

C. 社会存在和社会意识的关系问题

D. 人民群众和杰出人物的关系问题

14.一定社会上层建筑所包括的内容（ ）

A. 是一切阶级的意识形态

B. 只是社会的政治法律制度

C. 是在一定经济基础之上产生的意识形态及与此相应的各种制度、设施的总和

D. 只是国家政权及其实施、组织的总和

骡子

有匹吃大麦长大的骡子很强壮。每当它跳跃时，总是自言自语说："我父亲一定是一匹能奔善跑的马，我非常像他。"有一天，因为需要，骡子不得不被拉去不停地跑路。回来后，它才愁眉苦脸地想起自己的父亲是驴子。

这故事说明，人们如遇好运出了名，也千万不要忘记自己的本性，因为生活如同潮起潮落，前途难以预测。

的直接动力。改革也是发展中国特色社会主义的强大动力。

②特点：社会主义社会的基本矛盾仍然是生产力和生产关系、经济基础和上层建筑之间的矛盾。但这一矛盾是非对抗性的矛盾。

③改革的根本目的，就是使生产关系适应生产力的发展，使上层建筑适应经济基础的发展。

3.社会主义社会是共产主义社会的初级阶段

人类通过各种实践活动不断解决社会基本矛盾，推动社会由低级到高级发展。社会主义必然代替资本主义，走向共产主义，是社会历史发展不可逆转的总趋势。

·考点解析·

【考点一】全面把握社会发展的动力

精神动力	真正的哲学，我国社会发展的精神动力是马克思主义中国化的成果；实践基础上的理论创新
生产动力	生产活动
根本动力	生产力和生产关系、经济基础和上层建筑的矛盾运动
直接动力	在阶级社会中，阶级斗争是推动阶级社会发展的直接动力。在社会主义社会，改革是发展中国特色社会主义的直接动力

（1）生产方式是社会历史发展的决定力量，决定着人们的政治生活、社会生活和精神生活。

（2）人们在改造世界的活动中形成了生产关系，占统治地位生产关系的总和构成了经济基础。

【例1】当前，在大力推动乡村振兴和加快推进农业农村现代化的大背景下，深化土地市场化改革是必然趋势，也是保证农民财产权利得以实现的重要保证。这表明（　）

A. 经济基础决定上层建筑　　B. 社会存在决定于社会意识

C. 生产力决定生产关系　　D. 社会意识具有相对独立性

【解析】根据题意可知，土地制度改革是对生产关系的调整，在大力推动乡村振兴和加快推进农业农村现代化的大背景下，深化土地市场化改革是必然趋势，体现了生产力决定生产关系，C正确。题目中没有体现经济基础决定上层建筑、社会存在决定社会意识、社会意识的相对独立性，ABD不选。故选C。

【答案】C

15.唯物史观和唯心史观在历史创造者问题上的根本对立在于是否承认（　）

A. 杰出个人在历史发展中的作用

B. 剥削阶级代表人物在历史发展中的作用

C. 人们的思想动机在历史发展中的作用

D. 人民群众是推动发展的决定力量

16.时代的进步，社会的发展，催生着人们观念的更新。“笑不露齿，行不摆裙”的中华传统文化中的矜持因素，被时下“想唱就唱，我最闪亮”的观念所取代，当代青年更倾向张扬个性，展示自我。这表明（　）

A. 社会意识具有相对独立性

B. 社会存在决定社会意识

C. 社会意识对社会存在起促进作用

D. 实践基础上的理论创新是社会变革的先导

老鼠与黄鼠狼

老鼠与黄鼠狼开战，老鼠每次总被打败，它们聚在一起商议，认为是因为没有将帅所以屡次失败，于是它们举手表决选举了几只老鼠做将帅。这些将帅想要使自己显得与众不同，做了些角绑在头上。战事又起，老鼠再次被打败。别的老鼠很容易地逃进了洞里，而那些将帅因头上有角而不能钻进去，全都被黄鼠狼吃掉了。对于许多人来说，虚荣是不幸的根源。

【例2】下列对生产力、生产关系、经济基础、上层建筑之间的关系的认识，错误的是（　）

A. 生产力决定生产关系，生产关系反作用于生产力

B. 生产关系的总和构成社会的经济基础

C. 经济基础决定上层建筑，上层建筑反作用于经济基础

D. 生产关系促进生产力的发展，上层建筑促进经济基础的巩固和完善

【解析】生产关系对生产力的反作用、上层建筑对经济基础的反作用都具有双重性，D错误。故选D。

【答案】D

【例3】（多选）2021年5月31日，中共中央政治局会议审议了《关于优化生育政策促进人口长期均衡发展的决定》。会议提出，进一步优化生育政策，实施一对夫妻可以生育三个子女政策及配套支持措施。从历史唯物主义角度分析，我国人口政策调整的必要性在于（　）

A. 上层建筑的发展离不开正确社会意识的推动作用

B. 先进上层建筑为经济基础服务能推动生产力发展

C. 经济基础决定上层建筑，上层建筑对经济基础有反作用

D. 完善上层建筑，将为我国经济社会发展提供强大的动力

【解析】从历史唯物主义角度分析，我国人口政策调整的必要性在于经济基础决定上层建筑，上层建筑对经济基础有反作用，完善上层建筑，将为我国经济社会发展提供强大的动力，CD入选。A在材料并未涉及，A不选。上层建筑为先进的经济基础服务能推动生产力发展，B不选。故选CD。

【答案】CD

【例4】2021年3月11日下午，十三届全国人大四次会议以高票表决通过了《全国人民代表大会关于完善香港特别行政区选举制度的决定》。完善香港选举制度旨在堵塞香港现存的主权、安全漏洞，使香港真正摆脱“政治斗争无休止”“经济民生没人理”的“低品质民主怪圈”，使“一国两制”更加行稳致远。完善香港选举制度（　）

A. 是调整生产关系以适应生产力发展状况

B. 是调整上层建筑以适应经济基础状况

C. 表明调整上层建筑就能推动生产力发展

D. 旨在维护广大人民群众的根本利益

【解析】完善香港选举制度是为了使上层建筑适应经济基础状况，B正确、A错误。上层建筑为先进的经济基础服务时，才能促进生产力的发展，C错误。制度是为了使香港真正摆脱低品质民主怪圈，更关注经济民生，更好维护香港人民的根本利益，D符合题意。故选BD。

【答案】BD

17.（多选）鲁迅先生说：“穷人绝无开交易所折本的懊恼，煤油大王哪会知道北方捡煤渣老婆子的酸辛，灾区的饥民，大约总不会去种兰花，像阔老太爷一样……”这段话包含的历史唯物主义的道理是（　）

A. 社会意识是社会存在在人们头脑中的反映

B. 社会意识对社会存在具有反作用

C. 每个人的意识，要受到社会生活的制约，取决于他们的社会地位、生活环境

D. 社会生活在本质上是实践的

18.（多选）蒲松龄在创作《聊斋志异》时，设立茶馆，通过群众讲故事来搜集线索材料。这说明了（　）

A. 人民群众是社会物质财富的创造者

B. 人民群众的生活和实践是一切精神财富形成和发展的源泉

C. 人民群众的实践为精神财富的创造提供了必要的物质条件

D. 人民群众还直接创造了丰硕的社会精神财富

搬迁鲁国

有个人擅长打草鞋，妻子很会织白绸，他想搬到越国去。有人对他说：“你到那里必定会变穷的。”这个鲁国人问：“为什么呢？”劝他的人说：“打草鞋是为了给人穿的，但越国人不喜欢穿鞋，习惯于打赤脚走路；织白绸子是用来做帽子的，但越国人不喜欢戴帽子，而喜欢披着长发。你想，到用不着你们长处的国家去过日子，要使自己不穷，怎么办得到呢？”

要发挥自己的专长，必须找到合适的地方。如果找错了地方；专长就会变成短处。

【例5】（多选）《中华人民共和国民法典》，自 2021年1月1日起施行，被称为“社会生活百科全书”，是民事权利 的宣言书和保障书，几乎所有的民事活动大到合同签订、公司设立，小到缴纳物业费、离婚，都能在民法典中找到依据。对加快建设社会主义法治国家，发展社会主义市场经济，依法维护人民权益，推进国家治理体系和治理能力现代化，都具有重大意义。制定民法典体现的唯物史观原理是（ ）

A. 经济基础的变革必然先于上层建筑的变革

B. 生产关系一定要适合生产力发展

C. 上层建筑的变化发展离不开社会意识的能动作用

D. 上层建筑一定要适合生产力和经济基础发展的要求

【解析】经济基础的变革不一定先于上层建筑的变革，A错误。该项法律属于法律制度变革，应该是上层建筑的调整，B不选。“几乎所有的民事活动大到合同签订、公司设立，小到缴纳物业费、离婚，都能在民法典中找到依据。”这说明上层建筑的变化发展离不开社会意识的能动作用，C入选。由题可知，《中华人民共和国民法典》对加快建设社会主义法治国家，发展社会主义市场经济，依法维护人民权益，推进国家治理体系和治理能力现代化，都具有重大意义。这说明上层建筑一定要适合生产力和经济基础发展的要求，D正确。故选CD。

【答案】CD

【例6】（多选）小智治事，大智治制。当前，推进国家治理体系和治理能力现代化，尤其需要下定决心改革破除体制机制积弊，进一步激发制度优势、释放制度活力，这是因为（ ）

A. 上层建筑一定要适合生产力和经济基础发展的要求

B. 制度的建立和完善决定生产力发展和社会进步

C. 上层建筑为经济基础服务，就能推动生产力发展

D. 上层建筑的变化发展离不开社会意识的能动作用

【解析】推进国家治理体系和治理能力现代化，尤其需要下定决心（社会意识的作用）改革，破除体制机制积弊，进一步激发制度（社会意识的作用）优势、释放制度活力，这是上层建筑一定要适合生产力和经济基础发展的要求，上层建筑的变化发展离不开社会意识的能动作用，AD符合题意。制度的建立和完善有利于促进（并不决定）生产力发展和社会进步，B排除。上层建筑为先进的经济基础服务，才能推动生产力发展，C错误。故选AD。

【答案】AD

19.（多选）党和政府的重大决策都要从人民群众的实践中吸取智慧、经受检验，都要依靠人民群众付诸实践、取得实效。这体现了（ ）

A. 人民群众是实践的主体

B. 认识的主体是中国共产党

C. 实践是认识的基础

D. 从群众中来到群众中去的工作方法

20.某地作为全国33个农村土地改革试点地区之一，正在逐步完成从“确权到人”到“确权到户”的制度转变，从而更好地让集体土地入市流转，使农户更好地分享工业化收益。这一做法表明（ ）

A. 生产关系的总和构成经济基础

B. 上层建筑必须适应经济基础的发展

C. 生产关系要适应生产力的发展状况

D. 改革的目的是社会主义制度的自我完善

思考而不要盲目跟从

有一种奇怪的虫子，叫列队毛毛虫，这种毛毛虫喜欢列成一个队伍行走。最前面的一只负责方向，后面的只管跟从。生物学家法布尔曾利用列队毛毛虫做过一个有趣的实验：诱使领头毛毛虫围绕一个大花盆绕圈，其他的毛毛虫跟着领头的毛毛虫，在花盆边沿首尾相连，形成一个圈。这样，整个毛毛虫队伍就无始无终，每个毛毛虫都可以是队伍的头或尾。每个毛毛虫都跟着它前面的毛毛虫爬呀爬，周而复始；直到几天后，毛毛虫们被饿晕了，从花盆边沿掉下来。毛毛虫的失误在于失去了自己的判断，盲目跟从，进入了一个循环的怪圈。

【考点二】社会主义社会的基本矛盾是非对抗性的，只能通过社会主义的自我发展自我完善加以解决（通过改革解决）

（1）改革是社会主义制度的自我完善和发展，是社会主义社会发展的直接动力。改革也是发展中国特色社会主义的强大动力。

（2）特点社会主义社会的基本矛盾仍然是生产力和生产关系、经济基础和上层建筑之间的矛盾。但这一矛盾是非对抗性的矛盾。

（3）改革的根本目的，就是使生产关系适应生产力的发展，使上层建筑适应经济基础的发展。

【例1】（多选）40多年的改革开放，深刻改变了中国，也深刻影响了世界。全面深化改革必然会不断满足人民日益增长的美好生活需要，也必将为世界的繁荣发展作出新的更大的贡献。全面深化改革（ ）

A. 需要推动生产力同生产关系相适应

B. 有助于进一步解放和发展生产力

C. 有助于增强消费对生产的决定作用

D. 需要推动生产关系同生产力相适应

【解析】生产力决定生产关系，生产关系反作用于生产力，生产关系适应生产力发展状况时促进生产力的发展。全面深化改革就是要调整生产关系以适应生产力状况，推动经济发展，A说法错误。全面深化改革就是要调整生产关系以适应生产力状况，有助于进一步解放和发展生产力，BD符合题意。生产决定消费，消费对生产具有反作用，C说法错误。故选BD。

【答案】BD

【例2】目前我国处于改革攻坚阶段，人们对社会竞争加剧、财富差距拉大的不安和焦虑并不矫情，政府应该通过制度建设培育公众的心理归属感和对未来的稳定预期，这些都呼唤我国在社会保障领域的改革要加速向纵深推进。对此认识正确的是（ ）

A. 遵循了上层建筑要适合经济基础状况的规律

B. 是社会历史由低级向高级发展的过程

C. 遵循了生产关系要适合生产力状况的规律

D. 是通过阶级斗争的方式实现的

【解析】对社会保障制度的改革属于上层建筑的调整，遵循了上层建筑要适合经济基础状况的规律，不属于生产关系的调整，A符合题意，C不符合题意。材料旨在说明上层建筑要适合经济基础，未体现社会历史由低级向高级发展，B不符合题意。阶级社会的发展主要通过阶级斗争的方式实现。改革是社会主义自我完善和发展，是发展中国特色社会主义的强大动力，对我国社会保障领域的改革不是通过阶级斗争的方式实现的，D错误。故选A。

【答案】A

21.广西壮族自治区的“左江花山岩画文化景观”是世界上迄今发现的画面最大、图像数量最多的涂绘类岩画。花山岩画主要描绘了各式各样的人物和剑、钟、铜鼓等器物，以及日月星辰等天体图形，记录了古代先民的社会生产和社会生活。材料表明（ ）

A. 生产方式制约社会发展进程

B. 生产关系是对生产力的反映

C. 上层建筑反作用于经济基础

D. 社会意识是对社会存在的反映

22.（多选）中共中央、国务院印发《关于完善产权保护制度依法保护产权的意见》强调，产权制度是社会主义市场经济的基石，必须加快完善产权保护制度，依法有效保护各种所有制经济组织和公民财产权。从唯物史观看，国家之所以完善产权保护制度，是因为（ ）

A. 生产关系一定要适合生产力状况

B. 上层建筑必须适合经济基础状况

C. 人们的社会意识具有相对独立性

D. 改革是人类社会发展的直接动力

社会意识是对社会存在的反映

广西壮族自治区的“左江花山岩画文化景观”是世界上迄今发现的画面最大、图像数量最多的涂绘类岩画。花山岩画主要描绘了各式各样的人物和剑、钟、铜鼓等器物，以及日月星辰等天体图形，记录了古代先民的社会生产和社会生活。

【例3】2020年10月14日，深圳经济特区建立40周年庆祝大会隆重举行，习近平发表重要讲话强调，深圳要全面推进深化改革，建设好中国特色社会主义先行示范区，率先实现现代化。深圳的成绩说明（ ）

A. 改革就是要改变我国的国家性质

B. 改革是发展中国特色社会主义的强大动力

C. 社会的发展受人的意志和意愿的支配

D. 我国已经跨越了社会主义初级阶段

【解析】改革开放40年来，深圳经济特区发生了翻天覆地的变化和发展。习近平发表重要讲话强调，深圳要全面推进深化改革，建设好中国特色社会主义先行示范区，率先实现现代化，深圳的成绩说明改革是发展中国特色社会主义的强大动力，B符合题意。社会主义改革的实质是社会主义制度的自我完善和发展，并不会改变我国的国家性质，A错误。社会的发展是客观的，并不受人的意志和意愿的支配，C错误。我国目前仍然处于社会主义初级阶段，D错误。故选B。

【答案】B

【例4】（多选）2021年8月1日，新修订的《中华人民共和国军事设施保护法》生效施行。随着国家安全和发展的内外环境深刻变化，新的军事设施保护法补充完善了军事设施保护的内容范围，细化完善了军事设施保护机制和措施，充实完善了奖励和法律责任条款，共修改38处，增加16条零17款。军事设施保护法修订（ ）

A. 其根源在于社会存在的变化、发展

B. 表明改革是推动社会发展的根本动力

C. 是基于上层建筑一定要适应经济基础

D. 是为了使生产关系适应生产力的发展

【解析】随着国家安全和发展的内外环境深刻变化，军事设施保护法需要修订，说明了社会存在决定社会意识。同时，军事设施保护法属于上层建筑，军事设施保护法的修订是为了适应经济基础，AC正确。改革是社会主义社会发展的直接动力，B错误。军事设施保护法属于上层建筑，不是生产关系，D不选。故选AC。

【答案】AC

23.（多选）为适应新时代我国社会主要矛盾的变化，十三届全国人大一次会议表决通过了关于国务院机构改革方案的决定。根据该方案，改革后，国务院正部级机构减少8个，副部级机构减少7个，除国务院办公厅外，国务院设置组成部门26个。国务院机构改革（ ）

A. 符合上层建筑一定要适合经济基础状况的规律

B. 说明社会基本矛盾必须通过改革加以解决

C. 体现改革是社会主义制度的自我完善和发展

D. 印证实践基础上的制度创新是社会发展的先导

24.（多选）《咬文嚼字》编辑部发布了2020年十大流行语，分别是“人民至上，生命至上”“逆行者”“飒”“后浪”“神兽”“直播带货”“双循环”“打工人”“内卷”“凡尔赛文学”。这表明（ ）

A. 社会存在决定社会意识

B. 人对同一事物反映一定不同

C. 社会意识是对社会存在的反映

D. 人民群众是历史的创造者

互动训练答案

1.B 2.C 3.D 4.C 5.BC 6.C 7.D 8.BCD 9.A 10.CD 11.C 12.CD 13.C 14.C 15.D 16.B 17.AC 18.BCD 19.ACD 20.C 21.D 22.AC 23.AC 24.AC

社会意识是社会存在在人们头脑中的反映

鲁迅先生说：“穷人绝无开交易所折本的懊恼，煤油大王哪会知道北方捡煤渣老婆子的酸辛，灾区的饥民，大约总不会去种兰花，像阔人老太爷一样……”这段话包含的历史唯物主义的道理是：每个人的意识要受到社会生活的制约，取决于他们的社会地位、生活环境。

第三节　社会历史的主体

·知识整合·

【知识点一】人民群众

（1）含义：人民群众是指一切对社会历史起推动作用的人们。主体部分是劳动群众，既包括普通个人，也包括杰出人物。

（2）范围：在我国现阶段，全体社会主义劳动者、社会主义事业的建设者、拥护社会主义的爱国者、拥护祖国统一和致力于中华民族伟大复兴的爱国者，都属于人民群众的范围。

（3）地位：人民群众是社会历史的主体，是社会历史的创造者。

【知识点二】人民群众是历史的创造者

1.人民群众是社会历史的主体（地位）

唯物史观从社会存在决定社会意识、生产方式决定社会发展的基本观点出发，强调社会发展的历史首先是物质生活资料生产的历史，是人民群众创造的历史。

2.人民群众是社会物质财富的创造者（作用）

（1）人民群众的生产活动是社会存在和发展的基础。

（2）人民群众作为物质生产的承担者和社会生产力的体现在，创造了人们必需的生活资料。

（3）人民群众是推动社会历史发展的决定力量。

3.人民群众是社会精神财富的创造者（作用）

（1）人民群众的生活和实践是一切精神财富形成和发展的源泉。

（2）人民群众的实践为精神财富的创造提供了必要的物质条件。

（3）人民群众还直接创造了丰硕的社会精神财富

4.人民群众是社会变革的决定力量（作用）

（1）人民群众在任何时期都是社会变革的主力军。

（2）在阶级社会中，生产关系的变革、社会制度的更迭，都是通过人民群众的革命实现的。

（3）人民群众通过推动生产力的发展而不断创造和改变社会关系，从而不断推动社会历史进步和发展。

【知识点三】群众观点与群众路线

（1）坚持群众观点和群众路线的意义：坚持群众观点和群众路线，是中国共产党领导中国人民夺取民主革命胜利的重要保证，是取得社会

互动训练

1.（多选）习近平总书记强调，共产党人要时刻牢记自己是人民的公仆，时刻将人民群众的衣食冷暖放在心上。这里的“人民群众”（　）

A. 是指广大劳动群众

B. 是指一切对社会历史起推动作用的人们

C. 是指一切推动科学发展的人们

D. 既包括普通个人，也包括杰出人物

2.习近平总书记指出：“我们的人民热爱生活，期待有更好的教育、更稳定的工作、更满意的收入、更可靠的社会保障、更高水平的医疗卫生服务、更舒适的居住条件、更优美的环境，期盼孩子们能成长得更好、工作得更好、生活得更好。人民对美好生活的向往，就是我们的奋斗目标。”这体现了群众观点中的（　）

A. 一切为了群众

B. 全心全意为人民服务

C. 虚心向人民群众学习

D. 相信人民群众自己解放自己

究竟谁是历史的创造者?

三大战役的胜利，是人民战争的伟大胜利。各解放区人民以无比巨大的热情，以源源不绝的人力物力给予前线以空前规模的支援。据统计，仅为支援淮海战役，动员起来的民工累计达543万人，向前线运送1460多万斤弹药、9.6亿斤粮食等军需物资。陈毅曾深情并形象地说，淮海战役的胜利是人民群众用小车推出来的。

主义革命和建设胜利并成功发展中国特色社会主义的重要保证。也是推动改革开放不断取得成功的重要保证。

（2）我们党的群众观点的基本内容：相信人民群众自己解放自己，全心全意为人民服务，一切向人民群众负责，虚心向人民群众学习。

重要性（地位）：群众观点是无产阶级政党的根本立场和根本观点，是党制定路线、方针、政策的根本出发点。

（3）我们党的群众路线的基本内容是：一切为了群众，一切依靠群众，从群众中来，到群众中去。

重要性（地位）：群众路线是无产阶级政党的根本的领导方法和工作方法，是我们党的生命线和根本工作路线。党的根基在人民、血脉在人民、力量在人民。

（4）基本要求（在新时代如何坚持群众观点和群众路线）：

①发展中国特色社会主义，必须坚持以人民为中心，坚持人民主体地位。

②中国特色社会主义是亿万人民自己的事业，必须发挥人民的主人翁精神，更好地保障人民权益，更好地保证人民当家作主，实现好、维护好、发展好最广大人民的根本利益。

·考点解析·

【考点一】如何判断“人民群众”考查点

材料中出现“人民群众”“执政为民”“与群众相结合”“以人为本”“关注民生”等信息时，一般要想到人民群众是历史的创造者，要坚持群众观点和群众路线；要作出正确的价值判断和价值选择，自觉站在最广大人民的立场上，坚持以人民为中心，坚持人民主体地位；实现好、维护好、发展好最广大人民的根本利益。

【例1】邓小平说：“群众是我们力量的源泉，群众路线和群众观点是我们的传家宝。”这告诉我们（　）

A. 人民群众就是劳动群众　　B. 人民群众的历史作用相同

C. 人民群众的言行都是对的　　D. 人民群众是历史的创造者

【解析】根据题意，这告诉我们人民群众是历史的创造者，D正确。劳动群众是人民群众的主体部分，A错。人民群众在社会历史发展过程中发挥了巨大的作用，但不能认为人民群众的历史作用相同，B错。“人民群众的言行都是对的”说法绝对，C错。故选D。

【答案】D

3.北京大兴国际机场由于建造技术难度之大，它也被称为世界的第七大奇迹。习近平总书记出席仪式，他强调，共和国的大厦是靠一块块砖头垒起来的，人民是真正的英雄。习近平总书记讲话蕴含的唯物史观道理是（　）

A. 群众观点是我党的生命线

B. 人民群众是社会发展的根本动力

C. 人民群众是历史的创造者

D. 人民群众是社会变革的决定力量

4.“历史者英雄之舞台也，舍英雄几无历史”，梁启超的这种观点（　）

A. 认为是英雄创造了社会历史

B. 承认人民群众是英雄

C. 否认了杰出人物在历史中的作用

D. 正确认识了社会历史的主体

人民群众是社会精神财富的创造者

《格萨尔王传》是在藏族古老神话、传说、故事、歌谣、谚语等民间文学作品的基础上集体创作而成。它以恢宏的气势、高超的艺术技巧，反映了藏族发展的历史。千百年来，我国藏族、蒙古族等民众世代口耳相传，保存了这部世界上最长的史诗。人民群众是社会精神财富的创造者。人民群众的生活和实践是一切精神财富形成和发展的源泉。

【例2】（多选）习近平总书记强调：历史充分证明，江山就是人民，人民就是江山，人心向背关系党的生死存亡。这是因为（　）

A. 人民群众的需求是我们一切工作的出发点和落脚点

B. 人民群众是决定党和国家前途命运的根本力量

C. 人民群众是社会变革的主力军，是创造社会历史的源泉

D. 人民群众是历史的创造者，是社会进步的决定力量

【解析】实现好、维护好、发展好人民群众的根本利益是中国共产党一切工作的出发点和落脚点，A错误。江山就是人民，人民就是江山，人心向背关系党的生死存亡，这是因为人民群众是决定党和国家前途命运的根本力量，人民群众是历史的创造者，是社会进步的决定力量，BD切题正确。人民群众的社会实践是创造社会历史的源泉，而不是人民群众是创造社会历史的源泉，C错误。故选BD。

【答案】BD

【例3】（多选）“十四五”规划和2035年远景目标纲要的制定过程中，中国共产党始终把人民放在心中最高位置、把人民对美好生活的向往作为奋斗目标，依靠人民创造历史伟业的具体诠释。“十四五”规划和远景目标的制定过程以人民为中心是基于（　）

A. 人民群众是社会变革的领导力量

B. 人民是决定党和国家前途命运的根本力量

C. 人民群众的主体是劳动群众

D. 人民群众创造了物质生产发展的历史

【解析】人民群众是社会变革的决定力量，而不是领导力量，A错误。“十四五”规划和远景目标的制定过程以人民为中心是基于人民群众创造了物质生产发展的历史，人民是决定党和国家前途命运的根本力量，BD正确。人民群众的主体是劳动群众并不是“十四五”规划和远景目标的制定过程以人民为中心的原因，C排除。故选BD。

【答案】BD

【考点二】坚持历史唯物主义　反对历史虚无主义

（1）社会历史是人民群众活动的历史，人民群众是社会历史的主体，是历史的书写者和创造者。

（2）坚持历史唯物主义，要坚持群众路线和群众观点，辩证理解普通个人和历史人物的关系，科学、客观、实事求是地评价历史人物。

（3）坚持历史唯物主义，要充分认识历史虚无主义的本质和危害，旗帜鲜明地反对历史虚无主义。

5.（多选）国家主席习近平在2021年新年贺词中指出，面对突如其来的新冠肺炎疫情，无数人以生命赴使命，用挚爱护苍生，将涓涓之力汇集成磅礴伟力，构筑起守护生命的铜墙铁壁。我国统筹疫情防控和经济社会发展取得重大成果表明了（　）

A. 意识活动具有目的性和计划性

B. 发挥主观能动性是改造社会的前提条件

C. 人民群众是社会历史的创造者

D. 社会意识能够推动社会沿着正确方向发展

6.（多选）在中国共产党即将迎来100年华诞之际，多国政要在接受中央电视台记者采访时表示，中国共产党始终坚持以人民为中心，实现了经济社会快速发展，也不断为人类和平与发展事业作出新的更大的贡献。党以人民为中心就是要（　）

A. 始终把人民利益摆在至高无上的地位

B. 把人类和平事业作为工作的出发点

C. 始终同人民群众保持密切联系

D. 把发展作为根本制度保障

历史虚无主义

“历史虚无主义”，历史理论术语，是指不加具体分析而盲目否定人类社会的历史发展过程，甚至否定历史文化，否定民族文化、民族传统、民族精神，否定一切的历史观点和思想倾向。从根本上看，历史虚无主义抱有明确的政治意图，反对党的领导和中国特色社会主义制度，本质上是一种反动的政治思潮。

【例1】（多选）新型冠状病毒感染疫情来势汹汹，习近平总书记强调，“把人民群众生命安全和身体健康放在第一位”“要广泛发动和依靠群众，人民群众是战胜疫情的根本力量，切实做到稳定民心、汇聚民力、汲取民智，才能取得抗疫斗争的最终胜利”。这体现了（ ）

A. 群众观点是马克思主义哲学首要的基本观点

B. 人民群众是社会历史的主体，是历史的创造者

C. 人民群众是中国特色社会主义发展的强大动力

D. 坚持群众观点群众路线是成功建设中国特色社会主义的重要保证

【解析】实践的观点是马克思主义哲学首要的基本观点，A说法错误。“把人民群众生命安全和身体健康放在第一位”“要广泛发动和依靠群众，人民群众是战胜疫情的根本力量，切实做到稳定民心、汇聚民力、汲取民智，才能取得抗疫斗争的最终胜利，这体现了人民群众是社会历史的主体，是历史的创造者，坚持群众观点群众路线是成功建设中国特色社会主义的重要保证，BD正确。改革是中国特色社会主义发展的强大动力，C说法错误。故选BD。

【答案】BD

【例2】（多选）2020年12月26日，全国人大常委会通过《中华人民共和国国防法》，自2021年1月1日起施行。修订后的国防法进一步体现了中国国防的全民性。新增全体公民增强国防观念、强化忧患意识、提高国防技能，以及组织学生军事训练和公职人员参加国防教育等内容。从哲学角度看，修订后的国防法进一步体现了中国国防的全民性是基于（ ）

A. 人民群众是人类社会存在和发展的基础

B. 人民群众是决定党和国家前途命运的根本力量

C. 社会历史就是人民群众创造的历史

D. 人民群众发展中国特色社会主义的强大动力

【解析】物质资料的生产是人类社会存在和发展的基础；人民群众是发展中国特色社会主义的主体，AD不选。人是社会历史的主体，社会历史就是人民群众创造的历史，人民群众是决定党和国家前途命运的根本力量，修订后的国防法进一步体现了中国国防的全民性，新增全体公民增强国防观念、强化忧患意识、提高国防技能，以及组织学生军事训练和公职人员参加国防教育等内容，BC正确。故选BC。

【答案】BC

7.（多选）在庆祝中国人民政治协商会议成立大会上习近平曾引用“天视自我民视，天听自我民听”一句。此句典故体现的唯物史观有（ ）

A. 坚持群众观点、群众路线

B. 人民群众是推动社会发展的根本动力

C. 治国理政要以人民群众的利益为根本出发点

D. 要把维护人民群众的根本利益作为最高价值标准

8.（多选）习近平总书记到各地考察调研，总会深入基层、慰问群众、了解民生，为民服务解难题。“我将无我，不负人民”背后，是亲民、敬民的理念与情怀。这表明（ ）

A. 群众路线是我们党的根本工作路线

B. 人民群众是社会历史的创造者

C. 人民群众是社会发展的物质基础

D. 人民群众是社会进步的源泉和动力

民族虚无主义

民族虚无主义者则无视民族特点，抹煞民族差别，否定民族文化传统和历史遗产，挑拨民族关系，制造民族隔阂、民族纠纷，搞“独立”，甚至认为“民族”是虚构的概念，根本否认民族的存在。

【例3】（多选）习近平总书记说："我们党的百年历史，就是一部践行党的初心使命的历史，就是一部党与人民心连心、同呼吸、共命运的历史。历史充分证明，江山就是人民，人民就是江山，人心向背关系党的生死存亡。赢得人民信任，得到人民支持，党就能够克服任何困难，就能够无往而不胜。"习近平总书记的论述说明（　）

A. 社会意识的内容根源于社会存在

B. 必须尊重社会历史发展的客观规律

C. 要坚持人民群众的主体地位

D. 劳动者的生产活动是社会存在和发展的基础

【解析】材料没有涉及社会历史发展的客观规律；生产活动是人类社会存在和发展的基础，是人类最基本的实践活动，材料也没有涉及生产活动，BD不选。历史充分证明，江山就是人民，人民就是江山，人心向背关系党的生死存亡，体现了社会意识的内容根源于社会存在，要坚持人民群众的主体地位，AC正确。故选AC。

【答案】AC

【考点三】马克思主义群众观的原理及方法论

【原理内容】

①人民群众是历史的创造者，是社会历史（实践）的主体。

②人民群众是社会物质财富的创造者，是社会精神财富的创造者，是社会变革的决定力量。

【方法论意义】坚持群众观点和群众路线。

【例1】（多选）历史是最好的教科书，历史是最好的营养剂。"历史充分证明江山就是人民，人民就是江山，人心向背关系党的生死存亡。"这是对中国共产党执政观、执政理念、执政思维、执政文化的精辟概括和精彩阐述，丰富了习近平总书记关于治国理政的重要论述。从历史唯物主义角度看，这一论述是基于（　）

A. 人民群众是一切精神财富形成和发展的源泉

B. 人民群众是推动历史进步和发展的根本动力

C. 人民群众是社会历史的主体和历史的创造者

D. 人民群众是真正的英雄，具有无限的创造力

【解析】坚持"江山就是人民，人民就是江山"的执政观，是因为人民群众是社会历史的主体，是历史的创造者。人民群众是真正的英雄、具有无限的创造力，CD符合题意。人民群众的生活和实践是一切精神财富形成和发展的源泉，A错误。推动历史发展的根本动力是社会的基本矛盾，B错误。故选CD。

【答案】CD

9.（多选）面对新时代、新形势、新需求，某省政府坚持在发展中满足群众需求和实现民生幸福，打造共建共治共享的社会治理格局，推动经济社会持续健康发展。这说明（　）

A. 社会意识推动社会存在的发展

B. 调整生产关系以适应生产力的发展

C. 该省政府坚持群众观点、群众路线

D. 调整上层建筑适应经济基础的发展

10.（多选）"平凡铸就伟大，英雄来自人民。每个人都了不起！"习近平主席发表的2021年新年贺词，充分肯定中国人民在中国共产党坚强领导下，万众一心、顽强拼搏，取得显著奋斗成果所作出的伟大贡献。这蕴含的唯物史观道理有（　）

A. 人民是决定党和国家前途命运的根本力量

B. 只要尊重人民群众的意愿，就能取得成功

C. 人民群众决定着社会的性质和面貌

D. 坚持群众观点，虚心向人民群众学习

毛泽东在《关于领导方法的若干问题》中指出：

"在我党的一切实际工作中，凡属正确的领导，必须是从群众中来，到群众中去。这就是说，将群众的意见（分散和无系统的意见）集中起来（经过研究，化为集中的系统的意见），又到群众中去作宣传解释，化为群众的意见，使群众坚持下去，见之于行动，并在群众行动中考验这些意见是否正确。然后再从群众中集中起来，再到群众中坚持下去。如此无限循环，一次比一次地更正确、更生动、更丰富。这就是马克思主义的认识论。"

【例2】（多选）2021年2月20日，习近平在党史学习教育动员大会上发表重要讲话强调我们党的历史就是一部践行党的初心使命的历史，就是一部党与人民心连心、同呼吸、共命运的历史，这是基于（ ）

A. 人民群众是社会历史的主体和创造者

B. 人民群众是社会发展的领导力量

C. 人民群众是一切财富创造的源泉

D. 人民是决定党和国家前途命运的根本力量

【解析】人民群众是社会发展的主体力量，而不是领导力量，B不选。人民群众的生产活动是一切财富创造的源泉，C不选。我们党的历史就是一部践行党的初心使命的历史，就是一部党与人民心连心、同呼吸、共命运的历史，这是基于人民群众是社会历史的主体和创造者，人民是决定党和国家前途命运的根本力量，AD正确。故选AD。

【答案】AD

【例3】（多选）《关于建立政务服务"好差评"制度提高政务服务水平的意见》要求，2020年底前要全面建成政务服务"好差评"制度体系，政务服务绩效由企业和群众评判，推动各级政府增强服务意识，转变工作作风，提升企业和群众办事便利度和获得感。这是由于（ ）

A. 人民群众是历史发展和社会进步的主体力量

B. 群众观点是马克思主义哲学首要的基本的观点

C. 人民群众是历史的创造者，是社会存在发展的基础

D. 坚持群众路线是建设中国特色社会主义的重要保证

【解析】材料的主旨是政府要为人民服务，由人民评判政府的工作得失，要提升企业和群众办事便利度和获得感，这是由于人民群众是社会变革的主力军和社会发展的决定力量，坚持群众路线是建设中国特色社会主义的重要保证，AD符合题意。实践观点是马克思主义哲学首要的基本的观点，B说法错误。物质资料的生产方式是社会存在和发展的基础，C说法错误。故选AD。

【答案】AD

11.（多选）习近平总书记说："我们党的百年历史，就是一部践行党的初心使命的历史，就是一部党与人民心连心、同呼吸、共命运的历史。历史充分证明，江山就是人民，人民就是江山，人心向背关系党的生死存亡。赢得人民信任，得到人民支持，党就能够克服任何困难，就能够无往而不胜。"习近平总书记的论述说明（ ）

A. 社会意识的内容根源于社会存在

B. 必须尊重社会历史发展的客观规律

C. 要坚持人民群众的主体地位

D. 劳动者的生产活动是社会存在和发展的基础

12.（多选）人民立场是中国共产党的根本政治立场，下列语句体现的思想与中国共产党的根本政治立场相符合的是（ ）

A. 江山代有才人出，各领风骚数百年

B. 些小吾曹州县吏，一枝一叶总关情

C. 纸上得来终觉浅，绝知此事要躬行

D. 长太息以掩涕兮，哀民生之多艰

互动训练答案

1. BD 2. B 3. C 4. A 5. AC 6. AC 7. AD 8. AB 9. CD 10. AD 11. AC 12. BD

对同一事物的价值判断和价值选择往往因人而异

钱钟书先生说，天下只有两种人，譬如一串葡萄到手，一种人挑最好的先吃，另一种人把最好的留在最后吃。照例第一种人应该乐观，因为他每吃一颗都是吃剩的葡萄里最好的；第二种人应该悲观，因为他每吃一颗都是吃剩的葡萄里最坏的。不过事实上适得其反。缘故是第二种人还有希望，第一种人只有回忆。钱钟书先生的观点体现了价值判断和价值选择具有主体差异性

[第六课 实现人生的价值]

第一节 价值与价值观

本课修订

本课增加内容：换言之，就是价值的自我实现；一个人具有的价值观，会对其一生产生深远持久的影响。价值观直接影响一个人的理想、信念、生活目标；价值观承载着一个民族和国家的精神追求，体现着一个社会评判是非曲直的标准。

知识整合

【知识点一】人生价值

1.哲学上的价值

其指客体对主体的积极意义，即一事物所具有的能够满足主体需要的积极功能和属性。

2.人既是价值的创造者，又是价值的享受者。

（1）人的价值：人生的价值在于通过自己的活动满足社会、他人和自己的需要，但主要在于对社会的贡献。

（2）人的价值的两个方面。

①个人用自己的劳动创造物质财富和精神财富回报社会、满足他人的需要，即社会价值的实现。

②个人付出心血和劳动，满足社会和他人的需要，同时自己也获得劳动报酬，得到社会对自己价值的承认，实现了自我的满足。换言之，就是价值的自我实现

（3）人的价值评价。

①对一个人的价值的评价归根到底是看他的贡献，人的贡献是多方面的，可以是对某个人或某个集团的贡献，但最根本的是看他对社会发展、对人类进步事业的贡献。

②评价一个人价值的大小，就是看他为人类、社会、国家和人民贡献了什么。

【知识点二】价值观及其导向作用

1.价值观是人们在认识各种具体事物价值的基础上，形成的事物价值的总的看法和根本观点

一个人具有的价值观，会对其一生产生深远持久的影响。价值观直接影响一个人的理想、信念、生活目标。

互动训练

1.哲学上的“价值”的构成要素是（ ）

A. 个人需要和社会需要

B. 客观事物的有用性

C. 人的需要和客观事物的属性

D. 个体的人和社会的人

2.哲学意义上的价值与具体领域的价值的关系是（ ）

A. 在本质上是一样的，没有什么区别

B. 前者是对后者的高度抽象和概括，哲学价值涵盖了各个领域事物的价值

C. 二者存在质的差别，没有联系

D. 二者是共性与个性的关系，前者是个性，后者是共性

看法

父子二人经过五星级饭店门口，看到一辆十分豪华的进口轿车。儿子不屑地对他的父亲说：“坐这种车的人，肚子里一定没有学问！”父亲则轻描淡写地回答：“说这种话的人，口袋里一定没有钱。”你对事情的看法，是不是也反映出你内心真正的态度？

2.价值观的导向作用

（1）价值观对人们认识世界和改造世界的活动具有重要的导向作用。

①价值观影响人们对事物的认识和评价。价值观不同，人们对事物的认识和评价就不同。

②价值观影响人们改造世界的活动，影响人们的行为选择。选择正确，才能在改造世界的活动中取得成功；选择错误，就会遭到失败。

（2）价值观是人生的重要向导。人生道路和生活方式的选择，都是在一定的世界观和价值观指导下进行的。价值观不同，人们在面对公义与私利，生与死等冲突时作出的选择也不同。

（3）价值观承载着一个民族和国家的精神追求，体现着一个社会评判是非曲直的标准。人类社会发展的历史表明，对一个民族和国家来说，最持久、最深层的精神力量是全社会共同认可的核心价值观。

【知识点三】培育和践行社会主义核心价值观

1.社会主义核心价值观的基本内容

（1）富强、民主、文明、和谐是国家层面的价值目标；（建设什么样的国家）

（2）自由、平等、公正、法治是社会层面的价值取向；（建设什么样的社会）

（3）爱国、敬业、诚信、友善是公民个人层面的价值准则。（培育什么样的公民）

2.社会主义核心价值观

（1）社会主义核心价值观是当代中国精神的集中体现，凝结着全体人民共同的价值追求。

（2）社会主义核心价值观体现了社会主义本质要求，继承了中华优秀传统文化，也吸收了世界文明有益成果，体现了时代精神。

3.如何培育和践行社会主义核心价值观？

（1）社会主义核心价值观的基本内容为培育和践行社会主义核心价值观提供了基本遵循。

（2）培育和践行社会主义核心价值观，要使社会主义核心价值观的影响像空气一样无所不在、无时不有；要使社会主义核心价值观与人们日常生活紧密联系起来，在落细、落小、落实上下功夫；使社会主义核心价值观内化为人们的精神追求，外化为人们的自觉行动。

3.人们在认识世界和改造世界的活动中，干什么或不干什么，起决定作用的因素是人们要首先判断这件事（ ）

A. 是否符合主观愿望
B. 是否有价值或价值大小
C. 主客观条件是否具备
D. 是否有能力干

4.（多选）一位教育家曾经指出：“每一位教师身上，都有一种创造性的‘思想火花’，它熊熊燃起来，而在一些人身上，却是奄奄一息，就要熄灭了。”从人生价值的角度看，这说明（ ）

A. 实现人生价值必须具备一定的客观条件
B. 实现人生价值需要自己的主观努力
C. 具备了主观条件就能实现人生价值
D. 人生价值的实现离不开努力奋斗

习惯标准

晚饭后，母亲和女儿一块儿洗碗盘，父亲和儿子在客厅看电视。突然，厨房里传来打破盘子的响声，然后一片沉寂。儿子望着他父亲，说道：“一定是妈妈打破的。”“你怎么知道？”“她没有骂人。”（注：我们习惯以不同的标准来看人看己，以致往往是责人以严，待己以宽。）

· 考点解析 ·

【考点一】人生价值

【例1】 人人都是环境污染的受害者。要搞好生态环境，需要各行各业同时行动，每一个人都要作出一份贡献。这蕴含的哲学道理是（　）

A. 人生价值在于社会对个人的满足

B. 人既是价值的创造者，又是价值的享受者

C. 实现人生价值在于自我牺牲

D. 物质贡献远比精神贡献重要

【解析】 人生价值主要在于对社会的贡献，A错误。题意体现了人既是价值的创造者，又是价值的享受者，B符合题意。实现人生价值并不一定要通过自我牺牲的方式，C错误。D与题意不符，D错误。故选B。

【答案】 B

【例2】（多选）2019—2022年无数逆行一线、坚守阵地的战疫英雄，用现身说法证明了“英雄不死”。越来越多的中国人相信，英雄人物可以无处不在，英雄精神可以穿透历史，英雄意志可以血脉传承，英雄价值可以引领时代！我们坚持对英雄的信仰说明（　）

A. 英雄光芒照亮我们前进道路，凝聚时代发展力量

B. 树立正确历史观、文化观是全体社会成员的共识

C. 英雄人物是历史的创造者，引领时代发展的方向

D. 人的真正价值在于对社会、对人民的责任与贡献

【解析】 题意表明人的真正价值在于对社会、对人民的责任与贡献，英雄光芒能照亮我们前进的道路，凝聚时代发展力量，AD符合题意。B与题意不符，并“全体社会成员的共识”说法错误，B排除。人民群众是历史的创造者，C中“英雄人物是历史的创造者”说法错误，C排除。故选AD。

【答案】 AD

【例3】 人们进行什么样的人生选择，走什么样的人生道路，实际上都是在一定的价值观指导下进行的。这说明（　）

A. 价值观是一种社会意识

B. 价值观对人生道路的选择具有导向作用

C. 价值观对人们认识世界的活动具有导向作用

D. 价值观对人们改造世界的活动具有导向作用

【解析】 材料说明价值观对人生道路的选择具有导向作用，B入选。ACD均与题意不符，ACD不选。故选B。

【答案】 B

5.正确的价值观往往同光明的未来和美好的前途联系在一起，错误的价值观则容易与平庸和苟且为伍。这说明（　）

A. 价值观对人们认识世界和改造世界的活动具有重要的导向作用

B. 价值观有正确与错误之分

C. 价值观是人们对事物价值的总的看法和根本观点

D. 价值观对人生道路的选择具有重要的导向作用

6.爱因斯坦说：“我评价一个人的真正价值，只有一个标准，即看他在多大程度上摆脱了自我。”这表明（　）

A. 一个人越不讲求个人利益，对社会的贡献就越大

B. 人的价值就在于创造价值，奉献社会

C. 人生的真正意义在于放弃个人的爱好和追求

D. 个人对社会的贡献是人生价值的唯一标志

第一名

毕业典礼上，校长宣布全年级第一名的同学上台领奖，可是连续叫了好几声之后，那位学生才慢慢地走上台。后来，老师问那位学生说：“怎么了？是不是生病了？还是没听清楚？”学生答：“不是的，我是怕其他同学没听清楚。”

名与利是多少人的捆绑、多少人的心结？我们被教育要争气、要出头，但是争气出头的，不过是少数人，沉默的大众毕竟是多数。想一想，有那么多人都和你我一样，不也是很兴奋的一件事吗？

【考点二】价值观及其导向作用

【例1】（多选）2020年9月8日，全国抗击新冠肺炎疫情表彰大会在北京隆重举行，对全国抗击新冠肺炎疫情先进个人、先进集体，全国优秀共产党员、全国先进基层党组织进行表彰。中共中央总书记、国家主席、中央军委主席习近平为国家勋章和国家荣誉称号获得者颁授勋章奖章。举行表彰大会（　）

A. 是对受表彰者个人价值的认可与尊重

B. 旨在让全社会形成崇尚科学之风

C. 彰显了人民群众是历史的真正英雄

D. 可以发挥先进的社会意识的作用

【解析】国家举行表彰大会表达了对抗击新冠肺炎疫情先进个人的尊敬，同时也是对他们取得成就的肯定，A符合题意。材料也没有涉及科学技术在抗击新冠肺炎疫情中的作用，B不符合题意。材料体现的是对先进个人价值的认可与尊重，而没有彰显人民群众是历史的真正英雄，C不符合题意。举行表彰大会有利于传扬榜样的精神和优秀品质，激发爱国热情，发挥先进的社会意识的作用，促进为国奉献的良好风气的形成，增强祖国发展和繁荣 力量，D符合题意。故选AD。

【答案】AD

【例2】（多选）人民音乐家冼星海曾说过：“每个人在他生活中都经历过不幸和痛苦。有些人在苦难中只想到自己，他就悲观、消极，发出绝望的哀号；有些人在苦难中还想到别人，想到集体，想到祖先和子孙，想到祖国和全人类，他就得到乐观和自信。”其中蕴含的唯物史观道理是（　）

A. 价值观源自对个人生活遭遇和处境的反思

B. 价值观对社会与人生有重要的驱动和制约作用

C. 价值观作为一种社会意识，具有相对独立性

D. 基于个人利益形成的价值选择是社会发展的动力

【解析】价值观作为一种社会意识，是一定社会存在的反映，价值观的形成离不开历史条件，一定的社会存在决定一定的社会意识，决定价值观念的形成，A错误。“有些人在苦难中只想到自己，他就悲观、消极，发出绝望的哀号；有些人在苦难中还想到别人，想到集体，想到祖先和子孙，想到祖国和全人类，他就得到乐观和自信。”说明价值观对社会和人生有重要的驱动和制约作用，价值观作为一种社会意识具有相对独立性，BC正确。社会的基本矛盾即生产力与生产关系、经济基础与上层建筑的矛盾运动是社会发展的动力，D错误。故选BC。

【答案】BC

7.（多选）女排夺冠，为祖国赢得荣誉，党和国家致电祝贺。这表明（　）

A. 社会对个人的尊重与满足

B. 人生的真正价值在于对社会的贡献

C. 精神贡献可以转化为物质贡献

D. 人的社会价值与自我价值是统一的

8.（多选）价值是人们生活中经常使用的概念。下列属于哲学价值判断的有（　）

A. 田野上的花儿开了

B. 这些花儿很漂亮

C. 山上的果树挂满了果实

D. 这些水果真香甜

我是这辆车的司机

一辆载满乘客的公共汽车沿着下坡路快速前进着，有一个人在后面紧紧地追赶着这辆车子。一个乘客从车窗伸出头来对追车子的人说：“老兄！算啦，你追不上的！”“我必须追上它，”这人气喘吁吁地说：“我是这辆车的司机。”有些人必须非常认真努力，因为不这样的话，后果就十分悲惨了！然而也正因为必须全力以赴，潜在的本能和不为人知的特质终将充分展现出来。

【例3】（多选）人类在认识和处理自身与动物界的关系中经历了一个从颂扬“打虎英雄"到滥捕滥杀再到保护野生动物的过程，从而实现人与自然界共生共荣，和谐发展。这说明（　）

A. 社会存在决定社会意识

B. 价值观对人们认识世界和改造世界的活动具有重要的导向作用

C. 价值观作为正确的社会意识对社会存在有重大的反作用

D. 人们的认识随着客观事物的变化而不断变化发展

【解析】人类在认识和处理自身与动物界的关系中的这一经历，说明社会存在决定社会意识，价值观对人们认识世界和改造世界的活动具有重要的导向作用，人们的认识随着客观事物的变化而不断变化发展，ABD符合题意。价值观有正确与错误之分，无论正确与否，都对社会存在有重大的反作用，C错误。故选ABD。

【答案】ABD

【例4】（多选）择业观对人们的择业行为有着重要影响。有些人在择业时只是一味地追求“我想干什么”而不考虑“我能干什么”，以至于在求职时四处碰壁。这说明的哲学道理（　）

A. 价值观是人生的重要向导

B. 不同的人对同一事物的评价不同

C. 要坚持一切从实际出发，实事求是

D. 有了正确的择业观就能实现就业

【解析】题干中，“择业观是职业价值观的重要组成部分，对人们的择业行为有着重要影响”，这说明价值观是人生的重要向导，A符合题意。有些人在择业时只是一味地追求“我想干什么”而不考虑“我能干什么”，以至于在求职时四处碰壁，这说明想问题、办事情要一切从实际出发，实事求是，C符合题意。材料强调的是价值观对人生道路选择的影响，不涉及价值观影响人们对客观事物的评价，B不符合题意。D选项说法过于绝对，D排除。故选AC。

【答案】AC

【例5】（多选）2020年12月，习近平总书记在中央经济工作会议上指出，只要心里始终装着人民，始终把人民利益放在最高位置，就一定能够作出正确决策，确定最优路径，并依靠人民战胜一切艰难险阻。可见，作出正确决策的根本前提是（　）

A. 熟悉民情，提高决策能力　　B. 依靠人民，集中群众智慧

C. 坚持正确的立场和出发点　　D. 树立正确的价值观和目标

【解析】熟悉民情，提高决策能力，有利于作出正确的决策，但不是根本前提，A排除。设问要求回答作出正确决策的根本前提是什么，依靠人民，集中群众智慧是结果，不是前提，B排除。只要心里始终装

9.一位哲学家说过，生存是一种伟大的使命，每一个人都不是“法定幸运的人”。生命的价值在于奋斗，奋斗使生命更具有价值。一个幸运的人应该是经过奋斗为社会作出贡献的人。这就是说（　）

A. 经过奋斗，每个人都可以为社会作出贡献

B. 实现人生价值必须全面提高个人素质

C. 实现人生价值必须发挥自己的主观能动性，自强不息，奋发拼搏

D. 实现人生价值必须有理想信念和树立科学的价值观

10.拥有幸福人生的根本途径是（　）

A. 树立坚定的理想信念

B. 努力改变人的先天条件

C. 努力进行“个人奋斗”和“自我实现”

D. 积极投身于为人民服务的实践

误会

某日，张三在山间小路开车。正当他悠哉地欣赏美丽风景时，突然迎面开来一辆货车，而且满口黑牙的司机还摇下窗户对他大骂一声：“猪！”张三越想越纳闷，也越想越气，于是他也摇下车窗回头大骂：“你才是猪！”才刚骂完，他便迎头撞上一群过马路的猪。

不要错误地诠释别人的好意，那只会让自己吃亏，并且使别人受辱。在不明所以之前，先学会按捺情绪，耐心观察，以免事后生发悔意。

着人民，始终把人民利益放在最高位置，就一定能够作出正确决策。可见，作出正确决策的根本前提是坚持正确的立场和出发点，树立正确的价值观和目标，CD正确。故选CD。

【答案】CD

【例6】（多选）2021年1月中旬，因疫情防控石家庄封城，没有及时出城的一些放假大学生被迫流浪街头。本着“我为人人，人人为我”的理念，一些志愿者开着车尽自己所能，帮助遇困学生寻找临时庇护场所，提供御寒衣物、食品或将学生接送出城等，在寒冬传递着善意与感动，文明和幸福。志愿者的行动表明（ ）

A. 人的价值就在于对社会的责任和贡献

B. 人们的价值观决定着自己的行为选择

C. 价值观对个人成长和社会发展具有促进作用

D. 价值观对人们改造世界活动有重要导向作用

【解析】题干中志愿者本着“我为人人，人人为我”的理念，用自己的实际行动帮助传递善意与感动，说明价值观对人们改造世界活动有重要导向作用，人的价值就在于对社会的责任和贡献，AD符合题意。人们的价值观影响着自己的行为选择，B项表述错。正确的价值观对个人成长和社会发展具有促进作用，C项说法错。故选AD。

【答案】AD

【考点三】培育和践行社会主义核心价值观

（1）富强、民主、文明、和谐是国家层面的价值目标。（建设什么样的国家）

（2）自由、平等、公正、法治是社会层面的价值取向。（建设什么样的社会）

（3）爱国、敬业、诚信、友善是公民个人层面的价值准则。（培育什么样的公民）

【例1】在社会主义核心价值观中，公民个人层面的价值准则是（ ）

A. 爱国、敬业、诚信、友善　　B. 爱国、守法、明礼、诚信

C. 富强、民主、文明、和谐　　D. 自由、平等、公正、法治

【解析】依据所学知识可知，A正确。“爱国、守法、明礼、诚信”中“守法、明礼”不符合题意，B错误。富强、民主、文明、和谐是国家层面的价值目标，C不符合题意。自由、平等、公正、法治是社会层面的价值取向，D不符合题意。故选A。

【答案】A

11.有一只鹰的愿望是飞遍世界，但它成天沉溺于幻想之中，忽略了学习觅食的技巧和长途飞行的本领，结果到老死时，飞遍世界的心愿仍未实现。这则寓言给我们的人生启示是（ ）

A. 要树立远大的理想

B. 要有艰苦奋斗的精神

C. 要将理想付诸行动

D. 要正确处理最高理想与共同理想的关系

12.遵循社会发展的客观规律作出的价值判断和价值选择，我们党在不同历史阶段为自己确立的目标和完成的历史任务不同。这说明（ ）

A. 判断和价值选择具有很大的主观随意性

B. 价值判断与价值选择具有社会历史性特征

C. 不同时代的人，对同一事物往往会有不同的认识和评价

D. 对同一事物很难作出正确评价

国际消费者权益日

国际消费者权益日（International Day for Protecting Consumers' Rights）定于每年的3月15日，最先由国际消费者联盟组织于1983年确定，目的在于扩大消费者权益保护的宣传，使之在世界范围内得到重视，促进各国和地区消费者组织之间的合作与交往，在国际范围内更好地保护消费者权益。消费者权益是指消费者在有偿获得商品或接受服务时，以及在以后的一定时期内依法享有的权益，是一定社会经济关系下适应经济运行的客观需要赋给商品最终使用者享有的权利。

【例2】（多选）“人不信于一时，则不信于一世”。诚信并不遥远，诚信就在身边，实践每一句诺言，不迟到，不说空话，不作弊，让诚信融入我们的学习，让诚信渗入我们的生活。培育和践行诚信意识的哲学依据是（ ）

A. 诚信是社会主义核心价值观个人层面的价值准则

B. 正确的价值观规定个人沿正确人生道路走向成功

C. 价值观影响人们的行为选择和生活方式

D. 诚信的人是一定能实现人生目标的

【解析】诚信并不遥远，诚信就在身边，实践每一句诺言，不迟到，不说空话，不作弊，让诚信融入我们的学习，让诚信渗入我们的生活。培育和践行诚信意识的哲学依据是价值观对于认识和改造世界，对于人生道路的选择具有导向作用，诚信是社会主义核心价值观个人层面的价值准则，AC符合题意。正确的价值观对人生道路的选择起积极促进作用，但不起决定作用，不能规定个人沿正确人生道路走向成功，B错误。诚信是实现人生目标的主观因素之一，但不等于诚信的人是一定能实现人生目标的，D错误。故选AC。

【答案】AC

【例3】（多选）2020年8月11日下午，由于在抗击新冠肺炎疫情斗争中作出杰出贡献，国家授予钟南山“共和国勋章”，授予张伯礼、张定宇、陈薇（女）“人民英雄”国家荣誉称号。抗疫英雄的事迹启示我们（ ）

A. 践行社会主义核心价值观，必须做到知行合一

B. 发扬爱国主义精神在战胜一切困难中起决定作用

C. 树立正确价值观，必须在奉献中实现人生价值

D. 舍弃个人一切利益，无私奉献方能彰显人生价值

【解析】由于在抗击新冠肺炎疫情斗争中作出杰出贡献，国家授予钟南山“共和国勋章”，授予张伯礼、张定宇、陈薇（女）“人民英雄”国家荣誉称号。抗疫英雄的事迹启示我们自觉践行社会主义核心价值观，在劳动和奉献中实现人生价值，AC符合题意。发扬爱国主义精神在战胜一切困难中发挥重要作用，但不是起决定作用，B错误。人的价值是自我价值和社会价值的统一，彰显人生价值不是要求舍弃个人一切利益，排除D。故选AC。

【答案】AC

13.（多选）电视剧《士兵突击》中一个名叫许三多的普通农村孩子，凭着对理想“不抛弃、不放弃”的执着，成长为一个优秀的士兵，这启示我们（ ）

A. 自我价值的满足是实现社会价值的前提和基础

B. 实现人生价值需要在自己的岗位上埋头苦干

C. 理想的实现需要不怕失败、顽强奋斗的精神

D. 只要努力，就一定能够实现人生目标

14.（多选）有一个珠宝商一生致力于珠宝的真伪之辨，技艺炉火纯青。一天，他看到一个孩子将真假珠宝混在一起当作玩具玩耍而自得其乐。对此，珠宝商感叹不已。这个寓言表达的哲学道理是（ ）

A. 在生活中人们辨别真伪是没有意义的

B. 游戏并快乐才是人们生活的真实意义

C. 人们对同一事物有着不同的价值观念

D. 不同价值观念决定了不同的人生态度

消费与民主

2011年3月15日，中国迎来第29个国际消费者权益日，主题为：“消费与民生”。一是强调消费需求是保持经济增长的恒久动力，是改善民生的重要途径。二是强调改善民生是经济社会发展的根本目的，是制定消费政策的出发点和落脚点。三是强调消费维权是扩大消费需求的重要手段，是保障和改善民生的有力抓手。

第二节 价值判断与价值选择

知识整合

【知识点一】自觉遵循社会发展的客观规律

1.价值判断和价值选择

（1）含义：人们对事物能否满足主体的需要以及满足的程度作出判断，叫价值判断。在价值判断的基础上作出的选择，叫价值选择。

（2）产生：是社会存在在人的头脑中的反映，是在社会实践的基础上形成的。

（3）如何作出正确的价值判断和价值选择？

①人们选择的目标能否实现以及实现的程度如何，取决于人们的认识是否符合社会发展的客观规律。

②要树立正确的价值观，作出正确的价值判断和价值选择，就必须坚持真理，遵循社会发展的客观规律，走历史的必由之路。

2. 价值判断和价值选择的社会历史性特征

（1）内涵：价值判断和价值选择会因时间、地点和条件的变化而不同。

（2）意义。

①有助于我们正确评价历史和现实中的各种价值观念，防止简单化和片面化倾向。

②有助于我们的价值观念与时俱进，从而作出正确的价值判断，进行正确的价值选择。

【知识点二】自觉站在最广大人民的立场上

1.影响价值判断和价值选择的因素

（1）人们的社会地位不同、需要不同，价值判断和价值选择也就不同。在阶级社会中，价值判断和价值选择具有阶级性。（主体差异性）

（2）价值判断与价值选择，往往因人而异。不同的人对同一事物可能作出不同的价值判断和价值选择。

2.价值判断和价值选择的最高标准

（1）最高价值标准：把人民群众的利益作为最高的价值标准。

（2）必须坚持真理，遵循社会发展的客观规律，走历史的必由之路。（客观标准）

（3）做事情对错的根本衡量尺度：人民拥护不拥护、人民赞成不赞

15.（多选）著名科学家爱因斯坦在学术界担任要职，但对薪金要求却很低，对名利十分淡泊。他曾把一张1500美元的支票当书签用，有人见了大为惊讶，他却平静地说："重要的不是这个，而是科学。"这表明爱因斯坦追求的是（ ）

A. 不求享乐的人生观

B. 集体主义的价值观

C. 符合事物发展规律的价值观

D. 符合人类根本利益的价值观

16.（多选）"钱是一种要素，一种资源，谁掌握了这种资源，却不以其为社会做贡献，谁就在犯罪。"对金钱的使用，不同的人有不同的价值观点。这句话包含的哲理是（ ）

A. 价值观作为一种社会意识，有积极的导向作用

B. 人生的价值在于为社会做贡献

C. 金钱不是人生的第一意义，要正确对待金钱

D. 在社会主义市场经济下，要发扬集体主义精神

符合社会发展规律的价值选择

抗日战争时期，许多有志青年不畏艰险和困苦，从全国各地奔赴延安。延安这个原本只有约3000人的小城，从不为人知到万众瞩目，成为人们心目中的革命圣地。

成、人民高兴不高兴、人民答应不答应。

（4）要求：我们要自觉站在最广大人民的立场上，把人民群众的利益作为最高的价值标准，牢固树立为人民服务的思想，把献身人民的事业、维护最广大人民的利益作为自己最高的价值追求。

3.正确处理个人利益与人民群众的利益关系

（1）处理各种利益关系最重要的是必须首先考虑满足最大多数人的利益要求。最大多数人的利益是最紧要和最具有决定性的因素。

（2）要把个人、集体、社会利益三者的统一作为选择标准。

①当个人的利益同人民群众的利益发生冲突时，要自觉站在人民群众的立场上进行选择。

②当个人的利益与他人利益发生冲突时，要善于从不同角度思考，理解和尊重他人的正当选择。

·考点解析·

【考点一】价值判断与价值选择的特点和标准：

价值判断与价值选择的特点

特点	社会历史性	阶级性	主体差异性
内涵	随着时间的推移、地点的变化和条件的改变，一定事物的价值以及人们关于它的价值观念也会发生变化。价值判断和价值选择会因时间、地点和条件的变化而不同	人们的社会地位不同、需求不同，价值判断与价值选择就不同。在阶级社会中，面对同一事物或行为，不同阶级和阶层的人会作出不同的甚至截然相反的价值判断和价值选择	价值判断和价值选择因人而异，人们认识事物的角度不同，价值判断与价值选择也会不同
意义或要求	有助于我们正确评价历史和现实中的各种价值观念，防止简单化和片面化倾向；有助于我们的价值观念与时俱进，从而作出正确的价值判断，进行正确的价值选择	自觉站在最广大人民的立场上，作出正确的价值判断和价值选择	明确价值判断和价值选择的标准，分辨什么是对的、什么是错的，应该怎么做、不应该怎么做

【例1】价值判断和价值选择形成的基础是（　）

A. 人们对事物价值的正确认识

B. 人们业已形成的世界观、价值观

C. 人们选择的目标的实现程度

D. 社会实践

【解析】价值判断和价值选择形成的基础是社会实践，D应选。ABC不符合题意，不选。故选D。

【答案】D

17.在关于公交车让座问题的博客论坛上，一位网友说：“让了，对得起道德，对不起自己；不让，对得起自己，对不起道德。”这种观点折射出（　）

A. 社会价值服从个人价值

B. 价值观没有客观标准

C. 社会意识决定社会存在

D. 当今社会部分人的价值判断和价值选择

18.同为宋朝的文化名流，苏东坡的《食荔枝》对广东的荔枝赞不绝口，说“日啖荔枝三百颗，不辞长作岭南人”；蔡襄的《荔枝谱》却说天下的荔枝，以闽中为第一，蜀州次之，岭南为下。这说明（　）

A. 价值判断总是有主观性的

B. “趣味无商量”，美食评鉴没有客观标准

C. 两种评价都受乡土观念的影响，把自己家乡的荔枝说成是最好的

D. 价值判断有阶级性，蔡襄是奸臣，所以不能客观地看待广东荔枝的价值

符合社会发展规律的价值选择

国内有很多企业把“以客户为中心”作为企业的核心价值观，倡导艰苦奋斗、自我批判、开放进取、至诚守信、团队合作。正是因为坚持“以客户为中心”，许多企业获得了长足发展，品牌效应日渐凸显。

2. 价值判断与价值选择的标准

标准	原因	要求
自觉遵循社会发展的客观规律	①价值判断和价值选择是社会存在在人们头脑中反映的产物，是在社会实践的基础上形成的 ②人们选择的目标能否实现、实现的程度如何，取决于人们的认识是否符合社会发展的客观规律	树立正确的价值观，作出正确的价值判断和价值选择，就必须坚持真理，遵循社会发展的客观规律，走历史的必由之路
符合最广大人民的根本利益	①面对同一问题，人们的不同表现体现出价值判断与价值选择的差异，产生不同价值判断与价值选择的冲突 ②人民群众是社会历史的主体，是历史的创造者	要自觉站在最广大人民的立场上，把人民群众的利益作为最高的价值标准，牢固树立为人民服务的思想，把献身人民的事业，维护人民的利益作为自己最高的价值追求

【例2】（多选）一段时间以来，一些人对民营经济产生错误认识，社会上出现所谓“国进民退”“民营经济退场论”等观点。为此，党中央反复强调要毫不动摇鼓励、支持和引导民营经济发展。之所以产生对民营经济的不同观点，是因为（　）

A. 社会存在决定社会意识

B. 人们的价值判断和价值选择具有主体差异性

C. 作出正确的价值判断和价值选择必须遵循社会发展规律

D. 价值观会影响人们对事物的认识和评价

【解析】社会上一些人和党中央对民营经济有着不同的观点，是因为人们的价值判断和价值选择具有主体差异性，B当选。人们的价值观不同，对事物的认识和评价往往不同，D符合题意。AC与设问构不成因果关系。故选BD。

【答案】BD

【例3】2019年是澳门回归祖国20周年，曾几何时，澳门青年谈及人生规划，大抵不离当地。而今天，港珠澳大桥连通香港、澳门与内地，原本想留在澳门的青年，选择前往深圳创业，往返两地乐此不疲。二十弱冠，澳门青年融入国家发展，为实现共同的中国梦而努力。由此可见（　）

A. 价值判断和价值选择具有社会历史性

B. 认识发展是不断用新认识否定原有认识的过程

C. 价值判断和价值选择的标准因人而异

D. 价值选择以价值判断为前提

【解析】材料中澳门青年人生规划的转变体现了价值选择和价值判断的社会历史性，A正确。认识是一个辩证发展的过程，认识发展不是用新认识否定原有认识，B错。价值判断与价值选择具有主体差异性，但其标准不是因人而异的，C错。D本身正确但与题意无关，排除。故选A。

【答案】A

19.（多选）“世界因我而美丽”“活着就是为了改变世界”，道出人生正确的价值取向。由此可见（　）

A. 人既是价值的创造者，又是价值的享受者

B. 人的价值就在于对社会的责任和贡献

C. 人的价值是在个人与社会的统一中实现的

D. 实现人生价值必须充分发挥主观能动性

20.（多选）当代国际管理界有句名言：“智力比知识更重要，素质比智力更重要，品德比素质更重要”。这种人才标准告诉我们（　）

A. 价值判断与价值选择，往往会因人而异

B. 社会提供的客观条件是实现人生价值的基础

C. 实现人生价值需要全面提高个人素质

D. 全面的能力可以为人生价值的实现提供更加广阔的空间

遵循社会发展的客观规律作出的价值判断和价值选择

党的十九大报告指出：“我们既要全面建成小康社会、实现第一个百年奋斗目标，又要乘势而上开启全面建设社会主义现代化国家新征程，向第二个百年奋斗目标进军。”从2035年到本世纪中叶，在基本实现现代化的基础上，再奋斗15年，把我国建成富强民主文明和谐美丽的社会主义现代化强国。

【例4】国内外智库和专家学者对我国的“一带一路”倡议给予了高度关注。总体而言，国际社会对中国“一带一路”所蕴含的开放包容、和平发展、互利共赢理念普遍赞誉，但也有国外专家对中国的“一带一路”是资本共富，还是“中国版马歇尔计划”进行着口水战。这是因为价值判断与选择具有（　）

A. 主体差异性　B. 阶级性

C. 社会历史性　D. 相对独立性

【解析】国际社会对中国“一带一路”有普遍赞誉，同时也有国外专家对中国的“一带一路”是资本共富，还是“中国版马歇尔计划”进行着口水战，说明了价值判断和价值选择具有主体差异性，A符合题意。阶级社会的价值判断和价值选择具有鲜明的阶级性，B不合题意。材料显示的是同一时代认识主体的不同认识，C不合题意。社会意识具有相对独立性，D错误。故选A。

【答案】A

【考点二】正确价值判断和价值选择的判断标准

（1）自觉遵循社会发展的客观规律。

（2）自觉站在最广大人民的立场上，把人民群众的利益作为最高的价值标准。

（3）自觉站在最广大人民的立场上，一切为了人民，一切依靠人民，全心全意为人民谋利益，是马克思主义的基本立场，也是马克思主义观察、分析和解决问题的根本立足点和出发点。

【例1】（多选）国务院总理李克强在主持就业工作座谈会时指出，就业是民生之本，怎么强调都不过分。就业是各级政府必须完成的硬任务，也是各个部门的共同责任。这是因为（　）

A. 人民群众是社会历史的主体和创造者

B. 人民群众是社会变革的组织者和推动者

C. 人民群众的利益是最高的价值选择标准

D. 价值判断与价值选择具有鲜明的阶级性

【解析】“就业是民生之本，怎么强调都不过分”，国家之所以重视就业这一民生问题，是因为人民群众是社会历史的主体和创造者，人民群众的利益是最高的价值选择标准。AC符合题意。人民群众是社会变革的决定力量和主力军，B说法错误。在阶级社会，价值判断与价值选择具有鲜明的阶级性，材料未涉及价值判断与价值选择的阶级性，D与题意不符。故选AC。

【答案】AC

21.（多选）王选是享誉海内外的著名科学家，他创造的计算机汉字激光照排技术，开创了汉字印刷的新时代。王选一生执着追求当代世界科学技术发展的脚步，献身科学、追求真理、勇于创新、甘于奉献。王选的事迹表明（　）

A. 人生的真正价值在于对社会的贡献

B. 人的价值就在于创造物质价值

C. 要在个人与社会的统一中实现价值

D. 实现人生价值需要充分发挥主观能动性

22.（多选）7年多来，290多万扶贫干部奔赴一线、勇挑重担、攻坚克难，有700多名扶贫干部倒在扶贫路上，涌现出了太行山上的“新愚公”李保国、时代楷模黄文秀等优秀代表。他们把自己的青春、热血乃至生命都献给了脱贫攻坚事业，生动展现了无私奉献、忘我牺牲的责任担当。这启示我们（　）

A. 个人奋斗是实现人生价值的前提

B. 实现人生价值需要价值观的指引

C. 在个人与社会的统一中实现价值

D. 要在劳动和奉献中创造人生价值

价值判断和价值选择也会变

习近平指出：落后就要挨打，贫穷就要挨饿，失语就要挨骂。形象地讲，长期以来，我们党带领人民就是要不断解决“挨打”“挨饿”“挨骂”这三大问题。前两个问题基本得到解决，但“挨骂”问题还没有得到根本解决。争取国际话语权是我们必须解决好的一个重大问题。我们党在不同历史阶段为自己确立的目标和完成的历史任务不同，是因为价值判断和价值选择会因时间、地点和条件的变化而不同。

【例2】（多选）梁家河、正定、宁德、十八洞村、华茂村、大凉山……串串足印串起不同的地名，贯通着同样的为民情怀："我将无我，不负人民"。"为民情怀"体现了习近平总书记（ ）

A. 把人民群众想法作为人生理想追求的根本出发点

B. 重视人民利益并使之成为国家民族进步根本动力

C. 坚持群众观点，践行群众路线，全心全意为人民

D. 在正确价值判断基础之上作出了正确的价值选择

【解析】"为民情怀"坚持了群众观点，践行而来群众路线，是在正确价值判断的基础上作出正确的价值选择的体现，CD应选。"为民情怀"把人民群众的根本利益作为人生理想追求的根本出发点，A不选。矛盾是事物发展的源泉和根本动力，B不选。故选CD。

【答案】CD

【例3】（多选）"时代是出卷人，我们是答卷人，人民是阅卷人。"习近平总书记这一比喻意在告诫广大领导干部要（ ）

A. 坚持群众观点和群众路线

B. 发挥社会意识的促进作用

C. 站在人民的立场进行价值选择

D. 在价值选择的基础上作出价值判断

【解析】"人民是阅卷人"说明广大领导干部要坚持群众观点和群众路线，从群众中来，到群众中去，为人民群众服务，站在人民的立场进行价值选择。AC符合题意。先进的社会意识起促进作用，B错误。在价值判断的基础上进行价值选择，D错误。故选AC。

【答案】AC

【例4】（多选）在快步迈进高铁时代的今天，某省西部山区仍有4趟没有空调、没有餐车，没有卧铺的绿皮"慢火车"，每天载着沿线群众穿行在脱贫攻坚片区，为沿线的菜农、果农、居民、铁路职工和学生提供交通服务，又因票价便宜，被誉为"扶贫公益慢火车"。运行"慢火车"（ ）

A. 作出了正确的价值判断和价值选择

B. 是自己否定自己、自己发展自己的体现

C. 坚持了群众观点和群众路线

D. 正确处理了主次矛盾之间的关系

【解析】"扶贫公益慢火车"，这说明运行"慢火车"是作出了正确的价值判断和价值选择，坚持了群众观点和群众路线，AC符合题意。辩证的否定是自己否定自己、自己发展自己，材料未体现，B排除。材料未涉及正确处理主次矛盾之间的关系，D不符合题意。故选AC。

【答案】AC

23.（多选）习近平总书记给郑州圆方集团职工回信，勉励广大劳动群众弘扬劳动精神，克服艰难险阻，在平凡岗位上续写不平凡的故事。这告诉我们，实现人生价值（ ）

A. 需要充分发挥主观能动性

B. 需要努力发展自己的才能

C. 需要顽强拼搏、自强不息

D. 只需个人持续不断地努力

24.（多选）2020年11月24日，全国劳动模范和先进工作者表彰大会在北京隆重举行。这些劳动模范无一不自觉地在中华民族伟大复兴的奋斗过程中，以自身的辛勤劳动实现爱国情、强国志、报国行。这表明（ ）

A. 要在劳动与奉献的实践活动中回报社会

B. 广大劳动群众引领社会不断地向前发展

C. 人既是价值的创造者又是价值的享受者

D. 社会的客观条件是实现人生价值的前提

互动训练答案

1.C 2.B 3.B 4.BD 5.D 6.B 7.ABD 8.BD 9.C 10.D 11.C 12.B 13.BC 14.CD 15.CD 16.BCD 17.D 18.A 19.BC 20.CD 21.ACD 22.CD 23.ABC 24.AC

个人利益与国家利益发生

2018年8月20日，第18号台风"温比亚"过境辽宁省大连市。受其影响，停靠在中国船舶重工集团有限公司第七六0研究所的国家某重点试验平台出现重大险情。危急关头，第七六0研究所党委委员、副所长黄群带领多名同志组成抢险队，对试验平台进行加固作业。作业过程中，黄群、宋月才、姜开斌同志不幸被巨浪卷入海中英勇牺牲……他们用宝贵生命践行了共产党员随时准备为党和人民牺牲一切的初心和誓言。

第三节　价值创造和实现

本课修订

培育和践行社会主义核心价值观；劳动是人类最基本的实践活动；当代中国，人民对美好生活的向往就是中国共产党的奋斗目标，而美好生活必须通过全体人民共同奋斗才能得到；创造和实现人生价值，需要锤炼品德修为，不断打牢道德根基。

·知识整合·

【知识点一】弘扬劳动精神 实现人生价值

1. 劳动是财富的源泉，也是幸福的源泉

（1）劳动是人类最基本的实践活动，也是人的存在方式。人只有在劳动、奋斗中才能（自由地彰显和发挥自己的智力和体力、意志和情感，）创造和实现自己的价值。

（2）在社会主义社会，劳动是创造人类美好生活、促进人的自由全面发展的重要手段。当代中国，人民对美好生活的向往就是中国共产党的奋斗目标，而美好生活必须通过全体人民共同奋斗才能得到。

2. 努力奉献的人是幸福的

（1）积极投身于为人民服务的实践，是实现人生价值的必由之路，也是拥有幸福人生的根本途径。

（2）为人民服务的根本目的是：贡献个人的力量，增进人民的利益，促进社会的发展。

【知识点二】在个人与社会的统一中创造和实现价值

（1）社会提供的客观条件是人们创造和实现人生价值的前提。

①人的生存条件和发展条件、享受条件和工作条件都是由社会提供的。

②必须利用社会和他人提供的各种物质条件和知识成果。

（2）人的价值只能在社会中实现。只有正确处理个人与集体、个人与社会的关系，才能在奉献社会中创造和实现自己的价值。

（3）我们强调在与社会的统一中创造和实现个人的价值，并不否认追求人的个性发展。但是，这种个性不应表现为人的怪异和陋习，应表现于对他人、对社会的独特的贡献方式。

互动训练

1.（多选）“幸福都是奋斗出来的”，天上不会掉馅饼，努力奋斗才能梦想成真。成功没有年龄界限，只有起步不同，努力的程度不同，但努力的人最美丽，努力者的世界最精彩！材料给我们的人生启示是（　）

A. 要脚踏实地，把人生奋斗目标转化为实际行动

B. 坚持价值观的指引，在奉献社会中实现人生价值

C. 必须把个人奋斗目标同国家民族的命运结合起来

D. 要树立顽强拼搏的精神，在砥砺自我中走向成功

2.（多选）中国工程院院士李玉深入贫困地区，推动建立31个食用菌技术推广基地，扶持食用菌龙头企业22个，帮扶800余个村、3.5万余贫困户实现彻底脱贫。荣获全国脱贫攻坚楷模荣誉称号后，他表示非常荣幸，但这个荣誉称号应属于食用菌行业中的每一位科研人员与从业者。这给我们的人生启迪是（　）

A. 个人与社会的统一是实现人生价值的途径

B. 人生价值的大小取决于一个人的技术素养

C. 有正确价值观的指引，必能作出杰出贡献

D. 人既是价值的创造者，又是价值的享受者

劳动是创造美好生活、促进人的自由全面发展的重要手段

全社会应当弘扬劳动精神，教育引导学生崇尚劳动、尊重劳动，长大后能够辛勤劳动、诚实劳动、创造性劳动，让劳动最光荣、劳动最崇高、劳动最伟大、劳动最美丽蔚然成风如果只是为自己、为家庭而活着，其意义是有限的。只有为国家、为社会、为民族、为集体的利益奋不顾身地工作，毫无保留地贡献出自己的聪明才智，这样的人生才有真正的意义，才是光荣的人生、闪光的人生。

【知识点三】在砥砺自我中创造和实现价值（主观因素）

（1）创造和实现人生价值，充分发挥主观能动性，需要顽强拼搏、自强不息的精神。只有奋斗的人生才称得上幸福的人生，奋斗本身就是一种幸福。

（2）创造和实现人生价值，需要努力增长自己的才干，全面提高个人素质（思想政治素质、道德素质、科学文化素质、心理素质和身体素质）。人生价值的创造和实现过程是个人在实践和认识活动中施展自己能力的过程。

（3）创造和实现人生价值，需要有坚定的理想信念，需要正确价值观的指引。我们学会辨别是与非，排除外界的干扰，坚持正确的理想信念，时刻用正确的价值观指导自己，沿着正确的人生道路前进。

（4）创造和实现人生价值，需要锤炼品德修为，不断打牢道德根基。自觉树立和践行社会主义核心价值观，弘扬中华传统美德，把正确的道德认知、自觉的道德养成、积极的道德实践紧密结合起来，不断修身立德，打牢道德根基。只有这样，我们才能在人生道路上走得更正、走得更远。

·考点解析·

【考点一】弘扬劳动精神 实现人生价值

【例1】（多选）2021年“五一”国际劳动节到来之际，习近平总书记向全国广大劳动群众致以节日的祝贺和诚挚的慰问。他强调，劳动创造幸福，实干成就伟业。希望广大劳动群众大力弘扬劳模精神、劳动精神、工匠精神，勤于创造、勇于奋斗。之所以要大力弘扬劳模精神、劳动精神、工匠精神是因为（ ）

A. 劳动是实现人生价值的必由之路

B. 劳动群众是人民群众的主体

C. 生产活动是社会存在和发展的基础

D. 劳动群众是创造精神财富的源泉

【解析】只有在劳动和奉献中才能创造价值，说明劳动是实现人生价值的必由之路，A符合题意。劳动群众是人民群众的主体不是大力弘扬劳动精神、劳模精神、工匠精神的原因，B不符合题意。生产活动是社会存在和发展的基础，说明劳动对社会的作用，C符合题意。人民群众的社会实践是社会精神财富的源泉，D说法错误。故选AC。

【答案】AC

3.（多选）一切伟大成就都是奋斗的结果。借改革开放的东风，深圳人民秉承敢为天下先的胆魄，永葆“杀出一条血路”的闯劲，争当开拓者、实干家，造就了深圳40年的发展奇迹，同时也书写了大写的人生。这表明（ ）

A. 只要经过奋斗，个人就能够充分实现自己的价值

B. 只有在社会中，个人才能够实现自身的人生价值

C. 人的自我价值的实现以社会价值的实现为前提

D. 发挥主观能动性的程度决定着人生价值的实现

4.（多选）“一群人，一辈子，一件事”，专题片《榜样》的讲述者面孔在变，故事在变，不变的始终是使命和担当。榜样们与人民同在，将自己的事业深深扎根到为人民服务的土壤中，久久为功。从榜样的身上我们能够感受到（ ）

A. 社会提供的客观条件决定了人生价值的实现

B. 砥砺自我和不断艰苦奋斗是实现人生价值的前提

C. 人的贡献最根本的是对社会发展和人类进步事业的贡献

D. 积极投身为人民服务的实践是实现人生价值的必由之路

努力奉献的人是幸福的

雷锋在日记中写道：“我活着，只有一个目的，就是做一个对人民有用的人。”“我觉得要使自己活着，就是为了使别人生活得更美好。”“多帮助人民做点儿好事，就是我最大的快乐和幸福。”

【例2】（多选）习近平总书记指出，人世间的美好梦想，只有通过诚实劳动才能实现；发展中的各种难题，只有通过诚实劳动才能破解；生命里的一切辉煌，只有通过诚实劳动才能铸就。这说明（　）

A. 劳动是最基本的实践活动，是社会生活的本质

B. 劳动是人们全部社会关系形成和发展的基础

C. 美好生活必须通过自身的奋斗才能获得

D. 劳动是人类产生各种思想动机的物质原因

【解析】材料强调劳动的重要性，这说明劳动是人们全部社会关系形成和发展的基础，美好生活必须通过自身的奋斗才能获得，BC入选。改造自然的生产实践劳动是最基本的实践活动，A不选。社会存在是人类产生各种思想动机的物质原因，D不选。故选BC。

【答案】BC

【例3】（多选）“打工人打工魂，打工都是人上人”仿佛在一夜之间，无论蓝领白领，还是明星网红，都在自称“打工人”。奋斗是“打工人”最美的底色，在打工人语录里始终充满对美好生活的向往。“打工人”一词的流行（　）

A. 反映了社会流行语的形成发展具有自发的创造性

B. 反映了社会流行语随着社会存在的发展不断变化

C. 说明不懈奋斗能够避免人生道路上的障碍与困难

D. 体现人们对在劳动中创造和实现人生价值的认可

【解析】社会流行语的形成发展来自社会实践，并不是自发的，A错误。“打工人”一词的流行反映了社会流行语随着社会存在的发展不断变化，体现人们对在劳动中创造和实现人生价值的认可，BD正确。“能够避免人生道路上的障碍与困难”夸大了不懈奋斗的作用，C错误。故选BD。

【答案】BD

【考点二】在个人与社会的统一中创造和实现价值

【例1】在梦想小镇里创业的大学生说：“梦想小镇有阳光雨露，我们只管茁壮成长”。这告诉我们（　）

A. 人的价值只有在社会中实现

B. 努力奉献的人是幸福的

C. 只有发挥主观能动性才能人生价值

D. 只有在劳动中才能实现人生价值

【解析】“梦想小镇有阳光雨露，我们只管茁壮成长”。这告诉我们人的价值只有在社会中实现，A入选。材料并未涉及努力奉献和在劳动中实现人生价值，BD不选。实现人生价值需要发挥主观能动性，但只发挥主观能动性未必能实现人生价值，C不选。故选A。

【答案】A

5.（多选）2020年7月7日，习近平给中国石油大学（北京）克拉玛依校区毕业生回信，肯定他们到边疆基层工作的选择，并希望全国广大高校毕业生志存高远、脚踏实地，不畏艰难险阻，勇担时代使命，把个人的理想追求融入党和国家事业之中，为党、为祖国、为人民多做贡献。这说明（　）

A. 个人对社会的物质贡献高于精神贡献

B. 人是价值的创造者，也是价值的享用者

C. 应在个人与社会的统一中实现人生价值

D. 人的真正价值在于对社会的责任和贡献

6.（多选）习近平在北京大学师生座谈会上发表重要讲话强调，幸福都是奋斗出来的，奋斗本身就是一种幸福。为实现中华民族伟大复兴的中国梦而奋斗，是我们人生难得的际遇。每个青年都应该珍惜这个伟大时代，做新时代的奋斗者。这是因为（　）

A. 奋斗有利于实现人生价值

B. 奋斗能减少人生道路上的障碍与困难

C. 奋斗能让理想摆脱条件制约而变为现实

D. 奋斗有助于克服不利条件的影响而获得成功

砥砺自我中创造和实现价值

1986年，中国女排实现历史性的五连冠后，女排精神开始被人们口口相传。女排精神之所以备受推崇，最重要的是那种不畏强敌、顽强拼搏、永不言弃的精神对人的强烈的鼓舞作用。2016年，凭着这种精神，女排再次夺回了失去12年的奥运会冠军。2019年，中国女排连克强手，取得十一连胜的骄人成绩，成功卫冕世界杯冠军。

【例2】（多选）从充满青春朝气的“小青荷”、发挥余热的“银发联盟”，到疫情防控一线的国际面孔……如今，志愿服务在浙江大地日益成为一种新的生活样态，在“重要窗口”建设中大显身手。由此可见，实现人生价值（　）

A. 需要正确价值观的引导　B. 需要努力发展自身才能

C. 必须投身志愿服务　D. 必须正确处理个人与社会的关系

【解析】由题意，启示我们实现人生价值需要正确价值观的引导，必须正确处理个人与社会的关系，在为人民服务的实践中实现人生价值，AD观点符合题意。材料没有涉及实现人生价值需要努力发展自身才能，B观点与题意无关。实现人生价值必须投身为人民服务的实践，而不仅仅是投身志愿服务这一种形式，C排除。故选AD。

【答案】AD

【例3】（多选）“杂交水稻之父”袁隆平，一生躬耕田间，只为天下稻香年丰；“甜瓜院士”吴明珠，一心扎根新疆，只为岁岁瓜果飘香……原来美好生活是因为有科学家在奋斗。这启示我们（　）

A. 实践是实现人生价值的必由之路

B. 应将奉献社会作为人生的最大价值

C. 人的价值就是对社会的责任与贡献

D. 社会提供的客观条件是实现人生价值的前提

【解析】材料中“袁隆平，一生躬耕田间；吴明珠，一心扎根新疆”说明实践是实现人生价值的必由之路和奉献社会作为人生的最大价值，AB符合题意。人的价值在于对社会的责任和贡献，但不是唯一价值，C说法错误。材料中强调的是科学家的奉献精神没有体现社会提供的客观条件，D与材料无关。故选AB。

【答案】AB

【例4】（多选）2021年2月25日上午，全国脱贫攻坚总结表彰大会在京隆重举行。除安徽大湾村获全国脱贫攻坚楷模荣誉称号外，安徽还有70个个人和52个集体获得“全国脱贫攻坚先进个人”称号和“全国脱贫攻坚先进集体”称号。这些脱贫攻坚先进人物的事迹表明（　）

A. 要在个人和社会的统一中担当起时代重任

B. 追求社会价值是拥有幸福人生的根本途径

C. 国家对个人的肯定是实现人生价值的前提

D. 评价人生价值主要看对社会的责任和贡献

【解析】材料中的脱贫攻坚先进人物的事迹，表明要在个人和社会的统一中担当起时代重任，评价人生价值主要看对社会的责任和贡献，CD正确。积极投身于为人民服务的实践是拥有幸福人生的根本途径。B错误。社会提供的客观条件是实现人生价值的前提，C错误。故选AD。

【答案】AD

7.（多选）新华社文章《“中国天眼”之父南仁东病逝》这样评论南老：“23年时间里，他从壮年走到暮年，把一个朴素的想法变成了国之重器，成就了中国在世界上独一无二的项目。”南老先生的事迹启示我们（　）

A. 物质贡献比精神贡献更重要

B. 要在劳动和奉献中创造价值

C. 要充分利用社会提供的客观条件

D. 要有坚定的理想信念和正确价值观的指引

8.（多选）王黎娜大学毕业后回到家乡，带领众多农户通过科学种田，种植出了高品质的青扁豆，深受广大消费者的欢迎，当地农户们的收入逐年提高，她本人也获得“全国农村青年致富带头人”的称号，被誉为“扁豆姑娘”。“扁豆姑娘”的创业经历说明（　）

A. 积极投身社会实践是拥有幸福人生的根本途径

B. 人生价值的大小取决于为社会作出的物质贡献

C. 要在个人与社会的统一中实现人生价值

D. 只要发挥主观能动性就能实现人生价值

个人与社会的统一中实现价值

中国科学院院士马祖光是我国著名光学专家。凡是和他接触过的人都说，他在教育学生时，马祖光总是无私地和学生分享自己的经验，甘于做学生成长的基石。他不慕名利，专心科研，成为学生的榜样。他常说：“我的一切都是党给的，我要把一切献给党！”“没有大家的努力，什么事也做不成。做学问也好，做事情也罢，首先一定要做一个高尚的人。”

【例5】（多选）在抗击新冠肺炎疫情斗争中，涌现出一大批可歌可泣的先进典型。为了隆重表彰在这一斗争中作出杰出贡献的功勋模范人物，全国抗击新冠肺炎疫情表彰大会授予钟南山“共和国勋章”，授予张伯礼、张定宇、陈薇（女）“人民英雄”国家荣誉称号。这告诉我们（　）

A. 人既是价值的创造者，又是价值的享受者

B. 社会提供的客观条件是人们创造和实现人生价值的前提

C. 应该在个人与社会的统一中实现人生价值

D. 人们的社会地位不同、需要不同，价值判断和价值选择也就不同

【解析】在抗击新冠肺炎疫情斗争中，涌现出一大批可歌可泣的先进典型，因为社会和国家作出突出贡献并得到表彰，这表明人既是价值的创造者，又是价值的享受者，应该在个人与社会的统一中实现人生价值，AC入选。材料并未涉及社会提供的客观条件是人们创造和实现人生价值的前提，B不选。材料并未涉及人们的社会地位不同、需要不同，价值判断和价值选择也就不同，D不选。故选AC。

【答案】AC

【考点三】在砥砺自我中创造和实现价值（主观因素）

【例1】（多选）张定宇长期在医疗一线工作，曾带队赴汶川抗震救灾，多次参加国际医疗援助。在疫情期间作为渐冻症患者，他冲锋在前，身先士卒，带领金银潭医院干部职工共救治2800余名新冠肺炎患者，为打赢湖北保卫战、武汉保卫战作出重大贡献。荣获“全国卫生健康系统新冠肺炎疫情防控工作先进个人”称号。这体现了（　）

A. 价值观对人的活动产生积极的导向作用

B. 人生价值包括社会价值和自我价值

C. 社会提供的客观条件是实现人生价值的前提

D. 在砥砺自我中走向成功

【解析】正确的价值观对人的活动产生积极的导向作用，A错误。张定宇的事迹说明人生价值包括社会价值和自我价值，也体现了实现人生价值要在砥砺自我中走向成功，BD切题正确。材料未强调社会提供的客观条件，也就未强调社会提供的客观条件是实现人生价值的前提，C排除。故选BD。

【答案】BD

9.（多选）英雄屹立喀喇昆仑，誓死捍卫祖国领土。万千官兵克服极度高寒缺氧，守边护边、不怕牺牲，像钉子一样牢牢钉在战位上，把青春、鲜血乃至生命留在高原，筑起巍峨界碑。卫国戍边烈士陈祥榕曾写下：清澈的爱，只为中国。这启示我们（　）

A. 人的真正价值在于社会对个人的尊重和满足

B. 爱我们的祖国，积极投身为人民服务的实践

C. 要在个人与社会的统一中实现人生价值

D. 充分利用社会提供的条件实现人生价值

10.（多选）习近平总书记就关于党的建设问题指出，泰山半腰有一段平路叫“快活三里”，一些人爬累了，喜欢在此歇脚。然而，挑山工一般不在此久留，因为休息时间长了，腿就会“发懒”，再上“十八盘”就更困难了。这启示我们在加强党的建设过程中，广大党员要（　）

A. 持之以恒，充分发挥主观能动性

B. 不忘初心、牢记使命，不断砥砺自我

C. 自觉遵循社会发展的基本规律

D. 弘扬劳动精神，实现人生价值

人既是价值的创造者，又是价值的享受者

在抗击新冠肺炎疫情斗争中，涌现出一大批可歌可泣的先进典型。为了隆重表彰在这一斗争中作出杰出贡献的功勋模范人物，全国抗击新冠肺炎疫情表彰大会授予钟南山“共和国勋章”，授予张伯礼、张定宇、陈薇（女）“人民英雄”国家荣誉称号。这告诉我们应该在个人与社会的统一中实现人生价值。

【例2】（多选）王国维在《人间词话》中说：“古今之成大事业、大学问者，必经过三种之境界。‘昨夜西风凋碧树，独上高楼，望尽天涯路’，此第一境也。‘衣带渐宽终不悔，为伊消得人憔悴’，此第二境也。‘众里寻他千百度，回头蓦见，那人正在灯火阑珊处’，此第三境也。”这给我们的人生启示是（　）

A. 树立正确的人生目标和理想，对人生有着重大的指导作用

B. 实现人生价值需要有百折不挠、不怕失败的顽强奋斗精神

C. 个人的人生理想源于现实、高于现实，可自然转化为现实

D. 社会性是人的本质属性，实现人生价值需要一定的社会条件

【解析】成大事业必经过三种之境界给我们的人生启示是树立正确的人生目标和理想，实现人生价值需要有百折不挠、不怕失败的顽强奋斗精神，AB正确。理想通过实践才能转化为现实，C错误。材料不涉及人的本质属性，而且材料强调的是主观条件，该选项的说法不符合题意，D排除。故选AB。

【答案】AB

【例3】（多选）张桂梅扎根边疆教育一线40余年，用爱心和智慧点亮万千乡村女孩的人生梦想，她的先进事迹在全社会受到了广泛的关注与赞誉。2020年12月11日，张桂梅被中共中央宣传部授予“时代楷模”荣誉称号。这启示我们（　）

A. 只有走出自我的狭隘天地的人才能拥有真正的幸福

B. 社会价值的实现是个体自我完善、全面发展的保障

C. 人的价值就在于其对主体的积极意义

D. 人的自我价值是实现社会价值的前提和基础

【解析】根据题意可知，张桂梅扎根边疆教育一线40余年，用爱心和智慧点亮万千乡村女孩的人生梦想，这启示我们只有走出自我的狭隘天地的人才能拥有真正的幸福，社会价值的实现是个体自我完善、全面发展的保障，AB入选。人的价值就在于对社会的责任和贡献，C不选。实现社会价值是实现人的自我价值的前提和基础，D不选。故选AB。

【答案】AB

11.（多选）“五四精神”是指“五四运动”中的精神，其核心内容为“爱国，进步、民主、科学”。学习“五四精神”，就要把崇高的理想信念和道德品质追求融入日常的工作生活，在自己岗位上做贡献。这启示我们（　）

A. 在劳动和奉献中创造价值

B. 个人与社会的关系不具有对立性

C. 实现人生价值需要社会提供一定条件

D. 坚持正确价值取向，明德修身

互动训练答案

1.AD　2.AD　3.BC　4.CD　5.CD
6.AD　7.BD　8.AC　9.BC　10.AB
11.AD

在砥砺自我中走向成功

张定宇长期在医疗一线工作，带领金银潭医院干部职工共救治2800余名新冠肺炎患者，为打赢湖北保卫战、武汉保卫战作出重大贡献，荣获“全国卫生健康系统新冠肺炎疫情防控工作先进个人”称号。张定宇体现的人生价值包括社会价值和自我价值。

[第七课 继承发展中华优秀传统文化]

第一节 文化的内涵与功能

·知识整合·

【知识点一】文化的内涵

广义的文化是指人类认识和改造世界的一切活动及其创作的物质成果和精神成果。

狭义的文化是相对于经济、政治而言的人类全部精神现象，既包括世界观、人生观、价值观等具有意识形态性质的内容，有包括自然科学和技术等非意识形态的内容。

【知识点二】文化的作用

1.文化与政治、经济的辩证关系

（1）在人类社会发展历程中，不用时代的经济和政治，决定了不同时代的文化。经济是基础，政治是经济的集中表现，文化是经济、政治的反映。文化具有自身的传承性和相对独立性，并对经济、政治有重大影响。

（2）世界观、人生观、价值观是文化的核心，支配和影响着人们的文化实践与文化生活。人创造了文化，文化也在塑造着人。

2.文化对社会作用

（1）从本质看，文化兴国运兴，文化强民族强。文化作为一种精神力量，能够在人们认识世界、改造世界的过程中转化为物质力量。

①影响个人的成长历程，文化素养影响着人们认识世界和改造世界的效果。

②人类社会发展的历史证明，一个民族只有物质和精神都富有，才能自尊、自信、自强地屹立于世界民族之林。

（2）从性质看，文化有先进与落后、腐朽之分。落后的、腐朽的文化会阻碍社会的发展；而先进的、健康的文化会促进社会的发展。

3.文化与综合国力

（1）文化越来越成为民族凝聚力和创造力的重要源泉，越来越成为经济社会发展的重要支撑，越来越成为综合国力竞争的重要因素。（重要性）

（2）我国必须把文化建设作为社会主义现代化建设的重要战略任务，增强全民族文化创造活力，提高国家文化软实力，为经济建设提供正确的方向保证、不竭的精神动力和强大的智力支持。（必要性）

互动训练

1.（多选）针灸萌发于新石器时代，当人们发生某些病痛或不适时，用尖锐的石器按压疼痛不适的部位，可使原有的症状减轻或消失。最早的针具是砭石，继而用各种树枝作为施灸工具，逐渐发展到针灸。针灸属于文化中的（　）

A. 意识形态性质的内容
B. 非意识形态的内容
C. 自然科学和技术
D. 语言和文字

2.（多选）黄山为“三山五岳”中的“三山”之一，被誉为“天下第一奇山”，历来享有“五岳归来不看山，黄山归来不看岳”的美誉。下列景观能称得上文化景观的是（　）

A. 奇松、怪石、云海、温泉
B. 天都峰、莲花峰、光明顶
C. 岩寺文峰塔、护国慈光寺
D. 松谷摩崖石刻、松谷禅林

3.《尚书·益稷》所载“击石拊石，百兽率舞”，是模仿群兽体态动作的歌舞。“击石拊石”的“石”，即石磬，是狩猎生活的产物。这说明（　）

A. 文化是人类社会实践的产物
B. 文化是日常生活的形象表达
C. 文化是人类开化状态的标志
D. 文化是人类文明的重要内容

文化内涵的理解

1.《易经》贲卦彖传：“刚柔交错，天文也；文明以止，人文也。观乎天文，以察时变，观乎人文，以化成天下。”
2.文化开启了对美的感知。——爱默生
3.文化来源于人，也服务于人。——区文伟

【知识点三】文化与文明

1. 文化与文明内涵

文明：文明与野蛮相对立，是人类进步和开化的标志。物质方面的进步称为物质文明，精神方面的进步称为精神文明，制度方面的进步称为制度文明，生态方面的进步称为生态文明。只要文明就是积极向上的。

文化：文化有先进落后区分，反映先进的经济和政治的文化形成了先进文化，反映腐朽落后的经济和政治的文化形成了落后文化。

2. 文化与文明的关系

文化与文明都是实践的产物，其创造主体都是人。先进文化是人类文明的一项重要内容。

3. 文化与文明的区别

（1）从内容上看，文化是人类征服自然、社会及人类自身的活动、过程、成果等多方面内容的总和，而文明是指文化成果中的精华部分。

（2）从时间上看，文化存在于人类生存的始终，人类在文明社会之前便已产生原始文化，文明则是人类文化发展的一定阶段。

（3）从表现形态上看，文化是动态的渐进的不间断的发展过程，文明则是相对稳定的静态的跳跃式发展过程。

（4）文化是中性概念，文明是褒义概念。人类征服自然和社会过程中化物化人的活动、过程和结果是一种客观存在，其中既包括优秀成果，也有糟粕，既有有益于人类的内容，也有不利于人类的因素，它们都是文化。文明则和某种价值观相联系，它是指文化的积极成果和进步方面，作为一种价值判断，它是一个褒义概念。

【知识点四】文化的功能

1.引领风尚

文化引导人们认识真善美，为人们提供精神指引，提升全民族的文明素养。

2.服务社会

文化服务社会，满足人们过上美好生活的新期待，为人们提供丰富的精神食粮。

3.教育人民

文化教化育人，帮助人们提高思想道德素质、科学文化素质和身心健康素质，促进人的全面发展。

4.推动发展

文化推动发展，是国家繁荣振兴取之不尽、用之不竭的力量源泉，对提高社会文明程度具有重要作用。

4.（多选）曾国藩是晚清一位极具争议的人物，但对他的家书，无论是欣赏他的人还是鄙视他的人都推崇备至。他的家书不仅是一部记录家常的书信集，更是一部蕴藏着为人处世、持家教子的智慧书。这说明（　）

A. 文化教化育人，促进人的全面发展

B. 文化是国家繁荣振兴取之不尽的力量

C. 一定的文化是人类社会实践的产物

D. 文化需要通过一定的载体呈现出来

5.“稻花香里说丰年，听取蛙声一片。”在太湖边上的杨湾村，夜里曾“聒噪”的蛙声，如今成了农民增收的资源。有人根据当地青蛙多的特点，想到在银色月光里听着蛙唱，喝着碧螺春，可能是城里人向往的惬意生活，于是用这个文化创意建起“青蛙村”，搞起休闲游，取得了良好的经济效益。这体现了（　）

A. 文化对经济发展有促进的一面

B. 文化发展是经济发展的基础

C. 文化创意增强了人的精神力量

D. 古典文化提升了人的需求层次

文化内涵的理解

4.语言是人类文化的载体和重要组成部分；每种语言都能表达出使用者所在民族的世界观、思维方式、社会特性以及文化、历史等，都是人类珍贵的无形遗产。——周海中

5.一定的文化（当作观念形态的文化）是一定社会的政治和经济的反映，又给予伟大影响和作用于一定社会的政治和经济。——毛泽东

·考点解析·

【例1】在商朝，矫健凶猛的鸮充满了神秘感，久而久之这种神秘感转化成一种神圣的宗教崇拜，成为人们顶礼膜拜的对象，进而鸮的形象也成为地位和权力的象征。由此可见（ ）

A. 人们在社会实践中创造并享用文化

B. 自然界的事物蕴含着文化内涵

C. 精神活动与物质活动是相互依赖的

D. 文化起源于人们对自然的敬畏

【解析】材料意味着人们在社会实践中创造并享用文化，A正确。文化是人类社会所特有的，纯粹自然的东西不会蕴含文化，B错。物质活动不依赖精神活动，C错。文化源于人们的实践活动，D错。故选A。

【答案】A

【例2】（多选）2020年5月22日，李克强总理在作政府工作报告时强调，丰富群众精神文化生活。培育和践行社会主义核心价值观，发展哲学、社会科学、新闻出版、广播影视、文物等事业。在下列关于文化的叙述中，正确的是（ ）

A. 我们看的广播影视等艺术表演属于文化，文化就是指艺术

B. 每个人所具有的文化素养是天生就有的

C. 文化是相对于经济、政治而言的人类全部精神现象

D. 人类认识和改造世界的一切活动及其创作的物质成果和精神成果

【解析】文化是相对于经济、政治而言的人类全部精神现象，C符合题意。艺术只是文化的内容之一，A不符合题意。文化素养是在后天生活和实践中形成的，是人类社会实践的产物，B表述错误。D表述是广义的文化概念，D符合题意。故选CD。

【答案】CD

【例3】目前，我国有影响力的节庆活动很多，如青岛国际啤酒节、大连国际服装节、宜昌长江三峡国际旅游节、中国开渔节等。通过文化节庆活动，打造城市文化品牌，推动文化旅游产业发展，带动产业调整。这体现了（ ）

A. 文化反作用于经济

B. 文化与经济、社会发展同步

C. 文化决定经济的发展

D. 文化生产力是社会发展的基础

【解析】B观点否认了文化的相对独立性，B错误。经济决定文化，而不是文化决定经济，C错误。物质生活资料的生产活动是人类社会存在与发展的基础，D错误。由题意，体现了文化反作用于经济。故选A。

【答案】A

6.（多选）“读书，绝不只是为了混一张文凭，而是为了让你成为一个有深度懂情趣会思考的人，是为了让你在跌宕起伏的生活中，拥有处变不惊的内心。”这句话说明（ ）

A. 读书支配和影响着人们的文化实践

B. 没有文化的繁荣就不能实现国家复兴

C. 文化具有教育人民、推动发展的功能

D. 读书能够为人们提供丰富的精神食粮

7.（多选）中国有句古话“道不同不相为谋，志不同不相为友”，于是乎就有了同学圈、老乡圈、影视圈等中国社会结构中独特的文化现象——“圈子文化”。这表明（ ）

A. 文化由人类所创造，又影响着人类

B. 文化具有相对独立性

C. 只要是文化对人的影响都是积极向上的

D. 文化是人类社会特有的现象

8.阅读是一种简单的休闲与学习方式，更是一种社会行为。一个民族的精神境界取决于这个民族的阅读水平，一个书香充盈的城市才能成为美丽的精神家园。建设“书香社会”，已经刻不容缓。这表明（ ）

A. 读书可以提高社会文明程度

B. 文化是人类社会特有的现象

C. 文化为人们提供着物质财富

D. 文化具有推动社会发展的功能

文化一词

文化一词，近世以来亦用以翻译英文之Culture，二者内涵亦略可相通。Culture源于拉丁文Colere，原意乃指人之能力的培养及训练，使之超乎单纯的自然状态之上。至十七八世纪，此一概念之内涵已有相当的扩展，而重再指称一切经人为力量加诸自然物之上的成果，即文化是指一切文化产品之总和。此相当于前文所述之最后一层引申义。

【例4】全国剪纸艺术之乡河北蔚县，积极利用剪纸艺术开发旅游纪念品，使以往人们仅仅用来贴窗花、自娱自乐的小小剪纸，发展为产值数亿元的当地支柱产业。这表明（　）

A. 文化是经济的基础

B. 科技带动文化发展

C. 文化能反作用于经济，给予经济以重大影响

D. 经济促进文化发展

【解析】本题考查文化与经济的关系。经济是文化的基础，文化对经济有反作用，A错误。材料未提及科技，排除B。剪纸艺术发展成支柱产业，强调的是文化反作用于经济，给予经济以重大影响，排除D。C正确。故选C。

【答案】C

【例5】（多选）“幸福都是奋斗出来的”“我们都在努力奔跑，我们都是追梦人。”国家主席习近平在新年贺词中的金句通过中央广播电视总台和互联网已传遍了祖国大地，成为中国人民的真实写照和激励人民奋进的精神旗帜。这表明（　）

A. 文化支配和影响着人们的文化实践与文化生活

B. 铸牢中华民族共同体意识，要以认同、传承和发展共同的文化为前提

C. 优秀文化可以增强人的精神力量

D. 没有中华民族的伟大复兴，就没有文化的繁荣兴盛

【解析】世界观、人生观、价值观支配和影响着人们的文化实践与文化生活，A不选。习近平总书记在新年贺词中的金句成为中国人民的真实写照和激励人民奋进的精神旗帜，说明铸牢中华民族共同体意识，要以认同、传承和发展共同的文化为前提，优秀文化可以增强人的精神力量，BC入选。D颠倒了中华民族的伟大复兴与文化的繁荣兴盛的关系。故选BC。

【答案】BC

9.中华优秀传统文化的主要内容是核心思想理念、中华传统美德、中华人文精神等。其中，体现中华传统美德的是（　）

A. 讲仁爱、重民本、守诚信

B. 崇正义、尚和合、求大同

C. 自强不息、敬业乐群、扶危济困

D. 促进社会和谐、鼓励人们向上向善

10.中国文化的形成和发展过程，是一个以各国人民为师，不断学习和创造的过程。汉朝的张骞、班超出使西域，唐代的玄奘到“西天”取经，明代的郑和下西洋，都带回了其他国家和民族的特色文化。这体现了（　）

A. 中华文化源远流长

B. 中华文化具有包容性

C. 中华文化影响深远

D. 中华文化具有连续性

11.第二届国际文化产业博览会上，一场博物馆展区的集会正在上演：上海的精致刻在镶嵌有青铜图案的餐具中，安徽的古朴在绘有远山如黛的折扇中尽显。这从一个侧面表明中华文化（　）

A. 历史悠久、源远流长

B. 道法自然、天人合一

C. 求同存异、和而不同

D. 博大精深、特色鲜明

文化的功能

文化是民族的血脉和灵魂。文化兴国运兴，文化强国运强。当代中国，铸牢中华民族共同体意识，要以认同、传承和发展中华优秀文化为前提。没有高度的文化自信，没有文化的繁荣兴盛，就没有中华民族的伟大复兴。

第二节　正确认识中华传统文化

·知识整合·

【知识点一】中华优秀传统文化的主要内容及特点

1.中华优秀传统文化的主要内容

中华优秀传统文化的主要内容是核心思想理念、中华传统美德、中华人文精神等。

（1）核心思想理念，包括讲仁爱、重民本、守诚信、崇正义、尚和合、求大同等。

（2）中华传统美德，包括自强不息、敬业乐群、扶危济困、见义勇为、孝老爱亲等。

（3）中华人文精神，包括促进社会和谐、鼓励人们向上向善的思想文化内容。

2.中华优秀传统文化的特点

（1）中华优秀传统文化源远流长、博大精深。

（2）中华文化具有强大的凝聚性和连续性。

（3）中华文化的包容性，即求同存异和兼收并蓄。求同存异，就是能与他民族的文化和睦相处；兼收并蓄，就是能在文化交流中吸收、借鉴其他民族文化的积极成分。

【知识点二】中华传统文化的当代价值

1.对待传统文化的正确态度

（1）优秀传统文化是一个国家和民族传承和发展的根本。对待中国传统文化，应该在继承的基础上发展和创新。是一个“古为今用、推陈出新、革故鼎新”，创造新文化、发展先进文化的过程。

（2）在当代中国，学习、研究、应用传统文化，是一个“批判继承、取其精华、去其糟粕”，改造传统文化的过程，是一个“扬弃”的过程。

2.中华优秀传统文化的当代价值

（1）中华文化是中华民族共同的精神标识，涵养着中华民族共同的价值观。传承和弘扬中华优秀传统文化，能够激发民族自信心和自豪感，有助于促进民族团结，维护国家的安全和统一，铸牢中华民族的共同体意识。

（2）对中华文化的自觉传承发展不仅是我们对中华民族发展所应承

12.（多选）“玉不琢，不成器，人不学，不知义”，《三字经》里的许多做人道理对现代人仍然适用。但“君则敬，臣则忠，当顺叙，勿违背”则与现代民主思想相背离。这启示我们，对待传统文化需要（　）

A. 百花齐放，百家争鸣

B. 取其精华，去其糟粕

C. 求同存异，兼收并蓄

D. 批判继承，古为今用

13.（多选）增强作品的原创性需要我们从生活的时代里发现新问题，从过去与现在的经验中把握历史的走向，并能与更大的世界发生联系。这启示我们，文化创新需要（　）

A. 吸收、借鉴外来文化的有益成果

B. 继承中华传统文化，固守本民族的文化

C. 批判性继承传统文化，并不断推陈出新

D. 加强不同文化间合作，排斥文化竞争

中华传统文化

中国是远古人类起源的重要地区，中华文明是人类最古老的文明之一。考古发现证明，无论黄河流域、长江流域、珠江流域、辽河流域，还是北方草原、四川盆地、青藏高原、天山南北，都是孕育中华文明的摇篮。在几千年历史长河中，中国人民始终团结一心、同舟共济，建立了统一的多民族国家，形成了守望相助的中华民族大家庭，创立了多样和谐的中华传统文化。

担的天然使命，也同时是基于当代中国社会建设的实际需要。

（3）中华文明的悠久传承，是中国道路的深厚历史渊源和现实基础。弘扬中华文化，来自中国特色社会主义实践的需要。

（4）党的十八大以来习近平同志系列重要讲话中，明确肯定了中华文化是中国特色社会主义的沃土，中国特色社会主义要植根在中华文化之中，中华文化是中国特色社会主义的历史渊源。

·考点解析·

【例1】殷周影响，春战雏形；秦划时代，汉儒至尊；隋唐全盛，宋明延续，明清衰落，再创辉煌。中华文化的历程说明了（ ）

A. 中华文化走在世界前列　　B. 中华文化源远流长

C. 中华文化具有封闭性　　D. 中华文化博大精深

【解析】中华文化自殷周始，隋唐全盛，明清衰落，今天再续辉煌，其历程说明中华文化源远流长，一脉相承，B符合题意。材料主旨是中华文化源远流长，既没有体现走在世界前列，也没有体现博大精深的特征，AD不符合题意。中华文化具有包容性，其发展过程不是封闭的，而是开放包容的，C错误。故选B。

【答案】B

【例2】（多选）法家是战国时期提倡以法制为核心思想的重要学派。他们提出的富国强兵、以法治国思想，对现代法治建设依然有着深远的影响。这表明中华文化（ ）

A. 源远流长　B. 博大精深　C. 极具当代价值　D. 极具包容性

【解析】法家提出的富国强兵、以法治国思想，折射出中华文化博大精深，B入选。法家对现代法治建设依然有着深远的影响，说明中华文化极具当代价值，C入选。故选BC。

【答案】BC

【例3】（多选）现在我国坚持“以人民为中心”的思想，而民本思想发端于商周交替之时的“敬德保民”思想。从“敬德保民”到“以人民为中心”，可以看到中华优秀文化（ ）

A. 薪火相传，一脉相承　B. 是最优秀的文化

C. 始终走在世界前列　D. 在今天仍有巨大影响

【解析】从商周交替之时的“敬德保民”到现在我国坚持“以人民为中心”，可以看到中华文化薪火相传，一脉相承，在今天仍有巨大影响，AD符合题意。各民族文化都是平等的，B错误。中华文化很长时间一直走在世界前列并非始终走在世界前列，C错误。故选AD。

【答案】AD

14.保护，对于破坏来说是好词汇，对于发展来说却不一定是。我们要把中国传统文化推向创新之路的时候，非要保留那么多的东西是有问题的。下列对材料的理解准确的是（ ）

A. 文化发展要继承传统，推陈出新

B. 文化发展只有继承才能更好创新

C. 文化发展要与时俱进，去其糟粕

D. 传统文化缺的不是保护而是创新

15.（多选）中国诗词起源于上古的社会生活，记录了一代又一代文人雅士的家国情怀，凝练的语言蕴含着寓意深刻的哲理和优美的意境，是中国诗词屹立于世界文史的独特标志。这表明中华文化（ ）

A. 是人们在社会实践中创造的

B. 体现重民本的核心思想理念

C. 是中华民族独特的精神标识

D. 是各民族文化共同熔铸而成的

16. “从最早的历史记录以来，没有一桩伟大的事业能像上个世纪后半期一个主要的民族（指土尔扈特人）跨越亚洲无垠的草原东返祖国那样轰动于世界和激动人心的了。”（英国作家德昆赛著《鞑靼人的反叛》）土尔扈特蒙古部族历经万里跋涉，重返祖国的壮举充分展现了中华民族（ ）

A. 团结统一的精神

B. 勤劳勇敢的精神

C. 爱好和平的精神

D. 自强不息的精神

中华传统文化

中华民族具有五千多年连绵不断的文明历史，创造了博大精深的中华文化。中华文化是中华民族勤劳智慧、自强不息创造得来的。中华文化是我国各民族在交流、碰撞、交锋中发展起来的，也是在与世界各国文化的交流、碰撞、交锋中发展起来的。一方面，各民族文化相互交融、相互促进，共同熔铸了灿烂的中华文化，成为中华民族独特的精神标识；另一方面，中华文化注重吸收和借鉴外来文化的有益成果，不断增强其包容性，促进了自身的发展。

【例4】（多选）漫画《任重道远》启示我们，要对中华文化充满自信。这种底气源于（ ）

A. 中华文化是我们今天的一笔财富

B. 中华文化源远流长、博大精深

C. 中华文化比其他民族文化更优越

D. 中华优秀传统文化具有当代价值

【解析】传统文化既有精华、也有糟粕，优秀传统文化是我们宝贵的财富，A不选。B是中华优秀传统文化的特点，D是中华优秀传统文化的作用，入选。各民族文化都是世界文化的重要组成部分，是平等的，C说法错误。故选BD。

【答案】BD

【例5】（多选）每年播出的晚会，既表达了中华民族喜迎新年的共同心愿，又体现了各民族欢度节日的不同特点；既体现传统文化的厚重，又展示了现代元素的精彩。春晚是源于生活、不断创新且深受观众喜爱的晚会。材料表明（ ）

A. 人们在社会实践中创造了文化，文化也通过特定的活动深刻影响着人

B. 教育通过选择、传递、创造文化等功能，展示中华文化的深厚底蕴

C. 民族节日是一个国家历史文化成就的重要标志，有利于展现文化的多样性

D. 春晚在继承中不断发展传统文化，有利于发挥优秀传统文化的积极作用

【解析】春晚是源于生活、不断创新且深受观众喜爱的晚会，表明人们在社会实践中创造了文化，文化也通过特定的活动深刻影响着人；春晚既表达了中华民族喜迎新年的共同心愿，又体现了各民族欢度节日的不同特点。既体现了传统文化的厚重，又展示了现代元素的精彩，表明春晚在继承中不断发展传统文化，有利于发挥优秀传统文化的积极作用，AD符合题意。材料强调春晚在传承文化中的作用，不体现教育在文化传承中的作用，B与题意不符。文化遗产是一个国家历史文化成就的重要标志，C错误。故选AD。

【答案】AD

17.（多选）在社会主义革命和建设时期，中国共产党继续弘扬中华民族精神，不断为中华民族精神增添新的时代内容。下列属于这一内容的有（ ）

A. 大庆精神

B. 载人航天精神

C. 长征精神

D. 延安精神

18.（多选）中央电视台制作的《信·中国》节目以“信”为载体，集中展现近百年来共产党员的书信，其内容充满了“发现、感动、震撼、振奋”的力量。这一节目的播出（ ）

A. 有利于弘扬和传承传统美德

B. 彰显我们最深厚的文化软实力

C. 能弘扬主旋律，传播正能量

D. 帮助人们提高了科学文化素质

互动训练答案

1.BC 2.CD 3.A 4.AD 5.A
6.CD 7.AD 8.A 9.C 10.B
11.D 12.BD 13.AC 14.C 15.AC
16.A 17.AB 18.AC

“世界第八奇迹”

秦始皇陵兵马俑对研究军事史、艺术史、科学史的研究具有独特的价值，它再现了2200年前中国雕塑艺术的辉煌成就，为世界了解中国古代文明提供了有利的条件。它和埃及、希腊等地的艺术精品的不同之处是以磅礴的气势、巨大的规模、严整独特的艺术结构震惊世界。它使我们仿佛置身于秦朝，看到了雄才大略的秦始皇正指挥着千军万马，进行着统一六国的伟大事业。

第三节　弘扬中华优秀传统文化与民族精神

• 知识整合 •

【知识点一】创造性转化与创新性发展

1.创造性转化的要求

实现中华优秀传统文化创造性转化，必须按照当今时代的特点和要求，对传统文化中有借鉴意义的内涵和陈旧的表达形式予以改造，转化为符合时代特点和要求的新内涵和新的呈现形式，使之与当代文化相适应、与现代社会相协调。

2.创新性发展的要求

实现中华优秀传统文化创新性发展，必须按照当今时代社会生活和社会实践的进步和发展，对中华优秀传统文化的内涵进行补充、拓展和完善，使之成为适合当今时代实践和社会发展要求的文化形式。

3.创造性与创新性的关系

两者密切相关，是前后相继的关系。创造性转化是创新性发展的前奏，创新性发展是创造性转化的升华。

【知识点二】弘扬中华民族精神

1.中华民族精神的基本内涵

在五千多年的发展中，中华民族形成了以爱国主义为核心，团结统一、爱好和平、勤劳勇敢、自强不息的伟大民族精神。

2.中华民族精神的核心

中华民族精神是一个博大精深的思想体系。它的核心内容（基本思想）是以爱国主义为核心的伟大创造精神，伟大奋斗精神，伟大团结精神，伟大梦想精神。

3.中华民族精神作用

（1）凝聚力量的作用；激励人心的作用；具有“支柱”功能；指路明灯”的作用。

（2）是中华民族之魂。民族精神始终是维系各族人民共同生活的精神纽带；支撑中华民族生存、发展的精神支柱；推动中华民族走向繁荣、强大的精神动力。

（3）中华民族精神是中华民族永远的精神火炬。中华民族精神集中体现了中华民族的整体风貌和精神特征，体现了中华民族共同的价值追求。

互动训练

1.（多选）源远流长、博大精深的中华优秀传统文化，积淀着中华民族最深层的精神追求，包含着中华民族最根本的精神基因。社会主义核心价值观只有植根于中华优秀传统文化的土壤中，才能被人们普遍理解和接受，才能为人们自觉遵守和奉行，成为中国人民的价值追求和行为规范。这从一个侧面表明社会主义核心价值观（　）

A. 代表着中华民族独特的精神标识

B. 离不开中华优秀传统文化的涵养

C. 是中华民族优秀传统文化的结晶

D. 凝结着全体人民共同的价值追求

2.习近平总书记经常在一些讲话中引经据典，如“功崇惟志，业广惟勤”“宝剑锋从磨砺出，梅花香自苦寒来”“筚路蓝缕”“胼手胝足”等。这些古语体现了（　）

A. 伟大创造精神

B. 伟大奋斗精神

C. 伟大团结精神

D. 伟大梦想精神

继承发展中华优秀传统文化

老子说：“执古之道，以御今之有。能知古始，是谓道纪。”
《周易》中说：“天行健，君子以自强不息。地势坤，君子以厚德载物。”
习近平同志经常引经据典，如“功崇惟志，业广惟勤”“宝剑锋从磨砺出，梅花香自苦寒来”“筚路蓝缕”“胼手胝足”等

【知识点三】弘扬和培育民族精神要求

在新时代，弘扬和培育民族精神，必须培育和践行社会主义核心价值观。要以培养担当民族复兴大任的时代新人为着眼点，强化教育引导、实践养成、制度保障，发挥社会主义核心价值观的引领作用，实现中华民族伟大复兴的中国梦。

·考点解析·

【考点一】文化创新的途径

1. 立足于社会实践

立足于社会实践是文化创作的基本要求，也是文化创新的根本途径。

2.继承传统，推陈出新

在社会实践的基础上，文化创新既是一个"取其精华、去其糟粕"，改造传统文化的过程，又是一个"推陈出新、革故鼎新"，创造新文化、发展先进文化的过程。

3.面向世界，博采众长

在社会实践的基础上，不同民族文化之间的交流、借鉴与融合，既是人类文明发展的重要动力，也是文化创新必然要经历的过程。实现文化创新，需要博采众长。

4.繁荣文化的必由之路

在时代的新起点上激发全民族文化创造活力，推动文化内容形式、体制机制、传播手段创新，解放和发展文化生产力，不断提高国家文化软实力。

5.坚持正确的发展方向

人民群众是社会实践的主体，也是文化创造的主体。文化创新要立足于发展中国特色社会主义的实践，着眼于人民群众不断增长的精神文化需要。

6.克服几种错误倾向

要正确把握好当代文化与传统文化、民族文化与外来文化的关系，反对"守旧主义"和"封闭主义"，反对"民族虚无主义"和"历史虚无主义"的错误倾向。

3.（多选）回眸改革开放以来中国几十年的发展，这不仅在于我国拥有"中国道路"，也在于拥有"中国精神"。正是"中国精神"造就了我国遇难不惧的定力、化危为安的魄力。这说明中华民族精神（　）

A. 弘扬了中华传统文化的先进性

B. 是中华民族永远的精神火炬

C. 为中国的发展提供强大精神动力

D. 随着时代变化不断丰富

4.（多选）"天眼之父"南仁东扎根贵州铜仁山区几十年，从"天眼"选址、立项到可行性研究，把国际同行认为的"痴人说梦"变成了现实。由此可见，南仁东身上折射出中国人民具有（　）

A. 伟大的创造精神

B. 伟大的奋斗精神

C. 伟大的团结精神

D. 伟大的梦想精神

如何实现文化创新？

①文化创新要立足于社会实践，立足于社会实践是文化创新的根本途径。②实现文化创新必须面向世界，博采众长。在文化交流、借鉴与融合的过程中，必须以世界优秀文化为营养，充分吸收外国文化的有益成果，在学习和借鉴其他民族优秀文化成果时，要以我为主，为我所用。

【例1】（多选）《哪吒之魔童降世》等影片在传统文化中融入时代语境，使得传统文化迸发新活力，展现新魅力。由此可见（　）

A. 优秀传统文化因创造性转化而具有生命力

B. 注入时代精神是对传统文化创新的要求

C. 文化创新的价值在于发掘传统文化的价值

D. 传统文化的传承在于在实践中丰富其基本内涵

【解析】在传统文化中融入时代语境“使得传统文化迸发新活力”，说明了优秀传统文化因创造性转化而具有生命力，A入选。“在传统文化中融入时代语境”体现了对传统文化注入时代精神，B入选。发掘传统文化的价值（文化继承）在于为文化创新（发展）服务，这种说法颠倒了文化继承与文化发展的关系，C不选。传统文化的基本内涵保持不变，具体内涵因时而变，D错误。故选AB。

【答案】AB

【例2】（多选）红色文化内蕴含人、物、事，唯有将人、物、事展现好，使红色文化与时代合拍，符合大众心理诉求，才能更好地用红色文化滋养大众。这告诉我们红色文化的传承需要（　）

A. 弘扬伟大的梦想精神　B. 积极弘扬传统文化

C. 与时代精神相结合　　D. 创造性转化与创新性发展

【解析】材料讲的是红色文化的传承，与梦想精神无关，A不符合题意。要积极弘扬优秀的传统文化，因此B说法错误。使红色文化与时代合拍，是指要将传统的红色文化与时代精神相结合。要将优秀的传统文化进行创新性发展，符合时代的潮流，CD符合题意。故选CD。

【答案】CD

【例3】（多选）讲仁爱、重民本、守诚信、崇正义、尚和合、求大同是我国传统文化中的美好品德。《中华人民共和国民法总则》将这些思想贯彻其中，将社会主义核心价值观写入首条，明确了整部民法典的核心和灵魂。这启示我们要（　）

A. 加强传统文化的积累，促进文化的发展

B. 将中华优秀传统文化内化于心、外化于行

C. 推动优秀传统文化创造性转化与创新性发展

D. 加强道德和法律建设，使道德与法律合二为一

【解析】《民法总则》将我国传统文化中的美好品德贯彻其中，将社会主义核心价值观写入首条，明确了整部民法典的核心和灵魂，这启示我们要将中华优秀传统文化内化于心、外化于行，推动优秀传统文化创造性转化与创新性发展，BC正确。传统文化有精华和糟粕的区别，A说法过于绝对，使道德与法律合二为一的观点错误，AD排除。故选BC。

【答案】BC

5.一个只能出口机器设备而不是思想观念的国家，成不了世界大国。这一观点告诉我们（　）

A. 要认同、传承和发展本民族文化

B. 优秀文化能够丰富人的精神世界

C. 文化兴国运兴，文化强民族强

D. 文化具有引领风尚、教育人民的功能

6.（多选）玉器、陶器、古城、水坝……良渚古城遗址的宝贵印记，如同一封封跨越5000多年的来信，让世人重温良渚文化的脉动，追溯人类文明的源头。良渚古城遗址是（　）

A. 中华民族独特的精神标识

B. 中华文化源远流长的印证

C. 中华文化博大精深的印记

D. 全人类共同的文化财富

如何实现文化创新?

③文化创新必须继承传统，推陈出新。“取其精华，去其糟粕”、“推陈出新，革故鼎新”是文化创新的重要途径。④文化创新要坚持正确方向，克服错误倾向。要正确把握好当代文化与传统文化、民族文化与外来文化的关系，反对“守旧主义”、“封闭主义”和“民族虚无主义”、“历史虚无主义”等错误思想。

【例4】（多选）中国文学史上的多次文体、文风的革新，悉举“复古”旗帜。如陈子昂、李白“复古”以推动唐诗发展，中唐迄北宋，韩、柳、欧阳诸家发起和推动“古文运动”以促进散文变革。以下分析正确的是（ ）

A. 文学创作中的“复古”并不是对古代文学传统的简单回归

B. 在对古代文学传统的批判继承中实现创造性转化和创新性发展

C. 在古代文学创作中“复古”与“革新”是截然分开的

D. 通过“复古”以正本清源是实现文体、文风革新的根本途径

【解析】中国文学史上悉举“复古”旗帜推动了文体、文风的革新，是对古代文学传统的批判继，CD表述错误。故选AB。

【答案】AB

【考点二】文化是一个国家、一个民族的灵魂，是一个国家综合国力和国际竞争力的深层支撑。中国特色社会主义进入了新时代。在新时代，我们要推动中华优秀传统文化创造性转化、创新性发展，继承革命文化，发展社会主义先进文化，不忘本来、吸收外来、面向未来，更好地构筑中国精神、中国价值、中国力量，为人民提供精神指引。

【例1】（多选）中华民族精神的作用主要表现在（ ）

A. 始终是维系中华各族人民共同生活的精神纽带

B. 支撑中华民族生存、发展的精神支柱

C. 推动中华民族走向繁荣强大的精神动力

D. 指导中国前进方向的决定力量

【解析】本题考查的是民族精神。中华民族精神并不是指导中国前进方向的决定力量，D错误。故选ABC。

【答案】ABC

【例2】（多选）“医院是战场，作为战士，我们不冲上去，谁上去？”钟南山院士的一句话，道出了一线医务工作者舍小家为大家、无私奉献、勇于担当的精神。这些精神（ ）

A. 蕴含着伟大的爱国主义精神

B. 是创造精神和梦想精神的生动体现

C. 是每个中国人的思想品格

D. 有利于激励人民群众投身于社会主义现代化建设实践的热情

【解析】“舍小家为大家、无私奉献、勇于担当的精神”蕴含着爱国主义精神，有利于激励人民群众投身于社会主义现代化建设实践的热情，AD符合题意。B与题干无关。民族精神集中体现了中华民族的整体风貌和精神特征，体现了中华民族共同的价值追求，但并非每个中国人都具有这样的品格，C错误。故选AD。

【答案】AD

7.（多选）中国画是中华文化中的一朵奇葩。它以简单的笔墨在方寸之间融入天地万物，蕴含丰富的人生体验和感悟，而齐白石时期的中国画，已吸收了不少西方艺术的技巧，更丰富了中国画的表现力。材料反映了（ ）

A. 中华文化源远流长

B. 西方艺术是文化创新的源泉

C. 中华文化博大精深

D. 中华文化具有包容性

8.（多选）中国有悠久的饮酒传统，历史上留下了很多文人雅士品酒、写诗、作画、饯行的美谈。但后来，“酒文化”慢慢异化为另一种社交文化——“拼酒式社交”。席间人们频频举杯，看似酒酣耳热、情真意切，然而席宴散去，只剩下一群各自肝痛胃痛的人们，忍受着身体不适。这启示我们对待“酒文化”应（ ）

A. 认识到“酒文化”既有精华也有糟粕

B. 顺应时代发展，舍弃传统酒文化

C. 有鉴别地对待，批判地继承“酒文化”

D. 全盘否定，坚决抵制“酒文化”

五四精神

1919年，五四运动拉开了中国新民主主义革命的序幕，促进了马克思主义在中国的传播，推动了中国共产党的建立，形成了“爱国、进步、民主、科学”的五四精神。

【例3】（多选）“千辛万苦”去创业，“千方百计”来经营，“千家万户”搞生产，“千山万水”找市场，“千头万绪”抓根本。“五千精神”和“既能做老板，又能睡地板”的“两板精神”都是浙江精神的具体体现。浙江精神体现了民族精神的（　）

A. 团结统一　B. 爱好和平　C. 勤劳勇敢　D. 自强不息

【解析】本题考查学生调动运用知识、分析解读信息的能力。“五千精神”和“两板精神”体现了勤劳勇敢、自强不息的精神，CD正确。AB不符合题意。故选CD。

【答案】CD

【考点三】文化是民族的血脉和灵魂。文化兴国运兴，文化强国运强。当代中国，铸牢中华民族共同体意识，要以认同、传承和发展中华优秀文化为前提。没有高度的文化自信，没有文化的繁荣兴盛，就没有中华民族的伟大复兴。

【例1】（多选）李克强总理在2020年政府工作报告中指出，要努力完成全年目标任务，为把我国建设成为富强民主文明和谐美丽的社会主义现代化强国、实现中华民族伟大复兴的中国梦不懈奋斗！“不懈奋斗”是因为（　）

A. 奋斗精神是中华民族精神的重要内容，也是新时代现代化建设的精神动力

B. 奋斗精神是中华民族精神的核心，是增进民族团结的精神纽带

C. 奋斗精神形成于近代中国人民救亡图强、前仆后继的奋勇抗争之中

D. 创造更加美好的生活不能坐享其成、需要接力奋斗

【解析】爱国主义是中华民族精神的核心，B错误。奋斗精神形成于辉煌的古代中华文化之中，C错误。AD符合题意。故选AD。

【答案】AD

【例2】（多选）五十多年来，三代塞罕坝人不断传承塞罕坝精神，将荒山沙地变成绿水青山，“艰苦创业，科学求实，无私奉献，开拓创新，爱岗敬业”的塞罕坝精神是塞罕坝人特有的理想追求。对塞罕坝精神认识正确的是（　）

A. 能够为社会主义核心价值观提供理论依据

B. 是对伟大中华民族精神的不断丰富和发展

C. 是动员和鼓舞中国人民团结奋斗的一面旗帜

D. 是中华民族品格的卓越展示

【解析】A错误，塞罕坝精神是社会主义核心价值观的具体体现，但不是理论依据。C错误，爱国主义是动员和鼓舞中国人民团结奋斗的一面旗帜。故选BD。

【答案】BD

9.（多选）作为一种民间自我教化的工具，家风在中国有着悠久的历史。培育弘扬好家风，坚持从历史走向未来，在延续民族文化血脉中开拓前进，我们才能做好今天的事业。发挥家风对社会和谐、民族复兴的积极作用，必须（　）

A. 与时俱进，为家风注入时代精神

B. 继承传统，恢复儒家文化的社会主导地位

C. 认同中华文化，全面传承家风

D. 推陈出新、革故鼎新，批判继承、古为今用

互动训练答案

1. BD　2. B　3. BC　4. ABD　5. C
6. BD　7. CD　8. AC　9. AD

《弘扬“红船精神”走在时代前列》

习近平同志在《光明日报》上署名文章《弘扬“红船精神”走在时代前列》，系统阐述“红船精神”。他指出：“红船精神”正是中国革命精神之源。”“红船精神”的基本内涵是：开天辟地、敢为人先的首创精神，坚定理想、百折不挠的奋斗精神，立党为公、忠诚为民的奉献精神。

[第八课　文化传承与创新]

第一节　文化的民族性与多样性

·知识整合·

【知识点一】发展文化民族性

1.民族文化的地位

民族文化是一个民族区别于其他民族的独特标识。每个民族都有自己独特的文化，都是这个民族历史发展的产物和人民智慧的结晶，同时都借鉴融合了其他民族的文化。

2.民族文化的作用

在一个民族的历史与现实中，民族文化起着维系社会生活、维持社会稳定、激发民族创造力和凝聚力的重要作用，是一个民族生存与发展的精神根基。

3.民族文化的核心和灵魂

民族价值观是民族文化的核心和灵魂。

4.民族文化的体现

民族文化体现在民族的生活方式、生产方式、思维方式，以及民族节日、民族服饰等方面。

【知识点二】尊重文化多样性

1.文化多样性

文化多样性是人类社会的基本特征，也是人类文明进步的重要动力。每一个国家和民族的文化都扎根于本国本民族的土壤之中，各国和各民族的政治、经济等社会条件不同，形成了各具特色的民族文化。

2. 意义

文化多样性是发展本民族文化的内在要求，也是实现世界文化繁荣的必然要求。每一个民族的文化，都是人类实践创造的成果，都有其独特魅力和价值。只有保持世界文化的多样性，世界才更加丰富多彩，充满生机与活力。

3.如何尊重文化多样性

（1）原则：遵循各民族文化一律平等的原则。只有在坚持各民族平等的基础上，尊重差异，理解个性，才能做到世界各国人民相互尊重、共同发展。

（2）正确态度：

①要尊重自己民族的文化，培育好、发展好本民族文化，又要尊重其他民族文化，相互借鉴，求同存异，共同促进人类文明繁荣进步。

②我们应该面向世界，博采众长，学习、吸收和借鉴其他民族优秀

互动训练

1.文化多样性是社会发展的动力之一，它不仅是促进经济增长的因素，还是个人和群体享有智力、情感和道德精神生活的手段。我们所说的文化多样性，主要是指（　　）

A. 历史文化的多样性

B. 民族文化的多样性

C. 建筑文化的多样性

D. 文化教育的多样性

2.（多选）提起节日，中国人首先想到的是春节，贴窗花、写春联、吃团圆饭等；大多数西方人可能首先想到圣诞节、唱圣诞歌等。下列对这一现象的理解正确的是（　　）

A. 民族文化具有多样性

B. 中华传统文化源远流长

C. 民族文化表现了不同的民族情结

D. 各民族文化是根本不相容的

3.每一个民族都有自己独特的传统节日。说到我国的春节，大家立刻就会联想到，写春联，贴窗花，放爆竹，阖家团圆，辞旧迎新。这说明透过民族节日可以感受（　　）

A. 文化具有民族性

B. 文化具有时代性

C. 民族的生存方式

D. 民族的思维方式

文化具有民族性国

中国武术作为中华民族传统文化的一个有机组成部分和独特表现形式，与中国的古典哲学、政治伦理、军事思想、文化艺术、医学理论、社会习俗等相互联系、相互作用，共同组成了绚丽多姿的中国文化。它的指导思想是中国传统的“天人合一”的哲学思想。

文化成果，共同促进世界文化的繁荣。

·考点解析·

【考点】怎样尊重文化多样性?

（1）对待文化多样性的正确态度是，既要认同本民族文化，又要尊重其他民族文化，相互借鉴，求同存异，尊重世界文化多样性，共同促进人类文明繁荣进步。

（2）尊重文化多样性，首先要尊重自己民族的文化，培育好、发展好本民族文化。

（3）必须遵循各民族文化一律平等的原则。在文化交流中，要尊重差异，理解个性，和睦相处，共同促进世界文化的繁荣。

【例1】（多选）习近平在亚洲文明对话大会开幕式上的主旨演讲中提出："文明因多样而交流，因交流而互鉴，因互鉴而发展。我们要加强世界上不同国家、不同民族、不同文化的交流互鉴，夯实共建亚洲命运共同体、人类命运共同体的人文基础。"这段话说明（　）

A. 要尊重各民族的文明成果，尊重世界文化的多样性

B. 世界上林林总总的文化，都值得我们弘扬

C. 文化交流能够促进各个民族的文化创新

D. 各国应在文化上相互借鉴、共同繁荣

【解析】文化有先进和落后、科学和庸俗之分，不是所有文化都值得我们弘扬，B错误。故选ACD。

【答案】ACD

【例2】（多选）一株小草改变世界、一枚银针联通中西、一缕药香跨越古今……中医药学是中国古代科学的瑰宝，也是打开中华文明宝库的钥匙，新型冠状病毒感染疫情肆虐全球，中医药抗疫方案为全球疫情防控贡献了中国智慧，可谓是"墙里开花内外香"，其独特价值获世界认可。这表明（　）

A. 中医药文化既是民族的又是世界的

B. 文化创新要立足融通中华优秀传统文化

C. 文化创新的本质在推动传统中医药文化创造性转化

D. 永葆文化生命力需要保持文化的民族特色

【解析】题意表明中医药文化既是民族的又是世界的，也表明永葆文化生命力需要保持文化的民族特色，AD正确。文化创新要立足社会实践，B错误。文化发展应该是推动优秀传统文化创造性转化、创新性发展，而不是推动传统文化创造性转化，C错误。故选AD。

【答案】AD

4.（多选）中国和加拿大虽然远隔重洋，但中加文化相互影响、借鉴，相得益彰，譬如过春节、划龙舟等已成为加拿大盛事，而冰球、冰酒、太阳马戏团等也已为中国人所熟知。这种情况说明（　）

A. 中加文化已得到两国人民的认同

B. 文化多样性促进了中加两国文化繁荣

C. 中加文化都具有开放包容的特质

D. 文化多样性是民族的独特标识

5.（多选）壮族自古以来就以"歌的民族"闻名。壮族民歌形式、曲调、内容多样，在广大壮族地区，婚丧嫁娶、欢度节日、祈祷祝福，甚至是割草打柴、耕地插秧，都会以歌传情、以歌表意。下列对我国各民族文化的认识正确的是（　）

A. 各民族文化之间没有共同点

B. 文化多样性是民族文化的核心

C. 各民族文化都有其独特魅力和价值

D. 各具特色的民族文化异彩纷呈

6.（多选）每个民族都有其特定的文化。发生在不同民族文化之间的以一种文化去否定另一种文化，或者认为一种文化优越而另一种文化低劣，从而鄙视、耻笑另一种文化的情况都属于文化歧视现象。这启示我们（　）

A. 要在坚持各民族平等的基础上，尊重差异

B. 必须尊重世界文化的多样性

C. 要将其他民族文化与本民族文化同等对待

D. 必须承认各国文化有优劣之分

文化具有民族性

武术练功是把人作为一个整体来训练的，讲究"内练精气神，外练筋骨皮""内外合一，形神兼备"。而且，要把人放到自然中去，把人的运动同周围的环境密切联系起来。武术练功要求按不同的季节、时辰、时令等，根据自然界和人体机能的变化，采用不同的方法，来达到练习的目的。由于中国武术蕴含着深刻的哲学思想，具有修身养性的功效，因此，它在世界上有着广泛影响。

【例3】“（多选）世界是一幅绚丽的图画，七种颜色是它的基本元素；世界是一部宏大的交响乐，不同音符是它的基本单位。”从文化视角看，这句话传达的思想是（　）

A. 文化的多样性使世界文化多姿多彩

B. 尊重文化的多样性有利于实现世界文化的繁荣

C. 文化传播使各具特色的文化相互交流与融合

D. 不同的民族文化是世界文化的基本组成部分

【解析】本题考查对文化多样性的认识。题干未涉及文化传播和交流融合，C与题意无关，ABD符合题意。故选ABD。

【答案】ABD

【例4】（多选）习近平新时代中国特色社会主义思想，是当今最鲜活最管用的马克思主义，它不仅属于中国，也属于世界。由此可见（　）

A. 文化既是民族的又是世界的

B. 各民族文化既有个性也有共性

C. 中华文化具有包容性的特征

D. 不同文化交流传播中逐渐趋同

【解析】习近平新时代中国特色社会主义思想不仅属于中国，也属于世界，这说明文化既是民族的又是世界的，A正确。习近平新时代中国特色社会主义思想属于中国，这说明民族文化有个性；习近平新时代中国特色社会主义思想也属于世界，这说明各民族文化也有共性，B正确。材料没有体现中华文化具有包容性的特性，不选C。不同文化逐渐趋同的观点错误，不选D。故选AB。

【答案】AB

【例5】（多选）中国的京剧、书法、武术为世界独有，俄罗斯的芭蕾舞、意大利的歌剧享誉天下。不同国家、不同民族的文化形成了世界文化大观园。上述材料表明（　）

A. 不同的文化是有差异的，具有多样性特点

B. 不同民族的文化有优劣之别

C. 民族文化是一个民族区别于其他民族的独特标识

D. 国家的经济发展水平决定了文化发展水平

【解析】材料表明，世界文化具有多样性，民族文化是一个民族区别于其他民族的独特标识，AC符合题意。B表述错误，D不符合题意。故选AC。

【答案】AC

7.（多选）“世界是一幅绚丽的图画，七种颜色是它的基本元素；世界是一部宏大的交响乐，不同音符是它的基本单位。”从文化视角看，上面这句话要表达的思想是（　）

A. 文化的多样性使世界文化多姿多彩

B. 尊重文化的多样性才能实现世界文化的繁荣

C. 文化传播使各具特色的文化相互交流与融合

D. 尊重文化的多样性首先要认同自己民族的文化

8.风格迥异的建筑艺术杰作遍布世界各地，展现出多姿多彩的文化特色，如中国的故宫、印度的泰姬陵、麦加的神庙等，它们的不同风格体现了（　）

A. 建筑文化的多样性

B. 建筑文化是人类宝贵的文化财富

C. 建筑文化的趋同化倾向

D. 建筑文化的积极作用

9.（多选）中国拥有五千年悠久文明，拉美孕育了古老的玛雅文明、阿兹特克文明和印加文明。多年来，中拉人文交流频繁，教育、文化等领域合作蓬勃开展。这表明（　）

A. 中国首先认同其他民族的文化

B. 中拉文化相互交融，共同发展

C. 中拉文化深入交融，逐渐趋同

D. 世界文化是多样的，多姿多彩

文化具有多样性（奥运会承办国设计出不同的会徽）

历届奥运会会徽的图案虽然千差万别，但都有一个共同的标志，即相互套连的奥林匹克五环标志，同时衬以表现奥运城和东道国历史、地理、民族文化传统等特点的主体图案，使人一眼就可看出奥运会举办的时间和地点。

第二节 文化发展与人类共同价值

·知识整合·

【知识点一】文化交流与文化发展

1.文化交流的意义

文化交流是文化发展的重要动力。各民族文化之间的差异和交流对不同民族文化的发展和创新产生重要的推动作用。

2.文化交流的原则

求同存异、取长补短。

3.文化交流的要求

（1）坚持求同存异、取长补短的原则，积极推进不同民族文化的交流，推动人类文化的发展。

（2）我们应该维护各国各民族文明多样性，加强相互交流、相互学习、相互借鉴，而不应该相互隔膜、相互排斥、相互取代。

【知识点二】文化交融与文化发展

文化交融推动文化的发展。文化因交流而多彩，文化因交融而丰富。一个民族的文化成就，既是本民族人民劳动智慧的结晶，也融入了其他民族文化的有益成果；它不仅属于这个民族，而且属于整个世界。

对本国而言，人类正是通过文化交融，积极借鉴别国别民族思想文化的长处和精华，为本国本民族文化的丰富发展汲取丰富营养，增强本国本民族文化的自尊、自信、自立，也为世界文化发展繁荣作出了贡献。

对世界而言，推进人类文化交融，是让世界变得更加美丽、各国人民生活得更加美好的必由之路。

·考点解析·

【考点】文化多样性、文化交流、文化发展的关系

（1）文化多样性是文化交流的前提。文化交流是文化发展的重要动力。

（2）尊重文化多样性有利于促进文化交流，推动世界文化的繁荣和发展。

（3）开展文化交流有利于维护世界文化的多样性，文化因交流而多彩。

（4）文化的交流、借鉴和融合，可以吸收外来文化的有益成果，将其融入本民族文化的发展中，目的是发展本民族文化，而不是照搬外来文化，更不是使文化走向趋同。

10.（多选）近年来，我国在世界许多国家成功举办了“中国文化周”“中国文化月”“中国文化年”等活动，受到普遍欢迎，同时也推动了中华文化进一步走向世界。这说明（ ）

A. 中国文化逐渐成为世界主流文化

B. 文化交流能够促进中华文化传播

C. 文化既是民族的，又是世界的

D. 文化交流的目的，就在于文化传播

11.（多选）2019年10月21日，中法合拍纪录片《论语导读》的开机仪式在法国巴黎举行。该片讲述中华文明和欧洲文明相遇、相识、交流、互鉴的历史故事，探索当今世界多元文化共处共荣之道。中法合拍纪录片是基于（ ）

A. 世界各国对中华文化普遍认同

B. 文化既是民族的，又是世界的

C. 借鉴融入其他民族的文化成果

D. 文化之间相互交流、相互借鉴

文化交融

苏绣是苏州刺绣流派中的一支，它的独特之处是常以西洋油画中的人物肖像、风景等为绣稿、吸收其用光、用色和明暗关系等技法用于刺绣技法中，使得绣品立体感强、生动逼真，典型地体现了东西方艺术的结合。文化交融使苏绣不仅属于这个民族，而且属于整个世界。

【例1】（多选）翻译家许渊冲先生把“床前明月光”翻译成“Before my bed a pool of light”，将月光和思乡之情暗喻为水，让西方人体会到了中国唐诗的精妙。同时，许先生把雨果、司汤达等西方作家的著作翻译成中文，也让中国读者感受到了欧洲社会的风貌，影响了一批中国作家的创作。上述事例说明（　）

A. 文化多样性是文化创新的重要源泉

B. 中华文化与其他民族文化有相通性

C. 翻译创作将成为文化传播的主要手段

D. 文化交流促进了中华文化发展和进步

【解析】本题考查文化多样性和文化交流等相关内容。许渊冲先生的翻译创作让西方人体会到了中国唐诗的精妙，也让中国读者感受到了欧洲的风貌，这说明文化交流使中国文化“走出去”，促进了中华文化的发展，也体现了中华文化与其他民族文化有相通性，BD正确。文化创新的源泉是社会实践，而不是文化多样性，A错误。翻译创作不是文化传播的主要手段，排除C。故选BD。

【答案】BD

【例2】（多选）一种文化有了深厚的根，才能吸引外来文化，唐朝民间佛经数十倍于儒经，但中国文化并未变成印度文化，因为我们有那么强有力的文化根基。上述观点旨在说明（　）

A. 要吸收外来文化一切成果

B. 反对盲目接受任何思想文化的“封闭主义”

C. 发展中国特色社会主义文化必须坚守中华文化立场

D. 学习外来文化要坚持以我为主、为我所用

【解析】一种文化有了深厚的根，才能吸引外来文化，上述观点旨在说明我国在学习和借鉴其他民族优秀文化成果时，要以我为主、为我所用，需要保持中华文化的民族特色，要坚守中华文化立场，CD符合题意。要吸收外来文化的有益成果，AB说法错误，应排除。故选CD。

【答案】CD

12.随着我国经济的发展，中华文化在国际社会的影响力越来越大，国与国之间文化交流越发频繁。请你确定一组最符合我国对外文化交流政策或主张的关键词（　）

A. 相互借鉴　求同存异　提升文化实力

B. 尊重差异　平等协商　认同外来文化

C. 加强交流　文化共享　汲取各国文化

D. 理解个性　积极创新　舍弃民族文化

13.（多选）中式英语词汇“add oil（加油）”被英国《牛津英语词典》收录，此前，该词典先后收录了kungfu（功夫）、guanxi（关系）、tuina（推拿）等中国特有的一些词汇。与此同时，“拓扑”“博客”等舶来词也在让中文变得丰富多样。这说明（　）

A. 世界文化的交流在不断加强

B. 中英文化在不断融合中趋同

C. 汉字发明使人类文明得以传承

D. 不同文化可以相互借鉴包容

文化交流与文化发展

孔子学院增进世界各国（地区）人民对中国语言文化的了解，加强中国与世界各国教育文化交流合作，有利于促进中华文化与世界各地文化的交流与融合；发展中国与外国的友好关系，促进世界多元文化发展，构建和谐世界。各民族文化之间的差异和交流不仅不会成为文化发展和创新的障碍，反而会对不同民族文化的发展和创新产生重要的推动作用。

【例3】（多选）北京评书国家级传承人连丽如在出版评书时特别要求加上二维码，让读者扫码即能看能听。在她的不懈努力下，北京评书精彩纷呈，在年轻人中越来越流行。这启示我们，进行曲艺传承（　）

A. 要创设特定文化氛围，以良好环境给人以积极影响

B. 要处理好继承与发展的关系，在发展的过程中继承

C. 要面向世界、博采众长，在文化交流中促进文化发展

D. 要依靠科技进步改变文化传递手段，促进文化传播

【解析】材料中强调的是如何处理好文化继承与发展的关系，没有涉及文化氛围的营造，A不符合题意。继承是发展的必要前提，发展是继承的必然要求，继承与发展是同一过程的两个方面。北京评书国家级传承人出版评书时特别要求加上二维码，让读者扫码即能看能听，满足了当代人的需求，正确处理了继承与发展的关系，使文化在继承的基础上发展，在发展的过程中继承，B正确。材料中强调的是如何处理好古今文化，没有涉及中外文化，C不符合题意。通过二维码使传递文化资源的手段和方式发生了变化，极大地促进了文化传播、继承与发展，D符合题意。故选BD。

【答案】BD

【例4】近年来，我国在许多国家成功举办的“中国文化周”“中国文化月”“中国文化年”活动受到普遍欢迎，扩大了中华文化的影响。请确定一组最能符合我国对外文化交流的政策或主张的关键词（　）

A. 相互借鉴　求同存异　提升文化实力

B. 尊重差异　平等协商　认同外来文化

C. 加强交流　文化共享　汲取各国文化

D. 理解个性　积极创新　舍弃传统文化

【解析】“认同外来文化”的观点不科学，B选项错误。我们要汲取各国优秀文化，而不是汲取各国文化，C选项不选。“舍弃传统文化”的观点错误，D选项不选。故选A。

【答案】A

14.“和美之羹，在于合异。”每一种文明都是美的结晶，都彰显着创造之美，文明因多样而交流，因交流而互鉴，因互鉴而发展。我们既要让本国文明充满勃勃生机，又要为他国文明发展创造条件，让世界文明百花园群芳竞艳。对此，下列认识不正确的是（　）

A. 文明在开放中交流，在包容中发展

B. 推动相互尊重，消除文明差异以实现融合发展

C. 秉持平等和尊重，推动不同文明和谐共生

D. 以多样共存超越文明优越，以和谐共生超越文明冲突

15.（多选）中法合拍纪录片《论语导读》开机仪式于2019年10月21日在法国巴黎举行。该片将于2020年年底制作完成，并在中法两国主流媒体上同步播出。《论语导读》法文译本完成于1688年，该书分三个章节，依次翻译了《大学》《中庸》《论语》的部分内容。作者希望通过学习和研究儒家伦理完善欧洲道德，开创西方与中国思想文化初步融合的和谐局面。这说明（　）

A. 文化既是民族的又是世界的

B. 中华文化走在世界的前列

C. 文化交流有利于相互学习、借鉴

D. 中华文化具有海纳百川的胸怀

文化交流与文化发展

“一带一路”是一个建立在历史文化概念影响基础之上的文化影响力范畴，是用文化将历史、现实与未来连接在一起而成为中国面向全球化的战略架构。因此，文化是“一带一路”的灵魂。我们应当坚持文化先行，树立文化引领经济的高度自觉，推动传统文化的传承与现代文化的创新，通过进一步深化与沿线国家的文化交流与合作，促进区域合作，实现共同发展。

第三节　正确对待外来文化

知识整合

【知识点一】面向世界 博采众长

1.对待外来文化的错误观点

彻底拒斥外来文化的“文化复古主义”、盲目照搬西方文化的“全盘西化”论。

2.对待外来文化的正确态度

文化发展必须保持开放的心态。我们要学习借鉴一切有利于加强我国社会主义文化建设的有益经验、一切有利于丰富我国人民文化生活的积极成果、一切有利于发展我国文化事业和文化产业的经营管理理念和运行机制，以发展中国特色社会主义文化。

【知识点二】立足国情 交流互鉴

1.理论依据

（1）外来文化也不能直接解决中国的问题。

（2）外来文化的有益成果只有与中国具体国情相结合，才能发挥积极作用。

（3）中国共产党人把马克思主义基本原理同中国具体实际相结合，同中华优秀传统文化相结合，实现了马克思主义中国化，推动了中国革命、建设和改革的发展。

2.对待外来文化的原则

立足中国国情，实现不同文化的交流互鉴，应当坚持“洋为中用”，坚持以我为主、为我所用，坚守中华文化立场，吸收外来有益文化，推动当代中国文化发展。

考点解析

【考点】如何推动中外文化交流

（1）进行文化交流，首先要尊重本民族文化，培育好、发展好本民族文化。

（2）要树立高度的文化自信，尊重文化的多样性，遵循各民族文化一律平等的原则。在文化交流中，要尊重差异，理解个性，和睦相处，共同促进世界文化的繁荣。

16.西方文明和中国文明是花开两朵各有特色。在中西方文明全面接触、交流和碰撞的今天，有很多人云亦云的东西在干扰我们的价值判断，以致“乱花渐欲迷人眼”。为此我们应当（　）

A. 摒弃外来文化的影响

B. 维护世界文明多样性

C. 坚持文化平等的原则

D. 正确进行学习和借鉴

17.（多选）珠影乐团将《我爱你，中国》改编成大型流行交响诗画《我爱你中国》，献礼中华人民共和国成立70周年。交响诗画《我爱你中国》融合西方交响乐、当下的流行乐等音乐形式，并辅以电影画面，成为一部丰富多彩的交响诗画。这启示我们（　）

A. 要在实践的基础上吸收传统文化精华

B. 艺术形式创新能更好地展示艺术的内容

C. 要用现代流行元素颠覆传统文化的内容

D. 文化发展需要吸收和借鉴外来优秀文化

文化创新必须坚持正确方向，反对“虚无主义”“封闭主义”和“守旧主义”的错误倾向

文化复古主义：中国传统文化的千年道统不能丢弃，中国文化的唯一出路就是要重新确立传统文化的主导地位，恢复"儒教"，返回孔孟之道，在全社会提倡尊孔运动，倡导诵经复古；四书五经就是当代文化，只要念好四书五经，就能够建成文化强国。固守本民族的传统文化，不接受任何外来文化和新文化，是“守旧主义”和“封闭主义”的表现。

（3）要充分利用商业贸易、人口迁徙、教育等途径，不断创新文化传播方式；要借助大众传媒等传播手段，通过多种方式进行文化交流。

（4）既要吸收各国优秀文明成果，又要推动中华文化走向世界，做传播中华文化的使者，增强中华文化的国际影响力。

（5）既要反对拒绝接受任何外来文化的"封闭主义"，也要反对一味推崇外来文化的"民族虚无主义"。

【例1】 近代以来，对待外来文化，中国文化界曾有过两种激进的观点，即"文化复古主义"和"全盘西化"论。这两种观点的共同不足在于（ ）

A. 排斥一切外来文化　　B. 盲目照搬西方文化

C. 脱离中国实际国情　　D. 没有坚持批判继承

【解析】 本题考查对外来文化的态度。"文化复古主义"认为应该全面恢复中华传统文化，排斥一切外来文化；"全盘西化"论则全面否定中华传统文化，主张全面照搬西方文化。二者的共同点是都脱离了当时中国的实际。故选C。

【答案】 C

【例2】（多选）鲁迅在《拿来主义》中写道："我们被'送来'的东西吓怕了。先有英国的鸦片，德国的废枪炮，后有法国的香粉，美国的电影，日本的印着'完全国货'的各种小东西。于是连清醒的青年们，也对于洋货发生了恐怖。其实，这正是因为那是'送来'的，而不是'拿来'的缘故。"接着，他说："所以我们要运用脑髓，放出眼光，自己来拿！"下列对鲁迅的观点理解正确的是（ ）

A. 推动文化发展要不断继承传统、推陈出新

B. 要反对盲目照搬西方文化的"拿来主义"思想

C. 我们要保持中华传统文化的纯洁性，反对外来文化

D. 要学习借鉴一切有利于社会主义文化建设的有益经验

【解析】 本题考查对不同文化交流的认识，而不是对传统文化的态度，排除A；我们要反对排斥一切外来文化的"封闭主义"，排除C。对待外来文化，既要借鉴其优秀成果，又要坚持以我为主、为我所用，不能照搬照抄，BD正确。故选BD。

【答案】 BD

18.（多选）现代芭蕾舞剧《牡丹亭》是通过西方古典芭蕾舞与中国昆曲音乐的巧妙结合，采用西方艺术传播中国文化的形式，由中央芭蕾舞团携交响乐团共160人组成的强大阵容来完整演绎的。《牡丹亭》的成功演绎表明（ ）

A. 文化交流必须要坚守中华文化立场

B. 艺术创新需要面向世界，博采众长

C. 艺术创新必须是引进与输出的统一

D. 艺术在文化交流、借鉴中相互学习

19.（多选）国产动漫电影《哪吒之魔童降世》在传统故事外衣下讲了一个现代内核的故事，燃爆了2019年的电影暑期档。该影片制作团队运用中国元素和好莱坞现代技术，将传统文化演绎得美轮美奂。该动漫电影的成功给我们的启示是（ ）

A. 不忘未来，吸收外来

B. 古为今用，推陈出新

C. 取其精华，去其糟粕

D. 海纳百川，相互借鉴

文化创新必须坚持正确方向，反对"虚无主义""封闭主义""守旧主义"的错误倾向

全盘西化论："中国的问题根本就是整个文化的问题"，中国文化的出路就是要中国文化彻底地西化。全面否定传统文化，一味推崇外来文化，是一种"民族虚无主义"和"历史虚无主义"的表现。

【例3】随着外来文化快速涌入我国，一方面，使传统文化在产业化、文化创新方面得到了迅速的发展；另一方面，也出现部分人在思想观念、民族节日等方面盲目崇拜西方的倾向。这说明，中外文化交流（　）

A. 有利于我国汲取各国文化成果

B. 有利于推动中华文化走向世界

C. 必须增强各国对中华文化的认同

D. 必须坚持以我为主、为我所用

【解析】我国要吸取各国优秀文化成果，A错。B选项与题意不符。认同的是本民族的文化，尊重其他国家的文化，C选项排除。因为外来文化的涌入，我国传统文化得到了快速发展，但是也出现了一些不良的现象，这要求我们在文化交流过程中必须坚持以我为主、为我所用，D选项正确。故选D。

【答案】D

【例4】（多选）2016年11月18日，中国企业文化促进会在四川遂宁召开研讨会和工作年会。会议指出，要建设中国特色社会主义企业文化，为企业发展提供精神动力和文化支撑。中国特色社会主义企业文化（　）

A. 必须坚持以马克思主义为思想指导

B. 具有民族性、大众性和科学性特点

C. 来源于中国特色社会主义理论体系

D. 以满足人民的文化需求为宏伟目标

【解析】在当代中国，我们要以马克思主义为指导，建设面向现代化、面向世界、面向未来的，民族的科学的大众的社会主义文化，即中国特色社会主义文化，由此可知，AB符合题意。文化来源于社会实践，C观点错误。建设社会主义文化强国，是发展中国特色社会主义文化的宏伟目标，排除D。故选AB。

【答案】AB

20.旗袍，被誉为中国国粹和女性国服，被国务院指定为女性外交人员礼服。旗袍产生于20世纪20年代，是服装设计师在参考满族女性传统旗服和西洋文化基础上设计的一种新式时装。旗袍的设计思路说明，文化创新要（　）

A. 敢于摒弃传统，不断推陈出新

B. 善于面向世界，不断否定自身

C. 敢于破旧立新，做到雅俗共赏

D. 善于博采众长，做到中西合璧

21.（多选）今天的世界，多样性的特点仍十分突出，不同文明、不同民族、不同宗教汇聚交融，共同组成多姿多彩的世界大家庭。这从文化的角度表明（　）

A. 文化交流交融有利于世界文化繁荣发展

B. 世界文化具有多样性和趋同性

C. 社会实践的差异导致文化的差异

D. 各民族文化都是世界文化中不可缺少的色彩

互动训练答案

1.B　2.AC　3.A　4.BC　5.CD
6.AB　7.AB　8.A　9.BD　10.BC
11.BD　12.A　13.AD　14.B
15.AC　16.D　17.BD　18.BD
19.BD　20.D　21.AD

对待外来文化的正确态度

文化发展必须保持开放的心态。我们要学习借鉴一切有利于加强我国社会主义文化建设的有益经验、一切有利于丰富我国人民文化生活的积极成果、一切有利于发展我国文化事业和文化产业的经营管理理念和运行机制，以发展中国特色社会主义文化。我们应该秉承平等和尊重，摒弃傲慢与偏见，加深对自己文明和其他文明差异性的认知，推动不同文明交流。

[第九课 发展中国特色社会主义文化]

第一节 文化发展的必然选择

·知识整合·

【知识点一】中华文化复兴的必然选择

1. 中华文化在近代出现衰微

（1）中华文化曾有过辉煌的历史，在历史上曾长期走在世界前列，但到了近代却经历了衰微的过程。

（2）原因：封建专制制度日趋没落，而此时西方工业文明正取得日新月异的进步，并给中华文明带来了冲击。

2. 对中国先进文化的求索

（1）在近代的文化求索中出现了两种观点：“全盘西化”论和“文化复古主义”，结果是都不能解决中华文化向何处去的问题，无法使中华文化走上复兴之路。

（2）重振标志：马克思主义传入中国，是中华文化由衰微走向重振的重要转折点。在实现中华文化复兴的征途中，中国共产党始终代表中国先进文化的前进方向。

【知识点二】革命文化与社会主义先进文化

1.马克思主义的传入对中华文化发展的影响

（1）指明方向：以马克思主义为指导的中国共产党诞生后，把为人民谋幸福、为民族谋复兴写在自己的旗帜上，从根本上解决了中国的前途和命运问题，为中华文化发展指明了社会主义方向。

（2）转折点：马克思主义传入中国，是中华民族由衰微走向重振的重要转折点。

（3）文化发展进入新时期：中国共产党自成立以来，就以马克思主义为指导思想，肩负起实现中华民族伟大复兴的历史使命。

2.弘扬革命文化

革命文化又称红色文化，是中国共产党领导中国人民在伟大斗争中构建的文化，它以马克思主义为指导，以革命为精神内核和价值取向，继承中华优秀传统文化，借鉴世界优秀文明成果，是具有鲜明中国特色的先进文化。它是革命实践的伟大创造，是中国革命事业的精神遗产和文化传承，是中国共产党人和广大人民群众优良传统和品格风范的集中体现，是推进中华民族伟大复兴的强大精神动力。

革命文化承载着党和人民对国家独立、民族解放、人民幸福的不懈

互动训练

1.有人认为，中国文化无论在哪方面都不如西方文化，我们应该放下盲目自大的架子，死心塌地地学习西方文化。这种观点（ ）

A. 没有把握西方文化的思想内核

B. 全面否定了中华传统文化的精髓

C. 割裂了传统和现代的关系

D. 没有看到中西方文化间的联系

2.要保证文化发展沿着正确的方向、采用正确的方法进行，必须克服“守旧主义”和“封闭主义”以及“民族虚无主义”和“历史虚无主义”的错误倾向。“守旧主义”和“封闭主义”的特点在于（ ）

A. 推崇外来文化，否定传统文化

B. 前者拒绝交流，后者拒绝创新

C. 固守和批判继承本民族传统文化

D. 拒绝接受新文化和任何外来文化

对中国先进文化的求索

毛泽东同志说：“自从中国人学会了马克思列宁主义以后，中国人在精神上就由被动转入主动，从这时起，近代世界历史上那种看不起中国人，看不起中国文化的时代应当完结了。马克思主义传入中国，是中华文化由衰微走向重振的重要转折点。在实现中华文化复兴的征途中，中国共产党始终代表中国先进文化的前进方向。

追求，是中国革命的精神标识。

3.社会主义先进文化

（1）中国特色社会主义先进文化是运用马克思主义为指导进行的文化创新，它在新民主主义文化基础上建立，植根于中华优秀传统文化，立足于中国实际，吸收国外文化有益成果，通过不断的改革创新，形成了具有自己民族特性的先进文化，这本身就是文化自信的表现。

（2）社会主义先进文化的建立与发展符合先进生产力发展的要求，代表着历史发展的方向，在改革创新的实践中实现了社会主义先进文化的民族性、科学性、大众性和开放性、包容性的有机统一，有力推动着社会生产力的发展。这是社会主义先进文化的优越性所在，也是文化自信的源泉和动力。

4.中国共产党代表先进文化的前进方向

（1）中国共产党从成立之日起，既是中国先进文化的积极引领者和践行者，又是中华优秀传统文化的忠实传承者和弘扬者。

（2）在五千多年文明发展中孕育的中华优秀传统文化，中国共产党领导人民在革命、建设、改革中创造的革命文化和社会主义先进文化，积淀着中华民族最深层的精神追求，代表着中华民族独特的精神标识。

5.发展中国特色社会主义文化

（1）内涵：是以马克思主义为指导，坚守中华文化立场，立足当代中国现实，结合当今时代条件，牢牢把握先进文化的前进方向，发展面向现代化、面向世界、面向未来的，民族的科学的大众的社会主义文化。

（2）意义：只有坚持和发展中国特色社会主义文化，才能把继承中华优秀文化传统和吸收人类文化优秀成果结合起来，使悠久的中华文化焕发新的生机，实现文化强国的梦想。

（3）重要性：中国特色社会主义文化源自中华民族五千多年文明历史所孕育的中华优秀传统文化，熔铸于党领导人民在革命、建设、改革中创造的革命文化和社会主义先进文化，植根于中国特色社会主义伟大实践。

【知识点三】中国特色社会主义文化发展道路的历史必然性

1.文化生命力的判断标准

看一种文化有没有生命力：

（1）就是要看它是不是代表先进文化发展的方向。

（2）就是要看它有没有生存发展的实践土壤，人民有没有对它的需求。

2.决定因素（为什么走中国特色社会主义文化发展道路）

走中国特色社会主义文化发展道路

（1）是由人民群众根本利益决定的。

（2）是由中国共产党的性质宗旨决定的。

3.（多选）为了应对西方文化的冲击、再铸中华文化的辉煌，近代中国先进知识分子经历了艰难的求索，但无法使中华文化走上复兴之路，原因在于他们不能（　）

A. 继承发扬中华优秀传统文化

B. 面向世界，全盘吸收人类文化优秀成果

C. 解决中华文化向何处去的问题

D. 肩负实现中华民族伟大复兴的历史使命

4.中华文化曾有过辉煌的历史，但在近代却落伍了。中华文化由衰微走向重振的重要转折点是（　）

A. 中国共产党成立

B. 马克思主义传入中国

C. 生产资料公有制的确立

D. “文化复古主义”盛行

5.毛泽东说：“自从中国人学会了马克思列宁主义以后，中国人在精神上就由被动转入主动，从这时起，近代世界历史上那种看不起中国人，看不起中国文化的时代应当完结了。”此材料主要说明了（　）

A. 外国人没有理由看不起中国人和中国文化

B. 马克思主义传入中国，使中国的文化发生了重大变化

C. 马克思主义在中国得到传播

D. 马克思主义在中国传播所起的积极作用

革命文化又称红色文化

它起源于五四新文化运动和中国共产党成立，形成于新民主主义革命时期，丰富发展于社会主义革命与建设以及改革开放时期。在不同阶段，形成了红船精神、井冈山精神、长征精神、延安精神、西柏坡精神等不同的表现形态。这些革命文化，是在党和人民伟大斗争中孕育的，是无数革命先烈的鲜血和生命铸就的，是中华精神的革命创造与薪火相传，永远闪耀着光芒。

（3）是由我国社会制度、发展道路决定的。

（4）是由继承和创新中华优秀传统文化、弘扬革命文化、发展社会主义先进文化的要求决定的。

（5）是由我国文化自身发展规律决定的。

·考点解析·

【例1】“路漫漫其修远兮，吾将上下而求索。”中国人民在对先进文化的求索过程中，曾经出现过“全盘西化”论。这种论调（　）

A. 认为中国应该学习和借鉴西方的优秀文化成果

B. 认为要力保旧俗，存礼教而保国魂

C. 属于“民族虚无主义”

D. 属于闭关自守论

【解析】“全盘西化”论实质上就是一种“民族虚无主义”，C项符合题意；此论调要求全面学习西方，A表述不准确。BD两项实质上是一种“文化复古主义”。故选C。

【答案】C

【例2】（多选）在当代中国，我们要建设的是面向现代化、面向世界、面向未来的，民族的科学的大众的社会主义文化。中国特色社会主义文化（　）

A. 以马克思主义为指导

B. 反映了最广大人民的根本利益

C. 是以人民群众为创造主体的文化

D. 就是人民喜闻乐见的大众文化

【解析】D说法错误，中国特色社会主义文化不等于大众文化。ABC是对中国特色社会主义文化的正确认识，故选ABC。

【答案】ABC

【例3】（多选）建设社会主义文化强国，必须走中国特色社会主义文化发展道路，增强全民族文化创造力。为此，我们要（　）

A. 坚持社会主义先进文化前进方向

B. 以中国特色社会主义理论体系为行动指南

C. 排斥一切外来文化，发展本土乡村文化

D. 以文化强国为中心工作，全心全意搞好文化建设

【解析】建设文化强国需要以中国特色社会主义理论体系为行动指南，坚持社会主义先进文化前进方向，AB正确。建设文化强国需要向外来优秀文化学习，不能盲目排斥外来文化，C不科学，排除。以经济建设为中心，D错误。故选AB。

【答案】AB

6.中国共产党人把马克思主义基本原理同中国具体实际相结合，同中华优秀传统文化相结合，实现了马克思主义中国化，推动了中国革命、建设和改革的发展。对此理解正确的是（　）

A. 以马克思主义为指导，坚守中华文化立场

B. 吸收外来文化，推动当代中国文化的发展

C. 全面复兴传统文化，弘扬中华民族精神

D. 要立足传统文化，提高我国的文化软实力

7.可口可乐总被人们当作美国文化符号，但著名作家王蒙却说，中国的可口可乐绝非美国的可口可乐。“可口可乐在美国就是饮料，但在中国，我们根据自己的生活习惯给它扩张了很多中国化的用法。比如感冒了，用可乐煮个姜丝，我们可以把它当作中药用，这个在美国没有吧！”这说明学习借鉴外来文化（　）

A. 会给民族文化带来冲击

B. 是文化发展的动力

C. 应坚持以我为主、洋为中用

D. 改造了中国落后文化

文化发展道路的选择

1.判断一种文化是否具有生命力，就是要看它是不是代表先进文化发展的方向，就是要看它有没有生存发展的实践土壤，人民有没有对它的需求。

2.我国建设文化强国，之所以要坚持中国特色社会主义文化发展道路，是因为它立足于我国现代化建设的实际，代表先进文化的前进方向，反映了广大人民的根本利益。

【例4】中华民族由衰微走向重振的重要转折点是（ ）

A. 南昌起义

B. 马克思主义传入中国

C. 秋收起义

D. 改革开放的伟大实践

【解析】中国共产党在找到了马克思主义这一科学理论之后，从根本上解决了中国的前途和命运问题，为中华文化发展指明了社会主义方向。马克思主义传入中国，是中华民族由衰微走向重振的重要转折点。正确答案是B。故选B。

【答案】B

【例5】（多选）走中国特色社会主义文化发展道路是建设文化强国的必由之路，这是（ ）

A. 由我国社会制度、发展道路和党的性质宗旨决定的

B. 由继承和创新中华民族优秀历史文化的要求决定的

C. 由我国文化自身发展规律和人民群众根本意愿决定的

D. 由增强综合国力的基础的需要决定的

【解析】走中国特色社会主义文化发展道路是建设文化强国的必由之路，这是由我国社会制度、发展道路和党的性质宗旨决定的，是由继承和创新中华民族优秀历史文化的要求决定的，是由增强国家文化软实力的现实需要决定的，ABC符合题意。D说法错误，综合国力的基础是经济和科技。故选ABC。

【答案】ABC

【例6】（多选）选择什么样的文化发展道路、判断一种文化有没有生命力，标准是要看（ ）

A. 能不能创造经济价值

B. 人民有没有对它的需求

C. 有没有它生存发展的实践土壤

D. 是不是代表先进文化的发展方向

【解析】本题考查文化发展道路的选择。我国建设文化强国，之所以要坚持中国特色社会主义文化发展道路，是因为它立足于我国现代化建设的实际，代表先进文化的前进方向，反映了广大人民的根本利益，而不是因为它的经济价值，BCD正确。故选BCD。

【答案】BCD

8.（多选）中央广播电视总台推出纪念五四运动100周年公益广告《我们都是追梦人》，旨在鼓舞青年人努力奔跑，激扬青春梦，紧跟党的领导，做新时代的开拓者与奉献者，将爱国之情谨记于心，成为祖国明天的建设者与守护者。推出公益广告意在（ ）

A. 提高人民的思想道德素质

B. 发挥文化的主导性作用

C. 维护人民的基本文化权益

D. 坚持先进文化的前进方向

9.（多选）在当代中国，我们要发展的是面向现代化、面向世界、面向未来的，民族的科学的大众的社会主义文化。这种中国特色社会主义文化（ ）

A. 牢牢把握先进文化的前进方向

B. 汲取了人类社会一切文化成果

C. 继承和创新中华优秀传统文化

D. 推动了精神文明和物质文明同步发展

10.（多选）站在新的历史起点上，我们一定要以习近平新时代中国特色社会主义思想为指导，更加自觉地走中国特色社会主义文化发展道路。走中国特色社会主义文化发展道路（ ）

A. 是由发展社会主义先进文化的要求决定的

B. 是发展中国特色社会主义文化的宏伟目标

C. 是由中国共产党的性质宗旨决定的

D. 必须吸收外来文化，推动当代中国文化发展

中国特色社会主义文化发展道路是强国之路

只有走中国特色社会主义发展道路，才能建设社会主义文化，才能与中国特色社会主义事业“五位一体”总体布局相适应，才能与建设富强民主文明和谐美丽的社会主义现代化强国目标相衔接，才能与我国深厚的文化底蕴和丰富的文化资源相匹配。

第二节　文化发展的基本途径

·知识整合·

【知识点一】坚定理想信念　坚持以人民为中心

1.文化发展的出发点和落脚点

发展中国特色社会主义文化，必须坚持以马克思主义为指导，坚定共产主义理想信念，坚持以人民为中心，把增进人民福祉、促进人的全面发展作为出发点和落脚点。

2.文化发展的主体——人民

（1）人民是文化发展的主体，文化发展要依靠人民。

（2）文化是在人民群众伟大的社会实践活动中孕育和创造的。人民的生活是一切文化产品取之不尽、用之不竭的创作源泉。

（3）要坚持以人民为中心的创作导向，贴近人民的精神生活，热情讴歌人民群众的伟大实践，生动展示人民奋发有为的精神风貌和创造历史的辉煌业绩。

3.文化发展的根本目的

（1）人民是文化成果的最终享有者和受益者。社会主义文化是为人民大众服务的。

（2）不断满足人民多样化、多层次、多方面的精神文化需求，提高人民群众的思想文化道德素质，是发展社会主义文化的根本目的。

4.文化发展的措施

（1）加强社会公共文化服务体系建设，实现好、维护好、发展好人民群众基本文化权益。

（2）生产创作出人民喜闻乐见的优秀文化作品，让文化发展成果更好地惠及人民群众，丰富高品质文化消费产品的供给，让人民精神文化生活不断迈上新台阶。

【知识点二】立足时代之基回答时代问题

1.文化与时代的关系

（1）每一种文化都是特定时代的产物，打上了深刻的时代烙印，是时代精神的展现。

（2）文化作品只有符合人类历史前进的时代潮流，具有鲜明的时代特色，体现时代特征，反映时代风貌，才能具有恒久的魅力。

11.习近平总书记指出，独特的文化传统，独特的历史命运，独特的基本国情，注定了我们必然要走适合自己特点的发展道路。这说明建设社会主义文化强国必须（　）

A. 让各种文化在中华文化百花园中竞相开放

B. 走中国特色社会主义文化发展道路

C. 充分肯定自身文化价值，全面继承传统文化

D. 尊重世界文化多样性，坚持拿来主义

12.（多选）建设社会主义文化强国，是发展中国特色社会主义文化的宏伟目标。下列对这一宏伟目标的认识正确的是（　）

A. 它与中国特色社会主义事业总体布局相适应

B. 它是实现社会主义现代化国家的必由之路

C. 它是我国深厚文化底蕴和丰富文化资源的源泉

D. 与我国深厚的文化底蕴和丰富的文化资源相匹配

习总书记在文艺工作座谈会的重要讲话

“文艺工作者要想有成就，就必须自觉与人民同呼吸、共命运、心连心，欢乐着人民的 欢乐，忧患着人民的忧患，做人民的孺子牛。”“低俗不是通俗，欲望不代表希望，单纯感官娱乐不等于精神快乐。”“人民是文艺创作的源头活水，一旦离开人民，文艺就会变成无根的浮萍，无病的呻吟，无魂的躯壳”。

2.文化创新和发展的关键：回答时代问题，完成时代任务

问题是时代的声音，只有立足时代、解决特定的时代问题，才能推动社会进步；只有倾听特定的时代声音，才能吹响促进经济社会发展的时代号角。

【知识点三】融通不同资源，实现综合创新

1.融通不同资源的要求

发展中国特色社会主义文化，要坚持以马克思主义为指导，要融通古今中外各种资源，特别是要把握好中华优秀传统文化、国外优秀文化等资源。

2.实现综合创新的要求

（1）我们要坚持不忘本来、吸收外来、面向未来。

（2）既向内看，深入研究关系国计民生的重大课题，又向外看，积极探索关系人类前途命运的重大问题。

（3）既向前看，准确判断中国特色社会主义发展趋势，又向后看，善于继承和弘扬中华优秀传统文化精华。通过综合创新，形成民族的科学的大众的社会主义文化。

考点解析

【考点】现代文化传播的手段

1.大众传媒——文化传播的主要手段

大众传媒是指现代社会中的报刊、广播、电视、网络等多种形式的传媒。

（1）新的传媒的出现并不意味着旧的传媒的消失。

（2）传媒真正开始面向大众传递信息，是以印刷媒体的推广为标志的。

2. 大众传媒功能

依托电子技术、微电子技术、光纤通信技术、网络技术、多媒体技术等现代信息技术，大众传媒能够最大限度地超越时空的局限，汇集来自世界各地的信息，日益显示出文化传递、沟通、共享的强大功能，已经成为文化传播的主要手段。

【例1】（多选）在领导文化建设的实践中，中国共产党逐步探索并形成了中国特色社会主义文化发展道路。这条道路（ ）

A. 集中体现了党对实现民族复兴伟大梦想的文化自觉

B. 要求我们必须继承中华文化的优秀传统

C. 要求我们必须借鉴人类文化的一切优秀成果

D. 要求我们必须牢记文化建设的根基和力量在政府

【解析】文化建设的根基和力量在人民，D错误。故选ABC。

【答案】ABC

13.（多选）“敦煌，是一座举世闻名的艺术宝库；敦煌，创造了一个流经千年的文化圣殿。”2019年8月，习近平总书记在甘肃省考察调研，来到敦煌莫高窟、敦煌研究院和嘉峪关关城。他强调，我们要铸就中华文化新辉煌。为此，我们要（ ）

A. 重视历史文化保护传承

B. 增强中华民族文化自信

C. 广泛吸收外国传统文化

D. 根植于中华优秀传统文化

14.我国通常以传统文化中的代表人物或标志性符号来命名航天器或空间探测器。因此，我们在太空中看到了“嫦娥”“玉兔”“鹊桥”“悟空”……这一做法（ ）

A. 推动建立以合作共赢为核心的国际关系

B. 是对中华优秀传统文化的批判性继承

C. 显示了传承优秀传统文化的文化自信

D. 彰显了中国传统文化源远流长的特性

乌兰牧骑

成立于1957年的乌兰牧骑是活跃在内蒙古自治区的一种小型文艺演出队，60年多来，一代代乌兰牧骑队员迎风雪、冒寒暑，在戈壁、草原上辗转跋涉，以天为幕布，以地为舞台，在大草原上起舞放歌，将演出送到牧民身边，传递了党的声音和关怀。现在乌兰牧骑已经从最初的一支9人队伍发展到75支队伍、3000多名队员，犹如怒放的鲜花，点缀在广袤无垠的草原上。

【例2】（多选）在成都举行的 2020 年全国艺术创作工作会议提出，要围绕主题主线抓好文艺创作，全力实施庆祝中国共产党成立 100 周年舞台艺术精品创作工作。这说明文艺创作必须（ ）

A. 弘扬革命文化，发展先进文化

B. 坚定文化自信，全面承袭传统文化

C. 立足中国特色社会主义的伟大实践

D. 坚持为人民服务、为社会主义服务

【解析】依据题意，说明文艺创作必须立足中国特色社会主义的伟大实践，坚持为人民服务、为社会主义服务，CD符合题意。题干中不涉及革命文化，A不选。对待传统文化应取其精华、去其糟粕，“全面承袭传统文化”的说法错误，B不选。故选CD。

【答案】CD

【例3】《致青春》编剧李樯认为《致青春》6天破3亿元的票房和口碑摆在那里，数字不会骗人，市场不开玩笑，它火爆的原因之一便是，“它触发了话题，引起了众议”。这启示我们（ ）

A. 文化对人的影响有深远持久、潜移默化的特点

B. 文化建设要理解人民群众对文化的基本需求

C. 能为人民大众所喜闻乐见的文化就是社会主义文化

D. 发展文化产业是保障人民基本文化权益的主要途径

【解析】《致青春》引发青春怀旧情结，“它触发了话题，引起了众议”，满足了人民群众的基本需求，这是其火爆的原因，应选B。A项不符合题意。CD两项表述错误。故选B。

【答案】B

【例4】（多选）2020年，电影《夺冠》以1981年到2019年中国女排十夺世界冠军为主线，通过艺术形式展现了中国女排祖国至上、团结协作、顽强拼搏、永不言败的精神面貌，给观众带来心灵的震撼和鼓舞，受到普遍好评。从中可获得的启示是（ ）

A. 人民群众满意与否是衡量文艺作品价值的根本尺度

B. 优秀的文艺作品都是对现实生活的真实再现

C. 塑造典型艺术形象是艺术创作的根本价值追求

D. 反映时代精神的文艺作品能够增强人的精神力量

【解析】材料中指出《夺冠》给观众带来心灵的震撼和鼓舞，受到普遍好评，启示我们文艺创作要满足人民群众的文化需求，优秀文艺作品能够增强人的精神力量，AD正确。文艺作品是对现实生活的反映，但并不是真实的再现，是一种能动性的反映，B不选。艺术创作的根本价值追求是满足人民群众的文化需求，C不选。故选AD。

【答案】AD

15.（多选）随着物质生活的丰富发展，人们对精神文化的需求也越来越迫切。某市通过举办“文化惠民相声专场晚会”，为当地居民献上了文化盛宴，满足人民群众的精神文化需求。这启示我们发展中国特色社会主义文化应（ ）

A. 推动社会主义精神文明和物质文明协调发展

B. 坚持为人民服务、为社会主义服务

C. 坚持百花齐放、百家争鸣的方针

D. 推动中华优秀传统文化创造性转化、创新性发展

16.（多选）推动社会主义文化繁荣兴盛，发展中国特色社会主义文化，要做到（ ）

A. 推动物质文明和精神文明同步均衡发展

B. 坚持为人民服务、为社会主义服务

C. 推动传统文化创造性转化、创新性发展

D. 牢牢把握先进文化的前进方向

习近平给乌兰牧骑的回信

乌兰牧骑的长盛不衰表明，人民需要艺术，艺术也需要人民。在新时代，希望你们以党的十九大精神为指引，大力弘扬乌兰牧骑的优良传统，扎根生活沃土，服务牧民群众，推动文艺创新，努力创作更多接地气、传得开、留得下的优秀作品，永远做草原上的“红色文艺轻骑兵”。

【例5】（多选）重大革命历史题材剧《觉醒年代》在中央电视台一套隆重登场，一经开播便吸引了无数观众的目光，引发了收视热潮。作为一部主旋律剧，该剧注重年轻化表达，受到许多年轻观众的喜爱，并引发网友的广泛讨论，它让人们重新认识百年前那段可歌可泣的恢宏历史和壮美篇章。由此可见，主旋律剧要成为“下饭剧”必须（ ）

A. 坚定文化自信，理解、继承和弘扬革命文化

B. 基于真实历史事件创作，适应文化市场需求

C. 扎根文化创新的源泉，回应人民和时代需求

D. 发挥大众传媒选择、传递、创造文化的功能

【解析】“它让人们重新认识百年前那段可歌可泣的恢宏历史和壮美篇章” 说明主旋律剧要成为“下饭剧”必须坚定文化自信，理解、继承和弘扬革命文化，A符合题意。文化市场需求有优有劣，因此适应文化市场需求说法错误，B错误。“该剧注重年轻化表达，受到许多年轻观众的喜爱”说明主旋律剧要成为“下饭剧”必须扎根文化创新的源泉，回应人民和时代需求，C符合题意。大众传媒具有传递、沟通、共享的功能，D错误。故选AC。

【答案】AC

【例6】（多选）习近平指出，文艺创作不能以自己的个人感受代替人民的感受，而是要虚心向人民学习、向生活学习，从人民的伟大实践和丰富多彩的生活中汲取营养，不断进行生活和艺术的积累，不断进行美的发现和美的创造。这表明（ ）

A. 要坚持以人民为中心的创作导向，满足群众多样化的文化需求

B. 文艺创作要创造美，必须发展高雅文化

C. 文艺创作要立足生活，从丰富多彩的社会生活中汲取营养

D. 文艺创作要充分发挥创作者的主观能动性

【解析】依据题意，说明文艺创作要立足生活，从丰富多彩的社会生活中汲取营养，要坚持以人民为中心的创作导向，满足群众多样化的文化需求，AC符合。为了满足人民日益增长的美好生活需要，应该提供多种类型、多样风格的文化产品，包括经典的和流行的，传统的和时尚的，高雅的和通俗的，严肃的和娱乐的，不应只发展高雅文化，B错误。材料强调文艺创作要立足于社会实践，没有涉及发挥创作者的主观能动性的相关内容，D不符合题意。故选AC。

【答案】AC

17.（多选）社会文化多样性不排斥正确的思想导向，而且更加重视正确的思想导向。马克思主义是引领中国先进文化前进方向永不褪色的旗帜。在新阶段，发展中国特色社会主义文化，必须（ ）

A. 坚持习近平新时代中国特色社会主义思想

B. 深入推进马克思主义中国化时代化大众化

C. 以党的指导思想的一元化代替文化多样性

D. 坚持百花齐放、百家争鸣

18.（多选）实现中国梦，必然伴随着文化的复兴。中国共产党自成立以来，就以马克思主义为指导，肩负起实现中华民族和中华文化复兴的历史使命，在实践创造中进行文化创造，在历史进步中实现文化进步。这说明（ ）

A. 中国共产党是中国先进文化的积极引领者和践行者

B. 中国共产党全盘继承了中华传统文化

C. 中国共产党是中华优秀传统文化的忠实传承者和弘扬者

D. 中国共产党全盘否定了中华传统文化

文化发展的主体——人民

习近平同志指出，文艺创作不能以自己的个人感受代替人民的感受，而是要虚心向人民学习、向生活学习，从人民的伟大实践和丰富多彩的生活中汲取营养，不断进行生活和艺术的积累，不断进行美的发现和美的创造。这体现了文艺创作要立足生活，从丰富多彩的社会生活中汲取营养，要坚持以人民为中心的创作导向，满足群众多样化的文化需求。

【例7】（多选）2021 年 3 月 20 日，“考古中国”重大项目通报：四川广汉三星堆遗址新发现的六个“祭祀坑”已发掘至器物层，出土金面具残片、鸟型金饰片、金箔、眼部有彩绘铜头像、巨青铜面具、青铜神树、象牙、精美牙雕残件、玉琮、玉石器等 500 余件重要文物。同时“考古中国”积极响应党中央关于考古工作的精神，“努力建设中国特色、中国风格、中国气派的考古学”，向世界展示中华文明的灿烂成就。这有利于（ ）

A. 更好地认识中华文明起源和历史发展的脉络

B. 寻根固本传承中国特色社会主义先进文化

C. 全面继承中华传统文化，增强中华文化魅力

D. 坚定文化自信，为民族复兴注入强大动能

【解析】“努力建设中国特色、中国风格、中国气派的考古学”，向世界展示中华文明的灿烂成就，这有利于更好地认识中华文明起源和历史发展的脉络，也有利于坚定文化自信，为民族复兴注入强大动能，AD正确。材料有的是文化遗产，不涉及“中国特色社会主义先进文化”，B排除。中华传统文化既有精华也有糟粕，不能全面继承，C排除。故选AD。

【答案】AD

【例8】（多选）中华文化源远流长，而“年”更是“平凡里的深刻文化”，是家文化的浓缩，是民族智慧的体现。当今中国的春节文化也在打动着世界，迎接农历新年的活动在海外一年比一年火爆，越来越多的外国人开始学着“过年”，共同品味中国春节里蕴含的丰富传统文化。中华优秀传统文化走向世界有利于（ ）

A. 坚守中华文化的基本立场，保持中华文化特性

B. 彰显中华文化的魅力，引领世界文化发展

C. 坚定文化自信，增强中华文化国际影响力

D. 促进不同文化的交流互鉴，丰富繁荣世界文化

【解析】题干旨在说明中华优秀传统文化走向世界，“坚守中华文化的基本立场，保持中华文化特性”与题意无关，A错误。选项中“引领世界文化发展”说法有误，B错误。中华优秀传统文化走向世界，有利于促进不同文化交流互鉴，丰富繁荣世界文化，坚定文化自信，增强中华文化国际影响力，文化自信，更好地发展中国文化，CD正确。故选CD。

【答案】CD

19.（多选）瞿秋白、张太雷、恽代英是中国革命早期的著名英烈，并称为“常州三杰”。“常州三杰”精神，是变革图强的爱国精神、心系人民的献身精神、积极探索的创新精神、坚持不懈的求知精神、胸怀大志的奋斗精神的统一。当前，弘扬“常州三杰”精神（ ）

A. 有利于继承和发扬中国革命文化

B. 彰显了以创新为核心的中华民族精神

C. 有利于践行社会主义核心价值观

D. 可以决定社会主义文化的发展方向

20.（多选）2021年9月30日是我国的第8个烈士纪念日，山西省举行了“缅怀先烈志，哀思祭忠魂”的活动。举行该活动的意义在于（ ）

A. 铭记历史，弘扬中华民族精神

B. 不忘初心，继承中华传统文化

C. 面向未来，开拓文化发展方向

D. 凝魂聚气，加强精神文明建设

互动训练答案

1.B 2.D 3.CD 4.B 5.B 6.A 7.C 8.AD 9.AC 10.AC 11.B 12.AD 13.AB 14.C 15.AB 16.BD 17.AB 18.AC 19.AC 20.AD

下面的三种观点对吗？

观点一：博古可以通径，既然我们有深厚的文化传统，我们就直接从古人那里寻找解决现实问题的答案好了。

观点二：西方发达国家是市场经济成熟的国家，我们只需要坚持价值观移植过来即可。

观点三：马克思是"千年第一思想家"，他的理论能够帮助我们正确地认识、改造世界。

第三节　文化强国与文化自信

知识整合

【知识点一】建设文化强国

1.建设文化强国，要弘扬主旋律，传播正能量

大力发展先进文化，支持健康有益文化，努力改造或剔除落后文化，坚决抵制、依法取缔腐朽文化，是我们加强文化建设的必然要求。（文化建设的基本要求）

2.建设文化强国，要培育和践行社会主义核心价值观

要用社会主义核心价值观凝魂聚力，发挥社会主义核心价值观对国民教育、精神文明创建、精神文化产品创作生产传播的引领作用，为中国特色社会主义事业提供源源不断的精神动力和道德滋养。

3.建设文化强国，要提高人们的道德修养和科学文化修养

（1）人民有信仰，国家有力量，民族有希望。

（2）要广泛开展理想信念教育，引导人们树立正确的历史观、民族观、国家观、文化观。

（3）要加强社会公德、职业道德、家庭美德、个人品德教育，大力弘扬中华传统美德，激励人们向上向善、孝老爱亲，忠于祖国、忠于人民。

（4）要弘扬科学精神，普及科学知识，弘扬时代新风。

4.建设文化强国，要推动文化事业和文化产业发展

（1）建立健全把社会效益放在首位，社会效益和经济效益相统一的文化创作生产体制机制，繁荣发展社会主义文艺，大力发展文化事业，加快发展现代文化产业，提高公共文化服务水平，提升文化产品的质量。

（2）推进国际传播能力建设，讲好中国故事，展现真实、立体、全面的中国，让国外民众深化对中国的认识，加深对中华文化的认识和理解，展示中华文化独特魅力。

【知识点二】坚定文化自信

1.坚定文化自信的原因（为什么）

（1）文化自信是一个国家、一个民族发展中更基本、更深沉、更持久的力量。

（2）坚定文化自信，事关国运兴衰，事关文化安全，事关民族精神

互动训练

1.习近平总书记在党的十九大强调，一个国家、一个民族发展中更基本、更深沉、更持久的力量是（　）

A. 道路自信　B. 理论自信
C. 制度自信　D. 文化自信

2.（多选）发展中国特色社会主义文化，要以马克思主义为指导，坚守中华文化立场，立足当代中国现实，结合当今时代条件，发展面向现代化、面向世界、面向未来的，民族的科学的大众的社会主义文化。发展中国特色社会主义文化，要“坚守中华文化立场，立足当代中国现实，结合当今时代条件”的意义在于（　）

A. 有利于中华文化在世界文化中保持其独特魅力
B. 有利于全面吸收外来文化，促进自身发展
C. 有利于文化实现创造性转化、创新性发展
D. 有利于中华文化与世界文化相互融合走向同一

文化事业和文化产业

文化事业是指以弘扬主旋律为目的的文化活动及其产品，它不以赚钱为目的。文化产业是以营利为目的的文化活动及其产品。文化事业具有创造性和公益性，不以营利为目的；文化产业带有消遣性、娱乐性、益智性和营利性。文化产业以文化事业为基础，文化事业以文化产业为支撑。发展文化事业和文化产业都要把社会效益放在首位。

独立性。

（3）没有高度的文化自信，没有文化的繁荣兴盛，就没有中华民族伟大复兴。

2.坚定文化自信要求（如何坚定文化自信）

（1）文化自信离不开经济的发展和政治制度的完善。

①我们坚持中国特色社会主义道路、理论和制度，社会主义民主政治、经济社会不断发展，人民生活水平不断提高，综合国力显著增强，国际地位不断提升，社会主义中国以前所未有的雄姿屹立在世界东方。

②中国特色社会主义伟大实践取得的巨大成就，增强了我们文化自信的底气。我们要继续大力发展社会主义经济，完善社会主义民主政治，不断夯实文化自信的基础。

（2）我们要坚定对中华优秀传统文化、革命文化和社会主义先进文化的自信。

（3）当代中国的文化自信，最根本的是对中国特色社会主义文化的自信，特别是对习近平新时代中国特色社会主义思想的自信。

3.中华文化源于“古”而成于“今”，源远流长、博大精深、兼容并蓄、与时俱进，从这个意义上说，我们每位中学生应当（　）

A. 参与发展文化产业

B. 树立高度的文化自信

C. 有效管理文化市场

D. 坚持“去主流化”“去价值化”

·考点解析·

【考点一】全面把握建设社会主义文化强国的必要性及其意义

（1）建设社会主义文化强国，是发展中国特色社会主义文化的宏伟目标。这个目标，与中国特色社会主义事业总体布局相适应，与建设富强民主文明和谐美丽的社会主义现代化国家目标相衔接，与我国深厚文化底蕴和丰富文化资源相匹配。

（2）文化是经济社会发展的重要支撑，能为经济社会发展提供精神动力和智力支持。建设社会主义文化强国有利于促进经济社会发展。

（3）在当今世界，文化越来越成为综合国力竞争的重要因素，国际竞争越来越表现为文化竞争。建设社会主义文化强国有利于增强我国的综合国力，提高我国的国际地位。

（4）文化是一个民族、一个国家的“精神家园”，民族文化是维系一个民族生存发展的精神纽带。建设社会主义文化强国有利于增强中华民族的凝聚力和创造力。

（5）优秀文化能够丰富人的精神世界，增强人的精神力量，促进人的全面发展。建设社会主义文化强国有利于保障人民的基本文化权益，丰富人们的精神生活，提高社会成员的思想道德素质和科学文化素质。

4.（多选）2021年8月12日，中共中央办公厅、国务院办公厅印发了《关于进一步加强文化遗产保护工作的意见》，目前我国共有42个非物质文化遗产项目列入联合国教科文组织非物质文化遗产名录（册），居世界第一。我国积极推动中华优秀传统文化走向世界有利于（　）

A. 增强文化自信，更好发展中国特色社会主义文化

B. 彰显文明优势，提升我国的文化渗透力、感染力

C. 促进文化交流，以鲜明的民族特色丰富世界文化

D. 赓续红色血脉，推动优秀传统文化创造性的转化

坚定文化自信

文化是一个国家、一个民族的灵魂。文化兴国运兴，文化强民族强。中华文化越来越成为中华民族凝聚力和创造力的重要源泉。坚定文化自信，是提升中华文化软实力、建设文化强国的必要条件。坚定文化自信，才能以我为主，在国际交流借鉴中吸收各国文化的优秀成果。坚定文化自信，才能坚定中国特色社会主义道路自信、理论自信、制度自信。

【例1】（多选）下列对走中国特色社会主义文化发展道路与建设社会主义文化强国的关系理解正确的有（ ）

A. 建设社会主义文化强国必须坚持走中国特色社会主义文化发展道路

B. 我国的社会制度、发展道路和党的性质、宗旨决定了我们必须坚持走中国特色社会主义文化发展道路

C. 建设社会主义文化强国，是走中国特色社会主义文化发展道路的必由之路

D. 二者是路径和目标的关系

【解析】本题考查建设社会主义文化强国。题干要求回答对“走中国特色社会主义文化发展道路与建设社会主义文化强国的关系”的正确理解，AD正确表述了二者的关系，符合题意；B未涉及二者的关系，不符合题意；C颠倒了二者的关系，不选。故选AD。

【答案】AD

【例2】走中国特色社会主义文化发展道路，建设社会主义文化强国，关键是（ ）

A. 树立高度的文化自觉和文化自信

B. 坚持中国特色社会主义理论体系

C. 加强社会主义核心价值体系建设

D. 增强全民族文化创造活力

【解析】建设社会主义文化强国，关键是增强全民族文化创造活力，D正确。树立高度的文化自觉和文化自信是增强全民族文化创造活力的具体措施，A错。中国特色社会主义理论体系是建设社会主义文化强国的指导思想，B错。建设社会主义核心价值体系是中国特色社会主义发展道路的根本标识，C错。故选D。

【答案】D

【例3】（多选）习近平总书记曾引用“学如弓弩，才如箭镞，识以领之，方能中鹄”激励当代广大青年（ ）

A. 通过优秀文化塑造精彩人生

B. 积极主动参加健康有益的文化活动

C. 通过文化自觉增强文化自信

D. 续写以改革创新为核心的时代精神

【解析】本题考查加强科学文化修养。学习就像拉开的弓弩，才能就像箭头，还要用见识来引导，射出去的箭才能击中鹄（达成目标），短短16字中，用一个比喻讲了学习、才能和见识的关系，AB符合题意。C与材料不符。材料没有体现D。故选AB。

【答案】AB

5.走中国特色社会主义文化发展道路，向着建设社会主义文化强国宏伟目标前进，关键是

A. 努力改造落后文化

B. 增强全民族文化创造活力

C. 弘扬中华革命文化

D. 提高辨别不同文化的能力

6.（多选）马克思主义的信仰、共产主义的远大理想，是中国共产党的初心，指引着一代代共产党人持续奋斗。只有无数共产党人不忘初心，我们才能实现民族复兴和国家富强。“不忘初心”就要（ ）

A. 丰富精神文明创建活动

B. 弘扬中华民族传统道德

C. 坚定文化自信

D. 坚持文化发展的正确方向

7.（多选）习近平总书记指出：“坚定中国特色社会主义道路自信、理论自信、制度自信，说到底是要坚定文化自信。文化自信是更基本、更深沉、更持久的力量。”举世无双的丰厚文化积淀，是中华民族自豪的资本，也是新时代中国特色社会主义文化自信的根基。坚定文化自信，我们应当（ ）

A. 不忘本来、吸收外来、面向未来

B. 强力输出我国的核心价值观念

C. 对传统文化墨守成规，保持本色

D. 讲好中国故事，阐发中国精神，展现中国风貌

坚定文化自信的时代意义

坚定文化自信有利于加强社会主义意识形态建设，有利于夯实社会主义核心价值观的认同基础，有利于提升国家文化软实力，有利于实现人民对美好生活的向往。没有高度的文化自信，没有文化的繁荣兴盛，就没有中华民族伟大复兴。坚定文化自信，建设社会主义文化强国，对于我们全面建设社会主义现代化强国、实现中华民族伟大复兴具有强烈的时代意义。

【例4】（多选）近年来，越来越多的中国影视作品开始"走出去"。然而在激烈的文化竞争中，中国影视作品"走出去"还有很长的路要走。要想让更多的影视作品走出国门，我们应该（　）

A. 大力发展文化产业，提高文化软实力

B. 大力引进西方有巨大影响力的文化产品

C. 坚持以经济效益第一、社会效益第二的原则发展文化产业

D. 发展教育科技文化事业，为文化产业的发展提供人才和智力支持

【解析】本题主要考查发展文化产业等知识，重在考查学生获取和解读信息、调动和运用知识的能力。B不科学，应引进优秀的文化产品。C错误，文化产业的发展应坚持把社会效益放在首位。AD有利于我国影视作品走出国门。故选AD。

【答案】AD

【例5】（多选）习近平总书记在教育文化卫生体育领域专家代表座谈会上指出，衡量文化产业发展质量和水平，最重要的不是看经济效益，而是看能不能提供更多既能满足人民文化需求又能增强人民精神力量的文化产品。这说明发展文化产业要（　）

A. 坚持把社会效益放在首位，为人民提供丰富精神食粮

B. 提高文化产业发展的质量，不断满足人民的文化需求

C. 健全现代文化产业市场体系，提升公共文化服务水平

D. 推动文化产业供给侧结构性改革，保障人民的基本文化权益

【解析】衡量文化产业发展质量和水平，最重要的不是看经济效益，而是看能不能提供更多既能满足人民文化需求又能增强人民精神力量的文化产品。这说明发展文化产业要坚持把社会效益放在首位，为人民提供丰富精神食粮，要提高文化产业发展的质量，不断满足人民的文化需求，AB正确且切题。发展公益性文化事业要提升公共文化服务水平，保障人民的基本文化权益，而不是发展文化产业要提升公共文化服务水平，保障人民的基本文化权益，CD错误。故选AB。

【答案】AB

【考点二】树立高度的文化自觉和文化自信

（1）是增强全民族文化创造活力的具体措施。

（2）走中国特色社会主义文化发展道路，建设社会主义文化强国。

（3）中国特色社会主义理论体系是建设社会主义文化强国的指导思想，建设社会主义核心价值体系是中国特色社会主义发展道路的根本标识。

（4）提升文化自觉、增强文化自信、增强文化创造、坚持文化道路、实现文化自强。

8.（多选）人生需要信仰驱动，社会需要共识引领，发展需要价值导航。党的十八大报告提出，要积极培育和践行社会主义核心价值观，有利于（　）

A. 凝心聚力，为全面建成小康社会提供强大的智力支持

B. 引领思潮，培育崇德向善的社会风尚和公民品格

C. 强基固本，提升我国文化向心力和民族凝聚力

D. 弘扬主旋律，抵御外来文化对中华文化的渗透影响

9.民族文化体现在民族的生活方式、行为方式、思维方式，以及民族节日、民族服饰等方面。民族文化的核心和灵魂是（　）

A. 文化自信　B. 人生观

C. 世界观　D. 价值观

《平"语"近人——习近平总书记用典》

《平"语"近人——习近平总书记用典》在中央电视台综合频道播出。习近平同志的用典实例，既彰显了中华优秀传统文化的永恒魅力，也为我们树立了坚定文化自信的行动表率，在观众和网友中引发畅议，感受到中华优秀传统文化是培植文化自信的沃土，能为国家治理提供有益借鉴。

【例1】（多选）加强文化建设、推动文化发展，最关键最重要的还是如何认识文化的地位作用、如何对待民族文化和外来文化、如何建设社会主义文化强国，简单地说就是提升文化自觉、增强文化自信、实现文化自强。这需要（ ）

A. 坚持百花齐放、百家争鸣的方针

B. 坚持开放包容、继承创新

C. 不搞文化复古，需要“全盘西化”

D. 坚定地走中国特色社会主义文化发展之路

【解析】C错在需要“全盘西化”。ABD均正确。故选ABD。

【答案】ABD

【例2】（多选）2016年5月17日，习近平在主持召开哲学社会科学工作座谈会时指出：“坚定中国特色社会主义道路自信、理论自信、制度自信，说到底是要坚定文化自信，文化自信是更基本、更深刻、更持久的力量。”下列对文化自信理解正确的是（ ）

A. 文化自信来自对自身文化价值的充分肯定

B. 文化自信是对发展文化历史责任的主动担当

C. 文化自信决定社会主义文化强国目标的实现

D. 文化自信表现为对中国特色社会主义文化发展道路的信心

【解析】文化自信来自对自身文化价值的充分肯定，表现为对中国特色社会主义文化发展道路充满信心，AD正确且符合题意。B说的是文化自觉，排除。文化自信表现为对社会主义文化强国目标充满信心，而不能决定社会主义文化强国目标的实现，C说法错误。故选AD。

【答案】AD

【例3】（多选）与传统日历相比，《故宫日历》通过大量故宫藏品图片、国宝日读等，让普通民众在日常生活中感受千年风景，使公众潜藏于心的对历史文化遗产的珍爱被激发出来。每年《故宫日历》发行都占据了各大书店和电商图书销售榜前列。《故宫日历》的出版发行（ ）

A. 体现了文化自觉，激发了人们的文化自信

B. 弘扬了民族精神，彰显了中华文化的包容性

C. 满足了大众的审美需求，滋养了人们的精神世界

D. 提高了文物收藏价值，保障了人民基本文化权益

【解析】《故宫日历》弘扬了中华文化，但并未体现民族精神，B错。《故宫日历》并未提高文物收藏价值，其出版发行属于文化产业，并未保障人民基本文化权益，D错。《故宫日历》使普通民众感受千年文化时，激发了公众对历史文化遗产的珍爱，体现了文化自觉，激发了人们的文化自信，满足了大众的审美需求，滋养了人们的精神世界，AC正确。故选AC。

【答案】AC

10.（多选）在抗击新型冠状病毒感染疫情中，我国各条战线上都涌现出一批可歌可泣的英雄模范事迹，从白衣天使、到抗疫志愿者、到出租车司机、到外卖小哥等不胜枚举，他们在各自岗位艰苦拼搏，竭力奉献，报效祖国，赢得国人的高度赞誉。这说明（ ）

A. 爱国主义是动员和鼓舞中国人民团结奋斗的一面旗帜

B. 以爱国主义为核心的时代精神具有无穷的魅力

C. 爱国主义为中华民族的繁荣富强提供智力支持

D. 自强不息精神是鞭策中华儿女拼搏的精神力量

11.（多选）习近平总书记在全国思想宣传工作会议上指出，坚定文化自信是更基础、更广泛、更深厚的自信，是更基本、更深沉、更持久的力量。下列对文化自信的理解正确的是（ ）

A. 文化自信是对全部中华优秀文化的自信

B. 文化自信是对发展文化历史责任的主动担当

C. 文化自信决定社会主义文化强国目标的实现

D. 文化自信最根本的是对中国特色社会主义文化的自信

中国特色社会主义文化自信的力量

中华民族要实现伟大复兴，不仅要有中国制造，更要有中国创造；不仅要有中国声音，更要有中国价值。彰显中国特色社会主义文化自信的力量，必须坚持社会主义核心价值体系。是巩固全党全国各族人民团结奋斗的共同思想道德基础的迫切需要，是增强文化自信、提高国家文化软实力的迫切需要。

【考点三】建设社会主义文化强国知识构架图

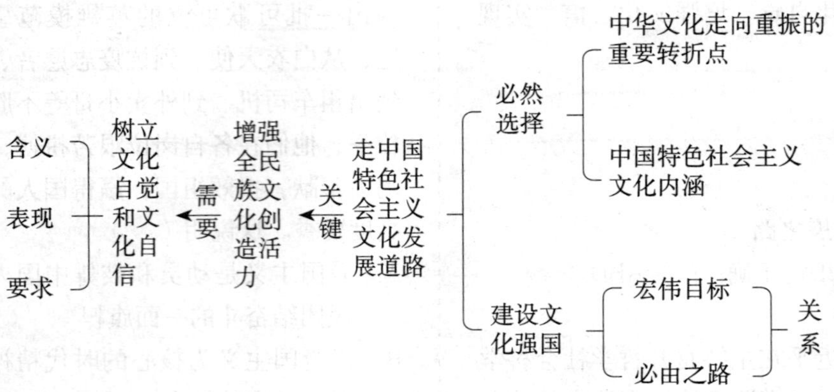

【例1】2021年7月1日，习近平总书记在庆祝中国共产党成立100周年大会上再强调指出，全党要坚定道路自信、理论自信、制度自信、文化自信。这启示我们在建设社会主义文化强国的过程中，作为一名普通公民，应该（ ）

A. 树立文化自信意识，相信自身文化是最优秀的文化

B. 树立文化自强意识，健全和完善公共文化服务体系

C. 树立文化自尊意识，对文化强国的目标充满信心

D. 树立文化自觉意识，主动担当发展文化的历史责任

【解析】A观点与题意不符，题中没有涉及文化自信，排除。B观点与题意不符，题中没有涉及文化自强，排除。C观点与题意不符，题中没有涉及文化自尊，排除。D与题意相符。故选D。

【答案】D

【例2】（多选）“不要人夸颜色好，只留清气满乾坤。”元代诗人王冕的这句诗，不但表达出梅花独放幽香的高洁品格，也表达出诗人淡泊自守的精神气节。时至今日，这句诗仍被广为传颂，并赋予新的时代内涵。以下对新的时代内涵理解正确的是（ ）

A. 各美其美、美人之美的大同思想

B. 兼收并蓄、博采众长的宽广胸怀

C. 建设中国特色社会主义事业的自信和定力

D. 进入中国特色社会主义新时代的自知和清醒

【解析】本题考查文化强国与文化自信。“不要人夸颜色好，只留清气满乾坤”表达了中国人对中国特色社会主义制度的坚守和自信，与外来文化无关，排除AB。故选CD。

【答案】CD

12.（多选）文化既有“魂”又有“体”。核心价值观是魂，文化事业、文化产业是体。“魂”与“体”相辅相成，目标就是“强魂健体”。下列有利于“强魂健体”的措施是（ ）

A. 免费开放图书馆、博物馆等文化场馆设施

B. 积极奏响大众文化这一主旋律

C. 坚持百花齐放的方针，倡导指导思想多元化

D. 推动文化产业投资融资体系建设

互动训练答案

1.D 2.AC 3.B 4.AC 5.B 6.CD 7.AD 8.BC 9.D 10.AD 11.AD 12.AD

聚焦文化自信，让世界读懂中国

“进入21世纪，中国正不断深化与世界的联结，让世界倾听到中国更多铿锵有力的声音”，“中国始终以文化联通世界。用中华情怀影响时代，随着中国在世界舞台上角色的转变，我们对自身的文化图腾有底气和自信心愈发增强”。不仅仅要做到中国文化“走出去”，更要做到中国文化“走进去”。

单招习题化
知识整合

第五部分　考试真题

2022年全国普通高等学校运动训练、武术与民族传统体育专业单独统一招生考试

政　治

题　号	一	二	三	总　分
分　数				

得分	评卷人

一、单项选择题：本大题共25小题，每小题3分，共75分。在每小题给出的四个选项中，只有一个是符合题目要求的。请将所选答案的字母在答题卡上涂黑。

1. 社会主义之所以能够从空想发展为科学，是因为马克思的“两大发现”为科学社会主义奠定了理论基础。马克思的“两大发现”是指（　　）

A. 辩证唯物主义认识论和劳动价值论　　B. 唯物史观和剩余价值学说

C. 国家学说和阶级斗争理论　　D. 唯物主义和辩证法

2. 以公有制为主体是实现共同富裕的前提。下列体现公有制主体地位的是（　　）

A. 国有资产的质量优于民营资产　　B. 国有经济在全行业占据支配地位

C. 民营经济是经济发展的次要力量　　D. 公有资产在社会总资产中占优势

3. 下列有利于扶持和鼓励非公有制企业发展的举措是（　　）

A. 加强行业的市场垄断　　B. 对小微企业提供税收优惠支持

C. 提高中外合资企业外资占比　　D. 发展家庭联产承包责任制

4. 2022年，北京冬奥会利用光伏、风电等可再生能源跨区域绿电交易机制，推动‘风光出张北，绿电送北京”，确保3个赛区26个场馆的绿色电能供应。据估算，该赛事消耗绿电约4亿度，可减少标煤燃烧12.8万吨，减排二氧化碳32万吨。该事例反映了（　　）

A. 节约资源、保护环境的绿色发展理念

B. 互利共赢、内外联动的对外开放理念

C. 优势互补、合理分工的区域协调发展理念

D. 以人民为中心、共同富裕的共享发展理念

5. 我国坚持公有制为主体、多种所有制经济共同发展，这决定了我国的分配制度必然（　　）

A. 以平均分配、共同富裕为主　　B. 以按劳分配为主体

C. 以生产要素参与收入分配为主　　D. 以财产性收入来源为主

2020 年，中国为 2435 万建档立卡贫困人口，1421 万低保对象和特困人员等贫困群体代缴城乡居民基本养老保险费 43 亿元，向 3014 万贫困老人发放城乡居民养老保险待遇。全国 6098 万符合条件的建档立卡贫困人口参加基本养老保险，基本实现应保尽保。

回答 6~7 题.

6. 这里所说的居民基本养老保险，属于（　　）

A. 社会福利　　B. 社会保险　　C. 社会救济　　D. 社会优抚

7. 为贫困群体提供基本养老保险，有助于（　　）

A. 维护社会生活秩序稳定　　B. 扩大中等收入群体规模

C. 维护劳动者合法权益　　D. 深化国有企业产权制度改革

8. 某个体户因业务需要向银行申请贷款。银行通过征信系统对该客户开展资信调查。发现该客户的个人信用档案中有信用卡透支5期未还的记录，判定存在个人信用记录不良行为，遂拒绝了其贷款申请。该事例中征信系统帮助银行（　　）

A. 降低了贷款风险　　B. 增加了客户数量

C. 扩大了贷款规模　　D. 提高了声誉

9. 市场调节不是万能的。下列商品中，不能由市场来调节的是（　）

A. 消费电子产品　　B. 日用化工产品　　C. 服装服饰　　D. 枪支弹药

10. 在社会主义建设的初步实践中，我国基本上建立了独立的、比较完整的工业体系和国民经济体系，教育、科学、文化、国防等事业有了很大的发展，国际地位逐步提高。中国共产党领导人民艰辛探索社会主义建设道路所取得的物质成就和历史经验，为后来的改革开放（　　）

A. 确立了路径和指向　　B. 奠定了坚实的基础

C. 筑牢了基本经济制度　　D. 提供了物质财力保障

11. 习近平总书记在庆祝中国共产党成立100周年大会上指出："一百年前，中国共产党的先驱们创建了中国共产党，形成了坚持真理、坚守理想，践行初心、担当使命，不怕牺牲、英勇斗争，对党忠诚、不负人民的伟大建党精神，这是中国共产党的精神之源。"中国共产党的伟大建党精神彰显了（　　）

A. 党的政治路线的一贯性　　B. 党的社会基础的广泛性

C. 党的性质宗旨的先进性　　D. 党员权利和义务的统一性

12、《中共中央关于党的百年奋斗重大成就和历史经验的决议》指出，改革开放以后，党坚持党要管党、从严治党，推进党的建设取得明显成效。同时，由于一度出现管党不力、治党不严问题，形式主义、官僚主义、享乐主义和奢靡之风盛行，特权思想和特权现象较为普遍存在。因此，加强党的建设，必须（　　）

A. 推动全面从严治党　　B. 调动全党积极性创造性

C. 坚持科学执政　　D. 有效破除体制机制弊端

13. 十三届全国人大五次会议常委会工作报告指出，一年来，制定法律17件，修改法律22件，正在审议的法律案19件。这是全国人大常委会（　　）

A. 完善职能体系，全面推进依法治国

B. 强化法治意识，为改革开放提供保障

C. 依法行使决定权，完善我国法律体系

D. 行使宪法规定的立法权，加快立法修法

14. 张某因犯盗掘古文化遗址、古墓葬罪，被某市中级人民法院依法判处有期徒刑十五年，剥夺政治权利两年，并处罚金人民币20万元。该市人民法院的判决体现了法在国家治理中的（ ）

A. 政治职能　　B. 社会职能　　C. 经济职能　　D. 文化职能

15. 2021年10月，习近平总书记在中央人大工作会议上指出，全国人大及其常委会要完善宪法相关法律制度，保证宪法确立的制度、原则、规则得到全面实施，要加强对宪法法律实施情况的监督检查。强调全国人大要贯彻实施好宪法，维护宪法的权威和尊严，因为（ ）

A. 宪法是由全国人大制定的　　B. 宪法是国家的根本大法

C. 宪法是约束力最强的法律　　D. 宪法是适应性最广的法律

16. 根据《关于开展法治政府建设示范创建活动的意见》，自2019年7月起，中央全面依法治国委员会办公室在全国组织开展了法治政府建设示范创建活动。2020年7月，第一批40个全国法治政府建设示范市（县、区）和24个示范项目获得命名。组织开展法治政府建设示范创建活动，旨在（ ）

A. 全面推进依法行政，加快建设法治政府

B. 推进制度体系建设，提高社会治理水平

C. 健全守信践诺机制，提高政府的公信力

D. 全面推进政务公开，让权力在阳光下运行

17. 某市市场监督管理局依据《反不正当竞争法》有关规定，责令擅自使用他人荣誉、师资力量等做宣传误导消费者的当事人停止违法行为，并处罚金人民币21万元。该市场监督管理局的行为是（ ）

A. 公平执法　　B. 文明执法　　C. 公正执法　　D. 公正司法

18. 马克思主义理论必须中国化才能落地生根、本土化才能深入人心。这本质上体现的是（ ）

A. 矛盾无时不在、无处不在

B. 同一事物中的不同矛盾有其特殊性

C. 矛盾的普遍性和特殊性辩证关系原理

D. 主要矛盾与次要矛盾在一定条件下相互转化的原理

19. 毛泽东思想活的灵魂是（ ）

A. 全心全意为人民服务　　B. 理论与实际相结合

C. 一切从实际出发　　D. 实事求是、群众路线、独立自主

20. 恩格斯说：“很可能我们还差不多处在人类历史的开端，而将来会纠正我们的错误的后代，大概比我们有可能经常以十分轻蔑的态度纠正其认识错误的前代要多得多。”其所以如此，根本原因是（ ）

A. 真理和谬误相互转化、相伴而行　　B. 主观与客观的统一是具体的历史的

C. 认识对象是变化着的物质世界　　D. 人类的实践活动总是历史地发展着的

21. 习近平总书记指出：“一切视探索尝试为畏途、一切把负重前行当吃亏、一切‘躲进小楼成一统’逃避责任的思想和行为，都是要不得的，都是成不了事的，也是难以真正获得人生快乐的。”可见（ ）

A. 错误思想和消极因素不利于人的个性发展

B. 只要走出自我狭隘天地，就能自我实现

C. 正确处理自己与他人的关系，自身的价值就越大

D. 只有努力为他人和社会奉献的人才能拥有真正的幸福

22.“大厦之成，非一木之材也；大海之阔，非一流之归也。”这启示我们（　）

A. 整体和部分谁也离不开谁

B. 整体功能大于部分功能之和

C. 做任何事情都要脚踏实地，埋头苦干

D. 要用综合的思维方法认识事物

23. 漫画《画鬼从何处取材》表明（　　）

A. 意识能够离开客观物质而存在

B. 物质是意识的派生物

C. 意识的能动作用是无条件的

D. 不管什么样的意识，都是人脑对客观存在的反映

24. 民族文化是一个民族区别于其他民族的独特标识。民族文化的核心和灵魂是（　　）

A. 爱国主义　　B. 优秀传统文化　　C. 价值观　　D. 民族精神

25. 在长期演化过程中，中华文明从与其他文明的交流中获得了丰富营养，也为人类文明进步作出了重要贡献。其中蕴含的文化生活道理是（　　）

A. 文化交流是文化发展的根本动力

B. 文明因交流而多彩，文明因互鉴而丰富

C 外来文化能够直接解决我国的现实问题

D. 在文化交流互鉴过程中，应当坚持以我为主、为我所用

得分	评卷人

二、填空题：本大题共5小题，每小题3分，共15分。请将各题的答案填入答题卡上的相应位置。

26. 2021年7月1日，习近平总书记在庆祝中国共产党成立100周年大会上庄严宣告，经过全党全国各族人民持续奋斗，我们实现了第一个百年奋斗目标，在中华大地上全面建成了小康社会，历史性地解决了__________问题，正在意气风发向着全面建成社会主义现代化强国的第二个百年奋斗目标迈进。

27. 党的十九届六中全会提出，中国共产党自一九二一年成立以来，始终把为中国人民谋幸福、__________作为自己的初心使命。党和人民百年奋斗，书写了中华民族几千年历史上最恢宏的史诗。

28. 2021年10月16日0时23分，“__________”载人飞船在酒泉卫星发射中心成功发射升空，翟志刚、王亚平、叶光富3名航天员进驻天和核心舱，开启为期6个月的在轨驻留，开展机械臂操作、出舱活动、舱段转移等工作，进一步验证航天员长期在轨驻留、再生生保等一系列关键技术。

29. 2022年2月，国家发展改革委等部门联合印发文件，同意在京津冀、长三角、粤港澳大湾区、成渝、内蒙古、贵州、甘肃、宁夏启动建设国家算力枢纽节点，并规划了张家口集群等10个国家数据中心集群。至此，全国一体化大数据中心体系完成总体布局设计，“__________”工程正式全面启动。

30. 2022年2月4日至20日举办的北京第二十四届冬季奥林匹克运动会，是一届简约、安全、精彩的奥运盛会，完美演绎了“更快、更高、更强——__________”的奥林匹克新格言，被誉为“一届真正无与伦比的冬奥会”。

得分	评卷人

三、问答题：本大题共3小题，每小题20分，共60分。请将各题的答案写在答题卡上的相应位置。

31. 党的十九届六中全会强调“两个确立”的重大意义：党确立习近平同志党中央的核心、全党的核心地位，确立习近平新时代中国特色社会主义思想的指导地位，反映了全党全军全国各族人民共同心愿，对新时代党和国家事业发展、对推进中华民族伟大复兴历史进程具有决定性意义。

运用《中国特色社会主义》的知识，说明为什么确立习近平新时代中国特色社会主义思想的指导地位具有决定性意义。

32. 2019 年 11 月，习近平总书记考察上海市长宁区虹桥街道基层立法联系点时，首次提出“人民民主是一种全过程的民主”。2021 年，在庆祝中国共产党成立 100 周年大会上的讲话中，习近平总书记提出要“践行以人民为中心的发展思想，发展全过程人民民主”。2021 年，在全国县乡两级人大换届选举中，全国 10 亿多选民一人一票，直接选举产生 200 多万名县乡两级人大代表，组成地方国家权力机关，代表人民行使国家权力。2021 年初，全国人大常委会就反食品浪费法（草案）公开征求意见，浙江省义乌市基层立法联系点鸡鸣山社区基层立法联络站，将征询意见建议座谈会开到餐饮街区，与餐饮店、便利店等业主们面对面讨论。围绕草案，大家提出了很多意见和建议，其中关于食品保质期标注的相关建议最终被采纳，并体现在法律条文中。

结合材料，运用《政治与法治》知识说明我国发展全过程人民民主的显著优势。

33. 源远流长、博大精深的中华文化是世界文明古国中唯一没有中断而延续至今的文化，在很长时间一直走在世界前列。中华传统文化在其形成和发展过程中，不可避免地受到当时的生产力水平、认识水平、社会制度等因素的影响和制约，不可避免地存在陈旧过时的甚至糟粕性的东西。如宗法观念、等级观念、封建特权思想，个人迷信、家长制，因循守旧、不思进取、固步自封等。中华优秀传统文化蕴含的丰富哲学思想、人文精神、教化思想、道德理念等，为我们认识和改造世界提供有益启迪。中华优秀传统文化蕴藏着解决当代人类面临的难题的重要启示，比如，关于道法自然、天人合一的思想，关于天下为公、大同世界的思想，关于自强不息、厚德载物的思想，关于为政以德、政者正也的思想，关于仁者爱人、以德立人的思想，关于以诚待人、讲信修睦的思想，等等。

结合材料，运用主要矛盾与次要矛盾、矛盾的主要方面与次要方面辩证关系原理，说明如何正确认识中华传统文化。

单招习题化
知识整合

第六部分　真题答案

2022年全国普通高等学校运动训练、武术与民族传统体育专业单独统一招生考试

政治参考答案和评分标准

题　号	一	二	三	总　分
分　数				

一、单项选择题

1.B　2.D　3.B　4.A　5.B

6.B　7.A　8.A　9.D　10.B

11.C　12.A　13.D　14.A　15.B

16.A　17.C　18.C　19.D　20.D

21.D　22.C　23.D　24.C　25.B

二、填空题

26. 绝对贫困　27. 为民族谋复兴　28. 神舟十三号　29. 东数西算　30. 更团结

三、问答题（结合材料，言之有理，酌情给分）

31.参考答案：

答：“两个确立”是坚持和加强党的全面领导、推进党的建设新的伟大工程；全面有助于全面从严治党，提高政治能力，不断加强党的自身建设、推进自我革命；有助于坚持党的全面领导，不断完善党的领导，充分发挥党总揽全局、协调各方的领导核心作用。

“两个确立”是发展中国特色社会主义伟大事业的客观需要。习近平新时代中国特色社会主义思想是马克思主义中国化最新成果，回答了“新时代坚持和发展什么样的中国特色社会主义、怎样坚持和发展中国特色社会主义的问题，是全党全国人民为实现中华民族伟大复兴而奋斗的行动指南，“两个确立”有利于推动中华民族的伟大复兴。

“两个确立”是实现中华民族伟大复兴的必然要求。坚持以习近平新时代中国特色社会主义思想为指引，有助于运用科学的世界观和方法论谋划事业发展、应对风险挑战；回应时代之问、人民之需，践行全心全意为人民服务的根本宗旨，凝聚起磅礴的奋斗伟力，不断开辟中华民族伟大复兴的光明前景。

发展全过程民主必须坚持党的领导，人民当家作主和依法治国的有机统一。

32.参考答案：

答：（1）中国共产党领导是中国特色社会主义最本质的特征，也是中国特色社会主义制度的最大优势。在基层立法联系点的实践过程中坚持党的领导，为全面实现全过程人民民主提供了政治保证。

（2）我国是人民民主专政的社会主义国家，人民当家作主是社会主义民主政治的本质与核心。基层立法联系点

一头连着最高国家权力机关，一头系着基层群众，使广大人民群众参与到民主选举、民主管理、民主决策、民主协商、民主监督中，为反映民意、集中民智提供重要途径，有效维护人民当家作主的地位，不断完善我国的根本政治制度。

（3）依法治国是社会主义民主政治的基本要求。全国人大作为最高权力机关，在基层立法联系点中行使最高立法权，坚持科学立法、民主立法、依法立法。

33.参考答案：

答：在事物发展过程中处于支配地位、对事物发展起决定作用的矛盾就是主要矛盾。其他处于从属地位、对事物发展不起决定作用的矛盾是次要矛盾。主要矛盾和次要矛盾相互依赖、相互影响，并在一定条件下相互转化。主次矛盾的辩证关系要求我们办事情既要善于抓住重点，集中力量解决主要矛盾；要学会统筹兼顾，恰当地处理好次要矛盾；坚持两点论与重点论相结合的方法。

每一矛盾中的两个方面的力量是不平衡的。在事物内部处于支配地位，起主导作用的矛盾方面，是矛盾的主要方面；处于被支配地位，不起主导作用的矛盾方面，是矛盾的次要方面。事物的性质主要是由主要矛盾的主要方面决定的。矛盾的主要方面和次要方面既相互排斥，又相互依赖，在一定条件下相互转化。矛盾主次方面的辩证关系要求我们看问要分清主流和支流，以认清事物的性质；看问题要全面，要着重把握矛盾的主要方面，即抓“主流”，同时不可忽视矛盾的次要方面，即“支流”；坚持两点论与重点论相结合的方法。

全国体育单招文化课辅导教程

数　学

总 主 编　姜震松　王　晴

本册主编　姜震松　刘　明

副 主 编　孙小兵　刘东华

　　　　　张　丽　逯庆龙

本书视频使用说明

第一步　刮开右侧【学习卡】涂层。

第二步　微信扫一扫右侧二维码。

第三步　绑定学习卡，观看视频。

注：本书【学习卡】只支持绑定一部手机，绑定后再次扫描右侧二维码可观看本书视频。

学习卡

扫码兑换

刮开涂层

微信扫码观看

【如何绑定学习卡】

教学视频

北京体育大学出版社

策划编辑　木　凡
责任编辑　李志诚
责任校对　春　芝
版式设计　司　维　博文宏图

图书在版编目（CIP）数据

全国体育单招文化课辅导教程·数学 / 姜震松，王晴主编. —北京：北京体育大学出版社，2011.9（2024.9重印）
ISBN 978-7-5644-0820-6

Ⅰ.①全… Ⅱ.①姜… ②王… Ⅲ.①中学数学课－高中－升学参考资料Ⅳ.①G634

中国版本图书馆CIP数据核字（2011）第198192号

全国体育单招文化课辅导教程·数学　　姜震松　王　晴　总主编

出版发行：北京体育大学出版社
地　　址：北京市海淀区农大南路 1 号院 2 号楼 2 层办公 B–212
邮　　编：100084
网　　址：http://cbs.bsu.edu.cn
发 行 部：010-62989320
邮 购 部：北京体育大学出版社读者服务部 010-62989432
印　　刷：北京昌联印刷有限公司
开　　本：880mm × 1230mm　　1/16
成品尺寸：210mm × 290mm
印　　张：15
字　　数：412千字
总 印 张：69
版　　次：2011年9月第1版
印　　次：2024年9月第29次印刷
定　　价：232.00元（共四册）

前　言

全国普通高等学校运动训练、武术与民族传统体育专业单独统一招生考试，是指经教育部、国家体育总局批准的部分院校可以对运动训练、武术与民族传统体育专业实行单独招生，主要实行以文化课考试和体育专项考试相结合的办法。文化课考试由教育部考试中心统一命题，并组织每年4月份的全国体育单招文化课统一考试，试卷由国家体育总局科教司组织评阅；体育专项考试由国家体育总局科教司负责统一组织，执行国家体育总局制定的统一考试办法和评分标准。

本书是在十多年体育单招文化课考前辅导经验的基础上，根据体育单招文化课大纲，结合相应题库及教学实践经验，为考生和辅导教师提供的教学和自学两相宜的优质辅导教材。

从内容和结构上来看，本书有以下特点。

1. 准确把握体育单招文化课考试大纲的要求，及时适应体育单招考试新变化。新版《全国体育单招文化课辅导教程》覆盖了大纲规定的全部考试要求、学习内容、练习题型，相应的难度更加贴近实际体育单招考试，突出了针对性和实用性。

2. 紧紧把握体育单招文化课考试的特点，合理掌握难度。基础部分针对考生起点低的特点，适当结合体育项目，用通俗易懂的实例加以说明。难点、重点部分摆脱传统高中教法，尽量采用科学、精简而实用的解题方法，使学生更易于接受，并辅之以少而精的例题和练习题。

3. 精选历年体育单招数学考试中的典型试题，有选择题、填空题和解答题3种题型。让考生通过适量的练习掌握数学知识和解题技巧，提高应试能力和数学素养。这部分练习题也可用于课堂教学和测试。

4. 根据体育考生的特点，采用双栏式、习题化设计。将知识点设计成练习题，便于在练习中实现对所学的基本概念、基本知识的理解和记忆。

5. 注意吸收和借鉴基础教育改革的新成果，突出能力培养，更加有利于考生对学科知识内容和考试要求的理解，提高复习效率，达到事半功倍的效果。

6. 附2013—2022年单招数学考试真题，能使考生了解体育单招文化课考试的出题特点，以及体育单招考试的最新变化。

在本书编写过程中，我们努力做到章章推敲、题题把关，历时数年，反复审校，但仍难免存在一些错误和疏漏，恳请读者批评指正。

目　录

第一部分　数学基础知识

第二部分　互动练习答案

第三部分　考试真题

第四部分　真题答案

单招习题化
知识整合

第一部分 数学基础知识

第一章 初中数学

§1.1 不等关系与不等式

一、不等式及其有关概念

(一)不等式的概念

1. 表示两个量之间大小关系的表达式叫作不等式.
2. 不等式的解集也可用区间表示或用数轴表示.
3. 不等式又分条件不等式、绝对不等式和矛盾不等式三种.

例如:$x^2-4\leqslant 3x$ 是条件不等式(只有当 $-1\leqslant x\leqslant 4$ 时才成立);

$x^2+2>0$ 是绝对不等式(对任何实数 x 都成立);

$x^2-6x+9<0$ 是矛盾不等式(对任何实数 x 都不能成立).

(二)不等式的性质

1. 对称性:$a>b\Leftrightarrow b<a$(本章中的字母都表示实数).
2. 传递性:$a>b,\ b>c\Rightarrow a>c$;$a<b, b<c\Rightarrow a<c$.
3. 可加性:$a>b\Rightarrow a+c>b+c$.
4. 可乘性:$a>b,\ c>0\Rightarrow ac>bc$;$a>b, c<0\Rightarrow ac<bc$.

以上四条性质是不等式的基本性质,由它们还可以推出不等式的以下性质.

5. 加法法则:$a>b,\ c>d\Rightarrow a+c>b+d$.
6. 乘法法则:$a>b>0,\ c>d>0\Rightarrow ac>bd$.
7. 乘方法则:$a>b>0\Rightarrow a^n>b^n$ ($n\in N$, 且 $n>1$).
8. 开方法则:$a>b>0\Rightarrow \sqrt[n]{a}>\sqrt[n]{b}$ ($n\in N$, 且 $n>1$).

不等式的性质是证明不等式和解不等式的基础.

(三)不等式的同解原理

1. $a>b\Leftrightarrow a\pm c>b\pm c$.
2. $a>b\Leftrightarrow ac>bc(c>0)$;$a>b\Leftrightarrow \dfrac{a}{c}>\dfrac{b}{c}(c>0)$.
3. $a>b\Leftrightarrow ac<bc(c<0)a>b\Leftrightarrow \dfrac{a}{c}<\dfrac{b}{c}(c<0)$.

注:①不等式两边同乘或同除一个负数时,不等号要改变方向.

②不等式的同解原理是解不等式的依据.

互动练习

①$\begin{cases}x>-2\\x>3\end{cases}$ 的解集是____.

②$\begin{cases}x>2\\x<5\end{cases}$ 的解集是____.

③设 a,b,c 均为正数,若 $\dfrac{c}{a+b}<\dfrac{a}{b+c}<\dfrac{b}{c+a}$,则(　　)

A. $c<a<b$

B. $b<c<a$

C. $a<b<c$

D. $c<b<a$

不应当急于求成,应当去熟悉自己的研究对象,锲而不舍,时间会成全一切。凡事开始最难,然而更难的是何以善终。——莎士比亚

二、一元一次不等式、不等式组

(一)只含有一个未知数,并且未知数的次数是1的不等式,叫作一元一次不等式.

解一元一次不等式有6个基本步骤,即①去分母;②去括号;③移项;④合并同类项;⑤化未知数的系数为1;⑥检验.但在求解过程中需要哪几个步骤,还要看所求不等式的具体形式.

(二)几个一元一次不等式所组成的不等式组,叫作一元一次不等式组.

它们的解集的交集,叫作这个一元一次不等式组的解集.

(三)不等式组解集的数轴表示可以归结为以下四种基本类型.(表1-1)

表 1-1

类型(设 $a<b$)	解集	数轴表示
$x>a$ $x>b$	$x>b$	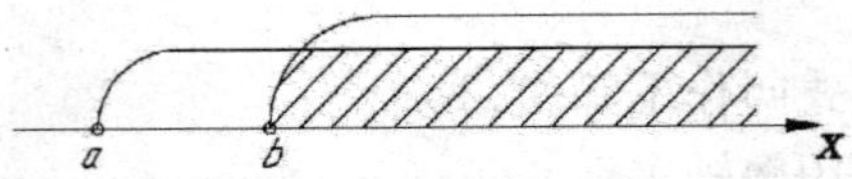
$x<a$ $x<b$	$x<a$	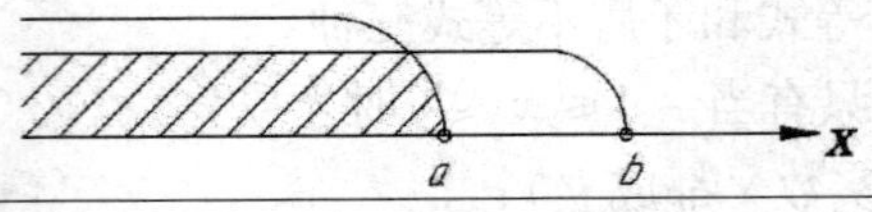
$x>a$ $x<b$	$a<x<b$	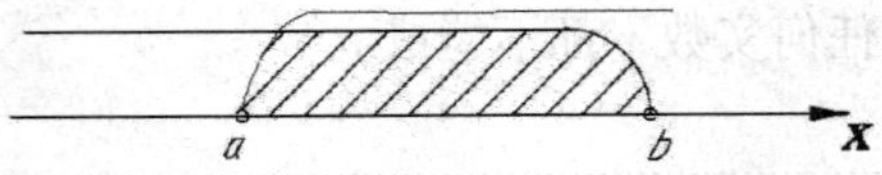
$x<a$ $x>b$	空集	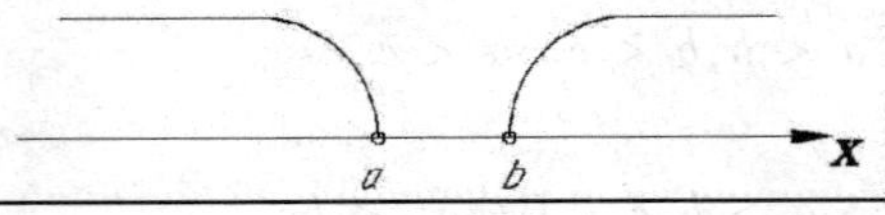

例题解析

例1 选择题

(1)如果 $a<b$,那么(　　)

A. $a+5>b+5$　　B. $3a>3b$

C. $-3a>-3b$　　D. $\frac{a}{2}>\frac{b}{2}$

解:不等式两边同乘或同除一个负数,不等号改变方向.

答:C

(2)如果 $a<b$,那么(　　)

A. $a-b<0$　　B. $a-b\leqslant 0$

C. $a-b>0$　　D. $a-b\geqslant 0$

答:A

④如果 $a<b$ 且 $c\neq 0$,

那么 $\frac{a}{c^2}$ ____ $\frac{b}{c^2}$.

⑤如果 $a-b>a$, $a+b>b$, 那么下列式子中正确的是(　　)

A $a+b>0$

B $a-b<0$

C $a\cdot b<0$

D $\frac{a}{b}>0$

⑥设 $a>0$, $c>b>0$, 则有(　　)

A. $\frac{a+b}{2a+b}>\frac{a+c}{2a+c}$

B. $\frac{a+b}{2a+b}=\frac{a+c}{2a+c}$

C. $\frac{a+b}{2a+b}<\frac{a+c}{2a+c}$

D. $\frac{a+b}{2a+b}$ 与 $\frac{a+c}{2a+c}$ 的大小无法确定

一朵成功的花都是由许多雨、血、泥和强烈的暴风雨的环境培养成的。——冼星海

(3)下列命题中的真命题是(　　)

A. 如果 $a > b$, 那么 $ac > bc$

B. 如果 $a > b$, 那么 $ac^2 > bc^2$

C. 如果 $ac^2 > bc^2$, 那么 $a > b$

D. 如果 $a > b$, $c > d$, 那么 $ac > bd$

解:对于选择项 A,B ,用 $c = 0$ 代入便知其错;对于选择项 D,用 $a = 1$,$b = -1$,$c = -1$, $d = -2$ 代入便知其错;对于选择项 C,由条件可得 $c^2 \neq 0$.

$\therefore$ $c^2 > 0$, $\therefore$ 得 $a > b$.

遇到类似题,可以先设定数字代入原题就得知该题对错了.

答:C

(4)如果 $a < 0$, $-1 < b < 0$, 那么(　　)

A. $a > ab > ab^2$　　B. $ab^2 > ab > a$

C. $ab > a > ab^2$　　D. $ab > ab^2 > a$

解:由 $a < 0$,$b < 0$, 知 $ab > 0$, $ab^2 < 0$,所以在 a,ab,ab^2 中 ab 最大,选择项 A,B 被排除. 用比较法确定 ab^2 与 a 的大小.

答:D

例 2　一元一次不等式

(1)$\frac{x+5}{2} \geqslant \frac{3x+2}{3}$

解:第一步去分母,在不等式两边同时乘以去分母的最小公倍数 6.

$6 \times \frac{x+5}{2} \geqslant \frac{3x+2}{3} \times 6$

$3(x+5) \geqslant 2(3x+2)$

第二步去括号,得

$3x + 15 \geqslant 6x + 4$,

第三步移项,得

$3x - 6x \geqslant 4 - 15$,

第四步合并同类项,得

$-3x \geqslant -11$,

第五步化 x 的系数为 1,即不等式两边同时除以 -3,得 $x \leqslant \frac{11}{3}$,

因此,原不等式的解集 $\{x \mid x \leqslant \frac{11}{3}\}$ 即 $(-\infty, \frac{11}{3}]$.

(2) $2(3x-1) - 3(4x+5) > x - 4(x-7)$

解:化简得 $-3x > 45$, 不等式左右同除 -3, 不等号改变方向,得 $x < -15$,$\therefore$ 解集是 $\{x \mid x < -15\}$ 即 $(-\infty, -15)$.

⑦不等式组 $\begin{cases} x \leqslant a \\ x \geqslant b \end{cases}$ 的解集为空集,则 a,b 之间的关系是(　　)

A. $a < b$

B. $a > b$

C. $a = b$

D. $a \geqslant b$

⑧若 $a < b < 0$ 则(　　)

A. $\frac{1}{a} < \frac{1}{b}$

B. $0 < \frac{a}{b} < 1$

C. $ab > b^2$

D. $\frac{b}{a} > \frac{a}{b}$

⑨若实数 a,b,c, 满足 $a > b > c$, 且 $a + b + c = 0$, 则有(　　)

A. $ab > ac$

B. $ac > bc$

C. $a|b| > c|b|$

D. $a^2 > b^2 > c^2$

⑩已知 $|a| < 1$, $|b| < 1$, 那么 $|a+b| + |a-b|$ 与 2 的大小关系为(　　)

A. $|a+b| + |a-b| > 2$

B. $|a+b| + |a-b| < 2$

C. $|a-b| + |a-b| = 2$

D. 不能确定

如果你希望成功,当以恒心为良友,以经验为参谋,以当心为兄弟,以希望为哨兵。——爱迪生

(3) $3[x-2(x-1)]\leqslant 4x$

解:先去小括号,再去大括号. 化简为

$3(-x+2)\leqslant 4x$,得 $6\leqslant 7x$,即 $x\geqslant \dfrac{6}{7}$

原不等式的解集是 $\{x\mid x\geqslant \dfrac{6}{7}\}$.

即 $[\dfrac{6}{7},+\infty)$.

例 3 一元一次不等式组

(1) $\begin{cases}5x+6>4x\\15-9x<10-4x\end{cases}$

解:不等式组化成 $\Rightarrow\begin{cases}x>-6\\x>1\end{cases}$,求它们的解集的交集,

即原不等式组的解集为 $\{x\mid x>1\}$.

(2) $\begin{cases}\dfrac{x}{2}\leqslant\dfrac{x+1}{5},\\\dfrac{2x-1}{5}\leqslant\dfrac{x+1}{2}\end{cases}$

解:不等式组化成 $\begin{cases}x\leqslant\dfrac{2}{3}\\x\geqslant-7\end{cases}$,求它们的解集的交集,

即原不等式组的解集为 $\{x\mid -7\leqslant x\leqslant\dfrac{2}{3}\}$.

注:①一元一次不等式、一元一次不等式组的解集都可借助数轴来解.

②不等式的两边同乘以负数,不等号要改变方向.

例 4 双向不等式

$-1<\dfrac{1-2x}{3}\leqslant 3$

解:第一步:去分母,得

$-3<1-2x\leqslant 9$.

第二步:不等式左中右同时减 1,得

$-4<-2x\leqslant 8$.

第三步:不等式左中右同时除以 -2(看不等号的方向变了),

得 $2>x\geqslant -4$,即 $-4\leqslant x<2$.

∴ 不等式的解集为 $[-4,2)$.

⑪ $\dfrac{3(1-2x)}{4}<\dfrac{2(x-3)}{5}$

⑫ $\begin{cases}3-2x\geqslant x+5\\2(x-2)<3-x\end{cases}$

⑬ $-1<\dfrac{3-2x}{5}\leqslant 2$

⑭ $1\leqslant\dfrac{3-2(x-3)}{2}<5$

⑮ $\dfrac{3x+1}{5}\geqslant\dfrac{2x-2}{3}$

不干,固然遇不着失败,也绝对遇不着成功。——邹韬奋

§1.2 绝对值与不等式

含有绝对值符号，并且绝对值符号内含有未知数的不等式，叫作绝对值不等式.

一、绝对值不等式的性质

实数集 R 中，

$$|a|=\begin{cases}a & (a>0)\\ 0 & (a=0)\\ -a & (a<0)\end{cases}$$

据实数的绝对值的定义，有：

$|ab|=|a|\cdot|b|$，$\left|\frac{a}{b}\right|=\frac{|a|}{|b|}(b\neq 0)$.

在解决绝对值不等式的问题时，经常要用到以上的基本关系式.

关于和差的绝对值与绝对值的和差，还有以下性质.

1. $|a|-|b|\leqslant|a+b|\leqslant|a|+|b|$；
2. $|a|-|b|\leqslant|a-b|\leqslant|a|+|b|$.

二、绝对值不等式的解法

绝对值不等式的解集情况可以归结为以下两种基本类型.（表 1－2）

表　1－2

类型(设 $a>0$)	解　集	数轴表示
$\|x\|<a$	$-a<x<a$	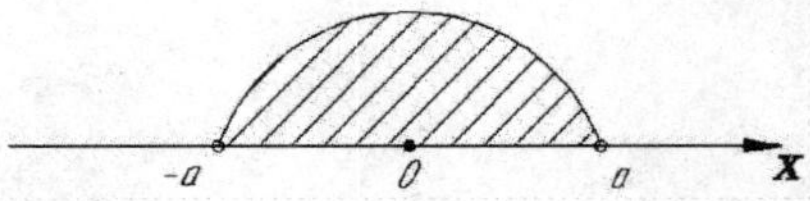
$\|x\|>a$	$x>a$ 或 $x<-a$	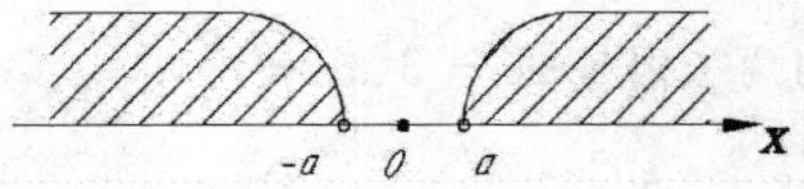

注意：当 $a\leqslant 0$ 时，$|x|<a$ 无解，$|x|>a$ 的解集为全体实数.

例题解析

例 1　绝对值不等式

(1) $|x|<2$　　　　$|x|>2$

解：设 $|x|=2$ 时，方程的两个根是 $x_1=2$，$x_2=-2$.

画数轴，标上两个定点 x_1，x_2，小于号时解集取中间；大于号时，解集取两边.

互动练习

① $|x|\geqslant 9$

② $|x+2|<10$

③ $|2x-5|>3$

④ $|3-2x|>15$

⑤ $|8-5x|\leqslant 11$

⑥ $\left|x+\frac{2}{3}\right|\leqslant 1$

⑦ $\left|3x-\frac{1}{2}\right|>3$

容易成功和难于成功同样能刺激人的愿望。——巴尔扎克

①当不等式小于号时,解集取中间.

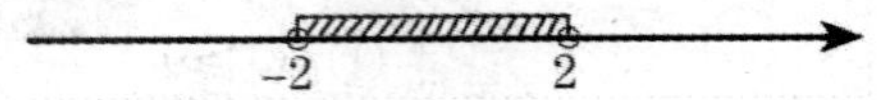

即 $-2<x<2$.

②当不等式大于号时,解集取两边.

即 $x<-2$ 或 $x>2$.

例 2 (1) $|x-1|>2$;(2) $|x-1|<2$

解绝对值不等式时,所有不等号,全部按等号做,

$|x-1|=2$,把 $x-1$ 看成一个整体,得

$x-1=2\Rightarrow x=3$,

$x-1=-2\Rightarrow x=-1$.

画数轴,标上两个定点,$x_1=-1$,$x_2=3$.

小于号时,解集取中间;大于号时,解集取两边.

① $|x-1|>2$,大于号时,解集取两边.

即 $x<-1$ 或 $x>3$.

② $|x-1|<2$,小于号时,解集取中间.

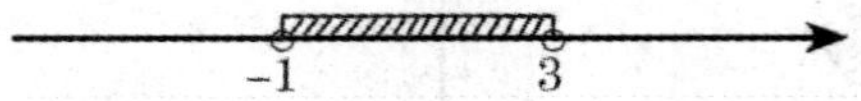

即 $-1<x<3$.

例 3 解下例不等式

(1) $|3x-7|>2$ (2) $|3x-7|<2$

解:设方程 $|3x-7|=2$ 时,方程的两个根是 $x_1=3$,$x_2=\frac{5}{3}$.

①当不等式大于号时,解集取两边,得 $x<\frac{5}{3}$ 或 $x>3$,

即 $\{x|x<\frac{5}{3}$ 或 $x>3\}$.

②当不等式小于号时,解集取中间,得 $\frac{5}{3}<x<3$,

即 $\{x|\frac{5}{3}<x<3\}$.

注:①解绝对值不等式,关键在于利用绝对值的意义去掉绝对值符号,把绝对值不等式转化成一个一般的不等式组.

②先利用函数来解得两根,如果不等式大于号时,解集取两根的两边;如果不等式小于号时,解集取两根中间,求得它解集范围.

⑧ $\left|2x-\frac{7}{5}\right|-1>0$

⑨ $5-\left|\frac{5}{2}-2x\right|\geqslant 0$

⑩ $\left|\frac{4}{3}-\frac{2}{5}x\right|\leqslant 3$

⑪ $|x-2|<5$ 的解集为( )

A. $\{x|x>-3\}$

B. $\{x|x>-7\}$

C. $\{x|x<-3$ 或 $x>7\}$

D. $\{x|-3<x<7\}$

⑫不等式 $|3-2x|>7$ 的解集是( )

A. $-2<x<5$

B. $x<-2$ 或 $x>5$

C. $x<-5$ 或 $x>5$

D. $-5<x<5$

当一个人一心一意做好事情的时候,他最终是必然会成功的。——卢梭

§1.3 一元二次不等式

含有一个未知数,并且未知数的最高次数是2的不等式,叫作一元二次不等式.

一、一元二次不等式可以归结为以下两种基本类型.

(一) $ax^2+bx+c>0\ (a>0)$.

(二) $ax^2+bx+c<0\ (a>0)$.

二、标准形式的一元二次不等式的体育单招解法.

(1)解所有不等式全按等号做,即求一元二次方程 $ax^2+bx+c=0(a>0)$ 的两根.

(2)解一元二次方程的方法一般有因式分解法和求根公式法两种,其中因式分解法为主,求根公式法为辅,求出方程的两根.

(3)根据两根,在数轴上标出两点,如果不等式大于号时,解集在两点的两边;如果不等式小于号时,解集在两点的中间.

三、可利用一元二次方程 $ax^2+bx+c=0$ 与一元二次不等式 $ax^2+bx+c>0$ 的有关性质求解,具体如表1-3.

表 1-3

判别式 $\Delta=b^2-4ac$		$\Delta>0$	$\Delta=0$	$\Delta<0$
一元二次方程 $ax^2+bx+c=0$ $(a\neq0)$ 的根		有两个不等的实根 $x_{1,2}=\frac{-b\pm\sqrt{b^2-4ac}}{2a}$ $(x_1<x_2)$	有两个相等的实根 $x_1=x_2=-\frac{b}{2a}$	没有实根
一元二次不等式的解集	$ax^2+bx+c>0$ $(a>0)$	$x<x_1$ 或 $x>x_2$	不等于 $-\frac{b}{2a}$ 的所有实数	全体实数
	$ax^2+bx+c<0$ $(a>0)$	$x_1<x<x_2$	空集	空集

四、解不含一次项的一元二次不等式.

(1) $x^2>a(a>0)$.

(2) $x^2<a(a>0)$.

上面两种情况解题时,不等号都按等号做,即 $x^2=a$,得 $x=\pm\sqrt{a}$.

根据两根,在数轴上标出两点.

① 中不等式为大于号时,解集在两点的两边,得 $x<-\sqrt{a}$ 或 $x>\sqrt{a}$.

② 中不等式为小于号时,解集在两点之间,得 $-\sqrt{a}<x<\sqrt{a}$.

互动练习

① $x^2>4$

② $2-x^2>0$

③ $x^2-5z-6<0$

④ $x^2+4x>5$

⑤ $x^2-10>3x$

成功之秘诀,在始终不变其目的。——毕图士腓特

例题解析

例 1 解一元二次不等式

$x^2-2x-3>0$

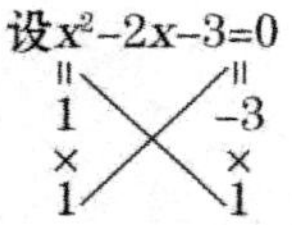

① $-3\times1=-3$ 常数

② $1\times1=1$ x^2 的系数

③ $1\times1+(-3)\times1=-2$,即 x 的系数只有满足①②③的条件方程因式分解正确.

得$(x-3)(x+1)>0$.

令$(x-3)(x+1)=0$.

得$\begin{cases}x-3=0 & x=3\\ x+1=0 & x=-1.\end{cases}$

标出固定点 $x=-1$、$x=3$,根据大于号,解集取两边,得

$x<-1$ 或 $x>3$,得解集是$\{x|x<-1$ 或 $x>3\}$.

例 2 解不等式 $x^2+x-6>0$

解:方法一:将不等式的左边分解因式,得 $(x-2)(x+3)>0$

分成两个方程组

① $\begin{cases}x-2>0\\ x+3>0\end{cases}$ 或② $\begin{cases}x-2<0\\ x+3<0\end{cases}$.

由①得 $x>2\cap x>-3\Rightarrow x>2$ 或由②得 $x<2\cap x<-3\Rightarrow x<-3$,

所以解集是 $x>2$ 或 $x<-3$, 即 $(-\infty,-3)$ 或 $(2,+\infty)$.

方法二:可以令 $x^2+x-6=0$, 它的根是 $x_1=2,x_2=-3$,

因为不等式大于0, 解集取两边,

$\therefore$ 得解集是 $\{x|x>2$ 或 $x<-3\}$.

注:简单的一元二次不等式可用因式分解法来解;一般的一元二次不等式,则可利用二次函数来解.

例 3 解下例不等式

(1)解不等式 $(3x-2)(2x+1)>0$

分析:两个式子的积大于0, 那么这两个式子或者都大于0, 或者都小于0;两个式子的商小于0, 那么这两个式子的值的符号相反.

解法:设$(3x-2)(2x+1)=0$,得 $x_1=\frac{2}{3},x_2=-\frac{1}{2}$.

$\because$ 不等式>0,$\therefore$ 解集取两边,$x<-\frac{1}{2}$或 $x>\frac{2}{3}$,

$\therefore$ 不等式解集是$\{x|x<-\frac{1}{2}$或 $x>\frac{2}{3}\}$.

⑥$5x-6\leqslant x^2$

⑦$x^2+3x<0$

⑧$x\geqslant x^2$

⑨ $-x^2-x+30\leqslant0$

⑩$2x^2+x-6<0$

⑪$3x^2\geqslant8+2x$

我决不相信,任何先天的或后天的才能,可以无需坚定的长期若干的品质而得到成功。——狄更斯

(2)解不等式① $x^2+x-12>0$；② $x^2+x-12<0$

解：设方程 $x^2+x-12=0$ 的两个根是 x_1,x_2.

韦达定理：

$x_1\cdot x_2=-12, x_1+x_2=-1\Rightarrow x_1=3, x_2=-4$

①不等式>0时，解集取两边，$x<-4$ 或 $x>3$，

得 $\{x|x<-4$ 或 $x>3\}$.

②不等式<0时，解集取中间，$-4<x<3$，得 $\{x|-4<x<3\}$.

例4　(2018.12)不等式 $5x-2x^2>2$ 的解集是______.

解：由已知得，$2x^2-5x+2<0$.

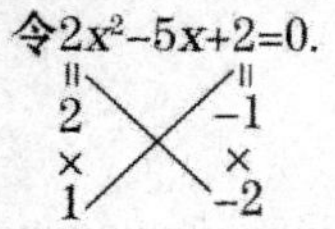

① $-1\times(-2)=2$　常数

② $2\times1=2$　x^2 的系数

③交叉相乘后相加要等于 x 的系数，即 $2\times(-2)+1\times(-1)=-5$.

同时满足①②③条件，因式分解得

$(2x-1)(x-2)=0$

$$\begin{cases}2x-1=0 & x=\dfrac{1}{2}\\ x-2=0 & x=2.\end{cases}$$

本题是小于号，解集取中间得

$\left\{x|\frac{1}{2}<x<2\right\}$或$(\frac{1}{2},2)$.

例5　(1) $x^2>9$　(2) $x^2-3<0$.

(1) $x^2>9$

设 $x^2=9$，得 $x_1=3$、$x_2=-3$.

在数轴上固定两点，不等式大于号，解集取两边.

得 $\{x|x<-3$ 或 $x>3\}$.

(2) $x^2-3<0$

设 $x^2=3$，得 $x_1=\sqrt{3}, x_2=-\sqrt{3}$.

在数轴上固定两点，$x_1=\sqrt{3}, x_2=-\sqrt{3}$，方程小于号，解集取中间，得

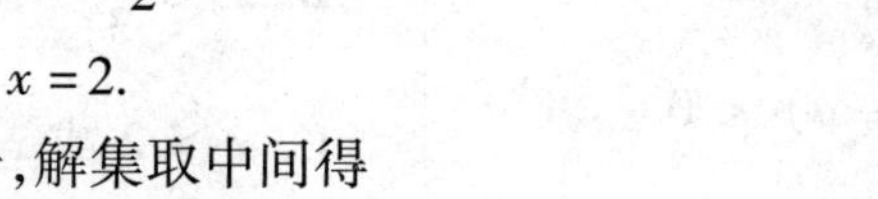

$-\sqrt{3}<x<\sqrt{3}$.

∴ 解集是 $\{x|-\sqrt{3}<x<\sqrt{3}\}$.

⑫ $15+13x>6x^2$

⑬不等式 $x^2+11x-12<0$ 的解集是(　　)

A. $\{x|-1<x<12\}$

B. $\{x|-12<x<1\}$

C. $\{x|x<-1$ 或 $x>12\}$

D. $\{x|x<-12$ 或 $x>1\}$

⑭不等式 $3x-2<x^2$ 的解集是(　　)

A. $x>1$

B. $x<2$

C. $1<x<2$

D. $x<1$ 或 $x>2$

高傲自大是成功的流沙。——阿比

(2)(2007.14)已知$0<a<1$,不等式$x^2-\frac{a^2+1}{a}x+1<0$的解集是_______.

分析:一元二次方程$ax^2+bx+c=0$当判别式$\triangle=b^2-4ac>0$时有两个不相等的实数根,等于0时有两个相等的实数根,小于0时没有实数根,所以当$\triangle\geqslant0$本题有解.

高考解法:因为不等式有解,所以

$\triangle=b^2-4ac=(\frac{a^2+1}{a})^2-4\times1\times1\geqslant0$,

$(\frac{a^2+1}{a})^2\geqslant4\Rightarrow\frac{a^2+1}{a}\geqslant2\Rightarrow a^2+1\geqslant2a\Rightarrow(a-1)^2\geqslant0.$

又因为$0<a<1$,所以$\triangle>0$,有实数根.

根据韦达定理:

$x_1+x_2=\frac{a^2+1}{a}$,$x_1\cdot x_2=1$,得两根$x_1=a,x_2=\frac{1}{a}$.

不等式<0时,解集取中间.

$\therefore$ 不等式的解集是$\{x|a<x<\frac{1}{a}\}$.

解法2:由已知,得$x^2-ax-\frac{1}{a}x+1=x(x-a)-\frac{1}{a}(x-a)$

$=(x-\frac{1}{a})(x-a)<0.$

$\because$ 不等式<0,$\therefore$ 解集取中间,得$\{x|a<x<\frac{1}{a}\}$.

单招解法:将不等式化简得$x^2-(a+\frac{1}{a})x+1<0$

即$x^2-(a+\frac{1}{a})x+(-a)\cdot(-\frac{1}{a})<0$,

得$(x-a)(x-\frac{1}{a})<0.$

令$(x-a)(x-\frac{1}{a})=0$,

得$x_1=a,x_2=\frac{1}{a}$. $\because 0<a<1$.

又$\because$ 不等式<0,$\therefore$ 解集取中间,得$a<x<\frac{1}{a}$.

$\therefore$ 不等式的解集是$\{x|a<x<\frac{1}{a}\}$.

⑮$8x-3x^2>4$的解集是( )

A. $x>2$或$x<\frac{2}{3}$

B. $x>2$

C. $x<\frac{2}{3}$

D. $\frac{2}{3}<x<2$

⑯不等式$-3x^2+8x<4$的解集是( )

A. $x>2$

B. $x<\frac{2}{3}$

C. $x>2$或$x<\frac{2}{3}$

D. $\frac{2}{3}<x<2$

常往光明快乐一面看,这就是我一生成功的诀窍。——科克

§1.4 函数的性质

一、函数的单调性

(一)在定义域的一个区间上,如果对于自变量 x 的任意两个值 x_1, x_2,当 $x_1 < x_2$ 时,都有 $f(x_1) < f(x_2)$,那么函数 $f(x)$ 在此区间上是增函数.

(二)在定义域的一个区间上,如果对于自变量 x 的任意两个值 x_1, x_2,当 $x_1 < x_2$ 时,都有 $f(x_1) > f(x_2)$,那么函数 $f(x)$ 在此区间上是减函数.

(三)如果函数 $y = f(x)$ 在某个区间上是增函数或减函数,就说 $f(x)$ 在此区间上具有单调性,此区间叫作 $f(x)$ 的单调区间.

二、正比例函数、一次函数、反比例函数

函数 $y = kx$ (常数 $k \neq 0$) 叫作正比例函数. 函数 $y = kx + b$ 叫作 x 的一次函数(k, b 是常数,且 $k \neq 0$). 函数 $y = \frac{k}{x}$ (常数是 $k \neq 0$) 叫作反比例函数.

(一)正比例函数

正比例函数 $y = kx$ 的图象是经过点 $(0,0)$ 和点 $(1,k)$ 的直线,它有下面的性质.(图1-4)

1. 当 $k > 0$ 时,它的图象在第一、三象限内,且 y 随 x 的增大而增大;当 $k < 0$ 时,它的图象在第二、四象限内,且 y 随 x 的增大而减小.

2. 由于 $|k|$ 的大小不同,直线对于 x 轴的倾斜程度也不同,$|k|$ 越小,直线越靠近 x 轴;$|k|$ 越大,直线越离开 x 轴.

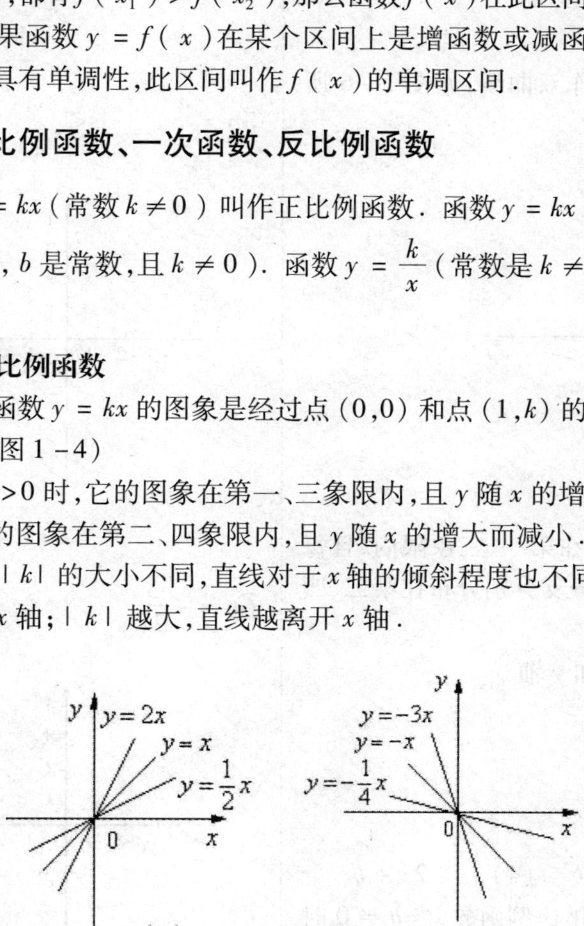

(1) (2)

图1-4

(二)一次函数

一次函数 $y = kx + b$ 的图象是经过点 $(0,b)$,而平行于直线 $y = kx$ 的一条直线,如图1-5所示,它有下面性质.

1. 当 $k > 0$ 时,y 随 x 的增大而增大;当 $k < 0$ 时,y 随 x 的增大而减小.

2. $|k|$ 越小,直线越靠近经过点 $(0,b)$ 的 x 轴的平行线;$|k|$ 越大,直线越离开经过点 $(0,b)$ 的 x 轴的平行线.

互动练习

画下列函数的图象、什么函数、单调性.

①$y = 2x$

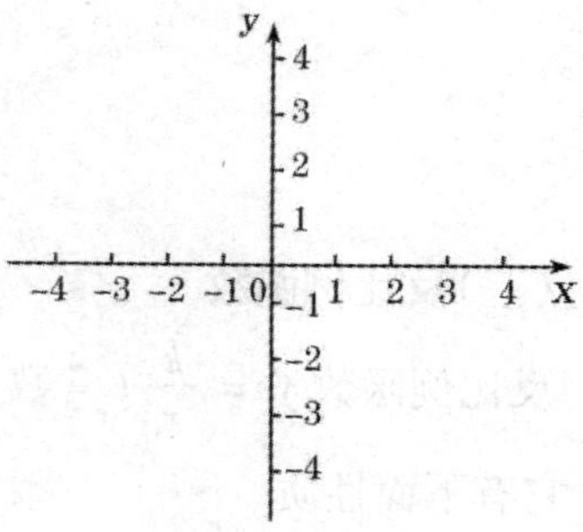

②$y = -x$

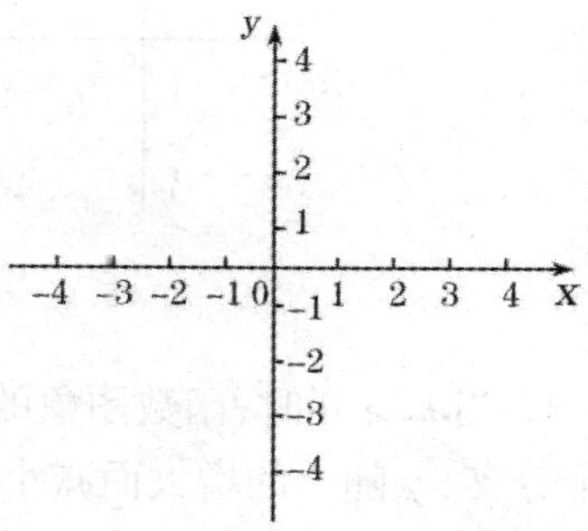

③$y = -x - 1$

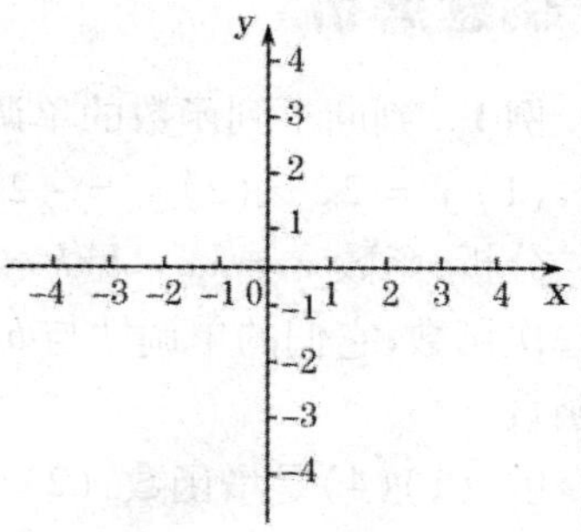

切记,成功乃是辛劳的报酬。——索福克勒斯

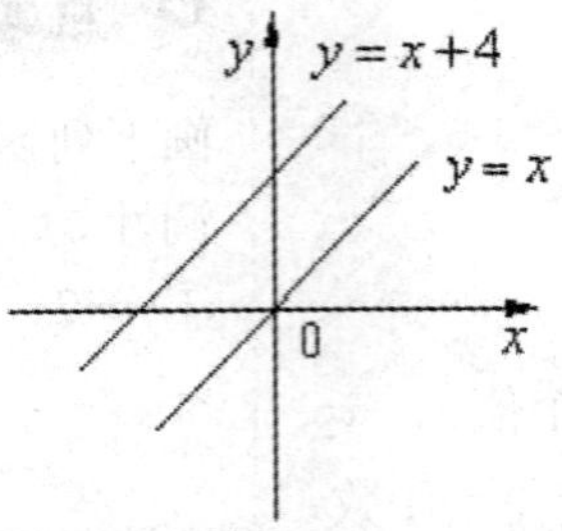

图 1－5

(三)反比例函数

反比例函数 $y=\dfrac{k}{x}$（常数 $k\neq 0$），的图象叫作双曲线，如图 1－6 所示．它有下面性质．

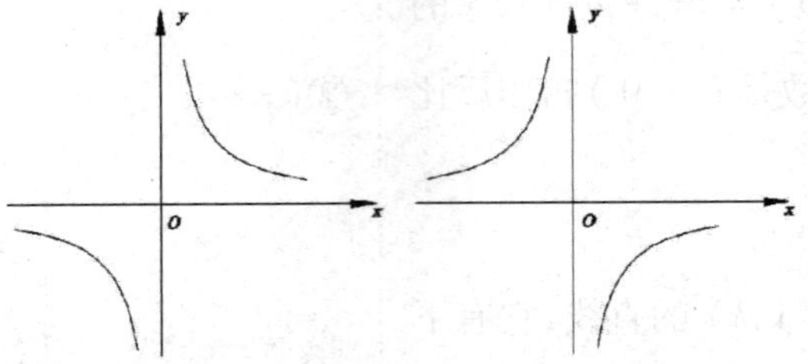

图 1－6

1. 当 $k>0$ 时，函数图象的两个分支分别分布在第一、三象限内，且每一个分支，y 随 x 的增大而减小；当 $k<0$ 时，两个分支分别分布在第二、四象限内，且每一个分支，y 随 x 的增大而增大．

2. 两个分支都无限接近但永远不能达到 x 轴和 y 轴．

例题解析

例 1 判断下列函数的单调性

(1) $y=2x$　(2) $y=-2x$　(3) $y=-2x+b$　(4) $y=2x+b$

分析：函数 $y=kx+b(k\neq 0)$，当 $b=0$ 时是正比例函数，当 $b\neq 0$ 时是一次函数；它们的单调性与 b 大小无关，当 $k>0$ 时是增函数，$k<0$ 时是减函数．

解：(1)(4)是增函数，(2)(3)是减函数．

(5) $y=\dfrac{5}{x}$　　(6) $y=-\dfrac{3}{x}$

分析：反比例函数 $y=\dfrac{k}{x}$ $(k\neq 0)$，当 $k>0$ 时是减函数，$k<0$ 时是增函数．

解：(5)是减函数，(6)是增函数．

④$y=2x+5$

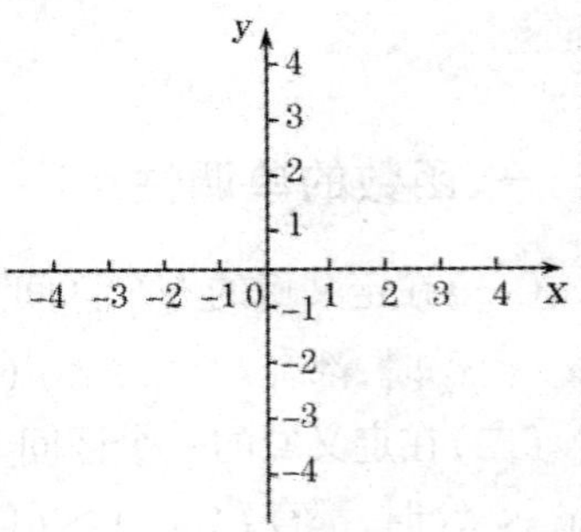

⑤$y=\dfrac{4}{x}$

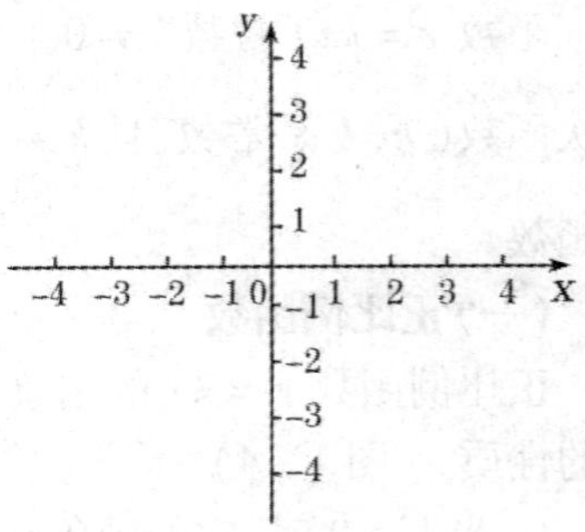

⑥$y=-\dfrac{3}{2x}$

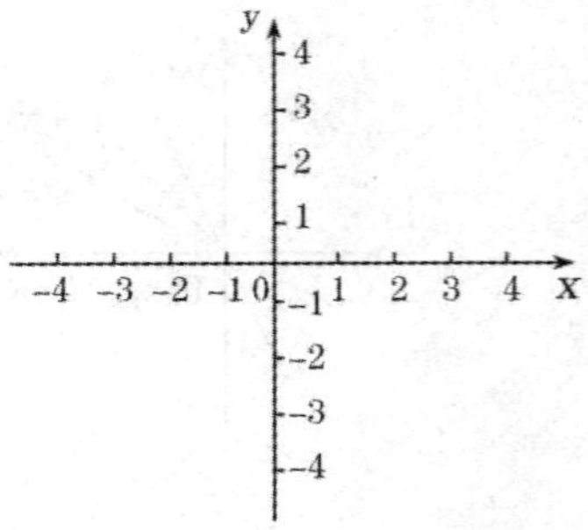

谋及下者无失策，举及众者无顿功。——桓宽

§1.5 指数与指数幂的运算

一、基本概念

(一)正整数指数幂：$a^n = a \cdot a \cdot a \cdots a\ (n \in N,\text{且}\ n > 1)$.

(二)零指数幂：$a^0 = 1\ (a \neq 0)$.

(三)负整数指数幂：$a^{-n} = \dfrac{1}{a^n}\ (n \in N^+)$.

(四)根式.

n 次方根：如果 $x^n = a$，$(n \in N^+, n > 1)$，那么 x 叫作 a 的 n 次方根. 正数的偶次方根有两个，它们互为相反数；负数没有偶次方根；0 的偶次方根是 0；正数的奇次方根是一个正数；负数的奇次方根是一个负数；0 的奇次方根是 0.

算术根：正数 a 的正的 n 次方根叫作 a 的 n 次算术根.

根式：表示方根的代数式叫作根式.

如果 $\sqrt[n]{a}$ 是一个根式，则 $(\sqrt[n]{a})^n = a$.

当 n 为奇数时，$\sqrt[n]{a^n} = a$；

当 n 为偶数时，$\sqrt[n]{a^n} = |a| = \begin{cases} a\ (a \geqslant 0) \\ -a\ (a < 0). \end{cases}$

(五)分数指数幂.

正分数指数幂：$a^{\frac{n}{m}} = \sqrt[m]{a^n}\ (m, n \in N^+\ \text{且}\ m > 1, (m, n) = 1)$. 当 m 为奇数时，$a \in \mathrm{R}$；当 m 为偶数时，$a^n \geqslant 0$. 注：(m, n) 表示 m, n 的最大公因子.

负分数指数幂：$a^{-\frac{n}{m}} = \dfrac{1}{\sqrt[m]{a^n}}\ (m, n \in N^+\ \text{且}\ m > 1, (m, n) = 1)$. 当 m 为奇数时，$a \in \mathrm{R}$ 且 $a \neq 0$；当 m 为偶数时，$a^n > 0$.

二、幂的运算性质

1. $a^x \cdot a^y = a^{x+y}\ (a > 0, x, y \in \mathrm{Q})$.
2. $(a^x)^y = a^{xy}\ (a > 0, x, y \in \mathrm{Q})$.
3. $(ab)^x = a^x b^x\ (a > 0, b > 0, x \in \mathrm{Q})$.

注：①正整数指数幂的运算性质 $a^m \div a^n = a^{m-n}$ 与 $\left(\dfrac{a}{b}\right)^n = \dfrac{a^n}{b^n}$ 分别包含在性质 1. 和 3. 中.

②当 x, y 都是整数时，在运算性质中，a, b 的范围可分别放宽为不等于 0 的实数.

互动练习

① $3^4 = (\quad)$

② $\left(\dfrac{1}{3}\right)^3 = (\quad)$

③ $2^{-1} = (\quad)$

④ $3^{-2} = (\quad)$

⑤ $5^{-3} = (\quad)$

⑥ $\left(\dfrac{1}{2}\right)^{-1} = (\quad)$

⑦ $\left(\dfrac{1}{5}\right)^{-2} = (\quad)$

⑧ $4^{\frac{1}{2}} = (\quad)$

⑨ $27^{\frac{2}{3}} = (\quad)$

⑩ $8^{-\frac{4}{3}} = (\quad)$

⑪ $\left(\dfrac{1}{4}\right)^{-\frac{1}{2}} = (\quad)$

⑫ $\left(\dfrac{1}{27}\right)^{-\frac{2}{3}} = (\quad)$

作为一个科学家来说，我的成功……最主要的是：爱科学——在长期思索任何问题上的无限耐心——在观察和搜集事实上的勤勉——相当的发明能力和常识。——达尔文

例题解析

例1 填空题

① $2^3=$ ________；② $(\frac{1}{3})^2=$ ________；③ $9^{\frac{1}{2}}=$ ________；

④ $16^{\frac{1}{4}}=$ ________；⑤ $3^{-2}=$ ________；⑥ $(\frac{1}{3})^{-3}=$ ________；

⑦ $(-10)^0=$ ________；⑧ $(10)^0=$ ________；

⑨ $25^{\frac{3}{2}}=$ ________；⑩ $8^{-\frac{2}{3}}=$ ________.

解：① 8；② $\frac{1}{9}$；③ $9^{\frac{1}{2}}=(3^2)^{\frac{1}{2}}=3^{2\times\frac{1}{2}}=3^1=3$；④ $16^{\frac{1}{4}}=(2^4)^{\frac{1}{4}}=2$；⑤ $3^{-2}=\frac{1}{3^2}=\frac{1}{9}$；⑥ $(\frac{1}{3})^{-3}=3^3=27$；⑦ 1；⑧ 1；⑨ $25^{\frac{3}{2}}=5^{2\times\frac{3}{2}}=5^3=125$；⑩ $8^{-\frac{2}{3}}=2^{-3\times\frac{2}{3}}=2^{-2}=\frac{1}{2^2}=\frac{1}{4}$.

例2 化简

① $2^3\cdot2^{-5}\cdot2^6=$ ________；② $a^{-2}\cdot a^{-5}\cdot a^9=$ ________；

③ $(3^3)^2=$ ________； ④ $(a^{-1}b^2)^{-3}=$ ________；

⑤ $(x^{-1}y^{\frac{2}{3}})^{-3}=$ ________； ⑥ $(10^{\frac{1}{3}}\cdot10^{-\frac{1}{6}})^6=$ ________；

⑦ $2\sqrt{2}\cdot\sqrt[4]{2}\cdot\sqrt[8]{4}=$ ________；⑧ $\frac{\sqrt{a\sqrt{a\sqrt{a}}}}{a}=$ ________.

解：① $2^3\cdot2^{-5}\cdot2^6=2^{3-5+6}=2^4=16$.

② $a^{-2}\cdot a^{-5}\cdot a^9=a^{-2-5+9}=a^2$.

③ $(3^3)^2=3^{3\times2}=3^6$.

④ $(a^{-1}b^2)^{-3}=a^{-1\times(-3)}b^{2\times(-3)}=a^3b^{-6}=\frac{a^3}{b^6}$.

⑤ $(x^{-1}y^{\frac{2}{3}})^{-3}=x^{-1\times(-3)}y^{\frac{2}{3}\times(-3)}=x^3y^{-2}=\frac{x^3}{y^2}$.

⑥ $(10^{\frac{1}{3}}\cdot10^{-\frac{1}{6}})^6=10^{\frac{1}{3}\times6}\cdot10^{-\frac{1}{6}\times6}=10^2\cdot10^{-1}=10$.

⑦ $2\sqrt{2}\cdot\sqrt[4]{2}\cdot\sqrt[8]{4}=2\cdot2^{\frac{1}{2}}\cdot2^{\frac{1}{4}}\cdot2^{2\times\frac{1}{8}}=2^{1+\frac{1}{2}+\frac{1}{4}+\frac{1}{4}}=2^2$.

⑧ $\frac{\sqrt{a\sqrt{a\cdot a^{\frac{1}{2}}}}}{a}=\frac{\sqrt{a\sqrt{a^{\frac{3}{2}}}}}{a}=\frac{\sqrt{a\cdot a^{\frac{3}{4}}}}{a}=\frac{\sqrt{a^{\frac{7}{4}}}}{a}=\frac{a^{\frac{7}{8}}}{a}=a^{-\frac{1}{8}}$.

或 $=[(a^{\frac{1}{2}}\cdot a)^{\frac{1}{2}}\cdot a]^{\frac{1}{2}}\cdot a^{-1}=(a^{\frac{3}{4}}\cdot a)^{\frac{1}{2}}\cdot a^{-1}=a^{\frac{7}{8}}\cdot a^{-1}=a^{-\frac{1}{8}}$.

例3 $(a^2\cdot\sqrt[5]{a^3})\div(\sqrt{a}\cdot\sqrt[10]{a^9})=$ ( )

A. $a\sqrt[5]{a}$ B. $a\sqrt[10]{a}$ C. $a\sqrt[5]{a^2}$ D. $a\sqrt[10]{a^2}$

解：原式 $=(a^2a^{\frac{3}{5}})\div(a^{\frac{1}{2}}a^{\frac{9}{10}})=a^{2+\frac{3}{5}-\frac{1}{2}-\frac{9}{10}}=a^{\frac{6}{5}}$

$=a^{1+\frac{1}{5}}=a\cdot a^{\frac{1}{5}}=a\sqrt[5]{a}$.

选：A

⑬ $\left(\frac{16}{81}\right)^{-\frac{3}{4}}=$ ( )

⑭ $3^2\cdot3^3\cdot3^{-4}=$ ( )

⑮ $2^2\div2^{-1}\cdot2^4=$ ( )

⑯ $3\cdot\sqrt{3}\div\frac{1}{9}=$ ( )

⑰ $\frac{1}{16}\div\sqrt{8}\cdot128=$ ( )

⑱ $\frac{1}{9}\div81\cdot\sqrt[3]{3}=$ ( )

⑲ $\sqrt{2}\cdot\sqrt[4]{2}\cdot\sqrt[8]{4}=$ ( )

⑳ $\sqrt{3}\cdot\sqrt[3]{3}\cdot\sqrt[3]{9}=$ ( )

㉑ $(a^3b^{\frac{1}{2}})^6=$ ( )

㉒ $(x^{-1}y^{\frac{1}{3}})^9=$ ( )

㉓ $(a^{-1}b^2)^3\div(b^{-\frac{1}{2}}a)^6=$ ( )

㉔ $(\sqrt{a}\cdot\sqrt{a^3})\div(\sqrt[3]{a}\cdot\sqrt[5]{a^2})=$ ( )

合抱之木，生于毫末；九层之台，起于垒土；千里之行，始于足下。——老子

第二章　集合和简易逻辑

重点提示

集合部分是体育单招必考题. 从2005—2019年看,选择题第一小题都是集合题,而且比较简单,与数学其他部分联系较少,一般与数学不等式、一元二次方程、绝对值等联系出题较多,是考生一定要做对的题. 在做集合题时考生要注意以下考点.

(1)弄清集合中的元素是什么,元素与集合的关系.

(2)抓住集合中元素的3个性质,对互异性要注意检验.

(3)会求交集、并集、补集,要充分发挥数轴或韦恩图(*Venn*)的作用.

(4)理解充分条件、必要条件、充分必要条件的概念.

一、集　合

(一)集合的基本概念

集合:我们把一些确定的对象看成一个整体就形成了一个集合. 一般用大写拉丁字母A, B, C, …表示集合.

元素:我们把集合里的每个对象叫作集合的元素. 一般用小写拉丁字母a, b, c, …表示集合的元素. 元素三性:确定性,互异性,无序性.

$a \in A$:表示a是集合A的元素,读作"a属于A".

例:体育中的球类可以看作一个集合,那么篮球、排球、网球等都是它的元素,篮球属于球类,篮球$\in$球类;足球属于球类,足球$\in$球类.

$a \notin A$:表示a不是集合A的元素,读作"a不属于A".

例:铅球不属于球类,铅球$\notin$球类;铅球属于田径类,铅球$\in$田径类.

集合的分类:按元素个数分有限集和无限集,按元素属性分数集、点集、图集等.

空集:不含有任何元素的集合叫作空集,记作ϕ.

注:1. 确定性:对于集合A和某一对象x,有一个明确的判断标准可以鉴定$x \in A$,还是$x \notin A$,二者必居其一,而且只居其一.

2. 互异性:集合中没有相同的元素:如方程$x^2-2x+1=0$的解集用集合记为$\{1\}$,而不能记作$\{1,1\}$.

3. 无序性:集合中的元素是不排序的,如集合$\{0,2\}$与$\{2,0\}$是同一个集合.

互动练习

①不能形成集合的是(　　)

A. 正三角形的全体

B.《高一代数》中的所有难题

C. 大于2的所有整数

D. 所有无理数

②设集合$M=\{x \mid -2 \leqslant x \leqslant 5\}$, $N=\{x \mid x<0 \text{或} x>3\}$,则$M \cap N=$(　　)

A. $\{x \mid 3<x \leqslant 5\}$

B. $\{x \mid -2 \leqslant x<0 \text{或} 3<x \leqslant 5\}$

C. $\{x \mid -3 \leqslant x<0\}$

D. $\{x \mid 0<x \leqslant 5\}$

③满足$\{a,b\} \subseteq M \subset \{a,b,c,d,e\}$的集合$M$的个数是(　　)

A. 2　B. 4　C. 7　D. 8

④以下四个关系:$\phi \in \{0\}$, $0 \in \phi$, $\{\phi\} \subseteq \{0\}$, $\phi \subset \{0\}$,其中正确的个数是(　　)

A. 1　B. 2　C. 3　D. 4

注:③④两题是高考第一题的出题形式.

无论何事,只要对它有无限的热情你就能取得成功。——施瓦布

(二)集合的表示法

列举法:把集合中的元素一一列举出来并写在大括号内,这种表示集合的方法叫作列举,如$\{a, b, c, d\}$.

描述法:把集合中的元素的共同特性描述出来并写在大括号内,这种表示集合的方法叫作描述法.例如:$\{x \in R \mid x^2 - 3x + 2 = 0\}$. $x \in$R 是明确的,也可以表示为$\{x \mid x^2 - 3x + 2 = 0\}$.奇数集$\{x \mid x = 2n + 1\}$;{直角三角形}.

图示法:画一条封闭的曲线,用它的内部表示一个集合.

例:用图示法表示集合$\{x \mid -3 < x \leqslant 2\}$,如图 2-1 所示.

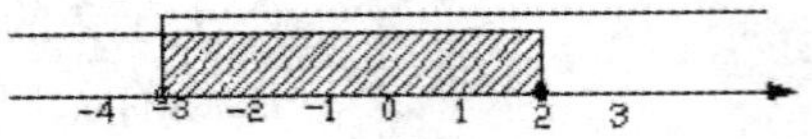

图 2-1

(三)集合与集合的关系

1. 子集:我们对于两个集合 A 与 B, 如果集合 A 的任何一个元素都是集合 B 的元素,那么称集合 A 是集合 B 的子集,记作 $A \subseteq B$ 或 $B \supseteq A$, 读作 A 包含于 B 或 B 包含 A.

由子集的定义可知:$A \subseteq A$;$\phi \subseteq A$(空集是任何非空集合的真子集).

如果 $A \subseteq B$, $B \subseteq C$, 那么 $A \subseteq C$.

真子集:如果集合 A 是集合 B 的子集,并且 B 中至少有一个元素不属于 A, 那么称集合 A 是集合 B 的真子集,记作 $B \supset A$ 或 $A \subset B$.

集合相等:对于两个集合 A 与 B, 如果 $A \subseteq B$, 同时 $B \subseteq A$, 那么就说集合 A 与集合 B 相等,记作 $A = B$.

2. 交集:我们把由集合 A 与集合 B 中的所有公共元素部分所组成的新集合,叫作 A 与 B 的交集,记作 $A \cap B$. 由交集的定义知道:$A \cap A = A$, $A \cap \phi = \phi$.

3. 并集:我们把由集合 A 与集合 B 中的所有元素合并在一起,所组成的新集合,叫作 A 与 B 的并集,记作 $A \cup B$. 由并集的定义知道:$A \cup A = A$, $A \cup \phi = A$.

4. 全集、补集.

全集:包含了我们所要研究的各个集合的全部元素的集合叫作全集,用符号 U 表示.

补集:已知全集 U, 集合 $A \subseteq U$, 由 U 中所有不属于 A 的元素组成的集合叫作集合 A 相对于全集 U 的补集,记作 $C_U A$(有的书上记作 $\overline{A}$).

由补集的定义知道:$A \cup C_U A = U$, $A \cap C_U A = \phi$.

例:一般情况下,设所有径赛项目为集合 A, 所有田赛项目为集合 B, 那么 $A \cap B = \phi$;$A \cup B$ = 径赛项目 ∪ 田赛项目 = 所有田径赛项目,设它是全集 U, 那么所有径赛项目 A 的补集是所有田径赛项目 B, 即 $C_U A = B$.

⑤若集合 $A = \{x \mid 1 < x < 2\}$, $B = \{x \mid x < a\}$, 且 $A \cup B = B$, 则 a 的取值范围为(　　)

A. $a \leqslant 2$

B. $a \leqslant 1$

C. $a \geqslant 1$

D. $a \geqslant 2$

⑥$A = \{x \mid 6 < x < 10\}$, $U = R$, 则 $C_U A$ = ____.

⑦已知集合 A 有 10 个元素,集合 B 有 8 个素,$A \cap B$ 有 4 个元素,则集合 $A \cup B$ 有____个元素.

⑧已 知 $A = \{-2, -1, 0, 1\}$, $B = \{y \mid y = |x|, x \in A\}$, 则 B = ____.

⑨已知集合则 $A = \{x \mid |x| \leqslant 2\}$, $B = \{x \mid x < 3\}$, 则 $A \cap B$ = ____.

不成心专一事,决不能达成一志。——道元

二、简易逻辑

一个命题都有条件和结论两部分，如果把条件和结论分别用 A、B 表示，那么命题可以写成"如果 A 成立，那么 B 成立"，或简写成"若 A，则 B"。

如果 A 成立，那么 B 成立，即由 A 可推出 B，即 $A\Rightarrow B$，条件 A 是 B 成立的充分条件.

如果 B 成立，那么 A 成立，即由 B 可推出 A，即 $B\Rightarrow A$，条件 A 是 B 成立的必要条件.

如果 A 既是 B 成立的充分条件，又是 B 成立的必要条件，即有 $A\Leftrightarrow B$，那么 A 与 B 互为充要条件.

例题解析

例 1　选择题

(1) 由不大于 5 的正整数所组合的集合是(　　)

A. $\{0, 1, 2, 3, 4, 5\}$　　B. $\{1, 2, 3, 4, 5\}$

C. $\{x \mid 0 < x \leqslant 5\}$　　D. $\{x \mid x \leqslant 5\}$

解：整数包括正整数、负整数和零.

答：B

(2) 用列举法把集合 $\{x \mid 0 \leqslant x \leqslant 8$，且 x 为偶数$\}$ 表示为(　　)

A. 2,4,6　　B. $\{2,4,6\}$

C. $\{0,2,4,6,8\}$　　D. $\{2,4,6,8\}$

解：0 是偶数.

答：C

(3) 由全体偶数所组成的集合是(　　)

A. $\{m \mid m = 2k, k \in Z\}$　　B. $\{m \mid m = 2k, k \in N\}$

C. $\{m \mid m = \pm 2, \pm 4, \pm 6, \cdots\}$　　D. $\{m \mid m = k+2, k \in Z\}$

答：A

(4) 由平面直角坐标系中坐标轴上的点所组成的集合是(　　)

A. $\{(x,y) \mid x = 0\}$　　B. $\{(x,0), (0,y)\}$

C. $\{(x,y) \mid x = 0$ 且 $y = 0\}$　　D. $\{(x,y) \mid x = 0$ 或 $y = 0\}$

解：x 轴上的点满足 $y = 0$，y 轴上的点满足 $x = 0$.

答：D

例 2　填空题

用适当的符号 ($\in$, $\notin$, $=$, $\subset$, $\supset$)

① 2 ________ N^+.　　② 0 ________ N^+.

③ ϕ ________ Q.　　④ C ________ Z.

⑤ $\{3\}$ ________ $\{1,2,3\}$.　　⑥ 3 ________ $\{1,2,3\}$.

⑦ 0 ________ $\{0\}$.　　⑧ $\{0\}$ ________ ϕ.

⑨ 0 ________ ϕ.　　⑩ $\{3,2,1\}$ ________ $\{1,2,3\}$.

⑩已知 $A = \{x \mid x^2 + 2x - 3 \geqslant 0\}$，$B = \{x \mid x^2 - 4x + 3 \leqslant 0\}$，则 $A \cap B =$ ____.

⑪已知集合 $A = \{x \mid -1 < x < 3\}$，$B = \{x \mid x^2 - 4 > 0\}$，则 $A \cap B =$ ____

⑫全集为 R，$A = \{x \mid |x-1| < 2\}$，$B = \{x \mid x > 0\}$，则 $A \cap C_U B =$ ____.

⑬$A = \{x \mid x > 3\}$，$B = \{x \mid x < 1\}$，则 $A \cap B =$ ____；$A \cup B =$ ____.

⑭全集为 R，集合 $A = \{x \mid x < 1$ 或 $x > 4\}$，集合 $B = \{x \mid -3 < x < 2\}$，则 $A \cap B =$ ____，$C_U A \cap C_U B =$ ____.

一个不注意小事情的人，永远不会成功大事业。——卡耐基

解:① ∈;② ∉;③ ⊂;④ ⊃;⑤ ⊂;

⑥ ∈;⑦ ∈;⑧ ⊃;⑨ ∉;⑩ =.

注:常见的几种数集.

自然数集:非负整数全体构成的集合叫作自然数集,通常记作 N.

注意:$0 \in N$.

整数集:全体整数的集合,包括正整数、负整数和零,通常记作 Z(全体正整数的集合通常记作 N^{+} 或 N^{*}).

有理数集:全体有理数的集合叫作有理数集,通常记作 Q. 有理数集是实数集的子集.

实数集:包含所有有理数和无理数的集合就是实数集,通常记作 R.

复数集:全体复数的集合叫作复数集,通常记作 C. 实数集 R 是复数集 C 的真子集,即 $R \subset C$.

例3 (1)设方程 $x-2=0$ 的解集为 A, 方程 $x+2=0$ 的解集为 B, 怎么用 A,B 表示方程 $x^2-4=0$ 的解集?

解:方程 $x^2-4=0$ 可化为

$$(x-2)(x+2)=0 \Rightarrow (x-2)=0 \text{ 或 } (x+2)=0,$$

即 $A=\{2\}$ 或 $B=\{-2\}$, 两个解都满足方程 $x^2-4=0$.

又因为 $x-2=0$ 的解集为 A, $x+2=0$ 的解集为 B,

所以方程 $x^2-4=0$ 解集为 $A \cup B$.

(2)设方程 $2x+3y=1$ 的解集为 A, 方程 $4x+y=5$ 的解集为 B, 怎么用 A,B 来表示方程组

$$\begin{cases}2x+3y=1\\4x+y=5\end{cases} \text{ 的解集?}$$

解:因为方程组的解,要满足方程组内的每一个方程,即是每一个方程的解.

已知方程 $2x+3y=1$ 的解集为 A, 方程 $4x+y=5$ 的解集为 B, 所以方程组

$$\begin{cases}2x+3y=1\\4x+y=5\end{cases} \text{ 的解集为 } A \cap B.$$

注:单个方程的解集是方程各个解集的并集. 方程组的解集是各方程解集的交集.

例4 设 $U=R$, $A=\{x \mid x<-1\}$, $B=\{x \mid x>1\}$, 求 C_UA, C_UB, $A \cup B$, $A \cap B$.

解:①在 $U=R$(全集), $A=\{x \mid x<-1\}$ 的补集 $C_UA=\{x \mid x \geqslant -1\}$.

②在 $U=R$(全集), $B=\{x \mid x>1\}$ 的补集 $C_UB=\{x \mid x \leqslant 1\}$.

③$A \cup B=\{x \mid x<-1 \text{ 或 } x>1\}$.

④$A \cap B=\phi$.

⑮全集为 U 集合 $\{1,2,3,4,5\}$, 集合 $A=\{1,3\}$, 集合 $B=\{2,3,4\}$, 则 $A \cap B=$____, $A \cup C_UB=$____.

⑯已知集合 $M=\{2,4,6,8\}$, $N=\{x \mid 1<x<5\}$, 则 $M \cap N=$

A. $\{2,6\}$

B. $\{4,8\}$

C. $\{2,4\}$

D. $\{2,4,6,8\}$

⑰下列四个集合中,是空集的是( )

A. $\{x \mid x+3=3\}$

B. $\{(x,y) \mid y^2=-x^2, x,y \in R\}$

C. $\{x \mid x^2 \leqslant 0\}$

D. $\{x \mid x^2-x+1=0\}$

⑱设全集 $U=\{1,2,3,4,5,6,7\}$, 集合 $M=\{2,3,4\}$, $N=\{2,5\}$, 那么集合 $\{1,6,7\}$ 是( )

A. $C_UM \cap C_UN$

B. $C_UM \cup C_UN$

C. $C_UM \cap N$

D. $C_UM \cup N$

失败是成功之母。——菲利普斯

例 5　全集与补集

(1)已知全集 $U=\{1,2,3,4,5,6,7,8\}$，集合 $M=\{3,4,5\}$，$N=\{1,3,6\}$，那么集合 $\{2,7,8\}$ 是(　　)

A. $M\cup N$　　B. $(C_UM)\cup(C_UN)$

C. $M\cap N$　　D. $(C_UM)\cap(C_UN)$

解：由已知，集合 $\{2,7,8\}$ 中的元素不在 M、N 中，∴ 先要求它们的补集 $C_UN=\{2,4,5,7,8\}$，$C_UM=\{1,2,6,7,8\}$，

则 $(C_UM)\cap(C_UN)=\{2,7,8\}$.

答：D

(2)已知全集 $U=Z$，$A=\{-1,0,1,2\}$，$B=\{x|x^2=x\}$，则 $A\cap C_UB$ 为(　　)

A. $\{-1,2\}$　　B. $\{-1,0\}$　　C. $\{0,1\}$　　D. $\{1,2\}$.

解：$B=\{x\mid x^2=x\}\Rightarrow x(x-1)=0\Rightarrow x=0$ 或 $x=1$ 即 $B=\{0,1\}$.

$C_UB=(x\in Z$，且 $x\neq0,x\neq1)$，$A=\{-1,0,1,2\}$，

则 $A\cap C_UB=\{-1,2\}$.

答：A

(3)设全集 $U=\{1,2,3,4,5\}$，集合 $M=\{1,3,5\}$，$N=\{2,3,4\}$，则 $C_UM\cap N=(\quad)$

A. $\{7\}$　　B. $\{2,3,4\}$　　C. $\{2,4\}$　　D. $\{1,2,4,5\}$

解：由已知，求得 $C_UM=\{2,4\}$，$N=\{2,3,4\}$，

∴ $C_UM\cap N=\{2,4\}$.

答：C

(4)设全集为 R，集合 $P=\{x\mid x\geqslant2\}$，$Q=\{x\mid-2<x\leqslant6\}$，则 $C_RP\cap Q=(\quad)$

A. $\{x\mid2\leqslant x\leqslant6\}$　　B. $\{x\mid-2<x<2\}$

C. $\{x\mid-2<x\leqslant6\}$　　D. $\{x\mid x<2\}$

解：由已知，求得 $C_RP=\{x\mid x<2\}$，$Q=\{x\mid-2<x\leqslant6\}$.

∴ $C_RP\cap Q=\{x\mid-2<x<2\}$.

答：B

例 6　历届真题

(2006.1)设集合 $M=\{x\,|\,|x|\leqslant2\}$，$N=\{1,2,3,4,5\}$，则集合 $M\cap N=(\quad)$

A. $\{1,2\}$　　B. $\{-2,-1,1,2\}$

C. $\{x\mid0\leqslant x\leqslant2\}$　　D. $\{x\mid1\leqslant x\leqslant2\}$.

解：由已知，$M=|x|\leqslant2\Rightarrow-2\leqslant x\leqslant2$，

$N=\{1,2,3,4,5\}$，

∴ $M\cap N=\{1,2\}$.

答：A

⑲设 $U=\{1,2,3,4,5\}$，$A\cap B=\{2\}$，$(C_UA)\cap B=\{4\}$，$(C_UA)\cap(C_UB)=\{1,5\}$，则下列结论正确的是(　　)

A. $3\notin A$ 且 $3\notin B$

B. $3\in A$ 且 $3\notin B$

C. $3\notin A$ 且 $3\in B$

D. $3\in A$ 且 $3\in B$

⑳$A=\{x\mid x=2n+1,n\in Z\}$，$B=\{x\mid x=4n+1,n\in Z\}$，则 A ____ B.（填 ⊆，⊇，=）

㉑设 $A=\{x|x<3\}$，$a=2\sqrt{2}$，则(　　)

A. $a\subset A$

B. $a\notin A$

C. $a\in A$

D. $\{a\}\in A$

㉒设集合 $M=\{x|1\leqslant x\leqslant3\}$，$N=\{x\ 2\leqslant x\leqslant4\}$，则 $M\cap N=(\quad)$

A. $\{x|1\leqslant x\leqslant4\}$

B. $\{x|2\leqslant x\leqslant3\}$

C. $\{x|1\leqslant x\leqslant2\}$

D. $\{x|3\leqslant x\leqslant4\}$

成功好比一张梯子，“机会”是梯子两侧的长柱，“能力”是插在两个长柱之间的横木。只有长柱没有横木，梯子没有用处。——狄更斯

(2007.1)已知集合 $M=\{x||x-2|<1\}$，$N=\{x|x^2-2x<0\}$，则 $M\cap N=$ (　　)

A. $\{x|0<x<2\}$　　B. $\{x|0<x<3\}$

C. $\{x|1<x<2\}$　　D. $\{x|1<x<3\}$

解：$M=|x-2|<1\Rightarrow -1<x-2<1\Rightarrow 1<x<3$，

$N=x^2-2x<0\Rightarrow x(x-2)<0\Rightarrow 0<x<2$，

$\therefore M\cap N=\{x|1<x<2\}$.

答：C

(2008.1)设集合 $M=\{x|-1<x<1\}$，集合 $N=\{x|0<x<2\}$，则(　　)

A. $M\cap N=\{x|0<x<1\}$　　B. $M\cup N=\{x|0<x<1\}$

C. $M\cap N=\{x|-1<x<2\}$　　D. $M\cup N=\{x|-1<x\leqslant 0\}$.

解：由已知 $M=\{x|-1<x<1\}$，$N=\{x|0<x<2\}$，

则 $M\cap N=\{x|0<x<1\}$.

答：A

(2009.1)集合 $I=\{0,1,2,3,4,5\}$，$M=\{0,2,4\}$，$N=\{1,3,5\}$，则 $M\cap C_IN=$ (　　)

A. ϕ　　B. I　　C. M　　D. N

解：由已知 $C_IN=\{0,2,4\}$，$M=\{0,2,4\}$，

则 $M\cap C_IN=M$.

答：C

(2010.1)已知集合 $M=\{x|-\frac{3}{2}<x<\frac{3}{2}\}$，$N=\{x|x=2n,n\in Z\}$，则 $M\cap N=$ (　　)

A. ϕ　　B. $\{0\}$　　C. $\{-1,1\}$　　D. $\{-1,0,1\}$

解：由已知，N 为偶数，$M=\{x|-\frac{3}{2}<x<\frac{3}{2}\}$ 中只有0为偶数，

$\therefore M\cap N=\{0\}$.

答：B

注：(1)以上考题可在数集上进行集合运算时，可借助数轴来表示.

(2)在研究集合关系时要特别注意 ϕ 与其他集合的关系.

(3)区间的概念：设 a, b 是两个实数，并且 $a<b$，那么，

Ⅰ.用不等式 $a<x<b$ 表示的实数 x 的集合叫作开区间，表示为(a,b)；

Ⅱ.用不等式 $a\leqslant x\leqslant b$ 表示的实数 x 的集合叫作闭区间，表示为$[a,b]$；

Ⅲ.用不等式 $a\leqslant x<b$，$a<x\leqslant b$ 表示的实数 x 的集合，都叫作半开半闭区间，分别表示为$[a,b)$，$(a,b]$.

特别地，全体实数的集合R表示为$(-\infty,+\infty)$，"∞"读作"无穷大"，"$-\infty$"读作"负无穷大"，"$+\infty$"读作"正无穷大". 相应地，用不等式 $x\geqslant a$, $x>a$, $x\leqslant b$, $x<b$ 表示实数 x 的集合，可分别表示为

$[a,+\infty)$，$(a,+\infty)$，$(-\infty,b]$，$(-\infty,b)$.

㉓已知全集为 R，集合 $A=\{x||4-3x|>2\}$，$B=\{x|x^2<2x\}$，则 $C_UA\cap C_UB=$

㉔已知集合 $A=\{x|-\frac{5}{2}<x<\frac{5}{2}\}$，$B=\{x|x=2n,x\epsilon z\}$，则 $A\cap B=$

㉕设集合 $A=\{x|1\leqslant x\leqslant 4\}$，且 $B=\{x|x^2+2x-3\leqslant 0\}$，则 $A\cap B=$ (　　)

A. $\{x|x=1\}$

B. $\{x|-1\leqslant x\leqslant 3\}$

C. $\{x|1\leqslant x\leqslant 3\}$

D. $\{x|x\leqslant -3$ 或 $1\leqslant x\leqslant 4\}$

㉖设集合 $A=\{x|x^2\leqslant 4\}$，$B=\{x|x\geqslant 0\}$，则下列关系正确的是 (　　)

A. $A\cup B=\{x|x\geqslant 0\}$

B. $A\cup B=\{x|x^2\leqslant 4\}$

C. $A\cap B=\{x|0\leqslant x\leqslant 2\}$

D. $A\cap B=\phi$

一旦你产生了一个简单的坚定的想法，只要你不停地重复它，终会使之成为现实。提炼、坚持、重复，这是你成功的法宝；持之以恒，最终会达到临界值。——杰克·韦尔奇

例7　已知集合 $A=\{x\mid -2\leqslant x\leqslant 5\}$，$B=\{x\mid m+1\leqslant x\leqslant 2m-1\}$，若 $B\subseteq A$，求实数 m 的范围.

解：由已知，分 $B=\phi$ 和 $B\neq\phi$ 两类讨论.

$B=\phi$ 时，$2m-1<m+1$，$m<2$；

$B\neq\phi$ 时，有 $\begin{cases}m+1\leqslant 2m-1\\-2\leqslant m+1\\2m-1\leqslant 5.\end{cases}$

解得 $2\leqslant m\leqslant 3$，$\therefore 2\leqslant m\leqslant 3$.

例8　简易逻辑

(1)若 $A:x=1$，$B:x^2-3x+2=0$，则 A 是 B 的________条件.

解：当 $x=1$ 时，一定能推出 B，解 B 得 $x=1,x=2$；当 $x=2$ 时，推不出 A，$\therefore$ A 是 B 的充分条件.

(2) $\sin A=\frac{1}{2}$ 是 $\angle A=30^\circ$ 的________条件.

解：当 $\angle A=30^\circ$ 时，一定能推出 $\sin A=\frac{1}{2}$，当 $\sin A=\frac{1}{2}$ 时，

推出 $\angle A=k\cdot 360^\circ+30^\circ$ 或 $\angle A=(2k+1)\pi-\frac{\pi}{6}$，$\therefore$ 是必要条件.

(3) $A:x^2=3x+4$，是 $B:x=\sqrt{3x+4}$ 的________条件.

解：A 化形为 $x^2-3x-4=0\Rightarrow(x-4)(x+1)=0$. 解得 $x=4$，$x=-1$；由已知，B 的解不为负数，所以 B 的解只有 $x=4$，那么 B 能推出 A.

但当 $x=-1$ 时，A 不能推出 B，$\therefore A$ 是 B 必要条件.

(4) $A:a>b$ 是 $B:a+c>b+c$ 的________条件.

解：$a>b\Rightarrow a+c>b+c$，并且 $a+c>b+c\Rightarrow a>b$，

$\therefore$ A 是 B 的充要条件.

例9　仿真题

(1)设 $A=\{x\mid x^2+3x+2=0\}$，$B=\{x\mid x^2-x-2=0\}$，则 $A\cap B$ 是(　　)

A. $\{-2,-1,1,2\}$　　B. $\{-2,-1,2\}$

C. $\{-1\}$　　D. $\{1\}$

解：由已知 A 的解是 $x=-2$，$x=-1$，B 的解是 $x=-1$，$x=2$，

则 $A\cap B$ 是 $x=-1$.

答：C

(2)设集合 $A=\{x\mid x^2\leqslant 1\}$，$B=\{x\mid x\geqslant 0\}$，则下列关系正确的是(　　)

A. $A\cup B=\{x\mid x\geqslant 0\}$　　B. $A\cup B=\{x\mid x^2\leqslant 1\}$

C. $A\cap B=\{x\mid 0\leqslant x\leqslant 1\}$　　D. $A\cap B=\phi$

解：集合 $A:x^2\leqslant 1\Rightarrow -1\leqslant x\leqslant 1$，集合 $B:x\geqslant 0$，

则 $A\cap B$ 得 $\{0\leqslant x\leqslant 1\}$

答：C

㉗命题甲：$|x|>5$，命题乙：$x<-5$，则(　　)

A. 甲是乙的充分条件但不是必要条件

B. 甲是乙的必要条件但不是充分条件

C. 甲是乙的充要条件

D. 甲不是乙的必要条件也不是乙的充分条件

㉘若 $A:x=1$，$B:x^2-3x+2=0$，则 A 是 B 的____条件.

㉙$\sin A=\frac{1}{2}$ 是 $\angle A=30^\circ$ 的______条件.

㉚已知集合 $M=\{x\mid -2\leqslant x\leqslant 2\}$，$N=\{x\mid x<1\}$，则 $(C_R M)\cap N=$(　　)

A. $\{x\mid x<-2\}$

B. $\{x\mid -2<x<1\}$

C. $\{x\mid x<1\}$

D. $\{x\mid -2\leqslant x<1\}$

当机会呈现在眼前时，若能牢牢掌握，十之八九都可以获得成功而能克服偶发事件，并且替自己找寻机会的人，更可以百分之百地获得胜利。——卡耐基

(3)设集合 $A=\{x\mid 1\leqslant x\leqslant 4\}$，且 $B=\{x\mid x^2+2x-3\leqslant 0\}$，则 $A\cap B=(\quad)$

A. $\{x\mid x=1\}$　　B. $\{x\mid -1\leqslant x\leqslant 3\}$

C. $\{x\mid 1\leqslant x\leqslant 3\}$　　D. $\{x\mid x\leqslant -3$ 或 $1\leqslant x\leqslant 4\}$

解：集合 B：$x^2+2x-3\leqslant 0\Rightarrow(x+3)(x-1)\leqslant 0\Rightarrow -3\leqslant x\leqslant 1$，

集合：$A=\{x\mid 1\leqslant x\leqslant 4\}$，

则 $A\cap B=\{x|x=1\}$.

答：A

(4)设集合 $A=\{x\mid |x|\leqslant 2\}$，且 $B=\{x\mid x^2+2x-3\geqslant 0\}$，则 $A\cap B=(\quad)$

A. $\{x\mid -2\leqslant x\leqslant 1\}$　　B. $\{x\mid -1\leqslant x\leqslant 2\}$

C. $\{x\mid 1\leqslant x\leqslant 2\}$　　D. $\{x\mid x\leqslant -3$ 或 $x\geqslant 1\}$

解：集合 A 的解是 $|x|\leqslant 2\Rightarrow -2\leqslant x\leqslant 2$，

集合 B 的解是

$x^2+2x-3\geqslant 0\Rightarrow(x+3)(x-1)\geqslant 0\Rightarrow x\leqslant -3$ 或 $x\geqslant 1$，

$\therefore B=\{x|x\leqslant -3$ 或 $x\geqslant 1\}$.

则 $A\cap B=\{x\mid 1\leqslant x\leqslant 2\}$.

答：C

(5)已知集合 $M=\{x\mid x>1\}$，$N=\{x\mid x^2\leqslant 2\}$，$M\cap N=(\quad)$

A. $\{x\mid 1<x\leqslant\sqrt{2}\}$　　B. $\{x\mid -\sqrt{2}\leqslant x\leqslant 1\}$

C. $\{x\mid x\leqslant\sqrt{2}\}$　　D. $\{x\mid x\geqslant -\sqrt{2}\}$

解：本题考查集合的运算．化简集合

$N=\{x\mid x^2\leqslant 2\}=\{x\mid -\sqrt{2}\leqslant x\leqslant\sqrt{2}\}$，

$\therefore M\cap N=\{x\mid 1<x\leqslant\sqrt{2}\}$.

答：A.

例 10　设 $S=\{x\mid x^2\leqslant 9\}$，$T=\{x\mid |x|>1\}$，求 $S\cap T$，$S\cup T$，C_RS，C_RT.

解：$S=\{x\mid x^2\leqslant 9\}\Rightarrow -3\leqslant x\leqslant 3$，即 $\{x\mid -3\leqslant x\leqslant 3\}$.

$T=\{x\mid |x|>1\}\Rightarrow x<-1$ 或 $x>1$，即 $\{x\mid x<-1$ 或 $x>1\}$.

$\therefore S\cap T=\{x\mid -3\leqslant x<-1$ 或 $1<x\leqslant 3\}$，

$\therefore S\cup T=\{x\mid -3\leqslant x\leqslant 3\}\cup\{x\mid x<-1$ 或 $x>1\}=R$，

$\therefore C_RS=\{x\mid x<-3$ 或 $x>3\}$，

$\therefore C_RT=\{x\mid -1\leqslant x\leqslant 1\}$.

㉛已知 I 为全集，M,N 均是 I 的子集，若 $M\cap N=N$，则(　　)

A. $\overline{M}\geqslant\overline{N}$

B. $M\leqslant\overline{N}$

C. $\overline{M}\leqslant\overline{N}$

D. $M\geqslant\overline{N}$

㉜全集为 R，集合 $A=\{x\mid 1\leqslant x\leqslant 4\}$，集合 $B=\{x\mid 3<x<7\}$，那么 $C_UA\cap B$ 是(　　)

A. $\{x\mid x<0$ 或 $x>3\}$

B. $\{x\mid 3<x\leqslant 4\}$

C. $\{x\mid 0<x<3\}$

D. $\{x\mid 4<x<7\}$

㉝全集为 R，集合 $A=\{x\mid 0<x<9\}$，集合 $B=\{x\mid x\leqslant 3\}$，那么 $C_U(A\cap B)$ 为(　　)

A. $\{x\mid 0<x\leqslant 3\}$

B. $\{x\mid x\leqslant 0\}$

C. $\{x\mid x>3\}$

D. $\{x\mid x\leqslant 0$ 或 $x>3\}$

饱暖则气昏志惰，饥寒则神紧骨坚。——王永彬

第三章　二次函数

重点提示

二次函数是体育单招数学重要考试内容，每年单招考试中有1~2题，考生要注意以下考点．

(1)函数的三要素：定义域、值域、对应法则．会求常见函数的定义域、函数的值域．

(2)函数的性质：单调性；奇偶性．

(3)会求解二次函数的解析式及最大值或最小值，简单值域题．

(4)掌握二次函数的图象和性质以及函数的图象间的关系．

§3.1 二次函数的性质

函数 $y = ax^2 + bx + c$（其中 a, b, c 是常数，且 $a \neq 0$）叫作二次函数．

一、函数 $y = ax^2$ 的图象和性质

函数 $y = ax^2$ 的图象形如物体抛射时所经过的路线，所以叫作抛物线．如图3-1所示，它关于 y 轴对称，y 轴叫作抛物线的对称轴，对称轴和抛物线的交点叫作抛物线的顶点，这个顶点就是原点．函数 $y = ax^2$ 有以下性质．

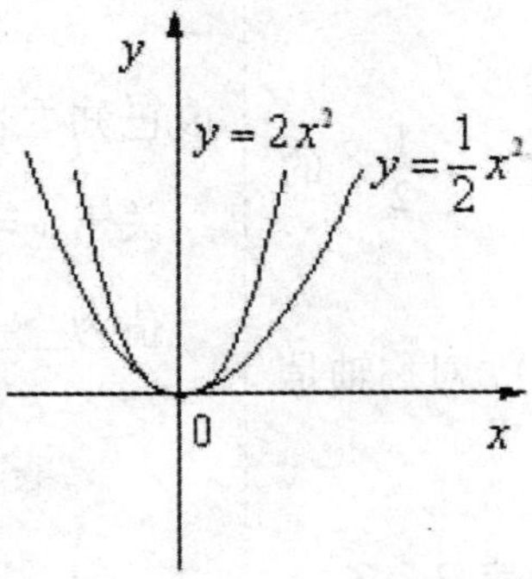

图3-1

(一)抛物线 $y = ax^2$ 的顶点在原点，以 y 轴为对称轴．

(二)当 $a > 0$ 时，抛物线 $y = ax^2$ 在 x 轴的上方(顶点在 x 轴上)，它的开口向上，并且向上无限伸展；当 $a < 0$ 时，抛物线 $y = ax^2$ 在 x 轴的下方(顶点在 x 轴上)，它的开口向下，并且向下无限伸展．

互动练习

①已知二次函数 $y = x^2 - 2x + 3$ 对称轴____，单调增区间____．

②已知二次函数 $y = x^2 - 3x + 2$ 顶点坐标____，单调减区间____．

③已知二次函数 $y = 1 - x^2 + 4x$ 最大值____，单调增区间____．

④已知二次函数 $y = x - x^2$ 对称轴____，单调减区间____．

自古成功在尝试。

（三）当 $a>0$ 时，在对称轴的左侧，y 随着 x 的增大而减小；在对称轴的右侧，y 随着 x 的增大而增大；函数 y 在顶点处的值最小．当 $a<0$ 时，在对称轴的左侧，y 随 x 增大而增大；在对称轴的右侧，y 随 x 增大而减小；函数 y 在顶点处的值最大．

（四）$|a|$ 越大，抛物线的开口越小；$|a|$ 越小，抛物线的开口越大．

二、函数 $y=ax^2+bx+c$ 的图象和性质

在同一平面直角坐标系里，画出函数

$y=\frac{1}{2}x^2$、$y=\frac{1}{2}(x+3)^2$、$y=\frac{1}{2}(x+3)^2-3$ 的图象，如图 3－2 所示．

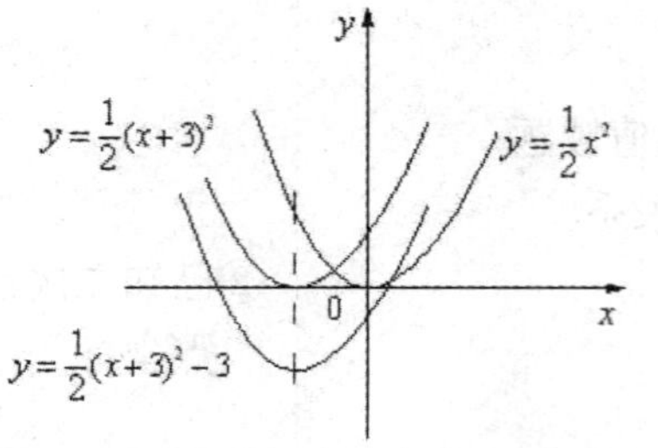

图 3－2

从图 3－2 可以看出，把函数 $y=\frac{1}{2}x^2$ 的图象向左平移 3 个单位长度，就得到函数 $y=\frac{1}{2}(x+3)^2$ 的图象；再把函数 $y=\frac{1}{2}(x+3)^2$ 的图象向下平移 3 个单长度，就得到 $y=\frac{1}{2}(x+3)^2-3$ 的图象，

这也就是 $y=\frac{1}{2}x^2+3x+\frac{3}{2}$ 的图象．

由此可知，二次函数 $y=\frac{1}{2}x^2+3x+\frac{3}{2}$ 的图象与二次函数 $y=\frac{1}{2}x^2$ 的图象，形状是一样的，只是位置不同．

容易知道，抛物线 $y=\frac{1}{2}x^2+3x+\frac{3}{2}$ 的顶点是 $(-3,-3)$，对称轴是过 $(-3,-3)$ 并与 y 轴平行的直线 $x=-3$.

三、一般地，函数 $y=ax^2+bx+c$ 的图象和性质如表 3－3

⑤已知二次函数 $y=x^2-1-3x$ 对称轴____，单调增区间____．

⑥已知二次函数 $y=3-2x-x^2$ 顶点坐标____，单调减区间____．

⑦已知二次函数 $y=x(2-x)$ 最大值____，单调增区间____．

⑧已知二次函数 $y=x^2-2nx-4$ 的对称轴为 $x=2$，则函数的最小值为____．

⑨已知二次函数 $y=mx-x^2$ 图象关于 $x=\frac{1}{2}$ 对称，则函数的最大值为____．

成功不是将来才有的，而是从决定去做的那一刻起，持续累积而成。

表 3-3

	$a>0$	$a<0$
图象	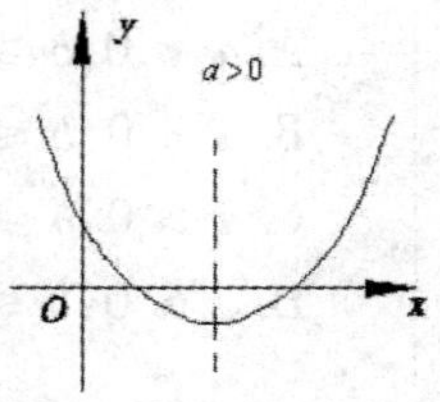	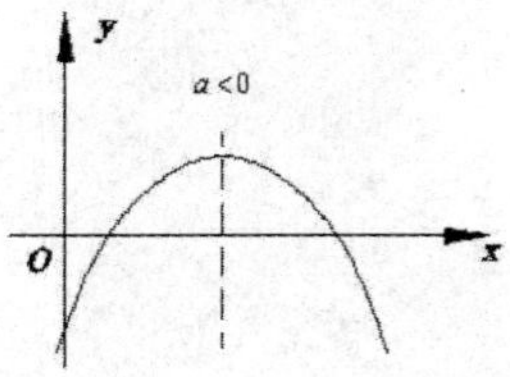
开口方向	开口向上	开口向下
顶点坐标	$(-\frac{b}{2a},\frac{4ac-b^2}{4a})$	
对称性	关于直线 $x=-\frac{b}{2a}$ 对称	
单调性	当 $x<-\frac{b}{2a}$ 时,是减函数 当 $x>-\frac{b}{2a}$ 时,是增函数	当 $x<-\frac{b}{2a}$ 时,是增函数 当 $x>-\frac{b}{2a}$ 时,是减函数
最大值与最小值	当 $x=-\frac{b}{2a}$ $y_{最小值}=\frac{4ac-b^2}{4a}$	当 $x=-\frac{b}{2a}$ $y_{最大值}=\frac{4ac-b^2}{4a}$

例题解析

例1 填空题

(1)函数 $y=x^2+4x-3$ 的对称轴是________.

解:由已知,对称轴 $x=-\frac{b}{2a}=-\frac{4}{2}=-2$.

(2)函数 $y=x^2+2x+3$ 的最小值为________.

解:由已知,对称轴 $x=-\frac{b}{2a}=-\frac{2}{2\times1}=-1$.

把 $x=-1$ 代入原方程,解得 y 值.

$y=(-1)^2+2(-1)+3=2$,

∴ 原函数的最小值2.

(3)函数 $y=x^2-3x+1$ 的顶点坐标是________.

解:由已知,顶点横坐标为 $x=-\frac{b}{2a}=-\frac{-3}{2\times1}=\frac{3}{2}$,

$y=(\frac{3}{2})^2-3\times\frac{3}{2}+1=-\frac{5}{4}$.

∴ 顶点坐标为 $(\frac{3}{2},-\frac{5}{4})$.

⑩ 已知二次函数 $y=x^2-2ax+1$ 在 $(1,+\infty)$ 为增函数,则 a 的取值范围____.

⑪ 已知二次函数 $y=-x^2-2(a-1)x-3(x>-2)$ 为减函数,则 a 的取值范围____.

⑫ 已知函数 $y=mx^2+(m^2-m)x+2(m\neq0)$ 的图象关于 y 轴对称,则 $m=$ ____.

⑬ 将抛物线 $y=2x^2-1$ 向上平移4个单位后,所得的抛物线最小值是多少?

成名每在穷苦日,败事多于得意时。

(4) 函数 $y=1-3x-2x^2$ 的单调递减区间是________.

解:由已知,方程 x^2 项系数 $(-2)<0$,

∴ 函数图象开口向下.

∴ 当 $x>-\frac{b}{2a}$ 时,是减函数,

对称轴 $x=-\frac{b}{2a}=-\frac{-3}{2\times(-2)}=-\frac{3}{4}$,

∴ 递减区间为 $[-\frac{3}{4},+\infty)$.

(5) 设 $f(x)$ 是偶函数,且在 $(-\infty,0)$ 内是减函数,则在 $(0,+\infty)$ 内的单调性是________.

解:$f(x)$ 是偶函数,则在对称区间上单调性相反,是增函数.

例 2 (1) 已知 $0<x<\frac{1}{3}$,则函数 $y=x(1-3x)$ 的最大值是________.

解:由已知化简得 $y=-3x^2+x$,∴ 对称轴 $x=\frac{1}{6}$,

∴ 最大值 $y=\frac{1}{6}(1-3\times\frac{1}{6})=\frac{1}{12}$.

(2)(2008.14) 函数 $f(x)=ax^2+(a-1)x+1(a\neq 0)$ 在当 $x=a$ 时取得最大值,则 $f(x)$ 的最大值是________.

解:由已知,只有当 $a<0$ 时,二次函数才有最大值,且在对称轴处有最大值.

$\therefore x=-\frac{a-1}{2a}=a$,

解得 $a=-1$,$a=\frac{1}{2}$(舍去)

$\therefore f(x)=-x^2-2x+1$,$\therefore f(-1)=-1+2+1=2$.

$\therefore f(x)$ 的最大值是 2.

(3) 已知函数 $f(x)=x^2+2(a-1)x+2$ 在区间 $(-\infty,4]$ 上是减函数,则实数 a 的取值范围是________.

解:由已知,对称轴为 $x=-\frac{2(a-1)}{2}=1-a\geq 4$,

$\therefore a\leq -3$,即 $(-\infty,-3]$.

答:A

(4)(2013.5) 若函数 $y=x^2-ax+3(x>3)$ 是增函数,则 a 的取值范围是________.

解:由已知,对称轴 $x=-\frac{b}{2a}=-\frac{-a}{2\times 1}=\frac{a}{2}$,

$\because x>3$ 是增函数,$\therefore \frac{a}{2}\leq 3$.

$\therefore a\leq 6$,即 $(-\infty,6]$.

⑭ 二次函数 $f(x)=ax^2+bx+c$ 在 $(0,+\infty)$ 上单调增的充分必要条件是( )

A. $a<0,b\geq 0$

B. $a<0,b\leq 0$

C. $a>0,b\geq 0$

D. $a>0,b\leq 0$

⑮ 函数 $f(x)=3-2x-x^2$ 的顶点坐标为____,开口向____,

如果 $a,b\in[-3,-1]$ 且 $a>b$,则 $f(a)$____$f(b)$;

如果 $c,d\in[2,5]$ 且 $c>d$,则 $f(c)$____$f(d)$.

⑯ 某函数 $f(x)=-3+ax-x^2$ 在 $(-\infty,3)$ 上单调递增,则 a 的取值范围是( )

A. $a\geq 6$

B. $a\leq 6$

C. $a\leq 5$

D. $5\leq a\leq 6$

努力是成功之母。—— 塞万提斯

§3.2 对数与对数运算

一、对　数

如果 $a(a>0,a\neq1)$ 的 b 次幂等于 N, 即 $a^b=N$, 那么 b 叫作以 a 为底 N 的对数, 记作 $\log_a N=b$, 其中 a 叫作底数, N 叫作真数.

对数式 $\log_a N=b$ 中, $a>0$, 且 $a\neq1$, $N>0$.

二、性　质

(一) 0 与负数没有对数.

(二) 底的对数等于1, 即 $\log_a a=1$.

(三) 1 的对数等于0, 即 $\log_a 1=0$.

(四) 两个恒等式: $a^{\log_a N}=N(N>0)$, $\log_a a^b=b$.

(五) 当底数 $a>1$ 时, $N>1$ 的真数的对数为正, $0<N<1$ 的真数的对数为负; 当底数 $0<a<1$ 时, $0<N<1$ 的真数的对数为正, $N>1$ 的真数的对数为负.

三、运算性质

$\log_a(NM)=\log_a N+\log_a M\ (M>0,\ N>0)$;

$\log_a \dfrac{M}{N}=\log_a M-\log_a N\ (M>0,\ N>0)$;

$\log_a M^n=n\log_a M\ (M>0)$;

$\log_a \sqrt[n]{M}=\dfrac{1}{n}\log_a M\ (M>0)$.

四、换底公式

$\log_a N=\dfrac{\log_m N}{\log_m a}(m>0,m\neq1)$, $\log_{a^m}N^n=\dfrac{n}{m}\log_a N$,

$\log_a b\cdot\log_b c\cdot\log_c a=1$, $\log_a N=\dfrac{1}{\log_N a}$.

例题解析

例1 $\log_4 25-2\log_4 10$ 的值是(　　)

A. 2　　B. -1　　C. -2　　D. 1

解: 原式 $=2\log_4 5-2(\log_4 2+\log_4 5)=-2\log_4 2=-\log_4 4=-1$

或原式 $=\log_4(25\div100)=\log_4\dfrac{1}{4}=-1$.

答: B

①$\log_3^9=(\quad)$

②$\log_2^1=(\quad)$

③$\log_5^{125}=(\quad)$

④$\log_2^{\frac{1}{2}}=(\quad)$

⑤$\log_2^{\sqrt{2}}=(\quad)$

⑥$\log_{\frac{1}{2}}^{\frac{1}{4}}=(\quad)$

⑦$\log_{\frac{1}{3}}^{3}=(\quad)$

⑧$\log_{\frac{1}{2}}^{16}=(\quad)$

⑨$\log_{\frac{1}{5}}^{625}=(\quad)$

⑩$\log_x^9=\dfrac{2}{3}$, $x=(\quad)$

⑪$\log_{\sqrt{3}}^x=3$, $x=(\quad)$

⑫$\log_2^3-\log_2^6+\log_2^4=(\quad)$

⑬$2\log_4^6-\log_4^9=(\quad)$

⑭$\log_3^5-\log_3^{15}+\log_3^9=(\quad)$

⑮$2\log_4^{\frac{1}{3}}+\log_4^3-\log_4^{\frac{2}{3}}=(\quad)$

培育能力的事必须继续不断地去做, 又必须随时改善学习方法, 提高学习效率, 才会成功。——叶圣陶

例 2 $(\lg 2)^2+\lg 2\cdot\lg 50+\lg 25$

解：原式 $=(\lg 2)^2+(1+\lg 5)\lg 2+\lg 5^2$

$=(\lg 2+\lg 5+1)\lg 2+2\lg 5$

$=(1+1)\lg 2+2\lg 5$

$=2(\lg 2+\lg 5)=2.$

例 3 $(\log_3 2+\log_9 2)\cdot(\log_4 3+\log_8 3)$

解：原式 $=\left(\dfrac{\lg 2}{\lg 3}+\dfrac{\lg 2}{\lg 9}\right)\cdot\left(\dfrac{\lg 3}{\lg 4}+\dfrac{\lg 3}{\lg 8}\right)$

$=\left(\dfrac{\lg 2}{\lg 3}+\dfrac{\lg 2}{2\lg 3}\right)\cdot\left(\dfrac{\lg 3}{2\lg 2}+\dfrac{\lg 3}{3\lg 2}\right)=\dfrac{3\lg 2}{2\lg 3}\cdot\dfrac{5\lg 3}{6\lg 2}=\dfrac{5}{4}.$

五、特殊对数

（一）$\log_{10}N=\lg N$，以 10 为底数的 N 对数，既 $\log_{10}N$，也可以省略底数 10，记作 $\lg N$.

（二）自然对数 $\log_e{}^N=\ln N$. 以 e 为底数的 N 对数通常用 $\ln N$ 表示，数学领域自然对数用 *ln* 表示，前一个字母是小写的 $L(l)$，不是大写的 $i(I)$.

e 在科学技术中用得非常多，一般不使用以 10 为底数的对数．以 e 为底数，许多式子都能得到简化，用它是最"自然"的，所以叫"自然对数".

e 约等于 2. 71828 63420 52977 16304. . .

例题解析

（2014. 13）函数 $f(x)=\ln\dfrac{1-x}{1+x}$ 的定义域是________.

解：如果 $f(x)=\ln\dfrac{1-x}{1+x}$ 有意义，那么 $\dfrac{1-x}{1+x}>0$.

$\therefore (1-x)(1+x)>0$，$\therefore -1<x<1$，

$\therefore$ 函数的定义域是 $(-1,1)$.

（2012. 11）已知函数 $f(x)=\ln\dfrac{x-a}{x+1}$ 在区间 $(0,1)$ 单调递增，则 a 的取值范围是________.

解：$\because f(x)=\ln\dfrac{x-a}{x+1}$ 成立，必须 $\dfrac{x-a}{x+1}>0$ 在 $(0,1)$ 上恒成立，

即 $x-a>0$ 恒成立，$\therefore x>a$ 成立，又 $\because x\in(0,1)$ $\therefore a\leqslant 0$.

又 $\because y=\dfrac{x-a}{x+1}=1-\dfrac{a+1}{x+1}$ 在 $(0,1)$ 上单调递增.

$\therefore a+1>0$，即 $a>-1$，

$\therefore a$ 的取值范围是 $-1<a\leqslant 0$.

⑯$\log_{15}^{2}-\log_{15}^{\frac{2}{3}}+\log_{15}^{20}-\log_{15}^{4}=$（ ）

⑰$\log_3^2\cdot\log_2^9=$（ ）

⑱$\log_3^4\cdot\log_2^{\sqrt{3}}=$（ ）

⑲$\log_9^{16}\cdot\log_{32}^{81}=$（ ）

⑳$(\log_4^3+\log_8^3)(\log_3^5+\log_9^5)(\log_5^2+\log_5^4)=$（ ）

㉑若 $\log_5^{\frac{1}{3}}\cdot\log_3^6\cdot\log_6^x=2$，则 $x=$（ ）

㉒$\lg^1=$（ ）

㉓$\lg^{10}=$（ ）

㉔$\lg^{0.001}=$（ ）

㉕$\lg^4-\lg^2+\lg^5=$（ ）

㉖$\lg^4-2\lg^{20}=$（ ）

㉗$\lg^8+\lg^5-\lg^4=$（ ）

㉘$\dfrac{\lg 4+\lg 5-1}{2\lg 0.5+\lg 8}=$（ ）

㉙$\ln 1=$（ ）

㉚$\ln e=$（ ）

勇敢，事会成功；勤劳，幸福必来。

§3.3 函数及其表示（定义域、值域）

一、函数的定义

如果在某变化过程中有两个变量 x、y，并且对于 x 在某个范围内的每一个确定的值，按照某个对应法则，y 都有唯一确定的值和它对应，那么 y 就是 x 的函数，x 叫作自变量，记作 y = f(x)（其中 f 表示对应法则）. 自变量 x 的取值范围叫作函数的定义域，和 x 的值对应的 y 的值叫作函数值，函数值的集合叫作函数的值域.

二、函数的三要素

（一）定义域

自变量 x 的取值范围的集合. 定义域的求法如下.

1. 已知函数关系式的情况下，保证各部分式子都有意义的实数集合（即求各集合的交集）.

2. 应用题得考虑实际情况如下.

(1) 分式的分母不能为 0；

(2) 正切函数 $y = \tan x$ 中 $(x \neq \frac{\pi}{2} + k\pi, k \in Z)$；

(3) 零指数幂 $a^0 = 1(a \neq 0)$；

(4) 对数式 $\log_a N = b$ 中 $a > 0$，且 $a \neq 1, N > 0$；

(5) $\sqrt[n]{a}$ 是一个根式，当 n 为偶数时，$a \geq 0$；

(6) 要同时满足各式子，并求各集合交集.

（二）值　域

和 x 的值对应的 y 的值叫作函数值，函数值的集合叫作函数的值域.

（三）对应法则

表现为函数的不同表示方法，如解析法、列表法、图象法.

注：函数的三要素是判断两个函数是否为同一函数的依据.

三、映　射

（一）设 A，B 是两个集合，如果按照某个对应法则 f，使对于集合 A 中的任意一个元素 x，在集合 B 中都有唯一确定的元素 y 和它对应，那么就称对应法则 f：A→B 为从集合 A 到集合 B 的一个映射.

（二）若 x∈A，y∈B，且 x 与 y 对应，则称 y 是 x 的象，x 是 y 的原象.

（三）如果 f：A→B 是集合 A 到集合 B 的映射. 对于集合 A 中的任意一个元素，在集合 B 中都有唯一确定的象，且集合 B 中的每一个元素在集合 A 中都有的原象，则这种映射叫作一一映射.

①函数 $y = \sqrt{1 - \left(\frac{1}{3}\right)^x}$ 的定义域是____.

②函数 $y = \lg\left[\left(\frac{1}{2}\right)^x - 1\right]$ 的定义域是____.

③函数 $y = \sqrt{4 - 2^x}$ 的定义域是（　　）

A. $\{x | x > 2\}$

B. $\{x | x \geq 2\}$

C. $\{x | x \leq 2\}$

D. $\{x | x < 2\}$

④函数 $y = \sqrt{2x - x^2}$ 的定义域是（　　）

A. $(-\infty, 0)$

B. $(0, 2)$

C. $[0, 2]$

D. $(-2, 0)$

⑤函数 $y = \sqrt{|x - 1| - 2}$ 的定义域是____.

富贵本无根，尽从勤中得。——冯梦龙

例题解析

一、求定义域常见类型

例1 函数 $y=(1+x)^0-\frac{(1+x)^{\frac{3}{4}}}{x}$ 的定义域是( )

A. $\{x|x\leqslant -1\}$ B. $\{x|x\geqslant -1\}$

C. $\{x|x\geqslant -1$ 且 $x\neq 0\}$ D. $\{x|x>-1$ 且 $x\neq 0\}$

解：由 $(1+x)^{\frac{3}{4}}=\sqrt[4]{(1+x)^3}$，可知 $(1+x)^3\geqslant 0$，

从而 $1+x\geqslant 0$，可得 $x\geqslant -1$.

再使 $(1+x)^0$ 有意义，必需 $1+x\neq 0\Rightarrow x\neq -1$.

又∵ 分母 $x\neq 0$，

∴ 定义域为 $\{x|x>-1$ 且 $x\neq 0\}$.

答：D

例2 函数 $y=\sqrt{\log_{0.5}(4x-3)}$ 的定义域是( )

A. $x>\frac{3}{4}$ B. $x\geqslant\frac{3}{4}$ C. $\frac{3}{4}<x\leqslant 1$ D. $x\leqslant 1$

解：由 $4x-3>0$，得 $x>\frac{3}{4}$ ①，再由 $\log_{0.5}(4x-3)\geqslant 0$，

得 $\log_{0.5}(4x-3)\geqslant\log_{0.5}1\Rightarrow$ 得 $4x-3\leqslant 1$，得 $x\leqslant 1$ ②.

∴ 定义域是①与②的交集得 $\frac{3}{4}<x\leqslant 1$.

答：C

例3 函数 $y=\sqrt{8-2^{x+1}}+\sqrt{\log_{\frac{1}{2}}(x-1)}$ 的定义域是( )

A. $\{x|x>1\}$ B. $\{x|x\leqslant 2\}$

C. $\{x|1<x<2\}$ D. $\{x|1<x\leqslant 2\}$

解：由已知，$8-2^{x+1}\geqslant 0$，得 $2\cdot 2^x\leqslant 8=2^3$，∴ $x\leqslant 2$ ①；

又由 $\log_{\frac{1}{2}}(x-1)\geqslant 0$，可知 $\log_{\frac{1}{2}}(x-1)\geqslant\log_{\frac{1}{2}}1\Rightarrow x-1\leqslant 1\Rightarrow x\leqslant 2$，

又因为 $x-1>0\Rightarrow x>1$，得 $1<x\leqslant 2$ ②；

∴ 定义域是① ∩ ② $=\{x|1<x\leqslant 2\}$.

答：D

例4 (2006.2)函数 $f(x)=\sqrt{\lg(x^2-x-1)}$ 的定义域是( )

A. $\{x|-2\leqslant x\leqslant 1\}$ B. $\{x|x\leqslant -2\}\cup\{x|x\geqslant 1\}$

C. $\{x|-1\leqslant x\leqslant 2\}$ D. $\{x|x\leqslant -1\}\cup\{x|x\geqslant 2\}$

解：由已知 $\lg(x^2-x-1)\geqslant 0\Rightarrow\lg(x^2-x-1)\geqslant\lg 1$，

即 $x^2-x-2\geqslant 0$，$x\leqslant -1$ 或 $x\geqslant 2$①.

又因 $x^2-x-1>0$，得 $x<\frac{1-\sqrt{5}}{2}$ 或 $x>\frac{1+\sqrt{5}}{2}$ ②.

∴ 定义域是①与②的交集得 $\{x|x\leqslant -1$ 或 $x\geqslant 2\}$. 答：D

⑥函数 $y=\left[\left(\frac{1}{2}\right)^x-1\right]^{\frac{1}{2}}$ 的定义域是_____.

⑦函数 $y=\frac{\lg(x+1)}{x-1}$ 的定义域是( ).

A. $(-1,+\infty)$

B. $[1,+\infty)$

C. $(-1,1)\cup(1,+\infty)$

D. $[-1,1)\cup(1,+\infty)$

⑧函数 $y=\frac{1}{\sqrt{6-x-x^2}}$ 的定义域是______.

⑨函数 $y=\log_{\frac{1}{2}}\frac{1}{x+1}$ 的定义域是( )

A. $(-1,+\infty)$

B. $x\neq 1$

C. $(0,+\infty)$

D. $(-\infty,-1)\cup(-1,+\infty)$

有很多人是用青春的幸福作成功代价的。——莫扎特

例5　函数 $y=\sqrt{3^{2x-1}-\frac{1}{27}}$ 的定义域是（　　）

A $[-2,+\infty)$　　B $[-1,+\infty)$

C $(-\infty,-1]$　　D $(-\infty,-2]$

解：$3^{2x-1}-\frac{1}{27}\geqslant 0\Rightarrow 3^{2x-1}\geqslant 3^{-3}\Rightarrow 2x-1\geqslant -3\Rightarrow x\geqslant -1$.

答：B

例6　解答下述关于函数定义域的问题

(1)求函数 $f(x)=\frac{\sqrt{2x-x^2}}{\lg(2x-1)}+(3-2x)^0$ 的定义域.

解：由已知，解方程组 $\begin{cases}2x-x^2\geqslant 0\\2x-1>0\\2x-1\neq 1\\3-2x\neq 0,\end{cases}$

解得函数的定义域为 $\left(\frac{1}{2},1\right)\cup\left(1,\frac{3}{2}\right)\cup\left(\frac{3}{2},2\right]$.

(2)已知函数 $f(x)$ 的定义域为 $\left[-\frac{1}{2},\frac{1}{2}\right]$，求函数 $y=f\left(x^2-x-\frac{1}{2}\right)$ 的定义域.

解：$-\frac{1}{2}\leqslant x^2-x-\frac{1}{2}\leqslant\frac{1}{2}\Rightarrow\begin{cases}x^2-x-1\leqslant 0\\x^2-x\geqslant 0\end{cases}$

$\Rightarrow\begin{cases}\frac{1-\sqrt{5}}{2}\leqslant x\leqslant\frac{1+\sqrt{5}}{2}\\x\leqslant 0\text{ 或 }x\geqslant 1,\end{cases}$

所求函数的定义域为 $\left[\frac{1-\sqrt{5}}{2},0\right]\cup\left[1,\frac{1+\sqrt{5}}{2}\right]$.

注：函数的定义域是正确求解一切函数问题的基础，解决一切函数问题必须认真考查函数的定义域. 求函数定义域要熟记常见函数的定义域，如分式的分母不为零；偶次根式的被开方数为非负数；对数的真数大于零；正切、余切的定义域等.

(2010.2)函数 $y=\frac{1}{\sqrt{4-x^2}}+\sqrt{x+1}+2$ 的定义域是（　　）

A. $(-2,1]$　　B. $(-2,1)$

C. $[-1,2)$　　D. $(-1,2)$

解：由已知，$\sqrt{x+1}\Rightarrow x+1\geqslant 0\Rightarrow x\geqslant -1$ ①，

因分母不为0，且 $\sqrt{4-x^2}\Rightarrow 4-x^2>0\Rightarrow -2<x<2$ ②，

$\therefore$ 定义域是①∩②得 $-1\leqslant x<2$，即 $[-1,2)$.

答：C

⑩函数 $y=\sqrt{\log_{\frac{1}{2}}(x^2-1)}$ 的定义域是（　　）

A. $[-\sqrt{2},-1]\cup(1,\sqrt{2})$

B. $[-\sqrt{2},-1)\cup(1,\sqrt{2}]$

C. $[-2,-1]\cup(1,2)$

D. $(-2,-1)\cup(1,2)$

⑪函数 $y=\sqrt{1-\lg x}$ 的定义域是____.

⑫函数 $y=\log_2(6-5x-x^2)$ 的定义域是____.

⑬函数 $f(x)=\frac{1}{\log_2(-x^2+4x-3)}$ 的定义域为（　　）

A. $(1,2)\cup(2,3)$

B. $(-\infty,1)\cup(3,+\infty)$

C. $(1,3)$

D. $[1,3]$

凡作事，将成功之时，其困难最甚。行百里者半九十，有志当世之务者，不可不戒，不可不勉。——梁启超

二、映射的应用

例1 (1)已知函数$f(x)$是正比例函数,若$f(1)=3$,那么$f(x)=$________.

解:由已知,设$f(x)=kx$,$f(1)=k\cdot1=3$,$k=3$,

$\therefore f(x)=3x$.

(2)$f(x)=3x+4$,则$f(2)=$________.

解:由已知,$x=2$,代入得$f(2)=3\times2+4=10$.

(3)已知$f(x)=x^2-1$,则$f(x+1)=$(　　)

A. x^2　　B. x^2+2x　　C. x^2+1　　D. x^2-1

解:根据映射原理,一一对应原则,已知$f(x)=x^2-1$,

所以$f(x+1)=(x+1)^2-1=x^2+2x+1-1=x^2+2x$.

答:B

例2 已知$f(x)=\dfrac{1+x}{1-x}$,则$f\left(\dfrac{1}{x}\right)=$(　　)

A. $\dfrac{1-x}{1+x}$　　B. $\dfrac{1+x}{1-x}$　　C. $\dfrac{x+1}{x-1}$　　D. $\dfrac{x-1}{x+1}$

解:根据映射原理,一一对应原则,已知$f(x)=\dfrac{1+x}{1-x}$,

所以$f\left(\dfrac{1}{x}\right)=\dfrac{1+\dfrac{1}{x}}{1-\dfrac{1}{x}}=\dfrac{\dfrac{x+1}{x}}{\dfrac{x-1}{x}}=\dfrac{x+1}{x-1}$.

答:C

例3 已知$f(x)=ax^3-bx+7$,且$f(1)=1$,则$f(-1)=$(　　).

A. 1　　B. -1　　C. 13　　D. 不能确定

解:根据映射原理,一一对应原则

已知$f(1)=a\times1^3-b\times1+7=a-b+7=1\Rightarrow a-b=-6$,

$f(-1)=a(-1)^3-b(-1)+7=-a+b+7=-(a-b)+7$,

把$a-b=-6$代入上式$-(a-b)+7\Rightarrow-(-6)+7=13$.

答:C

①$f(x)=3x+4$则$f(2)=$____.

②函数$f(x)=x^2+1$,则$f(x+1)$
$=$(　　)

A. x^2+x+2

B. x^2+2

C. x^2+2x+2

D. x^2+x+1

③函数$f(x)$是一次函数,且$f(0)=1$,$f(1)=0$则(　　)

A. $f(x)=x+1$

B. $f(x)=x-1$

C. $f(x)=-x+1$

D. $f(x)=-x-1$

④设函数$f(x)=ax-b$,且$f(2)=1$,$f(3)=4$,则(　　)

A. $f(5)=5$

B. $f(5)=3$

C. $f(5)=10$

D. $f(5)=6$

高傲自大是成功的流沙。——阿比

三、简单值域

求简单值域常见类型.

(一)$y=x^2+bx+c=(x+\frac{b}{2})^2+c-\frac{b^2}{4}$

值域$[c-\frac{b^2}{4},+\infty)$

(二)$y=ax^2+bx+c$

$y=a(x+\frac{b}{2a})^2+c-\frac{b^2}{4a}$

例题解析

例 1　函数 $y=x^2+2x+5$ 的值域________.

解:由已知,得 $y=x^2+2x+1+4$

取 $y=(x+1)^2+4$.

$\because (x+1)^2\geqslant 0$,

$\therefore$ 原函数的值域是$[4,+\infty)$

例 2　函数 $y=-x^2+2x+5$ 的值域________.

解:由已知,$y=-(x^2-2x+1^2)+5+1$

$=-(x-1)^2+6$

$\because -(x-1)^2\leqslant 0$,$\therefore x=1$ 时,$y=6$.

$\therefore$ 原函数的值域是$(-\infty,6]$

例 3　(2015.4)函数$f(x)=\sqrt{2x-x^2}$的值域是(　　)

A. $(-\infty,1)$　　B. $(1,+\infty)$

C. $[0,2]$　　D. $[0,1]$

解:由已知,设 $y^1=2x-x^2=-x^2+2x$

$=-(x^2-2x+1)+1$

$=-(x-1)^2+1$,

可知,$x=1$,y 有最大值 1.

$\because$ 根号内$\geqslant 0$,

$\therefore 0\leqslant 2x-x^2\leqslant 1$,

$\therefore 0\leqslant \sqrt{2x-x^2}\leqslant 1$,$\therefore$ 函数值域$[0,1]$

①求函数 $y=\frac{1}{x}$,$x\in[1,2]$的值域为____.

②求函数 $y=3-\sqrt{x}$的值域为____.

③求函数 $y=x^2-2x+5$,$x\in\mathbf{R}$ 的值域为____.

④求函数 $y=x^2-2x+5$,$x\in[-1,2]$的值域为____.

⑤求函数 $y=x^2+4x+1$,$x\in[-3,1]$的值域为____.

⑥求函数 $y=x-x^2$,$x\in\mathbf{R}$ 的值域为____.

⑦函数 $y=x-\sqrt{1-x}$ 的值域为____.

⑧函数 $y=\frac{x}{1+x}$的值域为____.

⑨已知函数 $y=\sqrt{-x^2-6x-5}$ 的值域为____.

骄傲是只拦路虎,常挡在成功的道路中间。——佚名

§3.4 函数的奇偶性

一、对于函数$f(x)$的定义域内的任意一个x都有$f(-x)=-f(x)$，则称$f(x)$是奇函数．奇±奇为奇函数，奇·奇为偶函数．

二、对于函数$f(x)$的定义域内的任意一个x都有$f(-x)=f(x)$，则称$f(x)$是偶函数．偶±偶为偶函数，奇·偶函数为奇函数．

三、函数图象的对称性：奇函数图象关于原点对称，

偶函数图象关于y轴对称．

例题解析

例 1 判断下列函数的奇偶性

(1) $f(x)=x^{\frac{2}{5}}$　　(2) $f(x)=3x+\sqrt[3]{x}$

(3) $f(x)=x+\frac{2}{x}$　　(4) $f(x)=3x^{-2}-x^{-4}$

分析：用$-x$替换方程中的x，如果方程式没变$f(-x)=f(x)$，是偶函数；如果方程式改变了$f(-x)=-f(x)$，是奇函数．

解：(1) $f(-x)=(-x)^{\frac{2}{5}}=\sqrt[5]{(-x)^2}=\sqrt[5]{x^2}=x^{\frac{2}{5}}$.

即$f(-x)=f(x)$，所以$f(x)$是偶函数．

(2) $f(-x)=3\times(-x)+\sqrt[3]{-x}=-3x-\sqrt[3]{x}=-(3x+\sqrt[3]{x})$，

即$f(-x)=-f(x)$，所以$f(x)$是奇函数．

(3) $f(-x)=(-x)+\frac{2}{-x}=-(x+\frac{2}{x})$，

即$f(-x)=-f(x)$，所以$f(x)$是奇函数．

(4) $f(-x)=3(-x)^{-2}-(-x)^{-4}=\frac{3}{(-x)^2}-\frac{1}{(-x)^4}$

$=\frac{3}{x^2}-\frac{1}{x^4}=3x^{-2}-x^{-4}$，

即$f(-x)=f(x)$，$\therefore f(x)$是偶函数．

例 2 函数$y=\lg\left(\frac{2}{1+x}-1\right)$图象关于(　　)

A. x轴对称　B. y轴对称　C. 原点对称　D. 直线$y=x$对称

解：$y=\lg\left(\frac{2}{1+x}-1\right)=\lg\left(\frac{1-x}{1+x}\right)$，

$f(-x)=\lg\left(\frac{1+x}{1-x}\right)=-\lg\left(\frac{1-x}{1+x}\right)=-f(x)$.

$\therefore f(x)$为奇函数，关于原点对称．

答：C

①函数$y=2^{-|x|}$是(　　)

A. 奇函数，且在$(0,+\infty)$上单调递增

B. 奇函数，且在$(0,+\infty)$上单调递减

C. 偶函数，且在$(0,+\infty)$上单调递增

D. 偶函数，且在$(0,+\infty)$上单调递减

②函数$f(x)=\frac{2^x-1}{2^x+3}+x$是(　　)

A. 奇函数

B. 偶函数

C. 既非奇函数，也非偶函数

D. 既是奇函数，也是偶函数

③已知$f(x)=3x+\frac{2}{x}+x^3$·

$g(x)=x^2+x^4$

求：$f(x)+f(-x)=$ ________

$g(1)+g(-1)==$ ________

④函数$y=3^{|x|}$是(　　)

A. 增函数

B. 减函数

C. 偶函数

D. 奇函数

谁和我一样用功，谁就会和我一样成功。——莫扎特

例 3　2013.(11)设函数 $y = x + \frac{2}{x} + a$ 是奇函数,则 $a =$ ________.

解:由奇函数性质,可知 $f(x) + f(-x) = 0$,

得 $(x + \frac{2}{x} + a) + (-x + \frac{2}{-x} + a) = 0$.

$2a = 0 \Rightarrow a = 0$

例 4　2010 年 6. 函数 $y = |\log_2(1 - x)|$ 的单调递增区间是(　　)

A. $(-\infty, 0)$　　B. $(2, +\infty)$　　C. $(1,2)$　　D. $(0,1)$

解:由已知,$\log_2(1 - x)$ 的定义域是 $1 - x > 0 \Rightarrow x < 1$,∴ 排除 B、C.

设 $x = -1$,$x = -3$ 时,得 $y = 1$,$y = 2$,是递减区间,∴ 又排除 A.

答:D

注:也可根据数形结合、解类似题,如图 3-4.

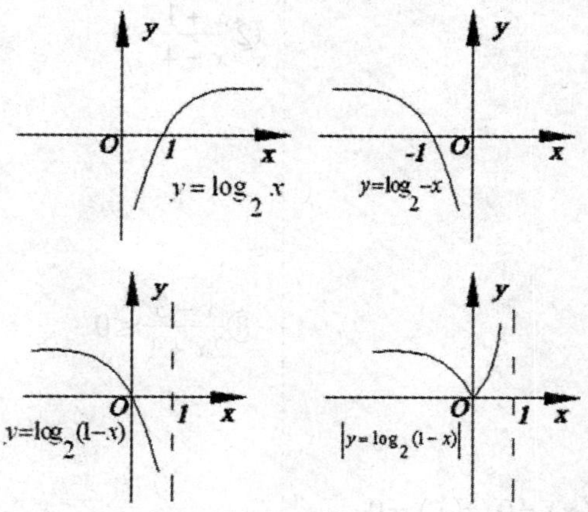

图　3-4

⑤下述函数中,在 $(-\infty, 0]$ 内为增函数的是(　　)

A. $y = x^2 - 2$

B. $y = \frac{3}{x}$

C. $y = 1 - \sqrt{2 - x}$

D. $y = -(x + 2)^2$

⑥已知 $f(x)$ 是奇函数,$g(x)$ 是偶函数,且 $f(-1) + g(1) = 2$,$f(1) - g(-1) = 4$,则 $g(1)$ 等于(　)

A. 4　　　　B. 3

C. 2　　　　D. 1

⑦下列函数中是减函数____.

A. $y = |x|$

B. $y = -x^3$

C. $y = -x^2$

D. $y = x^2 + 2x$

⑧二次函数 $y = (a - 2)x^2 + 2(a - 2)x - 4$ 的图象在 x 轴下方,则 a 的取值范围是____.

一个目标达到之后,马上立下另一个目标,这是成功的人生模式。——魏乐丝·卡耐基

第四章　不等式和不等式组

重点提示

本章内容是单招考试的必考内容.每年单招考试中有 1－2 题,考生注意以下考点.

(1)能运用不等式的八条基本性质,解不等式或不等式组的解集.

(2)基本不等式的应用,用均值不等式求函数的最值.

(3)会解一元二次、分式、绝对值、指数、对数、根式不等式,会表示不等式或不等式组的解集.

§4.1 分式不等式

一、分式不等式的解法

(一)$\dfrac{f(x)}{g(x)}<0\Rightarrow f(x)\cdot g(x)<0$;

$\dfrac{f(x)}{g(x)}>0\Leftrightarrow f(x)\cdot g(x)>0$.

(二)不等号都按等号做,即 $f(x)\cdot g(x)=0$,得两解 $f(x)=0,g(x)=0$.

(三)在数轴上标定两点(两根):(1)方程是大于号时,解集在两点的两边;(2)方程是小于号时,解集在两点之间.

二、标准形式的分式不等式

(一)$\dfrac{ax+b}{cx+d}>0(a>0,c>0)$的解集等价于$(ax+b)(cx+d)>0$的解集.

(二)$\dfrac{ax+b}{cx+d}\geqslant0(a>0,c>0)$的解集等价于$\begin{cases}(ax+b)(cx+d)\geqslant0\\cx+d\neq0\end{cases}$的解集.

(三)$\dfrac{ax+b}{cx+d}<0(a>0,c>0)$的解集等价于$(ax+b)(cx+d)<0$的解集.

(四)$\dfrac{ax+b}{cx+d}\leqslant0(a>0,c>0)$的解集等价于$\begin{cases}(ax+b)(cx+d)\leqslant0\\cx+d\neq0\end{cases}$的解集.

注:在标准形式的分式不等式中,不等号左边是分式,右边是 0,分式不等式转化为整式不等式时,分式的分母不能等于 0. 不等号全都按等号做.

例题解析

例 1　解下列分式不等式

(1)2008 年 12. 不等式 $\dfrac{x+1}{x+2}<0$ 的解集是________.

解:可以令 $(x+1)(x+2)=0$, 解得 $x=-1,x=-2$.

不等式 <0 时,解集取中间,解集是 $\{x\mid -2<x<-1\}$.

互动练习

①$\dfrac{x}{x-7}<0$

②$\dfrac{x+1}{x-4}>0$

③$\dfrac{x-3}{2x+1}\leqslant0$

④$\dfrac{1-2x}{3x+2}\geqslant0$

⑤$\dfrac{5x-6}{4-7x}\leqslant0$

好事尽从难中得,少年勿向易中求。——李成用

(2) $\frac{x-1}{x+2}<0$

解:分式不等式$\frac{x-1}{x+2}<0$与不等式$(x-1)(x+2)<0$的解集相同.

不等号按等号做$(x-1)(x+2)=0$,得$x_1=-2$　$x_2=1$.

数轴上固定两点,方程是小于号,解集在两点之间.

得$-2<x<1$. ∴ 原不等式的解集是$(-2,1)$.

(3) $\frac{x-1}{x+2}\leqslant 0$

解:分式不等式$\frac{x-1}{x+2}\leqslant 0$与等价于下列不等式组.

$\begin{cases}(x-1)(x+2)\leqslant 0\\ x+2\neq 0\text{(定义域分母不等于0)}\end{cases}$

不等号按等号做$(x-1)(x+2)=0$,

得$x_1=1, x_2=-2$.

数轴上固定两点,方程是小于号,解集在两点之间.

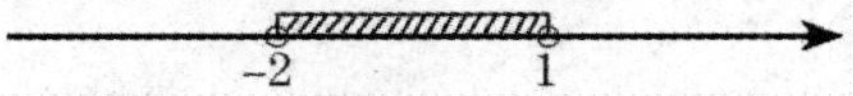

得$-2<x\leqslant 1$,∴ 原不等式的解集是$(-2,1]$.

例 2　解下列分式不等式

(1) $\frac{1-x}{x+2}<0$

解:不等式两边同除-1,得$\frac{x-1}{x+2}>0$,

变形得$(x-1)(x+2)>0$. 令$(x-1)(x+2)=0$,

得$x_1=1, x_2=-2$.

∵ 方程是大于号,解集在两边.

原不等式的解集是$x<-2$或$x>1$.

(2) $\frac{2-x}{x+3}\geqslant 0$

解:不等式两边同除-1,

得$\frac{x-2}{x+3}\leqslant 0$,变形得$\begin{cases}(x-2)(x+3)\leqslant 0\\ x+3\neq 0.\end{cases}$

设$(x-2)(x+3)=0$,且$x+3\neq 0$

$x_1=2, x_2=-3$.

∵ 方程是小于号时,解集在两点之间.

$-3<x\leqslant 2$.

∴ 原不等式的解集是$(-3,2]$.

⑥ $\frac{5-2x}{6-7x}\geqslant 0$

⑦ $\frac{x+5}{x-7}<1$

⑧ $\frac{2x-3}{3x-4}\leqslant 2$

⑨ $\frac{1-x}{x+2}>-\frac{1}{2}$

⑩ $\frac{3x-7}{5-x}\leqslant 4$

行动是成功的阶梯,行动越多,登得越高。

(3)(2015.11) 不等式$\frac{1-2x}{x+3}>0$的解集是________.

解:不等式两边同除-1,不等号方向改变.

得$\frac{2x-1}{x+3}<0$,

变形得$(2x-1)(x+3)<0$.

设$(2x-1)(x+3)=0$,

解得$x_1=-3,x_2=\frac{1}{2}$.

∵ 方程是小于号时,解集在两点之间.

$-3<x<\frac{1}{2}$. ∴ 原不等式的解集是$(-3,\frac{1}{2})$.

例3 $\frac{x+1}{3x-2}>2$

解:移项,得$\frac{x+1}{3x-2}-2>0$,

通分,得$\frac{x+1}{3x-2}-\frac{2(3x-2)}{3x-2}>0$,

合并,得$\frac{-5x+5}{3x-2}>0$,

分子提公因数-5,得$\frac{-5(x-1)}{3x-2}>0$,

不等式两边同时除以-5,不等号变方向,得$\frac{x-1}{3x-2}<0$,

得不等式$(x-1)(3x-2)<0$.

设$(x-1)(3x-2)=0$,得$x=1,x=\frac{2}{3}$.

方程是小于号时,解集取两点之间.

∴ 得,$\frac{2}{3}<x<1$. ∴ 原不等式的解集是$(\frac{2}{3},1)$.

例4 (2018.10)不等式$\frac{x}{1-x}\leqslant 2$的解集是( )

解:由已知,$\frac{x}{1-x}\leqslant 2\Rightarrow\frac{x}{1-x}-2\leqslant 0\Rightarrow\frac{x}{1-x}-\frac{2(1-x)}{1-x}\leqslant 0$

$\Rightarrow\frac{x-2+2x}{1-x}\leqslant 0\Rightarrow\frac{3x-2}{1-x}\leqslant 0\Rightarrow\frac{3x-2}{x-1}\geqslant 0$.

变形得$(3x-2)(x-1)\geqslant 0$,且$x-1\neq 0$.

设$(3x-2)(x-1)=0$,解得$x=\frac{2}{3},x=1$.

∵ 方程是大于号,解集在两点的两边.

∴ 得,$x\leqslant\frac{2}{3}$或$x>1$.

∴ 原不等式的解集是$\{x|x\leqslant\frac{2}{3}$或$x>1\}$.

⑪不等式$\frac{1-x}{2x-1}>0$的解为________.

⑫不等式$\frac{3x+2}{x-1}>2$的解为________.

⑬不等式$\frac{x}{2x-1}<0$的解为________.

⑭已知$M=\{x|x^2-3x+2<0\}$,$N=\{x|\frac{x-1}{2-x}\geqslant 0\}$,则有( )

A. $M\cap N=\phi$

B. $M\subseteq N$

C. $M\supseteq N$

D. $M\cup N=R$

一个人几乎可以在任何他怀有无限热忱的事情上成功。

§4.2 根式不等式

根式不等式有三个类型：

①是解 $\sqrt{f(x)} < \sqrt{g(x)}$ 型根式不等式，

②是解 $\sqrt{f(x)} < g(x)$ 型根式不等式，

③是解 $\sqrt{f(x)} > g(x)$ 型根式不等式．

解根式不等式的方法：①二次方根内≥0；②不等式两边平方，去根号；③解整式不等式（组）得到原根式不等式的解集．

一、$\sqrt{f(x)} < \sqrt{g(x)}$ 型根式不等式等价于不等式组 $\begin{cases} f(x) \geqslant 0 \\ g(x) \geqslant 0 \\ f(x) < g(x) \end{cases}$，

解这个不等式组得到原不等式的解集．

二、$\sqrt{f(x)} < g(x)$ 型根式不等式等价于不等式组 $\begin{cases} f(x) \geqslant 0 \\ g(x) > 0 \\ f(x) < [g(x)]^2 \end{cases}$，

解这个不等式组得到原不等式的解集．

三、$\sqrt{f(x)} > g(x)$ 型根式不等式分两种情况得到不等式组．

(1) $\begin{cases} f(x) \geqslant 0 \\ g(x) < 0 \end{cases}$ 或(2) $\begin{cases} f(x) \geqslant 0 \\ g(x) \geqslant 0 \\ f(x) > [g(x)]^2 \end{cases}$，

分别解不等式组(1)和(2)的解集，取它们的并集得到原不等式的解集．

例 1 解 $\sqrt{f(x)} < \sqrt{g(x)}$ 型根式不等式

解不等式 $\sqrt{2x-1} - \sqrt{x-2} > 0$（2014.10）

原不等式可以化成 $\sqrt{2x-1} > \sqrt{x-2}$．

上述不等式又可以化成以下不等式组：

$$\begin{cases} 2x-1 \geqslant 0（根号内 \geqslant 0） \\ x-2 \geqslant 0（根号内 \geqslant 0） \\ 2x-1 > x-2（两边平方，去根号） \end{cases} \Rightarrow \begin{cases} x \geqslant \dfrac{1}{2} \\ x \geqslant 2 \\ x > -1, \end{cases}$$

取交集得 $x \geqslant 2$，所以原不等式的解集是 $\{x \mid x \geqslant 2\}$．

例 2 解 $\sqrt{f(x)} < g(x)$ 型根式不等式

不等式 $\sqrt{x^2+x-2} < x+5$ 的解集是（　　）

A. $(-3, +\infty)$　　B. $(-\infty, -2] \cup [1, +\infty)$

C. $(-\infty, -2) \cup (3, +\infty)$　　D. $(-3, -2] \cup [1, +\infty)$

解：由已知得，

$$\begin{cases} x^2+x-2 \geqslant 0（根号内 \geqslant 0） \\ x+5 > 0 \\ x^2+x-2 < (x+5)^2（两边平方，去根号） \end{cases} \Rightarrow \begin{cases} x \leqslant -2 \text{ 或 } 1 \leqslant x \\ x > -5 \\ x > -3, \end{cases}$$

取交集得 $-3 < x \leqslant -2$ 或 $x \geqslant 1$.

互动练习

① $\sqrt{x+1} > 2$

② $\sqrt{2x-5} - 3 \leqslant 0$

③ $2 - \sqrt{x^2+1} \geqslant 0$

④ $\sqrt{2x^2-1} - 3 < 0$

⑤ $\sqrt{x+1} > \sqrt{2x-5}$

⑥ $\sqrt{3x-2} - \sqrt{1-x} \leqslant 0$

⑦ $\sqrt{x^2+1} < 2-x$

⑧ $\sqrt{x^2-1} < x+2$

不为失败找理由，要为成功找方法。

例 3 解$\sqrt{f(x)}>g(x)$型根式不等式

不等式$\sqrt{x+1}>x-1$的解集是________.(2012.13)

解:① 当$x-1<0$,即$x<1$时,根号内$x+1\geqslant 0\Rightarrow x\geqslant -1$,

$\therefore -1\leqslant x<1$.

② 当$x-1\geqslant 0$,即$x\geqslant 1$时,得方程组$\begin{cases}x\geqslant 1\\x+1\geqslant 0\\x+1>(x-1)^2\end{cases}$

$\Rightarrow\begin{cases}x\geqslant 1\\x\geqslant -1\\x^2-3x<0\end{cases}\Rightarrow\begin{cases}x\geqslant 1\\x\geqslant -1\\0<x<3\end{cases}\Rightarrow 1\leqslant x<3$.

综上,不等式的解集是 ① ∪ ② 得$\{x\mid -1\leqslant x<3\}$

例 4 (2018.3)下列函数中,为增函数的是(　　)

A. $y=-e^{-x}$　B. $y=e^{-x}$　C. $y=-e^{x}$　D. $y=e^{|x|}$

解:由已知,底数e(约 2.718)>1,

$\therefore y=e^{x}$是增函数.

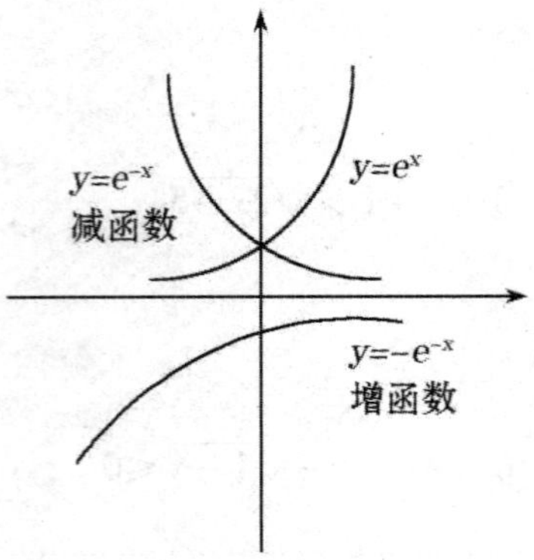

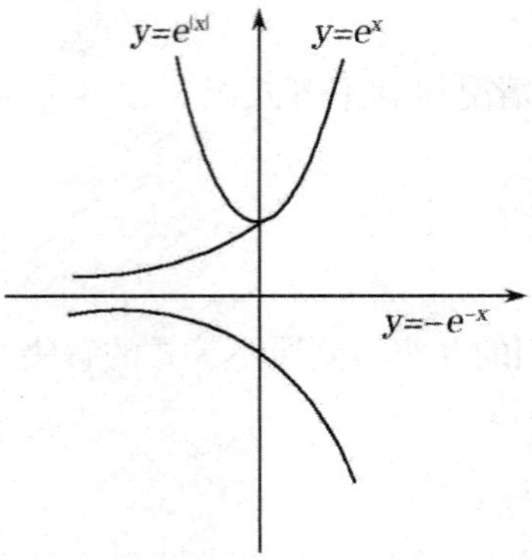

⑨$3-x\geqslant\sqrt{x^2-5x-6}$

⑩$\sqrt{x+1}<x-1$

⑪$\sqrt{x+1}>x-1$

⑫$\sqrt{x-1}>2x-3$

⑬不等式$\sqrt{x^2+x-2}<4-x$的解集是(　　)

A. $(-\infty,-2]\cup[1,2)$

B. $(-\infty,-2]\cup[1,+\infty)$

C. $(-\infty,-2]$

D. $(-\infty,1]\cup[2,+\infty)$

一个羞赧的失败比一个骄傲的成功还要高贵。——纪伯伦

§4.3 指数不等式

一、指数不等式是指数中含有未知数的不等式.

指数不等式解法:根据不等式的基本性质,并利用指数函数的单调性求得解,或是转化为代数不等式再求解.

(一)$a^b > a^c$

1. 当 $a>1$ 时,不等式是增函数. 不等式去底数时,不等号不变方向.

$a^b > a^c \Rightarrow b > c$.

2. 当 $0<a<1$ 时,不等式是减函数. 不等式去底数时,不等号改变方向.

$a^b > a^c \Rightarrow b < c$.

(二)$a^x > 1$

1. $a^0 = 1, a \neq 0$,把 1 变成 a^0.

得 $a^x > a^0$.

2. 当底数 $a>1$ 时,去底数、不等号不变方向,$x>0$;

当底数 $0<a<1$ 时,去底数、不等号变方向,$x<0$.

二、指数函数 $y = a^x$($a > 0$ 且 $a \neq 1$) 的图象和性质(表 4-1)

表　4-1

	$a > 1$	$0 < a < 1$
图象	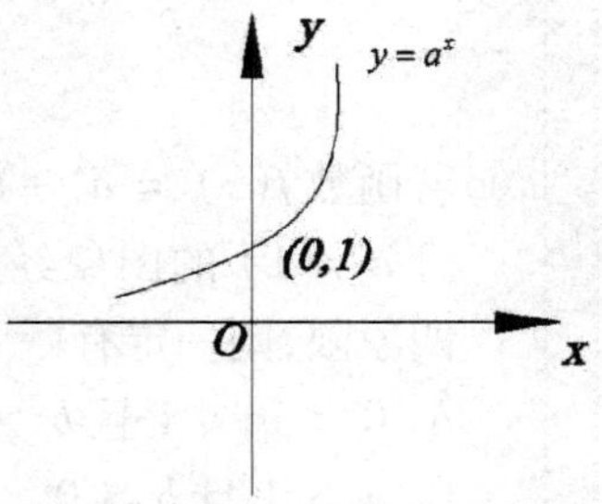	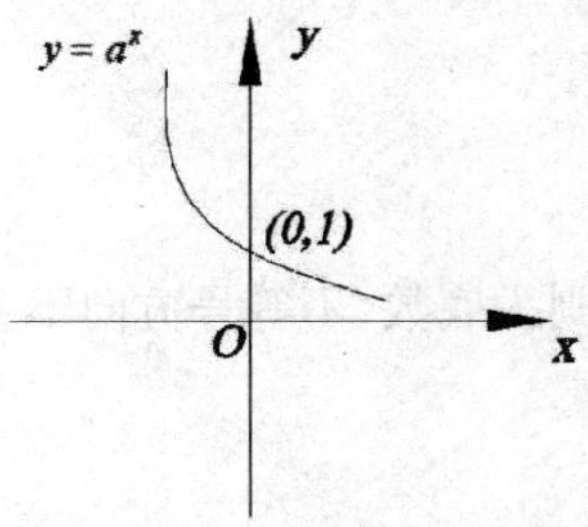
性质	定义域:R	
	值域:$(0, +\infty)$	
	过点(0,1),即当 $x = 0$ 时,$y = 1$	
	在 R 上是增函数	在 R 上是减函数

例 1　(2014.1)函数 $f(x) = 2^x - 3$ 是(　　)

A. 增函数　　B. 减函数　　C. 奇函数　　D. 偶函数

解:由已知,函数底数 $2>1$,

∴ 函数是增数,指数函数增减性,只与底数有关.

∴ 选 A

互动练习

①$2^x > 1$

②$3^{x-1} > 9$

③$5^{1-2x} \leqslant 125$

④$2^{3-2x} - 1 > 0$

⑤$8 - 2^{5+2x} \leqslant 0$

⑥$121 - 11^{x+11} \geqslant 0$

⑦$\frac{1}{9} - 3^{x-2} \geqslant 0$

⑧$\frac{1}{2}^x > 1$

⑨$\frac{1}{3}^{x-3} < \frac{1}{9}$

一个人失败的原因,在于本身性格的缺点,与环境无关。——毛佛鲁

例 2 解不等式 $3^{5x-1}>3^{2x}$

解:由已知,不等式两边底数都是 3,即底数 >1,增函数.

∴ 去底数,不等号不变方向,得

$5x-1>2x\Rightarrow 3x>1 \quad x>\frac{1}{3}$,

∴ 原不等式的解集为$(\frac{1}{3},+\infty)$.

例 3 解不等式$(\frac{1}{2})^{2x-1}>(\frac{1}{2})^{x^2+x-3}$

解:由已知,指数函数的底数是$\frac{1}{2}$,即 0 < 底数 < 1 是减函数,去底数时,不等号变方向.

得,$2x-1<x^2+x-3$,解得 $x<-1$ 或 $x>2$.

所以原不等式的解集为$(-\infty,-1)\cup(2,+\infty)$.

例 4 $5^{2x-3}>1$

解:由已知,先化为同底指数不等式,把右边的 1 变成 $5^0=1$,

得不等式 $5^{2x-3}>5^0$,

去底数得 $2x-3>0$,

解得 $x>\frac{3}{2}$.

∴ 原不等式的解集是$(\frac{3}{2},+\infty)$.

例 5 解不等式 $2^{3-2x}<0.5^{3x^2-4}$

解:将左、右两端改写为同底不等式,即把不等式右端改写为以 2 为底的指数,即

$0.5^{3x^2-4}=\frac{1}{2}^{3x^2-4}=(2^{-1})^{3x^2-4}=2^{-3x^2+4}$.

原不等式改写为 $2^{3-2x}<2^{-3x^2+4}$.

由于以 2 为底的指数函数是增函数,则去底数,不等号方向不变.

得 $3-2x<-3x^2+4$,

解这个不等式,得

$-\frac{1}{3}<x<1$.

∴ 原不等式的解集是$(-\frac{1}{3},1)$.

点评:解指数不等式时,先将不等式两端化为同底指数,再根据指数函数的性质确定其单调性,进而得到整式不等式,解整式不等式得到指数不等式的解集.

⑩$\frac{1}{7}^{2x-1}-\frac{1}{49}\geqslant 0$

⑪$1-\frac{1}{2}^{1-2X}\leqslant 0$

⑫$\frac{1}{5}^{x-2}-5>0$

⑬$27-\frac{1}{3}^{2x-1}\leqslant 0$

⑭设 $2^{x-1}=a$,$2^{y-1}=b$,则 $2^{x+y}=$( )

A. $a+b$

B. $2ab$

C. ab

D. $4ab$

⑮若 $3x^{m+2n}y^8$ 与 $-2x^2y^{3m+4n}$ 是同类项,则 $m+n=$( )

A. 2 B. 3 C. 4 D. 5

⑯若函数 $f(x)=a^x+b-1(a>0$ 且 $a\neq 1)$ 的图象经过第二、三、四象限,则一定有( )

A. $0<a<1$ 且 $b>0$

B. $a>1$ 且 $b>0$

C. $0<a<1$ 且 $b<0$

D. $a>1$ 且 $b<0$

障碍与失败,是通往成功最稳靠的踏脚石,肯研究、利用它们,便能从失败中培养出成功。

§4.4 对数不等式

对数不等式是对数中含有未知数的不等式.

对数不等式解法:根据不等式的基本性质,并利用对数函数的单调性求解,或是转化为代数不等式再求解.

对数函数 $y=\log_a x(a>0$ 且 $a\neq 1)$ 的图象和性质.(表4-2)

表 4-2

	$a>1$	$0<a<1$
图象	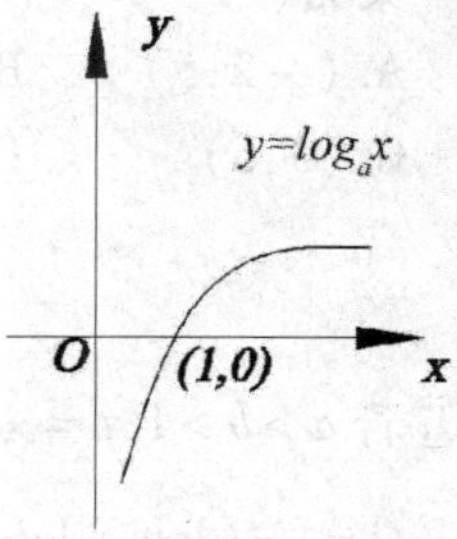	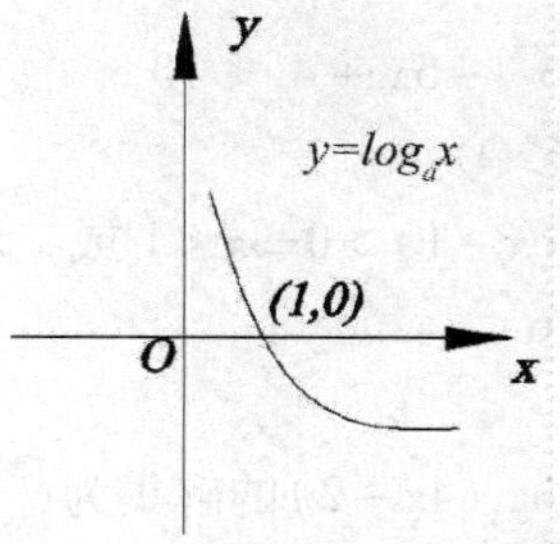
性质	定义域:$(0,+\infty)$	
	值域:R	
	过点$(1,0)$,即当 $x=1$ 时,$y=0$	
	$0<x<1,y<0;x>1,y>0$	$0<x<1,y>0;x>1,y<0$
	在$(0,+\infty)$上是增函数	在$(0,+\infty)$上是减函数

例题解析

例1 解不等式 $\log_2(x+3)<1$

解:由已知,真数 $N>0$,$\therefore x+3>0$. 将1改写为以2为底的对数,得 $1=\log_2 2$.

原不等式改写为 $\log_2(x+3)<\log_2 2$.

又$\because$ 底数 $2>0$ 是增函数,去底数,不等号不变方向,得 $x+3<2$.

$$\begin{cases}x+3>0\\x+3<2\end{cases}$$

解这个不等式组,得

$-3<x<-1$.

所以原不等式的解集是$(-3,-1)$.

点评:解对数不等式时,先将不等式两端化为同底对数,再根据对数函数的性质,确定其单调性,进而得到整式不等式组,解整式不等式组得到对数不等式的解集.

互动练习

①$\log_2^x<\log_2^3$

②$\log_5^{x-4}<0$

③$\log_3^{x+2}\geqslant 2$

④$\log_2^{x-2}\leqslant -1$

⑤$\lg(1-x)-1\geqslant 0$

⑥$\log_2^{1-2x}+1<0$

⑦$2-\log_5^{2x+1}\leqslant 0$

⑧$\log_{\frac{1}{2}}^{2x+1}>0$

⑨$\log_{\frac{1}{3}}^{x-1}\leqslant 1$

⑩$\log_{\frac{1}{3}}^{x+1}\leqslant -2$

⑪$\log_{0.2}^{x-5}+2\geqslant 0$

⑫$\log_{0.5}^{4-3x}+1>0$

例2 解不等式 $\lg_3{}^{(x+2)}<0$

解:由已知,真数 $N>0$,$\therefore x+2>0$.

$\because \log_3{}^1=0$,$\therefore$ 得 $\log_3{}^{x+2}<\log_3{}^1$. $\because$ 底数 $3>1$,

$\therefore$ 去底数3,不等号不变方向,得 $x+2<1$.

解不等式组 $\begin{cases}x+2>0\\x+2<1,\end{cases}$

得 $-2<x<-1$. $\therefore$ 原不等式的解集是 $(-2,-1)$.

例3 历年真题

(2009.10)不等式 $\lg(x^2-5x+4)<1$ 的解集是( )

A. $(-1, 6)$ B. $(1, 4)$

C. $(-\infty, -1)\cup(6, +\infty)$ D. $(-1, 1)\cup(4, 6)$

解:由已知,$\lg(x^2-5x+4)<\lg10\Rightarrow x^2-5x+4<10$

$\Rightarrow(x-6)(x+1)<0\Rightarrow -1<x<6$. ①

真数 $N>0$,得 $x^2-5x+4>0\Rightarrow(x-4)(x-1)>0\Rightarrow x<1$ 或 $x>4$. ②

$\therefore$ 解集是①与②的交集 $(-1,1)\cup(4,6)$.

答:D

(2013.10)不等式 $\log_2(4+3x-x^2)\leqslant\log_2(4x-2)$ 的解集为( ).

A. $\{x|-3<x\leqslant2\}$ B. $\{x|x<-2\}$

C. $\{x|-1<x<4\}$ D. $\{x|2\leqslant x<4\}$

解:由已知,真数 $N>0$,底数 $2>0$ 是增函数,去底数,不等号不变方向.

$$\text{得}\begin{cases}4+3x-x^2\leqslant4x-2\\4+3x-x^2>0\\4x-2>0\end{cases}\Rightarrow\begin{cases}x^2+x-6\geqslant0\\x^2-3x-4<0\\x>\frac{1}{2}\end{cases}\Rightarrow\begin{cases}x\geqslant2\text{ 或 }x\leqslant-3 & ①\\-1<x<4 & ②\\x>\frac{1}{2} & ③,\end{cases}$$

$\therefore$ 解集是①②③的交集,得 $2\leqslant x<4$.

$\therefore$ 原不等式的解集是 $[2,4)$.

(2015.16)若 $0<a<1$,且 $\log_a(2a^2+1)<\log_a(3a)<0$ 则 a 的取值范围是__________.

解:由已知①$\log_a{}^{2a^2+1}<\log_a{}^{3a}$,$0<a<1$,

得 $2a^2+1>3a\Rightarrow2a^2-3a+1>0\Rightarrow(2a-1)(a-1)>0$.

$\therefore$ 得 $a<\frac{1}{2}$ 或 $a>1$(舍去).

②$\log_a{}^{3a}<0$,$\because \log_a{}^1=0$,

得 $\log_a{}^{3a}<\log_a{}^1$.

$\because 0<a<1$,$\therefore 3a>1\Rightarrow a>\frac{1}{3}$,

$\therefore$ 解集是①∩②,得 $\frac{1}{3}<a<\frac{1}{2}$.

$\therefore a$ 的取值范围是 $(\frac{1}{3},\frac{1}{2})$.

⑬$\log_3^{x+1}+\log_3^2\geqslant2$

⑭$\log_{\frac{1}{2}}^{x}+\log_{\frac{1}{2}}^{x+1}\leqslant-1$

⑮$\log_{\frac{1}{2}}^{x}-\log_{\frac{1}{2}}^{1-x}\leqslant0$

⑯不等式 $\lg x+\lg(x-3)<1$ 的解集为( )

A. $(-2,5)$ B. $(3,5)$

C. $(3,6)$ D. $(5,6)$

⑰若 $a>b>1$,$p=\sqrt{\lg a\cdot\lg b}$,$Q=\frac{1}{2}(\lg a+\lg b)$,$R=\lg\frac{a+b}{2}$,则( )

A. $R<P<Q$ B. $P<Q<R$

C. $Q<P<R$ D. $P<R<Q$

成功的秘诀在于恒心。——迪斯雷利

§4.5 基本不等式

定理1:如果任意实数 a、b, 那么 $a^2+b^2\geqslant 2ab$(当且仅当 $a=b$ 时,等号成立).

定理2: $\sqrt{ab}\leqslant\frac{a+b}{2}(a>0,b>0)$(当且仅当 $a=b$ 时,等号成立).

(1)两个不等式的适用范围不同,而等号成立的条件相同.

(2) $\sqrt{ab}$ 称为正数 a、b 的几何平均数, $\frac{a+b}{2}$ 称为它们的算术平均数.

注:基本不等式的重要推论.

一、利用 $a+b\geqslant 2\sqrt{ab}(a>0,b>0)$ 求最值时要注意下面三点.

(1)一正:各项均为正数.

(2)二定:两个正数积为定值,和有最小值. 两个正数和为定值,积有最大值.

(3)三相等:求最值时一定要考虑不等式是否能取"＝",否则会出现错误.

二、已知 a、b 都是正数,则:

(1)如果积 ab 是定值 P, 那么当 $a=b$ 时,和 $a+b$ 有最小值 $2\sqrt{P}$.

(2)如果和 $a+b$ 是定值 S, 那么当 $a=b$ 时,积 ab 有最大值 $\frac{1}{4}S^2$.

例题解析

例1　基本不等式应用的技巧

(1)若 $x>0$, 则函数 $y=x+\frac{4}{x}$ 的最小值为________.

解:由已知, $y=x+\frac{4}{x}\geqslant 2\sqrt{x\times\frac{4}{x}}=4$.

当 $x=2$ 时,有最小值. ∴ 最小值为4.

(2)如果 $a>0$, $b>0$, $a+b=9$, 那么 $a\cdot b$ 的最大值为________.

解:由已知,∵ $a+b\geqslant 2\sqrt{ab}$, $a+b=9$,

∴ $2\sqrt{ab}=9$, 得 $ab=\frac{81}{4}$,

∴ 最大值为$\frac{81}{4}$.

(3)已知 $a>1$, 求 $a+\frac{1}{a-1}$ 的最小值为________.

解: $a>1$, $a+\frac{1}{a-1}=(a-1)+\frac{1}{a-1}+1$,

$$\geqslant 2\sqrt[2]{(a-1)\cdot\frac{1}{a-1}}+1\geqslant 3$$

所求最小值为3.

互动练习

①$y=x-\frac{1}{x-2}(x>2)$的最小值为____.

②$y=x+\frac{9}{x+1}(x>-1)$的最小值为____.

③$y=3x-3+\frac{1}{3x-1}\left(x>\frac{1}{3}\right)$的最小值为____.

④$y=2x+\frac{4}{2x-1}\left(x>\frac{1}{2}\right)$的最小值为____.

⑤$y=2x+\frac{2}{x-1}(x>-1)$的最小值为____.

要想成功,就千万不能忽视任何事情……他必须对一切都下功夫,那也许还能有所收获。——屠格涅夫

(4)(2006.8)设 $x+y=8$，则 3^x+3^y 的最小值等于(　　)

A. 81　　B. 162　　C. 49　　D. 98

解：$3^x+3^y \geqslant 2\sqrt{3^x\times 3^y}=2\sqrt{3^{x+y}}=2\times\sqrt{3^8}=2\times 3^4=162.$

答:B

例2　不等式的综合应用

(1)(2008.19)已知函数 $f(x)=ax^2+\frac{b}{x^2}(a>0,b>0)$ 的最小值1，则 $ab=$________.

解：由已知，$f(x)=ax^2+\frac{b}{x^2}\geqslant 2\sqrt{ax^2\times\frac{b}{x^2}}=1$，

$\therefore ab=\frac{1}{4}$.

(2)(2011.16)已知函数 $f(x)=4ax^2+\frac{a}{x^2}(a>0)$ 有最小值8，则 $a=$________.

解：由均值不等式得 $f(x)=4ax^2+\frac{a}{x^2}\geqslant 2\sqrt{4ax^2\cdot\frac{a}{x^2}}=4a$，

$\therefore 4a=8$，得 $a=2$.

(3)(2009.15)函数 $y=9x+\frac{4}{x-1}(x\in(1,+\infty))$ 的最小值是________.

解：由已知，$y=9x+\frac{4}{x-1}=9(x-1)+\frac{4}{x-1}+9$

$$\geqslant 2\sqrt{9\times 4}+9=21.$$

$\therefore$ 最小值是21.

(4)(2007.16)函数 $y=\frac{x^2}{x^4+16}$ 的最大值是________.

解：$y=\frac{x^2}{x^4+16}=\frac{1}{x^2+\frac{16}{x^2}}$，$x^2+\frac{16}{x^2}\geqslant 2\sqrt{16}=8$，$y\leqslant\frac{1}{8}$.

$\therefore$ 最大值是 $\frac{1}{8}$

(5)函数 $y=\frac{x^2+2}{\sqrt{x^2+1}}$ 的最小值是________.

解：$y=\frac{x^2+2}{\sqrt{x^2+1}}=\frac{x^2+1+1}{\sqrt{x^2+1}}=\sqrt{x^2+1}+\frac{1}{\sqrt{x^2+1}}$

$$\geqslant 2\sqrt{\sqrt{x^2+1}\times\frac{1}{\sqrt{x^2+1}}}$$

$$=2.$$

当 $x^2=0$ 时，最小值是2.

⑥$y=4x+\frac{9}{x+4}(x>-1)$ 的最小值为____.

⑦$y=16x-3+\frac{4}{x+2}(x>-2)$ 的最小值为____.

⑧已知正数 a,b 满足 $ab=8$，那么 $2a+b$ 的最小值为____.

⑨若 $x>0,y>0,x+y=8$，则 xy 的最大值为____.

⑩若 $m>n>0$，$m+4n$ 的最小值为 $\frac{1}{2}$，则 $mn=$____.

执著追求和不断的分析，这是走向成功的双翼。不执着，便容易半途而废；不分析，便容易一条道走到天黑。

(6)求 $y=\frac{x^2+5}{\sqrt{x^2+4}}$ 的最小值

解法一：$\because y=\frac{x^2+5}{\sqrt{x^2+4}}=\frac{x^2+4}{\sqrt{x^2+4}}+\frac{1}{\sqrt{x^2+4}}=\sqrt{x^2+4}+\frac{1}{\sqrt{x^2+4}}$，

令 $t=\sqrt{x^2+4}(t\geqslant 2)$，则 $t^2-yt+1=0(t\geqslant 2)$；

令 $f(t)=t^2-yt+1(t\geqslant 2)$，$\because f(0)=1$，

可得 $t^2-yt+1=0$ 只有一个大于或等于 2 的根，

$\therefore f(2)\leqslant 0$，即 $f(2)=4-2y+1\leqslant 0\Rightarrow y\geqslant\frac{5}{2}$，

即 $y=\frac{x^2+5}{\sqrt{x^2+4}}$ 的最小值 $\frac{5}{2}$.

解法二：$\because y=\frac{x^2+5}{\sqrt{x^2+4}}=\sqrt{x^2+4}+\frac{1}{\sqrt{x^2+4}}$，

令 $t=\sqrt{x^2+4}(t\geqslant 2)$，

$\because$ 当 $t\geqslant 2$ 时，$y=t+\frac{1}{t}$ 递增，

$\therefore y_{\min}=t+\frac{1}{t}=2+\frac{1}{2}=\frac{5}{2}$.

例 3　配等：配等号成立时的项.

$a+b=1, a,b\in R^+$，求证：$\sqrt{2a+1}+\sqrt{2b+1}\leqslant 2\sqrt{2}$

解：$\sqrt{2a+1}+\sqrt{2b+1}=(\sqrt{2a+1}\cdot\sqrt{2}+\sqrt{2b+1}\cdot\sqrt{2})\frac{1}{\sqrt{2}}$

$\leqslant(\frac{2a+3+2b+3}{2})\frac{1}{\sqrt{2}}=4\cdot\frac{1}{\sqrt{2}}=2\sqrt{2}$.

⑪已知 $x+2y=1$，则 2^x+4^y 的最小值为(　　)

⑫已知 $x>1, y>1, \lg x+\lg y=4$，则 $\lg x\lg y$ 的最大值是(　　)

⑬已知 $x>0, y>0$，且 $2x+3y=6$，则 $\log_{\frac{3}{2}}x+\log_{\frac{3}{2}}y$ (　　)

A. 有最大值 1

B. 有最小值 1

C. 有最大值 $\frac{3}{2}$

D. 无最大值最小值

⑭已知不等式 $ax^2+bx+2>0$ 的解集为 $(-\frac{1}{2},\frac{1}{3})$，则 $a-b=$ (　　)

A. -4　　B. 14

C. -10　　D. 10

要成功就要周详考虑谋定而后动，一旦决定即雷厉风行一干到底，害怕失败什么都别干。

§4.6 三次方不等式

例1 (2006.16)不等式$4x-x^3<0$的解集是______.

解:原不等式可以化成$x(2+x)(2-x)<0$

分成不等式组① $\begin{cases} x>0 \\ (2+x)(2-x)<0 \end{cases}$ 或② $\begin{cases} x<0 \\ (2+x)(2-x)>0 \end{cases}$

解①当$x>0$,$(2+x)(2-x)<0$,先在不等式两边同乘以-1,并把不等号改变方向 得$(x+2)(x-2)>0$,然后解不等式得$x<-2$或$x>2$,两不等式解集的交集得$x>2$.

解②当$x<0$,$(2+x)(2-x)>0$,先在不等式两边同乘以-1,并把不等号改变方向 得$(x+2)(x-2)<0$,然后解不等式得$-2<x<2$,两不等式解集的交集得$-2<x<0$.

原不等式的解集就是①②的并集是$\{x|-2<x<0$或$x>2\}$.

解:由已知,得$x^3-4x>0$,变形为$x(x+2)(x-2)>0$,

按等号做$x(x+2)(x-2)=0$,得$x_1=-2,x_2=0,x_3=2$,

在数轴上标出x_1,x_2,x_3.

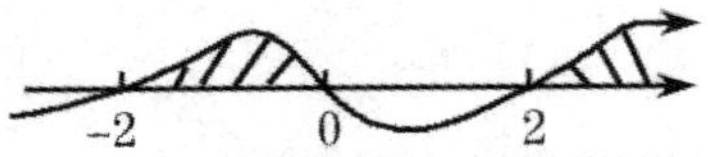

利用"穿线法",当不等式>0时,由数轴左面起,从下向上依次穿过x_1,x_2,x_3,数轴上方范围即是答案.

结果为$\{x|-2<x<0$或$x>2\}$或写作$(-2,0)\cup(2,+\infty)$.

例2 不等式$\dfrac{x^2-4x+3}{x+5}\leqslant 0$的解集是(　　)

A. $(-\infty,-5)\cup[1,3]$　　B. $(-\infty,-5)\cup(1,3)$

C. $(-5,3)$　　D. $(-\infty,8)$

解:由已知,得$\dfrac{(x-3)(x-1)}{(x+5)}\leqslant 0$,

变形为$(x-3)(x-1)(x+5)\leqslant 0$,且$x+5\neq 0$,

按等号做$(x-3)(x-1)(x+5)=0$,且$x\neq -5$,

解得$x_1=-5,x_2=1,x_3=3$.

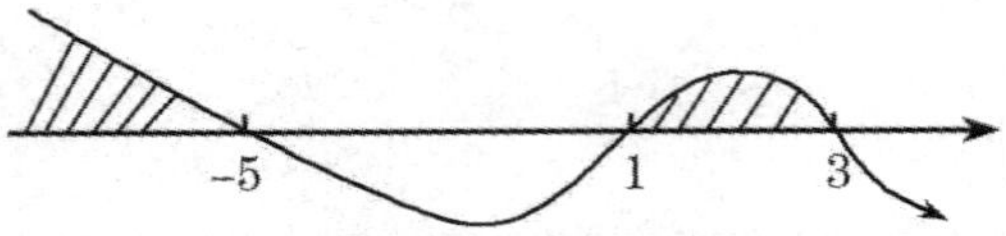

在数轴上标出x_1,x_2,x_3.

利用"穿线法",当不等式<0时,由数轴左面起,从上向下依次穿过x_1,x_2,x_3,数轴上方范围即是答案.

结果为$\{x|x<-5$或$1\leqslant x\leqslant 3\}$或写作$(-\infty,-5)\cup[1,3]$.

①不等式$\dfrac{x^2-x-6}{x-1}>0$的解集为(　)

A. $\{x|x<-2$或$x>3\}$

B. $\{x|x<-2$或$1<x<3\}$

C. $\{x|-2<x<1$或$x>3\}$

D. $\{x|-2<x<1$或$1<x<3\}$

②不等式$\dfrac{x^2-5x+4}{x+3}\leqslant 0$的解集是(　　)

A. $(-\infty,-3)\cup[1,4]$

B. $(-\infty,-3)\cup(1,4)$

C. $(-3,4)$

D. $(-\infty,4)$

③不等式$\dfrac{x^2-2x-3}{x+4}>0$的解集为________.

④不等式$\dfrac{x^2+4x-5}{x-2}<0$的解集为________.

成功并不是重要的事,重要的是努力。

第五章 数 列

重点提示

数列是单招考试的一个重点,2007 年、2009 年都有一道大题和一个小题共 24 分,2014 年、2015 年各两道小题共 12 分,2016 年是一道大题和一个小题共 24 分. 考生应注意以下考点.

(1)理解等差数列、等差中项的概念,会灵活运用公式解决有关问题.

(2)理解等比数列、等比中项的概念,会灵活运用公式解决有关问题.

(3)会灵活运用等差数列、等比数列的通项公式、前 n 项和公式解决有关问题.

(4)高考主要考证明数列,单招考试主要考数列的简单推理数列.

§5.1 数列的概念

一、数列的概念

按照一定次序规律排列的一列数叫作数列,数列里的每一个数叫作这个数列的项,各项依次叫作这个数列的第 1 项,第 2 项,…,第 n 项,…. 第 1 项也叫作首项. 通常用带数字下标的字母来表示数列的项,于是数列的一般形式可以写成

$$a_1, a_2, a_3, \cdots a_n, \cdots,$$

其中 a_n 是数列的第 n 项,有时也把数列简单记作 $\{a_n\}$.

例如,数列

$$3, 6, 9, \cdots, 3n, \cdots$$

的第 1 项是 3, 第 2 项是 6, 第 3 项是 9, …,第 n 项是 $3n$, 可以简记作数列 $\{3n\}$.

二、数列的通项公式

一个数列 $\{a_n\}$ 的第 n 项与项数 n 的关系,如果可以用一个公式来表示,这个公式就叫作这个数列的通项公式.

例如:数列

$$\frac{1}{2}, \frac{1}{4}, \frac{1}{8}, \cdots, \frac{1}{2^n}$$

通项公式是 $a_n = \frac{1}{2^n}$.

(一)知道一个数列 $\{a_n\}$ 的通项公式,就可以依次用 1, 2, 3, …代替公式里的 n, 求出这个数列的各项. 例如,已知一个数列的通项公式 $a_n = n^2$, 那么依次用 1, 2, 3, …, n 代替式里的 n, 就得到数列 1, 4, 9, …, n^2.

互动练习

①已知数列通项公式为 $a_n = (-1)^n \frac{1}{n+1}$, 那么 $a_7 =$ ____.

②已知数列通项公式为 $a_n = n(n+1)$, 其中 $a_n = 156$, 则 $n =$ ____.

③数列 $\frac{1}{2}, -\frac{1}{4}, \frac{1}{6}, -\frac{1}{8}, \cdots$ 的通项公式为____.

(二)并不是所有的数列都有通项公式.略

§5.2 等差数列

表 5-1

定义	从第2项起,每一项减去它的前一项的差都等于同一个常数的数列
通项公式	$a_n=a_1+(n-1)d$; $a_n=a_m+(n-m)d$
一般形式	$a_1,a_1+d,a_1+2d,\cdots$(d 为公差)
公差公式	$d=\frac{a_n-a_1}{n-1}$; $d=\frac{a_n-a_m}{n-m}$
项数公式	$n=\frac{a_n-a_1}{d}+1$, $n=\frac{a_n-a_m}{d}+m$
等差中项	$A=\frac{a+b}{2}$; a,A,b 成等差数列, A 是中项
中项性质	若 N^+ 中 $m+n=k+l$, 则 $a_m+a_n=a_k+a_l$
前 n 项和公式	$S_n=\frac{n(a_1+a_n)}{2}$; $S_n=na_1+\frac{n(n-1)}{2}d$

注:等差数列的其他几个重要结论.

(1)等差数列 $\{a_n\}$ 中,若 $a_n=m,a_m=n(m\neq n)$, 则 $a_{m+n}=0$.

(2)等差数列 $\{a_n\}$ 中,若 $S_n=m,S_m=n(m\neq n)$, 则 $S_{m+n}=-(m+n)$.

(3)等差数列 $\{a_n\}$ 中,若 $S_n=S_m(m\neq n)$, 则 $S_{m+n}=0$.

(4)若 $\{a_n\}$ 与 $\{b_n\}$ 为等差数列,且前 n 项和分别为 S_n 与 T_n,

则 $\frac{a_m}{b_m}=\frac{S_{2m-1}}{T_{2m-1}}$.

例题解析

例1 在等差数列 $\{a_n\}$ 中

(1)已知 $a_4=10$, $a_7=19$, 求 a_1 与 d.

解法一:分别将 $a_4=10(n=4)$, $a_7=19(n=7)$

代入通项公式 $a_n=a_1+(n-1)d$, 得方程组

$$\begin{cases}10=a_1+(4-1)d\\19=a_1+(7-1)d.\end{cases}$$

解这个方程组,得 $a_1=1,d=3$.

解法二:把 $a_4=10$, $a_7=19$ 代入 $a_7-a_4=(7-4)d$,

得 $d=3$, $a_1=1$.

④数列 $\frac{3}{2},\frac{8}{3},\frac{15}{4},\frac{24}{5},\cdots$ 的通项公式为(　　)

A. $\frac{n(n+1)}{n}$

B. $\frac{n(n-1)}{n+1}$

C. $\frac{n(n+2)}{n+1}$

D. $\frac{n(n+2)}{n}$

⑤数列 $1,-\frac{1}{4},\frac{1}{9},-\frac{1}{16},\cdots$ 的通项公式为(　　)

A. $\frac{-1}{n^2}$

B. $(-1)^n\cdot\frac{1}{n^2}$

C. $(-1)^{n+1}\cdot\frac{1}{n^2}$

D. $\frac{1}{n^2}$

目标的坚定是性格中最必要的力量源泉之一,也是成功的利器之一。没有它,天才也会在矛盾无定的迷径中徒劳无功。

(2)已知 $d=-\frac{1}{3}$, $a_7=8$, 求 a_1.

解:将 $d=-\frac{1}{3}$, $a_7=8(n=7)$ 代入通项公式,得

$$8=a_1+(7-1)\times(-\frac{1}{3}),$$

解得 $a_1=10$.

(3)已知 $a_1=5.6$, $a_6=20.6$, 求 a_4.

解:将 $a_1=5.6$, $a_6=20.6(n=6)$ 代入通项公式,得

$20.6=5.6+(6-1)d$, 解得 $d=3$,

$\therefore\ a_4=5.6+(4-1)\times 3=14.6$.

(4)已知 $a_3=9$, $a_9=3$, 求 a_{11}.

解:将 $a_3=9$, $a_9=3$ 分别代入通项公式,得方程组

$\begin{cases}9=a_1+(3-1)d\\3=a_1+(9-1)d.\end{cases}$ 解这个方程组,得 $a_1=11$, $d=-1$.

$\therefore\ a_{11}=11+(11-1)\times(-1)=1$.

例2　等差中项

(1)等差数列 $\{a_n\}$ 中, 已知 $a_5+a_8=a$, 那么 $a_2+a_5+a_8+a_{11}$ 的值等于________.

解:等差数列 $\{a_n\}$ 中,若 N^+ 中 $m+n=k+l$, 则 $a_m+a_n=a_k+a_l$,

因项数 $5+8=2+11$, $\because\ a_5+a_8=a_2+a_{11}$,

$\therefore\ a_2+a_5+a_8+a_{11}=2a$.

(2)数列 $\{a_n\}$ 是等差数列, $a_4=7$, 则 $S_7=$ ________.

解:运用等差中项性质,得 $2a_4=a_1+a_7=a_2+a_6=a_3+a_5$,

$S_7=a_1+a_2+a_3+a_4+a_5+a_6+a_7=7a_4=49$.

(3)等差数列 $\{a_n\}$ 中, $a_1+a_4+a_7=39$, $a_3+a_6+a_9=27$, 则数列 $\{a_n\}$ 前9项的和 S_9 等于(　　)

A. 66　　B. 99　　C. 144　　D. 297.

解法一:由已知,得 $2a_2=a_1+a_3$, $2a_5=a_4+a_6$, $2a_8=a_7+a_9$,

$2(a_2+a_5+a_8)=a_1+a_3+a_4+a_6+a_7+a_9=39+27=66$,

$\therefore\ a_2+a_5+a_8=33$.

$\therefore\ S_9=a_1+a_2+a_3+a_4+a_5+a_6+a_7+a_8+a_9=99$.

解法二:由已知, $a_1+a_9=a_3+a_7=a_4+a_6$,

$\therefore a_1+a_3+a_4+a_6+a_7+a_9=3(a_1+a_9)=66$.

$\therefore a_1+a_9=22$.

$S_9=\frac{9(a_1+a_9)}{2}=9\times 11=99$.

⑥已知等差数列 $\{a_n\}$ 中, $a_{59}=70$, $a_{80}=112$, 则 $a_{101}=$ ____.

⑦已知等差数列 $a_3+a_4+a_5+a_6+a_7=250$ 则 $a_2+a_8=$ ____.

⑧已知等差数列 $S_n=6n^2+3n$, 那么 $a_n=$ ____.

没有失败经验的人,不可能成功。

(4)设 a,b,c 均为正数,如果 $\lg a,\lg b,\lg c$ 成等差数列,那么 a,b,c 的关系可以表示成(   )

A. $2b = a + c$ B. $b^2 = ac$

C. $b = \sqrt{a} + \sqrt{c}$ D. $\frac{1}{b} = \frac{1}{a} + \frac{1}{c}$.

解:因为 a,b,c 均为正数,如果 $\lg a,\lg b,\lg c$ 成等差数列,依等差数列中项定义有 $2\lg b = \lg a + \lg c$, 即 $\lg b^2 = \lg ac$,

$\therefore b^2 = ac$.

答:B

例3 (1)已知等差数列 $\{a_n\}$ 中, $a_1 = 3, d = 3$, 求前10项的和.

解:将 $a_1 = 3, d = 3, n = 10$ 代入前10项和公式中

$$S_n = na_1 + \frac{1}{2}n(n-1)d \text{ 得}$$

$S_n = 10 \times 3 + \frac{1}{2}10 \times (10-1) \times 3 = 165$.

(2)已知等差数列 $\{a_n\}$ 的前 n 项和公式 $S_n = 5n^2 + 3n$, 求 a_n.

解: $a_1 = S_1 = 5 \times 1^2 + 3 \times 1 = 8$;

$a_2 = S_2 - S_1 = (5 \times 2^2 + 3 \times 2) - 8 = 18$;

$a_3 = S_3 - S_2 = (5 \times 3^2 + 3 \times 3) - (5 \times 2^2 + 3 \times 2) = 28$;

$a_n = S_n - S_{n-1} = (5n^2 + 3n) - [5(n-1)^2 + 3(n-1)] = 10n - 2$.

单招考点中求数列的通项公式:常用公式 $a_n = S_n - S_{n-1}(n > 1)$.

用归纳法依据前几项写出数列的一个通项公式,抓住项 a_n 随项数 n 变化的特点,从而发现规律,注意几点.

①记住常见数列的通项公式: $a_n = 2n$, $a_n = 2n - 1$, $a_n = n^2$ 等.

②对分式结构的要分子、分母分开考察.

③正负号相间的用 $(-1)^n$ 或 $(-1)^{n+1}$ 来调整.

例4 (1)在等差数列 $\{a_n\}$ 中 $a_5 = 0.3, a_{12} = 3.1$,

求 $a_{18} + a_{19} + a_{20} + a_{21} + a_{22}$ 的值.

解: $a_{18} + a_{19} + a_{20} + a_{21} + a_{22} = 5a_{20}$,

$a_{12} - a_5 = 7d = 2.8, d = 0.4$,

$a_{20} = a_{12} + 8d = 3.1 + 3.2 = 6.3$,

$a_{18} + a_{19} + a_{20} + a_{21} + a_{22} = 5a_{20} = 6.3 \times 5 = 31.5$.

(2)在等差数列 $\{a_n\}$ 中,若 $a_3 + a_8 + a_{13} = c$, 则其前 n 项和 S_n 的值等于 $5c$ 的是(   )

A. S_{15} B. S_{17} C. S_4 D. S_8

解:在等差数列 $\{a_n\}$ 中, $a_3 + a_{13} = 2a_8$, $3a_8 = c$; $S_n = 5c = 15a_8$.

$\because a_3 + a_{13} = 2a_8 = a_2 + a_{14} = a_1 + a_{15} = a_4 + a_{12}$

$= a_5 + a_{11} = a_6 + a_{10} = a_7 + a_9$,

$\therefore S_{15} = 5c$.

答:A

⑨在等差数列 $\{a_n\}$ 中, $a_3 + a_7 = 10$, 那么 $a_2 + a_8 =$ (   )

A. 15 B. 20 C. 10 D. 25

⑩等差数列 $\{a_n\}$ 中,公差 $d = \frac{1}{2}$, 前100项的和 $S_{100} = 145$, 那么 $a_1 + a_3 + a_5 + \cdots + a_{99} =$ (   )

A. 160 B. 100 C. 90 D. 60

⑪等差数列中,已知 $a_n = 3n - 2$, 那么前20项的和 $S_{20} =$ (   )

A. 590 B. 390 C. 295 D. 780

在一个崇高的目的的支持下,不停地工作。即使慢,也一定会获得成功。——爱因斯坦

验证：$S_{15}=\frac{15(a_1+a_{15})}{2}=\frac{15\times 2a_8}{2}=15a_8=5c.$

(3)(2008.17)已知 $\{a_n\}$ 是等差数列，$a_1+a_2=a_3=6$ 则 $\{a_n\}$ 的通项公式 $a_n=$ ________.

解：设公差为 d，由已知得 $a_1+a_2=a_1+a_1+d=6$，

$a_3=a_1+2d=6$，

解得 $a_1=2$，$d=2$，代入通项公式

$a_n=a_1+(n-1)d=2+(n-1)\times 2=2n.$

$\therefore a_n=2n.$

(4)已知等差数列 $\{a_n\}$ 中，$a_1+a_2+\cdots+a_9=81$，

且 $a_6+a_7+\cdots+a_{14}=171$，

则 $a_5=$ ________，公差 $d=$ ________.

解：由已知，$a_1+a_2+\cdots+a_9=81=9a_5\Rightarrow a_5=9.$

$\because 5d=a_6-a_1, a_7-a_2, \cdots, a_{14}-a_9$，

$\therefore 45d=171-81=90\Rightarrow d=2.$

例5 在等差数列 $\{a_n\}$ 中，设 $S_1=a_1+a_2+\cdots+a_n$，$S_2=a_{n+1}+a_{n+2}+\cdots+a_{2n}$，$S_3=a_{2n+1}+a_{2n+2}+\cdots+a_{3n}$，则 S_1,S_2,S_3 关系为(　　).

A. 等差数列　B. 等比数列　C. 等差数列或等比数列　D. 都不对

解：$a_1, a_{n+1}=a_1+nd, a_{2n+1}=a_1+2nd\Rightarrow 2a_{n+1}=a_{2n+1}+a_1$

$a_2, a_{n+2}=a_2+nd, a_{2n+2}=a_2+2nd\Rightarrow 2a_{n+2}=a_{2n+2}+a_2$，

以此类推得

$a_n, a_{n+n}=a_n+nd, a_{2n+n}=a_n+2nd\Rightarrow 2a_{n+n}=a_{2n+n}+a_n$，

所以 $S_1=a_1+a_2+\cdots+a_n$，$S_2=S_1+n\cdot nd$，$S_3=S_1+n\cdot 2nd.$

$2S_2=S_1+S_3$，推得等差数列.

答：A

注：①理解等差数列的通项公式 $a_n=S_n-S_{n-1}$.

②理解等差数列的前 n 项和公式 $S_n=\frac{n(a_1+a_n)}{2}$ 或

$S_n=na_1+\frac{n(n-1)}{2}d.$

③理解等差中项性质：若 N^+ 中 $m+n=k+l$，则 $a_m+a_n=a_k+a_l$.

④会用 $a_n=a_m+(n-m)d$ 求公差.

例6 若 $\lg x+\lg x^2+\cdots+\lg x^n=n^2+n$（$n$ 是正整数），那么 $x=$ ________.

解：等式左边为各项对数的和，可根据对数的性质得到

$\lg x+\lg x^2+\cdots+\lg x^n=\lg(x\cdot x^2\cdot\cdots\cdot x^n)=\lg x^{1+2+\cdots+n}=\lg x^{\frac{n(n+1)}{2}}$，

$\therefore \lg x^{\frac{n(n+1)}{2}}=n^2+n$，$\frac{n(n+1)}{2}\lg x=n^2+n$，

$\therefore \lg x=2$，$\therefore x=100.$

⑫在等差数列 $\{a_n\}$ 中，若 $a_1+a_2+a_3+a_4=30$，则 $a_2+a_3=$ ________.

⑬等差数列 $\{a_n\}$ 的公差 $d>0$，且 $a_4+a_6=-4$，$a_3\cdot a_7=-12$，则该数列前 20 项的和 $S_{20}=$(　　)

A. -130　B. -160

C. 160　D. 180

⑭已知等差数列前 n 项的和为 $S_n=\frac{1}{2}(3n^2-n)$，那么它的第5项的值是(　　)

A. 7　B. 13　C. 10　D. 16

⑮等差数列 $\{a_n\}$，$\{b_n\}$ 的前 n 项和分别为 S_n 和 T_n，若 $\frac{S_n}{T_n}=\frac{5n+1}{3n-1}$，那么，$\frac{a_{15}}{b_{15}}=$(　　)

A. $\frac{73}{43}$　B. $\frac{27}{42}$

C. $\frac{63}{43}$　D. $\frac{15}{29}$

导致成功的最大问题，是我们从自己的错误中得到的经验教训。

§5.3 等比数列

表 5-2

定义	从第2项起,每一项除以它的前一项的比都等于同一个常数的数列
一般形式	$a_1, a_1q, a_1q^2, \cdots$ (q 为公比)
通项公式	$a_n = a_1q^{n-1}$; $a_n = a_mq^{n-m}$
公比公式	$q = \frac{a_n}{a_{n-1}}$; $q^{n-m} = \frac{a_n}{a_m}$
公比中项	a, G, b 成等比数列, G 是中项 $G = \pm\sqrt{ab}$
中项性质	若 N^+ 中 $m + n = k + l$;则 $a_na_m = a_ka_l$
前 n 项积公式	$T_n = (a_1a_n)^{\frac{n}{2}} = a_1^nq^{\frac{n(n-1)}{2}}$
前 n 项和公式	$S_n = \frac{a_1(1-q^n)}{1-q}$; $S_n = \frac{a_1 - a_nq}{1-q}$ $(q \neq 1)$

等比数列的其他几个重要结论:
等比数列 $\{a_n\}$ 的前 n 项积为 T_n, 则

(1) $T_n = a_1^nq^{\frac{n(n-1)}{2}}$; (2) $T_n = (a_1a_n)^{\frac{n}{2}}$;

(3)当 n 为奇数时, $T_n = a^n_{\frac{n+1}{2}}$ ($a_{\frac{n+1}{2}}$ 为中间项).

例题解析

例 1. 在等比数列 $\{a_n\}$ 中:

(1)已知 $q = \frac{1}{2}$, $a_8 = 2$,求 a_1 与 S_8.

解:将 $q = \frac{1}{2}$, $a_8 = 2$ 代入公式 $a_n = a_1q^{n-1}$,

得 $2 = a_1 \times (\frac{1}{2})^{8-1}$.

解得 $a_1 = 2^8 = 256$.

将 $a_1 = 256$, $q = \frac{1}{2}$, $n = 8$ 代入前 n 项和公式,得

$$S_8 = \frac{a_1(1-q^n)}{1-q} = \frac{256 \times [1 - (\frac{1}{2})^8]}{1 - \frac{1}{2}} = 510.$$

⑯已知等比数列 $a_{10} = 1$, 公比 $q = 2$, 那么 $a_6 =$ ____.

⑰已知等比数列 $a_1 = 3, q = 2$, $a_n = 48$, 那么 $n =$ ____.

⑱已知等比数列 $a_5 \cdot a_6 = 4$, 那么 $a_1 \cdot a_2 \cdot a_9 \cdot a_{10} =$ ____.

成功=艰苦的劳动+正确的方法+少谈空话。——爱因斯坦

(2)已知 $a_1=1, q=3, n=5$，求 a_n 与 S_n.

解:将 $a_1=1, q=3, n=5$ 代入公式得

$a_n=a_1q^{n-1}=1\times 3^{5-1}=81.$

$$S_n=\frac{a_1(1-q^n)}{1-q}=\frac{1\times(1-3^5)}{1-3}=121.$$

或 $S_n=\dfrac{a_1-a_nq}{1-q}=\dfrac{1-81\times 3}{1-3}=121.$

(3)已知 $a_2=18, a_4=8$，求 a_1 与 q.

解:由通项公式，得

$$\begin{cases}a_1q=18,\\ a_1q^3=8.\end{cases}\Rightarrow q^2=\frac{8}{18}=\frac{4}{9}\Rightarrow q=\pm\frac{2}{3}$$

$$a_1=\frac{18}{q}=\pm 18\times\frac{3}{2}=\pm 27.$$

解得 $\begin{cases}a_1=27\\ q=\dfrac{2}{3}\end{cases}$ 或 $\begin{cases}a_1=-27\\ q=-\dfrac{2}{3}.\end{cases}$

(4)已知 $\{a_n\}$ 是等比数列，$a_1+a_2+a_3=1, a_6+a_7+a_8=32$，则 $a_1+a_2+a_3+\ldots+a_9=$ ________.

解:由已知，$\dfrac{a_6+a_7+a_8}{a_1+a_2+a_3}=\dfrac{(a_1+a_2+a_3)q^5}{a_1+a_2+a_3}=\dfrac{32}{1}$，得 $q^5=32$.

$a_4+a_5+a_6=(a_1+a_2+a_3)\cdot q^3,$

$a_7+a_8+a_9=(a_1+a_2+a_3)\cdot q^6,$

$S_9=1+q^3+q^6=73.$

或用 $q=2, a_1=\dfrac{1}{7}, S_9=73.$

例 2 等比中项

(1) $\sqrt{2}+1$ 与 $\sqrt{2}-1$ 两数的等比中项是(　　)

A. 1　　*B*. −1　　*C*. ±1　　*D*. $\dfrac{1}{2}$

解:设等比中项 $G^2=a\cdot b=(\sqrt{2}+1)(\sqrt{2}-1)=1, G=\pm 1.$

答:*C*

(2)在等比数列 $\{a_n\}$ 中，已知 $a_3\cdot a_5=5$，那么 $a_1\cdot a_3\cdot a_5\cdot a_7$ 的值等于(　　)

解:中项性质:若 N^+ 中 $m+n=k+l$，则 $a_na_m=a_ka_l$.

在等比数列 $\{a_n\}$ 中，项数 $3+5=1+7$，则 $a_3\cdot a_5=a_1\cdot a_7$,

$$a_1\cdot a_3\cdot a_5\cdot a_7=5\times 5=25.$$

⑲已知数列前 n 项和公式 $S_n=\dfrac{n}{n+1}$，那么通项公式 a_n 为____.

⑳在等比数列中，$a_6\cdot a_8+2a_7a_9+a_8\cdot a_{10}=16$，则 $a_7+a_9=$ ____.

㉑在等比数列 $\{a_n\}$ 中，$a_5-a_4=108, a_2-a_1=4$，则 $a_1+a_2+a_3+a_4+a_5=$ ____.

从不获胜的人很少失败，从不攀登的人很少跌跤。——惠蒂尔

(3)在正项等比数列 $\{a_n\}$ 中, $a_1a_5+2a_3a_5+a_3a_7=25$, 则 $a_3+a_5=$ ________.

解:由已知, $a_1\cdot a_5=a_3^2, a_3\cdot a_7=a_5^2$,

$25=a_3^2+2a_3a_5+a_5^2=(a_3+a_5)^2$,

$\therefore\ a_3+a_5=5$.

(4)等比数列 $\{a_n\}$ 中, $a_2=9$, $a_5=243$, 则 $\{a_n\}$ 的前 4 项和为(　　)

A. 81　　B. 120　　C. 168　　D. 192

解:根据通项公式 $a_n=a_mq^{n-m}$, $\therefore\ a_5=a_2q^3\Rightarrow 243=9q^3$,

得 $q^3=27\Rightarrow q=3, a_2=a_1q\Rightarrow a_1=3$,

$S_4=a_1+a_1q+a_1q^2+a_1q^3=3+9+27+81=120$.

答: B

例 3

(1)设等比数列 $\{a_n\}$ 的公比 $q=2$, 前 n 项和为 S_n, 则 $\frac{S_4}{a_2}=$(　　)

A. 2　　B. 4　　C. $\frac{15}{2}$　　D. $\frac{17}{2}$

解: $\frac{S_4}{a_2}=\frac{a_1+a_1q+a_1q^2+a_1q^3}{a_1q}=\frac{1+q+q^2+q^3}{q}$,

把公比 $q=2$ 代入上式,得 $\frac{S_4}{a_2}=\frac{15}{2}$.

答: C

(2)(2008.9) S_n 是等比数列的前 n 项和,已知 $S_2=1$, 公比 $q=2$, 则 $S_4=$(　　)

A. 2　　B. 3　　C. 5　　D. 8

解: $S_2=a_1+a_2=a_1(1+q)=3a_1=1\Rightarrow a_1=\frac{1}{3}$,

$S_4=a_1+a_2+a_3+a_4=\frac{1}{3}+\frac{2}{3}+\frac{4}{3}+\frac{8}{3}=5$.

答: C

(3)已知数列 $\{a_n\}$ 的前 n 项和 $S_n=3+2^n$, 求 a_n.

解:当 $n=1$ 时, $a_1=S_1=3+2=5$, 当 $n>1$ 时,

$a_n=S_n-S_{n-1}=3+2^n-(3+2^{n-1})=2\times 2^{n-1}-2^{n-1}=2^{n-1}$,

$\therefore\ a_n=\begin{cases}5, n=1\\ 2^{n-1}, n>1.\end{cases}$

(4)在等比数列 $\{a_n\}$ 中,若 a_1, a_{10} 是方程 $3x^2-2x-6=0$ 的两根,则 $a_4\cdot a_7=$ ________.

解:若 a_1, a_{10} 是方程的两根, $\therefore\ a_1\cdot a_{10}=-2$,

则等比数列 $a_4\cdot a_7=a_1\cdot a_{10}=-2$.

㉒一个无穷等比数列的任意一项都等于它的后面所有项和,则公比 $q=$(　　)

A. $\frac{1}{2}$　B. $\frac{1}{3}$　C. -1　D. 1

㉓三个不相同的非零实数 a,b,c 成等差数列,又 a,c,b 恰成等比数列,则 $\frac{a}{b}=$(　　)

A. 4　B. 2　C. -4　D. -2

㉔已知等比数列中, $a_n>0$, 且 $a_n=a_{n+1}+a_{n+2}$, 对所有自然数都成立,那么公比 q 是(　　)

A. $\frac{1}{2}$

B. $\frac{\sqrt{5}}{2}$

C. $\frac{1-\sqrt{5}}{2}$

D. $\frac{\sqrt{5}-1}{2}$

㉕在等比数列 $\{a_n\}$ 中, $a_9+a_{10}=a$ $(a\neq 0)$, $a_{19}+a_{20}=b$, 则 $a_{99}+a_{100}$ 等于(　　)

A. $\frac{b^9}{a^8}$

B. $(\frac{b}{a})^9$

C. $\frac{b^{10}}{a^9}$

D. $(\frac{b}{a})^{10}$

成功往往是最后一分钟来访的客人。

例 4 等比数列 $\{a_n\}$ 的各项均为正数，且 $a_5 \cdot a_6 + a_4 \cdot a_7 = 18$，则 $\log_3 a_1 + \log_3 a_2 + \cdots + \log_3 a_{10} =$ ________.

解：$a_5 \cdot a_6 + a_4 \cdot a_7 = 18 \Rightarrow a_5 \cdot a_6 = a_4 \cdot a_7 = 9$，

$\log_3 a_1 + \log_3 a_2 + \cdots + \log_3 a_{10} = \log_3 a_1 \cdot a_2 \cdots a_{10}$，

$a_5 \cdot a_6 = a_4 \cdot a_7 = a_3 \cdot a_8 = a_2 \cdot a_9 = a_1 \cdot a_{10} = 3^2$，

$\log_3 a_1 \cdot a_2 \cdot a_3 \cdots a_{10} = \log_3 (3^2)^5 = \log_3 3^{10} = 10\log_3 3 = 10.$

例 5 已知 $\log_3 x = \dfrac{-1}{\log_2 3}$，求 $x + x^2 + x^3 + \cdots + x^n + \cdots$ 前 n 项的和.

解：由 $\log_3 x = \dfrac{-1}{\log_2 3} \Rightarrow \log_3 x = -\log_3 2 \Rightarrow x = \dfrac{1}{2}$，

由等比数列求和公式得

$$S_n = x + x^2 + x^3 + \cdots + x^n = \frac{x(1-x^n)}{1-x} = \frac{\frac{1}{2}(1-\frac{1}{2^n})}{1-\frac{1}{2}} = 1 - \frac{1}{2^n}.$$

注：在等差数列或等比数列中，应掌握五个基本元素：a_1，n，a_n，S_n，d 或 q 之间的相互关系，并由其中的三个，熟练求出另外两个，“知三求二”是最基本的运算，体现了方程的思想.

例 6 在数列 $\{a_n\}$ 中，$a_n = \dfrac{1}{n+1} + \dfrac{2}{n+1} + \cdots + \dfrac{n}{n+1}$，

又 $b_n = \dfrac{2}{a_n \cdot a_{n+1}}$，求数列 $\{b_n\}$ 的前 n 项和.

解：由已知，$a_n = \dfrac{1}{n+1} + \dfrac{2}{n+1} + \cdots + \dfrac{n}{n+1} = \dfrac{n}{2}$，

$$\therefore\ b_n = \frac{2}{\frac{n}{2} \cdot \frac{n+1}{2}} = 8\left(\frac{1}{n} - \frac{1}{n+1}\right),$$

数列 $\{b_n\}$ 的前 n 项和

$$S_n = 8\left[\left(1-\frac{1}{2}\right) + \left(\frac{1}{2}-\frac{1}{3}\right) + \left(\frac{1}{3}-\frac{1}{4}\right) + \cdots + \left(\frac{1}{n}-\frac{1}{n+1}\right)\right]$$

$$= 8\left(1-\frac{1}{n+1}\right) = \frac{8n}{n+1}.$$

例 7 （2007.5）数列 $\{a_n\}$ 的通项公式为 $a_n = \dfrac{1}{\sqrt{n+1}+\sqrt{n}}$，如果 $\{a_n\}$ 的前 n 项和等于3，那么 $n =$ ________.

解：$a_n = \dfrac{1}{\sqrt{n}+\sqrt{n+1}} = \sqrt{n+1} - \sqrt{n}$，则

$$S_n = \frac{1}{1+\sqrt{2}} + \frac{1}{\sqrt{2}+\sqrt{3}} + \cdots + \frac{1}{\sqrt{n}+\sqrt{n+1}}$$

$$= (\sqrt{2}-\sqrt{1}) + (\sqrt{3}-\sqrt{2}) + \cdots + (\sqrt{n+1}-\sqrt{n}) = \sqrt{n+1} - 1 = 3$$

$$\Rightarrow \sqrt{n+1} = 4 \Rightarrow n+1 = 16 \Rightarrow n = 15.$$

㉖ $\{a_n\}$ 是等差数列，$a_3 = 12$，$a_3 + a_4 + a_5 = 84$，则 $a\ + a_2 + a_3 =$ ____.

㉗已知数列的 $\{a_n\}$ 前 n 项和 $S_n = -n^2 + 3n$ 的公式，求其通项公式 $a_n =$ ____.

㉘已知数列的 $\{a_n\}$ 前 n 项和 $S_n = 3 \times 2^n + 5$ 的公式，求其通项公式 $a_n =$ ____.

因害怕失败而不敢放手一搏，永远不会成功。

注：裂项法的实质是将数列中每项（通项）分解，然后重新组合，使之能消去一些项，最终达到求和的目的．

例 8 （2009.17）本题满分 18 分．

$\{a_n\}$ 是等比数列，$\{b_n\}$ 是公差不为零的等差数列．已知

$a_1 = b_1 = 1,\ a_2 = b_2,\ a_3 = b_5$.

（1）求 $\{a_n\}$ 和 $\{b_n\}$ 的通项公式．

（2）设 $\{b_n\}$ 的前项 n 和为 S_n，是否存在正整数 n，使 $a_7 = S_n$；若存在，求出 n；若不存在，说明理由．

解：（1）、设 $\{a_n\}$ 的公比为 q，$\{b_n\}$ 的公差为 d，$d \neq 0$，

由条件得

$q = 1 + d,\ q^2 = 1 + 4d$,

解出 $q^2 = 1 + 4d = 1 + 4(q-1) = 4q - 3$,

$q^2 - 4q + 3 = 0 \Rightarrow (q-1)(q-3) = 0 \Rightarrow q_1 = 1, q_2 = 3$,

代入 $d = q - 1$，得 $d = 1 - 1 = 0$（舍去），$d = 3 - 1 = 2$,

$\therefore\ d = 2, q = 3.$

$\therefore\ a_n = a_1q^{n-1} = 3^{n-1}$；$b_n = b_1 + (n-1)d = 2n - 1$

（2）$S_n = nb_1 + \frac{n(n-1)}{2}d = n + n(n-1) = n^2$,

把 $a_7 = a_1q^6 = 3^6$ 代入下式，

$a_7 = S_n \Leftrightarrow 3^6 = n^2 \Leftrightarrow (3^3)^2 = n^2$,

$\therefore$ 当 $n = 3^3 = 27$ 时，即有 $a_7 = S_n$.

例 9 （2007.21）本题满分 12 分．

已知 $\{b_n\}$ 是一个等比数列，$b_1 > 0$，公比 $q > 0$，且有 $a_n = \log_2 b_n + \frac{3}{2}n$

（Ⅰ）证明 $\{a_n\}$ 是等差数列，并求它的首项和公差．

（Ⅱ）若 $b_2 = 1,\ b_4 = \frac{1}{16}$，求 $\{a_n\}$ 的前 n 项和 S_n．当 n 取何值时 S_n 最大？最大值等于多少？

解：（Ⅰ）证明：由题意有 $a_1 = \log_2 b_1 + \frac{3}{2}$,

$$a_{n+1} - a_n = \log_2 b_{n+1} + \frac{3}{2}(n+1) - (\log_2 b_n + \frac{3}{2}n)$$

$$= \log_2\frac{b_{n+1}}{b_n} + \frac{3}{2} = \log_2 q + \frac{3}{2}.$$

$a_{n+1} - a_n$ 是与 n 无关的常数项，所以 $\{a_n\}$ 是以 $\log_2 b_1 + \frac{3}{2}$ 为首的以 $\log_2 q + \frac{3}{2}$ 为公差的等差数列．

㉙已知数列 $\{a_n\}$ 为等差数列，$S_{10} = 310, S_{20} = 1220$，则 $a_n =$ ____，$S_n =$ ____．

㉚等差数列 $\{a_n\}$ 中，已知 $a_2 + a_3 + a_{10} + a_{11} = 64$，则 $a_6 + a_7 =$ ____，$S_{12} =$ ____．

㉛等差数列 $\{a_n\}$ 中，$a_1 + a_2 + a_3 = -24$，$a_{18} + a_{19} + a_{20} = 78$，则 $S_{20} =$（　　）

A. 160　B. 180　C. 200　D. 220

失败也是我需要的，它和成功对我一样有价值。——爱迪生

解:(Ⅱ)由已知,$\{b_n\}$是等比数列,$b_2=1$,$b_4=\frac{1}{16}$,

$\therefore b_1q=1$,$b_1q^3=\frac{1}{16}$,

得$q^2=\frac{1}{16}$,因$q>0$,解得$q=\frac{1}{4}$,$b_1=4$,

$$S_n=na_1+\frac{n(n-1)}{2}d$$
$$=\left(\log_2 b_1+\frac{3}{2}\right)n+\frac{n^2-n}{2}\left(\log_2 q+\frac{3}{2}\right)$$
$$=\left(2+\frac{3}{2}\right)n+\frac{n^2-n}{2}\left(-2+\frac{3}{2}\right)=-\frac{1}{4}n^2+\frac{15}{4}n.$$

令$f(x)=-\frac{1}{4}x^2+\frac{15}{4}x$,由二次函数的性质,当$x=\frac{15}{2}=7.5$时,$f(x)$取得最大值,且$y=f(x)$的图象关于直线$x=7.5$对称,所以当$n=7$或8时,$S_n$取到最大值,其最大值为

$$S_8=S_7=-\frac{1}{4}\times 7^2+\frac{15}{4}\times 7=14.$$

例10 已知数列$\{a_n\}$的前n项和为S_n,$S_n=n^2-2n(n\in N^*)$,$b_n=\frac{a_2+a_4+\cdots+a_{2n}}{n}(n\in N^*)$

(1)求数列$\{a_n\}$的通项a_n.

(2)求证:数列$\{b_n\}$是等差数列.

(1)解:当$n\geqslant 2$时,

$a_n=S_n-S_{n-1}=(n^2-2n)-[(n-1)^2-2(n-1)]=2n-3$.

$\because a_1=S_1=-1$满足上式,$\therefore a_n=2n-3(n\in N^*)$.

(2)证明:由(1)得$a_{n+1}-a_n=2(n\in N^*)$,

$\therefore$ 数列$\{a_n\}$是首项为-1,公差为2的等差数列,

$\therefore a_2,a_4,\cdots,a_{2n}$组成首项为1,公差为4的等差数列,

$\therefore a_2+a_4+\cdots+a_{2n}=n\times 1+\frac{n(n-1)}{2}\times 4=2n^2-n$,

$\therefore b_n=2n-1(n\in N^*)$,

$\therefore b_{n+1}-b_n=2(n\in N^*)$,

$\therefore$ 数列$\{b_n\}$是等差数列.

㉜已知等差数列$\{a_n\}$中,满足$a_1+a_2+\cdots+a_{101}=0$,则有( )

A. $a_1+a_{101}>0$

B. $a_2+a_{101}<0$

C. $a_3+a_{99}=0$

D. $a_{51}=-51$

㉝已知等比数列$\{a_n\}$,对于任意正整数n有$a_1+a_2+\cdots+a_n=2^n-1$.则$a_1^{\ 2}+a_2^{\ 2}+\cdots+a_n^{\ 2}$( )

A. $(2^n-1)^2$

B. $\frac{1}{3}(2^n-1)$

C. 4^n-1

D. $\frac{1}{3}(4^n-1)$

㉞设$S_n=1-2+3-4+\cdots+(-1)^{n-1}n$,则$S_{2004}+S_{2005}=$( )

A. 2 B. 1 C. 0 D. -1

㉟数列$\frac{1}{1\times 2},\frac{1}{2\times 3},\frac{1}{3\times 4},\frac{1}{4\times 5},\cdots$的前$n$项和$S_n=$____.

天才是百分之一的灵感加百分之九十九的汗水。——爱迪生

第六章　三角函数及其有关概念

重点提示

三角函数是单招考试的重点，有 24 ~ 30 分，所以我们要重视它.（2010 年、2012 年、2014 年有一道大题和两个小题共 30 分，2015 年、2016 年有四个小题共 24 分）. 本章考生注意以下考点 .

（1）了解任意角的概念，理解象限角和终边相同的角的概念.

（2）理解弧度的概念，会进行弧度与角度的换算.

（3）理解任意角三角函数的概念.

（4）了解三角函数在各象限的符号及特殊角的三角函数值.

一、角的有关概念

（一）任意角

角可以看作是一条射线 OA，绕着它的端点 O 在平面内旋转到位置 OB，就形成一个角 $\alpha = \angle AOB$. 射线的端点 O 叫作角的顶点，旋转开始时的射线 OA 叫作角的始边，终止时的射线 OB 叫作角的终边.

角的形成带有方向性，按逆时针方向旋转形成的角叫作正角，按顺时针方向旋转形成的负角叫作负角.

特别地，当射线没有作任何旋转时，所形成的角叫作零角.

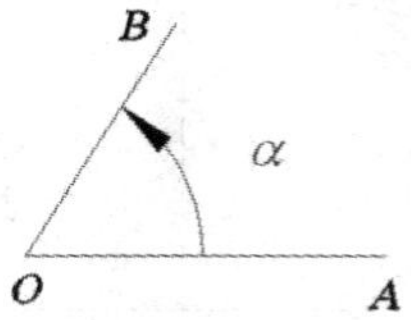

图 6 - 1

（二）象限角

角的顶点与坐标原点重合，角的始边与 x 轴的正半轴重合，终边落在哪个象限内，这个角就属于哪个象限的角.

α 为第 I 象限的角，则 $2k\pi < \alpha < 2k\pi + \frac{\pi}{2}(k \in Z)$；

α 为第 II 象限的角，则 $2k\pi + \frac{\pi}{2} < \alpha < (2k+1)\pi(k \in Z)$；

α 为第 III 象限的角，则 $(2k+1)\pi < \alpha < (2k+1)\pi + \frac{\pi}{2}(k \in Z)$；

互动练习

① $-\frac{\pi}{12}$ 弧度角在第________象限，

$\frac{1}{12}$ 弧度角在第________象限.

② $-22.5^\circ =$ ________弧度，

$315^\circ =$ ________弧度.

③ $\frac{\pi}{12} =$ ________.

$\frac{1}{12}$ 弧度 $=$ ________.

一个人几乎可以在任何他怀有无限热忱的事情上成功。——查尔斯·史考伯

α 为第Ⅳ象限的角，则

$(2k+1)\pi+\frac{\pi}{2}<\alpha<2(k+1)\pi(k\in Z)$.

注：角的终边落在坐标轴上，则此角不属于任何一个象限.

（三）终边相同的角

所有与 α 角的终边相同的角，连同 α 角在内，有无限多个，可以用下式表示：

$$k\cdot 360^\circ+\alpha,\ (k\in Z)$$

于是与 α 角终边相同的角的集合可记作：

$$\{\beta\mid\beta=k\cdot 360^\circ+\alpha, k\in Z\}$$

（四）角的度量

1. 角度制：周角的 $\frac{1}{360}$ 叫作1的角，用度做量角单位.

2. 弧度制：把长度等于半径长的圆弧所对的圆心角叫作1弧度的角，用弧度做量角单位.

我们规定：正角的弧度数为正数，负角的弧度数为负数，零角的弧度数为零，并且有：

$$|\alpha|=\frac{l}{r} \qquad ①$$

其中 α 为已知角的弧度数，l 是以角 α 为圆心角所对的圆弧长，r 为圆的半径.

由①，我们可得计算弧长的公式 $l=|\alpha|r$，可推出下式：

$$扇形面积为 S=\frac{1}{2}lr=\frac{1}{2}r^2|\alpha|$$

3. 角度与弧度之间的换算关系：

$360^\circ=2\pi$ 弧度，$180^\circ=\pi$ 弧度，

$1^\circ=\frac{\pi}{180}$ 弧度 ≈ 0.017453 弧度，

1弧度 $=\left(\frac{180}{\pi}\right)^\circ\approx 57.30^\circ=57^\circ18'$.

4. 某些特殊的角度与弧度之间的对应关系.（表6－1）

表　6－1

度	0°	30°	45°	60°	90°	180°	360°
弧度	0	$\frac{\pi}{6}$	$\frac{\pi}{4}$	$\frac{\pi}{3}$	$\frac{\pi}{2}$	π	2π

注意：$\frac{\pi}{6}$ 表示 $\frac{\pi}{6}$ 弧度，单位弧度常常省略不写.

④半径为15cm的圆上，长为50cm的弧所对的圆心角是________度（取整数）.

⑤设角 $\alpha=-\frac{17}{6}\pi$，则与 α 终边相同的最小正角是________.

⑥半径为 R 的圆弧等于 $\frac{3}{4}R$，则该圆弧所对的圆心角等于____.

深窥自己的心，而后发觉一切的奇迹在你自己。——培根

二、任意角的三角函数

(一)定义.

设 α 是一个任意大小的角,角 α 终边上任意一点 p(除端点外)的坐标是(x, y),它与原点的距离是 r($r^2 = x^2 + y^2, r > 0$)(图6-2),那么角 α 的三个三角函数定义如下.

比值 $\frac{y}{r}$ 叫作 α 的正弦,记作 $\sin\alpha$, 即 $\sin\alpha = \frac{y}{r}$;

比值 $\frac{x}{r}$ 叫作 α 的余弦,记作 $\cos\alpha$, 即 $\cos\alpha = \frac{x}{r}$;

比值 $\frac{y}{x}$ 叫作 α 的正切,记作 $\tan\alpha$, 即 $\tan\alpha = \frac{y}{x}$.

注:以下三公式在单招考试中很少出现:

余切函数 $\cot\alpha = \frac{x}{y}$, 正割函数 $\sec\alpha = \frac{r}{x}$, 余割函数 $\csc\alpha = \frac{r}{y}$.

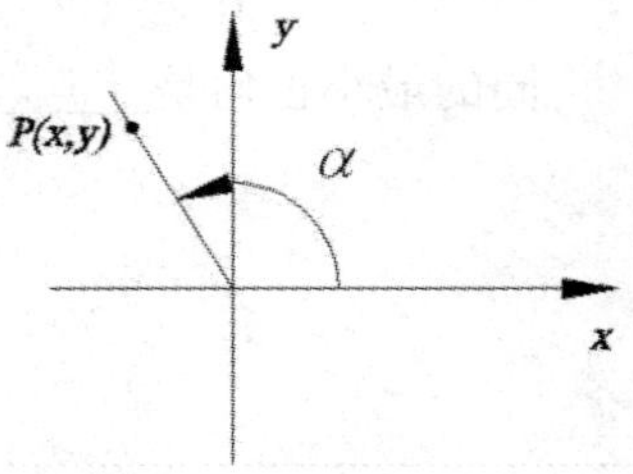

图6-2

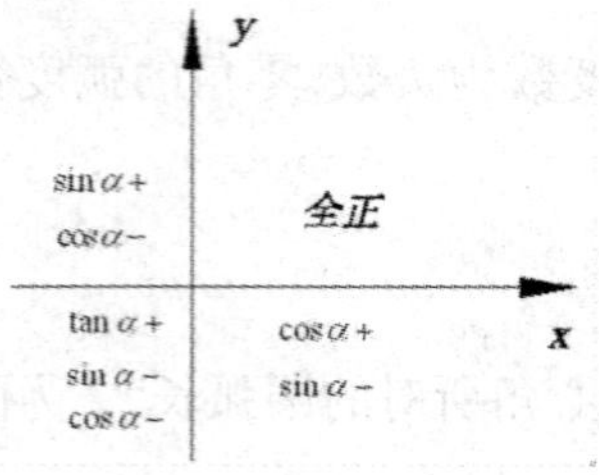

图6-3

(二)任意角的三角函数值的符号(图6-3).

(三)由三角函数定义可知:终边相同的角三角函数值相同.

$\sin(\alpha + 2k\pi) = \sin\alpha (k \in Z)$;

$\cos(\alpha + 2k\pi) = \cos\alpha (k \in Z)$;

$\tan(\alpha + k\pi) = \tan\alpha (k \in Z)$.

(四)正弦余弦正切都是以角为自变量,以比值为函数值的函数,统称三角函数.(表6-2)

表 6-2

函数	定义域	值域
$y = \sin\alpha$	R	$[-1,1]$
$y = \cos\alpha$	R	$[-1,1]$
$y = \tan\alpha$	$\{\alpha \mid \alpha \neq \frac{\pi}{2} + k\pi, k \in Z\}$	R

⑦$\sin\frac{\pi}{6} + \cos\frac{\pi}{6} + \tan\frac{\pi}{6} = ($　　$)$

A. $\frac{3}{2}\sqrt{3}$

B. $\frac{1}{2} + \sqrt{3}$

C. $\frac{1 + 3\sqrt{3}}{2}$

D. $\frac{1}{2} + \frac{5\sqrt{3}}{6}$

⑧设 $\alpha = 2$, 则(　　)

A. $\sin\alpha > 0$ 且 $\cos\alpha > 0$

B. $\sin\alpha < 0$ 且 $\cos\alpha > 0$

C. $\sin\alpha > 0$ 且 $\cos\alpha < 0$

D. $\sin\alpha < 0$ 且 $\cos\alpha < 0$

坚强的信念能赢得强者的心,并使他们变得更坚强。——白哲特

三、特殊角的三角函数值(表 6-3)

表 6-3

	0	$\frac{\pi}{6}$	$\frac{\pi}{4}$	$\frac{\pi}{3}$	$\frac{\pi}{2}$	π	$\frac{3\pi}{2}$	2π
$\sin\alpha$	0	$\frac{1}{2}$	$\frac{\sqrt{2}}{2}$	$\frac{\sqrt{3}}{2}$	1	0	-1	0
$\cos\alpha$	1	$\frac{\sqrt{3}}{2}$	$\frac{\sqrt{2}}{2}$	$\frac{1}{2}$	0	-1	0	1
$\tan\alpha$	0	$\frac{\sqrt{3}}{3}$	1	$\sqrt{3}$	没有	0	没有	0

例题解析

例 1 选择题

(1) -389° 角是(　　)角

A. 第一象限　B. 第二象限　C. 第三象限　D. 第四象限

解:根据终边相同的角 $k\cdot360^\circ+\alpha$, 所以 $-389^\circ+360^\circ=-29^\circ$.

答:D

(2)下面四组角的表示中,具有相同终边的角是(　　)

A. $k\pi+\frac{\pi}{6}$ 与 $2k\pi\pm\frac{\pi}{6}(k\in Z)$　B. $\frac{k\pi}{2}$ 与 $k\pi+\frac{\pi}{2}(k\in Z)$

C. $(2k+1)\pi$ 与 $(4k\pm1)\pi(k\in Z)$　D. $k\pi+\frac{\pi}{3}$ 与 $\frac{k\pi}{3}(k\in Z)$

解:A. $k\pi+\frac{\pi}{6}$ 是第一、三象限, $2k\pi\pm\frac{\pi}{6}$ 是第一、四象限, 终边的角不相同. B、D 代入可知终边的角不相同. C. $(2k+1)\pi$ 终边的角是 π, $(4k\pm1)\pi$ 终边的角是 π, 终边的角相同.

答:C

(3)已知角 α 的终边过点$(-3,4)$,则 $\sin\alpha\cdot\cos\alpha=$(　　)

A. $\frac{12}{25}$　B. $-\frac{12}{25}$　C. $-\frac{3}{25}$　D. $\frac{4}{25}$

解:已知角 α 的终边过点$(-3,4)$,角 α 第二象限, $\sin\alpha=\frac{4}{5}$,

$\cos\alpha=-\frac{3}{5}$, $\sin\alpha\cos\alpha=\frac{4}{5}\times(-\frac{3}{5})=-\frac{12}{25}$.

答:B

⑨已知圆的半径为 1cm,圆心角的度数为 45°,则此圆心角所对的弧长为(　　)

A. $\frac{\pi}{4}$cm

B. 45cm

C. $\frac{\pi}{2}$cm

D. 90cm

⑩比较 cos1,cos2,cos3 的大小________.

⑪下列不等式中成立的是(　　)

A. $\sin(-\frac{\pi}{5})>\sin(-\frac{\pi}{6})$

B. $\cos(-\frac{\pi}{5})>\cos(-\frac{\pi}{6})$

C. $\tan(-\frac{\pi}{5})>\tan(-\frac{\pi}{6})$

D. $\cot(-\frac{\pi}{5})>\cot(-\frac{\pi}{6})$

流水在碰到底处时才会释放活力。——歌德

(4)已知：$\sin\alpha > 0$，$\tan\alpha < 0$ 则 α 是(　　)

A. 第一象限　　B. 第二象限

C. 第三象限　　D. 第四象限

解：$\sin\alpha > 0$ 是第一、二象限，$\tan\alpha < 0$ 是第二、四象限，所以 α 是第二象限角.

答：B

例2　填空题

(1) $\sin\frac{\pi}{3} + \cos\frac{\pi}{3} + \tan\frac{\pi}{3} + \cot\frac{\pi}{3} =$ ________.

解：原式 $= \frac{\sqrt{3}}{2} + \frac{1}{2} + \sqrt{3} + \frac{\sqrt{3}}{3} = \frac{1}{2} + \frac{11\sqrt{3}}{6}$.

(2) $\sin\frac{\pi}{4} + \cos\frac{\pi}{4} + \tan\frac{\pi}{4} =$ ________.

解：原式 $\frac{\sqrt{2}}{2} + \frac{\sqrt{2}}{2} + 1 = \sqrt{2} + 1$.

(3) $\tan\frac{\pi}{6} + \tan\frac{\pi}{4} + \tan\frac{\pi}{3} =$ ________.

解：原式 $\frac{\sqrt{3}}{3} + 1 + \sqrt{3} = 1 + \frac{4\sqrt{3}}{3}$.

注：按以上规律记住特殊角的三角函数值.

(4)已知圆的半径为 R，弧长为 $\frac{4}{5}R$ 的圆弧所对的圆心角等于________.

解：长为 $\frac{4}{5}R$ 的圆弧所对的圆心角 $= \frac{4}{5}$ 弧度 $= \frac{4}{5}\cdot\frac{180^\circ}{\pi} = \frac{144^\circ}{\pi}$.

(5)半径为 24cm 的圆上，长为 50cm 的弧所对的圆心角是________度(取整数).

解：长为 50cm 的圆弧所对的圆心角 $= \frac{25}{12}$ 弧度 $= \frac{25}{12}\cdot\frac{180^\circ}{\pi} = 119^\circ$。

(6)已知圆的半径为 1cm，圆心角的度数为 45°，则此圆心角所对的弧长为________.

解：由已知，$l = |\alpha| r = 45^\circ \times \frac{\pi}{180^\circ} \times 1 = \frac{\pi}{4}$cm.

⑫若 $\alpha \in (\frac{\pi}{4}, \frac{\pi}{2})$，则下列不等式正确的是(　　)

A. $\sin\alpha > \cos\alpha > \tan\alpha$

B. $\cos\alpha > \tan\alpha > \sin\alpha$

C. $\tan\alpha > \sin\alpha > \cos\alpha$

D. $\tan\alpha > \cos\alpha > \sin\alpha$

⑬已知 $\sin\alpha = \frac{2m-5}{m+1}$，$\cos\alpha = -\frac{m}{m+1}$，且 α 为第二象限角，则 m 的取值范围为(　　)

A. $\frac{5}{2} < m < 6$

B. $-6 < m < \frac{5}{2}$

C. $m = 4$

D. $m = 4$ 或 $m = \frac{3}{2}$

⑭$\sin\frac{\pi}{4} + \cos\frac{\pi}{4} + \tan\frac{\pi}{4} =$ (　　)

A. 3

B. $1 + \sqrt{2}$

C. $2\sqrt{2}$

D. $\sqrt{2}$

那脑袋里的智慧，就像打火石里的火花一样，不去打它是不肯出来的。——莎士比亚

例3　已知角 α 的终边经过点 $P(\sqrt{3}a,a)$，其中 $a\neq 0$，求 $\sin\alpha$、$\cos\alpha$、$\tan\alpha$ 的值.

解:由已知得：$r=\sqrt{(\sqrt{3}a)^2+a^2}=2|a|$，根据任意角的三角函数的定义得：

当 $a>0$ 时，$r=2a$，$\sin\alpha=\frac{y}{r}=\frac{a}{2a}=\frac{1}{2}$；

$\cos\alpha=\frac{x}{r}=\frac{\sqrt{3}a}{2a}=\frac{\sqrt{3}}{2}$；$\tan\alpha=\frac{y}{x}=\frac{a}{\sqrt{3}a}=\frac{\sqrt{3}}{3}$.

当 $a<0$ 时，$r=-2a$，$\sin\alpha=\frac{y}{r}=\frac{a}{-2a}=-\frac{1}{2}$；

$\cos\alpha=\frac{x}{r}=\frac{\sqrt{3}a}{-2a}=-\frac{\sqrt{3}}{2}$；$\tan\alpha=\frac{y}{x}=\frac{a}{\sqrt{3}a}=\frac{\sqrt{3}}{3}$.

注:解题时一定要注意 $r>0$.

例4　已知一个扇形的半径为5cm，圆心角为1.4弧度，求这个扇形的面积？

解法一:从平面几何知道，扇形面积

$$S=\frac{n\pi R^2}{360}=\frac{1}{2}\cdot\frac{n\pi}{180}\cdot R^2=\frac{1}{2}\times 1.4\times 5^2=17.5\text{cm}^2.$$

注:扇形面积 $S=\frac{1}{2}\cdot\alpha\cdot R^2=\frac{1}{2}lR$，其中 α 为圆心角的弧度数，l 为圆心角所对弧的长. n 为圆心角角度数.

解法二:根据扇形面积公式，

$$S=\frac{1}{2}\cdot\alpha\cdot R^2=\frac{1}{2}\times 1.4\times 5^2=17.5\text{cm}^2.$$

例5　求某半径为3cm的圆上，120° 的圆心角所在的扇形周长及面积.

解：$120^\circ=\frac{2\pi}{360}\cdot 120^\circ=\frac{2\pi}{3}$，

由弧长公式得它所对的弧长为 $l=|\alpha|\cdot r=\frac{2\pi}{3}\times 3=2\pi$ (cm)，

故 120° 角所在的扇形周长为 $2r+l=2\times 3+2\pi=6+2\pi$ (cm).

又由扇形面积公式知：$S=\frac{1}{2}lr=\frac{1}{2}\times 2\pi\times 3=3\pi(cm^2)$，

所以 120° 圆心角所在扇形周长为 $6+2\pi$ (cm)，面积为 $3\pi\text{cm}^2$.

⑮已知角 α 的终边过点 $P(3,4)$，则 $\tan\alpha+\sin\alpha+\cos\alpha=$ (　　)

A. $\frac{43}{20}$

B. $\frac{23}{20}$

C. $\frac{7}{4}$

D. $\frac{41}{15}$

⑯α 是第二象限的角，其终边上的一点 P 为 $(x,\sqrt{5})$，而且 $\cos\alpha=\frac{\sqrt{2}}{4}x$，则 $\sin\alpha$ 的值为(　　)

A. $-\frac{\sqrt{10}}{4}$

B. $\frac{\sqrt{2}}{4}$

C. $\frac{\sqrt{6}}{4}$

D. $\frac{\sqrt{10}}{4}$

多数人都拥有自己不了解的能力和机会，都有可能做到未曾梦想的事情。——戴尔·卡耐基

例 6 已知点 P 在角 α 的终边上，点 P 的横坐标为 -3，到原点的距离为 $\sqrt{10}$，求角 α 的 $\sin\alpha$、$\cos\alpha$、$\tan\alpha$ 三角函数值.

解：由已知，点 P 的纵坐标 $y=\pm\sqrt{(\sqrt{10})^2-(-3)^2}=\pm1$，

$\therefore\ \sin\alpha=\dfrac{y}{r}=\dfrac{\pm1}{\sqrt{10}}=\pm\dfrac{\sqrt{10}}{10}$；

$\cos\alpha=\dfrac{x}{r}=\dfrac{-3}{\sqrt{10}}=-\dfrac{3\sqrt{10}}{10}$；

$\tan\alpha=\dfrac{y}{x}=\dfrac{\pm1}{-3}=\mp\dfrac{1}{3}$.

⑰$a^2\sin\dfrac{\pi}{2}-b^2\cos\pi+2ab\tan\dfrac{\pi}{4}=$（　　）

A. a^2-b^2

B. a^2+b^2

C. $(a-b)^2$

D. $(a+b)^2$

勿问成功的秘诀为何，且尽全力做你应该做的事吧。——美华纳

第七章 三角函数式的变换

重点提示

本章是体育单招数学重点考试内容(2012 年、2013 年、2014 年有一道大题和两个小题共 30 分;2011 年、2015 年和 2016 年各四个小题共 24 分).

(1)掌握同角三角函数的基本关系式、诱导公式,会用它们进行计算、化简和证明.

(2)掌握二倍角的正弦、余弦、正切的公式,会用它们计算、化简证明.

(3)对公式的正用、逆用、变形应用也要熟练;善于拆角、拼角等;注意倍角的相对性.

(4)熟悉常用的方法与技巧,如切化弦、异名化同名、异角化同角等.

一、同角三角函数的基本关系式

(一)倒数关系:$\tan a \cdot \cot a = 1$.

(二)商数关系:$\tan a = \dfrac{\sin a}{\cos a}$, $\cot a = \dfrac{\cos a}{\sin a}$.

(三)平方关系:$\sin^2 a + \cos^2 a = 1$.

注:以上关系式只有当 a 的值使其两边都有意义时才能成立,以下关系式在单招考试中很少出现:

$\sin a \cdot \csc a = 1, 1 + \cot^2 a = \csc^2 a$;

$\cos a \cdot \sec a = 1, 1 + \tan^2 a = \sec^2 a$.

二、三角函数的诱导公式

(一)诱导公式可列表如表 7-1.

表 7-1

	sin	cos	tan
$-\alpha$	$-\sin\alpha$	$\cos\alpha$	$-\tan\alpha$
$\dfrac{\pi}{2}-\alpha$	$\cos\alpha$	$\sin\alpha$	$\cot\alpha$
$\dfrac{\pi}{2}+\alpha$	$\cos\alpha$	$-\sin\alpha$	$-\cot\alpha$
$\pi-\alpha$	$\sin\alpha$	$-\cos\alpha$	$-\tan\alpha$
$\pi+\alpha$	$-\sin\alpha$	$-\cos\alpha$	$\tan\alpha$
$2\pi-\alpha$	$-\sin\alpha$	$\cos\alpha$	$-\tan\alpha$
$k\cdot 2\pi+\alpha$	$\sin\alpha$	$\cos\alpha$	$\tan\alpha$

互动练习

根据条件求下列值

①已知 $\sin\alpha = -\dfrac{3}{5}(\pi < \alpha < \dfrac{3\pi}{2})$,求 $\cos\alpha$、$\tan\alpha$.

②已知 $\tan\alpha = -\dfrac{5}{12}(\dfrac{\pi}{2} < \alpha < \pi)$,求 $\sin\alpha$、$\cos\alpha$.

③已知 $\cos\alpha = -\dfrac{4}{5}(\dfrac{\pi}{2} < \alpha < \pi)$,求 $\sin2\alpha$、$\cos2\alpha$、$\tan2\alpha$.

苦难有如乌云,远望去但见墨黑一片,然而身临其下时不过是灰色而已。——里希特

注:1. 利用上面的诱导公式,可以把任意角的三角函数化为$0^\circ \sim 90^\circ$间角的三角函数,然后查表求值.

2. 任意负角的三角函数化简,即"负化正,大化小,化到锐角为终了",简记为化正、脱周、变锐.

(二) $k\cdot 2\pi+\alpha\ (k\in Z)$, $-\alpha$, $\pi\pm\alpha$, $2\pi-\alpha$的三角函数值等于α的同名函数值,前面加上一个把α看成锐角时原函数值的符号. 简言之,奇变偶不变,符号看象限. 奇偶指k的值.

(三)角与角之间的关系.

1. α与β终边相同:$\beta=\alpha+2k\pi, k\in \mathbf{Z}$;
2. α与β的终边关于x轴对称:$\alpha+\beta=2k\pi, k\in\mathbf{Z}$;
3. α与β的终边关于y轴对称:$\alpha+\beta=(2k+1)\pi, k\in\mathbf{Z}$;
4. α与β的终边关于原点对称:$\alpha-\beta=(2k+1)\pi, k\in\mathbf{Z}$;
5. α与β的终边共线:$\alpha-\beta=k\pi, k\in\mathbf{Z}$.

三、两角和与两角差的三角函数

(一)两角和与差公式

$\sin(\alpha\pm\beta)=\sin\alpha\cos\beta\pm\cos\alpha\sin\beta$;

$\cos(\alpha\pm\beta)=\cos\alpha\cos\beta\mp\sin\alpha\sin\beta$;

$\tan(\alpha\pm\beta)=\dfrac{\tan\alpha\pm\tan\beta}{1\mp\tan\alpha\tan\beta}$.

注:1. 以上公式可分别简记为$S_{(\alpha\pm\beta)}$、$C_{(\alpha\pm\beta)}$、$T_{(\alpha\pm\beta)}$.

2. 当$\alpha=\beta$时,可得下列各式.

(二)倍角公式

$\sin2\alpha=2\sin\alpha\cos\alpha$;

$\cos2\alpha=\cos^2\alpha-\sin^2\alpha=2\cos^2\alpha-1=1-2\sin^2\alpha$;

$\tan2\alpha=\dfrac{2\tan\alpha}{1-\tan^2\alpha}$.

注:1. 以上公式可分别简记为$S_{2\alpha}$、$C_{2\alpha}$、$T_{2\alpha}$.

2. 以上公式可变形为以下公式:

(1)降次公式:$\sin^2\alpha=\dfrac{1-\cos2\alpha}{2}\Rightarrow\sin^2\dfrac{\alpha}{2}=\dfrac{1-\cos\alpha}{2}$,

$\cos^2\alpha=\dfrac{1+\cos2\alpha}{2}\Rightarrow\cos^2\dfrac{\alpha}{2}=\dfrac{1+\cos\alpha}{2}$.

(2)半角公式:$\sin\dfrac{\alpha}{2}=\pm\sqrt{\dfrac{1-\cos\alpha}{2}}$, $\cos\dfrac{\alpha}{2}=\pm\sqrt{\dfrac{1+\cos\alpha}{2}}$,

$\tan\dfrac{\alpha}{2}=\pm\sqrt{\dfrac{1-\cos\alpha}{1+\cos\alpha}}=\dfrac{1-\cos\alpha}{\sin\alpha}=\dfrac{\sin\alpha}{1+\cos\alpha}$.

④$\sin15^\circ+\cos15^\circ=$ ________.

⑤已知$\sin\theta-\cos\theta=\dfrac{\sqrt{3}}{3}$,则$\sin^3\theta-\cos^3\theta=$ ________.

⑥已知$\tan(\alpha+\beta)=3$, $\tan(\alpha-\beta)=5$,则$\tan2\alpha=$ ____, $\tan2\beta=$ ________.

幸运并非没有恐惧和烦恼;厄运也绝非没有安慰和希望。——培根

(3)万能公式：$\sin\alpha = \dfrac{2\tan\dfrac{\alpha}{2}}{1+\tan^2\dfrac{\alpha}{2}}$，$\cos\alpha = \dfrac{1-\tan^2\dfrac{\alpha}{2}}{1+\tan^2\dfrac{\alpha}{2}}$，

$$\tan\alpha = \frac{2\tan\dfrac{\alpha}{2}}{1-\tan^2\dfrac{\alpha}{2}}.$$

(三)和差化积公式

$\sin\alpha + \sin\beta = 2\sin\dfrac{\alpha+\beta}{2}\cdot\cos\dfrac{\alpha-\beta}{2}$；

$\sin\alpha - \sin\beta = 2\cos\dfrac{\alpha+\beta}{2}\cdot\sin\dfrac{\alpha-\beta}{2}$；

$\cos\alpha + \cos\beta = 2\cos\dfrac{\alpha+\beta}{2}\cdot\cos\dfrac{\alpha-\beta}{2}$；

$\cos\alpha - \cos\beta = -2\sin\dfrac{\alpha+\beta}{2}\cdot\sin\dfrac{\alpha-\beta}{2}$.

(四)积化和差公式

$\sin\alpha\cos\beta = \dfrac{1}{2}[\sin(\alpha+\beta)+\sin(\alpha-\beta)]$；

$\cos\alpha\sin\beta = \dfrac{1}{2}[\sin(\alpha+\beta)-\sin(\alpha-\beta)]$；

$\cos\alpha\cos\beta = \dfrac{1}{2}[\cos(\alpha+\beta)+\cos(\alpha-\beta)]$；

$\sin\alpha\sin\beta = -\dfrac{1}{2}[\cos(\alpha+\beta)-\cos(\alpha-\beta)]$.

例题解析

例 1

(1)已知 $\sin\alpha = \dfrac{3}{5}(\dfrac{\pi}{2} < \alpha < \pi)$，那么 $\tan\alpha$ 的值等于________.

解：由同角三角函数间的平方关系可知，

$$\cos^2\alpha = 1-\sin^2\alpha = 1-(\frac{3}{5})^2 = \frac{16}{25},$$

即 $\cos\alpha = \pm\dfrac{4}{5}$.

因题设中的 α 是第二象限的角，所以取负号，在 $\cos\alpha = -\dfrac{4}{5}$ 中，

由同角三角函数间的商数关系可知，

$$\tan\alpha = \frac{\sin\alpha}{\cos\alpha} = \frac{\dfrac{3}{5}}{-\dfrac{4}{5}} = -\frac{3}{4}.$$

⑦已知 $c \in (0,\dfrac{\pi}{2})$，且 $\cos a = \dfrac{3}{5}$，则 $\sin(a+\dfrac{\pi}{4})$ 的值为(　　)

A. $\dfrac{7}{10}\sqrt{2}$

B. $\dfrac{7}{5}\sqrt{2}$

C. $\sqrt{2}$

D. $\dfrac{1}{5}\sqrt{2}$

⑧已知 $\cos\alpha = \dfrac{4}{5}$，$\cos(\alpha+\beta) = \dfrac{3}{5}$，$\alpha,\beta$ 均为锐角，则 $\sin\beta =$ ________.

⑨求值 $\tan70^\circ + \tan50^\circ - \sqrt{3}\tan70^\circ\cdot\tan50^\circ =$ ________.

不幸可能成为通向幸福的桥梁。——日本谚语

(2)已知 $\cos\alpha = -\frac{4}{5}(\frac{\pi}{2} < \alpha < \pi)$，则 $\sin(\alpha + \frac{\pi}{3})$ 等于(　　)

A. $\frac{-3-4\sqrt{3}}{10}$　B. $\frac{3-4\sqrt{3}}{10}$　C. $\frac{-3+4\sqrt{3}}{10}$　D. $\frac{3+4\sqrt{3}}{10}$

解:由已知 $\cos\alpha = -\frac{4}{5}(\frac{\pi}{2} < \alpha < \pi)$，可知

$$\sin\alpha = \sqrt{1-(-\frac{4}{5})^2} = \frac{3}{5},$$

$$\therefore \sin(\alpha + \frac{\pi}{3}) = \sin\alpha\cos\frac{\pi}{3} + \cos\alpha\sin\frac{\pi}{3}$$

$$= \frac{3}{5}\cdot\frac{1}{2} + (-\frac{4}{5})\cdot\frac{\sqrt{3}}{2} = \frac{3-4\sqrt{3}}{10}.$$

答:B

(3)已知 $\tan x = \sqrt{5}$，则 $\frac{2}{3-4\sin^2 x}$ 等于(　　)

A. 6　B. $\frac{1}{6}$　C. -6　D. $-\frac{1}{6}$

解:原式 $= \frac{2\sin^2 x + 2\cos^2 x}{-\sin^2 x + 3\cos^2 x} = \frac{2\tan^2 x + 2}{3 - \tan^2 x} = \frac{2\times 5 + 2}{3 - 5} = -6.$

答:C

(4)已知 $\sin x\cdot\sqrt{\sin^2 x} + \cos x\cdot\sqrt{\cos^2 x} = -1$，则 x 所在的象限是(　　)

A. 第一象限　　B. 第二象限

C. 第三象限　　D. 第四象限.

解:由同角三角函数间的平方关系可知，

$$\sin^2 x + \cos^2 x = 1,$$

所以 $-(\sin^2 x + \cos^2 x) = -1.$

由 $\sin x\cdot\sqrt{\sin^2 x} + \cos x\cdot\sqrt{\cos^2 x} = \sin x\cdot|\sin x| + \cos x\cdot|\cos x|$

$= \sin x\cdot(\pm\sin x) + \cos x\cdot(\pm\cos x)$，

当 $\sin x$、$\cos x$ 都取负号时，得

$-\sin^2 x - \cos^2 x = -(\sin^2 x + \cos^2 x) = -1$.

答:C

(5)已知 $\tan x = 2$，求 $\frac{\cos x + \sin x}{\cos x - \sin x}$ 的值.

解:由已知，方程各式同除 $\cos x$，得

$$\frac{\cos x + \sin x}{\cos x - \sin x} = \frac{1+\tan x}{1-\tan x} = \frac{1+2}{1-2} = -3.$$

⑩若 $\alpha + \beta = \frac{\pi}{4}$，则 $(1+\tan\alpha)(1+\tan\beta)$ 的值为(　　)

A. -2　B. -1　C. 1　D. 2

⑪$\frac{1+\tan 15°}{1-\tan 15°} =$ (　　)

A. 1

B. $\sqrt{3}$

C. $\frac{\sqrt{3}}{3}$

D. $-\frac{\sqrt{3}}{3}$

⑫已知 $\tan\alpha$ 和 $\tan\beta$ 是方程 $2x^2 - 3x - 8 = 0$ 的两个根，则 $\tan(\alpha+\beta) =$ ________.

苦难磨炼一些人，也毁灭另一些人。——富勒

(6)(2009.8) $\dfrac{3\tan105^\circ}{1-\tan^2 75^\circ}=$ (　　)

A. $\dfrac{\sqrt{3}}{2}$　B. $-\dfrac{\sqrt{3}}{2}$　C. $\dfrac{\sqrt{3}}{6}$　D. $-\dfrac{\sqrt{3}}{6}$.

解: $\dfrac{3\tan105^\circ}{1-\tan^2 75^\circ}=\dfrac{3}{2}\times\dfrac{2\tan105^\circ}{1-\tan^2 75^\circ}=-\dfrac{3}{2}\times\dfrac{2\tan75^\circ}{1-\tan^2 75^\circ}$

$=-\dfrac{3}{2}\tan150^\circ=\dfrac{3}{2}\tan30^\circ=\dfrac{\sqrt{3}}{2}$.

答:A

例2　已知 $\sin(\dfrac{\pi}{4}-x)=\dfrac{5}{13}$, $0<x<\dfrac{\pi}{4}$, 求 $\dfrac{\cos2x}{\cos(\dfrac{\pi}{4}+x)}$ 的值.

解:∵ $(\dfrac{\pi}{4}-x)+(\dfrac{\pi}{4}+x)=\dfrac{\pi}{2}$, ∴ $\cos(\dfrac{\pi}{4}+x)=\sin(\dfrac{\pi}{4}-x)$,

又 $\cos2x=\sin(\dfrac{\pi}{2}-2x)=\sin2(\dfrac{\pi}{4}-x)=2\sin(\dfrac{\pi}{4}-x)\cos(\dfrac{\pi}{4}-x)$,

∴ $\dfrac{\cos2x}{\cos(\dfrac{\pi}{4}+x)}=2\cos(\dfrac{\pi}{4}-x)=2\times\dfrac{12}{13}=\dfrac{24}{13}$.

注:本题关键是找到角之间的关系: $(\dfrac{\pi}{4}-x)+(\dfrac{\pi}{4}+x)=\dfrac{\pi}{2}$

及 $\dfrac{\pi}{2}-2x=2(\dfrac{\pi}{4}-x)$.

例3　若 $\sin x\cos x=\dfrac{1}{8}$, $x\in(\dfrac{\pi}{4},\dfrac{\pi}{2})$, 求 $\cos x-\sin x$ 的值.

解: $(\cos x-\sin x)^2=\sin^2 x+\cos^2 x-2\sin x\cos x=1-\dfrac{1}{4}=\dfrac{3}{4}$,

∵ $x\in(\dfrac{\pi}{4},\dfrac{\pi}{2})$, ∴ $\cos x<\sin x$, ∴ $\cos x-\sin x=-\dfrac{\sqrt{3}}{2}$.

例4　已知 $\tan x=2$, (1)求 $\dfrac{2}{3}\sin^2 x+\dfrac{1}{4}\cos^2 x$ 的值;

(2)求 $2\sin^2 x-\sin x\cos x+\cos^2 x$ 的值

解:(1) $\dfrac{2}{3}\sin^2 x+\dfrac{1}{4}\cos^2 x=\dfrac{\dfrac{2}{3}\sin^2 x+\dfrac{1}{4}\cos^2 x}{\sin^2 x+\cos^2 x}=\dfrac{\dfrac{2}{3}\tan^2 x+\dfrac{1}{4}}{\tan^2 x+1}=\dfrac{7}{12}$.

(2) $2\sin^2 x-\sin x\cos x+\cos^2 x=\dfrac{2\sin^2 x-\sin x\cos x+\cos^2 x}{\sin^2 x+\cos^2 x}$

$=\dfrac{2\tan^2 x-\tan x+1}{\tan^2 x+1}=\dfrac{7}{5}$.

注:求值、化简、证明是三角函数中最常见的题型,其解题一般思路为"五遇五想"即:遇切割,想化弦;遇多元,想消元;遇差异,想联系;遇高次,想降次;遇特角,想求值.

⑬若已知 $\sin\theta-\cos\theta=\dfrac{\sqrt{5}}{3}$, 那么 $\sin^3\theta-\cos^3\theta$ 的值为(　　)

A. $\dfrac{\sqrt{5}}{27}$

B. $\dfrac{11}{27}$

C. $\dfrac{11}{27}\sqrt{5}$

D. $\dfrac{25}{17}$

⑭已知 $a<0$, $\cos\theta=\dfrac{a^2+1}{2a}$, 则 $\cos(\theta+\dfrac{\pi}{6})=$ (　　)

A. $-\dfrac{\sqrt{3}}{2}$

B. $-\dfrac{1}{2}$

C. $\dfrac{1}{2}$

D. $\dfrac{\sqrt{3}}{2}$

烈火试真金,逆境试强者。——塞内加

例 5 设 $\cos(\alpha-\frac{\beta}{2})=-\frac{1}{9}$, $\sin(\frac{\alpha}{2}-\beta)=\frac{2}{3}$,

且 $\frac{\pi}{2}<\alpha<\pi, 0<\beta<\frac{\pi}{2}$, 求 $\cos(\alpha+\beta)$.

解:$\because \frac{\pi}{2}<\alpha<\pi, 0<\beta<\frac{\pi}{2}$,

$\therefore \frac{\pi}{4}<\alpha-\frac{\beta}{2}<\pi$, $-\frac{\pi}{4}<\frac{\alpha}{2}-\beta<\frac{\pi}{2}$.

由 $\cos(\alpha-\frac{\beta}{2})=-\frac{1}{9}$, 得 $\sin(\alpha-\frac{\beta}{2})=\frac{4\sqrt{5}}{9}$.

由 $\sin(\frac{\alpha}{2}-\beta)=\frac{2}{3}$, 得 $\cos(\frac{\alpha}{2}-\beta)=\frac{\sqrt{5}}{3}$.

$\therefore \cos\frac{\alpha+\beta}{2}=\cos[(\alpha-\frac{\beta}{2})-(\frac{\alpha}{2}-\beta)]$

$=\cos(\alpha-\frac{\beta}{2})\cos(\frac{\alpha}{2}-\beta)+\sin(\alpha-\frac{\beta}{2})\sin(\frac{\alpha}{2}-\beta)$

$=-\frac{1}{9}\times\frac{\sqrt{5}}{3}+\frac{2}{3}\times\frac{4\sqrt{5}}{9}=\frac{7\sqrt{5}}{27}$.

$\cos(\alpha+\beta)=2\cos^2\frac{\alpha+\beta}{2}-1=2\times(\frac{7\sqrt{5}}{27})^2-1=-\frac{239}{729}$.

注:本题关键是找到 $\frac{\alpha+\beta}{2}=(\alpha-\frac{\beta}{2})-(\frac{\alpha}{2}-\beta)$.

例 6 (2008.21)本题满分 10 分

已知 $\frac{\sin(\alpha+\frac{\pi}{3})}{\sin\alpha}=1$,

(1)求 $\tan\alpha$ 的值.

(2)求 $\frac{2\cos2\alpha+\sin2\alpha}{1-\sin2\alpha}$ 的值.

解析:

(1) $\frac{\sin(\alpha+\frac{\pi}{3})}{\sin\alpha}=\frac{\frac{1}{2}\sin\alpha+\frac{\sqrt{3}}{2}\cos\alpha}{\sin\alpha}=\frac{1}{2}+\frac{\sqrt{3}}{2\tan\alpha}$, 4 分

即 $\frac{1}{2}+\frac{\sqrt{3}}{2\tan\alpha}=1$,

解得 $\tan\alpha=\sqrt{3}$. 7 分

(2) $\frac{2\cos2\alpha+\sin2\alpha}{1-\sin2\alpha}=\frac{2\cos^2\alpha-2\sin^2\alpha+2\sin\alpha\cos\alpha}{\cos^2\alpha+\sin^2\alpha-2\sin\alpha\cos\alpha}$

$=\frac{2-2\tan^2\alpha+2\tan\alpha}{1+\tan^2\alpha-2\tan\alpha}$

$=\frac{-4+2\sqrt{3}}{4-2\sqrt{3}}=-1$. 10 分

⑮ $\frac{1}{\sin10°}-\frac{\sqrt{3}}{\cos10°}=$ (　　)

A. 1　B. 2　C. 4　D. $\frac{1}{4}$

⑯已知 $\sin\left(\frac{\pi}{2}-\alpha\right)=\frac{3}{5}$, 则 $\cos(\pi-2\alpha)=$ (　　)

A. $\frac{7}{25}$

B. $-\frac{7}{25}$

C. $\frac{24}{25}$

D. $-\frac{24}{25}$

人生犹如一本书,愚蠢者草草翻过,聪明人细细阅读。为何如此 . 因为他们只能读它一次。——保罗

例 7　(2006.21)本题满分 12 分

设 α 是第二象限角,且 $\sin\left(\alpha+\frac{\pi}{4}\right)=-\frac{1}{\sqrt{5}}$,

(1)求 $\sin\alpha$ 和 $\cos\alpha$ 的值;(2)求 $\frac{\sin2\alpha+\cos^2\alpha}{3-\cos2\alpha}$ 的值.

解:(1)由题设可得

$$-\frac{1}{\sqrt{5}}=\sin\left(\alpha+\frac{\pi}{4}\right)=\sin\alpha\cos\frac{\pi}{4}+\cos\alpha\sin\frac{\pi}{4}$$

$$=\frac{\sqrt{2}}{2}(\sin\alpha+\cos\alpha)\Leftrightarrow\sin\alpha+\cos\alpha=-\frac{2}{\sqrt{10}}.$$

将上式两端平方,即得

$$\frac{2}{5}=(\sin\alpha+\cos\alpha)^2=\sin^2\alpha+2\sin\alpha\cos\alpha+\cos^2\alpha$$

$$=1+\sin2\alpha\Rightarrow\sin2\alpha=-\frac{3}{5}.$$

由此可得 $(\sin\alpha-\cos\alpha)^2=\sin^2\alpha-2\sin\alpha\cos\alpha+\cos^2\alpha$

$$=1-\sin2\alpha=\frac{8}{5}.$$

因为 α 是第二象限角,从而 $\sin\alpha>0$, $\cos\alpha<0$,于是有

$$\sin\alpha-\cos\alpha=\frac{4}{\sqrt{10}},$$

故可求的 $\sin\alpha=\frac{1}{\sqrt{10}}$, $\cos\alpha=-\frac{3}{\sqrt{10}}$.

(2)为了求出 $\frac{\sin2\alpha+\cos^2\alpha}{3-\cos2\alpha}$ 的值,只需再计算出 $\cos2\alpha$ 的值.

注意 $\cos2\alpha=\cos^2\alpha-\sin^2\alpha=\frac{9}{10}-\frac{1}{10}=\frac{4}{5}$,

代入即得 $\frac{\sin2\alpha+\cos^2\alpha}{3-\cos2\alpha}=\frac{-0.6+0.9}{3-0.8}=\frac{3}{22}$.

例 8　求证:$\frac{\tan\alpha+\tan\beta}{\tan\alpha-\tan\beta}=\frac{\sin(\alpha+\beta)}{\sin(\alpha-\beta)}$

证明一:左边 $=\dfrac{\frac{\sin\alpha}{\cos\alpha}+\frac{\sin\beta}{\cos\beta}}{\frac{\sin\alpha}{\cos\alpha}-\frac{\sin\beta}{\cos\beta}}=\dfrac{\frac{\sin\alpha\cdot\cos\beta+\sin\beta\cdot\cos\alpha}{\cos\alpha\cdot\cos\beta}}{\frac{\sin\alpha\cdot\cos\beta-\sin\beta\cdot\cos\alpha}{\cos\alpha\cdot\cos\beta}}$

$$=\frac{\sin\alpha\cdot\cos\beta+\cos\alpha\cdot\sin\beta}{\sin\alpha\cdot\cos\beta-\cos\alpha\cdot\sin\beta}=\frac{\sin(\alpha+\beta)}{\sin(\alpha-\beta)}=\text{右边}.$$

证明二:右边 $=\frac{\sin\alpha\cdot\cos\beta+\cos\alpha\cdot\sin\beta}{\sin\alpha\cdot\cos\beta-\cos\alpha\cdot\sin\beta}=\frac{\tan\alpha+\tan\beta}{\tan\alpha-\tan\beta}=$ 左边.

⑰已知 $\sin\theta-\cos\theta=\frac{\sqrt{2}}{2}$,那么 $\sin^4\theta+\cos^4\theta=$ (　　)

A. 0　B. $\sqrt{2}$　C. $\frac{7}{8}$　D. 1

⑱已知 $\sin\alpha-\cos\alpha=\frac{1}{3}$, $\alpha\in(0,\pi)$,则 $\sin2\alpha=$ (　　)

A. $-\frac{8}{9}$　B. $\frac{8}{9}$　C. 1　D. -1

过去属于死神,未来属于你自己。——雪莱

例9 求证：$\dfrac{1+\sin2\alpha-\cos2\alpha}{1+\sin2\alpha+\cos2\alpha}=\tan\alpha$.

证明一：由于 $1-\cos2\alpha=2\sin^2\alpha$，$1+\cos2\alpha=2\cos^2\alpha$，所以

$$左边=\frac{2\sin\alpha\cos\alpha+2\sin^2\alpha}{2\sin\alpha\cos\alpha+2\cos^2\alpha}$$

$$=\frac{2\sin\alpha(\cos\alpha+\sin\alpha)}{2\cos\alpha(\sin\alpha+\cos\alpha)}=\frac{\sin\alpha}{\cos\alpha}=\tan\alpha=右边.$$

证明二：$1+\sin2\alpha=\sin^2\alpha+\cos^2\alpha+2\sin\alpha\cos\alpha$

$=(\sin\alpha+\cos\alpha)^2$

$\cos2\alpha=\cos^2\alpha-\sin^2\alpha=(\cos\alpha-\sin\alpha)(\cos\alpha+\sin\alpha)$，

$$左边=\frac{(\sin\alpha+\cos\alpha)^2-(\cos\alpha-\sin\alpha)(\cos\alpha+\sin\alpha)}{(\sin\alpha+\cos\alpha)^2+(\cos\alpha-\sin\alpha)(\cos\alpha+\sin\alpha)}$$

$$=\frac{(\sin\alpha+\cos\alpha)(\sin\alpha+\cos\alpha-\cos\alpha+\sin\alpha)}{(\sin\alpha+\cos\alpha)(\sin\alpha+\cos\alpha+\cos\alpha-\sin\alpha)}$$

$$=\frac{2\sin\alpha}{2\cos\alpha}=\tan\alpha.$$

例10 设 $\tan A=\dfrac{\sin\alpha-\cos\alpha}{\sin\alpha+\cos\alpha}$，且 $0<A<\dfrac{\pi}{2}$，求证：

$\sqrt{2}\sin A=|\sin\alpha-\cos\alpha|$.

证明：由已知可得 $\dfrac{\sin^2A}{\cos^2A}=\dfrac{(\sin\alpha-\cos\alpha)^2}{(\sin\alpha+\cos\alpha)^2}=\dfrac{1-\sin2\alpha}{1+\sin2\alpha}$，

即 $\dfrac{\sin^2A}{\sin^2A+\cos^2A}=\dfrac{1-\sin2\alpha}{2}$（合比定理），

所以 $2\sin^2A=(\sin\alpha-\cos\alpha)^2$.

因为 $0<A<\dfrac{\pi}{2}$，

所以 $\sqrt{2}\sin A=|\sin\alpha-\cos\alpha|$.

例11 已知 $\tan\dfrac{\alpha}{2}=3$，则 $\dfrac{\sin\alpha+2\cos\alpha}{2\sin\alpha+\cos\alpha}=$（　　）.

A. $\dfrac{5}{2}$　　B. $-\dfrac{5}{2}$　　C. 5　　D. -5

解：由正切的二倍角公式得 $\tan\alpha=\dfrac{2\tan\dfrac{\alpha}{2}}{1-\tan^2\dfrac{\alpha}{2}}=\dfrac{6}{-8}=-\dfrac{3}{4}$，

$$\therefore\ \frac{\sin\alpha+2\cos\alpha}{2\sin\alpha+\cos\alpha}=\frac{\dfrac{\sin\alpha+2\cos\alpha}{\cos\alpha}}{\dfrac{2\sin\alpha+\cos\alpha}{\cos\alpha}}=\frac{\tan\alpha+2}{2\tan\alpha+1}=\frac{-\dfrac{3}{4}+2}{2\times(-\dfrac{3}{4})+1}=-\frac{5}{2}.$$

答：B

⑲若 $\sin\theta+\cos\theta=\dfrac{1}{5}$，$\theta\in(0,\pi)$，则 $\tan\theta=$（　　）

A. $\pm\dfrac{4}{3}$　　B. $\pm\dfrac{3}{4}$

C. $-\dfrac{4}{3}$　　D. $\dfrac{4}{3}$

⑳已知 $\lg\sin\theta=a$，$\lg\cos\theta=b$，在 $\sin2\theta=$（　　）

A. $-\dfrac{a+b}{2}$

B. $2(a+b)$

C. $10^{\frac{a+b}{2}}$

D. $2\times10^{a+b}$

不要慨叹生活的痛苦！慨叹是弱者。——高尔基

第八章　三角函数的图象和性质

重点提示

本章内容是单招考试的必考内容. 每年两小题题共 12 分. 考生注意以下考点.

(1)会用函数的性质(定义域、值域、周期性、奇偶性和单调性)解决有关问题.

(2)了解函数 $y = A\sin(\omega x + \varphi)$ 与 $y = \sin x$ 的图象之间的关系，会画出它们的简图.

(3)了解三角函数的图象与性质是解决周期、最值、单调区间等问题的常用方法.

(4)会由已知三角函数值求角,并会用符号 $\arcsin x$ 、$\arccos x$ 、$\arctan x$ 表示.

一、正弦函数、余弦函数、正切函数的图象(图 8－1)

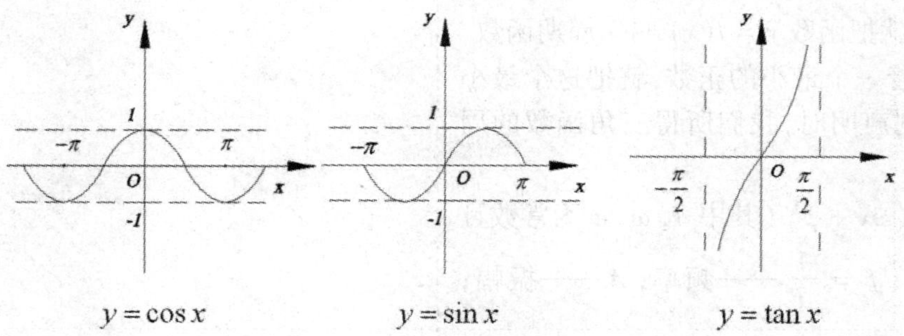

图　8－1

二、正弦函数和余弦函数图象的画法

在坐标轴上,我们可以把正弦函数 $y = \sin x$, $x \in [0,2\pi]$ 的图象中的五个点：

$$(0,0)\ (\frac{\pi}{2},1)\ (\pi,0)\ (\frac{3\pi}{2},-1)\ (2\pi,0)$$

描出后,其形状就基本确定了,再用光滑曲线将它们连结起来,从而得到正弦函数在这个区间的简图,也可以用这种“五点法”画余弦函数 $y = \cos x$, $x \in [0,2\pi]$的简图,及函数 $y = A\sin(\omega x+\varphi)$ $(A>0, \omega>0)$ 的简图.

互动练习

①函数 $y = \sin^2 2x - \cos^2 2x$ 的周期为______，最大值为________.

②函数 $y = 1 - 2\cos^2 x$ 的最小正周期为________.

③函数 $y = 2\sin(2x + \frac{\pi}{3})$ 的周期为________；最小值为____；最大值为________；单调增区间________.

不应当急于求成,应当去熟悉自己的研究对象,锲而不舍,时间会成全一切。凡事开始最难,然而更难的是何以善终。——莎士比亚

三、正弦函数、余弦函数、正切函数的性质(表 8－1)

表 8－1

	$y=\sin x$	$y=\cos x$	$y=\tan x$
定义域	R	R	$\{x\mid x\neq k\pi+\frac{\pi}{2},k\in Z\}$
值域	$[-1,1]$最大值为 1,最小值为 -1	$[-1,1]$最大值为 1,最小值为 -1	R 函数无最大值、最小值
周期性	周期 2π	周期 2π	周期 π
奇偶性	奇函数	偶函数	奇函数
单调性	$(-\frac{\pi}{2}+2k\pi,\frac{\pi}{2}+2k\pi)$上都是增函数,在$(\frac{\pi}{2}+2k\pi,\frac{3\pi}{2}+2k\pi)$上都是减函数$(k\in Z)$	在$[(2k-1)\pi,2k\pi]$上都是增函数$[2k\pi,(2k+1)\pi]$上都是减函数$(k\in Z)$	在$(-\frac{\pi}{2}+k\pi,\frac{\pi}{2}+k\pi)$内上都是增函数$(k\in Z)$

说明:如果存在一个不为零的常数 T,使函数 $y=f(x)$ 当 x 取定义域内的每一个值时,$f(x+T)=f(x)$ 都成立,就把函数 $y=f(x)$ 叫作周期函数.如果在一个周期函数的所有周期中存在着一个最小的正数,就把这个最小的正数叫作最小正周期.通常在没有特别声明时,我们所得三角函数的周期就是指它的最小正周期.

函数 $y=A\sin(\omega x+\varphi)$ 或 $y=A\cos(\omega x+\varphi)$(其中 A,ω,φ 为常数且 $A\neq0,\omega>0,x\in R$)的周期 $T=\frac{2\pi}{\omega}$;$f=\frac{1}{T}$——频率;A——振幅;$\omega x+\varphi$——相位;φ——初相.

例题解析

例 1 选择题

(1)已知 $\sin x$ 是减函数,$\cos x$ 也是减函数,则 x 是在(　　)

A. 第一象限　　B. 第二象限

C. 第三象限　　D. 第四象限

解:我们知道,$\sin x$ 在 $[\frac{\pi}{2}+2k\pi,\frac{3\pi}{2}+2k\pi](k\in Z)$ 上是减函数,

$\cos x$ 在 $[2k\pi,(2k+1)\pi](k\in Z)$ 上是减函数.

由此可知,满足条件的区间是 $[2k\pi+\frac{\pi}{2},2k\pi+\pi](k\in Z)$.

答:B

④将函数 $y=\sin x$ 的图象向左平移 $\frac{\pi}{3}$,所得函数的解析式是________.

⑤函数 $\sin x=-\frac{1}{3}$ 的反正弦是________.

⑥函数 $\cos x=\frac{3}{5}$ 的反正弦是________.

如烟往事俱忘却,心底无私天地宽。——陶铸

(2)(2009.2)函数 $y = \cos(x - \frac{\pi}{4})$ (　　)

A. 在 $(-\frac{\pi}{4},\frac{3\pi}{4})$ 上是增函数　　B. 在 $(-\frac{3\pi}{4},\frac{\pi}{4})$ 上是增函数

C. 在 $(-\frac{\pi}{4},\frac{3\pi}{4})$ 上是减函数　　D. 在 $(-\frac{3\pi}{4},\frac{\pi}{4})$ 上是减函数

解：$\cos x$ 的增函数区间是在 $(-\pi,0)$ 上，$\therefore -\pi \leqslant x - \frac{\pi}{4} \leqslant 0$，

解得在 $(-\frac{3\pi}{4},\frac{\pi}{4})$ 上是增函数.

答：B

(3)函数 $y = 2\sin(\frac{\pi}{4} - x)$ 的一个单调增区间是(　　)

A. $[-\frac{\pi}{2},\frac{\pi}{2}]$　　B. $[-\frac{\pi}{4},\frac{3\pi}{4}]$

C. $[-\frac{5\pi}{4},-\frac{\pi}{4}]$　　D. $[-\frac{3\pi}{4},\frac{\pi}{4}]$

解：由已知，$y = 2\sin(\frac{\pi}{4} - x) = -2\sin(x - \frac{\pi}{4})$

的单调增区间 $[-\frac{3\pi}{2},-\frac{\pi}{2}]$，

$\therefore -\frac{3\pi}{2} \leqslant x - \frac{\pi}{4} \leqslant -\frac{\pi}{2} \Rightarrow -\frac{5\pi}{4} \leqslant x \leqslant -\frac{\pi}{4}$

答：C

注：以上各题可以根据 $\sin x$ 和 $\cos x$ 的单调性分析判断选择的，也可画出 $\sin x$ 和 $\cos x$ 的简图，从图象上直观地进行判断选择.(图 8－2)

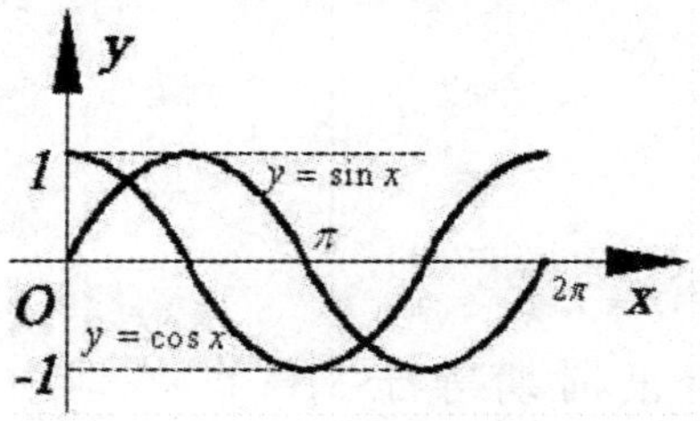

图 8－2

(4)(2006.5)函数 $y = \sin^4 x - \cos^4 x$ 是(　　)

A. 最小正周期为 π 的奇函数　　B. 最小正周期为 π 的偶函数

C. 最小正周期为 2π 的奇函数　　D. 最小正周期为 2π 的偶函数

解：$y = \sin^4 x - \cos^4 x = (\sin^2 x + \cos^2 x)(\sin^2 x - \cos^2 x) = \sin^2 x - \cos^2 x$

$= -(\cos^2 x - \sin^2 x) = -\cos 2x$，$\therefore$ 周期是 $\frac{2\pi}{2} = \pi$.

答：B

⑦函数 $y = \cos^4 3x - \sin^4 3x$ 的最小正周期为________.

⑧下列选项中正确的是(　　)

A. $y = x + \cos x$ 是偶函数

B. $y = x + \cos x$ 是奇函数

C. $y = |x| + \cos x$ 是偶函数

D. $y = |x| + \cos x$ 是奇函数

⑨下列函数为奇函数的是(　　)

A. $y = \sin(x + \frac{\pi}{2})$

B. $y = \sin^2 x$

C. $y = \cos^3 x$

D. $y = \cos x \tan x$

生活真像这杯浓酒，不经三番五次地提炼呵，就不会这样可口！——郭小川

(5)函数 $y = \sin^2(2x)$ 的最小正周期是(　　)

A. $\frac{\pi}{4}$　　B. $\frac{\pi}{2}$　　C. π　　D. 2π

解: $y = \sin^2(2x) = -\frac{1}{2}(1 - 2\sin^2(2x)) + \frac{1}{2} = -\frac{1}{2}\cos 4x + \frac{1}{2}$,

可知周期是 $\frac{2\pi}{4} = \frac{\pi}{2}$, 所以是最小正周期为 $\frac{\pi}{2}$.

答:B

(6)函数 $y = \sin x\cos x$ 是(　　)

A. 偶函数　　B. 奇函数

C. 非奇非偶函数　　D. 既是奇函数,又是偶函数.

解: $y = \sin x\cos x = \frac{1}{2} \times 2\sin x\cos x = \frac{1}{2}\sin 2x$, 可知周期是 $\frac{2\pi}{2} = \pi$,

所以是最小正周期为 π 的奇函数.

答:B

注:求三角函数的周期时,一般应将函数化成 $y = A\sin(\omega x + \varphi)$ 型,然后再利用公式 $T = \frac{2\pi}{\omega}$ 求解.

例2　填空题

(1)函数 $y = 2 - 3\sin x$, 当 $x =$ ________ 时, y 有最大值,它的值是 ________.

解: $y = \sin x$ 的值域是 $-1 \leqslant \sin x \leqslant 1 \Rightarrow 1 \geqslant -\sin x \geqslant -1$,

$-3 \leqslant -3\sin x \leqslant 3 \Rightarrow -1 \leqslant 2 - 3\sin x \leqslant 5$, y 的最大值是5,

∴ 当 $x = -\frac{\pi}{2} + 2k\pi (k \in Z)$ 时, y 有最大值.

(2)使 $\sin x = 2a - 5$ 有意义的 a 的范围是 ________.

解:为使 $\sin x = 2a - 5$ 有意义,只需 $-1 \leqslant 2a - 5 \leqslant 1$,

解这个不等式,得 $2 \leqslant a \leqslant 3$.

答: $2 \leqslant a \leqslant 3$

(3)函数 $y = \sin x\cos x + \sqrt{3}\cos^2 x - \frac{\sqrt{3}}{2}$ 的最小正周期等于 ________.

解: $y = \sin x\cos x + \sqrt{3}\cos^2 x - \frac{\sqrt{3}}{2} = \frac{1}{2} \times 2\sin x\cos x + \frac{\sqrt{3}}{2}(2\cos^2 x - 1)$

$= \frac{1}{2}\sin 2x + \frac{\sqrt{3}}{2}\cos 2x = \sin 2x \cdot \cos\frac{\pi}{3} + \cos 2x \cdot \sin\frac{\pi}{3}$

$= \sin(2x + \frac{\pi}{3})$

$T = \frac{2\pi}{2} = \pi$.

答: π

⑩下列函数中,奇函数是(　　)

A. $y = \cos x$

B. $y = x^3 + x$

C. $y = \sin x + \cos x$

D. $y = \frac{1}{x^2}$

⑪函数 $y = \tan(3x + \frac{\pi}{4})$ 的最小正周期为 ________.

⑫函数 $y = \sin^2(2x + \frac{\pi}{3})$ 的最小正周期为 ________.

人生的价值,即以其人对于当代所做的工作为尺度。——徐玮

(4)已知集合 $M=\{x\mid \sin x>\cos x,0<x<\pi\}$，$N=\{x\mid \sin 2x>\cos 2x,0<x<\pi\}$，则 $M\cap N$ ________.

解：$M=\{x\mid \sin x>\cos x,0<x<\pi\}\Rightarrow\{x\mid \frac{\pi}{4}<x<\pi\}$，

$N=\{x\mid \sin 2x>\cos 2x,0<x<\pi\}\Rightarrow\{x\mid \frac{\pi}{8}<x<\frac{5\pi}{8}\}$，

$\therefore M\cap N=\{x\mid \frac{\pi}{4}<x<\frac{5\pi}{8}\}$.

例3　最大值与最小值

(1) $y=\frac{\cos x}{\cos x+2}$ 的最大值为 ________，最小值为 ________.

解：$y=\frac{\cos x}{\cos x+2}=\frac{\cos x+2-2}{\cos x+2}=1-\frac{2}{\cos x+2}$.

$\because$ $\cos x$ 的最大值为 1，最小值为 -1，

$\therefore$ y 的最大值为 $1-\frac{2}{1+2}=\frac{1}{3}$，

最小值为 $1-\frac{2}{-1+2}=-1$.

答：$\frac{1}{3}$，-1

(2)函数 $y=\sin x+\cos x+2$ 的最小值是(　　)

A. $2-\sqrt{2}$　　B. $2+\sqrt{2}$　　C. 0　　D. 1

解：$y=\sin x+\cos x+2=\sqrt{2}\sin(x+\frac{\pi}{4})+2$

$=\sqrt{2}\times(-1)+2=2-\sqrt{2}$.

$\because \sin(x+\frac{\pi}{4})$ 的最小值是 -1.

$\therefore$ 最小值是 $2-\sqrt{2}$.

答：A

(3) $\tan 70^\circ+\tan 50^\circ-\sqrt{3}\tan 70^\circ\tan 50^\circ$ 的值是(　　)

A. $\sqrt{3}$　　B. $\frac{\sqrt{3}}{3}$　　C. $-\frac{\sqrt{3}}{3}$　　D. $-\sqrt{3}$

解：$\tan 120^\circ=\tan(70^\circ+50^\circ)=\frac{\tan 70^\circ+\tan 50^\circ}{1-\tan 70^\circ\tan 50^\circ}=-\sqrt{3}$，

所以 $\tan 70^\circ+\tan 50^\circ=-\sqrt{3}+\sqrt{3}\tan 70^\circ\tan 50^\circ$.

答：D

⑬函数 $y=3\sin(2x+\frac{\pi}{6})$ 的图象与 y 轴距离最近的一条对称轴的方程是________.

⑭函数 $y=\cos 2x+\sqrt{x^2+1}$ 是(　　)

A. 奇函数

B. 既是奇函数又是偶函数

C. 偶函数

D. 既不是奇函数又不是偶函数

富贵不淫贫贱乐，男儿到此是豪雄。——程颢

(4)函数 $y = \sqrt{3}\cos x - \sin x$ 的最大值是(　　)

A. 0　　B. -1　　C. 2　　D. 1

解:因为 $\cos\frac{\pi}{6} = \frac{\sqrt{3}}{2}$, $\sin\frac{\pi}{6} = \frac{1}{2}$,

所以 $y = \sqrt{3}\cos x - \sin x = 2(\frac{\sqrt{3}}{2}\cos x - \frac{1}{2}\sin x)$

$= 2\cos(x + \frac{\pi}{6})$, 所以最大值是 2 .

答:C

例 4　历届真题

(1)(2008.7)已知函数 $f(x) = \sin(2x + \varphi)$, $f\left(\frac{\pi}{2}\right) = \frac{\sqrt{2}}{2}$, 则 $f(\pi) =$ (　　)

A. 0　　B. 1　　C. $\frac{\sqrt{2}}{2}$　　D. $-\frac{\sqrt{2}}{2}$.

解: $f\left(\frac{\pi}{2}\right) = \sin\left(2 \times \frac{\pi}{2} + \varphi\right) = \sin(\pi + \varphi) = -\sin\varphi = \frac{\sqrt{2}}{2}$,

所以 $\varphi = -\frac{\pi}{4}$, $f(\pi) = \sin\left(2\pi - \frac{\pi}{4}\right) = \sin(-\frac{\pi}{4}) = -\frac{\sqrt{2}}{2}$.

答:D

(2)(2007.2)已知 α 是第四象限的角,且 $\sin(\pi - \alpha) = -\frac{\sqrt{3}}{2}$, 则 $\cos(\pi + \alpha) =$ (　　)

A. $-\frac{1}{2}$　　B. $\frac{1}{2}$　　C. $-\frac{\sqrt{2}}{2}$　　D. $\frac{\sqrt{2}}{2}$

解:由已知, α 是第四象限角, $\therefore\ \alpha \in [-\frac{\pi}{2}, 0]$,

$\sin(\pi - \alpha) = \sin\alpha = -\frac{\sqrt{3}}{2}$, $\alpha = -\frac{\pi}{3}$,

$\cos(\pi + \alpha) = -\cos\alpha = -\cos(-\frac{\pi}{3}) = -\cos\frac{\pi}{3} = -\frac{1}{2}$.

答:A

⑮函数 $y = \cos 2x + 3\sin x$ 的最小值与最大值分别是(　　)

A. -4, 4

B. $\frac{17}{8}$, 4

C. -4, $\frac{17}{8}$

D. $-\frac{17}{8}$, $\frac{17}{8}$

⑯当 $x \neq \frac{k\pi}{2}(k \in Z)$ 时, $\frac{\sin x + \tan x}{\cos x + \cot x}$ 的值是(　　)

A. 恒正

B. 恒负

C. 非负

D. 无法确定

逆境给人宝贵的磨炼机会。只有经得起环境考验的人,才能算是真正的强者。自古以来的伟人,大多是抱着不屈不挠的精神,从逆境中挣扎奋斗过来的。——松下幸之助

(3)(2007.9)已知 $\omega>0,\varphi\in(-\frac{\pi}{2},\frac{\pi}{2})$. 如果函数 $y=\sin(\omega x+\varphi)$ 的最小正周期是 π，且其图象关于直线 $x=\frac{\pi}{12}$ 对称,则取到函数最小值的自变量是________.

解: $T=\frac{2\pi}{\omega}=\pi,\omega=2$，推出 $2\times\frac{\pi}{12}+\varphi=\frac{\pi}{2}+k\pi$.

因为 $\varphi\in(-\frac{\pi}{2},\frac{\pi}{2})$，所以 $\varphi=\frac{\pi}{3}$，函数取最小值，

则 $2x+\frac{\pi}{3}=-\frac{\pi}{2}+2k\pi,k\in Z,x=-\frac{5}{12}\pi+k\pi,k\in Z$.

(4)(2009.9)函数 $y=2\sin^2x-3\sin x+1$ 的最小值是(　　)

A. $-\frac{1}{8}$　　B. $-\frac{1}{4}$　　C. 0　　D. 1

解: $y=2\sin^2x-3\sin x+1$ 设 $\sin x=t,t\in[-1,1]$

可以写成 $y=2t^2-3t+1,(t=\sin x)$

$y=2t^2-3t+1=2(t-\frac{3}{4})^2-\frac{1}{8}$,

所以当 $t=\frac{3}{4}$ 时有最小值,最小值为 $-\frac{1}{8}$.

答:A

(5)(2008.3)函数 $y=f(x)$ 的图象由 $y=\sin x$ 得图象向右平移 $\frac{\pi}{4}$ 单位得,则 $f(x)=$(　　)

A. $\sin(x+\frac{\pi}{4})$　　B. $\sin(x-\frac{\pi}{4})$

C. $\frac{\pi}{4}+\sin x$　　D. $-\frac{\pi}{4}+\sin x$.

解:平移是对 x 的改变,左加右减.

答:B

(6)(2009.8)已知 $\alpha\in\left(\frac{\pi}{2},\pi\right)$，$\sin\alpha=\frac{3}{5}$，则 $\tan\left(\alpha+\frac{\pi}{4}\right)$ 等于(　　).

A. $-\frac{1}{7}$　　B. -7　　C. $\frac{1}{7}$　　D. 7.

解: $\alpha\in\left(\frac{\pi}{2},\pi\right)$，$\sin\alpha=\frac{3}{5},\cos\alpha=-\sqrt{1-\sin^2x}=-\frac{4}{5}$,

所以 $\tan(\alpha+\frac{\pi}{4})=\dfrac{\tan\alpha+\tan\frac{\pi}{4}}{1-\tan\alpha\tan\frac{\pi}{4}}=\frac{1}{7}$.

答:C

⑰$y=\dfrac{\sin x+\cos x}{\cos x-\sin x}$ 的最小正周期是(　　)

A. 2π　　B. π

C. -2π　　D. $-\pi$

⑱函数 $y=3-(\cos x-\frac{1}{2})^2$ 的最大值是(　　)

A. 3　B. 0　C. $\frac{3}{4}$　D. 2

路是脚踏出来的,历史是人写出来的。人的每一步行动都在书写自己的历史。——吉鸿昌

例5 下面给出的函数中,以 π 为周期的偶函数是(　　)

A. $y = \sin 2x$　　B. $y = \sin x \cdot \cos x$

C. $y = \sin|x|$　　D. $y = |\sin x|$

解:由已知,要符合偶函数定义 $f(-x) = f(x)$,且以 π 为周期的函数,以上各式的简图如图 8-3 所示.

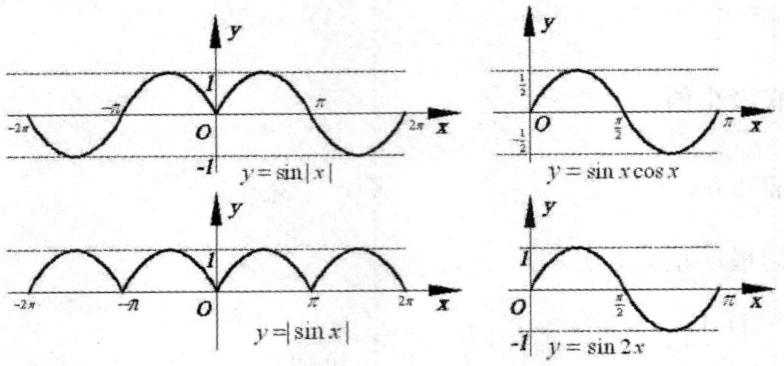

图8-3

$y=\sin 2x$. 以 π 为周期的奇函数;

$y = \sin x \cdot \cos x = \frac{1}{2}\sin 2x$, 以 π 为周期的奇函数;

$y = \sin|x|$ 是非周期的偶函数;

$y = |\sin x|$ 是以 π 为周期的偶函数. ∴ D 符合.

答:D

注:可以根据以上函数的图象,判断函数的周期及其奇偶函数.

例6 (2007.13)已知 $\alpha \in (-\frac{\pi}{2}, \frac{\pi}{2})$, 函数 $y = \sin(x+\alpha) + \cos(x-\alpha)$ $(x \in R)$ 为偶函数,则 $\alpha =$ ________.

解:由已知,$f(-x) = f(x)$, $f(-x) = \sin(-x+\alpha) + \cos(-x-\alpha)$

$= \cos(x+\alpha) - \sin(x-\alpha)$

$= \cos x\cos\alpha - \sin x\sin\alpha - \sin x\cos\alpha + \cos x\sin\alpha$. ①

即 $\sin(x+\alpha) + \cos(x-\alpha)$

$= \sin x\cos\alpha + \cos x\sin\alpha + \cos x\cos\alpha + \sin x\sin\alpha$. ②

由已知 $f(-x) = f(x)$, 可知① = ②,得下式

$-\sin x\sin\alpha - \sin x\cos\alpha = \sin x\sin\alpha + \sin x\cos\alpha$. ③

③推出 $2\sin x\sin\alpha + 2\sin x\cos\alpha = 0 \Rightarrow 2\sin x\sin\alpha = -2\sin x\cos\alpha$

得 $-\sin\alpha = \cos\alpha \Rightarrow \cos\alpha + \sin\alpha = 0 \Rightarrow (\cos\alpha + \sin\alpha)^2 = 0$,

$-1 = 2\cos\alpha\sin\alpha = \sin 2\alpha \Rightarrow 2\alpha = -\frac{\pi}{2}$,

$\therefore \alpha = -\frac{\pi}{4}$.

⑲已知 $\sin\alpha + \cos\beta = \frac{1}{2}$, 则 $\cos\alpha + \sin\beta$ 的取值范围为(　　)

A. $[-\frac{\sqrt{15}}{2}, \frac{\sqrt{15}}{2}]$

B. $(-\frac{\sqrt{15}}{2}, \frac{\sqrt{15}}{2}]$

C. $[-\frac{\sqrt{15}}{2}, \frac{\sqrt{15}}{2})$

D. $(-\frac{\sqrt{15}}{2}, \frac{\sqrt{15}}{2})$

⑳函数 $y = \tan(\frac{x}{4} + \frac{2}{3}\pi)$ 的最小正周期是(　　)

A. π　B. 2π　C. 3π　D. 4π

真正的人生,只有在经过艰难卓绝的斗争之后才能实现。——塞涅卡

第九章 解三角形

重点提示

解三角形是体育单招必考题，每年有一道小题，并与立体几何联系出题. 考生要注意以下考点.

(1)掌握直角三角形的边角关系，会用它们解直角三角形及应用题.

(2)掌握正弦定理、余弦定理，会用它们解斜三角形及简单应用题.

(3)掌握正弦定理、余弦定理在立体几何中的应用.

(4)会用三角形面积公式，求与三角形有关的面积问题.

一、解直角三角形

如图9-1，Rt△ABC的三条边和三个角，除直角C外的其余五个元素的关系如下.

三边之间的关系：$a^2+b^2=c^2$.

两锐角之间的关系：$A+B=90^\circ$.

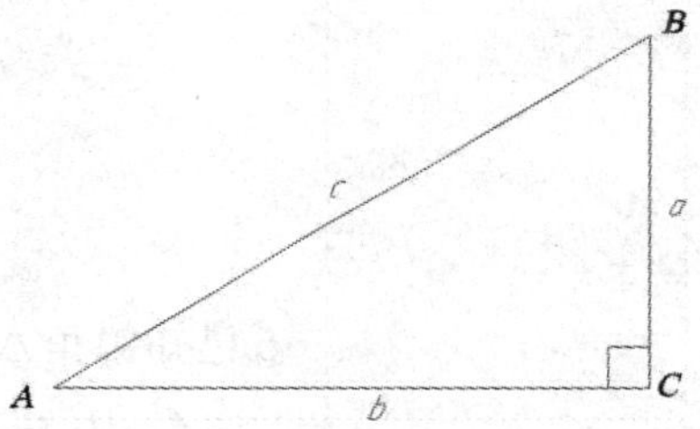

图9-1

边与角之间的关系：$\sin A=\frac{a}{c}$，$\cos A=\frac{b}{c}$，

$\tan A=\frac{a}{b}$，$\cot A=\frac{b}{a}$.

注：对于锐角B，也可写出类似的四个边角关系式.

根据这些关系，在知道直角三角形中两个元素(至少有一个是边)的情况下，可以求出其余三个未知元素. 这个求未知元素的过程叫作解直角三角形.

二、解斜三角形

由斜三角形中三个元素(至少有一个是边)求其余三个未知元素(可能有两解、一解或无解)的过程叫作解斜三角形.

互动练习

①在△ABC中，已知$C=90^\circ$，$A=30^\circ$，$b=10$，则$c=$________.

②在△ABC中，已知$C=90^\circ$，$c=2$，$b=\sqrt{3}$，则$B=$________.

③在△ABC中，若$\sin A=1$，$\tan B=\sqrt{3}$，则$\angle C=$(　　)

A. 30°

B. 45°

C. 60°

D. 90°

当一个人用工作去迎接光明，光明很快就会来照耀着他。——冯学峰

设△ ABC 中,角 A,B,C 的对边为 a,b,c

(一)内角和:$A+B+C=\pi$.

(二)正弦定理:在每个三角形中,都有各边与它所对角的正弦的比相等,

$$\frac{a}{\sin A}=\frac{b}{\sin B}=\frac{c}{\sin C}=2R.$$

注:解斜三角形时,正弦定理的应用方法:

1. 已知两角与一边,在有解时只有一解.

2. 已知两边及其中一边的对角,可有两解、一解或无解.

(三)余弦定理:三角形任何一边的平方等于其他两边平方的和减去这两边与它们夹角的余弦的积的两倍.

$$a^2=b^2+c^2-2bc\cos A\Rightarrow\cos A=\frac{b^2+c^2-a^2}{2bc},$$

$$b^2=c^2+a^2-2ca\cos B\Rightarrow\cos B=\frac{c^2+a^2-b^2}{2ca},$$

$$c^2=a^2+b^2-2ab\cos C\Rightarrow\cos C=\frac{a^2+b^2-c^2}{2ab}.$$

注:解斜三角形时,余弦定理的应用方法:

1. 已知三边,在有解时只有一解.

2. 已知两边及其夹角,在有解时只有一解.

3. 判断三角形的形状.

三、三角形及平行四边形的面积公式

(一)$S=\frac{1}{2}ab$(直角三角形时).

(二)$S=\frac{1}{2}ah_a$(h_a 为 BC 边上的高).

(三)$S=\frac{abc}{4R}$(R 为△ ABC 的外接圆的半径).

(四)$S=2R^2\sin A\sin B\sin C$,(R 为△ ABC 的外接圆的半径).

(五)$S=\frac{1}{2}ab\sin C=r\cdot s$($r$ 为△ ABC 的内切圆的半径).

(六)$S=\frac{1}{2}(a+b+c)r$(r 为△ ABC 的内切圆的半径).

(七)平行四边形面积公式:

$S=ah$(h 是平行四边形的边 a 上的高),

$S=ab\sin\theta$(θ 是相邻两边所成的角).

(八)四边形面积公式:

$S=\frac{1}{2}l_1l_2\sin\theta$($l_1,l_2$ 是对角线长,θ 对角线夹角).

④在△ ABC 中,已知 $a=1,b=2$,$C=120°$,那么 $c=$(　　)

A. $\sqrt{3}$

B. $\sqrt{7}$

C. 3

D. 7

⑤在△ ABC 中,$A=\frac{\pi}{4}$,$C=\frac{\pi}{6}$,$b=10$,则 $S_{\triangle ABC}=$________.

⑥已知锐角△ ABC 的面积为 8,$AB=4$,$AC=5$,则 $BC=$________.

人在身处逆境时,适应环境的能力实在惊人。人可以忍受不幸,也可以战胜不幸,因为人有着惊人的潜力,只要立志发挥它,就一定能渡过难关。——卡耐基

例题解析

例 1　直角三角形

(1)已知 $Rt\triangle ABC$ 中, $C=90^\circ$, $B=30^\circ$, $b=1$, 那么 BC 等于(　　)

A. $\sqrt{3}$　　B. $\sqrt{2}$　　C. $\frac{\sqrt{3}}{2}$　　D. $\frac{\sqrt{2}}{2}$

解: $\tan B=\frac{b}{BC}$, 即 $\tan 30^\circ=\frac{1}{BC}$. $\tan 30^\circ=\frac{1}{\sqrt{3}}$, 所以 $BC=\sqrt{3}$.

答:A

(2)在$\triangle ABC$ 中, 如果 $C=90^\circ$, $a=6$, $B=30^\circ$, 那么 $c-b$ 等于(　　)

A. 1　　B. -1　　C. $2\sqrt{3}$　　D. $-2\sqrt{3}$

解:由已知,得 $\tan 30^\circ=\frac{b}{a}\Rightarrow\frac{\sqrt{3}}{3}=\frac{b}{6}\Rightarrow b=2\sqrt{3}$,

$\cos 30^\circ=\frac{a}{c}\Rightarrow\frac{\sqrt{3}}{2}=\frac{6}{c}\Rightarrow c=4\sqrt{3}$, $c-b=4\sqrt{3}-2\sqrt{3}=2\sqrt{3}$;

答:C

(3)在$\triangle ABC$ 中,如果 $C=90^\circ$, $a=6$, $c=10$, 那么 AB 边上的高 h 等于(　　)

A. 4.8　　B. 8　　C. 2.4　　D. 9.6

解:由已知,根据 $a^2+b^2=c^2\Rightarrow 6^2+b^2=10^2\Rightarrow b=8$.

根据直角三角形的面积公式得

$\frac{1}{2}\cdot a\cdot b=\frac{1}{2}\cdot c\cdot h\Rightarrow\frac{1}{2}\times 6\times 8=\frac{1}{2}\times 10\times h$.

$\therefore h=4.8$.

答:A

(4)已知$\triangle ABC$ 中, $A:B:C=1:2:3$, 那么 $a:b:c$ 等于(　　)

A. $1:2:3$　　B. $3:2:1$

C. $1:\sqrt{3}:2$　　D. $2:\sqrt{3}:1$

解:由正弦定理,可知 $a:b:c=\sin A:\sin B:\sin C$.

$\because A:B:C=1:2:3$, 设 $A=x$, 则 $B=2x$, $C=3x$.

$\therefore A+B+C=6x=180^\circ$, 得 $A=30^\circ$, $B=60^\circ$, $C=90^\circ$.

$\therefore \sin A:\sin B:\sin C=\frac{1}{2}:\frac{\sqrt{3}}{2}:1=1:\sqrt{3}:2$.

答:C

例 2　如图 9－2, D 是 $Rt\triangle ABC$ 斜边 BC 上点, $AB=AD$, 记 $\angle CAD=\alpha$, $\angle ABC=\beta$.

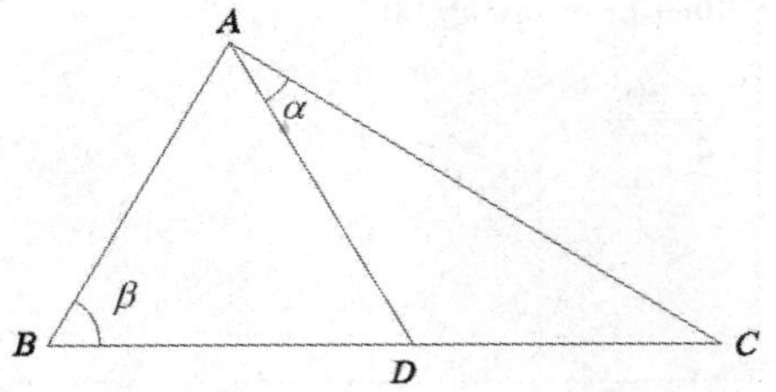

图 9－2

⑦在$\triangle ABC$ 中,如果 $A=45°$, $C=105°$, $b=2$, 那么 $c=$(　　)

A. $\sqrt{2}$

B. $\frac{\sqrt{2}}{2}$

C. $\frac{2}{3}\sqrt{2}$

D. $\sqrt{2}+\sqrt{6}$

⑧在$\triangle ABC$ 中,已知 $a=4$, $b=2\sqrt{7}$, $c=6$,那么 $B=$(　　)

A. 30°　B. 45°　C. 60°　D. 120°

⑨在$\triangle ABC$ 中, 已知 $\angle ABC=45^\circ$, $\angle BCA=105^\circ$, $BC=2$, 那么 AC 为(　　)

A. $2\sqrt{2}$

B. $\frac{\sqrt{2}}{2}$

C. $\sqrt{2}$

D. $\frac{2}{3}\sqrt{6}$

倘若你想达成目标,便得在心中描绘出目标达成后的景象;那么,梦想必会成真。——英国当代动机大师 理查丹尼

(1)求证：$\sin\alpha+\cos2\beta=0$.

(2)若 $AC=\sqrt{3}DC$，求 β 的值.

(1)证明：如图∵ $\alpha=\frac{\pi}{2}-(\pi-2\beta)=2\beta-\frac{\pi}{2}$，

∴ $\sin\alpha=\sin(2\beta-\frac{\pi}{2})=-\cos2\beta$，即 $\sin\alpha+\cos2\beta=0$.

(2)解：在△ABC中，由正弦定理得

$\frac{DC}{\sin\alpha}=\frac{AC}{\sin(\pi-\beta)}$，∴ $\frac{DC}{\sin\alpha}=\frac{\sqrt{3}DC}{\sin\beta}$. ∴ $\sin\beta=\sqrt{3}\sin\alpha$.

由(1)得 $\sin\alpha=-\cos2\beta$，

∴ $\sin\beta=-\sqrt{3}\cos2\beta=-\sqrt{3}(1-2\sin^2\beta)$，即 $2\sqrt{3}\sin^2\beta-\sin\beta-\sqrt{3}=0$.

解得 $\sin\beta=\frac{\sqrt{3}}{2}$ 或 $\sin\beta=-\frac{\sqrt{3}}{3}$. ∵ $0<\beta<\frac{\pi}{2}$，

∴ $\sin\beta=\frac{\sqrt{3}}{2}$，∴ $\beta=\frac{\pi}{3}$.

注：解直角三角形是本章重点.本题与图形有关，应根据图形的特点，找到未知角之间的关系，然后正确选择公式、定理建立起边角关系.

例3 正弦定理

(1)在△ABC中，$B=30^\circ$，$A=105^\circ$，则 $AB:AC=$ ________.

解：由已知，得 $C=45^\circ$，由正弦定理，得

$$\frac{AB}{AC}=\frac{\sin45^\circ}{\sin30^\circ}=\frac{\sqrt{2}}{2}\div\frac{1}{2}=\sqrt{2}.$$

(2)在△ABC中，已知 $b=2$，$B=30^\circ$，$C=120^\circ$，那么 a 等于 ________.

解：由已知，得 $A=30^\circ$，∵ $\frac{\sin A}{\sin B}=\frac{\sin30^\circ}{\sin30^\circ}=\frac{a}{b}$，

∵ $B=A$，$b=2$，

∴ $a=b=2$

(3)在△ABC中，已知 $AB=\sqrt{3}$，$A=45^\circ$，$B=60^\circ$，那么 $BC=$ ________.

解：由正弦定理得 $\frac{AB}{\sin C}=\frac{BC}{\sin A}=\frac{AC}{\sin B}$.

∴ $BC=\frac{AB}{\sin C}\sin A=\frac{\sqrt{3}}{\sin75^\circ}\sin45^\circ$，

$\sin75^\circ=\sin(30^\circ+45^\circ)=\sin30^\circ\cos45^\circ+\cos30^\circ\sin45^\circ$

$=\frac{1}{2}\times\frac{\sqrt{2}}{2}+\frac{\sqrt{3}}{2}\times\frac{\sqrt{2}}{2}=\frac{\sqrt{2}+\sqrt{6}}{4}$.

∴ $BC=3-\sqrt{3}$.

⑩在△ABC中，已知 $\angle A=60^\circ$，$b=5$，$c=4$，那么 $\cos B=$ (　　)

A. $\frac{1}{14}\sqrt{21}$

B. $\frac{5}{42}\sqrt{21}$

C. $\frac{1}{42}\sqrt{21}$

D. $\sqrt{21}$

⑪在△ABC中，$a=\sqrt{3}+1$，$b=2$，$c=\sqrt{2}$，那么 $C=$ (　　)

A. 60°

B. 45°

C. 30°

D. 15°

一个人的人生幸福，只靠道德方面的努力是不够的，我们必须经常描绘自己将来的幸福形象，并依靠万能的潜意识来帮忙实现。潜意识一旦接受事情后，就会想尽办法去实现它，之后你只要安心等待，就可以了。——世界著名研究精神法则、潜意识权威 乔瑟夫·摩菲

(4)在△ ABC 中，$a=24$，$B=30^{\circ}$，$C=120^{\circ}$，那么 BC 边上的高为________.

解：由已知，在△ ABC 中 $B=30^{\circ}$，$C=120^{\circ}$，∴ $A=30^{\circ}$，∴ $b=24$，∴ BC 边上的高 $h=b\times\sin C=12\sqrt{3}$.

例4 “已知两边及其中一边的对角”的解的情况略显复杂，举下列例子说明.

(1)设 $a=3$，$A=30^{\circ}$，$c=4$，则有两解，这可以从两个方面来解释：

解：①由已知，$\frac{3}{\sin30^{\circ}}=\frac{4}{\sin C}$，∴ $\sin C=\frac{2}{3}$，

∴ $C=\arcsin\frac{2}{3}$ 或 $C=\pi-\arcsin\frac{2}{3}$.

②从图形上看，我们可以先画出 $\angle A=30^{\circ}$，再取其中一边为 $AB=4$，以 B 为圆心，3 为半径画圆弧，交 $\angle A$ 的另一边，即可得所求解的两三角形△ ABC_1 和△ ABC_2.（图 9－3）

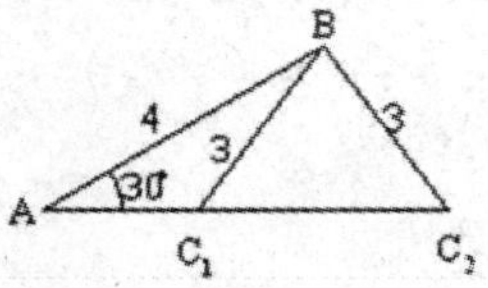

图 9－3

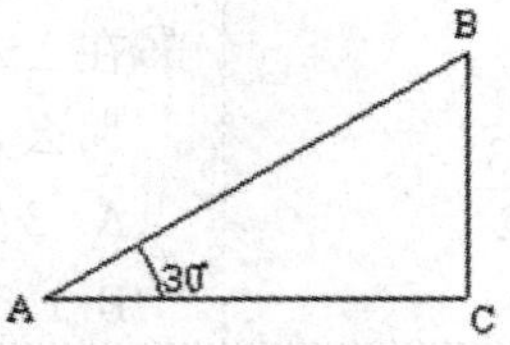

图 9－4

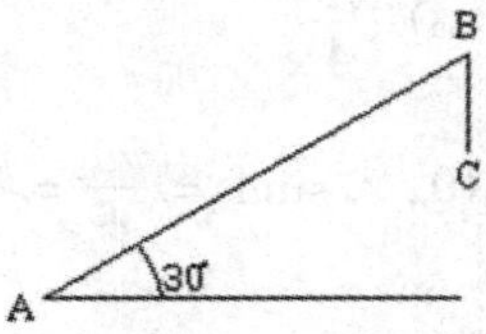

图 9－5

(2)设 $a=2$，$A=30^{\circ}$，$c=4$，则有一解，同样可由代数运算和图形两个方面解释.

解：①由已知，$\frac{2}{\sin30^{\circ}}=\frac{4}{\sin C}$. ∴ $\sin C=1$，∴ $C=90^{\circ}$.

②从图形上看，同(1)，以 B 为圆心画圆弧时，与 $\angle A$ 的另一边相切.（图 9－4）

(3)设 $a=1$，$A=30^{\circ}$，$c=4$，则无解，这是因为：

解：①由 $\frac{1}{\sin30^{\circ}}=\frac{4}{\sin C}$，有 $\sin C=2$，与 $|\sin C|\leqslant1$ 矛盾，故无解.

②从图形上看，以 B 为圆心画弧时，与 $\angle A$ 的另一边不相交.（图 9－5）

由上所述可知，$c>a$ 时，解的情况以 $c\sin A=a$ 为分界点.

当 $a>c\sin A$ 时有两解，当 $a=c\sin A$ 时有一解，当 $a<c\sin A$ 时无解.

$c<a$ 或 $c=a$ 时的解的情况是：

$c<a$ 时，有一解；$c=a$ 时，$A<90^{\circ}$ 时有一解；$A\geqslant90^{\circ}$ 时无解.

注：解三角形时，结合图形：有些问题还应该考虑结合图形并且运用正弦定理、余弦定理或面积公式建立关系式.

①找两边两角之间的关系常用正弦定理.

②找三边一角之间的关系常用余弦定理.

⑫在△ ABC 中，$a=24$，$b=30$，$C=120^{\circ}$ 那么 BC 边上的高为________.

⑬在△ ABC 中，已知 $a=7$，$b=8$，$c=13$，则 $C=$________.

⑭在△ ABC 中，已知 $a=10$，$c=8$，$\angle B=60^{\circ}$ 那么 $b=$________.

每一个人都具有特殊能力的电路，但大多数人因为不知道，所以无法充分利用，就好像怀重宝而不知其在；只要能发掘出这项秘藏的能力，人类的能力将会完全大改观，也能展现出超乎常人的能力。——超右脑革命作者、日本科学会顾问 七田真

例5 余弦定理

(1)在△ABC中,已知$a=4$, $b=2\sqrt{7}$, $c=6$,那么$B=$( )

A. 30° B. 45° C. 60° D. 120°

解:$\cos B=\frac{a^2+c^2-b^2}{2ac}=\frac{16+36-28}{2\times4\times6}=\frac{1}{2}$, $B=60^\circ$

答:C

(2)已知△ABC中,$a=1$, $b=\sqrt{3}$, $C=30^\circ$,那么A等于( )

A. 90° B. 45° C. 30° D. 60°

解:由已知,得$c^2=a^2+b^2-2ab\cos C$

$=1^2+(\sqrt{3})^2-2\cdot1\cdot\sqrt{3}\cdot\cos30^\circ=1$

$c=1$, ∴ △ABC是等腰三角形,∴ $A=C=30^\circ$.

答:C

(3)在△ABC中,已知$C=90^\circ$, $a=5\sqrt{3}$, $b=5$则$\sin A=$( )

A. $\frac{1}{2}$ B. $\frac{\sqrt{2}}{2}$ C. $\frac{\sqrt{3}}{2}$ D. $\frac{\sqrt{3}}{4}$

解:由已知,$c=a^2+b^2=100$, ∴ $c=10$, ∴ $\sin A=\frac{a}{c}=\frac{\sqrt{3}}{2}$

答:C

(4)在△ABC中,已知$\cos A=\frac{5}{13}$, $\sin B=\frac{3}{5}$,则$\cos C$的值为( )

A. $-\frac{16}{65}$ B. $\frac{16}{65}$ C. $\frac{56}{65}$ D. $\frac{16}{65}$或$\frac{56}{65}$

解:由已知,$\cos A=\frac{5}{13}$, $\sin A=\sqrt{1-\cos^2A}=\frac{12}{13}$,

$\sin B=\frac{3}{5}$, $\cos B=\sqrt{1-\sin^2B}=\pm\frac{4}{5}$,代入下式.

$\cos C=-\cos(A+B)=-\cos A\cos B+\sin A\sin B$,

得$\cos C=\frac{16}{65}$或$\frac{56}{65}$.

答:D

注:通过对任意三角形边长和角度关系的探索,掌握正弦定理、余弦定理,并能解决一些简单的三角形度量问题.

例6 面积公式

(1)在△ABC中,$\angle A=60°$, $b=1$, △ABC的面积为$\sqrt{3}$,则$a=$________.

解:由已知,$S_{\triangle ABC}=\frac{1}{2}bc\sin A=\sqrt{3}$,得$c=4$,

$\cos A=\frac{b^2+c^2-a^2}{2bc}=\frac{1}{2}$,得$a=\sqrt{13}$.

答:$\sqrt{13}$

⑮△ABC为锐角三角形,$\angle A$, $\angle B$, $\angle C$的对边分别为a,b,c,已知$\angle B=2\angle A$,则$b:a$的取值范围是( )

A. $(-2,2)$

B. $(0,2)$

C. $(\sqrt{2},2)$

D. $(\sqrt{2},\sqrt{3})$

⑯在△ABC中,$A:B:C=1:2:3$,那么$a:b:c=$( )

A. $3:2:1$

B. $1:2:3$

C. $1:\sqrt{3}:2$

D. $2:\sqrt{3}:1$

我这一生不曾工作过,我的幽默和伟大的著作都来自于求助潜意识心智无穷尽的宝藏。——马克吐温

(2)在 $\triangle ABC$ 中, $A=\frac{\pi}{4}$, $C=\frac{\pi}{6}$, $b=10$,则 $S_{\triangle ABC}=$ ________.

解: $B=\pi-A-C=\frac{7\pi}{12}$, $\frac{a}{\sin A}=\frac{b}{\sin B}$, $\sin\frac{7\pi}{12}=\sin(\frac{\pi}{3}+\frac{\pi}{4})$

$=\sin\frac{\pi}{3}\cos\frac{\pi}{4}+\cos\frac{\pi}{3}\sin\frac{\pi}{4}=\frac{\sqrt{6}+\sqrt{2}}{4}$.

$a=\frac{b}{\sin B}\sin A=10(\sqrt{3}-1)$.

$S_{\triangle ABC}=\frac{1}{2}ab\sin C=25(\sqrt{3}-1)$.

(3)在 $\triangle ABC$ 的面积为 $\frac{16\sqrt{3}}{3}$, $a=6$, $A=60^{\circ}$, 则 $\triangle ABC$ 的周长为 ________.

解:由已知,面积 $S_{\triangle ABC}=\frac{1}{2}bc\sin A=\frac{16\sqrt{3}}{3}$, $\therefore bc=\frac{64}{3}$.

由余弦定理 $\cos A=\frac{b^2+c^2-a^2}{2bc}=\frac{1}{2}$,

得 $b^2+c^2=36+bc$,

$(b+c)^2=36+3bc=100$.

$\therefore b+c=10$. 又 $\because a=6$,

$\therefore \triangle ABC$ 的周长为 $l=a+b+c=16$.

(4) a,b,c 是锐角 $\triangle ABC$ 的三条边,已知 $a=4$, $b=3$, $\triangle ABC$ 的面积是 $3\sqrt{3}$, 则 $c=$ ________.

解:由已知 $S_{\triangle ABC}=\frac{1}{2}ab\sin C=3\sqrt{3}$, 得 $\sin C=\frac{\sqrt{3}}{2}$.

$\because \sin^2C+\cos^2C=1$, $\therefore \cos C=\frac{1}{2}$.

$\because \cos C=\frac{a^2+b^2-c^2}{2ab}$, $\therefore c=\sqrt{13}$.

注:能够运用正弦定理、余弦定理等知识和方法解决一些与测量和几何计算有关的实际问题.

例 7　历届真题

(1)(2006.13)在三角形 $\triangle ABC$ 中,已知其三边的长度分别是 $AB=\sqrt{13}$, $BC=7$, $CA=\sqrt{20}$, 且 AD 是 BC 边上的高,则 AD 的长度等于 ________.

解:由已知, $\cos B=\frac{AB^2+BC^2-AC^2}{2AB\times BC}=\frac{3\sqrt{13}}{13}$,

$\sin B=\sqrt{1-\cos^2B}=\frac{2\sqrt{13}}{13}$,

$\sin B=\frac{AD}{AB}\Rightarrow\frac{2\sqrt{13}}{13}=\frac{AD}{\sqrt{13}}\Rightarrow AD=2$.

⑰ $\triangle ABC$ 的内角 A,B,C, 满足 $\sin C=2\cos A\sin B$, 则 $\triangle ABC$ 是(　　)

A. 等腰三角形
B. 等边三角形
C. 直角三角形
D. 钝角三角形

⑱在 $\triangle ABC$ 中,面积 $S=a^2-(b-c)^2$, 则 $\cos A=$(　　)

A. $\frac{15}{17}$　B. $\frac{8}{17}$　C. $\frac{13}{15}$　D. $\frac{13}{17}$

那些最能干的人,往往是那些即使在最绝望的环境里,仍不断传送成功意念的人。他们不但鼓舞自己,也振奋他人,不达成功,誓不休止。——安东尼·罗宾

(2)(2007.8) $\triangle ABC$ 中，$\angle A$，$\angle B$ 和 $\angle C$ 的对边分别是 a,b 和 c，满足 $\frac{\cos C}{\cos A}=-\frac{3c}{3a+2\sqrt{3}b}$，则 $\angle C$ 的大小为(　　)

A. $\frac{\pi}{3}$　　B. $\frac{\pi}{6}$　　C. $\frac{2\pi}{3}$　　D. $\frac{5\pi}{6}$

解：由已知，正弦定理 $\frac{a}{\sin A}=\frac{b}{\sin B}=\frac{c}{\sin C}=2R$，

$\therefore\ \frac{\cos C}{\cos A}=-\frac{3c}{3a+2\sqrt{3}b}=-\frac{3\sin C}{3\sin A+2\sqrt{3}\sin B}$.

整理 $3\sin A\cos C+2\sqrt{3}\cos C\sin B=-3\cos A\sin C$，

$2\sqrt{3}\cos C\sin B=-3(\cos A\sin C+\sin A\cos C)=-3\sin(A+C)$，

$2\sqrt{3}\cos C\sin B=-3\sin(A+C)=-3\sin B$，

$\therefore\ \cos C=-\frac{\sqrt{3}}{2}$，$\therefore\ C=\frac{5\pi}{6}$.

答：D

(3)(2008.18) a,b,c 是锐角 $\triangle ABC$ 的三条边，已知 $a=4$，$b=3$，$\triangle ABC$ 的面积是 $3\sqrt{3}$，则 $c=$ ________.

解：由已知，$S_{\triangle ABC}=\frac{1}{2}ab\sin C=3\sqrt{3}$，$\therefore\ \sin C=\frac{\sqrt{3}}{2}$.

$\because\ C$ 是锐角，

$\therefore\ \cos C=\frac{a^2+b^2-c^2}{2ab}=\frac{1}{2}$，$c=\sqrt{13}$.

(4)(2009.11)已知 $\triangle ABC$ 三个顶点的坐标 $A(3,0)$，$B(-1,0)$，$C(2,3)$. 过点 A 作 BC 的垂线，则垂足的坐标是________.

解：由已知，得 BC 直线的方程为 $y=x+1$，设垂足 O 点坐标为 (a,b)

则 $b=a+1$. ①

$\because AO$ 与 BC 垂直，则有 $k_{AO}\cdot k_{BC}=\frac{b}{a-3}\times 1=-1$. ②

联立①②得 $a=1$，$b=2$.

答：(1,2)

注：三角形中的变换问题，除了需要运用三角变换的所有方法、技巧外，还经常需要考虑对条件或结论中的"边"与"角"进行互换，即运用正弦定理、余弦定理或面积公式将边换成角，或将角换成边.

⑲在四边形 A,B,C,D 中对角线 AC，BD 垂直相交于 O 点，若 $AC=30$，$BD=36$，则四边形 $ABCD$ 的面积为(　　)

A. 1080　　B. 840

C. 720　　D. 540

⑳在 $\triangle ABC$ 中，已知 $C=90^\circ$，$b=\sqrt{2}$，$S_{\triangle ABC}=\sqrt{3}$，则 c = (　　)

A. $\frac{\sqrt{2}}{2}$　　B. $\sqrt{2}$

C. $2\sqrt{2}$　　D. $3\sqrt{2}$

灵感并不是在逻辑思考的延长线上产生，而是在破除逻辑或常识的地方才有灵感。——爱因斯坦

第十章 直 线

重点提示

直线是体育单招必考题.每年有一个小题,是做好圆锥曲线的基础.

(1)能灵活运用直线方程各种形式解决有关问题,会画出方程表示的直线.

(2)能根据两条直线的方程,判定两条直线是否平行(重合)或垂直.

(3)会求已知点到已知直线的距离,会求两条平行线间的距离.

(4)会求这两条直线所成的角,并能利用两条直线的夹角公式进行有关的计算.

§ 10.1 直 线

一、直线的倾斜角和斜率

(一)在平面直角坐标系中,对于一条与 x 轴相交的直线,把 x 轴绕着交点按逆时针方向旋转到和直线重合时所转的最小正角叫作直线的倾斜角.

当直线与 x 轴平行或重合时,规定它的倾斜角为 0°.

线的倾斜角 α 的取值范围是 $0^\circ \leqslant \alpha < 180^\circ$.

(二)一条直线的倾斜角 α 的正切,叫作这条直线的斜率.斜率常用 k 来表示,即

$$k = \tan\alpha$$

当 α 为锐角时,$k>0$;当 α 为钝角时,$k<0$;$\alpha=90^\circ$ 时,k 值不存在;

$\alpha=0^\circ$ 时,$k=0$,如果 $P_1(x_1,y_1)$,$P_2(x_2,y_2)$ 是直线上的任意两点,那么这条直线的斜率

$$k = \frac{y_2 - y_1}{x_2 - x_1}\ (x_2 \neq x_1)$$

当 $x_2 = x_1$ 时,直线平行于 y 轴或与 y 轴重合,倾斜角 $\alpha = 90^\circ$,斜率不存在;

当 $y_2 = y_1$ 时,直线平行于 x 轴或与 x 轴重合,倾斜角 $\alpha = 0^\circ$,斜率 $k = 0$.

互动练习

①已知点 $A(3,1)$,AB 中点 D 的坐标为 $(7,5)$,那么 B 的坐标为________.

②经过点 $(4,-2)$,$(5,3)$ 两点的直线方程是________.

③经过点 $(-3,-4)$,且斜率 $k=-2$ 的直线方程是________.

不因幸运而固步自封,不因厄运而一蹶不振。真正的强者,善于从顺境中找到阴影,从逆境中找到光亮,时时校准自己前进的目标。——易卜生

二、直线方程的各种形式

表 10-1

名称	已知条件	方程	说明
斜截式	斜率 k 和在 y 轴的截距 b	$y = kx + b$	不包括 y 轴和平行于 y 轴的直线
点斜式	点 $P_1(x_1, y_1)$ 和斜率 k	$y - y_1 = k(x - x_1)$	不包括 y 轴和平行于 y 轴的直线
两点式	点 $P_1(x_1, y_1)$ 和点 $P_2(x_2, y_2)$	$\frac{y - y_1}{y_2 - y_1} = \frac{x - x_1}{x_2 - x_1}$	不包括坐标轴和平行于坐标轴的直线
截距式	在 x 轴上的截距是 a，在 y 轴上的截距是 b	$\frac{x}{a} + \frac{y}{b} = 1$	不包括经过原点的直线和平行于坐标轴的直线
一般式		$Ax + By + C = 0$	A, B 不同时为0

几种特殊直线的方程：

平行于 x 轴的直线 $y = b$ ($b \neq 0$) ; 与 x 轴重合时, $y = 0$;

平行于 y 轴的直线 $x = a$ ($a \neq 0$)；与 y 轴重合时 $x = 0$;

经过原点(不包括 y 轴)的直线 $y = kx$.

三、两条直线的位置关系

已知两条直线的斜截式方程分别为

$$l_1: y = k_1x + b_1$$

$$l_2: y = k_2x + b_2$$

(一)两条直线平行的充要条件是：

当 $k_1 = k_2$,且 $b_1 \neq b_2$ 时 ,两条直线平行.

当 $k_1 = k_2$,且 $b_1 = b_2$ 时,两条直线重合.

(二)两条直线垂直的充要条件是：

$$k_1 \cdot k_2 = -1, \text{或} A_1A_2 + B_1B_2 = 0 .$$

(三)两条直线交点的坐标.

已知两条直线的方程分别为：$l_1: A_1x + B_1y + C_1 = 0$,

$l_2: A_2x + B_2y + C_2 = 0$.

解方程组 $\begin{cases} A_1x + B_1y + C_1 = 0 \\ A_2x + B_2y + C_2 = 0. \end{cases}$

如果方程组有唯一解,这个解就是两条直线交点的坐标;无解,两条直线平行; 无穷多解,两条直线重合.

④在 x 轴上的截距为 3, 且垂直于直线 $x + 2y - 1 = 0$ 的直线方程是________.

⑤直线 $x + 2y + 6 = 0$. x 轴和 y 轴所围成的三角形的面积是________.

⑥点 $P(1,3)$ 是直线 l 被两坐标轴截得的线段的中点,那么直线 l 的方程为________.

每一种挫折或不利的突变,是带着同样或较大的有利的种子。——爱默生

四、距离公式

(一)两点间的距离公式.

$|P_1P_2| = \sqrt{(x_2-x_1)^2+(y_2-y_1)^2}$,特别地,原点 $O(0,0)$ 与任一点 $P(x、y)$ 的距离公式:$|OP| = \sqrt{x^2+y^2}$.

(二)点到直线的垂线段的长,叫作点到直线的距离.

点 $P(x_0,y_0)$ 到直线 $Ax+By+C=0$ 的距离为 d,则

$$d = \frac{|Ax_0+By_0+C|}{\sqrt{A^2+B^2}}.$$

(三)两条平行直线间的距离公式:

设任意两条平行线的方程都可以写成 $Ax+By+C_1=0$ 和 $Ax+By+C_2=0$.

求出它们的距离 $d = \dfrac{|C_2-C_1|}{\sqrt{A^2+B^2}}$.

五、两条直线所成的角

两条直线相交构成的不大于直角的角,叫作两条直线所成的角,简称夹角.

设已知两条直线的方程为 $l_1:y=k_1x+b_1$, $l_2:y=k_2x+b_2$,它们的夹角为 θ.

如果 $1+k_1k_2=0$,则 $\theta=\dfrac{\pi}{2}$;

如果 $1+k_1k_2\neq 0$,则 $\tan\theta = \left|\dfrac{k_2-k_1}{1+k_2k_1}\right| \ (0<\theta<\dfrac{\pi}{2})$;

如果已知直线的方程为 $l_1:A_1x+B_1y+C_1=0$, $l_2:A_2x+B_2y+C_2=0$;

它们的夹角为 θ,则 $\tan\theta = \left|\dfrac{A_1B_2-A_2B_1}{A_1A_2+B_1B_2}\right| \ (0<\theta<\dfrac{\pi}{2})$.

例题解析

例1 填空题

(1)已知直线的倾斜角为30°,它的斜率是 $k=$ ________.

如果直线的倾斜角是120°,它的斜率 $k=$ ________.

解:$k=\tan\alpha=\tan30^\circ=\dfrac{\sqrt{3}}{3}$,

$k=\tan\alpha=\tan120^\circ=-\tan60^\circ=-\sqrt{3}$.

(2)已知直线过点 $A(3,4)$ 和 $B(-2,3)$,那么此直线的斜率为________.

解:设 $A(x_1,y_1)$,$B(x_2,y_2)$,$k=\dfrac{y_2-y_1}{x_2-x_1}=\dfrac{3-4}{-2-3}=\dfrac{1}{5}$.

⑦点 $P(4,-5)$,到直线 $2x+3y-1=0$ 的距离是________.

⑧直线 $\sqrt{3}x-y+2=0$ 与直线 $x-\sqrt{3}y-3=0$ 的夹角 $\theta=$ ________.

⑨平行直线 $3x+4y+6=0$ 与 $3x+4y-4=0$ 之间的距离为________.

⑩过点 $A(2,-2)$,$B(4,8)$ 的线段中点,且平行于 $3x-y=0$ 的直线方程是(   )

A. $3x-y=6$

B. $3x-y=-6$

C. $3x+y=3$

D. $3x+y=6$

什么叫做失败?失败是到达较佳境地的第一步。——菲里浦斯

(3)直线 $2x-3y+5=0$ 在 y 轴上的截距是________.

解:由已知, $x=0$, 代入方程得 $2x-3y+5=0\Rightarrow 2\times 0-3y+5=0$,

∴ 得 $y=\frac{5}{3}$.

(4)如果点$(2,a)$, 在直线 $x-y+3=0$ 上, 那么 $a=$________.

解:把点$(2,a)$代入方程得, $2-a+3=0\Rightarrow a=5$.

(5)斜率 $k=\frac{1}{2}$, 且在 x 轴上的截距是 -3 的直线方程是________.

解:由已知,在 x 轴上的点坐标是$(-3,0)$由点斜式得

$y-y_1=k(x-x_1)\Rightarrow y-0=\frac{1}{2}(x-(-3))\Rightarrow y=\frac{1}{2}x+\frac{3}{2}$.

(6)一直线的横截距是3,纵截距是-2,那么该直线方程是________.

解:由已知,得 $A(3,0)$, $B(0,-2)$, 由两点式得

$\frac{y-y_1}{y_2-y_1}=\frac{x-x_1}{x_2-x_1}\Rightarrow\frac{y-0}{-2-0}=\frac{x-3}{0-3}\Rightarrow y=\frac{2}{3}x-2$,

由截距式得 $\frac{x}{a}+\frac{y}{b}=\frac{x}{3}+\frac{y}{-2}\Rightarrow y=\frac{2}{3}x-2$.

(7)过点$(3,2)$且与 x 轴平行的直线方程为________,与 y 轴平行的直线方程为________.

解:与 x 轴平行的直线方程为 $y=2$; y 轴平行的直线方程为 $x=3$.

(8)过点$(5,-1)$且与直线 $l:x+2y-4=0$ 平行的直线方程为________,与直线 l 垂直的直线方程为________.

解:由 $x+2y-4=0\Rightarrow y=-\frac{1}{2}x+2$, 所以斜率 $k_1=-\frac{1}{2}$,

平行 l 的直线方程为 $y=-\frac{1}{2}x+\frac{3}{2}$.

由 $k_1\cdot k_2=-1\Rightarrow -\frac{1}{2}\cdot k_2=-1\Rightarrow k_2=2$,

所以垂直 l 的直线方程为 $y=2x-11$.

例2 选择题

(1)直线 l_1 与直线 $l_2:3x+2y-12=0$ 的交点在 x 轴上,并且 $l_1\perp l_2$,则 l_1 与 y 轴的截距是(　　)

A. -4　　B. $-\frac{8}{3}$　　C. 4　　D. $\frac{8}{3}$

解:由已知, $3x+2y-12=0$, 得 $k_2=-\frac{3}{2}$, 在 x 轴上的坐标$(4,0)$.

$\because l_1\perp l_2, k_1k_2=-1 \therefore k_1=\frac{2}{3}$,

$\therefore l_1: y=\frac{2}{3}x-\frac{8}{3}$, 截距为 $-\frac{8}{3}$.

答:B

⑪过点$(2,1)$且与直线 $y=x+1$ 平行的直线方程为(　　)

A. $x+y-3=0$

B. $x-y-3=0$

C. $x+y+3=0$

D. $x-y-1=0$

⑫过点$(3,-1)$且垂直于直线 $2x-3y+5=0$ 的直线方程是(　　)

A. $2x-3y-8=0$

B. $3x+2y-7=0$

C. $3x-2y-11=0$

D. $3x+2y-4=0$

⑬过$(-3,1)$,且与 $2x-y+1=0$ 平行的直线方程为(　　)

A. $2x-y-3=0$

B. $2x-y+7=0$

C. $x-2y-7=0$

D. $x+2y+1=0$

失败是坚忍的最后考验。——俾斯麦

(2)点(a, b) 关于直线 $x+y=0$ 的对称点是(　　)

A. $(-a,-b)$　　B. $(a,-b)$

C. $(-b,a)$　　D. $(-b,-a)$

解:设对称点 (x,y),根据两点的中点在直线上及斜率相乘等于 -1,

解方程组 $\begin{cases}\dfrac{a+x}{2}+\dfrac{b+y}{2}=0\\ \dfrac{y-b}{x-a}\times(-1)=-1\end{cases}$,解得 $\begin{cases}x=-b\\ y=-a\end{cases}$.

答:D

(3)已知点 $M(5,-3)$,$N(3,5)$,那么线段 MN 的垂直平分线的方程是(　　)

A. $x+4y=0$　　B. $4x+y+17=0$

C. $x+4y-8=0$　　D. $x-4y=0$

解: MN 的中点坐标 $O(\dfrac{5+3}{2},\dfrac{-3+5}{2})$, 即 $O(4,1)$.

线段的斜率 $k_{MN}=\dfrac{5-(-3)}{3-5}=-4$.

设垂直平分线的斜率为 k,

则 $kk_{MN}=-1$, $\therefore\ k=\dfrac{1}{4}$.

垂直平分线方程 $y=\dfrac{1}{4}(x-4)+1=\dfrac{1}{4}x\Rightarrow x-4y=0$.

答:D

(4)与直线 $3x-2y+12=0$ 关于 y 轴对称的直线方程是(　　).

A. $3x+2y-12=0$　　B. $3x+2y+12=0$

C. $3x-2y-12=0$　　D. $3x-2y+12=0$

解:直线关于 y 轴对称则 y 不变 x 变为 $-x$, 代入得 A.

答:A

(5)与原点距离为 $\dfrac{\sqrt{2}}{2}$, 斜率为 1 的直线方程是(　　).

A. $x+y+1=0$ 或 $x+y-1=0$

B. $x+y+\sqrt{2}=0$ 或 $x+y-\sqrt{2}=0$

C. $x-y+1=0$ 或 $x-y-1=0$

D. $x-y+\sqrt{2}=0$ 或 $x-y-\sqrt{2}=0$

解法一:看上面选项只有 CD 满足斜率为 1,只需检验原点到直线的距离为 $\dfrac{\sqrt{2}}{2}$ 即可.

解法二:斜率为 1, 设直线方程 $y=x+b$, 原点到直线的距离 $d=\dfrac{|b|}{\sqrt{1+1}}=\dfrac{\sqrt{2}}{2}$, 解得 $b=\pm1$.

答:C

⑭经过直线 $x-2y+2=0$ 和 $3x+4y-14=0$ 的交点,且平行于直线 $3x-y+4=0$ 的直线方程是(　　)

A. $3x-y+1=0$

B. $3x-y-4=0$

C. $3x-y-1=0$

D. $3x-y+3=0$

⑮过点 (4,3), 并与两条坐标轴所围成的三角形面积等于 3 的直线方程为________.

A. $3x-2y-6=0$

B. $2x-3y-2=0$

C. $3x-2y-6=0$

D. $2x-3y-6=0$

⑯直线 $\sqrt{3}x-y-3=0$ 与 x 轴夹角的平分线方程为________.

对于不屈不挠的人来说,没有失败这回事。——俾斯麦

(6)与直线 $3x-4y-6=0$ 平行且距离为3的直线方程为(　　)

A. $3x-4y-9=0$ 和 $3x-4y+21=0$

B. $3x-4y+9=0$ 和 $3x-4y-21=0$

C. $3x-4y+9=0$ 和 $3x-4y+21=0$

D. $3x-4y-9=0$ 和 $3x-4y-21=0$

解:与直线 $3x-4y-6=0$ 平行则斜率相同,设方程为 $3x-4y+b=0$,两直线距离 $d=\frac{|b+6|}{\sqrt{3^2+4^2}}=3$, $\therefore b=9$ 或 -21.

答:B

例3　历届真题

(1)(2006.14)若直线L过点(1,-3)并与直线 $y=3x-4$ 平行,则直线L的方程是________.

解:直线L与直线 $y=3x-4$ 平行则斜率相同,设L的方程 $y=3x+b$,把点(1,-3)代入方程解得 $b=-6$.

$\therefore$ 直线L: $y=3x-6$.

(2)(2008.8)已知直线 $l: y=2x-1$,则原点到直线 l 的距离是(　　)

A. $\frac{1}{2}$　　B. $\frac{\sqrt{2}}{2}$　　C. $\frac{1}{5}$　　D. $\frac{\sqrt{5}}{5}$

解:原点到直线的距离 $d=\frac{|-1|}{\sqrt{2^2+1}}=\frac{\sqrt{5}}{5}$.

答:D

(3)(2011.7)已知直线 l 过点(1,-1),且与直线 $x-2y-3=0$ 垂直,则直线 l 的方程是(　　)

A. $2x+y-1=0$　　B. $2x+y-3=0$

C. $2x-y-3=0$　　D. $2x-y-1=0$

解:由已知,直线 l 与直线 $x-2y-3=0$ 垂直, $k_1=\frac{1}{2}$,

$k_1k_l=-1, k_l=-2$,

$(y+1)=-2(x-1)\Rightarrow 2x+y-1=0$.

答:A

(4)已知直线 $3x+2y-6=0$ 和直线 $6x+4y-3=0$ 平行,那么这两条平行线间的距离等于________.

解:在两条平行线中的任意一条上取一点,如在直线 $3x+2y-6=0$ 上取点 $P(2,0)$,则两平行线间的距离就是点 $P(2,0)$ 到直线 $6x+4y-3=0$ 的距离.

因此 $d=\frac{|6\times2+4\times0-3|}{\sqrt{6^2+4^2}}=\frac{9}{2\sqrt{13}}=\frac{9\sqrt{13}}{26}$.

答: $\frac{9\sqrt{13}}{26}$

⑰直线 l 与直线 $2x-y=1$ 关于直线 $x+y=0$ 对称,则直线 l 的方程是(　　)

A. $x-2y=1$

B. $x+2y=0$

C. $2x+y=0$

D. $2x-y=1$

⑱设直线 $(m+2)x+(m^2-3m)y+4=0$ 与 $4x+2(m-3)y+7=0$ 平行,则 m 的值是(　　)

A. 2　　B. 3

C. $\frac{2}{7}$　　D. 2或3

⑲平行直线 $2x+3y-6=0$ 与 $4x+6y-7=0$ 之间的距离等于(　　)

A. $\frac{\sqrt{13}}{13}$

B. $\frac{5}{26}\sqrt{13}$

C. $\frac{2}{13}\sqrt{13}$

D. $\frac{\sqrt{13}}{26}$

一次失败,只是证明我们成功的决心还够坚强。——博维

例 4 已知直线经过点 $A(-2,2)$，且与 x 轴，y 轴围成的三角形的面积等于 1，所以它在两条坐标轴上的截距不等于零. 求直线方程.

解：设直线在 x 轴，y 轴上的截距为 a,b，则它的方程为 $\frac{x}{a}+\frac{y}{b}=1$.

由已知条件可得 $\begin{cases}\frac{-2}{a}+\frac{2}{b}=1\\ |ab|=2\end{cases}$.

解方程组，得 $\begin{cases}a=2\\ b=1\end{cases}$，$\begin{cases}a=-1\\ b=-2\end{cases}$.

因此，所求直线的方程为 $\frac{x}{2}+y=1$，$-x-\frac{y}{2}=1$，

即 $x+2y-2=0$，$2x+y+2=0$.

注：凡求与截距有关的直线方程，用截距式比较方便. 待定系数法是常用的一种求曲线方程的方法. 当已知曲线方程的形式时，可以利用已知条件确定方程的未知数.

例 5 (1)求分别过原点和点 $A(1,3)$，且距离等于 $\sqrt{5}$ 的两条平行线的方程.

(2)已知平行线 $3x+2y-6=0$ 和 $6x+4y-3=0$. 求与这两条平行线距离相等的点的轨迹.

解：(1)设这两条平行线的斜率是 k，则过点 A 的直线方程为

$y-3=k(x-1)$，即 $kx-y+3-k=0$.

因为原点到这条直线的距离就是两条平行线的距离，

所以 $\frac{|k\times 0+(-1)\times 0+3-k|}{\sqrt{1+k^2}}=\sqrt{5}$.

解方程，得 $k_1=-2$，$k_2=\frac{1}{2}$.

所求两条平行线的方程分别是

$y=-2x$，$2x+y-5=0$ 或 $y=\frac{1}{2}x$，$x-2y+5=0$.

注意：如果设过原点的直线方程为 $y=kx$，那么可以根据点 $A(1,3)$ 与这条直线的距离等于 $\sqrt{5}$ 来列方程，求得的结果是一样的.

(2)设动点 $P(x,y)$ 到两条平行线的距离相等，由点到直线的距离公式，

得 $\frac{|3x+2y-6|}{\sqrt{3^2+2^2}}=\frac{|6x+4y-3|}{\sqrt{6^2+4^2}}$，化简得 $12x+8y-15=0$.

所求点轨迹是一条直线 $12x+8y-15=0$.

注：与两条直线等距离的点的轨迹，是与两条平行线等距离的一条直线. 因此，本题也可先求两条直线在 y 轴上截距的平均值，然后再由斜截式求出方程.

⑳若 $\triangle ABC$ 的两个顶点 B,C 的坐标分别是 $(-1,0)$ 和 $(2,0)$，而顶点 A 在直线 $y=x$ 上移动，则 $\triangle ABC$ 的重心 G 的轨迹方程是(　　)

A. $y=x+\frac{1}{3}$

B. $y=\frac{x}{3}+1$

C. $y=\frac{x}{3}-1$

D. $y=x-\frac{1}{3}$

㉑与直线 $4x+3y+6=0$ 关于 x 轴对称的直线方程式是(　　)

A. $4x-3y-16=0$

B. $4x+3y-6=0$

C. $4x-3y+6=0$

D. $4x-3y-6=0$

㉒点 (a,b) 关于直线 $x-y=0$ 的对称点是(　　)

A. $(-a,-b)$

B. $(-b,a)$

C. (b,a)

D. $(b,-a)$

失败也是我需要的，它和成功对我一样有价值。——爱迪生

§ 10.2 直线和方程

一、定　义

在直角坐标系中，如果某直线 C 上的点与一个二元方程 $f(x,y)=0$ 的实数解建立了如下关系.

（一）直线上的点的坐标 (x,y) 都是这个方程的解.

（二）以这个方程的解为坐标的点都在直线上，那么这个方程叫作直线的方程；这条直线叫作方程的直线.

二、由方程讨论直线的性质与图象

由方程画出直线的基本方法是描点法.

可以借助于直线的方程对直线的性质进行讨论，主要讨论：

（一）直线的范围

方程 $f(x,y)=0$ 变形成 $y=\varphi(x)$ 和 $x=\varphi(y)$ 的形式，找出 x,y 的取值范围.

（二）直线的对称性

如果用 $-y$ 代替方程 $f(x,y)=0$ 中的 y，方程 $f(x,y)=0$ 不变，则直线关于 x 轴对称；

如果用 $-x$ 代替方程 $f(x,y)=0$ 中的 x，方程 $f(x,y)=0$ 不变，则直线关于 y 轴对称；

如果用 $-x,-y$ 分别代替方程 $f(x,y)=0$ 中的 x,y，方程 $f(x,y)=0$ 不变，则直线关于原点对称；

如果用 x,y 分别代替方程 $f(x,y)=0$ 中的 y,x，方程 $f(x,y)=0$ 不变，则直线关于 $y=x$ 轴对称；

如果用 $-x,-y$ 分别代替方程 $f(x,y)=0$ 中的 y,x，方程 $f(y,x)=0$ 不变，则直线关于 $y+x=0$ 轴对称.

（三）直线与坐标轴的交点

在方程 $f(x,y)=0$ 中，令 $y=0$，可求出直线与 x 轴的交点；

在方程 $f(x,y)=0$ 中，令 $x=0$，可求出直线与 y 轴的交点.

三、直线的交点

由直线方程的定义可知，直线上的点的坐标都满足方程，反过来：坐标满足方程的点都在直线上. 如果两条直线有公共点，那么交点的坐标是两个直线方程的公共实数解.

㉓已知直线 $l:y=2x-1$，则原点到直线 l 的距离是（　）

A. $\frac{1}{2}$

B. $\frac{\sqrt{2}}{2}$

C. $\frac{1}{5}$

D. $\frac{\sqrt{5}}{5}$

㉔直线 l 与直线 $3x-2y+1=0$ 垂直，则 l 的斜率为（　）

A. $\frac{3}{2}$

B. $-\frac{3}{2}$

C. $\frac{2}{3}$

D. $-\frac{2}{3}$

我们关心的，不是你是否失败了，而是你对失败能否无怨。——林肯

考点解析

例1 点(a, b)关于直线$x-y=0$的对称点是(　　)

A. $(-a, -b)$　　B. $(-b, a)$

C. (b, a)　　D. $(b, -a)$

解:设对称点(x,y),根据两点的中点在直线上及斜率相乘等于-1,

解方程组$\begin{cases}\dfrac{a+x}{2}-\dfrac{b+y}{2}=0\\ \dfrac{y-b}{x-a}\times 1=-1\end{cases}$,解得$\begin{cases}x=b\\ y=a\end{cases}$

答:C

例2 函数$y_1=f(a+x)(a\neq 0)$与$y_2=f(a-x)$的图象关于(　　)

A. 直线$x-a=0$对称　　B. 直线$x+a=0$对称

C. x轴对称　　D. y轴对称

解:令$f(x)=x$,有$f(a+x)=x+a$和$f(a-x)=-x+a$,所以关于y轴对称.

答:D

例3 求点$P(4,5)$关于直线$y=3x+3$的对称点的坐标.

分析:设点P关于直线$y=3x+3$的对称点为P_1,那么直线$y=3x+3$是线段PP_1的垂直平分线,即PP_1垂直于$y=3x+3$,并且PP_1的中点在$y=3x+3$上.利用这两个条件可以列出方程,解出点P_1的坐标.

解:设点P过于直线$y=3x+3$的对称点为$P_1(x_1,y_1)$

因为PP_1垂直于$y=3x+3$,所以$\dfrac{y_1-5}{x_1-4}\times 3=-1$,

即$x_1+3y_1-19=0$.

又因为PP_1的中点坐标为$(\dfrac{x_1+4}{2},\dfrac{y_1+5}{2})$,

所以$\dfrac{y_1+5}{2}=3\times\dfrac{x_1+4}{2}+3$,

即$3x_1-y_1+13=0$.

解方程组$\begin{cases}x_1+3y_1-19=0\\ 3x_1-y_1+13=0\end{cases}$,得$\begin{cases}x_1=-2\\ y_1=7\end{cases}$.

所以,点P关于直线$y=3x+3$的对称点的坐标是$(-2,7)$.

注意:本题的第二个方程,也可根据点P和P_1到直线$y=3x+3$的距离相等列出,

即$\dfrac{|3x_1-y_1+3|}{\sqrt{9+1}}=\dfrac{|3\times 4-5+3|}{\sqrt{9+1}}$.

但这样要解带绝对值符号的方程,比较麻烦.

㉕△ABC三顶点的坐标分别为$A(4,1)$,$B(2,3)$,$C(6,-3)$与AB平行的中位线为MN,则MN的方程为(　　)

A. $x-y-6=0$

B. $x-y+4=0$

C. $x-y-4=0$

D. $x-y-4=0$

㉖点$P(2,4)$关于直线$2x-y+1=0$的对称点为________.

什么叫做失败?失败是到达较佳境地的第一步。——菲里浦斯

例4 (2006.17)若点 P 与点 $Q(1,1)$ 关于直线 $x+2y=8$ 对称,则点 P 的坐标是________.

解:两点关于一条直线对称则两点连线垂直于直线且两点中点在直线上.设 P 点坐标为 (a,b),

列方程 $\begin{cases}\dfrac{b-1}{a-1}\times(-\dfrac{1}{2})=-1\\ \dfrac{a+1}{2}+2\dfrac{b+1}{2}=8\end{cases}\Rightarrow\begin{cases}a=3\\b=5\end{cases}$, P 点坐标为 $(3,5)$.

例5 用轴对称的有关性质求直线方程.

(1)已知直线 $2x-3y+1=0$,分别求它关于原点和点 $P(1,2)$ 成中心对称的直线的方程;

(2)已知直线 $3x+4y-2=0$,求关于① x 轴,② y 轴,③直线 $y=x$ 成轴对称的直线方程;

(3)求直线 $y=x-2$ 关于直线 $y=3x+3$ 对称的直线方程.

解:(1)在已知直线 $2x-3y+1=0$ 上任取两点,

令 $x=0$,则 $y=\dfrac{1}{3}$;令 $y=0$,则 $x=-\dfrac{1}{2}$,

即点 $(0,\dfrac{1}{3})$,点 $(-\dfrac{1}{2},0)$ 就是直线 $2x-3y+1=0$ 上的两点.

它们关于原点的对称点分别是 $(0,-\dfrac{1}{3})$,$(\dfrac{1}{2},0)$.

过这两点的直线方程为 $\dfrac{y}{-\frac{1}{3}}+\dfrac{x}{\frac{1}{2}}=1$,即 $2x-3y-1=0$.

所以直线 $2x-3y-1=0$ 是直线 $2x-3y+1=0$ 关于原点的对称的直线方程.

设已知直线上的两点 $P_1(0,\dfrac{1}{3})$,$P_2(-\dfrac{1}{2},0)$,它们关于点 $P(1,2)$ 中心对称点分别为,$P'_1(x_0,y_0)$,$P'_2(x_1,y_1)$.应用线段中点坐标公式,有

$$\begin{cases}1=\dfrac{x_0}{2}\\ 2=\dfrac{y_0+\frac{1}{3}}{2}\end{cases}\text{和}\begin{cases}1=\dfrac{-\frac{1}{2}+x_1}{2}\\ 2=\dfrac{y_1}{2}\end{cases},\text{即}\begin{cases}x_0=2\\ y_0=\dfrac{11}{3}\end{cases}\text{和}\begin{cases}x_1=\dfrac{5}{2}\\ y_1=4\end{cases}.$$

过点和点的直线方程为 $\dfrac{y-\frac{11}{3}}{4-\frac{11}{3}}=\dfrac{x-2}{\frac{5}{2}-2}$,即 $2x-3y+7=0$.

所以,直线 $2x-3y+7=0$ 是直线 $2x-3y+1=0$ 关于 $P(1,2)$ 对称的直线方程.

㉗已知直线 $l:2x+3y-6=0$,则 l 关于 x 轴对称的直线 l' 的方程________.

㉘直线 l 与 $2x-y=1$,关于 x 轴对称,则直线 l 的方程是( )

A. $x-2y=1$

B. $x+2y=1$

C. $2x+y=1$

D. $2x-y=1$

没有人事先了解自己到底有多大的力量,直到他试过以后才知道。——歌德

注意:求直线方程关于原点成中心对称的直线方程,只需将已知方程中的 y 换成 $-y$, x 换成 $-x$, 即得所求的方程. 如将 $2x-3y+1=0$ 中的 x 换成 $-x$, y 换成 $-y$, 就得所求方程 $2x-3y+1=0$. 本题的解法是一般的方法,对于任意指定的对称的对称中心,都可以用这种方法求解.

(2)① $3x-4y-2=0$, ② $3x-4y+2=0$.

提示:应用例题中的方法.

③解:因为直线 $x=y$ 是一、三象限的角平分线,所以已知直线上的点 $P_1(0,\frac{1}{2})$ 关于直线 $x=y$ 的对称点是 $Q(\frac{1}{2},0)$, 点 $P_2(\frac{2}{3},0)$ 关于直线 $x=y$ 的对称点是 $R(0,\frac{2}{3})$.

$Q(\frac{1}{2},0)$, $R(0,\frac{2}{3})$ 所在直线方程为

$\frac{y}{\frac{2}{3}}+\frac{x}{\frac{1}{2}}=1$, 即 $3y+4x-2=0$.

所以直线 $3x+4y-2=0$ 关于 $x=y$ 轴对称的直线方程为

$3y+4x-2=0$.

注意:求直线关于直线 $x=y$ 成轴对称的直线方程,只要把已知方程中的 x 换成 y, y 换成 x, 即得所求方程. ③题的解法是一般的方法,对于任意指定的对称轴,都可以用这种方法求解.

(3) $7x+y+22=0$.

提示:因为已知直线和对称轴直线的斜率不相等,所以它们相交,所求的对称直线过这个交点,并且对称轴平分所求的直线与已知直线的夹角. 设所求直线的斜率为 k. 于是有

$$\left|\frac{k-3}{1+3k}\right|=\left|\frac{3-1}{1+3\times1}\right|,$$

解得 $k_1=-7$, $k_2=1$ (和已知直线重合,舍去).

解方程组 $\begin{cases}y=x-2\\ y=3x+3\end{cases}$, 得 $\begin{cases}x=-\frac{5}{2}\\ y=-\frac{9}{2}\end{cases}$.

所求直线的斜率 $k=-7$, 并且过点 $(-\frac{5}{2},-\frac{9}{2})$.

㉙光线经过点 $P(2,3)$ 射在直线 $x+y+1=0$ 上,反射后经过点 $Q(3,-2)$, 反射线所在的直线方程是( )

A. $7x-y-11=0$

B. $x-7y-17=0$

C. $5x+y-13=0$

D. $7x+5y+13=0$

㉚两平行直线 $3x+y-3=0$ 与 $6x+my+1=0$, 它们之间的距离为( )

A. 4

B. $\frac{2}{13}\sqrt{13}$

C. $\frac{5}{26}\sqrt{13}$

D. $\frac{7}{20}\sqrt{10}$

对于不屈不挠的人来说,没有失败这回事。——俾斯麦

第十一章　圆与方程

重点提示

圆与方程是体育单招必考题，每年有一小题. 是解曲线的方程的基础. 考生要注意以下考点.

(1)掌握圆的标准方程和一般方程以及直线与圆、圆与圆的位置关系.

(2)能根据圆心坐标和半径；圆上三个点的坐标，求出圆的一般方程.

(3)会利用曲线方程求直线与圆、圆与圆的交点，及弦长等问题.

(4)能利用根的判别式及平面几何中圆的切线的有关定理，求圆的切线方程.

§ 11.1 圆的方程

一、定　义

在平面内到定点 F 的距离等于定长 r 的点的轨迹叫作圆，定点 F 是圆心，定长 r 是圆的半径.

二、圆的标准方程(图 11－1)

圆心在原点，半径为 r 的圆的方程是

$$x^2+y^2=r^2$$

圆心在点 $F(a,b)$，半径为 r 的圆的方程是

$$(x-a)^2+(y-b)^2=r^2$$

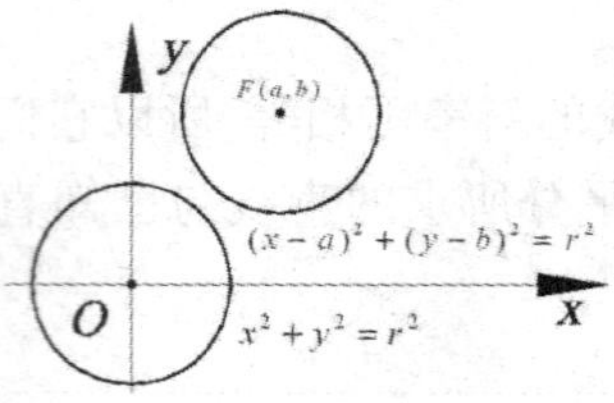

图 11－1

三、圆的一般方程是一个二元二次方程

$$x^2+y^2+Dx+Ey+F=0$$

它的特点是 x^2,y^2 的系数相同，而且没有 xy 项. 通过配方，圆的一般方程可化为标准方程

$$\left(x+\frac{D}{2}\right)^2+\left(y+\frac{E}{2}\right)^2=\frac{D^2}{4}+\frac{E^2}{4}-F$$

其中 $D^2+E^2-4F>0$ 圆心坐标为 $\left(-\frac{D}{2},-\frac{E}{2}\right)$,

半径 $r=\frac{\sqrt{D^2+E^2-4F}}{2}$.

四、圆的参数方程

$$\begin{cases}x=r\cos\theta\\y=r\sin\theta\end{cases}\qquad\begin{cases}x=a+r\cos\theta\\y=b+r\sin\theta\end{cases}$$

互动练习

①已知点圆心坐标(2,3)，半径是5的圆方程________.

②已知直线 $y=x+b$ 过圆 $x^2+y^2+4x-2y-4=0$ 的圆心，那么 b 为________.

③当 $k=$ ________时，直线 $x-2y-2k=0$ 与直线 $2x-3y-k=0$ 的交点在曲线 $x^2+y^2=9$ 上.

要成功不需要什么特别的才能，只要把你能做的小事做得好就行了。——维龙

考点解析

例 1 填空题

(1)已知点 $A(-1,-7)$，$B(5,1)$，则以 AB 为直径的圆的方程是________.

解：由已知，设 AB 中点(即圆心)坐标为 (x_0,y_0)，可得

$x_0=\frac{-1+5}{2}=2$，$y_0=\frac{-7+1}{2}=-3$，∴ 圆心坐标 $(2,-3)$.

$$|AB|=\sqrt{(x_1-x_2)^2+(y_1-y_2)^2}$$
$$=\sqrt{(-1-5)^2+(-7-1)^2}=10.\ \therefore\ r=5.$$

∴ 方程是 $(x-2)^2+(y+3)^2=25$.

(2)已知圆 $(x+2)^2+(y+5)^2=41$ 与 x 轴交于 A、B 两点，则弦 AB 的长等于________.

解：∵ 与 x 轴交于 A、B 两点，∴ $y=0$，推出 $(x+2)^2+(0+5)^2=41$，可得 $(x+2)^2=16\Rightarrow(x+2)=\pm4\Rightarrow x=-6$，$x=2$.

$|AB|=|-6-2|=8$ 或 $|AB|=\sqrt{(-6-2)^2+(0-0)^2}=8$.

(3)到原点距离为 3 的点的轨迹方程为________.

解：由已知，$r=3$，∴ 轨迹方程为 $x^2+y^2=9$.

(4)圆 $x^2+y^2-4x+2y=0$ 的参数方程是________.

解：由已知，$(x-2)^2+(y+1)^2=5$，圆心坐标为 $(2,-1)$，即 $x=2+\sqrt{5}\cos\alpha$，$y=-1+\sqrt{5}\sin\alpha$.

例 2 圆 $x^2+y^2-4x+6y-3=0$ 上到 x 轴距离等于 1 的点有________.(图 11－2)

解法一：由已知，可得

$(x-2)^2+(y+3)^2=16$，

到 x 轴距离等于 1 的点是 $y=\pm1$ 时.

当 $y=1$ 时，$x=2$；

$y=-1$ 时，$x=2\pm2\sqrt{3}$.

共有三个的点.

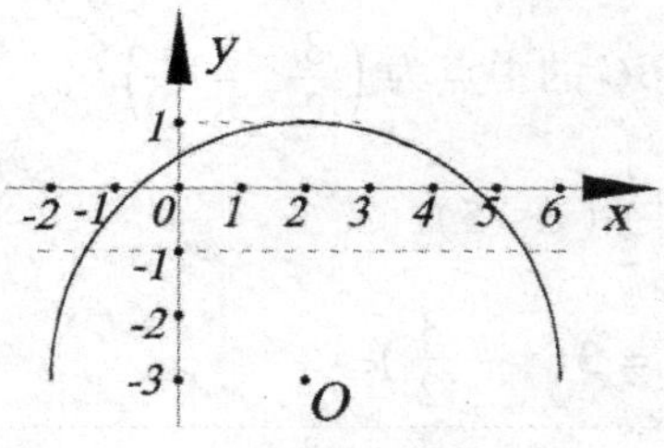

图 11－2

解法二：由已知，圆的圆心为 $(2,-3)$，半径为 $r=4$，可得 $(x-2)^2+(y+3)^2=16$. 画出圆的图形可以看出，在 x 轴下方符合要求的有两个点，在 x 轴上方符合要求的有一个点，共有三个的点.

例 3 已知曲线方程是 $2x^2-y^2-4x+6y-8=0$，那么在这条曲线上的点是( )

A. $(1,2)$ B. $(-1,3)$ C. $(2,4)$ D. $(1,-2)$

解：由已知，得 $2(x-1)^2-(y-3)^2=1$，把 A,B,C,D 分别代入曲线方程中，可知 C 符合题意要求.

答：C

④圆 $x^2+y^2-4x+2y=0$ 的参数方程是________.

⑤圆 $x^2-y^2+4x-6y+9=0$ 的圆心坐标和半径分别是( )

A. $(2,3)$，3

B. $(-2,3)$，3

C. $(-2,3)$，4

D. $(-2,3)$，2

⑥圆 $x^2+y^2+4x-6y-3=0$ 的圆心到直线 $x+y+5=0$ 的距离是________.

成功的唯一秘诀——坚持最后一分钟。——柏拉图

例4 直线 $y=x+b$ 过圆 $x^2+y^2-4x+2y-4=0$ 的圆心,那么 b 的值为(　　)

A. 2　　B. 3　　C. -2　　D. -3

解:由已知,得 $(x-2)^2+(y+1)^2=9$,圆心坐标 $(2,-1)$

代入 $y=x+b\Rightarrow -1=2+b\Rightarrow b=-3$.

答:D

例5 已知△ABC的三个顶点坐标分别是 A(4,1),B(6,−3),C(−3,0),求△ABC的外接圆的方程.(图11−3)

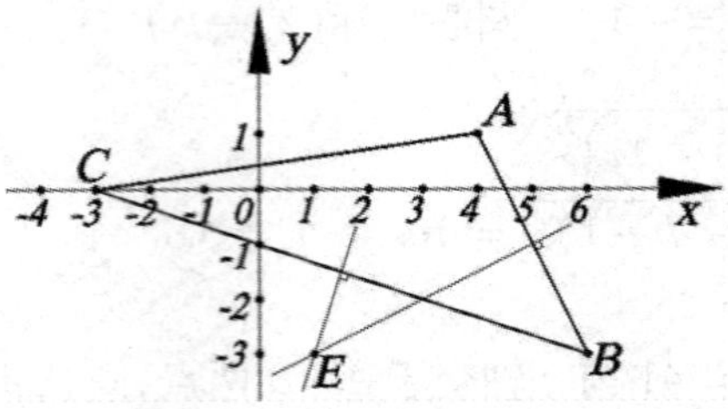

图11−3

方法一:设所求圆的方程是

$(x-a)^2+(y-b)^2=r^2$ ①

∵ A(4,1),B(6,−3),C(−3,0)都在圆上,

∴ 它们的坐标都满足方程①,于是

$$\begin{cases}(4-a)^2+(1-b)^2=r^2\\(6-a)^2+(-3-b)^2=r^2\\(-3-a)^2+(0-b)^2=r^2\end{cases},\text{解得}\begin{cases}a=1\\b=-3\\r^2=25\end{cases}.$$

△ABC的外接圆的方程是 $(x-1)^2+(y+3)^2=25$.

方法二:∵ △ABC外接圆的圆心既在AB的垂直平分线上,也在BC的垂直平分线上,先求AB、BC垂直平分线方程,它们的交点坐标就是圆心坐标,

$$K_{AB}=\frac{-3-1}{6-4}=-2,K_{BC}=\frac{0-(-3)}{-3-6}=-\frac{1}{3}.$$

线段AB的中点为(5,−1),线段BC的中点为 $\left(\frac{3}{2},-\frac{3}{2}\right)$.

AB的垂直平分线方程为 $y+1=\frac{1}{2}(x-5)$. ①

BC的垂直平分线方程为: $y+\frac{3}{2}=3(x-\frac{3}{2})$. ②

解由①②联立的方程组可得 $\begin{cases}x=1\\y=-3\end{cases}$.

△ABC的外接圆的圆心为 $E(1,-3)$.

半径 $r=|AE|=\sqrt{(4-1)^2+(1+3)^2}=5$,

故△ABC的外接圆的方程是 $(x-1)^2+(y+3)^2=25$.

方法一用的是待定系数法,方法二利用了圆的几何性质.这个问题也体现了解析几何的数形结合的思想,解析几何大多数问题利用代数方法即可解决,但合理地利用几何性质化简计算,常能起到事半功倍的效果.

⑦已知圆 $x^2+y^2=16$,求 $x+y$ 的最大值和最小值________.

⑧圆 $x^2+y^2-4x+6y-3=0$ 上到 x 轴上的距离等于1的点有(　　)

A. 1个　　B. 2个

C. 3个　　D. 4个

⑨设圆的圆心在直线 $x+y+6=0$ 上,并且它在 x 轴和 y 轴上截得的弦长都是8,那么该圆的方程为(　　)

A. $(x+3)^2+(y+3)^2=13$

B. $(x+3)^2+(y+3)^2=25$

C. $(x-3)^2+(y-3)^2=13$

D. $(x-3)^2+(y-3)^2=25$

⑩在圆心为 O,半径为15的圆内有一点 P,若 $OP=12$,则在过 P 点的弦中,长度为整数的有(　　)条

A. 14　B. 13　C. 12　D. 11

只有胜利才能生存,只有成功才有代价,只有耕耘才有收获。——佚名

§ 11.2 点、直线、圆与圆位置关系

一、点与圆的位置关系.

点 $P(x_0,y_0)$ 与圆 $f(x,y)=x^2+y^2+Dx+Ey+F=0$ 的位置关系：

(一) p 在圆上 $\Leftrightarrow f(x_0,y_0)=0$；

(二) p 在圆外 $\Leftrightarrow f(x_0,y_0)>0$；

(三) p 在圆内 $\Leftrightarrow f(x_0,y_0)<0$.

二、圆的切线方程.

经过圆 $x^2+y^2=r^2$ 上一点 $P(x_0,y_0)$ 的切线方程是：

$$x_0x+y_0y=r^2.$$ 可推出下式

经过圆 $(x-a)^2+(y-b)^2=r^2$ 上一点 $P(x_0,y_0)$ 的切线方程是：

$(x_0-a)\cdot(x-a)+(y_0-b)\cdot(y-b)=r^2$

三、圆与圆的位置关系(圆心距为 d).

(一)内含：$d<R-r$；

(二)内切：$d=R-r$；

(三)相交：$R-r<d<R+r$；

(四)外切：$d=R+r$；

(五)相离：$d>R+r$.

四、圆 $x^2+y^2+D_1x+E_1y+F_1=0$ 和 $x^2+y^2+D_2x+E_2y+F_2=0$ 的公共弦所在的方程为

$(D_1-D_2)x+(E_1-E_2)y+(F_1-F_2)=0$

五、直线与圆的位置关系.

(一)相离：$d>r,\triangle<0$，没有公共点；

(二)相切：$d=r,\triangle=0$，只有一个公共点；

(三)相交：$d<r,\triangle>0$，有两个公共点.

六、点、直线、圆与圆的距离的最值问题.

$d_{\min}=$ 心距 $-$ 半径 $=d-r$；$d_{\max}=$ 心距 $+$ 半径 $=d+r$，心距是点与圆心、直线与圆心、圆心与圆心的距离.

考点解析

例 1　选择题

(1)圆 $(x-1)^2+y^2=1$ 的圆心到直线 $y=\frac{\sqrt{3}}{3}x$ 的距离是(　　)

A. $\frac{1}{2}$　　B. $\frac{\sqrt{3}}{2}$　　C. 1　　D. $\sqrt{3}$

解：由已知，圆心坐标(1,0)，$\therefore\ d=\dfrac{\left|-\frac{\sqrt{3}}{3}\times1+0\right|}{\sqrt{(-\frac{\sqrt{3}}{3})^2+1^2}}=\dfrac{1}{2}$.

答：A

⑪设点 (x_0,y_0) 在圆 $C:x^2+y^2=1$ 的内部，则直线 $l:x_0x+y_0y=1$ 和圆 C(　　)

A. 不相交

B. 有两个距离小于 2 的交点

C. 有一个交点

D. 有两个距离等于 2 的交点

⑫设一个圆的圆心为 $P(6,m)$，该圆与坐标轴交于 $A(0,-4)$，$B(0,-12)$ 两点，则 P 到坐标原点的距离是(　　)

A. $\sqrt{13}$

B. 8

C. 10

D. $10\sqrt{2}$

⑬两圆 $x^2+y^2-2y=0$ 与 $x^2+y^2-8y+12=0$(　　)

A. 外切

B. 内切

C. 相交

D. 相离

只有把抱怨环境的心情，化为上进的力量，才是成功的保证。——罗曼·罗兰

(2)直线 $x+y=1$ 与圆 $x^2+y^2-2ay=0(a>0)$ 没有公共点，则 a 的取值范围(　　)

A. $(0,\sqrt{2}-1)$　　B. $(\sqrt{2}-1,\sqrt{2}+1)$

C. $(-\sqrt{2}-1,\sqrt{2}+1)$　　D. $(0,\sqrt{2}+1)$

解：由已知，得 $x^2+(y-a)^2=a^2(a>0)$，半径 a 的圆心 $(0,a)$，到直线 $x+y=1$ 的距离 d 大于 a，

$d=\frac{|0+a-1|}{\sqrt{1^2+1^2}}=\frac{|a-1|}{\sqrt{2}}>a\Rightarrow|a-1|>\sqrt{2}a$，

得 $a<\sqrt{2}-1$ 或 $a<-\sqrt{2}-1$（已知 $a>0$，舍去），

$\therefore 0<a<\sqrt{2}-1$.

答：A

(3)圆 $(x-1)^2+(y+\sqrt{3})^2=1$ 的切线方程中有一个是(　　)

A. $x-y=0$　　B. $x+y=0$　　C. $x=0$　　D. $y=0$

解：设直线 $ax+by=0$ 与 $(x-1)^2+(y+\sqrt{3})^2=1$ 相切，则圆心到切线的距离 $d=\frac{|a-\sqrt{3}b|}{\sqrt{a^2+b^2}}=1$，化简得 $(b-\sqrt{3}a)b=0$，

$b=\sqrt{3}a, b=0\Rightarrow x=0$.

答：C

例2　已知两圆 $x^2+y^2-10x-10y=0$，$x^2+y^2+6x-2y-40=0$，求：(1)它们的公共弦所在直线的方程；

(2)公共弦长.

解：(1) $x^2+y^2-10x-10y=0$　　①

$x^2+y^2+6x-2y-40=0$　　②

② - ①得 $2x+y-5=0$ 为公共弦所在直线的方程.

(2)由已知，方程①的半径是 $\sqrt{50}$，圆心坐标为(5,5)，设圆心到公共弦所在直线的距离为 d，$d=\frac{|2\times5+5-5|}{\sqrt{2^2+1^2}}=2\sqrt{5}$.

设公共弦长为 l，弦长的一半为 $\frac{l}{2}$.

$\because \frac{l}{2}=\sqrt{R^2-d^2}=\sqrt{50-20}=\sqrt{30}$，

$\therefore$ 公共弦长为 $2\sqrt{30}$.

例3　位置关系

(1)两圆 $x^2+y^2=1$ 和 $x^2+y^2-4x=0$ 的位置关系是(　　)

A.外切　　B.内切　　C.相交　　D.相离

解：由已知，$R_1=1$，$R_2=2$，圆心坐标为 (0,0)，(2,0)，

圆心距 $d=2$. $\because R_2-R_1<d<R_1+R_2$，

$\therefore$ 两圆相交.

答：C

⑭ $x^2+y^2=1$ 和 $x^2+y^2-4x=0$ 两圆的位置关系是(　　)

A.外切

B.内切

C.相交

D.相离

⑮若三角形的三边分别为3,4,5，则其外接圆直径的长等于(　　)

A.3

B.4

C.5

D.6

⑯过点 $P(0,2)$ 作圆 $x^2+y^2=1$ 的切线 PA,PB，A,B 是两个切点，则 AB 所在直线方程为(　　)

A. $x=-\frac{1}{2}$

B. $y=-\frac{1}{2}$

C. $x=\frac{1}{2}$

D. $y=\frac{1}{2}$

胜利者往往是从坚持最后五分钟的时间中得来成功。——牛顿

(2)圆 $x^2+y^2=16$ 和 $x^2+y^2-6x+8y+24=0$ 的位置关系是

A. 相离　　B. 相切　　C. 相交　　D. 内含

解:由已知得, $R_1=4$, $R_2=1$ 圆心坐标为 $(0,0)$, $(3,-4)$,

圆心距 $d=\sqrt{3^2+(-4)^2}=5$, $d=R_1+R_2$, ∴ 两圆相切.

答:B

(3)(2009.6)已知斜率为 -1 的直线 l 过坐标原点,则 l 被圆 $x^2+4x+y^2=0$ 所截得弦长(　　)

A. $\sqrt{2}$　　B. $\sqrt{3}$　　C. $2\sqrt{2}$　　D. $2\sqrt{3}$

解:由已知,圆的方程 $(x+2)^2+y^2=4$, 圆心坐标 $(-2,0)$,

半径 $R=2$, 直线 l: $y=-x$, 圆心到直线的距离

$d=\dfrac{|-2+0|}{\sqrt{1+(-1)^2}}=\sqrt{2}$. 设弦长为 L, ∴ $(\dfrac{L}{2})^2+d^2=R^2$.

由几何关系得弦长 $L=2\sqrt{R^2-d^2}=2\sqrt{2}$.

答:C

(4)已知圆的方程为 $x^2+y^2+2x-8y+8=0$ 过 $P(2,0)$ 作该圆的一条切线,切点为 A, 则 PA 的长度为(　　).(图 11－4)

A. 4　　B. 8　　C. 10　　D. 16

解:由已知,得圆方程为

$(x+1)^2+(y-4)^2=9$,

圆心 O 点坐标 $(-1,4)$, $R=3$,

$OP=\sqrt{(-1-2)^2+4^2}=5$.

由几何关系 $PA=\sqrt{OP^2-R^2}=4$.

答:A

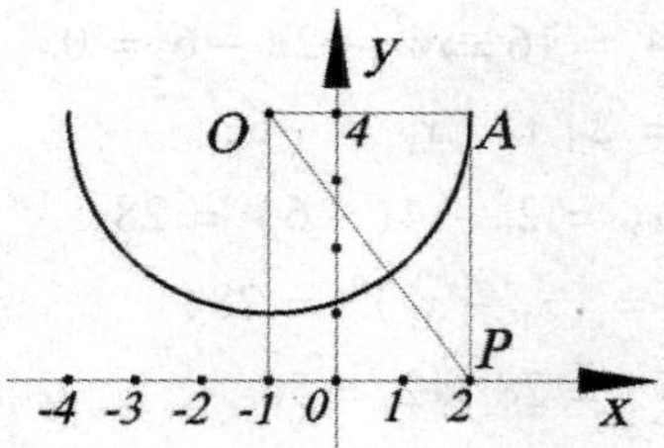

图 11－4

注:直线与圆相切可以有两种方式转化:

几何方法:圆心到直线的距离等于半径;圆心到定点的距离;定点到切点的距离,三线构成直角三角形.

代数方法:直线与圆的方程所组的方程组有唯一解,从而转化成判别式等于零来解.

例 4　(2008.20)过点(0,2)的直线 l 与圆 $x^2+y^2-2x-3=0$ 不相交,则直线 l 的斜率 k 的取值范围是________.

解:由已知,圆心坐标 $(1,0)$, 半径 $R=2$.

设直线 l: $y=kx+2$. l 与圆 $x^2+y^2-2x-3=0$ 不相交,

则圆心到直线的距离 $d>R$.

$\therefore d=\dfrac{|k+2|}{\sqrt{1+k^2}}>R=2$,

$\therefore |k+2|>2\sqrt{1+k^2}$.

解得 $0<k<\dfrac{4}{3}$.

⑰过 $M(2,4)$ 向圆 $(x-1)^2+(y+3)^2=1$ 作切线,则切线方程为________.

⑱直线 $x-2y+5=0$ 与圆 $x^2+y^2=25$ 相交截得的弦长为________.

⑲在圆 $x^2+y^2=4$ 上与直线 $4x+3y-12=0$ 的距离最小的点的坐标为(　　)

A. $(\dfrac{8}{5},-\dfrac{6}{5})$

B. $(\dfrac{8}{5},\dfrac{6}{5})$

C. $(-\dfrac{8}{5},\dfrac{6}{5})$

D. $(-\dfrac{8}{5},-\dfrac{6}{5})$

⑳圆 $x^2+y^2-4x=0$ 在点 $P(1,\sqrt{3})$ 处的切线方程为(　　)

A. $x+\sqrt{3}y-2=0$

B. $x+\sqrt{3}y-4=0$

C. $x-\sqrt{3}y+4=0$

D. $x-\sqrt{3}y+2=0$

如果你问一个善于溜冰的人怎样获得成功时,他会告诉你:“跌倒了,爬起来”,这就是成功。——牛顿

例 5 求经过圆 $x^2+y^2=41$ 外的一点 $P(1,9)$ 与圆相切的直线方程.

解:方法一:设过点 $P(1,9)$ 与圆相切的直线方程的斜率为 k,该方程为 $y=k(x-1)+9$,∴ 圆心到直线的距离等于半径,

即 $\frac{|-k+9|}{\sqrt{k^2+1}}=\sqrt{41}$,解得 $k=-\frac{5}{4}$ 或 $\frac{4}{5}$.

∴ 点 $P(1,9)$ 与圆相切的直线方程 $4y+5x=41$; $5y-4x=41$.

解:方法二:设切点的坐标为 (x_0,y_0),则 (x_0,y_0) 应该满足方程组

① $x_0^2+y_0^2=41$,② $x_0+9y_0=41$,

将②代入①得 $(y_0-4)(y_0-5)=0$,得 $y_0=4$ 或 $y_0=5$,

将 y_0 值代入②得 $x_0=5$ 或 $x_0=-4$.

∴ 点 $P(1,9)$ 与圆相切的直线方程 $4y+5x=41$; $5y-4x=41$.

注:方法二用的是待定系数法,方法一利用了圆的几何性质. 也体现了解析几何的数形结合的思想,解析几何大多数问题利用代数方法即可解决,但合理地利用几何性质化简计算,常能起到事半功倍的效果.

例 6 设直线 $y=x-2$ 与圆 $x^2+y^2=16$ 交于 A、B 两点,如图 11-5 所示,求:(1)弦 AB 的长;(2)圆心 O 到直线 $y=x-2$ 的距离;(3)求△ OAB 的面积.

解:(1)将直线方程 $y=x-2$ 代入圆方程 $x^2+y^2=16$,得

$x^2+(x-2)^2=16 \Rightarrow 2x^2-4x+4=16 \Rightarrow x^2-2x-6=0$.

由韦达定理,$x_1+x_2=-(-2)=2$,$x_1\cdot x_2=-6$,

$(x_1-x_2)^2=(x_1+x_2)^2-4x_1\cdot x_2=2^2-4(-6)=28$,

$(y_1-y_2)^2=(x_1-2-x_2+2)^2=(x_1-x_2)^2=28$,

$|AB|^2=(x_1-x_2)^2+(y_1-y_2)^2=28\times 2=56$.

∴ $|AB|=2\sqrt{14}$.

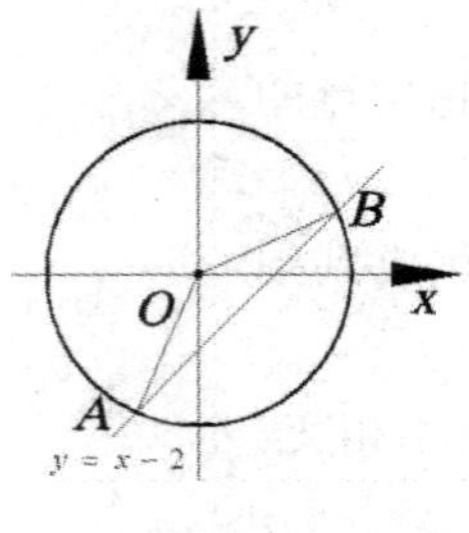

图 11-5

解:(2)圆心 O 到直线 $x-y-2=0$ 的距离

$$d=\frac{|1\times 0-1\times 0-2|}{\sqrt{1^2+(-1)^2}}=\frac{2}{\sqrt{2}}=\sqrt{2}.$$

解:(3)设△ OAB 的面积 S,底为 $|AB|$,高是 d,

$$S=\frac{1}{2}\cdot|AB|\cdot d=\frac{1}{2}\cdot 2\sqrt{14}\cdot\sqrt{2}=2\sqrt{7}.$$

㉑圆心在直线 $2x-y-7=0$ 上的圆 C 与 y 轴交于 $A(0,-4)$,$B(0,-2)$ 两点,则圆 C 的方程为________.

㉒由点 $M(5,3)$ 向圆 $x^2+y^2-2x+6y+9=0$ 所引切线长是(　　)

A. $\sqrt{51}$

B. $\sqrt{3}$

C. 51

D. 1

㉓直线 $\sqrt{3}x+y-2\sqrt{3}=0$,截圆 $x^2+y^2=4$ 所得的劣弧所对圆心角为(　　)

A. $\frac{\pi}{6}$

B. $\frac{\pi}{4}$

C. $\frac{\pi}{3}$

D. $\frac{\pi}{2}$

本来无望的事,大胆尝试,往往能成功。——莎士比亚

第十二章 圆锥曲线

重点提示

圆锥曲线是单招考试的重点，每年有一道大题和两个小题，共 30 分.

(1)掌握椭圆、双曲线、抛物线的标准方程和性质，会根据定义求出它们的方程.

(2)利用代数方法解决一些有关椭圆、双曲线、抛物线的具体问题.

(3)了解曲线和方程的关系，会求曲线与直线的交点及交点间的距离.

(4)了解参数方程的概念，理解圆和椭圆的参数方程.

§ 12.1 椭　圆

一、定　义

第一定义：平面内到两个定点 F_1 、F_2 的距离的和等于常数($2a$) 的点的轨迹叫作椭圆. 两个定点 F_1 、F_2 叫作椭圆的焦点，两焦点的距离叫作焦距，$2a$ 是长轴. 若 P 点为椭圆上任意一点，则有 $|PF_1|+|PF_2|=2a$.

第二定义：平面内到定点(焦点)的距离与它到定直线 l (准线方程 $\pm\frac{a^2}{c}$)的距离的比为常数 $e(0<e<1)$ 的点的轨迹叫作椭圆.

二、椭圆的标准方程和性质(表 12－1)

表　12－1

标准方程	$\frac{x^2}{a^2}+\frac{y^2}{b^2}=1(a>b>0)$	$\frac{x^2}{b^2}+\frac{y^2}{a^2}=1(a>b>0)$
图形	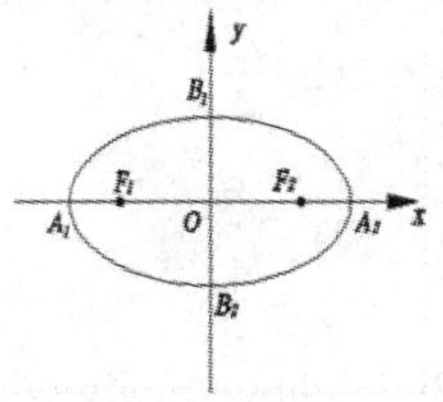	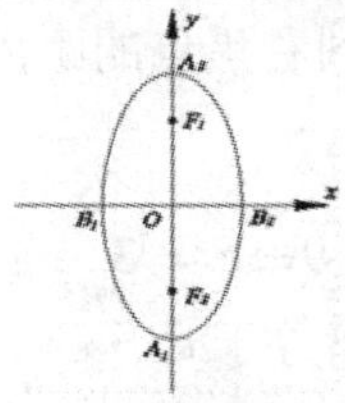
顶点	$A_1(-a,0)A_2(a,0)$ $B_1(0,-b)B_2(0,b)$	$A_1(0,-a)A_2(0,a)$, $B_1(-b,0)B_2(b,0)$.
焦点	$F_1(-c,0),F_2(c,o)$	$F_1(0,-c),F_2(0,c)$
焦距	$|F_1F_2|=2c(c>0)$　　$c^2=a^2-b^2$	
离心率	$e=\frac{c}{a}(0<e<1)$	
准线	$x=\pm\frac{a^2}{c}$	$y=\pm\frac{a^2}{c}$

互动练习

①椭圆 $x^2+\frac{y^2}{5}=1$ 的焦点坐标是______，离心率 $e=$ ______，准线方程是________.

②已知椭圆 $\frac{x^2}{4}+\frac{y^2}{m^2}=1$ 过点 $(\sqrt{3},-2)$，那么这个椭圆的焦距是________.

③已知椭圆的焦距等于短轴长，那么这个椭圆的离心率等于____.

生命如流水，只有在他的急流与奔向前去的时候，才美丽，才有意义。——张闻天

三、椭圆的参数方程

$$\begin{cases}x = a\cos\theta \\ y = b\sin\theta\end{cases}$$

考点解析

例 1 已知椭圆的中心在原点,一个焦点为 $F(-2\sqrt{3},0)$,且长轴长是短轴长的 2 倍,则该椭圆的标准方程是________.

解:由已知,焦点为 $F(-2\sqrt{3},0)$,$c = 2\sqrt{3}$,$a = 2b$

代入 $a^2 = b^2 + c^2$,得 $(2b)^2 = b^2 + (2\sqrt{3})^2 \Rightarrow 3b^2 = 12 \Rightarrow b^2 = 4$,

$a^2 = c^2 + b^2 = (2\sqrt{3})^2 + 4 = 16$.

$\therefore$ 椭圆的标准方程是 $\dfrac{x^2}{16} + \dfrac{y^2}{4} = 1$.

例 2 椭圆的中心为点 $E(-1,0)$,它的一个焦点为 $F(-3,0)$,相应于焦点 F 的准线方程为 $x = -\dfrac{7}{2}$,则这个椭圆的方程是________.

解:如图 12-1 所示,

$\because$ 椭圆的中心为点 $E(-1,0)$,

它的一个焦点为 $F(-3,0)$,

$\therefore$ 半焦距 $c = 2$. 又相应于焦点 F 的准线方程为 $x = -\dfrac{7}{2}$,

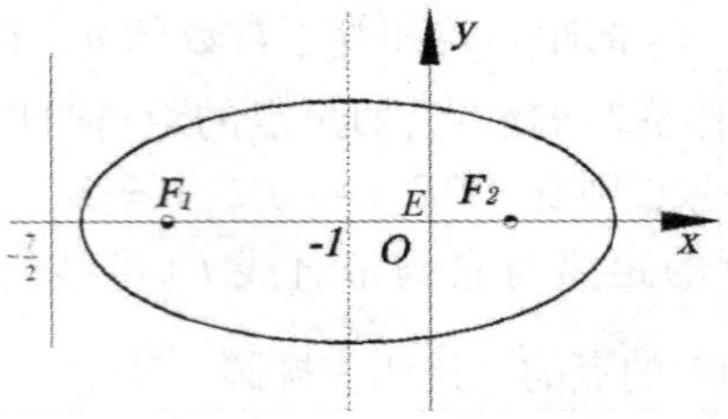

图 12-1

$\therefore \dfrac{a^2}{c} = \dfrac{5}{2}$,$\therefore a^2 = 5$.

$\because a^2 = c^2 + b^2$,$\therefore b^2 = 1$,

$\therefore$ 这个椭圆的方程是 $\dfrac{(x+1)^2}{5} + y^2 = 1$.

例 3 已知点 M 在椭圆 $\dfrac{x^2}{25} + \dfrac{y^2}{16} = 1$ 上,它到右焦点的距离为 3,那么它到左准线的距离________.

解:由已知,$a^2 = b^2 + c^2 \Rightarrow c^2 = 25 - 16 = 9 \Rightarrow c = 3$.

$\because$ M 到右焦点的距离比 M 到右准线的距离等于 e,

$\therefore \dfrac{MF}{ML} = e = \dfrac{c}{a} = \dfrac{3}{5}$.　$\because$ M 到右焦点的距离为 3,　$\therefore ML = 5$.

$\because$ 右准线到左准线的距离是 $2 \times \dfrac{a^2}{c} = 2 \times \dfrac{25}{3} = \dfrac{50}{3}$,

$\therefore$ 点 M 到左准线的距离 $2 \times \dfrac{25}{3} - 5 = \dfrac{35}{3}$.

注:求椭圆的方程首先应清楚椭圆的定义,还要知道椭圆中一些几何要素与椭圆方程间的关系,这些要素包括焦点、顶点、长轴、短轴、离心率、准线等.

④已知椭圆的长轴与短轴之比为 5:3,那么这个椭圆的离心率是________.

⑤椭圆等 $\dfrac{x^2}{4} + y^2 = 1$,已知短轴上一个顶点为 A,且 $\angle F_1AF_2 = \dfrac{2}{3}\pi$,那么 A 与 F_1,F_2 组成的三角形的周长是________.

⑥如果椭圆的焦点等于它的短轴长,那么这个椭圆的离心率是(　　)

A. $\dfrac{\sqrt{2}}{2}$

B. $\dfrac{\sqrt{3}}{2}$

C. $\dfrac{\sqrt{2}}{4}$

D. $\dfrac{\sqrt{3}}{4}$

人生天地之间,若白驹过隙,忽然而已。——庄子

例 4 在给定椭圆中，过焦点且垂直于长轴的弦长为 $\sqrt{2}$，焦点到相应准线的距离为 1，则该椭圆的离心率为________.（图 12－2）

解：方法一：不妨设椭圆方程

$\frac{x^2}{a^2}+\frac{y^2}{b^2}=1(a>b>0)$，

则 $\frac{2b^2}{a}=\sqrt{2}$，且 $\frac{a^2}{c}-c=1$，

据此求出 $e=\frac{\sqrt{2}}{2}$.

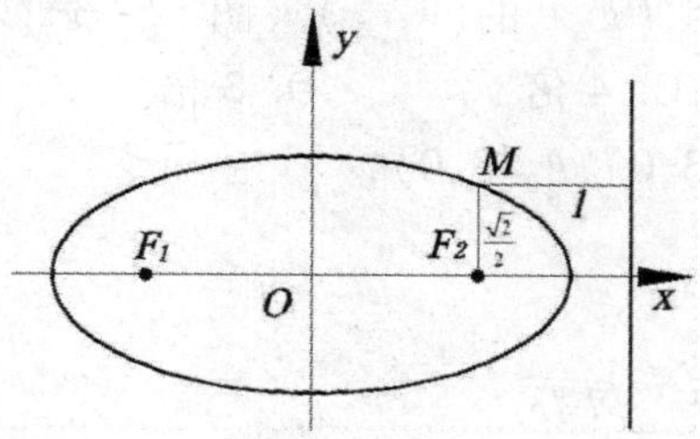

图 12－2

方法二：根据第二定义可知，设一个交点为 M，M 到焦点的距离为 $\frac{\sqrt{2}}{2}$，M 到相应准线的距离为 1，据此求出 $e=\frac{\sqrt{2}}{2}$.

例 5 设椭圆 $\frac{x^2}{a^2}+\frac{y^2}{b^2}=1(a>b>0)$，的右焦点为 F_1，右准线为 l_1，若过 F_1 且垂直于 x 轴的弦长等于点 F_1 到 l_1 的距离，则椭圆的离心率是________.

解：方法一：由题意知过 F_1 且垂直于 x 轴的弦长 $\frac{2b^2}{a}$，

$\frac{2b^2}{a}=\frac{a^2}{c}-c. \therefore \frac{2}{a}=\frac{1}{c}. \therefore \frac{c}{a}=\frac{1}{2}$，即 $e=\frac{1}{2}$.

方法二：根据第二定义可知，设一个交点为 M，M 到 l_1 的距离为 L，

M 到焦点的距离为 $\frac{L}{2}$，即 $e=\frac{1}{2}$.

注：例 4、例 5 题主要考查了椭圆的定义和离心率等概念，准确理解好这些概念的实质是解题的关键．通常利用椭圆的第一定义求点到焦点的距离，利用第二定义将点到焦点的距离转化为到准线的距离．

例 6 动点 $M(x,y)$ 到两定点 $F_1(0,-4)$ 和 $F_2(0,4)$ 的距离之和等于 12，则动点 M 的轨迹方程是________.

解：根据题意，$c=4, c^2=16$；$2a=12, a^2=36$；$b^2=a^2-c^2=20$

$\because$ 两焦点在 y 轴上，$\therefore$ 轨迹方程是 $\frac{y^2}{36}+\frac{x^2}{20}=1$.

例 7 已知椭圆 $\frac{x^2}{9}+\frac{y^2}{25}=1$，那么椭圆上任一点 P 与两焦点 F_1、F_2 构成的 $\triangle PF_1F_2$ 的周长等于________.

解：椭圆上任一点 P 与两焦点 F_1、F_2 距离之和为 $2a=10$ $(a^2=25)$.

$\because c^2=a^2-b^2=25-9=16, \therefore 2c=8$，

$\triangle PF_1F_2$ 的周长等于 $2a+2c=10+8=18$.

⑦椭圆 $\frac{x^2}{2}+y^2=1$ 的 2 个焦点分别为 F_1, F_2 若过 F_2 作倾斜角 $\frac{\pi}{4}$ 的弦 AB，那么 $\triangle F_1AB$ 的面积为（　　）.

A. $\frac{4}{3}\sqrt{3}$　　B. $\frac{2}{3}\sqrt{3}$

C. $\frac{4}{3}$　　D. $\frac{3}{4}\sqrt{2}$

⑧椭圆 $16x^2+9y^2=144$ 的焦点在______轴上，椭圆上任意一点到两个焦点距离之和是______.

⑨椭圆 $\frac{x^2}{a^2}+\frac{y^2}{b^2}=1$ 的左焦点是 $F(-c,C)$，如果 F 与椭圆上点的最大距离为 M，最小距离为 m，椭圆上与 F 点距离为 $\frac{M+m}{2}$ 的点是（　　）

A. $(-c, \pm\frac{b^2}{a})$

B. $(\pm a, 0)$

C. $(0, = b)$

D. $(c, \pm\frac{b^2}{a})$

你热爱生命吗？那么别浪费时间，因为时间是构成生命的材料。——富兰克林

例 8 椭圆 $\frac{x^2}{12}+\frac{y^2}{3}=1$ 的焦点为 F_1 和 F_2，点 P 在椭圆上. 如果线段 PF_1 的中点在 y 轴上,那么 $|PF_1|$ 是 $|PF_2|$ 的(　　). (图 12－3)

A. 7 倍　　B. 5 倍　　C. 4 倍　　D. 3 倍

解:如图 12－3,由已知,设 $F_1(-3,0)$, $F_2(3,0)$,

由条件得 $P(3,\pm\frac{\sqrt{3}}{2})$,

即 $|PF_2|=\frac{\sqrt{3}}{2}$, $|PF_1|=\frac{\sqrt{147}}{2}=\frac{7\sqrt{3}}{2}$.

$\therefore |PF_1|=7|PF_2|$.

答:A

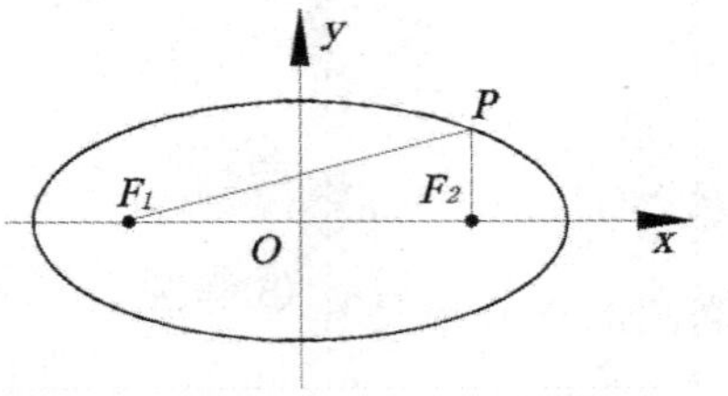

图 12－3

例 9 (2009. 18)本题满分 18 分

中心在原点,焦点在 x 轴的椭圆 C 的左右焦点分别是 F_1, F_2, 斜率为 1 的直线 l 过 F_2, 且 F_1 到直线 l 的距离等于 $2\sqrt{2}$. (图 12－4)

(1) 求 l 的方程;

(2) l 与 C 交点 A,B 的中点为 M, 已知 M 到 x 轴的距离等于 $\frac{3}{4}$, 求 C 的方程和离心率.

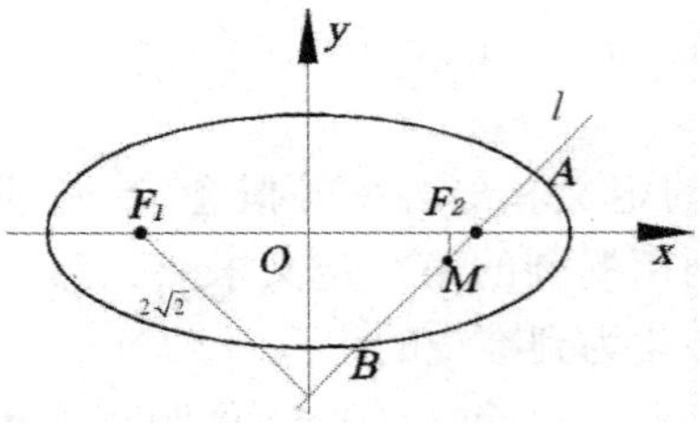

图 12－4

解:(1) 设 $F_1(-c,0)$, $F_2(c,0)$ 其中 $c>0$, 有题可知

l: $y=x-c$; F_1 到 l 的距离为 d.

$d=\frac{|-c-0-c|}{\sqrt{2}}=2\sqrt{2}$,

即 $|2c|=4$, 得 $c=2$. $\therefore$ l 的方程为 $y=x-2$.

(2)设 C 的方程为 $\frac{x^2}{a^2}+\frac{y^2}{b^2}=1(a>b>0)$.

由 $y=x-2$ 代入 $b^2x^2+a^2y^2=a^2b^2$

消去 y 得到的方程 $(a^2+b^2)x^2-4a^2x+4a^2-a^2b^2=0$.

设 $A(x_1,y_1)$, $B(x_2,y_2)$, 则有 $x_1+x_2=\frac{4a^2}{a^2+b^2}$.

$M(x_M,y_M)$ 的坐标满足:

$x_M=\frac{x_1+x_2}{2}=\frac{2a^2}{a^2+b^2}$, $y_M=x_M-2=-\frac{2b^2}{a^2+b^2}$.

⑩已知椭圆经点 (3,0), 中心为原点,对称轴为坐标轴,且长轴与短轴之比为 3:1, 那么该椭圆的方程为(　　)

A. $x^2+\frac{y^2}{9}=1$

B. $\frac{x^2}{9}+y^2=1$

C. $\frac{x^2}{9}+\frac{y^2}{81}=1$ 或 $\frac{x^2}{9}+y^2=1$

D. $\frac{x^2}{9}+\frac{y^2}{81}=1$ 或 $x^2+\frac{y^2}{9}=1$

⑪已知动点 P 到点 $F_1(-5,0)$ 和 $F_2(5,0)$ 的距离之差为 6, 那么点 P 的轨迹方程为________.

⑫双曲线的离心率为 $\frac{3\sqrt{5}}{5}$, 且过点 $(2\sqrt{5},-2\sqrt{3})$, 那么它的标准方程是________.

⑬给定双曲线 C: $16x^2-9y^2=144$ 与 C 有相同渐近线, 且过点 $(-3,2\sqrt{3})$ 的双曲线方程为________.

生命,那是自然会给人类去雕琢的宝石。——诺贝尔

由已知，$|y_M| = \frac{3}{4}$，即 $5b^2 - 3a^2 = 0$，且(1) $a^2 - b^2 = c^2 = 4$，

联立得 $a^2 = 10, b^2 = 6$，所以 C 的方程为 $\frac{x^2}{10} + \frac{y^2}{6} = 1$.

C 的离心率 $e = \frac{c}{a} = \frac{2}{\sqrt{10}} = \frac{\sqrt{10}}{5}$.

§ 12.2 双曲线

一、定 义

平面内到两个定点 F_1 . F_2 的距离之差的绝对值等于常数($2a$) 的点的轨迹叫作双曲线. 两个定点 F_1、F_2 是双曲线焦点，两焦点 F_1、F_2 的距离是焦距，$2a$ 是实轴. 若 P 点为双曲线上任意一点，$|PF_1 - PF_2| = 2a$.

二、双曲线的标准方程和性质(表 12－2)

表 12－2

标准方程	$\frac{x^2}{a^2} - \frac{y^2}{b^2} = 1(a > 0, b > 0)$	$\frac{y^2}{a^2} - \frac{x^2}{b^2} = 1(a > 0, b > 0)$
图形	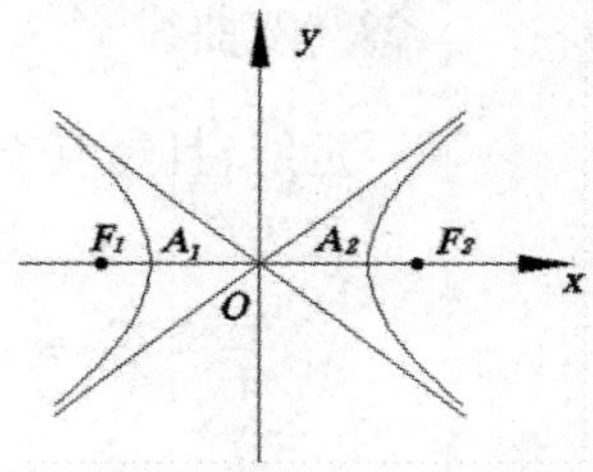	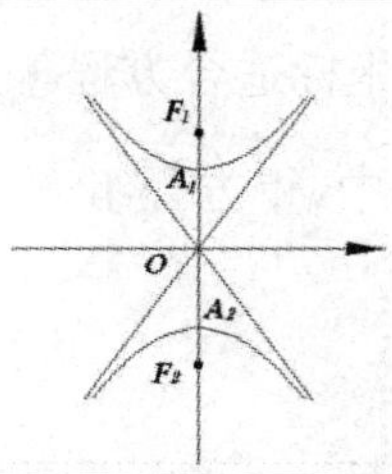
顶点	$A_1(-a,0), A_2(a,0)$	$A_1(0,-a), A_2(0,a)$
对称轴	x 轴、y 轴　实轴长 $2a$，虚轴长 $2b$	
焦点	$F_1(-c,0), F_2(c,0)$	$F_1(0,-c), F_2(0,c)$
焦距	$\mid F_1F_2 \mid = 2c(c > 0)$　　$c^2 = a^2 + b^2$	
离心率	$e = \frac{c}{a}(e > 1)$	
准线	$x = \pm \frac{a^2}{c}$	$y = \pm \frac{a^2}{c}$
渐近线	$y = \pm \frac{b}{a}x$	$y = \pm \frac{a}{b}x$

三、等轴双曲线

实轴与虚轴长相等的双曲线叫作等轴双曲线，它的标准方程是

$$x^2 - y^2 = a^2, \text{或 } y^2 - x^2 = a^2$$

⑭中心在原点，一个焦点为 (5,0) 且过点 (4,0) 的双曲线方程为 (　　)

A. $\frac{x^2}{16} - \frac{y^2}{9} = 1$

B. $\frac{x^2}{9} - \frac{y^2}{16} = 1$

C. $\frac{x^2}{9} + \frac{y^2}{16} = 1$

D. $\frac{x^2}{16} - \frac{y^2}{9} = 1$

⑮已知双曲线上任一点到两焦点 (－2,0) 和 (2,0) 的距离之差是 2，那么该双曲线的方程是 (　　)

A. $x^2 - \frac{y^2}{3} = 1$

B. $x^2 - \frac{y^2}{3} = -1$

C. $\frac{x^2}{3} - y^2 = 1$

D. $\frac{x^2}{3} - y^2 = -1$

⑯顶点间的距离是 2，渐近线方程是 $y = = x$ 的双曲线方程是 (　　)

A. $x^2 - y^2 = 1$

B. $x^2 - y^2 = 2$

C. $x^2 - y^2 = 2$ 或 $y^2 - x^2 = 2$

D. $x^2 - y^2 = 1$ 或 $y^2 - x^2 = 1$

节省时间，也就是使一个人的有限的生命，更加有效，也即等于延长了人的生命。——鲁迅

考点解析

例1 已知焦点 $F_1(5,0)$，$F_2(-5,0)$，双曲线上的一点 P 到 F_1、F_2 的距离差的绝对值等于6，求双曲线的标准方程.

解：由已知，$2a=6$，$a^2=9$，$c^2=25$. $\therefore b^2=c^2-a^2=5^2-3^2=16$.

$\because$ 双曲线的焦点在 x 轴上，

$\therefore$ 求双曲线的方程为 $\frac{x^2}{9}-\frac{y^2}{16}=1$.

例2 （2009.13）已知双曲线 $\frac{x^2}{9}-\frac{y^2}{16}=1$ 上的一点 P 到双曲线一个焦点的距离为3. 则 P 到另一个焦点的距离为________.

解：由已知，得 $a^2=9\Rightarrow 2a=6$，双曲线上任意一点到两个焦点的距离之差等于 $2a=6$，设点 P 到一个焦点的距离为 $d_2=3$，到另一个焦点距离为 d_1，即 $|d_1-d_2|=6$，$d_1=9$，$d=-3$（舍去），所以到另一个焦点的距离为9.

例3 已知双曲线的焦点在 y 轴上，且双曲线上两点 P_1、P_2 的坐标分别为 $(3,-4\sqrt{2})$，$(\frac{9}{4},5)$，求双曲线的标准方程.

解：$\because$ 双曲线的焦点在 y 轴上，

设所求双曲线的标准方程为 $\frac{y^2}{a^2}-\frac{x^2}{b^2}=1(a>0,b>0)$ ①

$\because$ 点 P_1、P_2 在双曲线上，点 P_1、P_2 的坐标适合方程①

将 $(3,-4\sqrt{2})$，$(\frac{9}{4},5)$ 分别代入方程①中，得方程组

$$\begin{cases}\dfrac{(-4\sqrt{2})^2}{a^2}-\dfrac{3^2}{b^2}=1\\ \dfrac{25}{a^2}-\dfrac{(\frac{9}{4})^2}{b^2}=1\end{cases}.$$

将 $\frac{1}{a^2}$ 和 $\frac{1}{b^2}$ 看成整体，解得 $\begin{cases}\frac{1}{a^2}=\frac{1}{16}\\ \frac{1}{b^2}=\frac{1}{9}\end{cases}\Rightarrow\begin{cases}a^2=16\\ b^2=9\end{cases}$，

即双曲线的标准方程为 $\frac{y^2}{16}-\frac{x^2}{9}=1$.

注：本题考查双曲线的定义以及求双曲线方程的一些常规方法. 对于双曲线，根据 a、b、c 的关系，利用待定系数法即可求出其标准方程.

例4 双曲线 $\frac{x^2}{25}-\frac{y^2}{9}=1$ 上的点 P 到一个焦点的距离为12，那么 P 到另一焦点的距离是（　　）

A. 2　　B. 7　　C. 22　　D. 22 或 2

解：根据题意，$a^2=25$，$2a=10$，设 P 到另一焦点的距离为 x，

那么 $2a=10=|x-12|\Rightarrow x=22$ 或 2.

答：D

⑰若双曲线 $\frac{x^2}{a^2}-\frac{y^2}{5}=1$ 与椭圆 $\frac{x^2}{25}+\frac{y^2}{16}=1$ 有共同的焦点，且 $a>0$，则 a 为（　　）

A. 2　　B. $\sqrt{14}$

C. $\sqrt{46}$　　D. 6

⑱焦点为 $(-5,0)$、$(5,0)$，过点 $(3,0)$ 的双曲线的标准方程是（　　）

A. $\frac{x^2}{9}-\frac{y^2}{16}=1$

B. $\frac{x^2}{9}-\frac{y^2}{25}=1$

C. $\frac{x^2}{9}-\frac{y^2}{34}=1$

D. $\frac{x^2}{16}-\frac{y^2}{9}=1$

⑲与双曲线 $x^2-\frac{y^2}{4}=1$ 有共同渐近线，且过点 $(2,2)$ 的双曲线方程为（　　）

A. $\frac{x^2}{4}-y^2=1$

B. $\frac{x^2}{5}-\frac{y^2}{12}=1$

C. $\frac{x^2}{4}-\frac{y^2}{3}=1$

D. $\frac{x^2}{3}-\frac{y^2}{12}=1$

⑳双曲线 $\frac{x^2}{a^2}-\frac{y^2}{b^2}=1$ $(a>0,b>0)$，过焦点 F_1 的弦 AB 的长为 m，另一焦点为 F_2，那么 $\triangle ABF_2$ 的周长为（　　）

A. $4a$

B. $4a-m$

C. $4a+2m$

D. $4a-2m$

生命不可能有两次，但许多人连一次也不善于度过。——［法国诗人］吕凯特

例 5　已知双曲线 $\frac{x^2}{a^2}-\frac{y^2}{b^2}=1(a>0,b<0)$ 的右焦点为 F，若过点 F 且倾斜角为 60° 的直线与双曲线的右支有且只有一个交点，则此双曲线的离心率的取值范围是(　　)

A. $[1,2)$　　B. $(1,2)$　　C. $[2,+\infty)$　　D. $(2,+\infty)$

解：双曲线 $\frac{x^2}{a^2}-\frac{y^2}{b^2}=1(a>0,b<0)$ 的右焦点为 F，过点 F 倾斜角为 60° 的直线与双曲线的右支有且只有一个交点，则该直线的斜率的绝对值小于等于渐近线的斜率 $\frac{b}{a}$.

$\therefore \frac{b}{a}\geqslant\sqrt{3}$. 离心率 $e^2=\frac{c^2}{a^2}=\frac{a^2+b^2}{a^2}\geqslant 4$，$\therefore e\geqslant 2$.

答：C

例 6　过双曲线 $M:x^2-\frac{y^2}{b^2}=1$ 的右顶点 A 作斜率为 1 的直线 l，若 l 与双曲线 A 的两条渐近线分别相交于 B、C，且 $|AB|=|BC|$，则双曲线 M 的离心率是(　　)(图 12－5)

A. $\sqrt{10}$　　B. $\sqrt{5}$　　C. $\frac{\sqrt{10}}{3}$　　D. $\frac{\sqrt{5}}{2}$

解：双曲线 $M:x^2-\frac{y^2}{b^2}=1$ 的右顶点 A(1,0) 作斜率为 1 的直线 l：$y=x-1$. 若 l 与双曲线 M 的两条渐近线 $x^2-\frac{y^2}{b^2}=0$ 分别相交于点 $B(x_1,y_1)$、$C(x_2,y_2)$，联立方程组代入消元得 $(b^2-1)x^2+2x-1=0$，

$$\begin{cases}x_1+x_2=\frac{2}{1-b^2},\\ x_1\cdot x_2=\frac{1}{1-b^2}.\end{cases}\quad x_1+x_2=2x_1\cdot x_2. \qquad ①$$

又 $|AB|=|BC|$，则 B 为 AC 中点，$2x_1=1+x_2$，

代入①式解得 $\begin{cases}x_1=\frac{1}{4}\\ x_2=-\frac{1}{2}\end{cases}$

或 $\begin{cases}x_1=1\\ x_2=1\end{cases}$ (舍)，

$\therefore b^2=9$，双曲线 M 的离心率 $e=\frac{c}{a}=\sqrt{10}$.

答：A

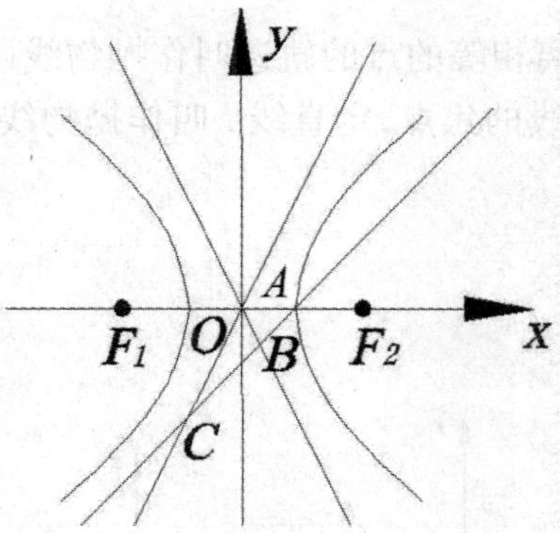

图 12－5

㉑到点 $(0,-\frac{1}{2})$ 和直线 $y=\frac{1}{2}$ 距离相等的点的轨迹方程是________.

㉒抛物线 $y^2=8x$ 上一点到焦点的距离为 20，那么该点坐标是________.

㉓抛物线 $x^2+5y=0$ 的准线方程是(　　)

A. $x=\frac{5}{4}$

B. $y=\frac{5}{4}$

C. $x=\frac{5}{2}$

D. $y=-\frac{5}{4}$

盛年不重来，一日难再晨。及时当勉励，岁月不待人。——陶渊明

例 7 已知双曲线 $\frac{x^2}{a^2}-\frac{y^2}{2}=1(a>\sqrt{2})$ 的两条渐近线的夹角为 $\frac{\pi}{3}$，则双曲线的离心率为(　　)

A. 2　　B. $\sqrt{3}$　　C. $\frac{2\sqrt{6}}{3}$　　D. $\frac{2\sqrt{3}}{3}$

解:由已知,双曲线 $\frac{x^2}{a^2}-\frac{y^2}{2}=1(a>\sqrt{2})$ 的两条渐近线的夹角为 $\frac{\pi}{3}$，

且 $y=\pm\frac{b}{a}x$, 则 $\frac{\sqrt{2}}{a}=\tan\frac{\pi}{6}=\frac{\sqrt{3}}{3}$.

$a=\sqrt{6}, c=2\sqrt{2}$, 双曲线的离心率为 $\frac{2\sqrt{3}}{3}$.

答:D

注:本题主要考查双曲线的定义和离心率的计算方法,突出了双曲线的渐近线和双曲线的第二定义.

例 8 已知双曲线 $\frac{x^2}{a^2}-y^2=1\ (a>0)$ 的一条渐近线与直线 $2x-y+3=0$ 垂直,则该双曲线的准线方程是________.

解:求双曲线的渐近线方程,令 $\frac{x^2}{a^2}-y^2=0$, 解得 $y=\pm\frac{x}{a}$.

很明显当 $y=-\frac{x}{a}$ 时与直线垂直,所以 $-\frac{1}{a}\times 2=-1, a=2$.

$b=1, c=\sqrt{a^2+b^2}=\sqrt{5}$, 准线方程 $x=\pm\frac{a^2}{c}=\pm\frac{4\sqrt{5}}{5}$.

§ 12.3 抛物线

一、定　义

平面内到定点 F 和定直线 l 的距离相等的点的轨迹叫作抛物线(定点 F 不在定直线 l 上). 定点 F 叫作抛物线的焦点,定直线 l 叫作抛物线的准线.

二、抛物线图象(图 12－6)

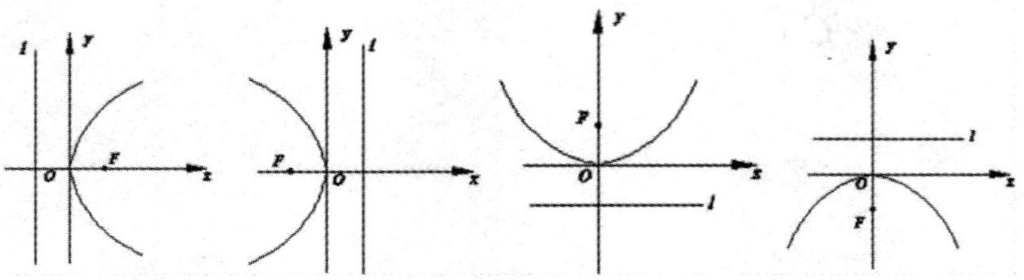

图 12－6

㉔顶点在原点,关于 y 轴对称,焦点到准线的距离等于 3 的抛物线方程是(　　)

A. $y^2=\pm 12x$

B. $y^2=\pm 6x$

C. $x^2=\pm 12y$

D. $x^2=\pm 6y$

㉕已知抛物线 $y^2=2px$ 上的一点横坐标是 6, 这点到焦点的距离为 10, 则焦点到准线的距离(　　)

A. 4

B. 8

C. 16

D. 32

㉖抛物线的顶点在原点,对称轴为 x 轴,焦点在直线 $3x-4y-12=0$ 上,则抛物线方程是(　　)

A. $y^2=12x$

B. $y^2=-12x$

C. $y^2=16x$

D. $y^2=-16x$

生命,只要你充分利用,它便是长久的。——塞内加

三、抛物线的标准方程和性质(表 12－3)

表 12－3

标准方程	$y^2=2px$ $(p>0)$	$y^2=-2px$ $(p>0)$	$x^2=2py$ $(p>0)$	$x^2=-2py$ $(p>0)$
顶点	(0,0)	(0,0)	(0,0)	(0,0)
对称轴	x 轴	x 轴	y 轴	y 轴
焦点	$F(\frac{p}{2},0)$	$F(-\frac{p}{2},0)$	$F(0,\frac{p}{2})$	$F(0,-\frac{p}{2})$
离心率	$e=1$	$e=1$	$e=1$	$e=1$
准线	$x=-\frac{p}{2}$	$x=\frac{p}{2}$	$y=-\frac{p}{2}$	$y=\frac{p}{2}$

考点解析

例 1　抛物线 $y=ax^2$ 的准线方程为 $y=2$，则 a 的值为(　　)

A. $\frac{1}{8}$　　B. $-\frac{1}{8}$　　C. 8　　D. -8

解:抛物线的标准方程为 $x^2=\frac{1}{a}y$,

其准线方程为 $y=-\frac{1}{4a}$, $\therefore a=-\frac{1}{8}$.

答:B

例 2　若椭圆 $\frac{x^2}{a^2}+\frac{y^2}{b^2}=1(a>b>0)$ 的左、右焦点分别为 F_1、F_2，线段 F_1F_2 被抛物线 $y^2=2bx$ 的焦点分成5:3 的两段,则此椭圆的离心率为(　　)

A. $\frac{16}{17}$　　B. $\frac{4\sqrt{17}}{17}$　　C. $\frac{4}{5}$　　D. $\frac{2\sqrt{5}}{5}$

解:抛物线 $y^2=2bx$ 的焦点为 $F(\frac{b}{2},0)$，F 将线段 F_1F_2 分成5:3 的两段，$(\frac{b}{2}+c):(c-\frac{b}{2})=5:3\Rightarrow c=2b$.

又 $\because a^2=b^2+c^2$, $\therefore e=\frac{2\sqrt{5}}{5}$.

答:D

注:不要把抛物线的标准方程和二次函数的一般形式混为一谈. 抛物线的焦点位置取决于哪个变量是一次的及其系数的正负. 抛物线标准方程中的“p”表示焦准距.

例 3　若顶点在原点,焦点在 x 轴上,且焦点到准线的距离为 8 的抛物线的方程________.

㉗抛物线 $y^2=4x$ 经过焦点的弦的中点轨迹方程(　　)

A. $y^2=x-1$

B. $y^2=2(x-1)$

C. $y^2=x-2$

D. $y^2=2x-1$

㉘在抛物线 $y^2=16x$ 内,通过点(2,1) 且在此点被平分的弦所在直线的方程是________.

㉙过点 (2,3) 与 $y=x^2-2x+3$ 相切的切线方程为(　　)

A. $2x+y-1=0$

B. $2x-y-1=0$

C. $x+2y-1=0$

D. $x-2y-1=0$

在我们了解什么是生命之前,我们已将它消磨了一半。——赫伯特

解：由已知，设焦点到准线的距离为 $p=8$，

$\therefore 2p=16$，又$\because$ 焦点坐标可以是 ±4，$\therefore$ 抛物线的方程为 $y^2=16x$ 或 $y^2=-16x$.

例 4 抛物线 $y=x^2-4x+2$ 的焦点坐标为________，准线方程为________.

解：由已知，抛物线 $y=x^2-4x+2\Rightarrow(x-2)^2=y+2$，

设焦点到准线距离为 p，由已知，$2p=1$，$p=\frac{1}{2}$.

根据题意得焦点坐标为 $(2,\frac{-7}{4})$.

准线方程为 $y=-\frac{9}{4}$.

例 5 (2008.24). 本题满分 10 分

如图 12－7 所示，l_1 与 l_2 是过原点 O 的任意两条互相垂直的直线，分别交抛物线 $y^2=x$ 于点 A 与点 B.

(1)证明 AB 交 x 轴于固定点 P.

(2)求△ OAB 的面积的最小值.

解：(1)设直线 l_1 与直线 l_2 的方程分别为

$l_1: y=kx$ ①

$l_2: y=-\frac{1}{k}x, 0<k<+\infty$ ②

将 l_1 代入 $y^2=x$ 得，解得 $x=\frac{1}{k^2}, y=\frac{1}{k}$，即点 A 的坐标为 $\left(\frac{1}{k^2},\frac{1}{k}\right)$.

类似地，得点 B 的坐标为 $(k^2,-k)$，直线 AB 的两点式方程为

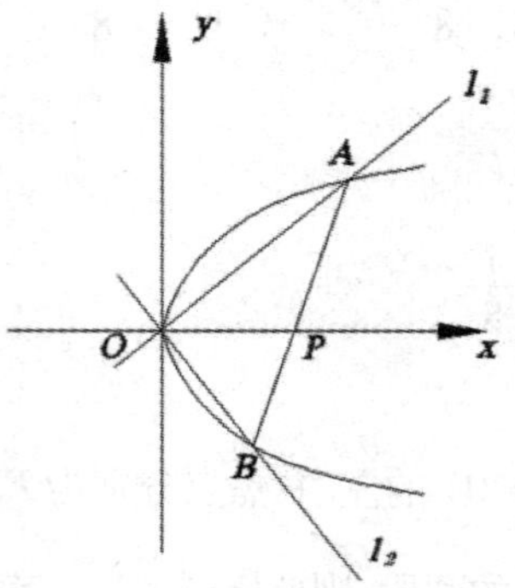

图 12－7

$$\frac{x-\frac{1}{k^2}}{x-k^2}=\frac{y-\frac{1}{k}}{y+k}.$$

将 $y=0$ 代入上式得 $x=1$，从而 AB 交与 x 轴于固定点 $P(1,0)$.

(2) $|OA|=\sqrt{\frac{1}{k^4}+\frac{1}{k^2}}=\frac{1}{k}\sqrt{\frac{1}{k^2}+1}$，

$|OB|=\sqrt{k^4+k^2}=k\sqrt{k^2+1}$.

△ OAB 的面积

$$S=\frac{1}{2}|OA||OB|=\frac{1}{2}\sqrt{\left(\frac{1}{k^2}+1\right)(k^2+1)}$$

$$=\frac{1}{2}\sqrt{2+k^2+\frac{1}{k^2}}=\frac{1}{2}\left(k+\frac{1}{k}\right).$$

当 $k=1$ 时，$k+\frac{1}{k}$ 取最小值 2，即△ OAB 的面积的最小值为 1.

㉚ 函数 $y=3x^2+2x-1$ 在点 $(-1,0)$ 处的切线方程为( )

A. $x+4y-4=0$

B. $x-4y+4=0$

C. $4x+y+4=0$

D. $4x-y-4=0$

㉛椭圆的焦距是它的两条准线间距离的 $\frac{1}{3}$，则它的离心率为( )

A. $\frac{\sqrt{3}}{2}$

B. $\frac{\sqrt{3}}{3}$

C. $\frac{\sqrt{6}}{3}$

D. $\frac{\sqrt{6}}{6}$

㉜动点 $M(x,y)$ 到点 $F(4,0)$ 的距离，比到直线 $x+5=0$ 的距离小 1，则点 M 的轨迹方程为( )

A. $x+4=0$

B. $x-4=0$

C. $y^2=8x$

D. $y^2=16x$

人生不售来回票，一旦动身，绝不能复返。——罗曼·罗兰

§ 12.4 方程与圆锥曲线

一、直线与圆锥曲线的位置关系

主要是指直线和圆锥曲线公共点的个数问题,解决的方法是转化为直线方程和圆锥曲线方程组成的方程组解的个数,进而转化为一元(一次或二次)方程组解的情况去研究.利用方程组消元后得到一个一元二次方程,由韦达定理求出中点解决离心率.涉及弦长的中点问题,常用"点差法"设而不求,将弦所在直线的斜率、弦的中点坐标联系起来,相互转化.

注:还可以利用数形结合的方法,迅速判断直线和圆锥曲线的位置关系.

这类问题常涉及向量的基础知识以及线段中点、弦长、垂直或平行等,因此针对这些问题常利用数形结合、弦长公式及韦达定理去解决.

二、圆锥曲线的最值和范围问题

解析几何的最值和范围问题,一般先根据条件列出所求目标的函数关系式,然后根据函数关系式的特征选用参数法、配方法、判别式法、不等式法、单调性法、导数法以及三角函数最值法等求出它的最大值和最小值.

三、线与圆锥曲线相交的弦长计算

(一)当弦的两端点的坐标易求时,可直接求出交点坐标,再用两点的距离公式求弦长.

(二)解由直线方程与圆锥曲线方程组成的方程组时,得到关于 x 或 y 的一元二次方程.

设直线与圆锥曲线交于 $A(x_1,y_1)$, $B(x_2,y_2)$ 两点,

则弦长公式为

$$|AB|^2=(x_1-x_2)^2+(y_1-y_2)^2$$

$$=|x_1-x_2|\sqrt{1+k^2}=|y_1-y_2|\sqrt{1+\frac{1}{k^2}}$$

这个公式实质上是由两点间距离公式推导出来的,只是用了交点坐标设而不求的技巧.

考点解析

单招数学中求轨迹方程的常见方法.

1. 直接法

当所求动点要满足的条件简单明确时,直接按"建系设点、列出条件、代入坐标、整理化简、限制说明"五个基本步骤求轨迹方程,称之为直接法.

㉝中心在原点,焦点在坐标为 $(0,\pm5\sqrt{2})$ 的椭圆被直线 $3x-y-2=0$ 截得的弦的中点的横坐标为 $\frac{1}{2}$,则椭圆方程为________.

㉞直线 l 的方程为 $y=x+3$,在 l 上任取一点 P,若过点 P 且以双曲线 $12x^2-4y^2=3$ 的焦点作椭圆的焦点,那么具有最短长轴的椭圆方程为________.

㉟椭圆短轴顶点与左焦点的连线成 $120°$ 角,那么该椭圆的离心率是(　　)

A. $\frac{1}{2}$

B. $\frac{\sqrt{2}}{2}$

C. $\frac{1}{3}$

D. $\frac{\sqrt{3}}{3}$

我从来不把安逸和快乐看作是生活目的本身－－－这种伦理基础,我叫它猪栏的理想。——爱因斯坦

例1 已知点$A(-2,0)$、$B(3,0)$,动点$P(x,y)$,满足$\overrightarrow{PA}\cdot\overrightarrow{PB}=x^2$,则点$P$的轨迹为________.

A. 圆　　B. 椭圆　　C. 双曲线　　D. 抛物线

解:$\overrightarrow{PA}=(-2-x,-y)$,$\overrightarrow{PB}=(3-x,-y)$,

$\overrightarrow{PA}\cdot\overrightarrow{PB}=(-2-x)(3-x)+y^2=x^2-x-6+y^2$.

由条件$x^2-x-6+y^2=x^2$

整理得$y^2=x+6$,此即点P的轨迹方程,所以P的轨迹为抛物线.

答:D

2. 定义法

定义法是指先分析,说明动点的轨迹满足某种特殊曲线(如圆、椭圆、双曲线、抛物线等)的定义或特征,再求出该曲线的相关参量,从而得到轨迹方程.

例2 已知$\triangle ABC$中,$\angle A$,$\angle B$,$\angle C$的对边分别为a,b,c,若a,c,b依次构成等差数列,且$a>c>b$,$|AB|=2$,求顶点C的轨迹方程.

解:以直线AB为x轴,线段AB的中点为原点建立直角坐标系,由题意,a,c,b构成等差数列,$2c=a+b$,即$|CA|+|CB|=2|AB|=4$.

又$|CB|>|CA|$,C的轨迹为椭圆的左半部分,在此椭圆中

$a'=2,c'=1,b'=\sqrt{3}$,

故C的轨迹方程为$\frac{x^2}{4}+\frac{y^2}{3}=1(x<0,x\neq-2)$.

3. 代入法

当题目中有多个动点时,将其他动点的坐标用所求动点P的坐标x、y来表示,再代入到其他动点要满足的条件或轨迹方程中,整理即得到动点P的轨迹方程,称之代入法,也称相关点法、转移法.

例3 从双曲线$C:x^2-y^2=1$上一点Q引直线$l:x+y=2$的垂线,垂足为N,求线段NQ的中点P的轨迹方程.

解:$P(x,y)$,$Q(x_1,y_1)$,则$N(2x-x_1,2y-y_1)$. N在直线l上,

$2x-x_1+2y-y_1=2$. ①

又$PN\perp l$得$\frac{y-y_1}{x-x_1}=1$,

即$x-y+y_1-x_1=0$. ②

联立①②得$x_1=\frac{3x+y-2}{2}$;$y_1=\frac{3y+x-2}{2}$. 又点Q在双曲线C上,

$(\frac{3x+y-2}{2})^2-(\frac{3y+x-2}{2})^2=1$,

化简整理得$2x^2-2y^2-x+y-1=0$.

此即动点P的曲线方程.

4. 几何法

几何法是指利用平面几何或解析几何知识分析图形性质,发现动点的运动规律和要满足的条件,从而得到动点的轨迹方程.

㊱已知双曲线方程为$\frac{x^2}{6}-\frac{y^2}{8}=1$,那么它的渐近线方程是(　　)

A. $y=\pm\frac{4}{3}x$

B. $y=\pm\frac{3}{4}x$

C. $y=\pm\frac{2\sqrt{3}}{3}x$

D. $y=\pm\frac{\sqrt{3}}{2}x$

㊲抛物线的顶点在原点,对称轴为x轴,焦点在直线$3x-4y-12=0$上,则抛物线方程是(　　)

A. $y^2=12x$

B. $y^2=-12x$

C. $y^2=16x$

D. $y^2=-16x$

时间就是生命,时间就是速度,时间就是力量。——郭沫若

例 4 已知点 $A(-3,2)$、$B(1,-4)$，过 A、B 作两条互相垂直的直线 l_1 和 l_2，求 l_1 和 l_2 的交点 M 的轨迹方程.

解：由平面几何知识可知，当 ABM 为直角三角形时，点 M 的轨迹是以 AB 为直径的圆，此圆的圆心即为 AB 的中点 $(-1,-1)$，

半径为 $\frac{1}{2}|AB|=\frac{\sqrt{52}}{2}$，方程为 $(x+1)^2+(y+1)^2=13$，

故 M 的轨迹方程为 $(x+1)^2+(y+1)^2=13$.

5. 参数法

参数法是指先引入一个中间变量（参数），使所求动点的横、纵坐标 x、y 间建立起联系，然后再从所求式子中消去参数，得到 x、y 间的直接关系式，即得到所求轨迹方程.

例 5 过抛物线 $y^2=2px(p>0)$ 的顶点 O 作两条互相垂直的弦 OA、OB，求弦 AB 的中点 M 的轨迹方程.

解：设 $M(x,y)$，直线 OA 的斜率为 $k(k\neq 0)$，则直线 OB 的斜率为 $-\frac{1}{k}$，直线 OA 的方程为 $y=kx$，由 $y=kx$，$y^2=2px$，解得

$$x=\frac{2p}{k^2},\ y=\frac{2p}{k},$$

即 $A(\frac{2p}{k^2},\frac{2p}{k})$，同理可得 $B(2pk^2,-2pk)$. 由中点坐标公式，

得 $x=\frac{p}{k^2}+pk^2$，$y=\frac{p}{k}-pk$，消去 k，得 $y^2=p(x-2p)$，$(p>0)$，

即为点 M 的轨迹方程.

6. 交轨法

求两曲线的交点轨迹时，可由方程直接消去参数，或者先引入参数来建立这些曲线的联系，然后消去参数来得到轨迹方程，称之交轨法.

例 6 垂直于 x 轴的直线交双曲线 $\frac{x^2}{a^2}-\frac{y^2}{b^2}=1$ 于 M,N 两点，A_1,A_2 为双曲线的左，右顶点，求直线 A_1M 与 A_2N 的交点 P 的轨迹方程，并指出轨迹的形状.

解：设 $P(x,y)$，$M(x_1,y_1)$，又 $A_1(-a,0)$，$A_2(a,0)$，可得直线 A_1M 的方程为 $y=\frac{y_1}{x_1+a}(x+a)$. ①；直线 A_2N 的方程为 $y=\frac{-y_1}{x_1-a}(x-a)$. ②

① × ②得③，所以，代入③得 $y^2=-\frac{b^2}{a^2}(x^2-a^2)$，化简得 $\frac{x^2}{a^2}+\frac{y^2}{b^2}=1$.

此即为点 P 的轨迹方程.

当 $a=b$ 时，点 P 的轨迹是以原点为圆心，a 为半径的圆；

当 $a\neq b$ 时，点 P 的轨迹是椭圆.

㊳椭圆 $\frac{x^2}{25}+\frac{y^2}{16}=1$ 的焦点为 F_1，F_2，P 为椭圆上的一点，已知 $\angle F_1PF_2=\frac{\pi}{2}$，则△ F_1PF_2 的面积等于________.

㊴抛物线 $y^2=4x$ 的弦 AB 垂直于 x 轴，若 AB 的长为 $4\sqrt{3}$，则焦点到 AB 的距离为(　　)

A. 4　B. 3　C. 2　D. 1

在坎坷的生命里，我们要有超越自我之感觉。——贝纳文特

第十三章 平面向量

重点提示

平面向量是体育单招必考题. 每年有一小题,常与圆锥曲线联系出大题. 要注意以下考点.

(1)理解向量的概念,向量的几何表示,了解共线(平行)、垂直向量的概念.

(2)掌握向量的加、减运算;数乘向量的运算;数量积的基本运算.

(3)了解其几何意义,并能在向量的直角坐标上处理长度、角度及垂直的坐标运算.

(4)掌握平面内两点间的距离公式、线段中点公式和平移公式.

§ 13.1 向量的概念

一、向量的概念

(一)有向线段

规定了起点 A 和终点 B, 并在终点处标上箭头的线段叫作有向线段,记作 $\overrightarrow{AB}$, 有向线段包含三个要素:起点、方向和长度,知道了有向线段的起点,它的终点就由它的方向和长度唯一确定. 如图 13-1 所示.

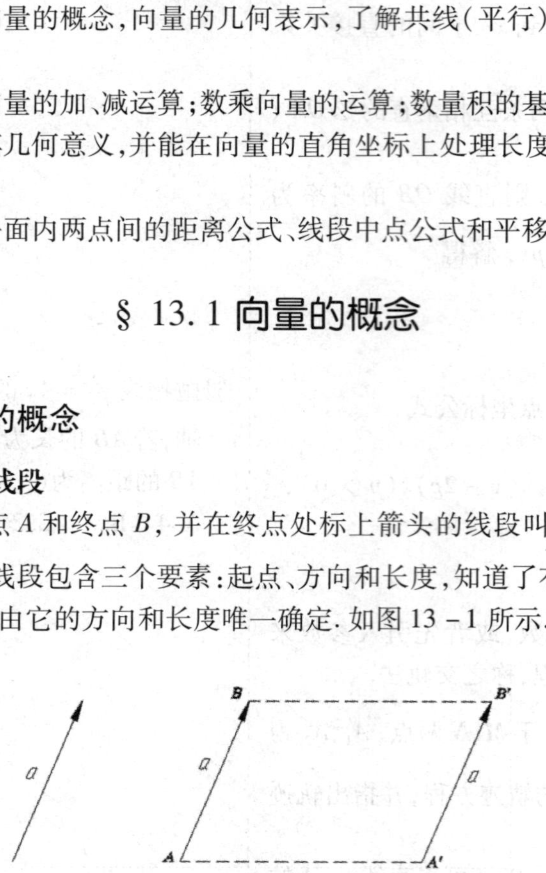

图 13-1

(二)向　量

在数学与工程实际中,把既有大小,又有方向的量叫作向量,把只有大小,没有方向的量称为数量.

联系:向量与数量都是有大小的量.

区别:向量有方向且不能比较大小,数量无方向且能比较大小.

向量可用有向线段表示,有向线段的长度表示向量的大小,有向线段的方向表示向量的方向. 同向且等长的有向线段表示同一向量或相等的向量. 用有向线段 $\overrightarrow{AB}$ 表示向量,也就说向量 $\overrightarrow{AB}$, 也可以用带箭头的小写字母

互动练习

①如果点 $P(2,3)$ 是连接两点 $P_1(1,y)$ 和 $P_2(x,4)$ 线段的中点,则 $x=$ ____. $y=$ ____.

②向量 $\vec{a}=(1,3)$ 与 $\vec{b}=(x,6)$ 互相垂直,则 $x=$ ____.

生命苦短,只是美德能将它传到遥远的后世。——莎士比亚

表示向量，如向量$\vec{a}$，$\vec{b}$，$\vec{c}$，…等. 印刷时常用黑体小写字母 **a**，**b**，**c**，…等表示.

（三）向量的表示与向量的长度

一般平面有向线段$\overrightarrow{AB}$表示向量 **a**，$\boldsymbol{a}=(a_x,a_y)$；$\overrightarrow{AB}$的长度也叫作向量 **a** 的长度，

记作$\overrightarrow{AB}$或$|a|$，$|a|=\sqrt{a_x^2+a_y^2}$.

例：设向量 $a=(3,4)$，那么向量 **a** 的长度是________.

解：$|a|=\sqrt{a_x^2+a_y^2}=\sqrt{3^2+4^2}=5$，向量 **a** 的长度是 5 .

（四）单位向量和零向量

长度（模）为 1 个单位的向量称为单位向量.

长度（模）为零的向量称为零向量，记住 0 .（注：$\boldsymbol{0}\neq 0$）

零向量是一个特殊向量，其模为 0，方向是不确定的.

（五）相等向量与相反向量

1. 长度相等且方向相同的向量叫作相等向量.

向量 **a** 与 **b** 相等记作 **a** = **b** . 如果$\overrightarrow{AB}=\overrightarrow{CD}$，那么 A,B,C,D 四点的位置关系有下列两种情形.（图 13－2）

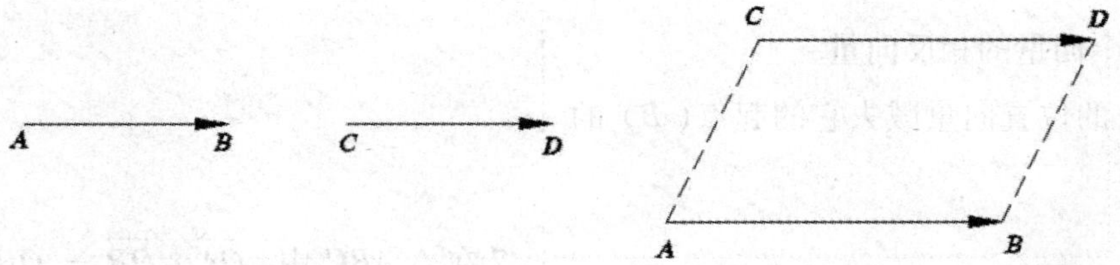

图 13－2

2. 与 a 大小相等且方向相反的向量，称为 **a** 的相反向量，记作 －**a** .

（六）平行（共线）向量

如果 **a**，**b** 是方向相同或相反且大小相等的有向线段，则称向量平行或共线. 向量 **a** 与 **b** 平行，记作 **a** // **b** . 任一组平行向量都可以移动到同一直线上，因此，平行向量也叫作共线向量. 如果非零向量$\overrightarrow{AB}$与$\overrightarrow{CD}$是共线向量，那么点 A,B,C,D 不一定共线.

注：零向量与任一非零向量平行.

二、向量的加、减运算和数乘运算

（一）加法运算

1. 向量的加法

两个向量可以相加，并且两个向量的和还是一个向量. 一般地，求两个向量和的运算，叫作向量的加法.

③已知 $A(-3,2)$，正方形 $OABC$ 的顶点按顺时针方向排列，则点 C 的坐标为________.

④已知 $A=(-1,2)$，$B=(2,6)$，那么$|\overrightarrow{AB}|=$________.

⑤已知$|\vec{a}|=3$，$|\vec{b}|=2$，$\vec{a}$与$\vec{b}$的夹角$<\vec{a},\vec{b}>$为 45°，那么$\vec{a}\cdot\vec{b}$________.

能将自己的生命寄托在他人记忆中，生命仿佛就加长了一些；光荣是我们获得的新生命，其可珍可贵，实不下于天赋的生命。——孟德斯鸠

2. 三角形法则

已知向量 $\boldsymbol{a}$, $\boldsymbol{b}$ 不共线,作 $\overrightarrow{AB}=\boldsymbol{a}$, $\overrightarrow{BC}=\boldsymbol{b}$, 则 $\overrightarrow{AC}=\boldsymbol{a}+\boldsymbol{b}$. 求两个向量和的运算,叫作向量的加法三角形法则.(图 13 - 3)

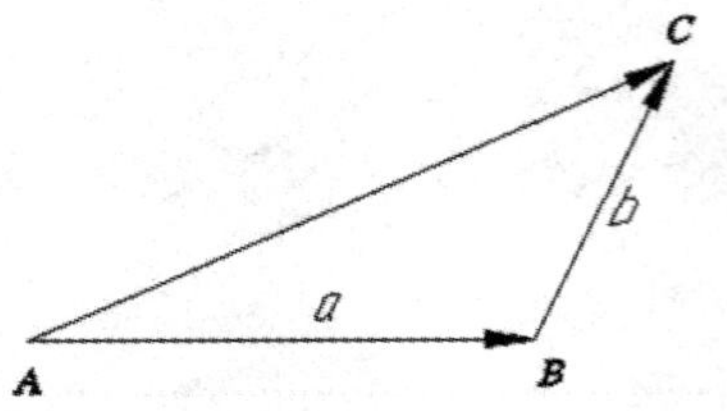

图 13 - 3

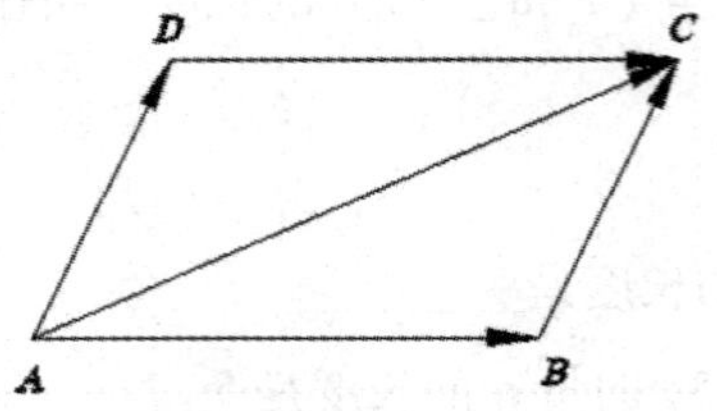

图 13 - 4

3. 平行四边形法则

已知向量 $\boldsymbol{a}$, $\boldsymbol{b}$ 不共线,作 $\overrightarrow{AB}=\boldsymbol{a}$, $\overrightarrow{AD}=\boldsymbol{b}$. 以 AB、AD 为邻边作平行四边形 $ABCD$, 则 $\overrightarrow{AC}=\boldsymbol{a}+\boldsymbol{b}$,求两个向量和的运算,做向量的加法平行四边形法则.(图 13 - 4)

(二)减法运算

我们定义 $\boldsymbol{a}-\boldsymbol{b}=\boldsymbol{a}+(-\boldsymbol{b})$.(图 13 - 5)

$\overrightarrow{BA}=\overrightarrow{OA}-\overrightarrow{OB}$.

一个向量减去一个向量等于加上这个向量的相反向量.

一个向量($\overrightarrow{BA}$)等于它的终点(A) 的位置向量减去它的起点(B) 的位置向量.

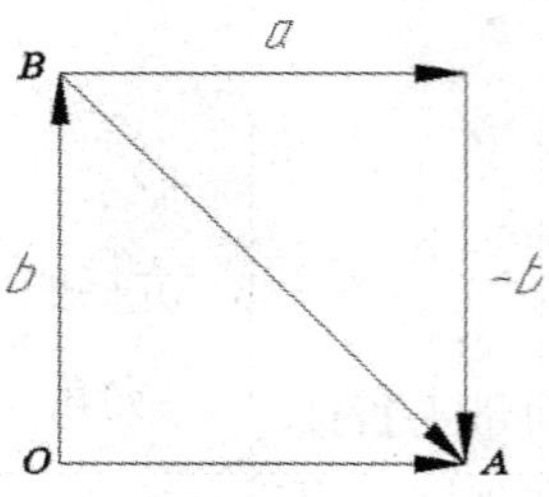

图 13 - 5

(三)数乘向量运算

实数 λ 与向量 $\boldsymbol{a}$ 的乘积是一个向量,记为 $\lambda\boldsymbol{a}$, $\lambda\boldsymbol{a}$ 长度:

$$|\lambda\boldsymbol{a}|=|\lambda||\boldsymbol{a}|$$

$\lambda\boldsymbol{a}$ 的方向,当 $\lambda>0$ 时, $\lambda\boldsymbol{a}$ 与 $\boldsymbol{a}$ 同方向;当 $\lambda<0$ 时, $\lambda\boldsymbol{a}$ 与 $\boldsymbol{a}$ 反方向;当 $\lambda=0$ 或 $\boldsymbol{a}=0$ 时, $\lambda\boldsymbol{a}=0$.(图 13 - 6)

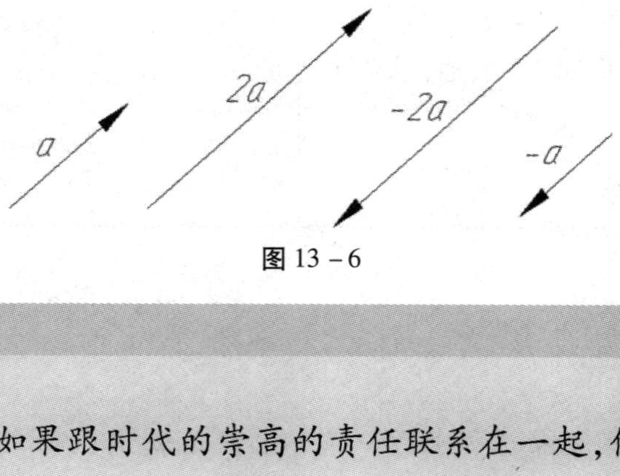

图 13 - 6

⑥已知 $|\vec{a}|=4$, $|\vec{b}|=\frac{3}{2}$, $\vec{a}\cdot\vec{b}=-3\sqrt{3}$, 则 $\vec{a}$ 与 $\vec{b}$ 的夹角 $<\vec{a},\vec{b}>$ 等于(　　)

A. $\frac{\pi}{3}$

B. $\frac{2\pi}{3}$

C. $\frac{3\pi}{4}$

D. $\frac{5\pi}{6}$

⑦在 $\triangle ABC$ 中, $\overrightarrow{OA}\cdot\overrightarrow{OB}=\overrightarrow{OB}\cdot\overrightarrow{OC}=\overrightarrow{OC}\cdot\overrightarrow{OA}$, 则 O 为 $\triangle ABC$ 的(　　)

A. 内心

B. 外心

C. 重心

D. 垂心

生命,如果跟时代的崇高的责任联系在一起,你就会感到它永垂不朽。——车尔尼雪夫斯基

(四)运算法则

1. $\boldsymbol{a}+\boldsymbol{b}=\boldsymbol{b}+\boldsymbol{a}$(加法交换律);
2. $(\boldsymbol{a}+\boldsymbol{b})+\boldsymbol{c}=\boldsymbol{a}+(\boldsymbol{b}+\boldsymbol{c})$(加法结合律);
3. $\boldsymbol{a}+0=0+\boldsymbol{a}=0$, $a+(-a)=(-a)+a=0$;
4. $1\cdot\boldsymbol{a}=\boldsymbol{a}$, $(-1)\boldsymbol{a}=-\boldsymbol{a}$;
5. $\lambda(\mu\boldsymbol{a})=(\lambda\mu)\boldsymbol{a}$;
6. $(\lambda+\mu)\boldsymbol{a}=\lambda\boldsymbol{a}+\mu\boldsymbol{a}$;
7. $\lambda(\boldsymbol{a}+\boldsymbol{b})=\lambda\boldsymbol{a}+\lambda\boldsymbol{b}$(数乘向量分配律).

(五)向量平行的条件

如果向量 $\boldsymbol{b}\neq 0$, 那么 $\boldsymbol{a}\ /\!/\ \boldsymbol{b}\Leftrightarrow$ 存在唯一实数 λ, 使 $\boldsymbol{a}=\lambda\boldsymbol{b}$.

三、向量的数量积

(一)轴与两向量夹角

规定了度量单位和方向的直线叫作轴. 若 $\overrightarrow{OA}=\boldsymbol{a}$, $\overrightarrow{OB}=\boldsymbol{b}$, 则 $\angle AOB$ 叫作向量 $\boldsymbol{a}$ 与 $\boldsymbol{b}$ 的夹角,记作 $<\boldsymbol{a},\boldsymbol{b}>$,并规定 $0^\circ\leqslant<\boldsymbol{a},\boldsymbol{b}>\leqslant 180^\circ$.(图 13-7)

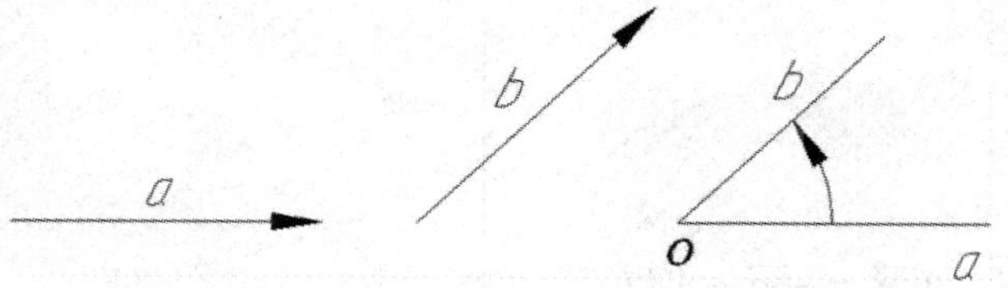

图 13-7

向量 $\boldsymbol{a}$ 与 $\boldsymbol{b}$ 的夹角是 90°, 则称向量 $\boldsymbol{a}$ 与 $\boldsymbol{b}$ 垂直,记作 $\boldsymbol{a}\perp\boldsymbol{b}$.

(二)向量在轴上的投影

如图 13-8 所示,规定向量 $\boldsymbol{a}$ 在轴 l 上的投影 $a^l=|\boldsymbol{a}|\cos<\boldsymbol{a},\boldsymbol{l}>$,其中 $<\boldsymbol{a},l>$ 表示向量 $\boldsymbol{a}$ 与轴 l 的正方向的夹角, $0\leqslant<\boldsymbol{a},l>\leqslant\pi$.

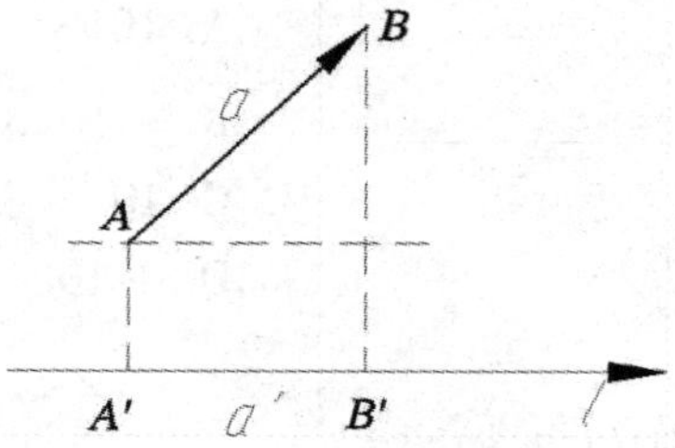

图 13-8

(三)向量的数量积

$\boldsymbol{a}\cdot\boldsymbol{b}=|\boldsymbol{a}||\boldsymbol{b}|\cos<\boldsymbol{a},\boldsymbol{b}>$. 向量的数量积是一个实数.

(四)向量数量积的性质

1. $\boldsymbol{a}\cdot\boldsymbol{a}=|\boldsymbol{a}|^2\geqslant 0$;
2. $\boldsymbol{a}\cdot\boldsymbol{b}=\boldsymbol{b}\cdot\boldsymbol{a}$(交换律);

⑧非零向量 $\vec{a}$ 和 $\vec{b}$ 满足 $|\vec{a}|=|\vec{b}|=|\vec{a}-\vec{b}|$, 则 $\vec{a}$ 与 $\vec{a}+\vec{b}$ 的夹角为(　　)

A. $\dfrac{\pi}{6}$

B. $\dfrac{\pi}{4}$

C. $\dfrac{\pi}{3}$

D. $\dfrac{\pi}{2}$

⑨若 $|\vec{a}|=\sqrt{2}$, $|\vec{b}|=2$, 且 $(\vec{a}-\vec{b})\perp\vec{a}$ 则 $\vec{a}$ 与 $\vec{b}$ 的夹角为(　　)

A. $\dfrac{\pi}{6}$

B. $\dfrac{\pi}{4}$

C. $\dfrac{\pi}{3}$

D. $\dfrac{5\pi}{12}$

生命如同寓言,其价值不在长短,而在内容。——塞内卡

3. $k(\boldsymbol{a}\cdot\boldsymbol{b})=(k\boldsymbol{a})\cdot\boldsymbol{b}=\boldsymbol{a}\cdot(k\boldsymbol{b})$；
4. $\boldsymbol{a}\cdot(\boldsymbol{b}+\boldsymbol{c})=\boldsymbol{a}\cdot\boldsymbol{b}+\boldsymbol{a}\cdot\boldsymbol{c}$（分配律）；
5. $\boldsymbol{a}\cdot\boldsymbol{b}=0\Leftrightarrow\boldsymbol{a}\perp\boldsymbol{b}$.

例题解析

例1 选择题

(1)在▱ABCD中，$\overrightarrow{BA}-\overrightarrow{BC}=$________，$\overrightarrow{DA}-\overrightarrow{DB}=$________.

解：$\overrightarrow{BA}-\overrightarrow{BC}=\overrightarrow{BA}+\overrightarrow{CB}=\overrightarrow{CB}+\overrightarrow{BA}=\overrightarrow{CA}$,

$\overrightarrow{DA}-\overrightarrow{DB}=\overrightarrow{BA}$

(2)已知$A(2,5)$，$B(6,4)$，那么$\overrightarrow{AB}$的坐标为________.

解：$\overrightarrow{AB}=B-A=(6,4)-(2,5)=((6-2),(4-5))=(4,-1)$.

(3)已知A点坐标为$(3,1)$ B点坐标为$(-1,3)$，那么中点坐标为________.

解：设中点坐标为(x_0,y_0)，$x_0=\dfrac{3-1}{2}=1$，$y_0=\dfrac{1+3}{2}=2$，

∴ 中点坐标为$(1,2)$.

(4)$5(\vec{a}-3\vec{b})+3(\vec{b}-2\vec{a})=$________.

$3(\vec{a}+2\vec{b}-\vec{c})+3(\vec{a}-\vec{b}+\vec{c})=$________.

解：$5(\vec{a}-3\vec{b})+3(\vec{b}-2\vec{a})=5\vec{a}-15\vec{b}+3\vec{b}-6\vec{a}=-\vec{a}-12\vec{b}$

$3(\vec{a}+2\vec{b}-\vec{c})+3(\vec{a}-\vec{b}+\vec{c})=3\vec{a}+6\vec{b}-3\vec{c}+3\vec{a}-3\vec{b}+3\vec{c}$

$=6\vec{a}+3\vec{b}$.

(5)向量$\vec{a}=(4,3)$与$\vec{b}=(-6,x)$共线，那么$x=$________.

解：$\vec{a}$与$\vec{b}$共线，则$\dfrac{3}{4}=-\dfrac{x}{6}$（对应比例相等），$x=-\dfrac{9}{2}$.

例2 填空题

(1)已知$|a|=4$，$|b|=6$，$<a,b>=150^\circ$，则$a\cdot b=$________.

解：$a\cdot b=|a|\cdot|b|\cos<a,b>$即

$a\cdot b=|a|\cdot|b|\cos150^\circ=4\times6\times(-\dfrac{\sqrt{3}}{2})=-12\sqrt{3}$.

(2)已知$a=(5,8)$，$b=(2,3)$，$c=(1,-2)$，则$(a\cdot b)c=$________.

解：$(a\cdot b)c=[(5,8)\cdot(2,3)]\cdot(1,-2)=(10+24)\cdot(1,-2)$
$=34\times(1,-2)=(34,-68)$.

(3)在▱ABCD中，$\overrightarrow{AB}=\vec{a}$，$\overrightarrow{BC}=\vec{b}$，$|a|=|b|$，那么$\overrightarrow{AC}\cdot\overrightarrow{BD}=$________.

解：$\overrightarrow{AC}\cdot\overrightarrow{BD}=(\overrightarrow{AB}+\overrightarrow{BC})\cdot(\overrightarrow{BC}+\overrightarrow{CD})=(\vec{a}+\vec{b})\cdot(\vec{b}-\vec{a})$
$=b^2-a^2=0$.

⑩已知向量$\vec{a}=(2,3)$，$\vec{b}=(-1,2)$，若$m\vec{a}+\vec{b}$与$\vec{a}-2\vec{b}$平行，则实数$m=$(　　)

A. $\dfrac{1}{2}$　B. $-\dfrac{1}{2}$　C. 2　D. -2

⑪已知$\vec{a}=(4,2)$则与$\vec{a}$垂直的单位向量为________.

⑫已知：$|a|=4$，$|b|=5$，$<\vec{a},\vec{b}>=120^\circ$，则$\vec{a}\cdot\vec{b}=$(　　)

A. $10\sqrt{3}$
B. $-10\sqrt{3}$
C. 10
D. -10

懂得生命真谛的人，可以使短促的生命延长。——西塞罗

(4)已知$\vec{a}=(\sqrt{3},1)$，$\vec{b}=(1,\sqrt{3})$，则$<\vec{a},\vec{b}>=$________.

解:由已知，$|\vec{a}|=\sqrt{(\sqrt{3})^2+1^2}=2$，$|\vec{b}|=\sqrt{1^2+(\sqrt{3})^2}=2$，

$a\cdot b=(\sqrt{3},1)\cdot(1,\sqrt{3})=2\sqrt{3}$.

$\therefore \cos<a,b>=\frac{a\cdot b}{|a|\cdot|b|}=\frac{2\sqrt{3}}{2\times 2}=\frac{\sqrt{3}}{2}$.

$\therefore <a,b>=30^\circ$.

(5)已知$|a|=3$，$|b|=2$，$\vec{a}$与$\vec{b}$的夹角$<\vec{a},\vec{b}>$为45°，

那么$\vec{a}\cdot\vec{b}=$________.

解:$\vec{a}\cdot\vec{b}=|a||b|\cos\theta=3\times 2\times\cos 45^\circ=3\sqrt{2}$.

注:数量积运算的基本公式$\vec{a}\cdot\vec{b}=|\vec{a}|\cdot|\vec{b}|\cos\theta$（$\theta$为$\vec{a}$与$\vec{b}$的夹角），在“二次”情况下的运算类似于多项式的运算.

例3 历届真题

(1)(2006.7)设a与b是平面向量,已知$a=(6,8)$，$|b|=5$，且$a\cdot b=50$,则向量$a-b=$(　　)

A. $(-3,4)$　B. $(-4,3)$　C. $(3,4)$　D. $(4,-3)$

解:设$\vec{b}=(x,y)$，则$|b|=\sqrt{x^2+y^2}=5$，$\vec{a}\cdot\vec{b}=6x+8y=50$，

联立解得$\vec{b}=(3,4)$，$\vec{a}-\vec{b}=(6-3,8-4)=(3,4)$.

答:C

(2)(2007.11)已知向量$a=(5,-4)$，$b=(-3,2)$,则与$2a+3b$垂直的单位向量是________.

解:由已知，设与$2a+3b$垂直的单位向量是$\vec{n}=(x,y)$，

根据向量性质,得$\begin{cases}x^2+y^2=1\\x-2y=0\end{cases}$，

解得$\vec{n}=\pm(\frac{2}{\sqrt{5}},\frac{1}{\sqrt{5}})$.

(3)(2008.4)已知平面向量$a=(1,1)$，$b=(-1,2)$，则$(a+b)\cdot(a-b)=$(　　)

A. -1　B. 1　C. -3　D. 3

解:$(a+b)\cdot(a-b)=(0,3)\cdot(2,-1)=-3$.

答:C

(4)(2009.5)已知非零向量a,b，满足$|b|=4|a|$，且$2a+b$与a垂直,则a与b的夹角为(　　)

A. 150°　B. 120°　C. 60°　D. 30°

解:由已知，$2a+b$与a垂直,则$(2a+b)\cdot a=0$，

即$2a^2+b\cdot a=2a^2+|b|\cdot|a|\cos\theta=2a^2+4|a|\cdot|a|\cos\theta=0$，

所以$\cos\theta=-\frac{2a^2}{4|a|\cdot|a|}-\frac{1}{2}$，$\theta=120^\circ$.

注:考查向量的数量积基本运算,涉及垂直问题和模的问题;计算向量的模常转化为向量的平方,体现了数形转换的基本数学思想.

⑬已知向量$\overrightarrow{OC}=(2,2)$，$\overrightarrow{CA}=(\sqrt{2}\cos\alpha,\sqrt{2}\sin\alpha)$则$\overrightarrow{OA}$的模的取值范围为(　　)

A. $[1,3]$

B. $[1,3\sqrt{2}]$

C. $[\sqrt{2},3]$

D. $[\sqrt{2},3\sqrt{2}]$

⑭已知$\vec{a}=(3,x)$，$\vec{b}=(7,12)$，且$a\perp b$则$x=$(　　)

A. $-\frac{7}{4}$

B. $\frac{7}{4}$

C. $-\frac{7}{3}$

D. $\frac{7}{3}$

人生的光荣，不在永远不失败，而在于能够屡扑屡起。——拿破仑

§13.2 向量的直角坐标运算

一、向量的直角坐标

(1)把一个向量分解为两个相互垂直的向量,叫作把向量正交分解.

(2)设 i,j 为平面直角坐标系 xOy 中分别与 x 轴、y 轴同向的两个单位向量,如果向量 $\boldsymbol{a}=xi+yj$,则 (x,y) 叫作向量 $\boldsymbol{a}$ 在直角坐标系 xOy 中的坐标,记作 $\boldsymbol{a}=(x,y)$,其中 x 叫作 $\boldsymbol{a}$ 在 x 轴上的坐标,y 叫作 $\boldsymbol{a}$ 在 y 轴上的坐标,上式叫作向量的坐标表示.(图 13-9)

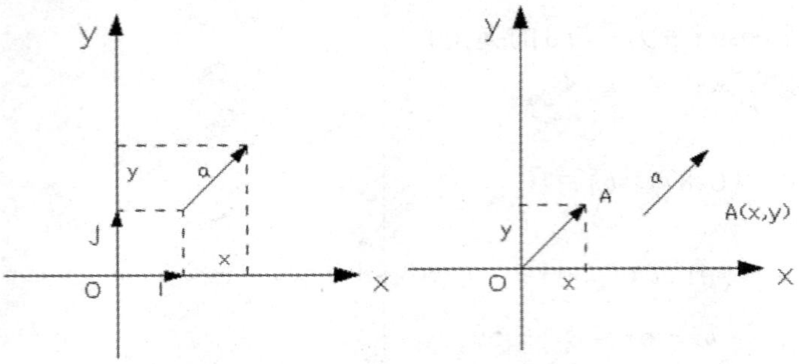

图 13-9

注:$xi+yj$ 叫作向量 i,j 的线性组合.$\{i,j\}$ 叫作平面向量的一个基底,i,j 叫作基向量.

(3)相等向量的坐标必然相等,作向量 $\overrightarrow{OA}=\boldsymbol{a}$,则 $\overrightarrow{OA}=(x,y)$

二、向量的直角坐标运算

设 $\boldsymbol{a}=(x_a,y_a)$;$\boldsymbol{b}=(x_b,y_b)$,则

(1) $\boldsymbol{a}+\boldsymbol{b}=(x_a,y_a)+(x_b,y_b)=(x_a+x_b,y_a+y_b)$

(2) $\boldsymbol{a}-\boldsymbol{b}=(x_a,y_a)-(x_b,y_b)=(x_a-x_b,y_a-y_b)$

(3) $\lambda(x_a,y_a)=(\lambda x_a,\lambda y_a)$

(4) $\boldsymbol{a}\cdot\boldsymbol{b}=(x_a,y_a)\cdot(x_b,y_b)=(x_a\cdot x_b+y_a\cdot y_b)$

设 $A(x_1,y_1)$,$B(x_2,y_2)$,则 $\overrightarrow{AB}=(x_2-x_1,y_2-y_1)$.

三、基本公式

(一)平移公式

已知点 $p_0(x_0,y_0)$,向量 $a=(x_a,y_a)$,将点 $p_0(x_0,y_0)$ 按向量 a 平移到点 $P(x,y)$,则有 $\overrightarrow{OP}=\overrightarrow{OP_0}+a$,用坐标表示,如图13-10所示.

$$(x,y)=(x_0,y_0)+(x_a,y_a),$$

即 $x=x_0+x_a$,$y=y_0+y_a$.

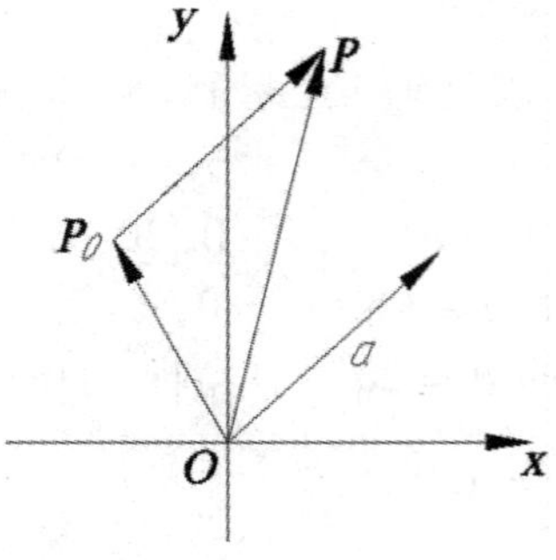

图 13-10

⑮已知向量 $\vec{a}$ 与 $\vec{b}$ 的夹角 $\frac{2\pi}{3}$,$|\vec{a}|=2$,$|\vec{b}|=4$,则 $|\vec{a}-\vec{b}|=$ (　　)

A. $2\sqrt{3}$　　B. $2\sqrt{5}$

C. $2\sqrt{7}$　　D. 6

⑯已知 $\vec{a}=(-1,1)$,$\vec{b}=(1,-1)$ 则 $<\vec{a},\vec{b}>=$ (　　)

A. 30°　　B. 45°

C. 120°　　D. 180°

⑰点 $A(2,3)$,$B(-3,-3)$ 的对称中心的坐标为(　　)

A. $(\frac{1}{2},3)$

B. $(-\frac{1}{2},3)$

C. $(-\frac{1}{2},0)$

D. $(-\frac{1}{2},-3)$

生当作人杰,死亦为鬼雄。——李清照

（二）中点公式

设 $A(x_1,y_1)$，$B(x_2,y_2)$，线段 AB 的中点为 $M(x,y)$，则

$$x=\frac{x_1+x_2}{2},\ y=\frac{y_1+y_2}{2}$$

（三）向量长度及两点间距离公式

说明 $\boldsymbol{a}=(x_a,y_a)$　$|\boldsymbol{a}|=\sqrt{\boldsymbol{a}\cdot\boldsymbol{a}}=\sqrt{x_a^2+y_a^2}$

设 $A(x_1,y_1)$，$B(x_2,y_2)$ 则

$$\overrightarrow{AB}=(x_2-x_1,y_2-y_1)$$

$$d_{A,B}=|\overrightarrow{AB}|=\sqrt{(x_2-x_1)^2+(y_2-y_1)^2}$$

（四）两个非零向量的夹角公式

设 $\boldsymbol{a}=(x_a,y_a)$；$\boldsymbol{b}=(x_b,y_b)$，

则 $\cos<\boldsymbol{a},\boldsymbol{b}>=\dfrac{\boldsymbol{a}\cdot\boldsymbol{b}}{|\boldsymbol{a}||\boldsymbol{b}|}=\dfrac{x_ax_b+y_ay_b}{\sqrt{x_a^2+y_a^2}\sqrt{x_b^2+y_b^2}}$.

四、两向量平行和垂直的条件

设 $\boldsymbol{a}=(x_a,y_a)$；$\boldsymbol{b}=(x_b,y_b)$，则

$\boldsymbol{a}//\boldsymbol{b}\Leftrightarrow x_ay_b-x_by_a=0$，

$\boldsymbol{a}\perp\boldsymbol{b}\Leftrightarrow x_ax_b+y_ay_b=0$.

例题解析

例 1　填空题

(1) 如果 $\vec{a}=\vec{e_1}+2\vec{e_2}$，$\vec{b}=3\vec{e_1}-\vec{e_2}$，那么 $\vec{a}+\vec{b}=$ ________，$3\vec{a}-2\vec{b}=$ ________.

解：$\vec{a}+\vec{b}=4\vec{e_1}+\vec{e_2}$，$3\vec{a}-2\vec{b}=-3\vec{e_1}+8\vec{e_2}$.

(2) 已知向量满足 $2(\vec{a}-\vec{x})=3(\vec{x}-\vec{b})$，那么 $\vec{x}=$ ________.

解：$2(\vec{a}-\vec{x})=3(\vec{x}-\vec{b})$；整理后 $5\vec{x}=2\vec{a}+3\vec{b}$，

$\therefore\ \vec{x}=\dfrac{2\vec{a}+3\vec{b}}{5}$.

(3) 在平行四边形▱ $ABCD$ 中，$\overrightarrow{AB}=\vec{a}$，$\overrightarrow{BC}=\vec{b}$，

那么 $\overrightarrow{AC}=$ ________，$\overrightarrow{BD}=$ ________.

解：$\overrightarrow{AC}=\overrightarrow{AB}+\overrightarrow{BC}=\vec{a}+\vec{b}$，

$\overrightarrow{BD}=\overrightarrow{BC}+\overrightarrow{CD}=\vec{b}-\vec{a}(\overrightarrow{AB}=-\overrightarrow{CD})$.

(4) 如果点 $P(2,3)$ 是连接两点 $P_1(1,y)$ 和 $P_2(x,4)$ 线段的中点，则 $x=$ ________；$y=$ ________.

解：根据中点坐标公式得 $2=\dfrac{1+x}{2}$，$3=\dfrac{y+4}{2}$，

解得 $x=3$，$y=2$.

⑱已知向量 $\vec{a}=(3,1)$ 则通过点 $(1,2)$ 且与 $\vec{a}$ 平行的直线方程为（　　）

A. $x-3y=5$

B. $3x-y=1$

C. $x-3y+5=0$

D. $3x-y=5$

⑲已知向量 $\vec{a}=(3,4)$，向量 $\vec{b}=(0,-2)$ 那么 $\cos<\vec{a},\vec{b}>$ 的值是（　　）

A. $-\dfrac{4}{5}$

B. $-\dfrac{2}{25}$

C. $\dfrac{2}{25}$

D. $\dfrac{4}{5}$

人的一生就是进行尝试，尝试的越多，生活就越美好。——爱默生

例 2 填空题

(1)向量$\vec{a}=(1,3)$与$\vec{b}=(x,6)$互相垂直,则$x=$________.

解:向量垂直,则数量积等于零,$\vec{a}\cdot\vec{b}=x+18=0$, $x=-18$.

(2)2010 年 12. $\vec{a}$、$\vec{b}$为平面向量,已知$|\vec{a}|=1$, $|\vec{b}|=2$, $\vec{a}$、$\vec{b}$夹角为120°,则$|2\vec{a}+\vec{b}|$________.

解:由已知,把$|\vec{a}|=1$, $|\vec{b}|=2$, $\cos120°=-\frac{1}{2}$代入下式:

$$|2\vec{a}+\vec{b}|=\sqrt{(|2\vec{a}+\vec{b}|)^2}=\sqrt{4(\vec{a})^2+4|\vec{a}||\vec{b}|\cos\theta+|\vec{b}|^2}$$
$$=\sqrt{4\times1^2+4\cdot1\cdot2\cdot(-\frac{1}{2})+2^2}=2.$$

(3)已知$A(-1,2)$, $B(2,6)$,那么$|\overrightarrow{AB}|=$________.

解:$|\overrightarrow{AB}|=\sqrt{(2-(-1))^2+(6-2)^2}=5$.

(4)已知$\boldsymbol{a}=(3,x)$, $\boldsymbol{b}=(7,12)$,并且$a\perp b$,则$x=$________.

解:$\because a\perp b\Leftrightarrow a\cdot b=0$, $\therefore (3,x)\cdot(7,12)=0$,即$21+12x=0$,

解此方程得$x=-\frac{7}{4}$.

例 3 (1)已知$\vec{a}$,$\vec{b}$是非零向量且满足$(\vec{a}-2\vec{b})\perp\vec{a}$, $(\vec{b}-2\vec{a})\perp\vec{b}$,则$\vec{a}$与$\vec{b}$夹角是(　　)

A. $\frac{\pi}{6}$　　B. $\frac{\pi}{3}$　　C. $\frac{2\pi}{3}$　　D. $\frac{5\pi}{6}$

解:由已知,向量垂直,则数量积等于零.

$\therefore (\vec{a}-2\vec{b})\cdot\vec{a}=|\vec{a}|^2-2\vec{b}\cdot\vec{a}=0$.

$\therefore (\vec{b}-2\vec{a})\cdot\vec{b}=|\vec{b}|^2-2\vec{a}\cdot\vec{b}=0$.

联立得$|\vec{a}|=|\vec{b}|$,

$\therefore \vec{b}^2=2\vec{a}\cdot\vec{b}=2|\vec{a}||\vec{b}|\cos\theta=2|\vec{b}|^2\cos\theta$.

$\therefore \cos\theta=\frac{1}{2}$, $\theta=\frac{\pi}{3}$.

答:B

(2)(2007.18)已知点$Q(3,0)$,点P在圆$x^2+y^2=1$上运动,动点M满足$\overrightarrow{PM}=\frac{1}{2}\overrightarrow{MQ}$,则点$M$的轨迹是一个圆,其半径等于________.

解:设P点坐标为(a,b), M点坐标为(x,y), $\overrightarrow{PM}=\frac{1}{2}\overrightarrow{MQ}$,

即$(x-a,y-b)=\frac{1}{2}(3-x,-y)$,得出$a=\frac{3}{2}x+\frac{3}{2}$, $b=\frac{3}{2}y$,

而$a^2+b^2=1$,

$\therefore \frac{9}{4}(x+1)^2+\frac{9}{4}y^2=1$.

整理得$(x-1)^2+y^2=\frac{4}{9}$,半径$R=\frac{2}{3}$.

⑳已知向量$\vec{a}=(3,4)$,向量$\vec{b}$与向量$\vec{a}$相反,且$|\vec{b}|=10$,那么$\vec{b}$的值是(　　)

A. (4,3)

B. (-4,-3)

C. (-6,-8)

D. (-8,-6)

㉑在▱$ABCD$中,$\overrightarrow{BA}-\overrightarrow{BC}=$______, $\overrightarrow{DA}-\overrightarrow{DB}=$______.

㉒已知$\vec{a}=(3,0)$, $\vec{b}=(0,2)$,那么$2\vec{a}+\vec{b}=$________, $3\vec{a}-2\vec{b}=$________.

我们的生命是天赋的,我们唯有献出生命,才能得到生命。——泰戈尔

(3)已知两点 $M(-2,0)$,$N(2,0)$,点 P 满足 $\overrightarrow{PM}\cdot\overrightarrow{PN}=0$,则点 P 的轨迹方程为(　　)

A. $\frac{x^2}{16}+y^2=1$　B. $x^2+y^2=4$　C. $y^2-x^2=8$　D. $x^2+y^2=8$

解:设 P 点坐标为 (x,y),$\overrightarrow{PM}=(-2-x,-y)$ $\overrightarrow{PN}=(2-x,-y)$,
得 $\overrightarrow{PM}\cdot\overrightarrow{PN}=x^2-4+y^2=0$,所以 P 的轨迹方程为 $x^2+y^2=4$.
答:B

(4)抛物线 $y^2=2px$ 上弦长为 a ($a\geq 2p$) 的弦的中点到 y 轴的距离的最小值为________.

解:抛物线的准线 l 的方程为 $x=-\frac{p}{2}$,焦点 $F(\frac{p}{2},0)$.

记弦的两端点为 A、B,AB 的中点为 M,它们在 l 上的射影分别是 A_1、B_1、M_1 $|AF|=|AA_1|$,$|BF|=|BB_1|$.

则 M 到 y 轴的距离 $d=|MM_1|-\frac{p}{2}=\frac{1}{2}(|AA_1|+|BB_1|)-\frac{p}{2}$

$=\frac{1}{2}(|AF|+|BF|)-\frac{p}{2}\geqslant\frac{1}{2}|AB|-\frac{p}{2}=\frac{a-p}{2}$.

当且仅当 A、B、F 共线时等号成立.

(5)给定抛物线 $C:y^2=4x$,点 F 是 C 的焦点,过点 F 的直线 l 与 C 相交于 A、B 两点.设 l 的斜率为 1,则 $\overrightarrow{OA}$ 与 $\overrightarrow{OB}$ 的夹角的余弦值为________.

解:抛物线的焦点为 $F(1,0)$,直线 l 的方程为:$x=y+1$,
将其代入抛物线方程得 $y^2-4y-4=0$.
设 $A(x_1,y_1)$,$B(x_2,y_2)$,则有 $y_1+y_2=4$,$y_1y_2=-4$.
又 $x_1=\frac{1}{4}y_1^2$,$x_2=\frac{1}{4}y_2^2$,$x_1x_2=\frac{1}{16}(y_1y_2)^2=1$,

$\overrightarrow{OA}\cdot\overrightarrow{OB}=(x_1,y_1)\cdot(x_2,y_2)=x_1x_2+y_1y_2=-3$,

$|\overrightarrow{OA}|\cdot|\overrightarrow{OB}|=\sqrt{x_1^2+y_1^2}\cdot\sqrt{x_2^2+y_2^2}$

$=\sqrt{(x_1x_2)^2+(y_1y_2)^2+\frac{1}{16}(y_1y_2)^2[(y_1+y_2)^2-2y_1y_2]}=\sqrt{41}$.

$\cos<\overrightarrow{OA}\cdot\overrightarrow{OB}>=\frac{\overrightarrow{OA}\cdot\overrightarrow{OB}}{|\overrightarrow{OA}|\cdot|\overrightarrow{OB}|}=-\frac{3\sqrt{41}}{41}$,

$\overrightarrow{OA}$ 与 $\overrightarrow{OB}$ 的夹角的余弦值为 $-\frac{3\sqrt{41}}{41}$.

第(4)题充分利用了抛物线的定义来解决问题,在研究形如 $y^2=2px$ 的抛物线与直线的有关问题时,设直线方程为 $x=my+b$ 的形式,不仅可以简化计算,有时还可以避免对直线斜率是否存在进行讨论.第(5)题把向量和解析几何问题结合在一起,这是 2010 年体育单招考试的大题之一.向量是研究解析几何的重要工具,它可以用来解决几何中的平行和垂直问题以及角度的计算.

㉓向量 $\overrightarrow{a}=(4,3)$ 与 $\overrightarrow{b}=(-6,x)$ 共线,那么 $x=$________.

㉔已知 $A(2,5)$,$B(6,4)$,那么 $\overrightarrow{AB}$ 的坐标为________.

㉕已知 A 点坐标为 $(3,1)$,B 点坐标为 $(-1,3)$,那么中点坐标为________.

天下兴亡,匹夫有责。——顾炎武

例 4 (2006.24)本题满分 12 分

设椭圆的中心在直角坐标系 xOy 的原点,离心率为 $\frac{2}{3}$,右焦点是 $F(2,0)$.

(1)求椭圆的方程.

(2)设 P 是椭圆上的一点,过点 F 与点 P 的直线 l 与 y 轴交于点 M,若 $|MP| = 4|PF|$,求直线 l 的方程.

(1)解:设所求的椭圆方程为 $\frac{x^2}{a^2}+\frac{y^2}{b^2}=1$,其中 $a>0,b>0$

由题意可得 $c=2$, $e=\frac{c}{a}=\frac{2}{3}$

从而 $a=3$, $b=\sqrt{a^2-c^2}=\sqrt{9-4}=\sqrt{5}$

故所求椭圆的方程是 $\frac{x^2}{9}+\frac{y^2}{5}=1$.

(2)解:设点 P 的坐标 (x_0,y_0),直线 1 的方程为 $y=k(x-2)$,则直线 l 与 y 轴的交点是 $M(0,-2k)$. 5 分

由于 F 是椭圆的右焦点,结合条件 $|MP|=4|PF|$ 可知,

点 $F\in$ 线段 PM,从而 $|MP|=4|PF|\Leftrightarrow\overrightarrow{MP}=4\overrightarrow{FP}$

注意 $P\in l$,即 $y_0=k(x_0-2)$,代入

即得 $\overrightarrow{MP}=(x_0,y_0+2k)=(x_0,kx_0)$,

$\overrightarrow{FP}=(x_0-2,y_0)=(x_0-2,k(x_0-2))$

于是 $\overrightarrow{MP}=4\overrightarrow{FP}\Leftrightarrow\begin{cases}x_0=4(x_0-2)\\kx_0=4k(x_0-2)\end{cases}$

$\Leftrightarrow x_0=4(x_0-2)$,

由此可得 $x_0=\frac{8}{3}$,$y_0=\frac{2k}{3}$. 10 分

最后,把 P 点的坐标代入椭圆方程即可得 k 满足

$\frac{1}{9}\left(\frac{8}{3}\right)^2+\frac{k^2}{5}\left(\frac{2}{3}\right)^2=1\Leftrightarrow k=\pm\frac{\sqrt{85}}{6}$.

故所求直线 l 的方程是 $y=\frac{\sqrt{85}}{6}(x-2)$ 或 $y=-\frac{\sqrt{85}}{6}(x-2)$

12 分.

㉖已知平面上 A,B,C 三点不共线,p 是平面上的一点,满足 $\overrightarrow{PA}+\overrightarrow{PB}+\overrightarrow{PC}=\overrightarrow{AB}$,则 p (　　)

A. 在△ABC 外部

B. 在△ABC 内部

C. 在直线 AB 上

D. 在直线 AC 上

㉗四边形 $ABCD$ 中,若 $\overrightarrow{AD}=\overrightarrow{BC}$,则它一定是(　　)

A. 平行四边形

B. 矩形

C. 菱形

D. 正方形

生命不等于是呼吸,生命是活动。——卢梭

例 5 2007 年 24. 本题满分 14 分

双曲线 $\frac{x^2}{a^2}-\frac{y^2}{b^2}=1(a>0,b>0)$ 的中心为 O，右焦点为 F，右准线和两条渐近线分别交于点 M_1 和 M_2.

(1)证明 O，M_1，M_2 和 F 四个点在同一个圆上.

(2)如果 $|\overrightarrow{OM_1}|=|\overrightarrow{M_1F}|$，求双曲线的离心率.

(3)如果 $\angle M_1FM_2=\frac{\pi}{3}$，$|\overrightarrow{OF}|=4$，求双曲线方程.

解:(1)证明双曲线的右焦点 $F(c,0)$，右准线 $x=\frac{a^2}{c}$，

渐近线 $y=\frac{b}{a}x,y=-\frac{b}{a}x$，准线与渐近线的交点分别为

$M_1\left(\frac{a^2}{c},\frac{ab}{c}\right),M_2\left(\frac{a^2}{c},-\frac{ab}{c}\right)$，则 $\overrightarrow{OM_1}=\left(\frac{a^2}{c},\frac{ab}{c}\right)$，

$\overrightarrow{M_1F}=\left(c-\frac{a^2}{c},-\frac{ab}{c}\right)=\left(\frac{b^2}{c},-\frac{ab}{c}\right)$，

$\overrightarrow{OM_1}\cdot\overrightarrow{M_1F}=\frac{a^2b^2}{c^2}-\frac{a^2b^2}{c^2}=0$，

所以 $OM_1\perp M_1F$，$\angle OM_1F=90^\circ$. 同理可证 $\angle OM_2F=90^\circ$.

所以 O,M_1,F,M_2 都在 OF 为直径的圆上.

(2)解:方法一:三角形 OM_1F 中，$\angle OM_1F$ 为直角. 由已知 $|\overrightarrow{OM_1}|=|\overrightarrow{M_1F}|$，$\therefore\ \angle M_1OF=45^\circ$. 同理 $\angle M_2OF=45^\circ$，即 $OM_1\perp OM_2$.

$\therefore\ \overrightarrow{OM_1}\cdot\overrightarrow{OM_2}=\frac{a^2}{c}\cdot\frac{a^2}{c}-\frac{ab}{c}\cdot\frac{ab}{c}$.

由 $\overrightarrow{OM_1}\cdot\overrightarrow{OM_2}=0$，可得 $a=b$.

双曲线的离心率 $e=\frac{c}{a}=\frac{\sqrt{a^2+b^2}}{a}=\sqrt{2}$.

方法二:三角形 OM_1F 中，$\angle OM_1F$ 为直角. 由已知 $|\overrightarrow{OM_1}|=|\overrightarrow{M_1F}|$，

则渐近线斜率为 1. 又 $\because y=\pm\frac{b}{a}x$，$\therefore a=b$.

双曲线的离心率 $e=\frac{c}{a}=\frac{\sqrt{a^2+b^2}}{a}=\sqrt{2}$.

(3)解:由条件，$\angle M_1FM_2=\frac{\pi}{3}$，$OF=4$，即得 $c=4$.

同时 $\angle M_1OF=\frac{1}{2}\left(\pi-\frac{\pi}{3}\right)=\frac{\pi}{3}$.

由 $M_1\left(\frac{a^2}{c},\frac{ab}{c}\right)\frac{\frac{ab}{c}}{\frac{a^2}{c}}=\tan\frac{\pi}{3}=\sqrt{3}$，得 $b=\sqrt{3}a$.

又由 $c=4$，即 $a^2+b^2=16$，解出 $a=2,b=2\sqrt{3}$.

所以双曲线的方程是 $\frac{x^2}{4}-\frac{y^2}{12}=1$.

㉘已知 A,B,C,D 为平面上任意不相同的四点，则：$\overrightarrow{AB}+\overrightarrow{BC}+\overrightarrow{CD}+\overrightarrow{DA}=$ (　　)

A. $\overrightarrow{AD}$

B. $\overrightarrow{C}$

C. $\mathbf{0}$

D. 不能确定

㉙已知点 $A(1,2)$，$B(2,3)$，$C(-2,5)$ 则△ABC 的三个内角中(　　)

A. $\angle A=90^\circ$

B. $\angle B=90^\circ$

C. $\angle C=90^\circ$

D. 没有直角

㉚在平面 α 上给定线段 $AB=2$，在 α 上的动点 C，使得 A,B,C 恰为一个三角形的 3 个顶点，且线段 AC 与 BC 的长是不等的两个正整数，则动点 C 所有可能的位置必定在某(　　)上

A. 抛物线　　B. 椭圆

C. 双由线　　D. 直线

生命是一条艰险的狭谷，只有勇敢的人才能通过。——米歇潘

第十四章 立体几何

重点提示

立体几何是单招考试的重点,每年有一道大题和两个小题,共30分.

本章考生要注意以下考点.

(1)了解空间两条直线的位置关系以及异面直线所成角的概念.

(2)理解点到平面距离、直线和平面平行、垂直的判定定理和性质定理.

(3)了解空间两个平面的位置关系以及二面角、二面角的平面角的概念.

(4)了解圆柱、正棱柱、圆锥、正棱锥的概念、性质,会计算它们的体积.

(5)了解球的概念、性质,会计算球面面积和球体体积.

§ 14.1 平面的基本性质

一、平面的基本性质

(一)公 理

公理1:如果一条直线上的两点在一个平面内,那么这条直线在此平面内.

公理2:经过不在同一条直线上的三点,有且只有一个平面.

公理3:如果两个不重合平面有一个公共点,那么它们有且只有一条过该点的公共直线.

注:平面几何中的定义、公理、定理等,对于空间图形中同一平面内的图形仍然适用.

(二)推 论

可以推出以下三条确定平面的条件.

推论1:经过一条直线和直线外的一点有且只有一个平面.

推论2:经过两条相交直线有且只有一个平面.

推论3:经过两条平行直线有且只有一个平面.(图14-1)

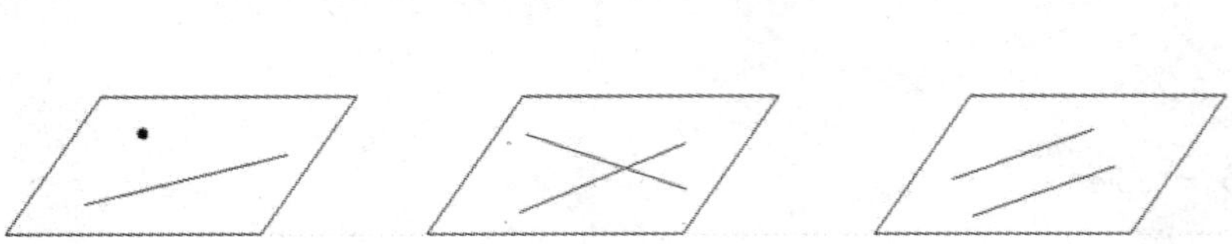

图14-1

互动练习

①已知 $a//b$, $b\perp c$, a 和 c 的位置关系是________.

②a、b 是异面直线,且 $c//a$, c 和 b 不相交,则 b、c 两条直线的位置关系是________.

一个伟大的灵魂,会强化思想和生命。——爱默生

(三)平面表示法与集合符号的应用

通常用一个希腊字母 α、β、γ 等来表示平面,读作平面 α、平面 β、平面 γ 等;也可以用表示平面的平行四边形的相对的两个角上的字母来表示,如平面 AC;也可以用表示平面内的三个点的字母来表示,如平面 ABC.

空间看作点的集合.点是空间的基本元素,直线和平面都是空间的子集、用集合语言描述点、直线、平面之间的关系.(表 14-1)

表　14-1

记　法	表示的意义
$A\in a$	点 A 在直线 a 上
$A\notin a$	点 A 在直线 a 外
$A\in\alpha$	点 A 在平面 α 内
$A\notin\alpha$	点 A 在平面 α 外
$a\subset\alpha$	直线 a 在平面 α 内
$a\not\subset\alpha$	直线 a 在平面 α 外
$\alpha\cap\beta=a$	平面 α 与平面 β 相交于直线 a
$a\cap b=A$	直线 a、b 相交于点 A

注意:直线 a 在平面 α 外包括直线 a 与平面 α 相交、平行两种情况.

二、空间的平行关系

(一)直线与直线平行

平行公理:过直线外一点有且只有一条直线和这条直线平行.

公理4:平行于同一条直线的两条直线互相平行.

等角定理:空间中如果两个角的两边分别平行并且方向相同,则这两个角相等或互补.

(二)直线与平面平行的判定

判定定理:平面外一条直线与此平面内的一条直线平行,则该直线与此平面平行.

性质定理:平面外一条直线与此平面平行,经过这条直线的任一平面与此平面的交线与该直线平行.

(三)平面与平面平行的判定

判定定理:一个平面内的两条相交直线与另一个平面平行,则这两个平面平行.

定理推广:两个平面没有公共点,叫作这两个平面互相平行.或不相交的两个平面互相平行.

性质定理:一条直线与一个平面平行,则过这条直线的任一平面与此平面的交线与该直线平行.

定理推广:如果两个平行平面同时与第三个平面相交,那么它们的交线平行.

③在二面角内一点,到两个面的距离分别为 $2\sqrt{2}$ 和 4,到棱的距离为 $4\sqrt{2}$,则二面角的度数是______.

④等边 $\triangle ABC$,边长为 2,沿高 AD 折成二面角 $B-AD-C$,如果 $BC=\sqrt{3}$,那么二面角的度数为______.

世界上只有一种英雄主义,那就是了解生命而且热爱生命的人。——罗曼·罗兰

(四)空间中直线与直线之间的位置关系

1. 异面直线:不同在任何一个平面内的两条直线叫作异面直线.

2. 空间中直线与直线之间的位置关系有且只有三种:

相交直线:同一平面内,有且只有一个公共点;

平行直线:同一平面内,没有公共点;

异面直线:不同在任何一个平面内,没有公共点.

3. 空间中直线与平面之间的位置关系有且只有三种:

直线在平面内——有无数个公共点;

直线与平面相交——有且只有一个公共点;

直线与平面平行——没有公共点.

直线与平面相交和平行的情况统称为直线在平面外.

4. 平面与平面之间的位置关系有且只有两种:

平面与平面平行——没有公共点;

两个平面相交——有一条公共直线.

考点解析

例1 选择题

(1)下面是关于三个不同平面 α,β,γ 的四个命题

$P_1:\alpha\perp\gamma,\beta\perp\gamma\Rightarrow\alpha//\beta$, $P_2:\alpha//\gamma,\beta//\gamma\Rightarrow\alpha//\beta$,

$P_3:\alpha\perp\gamma,\beta\perp\gamma\Rightarrow\alpha\perp\beta$, $P_4:\alpha\perp\gamma,\beta//\gamma\Rightarrow\alpha\perp\beta$,

其中真命题是( )

A. P_1,P_2 B. P_3,P_4 C. P_1,P_3 D. P_2,P_4

解:本题考查空间平行、垂直位置关系的判定,考察空间想象能力.

P_1错误,反例可以找墙角;P_2正确,面面平行的传递性;

P_3错误,α与β可能垂直也可能不垂直;P_4正确,平行与垂直的转化.

答:D

(2)下列四个结论,其中正确的为( )

A. 两条直线都和同一个平面平行,则这两条直线平行

B. 两条直线没有公共点,则这两条直线平行

C. 两条直线都和第三条直线垂直,则这两条直线平行

D. 平行于同一条直线的两条直线互相平行

解:A. 两直线有可能相交;B. 两直线有可能异面;C. 两直线还有可能异面;D. 正确,它是公理4.

答:D

(3)垂直于同一条直线的两条直线一定( )

A. 平行 B. 相交 C. 异面 D. 以上都有可能

解:与一条直线垂直的是一系列平行平面,在两个平行面上取两条平行之线即A,在一个平面上去两条直线,则两条直线相交,在两个平行平面上取两条不平行的直线,则两直线异面.

答:D

⑤下列命题中正确的是( )

A. 一条直线和一个点可以确定一个平面

B. 三点确定一个平面

C. 有三个公共点的两个平面必重合

D. 线段 AB 在平面 α 内则直线 AB 必在平面 α 内

⑥如果 $\alpha\cap\beta=b,l\cap\alpha=A,l\subset\beta$,那么( )

A. 直线 b 经过点 A

B. 直线 b 不经过点 A

C. $b\perp l$

D. $l\perp\alpha$

(4)三个平面把空间分成7部分时,它们的交线有( )

A.1条 B.2条 C.3条 D.1条或2条.

解:三个平面把空间分成7部分说明三个平面两两相交,中间围成一个空腔.交线有3条.

答:C

例2

(1)已知直线 $b \parallel c$,且直线 a 与 b, c 都相交,求证:直线 a, b, c 共面.

解:直线 $b \parallel c$,所以 bc 确定一个平面 α,直线 a 与 b, c 都相交,

所以 $a \in \alpha$,所以直线 a, b, c 共面.

(2)正方体 $ABCD-A'B'C'D'$ 中 AB' 和 BC' 所成的角度是( )

A. 30° B. 45° C. 60° D. 90°

解:$ABC'D'$ 是平行四边形,$\therefore AD'//BC'$,于是 $\angle B'AD'$ 即为所求角,显然 $\triangle AB'C'$ 是正三角形.

答:C

(3)以等腰直角三角形斜边上的高为折痕,将这个三角形折成一个直二面角.这时,两条直角边的夹角等于( )

A. 30° B. 45° C. 60° D. 90°

解:设 $\triangle ABC$ 中 $\angle BAC=90^\circ$, $AB=AC$, $AD=BC$,沿 AD 将 $\triangle ABC$ 折成直二面角 $B-AD-C$,即 $\angle BDC=90^\circ$.由此可知 $AB=AC=BC$.

答:C

(4) $a \perp$ 平面 α, $b \parallel \alpha$,则 a 与 b 的位置关系( )

A. $a \perp b$ B. a 与 b 垂直且相交

C. a 与 b 垂直且异面 D. $a \parallel b$

解:由已知,$b//\alpha$,则 b 可以平移到平面 α 上,$a\perp$ 平面 α,$\therefore a\perp b$.

答:A

注:学生可以用铅笔当作直线,可以用书、本当作平面,形象对比做题.

例3 (2009.7)关于空间中的平面 α 和直线 m,n,l,有下列四个命题

$P_1: m \perp l, n \perp l \Rightarrow m \parallel n$ $P_2: m \parallel \alpha, n \parallel \alpha \Rightarrow m \parallel n$

$P_3: m \parallel l, l \perp \alpha \Rightarrow m \perp \alpha$ $P_4: l \perp \alpha$, m 与 l 相交 $\Rightarrow m \perp \alpha$

其中真命题为( )

A. P_1,P_3 B. P_2,P_4 C. P_3 D. P_4

解:P_1:中 m 与 n 可以平行,相交,异面.P_2 中 m 与 n 可以平行,相交,异面 P_4 中因 m 与 l 相交,所以不一定 $m \perp \alpha$.

答:C

例4 已知 a,b 是直线,α 是平面,则下列命题中正确的是( )

A. $a \perp \alpha, a \perp b \Rightarrow b//\alpha$ B. $a \perp b, a//\alpha \Rightarrow b \perp \alpha$

C. $a//b, b//\alpha \Rightarrow a//\alpha$ D. $a \perp \alpha, a//b \Rightarrow b \perp \alpha$

解:A 中 b 可以在 α 内,即 $b \in \alpha$;B 中 b 可以在 α 内,也可以 $b//\alpha$ 及 b 交 α;C 中 a 可以在 α 内.

答:D

⑦四面体 $A-BCD$ 被平面所截的截面 $EFGH$ 是一个矩形,那么直线 CD 与平面 $EFGH$ 的关系是______.

⑧已知两平行平面 α 和 β 之间的距离为 $d(d>0)$,l 是平面 α 内的一条直线,则在平面 β 与直线 l 平行且距离为 $2d$ 的直线的有( )条.

A. 0

B. 1

C. 2

D. 4

内容充实的生命就是长久的生命。我们要以行为而不是以时间来衡量生命。——小塞涅卡

注:空间点、线、面既是构成几何的基本元素,又是研究立体几何的核心;单招中可以有单独考查线线、线面、面面位置关系的试题,也有以空间角、距离或简单几何体的计算为载体考查它们之间位置关系的试题.

§ 14.2 多面体和旋转体

一、多面体

由若干个平面多边形围成的几何体叫作多面体.

二、棱　柱

(一)棱柱和特殊棱柱

两底面互相平行,其余各面的交线互相平行的多面体,叫作棱柱.

侧面垂直于底面的棱柱叫作直棱柱.

底面是正多边形的直棱柱叫作正棱柱.

底面是矩形的直棱柱叫作长方体.

$$S = 2(a \cdot b + a \cdot c + b \cdot c) \qquad \text{S(表面积)}$$

$$V = a \cdot b \cdot c \qquad \text{V(体积)}$$

各面都是正方形的长方体叫作正方体.

$$S = 6a^2,\ V = a^3. \qquad \text{S(表面积),V(体积)}$$

(二)棱柱的性质

任一棱柱的侧棱平行且相等.侧面是平行四边形,两底面与平行于两底面的截面都是全等的多边形,过不相邻的两个侧棱的截面是平行四边形.

直棱柱的侧棱长与高相等.侧面是矩形.

三、棱　锥

(一)棱锥和正棱锥

有一个面是多边形,其余各面是有一个公共顶点的三角形的多面体,叫作棱锥.底面是正多边形,并且顶点在底面内的射影是底面的中心的棱锥,叫作正棱锥.

(二)正棱锥的性质

各侧棱相等,各侧面都是全等的等腰三角形.

平行于棱锥底面的截面和底面比等于截得的棱锥高和原棱锥高的比的平方,即高、斜高(侧面等腰三角形底边上的高)和斜面高在底面上的射影组成一个直角三角形.

(三)棱柱和棱锥的体积

$$V_{棱柱} = sh.\ V_{棱锥} = \frac{1}{3}sh(s\text{ 是底面积、}h\text{ 为高})$$

(四)圆柱、圆锥的表面积

$$S_{圆柱} = 2\pi r^2 + 2\pi rh = 2\pi r(r + h)$$

$$S_{圆锥} = \pi r^2 + \pi rl = \pi r(r + l)$$

⑨四边形 $ABCD$ 为正方形,$SA \perp$ 平面 $ABCD$,过 A 且垂直于 SC 的平面,分别交 SB,SC,SD 于 E,F,G,那么(　　)

A. $AE//SB$

B. AE 与 SB 所成的角为30°

C. $AE \perp SB$

D. AE 与 SB 所成的角为60°

⑩$\alpha \perp \beta$,线段 AB 长2,$AB \cap \alpha = A$,$AB \cap \beta = B$,AB 与 α、β 所成角分别45°,30°,$\alpha \cap \beta = l$,$AC \perp l$,$BD \perp l$,则 CD 间的距离是(　　)

A. $\frac{1}{2}$

B. 1

C. 2

D. 3

如能善于利用,生命乃悠长。——塞涅卡

四、球

(一)球的定义

以半圆的直径所在直线为旋转轴,半圆面旋转一周形成的旋转体叫作球体,简称球.球面还可定义为:空间内和一定点距离相等的点的集合.

(二)球的性质(图14-2)

1.球的截面是圆,不过圆心的截面(小圆)的圆心与球心连线垂直于截面.

2.设 r、R、d 分别表示球的截面半径、球的半径和截面与球心的距离,则 $r^2+d^2=R^2$.

注:单招数学中常考圆与球的关系,要学会使用上述圆与球的简图.

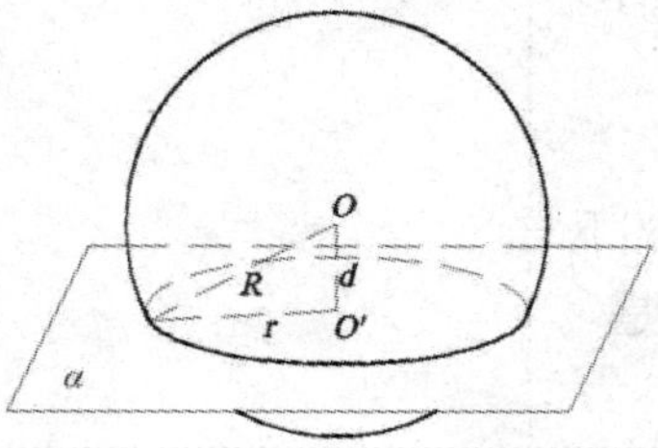

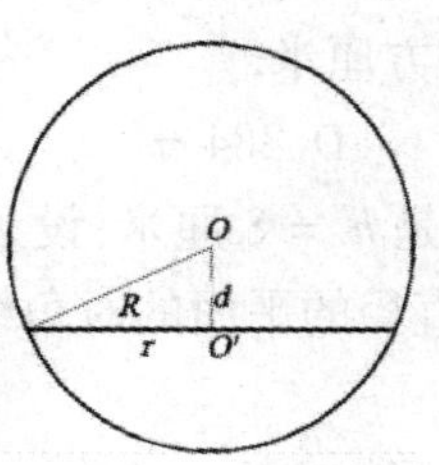

图14-2　形象图　　　　简　图

(三)球的表面积和体积

$$S_{圆球}=4\pi R^2 \qquad V_{球}=\frac{4}{3}\pi R^3$$

五、球与其他几何体的接切问题

(一) 球与正方体接切(球的半径为 R,正方体的棱长为 a)

球与正方体的顶点接(正方体为球的内接正方体):$2R=\sqrt{3}a$.

球与正方体的面切(球为正方体的内切球):$2R=a$.

球与正方体的棱切:$2R=\sqrt{2}a$.

(二)球与长方体接切(球的半径为 R,长方体的棱长为 a、b、c)

球与长方体的顶点接(长方体为球的内接长方体):

$$2R=\sqrt{a^2+b^2+c^2}.$$

注:单招数学中一般只考上述知识点,基础差的同学其余的知识点可以不学.

(三)球与正四面体接切(球的半径为R,正四面体的棱长为 a)

球与正四面体的顶点接(正四面体为球的内接正四面体):$R=\frac{\sqrt{6}}{4}a$.

球与正四面体的面切(球为正四面体的内切球):$R=\frac{\sqrt{6}}{12}a$.

球与正四面体的棱切:$R=\frac{\sqrt{2}}{4}a$.

⑪已知一个棱长为4的正方体与一个长方体的体积相等,且长方体的长和宽分别是8和2,则长方体的对角线长为(　　)

A. $2\sqrt{21}$

B. $8\sqrt{2}$

C. $4\sqrt{3}$

D. $3\sqrt{14}$

⑫一个长方体共一顶点的三个面的面积是 $\sqrt{2}$, $\sqrt{3}$, $\sqrt{6}$, 这个长方体对角线的长(　　)

A. $2\sqrt{3}$

B. $3\sqrt{2}$

C. 6

D. $\sqrt{6}$

生命是美丽的,对人来说,美丽不可能与人体的正常发育和人体的健康分开。——车尔尼雪夫斯基

例题解析

例1 选择题

(1)一个长方体的三条棱长的比是1:2:3,全面积$88cm^2$,这三条棱长分别是( )

A. 1,2,3 B. 1.5, 3, 4.5 C. 2,4,6 D. 3,6,9

解:由已知,设最短边为a,那么另外两边为$2a$,$3a$,

$2\cdot a\cdot 2a+2\cdot 2a\cdot 3a+2\cdot a\cdot 3a=88$

$\Rightarrow 22a^2=88\Rightarrow a=2$,∴ 三条棱长分别是2,4,6.

答:C

(2)一个直圆柱形的量杯中放有一根长为12厘米的细搅棒(搅棒直径不计),当搅棒的下端接触量杯下底时,上端最少可露出杯口边缘2厘米,最多能露出4厘米,则这个量杯的容积为( )立方厘米.

A. 72π B. 96π C. 288π D. 384π.

解:由已知,最多能露出4厘米,那么量杯的高是$h=8$厘米;设量杯下底圆的直径为R厘米,最少露出2厘米,那么垂直直径的平面的对角线是$l=10$厘米.

$R^2=l^2-h^2=10^2-8^2\Rightarrow R=6$厘米,底的半径$r=3$.

$V=\pi r^2\cdot h=\pi\cdot 3^2\cdot 8=72\pi cm^3$.

答:A

(3)若球面内接正方体对角面面积为$4\sqrt{2}$,则球的面积为________.

解:设正方体的边长为a,正方体对角面面积$S=\sqrt{2}a^2=4\sqrt{2}$,$a=2$,正方体对角长为$l=\sqrt{3}a=2\sqrt{3}$,则球的半径$R=\frac{l}{2}=\frac{2\sqrt{3}}{2}=\sqrt{3}$,

球的表面积$S=4\pi R^2=4\pi\cdot(\sqrt{3})^2=12\pi$.

(4)已知各顶点都在一个球面上的正四棱柱(其底面是正方形,且侧棱垂直于底面)高为4,体积为16,则这个球的表面积是( )

A. 16π B. 20π C. 24π D. 32π.

解:由已知,正四棱柱的底面积为4,正四棱柱的底面的边长为2,正四棱柱的底面的对角线为$2\sqrt{2}$,正四棱柱的对角线为$2\sqrt{6}$,而球的直径等于正四棱柱的对角线,即$2R=2\sqrt{6}$,$R=\sqrt{6}$,$S_{球}=4\pi R^2=24\pi$.

答:C

例2 历届真题

(1)(2006.15)在三棱锥$S-ABC$中,已知侧棱SA,SB,SC两两互相垂直,且$SA=3$,$SB=4$,$SC=5$,则三棱锥$S-ABC$的体积$V=$________.

解:$V=\frac{1}{3}\times S_{底面积}\times 高,=\frac{1}{3}\times\frac{1}{2}SB\times SC\times SA=10$.

⑬若一个长方体的表面积是$22cm^2$,所有棱长之和为24cm,则长方体的对角线长为( )

A. $\sqrt{14}$

B. $\sqrt{12}$

C. $2\sqrt{122}$

D. $\sqrt{122}$

⑭正圆锥的全面积是侧面积的$\frac{5}{4}$倍,则该圆锥侧面展开后的扇形所对的圆心角为( )

A. π

B. $\frac{\pi}{2}$

C. $\frac{\pi}{3}$

D. $\frac{\pi}{6}$

浪费生命是做人的最大悲剧。——曼杰

(2)(2007.6)一个两头密封的圆柱形水桶装了一些水,当水桶水平横放时,桶内的水浸了水桶横截面周长的$\frac{1}{4}$,当水桶直立时,水的高度与桶的高度的比值是( )

A. $\frac{1}{4}$ B. $\frac{\pi}{4}$ C. $\frac{1}{4}-\frac{1}{\pi}$ D. $\frac{1}{4}-\frac{1}{2\pi}$

解:水桶横放时 $V=S_{底面积}\times h$,h 相同,所以水的体积为

$V_水=S_水\times h=(\frac{\pi R^2}{4}-\frac{R^2}{2})\times h.$

$V_水:V=\frac{1}{4}-\frac{1}{2\pi}$,水桶竖放时 S 相同,$h_1:h_2=V_水:V=\frac{1}{4}-\frac{1}{2\pi}.$

答:D

(3)(2008.6)正三棱锥的底面边长为$\sqrt{2}$,体积为$\sqrt{3}$,则正三棱锥的高是( )

A. 2 B. 3 C. 4 D. 6

解:底边 $a=\sqrt{2}$,底面积 $S=\frac{\sqrt{3}}{2}$,体积 $V=\frac{1}{3}S\times h=\sqrt{3}$,$h=6$.

答:D

例3 球

(1)已知球的大圆周长是π,则这个球的表面积是( )

A. $\frac{\pi}{4}$ B. 4π C. 2π D. π

解:由已知,$l=2\pi r=\pi\Rightarrow r=\frac{1}{2}$,$S=4\pi r^2=4\pi\frac{1}{4}=\pi.$

答:D

(2)一个球的半径增长一倍,那么它的体积增加( )

A. 1 倍 B. 4 倍 C. 7 倍 D. 8 倍

解:设球的半径为 R,那么它的体积是$\frac{4}{3}\pi R^3$. 球的半径增长一倍后,它的半径是$2R$. 体积是$\frac{4}{3}\pi(2R)^3=\frac{4}{3}\pi\cdot 8R^3$. 它是$\frac{4}{3}\pi\cdot R^3$的8倍,也就是比原来的$\frac{4}{3}\pi\cdot R^3$增加 $8-1=7$ 倍.

答: C

(3)一个半球的全面积为 Q,一个圆柱与此半球等底等体积,则这个圆柱的全面积 Q_1 是________.

解:设底的半径为 R,$Q=\pi R^2+2\pi R^2=3\pi R^2$,圆柱与此半球等底等体积推出$\frac{1}{2}\cdot\frac{4}{3}\pi R^3=\pi R^2\cdot h\Rightarrow\frac{2}{3}R=h$. 设圆柱的全面积为 Q_1,代入 $Q_1=2\pi R^2+2\pi R\cdot h$.

$$\Rightarrow 2\pi R^2+2\pi R\cdot\frac{2}{3}R\Rightarrow\frac{10}{3}\pi R^2,得\ Q_1=\frac{\frac{10}{3}\pi R^2}{3\pi R^2}=\frac{10}{9}Q.$$

⑮圆柱的侧面积是 8,底半径是 2,则它的高等于( )

A. $\frac{2\pi}{3}$

B. 4

C. $V=\frac{\sqrt{A_1A_2A_3}}{3}$

D. $\frac{2}{\pi}$

⑯两圆的半径之比为 3:1,则大圆的内接正三角形与小圆的外切正三角形的面积之比为( )

A. 3:2

B. 9:4

C. 3:1

D. 9:1

人生有两出悲剧:一是万念俱灰,另一是踌躇满志。——肖伯纳

(4)一个平面截球的小圆的半径为3cm,截面与球心的距离为4cm,求球的表面积和体积.

分析:这种题的关键是求球的半径,一般都是作过球的球心和小圆圆心的截面,将问题化为平面几何问题.(图14-3)

解:设球心O和截球的截面小圆圆心O', $O'B$是小圆半径,连结OB,则OB是球的半径. OO'是球心与小圆圆心的连线,它与小圆所在平面垂直,

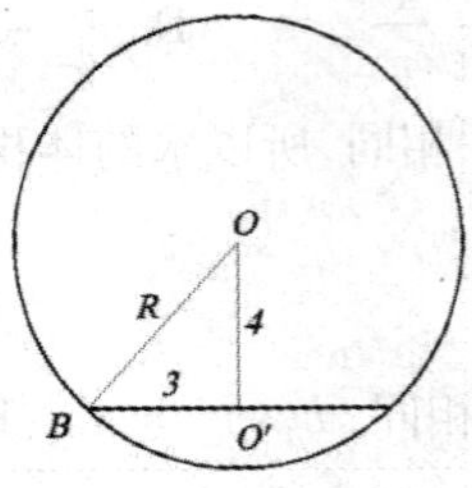

图14-3

$\therefore OO' \perp O'B$, $OO' = 4\text{cm}$, $O'B = 3\text{ cm}$.

在$Rt\triangle OO'B$中,

$S_{球} = 4\pi R^2 = 4\pi \cdot 5^2 = 100\pi\text{cm}^2$,

$V_{球} = \frac{4}{3}\pi R^3 = \frac{4}{3}\pi \cdot 5^3 = \frac{500}{3}\pi\text{cm}^3$.

例4 历届真题

(1)(2006.18)若圆锥的高H与底面半径R都是1,则该圆锥的内切球的表面积$S =$ ________.

解:由已知,如图14-4所示,高$H = AE = EC = 1$,圆锥的斜边AC为$\sqrt{2}$,底面直径为2,得$\triangle ABC$是直角三角,$\angle BAC = 90^\circ$,过O作AC垂线,垂足为D.

方法一:$OD \perp AC$, $OE \perp BC$,且$OD = OE$, $EC = DC = 1$,

内切球半径$r = AC - DC = \sqrt{2} - 1$.

方法二:$AD = OD = r$, $AO = \sqrt{2}r$, $AE = AO + OE = \sqrt{2}r + r = 1$,

$r = \sqrt{2} - 1$.

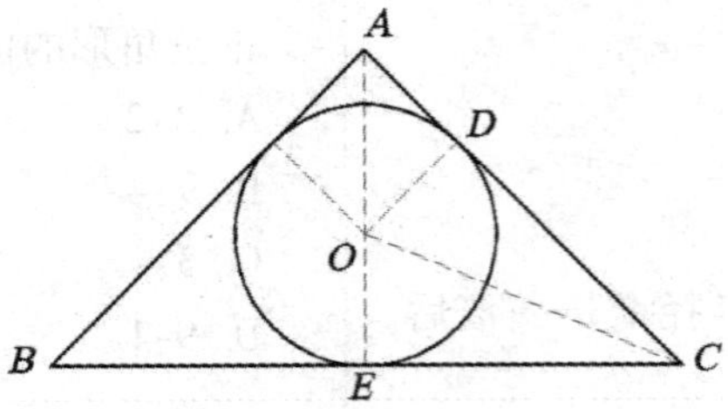

图14-4

方法三:根据$S = \frac{1}{2}(a+b+c)r$(r为$\triangle ABC$的内切圆的半径),

$AB = AC = \sqrt{2}$, $BC = 2$.

$S = \frac{1}{2}BC \times AE = \frac{1}{2}(AB + AC + BC)r$,

$\Rightarrow \frac{1}{2} \cdot 2 \cdot 1 = \frac{1}{2}(\sqrt{2} + \sqrt{2} + 2) \cdot r$.

$\therefore 2 = (2\sqrt{2} + 2)r$.

$\Rightarrow r = \frac{1}{\sqrt{2}+1} = \sqrt{2} - 1$,

$S_{表面积} = 4\pi r^2 = 4\pi(3 - 2\sqrt{2})$.

⑰把一个面积为3π,顶角为120°的扇形卷成一个圆锥,则该圆锥的体积为(　　)

A. $\frac{\sqrt{5}}{3}\pi$

B. $\frac{\sqrt{5}}{9}\pi$

C. $\frac{2\sqrt{2}}{3}\pi$

D. $\frac{2\sqrt{2}}{3}$

⑱设球的表面积为$100\pi\text{cm}^2$,一个平面截球得小圆的半径为3cm,那么球心到该截面的距离为(　　)

A. 2

B. 3

C. 4

D. 5

人生不售来回票,一旦动身,绝不能复返。——罗曼·罗兰

(2)(2007.3)三个球的表面积之比是1:2:4,它们的体积依次为V_1,V_2,V_3,则(　　)

A. $V_2=4V_1$　　B. $V_3=2\sqrt{2}V_1$

C. $V_3=4V_2$　　D. $V_3=2\sqrt{2}V_2$.

解:球的表面积$S=4\pi R^2$,$S_1:S_2:S_3=1:2:4$,$R_1:R_2:R_3=1:\sqrt{2}:2$

$V_1:V_2:V_3=1:2\sqrt{2}:8$.

答:D

(3)(2008.16)用平面a截球,截得小圆的面积为π,若球心到平面a的距离为2则球的表面积是________.

解:由已知,小圆的面积$S=\pi r^2=\pi$,$r=1$,

球的半径$R^2=r^2+2^2=5$,

球的表面积$S=4\pi R^2=20\pi$.

(4)(2009.16)表面积为180π的球面上有A,B,C三点,已知$AC=6$,$BC=8$,$AB=10$,则球心到$\triangle ABC$所在的平面的距离为________.(图14-5)

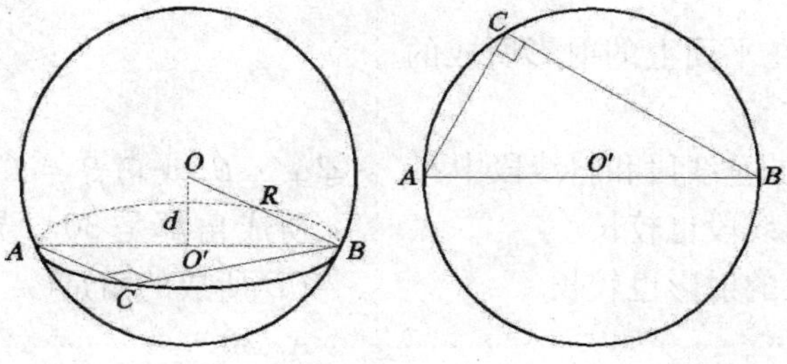

图14-5

解:由已知$AC^2+BC^2=AB^2$,∴ $\triangle ABC$是直角三角形,∴ AB是所在圆的直径,那么半径$r=\frac{AB}{2}=5$. ∵ 球的表面积$S=4\pi R^2=180\pi$,$R=3\sqrt{5}$,设球心到$\triangle ABC$所在的平面的距离d,根据直角三角形性质:$d^2=R^2-r^2$.

∴ $d=\sqrt{(3\sqrt{5})^2-5^2}=2\sqrt{5}$.

例5　已知球的两个平行截面的面积为5π和8π,它们位于球心的同一侧且相距为1,则球的体积为________.(图14-6)

解:由面积$S=\pi R^2$得$\pi r_2^2=5\pi\Rightarrow r_2^2=5$;$\pi r_1^2=8\pi\Rightarrow r_1^2=8$.

设球的半径为R,圆心到r_1平面的距离d,圆心到r_2平面的距离$d+1$,

$R^2=r_1^2+d^2$,$R^2=r_2^2+(d+1)^2$

$\Rightarrow 8+d^2=5+(d+1)^2\Rightarrow d=1$.

$R^2=r_1^2+d^2=9\Rightarrow R=3$,

$V=\frac{4}{3}\pi R^3=36\pi$.

注:对于r_1^2与r_2^2要设而不求,是解决类似题的一个很好的方法.

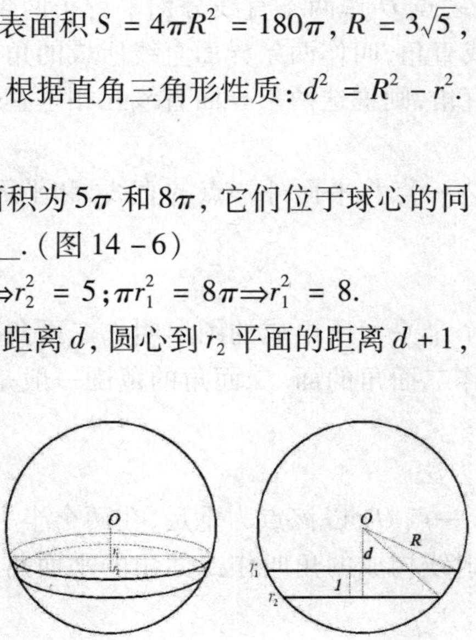

图14-6

⑲紧夹在两个平行平面间的圆柱,圆锥和球,若它们在这两个平行平面上的投影是等圆的,则它们的体积之比为(　　)

A. $1:\frac{1}{3}:\frac{4}{3}$

B. $3:1:\frac{4}{3}$

C. $3:1:4$

D. $3:1:2$

⑳若正方体的表面积是a^2,它的顶点都在一个球面上,那么这个球的表面积为(　　)

A $\frac{\pi}{3}a^2$

B. $\frac{\pi}{2}a^2$

C. $2\pi a^2$

D. $3\pi a^2$

苦难是人生的老师。——巴尔扎克

§ 14.3 立体几何应用

三、垂直、夹角和距离

(一)直线与平面垂直的判定

1. 定义:如果一条直线 l 与平面 α 内的任意一条直线都垂直,那么直线 l 与平面 α 互相垂直.

2. 判定定理:一条直线与一个平面内的两条相交直线都垂直,则该直线与此平面垂直.

性质定理:(1)如果两条直线同时垂直于一个平面,则这两条直线平行.

(2)如果两条平行直线中有一条垂直于一个平面,则另一条也垂直于这个平面.

(3)两个平面垂直,则一个平面内垂直于交线的直线与另一个平面垂直.

3. 直线和平面所成的角:平面的一条斜线和它在平面上的射影所成的锐角,叫作这条直线和这个平面所成的角.

4. 射影长定理:从平面外一点向这个平面所引的垂线段和斜线段中:

(1)射影相等的两条斜线段相等,射影较长的斜线段也较长.

(2)相等的两条斜线段的射影相等,较长斜线段的射影也较长.

(3)垂线段比任何一条斜线段都短.

(二)异面直线和两条异面直线所成的角

异面直线:不在同一个平面内的两条直线,叫作异面直线.

两条异面直线所成的角过空间任一点 O 作两条直线分别平行于两条异面直线,则这两条直线所成的锐角或直角,叫作两条异面直线所成的角,如果两条异面直线 a 、b 所成的角为直角,则说这两条异面直线互相垂直,并记作 $a \perp b$.

异面直线的判定方法:连结平面内一点与平面外一点的直线,和平面内不经过该点的直线是异面直线.

(三)平面与平面垂直的判定

1. 二面角:从一条直线出发的两个半平面所组成的图形叫作二面角.直线叫作二面角的棱,两个半平面叫作二面角的面. 二面角的范围一般是指 $[0,\pi]$.

2. 二面角的平面角常用以下三种方法

(1)棱上一点双垂线法:棱上任取一点 O, 以该点为垂足,在两个半平面内分别作垂直于棱的射线,则两条射线构成的角叫作二面角的平面角.(图 14-7①)

㉑正方体 $ABCD-A'B'C'D'$ 中 AB' 和 BC' 所成的角度是(　　)

A. 30°

B. 45°

C. 60°

D. 90°

㉒$\alpha \perp \beta$, $\alpha \cap \beta = CD$, AB 与 α,β 所成角都是 30°. 异面直线 AB, CD 所成的角是(　　)

A. 30°

B. 45°

C. 60°

D. 90°

世上只有一个真理,便是忠实于人生,并且爱它。——罗曼·罗兰

(2)面上一点三垂线法：自二面角的一个面上一点 A 向另一个面引垂线，再由垂足 B 向棱作垂线得到棱上的点 O，那么 $\angle ABO$ 叫作二面角的平面角.(图 14－7②)

(3)空间一点垂面法：自空间一点作与棱 l 垂直的平面，截二面角得两条射线，这两条射线所成的角就是二面角的平面角.(图 14－7③)

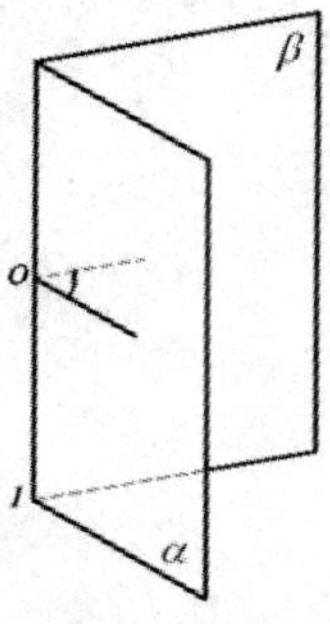

图14-7①

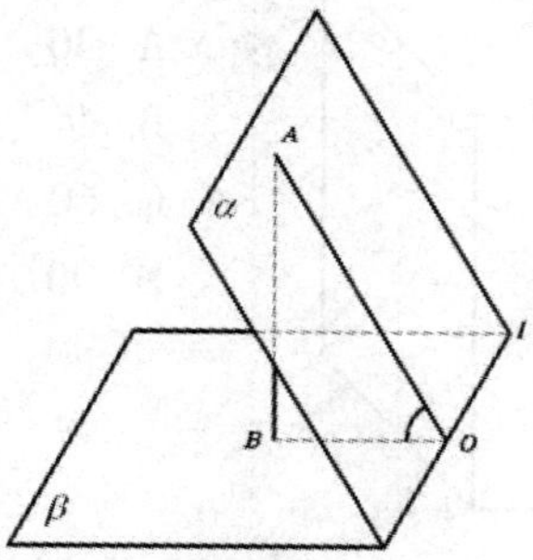

图14-7②

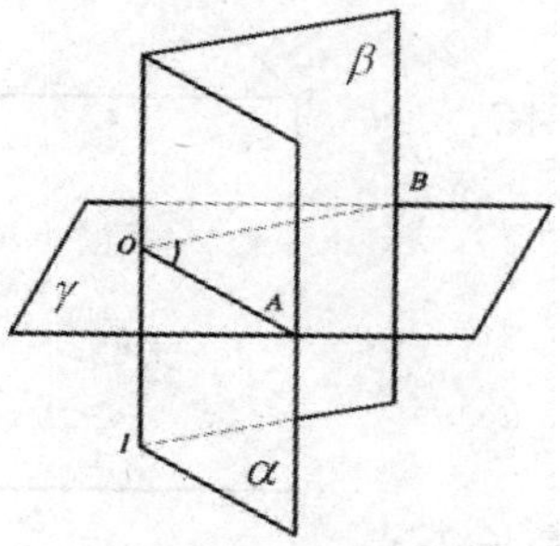

图14-7③

3. 两个平面互相垂直：两个平面相交且所成的二面角是直二面角，叫作两个平面互相垂直.

4. 判定定理：一个平面过另一个平面的一条垂线，则这两个平面互相垂直.

(四)距　离

1. 点到平面的距离：一点到它在一个平面内的正射影的距离.

2. 直线与平面的距离：一条直线上的任一点与这条直线的平行平面间的距离.

考点解析

例 1　选择题

(1)以二面角 $\alpha-AB-\beta$ 的棱上一点 A 为端点，在 β 内作一条射线 AC，它与棱 AB 组成 45° 的角，和 α 所成的角是 30°，则二面角 $\alpha-AB-\beta$ 的度数是(　　)(图 14－8)

A. 30°　　B. 45°　　C. 60°　　D. 90°

解：在 AC 上取一点 C，作 $CD\perp\alpha$，$CD\cap\alpha=D$，则 $\angle CAD=30^\circ$. 在 α 内作 $DB\perp AB$，$DB\cap AB=B$. 可知，$BC\perp AB$，则 $\angle CBD$ 为二面角 $\alpha-AB-\beta$ 的平面角，设 $CD=1$，

可求得 $CA=2$，$CB=\sqrt{2}$，$DB=1$.

$\sin\angle CBD=\dfrac{DC}{CB}=\dfrac{\sqrt{2}}{2}$，

$\therefore\ \angle CBD=45^\circ$.

答：B

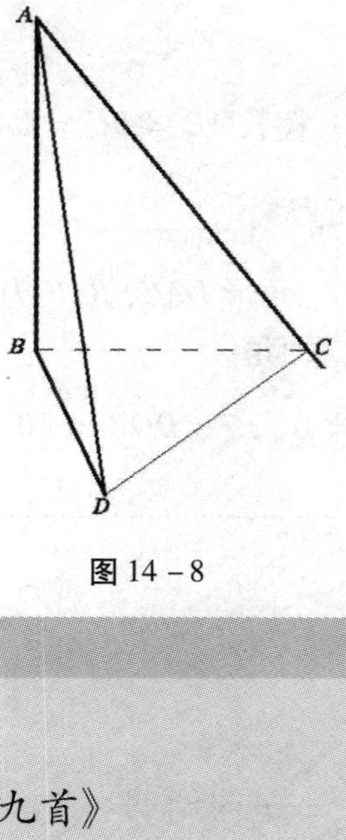

图 14－8

㉓以二面角 $\alpha-AB-\beta$ 的棱上一点 A 为端点，在 β 内作一条射线 AC，它与棱 AB 组成 45° 的角，和 α 所成的角是 30°，则二面角 $\alpha-AB-\beta$ 的度数是(　　)

A. 30°

B. 45°

C. 60°

D. 90°

㉔以等腰直角三角形斜边上的高为折痕，将这个三角形折成一个直二面角. 这时，两条直角边的夹角等于(　　)

A. 30°

B. 45°

C. 60°

D. 90°

人生天地间，忽如远行客。——《古诗十九首》

(2)正方体 $ABCD-A'B'C'D'$ 中，F,E 分别是 $AB,B'C'$ 的中点，K,H 分别在 DC,BC 上，且 $DK=\frac{1}{4}DC,BH=\frac{1}{4}BC$. 这时，$FE$ 与 KH 所成的角等于(　　)(图 14-9)

A. 30°　　B. 45°　　C. 60°　　D. 90°

解:作 $EG\perp BC$. $\because DK=\frac{1}{4}DC$,

$BH=\frac{1}{4}BC$, $\therefore HK//DB$. 同理 $FG//AC$,

又$\because AC\perp BD$, $\therefore KH\perp FG$.

而 FG 是 EF 在底面上的射影,

$\therefore EF\perp KH$.

答:D

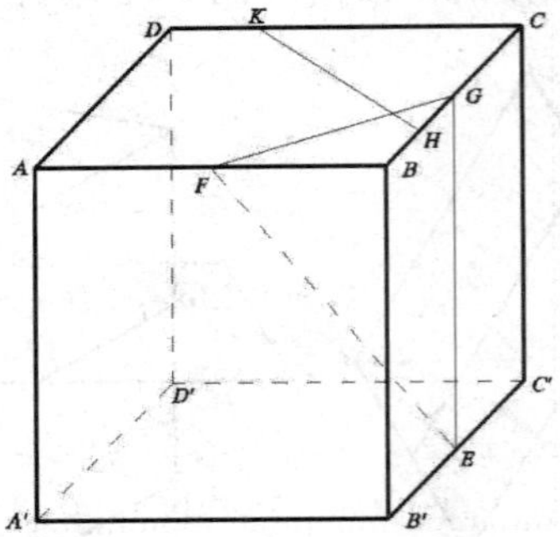

图 14-9

(3)正方体 $ABCD-A'B'C'D'$ 的棱长2,点 A' 到直线 BD 的距离 d 为(　　)

A. $\sqrt{6}$　　B. $2\sqrt{2}$　　C. $2\sqrt{3}$　　D. $3\sqrt{2}$

解:实际上是求等边三角形 $A'BD$ 的高.

$d=DA'\sin60^\circ=\sqrt{2}AA'\cdot\frac{\sqrt{3}}{2}=\sqrt{6}$.

答:A

注:解立体几何推断题应联系具体图形以及相关定理解决,对空间中平行和垂直这两个位置关系的判断,若认为其正确,需用相关定义、公理和定理进行逻辑推理验证.

例 2　历届真题

(1)(2006.10)在三棱柱 $ABC-A_1B_1C_1$ 中,已知 $AB=BB_1=1$, 设 AB_1 与平面 AA_1C_1C 所成的角为 α, 则 $\sin\alpha=$(　　)

A. $\frac{\sqrt{3}}{2}$　　B. $\frac{\sqrt{2}}{2}$　　C. $\frac{\sqrt{10}}{4}$　　D. $\frac{\sqrt{6}}{4}$

解: $AB=BB_1=1$, 不妨设三棱柱各边都为1,取 A_1C_1 的中点 O,

连接 OA, OB_1. $OB_1\perp$ 平面 AA_1C_1C, $OB_1=\frac{\sqrt{3}}{2}$, $OA=\frac{\sqrt{5}}{2}$,

$\sin\alpha=\frac{OB_1}{AB_1}=\frac{\sqrt{6}}{4}$.

(2)(2007.12)三棱锥 $D-ABC$ 中,棱长 $AB=BC=CA=DA=DC=a$, $BD=\frac{\sqrt{6}}{2}a$, 则二面角 $D-AC-B$ 的大小________.

解:取 AC 中点 O, 连接 DO, BO. 三角形 DAC, BAC 为等边三角形,所以 $BO\perp AC$, $DO\perp AC$, $\angle DOB$ 即为二面角.

$\cos\angle DOB=\frac{OD^2+OB^2-BD^2}{2OD\times OB}=0$, $\therefore \angle DOB=90^\circ$.

㉕正方体 $ABCD-A'B'C'D'$ 中，F，E 分别是 AB，$B'C'$ 的中点，K,H 分别在 DC，BC 上，且 $DK=\frac{1}{4}DC$，$BH=\frac{1}{4}BC$. 这时，FE 与 KH 所成的角等于(　　)

A. 30°

B. 45°

C. 60°

D. 90°

㉖正方体 $ABCD-A'B'C'D'$ 的棱长2,点 A' 到直线 BD 的距离 d 为(　　)

A. $\sqrt{6}$

B. $2\sqrt{2}$

C. $2\sqrt{3}$

D. $3\sqrt{2}$

一生复能几,倏如流电惊。——陶渊明

(3)(2008.13)正三棱柱 $ABC-A'B'C'$ 中，$AB=1$，$AA'=2$ 则异面直线 AB 与 $A'C$ 夹角的余弦值是________.

解：$AB\parallel A'B'$，$\angle CA'B'$ 即为异面直线的夹角，$A'C=B'C=\sqrt{5}$，

$$\cos\angle CA'B'=\frac{(\sqrt{5})^2+1-(\sqrt{5})^2}{2\times\sqrt{5}\times 1}=\frac{\sqrt{5}}{10}.$$

注：在体育单招数学中，异面直线的夹角、二面角的求法是经常考的.

例 3　(2006.22)本题满分 12 分

如图 14-10，在长方体 $ABCD-A_1B_1C_1D_1$ 中，已知 $AB=BC=2$，$AA_1=3$，点 O 是正方形 $A_1B_1C_1D_1$ 的中心，点 P 在棱 CC_1 上，且 $CP=1$.

①求直线 AP 与平面 BCC_1B_1 所成角 θ 的正弦值；

②求点 P 到平面 ABC_1D_1 的距离；

③设点 O 在平面 APD_1 上的投影是 H，证明 $AP\perp D_1H$.

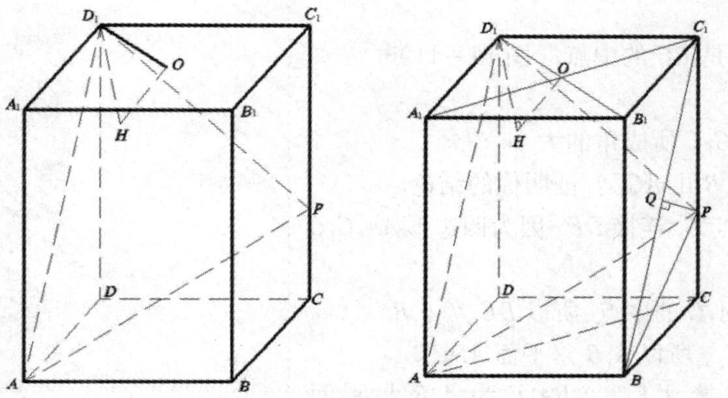

图 14-10

解：①连接 BP，$\because AB\perp$ 平面 BCC_1B_1，$\therefore AP$ 与平面 BCC_1B_1 所成的角 $\theta=\angle APB$.

在直角 $\triangle PBC$ 中，$\angle PCB$ 为直角，$BC=2$，$CP=1$，

由勾股定理可得 $PB=\sqrt{2^2+1}=\sqrt{5}$.

在直角 $\triangle PBC$ 中，$\angle ABP$ 为直角，$AB=2$，$PB=\sqrt{5}$，

由勾股定理可得 $AP=\sqrt{2^2+5}=3$.

故 $\sin\theta=\dfrac{AB}{AP}=\dfrac{2}{3}$.　　　　4 分

②连接 BC_1，在平面 BCC_1B_1 上，过点 P 作 $PQ\perp BC_1$，垂足是点 Q. $\because AB\perp$ 平面 BCC_1B_1，$PQ\subset$ 平面 BCC_1B_1，$\therefore PQ\perp AB$，而 AB 与 BC_1 是平面 ABC_1D_1 上的两条相交直线，$\therefore PQ\perp$ 面 ABC_1D_1，$\therefore PQ$ 就是点 P 到平面 ABC_1D_1 的距离. 利用直角 $\triangle PQC_1$ 与直角 $\triangle BCC_1$ 相似，可得

$$\frac{PQ}{PC_1}=\frac{BC}{BC_1}\Rightarrow PQ=\frac{BC\cdot PC_1}{BC_1}=\frac{2\cdot 2}{\sqrt{3^2+2^2}}=\frac{4}{\sqrt{13}}.$$

㉗直角三角形中斜边上的中线长为 2.5，周长为 12，则此三角形面积为(　　)

A. 12.5　B. 12　C. $\dfrac{25}{4}$　D. 6

㉘在四边形 $ABCD$ 中对角线 AC，BD 垂直相交于点 O，若 $AC=30$，$BD=36$，则四边形 $ABCD$ 的面积为(　　)

A. 1080

B. 840

C. 720

D. 540

㉙在 $\triangle ABC$ 中，$AB=10$，$AC=8$，$BC=6$. 过 C 点以 C 到 AB 的距离为直径作一圆，该圆与 AB 有公共点，且交 AC 与 M，交 BC 与 N，则 $MN=$(　　)

A. $3\dfrac{3}{4}$

B. $4\dfrac{4}{5}$

C. $7\dfrac{1}{2}$

D. $13\dfrac{1}{3}$

天地无终极，人命若朝霞。——曹植

于是点 P 到平面 ABC_1D_1 的距离

$PQ=\frac{4\sqrt{13}}{13}$ 8 分

③因为 O 是正方形 $A_1B_1C_1D_1$ 的中点,即它是正方形 $A_1B_1C_1D_1$ 两条对角线 A_1C_1 与 B_1D_1 的交点,由于 $A_1C_1\perp B_1D_1$,故 $D_1O\perp A_1C_1$.

由因为 $AA_1\perp$ 底面 $A_1B_1C_1D_1$,于是 $D_1O\perp AA_1$.

$\because$ AA_1 与 A_1C_1 是平面 AA_1C_1C 上的两条相交直线,

$\therefore$ $D_1O\perp$ 平面 AA_1C_1C.

因为 $AP\subset$ 平面 AA_1C_1C,故 $D_1O\perp AP$,由于 D_1H 是平面 D_1AP 的斜线 D_1O 在该平面内的射影,从而 $D_1H\perp AP$. 12 分

注:根据几何体的三视图可以还原出实物或立体图形,即实现二维与三维之间的互化.考生们在接触图形时,要善于观察、想象,有了这个能力,解题、论证能力也就水到渠成了.

例 4 (2007.22)本题满分 12 分

已知 $ABC-A_1B_1C_1$ 为正三棱柱,D 是 BC 的中点.(图 14-11)

①证明:A_1B //平面 ADC_1.

②若 $A_1A=AB$,求 A_1B 与平面 AA_1C_1C 所成角的大小.

③若 $AB=a$,当 A_1A 等于何值时 $A_1B\perp AC_1$?证明你的结论.

①证明:连接 A_1C,A_1C 与 AC_1 交于点 E,连接 DE,因为四边形 AA_1C_1C 是矩形,所以 E 是 A_1C 的中点.

在△ A_1BC 中,D、E 分别是 BC 和 A_1C 的中点,所以 DE // A_1B.

$A_1B\not\subset$ 平面 ADC_1,$DE\subset$ 平面 ADC_1,所以 A_1B //平面 ADC_1.

②解:作 $BF\perp AC$,垂足为 F,连接 A_1F. $\angle BA_1F$ 为 A_1B 与平面 AA_1C_1C 所成的角.

设 $AB=a$ 由条件知 $BC=CA=a$,且 $AA_1=a$,△ ABC 为正三角形,

$\therefore$ $BF=\frac{\sqrt{3}}{2}a$. $\because$ 四边形 AA_1B_1B 为正方形,$\therefore$ $A_1B=\sqrt{2}a$.

$\because$ 平面 $ABC\perp$ 平面 AA_1C_1C,$BF\perp AC$,$\therefore$ $BF\perp A_1F$.

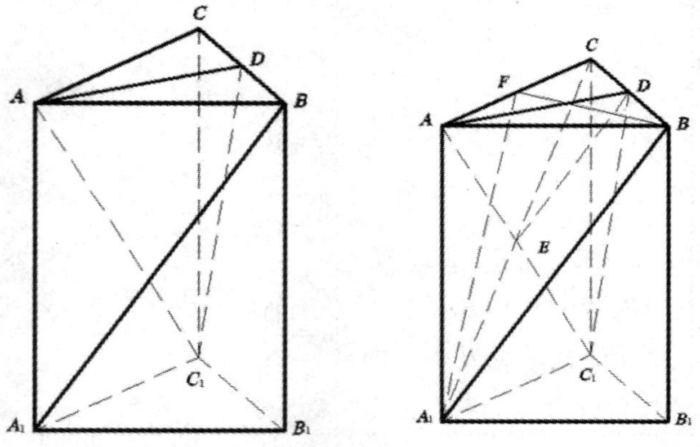

图 14-11

㉚一个正四棱锥的一个对角面与一个侧面的面积之比为 $\sqrt{6}:2$,那么侧面与底面的夹角为( )

A. $\frac{\pi}{12}$

B. $\frac{\pi}{6}$

C. $\frac{\pi}{4}$

D. $\frac{\pi}{3}$

㉛长方体的全面积为 11,12 条棱长度之和为 24,则该长方体的一条对角线的长度为( )

A. $2\sqrt{3}$

B. $\sqrt{14}$

C. 5

D. 6

三万六千日,夜夜当秉烛。白日何短短,百年若易海。——李白

在 $\triangle A_1BF$ 中，$\angle BFA_1 = 90^\circ$，

$\because \sin\angle BA_1F = \frac{BF}{A_1B} = \frac{\sqrt{3}}{2\sqrt{2}} = \frac{\sqrt{6}}{4}$，$\therefore \angle BA_1F = \arcsin\frac{\sqrt{6}}{4}$，

即所求角的大小为 $\arcsin\frac{\sqrt{6}}{4}$.

③解：已知 $AB = a$，设 $AA_1 = \lambda a$，A_1F 是 A_1B 在平面 AA_1C_1C 的射影，由三垂定理及其逆定理，$A_1B \perp AC_1 \Leftrightarrow A_1F \perp AC_1$.

$\triangle ABC$ 为正三角形，F 为 AC 的中点，四边形 AA_1C_1C 为矩形，

$\therefore A_1F \perp AC_1 \Leftrightarrow \angle AA_1F = \angle CAC_1 \Leftrightarrow \frac{\frac{a}{2}}{\lambda a} = \frac{\lambda a}{a} \Leftrightarrow \lambda = \frac{1}{\sqrt{2}}$，

$\therefore$ 当 $AA_1 = \frac{a}{\sqrt{2}}$ 时，$A_1B \perp AC_1$.

例 5 (2008.22)本题满分 10 分

如图 14－12，直三棱柱 $ABC - A'B'C'$ 中，$AC = 2$，$BC = BB' = 1$，$\angle ABC$ 是直角 M 是 BB' 中点.

①求平面 AMC' 与平面 $A'B'C'$ 所成的二面角的平面角的大小.

②求点 B' 到平面 AMC' 的距离.

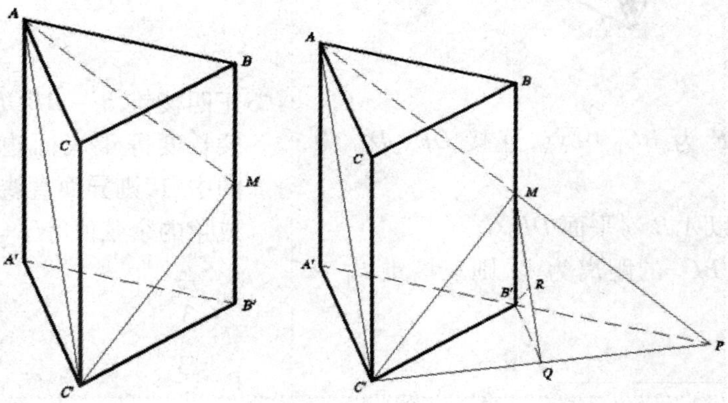

图 14－12

解：①延长 AM 交 $A'B'$ 的延长线于点 P，作 $MQ \perp C'P$，垂足为 Q，因为 MB' 垂直于平面 $A'P'C'$，根据三垂定理 $B'Q \perp C'P$，$\angle MQB'$ 是平面 APC' 与平面 $A'PC'$ 所成二面角的平面角，即 $\angle MQB'$ 是平面 AMC' 与平面 $A'B'C'$ 所成二面角的平面角.

已知 $AC = 2$，$BC = 1$，$\angle ABC$ 是直角，可知 $AB = \sqrt{3}$，$\angle BAC = 30^\circ$，

从而 $B'P = A'B' = AB = \sqrt{3}$，$\angle B'PC' = \angle B'A'C' = \angle BAC = 30^\circ$，

得到 $B'Q = \frac{\sqrt{3}}{2}$，$\tan\angle MQB' = \frac{MB'}{B'Q} = \frac{\sqrt{3}}{3}$，$\angle MQB' = 30^\circ$.

㉜半球内有一内接正方体，则该半球的全面积与正方体的全面积之和是(　　)

A. $\frac{3\pi}{4}$

B. $\frac{\sqrt{2}\pi}{4}$

C. $\frac{\sqrt{3}\pi}{4}$

D. $\frac{\pi}{4}$

㉝把一个半径为 R 的实心铁球熔化后铸成两个小球，两个小球的半径之比为 1∶2. 则其中较小球的半径为(　　)

A. $\frac{1}{3}R$

B. $\frac{\sqrt[3]{3}}{3}R$

C. $\frac{\sqrt[3]{25}}{5}$

D. $\frac{\sqrt{3}}{3}R$

少年易老学难成，一寸光阴不可轻，未觉池塘春草梦，阶前梧叶已秋声。——朱熹

解:②作垂线 $B'R \perp MQ$, 垂足为 R, 则 $B'R$ 是点 B' 到平面 AMC' 的距离.

$B'R = B'Q \cdot \sin\angle MQB' = \dfrac{\sqrt{3}}{4}$.

例 6 (2009. 19)本题满分 18 分

正三棱柱 $ABC - A_1B_1C_1$, 已知 $AB = 1$, D 为 A_1C_1 的中点.(图 14 - 13)

①证明 A_1B // 平面 DB_1C;

②当 $A_1A = \dfrac{3}{2}$ 时,求点 B_1 到平面 A_1BC_1 的距离;

③ A_1A 取什么值时,二面角 $B_1 - A_1C_1 - B$ 的大小为 $\dfrac{\pi}{6}$.

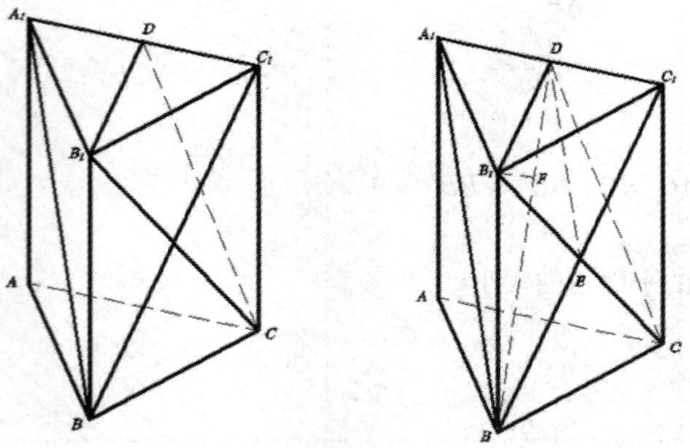

图 14 - 13

①证明:设 B_1C 与 BC_1 交点为 E, E 为 BC_1 中点,连接 DE, DE 为 $\triangle A_1BC_1$ 中位线,所以 A_1B // DE.

$DE \subset DB_1C$, $A_1B \not\subset$ 平面 DB_1C, 所以 A_1B // 平面 DB_1C.

②解法一:连接 BD, 设 B_1 到平面 A_1BC_1 的距离为 d, 则三棱锥 $B_1 - A_1BC_1$ 的体积, $V_{B_1-A_1BC_1} = \dfrac{1}{3}dS_{\triangle A_1BC_1}$.

其中 $S_{\triangle A_1BC_1} = \dfrac{1}{2}BD \cdot A_1C_1 = \dfrac{1}{2}\sqrt{\left(\dfrac{\sqrt{3}}{2}\right)^2 + \left(\dfrac{3}{2}\right)^2} = \dfrac{\sqrt{3}}{2}$

$= \dfrac{1}{3}BB_1 \cdot S_{\triangle A_1B_1C_1}$

$= \dfrac{1}{3} \times \dfrac{3}{2} \times \dfrac{1}{2} \times \dfrac{\sqrt{3}}{2} \times 1 = \dfrac{\sqrt{3}}{8}$

所以有 $\dfrac{1}{3} \cdot \dfrac{\sqrt{3}}{2}d = \dfrac{\sqrt{3}}{8}$

$d = \dfrac{3}{4}$.

㉞若一个长方体的表面积是 22cm^2,所有棱长之和为 24cm. 则长方体的对角线长为(　　) cm

A. $\sqrt{14}$

B. $\sqrt{12}$

C. $2\sqrt{133}$

D. $\sqrt{122}$

㉟正四棱锥 $S - ABCD$ 中,已知侧棱长度等于底面边长, E 是 SA 的中点,则异面直线 BE 与 SC 所成角的余弦值等于(　　)

A. $\dfrac{\sqrt{3}}{3}$

B. $\dfrac{\sqrt{3}}{2}$

C. $\dfrac{2\sqrt{2}}{4}$

D. $\dfrac{3\sqrt{3}}{4}$

为了解人生有多么短暂,一个人必须走过漫长的生活道路。——叔本华解法二：连接 BD，设 B_1 到平面 A_1BC_1 的射影为 F，因为 $B_1D\perp A_1C_1$，所以 $FD\perp A_1C_1$，即 F 在 BD 上，且 $B_1F\perp BD$.

在 $Rt\triangle BB_1D$ 中，$BD=\sqrt{\left(\frac{3}{2}\right)^2+\left(\frac{\sqrt{3}}{2}\right)^2}=\sqrt{3}$.

由于 $Rt\triangle B_1BF\sim Rt\triangle DBB_1$，可知 $\frac{B_1F}{B_1D}=\frac{BB_1}{BD}$，

所以 $B_1F=\frac{BB_1}{BD}\cdot B_1D=\frac{\frac{3}{2}}{\sqrt{3}}\times\frac{\sqrt{3}}{2}=\frac{3}{4}$，即 B_1 到平面 A_1BC_1 的距离为 $\frac{3}{4}$.

③解：连接 BD，因为 $A_1B=BC_1$，D 为 A_1C_1 中点，所以 $BD\perp A_1C_1$，同时 $B_1D\perp A_1C_1$，所以 $\angle B_1DB$ 为二面角 $B_1-A_1C_1-B$ 的平面角.

$B_1B\perp B_1D$，$\tan\angle B_1DB=\frac{BB_1}{B_1D}=\frac{AA_1}{\frac{\sqrt{3}}{2}}$.

所以 $AA_1=\frac{1}{2}$ 时，$\tan\angle B_1DB=\frac{1}{\sqrt{3}}$.

此时二面角 $B_1-A_1C_1-B$ 的大小为 $\frac{\pi}{6}$.

注：本题是单招考试中立体几何经常考查的一种题型，解决过程需要综合灵活运用基础知识，需要画出图形，用图形帮助思考选择；线线、线面、面面垂直与平行的判定和性质定理，是解决此类问题的依据，实物的简单演示法、特例法，是解决问题的法宝.

例 7 直三棱柱 $ABC-A_1B_1C_1$ 中的侧棱长为 4cm，在底面 $\triangle ABC$ 中，$AC=BC=2$cm，$\angle ACB=90^\circ$，E 为 AB 的中点，$CF\perp AB_1$，垂足为 F.

(1)求证 $CE\perp AB_1$；

(2)求 CE 与 AB_1 的距离；

(3)求截面 AB_1C 与侧面 ABB_1A_1 所成二面角 $C-AB_1-B$ 的正切值；

(4)求三棱锥 $C-AEF$ 的体积.

解：(1)由直棱柱性质，有平面 $ABC\perp$ 平面 A_1B_1BA，又 $AC=BC$，E 为中点，$\therefore CE\perp AB\ CE\perp$ 平面 AA_1B_1B.

$\therefore CE\perp AB_1$.

(2)由(1)可证得：EF 为 CE 与 AB_1 的公垂线，易知 $AB=2\sqrt{2}$，$AE=\sqrt{2}$，$AB_1=2\sqrt{6}$，

$\triangle AEF\sim\triangle ABB_1$，

$\therefore\frac{AB_1}{AE}=\frac{BB_1}{EF}\therefore EF=\frac{\sqrt{2}\times 4}{2\sqrt{6}}=\frac{2}{3}\sqrt{3}$ (cm).

㊱棱长均为 4 的正三棱柱 $ABC-A_1B_1C_1$ 中，M 为 A_1B_1 的中点，则点 M 到 BC 的距离为(　　)

A. $\sqrt{19}$

B. $2\sqrt{5}$

C. $2\sqrt{5}$

D. $2\sqrt{7}$

㊲在四边形 $ABCD$ 中对角线 AC，BD 垂直相交于点 O，若 $AC=30$，$BD=36$，则四边形 $ABCD$ 的面积为(　　)

A. 1080

B. 840

C. 720

D. 540

附和真理，生命便会得到永生。——泰戈尔

(3)由(1)(2)可知 $CF \perp AB_1$ $EF \perp AB_1$，

$\therefore \angle CFE$ 是所求二面角的平面角．又 $CE = \sqrt{2}$，$EF = \frac{2}{3}\sqrt{3}$，

$\therefore \tan\angle CFE = \frac{CE}{EF} = \frac{\sqrt{6}}{2}$.

(4) $V_{C-AEF} = \frac{1}{3}S_{\triangle AEF} \cdot CE = \frac{2}{9}(\mathrm{cm}^3)$.

例 8　如图 14－14，在四棱锥 $P-ABCD$ 中，底面 $ABCD$ 是正方形，侧棱 $PD \perp$ 底面 $ABCD$，$PD = DC$，E 是 PC 的中点，作 $EF \perp PB$ 交 PB 于点 F．

证明：(1) $PA//$ 平面 EDB；

(2) $PB \perp$ 平面 EFD．

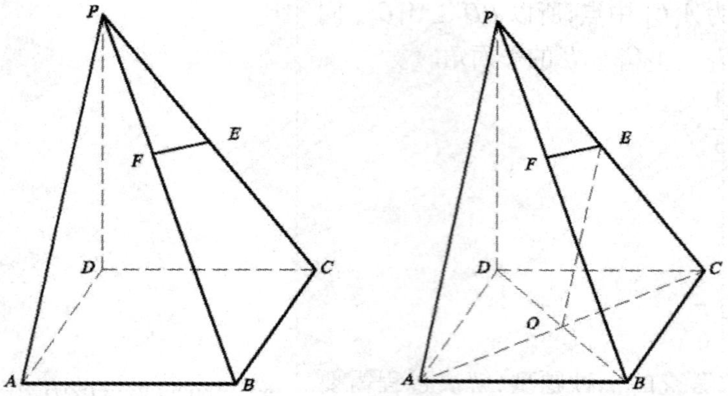

图 14－14

证明：(1)连结 AC，AC 交 BD 于 O，连结 EO．

$\because$ 底面 $ABCD$ 是正方形，

$\therefore$ 点 O 是 AC 的中点.

在 $\triangle PAC$ 中，EO 是中位线，$\therefore PA//EO$．

而 $EO \subset$ 平面 EDB 且 $PA \not\subset$ 平面 EDB，

$\therefore PA//$ 平面 EDB．

(2) $\because PD \perp$ 底面 $ABCD$ 且 $DC \subset$ 底面 $ABCD$，

$\therefore PD \perp DC$，E 是 PC 的中点，

$\therefore DE \perp PC$. ①

$\because$ 底面 $ABCD$ 是正方形，有 $DC \perp BC$，$\therefore BC \perp$ 平面 PDC．

而 $DE \subset$ 平面 PDC，$\therefore BC \perp DE$. ②

由①②推出 $DE \perp$ 平面 PBC．

而 $PB \subset$ 平面 PBC，$\therefore DE \perp PB$，又 $EF \perp PB$ 且 $DE \cap EF = E$，

$\therefore PB \perp$ 平面 EFD．

㊳将边长为 a 的正方形 $ABCD$ 沿对角线 AC 折起，使得 $BD = a$，则三棱锥 $D-ABC$ 的体积为(　　)

A. $\frac{a^3}{6}$　　B. $\frac{a^3}{12}$

C. $\frac{\sqrt{3}}{12}a^3$　　D. $\frac{\sqrt{2}}{12}a^3$

㊴一个容积为 19 升的量杯盛满纯酒精，第一次倒出 a 升酒精后，用水将量杯注满并搅匀，第二次倒出升 a 溶液后，再用水将量杯注满并搅匀，此时量杯中的酒精溶液浓度为 49%，则每次倒出的量 a 为(　　)

A. 2.55　B. 3　C. 2.45　D. 4

㊵长方体的高为 h，底面积为 P，垂直于底面的对角面的面积为 Q，则此长方体的侧面积等于(　　)

A. $2\sqrt{2h^2P + Q^2}$

B. $2\sqrt{h^2P + 2Q^2}$

C. $2\sqrt{h^2P^2 + Q^2}$

D. $\sqrt{2h^2P + Q^2}$

生命靠许多分歧的问题维持下去，这些问题不能不“与生俱存”，只有在死亡中才得以解决。——舒美赫

第十五章　排列、组合与二项式定理

重点提示

排列、组合是单招考试的必考内容. 与数学其他部分联系很少,有无基础的学生都可以学会,2012 年、2013 年、2014 年、2015 年、2016 年每年两题共 12 分. 本章考生要注意以下考点.

(1)了解分类计数原理与分类有关,分步计数原理与分步有关.

(2)明确排列与元素的排列顺序有关,组合与元素的排列顺序无关.

(3)了解二项式定理,会用二项展开式的性质和通项公式解决简单问题.

(4)会解决简单的排列、组合、概率的综合题.

§ 15.1 分类加法计数原理与分步乘法计数原理

一、分类加法计数原理

(一)完成一件事有两类方法,第一类方法有 n 种不同的方法,第二类方法有 m 种不同的方法,那么完成这件事共有 $N = n + m$ 种不同的方法.

(二)完成一件事有 n 类方法,第一类方法有 m_1 种,第二类方法有 m_2 种…第 n 类方法有 m_n 种,那么完成这件事共有 N 种不同的方法:

$$N = m_1 + m_2 + \cdots + m_n$$

二、分步乘法计数原理

(一)完成一件事需要分成两个步骤,做第一步的方法有 n 种不同的方法,做第二步的方法有 m 种不同的方法,那么完成这件事共有 $N = n \cdot m$ 种不同的方法.

(二)完成一件事需要分成 n 个步骤,做第一步的方法有 m_1 种,做第二步的方法有 m_2 种…做第 n 步的方法有 m_n 种. 那么完成这件事共有 N 种不同的方法.

$$N = m_1 \times m_2 \times \cdots \times m_n$$

互动练习

①从甲地到乙地可乘汽车和火车中的一种,汽车每日 5 班,火车每日 3 班,从甲地到乙地共有(　　)种走法

A. 5

B. 8

C. 12

D. 15

②从甲地到乙地可乘火车每日 3 班,从乙地到丙地可乘火车每日 5 班,从甲地到丙地共有(　　)种走法

A. 5

B. 8

C. 12

D. 15

③甲盒中有不同颜色的小球 10 个,乙盒中有不同颜色的小球 8 个,分别从两个盒中各取出一个球共有(　　)种取法

A. 18

B. 10

C. 8

D. 80

生命在闪耀中现出绚烂,在平凡中现出真实。——伯 克

三、分类加法计数原理与分步乘法计数原理的区别

它们都是有关做一件事的不同方法的种数问题.区别在于:分类加法计数原理与<分类>有关,其中各种方法是相互独立的,用任何一类中的任何一种方法都能单独完成这件事,求完成这件事的方法的种数;分步乘法计数原理与<分步>有关,各步骤都不可缺少,只有依次完成所有步骤,才能完成这件事,而完成每一个步骤又各有若干种方法,求完成这件事的方法的种数.

例题解析

例1 从甲地到乙地有汽车每日5班,火车每日3班,从甲地到乙地共有________种走法.乙地到丙地有汽车每日4班,火车每日2班,那么甲地到丙地共有________种走法.

填空1.本题从汽车、火车两类中选,从任何一类走法中选出一种走法就完成题意要求,因此问题可以用分类计数原理来解.第一类:汽车每日5班就是5种走法;第二类:火车每日3班就是3种走法;得到不同的走法种数:$n_1 = m_1 + m_2 = 5 + 3 = 8$种走法.

填空2.本题从甲地到丙地.因此,第一步从甲地到乙地中任选一种走法,第二步乙地到丙地中任选一种走法,两个步骤缺一不可,所以就要用分步计数原理来解.

乙地到丙地$n_2 = m_1 + m_2 = 4 + 2 = 6$种走法.

甲地到丙地共有$N = n_1 \cdot n_2 = 8 \times 6 = 48$种走法.

例2 选择题

(1)在一次读书活动中,一人要从5本不同的科技书、6本不同的文艺书中任意选取一本书,那么不同的选法有(　　)

A.5种　　B.6种　　C.11种　　D.30种

解:本题从科技书、文艺书两类中选,从任何一类书中选出一本就完成题意要求,因此,问题可以用分类计数原理来解.第一类是从5本不同的科技书中任选一本书,有5种方法.第二类是从6本不同的文艺书中任选一本书,有6种方法;共得到不同的取法种数:

$N = m_1 + m_2 = 5 + 6 = 11.$

答:C

(2)在一次读书活动中,一人要从5本不同的科技书、6本不同的文艺书中各选取一本书,那么不同的选法有(　　)

A.5种　　B.6种　　C.11种　　D.30种

解:本题从科技书、文艺书两类中各选一本.因此,第一步取科技类书中任选一本;第二步取文艺类书中任选一本,两个步骤缺一不可,所以就要用分步计数原理来解.共有:

$N = m_1 \cdot m_2 = 5 \times 6 = 30.$

答:D

④一个口袋内装有5个小球,另一个口袋内装有4个小球,所有这些小球的颜色互不相同.从两个口袋内任取一个小球,不同的取法有(　　)

A.20种

B.9种

C.5种

D.4种

⑤从4本不同的文艺书,5本不同的计算机书,6本不同的科技书中,各取1本的选法有(　　)种

A. 6

B. 5

C. 15

D. 120

⑥一分、二分、五分硬币各一枚,一共可组成________种币种

生命的用途并不在长短而在我们怎样利用它。许多人活的日子并不多,却活了很长久。——蒙田

例 3　某信号兵用红、黄、蓝旗从上至下挂在竖直的旗杆上表示信号，一共可以表示的不同信号有(　　)

A. 6 种　　B. 15 种　　C. 27 种　　D. 108 种

解：如果把三面旗看作 3 个元素，则从 3 个元素里取出 1 个元素的排列，对应一种信号. 于是，只用 1 面旗表示的信号是 A_3^1 种. 同样，只用 2 面旗表示的信号共有 A_3^2 种. 用 3 面旗表示的信号共有 A_3^3 种. 根据分类计数原理，所求的信号种数是 $A_3^1+A_3^2+A_3^3=3+6+6=15$（种）.

答：B

注意 本题与分类有关，可分为挂 1 面旗、2 面旗、3 面旗三类，各自都能独立地表示信号，因此要用分类计数原理来解. 而求每类的方法种数则要用到排列数公式（每种信号对应旗的一个排列）.

例 4　有红、黄、蓝三种颜色的旗子各 3 面，任取其中 3 面，升上旗杆组成纵列信号，可以有多少种不同的信号？若所升旗子中不允许有 3 面相同颜色的旗子，可以有多少种不同的信号？若所升旗子颜色各不相同，有多少种不同的信号？

解：(1) 3 种颜色的旗子升上旗杆组成纵列信号，那么分成上、中、下 3 格，红、黄、蓝都可以进入上格共 3 种；也都可以进入中格共 3 种；也都可以进入下格共 3 种；所以就要用分步计数原理来解，即 $N_1=3\times3\times3=27$ 种.

(2) 所升 3 面相同颜色的旗子共有 3 种，所以 $N_2=27-3=24$ 种.

(3) 所升旗子颜色各不相同，有 $N_3=3\times2\times1=6$ 种.

§ 15.2 排　列

一、排列的有关定义

(一) 排　列

一般地，从 n 个不同的元素中任取 m（$m\leqslant n$）个元素，按照一定的顺序排成一列，叫作从 n 个不同元素中取出 m 个元素的一个排列.

(二) 排列数

从 n 个不同元素中取出 m（$m\leqslant n$）个元素的所有不同排列的个数，叫作从 n 个不同元素中取出 m 个元素的排列数，记作 A_n^m（A_n^n 表示 n 个不同元素全部取出的排列数）.

二、排列数公式

(一) 阶　乘

自然数 1 到 n 的连乘积，叫作 n 的阶乘，用 $n!$ 表示，即

$$n!=n\cdot(n-1)\cdot(n-2)\cdot\cdots\cdot3\times2\times1$$

规定 $0!=1$.

⑦五名同学排队，共有________种排法.

⑧6 名同学排队，甲和乙相邻，则共有________种排法.

⑨由数字 1、2、3、4 可组成________个没有重复数字的三位数，由数字 0、1、2、3、4 可组成________个没有重复数字的三位数.

谁能以深刻的内容充实每个瞬间，谁就是在无限地延长自己的生命。——库尔茨

(二)排列数公式

$$A_n^m = n\cdot(n-1)\cdot(n-2)\cdot\cdots\cdot(n-m+1)$$

这里$n,m\in N$,并且$m\leqslant n$.其中,公式右边的第一个因数是n,后面的每个因数都比它前面一个因数少1,最后一个因数为$n-m+1$,共有m个因数相乘.

排列数公式中,当$m=n$时,有

$$A_n^n = n\cdot(n-1)\cdot(n-2)\cdot\cdots\cdot 3\times 2\times 1$$

用阶乘符号,排列数公式还可以写成

$$A_n^m=\frac{n!}{(n-m)!},A_n^n=n!$$

例题解析

例1 由数字1、2、3、4、5可组成________个没有重复数字的两位数,可组成________个没有重复数字的三位数,可组成________个没有重复数字的四位数.

第一空分析:1、2、3、4、5五个元素组成没有重复数字,是与顺序有关,所以是排列问题.把5个元素看作五个人.

五人都可以进入①格,那么有5种方法;剩余四人都可以进入②格,那么有4种方法;运用分步计数原理共有:$A_5^2=5\times4=20$.(图15-1)

①	②
5	4

图 15-1

第二空分析:同上,五人都可以进入①格,那么有5种方法;剩余四人都可以进入②格,那么有4种方法;剩余三人都可以进入③格,那么有3种方法;运用分步计数原理共有:

$A_5^3=5\times4\times3=60$.(图15-2)

①	②	③
5	4	3

图 15-2

第三空分析:同上,五人都可以进入①格,那么有5种方法;剩余四人都可以进入②格,那么有4种方法;剩余三人都可以进入③格,那么有3种方法;剩余二人都可以进入④格,那么有2种方法;运用分步计数原理共有:

$A_5^4=5\times4\times3\times2=120$.(图15-3)

①	②	③	④
5	4	3	2

图 15-3

⑩从10名理事中选出理事长、副理事长、秘书长各1名,共有可能的人选( )

A. 120组

B. 240组

C. 600组

D. 720组

⑪1,2,3,4,5组成没有重复数字的自然数,其中三位数有( )

A. 60个

B. 125个

C. 20个

D. 27个

⑫5人排队照相,甲站中间的排法有( )

A. 2

B. 12

C. 24

D. 60

我们的生命只有一次,但我们如能正确地运用它,一次足矣。——英国谚语

例 2　简答题

两个老师四个学生，六个人排成一排照相．

(1) 共有多少排法？

(2)两个老师在中间共有多少排法？

(3)两个老师不相邻，不能在两边共有多少排法？

(1)分析：因为排队与顺序有关，且没有特殊元素，所以是排列问题．六人都可以进入①格，那么有 6 种方法；剩余五人都可以进入②格，那么有 5 种方法；剩余四人都可以进入③格，那么有 4 种方法；剩余三人都可以进入④格，那么有 3 种方法；剩余两人都可以进入⑤格，那么有 2 种方法；剩余一人都可以进入⑥格，那么有 1 种方法；(图 15－4)运用分步计数原理，共有排法 $6\times5\times4\times3\times2\times1=A_6^6=6!=720$ (种)．

①	②	③	④	⑤	⑥
6	5	4	3	2	1

图 15－4

(2)分析：因为排队与顺序有关，且有特殊元素，所以是排列问题．要先处理特殊元素，两个老师在中间的位置先固定(图 15－5)，因为老师可以互换位置，有 A_2^2；四个学生可以进入剩余的四格，共有排法 $4\times3\times2\times1=A_4^4$；运用分步计数原理共有：$A_2^2A_4^4=48$ 种．

①	②	老	师	③	④

图　15－5

(3)分析：有特殊元素两个老师不相邻，不能在两边，根据题意学生应在以下①②③④位置，那么学生排法有 A_4^4 种(图 15－6)；两个老师不相邻，不能在两边，只能在 a、b、c 位置，那么老师排法有 A_3^2 种；运用分步计数原理共有：$A_3^2A_4^4=144$ 种．

①	a	②	b	③	c	④

图　15－6

注：能排不能排排列问题(即特殊元素在特殊位置上有特别要求的排列问题)解决此类问题的关键是特殊元素或特殊位置优先或使用间接法“插空法”．

例 3　(2006.9)一支运动队由教练一人，队长一人以及运动员四人组成，这六人站成一个横排照相，教练和队长分别站在横排的两端，不同的站法一共有(　　)

A. 48 种　　B. 64 种　　C. 24 种　　D. 32 种

解：①有特殊元素教练和队长分别站在横排的两端，先排教练和队长有 A_2^2 种，②运动员四人排入剩余 4 个位置有 A_4^4 种，运用分步乘法计数原理计算得 $A_2^2A_4^4$ 种．

答：A

⑬3 名男生和 4 名女生，按男女相间排成一排，一共有(　　)种不同的排法

A. $A_4^4A_3^3$

B. $2A_4^4A_3^3$

C. $A_4^4A_5^3$

D. $A_5^3A_3^3$

⑭五个人排成一排，甲不能排乙的左边，又不与乙相邻的不同排法有(　　)种

A. 24　B. 36　C. 60　D. 66

⑮6 人照相排成一排，其中 A,B 两人不能相邻的排法有(　　)种

A. $A_4^4A_4^2$

B. $A_6^6A_5^5$

C. $A_4^4A_5^2$

D. $A_6^6A_5^3$

明日复明日，明日何其多，我生待明日，万事成蹉跎。——文嘉《明日歌》

例4 5位同学站成一排,

(1)其中甲站在中间的位置,共有多少种不同的排法?

(2)5位同学站成一排,甲、乙只能站在两端的排法共有多少种?

(3)5位同学站成一排,甲、乙不能站在排头和排尾的排法共有多少种?

(4)5位同学站成一排,其中甲不能站在排头、乙不能站在排尾的排法共有多少种?

(5)甲必须站在乙的左边?

(6)甲、乙和丙三个同学由左到右排列?

解:

(1)先考虑甲站在中间有1种方法,再在余下的4个位置排另外4位同学,共A_4^4种排法.

(2)先考虑甲、乙站在两端的排法有A_2^2种,再在余下的3个位置排另外3位同学的排法有A_3^3种,共$A_2^2A_3^3$种排法.

(3)先考虑在除两端外的3个位置选2个安排甲、乙有A_3^2种,再在余下的3个位置排另外3位同学排法有A_3^3种,共$A_3^2A_3^3$种方法. 本题也可考虑特殊位置优先,即两端的排法有A_3^2;中间3个位置有A_3^3种,共$A_3^2A_3^3$种排法.

(4)分两类,乙站在排头和乙不站在排头,乙站在排头的排法共有A_4^4种,乙不站在排头的排法总数为:先在除甲、乙外的3人中选1人安排在排头的方法有A_3^1种,中间3个位置选1个安排乙的方法有A_3^1,再在余下的3个位置排另外3位同学的排法有A_3^3,故共有$A_4^4+A_3^1\cdot A_3^1\cdot A_3^3$种方法.

本题也可考虑间接法,总排法为A_5^5,不符合条件的甲在排头和乙站排尾的排法均为A_4^4,但这两种情况均包含了甲站在排头和乙站在排尾的情况,故共有$A_5^5-2A_4^4+A_3^3$种.

注:相邻不相邻排列问题(即某两个元素或某些元素能不能相邻的排列问题)相邻排列问题一般采用大元素法,即将相邻的元素"捆绑"作为一个元素,再与其他元素进行排列,解答时注意"释放"大元素,也叫"捆绑法". 不相邻排列问题(即某两或某些元素不能相邻的排列问题)一般采用"插空法".

(5)5位同学站成一排总的排法共A_5^5种,包括甲、乙在内的5位同学排队,只有甲站在乙的左边和甲站在乙的右边两类,它们的机会是均等的,故满足要求的排法为$\frac{1}{2}A_5^5$.

(6)参见(5)的分析得$\frac{A_5^5}{A_3^3}$.

注:机会均等排列问题(即某两个元素或某些元素按特定的方式或顺序排列的排列问题)解决机会均等排列问题通常是先对所有元素进行全排列,再借助等可能转化,即乘以符合要求的某两(或某些)元素按特定的方式或顺序排列的排法占它们(某两(或某些)元素)全排列的比例,称为"等几率法";或将特定顺序的排列问题理解为组合问题加以解决.

⑯某班上午上语文、数学、英语、政治四节课,语文老师因事不能上第一节课,数学老师要开会不能上第四节课,则排课的方法共有(　　)种

A. 12　B. 14　C. 16　D. 18

⑰一个集合内有10个元素,这个集合中包含3个元素的子集有______个

人生是一所学校,在那里,不幸比起幸福来是更好的老师。——弗里奇

例5 7位同学站成一排，

(1)甲、乙和丙三同学必须相邻的排法共有多少种？

(2)甲、乙和丙三名同学都不能相邻的排法共有多少种？

(3)甲、乙两同学间恰好间隔2人的排法共有多少种？

解：

(1)第一步：将甲、乙和丙三人“捆绑”成一个大元素与另外4人的排列为A_5^5种；第二步：“释放”大元素，即甲、乙和丙在“捆绑”成的大元素内的排法有A_3^3种，所以共$A_5^5 \times A_3^3 = 720$种.

(2)第一步：先排除甲、乙和丙之外4人共A_4^4种方法，第二步：甲、乙和丙三人排在4；人排好后产生的5个空当中的任何3个都符合要求，排法有A_5^3种，所以共有$A_5^3 \times A_4^4 = 1440$种.

(3)先排甲、乙，有A_2^2种排法，甲、乙两人中间插入的2人是从其余5人中选，有A_5^2种排法，将已经排好的4人当作一个大元素作为“新人”参加下一轮4人组的排列，有A_4^4种排法，所以总的排法共有$A_2^2 \cdot A_5^2 \cdot A_4^4 = 960$种.

⑱从10本不同的图书中，至少选7本的选法有________种

§15.3 组　合

一、组合的有关定义

(一)组　合

一般地，从n个不同元素中，任取m($m \leqslant n$)个元素并成一组，叫作从n个不同元素中取出m个元素一个组合.

(二)组合数

从n个不同元素中取出m($m \leqslant n$)个元素的所有不同组合的个数，叫作从n个不同元素中取出m个元素的组合数，记作C_n^m.

⑲从7名男生和5名女生中选5人组成代表队，其中男生2名女生3名的选法共有________种

二、组合数公式

$$C_n^m = \frac{A_n^m}{A_m^m} = \frac{n(n-1)(n-2)\cdots(n-m+1)}{m!}$$

这里$n, m \in N$，并且$m \leqslant n$.

阶乘符号，组合数公式还可以写成

$$C_n^m = \frac{n!}{m!(n-m)!}$$

规定$C_n^0 = 1$.

三、组合数的性质

① $C_n^m = C_n^{n-m}$；② $C_{n+1}^m = C_n^m + C_n^{m-1}$；

③ $rC_n^r = n \cdot C_{n-1}^{r-1}$；④ $C_n^0 + C_n^1 + \cdots + C_n^n = 2^n$；

⑤ $C_n^0 - C_n^1 + \cdots + (-1)^n C_n^n = 0$.

即 $C_n^0 + C_n^2 + C_n^4 + \cdots = C_n^1 + C_n^3 + C_n^5 + \cdots = 2^{n-1}$.

例题解析

例1 (2008.10)在8名运动员中选2名参赛选手与2名替补,不同的选法共有(　　)

A. 420种　　B. 86种　　C. 70种　　D. 43种

解:先从8名运动员中选2名参赛选手,无顺序要求是组合问题,得C_8^2种选法;8名运动员中选2名参赛选手后,剩6名运动员.再从6名运动员选2名替补,得C_6^2种选法;运用分步计数原理,符合要求的选法种数有$C_8^2C_6^2=420$种.

答:A

例2 某校高二年级共有六个班级,现从外地转入4名学生,要安排到该年级的两个班级且每班安排2名,则不同的安排种数为(　　)

A. 90　　B. 120　　C. 180　　D. 360

解:把新转来的4名学生平均分两组,每组2人,分法有$C_4^2\cdot C_2^2=6$种,把这两组人安排到6个班中的某2个中去,有A_6^2种方法.故不同的安排种数为$6A_6^2=180$.

答:C

例3 从5名奥运志愿者中选出3人,分别从事翻译、导游、保洁三项不同的工作,每人承担一项,其中甲不能从事翻译工作,则不同的选派方案共有(　　)

A. 24种　　B. 36种　　C. 48种　　D. 60种

解:从5名奥运志愿者中选出3人有C_5^3种方法,分别从事翻译、导游、保洁三项不同的工作$C_5^3A_3^3$种方法.设甲从事翻译工作排法有$C_4^2A_2^2$种方法,所以不同的选派方案共有$C_5^3A_3^3-C_4^2A_2^2$.

答:C

例4 简答题

现有一批产品共有10件,其中8件为正品,2件为次品,

(1)一次抽出3件产品,抽法一共有多少种?

(2)一次抽出的3件产品中恰好有一个次品抽法一共有多少种?

(3)一次抽出的3件产品中至少有一个次品抽法一共有多少种?

解:

(1)抽出3件产品,无顺序问题,是组合问题,就是从10件产品中一次抽出3件产品的组合数,即$C_{10}^3=\dfrac{10\times9\times8}{1\times2\times3}=120$(种).

(2)从2件次品中抽出1件次品的抽法有C_2^1种.从8件正品中抽出2件正品的抽法有C_8^2种.运用分步计数原理,符合要求的抽法种数有

$$C_2^1C_8^2=56\text{(种)}.$$

(3)方法一:符合题意的次品数是1或2,那么符合要求的抽法种数有

$$C_2^1C_8^2+C_2^2C_8^1=56+8=64\text{(种)}.$$

方法二:至少有一个次品等于总数减去没有一个次品种数,那么符合要求的抽法种数有$C_{10}^3-C_8^3=120-56=64$(种).

⑳8名学生分成2个人数相等的小组,不同分法有(　　)种

A. 35

B. 70

C. 140

D. 280

㉑从10名理事中选出3名常务理事,共有可能的人选(　　)

A. 120组

B. 240组

C. 600组

D. 720组

生活只有在平淡无奇的人看来才是空虚而平淡无奇的。——车尔尼雪夫斯基

注：做排列、组合题时要注意以下几点：

①要看元素之间是否有排列顺序问题，与顺序有关问题是排列，无顺序问题是组合；

②根据题意，正确运用加法原理与乘法原理；

③掌握解决排列组合问题的一些典型方法；

④选代表；单循环赛；握手；集合；抽查产品等是组合问题.

例5　有不同的6本书分别分给三名学生甲、乙、丙三人，

(1)如果甲1本，乙2本，丙3本有多少种方法？

(2)如果一人1本，一人2本，一人3本，共有多少种方法？

(3)平均分成3堆，每堆2本，共有多少种分法？

(4)如果每人2本，共有多少种分法？

解：

(1)先对6本书进行分组，分成1本2本3本的三组，共有 $C_6^1\times C_5^2\times C_3^3=60$ 种. 后发放给甲、乙、丙三人，甲得1本，乙得2本、丙得3本，所以共有 $C_6^1\times C_5^2\times C_3^3=60$ 种方法.

(2)先对6本书进行分组，分成1本2本3本的三组，共有 $C_6^1\times C_5^2\times C_3^3=60$ 种分法，后发放给甲、乙、丙三人有 A_3^3 种发放方式，所以共有：$C_6^1\times C_5^2\times C_3^3\times A_3^3=60\times6=360$ 种分配方式.

(3)此题牵扯到不同元素的均分问题，把不同的6本书均分成无明显标志的三堆，例如把不同的两个元素，分成无明显标志的两堆，只有一种分法，即：$\frac{C_2^1C_1^1}{2\times1}=1$；把6本不同的书均分为三堆，共有 $\frac{C_6^2C_4^2C_2^2}{3\times2\times1}=15$ 种不同的分法.

(4)方法一：把6本不同的书均分给甲、乙、丙三人，先对6本不同的书作出均分成三组，有：$\frac{C_6^2C_4^2C_2^2}{A_3^3}$ 种分法；后发放给甲、乙、丙三人，有 A_3^3 种方法. 所以共有 $\frac{C_6^2C_4^2C_2^2}{A_3^3}\times A_3^3=90$ 种不同的方法.

方法二：将问题分成三个步骤完成，学生甲从6本书中任选2本，乙从剩下的4本中任选2本，丙从剩下的2本中选2本，对于每个学生，他们选好的两本书无顺序问题，是组合问题，根据乘法原理，共有 $C_6^2\cdot C_4^2\cdot C_2^2=90$(种)分法.

例6　排列、组合的应用

(1)有三个不同的信箱，今有四封不同的信欲投其中，则不同的投法的种数是(　　)

A. 81　　B. 64　　C. 24　　D. 4

(2)四名学生争夺三项冠军，获得冠军的可能的种数是(　　).

A. 81　　B. 64　　C. 24　　D. 4

㉒32支足球队，等分为8组进行初赛，每组中的各队之间都要比赛一场，初赛中比赛总场数是(　　)

A. 288

B. 240

C. 120

D. 48

㉓将5封信投入3个邮筒中，那么不同的投法有(　　)种

A. 3　B. 15　C. 5^3　D. 3^5

我们的骄傲多半是基于我们的无知。——莱辛

(3)有四位学生参加三项不同的竞赛，

a.每位学生必须参加一项竞赛，则不同的参赛方法共有(　　)种；

b.每项竞赛只许有一位学生参加，则不同的参赛方法有(　　)种；

c.每位学生最多参加一项竞赛，每项竞赛只许有一位学生参加，则不同的参赛方法有(　　)种.

解：

(1)答：A

方法一：完成一件事是“分步”进行还是“分类”进行，是选用基本原理的关键.将“投四封信”这件事分四步完成，每投一封信作为一步，每步都有投入三个不同信箱的三种方法，因此 $N=3\times3\times3\times3=3^4=81$(种).

方法二：按如下分类完成：

①四封信投入一个信箱中，有 C_3^1 种投法；

②四封信投入两个信箱中，有 $C_3^2(C_4^1A_2^2+C_4^2C_2^2)$ 种投法；

③四封信投入三个信箱，有两封信在同一信箱中，有 $C_4^2A_3^3$ 种投法.

故共有 $C_3^1+C_3^2(C_4^1A_2^2+C_4^2C_2^2)+C_4^2A_3^3=81$(种).

(2)答：B

因学生可同时夺得几项冠军，故学生可重复排列，将四名学生看作四个“店”，三项冠军看作“客”，每个“客”都可住进四家“店”中的任意一家，即每个“客”有四种住宿法.由分步计数原理得 $N=4\times4\times4=64$(种).

(3)答：81，64，24.

a.学生可以选择项目，而竞赛项目对学生无条件限制，所以类似第①题，可得 $N=3^4=81$(种)；

b.竞赛项目可以挑学生，而学生无选择项目的机会，每一项可以挑四位不同学生，共有 $N=4^3=64$(种)；

c.等价于从四位学生中挑选三个学生去参加三个项目的竞赛，每人参加一项，故共有 $C_4^3A_3^3=24$(种).

注：分类加法计数原理与分步乘法计数原理是解决排列组合问题的重要手段和基础方法.当遇到比较复杂的问题时，用分类的方法可以有效地将之化简，达到求解的目的.

例7　(2007.10)某班分成8个小组，每小组5人.现要从班中选出4人参加4项不同的比赛.且要求每组至多选1人参加，则不同的选拔方法共有(　　)

A. $4^5C_8^4A_4^4$(种)　　B. $C_8^4A_4^4C_5^1$(种)

C. $5^4C_8^4A_4^4$(种)　　D. $5C_{40}^4A_4^4$(种)

解：①8个小组，每组至多选1人参加的方法 C_8^4(种).

②选出4人参加4项不同的比赛的方法 A_4^4(种).

③被选出的4人可能是每小组5人中的任何一个人，由分步计数原理得 $N=5\times5\times5\times5=5^4$(种).

④则不同的总选拔方法共有 $5^4C_8^4A_4^4$(种).

答：C

㉔有8支球队参加比赛，第一轮每两队间比赛一场，第二轮由第一轮比赛的前两名决冠亚军、三四名决季军共进行比赛的场次为(　　)场

A. 28

B. 30

C. 56

D. 58

㉕从现在男女共8名学生中选出2名男生和1名女生分别参加三项不同的活动，已知共有90种不同的方案，那么男女生的人数是(　　)

A. 男生2人，女生6人

B. 男生3人，女生5人

C. 男生5人，女生3人

D. 男生6人，女生2人

人为某事而诞生，并不是为无所事事而诞生。——武者小路实笃

例 8 对排列组合中的“分配”问题

排列组合中的“分配”问题是排列组合中的一类常见问题，如：教师分配到班级中教学；护士、医生分配到学校给学生检查身体；小球放置在有标号的盒子里等都是排列组合中的常见“分配问题”.

(1)相同元素的“分配”问题

例：有 10 名三好学生名额，分配到高三年级的 6 个班，每班至少一个名额，共有多少种不同的分配方案？

分析：作为 10 个三好学生名额，可以看成是相同元素，分配到高三年级的 6 个班中，将是相同元素的分配问题，常用的方法是采用“隔板法”.

解：6 个班分 10 个名额，用 5 个隔板，将 10 个名额并成一排，名额之间有 9 个空隙，将 5 个隔板插入 9 个空中，则每种插法对应一种方案，
共有 $C_9^5=126$ 种不同的分配方案.

(2)不同元素的“分配”问题

不同元素的“分配”问题，有时比较容易混淆，作为分配问题，可以分两步来完成，先分组后发放的原则，这样就对分配问题有更加明确的理解.

例：把 6 个不同的小球放在编号为 a,b,c 的三个盒子里，要求每个盒子都不空，共有多少种不同的方法？

解：第一步先把 6 个不同的小球分成 4:1:1 即 $C_6^4C_2^1C_1^1$；3:2:1 即 $C_6^3C_3^2C_1^1$；2:2:2 即 $C_6^2C_4^2C_2^2$；第二步把 3 组小球放在三个不同盒子里有 A_3^3 种，

共有 $A_3^3(C_6^4C_2^1C_1^1+C_6^3C_3^2C_1^1+C_6^2C_4^2C_2^2)=1080$ 种.

(3)排列、组合有关的几何计算问题

例：从正方体的 8 个顶点中任取 3 个点为顶点作三角形，其中直角三角形的个数为(　　)

A. 56　　B. 52　　C. 48　　D. 40

解法一：从正方体的 8 个顶点中任取 3 个顶点可构成 C_8^3 个三角形，其中非直角三角形的有两类：

①上底面的每个顶点所在的侧面对角线与下底面相应的对角线构成 1 个正三角形，上底面的 4 个顶点共构成 4 个非直角三角形.

②下底面的 4 个顶点所在的侧面对角线与上底面相应的对角线构成 4 个非直角三角形. 故所求直角三角形共有 $C_8^3-4-4=48$ 个.

解法二：正方体的 6 个表面及 6 个对角面都是矩形，而每个矩形可构成 C_4^3 个直角三角形，故共有直角三角形 $C_4^3\times(6+6)=48$ 个.

答：C

㉖4 人报名参加 3 项比赛，每人报且只报一项，则不同的报法有(　　)

A. 4^3

B. 3^4

C. C_4^3

D. A_4^3

㉗ $(x^2-\frac{1}{x})^{10}(x\neq 0)$ 的展开式中，x^5 的系数是________.

没有人能平安无事度过一生。——埃斯库罗斯

§ 15.4 二项式定理

一、二项式定理

$$(a+b)^n = C_n^0a^n + C_n^1a^{n-1}b + \cdots + C_n^ra^{n-r}b^r + \cdots + C_n^nb^n$$

展开式共有 $n+1$ 项,其中 C_n^r ($r=0,1,\cdots,n$)叫作二项式系数.

二、展开式的通项公式

展开式的第 $r+1$ 项

$$T_{r+1} = C_n^ra^{n-r}b^r$$

三、二项式系数的性质

(一)对称性:在二项展开式中,与首末两端"等距离"的两项的二项式系数相等.

(二)最大值:如果二项式的幂指数是偶数,那么中间一项的二项式系数最大;如果二项式的幂指数是奇数,那么中间两项的二项式系数相等并且最大.

考点解析

例 1 $(a+b)^n$ 展开式中的第 r 项是( )

A. $C_n^ra^{n-r}b^r$　　B. $C_n^{r-1}a^{n-r}b^r$

C. $C_n^{r-1}a^{n-r+1}b^{r-1}$　　D. $C_n^{r-1}a^{n-r-1}b^{r-1}$

解:根据 $(a+b)^n$ 展开式中的第 $r+1$ 项是 $T_{r+1}=C_n^ra^{n-r}b^r$,第 r 项化成通项公式 T_{r+1} 的形式 $r=(r-1)+1$,那么展开式中的第 r 项是 $T_{(r-1)+1}=C_n^{(r-1)}a^{n-(r-1)}b^{(r-1)}=C_n^{r-1}a^{n-r+1}b^{r-1}$.

答:C

注:①认真观察二项展开式通项公式展开式的第 $r+1$ 项 $C_n^ra^{n-r}b^r$, a,b 的指数幂关系 $(n-r)+r=n$, C_n^r 与 b^r 中 r 与 r 是相等.

②把第 r 项转换成第 $r+1$ 项方法.

例 2 $(\frac{1}{2}-x)^{10}$ 的展开式中的第 4 项是________.

解:根据 $(a+b)^n$ 的第 $r+1$ 项是 $T_{r+1}=C_n^ra^{n-r}b^r$,求第 4 项 $\Rightarrow 4=r+1\Rightarrow r=3$, $a=\frac{1}{2}$, $b=-x$, $n=10$ 将这些值代入即可.

$$T_4 = C_{10}^3\cdot(\frac{1}{2})^{10-3}(-x)^3 = -\frac{10\times9\times8}{3\times2\times1}\cdot\frac{1}{2^7}x^3 = -\frac{15}{16}x^3.$$

㉘ $(x-\frac{1}{\sqrt{x}})^6(x\neq0)$ 的展开式中的常数项是________.

㉙在 $(x+1)^n$ 展开式中,第 4 项与第 11 项的系数相等,那么 x^5 的系数为________.

㉚ $(x+y)^6$ 的展开式中最大的项系数是________.

人生的最高理想是为人民谋利益。——德莱塞

例3 $(x-\frac{1}{x})^9$ 的展开式中 x^3 项的系数是________.

解:可运用展开式的通项公式,先求出第几项为 x^3 项,再求出该项的系数.设所求的项是第 $r+1$ 项,那么

$T_{r+1}=C_9^r x^{9-r}(-\frac{1}{x})^r=(-1)^r C_9^r x^{9-r}x^{-r}=(-1)^r C_9^r x^{9-2r}$.

根据题意,要求 x^3 的系数,得 $9-2r=3$, $r=3$.

因此, x^3 的系数是 $(-1)^3C_9^3=-84$.

注:① $(-\frac{1}{x})^r=(-1)^r x^{-r}$.

②根据幂的运算性质 $x^{9-r}\cdot x^{-r}=x^{9-2r}$.

例4 (2006.6).在 $(2x^2-\frac{1}{\sqrt{x}})^6$ 的展开式中 x^2 项的系数是( )

A. -30　　B. -60　　C. 30　　D. 60.

解:设所求的项是第 $r+1$ 项,那么 $T_{r+1}=C_6^r(2x^2)^{6-r}(-\frac{1}{\sqrt{x}})^r$

$=(-1)^r C_6^r\cdot 2^{6-r}\cdot x^{2(6-r)}\cdot x^{-\frac{1}{2}r}=(-1)^r C_6^r\cdot 2^{6-r}\cdot x^{2(6-r)-\frac{1}{2}r}$.

根据题意,要求 x^2 的系数,得 $12-2r-\frac{1}{2}r=2$, $r=4$.

因此, x^2 的系数是 $(-1)^4C_6^4\cdot 2^{6-4}=C_6^2\cdot 2^2=60$.

答: D

例5 求证:

(1) $C_n^0+C_n^1+\cdots+C_n^n=2^n$;

(2)在 $(a+b)^n$ 的展开式中,奇数项的二项式系数之和等于 2^{n-1}.

证明:(1)运用 $(a+b)^n$ 的展开式

$(a+b)^n=C_n^0a^n+C_n^1a^{n-1}b+\cdots+C_n^ra^{n-r}b^r+\cdots+C_n^nb^n$,

设 $a=b=1$, 则 $2^n=C_n^0+C_n^1+\cdots+C_n^n$,

即 $C_n^0+C_n^1+\cdots+C_n^n=2^n$.　　①

(2)在展开式 $(a+b)^n=C_n^0a^n+C_n^1a^{n-1}b+\cdots+C_n^ra^{n-r}b^r+\cdots+C_n^nb^n$ 中,令 $a=1, b=-1$, 得 $(1-1)^n=C_n^0-C_n^1+C_n^2-C_n^3+\cdots+(-1)^nC_n^n$,

就是 $0=(C_n^0+C_n^2+\cdots)-(C_n^1+C_n^3+\cdots)$,

即 $C_n^0+C_n^2+\cdots=C_n^1+C_n^3+\cdots$　　②

由①②得 $2\cdot(C_n^0+C_n^2+\cdots)=2^n$

$C_n^0+C_n^2+\cdots=2^{n-1}$

这说明在 $(a+b)^n$ 的展开式中,奇数项的二项式系数之和等于 2^{n-1}.

㉛在 $([illegible]-2x)^5$ 的展开式中,所有项系数的和是( )

A. 1　B. -1　C. 2^5　D. 3^5

㉜ $(x+\frac{1}{\sqrt{x}})^n$ 展开式中第9项为常数,则 n 的值为( )

A. 12　B. 13　C. 14　D. 15

㉝ $(x^2+\frac{1}{x})^6$ 的展开式中的常数项是( )

A. 6　B. 12　C. 15　D. 30

㉞ $(x^2-\frac{1}{2x})^9$ 展开式中 x^9 的系数是( )

A. $\frac{1}{2}$　　B. $-\frac{9}{2}$

C. $-\frac{21}{2}$　　D. $\frac{15}{2}$

荒废时间等于荒废生命。——川端康成

例 6 $(2x^3-\frac{1}{\sqrt{x}})^7$ 的展开式中的常数项是________.

解:设展开式中的常数项是第 $r+1$ 项，那么

$$T_{r+1}=C_7^r(2x^3)^{7-r}(-\frac{1}{\sqrt{x}})^r$$

$$=(-1)^rC_7^r\cdot 2^{7-r}x^{3(7-r)}x^{-\frac{1}{2}r}.$$

根据题意,要求常数项,得 $3(7-r)-\frac{1}{2}r=0$, $r=6$.

因此，展开式中的常数项是 $C_7^6\cdot 2^{7-6}=7\times 2=14$.

例 7 已知 $(\sqrt{x}+\frac{2}{x^2})^n$ 展开式中第 5 项 x 的系数与第 3 项 x 的系数的比是 56:3,求展开式中的常数项.

解:展开式中第 5 项与第 3 项 x 的系数分别是 $C_n^4 2^4$ 与 $C_n^2 2^2$.

由题意 $C_n^4 2^4 : C_n^2 2^2=56:3$,

即 $n^2-5n-50=0$, $n=-5$(舍), $n=10$.

由展开式通项公式, $T_{r+1}=C_{10}^r(\sqrt{x})^{10-r}(\frac{2}{x^2})^r=C_{10}^r 2^r x^{5-\frac{5}{2}r}$.

依题意让 $5-\frac{5}{2}r=0$, 解得 $r=2$.

所以展开式中的常数项为第 3 项，是 $C_{10}^2 2^2=180$.

注:做二项式定理题时要注意以下几点.

①掌握二项式定理及其展开式的特点与性质;

②掌握二项式展开式的通项公式;

③会用公式解决某些计算问题.

例 8 已知 $(x+a)^9$ 的展开式中常数项是 -8,则展开式中的 x^3 系数是( ).

A. 168　　*B*. -168　　*C*. 336　　*D* -336

解:本题考查二项式定理展开式的应用.

$(x+a)^9$ 的展开式的通项公式是 $T_{r+1}=C_9^r x^{9-r}a^r$,令 $9-r=0$ 得 $r=9$，

所以常数项是 $T_{10}=a^9=-8$, $\therefore a^3=-2$, $\therefore$ 展开式中 x^3 的系数是 $C_9^6 a^6=84\times(-2)^2=336$.

答: *C*

㉟二项式 $(1+x)^{100}$ 的展开式中系数之比为 33:68 的相邻两项是( )

A. 第 33,34 项

B. 第 32,33 项

C. 第 31,32 项

D. 第 30,31 项

㊱在 $(x-1)(x+1)^8$ 的展开式中 x^5 的系数是( )

A. $C_8^5-C_8^4$

B. $C_8^4-C_8^5$

C. $C_8^6-C_8^5$

D. $C_8^5-C_8^6$

人生应该如蜡烛一样,从顶燃到底,一直都是光明。——萧楚女

第十六章 概率与统计初步

重点提示

本章内容在2009年前考试中必出的大题,2011年、2015年各出了一道大题(18分),其余各年都是小题.本章考生要注意以下考点.

(1)了解随机事件、必然事件、不可能事件、互斥事件等.

(2)会把等可能性事件的概率问题归结为计数问题,并解决问题.

(3)会用概率加法公式计算互斥事件,会用概率乘法公式计算相互独立事件.

(4)会用事件在 n 次独立重复试验中恰好发生 k 次的概率.

一、事件的概念及其概率

(一)事件的概念

随机事件:在一定的条件下可能发生,也可能不发生的结果.

必然事件:在一定的条件下一定要发生的结果,即 V.

不可能事件:在一定条件下不可能发生的结果,即 φ.

(二)概　率

在大量重复同一试验时,事件 A 发生的频率总是接近于某个常数,在它附近摆动,该常数叫作事件 A 的概率,记作 $P(A)$.

由定义可知 $0 \leqslant P(A) \leqslant 1$,显然,必然事件概率是1,不可能事件概率是0.

二、等可能性事件的概率

如果一次试验中共有 n 种等可能出现的结果,其中事件 A 包含的结果有 m 种,那么事件 A 可能出现的概率:

$$P(A) = \frac{m}{n}$$

三、互斥事件有一个发生的概率

(1)做试验时不可能同时发生的两种事件叫作互斥事件或互不相容事件.

(2)互斥事件的概率加法公式:若事件 A 与事件 B 互斥,则有

$$P(A \cup B) = P(A) + P(B)$$

上述加法公式可以推广.

设事件 $A_1, A_2, \cdots, A_n$ 两两互斥,把它们中有一个发生的事件记为

$$A_1 + A_2 + \cdots + A_n,$$

则有 $P(A_1 + A_2 + \cdots + A_n) = P(A_1) + P(A_2) + \cdots + P(A_n)$

互动练习

①必然事件的概率等于________,不可能事件的概率等于________,把一颗骰子掷一次,得到6点的概率等于________,得到奇数点的概率等于________.

②把一个均匀硬币抛掷一次,恰好得到国徽朝上的概率是______,抛掷两次,恰好得到两次国徽朝上的概率是______.

③5个人用抽签的方法分配一张电影票,第三个抽的人得到电影票的概率是________.

人生实在是一本书,内容复杂,分量沉重,值得翻到个人所能翻到的最后一页,而且必须慢慢地翻。——沈从文

(3)做试验时,不可能同时发生,但必有一个发生的两种事件(A, B)叫作对立事件.

一个事件 A 的对立事件记 $\overline{A}$, $P(\overline{A}) = 1 - P(A)$.

四、相互独立事件同时发生的概率乘法公式

对于事件 A, B, 如果 A 是否发生对 B 发生的概率没有影响,则它们称为相互独立事件,2. 相互独立事件的概率乘法公式:设事件 A, B 相互独立,把 A, B 同时发生的事件记 $A \cdot B$, 则有

$$P(A \cdot B) = P(A) \cdot P(B)$$

上述乘法公式可以推广.

设事件 $A_1, A_2, \cdots, A_n$ 相互独立,把它们同时发生的事件记为 $A_1 \cdot A_2 \cdot \cdots \cdot A_n$,则有

$$P(A_1 \cdot A_2 \cdot \cdots \cdot A_n) = P(A_1) \cdot P(A_2) \cdot \cdots \cdot P(A_n)$$

五、独立重复试验

如果在一次试验中事件 A 发生的概率为 P, 那么 A 在 n 次独立重复试验中恰好发生 k 次概率为

$$P_n(k) = C_n^k P^k (1 - P)^{n-k}$$

例题解析

例 1 选择题

(1)在一次读书活动中,一人要从 5 本不同的科技书、6 本不同的文艺书中任意选取一本书,那么他选中文艺书的概率是(　　)

A. $\frac{5}{11}$　　B. $\frac{6}{11}$　　C. $\frac{1}{6}$　　D. $\frac{5}{6}$

解:首先从科技书、文艺书两类中选,从任何一类书中选出一本就完成题意要求. 因此,问题可以用分类计数原理来求总选法:共有 $N = m_1 + m_2 = 5 + 6 = 11$ 种方法.

再从 6 本不同的文艺书中任选一本书,有 6 种方法.

所以他选中文艺书的概率是 $\frac{6}{11}$.

答:B

(2)在一次读书活动中,一人要从 5 本不同的科技书、6 本不同的文艺书中任意取两本书,那么他选中 1 本的科技书、1 本文艺书的概率是(　　)

A. $\frac{1}{5}$　　B $\frac{1}{11}$　　C. $\frac{6}{55}$　　D. $\frac{30}{55}$

解:首先从科技书、文艺书两类中各选一本,所以就要用分步计数原理来解,共有 $N = m_1 \cdot m_2 = 5 \times 6 = 30$ 种方法;再从科技书、文艺书中选两本书的总种方法是组合问题. $C_{11}^2 = \frac{11 \times 10}{2 \times 1} = 55$.

所以他从科技书、文艺书两类中各选一本的概率是 $\frac{30}{55}$.

答:D

④5 人排队照相,甲不站在排头位置的概率是________.

⑤从一副 52 张扑克牌中任取 1 张,不是红心 3 的概率是________.

⑥某人投篮,每次命中率为 0.8,现独立投篮 2 次,恰好命中 2 次的概率是____________. 现独立投篮 3 次,恰好命中 2 次的概率是________.

人固有一死,或重于泰山,或轻于鸿毛。——司马迁

例2 从4名男生和2名女生中选3位代表，

(1)选出的全是男生的概率是(　　)；

(2)选出的2名男生、1名女生的概率是(　　)；

(3)选出的至少一个女生的概率是(　　).

解：(1)选出3位代表，无顺序问题，是组合问题，就是从6名学生中一次选出3位代表的组合数是C_6^3(种)，全是男生的组合数是C_4^3(种)，选出的全是男生的概率是$\frac{C_4^3}{C_6^3}=\frac{4}{20}=0.2$.

(2)选出的2名男生、1名女生的组合数是$C_4^2C_2^1$，选出的2名男生、1名女生的概率是$\frac{C_4^2C_2^1}{C_6^3}=\frac{12}{20}=0.6$.

(3)方法一：选出的至少女生的组合数是$C_2^1C_4^2+C_2^2C_4^1$，选出的至少女生的概率是$\frac{C_2^1C_4^2+C_2^2C_4^1}{C_6^3}=\frac{12+4}{20}=0.8$.

方法二：事件A(全是男生的概率)的对立事件记$\overline{A}$(至少一个女生的概率)，

$$P(\overline{A})=1-P(A)=1-\frac{C_4^3}{C_6^3}=1-0.2=0.8.$$

例3 简答题

现有一批产品共有10件，其中8件为正品，2件为次品，

(1)一次抽出3件产品，抽法一共有多少种________?

(2)一次抽出的3件产品中恰好有一个次品抽法的概率是________?

(3)一次抽出的3件产品中至少有一个次品抽法的概率是________?

(4)如果从中取出一件，然后放回，再取一件，求连续3次取出的都是正品的概率________?

(5)如果从中一次取3件，求3件都是正品的概率________?

解：(1)抽出3件产品，无顺序问题，是组合问题，就是从10件产品中一次抽出3件产品的组合数，即$C_{10}^3=\frac{10\times9\times8}{1\times2\times3}=120$(种).

(2)从2件次品中抽出1件次品的抽法有C_2^1种.从8件正品中抽出2件正品的抽法有C_8^2种.运用分步计数原理，符合要求的抽法种数共有

$C_2^1C_8^2=56$(种).

恰好有一个次品抽法的概率是$\frac{C_2^1C_8^2}{C_{10}^3}=\frac{56}{120}\approx0.467$.

(3)方法一：符合题意的次品数是1或2，那么符合要求的抽法种数共有

$C_2^1C_8^2+C_2^2C_8^1=56+8=64$(种).

⑦某射手在一次射击中，击中10环、9环、8环的概率分别是0.3、0.4、0.2，则这射手一次射击中够9环的概率为________，这射手一次射击中不够8环的概率为________.

⑧口袋内装有一些大小相同的红球、白球和黑球，从中摸出1个球，摸出白球的概率是0.35，摸出黑球的概率是0.40，那么摸出红球的概率是________.

⑨甲、乙两人下棋，甲获胜的概率为25%，两人下成和棋的概率为45%，那么甲不输的概率为________.

生而为英，死而为灵。——(北宋)欧阳修

方法二:至少有一个次品等于总数减去没有一个次品种数,那么符合要求的抽法种数有 $C_{10}^3 - C_8^3 = 120 - 56 = 64$(种).

$\therefore$ 至少有一个次品抽法的概率是 $\frac{64}{120} \approx 0.533$.

(4)有放回地抽取3次,按抽取顺序(x, y, z)记录结果,则x, y, z都有10种可能,所以验结果有 $10 \times 10 \times 10 = 10^3$ 种;设事件A为"连续3次都取正品",则包含的基本事件数共有 $8 \times 8 \times 8 = 8^3 = 512$ 种,连续3次取出的都是正品的概率是 $\frac{8^3}{10^3} = 0.512$.

(5)方法一:可以看作不放回抽样3次,顺序不同,基本事件不同,按抽取顺序记录(x, y, z),则x有10种可能,y有9种可能,z有8种可能,所以试验的所有结果为 $10 \times 9 \times 8 = 720$ 种. 设事件B为"3件都是正品",则事件B包含的基本事件总数为 $8 \times 7 \times 6 = 336$, 3件都是正品的概率 $P(B) = \frac{336}{720} \approx 0.467$.

方法二:一次取3件可以看作不放回无顺序抽样3次,先按抽取顺序(x, y, z)记录结果,$P(B) = \frac{C_8^3}{C_{10}^3} = \frac{336}{6} \cdot \frac{6}{720} = 0.467$.

例4 简答题

两个老师四个学生,六个人排成一排照相.

(1) 共有多少排法________?

(2)两个老师在中间排法的概率是________?

(3)两个老师不相邻,不能在两边排法的概率是________?

解:(1)因为排队与顺序有关,且没有特殊元素,所以是排列问题.

运用分步计数原理计算共有多少排法:$6 \times 5 \times 4 \times 3 \times 2 \times 1 = A_6^6 = 720$(种).

(2)因为排队与顺序有关,所以是排列问题. 要先处理特殊元素,两个老师在中间的位置先固定,因为老师可以互换位置共有 A_2^2 种排法;四个学生按顺序排列共有 $4 \times 3 \times 2 \times 1 = A_4^4$ 种排法.

运用分步计数原理共有 $A_2^2 A_4^4 = 48$ 种.

所以两个老师在中间排法的概率是 $\frac{A_2^2 A_4^4}{A_6^6} = \frac{48}{720} = \frac{1}{15}$.

(3)有特殊元素两个老师不相邻,不能在两边,根据题意学生应在以下①②③④位置,那么学生排法共有 A_4^4 种(如图);两个老师不相邻,只能在a、b、c位置,那么老师排法有 A_3^2 种;运用分步计数原理共有 $A_3^2 A_4^4$ 种.

①	a	②	b	③	c	④

图 16-1

所以两个老师不相邻,不能在两边排法的概率是 $\frac{A_3^2 A_4^4}{A_6^6} = \frac{144}{720} = \frac{1}{5}$.

⑩ 三个运动员打破纪录的概率都是0.1,一次比赛中纪录未能打破的概率是________.

⑪10张奖券中有2张是有奖的,甲、乙两人从中各抽1张,甲先抽,然后乙抽,设甲中奖的概率为P1,乙中奖的概率为P2,那么(　　).

A. $P_1 < P_2$

B. $P_1 = P_2$

C. $P_1 > P_2$

D. P_1、P_2 大小不能确定

⑫甲袋内有4个白球2个黑球,乙袋内有2个 白球3个黑球,现在从两个袋内各摸出1个球,则两个球都是白球的概率是(　　)

A. $\frac{4}{15}$

B. $\frac{2}{3}$

C. $\frac{2}{5}$

D. $\frac{6}{11}$

生当作人杰,死亦为鬼雄。——(南宋)李清照

例5　某人投篮,每次命中率为0.8,现独立投篮3次,

(1)全投中3次的概率是________.

(2)全没有投中的概率是________.

(3)至少投中1次的概率是________.

(4)恰好投中1次的概率是________.

(5)恰好投中2次的概率是________.

解:(1)本题可以看成3次独立重复试验,每次试验是一次投篮,所以全投中3次的概率是 $P_3(3)=C_3^3\cdot 0.8^3=0.512$.

(2)本题可以看成3次独立重复试验,每次试验是一次投篮,所以全没有投中的概率是 $P_3(0)=C_3^0\cdot 0.8^0\cdot(1-0.8)^3=0.008$.

(3)本题可以看成3次独立重复试验,每次试验是一次投篮,所以

方法一:至少投中1次的概率是 $1-P_3(0)=1-0.008=0.992$.

方法二:至少投中1次的概率包含全投中、恰好投中1次、恰好投中2次的概率:

$=C_3^3\cdot 0.8^3+C_3^1\cdot 0.8^1\cdot(1-0.8)^{3-1}+C_3^2\cdot 0.8^2\cdot(1-0.8)^{3-2}$

$=0.512+0.096+0.384=0.992$.

(4)本题可以看成3次独立重复试验,每次试验是一次投篮,所以恰好投中1次的概率是 $P_3(1)=C_3^1\cdot 0.8^1\cdot(1-0.8)^{3-1}=0.096$.

(5)本题可以看成3次独立重复试验,每次试验是一次投篮,所以恰好投中2次的概率是 $P_3(2)=C_3^2\cdot 0.8^2\cdot(1-0.8)^{3-2}=0.384$.

例6　在30件产品中,有5件是次品,从这30件产品中随机抽出3件,求下列事件的概率:

(1)3件都是次品;

(2)恰有1件是次品;

(3)至少有1件是次品.

解:设事件 A_i =“3件中有 i 件次品”, $i=0,1,2,3$.

从30件产品中随机抽出3件的方法总数

$n=C_{30}^3=\dfrac{30\times 29\times 28}{3\times 2\times 1}=4060$.

(1) $P(A_3)=\dfrac{C_5^3}{C_{30}^3}=\dfrac{10}{4060}=0.0025$;

(2) $P(A_1)=\dfrac{C_5^1C_{25}^2}{C_{30}^3}=\dfrac{1500}{4060}=0.3695$;

(3)设 C =“至少有1件是次品”, $C=A_1+A_2+A_3$,且 A_1,A_2,A_3 彼此互斥,所以 $P(C)=P(A_1+A_2+A_3)=P(A_1)+P(A_2)+P(A_3)$

$$=\frac{C_5^1C_{25}^2}{C_{30}^3}+\frac{C_5^2C_{25}^1}{C_{30}^3}+\frac{C_5^3}{C_{30}^3}=\frac{1500+250+10}{4060}=0.4335,$$

也可 $P(C)=1-P(\overline{C})=1-p(A_0)=1-\dfrac{C_{25}^3}{C_{30}^3}=0.4335$.

⑬在10件产品中有3件是次品,那么从中任取2件,其中至多有1件次品的概率是(　　)

A. $\frac{14}{15}$　　B. $\frac{7}{15}$

C. $\frac{3}{15}$　　D. $\frac{1}{15}$

⑭有两个独立的报警器,当紧急情况发生时,它们发出信号的概率分别是0.95和0.92,则在紧急情况出现时,至少有一个报警器发出信号的概率是(　　)

A. 0.920

B. 0.935

C. 0.950

D. 0.996

⑮甲、乙两人练习射击,甲命中靶心的概率为0.9,乙命中靶心的概率为0.8,则甲、乙两人都击中靶心的概率为(　　)

A. 1.7

B. 0.1

C. 0.72

D. 0.28

生死本是一条线上的东西。生是奋斗,死是休息。生是活跃,死是睡眠。——(中国)郭沫若

例7 (2006.23)(本题满分14分)

假设运动员甲、乙、丙三人每次射击命中靶心的概率分别为0.9,0.8,0.7,且各运动员是否命中靶心相互之间没有影响.

(1)三名运动员各射击一次,求其中至少有一人命中靶心的概率;

(2)三名运动员各射击一次,求其中恰有一人命中靶心的概率;

(3)求运动员甲单独射击三次,恰有两次命中靶心的概率.

分析:设随机事件A = 运动员甲射击一次,并命中靶心,则$P(A)=0.9$,于是,运动员甲射击一次未命中靶心的概率应是$P(\overline{A})=1-0.9=0.1$.

设随机事件B = 运动员乙射击一次,并命中靶心,则$P(B)=0.8$,于是,运动员乙射击一次未命中靶心的概率应是$P(\overline{B})=1-0.8=0.2$.

设随机事件C = 运动员丙射击一次,并命中靶心,则$P(C)=0.7$,于是,运动员丙射击一次未命中靶心的概率应是$P(\overline{C})=1-0.7=0.3$.

随机事件A,B,C是相互独立的.

解:(1)利用上面的结论可知,三名运动员各射击一次,全都没有命中靶心的概率.

$P_0=P(\overline{A}\cdot\overline{B}\cdot\overline{C})=P(\overline{A})\cdot P(\overline{B})\cdot P(\overline{C})=0.1\times0.2\times0.3=0.006.$

从而,三名运动员各射击一次,设其中至少有一人命中靶心的概率(P_i).

方法一:即$P_i=1-P_0=1-0.006=0.994$.

方法二:至少有一人命中包含"恰有一人命中"P_1,"恰有两人命中"P_2,"三人全命中"P_3三种情况. $P_3=0.9\times0.8\times0.7=0.504$;$P_1=0.092$;

$$P_2=A\cdot B\cdot\overline{C}+A\cdot\overline{B}\cdot C+\overline{A}\cdot B\cdot C=0.216+0.126+0.056=0.398,$$

$$P_i=P_1+P_2+P_3=0.092+0.398+0.504=0.994.$$

(2)随机事件三名运动员各射击一次,其中恰有一人命中靶心的概率,可表示为三个随机事件$A\cdot\overline{B}\cdot\overline{C}$,$\overline{A}\cdot B\cdot\overline{C}$,$\overline{A}\cdot\overline{B}\cdot C$之和,由于它们是彼此互斥的,从而三名运动员各射击一次,其中恰有一人命中靶心的概率为P_1.

$$\begin{aligned}P_1&=P(A\cdot\overline{B}\cdot\overline{C}+\overline{A}\cdot B\cdot\overline{C}+\overline{A}\cdot\overline{B}\cdot C)\\&=P(A\cdot\overline{B}\cdot\overline{C})+P(\overline{A}\cdot B\cdot\overline{C})+P(\overline{A}\cdot\overline{B}\cdot C)\\&=0.9\times0.2\times0.3+0.1\times0.8\times0.3+0.1\times0.2\times0.7\\&=0.054+0.024+0.014=0.092.\end{aligned}$$

(3)设运动员甲每次射击是一次实验,则运动员甲单独射击三次构成三次独立重复试验,故运动员甲单独射击三次恰有两次命中靶心的概率为:

$$\begin{aligned}P_A(2)&=C_3^2[P(A)]^2(1-P(A))^{3-2}\\&=3\times0.9^2\times0.1=0.243.\end{aligned}$$

⑯一批产品的次品率为0.1,逐件检测后放回,在连续三次检测中至少有一件是次品的概率为( )

A. 0.271

B. 0.243

C. 0.1

D. 0.081

⑰从4名男生和5名女生中选3位代表,选出的全是男生的概率是( )

A. $\frac{1}{126}$ B. $\frac{1}{21}$ C. 4 D. 24

有些路看起来很近走去却很远的,缺少耐心永远走不到头。——沈从文

例 8 (2007.23)(本题满分 12 分)

甲、乙两人参加田径知识考核,共有有关田赛项目的 4 道题目和有关径赛项目的 6 道题目. 由甲先抽 1 题(抽后不放回),乙再抽 1 题作答.

(1)求甲抽到田赛题目,且乙抽到径赛题目的概率;

(2)求甲、乙两人至少有 1 人抽到田赛题目的概率;

(3)求甲、乙两人同时抽到田赛题目或同时抽到径赛题目的概率.

解:(1)甲从田赛题目中抽取的方法有 C_4^1 种,从 10 道题目中先抽 1 题的方法有 C_{10}^1 种, 甲抽到田赛题目的概率为 $\frac{C_4^1}{C_{10}^1}$;且乙从径赛题目中抽取的方法有 C_6^1 种,从剩余 9 道题目中抽取 1 题的方法有 C_9^1 种, 乙抽到径赛题目的概率为 $\frac{C_6^1}{C_9^1}$, 运用分步计数原理计算得到甲抽到田赛题目,且乙抽到径赛题目的概率为

$$\frac{C_4^1}{C_{10}^1} \cdot \frac{C_6^1}{C_9^1} = \frac{4}{10} \times \frac{6}{9} = \frac{4}{15}.$$

(2) 方法一:分析同上,甲、乙两人都抽到径赛题目的概率为

$$\frac{C_6^1}{C_{10}^1} \cdot \frac{C_5^1}{C_9^1} = \frac{6}{10} \times \frac{5}{9} = \frac{1}{3}.$$

所以,甲、乙两人至少有 1 人抽到田赛题目的概率为 $1 - \frac{1}{3} = \frac{2}{3}$.

方法二:由(1)甲抽到田赛题目,且乙抽到径赛题目的概率为

$$\frac{C_4^1}{C_{10}^1} \cdot \frac{C_6^1}{C_9^1} = \frac{4}{10} \times \frac{6}{9} = \frac{4}{15}.$$

同理, 甲抽到径赛题目,且乙抽到田赛题目的概率为

$$\frac{C_6^1}{C_{10}^1} \cdot \frac{C_4^1}{C_9^1} = \frac{4}{15}.$$

甲、乙都抽到田赛题目的概率为

$$\frac{C_4^1}{C_{10}^1} \cdot \frac{C_3^1}{C_9^1} = \frac{2}{15}.$$

所以,甲、乙两人至少有 1 人抽到田赛题目的概率为 $\frac{4}{15} + \frac{4}{15} + \frac{2}{15} = \frac{2}{3}$.

(3)甲、乙两人同时抽到田赛题目的概率是

$$\frac{C_4^1}{C_{10}^1} \cdot \frac{C_3^1}{C_9^1} = \frac{2}{15}.$$

甲、乙两人同时抽到径赛题目的概率是

$$\frac{C_6^1}{C_{10}^1} \cdot \frac{C_5^1}{C_9^1} = \frac{1}{3}.$$

所以甲、乙两人同时抽到田赛题目或同时抽到径赛题目的概率为

$$\frac{1}{3} + \frac{2}{15} = \frac{7}{15}.$$

⑱任取一个正整数,其平方数的末位数字是 4 的概率等于( )

A. 0.1 B. 0.2 C. 0.3 D. 0.4

⑲某选拔测试包含三个不同科目,至少两个科目为优秀才能通过测试. 设学员三个科目获优秀的概率分别为$\frac{5}{6}$, $\frac{4}{6}$, $\frac{4}{6}$ 则该学员通过测试的概率是________.

只要能培一朵花,就不妨做做会朽的腐草。——鲁迅

例 9 (2008.23)(本题满分 10 分)

某射击运动员进行训练,每组射击 3 次,全部命中 10 环为成功,否则为失败. 在每单元 4 组训练中至少 3 组成功为完成任务. 设该运动员射击 1 次命中 10 环的概率为 0.9.

(1)求该运动员 1 组成功的概率;

(2)求该运动员完成 1 单元任务的概率.(精确到小数点后 3 位)

解:(1)该运动员 1 组成功的概率为

$$P_1 = 0.9 \times 0.9 \times 0.9 = 0.9^3 = 0.729.$$

(2)设随机事件 A_0 为 <4 组训练全部成功>,随机事件 A_i 为 <仅第 i 组训练失败>, $i=1,2,3,4$,则

$$p(A_0) = 0.729^4 \approx 0.282.$$

$$p(A_i) = 0.729^3 \times (1-0.729) \approx 0.105,\ i=1,\ 2,\ 3,\ 4.$$

该运动员完成 1 单元任务的概率为

$$p_2 = P(A_0) + P(A_1) + \cdots + P(A_4) \approx 0.702.$$

例 10 (2009.14)(本填空题 6 分)

将 10 名获奖运动员(其中男运动员 6 名,女运动员 4 名)随机分成甲、乙两组赴各地作交流报告,每组各 5 人,则甲组至少有 1 名女运动员的概率是(　　)(用分数表示).

解:方法一:甲组全是男运动员的排法种数 $C_6^5 = C_6^1 = 6$ 种;10 名获奖运动员随机选取 5 人分到甲组排法种数 C_{10}^5 种;甲组全是男运动员的概率是 $A = \frac{C_6^5}{C_{10}^5} = \frac{6}{252} = \frac{1}{42}$.

甲组至少有 1 名女运动员的概率是 $B = \overline{A} = 1 - A = 1 - \frac{1}{42} = \frac{41}{42}$.

方法二:甲组有 1 名女运动员排法种数 $C_4^1C_6^4$, 甲组有 2 名女运动员排法种数 $C_4^2C_6^3$, 甲组有 3 名女运动员排法种数 $C_4^3C_6^2$, 甲组有 4 名女运动员排法种数 $C_4^4C_6^1$, 甲组排法种数 C_{10}^5 种甲组至少有 1 名女运动员的概率是

$$B = \frac{C_4^1C_6^4 + C_4^2C_6^3 + C_4^3C_6^2 + C_4^4C_6^1}{C_{10}^5} = \frac{60+120+60+6}{252} = \frac{41}{42}.$$

⑳桌上有中文书 6 本,英文书 6 本,俄文书 3 本,从中任取 3 本,其中恰有中文书,英文书俄文书各 1 本的概率是(　　)

A. $\frac{4}{91}$

B. $\frac{1}{108}$

C. $\frac{108}{455}$

D. $\frac{414}{455}$

㉑一射手独立射击一次概率为 0.8,射击 10 次为一组,每组中靶 5 次的概率是(　　)

A. $\frac{5}{8}$

B. $C_{10}^5 \cdot 0.8^5 \cdot 0.2^5$

C. $C_{10}^5 \cdot 0.8^5$

D. $0.8 \cdot 0.2^5$

人生的路上,有洁白芬芳的花,也有尖利的刺,但是自爱爱人的人儿会忘记了有刺只想着有花。——矛盾

单招习题化知识整合

第二部分 互动练习答案

◆ 第一章 初中数学

1.1 基础不等式

①$x>3$ ②$2<x<5$ ③A ④$<$ ⑤C ⑥C ⑦A ⑧C ⑨A ⑩B ⑪$x>\frac{39}{38}$

⑫$x\leqslant-\frac{2}{3}$ ⑬$-\frac{7}{2}\leqslant x<4$ ⑭$-\frac{1}{2}<x\leqslant\frac{7}{2}$ ⑮$x\leqslant13$

1.2 绝对值不等式

①$x\leqslant-9$ 或 $x\geqslant9$ ②$-12<x<8$ ③$x<1$ 或 $x>4$ ④$x<-6$ 或 $x>9$ ⑤$-\frac{3}{5}\leqslant x\leqslant\frac{19}{5}$

⑥$-\frac{5}{3}\leqslant x\leqslant\frac{1}{3}$ ⑦$x<-\frac{5}{6}$或 $x>\frac{7}{6}$ ⑧$x<\frac{1}{5}$或 $x>\frac{6}{5}$ ⑨$-\frac{5}{4}\leqslant x\leqslant\frac{15}{4}$ ⑩$-\frac{25}{6}\leqslant x\leqslant\frac{65}{6}$

⑪D ⑫B

1.3 二次函数不等式

①$x<-2$ 或 $x>2$ ②$-\sqrt{2}<x<\sqrt{2}$ ③$-1<x<6$ ④$x<-5$ 或 $x>1$ ⑤$x<-2$ 或 $x>5$

⑥$x\leqslant2$ 或 $x\geqslant3$ ⑦$-3<x<0$ ⑧$0\leqslant x\leqslant1$ ⑨$x\leqslant-6$ 或 $x\geqslant5$ ⑩$-2<x<\frac{3}{2}$ ⑪$x\leqslant-\frac{4}{3}$或 $x\geqslant2$

⑫$-\frac{5}{6}<x<3$ ⑬B ⑭D ⑮D ⑯C

1.4 基础函数

①正比例函数增函数 ②正比例函数减函数 ③一次函数减函数 ④一次函数增函数
⑤反比例函数减函数 ⑥反比例函数增函数

1.5 指数和指数的运算

①81 ②$\frac{1}{27}$ ③$\frac{1}{2}$ ④$\frac{1}{9}$ ⑤$\frac{1}{125}$ ⑥2 ⑦25 ⑧2 ⑨9 ⑩$\frac{1}{16}$ ⑪2 ⑫9 ⑬$\frac{27}{8}$ ⑭3 ⑮2^7

⑯$3^{\frac{7}{2}}$ ⑰$2^{\frac{3}{2}}$ ⑱$3^{-\frac{17}{3}}$ ⑲2 ⑳$3^{\frac{3}{2}}$ ㉑$a^{18}b^3$ ㉒$x^{-9}y^3$ ㉓$a^{-9}b^9$ ㉔$a^{\frac{19}{15}}$

从工作里爱了生命，就是贯彻了生命最深的秘密。——纪伯伦

◆ 第二章 集合和简易逻辑

①B ②B ③C ④A ⑤D ⑥$\{x|x\leqslant 6$ 或 $x\geqslant 10\}$ ⑦14 ⑧$\{0,1,2\}$ ⑨$\{x|-2\leqslant x\leqslant 2\}$
⑩$\{x|1\leqslant x\leqslant 3\}$ ⑪$\{x|2<x<3\}$ ⑫$\{x|-1<x\leqslant 0\}$ ⑬ϕ, $\{x|x<1$ 或 $x>3\}$
⑭$\{-3<x<1\}$, $\{x|2\leqslant x\leqslant 4\}$ ⑮$\{3\}$, $\{1,3,5\}$ ⑯C ⑰D ⑱A ⑲B ⑳$\supseteq$ ㉑C ㉒B
㉓$\{2\}$ ㉔$\{-2,0,2\}$ ㉕A ㉖C ㉗B ㉘充分 ㉙必要 ㉚A ㉛C ㉜D ㉝D

◆ 第三章 二次函数

3.1 二次函数的性质

①$x=1$, $[1,+\infty)$ ②$\left(\frac{3}{2},-\frac{1}{4}\right)$, $\left(-\infty,\frac{3}{2}\right]$ ③5, $(-\infty,2]$ ④$x=\frac{1}{2}$, $\left[\frac{1}{2},+\infty\right)$
⑤$\frac{3}{2}$, $\left[\frac{3}{2},+\infty\right)$ ⑥$(-1,4)$ $[-1,+\infty)$ ⑦1 $(-\infty,1]$ ⑧-8 ⑨$\frac{1}{4}$ ⑩$a\leqslant 1$ ⑪$a\geqslant 3$
⑫$m=1$ ⑬3 ⑭C ⑮$(-1,4)$,下,$>$,$<$ ⑯A

3.2 对数与对数运算 特殊对数

①2 ②0 ③3 ④-1 ⑤$\frac{1}{2}$ ⑥2 ⑦-1 ⑧-4 ⑨-4 ⑩27 ⑪$3\sqrt{3}$ ⑫1 ⑬1 ⑭1 ⑮$-\frac{1}{2}$
⑯1 ⑰2 ⑱1 ⑲$\frac{8}{5}$ ⑳$\frac{15}{4}$ ㉑$\frac{1}{25}$ ㉒0 ㉓1 ㉔-3 ㉕1 ㉖-2 ㉗1 ㉘1 ㉙0 ㉚1

3.3 函数及其表示(定义域、值域)

3.3.1 ①$\{x|x\geqslant 0\}$ ②$\{x|x<0\}$ ③C ④C ⑤$x\leqslant -1$ 或 $x\geqslant 3$ ⑥$x\leqslant 0$ ⑦C ⑧$-3<x<2$
⑨A ⑩B ⑪$0<x\leqslant 10$ ⑫$-6<x<1$ ⑬A

3.3.2 ①10 ②C ③C ④C

3.3.3 ①$\left[\frac{1}{2},1\right]$ ②$(-\infty,3]$ ③$[4,+\infty)$ ④$[4,8]$ ⑤$[-3,6]$ ⑥$\left[-\infty,\frac{1}{4}\right)$ ⑦$(-\infty,1]$
⑧$(-\infty,1)\cup(1,+\infty)$ ⑨$[0,2]$

3.4 函数的奇偶性

①D ②C ③0,4 ④C ⑤C ⑥B ⑦B ⑧$(-2,2)$

我们的生命是三月的天气,可以在一小时内又狂暴又平静。——爱默森

◆ 第四章 不等式和不等式组

4.1 分式不等式

①$0<x<7$ ②$x<-1$ 或 $x>4$ ③$-\frac{1}{2}<x\leqslant 3$ ④$-\frac{2}{3}<x\leqslant\frac{1}{2}$ ⑤$x<\frac{4}{7}$或 $x\geqslant\frac{6}{5}$ ⑥$x<\frac{6}{7}$或 $x\geqslant\frac{5}{2}$

⑦$x<7$ ⑧$x\leqslant\frac{5}{4}$或 $x>\frac{4}{3}$ ⑨$-2<x<4$ ⑩$x\leqslant\frac{27}{7}$或 $5<x$ ⑪$\frac{1}{2}<x<1$ ⑫$x<-4$ 或 $x>1$

⑬$0<x<\frac{1}{2}$ ⑭B

4.2 根号不等式

①$x>3$ ②$\frac{5}{2}\leqslant x\leqslant 7$ ③$-\sqrt{3}\leqslant x\leqslant\sqrt{3}$ ④$-2<x<2$ ⑤$\frac{5}{2}\leqslant x<6$ ⑥$\frac{2}{3}\leqslant x\leqslant\frac{3}{4}$ ⑦$x<\frac{3}{4}$

⑧$(-\frac{5}{4},-1]\cup[1,+\infty)$ ⑨$x\leqslant -1$ ⑩$x>3$ ⑪$-1\leqslant x<3$ ⑫$1\leqslant x<2$ ⑬4

4.3 指数不等式

①$x>0$ ②$x>3$ ③$x\geqslant -1$ ④$x<\frac{3}{2}$ ⑤$x\geqslant -1$ ⑥$x\leqslant -9$ ⑦$x\leqslant 0$ ⑧$x<0$ ⑨$x>5$ ⑩$x\leqslant\frac{3}{2}$

⑪$x\geqslant\frac{1}{2}$ ⑫$x<1$ ⑬$x\leqslant -1$ ⑭D ⑮B ⑯C

4.4 对数不等式

①$0<x<3$ ②$4<x<5$ ③$x\geqslant 7$ ④$2<x\leqslant\frac{5}{2}$ ⑤$x\leqslant -9$ ⑥$\frac{1}{4}<x<\frac{1}{2}$ ⑦$x\geqslant 12$ ⑧$-\frac{1}{2}<x<0$

⑨$x\geqslant\frac{4}{3}$ ⑩$x\geqslant 8$ ⑪$5<x\leqslant 30$ ⑫$\frac{2}{3}<x<\frac{4}{3}$ ⑬$x\geqslant\frac{7}{2}$ ⑭$x\geqslant 1$ ⑮$\frac{1}{2}\leqslant x<1$ ⑯B ⑰B

4.5 均值不等式

①4 ②5 ③6 ④5 ⑤6 ⑥-4 ⑦-19 ⑧8 ⑨16 ⑩$\frac{1}{64}$ ⑪$2\sqrt{2}$ ⑫4 ⑬A ⑭C

4.6 三次方不等式

①C ②A ③$(-4,-1)\cup(3,+\infty)$ ④$(-\infty,-5)\cup(1,2)$

世界上最快而又最慢，最长而又最短，最平凡而又最珍贵，最易被忽视而又最令人后悔的就是时间。——高尔基

◆ 第五章　数　列

①$-\frac{1}{8}$　②$n=12$　③$(-1)^{n+1}\frac{1}{2n}$　④C　⑤C　⑥154　⑦100　⑧$a_n=12n-3$　⑨C　⑩D　⑪A

⑫15　⑬D　⑭B　⑮A　⑯$\frac{1}{16}$　⑰5　⑱16　⑲$a_n=\frac{1}{n}-\frac{1}{n+1}$　⑳±4　㉑242　㉒A　㉓A　㉔D

㉕A　㉖-12　㉗$a_n=4-2n$　㉘$a_n=\begin{cases}11, n=1\\3\times2^{n-1}, n\geqslant2\end{cases}$　㉙$a_n=6n-2, S_n=3n^2+n$

㉚$a_6+a_7=32, S_{12}=192$　㉛B　㉜C　㉝D　㉞B　㉟$S_n=1-\frac{1}{n+1}$

注:检查对错时,可用代入的方法,即看$a_1=S_1$.

◆ 第六章　三角函数及其有关概念

①四,一　②$-\frac{\pi}{8},\frac{7}{4}\pi$　③15°,4.8°　④191　⑤$\frac{7}{6}\pi$　⑥$\frac{3}{4}rad$　⑦D　⑧C　⑨A

⑩$\cos1>\cos2>\cos3$　⑪D　⑫C　⑬C　⑭B　⑮D　⑯D　⑰D

◆ 第七章　三角函数式的变换

①$-\frac{4}{5},\frac{3}{4}$　②$\frac{5}{13},-\frac{12}{13}$　③$-\frac{24}{25};\frac{7}{25};-\frac{24}{7}$　④$\frac{\sqrt{6}}{2}$　⑤$\frac{4}{9}\sqrt{3}$　⑥$-\frac{4}{7},-\frac{1}{8}$　⑦A

⑧$\frac{7}{25}$　⑨$-\sqrt{3}$　⑩D　⑪B　⑫$\frac{3}{10}$　⑬C　⑭A　⑮C　⑯A　⑰C　⑱B　⑲C　⑳D

◆ 第八章　三角函数的图象和性质

①$\frac{\pi}{2}$,1　②π　③$\pi,-2,2,[-\frac{5\pi}{12}+k\pi,\frac{\pi}{12}+k\pi](k\in z)$.　④$y=\sin(x+\frac{\pi}{3})$

⑤$x=\arcsin(-\frac{1}{3})$　⑥$x=\arccos\frac{3}{5}$　⑦$\frac{\pi}{3}$　⑧C　⑨D　⑩B　⑪$\frac{\pi}{3}$　⑫$\frac{\pi}{2}$　⑬$x=\frac{\pi}{6}$　⑭C

⑮C　⑯A　⑰B　⑱A　⑲A　⑳D

◆ 第九章　解三角形

①$c=\frac{20}{3}\sqrt{3}$　②60°　③A　④B　⑤$25(\sqrt{3}-1)$　⑥$\sqrt{17}$　⑦D　⑧C　⑨A　⑩A

⑪C　⑫$12\sqrt{3}$　⑬120°　⑭$2\sqrt{21}$　⑮D　⑯C　⑰A　⑱A　⑲D　⑳C

假如生活欺骗了你,不要忧郁,也不要愤慨!不顺心的时候暂且容忍:相信吧,快乐的日子就会到来。——普希金

◆ 第十章　直　线

①(11,9)　②$5x-y-22=0$　③$2x+y+10=0$　④$2x-y-6=0$　⑤9

⑥$3x+y-6=0$　⑦$\frac{8}{13}\sqrt{13}$　⑧$30^{\circ}$　⑨2　⑩A　⑪D　⑫B　⑬B　⑭B

⑮C　⑯$y=\frac{\sqrt{3}}{3}(x-\sqrt{3})$　⑰A　⑱D　⑲B　⑳D　㉑C　㉒C　㉓D　㉔D

㉕C　㉖$(\frac{6}{5},\frac{22}{5})$　㉗$l:2x-3y-6=0$　㉘C　㉙B　㉚D

◆ 第十一章　圆与方程

①$(x-2)^2+(y-3)^2=25$　②3　③$k=\pm\frac{3}{5}$　④$\begin{cases}x=2+\sqrt{5}\cos\theta\\y=-1+\sqrt{5}\sin\theta\end{cases}$　⑤D　⑥$3\sqrt{2}$

⑦$4\sqrt{2},-4\sqrt{2}$　⑧C　⑨B　⑩B　⑪A　⑫C　⑬A　⑭C　⑮C　⑯D　⑰$x=2$ 或 $y=\frac{24}{7}(x-2)+4$

⑱$4\sqrt{5}$　⑲B　⑳D　㉑$(x-2)^2+(y+3)^2=5$　㉒A　㉓C

◆ 第十二章　圆锥曲线

①$(0,2),(0,-2)$；$\frac{2}{5}\sqrt{5}$；$y=\pm\frac{5}{2}$.　②$4\sqrt{3}$　③$\frac{\sqrt{2}}{2}$　④$\frac{4}{5}$　⑤$4+2\sqrt{3}$　⑥A　⑦C　⑧y;8

⑨C　⑩C　⑪$\frac{x^2}{9}-\frac{y^2}{16}=1(x>0)$　⑫$\frac{x^2}{5}-\frac{y^2}{4}=1$　⑬$16x^2-9y^2=36$　⑭D　⑮A　⑯D　⑰A

⑱A　⑲D　⑳C　㉑$x^2=-2y$　㉒(18,12),(18,−12)　㉓B　㉔D　㉕B　㉖C　㉗B

㉘$8x-y-15=0$　㉙B　㉚C　㉛B　㉜D　㉝$\frac{x^2}{25}+\frac{y^2}{75}=1$　㉞$\frac{x^2}{5}+\frac{y^2}{4}=1$　㉟A　㊱C

㊲C　㊳16　㊴C

◆ 第十三章　平面向量

①3,2　②−18　③(2,3)　④5　⑤$3\sqrt{2}$　⑥D　⑦D　⑧A　⑨B　⑩B

⑪$\vec{a}=(\frac{\sqrt{5}}{5},-\frac{2\sqrt{5}}{5})$ 或 $(-\frac{\sqrt{5}}{5},\frac{2\sqrt{5}}{5})$　⑫D　⑬D　⑭A　⑮C　⑯D　⑰C　⑱C

⑲A　⑳C　㉑$\overrightarrow{CA}$；$\overrightarrow{BA}$　㉒(6,2)；(9,−4)　㉓$x=-\frac{9}{2}$　㉔(4,−1)　㉕(1,2)

㉖D　㉗A　㉘C　㉙A　㉚C

人有悲欢离合，月有阴晴圆缺，此事古难全。——苏轼

◆ 第十四章 立体几何

①垂直关系 ②异面关系 ③75° ④120° ⑤D ⑥A ⑦平行 ⑧C ⑨C ⑩B
⑪A ⑫D ⑬A ⑭B ⑮D ⑯B ⑰C ⑱C ⑲D ⑳B
㉑C ㉒B ㉓B ㉔C ㉕D ㉖A ㉗D ㉘D ㉙B ㉚D
㉛C ㉜A ㉝B ㉞A ㉟A ㊱A ㊲D ㊳D ㊴B ㊵A

◆ 第十五章 排列、组合与二项式定理

①B ②D ③D ④B ⑤D ⑥7 ⑦120 ⑧240 ⑨24;48 ⑩D
⑪A ⑫C ⑬A ⑭B ⑮C ⑯B ⑰120 ⑱176 ⑲210 ⑳A ㉑A
㉒D ㉓D ㉔B ㉕B ㉖B ㉗ -252 ㉘15 ㉙1287 ㉚20 ㉛B
㉜A ㉝C ㉞C ㉟A ㊱B

◆ 第十六章 概率与统计初步

①1;0;$\frac{1}{6}$;$\frac{1}{2}$ ②$\frac{1}{2}$;$\frac{1}{4}$ ③$\frac{1}{5}$ ④$\frac{4}{5}$ ⑤$\frac{51}{52}$ ⑥0.64;0.384 ⑦0.7;0.1
⑧0.25 ⑨70% ⑩0.729 ⑪B ⑫A ⑬A ⑭D ⑮C ⑯A ⑰B ⑱B
⑲$\frac{22}{27}$ ⑳C ㉑B

生命苦短，只是美德能将它传到遥远的后世。——莎士比亚

单招习题化
知识整合

第三部分 考试真题

2013—2022 年全国普通高等学校运动训练、武术与民族传统体育专业单独统一招生考试数学

全国体育单招数学考试形式及试卷结构

考试方法和时间：

闭卷．笔答．考试时间:90 分钟,试卷满分:150 分．

试题内容比例及题型：

一、选择题 40%

二、填空题 24%

三、解答题 36%

考试内容、题量、计分、时间安排：

题号	内容	题量	计分	参考时间(分钟)
一	选择题	10 小题	满分 60 分	40
二	填空题	6 小题	满分 36 分	24
三	解答题	3 小题	满分 54 分	26
总计		19 小题	150 分	90

2013 年全国普通高等学校运动训练、武术与民族传统体育专业单独统一招生考试

数　学

题号	一	二	三	总分
分数				

注意事项：

1. 用钢笔或圆珠笔直接答在试题卷中．
2. 答卷前将密封线内的项目填写清楚．
3. 本卷共 19 小题，共 150 分．
4. 本卷考试时间：90 分钟．

得分	评卷人

一、选择题：本大题共 10 小题，每小题 6 分，共 60 分．在每小题给出的四个选项中，只有一项是符合题目要求的，请将正确的选项的字母填写在题后的括号内．

1. 已知集合 $M=\{x\mid -2<x<2)$，$N=\{x\mid -3<x<-1)$，则 $M\cap N=$　（　　）

A. $\{x\mid -3<x<2\}$　B. $\{x\mid -3<x<-1\}$

C. $\{x\mid -2<x<-1\}$　D. $\{x\mid -1<x<2\}$

2. 若平面上单位向量 a，b 的夹角为 90°，则 $|3a-4b|=$　（　　）

A. 5　B. 4　C. 3　D. 2

3. 若直线 l 过点 $(-2,3)$，且与直线 $2x+3y+4=0$ 垂直，则 l 的方程为　（　　）

A. $2x-3y+13=0$　B. $3x-2y+12=0$

C. $2x+3y-5=0$　D. $3x+2y=0$

4. $\sin A+\cos A=\dfrac{1}{5}$，则 $\sin 2A=$　（　　）

A. $-\dfrac{1}{25}$　B. $-\dfrac{24}{25}$　C. $\dfrac{1}{25}$　D. $\dfrac{12}{25}$

5. 若函数 $y=x^2-ax+3(x>3)$ 是增函数，则 a 的取值范围是　（　　）

A. $(-\infty,6)$　B. $(-6,+\infty)$　C. $(3,+\infty)$　D. $(-\infty,-3)$

6. 已知 $(1+x)^3=a_0+a_1x+a_2x^2+a_3x^3$，则 $a_0+a_1+a_2+a_3=$

A. 7　　B. 8　　C. 9　　D. 10

7. 若等比数列前 n 项和为 5^n+a,则 $a=$　（　）

A. -5　　B. 0　　C. 1　　D. -1

8. 把 4 个人平均分成 2 组,不同的分组方法共有　（　）

A. 5 种　　B. 4 种　　C. 3 种　　D. 2 种

9. 若四面体的棱长都相等且它的体积为 $9a^3$,则此四面体的棱长为　（　）

A. $\sqrt[3]{2}a$　　B. $\sqrt{2}a$　　C. $3\sqrt{2}a$　　D. $2\sqrt[3]{9}a$

10. 不等式 $\log_2(4+3x-x^2)\leqslant\log_2(4x-2)$ 的解集为　（　）

A. $\{x\mid -3<x\leqslant 2\}$　　B. $\{x\mid x<-2\}$

C. $\{x\mid -1<x<4\}$　　D. $\{x\mid 2\leqslant x<4\}$

得分	评卷人

二、填空题:本大题共 6 小题,每小题 6 分,共 36 分,把答案填在题中横线上.

11. 设函数 $y=x+\dfrac{2}{x}+a$ 是奇函数,则 $a=$________.

12. 已知圆锥的母线长为 13,底面周长为 10π,则该圆锥侧面展开图的圆心角的弧度数为________.

13. 等差数列共有 20 项,其奇数项之和为 130,偶数项之和为 150,则该数列的公差为________.

14. 有 3 男 2 女,随机挑选 2 人参加活动,其中恰好为 1 男 1 女的概率为________.

15. 已知椭圆 $\dfrac{x^2}{3}+\dfrac{y^2}{2}=1$ 的焦点为 F_1,F_2,过 F_1 斜率为 1 的直线交椭圆于点 A,B,则 $\triangle F_2AB$ 的面积为________.

16. 已知过点 $A(-1,2)$ 的直线与圆 $(x-3)^2+(y+2)^2=1$ 相切,交于 M,N 两点,则 $|AM|\cdot|AN|=$________.

得分	评卷人

三、解答题：本大题共 3 小题，共 54 分. 解答应写出文字说明，证明过程或演算步骤.

17.（本题满分 18 分）已知函数 $y = \sin\left(\frac{\pi}{3} + 4x\right) + \cos\left(\frac{\pi}{6} - 4x\right)$，

（Ⅰ）求该函数的最小正周期；

（Ⅱ）当 $x \in \left[-\frac{\pi}{16}, \frac{\pi}{8}\right]$ 时，求该函数的最大值.

18.（本题满分 18 分）设 F_1, F_2 分别是双曲线 $\frac{x^2}{9} - \frac{y^2}{16} = 1$ 的左，右焦点，M 为双曲线右支上一点，且 $\angle F_1MF_2 = 60°$，求

（Ⅰ）$\triangle MF_1F_2$ 的面积；

（Ⅱ）点 M 的坐标.

19.（本题满分 18 分）如图，已知长方体 $ABCD - A_1B_1C_1D_1$ 中，$AB = 6, BC = 4, AA_1 = 3$，M 为 AB 中点，求

（Ⅰ）二面角 $M - B_1C_1 - A_1$ 的大小；

（Ⅱ）点 D_1 到平面 MB_1C_1 的距离.

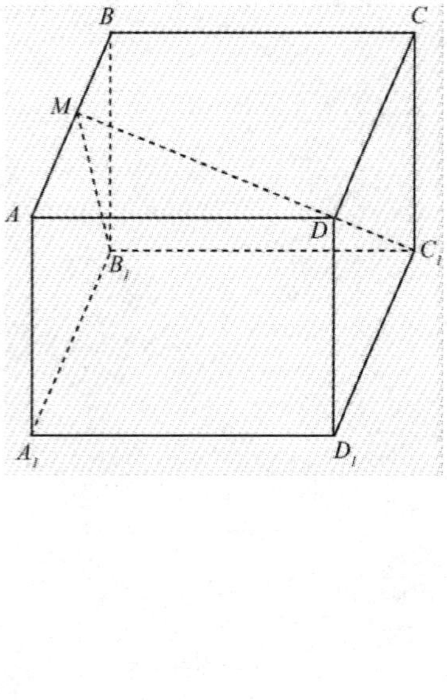

2014 年全国普通高等学校运动训练、武术与民族传统体育专业单独统一招生考试

数 学

题号	一	二	三	总分
分数				

得分	评卷人

一、选择题:本大题共 10 小题,每小题 6 分,共 60 分. 在每小题给出的四个选项中,只有一项是符合题目要求的,请将正确的选项的字母填写在题后的括号内.

1. 函数 $f(x)=2^x-3$ 是 ( )

A. 增函数 B. 减函数 C. 奇函数 D. 偶函数

2. 在 $\triangle ABC$ 中,三边的比为 3:5:7,则 $\triangle ABC$ 的最大角等于 ( )

A. 30° B. 60° C. 120° (D) 150°

3. 函数 $y=\sqrt{16-x^2}\,(x\in(-4,0))$ 反函数为 ( )

A. $y=\sqrt{16-x^2}\,(x\in(-4,0))$ B. $y=-\sqrt{16-x^2}\,(x\in(-4,0))$

C. $y=\sqrt{16-x^2}\,(x\in(0,4))$ D. $y=-\sqrt{16-x^2}\,(x\in(0,4))$

4. 若 $x\in(-\pi,\pi)$ 且 $\cos x>\sin x$,则 ( )

A. $x\in(0,\frac{\pi}{4})$ B. $x\in(-\frac{3\pi}{4},\frac{\pi}{4})$

C. $x\in(-\pi,-\frac{3\pi}{4})\cup(0,\frac{\pi}{4})$ D. $x\in(-\frac{3\pi}{4},-\frac{\pi}{2})\cup(0,\frac{\pi}{4})$

5. 从 5 位男运动员和 4 位女运动员中任选 3 人接受记者采访,这 3 人中男、女运动员都有的概率是 ( )

A. $\frac{5}{12}$ B. $\frac{5}{8}$ C. $\frac{3}{4}$ D. $\frac{5}{6}$

6. $(\sqrt[4]{x}+\frac{1}{\sqrt{x}})^{24}$ 的展开式中,常数项为 ( )

A. C_{24}^{12} B. C_{24}^{10} C. C_{24}^{8} D. C_{24}^{6}

7. 已知A,B为球O的球面上两点,平面AOB截球面所得圆上的劣弧$\overset{\frown}{AB}$长为10π,且$OA\perp OB$,则球O的半径等于 ( )

A. 40　　B. 30　　C. 20　　D. 10

8. 若双曲线$\frac{x^2}{a^2}-\frac{y^2}{b^2}=1(a>0,b>0)$的两条渐近线互相垂直,则双曲线的离心率为 ( )

A. $\sqrt{2}$　　B. 2　　C. $\frac{3\sqrt{2}}{2}$　　D. $2\sqrt{2}$

9. 已知圆$x^2+y^2=r^2$与圆$(x+1)^2+(y+3)^2=r^2$外切,则半径$r=$ ( )

A. $\frac{\sqrt{2}}{2}$　　B. $\frac{\sqrt{10}}{2}$　　C. $\sqrt{5}$　　D. $\sqrt{10}$

10. 不等式$\sqrt{x^2+x-2}<x+5$的解集是 ( )

A. $(-3,+\infty)$　　B. $(-\infty,-2]\cup[1,+\infty)$

C. $(-\infty,-2)\cup(3,+\infty)$　　D. $(-3,-2]\cup[1,+\infty)$

得分	评卷人

二、填空题:本大题共6小题,每小题6分,共36分,把答案填在题中横线上.

11. 已知$-5,-1,3,\cdots$是等差数列,则其第16项的值是________.

12. 一个小型运动会有5个不同的项目要依次比赛,其中项目A不排在第三,则不同的排法共有________种.(用数字作答)

13. 函数$f(x)=\ln\frac{1-x}{1+x}$的定义域是________.

14. 过圆$(x-1)^2+(y+2)^2=10$与y轴正半轴的交点作该圆的切线,切线的方程是________.

15. 抛物线$y=4x^2$的准线方程是________.

16. 已知集合$A=\{x|x=3n,n\in\mathbf{N}\}$,$B=\{x|x=3n+1,n\in\mathbf{N}\}$,

$C=\{x|x=3n+2,n\in\mathbf{N}\}$. 有下列4个命题:

①$A\cap B=\phi$,②$A\subseteq(B\cup C)$,③$(A\cap C)\subseteq B$,④$C_N(A\cup B)=C$,

其中是真命题的有________.(填写所有真命题的序号)

得分	评卷人

三、解答题:本大题共 3 小题,共 54 分,解答应写出文字说明,证明过程或演算步骤.

17.(本小题满分 18 分)

$\triangle ABC$ 的内角 A , B , C 的对边分别是 a , b , c ,且 $a < b$, $a\cos A = b\cos B$.

(Ⅰ)证明: $\triangle ABC$ 为直角三角形;

(Ⅱ)若 a , b , c 成等差数列,求 $\sin A$.

18.(本小题满分 18 分)

已知椭圆 C 中心在原点,焦点在 x 轴上,离心率为 $\frac{1}{2}$,且 C 过点 $(-1,\frac{3}{2})$.

(Ⅰ)求 C 的方程;

(Ⅱ)如果直线 $l: y = kx - 2$ 与 C 有两个交点,求 k 的取值范围.

19.(本小题满分 18 分)

如图,长文体 $ABCD - A'B'C'D'$ 中 $AA' = AD = 1$,M,O 分别是 AB, $A'C$ 的中点.

(Ⅰ)求直线 MO 与平面 $A'B'C'D'$ 所成角的大小;

(Ⅱ)证明:平面 $A'MC \perp$ 平面 $A'CD$.

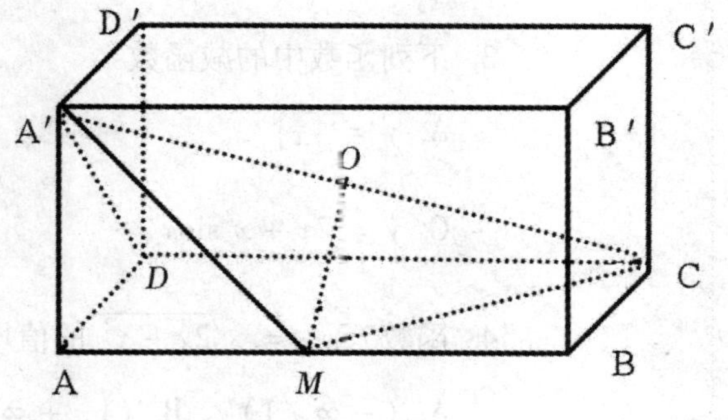

2015年全国普通高等学校运动训练、武术与民族传统体育专业单独统一招生考试

数　学

题号	一	二	三	总分
分数				

注意事项：

1. 选择题答在答题卡上，答在试题卷上无效．其他试题用钢笔或圆珠笔直接答在试题卷上．
2. 答卷前将密封线内的项目填写清楚．

得分	评卷人

一、选择题：本大题共10小题，每小题6分，共60分．在每小题给出的四个选项中，只有一项是符合题目要求的，请将正确的选项的字母填写在题后的括号内．

1. 若集合 $A=\left\{x \mid 0<x<\frac{7}{2}, x\in \mathbf{N}\right\}$，则 A 的元素共有（　　）

A. 2个　　B. 3个　　C. 4个　　D. 无穷多个

2. 圆 $x^2+y^2+2y-7=0$ 的半径是（　　）

A. 9　　B. 8　　C. $2\sqrt{2}$　　D. $\sqrt{6}$

3. 下列函数中的减函数（　　）

A. $y=|x|$　　B. $y=-x^3$

C. $y=2x+x^2\sin x$　　D. $y=\frac{e^x+e^{-x}}{2}$

4. 函数 $f(x)=\sqrt{2x-x^2}$ 的值域是（　　）

A. $(-\infty, 1)$　　B. $(1, +\infty)$　　C. $[0, 2]$　　D. $[0, 1]$

5. 函数 $y=\sqrt{3}\sin 4x-3\cos 4x+1$ 的最小正周期和最小值分别是（　　）

A. π 和 $1-\sqrt{3}$　　B. π 和 $1-2\sqrt{3}$

C. $\frac{\pi}{2}$ 和 $1-\sqrt{3}$　　D. $\frac{\pi}{2}$ 和 $1-2\sqrt{3}$

6. 已知 $\triangle ABC$ 钝角三角形，$A = 30^\circ$，$BC = 4$，$AC = 4\sqrt{3}$，则 $B =$ （　　）

A. 135°　　B. 120°　　C. 60°　　D. 30°

7. 设直线 l，m，平面 α，β，有下列 4 个命题：

①若 $l \perp \alpha$，$m \perp \alpha$，则 $l // m$　　②若 $l // \beta$，$m // \beta$，则 $l // m$

③若 $l \perp \alpha$，$l \perp \beta$，则 $\alpha // \beta$　　④若 $m // \alpha$，$m // \beta$，则 $\alpha // \beta$

其中，真命题是 （　　）

A. ①③　　B. ②③　　C. ①④　　D. ②④

8. 从 5 名新队员中选出 2 人，6 名老队员中选出 1 人，组成训练小组，则不同的组成方案共有 （　　）

A. 165 种　　B. 120 种　　C. 75 种　　D. 60 种

9. 双曲线 $\frac{x^2}{a^2} - \frac{y^2}{b^2} = 1$ 的一条渐近线的斜率为 $\sqrt{3}$，则此双曲线的离心率为 （　　）

A. $\frac{2\sqrt{3}}{3}$　　B. $\sqrt{3}$　　C. 2　　D. 4

10. 已知 $f(x)$ 是奇函数，当 $x > 0$ 时，$f(x) = x^2 + \ln(x + \sqrt{1 + x^2})$，则当 $x < 0$ 时，$f(x) =$ （　　）

A. $-x^2 + \ln(x + \sqrt{1 + x^2})$　　B. $-x^2 - \ln(x + \sqrt{1 + x^2})$

C. $-x^2 + \ln(-x + \sqrt{1 + x^2})$　　D. $x^2 + \ln(x + \sqrt{1 + x^2})$

得分	评卷人

二、填空题：本大题共 6 小题，每小题 6 分，共 36 分，把答案填在题中横线上.

11. 不等式 $\frac{1 - 2x}{x + 3} > 0$ 的解集是__________.

12. 若椭圆的焦点为 $(-3,0)$，$(3,0)$，离心率为 $\frac{3}{5}$，则该椭圆的标准方程为__________.

13. 若 $\tan\left(\theta + \frac{\pi}{4}\right) = \sqrt{2}$，则 $\tan\left(\theta - \frac{\pi}{4}\right) =$ __________.

14. 若向量 $\boldsymbol{a}$，$\boldsymbol{b}$ 满足，$|\boldsymbol{a}| = 1$，$|\boldsymbol{b}| = 2$，$\mathbf{a} \cdot \mathbf{b} = -\frac{2}{3}$，则 $\cos < \boldsymbol{a}, \boldsymbol{b} > =$ __________.

15. $(2x - 1)^4$ 的展开式中 x^3 的系数是__________.

16. 若 $0 < a < 1$，且 $\log_a(2a^2 + 1) < \log_a(3a) < 0$ 则 a 的取值范围是__________.

得分	评卷人

三、解答题：本大题共 3 小题，共 54 分，解答应写出文字说明，证明过程或演算步骤．

17. 某校组织跳远达标测验，已知甲同学每次达标的概率是$\frac{3}{4}$. 他测验时跳了 4 次，设各次是否达标相互独立．

（Ⅰ）求甲恰有 3 次达标的概率．

（Ⅱ）求甲至少有 1 次不达标的概率．（用分数作答）

18. 已知抛物线 $C:x^2 = 4y$，直线 $l:x + y - m = 0$.

（Ⅰ）证明：C 与 1 有两个交点的充分必要条件是 $m > -1$；

（Ⅱ）设 $m < l$，C 与 1 有两个交点 A,B，线段 AB 的垂直平分线交 y 轴子点 G，求 $\triangle GAB$ 面积的取值范围．

19. 如图，四棱锥 $P-ABCD$ 中，底面 $ABCD$ 为梯形，$AB//CD$，且 $AB = \frac{1}{2}CD$，$\angle ADC = 90^\circ$. $PA \perp$ 平面 $ABCD$，M 是 PD 的中点．

（Ⅰ）证明：$AM//$ 平面 PBC；

（Ⅱ）设 $PA = AD = 2AB$，求 PC 与平面 $ABCD$ 所成角的正弦值

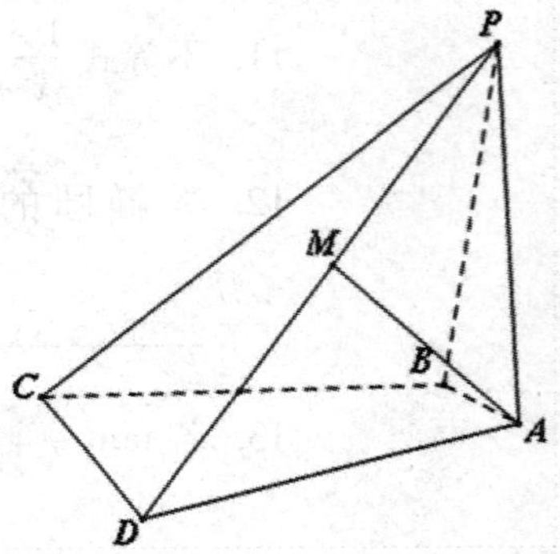

2016 年全国普通高等学校运动训练、武术与民族传统体育专业单独统一招生考试

数　学

题 号	一	二	三	总 分
分 数				

注意事项:

1. 选择题答在答题卡上,答在试题卷上无效. 其他试题用钢笔或圆珠笔直接答在试题卷上.
2. 答卷前将密封线内的项目填写清楚.

得分	评卷人

一、选择题:本大题共 10 小题,每小题 6 分,共 60 分. 在每小题给出的四个选项中,只有一项是符合题目要求的,请将正确的选项的字母填写在题后的括号内.

1. 已知集合 $M=\{2,4,6,8\}$, $N=\{x|1<x<5\}$,则 $M\cap N=$ __________.

A. $\{2,6\}$　　B. $\{4,8\}$　　C. $\{2,4\}$　　D. $\{2,4,6,8\}$

2. 抛物线 $y^2=2px$ 过点 $(1,2)$,则该抛物线的准线方程为__________.

A. $x=-1$　　B. $x=1$　　C. $y=-1$　　D. $y=1$

3. 两个球的表面积之比为 1:4,则它们的体积之比为__________.

A. $1:2\sqrt{2}$　　B. $1:4$　　C. $1:4\sqrt{2}$　　D. $1:8$

4. 已知 α 是第四象限角,且 $\sin(\pi-\alpha)=-\frac{\sqrt{3}}{2}$,则 $\cos\alpha=$ __________.

A. $\frac{\sqrt{2}}{2}$　　B. $\frac{1}{2}$　　C. $-\frac{1}{2}$　　D. $-\frac{\sqrt{2}}{2}$

5. 在一个给定平面内,A,C 为定点,B 为动点,且 $|BC|$,$|AC|$,$|AB|$ 成等差数列,则点 B 的轨迹是__________.

A. 圆　　B. 椭圆　　C. 双曲线　　D. 抛物线

6. 数列 $\{a_n\}$ 的通项公式为 $a_n = \frac{1}{\sqrt{n+1}+\sqrt{n}}$，如果 $\{a_n\}$的前 k 项和等于3，那么 $k =$ ________.

A. 8　　B. 9　　C. 15　　D. 16

7. 下列函数中，为偶函数的是________.

A. $y = \frac{1}{x}$　　B. $y = \sin x\cos x$

C. $y = \frac{1}{x^2+2}$　　D. $y = \lg(x+1)+\lg(x-1)$

8. 从1,2,3,4,5,6中取出两个不同数字组成两位数，其中大于50的两位数的个数为________.

A. 6　　B. 8　　C. 9　　D. 10

9. 函数 $y = \sin 2x + \cos 2x$ 图象的对称轴为________.

A. $x = \frac{1}{2}k\pi + \frac{1}{8}\pi, k \in \mathbf{Z}$　　B. $x = \frac{1}{2}k\pi - \frac{1}{8}\pi, k \in \mathbf{Z}$

C. $x = k\pi + \frac{1}{4}\pi, k \in \mathbf{Z}$　　D. $x = k\pi - \frac{1}{4}\pi, k \in \mathbf{Z}$

10. $\triangle ABC$ 的内角 A，B，C 的对边分别 a，b，c，且 $\sqrt{3}a\cos C + \sqrt{3}c\cos A = -2b\cos C$，则 $C =$ ________.

A. $\frac{\pi}{3}$　　B. $\frac{\pi}{6}$　　C. $\frac{2\pi}{3}$　　D. $\frac{5\pi}{6}$

得分	评卷人

二、填空题：本大题共6小题，每小题6分，共36分，把答案填在题中横线上.

11. 已知平面向量 $\vec{a} = (5, -4)$，$\vec{b} = (-3, x)$，$\vec{c} = (2,1)$，若 $2\vec{a}+3\vec{b}$ 与 $\vec{c}$ 垂直，则 $x =$ ________.

12. 不等式 $5x - 2x^2 > 2$ 的解集是________.

13. 函数 $y = \sin\left(x - \frac{\pi}{4}\right)(x \in (0,\pi))$ 的单调递增区间是________.

14. 函数 $y = \sqrt{8 - 2^x}$ 的定义域为________.

15. $(1+2\sqrt{x})^6$ 的展开式中，$x^{\frac{5}{2}}$ 的系数为________(用数字作答).

16. 设双曲线 $\frac{x^2}{a^2} - y^2 = 1$ 与椭圆 $\frac{x^2}{25} + \frac{y^2}{16} = 1$ 有相同的焦点，则该双曲线的渐近线的方程是________.

得分	评卷人

三、解答题：本大题共3小题，共54分，解答应写出文字说明，证明过程或演算步骤.

17. 已知 $\{b_n\}$ 是等比数列，$b_1=4, b_4=\frac{1}{16}$，数列 $\{a_n\}$ 满足 $a_n=log_2{}^{b_n}$

（Ⅰ）证明 $\{a_n\}$ 是等差数列

（Ⅱ）求 $\{a_n\}$ 的前 n 项和 S_n 的最大值

18. 已知点 $Q(6,0)$，点 P 在圆 $x^2+y^2=16$ 上运动，点 M 为线段 PQ 的口点

（Ⅰ）求点 M 的轨迹方程，并说明该轨迹是一个圆.

（Ⅱ）求点 M 的轨迹与圆 $x^2+y^2=16$ 的公共弦的长.

19. 如图，正三棱柱 $ABC-A_1B_1C_1$ 中，D 是 BC 的中点，

（Ⅰ）证明 $A_1B//$ 平面 ADC_1.

（Ⅱ）若 $AA_1=\sqrt{2}AB$，求 AC_1 与平面 BB_1C_1C 所成角的大小.

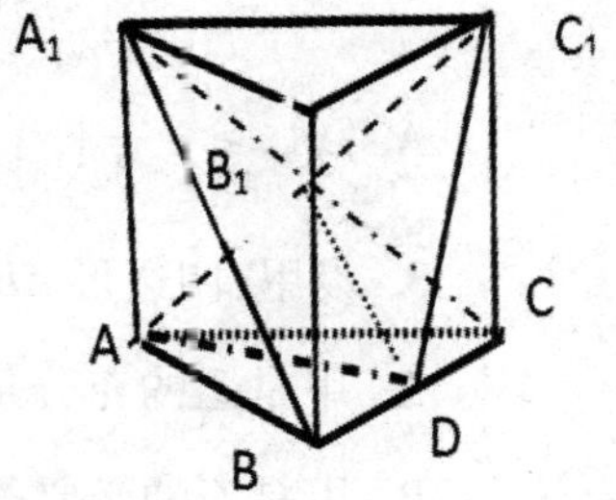

2017 年全国普通高等学校运动训练、武术与民族传统体育专业单独统一招生考试

数　学

题 号	一	二	三	总 分
分 数				

注意事项：

1. 选择题答在答题卡上，答在试题卷上无效．其他试题用钢笔或圆珠笔直接答在试题卷上．
2. 答卷前将密封线内的项目填写清楚．

得分	评卷人

一、选择题：本大题共 10 小题，每小题 6 分，共 60 分．在每小题给出的四个选项中，只有一项是符合题目要求的，请将正确的选项的字母填写在题后的括号内．

1. 设集合则 $M=\{1,2,3,4,5\}$，$N=\{1,3,6\}$，则 $M\cap N=$　（　　）

A. $\{1,3\}$　B. $\{3,6\}$　C. $\{1,6\}$　D. $\{1,2,3,4,5,6\}$

2. 函数 $f(x)=\dfrac{1}{\sqrt{3x+1}}$ 的定义域是　（　　）

A. $\{x|x\geqslant -\frac{1}{3}\}$　B. $\{x|x\geqslant -3\}$　C. $\{x|x>-\frac{1}{3}\}$　D. $\{x|x>-3\}$

3. 设甲：四边形 $ABCD$ 为矩形；乙：四边形 $ABCD$ 为平行四边形，则　（　　）

A. 甲是乙的充分条件但不是乙的必要条件

B. 甲是乙的必要条件但不是乙的充分条件

C. 甲是乙的充分必要条件

D. 甲既不是乙的充分条件也不是乙的必要条件

4. 从 7 名男运动员和 3 名女运动员中选出 2 人组队参加乒乓球混合双打比赛，则不同的选法共有　（　　）

A. 12 种　B. 18 种　C. 20 种　D. 21 种

5. $\triangle ABC$ 的内角 A,B,C 的对边分别为 a,b,c，若 $a^2=b^2+bc+c^2$ 则 $A=$　（　　）

A. 150°　　　　B. 120°　　　　C. 60°　　　　D. 30°

6. 已知抛物线 $C:x^2=4y$ 的焦点为 F,过 F 作 C 的对称轴的垂线,与 C 交于 A,B,则 $|AB|=$　　　　(　　)

A. 8　　　　B. 4　　　　C. 2　　　　D. 1

7. 设 $\sin\frac{\alpha}{2}+\cos\frac{\alpha}{2}=\frac{\sqrt{5}}{2}$,则 $\sin\alpha=$　　　　(　　)

A. $\frac{\sqrt{3}}{2}$　　　　B. $\frac{1}{2}$　　　　C. $\frac{1}{3}$　　　　D. $\frac{1}{4}$

8. 点 P 在直二面角 $\alpha-AB-\beta$ 的棱上,C,D 分别在 α,β 内,且 $\angle CPA=\angle DPA=\frac{\pi}{4}$,则 $\angle CPD=$　　　　(　　)

A. $\frac{\pi}{6}$　　　　B. $\frac{\pi}{4}$　　　　C. $\frac{\pi}{3}$　　　　D. $\frac{\pi}{2}$

9. 已知点 $A(-5,4)$ $B(3,-2)$,则以 AB 为直径的圆的方程为　　　　(　　)

A. $(x+1)^2+(y+1)^2=25$　　　　B. $(x+1)^2+(y-1)^2=25$

C. $(x+1)^2+(y+1)^2=100$　　　　D. $(x+1)^2+(y-1)^2=100$

10. 过点 $P(1,2)$ 且斜率小于 0 的直线 与 x 轴、y 轴围成的封闭图形面积的最小值为　　　　(　　)

A. 2　　　　B. $2\sqrt{2}$　　　　C. 4　　　　D. $4\sqrt{2}$

得分	评卷人

二、填空题:本大题共 6 小题,每小题 6 分,共 36 分,把答案填在题中横线上.

11. 已知向量 $\boldsymbol{a}=(1,-1)$,$\boldsymbol{b}=(-1,2)$,则 $2\boldsymbol{a}+\boldsymbol{b}=$________.

12. $\log_2 3\times\log_3 4=$________.

13. 函数 $y=2^{|x+a|}+1$ 的图象关于直线 $x=1$ 对称,则 $a=$________.

14. 已知等差数列 $\{a_n\}$ 的公差为 3,$a_{12}=24$,则 $\{a_n\}$ 的前 12 项和为________.

15. 直线 $y=x+m$ 与椭圆 $2x^2+y^2=1$ 有两个不同交点,则 m 的取值范围为________.

16. 长方形 $ABCD-A'B'C'D$ 的长,宽,高分别为 4,2,1,由顶点 A 沿长方体的表面到顶点 C' 路径长度的最小值为________.

得分	评卷人

三、解答题:本大题共 3 小题,共 54 分,解答应写出文字说明,证明过程或演算步骤.

17.(18 分)

已知函数$f(x)=\dfrac{x^2}{x-1}$.

(1)若$f(x)>0$,求x的取值范围;

(2)求$f(x)$的极小值.

18.(18 分)

在 15 件产品中,有 10 件是一级品,5 件是二级品,从中一次任意抽取 3 件产品,求:

(1)抽取的 3 件产品全部是一级品的概率;

(2)抽取的 3 件产品中至多有 1 件是二级品的概率.

19.(18 分)

如图,四面体 $PABC$ 中,$PA\perp BC$,D 在棱 BC 上,$AD\perp BC$,$AD=2$,$PA=1$,$\angle PAD=60°$.

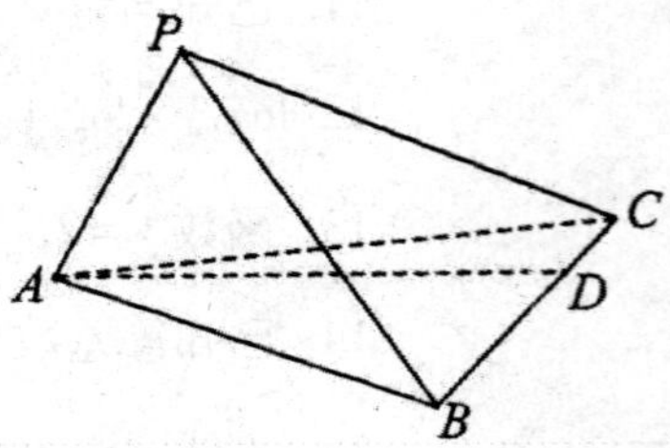

(1)证明:$PA\perp$平面 PBC;

(2)若 $BC=2$,求四面体 $PABC$ 的体积 V.

2018 年全国普通高等学校运动训练、武术与民族传统体育专业单独统一招生考试

数 学

题 号	一	二	三	总 分
分 数				

注意事项：

1. 选择题答在答题卡上，答在试题卷上无效．其他试题用钢笔或圆珠笔直接答在试题卷上．
2. 答卷前将密封线内的项目填写清楚．

得分	评卷人

一、选择题：本大题共 10 小题，每小题 6 分，共 60 分．在每小题给出的四个选项中，只有一项是符合题目要求的，请将正确的选项的字母填写在题后的括号内．

1. 已知集合 $M=\{1,2,3,4\}$，$N=\{2,4,6,8\}$，则 $M\cap N=$ （　　）

A. ϕ　　B. $\{1,3\}$　　C. $\{2,4\}$　　D. $\{1,2,3,4,6,8\}$

2. 函数 $f(x)=\sin\dfrac{\pi x}{2}$ 是 （　　）

A. 最小正周期为 2 的周期函数，且为奇函数

B. 最小正周期为 4 的周期函数，且为奇函数

C. 最小正周期为 2 的周期函数，且为偶函数

D. 最小正周期为 4 的周期函数，且为偶函数

3. 下列函数中，为增函数的是 （　　）

A. $y=-e^{-x}$　　B. $y=e^{-x}$　　C. $y=-e^{x}$　　D. $y=e^{|x|}$

4. $\sin15^\circ+\cos15^\circ=$ （　　）

A. $\dfrac{2\sqrt{3}}{3}$　　B. $\dfrac{\sqrt{6}}{2}$　　C. $\sqrt{3}$　　D. $\dfrac{3\sqrt{6}}{4}$

5. 已知平面向量 $a=\left(1,\dfrac{\sqrt{3}}{3}\right)$，单位向量 b 满足 $(a+b)\perp b$，则 a 与 b 的夹角是 （　　）

A. 30°　　B. 60°　　C. 120°　　D. 150°

6. 已知 $a>b$,甲:$c>d$; 乙:$a+c>b+d$,则　　(　　)

A. 甲是乙的充分条件但不是必要条件

B. 甲是乙的必要条件但不是充分条件

C. 甲是乙的充要条件

D. 甲既不是乙的充分条件也不是乙的必要条件

7. 已知直线 l 过圆 $x^2+y^2-3y+2=0$ 的圆心,斜率为 $-\frac{1}{2}$,则 l 的方程为　　(　　)

A. $x-2y+3=0$　　B. $x+2y+3=0$　　C. $x-2y-3=0$　　D. $x+2y-3=0$

8. 设 M 与 m 分别是函数 $f(x)=x^2-x-1$ 在区间 $[-1,1]$ 的最大值和最小值,则 $M-m=$　　(　　)

A. $\frac{9}{4}$　　B. 2　　C. $\frac{3}{2}$　　D. $\frac{5}{4}$

9. 已知 m,n 为两条直线,α,β 为两个平面,$m\subset\alpha$,有下面四个命题:

①若 $n/\!/\alpha$,则 $m/\!/n$;　　②若 $n\perp\alpha$,则 $m\perp n$;

③若 $m/\!/\beta$,则 $\alpha/\!/\beta$;　　④若 $m\perp\beta$,则 $\alpha\perp\beta$;

其中正确的命题是　　(　　)

A. ①②　　B. ①③　　C. ②④　　D. ③④

10. 不等式 $\frac{x}{1-x}\leqslant 2$ 的解集是　　(　　)

A. $(-\infty,1)\cup[2,+\infty)$　　B. $(-\infty,\frac{2}{3}]\cup(1,+\infty)$

C. $(1,2]$　　D. $[\frac{2}{3},1)$

得分	评卷人

二、填空题:本大题共 6 小题,每小题 6 分,共 36 分,把答案填在题中横线上.

11. 在 6 名男运动员与 5 名女运动员中选男、女各 3 名组成一个代表队,则不同的组队方案共有________种.

12. 若抛物线 $y^2=2px$ 的准线方程为 $x=-3$,则 $P=$________.

13. 若 $(x-\frac{a}{x})^4$ 的展开式中 x^2 的系数为 -2,则 $a=$________.

14. 曲线 $y=2x^2-x^3$ 在点 $(2,0)$ 处的切线方程是________.

15. 已知球面上三点 A,B,C,球心到平面 ABC 的距离为 1,且△ABC 是边长为 3 的等边三角形，则该球面面积为________.

16. 某篮球运动员进行定点投篮测验，共投篮3次，至少命中2次为测验合格．若该运动员每次投篮的命中率均为0.7，且各次投篮结果相互独立，则该运动员测验合格的概率是________.

得分	评卷人

三、解答题：本大题共3小题，共54分，解答应写出文字说明，证明过程或演算步骤.

17.(18分)

已知$\{a_n\}$是公差不为零的等差数列，$a_1=1$，且a_1,a_3,a_9成等比数列.

(1)求$\{a_n\}$的通项公式；

(2)设$b_n=a_{2^n}$，求数列$\{b_n\}$的前n项和S_n.

18.(18分)

已知椭圆C的两个焦点分别为$F_1(-1,0)$，$F_2(1,0)$，离心率为$\frac{1}{2}$.

(1)求C的方程；

(2)设P是C上的点，过P,F_2的直线l交y轴于点Q，若$\overrightarrow{PQ}=4\overrightarrow{PF_2}$，求坐标原点到$l$的距离.

19.(18分)

如图，$ABCD-A_1B_1C_1D_1$是棱长为1的正方体，E是AA_1的中点.

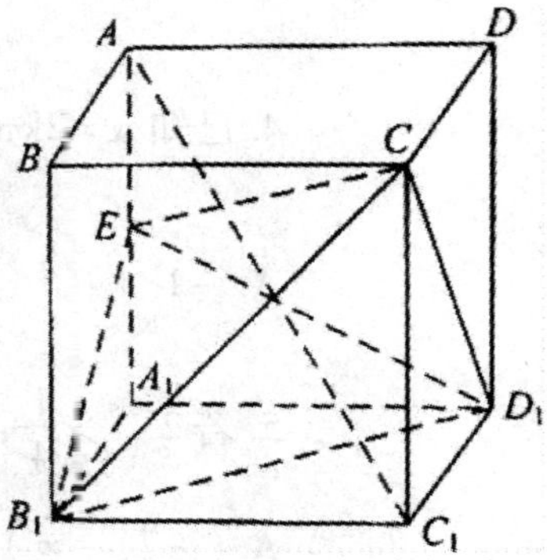

(1)证明：AC_1∥平面B_1D_1E；

(2)证明：$AC_1\perp$平面B_1D_1C；

(3)求四面体B_1D_1CE的体积.

2019 年全国普通高等学校运动训练、武术与民族传统体育专业单独统一招生考试

数　学

题号	一	二	三	总分
分数				

注意事项：

1. 选择题答在答题卡上，答在试题卷上无效．其他试题用钢笔或圆珠笔直接答在试题卷上．

2. 答卷前将密封线内的项目填写清楚．

得分	评卷人

一、选择题：本大题共 10 小题，每小题 6 分，共 60 分．在每小题给出的四个选项中，只有一项是符合题目要求的，请将正确的选项的字母填写在题后的括号内．

1. 设集合 $M=\{x|x>-1\}$，$N=\{x|x^2>1\}$，则 $M\cap N=$ (　　)

A. $\{x|x>-1\}$　B $\{x|x>-1$ 或 $x>1\}$　C. $\{x|x>1\}$　D. $\{x|-1<x<1\}$

2. 已知向量 $\vec{a}=(1,2)$，$\vec{b}=(1,-3)$，则 $|3\vec{a}+\vec{b}|=$ (　　)

A. 5　B. 4　C. 3　D. $\sqrt{5}$

3. 点 $(1,-1)$ 到直线 $x-2y-8=0$ 的距离是 (　　)

A. 5　B. $\sqrt{5}$　C. $\frac{\sqrt{5}}{5}$　D. $\frac{1}{5}$

4. 已知 $\alpha=2k\pi+\frac{\pi}{2}(k\in\mathbf{Z})$，则 $\tan\frac{\alpha}{2}=$ (　　)

A. -1　B. $-\frac{\sqrt{2}}{2}$　C. $\frac{\sqrt{2}}{2}$　D. 1

5. 若 $2^{x+5}>\frac{1}{4}$，则 x 的取值范围是 (　　)

A. $(-7,+\infty)$　B. $(7,+\infty)$　C. $(-3,+\infty)$　D. $(3,+\infty)$

6. 已知圆锥的母线长为4，底面周长为2π，该圆锥的表面积是 ( )

A. 4π　　B. 5π　　C. 8π　　D. 9π

7. 从1,2,3,4,5这5个数中，任取2个不同的数，其和为偶数的概率是 ( )

A. $\frac{3}{4}$　　B. $\frac{3}{5}$　　C. $\frac{1}{2}$　　D. $\frac{2}{5}$

8. 记等差数列$\{a_n\}$的前n项和为S_n，若$a_5+a_6+a_7=15$，则$S_{11}=$ ( )

A. 110　　B. 80　　C. 55　　D. 30

9. 若方程$x^2+y^2+4ax-2y+5a=0$表示的曲线是圆，则a的取值范围是 ( )

A. $(\frac{1}{4},1)$　　B. $(-1,-\frac{1}{4})$

C. $(-\infty,\frac{1}{4})\cup(1,+\infty)$　　D. $(-\infty,-1)\cup(-\frac{1}{4},+\infty)$

10. 函数$f(x)=\sin x\cos x+\cos^2 x$的最大值是 ( )

A. $\frac{\sqrt{2}}{2}$　　B. $\frac{1+\sqrt{2}}{2}$　　C. $\sqrt{2}$　　D. $1+\sqrt{2}$

得分	评卷人

二、填空题：本大题共6小题，每小题6分，共36分，把答案填在题中横线上.

11. $(1+2x)^7$的展开式中x^2的系数是__________.（用数字作答）

12. 双曲线$\frac{x^2}{4}-y^2=1$的离心率是__________.

13. 已知$\{a_n\}$是各项均为正数的等比数列，且$a_3,3a_2,a_4$，成等差数列，则$\{a_n\}$的公比为__________.

14. 在$\triangle ABC$中，$AC=2,BC=3,AB=4$，则$\cos\angle ACB=$__________.

15. 已知二次函数$f(x)=ax^2-3a^2x-1$，若$f(x)$在$(1,+\infty)$单调递增，则a的取值范围是__________.

16. 已知正四棱柱$ABCD-A_1B_1C_1D_1$的底面边长为2，点P是底面$A_1B_1C_1D_1$的中心，且点P到直线AB的距离是3，则$\triangle PAC$的面积为__________.

得分	评卷人

三、解答题:本大题共 3 小题,共 54 分,解答应写出文字说明,证明过程或演算步骤.

17.(18 分)

已知$\triangle ABC$的内角A,B,C成等差数列.

(1)求B;

(2)求$\sin A+\sqrt{3}\cos A$的最大值.

18.(18 分)

已知椭圆$C:\frac{x^2}{a^2}+\frac{y}{b^2}=1(a>b>0)$的离心率为$\frac{\sqrt{6}}{3}$,焦距为4.

(1)求C的方程;

(2)过点$(-3,0)$且斜率k的直线l与椭圆C交于A,B两点,O为坐标原点,当$AO\perp BO$时,求k的值.

19.(18 分)

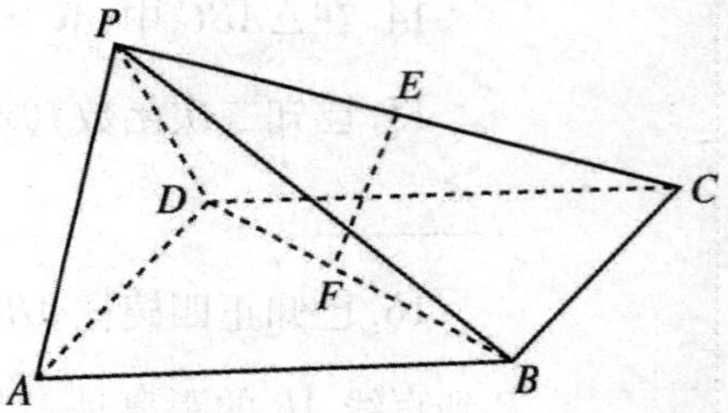

如图,四棱锥$P-ABCD$的底面是边长为 2 的正方形,侧面$PAD\perp$底面$ABCD$,且$PA=PD=\sqrt{2}$,E,F分别为PC,BD的中点.

(1)证明:$EF/\!/$平面PAD;

(2)求二面角$P-DB-A$的正切角.

2020 年全国普通高等学校运动训练、武术与民族传统体育专业单独统一招生考试

数　学

题号	一	二	三	总分
分数				

注意事项:

1. 选择题答在答题卡上,答在试题卷上无效. 其他试题用钢笔或圆珠笔直接答在试题卷上.
2. 答卷前将密封线内的项目填写清楚.

得分	评卷人

一、选择题:本大题共 10 小题,每小题 6 分,共 60 分. 在每小题给出的四个选项中,只有一项是符合题目要求的,请将正确的选项的字母填写在题后的括号内.

1. 已知集合 $A=\{x|4<x<10\}$, $B=\{x|x=n^2, n\in \mathbf{N}\}$,则 $A\cap B=$(　　)

A. $\varnothing$　　B. $\{3\}$　　C. $\{9\}$　　D. $\{4,9\}$

2. 1, 3 的等差中项是(　　)

A. 1　　B. 2　　C. 3　　D. 4

3. 函数 $f(x)=\sin^2 x+\cos 2x$ 的最小正周期是(　　)

A. 2π　　B. $\dfrac{3\pi}{2}$　　C. π　　D. $\dfrac{\pi}{2}$

4. 函数 $f(x)=\sqrt{3-4x+x^2}$ 的定义域是(　　)

A. R　　B. $[1,3]$

C. $(-\infty,1]\cup[3,+\infty)$　　D. $[0,1]$

5. 函数 $y=\dfrac{1}{\sqrt{x^2-2x+2}}$ 图象的对称轴为(　　)

A. $x=1$　　B. $x=\dfrac{1}{2}$　　C. $x=-\dfrac{1}{2}$　　D. $x=-1$

6. 已知 $\tan x=-\frac{1}{3}$，则 $\sin 2x=$（　　）

A. $\frac{3}{5}$　　B. $\frac{3}{10}$　　C. $-\frac{3}{10}$　　D. $-\frac{3}{5}$

7. 函数 $f(x)=\ln(-3x^2+1)$ 的单调递减区间为（　　）

A. $(0,\frac{\sqrt{3}}{3})$　　B. $(-\frac{\sqrt{3}}{3},0)$　　C. $(-\frac{\sqrt{3}}{2},\frac{\sqrt{3}}{2})$　　D. $(-\frac{\sqrt{3}}{3},\frac{\sqrt{3}}{3})$

8. 若一个椭圆的两个焦点三等分它的长轴，则该椭圆的离心率为（　　）

A. $\frac{1}{6}$　　B. $\frac{1}{3}$　　C. $\frac{1}{2}$　　D. $\frac{2}{3}$

9. 双曲线 $\frac{x^2}{a^2}-\frac{y^2}{b^2}=1(a>0,\ b>0)$ 的两条渐近线的倾斜角分别为 α 和 β，则 $\cos\frac{\alpha+\beta}{2}=$（　　）

A. 1　　B. $\frac{\sqrt{3}}{2}$　　C. $\frac{1}{2}$　　D. 0

10. 已知 $a=0.2^{0.3}$，$b=0.3^{0.3}$，$c=0.2^{-0.2}$，则（　　）

A. $a<b<c$　　B. $b<a<c$　　C. $b<c<a$　　D. $a<c<b$

得分	评卷人

二、填空题：本大题共 6 小题，每小题 6 分，共 36 分，把答案填在题中横线上.

11. 从 1, 2, 3, 4, 5 中任取 3 个不同数字，这 3 个数字之和是偶数的概率为________.

12. 已知向量 $\boldsymbol{a}$, $\boldsymbol{b}$ 满足 $|\boldsymbol{a}|=2$, $|\boldsymbol{a}+\boldsymbol{b}|=1$，且 $\boldsymbol{a}$ 与 $\boldsymbol{b}$ 的夹角为 150°，则 $|\boldsymbol{b}|=$________.

13. 不等式 $\log_{\frac{1}{2}}x>2$ 的解集是________.

14. 等比数列 $\{a_n\}$ 中，若 $a_1+a_2=\frac{3}{2}$，$a_4+a_5=12$，则 $a_3=$________.

15. $(x-3y)^5$ 的展开式中 x^2y^3 的系数为________.（用数字作答）

16. 若平面 α,β,γ 满足 $\alpha\perp\gamma$，$\alpha\cap\gamma=a$，$\beta\perp\gamma$，$\beta\cap\gamma=b$，有下列四个判断：

①$\alpha/\!/\beta$　　②当 $\alpha/\!/\beta$ 时，$a/\!/b$

③$\alpha\perp\beta$　　④当 $\alpha\cap\beta=c$ 时，$c\perp\gamma$

其中，正确的是________.（填写所有正确判断的序号）

得分	评卷人

三、解答题:本大题共 3 小题,共 54 分,解答应写出文字说明,证明过程或演算步骤.

17.(18 分)

$\triangle ABC$ 的内角 A, B, C 的对边分别是 a, b, c, $B = 30°$, $b = c + 1$.

(1)若 $c = 2$,求 $sinC$;

(2)若 $sinC = \frac{1}{4}$,求$\triangle ABC$ 的面积.

18.(18 分)

已知抛物线 C 的顶点在原点,焦点为 $F(-1,0)$.

(1)求 C 的方程;

(2)设 P 为 C 的准线上一点,Q 为直线 PF 与 C 的一个交点且 F 为 PQ 的中点,求 Q 的坐标及直线 PQ 的方程.

19.(18 分)

如图,正三棱柱 $ABC-A_1B_1C_1$ 中,P 为 BB_1 上一点,$\triangle APC^1$ 为等腰直角三角形.

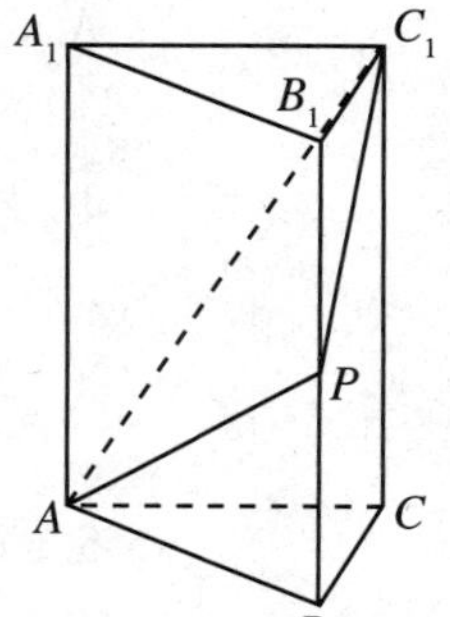

(1)证明:P 为 BB_1 的中点;

(2)证明:平面 $APC_1 \perp$ 平面 ACC_1A;

(3)求直线 PA 与平面 ABC 所成角的正弦值.

2021 年全国普通高等学校运动训练、武术与民族传统体育专业单独统一招生考试

数　学

题号	一	二	三	总分
分数				

注意事项：

1. 选择题答在答题卡上，答在试题卷上无效．其他试题用钢笔或圆珠笔直接答在试题卷上．
2. 答卷前将密封线内的项目填写清楚．

得分	评卷人

一、选择题：本大题共 10 小题，每小题 6 分，共 60 分．在每小题给出的四个选项中，只有一项是符合题目要求的，请将正确的选项的字母填写在题后的括号内．

1. 已知集合 $M=\{1,3,6\}$，$N=\{3,4,5\}$，则 $M\cap N=$（　　）

A. $\{1,4,6\}$　　B. $\{1,4,5,6\}$　　C. $\{3\}$　　D. $\{1,3,4,5,6\}$

2. 已知数列 $\{a_n\}$ 满足 $a_1=2$ 且 $a_{n+1}=a_n+3$，则 $a_n=$（　　）

A. $2n$　　B. $3n-1$　　C. $3n-4$　　D. $5n-3$

3. 下列函数中，既是增函数又是奇函数的是（　　）

A. $y=3x$　　B. $y=\dfrac{5}{x}$　　C. $y=\ln x$　　D. $y=-x^3+2x$

4. 若 $\sin\dfrac{x}{2}+\cos\dfrac{x}{2}=\dfrac{1}{2}$，则 $\sin x=$（　　）

A. $-\dfrac{1}{4}$　　B. $-\dfrac{1}{3}$　　C. $-\dfrac{2}{3}$　　D. $-\dfrac{3}{4}$

5. $\sin168^\circ\cos18^\circ-\sin102^\circ\sin198^\circ=$（　　）

A. $-\dfrac{1}{2}$　　B. 0　　C. $\dfrac{1}{2}$　　D. 1

6. 函数 $y=2-\sqrt{9-x^2}$ 的定义域为(　　)

A. $[-3,3]$　　B. $[-9,9]$　　C. $[3,+\infty)$　　D. $(-\infty,-3]$

7. 以双曲线 $C:\frac{x^2}{9}-\frac{y^2}{16}=1$ 的中心为顶点,C 的左焦点为焦点的抛物线的方程为(　　)

A. $y^2=20x$　　B. $y^2=10x$　　C. $y^2=-10x$　　D. $y^2=-20x$

8. $(x^2-\frac{1}{2x})^6$ 的展开式中常数项为(　　)

A. $\frac{15}{8}$　　B. $\frac{15}{16}$　　C. $-\frac{15}{16}$　　D. $-\frac{15}{8}$

9. 从 4 名女生,3 名男生中任选 4 人做志愿者,则其中至少有 1 名男生的不同的选法共有(　　)

A. 12 种　　B. 34 种　　C. 35 种　　D. 168 种

10. 已知 m,n 为两条直线,α,β 为两个平面,下述四个结论:

①若 $m//\alpha,n//\beta,\alpha//\beta$,则 $m//n$

②若 $m//\alpha,n//\beta,\alpha\perp\beta$,则 $m\perp n$

③若 $m\perp\alpha,n\perp\beta,\alpha//\beta$,则 $m//n$

④若 $m\perp\alpha,n\perp\beta,\alpha\perp\beta$,则 $m\perp n$

其中正确结论的编号是(　　)

A. ①②　　B. ②④　　C. ①④　　D. ③④

得分	评卷人

二、填空题:本大题共 6 小题,每小题 6 分,共 36 分,把答案填在题中横线上.

11. 若 $\{a_n\}$ 是公比为 3 的等比数列,且 $a_1+a_3=5$,则 $a_5=$________.

12. 函数 $y=e^{|x|}$ 的最小值是________.

13. 不等式 $x^2-3x-10>0$ 的解集是________.

14. 若向量 $\boldsymbol{a},\boldsymbol{b}$ 满足 $|\boldsymbol{a}|=3,|\boldsymbol{b}|=5,|\boldsymbol{a}+\boldsymbol{b}|=7$,则 $\boldsymbol{a}\cdot\boldsymbol{b}=$________.

15. 若椭圆 C 的焦点为 $F_1(-1,0)$ 和 $F_2(1,0)$,过 F_1 的直线交 C 于 A,B 两点,且 ΔABF_2 的周长为 12,则 C 的方程为________.

16. 从数字 1,2,3,4,5 中随机取 3 个不同的数字,其和为偶数的概率为________.

得分	评卷人

三、解答题:本大题共 3 小题,共 54 分,解答应写出文字说明,证明过程或演算步骤.

17.(18 分)

记ΔABC的内角A,B,C的对边分别为a,b,c,已知$a=7,b=8,\cos B=\frac{1}{7}$.

(1)求c;

(2)求ΔABC的面积S.

18.(18 分)

已知$\odot M:(x-a)^2+(y-a^2)^2=4$.

(1)当$a=1$时,求$\odot M$截直线$x-y-2=0$所得弦的长;

(2)求点M的轨迹方程.

19.(18 分)

如图,正方体$ABCD-A_1B_1C_1D_1$中,E,F分别为AB,AD的中点.

(1)证明:直线$EF//$平面CB_1D_1;

(2)设$AB=2$,求三棱锥$B-CB_1D_1$的体积.

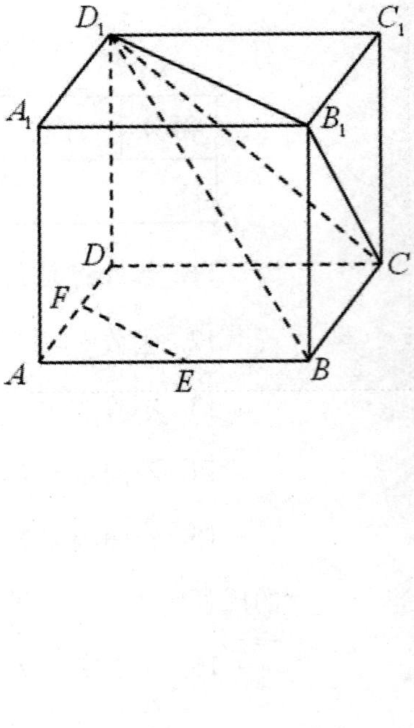

2022年全国普通高等学校运动训练、武术与民族传统体育专业单独统一招生考试

数 学

题 号	一	二	三	总 分
分 数				

注意事项：

1. 选择题答在答题卡上，答在试题卷上无效．其他试题用钢笔或圆珠笔直接答在试题卷上．
2. 答卷前将密封线内的项目填写清楚．

得分	评卷人

一、选择题：本题共8小题，每小题8分，共64分。在每小题给出的四个选项中，只有一项是符合题目要求的。请将所选答案的字母在答题卡上涂黑。

1. 若集合 $A=\{x\mid -1<x<4, x\in \mathbf{Z}\}$，$B=\{x\mid -2<x<1, x\in \mathbf{Z}\}$，则 $A\cap B$ 的元素共有(　　)

A. 1个　　B. 2个　　C. 3个　　D. 4个

2. 函数 $f(x)=\log_2\sqrt{-x^2+2x+3}$ 的定义域是(　　)

A. $(-1,3)$　　B. $[-1,3]$　　C. $(-3,1)$　　D. $[-3,1]$

3. 下列函数中，为增函数的是(　　)

A. $y=-\ln(x+1)$　　B. $y=x^2-1$　　C. $y=\frac{e^x}{2}$　　D. $y=|x-1|$

4. 函数 $y=3\sin x+4\cos x+1$ 的最小值是(　　)

A. -7　　B. -6　　C. -5　　D. -4

5. 已知 O 为坐标原点，点 $A(2,2)$，M 满足 $|AM|=2|OM|$，则点 M 的轨迹方程为(　　)

A. $3x^2+3y^2+4x+4y-8=0$　　B. $3x^2+3y^2-4x-4y-8=0$

C. $x^2+y^2+4x+4y-4=0$　　D. $x^2+y^2-4x-4y-4=0$

6. 从3名男队员和3名女队员中各挑选1名队员，则不同的挑选方法共有(　　)

A. 6种　　B. 9种　　C. 12种　　D. 15种

7. $\triangle ABC$ 中,已知 $A=60°$,$AC=2$,$BC=\sqrt{7}$,则 $AB=$(　　)

A. 4　　B. 3　　C. 2　　D. 1

8. 长方体 $ABCD-A_1B_1C_1D_1$ 中,O 是 AB 的中点,且 $OD=OB_1$,则(　　)

A. $AB=CC_1$　　B. $AB=BC$　　C. $\angle CBC_1=45°$　　D. $\angle BDB_1=45°$

得分	评卷人

二、填空题:本题共 4 小题,每小题 8 分,共 32 分。请将各题的答案填入答题卡上的相应位置。

9. 若 $\sin^2\theta-\cos^2\theta=-\dfrac{1}{3}$,则 $\cos2\theta=$ ________.

10. 不等式 $|1-x|>2$ 的解集是________.

11. 若向量 a,b 满足 $|a|=2$,$|b|=3$,且 a 与 b 的夹角为 $120°$,则 $a\cdot b=$________.

12. 设 α,β,γ 是三个平面,有下列四个命题:

①若 $\alpha\perp\beta,\beta\perp\gamma$,则 $\alpha\perp\gamma$

②若 $\alpha//\beta,\beta//\gamma$,则 $\alpha//\gamma$

③若 $\alpha\perp\beta,\beta//\gamma$,则 $\alpha\perp\gamma$

④若 $\alpha//\beta,\beta\perp\gamma$,则 $\alpha//\gamma$

其中所有真命题的序号是________.

得分	评卷人

三、解答题:本题共 3 小题,每小题 18 分,共 54 分。解答应写出文字说明、证明过程或演算步骤。请将各题的答案写在答题卡上相应的位置。

13. (18 分)

某射击运动员各次射击成绩相互独立,已知该运动员一次射击成绩为 10 环的概率为 0.8,9 环的概率为 0.1,小于 9 环的概率为 0.1. 该运动员共射击 3 次.

(1)求该运动员恰有 2 次成绩为 9 环的概率;

(2)求该运动员 3 次成绩总和不小于 29 环的概率.

14.（18 分）

已知 O 是坐标原点，双曲线 $C:\frac{x^2}{a^2}-y^2=1(a>0)$ 与抛物线 $D:y^2=\frac{1}{4}x$ 交于 A,B 两点，$\triangle AOB$ 的面积为 4.

(1)求 C 的方程；

(2)设 F_1,F_2 为 C 的左、右焦点，点 P 在 D 上，求 $\overrightarrow{PF_1}\cdot\overrightarrow{PF_2}$ 的最小值.

15.（18 分）

已知函数 $f(x)=\frac{x^3+x+b}{x}$，$\{a_n\}$ 是等差数列，且 $a_2=f(1)$，$a_3=f(2)$，$a_4=f(3)$，

(1)求 $\{a_n\}$ 的前 n 项和；

(2)求 $f(x)$ 的极值.

单招习题化知识整合

第四部分 真题答案

2013—2022 年全国普通高等学校运动训练、武术与民族传统体育专业单独统一招生考试数学参考答案和评分参考

2013 年全国普通高等学校运动训练、武术与民族传统体育专业单独统一招生考试 数学参考答案和评分参考

一、选择题:本题考查基本知识和基本运算,每小题 6 分,满分 60 分.

1. C　2. A　3. B　4. B　5. A

6. B　7. D　8. C　9. C　10. D

二、填空题:本题考查基本知识和基本运算. 每小题 6 分,满分 36 分.

11. 0　12. $\frac{10\pi}{13}$　13. 2

14. $\frac{3}{5}$　15. $\frac{4\sqrt{6}}{5}$　16. 31

三、解答题:每题 18 分,满分 54 分.

17. $y=\sin\left(\frac{\pi}{3}+4x\right)+\cos\left(\frac{\pi}{6}-4x\right)$

$=\sin\left(\frac{\pi}{3}+4x\right)+\sin\left(\frac{\pi}{2}-\frac{\pi}{6}+4x\right)=2\sin\left(4x+\frac{\pi}{3}\right).$ ……5 分

(Ⅰ)最小正周期 $T=\frac{2\pi}{4}=\frac{\pi}{2}.$ ……10 分

(Ⅱ)由 $-\frac{\pi}{16}\leqslant x\leqslant\frac{\pi}{8}$,得$\frac{\pi}{12}\leqslant 4x+\frac{\pi}{3}\leqslant\frac{5\pi}{6}.$

根据图象可知,

$\therefore\ -1<\sin\frac{\pi}{12}\leqslant\sin\left(4x+\frac{\pi}{3}\right)\leqslant 1,$

$\therefore$ 函数在$\left[-\frac{\pi}{16},\frac{\pi}{8}\right]$的最大值为 2. ……18 分

18. 由已知得 $F_1(-5,0)$,$F_2(5,0)$,$|F_1F_2|=10$.

(Ⅰ)由双曲线定义得:$|MF_1|-|MF_2|=6$,推出$(MF_1-MF_2)^2=36$. ①

由余弦定理得:$|MF_1|^2+|FM_2|^2-2|MF_1|\cdot|MF_2|\cos60°=100$. ②

由 ② - ① 可得:$|MF_1|\cdot|MF_2|=64$,

则 $\triangle MF_1F_2$ 的面积 $S=\dfrac{1}{2}|MF_1|\cdot|MF_2|\sin60°=16\sqrt{3}$. ……9 分

(Ⅱ)设 $M(x_M,y_M)$,则 $S=\dfrac{1}{2}|F_1F_2|\cdot|y_M|=16\sqrt{3}$,

$\therefore y_M=\dfrac{16}{5}\sqrt{3}$,$x_M=\dfrac{3}{5}\sqrt{73}$.

故 $M(\dfrac{3}{5}\sqrt{73},\dfrac{16}{5}\sqrt{3})$ 或 $M(\dfrac{3}{5}\sqrt{73},-\dfrac{16}{5}\sqrt{3})$. ……18 分

19. (Ⅰ)$\because MB_1\perp B_1C_1$,$A_1B_1\perp B_1C_1$,

$\therefore \angle MB_1A_1$ 为二面角 $M-B_1C_1-A_1$ 的平面角.

在 $Rt\triangle MB_1B$ 中,$MB=BB_1=3$,$\angle MB_1B=45°$,

$\therefore \angle MB_1A_1=45°$. ……9 分

(Ⅱ)连结 A_1M,$\triangle AA_1M$ 和 $\triangle BB_1M$ 是直角三角形,且 $AM=AA_1=BM=BB_1=3$,

则 $A_1M=MB_1=3\sqrt{2}$,而 $A_1B_1=6$,$\therefore A_1M\perp$ 平面 MB_1.

$\because B_1C_1\perp$ 平面 ABB_1A_1,$\therefore B_1C_1\perp A_1M$,$\therefore A_1M\perp$ 平面 MB_1C_1. 又 $A_1D_1//B_1C_1$,

有 $A_1D_1//$ 平面 MB_1C_1,故 A_1M 是点 D_1 到平面 MB_1C_1 的距离.

$\therefore$ 点 D_1 到平面 MB_1C_1 的距离为 $3\sqrt{2}$.

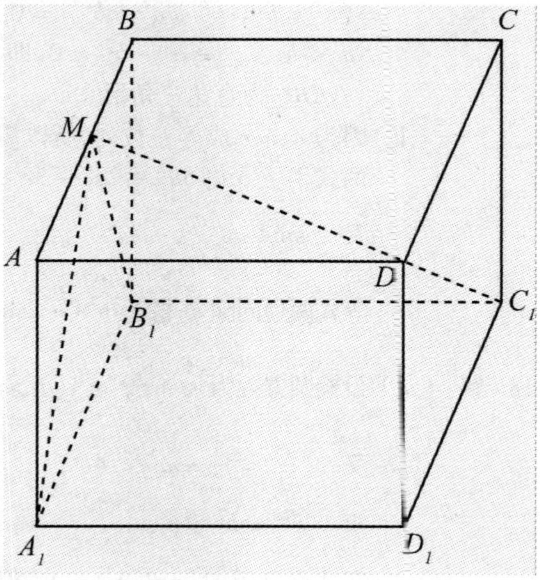

2014 年全国普通高等学校运动训练、武术与民族传统体育专业单独统一招生考试
数学参考答案和评分参考

一、选择题:本题考查基本知识和基本运算,每小题6分,满分60分.

1. A	2. C	3. D	4. B	5. D
6. C	7. C	8. A	9. B	10. D

二、填空题:本题考查基本知识和基本运算. 每小题6分,满分36分.

11. 55　12. 96　13. $(-1,1)$

14. $y=\frac{1}{3}x+1$　15. $y=-\frac{1}{16}$　16. ①③④

三、解答题:每题18分,满分54分.

17. 解:(Ⅰ)$a\cos A=b\cos B$ 由余弦定理得 $a\cdot\frac{b^2+c^2-a^2}{2bc}=b\frac{a^2+c^2-b^2}{2ac}\Rightarrow$

$a^2(b^2+c^2-a^2)=b^2(a^2+c^2-b^2)$

$\Rightarrow a^2[(c^2-b^2-a^2)+2b^2]=b^2[(c^2-b^2-a^2)+2a^2]$

$\Rightarrow(a^2-b^2)(c^2-a^2-b^2)=0.$

$\because a<b,\therefore c^2-a^2-b^2=0$,即 $c^2=a^2+b^2$,

$\therefore\triangle ABC$ 为直角三角形.

(Ⅱ)因为 a,b,c 成等差数列,所以 $2b=a+c,c^2=a^2+b^2$.

两式消去 b 得 $5a^2+2ac-3c^2=0$.

又 $\because\sin A=\frac{a}{c}$,

等式两边同除 c^2 得 $5\sin^2A+2\sin A-3=0,\sin A=-1$(舍去)或 $\sin A=\frac{3}{5}$.

18. 解:(Ⅰ)设椭圆方程为 $\frac{x^2}{a^2}+\frac{y^2}{b^2}=1(a>b>0)$. 由已知,$C(-1,\frac{3}{2})$,得 $\frac{1}{a^2}+\frac{9}{4b^2}=1$.

又 $\because\frac{c}{a}=\frac{1}{2}\Rightarrow a^2=4c^2$,

再 $\because a^2=b^2+c^2$,

三式联立得 $b^2=3,a^2=4$,故所求方程是 $\frac{x^2}{4}+\frac{y^2}{3}=1$.

(Ⅱ)直线与椭圆有两个交点,所以下列方程组有两组解

$$\begin{cases}3x^2+4y^2-12=0\\ y=kx-2\end{cases}\Rightarrow(3+4k^2)x^2-16kx+4=0.$$

此方程有两个不等实数根

$\triangle=(16k)^2-4\times4(3+4k^2)>0\Rightarrow k^2>\frac{1}{4}\Rightarrow k>\frac{1}{2}$ 或 $k<-\frac{1}{2}$.

19. 解：(Ⅰ) 取 AC 中点 E，连 OE、ME.

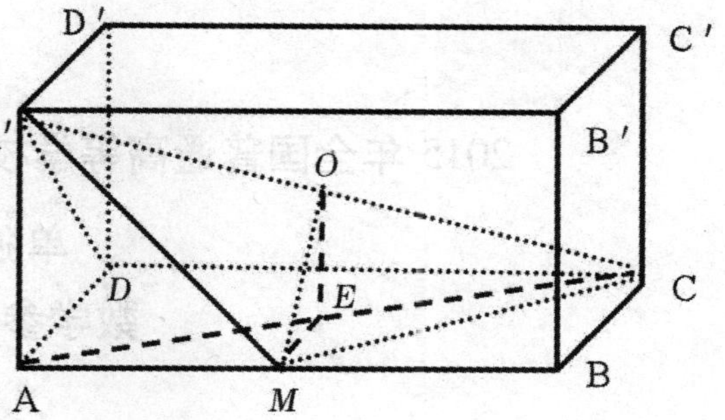

$\because O$ 是 $A'C$ 中点，E 是 AC 中点，

$\therefore$ 在 $\triangle A'AC$ 中，$A'A \parallel OE$.

又 $\because A'A \perp \Box ABCD$，

$\therefore OE \perp \Box ABCD$，$\therefore OE \perp EM$.

$\because AA' = AD = 1$，

$\therefore OE = ME = \dfrac{1}{2}$，$\therefore \angle OME = 45°$.

由已知，$\Box ABCD \parallel \Box A'B'C'D'$，

$\therefore \angle OME$ 是 MO 与平面 $A'B'C'D'$ 所成的角，即 $45°$.

(Ⅱ) 由(1) 得 $\triangle OME$ 中，$ME \perp CD$，$OE \perp CD$，$\therefore OM \perp CD$.

又 $\because \triangle OMA' \cong \triangle MBC \Rightarrow A'M = MC$，又 $\because A'O = OC$，

$\therefore OM \perp A'C$，$OM \perp$ 平面 $A'DC$. 又 $\because MO \subset \triangle A'MC$，

$\therefore \triangle A'MC \perp \triangle A'DC$.

2015 年全国普通高等学校运动训练、武术与民族传统体育专业单独统一招生考试

数学参考答案和评分参考

一、选择题：本题考查基本知识和基本运算，每小题 6 分，满分 60 分.

1. B　2. C　3. B　4. D　5. D

6. B　7. A　8. D　9. C　10. A

二、填空题：本题考查基本知识和基本运算．每小题 6 分，满分 36 分．

11. $\{x \mid -3 < x < \frac{1}{2}\}$　12. $\frac{x^2}{25}+\frac{y^2}{16}=1$　13. $-\frac{\sqrt{2}}{2}$

14. $-\frac{1}{3}$　15. -32　16. $(\frac{1}{3},\frac{1}{2})$

三、解答题：每题 18 分，满分 54 分．

17. 解：

（Ⅰ）甲恰有 3 次达标的概率为 $C_4^3(\frac{3}{4})^3(1-\frac{3}{4})=\frac{27}{64}$.　……9 分

（Ⅱ）甲至少有 1 次不达标的概率为 $1-(\frac{3}{4})^4=\frac{175}{256}$.　……18 分

18. 解：

（Ⅰ）C 与 l 的交点 (x,y) 满足 $\begin{cases}x^2=4y\\x+y-m=0,\end{cases}$

由第二个方程得 $y=m-x$，代入第一个方程得

$x^2+4x-4m=0$.　　①　……4 分

方程①的判别式 $\Delta=16(m+1)$.

C 与 l 有两交点 $\Leftrightarrow \Delta>0 \Leftrightarrow m>-1$,

故命题得证．　……8 分

（Ⅱ）设 C 与 l 交点 $A(x_1,y_1)B(x_2,y_2)$，则 x_1,x_2 满足方程①，所以

$x_1+x_2=-4, x_1x_2=-4m$

$(x_1-x_2)^2=(x_1+x_2)^2-4x_1x_2=16(m+1)$,

$|AB|=\sqrt{(x_1-x_2)^2+(y_1-y_2)^2}=\sqrt{2(x_1-x_2)^2}=4\sqrt{2(m+1)}$.　……12 分

AB 中点 $Q(\frac{x_1+x_2}{2},\frac{y_1+y_2}{2})$，即 $Q(-2,m+2)$.

过 Q 与 AB 垂直的直线方程为 $x-y+m+4=0$.

它与 y 轴的交点 $G(0,m+4)$ 到 l 的距离

$d=\frac{|0+m+4-m|}{\sqrt{2}}=2\sqrt{2}$.

$\triangle GAB$ 的面积 $S_{\triangle GAB}=\frac{1}{2}d\cdot|AB|=8\sqrt{m+1}$.

因为 $-1<m<1$，所以 $0<S_{\triangle GAB}<8\sqrt{2}$，

故 $S_{\triangle GAB}$ 的取值范围是 $(0,8\sqrt{2})$.

19. 解： ……18 分

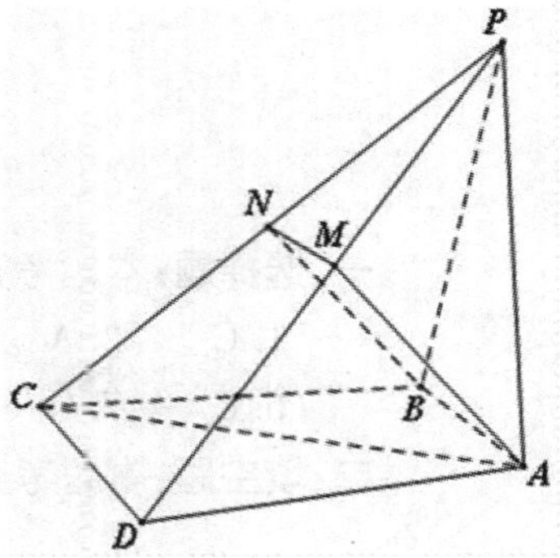

（Ⅰ）取 PC 中点 N，连结 BN,MN. 因为 $MN \underset{=}{//} \frac{1}{2}CD$.

由已知 $AB \underset{=}{//} \frac{1}{2}CD$，所以 $AB \underset{=}{//} MN$，

故四边形 $ABNM$ 为平行四边形.

$AM//BN$，$BN\subset$ 平面 PBC，$AM\not\subset$ 平面 PBC，所以 $AM//$ 平面 PBC.

……10 分

（Ⅱ）设 $PA=AD=a$，则 $CD=2AB=a$. 连结 AC.

平面 $ABCD$，AC 是 PC 在平面 $ABCD$ 上的射影，

$\angle PCA$ 为 PC 与平面 $ABCD$ 所成的角.

$AC=\sqrt{AD^2+CD^2}=\sqrt{2}a$，

$PC=\sqrt{PA^2+AC^2}=\sqrt{3}a$，

所以

$$\sin\angle PCA=\frac{PA}{PC}=\frac{a}{\sqrt{3}a}=\frac{\sqrt{3}}{3}.$$ ……18 分

2016年全国普通高等学校运动训练、武术与民族传统体育专业单独统一招生考试
数学参考答案和评分参考

一、选择题：本题考查基本知识和基本运算，每小题6分，满分60分.

1. C　2. A　3. D　4. B　5. B

6. C　7. C　8. D　9. A　10. D

二、填空题：本题考查基本知识和基本运算．每小题6分，满分36分．

11. 2；　12. $(\frac{1}{2},2)$；　13. $\left(0,\frac{3\pi}{4}\right)$；

14. $(-\infty,3)$；　15. 192；　16. $y=\pm\frac{\sqrt{2}}{4}x$

三、解答题：每题18分，满分54分．

17.

解：(Ⅰ)因为已知$\{b_n\}$是等比数列，$b_1=4, b_4=\frac{1}{16}$,

$\therefore\quad 4q^3=\frac{1}{16}, q=\frac{1}{4}$.

$b_n=4\left(\frac{1}{4}\right)^{n-1}=4^{2-n}$，$a_n=log_2{}^{b_n}=4-2n$；

$\{a_n\}$是等差数列．

(Ⅱ) $S_n=-\left(n-\frac{3}{2}\right)^2+\frac{9}{4}$,

所以，前n=1或n=2时，前n项和的最大值2.

18.

解：(Ⅰ)设$M(x,y)$，$P(x_1,y_1)$，则$x_1^2+y_1^2=16$，又$Q(6,0)$.

且M为PQ中点，

所以，$\begin{cases}x=\dfrac{x_1+6}{2}\\ y=\dfrac{y_1}{2}\end{cases}$，解得$\begin{cases}x_1=2x-6\\ y_1=2y\end{cases}$．

故所求的轨迹方程是$(x-3)^2+y^2=4$

（Ⅱ）由 $\begin{cases}(x-3)^2+y^2=4\\x^2+y^2=16\end{cases}$，得两圆公共弦所在直线方程 $x=\frac{7}{2}$，

公共弦长为 $|AB|=2\sqrt{16-\left(\frac{7}{2}\right)^2}=\sqrt{15}$.

19.

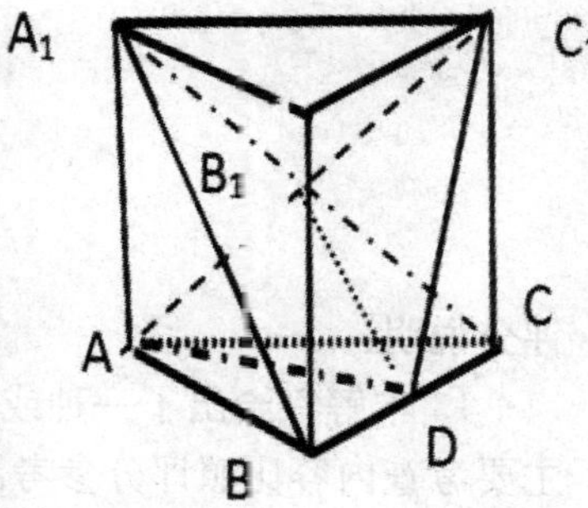

解：（Ⅰ）连结 A_1C，使

$A_1C\cap AC_1=O$.

连结 OD.

因为 O,D 分别为 AC_1 与 BC 的中点，所以，$B_1D//A_1B$，$A_1B\not\subset$ 平面 ADC_1，$B_1D\subset$ 平面 ADC_1.

所以，$A_1B//$ 平面 ADC_1.

（Ⅱ）因为底面 ABC 为正三角形，D 为 BC 中点，所以，$AD\perp BC$，平面 $B_1C_1CB\perp$ 平面 ABC，

$BC=$ 平面 $B_1C_1CB\perp$ 平面 ABC.

所以，$AD\perp$ 平面 BB_1C_1C，$AD=\frac{\sqrt{3}}{2}a$，$AC_1=\sqrt{3}a$，

$\sin\angle AC_1D=\frac{AD}{AC_1}=\frac{1}{2}$，所以，$\angle AC_1D=30^0$.

故，AC_1 与平面 BB_1C_1C 所成角为 30^0.

2017 年全国普通高等学校运动训练、武术与民族传统体育专业
单独统一招生考试
数学参考答案和评分参考

评分说明：

1. 本解答给出了一种或几种解法供参考，如果考生的解法与本解答不同，可根据试题的主要考查内容比照评分参考制订相应的评分细则．

2. 对计算题，当考生的解答在某一步出现错误时，如果后继部分的解答未改变该题的内容和难度，可视影响的程度决定后继部分的给分，但不得超过该部分正确解答应得分数的一半；如果后继部分的解答有较严重的错误，就不再给分．

3. 解答右端所注分数，表示考生正确做到这一步应得的累加分数．

4. 只给整数分数．选择题不给中间分．

一、选择题：本题考查基本知识和基本运算，每小题 6 分，满分 60 分．

1. A　　2. C　　3. A　　4. D　　5. B

6. B　　7. D　　8. C　　9. B　　10. C

二、填空题：本题考查基本知识和基本运算．每小题 6 分，满分 36 分．

11. (1,0)　　12. 2　　13. -1

14. 90　　15. $(-\frac{\sqrt{6}}{2},\frac{\sqrt{6}}{2})$　　16. 5

三、解答题：每题 18 分，满分 54 分．

17. 解：

(1) 由 $\frac{x^2}{x-1}>0$，解得 $x>1$．故 x 的取值范围为 $\{x|x>1\}$．　　……7 分

(2) $f'(x)=\frac{x^2-2x}{(x-1)^2}$，令 $f'(x)=0$，解得 $x=0$ 或 $x=2$．

当 $x<0$ 时，$f'(x)>0$，$f(x)$ 单调递增；当 $0<x<1$ 时，$f'(x)<0$，$f(x)$ 单调递减；

当 $1<x<2$ 时，$f'(x)<0$，$f(x)$ 单调递减；当 $x>2$ 时，$f'(x)>0$，$f(x)$ 单调递增．

故当 $x=2$ 时，$f(x)=\frac{x^2}{x-1}$ 取得极小值 $f(2)=4$．　　……18 分

18. 解：

(1)记抽取的3件产品全部是一级品为事件A，则事件A的概率

$$P(A)=\frac{C_{10}^{3}}{C_{15}^{3}}=\frac{24}{91}. \qquad \cdots\cdots 8\text{分}$$

(2) 记抽取的3件产品中恰有1件是二级品为事件A，则事件的概率

$$P(B)=\frac{C_{5}^{1}\cdot C_{10}^{2}}{C_{15}^{3}}=\frac{45}{91}.$$

依题意，抽取的3件产品中至多有1件是二级品的概率

$$P(A\cup B)=P(A)+P(B)=\frac{69}{91}. \qquad \cdots\cdots 18\text{分}$$

19. 解：

(1)连结PD，由$AD=2$，$PA=1$，$\angle PAD=60°$及余弦定理得$PD=\sqrt{3}$.

因此$AD^2=PD^2+PA^2$，$\triangle PAD$为直角三角形，$PA\perp PD$.

又$PA\perp BC$，$PD\cap BC=D$，所以$PA\perp$平面PBC. ……8分

(2)因为$PA\perp BC$，$AD\perp BC$，所以$BC\perp$平面PAD，故$PD\perp BC$. 由$BC=2$，$PD=\sqrt{3}$，可知$\triangle PBC$面积

$$S_{\triangle PBC}=\frac{1}{2}\times PD\times BC=\sqrt{3}.$$

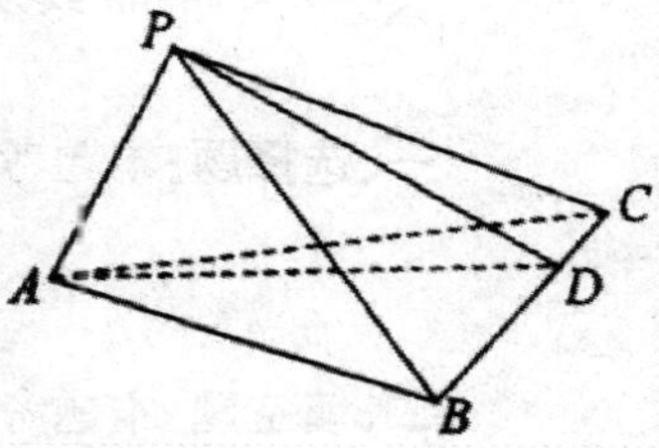

由(1)知$PA\perp$平面PBC.

所以四面体$PABC$的体积

$$V=\frac{1}{3}S_{\triangle PBC}\times PA=\frac{\sqrt{3}}{3} \qquad \cdots\cdots 18\text{分}$$

2018 年全国普通高等学校运动训练、武术与民族传统体育专业
单独统一招生考试
数学参考答案和评分参考

评分说明:

1. 本解答给出了一种或几种解法供参考,如果考生的解法与本解答不同,可根据试题的主要考查内容比照评分参考制订相应的评分细则.

2. 对计算题,当考生的解答在某一步出现错误时,如果后继部分的解答未改变该题的内容和难度,可视影响的程度决定后继部分的给分,但不得超过该部分正确解答应得分数的一半;如果后继部分的解答有较严重的错误,就不再给分.

3. 解答右端所注分数,表示考生正确做到这一步应得的累加分数.

4. 只给整数分数. 选择题不给中间分.

一、选择题:本题考查基本知识和基本运算,每小题 6 分,满分 60 分.

1. C　2. B　3. A　4. B　5. D

6. A　7. D　8. A　9. C　10. B

二、填空题:本题考查基本知识和基本运算. 每小题 6 分,满分 36 分.

11. 200　12. 6　13. $\frac{1}{2}$

14. $4x+y-8=0$　15. 16π　16. 0.784

三、解答题:每题 18 分,满分 54 分.

17. 解:

(1)设$\{a_n\}$的公差为 d,则 $a_n=a_1+(n-1)d$.

由题设得$(1+2d)^2=1+8d$,

解得 $d=0$(舍去),$d=1$,故 $a_n=n$. ……9 分

(2)由(1)和题设可得,$b_n=2^n$.

由此可知,$\{b_n\}$是首项为 2,公比为 2 的等比数列.

所以 $S_n=2^{n+1}-2$. ……18 分

18. 解:

(1)由题意可设 C 的方程为$\frac{x^2}{a^2}+\frac{y^2}{b^2}=1(a>b>0)$半焦距为 c,则

$c=\sqrt{a^2-b^2}=1,\frac{c}{a}=\frac{1}{2}$,解得 $a=2,b=\sqrt{3}$.

所以 C 的方程为$\frac{x^2}{4}+\frac{y^2}{3}=1$. ……6 分

(2)设点 P 的坐标为(x_p,y_p),

由题设得 $-x_p=4(1-x_p)$，解得 $x_p=\frac{4}{3}$. ……10 分

设 l 的方程为 $y=k(x-1)$，将 $x_p=\frac{4}{3}$ 代入得 $y_p=\frac{k}{3}$.

由于 P 是 C 上的点，因此

$$\frac{(\frac{4}{3})^2}{4}+\frac{(\frac{k}{3})^2}{3}=1.$$

解得 $k=\pm\sqrt{15}$.

所以 l 的方程为 $k=\pm\sqrt{15}(x-1)$，即 $\sqrt{15}x\pm y-\sqrt{15}=0$. ……14 分

故坐标原点到 l 的距离 $d=\frac{\sqrt{15}}{4}$. ……18 分

19. 解：

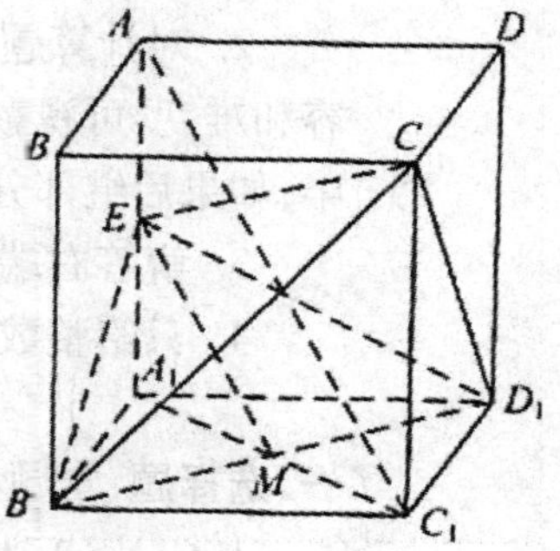

(1) 如图，连结 A_1C_1 交 B_1D_1 于点 M. 连结 EM，则 EM 是 $\triangle A_1AC_1$ 的中位线，$EM\,/\!/\,AC_1$. 又 $EM\subset$ 平面 B_1D_1E，$AC_1\not\subset$ 平面 $B_1D_1E_1$，从而 $AC_1\,/\!/$ 平面 B_1D_1E. ……6 分

(2) 因为 $B_1D_1\perp AA_1$，$B_1D_1\perp A_1C_1$，所以 $B_1D_1\perp$ 平面 A_1AC_1，从而 $B_1D_1\perp AC_1$.

同理 $B_1C\perp AC_1$，所以

$AC_1\perp$ 平面 B_1D_1C. ……12 分

(3) 由已知可得，$\triangle B_1D_1C$ 的面积为 $\frac{\sqrt{3}}{2}$，$EM=\frac{\sqrt{3}}{2}$.

由 (1)(2) 可知 $EM\perp$ 平面 B_1D_1C.

所以四面体 B_1D_1CE 的体积 $V=\frac{1}{3}\times\frac{\sqrt{3}}{2}\times\frac{\sqrt{3}}{2}=\frac{1}{4}$. ……18 分

2019 年全国普通高等学校运动训练、武术与民族传统体育专业单独统一招生考试

数学参考答案和评分参考

评分说明：

1. 本解答给出了一种或几种解法供参考，如果考生的解法与本解答不同，可根据试题的主要考查内容比照评分参考制订相应的评分细则．

2. 对计算题，当考生的解答在某一步出现错误时，如果后继部分的解答未改变该题的内容和难度，可视影响的程度决定后继部分的给分，但不得超过该部分正确解答应得分数的一半；如果后继部分的解答有较严重的错误，就不再给分．

3. 解答右端所注分数，表示考生正确做到这一步应得的累加分数．

4. 只给整数分数．选择题不给中间分．

一、选择题：本题考查基本知识和基本运算，每小题 6 分，满分 60 分.

1. C　2. A　3. B　4. D　5. A　6. B　7. D　8. C　9. C　10. B

二、填空题：本题考查基本知识和基本运算．每小题 6 分，满分 36 分．

11. 84　12. $\frac{\sqrt{5}}{2}$　13. 2　14. $-\frac{1}{4}$　15. $(0,\frac{2}{3}]$　16. 4

三、解答题：每题 18 分，满分 54 分．

17. (1) 由已知 A,B,C 成等差数列，可得 $2B=A+C$.

又 $\because A,B,C\triangle ABC$ 的内角，$\therefore A+B+C=\pi=3B\Rightarrow B=\frac{\pi}{3}$.

(2) $\sin A+\sqrt{3}\cos A=2(\frac{1}{2}\sin A+\frac{\sqrt{3}}{2}\cos A)=2\sin(A+\frac{\pi}{3})$，

则最大值为 2.

18. (1) 由已知 C 是中心在原点，焦点在 x 轴，焦距为 4 的椭圆，可得 $c=2$.

$\because$ 离心率 $e=\frac{c}{a}=\frac{\sqrt{6}}{3}$ 可得 $a=\sqrt{6}\Rightarrow a^2=6$，

$\therefore b^2=a^2-c^2=(\sqrt{6})^2-2^2=2$.

$\therefore$ 椭圆 C 的方程为 $\frac{x^2}{6}+\frac{y}{2}=1$.

(2) 已知直线 l 的斜率存在且不为零，且过点 $(-3,0)$，$\therefore$ 可以设直线的斜率为 k，则直线方程为 $y=k(x+3)$.

将直线方程代入椭圆方程，整理后可得

$(3k^2+1)x^2+18k^2x+27k^2-6=0$.

设 $A(x_1,y_1)$，$B(x_2,y_2)$，

直线与椭圆的两个交点 A,B 的 x 的值即为方程的两个根.

∴ 利用韦达定理可得

$x_1+x_2=-\frac{b}{a}=\frac{-18k^2}{3k^2+1},x_1x_2=\frac{c}{a}=\frac{27k^2-6}{3k^2+1}.$

∵ $AO\perp BO$,

∴ $k_{AO}\cdot k_{BO}=-1$,即$\frac{y_1y_2}{x_1x_2}=\frac{k^2(x_1+3)(x_2+3)}{x_1x_2}=-1$,

化简后解得$\frac{5k^2-1}{1+3k^2}=0,k=\pm\frac{\sqrt{5}}{5}.$

19.(1)证明:连接 AC,则 AC 交 BD 于点 F,E,F 分别为 PC,BD 的中点,所以 EF 为 $\triangle PAC$ 的中位线,即 $EF /\!/ PA$.

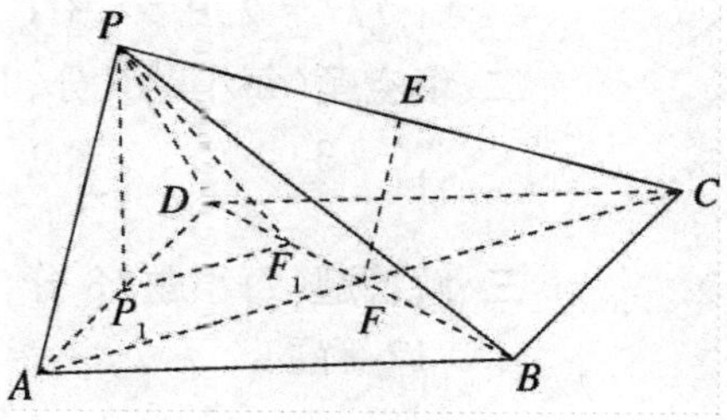

又∵ $PA\in$ 面 PAD,$EF\notin$ 面 PAD,

∴ $EF /\!/$ 面 PAD.

(2)解:由已知 $PA=PD=\sqrt{2}$,$AD=2$,所以 $\triangle PAD$ 为等腰直角三角形,

取 AD 中点 H,DF 中点 O,连接 PH、PO、HO,则 $PH\perp AD$ 且 $PH=1$.

又∵ 侧面 $PAD\perp$ 底面 $ABCD$ 且交线为 AD,∴ $PH\perp$ 底面 $ABCD$.

∵ 底面 $ABCD$ 为正方形,

∴ $AF\perp BD$.

H、O 分别为 AD、DF 的中点,

∴ $HO /\!/ AF$.

∵ $HO\perp BD$,根据三垂线定理可得 $PO\perp BD$.

∴ $\angle POH$ 就是 $P-DB-A$ 所成的二面角.

底面 $ABCD$ 为正方形且边长为2,所以

$AC=2\sqrt{2}$,则 $AF=\sqrt{2}$,$OH=\frac{\sqrt{2}}{2}$.

所以 $\tan\angle POH=\frac{PH}{OH}=\frac{1}{\frac{\sqrt{2}}{2}}=\sqrt{2}$,

即二面角 $P-DB-A$ 的正切值为$\sqrt{2}$.

2020年全国普通高等学校运动训练、武术与民族传统体育专业单独统一招生考试

数学参考答案和评分参考

一、选择题(每小题6分,共60分)

1. C 2. B 3. C 4. C 5. A 6. D 7. A 8. B 9. D 10. A

二、填空题(每小题6分,共36分)

11. $\frac{3}{5}$ 12. $\sqrt{3}$ 13. $\{x|0<x<\frac{1}{4}\}$ 14. 2 15. -270 16. ②④

三、解答题(每小题18分,共54分)

17. 解:

(1)由题设及正弦定理可得$\frac{c}{\sin C}=\frac{c+1}{\sin B}$,所以$\sin C=\frac{c}{2(c+1)}=\frac{1}{3}$. ……9分

(2)由题设及正弦定理可得 $c=1$.

由 $b>c$ 可得 $B>C$,故$\cos C=\frac{\sqrt{15}}{4}$.

所以△ABC 的面积 $S=\frac{1}{2}\times1\times2\times\sin(B+C)$

$=\sin B\cos C+\cos B\sin C$

$=\frac{\sqrt{15}+\sqrt{3}}{8}$. ……18分

18. 解:

(1)由已知得抛物线 C 的焦点 F 到其准线的距离为2,所以 C 的方程为

$y^2=-4x$. ……6分

(2)因为点 F,P 的横坐标分别为 −1, 1,又因为 F 为 PQ 的中点,所以 Q 的横坐标为 −3.

因为 Q 在 C 上,所以 Q 的坐标为$(-3,\ 2\sqrt{3})$或$(-3,\ -2\sqrt{3})$. ……12分

所以直线 PQ 的方程为

$\sqrt{3}x+y+\sqrt{3}=0$ 或 $\sqrt{3}x-y+\sqrt{3}=0$. ……18分

19. 解:

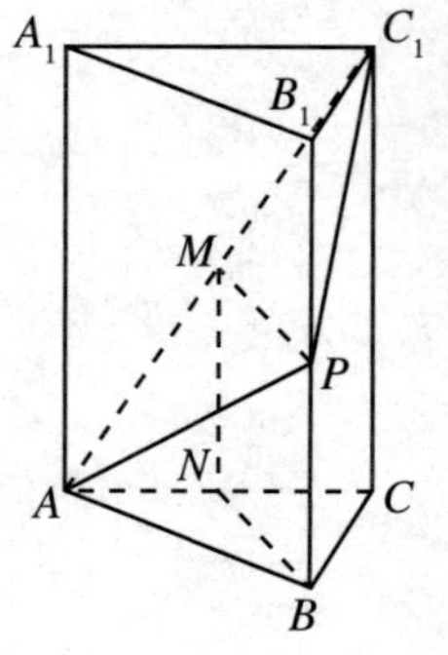

(1)由题设可得 $AC_1>AP$,故 $AP=PC_1$,又 $AB=B_1C_1$,

$\angle PB_1C_1=\angle PBA=\frac{\pi}{2}$. 所以 $Rt\triangle ABP\cong Rt\triangle C_1B_1P$,所以 $PB=PB_1$.

故 P 为 BB_1 的中点. ……6分

(2)分别取 AC_1, AC 的中点 M, N,连结 MN,BN, MP.

由三角形中位线定理得 MN$\underline{\underline{/\!/}}\frac{1}{2}CC_1$,因此 MN$\underline{\underline{/\!/}}$PB,所以四边形 MNBP 为平行四边形,可得 PM∥BN.

因为 $AA_1\perp$ 平面 ABC,BN $\subset$ 平面 ABC ,所以 $AA_1\perp BN$,又因为 $BN\perp AC$,所以 $BN\perp$ 平面 ACC_1A_1,故所 $PM\perp$ 平面 ACC_1A_1.

又 PM $\subset$ 平面 APC_1,所以平面 $APC_1\perp$ 平面 ACC_1A_1. ……12 分

(3)设 $AB=a$, $PB=x$,则 $CC_1=2x$.

在 $Rt\triangle ABP$, $Rt\triangle APC_1$, $Rt\triangle ACC_1$ 中,由勾股定理得 $2(a^2+x^2)=a^2+4x^2$,解得 $x=\frac{a}{\sqrt{2}}$,

求得 $PA=\frac{\sqrt{6}}{2}a$.

因为 $BB_1\perp$ 平面 ABC,所以 PA 与平面 ABC 所成角为 $\angle PAB$,且 $sin\angle PAB=\frac{PB}{PA}=\frac{\sqrt{3}}{3}$.

所以直线 PA 与平面 ABC 所成角的正弦值为$\frac{\sqrt{3}}{3}$. ……18 分

2021 年全国普通高等学校运动训练、武术与民族传统体育专业单独统一招生考试

数学参考答案和评分参考

一、选择题（每小题 6 分，共 60 分）

1. C　2. B　3. A　4. D　5. C　6. A　7. D　8. B　9. B　10. D

二、填空题（每小题 6 分，共 36 分）

11. $\frac{81}{2}$　12. 1　13. $(-\infty,-2)\cup(5,+\infty)$　14. $\frac{15}{2}$　15. $\frac{x^2}{9}+\frac{y^2}{8}=1$　16. $\frac{3}{5}$

三、解答题（每小题 18 分，共 54 分）

17. (1) 由余弦定理 $b^2=a^2+c^2-2ac\cos B$ 可得：

$64=49+c^2-2\times7\times c\times\frac{1}{7}$

$c^2-2c-15=0$

$c=5$ 或 $c=-3$（舍去）

(2) 由 $\sin^2x+\cos^2x=1,\cos B=\frac{1}{7}$ 可得；

$\sin B=\frac{4\sqrt{3}}{7}$，由面积公式

$S_{\Delta ABC}=\frac{1}{2}ac\sin B=\frac{1}{2}\times7\times5\times\frac{4\sqrt{3}}{7}=10\sqrt{3}$

18. (1) 解：当 $a=1$ 可得圆的方程为 $(x-1)^2+(y-1)^2=4$

则圆的圆心和半径分别为 $(1,1)$，$r=2$

圆心到直线 $x-y-2=0$ 的距离为

$d=\frac{|Ax_0+By_0+C|}{\sqrt{A^2+B^2}}=\frac{2}{\sqrt{2}}=\sqrt{2}$

设弦长为 l，根据勾股定理可得

$\frac{l}{2}=\sqrt{r^2-d^2}=\sqrt{2}$，则弦长 $l=2\sqrt{2}$.

(2) 解：由已知 $M:(x-a)^2+(y-a^2)^2=4$. 可知圆心 $M(a,a^2)$，

…

当 $a=-1,a^2=1$，点 M 为 $(-1,1)$

$a=0,a^2=0$，点 M 为 $(0,0)$

$a=1,a^2=1$，点 M 为 $(1,1)$

$a=2,a^2=4$，点 M 为 $(2,4)$

…

$a=x,a^2=x^2$，点 M 为 (x,x^2)

点 $M(x,x^2)$ 满足函数 $f(x)=x^2$

则点 M 的轨迹方程为抛物线 $y=x^2$.

19. (1)证明:连接 BD,

$\because EF$ 分别为 AB,AD 的中点,

$\therefore EF//BD$,

又$\because$ 正方体中 $DD_1//BB_1$,且 $DD_1=BB_1$,

$\therefore BB_1D_1D$ 是平行四边形,

$\therefore B_1D_1//BD$,

$\therefore EF//B_1D_1$,

$\because EF\not\subset$平面 CB_1D_1,$B_1D_1\subset$平面 CB_1D_1,

$\therefore EF//$平面 CB_1D_1.

(2)由图可知 $V_{B-CB_1D_1}=V_{D-BB_1C}$

$$=\frac{1}{3}\times S_{\Delta BB_1C}\times D_1C_1$$

$$=\frac{1}{3}\times(\frac{1}{2}\times2\times2)\times2$$

$$=\frac{4}{3}.$$

2022 年全国普通高等学校运动训练、武术与民族传统体育专业单独统一招生考试

数学参考答案和评分参考

一、选择题：

1. A　2. A　3. C　4. D　5. A　6. B　7. B　8. C

二、填空题：

9. $\frac{1}{3}$　　10. $\{x \mid x<-1 \text{ 或 } x>3\}/(-\infty,-1)\cup(3,+\infty)$

11. -3　　12. ②③

三、解答题：

13. (1)该运动员恰有两次成绩为 9 环的概率：(2 次 9 环，一次非 9 环)

$C_3^2\cdot(0.1)^2\cdot(1-0.1)^1=0.027$

(2)该运动员 3 次成绩总和为 29 环的概率：(2 次 10 环，1 次 9 环)

$P_1=C_3^2\cdot(0.8)\cdot(0.8)\cdot(0.1)=0.192$

该运动员 3 次成绩总和为 30 环的概率：(3 次 10 环)

$P_2=C_3^3\cdot(0.8)\cdot(0.8)\cdot(0.8)=0.512$

所以该运动员 3 次成绩总和不小于 9 环的概率：

$P=P_1+P_2=0.192+0.512=0.704$

14. (1)已知双曲线与抛物线交于 A,B 两点，

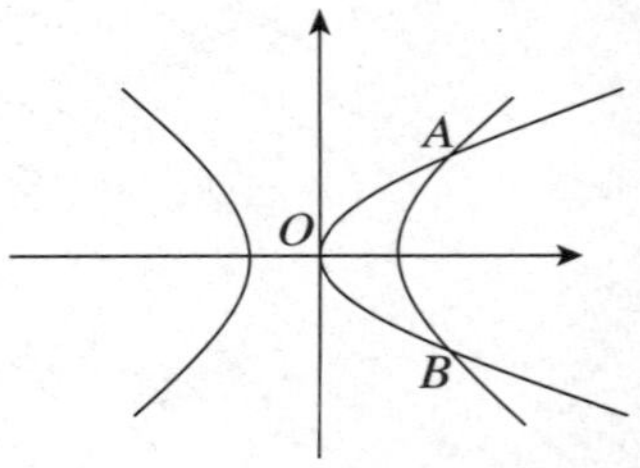

$\therefore$ A,B 在抛物线 $y^2=\frac{1}{4}x$ 上且 $x\geqslant 0$，

$\therefore$ 设点 $A\left(x,\frac{\sqrt{x}}{2}\right)$，点 $B\left(x,-\frac{\sqrt{x}}{2}\right)$，如图所示：

$\triangle AOB$ 的高：$h=x$，底：$|AB|=2|y|=\sqrt{x}$，

$\therefore S_{\triangle AOB}=\frac{1}{2}\cdot|AB|\cdot h=\frac{(\sqrt{x})^3}{2}=4$，则 $x=4$，$y=\pm1$.

$\because$ 点 $A(4,1)$、$B(4,-1)$ 在双曲线 C 上，$\therefore$ 代入可得 $\frac{16}{a^2}-1=1$ 即 $a^2=8$.

$\therefore$ 双曲线方程为 $C:\frac{x^2}{8}-y^2=1$

(2)由(1)可得 $c=\sqrt{a^2+b^2}=3$，$\therefore$ 焦点 $F_1(-3,0)$，$F_2(3,0)$

$\because$ 点 P 在抛物线上，$\therefore$ 设点 $P\left(x,\pm\frac{\sqrt{x}}{2}\right)$

$\therefore \overrightarrow{PF_1}\cdot\overrightarrow{PF_2}=\left(3-x,\mp\frac{\sqrt{x}}{2}\right)\cdot\left(-3-x,\mp\frac{\sqrt{x}}{2}\right)=x^2+\frac{1}{4}x-9.$

$\therefore x=-\dfrac{b}{2a}=-\dfrac{1}{8}$, 但 $x\geqslant 0$，$\therefore$ 当 $x=0$ 时有最小值 $y_{\min}$，最小值 $y_{\min}=-9$.

15. (1)解：$a_2=f(1)=2+b$，$a_3=f(2)=5+\dfrac{b}{2}$，$a_4=f(3)=10+\dfrac{b}{3}$

$\because \{a_n\}$ 是等差数列，$\therefore a_2+a_4=2a_3$，可得 $b=-6$.

$\therefore a_2=-4, a_3=2, a_4=8$

$\therefore d=a_4-a_3=6$；　$a_1=a_2-d=-10$

$\therefore a_n=a_1+(n-1)d=6n-16$,

$\therefore \{a_n\}$ 的前 n 项和 $S_n=n\cdot\dfrac{a_1+a_n}{2}=3n^2-13n$.

(2)解：$\because f(x)=\dfrac{x^3+x-6}{x}=x^2+1-\dfrac{6}{x}(x\neq 0)$

$\therefore f(x)=\dfrac{2x^3+6}{x^2}$

令 $f(x)=0, x=-\sqrt[3]{3}$

$\therefore f(-\sqrt[3]{3})=3^{\frac{2}{3}}+\dfrac{6}{3^{\frac{2}{3}}}+1=3^{\frac{2}{3}}+2\cdot 3^{\frac{2}{3}}+1=3^{\frac{5}{3}}+1$，可得下表：

x	$(-\infty,-\sqrt[3]{3})$	$-\sqrt[3]{3}$	$(-\sqrt[3]{3},0)$	$(0,+\infty)$
$f'(x)$	$f'(x)<0$ $-$	0	$f'(x)>0$ $+$	$f'(x)>0$ $+$
$f(x)$	减↘	极小值 $f(x)=3^{\frac{5}{3}}+1$	增↗	增↗